D1723999

Thiel/Gelzer/Upmeier · Baurechtssammlung · Band 69

Baurechtssammlung

Rechtsprechung des Bundesverwaltungsgerichts,
der Oberverwaltungsgerichte der Länder und anderer
Gerichte zum Bau- und Bodenrecht

Von **Prof. Dr. Fr. Thiel** † und **Prof. Dr. Konrad Gelzer** †
Fortgeführt (ab Band 56) von **Hans-Dieter Upmeier,**
Vizepräsident des Verwaltungsgerichts a. D.

Band 69, Rechtsprechung 2005

Werner Verlag

1. Auflage 2006

Bibliografische Information der Deutschen Bibliothek
Die Deutsche Bibliothek verzeichnet diese Publikation in der Deutschen
Nationalbibliografie; detaillierte bibliografische Daten sind im Internet über
http://dnb.ddb.de abrufbar.

ISSN 0721-8451

Bd. 69. – Rechtsprechung 2005
ISBN 3-8041-3596-X
ISBN 978-3-8041-3596-3

DK 351.95
© 2006 Wolters Kluwer Deutschland GmbH, München/Unterschleißheim
Werner Verlag – eine Marke von Wolters Kluwer Deutschland
Printed in Germany
Satz, Druck und Verarbeitung: rewi druckhaus, Reiner Winters GmbH,
57537 Wissen

www.werner-verlag.de

Vorwort zum 69. Band

Für den vorliegenden Band wurden 212 Entscheidungen insbesondere der oberen Bundesgerichte und der Oberverwaltungsgerichte/Verwaltungsgerichtshöfe der Länder ausgewählt. Ferner sind in der Sammlung sechs zusätzliche Leitsätze enthalten, die auf Entscheidungen verweisen, die an anderer Stelle dieses Bandes in anderem Zusammenhang abgedruckt sind. Hieraus ergeben sich die 218 laufenden Nummern des Buches. Die Zahl der veröffentlichten Entscheidungen ist etwas geringer als für das Jahr 2004 in der BRS 67, was sich allerdings nicht im Gesamtumfang niederschlägt, weil zahlreiche Entscheidungen trotz erheblicher Kürzungen an Passagen, die für eine Veröffentlichung nicht wesentlich sind, noch viel Platz beanspruchen.

Das Bundesverwaltungsgericht ist mit 42 Entscheidungen, im wesentlichen des vierten Senats, vertreten. Vom VGH Baden-Württemberg sind 32 Urteile und Beschlüsse, vom Bayerischen VGH 18 Entscheidungen abgedruckt. Vom Hessischen VGH habe ich 13 Entscheidungen übernommen, vom Niedersächsischen OVG 14. Das OVG Nordrhein-Westfalen mit seiner vorbildlichen Veröffentlichungskommission ist mit 39 Urteilen und Beschlüssen – wie in den Jahren zuvor – stark vertreten, das OVG Rheinland-Pfalz mit seiner ebenfalls vorbildlichen Veröffentlichungspraxis mit 14 Entscheidungen. Bis auf Bremen sind alle Bundesländer mit einer oder mehreren Erkenntnissen verschiedener Gerichte vertreten.

Die Frage, ob bei der Aufstellung und Ausgestaltung der Bauleitpläne die Ziele und Grundsätze der Raumordnung/Landesplanung /Regionalplanung/ Gebietsentwicklungsplanung beachtet sind, wird vermehrt Gegenstand gerichtlicher Prüfung. Die Pflicht des Planaufstellers nach § 1 Abs. 4 BauGB, die Pläne an die Ziele der Raumordnung anzupassen, entfällt nicht deshalb, weil die durch den Plan zugelassene, einem Ziel der Raumordnung widersprechende bauliche Nutzung ohne großen tatsächlichen Aufwand wieder beseitigt werden könnte (BVerwG, Beschluss v. 7. 2. 2005 – 4 BN 1.05 –, Nr. 4). Die Gemeinden können die Ziele der Raumordnung je nach deren Aussageschärfe konkretisieren und ausgestalten, dürfen sich über sie aber nicht im Wege der Abwägung hinwegsetzen. Überplant eine Gemeinde einen im Gebietsentwicklungsplan als Eignungsbereich für Windenergieanlagen festgelegten Bereich mit einem Bebauungsplan in einer Weise, die die vom Entwicklungsplan eingeräumten Spielräume zur konkretisierenden Feinsteuerung weit überschreitet, ist der Bebauungsplan nichtig (OVG NRW, Beschluss v. 22. 9. 2005 – 7 D 21/04.NE –, Nr. 8). Will sie von bindenden Zielvorgaben abweichen, bedarf es einer Änderung des Gebietsentwicklungsplans bzw. der Durchführung eines Zielabweichungsverfahrens (OVG NRW, Urteil v. 28. 2. 2005 – 7 D 35/03.NE –, Nr. 9). Bauleitpläne müssen nicht nur im Zeitpunkt der Beschlussfassung durch die Gemeinde, sondern auch noch später an die Ziele der Raumordnung angepasst sein (Nds. OVG, Beschluss v. 1. 9. 2005 –1 LC 107/05 –, Nr. 6). Raumordnungsrechtliche Sollvorschriften können Ziele der Raumordnung enthalten, sofern auch die Ausnahmefälle, die nicht der Zielbindung unterliegen sollen, räumlich und sachlich bestimmt oder jedenfalls bestimmbar sind (OVG NRW, Urteil v. 6.6.2005 – 10 D 145/04.NE –, Nr. 2).

Einen weiteren Schwerpunkt bilden Entscheidungen zur Steuerung des großflächigen Einzelhandels in einer Gemeinde, auch unter Beachtung des interkommunalen Abstimmungsgebots. Will eine Gemeinde durch Bebauungsplan ein Sondergebiet für ein Einkaufszentrum mit 70000 qm Verkaufsfläche nahe der Stadtgrenze zu einer Nachbargemeinde festsetzen, in deren Innenstadt ca. 62000 qm Verkaufsfläche vorhanden sind, hat sie die städtebaulichen Konsequenzen ihrer Planung im Hinblick auf die verbrauchernahe Versorgung der Bevölkerung in der Nachbargemeinde und im Hinblick auf deren Zentrenstruktur abzuwägen (OVG NRW, Urteil v. 25.8.2005 – 7 D 2/05.NE –, Nr. 27). Dabei dürfen die Versorgung der Bevölkerung im eigenen Stadtgebiet, die voraussehbare Entwicklung in den Gemeindezentren und die Interessen der dort Handel treibenden Eigentümer nicht aus dem Blick geraten. Die Aufarbeitung des erforderlichen Abwägungsmaterial ist schwierig und häufig ohne sachverständige Hilfe nicht zu leisten. Eine schematische (teilweise) Übernahme von Texten aus landesbehördlichen Einzelhandelserlassen reicht jedenfalls nicht aus. Sollen in einem Sondergebiet für großflächigen Einzelhandel zentren- und nahversorgungsrelevante Sortimente ausgeschlossen werden, bedarf es einer individuellen Betrachtung der jeweiligen örtlichen Situation (VGH BW, Urteil v. 2.5.2005 – 8 S 1848/04 –, Nr. 28).

Einige wesentliche Fragen im Zusammenhang mit großflächigen Einzelhandelsbetrieben sind durch die Rechtsprechung des Bundesverwaltungsgerichts inzwischen geklärt. Einzelhandelsbetriebe sind großflächig i.S. von § 11 Abs. 3 Satz 1 Nr. 2 BauNVO, wenn sie eine Verkaufsfläche von 800 qm überschreiten (BVerwG, Urteil v. 24.11.2005 – 4 C 10.04 –, Nr. 71). Dieses Ergebnis leitet das Gericht aus der Systematik des § 11 Abs. 3 BauNVO her. Da aber das Gesetz die Verkaufsfläche selbst nicht festlegt und in den Genehmigungsverfahren praktisch um jeden Quadratmeter gerungen wurde, hat das Bundesverwaltungsgericht „aus Gründen der praktischen Handhabbarkeit in der Rechtsanwendung" einen Schwellenwert von 800 qm zu Grunde gelegt (a.a.O.). Damit ist für die Genehmigungsverfahren eine eindeutige Grenze vorgegeben. Bei der Berechnung der Verkaufsfläche sind auch die Thekenbereiche, die von Kunden nicht betreten werden dürfen, der Kassenvorraum (einschließlich eines Bereichs zum Einpacken der Ware und Entsorgen des Verpackungsmaterials) sowie ein Windfang einzubeziehen. Da der Typus des der verbrauchernahen Versorgung dienenden Einzelhandelsbetriebs häufig nicht mehr allein anhand der Großflächigkeit bestimmt werden kann, kommt dem Gesichtspunkt der Auswirkungen in § 11 Abs. 3 BauNVO erhöhte Bedeutung zu (a.a.O.). Das Bundesverwaltungsgericht weist auf die unterschiedlichen Darlegungspflichten des Bauantragstellers bzw. der Genehmigungsbehörde hin und gibt Hinweise zur Interpretation des Begriffes der (schädlichen) Auswirkungen. Bei der Prüfung von Auswirkungen sind insbesondere die Gliederung und Größe der Gemeinde und ihrer Ortsteile, die Sicherung der verbrauchernahen Versorgung der Bevölkerung und das Warenangebot des Betriebes zu berücksichtigen. Ob es sich bei dem Nebeneinander verschiedener Geschäfte um einen einzigen oder um mehrere Betriebe handelt, bestimmt sich nach baulichen und betrieblich-funktionalen Gesichtspunkten; ein Einzelhandelsbetrieb ist nur dann als selbständig anzusehen, wenn er unabhängig von anderen Betrieben genutzt werden kann und deshalb als eigenständiges Vorhaben genehmigungsfähig wäre (BVerwG, Urteil vom selben Tage – 4 C 14.04 –, Nr. 72). Der Begriff der Funktionseinheit ist ungeeignet, die Agglomeration von Einzelhandelsbetrieben zum Zwecke der Sortimentsergänzung zu erklären und eine Addition von Verkaufsflächen zur Großflächigkeit zu rechtfertigen (OVG NRW, Urteil v. 25.4.2005 – 10 A 2861/04 –, Nr. 74). Ob es nach diesen Erkenntnissen noch angezeigt ist, die Fläche von Nebenbetrieben (wie Backshop, Toto/Lotto-Laden usw.) der Verkaufsfläche des Hauptbetriebes hinzuzurechnen (BVerwG, a.a.O. Nr. 72, Leitsatz 3), sollte noch einmal überdacht werden. Näher könnte es liegen, das Zusammentreffen von Neben- und Hauptbetrieben unter dem Aspekt möglicher negativer Auswirkungen i.S. des § 11 Abs. 3 Satz 2 BauNVO zu würdigen.

Der Flächennutzungsplan hat auch außerhalb der Planungen von Windenergieanlagen als Instrument zur detaillierteren Steuerung der Bodennutzung an Gewicht gewonnen. Welche Darstellungen zu den Grundzügen der Art der Bodennutzung gehören, hängt nicht von dem Grad ihrer Bestimmtheit, sondern davon ab, ob sie den Bezug zur jeweiligen städtebaulichen Konzeption für das gesamte Gemeindegebiet wahren. Will die Gemeinde die Entwicklung im Außenbereich mittels Bauleitplanung steuern, darf sie sich grundsätzlich auf den Flächennutzungsplan beschränken. Allerdings darf er für den Außenbereich nicht auf Grund des Bestimmtheitsgrades seiner Darstellungen faktisch an die Stelle eines Bebauungsplanes treten. Unter dieser Voraussetzung können auch Grenzwerte für Geruchsimmissionen festgelegt werden, die im Genehmigungsverfahren der nachvollziehenden Abwägung unterliegen (BVerwG, Urteil v. 18.8.2005 – 4 C 13.04 –, Nr. 32). Im Streitfall ging es um den Schutz von Kur- und Erholungseinrichtungen vor negativen Einflüssen von Geflügelmastanlagen.

Die jahrelanger Diskussion über die rechtliche Bewertung von Mobilfunkstationen ist um eine interessante Erkenntnis erweitert worden: Mobilfunk-Basisstationen sind Teile gewerblicher Hauptanlagen i.S. der BauNVO und können gleichzeitig fernmeldetechnische Nebenanlagen nach § 14 Abs. 2 BauNVO sein (Bayerischer VGH, Urteil v. 1.7.2005 – 25 B 01.2747 –, Nr. 85). Eine bauliche Anlage kann begrifflich nicht zugleich Haupt- und Nebenanlage sein; die Nebenanlage muss gleichsam eine von dem Hauptvorhaben ausgelagerte Nutzungsweise bleiben. Der Bayerische VGH sieht gleichwohl beide Begriffe als erfüllt an, weil er den anderen Sinngehalt des § 14 Abs. 2 – gegenüber § 14 Abs. 1 – BauNVO betont. Der Begriff der Nebenanlage in § 14 Abs. 2 BauNVO betreffe Teile von Infrastrukturvorhaben, die über die Grenzen des Baugebiets hinausgehen könnten. In dieser Spezialregelung, die dazu diene, den Infrastruktursystemen einen erleichterten Zugang zu allen Baugebieten zu verschaffen, habe der Begriff in erster Linie einen instrumentell-rechtstechnischen Zweck, der mit dem Begriffsinhalt, der ihm sonst in der BauNVO zukomme, nicht kompatibel sei. Dies erscheint mir zutreffend.

Nach einer Entscheidung des VGH Baden-Württemberg (Urteil v. 8. 3. 2005 – 5 S 551/02 –, Nr. 43) kann nach §9 Abs. 1 Nr. 11 BauGB aus städtebaulichen Gründen auch ein nächtliches Fahrverbot auf einer öffentlichen Verkehrsfläche festgesetzt werden, wie dies nach dem Straßenrecht des Landes auch als Widmungsbeschränkung verfügt werden könnte. Das ist nicht unproblematisch. Vorausgesetzt, das Nebeneinander von Wohngebiet und Gewerbegebiet mit Erschließung durch das Wohngebiet lässt sich abwägungsfehlerfrei planen, erwartet man bei einer Festsetzung nach §9 Abs. 1 Nr. 11 BauGB z. B. eine Trennung von Verkehrsfunktionen oder die Einschränkung auf einzelne Verkehrsfunktionen zur Verwirklichung oder Unterstützung bestimmter städtebaulicher Absichten. Eine solche Festsetzung wirkt ohne Unterbrechungen, bis sie aufgehoben oder funktionslos wird. Festsetzungen für Flächen, auf denen nur für bestimmte Zeiträume Maßnahmen zulässig sind, waren dem Bauplanungsrecht vor der Einfügung des §9 Abs. 2 BauGB i. d. F. des EAG Bau 2004 unbekannt. Es hätte nahe gelegen, zu begründen, warum ein zeitliches Benutzungsverbot, das der Senat in der Festsetzung sah, gleichwohl nach dem Katalog des §9 BauGB zulässig war. Bedenkenfrei ließe sich das vom Satzungsgeber gewünschte Ergebnis jedenfalls erreichen, wenn sich die Gemeinde vom Träger der Straßenbaulast verbindlich zusagen ließe, die straßenrechtlich erforderliche Beschränkung der Widmung zu verfügen, und diesen Umstand in ihre Abwägungsentscheidung einstellte.

Zu Recht weist das Sächsische OVG (Beschluss v. 20. 10. 2005 – 1 BS 251/ 05 –, Nr. 128) darauf hin, dass die Veränderungen im Bauordnungsrecht nicht ohne Auswirkungen auf planungsrechtliche Beurteilungen bleiben. Die Einhaltung der bauordnungsrechtlich erforderlichen Abstandsfläche und die Beachtung des bauplanungsrechtlichen Rücksichtnahmegebots sind zwar grundsätzlich selbständig zu bewertende Anforderungen an das Vorhaben. Gleichwohl konnte bisher gesagt werden, dass von einer „erdrückenden" Wirkung als Aspekt des Rücksichtnahmegebots nicht auszugehen war, wenn die erforderliche Abstandsfläche eingehalten war. Nachdem landesrechtlich die notwendige Abstandsfläche um die Hälfte oder mehr reduziert worden ist, lässt sich diese Annahme nicht mehr halten.

Erfreulich klar ist die Aussage im Urteil des VGH Baden-Württemberg vom 1. 10. 2004 – 3 S 1743/03 –, Nr. 138: Eine Baulast kann auch auf Vorrat ohne konkreten Anlass übernommen werden; Voraussetzung ist nur, dass nicht ausgeschlossen sein darf, dass die Baulast in naher Zukunft baurechtliche Bedeutung gewinnen kann. Dies erscheint mir richtig und lässt sich auf alle Bauordnungen übertragen, die das Institut der Baulast kennen. In keiner dieser landesrechtlichen Bestimmungen ist ein unmittelbarer Bezug zu einem bestimmten Bauvorhaben gefordert. Die sog. Vorhabenbezogenheit der Baulast ist gesetzlich nicht Voraussetzung ihrer Bestellung. Der Bezug zu einem bestimmten Bauvorhaben wird nur deshalb häufig gesucht und in der Rechtsprechung hergestellt, weil die Erklärungen zur Bestellung der Baulast gelegentlich nicht präzise sind und mit Hilfe der Anbindung an ein konkretes Vorhaben der Erklärungsinhalt und die hierauf folgende Eintragung ins Baulastenverzeichnis bestimmt (gemacht) werden. Die sog. Vorhabenbezogenheit als

Auslegungshilfe dient letztlich nur dazu, den Anforderungen an die Bestimmtheit der Erklärung zu genügen. In einem wesentlichen Punkt zur Frage der Abwälzung von verwaltungsinternen Kosten schafft das Bundesverwaltungsgericht (Urteil v. 25.11.2005 – 4 C 15.04 –, Nr. 212) Klarheit: In einem städtebaulichen Vertrag nach § 11 Abs. 1 Satz 2 Nr. 3 BauGB darf vereinbart werden, dass der Vertragspartner auch die verwaltungsinternen Kosten (Personal- und Sachkosten) zu tragen hat, die der städtebaulichen Planung einer Gemeinde zuzurechnen sind; ausgenommen hiervon sind Kosten für Aufgaben, die die Gemeinde nicht durch Dritte erledigen lassen dürfte, sondern durch eigenes Personal wahrnehmen muss. Das Gericht verweist darauf, dass die gemeindlichen Bediensteten – hätten sie nicht am Bebauungsplanverfahren zugunsten des Investors gearbeitet – ansonsten andere Dienstleistungen erbracht hätten und die sachlichen Mittel anders hätten eingesetzt werden können. Eine pragmatische Begründung, die nicht immer die Verwaltungswirklichkeit treffen muss.

Ich danke wieder den Kollegen aus den Gerichten, den Mitarbeitern von Behörden und den Rechtsanwälten, die mit der Überlassung von Entscheidungen und Anregungen zu dem Sammelband beigetragen haben. Besonders danke ich meiner Ehefrau Marita Upmeier, die mir bei der aufwändigen Fertigung der Register und Verzeichnisse hilfreich zur Seite gestanden hat.

Münster, im September 2006
Hans-Dieter Upmeier

Gesamtübersicht

BAURECHTSSAMMLUNG (BRS)

Band 1 Teil A: Entscheidungen der VGH, OVG und LVG im Bundesgebiet 1945–1950

  Teil B: Rechtsprechungsübersicht VGH, OVG und LVG 1945 bis 1950

  Teil C: Rechtsprechungsübersicht PrOVG und RVG bis 1945

  Teil D: Ausgewählte Entscheidungen des PrOVG und RVG bis 1945

Band 2 Entscheidungen des VGH, OVG und LVG 1951/52

Band 3 Entscheidungen des BVerwG, der VGH, OVG und LVG 1953

Band 4 Entscheidungen des BVerwG, der VGH, OVG und LVG 1954/55 nach Leitsätzen

Band 5 (Ergänzungsband) Rechtsprechungsübersicht 1945–1955

Band 6 Entscheidungen des BVerwG, der VGH, OVG und LVG 1956

Band 7 Entscheidungen des BVerwG, der VGH, OVG und LVG 1957

Band 8 Entscheidungen des BVerwG, der VGH, OVG und LVG 1958

Band 9 Entscheidungen des BVerwG, der VGH, OVG und LVG 1959

Band 10 (Ergänzungsband) Rechtsprechungsübersicht 1955–1960

Band 11 Entscheidungen des BVerwG, der VGH, OVG und LVG 1960

Band 12 Entscheidungen des BGH, der Baulandkammern und -senate, des BVerwG, der VGH, OVG und LVG 1961

Band 13 Entscheidungen des BGH, der Baulandkammern und -senate, des BVerwG, der VGH, OVG und LVG 1962

Band 14 Entscheidungen des BVerwG, der VGH, OVG, VG sowie der BauLG und des BGH 1962/63

Band 15 Entscheidungen des BVerwG, der VGH und OVG 1964

Band 16 Entscheidungen des BVerwG, der VGH und OVG 1965

Band 17 Entscheidungen des BVerwG, der VGH und OVG 1966

Band 18 Entscheidungen des BVerwG, der VGH und OVG 1967

Band 19 Sonderband der Rechtsprechung über die Enteignung und die Enteignungsentschädigung

Band 20 Entscheidungen des BVerwG, der VGH und OVG 1968

Band 21 Registerband für die Rechtsprechung 1964 bis 1968

Inhaltsübersicht

Inhaltsverzeichnis

A. Rechtsprechung zum Bauplanungsrecht

I. Bauleitplanung

1. Inhalt und Aufstellung der Bauleitpläne

II. Zulässigkeit von Bauvorhaben

1. Im Geltungsbereich eines Bebauungsplanes

D. Rechtsprechung zu Maßnahmen der Baubehörden

Zusammenstellung der abgedruckten
Entscheidungen nach Gerichten in Zeitfolge

Abkürzungsverzeichnis

a. A.	anderer Ansicht
a. a. O.	am angegebenen Ort
ABl.	Amtsblatt
Abs.	Absatz
Abschn.	Abschnitt
AgrarR	Agrarrecht
a. E.	am Ende
AEG	Allgemeines Eisenbahngesetz
a. F.	alte Fassung
AG	Amtsgericht
AG VwGO	Ausführungsgesetz zur VwGO
amtl.	amtlich
Amtsbl.	Amtsblatt
ÄndG	Änderungsgesetz
Anm.	Anmerkung
AöR	Archiv des öffentlichen Rechts (Zeitschrift)
Art.	Artikel
AS	Amtliche Sammlung der Entscheidungen der OVG Rheinland-Pfalz und Saarland
ASOG	Allgemeines Gesetz zum Schutze der öffentlichen Sicherheit und Ordnung in Berlin
AtG	Gesetz über die friedliche Nutzung der Kernenergie und den Schutz gegen ihre Gefahren (Atomgesetz)
AufbG	Aufbaugesetz
Aufl.	Auflage
Bad.-Württ.	Baden-Württemberg
BauGB	Baugesetzbuch
BauGB-MaßnahmenG	Maßnahmengesetz zum Baugesetzbuch
BauNVO	Verordnung über die bauliche Nutzung der Grundstücke (Baunutzungsverordnung)
BauO	Bauordnung
BauO Bln	Berliner Bauordnung
BauO NRW	Bauordnung für das Land Nordrhein-Westfalen
BauR	Baurecht, Zeitschrift für das gesamte öffentliche und zivile Baurecht
BauROG	Bau- und Raumordnungsgesetz
BauZVO	Bauplanungs- und Zulassungsverordnung
BayBO	Bayerische Bauordnung
BayDSchG	Denkmalschutzgesetz in Bayern
BayGO	Gemeindeordnung in Bayern
BayNatSchG	Naturschutzgesetz in Bayern
BayObLG	Bayerisches Oberstes Landesgericht
BayVBl.	Bayerische Verwaltungsblätter
BayVerfGH	Bayerischer Verfassungsgerichtshof

BayVGH	Bayerischer Verwaltungsgerichtshof
BayVwVfG	Verwaltungsverfahrensgesetz in Bayern
BayWG	Wassergesetz in Bayern
BBauG	Bundesbaugesetz
BBergG	Bundesberggesetz
Bbg	Brandenburg
BBodSchG	Bundesbodenschutzgesetz
Bd.	Band
Bek.	Bekanntmachung
Berl. Komm.	Berliner Kommentar zum BauGB
Beschl.	Beschluß
BGB	Bürgerliches Gesetzbuch
BGBl.	Bundesgesetzblatt
BGH	Bundesgerichtshof
BGHR-BGB	Rechtsprechung des Bundesgerichtshofs Zivilsachen
BGHZ	Entscheidungen des BGH in Zivilsachen
BImSchG	Bundes-Immissionsschutzgesetz
4. BImSchV	Vierte Verordnung zur Durchführung des BImSchG (Verordnung über genehmigungsbedürftige Anlagen)
16. BImSchG	Sechzehnte Verordnung zur Durchführung des BImSchG (Verkehrslärmschutzverordnung)
18. BImSchV	Achtzehnte Verordnung zur Durchführung des BImSchG (Sportanlagenlärmschutzverordnung)
BKleingG	Bundeskleingartengesetz
Bln	Berlin
BNatSchG	Bundesnaturschutzgesetz
BremLBO	Bremische Landesbauordnung
BRS	Baurechtssammlung (Thiel bis Bd. 14, Gelzer ab Bd. 15 bis Bd. 55)
BSHG	Bundessozialhilfegesetz
BT-Drucks.	Bundestagsdrucksache
Buchholz	Sammel- und Nachschlagewerk der Rechtsprechung des BVerwG, herausgegeben von Karl Buchholz
Buchst.	Buchstabe
BV	Verfassung des Freistaates Bayern
BVerfG	Bundesverfassungsgericht
BVerfGE	Entscheidungen des Bundesverfassungsgerichts
BVerwG	Bundesverwaltungsgericht
BWGZ	Baden-Württembergische Gemeindezeitschrift
dB(A)	Dezibel des A-Schallpegel
DIN	Deutsche Industrienorm
DÖV	Die Öffentliche Verwaltung, Zeitschrift
Drucks.	Drucksache
DSchG	Denkmalschutzgesetz
DVBl.	Deutsches Verwaltungsblatt
DVO	Durchführungsverordnung
DWW	Deutsche Wohnungswirtschaft (Zeitschrift)

E	Entscheidung, Entscheidungssammlung
EEG	Gesetz über den Vorrang erneuerbarer Energien
EG	Europäische Gemeinschaft
EG BGB	Einführungsgesetz zum BGB
EG ZVG	Einführungsgesetz zum Zwangsversteigerungsgesetz
ESVGH	Entscheidungssammlung des Hessischen und des Württembergisch-Badischen Verwaltungsgerichtshofes
EuGH	Europäischer Gerichtshof
EWG	Europäische Wirtschaftsgemeinschaft
FFH-Richtlinie	Fauna-Flora-Habitat-Richtlinie
Fn.	Fußnote
FOC	Fatory-Outlet-Center
FS	Festschrift
FStrG	Bundesfernstraßengesetz
GastG	Gaststättengesetz
GaVO (GarVO)	Garagenverordnung in Nordrhein-Westfalen
GBl.	Gesetzblatt
GE	Gewerbegebiet
GemO (GO)	Gemeindeordnung
GesBl.	Gesetzblatt
GewArch.	Gewerbearchiv
GFZ	Geschoßflächenzahl
GG	Grundgesetz für die Bundesrepublik Deutschland
GI	Industriegebiet
GKG	Gerichtskostengesetz
GMBl.	Gemeinsames Ministerialblatt
GRZ	Grundflächenzahl
GVBl.	Gesetz- und Verordnungsblatt
GV NW	Gesetz- und Verordnungsblatt Nordrhein-Westfalen
GVOBl.	Gesetz- und Verordnungsblatt
HBauO	Hamburgische Bauordnung
HBO	Hessische Bauordnung
HDSchG	Denkmalschutzgesetz in Hessen
HeNatG	Hessisches Naturschutzgesetz
HessVerwRspr	Rechtsprechung des Hessischen Verwaltungsgerichtshofes
HessVGH	Hessischer Verwaltungsgerichtshof
HGO	Gemeindeordnung in Hessen
HS	Halbsatz
HSOG	Gesetz über die öffentliche Sicherheit und Ordnung in Hessen
HVwVfG	Verwaltungsverfahrensgesetz in Hessen
i. d. F.	in der Fassung
InvWoBaulG (IWG)	Investitionserleichterungs- und Wohnbaulandgesetz
i. S.	im Sinne
i. V. m.	in Verbindung mit

JR	Juristische Rundschau
Komm.	Kommentar
KrW-/AbfG	Kreislaufwirtschaft- und Abfallgesetz
LBauO	Landesbauordnung
LBG	Landbeschaffungsgesetz
LBO	Landesbauordnung
LBO Bad.-Württ.	Landesbauordnung Baden-Württemberg
LBO (LBauO) Rh.-Pf.	Landesbauordnung Rheinland-Pfalz
LBO Saarl.	Landesbauordnung des Saarlandes
LBO Schl.-H.	Landesbauordnung Schleswig-Holstein
Lfg.	Lieferung
LG	Landgericht
LG NW	Gesetz zur Sicherung des Naturhaushalts und zur Entwicklung der Landschaft (Landschaftsgesetz, Nordrhein-Westfalen)
LKV	Landes- und Kommunalverwaltung, Zeitschrift
LPflG	Landespflegegesetz
LPlG	Landesplanungsgesetz
LS	Leitsatz
LSchVO	Landschaftsschutzverordnung
MBl.	Ministerialblatt
MD	Dorfgebiet
MDR	Monatsschrift für Deutsches Recht
Meckl.-Vorp.	Mecklenburg-Vorpommern
MI	Mischgebiet
MK	Kerngebiet
m. w. N.	mit weiteren Nachweisen
NatSchG	Naturschutzgesetz
NBauO	Niedersächsische Bauordnung
NdS	Niedersachsen
NdsVwVfG	Verwaltungsverfahrensgesetz in Niedersachsen
NGO	Gemeindeordnung in Niedersachsen
NJW	Neue Juristische Wochenschrift
NordÖR	Zeitschrift für öffentliches Recht in Norddeutschland
Nr.	Nummer
NROG	Niedersächsisches Gesetz zur Raumordnung und Landesplanung
NRW	Nordrhein-Westfalen
NSOG	Gesetz über die öffentliche Sicherheit und Ordnung in Niedersachsen
NuR	Natur und Recht, Zeitschrift
n. v.	nicht veröffentlicht
NVwZ	Neue Zeitschrift für Verwaltungsrecht
NVwZ-RR	NVwZ-Rechtsprechungsreport
NW	Nordrhein-Westfalen
NWG	Wassergesetz in Niedersachsen
NWVBl.	Nordrhein-Westfälische Verwaltungsblätter

OBG	Ordnungsbehördengesetz
OLG	Oberlandesgericht
OVG	Oberverwaltungsgericht
OVGE	Entscheidungen der Oberverwaltungsgerichte Münster (und Lüneburg)
OWiG	Gesetz über Ordnungswidrigkeiten
PBauE	Entscheidungssammlung zum Bauplanungsrecht
RAS-L	Richtlinie für die Anlage von Straßen-Linienführung
RdErl.	Runderlaß
RdL	Recht der Landwirtschaft (Zeitschrift)
Rdnr.	Randnummer
RGRK	Kommentar zum BGB, herausgegeben von Reichsgerichtsräten und Bundesrichtern
RGZ	Entscheidungen des Reichsgerichts in Zivilsachen
Rh.-Pf.	Rheinland-Pfalz
ROG	Raumordnungsgesetz
Rs.	Rechtssache
S.	Seite oder Satz
Saarl.	Saarland
SachsAnh	Sachsen-Anhalt
Sächs. OVG	Sächsisches Oberverwaltungsgericht
SächsBO	Sächsische Bauordnung
Schl.-H.	Schleswig-Holstein
Slg.	Sammlung
SMBl.	Sammlung des Ministerialblattes
SO	Sondergebiet
SOG	Gesetz über die öffentliche Sicherheit und Ordnung
StBauFG	Städtebauförderungsgesetz
StrG	Straßengesetz
StrWG	Straßen- und Wegegesetz
StVO	Straßenverkehrsordnung
SVwVfG	Verwaltungsverfahrensgesetz im Saarland
TA Abfall	Zweite allgemeine Verwaltungsvorschrift zum Abfallgesetz
TA Lärm	Technische Anleitung zum Schutz gegen Lärm
Thür.	Thüringen
TKZulV	Telekommunikationszulassungsverordnung
Tz	Textziffer
UA	Urteilsabdruck
UMTS	Universal Mobil Telecommunications System
UPR	Umwelt- und Planungsrecht (Zeitschrift)
Urt.	Urteil
UVP	Umweltverträglichkeitsprüfung
VBlBW	Verwaltungsblätter für Baden-Württemberg
VDI	Verein Deutscher Ingenieure
VENSA	Verwaltungsgerichtliche Entscheidungs- und Urteilssammlung des VGH Baden-Württemberg

VerfGH	Verfassungsgerichtshof
VerwArch.	Verwaltungsarchiv
VG	Verwaltungsgericht
VGH	Verwaltungsgerichtshof
VGH Bad.-Württ.	Verwaltungsgerichtshof Baden-Württemberg
VGH n. F.	Amtliche Sammlung von Entscheidungen des Bayerischen Verwaltungsgerichtshofes, neue Folge
vgl.	vergleiche
VO	Verordnung
Vorbem.	Vorbemerkung
VwGO	Verwaltungsgerichtsordnung
VwVfG	Verwaltungsverfahrensgesetz des Bundes und entsprechende Ländergesetze
VwVG	Verwaltungsvollstreckungsgesetz und entsprechende Ländergesetze
VwZG	Verwaltungszustellungsgesetz und entsprechende Ländergesetze
WA	Allgemeines Wohngebiet
WaStrG	Bundeswasserstraßengesetz
WB	Besonderes Wohngebiet
WEA	Windenergieanlage
WEG	Wohnungseigentumsgesetz
WG	Landeswassergesetz
WHG	Gesetz zur Ordnung des Wasserhaushaltes
WiVerw	Wirtschaft und Verwaltung
WM	Wertpapier-Mitteilungen
WR	Reines Wohngebiet
WRV	Weimarer Reichsverfassung
WS	Kleinsiedlungsgebiet
ZfBR	Zeitschrift für deutsches und internationales Baurecht
Ziff.	Ziffer
ZMR	Zeitschrift für Miet- und Raumrecht
ZPO	Zivilprozeßordnung
z. T.	zum Teil
ZUR	Zeitschrift für Umweltrecht
z. Zt.	zur Zeit

A. Rechtsprechung zum Bauplanungsrecht

I. Bauleitplanung

1. Inhalt und Aufstellung der Bauleitpläne

Nr. 1

1. § 1 Abs. 3 Satz 2 BauGB verbietet es der Gemeinde nicht nur gegenüber einem privaten Dritten, sondern auch gegenüber anderen Gebietskörperschaften, sich zur Aufstellung oder Nichtaufstellung eines Bebauungsplans zu verpflichten.

2. Zur Revisibilität der Frage, ob § 24 Abs. 3 LEPro NRW ein Ziel der Raumordnung enthält.

3. Für die Abstimmung eines Bauleitplans mit den benachbarten Gemeinden verlangt das BauGB nicht die Einschaltung eines Moderators.

(Zu 3. nicht amtlicher Leitsatz.)

BauGB §§ 1 Abs. 3 Satz 1 und 2, Abs. 4, 2 Abs. 2, 4, 6, 214 Abs. 1; BauNVO §§ 7, 11 Abs. 3; ROG § 3 Nr. 2; VwGO §§ 11, 12 Abs. 1; LEPro NRW § 24 Abs. 3.

Bundesverwaltungsgericht, Beschluss vom 28. Dezember 2005 – 4 BN 40.05 –.

Aus den Gründen:

1. Die Beschwerde möchte in einem Revisionsverfahren rechtsgrundsätzlich geklärt wissen, ob ein schwerwiegender Fehler (Befangenheit des Moderators) im Rahmen eines Moderationsverfahrens, das zur Durchführung der interkommunalen Abstimmung gemäß § 2 Abs. 2 BauGB i. V. m. § 4 BauGB erfolgt, zu einem beachtlichen Verfahrensfehler gemäß § 214 Abs. 1 Satz 1 BauGB a. F. bzw. zu einem beachtlichen Abwägungsfehler führt. Diese Frage bedarf nicht der Klärung in einem Revisionsverfahren. Dass ein Fehler im Rahmen eines Moderationsverfahrens, das bei der Aufstellung eines Bauleitplans – wie hier – zusätzlich zum gesetzlich vorgesehenen Beteiligungsverfahren (§§ 3, 4, 4 a BauGB) durchgeführt wird, kein gemäß § 214 Abs. 1 Satz 1 Nr. 1 BauGB i. d. F. des Bau- und Raumordnungsgesetzes 1998 – BauROG – vom 18. 8. 1997 (BGBl. I, 2081) beachtlicher Verfahrensfehler ist, ergibt sich unmittelbar aus dem Gesetz. § 214 Abs. 1 BauGB i. d. F. des BauROG regelt – ebenso wie § 214 Abs. 1 BauGB i. d. F. des Europarechtsanpassungsgesetzes Bau vom 24. 6. 2004 (BGBl. I, 1359) – die Beachtlichkeit einer Verletzung von „Verfahrens- und Formvorschriften dieses Gesetzbuchs". Ob das Gebot, Bauleitpläne benachbarter Gemeinden aufeinander abzustimmen (§ 2 Abs. 2 BauGB), als Verfahrensvorschrift im Sinne dieser Vorschrift anzusehen ist, kann dahinstehen. Denn jedenfalls verlangt das BauGB nicht, für die Abstim-

mung eines Bauleitplans mit den benachbarten Gemeinden einen Moderator einzuschalten. Selbst gewählte Vorgaben für ein nach dem Baugesetzbuch nicht erforderliches Moderationsverfahren, das zum Zwecke der interkommunalen Abstimmung zusätzlich zum gesetzlich vorgesehenen Beteiligungsverfahren durchgeführt wird, sind keine Verfahrensvorschriften i. S. des § 214 Abs. 1 BauGB.

Ist in einem solchen Moderationsverfahren der Moderator befangen, führt dies auch nicht automatisch zu einem Abwägungsfehler. Das ergibt sich ohne Weiteres aus der Rechtsprechung des Senats zum Abwägungsgebot. Nach dieser Rechtsprechung ist das Gebot gerechter Abwägung nur verletzt, wenn eine sachgerechte Abwägung überhaupt nicht stattfindet, wenn in die Abwägung an Belangen nicht eingestellt wird, was nach Lage der Dinge in sie eingestellt werden muss, wenn die Bedeutung der betroffenen privaten Belange verkannt oder wenn der Ausgleich zwischen den von der Planung berührten öffentlichen Belangen in einer Weise vorgenommen wird, der zur objektiven Gewichtigkeit einzelner Belange außer Verhältnis steht; innerhalb des so gezogenen Rahmens wird das Abwägungsgebot nicht verletzt, wenn sich die zur Planung berufene Gemeinde in der Kollision zwischen verschiedenen Belangen für die Bevorzugung des einen und damit notwendig für die Zurückstellung eines anderen entscheidet (vgl. Urteile v. 12. 12. 1969 – 4 C 105.66 –, BVerwGE 34, 301, 309 = BRS 22 Nr. 4 = BauR 1970, 31, und v. 5. 7. 1974 – 4 C 50.72 –, BVerwGE 45, 309, 314 f. = BRS 28 Nr. 4 = BauR 1974, 311). Die Befangenheit eines Moderators kann hiernach zu einem Abwägungsfehler nur führen, wenn die Gemeinde auf Grund der Befangenheit des Moderators bestimmte abwägungserhebliche Belange nicht oder jedenfalls nicht mit dem ihnen objektiv zukommenden Gewicht in die Abwägung einstellt. Einen solchen Zusammenhang zwischen dem Moderationsverfahren und der Abwägung der öffentlichen und privaten Belange durch den Rat der Antragsgegnerin zeigt die Beschwerde im Übrigen nicht auf.

2. Die von der Beschwerde als rechtsgrundsätzlich bezeichnete Frage, ob die Steuerung der Ansiedlung großflächiger Einzelhandelsbetriebe durch interkommunale Vereinbarungen mit planungsrechtlichen Bindungen zulässig sein kann oder ob diese grundsätzlich gegen die gemeindliche Planungshoheit und gegen § 2 Abs. 3 BauGB a. F. (§ 1 Abs. 3 Satz 2 BauGB n. F.) verstoßen, würde sich in dieser Allgemeinheit in dem erstrebten Revisionsverfahren nicht stellen. Entscheidungserheblich wäre nur die vom Oberverwaltungsgericht verneinte Frage, ob eine Gemeinde auf ihr Planungsrecht verzichten kann, indem sie sich gegenüber anderen Gebietskörperschaften ungeachtet zukünftiger Planungsbedürfnisse dauerhaft verpflichtet, einen bestehenden Bebauungsplan nicht zu ändern. Dass das Oberverwaltungsgericht diese Frage zu Recht verneint hat, ergibt sich unmittelbar aus dem Gesetz und der hierzu ergangenen Rechtsprechung des Senats. Gemäß § 1 Abs. 3 Satz 2 BauGB besteht auf die Aufstellung von Bauleitplänen und städtebaulichen Satzungen kein Anspruch; ein Anspruch kann auch nicht durch Vertrag begründet werden. Nach der Rechtsprechung des Senats kann sich eine Gemeinde weder zu einem bauplanungsrechtlichen Tun noch – spiegelbildlich – zu einem Unterlassen verpflichten (vgl. Urteil v. 29. 5. 1981 – 4 C 72.78 –,

BRS 38 Nr. 5 = BauR 1982, 30 = Buchholz 406.11 § 1 BBauG Nr. 22; zustimmend: Bielenberg, in: Ernst/Zinkahn/Bielenberg, BauGB, Band 1, Stand März 1998, § 2 Rdnr. 78 f.; Gierke, in: Brügelmann, Kommentar zum BauGB, Stand Januar 2000, § 1 Rdnr. 214; Schrödter, BauGB, 6. Aufl. 1998, § 2 Rdnr. 50). Eine Gemeinde darf sich durch ihr nach außen handelndes Organ der Gemeindeverwaltung nicht auf einen Bebauungsplan mit einem bestimmten Inhalt festlegen, weil sie dadurch der kommunal rechtlich zuständigen, aus demokratischen Wahlen hervorgegangenen Vertretungskörperschaft das Recht beschnitte, frei und unvoreingenommen darüber zu entscheiden, welche städtebauliche Entwicklung und Ordnung (§ 1 Abs. 3 BauGB) im Gemeindegebiet verwirklicht werden soll (vgl. Urteil v. 25. 11. 2005 – 4 C 15.04 –, BauR 2006, 649). § 1 Abs. 3 Satz 2 BauGB verbietet es der Gemeinde nicht nur gegenüber einem privaten Dritten, sondern auch gegenüber anderen Gebietskörperschaften, sich zur Aufstellung oder Nichtaufstellung eines Bauleitplans zu verpflichten. Dieses Verbot wird durch das interkommunale Abstimmungsgebot (§ 2 Abs. 2 BauGB) nicht modifiziert. Das interkommunale Abstimmungsgebot stellt sich als eine besondere Ausprägung des Abwägungsgebots dar (vgl. Urteil v. 1. 8. 2002 – 4 C 5.01 –, BVerwGE 117, 25, 32 = BRS 65 Nr. 10 = BauR 2003, 55). Die Bedeutung des § 2 Abs. 2 BauGB im Rahmen des allgemeinen Abwägungsgebots liegt darin, dass eine Gemeinde, die ihre eigenen Vorstellungen selbst um den Preis von gewichtigen Auswirkungen für die Nachbargemeinde durchsetzen möchte, einem erhöhten Rechtfertigungszwang in Gestalt der Pflicht zur (formellen und materiellen) Abstimmung im Rahmen einer förmlichen Planung unterliegt (Urteil v. 1. 8. 2002, a. a. O., S. 33). Die Pflicht, einen Bebauungsplan mit den betroffenen benachbarten Gemeinden abzustimmen, setzt voraus, dass die Gemeinde gemäß § 1 Abs. 3 Satz 1 BauGB überhaupt befugt ist, sobald und soweit es für die städtebauliche Entwicklung und Ordnung erforderlich ist, einen Bebauungsplan aufzustellen oder einen bestehenden Bebauungsplan zu ändern. Auf diese Befugnis kann eine Gemeinde auch gegenüber anderen Gebietskörperschaften nicht verzichten. . . .

4. Die Annahme des Oberverwaltungsgerichts, im Hinblick auf § 24 Abs. 3 LEPro NRW liege ein Verstoß gegen die Pflicht, den Bebauungsplan den Zielen der Raumordnung anzupassen (§ 1 Abs. 4 BauGB) nicht vor, muss nach Auffassung der Beschwerde aus sämtlichen in § 132 Abs. 2 VwGO genannten Gründen zur Zulassung der Revision führen. Das Oberverwaltungsgericht hat einen Verstoß gegen § 1 Abs. 4 BauGB im Hinblick auf § 24 Abs. 3 LEPro NRW mit doppelter Begründung verneint: § 24 Abs. 3 LEPro NRW enthalte kein Ziel der Raumordnung. Selbst wenn die Vorschrift als Ziel der Raumordnung zu qualifizieren sei, enthalte sie kein absolutes Verbot der Ausweisung von Kern- und Sondergebieten für Einkaufszentren an sog. nicht integrierten Standorten. Im atypischen Einzelfall könne die Errichtung eines Einkaufszentrums städtebaulich in Übereinstimmung mit den Zielen der Raumordnung gerechtfertigt sein, auch wenn den Vorgaben des § 24 Abs. 3 LEPro NRW nicht vollen Umfangs genügt sei. Eine solche Sondersituation im Sinne eines atypischen Einzelfalls sei hier gegeben. Ist ein Urteil auf mehrere, jeweils selbstständig tragende Begründungen gestützt, kann eine Beschwerde nach

§ 132 Abs. 2 VwGO nur Erfolg haben, wenn ein Zulassungsgrund bei jedem der Urteilsgründe zulässig vorgetragen und gegeben ist (vgl. Beschluss v. 19. 8. 1997 – 7 B 261.97 –, NJW 1997, 3328). Die Beschwerde richtet sich gegen beide Urteilsgründe. Die zur Verneinung der Zielqualität erhobenen Rügen greifen jedoch nicht durch. Den in Bezug auf die Bejahung eines atypischen Einzelfalls geltend gemachten Revisionszulassungsgründen ist deshalb nicht weiter nachzugehen.

In Bezug auf den ersten Urteilsgrund möchte die Beschwerde in dem erstrebten Revisionsverfahren rechtsgrundsätzlich geklärt wissen, ob Soll-Vorschriften des Raumordnungsrechts wie alle anderen Soll-Vorschriften dahingehend ausgelegt werden müssen, dass bei Vorliegen von atypischen Fallumständen die Behörde nach pflichtgemäßem Ermessen anders verfahren darf, ob Soll-Vorschriften des Raumordnungsrechts regelmäßig eine Regel-Ausnahme-Struktur aufweisen und ob die entsprechende Vorschrift des § 24 Abs. 3 LEPro NRW eine über § 1 Abs. 4 BauGB zu beachtende Zielqualität aufweist, die auch nicht durch einen (angeblich vorliegenden) Ausnahmetatbestand überspielt werden kann.

Die beiden zuerst genannten Fragen würden sich in dem Revisionsverfahren nicht stellen. Das Oberverwaltungsgericht hat § 24 Abs. 3 LEPro NRW die Qualität eines Ziels i. S. des § 3 Nr. 2 ROG nicht nur abgesprochen, weil die Planaussage als Soll-Vorschrift formuliert ist und die Fallgestaltungen, bei denen die Regelvorgaben der Vorschrift nicht gelten sollen, nicht hinreichend bestimmt oder bestimmbar seien; es hat die Zielqualität des § 24 Abs. 3 LEPro NRW selbstständig tragend auch deshalb verneint, weil die Planaussage im Hinblick auf die im Gesetz enthaltenen Voraussetzungen des Regelfalls den Anforderungen an das Bestimmtheitsgebot nicht genüge. Die Vorschrift konkretisiere nicht hinreichend, wann die Nutzungen der angestrebten zentralörtlichen Gliederung und der Sicherung der jeweiligen Versorgungsaufgabe „entsprechen". Es bleibe unklar, ob etwa von der Versorgungsaufgabe der zentralörtlichen Stufe für ihren Verflechtungsbereich auszugehen oder ob insoweit allein auf das Gemeindegebiet des jeweiligen zentralen Ortes abzustellen sei. Es gebe keine Bestimmungsmerkmale dafür, welche Zentralitätsstufe eine Gemeinde aufweisen müsse, um von einer Übereinstimmung zwischen einem geplanten Einzelhandelsvorhaben bestimmter Größenordnung und der Belegenheitsgemeinde sprechen zu können. Ebenfalls unbestimmt sei die Entsprechung zur „angestrebten zentralörtlichen Gliederung", wenn es – wie hier – um die Festsetzung eines Kerngebiets und die in ihm zulässigen Nutzungen gehe, da in einem Kerngebiet nach § 7 Abs. 2 BauNVO vielfältige Nutzungen allgemein zulässig seien. Soweit das Oberverwaltungsgericht die Zielqualität des § 24 Abs. 3 LEPro NRW verneint, weil der Regelfall nicht ausreichend bestimmt sei, macht die Beschwerde Gründe für die Zulassung der Revision nicht geltend.

Die Frage, ob § 24 Abs. 3 LEPro NRW Zielqualität zukommt, könnte in einem Revisionsverfahren nicht geklärt werden. Das LEPro NRW gehört dem irrevisiblen Landesrecht an, dessen Auslegung und Anwendung nach § 560 ZPO i. V. m. § 173 VwGO der revisionsgerichtlichen Kontrolle entzogen ist (vgl. Urteil v. 18. 9. 2003 – 4 CN 20.02 –, BVerwGE 119, 54, 57). Ob eine Planaussage Zielqualität hat, ist zwar vom Bundesrecht her zu beurteilen, das auf den Zielbegriff nicht nur im Raumordnungsgesetz, sondern auch in der für die Bauleitplanung bedeutsamen Vorschrift des § 1 Abs. 4 BauGB abhebt (vgl. Urteil v. 18. 9. 2003, a. a. O.). Wird mit der Nichtzulassungsbeschwerde die Nichtbeachtung von Bundesrecht bei der Auslegung und Anwendung von Landesrecht gerügt, so ist näher darzulegen, inwieweit der bundesrechtliche Maßstab seinerseits entscheidungserhebliche ungeklärte Fragen von grundsätzlicher Bedeutung aufwirft (vgl. Beschlüsse v. 9. 10. 1997 – 6 B 42.97 –, Buchholz 406. 39 Denkmalschutzrecht Nr. 8, und v. 1. 9. 1992 – 2 NB 1.92 –, Buchholz 230 § 127 BRRG Nr. 53). Entscheidungserhebliche Fragen zur Auslegung von § 3 Nr. 2 ROG, § 1 Abs. 4 BauGB im Hinblick auf die Bestimmtheitsanforderungen an die Regelvorgaben des § 24 Abs. 3 LEPro NRW wirft die Beschwerde – wie dargelegt – nicht auf.

Als Verfahrensmangel rügt die Beschwerde, dass das Normenkontrollgericht von der Rechtsprechung des 7. Senats des Oberverwaltungsgerichts, dass § 24 Abs. 3 LEPro NRW ein Ziel der Raumordnung enthalte, abgewichen sei, ohne die Rechtsfrage gemäß § 12 Abs. 1 i. V. m. § 11 VwGO dem Großen Senat des Oberverwaltungsgerichts zur Entscheidung vorzulegen. Hierzu war das Oberverwaltungsgericht schon deshalb nicht verpflichtet, weil die Frage, ob § 24 Abs. 3 LEPro NRW ein Ziel der Raumordnung enthält, nach seiner – für das Vorliegen eines Verfahrensfehlers maßgebenden (vgl. Urteil v. 25. 3. 1987 – 6 C 10.84 –, Buchholz 310 § 108 VwGO Nr. 183; st. Rspr.) – Rechtsauffassung nicht entscheidungserheblich war. ...

7. ... Schließlich würden sich auch die Fragen, wie hoch die Relevanzschwelle der rechtserheblichen Beeinträchtigungen nachbargemeindlicher Belange durch die Umverteilung im Einzelhandel ist, ob es eine in Prozenten auszudrückende Schwelle für eine zulässige bzw. unzulässige Kaufkraftabschöpfung gibt und nach welchen Indikatoren sie zu bestimmen ist, ob dafür ausschließlich die Beeinträchtigungen bezogen auf das Gesamtgebiet der Nachbargemeinde ausschlaggebend sind oder ob die relevante Beeinträchtigung auf die nachteilig betroffenen Stadtteilzentren bezogen werden muss, in dem Revisionsverfahren nicht stellen. Das Oberverwaltungsgericht hat die städtebaulichen Auswirkungen der Planung auf die Nachbargemeinden nicht als zumutbar angesehen, weil die Umsatzumverteilung bezogen auf das gesamte Gemeindegebiet eine Relevanzschwelle von 5 % nicht überschreite. Es hat vielmehr festgestellt, dass die von der GMA prognostizierten Umsatzumverteilungseffekte nicht für das gesamte Gemeindegebiet, sondern für alle untersuchten Einkaufsbereiche, d. h. für die Innenstadt und ggf. auch für die Stadtteilzentren der Kerneinzugszone II, deutlich unter 5 % liegt. Bei Umverteilungseffekten in dieser Größenordnung sei eine wesentliche Beeinträchtigung der verbrauchernahen Versorgung in den Nachbarkommunen durch eine konkurrenzbedingte Schließung von Einzelhandelsbetrieben nicht zu befürchten. An diese tatrichterliche Würdigung wäre der Senat in einem Revisionsverfahren gemäß § 137 Abs. 2 VwGO gebunden.

Nr. 2

1. **Auf raumordnungsrechtliche Soll-Vorschriften – hier: § 24 Abs. 3 LEPro NRW – sind die Grundsätze anzuwenden, die das BVerwG zum Ziel- oder Grundsatzcharakter von raumordnungsrechtlichen Normen mit Regel-Ausnahme-Struktur entwickelt hat (BVerwG, Urteile vom 17.9.2003 – 4 C 14.01 – und vom 18.9.2003 – 4 CN 20.02 –).**

2. **Raumordnungsrechtliche Soll-Vorschriften können Ziele der Raumordnung i. S. von § 3 Nr. 2 ROG enthalten, sofern auch die Ausnahmefälle, die nicht der Zielbind_ung unterliegen sollen, räumlich und sachlich bestimmt oder jedenfalls bestimmbar sind.**

3. **§ 24 Abs. 3 LEPro NRW enthält keine Ziele der Raumordnung, da er den Anforderungen an das Bestimmtheitsgebot weder im Hinblick auf die Voraussetzungen des gesetzlichen Regelfalls noch im Hinblick auf die Voraussetzungen der möglichen Ausnahmefälle genügt.**

4. **Zur Unwirksamkeit einer Baulast, Verkaufsflächen für ein Einkaufszentrum zu begrenzen.**

(Zu 4. nichtamtlicher Leitsatz.)

ROG § 3 Nr. 2 und 3; LEPro NRW § 24 Abs. 3; BauGB § 1 Abs. 4.

OVG Nordrhein-Westfalen, Urteil vom 6. Juni 2005 – 10 D 145/04.NE – (rechtskräftig), s. Beschluss des BVerwG vom 28.12.2005 – 4 BN 40.85 –, abgedruckt unter Nr. 1.

Die Bezirksregierung D. wandte sich mit einem Normenkontrollantrag gegen die 3. Änderung des Bebauungsplans Nr. 275 A – C.-Allee – der Stadt Oberhausen.

Der Ursprungsbebauungsplan der Antragsgegnerin aus dem Jahre 1993 setzte für das Einkaufszentrum CentrO die Geschoßfläche für solche Bereiche, in denen eine Einzelhandelsnutzung zulässig sein sollte, auf 120 000 m² fest. Anläßlich dieser Planung wurde für den Bereich der Neuen Mitte O. der Gebietsentwicklungsplan von Gewerbe- und Industriegebiet in Wohnsiedlungsbereich geändert. Im Flächennutzungsplan wurde insoweit die Darstellung Kerngebiet aufgenommen. Die Änderung des Gebietsentwicklungsplans (35. Änderung) wurde mit der Maßgabe genehmigt, daß bei der landesplanerischen Anpassung der Bauleitpläne nach § 20 LPlG NRW bestimmte Rahmenbedingungen zu beachten seien. Danach sollte die Verkaufsfläche im geplanten Einkaufszentrum auf maximal 70 000 m² begrenzt und diese Obergrenze öffentlich-rechtlich abgesichert werden. Zur Begrenzung der Verkaufsfläche übernahm die damalige Grundstückseigentümerin eine im Baulastenverzeichnis der Antragsgegnerin eingetragene Baulast. Zur Absicherung gegenüber den Nachbarstädten verpflichtete sich die Antragsgegnerin auf die Baulast nur im Einvernehmen mit diesen zu verzichten. Die Baulast wurde 1993 eingetragen. 1999 wurde die Baulast ohne Beteiligung der Nachbarstädte gelöscht.

Mit der 3. Planänderung schuf der Rat der Stadt O. im Jahre 2004 die Voraussetzungen für eine Erweiterung des Einkaufszentrums CentrO um 30 000 m² Geschoßfläche für den Einzelhandel, um die Attraktivität und Konkurrenzfähigkeit der Neuen Mitte O. zu steigern. Das Planänderungsgebiet wurde als Teil des Stadtgebietes der Antragsgegnerin von den Darstellungen des Landesentwicklungsplans NRW (LEP 1995) erfaßt. Nach den zeichnerischen Darstellungen des LEP 1995 lag das Stadtgebiet der Antragsgegnerin in einem Ballungskern, in dem der Antragsgegnerin die Funktion eines Mittelzentrums zugewiesen war. Der aktuelle Gebietsentwicklungsplan (GEP 99) stellt das

Plangebiet zeichnerisch als Allgemeinen Siedlungsbereich dar. Im textlichen Teil finden sich weitere Aussagen zur Zulässigkeit von Einkaufszentren.

Das OVG lehnte den Normenkontrollantrag ab.

Aus den Gründen:

A.) Der Antrag ist zulässig.

Die Antragstellerin ist antragsbefugt. Nach §47 Abs. 2 Satz 1 VwGO kann einen Normenkontrollantrag jede natürliche oder juristische Person, die geltend macht, durch die Rechtsvorschrift oder deren Anwendung in ihren Rechten verletzt zu sein oder in absehbarer Zeit verletzt zu werden, sowie jede Behörde innerhalb von zwei Jahren nach Bekanntmachung der Rechtsvorschrift stellen.

Für die Antragsbefugnis der Antragstellerin als Behörde ist insoweit ausreichend, daß die angegriffene Norm in ihrem Wirkungsbereich anzuwenden ist. Die Antragstellerin hat als höhere Verwaltungsbehörde den Bebauungsplan sowohl als Widerspruchsbehörde als auch als Fachaufsichtsbehörde zu beachten. Dies begründet ihr berechtigtes Interesse, Klarheit über diejenige objektive Rechtslage zu schaffen, die sich auf ihr Aufgabengebiet auswirken kann und regelmäßig auch auswirken wird (vgl. zur Antragsbefugnis der höheren Verwaltungsbehörde: BVerwG, Beschluß v. 11. 8. 1989 – 4 NB 23.89 –, BRS 49 Nr. 40, unter Bezugnahme auf BVerwG, Beschluß v. 15. 3. 1989 – 4 NB 10.88 –, BRS 49 Nr. 39 = BauR 1989, 573; BayVGH, Urteil v. 16. 11. 1992 – 14 N 91.2258 –, BRS 55 Nr. 19, und Urteil v. 1. 4. 1982 – 15 N 81 A. 1679 –, BRS 39 Nr. 32; OVG NRW, Beschluß v. 31. 3. 1978 – 10a ND 8/77 –, DVBl. 1979, 193 = BRS 33 Nr. 20 = BauR 1978, 209).

Dieses Antragsrecht entfällt mangels Rechtsschutzinteresses hier nicht etwa deshalb, weil die Antragstellerin als zuständige Aufsichtsbehörde die Aufhebung der 3. Änderung des Bebauungsplans Nr. 275 A durch Maßnahmen der kommunalen Rechtsaufsicht selbst erreichen könnte. Es trifft zwar zu, daß die Aufsichtsbehörde den Bürgermeister anweisen kann, Beschlüsse des Rates, die das geltende Recht verletzen, zu beanstanden (§ 119 Abs. 1 Satz 1 GO NRW a. F./§ 122 Abs. 1 Satz 1 GO NRW n. F.). Sie kann ferner solche Beschlüsse, zu denen auch Akte der gemeindlichen Rechtsetzung gehören, nach vorheriger Beanstandung durch den Bürgermeister und nochmaliger Beratung im Rat aufheben. Dieses der Aufsichtsbehörde im Rahmen der Kommunalaufsicht übertragene Beanstandungs- und Aufhebungsrecht vermag jedoch die Befugnis, einen Normenkontrollantrag zu stellen, nicht einzuschränken. Die gesetzlichen Regelungen geben keinen Hinweis darauf, daß die landesrechtlich gegebenen aufsichtsrechtlichen Instrumentarien die Ausübung des bundesrechtlich geregelten behördlichen Antragsrechts nach § 47 VwGO, das eine andere Zielrichtung hat, hindert (so auch BayVGH, Urteil v. 1. 4. 1982 – 15 N 81 A. 1679 –, BRS 39 Nr. 32).

B.) Der Antrag ist jedoch nicht begründet.

I. Die 3. Änderung des Bebauungsplans Nr. 275 A – C.-Allee – leidet nicht an beachtlichen Form- oder Verfahrensfehlern gemäß §§ 214, 215 BauGB in der hier gemäß § 233 Abs. 2 Satz 2 BauGB anzuwendenden, bis zum 19. 7. 2004 geltenden Fassung. (Wird ausgeführt.)

Ein Verfahrens- und/oder Formfehler liegt auch nicht im Zusammenhang mit der Bekanntmachung der Satzung am 20. 9. 2004 vor.

Die Satzung ist wirksam bekannt gemacht worden. Die Förmlichkeiten des in § 2 BekanntmachungsVO NRW geregelten Verfahrens sind eingehalten. Der Oberbürgermeister hat schriftlich bestätigt, daß der Wortlaut der Satzung mit dem Ratsbeschluß übereinstimmt und die Bekanntmachung der Satzung angeordnet. Die Bekanntmachung der Satzung ist gemäß § 4 Bekanntmachungs-VO NRW im Amtsblatt der Antragsgegnerin und zwar in einem Sonderblatt vom 20. 9. 2004 veröffentlicht worden.

Nach § 214 Abs. 1 Satz 1 Nr. 3 BauGB a. F. liegt ein beachtlicher Fehler nur vor, wenn der mit der Bekanntmachung der Satzung verfolgte Hinweiszweck nicht erreicht worden ist. Die Formulierung stellt klar, daß die Wirksamkeit des Bebauungsplans nicht schon dann zu verneinen ist, wenn das Aufstellungsverfahren an irgendeinem Bekanntmachungsfehler leidet, sondern daß es entscheidend darauf ankommt, ob die Bekanntmachung ihren Hinweiszweck erfüllt (vgl. BVerwG, Beschluß v. 22. 12. 2003 – 4 B 66.03 –, NVwZ-RR 2004, 307 = BRS 66 Nr. 48 = BauR 2004, 1129).

Auf die von der Antragstellerin unter Beweis gestellte Tatsache, daß dem Oberbürgermeister nach Satzungsbeschluß und vor Bekanntmachung ihre Weisung, die Satzung nicht bekannt zu machen, zugegangen ist, kommt es ebenso wenig entscheidungserheblich an, wie auf die Frage, ob der Oberbürgermeister treuwidrig einen früheren Zugang der Weisung durch Verschließen des Sitzungssaales verhindert hat. Abgesehen davon, daß der Regierungsvizepräsident von der ihm und der Öffentlichkeit zugänglichen Zuschauerbühne in die Ratssitzung hätte eingreifen können, hätte auch eine rechtmäßige Weisung nicht zu einem beachtlichen Fehler der 3. Änderung des Bebauungsplanes Nr. 275 A geführt. Ein etwaiger Verstoß gegen eine kommunalaufsichtliche Weisung stellt nämlich keinen der in § 214 BauGB a. F. abschließend geregelten beachtlichen Verfahrens- und/oder Formfehler dar. Im übrigen war die Weisung auch rechtswidrig. Soweit sich die Weisung auf § 119 Abs. 1 Satz 1 GO NRW a. F. (= § 122 Abs. 1 Satz 1 GO NRW n. F.) stützt, liegen die Voraussetzungen der Vorschrift nicht vor. Nach dieser kann die Aufsichtsbehörde den Bürgermeister lediglich anweisen, Beschlüsse des Rates, die das geltende Recht verletzen, zu beanstanden. Im übrigen handelt es sich bei der Weisung zur Beanstandung um eine Maßnahme der Rechtskontrolle im Rahmen der repressiven Aufsicht durch die Aufsichtsbehörde und wird der von der Aufsichtsbehörde angewiesene Oberbürgermeister gewissermaßen als deren verlängerter Arm tätig. Die Anweisung ist folglich mangels Außenwirkung kein Verwaltungsakt, sondern stellt lediglich eine innerdienstliche Weisung dar. Sofern der Oberbürgermeister seiner Beanstandungsverpflichtung nicht nachkommt, kann dies ein Dienstvergehen sein, was sich aber nur im Verhältnis zwischen der Aufsichtsbehörde und dem Oberbürgermeister auswirkt.

Schließlich folgt aus den nachstehenden Urteilsgründen, daß die Weisung auch materiell zu Unrecht ergangen ist.

II. Die 3. Änderung des Bebauungsplans Nr. 275 A ist materiell wirksam.

1. Mit ihrer im Zuge des Aufstellungsverfahrens für den Bebauungsplan Nr. 275 A abgegebenen Erklärung vom 16. 3. 1993 hat die Antragsgegnerin nicht – auch nicht partiell – auf ihr Planungsrecht verzichtet.

Mit Erklärung vom 16. 3. 1993 hatte sich die Antragsgegnerin verpflichtet, auf die nach Maßgabe des Beschlusses über die Aufstellung der 35. Änderung des Gebietsentwicklungsplanes (II a) eingetragene Baulast nur im Einvernehmen mit den Städten D., E., M., D., G., B., G. und den Kreisen W. und R. zu verzichten oder diese zu verändern. Mit der am 6. 1. 1993 eingetragenen Baulast hatte die damalige Grundstückseigentümerin die Verpflichtung übernommen, die im Bebauungsplan Nr. 275 A als MK 1.1 festgesetzte Fläche nur so auszunutzen, daß für das dort geplante Einkaufszentrum nicht mehr als 70 000 m² Verkaufsfläche entstehen.

Nach § 2 Abs. 1 Satz 1 BauGB sind die Bauleitpläne von den Gemeinden in eigener Verantwortung aufzustellen. Diese Vorschrift, die Ausfluß des den Gemeinden durch Art. 28 Abs. 2 Satz 1 GG garantierten Selbstverwaltungsrechts und der daraus folgenden Planungshoheit ist, verbietet es, das Ob und Wie künftiger Planungen vertraglich oder durch einseitige Erklärung vom Willen anderer Gebietskörperschaften abhängig zu machen. Die Entscheidung über den Erlaß oder Nichterlaß eines Bebauungsplans hat sich in erster Linie an der städtebaulichen Erforderlichkeit der Planung zu orientieren (§ 1 Abs. 3 BauGB). Sie ist einem gesetzlich bestimmten, mit zahlreichen Sicherungen ausgestatteten Rechtssetzungsverfahren zugewiesen, welches gewährleistet, daß die weitgehend in die planerische Gestaltungsfreiheit der Gemeinde gestellte Bauleitplanung den rechtsstaatlichen Anforderungen an eine angemessene Abwägung und an einen hinreichend durchschaubaren Verfahrensgang gerecht wird. Vertragliche Gestaltungen im Zusammenhang mit der Bauleitplanung dürfen weder an die Stelle der Entwicklungs- und Ordnungsfunktion der Bauleitplanung treten, noch dürfen sie die Planungshoheit zu einer formalen Hülse werden lassen. Eine vertragliche Verpflichtung zur Nichtplanung, insbesondere wenn sie – wie hier – ungeachtet zukünftiger Planungsbedürfnisse auf eine dauerhafte Unterlassung der Planung gerichtet ist, ist danach nicht nur unzulässig, sondern auch unwirksam. Mit dieser Zielrichtung widerspricht die Erklärung ebenso wie die vertragliche Vorwegnahme von Planungsentscheidungen durch gemeindliche Verpflichtung zum Erlaß von Bauleitplänen (§ 2 Abs. 3 BauGB/§ 1 Abs. 3 Satz 2 BauGB n. F.) der Planungshoheit der Gemeinde (vgl. Hess. VGH, Beschluß v. 6. 3. 1985 – 3 N 207/85 –, NVwZ 1985, 839 = BRS 44 Nr. 1 = BauR 1986, 179; Krautzberger, in: Battis/Krautzberger/Löhr, a. a. O., § 1 Rdnr. 114; Gierke, in: Brügelmann, BauGB, Bd. 1, Stand: Oktober 2003, § 1 Rdnr. 214).

2. Auch die städtebauliche Erforderlichkeit der Planung i. S. von § 1 Abs. 3 BauGB ist gegeben. (Wird ausgeführt.)

3. Der Bebauungsplan verstößt nicht gegen § 1 Abs. 4 BauGB, wonach Bauleitpläne an die Ziele der Raumordnung anzupassen sind.

Was als ein Ziel im Sinne des Raumordnungsrechts anzusehen ist, wird durch das Bundes-Raumordnungsgesetz – ROG – bestimmt. Ob eine Planaussage Zielqualität hat, ist allein vom Bundesrecht her zu beurteilen (vgl.

BVerwG, Urteil v. 18. 9. 2003 – 4 CN 20.02 –, BVerwGE 119, 54 = BRS 66 Nr. 5 = BauR 2004, 280).

Nach der Begriffsbestimmung des §3 Nr. 2 ROG sind Ziele der Raumordnung verbindliche Vorgaben in Form von räumlich und sachlich bestimmten oder bestimmbaren, vom Träger der Landes- oder Regionalplanung abschließend abgewogenen textlichen oder zeichnerischen Festlegungen in Raumordnungsplänen zur Entwicklung, Ordnung oder Sicherung des Raums. Den Zielen kommt die Funktion zu, räumlich und sachlich die zur Verwirklichung der Grundsätze der Raumordnung notwendigen Voraussetzungen zu schaffen. In ihnen spiegelt sich bereits eine landesplanerische Abwägung zwischen den durch die Grundsätze der Raumordnung (§3 Nr. 3 ROG) verkörperten unterschiedlichen raumordnerischen Belangen wider. Einer weiteren Abwägung auf einer nachgeordneten Planungsstufe sind sie nicht zugänglich. Die planerischen Vorgaben, die sich ihnen entnehmen lassen, sind verbindlich. Dem für eine Zielfestlegung charakteristischen Erfordernis abschließender Abwägung ist genügt, wenn die Planaussage auf der landesplanerischen Ebene keiner Ergänzung mehr bedarf. Der Plangeber kann es, je nach den planerischen Bedürfnissen, damit bewenden lassen, bei der Formulierung des Planziels Zurückhaltung zu üben und damit den planerischen Spielraum der nachfolgenden Planungsebene schonen. Von einer Zielfestlegung kann allerdings keine Rede mehr sein, wenn die Planaussage eine so geringe Dichte aufweist, daß sie die abschließende Abwägung noch nicht vorwegnimmt.

Erfüllt eine landesplanerische Regelung nicht die vorbeschriebenen inhaltlichen Voraussetzungen, so ist sie kein Ziel der Raumordnung. Anders lautende Bekundungen des Plangebers vermögen eine Planaussage nicht zu einem Ziel erstarken zu lassen (vgl. BVerwG, Urteil v. 18. 9. 2003 – 4 CN 20.02 –, a. a. O.).

Die Ziele der Raumordnung werden in Nordrhein-Westfalen gemäß §11 LPlG NRW (§12 LPlG NRW i. d. F. vom 3. 5. 2005, GV. NRW. S. 430) im Landesentwicklungsprogramm, im Landesentwicklungsplan, in Gebietsentwicklungsplänen (heute Regionalplänen) und in Braunkohleplänen dargestellt.

Der 3. Änderung des Bebauungsplans Nr. 275A steht danach kein Ziel der Raumordnung entgegen, weil die nachfolgend zu prüfenden Regelungen entweder keine bindenden Planungsvorgaben beinhalten oder weil die Planänderung der jeweiligen Vorgabe entspricht.

a) Gemäß §24 Abs. 3 LEPro NRW sollen Kerngebiete sowie Sondergebiete für Einkaufszentren, großflächige Einzelhandelsbetriebe und sonstige großflächige Handelsbetriebe nur ausgewiesen werden, soweit die in ihnen zulässigen Nutzungen nach Art, Lage und Umfang der angestrebten zentralörtlichen Gliederung sowie der in diesem Rahmen zu sichernden Versorgung der Bevölkerung entsprechen und wenn sie räumlich und funktional den Siedlungsschwerpunkten zugeordnet sind.

Diese Vorschrift enthält entgegen der bisherigen Rechtsprechung des erkennenden Gerichts keine Ziele der Raumordnung, an die die Bebauungsplanung der Antragsgegnerin i. S. des §1 Abs. 4 BauGB anzupassen war (vgl. zur bisherigen Rechtsprechung: OVG NRW, Urteile v. 22. 6. 1998 – 7a D 108/96.NE –, BRS 60 Nr. 1 = BauR 1998, 1198, v. 11. 1. 1999 – 7 A 2377/96 –, BRS

62 Nr. 39 = BauR 2000, 262, v. 6. 4. 2000 – 7a D 132/ 97.NE –, nicht veröffentlicht, und Urteil v. 7. 12. 2000 – 7a D 60/99.NE –, BRS 63 Nr. 34 = BauR
2001, 1054).

Ziele der Raumordnung können nur Festlegungen sein, die verbindliche
Vorgaben enthalten. Von der einzelnen Zielaussage verlangt der Grundsatz
der Rechtsklarheit eine Formulierung, die dem Verbindlichkeitsanspruch
gerecht wird. Die Festlegung muß daher strikt formuliert werden. Ferner
muß sie bestimmt oder bestimmbar und abschließend vom Plangeber abgewogen sein. Verbindliche Ziele der Raumordnung im vorbeschriebenen Sinne
sind üblicherweise durch zwingende Formulierungen als Mußvorschriften
ausgestaltet.

Der im III. Abschnitt des Gesetzes zur Landesentwicklung (Landesentwicklungsprogramm – LEPro) unter der Überschrift „Allgemeine Ziele der Raumordnung und Landesplanung für Sachbereiche" enthaltene § 24 Abs. 3 LEPro
NRW ist hingegen als Soll-Vorschrift formuliert. Das Wort „soll" bedeutet – so
auch die bisherige Rechtsprechung zu § 24 Abs. 3 LEPro NRW – daß die daran
anknüpfende Rechtsfolge als „grundsätzlich" bzw. als „in der Regel" verbindlich anzunehmen ist (vgl. BVerwG, Urteil v. 2. 7. 1992 – 5 C 39.90 –, BVerwGE
90, 275 = DVBl. 1992, 1487 (zur Auslegung einer Soll-Vorschrift im verwaltungsrechtlichen Sinne); Maurer, Allgemeines Verwaltungsrecht, 15. Aufl.
2004, § 7 Rdnr. 11 (S. 136); vgl. zur bisherigen Rechtsprechung zu § 24 Abs. 3
LEPro NRW: OVG NRW, Urteile v. 22. 6. 1998 – 7a D 108/96.NE –, v.
11. 1. 1999 – 7 A 2377/96 –, v. 6. 4. 2000 – 7a D 132/97.NE –, und v.
7. 12. 2000 – 7a D 60/99.NE –, jeweils a. a. O.).

Soweit Soll-Vorschriften im verwaltungsrechtlichen Sinne dahin ausgelegt
werden, daß bei Vorliegen von Umständen, die den Fall als atypisch erscheinen lassen, die Behörde nach pflichtgemäßem Ermessen anders verfahren
darf als im Gesetz vorgesehen, ist dieser Ansatz – entgegen der zitierten bisherigen Rechtsprechung des erkennenden Gerichts – auf Soll-Vorschriften im
Raumordnungsrecht nicht übertragbar. Mit dem Merkmal der Atypizität sind
entgegen der für Ziele der Raumordnung zu fordernden Letztverbindlichkeit
die Fallgestaltungen, bei denen die Regelvorgaben der Vorschrift nicht gelten
sollen, nicht hinreichend bestimmt oder bestimmbar beschrieben. Für Zielab-
weichungen sieht der Gesetzgeber im Raumordnungsrecht ein besonderes
Zielabweichungsverfahren in § 11 und 23 Abs. 2 ROG bzw. § 24 LPlG NRW
n. F. vor. Mit diesem Verfahren hat er auf der Ebene der Raumordnung die
planungsrechtliche Befreiungsvorschrift des § 31 Abs. 2 BauGB nachgebildet
mit der Folge, daß atypische Fälle in diesem eigens dafür geschaffenen raumordnerischen Zielabweichungsverfahren zu lösen sind. Von der Befreiungslage zu unterscheiden sind vorhersehbare Abweichungslagen, die der Normgeber erkennen und als Ausnahmen mitregeln kann. Nur wenn in einem solchen Fall auch die mitgeregelte Ausnahme hinreichend bestimmt oder
bestimmbar ist, kann die Vorschrift Zielcharakter haben und die durch
Art. 28 Abs. 2 GG gewährleistete Planungshoheit der Gemeinde „im Rahmen
der Gesetze", die den rechtsstaatlichen Anforderungen genügen müssen, einschränken.

Für die Auslegung von Soll-Vorschriften im Raumordnungsrecht folgt der Senat der teilweise in der obergerichtlichen Rechtsprechung und Literatur vertretenen Auffassung, wonach auch diese Vorschriften eine Regel-Ausnahme-Struktur aufweisen und auf sie die Grundsätze anzuwenden sind, die das BVerwG zur Bestimmung des Ziel- bzw. Grundsatzcharakters derartiger raumordnungsrechtlicher Normen mit Regel-Ausnahme-Struktur entwickelt hat (vgl. zu landesplanerischen Bestimmungen mit Regel-Ausnahme-Struktur: BVerwG, Urteile v. 18. 9. 2003 – 4 CN 20.02 –, BVerwGE 119, 54 = BRS 66 Nr. 5 = BauR 2004, 280, und v. 17. 9. 2003 – 4 C 14.01 –, BRS 66 Nr. 1 = BauR 2004, 443; ferner: BayVGH, Urteil v. 19. 4. 2004 – 15 B 99.2605 –, BauR 2005, 63 (zur Anwendung der Rechtsprechung des BVerwG auf eine raumordnerische Soll-Vorschrift); Rojahn, in: Jarass (Hrsg.), Interkommunale Abstimmung in der Bauleitplanung, Münster 2003, 31, 34; Hoppe, Stehen die „Ziele der Raumordnung" in der Form von Soll-Zielen vor dem Aus?, DVBl 2004, 478; derselbe, in: BayVBl. 2005, 356, „Die grundsätzliche Formulierung von Raumordnungszielen als Soll-Vorschriften im Bayerischen Landesplanungsgesetz . . ." (der Aufsatz hat dem Senat als Vorababdruck vorgelegen)).

Demnach können auch Plansätze, die eine Regel-Ausnahme-Struktur aufweisen, die Merkmale einer verbindlichen Vorgabe i. S. des § 3 Nr. 2 ROG erfüllen. Macht der Plangeber von der Möglichkeit Gebrauch, den Verbindlichkeitsanspruch seiner Planungsaussage dadurch zu relativieren, daß er selbst Ausnahmen formuliert, wird damit die abschließende Abwägung nicht ohne weiteres auf eine andere Stelle verlagert. Vielmehr ist es dem Plangeber grundsätzlich unbenommen, selber zu bestimmen, wie weit die Steuerungswirkung reichen soll, mit der von ihm geschaffene Ziele Beachtung beanspruchen. Die Merkmale einer verbindlichen Vorgabe erreichen solche Plansätze allerdings nur, wenn der Plangeber neben den Regel- auch die Ausnahmevoraussetzungen mit hinreichender tatbestandlicher Bestimmtheit oder doch wenigstens Bestimmbarkeit selbst festlegt, so daß der planenden Gemeinde die Identifizierung eines raumordnerischen Ausnahmefalls ermöglicht wird. In einem solchen Fall handelt es sich um verbindliche Aussagen, die nach Maßgabe ihrer – beschränkten – Reichweite der planerischen Disposition nachgeordneter Planungsträger entzogen sind (vgl. BVerwG, Urteil v. 18. 9. 2003 – 4 CN 20.02 –, a. a. O.).

Soll-Vorschriften im Raumordnungsrecht können demnach verbindliche Regelungen im Sinne von Zielen enthalten, wenn für vorhersehbare Fallgestaltungen, die nicht der Zielbindung unterliegen sollen, Ausnahmen räumlicher und sachlicher Art bestimmt werden oder jedenfalls bestimmbar sind. Unvorhersehbare, atypische Fallgestaltungen bleiben dem Zielabweichungsverfahren überlassen (vgl. auch Runkel, in: Bielenberg/Runkel/Spannowsky, Raumordnungs- und Landesplanungsrecht des Bundes und der Länder, Kommentar, Bd. II, Stand: September 2004, K § 3 Rdnr. 23–27).

Unter Berücksichtigung der vorstehenden Ausführungen scheidet § 24 Abs. 3 LEPro NRW als verbindliche Vorgabe aus, weil die Planaussage den Anforderungen an das Bestimmtheitsgebot weder im Hinblick auf die im Gesetz enthaltenen Voraussetzungen des Regelfalls, noch im Hinblick auf die Voraussetzungen der Ausnahmefälle gerecht wird.

Hinsichtlich des Regelfalles, konkretisiert die Vorschrift nicht hinreichend, wann die Nutzungen der angestrebten zentralörtlichen Gliederung und der Sicherung der jeweiligen Versorgungsaufgabe „entsprechen". Es bleibt unklar, ob etwa von der Versorgungsaufgabe der zentralörtlichen Stufe für ihren Verflechtungsbereich auszugehen oder ob insoweit allein auf das Gemeindegebiet des jeweiligen zentralen Ortes abzustellen ist. Es gibt keine Bestimmungsmerkmale dafür, welche Zentralitätsstufe eine Gemeinde aufweisen muß, um von einer Übereinstimmung zwischen einem geplanten Einzelhandelsvorhaben bestimmter Größenordnung und der Belegenheitsgemeinde sprechen zu können (vgl. Hoppe, „Ziele der Raumordnung" (§ 3 Nr. 2 ROG 1998) und „Allgemeine Ziele der Raumordnung und Landesplanung" im Landesentwicklungsprogramm – LEPro – des Landes Nordrhein-Westfalen, NWVBl. 1998, 461, 465 f.).

Ebenfalls unbestimmt ist die Entsprechung zur „angestrebten zentralörtlichen Gliederung", wenn es – wie hier – um die Festsetzung eines Kerngebiets und die in ihm zulässigen Nutzungen geht, da in einem Kerngebiet nach § 7 Abs. 2 BauNVO vielfältige Nutzungen allgemein zulässig sind.

Zu den Voraussetzungen der in der Vorschrift durch die Verwendung der Soll-Formulierung angelegten Ausnahmefälle, in denen es der Entsprechung zur „angestrebten zentralörtlichen Gliederung" und/oder der räumlichen und funktionalen Zuordnung zu den Siedlungsschwerpunkten nicht bedarf, verhält sich die Planaussage in keiner Weise. Sie sind auch für die Gemeinden als Adressaten raumordnerischer Vorgaben weder aus sich heraus noch im Zusammenhang mit anderen Planaussagen im Landesentwicklungsprogramm, im Landesentwicklungsplan oder im Gebietsentwicklungsplan bestimmbar (vgl. zu einer Fallgestaltung mit hinreichend bestimmtem Ausnahmefall: BVerwG, Urteil v. 17.9.2003 – 4 C 14.01 –, a.a.O.).

Der Mangel ausreichender Bestimmtheit sowohl des Regel- als auch des Ausnahmefalls relativiert die in § 24 Abs. 3 LEPro NRW enthaltene Aussage und nimmt ihr die Zielqualität. Es handelt sich nur um einen von der Gemeinde im Rahmen der Abwägung zu beachtenden allgemeinen Grundsatz der Raumordnung (vgl. dazu nachfolgend unter Nr. 7 a).

Der Senat käme im übrigen auch dann, wenn er entgegen den vorstehenden Ausführungen die bisherige Rechtsprechung des erkennenden Gerichts zur Zielqualität des § 24 Abs. 3 LEPro NRW für maßgeblich ansähe (vgl. OVG NRW, Urteile v. 22.6.1998 – 7a D 108/96.NE –, a.a.O., v. 11.1.1999 – 7 A 2377/96 –, a.a.O., v. 6.4.2000 – 7a D 132/97.NE –, a.a.O., und v. 7.12.2000 – 7a D 60/99.NE –, a.a.O., die vor den erwähnten Urteilen des BVerwG zu Raumordnungsvorschriften mit Regel-Ausnahme-Struktur ergangen sind), insgesamt zu demselben Ergebnis.

Auch dann wäre die 3. Änderung des Bebauungsplans Nr. 275 A mit § 1 Abs. 4 BauGB vereinbar, weil sich ein Verstoß gegen die darin verankerte Anpassungspflicht im Hinblick auf § 24 Abs. 3 LEPro NRW nicht feststellen ließe. Auch nach den früheren Entscheidungen des erkennenden Gerichts enthält die Vorschrift kein absolutes Verbot der Ausweisung von Kern- oder Sondergebieten für Einkaufszentren an sog. nicht integrierten Standorten. Durch die Verwendung des Wortes „sollen" wird nach dieser Rechtsprechung dem Umstand Rechnung getragen, daß mit der Orientierung von Kern- und Sondergebieten für Einkaufszentren an der zentralörtlichen Gliederung, der Versorgung der Bevölkerung sowie den jeweiligen Siedlungsschwerpunkten nicht jede örtliche Besonderheit berücksichtigt sein kann. Danach kann im atypischen Einzelfall die Errichtung eines Einkaufszentrums städtebaulich in Übereinstimmung mit den Zielen der Raumordnung gerechtfertigt sein, auch wenn den Vorgaben des § 24 Abs. 3 LEPro NRW nicht vollen Umfangs genügt ist.

Jedenfalls eine solche Sondersituation im Sinne eines atypischen Ausnahmefalls ist hier gegeben.

Das Einkaufszentrums CentrO liegt mit der Neuen Mitte O. im stark verdichteten Ballungsraum „Westliches Ruhrgebiet". Die Region ist dadurch gekennzeichnet, daß die Gemeindegebiete mehrerer Oberzentren und einer Vielzahl von Mittelzentren unmittelbar aneinander grenzen und die Bürger die dort jeweils gegebenen zentralörtlichen Einrichtungen und Angebote wegen der geringen räumlichen Entfernungen sowie der vorhandenen guten Infrastruktur weitgehend unabhängig von der Zugehörigkeit zu einer bestimmten Gemeinde und ihrem gedachten Versorgungsbereich nutzen. Auch läßt sich das CentrO selbst nicht in das landesplanerisch vorgegebene zentralörtliche Gliederungssystem, das der Antragsgegnerin den Status eines Mittelzentrums zuweist, einbinden. Bereits in seinem derzeitigen Bestand weist es eine Struktur auf, die den Rahmen eines herkömmlichen Mittelzentrums zumindest bezüglich der Einzelhandelsstruktur sprengt. Diese Struktur ist auf das Gesamtkonzept der Neuen Mitte O. zurückzuführen, welches von Anfang an darauf angelegt war, aus der ehemaligen Industriestadt O. ein postindustrielles touristisches Ziel sowie einen neuartigen Handels- und Dienstleistungsstandort zu schaffen. In diesem Sinne steht das CentrO stellvertretend für den Strukturwandel in O., den die Landesregierung NRW zur Schaffung neuer Arbeitsplätze mit hohem öffentlichen Mitteleinsatz gefördert hat. Das CentrO unterscheidet sich von herkömmlichen Einzelhandelsprojekten im Ruhrgebiet, weil es nicht nur Einkaufsmöglichkeiten bietet, sondern zusätzlich mit begleitenden Freizeit-, Kultur-, Gastronomie- sowie Unterhaltungsangeboten ausgestattet und in diesem Umfeld auf überregionale Ausstrahlung angelegt ist.

b) Ziele der Raumordnung, die der 3. Änderung des Bebauungsplans Nr. 275 A entgegenstehen, ergeben sich ferner – entgegen der Ansicht der Antragstellerin – nicht aus dem Plansatz B I.2.2 des Landesentwicklungsplans (LEP 1995). Danach soll die siedlungsräumliche Schwerpunktbildung von Wohnungen und Arbeitsstätten i. V. m. zentralörtlichen Einrichtungen i. S. des § 7 LEPro NRW auf der Grundlage der zentralörtlichen Gliederung angestrebt und innergemeindlich auf Siedlungsschwerpunkte gemäß § 6 LEPro NRW ausgerichtet werden. Der Plansatz weist als Soll-Vorschrift – wie § 24 Abs. 3 LEPro NRW – eine Regel-Ausnahme-Struktur auf. Eine verbindliche Vorgabe im Sinne eines Ziels der Raumordnung enthält der Plansatz danach nicht, weil er den an ein solches Ziel zu stellenden Anforderungen des Bestimmtheitsgebots nicht gerecht wird. Unklar ist bereits, was mit „zentralörtlichen Einrichtungen" i. S. von § 7 LEPro RW gemeint ist. Insbesondere vermag der Senat nicht zu erkennen, ob auch Kerngebiete, die nach § 1 Abs. 3 Satz 1 i. V. m. Abs. 2 und § 7 BauNVO im Bebauungsplan als Baugebiet festgesetzt werden können und von ihrer gesetzlich vorgegebenen Struktur her auch die Agglomeration von Einzelhandelsbetrieben jeglicher Größenordnung zu einem Einkaufszentrum ermöglichen, als „zentralörtliche Einrichtungen" entsprechend § 7 LEPro NRW zu verstehen sind. Darüber hinaus enthält der Plansatz keinerlei Anhaltspunkte dafür, welches die Voraussetzungen für eine Ausnahme von einer strikten Anwendung sein sollen.

Selbst wenn es sich im übrigen bei Plansatz B I.2.2 um ein Ziel handeln sollte, läge hier – wie oben beschrieben (Nr. 3 a) – ein atypischer Fall vor.

c) Schließlich stehen auch auf der Ebene der Regionalplanung keine Ziele der Raumordnung entgegen.

aa) Solche ergeben sich nicht aus den im Gebietsentwicklungsplan vom 25. 1. 1993 (35. Änderung) enthaltenen Planaussagen, wonach das Plangebiet in einem „Wohnsiedlungsbereich" liegt. Soweit die 35. Änderung des Gebietsentwicklungsplans mit einer „Maßgabe" genehmigt worden ist, bezieht sich der Inhalt dieser Maßgabe ausdrücklich nicht auf die Darstellungen des Gebietsentwicklungsplans. Es handelte sich vielmehr um eine Vorgabe an den damaligen Regierungspräsidenten D. in seiner Eigenschaft als Bezirksplanungsbehörde, „bei der landesplanerischen Anpassung der Bauleitpläne der Stadt O." die im Beschluß des Bezirksplanungsrats vom 15. 10. 1992 unter Tz. II a und b aufgeführten Begrenzungen öffentlich-rechtlich abzusichern (70 000 m² Verkaufsfläche im Zentrumsbereich) und im übrigen die Verkaufsflächenerweiterungen auf eine Obergrenze von insgesamt rund 76 000 m² zu begrenzen. Die Festschreibung einer Verkaufsflächenbegrenzung im Gebietsentwicklungsplan selbst hat die Bezirksplanungsbehörde ausdrücklich abgelehnt. Sie hielt diese Festlegungen zum einen nicht für erforderlich, da die Einhaltung der Vorgaben bei der landesplanerischen Anpassung der Bauleitpläne für die Neue Mitte überprüft werden sollten und ging zum anderen davon aus, daß solche Festlegungen der Systematik des Gebietsentwicklungsplans widersprechen würden, weil dieser für die einzelnen Wohnsiedlungsbereiche die Verkaufsflächen für Einkaufszentren nicht festlege und eine einzelfallbezogene Regelung zur Festlegung von Verkaufsflächen der „Entfeinerung" der Gebietsentwicklungspläne zuwiderlaufen würde.

Der GEP in der Form der 35. Änderung und die im Zusammenhang mit seiner Genehmigung erteilte „Maßgabe" sind für die Wirksamkeit der 3. Änderung des Bebauungsplans Nr. 275 A auch nicht mittelbar insoweit von Bedeutung, als ein Verstoß gegen die „Maßgabe" bei der landesplanerischen Anpassung des Ursprungsbebauungsplans zu dessen Unwirksamkeit und damit auch zur Unwirksamkeit der nachfolgenden 3. Änderung geführt hätte. Vielmehr ist im Rahmen des im Hinblick auf den Ursprungsbebauungsplan durchgeführten Anpassungsverfahrens nach § 20 LPlG NRW der „Maßgabe" Rechnung getragen und die Begrenzung der Verkaufsfläche – wie gefordert – durch Eintragung einer Baulast öffentlich-rechtlich abgesichert worden. Daß sich diese Absicherung letztlich als untaugliches Instrument erwiesen hat, um den Vorstellungen des Bezirksplanungsrates im Zusammenhang mit der

35. Änderung des GEP dauerhaft Geltung zu verschaffen, macht den Ursprungsbebauungsplan nicht fehlerhaft.

Die auf der Grundlage des § 20 LPlG NRW erfolgte landesplanerische Stellungnahme stellt selbst kein Ziel der Raumordnung dar. Die landesplanerische Stellungnahme schließt lediglich das Zielanpassungsverfahren ab, trifft aber keine verbindliche Aussage über die Genehmigungsfähigkeit eines Bauleitplans. Sie ist als schlicht hoheitliches Handeln einzuordnen und nicht als Verwaltungsakt zu qualifizieren. Der feststellende Gehalt einer negativen Stellungnahme erschöpft sich in einer Aussage über das Planungsrisiko, das bei einem Festhalten der planenden Gemeinde an den beabsichtigten Festsetzungen bzw. Darstellungen besteht. Insoweit hat die landesplanerische Stellungnahme Hinweis- und Warncharakter. Wie die negative Stellungnahme das Risiko, daß die Genehmigungsbehörde eine Genehmigung des Flächennutzungsplans nicht erteilt, vergrößert, verringert die positive Stellungnahme das Risiko (vgl. König/Zekl, Rechtsqualität und gerichtliche Überprüfbarkeit der landesplanerischen Stellungnahme nach § 20 LPlG NW, NWVBl. 1999, 334).

Schließlich ist der Gebietsentwicklungsplan in Gestalt der 35. Änderung durch den Gebietsentwicklungsplan für den Regierungsbezirk D. i. d. F. der Bekanntmachung vom 15. 12. 1999 (nachfolgend: GEP 99), ersetzt worden (§ 16 Abs. 3 Satz 1 LPlG NRW, § 22 Abs. 1 LPlG NRW n. F.) mit der Folge, daß die Planaussagen des vormaligen Plans sowohl tatsächlich als auch rechtlich nicht mehr maßgeblich sind. Der GEP 99 enthält weder im Plan selbst noch in Gestalt von Nebenbestimmungen Regelungen zur Verkaufsflächenbegrenzung des CentrO.

bb) Der GEP 99 enthält im übrigen – auch unter Berücksichtigung der zwischenzeitlich erfolgten Änderungen – kein Ziel der Raumordnung, das der hier streitigen 3. Änderung des Bebauungsplans Nr. 275 A entgegensteht. Einschlägig sind hier die in Kap. 1.2 unter Ziel 4 (Sätze 1–3) formulierten Vorgaben. Diese haben folgenden Wortlaut: (1) Gebiete für Einkaufszentren, großflächige Einzelhandelsbetriebe und sonstige Handelsbetriebe i. S. von § 11 Abs. 3 BauNVO dürfen nur in Allgemeinen Siedlungsbereichen geplant werden. (2) Ein Vorhaben entspricht der zentralörtlichen Versorgungsfunktion, wenn die Kaufkraftbindung der zu erwartenden Nutzung den Versorgungsbereich des Standorts nicht wesentlich überschreitet. (3) Einkaufszentren und großflächige Einzelhandelsbetriebe, insbesondere mit zentrenrelevanten Sortimenten, sind dem bauleitplanerisch dargestellten Siedlungsschwerpunkten räumlich und funktional zuzuordnen.

Während die Vorgaben in den Sätzen 1 und 3 Ziele der Raumordnung beinhalten, stellt Satz 2 keine bindende Planungsvorgabe und folglich kein Ziel der Raumordnung dar.

(1) Satz 1 entspricht den Anforderungen an ein raumordnerisches Ziel. Wo sich die angesprochenen allgemeinen Siedlungsbereiche befinden, ist durch zeichnerische Darstellung festgelegt. An der Eindeutigkeit und Bestimmtheit dieser Aussage ist nicht zu zweifeln. Ob die Planungsvorgabe allerdings auch die Planung von Kerngebieten einschränkt, in denen – wie hier – umfangreiche Geschoßflächen für Einzelhandel vorgesehen sind, ist fraglich, denn die

Rede ist – was die Planung von Baugebieten angeht – nur von „Gebieten für Einkaufszentren". Dieser Begriff kommt in der Baunutzungsverordnung nur als denkbare Zweckbestimmung für ein Sondergebiet gemäß § 11 Abs. 1 Bau-NVO vor. In jedem Fall steht der streitigen Bebauungsplanänderung die Zielbestimmung nicht entgegen. Der Änderungsbereich liegt in einem durch die zeichnerischen Festsetzungen des GEP 99 festgelegten Allgemeinen Siedlungsbereich.

(2) Satz 2 beinhaltet letztlich eine Konkretisierung des § 24 Abs. 3 LEPro NRW. Als eigenständiges Ziel scheidet die Planaussage von vornherein aus, weil sie in Form einer Begriffsbestimmung oder Erläuterung gefaßt ist und keine Vorgabe darstellt, an der sich der Planadressat – d. h. der nachgeordnete Planungsträger – im Hinblick auf ein bestimmtes Ergebnis orientieren kann. Insbesondere enthält der Satz 2 keine Handlungsanweisung im Sinne eines Ge- oder Verbotes. Sofern man § 24 Abs. 3 LEPro NRW, dessen Konkretisierung der Satz 2 offenkundig dient, in den Satz hineinlesen wollte, würde dieser gleichwohl nicht zum Ziel erstarken. Die Regel-Ausnahme-Struktur des § 24 Abs. 3 LEPro NRW würde durch das „Hineinlesen" nicht verändert. Die Konkretisierung durch Satz 2 beträfe aber nur den Regelfall des § 24 Abs. 3 LEPro NRW, ohne daß – wie oben ausgeführt – der Ausnahmefall bestimmbar wäre.

Eine verbindliche Vorgabe im Sinne eines Ziels der Raumordnung wird mit Satz 2 schließlich auch deswegen nicht formuliert, weil sein Inhalt nicht ausreichend bestimmt ist. Unklar bleibt nicht nur, was genau der Versorgungsbereich für ein Mittelzentrum ist, der nach § 22 Abs. 2 Satz 2 LEPro NRW als Nah- und Mittelbereich um jedes Mittel- und Oberzentrum zur Deckung der Grundversorgung und des gehobenen Bedarfs beschrieben wird. Unklar bleibt ebenso, ab wann die Kaufkraftbindung der zu erwartenden Nutzung den Versorgungsbereich des Standorts wesentlich überschreitet. Ungeklärt bleibt ferner, ob es auf die vorhandene Kaufkraft innerhalb des Versorgungsbereichs insgesamt ankommt, oder nur auf die vermutete Kaufkraft für bestimmte Sortimente oder Sortimentsgruppen und ob insoweit auf das Vorhaben isoliert oder auf den gesamten Einzelhandel in der Gemeinde abzustellen ist. Der Wortlaut von Satz 2 gibt für die Auslegung nichts her. Die nachfolgende Erläuterung ist nicht eindeutig. Sie stellt zunächst darauf ab, daß von dem geplanten Einzelhandelsvorhaben keine Auswirkungen ausgehen dürfen, die zu einem für die Nachbargemeinden schädigenden Kaufkraft- und Umsatzabfluß führen. Auf der anderen Seite erschließt sich aus dem nachfolgend beschriebenen landesplanerischen Verfahren, daß es auf die Frage schädlicher Auswirkungen nur dann ankommen soll, wenn für die von dem Vorhaben ausgehende Kaufkraftbindung im Versorgungsbereich die notwendige Kaufkraft nicht vorhanden ist bzw. wenn sich Zweifel im Hinblick auf das Vorhandensein der notwendigen Kaufkraft ergeben. In einer für das Verständnis von Satz 2 abgegebenen schriftlichen Stellungnahme des Ministeriums für Umwelt, Raumordnung und Landwirtschaft des Landes NRW (MURL-Referat VI A 6) vom 23. 5. 1997 heißt es: „Durch diesen Zusatz soll auch im Hinblick auf die spätere Erläuterung deutlich gemacht werden, daß sich die Orientierung an der zentralörtlichen Gliederung in erster Linie nicht danach richtet, ob konkret durch Gutachten nachgewiesen wird, daß in benachbarten Städten keine konkrete Beeinträchtigung zu erwarten ist, sondern zunächst allein darauf abgestellt wird, ob für das geplante Vorhaben in dem Versorgungsbereich die notwendige Kaufkraft vorhanden ist. Ist dies der Fall, ist für die landesplanerische Beurteilung nicht von Bedeutung, welche Auswirkungen dies konkret auf die Nachbargemeinden hat. Diese sind hinzunehmen."

Danach käme es entgegen der anderslautenden Bekundungen der Antragstellerin für die Frage der Kaufkraftbindung nicht auf die tatsächlichen Kaufkraftbindungsquoten an – wozu sich etwa das Regionale Einzelhandelskonzept für das Westliche Ruhrgebiet und der Stadt D. verhält –, sondern allein darauf, ob in der Ansiedlungskommune das Kaufkraftpotential abstrakt vorhanden ist. Mit den Mitteln der Landesplanung soll danach (nur) verhindert werden, daß der Ansiedlungsstandort hinsichtlich der dort vorhandenen Kaufkraft zu dem geplanten Einzelhandelsvorhaben in einem deutlichen Mißverhältnis steht. Ob die Umsätze nach Umsetzung des Vorhabens tatsächlich aus der Ansiedlungskommune erwirtschaftet werden oder aus Nachbarkommunen zufließen, ist für die landesplanerische Steuerung irrelevant, zumal es sich bei den zu erwartenden Kaufkraftabflüssen nicht um objektiv bestimmbare Größen, sondern um allenfalls prognostische und nicht kalkulierbare Entwicklungen des freien Markts handelt.

Die mit der 3. Änderung des Bebauungsplans Nr. 275 A geplante Erweiterung des Einkaufszentrums CentrO stünde danach auch nicht in einem deutlichen Mißverhältnis zu der im Versorgungsbereich von O. potenziell vorhandenen einzelhandelsrelevanten Kaufkraft, wenn man diesen Versorgungsbereich auf das Stadtgebiet beschränken würde. Nach dem im Planaufstellungsverfahren vorgelegten Gutachten der Gesellschaft (GMA) vom März 2004 ist für das Stadtgebiet O. unter Zugrundelegung einer aktuellen Einwohnerzahl von über 220 000 und einer geschätzten – zwischen den Verfahrensbeteiligten nicht streitigen und statistisch belegten – einzelhandelsrelevanten Kaufkraft pro Kopf von 5010,– € (davon 65 % im Bereich Non-Food = 3256,50 €) von einem „abstrakten" Kaufkraftpotenzial i. H. v. rund 1,1 Mrd. € (davon 65 % im Bereich Non-Food-Bereich = etwa 716 Mio. €) auszugehen.

Stellt man – dem Gutachten folgend – diesem Betrag eine Umsatzleistung des bestehenden CentrO i. H. v. insgesamt 305 Mio. € (abzüglich des Bereichs Nahrungs- und Genußmittel i. H. v. 5 Mio. € verbleiben 300 Mio. €), einen prognostizierten Umsatz der baurechtlich genehmigten Erweiterung des CentrO von 43 Mio. € sowie einen zusätzlichen Umsatz für die mit der Planänderung angestrebte Erweiterung von 106,7 Mio. € (abzüglich des Bereichs Nahrungs- und Genußmittel i. H. v. 4,6 Mio. € verbleiben 102,1 Mio. €) gegenüber und berücksichtigt im Hinblick auf den außerhalb des CentrO in O. vorhandenen Einzelhandelsbestand einen Umsatz i. H. v. 351,1 Mio. € (abzüglich des Bereichs Nahrung- und Genußmittel i. H. v. 94,3 Mio. € verbleiben 256,8 Mio. €), d. h. einen Gesamtumsatz im Non-Food-Bereich von rund 700 Mio. €, bestehen keine Zweifel, daß die notwendige Kaufkraft im Mittelzentrum O. abstrakt vorhanden ist.

Gegen den Zielcharakter des Satzes 2 spricht ferner, daß insoweit keine abschließende Abwägung stattgefunden hat.

Aus §3 Nr. 2 ROG folgt, daß Ziele der Raumordnung einen Abwägungsprozeß durchlaufen haben. In ihnen spiegelt sich eine Abwägung zwischen den durch die Grundsätze der Raumordnung verkörperten unterschiedlichen raumordnerischen Belangen wider. Sie sind anders als die Grundsätze nicht bloß Maßstab, sondern als räumliche und sachliche Konkretisierung der Entwicklung des Planungsraumes das Ergebnis landesplanerischer Abwägung (vgl. BVerwG, Beschluß v. 20. 8. 1992 – 4 NB 20.91 –, BRS 54 Nr. 12).

Fehlt es an der abschließenden Abwägung einer Planaussage, ist diese Planaussage kein Ziel der Raumordnung. Von einer abschließenden Abwägung auf der Ebene der Regionalplanung kann dann nicht ausgegangen werden, wenn im Abwägungsprozeß die raumbedeutsamen Gegebenheiten, die im konkreten Fall auch bestimmte Grundsätze der Raumordnung zu relativieren vermögen, nicht hinreichend gewürdigt worden sind. Die Beurteilung der Frage, ob ein Einkaufszentrum oder ein großflächiges Einzelhandelsvorhaben der zentralörtlichen Versorgungsfunktion entspricht, d. h. ob die Kaufkraftbindung der zu erwartenden Nutzung den Versorgungsbereich des Standorts wesentlich überschreitet, hätte hier auf der Ebene der Regionalplanung einer konkreten Ermittlung und Berücksichtigung örtlicher Besonderheiten bedurft. Soweit in Satz 2 auf die „zentralörtliche Gliederung" und auf den „Versorgungsbereich" abgestellt wird, handelt es sich um die bereits in §22 Abs. 2 LEPro NRW benannten abstrakten Begriffe. Ausweislich des einschlägigen Abwägungsmaterials fehlt es jedoch an jeglicher Auseinandersetzung dazu, ob die Beschreibung des Versorgungsbereichs in §22 Abs. 2 LEPro NRW auf zentrale Orte in einem Ballungsraum übertragbar ist und wenn nein, wo genau der Versorgungsbereich für einen zentralen Ort innerhalb eines Ballungsraumes liegt. Im Hinblick auf das dicht besiedelte und durch eine Vielzahl von Grund-, Mittel- und Oberzentren eng verflochtene westliche Ruhrgebiet sowie im Hinblick auf die in diesem Bereich bereits vorhandenen raumbedeutsamen Einkaufszentren (z. B. CentrO in O., Rhein-Ruhr-Zentrum in M. und Ruhrpark in B.), hätte sich eine Auseinandersetzung mit diesen Fragen geradezu aufgedrängt.

(3) Das in Satz 3 formulierte Integrationsgebot steht – ungeachtet der Frage, ob das Integrationsgebot auch die Festsetzung von Kerngebieten erfaßt – der 3. Änderung des Bebauungsplans Nr. 275A ebenfalls nicht entgegen. Das Gebiet der Neuen Mitte und deren von der Planänderung erfaßter Kernbereich sind dem Siedlungsschwerpunkt Alt-O. zugeordnet.

Siedlungsschwerpunkte sind gemäß §6 Satz 1 LEPro NRW solche Standorte, die sich für ein räumlich gebündeltes Angebot von öffentlichen und privaten Einrichtungen der Versorgung, der Bildung und Kultur, der sozialen und medizinischen Betreuung, des Sports und der Freizeitgestaltung eignen. Allein aus der Zielbestimmung in Satz 3 ergibt sich danach weder, wo die Siedlungsschwerpunkte in der Gemeinde liegen, noch wie die Grenze des jeweiligen Siedlungsschwerpunkts zu ziehen ist und unter welchen Umständen eine räumliche Zuordnung besteht. Die Landesplanung legt nicht fest, wo die einzelnen Gemeinden ihre Siedlungsschwerpunkte haben. Sie setzt voraus, daß die Gemeinden diese als Ausfluß ihrer Planungshoheit selbst bestimmen. Die Antragsgegnerin hat in ihrem Stadtgebiet im Flächennutzungsplan insgesamt vier Siedlungsschwerpunkte dargestellt. Neben Alt-O., S. (Mitte) und O. (Mitte) tritt als Nebenzentrum mit wesentlichen Versorgungsfunktionen für das nördliche Stadtgebiet der Siedlungsschwerpunkt S. Die räumliche Begrenzung der jeweiligen Siedlungsschwerpunkte ist weder zeichnerisch gekennzeichnet noch im Textteil oder im Erläuterungsbericht detailliert beschrieben. Der Erläuterungsbericht enthält lediglich Anhaltspunkte zu den Abgrenzungsmerkmalen der Siedlungsschwerpunkte. Der Siedlungsschwerpunkt Alt-O. wird danach als Zentrum der Gesamtstadt beschrieben. Er liegt im südlichen Stadtgebiet von O. und setzt sich seinerseits aus verschiedenen Stadtteilen bzw. Stadtvierteln zusammen. Zum Zeitpunkt der Erstellung des Erläuterungsberichts endete der Stadtteil an der sich nördlich im Bereich der Emscher und des Rhein-Herne-Kanals anschließenden Industriezone. Mit Aufgabe der industriellen Nutzung und mit Errichtung der Neuen Mitte auf dem ehemaligen Industriegelände des T.-Konzerns hat sich der Siedlungsschwerpunkt Alt-O. erweitert. Da die Neue Mitte nicht als eigener Stadtteil angesehen wird, ist sie unter Berücksichtigung der durch die Emscher und den Rhein-Herne-Kanal gebildeten topografischen Grenzen im Norden dem südlichen Stadtgebiet und damit dem Stadtteil Alt-O. zuzuordnen. Diese Sichtweise entspricht dem vom Rat der Antragsgegnerin in Anbetracht der Weiterentwicklung des Stadtgebiets verfolgten Zentrenmodell. Die Neue Mitte wird danach als Teil von Alt-O. betrachtet. Spricht danach alles dafür, daß der Siedlungsschwerpunkt Alt-O. das Gebiet der Neuen Mitte als Randzone mit einbezieht, ist das Integrationsgebot aus Satz 3 hinreichend beachtet. Nichts anderes gilt im Ergebnis, wenn man wegen der Randlage des Standorts annimmt, dieser liege außerhalb des Siedlungsschwerpunkts. Die Formulierung des Planungsziels zeigt, daß Einkaufszentren und großflächige Einzelhandelsbetriebe nicht nur innerhalb von Siedlungsschwerpunkten ermöglicht werden sollen. Die planungsrechtliche Vorgabe im GEP 99 läßt vielmehr erkennen, daß bereits die Ausrichtung auf einen Siedlungsschwerpunkt für eine räumlich und funktionale Zuordnung des Standorts ausreicht. Daran, daß das Einkaufszentrum im Bereich der Neuen Mitte auf Grund seiner Lage und der nach Norden bestehenden topografischen Grenzen jedenfalls auf den Stadtteil Alt-O. ausgerichtet ist, bestehen keine Zweifel.

4. Die streitige Planänderung verstößt auch nicht gegen das Gebot, den Bebauungsplan aus dem Flächennutzungsplan zu entwickeln (§ 8 Abs. 2 Satz 1 BauGB). ...

7. Ein Verstoß gegen das in § 1 Abs. 6 BauGB/§ 1 Abs. 7 BauGB n. F. enthaltene Abwägungsgebot liegt ebenfalls nicht vor. ...

a) Als öffentlichen Belang der Raumordnung hat die Antragsgegnerin § 24 Abs. 3 LEPro NRW als Grundsatz der Raumordnung gemäß § 3 Nr. 3 ROG in die Abwägung eingestellt. Grundsätze der Raumordnung enthalten allgemeine Vorgaben in Rechtsvorschriften oder Raumordnungsplänen für nachfolgende Abwägungs- oder Ermessensentscheidungen über raumbedeutsame Planungen und Maßnahmen. Grundsätze sind damit Abwägungsdirektiven. Sie sind öffentliche Belange, die in Abwägungs- und Entscheidungsprozesse einzustellen, durch Abwägung oder Ermessensentscheidung aber überwindbar sind (vgl. BVerwG, Urteil v. 18. 9. 2003 – 4 CN 20.02 –, a. a. O.; Runkel, in:

Bielenberg/Runkel/Spannowsky, Raumordnungs- und Landesplanungsrecht des Bundes und der Länder, Bd. 2, a. a. O., K § 3 Rdnr. 182).

Die Abwägung der Antragsgegnerin zur Frage der Raumverträglichkeit der Planung ist danach nicht zu beanstanden. Die Antragsgegnerin geht zutreffend davon aus, daß mit dem zentralörtlichen Gliederungssystem sichergestellt werden soll, die Funktion der zentralen Orte zu wahren. Für die Frage einer möglichen Gefährdung des Gefüges der Zentralen Orte kommt es nicht auf die Einhaltung bestimmter Zentralitätsziffern oder Kaufkraftbindungsquoten an. Eine Kaufkraftbindung im Bereich von Gütern des mittel- und langfristigen Bedarfs ist, wenn es sich hierbei um eine Gemeinde mit raumordnerischer Zentralitätsfunktion handelt, grundsätzlich aufgaben- und wirkungskreiskonform. Die Antragsgegnerin besitzt diese Funktion, denn sie ist im Landesentwicklungsplan für das Land NRW als Mittelzentrum dargestellt.

Gleichwohl kann die raumordnerische Aufgabenzuweisung nach den tatsächlichen Umständen bei der Abwägung von Bedeutung sein. Insoweit hat die Antragsgegnerin berücksichtigt, daß mit dem CentrO bereits ein raumbedeutsames Vorhaben vorhanden ist, dessen Errichtung die Nachbarstädte und die Bezirksplanungsbehörde zugestimmt haben. Sie hat im übrigen zutreffend erkannt, daß sich die Auswirkungen des CentrO vornehmlich in den Umsatzzahlen widerspiegeln. Deswegen hat die Antragsgegnerin zur Beantwortung der Frage, ob mit der Erweiterung des CentrO die raumordnerischen Auswirkungen auch des Bestandes unzulässig verstärkt werden, maßgeblich auf das GMA-Gutachten abgestellt, welches u. a. die volkswirtschaftlichen Aspekte des Kaufkraftabflusses in der Region eingehend untersucht hat. Für die Orientierung an landesplanerisch maßgeblichen Kriterien, wie sie sich insbesondere aus den in § 24 Abs. 3 LEPro NRW niedergelegten Grundsätzen ergeben, ist nicht die Gefahr einzelner Betriebsschließungen im Bereich anderer zentraler Orte, sondern die für diese Orte bestehende Gefahr der wesentlichen Beeinträchtigung der verbrauchernahen Versorgung, der Verödung der Stadtzentren und damit des Verlustes zentralörtlicher Funktionen von Belang. Demzufolge kommt es in diesem Zusammenhang entscheidend darauf an, ob durch die mit der Planänderung ermöglichte Erweiterung des CentrO nicht nur die Konkurrenzfähigkeit einzelner Geschäfte in den Nachbarkommunen, sondern die ganzer Branchen in Frage gestellt wird und dadurch das Konkurrenzproblem in ein Strukturproblem umschlägt. Auf der Grundlage des GMA-Gutachtens ist ein solches „Umschlagen" nicht anzunehmen. Nach den Ergebnissen der Begutachtung werden durch die Erweiterung des CentrO weder die verbrauchernahe Versorgung der Bevölkerung in den benachbarten Mittel- und Oberzentren in Frage gestellt noch die Funktionsfähigkeit ihrer Innenstädte wesentlich beeinträchtigt. Insoweit wird auf die Ausführungen zu § 2 Abs. 2 BauGB Bezug genommen. Diese Bewertung gilt nach dem GMA-Gutachten auch unter Berücksichtigung der Gesamtattraktivität des CentrO. Die Marktanteile des CentrO mit seinem bestehenden Angebot, die letztlich auf seiner Gesamtattraktivität beruhen, liegen – ohne die vor der Planänderung genehmigte Erweiterung – im Stadtgebiet der Antragsgegnerin bei 6,7–7,2 % und im übergemeindlichen Einzugsgebiet bei 1,1–1,6 %.

Für die vor der Planänderung genehmigte Erweiterung prognostiziert der Gutachter eine Erhöhung des Kaufkraftabflusses für das gesamte Kerneinzugsgebiet von 0,2–0,3% und für O. selbst i. H. v. 0,7–0,9%. Durch die mit der Planänderung beabsichtigten Erweiterung soll sich nach den Angaben des Gutachters der Marktanteil des CentrO in O. um ca. 1,8–2,3% erhöhen, während im übergemeindlichen Einzugsgebiet zusätzliche Marktanteile zwischen 0,1–0,5% bis 0,5–1,0% zu erwarten sind. Bei der Verschiebung von Marktanteilen in dieser Größenordnung ist eine Veränderung der Versorgungssituation durch das CentrO allenfalls für das Stadtgebiet der Antragsgegnerin auszumachen. Auch die für die Erweiterung der Verkaufsfläche prognostizierten Kaufkraftbewegungen lassen nicht erkennen, daß die Kommunen des übergemeindlichen Einzugsgebiets in ihrer Versorgungsbedeutung nachhaltig geschwächt werden. Die Entscheidung der Antragsgegnerin, die Planung als raumverträglich einzustufen, ist folglich nicht zu beanstanden.

b) Die Antragsgegnerin hat sich hinreichend mit den Auswirkungen der nach der geänderten Planung zulässigen Erweiterung des CentrO auf das eigene Stadtgebiet auseinandergesetzt. (Wird ausgeführt.)

Redaktioneller Hinweis: Zu den hier nicht abgedruckten Aspekten des interkommunalen Abstimmungsgebotes und einer möglichen Schädigung der nachbargemeindlichen Zentrenstruktur durch ein Einkaufszentrum vgl. OVG NRW, Urteil vom 6. 6. 2005 – 10 D 148/04.NE –, folgend.

Nr. 3

1. **Das interkommunale Abstimmungsgebot (§2 Abs.2 BauGB) schützt die Nachbargemeinden in ihrer Eigenschaft als Selbstverwaltungskörperschaften und Trägerinnen der Planungshoheit vor unzumutbaren städtebaulichen Auswirkungen auf ihre Innenstädte, nicht aber die dort ansässigen Einzelhandelsbetriebe vor Konkurrenz.**

2. **Die geplante Erweiterung eines Einkaufszentrums um 30 000 qm Geschoßfläche – hier: CentrO O. – verletzt das interkommunale Abstimmungsgebot nicht, wenn durch ein methodisch einwandfreies Einzelhandelsgutachten plausibel dargelegt wird, daß in den Nachbarstädten lediglich Kaufkraftabflüsse von deutlich unter 5% zu erwarten sind und auch im übrigen eine Verödung ihrer Innenstädte nicht zu befürchten ist.**

BauGB §2 Abs. 2.

OVG Nordrhein-Westfalen, Urteil vom 6. Juni 2005 – 10 D 148/04.NE – (rechtskräftig), s. Beschluss des BVerwG vom 28. 12. 2005 – 4 BN 41.05 –.

Die Stadt B. wandte sich mit einem Normenkontrollantrag gegen die 3. Änderung des Bebauungsplans Nr. 275 A – C.-Allee – der Stadt Oberhausen.

Aus den Gründen:
A.) Der Normenkontrollantrag ist zulässig.
Die Antragstellerin ist antragsbefugt. Nach §47 Abs. 2 Satz 1 VwGO ist antragsbefugt jede natürliche oder juristische Person, die geltend macht,

durch die Rechtsvorschrift oder deren Anwendung in ihren Rechten verletzt zu sein oder in absehbarer Zeit verletzt zu werden. Die Möglichkeit einer Rechtsverletzung ergibt sich für die Antragstellerin aus der geltend gemachten Verletzung des interkommunalen Abstimmungsgebots (§ 2 Abs. 2 BauGB), das sich als eine besondere Ausprägung des Abwägungsgebots darstellt, und dem zugunsten der benachbarten Gemeinde drittschützende Wirkung zukommt (vgl. BVerwG, Urteil v. 1. 8. 2002 – 4 C 5.01 –, BVerwGE 117, 25 = BRS 65 Nr. 10 = BauR 2003, 55 = NVwZ 2003, 86 = UPR 2003, 35 (FOC Zweibrücken)).

An die Geltendmachung einer Rechtsverletzung i. S. von § 47 Abs. 2 Satz 1 VwGO können keine höheren Anforderungen gestellt werden, als sie für die Klagebefugnis nach § 42 Abs. 2 VwGO gelten; dies trifft auch dann zu, wenn es sich bei dem Recht, dessen Verletzung geltend gemacht wird, um das Recht auf gerechte Abwägung eigener Belange handelt. Ein Antragsteller genügt seiner Darlegungslast, wenn er hinreichend substantiiert Tatsachen vorträgt, die es zumindest als möglich erscheinen lassen, daß seine Belange fehlerhaft abgewogen worden sind (vgl. BVerwG, Urteil v. 10. 3. 1998 – 4 CN 6.97 –, BRS 60 Nr. 44 = BauR 1998, 740 = NVwZ 1998, 732 sowie Urteil v. 24. 9. 1998 – 4 CN 2.98 –, BverwGE 107, 215 = BRS 60 Nr. 46 = BauR 1999, 134).

Entsprechendes gilt für die behauptete Verletzung des interkommunalen Abstimmungsgebots gemäß § 2 Abs. 2 BauGB in der gemäß §§ 233 Abs. 1, 244 Abs. 2 Satz 1 BauGB anzuwendenden, bis zum 19. 7. 2004 geltenden Fassung. Nach der vorgenannten Bestimmung sind die Bauleitpläne benachbarter Gemeinden aufeinander abzustimmen. Das so umschriebene interkommunale Abstimmungsgebot steht in einem engen sachlichen Zusammenhang mit dem Abwägungsgebot des § 1 Abs. 6 BauGB/§ 1 Abs. 7 BauGB n. F. und stellt gleichzeitig eine besondere Ausprägung dieses Gebots dar. Die Bedeutung des § 2 Abs. 2 BauGB liegt darin, daß eine Gemeinde, die ihre eigenen Vorstellungen selbst um den Preis von gewichtigen Auswirkungen für die Nachbargemeinde durchsetzen möchte, einem erhöhten Rechtfertigungszwang in Gestalt der Pflicht zur formellen und materiellen Abstimmung im Rahmen der Planung unterliegt. Die Mißachtung des Abstimmungsgebotes berührt den durch § 2 Abs. 2 BauGB erfaßten Rechtskreis und kann die betroffene Gemeinde in eigenen Rechten verletzen.

Das interkommunale Abstimmungsgebot vermittelt allerdings nicht gleichsam automatisch die Befugnis, alle Bebauungspläne einer Nachbargemeinde zum Gegenstand einer Normenkontrolle zu machen, die einen Bezug zum eigenen Gemeindegebiet haben. Nur wenn gewichtige Auswirkungen der angegriffenen Planung auf die städtebauliche Ordnung oder Entwicklung des eigenen Gemeindegebiets zu erwarten oder jedenfalls möglich sind, kann von einem Anspruch gegen die planende Gemeinde auf Abstimmung ausgegangen werden, der auf Rücksichtnahme und Vermeidung unzumutbarer Auswirkungen auf das eigene Gemeindegebiet gerichtet ist und die Antragsbefugnis begründet.

Diese Voraussetzungen sind hier erfüllt. Bei der Planung großflächiger Einzelhandelsvorhaben und Einkaufzentren ergibt sich nach der Rechtsprechung des Bundesverwaltungsgerichts ein qualifizierter Abstimmungsbedarf und eine damit einhergehende mögliche Verletzung der Rechte benachbarter Kommunen unmittelbar aus der Regelung des § 11 Abs. 3 BauNVO (vgl. dazu BVerwG, Urteil v. 1. 8. 2002 – 4 C 5.01 –, a. a. O.). Diese Bestimmung ist Ausdruck der Erkenntnis, daß Einkaufszentren und sonstige großflächige Einzelhandelsbetriebe unter den dort genannten Voraussetzungen regelmäßig geeignet sind, Nachbargemeinden in gewichtiger Weise zu beeinträchtigen. Als mögliche Beeinträchtigungen nennt § 11 Abs. 3 Satz 2 BauNVO beispielhaft nachteilige Auswirkungen auf die Versorgung der Bevölkerung im Einzugsbereich des jeweiligen Betriebs sowie auf die Entwicklung zentraler Versorgungsbereiche in der Gemeinde oder in anderen Gemeinden.

Nach diesen Grundsätzen ist die Antragsbefugnis der Antragstellerin gegeben. Ihr Gemeindegebiet gehört zum unmittelbaren Einzugsbereich des CentrO. Im Hinblick darauf sowie unter Berücksichtigung der Größenordnung der mit der Planänderung ermöglichten Erweiterung des im Kerngebiet verwirklichten Einkaufszentrums (30 000 qm Bruttogeschoßfläche) sind Auswirkungen gewichtiger Art gegenüber der Antragstellerin nicht von vornherein auszuschließen.

B.) Der Antrag ist jedoch nicht begründet. . . .

II. Die 3. Änderung des Bebauungsplans Nr. 275 A ist materiell wirksam. . . .

6. Die angegriffene Planänderung verstößt auch nicht gegen das in § 2 Abs. 2 BauGB verankerte interkommunale Abstimmungsgebot.

Das Gebot des § 2 Abs. 2 BauGB/§ 2 Abs. 2 Satz 1 BauGB n. F., die Bauleitpläne benachbarter Gemeinden aufeinander abzustimmen, steht in engem sachlichen Zusammenhang mit § 1 Abs. 6 BauGB/§ 1 Abs. 7 BauGB n. F. Das interkommunale Abstimmungsgebot stellt sich als eine besondere Ausprägung des Abwägungsgebots dar (vgl. BVerwG, Urteil v. 1. 8. 2002 – 4 C 5.01 –, a. a. O.).

Befinden sich benachbarte Gemeinden objektiv in einer Konkurrenzsituation, so darf keine von ihrer Planungshoheit rücksichtslos zum Nachteil der anderen Gebrauch machen. Der Gesetzgeber bringt dies in § 2 Abs. 2 BauGB unmißverständlich zum Ausdruck. Diese Bestimmung verleiht dem Interesse der Nachbargemeinde, vor Nachteilen bewahrt zu werden, besonderes Gewicht. Das Gebot, die Bauleitpläne benachbarter Gemeinden aufeinander abzustimmen, ist als gesetzliche Ausformung des in Art. 28 Abs. 2 Satz 1 GG gewährleisteten gemeindlichen Selbstverwaltungsrechts zu verstehen. § 2 Abs. 2 BauGB liegt die Vorstellung zugrunde, daß benachbarte Gemeinden sich mit ihrer Planungsbefugnis im Verhältnis der Gleichordnung gegenüberstehen. Die Vorschrift verlangt einen Interessenausgleich zwischen diesen Gemeinden und fordert dazu eine Koordination der gemeindlichen Belange. Die Nachbargemeinde kann sich unabhängig davon, welche planerischen Absichten sie für ihr Gebiet verfolgt oder bereits umgesetzt hat, gegen unmittelbare Auswirkungen gewichtiger Art auf dem benachbarten Gemeindegebiet zur Wehr setzen. Rein wettbewerbliche bzw. wirtschaftliche Auswirkungen reichen hierfür allerdings nicht aus. Das interkommunale Abstimmungsgebot schützt nicht den in der Nachbargemeinde vorhandenen Einzelhandel vor

Konkurrenz, sondern nur die Nachbargemeinde als Selbstverwaltungskörperschaft und Trägerin eigener Planungshoheit. Die befürchteten Auswirkungen müssen sich folglich auf die städtebauliche Ordnung und Entwicklung in der Nachbargemeinde beziehen (vgl. BVerwG, Urteil v. 1. 8. 2002 – 4 C 5.01 –, a. a. O. unter Bezugnahme auf BVerwG, Urteile v. 8. 9. 1972 – 4 C 17.71 –, BVerwGE 40, 323 = BRS 25 Nr. 14 = BauR 1972, 352, und v. 15. 12. 1989 – 4 C 36.86 –, BVerwGE 84, 209 = BRS 50 Nr. 193 sowie Beschlüsse v. 9. 5. 1994 – 4 NB 18.94 –, BRS 56 Nr. 36 = BauR 1994, 492 = Buchholz 310 § 47 VwGO Nr. 89 und v. 9. 1. 1995 – 4 NB 42.94 –, Buchholz 406.11 § 2 BauGB Nr. 37 = BRS 57 Nr. 5 = BauR 1995, 354).

Städtebauliche Konsequenzen einer Planung zeigen sich etwa dann, wenn eine Schädigung des Einzelhandels in der Nachbargemeinde die verbrauchernahe Versorgung der dortigen Bevölkerung in Frage stellt oder die Zentrenstruktur der Nachbargemeinde nachteilig verändert. Im Zusammenhang mit der Planung von Einzelhandelsprojekten kann insoweit der Abfluß bislang in der Nachbargemeinde absorbierter Kaufkraft einen wesentlichen Indikator darstellen. Der Kaufkraftabfluß ist typischerweise die Kerngröße, anhand derer die Intensität der Belastung der Nachbarkommunen ermittelt werden kann. Allerdings handelt es sich bei dem Kriterium „Kaufkraftabfluß" zunächst um eine wirtschaftliche Bezugsgröße, deren städtebauliche Bedeutung sich erst bei Überschreiten der städtebaulichen Relevanzschwelle ergibt. Nichts anderes gilt für den Umstand, daß sich das wirtschaftliche Umfeld des Einzelhandels in der Nachbargemeinde verändert und sich dessen Konkurrenzsituation verschlechtert. Überschritten ist die städtebauliche Relevanzschwelle erst dann, wenn ein Umschlag von rein wirtschaftlichen zu städtebaulichen Auswirkungen stattzufinden droht (vgl. grundsätzlich: BVerwG, Urteile v. 1. 8. 2002 – 4 C 5.01 –, a. a. O. und v. 8. 9. 1972 – IV C 17.71 –, BVerwGE 40, 323 = DÖV 1973, 200 = BRS 25 Nr. 14 = BauR 1972, 352, sowie ferner: Thür. OVG, Urteil v. 20. 12. 2004 – 1 N 1096/03 –, juris; VGH Bad.-Württ., Urteil v. 6. 7. 2000 – 8 S 2437/99 –, ZfBR 2001, 287; OVG NRW, Urteil v. 5. 9. 1997 – 7 A 2902/93 –, BRS 59 Nr. 70 = BauR 1998, 309; Moench/Sander, Die Planung und Zulassung von Factoryoutlet Centern, NVwZ 1999, 337; Otting, Factoryoutlet Center und interkommunales Abstimmungsgebot, DVBl. 1999, 595).

Unter Berücksichtigung der bisherigen Ausführungen bestehen im vorliegenden Fall keine Anhaltspunkte für derartige unzumutbare Auswirkungen. Dies gilt zunächst bezüglich des von den Nachbarstädten B. (Antragstellerin), M., E., G., G., D. und D. geltend gemachten Kaufkraftabflusses.

Ob die durch die Planänderung ermöglichte Erweiterung des Einkaufszentrums CentrO für die Nachbarstädte im Zusammenhang mit einem möglichen Kaufkraftabfluß mit unzumutbaren Auswirkungen verbunden ist, hat die Antragsgegnerin auf der Grundlage eines von der GMA 2004 erstellten Gutachtens beurteilt. Im Rahmen einer solchen Untersuchung lassen sich die Auswirkungen naturgemäß nicht exakt vorherbestimmen und qualifizieren. Das Gutachten stellt lediglich eine Prognose dar.

Eine Prognose hat das Gericht nur darauf zu prüfen, ob diese mit den im maßgebenden Zeitpunkt verfügbaren Erkenntnismitteln unter Beachtung der für sie erheblichen Umstände sachgerecht erarbeitet worden ist. Das Gericht überprüft insoweit die Wahl einer geeigneten fachspezifischen Methode, die zutreffende Ermittlung des der Prognose zugrunde liegenden Sachverhalts und ob das Ergebnis einleuchtend begründet worden ist. Ferner ist zu fragen, ob die mit jeder Prognose verbundene Ungewißheit künftiger Entwicklungen in einem angemessenen Verhältnis zu den Eingriffen steht, die mit ihr gerechtfertigt werden sollen. Es ist hingegen nicht Aufgabe des Gerichts, das Ergebnis einer auf diese Weise sachgerecht erarbeiteten Prognose als solches darauf zu überprüfen, ob die prognostizierte Entwicklung mit Sicherheit bzw. größerer oder geringerer Wahrscheinlichkeit eintreten wird oder kann (vgl. BVerwG, Urteil v. 8. 7. 1998 – 11 A 53.97 –, DVBl. 1998, 1188 = Buchholz 442.40 § 10 LuftVG Nr. 8).

Die vorbeschriebenen Anforderungen erfüllt das Gutachten der GMA.

Die Verwertbarkeit der Prognose wird nicht durch den Einwand der Bezirksregierung D. im Verfahren – 10 D 145/04.NE –, in Frage gestellt, bei dem Gutachten handele es sich um ein „Parteigutachten". Die Verwertung eines Sachverständigengutachtens ist nur dann unzulässig, wenn es lückenhaft oder in sich widersprüchlich ist oder von falschen Voraussetzungen ausgeht, wenn der Sachverständige nicht hinreichend fachkundig ist, begründete Zweifel an seiner Neutralität bestehen, eine neue Sachlage gegeben ist, neuere Forschungsergebnisse vorliegen, oder wenn das Beweisergebnis durch den substantiierten Vortrag eines Beteiligten oder durch eigene Überlegungen des Gerichts ernsthaft in Frage gestellt wird (vgl. BVerwG, Beschluß v. 26. 6. 1992 – 4 B 1-11.92 –, NVwZ 1993, 572).

Anhaltspunkte dafür liegen hier nicht vor. Allein der Umstand, daß der Gutachter im Auftrag des CentrO-Betreibers bzw. des Investors tätig geworden ist, reicht für Zweifel an seiner Neutralität nicht aus. Außer dieser Mutmaßung sind keine Gründe dargelegt worden, aus denen sich eine Voreingenommenheit des Gutachters ergeben kann.

Die umfangreiche und ins Detail gehende Untersuchung läßt keine methodischen oder kalkulatorischen Fehler erkennen. Dies ist dem GMA-Gutachten auch von anderer Seite, nämlich von der CIMA (Stadtmarketing Gesellschaft für gewerbliches und kommunales Marketing mbH) im Rahmen ihrer für die Stadt G. erstellten gutachterlichen Stellungnahme von Juni 2004 („Auswirkungen der Erweiterung des CentrO in O. auf den Einzelhandel in den Zentren Altstadt und B. in G.") bescheinigt worden. Die gegen das Gutachten der GMA gerichteten Einwände der Bezirksregierung D. im Verfahren – 10 D 145/ 04.NE –, und der Antragstellerin überzeugen nicht. Der Senat hat die Einwände im einzelnen überprüft. Insoweit wird auf die nachfolgenden Ausführungen Bezug genommen. Die Plausibilität des Gutachtens kann das Gericht unter Beachtung des für eine Prognose maßgeblichen Prüfungsumfangs aus eigener Sachkunde überprüfen. ... Für die Antragstellerin hätte überdies die Möglichkeit bestanden, in der mündlichen Verhandlung den anwesenden Gutachter der GMA zu den strittigen Fragen zu befragen.

Das Gutachten untersucht das Umsatzpotential der geplanten Verkaufsflächenerweiterung im Bereich des CentrO und prognostiziert, zu welchen Lasten welcher Nachbargemeinde welche Kaufkraft abgezogen wird. In diesem Zusammenhang verdeutlicht das Gutachten mit nachvollziehbaren und überzeugenden Erwägungen a) die bestehende und die nach der Erweiterung zu erwartende Marktposition des CentrO, b) die durch die Erweiterungsplanung zu erwartende Umsatzverteilung für den Einzelhandel in der Region und prüft c) die möglichen Auswirkungen auf die zentralen Einkaufsbereiche in den betroffenen Städten.

a) Die gegenwärtige Marktbedeutung des CentrO, auf deren Basis die Auswirkungen der geplanten CentrO-Erweiterung prognostiziert werden, beurteilt die GMA aus einer Zusammenschau von Kundenherkunft, Marktpotenzialen im Untersuchungsraum sowie Dimensionierung und Ausstrahlung des CentrO.

Zur Bewertung der räumlichen Ausstrahlung des CentrO unter dem Gesichtspunkt der Kundenherkunft, fand im Zeitraum vom 23.–26. 7. 2003 eine Kundenbefragung von insgesamt knapp 18 000 Personen statt. Ausweislich der Stellungnahme der GMA vom 30. 3. 2005 wurden die Kunden nach ihrem Herkunftsort und zu dem von ihnen benutzten Verkehrsmittel befragt. Anhaltspunkte dafür, daß die von GMA befragten Kunden keinen repräsentativen Ausschnitt darstellen, bestehen nicht. Die Befragung gibt die Situation einer normalen Einkaufswoche wieder, die weder durch ferienbedingte Besonderheiten (Sommerferien in NRW begannen am 31. 7. 2003) noch durch sonstige, von der Normalität abweichende Umstände geprägt gewesen ist. Bezüglich des Einwandes, die Befragungsinhalte seien nicht ausreichend gewesen, wird nicht dargelegt, daß eine umfangreichere Befragung im Hinblick auf das angestrebte Datenmaterial zu anderen Ergebnissen geführt hätte. Daß für die Eingrenzung des Einzugsgebietes in erster Linie der Herkunftsort der Kunden von Bedeutung ist und nicht etwa die Häufigkeit seiner Besuche im CentrO oder die Höhe seiner Ausgaben, liegt auf der Hand. Ob statt einer Kundenbefragung beispielsweise die Ermittlung der Anfahrtsdauer zum CentrO ein geeigneterer Ansatz für die Abgrenzung des Einzugsgebiets gewesen wäre, erscheint angesichts der räumlichen Verflechtungen im Ballungsraum zweifelhaft. Anders als bei der primärstatistischen Erhebung im Wege der Kundenbefragung, ließe sich mit der Anfahrtsdauer zudem nur ein fiktiver Einzugsbereich ermitteln. Selbst wenn es sich insoweit um einen vertretbaren Ansatz handeln würde, wäre damit aber die methodisch unbedenkliche Kundenbefragung nicht in Frage gestellt.

Aus den Ergebnissen der Kundenwohnorterhebung berechnet der Gutachter den Kundenanteil in Prozent, der jeweils auf die umliegenden Kommunen bzw. auf die weiter entfernten Gebiete entfällt sowie den Kundenanteil in Prozent bezogen auf die jeweilige Einwohnerzahl der Herkunftsorte (Kundendichte). Anhand der Kundenanteile und der Kundendichte strukturiert er das Kerneinzugsgebiet des CentrO. Das Gutachten geht von zwei Kerneinzugszonen und von solchen Gebieten aus, die außerhalb des engeren Einzugsbereichs liegen. Die Kerneinzugszone I bildet das Stadtgebiet von O., die Zone II erfaßt die Städte E., D., M., B., D., G. und G.

Das auf der Grundlage der Kundenwohnorterhebung abgegrenzte Einzugsgebiet ist nachvollziehbar und plausibel. Von den befragten Kunden stammen 45,7 % aus dem engeren Einzugsbereich. Im gesamten Kerneinzugsgebiet des

CentrO leben ca. 2,03 Millionen Einwohner, wobei 11% der Einwohner aus der Kerneinzugszone I (= Stadt O.) stammen. Soweit die Bezirksregierung D. einwendet, die GMA hätte die Zone II großräumiger abgrenzen müssen, zumal nach ihren Erkenntnissen ein wesentlich höherer Anteil von Kunden aus der Kerneinzugszone II stamme, als im GMA-Gutachten angenommen, handelt es sich um bloße Spekulation. ...

Die Marktbedeutung des bestehenden CentrO ermittelt die GMA für das besagte Kerneinzugsgebiet an Hand von Marktanteilen. Bei den Marktanteilen handelt es sich um die derzeitige bzw. zu erwartende Abschöpfung des Kaufkraftpotenzials in den jeweiligen Städten des Kerneinzugsgebiets durch den CentrO-Einzelhandel. Das Kaufkraftpotenzial in den Kerneinzugszonen beziffert die GMA auf 10,3 Mrd. €. Dieser Betrag geht auf die Kaufkraft pro Kopf von 5010,– €, multipliziert mit der Gesamteinwohnerzahl im Kerneinzugsgebiet zurück. Davon stehen ca. 1,1 Mrd. € Kaufkraftvolumen in der Stadt O. und ca. 9,2 Mrd. € in der Kerneinzugszone II zur Verfügung.

Die zu erwartende Marktposition des CentrO nach der geplanten Erweiterung (30 000 qm Bruttogeschoßfläche bzw. 23 000 qm Verkaufsfläche) würdigt das Gutachten im Rahmen einer Gesamtattraktivitätsbetrachtung. Hierbei geht das GMA-Gutachten für die Erweiterungsfläche von einer Umsatzerwartung von 106,7 Mio. € aus. Die Umsatzerwartung der Erweiterungsfläche schätzt die GMA auf der Grundlage der Flächenproduktivität des bisherigen CentrO-Bestandes ab. Die Flächenproduktivität (4580,– €/qm Verkaufsfläche) wird aus dem Gesamtumsatz dividiert durch die Verkaufsfläche berechnet. Für die Erweiterung des CentrO berücksichtigt die GMA im Rahmen einer Worst-Case-Betrachtung vorsorglich eine Attraktivitätssteigerung und setzt die Flächenproduktivität mit 4640,– €/qm Verkaufsfläche an. Die Ansätze sind nachvollziehbar und plausibel. Der Einwand, die GMA stelle auf einen zu niedrigen Gesamtumsatz des Bestandes und damit auf eine zu niedrige Flächenproduktivität ab, ist unsubstantiiert. Der von der GMA angegebene Betrag von 305 Mio. € geht auf entsprechende Angaben der Betreiber des CentrO bezogen auf den im Jahr 2002 erzielten Jahresumsatz zurück. Die von der Bezirksregierung D. behaupteten höheren Umsatzwerte beruhen auf nicht belegten Schätzungen und sind spekulativ. ...

b) Die Auswirkungen der CentrO-Erweiterung prognostiziert die GMA auf der Basis der zu erwartenden Marktbedeutung des CentrO. Zur Ermittlung der für die Beurteilung von etwaigen Auswirkungen maßgeblichen Umverteilungseffekte wird die Umsatzverteilung in den Kommunen des Kerneinzugsgebiets bezogen auf die dort jeweils vorhandenen Einkaufsbereiche bestimmt, die aktuelle Ausstattung der Zentren (Branchenschwerpunkte) und ihre Bedeutung innerhalb der Kommune (Wettbewerbssituation) sowie die räumliche Verteilung der Einkaufsbereiche zugrunde gelegt. Die Erkenntnisse zum Einzelhandel in der Region resultieren aus einer Bestandsaufnahme, die Mitarbeiter der GMA unter Berücksichtigung der jeweiligen Anzahl der Betriebe, deren Größe, Ausstattung und Sortimentszuschnitt durchgeführt haben. Das Gutachten stellt insoweit zu Recht maßgeblich auf den Einzelhandel in den Innenstadtzentren der Kommunen ab. Im Falle örtlicher Besonderheiten (z. B. das selbständige Stadtteilzentrum in G.-B.) oder soweit die Nachbarkommune selbst massive Einzelhandelsvorhaben außerhalb der Innenstadt zugelassen hat (z. B. das Rhein-Ruhr-Center in M.), hat der Gutachter diese Abweichungen vom Normalfall bei der Umsatzverteilung innerhalb der jeweiligen Kommune berücksichtigt.

Die konkrete Abschätzung der Umverteilungswirkungen für die untersuchten Einkaufsbereiche der im Kerneinzugsgebiet gelegenen Nachbarkommunen erfolgt an Hand des für die CentrO-Erweiterung vorhergesagten Umsatzes, der Umsatzverteilung innerhalb der einbezogenen Kommunen und der der Kundenwohnorterhebung entsprechenden Kundenanteile. Der Gutachter hat zudem die danach rechnerisch auf die einzelnen Kommunen entfallenden Umsatzanteile der CentrO-Erweiterung mittels Zentralitätskennziffern gewichtet, um so dem Umstand Rechnung zu tragen, daß die Kommunen mit höherer Zentralitätsstufe höhere Umsatzeinbußen zu erwarten haben als die Kommunen mit niedrigerer Zentralitätsstufe, weil erstere auch Umsatzrückgänge in dem über ihr eigenes Gemeindegebiet hinausgehenden Einzugsbereich hinnehmen müssen. Die Zentralitätskennziffer gibt das Verhältnis der Einzelhandelsumsätze einer Einkaufslage im Verhältnis zu der einzelhandelsrelevanten Kaufkraft der Bewohner der jeweiligen Kommune an. Die anhand der Zentralitätskennziffern ermittelten Umsatzumverteilungswerte werden mittels einer prozentualen Gewichtung auf die jeweiligen Einkaufsbereiche aufgeteilt, wobei unterstellt wird, daß die zentralen Einkaufsbereiche wegen der Vergleichbarkeit der Angebotsstruktur – hochwertiger Branchenmix – stärker von den Wirkungen des CentrO in Form von Umverteilungen betroffen sein werden, als sonstige nicht integrierte Einzelhandelslagen. Da auch die Nachbarstädte selbst davon ausgehen, daß die Auswirkungen des CentrO sich vornehmlich auf die zentralen Bereiche ihrer Innenstadt beziehen werden, begegnet der Ansatz des Gutachtens keinen Bedenken.

Um mögliche Gefährdungspotentiale für einzelne Branchen aufzuzeigen, erfolgt zusätzlich eine auf Sortimentsgruppen bezogene Betrachtung. Die ermittelte Umsatzverteilung wird auf die einzelnen Sortimentsbereiche analog einem für die CentrO-Erweiterung entwickelten Sortiments- und Flächenkonzept und unter Berücksichtigung des bestehenden Branchenmixes im jeweiligen Einkaufsbereich der Nachbarkommunen aufgeschlüsselt.

Bei dem für die CentrO-Erweiterung unterstellten Branchenmix geht das Gutachten ebenfalls von einer – in diesem Fall zweifachen – „Worst-Case-Betrachtung" aus. Der Gutachter nimmt an, daß aus 30 000 qm Geschoßfläche eine Verkaufsfläche von 23 000 qm (ca. 75 %) hervorgeht, obwohl sowohl nach der höchstrichterlichen Rechtsprechung zu § 11 Abs. 3 BauNVO, als auch nach der Einschätzung der zuständigen Ministerien des Landes in Nr. 2.3.2 des Einzelhandelserlasses erfahrungsgemäß davon auszugehen ist, daß die Verkaufsfläche i. d. R. etwa 2/3 der Geschoßfläche ausmacht (vgl. BVerwG, Beschluß v. 22.7.2004 – 4 B 29.04 –, BauR 2004, 1735 = ZfBR 2004, 699 m. w. N.).

Zudem legt der Gutachter für die Erweiterungsflächen einen hochwertigen Branchenmix zugrunde, der sowohl dem gegenwärtigen Branchenzuschnitt im CentrO als auch der Einzelhandelsstruktur in den Innenstadtzentren der

Kommunen im Kerneinzugsgebiet entspricht. Damit wird den Erweiterungsflächen ein Höchstmaß an Konkurrenzpotenzial unterstellt.

Das Gutachten prognostiziert zu Recht nur die durch die geplante CentrO-
Erweiterung bewirkten Umsatzumverteilungen. Dieser Ansatz ist nachvollziehbar und plausibel. Die angegriffene 3. Planänderung des Bebauungsplans Nr. 275 A ermöglicht nicht etwa die erstmalige Errichtung eines Einkaufszentrums, sondern die Erweiterung eines im Bestand mit knapp 70 000
qm Verkaufsfläche seit Herbst 1996 am Markt befindlichen Vorhabens. Dies
ist die Ausgangssituation, die der Rat bei der Aufstellung der 3. Änderung vorgefunden und die er seinen Planungsüberlegungen zugrunde zu legen hatte.
Der Markt in O. und in der Region hat sich seit dem Markteintritt des CentrO
auf das Einkaufszentrum eingestellt. Das CentrO ist am Markt etabliert und
genauso wie jeder andere Einzelhandelsbetrieb in O. Bestandteil des Einzel-
handelsangebots in der Region. Anhaltspunkte dafür, daß allein durch die
geplante Verkaufsflächenerweiterung – etwa durch eine damit verbundene
Attraktivitätssteigerung des gesamten Einzelhandelskomplexes – die Flächenproduktivität der bereits vorhandenen Einzelhandelsbetriebe spürbar
steigen und zu zusätzlichen Umsatzverteilungen zu Lasten benachbarter
Kommunen führen wird, sind nicht ersichtlich. Die GMA hat in diesem
Zusammenhang nachvollziehbar dargelegt, daß vor dem Hintergrund der in
den letzten Jahren eingetretenen Wettbewerbsverschärfungen in den Ein-
kaufsbereichen der Region (z. B. Erweiterungen des Rhein-Ruhr-Zentrums in
M. und des Ruhrparks in B.) sowie der geplanten Wettbewerbsentwicklungen
(z. B. Einkaufszentren in E. und D.) die Erweiterungsmaßnahmen im CentrO
dem Erhalt der Wettbewerbsposition dienen und das durch die bloße Verkaufsflächenerweiterung die Flächenproduktivität nicht steigt, sondern eher
das Gegenteil der Fall ist.

c) Die auf methodisch unbedenklicher Grundlage erzielten Ergebnisse der
Begutachtung sind nachvollziehbar und lassen keine Fehler erkennen.

Das bestehende CentrO erreicht im gesamten Kerneinzugsbereich einen
Marktanteil von ca. 1,7–2,2 % des dort vorhandenen einzelhandelsrelevanten
Kaufkraftpotenzials, gleichbedeutend mit ca. 200,9 Mio. € Umsatz. Die
Marktbedeutung ist in O. mit Werten von ca. 6,7–7,2 % Abschöpfung des
Kaufkraftpotenzials am höchsten. In den Kommunen des übergemeindlichen
Einzugsgebiets der Zone II erreicht das CentrO insgesamt einen Marktanteil
von ca. 1,1–1,6 %. ... Die Marktanteile erhöhen sich unter Berücksichtigung
der auf der Grundlage des Ursprungsbebauungsplans bereits genehmigten
Erweiterung (8391 qm Bruttogeschoßfläche) und der im Rahmen der Planänderung ermöglichten Erweiterung (30 000 qm Bruttogeschoßfläche) nach dem
GMA-Gutachten wie folgt: Insgesamt ergibt sich danach ein Gesamtmarktanteil des CentrO für O. von 9,6–10,1 % und für den abgegrenzten Kerneinzugsbereich der Zone II von 1,3–3,0 % des Kaufkraftpotenzials. Spürbare Änderungen an den Ergebnissen der Auswirkungsanalyse der GMA ergeben sich
auch nicht unter Berücksichtigung der mit Stand vom 30. 4. 2004 aktualisierten Bevölkerungsprognose des Landesamtes für Datenverarbeitung und Sta-
tistik (LDS). Für die Städte des Kerneinzugsgebietes läßt sich in der Summe
aus der neuen Bevölkerungsprognose nur eine geringfügige Abnahme der

Bevölkerungszahlen ablesen. Überträgt man die aktualisierte Prognose zur Bevölkerungsentwicklung auf die Auswirkungsanalyse der GMA, ergibt sich gegenüber dem Jahr 2002 eine Gesamtveränderung des Kaufkraftvolumens im Untersuchungsraum von ca. - 0,1 %. Dementsprechend ergeben sich bei Zugrundelegung der neuen LDS-Prognose auch keine beachtlichen Unterschiede zu dem im GMA-Gutachten ermittelten Gesamtmarktanteil des CentrO in der Region.

Für die im abgegrenzten Einzugsbereich der Zone II gelegenen Nachbarkommunen hat der Gutachter Umverteilungseffekte ermittelt, die deutlich unter 5 % liegen. Im einzelnen hat er für die Innenstadt von G. 0,6 %, für D. 0,8 %, für G. bezogen auf den Stadtteil B. und die Innenstadt jeweils 0,9 %, für E. 1,3 %, für die Innenstadt von M. 0,8 % und für das Rhein-Ruhr-Center 1,7 %, für B. 1,4 % und für die Innenstadt von D. 1,7 % ermittelt. In den jeweiligen Branchen ergeben sich nach GMA maximale Umverteilungseffekte von ca. 2,4 % in den Sortimenten Schuhe und Bekleidung (D., Rhein-Ruhr-Zentrum in M. sowie mit 2,2 % annähernd in B.). Bei kumulierender Betrachtung der geplanten CentrO-Erweiterung mit weiteren, in O. geplanten größeren Einzelhandelsprojekten (Sterkrader Tor und Hirsch-Center) liegen die Umverteilungseffekte in den insoweit allein projektrelevanten Branchen Bekleidung und Elektrowaren bei maximal 7,1 %, wobei das GMA-Gutachten (Stellungnahme vom 25. 8. 2004) etwaige Auswirkungen auf Grund der räumlichen Nähe zu den im Stadtteilzentrum S. geplanten Projekten ohnehin nur für die Innenstädte von B. und D. prognostiziert.

Auf der Grundlage dieser Ergebnisse des GMA-Gutachtens ist nicht anzunehmen, daß die Erweiterung des Einkaufszentrums für die Nachbarkommunen mit unzumutbaren Auswirkungen verbunden sein wird. Die vergleichsweise geringen Marktanteile des CentrO im übergemeindlichen Einzugsbereich der Zone II machen deutlich, daß das Einkaufszentrum hier sowohl im Hinblick auf den vorhandenen Bestand als auch nach einer Erweiterung nur eine ergänzende Versorgungsbedeutung hat bzw. haben wird. Diese Einschätzung spiegelt sich auch in den von der GMA prognostizierten Umsatzumverteilungseffekten wieder. Diese liegen für alle untersuchten Einkaufsbereiche der Kerneinzugszone II – auch branchenbezogen – deutlich unter 5 %, bei kumulierender Betrachtungsweise (Sterkrader Tor und Hirsch-Center) branchenbezogen bei maximal 7,1 %. Eine wesentliche Beeinträchtigung der verbrauchernahen Versorgung in den Nachbarkommunen durch eine konkurrenzbedingte Schließung von Einzelhandelsbetrieben in deren Versorgungszentren ist bei Umverteilungseffekten in dieser Größenordnung nicht zu befürchten. Ein bestimmter „Schwellenwert" für einen städtebaulich beachtlichen Kaufkraftabfluß ist gesetzlich nicht vorgegeben. Auch in der obergerichtlichen Rechtsprechung wird die Frage, ob und ggf. bei welchen Prozentsätzen ein prognostizierter Kaufkraftabzug den Schluß auf negative städtebauliche Folgen für die davon betroffene Gemeinde zuläßt, mit unterschiedlichen Ergebnissen diskutiert. Der Bandbreite der angenommenen Werte, die von mindestens 10 %, (vgl. sowohl OVG Bbg, Beschluß v. 16. 12. 1998 – 3 B 116/98 –, BRS 60 Nr. 201 = BauR 1999, 613; OVG NRW, Urteil v. 5. 9. 1997 – 7 A 2902/93 –, BRS 59 Nr. 70 = BauR 1998, 309; OVG Rh.-Pf., Urteil v.

25. 4. 2001 – 8 A 11441/00 –, BRS 64 Nr. 33 = BauR 2002, 577) über 10 bis 20%, (vgl. OVG Rh.-Pf., Beschluß v. 8. 1. 1999 – 8 B 12650/98 –, BRS 62 Nr. 66 = BauR 1999, 367; vgl. BayVGH, Urteil v. 7. 6. 2000 – 26 N 99.2961, 26 N 99.3207, 26 N 99.3265 –, BayVBl. 2001, 175 = BRS 63 Nr. 62), bis hin zu etwa 30% reicht, (vgl. etwa Thür. OVG, Urteil v. 20. 12. 2004 – 1 N 1096/03 –, juris, m. w. N.), ist allerdings die Tendenz zu entnehmen, daß erst Umsatzverluste ab einer Größenordnung von 10% als gewichtig angesehen werden. Da nach den hier maßgeblichen Berechnungen für die im Kerneinzugsbereich der Zone II gelegenen benachbarten Mittel- und Oberzentren selbst unter Berücksichtigung etwaiger Prognoseunsicherheiten der Wert von 10% nicht annähernd erreicht wird, läßt der Senat offen, ob ein Schwellenwert von 10% für alle Fallkonstellationen gelten kann und mit welcher Maßgabe bei der Ermittlung der Zumutbarkeitsschwelle die raumordnerische Funktion der betroffenen Gemeinde zu berücksichtigen ist.

Sonstige außerhalb der Umleitung von Kaufkraftströmen liegende Gründe, aus denen die Planung mit städtebaulich relevanten unzumutbaren Auswirkungen für die im Kerneinzugsbereich gelegenen Nachbarkommunen verbunden sein könnte, sind nicht ersichtlich.

Das gilt auch für die von den Nachbarkommunen einschließlich der Antragstellerin befürchtete Verödung ihrer Innenstädte. Zwar kann bei der Abwägung auch zu berücksichtigen sein, inwieweit eine Nachbargemeinde mit einer unabhängig vom Einzelhandel attraktiven Innenstadt durch die Planung betroffen ist und inwieweit sie die Möglichkeit besitzt, durch eigene Anpassungsmaßnahmen den negativen Auswirkungen fremder Planungen zu begegnen. Ob jedoch insoweit im Einzelfall eine erhöhte Schutzbedürftigkeit gegeben ist und ob sich die Planungen einer Nachbargemeinde gegenüber diesbezüglich als unzumutbar erweisen, kann nicht losgelöst von der aktuellen Situation der jeweiligen Innenstädte und von etwaigen Vorbelastungen beurteilt werden. Ebenso wenig können die allgemeinen Entwicklungstendenzen des Einzelhandels, das Konsumentenverhalten, regionale Einflüsse und die wirtschaftliche Entwicklung unberücksichtigt bleiben. Angesichts der Vielzahl von Faktoren, die die Attraktivität von Innenstadtzentren bestimmen, reicht die bloße Vermutung einer zunehmenden Verödung der Innenstädte zur Begründung einer besonderen Schutzbedürftigkeit gegenüber einer Planung von Einzelhandelsflächen nicht aus, zumal der mögliche Anteil des CentrO an einer solchen Negativentwicklung im Hinblick auf die dargestellte Marktbedeutung des Einkaufszentrums in der Region als lediglich gering einzustufen ist.

7. Ein Verstoß gegen das in § 1 Abs. 6 BauGB/§ 1 Abs. 7 BauGB n. F. enthaltene Abwägungsgebot liegt ebenfalls nicht vor. ...

Der Rat hat das erforderliche Abwägungsmaterial zusammengestellt. Im Aufstellungsverfahren haben diverse Gutachten vorgelegen. ...

Der Rat hat sich ferner mit den von den Trägern öffentlicher Belange und Bürgern vorgebrachten Anregungen und Einwänden umfassend auseinandergesetzt und diese – soweit er ihnen nicht gefolgt ist – nach eingehender Abwägung und ohne Abwägungsfehler zurückgewiesen. Ein Verstoß gegen das Abwägungsgebot liegt auch weder im Hinblick a) auf die Raumverträglichkeit der geplanten CentrO-Erweiterung noch hinsichtlich der b) auf das eigene Stadtgebiet bezogenen Auswirkungen noch hinsichtlich der c) mit der Planänderung beibehaltenen Festsetzung der im Kernbereich der Neuen Mitte gelegenen Flächen als Kerngebiet gemäß § 7 BauNVO oder bezüglich der d) verkehrlichen Belange bzw. der e) Berücksichtigung des Immissionsschutzes vor.

a) Als öffentlichen Belang der Raumordnung hat die Antragsgegnerin § 24 Abs. 3 LEPro NRW als Grundsatz der Raumordnung gemäß § 3 Nr. 3 ROG in die Abwägung eingestellt. (Wird ausgeführt.)

b) Die Antragsgegnerin hat sich hinreichend mit den Auswirkungen der nach der geänderten Planung zulässigen Erweiterung des CentrO auf das eigene Stadtgebiet auseinandergesetzt.

Grundlage für ihre Abwägung war auch insoweit das Gutachten der GMA. Für das Zentrum von Alt-O. prognostiziert der Gutachter eine Umsatzumverteilung von 5,5 %, für die Stadtteilzentren S. und O. sind nach seinen Berechnungen lediglich Umverteilungen von 3 % bzw. 1 % des Umsatzes zu erwarten. In den einzelnen Branchen treten nach dem GMA-Gutachten Umsatzumverteilungen in den Sortimenten Bekleidung, Schmuck und Lederwaren i. H. v. 11,5 % und für Schuhe i. H. v. 9,5 % auf. Bei kumulierender Betrachtung der CentrO-Erweiterung mit sonstigen innerstädtischen Projekten, wie „Sterkrader Tor" und Erweiterung des „Hirsch-Centers" werden für die Sortimente Bekleidung und Elektrowaren in Alt-O. Werte von maximal 12,8 % bzw. 16,5 % Umsatzumverteilung prognostiziert. Für das Stadtteilzentrum S. prognostiziert das Gutachten für den Bereich Bekleidung infolge der CentrO-Erweiterung Umsatzverteilungseffekte i. H. v. ca. 12 %. Das Stadtteilzentrum O. hält das Gutachten infolge seines Nahversorgungscharakters im Vergleich zu S. und Alt-O. für weniger betroffen. Die Umverteilungseffekte liegen nach den Berechnungen des Gutachtens zwischen 0,2 % (Nahrungs- und Genußmittel) und 5,0 % (Bekleidung). Insgesamt wird die Situation für alle Stadtteile dahin bewertet, daß versorgungsstrukturelle und städtebauliche Auswirkungen durch eine CentrO-Erweiterung nicht zu erwarten sind. Allein für den Stadtteil Alt-O. schließt das Gutachten infolge möglicher weiterer Strukturanpassungen in den Branchen Bekleidung, Schmuck, Lederwaren und Schuhe Betriebsschließungen nicht aus.

Der Rat der Antragsgegnerin hat sich mit dem GMA-Gutachten im einzelnen auseinandergesetzt und die Einschätzungen des Gutachtens seiner Entscheidung zugrunde gelegt. Die Ausführungen in der Planbegründung unter dem Kapitel „Örtliche Zentrenverträglichkeit" lassen erkennen, daß die möglichen städtebaulichen Auswirkungen der CentrO-Erweiterung auf das eigene Stadtgebiet gesehen wurden. Im Hinblick auf die Prognose des Gutachtens, wonach mit der Erweiterung des CentrO zwar Veränderungen für einzelne Stadtteilzentren nicht auszuschließen sind, die verbrauchernahe Versorgung in den einzelnen Siedlungsschwerpunkten jedoch nicht in Frage gestellt wird, hat sich der Rat im Ergebnis dafür ausgesprochen, den Standort der Neuen Mitte O. weiter auszubauen und zu stärken. Der planerische Wille der Antragsgegnerin, die Neue Mitte O. weiter aufzuwerten, ist ein nach § 1 Abs. 5 Sätze 1 und 2 Nr. 8 BauGB/§ 1 Abs. 6 Nr. 8a BauGB n. F. abwägungsbeachtlicher Belang. Er erhält vor dem Hintergrund der im Stadtgebiet der Antragsgegnerin eingetretenen Strukturveränderung, die in Gestalt der Neuen Mitte und des dort erfolgten Aufbaus komplexer wirtschaftlicher Strukturen auf einem ehemals brach liegenden Industriegelände einen sichtbaren städtebaulichen Impuls erfahren hat, ein besonderes Gewicht. Es ist danach nicht abwägungsfehlerhaft, wenn sich die Antragsgegnerin für eine bewußte Verschiebung der Zentralität innerhalb ihres Stadtgebietes entscheidet, weil sie einen wirtschaftlich etablierten und nach ihrer Ansicht für die Weiterentwicklung der gesamten Stadt unverzichtbaren Standort durch städtebauliche Maßnahmen weiter fördern und seine wirtschaftliche Schubkraft positiv nutzen will, auch wenn damit unter Umständen negative Auswirkungen auf die bisherigen Stadtzentren verbunden sein könnten. Das gilt insbesondere deshalb, weil einer mit dem weiteren Ausbau der Neuen Mitte ggf. einhergehenden Negativentwicklung im sonstigen Stadtgebiet durch konzeptionelle Maßnahmen begegnet wird bzw. werden soll. Das am meisten gefährdete Zentrum von Alt-O. war insoweit bereits mehrfach Gegenstand von Beratungen im Rat, die in die Entwicklung eines sog. Masterplans eingemündet sind. Mit diesem verfolgt die Antragsgegnerin das Ziel, durch ein integriertes Handlungskonzept Vorstellungen, Ideen und konkrete Projekte für eine „lebenswerte Innenstadt" aufzugreifen und umzusetzen. Hierbei geht es der Antragsgegnerin im besonderen um eine Verbesserung des Stadtteilimages, einer Stärkung der lokalen Ökonomie, einer Revitalisierung brach liegender Einzelhandels- und Dienstleistungsflächen, einer Verbesserung der Wohnraumsituation und des Wohnumfeldes, einer Stärkung der Naherholungsfunktion, einer Verbesserung von Spiel- und Freizeitangeboten für Kinder und Jugendliche, einer Stärkung der Kunst- und Kulturangebote und einer Stabilisierung der Sozialstruktur. Die Handlungsschwerpunkte sind im Hinblick auf die bestehende Problemlage der Innenstadt nachvollziehbar. Es liegt auf der Hand, daß die angestrebten Ziele nur im Rahmen einer langfristigen Planung zu verwirklichen sind. Vor dem Hintergrund der bislang eingeleiteten Maßnahmen und unter Berücksichtigung des im Zusammenhang mit der Aufstellung des Masterplans gestellten Antrags der Antragsgegnerin beim Land NRW auf Aufnahme der Innenstadt von Alt-O. in das Programm „Soziale Stadt NRW" bestehen keine Zweifel an der Ernsthaftigkeit und am Willen zur Umsetzung der geplanten Maßnahmen.

c) Die mit der Planänderung beibehaltene Festsetzung der im Zentrum der Neuen Mitte gelegenen Flächen als Kerngebiet gemäß § 7 BauNVO ist ebenfalls nicht zu beanstanden. Das gilt auch, soweit der Plangeber von weitergehenden städtebaulichen Gestaltungsmöglichkeiten i. S. von § 1 Abs. 5 BauNVO nur im Zusammenhang mit dem Ausschluß einzelner, ansonsten im Kerngebiet zulässiger Nutzungen Gebrauch gemacht, eine Begrenzung der Verkaufsflächen und Vorgaben zum Sortimentszuschnitt im Plan allerdings nicht vorgenommen hat. Aus dem Fehlen entsprechender Festsetzungen läßt sich kein Abwägungsfehler herleiten. Derartige Festsetzungen kämen allenfalls auf der Grundlage des § 1 Abs. 5 und 9 BauNVO in Betracht, d. h. der Plangeber müßte die Zulässigkeit von Einzelhandelsbetrieben jeweils differenziert nach Sortiment und Verkaufsfläche regeln. Abgesehen davon, daß die Reglementierung von Einzelhandelsbetrieben nach Sortiment und Größe in den Baugebieten nach den §§ 2 bis 9 BauNVO nur zulässig ist, wenn daraus eine planungsrechtlich abgrenzbare Nutzungsart folgt, (vgl. BVerwG, Urteil v. 22. 5. 1987 – 4 C 77.84 –, BRS 47 Nr. 58 = BauR 1987, 524) liegt diese Art der Feindifferenzierung nicht nur im planerischen Ermessen des Rates, sondern erfordert darüber hinaus eine Rechtfertigung durch besondere städtebauliche Gründe. Anhaltspunkte für besondere städtebauliche Gründe, die im Hinblick auf die geplante Geschoßflächenerweiterung eine Begrenzung der Verkaufsflächen und eine Festlegung bestimmter Sortimente rechtfertigen würden, sind hier angesichts der vertretbaren Auswirkungen der CentrO-Erweiterung auf die eigenen Stadtzentren und die zentralen Versorgungsbereiche der Nachbarkommunen nicht ersichtlich. Schon gar nicht war die Antragsgegnerin verpflichtet, derartige Festsetzungen im Rahmen der 3. Änderung des Bebauungsplans Nr. 275 A zu treffen, oder sogar den Gebietscharakter durch die Festsetzung eines Sondergebiets mit der vereinfachten Möglichkeit, Verkaufsflächen zu begrenzen, zu verändern. Eine Entschädigungspflicht für eine damit verbundene Entziehung von Baurecht wäre möglicherweise die Folge gewesen.

d) Auch die in § 1 Abs. 5 Satz 2 Nr. 8 BauGB/§ 1 Abs. 6 Nr. 9 BauGB n. F. aufgeführten Belange des Verkehrs wurden bei der Abwägung zutreffend gewürdigt. (Wird ausgeführt.)

Redaktioneller Hinweis: Zu den hier nicht abgedruckten raumordnungsrechtlichen Aspekten des Falles vgl. OVG NRW, Urteil vom 6. 6. 2005 – 10 D 145/04.NE –, vorstehend.

Nr. 4

1. **Die Anpassungspflicht des § 1 Abs. 4 BauGB entfällt nicht deshalb, weil die durch den Bebauungsplan zugelassenen, einem Ziel der Raumordnung widersprechenden baulichen Nutzungen ohne größeren tatsächlichen Aufwand wieder beseitigt werden könnten.**

2. **Die Anpassungspflicht des § 1 Abs. 4 BauGB entfällt ferner nicht, wenn das Raumordnungsziel durch ein planfeststellungsbedürftiges Vorhaben i. S. des § 38 Satz 1 BauGB verwirklicht werden kann und deshalb entgegenstehende Festsetzungen des Bebauungsplans im Planfeststellungsverfahren keine (unmittelbare) Anwendung finden würden.**

3. **Die Rechtsprechung, daß ein planfeststellungsersetzender Bebauungsplan für einen Verkehrsweg grundsätzlich nicht erforderlich ist, wenn die Verwirklichung des Vorhabens innerhalb eines Zeitraums von etwa zehn Jahren ausgeschlossen erscheint, ist auf die raumordnerische Zielfestlegung für Verkehrswege nicht übertragbar.**

BauGB §§ 1 Abs. 4, 38; VwGO § 86 Abs. 3.

Bundesverwaltungsgericht, Beschluß vom 7. Februar 2005 – 4 BN 1.05 –.

(OVG Nordrhein-Westfalen)

Nr. 4

a) Gemäß § 1 Abs. 4 BauGB sind die Bauleitpläne den Zielen der Raumordnung „anzupassen". Das bedeutet, daß die Gemeinden die Ziele der Raumordnung zwar je nach deren Aussageschärfe konkretisieren und ausgestalten, sich über sie aber nicht im Wege der Abwägung hinwegsetzen dürfen (vgl. BVerwG, Beschluß v. 20. 8. 1992 – 4 NB 20.91 –, BVerwGE 90, 329, 334 f. = BRS 54 Nr. 12; Urteil v. 20. 11. 2003 – 4 CN 6.03 –, BVerwGE 119, 217, 223 = BRS 66 Nr. 55). An die Ziele der Raumordnung sind die örtlichen Planungsträger strikt gebunden. Planungen, die einem geltenden Ziel der Regionalplanung widersprechen, haben sie zu unterlassen (vgl. BVerwG, Urteil v. 30. 1. 2003 – 4 CN 14.01 –, BVerwGE 117, 351, 357 = BRS 66 Nr. 9; Urteil v. 15. 5. 2003 – 4 CN 9.01 –, BVerwGE 118, 181, 184 = BRS 66 Nr. 4). Legt ein Gebietsentwicklungsplan als Ziel der Raumordnung fest, daß innerhalb eines bestimmten Gebiets die Trasse einer Stadtbahn verlaufen soll, muß die Gemeinde bei einer Überplanung des Gebiets hinreichend Raum für die Stadtbahntrasse lassen. Sie kann den Verlauf der Trasse innerhalb des durch den Gebietsentwicklungsplan nicht parzellenscharf vorgegebenen Korridors näher eingrenzen; sie darf jedoch nicht im gesamten Geltungsbereich des Bebauungsplans Flächen für andere Nutzungen festsetzen. Die für die geplante Stadtbahntrasse benötigten Flächen müssen im Bebauungsplan von anderen Nutzungen freigehalten werden.

Die Festsetzungen eines Bebauungsplans gelten grundsätzlich auf unbestimmte Zeit und damit nicht – wie im zweiten Teil der Frage vorausgesetzt – nur zwischenzeitlich oder vorübergehend. Erst das EAG-Bau hat die Möglichkeit eröffnet, festzusetzen, daß bestimmte Nutzungen und Anlagen nur für einen bestimmten Zeitraum oder bis zum Eintritt bestimmter Umstände zulässig sind (vgl. § 9 Abs. 2 BauGB). Auf unbestimmte Zeit geltende örtliche Planungen, die einem geltenden Ziel der Raumordnung widersprechen, sind gemäß § 1 Abs. 4 BauGB schon deshalb zu unterlassen, weil die planerischen Festsetzungen mit der überörtlichen Planung nicht vereinbar sind. Daß die tatsächliche Umsetzung des Bebauungsplans möglicherweise ohne größeren Aufwand „rückbaubar" wäre, entbindet die Gemeinde nicht von ihrer Anpassungspflicht. Die tatsächliche Möglichkeit, eine baurechtlich genehmigte Nutzung rückgängig zu machen, besagt im übrigen nicht, daß es auch rechtlich zulässig wäre, die Einstellung der Nutzung und die Beseitigung der baulichen Anlagen anzuordnen.

Warum die dargelegte, auch dem Urteil des Oberverwaltungsgerichts zugrunde liegende Auslegung des § 1 Abs. 4 BauGB mit der gemeindlichen Planungshoheit (Art. 28 Abs. 2 GG) unvereinbar sein sollte, zeigen die Beschwerden nicht auf. Die Gemeinde ist, soweit für sie Anpassungspflichten begründet werden, in den überörtlichen Planungsprozeß einzubeziehen (vgl. BVerwGE 90, 329, 335; 118, 181, 185). Das ist nach den Feststellungen des Oberverwaltungsgerichts auch im vorliegenden Fall geschehen. Die Antragsgegnerin hat bei Aufstellung des Gebietsentwicklungsplans eine Streckenführung südlich der Straße „Am Treppchen" unterstützt. Die kommunale Planungshoheit setzt der Landesplanung zwar auch materiellrechtlich Grenzen, deren Überschreitung zur Folge hat, das § 1 Abs. 4 BauGB nicht zum Tragen kommt (vgl. BVerwGE 90, 329, 335; 118, 181, 185 ff.). Ob diese Grenze überschritten wäre, wenn Raumordnungsziele „unabhängig von jeglicher Realisierungswahrscheinlichkeit jede Überplanung und anderweitige Nutzung für die Gemeinde unbegrenzt blockieren", kann jedoch dahinstehen. Einen derartigen Sachverhalt hat das Oberverwaltungsgericht nicht festgestellt. Dem Urteil kann auch nicht entnommen werden, daß die Bindungswirkung der Zielaussage auch unter derartigen Voraussetzungen zu bejahen wäre. Zum einen gibt es für eine unbegrenzte Blockierung anderweitiger Planungen keine Anhaltspunkte. Die Beschwerden legen selbst dar, daß die Planung eines Messeparkplatzes auch möglich bleibt, wenn Flächen für die Stadtbahntrasse freigehalten werden. Zum anderen gilt die Zielaussage in einem Regionalplan zu einer Bahntrasse nicht unabhängig von jeglicher Realisierungswahrscheinlichkeit. Auch Ziele der Raumordnung können funktionslos und damit unwirksam werden. Insoweit sind die für die Bauleitplanung entwickelten allgemeinen Grundsätze entsprechend heranzuziehen (vgl. Runkel, in: Bielenberg/Runkel/Spannowsky, Raumordnungs- und Landesplanungsrecht des Bundes und der Länder, § 3 ROG Rdnr. 152; Gierke, in: Brügelmann, BauGB, § 1 Rdnr. 416 d; Paßlick, Die Ziele der Raumordnung und Landesplanung, 1986, 153 f.). Ein Ziel der Raumordnung tritt danach erst außer Kraft, wenn und soweit die Verhältnisse, auf die es sich bezieht, in der tatsächlichen Entwicklung einen Zustand erreicht haben, der eine Verwirklichung des Ziels auf unabsehbare Zeit ausschließt und wenn diese Tatsache so offenkundig ist, daß ein in ihre Fortgeltung gesetztes Vertrauen keinen Schutz verdient (vgl. BVerwG, Urteile v. 29. 4. 1977 – 4 C 39.75 –, BVerwGE 54, 5, 11 = BRS 32 Nr. 28 = BauR 1977, 248 und v. 30. 6. 2004 – 4 C 3.03 –, BauR 2004, 1730). Einen solchen Sachverhalt legen die Beschwerden nicht dar.

b) Die Beigeladene zu 1 möchte weiter geklärt wissen, ob die bauplanerische Festsetzung von Straßenverkehrsflächen i.S. des § 9 Abs. 1 Nr. 11 BauGB auf Flächen, die raumordnerisch für die Trassenführung einer Stadtbahn vorgesehen sind, mit § 1 Abs. 4 BauGB unvereinbar ist.

Diese Frage ist ohne weiteres auf der Grundlage des Gesetzes zu bejahen. Nach den Feststellungen des Oberverwaltungsgerichts hat der angefochtene Bebauungsplan eine Verkehrsfläche mit der besonderen Zweckbestimmung „Fläche mit hohem Grünanteil für das Parken von Fahrzeugen, Park+Ride-Anlage" und öffentliche Straßenverkehrsflächen als Parkplatzzubringer festgesetzt. Daß diese Festsetzungen mit § 1 Abs. 4 BauGB unvereinbar sind, wenn nach dem Gebietsentwicklungsplan über dieselben Flächen eine Stadtbahntrasse geführt werden soll, liegt auf der Hand.

c) Die von beiden Beschwerden thematisierte Frage, ob ein Bebauungsplan das Anpassungsgebot des § 1 Abs. 4 BauGB verletzen kann, wenn die das Raumordnungsziel betreffenden bauplanungsrechtlichen Festsetzungen im Fall der Realisierung des Ziels durch ein Planfeststellungsverfahren nach § 38 BauGB nicht anzuwenden sind, kann ebenfalls ohne weiteres auf der Grundlage des Gesetzes beantwortet werden.

Das Anpassungsgebot gilt gemäß § 1 Abs. 4 BauGB unabhängig davon, ob über die Zulässigkeit des Vorhabens, das Gegenstand eines Ziels der Raumordnung ist, im Planfeststellungsverfahren oder im baurechtlichen Genehmigungsverfahren entschieden wird. Auf Planfeststellungsverfahren für Vorhaben von überörtlicher Bedeutung sind zwar nach § 38 Satz 1 BauGB die §§ 29 bis 37 BauGB und damit auch die entgegenstehenden Festsetzungen eines Bebauungsplans nicht anzuwenden, wenn die Gemeinde beteiligt wird; § 38 BauGB regelt jedoch – wie sich bereits aus der Überschrift zu den §§ 29 bis 38 BauGB ergibt – nur die Zulässigkeit von Vorhaben. Die für die Bauleitplanung geltenden Vorschriften (§§ 1 ff. BauGB) werden nicht modifiziert. Die Bauleitplanung ist im übrigen auch in Planfeststellungsverfahren, in denen die §§ 29 bis 37 BauGB nicht anwendbar sind, nicht ohne Bedeutung. Vielmehr bestimmt allein das jeweilige Fachplanungsgesetz, welche Maßgeblichkeit dem Bauplanungsrecht als Teil des materiellen Entscheidungsprogramms zukommt. Soweit darin – wie allgemein üblich – eine umfassende Abwägung der berührten öffentlichen und privaten Belange gefordert wird, muß die planfeststellende Behörde auch die städtebaulichen Probleme sachgerecht bewältigen. Dazu wird regelmäßig eine an den Grundvorstellungen des Baugesetzbuches ausgerichtete Einbettung des Vorhabens in das Beziehungsgeflecht der vorhandenen Bebauung, kommunaler Planungen und anderer für die räumliche Situation bedeutsamer Faktoren gehören. Die in den §§ 30 ff. BauGB vorgezeichneten Lösungen gelten damit zwar nicht unmittelbar, indes als fachplanerisch zu berücksichtigende Orientierungshilfen von unterschiedlicher Intensität (vgl. BVerwG, Urteil v. 4.5.1988 – 4 C 22.87 –, BVerwGE 79, 318, 321 f. = BRS 48 Nr. 1). Es liegt auf der Hand, daß der Beschluß über die Planfeststellung für eine Stadtbahntrasse die dem Vorhaben entgegenstehenden Festsetzungen eines Bebauungsplans als gewichtigen Belang in die Abwägung einbeziehen muß. Daraus folgt ohne weiteres, daß eine Gemeinde nicht mit Blick auf § 38 BauGB von der Anpassungspflicht des § 1 Abs. 4 BauGB entbunden ist. Auch dem Entstehen solcher im Rahmen der fachplanerischen Abwägung zu bewältigenden Konflikte will das Anpassungsgebot vorbeugen.

d) Auch die ebenfalls von beiden Beschwerden aufgeworfene Frage, inwieweit standortbezogene Ziele der Raumordnung im Rahmen des § 1 Abs. 4 BauGB für die planende Gemeinde bindend sind, wenn das entsprechende Vorhaben auch langfristig nicht finanzierbar und daher mindestens in den nächsten zehn Jahren nicht realisierbar erscheint, kann ohne Durchführung eines Revisionsverfahrens beantwortet werden.

Ziele der Raumordnung können im Rahmen des § 1 Abs. 4 BauGB Anpassungspflichten nur auslösen, wenn sie wirksam sind. Daran fehlt es, wenn sie bei ihrer Aufstellung nicht dem auch für Ziele der Raumordnung geltenden Gebot der Erforderlichkeit (vgl. auch BVerwGE 118, 181, 187, 189; Gaentzsch, in: Berliner Kommentar zum BauGB, § 1 Rdnr. 32, 35; Gierke, in: Brügelmann, BauGB, § 1 Rdnr. 381) genügen oder wenn sie nachträglich funktionslos geworden sind. Ein Bebauungsplan ist nicht erforderlich, wenn seiner Verwirklichung auf unabsehbare Zeit rechtliche oder tatsächliche Hindernisse, zu denen auch das Fehlen der benötigten Finanzmittel zu zählen ist, im Wege stehen (vgl. BVerwG, Urteil v. 18.3.2004 – 4 CN 4.03 –, BauR 2004, 1260 = NVwZ 2004, 856 m.w.N.). Anders als Bauleitpläne müssen Ziele der Raumordnung nicht aus städtebaulichen Gründen (§ 1 Abs. 3 BauGB), sondern aus überörtlichen Raumordnungsinteressen erforderlich sein. Auch ihnen fehlt jedoch die Erforderlichkeit, wenn ihrer Verwirklichung auf unabsehbare Zeit rechtliche oder tatsächliche Hindernisse entgegenstehen. Nach der Rechtsprechung des Senats ist ein planfeststellungsersetzender Bebauungsplan, der die Trasse einer Bundes- oder Landesstraße festsetzt, grundsätzlich nicht erforderlich i. S. von § 1 Abs. 3 BauGB, wenn die Verwirklichung des Vorhabens innerhalb eines Zeitraums von etwa zehn Jahren nach Inkrafttreten des Plans ausgeschlossen erscheint (vgl. BVerwG, Urteil v. 18. 3. 2004, a. a. O.). Diese Rechtsprechung kann auf Ziele der Raumordnung, die Bahn- oder Straßentrassen festlegen, nicht übertragen werden. Anders als ein Planfeststellungsbeschluß oder ein planfeststellungsersetzender Bebauungsplan enthalten Ziele der Raumordnung keine rechtsverbindliche Grundentscheidung über die Zulässigkeit des Vorhabens. Sie regeln nicht unmittelbar die Nutzung des Grundeigentums, sondern bedürfen der Umsetzung und Konkretisierung in weiteren Planungsschritten. Schon aus diesem Grund muß ihnen ein längerer Prognosezeitraum zugrunde gelegt werden können. Daß der Gebietsentwicklungsplan nach Landesrecht spätestens zehn Jahre nach seiner Genehmigung überprüft und erforderlichenfalls geändert werden soll (§ 15 LPlG NW), bestätigt, daß Ziele der Raumordnung grundsätzlich für einen längeren Zeitraum festgelegt werden. Wertungswidersprüche zu den zeitlichen Grenzen für die Realisierung von planfeststellungsersetzenden Bebauungsplänen entstehen dadurch nicht. ...

3. Auch die Verfahrensrügen greifen nicht durch. ...

e) Beide Beschwerden machen schließlich geltend, das Oberverwaltungsgericht habe die Beteiligten erst in der mündlichen Verhandlung mit dem im bisherigen Verfahren nicht thematisierten Aspekt eines Widerspruchs zwischen Bebauungsplan und Gebietsentwicklungsplan konfrontiert und dadurch sowohl die richterliche Hinweispflicht (§ 86 Abs. 3 VwGO) als auch den Anspruch auf rechtliches Gehör (§ 108 Abs. 2 VwGO, Art. 103 Abs. 1 GG) verletzt.

Insoweit genügen die Beschwerden nicht den Darlegungsanforderungen des § 133 Abs. 3 Satz 3 VwGO. Will das Gericht seine Entscheidung auf Rechtsgründe stützen, die im gesamten Verfahren nicht erörtert wurden und auch nicht offensichtlich sind, so ist es seine Pflicht, gemäß § 86 Abs. 3 VwGO die Beteiligten darauf hinzuweisen, damit sie sich dazu äußern und ggf. ihre tatsächlichen Angaben ergänzen können. Findet eine mündliche Verhandlung statt und sind alle Beteiligten zu ihr erschienen, so genügt es in der Regel, wenn das Gericht in der mündlichen Verhandlung auf die bisher nicht erörterten rechtlichen Erwägungen, auf die es seine Entscheidung stützen will, hinweist und den Beteiligten Gelegenheit zur Äußerung gibt (vgl. BVerwG, Urteil v. 11. 11. 1970 – 5 C 50.70 –, BVerwGE 36, 264, 267). So ist das Oberverwaltungsgericht verfahren. Die Beschwerden meinen, daß der Hinweis in der mündlichen Verhandlung hier ausnahmsweise nicht ausreichend gewesen sei, weil das Gericht von den Beteiligten schon wegen des Umfangs der erst kurz vor der mündlichen Verhandlung beigezogenen Akten und wegen erforderlicher weiterer Ermittlungen eine sofortige und umfassende Stellungnahme zur Vereinbarkeit des Bebauungsplans mit dem Gebietsentwicklungsplan nicht habe verlangen dürfen. Damit ist nicht dargelegt, daß hier ausnahmsweise schon vor der mündlichen Verhandlung ein richterlicher Hinweis gegeben werden mußte. Denn in einer solchen Situation können die Beteiligten gemäß § 173 VwGO i. V. m. § 227 ZPO beantragen, die Verhandlung zu vertagen (vgl. BVerwG, Beschluß v. 21. 12. 1999 – 7 B 155.99 –, Buchholz 303 § 227 ZPO Nr. 29). Die Beschwerden legen nicht dar, warum es der Antragsgegnerin und der Beigeladenen zu 1 nicht möglich oder nicht zumutbar gewesen sein sollte, einen solchen Antrag zu stellen.

Daran scheitert auch die Rüge der Verletzung rechtlichen Gehörs. Zur Begründung einer solchen Rüge muß der Beschwerdeführer vortragen, daß er erfolglos sämtliche verfahrensrechtlich eröffneten und nach Lage der Dinge tauglichen Möglichkeiten ausgeschöpft hat, sich in der Vorinstanz rechtliches Gehör zu verschaffen; zu diesen Möglichkeiten gehört auch der Antrag auf Vertagung der mündlichen Verhandlung (vgl. BVerwG, Beschluß v. 21. 10. 1999 – 8 B 307.99 –, Buchholz 310 § 132 Abs. 2 Nr. 3 VwGO Nr. 24).

Nr. 5

Regionalplanerische Gründe können zugleich die städtebauliche Qualität aufweisen, die für einen Ausschluss des isolierten Einzelhandels nach § 1 Abs. 5 und Abs. 9 BauNVO erforderlich ist.

BauNVO: Regionalplan Mittelhessen 2001; VwGO §§ 43, 91; BauGB § 1 Abs. 4; GG Art. 28 Abs. 2.

Hessischer VGH, Urteil vom 13. Oktober 2005 – 4 UE 3311/03 –.

(VG Gießen)

Die Beteiligten streiten über die Verpflichtung des Beklagten auf Zulassung einer Abweichung vom Regionalplan Mittelhessen 2001 für die Klägerin und über die Notwendigkeit der Durchführung eines Abweichungsverfahrens.

Die Klägerin beantragte 1996 bei dem Regierungspräsidium die Zulassung einer Abweichung vom Regionalen Raumordnungsplan Mittelhessen 1995, um für Flächen, die im Bereich ihrer Kernstadt in dem einschlägigen Bebauungsplan „Stadt H., Kerngebiet, Gewerbegebiet H." als Industrie- und Gewerbegebiet festgesetzt sind, eine Sondergebietsfläche Einzelhandel mit einer Verkaufsfläche von 800 m² und dem Warensortiment eines Lebensmitteldiscounters ausweisen zu dürfen.

Für den Bereich, in dem das für die Bebauungsplanänderung vorgesehene Grundstück liegt, enthielt der Regionale Raumordnungsplan Mittelhessen 1995 die Darstellung „Industrie- und Gewerbefläche-Zuwachs". In diesem Regionalen Raumordnungsplan war unter Punkt 2.4.3.7 (Z) Folgendes bestimmt: „Die Einrichtung von Verkaufsflächen innerhalb der „Industrie- und Gewerbeflächen-Bestand und Zuwachs" ist nur für die Selbstvermarktung der in diesen Gebieten produzierenden und weiterverarbeitenden Betriebe zulässig, wenn die Verkaufsfläche einen untergeordneten Teil der durch das Betriebsgebäude überbauten Fläche einnimmt."

Der 1996 in Kraft getretene Bebauungsplan „Stadt H., Kerngebiet, Gewerbegebiet H." enthält die textliche Festsetzung, dass die Einrichtung von Einzelhandelsverkaufsflächen nur für die Selbstvermarktung von produzierenden und weiterverarbeitenden Betrieben zulässig ist, wenn die Verkaufsfläche einen untergeordneten Teil der durch das Betriebsgebäude überbauten Betriebsfläche einnimmt.

Zur Begründung ihres Antrags auf Abweichung vom Regionalplan führte die Klägerin aus, auf Grund neuer städtebaulicher Rahmenbedingungen und konkreter Anfragen von Investoren sei beabsichtigt, die Ansiedlung eines Lebensmitteldiscounters mit einer Nutzfläche von 800 m² im Gewerbegebiet vorzunehmen. Geplant sei die Ansiedlung im Süden des Gewerbegebietes entlang der Haupterschließungsstraße auf einem 4500 m² großen Grundstück. Auf den Standort im Gewerbegebiet müsse zurückgegriffen werden, da im Bereich der Kernstadt keine vergleichbaren Alternativstandorte zur Verfügung stünden.

Nach ablehnender Stellungnahme der Träger öffentlicher Belange in der oberen Landesplanungsbehörde und Anhörung der Klägerin lehnte das Regierungspräsidium 1997 die beantragte Abweichung vom Regionalen Raumordnungsplan Mittelhessen ab.

Aus den Gründen:

Mit der Umstellung auf eine Feststellungsklage hat die Klägerin im Berufungsverfahren eine Klageänderung vorgenommen. Diese ist schon wegen der Einwilligung des Beklagten in die Klageänderung nach §91 Abs. 1 VwGO zulässig. Darüber hinaus ist sie auch wegen Sachdienlichkeit zulässig. Sachdienlichkeit ist anzunehmen, wenn auch für die geänderte Klage der Streitstoff im Wesentlichen derselbe bleibt und die Klageänderung die endgültige Beilegung des Rechtsstreits fördert (Kopp/Schenke, VwGO, 14. Aufl., §91 VwGO Rdnr. 19 m. w. N.). Der Streitstoff bleibt vorliegend im Wesentlichen gleich. Sowohl der außer Kraft getretene Regionale Raumordnungsplan Mittelhessen 1995 als auch der Regionalplan Mittelhessen 2001 enthalten mit im Wesentlichen gleicher Begründung den von der Klägerin angegriffenen Ausschluss des isolierten Einzelhandels für festgesetzte Gewerbe- und Industriegebiete. Die Klägerin hat auch bereits im erstinstanzlichen Verfahren die Auffassung vertreten, dass die Zielfestsetzung unwirksam sei. Die Zulassung der Klageänderung als sachdienlich fördert auch die endgültige Beilegung des Rechtsstreits.

Die Klage ist mit dem nunmehr als Hauptantrag gestellten Feststellungsantrag auch zulässig. Nach §43 Abs. 1 VwGO kann durch Klage die Feststellung des Bestehens oder Nichtbestehens eines Rechtsverhältnisses begehrt werden, wenn der Kläger ein berechtigtes Interesse an der baldigen Feststellung hat. Die Klägerin will mit dem Hauptantrag das Nichtbestehen eines Rechtsverhältnisses festgestellt haben. Sie will nämlich die Feststellung erreichen, dass sie zur angestrebten Änderung des einschlägigen Bebauungsplanes nicht der Zulassung einer Abweichung durch den Beklagten in einem Abänderungsverfahren nach dem Hessischen Landesplanungsgesetz bedarf. Das erforderliche Feststellungsinteresse folgt daraus, dass die Klägerin die textliche Festsetzung des Bebauungsplanes, soweit sie einer Zulassung des isolierten Einzelhandels entgegensteht, aufheben will, der Beklagte jedoch hierfür die Zulassung einer Abweichungsentscheidung nach dem Hessischen Landesplanungsgesetz für erforderlich hält, ohne zur Zulassung einer Abweichung bereit zu sein.

Die Klage bleibt aber mit dem Hauptantrag ohne Erfolg. Für die von der Klägerin beabsichtigte Streichung der textlichen Festsetzung über die Selbstvermarktungsklausel in dem einschlägigen Bebauungsplan bedarf es der Durchführung eines Abweichungsverfahrens nach dem Hessischen Landesplanungsgesetz.

Will eine der in § 4 Abs. 1 und 3 Hessisches Landesplanungsgesetz vom 6. 9. 2002 (GVBl. I, 548) – HLPG – genannten Stellen bei ihren raumbedeutsamen Planungen und Maßnahmen von Zielen des Regionalplans abweichen, entscheidet nach § 12 Abs. 1 HLPG die Regionalversammlung über die Abweichung und bedarf es damit der Durchführung eines Abweichungsverfahrens. Die Klägerin gehört als kommunale Gebietskörperschaft nach der Legaldefinition des Begriffs „Öffentliche Stellen" in § 3 Nr. 5 HLPG zu den in § 4 Abs. 1 HLPG genannten Stellen. Bei der von ihr vorgesehenen Änderung des Bebauungsplanes „Stadt H., Kerngebiet, Gewerbegebiet H." handelt es sich um eine raumbedeutsame Planung. Die angestrebte Änderung des einschlägigen Bebauungsplanes ist schon deshalb raumbedeutsam, weil sie – gemessen an der Größe des Stadtgebietes der Klägerin – eine nicht unerhebliche, sondern vielmehr größere Fläche betrifft und in Anspruch nimmt. Darüber hinaus hat die beabsichtigte Änderung in ihrer Funktionalität sowohl Auswirkungen auf das Stadtgebiet der Klägerin selbst, aber auch darüber hinaus. In raumwirksamer Weise sollen nämlich Flächen, die bisher dem produzierenden und weiterverarbeitenden Gewerbe vorbehalten waren, trotz allgemeiner Knappheit solcher Flächen im mittelhessischen Raum, für eine Nutzung insbesondere durch den Einzelhandel und zudem an einem nicht in das Stadtgebiet integrierten Standort geöffnet werden. Schließlich ist die beabsichtigte Änderung des Bebauungsplanes auch deshalb raumbedeutsam, weil die Klägerin mit ihr eine engere Verflechtung des eigenen Stadtgebietes mit der Nachbargemeinde G. anstrebt.

Die Klägerin will mit ihren Planungen auch von Zielen des Regionalplans Mittelhessens 2001 abweichen. Dieser enthält unter der Überschrift „Flächen für Industrie und Gewerbe" unter B 5.2 1-6 (Z) eine Reihe von Zielen in Bezug auf Flächen für Industrie und Gewerbe sowie unter B 5.3 unter der Überschrift „Großflächige Einzelhandelsvorhaben" mit B 5.3-10 (Z) die Festlegung, dass die Einrichtung von Verkaufsflächen innerhalb von Industrie- und Gewerbeflächen nur für die Selbstvermarktung der in diesen Gebieten produzierenden und weiterverarbeitenden Betriebe zulässig ist, wenn die Verkaufsfläche einen untergeordneten Teil der durch das Betriebsgebäude überbauten Fläche einnimmt. Bei dieser Festlegung unter B 5.3-10 (Z) handelt es sich um eine verbindliche Vorgabe des Regionalplanes zur Entwicklung, Ordnung und Sicherung des Raumes und damit um ein Ziel (vgl. dazu die Begriffsbestimmung in § 3 Nr. 2 HLPG) i. S. des § 12 Abs. 1 HLPG. Der Zielcharakter der Festlegung ergibt sich nicht nur aus seiner Kennzeichnung mit dem Symbol Z für Ziel. Aus den unter 5.3-10 (Z) getroffenen Festlegungen und der hierzu gegebenen Begründung ergibt sich darüber hinaus, dass mit ihr für die nachfolgenden Planungsebenen eine zu beachtende Vorgabe getroffen und auf Grund einer abschließenden Abwägung des Regionalplangebers Industrie- und Gewerbeflächen in entsprechend festgesetzten Gebieten im Geltungsbereich des Regionalplanes für den isolierten Einzelhandel gesperrt und Einzelhandel nur in der Form der Selbstvermarktung der in diesen Gebieten produzierenden bzw. weiterverarbeitenden Betriebe zulässig sein soll. Wie sich aus der Begründung der Festlegung ergibt, geht der Plangeber nämlich davon aus, dass die Flächenreserven für die gewerblich-industrielle Entwicklung in Mittelhessen abnehmen und zugleich der Groß- und Einzelhandel mit ständig zunehmender Tendenz Flächen abseits der Wohnbereiche in den regelmäßig peripher gelegenen Industrie- und Gewerbeflächen für sich beansprucht. Deshalb will er die geeigneten Flächen für die Ansiedlung bzw. Erweiterung von produzierenden oder weiterverarbeitenden Betrieben, weil sie für die Entwicklung der Wirtschaft benötigt werden (B 5.2-1 (Z)), und gerade auch, weil sie arbeitsplatzintensiv sind, für das produzierende und weiterverarbeitende Gewerbe sichern und insbesondere der von ihm als Fehlentwicklung eingestuften Tendenz des Einzelhandels entgegenwirken, die traditionellen, wohnungsnahen Standorte in den Wohnbereichen zu verlassen und mit großen flächenintensiven Einrichtungen die peripher gelegenen Industrie- und Gewerbeflächen zu belegen. Von dem Ziel unter B 5.3-10 (Z) des Regionalplanes will die Klägerin mit der von ihr beabsichtigten Bebauungsplanänderung auch abweichen. Die angestrebte Streichung der textlichen Festsetzung über die ausschließliche Zulässigkeit des Einzelhandels in der Form der Selbstvermarktung steht der Zielvorgabe des Regionalplanes direkt entgegen.

Die Zielfestlegung im Regionalplan Mittelhessen 2001 unter B 5.3-10 (Z), wonach die Einrichtung von Verkaufsflächen innerhalb von Industrie- und Gewerbeflächen nur für die Selbstvermarktung der in diesen Gebieten produzierenden und weiterverarbeitenden Betriebe zulässig ist, wenn die Verkaufsfläche nur einen untergeordneten Teil der durch das Betriebsgebäude überbauten Fläche einnimmt, verstößt nicht gegen höherrangiges Bundesrecht, sodass ein Abweichungsverfahren entgegen der Auffassung der Klägerin nicht wegen Unwirksamkeit der Zielfestsetzung als entbehrlich angesehen werden kann und die Berufung mit dem Hauptantrag erfolglos bleiben muss.

Die vorgenannte Zielfestlegung greift nicht in unzulässiger Weise in die durch Art. 28 Abs. 2 GG garantierte kommunale Planungshoheit ein. Landesplanung ist als übergeordnete, überörtliche und zusammenfassende Planung gegenüber der Bauleitplanung vorrangig. Aus ihrer Aufgabenstellung ergeben sich aber gleichzeitig rechtliche Beschränkungen. Insbesondere kommt der Landesplanung keine bodenrechtliche Funktion zu. Die Landesplanung schafft Rahmenbedingungen, die tendenziell auf weitere Konkretisierung angelegt sind (vgl. zum Vorstehenden: BVerwG, Beschluss vom 4. 8. 1992 – 4 NB 20.91 –, BVerwGE 90, 329). Sie bietet Lösungen, die auf landesplanerischer Ebene keiner Ergänzung mehr bedürfen, auf der nachgeordneten Planungsstufe der Bauleitplanung jedoch grundsätzlich noch einer Verfeinerung und Ausdifferenzierung zugänglich sind. Wie groß der Spielraum ist, der der Gemeinde für eigene planerische Aktivitäten verbleibt, hängt dabei vom jeweiligen Konkretisierungsgrad der Zielaussage ab. Je nachdem, ob ein Ziel eine eher geringe inhaltliche Dichte aufweist, die Raum für eine Mehrzahl von Handlungsalternativen lässt, oder durch eine hohe Aussageschärfe gekennzeichnet ist, die der Bauleitplanung enge Grenzen setzt, entfaltet es schwächere oder stärkere Rechtswirkungen (vgl. BVerwG, Beschluss vom 4. 8. 1992 – 4 NB 20.91 –, a. a. O.). Hieraus folgt zugleich, dass Zielvorgaben der Regionalplanung, auch wenn diese Planung grundsätzlich auf weitere Konkretisierung durch die nachgeordneten Planungsstufen angelegt ist, sofern dies aus überörtlichen, regionalplanerischen Gründen geboten ist und der Grundsatz der Verhältnismäßigkeit beachtet wird, eine hohe Aussageschärfe haben dürfen. Eine Einschränkung der Planungshoheit ist aber immer nur erlaubt, soweit auf Grund einer Güterabwägung überörtliche, schutzwürdige Interessen von höherem Gewicht diese Einschränkung fordern (vgl. Schrödter, BauGB, Kommentar, 6. Aufl., § 1 Rdnr. 48 m. w. N. aus der bundesverfassungsgerichtlichen Rechtsprechung). Art. 28 Abs. 2 GG steht der Bindung der Kommunen an die Ziele der Raumordnung und Landesplanung prinzipiell nicht entgegen. Die aus § 1 Abs. 4 BauGB resultierende Bindung der Gemeinden an die Ziele der Raumordnung und Landesplanung führt zwar zu einer Einschränkung ihrer Planungshoheit, doch ist diese Einschränkung rechtlich nicht zu beanstanden, wenn sie aus übergeordneten raumordnerischen Erwägungen gerechtfertigt ist. Die Gemeinde ist zudem den raumordnungsrechtlichen Vorgaben nicht einschränkungslos ausgesetzt. Sie wird durch verfahrensrechtliche Sicherungen davor bewahrt, zum bloßen Objekt einer überörtlichen Gesamtplanung zu werden. Die Städte und Gemeinden sind an der Aufstellung der Regionalpläne in Hessen über die Regionalversammlungen (§ 22 HLPG) nach § 10 HLPG beteiligt. Dementsprechend hatte auch die Klägerin Gelegenheit, Anregungen und Bedenken zum Entwurf des Regionalplanes Mittelhessen 2001 vorzubringen, insbesondere auch zu dessen Zielbestimmung unter B 5.3-10 (Z), und hat hiervon, wie sich aus den Aufstellungsunterlagen ergibt, auch Gebrauch gemacht.

Die Zielfestlegung unter B 5.3-10 (Z) ist durch überörtliche Interessen gerechtfertigt. Mit dieser Zielbestimmung trägt der Regionalplangeber, wie sich aus der Begründung des Planes ergibt, dem Umstand Rechnung, der von der Klägerin bezogen auf das gesamte mittelhessische Gebiet auch nicht in Abrede gestellt worden ist, dass die Flächenreserven für die gewerblich-industrielle Entwicklung im Geltungsbereich des Planes eine abnehmende Tendenz aufweisen. Ziel des Plangebers ist es, im Interesse der Erhaltung und Stärkung der Wirtschaftskraft des Raumes, also aus überörtlichen, regionalplanerischen Gründen, die für die Entwicklung der Wirtschaft benötigten und geeigneten Flächen zu erhalten und ggf. aufzuwerten (B 5.2-1 (Z)). Insbesondere sollen im Interesse der Erhaltung und Stärkung der Wirtschaftskraft des Raumes die ausgewiesenen Industrie- und Gewerbeflächen dem arbeitsplatzintensiven produzierenden und weiterverarbeitenden Gewerbe vorbehalten bleiben, um so einen Erhalt der vorhandenen Arbeitsplätze sicherzustellen bzw. die Voraussetzungen für eine Expansion dieser Betriebe und die damit eingehergehende Schaffung neuer Arbeitsplätze zu schaffen. Darüber hinaus will der Plangeber mit der Zielfestlegung unter B 5.3-10 (Z) erkennbaren Fehlentwicklungen im Einzelhandel aus raumplanerischen Gründen entgegenwirken. Wie von der Klägerin auch nicht in Abrede gestellt wird, verlässt der Einzelhandel immer mehr die traditionellen Versorgungsstandorte in bzw. nahe den Wohnbereichen und drängt mit großen, flächenintensiven Einrichtungen in peripher gelegene, nicht integrierte Standorte. Ohne ein Gegensteuern hat der Einzelhandel die Tendenz, gerade ausgewiesene Gewerbeflächen zur Neuansiedlung von Betrieben in Anspruch zu nehmen. Diese Entwicklung stellt nach Einschätzung des Plangebers, die rechtserhebliche Fehler nicht erkennen lässt, zum einen deshalb eine Fehlentwicklung dar, weil sie dazu führt, dass bei ohnehin schon abnehmender Tendenz die Flächenreserven gerade für das arbeitsplatzintensive produzierende und weiterverarbeitende Gewerbe weiter reduziert werden, ohne dass der Einzelhandel in gleichem Umfang Arbeitsplätze zur Verfügung stellen könnte. Darüber hinaus wirkt die genannte Zielbestimmung einer raumordnerischen Fehlentwicklung auch insoweit entgegen, als sie im Interesse der Sicherstellung einer verbrauchernahen Versorgung und der Erhaltung der Funktionalität der Innenstädte einer Ansiedlung von Einzelhandelsbetrieben in nicht integrierten, verbraucherfernen und in erster Linie individualverkehrsorientierten Standorten entgegenarbeitet.

Soweit die Klägerin einwendet, die vorstehenden Erwägungen mögen bezogen auf den großflächigen Einzelhandel zutreffen, jedoch keine Grundlage auch für den Ausschluss des kleineren Einzelhandels darstellen, berücksichtigt sie nicht hinreichend, dass es dem Plangeber gerade darum geht, die vorhandenen und entsprechend ausgewiesenen gewerblichen und industriellen Flächenreserven im Interesse der Erhaltung und Stärkung des gesamten Wirtschaftsraumes grundsätzlich in vollem Umfang für das produzierende und weiterverarbeitende Gewerbe zu sichern und damit auch ein Eindringen kleinerer Einzelhandelsbetriebe in dieser Flächenreserven zu verhindern. Es kann auch nicht als unverhältnismäßig angesehen werden, dass der Plangeber die bestehenden Gewerbegebiete für den gesamten Einzelhandel gesperrt hat, sofern er nicht in der Form des Werkverkaufs produzierender oder weiterverarbeitender Betriebe erfolgt. Der Plangeber hat zwar ausweislich der Begründung seines Planes einer in Teilbereichen festgestellten Fehlentwicklung entgegenwirken wollen. Er will dies jedoch aus den dargelegten regionalplanerischen Gründen nicht nur für Teilbereiche, sondern für den gesamten Planungsraum, da die Notwendigkeit der Sicherung der zur Verfügung stehenden Flächenreserven für das produzierende und weiterverarbeitende Gewerbe und die Notwendigkeit der Erhaltung der Innenstadtfunktionalitäten und der Sicherstellung einer verbrauchernahen Versorgung im ganzen Plangebiet gegeben ist und das verfolgte Ziel anders nicht erreicht werden kann.

Die Zielformulierung unter B 5.3-10 (Z) ist damit aus überörtlichen, regionalplanerischen Gründen gerechtfertigt. Die mit ihr einhergehende Einschränkung der Planungshoheit der Kommunen ist durch überörtliche Gründe gerechtfertigt und verstößt auch nicht gegen den Grundsatz der Verhältnismäßigkeit. Die mit der Zielvorgabe des Regionalplanes einhergehende Einschränkung der kommunalen Planungshoheit erscheint zudem auch deshalb nicht unangemessen beeinträchtigt, weil – nach Durchführung eines entsprechenden Abweichungsverfahrens – in begründeten Ausnahmefällen die Möglichkeit der Gewährung einer Abweichung von den Zielvorgaben des Regionalplanes besteht, um örtlichen Besonderheiten Rechnung zu tragen.

Auch die Verfahrensrechte der Klägerin sind gewahrt worden. Wie bereits dargelegt, hatte sie Gelegenheit, ihre Position zum Entwurf des Regionalplanes über die Regionalversammlung darzutun. Die Klägerin hat hiervon auch Gebrauch gemacht und insbesondere auch zu der Zielfestlegung unter B 5.3-10 (Z) Stellung genommen. Sie hat sich – ebenso wie der Hessische Städte-

und Gemeindebund – für eine Streichung dieses Zieles ausgesprochen. Der Plangeber ist dem jeweils mit der Begründung, dass die abnehmenden Flächenreserven für die gewerblich-industrielle Entwicklung eine andere generelle Regelung nicht zuließen, weil die Gewerbeflächen keine funktionellen Verbindungen zu bestehenden Siedlungsgebieten aufwiesen und diese Standorte nicht wohnungsnah und integriert seien, nicht gefolgt. Diese planungsrechtliche Entscheidung lässt, wie dargelegt, Rechtsfehler nicht erkennen, sondern ist aus überörtlichen, regionalplanerischen Gründen gerechtfertigt und nicht zu beanstanden.

Die Zielfestsetzung unter B 5.3-10 (Z) ist entgegen der Auffassung der Klägerin auch aus dem Landesentwicklungsplan abgeleitet worden. Der Landesentwicklungsplan Hessen 2000, festgestellt durch Rechtsverordnung vom 13. 12. 2000 (GVBl. 2001, 2), sieht vor, dass innerhalb der „Bereiche für Industrie und Gewerbe" die Einrichtung von Verkaufsflächen auch unterhalb der Erheblichkeitsschwelle des § 11 Abs. 3 BauNVO auf bestimmte Sortimente oder auf die Selbstvermarktung der in diesen Gebieten produzierenden und weiterverarbeitenden Betriebe begrenzt wird, wenn hierfür regional-spezifische Gründe vorliegen oder raumbedeutsame Auswirkungen zu erwarten sind. Davon, dass regional-spezifische Gründe vorliegen, ist der Plangeber des Regionalplans Mittelhessen 2001 ausgegangen.

Entgegen der Auffassung der Klägerin verstößt die Zielsetzung unter B 5.3-10 (Z) auch nicht gegen die Regelungen der Baunutzungsverordnung – BauNVO –. § 1 Abs. 5 und 9 BauNVO sehen vor, dass im Bebauungsplan festgesetzt werden darf, dass bestimmte Arten von Nutzungen, die nach den §§ 2, 4–9 und 13 BauNVO allgemein zulässig sind, nicht zulässig sind oder nur ausnahmsweise zugelassen werden können, sofern die allgemeine Zweckbestimmung des Baugebietes gewahrt bleibt (§ 1 Abs. 5 BauNVO) und, wenn besondere städtebauliche Gründe dies rechtfertigen, nur bestimmte Arten der in den Baugebieten allgemein oder ausnahmsweise zulässigen baulichen oder sonstigen Anlagen zulässig oder nicht zulässig sind oder ausnahmsweise zugelassen werden können (§ 1 Abs. 9 BauNVO). Dass der Regionalplangeber in den grundsätzlich den Kommunen nach den vorgenannten Vorschriften der Baunutzungsverordnung eröffneten Gestaltungsspielraum insoweit eingreift, als er einen Ausschluss des isolierten Einzelhandels in den nach § 1 Abs. 4 BauGB an die Ziele der Raumordnung anzupassenden Bebauungsplänen vorgibt, begegnet rechtlich keinen durchgreifenden Bedenken, weil die dargelegten regionalplanerischen Gründe, die zur Zielsetzung unter B 5.3-10 (Z) geführt haben, überörtliche Gründe mit jeweils regionalem Bezug darstellen und damit zugleich die städtebauliche Qualität aufweisen, die für einen Ausschluss des isolierten Einzelhandels nach § 1 Abs. 5 und 9 BauNVO erforderlich ist. Der Ausschluss des isolierten Einzelhandels in nicht integrierten, verbraucherfernen Lagen und die Berücksichtigung der Entwicklungsbelange des produzierenden und weiterverarbeitenden Gewerbes, insbesondere die Knappheit der insoweit zur Verfügung stehenden Flächen, stellen nicht nur überörtliche, sondern zugleich auch städtebauliche Gründe dar, die den Ausschluss des isolierten Einzelhandels auch nach § 1 Abs. 5 und 9 BauNVO rechtfertigen. Die in Rede stehende Zielbestimmung führt über das Anpassungsgebot des § 1 Abs. 4 BauGB auch nicht dazu, dass Gebiete entstehen, die mit der allgemeinen Zweckbestimmung eines Gewerbegebietes nicht mehr vereinbar wären. Die Zweckbestimmung eines Gewerbegebietes wird sogar dann nicht beseitigt, wenn Einzelhandelsbetriebe gänzlich ausgeschlossen werden (BVerwG, Beschluss vom 11. 5. 1999 – 4 NB 15.99 –, BRS 62 Nr. 19). Damit bleibt der Gebietscharakter auch bei einem weniger umfassenden Ausschluss, nämlich dem Ausschluss des isolierten Einzelhandels, erhalten (vgl. OVG Schleswig, Urteil vom 7. 5. 1989 – 1 L 66/96 –, NVwZ-RR 2000, 10). Soweit die Klägerin meint, die Zielbestimmung unter B 5.3-10 (Z) führe auch in ihrer Umsetzung zu einem Ausschluss von Geschäfts-, Büro- und Verwaltungsgebäuden sowie Tankstellen, kann ihrer Auffassung nicht gefolgt werden. Die vorgenannte Zielbestimmung betrifft nur den Ausschluss des sog. isolierten Einzelhandels. Bezüglich der Zulässigkeit von Geschäfts-, Büro- und Verwaltungsgebäuden sowie Tankstellen wird der der Klägerin durch § 1 Abs. 5 und 9 BauNVO eingeräumte Gestaltungsspielraum nicht berührt.

Die Berufung kann auch mit dem Hilfsantrag, den Beklagten zu verpflichten, die angestrebte Änderung des Bebauungsplanes mit der Streichung der textlichen Festsetzung über die Selbstvermarktungsregel im Wege der Abweichung vom Regionalplan Mittelhessen 2001 zuzulassen, keinen Erfolg haben. Mit diesem Antrag begehrt die Klägerin nicht mehr die Verpflichtung des Beklagten zur Zulassung einer Abweichung vom Regionalen Raumordnungsplan Mittelhessen 1995, sondern – nach Außer-Kraft-Treten dieses Planes am 18. 6. 2001 – nunmehr vom Regionalplan Mittelhessen 2001. Die Klägerin begehrt die Zulassung einer Abweichung darüber hinaus nicht weiter mit dem Ziel der Ansiedlung eines Lebensmitteldiscounters mit einer Verkaufsfläche von 600 m^2 – nur der auf die Ansiedlung eines solchen Lebensmittelmarktes gerichtete Antrag war Gegenstand des Vorverfahrens –, sondern will die Zulassung einer Abweichung mit dem allgemeinen Ziel der Streichung der Selbstvermarktungsklausel in ihrem Bebauungsplan erreichen. Aus beiden vorgenannten Gründen stellt auch der erste Hilfsantrag eine Klageänderung dar. Diese ist jedoch unzulässig. Die Gegenseite hat nicht in sie eingewilligt, sondern in der mündlichen Verhandlung dieser Klageänderung ausdrücklich widersprochen. Die mit dem ersten Hilfsantrag verbundene Klageänderung ist auch nicht sachdienlich. Gegenstand des Vorverfahrens und des erstinstanzlichen Klageverfahrens ist nur die Frage gewesen, ob mit dem Ziel der Ansiedlung eines Lebensmittelmarktes unter der Stufe der Großflächigkeit die Zulassung einer Abweichung vom Regionalplan gewährt werden kann. Die begehrte Abweichungsentscheidung war damit auf den Lebensmitteleinzelhandel beschränkt, hatte aber nicht eine allgemeine Streichung der Selbstvermarktungsklausel in dem einschlägigen Bebauungsplan zum Gegenstand, die auch die Ansiedlung sonstiger Einzelhandels- und Großhandelsbetriebe zuließe. Für die geänderte Klage ist damit der Streitstoff nicht im Wesentlichen derselbe geblieben, wie dies für die Annahme der Sachdienlichkeit einer Klageänderung Voraussetzung ist. Sie ist damit unzulässig.

Auch der weitere Hilfsantrag, den Beklagten zu verpflichten, die mit modifiziertem Antrag von 1996 (Ansiedlung eines Lebensmitteldiscounters im

Gewerbegebiet mit einer Verkaufsfläche von 600 m²) begehrte Abweichung vom Regionalplan Mittelhessen 2001 zuzulassen, vermag der Berufung nicht zum Erfolg zu verhelfen. Auch insoweit liegt eine Klageänderung vor, da nicht mehr die Zulassung einer Abweichung vom Regionalen Raumordnungsplan Mittelhessen 1995, sondern vom Regionalplan Mittelhessen 2001 begehrt wird. Diese Klageänderung ist zulässig. Dies schon deshalb, weil der Beklagte in sie eingewilligt hat. Sie ist darüber hinaus auch sachdienlich. Der Streitstoff ist im Wesentlichen derselbe geblieben, denn sowohl der aufgehobene Regionalplan als auch der Regionalplan Mittelhessen 2001 enthalten die Zielbestimmung, von der die Klägerin abweichen will.

Die geänderte Klage ist auch zulässig. Zwar ist das Vorverfahren in Bezug auf einen Antrag auf Abweichung vom Regionalen Raumordnungsplan Mittelhessen 1995 durchgeführt worden. Der Durchführung eines erneuten Vorverfahrens bedarf es jedoch schon deshalb nicht, weil sich die Klageänderung als sachdienlich darstellt und nur durch die Annahme, dass in einem derartigen Fall die Durchführung eines weiteren Vorverfahrens entbehrlich ist, Wertungswidersprüche zwischen der Bejahung der Sachdienlichkeit der Klageänderung und dem Erfordernis eines Vorverfahrens vermieden werden. Hinzu kommt, dass der Beklagte mit seinem Antrag auf Zurückweisung der Berufung deutlich gemacht hat, dass auch bei Durchführung eines weiteren Vorverfahrens mit hoher Wahrscheinlichkeit eine Abweichung vom Regionalplan Mittelhessen 2001 von ihm nicht zugelassen würde. Unter diesen Umständen wäre das Bestehen auf der Notwendigkeit eines weiteren Vorverfahrens bloße Förmelei. Der Klägerin steht in Bezug auf den zweiten Hilfsantrag das erforderliche Rechtsschutzinteresse zur Seite. Die Pläne zur Ansiedlung des konkreten Investors haben sich zwar, wie die Klägerin in der mündlichen Verhandlung erklärt hat, zerschlagen. Der Abweichungsantrag, der Gegenstand des Vorverfahrens war, ist jedoch bei verständiger Würdigung so zu verstehen, dass er sich nicht nur auf die Ansiedlung eines ganz bestimmten Lebensmitteldiscounters bezog. Vielmehr war Gegenstand der begehrten Abweichungsentscheidung die Ansiedlung eines Lebensmittelmarktes unterhalb der Grenze der Großflächigkeit in dem für die Bebauungsplanänderung vorgesehenen Bereich. Das Ziel der Ansiedlung eines solchen Lebensmittelmarktes hat die Klägerin nicht aufgegeben, sondern verfolgt es vielmehr weiter, sodass ihr Rechtsschutzinteresse an der begehrten Abweichungsentscheidung nicht entfallen ist.

Der zweite Hilfsantrag ist jedoch nicht begründet. Die Klägerin hat keinen Anspruch auf Zulassung der begehrten Abweichung vom Regionalplan Mittelhessen 2001.

Maßgeblicher Zeitpunkt für die Beurteilung der Sach- und Rechtslage ist der Zeitpunkt des Ergehens der Senatsentscheidung im Berufungsverfahren, da es sich um ein Verpflichtungsbegehren handelt. Nach dem danach anzuwendenden § 12 Abs. 3 HLPG kann eine Abweichung vom Regionalplan zugelassen werden, wenn sie unter raumordnerischen Gesichtspunkten vertretbar ist und die Grundzüge des Regionalplans nicht berührt. Die von der Klägerin begehrte Abweichung vom Regionalplan Mittelhessen 2001 darf bereits deshalb nicht zugelassen werden, weil es schon am Vorliegen der tatbestandlichen Voraussetzungen des § 12 Abs. 3 HLPG für die Zulassung einer Abweichung fehlt. Durch die begehrte Abweichung würden nämlich die Grundzüge der Planung berührt werden. Wann die Grundzüge der Planung berührt werden, lässt sich nicht allgemein, sondern nur für den konkreten Einzelfall, hier also in Bezug auf den Regionalplan Mittelhessen 2001 bestimmen. Wie bereits oben dargelegt, stellt es ein Ziel des Plangebers dar, im Interesse der Erhaltung und Stärkung des Wirtschaftsraumes Mittelhessen die für die Entwicklung der Wirtschaft benötigten und geeigneten Flächen zu erhalten und ggf. aufzuwerten. Insbesondere sollen wegen der Knappheit dieser Flächen die ausgewiesenen Industrie- und Gewerbeflächen in erster Linie den arbeitsplatzintensiven produzierenden und weiterverarbeitenden Betrieben vorbehalten bleiben, um die vorhandenen Arbeitsplätze zu sichern bzw. die Voraussetzungen für die Schaffung neuer Arbeitsplätze zu schaffen. Darüber hinaus will der Plangeber auch Fehlentwicklungen im Einzelhandelsbereich entgegenwirken und im Interesse des Erhalts der Funktionalität der Innenstädte und zur Sicherstellung einer verbrauchernahen Versorgung verhindern, dass der Einzelhandel Ansiedlungsstandorte in peripher gelegenen, nicht integrierten Standorten unter Inanspruchnahme der Flächenreserven des produzierenden und weiterverarbeitenden Gewerbes wählt. Beide Ziele stellen zentrale, die Planungskonzeption prägende Ziele dar und gehören damit zu den Grundzügen der Planung. Die Zulassung eines Lebensmitteleinzelhandels, auch wenn er kleinflächig ist, an einem offensichtlich nicht integrierten Standort in einem Bereich, der gerade dem produzierenden und weiterverarbeitenden Gewerbe zur Verfügung stehen soll, würde damit in die Grundzüge der Planung eingreifen und ist somit unzulässig. Raum für eine positive Abweichungsentscheidung wäre nur dann, wenn sich die örtliche Situation so darstellte, dass ohne die Zulassung eines Lebensmittelmarktes die Grundversorgung der Bevölkerung gefährdet wäre. Hierfür liegen jedoch keine Anhaltspunkte vor und hat die Klägerin Entsprechendes auch nicht behauptet.

Nr. 6

1. **Die Drei-Monatsfrist des § 6 Abs. 4 Satz 1 BauGB für die Genehmigung eines Flächennutzungsplan-Änderungsverfahrens kann „aus wichtigen Gründen" verlängert werden, wenn sich die mit dem Änderungsverfahren verbundenen Fragen durch Komplexität und ihren Umfang auszeichnen.**

2. **Ob es sich bei dem in Nr. C 1.6 04 Satz 1 LROP II 1994 aufgenommenen Plansatz um ein Ziel der Raumordnung handelt, bleibt offen (verneinend Urteil des Senats vom 30.3.2000 – 1 K 2491/98 –; offen gelassen Beschluss vom 7.3.2002 – 1 MN 3976/01 –).**

3. **Bei dem in C 1.6 03 Satz 11 LROP II 2002 für Hersteller-Direktverkaufszentren aufgenommenen Plansatz handelt es sich um eine weder in verfahrensrechtlicher noch in materiell-rechtlicher Hinsicht zu beanstan-**

dende Entscheidung des Verordnungsgebers. **Danach sind Hersteller-Direktverkaufszentren in Niedersachsen nur in Oberzentren an städtebaulich integrierten Standorten zulässig.**

4. **Bauleitpläne müssen nicht nur im Zeitpunkt der Beschlussfassung durch die Gemeinde, sondern auch noch später an die Ziele der Raumordnung angepasst sein.**

BauGB §§ 1 Abs. 4, Abs. 6, 2 Abs. 2, 6 Abs. 4 Satz 1, Satz 4; GG Art. 28 Abs. 2; C 1.6 03 LRPO II 2002; NROG § 6 Abs. 4 Satz 1.

Niedersächsisches OVG, Urteil vom 1. September 2005 – 1 LC 107/05 – (rechtskräftig).

Aus den Gründen:
1. Die Genehmigung der 26. Änderung des Flächennutzungsplanes gilt nicht als erteilt.

Nach § 6 Abs. 1 und Abs. 2 BauGB bedarf die Änderung eines Flächennutzungsplanes der Genehmigung der höheren Verwaltungsbehörde. Die Genehmigungsbehörde darf die Genehmigung nur dann versagen, wenn der Flächennutzungsplan nicht ordnungsgemäß zustande gekommen ist oder Rechtsvorschriften des Baugesetzbuches, den auf Grund des Baugesetzbuches erlassenen oder sonstigen Rechtsvorschriften widerspricht. § 6 Abs. 4 BauGB regelt weitere Einzelheiten des Genehmigungsverfahrens. Über die Genehmigung ist binnen drei Monaten zu entscheiden (Satz 1, 1. Halbs.). Aus wichtigem Grund kann die Frist auf Antrag der Genehmigungsbehörde von der übergeordneten Behörde verlängert werden, i. d. R. jedoch nur bis zu drei Monaten (Satz 2). Die Gemeinde ist von der Fristverlängerung in Kenntnis zu setzen (Satz 3). Die Genehmigung gilt als erteilt, wenn sie nicht innerhalb der Frist unter Angabe von Gründen abgelehnt wird (Satz 4).

Das Verwaltungsgericht hat sich der in der Literatur vertretenen Auffassung angeschlossen, dass die Genehmigungsfiktion nach § 6 Abs. 4 Satz 4 BauGB eintritt, wenn sich die Verlängerung der Prüfungsfrist als rechtsfehlerhaft und unwirksam erweist. Werde eine Fristverlängerung gewissermaßen „grundlos" ausgesprochen, trete die Genehmigungsfiktion ein. Der Gesetzgeber habe die Möglichkeit der Verlängerung der Frist als Höchstfrist ausgestaltet, die auch nur bei außergewöhnlichen Situationen überschritten werden dürfe. Auch die Annahme eines „außergewöhnlichen Grundes" rechtfertige nicht ohne weiteres die pauschale Verlängerung der Frist stets um drei Monate. Bei dieser Ausgestaltung des Fristverlängerungsverfahrens könne das Vorliegen wichtiger Gründe nicht bejaht werden. Das Niedersächsische Innenministerium habe bereits in seinem Erlass vom März 1999 festgestellt, dass dem geplanten Designer-Outlet-Center an dem vorgesehenen Standort und in der geplanten Größe Ziele des LROP 1994 entgegenständen und deshalb das vom Vorhabenträger angeregte Raumordnungsverfahren nicht vertretbar sei. Entsprechend habe das Niedersächsische Innenministerium auch den Landkreis Soltau-Fallingbostel über die inzwischen aufgelöste Bezirksregierung Lüneburg angewiesen, die von ihm im Rahmen der Beteiligung der Träger öffentlicher Belange abgegebene befürwortende Stellungnahme zurückzunehmen und nunmehr eine gegenteilige Äußerung abzugeben. An dieser ablehnenden Haltung habe sich während des weiteren Planungsverfahrens und des Genehmigungsverfahrens nichts geändert. Bei dieser Sachlage wäre Ende Oktober 2000, also zum Ablauf der Prüfungsfrist, von den zuständigen Landesstellen nicht ein Ausweichen in eine Fristverlängerung, sondern eine sachliche Entscheidung auf der Grundlage auch der raumordnerischen Vereinbarkeit der Planung der Stadt Soltau mit dem Landesraumordnungsrecht gefordert gewesen. Der ablehnende Bescheid vom Januar 2001 sei u. a. maßgeblich damit begründet worden, dass das Vorhaben gegen den in C 1.6 04 LROP II 1994 niedergelegten Plansatz verstoße. An dieser Auffassung habe sich nie etwas geändert. Eine andere Beurteilung folge auch nicht daraus, dass erst im Genehmigungsverfahren das CIMA-Gutachten bzw. noch weitere Unterlagen nachgereicht worden seien. Das CIMA-Gutachten habe der Bezirksregierung seit August 2000 vorgelegen. Es habe damit bis zum Fristablauf Oktober 2000 ein ausreichender Zeitraum für die Prüfung dieses Gutachtens zur Verfügung gestanden.

Der erkennende Senat folgt dieser Auffassung des Verwaltungsgerichts nicht. Der vom Verwaltungsgericht vertretene „enge" Prüfungsmaßstab schränkt den der Genehmigungsbehörde eingeräumten Prüfungsrahmen in einem übermäßigen Umfang ein und trägt zusätzlich den mit der 26. Änderung des Flächennutzungsplanes der Stadt Soltau verbundenen tatsächlichen und rechtlichen Problemen, insbesondere in raumordnungsrechtlicher und marktwirtschaftlicher Hinsicht, nicht hinreichend Rechnung. Den Gesetzesmaterialien zu § 6 BauGB (BT-Drucks. 7/4793, S. 27) ist allerdings zunächst zu entnehmen, dass die auf Vorschlag der kommunalen Spitzenverbände angeregte Einführung der Genehmigungsfiktion durch die Novelle des Baugesetzbuches 1976 zu einer Beschleunigung des Plangenehmigungsverfahrens beitragen sollte, welches nach Einschätzung des Gesetzgebers bisher oft unverhältnismäßig lange andauerte. In den Materialien ist weiter nachzulesen, dass der Ausschuss es im Interesse der Gemeinden und der betroffenen Bürger, innerhalb absehbarer Zeiträume Rechtsklarheit und Rechtssicherheit über die bauplanungsrechtlichen Verhältnisse in einem Bebauungsplangebiet zu erhalten, für hinnehmbar hielt, dass durch die Einführung der Genehmigungsfiktion nicht ausgeschlossen werden könne, dass auch einmal ausnahmsweise ein rechtswidriger Bebauungsplan als genehmigt gelte (BT-Drucks. a. a. O.). Das vom Gesetzgeber beabsichtigte Beschleunigungsziel der Novelle ist demnach eindeutig zu bejahen. Die Kommentarliteratur zieht aus diesen Vorgaben aber keineswegs einheitliche Schlüsse. Während die eine Auffassung an das Vorliegen „wichtiger Gründe" einen „strengen Maßstab" anlegt, eine Fristverlängerung „nur in eng begrenzten Ausnahmefällen" zulässt (so Schrödter, BauGB, Kommentar, 6. Aufl. 1998, § 6 Rdnr. 10; Gierke, in: Brügelmann, Loseblatt-Kommentar [Stand: Dezember 2004], § 6 Rdnr. 59) bzw. „die Fristverlängerung i. d. R. auf verhältnismäßig wenige, an einen strengen Maßstab gebundene Ausnahmefälle" beschränkt (Bielenberg, in: Ernst/Zinkahn/Bielenberg, BauGB, Loseblatt-Kommentar [Stand: September 2004], § 6 Rdnr. 18), knüpft die weiter gehende Auffassung daran gerade „keine hohen Anforderungen" (so Löhr, in: Battis/Krautzberger/Löhr, BauGB,

Kommentar, 9. Aufl. 2005, § 6 Rdnr. 8). Die Genehmigungsfiktion trete vielmehr (schon dann) nicht ein, wenn die übergeordnete Behörde (nur) rechtzeitig die Fristverlängerung eingeräumt habe. Der letztgenannten Auffassung hat sich in der Rechtsprechung das VG Dessau (Urteil vom 31. 5. 2000 – 1 A 464/99 DE –, LKV 2001, 321) angeschlossen. Den angeführten Kommentarstellen ist gemeinsam, dass die jeweils vertretene Ansicht mehr oder weniger nur als Ergebnis mitgeteilt, aber nicht näher begründet wird. Nähere Ausführungen finden sich lediglich im obigen Urteil des VG Dessau: ... „Die Wirksamkeit der Fristverlängerung ist nicht davon abhängig, dass insoweit wichtige Gründe (objektiv) vorliegen. ... Vielmehr wird die zusätzliche Frist allein dadurch in Lauf gesetzt, dass die zuständige höhere Behörde die Verlängerung vor Ablauf der Regelfrist gegenüber der Genehmigungsbehörde ausspricht. Wird innerhalb der so verlängerten Frist die beantragte Genehmigung abgelehnt, können die Rechtswirkungen des § 6 Abs. 4 Satz 4 BauGB nicht eintreten. Nach dieser Gesetzesstelle gilt eine beantragte Genehmigung als erteilt, wenn sie nicht innerhalb „der Frist" unter Angabe von Gründen abgelehnt wird. Dies gilt nach dem Gesetzeswortlaut gleichermaßen für die Regelfrist von drei Monaten, wie auch für die verlängerte Frist, wobei es wiederum nicht darauf ankommt, ob die Verlängerung objektiv zu Recht ausgesprochen worden ist."

Der Senat stimmt der Bewertung des VG Dessau jedenfalls im Ergebnis zu. Kritisch zu sehen ist dabei allerdings zunächst die offensichtlich damit verbundene Ansicht, dass im Falle einer rechtzeitig ausgesprochenen Fristverlängerung eine gerichtliche Überprüfung der Annahme eines „wichtigen Grundes" von vornherein, jedenfalls im Regelfall nicht erfolgen solle. Einer derartigen Auslegung steht der eindeutige Gesetzeswortlaut des § 6 Abs. 4 Satz 2 BauGB entgegen, der eine rechtmäßige Fristverlängerung nun einmal an das Vorliegen eines wichtigen Grundes anknüpft. Die Annahme eines wichtigen Grundes unterliegt damit auch der vollen gerichtlichen Überprüfung. Andererseits besteht angesichts des gesetzgeberischen Ziels einer Beschleunigung des Genehmigungsverfahrens nach Einschätzung des Senats aber kein Anlass, die Schwelle für die Annahme eines wichtigen Grundes mit den Ausführungen des erstinstanzlichen Gerichts derart hoch zu hängen, dass eine Verlängerung eben nur „in eng begrenzten Ausnahmefällen" ausgesprochen werden kann bzw. darf. Ein derartig enger Prüfungsmaßstab würde das dann mit einem Genehmigungsverfahren verbundene hohe Risiko für eine eventuell später sich anschließende gerichtliche Auseinandersetzung über die Rechtmäßigkeit einer ausgesprochenen Fristverlängerung bzw. deren angebliche objektive Rechtmäßigkeit in einem unangemessen hohen Ausmaße einseitig der Genehmigungsbehörde überantworten. Eine im Rahmen einer gerichtlichen Auseinandersetzung eventuell erst nach Jahren geklärte Genehmigungsfiktion mit ihren weit reichenden Folgen ist nach der Einschätzung des Senats gegenteilig nicht hinnehmbar. Das vom Gesetzgeber beabsichtigte Beschleunigungsziel wird von seinem Grundsatz her nicht infrage gestellt, wenn die anstehende Genehmigung eines Flächennutzungsplanes lediglich um weitere drei Monate unter der Voraussetzung ausgesetzt wird, dass einem rechtzeitig gestellten und mit sachlichen Gründen angereicherten Verlängerungsantrag von der übergeordneten Behörde entsprochen wird.

Unabhängig davon folgt der Senat auch nicht der Einschätzung des Verwaltungsgerichts, dass für die Fristverlängerung keine „wichtigen Gründe" i. S. des §6 Abs. 4 Satz 2 BauGB streiten. Die Bezirksregierung Lüneburg hat zur Begründung ihres Antrages auf Fristverlängerung ausgeführt: „Die Prüfung der Plausibilität der von der Stadt vorgelegten Gutachten, u. a. der von der Fa. GMA L. erarbeiteten Wirtschaftsgutachten, ist noch nicht abgeschlossen. Zur Prüfung erforderliche ergänzende Erläuterungen sind erst in den letzten Tagen von der Stadt vorgelegt worden und konnten noch nicht überprüft werden. Die Validität dieser Gutachten ist von verschiedenen Seiten – u. a. durch Vorlage von Gegengutachten (CIMA und BAG) – angezweifelt worden. Bestehende Diskrepanzen sind aufzuklären. Dies soll in einem sog. Transparenzgespräch ggf. unter Hinzuziehung weiterer Experten geschehen.

Des Weiteren wird die Bezirksregierung Lüneburg ein Gespräch mit der Stadt Soltau führen, um bereits jetzt bekannte Mängel des Erläuterungsberichtes mit ihr zu erörtern und um eine Nachbesserung zu fordern.

Dieses wird die Stadt in der noch verbleibenden Zeit nicht leisten können."

Diese Begründung trägt der „Komplexität" und dem „Umfang" der mit der 26. Änderung des Flächennutzungsplanes verbundenen Fragen hinreichend Rechnung, um einen „wichtigen Grund" i. S. des §6 Abs. 4 Satz 2 BauGB zu bejahen. Ein so umschriebener „wichtiger Grund" wird auch ausdrücklich von Bielenberg, (a. a. O., Rdnr. 19) und von Gaentzsch, (in: Berliner Kommentar zum Baugesetzbuch, 3. Aufl. 2002 [Stand: Januar 2005], §6 Rdnr. 22) anerkannt. Die ausgesprochene Verlängerung von drei Monaten bewegt sich innerhalb des der Verlängerungsbehörde zuzugestehenden Entscheidungsspielraums. Zwar mag zunächst mehr oder weniger zutreffen, dass die im Ablehnungsbescheid vom Januar 2001 angeführten Gründe nicht „neu" waren. Es ist auch richtig, dass der Niedersächsische Innenminister seine Auffassung bereits in seinem Erlass vom März 1999 festgeschrieben hat und diese Auffassung auch später nicht mehr verändert worden ist. Diese „nachträgliche" Betrachtung ist aber keineswegs zwingend. So hätte auch der Niedersächsische Innenminister seine Auffassung – selbstverständlich – in dem weiteren Prüfungsverfahren auch ändern können, unabhängig davon, ob dies aus einer geänderten rechtlichen Beurteilung möglicherweise hätte erfolgen können oder aber schlicht aus politischen oder auch aus marktwirtschaftlichen Gründen. So sind sogar noch Anfang des Jahres 2003 vor der Durchführung der mündlichen Verhandlung des Verwaltungsgerichts außergerichtliche Vergleichsgespräche zwischen den Beteiligten geführt worden. Auch dieses belegt nach Auffassung des Senats eine relative Offenheit des Ausgangs des Genehmigungsverfahrens und nicht die vom Verwaltungsgericht gesehene strikte Festlegung der Ablehnung.

Der Senat sieht auch keine Bedenken gegen die ausgesprochene Fristverlängerung um weitere drei Monate. Diese Erkenntnis deckt sich mit den obigen Ausführungen zum Umfang und zur Komplexität des Genehmigungsantrages.

2. Der Stadt Soltau steht auch ein Anspruch auf Genehmigung der 26. Änderung ihres Flächennutzungsplanes nicht zu. Die Flächennutzungsplanänderung widerspricht jedenfalls dem in Satz 11 des Plansatzes C 1.6 03 niedergelegten Ziel des Landesraumordnungsprogrammes II 2002. Das LROP 2002 findet auch trotz seines In-Kraft-Tretens erst zum 10. 12. 2002 Anwendung, obwohl die 26. Änderung des Flächennutzungsplanes vom Rat der Stadt Soltau bereits in seiner Sitzung vom 12. 7. 2000 beschlossen worden ist und der die Ablehnung der Genehmigung aussprechende Bescheid der Bezirksregierung Lüneburg vom 23. 1. 2001 datiert. ...

b) Die bisherige Nr. C 1.6 04 LROP II 1994 hat durch das LROP 2002 nunmehr unter C 1.6 03 die folgende Fassung erhalten:

„03 1. Neue Flächen für den großflächigen Einzelhandel sind den jeweiligen Zentralen Orten zuzuordnen.

2. Der Umfang neuer Flächen bestimmt sich aus dem zentralörtlichen Versorgungspotenzial, den vorhandenen Versorgungseinrichtungen und der innergemeindlichen Zentrenstruktur.

3. Die Ausweisung neuer Flächen für den großflächigen Einzelhandel ist interkommunal abzustimmen.

4. Die Ausweisung neuer Flächen für den großflächigen Einzelhandel sowie die Errichtung und Erweiterung von Einzelhandelsgroßprojekten mit innenstadtrelevanten Kernsortimenten sind grundsätzlich nur an städtebaulich integrierten Standorten zulässig.

5. Sie sind in das ÖPNV-Netz einzubinden.
...

11. Hersteller-Direktverkaufszentren sind Einzelhandelsgroßprojekte und auf Grund ihrer besonderen Ausprägung und Funktion nur in Oberzentren an städtebaulich integrierten Standorten zulässig.

12. Dies gilt auch für Erscheinungsformen des Handels i. V. m. Freizeit-, Kultur- und sonstigen Dienstleistungen, die in ihren Auswirkungen Hersteller-Direktverkaufszentren vergleichbar sind.

13. Zur Verbesserung der Grundlagen für regionalbedeutsame Standortentscheidungen von Einzelhandelsprojekten sollen regional abgestimmte Konzepte erstellt werden."

Durch eine diesen Plansätzen beigefügte Fußnote ist angemerkt, dass es sich – bis auf den Plansatz 13 – um – durch Fettdruck näher gekennzeichnete – Ziele der Raumordnung i. S. von §3 Nr. 2 des Raumordnungsgesetzes des Bundes handelt.

Dabei bedarf es keiner Entscheidung, welche der unter Nr. 03 insgesamt aufgenommenen einzelnen Regelungen dem geplanten Vorhaben entgegenstehen. Es stellt sich z. B. die Frage, ob ein 20000m^2 großes Designer-Outlet-Center einem Mittelzentrum wie Soltau entsprechend seiner Bedeutung als Zentralem Ort zugeordnet werden kann (Plansatz 1). Problematisch erscheint weiter, ob sich ein Projekt mit einer Verkaufsfläche von 20000m^2 aus dem zentralörtlichen Versorgungspotenzial, den vorhandenen Versorgungseinrichtungen und der gemeindlichen Zentrenstruktur von Soltau bestimmen lässt (Plansatz 2). ... Diese raumordnungsrechtlichen Fragen bedürfen keiner weiteren Klärung angesichts der für Hersteller-Direktverkaufszentren in Satz 11 getroffenen Sonderregelung. Danach ist die raumordnungsrechtliche Zulässigkeit derartiger Einzelhandelsgroßprojekte von ihrer besonderen Ausprägung und Funktion an zwei Voraussetzungen gebunden: Sie sind – erstens – nur in Oberzentren und – zweitens – nur an städtebaulich integrierten Standorten zulässig. Dass das geplante Designer-Outlet-Center Soltau mit einer Verkaufsfläche von 20 000 m² danach raumordnungsrechtlich unzulässig ist, bedarf keiner weiteren Begründung. Die Unvereinbarkeit des Vorhabens mit diesem Plansatz wird – soweit ersichtlich – auch weder von der Stadt Soltau noch vom Vorhabenträger konkret in Zweifel gezogen. Bei Soltau handelt es sich nach den entsprechenden Vorgaben unter C 1.6 01 LROP II 1994 um ein Mittelzentrum und nicht um ein Oberzentrum. Mit der Ansiedlung im Ortsteil H. von Soltau in unmittelbarer Nähe zur Autobahnauffahrt Soltau-Ost kann auch nicht von einem integrierten Standort ausgegangen werden. Bei städtebaulich integrierten Standorten handelt es sich nur um solche, die in einem engen, jedenfalls in einem näheren räumlichen und funktionalen Zusammenhang mit den zentralen Einkaufs- und Dienstleistungsbereichen der Standortgemeinde stehen. Darüber hinaus sind diese Standorte in das ÖPNV-Netz einzubinden.

Der Senat bewertet Satz 11 auch als ein der planerischen Abwägung nicht zugängliches Ziel der Raumordnung entsprechend den Vorgaben der Rechtsprechung des Bundesverwaltungsgerichts (dazu in letzter Zeit nur BVerwG, Urteil vom 15. 5. 2003 – 4 CN 9.01 –, BauR 2003, 1679 = BVerwGE 118, 181 = BRS 66 Nr. 4; Urteil vom 17. 9. 2003 – 4 C 14.01 –, BauR 2004, 443 = BVerwGE 119, 25 = BRS 66 Nr. 1). Ein erklärtes Ziel der Änderung des Landesraumordnungsprogrammes Niedersachsen 1994 durch die Änderungsverordnung vom November 2002 ist – neben den Regelungen zur Steuerung von Tierhaltungsanlagen und zur Sicherung von Rohstoffgewinnungsflächen – die raumordnungsrechtliche Steuerung von Einzelhandelsgroßprojekten. Den LT-Drucks. 14/3380, S. 17 ff. sind u. a. die folgenden Erwägungen des Gesetz- bzw. Verordnungsgebers zu entnehmen:

„Angesichts der besonderen Ausprägung von Hersteller-Direktverkaufszentren, ihrer zentrenrelevanten Sortimentsstruktur und der Reichweite ihres Einzugsbereichs kommen für solche Vorhaben nur Standorte in Oberzentren in Betracht. Die Vorhaben dürfen eine städteverträgliche Größe nicht überschreiten und sind an städtebaulich integrierten Standorten anzusiedeln. Soweit künftig Hersteller-Direktverkaufszentren auch in geringerer Größe und Sortimentsbreite betrieben werden sollten, käme als Standort auch ein Mittelzentrum mit oberzentralen Teilfunktionen infrage."

Diese Erwägungen tragen die raumordnerische Entscheidung des Verordnungsgebers für die Zulässigkeit der Ansiedlung von Hersteller-Direktverkaufszentren nur in Oberzentren an städtebaulich integrierten Standorten.

Der Senat geht entgegen den von der Stadt Soltau vorgetragenen Gesichtspunkten von einer verfahrensrechtlich und materiell-rechtlich nicht zu beanstandenden Abwägungsentscheidung des Verordnungsgebers aus.

Dies gilt zunächst insoweit, als die Stadt Soltau in § 6 Abs. 4 Satz 1 des Niedersächsischen Gesetzes über Raumordnung und Landesplanung (NROG) vom 18. 5. 2001 (GVBl., 301) eine unzureichende Ermächtigungsgrundlage rügt. Diese Auffassung teilt der Senat nicht. Zwar ist zutreffend, dass diese Vorschrift zunächst nur regelt, dass die Landesregierung Teil II des Landes-Raumordnungsprogramms als Verordnung beschließt und gerade in dieser im LROP II 2002 als Ermächtigungsgrundlage angeführten Bestimmung weitere Einzelheiten bzw. Konkretisierungen von möglichen raumordnungsrechtlichen Regelungsinhalten nicht erwähnt bzw. umschrieben sind. Es ist aber verfehlt, § 6 Abs. 4 Satz 1 NROG nur isoliert für sich zu betrachten. Seine Anführung als Ermächtigungsgrundlage ist vielmehr im Zusammenhang mit weiteren Vorschriften des NROG bzw. des Raumordnungsgesetzes des Bundes (ROG) zu sehen. Nach § 1 Abs. 1 NROG soll die Raumordnung die nachhaltige Entwicklung des Landes und seiner Teile unter Beachtung der naturräumlichen und sonstigen Gegebenheiten und unter Berücksichtigung der Anforderungen zur Sicherung des Schutzes, der Pflege und der Entwicklung der natürlichen Lebensgrundlagen sowie der sozialen, kulturellen und wirtschaftlichen Erfordernisse in einer Weise fördern, die der Gesamtheit und dem Einzelnen am besten dient. Nach Abs. 2 dieser Bestimmung ist Aufgabe der Landesplanung die Aufstellung von Raumordnungsplänen sowie die Abstimmung raumbedeutsamer Planungen und Maßnahmen. Dabei sind die Entwicklungsmöglichkeiten des Landes und seiner Teilräume sowie die unterschiedlichen fachlichen Belange unter Beachtung der dauerhaften Sicherung der natürlichen Lebensgrundlagen gegeneinander abzuwägen und miteinander in Einklang zu bringen. Gemäß § 3 Abs. 1 Satz 1 sind die Grundsätze gemäß § 2 Abs. 3 des Raumordnungsgesetzes (ROG) und die Ziele der Raumordnung in Raumordnungsplänen (Landes-Raumordnungsprogramm/ Regionale Raumordnungsprogramme) in beschreibender und zeichnerischer Darstellung festzulegen. In Raumordnungsplänen sind Ziele als solche zu kennzeichnen. Ziele der Raumordnung werden auch in § 5 Abs. 2 und Abs. 3 NROG angesprochen. Für die Landesplanung maßgebliche Grundsätze der Raumordnung werden sodann umfänglich in § 2 Abs. 2 Nr. 1 bis 15 ROG aufgelistet. Darunter zählt namentlich das System leistungsfähiger Zentraler Orte als Träger teilräumlicher Entwicklung (§ 2 Abs. 2 Nr. 2 und Nr. 6 ROG). Die Gesamtsicht der angeführten Bestimmungen lässt Zweifel an einer hinreichenden Ermächtigungsgrundlage nicht zu.

Der Senat teilt auch nicht die vorgetragenen Bedenken an einer vermeintlich räumlich und sachlich nicht hinreichend bestimmten Festlegung. Das NROG spricht von „raumbedeutsamen" Planungen (§§ 1 Abs. 2 Satz 1, 2 Abs. 2 NROG). Der Senat hat keine Zweifel daran, dass Hersteller-Direktverkaufszentren jedenfalls ab einer bestimmten Größenordnung eine derartige Raumbedeutsamkeit zukommt. Weist ein Hersteller-Direktverkaufszentrum – wie hier – eine Verkaufsfläche von 20 000 m^2 auf, ist die Schwelle der Raumbedeutsamkeit eindeutig überschritten. Dies vermitteln auch die im Erläuterungsbericht zum Flächennutzungsplan angeführten Einzugsbereiche. Soweit die Auffassung vertreten wird, dass aus dem Wort „räumlich" zugleich folge, dass ein LROP auch nur bestimmte Flächenteile eines Landes erfassen dürfe, gibt dies schon der im NROG verwendete Begriff der Raumbedeutsamkeit nicht her. Es mag sein, dass sich bestimmte raumbedeutsame Planungen häufig, möglicherweise sogar in der Vielzahl der Fälle, auf bestimmte örtliche

Gegebenheiten stützen wie etwa die mit dem LROP 2002 auch gesicherten Rohstoffvorkommen. Es gibt aber auch raumordnungsrechtliche Erscheinungsformen, die abstrakt gewissermaßen flächendeckend auftreten können und deswegen auch einer abstrakten landesweiten Regelung zugänglich sind bzw. sein müssen. Dazu zählt auch die Steuerung von großflächigen Hersteller-Direktverkaufszentren.

Der Senat erkennt auch keinen unvereinbaren Widerspruch zu der in Art. 28 Abs. 2 Satz 1 GG gewährleisteten Planungshoheit der Gemeinden. Die rechtlichen Vorgaben, insbesondere die von den Beteiligten mit unterschiedlicher Gewichtung angeführte sog. Stufenfolge bzw. Planungshierarchie, sind vom Bundesverwaltungsgericht in seinem Grundsatzbeschluss vom 20. 8. 1992 (– 4 NB 20.91 –, BVerwGE 90, 329 = BRS 54 Nr. 12) wie folgt umschrieben worden: „Das BauGB bestimmt in § 1 BauGB die Bauleitplanung zum zentralen städtebaulichen Gestaltungsinstrument. Hierin erschöpft sich die räumliche Planung zur Ordnung der Bodennutzung jedoch nicht. Die vielfältigen Raumnutzungsansprüche bedürfen einer Abstimmung auf verschiedenen Ebenen. Das Raumplanungsrecht umfasst eine Abfolge von Planungsentscheidungen auf Bundes- und auf Landesebene mit fortschreitender Verdichtung der Regelungen auf Landes- und Regionalebene bis hin zu konkreten Festlegungen auf Gemeindeebene. In dieses mehrstufige System räumlicher Gesamtplanung ist die gemeindliche Bauleitplanung als der Bundesraumordnung sowie der Landes- und der Regionalplanung nachgeordnete unterste Ebene der Planungshierarchie eingebunden. Jeder der einzelnen Planungsstufen kommt die Aufgabe zu, die verschiedenen Fachinteressen, die auf dieser Stufe zusammentreffen, zu koordinieren. In vertikaler Hinsicht wird nach der gesetzlichen Konzeption eine Harmonisierung dadurch sichergestellt, dass die jeweilige Planungsebene die auf der vorgelagerten Stufe ebenenspezifisch aggregierten Belange in ihre eigene Planung aufzunehmen hat. Den Zielen der Raumordnung und Landesplanung kommt hierbei nach § 5 Abs. 2 Satz 1 ROG die Funktion zu, räumlich und sachlich die zur Verwirklichung der Grundsätze nach § 2 ROG notwendigen Voraussetzungen zu schaffen. In ihnen spiegelt sich bereits eine Abwägung zwischen den durch die Grundsätze verkörperten unterschiedlichen raumordnerischen Belange wider. Sie sind anders als die Grundsätze nicht bloß Maßstab, sondern als räumliche und sachliche Konkretisierung der Entwicklung des Planungsraumes das Ergebnis landesplanerischer Abwägung. Hat bereits auf der Stufe der Landesplanung eine überörtliche und überfachliche gesamtplanerische Interessenabwägung und Konfliktklärung stattgefunden, so ist es systemgerecht, wenn § 1 Abs. 4 BauGB die Bindungswirkungen der landesplanerischen Letztentscheidung, in der das Ergebnis dieses Prozesses seinen Niederschlag gefunden hat, in dem durch fortlaufende Konkretisierung von oben nach unten gekennzeichneten mehrstufigen Planungsgefüge, in das die gemeindliche Bauleitplanung eingebettet ist, auf die Gemeinde als Träger der örtlichen Planungshoheit erstreckt. Die planerischen Vorgaben, die hieraus abzuleiten sind, lassen sich nicht auf dem Umwege über § 1 Abs. 5 BauGB relativieren. . . .“

Der Senat sieht diese Vorgaben bei der angegriffenen Nr. C 1.6 03 Satz 11 des LROP II 2002 als gewahrt. (Wird ausgeführt.)

Der Auffassung der Stadt Soltau, dass die dem Verordnungsgeber bekannte besondere planungsrechtliche Situation hinsichtlich des Designer-Outlet-Centers einen ausdrücklichen Abwägungsvorgang gerade im Hinblick auf ihre Belange und das von ihr geplante Projekt nicht nur hätten erwarten lassen, sondern dies sogar gefordert hätten, ist nicht zu folgen. Zwar hätte es dem Verordnungsgeber möglicherweise freigestanden, bei der „Zusammenstellung der im Beteiligungsverfahren vorgebrachten wesentlichen Anregungen, Hinweise und Bedenken" (LT-Drucks. 14/3380, S. 31 ff.) auch und gerade die Interessen der Stadt Soltau gesondert zu erwähnen bzw. zu würdigen. Dass der Verordnungsgeber dies nicht getan hat, macht seine Vorgehensweise aber keineswegs angreifbar bzw. fehlerhaft. Gegenteilig hätte dann der Vorwurf eines „lex Soltau" eher erhoben werden können. Die Forderung nach einer detaillierten Wiedergabe von einzeln vorgebrachten Anregungen und Bedenken unter Erwähnung auch des jeweiligen Bedenkenträgers würde auch den Begründungsaufwand für die niedersachsenweit geltende Verordnung ins Uferlose treiben. Es ist ausreichend und durchaus sachangemessen, dass der Verordnungsgeber die vorgetragenen Bedenken in (eher) abstrakter bzw. gebündelter Art und Weise bewertet und abgewogen hat. Ausweislich der in den LT-Drucks. 14/3380, S. 31 ff. niedergelegten Erwägungen hat dies der Verordnungsgeber in nicht zu beanstandender Weise getan. Dies gilt auch und gerade für die von der Stadt Soltau vorgetragenen Bedenken, die sehr wohl inhaltlich angesprochen werden. ...

Nach der Bewertung des Senats überschreitet der Verordnungsgeber mit Plansatz 11 nicht die ihm durch die kommunale Planungshoheit gesetzten Grenzen. Der Senat stützt sich dabei – zum einen – auf die oben niedergelegten Erläuterungen in den LT-Drucks. 14/3380, S. 17 ff. Diese Erwägungen sind aus rechtlicher bzw. verfassungsrechtlicher Sicht nicht zu beanstanden: Sie sind das Ergebnis einer umfangreichen, auch auf politischen, kommunalpolitischen und wirtschaftlichen Erwägungen beruhenden Entscheidung des Gesetz- bzw. Verordnungsgebers. Der Senat sieht sich in seiner Bewertung durch eine jüngere Entscheidung des Bundesverwaltungsgerichts vom 17. 9. 2003 – 4 C 14.01 – a. a. O., gestützt. ...

Das Bundesverwaltungsgericht hat mit seinen Ausführungen damit jedenfalls das Konzentrationsgebot, das Integrationsgebot und vom Grundsatz her die Anknüpfung der Zulässigkeit von großflächigen Einzelhandelsbetrieben an Zentrale Orte und damit das Zentrale-Orte-System anerkannt, und dies sogar unter Zugrundelegung der insbesondere von Hoppe angegriffenen „Regel-Ausnahme-Struktur". Dass auch landesplanerische Aussagen, die eine Regel-Ausnahme-Struktur aufweisen, die Merkmale von „Zielen" der Raumordnung erfüllen können, hat das Bundesverwaltungsgericht in seinem Urteil vom 18. 9. 2003 (– 4 CN 20.02 –, BVerwGE 119, 54 = BRS 66 Nr. 5 = BauR 2004, 280) grundsätzlich anerkannt. Zwar lag der Entscheidung des Bundesverwaltungsgerichts vom 17. 9. 2003 – 4 C 14.01 –, a. a. O., die landesrechtliche Bestimmung für Rheinland-Pfalz mit dem gerade spezifischen Regelungsinhalt der Nr. 3.4.1.3 vor. Der erkennende Senat stellt jedoch von dessen Grundstrukturen eine so weit gehende inhaltliche Übereinstimmung mit dem für Niedersachsen geltenden Plansatz 11 des LROP II 2002 fest, dass die Ausführungen des Bundesverwaltungsgerichts auch auf den hier streitigen Plansatz Anwendung finden.

Die Aufnahme eines Plansatzes über die Steuerung von Hersteller-Direktverkaufszentren in das Landesraumordnungsprogramm ist auch der Sache nach gerechtfertigt. Dabei geht es letztlich nicht um die marktwirtschaftliche oder politische „Richtigkeit" dieser Entscheidung, sondern um die u. a. auch im politischen Bereich abwägend zu treffende Entscheidung, wie mit diesem baurechtlichen Phänomen umzugehen ist bzw. aus rechtlicher Sicht umgegangen werden kann. ...

Das Niedersächsische LROP 2002 hat die im politischen Raum aufgestellten Forderungen in seinen neu gefassten Planzielen Nr. 1.6 03 umgesetzt. Der Senat hat im Gegensatz insbesondere zu der von Hoppe vertretenen Auffassung (vgl. dazu vorrangig das zum Designer-Outlet-Center Soltau erstellte Gutachten aus dem Jahre 1998; ferner derselbe, in: DVBl. 2000, 293, DVBl. 2001, 81 und NVwZ 2004, 282) keine Zweifel, dass der Verordnungsgeber angesichts der im Raum stehenden kommunalpolitischen und wirtschaftlichen Forderungen auch sachlich legitimiert ist, mit Satz 11 die hier streitige Sonderregelung für Hersteller-Direktverkaufszentren zu treffen. Nach der Einschätzung des Senats ist der Verordnungsgeber bei der Formulierung des Plansatzes 11 auch nicht „über das Ziel hinausgeschossen". Plansatz 11 trägt dem verfassungsrechtlichen Grundsatz der Verhältnismäßigkeit – noch – hinreichend Rechnung, soweit die raumordnungsrechtliche Zulässigkeit von Hersteller-Direktverkaufszentren – erstens – nur in Oberzentren und – zweitens – an städtebaulich integrierten Standorten vorgesehen wird, und zwar als striktes Recht und ohne Anbindung an eine die strikte Bindung einschränkende „Soll-Vorschrift" oder an denkbare andere „aufweichende" Ausgestaltungen der strikten Zulässigkeitsregelung durch Zusätze wie „grundsätzlich", „in der Regel" oder durch die Zulassungsentscheidung ergänzende, mehr oder weniger bestimmte Ausnahmeregelungen. Dem Verordnungsgeber steht ein breiter Einschätzungs- bzw. Bewertungsspielraum zu, in welcher Form und mit welchem Ergebnis er sich dem baurechtlichen Phänomen großflächiger Einzelhandelsprojekte bzw. Hersteller-Direktverkaufszentren nähern will. Einen aktuellen Überblick möglicher Entscheidungsansätze vermittelt die Auflistung der derzeit in der Bundesrepublik Deutschland geltenden Landesraumordnungsprogramme in Schmitz/Federwisch, Einzelhandel und Planungsrecht, 2005, S. 41 bis 53. Die Bandbreite raumordnungsrechtlicher Lösungen reicht von eher kurz gefassten Plansätzen wie in Berlin-Brandenburg oder Nordrhein-Westfalen zu insbesondere den in jüngeren Raumordnungsprogrammen eingeschlagenen Weg der raumordnungsrechtlichen Steuerung von Einzelhandelsprojekten durch detailliertere und umfangreiche Einzelregelungen. Dem niedersächsischen Verordnungsgeber ist es nicht verwehrt, Hersteller-Direktverkaufszentren nur in Oberzentren und an städtebaulich integrierten Standorten zuzulassen. Die Entscheidung, die raumordnungsrechtliche Zulässigkeit nicht etwa auf Mittelzentren zu erweitern oder die Zulässigkeitsvorgabe „nur in Oberzentren" durch Ausnahmeregelungen abzuschwächen, ist nicht zu beanstanden. Diese Regelung führt im Ergebnis auch nicht dazu, dass derartige Projekte in Niedersachsen praktisch nicht mehr realisiert werden können. Hersteller-Direktverkaufszentren können weiterhin in Oberzentren errichtet werden, wenn sie die zusätzliche Forderung einer integrierten Lage erfüllen. . . . .

Die vom Verordnungsgeber für Hersteller-Direktverkaufszentren getroffene Sonderregelung ist auch deswegen nicht zu beanstanden, weil der Plansatz 11 in ein umfassendes Programm für Vorhaben des großflächigen Einzelhandels eingebettet ist. Unter den in Nr. C 1.6 03 Satz 1 bis 10 aufgelisteten Zielen der Raumordnung werden zunächst – teilweise allgemeinere – Zulässigkeitskriterien für großflächige Einzelhandelsbetriebe angeführt, um dann für Hersteller-Direktverkaufszentren die strikte Forderung aufzustellen, dass diese Vorhaben nur in Oberzentren und an städtebaulich integrierten Standorten zulässig sind. Darin spiegelt sich eine vom Verordnungsgeber getroffene gestufte Regelung bzw. Abwägung wider. Hinzuweisen ist in diesem Zusammenhang auch auf den Umstand, dass Plansatz 11 als eine Reaktion des Landesraumordnungsgebers auf die Diskussion über die Bestimmtheit bzw. Bestimmbarkeit des vorangegangenen Plansatzes C 1.6 04 des Landesraumordnungsprogrammes 1994 zu verstehen ist. Der Verordnungsgeber wollte erklärterweise einer weiteren Diskussion mit einer strikten und eindeutigen Regelung für Hersteller-Direktverkaufszentren begegnen. Der Senat sieht keinen Raum dafür, die Vorgehensweise des Verordnungsgebers und das gefundene Abwägungsergebnis zu beanstanden. Ergänzend weist der Senat in diesem Zusammenhang auf das in § 11 NROG geregelte Zielabweichungsverfahren hin. Nach Abs. 1 dieser Vorschrift kann im Einvernehmen mit den fachlich berührten Stellen sowie im Benehmen mit den betroffenen Gemeinden die Abweichung von einem Ziel der Raumordnung zugelassen werden, wenn die Abweichung unter raumordnerischen Gesichtspunkten vertretbar ist und die Grundzüge der Planung nicht berührt werden. Ein derartiges Zielabweichungsverfahren ist – wie von den Vertretern der Landesplanungsbehörde in der mündlichen Verhandlung vor dem Senat angesprochen – grundsätzlich auch für Hersteller-Direktverkaufszentren eröffnet. Damit sieht zwar Plansatz C 1.6 03 Satz 11 LROP 2002 eine strikte Bindung für Hersteller-Direktverkaufszentren vor, § 11 Abs. 1 NROG eröffnet aber davon abweichende Lösungsmöglichkeiten.

Die obige Wiedergabe der gefassten Beschlüsse und Entschließungen haben sich im öffentlichen Raum abgespielt. Die Kenntnis derartiger Geschehensabläufe muss sich daher die planende Stadt Soltau unschwer zurechnen lassen, weil der insofern anzulegende gesteigerte Anforderungsmaßstab nicht in der Laiensphäre des normalen Bürgers angesiedelt ist, sondern in der von vornherein zu unterstellenden Fachkunde einer leistungsfähigen, mit den Funktionen eines Mittelzentrums versehenen, zumal fach- und spezialanwaltlich beratenen Stadt (so ähnlich Erbguth, NVwZ 2000, 969, 974). Der Senat spricht diesen Hintergrund ausdrücklich an, um die jedenfalls unterschwellig angesprochene, gewisse Schutzlosigkeit der Stadt Soltau auszuräumen. Die Stadt Soltau ist von den Änderungen des LROP 2002 nämlich keineswegs etwa unvorbereitet getroffen worden. Die Fortschreibung und Präzisierung der entsprechenden Planaussage des LROP 1994 durch Satz 11 des LROP 2002 ist vielmehr das Ergebnis einer langjährigen und durch politische Beschlüsse umfänglich sich ankündigenden bzw. vorbereiteten verordnungsrechtlichen Entscheidung. Die Stadt Soltau hat ihre Planungen nicht nur in Kenntnis möglicher Risiken der raumordnungsrechtlichen Beurteilung unter dem Blickwinkel von C 1.6 04 LROP II 1994 fortgeführt, sondern diese auch unter der Regie des LROP II 2002 weder aufgegeben noch angepasst. Für Erwägungen des Vertrauensschutzes ist daher kein Raum.

c) Das LROP II 2002, und nicht das vorausgegangene LROP II 1994, kommt auch im Genehmigungsverfahren für die 26. Änderung des Flächennutzungsplanes der Stadt Soltau zur Anwendung. Zwar ist das LROP II 2002 erst am Tage nach der Verkündung im Niedersächsischen Gesetz- und Verordnungsblatt am 10. 12. 2002 in Kraft getreten, also zu einem Zeitpunkt weit nach dem vom Rat der Stadt Soltau getroffenen Beschluss über die 26. Änderung des Flächennutzungsplanes bzw. den Satzungsbeschluss für den vorhabenbezogenen Bebauungsplan Nr. 2 am 12. 7. 2000 und auch noch weit nach dem angegriffenen Bescheid vom Januar 2001. Abzustellen für die rechtliche Beurteilung ist aber auf den Zeitpunkt der letzten mündlichen Verhandlung, hier also den 1. 9. 2005. ...

Den Spagatschritt zwischen einerseits Vertrauens- und gewissermaßen Bestandsschutz für „nun einmal beschlossene" Bauleitpläne und andererseits dem bei bestimmten Gegebenheiten bestehenden Erfordernis einer nachträglichen Berücksichtigung einer veränderten Sach- und Rechtslage hat das Bundesverwaltungsgericht in seinem Beschluss vom 3. 7. 1995 (– 4 NB 11.95 –, BRS 57 Nr. 29 = UPR 1995, 441) mit dem folgenden Leitsatz aufgelöst:

„Soll ein wegen eines Verfahrensfehlers nach dem Satzungsbeschluss (hier: wegen fehlerhafter Ausfertigung) nicht wirksam zustande gekommener Bebauungsplan gemäß § 215 Abs. 3 durch Wiederholung des nachfolgenden Verfahrens in Kraft gesetzt werden, so besteht für die Gemeinde, je mehr Zeit seit der ursprünglichen Beschlussfassung inzwischen vergangen ist, umso eher Anlass zu prüfen und zu entscheiden, ob Änderungen der Sach- und Rechtslage die ursprüngliche Abwägung so grundlegend berühren können, dass eine neue Sachentscheidung durch eine auf Grund der jetzigen Sach- und Rechtslage zu treffenden Abwägung geboten ist. Eine neue Sachentscheidung in diesem Sinne ist nicht bei jeglicher Veränderung abwägungserheblicher Belange erforderlich. Das Vertrauen in die Wirksamkeit der Bauleitplanung kann es rechtfertigen, von einer erneuten Sachentscheidung abzusehen."

Wann eine Gemeinde einen Bebauungsplan „nicht sehenden Auges" in Kraft setzen darf, hat das Bundesverwaltungsgericht in späteren Entscheidungen präzisiert. Nach seinem Beschluss vom 18. 12. 1995 (– 4 NB 30.95 –, BRS 57 Nr. 30 = BauR 1996, 351 = UPR 1996, 151) ist die rückwirkende Inkraftsetzung eines Bebauungsplanes ausgeschlossen, wenn das Abwägungsergebnis wegen nachträglicher Ereignisse „nicht mehr haltbar" ist, und zwar auch unter Einbeziehung des Gesichtspunktes, dass möglicherweise im Vertrauen auf den Bestand des Bebauungsplanes Dispositionen getroffen und Investitionen getätigt worden sind. Ein Bebauungsplan, dessen Inhalt gemessen an § 1 Abs. 3 BauGB und den Anforderungen des Abwägungsgebotes „unvertretbar" ist, erfülle, auch wenn dieser Zustand erst nach dem in § 214 Abs. 3 Satz 1 BauGB genannten Zeitpunkt eingetreten sei, nicht die materiellen Voraussetzungen, deren es zu seiner Wirksamkeit bedürfe (vgl. zu diesem Beschluss auch Anm. v. Lemmel, in: Die Bauverwaltung 1996, 406). In seinem weiterführenden Beschluss vom 25. 2. 1997 (– 4 NB 40.96 –, BRS 59 Nr. 31 = BauR 1997, 590 = ZfBR 1997, 206 m. Anm. Lemmel, Die Bauverwaltung 1997, 435) hat das Bundesverwaltungsgericht sodann klargestellt, dass ein Bebauungsplan nicht allein deshalb nichtig sei, weil eine Gemeinde trotz nachträglicher Änderung der Sach- und Rechtslage keine erneute Abwägungsentscheidung getroffen habe. Neben der Fallgruppe der „nicht haltbaren" Bebauungspläne seien auch funktionslos gewordene Bebauungspläne an einer später sich verändert darstellenden Sach- und Rechtslage zu messen. Insoweit schlügen Mängel im Abwägungsergebnis unmittelbar durch. Bebauungspläne, deren Festsetzungen unter den veränderten Umständen „einfach nicht mehr brauchbar" seien, als Folge einer im Ergebnis nunmehr schlechterdings nicht mehr vertretbaren Abwägung der betroffenen Belange „nicht mehr vertretbar" seien, könnten auch keine Wirksamkeit erlangen.

Die Maßgeblichkeit des neuen Rechts wird so auch ausdrücklich von Erbguth, NVwZ 2000, 969, 970 f. gesehen. Zur Begründung führt er an, dass es unsinnig bzw. widersprüchlich sei, einen Bebauungsplan gleichsam sehenden Auges trotz nach Beschlussfassung eingetretener Unvereinbarkeit mit zwischenzeitlich wirksam gewordenen landesplanerischen Auswirkungen zu genehmigen, um ihn sodann im Wege eines nachträglichen Anpassungsverlangen wieder raumordnungszielkonform zu revidieren. Diese Begründung ist überzeugend.

Dass die Genehmigung der 26. Änderung des Flächennutzungsplanes der Stadt Soltau nicht erteilt werden kann, weil das zum Zeitpunkt des Satzungsbeschlusses gefundene Abwägungsergebnis nicht mehr mit der Planaussage 11 LROP II 2002 vereinbar ist und deswegen auch die Bauleitplanungen der Stadt Soltau „nicht mehr haltbar" sind, bejaht der Senat. Die Planaussage 11 ist eindeutig. Ein Designer-Outlet-Center mit einer Verkaufsfläche von 20 000 m² ist in dem Ortsteil H. des Mittelzentrums Soltau raumordnungsrechtlich unzulässig.

Nr. 7

1. **Abwägungsfehler eines regionalen Raumordnungsplans für den Teilbereich Windenergie können nicht nur die Zielfestlegung für das gesamte Plangebiet betreffen, sondern sich auch auf die (Nicht-)Ausweisung eines konkreten Vorranggebietes oder seine Abgrenzung beschränken, was je nach Bedeutung des Fehlers im Verhältnis zum Ergebnis der Gesamtplanung eine bloße Teilunwirksamkeit der Zielaussage nach sich ziehen kann.**

2. Zur Auswirkung eines europäischen Vogelschutzgebietes (hier: Schutz von Rastplätzen des Mornellregenpfeifers) auf die regionalplanerische Ausweisung von Vorranggebieten für die Windenergie.

BImSchG § 67 Abs. 9 Satz 4; VwGO § 91; BauGB §§ 1 Abs. 4, 35 Abs. 3.

OVG Rheinland-Pfalz, Urteil vom 6. Juli 2005
– 8 A 11033/04 – (rechtskräftig).

Die Klägerin begehrt mit ihrer Berufung die Erteilung einer immissionsschutzrechtlichen Genehmigung für eine Windenergieanlage, nachdem eine Klage auf Erteilung einer Baugenehmigung in erster Instanz ohne Erfolg geblieben war. Der geplante Anlagenstandort ist in der Fortschreibung des regionalen Raumordnungsplanes, die nach Abschluß der ersten Instanz in Kraft getreten ist, mit Rücksicht auf ein benachbartes Vogelschutzgebiet als Ausschlußbereich mit Zielqualität ausgewiesen. Die Klägerin bezweifelt die Wirksamkeit der Fortschreibung insgesamt sowie der Ausweisung eines Ausschlußbereichs für ihr Baugrundstück. Dieses sei in der vorhergehenden Fortschreibung sowie im ersten Entwurf zur neuen Fortschreibung als Entwicklungs- bzw. Vorranggebiet vorgesehen gewesen. Das Rechtsmittel blieb ohne Erfolg.

Aus den Gründen:
Die zulässige Berufung hat keinen Erfolg.

Soweit in der Berufungsinstanz anstelle der Verpflichtung des Beklagten zur Erteilung einer Baugenehmigung dessen Verpflichtung zur Erteilung einer immissionsschutzrechtlichen Genehmigung beantragt wird, handelt es sich um eine gemäß § 91 Abs. 1 VwGO zulässige Klageänderung. Ungeachtet der rügelosen Einlassung des Beklagten (siehe § 91 Abs. 2 VwGO) ist die Änderung gemäß § 67 Abs. 9 Satz 4 BImSchG in der ab dem 1. 7. 2005 geltenden Fassung des Änderungsgesetzes vom 25. 6. 2005 (BGBl. I, 1865) auch als sachdienlich zu behandeln.

Die geänderte Klage ist zulässig. Insbesondere fehlt es nicht an der Sachurteilsvoraussetzung eines vorangegangenen Verwaltungsverfahrens (siehe dazu Kopp/Schenke, VwGO, 13. Aufl. 2003, vor § 68 Rdnr. 7 a). Indem § 67 Abs. 9 Satz 4 BImSchG die Sachdienlichkeit einer geänderten Klage auf Erteilung einer immissionsschutzrechtlichen Genehmigung fingiert, wird zugleich das der Klage auf Erteilung einer Baugenehmigung vorangegangene bauaufsichtliche Verwaltungsverfahren grundsätzlich als ausreichende Sachurteilsvoraussetzung der geänderten Klage anerkannt. Denn das Fehlen einer Sachurteilsvoraussetzung für die geänderte Klage steht an sich der Sachdienlichkeit der Klageänderung entgegen (siehe Ortloff, in: Schoch/Schmidt-Aßmann/Pietzner, VwGO, § 91 Rdnr. 64 m. w. N.). Auch aus der Gesetzesbegründung (BT-Drucks. 15/5443, S. 4) ergibt sich, daß der Gesetzgeber mit der Anordnung der Sachdienlichkeit der Klageänderung zugleich eine Abweisung der geänderten Klage allein wegen fehlenden Verwaltungsverfahrens ausschließen wollte. Hiernach soll auch dann, wenn trotz Durchführung des Baugenehmigungsverfahrens noch immissionsschutzrechtliche Verfahrensschritte fehlen, ein Bescheidungsurteil erlassen werden können oder durch Aussetzung des Verfahrens die Nachholung der fehlenden Verfahrensschritte ermöglicht werden.

Die Klage ist aber unbegründet.

Zwar ist der Beklagte gemäß § 1 Abs. 1 der Landesverordnung auf dem Gebiet des Immissionsschutzes vom 14. 6. 2002 (GVBl., 280) i. V. m. lfd. Nr. 1.1.1 Nr. 4 der Anlage auch für eine Klage auf Erteilung einer immissionsschutzrechtlichen Genehmigung passiv legitimiert. Der Klägerin steht jedoch – ohne daß es insoweit weiterer Aufklärung durch nachzuholende immissionsschutzrechtliche Verfahrensschritte bedürfte – kein Anspruch auf Erteilung einer immissionsschutzrechtlichen Genehmigung zu. Diese ist nach § 6 Abs. 1 Nr. 2 BImSchG nur zu erteilen, wenn neben der Vereinbarkeit mit dem Immissionsschutzrecht dem Vorhaben auch keine sonstigen öffentlich-rechtlichen Vorschriften entgegenstehen. Vorliegend verstößt die Errichtung der geplanten Windenergieanlage im Außenbereich der Gemarkung S. gegen § 35 Abs. 3 Satz 2 BauGB. Hiernach dürfen raumbedeutsame Vorhaben Zielen der Raumordnung nicht widersprechen. Die strittige Windenergieanlage, die wegen ihrer Gesamthöhe von über 120 m raumbedeutsam ist (siehe z. B. BVerwG, Beschluß v. 2. 8. 2002, BRS 65 Nr. 96 = BauR 2003, 837), tut dies jedoch. Nach Nr. I des RROP Wind 2004 ist es Ziel der Raumordnung, daß außerhalb von Vorranggebieten die Errichtung von raumbedeutsamen Windenergieanlagen ausgeschlossen ist. Da die Gemarkung S. nicht zu einem Vorranggebiet gehört, verstößt die Errichtung einer Windenergieanlage der hier in Rede stehenden Größe gegen dieses Ziel.

Der Einwand der Klägerin, der RROP Wind 2004 sei insgesamt oder doch im Blick auf die fehlende Ausweisung eines Vorranggebietes im Bereich des Baugrundstücks unwirksam, greift nicht durch.

Formelle Bedenken gegen die Wirksamkeit des RROP Wind 2004 bestehen nicht. ...

Das Berufungsvorbringen ist auch im übrigen nicht geeignet, die Wirksamkeit der Zielfestlegungen des RROP Wind 2004 in Zweifel zu ziehen. Da die Raumordnung Planungscharakter trägt und regionale Raumordnungspläne daher Abwägungsprodukte sind, unterliegen sie in materieller Hinsicht nach den in der Rechtsprechung zum Abwägungsgebot entwickelten Grundsätzen gerichtlicher Prüfung (siehe BVerwG, Urteil v. 27. 1. 2005, BauR 2005, 987 = NVwZ 2005, 578, 580). Hiernach ist das Gebot gerechter Abwägung dann verletzt, wenn eine sachgerechte Abwägung überhaupt nicht stattfindet (Abwägungsausfall), wenn in die Abwägung an Belangen nicht eingestellt wird, was nach Lage der Dinge in sie eingestellt werden muß (Abwägungsdefizit) oder wenn die Bedeutung der betroffenen Belange verkannt und dadurch die Gewichtung verschiedener Belange in ihrem Verhältnis zueinander in einer Weise vorgenommen wird, durch die die objektive Gewichtigkeit eines dieser Belange völlig verfehlt wird (Abwägungsfehleinschätzung).

Die Abwägungsfehler können nicht nur die Zielfestlegung für das gesamte Plangebiet betreffen, sondern sich auch auf die (Nicht-)Ausweisung eines konkreten Voranggebietes oder seine Abgrenzung beschränken, was je nach Bedeutung des Fehlers im Verhältnis zum Ergebnis der Gesamtplanung eine bloße Teilunwirksamkeit der Zielaussage nach sich ziehen kann. Vorliegend ergeben sich aus dem Vorbringen der Klägerin indessen keine Mängel der Abwägung, die zur Gesamt- oder Teilunwirksamkeit des RROP Wind 2004 führen könnten.

Das Abwägungsergebnis der Gesamtplanung hält rechtlicher Überprüfung stand.

Daß lediglich 0,49% des Plangebiets und 15% der nicht als Taburäume eingestuften Flächen als Vorranggebiet ausgewiesen werden, rechtfertigt nicht den Vorwurf einer bloßen „Feigenblattplanung", die die objektive Gewichtigkeit der Windkraftbelange verkennt. Vorranggebiete mit einer Fläche von 2410 ha stellen angesichts der besonderen Raumwirkung von Windenergieanlagen einen erheblichen Anteil der nicht von Tabukriterien betroffenen Fläche von 15400 ha dar und schaffen daher der Windenergie in substantieller Weise Raum (siehe dazu das Senatsurteil v. 8.3.2004 sowie BVerwG, Urteil v. 27.1.2005, a.a.O.).

Auch die Durchschnittsgröße der Vorranggebiete von 27 ha belegt keine objektiv unvertretbare Unterbewertung des mit der Festlegung von Vorranggebieten nach der Planbegründung verfolgten Konzentrationszweckes. Dies käme allenfalls in Betracht, wenn es sich bei den festgelegten Vorranggebieten ausschließlich oder deutlich überwiegend um Einzelstandorte handeln würde. Dies ist jedoch – wie sich aus der Kartierung der Vorranggebiete im RROP Wind 2004 ergibt – keineswegs der Fall. Vielmehr läßt die weit überwiegende Mehrzahl der Vorranggebiete allein oder im Zusammenhang mit unmittelbar benachbarten Gebieten die Errichtung von drei und mehr Windenergieanlagen und somit einer Windfarm im Sinne der bis zum 30.6.2005 geltenden Nr. 1.6 des Anhangs zur 4. BImSchV (siehe auch weiterhin Nr. 1.6 des Anhangs 1 zum UVPG) zu.

Die Befürchtung der Klägerin, die festgelegten Vorranggebiete könnten durch gemeindliche Bebauungspläne zum Ausschluß oder zur Reduzierung der Windkraft unterlaufen werden, ohne daß dies in der Abwägung zum RROP Wind 2004 habe berücksichtigt werden können, teilt der Senat im Hinblick auf die Bindungswirkung von Zielen der Raumordnung für die Bauleitplanung gemäß § 1 Abs. 4 BauGB nicht (vgl. auch den Senatsbeschluß v. 11.3.2004, NuR 2004, 399 – dort zur Auswirkung von im Flächennutzungsplan ausgewiesenen Windenergiezonen auf Bebauungspläne –).

Schließlich weist die Entscheidung der Regionalen Planungsgemeinschaft, das in der Entwurfsfassung vom Juli 2002 zunächst vorgesehene, das Baugrundstück der Klägerin umfassende Vorranggebiet „W., F. und M." zu streichen, keinen der vorbezeichneten Abwägungsfehler auf. Ausweislich der Abwägungsunterlagen zum Beschluß vom Juli 2003 ist die Ausweisung dieses Vorranggebietes aufgegeben worden, weil die Regionalvertretung den im Beteiligungsverfahren zum Planentwurf vom Juli 2002 zahlreich geäußerten avifaunistischen Bedenken der Fachbehörden und des Naturschutzbund Deutschland – NABU – Vorrang gegenüber den Belangen der Windkraft eingeräumt hat. Hierbei hat sie entgegen der Auffassung der Klägerin weder die Bedeutung der Vogelschutzbelange verkannt noch diesen eine objektiv völlig verfehlte Gewichtigkeit beigemessen.

Die im Beteiligungsverfahren geäußerten avifaunistischen Bedenken beruhten im wesentlichen darauf, daß das ursprünglich vorgesehene Vorranggebiet nördlich eines im Zeitpunkt der Planaufstellung zur Meldung vorgesehenen, mittlerweile durch Landesgesetz vom 12.5.2004 (GVBl., 275) ausgewiesenen europäischen Vogelschutzgebietes lag. Die Schutzwürdigkeit dieses Gebietes folgte bereits nach damaligem Kenntnisstand vor allem aus seiner Eigenschaft als Rastplatz des Mornellregenpfeifers (siehe Nr. 100 des Anhangs I zur Richtlinie 79/409/EWG des Rates v. 2. 4. 1979 über die Erhaltung der wildlebenden Vogelarten – VogelschutzRL –, ABl. EG Nr. L 103 S. 1). Diese Vogelart ist auch im Rahmen der gesetzlichen Gebietsausweisung als Hauptvogelart, die den Erhaltungszweck bestimmt, bezeichnet worden (siehe Nr. 6304-401 der Anlage 2 zum LPflG).

Es ist zunächst nicht zu beanstanden, daß die Regionalvertretung bei der Abwägung von einer Nachbarschaft des geplanten Vorranggebietes zu einem faktischen Vogelschutzgebiet ausgegangen ist. Der Einwand der Klägerin, wegen der ihrer Meinung nach zu geringen Zahl der festgestellten, rastenden Mornellregenpfeifer hätten die Voraussetzungen für eine Ausweisung als europäisches Vogelschutzgebiet nie vorgelegen, greift nicht durch. Nach der Rechtsprechung des Bundesverwaltungsgerichts (siehe Beschluß v. 24. 2. 2004 – 4 B 101.03 –; juris) eröffnet die VogelschutzRL den Mitgliedstaaten einen fachlichen Beurteilungsspielraum in der Frage, welche Gebiete die europarechtlich maßgebenden Kriterien erfüllen. Dieser Beurteilungsspielraum ist gerichtlich nur eingeschränkt überprüfbar, etwa auf das Einfließen sachfremder Erwägungen. Bedeutsames Erkenntnismittel für die Vertretbarkeit einer Gebietsbewertung stellt dabei die sog. IBA-Liste dar, deren Stichhaltigkeit nach der Rechtsprechung des EuGH (Urteil v. 6. 3. 2003, Slg 2003 I–2202) nur durch Vorlage abweichender wissenschaftlicher Stellungnahmen in Zweifel gezogen werden kann. Daß das in Rede stehende Vogelschutzgebiet mit der Bezeichnung „Saargau Bilzingen/Fisch" (nCode RP066; iCode DE 543) in der IBA-Liste nach dem Stand 1. 7. 2002 aufgeführt ist (siehe Sudfeldt et al.: „Important Bird Areas in Deutschland", Berichte zum Vogelschutz, Heft Nr. 38, 17 ff.), indiziert demnach, daß seine Behandlung als zu meldendes Gebiet während des Verfahrens zum RROP Wind 2004 sich innerhalb des den Behörden und Planungsträgern eingeräumten Beurteilungsspielraums hielt.
...

Unberechtigt ist auch der Vorwurf der Klägerin, die Regionalvertretung habe im Rahmen ihrer Abwägung Beeinträchtigungen durch das zunächst geplante, außerhalb des Vogelschutzgebietes und eines 200 m-Puffers gelegene Vorranggebiet in wissenschaftlich unvertretbarer Weise angenommen und damit einen der Windenergie entgegenstehenden Belang fehlgewichtet.
...

Die fachbehördlichen Stellungnahmen rechtfertigen die Einschätzung der Regionalvertretung, daß eine Freihaltung des eigentlichen Vogelschutzgebietes von Windenergieanlagen nicht ausreicht, um erhebliche Störungen des Mornellregenpfeifers bei der Nutzung seiner Rastplätze hinreichend sicher auszuschließen, sondern daß hierzu auch der Verzicht auf das im Norden und damit im Anflugkorridor geplante Vorranggebiet erforderlich war. Insbesondere zeigen die Ausführungen des Landesamtes für Umweltschutz und Gewerbeaufsicht, daß die Annahmen im Gutachten K. betreffend Störwirkungen im An- und Abflugbereich (400 m-Radius) nicht als hinreichend gesichert gelten können und Beobachtungen in Rheinhessen eine Störwirkung über mehrere Kilometer (und damit auch im geplanten Vorranggebiet) nahe legen. Überdies geht auch die staatliche Vogelschutzwarte davon aus, daß die im Gutachten praktizierte „statische" Ermittlung von Störbereichen mit festem Radius um beobachtete Rastplätze den „dynamischen" Auswahlgewohnheiten des Mornellregenpfeifers hinsichtlich seiner Rastplätze nicht gerecht wird und die Gutachter die Reichweite der Störwirkung im Zugkorridor deutlich unterschätzen.

Konnte daher auf Grund fachwissenschaftlich schlüssiger Stellungnahmen eine erhebliche Beeinträchtigung der Rastplatznutzung im Vogelschutzgebiet bei Ausweisung des Vorranggebietes nicht hinreichend sicher ausgeschlossen werden, durfte die Regionalvertretung dem Interesse am Schutz eines der landesweit bedeutendsten Rastplätze einer Vogelart gemäß Abhang I der VogelschutzRL Vorrang vor der Nutzung der Windenergie in diesem Bereich einräumen. Darin liegt entgegen der Auffassung der Klägerin auch keine unzulässige Abweichung von dem allgemeinen Tabukriterium eines 200 m-Puffers um Vogelschutzgebiete. Der Träger der Regionalplanung ist vielmehr berechtigt und verpflichtet, bei den außerhalb allgemein festgesetzter Tabuzonen liegenden Flächen eine standortbezogene Abwägung der von der Windenergienutzung berührten Belange vorzunehmen.

Die Entscheidung der Regionalvertretung leidet auch insoweit an keinem Abwägungsdefizit, als nach Maßgabe der Abwägungsunterlagen eine bloße Verkleinerung des geplanten Vorranggebietes nicht in Betracht gezogen worden ist. Angesichts seiner oben dargelegten Entfernung zur Grenze des Vogelschutzgebietes bestand keine Veranlassung zu der Annahme, daß das Vorranggebiet in Teilen, die angesichts des Konzentrationszwecks der Planung hinsichtlich ihrer Größe noch eine Ausweisung als Vorranggebiet nahe legten, die sichere Gewähr für einen störungsfreien Anflug des Mornellregenpfeifers zu seinen Rastplätzen geboten hätte. Der Frage, ob das Baugrundstück der Klägerin als solches wegen umgebender Waldbestände für einen Überflug von Mornellregenpfeifern nicht in Betracht kommt, brauchte daher nicht nachgegangen zu werden.

Nr. 8

1. **Zur Qualifizierung eines im Gebietsentwicklungsplan als Eignungsbereich für Windenergieanlagen festgelegten Bereichs als Ziel der Raumordnung.**

2. **Überplant die Gemeinde einen solchen Bereich mit einem Bebauungsplan in einer Weise, die die vom Gebietsentwicklungsplan eingeräumten Spielräume zur konkretisierenden Feinsteuerung der Eignungsvorgabe weit überschreitet, ist der Bebauungsplan wegen Verstoßes gegen §1 Abs. 4 BauGB unwirksam.**

ROG §3 Nr. 2; BauGB §1 Abs. 4.

OVG Nordrhein-Westfalen, Beschluss vom 22. September 2005 – 7 D 21/04.NE – (rechtskräftig).

Nr. 8

Die Antragstellerin wandte sich gegen einen Bebauungsplan der Antragsgegnerin, weil dieser Plan die Errichtung von Windkraftanlagen in Bereichen ausschließt, in denen die Antragstellerin solche Anlagen errichten möchte.

Der Bebauungsplan erfasst einen Bereich im Süden des Gemeindegebiets der Antragsgegnerin, der im Gebietsentwicklungsplan (GEP) Regierungsbezirk M. als Bereich mit Eignung für die Nutzung erneuerbarer Energien – Windkraft – dargestellt ist.

Für seinen Geltungsbereich von insgesamt rd. 130 ha weist der Bebauungsplan ein sonstiges Sondergebiet „Landwirtschaft/Windkraftanlagen" mit einer Größe von rd. 12 ha aus. Außerhalb des Sondergebiets sind für das Plangebiet Windenergieanlagen für nicht zulässig erklärt.

Der Bebauungsplan wurde vom Oberverwaltungsgericht für unwirksam erklärt.

Aus den Gründen:

Der zulässige Normenkontrollantrag ist auch begründet.

Der Bebauungsplan der Antragsgegnerin ist schon deshalb ungültig und daher für unwirksam zu erklären, weil er gegen § 1 Abs. 4 BauGB verstößt.

Nach der genannten Vorschrift sind die Bauleitpläne der Gemeinden – mithin auch Bebauungspläne – den Zielen der Raumordnung anzupassen. Dieses Anpassungsgebot ist hier verletzt, weil die Festlegung des Eignungsbereichs im GEP als Ziel der Raumordnung zu qualifizieren ist und der hier strittige Bebauungsplan nicht in Einklang mit den bindenden Vorgaben dieser Zielfestlegung steht.

Dass die im GEP festgelegten Eignungsbereiche als Ziele der Raumordnung zu qualifizieren sind, sodass ihnen neben der Steuerungsfunktion nach § 35 Abs. 3 Satz 3 BauGB untrennbar zugleich auch Bindungswirkung für die kommunale Bauleitplanung nach § 1 Abs. 4 BauGB zukommt, folgt daraus, dass die im GEP festgelegten Eignungsbereiche – mithin auch der hier interessierende Eignungsbereich – alle höchstrichterlich geklärten Voraussetzungen für das Vorliegen eines Ziels der Raumordnung (vgl. hierzu bereits: BVerwG, Beschluss v. 20. 8. 1992 – 4 NB 20.91 –, BVerwGE 90, 329 = BRS 54 Nr. 12) im Sinne der nunmehr maßgeblichen Legaldefinition des § 3 Nr. 2 ROG erfüllen. Die Festlegungen der Eignungsbereiche sind räumlich und sachlich hinreichend bestimmt. Sie sind nach Nr. 1 der textlichen Darstellungen des GEP „zur Verwirklichung der landesplanerisch angestrebten Konzentration der Raumnutzungen" erlassen und dienen damit der Entwicklung, Ordnung und Sicherung des Raumes. Schließlich handelt es sich bei ihnen auch um abschließend abgewogene Festlegungen, die als planerische Letztentscheidung auf der Ebene der Regional- bzw. Gebietsentwicklungsplanung erfolgt sind und die Zulässigkeit raumbedeutsamer Vorhaben zur Windenergienutzung steuern sollen.

Auf Grund dessen kommt den Festsetzungen der Eignungsbereiche Bindungswirkung nach dem Anpassungsgebot des § 1 Abs. 4 BauGB zu, das auf eine dauerhafte Übereinstimmung der beiden Planungsebenen der Regionalplanung einerseits und der kommunalen Bauleitplanung andererseits abzielt (vgl.: BVerwG, Urteil v. 17. 9. 2003 – 4 C 14.01 –, BRS 66 Nr. 1 (S. 11) = BauR 2004, 443).

Allerdings sind die Festlegungen der Eignungsbereiche einer planerischen Konkretisierung durch die Antragsgegnerin zugänglich. So lässt der GEP durchaus räumliche Korrekturen der Eignungsbereiche zu, sofern sie sich entsprechend den Erläuterungen zum GEP an der „allgemeinen Größenordnung und annähernden räumlichen Lage" der festgelegten Eignungsbereiche orientieren. Auch bei der internen Konkretisierung der Bereiche gibt der GEP nicht etwa vor, dass in den Eignungsbereichen gleichsam flächendeckend Standorte für Windkraftanlagen vorzusehen sind. So wurde die Eignung der betroffenen Bereiche in Kenntnis des Umstands festgelegt, dass in ihnen zahlreiche verstreute Außenbereichsnutzungen vorhanden sind, die zu Wohnzwecken genutzt werden und damit vor unzumutbaren Immissionen geschützt werden müssen. Auch stellen die Erläuterungen bezogen auf den Schutz von Wald klar, dass im Rahmen der Gebietsentwicklungsplanung nur der Schutz der größeren geschlossenen Waldbereiche berücksichtigt worden sei und, sofern im Einzelfall kleinere Waldbereiche von Eignungsbereichen überlagert würden, diese in den nachfolgenden Planungsstufen zu sichern seien. Insgesamt hat der Träger der Regionalplanung den Gemeinden hiernach auch einen planerischen Spielraum überlassen, bei ihren nachfolgenden Konkretisierungen der Eignungsbereiche die nicht geprüften Schutzanforderungen erstmals sachgerecht zu berücksichtigen.

Die nach alledem vom Träger der Regionalplanung der Antragsgegnerin eingeräumten Planungsspielräume hat diese jedoch missachtet. Der strittige Bebauungsplan stellt keine mit der Bindungswirkung des § 1 Abs. 4 BauGB noch zu vereinbarende Konkretisierung der regionalplanerischen Vorgaben durch eine zulässige Feinsteuerung auf der nachfolgenden Ebene der verbindlichen gemeindlichen Bauleitplanung dar.

Die Antragsgegnerin hat sich bei ihrer abschließenden Beschlussfassung über den hier strittigen Bebauungsplan nicht etwa darauf beschränkt, die im GEP festgelegten Eignungsbereiche grundsätzlich zu respektieren und mit ihrer Bebauungsplanung eine zusätzliche Feinsteuerung unter den Aspekten der Standortplanung, der Gestaltung und der Einfügung in das Landschaftsbild vorzunehmen, wie bei Einleitung des Aufstellungsverfahrens und im Rahmen der seinerzeit betriebenen Flächennutzungsplanung noch beabsichtigt war. Sie hat im weiteren Ablauf des Aufstellungsverfahrens für den strittigen Bebauungsplan vielmehr räumlich begrenzt auf das dem Eignungsbereich entsprechende Plangebiet nochmals eine umfassende Prüfung angestellt, ob und in welchem Umfang dieses Gebiet nach den von ihr als sachgerecht angesehenen eigenen planerischen Kriterien überhaupt für eine Windkraftnutzung geeignet ist. (Wird ausgeführt.)

Diese Darlegungen in der Begründung des Bebauungsplans manifestieren bereits das offensichtliche Missverständnis der Bindungswirkungen des § 1 Abs. 4 BauGB, dem die Antragsgegnerin unterlegen ist. Sie hat sich als berechtigt angesehen, die auf regionalplanerischer Ebene im Sinne einer abschließend abgewogenen verbindlichen Letztentscheidung getroffene Festlegung, dass der betreffende Bereich – vorbehaltlich der vom Plangeber des GEP ausdrücklich eingeräumten Möglichkeit zu nachfolgenden Konkretisierungen der Eignungsbereiche im Hinblick auf nicht geprüfte Schutzanforderungen – grundsätzlich für Windenergienutzungen geeignet ist, nochmals räumlich begrenzt auf den Eignungsbereich einer eigenständigen Prüfung dahin zu unterziehen, ob und in welchem räumlichen Umfang diese Eignung nach ihren planerischen Vorstellungen letztlich überhaupt bejaht werden kann.

Die Antragsgegnerin hat damit die Bindungen des § 1 Abs. 4 BauGB schon vom Ansatz her verkannt. Der Bebauungsplan ist gerade nicht, wie in der Begründung des Bebauungsplans ausgeführt wird, „auch hinsichtlich des 'Eignungsbereichs für erneuerbare Energien/Windkraft' an den GEP angepasst". Das Gegenteil ist vielmehr der Fall.

Der Verstoß gegen § 1 Abs. 4 BauGB wird schon daran deutlich, dass die Antragsgegnerin in dem vorliegenden, dem Eignungsbereich entsprechenden Bebauungsplan die letztlich für Windkraftanlagen zulässigerweise nutzbaren Bereiche derart eingeschränkt hat, dass lediglich in noch nicht einmal 10 % des Plangebiets solche Anlagen zugelassen werden können. Bereits wegen dieser geringen Größenordnung des ausgewiesenen Sondergebiets „Landwirtschaft/Windenergieanlagen" kann auch nicht ansatzweise die Rede davon sein, dass sich die strittige Planung gemäß den Vorgaben des GEP an der „allgemeinen Größenordnung und annähernden räumlichen Lage" der festgelegten Eignungsbereiche orientieren würde.

Auch die von der Antragsgegnerin berücksichtigten Ausschlusskriterien sind mit der Eignungsvorgabe des GEP nicht vereinbar.

Zwar ist im GEP – wie dargelegt – nicht konkret berücksichtigt worden, dass in den festgelegten Eignungsbereichen zahlreiche verstreute Außenbereichsnutzungen vorhanden sind, die zu Wohnzwecken genutzt werden und damit vor unzumutbaren Immissionen geschützt werden müssen. Die insoweit erforderlichen Schutzabstände hätte die Antragsgegnerin mithin zum Anlass nehmen können, im Bebauungsplan die Standorte der zulässigen Windkraftanlagen so festzusetzen, dass der erforderliche Schutz vor unzumutbaren Immissionen, namentlich durch Lärm, sicher gewahrt wird. Darauf hat sie sich jedoch nicht beschränkt. Sie hat sich vielmehr als berechtigt angesehen, auch im hier regionalplanerisch vorgegebenen Eignungsbereich ihre Planung auf „vorbeugenden Immissionsschutz" auszurichten, und dementsprechend um jedes Gebäude mit Wohnnutzungen einen Abstandskreis von 500 m geschlagen. Solche Abstände sind nach den einschlägigen Erkenntnissen regelmäßig nicht erforderlich, um bei Windkraftanlagen – auch des neueren hohen Typs – die Schutzmaßstäbe für Außenbereichsbebauung zu wahren. Sie lassen vielmehr die regionalplanerisch gewollte und mit bindender Wirkung für die Antragsgegnerin festgelegte Eignung des Bereichs für Windenergienutzung weitgehend oder gar vollständig obsolet werden.

Der Eignungsfestlegung offensichtlich zuwider läuft zumindest auch der nach der Begründung des Bebauungsplans angesetzte generelle Abstand von 100 m zum Wald. Im Rahmen der Gebietsentwicklungsplanung ist – wie dargelegt – der Schutz größerer geschlossener Waldbereiche bereits berücksichtigt worden, sodass hier allenfalls kleinere Waldbereiche noch näher in den Blick zu nehmen waren. Dass zum Schutz solcher kleinen Waldflächen 100 m breite Streifen erforderlich sind, ist auch nicht ansatzweise erkennbar. So weit nach den Ausführungen in der Begründung des Bebauungsplans nur durch einen solchen großen Schutzabstand gewährleistet werden könne, „dass die historisch in der Landschaft gewachsenen Dimensionen und Maßstäbe nicht durch die technogenen Strukturen verdrängt werden", laufen diese Erwägungen der regionalplanerisch bindend vorgegebenen Eignungsfestlegung zuwider.

Auch an diesen beiden Beispielen wird deutlich, dass die Antragsgegnerin die ihr vom GEP eingeräumten Spielräume zur konkretisierenden Feinsteuerung der Eignungsvorgabe weit überschritten und damit die raumordnerische Eignungsfestlegung in einer mit den Bindungen nach § 1 Abs. 4 BauGB nicht mehr zu vereinbarenden Weise konterkariert bzw. ausgehöhlt hat (zu Letzterem vgl.: Gaentzsch, in: Berliner Kommentar zum BauGB, 3. Aufl., Stand: August 2002, § 1 Rdnr. 32).

Erweist sich nach alledem der strittige Bebauungsplan bereits wegen Verstoßes gegen § 1 Abs. 4 BauGB als ungültig, kann letztlich dahinstehen, ob der Bebauungsplan auch an weiteren durchgreifenden Mängeln leidet.

Nr. 9

1. **Die Aufstellung eines Flächennutzungsplans mit Darstellungen zu Konzentrationszonen für Windkraftanlagen, dem Ausschlusswirkung des § 35 Abs. 3 Satz 3 BauGB für Windkraftanlagen zukommen soll, kann nicht mit einer Veränderungssperre gesichert werden. Zulässig ist eine Veränderungssperre jedoch zur Sicherung der – ggf. im Parallelverfahren nach § 8 Abs. 3 Satz 1 BauGB durchgeführten – Aufstellung eines Bebauungsplans, mit dem die im Flächennutzungsplan vorgesehenen Darstellungen der Konzentrationszonen zusätzlich einer Feinsteuerung unterzogen werden sollen.**

2. **Die zu sichernde Bebauungsplanung muss im Zeitpunkt des Erlasses der Veränderungssperre hinreichend erkennen lassen, was Inhalt des zu erwartenden Bebauungsplans sein soll.**

3. **Für die Beurteilung der Gültigkeit der Veränderungssperre kommt es nicht darauf an, welches Ergebnis die Planung letztlich hat. Die spätere Entwicklung der Planung kann allenfalls ein zusätzliches Indiz für etwaige bereits vor oder bei Erlass der Veränderungssperre gegebene Anhaltspunkte sein, dass von Anfang an ein hinsichtlich eventueller positiver Ausweisungen zugunsten der Windenergie noch völlig offenes und damit nicht sicherungsfähiges Plankonzept verfolgt wurde.**

4. **Die im Gebietsentwicklungsplan für das Münsterland festgelegten „Eignungsbereiche" für Windkraftanlagen haben die Qualität von Zielen der Raumordnung. Ihnen kommt nicht nur eine Steuerungsfunktion nach § 35 Abs. 3 Satz 3 BauGB bezogen auf raumbedeutsame Windkraftanlagen zu, sondern sie binden auch die gemeindliche Bauleitplanung gemäß § 1 Abs. 4 BauGB.**

5. **Eine Gemeinde kann mit ihrer Flächennutzungsplanung die Zielvorgaben des Gebietsentwicklungsplans in dem von seinen Festlegungen**

zugelassenen Rahmen näher konkretisieren und mit Bebauungsplänen hieran anknüpfend eine zusätzliche Feinsteuerung vornehmen.

6. **Einer Gemeinde ist es verwehrt die im Gebietsentwicklungsplan getroffene raumordnerische Eignungsfestlegung zu konterkarieren bzw. auszuhöhlen; will sie von den bindenden Zielvorgaben abweichen, bedarf es einer Änderung des Gebietsentwicklungsplans bzw. der Durchführung eines Zielabweichungsverfahrens (hier nach § 19 a LPlG).**

BauGB §§ 1 Abs. 4, 8 Abs. 3 Satz 1, 35 Abs. 3 Satz 3; ROG §§ 3 Nr. 2, 7 Abs. 4 Satz 1 Nr. 3; LPlG § 19 a.

OVG Nordrhein-Westfalen, Urteil vom 28. Januar 2005 – 7 D 35/03.NE – (rechtskräftig nach Beschluss des BVerwG vom 31. Mai 2005 – 4 BN 25.05 –).

Die Antragstellerin wandte sich im Normenkontrollverfahren gegen die zwischenzeitlich aufgehobene Satzung der Antragsgegnerin über die Veränderungssperre für den Geltungsbereich des Bebauungsplanes „Windkraftvorranggebiet COE 09" der Antragsgegnerin. Ihr Begehren festzustellen, dass die Satzung über die Veränderungssperre ungültig war, hatte keinen Erfolg.

Aus den Gründen:

Die Antragsgegnerin war nicht etwa von vornherein gehindert gewesen, mit der Aufstellung der 43. FNP-Änderung einerseits und der Aufstellung von Bebauungsplänen für die Eignungsbereiche COE 07, COE 09, COE 10 und COE 11 andererseits parallel sowohl eine Flächennutzungsplanung als auch eine Bebauungsplanung zu betreiben, die beide auf die Steuerung der nach § 35 Abs. 1 Nr. 6 BauGB im Außenbereich privilegierten Windkraftanlagen abzielen, und die entsprechende Bebauungsplanung – hier für den Bereich COE 09 – mit einer Veränderungssperre zu sichern.

Insoweit ist allerdings zunächst klarzustellen, dass von dem Instrument der Veränderungssperre nach § 14 BauGB nur dann Gebrauch gemacht werden darf, wenn es um die Sicherung der Aufstellung eines Bebauungsplans geht. Die Veränderungssperre ist hingegen kein zulässiges Instrument, die Aufstellung oder Änderung eines Flächennutzungsplans zu sichern. Die zwischenzeitlich gegenstandslos gewordene Regelung des § 245 b Abs. 1 Satz 1 BauGB sah nur vor, dass die Baugenehmigungsbehörde auf Antrag der Gemeinde die Entscheidung über die Zulässigkeit von Windenergieanlagen bis längstens zum 31. 12. 1998 auszusetzen hatte, wenn die Gemeinde die Aufstellung oder Änderung eines Flächennutzungsplans mit der Absicht beschlossen hatte, die Festlegung von Darstellungen zu Windenergieanlagen i. S. des § 35 Abs. 3 Satz 3 BauGB zu prüfen. Eine Möglichkeit, die Aufstellung bzw. Änderung einer solchen Flächennutzungsplanung auch durch eine Veränderungssperre zu sichern, war nach dem zwischenzeitlich ausgelaufenen Recht nicht gegeben. Auch die am 20. 7. 2004 in Kraft getretene Neuregelung des § 15 Abs. 3 BauGB, die im vorliegenden Verfahren ohnehin nicht einschlägig ist, lässt zur Sicherung einer Flächennutzungsplanung, mit der die Rechtswirkungen des § 35 Abs. 3 Satz 3 BauGB erreicht werden sollen, lediglich eine Zurückstellung von Baugesuchen für längstens ein Jahr, nicht hingegen die Sicherung einer solchen Flächennutzungsplanung durch eine Veränderungssperre nach § 14 BauGB zu.

Das Auslaufen der Zurückstellungsmöglichkeit des § 245 b Abs. 1 Satz 1 BauGB mit dem 31. 12. 1998 als solches hindert die Gemeinden jedoch nicht, nach diesem Zeitpunkt die Errichtung von Windenergieanlagen in Konzentrationszonen, die im Flächennutzungsplan dargestellt sind, einer Feinsteuerung (z. B. Begrenzung der Anlagenhöhe, Festlegung der Standorte der einzelnen Anlagen) durch einen Bebauungsplan zu unterziehen und die Aufstellung eines solchen Bebauungsplans durch eine Veränderungssperre zu sichern. Eine solche Vorgehensweise kommt selbst dann in Betracht, wenn neben dem Verfahren zur Aufstellung des auf eine Feinsteuerung abzielenden Bebauungsplans gleichzeitig der Flächennutzungsplan im Parallelverfahren nach § 8 Abs. 3 BauGB geändert werden soll (vgl.: BVerwG, Beschluss v. 25. 11. 2003 – 4 BN 60.03 –, BRS 66 Nr. 115).

Der hiernach allein zur Sicherung einer Bebauungsplanung zulässige Erlass einer Veränderungssperre steht allerdings nicht gleichsam im Belieben der Gemeinde. Sie kann von dem Sicherungsinstrument des § 14 BauGB vielmehr nur unter bestimmten Voraussetzungen Gebrauch machen. Diese Voraussetzungen lagen bei dem Erlass der Veränderungssperre COE 09 vor.

Eine Ungültigkeit der strittigen Veränderungssperre folgt nicht bereits daraus, dass bei ihrem Erlass die Bebauungsplanung, die sie sichern sollte, nicht hinreichend konkretisiert war.

Die insoweit gerade an Planungen, die – wie hier – die Zulässigkeit von Windkraftanlagen steuern sollen, zu stellenden Anforderungen sind in der Rechtsprechung des BVerwG umfassend geklärt. Sie lassen sich dahin gehend zusammenfassen, dass Voraussetzung für den Erlass einer Veränderungssperre ist, dass die Planung, die die Veränderungssperre sichern soll, ein Mindestmaß dessen erkennen lässt, was Inhalt des zu erwartenden Bebauungsplans sein soll. Wesentlich ist, dass die Gemeinde bereits positive Vorstellungen über den Inhalt des Bebauungsplans entwickelt hat. Eine Negativplanung, die nur einzelne Vorhaben ausschließt, reicht nicht aus. Auch eine Planung, bei der in einem raumordnerisch für die Windenergie vorgesehenen Gebiet Festsetzungen zugunsten der Windenergie von „Null bis Hundert" möglich sind, also alles noch offen ist, kann nicht durch eine Veränderungssperre gesichert werden. Ihr Zweck ist es, eine bestimmte Bauleitplanung, und nicht lediglich die Planungszuständigkeit und Planungshoheit der Gemeinde zu sichern. Die bloße „Absicht zu planen" genügt nicht (so ausdrücklich: BVerwG, Beschluss v. 19. 5. 2004 – 4 BN 22.04 –, BRS 67 Nr. 119, unter Bezugnahme auf BVerwG, Urteil v. 19. 2. 2004 – 4 CN 13.03 –, BRS 67 Nr. 118 = BauR 2004, 1256, und Urteil v. 19. 2. 2004 – 4 CN 16.03 –, BRS 67 Nr. 11 = BauR 2004, 1252).

. . .

Es reicht nicht aus, wenn die Gemeinde lediglich das städtebauliche Ziel verfolgt, „ggf." positiv geeignete Standorte für die Errichtung von Windkraftanlagen festzusetzen (so der Sachverhalt, der dem Urteil des BVerwG v. 19. 2. 2004 – 4 CN 13.03 –, a. a. O., zugrunde lag).

Allerdings darf das Konkretisierungserfordernis nicht überspannt werden, weil sonst die praktische Tauglichkeit der Veränderungssperre verloren gehen würde. So wird sich die Gemeinde im Allgemeinen nicht bereits zu Beginn des Aufstellungsverfahrens auf ein bestimmtes Planungsergebnis festlegen können; denn es ist gerade der Sinn der Vorschriften über die Planaufstellung, dass der Bebauungsplan innerhalb des Planungsverfahrens – insbesondere unter Beachtung des Abwägungsgebotes – erst erarbeitet wird (vgl.: BVerwG, Urteil v. 19. 2. 2004 – 4 CN 16.03 –, a. a. O., m. w. N.).

Im Wesentlichen hängt das Mindestmaß der Konkretisierung der zu sichernden Planung letztlich von den Umständen des Einzelfalls ab. Ob eine Veränderungssperre unter bestimmten Voraussetzungen i. d. R. die beschriebenen Kriterien an eine hinreichend konkretisierte Planung erfüllen wird, lässt sich nicht in allgemein gültiger Form rechtsgrundsätzlich klären (so ausdrücklich: BVerwG, Beschluss v. 19. 5. 2004 – 4 BN 22.04 –, a. a. O.).

Gemessen an diesen Maßstäben unterliegt die strittige Veränderungssperre COE 09 keinen Bedenken.

Zu dem hier maßgeblichen Zeitpunkt des Beschlusses der Stadtverordnetenversammlung der Antragsgegnerin über die Veränderungssperre COE 09 hatte die Antragsgegnerin sowohl das Verfahren zur 43. FNP-Änderung als auch die Verfahren zur Aufstellung von Bebauungsplänen für den im hier einschlägigen Gebietsentwicklungsplan (GEP) festgelegten Eignungsbereich COE 09 sowie für die drei weiteren im Stadtgebiet der Antragsgegnerin gelegenen Eignungsbereiche eingeleitet. Der Stand dieser Aufstellungsverfahren stellte sich nach den für die Prüfung des Senats maßgeblichen Verlautbarungen der zuständigen Organe der Antragsgegnerin wie folgt dar:

Hinsichtlich der Flächennutzungsplanung hatte sich die Antragsgegnerin dazu entschlossen, die Zulässigkeit von (gewerblichen) Windkraftanlagen über die Festlegungen der Eignungsbereiche im GEP hinaus auch durch die Darstellung von Vorrangzonen in ihrem Flächennutzungsplan zu steuern, die über die Festlegungen des GEP hinaus Wirkungen i. S. von § 35 Abs. 3 Satz 3 BauGB auch für Einzelanlagen im Außenbereich entfalten sollten. ... Zutreffend ist die Antragsgegnerin dabei davon ausgegangen, dass der GEP, der mit den in ihm geregelten Eignungsbereichen in der Tat Ziele der Raumordnung i. S. von § 35 Abs. 3 Satz 3 BauGB festlegt, eine Steuerungsfunktion nach der genannten Vorschrift nur für raumbedeutsame Vorhaben entfalten und damit die Zulässigkeit von nicht raumbedeutsamen Windkraftanlagen im Außenbereich nicht steuern kann. Wenn sich die Antragsgegnerin dabei von den Ausführungen im damals neu ergangenen ministeriellen Windenergieerlass 2000, dass erst drei Windkraftanlagen als raumbedeutsam anzusehen seien, hat leiten lassen, ist dies aus der Sicht einer planenden Gemeinde, deren Flächennutzungsplanung behördlicher Prüfung und Genehmigung bedarf, jedenfalls durchaus verständlich. Dies gilt umso mehr, als das BVerwG erst in der Folgezeit entschieden hat, dass auch eine einzelne Windkraftanlage wegen ihrer Höhe von knapp 100 m, ihrer vertikalen Ausdehnung und ihrer Wirkungen auf die weitere Umgebung als raumbedeutsam i. S. von § 3 Nr. 6 ROG angesehen werden kann (vgl.: BVerwG, Beschluss v. 2. 8. 2002 – 4 B 36.02 –, BRS 65 Nr. 96).

Anknüpfend an die grundsätzliche Weichenstellung zur Erarbeitung konzeptioneller Überlegungen für eine die Windenergienutzung steuernde Flächennutzungsplanung wurde im Auftrag der Antragsgegnerin zunächst die u-Untersuchung erstellt. Diese empfahl in Anwendung teilweise anderer und detaillierterer Kriterien, als sie der Erstellung des GEP zugrunde gelegen hatten, allerdings andere für eine Windenergienutzung geeignete Bereiche, als sie der GEP festgelegt hatte. Die Ergebnisse der u-Untersuchung wurden jedoch gerade nicht zur Grundlage der weiteren Flächennutzungsplanung gemacht. (Wird ausgeführt.)

Zugleich sollte geprüft werden, inwieweit in den Bereichen, in denen auf Grund der Genehmigungs- und Antragslage noch planerischer Spielraum bei Konkretisierung der Eignungsbereiche des GEP gesehen wurde, insbesondere dem noch nicht abschließend vorgegebenen Schutz vorhandener Wohnbebauung Rechnung getragen werden könne. Letzteres zielte zulässigerweise darauf ab, im Rahmen der Flächennutzungsplanung insbesondere dem immissionsbezogenen Schutz der zahlreichen Einzelgehöfte in den Eignungsbereichen des GEP Rechnung zu tragen. Dieser Aspekt war nämlich bei der Erstellung des GEP mit seiner regionalplanerischen Ausrichtung nicht im Detail berücksichtigt worden, sodass insoweit durchaus noch ein gewisser planerischer Spielraum der Antragsgegnerin für ihre Flächennutzungsplanung bestand. ...

Nach dem Beschluss der Stadtverordnetenversammlung war mithin klar, dass im Rahmen der 43. FNP-Änderung eine Planung angestrebt werden sollte, die die Eignungsbereiche des GEP grundsätzlich respektieren und zu positiven Darstellungen für Windenergienutzung führen sollte, wobei allerdings der genaue Umfang der positiv darzustellenden Bereiche insbesondere mit Blick auf den der Sache nach auch gebotenen Schutz vorhandener Außenbereichsbebauung noch offen war.

Anknüpfend an diese konzeptionellen Überlegungen zur Flächennutzungsplanung beschloss die Stadtverordnetenversammlung der Antragsgegnerin am 20. 10. 2002 zugleich die Aufstellung von Bebauungsplänen für die vier Eignungsbereiche des GEP. Deren Zielsetzung, „durch diese Bebauungspläne ... Einfluss ... nehmen zu können", bestand darin, dass die aufzustellenden Bebauungspläne nach den seinerzeitigen planerischen Überlegungen ihrerseits die Flächennutzungsplanung respektieren und diese im Sinne der bereits angesprochenen höchstrichterlichen Rechtsprechung nur noch einer – zulässigen – Feinsteuerung unterwerfen sollte. (Wird ausgeführt.)

An den vorstehend dargelegten, von der für die abschließende Meinungsbildung der Antragsgegnerin zuständigen Stadtverordnetenversammlung am 20. 10. 2002 beschlossenen konzeptionellen Überlegungen, die auch hinsichtlich der eingeleiteten Bebauungsplanung eine hinreichende, den dargelegten Anforderungen der höchstrichterlichen Rechtsprechung noch gerecht werdende Konkretisierung erkennen lassen, hat sich jedenfalls bis zum Erlass der strittigen sowie der weiteren Veränderungssperren am 10. 4. 2003 nichts geändert. (Wird ausgeführt.)

Dass die Antragsgegnerin am 10. 4. 2003 nach alledem jedenfalls ein hinreichend konkretisiertes und damit durch eine Veränderungssperre sicherungsfähiges Plankonzept (auch) für ihre Bebauungsplanung verfolgte, wird durch die weitere Entwicklung der Planungen der Antragsgegnerin nicht infrage gestellt.

Erst im Februar 2004 konkretisierten sich die weiteren Überlegungen der Antragsgegnerin zur 43. FNP-Änderung dahin, dass abweichend von der zunächst verfolgten grundsätzlichen Respektierung der im GEP festgelegten vier Eignungsbereiche ein vollständiges „Wegplanen" mehrerer Eignungsbereiche – einschließlich des hier in Rede stehenden Bereichs COE 09 – (auch) von den zuständigen Organen der Antragsgegnerin verfolgt und letztlich im Rahmen der 43. FNP-Änderung beschlossen wurde. (Wird ausgeführt.)

Die abschließende Umsetzung dieser von den im GEP festgelegten Eignungsbereichen deutlich abweichenden Flächennutzungsplanung ist maßgeblich auch dadurch beeinflusst worden, dass die Bezirksregierung im Verfahren der landesplanerischen Abstimmung nach §20 LPlG dieses „Wegplanen" mehrerer Eignungsbereiche als mit den Zielen der Raumordnung und Landesplanung vereinbar angesehen hat. Dass diese Einschätzung, wie im Nachfolgenden noch näher anzusprechen ist, mit den Vorgaben der im GEP festgelegten Eignungsbereiche als Zielen der Raumordnung ersichtlich nicht vereinbar war und damit zu einer aus Rechtsgründen als unwirksam anzusehenden Flächennutzungsplanung geführt haben dürfte, ist für die im vorliegenden Verfahren allein interessierende Frage einer Gültigkeit der strittigen Veränderungssperre COE 09 ohne Belang. Hierfür kommt es, wie dargelegt, allein darauf an, ob das bei Erlass der Veränderungssperre verfolgte Plankonzept für die aufzustellenden Bebauungspläne sicherungsfähig war, nicht hingegen, welches Ergebnis die gesicherte Planung letztlich gehabt hat.

Anderes mag allenfalls dann in Betracht zu ziehen sein, wenn die spätere Entwicklung der Planung ein zusätzliches Indiz ist für etwaige bereits vor oder bei Erlass der Veränderungssperre gegebene Anhaltspunkte, dass von Anfang an ein hinsichtlich eventueller positiver Ausweisungen zugunsten der Windenergie noch völlig offenes und damit nicht sicherungsfähiges Plankonzept verfolgt wurde. Solche Anhaltspunkte gibt es hier jedoch gerade nicht.

Aus dem Vorstehenden folgt zugleich, dass der Vorwurf der Antragstellerin nicht zutrifft, die Veränderungssperren seien von der Antragsgegnerin – unzulässigerweise – letztlich nur deshalb erlassen worden, um die eingeleitete Flächennutzungsplanung in Form der Darstellung von Vorrangzonen mit Ausschlusswirkung nach §35 Abs. 3 Satz 3 BauGB zu sichern, und nicht zur Sicherung einer Bebauungsplanung, die – anknüpfend an eine grundsätzliche Respektierung des GEP und der ihn konkretisierenden Flächennutzungsplanung – die möglichen Ansiedlungsbereiche für Windkraftanlagen einer mit den Mitteln der Regional- und Flächennutzungsplanung nicht möglichen Feinsteuerung unterziehen sollte.

Dass die Veränderungssperre COE 09 jedenfalls wegen ersichtlicher Verletzung des Anpassungsgebots nach §1 Abs. 4 BauGB ungültig ist, wie die Antragstellerin weiterhin meint, lässt sich gleichfalls nicht feststellen.

Hierzu ist zunächst klarzustellen, dass es für die im vorliegenden Verfahren nur interessierende Frage einer Gültigkeit oder Ungültigkeit der Veränderungssperre COE 09 nicht darauf ankommt, ob das Ergebnis der Planung, deren Abwicklung die Antragsgegnerin mit der Veränderungssperre sichern wollte, den Anforderungen des § 1 Abs. 4 BauGB genügt. Es ist mithin insbesondere unerheblich, dass die 43. FNP-Änderung, so wie sie letztlich beschlossen worden ist, ihrerseits nicht i. S. von § 1 Abs. 4 BauGB an die Ziele der Raumordnung angepasst sein dürfte. Die Vereinbarkeit der von der Antragsgegnerin verfolgten Flächennutzungsplanung und der darauf beruhenden Bebauungsplanung, die mit der Veränderungssperre gesichert werden sollte, mit den Vorgaben der für die Antragsgegnerin bindenden Ziele der Raumordnung ist hier nur insoweit von Bedeutung, als mit einer Veränderungssperre keine Planung gesichert werden kann, die von vornherein erkennbar rechtswidrig ist (vgl.: BVerwG, Urteil v. 19. 2. 2004 – 4 CN 16.03 –, a. a. O.).

Die Veränderungssperre wäre danach mit Blick auf das Anpassungsgebot des § 1 Abs. 4 BauGB allenfalls ungültig gewesen, wenn die Planung, die durch ihren Erlass gesichert werden sollte, von vornherein deshalb offensichtlich fehlerhaft war, weil sie zwangsläufig an rechtlichen Hindernissen, nämlich einer fehlenden Anpassung an die die Gemeinde bindenden Ziele der Raumordnung, scheitern musste. Dies trifft hier jedoch nicht zu.

Diese Wertung folgt – entgegen der Auffassung der Antragsgegnerin – allerdings nicht bereits daraus, dass die im GEP festgelegten Eignungsbereiche im Hinblick auf eine „interne" Bindung nach § 1 Abs. 4 BauGB nicht als bindende Ziele der Raumordnung, sondern (nur) als Grundsätze der Raumordnung zu qualifizieren wären. Letzteres trifft hier nicht zu. Die im GEP festgelegten Eignungsbereiche sind Ziele der Raumordnung, sodass ihnen neben der Steuerungsfunktion nach § 35 Abs. 3 Satz 3 BauGB untrennbar zugleich auch eine Bindungswirkung für die kommunale Bauleitplanung nach § 1 Abs. 4 BauGB zukommt.

Ob eine raumordnerische Vorgabe die Qualität eines Ziels oder eines Grundsatzes der Raumordnung hat, hängt nicht von der Bezeichnung ab, sondern richtet sich nach dem materiellen Gehalt der Planaussage selbst. Erfüllt eine planerische Regelung nicht die inhaltlichen Voraussetzungen, die nunmehr in § 3 Nr. 2 ROG umschrieben sind, so ist sie kein Ziel der Raumordnung. Anders lautende Bekundungen des Plangebers vermögen eine Planaussage, die lediglich die Merkmale eines Grundsatzes aufweist, nicht zu einem Ziel erstarken zu lassen (vgl.: BVerwG, Urteil v. 18. 9. 2003 – 4 CN 20.02 –, BRS 66 Nr. 5).

Die insoweit für das Vorliegen eines Ziels der Raumordnung maßgebliche Legaldefinition des § 3 Nr. 2 ROG ist im Zusammenhang mit der Novellierung des BauGB durch das BauROG am 1. 1. 1998 – mithin noch vor der Genehmigung und Bekanntmachung des GEP – in Kraft getreten und lehnt sich der Sache nach an das an, was zuvor bereits in der höchstrichterlichen Rechtsprechung (– vgl.: BVerwG, Beschluss v. 20. 8. 1992 – 4 NB 20.91 –, BVerwGE 90, 329 = BRS 54 Nr. 12 –) als Voraussetzung für das Vorliegen eines Ziels der Raumordnung umschrieben worden ist (vgl. die amtliche Begründung zum BauROG, in: BT-Drucks. 13/6392, S. 81).

Nach dieser Definition handelt es sich bei Zielen der Raumordnung um „verbindliche Vorgaben in Form von räumlich und sachlich bestimmten oder bestimmbaren, vom Träger der Landes- oder Regionalplanung abschließend abgewogenen textlichen oder zeichnerischen Festlegungen in Raumordnungsplänen zur Entwicklung, Ordnung und Sicherung des Raums". Alle diese Voraussetzungen werden von den im GEP festgelegten Eignungsgebieten erfüllt.

Die räumliche Bestimmtheit folgt aus der zeichnerischen Darstellung der Eignungsgebiete in der dem GEP beigefügten Karte. Dass die Bereiche damit nicht etwa metergenau bzw. parzellenscharf festgelegt sind, ist unschädlich. Dies ist die zwangsläufige Folge des notwendigerweise groben Maßstabs bei der zeichnerischen Darstellung der Eignungsbereiche auf der Ebene des als raumplanerische Entscheidung großräumig angelegten GEP. Dementsprechend stellt Nr. 12 der Erläuterungen zum GEP ausdrücklich klar, dass die zeichnerische Darstellung der Eignungsbereiche „lediglich deren allgemeine Größenordnung und annähernde räumliche Lage" bestimmt und dass die konkrete räumliche Abgrenzung der Bereiche „unter Berücksichtigung der zeichnerischen und textlichen Darstellungen des GEP im Rahmen der Bauleitplanung sowie im Einzelfall festgelegt werden" muss. Damit hat der Plangeber des GEP insbesondere zulässigerweise den planerischen Spielraum der nachfolgenden Planungsebene geschont (– vgl. hierzu: BVerwG, Urteil v. 18. 9. 2003 – 4 CN 20.02 –, a. a. O. –) und den gemeindlichen Planungen bei ihren zulässigen räumlichen Konkretisierungen (vgl. Nr. 33 der Erläuterungen zum GEP) gewisse Spielräume zugestanden, etwa um die exakte Grenzziehung den räumlichen Gegebenheiten vor Ort mit ihren konkreten Bedürfnissen anzupassen.

Nichts anderes gilt auch insoweit, als sich die Planung und Errichtung von Windkraftanlagen nach Nr. 1 der textlichen Darstellung nur „grundsätzlich" auf den zeichnerisch als Eignungsbereiche dargestellten Flächen zu vollziehen hat. (Wird ausgeführt.)

Die Festlegungen des GEP beziehen sich nach Nr. 1 der textlichen Darstellungen ferner auf „die Planung und Errichtung von Windkraftanlagen" und sind damit auch sachlich hinreichend bestimmt. Sie enthalten danach Vorgaben sowohl für die gemeindlichen Planungen als auch für die Zulassung konkreter Vorhaben im Einzelfall.

Dass die Festlegungen der Eignungsbereiche der Entwicklung, Ordnung und Sicherung des Raumes dienen, folgt insbesondere daraus, dass sie nach Nr. 1 der textlichen Darstellungen „zur Verwirklichung der landesplanerisch angestrebten Konzentration der Raumnutzungen" erlassen sind und durch ihre Darstellung nach Nr. 10 der Erläuterungen „die Voraussetzungen für eine planvolle und gezielte Errichtung von Windenergieanlagen im Münsterland geschaffen" werden. Zugleich sollen sie nach Nr. 11 der Erläuterungen dazu beitragen, „in großem Umfang besonders günstig gelegene Flächen für die Windkraftnutzung planerisch bereitzustellen und gleichzeitig die Eigenart der münsterländischen Parklandschaft als ein wichtiges Potenzial der Region in zusammenhängenden Teilräumen zu erhalten".

Auch die Voraussetzung, dass es sich um „abschließend abgewogene" Festlegungen handeln muss, liegt bei den Eignungsbereichen vor. Mit diesem Merkmal greift die Legaldefinition des § 3 Nr. 2 ROG die bereits zuvor in der höchstrichterlichen Rechtsprechung entwickelten Voraussetzungen für das Vorliegen von Zielen der Raumordnung auf. Insoweit handelt es sich bei einem Ziel der Raumordnung um eine landesplanerische (bzw. regionalplanerische) Letztentscheidung, die auf einem Ausgleich spezifisch landesplanerischer (bzw. regionalplanerischer) Konflikte und auf einer Abwägung landesplanerischer (bzw. regionalplanerischer) Gesichtspunkte beruht und Lösungen bietet, die auf landesplanerischer (bzw. regionalplanerischer) Ebene keiner Ergänzung mehr bedürfen, auf der nachgeordneten Ebene der Bauleitplanung jedoch grundsätzlich – je nach dem jeweiligen Konkretisierungsgrad der Zielaussage – noch einer Verfeinerung und Ausdifferenzierung zugänglich sind (vgl.: BVerwG, Beschluss v. 20. 8. 1992 – 4 NB 20.91 –, BVerwGE 90, 329 = BRS 54 Nr. 12).

Dass die Festlegungen der Eignungsgebiete in diesem Sinne abschließend abgewogen sind, folgt aus den Darlegungen in den Nr. 13 und 19 bis 32 der Erläuterungen. Hiernach hat den Festlegungen der Eignungsbereiche „eine flächendeckende Untersuchung des Plangebietes zugrunde" gelegen (Nr. 13). Die Darstellung der Eignungsbereiche „ist das Ergebnis einer detaillierten, flächendeckenden Untersuchung, die mit allen Beteiligten abgestimmt wurde" (Nr. 32). Dabei waren nach Nr. 19 der Erläuterungen für den planerischen Abwägungsprozess die zahlreichen, in den nachfolgenden Nummern aufgelisteten Ziele und Kriterien maßgebend. (Wird ausgeführt.)

Auf Grund dieser Abwägungen ist die Festlegung der Eignungsbereiche auch im Sinne der dargelegten Anforderungen als planerische „Letztentscheidung" auf der Ebene der Regional- bzw. Gebietsentwicklungsplanung erfolgt, wie aus den bereits angesprochenen festgelegten Bindungen für nachfolgende (Bauleit-)Planungen auf gemeindlicher Ebene folgt. Verdeutlicht wird dieser Letztentscheidungscharakter insbesondere auch durch die Ausführungen in Nr. 32 der Erläuterungen, wonach eine zusätzliche gesamtgemeindliche Betrachtung im Rahmen der Vorbereitung der Bauleitplanung – gemeint ist damit selbstverständlich nur eine solche Bauleitplanung, die die Vorgaben durch die festgelegten Eignungsgebiete grundsätzlich respektiert und lediglich konkretisiert – nicht mehr erforderlich ist, und in Nr. 36 der Erläuterungen, nach der zur optimalen Ausnutzung einer geeigneten Fläche für die Windenergienutzung die Aufstellung eines Bebauungsplans erforderlich werden kann.

Aus den Ausführungen in Nr. 11 a der Erläuterungen folgt zugleich, dass den festgelegten Eignungsbereichen eine Konzentrationswirkung in dem Sinne zukommen soll, dass sie jedenfalls die Zulässigkeit raumbedeutsamer Vorhaben steuern. Damit ist ersichtlich gemeint, dass den Eignungsgebieten – bezogen auf als „raumbedeutsam" zu qualifizierende Windkraftanlagen – eine Steuerungsfunktion i. S. von § 35 Abs. 3 Satz 3 BauGB zukommen soll, sie mithin als Eignungsgebiete i. S. von § 7 Abs. 4 Satz 1 Nr. 3 ROG zu qualifizieren sind. Nicht anders ist ihre Festlegung in der Praxis der zuständigen Genehmigungsbehörden und der betroffenen Gemeinden sowie der Bezirksregierung als höherer Verwaltungsbehörde auch verstanden worden.

Erfüllen die im GEP dargestellten Eignungsbereiche nach alledem die normativ festgelegten und in der höchstrichterlichen Rechtsprechung geklärten

Merkmale von Zielen der Raumordnung, entfalten sie als solche auch eine Bindungswirkung nach dem Anpassungsgebot des § 1 Abs. 4 BauGB, das auf eine dauerhafte Übereinstimmung der beiden Planungsebenen der Regionalplanung einerseits und der kommunalen Bauleitplanung andererseits abzielt (vgl.: BVerwG, Urteil v. 17.9.2003 – 4 C 14.01 –, BRS 66 Nr. 1 [S. 11]).

Die Antragsgegnerin geht zwar gleichfalls davon aus, dass der rechtliche Charakter einer raumordnerischen Festlegung als Ziel oder Grundsatz der Raumordnung nicht von ihrer Bezeichnung, sondern ausschließlich davon abhängt, ob die Festlegung ihrem Inhalt nach die Voraussetzungen für ein Ziel erfüllt oder nicht. Sie meint aber, die Bindungswirkung bestehe nur hinsichtlich der Ausschlusswirkung, nicht aber im Hinblick auf die Verpflichtung zur Anpassung der Bauleitplanung. Ein und dieselbe raumordnerische Festlegung kann jedoch bezogen auf unterschiedliche Rechtsfolgen nicht jeweils einen unterschiedlichen Rechtscharakter haben. Kommt den festgelegten Eignungsbereichen, wie auch die Antragsgegnerin nicht abstreitet, die vom Plangeber des GEP als solche ausdrücklich auch beabsichtigte Ausschlusswirkung nach § 35 Abs. 3 Satz 3 BauGB zu, können sie diese Ausschlusswirkung nach dem eindeutigen Wortlaut der genannten Vorschrift nur entfalten, weil sie „Ziele der Raumordnung" sind. Dies entspricht übrigens auch der Intention des Gesetzgebers bei Einführung der Kategorie „Eignungsgebiet" in das ROG durch das BauROG. So wird in der amtlichen Begründung zum BauROG (BT-Drucks. 13/6392, S. 84) ausdrücklich ausgeführt, dass die Träger der Landes- oder Regionalplanung „Vorrang- und Eignungsgebiete als Ziele der Raumordnung zu bezeichnen" haben. Dann ist dieselbe raumordnerische Festlegung aber auch im Hinblick auf die Bindungen für die gemeindliche Bauleitplanung nach § 1 Abs. 4 BauGB ein Ziel der Raumordnung.

Dabei hängt allerdings das konkrete Ausmaß der Bindungen im Rahmen der Anpassungspflicht nach § 1 Abs. 4 BauGB davon ab, mit welcher Schärfe das Ziel im jeweils maßgeblichen GEP festgelegt ist und inwieweit der Träger der Regionalplanung den Gemeinden – zulässigerweise – noch Spielräume bei der Umsetzung des regionalplanerischen Ziels im Rahmen der kommunalen Bauleitplanung belassen hat.

Für die gegenteilige Sichtweise, nämlich dass ein und dieselbe raumordnerische Festlegung im Hinblick auf die Ausschlusswirkung nach § 35 Abs. 3 Satz 3 BauGB als Ziel der Raumordnung, im Hinblick auf die Anpassungspflicht nach § 1 Abs. 4 BauGB hingegen als bloßer Grundsatz der Raumordnung qualifiziert werden könnte, gibt auch der weitere Vortrag der Antragsgegnerin nichts her. Zwar verweist sie auf die Kommentierung von Gaentzsch (– BerlinKomm.-Gaentsch, BauGB, 3. Aufl., Stand August 2002, § 1 Rdnr. 31 –), der an der angegebenen Stelle die Auffassung von Schinck (– Schink, in: Jarras, Raumordnungsgebiete, Münster 1998, S. 58 f. –) referiert, wonach Eignungsgebiete i. S. von § 7 Abs. 4 Satz 1 Nr. 3 ROG mit ihrer Ausschlusswirkung nach außen Zielcharakter haben, während sie nach innen nur einen Abwägungsgrundsatz im Sinne eines Optimierungsgebots darstellen sollen. In der anschließenden Rdnr. 32 seiner Kommentierung tritt Gaentzsch dieser Auffassung jedoch deutlich entgegen, indem er einleuchtend ausführt:

„So spricht für den Zielcharakter z. B. der Festlegung eines Eignungsgebiets (§ 7 Abs. 4 Satz 1 Nr. 3 ROG) auch 'nach innen', dass die Gemeinde in der Bauleitplanung für das Gebiet keine gänzlich andere Nutzung ausweisen darf als die, für die das Gebiet raumordnerisch geeignet ist. Sie darf zwar partiell andere Nutzungen zulassen, darf aber nicht die raumordnerische Eignungsfestlegung aushöhlen und damit den Raumordnungsplan hinsichtlich eines ausgewählten Standorts korrigieren."

Auch die von der Antragsgegnerin angesprochene Kommentierung von Dallhammer (– Kohlhammer-Komm.-Dallhammer, Raumordnung in Bund und Ländern, 4. Aufl., Stand November 2003, § 7 ROG Rdnr. 135 –) gibt keinen Anlass zu einer anderen Wertung. Allerdings ist dort ausgeführt, die Schwäche des Instruments „Eignungsgebiet" liege darin, dass seine innergebietliche Wirkung vollkommen offen sei; hierzu würden sich sowohl der Gesetzestext als auch die Begründung vollkommen ausschweigen. Dabei wird jedoch übersehen, dass es in der amtlichen Begründung zum BauROG (BT-Drucks. 13/6392, S. 84) ausdrücklich auch heißt, dass Bauleitpläne „gemäß § 1 Abs. 4 BauGB an die Eignungsgebiete als Ziele der Raumordnung anzupassen" seien. Dieser Halbsatz ist in der von Dallhammer zuvor in Rdnr. 133 seiner Kommentierung wiedergegebenen Passage aus der Begründung zum BauROG zu § 7 Abs. 4 Satz 1 Nr. 3 ROG – aus welchem Grund auch immer – nicht erwähnt. Mit ihm bringt der Gesetzgeber klar zum Ausdruck, dass die gemeindliche Bauleitplanung die regionalplanerische Entscheidung, das Gebiet sei nach Abwägung der auf regionalplanerischer Ebene relevanten Belange für bestimmte Nutzungen geeignet, eben gerade nicht konterkarieren oder – mit den Worten von Gaentzsch – aushöhlen darf.

Aus dem nach alledem zu bejahenden Charakter der im GEP festgelegten Eignungsgebiete als Ziele der Raumordnung folgt jedoch nicht, dass das bei Erlass der Veränderungssperren verfolgte Planungskonzept der Antragsgegnerin – sowohl bezüglich der 43. FNP-Änderung als auch bezüglich der als ihre Konkretisierung beabsichtigten Bebauungspläne – zwangsläufig an § 1 Abs. 4 BauGB scheitern musste und die zur Sicherung dieser Planung erlassenen Veränderungssperren (jedenfalls) deshalb ungültig waren.

Insoweit zielten die dargelegten, der Antragsgegnerin als Trägerin der kommunalen Planungshoheit maßgeblich zuzurechnenden Planungsüberlegungen, wie sie sich im Zeitpunkt des Beschlusses über die Veränderungssperren am 10. 4. 2003 darstellten, nämlich seinerzeit (noch) nicht darauf ab, dass für ein oder gar mehrere der im GEP festgelegten Eignungsgebiete im Rahmen der 43. FNP-Änderung ggf. auch gar keine Vorrangzone für Windkraftanlagen dargestellt werden sollte. Die Antragsgegnerin hatte sich seinerzeit vielmehr (noch) dazu bekannt, die festgelegten Eignungsbereiche grundsätzlich zu respektieren, sie im Rahmen ihrer Flächennutzungsplanung zu konkretisieren und mit den Bebauungsplänen eine daran anknüpfende Feinsteuerung vorzunehmen.

Dass die Festlegungen der Eignungsbereiche einer planerischen Konkretisierung durch die Gemeinde zugänglich sind, folgt bereits aus den textlichen Darstellungen des GEP i. V. m. den hierzu ergangenen Erläuterungen. (Wird ausgeführt.) Hiernach hat der Träger der Regionalplanung eindeutig den

Gemeinden auch einen planerischen Spielraum überlassen, bei ihren nachfolgenden Konkretisierungen der Eignungsgebiete die nicht geprüften Schutzanforderungen erstmals sachgerecht zu berücksichtigen.

Selbst bei einer Überschreitung der mit den Festlegungen des GEP noch zu vereinbarenden Konkretisierungsmöglichkeiten hätte die im hier maßgeblichen Zeitpunkt verfolgte Planungskonzeption der Antragsgegnerin nicht zwangsläufig an § 1 Abs. 4 BauGB mit der Folge scheitern müssen, dass die sie sichernde Veränderungssperre deshalb ungültig war. Die Antragsgegnerin hätte zum einen eine entsprechende Änderung des GEP initiieren können. Zum anderen wäre auch ohne förmliche Änderung des GEP zumindest ein Zielabweichungsverfahren nach § 19 a LPlG möglich gewesen. Ein solches Zielabweichungsverfahren, das allerdings bestimmte verfahrensrechtliche Anforderungen stellt, kommt jedenfalls dann in Betracht, wenn die Abweichung von den Zielen der Raumordnung die „Grundzüge der Planung" nicht berührt. Dies erscheint bei erheblicher Reduzierung einzelner der im GEP festgelegten Eignungsbereiche oder ggf. auch bei einer vollständigen Nichtberücksichtigung nicht als von vornherein ausgeschlossen. Immerhin sieht der GEP 119 Eignungsbereiche vor, die rechnerisch insgesamt ca. 1.200 Windkraftanlagen der heute üblichen 1,5 MW-Klasse ermöglichen sollen. Der Wegfall einer gewissen Anzahl von Anlagen in einzelnen, auf Grund der konkreten örtlichen Situation besonders kritischen Bereichen würde die Grundzüge der Planung des GEP damit nicht zwangsläufig infrage stellen. Für ein solches Zielabweichungsverfahren spricht insbesondere auch, dass auf der regionalplanerischen Ebene jedenfalls die letztlich nur bei einer Detailplanung vor Ort sachgerecht greifbaren Schutzabstände gerade zu den im hier betroffenen Bereich häufig anzutreffenden Einzelgehöften ausdrücklich nicht bedacht wurden und bei ihrer Berücksichtigung im Einzelfall selbst bei größeren Eignungsbereichen möglicherweise nur einige wenige rechtlich unbedenkliche Standorte für Windkraftanlagen übrig bleiben könnten.

Zusammenfassend bleibt festzuhalten, dass die strittige Veränderungssperre entgegen der Auffassung der Antragstellerin auch nicht deshalb ungültig war, weil sie eine Planung sichern sollte, die zwangsläufig an dem Anpassungsgebot des § 1 Abs. 4 BauGB scheitern musste.

Klarstellend merkt der Senat an, dass die vorstehend erörterten Grenzen des zulässigen Konkretisierungsspektrums der Antragsgegnerin nicht etwa in Widerspruch zur Rechtsprechung des Senats stehen, die sich über die Anforderungen an eine gemeindliche Flächennutzungsplanung verhält, mit der eine Steuerungsfunktion nach § 35 Abs. 3 Satz 3 BauGB erreicht werden soll (vgl. hierzu insbesondere: OVG NRW, Urteil v. 30. 11. 2001 – 7 A 4857/00 –, BRS 64 Nr. 101, bestätigt durch BVerwG, Urteil v. 17. 12. 2002 – 4 C 15.01 –, BRS 65 Nr. 95, sowie OVG NRW, Urteil v. 19. 5. 2004 – 7 A 3368/02 –, NuR 2004, 690).

Jene Entscheidungen befassen sich ausschließlich mit Flächennutzungsplanungen, bei denen die planende Gemeinde – anders als im vorliegenden Fall – gerade nicht die raumordnerischen Zielvorgaben von Eignungsbereichen mit ihrer aus dem Anpassungsgebot des § 1 Abs. 4 BauGB folgenden Bindung der kommunalen Planungsfreiheit zu beachten hatte. Insofern liegt auf der Hand, dass eine Gemeinde, wenn sie ohne entsprechende raumordnerische Bindungen plant, bei der konkreten Wahl ihrer abwägend zu berücksichtigenden Prüfungsmaßstäbe durchaus weite Spielräume hat. Diese müssen allerdings im Sinne der vorstehend angesprochenen Rechtsprechung bei der auf einem schlüssigen Plankonzept beruhenden planerischen Kontingentierung von Windkraftanlagen der in §35 Abs. 1 Nr. 5 (früher: Nr. 6) BauGB normierten Privilegierungsentscheidung des Gesetzgebers Rechnung tragen und der Windenergienutzung an geeigneten Standorten eine Chance geben, die ihrer Privilegierung gerecht wird. Sind hingegen – wie im vorliegenden Fall – geeignete Standortbereiche auf regionalplanerischer Ebene bereits bindend vorgeben, hat die kommunale Bauleitplanung diese Vorgabe grundsätzlich zu respektieren und darf sie – wie dargelegt – gerade nicht konterkarieren oder aushöhlen.

Nr. 10

Ein in Aufstellung befindliches Ziel der Raumordnung hat die Qualität eines öffentlichen Belangs, wenn es inhaltlich hinreichend konkretisiert und wenn zu erwarten ist, daß es sich zu einer verbindlichen, den Wirksamkeitsanforderungen genügenden Zielfestsetzung i. S. des §3 Nr. 2 ROG verfestigt.

Bundesverwaltungsgericht, Urteil vom 27. Januar 2005 – 4 C 5.04 –.

(OVG Rheinland Pfalz)

Abgedruckt unter Nr. 107.

Nr. 11

Der Regionalplan Südhessen 2000 ist i. d. F. der Genehmigung der Hessischen Landesregierung vom 23. 8. 2004 wirksam zustande gekommen.

Bedenken gegen die Genehmigung des Regionalplans nahezu vier Jahre nach der Beschlussfassung der Regionalversammlung könnten dann bestehen, wenn die Regionalversammlung im Zeitpunkt der Genehmigung an dem von ihr aufgestellten Plan nicht mehr festhalten wollte oder wenn der Plan wegen inzwischen geänderter tatsächlicher Verhältnisse nicht mehr geeignet ist, seine ordnende und zielbestimmende Funktion zu erfüllen. Beide Voraussetzungen sind im vorliegenden Fall jedoch nicht gegeben.

BauGB §1 Abs. 4, Abs. 6; GG Art. 28 Abs. 2; HLPG §§6, 10, 11, 12; ROG §§2, 23.

Hessischer VGH, Urteil vom 3. November 2005 – 4 N 177/05 – (rechtskräftig).

Am 10. 12. 1999 beschloss die Regionale Planungsversammlung beim Regierungspräsidium Darmstadt den Regionalplan Südhessen 2000. Darin wird unter Nr. 5.2-2 folgende Aussage getroffen: „Bei der Bauleitplanung in den Bereichen des Flughafens Frankfurt/Main und des Verkehrslandeplatzes Egelsbach sind die in der Karte darge-stellten „Siedlungsbeschränkungsbereiche" zu beachten. In diesen Bereichen ist die Ausweisung neuer Wohnbaugebiete nicht zulässig. Bauflächen in geltenden Bauleitplä-nen und Flächen innerhalb des Siedlungsbestandes für städtebauliche Umstrukturie-rungsmaßnahmen bleiben von dieser Regelung unberührt. Bei einer eventuellen Kapazi-tätserweiterung des Start- und Landebahnsystems für den Flughafen Frankfurt/Main und/oder einer Erhöhung der Zahl der Flugbewegungen bedarf es eines Änderungsver-fahrens zum Regionalplan, in dem der Siedlungsbeschränkungsbereich neu festgestellt wird."

Durch Beschluss vom 14.11.2000 genehmigte die Hessische Landesregierung den Regionalplan mit vier „Ausnahmen und Auflagen".

Durch Beschluss vom 26.7.2004 (– 4 N 406/04 –, NVwZ-RR 2005, 11 bis 15, ESVGH 55, 118) hat der Hessische VGH den Regionalplan Südhessen i.d.F. der Genehmigung der Hessischen Landesregierung vom 14.11.2000 für nichtig erklärt. Zur Begründung hat der Hessische VGH u.a. ausgeführt, es fehle an einer der Vorschriften des § 8 HLPG 1994 genügenden Genehmigung durch die Hessische Landesregierung. Die der Geneh-migungsentscheidung der Hessischen Landesregierung vom 14.11.2000 beigefügten Nebenbestimmungen Nr.2 und 3 führten zu einer inhaltlichen Veränderung des Regio-nalplans und überschritten die in §§ 7 und 8 HLPG 1994 festgelegten Kompetenzen der Hessischen Landesregierung im Raumordnungsverfahren. Es fehle daher an dem für die Erteilung der Genehmigung gesetzlich vorgeschriebenen Konsens der an der Planung beteiligten Organe des Landes Hessen.

Durch Beschluss vom 23.8.2004 genehmigte die Hessische Landesregierung den Regionalplan in der von der Regionalversammlung ursprünglich beschlossenen Fassung ohne Auflagen.

Die Antragstellerin hat Normenkontrollantrag gestellt. Sie macht im Wesentlichen geltend, der Normenkontrollantrag sei zulässig. Sie, die Antragstellerin, wende sich gegen die Zielfestsetzung Nr.5.2-2. Der gesamte Text der Nr.5.2-2 sei drucktechnisch durch Fettdruck (kursiv) hervorgehoben. Schon dies sei ein sicheres Indiz dafür, dass es sich insoweit um Ziele der Raumordnung handele. Mindestens die ersten drei Sätze der Nr.5.2-2 enthielten auch inhaltlich eindeutige Beachtenspflichten für die Träger öffent-licher Planung. Diese Zielfestsetzungen enthielten für sie, die Antragstellerin, konkrete Vorgaben und Beachtenspflichten gemäß § 4 Abs.1 ROG. Der Regionalplan nehme zwar insoweit auf die kommunale Planungshoheit Rücksicht, als Bauflächen in bereits gel-tenden Bauleitplänen und Flächen innerhalb des Siedlungsbestandes für städtebauli-che Umstrukturierungsmaßnahmen von dem generellen Verbot der Ausweisung von Wohnbaugebieten innerhalb der Siedlungsbeschränkungsbereiche ausgenommen wor-den seien. Letztlich sei aber in dem betroffenen Siedlungsbeschränkungsbereich die Ausweisung neuer Wohngebiete nicht mehr zulässig. Hierdurch werde in ihre kommu-nale Planungshoheit eingegriffen. Sie, die Antragstellerin, werde darüber hinaus auch in ihren Eigentumsrechten verletzt. Konkret betroffen seien die in Aufstellung befindlichen Bebauungspläne in Darmstadt-A. und in K. Für sie, die Antragstellerin, bleibe insoweit praktisch kein Raum mehr für eine eigenständige kommunale Planungsentscheidung.

Aus den Gründen:

Dem Antragsgegner ist bei der Aufstellung des RPS 2000 kein Abwägungs-fehler unterlaufen. Gemäß § 6 Abs.6 HLPG sind bei der Aufstellung der Raumordnungspläne die Grundsätze der Raumordnung miteinander und gegeneinander abzuwägen. Die sonstigen Erfordernisse der Raumordnung und öffentliche Belange sowie die privaten Belange sind in der Abwägung zu berücksichtigen, soweit sie auf der jeweiligen Planungsebene erkennbar und von Bedeutung sind. Im Zusammenhang mit der Frage der Festlegung der hier streitigen Siedlungsbeschränkungsbereiche hatte der Antragsgegner einerseits den in § 2 Abs. 1 Nr. 8 ROG enthaltenen Grundsatz zu berücksichtigen, dass der Schutz der Allgemeinheit vor Lärm sicherzustellen ist. Andererseits war der Antragsgegner nicht befugt, diesem Gesichtspunkt einseitig Vorrang vor allen anderen Belangen zu geben, zumal durch die Festlegung von Siedlungsbeschränkungsbereichen die kommunale Planungshoheit beschränkt wird. Regionalplanung ist als übergeordnete, überörtliche und zusammenfassende Planung gegenüber der Bauleitplanung vorrangig. Aus ihrer Aufgabenstellung ergeben sich aber gleichzeitig rechtliche Beschränkungen. Insbesondere kommt der Landesplanung keine bodenrechtliche Funktion zu. Die Landesplanung schafft Rahmenbedingungen, die tendenziell auf weitere Konkretisierung angelegt sind. Sie bietet Lösungen, die auf landesplanerischer Ebene keiner Ergänzung mehr bedürfen, auf der nachgeordneten Planungsstufe der Bauleitplanung jedoch grundsätzlich noch einer Verfeinerung und Ausdifferenzierung zugänglich sind. Wie groß der Spielraum ist, der der Gemeinde für eigene planerische Aktivitäten verbleibt, hängt dabei vom jeweiligen Konkretisierungsgrad der Zielaussage ab. Je nachdem, ob ein Ziel eine eher geringe inhaltliche Dichte aufweist, die Raum für eine Mehrzahl von Handlungsvarianten lässt, oder durch eine hohe Aussageschärfe gekennzeichnet ist, die der Bauleitplanung enge Grenzen setzt, entfaltet es schwächere oder stärkere Rechtswirkungen (BVerwG, Beschluss vom 4. 8. 1992 – 4 NB 20.91 –, BVerwGE 90, 329). Hieraus folgt zugleich, dass Zielvorgaben der Regionalplanung, auch wenn diese Planung grundsätzlich auf weitere Konkretisierung durch nachgeordnete Planungsstufen angelegt ist, sofern dies aus überörtlichen, regionalplanerischen Gründen geboten ist und der Grundsatz der Verhältnismäßigkeit beachtet wird, eine hohe Aussageschärfe haben dürfen. Eine Einschränkung der Planungshoheit ist aber immer nur erlaubt, soweit auf Grund einer Güterabwägung überörtliche, schutzwürdige Interessen von höherem Gewicht diese Einschränkung fordern. Art. 28 Abs. 2 GG steht der Bindung der Kommunen an die Ziele der Raumordnung und Landesplanung prinzipiell nicht entgegen. Die aus § 1 Abs. 4 BauGB resultierende Bindung der Gemeinden an die Ziele der Raumordnung und Landesplanung führt zwar zu einer Einschränkung ihrer Planungshoheit, doch ist diese Einschränkung rechtlich nicht zu beanstanden, wenn sie aus übergeordneten raumordnerischen Erwägungen gerechtfertigt ist. Die Gemeinde ist zudem den raumordnungsrechtlichen Vorgaben nicht einschränkungslos ausgesetzt. Sie wird durch verfahrensrechtliche Sicherung davor bewahrt, zum bloßen Objekt einer überörtlichen Gesamtplanung zu werden. Die Städte und Gemeinden sind an der Aufstellung der Regionalpläne in Hessen über die Regionalversammlungen nach § 10 HLPG beteiligt. Dementsprechend hatte auch die Antragstellerin Gelegenheit, Anregungen und Bedenken zum Entwurf des RPS 2000 vorzubringen, und sie hat hiervon, wie sich aus den Aufstellungsunterlagen ergibt, auch Gebrauch gemacht.

Im vorliegenden Fall ist von Bedeutung, dass der Belang des Schutzes der Allgemeinheit vor Lärm kein bloßes Anliegen der übergeordneten Regionalplanung ist, das der gemeindlichen Bauleitplanung sozusagen von außen aufgezwungen würde. Vielmehr ist die jeweils betroffene Gemeinde gemäß § 1 Abs. 6 Nr. 1 BauGB ihrerseits verpflichtet, die allgemeinen Anforderungen an gesunde Wohnverhältnisse bei der Aufstellung der Bauleitplanung zu berücksichtigen. Hierzu gehört auch die Lärmvorsorge. Dementsprechend ist gemeindliche Bauleitplanung auch ohne raumplanerische Vorgaben verpflichtet, etwa die Lage einer genehmigten Flugschneise und die daraus resultierenden möglichen Lärmmimissionen in ihre planerische Abwägung einzubeziehen. Soweit Siedlungsbeschränkungsbereiche Gebiete betreffen, in denen die in einem allgemeinen Wohngebiet erforderliche Wohnruhe faktisch nicht gegeben ist, schränkt die Festsetzung des Siedlungsbeschränkungsbereichs die Planungshoheit der Gemeinde de facto gar nicht ein, weil die Gemeinde objektiv-rechtlich gemäß § 1 Abs. 6 Nr. 1 BauGB gar nicht befugt wäre, in diesem Gebiet ein Wohngebiet bauleitplanerisch auszuweisen. Ausgehend von diesen Grundsätzen erscheint die Festlegung eines Siedlungsbeschränkungsbereichs innerhalb einer 60 dB(A)-Isophone durch den RPS 2000 nicht als abwägungsfehlerhaft. Entgegen der Meinung der Antragstellerin bedurfte es hierzu keiner ausdrücklichen gesetzlichen Ermächtigungsgrundlage. Es genügt, dass die einschlägigen Gesetze ein entsprechendes Schutzniveau nicht ausschließen und dass die Festlegung dieses Niveaus fachlich abgestützt auf sachlichen Erwägungen beruht. Dies ist hier der Fall. So enthält bereits die Leitlinie zur Beurteilung von Fluglärm durch die Immissionsschutzbehörden der Länder vom 14. 5. 1997 (LAI-Richtlinie) die Empfehlung, darauf hinzuwirken, dass zum Schutz gegen Fluglärm als raumordnerisches Ziel ein Siedlungsbeschränkungsbereich in den Regionalplänen ausgewiesen wird, der das Gebiet mit einem prognostizierten energieäquivalenten Dauerschallpegel größer als 60 dB(A) umfasst. Die Kommission zur Abwehr des Fluglärms Flughafen Frankfurt/M. hat sich im Jahr 1997 für eine 60 dB(A)-Siedlungsbeschränkungszone ausgesprochen, und zwar gerade auch die Mehrheit der in diesem Gremium vertretenen Kommunalvertreter, die zu Recht darauf hingewiesen haben, dass es zu den originären Aufgaben der Kommunen gehört, für den Schutz der Einwohner vor Lärm zu sorgen. Weiterhin ist darauf hinzuweisen, dass der LEP 2000, der zwar selbst nur eine 62 dB(A)-Isophone benennt, den Trägern der Regionalplanung ausdrücklich die Befugnis zur Festlegung weiter gehender Regelungen einräumt. Soweit die Antragstellerin geltend macht, für den Verkehrslandeplatz Egelsbach sei lediglich eine 62 dB(A)-Isophone vorgesehen worden, ist ihr entgegenzuhalten, dass als Ergebnis des im Jahr 2000 abgeschlossenen Raumordnungsverfahrens für die Verlängerung der Start- und Landebahn inzwischen eine 55 dB(A)-Lärmkontur als Siedlungsbeschränkungsbereich um diesen Verkehrslandeplatz festgelegt worden ist, die als sonstiges Erfordernis der Raumordnung bei Abwägungsentscheidungen berücksichtigt werden muss.

Die Antragstellerin macht geltend, aus lärmmedizinischer Sicht sei nach derzeitigem Kenntnisstand unterhalb des präventiven Richtwertes von 62 dB(A) keine negative Auswirkung durch Geräuschimmissionen auf die menschliche Gesundheit zu erwarten. Dieser Gesichtspunkt stellt die Rechtmäßig der Abwägungsentscheidung der Regionalversammlung nicht infrage. Bei der hier zu prüfenden Planungsentscheidung ging es nämlich gar nicht um die bloße Vermeidung von Gesundheitsbeeinträchtigungen, sondern um die Umsetzung eines Planungsrichtwertes mit dem Ziel einer ausgewogenen Gewichtung der bei der Raumordnung zu berücksichtigenden Belange.

Die der Abwägungsentscheidung der Regionalversammlung zugrunde liegende Berechnung der im Regionalplan Südhessen 2000 dargestellten Siedlungsbeschränkungsfläche ist im Ergebnis nicht zu beanstanden. Bei der rechtlichen Überprüfung dieses Aspektes des RPS 2000 ist zu beachten, dass es sich insoweit nicht lediglich um die rechnerische Umsetzung empirisch feststehender Werte, noch gar um die zeichnerische Umsetzung tatsächlich vorgenommener Messungen handelt. Vielmehr geht es um eine Prognoseentscheidung auf der Basis der nach der im Zeitpunkt der Planaufstellung für den Flughafen Frankfurt/M. bestehenden Genehmigungslage. Solche Prognoseentscheidungen sind ihrem Wesen nach mit Unsicherheiten behaftet. Sie erweisen sich dementsprechend nicht im Nachhinein bereits deshalb als rechtsfehlerhaft, nur weil sie nicht oder nicht in vollem Umfang eintreffen. Im vorliegenden Fall ist die der Berechnung der Siedlungsbeschränkungsfläche zugrunde liegende Prognose insofern überholt, als die Anzahl der Flugbewegungen in der Prognoseberechnung mit 430 000 Flugbewegungen pro Jahr deutlich zu niedrig angesetzt ist. Gleichwohl war zum Zeitpunkt des Beschlusses der Regionalversammlung 1999 die von ihr zugrunde gelegte Prognoseentscheidung rechtlich nicht zu beanstanden.

In Bezug auf die Zahl der Flugbewegungen hat sich die Regionalversammlung nämlich an den Generalausbauplan der FAG von 1995 gehalten, der eine konkrete Prognose von 430 000 Flugbewegungen enthalten hat. Eine weitere Steigerung hat die Regionalversammlung nicht als hinreichend wahrscheinlich angesehen. Dies ist rechtlich nicht zu beanstanden und wird überdies von der Antragstellerin auch nicht kritisiert.

Es ist auch im Ergebnis nicht zu beanstanden, dass die Regionalversammlung die AzB 1984 angewendet hat. Das Berechnungsverfahren nach AzB stellt ein im Gesetz angelegtes (vgl. §3 des Fluglärmschutzgesetzes vom 30. 3. 1971, BGBl. I, 282) und anerkanntes Verfahren zur Ermittlung des Fluglärms dar (vgl. BVerwG, Beschluss vom 5. 10. 1990, VBlBW 1991, 171, 175 m. w. N.; OVG Münster, Beschluss vom 29. 6. 2001 – 20 B 417/00 –). Verfahren zur Berechnung von Immissionen haben stets einen stark pauschalisierenden Charakter. Sie müssen und dürfen in Kauf nehmen, dass einzelne Phänomene, die die Immissionsbelastung möglicherweise beeinflussen, außer Acht gelassen, unterbewertet, aber auch überbewertet werden können. Sie sind nur dann nicht mehr als Entscheidungsgrundlage heranzuziehen, wenn sie die Wirklichkeit, d. h. die tatsächliche Immissionsbelastung, völlig unzulänglich abbilden (vgl. BVerwG, Urteile vom 3. 3. 1999, NVwZ-RR 1999, 720, und vom 20. 12. 2000, NVwZ-RR 2001, 360, 361). Derartige Abweichungen sind hier angesichts der ohnehin nicht auszuschließenden Unsicherheitsfaktoren nicht gegeben. Unterschwellige Lärmergebnisse sind bewusst ausgeblendet, weil sie das Ergebnis grundsätzlich nicht erheblich beeinflussen (ebenso Hess. VGH, Urteil vom 3. 6. 2004 – 12 A 1118/01 –, ZLW 2005, 142–167). Danach steht fest, dass die AzB grundsätzlich zur planerischen Beurteilung von Fluglärmbelastungen geeignet ist. Mit der Frage, ob die AzB in ihrer Fassung von 1984 noch herangezogen werden konnte, hat sich die Regionalversammlung näher auseinander gesetzt. Sie hat insoweit ausgeführt: „Die Anregung, bei der Berechnung des Siedlungsbeschränkungsbereichs eine neue im Entwurf vorliegende AzB heranzuziehen, ist zumindest rechtlich problematisch. Ein offizieller Entwurf des Bundes zu einer „neuen" AzB liegt bisher nicht vor. Die HLFU verwendet im Mediationsverfahren neben der gültigen AzB zu Vergleichszwecken mit tatsächlich gemessenen Werten einen Entwurf des Umweltbundesamtes vom Dezember 1997. Die durch technische Entwicklung eintretende Lärmminderung, z. B. an Fluggeräten, fließt daher in die Berechnung des Siedlungsbeschränkungsbereichs nicht ein; dies ist jedoch unter dem Aspekt einer langfristigen Lärmvorsorge auch durchaus sinnvoll." Damit wird deutlich, dass die Regionalversammlung die in ihrer Prognose enthaltenen Unsicherheitsfaktoren zur Kenntnis genommen und sachlich bewertet hat. Im Hinblick darauf, dass im Zeitpunkt ihrer Beschlussfassung über den Regionalplan keine fachlich allgemein anerkannte neuere Berechnungsmethode zur Verfügung stand, ist letztlich nicht zu beanstanden, dass die Regionalversammlung noch auf die AzB 1984 zurückgegriffen und die für die Wohnbevölkerung tendenziell günstigen Auswirkungen der in der Prognoseentscheidung enthaltenen Unsicherheitsfaktoren in ihre planerische Abwägung unter dem Aspekt langfristiger Lärmvorsorge integriert hat. Soweit der 12. Senat des Hessischen VGH in seiner Entscheidung vom 3. 6. 2004 (a. a. O.) mit näherer Begründung dargelegt hat, dass er seinen eigenen Berechnungen die AzB in der modifizierten Fassung aus dem Jahr 1999 zugrunde legt, beruht dies darauf, dass es in dem dort zu entscheidenden Fall um eine realistische Erfassung der tatsächlichen Fluglärmbelastung ging, nicht aber um Maßstäbe zur planerischen Beurteilung des Maßes eines Siedlungsbeschränkungsbereichs. Diesen Aspekt hat der 12. Senat des Hessischen VGH in der zitierten Entscheidung ausdrücklich hervorgehoben.

Entgegen der Meinung der Antragstellerin ist nicht zu beanstanden, dass der Antragsgegner bei der Ausweisung der Siedlungsbeschränkungsbereiche nicht geprüft hat, ob die Lärmbelastung des Flughafenbetriebs durch betriebsbeschränkende Maßnahmen oder durch Änderung der Flugrouten reduziert werden kann. Insoweit handelt es sich um Aufgaben der Luftverkehrsbehörde, die der Regionalplanung nicht zugänglich sind.

Der RPS 2000 konnte noch am 23. 8. 2004 wirksam genehmigt und im Anschluss daran bekannt gemacht werden. Dies hat der Senat in einem obiter dictum in seiner Entscheidung vom 26. 7. 2004 (a. a. O.) dargelegt und darauf hingewiesen, dass der Normgeber ohne weiteres das Normgebungsverfahren an dem Punkt wieder aufgreifen kann, an dem der Fehler geschehen ist. Auch der 12. Senat des Hessischen VGH hat in seinen Urteilen vom 28. 6. 2005 (– 12 A 3/05 und 12 A 8/05 –) mit näherer Begründung dargelegt, dass der RPS 2000 am 23. 8. 2004 wirksam genehmigt werden konnte. Die von der Antragstellerin im vorliegenden Verfahren hiergegen eingewandten Argumente rechtfertigen keine andere rechtliche Beurteilung. Die Antragstellerin macht insoweit im Wesentlichen geltend, durch die späte Genehmigung und Bekanntgabe des RPS 2000 sei gegen den aus § 10 Abs. 7 und 8 sowie § 11

Abs. 2 und 5 HLPG herzuleitenden Beschleunigungsgrundsatz verstoßen worden. Dies mag zwar in sich richtig sein; die hieran geknüpfte Schlussfolgerung einer Nichtigkeit (richtiger: Unwirksamkeit) des Planes ist jedoch unzutreffend. Von entscheidender Bedeutung ist, dass die Vorschriften des Hessischen Landesplanungsgesetzes eine derartige Sanktion nicht vorsehen. Vielmehr sieht das Gesetz, wie die Antragstellerin selbst näher darlegt, jeweils dann, wenn eines der vier am Planaufstellungsverfahren beteiligten Organe nicht innerhalb der jeweils vorgesehenen Frist tätig wird, eine Befugnis anderer Organe zur eigenen Tätigkeit oder im Fall des § 11 Abs. 2 HLPG eine Genehmigungsfiktion vor. Dass der Regionalplan als Ganzes oder dass bereits erfolgte Planungsschritte durch das Eintreten einer zeitlichen Verzögerung unwirksam werden sollen, sieht das Gesetz dagegen nicht vor. Eine solche Rechtsfolge wäre im Hinblick auf den von der Antragstellerin zutreffend beschriebenen Beschleunigungsgrundsatz kontraproduktiv, weil sie lediglich eine weitere zusätzliche Verzögerung der Raumordnungsplanung mit sich brächte.

Aus der in § 10 Abs. 7 enthaltenen Fristenregelung, wonach Regionalpläne innerhalb von fünf Jahren nach ihrem In-Kraft-Treten den veränderten Verhältnissen durch Neugestaltung anzupassen sind, ist entgegen der Meinung der Antragstellerin gerade im Umkehrschluss abzuleiten, dass während dieser Frist keine Verpflichtung zu einer laufenden Abänderung und Überarbeitung des Regionalplans besteht. Der Gesetzgeber hat vielmehr in Kauf genommen, dass zwischenzeitlich Entwicklungen auftreten, die der Regionalplan noch nicht erfasst hat. Zur Problembewältigung stehen im Übrigen mit dem Raumordnungsverfahren gemäß § 18 HLPG und der Möglichkeit einer Abweichungszulassung gemäß § 12 HLPG zwei Instrumente zur Verfügung, die eine flexible Reaktion auf neuere Entwicklungen bis zur nächsten Plannovellierung ermöglichen.

Bedenken gegen die Genehmigung des Regionalplans nahezu vier Jahre nach der Beschlussfassung der Regionalversammlung könnten jedoch dann bestehen, wenn die Regionalversammlung im Zeitpunkt der Genehmigung an dem von ihr aufgestellten Plan nicht mehr festhalten wollte oder wenn der Plan wegen inzwischen geänderter tatsächlicher Verhältnisse nicht mehr geeignet ist, seine ordnende und zielbestimmende Funktion zu erfüllen. Beide Voraussetzungen sind im vorliegenden Fall nicht gegeben. Aus dem oben erwähnten Verfahren – 4 N 406/04 –, (a. a. O.) ist dem Gericht bekannt, dass die Regionalversammlung auch im Zeitpunkt der gerichtlichen Entscheidung am 26. 7. 2004 an dem von ihr aufgestellten Plan festgehalten hat und eine nebenbestimmungsfreie Genehmigung dieses Planes durch die Landesregierung wünschte. Auch die seit dem Beschluss der Regionalversammlung vom Dezember 1999 ergangenen Abweichungszulassungen führen nicht dazu, dass der Regionalplan funktionslos geworden wäre. Der Regionalplan hätte seine Genehmigungsfähigkeit nur verloren, wenn sich seit der Beschlussfassung so gravierende Veränderungen ergeben hätten, dass die Festsetzungen funktionslos geworden wären oder das ursprüngliche Abwägungsergebnis als Verstoß gegen den Verhältnismäßigkeitsgrundsatz angesehen werden müsste. Den Darlegungen der Antragstellerin lässt sich nicht entnehmen, dass den Abweichungszulassungen auch in ihrer Summe eine Bedeutung bei-gemessen werden könnte, dass der Plan im Übrigen funktionslos wäre. Dies muss schon deshalb gelten, weil die Zulassung einer Abweichung von einer Zielbindung des Regionalplans nur erteilt werden kann, wenn die Grundzüge der Planung nicht tangiert sind. Mangels entsprechender substanziierter Dar-legungen der Antragstellerin hatte der Senat keinen Anlass, die Verfahrens-akten des Antragsgegners zu den ab dem 10. 12. 1999 durchgeführten Abweichungsverfahren gemäß § 12 HLPG beizuziehen. ... Rechtlichen Beden-ken begegnet allenfalls, dass die Prognoseentscheidungen der Regionalver-sammlung vom Dezember 1999 im Zeitpunkt der Genehmigung des Regional-plans überholt waren, falls die tatsächliche Entwicklung so gravierend anders als prognostiziert verlaufen ist, dass das von der Regionalversammlung gefundene Abwägungsergebnis nunmehr als Verstoß gegen den Verhältnis-mäßigkeitsgrundsatz angesehen werden müsste. Dies ist nach dem oben Gesagten jedoch nicht der Fall.

Selbst wenn man sich auf den Standpunkt stellt, dass im Zeitpunkt der Genehmigung des Regionalplans im August 2004 eine Anwendung der AzB i. d. F. aus dem Jahr 1999 zu einer angemessenen Berücksichtigung des aktu-ellen Flottenmix geführt hätte, wäre das einstweilige Festhalten an dem ursprünglich gefundenen Abwägungsergebnis nicht als unverhältnismäßig anzusehen.

Eine angemessene Berücksichtigung des aktuellen Flottenmix im Rahmen der AzB, also etwa im Rahmen der AzB 1999, hätte nach allgemeiner Auffas-sung lediglich einen um 2 bis 3 dB(A) niedrigeren Dauerschallpegel zur Folge. Andererseits ist die Anzahl der prognostizierten Flugbewegungen (430000) inzwischen stark angestiegen. So wird im Entwurf zur Änderung des Landes-entwicklungsplans im Prognose-Null-Fall für das Jahr 2015 nunmehr ohne einen weiteren Ausbau des Frankfurter Flughafens mit 500000 Flugbewe-gungen gerechnet. Diese beiden genannten Entwicklungen sind hinsichtlich ihrer Auswirkungen gegenläufig, heben sich also gegenseitig teilweise auf. Unter diesen Umständen erscheint es als nicht unverhältnismäßig, wenn der Antragsgegner im Jahr 2004 an der im Dezember 1999 getroffenen Abwä-gungsentscheidung festgehalten hat. Für diese rechtliche Beurteilung spricht auch, dass sich die Regionalplanung generell in einem ständigen Plananpas-sungsprozess befindet. In einem etwa fünfjährigen Rhythmus werden die Regionalpläne in Hessen der jeweils neuesten Entwicklung angepasst. Im Hinblick auf die erwartbar nur noch kurze Geltungsdauer des Regionalplans Südhessen war es daher im Jahr 2004 hinzunehmen, dass die Abwägungs-entscheidung der Regionalversammlung auf inzwischen in gewissem Umfang überholten Prognoseentscheidungen beruhte. Dies gilt auch deshalb, weil andernfalls mit Eintreten der Rechtskraft des Urteils des Senats vom 26. 7. 2004 der regionale Raumordnungsplan Südhessen 1995 anzuwenden gewesen wäre, der insgesamt auf noch älteren Vorgaben beruhte. Im Interesse einer relativ zeitnahen Raumordnungsplanung für die gesamte Planungsre-gion war es daher hinzunehmen, von der Herbeiführung einer zeitnahen Pro-gnoseentscheidung für die Berechnung der Siedlungsbeschränkungsbereiche abzusehen und der im Jahr 1999 getroffenen Planungsentscheidung der

Regionalversammlung Geltung zu verschaffen. Die Landesregierung war mithin auch noch im August 2004 befugt, den RPS 2000, an dem die Regionalversammlung ersichtlich festhalten wollte, zu genehmigen. In diesem Zusammenhang ist auch der Rechtsgedanke des §8 Abs. 2 HLPG 1994 (jetzt §11 Abs. 2 HLPG) fruchtbar zu machen. Nach dieser Vorschrift gilt ein Regionalplan, der – wie hier – im Zusammenwirken von Regionalversammlung, oberer Landesplanungsbehörde und oberster Landesplanungsbehörde aufgestellt worden ist, als genehmigt, wenn die Landesregierung nicht innerhalb von sechs Monaten entscheidet. Wäre die Landesregierung nach dem 10. 12. 1999 schlicht untätig geblieben, so wäre der Regionalplan Südhessen 2000 gemäß §8 Abs. 2 HLPG 1994 nach sechs Monaten in Kraft getreten. Der Umstand, dass die Landesregierung den Eintritt der Fiktionswirkung gemäß §8 Abs. 2 HLPG 1994 durch eine planverändernde und daher fehlerhafte Genehmigungsentscheidung verhindert hat, kann nicht dazu führen, dass die Regionalversammlung gezwungen ist, ihren Beschluss über den Regionalplan Südhessen 2000 vom 10. 12. 1999 zu wiederholen. Etwas anderes ergibt sich auch nicht aus der von der Antragstellerin zitierten Entscheidung des erkennenden Senats vom 19. 1. 1988 (– 4 N 4/83 –, ESVGH 39, 73f.). In dieser Entscheidung hat der Senat ausgeführt, dass vor der Neubekanntmachung eines ca. zweieinhalb Jahre zuvor aufgestellten, aber nur fehlerhaft bekannt gemachten Bebauungsplans ein erneuter Beschluss der Gemeindevertretung herbeigeführt werden muss. Diese Rechtsprechung ist auf den vorliegenden Fall schon deshalb nicht anwendbar, weil es im dort entschiedenen Fall um den Verkündungsfehler eines im Übrigen vollständig zustande gekommenen Bebauungsplanes ging und um die Frage, unter welchen Voraussetzungen eine jahrelang verspätete Verkündung nachgeholt werden kann. Dagegen war im vorliegenden Fall der Regionalplan wegen der inhaltlich fehlerhaften Genehmigungsentscheidung der Landesregierung vom November 2000 schon gar nicht wirksam zustande gekommen, wie der Senat in seinem Beschluss vom 26. 7. 2004 (a. a. O.) näher dargelegt hat; denn der Regionalplan wird in Hessen durch das Zusammenwirken der Regionalversammlung mit der oberen Landesplanungsbehörde, der obersten Landesplanungsbehörde sowie der Hessischen Landesregierung hervorgebracht. Soweit die Antragstellerin in diesem Zusammenhang Zweifel an der Rechtssetzungsbefugnis der Verwaltung äußert und daraus herleitet, der Genehmigungsakt der Hessischen Landesregierung sei nicht Teil des Normaufstellungsverfahrens, ist dem entgegenzuhalten, dass in den Fällen des §7 Abs. 6 Satz 4 und §8 Abs. 5 Satz 3 HLPG 1994 (jetzt §10 Abs. 7 und §11 Abs. 5 Satz 3 HLPG) sogar die oberste Landesplanungsbehörde, also das Hessische Ministerium für Wirtschaft, Verkehr und Landesentwicklung, in eigener Zuständigkeit einen Regionalplan aufstellen und die Genehmigung der Hessischen Landesregierung herbeiführen kann.

Überdies bestehen weitere strukturelle Unterschiede zwischen der Bauleitplanung und der Regionalplanung, die einer schematischen Übertragung der zitierten Rechtsprechung des erkennenden Senats zur Neuverkündung von Bebauungsplänen auf Regionalpläne entgegenstehen. Wie der Senat in seiner Entscheidung vom 19. 1. 1988 (a. a. O.) nämlich näher dargelegt hat, sollte die erneute Beschlussfassung der Gemeindevertretung (Stadtverordnetenversammlung) über einen mehrere Jahre zuvor fehlerhaft bekannt gemachten Bebauungsplan dazu dienen, eine Prüfung zu ermöglichen, ob die Verkündung des Planes wegen eventuell veränderter Umstände unterbleiben oder aber ein neues Planungsverfahren eingeleitet werden soll. Diese Entscheidungsvarianten stellen sich so in der Regionalplanung nicht. Zum einen stünde es der Regionalversammlung anders als der Gemeindevertretung gar nicht zu, das jeweils in Rede stehende Gebiet unbeplant zu lassen. Vielmehr könnte und müsste in einem solchen Fall die oberste Landesplanungsbehörde den Regionalplan aufstellen. Zum anderen ist die Regionalplanung auf einen fortlaufenden Plananpassungsprozess ausgerichtet, sodass das (vorläufige) Festhalten an einer früheren Planentscheidung und die Entscheidung zur Aufstellung eines neuen Regionalplans gar keinen Gegensatz bilden. Dementsprechend ist die Regionalversammlung einerseits im Gerichtsverfahren vor dem erkennenden Senat – 4 N 406/04 – im Zeitpunkt der damaligen gerichtlichen Entscheidung am 26. 7. 2004 für die Geltung des Regionalplans Südhessen 2000 in der am 19. 12. 1999 beschlossenen Fassung eingetreten, obgleich sie bereits am 16. 5. 2003 einen Beschluss für die Aufstellung eines neuen Regionalplans gefasst hat.

Nr. 12

Ob und in welchem Umfang die Begründung eines Bebauungsplanes im einzelnen Aufschluß über den Abwägungsvorgang geben muß, ist eine Frage des Einzelfalls und einer verallgemeinerungsfähigen Klärung grundsätzlicher Art nicht zugänglich.
(Nichtamtlicher Leitsatz.)

BauGB § 9 Abs. 8.

Bundesverwaltungsgericht, Beschluß vom 18. Mai 2005 – 4 B 23.05 –.

(Schleswig-Holsteinisches OVG)

Aus den Gründen:
Das Berufungsgericht hat ausgeführt, daß die umstrittene Festsetzung zu den Dachmaterialien eine örtliche Baugestaltungsvorschrift i. S. von § 92 Abs. 1 Nr. 1 LBO darstellt und als solche gemäß § 9 Abs. 4 BauGB in den Bebauungsplan Nr. 34 der Klägerin aufgenommen worden ist. Die Aufnahme in den Bebauungsplan läßt den landesrechtlichen Charakter dieser Regelung als Norm des Bauordnungsrechts unberührt (vgl. BVerwG, Urteil v. 16. 3. 1995 – 4 C 3.94 –, BRS 57 Nr. 175 = BauR 1995, 508 = NVwZ 1995, 899, 900; Urteil v. 16. 12. 1993 – 4 C 22.92 –, Buchholz 406.11 § 29 BauGB Nr. 52 = NVwZ 1994, 1010, 1011). Rechtsgrundlage solcher baugestalterischen Festsetzungen bleibt das Landesrecht. Soweit durch landesrechtliche Vorschriften nicht etwas anderes bestimmt ist, richtet sich deshalb der zulässige Inhalt dieser Festsetzungen nicht nach den Vorschriften des Baugesetzbuchs. § 9 Abs. 4 BauGB gestattet es den Bundesländern zwar, das Abwägungsgebot

des § 1 Abs. 7 BauGB n. F. (§ 1 Abs. 6 BauGB a. F.) bei dem Erlaß örtlicher Bauvorschriften für anwendbar zu erklären. Den Ausführungen des Berufungsgerichts ist jedoch zu entnehmen, daß dies in Schleswig-Holstein nicht geschehen ist. Das bauplanungsrechtliche Abwägungsgebot findet deshalb auf die hier umstrittene Festsetzung zur Dachgestaltung keine Anwendung.

Die Beschwerde entnimmt der Vorschrift des § 9 Abs. 4 BauGB ein „Begründungserfordernis". Dabei unterliegt sie einem Mißverständnis. Diese Vorschrift erweitert die Festsetzungsmöglichkeiten um Regelungen, die auf Landesrecht beruhen. § 9 Abs. 8 BauGB bestimmt, daß dem Bebauungsplan eine Begründung beizufügen ist. Ob und in welchem Umfang die Begründung eines Bebauungsplans im einzelnen Aufschluß über den Abwägungsvorgang geben muß, ist eine Frage des Einzelfalls und einer verallgemeinerungsfähigen Klärung grundsätzlicher Art nicht zugänglich (vgl. BVerwG, Beschluß v. 3. 11. 1992 – 4 NB 28.92 –, BRS 54 Nr. 111 = NVwZ-RR 1993, 286).

Soweit die Beschwerde die vorbezeichnete Fragestellung mit weiteren Fragen zum rechtlich gebotenen Maß hinreichender Bestimmtheit einer Baugestaltungsregelung verbindet, nach der Ziegel- und Dachsteine nur „in roten bis braunen Farbtönen" zulässig sind, wirft sie keine klärungsbedürftigen Rechtsfragen des revisiblen Rechts auf. Bebauungspläne sind Bestandteil des nicht-revisiblen Landesrechts, deren Auslegung dem Tatrichter vorbehalten ist. Welches Maß an Bestimmtheit oder Bestimmbarkeit eine baugestalterische Festsetzung aufweisen muß, um ihre Steuerungsfunktion im Rahmen eines Bebauungsplans erfüllen zu können, beurteilt sich nach den konkreten Zielvorstellungen der Gemeinde und unterliegt der tatrichterlichen Würdigung.

Nr. 13

Die Aufspaltung eines Bebauungsplanes, der abschließend abgewogen, aber noch nicht beschlossen worden ist, in einzelne kleinere Bebauungspläne macht im Einzelfall eine erneute Abwägung erforderlich.

BauGB 1997 § 1 Abs. 6; BauGB 2004 §§ 214, 233.

OVG Mecklenburg-Vorpommern, Urteil vom 22. Juni 2005 – 3 K 25/01 – (rechtskräftig).

Aus den Gründen:

2. Der streitbefangene Bebauungsplan leidet an einem beachtlichen Fehler i. S. des nach § 233 Abs. 2 Satz 1 BauGB anzuwendenden § 214 Abs. 1 Satz 1 Nr. 1 BauGB, der zu seiner Unwirksamkeit führt.

Für die Rechtmäßigkeit der Abwägung ist nach § 214 Abs. 3 Satz 1 BauGB die Sach- und Rechtslage im Zeitpunkt der Beschlussfassung über den Bauleitplan maßgeblich, hier also das BauGB i. d. F. der Bekanntmachung vom 27. 8. 1997 (BGBl. I, 2141 ff.) mit der bis zum Zeitpunkt des Satzungsbeschlusses ergangenen Änderung.

Nach § 1 Abs. 6 BauGB a. F. sind bei der Aufstellung von Bauleitplänen die öffentlichen und privaten Belange gegeneinander und untereinander gerecht abzuwägen. Dieses Abwägungsgebot wird verletzt, wenn eine sachgerechte Abwägung überhaupt nicht stattfindet oder in die Abwägung nicht eingestellt wird, was nach Lage der Dinge in sie eingestellt werden muss, die Bedeutung der betroffenen Belange verkannt oder der Ausgleich zwischen den von der Planung betroffenen Belange in einer Weise vorgenommen wird, der zur objektiven Gewichtigkeit einzelner Belange außer Verhältnis steht (BVerwG, Urteil v. 12. 12. 1969 – 4 C 105.66 –, E 34, 301; Urteil v. 14. 2. 1975 – 4 C 21.74 –, E 48, 56). Innerhalb des vorstehend beschriebenen Rahmens wird das Abwägungsgebot jedoch nicht verletzt, wenn sich die zur Planung berufene Gemeinde bei einer Kollision zwischen verschiedenen Belangen für die Bevorzugung des einen und damit notwendigerweise für die Zurückstellung eines anderen entscheidet. Innerhalb jenes Rahmens ist nämlich das Vorziehen oder Zurücksetzen bestimmter Belange überhaupt kein nachvollziehbarer Vorgang der Abwägung, sondern eine geradezu elementare planerische Entscheidung, die zum Ausdruck bringt, wie und in welche Richtung sich eine Gemeinde städtebaulich geordnet fortentwickeln will. Damit ist notwendig der Planungskontrolle der Verwaltungsgerichte eine Grenze gezogen (BVerwG, Urteil v. 12. 12. 1969, a. a. O.).

Die Antragsgegnerin hat bei der endgültigen Abwägungsentscheidung im Juli 2001 auf Grund der Einwände des Antragstellers gegen den Umfang der Ausweisung von Grünflächen auf seinen Flurstücken die Aufspaltung des ursprünglichen Bebauungsplangebietes beschlossen. Dabei hat sich die Antragsgegnerin ausweislich der vorliegenden Verwaltungsvorgänge bei der Abwägung ausschließlich davon leiten lassen, dass hinsichtlich der Industriegebiete GI 1 und GI 3 sowie der Erschließungsstraße für diese Industriegebiete eine Beschlussfassung möglich sei, weil bezogen auf diese Gebiete sich „keine Sachverhalte" geändert hätten und damit an der Abwägung festgehalten werden könne. Für das Gewerbegebiet GE 1 gelte dies wegen der Einwände gegen die Grünflächenfestsetzungen nicht. Mit dieser Abwägungsentscheidung hat die Antragsgegnerin eine Reihe von abwägungsrelevanten Gesichtspunkten bezogen auf die Verkleinerung des ursprünglichen Plangebietes nicht berücksichtigt. Zunächst hat die Antragsgegnerin bei der Abwägungsentscheidung betreffend die Aufspaltung des ursprünglichen Bebauungsplangebietes nicht bedacht, dass die Abwägung, an der im Grundsatz festgehalten wird, sich auf ein weit größeres Gebiet bezieht als das, welches vom beschlossenen und angegriffenen Bebauungsplan Nr. 6.2 nördlicher und östlicher Teil umfasst wird. Diese Abweichung betrifft eine Fläche von ca. 7 Hektar und ist im Verhältnis zum ursprünglichen Plangebiet von solcher Größe, dass sie nicht von vornherein unbeachtlich ist. Durch die Verkleinerung des Plangebietes wäre der durch die Abwägung zu erzielende Ausgleich der verschiedenen privaten und öffentliche Belange nur möglich, wenn die Abwägung die Belange des Antragstellers, der nunmehr nur mit einem geringfügigen Teil der ihm gehörenden Flächen in das Plangebiet einbezogen wird, neu gewichtet worden wären. Dies insbesondere deshalb, weil durch die Aufspaltung des ursprünglichen Bebauungsplangebietes und die Abtrennung des ursprünglich vorgesehenen Gewerbegebietes, das ausschließlich auf Flächen des Antragstellers verwirklicht werden sollte, die Erschließung der Industriegebiete GI2 und GI3 durch die öffentliche Straße, die hauptsächlich auf Flächen des Antragstellers liegt, eine erhebliche Belastung des Antragstellers darstellt, ohne dass sich für diesen ein unmittelbarer Nutzen durch die Planung, wie sie beschlossen wurde, ergibt. Denn die Flächen des Antragstellers können durch die im Bebauungsplangebiet 6.1 vorhandene öffentliche Straße erschlossen werden, ohne dass es der im streitbefangenen Bebauungsplan festgesetzten Straße bedurfte. Diese hat ihre ganz wesentliche Erschließungsfunktion nach der jetzigen Festsetzung im Bebauungsplan für das Industriegebiet GI2. Eine Erschließungsfunktion für das unbeplante Gebiet, das im Eigentum des Antragstellers steht, hat diese Erschließungsstraße zunächst nicht.

Des Weiteren hätte bei der Abwägung über die Aufspaltung des ursprünglichen Bebauungsplangebietes bedacht werden müssen, dass sich dann das planungsrechtliche Problem der Konfliktbewältigung bei Planung eines Industriegebietes angrenzend an einen Außenbereich stellen könnte. Der Senat verkennt dabei nicht, dass der Außenbereich im hier vorliegenden Fall in besonderer Weise auf Grund der Lage zwischen der Autobahn im Süden und der Eisenbahntrasse im nördlichen Teil vorbelastet ist und die Konfliktbewältigung daher in gewisser Weise vorgezeichnet werden könnte. Das ändert nichts daran, dass in die Abwägung daraus entstehende Belange nicht eingestellt wurden, weil sie nicht erkannt worden sind.

Nr. 14

1. **Das Bebauungsrecht regelt die Nutzbarkeit der Grundstücke in öffentlich-rechtlicher Beziehung mit dem Ziel einer möglichst dauerhaften städtebaulichen Ordnung und Entwicklung; es ist wegen der wandelbaren Zusammensetzung der Gruppe der von einer städtebaulichen Maßnahme Betroffenen keine personen-, sondern eine grundstücksbezogene Betrachtungsweise geboten.**

2. **Was der Nachbarschaft an Beeinträchtigungen zugemutet werden kann, ist anhand eines typisierenden und generalisierenden Maßstabes zu bestimmen, der an das Empfinden eines Durchschnittsmenschen anknüpfen darf.**

(Nichtamtliche Leitsätze.)

BauGB § 1 Abs. 7.

Bundesverwaltungsgericht, Beschluss vom 5. Oktober 2005 – 4 BN 39.05 –.

(Niedersächsisches OVG)

Aus den Gründen:

1. Der Senat entnimmt den Ausführungen der Beschwerde die als grundsätzlich klärungsbedürftig angesehene Frage, ob bei der Berücksichtigung der Belange planbetroffener Nachbarn im Rahmen der Abwägung nach § 1 Abs. 6 BauGB a. F. (jetzt: § 1 Abs. 7 BauGB) auf das Empfinden eines Durchschnittsmenschen oder die Umstände der individuell Betroffenen abzustellen

ist. Diese Frage rechtfertigt nicht die Zulassung der Revision, weil sie sich auf der Grundlage der bisherigen höchstrichterlichen Rechtsprechung ohne weiteres im Sinne der ersten Alternative beantworten lässt. Das Bundesverwaltungsgericht hat wiederholt entschieden, dass das Bebauungsrecht die Nutzbarkeit der Grundstücke in öffentlich-rechtlicher Beziehung mit dem Ziel einer möglichst dauerhaften städtebaulichen Ordnung und Entwicklung regelt und wegen der wandelbaren Zusammensetzung der Gruppe der von einer städtebaulichen Maßnahme Betroffenen keine personen-, sondern eine grundstücksbezogene Betrachtungsweise geboten ist. Diese verlangt zwar zu beachten, dass der Grad der Schutzwürdigkeit des betroffenen Grundstücks von der Art seiner zulässigen Nutzung abhängt – so müssen Wochenend- und Ferienhäuser in einem hierfür nach § 10 Abs. 1 BauNVO ausgewiesenen Sondergebiet weniger Störungen hinnehmen als beispielsweise Wohngebäude in einem Mischgebiet –, schließt aber die Berücksichtigung besonderer Umstände in der Person des jeweiligen Eigentümers oder Nutzers aus. Welche Lärm- oder sonstigen Einwirkungen subjektiv als Störung empfunden werden, ist nicht ausschlaggebend. Besondere Empfindlichkeiten, gesundheitliche Indispositionen oder andere persönliche Eigenheiten haben außer Betracht zu bleiben. Was der Nachbarschaft an Beeinträchtigungen zugemutet werden kann, ist vielmehr anhand eines typisierenden und generalisierenden Maßstabes zu bestimmen, der an das Empfinden eines Durchschnittsmenschen anknüpfen darf (vgl. BVerwG, Beschluss v. 5. 3. 1984 – 4 B 20.84 –, BRS 42 Nr. 75 = Buchholz 406.11 § 34 BBauG Nr. 99; Beschluss v. 15. 7. 1987 – 4 B 151.87 –, Buchholz 406.11 § 34 BBauG Nr. 121; Beschluss v. 14. 2. 1994 – 4 B 152.93 –, BRS 56 Nr. 165; Urteil v. 23. 9. 1999 – 4 C 6.98 –, BVerwGE 109, 314, 324 = BRS 62 Nr. 86 = BauR 2000, 234; vgl. ferner BVerwG, Urteile v. 7. 10. 1983 – 7 C 44.81 –, BVerwGE 68, 62, 67, und v. 29. 1. 1991 – 4 C 51.89 –, BVerwGE 87, 332, 386). Aus dem Beschwerdevorbringen ergibt sich nicht, dass Anlass bestünde, im Rahmen eines Revisionsverfahrens über eine Korrektur der gefestigten Rechtsprechung nachzudenken.

Nr. 15

1. **Ist eine Gemeinde Eigentümerin eines Grundstücks, das für Maßnahmen zum Ausgleich eines durch den Bau öffentlicher Einrichtungen verursachten Eingriffs in Natur und Landschaft geeignet ist, ist die Inanspruchnahme einer im Eigentum eines Privaten stehenden, landwirtschaftlich genutzten Fläche durch eine dem Eingriffsausgleich dienende Bebauungsplanfestsetzung regelmäßig abwägungsfehlerhaft.**

2. **Die Bewertung von Geruchsbelästigungen auf Grundlage der Geruchsimmissions-Richtlinie genügt den Anforderungen einer sachgerechten Prognose nicht, wenn die zur Bewertung gebildeten Flächenmittelwerte die Geruchsbelastung im Nahbereich eines landwirtschaftlichen Betriebs nicht in aussagekräftiger Weise erfassen.**

3. Die Bewertung der zu erwartenden Geruchsbelastung gibt keine hinreichende Abwägungsgrundlage, wenn sie mittels eines Programmsystems erfolgt, das selbst noch der Überprüfung bedarf.

BauGB § 1 Abs. 7.

OVG Nordrhein-Westfalen, Urteil vom 28. Oktober 2005 – 7 D 17/04.NE – (rechtskräftig).

Der Antragsteller ist Eigentümer der Flurstücke 43 und 44. Auf der Parzelle 44 befindet sich die Hofstelle seines landwirtschaftlichen Betriebs, die nördlich angrenzende Parzelle 43 dient als hofnahe Weidefläche. Der Bebauungsplan Nr. 1 ordnete die Parzelle 44 einem allgemeinen Wohngebiet, die Parzelle 43 jeweils teilweise einem überbaubaren Bereich eines allgemeinen Wohngebiets, einer öffentlichen Verkehrsfläche sowie einer Fläche für Maßnahmen zum Schutz, zur Pflege und zur Entwicklung von Natur, Boden und Landschaft zu.

Der gegen den Bebauungsplan gerichtete Normenkontrollantrag hatte Erfolg.

Aus den Gründen:

Der Bebauungsplan genügt jedenfalls den Anforderungen des Abwägungsgebots nicht.

In die Abwägung waren hier namentlich die Interessen des Antragstellers einzustellen, seine Hofstelle im Rahmen des bestehenden und von der Antragsgegnerin auch nicht in Abrede gestellten Bestandsschutzes weiterhin nutzen zu können. Das private, namentlich durch bestehende Nutzungsrechte geprägte Eigentum gehört selbstverständlich und in hervorgehobener Weise zu den abwägungserheblichen Belangen (vgl. BVerwG, Urteil vom 1.11.1994 – 4 C 38.71 –, BRS 28 Nr. 6).

Die Antragsgegnerin hat bereits nicht berücksichtigt, in welchem Ausmaß der Betrieb des Antragstellers durch die Bebauungsplanfestsetzungen betroffen ist. Der Bebauungsplan setzt auf der im Eigentum des Antragstellers stehenden Parzelle 43 eine Fläche für Maßnahmen zum Schutz, zur Pflege und zur Entwicklung von Natur, Boden und Landschaft fest. Dass diese Parzelle jedoch (wie auch die in südlicher Richtung anschließende Parzelle 48) als hofnahe Weidefläche genutzt und benötigt wird, hat die Antragsgegnerin nicht abgewogen. Die Nutzungsmöglichkeiten werden durch die Art der vorgesehenen Ausgleichsmaßnahmen (Anpflanzen von Obstbäumen) in gewissem Umfang jedenfalls beeinträchtigt, da die Fläche insoweit nicht mehr als Weide zur Verfügung stehen würde, als sie mit Obstbäumen bepflanzt werden soll. Darüber hinaus geht aus der Festsetzung nicht hervor, ob die Nutzung der hofnahen Weideflächen in bisherigem Ausmaß weiterhin zulässig sein soll, obwohl das Grünland nur „extensiv" bewirtschaftet werden und eine intensive Nutzung daher nicht mehr in Betracht kommen soll. Die Belastung, die sich aus dieser Festsetzung ergibt, lässt sich auch nicht mit der – von der Antragsgegnerin ohnehin nicht verlautbarten – Erwägung stützen, mit dieser Festsetzung solle der Ausgleich eines Eingriffs in Natur und Landschaft bewirkt werden, der durch Maßnahmen eines Privaten, namentlich des Antragstellers, ausgelöst werden kann, wenn er von ihm günstigen Festsetzungen des Bebauungsplans Gebrauch macht. Ausweislich der textlichen Festsetzungen Nr. 10 unter Spiegelstrich 2 des Bebauungsplans dient diese Fläche dazu,

Ausgleichsmaßnahmen zu ermöglichen, die durch den Bau der öffentlichen Einrichtungen (namentlich der öffentlichen Verkehrsflächen) entstehen.

Die vorgenannte Festsetzung ist aus einem weiteren Grunde abwägungsfehlerhaft. Bei der Inanspruchnahme von Grundeigentum ist dem Grundsatz des geringstmöglichen Eingriffs als Element des Verhältnismäßigkeitsprinzips Geltung zu verschaffen. Es muss also stets geprüft werden, ob es ein milderes Mittel gibt, das zur Zweckerreichung gleich geeignet ist, den Eigentümer aber weniger belastet. Als milderes Mittel ist es anzusehen, wenn das Planvorhaben gleich gut auch auf Grundstücken der öffentlichen Hand verwirklicht werden kann. In der Abwägung hat das Eigentum der öffentlichen Hand nämlich ein geringeres Gewicht als das Eigentum Privater, weil Hoheitsträger angesichts des personalen Schutzzwecks der Eigentumsgarantie nicht Inhaber des Grundrechts aus Art. 14 Abs. 1 GG sind. Mit dem stärkeren Schutz des Privateigentums im Rahmen der Abwägung wird auch der Gleichklang mit § 90 Abs. 1 Nr. 2 BauGB hergestellt, wonach Grundstücke Privater zur Beschaffung von Ersatzland nur enteignet werden dürfen, wenn die öffentliche Hand über geeignetes Ersatzland nicht verfügt (vgl. BVerwG, Urteil vom 6. 6. 2002 – 4 CN 6.01 –, BRS 65 Nr. 8).

Für Ausgleichsmaßnahmen geeignete stadteigene Flächen standen der Antragsgegnerin jedoch zur Verfügung. Die Antragsgegnerin ist Eigentümerin der südlich an die Hofstelle des Antragstellers angrenzenden Parzelle 45 gewesen; auf dieser hätte sie die Festsetzung vorsehen können, die dem Ausgleich des Eingriffs durch den Bau öffentlicher Einrichtungen dienen soll. Ferner hat die Antragsgegnerin, wie sich aus der textlichen Festsetzung Nr. 11 ergibt, stadteigene Flächen außerhalb des Bebauungsplangebiets zur Verfügung gestellt, um dort solche Ausgleichsmaßnahmen zu ermöglichen, die auf privaten Grundstücken in Folge von Eingriffen in Natur und Landschaft ausgelöst werden. Diese stadteigene Fläche hätte auch für Ausgleichsmaßnahmen herangezogen werden können, die dem Bau öffentlicher Einrichtungen zuzuordnen sind. Weshalb Ausgleichsmaßnahmen Privater nicht nahe des Eingriffs auf Grundstücken im Bebauungsplangebiet möglich gewesen sein sollten, dort aber Ausgleichsmaßnahmen der öffentlichen Hand erfolgen müssten und zudem im Wesentlichen zulasten der Grundstücke des Antragstellers, ist nicht ersichtlich, jedenfalls aber nicht Gegenstand der erforderlichen Abwägung des Rats der Antragsgegnerin geworden. Es ist auch nicht etwa so, dass die nunmehr zum Ausgleich des Eingriffs durch den Bau öffentlicher Einrichtungen ausgewiesene Fläche, würde der entsprechende Eingriffsausgleich anderen Orts bewirkt, für Ausgleichsmaßnahmen Privater zur Verfügung stehen müsste. Dass eine solche Planung erforderlich gewesen wäre, ergibt sich weder aus der Bebauungsplanbegründung noch dem Inhalt der Akten. Die Festsetzung lässt sich auch nicht mit dem Gesichtspunkt rechtfertigen, die Fläche diene zugleich dem Schutz der Hofstelle des Antragstellers, nämlich der Schaffung eines ausreichenden Abstandes zum westlich gelegenen allgemeinen Wohngebiet. Eine solche Begründung forderte keine die Nutzbarkeit der hofnahen Weideflächen des Antragstellers beschränkende Festsetzung.

Die Antragsgegnerin hat ferner dem Interesse des Antragstellers daran keine hinreichende Beachtung gegeben, dass nahe seiner Hofstelle keine mit der landwirtschaftlichen Nutzung unverträgliche Wohnnutzung entsteht (vgl. BVerwG, Beschluss vom 18. 12. 1990 – 4 N 6.89 –, BRS 50 Nr. 25).

Die Belange des Antragstellers waren nicht etwa deshalb von vornherein gering gewichtig, wie die Antragsgegnerin unter Bezugnahme auf das Urteil des Bundesverwaltungsgerichts vom 14. 1. 1993 – 4 C 19.90 –, BRS 55 Nr. 175 meint, weil schon in der Vergangenheit Wohnbebauung an den östlichen Bereich seiner Hofstelle vergleichbar nahe herangerückt sei, wie die hinzutretende Wohnbebauung geplant ist, und er daher nicht mit wesentlichen zusätzlichen Erschwernissen seiner Betriebsführung durch die hinzutretende Wohnbebauung zu rechnen habe. Vielmehr hat das Bundesverwaltungsgericht in dem von der Antragsgegnerin zitierten Fall ausgeführt, Nachbarschutz komme für landwirtschaftliche Betriebe auch dann in Betracht, wenn Wohnbebauung in geringem Abstand zur Hofstelle vorhanden sei, die geplante Wohnbebauung jedoch von einer Seite her an die Hofstelle heranrücke, die bisher gegenüber landwirtschaftstypischen Immissionen unempfindlich war. So ist die Situation auch hier. Die Fenster der Stallanlagen des Antragstellers sind nach Süden (2 Fenster) zum neu ausgewiesenen Wohngebiet bzw. nach Westen ausgerichtet und nicht nach Osten zur dort jenseits der Straße Q. vorhandenen Wohnbebauung.

Das demnach abwägungsbeachtliche Interesse des Antragstellers hat die Antragsgegnerin nicht zutreffend bewertet. Der Rat der Antragsgegnerin hat bei seiner neuerlichen Abwägung auch auf die Stellungnahme der V. GmbH abgestellt, die allerdings in der unveränderten Bebauungsplanbegründung nur einen die tatsächlichen Gegebenheiten eher verschleiernden Niederschlag gefunden hat, wonach zur Hofstelle des Antragstellers die nächste vorhandene Wohnbebauung einen Abstand von 40 m aufweise; die geplante Neubebauung rücke „etwas näher" an den landwirtschaftlichen Betrieb heran. In der Beschlussvorlage zur Ratssitzung heißt es hierzu ohne weiter gehende Substanziierung, die Wohnnutzung werde „nicht unzumutbar nahe an die Hofstelle gerückt", ein „ausreichender Abstand" werde eingehalten. In der ergänzenden Beschlussvorlage hat der Rat dann allerdings unter Bezugnahme auf die „Geruchsuntersuchung" der V. GmbH die Bewertung im Einzelfall vornehmen wollen, ob sich Unverträglichkeiten zwischen der landwirtschaftlichen Nutzung und der Wohnnutzung ergeben. Er hat die südöstlichen Wohnbauflächen angesprochen und ausgeführt, die dort zu erwartenden „Geruchsimmissionen (sog. Platzgerüche)" seien geringfügig und deshalb tolerierbar. Die vom Rat seiner Prognose, ob die Geruchsimmissionen als zumutbar anzusehen sind, zugrunde gelegte „Geruchsuntersuchung" genügt insoweit im Ausgangspunkt den Anforderungen einer methodisch geeigneten Aufarbeitung des Sachverhalts, den der Rat in die Abwägung einzustellen hatte, als die Gutachter die Geruchsbelastung auf Grundlage der GIRL bewertet haben. Da für die Ermittlung und Bewertung von Geruchsbelästigungen keine untergesetzlichen Rechtsvorschriften bestehen, können (mit der gebotenen Vorsicht) Rückschlüsse aus der GIRL (bzw. aus der VDI-Richtlinie 3471) auf die Erheblichkeit der Belästigungen durch Geruchsimmissionen im

Rahmen der Beurteilung nach § 22 oder § 5 BImSchG gezogen werden (vgl. BVerwG, Urteil vom 14. 1. 1993 – 4 C 90.90 –, BRS 55 Nr. 175; OVG NRW, Urteile vom 19. 12. 1997 – 7 A 258/96 –, und vom 25. 9. 2000 – 10a D 8/ 00.NE –, BRS 63 Nr. 7).

Da der GIRL keine Bindungswirkung zukommt, sind die dort unter Nr. 3. 1 genannten Immissionswerte von 0, 10 für Wohngebiete keine Grenz-, sondern Orientierungswerte für die Abwägung. In gleicher Weise hat die Zuordnung dieser Werte zu bestimmten Gebietstypen für die Abwägung keine abschließende Bedeutung. Vielmehr kann in begründeten Einzelfällen – ggf. auch im Übergang zum Außenbereich – eine Überschreitung der Immissionswerte oder eine Festlegung von Zwischenwerten abwägungsgerecht sein, zumal die Bildung eines Mittelwerts auch bei Geruchsbelästigungen in der Rechtsprechung durchaus anerkannt ist (vgl. BVerwG, Beschluss vom 28. 9. 1993 – 4 B 151.93 –, BRS 55 Nr. 165).

Die Stellungnahme der V. GmbH machte dem Rat der Antragsgegnerin eine Abwägung auf hinreichend gesicherter Prognosegrundlage jedoch nicht möglich, obwohl diese von der GIRL als Grundlage der Beurteilung der Geruchssituation ausgegangen ist. Die Gutachter haben die GIRL nur insoweit berücksichtigt, als sie ihrer Systematik entsprechend „Flächenmittelwerte" ermittelt und diese mit den Immissionshäufigkeiten verglichen haben, die die GIRL als Orientierungswert für die Zumutbarkeitsbewertung angibt. Es ist jedoch nicht ansatzweise erkennbar, dass das von den Gutachtern zu Grunde gelegte Raster einer Kantenlänge von 60 m hier den Anforderungen einer geeigneten Prognose genügen würde. Der Stellungnahme der V. GmbH liegt ausweislich der beigefügten Skizze eine Betrachtung zugrunde, die ein Raster mit der Kantenlänge von 60 m um die Hofstelle des Antragstellers sowie um das allgemeine Wohngebiet südlich der Hofstelle zieht. Ein solches Raster wird der hier erforderlichen Bewertung im Nahbereich nicht gerecht. Das Gutachten wirft entsprechend für das südlich angrenzende allgemeine Wohngebiet einen flächenbezogenen Immissionswert aus, den es mit einer relativen Geruchshäufigkeit von 0,05 bis 0,06 angibt. Es kommt jedoch für die maßgeblichen Beeinträchtigungen, die zu Immissionsschutzabwehransprüchen der südlich angrenzenden Wohnbebauung und mit entsprechenden nachteiligen Auswirkungen für die Betriebsführung des Antragstellers verbunden sein können, nicht allein darauf an, wie sich die Geruchsbelastung gemittelt und verteilt auf eine Fläche der Kantenlänge von 60 m errechnet, sondern gerade darauf, wie die Immissionsbelastung im unmittelbaren Nachbarschaftsverhältnis anzusetzen ist. Ist mit anderen Worten im grenznahen Wohnbereich – hierzu gehören auch die Außenwohnbereiche – mit einer nicht hinnehmbaren Geruchsbelastung zu rechnen, kommt es nicht darauf an, ob die Geruchsbelastung rechnerisch durch Verteilung auf eine größere Fläche gemindert werden kann.

Dass das Gutachten V. GmbH dem Rat der Antragsgegnerin keine hinreichende Abwägungsgrundlage vermittelt hat, wird durch die Stellungnahme der Gutachter in ihrem Schreiben vom 25. 2. 2004 im Ergebnis bestätigt. Dort führen die Gutachter zwar aus, selbst wenn unterstellt würde, die gesamten Geruchsstoffemissionen würden aus dem südlichen Stallgebäude emittiert und bei Winden aus Richtung der Hofstelle zu Wahrnehmungen auf dem südlich angrenzenden Wohngrundstück kommen, ergebe sich eine Wahrnehmungshäufigkeit von (nur) 10% der Jahresstunden. Auch diese Aussage ist jedoch bezogen auf die Beurteilungsfläche mit einer Kantenlänge von 60 m. Wie sich die Geruchsbelastung im Grenzbereich darstellt und ob nicht gerade wegen der windunabhängigen Platzgerüche auch dann mit einer Geruchsbelastung dort zu rechnen sein dürfte, wenn keine nordwestlichen bis nordöstlichen Winde anstehen, ist auch in dieser Stellungnahme nicht berücksichtigt. Dass gerade bei sog. Platzgerüchen mit einer Geruchsbelastung zu rechnen ist, die von der allgemeinen Windrichtung grundsätzlich unabhängig ist, hat das Staatliche Umweltamt in seiner Stellungnahme bereits dargelegt.

Das Geruchsgutachten war aus einem weiteren Grunde nur bedingt geeignet, dem Rat der Antragsgegnerin eine verlässliche Grundlage für die Bewertung der tatsächlichen Immissionssituation zu vermitteln. Das dem Gutachten zu Grunde gelegte Programmsystem MEPOD 1.8.e ist nach eigener Angabe der Gutachter ein Programm, das sich noch in einer „Erprobungsphase" befindet. Dass es im Hinblick auf die Verwertbarkeit seiner Ergebnisse im vorliegenden Verfahren verifiziert worden sei, ist nicht dargetan. Die Abwägung der durch eine Bebauungsplanung betroffenen Belange kann jedoch nicht abwägungsgerecht auf solche Sachverhaltsgegebenheiten gestützt werden, über deren Bedeutung bzw. über deren Gewichtigkeit deshalb keine hinreichende Klarheit besteht, weil sie mithilfe eines Verfahrens bewertet worden sind, das selbst erst noch der Überprüfung bedarf.

Nr. 16

Ist in einem Bebauungsplanverfahren die prognostische Abschätzung der zu erwartenden Immissionen durch vorhandene landwirtschaftliche Betriebe oder gewerbliche Mastbetriebe erforderlich, ist bei der Immissionsberechnung der durch die Baugenehmigung oder immissionsschutzrechtliche Genehmigung legalisierte (Tier-)Bestand zu Grunde zu legen.

BauGB §§ 1 Abs. 5 Satz 2, Abs. 6, 34; BauO NRW 1970 § 89; BauO NRW §§ 65 Abs. 1 Nr. 8, 67 Abs. 1 Satz 1, Abs. 8 Satz 2; BImSchG §§ 3 Abs. 1, 17 Abs. 1, 24 Satz 1; VwGO § 47 Abs. 2 Satz 1, Abs. 6.

OVG Nordrhein-Westfalen, Beschluss vom 15. Dezember 2005 – 10 B 1668/05.NE – (rechtskräftig).

Die Antragstellerin ist Eigentümerin eines Kälbermastbetriebs mit einem legalisierten Tierbestand vom 276 Mastkälbern. Der Betrieb befindet sich etwa 140 m nordwestlich des Planbereichs des streitgegenständlichen Bebauungsplans. Im Plangebiet werden bislang landwirtschaftlich genutzte Flächen als allgemeine Wohngebiete festgesetzt. Dem Antrag, den Vollzug des Bebauungsplans vorläufig auszusetzen, gab das Oberverwaltungsgericht statt.

Aus den Gründen:
Der Antrag ist zulässig.

Insbesondere ist die Antragstellerin antragsbefugt. Nach § 47 Abs. 2 Satz 1 VwGO kann den Normenkontrollantrag stellen, wer geltend macht, durch die angegriffene Rechtsvorschrift oder deren Anwendung in seinen Rechten verletzt zu sein oder in absehbarer Zeit verletzt zu werden. Diese Anforderungen gelten gleichermaßen für einen Antrag auf Erlass einer einstweiligen Anordnung gemäß § 47 Abs. 6 VwGO.

Nach dem tatsächlichen Vorbringen der Antragstellerin ist es möglich, dass sie durch die Festsetzungen des angegriffenen Bebauungsplans in einem ihrer Rechte verletzt wird. In Betracht kommt insoweit eine Verletzung des ihr zustehenden Rechts auf gerechte Abwägung ihrer privaten Interessen. Das in § 1 Abs. 6 BauGB a. F., jetzt § 1 Abs. 7 BauGB, verankerte Abwägungsgebot hat drittschützenden Charakter hinsichtlich solcher privater Belange, die für die Abwägung erheblich sind, und kann deshalb ein „Recht" i. S. von § 47 Abs. 2 Satz 1 VwGO sein. Das Interesse der Antragstellerin an einer im Rahmen der genehmigten Variationsbreite ungehinderten Ausübung ihres vorhandenen, auf Kälbermast spezialisierten Betriebs war in die Abwägung der durch die Planung berührten öffentlichen und privaten Interessen einzustellen. Der Bebauungsplan ermöglicht eine zusammenhängende Bebauung von bisher im Außenbereich gelegenen unbebauten Grundstücken östlich und südöstlich des emittierenden Betriebs der Antragstellerin. Das Näherrücken der Bebauung an den Betrieb kann Nutzungskonflikte hervorrufen und unter Umständen Betriebseinschränkungen zum Nachteil der Antragstellerin zur Folge haben. Dem steht nicht entgegen, dass das vorhandene Betriebsgebäude vom Plangebiet 140 m entfernt liegt. Die auf der Hofstelle der Antragstellerin betriebene Kälberhaltung kann – auch wenn diese gegenüber der Haltung anderer Nutztierarten regelmäßig weniger immissionsträchtig ist – erfahrungsgemäß Geruchsimmissionen auch auf weiter entfernt liegenden Flächen verursachen. Nach Nr. 4.4.2 der Geruchsimmissions-Richtlinie (GIRL), die Regelungen für die Feststellung und Beurteilung von Geruchsimmissionen trifft, besteht das Beurteilungsgebiet aus den gemäß Nr. 4.4.3 GIRL gebildeten quadratischen Beurteilungsflächen, die sich vollständig innerhalb eines Kreises um den Emissionsschwerpunkt befinden, dessen Radius mindestens 600 m beträgt.

Der Antragsbefugnis steht nicht entgegen, dass die Antragstellerin den Betrieb möglicherweise nicht selbst führt, sondern – wie die Antragsgegnerin vorträgt – derzeit an einen anderen Landwirt verpachtet hat. Das Recht auf Berücksichtigung ihrer Interessen im Abwägungsvorgang steht der Antragstellerin als Eigentümerin des emittierenden Betriebs zu, dessen Nutzungsmöglichkeiten – und damit auch Verpachtungsmöglichkeiten – durch die Bebauungsplanung möglicherweise eingeschränkt werden. Unerheblich für die Antragsbefugnis ist es schließlich, ob der Betrieb der Antragstellerin als landwirtschaftlicher oder – wegen des geringen Anteils an eigenen landwirtschaftlichen Flächen – als gewerblicher Mastbetrieb anzusehen ist. Denn der emittierende Betrieb der Antragstellerin ist bauaufsichtlich zugelassen und als gewerblicher Mastbetrieb ebenso auf die Inanspruchnahme des Außenbereichs angewiesen wie ein landwirtschaftlicher Betrieb.

Der Antrag ist auch begründet.

Gemäß § 47 Abs. 6 VwGO kann das Gericht auf Antrag eine einstweilige Anordnung erlassen, wenn dies zur Abwehr schwerer Nachteile oder aus anderen wichtigen Gründen dringend geboten ist. Die Entscheidung über den Antrag nach § 47 Abs. 6 VwGO setzt eine Gewichtung der widerstreitenden Interessen voraus, bei der insbesondere auf die Folgen für den Antragsteller abzustellen ist, die einträten, wenn die einstweilige Anordnung nicht erginge, der Normenkontrollantrag in der Hauptsache jedoch Erfolg hätte.

Nach diesen Maßstäben ist es dringend geboten, die Vollziehung des angegriffenen Bebauungsplans bis zur Entscheidung über den Normenkontrollantrag im Hauptsacheverfahren auszusetzen, um schwere Nachteile zu Lasten der Antragstellerin abzuwehren.

Es besteht die Gefahr, dass ohne die einstweilige Anordnung – auch wenn der Normenkontrollantrag in der Hauptsache Erfolg hätte – der Betrieb der Antragstellerin betrieblichen Einschränkungen unterworfen würde. Zu derartigen Beschränkungen könnte es kommen, wenn die durch die Planung ermöglichte Wohnbebauung bis zur rechtskräftigen Entscheidung des Normenkontrollhauptsacheverfahrens weitgehend fertiggestellt würde und insbesondere die den Betriebsgebäuden am nächsten gelegenen Wohnhäuser im nordwestlichen Planbereich entgegen der Annahme des Rates der Antragsgegnerin im Planaufstellungsverfahren Geruchsemissionen des Betriebs ausgesetzt wären, die den Begriff der schädlichen Umwelteinwirkungen gemäß § 3 Abs. 1 BImSchG erfüllen. In einem solchen Fall könnte die zuständige Behörde – unabhängig davon, ob es sich um einen nach dem Bundesimmissionsschutzgesetz genehmigungsbedürftigen Betrieb handelt oder nicht – entweder nach § 17 Abs. 1 BImSchG oder nach § 24 Satz 1 BImSchG die erforderlichen Anordnungen nachträglich treffen und den Betrieb einschränken.

Als planbedingte Behinderungen der gegenwärtigen Betriebsausübung kommen hier (nachträgliche) zusätzliche behördliche Auflagen und Anordnungen zum Schutz der geplanten neuen Wohnbebauung in Betracht.

Dies gilt auch vor dem Hintergrund der von der Antragsgegnerin im Rahmen des Aufstellungsverfahrens in Auftrag gegebenen Immissionsprognose vom 4.4.2005. Ist in einem Bebauungsplanverfahren eine prognostische Abschätzung von zu erwartenden Immissionen erforderlich, kann diese zwar – je nach den Umständen des Falles – mehr oder weniger grob sein, doch muss sie im Ergebnis hinreichend aussagekräftig sein, um die Wahrung der Zumutbarkeitsschwelle abwägungsgerecht beurteilen zu können. Diesen Anforderungen entspricht die von der Antragstellerin angegriffene Geruchsimmissionsprognose nicht. Sie lässt nicht ausreichend sicher vermuten, dass das Plangebiet durch die bestehenden (landwirtschaftlichen) Betriebe keinen unzumutbaren Geruchsimmissionen ausgesetzt sein wird und deshalb nachteilige Eingriffe in die vorhandenen Betriebe auszuschließen sind.

Der Geruchsimmissionsprognose fehlt es bereits an einer zutreffenden Prognosebasis, denn der ihr zu Grunde gelegte Sachverhalt erfasst das tatsächlich zu berücksichtigende Emissionspotenzial nur unvollkommen.

Das Geruchsgutachten gelangt zu dem Ergebnis, der in der Tabelle 1 der Nr. 3.1 GIRL genannte Immissionswert von 0,10 für Wohngebiete werde im überwiegenden Bereich des Plangebiets nicht überschritten. Lediglich für eine kleine Teilfläche im Westen unmittelbar an der C.-Straße wurde ein Immissionswert von 0,11 errechnet. Die Immissionswerte beschreiben die Geruchshäufigkeit, indem sie prozentual die Zahl der Jahresstunden angeben, in denen es zu Geruchswahrnehmungen auf den jeweiligen Beurteilungsflächen kommt. Das Gutachten berücksichtigt zwei in der Umgebung des Plangebiets angesiedelte (landwirtschaftliche) Betriebe. In die Berechnung geht neben dem etwa 140 m westlich bzw. nordwestlich des Plangebiets gelegenen Betrieb der Antragstellerin mit 200 Mastkälbern und einem Güllehochbehälter auch die landwirtschaftliche Nebenerwerbsstelle „C." mit 30 Sauen, 10 Abferkelplätzen, 50 Mastschweinen und 1000 Legehennen ein.

Maßgeblich für die im Plangebiet zu erwartenden Immissionen ist der durch Genehmigung legalisierte (Tier-)Bestand. Bei dieser kann es sich um eine Baugenehmigung – bzw. wie hier eine Bauanzeige mit Zustimmung der Bauaufsichtsbehörde – oder um eine immissionsschutzrechtliche Genehmigung handeln. Hinsichtlich des Betriebs der Antragstellerin wird unter Nr. 2. des Gutachtens ausgeführt, die Angaben über die „vorhandenen bzw. genehmigten" Tierbestände seien vom Ehemann der Antragstellerin auf dem Vor-Ort-Termin am 15. 1. 2001 mitgeteilt worden. Die Zahlen seien auch im Zeitpunkt der Erstellung des Gutachtens noch aktuell. Im damaligen Termin hatte der Ehemann der Antragstellerin eine Zahl von 276 Mastkälbern angegeben. In die Immissionsprognose wird jedoch nur eine Zahl von 200 Kälbern eingestellt. Unter Nr. 1. des Gutachtens wird dazu ausgeführt, der Betrieb der Antragstellerin könne bei einem genehmigten Tierbestand von 276 Kälbern auf Grund der geänderten Tierhaltungsverordnung derzeit in dem bestehenden Gebäude nur 200 Kälber halten. Für die seinerzeit genehmigten 276 Kälbermastplätze seien bauliche Erweiterungen über ein Genehmigungsverfahren zu beantragen. Diese dem Gutachten zu Grunde liegende Annahme ist unzutreffend.

Die Antragstellerin kann sich auf die Bauanzeige aus dem Jahr 1983 zur Errichtung eines Kälbermaststalls mit 267 Kälbern berufen, der der Oberkreisdirektor 1984 die Zustimmung erteilt hat. Bei der Immissionsberechnung ist der danach erlaubte Tierbestand von 276 Kälbern zu Grunde zu legen. Eine verwertbare Immissionsprognose kann nur auf Grund des tatsächlich zulässigen Emissionspotenzials erstellt werden, wie es sich aus den erteilten Baugenehmigungen bzw. immissionsschutzrechtlichen Genehmigungen ergibt. Nur auf dieser Grundlage ist die Prognose hinreichend aussagekräftig, um die in die Abwägung einzustellenden widerstreitenden Belange von Wohnnutzung und Landwirtschaft richtig gewichten und zu einem gerechten Ausgleich bringen zu können.

Entgegen der Ansicht der Antragsgegnerin ist der Bestandsschutz für den Kälbermastbetrieb mit 267 Kälbern nicht durch die Kälberhaltungsverordnung vom 22. 12. 1997 entfallen, weil die Antragstellerin danach in ihrem Stallgebäude nur noch höchstens 198 Kälber ohne genehmigungspflichtige Änderungen legal halten dürfte. Damit verkennt die Antragsgegnerin die Legalisierungswirkung der Baugenehmigung bzw. – wie hier – der Bauanzeige nach Ablauf der Untersagungsfrist oder Erteilung der Zustimmung. Zur Errichtung des Kälbermaststalls ist Ende 1983/Anfang 1984 das seinerzeit nach § 89 BauO NRW 1970 vorgesehene Anzeigeverfahren durchgeführt worden. Das damalige Anzeigeverfahren beinhaltete eine vollständige bauaufsichtliche Überprüfung der Vereinbarkeit des Vorhabens mit den öffentlich-rechtlichen Vorschriften und führte nach Ablauf der Monatsfrist des § 89 Abs. 3 BauO NW 1970 („fingierte Bauerlaubnis") oder – wie hier – bei förmlicher Zustimmung zur formellen Legalisierung des Vorhabens (vgl. dazu BVerwG, Urteil vom 12. 11. 1964 – I C 58.64 –, BVerwGE 20, 12 = BRS 15 Nr. 84; OVG NRW, Urteil v. 19. 12. 1968 – X A 820/67 –, BRS 20 Nr. 154, Beschluss v. 13. 8. 2004 – 7 B 1121/04 –; Gädtke/Temme, Kommentar zur Bauordnung für das Land Nordrhein-Westfalen, 6. Aufl. 1979, Anm. zu § 89 Abs. 3).

Dies hat zur Folge, dass im Umfang der Baugenehmigung bzw. Bauanzeige die Legalität des Vorhabens nicht in Frage steht, solange die erteilte Genehmigung bzw. Zustimmung nicht aufgehoben oder eine förmliche Untersagung des anzeigepflichtigen Vorhabens nicht erfolgt ist (vgl. dazu BVerwG, Urteil v. 7. 11. 1997 – 4 C 7.97 –, BRS 59 Nr. 109; BGH, Urteil v. 3. 2. 2000 – III ZR 296/ 98 –, NVwZ 2000, 1206, 1207; OVG NRW, Urteile v. 19. 12. 1968 – X A 820/67 –, BRS 20 Nr. 154 und v. 11. 9. 2003 – 10 A 4694/01 –, BRS 66 Nr. 159 sowie Beschluss v. 13. 8. 2004 – 7 B 1121/04 –; Boeddinghaus/Hahn/Schulte, Bauordnung für das Land Nordrhein-Westfalen, Kommentar, Loseblatt, Stand: Mai 2005, § 75 Rdnr. 38).

Ein anderer als der legalisierte Tierbestand könnte allenfalls dann in die Immissionsprognose eingestellt werden, wenn in dem Stall, der Gegenstand der Bauanzeige war, unter keinem Gesichtspunkt eine den Tierschutzanforderungen genügende Unterbringung einer größeren Tierzahl möglich wäre. Dies ist hier jedenfalls hinsichtlich der in der Immissionsprognose zu Grunde gelegten Zahl von 200 Kälbern nicht der Fall. Dabei verkennt der Senat nicht, dass auf Grund der Bauanzeige im Stallgebäude ausweislich des mit Zugehörigkeitsvermerk zur Zustimmung versehenen Erdgeschoss-Grundrisses (nur) zehn vollständige und zwei kürzere Boxengänge, ein Krankenstall für Kälber sowie ein Pferdestall mit drei Boxen errichtet worden sind. Die anderslautende Darstellung der Antragstellerin – es seien zwölf vollständige Gänge vorhanden – steht im Widerspruch zu den Bauzeichnungen. Daraus folgt jedoch nicht zwingend, dass höchstens 200 Kälber tierschutzgerecht untergebracht werden können, ohne die Variationsbreite des legalisierten Vorhabens zu verlassen oder ohne genehmigungsbedürftige bauliche Änderungen vornehmen zu müssen. Denn weder läge die Einrichtung von weiteren Boxengängen im Krankenstall für Kälber und im Pferdestall jenseits der Variationsbreite der legalisierten Nutzung, noch bedürfte es für die Entfernung oder Änderung nichttragender oder nichtaussteifender Bauteile innerhalb der baulichen Anlage einer Baugenehmigung (vgl. § 65 Abs. 1 Nr. 8 BauO NRW).

Auch hinsichtlich des weiteren Betriebs C. ist unsicher, ob das Immissionsgutachten von einer zutreffenden Prognosebasis ausgeht. Das Ingenieurbüro hat sich bei der Berechnung der im Plangebiet zu erwartenden Geruchsimmissionen ausschließlich am vorhandenen Tierbestand des landwirtschaftlichen Betriebs C. orientiert. Er hat diesen Bestand durch Befragung des Herrn C. beim Ortstermin ermittelt, der bereits im Rahmen eines früheren

Gutachtens stattgefunden hatte. Im hier maßgeblichen Gutachten vom 4.4.2005 wird insoweit ausgeführt, die Zahlen seien auch im Zeitpunkt der Erstellung des Gutachtens noch aktuell. Dieser erhobene tatsächliche zahlenmäßige Bestand wäre allerdings nur dann als Prognosebasis geeignet, wenn feststünde, dass er mit dem nach der Genehmigungslage zulässigen Bestand im Wesentlichen übereinstimmt. Ob das so ist, lässt sich jedoch anhand der dem Senat zur Verfügung stehenden Unterlagen nicht feststellen. Auch die Antragsgegnerin hat ausweislich der Aufstellungsvorgänge zum Bebauungsplan keinen Abgleich der vom Betreiber C. angegebenen Zahlen mit dem genehmigten Tierbestand vorgenommen. Soweit die Antragsgegnerin nun vorträgt, hinsichtlich des Betriebs C. seien die genehmigten Großvieheinheiten zu Grunde gelegt, beseitigt sie damit die bestehenden Unsicherheiten nicht. Mit dem pauschalen Hinweis auf die genehmigten Großvieheinheiten legt die Antragsgegnerin nach wie vor nicht dar, welche Tierbestände nach Art und Zahl konkret genehmigt sind und damit in die Berechnung hätten einfließen müssen. Aber auch für den Fall, dass man die Bedenken hinsichtlich der Beurteilungsgrundlage für den Betrieb C. zurückstellen sollte, verbliebe es wegen der oben dargestellten Unzulänglichkeiten bei der Ermittlung des Emissionspotenzials des Betriebs der Antragstellerin bei der Fehlerhaftigkeit der Immissionsprognose.

Im Hinblick auf mögliche Lärmemissionen ihres Betriebs hat die Antragstellerin hingegen nicht substanziiert dargelegt, dass es durch das „Blöken" der Kälber sowie den An- und Abtransport der Tiere zu Beurteilungspegeln oder kurzzeitigen Geräuschspitzen kommen kann, die Betriebseinschränkungen nach sich ziehen und damit einen schweren Nachteil begründen könnten. Angesichts einer Entfernung des Stallgebäudes von mindestens 140 m zum Plangebiet sieht der Senat auch keinerlei Anhaltspunkte für mit der geplanten Wohnnutzung unvereinbare Lärmimmissionen.

Sollte die durch den Bebauungsplan ermöglichte Wohnbebauung bis zum Abschluss des Normenkontrollhauptsacheverfahrens weitgehend verwirklicht sein, würde der Antragstellerin der spätere Erfolg in jenem Verfahren möglicherweise nichts nützen. Die Eigentümer genehmigter Bauvorhaben im Plangebiet könnten sich, sofern die Antragstellerin nicht jede einzelne Baugenehmigung mit Widerspruch und Anfechtungsklage angreifen würde, auf die Legalisierungswirkung der Baugenehmigungen berufen. Ob die Antragstellerin bei einer späteren Feststellung der Unwirksamkeit des Bebauungsplans die Beseitigung von nach § 67 Abs. 1 Satz 1 BauO NRW genehmigungsfrei errichteten Vorhaben erreichen könnte, ist zweifelhaft. Nach § 67 Abs. 8 Satz 2 BauO NRW darf die Beseitigung eines Vorhabens wegen eines Verstoßes gegen planungsrechtliche Vorschriften, der auf der Nichtigkeit des Bebauungsplans beruht, nur dann verlangt werden, wenn eine Beeinträchtigung von Rechten Dritter dies erfordert. Die Reichweite dieser Vorschrift, die das ordnungsbehördliche Einschreiten der Bauaufsichtsbehörden regeln soll, ist ungeklärt. Das BVerwG hat in der Vergangenheit mehrfach deutlich gemacht, dass die Beachtung und Durchsetzung des materiellen Bauplanungsrechts im Rahmen landesrechtlich geregelter Verfahren grundsätzlich nicht zur Disposition des Landesgesetzgebers steht (vgl. BVerwG, Urteil v. 19.12.1985 – 7 C 65.82 –,

BVerwGE 72, 300, Beschluss v. 17.4.1998 – 4 B 144.97 –, BRS 60 Nr. 169
und Beschluss v. 9.2.2000 – 4 B 11.00 –, BRS 63 Nr. 210 = BauR 2000,
1318).

Ob – abgesehen davon – die Voraussetzungen des § 67 Abs. 8 Satz 2 BauO
NRW auch dann erfüllt sein können, wenn die durch den Bebauungsplan
ermöglichte Wohnbebauung nach ihrer Fertigstellung – sollte der Bebauungsplan im Normenkontrollhauptsacheverfahren für unwirksam erklärt werden
– bauplanungsrechtlich als ein im Zusammenhang bebauter Ortsteil i. S. des
§ 34 BauGB zu beurteilen wäre, bedarf letztlich keiner Entscheidung. In
jedem Fall würde die Antragstellerin bei einer weitgehenden Fertigstellung
der geplanten Wohnbebauung einer unüberschaubaren prozessualen Situation ausgesetzt sein, die für sich genommen einen schweren Nachteil i. S. des
§ 47 Abs. 6 VwGO begründen würde.

Nach allem überwiegt das Aussetzungsinteresse der Antragstellerin das
Interesse der Eigentümer der im Plangebiet gelegenen Grundstücke, von den
ihnen durch den Bebauungsplan eingeräumten Bebauungsmöglichkeiten
noch vor der rechtskräftigen Entscheidung im Normenkontrollhauptsacheverfahren Gebrauch machen zu können.

Unabhängig von einer Außervollzugsetzung wegen drohender schwerer
Nachteile für den Antragsteller, können auch Gesichtspunkte, die für die
Unwirksamkeit des Bebauungsplans vorgebracht werden, ggf. eine einstweilige Anordnung gemäß § 47 Abs. 6 VwGO rechtfertigen, wenn der Normenkontrollantrag auf Grund dieser Gesichtspunkte im Hauptsacheverfahren offensichtlich Erfolg haben wird. Bei summarischer Prüfung spricht Überwiegendes für die Unwirksamkeit des Bebauungsplans, weil er den Anforderungen
des § 1 Abs. 6 BauGB a. F., wonach bei der Aufstellung der Bauleitpläne die
öffentlichen und privaten Belange gegeneinander und untereinander gerecht
abzuwägen sind, nicht genügen dürfte. Der Rat der Antragsgegnerin hatte bei
der Abwägung neben dem öffentlichen Interesse an der Schaffung weiterer
Wohnbauflächen (vgl. § 1 Abs. 5 Satz 2 Nr. 2 BauGB a. F.) auch das Interesse
der in der Nähe des Plangebiets angesiedelten landwirtschaftlichen oder auch
gewerblichen (Mast-)Betriebe an der Beibehaltung ihrer betrieblichen Situation (vgl. § 1 Abs. 5 Satz 2 Nr. 8 BauGB a. F.) zu berücksichtigen und etwaige
planbedingte Konflikte zwischen diesen Belangen zu lösen. Der vom Rat
gefundenen Lösung liegen die auf die oben erwähnte Geruchsimmissionsprognose gestützten Annahmen zu Grunde, dass ein Nutzungskonflikt bezogen
auf den vorgefundenen Bestand nicht auftrete, weil die errechneten Wahrneh-
mungshäufigkeiten im Wesentlichen unter 10 % der Jahresstunden lägen.
Die Geruchsimmissionsprognose trägt diese Annahmen jedoch nicht, da – wie
oben dargestellt – die grundlegenden Ausgangsdaten unzutreffend bzw. unsicher sind.

Das Vorbringen der Antragstellerin nimmt der Senat zum Anlass für den
Hinweis, dass allein die Überschreitung der in der GIRL genannten Werte
nicht zwingend zur Folge haben muss, dass in dem fraglichen Bereich keine
Flächen für Wohnnutzung ausgewiesen werden können. Denn der GIRL
kommt keine rechtssatzmäßige Bindungswirkung zu. Die dort vorgesehenen
Immissionswerte von 0,10 für Wohn-/Mischgebiete bzw. 0,15 für Gewerbe-/

Industriegebiete sind keine Grenz-, sondern nur Orientierungswerte für die Abwägung. In gleicher Weise hat die Zuordnung dieser Werte zu bestimmten Gebietstypen für die Abwägung keine abschließende Bedeutung. Vielmehr kann in begründeten Einzelfällen – ggf. auch im Übergang zum Außenbereich – eine Überschreitung der Immissionswerte oder eine Festlegung von Zwischenwerten abwägungsgerecht sein, zumal die Bildung eines Mittelwertes auch bei Geruchsbelästigungen in der Rechtsprechung durchaus anerkannt ist (vgl. BVerwG, Beschluss v. 28. 9. 1993 – 4 B 151.93 –, BRS 55 Nr. 165; OVG NRW, Urteile v. 25. 9. 2000 – 10a D 8/00.NE –, BRS 63 Nr. 7 und vom 19. 2. 2002 – 10a D 133/00.NE –).

Nr. 17

1. **Die Befugnis des Senats der Freien und Hansestadt Hamburg, gemäß § 3 Abs. 2 Satz 1 Nr. 3 des Bauleitplanfeststellungsgesetzes der hamburgischen Bürgerschaft einen Bebauungsplanentwurf zur Feststellung durch Gesetz vorzulegen, ist nicht an weitere Voraussetzungen gebunden, insbesondere nicht auf den in Abs. 2 Satz 2 der Vorschrift genannten Fall beschränkt, dass die örtlich zuständige Bezirksversammlung nicht binnen 4 Monaten über ihre Zustimmung zu dem Entwurf beschlossen hat.**

2. **Dem in § 1 Abs. 3 HafenEG normierten Ausschluss der Bauleitplanung nach dem BauGB für das Hafengebiet ist Rechnung getragen, wenn die in einen Bebauungsplanentwurf einbezogenen Teile des Hafengebiets bis zur Beschlussfassung über den Bebauungsplan oder gleichzeitig mit ihr aus dem Hafengebiet entlassen werden.**

3. **Stellt die hamburgische Bürgerschaft einen Bebauungsplan durch förmliches Gesetz fest, aus dessen Entwurf zur Planbegründung hervorgeht, dass ein geringfügiger Teil des Plangebiets noch nicht aus dem Hafengebiet entlassen worden ist, sondern erst später in einer Sammelverordnung entlassen werden soll, so kann sich aus der landesverfassungsrechtlichen Gleichrangigkeit des Bebauungsplans und des Hafenentwicklungsgesetzes ergeben, dass der landesrechtliche Ausschluss der Bauleitplanung in § 1 Abs. 3 HafenEG insoweit modifiziert und nicht etwa der Bebauungsplan wegen eines Verstoßes gegen landesrechtliche Vorschriften ganz oder teilweise unwirksam ist (hier bejaht).**

4. **Es ist nicht unvereinbar mit dem Abwägungsgebot und dem darin enthaltenen Gebot der Konfliktbewältigung, durch die Festsetzung von Kerngebietsflächen die – an bauliche Lärmschutzvorkehrungen gebundene – ausnahmsweise Zulassung von Wohnnutzung an dem durch Straßenverkehrslärm und Hafenlärm hoch belasteten Hafenrand zu ermöglichen, um im Interesse an der Schaffung eines urbanen Lebensraumes die Standortvorteile eines Wohnens in zentraler Lage am Elbufer mit Blick auf den Elbstrom und den Hamburger Hafen für solche Interessenten nutzbar zu machen, die hierfür eine hohe – aber noch unterhalb der Grenze der Gesundheitsgefährdung liegende – Lärmbelastung in Kauf nehmen wollen.**

5. Zur Frage einer unzulässigen Vorwegbindung des Plangebers durch vertragliche Vereinbarungen (hier verneint für einen Vergleichsvertrag, mit dem eine in anderem Zusammenhang möglicherweise entstandene Entschädigungspflicht gegenüber einem Bauträger soweit als möglich dadurch abgegolten werden sollte, dass die Gemeinde den von den planerischen Festsetzungen abhängigen Wert für ein ihr gehörendes Grundstück im Gebiet des künftigen Bebauungsplanes im Grundstückskaufvertrag nur teilweise realisiert).

(Zu 1.–3. und 5. nur Leitsätze)

Bauleitplanfeststellungsgesetz § 3 Abs. 2 Satz 1 Nr. 3; Hafenentwicklungsgesetz – HafenEG – § 1 Abs. 3; BauGB § 1 Abs. 6.

Hamburgisches OVG, Urteil vom 27. April 2005 – 2 E 9/99.N – (rechtskräftig).

Der Antragsteller wendet sich im Wege der Normenkontrolle nach § 47 VwGO gegen den Bebauungsplan Altona-Altstadt 21, festgestellt durch Gesetz vom 21.9.1999 (GVBl., 227).

Der Bebauungsplan umfasst ein Gebiet am nördlichen Elbufer, das im Norden von dem Straßenzug Palmaille/Breite Straße, im Osten von dem Fischmarkt, im Süden von der Norderelbe und im Westen in etwa von einer Linie zwischen der Bundesforschungsanstalt für Fischerei und dem ehemaligen Fährterminal begrenzt wird. In topografischer Hinsicht wird das Plangebiet durch den hier bis zu 35 Meter hohen Elbhang sowie einen flachen Uferstreifen geprägt, der durch die Große Elbstraße erschlossen wird. In den Uferstreifen ragt auf einer Länge von gut 100 Metern das historische Kleinschiffhafenbecken, der sog. Holzhafen, hinein. Gegenüber dem Plangebiet am südlichen Elbufer befinden sich Hafenanlagen und Betriebe der Hafenwirtschaft.

Im Hangbereich werden mit der Ausweisung als allgemeines Wohngebiet vorhandene Wohngebäude in ihrem Bestand gesichert und die planungsrechtlichen Voraussetzungen für eine Ergänzung des Bestandes geschaffen, ferner werden Flächen für den Gemeinbedarf zwecks Bestandssicherung einer Schule, der Bundesforschungsanstalt für Fischerei und des Instituts für Hydrobiologie und Fischereiwissenschaft ausgewiesen. Für weitere Bereiche des Elbhangs setzt der Plan eine vorhandene Grünanlage, durch die der Elbhöhenwanderweg verläuft, als öffentliche Grünfläche (Parkanlage und Spielplätze) fest.

Im Süden des Plangebiets weist der Bebauungsplan nördlich und südlich der Großen Elbstraße Kerngebiet aus. Mit der Ausweisung auf der Nordseite wird im Wesentlichen die vorhandene mehrgeschossige gewerblich genutzte Bebauung in ihrem Bestand gesichert; außerdem bezieht der Plan vereinzelt vorhandene Wohngebäude in die Kerngebietsausweisung ein. Südlich der Großen Elbstraße schafft die Kerngebietsausweisung zum einen die Voraussetzungen für eine Bebauung der Freiflächen beiderseits des Holzhafens. Am Westufer des Holzhafens wird eine turmähnliche Bebauung mit einer Geschossfläche von 7800 m² und einer Firsthöhe von 63 Metern über NN sowie westlich hiervon eine siebengeschossige Bebauung mit einer Traufhöhe von 32,5 Metern über NN und einer Geschossfläche von 15200 m² ermöglicht. Am Ostufer des Holzhafens setzt der Plan – als Pendant zur Neubebauung auf der Westseite – eine weitere siebengeschossige Bebauung mit einer Traufhöhe von 32,5 Metern über NN und einer Geschossfläche von 16000 m² fest. Weiter östlich erfasst die Kerngebietsausweisung einen ehemaligen Getreidespeicher, das ehemalige Stadtlagerhaus und die Fischauktionshalle. Die überbaubaren Grundstücksflächen werden an der Großen Elbstraße durch allseitig festgesetzte Baugrenzen bestimmt, die im Süden, insbesondere im Bereich des Holzhafens, jeweils unmittelbar an der Wasserlinie verlaufen. Wohnungen können im Kerngebiet beiderseits der Großen Elbstraße nach § 7 Abs. 3 Nr. 2 BauNVO ausnahmsweise zugelassen werden.

Am nordöstlichen Rand des Plangebiets zwischen Breite Straße und Carsten-Rehder-Straße setzt der Bebauungsplan auf den unbebauten Flurstücken 1814 und 1816 ein weiteres Kerngebiet mit fünf Vollgeschossen in geschlossener Bauweise fest. Der Plan bestimmt weiter, dass hier mindestens 2000 m² der Geschossfläche eines Gebäudes für Wohnungen zu verwenden sind.

§ 2 Nr. 2 des Plangesetzes schreibt vor, dass in den Kerngebieten die Aufenthaltsräume durch geeignete Grundrissgestaltung den lärmabgewandten Gebäudeseiten zuzuordnen sind. Soweit die Anordnung dieser Räume an den lärmabgewandten Gebäudeseiten nicht möglich ist, muss für diese Räume ein ausreichender Schallschutz durch bauliche Maßnahmen an Außentüren, Fenstern, Außenwänden und Dächern der Gebäude geschaffen werden. In den Kerngebieten südlich der Großen Elbstraße sind darüber hinaus für die zur Elbe orientierten Wohn- und Schlafräume nicht zu öffnende Schallschutzfenster oder vergleichbar wirksame bauliche Lärmschutzvorkehrungen vorzusehen.

Aus den Gründen:

B. V. 3. Die von der Antragsgegnerin vorgenommene Abwägung entspricht auch im Hinblick auf die im Kerngebiet an der Großen Elbstraße ausnahmsweise zulässigen Wohnungen dem Gebot einer gerechten Abwägung der planbetroffenen Belange. Sie ist weder unter dem Gesichtspunkt der Einwirkungen des Straßenverkehrslärms und des Hafenlärms auf die Wohnnutzung noch unter dem Gesichtspunkt möglicher Auswirkungen der Wohnnutzung auf die Betriebe der Hafenwirtschaft zu beanstanden.

Nach dem Inhalt des Bebauungsplans sind Wohnungen im Kerngebiet an der Großen Elbstraße auf Grund der Regelungen in §§ 1 Abs. 3 Satz 2, 7 Abs. 3 Nr. 2 BauNVO nur ausnahmsweise zulässig. Der Plan überantwortet es damit der Baugenehmigungsbehörde, im Rahmen des ihr in § 31 Abs. 1 BauGB eingeräumten pflichtgemäßen Ermessens zu entscheiden, ob Wohnungen zugelassen werden sollen oder nicht. Soweit der Antragsteller geltend macht, der Bebauungsplan erlaube an der Großen Elbstraße eine umfangreiche Wohnnutzung, trifft dies deshalb so nicht zu. Allerdings bildet die ausnahmsweise Zulässigkeit von Wohnungen hier auch nicht lediglich den Regelfall gemäß §§ 1 Abs. 3 Satz 2, 7 Abs. 3 Nr. 2 BauNVO ab. Wie ein Blick auf den Abwägungsvorgang zeigt, war die Wohnnutzung am Elbufer vielmehr ein erklärtes Planungsziel und beruht das Planungsergebnis auf der Überzeugung des Plangebers, diesem Ziel wegen der Vorbelastung des in Rede stehenden Bereichs sowohl durch den Straßenverkehrslärm als auch den Hafenlärm näher nicht kommen zu können. Auch mit Rücksicht hierauf bestehen gegen die ausnahmsweise Zulässigkeit von Wohnungen im Kerngebiet an der Großen Elbstraße aber keine Bedenken.

a) Zu den abwägungserheblichen und vom Plangeber im Rahmen seiner Abwägung zu berücksichtigenden Belangen zählen auch die Belange des Schutzes vor schädlichen Umwelteinwirkungen. Wie auch der Antragsteller nicht bestreitet, hat die Antragsgegnerin die Lärmproblematik und die ihr in zweierlei Hinsicht zukommende Bedeutung erkannt und bei ihrer Abwägung berücksichtigt.

Zur konkreten Ermittlung der Einwirkungen des Straßenverkehrslärms und des Hafenlärms auf das Plangebiet hat sie eine lärmtechnische Untersuchung in Auftrag gegeben, die ergeben hat, dass sich der durch Straßenverkehrslärm am stärksten vorbelastete Bereich an der Großen Elbstraße befindet, die zwischen dem Fischmarkt und der Einmündung der Carsten-Rehder-Straße mit Pflaster ausgestattet ist. Nach den Berechnungen der Gutachter werden auf der Nordseite der Straße Beurteilungspegel von bis zu 75 db(A) am Tag und bis zu 67 db(A) in der Nacht und auf der Südseite der Straße an der Nordseite der Gebäude Beurteilungspegel von bis zu 76 db(A) am Tag und bis zu 67 db(A) in der Nacht erreicht. An der Südseite der Gebäude ist der Straßenverkehrslärm auf Grund des Hafenlärms dagegen nicht wahrnehmbar; der Hafenlärm erreicht dort jedoch Beurteilungspegel von bis zu 63 db(A) am Tag und bis zu 56 db(A) in der Nacht. Auf der Nordseite der Großen Elbstraße und auf der Südseite der Straße an der Nord- und Ostseite der Gebäude wird wiederum der Hafenlärm durch den Straßenverkehrslärm überlagert. Diese Lärmbelastung hat die Antragsgegnerin selbst als hoch eingeschätzt und dabei insbesondere nicht verkannt, dass die als Orientierungshilfe herangezogenen Immissionsgrenzwerte für Kerngebiete von 64 db(A) am Tag und 54 db(A) in der Nacht gemäß § 2 Abs. 1 Nr. 3 der Sechzehnten Verordnung zur Durchführung des Bundes-Immissionsschutzgesetzes (Verkehrslärmschutzverordnung – 16. BImSchV) sowie die Immissionsrichtwerte für Kerngebiete von 60 db(A) am Tag und 45 db(A) in der Nacht gemäß Abschnitt 3.3.1 der VDI-Richtlinie 2058 (sowie gleichlautend Nr. 6.1 Buchst. c) der Sechsten Allgemeinen Verwaltungsvorschrift zum Bundes-Immissionsschutzgesetz) an der Großen Elbstraße zum Teil erheblich überschritten werden.

Zu Recht ist die Antragsgegnerin allerdings auch davon ausgegangen, dass es gesetzliche Vorgaben in Gestalt von Immissionswerten (Grenz-, Richt- oder Orientierungswerte), die zur Bestimmung der Zumutbarkeit von Lärm in Wohn- oder Kerngebieten der Bauleitplanung verbindlich zugrunde zu legen wären, nicht gibt (vgl. BVerwG, Beschluss vom 18. 12. 1990, UPR 1991, 151, 152 f.). Die Frage, welcher Lärm zumutbar ist, beurteilt sich vielmehr nach den Umständen des Einzelfalles, insbesondere nach der durch die Gebietsart und die tatsächlichen Verhältnisse bestimmten Schutzwürdigkeit und Schutzbedürftigkeit (vgl. BVerwG, Beschluss vom 18. 12. 1990, a. a. O., S. 152 f., m. w. N.; Beschluss vom 24. 1. 1992, Buchholz 406.12 § 4 a BauNVO Nr. 2; Beschluss vom 27. 1. 1994, NVwZ-RR 1995, 6). Die Schutzwürdigkeit wird dabei vor allem durch den jeweiligen Gebietscharakter und durch eine planerische oder tatsächliche Vorbelastung bestimmt. Auch die Art des Lärms kann von Bedeutung sein. Eine absolute Planungsschranke stellen Geräuschbeeinträchtigungen erst dar, wenn sie – was hier nicht der Fall ist – die Schwelle der Gesundheitsgefährdung überschreiten.

Aus § 50 BImSchG und dem Trennungsgrundsatz ergibt sich letztlich nichts anderes. § 50 Satz 1 BImSchG konkretisiert die Belange des Schutzes vor schädlichen Umwelteinwirkungen dahin gehend, dass bei raumbedeutsamen Planungen die für eine bestimmte Nutzung vorgesehenen Flächen einander so zuzuordnen sind, dass schädliche Umwelteinwirkungen auf die ausschließlich oder überwiegend dem Wohnen dienenden Gebiete sowie auf sonstige schutzbedürftige Gebiete soweit wie möglich vermieden werden. Die Rechtsprechung hat in dieser Beziehung den Grundsatz der (angemessenen) räumlichen Trennung sich sonst beeinträchtigender Nutzungen entwickelt (vgl. nur BVerwG, Urteil vom 5. 7. 1974, BVerwGE 45, 309, 327 und seitdem st. Rspr.). Er besagt, dass Wohngebiete und sonstige Gebiete mit schutzwürdigen Nutzungen und die ihrem Wesen nach umgebungsbelastenden Gewerbe- und Industriegebiete sowie Gebiete mit anderen emittierenden Anlagen möglichst nicht nebeneinander liegen sollten. Ob und ggf. unter welchen Voraussetzungen ein Kerngebiet, in dem Wohnungen – wie hier – nur im Wege der Ausnahme zulässig sind, überhaupt den sonstigen schutzwürdigen Gebieten zuzurechnen ist (vgl. dazu Jarass, BImSchG, 6. Aufl. 2005, § 50 Rdnr. 11; Schulze-Fielitz, in: Koch/Scheuing/Pache, GK-BImSchG, 15. Lfg. Stand Oktober 2004, § 50 Rdnr. 108; Hansmann, in: Landmann/Rohmer, Umweltrecht, Bd. I, 43. Lfg. Stand September 2004, § 50 Rdnr. 40), kann offen bleiben. Denn jedenfalls gilt der Grundsatz der (angemessenen) räumlichen Trennung sich sonst beeinträchtigender Nutzungen ohnedies nicht uneingeschränkt (vgl. BVerwG, Urteil vom 5. 7. 1974, a. a. O., S. 329). Vielmehr handelt es sich bei der Regelung des § 50 Satz 1 BImSchG um nicht mehr und nicht weniger als ein sog. Optimierungsgebot, das zwar eine die planerische Gestaltungsfreiheit einschränkende Gewichtungsvorgabe beinhaltet, sich aber der Abwägung mit anderen Belangen stellen muss und im Konflikt mit diesen auch im Einzelfall zurücktreten kann (vgl. BVerwG, Urteil vom 22. 3. 1985, BVerwGE 71, 163; Söfker, in: Ernst/Zinkahn/Bielenberg/Krautzberger, a. a. O., § 1 Rdnr. 229). Insbesondere beansprucht der Trennungsgrundsatz dann keine strikte Geltung, wenn es um die Überplanung einer bereits bestehenden Gemengelage geht (vgl. u. a. BVerwG, Beschluss vom 13. 5. 2004 – 4 BN 15.04 –, in juris; Beschluss vom 20. 1. 1992, BauR 1992, 344), wie sie der Plangeber hier mit den gewachsenen städtebaulichen Strukturen – geprägt durch das Nebeneinander von Hafen und kerngebietstypischen Nutzungen am nördlichen Hafenrand – vorgefunden hat. Zudem erschöpfen sich die instrumentellen Möglichkeiten der Bauleitplanung nicht in einer räumlichen Trennung unverträglicher Nutzungen durch das Halten von Abständen. Diese ist im Hinblick auf die vielfältigen Festsetzungsmöglichkeiten nur eine von mehreren Möglichkeiten zur Vermeidung schädlicher Umwelteinwirkungen, sodass je nach der räumlichen Situation auch sonstige Möglichkeiten, wie z. B. die gezielte Festsetzung von Schutzmaßnahmen nach § 9 Abs. 1 BauGB, genutzt werden können (vgl. Söfker, in: Ernst/Zinkahn/Bielenberg/Krautzberger, a. a. O., § 1 Rdnr. 230).

Von diesen Grundsätzen hat sich die Antragsgegnerin leiten lassen. Sie hat den Schutz der Wohn- und Arbeitsbevölkerung im Plangebiet vor Lärm als einen gewichtigen Belang identifiziert und in ihre Abwägung eingestellt. Dasselbe gilt für die Kehrseite der Lärmproblematik, d. h. den Schutz der dem Plangebiet am Südufer der Elbe gegenüber liegenden Hafenbetriebe vor störungsempfindlicher Nutzung. Sie hat auch nicht verkannt, dass dem Trennungsgrundsatz hier ein erhebliches Gewicht zukam.

b) Daneben hat die Antragsgegnerin allerdings als weiteren gewichtigen Belang das Ziel verfolgt, an der Großen Elbstraße auch eine Wohnnutzung zu ermöglichen. Dieses Ziel stellt trotz der hohen Vorbelastung durch den Straßenverkehrslärm und den Hafenlärm ein legitimes Planungsziel dar.

Die Wohnbedürfnisse der Bevölkerung und die Erhaltung, Erneuerung und Fortentwicklung vorhandener Ortsteile gehören gemäß § 1 Abs. 5 Satz 2 Nr. 2 und 4 BauGB zu den abwägungserheblichen Belangen. Der Plangeber hat an der Großen Elbstraße am Rande des Hafens inmitten der Stadt ein Gebiet vorgefunden, das einerseits durch kerngebietstypische Nutzungen und vereinzelte Wohnnutzungen sowie andererseits durch brachliegende, extensiv genutzte Grundstücke bzw. im Umbruch befindliche Hafenflächen gekennzeichnet war. Von daher bestehen zunächst keine Bedenken, dass die Antragsgegnerin bei der städtebaulichen Neuordnung des Gebiets im Interesse der Schaffung eines attraktiven urbanen Lebensraums unterschiedliche Nutzungsmöglichkeiten angestrebt und dabei zur Belebung des Quartiers auch auf den Erhalt und eine behutsame Fortentwicklung vorhandener Wohnnutzungen Wert gelegt hat.

Darüber hinaus durfte die Antragsgegnerin bei der Verfolgung ihres Planungsziels in Rechnung stellen, dass der Nachteil der hohen Lärmpegel durch die Attraktivität des Standorts zumindest teilweise ausgeglichen wird. Diese Standortgunst ergibt sich zum einen aus der zentralen Lage der Flächen innerhalb des Stadtgebiets, zum anderen aus dem unverwechselbaren Charakter des Ortes mit dem Blick auf die Elbe, der Erlebbarkeit des Hafens und den Erholungsmöglichkeiten am grünen Elbhang. Diese Umstände lassen es trotz der hohen Vorbelastung durch Lärm attraktiv erscheinen, an der Großen Elbstraße zu wohnen. Insoweit hat die Antragsgegnerin zutreffend erwogen, dass es Interessenten gibt, welche die besondere Lage und Atmosphäre am nördlichen Elbufer suchen und schätzen und dementsprechend auch bereit sind, die ortsüblichen Bedingungen einschließlich Lärm und Lärmschutzmaßnahmen zu akzeptieren. Zu Recht hat die Antragsgegnerin ferner berücksichtigt, dass auf der Südseite der Großen Elbstraße kein gleichbleibend hoher Lärmpegel auftritt. Die Lärmbelastung ist vielmehr in Abhängigkeit von den betrieblichen Abläufen im Hafen und den herrschenden Windrichtungen – sowohl auf den Tag als auch die Jahreszeit gesehen – starken Schwankungen unterworfen. Da die vorherrschenden Winde aus westlicher und nordwestlicher Richtung den Lärm nicht in das Plangebiet tragen, gibt es große Zeiträume, in denen mit dem Wohnen verträgliche Außenraumpegel nicht überschritten werden.

Was den Straßenverkehrslärm anbelangt, hat die Antragsgegnerin schließlich in Rechnung gestellt, dass sich dieser Lärm durch verkehrsrechtliche und straßenverkehrslenkende Maßnahmen, wie z. B. die Herabsetzung der zulässigen Höchstgeschwindigkeit auf 30 km/h, verringern lässt. Derartige Maßnahmen können zwar nicht Gegenstand eines Bebauungsplans sein, gleichwohl aber zur Lösung von Verkehrslärmschutzfragen beitragen und dementsprechend – wie hier – eine zulässige Erwägung darstellen (vgl. Söfker, in: Ernst/Zinkahn/Bielenberg/Krautzberger, a. a. O., § 1 Rdnr. 246 m. w. N.).

Dagegen hat die Möglichkeit, die Grundeigentümer an der Großen Elbstraße durch Eintragung von Grunddienstbarkeiten und die Übernahme von Baulasten zur Duldung des Hafenlärms zu verpflichten, bei der Rechtfertigung des Planungsziels wie auch sonst in der Abwägung keine Rolle gespielt. Nach dem Inhalt der Planaufstellungsakten sind diese Instrumente zwar mehrfach thematisiert worden. Die Begründung zum Bebauungsplan (Bü-Drucks. 16/2894, S. 16) stellt jedoch ausdrücklich klar, dass mögliche Grunddienstbarkeiten und Baulasten nicht Bestandteil der Abwägung sind, sondern als freiwillige flankierende Regelungen im Rahmen städtebaulicher Verträge anzusehen sind.

c) Das solchermaßen gerechtfertigte Interesse, an der Großen Elbstraße auch eine Wohnnutzung zu ermöglichen, hat die Antragsgegnerin sowohl mit dem Schutz der Wohnbevölkerung vor Lärm als auch dem Schutz der dem Plangebiet auf der südlichen Elbseite gegenüber liegenden Hafenbetriebe vor störungsempfindlicher Nutzung abgewogen und dabei entgegen der Auffassung des Antragstellers einen gerechten, zur objektiven Gewichtigkeit einzelner Belange nicht außer Verhältnis stehenden Ausgleich gefunden, indem sie sich für differenzierte Festsetzungen entschieden hat.

aa) Die Antragsgegnerin hat im Hinblick auf die festgestellte Vorbelastung durch Straßenverkehrslärm und Hafenlärm bewusst davon Abstand genommen, die Flächen an der Großen Elbstraße als Mischgebiet auszuweisen oder im Rahmen der getroffenen Kerngebietsausweisung Vorgaben für einen bestimmten Wohnungsanteil (§ 7 Abs. 4 BauNVO) zu machen. Das gilt auch, soweit auf der Nordseite der Großen Elbstraße Wohngebäude vorhanden sind. Andererseits hat sie sich gegen die ihr in § 1 Abs. 6 Nr. 1 BauNVO eingeräumte Möglichkeit entschieden, die in § 7 Abs. 3 Nr. 2 BauNVO vorgesehene Ausnahme für Wohnungen im Kerngebiet im Bebauungsplan auszuschließen. Damit hat es der Plangeber der Ermessensentscheidung der Baugenehmigungsbehörde (§ 31 Abs. 1 BauGB) überlassen, ob Wohnungen an der Großen Elbstraße ausnahmsweise zugelassen werden oder nicht, und planungsrechtlich sichergestellt, dass Wohnungen das Gebiet nicht prägen. Dass Festsetzungen eines Bebauungsplans in der Zukunft nicht durch die Erteilung einseitiger Baugenehmigungen funktionslos werden, ist nicht die zu beachtende Aufgabe des Plangebers, sondern Aufgabe der für die Erteilung von Baugenehmigungen zuständigen Bauaufsicht.

bb) Darüber hinaus hat die Antragsgegnerin Festsetzungen zum passiven Lärmschutz getroffen, welche die Wohnnutzung – soll sie durch die Baugenehmigungsbehörde ausnahmsweise zugelassen werden – zusätzlich beschränken und den bestehenden Konflikt weiter mindern. § 2 Nr. 2 des Plangesetzes bestimmt, dass in den Kerngebieten die Aufenthaltsräume durch geeignete Grundrissgestaltung den lärmabgewandten Gebäudeseiten zuzuordnen sind, sofern dies nicht möglich ist, für diese Räume ein ausreichender Schallschutz durch bauliche Maßnahmen an Außentüren, Fenstern, Außenwänden und Dächern der Gebäude geschaffen werden muss, und in den Kerngebieten südlich der Großen Elbstraße außerdem für die zur Elbe orientierten Wohn- und Schlafräume nicht zu öffnende Schallschutzfenster oder vergleichbar wirksame bauliche Lärmschutzvorkehrungen vorzusehen sind.

(1) Diese Festsetzungen finden entgegen der Auffassung des Antragstellers in § 9 Abs. 1 Nr. 24 BauGB eine hinreichende Rechtsgrundlage. Die Vorschrift

erlaubt u. a., im Bebauungsplan die zum Schutz vor schädlichen Umwelteinwirkungen im Sinne des Bundes-Immissionsschutzgesetzes oder zur Vermeidung oder Verminderung solcher Einwirkungen zu treffenden baulichen oder
sonstigen technischen Vorkehrungen festzusetzen. Unter die hiernach fest-
setzungsfähigen Vorkehrungen fallen auch Maßnahmen des passiven Schallschutzes, wie z. B. Schallschutzfenster oder die immissionshemmende Ausführung von Außenwänden und sonstigen Bauteilen eines Gebäudes (vgl.
BVerwG, Beschluss vom 7. 9. 1988, BVerwGE 80, 184, 186; Bielenberg/Söf-
ker, in: Ernst/Zinkahn/Bielenberg/Krautzberger, BauGB, Bd. I, 75. Lfg.
Stand September 2004, §9 Rdnr. 208; Gaentzsch, a. a. O., §9 Rdnr. 64;
Gierke, in: Brügelmann, BauGB, Bd. 1, 50. Lfg. Stand Dezember 2004, §9
Rdnr. 404). Nichts anderes gilt, soweit die Aufenthaltsräume bzw. die Wohn-
und Schlafräume durch geeignete Grundrissgestaltung den lärmabgewand-
ten Gebäudeseiten zuzuordnen sind. Denn auch hiermit werden nicht bloße
Fragen der Benutzung geregelt, sondern bauliche Vorkehrungen festgesetzt.
Dementsprechend sind Bindungen für die Grundrissgestaltung und die
Anordnung von Räumen ebenfalls als zulässige Festsetzungen des aktiven
oder passiven Immissionsschutzes i. S. d. §9 Abs. 1 Nr. 24 BauGB anzusehen
(vgl. Bielenberg/Söfker, a. a. O., §9 Rdnr. 208; Gaentzsch, a. a. O., §9
Rdnr. 64; Gierke, in: Brügelmann, a. a. O., §9 Rdnr. 404).

(2) Die Festsetzungen zum passiven Schallschutz sind auch hinreichend
bestimmt. Die Antragsgegnerin hat sich nicht auf bloße Zielvorstellungen
beschränkt, die weder nach §9 Abs. 1 Nr. 24 BauGB noch nach den übrigen
Nummern des §9 Abs. 1 BauGB festsetzbar wären (vgl. BVerwG, Beschluss
vom 18. 12. 1990, ZfBR 1991, 120, 121; Beschluss vom 2. 3. 1994, ZfBR
1994, 147). Vielmehr gibt §2 Nr. 2 des Plangesetzes abschließend die zu treffenden baulichen Vorkehrungen vor. Dabei ist unschädlich, dass die Art der
baulichen Maßnahmen an Außentüren, Fenstern, Außenwänden und
Dächern sowie die Art der den nicht zu öffnenden Schallschutzfenstern wir-
kungsgleichen baulichen Vorkehrungen nicht im Einzelnen festgelegt ist. Im
Sinne des Grundsatzes planerischer Zurückhaltung (vgl. BVerwG, Beschluss
vom 2. 3. 1994, a. a. O.) begegnet es keinen Bedenken, wenn der Plan die konkrete Ausführung den Bauwilligen überlässt. Soweit das Bundesverwaltungsgericht verschiedentlich ausgeführt hat, es müsse sich um Vorkehrungen handeln, denen die konkret vorzunehmenden Maßnahmen mit hinreichender Bestimmtheit entnommen werden könnten (vgl. BVerwG, Beschluss
vom 7. 9. 1988, BVerwGE 80, 184, 186; Beschluss vom 18. 12. 1990, a. a. O.;
Beschluss vom 2. 3. 1994, a. a. O.), betrafen die Entscheidungen Festsetzungen von bloßen Emissions- bzw. Immissionsgrenzwerten sowie Festsetzungen
über die Erstattung von Kosten baulicher Vorkehrungen. Aus ihnen lässt sich
deshalb nicht herleiten, dass dem genannten Maßstab mit Festsetzungen der
hier in Rede stehenden Art nicht Genüge getan wäre.

Entgegen der Auffassung des Antragstellers war es auch nicht geboten, die
Art der baulichen Vorkehrungen, insbesondere der Schallschutzfenster,
jedenfalls durch die Angabe eines Dämmwertes zu präzisieren. Zur Konkretisierung baulicher oder technischer Vorkehrungen zum Schutz vor schädlichen Umwelteinwirkungen i. S. des §9 Abs. 1 Nr. 24 BauGB ist die Festlegung

bestimmter Werte nicht erforderlich (vgl. BVerwG, Beschluss vom 8. 8. 1989, ZfBR 1989, 274; zweifelnd offenbar OVG Münster, Beschluss vom 10. 12. 1993, NVwZ 1994, 1016). Vielmehr genügt es, dass der Bebauungsplan – wie hier – die baulichen oder technischen Vorkehrungen als solche festsetzt. Damit hat der Plangeber eine klare Planungsentscheidung getroffen. Welche Qualität die Vorkehrungen haben müssen, ergibt sich aus der Schutzwürdigkeit des Gebiets und kann ggf. noch im jeweiligen Baugenehmigungsverfahren im Einzelnen festgelegt werden (vgl. BVerwG, Beschluss vom 8. 8. 1989, a. a. O.). Hiervon hat sich ersichtlich auch die Antragsgegnerin bei der Festsetzung der Vorkehrungen leiten lassen, wenn in der Begründung zum Bebauungsplan (Bü-Drucks. 16/2894, S. 16) ausgeführt wird, dass die Gebäude einen ihrer Nutzung entsprechenden Schallschutz gegen Innen- und Außenlärm haben müssten und für die im Baugenehmigungsverfahren zu stellenden Anforderungen die Technischen Baubestimmungen – Schallschutz – vom 10. 1. 1991 mit der Änderung vom 28. 9. 1993 (Amtl.Anz. 1991 S. 281, 1993 S. 2121) einschlägig seien.

(3) Schließlich ist nicht ersichtlich, dass die Festsetzungen zum passiven Schallschutz etwa ungeeignet wären, die Schutzanforderungen zu erfüllen und die Lärmbelastung auf ein zumutbares Maß zu senken, insbesondere Innenraumpegel zu gewährleisten, die lärmbedingte Kommunikationsstörungen oder Schlafstörungen ausschließen. Der Antragsteller macht selbst nichts dergleichen geltend.

cc) Die Vertretbarkeit der vom Plangeber gefundenen Lösung lässt sich nicht mit dem Hinweis des Antragstellers auf das Gebot der Konfliktbewältigung infrage stellen.

Das Gebot der Konfliktbewältigung richtet ebenfalls keine Planungsschranke auf, die absolute Geltung beansprucht. Bedeutung kommt ihm lediglich insofern zu, als ihm neben anderen Abwägungskriterien im Rahmen des § 1 Abs. 6 BauGB a. F. bzw. nunmehr § 1 Abs. 7 BauGB nach Maßgabe des Abwägungsgebots Rechnung zu tragen ist. Eine Planung, die für einzelne Betroffene nachteilige Folgen mit sich bringt, muss nicht deshalb unterbleiben, weil durch die Situationsveränderung Interessenkonflikte entstehen. Die rechtliche Verpflichtung, die das Abwägungsgebot begründet, erschöpft sich darin, die Belange, die sich für und gegen das Planvorhaben anführen lassen, in einen gerechten Ausgleich zu bringen. Es bleibt dem Plangeber unbenommen, ein legitimes Planungsziel auch um den Preis der Zurücksetzung kollidierender Belange zu verwirklichen. Das im Abwägungsgebot enthaltene Gebot der Konfliktbewältigung ist erst dann verletzt, wenn dem Betroffenen dadurch, dass ein durch die Planung hervorgerufenes Problem zu seinen Lasten ungelöst bleibt, ein nach Lage der Dinge unzumutbares Opfer abverlangt wird (vgl. zu allem BVerwG, Beschluss vom 1. 9. 1999, BRS 62 Nr. 3 m. w. N.).

Das ist hier nicht der Fall. Der Planinhalt gewährleistet, dass Wohnnutzungen an der Großen Elbstraße weder durch den Straßenverkehrslärm noch durch den Hafenlärm unzumutbaren Belastungen ausgesetzt sind. Das schließt unter dem umgekehrten Blickwinkel zugleich eine Beeinträchtigung der gegenüber dem Plangebiet auf der Südseite der Elbe gelegenen Lärm verursachenden Hafenbetriebe in der Nutzung ihres Bestandes aus. Allerdings ist es in Ansehung des gebietsübergreifenden Rücksichtnahmegebots möglich, dass die Zulassung von Wohnungen durch die Baugenehmigungsbehörde den Hafenbetrieben in einer lärmsteigernden Ausdehnung Grenzen setzt. Dies allein nötigt den Inhabern der Hafenbetriebe aber in Abwägung mit dem öffentlichen Interesse an einer städtebaulichen Neuordnung des nördlichen Elbufers und dessen Entwicklung zu einem attraktiven, belebten, urbanen Lebensraum kein unzumutbares Opfer ab.

Nr. 18

1. **Die Gemeinde darf ein Grundstück bei entsprechend starkem städtebaulichen Interesse auch dann in die Planungen für die Erschließung neuer Bauflächen einbeziehen, wenn dessen Eigentümer seine Bebauung jedenfalls derzeit nicht wünschen.**

2. **Zur Frage, unter welchen Voraussetzungen gemeindeeigene Flächen zu einer bestimmten Trassierung von Erschließungsanlagen führen.**

3. **Die Pflicht, für die neuen Bauflächen Erschließungsbeiträge zahlen zu müssen, begründet i. d. R. auch dann keinen Abwägungsmangel, wenn der Eigentümer eine Bebauung seines Grundstücks nicht wünscht.**

4. **Eine Gemeinde darf ein Mischgebiet nicht mit der Begründung neben einen Festplatz planen, die von seiner Nutzung, namentlich dem dreitägigen Schützenfest ausgehenden Lärmbeeinträchtigungen riefen noch keine ernsthaften Gesundheitsschäden hervor.**

5. **Zum Nebeneinander von Wohn- und Festplatznutzung.**

18. BImSchV; BauGB § 1 Abs. 3, Abs. 7.

Niedersächsisches OVG, Urteil vom 17. November 2005 – 1 KN 127/04 – (rechtskräftig).

Die Antragsteller wenden sich gegen den Bebauungsplan der Antragsgegnerin „Bassumer Straße II" im Wesentlichen mit der Begründung, dieser Plan sei allein durch die Bauabsichten der Beigeladenen zu 3 und nicht städtebaulich motiviert, dränge ihnen wider Willen Bauflächen auf ihren rückwärtigen Grundstücksflächen und dazu die Pflicht zur Zahlung von Erschließungsbeiträgen auf und setze sie durch die Bebaubarkeit der straßenabgewandt gelegenen, baulich bislang ungenutzten Bereiche unzumutbarem Lärm aus.

Die Antragsteller sind Eigentümer des Grundstücks B.-Straße 49. Das Grundstück ist Teil eines Geländedreiecks. Dessen Nordspitze liegt am Schnittpunkt einer hier nordsüdlich verlaufenden Güter-Eisenbahnlinie und der B.-Straße. Die Südseite des Dreiecks bildet die St.riede (Straße). Im Westen wird das Dreieck von der von Nordost nach Südwest verlaufenden B.-Straße begrenzt.

Unmittelbar südlich des Planbereich grenzt ein größeres Areal, in dessen Mitte – zur B.-Straße hin – ein 80 m langer Schießstand steht. Das Gelände zwischen ihm und dem Südrand des angegriffenen Planes wird, von der B.-Straße aus betrachtet, zu ca. 2/5 als Festplatz der Antragsgegnerin genutzt. Das geschieht in der folgenden Weise: Einmal im Jahr wird das Schützenfest veranstaltet. Dazu werden ein ca. 600 m² großes Festzelt sowie fünf Fahrgeschäfte aufgebaut. Diese werden von Freitag auf Sonnabend und von Sonnabend auf Sonntag in der Zeit von 15.00 h bis 3.00 h genutzt. In der Nacht

von Sonntag auf Montag dauerte der Betrieb zum Zeitpunkt der Aufstellung des angegriffenen Planes bis 1.00 h; nach der Darstellung der Antragsgegnerin in der mündlichen
Verhandlung soll das Schützenfest am letzten Tag nunmehr um 22.00 h enden.

Außerdem wird dort in der Zeit von 19.00 bis 05.00 h in den Mai getanzt, mehrfach
im Jahr ein Zirkus, jeweils für 4 Tage und übers Wochenende (Vorstellungen 16.00 bis
18.00 und 20.00 bis 22.00 Uhr) aufgestellt sowie schließlich eine Gewerbeschau für
Geräte und Maschinen in der Zeit von Freitag bis Sonntag, jeweils 8.00 bis 20.00 h abge-
halten.

Der Geltungsbereich des angegriffenen Bebauungsplanes umfasst nicht das gesamte
dreieckige Areal. Der Planbereich endet im Süden mit den Grundstücken der Beigeladenen. Der Festplatz der Antragsgegnerin ist nicht einbezogen worden. Das Grundstück
der Antragsteller ist das mittlere des Plans.

Der Plan setzt entlang der B.-Straße das rund 25 m tiefe Mischgebiet 1 fest, an das
sich nach Osten das Mischgebiet 2 anschließt. Die textlichen Festsetzungen enthalten
einige Einschränkungen hinsichtlich der Nutzungsart.

Aus den Gründen:

Der Antrag hat Erfolg. Die von den Antragstellern hauptsächlich vorgetragenen Angriffe rechtfertigten eine Antragsstattgabe allerdings nicht.

Die fehlende städtebauliche Erforderlichkeit machen die Antragsteller
ohne Erfolg geltend. Nach § 1 Abs. 3 BauGB haben die Gemeinden die Bauleitpläne aufzustellen, sobald und soweit es für die städtebauliche Entwicklung
und Ordnung erforderlich ist. Die Vorschrift erkennt die Planungshoheit der
Gemeinde an und räumt dieser ein Planungsermessen ein. Ein Bebauungsplan ist deshalb „erforderlich" im Sinne dieser Vorschrift, soweit er nach dem
von der Gemeinde entwickelten planerischen Konzeption erforderlich ist
(BVerwG, Urteil v. 7. 5. 1971 – IV C 76.68 –, BauR 1971, 182 = BRS 24 Nr. 15).
Daran fehlt es, wenn die Planung ausschließlich den privaten Interessen
eines bestimmten Grundstückseigentümers dient (vgl. BVerwG, Beschluss v.
24. 8. 1993 – 4 NB 12.93 –, BRS 55 Nr. 119), wenn er nur zu dem Zweck vorgeschoben wird, einen Bauwunsch zu durchkreuzen (BVerwG, Urteil v.
16. 12. 1988 – 4 C 48.86 –, DVBl. 1989, 458), oder wenn wesentliche Antriebs-
feder der gemeindlichen Planung allein fiskalische Interessen sind.

Danach scheitert der Plan nicht an § 1 Abs. 3 BauGB. Es trifft zwar zu, dass
der Anstoß zur Aufstellung des angegriffenen Plans auf die Initiative zurück-
geht, welche die Beigeladene zu 3 Ende des Jahres 2000 für den rückwärtigen
Teil des Flurstücks 266/3 entwickelt hatte. Das Planvorhaben erschöpft sich
indes in der Erfüllung dieses Wunsches nicht. Die Antragsgegnerin hat diese
Initiative vielmehr zum Anlass genommen, eine städtebaulich tragfähige
Bebauung des oben geschilderten Geländedreiecks zu entwickeln. Dazu war
die Antragsgegnerin berechtigt. Es ist ein häufig zu beobachtender Vorgang,
dass Dritte die Bebauungsmöglichkeiten eines Gemeindebereiches in einer
Weise in Blick nehmen, auf welche die Gemeinde bis dahin nicht „gekommen"
war. Hierauf darf eine Gemeinde auch in der Weise reagieren, diese Initiative
aufzunehmen, dabei aber im städtebaulichen Interesse weitergehende Regelungen zu entwickeln. Das ist hier geschehen. Die Antragsgegnerin hat entschieden, eine isolierte Überplanung des Flurstücks 266/3 wäre Stückwerk
und ließe nicht nur auf dem Grundstück der Antragsteller einen aus städtebaulicher Sicht zu missbilligenden Zustand zurück, sondern durch Abschnü-

rung aller Entwicklungsmöglichkeiten auch auf dem nördlich anschließenden Flurstück. Zu dieser Einschätzung durfte sie deshalb gelangen, weil dessen nördlich anschließendes Nachbargrundstück so dicht bebaut ist, dass es zur Erschließung rückwärtiger Flächen nicht mehr geeignet ist, und dieses Grundstück (B.-Straße 45) so schmal ist, dass wegen des am Westrand aufstehenden Gebäudes von dort her eine Erschließungsanlage in dessen rückwärtigen Teil nicht geführt werden kann. Schon das begründet die Erforderlichkeit i. S. des § 1 Abs. 3 BauGB.

Im Ergebnis verletzt die angegriffene Planung aber das Abwägungsgebot. Nach § 1 Abs. 7 BauGB n. F. (= § 1 Abs. 6 BauGB in der zum Zeitpunkt des Satzungsbeschlusses v. 3. 3. 2004 geltenden Fassung) sind bei der Aufstellung der Bauleitpläne die öffentlichen und privaten Belange gegeneinander und untereinander gerecht abzuwägen. ... Diesen Anforderungen genügt die Planung der Antragsgegnerin nicht vollständig. Die von den Antragstellern hiergegen erhobenen Einwendungen greifen allerdings zunächst nicht durch.

Die Antragsgegnerin durfte das Grundstück der Antragsteller ohne Verstoß gegen die Abwägungspflicht in die Planung einbeziehen. Ihr Wille, ihre rückwärtigen Grundstücksflächen baulich nicht zu nutzen, stellt nicht gleichsam eine Sperrminorität dar, welche die planende Gemeinde nicht überwinden kann. Bei entsprechend gewichtigen städtebaulichen Absichten darf sie vielmehr auch solche Grundstücksflächen in die Planung einbeziehen. Solche Gründe sind hier ausreichenden Umfangs gegeben. Sie ergeben sich aus dem eigenartigen Zuschnitt des streitigen Gebiets und seiner Einbettung in die übrigen Baugebiete. Der streitige Bereich ist dadurch gekennzeichnet, dass auf zwei Grundstücken, nämlich dem der Antragsteller und dem Grundstück B.-Straße 43 Bebauung in den rückwärtigen Bereich vorgedrungen ist. Dies ist aber noch nicht in einer Weise geschehen, welche auf der Grundlage des § 34 BauGB eine städtebaulich auskömmliche Nutzung der bis zur Güterbahn reichenden rückwärtigen Flächen gestattete. Die zweite Baureihe auf dem Grundstück Nr. 43 ist vereinzelt geblieben. Vorbildwirkung entfalteten auch die auf dem Grundstück der Antragsteller stehende Halle und das Gewächshaus nicht, weil es sich hierbei nicht um Baulichkeiten handelt, welche der dauernden Wohnnutzung zu dienen bestimmt sind. Zudem weitet sich das Gelände nach Süden so deutlich aus, dass jedenfalls überwiegende Gründe für die Annahme sprechen, die bislang unbebauten Teile dieses Areals könnten ohne Bauleitplanung nicht genutzt werden. Eine solche Nutzung der rückwärtigen Grundstücksflächen durfte die Antragsgegnerin für städtebaulich veranlasst halten. Denn die nördlich, südlich, östlich und westlich davon gelegenen Flächen sind alle bebaut. Eine „Enklave", wie sie sich bei einer auf das Flurstück 266/3 beschränkten Planung zu bilden drohte, kann die Quelle stets aufs Neue vorgetragener Bauwünsche darstellen. Dem durfte die Antragsgegnerin planend mit einer Lösung vorbeugen, welche auch diese künftigen Bauwünsche berücksichtigt.

Es ist des Weiteren nicht zu beanstanden, dass die Antragsgegnerin die Plan gewordene Erschließungsvariante gewählt hat. Es trifft zwar zu, dass die planende Gemeinde nach der von den Antragstellern zitierten Rechtsprechung des Bundesverwaltungsgerichts (Urteil v. 6. 6. 2002 – 4 CN 6.01 –, BRS

65 Nr. 8; vgl. dazu auch Nds. OVG, Urteil v. 31. 5. 2005 – 1 KN 335/03 –, Vnb, Langtext JURIS sowie Senatsentscheidung v. 14. 4. 2004 – 1 KN 111/03 –, Nds. Rpfl. 2004, 359 = NuR 2005, 116) verpflichtet ist zu erwägen, ob das von ihr gewünschte Ergebnis nicht auch unter Einbeziehung von Flächen zu erreichen ist, welche in ihrem Eigentum stehen, und ob sie zu diesem Zwecke u. U. eine Verringerung der Möglichkeiten, ihre Planungsvorstellungen vollständig zu erreichen, um den Preis einer Schonung des Eigentums Privater hinzunehmen hat.

Eine daraufhin vorgenommene Überprüfung ergibt kein den Antragstellern günstiges Ergebnis. Das folgt schon aus den Besonderheiten des Gebietes. Wie oben dargelegt, kann eine Erschließung der rückwärtigen Bereiche des Grundstücks B.-Straße 45 nur über das Grundstück der Antragsteller erreicht werden. Dazu bestehen zwei Alternativen: Entweder die Plan gewordene oder aber die Anlegung einer Erschließungsanlage am Nordrand des Grundstücks der Antragsteller. Eine solche kann wegen der Enge des Grundstücks Nr. 45 nur über das Grundstück der Antragsteller geführt werden. Dort kollidiert dies zum einen mit der Zufahrtsmöglichkeit zu der rückwärtig stehenden Halle, zum anderen mit dem „Engpass", der zwischen Hallennordwand und Nebengebäude Nr. 45 besteht.

Für die Plan gewordene Variante streitet zudem der Grundsatz der Lastengleichheit. Dieser spricht zumindest tendenziell dafür, die Grundstücke mit den Nachteilen einer Planung zu belasten, welche – objektiv – von ihr profitieren (vgl. BVerwG, Beschluss v. 19. 4. 2000 – 4 BN 16. 00 –, NVwZ-RR 2000, 532 sowie Nds. OVG, Urteil v. 5. 4. 2000 – 1 K 5293/98 –, BauR 2000, 1456). Das tut der Festplatz der Antragsgegnerin nicht. Ihm vermittelt das Baugebiet keinen Erschließungs- oder Nutzungsvorteil. Würde die Straße unter Inanspruchnahme seiner Flächen, d. h. von Süden in das Baugebiet hinein geführt, würde auch dies es unumgänglich machen, das Grundstück der Antragsteller zum Vorteil des Grundstücks Nr. 45 in Anspruch zu nehmen. Einzige Folge dieser Variante wäre, dass auch das Grundstück der Beigeladenen zerschnitten würde; dem stünde aber kein greifbarer Vorteil gegenüber.

Die gefundene Lösung hat zudem den Vorzug, mit den Grundstücken Nr. 49 und 51 im Wesentlichen diejenigen mit Erschließungsflächen zu belasten, welche von dem Plan objektiv die meisten Vorteile haben. Dabei hat die Antragsgegnerin in Beachtung des Grundsatzes der Lastengleichheit den deutlich größeren Teil der westöstlich verlaufenden Erschließungsanlage auf dem Grundstück der Beigeladenen zu 3 festgesetzt; die Antragsteller werden lediglich mit einem Teil des Wendekreises sowie dem nach Norden weisenden „Stich" belastet. . . .

Die Antragsteller können nicht mit Erfolg rügen, sie würden durch die Planfestsetzungen der Gefahr ausgesetzt, Erschließungsbeiträge zahlen zu müssen. Zu diesem Problembereich hat der Senat in seinem zuvor zitierten Beschluss (v. 18. 5. 2005 – 1 MN 52/05 –) Folgendes ausgeführt: „Soweit die Antragstellerin eine hohe Belastung durch die Heranziehung zu Erschließungsbeiträgen für die Herstellung der E.-Straße befürchtet, begründet dieser Gesichtspunkt nicht die Abwägungsfehlerhaftigkeit des angegriffenen Bebauungsplanes. Mit einer Vielzahl von Plänen ist die spätere Verpflichtung verbunden, Erschließungsbeiträge zahlen zu müssen. Dies führt im Regelfall nicht, sondern ausnahmsweise allenfalls dann zur Abwägungswidrigkeit der angegriffenen Planungsentscheidung, wenn die durch die Erschließung erwachsenden Vorteile in einem krassen Missverhältnis zu den Belastungen durch die anfallenden Erschließungsbeiträge stehen.

Das gilt auch hier. Es mag sein, dass die Antragsteller beim ersten Versuch, ihre rückwärtigen Grundstücksflächen zu vermarkten, gescheitert sind. Der Interessent sprang allerdings, wie die Antragsteller selbst beklagt haben, u. a./insbesondere deshalb ab, weil seinerzeit auf dem rückwärtigen Bereich des Antragsteller-Grundstückes noch ein vergleichsweise großer Spielplatz vorgesehen gewesen war. Das hat sich jetzt geändert. Selbst wenn die Antragsteller für die rückwärtigen Grundstücksbereiche nicht den Preis erhielten, der ihnen während der anfänglichen Befürwortung des Planvorhabens vorgeschwebt sein mag, reichte dieser aus, um deutlich mehr zu erlösen, als erforderlich ist, um die zu erwartenden Erschließungsbeiträge zahlen zu können.

Der Normenkontrollantrag hat allerdings aus einem der beiden in der mündlichen Verhandlung erörterten Gesichtspunkte Erfolg. ...

Die Antragsgegnerin hat die Lärmproblematik planerisch nicht (richtig) bewältigt, die sich aus der unveränderten Beibehaltung der Festplatznutzung, insbesondere im Hinblick auf das alljährlich stattfindende Schützenfest ergibt.

Nach dem Ergebnis der schalltechnischen Untersuchung der Gesellschaft für technische Akustik (GTA) von 2001 zur Aufstellung des Bebauungsplanes betragen die Spitzenpegel jedes der fünf auf dem Schützenfest aufgestellten Fahrgeschäfte 115 dB(A); der des Festzeltes beträgt danach 110 dB(A). Unter Berücksichtigung des Zuschlages von 3 dB(A), der wegen der Schützenfestzeiten (Sonnabend und Sonntag) zur Berücksichtigung des gesteigerten Ruhebedürfnisses gemacht werden muss, führt dies nach den Ermittlungen der GTA „am Südrand des Plangebietes" zu Lärmeinwirkungen von 77/65 dB(A). Dazu heißt es im Gutachten: Der für seltene Ereignisse nach der TA Lärm (6.3) geltende Wert von 70 dB(A) wird überschritten. Der Wert von 70 dB(A) wird im ungünstigsten Fall in einem Abstand von 18 m (für Werktage) bzw. 30 m (für Sonn- und Feiertage, also mit dem Ruhezeitenzuschlag von 3 dB(A)) – gemessen vom Südrand des Bebauungsplan-Geltungsbereiches – erreicht. Für die Nachtzeit sind in der südwestlichen Ecke des Plangebietes Beurteilungspegel von 65 dB(A) zu erwarten. Der für seltene Ereignisse Immissionsrichtwert von nachts 55 dB(A) wird fast im gesamten Plangebiet überschritten. Die Geräuschimmissionen sind dabei wesentlich durch das Festzelt bestimmt.

Dies hat die Antragsgegnerin im Wesentlichen mit den folgenden Erwägungen wegzuwägen versucht: Das Schützenfest sei eine Traditionsveranstaltung, welche für das Kommunikationsbedürfnis der Einwohner von K. von hervorragender Bedeutung sei. Immerhin habe man die Bauflächen bis zu 25 m vom Südrand des Planes nach Norden abgerückt. Echte Gesundheitsgefahren – etwa Schäden am Gehör – seien wegen der vergleichsweise geringen Einwirkungszeiten nicht zu erwarten; das sei erst bei Einwirkungen ab 85 dB(A) zu befürchten. Es sei auch nicht zu erwarten, dass Spitzengeräusche

90 dB(A) überschritten. Das Interesse der Anwohner an erholsamem Schlaf habe daher mit Rücksicht auf die Bedeutung des Schützenfestes als Traditionsveranstaltung und auf das Kommunikationsbedürfnis der Ortsbevölkerung zurückzutreten. Es sei nicht eine rein kommerzielle Veranstaltung, sondern wurzele in der örtlichen Tradition.

Das stellt keine i. S. des § 1 Abs. 6 BauGB a. F. (= Abs. 7 n. F.) gerechte Abwägung dar.

Die Auffassung der Antragsgegnerin, die Festplatznutzung hätten diejenigen, welche sich im Gebiet des angegriffenen Planes ansiedelten, bis an den Rand der Gesundheitsbeschädigung hinzunehmen, ist abwägungswidrig.

Das Verhältnis von Wohn- und Festplatznutzung, namentlich von Wohnnutzung und Schützenfest ist nicht einfach zu bestimmen. Hier stehen in Widerstreit das Bedürfnis nach Wohnruhe einerseits und nach Veranstaltung eines Traditionsfestes andererseits, das für das Zusammenleben in überschaubar großen Gemeinden oder Gemeindeteilen von nicht zu unterschätzender Bedeutung ist. Eine gute Orientierungshilfe zur Lösung dieses Konfliktes bietet die sog. Freizeitlärm-Richtlinie verschiedener niedersächsischer Ministerien i. d. F. v. 8. 1. 2001 (MBl., 201). Sie gilt nach ihrer Definition (tiré 1) gerade auch für die Veranstaltung von Schützenfesten. Sie empfiehlt, sich bei der Beurteilung ihrer Nachbarverträglichkeit an den Werten zu orientieren, welche in der Technischen Anleitung zum Schutz gegen Lärm (v. 26. 8. 1998, GMBl., 503; nachfolgend TA Lärm 1998) für nicht genehmigungsbedürftige Anlagen bestimmt worden sind. Diese sollen mit der Maßgabe gelten, die Ruhezeitenzuschläge auch für die Baugebiete anzusetzen, welche in Nr. 6.1 der TA Lärm 1998 aufgeführt worden sind; dazu zählen auch Mischgebiete. Anzuwenden sind abweichend von 7.2 TA Lärm 1998 die in der Sportanlagenlärmschutzverordnung (18. BImSchV v. 18. 7. 1991, BGBl. I, 1588, ber. 1790) enthaltenen Regelungen über die seltenen Ereignisse. Solche dürfen damit an insgesamt 18 Tagen im Jahr stattfinden und höhere Lärmeinträge verursachen, als dies nach den allgemein geltenden Orientierungswerten der Fall ist.

Bei Zugrundelegung der für Mischgebiete geltenden Orientierungswerte gelten in Anwendung dieser Regelungen an 18 Tagen im Jahr Mittelungspegel von 70/55 dB(A), d. h. die Orientierungswerte, welche die Gesellschaft für technische Akustik ihrer im Planaufstellungsverfahren erstatteten schalltechnischen Untersuchung zugrunde gelegt hatte.

Selbst wenn man berücksichtigt, dass dies nur Orientierungs- und damit nicht schematisch anzuwendende Werte darstellen, ist (selbst) die Festsetzung eines Mischgebietes in unmittelbarer Nachbarschaft zu einer unveränderten Festplatz-/Schützenfestnutzung nicht zu rechtfertigen. Dafür sind die Überschreitungen der Orientierungswerte erheblich zu groß. Diese erreichen auch nach den Erläuterungen der Vertreterinnen der Antragsgegnerin in der mündlichen Verhandlung in einem Teilbereich des Plans trotz Abrückens der Bauflächen nach Norden zur Tagzeit einen Überschreitungswert von bis zu 5 dB(A). In der Nachtzeit werden die genannten, für seltene Ereignisse und Mischgebiete geltenden Orientierungswerte nach diesen Darlegungen praktisch im gesamten Plangebiet überschritten; nur in einem kleinen Zipfel im

Nordosten werden sie eingehalten. Darauf aufbauend sind folgende Ausführungen veranlasst:

Der 7. Senat des Nds. OVG hat in seiner Entscheidung v. 17.5. 1995 (– 7 L 4452/93 –, GewArch 1996, 117 = BImSchG-Rspr. §23 Nr. 12 und Volltext JURIS) in Einklang mit der Rechtsprechung des BVerwG (vgl. z. B. Urteil v. 24.9. 1991 – 7 C 12.90 –, BVerwGE 88, 143) ausgeführt, bei der Einzelfallbetrachtung, die für die Beurteilung der Verträglichkeit von Wohn- und Festplatznutzung anzustellen sei, könnten die Regeln, welche in der Freizeitlärmrichtlinie verschiedener niedersächsischer Ministerien (jetzt: v. 8.1.2001, MBl., 201) enthalten sind, als Orientierungswerte berücksichtigt, jedoch nicht rechtssatzartig angewandt werden. ...

Nach der Rechtsprechung des Bundesgerichtshofes (vgl. zum Folgenden Urteil v. 23.3. 1990 – V ZR 58/89 –, BGHZ 111, 63 und v. 26.9. 2003 – V ZR 41/03 –, BauR 2004, 300 = BRS 66 Nr. 175), der sich der Senat anschließt, hat Folgendes zu gelten: Die Freizeitlärm-Richtlinie kann eine brauchbare Entscheidungshilfe darstellen. Sie ist allerdings nicht schematisch, sondern unter Beachtung der Umstände des Einzelfalls anzuwenden. Danach kann eine Überschreitung der Orientierungswerte insbesondere dann in Betracht kommen, wenn die Höchstzahl der seltenen Ereignisse (18 pro Jahr) deutlich unterschritten wird. Eine Rolle spielen kann auch der Traditionscharakter eines Festes. Umgekehrt ist zum Vorteil der Anlieger zu beachten, dass selbst Traditionsfeste mittlerweile unter Einsatz moderner Lautverstärker veranstaltet werden. Deren Frequenz wirkt besonders eindringlich. Ihr Lästigkeit wird zusätzlich dadurch verstärkt, dass die Musikgeräusche unregelmäßig und mit dem Bestreben auftreten, besondere Aufmerksamkeit zu erregen. Namentlich die Impulshaltigkeit des heute in keiner Tanzkapelle fehlenden Schlagzeugs macht sich nachteilig bemerkbar. Besondere Bedeutung haben zudem die Zeiten, zu denen solche Feste stattfinden. Nach 22.00 h sind ihre akustischen Auswirkungen ungeachtet des Traditionscharakters verstärkt auf ein nachbarverträgliches Maß zurückzuführen. Dieser Charakter kann auch nicht für eine Überschreitung der Immissionsrichtwerte ins Feld geführt werden. Denn die Freizeitlärm-Richtlinie berücksichtigt ja schon durch die gegenüber „normalen" Orientierungswerten heraufgesetzten Richtwerte für seltene Ereignisse, dass bei Traditionsveranstaltungen ausnahmsweise höhere Werte gelten dürfen. Dieser Gesichtspunkt darf damit nicht zweimal zum Nachteil der Nachbarschaft ins Feld geführt werden. Dasselbe gilt hinsichtlich der Häufigkeit einer solchen Veranstaltung. Dabei kann sich eine Veranstaltung etwas stärker gegen die Nutzungswünsche und -ansprüche benachbarter Wohnbebauung durchsetzen, wenn es sich um eine eintägige Veranstaltung handelt und diese in der Nachbarschaft akzeptiert ist. Dann können sogar solche Veranstaltungen als ortsüblich und nicht mehr wesentlich störend zugelassen werden, welche die für Abend- und Nachtzeiten geltenden Richtwerte der Freizeitlärm-Richtlinie überschreiten. Auch dann aber ist zeitlich nur der Korridor bis Mitternacht geöffnet. Eine über Mitternacht hinausgehende erhebliche Überschreitung der Richtwerte kann in aller Regel nicht mehr als unwesentlich qualifiziert werden.

Daraus folgt: Die Annahme der Antragsgegnerin, den Anwohnern dürfe der vom Schützenfest ausgehende Lärm bis zur Schwelle ernstlicher Gesundheitsschäden zugemutet werden, ist nicht tragfähig. Die von der GTA im Planaufstellungsverfahren ermittelten Werte rechtfertigen diese Planfestsetzungen auch objektiv nicht. Gleich an zwei aufeinander folgenden Nächten sollen bis immerhin 3.00 Uhr, d. h. für 5/8 der Nachtzeit die für seltene Ereignisse geltenden, d. h. gesteigerten Orientierungswerte fast im gesamten Gebiet überschritten werden. Dies kann gerade nicht mit der Erwägung gerechtfertigt werden, es handele sich „nur" um Wochenendnächte, jedenfalls in der Nacht zum Montag könne der für die Arbeitsaufnahme erforderliche Schlaf ausreichenden Umfangs gefunden werden. Schon Letzteres traf beim Satzungsbeschluss vom März 2004 nicht zu, weil seinerzeit das Fest erst um 1.00 Uhr in der Frühe endete. Zudem genießen die Nächte vom Wochenende besonderen Schutz, weil es sich um Ruhezeiten, d. h. Bereiche handelt, in denen die Wohnbevölkerung das in der Woche aufgestaute Schlafdefizit soll kompensieren können. Zu berücksichtigen ist des Weiteren, dass die Planflächen schon tagsüber mit einem Lärmteppich belegt werden, dessen Intensität jedenfalls in Teilbereichen die „gesteigerten" Orientierungswerte der Freizeitlärm-Richtlinie überschreitet. Die Antragsgegnerin hat zudem nicht einmal versucht, diesen Konflikt zu entschärfen, etwa indem sie den Festplatz in den Planbereich einbezogen und dabei versucht hätte, den Aufstellungsort des Festzeltes, nach dem GTA-Gutachten die Hauptlärmquelle, baugebietsabgewandt zu positionieren. Das Planaufstellungsbestreben geht vielmehr dahin, diesen Lärm vollkommen ungehemmt auf die Planflächen einwirken zu lassen. Das ist keine gerechte, d. h. die berechtigten Belange beider miteinander konkurrierenden Interessen würdigende Abwägung, welche auf einen Ausgleich bedacht ist/wäre, sondern eine einseitige Bevorzugung des einen Belangs unter ungerechtfertigter Zurückstellung bzw. Nichtbeachtung des anderen.

Es ist auch nicht möglich, die Lösung dieses Nutzungskonfliktes in das Genehmigungsverfahren nach dem Gaststättenrecht und die Sperrzeitenregelungen zu transferieren. Ziel des angegriffenen Planes ist vielmehr, den Planunterworfenen aufzuerlegen, diese Lärmeinwirkungen aus Anlass des Schützenfestes (daneben ist noch der Tanz in den Mai mit seiner Veranstaltungszeit von 19.00 bis 05.00 Uhr zu beachten) zu dulden und diesen Abwehransprüche abzuschneiden. Die Antragsgegnerin hat in der Planbegründung gerade nicht Verständnis für das Ruhebedürfnis der künftigen Bewohner erkennen lassen, sondern gemeint annehmen zu dürfen, diese müssten diese Lärmbeeinträchtigungen aus den genannten Gründen bis an die Schwelle der Gesundheitsbeeinträchtigung hinnehmen. Unter Berufung auf den Grundsatz planerischer Zurückhaltung können die Planfestsetzungen daher ebenfalls nicht „gehalten" werden.

Nr. 19

1. **Betriebsregelungen zum Schutz gegen nächtlichen Fluglärm unterliegen den rechtlichen Anforderungen des fachplanerischen Abwägungsgebots.**

2. Nachtflugregelungen für einen Verkehrsflughafen dürfen auf eine Bedarfslage ausgerichtet sein, die zwar noch nicht eingetreten ist, aber bei vorausschauender Betrachtung in absehbarer Zeit mit hinreichender Sicherheit erwartet werden kann.

3. Eine Nachtflugregelung, die im Vorgriff auf einen noch nicht absehbaren Bedarf erlassen wird, kann als reine „Vorratsplanung" abwägungsfehlerhaft sein. Im Fall einer vorzeitigen Planungsentscheidung erlangen die Lärmschutzbelange der Flughafenanwohner aus Rechtsschutzgründen ein besonderes Gewicht.

4. Eine Nachtflugregelung ist nicht schon deshalb abwägungsfehlerhaft, weil sie die nächtlichen Flugbewegungen nicht durch eine zahlenförmige Höchstgrenze (Bewegungskontingent), sondern durch ein maximales nächtliches Lärmvolumen beschränkt.

LuftVG § 6 Abs. 1, 2, Satz 3 und 4, Abs. 4.

Bundesverwaltungsgericht, Urteil vom 20. April 2005 – 4 C 18.03 –.

(Bayerischer VGH)

Die Kläger wenden sich gegen die vom beklagten Freistaat mit Änderungsgenehmigung vom März 2001 erlassene neue Nachtflugregelung für den Flughafen München. Der Flughafen München (II) wurde 1974 luftrechtlich genehmigt und 1979 planfestgestellt. Die bisherige Nachtflugregelung war Gegenstand des 31. Änderungsplanfeststellungsbeschlusses vom August 1991. Danach waren in der Zeit von 22.00 Uhr bis 24.00 Uhr und zwischen 05.00 Uhr und 06.00 Uhr (Nacht-Rand-Stunden) bis zu 28 planmäßige Flugbewegungen im gewerblichen Linien- und Bedarfsluftverkehr und insgesamt bis zu 38 Flugbewegungen einschließlich der Verspätungsflüge generell zulässig. In der Kernzeit der Nacht (24.00 bis 5.00 Uhr) konnten Flugbewegungen nur in begründeten Ausnahmefällen gestattet werden.

Im September 1999 beantragte die beigeladene F. M. GmbH die Änderung der bestehenden Nachtflugregelung. Der Antrag zielte auf die Streichung des Bewegungskontingents von 38 Flugbewegungen in den Nachtrandstunden. Der Schutz einer weitgehend bewegungsfreien Kernzeit zwischen 24.00 und 05.00 Uhr sollte beibehalten werden. Zur Begründung machte die Beigeladene unter Vorlage zahlreicher Gutachten geltend: Die Verkehrsentwicklung auf dem Flughafen und seine Verkehrsbedeutung hätten die Grundlagen der bisherigen Regelung obsolet werden lassen. Der Flughafen habe sich zu einem maßgeblichen Umsteigerflughafen in Europa entwickelt. Das führe zu einem Anstieg der Nachfrage nach Flugverbindungen in den Randstunden der Nacht. Seine Verkehrsfunktion als europäischer Luftverkehrsknotenpunkt könne der Flughafen nur ausfüllen, wenn – wie bei anderen Verkehrsflughäfen entsprechender Größenordnung auch – Luftverkehr in diesen Stunden verkehrs- und bedarfsgerecht abgewickelt werden könne. Dabei seien die besonderen luftverkehrlichen Belange derjenigen Luftverkehrsgesellschaften zu berücksichtigen, die den Flughafen München zum Heimatflughafen oder Wartungsschwerpunkt gewählt hätten.

Nach Einholung eines lärmpsychologischen und eines lärmphysikalischen Gutachtens änderte der Beklagte mit Bescheid vom März 2001 die bisherige Nachtflugregelung für den Flughafen München ab. Die zahlenmäßige Begrenzung des nächtlichen Flugbetriebs in Form eines Bewegungskontingents entfällt. In den Randstunden der Nacht sind nunmehr bis zu 28 planmäßige Flugbewegungen sowie verspätete Landungen und Starts, verfrühte Landungen (von 05.00 bis 06.00 Uhr), Flüge von Luftfahrtunternehmen mit Wartungsschwerpunkt auf dem Flughafen München und planmäßige Starts oder Landungen von Flugzeugen, die an jeder einzelnen Lärmmessstelle in der Umgebung des Flughafens im Mittel keinen höheren Einzelschallpegel als 75 dB(A) erzeugen, generell zulässig. Die wie bisher von einigen Ausnahmen durchbrochene Freihaltung der Kernzeit der Nacht (24.00 bis 05.00 Uhr) wird beibehalten. Die Regelung der Betriebszeiten wird durch lärmbegrenzende Betriebsbeschränkungen ergänzt. Die Nachtflugbewegungen unterliegen in ihrer Gesamtheit einem Lärmkontingent, das für die Durchschnittsnacht eines Kalenderjahres für alle Starts und Landungen auf $N_{eq}=$ 105 festgesetzt wird und nicht überschritten werden darf. An den Schnittpunkten der Flugkorridore mit der jeweils äußeren Grenzlinie des ausgewiesenen kombinierten Tag-/Nachtschutzgebietes darf der Nachtflugverkehr den energieäquivalenten Dauerschallpegel von $L_{eq}=$ 50 dB(A) für die Durchschnittsnacht eines Kalenderjahres nicht überschreiten. Ab Sommerflugplan 2002 dürfen in der Zeit zwischen 22.00 Uhr und 06.00 Uhr nur noch Flugzeuge starten und landen, die in der jeweils aktuellen Bonusliste des Bundesministeriums für Verkehr, Bau- und Wohnungswesen geführt werden. Die Genehmigungsbehörde behält sich das Recht vor, die Bonusliste zu modifizieren. Passiver Lärmschutz wird auf der Grundlage einer mehr als sechsmaligen Überschreitung des Maximalpegels von 70 dB(A) außen nachts gewährt. Schutzziel ist die Verhinderung von höheren Einzelpegeln als 55 dB(A) im Rauminneren.

Der Verwaltungsgerichtshof hat die Klage abgewiesen.

Aus den Gründen:

Die Revision der Kläger ist begründet. Das angefochtene Urteil wird den rechtlichen Anforderungen, die das fachplanerische Abwägungsgebot an die Neuregelung des Nachtflugbetriebes auf dem Verkehrsflughafen München stellt, nicht in jeder Hinsicht gerecht und verletzt insoweit Bundesrecht. Die tatsächlichen Feststellungen des Verwaltungsgerichtshofs lassen im Revisionsverfahren keine abschließende Entscheidung über die Rechtmäßigkeit der Änderungsgenehmigung und damit über den in erster Linie gestellten Aufhebungs- bzw. Neubescheidungsantrag der Kläger zu. Eine Entscheidung in der Sache erfordert eine weitere Aufklärung des Sachverhalts, die dem Revisionsgericht verwehrt ist. Das angefochtene Urteil ist daher aufzuheben und die Sache zur anderweitigen Verhandlung und Entscheidung an den Verwaltungsgerichtshof zurückzuverweisen (§ 144 Abs. 3 Satz 1 Nr. 2 VwGO). ...

1. Die angefochtene Änderungsgenehmigung unterliegt den rechtlichen Anforderungen an eine fachplanerische Abwägungsentscheidung.

1.1 Sie findet ihre Ermächtigungsgrundlage in § 8 Abs. 4 Satz 2 i. V. m. § 6 Abs. 4 Satz 2 LuftVG (i. d. F. der Bekanntmachung v. 27. 3. 1999, BGBl. I, 550). Danach bedarf die Änderung einer betrieblichen Regelung, die – wie hier die umstrittene Nachtflugregelung – zuvor Gegenstand einer Änderungsplanfeststellung war, keiner erneuten Planfeststellung, sondern (nur) einer Genehmigung entsprechend § 6 Abs. 4 Satz 2 LuftVG. Nach dieser Vorschrift ist eine Änderung der Genehmigung erforderlich, wenn die Anlage oder der Betrieb des Flugplatzes wesentlich erweitert oder geändert werden soll. Diese Voraussetzung ist hier erfüllt. Ob der nächtliche Flugbetrieb „wesentlich" erweitert wird, hängt von den Umständen des Einzelfalls ab und bemisst sich u. a. danach, ob und inwieweit Betriebsänderungen die Lärmbelastung in der Umgebung des Flugplatzes erhöhen (vgl. BVerwG, Urteil vom 16. 12. 1988 – 4 C 40.86 –, BVerwGE 81, 95, 104 f.). Nach den Feststellungen des Verwaltungsgerichtshofs ist überall in der Nachbarschaft des Flughafens München, vor allem aber innerhalb des Nachtschutzgebiets, mit einer teilweise erheblichen Steigerung des tatsächlichen nächtlichen Fluglärms zu rechnen.

1.2 Die luftverkehrsrechtliche Genehmigung oder deren Änderung, der keine Planfeststellung nach § 8 LuftVG nachfolgt, ist durch eine Doppelnatur gekennzeichnet. Sie ist einerseits Unternehmergenehmigung, andererseits aber auch Planungsentscheidung (vgl. BVerwG, Beschluss v. 7. 11. 1996 – 4 B 170.96 –, Buchholz 442.40 § 8 LuftVG Nr. 13; Urteil v. 7. 7. 1978 – 4 C 79.76 u. a. –, BVerwGE 56, 110, 135 f.). Das gilt auch für die hier angegriffene Änderungsgenehmigung, soweit sie die Erhöhung und zeitliche Verteilung der für die Nacht zugelassenen Flugbewegungen und das geänderte Lärmschutzkonzept des Beklagten festlegt. Betriebsregelungen zum Schutz vor nächtlichem Fluglärm sind Gegenstand der planerischen Gestaltungsfreiheit der Genehmigungsbehörde (BVerwG, Urteil v. 29. 1. 1991 – 4 C 51.89 –, BVerwGE 87, 332, 366). Sie stehen in einem engen sachlichen Zusammenhang mit der „Konzeption des Flughafens und der Gesamtplanung seiner Verwendung" (vgl. BVerwG, Urteil v. 26. 7. 1989 – 4 C 35.88 –, BVerwGE 82, 246, 250).

1.3 Bei der Ausübung ihrer Gestaltungsfreiheit unterliegt die Genehmigungsbehörde den Bindungen des fachplanerischen Abwägungsgebots (vgl. BVerwG, Beschluss v. 20. 2. 2002 – 9 B 63.01 –, Buchholz 442.40 § 6 LuftVG Nr. 32 S. 3; Urteil v. 26. 7. 1989 – 4 C 35.88 –, a. a. O., S. 250). Als Lärmbetroffene können Anwohner und kommunale Gebietskörperschaften in der Flughafenumgebung geltend machen, die Genehmigungsbehörde habe das Abwägungsgebot verletzt. Lärmbetroffenen steht ein subjektiv-öffentliches Recht auf gerechte Abwägung ihrer eigenen Belange zu. Dieser Anspruch umfasst auch den Schutz vor nächtlichem Fluglärm. Abwägungserheblich ist jede nicht nur geringfügige Lärmbelastung. In diesem Umfang besitzen die fachplanungsrechtlichen Abwägungsvorschriften nach der st. Rspr. des Bundesverwaltungsgerichts zugunsten der Lärmbetroffenen „drittschützende Wirkung" (zum Luftverkehrsrecht vgl. etwa BVerwG, Urteil v. 7. 7. 1978 – 4 C 79.76 u. a. –, a. a. O., S. 123; Urteil v. 29. 1. 1991 – 4 C 51.89 –, a. a. O., S. 342; Urteil v. 27. 10. 1998 – 11 A 1.97 –, BVerwGE 107, 313). Das gilt auch für die fachplanerischen Bestandteile einer Änderungsgenehmigung im Rahmen von § 6 Abs. 4 Satz 2 LuftVG.

Einen Rechtsanspruch auf Fortbestand der bisherigen Nachtflugregelung haben Lärmbetroffene nicht. Sie können lediglich beanspruchen, dass bei der Änderung der Regelung die Vorschriften und Grundsätze beachtet werden, die ihrem Schutz dienen. Dabei ist auch das Interesse der Betroffenen an der Erhaltung wesentlicher Bestandteile des bisherigen Lärmschutzkonzepts gegen das Interesse des Flughafenbetreibers an der beabsichtigten Änderung abzuwägen (vgl. auch BVerwG, Urteil v. 14. 9. 1992 – 4 C 34-38.89 –, BVerwGE 91, 17, 19).

Lärmbetroffene können ferner beanspruchen, dass ihre Lärmschutzbelange mit dem ihnen zustehenden Gewicht in die planerische Abwägung der Genehmigungsbehörde eingestellt und mit den für das Vorhaben angeführten öffentlichen Verkehrsbelangen in einen Ausgleich gebracht werden, der zur objektiven Gewichtigkeit ihrer Belange nicht außer Verhältnis steht (vgl.

BVerwG, Urteil v. 11.7.2001 – 11 C 14.00 –, BVerwGE 114, 364, 367). Setzen sie sich gegen eine erweiterte Nachtflugregelung zur Wehr, sind sie nicht auf den Einwand beschränkt, die Genehmigungsbehörde habe ihre Lärmbelastung nicht ordnungsgemäß ermittelt oder unterbewertet. Das Gewicht individueller Lärmschutzbelange und das Maß ihrer Zurückstellung stehen notwendig in einer Wechselbeziehung zu dem Gewicht der für die Neuregelung angeführten öffentlichen Verkehrsinteressen (in diesem Sinne bereits BVerwG, Urteil v. 14.2.1975 – 4 C 21.74 –, BVerwGE 48, 56, 66f. – zum Immissionsschutz in der Straßenplanung). Mit dem Gewicht der Lärmschutzbelange steigen die Anforderungen an die Darlegung des Verkehrsbedarfs, der eine Erweiterung der Nachtflugmöglichkeiten rechtfertigen soll. Je dringlicher ein bestimmter Nachtflugbedarf tatsächlich ist, desto bedeutsamer ist sein Gewicht im Rahmen der Abwägung (BVerwG, Urteil v. 29.1.1991 – 4 C 51.89 –, a.a.O., S. 368). Umgekehrt gilt: Die Zulassung eines erhöhten Nachtflugbetriebs kann sich gegenüber Lärmbetroffenen als unverhältnismäßig erweisen, wenn die Genehmigungsbehörde den Nachtflugbedarf zu hoch angesetzt und überbewertet hat. Auch unter diesem Gesichtspunkt können Lärmbetroffene die gerichtliche Überprüfung einer erweiterten Nachtflugregelung beanspruchen. Das vorliegende Revisionsverfahren gibt Gelegenheit, die rechtlichen Voraussetzungen zu konkretisieren, die einen solchen Gewichtungsfehler zulasten der Flughafenanwohner begründen können.

2. Das Urteil des Verwaltungsgerichtshofs ist mit Bundesrecht nicht vereinbar, weil es bei der Überprüfung des vom Beklagten angeführten gesteigerten Nachtflugbedarfs hinter den Anforderungen des fachplanungsrechtlichen Abwägungsgebots zurückbleibt. Die Vorinstanz zieht das Ausmaß, in dem die Nachtflugmöglichkeiten erweitert werden, unter dem Gesichtspunkt der Dringlichkeit zwar ernsthaft in Zweifel, lässt aber im Ergebnis offen, ob die Änderungsgenehmigung aus diesem Grund an einem durchgreifenden Abwägungsfehler leidet. Dabei verkennt der Verwaltungsgerichtshof die rechtlichen Schranken, die das fachplanerische Abwägungsgebot einer Nachtflugregelung zieht. Von seinem unzutreffenden materiell-rechtlichen Prüfungsansatz aus unterlässt er es, den vom Beklagten angenommenen Verkehrsbedarf in der gebotenen Weise zu überprüfen.

2.1 Der Verwaltungsgerichtshof befasst sich mit der vom Beklagten angeführten Steigerung des Nachtflugbedarfs zunächst aus der Sicht des allgemeinen Fachplanungsrechts und sodann – in einem weiteren Abschnitt – aus dem Blickwinkel der Raumordnung. Im ersten Teil seiner Ausführungen stellt er fest, dass die tatsächlichen Nachtflugbewegungen im Zeitpunkt seiner Entscheidung noch weit von der rechtlich möglichen Bewegungszahl entfernt seien. Durch das nunmehr eröffnete (Nachtflug-)Angebot werde eine möglicherweise noch nicht vorhandene Nachfrage erst stimuliert. Aus allgemeiner fachplanerischer Sicht sei eine solche „Angebotsplanung" zulässig, wenn sie sich auf besondere Gründe stützen könne. Angesichts der vom Beklagten prognostizierten jährlichen Steigerung der Flugbewegungen bis zum Jahr 2010 könne dem Beklagten jedenfalls nicht vorgeworfen werden, er habe die erweiterten Nachtflugmöglichkeiten „gänzlich am Bedarf vorbei verfügt".

Erhebliche rechtliche Bedenken gegen die „Angebotsplanung" des Beklagten formuliert der Verwaltungsgerichtshof aus der Sicht der Raumordnung. Beurteilungsmaßstab sind die landes- und regionalplanerischen Festsetzungen zum Flughafen München. Im Landesentwicklungsprogramm Bayern vom Januar 1994 (GVBl., 25) heißt es unter B X 5.1: „Der Verkehrsflughafen München ... soll die interkontinentale Luftverkehrsanbindung ganz Bayerns und die nationale und kontinentale Luftverkehrsanbindung Südbayerns langfristig sicherstellen". Ferner wird bestimmt, dass die Belastung der Bevölkerung durch zivilen und militärischen Fluglärm zu senken ist (B XIII 3.2). Der Regionalplan für die Region 14 (München) i. d. F. vom Februar 1987 legt fest: „Auf eine nachhaltige Verringerung der Lärmbelastung durch Flugbetrieb soll hingewirkt werden. Die Lärmbelastungen durch den neuen Verkehrsflughafen München sollen nachts so gering wie möglich gehalten werden" (B XII 2.5.4 – ebenso die Planfassung vom August 2002 unter B II 6.4). Der Verwaltungsgerichtshof sieht hierin Grundsätze der Raumordnung i. S. von § 2 Abs. 2 ROG a. F. (vgl. nunmehr § 3 Nr. 3 ROG 1998) und entnimmt ihnen „ein Lärmminderungsgebot oder zumindest ein Lärmerhöhungsverbot", das dem Fachplanungsrecht so nicht bekannt sei und durch die angefochtene Genehmigung verletzt werde. Das für die Nachtflugregelung von 1991 prognostizierte Lärmvolumen werde nach der Neuregelung um fast das Doppelte übertroffen. Hieraus folgert er:

Der Beklagte habe die Lärmschutzvorgaben des Regionalplans in seiner Abwägung allenfalls mit Rücksicht auf das im Landesentwicklungsprogramm abgesicherte Luftverkehrsinteresse Bayerns zurückdrängen dürfen. Die Genehmigungsbehörde habe jedoch die Frage außer Acht gelassen, ob nicht eine maßvollere Erhöhung der Nachtflugbewegungen vorzuziehen gewesen wäre. Ein echter Konflikt zwischen den beteiligten Belangen, der eine so weit gehende Öffnung erzwungen und auch nur nahe gelegt hätte, sei derzeit kaum erkennbar. Eine spätere Anpassung der Nachtflugregelung an einen etwa gestiegenen Bedarf sei technisch unschwer möglich. Sie hätte gewährleistet, dass eine Abwägung dann stattfinde, wenn ein Konflikt der Belange absehbar sei und nicht nur abstrakt vermutet werde. Es dränge sich daher der Eindruck auf, dass der Beklagte den Ausgleich zwischen Verkehrsbedarf und Lärmschutz in einer Weise vorgenommen habe, die zur objektiven Gewichtigkeit der Lärmschutzbelange außer Verhältnis stehe. Einer abschließenden Entscheidung hierzu bedürfe es indessen nicht, weil die Lärmschutzvorgaben des Regionalplans einen öffentlichen Belang darstellten, dessen Berücksichtigung im Rahmen der luftverkehrsrechtlichen Abwägung die Kläger nicht beanspruchen könnten. Der Regionalplan entfalte insoweit keine Schutzwirkung zugunsten Privater.

Die bundesrechtlichen Bedenken, denen diese Erwägungen ausgesetzt sind, betreffen nicht die Auslegung der regionalplanerischen Vorgaben. Sie gehören dem nicht revisiblen Landesrecht an. An ihre Auslegung durch die Vorinstanz ist das Revisionsgericht gebunden (§ 173 VwGO, § 560 ZPO). Hier ist auch nicht zu entscheiden, ob Lärmschutzvorgaben eines Regionalplans für die Umgebung eines bestimmten Flughafens unter der Geltung von § 7 Abs. 7 Satz 2 ROG 1998, der ausdrücklich auch private Belange in die raumordnerische Abwägung einbezieht, in ihrer rechtlichen Tragweite stets angemessen erfasst werden, wenn sie ausschließlich als Ausdruck öffentlicher Raumordnungsbelange ohne individualrechtliche Schutzwirkung gewertet werden. Zu beanstanden ist, dass der Verwaltungsgerichtshof den erheblichen Bedenken an der Ausgewogenheit der neuen Nachtflugregelung, die er aus raumordnungsrechtlicher Sicht äußert, im Rahmen seiner vorangestellten „allgemeinen" fachplanungsrechtlichen Abwägungskontrolle nicht auf den Grund gegangen ist.

2.2 Der Verwaltungsgerichtshof sieht in der angegriffenen Nachtflugregelung eine „Angebotsplanung", die aus fachplanungsrechtlicher Sicht zulässig ist. Unter „Angebotsplanung" versteht er die Planung eines Vorhabens, das eine noch nicht vorhandene Nachfrage erst „stimulieren" soll. Diesem Ausgangspunkt ist zuzustimmen. Eine Nachtflugregelung, die ein solches „Angebot" enthält, kann unter noch näher zu bestimmenden Voraussetzungen zulässig sein. Die Auffassung der Revision, im luftverkehrsrechtlichen Fachplanungsrecht sei eine so verstandene „Angebotsplanung" unzulässig, trifft in dieser Allgemeinheit nicht zu.

Der Begriff der „Angebotsplanung" ist im vorliegenden Zusammenhang allerdings missverständlich und irreführend. Der Begriff dient allgemein dazu, Unterschiede zwischen der Bebauungsplanung (Bauleitplanung) und der Planfeststellung im Fachplanungsrecht (Infrastrukturvorhaben) zu kennzeichnen. Ein Bebauungsplan stellt eine Angebotsplanung dar, weil er durch die Grundeigentümer nicht ausgenutzt werden muss und noch nicht über die Zulässigkeit eines konkreten Bauvorhabens entscheidet. Fachplanung ist Projektplanung, mit der über die Zulässigkeit eines konkreten Vorhabens entschieden wird. Das stellen der Verwaltungsgerichtshof und die Beteiligten auch nicht infrage. Soweit sie die angegriffene Nachtflugregelung mit dem Begriff der „Angebotsplanung" verbinden, werfen sie die Frage nach den fachplanungsrechtlichen Grenzen nachfrageorientierter Betriebsregelungen unter den wirtschaftlichen Rahmenbedingungen eines Wettbewerbssystems auf.

Verkehrsflughäfen sind zwar Bestandteil der öffentlichen Verkehrsinfrastruktur. Sie werden ungeachtet ihrer privatrechtlichen Organisationsform im öffentlichen Interesse betrieben. Legt die luftverkehrsrechtliche Genehmigung die Eigenschaft als „Verkehrsflughafen" fest, soll dieser Flughafen „dem allgemeinen Verkehr dienen" (vgl. § 6 Abs. 3 LuftVG). Mit dieser Zweckbestimmung erfüllen Verkehrsflughäfen ebenso wie öffentliche Straßen öffentliche Zwecke (BVerwG, Urteil v. 7.7.1978 – 4 C 79.76 u.a. –, a.a.O., S. 119). Anders als im Falle öffentlicher Straßen manifestiert sich der Verkehrsbedarf im Luftverkehr jedoch in der Nachfrage nach gewerblichen Verkehrsleistungen, die im Allgemeinen von den Luftverkehrsgesellschaften an die Verkehrsflughäfen herangetragen wird. Der Umfang der Nachfrage bestimmt die Anforderungen an die Kapazitäten und das Betriebsregime eines Verkehrsflughafens.

Nachtflugbedarf kann sich nicht nur aus einer tatsächlichen, aktuell feststellbaren Nachfrage ergeben, sondern auch aus der Vorausschau künftiger Entwicklungen. Insoweit fließen Einschätzungen und Prognosen in die Planung ein. Nachtflugregelungen für einen Verkehrsflughafen dürfen zukunftsorientiert sein und es dem Flughafenbetreiber im Vorgriff auf künftige Entwicklungen ermöglichen, einer Bedarfslage gerecht zu werden, die zwar noch nicht eingetreten ist, aber bei vorausschauender Betrachtung in absehbarer Zeit mit hinreichender Sicherheit erwartet werden kann. Dabei ist zu bedenken, dass Verkehrsflughäfen von privatrechtlich organisierten Unternehmen betrieben werden, die als Anbieter von Flughafenleistungen in einem bundes- und europaweiten, teilweise auch globalen Wettbewerb stehen, in dem es nicht zuletzt um die Sicherung und Förderung von Wirtschaftsstandorten geht. Die Situation ist ferner dadurch gekennzeichnet, dass eine rechtsverbindliche Flughafennetz- und Bedarfsplanung, die auftretende Kapazitäts- und Verteilungsprobleme auf der Grundlage einer luftverkehrspolitischen Gesamtkonzeption löst und einen „Verteilungskampf" der Flughafenbetreiber in geordnete Bahnen lenkt, weder auf europäischer noch nationaler Ebene existiert (vgl. allerdings das Flughafenkonzept der Bundesregierung v. 30. 8. 2000). Unter diesen Rahmenbedingungen kann es einem Flughafenbetreiber nicht von vornherein verwehrt sein, bestehende Nachtflugmöglichkeiten zu erweitern, um sich für einen prognostizierten allgemeinen Anstieg der Nachfrage im Personen- und Frachtflugverkehr „zu rüsten". Eine Genehmigungsbehörde verhält sich systemkonform, wenn sie über Nachtflugregelungen Einfluss auf die Angebots- und Nachfragestruktur im Luftverkehr nimmt und das Verkehrsangebot auf diese Weise voraussehbaren Entwicklungen anpasst.

2.3 Das Gewicht, das der Nachfrage nach neuen Nachtflugmöglichkeiten in der behördlichen Abwägung zukommt, ist von zahlreichen Faktoren abhängig. Abwägungsrelevant sind insbesondere die betrieblichen und wirtschaftlichen Erfordernisse des Nachtflugverkehrs (Kontinental- und Interkontinentalverkehr, Personen- oder Frachtflugverkehr, Chartertourismus), die sich aus der jeweiligen Verkehrsfunktion des Flughafens und seiner Stellung im Luftverkehrsnetz (Regionalflughafen, internationaler Flughafen mit Zubringer- oder Drehkreuzfunktion) ergeben. Von Gewicht kann ferner sein, ob ein von der Genehmigungsbehörde angeführter zusätzlicher Nachtflugbedarf von anderen Flughäfen nachfragegerecht gedeckt werden könnte und ob die neuen Nachtflugbewegungen „ohne Not" auf die Nacht verteilt worden sind, obwohl für sie noch Raum in den späten oder frühen Tagesstunden gewesen wäre.

Zu diesen Bewertungskriterien tritt der Umstand hinzu, dass die Dringlichkeit eines erweiterten „Nachtflugangebots" in dem Maße abnimmt, in dem die Bedarfsprognose weiter in die Zukunft greift und es zunehmend unsicherer wird, ob und wann das zulässige Lärmvolumen erreicht wird. Vorkehrungen zur Deckung eines ungesicherten Bedarfs sind nicht dringlich. Eine Nachtflugregelung, die im Vorgriff auf einen noch nicht absehbaren Bedarf erlassen wird, ist vorzeitig und kann als reine „Vorratsplanung" abwägungsfehlerhaft sein. Ein solcher Abwägungsfehler ist nicht davon abhängig, dass ein Raumordnungsplan Lärmschutzvorgaben für die Flughafenumgebung enthält. Der Gesichtspunkt der Vorzeitigkeit einer planerischen Entscheidung verlangt schon nach allgemeinen fachplanungsrechtlichen Grundsätzen Beachtung. Die Lockerung von Nachtflugverboten kann das Abwägungsgebot verletzen, weil der Nachtflugbedarf noch nicht konkret absehbar ist und der möglicherweise in Zukunft einmal entstehende Lärmkonflikt im Wege der Abwägung gegenwärtig nicht so bewältigt werden kann, wie dies möglich wäre und geboten sein könnte, wenn die Abwägungsentscheidung erst zu gegebener Zeit auf der Grundlage der dann maßgebenden abwägungserheblichen Gesichtspunkte getroffen würde (BVerwG, Urteil v. 27.10.1998 – 11 A 1.97 –, a.a.O., S.325 mit Hinweis auf das Urteil v. 5.7.1974 – 4 C 50.72 –, BVerwGE 45, 309, 321).

Dies rechtfertigt sich aus der Erwägung, dass die Lärmschutzbelange der Flughafenanwohner im Falle einer vorzeitigen Planungsentscheidung aus Rechtsschutzgründen ein besonderes Gewicht erlangen. Solange die erweiterten Nachtflugmöglichkeiten nicht voll ausgeschöpft werden, bleibt ihre tatsächliche Beeinträchtigung zwar hinter der Lärmbelastung im genehmigten Endzustand zurück. Das kann dem Anspruch der Betroffenen auf eine gerichtliche Überprüfung des Nachtflugbedarfs im Rahmen der Abwägungskontrolle jedoch nicht entgegengehalten werden. Die Betroffenen setzen sich mit ihrer Klage nicht gegen das derzeitige Bewegungsaufkommen, sondern gegen die Öffnung des Nachtflugverkehrs im genehmigten Umfang zur Wehr. Diesen Angriff müssen sie bei Erlass der Änderungsgenehmigung führen, um den Eintritt der Bestandskraft zu verhindern. Ihre Rechtsstellung verschlechtert sich, wenn sie bis zu dem Zeitpunkt abwarten, in dem sich die Verkehrsprognose der Genehmigungsbehörde – sei es im Prognosejahr oder bereits vorher – erfüllt und die volle Lärmbelastung eingetreten ist.

Das Lärmschutzkonzept bestandskräftiger Nachtflugregelungen, die in Form einer allgemeinen Auflage (§6 Abs.1 Satz4 und Abs.4 Satz1 LuftVG) ergangen sind, kann später nur in beschränktem Umfang mit der Begründung angegriffen werden, es habe sich etwa auf Grund gewandelter wirtschaftlicher Rahmenbedingungen, veränderter Fluglärmpegel (z.B. Anstieg der Bewegungszahlen bei Rückgang besonders lauter Schallereignisse) oder infolge neuer wissenschaftlicher Erkenntnisse der Lärmwirkungsforschung als unzureichend erwiesen. Widerrufsgründe sind nur Tatsachen, welche die Annahme rechtfertigen, dass die öffentliche Sicherheit oder Ordnung gefährdet wird (§6 Abs.2 Satz3 und 4 LuftVG). Darunter fällt nur der Fluglärm, der unter dem Gesichtspunkt der Gesundheitsgefahr grundrechtsrelevant ist (Art.2 Abs.2 Satz1 GG). Diese Widerrufsschwelle ist hoch und wird häufig nicht erreicht. Zum Schutz vor einem erheblichen Anstieg des nächtlichen Fluglärms kommen zwar auch Ansprüche auf eine nachträgliche Genehmigungsergänzung entsprechend §75 Abs.2 Satz2 bis 4 VwVfG in Betracht (BVerwG, Urteil v. 15.9.1999 – 11 A 22.98 –, Buchholz 442.40 §8 LuftVG Nr.17 S.4). Einen Rechtsanspruch auf aktive Schutzmaßnahmen in Form von Flugbetriebsregelungen (Bewegungs- oder Lärmkontingente) können Lärmbetroffene daraus aber nicht ableiten. Es liegt im planerischen Ermessen der Genehmigungsbehörde, ob sie zusätzliche nächtliche Betriebsbeschränkungen (§6 Abs.1 Satz4 LuftVG) verfügt oder ob sie den Flughafenbetreiber zur Ausdehnung des passiven Lärmschutzes verpflichtet und die Lärmbetroffenen ergänzend auf einen Entschädigungsanspruch verweist, um einen den Flughafenbetrieb stärker belastenden Eingriff aus Gründen der Verhältnismäßigkeit zu vermeiden.

2.4 Der Verwaltungsgerichtshof hat den vom Beklagten bis zum Jahr 2010 prognostizierten Nachtflugbedarf nicht in der gebotenen Weise überprüft. Er lässt letztlich offen, ob eine maßvollere Erhöhung der Nachtflugbewegungen zum Schutz der Kläger vor den Rechtsnachteilen einer vorzeitigen Planung vorzugswürdig und die neue Nachtflugregelung abwägungsfehlerhaft ist, weil ein „echter Konflikt" zwischen den beteiligten Belangen, der eine so weit gehende Öffnung erzwungen oder auch nur nahe gelegt hätte, noch kaum erkennbar ist. Dem Revisionsgericht ist eine Entscheidung in der Sache verwehrt. Sie setzt eine erneute Sachverhaltswürdigung voraus, die dem Tatrichter vorbehalten ist. Das nötigt zur Zurückverweisung (§ 144 Abs. 3 Satz 1 Nr. 2 VwGO).

Für die Überprüfung eines prognostizierten nachfrageorientierten Nachtflugbedarfs gilt wie allgemein für die Kontrolle von Verkehrsprognosen im Fachplanungsrecht: Das Gericht hat (nur) zu prüfen, ob die Prognose nach einer geeigneten Methode durchgeführt wurde, ob der zugrunde gelegte Sachverhalt zutreffend ermittelt wurde und ob das Ergebnis einleuchtend begründet ist (vgl. BVerwG, Urteile v. 11.7.2001 – 11 C 14.00 –, a.a.O., S.378; v. 27.10.1998 – 11 A 1.97 –, a.a.O., S.326; v. 5.12.1986 – 4 C 13.85 –, BVerwGE 75, 214, 234; v. 7.7.1978 – 4 C 79.76 u.a. –, a.a.O., S.121). Ob die Nachfrage nach Nachtflugmöglichkeiten einem berechtigten Anliegen der Flugreisenden entspringt, liegt jenseits richterlicher Kontrolle. Eine Bedürfnisprüfung in diesem Sinne, wie sie der Revision hinsichtlich nächtlicher „Touristikflüge bzw. Pauschalreiseflüge" vorschwebt, findet nicht statt.

Der Beklagte stützt seine Bedarfsprognose vor allem auf die Entwicklung des Flughafens München zum nationalen und internationalen Drehkreuz. Er legt in der Änderungsgenehmigung ausführlich dar, aus welchen Gründen er sich im Wesentlichen die Verkehrsprognosen der Beigeladenen und des von ihr vorgelegten Gutachtens vom Juni 1999 betreffend die strukturellen Anforderungen an einen „Hub München" in den Randstunden der Nacht zu Eigen gemacht hat. Die Zahl von 89 Flugbewegungen führt er u.a. auf potenzielle Nachfragen der Luftverkehrsgesellschaften nach mehr Start- und Landemöglichkeiten in diesen Stunden zurück. Er verweist dazu auf die weltweit gestiegene Verkehrsnachfrage und die günstigen flugbetrieblichen und abfertigungstechnischen Rahmenbedingungen, die den Flughafen München kennzeichneten. Er stützt sich ferner auf Äußerungen des Flugplankoordinators sowie auf eine vergleichende Analyse vorhandener Flugpläne anderer internationaler Verkehrsflughäfen. Auf dieser Grundlage wird der künftige Nachtflugbedarf nach Verkehrssegmenten (Interkontinental- und Kontinentalverkehr, Chartertourismus, Frachtverkehr, Nachtluftpost und Verspätungsflüge) aufgeschlüsselt und dem Lärmschutzkonzept rechnerisch zugrunde gelegt.

Der Verwaltungsgerichtshof stellt hierzu zwar fest, dass das bisherige Bewegungskontingent von 38 zulässigen Nachtflügen angesichts der tatsächlichen Entwicklung des Luftverkehrsaufkommens am Flughafen München seit seiner Inbetriebnahme im Jahre 1992 schon bisher nicht ausreichend gewesen sei und angesichts des bis zum Jahre 2010 prognostizierten Wachstums von jährlich 5% auch in Zukunft nicht ausreichend sein werde. Nach den Angaben der Beigeladenen in ihrem Änderungsantrag sei schon 1998 in 40% der Nächte das Kontingent von 38 Nachtflügen erreicht bzw. überschritten worden. Hieraus wird deutlich, dass der Verwaltungsgerichtshof eine Erhöhung der Nachtflugmöglichkeiten für gerechtfertigt hält. Im Folgenden lässt er es jedoch mit der Feststellung bewenden, die erweiterten Nachtflugmöglichkeiten seien nicht „gänzlich am Bedarf vorbei verfügt". Aus den für Deutschland bis zum Jahr 2010 errechneten jährlich Steigerungsraten des Personenverkehrs (3,7%) und der Flugbewegungen (3,4%) sei die Annahme des Beklagten, diese Steigerungen werden auch zu zusätzlichem Nachtflugbedarf auf dem Flughafen München führen, nachvollziehbar. Bei dieser Einschätzung bleibt die vom Verwaltungsgerichtshof selbst aufgeworfene und auch nach Ansicht des erkennenden Senats entscheidungserhebliche Frage offen, ob die prognostizierte Durchschnittszahl von 89 Flugbewegungen tatsächlich – wie die Vorinstanz meint – „in hohem Maße Angebotsplanung" darstellt und zulasten der lärmbetroffenen Kläger der Verkehrsentwicklung zu weit vorausgreift.

Die vom Verwaltungsgerichtshof nach eigenen Ermittlungen getroffene Feststellung, die tatsächlichen nächtlichen Flugbewegungen seien im Zeitpunkt seiner Entscheidung noch weit von der rechtlich zulässigen Bewegungszahl entfernt, rechtfertigt nicht den Schluss, der Beklagte habe sich auf ungesicherte oder unrealistische Prognosezahlen verlassen. Es ist im Übrigen grundsätzlich nicht Aufgabe der Gerichte, eine Prognose darauf zu überprüfen, ob sie durch die spätere tatsächliche Entwicklung mehr oder weniger bestätigt oder widerlegt ist (BVerwG, Urteil v. 7.7.1978 – 4 C 79.76 u.a. –, a.a.O., S. 121 f.). Ein Überschreiten des planerischen Gestaltungsspielraums liegt auch nicht darin, dass die Behörde die Entwicklung des Luftverkehrsaufkommens anders beurteilt als das Gericht (vgl. auch BVerwG, Urteil v. 5.12.1986 – 4 C 13.85 –, a.a.O., S. 234). Im Einzelfall kann das Auseinanderklaffen zwischen Prognose und nachträglicher Entwicklung zwar als Indiz für eine unsachgemäße Prognose in Betracht zu ziehen sein. Eine abschließende Entscheidung über die Vorzeitigkeit einer neuen Nachtflugregelung wird sich darauf i.d.R. jedoch nicht stützen lassen. Das gilt umso mehr, als die Vorinstanz ihr Urteil bereits etwa 20 Monate nach Erlass der Neuregelung gefällt hat.

Zur Klarstellung sei angemerkt: Der Verwaltungsgerichtshof entnimmt dem Urteil des 9. Senats des Bundesverwaltungsgerichts vom 11.7.2001 – 11 C 14.00 –, (BVerwGE 114, 364, 374 – Flughafen Bitburg) die Aussage, dass sich die „Widmung eines Verkehrsflughafens auch auf die Nacht erstreckt und deshalb die einzelnen Nachtflüge nicht einer besonderen Prüfung auf ihre Rechtfertigung unterzogen werden dürfen". Sollte dies der Grund für die Zurückhaltung bei der Überprüfung des vom Beklagten angeführten Nachtflugbedarfs gewesen sein, wäre die Vorinstanz einem Missverständnis erlegen. Der 9. Senat ist der Ansicht, dass es einer gesonderten Planrechtfertigung für den Nachtflugbetrieb ebenso wenig bedürfe wie einer „Rechtfertigung des Tagflugbetriebes" (a.a.O., S. 374). Ein Vorhaben sei unter dem Aspekt der Planrechtfertigung nicht in einzelne Teilaspekte aufzufächern, die jeweils eine eigenständige Rechtsgrundlage erforderten. Diese Ausführungen dürfen nicht aus ihrem argumentativen Zusammenhang herausgelöst werden; sie sind auf die Entscheidungsgründe des oberverwaltungsgerichtlichen Urteils zugeschnitten, das Gegenstand jenes Revisionsverfahrens war. Die Ausführungen im Urteil zum Flughafen Bitburg sind nicht dahin zu verstehen, dass ein von der Behörde prognostizierter Nachtflugbedarf im Rahmen der Abwägungskontrolle keiner gerichtlichen Überprüfung unterliegt. Auch der 9. Senat trennt deutlich zwischen der Überprüfung der Planrechtfertigung und der Abwägungskontrolle, die eine gerichtliche Überprüfung der behördlichen Verkehrsprognosen einschließt (a. a. O., S. 375, 378 unter cc).

Nr. 20

1. **Die 22. BImSchV ist – auch soweit es um die Einhaltung künftiger Grenzwerte geht – bereits im Verfahren der Zulassung von Vorhaben zu beachten. Eine Verpflichtung der Planfeststellungsbehörde, die Einhaltung der Grenzwerte vorhabenbezogen sicherzustellen, besteht jedoch nicht. Allerdings ist das Gebot der Konfliktbewältigung verletzt, wenn die Planfeststellungsbehörde das Vorhaben zuläßt, obgleich absehbar ist, daß seine Verwirklichung die Möglichkeit ausschließt, die Einhaltung der Grenzwerte der 22. BImSchV mit den Mitteln der Luftreinhalteplanung zu sichern (wie Urteil v. 23.2.2005 – 4 A 5.04 –).**

2. **Das Interesse, vor Beeinträchtigungen durch Luftschadstoffe geschützt zu werden, die im Wege der Luftreinhalteplanung voraussichtlich noch im Rahmen des rechtlich Zumutbaren gehalten werden können, ist ein abwägungserheblicher Belang (wie Urteil v. 23.2.2005 – 4 A 5.04 –).**

3. **Führt ein Vorhaben zu einer durch Schutzauflagen nicht vermeidbaren Verschattung des Grundstücks, die die Grenze des Zumutbaren überschreitet (hier verneint), kann der betroffene Grundstückseigentümer gemäß § 74 Abs. 2 Satz 3 VwVfG die Zuerkennung eines Entschädigungsanspruchs verlangen.**

FStrG § 17 Abs. 1 Satz 2; BImSchG §§ 41, 42 Abs. 2, 47, 50 Satz 1 und 2; 16. BImSchV §§ 1, 2 Abs. 1 Nr. 2, § 3 Anlage 1; 22. BImSchV §§ 3 Abs. 4, 4 Abs. 2 und 4, 11; FFH-RL Art. 6 Abs. 3 und 4; VwVfG § 74 Abs. 2 Satz 2 und 3.

Bundesverwaltungsgericht, Urteil vom 23. Februar 2005 – 4 A 4.04 –.

I. Die Kläger wenden sich gegen den Planfeststellungsbeschluß des Regierungspräsidiums Chemnitz für den Bau der Bundesautobahn A 72 Chemnitz – Leipzig im ersten Teilabschnitt zwischen dem Autobahnkreuz Chemnitz und der Anschlußstelle A 72/S 242 bei Hartmannsdorf. Sie sind Eigentümer des teilweise als Wohngrundstück genutzten Flurstücks, das durch die festgestellte Trasse der A 72 durchschnitten werden soll. Von dem 6370 m² großen Grundstück der Kläger sollen 3071 m² für den Bau der A 72 einschließlich der Gestaltungsmaßnahmen G.4.8.1 und G.4.8.5 sowie für die Ersatzmaßnahme E.4.3.4 dauerhaft erworben und 1085 m² für die Verlegung einer 380 kV-Freileitung dauerhaft beschränkt werden dürfen. Das lang gestreckte Grundstück ist nordwestlich des G.-weges mit zwei Wohnhäusern bebaut. Eines davon bewohnen die Kläger. Der Abstand zwischen den Häusern und der Fahrbahnachse beträgt etwa 75 m. Die schalltechnische Untersuchung des Vorhabenträgers hat ergeben, daß der Immissionsgrenzwert von 49 dB(A) nachts an der Süd- und der Westseite im ersten und zweiten Obergeschoß trotz des vorgesehenen aktiven Schallschutzes um bis zu 1,2 dB(A) überschritten wird. Insoweit wurde ein Anspruch der Kläger auf passiven Schallschutz bejaht. Für den Außenwohnbereich wurden 55,3 dB(A) tags und 51,1 dB(A) nachts berechnet. Ein Verschattungsgutachten hat ergeben, daß das stärker beeinträchtigte Wohnhaus nach dem Bau der Brücke über das Jahr verteilt um weniger als 5%, in den Wintermonaten an der Südseite um etwa 13% und an der Westseite um etwa 17% weniger besonnt sein wird.

Aus den Gründen:

II. 1. Die Kläger können nicht die Aufhebung des Planfeststellungsbeschlusses verlangen. Der Planfeststellungsbeschluß ist rechtmäßig und verletzt die Kläger daher nicht in ihren Rechten (vgl. § 113 Abs. 1 Satz 1 VwGO).

1.1 Der Neubau der BAB A 72 entspricht den Zielsetzungen des § 1 Abs. 1 FStrG. ...

Auch der Plan für den ersten Teilabschnitt ist gerechtfertigt. ... (Ausführungen wie in 4 A 5.04).

1.2 Das Vorhaben ist nicht wegen einer Überschreitung der Immissionsgrenzwerte für Verkehrsgeräusche unzulässig. ...

1.3 Das Vorhaben wirft keine Probleme für die Luftqualität auf, die im angefochtenen Planfeststellungsbeschluß hätten bewältigt werden müssen. ... (Ausführungen wie in 4 A 5.04).

1.5 Die Abwägungsentscheidung, die die Planfeststellungsbehörde in Anwendung des § 17 Abs. 1 Satz 2 FStrG getroffen hat, hält einer rechtlichen Überprüfung stand.

1.5.1 Die Entscheidung, nicht die B 95 zu ertüchtigen, sondern die A 72 neu zu bauen, ist nicht zu beanstanden. Die Kläger meinen, daß die parallele Führung beider Verkehrswege im Abstand weniger Kilometer dem Bündelungsgebot widerspreche. Die negativen Auswirkungen des Neubaus der A 72 durch Brückenneubauten, Flächeninanspruchnahmen und Verkehrsanbindungen lägen mit größter Wahrscheinlichkeit über denen eines Ausbaus der B 95. Zweifelhaft sei auch, ob angesichts der Bevölkerungs-, Verkehrs- und Wirtschaftsentwicklung an der Verkehrsprognose für 2005 und 2015 festgehalten werden könne. Mit diesem Vorbringen ist ein Abwägungsfehler nicht schlüssig dargelegt.

Die Planfeststellungsbehörde hat einen Ausbau der B 95 in Erwägung gezogen und gegen den Neubau der A 72 abgewogen. Eine „Bündelung" der beiden Verkehrswege käme hier nur in der Weise in Betracht, daß die B 95 auf jeweils zwei Richtungsfahrbahnen unter Umgehung der Ortschaften ausgebaut und auf einen Neubau der A 72 verzichtet wird. Wie sich die Kläger eine teilweise Nutzung der vorhandenen Trasse der B 95 vorstellen, legen sie nicht dar. Überlegungen in diese Richtung mußten sich der Planfeststellungsbehörde jedenfalls nicht aufdrängen.

Die Planfeststellungsbehörde hat in die Abwägung eingestellt, was insoweit nach Lage der Dinge einzustellen war. Sie hat die beiden Alternativen im

Hinblick auf ihre Verkehrsqualität und die von ihnen ausgehenden Beeinträchtigungen verglichen. Die Verkehrsqualität einer neu trassierten Autobahn hat sie als besser angesehen, weil die Autobahn eine höhere Sicherheit biete, leistungsfähiger sei und sich besser in vorhandene Strukturen einpasse. Eine Ertüchtigung der B 95 würde nach ihrer Auffassung wegen des erforderlichen Baus von Ortsumgehungen und neuen Anbindungen nicht zu offensichtlich geringeren Beeinträchtigungen Dritter bzw. anderer abwägungsrelevanter Schutzgüter führen. Weil der Neubau der Autobahn dem Verkehrsbedarf nach ihrer Einschätzung deutlich besser entsprach, brauchte sie eine ins einzelne gehende vergleichende Untersuchung der Beeinträchtigungen nicht vorzunehmen.

Soweit das Vorbringen der Kläger darauf zielt, den Verkehrsbedarf für die A 72 neu untersuchen zu lassen, ist es bereits durch die gesetzgeberische Entscheidung im FStrAbG ausgeschlossen. Die durch die Aufnahme in den Bedarfsplan getroffene Feststellung, daß ein verkehrlicher Bedarf besteht, ist für die Planfeststellung verbindlich und so auch als Belang in der planerischen Abwägung zu berücksichtigen (vgl. BVerwG, Urteile v. 19. 5. 1998 – 4 A 9.97 –, BVerwGE 107, 1, 9, und v. 19. 3. 2003 – 9 A 33.02 –, Buchholz 407.4 § 17 FStrG Nr. 173 S. 157). Die Kläger können Mängel der Verkehrsprognose allerdings geltend machen, sofern die angenommene Verkehrsentwicklung von Bedeutung für die planerische Abwägung ist. Solange nicht die im Bedarfsgesetz getroffene Leitentscheidung in Frage gestellt wird, können sie rügen, daß die Straße überdimensioniert geplant sei, weil sie erheblich weniger Verkehr werde aufnehmen müssen, als prognostiziert worden sei (vgl. BVerwG, Urteil v. 19. 3. 2003, a. a. O., S. 157 f.).

Zweifel an den Grundlagen oder dem Verfahren der Verkehrsuntersuchung der PTV vom Februar 2002 haben die Kläger jedoch nicht schlüssig dargelegt. Grundlage der Modellrechnung waren neben dem auch von den Klägern geforderten VISUM-Netzmodell Raumstrukturdaten (z. B. Einwohner, Erwerbstätige, Beschäftigte) sowie Verkehrsverhaltenskennwerte. Anhaltspunkte dafür, daß die Bevölkerungsentwicklung in Sachsen bei der Untersuchung ausgeblendet worden sein könnte, sind nicht ersichtlich. Der Untersuchung ist im übrigen zu entnehmen, daß die Bevölkerungsentwicklung Rückschlüsse auf den Verkehrsbedarf nicht ohne weiteres zuläßt. So wird dargelegt, daß der Kfz-Bestand in Sachsen und die jährliche Fahrleistung – trotz rückläufiger Bevölkerungszahlen – in den vergangenen Jahren weiter zugenommen haben.

Die planerische Entscheidung, den Neubau einer Autobahn aus verkehrlichen Gründen dem Ausbau der B 95 vorzuziehen, beruht auch nicht auf einer unverhältnismäßigen Fehlgewichtung der betroffenen Belange.

1.5.2 Auch bei der Trassenauswahl hat die Planfeststellungsbehörde nicht gegen das Abwägungsgebot verstoßen. Die Kläger meinen, daß die planfestgestellte Variante bei Anwendung des § 50 BImSchG keine Chance auf Genehmigung gehabt hätte. Es sei nicht erkennbar, ob der Planungsträger bereits beim Linienentwurf ausreichende Lärmschutzüberlegungen angestellt habe. Wertminderungen der Grundstücke hätten bei der Linienfindung keine Rolle gespielt. Deutliche Verbesserungen für die Gemeinde R. könnten nur durch eine Tunnel- oder Galerielösung erzielt werden.

Die Planfeststellungsbehörde hat nicht verkannt, daß § 50 Satz 1 BImSchG bereits unterhalb der in § 41 BImSchG bezeichneten Lärmschwelle im Rahmen der nach § 17 Abs. 1 FStrG gebotenen Abwägung unter Lärmschutzgesichtspunkten die Funktion einer Abwägungsdirektive zukommt (vgl. BVerwG, Urteile v. 28. 1. 1999 – 4 CN 5.98 –, BVerwGE 108, 248, 253, und v. 11. 1. 2001 – 4 A 13.99 –, Buchholz 406.25 § 43 BImSchG Nr. 16 S. 11). Gemäß § 50 Satz 2 BImSchG ist bei raumbedeutsamen Maßnahmen und Planungen in Gebieten, in denen die Grenzwerte u. a. der 22. BImSchV nicht überschritten werden, bei der Abwägung der betroffenen Belange auch die Einhaltung der bestmöglichen Luftqualität als Belang zu berücksichtigen. Das Interesse, vor Beeinträchtigungen durch Luftschadstoffe geschützt zu werden, die im Wege der Luftreinhaltung noch im Rahmen des rechtlich Zumutbaren gehalten werden können, ist mithin ein abwägungserheblicher Belang. Auch das hat die Planfeststellungsbehörde nicht verkannt. Sie hat fünf Trassenvarianten näher untersucht. Bei der Abwägung hat sie insbesondere dem Schutz der Wohngebiete wesentliche Bedeutung beigemessen. Anhaltspunkte dafür, daß sie dabei neben der Gesundheit der Bewohner nicht auch den Wertverlust der Grundstücke im Blick gehabt hat, sind nicht ersichtlich. Welche andere, die Inanspruchnahme ihrer Grundstücke vermeidende Trasse sich der Planfeststellungsbehörde als vorzugswürdig hätte aufdrängen sollen, haben die Kläger nicht dargelegt.

Die Planfeststellungsbehörde hat auch abgewogen, ob die Ortslage R. über eine Brücke oder durch einen Tunnel gequert werden soll. Dabei hat sie die abwägungserheblichen Belange berücksichtigt. Sie hat erkannt, daß die Lärmbelastung einer Mehrzahl der Anwesen im unmittelbaren Querungsbereich bei einer Tunnellösung gesenkt würde und daß auch die Möglichkeit, den Lärmschutz unterhalb der Grenzwerte der 16. BImSchV zu verbessern, abwägungsrelevant ist. Bei der Entscheidung für die eine oder andere Planungsvariante dürfen jedoch auch Kostengesichtspunkte den Ausschlag geben (vgl. BVerwG, Urteile v. 28. 2. 1996 – 4 A 27.95 –, Buchholz 407.4 § 17 FStrG Nr. 110 und v. 28. 1. 1999 – 4 CN 5.98 –, BVerwGE 108, 248, 254). Auf Grund einer von der Vorhabenträgerin in Auftrag gegebenen Vergleichsuntersuchung ist die Planfeststellungsbehörde davon ausgegangen, daß die Mehrkosten für den untersuchten, unter Lärmschutzgesichtspunkten noch verbesserungsbedürftigen Tunnel etwa 43 Mio. DM (Stand 1999) betragen. Die Mehrkosten einer Einhausung wären nicht geringer. Einwendungen gegen die Kostenabschätzung haben die Kläger nicht erhoben. Bei Mehrkosten in dieser Größenordnung ist es nicht unverhältnismäßig, dem sparsamen Umgang mit Haushaltsmitteln gegenüber dem Interesse der Anwohner an einem über die Grenzwerte der 16. BImSchV hinausgehenden Lärmschutz den Vorzug zu geben.

1.6 Die Inanspruchnahme des klägerischen Grundstücks begegnet keinen Bedenken. Soweit der Planfeststellungsbeschluß den Erwerb des Grundstücks für den Bau der A 72 einschließlich der Lärmschutzwälle erlaubt, beruht die Inanspruchnahme auf § 19 Abs. 1 Satz 2, § 1 Abs. 4 Nr. 1 FStrG. Die Gestaltungsmaßnahmen G.4.8.1 und G.4.8.5 sollen auf diesen Flächen verwirklicht werden.

Soweit das Grundstück für die Ersatzmaßnahme E.4.3.4 erworben oder durch eine Grunddienstbarkeit beschränkt werden darf, beruht die Inanspruchnahme des Grundstücks auf § 19 Abs. 1 FStrG i. V. m. § 9 Abs. 3 Sächs-NatSchG. Die Verlegung der 380 kV-Freileitung ist eine notwendige Folgemaßnahme des Vorhabens i. S. des § 75 Abs. 1 VwVfG. Insoweit haben die Kläger Einwände gegen die Inanspruchnahme ihres Grundeigentums nicht erhoben.

2. Der hilfsweise gestellte Antrag, den Beklagten zu verpflichten, den Planfeststellungsbeschluß um Schutzauflagen zugunsten der Kläger und die Zuerkennung eines Entschädigungsanspruchs zu ergänzen, ist ebenfalls unbegründet.

2.1 Ein Anspruch gemäß §§ 41, 43 Abs. 1 Nr. 1 BImSchG i. V. m. § 2 der 16. BImSchV auf ergänzende Vorkehrungen des aktiven Schallschutzes steht den Klägern nicht zu. Nach dieser Regelung ist bei dem Bau einer öffentlichen Straße sicherzustellen, daß der nach § 3 der 16. BImSchV berechnete Beurteilungspegel auf den in der Nachbarschaft gelegenen Grundstücken bestimmte Immissionsgrenzwerte nicht überschreitet; dies gilt nicht, soweit die Kosten der Schutzmaßnahme außer Verhältnis zu dem angestrebten Schutzzweck stehen würden.

Nach der vom Vorhabenträger vorgelegten schalltechnischen Untersuchung werden die nach § 2 Abs. 1 Nr. 2 der 16. BImSchV maßgeblichen Immissionsgrenzwerte von 59 dB(A) tags und 49 dB(A) nachts nur an der Süd- und der Westseite im ersten und zweiten Obergeschoß des Neubaus um bis zu 1,2 dB(A) überschritten. Die Vorbelastung des Grundstücks, insbesondere durch das Rauschen der Hochspannungsleitungen, ist bei der Berechnung der Beurteilungspegel zu Recht außer Betracht geblieben. Nach der 16. BImSchV kommt es, wie sich aus § 1 der Verordnung und ihrer Entstehungsgeschichte ergibt, allein auf den von dem zu bauenden oder zu ändernden Verkehrsweg ausgehenden Verkehrslärm an (vgl. BVerwG, Urteil v. 21. 3. 1996 – 4 C 9.95 –, BVerwGE 101, 1; Beschluß v. 11. 11. 1996 – 11 B 66.96 –, juris). Lärm, der nicht gerade auf der zu bauenden oder zu ändernden Strecke entsteht, wird von der Verkehrslärmschutzverordnung nicht berücksichtigt. Aus Gründen des Grundrechtsschutzes kann allerdings die zusätzliche Berücksichtigung anderer Lärmquellen nach Maßgabe eines Summenpegels geboten sein (vgl. BVerwGE 101, 1, 9 f.; Urteil v. 20. 5. 1998 – 11 C 3.97 –, Buchholz 406.25 § 41 BImSchG Nr. 18 S. 51; Urteil v. 10. 11. 2004 – 9 A 67.03 –, juris). Daß die durch den Neubau der A 72 auf ihrem Grundstück verursachten Schallimmissionen unter Einbeziehung anderer Lärmquellen Werte von 70 dB(A) tags und 60 dB(A) nachts erreichen könnten, oberhalb derer in Wohngebieten ein aus Sicht des Grundrechtsschutzes kritischer Bereich beginnt (vgl. BVerwG, Urteile v. 20. 5. 1998, und v. 10. 11. 2004, jeweils a. a. O.), haben die Kläger selbst nicht geltend gemacht.

Die Planfeststellungsbehörde hat die Kläger wegen der errechneten Grenzwertüberschreitungen auf passive Schallschutzmaßnahmen verwiesen, weil die Kosten weitergehenden aktiven Schallschutzes außer Verhältnis zu dem damit erreichbaren Zweck stehen würden. Das ist nicht zu beanstanden. Im Planfeststellungsbeschluß wird dargelegt, daß die Einhaltung der Grenzwerte am Gebäude der Kläger sowie an sieben weiteren Gebäuden, an denen es zu Überschreitungen des Nachtgrenzwertes kommt, eine Erhöhung der Lärmschutzwand auf der Brücke (Bau-km 2+150 bis 2+570) von 5,85 m auf 8 m i. V. m. einer Erhöhung des Walls bei Bau-km 1+900 bis 2+150 von 6 m auf 7 m erfordern würde. Die Lärmpegel könnten dadurch um 0,8 bis 2,1 dB(A) gemindert werden. Die Mehrkosten für die höhere Lärmschutzwand bzw. den höheren Wall beliefen sich auf 375 945,– € zuzüglich mindestens 1 Mio. € für konstruktive Veränderungen an der Brücke. Die Kläger haben diese Feststellungen der Planfeststellungsbehörde nicht bestritten. Mehrkosten in dieser Größenordnung stehen auch unter Berücksichtigung der Lärmminderung für Anwohner, bei denen die Grenzwerte nicht überschritten werden, außer Verhältnis zum angestrebten Erfolg.

2.2 Einen Anspruch auf Entschädigung für die erforderlichen Maßnahmen des passiven Schallschutzes gemäß §42 Abs. 2, §43 Abs. 1 Nr. 3 BImSchG i. V. m. der 24. BImSchV hat die Planfeststellungsbehörde den Klägern zuerkannt. Da die Grenzwerte auf diese Weise eingehalten werden können, stehen den Klägern weitergehende Ansprüche wegen der Verkehrsgeräusche nicht zu.

2.3 Wegen der Verschattung ihres Grundstücks haben die Kläger keinen Anspruch auf Zuerkennung eines Entschädigungsanspruchs. Als Rechtsgrundlage für einen solchen Anspruch kommt allein § 74 Abs. 2 Satz 3 VwVfG in Betracht. Nach § 74 Abs. 2 Satz 3 VwVfG hat der von der Planung Betroffene einen Anspruch auf angemessene Entschädigung in Geld, wenn (weitere) Schutzvorkehrungen nicht vorgenommen werden können, sei es, weil sich technisch-reale Maßnahmen als unzureichend oder angesichts der Höhe ihrer Kosten als unverhältnismäßig erweisen, sei es, weil sich die Beeinträchtigungen – wie im Fall einer Verschattung – durch geeignete Maßnahmen überhaupt nicht verhindern lassen (vgl. BVerwG, Urteil v. 24. 5. 1996 – 4 A 39.95 –, Buchholz 316 § 74 VwVfG Nr. 39 S. 17 f.). Der Anspruch auf angemessene Entschädigung ist ein Surrogat für nicht realisierbare Schutzmaßnahmen; greift § 74 Abs. 2 Satz 2 VwVfG, der den Anspruch auf Schutzvorkehrungen regelt, tatbestandlich nicht ein, so ist auch für die Anwendung von § 74 Abs. 2 Satz 3 VwVfG kein Raum. ... (Ausführungen wie in 4 A 5.04).

Rechtsvorschriften, welche für den Fall einer Verschattung die Grenze des Zumutbaren konkretisieren, sind nicht ersichtlich. Auch die DIN 5034, die die Planfeststellungsbehörde herangezogen hat, dürfte hierfür nicht geeignet sein. Sie stellt – wie im Gutachten zur Verschattung dargelegt wird – i. d. F. vom Oktober 1999 darauf ab, ob in einem Wohnraum einer Wohnung am 17. Januar eine Mindestbesonnung von mindestens einer Stunde vorliegt; i. d. F. vom Februar 1983 ist entscheidend, ob am Tag der Tag- und Nachtgleiche eine Mindestbesonnung von vier Stunden für einen Aufenthaltsraum pro Wohnung nachgewiesen wird. Nach den Angaben des Gutachters geht es in der DIN 5034 nur um die „Einhaltung eines wohnhygienischen Aspektes". Daß hygienische oder gesundheitliche Beeinträchtigungen nicht drohen, genügt jedoch nicht, um die Zumutbarkeit einer Verschattung zu bejahen. Auch Beeinträchtigungen der Wohnqualität muß ein Planbetroffener nicht bis zur Schwelle von Gesundheitsgefahren ohne Ausgleich hinnehmen. Aber auch wenn man mangels anderer Maßstäbe die Zumutbarkeit der Verschattung nach den Umständen des Einzelfalls beurteilt (vgl. BVerwG, Urteile v. 20. 10. 1989, a. a. O., und v. 9. 2. 1995 – 4 C 26.93 –, BVerwGE 97, 367, 373), ist die Verschattung des klägerischen Grundstücks durch die geplante Brücke der A 72 über das Pleißenbachtal hier noch als zumutbar anzusehen. Über das Jahr verteilt wird sich die Besonnung des Wohnhauses um weniger als 5 %, also in nur geringem Umfang, vermindern. In den sonnenarmen Wintermonaten, in denen das Sonnenlicht als besonders kostbar empfunden wird, vermindert sich die Besonnung der Südseite zwar um etwa 13 % und der Westseite um etwa 17 %. Eine solche Beeinträchtigung liegt aber noch im Rahmen dessen, womit ein Grundstückseigentümer in einem ländlich geprägten Wohngebiet auf Grund möglicher Veränderungen der Umgebung – auch unter Berücksichtigung des Umstandes, daß eine Autobahn in einem Wohngebiet ein Fremdkörper ist – rechnen muß. Insoweit liegt der Sachverhalt anders als in dem – gleichfalls mit Urteil vom 23. 2. 2005 abgeschlossenen – Parallelverfahren BVerwG – 4 A 2.04 –. Für das Wohnhaus der dortigen Kläger ist durch das Brückenbauwerk eine Verminderung der Besonnung in den Wintermonaten um bis zu einem Drittel zu erwarten. Mit Blick auf diese erhebliche nachteilige Auswirkung hat auf Anregung des erkennenden Senats der Beklagte den Klägern in der mündlichen Verhandlung durch Erklärung zu Protokoll dem Grunde nach einen Entschädigungsanspruch wegen unzumutbarer Verschattung zugesprochen.

2.4 Andere die Zumutbarkeitsschwelle übersteigende nachteilige Wirkungen des Vorhabens auf das Grundstück der Kläger, die einen Anspruch auf Schutzvorkehrungen oder auf Zuerkennung eines Entschädigungsanspruchs begründen könnten, sind nicht ersichtlich. Die Kläger begehren einen Ausgleich für den durch die Lage zur A 72 bedingten Wertverlust ihres Grundstücks. Daß ein Grundstück am Grundstücksmarkt wegen seiner Belegenheit zur Autobahn an Wert verliert, ist jedoch keine nachteilige Wirkung auf ein Recht des Grundstückseigentümers. Derartige Wertminderungen werden deshalb von § 74 Abs. 2 Satz 3 VwVfG nicht erfaßt. Die darin liegende Beschränkung des finanziellen Ausgleichs ist mit Art. 14 GG vereinbar. Der Gesetzgeber muß nicht vorsehen, daß jede durch staatliches Verhalten ausgelöste Wertminderung ausgeglichen wird (vgl. BVerwG, Urteile v. 21. 3. 1996 – 4 C 9.95 –, BVerwGE 101, 1, 11 f., und v. 24. 5. 1996 – 4 A 39.95 –, Buchholz 316 § 74 VwVfG Nr. 39 S. 18 f.). Ergibt erst eine Gesamtschau aller Beeinträchtigungen, daß eine weitere Nutzung des Grundstücks als unzumutbar erscheint, können die Betroffenen auf der Grundlage von § 74 Abs. 2 Satz 3 VwVfG die Übernahme des Grundstücks verlangen (vgl. BVerwG, Urteil v. 6. 6. 2002 – 4 A 44.00 –, Buchholz 316 § 74 VwVfG Nr. 59). Daß die Verwirklichung des Vorhabens die Situation des Wohngrundstücks derart nachhaltig beeinträchtigt, daß den Klägern die Nutzung zu Wohnzwecken nicht mehr zugemutet werden kann, ergibt sich aus ihrem Vorbringen nicht. Die Kläger haben die Übernahme ihres Grundstücks auch nicht beantragt. Die Planfeststellungsbehörde hat über einen Übernahmeanspruch aber nur auf einen entsprechenden Antrag zu entscheiden (vgl. BVerwG, Urteil v. 23. 1. 1981 – 4 C 4.78 –, BVerwGE 61, 295, 306; Beschluß v. 8. 9. 2004 – 4 B 42.04 –, juris).

Nr. 21

1. **Die 22. BImSchV ist – auch soweit es um die Einhaltung künftiger Grenzwerte geht – bereits im Verfahren der Zulassung von Vorhaben zu beachten. Eine Verpflichtung der Planfeststellungsbehörde, die Einhaltung der Grenzwerte vorhabenbezogen sicherzustellen, besteht jedoch nicht. Allerdings ist das Gebot der Konfliktbewältigung verletzt, wenn die Planfeststellungsbehörde das Vorhaben zuläßt, obgleich absehbar ist, daß seine Verwirklichung die Möglichkeit ausschließt, die Einhaltung der Grenzwerte der 22. BImSchV mit den Mitteln der Luftreinhalteplanung zu sichern (im Anschluß an BVerwG, Urteil v. 26.5.2004 – 9 A 6.03 –, DVBl. 2004, 1289 und Urteil v. 18.11.2004 – 4 CN 11.03 –).**

2. **Das Interesse, vor Beeinträchtigungen durch Luftschadstoffe geschützt zu werden, die im Wege der Luftreinhalteplanung voraussichtlich noch im Rahmen des rechtlich Zumutbaren gehalten werden können, ist ein abwägungserheblicher Belang.**

3. **Die für die Einhaltung der Immissionsgrenzwerte der 16. BImSchV maßgebenden Beurteilungspegel sind für jeden Verkehrsweg gesondert zu berechnen. Mehrere rechtlich selbständige Straßen können, wenn für ihren Bau gemäß § 78 Abs. 1 VwVfG nur ein Planfeststellungsverfahren stattfindet, nicht als ein Verkehrsweg i.S. der 16. BImSchV angesehen werden.**

FStrG § 17 Abs. 1 Satz 2; BImSchG §§ 41, 47, 50 Satz 1 und 2; 16. BImSchV §§ 1, 2 Abs. 1 Nr. 2, Abs. 3, § 3 Anlage 1; 22. BImSchV § 3 Abs. 4, § 4 Abs. 2 und 4, § 11; VwVfG § 74 Abs. 2 Satz 2 und 3, § 78 Abs. 1.

Bundesverwaltungsgericht, Urteil vom 23. Februar 2005 – 4 A 5.04 –.

I. Der Kläger wendet sich gegen den Planfeststellungsbeschluß des Regierungspräsidiums Chemnitz für den Bau der Bundesautobahn A 72 Chemnitz – Leipzig im ersten Teilabschnitt zwischen dem Autobahnkreuz Chemnitz und der Anschlußstelle A 72/S 242 bei Hartmannsdorf. Er ist Eigentümer eines mit einem Mehrfamilienhaus bebauten Grundstücks, das etwa 200 m südlich der geplanten A 72 und 500 m östlich der geplanten S 243 n liegt.

Die A 72 verbindet die A 9 beim Dreieck Bayerisches Vogtland bei Hof mit der A 4 beim Autobahndreieck Chemnitz. Sie soll durch die Gesamtbaumaßnahme bis Leipzig verlängert und dort an die A 38 in Richtung Kassel angebunden werden. Der knapp 7 km lange erste Teilabschnitt soll durch den Neu- und Ausbau der Staatsstraßen S 242 und S 243 mit dem bestehenden Verkehrsnetz verknüpft werden. Dadurch soll insbesondere die B 95 im Bereich der Ortsdurchfahrt Hartmannsdorf entlastet werden.

Die von der A 72 herrührenden Geräuschimmissionen sollen nach der vom Vorhabenträger vorgelegten schalltechnischen Untersuchung unter Berücksichtigung des vorgesehenen aktiven Schallschutzes auf dem Grundstück des Klägers 53,2 dB(A) tags und 49,0 dB(A) nachts nicht überschreiten. Für den Außenbereich des näher zur Trasse der A 72 gelegenen Nachbargrundstücks wurden 54,0 dB(A) tags und 49,8 dB(A) nachts berechnet. Für die von der S 243 n herrührenden Geräuschimmissionen wurde eine Berechnung nicht durchgeführt, weil insoweit auf Grund des Abstandes von der Trasse davon auszugehen sei, daß die Immissionsgrenzwerte nicht überschritten würden.

Mit Bescheid von November 2003 stellte das Regierungspräsidium Chemnitz den Plan für den Neubau der BAB A 72 und gemäß § 78 VwVfG auch für den Neu- und Ausbau der Staatsstraßen S 242 und S 243 einschließlich aller erforderlichen Folgemaßnahmen fest und wies die Einwendungen des Klägers zurück. Im Januar 2004 hat der Kläger die vorliegende Klage erhoben.

In der mündlichen Verhandlung hat die Beklagte dargelegt, daß sich die berechneten Beurteilungspegel durch eine Summation der von der A 72 und der S 243 n herrührenden Lärmimmissionen an der Nord- und an der Ostfassade des klägerischen Wohnhauses nach einer für diese beiden Fassaden vorgenommenen Vergleichsberechnung um bis zu 0,3 dB(A) erhöhen würden. An der Ostfassade würde die Summation vor dem zweiten Obergeschoß zu einem Beurteilungspegel von 53,3 dB(A) tags und 49,1 dB(A) nachts führen. Eine solche Summation sei nach der 16. BImSchV jedoch nicht vorgesehen. Beim Zusammentreffen mehrerer Straßen sei jeder Verkehrsweg getrennt zu betrachten, selbst wenn die Planfeststellung für den Bau der Straßen gemäß § 78 VwVfG in einem Verfahren stattfinde. Diese Rechtsauffassung liege auch Nr. 10.6 der Richtlinien für den Verkehrslärmschutz an Bundesfernstraßen in der Baulast des Bundes vom 2.6.1997 – VLärmschR 97 – zugrunde.

Aus den Gründen:

II. 1. Der Kläger kann nicht die Aufhebung des Planfeststellungsbeschlusses verlangen. Ob und inwieweit der nicht von der enteignungsrechtlichen Vorwirkung betroffene Kläger befugt ist, die geltend gemachten Mängel des Planfeststellungsbeschlusses im Klagewege zu rügen, kann offen bleiben. Die Mängel liegen jedenfalls nicht vor. Der Planfeststellungsbeschluß ist auch insoweit rechtmäßig und verletzt den Kläger schon aus diesem Grund nicht in seinen Rechten (vgl. § 113 Abs. 1 Satz 1 VwGO).

1.1 Der Neubau der BAB A 72 entspricht den Zielsetzungen des § 1 Abs. 1 FStrG. Das ergibt sich aus § 1 Abs. 2 des Fernstraßenausbaugesetzes – FStrAbG – i.V.m. dem Bedarfsplan für die Bundesfernstraßen, der dem Gesetz als Anlage beigefügt ist. Der Bau einer Autobahn zwischen Chemnitz und Leipzig ist in den Bedarfsplan aufgenommen. In der bei Erlaß des Planfeststellungsbeschlusses geltenden Fassung des Bedarfsplans vom 15.11.1993 (BGBl. I, 1877) war die Strecke zwischen dem Autobahnkreuz Chemnitz und der B 175 bei Penig, i.d.F. des Bedarfsplans vom 4.10.2004 (BGBl. I, 2574) ist darüber hinaus auch die Strecke bis zum Anschluß an die A 38 bei Leipzig als vordringlicher Bedarf ausgewiesen. Nach der gesetzgeberischen Wertung ist damit unter Bedarfsgesichtspunkten auch die Planrechtfertigung gegeben (vgl. BVerwG, Urteil v. 15.1.2004 – 4 A 11.02 –, BVerwGE 120, 1, 2). Die Feststellung, daß ein Bedarf besteht, ist für die Planfeststellung nach § 17 FStrG verbindlich. Das gilt auch für das gerichtliche Verfahren (vgl. BVerwG, Urteile v. 19.5.1998 – 4 A 9.97 –, BVerwGE 107, 1, 9 und v. 19.3.2003 – 4 A 33.02 –, Buchholz 407.4 § 17 FStrG Nr. 173, 157 st. Rspr.). Die Ausführungen des Vorhabenträgers im Erläuterungsbericht zur Verkehrsbedeutung der Straße, die dem Kläger Anlaß zu Bedenken gegen die Planrechtfertigung geben, sind von vornherein nicht geeignet, die gesetzliche Bedarfsfeststellung in Frage zu stellen. Im übrigen beziehen sie sich auf die Rechtfertigung nicht des Gesamtvorhabens, sondern des hier in Rede stehenden Teilabschnitts.

Auch der Plan für den ersten Teilabschnitt ist gerechtfertigt. Bei jeder abschnittsweisen Planung muß der Entstehung eines Planungstorsos vorgebeugt werden. Deshalb muß jeder Abschnitt eine eigenständige Verkehrsfunktion haben. Damit wird gewährleistet, daß die Teilplanung auch dann noch sinnvoll bleibt, wenn sich das Gesamtplanungskonzept im Nachhinein als nicht realisierbar erweist (vgl. BVerwG, Beschlüsse v. 26. 6. 1992 – 4 B 1.92 u. a. –, Buchholz 406.11 § 9 BauGB Nr. 55 S. 60 und v. 2. 11. 1992 – 4 B 205.92 –, Buchholz 407.4 § 17 FStrG Nr. 92 S. 105; Urteil v. 25. 1. 1996 – 4 C 5.96 –, BVerwGE 100, 238, 255). Die Verkehrsfunktion muß vor dem Hintergrund der Gesamtplanung gesehen werden. Sie kann auch darin liegen, bis zur Verwirklichung der Gesamtplanung in erster Linie regionalen Verkehr aufzunehmen und dadurch örtliche Verkehrsprobleme zu lösen. Die Bedeutung des Gesamtvorhabens für den weiträumigen Verkehr wird dadurch nicht in Frage gestellt.

Der hier in Rede stehende erste Teilabschnitt der A 72 hat eine eigenständige Verkehrsfunktion. Er soll über die verlegten Staatsstraßen S 242 und S 243 an die B 95 angebunden werden und dadurch die B 95 zwischen Chemnitz und Hartmannsdorf, die den gegenwärtigen Verkehr nicht mehr aufnehmen kann, entlasten.

1.2 Das Vorhaben ist nicht wegen einer Überschreitung der Immissionsgrenzwerte für Verkehrsgeräusche unzulässig.

Nach st. Rspr. des Bundesverwaltungsgerichts (vgl. Urteile v. 7. 7. 1978 – 4 C 79.76 –, BVerwGE 56, 110, 133 und v. 18. 4. 1996 – 11 A 86.95 –, Buchholz 310 § 78 VwVfG Nr. 6 S. 19 f.; Beschluß v. 30. 6. 2003 – 4 VR 2.03 –, Buchholz 407.4 § 1 FStrG Nr. 10 S. 5) besteht im Falle unzureichender Lärmvorsorge grundsätzlich nur ein Anspruch auf Planergänzung, nicht aber auf Planaufhebung. Eine (teilweise) Planaufhebung kommt nur in Betracht, wenn das Fehlen einer Schallschutzauflage – ausnahmsweise – von so großem Gewicht sein könnte, daß die Ausgewogenheit der Planung insgesamt in Frage gestellt wäre.

Ein derartiges Lärmschutzdefizit hat der Kläger nicht schlüssig vorgetragen. Er hat lediglich eingewandt, daß ein erheblich höherer Anteil von LKW ab 2,8 t an der durchschnittlichen täglichen Verkehrsstärke (DTV) als 18,6 % zu erwarten und der Berechnung der Beurteilungspegel zugrunde zu legen sei. Daß dadurch Lärmschutzprobleme entstehen könnten, die die Ausgewogenheit der Planung insgesamt in Frage stellen, macht er selbst nicht geltend. Im übrigen ist nicht ersichtlich, worauf sich seine Bedenken gegen den der Planung zugrunde gelegten LKW-Anteil gründen. Für die A 72 ist der LKW-Anteil – wie es nach § 3 der 16. BImSchV i. V. m. Anlage 1 der Verordnung zulässig ist (vgl. BVerwG, Urteile v. 21. 3. 1996 – 4 A 10.95 –, Buchholz 406.25 § 41 BImSchG Nr. 13 S. 39 f., v. 11. 1. 2001 – 4 A 13.99 –, und v. 23. 11. 2001 – 4 A 46.99 –, Buchholz 406.25 § 43 BImSchG Nr. 16 S. 16 f. und Nr. 19 S. 44 f.) – projektbezogen, nämlich durch Auswertung der Verkehrszählungen an den automatischen Dauermeßstellen im sächsischen Verkehrsnetz, ermittelt worden. Die Meßstellen erfassen LKW ab 3,5 t. Die Auswertung ergab einen Anteil der LKW ab 3,5 t an der DTV von 15,9 %. Der Anteil der LKW ab 2,8 t wurde auf Grund von Angaben der Bundesanstalt für Straßenwesen durch Multiplikation des LKW-Anteils ab 3,5 t mit dem Faktor 1,17 auf 18,6 % errechnet. Es gibt keinen Anhalt dafür, daß der Bundesanstalt für Straßenwesen bei der Ermittlung dieses Faktors ein methodischer Fehler unterlaufen sein könnte.

1.3 Das Vorhaben wirft keine Probleme für die Luftqualität auf, die im angefochtenen Planfeststellungsbeschluß hätten bewältigt werden müssen.

1.3.1 In zeitlicher Hinsicht war im Planfeststellungsbeschluß von November 2003 die am 18. 9. 2002, also nach Stellung des Planfeststellungsantrags am 9. 8. 2002, in Kraft getretene 22. BImSchV vom 11. 9. 2002 (BGBl. I, 3626) anzuwenden. Davon ist auch die Planfeststellungsbehörde ausgegangen. Die 22. BImSchV dient der Umsetzung der Richtlinie 96/92/EG des Rates vom 27. 9. 1996 über die Beurteilung und die Kontrolle der Luftqualität (ABl. EG Nr. L 296, S. 55) und der Richtlinie 1999/30/EG vom 22. 4. 1999 (1999/30/EG) über Grenzwerte für Schwefeldioxid, Stickstoffdioxid und Stickstoffoxide, Partikel und Blei in der Luft (Abl. EG Nr. L 163, S. 41).

Für Stickstoffdioxid legt §3 der Verordnung für die Zeit ab 1. 1. 2010 zum Schutz der menschlichen Gesundheit einen über ein Jahr gemittelten Immissionsgrenzwert von 40 µg/m^3 fest (§ 3 Abs. 4 der 22. BImSchV). Für Partikel ist seit 1. 1. 2005 ein über ein Kalenderjahr gemittelter Immissionsgrenzwert von 40 µg/m^3 und ein über 24 Stunden gemittelter Immissionsgrenzwert von 50 µg/m^3 bei 35 zugelassenen Überschreitungen im Kalenderjahr einzuhalten (§ 4 Abs. 2 und 4 der 22. BImSchV). Untersuchungen im Auftrag der Bundesanstalt für Straßenwesen haben ergeben, daß zwischen dem Jahresmittelwert der PM$_{10}$-Konzentration und der Anzahl der Überschreitungen des 24-Stunden-Grenzwertes ein enger statistischer Zusammenhang besteht. Danach muß bei Überschreitung eines Jahresmittelwertes von etwa 28 µg/m^3 mit einer Überschreitung des 24-Stunden-Grenzwertes an mehr als 35 Tagen gerechnet werden (vgl. Forschungsgesellschaft für Straßen- und Verkehrswesen e. V., Merkblatt über Luftverunreinigungen an Straßen ohne oder mit lokkerer Randbebauung, Ausgabe 2002 – MLuS 02 – S. 11, Bild 3.2.2; Senatsverwaltung für Stadtentwicklung, Luftreinhalte-/Aktionsplan Berlin 2005 – 2010 – Februar 2005, S. A 38). Der Kläger meint, daß darüber hinaus die in der Anlage 1 der 22. BImSchV festgelegten oberen und unteren Beurteilungsschwellen einzuhalten seien. Das trifft nicht zu. Die genannten Beurteilungsschwellen sind keine Immissionsgrenzwerte i. S. des § 1 Nr. 3 der 22. BImSchV; sie sind allein maßgebend dafür, ob zur Beurteilung der Luftqualität nur Messungen oder auch eine Kombination von Messungen und Modellrechnungen oder Schätzverfahren angewandt werden dürfen (§ 1 Nr. 11 und 12, § 10 Abs. 2 bis 4 der 22. BImSchV).

Die 22. BImSchV ist – auch soweit es um die Einhaltung künftiger Grenzwerte geht – bereits im Verfahren der Zulassung von Vorhaben anwendbar. Eine Verpflichtung der Planfeststellungsbehörde, die Einhaltung der Grenzwerte der Verordnung im Planfeststellungsverfahren vorhabenbezogen sicherzustellen, besteht jedoch nicht (vgl. BVerwG, Urteil v. 26. 5. 2004 – 9 A 6.03 –, DVBl. 2004, 1289, 1291). Die Grenzwerte stehen in unmittelbarem Zusammenhang mit dem System der Luftreinhalteplanung (vgl. § 47 BImSchG, § 11 der 22. BImSchV). Mit ihm hat der deutsche Gesetz- und Verordnungsgeber in Umsetzung der gemeinschaftsrechtlichen Vorgaben einen abgestuften Regelungsmechanismus vorgesehen, der Grenzwertüberschreitungen immissionsquellenunabhängig begegnen soll. Werden die durch eine Rechtsverordnung nach §48a Abs. 1 BImSchG festgelegten Immissionsgrenzwerte einschließlich festgelegter Toleranzmargen überschritten, so hat die für den Immissionsschutz zuständige Behörde nach §47 Abs. 1 BImSchG einen Luftreinhalteplan aufzustellen. Darin werden die erforderlichen Maßnahmen zur dauerhaften Verminderung von Luftverunreinigungen festgelegt, die nach Maßgabe des §47 Abs. 4 Satz 1 BImSchG entsprechend dem Verursacheranteil unter Beachtung des Grundsatzes der Verhältnismäßigkeit gegen alle Emittenten zu richten sind. Zwar werden hierdurch auf die Einhaltung der Grenzwerte gerichtete Maßnahmen außerhalb der Luftreinhalteplanung nicht ausgeschlossen. Die durch das Gemeinschaftsrecht gewährte Freiheit, zwischen den zur Einhaltung der Grenzwerte geeigneten Mitteln zu wählen, wird durch die Regelungen des BImSchG und der 22. BImSchV jedoch nicht beschränkt. Sie schließt eine Verpflichtung der Planfeststellungsbehörde, die Einhaltung der Grenzwerte vorhabenbezogen zu garantieren, aus (vgl. Urteil v. 26. 5. 2004, a. a. O.).

Die Auswirkungen des Vorhabens auf die Luftqualität dürfen im Planfeststellungsverfahren jedoch nicht unberücksichtigt bleiben. Aus dem planungsrechtlichen Abwägungsgebot folgt, daß der Planungsträger grundsätzlich die durch die Planungsentscheidung geschaffenen oder ihr sonst zurechenbaren Konflikte zu bewältigen hat und sie hierzu – gegebenenfalls in Form von Vorkehrungen gemäß §74 Abs. 2 Satz 2 VwVfG – einer Lösung zuführen muß (vgl. BVerwG, Urteil v. 23. 1. 1981 – 4 C 68.78 –, BVerwGE 61, 307, 311; Beschluß v. 14. 7. 1994 – 4 NB 25.94 –, Buchholz 406.11 § 1 BauGB Nr. 75). Die Problembewältigung kann allerdings auch darin bestehen, daß die Planfeststellungsbehörde die endgültige Problemlösung einem nachfolgenden Verwaltungsverfahren überläßt, wenn dort die Durchführung der erforderlichen Problemlösungsmaßnahmen sichergestellt ist. Das gilt auch für das Verhältnis von straßenrechtlicher Planfeststellung und Luftreinhalteplanung. Das Gebot der Konfliktbewältigung ist erst verletzt, wenn die Planfeststellungsbehörde das Vorhaben zuläßt, obgleich absehbar ist, daß seine Verwirklichung die Möglichkeit ausschließt, die Einhaltung der Grenzwerte mit den Mitteln der Luftreinhalteplanung in einer mit der Funktion des Vorhabens zu vereinbarenden Weise zu sichern (vgl. BVerwG, Urteil v. 26. 5. 2004, DVBl. 2004, 1289, 1292). Das ist insbesondere der Fall, wenn die von einer planfestgestellten Straße herrührenden Immissionen bereits für sich genommen die maßgeblichen Grenzwerte überschreiten. Von diesem Fall abgesehen geht der Gesetzgeber davon aus, daß sich die Einhaltung der Grenzwerte in aller Regel mit den Mitteln der Luftreinhalteplanung sichern läßt (vgl. BVerwG, Urteile v. 24. 6. 2004, a. a. O., und v. 18. 11. 2004 – 4 CN 11.03 –, UA S. 19f., zur Veröffentlichung in BVerwGE vorgesehen). Für die Annahme, daß dies nicht möglich ist, müssen deshalb besondere Umstände vorliegen. Derartige Umstände können sich vor allem aus ungewöhnlichen örtlichen Gegebenheiten (zentrale Verkehrsknotenpunkte, starke Schadstoffvorbelastung durch eine Vielzahl von Emittenten) ergeben, die sich der Planfeststellungsbehörde auf der Grundlage des Anhörungsverfahrens, insbesondere der Beteiligung der zuständigen Fachbehörden, erschließen (vgl. BVerwG, Urteil v. 24.6.2004, a.a.O.).

1.3.2 Gemessen hieran ist der angefochtene Planfeststellungsbeschluß nicht zu beanstanden. Die Planfeststellungsbehörde ist auf der Grundlage der vom Vorhabenträger vorgelegten Untersuchung der SPACETEC vom 6.8.2002 davon ausgegangen, daß der Betrieb des planfestgestellten Abschnitts der A 72 die Belastung im Bereich der Wohnbebauung durch Stickstoffdioxid um bis zu $10\mu g/m^3$ und durch Partikel (PM_{10}) um bis zu $6\mu g/m^3$ erhöhen wird. Im Hinblick auf die Partikel hat der Beklagte in der mündlichen Verhandlung eingeräumt, daß nur die durch den Auspuff emittierten Anteile, nicht – wie dies im Zeitpunkt der Planfeststellung möglich gewesen wäre (vgl. Merkblatt über Luftverunreinigungen an Straßen ohne oder mit lockerer Randbebauung, Ausgabe 2002, 5) – die Feinstäube aus Straßen-, Reifen-, Kupplungs- und Bremsabrieb abgeschätzt wurden. Diese Anteile seien in etwa so hoch wie der Auspuff-Anteil, so daß sich die Belastung im Prognosejahr 2015 vorhabenbedingt um bis zu $12\mu g/m^3$ erhöhen werde.

Die Einwände des Klägers gegen die Berechnung der dem Vorhaben zuzurechnenden Schadstoffkonzentrationen greifen nicht durch. Er meint auch insoweit, daß der Schwerverkehrsanteil mit 18,6% zu niedrig angesetzt worden sei. Die Planfeststellungsbehörde habe verkannt, daß die Zahl der Klein-LKW bis 2,8 t nach den Statistiken des Kraftfahrtbundesamtes zwischen dem 1.7.2000 und dem 1.1.2004 von 755053 auf 975563, mithin um etwa 30%, gestiegen sei. Dies müsse sich auf die Berechnung der Schadstoffimmissionen auswirken.

Insoweit geht der Kläger von falschen tatsächlichen Voraussetzungen aus. Der behauptete Zuwachs bei den LKW unter 2,8 t beruht auf einem Ablesefehler aus den in Bezug genommenen Tabellen des Kraftfahrtbundesamtes. Nach diesen Tabellen betrug die Zahl der LKW zwischen 2001 und 2800 kg am 1.7.2000 insgesamt 1035162 (280109 LKW zwischen 2001 und 2500 kg und 755053 LKW zwischen 2501 und 2800 kg), am 1.1.2004 975563. Sie hat mithin sogar abgenommen. Im übrigen lassen Statistiken des Kraftfahrtbundesamtes über den „Bestand an Kraftfahrzeugen und Kraftfahrzeuganhängern nach zulässigem Gesamtgewicht und Fahrzeugarten in Deutschland" keine Rückschlüsse auf die Zusammensetzung des Verkehrs auf dem hier streitigen Abschnitt der A 72 zu.

Der Kläger meint außerdem, daß die Schadstoffimmissionen nach dem Merkblatt über Luftverunreinigungen an Straßen ohne oder mit lockerer Randbebauung – Ausgabe 2002 (MLuS 02) hätten berechnet werden müssen. Die dem Planfeststellungsbeschluß zugrunde liegenden Schadstoffberechnungen wurden mit dem Programm IMMPROG durchgeführt. Das Gericht hat Prognosen als rechtmäßig hinzunehmen, soweit sie methodisch einwandfrei zustande gekommen und in der Sache vernünftig sind. Es kann daher eine Prognose grundsätzlich nur darauf prüfen, ob sie mit den seinerzeit zur Verfügung stehenden Erkenntnismitteln methodengerecht erstellt wurde (vgl. Urteil v. 19.3.2003 – 9 A 33.02 –, Buchholz 407.4 §17 FStrG Nr.173 S.158 m.w.N.). Zweifel an der methodischen Eignung des Programms IMMPROG hat der Kläger nicht aufgezeigt. Daß die zu erwartenden Immissionen auch auf der Grundlage des MLuS 02 hätten berechnet werden können, stellt die methodische Eignung des Programms IMMPROG nicht in Frage.

Auf der Grundlage der dem Planfeststellungsbeschluß zugrunde liegenden Berechnungen ist mithin davon auszugehen, daß die von dem Vorhaben herrührenden NO_2- und PM_{10}-Immissionen für sich genommen den jeweiligen über ein Kalenderjahr gemittelten Immissionsgrenzwert von 40µg/m^3 nicht überschreiten werden. Die Annahme der Planfeststellungsbehörde, daß die Grenzwerte der 22. BImSchV auch in der Summe aus Vor- und Zusatzbelastung in jeder Hinsicht ohne Luftreinhalteplanung eingehalten werden können, begegnet allerdings Bedenken. Probleme könnte insbesondere die Einhaltung des 24-Stunden-Grenzwertes für PM_{10} bereiten. Schon auf der Grundlage des von der Planfeststellungsbehörde zugrunde gelegten Vorbelastungswertes von 19µg/m^3 dürfte bei einer Zusatzbelastung von bis zu 12µg/m^3 mit mehr als 35 Überschreitungen des 24-Stunden-Grenzwertes zu rechnen sein. Im übrigen ist auch die Ermittlung des Vorbelastungswertes nicht frei von rechtlichen Bedenken. Sie beruht auf vorhabenbezogenen Messungen der Vorbelastung. Das ist nicht zu beanstanden. Die Meßergebnisse wurden jedoch nicht für jede Meßstelle gesondert ausgewertet, sondern es wurde aus den Meßergebnissen ein einheitlicher Vorbelastungswert abgeleitet. Ein Verfahren hierfür stellt die 22. BImSchV nicht zur Verfügung (vgl. BVerwG, Urteil v. 18.11.2004, a.a.O.). Außerdem genügt es nicht, daß die Grenzwerte im Gesamtgebiet nicht flächendeckend oder im Durchschnitt nicht überschritten werden; der 22. BImSchV und der Richtlinie 1999/30/EG liegt keine ausschließlich gebiets- oder ballungsraumbezogene Betrachtung zugrunde (vgl. BVerwG, Urteile v. 26.5.2004 – 9 A 6.03 –, DVBl. 2004, 1289, 1291, und v. 18.11.2004 – 4 CN 11.03 –, UA S. 18). Ob die dem Planfeststellungsbeschluß zugrunde liegende Abschätzung der Gesamtbelastung tragfähig ist, kann jedoch offen bleiben. Denn besondere Umstände, die die Annahme rechtfertigen würden, daß die Einhaltung der Grenzwerte nicht jedenfalls im Wege der Luftreinhalteplanung sichergestellt werden kann, liegen nicht vor. Die Realisierung des Vorhabens wird im Hinblick auf Ausbaustandard, Verkehrsbelastung und Lage nicht zu einer atypischen Schadstoffsituation führen. Planfestgestellt ist eine Autobahn mit vier Fahrstreifen. Die durchschnittliche tägliche Verkehrsstärke ist für das Prognosejahr 2015 auf 52 600 Fahrzeuge und der Anteil der LKW ab 2,8 t auf 18,6% prognostiziert worden. Damit hält sich das Vorhaben im Rahmen des für eine Autobahn Üblichen (vgl. MLuS 02, 19 f.). Größere Steigungen oder eine schluchtartige Randbebauung weist der Planungsabschnitt nicht auf. Auf der Grundlage der vorhabenbezogen ermittelten Vorbelastungswerte sind, wenn überhaupt, jedenfalls keine extremen Grenzwertüberschreitungen zu erwarten. Diese dürften die Luftreinhalteplanung nicht vor eine unlösbare Aufgabe stellen. Auch die beteiligten Fachbehörden haben im Hinblick auf die Luftqualität keine Bedenken gegen die Planung erhoben. Das Staatliche Umweltfachamt hat in seiner Stellungnahme vom 16.10.2002 zwar nicht ausschließen wollen, daß es sowohl bei NO_2 als auch bei Feinstaub (PM_{10}) an der Wohnbebauung, die sehr nahe der Trasse liegt, zu Überschreitungen der Grenzwerte kommt; daß diese Überschreitungen auch im Wege der Luftreinhalteplanung nicht zu verhindern seien, hat es jedoch nicht geltend gemacht.

1.4 Die Abwägungsentscheidung, die die Planfeststellungsbehörde in Anwendung des § 17 Abs. 1 Satz 2 FStrG getroffen hat, hält einer rechtlichen Überprüfung ebenfalls stand. Ihre Entscheidung, nicht die B 95 zu ertüchtigen, sondern die A 72 neu zu bauen, ist nicht zu beanstanden. Der Einwand des Klägers, daß die parallele Führung beider Verkehrswege im Abstand weniger Kilometer dem Bündelungsgebot widerspreche, geht fehl. Eine „Bündelung" der beiden Verkehrswege käme hier nur in der Weise in Betracht, daß die B 95 auf jeweils zwei Richtungsfahrbahnen unter Umgehung der Ortschaften ausgebaut und auf einen Neubau der A 72 verzichtet wird. Wie sich der Kläger eine teilweise Nutzung der vorhandenen Trasse der B 95 vorstellt, legt er nicht dar. Überlegungen in diese Richtung mußten sich der Planfeststellungsbehörde jedenfalls nicht aufdrängen.

2. Der hilfsweise gestellte Antrag, den Beklagten zu verpflichten, den Planfeststellungsbeschluß um Schutzauflagen zugunsten des Klägers und die Zuerkennung eines Entschädigungsanspruchs zu ergänzen, ist ebenfalls unbegründet.

2.1 Ein Anspruch gemäß §§ 41 Abs. 1, 43 Abs. 1 Nr. 1 BImSchG i. V. m. § 2 der 16. BImSchV auf ergänzende Vorkehrungen des aktiven Schallschutzes steht dem Kläger nicht zu. Nach der schalltechnischen Untersuchung werden die sich aus § 2 Abs. 1 Nr. 2 der 16. BImSchV ergebenden Immissionsgrenzwerte von 59 dB(A) tags und 49 dB(A) nachts auf seinem Grundstück eingehalten. Der Nachtgrenzwert wird an einem Immissionspunkt mit 49,0 dB(A) zwar erreicht, aber nicht – wie in § 2 Abs. 1 der 16. BImSchV vorausgesetzt – überschritten. Für den Außenbereich ist, da die zu schützende Nutzung nur am Tage ausgeübt wird, nur der Taggrenzwert anzuwenden (vgl. § 2 Abs. 3 der 16. BImSchV). Es ist nichts dafür ersichtlich, daß im Außenbereich des klägerischen Grundstücks der Taggrenzwert von 59 dB(A) überschritten sein könnte.

Die Beurteilungspegel sind zu Recht nur für die von der A 72 herrührenden Verkehrsgeräusche berechnet worden. Das klägerische Grundstück wird zwar auch durch den von der S 243 n ausgehenden Lärm beeinträchtigt; nach dem Ergebnis der schalltechnischen Untersuchung ist jedoch für den hier in Rede stehenden Streckenabschnitt jenseits eines Abstands von 140 m von der Straßenachse nicht mehr mit einer Überschreitung der für Wohnbebauung geltenden Grenzwerte zu rechnen. Das klägerische Grundstück liegt etwa 500 m von der S 243 n entfernt.

Es ist auch nicht geboten, aus dem von der A 72 und der S 243 n herrührenden Verkehrslärm einen „Summenpegel" zu berechnen. Nach § 2 Abs. 1 der 16. BImSchV ist bei dem Bau oder der wesentlichen Änderung von öffentlichen Straßen oder Schienenwegen sicherzustellen, daß der Beurteilungspegel einen der dort genannten Immissionsgrenzwerte nicht überschreitet. Dabei kommt es, wie sich aus § 1 der Verordnung und ihrer Entstehungsgeschichte ergibt, allein auf den von dem zu bauenden oder zu ändernden Verkehrsweg ausgehenden Verkehrslärm an (vgl. BVerwG, Urteil v. 21. 3. 1996 – 4 C 9.95 –, BVerwGE 101, 1; Beschluß v. 11. 11. 1996 – 11 B 66.96 –, NVwZ 1997, 394).

Die Beurteilungspegel sind für jeden Verkehrsweg gesondert zu berechnen. Für Straßen ergibt sich dies aus Anlage 1 der 16. BImSchV. Diese Anlage läßt in die Berechnung nur Faktoren eingehen, welche sich auf die jeweilige neue oder zu ändernde Straße beziehen. Auswirkungen, die von anderen Verkehrswegen ausgehen, bleiben unberücksichtigt (vgl. BVerwGE 101, 1, 4). Die Verordnung regelt auch weder, wie dies für die Berechnung von Gesamtbeurteilungspegeln erforderlich wäre, das Berechnungsverfahren noch die Kostentragung. Das Fehlen einer Regelung des Berechnungsverfahrens würde insbesondere zu Problemen führen, wenn eine Straße mit einem Verkehrsvorhaben anderer Art, z. B. einem Schienenweg oder einem Flughafen, zusammentrifft. Die Frage, wer die Kosten für den erforderlichen Lärmschutz zu tragen hat, würde sich stellen, wenn – wie hier – Verkehrswege gleicher Art, aber unterschiedlicher Baulastträger, zusammentreffen. Für die Annahme, der Verordnungsgeber habe diese Fragen übersehen oder sie der Rechtsanwendung im Einzelfall überlassen wollen, fehlt es an einem tragfähigen Anhalt.

Mehrere rechtlich selbständige Straßen können, wenn für ihren Bau gemäß § 78 Abs. 1 VwVfG nur ein Planfeststellungsverfahren stattfindet, auch nicht als ein Verkehrsweg i. S. der 16. BImSchV angesehen werden. Erst recht kann ein Summenpegel nicht – wie dies in der Literatur teilweise gefordert wird (vgl. Jarass, BImSchG, 6. Aufl. 2005, § 41 Rdnr. 41; ders., Aktuelle Rechtsprobleme des Lärmschutzes an Straßen und Schienenwegen, UPR 1998, 415, 418; Sparwasser/Engel/Vosskuhle, Umweltrecht, 5. Aufl. 2003, § 10 Rdnr. 344) – gebildet werden, wenn die Errichtung oder Änderung mehrerer Verkehrswege unabhängig von ihrer verfahrensrechtlichen Verbindung in einem zeitlichen und funktionalen Zusammenhang steht. Treffen mehrere selbständige Vorhaben, für deren Durchführung Planfeststellungsverfahren vorgeschrieben sind, derart zusammen, daß für diese Vorhaben nur eine einheitliche Entscheidung möglich ist, und ist mindestens eines der Planfeststellungsverfahren bundesrechtlich geregelt, findet gemäß § 78 VwVfG für diese Vorhaben nur ein Planfeststellungsverfahren statt; Zuständigkeiten und Verfahren richten sich nach den Rechtsvorschriften über das Planfeststellungsverfahren, das für diejenige Anlage vorgeschrieben ist, die einen größeren Kreis öffentlich-rechtlicher Beziehungen berührt. Das Zusammentreffen mehrerer Vorhaben in der genannten Weise (vgl. hierzu BVerwG, Urteil v. 18. 4. 1996 – 11 A 86.95 –, BVerwGE 101, 73, 77 ff.) hat hiernach Rechtsfolgen nur für die Zuständigkeit der Behörden und das Verfahrensrecht; das im Planfeststellungsverfahren anzuwendende materielle Recht, zu dem auch die 16. BImSchV gehört, wird durch § 78 VwVfG nicht modifiziert. § 78 VwVfG kommt im übrigen nur zur Anwendung, wenn „selbstständige" Vorhaben zusammentreffen. Verbunden werden die Vorhaben nur im Verfahren; im übrigen bleibt ihre Selbständigkeit unberührt.

Einzuräumen ist, daß es für den Betroffenen keinen Unterschied macht, ob die Lärmimmissionen auf seinem Grundstück von dem Bau eines Verkehrsweges oder mehrerer rechtlich selbständiger, aber in einem Verfahren als Gesamtbaumaßnahme geplanter Verkehrswege herrühren. Im Bereich des Verkehrslärmschutzes gibt das Bundes-Immissionsschutzgesetz eine allein auf den Betroffenen abstellende Sichtweise jedoch nicht zwingend vor.

Für den Begriff der schädlichen Umwelteinwirkungen (§ 3 Abs. 1 BImSchG) kommt es zwar nicht darauf an, woher die zu beurteilende Beeinträchtigung stammt (vgl. BVerwGE 101, 1, 7); nach § 41 Abs. 1 BImSchG ist bei dem Bau oder der wesentlichen Änderung öffentlicher Straßen jedoch nur sicherzustellen, daß „durch diese" keine schädlichen Umwelteinwirkungen hervorgerufen werden, die nach dem Stand der Technik vermeidbar sind. Für den Bau u. a. von öffentlichen Straßen gilt das Bundes-Immissionsschutzgesetz – wie § 2 Abs. 1 Nr. 4 BImSchG klarstellt – nur „nach Maßgabe der §§ 41 bis 43". Der Senat hat bereits entschieden (vgl. Urteil v. 21. 3. 1996, a. a. O.), daß es beim Bau oder der wesentlichen Änderung einer Straße nicht geboten ist, vorhandenen Verkehrslärm in die Beurteilung einzubeziehen, obwohl es aus der Sicht des Betroffenen auch insoweit ohne Bedeutung ist, ob die ihn beeinträchtigenden Verkehrswege in einem Verfahren geplant werden oder ob eine neue Straße zu bereits vorhandenen Verkehrswegen hinzutritt. Für den in einem Planfeststellungsverfahren verbundenen Bau mehrerer Straßen kann nichts anderes gelten; auch für diesen Fall muß der Verordnungsgeber die Berechnung von Gesamtbeurteilungspegeln nicht vorsehen.

Es ist schließlich nicht aus Gründen des Grundrechtsschutzes geboten, bei der gemäß § 78 VwVfG verbundenen Planung mehrerer Verkehrswege einen Gesamtbeurteilungspegel zu berechnen. Das gilt jedenfalls, solange keine Gesamtbelastung zu erwarten ist, die mit Gesundheitsgefahren oder Eingriffen in die Substanz des Eigentums verbunden sind (vgl. BVerwGE 101, 1, 9; Urteil v. 20. 5. 1998 – 11 C 3.97 –, Buchholz 406.25 § 41 BImSchG Nr. 18 S. 51; Urteil v. 10. 11. 2004 – 9 A 67.03 –, juris). Die Grenzwerte der 16. BImSchV wollen – wie sich aus § 2 Abs. 1 der 16. BImSchV, § 41 Abs. 1 und § 3 Abs. 1 BImSchG ergibt – bereits vor erheblichen Belästigungen schützen. Sie markieren nicht den Übergang zur Gesundheitsgefährdung, sondern sind bewußt niedriger angesetzt (vgl. BVerwG, Urteil v. 26. 2. 2003 – 9 A 1.02 –, juris). In diesem Bereich kommt dem Verordnungsgeber ein weiter Gestaltungsspielraum zu. Es kann deshalb nicht vorausgesetzt werden, daß der Verordnungsgeber die Grenzwerte in gleicher Höhe festgesetzt hätte, wenn er davon ausgegangen wäre, daß bei der verbundenen Planfeststellung mehrerer Verkehrswege Gesamtbeurteilungspegel zu berechnen sind.

Im vorliegenden Fall war hiernach die Bildung eines Summenpegels nicht geboten. Die A 72 und die S 243 n sind rechtlich selbständige Verkehrswege. Sie werden im jeweiligen Straßenverzeichnis als eigenständige Straßen geführt. Die Baulast trägt für die A 72 der Bund (vgl. § 5 Abs. 1 FStrG), für die S 243 n der Freistaat Sachsen (vgl. § 44 Abs. 1 SächsStrG). Es ist auch nichts dafür ersichtlich, daß die Gesamtbelastung des klägerischen Grundstücks Werte von 70 dB(A) tags und 60 dB(A) nachts erreichen könnte, oberhalb derer in Wohngebieten ein aus Sicht des Grundrechtsschutzes kritischer Bereich beginnt (vgl. BVerwG, Urteile v. 20. 5. 1998 und v. 10. 11. 2004, jeweils a. a. O.).

2.2 Der Kläger hat auch keinen Anspruch auf Zuerkennung eines Entschädigungsanspruchs wegen der behaupteten Wertminderung seines Grundstücks. Als Rechtsgrundlage für einen solchen Anspruch kommt allein § 74 Abs. 2 Satz 3 VwVfG in Betracht. Nach dieser Vorschrift hat der von der

Planung Betroffene einen Anspruch auf angemessene Entschädigung in Geld, wenn (weitere) Schutzvorkehrungen nicht vorgenommen werden können. Der Entschädigungsanspruch ist ein Surrogat für nicht realisierbare Schutzmaßnahmen; greift § 74 Abs. 2 Satz 2 VwVfG, der den Anspruch auf Schutzvorkehrungen regelt, tatbestandlich nicht ein, so ist auch für die Anwendung von § 74 Abs. 2 Satz 3 VwVfG kein Raum (vgl. BVerwG, Urteile v. 29. 1. 1991 – 4 C 51.89 –, BVerwGE 77, 332, 377; v. 14. 5. 1992 – 4 C 8.89 –, Buchholz 407.4 § 17 FStrG Nr. 88 und v. 27. 11. 1996 – 11 A 27.96 –, Buchholz 445.5 § 14 WaStrG Nr. 7). § 74 Abs. 2 Satz 2 VwVfG setzt voraus, daß Vorkehrungen zur Vermeidung nachteiliger Wirkungen auf Rechte anderer erforderlich sind. Die Beeinträchtigungen müssen, unabhängig davon, ob der Gewährleistungsgehalt des Art. 2 Abs. 2 GG oder des Art. 14 GG berührt ist, die Grenze des Zumutbaren überschreiten (vgl. BVerwG, Urteile v. 7. 7. 1978 – 4 C 79.76 u. a. –, BVerwGE 56, 110, 131; v. 20. 10. 1989 – 4 C 12.87 –, BVerwGE 84, 31, 39 f. jeweils zu § 17 Abs. 4 FStrG a. F.; v. 28. 1. 1999 – 4 CN 5.98 –, BVerwGE 108, 248, 254 zu § 41 BImSchG).

Derartige Beeinträchtigungen hat der Kläger nicht geltend gemacht. Er beklagt lediglich den durch die Lage zur A 72 bedingten Wertverlust seines Grundstücks. Daß ein Grundstück am Grundstücksmarkt wegen seiner Belegenheit zur Autobahn an Wert verliert, ist keine nachteilige Wirkung auf ein Recht des Grundstückseigentümers. Wertminderungen dieser Art werden deshalb von § 74 Abs. 2 Satz 3 VwVfG nicht erfaßt. Die darin liegende Beschränkung des finanziellen Ausgleichs ist mit Art. 14 GG vereinbar. Der Gesetzgeber muß nicht vorsehen, daß jede durch staatliches Verhalten ausgelöste Wertminderung ausgeglichen wird (vgl. BVerwG, Urteile v. 21. 3. 1996 – 4 C 9.95 –, BVerwGE 101, 1, 11 f. und v. 24. 5. 1996 – 4 A 39.95 –, Buchholz 316 § 74 VwVfG Nr. 39 S. 18 f.). Allerdings können die Betroffenen auf der Grundlage von § 74 Abs. 2 Satz 3 VwVfG die Übernahme des Grundstücks verlangen, wenn die Beeinträchtigungen faktisch ein derartiges Gewicht haben, daß eine weitere Nutzung des Grundstücks als unzumutbar erscheint (vgl. BVerwG, Urteil v. 6. 6. 2002 – 4 A 44.00 –, Buchholz 316 § 74 VwVfG Nr. 59). Das ist etwa bei schweren und unerträglichen Lärmbelastungen angenommen worden (vgl. BVerwG, Urteile v. 29. 1. 1991 – 4 C 51.89 –, BVerwGE 87, 332, 383, und v. 21. 3. 1996 – 4 C 9.95 –, BVerwGE 101, 1, 12). Eine derartige Lage besteht hier nach dem eigenen Vorbringen des Klägers nicht.

Nr. 22

§ 41 BImSchG und die 16. BImSchV erfassen nur den Lärm, der von der zu bauenden oder zu ändernden Straße selbst ausgeht.

Nimmt als Folge des Straßenbauvorhabens der Verkehr auf einer anderen, vorhandenen Straße zu, ist der von ihr ausgehende Lärmzuwachs im Rahmen der Abwägung nach § 17 Abs. 1 Satz 2 FStrG zu berücksichtigen, wenn er mehr als unerheblich ist und ein eindeutiger Ursachenzusammenhang zwischen dem planfestgestellten Straßenbauvorhaben und der zu erwartenden Verkehrszunahme auf der anderen Straße besteht.

Sind von dem Lärmzuwachs ausgewiesene Baugebiete betroffen, können Gemeinden ihr Interesse an der Bewahrung der in der Bauleitplanung zum Ausdruck gekommenen städtebaulichen Ordnung vor nachhaltigen Störungen als eigenen abwägungserheblichen Belang geltend machen.

Für die Abwägung bieten die Immissionsgrenzwerte der 16. BImSchV eine Orientierung. Werden die in § 2 Abs. 1 Nr. 3 der 16. BImSchV für Dorf- und Mischgebiete festgelegten Werte eingehalten, sind in angrenzenden Wohngebieten regelmäßig gesunde Wohnverhältnisse (vgl. § 1 Abs. 5 Satz 2 Nr. 1 BauGB a. F./§ 1 Abs. 6 Nr. 1 BauGB n. F.) gewahrt und vermittelt das Abwägungsgebot keinen Rechtsanspruch auf die Anordnung von Lärmschutzmaßnahmen.

BayVwVfG Art. 73 Abs. 2, Abs. 4, Art. 74 Abs. 2 Satz 2; BImSchG §§ 41 Abs. 1, 43; 16. BImSchV §§ 1, 2 Abs. 1; FStrG § 17 Abs. 1 Satz 2.

Bundesverwaltungsgericht, Urteil vom 17. März 2005 – 4 A 18.04 –.

Der Kläger wendet sich gegen den Planfeststellungsbeschluß der Regierung von Oberfranken für den Bau der Bundesautobahn A 73 im Abschnitt „Ebersdorf b. Coburg (Bundesstraße 303) bis Lichtenfels (Bundesstraße 173)" vom März 2002.

Bei dem Kläger handelt es sich um eine zwischen Bamberg und Staffelstein gelegene Gemeinde. Über das Gemeindegebiet verläuft die vierspurig ausgebaute Bundesstraße 173 („Frankenschnellweg"), die u. a. das nördliche Teilstück der A 73, das zwischen Staffelstein und Lichtenfels enden wird, mit dem südlichen Teilstück verbindet, das von Bamberg nach Nürnberg führt. Die Entfernung von der nördlichen Gemeindegrenze des Klägers bis zur Verknüpfung der A 73 mit der B 173 bei Lichtenfels beträgt etwa 7 km.

Während des Planfeststellungsverfahrens für die A 73 verlangte der Kläger Lärmschutzmaßnahmen an der B 173 mit der Begründung, mit der Freigabe des nördlichen Teilstücks der A 73 für den Verkehr werde sich die Belastung der B 173 signifikant erhöhen und dazu führen, daß die angrenzenden Wohngebiete unzumutbar verlärmt würden. Auf Ersuchen des Bayerischen Staatsministeriums des Innern wies die Planfeststellungsbehörde die Forderung des Klägers im Planfeststellungsbeschluß zurück.

Aus den Gründen:

II. Die Klage hat insoweit Erfolg, als der Kläger verlangen kann, daß die Planfeststellungsbehörde über seinen Antrag auf Anordnung von Lärmschutzmaßnahmen an der B 173 erneut entscheidet. Im übrigen ist die Klage unbegründet.

1. Der mit dem Hauptantrag verfolgte Anspruch auf Kassation des umstrittenen Planfeststellungsbeschlusses steht dem Kläger nicht zu. Der Planfeststellungsbeschluß leidet an keinem Mangel, der zu seiner Aufhebung führt. Zu Unrecht macht der Kläger geltend, daß er als Behörde, deren Aufgabenbereich von dem Vorhaben berührt werde, nach Art. 73 Abs. 2 BayVwVfG von der Anhörungsbehörde zur Stellungnahme hätte aufgefordert werden müssen. In ihrer Eigenschaft als Träger der gemeindlichen Planungshoheit sind Gebietskörperschaften nicht im Rahmen der Behördenanhörung zu beteiligen, sondern müssen, wie jeder andere in eigenen Rechten Betroffene auch, ihre Einwendungen im Rahmen der Anhörung nach Art. 73 Abs. 4 BayVwVfG erheben (vgl. BVerwG, Urteil v. 12. 2. 1997 – 11 A 62.95 –, BVerwGE 104, 79, 81). Im übrigen wäre ein Verstoß gegen Art. 73 Abs. 2

BayVwVfG unbeachtlich, weil sich die vom Kläger vermißte Einholung seiner Stellungnahme auf die Entscheidung in der Sache nicht ausgewirkt haben kann (vgl. zum Erfordernis der Kausalität zwischen Verfahrensfehler und konkreter Planungsentscheidung: BVerwG, Urteil v. 28.2.1996 – 4 A 27.95 –, NVwZ 1996, 1011, 1012). Der Kläger hat im Planaufstellungsverfahren von sich aus an dem Vorhaben Kritik geübt und darauf im Planfeststellungsbeschluß eine Antwort erhalten. Es ist nichts dafür ersichtlich, wenn nicht gar ausgeschlossen, daß die Einwendung des Klägers anders ausgefallen wäre und zu einer anderen Planungsentscheidung geführt hätte, wenn sie nicht aus eigenem Antrieb vorgebracht, sondern von der Anhörungsbehörde veranlaßt worden wäre.

2. Soweit der Kläger mit seinem Hilfsantrag den Anspruch verfolgt, die Planfeststellungsbehörde zu verpflichten, den angefochtenen Planfeststellungsbeschluß um Lärmschutzanordnungen zugunsten des Gemeindegebietes zu ergänzen, muß der Klage ebenfalls der Erfolg versagt bleiben.

a) Die 16. BImSchV gibt zugunsten des Klägers nichts her. Nach deren § 2 Abs. 1 ist bei dem Bau oder der wesentlichen Änderung von öffentlichen Straßen sicherzustellen, daß der Beurteilungspegel einen der dort genannten Immissionsgrenzwerte nicht überschreitet. Dabei kommt es, wie sich aus § 1 der 16. BImSchV und der Entstehungsgeschichte der Verordnung ergibt, allein auf den Verkehrslärm an, der von dem zu bauenden oder zu ändernden Verkehrsweg ausgeht (BVerwG, Urteil v. 21.3.1996 – 4 C 9.95 –, BVerwGE 101, 1, 6). Lärm, der nicht gerade auf der zu bauenden oder zu ändernden Strecke entsteht, wird von der Verkehrslärmschutzverordnung nicht berücksichtigt (BVerwG, Beschluß v. 11.11.1996 – 11 B 65.96 –, NVwZ 1997, 394).

b) Der Anspruch läßt sich auch nicht unmittelbar auf § 41 Abs. 1 BImSchG stützen, wonach u. a. bei dem Bau oder der wesentlichen Änderung öffentlicher Straßen sicherzustellen ist, daß durch diese keine schädlichen Umwelteinwirkungen hervorgerufen werden, die nach dem Stand der Technik vermeidbar sind. Der Tatbestand der Vorschrift reicht nicht weiter als die 16. BImSchV, die nach § 43 Abs. 1 Satz 1 Nr. 1 BImSchG zur Durchführung des § 41 und des § 42 Abs. 1 und 2 BImSchG erlassen worden ist. Dafür spricht bereits ihr Wortlaut. Die Formulierung, daß die Verpflichtung zum Immissionsschutz „bei" dem Bau oder der wesentlichen Änderung öffentlicher Straßen zu erfüllen ist, läßt erkennen, daß der erforderliche Lärmschutz im Rahmen und als Bestandteil des in Rede stehenden Vorhabens realisiert werden soll und Maßnahmen des aktiven Lärmschutzes nur in den Grenzen der jeweiligen Planung und Planfeststellung zu treffen sind (Czajka, in: Feldhaus, BImSchR, § 41 BImSchG, Rdnr. 59). Auch ergibt sich aus der Zusammenschau von § 41 Abs. 1 und § 43 Abs. 1 Nr. 1 BImSchG, daß der Schutz vor Lärm, der infolge eines neuen oder geänderten Verkehrsweges entsteht, auf dessen Nachbarschaft beschränkt sein soll. Anlieger an anderen, vorhandenen Straßen, auf denen sich infolge der Baumaßnahme das Verkehrsaufkommen erhöht, lassen sich regelmäßig nicht zur Nachbarschaft der neuen oder geänderten Strecke zählen. Hinzu kommt die Regelung des § 2 Abs. 1 Nr. 4 BImSchG. Die in ihr enthaltene Einschränkung, daß die Vorschriften des Bundes-Immissionsschutzgesetzes für den Bau öffentlicher Straßen und

Schienenwege nur „nach Maßgabe der §§ 41 bis 43" gelten, bedeutet eine Abkehr von dem für genehmigungsbedürftige Anlagen geltenden Grundsatz, daß eine solche Anlage nicht errichtet oder betrieben werden darf, wenn unter Einbeziehung der Vorbelastung durch bereits vorhandene Anlagen schädliche Umwelteinwirkungen hervorgerufen werden können (vgl. § 5 Abs. 1 Nr. 1 BimSchG). Anders als für gewerbliche Anlagen regelt das BImSchG den Immissionsschutz für Verkehrsanlagen nicht umfassend, sondern nur für einen Teilausschnitt (BVerwG, Urteil v. 21. 3. 1996 – 4 C 9.95 –, a. a. O., 8).

c) Art. 74 Abs. 2 Satz 2 BayVwVfG, der die Planfeststellungsbehörde verpflichtet, dem Träger des Vorhabens Vorkehrungen oder die Errichtung und Unterhaltung von Anlagen aufzuerlegen, die zum Wohl der Allgemeinheit oder zur Vermeidung nachteiliger Wirkungen auf Rechte anderer erforderlich sind, verhilft dem Hilfsantrag ebenfalls nicht zum Erfolg. Nach der Entscheidung des Senats vom 9. 2. 1995 (– 4 C 26.93 –, BVerwGE 97, 367, 371) kommt neben dem Lärmschutzsystem, das in den §§ 41 ff. BImSchG normiert ist, ein Rückgriff auf die allgemeine Regelung des § 74 Abs. 2 Satz 2 VwVfG inhaltlich (materiell) lediglich nach Maßgabe des § 42 Abs. 2 Satz 2 BImSchG in Betracht. Dies gilt auch dann, wenn § 41 Abs. 1 BImSchG nur deshalb nicht anzuwenden ist, weil seine tatbestandlichen Voraussetzungen zu verneinen sind. In der Entscheidung hat der Senat seine bis dahin praktizierte Rechtsprechung, Lärmschutzmaßnahmen trotz § 41 Abs. 1 BImSchG nach § 74 Abs. 2 Satz 2 VwVfG (oder nach § 17 Abs. 4 FStrG i. d. F. bis zum In-Kraft-Treten des Dritten Rechtsbereinigungsgesetzes v. 28. 6. 1990, BGBl. I, 1221, der § 74 Abs. 2 Sätze 2 und 3 VwVfG weitgehend entsprach) zu beurteilen, mit der Begründung als überholt bezeichnet, daß sich die Rechtslage, die dieser Auffassung zugrunde lag, in ihren wesentlichen Voraussetzungen geändert habe. Das erfaßt auch den vom Kläger angeführten Senatsbeschluß vom 9. 2. 1989 – 4 B 234.88 –, wonach der Träger der Straßenbaulast nach § 17 Abs. 4 FStrG a. F. ausnahmsweise verpflichtet werden konnte, Anlagen zum Schutz vor solchen Immissionen zu errichten, die infolge der vom festgestellten Vorhaben beeinflußten Benutzung bestehender Straßen auftreten.

d) Zwischen den Beteiligten steht außer Streit, daß der Verkehr auf der B 173 nach dem Bau und der In-Dienst-Stellung des nördlichen Abschnitts der A 73 erheblich zunehmen und sich die Lärmbelastung entlang der B 173 mehr als nur unwesentlich erhöhen wird. Das ist in der Abwägung nach § 17 Abs. 1 Satz 2 FStrG zu berücksichtigen. Es entspricht nämlich dem Zweck des Abwägungsgebots, wie es in der Rechtsprechung des Senats entwickelt worden ist, daß der Kreis der von dem Vorhaben „berührten" öffentlichen und privaten Belange nicht eng gezogen wird. Sie beschränken sich insbesondere nicht auf allein diejenigen Belange, in die zur Verwirklichung des Straßenbauvorhabens unmittelbar eingegriffen werden muß, sondern umfassen auch solche Belange, auf die sich das Straßenbauvorhaben als eine in hohem Maße raumbedeutsame Maßnahme auch nur mittelbar auswirkt (BVerwG, Urteil v. 15. 4. 1977 – 4 C 100.74 –, BVerwGE 52, 237, 245). Das ist u. a. dann der Fall, wenn – wie hier – ein eindeutiger Ursachenzusammenhang zwischen dem Straßenbauvorhaben und der zu erwartenden Verkehrszunahme auf einer anderen Straße besteht. Wenn nicht kommunale Einrichtungen betroffen sind, ist das Interesse an der Verhinderung einer zusätzlichen Verlärmung des Gemeindegebiets ein gemeindlicher Belang allerdings nur im Fall der Beeinträchtigung der Planungshoheit. Diese ist jedenfalls dann tangiert, wenn sich die Lärmzunahme nicht nur auf einzelne benachbarte Grundstücke, sondern auf wesentliche Teile von Baugebieten auswirkt, die in Bebauungsplänen ausgewiesen sind. Dabei ist nicht erforderlich, daß die nachteiligen Wirkungen für das betroffene Gebiet – blieben sie ohne Schutzmaßnahmen unbewältigt – die Gemeinde zur Umplanung zwängen. Schon das Interesse an der Bewahrung der in der Bauleitplanung zum Ausdruck gekommenen städtebaulichen Ordnung vor nachhaltigen Störungen ist ein schutzwürdiger kommunaler Belang (vgl. BVerwG, Urteil v. 1. 7. 1988 – 4 C 49. 86 –, BVerwGE 80, 7, 13 f.). Einen Anspruch auf die Anordnung von Lärmschutzmaßnahmen vermittelt er freilich nur dann, wenn jede andere Entscheidung als die Gewährung von Lärmschutz abwägungsfehlerhaft ist. Das ist hier nicht der Fall.

Dies ergibt sich schon daraus, daß nicht angenommen werden kann, in den beplanten Wohngebieten des Klägers, die vom Lärmzuwachs auf der B 173 betroffen sind, seien gesunde Wohnverhältnisse (vgl. § 1 Abs. 5 Satz 2 Nr. 1 BauGB a. F./§ 1 Abs. 6 Nr. 1 BauGB n. F.) nicht mehr gewahrt. Selbst der höchste prognostizierte Nachtwert von 53,9 dB(A) liegt noch unter dem Lärmschutzniveau, das dem Immissionsgrenzwert für Dorf- und Mischgebiete in § 2 Abs. 1 der 16. BImSchV entspricht. Auch wenn die 16. BImSchV vorliegend tatbestandlich nicht eingreift, bietet sie doch eine Orientierung für die Abwägung, weil sie der gesetzgeberischen Wertung Rechnung trägt, daß Dorf- und Mischgebiete neben der Unterbringung von (nicht wesentlich) störenden Gewerbebetrieben auch dem Wohnen dienen und die hierauf zugeschnittenen Immissionsgrenzwerte für den Regelfall gewährleisten, daß die Anforderungen an gesunde Wohnverhältnisse gewahrt sind (vgl. BVerwG, Urteil v. 23. 9. 1999 – 4 C 6.98 –, BVerwGE 109, 314, 323 = BRS 62 Nr. 86 = BauR 2000, 234). Die prognostizierten Tagwerte halten sogar die Grenzwerte ein, die die 16. BImSchV für reine und allgemeine Wohngebiete vorsieht.

3. Die Planfeststellungsbehörde muß über den Antrag des Klägers auf Anordnung von Lärmschutzmaßnahmen an der B 173 aber nochmals entscheiden, weil sie ihn nicht zum Gegenstand ihrer Abwägungsentscheidung gemacht hat. Die Gesamtabwägung zum Bereich Lärmschutz im Kap. 8.2.3 des Planfeststellungsbeschlusses erfaßt nicht den Problembereich Lärmschutz an der bestehenden B 173, der erst im nachfolgenden Kap. 8.2.4 behandelt worden ist. Darin ist die Planfeststellungsbehörde bei dem Befund stehen geblieben, daß der Kläger auf die Anordnung von Lärmschutzmaßnahmen keinen Rechtsanspruch hat.

Der Mangel ist nicht nach § 17 Abs. 6c Satz 1 FStrG unerheblich. Er ist offensichtlich, weil auch die Aufstellungsvorgänge keinen Fingerzeig dafür enthalten, daß die Planfeststellungsbehörde die Lärmschutzbelange des Klägers in ihre Abwägungsentscheidung einbezogen hat. Für eine Umsetzung des Hinweises im Schreiben des Bayerischen Staatsministeriums des Innern vom Januar 2002, die verkehrlichen Auswirkungen des Baues der A 73 auf die bestehende B 173 und das nachgeordnete Straßennetz seien ein in der

Abwägung zu berücksichtigender Belang, findet sich kein Anhalt. Der Mangel ist auch auf das Abwägungsergebnis von Einfluß gewesen. Nach den Umständen des Falles besteht die konkrete Möglichkeit, daß ohne den Mangel die Planung anders ausgefallen und dem Kläger Lärmschutz zugesprochen worden wäre. Die Planfeststellungsbehörde hat sich in ihrem Bericht an das Bayerische Staatsministerium des Innern vom September 2001 für Lärmschutzmaßnahmen an der B 173 stark gemacht. Der Belehrung im Antwortschreiben vom Januar 2002, daß der Kläger solche Maßnahmen nicht beanspruchen könne, hat sie sich gebeugt. Wäre sie auch dem einleitenden Hinweis auf die Abwägungserheblichkeit der verkehrlichen Auswirkungen des Baus der A 73 auf die vorhandene B 173 gefolgt und nicht der damit schwerlich vereinbaren abschließenden Bemerkung, im Planfeststellungsverfahren für die A 73 sei eine Entscheidung über etwaige Lärmschutzmaßnahmen an der B 173 weder erforderlich noch möglich, wäre die Planungsentscheidung unter Umständen zugunsten des Klägers ausgefallen.

Nr. 23

1. **Auch bei einer Straßenlänge von ca. 3 km kann die Benennung einer (im Stadtgebiet gelegenen) Straße, des Planvorhabens (hier: „Lebensmittelmarkt") und der Nummern der betroffenen Flurstücke das Plangebiet ausreichend kennzeichnen und damit der Anstoßfunktion des § 3 Abs. 2 BauGB genügen.**

2. **Die Verlagerung der Bewältigung eines durch ein Planvorhaben ausgelösten Konfliktes (hier: Schallimmissionen) vom Planverfahren in ein nachfolgendes Baugenehmigungsverfahren ist abwägungsfehlerhaft, wenn der Gemeinderat über die bereits vorab nach § 33 Abs. 1 BauGB erfolgte Erteilung der Baugenehmigung nicht informiert war.**

3. **Die Verlagerung der Bewältigung eines Konfliktes (hier: Schallimmissionen) in das dem Planverfahren nachfolgende Baugenehmigungsverfahren ist abwägungsfehlerhaft, wenn dem Gemeinderat bereits erstellte und bei der Baugenehmigungsbehörde eingereichte Gutachten (hier: Zum Schallschutz) bei Beschlussfassung nicht vorlagen.**

4. **Nach Beschlussfassung des Gemeinderates vorgenommene Änderungen des Entwurfs eines Bebauungsplanes, die inhaltlich in den Bereich der planerischen Willensbildung des Gemeinderates eingreifen, bedürfen zu ihrer Wirksamkeit eines Beitrittsbeschlusses. Dies gilt auch für Änderungen, die von der Genehmigungsbehörde als rein klarstellend und redaktionell bezeichnet wurden.**

BauGB a. F. §§ 1 Abs. 6, 2 Abs. 1, 3 Abs. 2 und 3, 10 Abs. Abs. 1 und 2, 12, 33 Abs. 1.

Sächsisches OVG, Urteil vom 11. November 2005 – 1 D 23/03 – (rechtskräftig).

Nr. 23

Der Antragsteller wendet sich gegen den Bebauungsplan Nr. 007 „Lebensmittelmarkt an der Neundorfer Straße" der Antragsgegnerin.

Am 16.5.2003 stellte das StUFA in einer gutachterlichen Stellungnahme im parallel laufenden Baugenehmigungsverfahren Schallschutzforderungen insbesondere dahin auf, dass eine nächtliche Anlieferung und Parkplatzbenutzung unterbunden werde, die Laderampe des Marktes eingehaust werde, Kälteaggregate und Lüftungseinrichtungen schallgedämmt zu errichten seien und Geräuschimmissionen aus dem Betrieb des Marktes einschließlich des anlagenbezogenen Fahrverkehrs an der umgebenden Wohnbebauung die Richtwerte von 60 dB(A) tags (von 6.00 bis 22.00 Uhr) sowie 45 dB(A) nachts nicht überschreiten dürfen.

Am 20.5.2003 schloss die Antragsgegnerin mit der Beigeladenen einen Durchführungsvertrag zum Vorhaben- und Erschließungsplan, dessen Anlage 1 das Vorhabengebiet bestimmt.

Am 21.5.2003 stellte der Fachbereich Umwelt und Bauordnung der Antragsgegnerin Schallschutzforderungen entsprechend den Anforderungen des StUFA vom 16.5.2003 auf.

Bereits am 22.5.2003 erteilte die Antragsgegnerin der Beigeladenen die Baugenehmigung für das Vorhaben unter Beifügung von Bedingungen und Auflagen. Nach Abs. 3 der Bedingungen hat der Bauherr vor Baubeginn die Festsetzungen des in Aufstellung befindlichen vorhabenbezogenen Bebauungsplanes anzuerkennen. Bestandteil der Auflagen ist, dass die Forderungen des Fachbereichs Umwelt und Bauordnung der Antragsgegnerin vom 21.5.2003 zu erfüllen sind. Gegen die Baugenehmigung hat der Antragsteller einen bisher nicht beschiedenen Widerspruch eingelegt.

Am 12.6.2003 beschloss der Stadtrat den Bebauungsplan als Satzung. Bezüglich der Anregungen des StUFA, für den Bereich der Anlieferung eine Immissionsprognose zu erstellen und zur Vermeidung von Konflikten mit dem unmittelbar angrenzenden Wohnhaus geräuschintensive haustechnische Anlagen nicht in diesem Bereich zu planen, solle im Rahmen des Baugenehmigungsverfahrens eine Immissionsprognose vorgelegt werden.

Mit Bescheid vom 28.8.2003 erteilte das Regierungspräsidium die Genehmigung zum Bebauungsplan mit Auflagen, die „redaktionell zu erfüllen" seien. Nach Auflage Nr. 2.1. des Bescheides ist die textliche Festsetzung unter „4. Sonstige Festsetzungen", dass die dargestellten Gebäudeansichten Bestandteil der Planzeichnung sind, zu tilgen, da die Ansichten nicht vermaßt seien. Daraufhin wurde am 9.9.2003 der Bebauungsplan in seinen textlichen Festsetzungen unter Beifügung eines handschriftlichen Vermerks mit Datum vom 9.9.2003 geändert. Unter „4. Sonstige Festsetzungen" wurde die Festsetzung gestrichen, dass Bestandteil der Planzeichnung auch die Darstellung der Gebäudeansichten sei. In dieser Fassung wurde der Plan am 11.9.2003 ausgefertigt. Im Amtsblatt der Antragsgegnerin wurde am 2.10.2003 die Genehmigung des Bebauungsplans durch das Regierungspräsidium bekannt gemacht und auf das In-Kraft-Treten des Bebauungsplans mit dem Tage der Bekanntmachung hingewiesen.

Aus den Gründen:

Der angegriffene Bebauungsplan in seiner ausgefertigten und bekannt gegebenen Fassung leidet an beachtlichen formellen Mängeln (dazu unten 1.) und an einem beachtlichen materiellen (dazu unten 2.) Mangel. Er ist deshalb nach § 47 Abs. 5 Satz 2 VwGO i.d.F. des Europarechtsanpassungsgesetzes – EAG Bau – vom 24.6.2004 (BGBl. I, 1359) für unwirksam zu erklären (dazu unten 3.).

1. Der angegriffene Bebauungsplan leidet an beachtlichen formellen Mängeln, die schon für sich genommen zu seiner Unwirksamkeit führen.

1.1. Zur Planunwirksamkeit führende fehlerhafte Angaben im Rahmen der Bekanntmachungen zur Planauslegung und Plangenehmigung liegen allerdings nicht vor.

a) Der Bebauungsplan ist nicht schon wegen Verstoßes gegen die nach §233 Abs. 1 Satz 1 BauGB anwendbare Vorschrift des §3 Abs. 2 Satz 2 BauGB a. F. unwirksam, wonach Ort und Dauer der Auslegung des Planentwurfs mindestens eine Woche vorher ortsüblich bekannt zu machen waren mit dem Hinweis darauf, dass Anregungen während der Auslegungsfrist vorgebracht werden können; bei Bebauungsplänen war auch anzugeben, ob eine Umweltverträglichkeitsprüfung durchgeführt werden sollte. Diese Bekanntmachung muss Anstoßfunktion haben, d. h., ihr Inhalt muss geeignet sein, dem an der beabsichtigten Planung interessierten Bürger sein Interesse an Information und Beteiligung durch Anregungen und Bedenken bewusst zu machen. Dazu muss der Bürger erkennen können, welches Gebiet überplant werden soll. Besitzt dieses Gebiet bereits eine geografische Bezeichnung, wird das Vorhaben hinreichend durch den Verweis auf diesen Namen gekennzeichnet, wenn er bereits allgemein geläufig und hinreichend identisch mit dem Plangebiet ist. Wenn das erfasste Gebiet mit der geografischen Bezeichnung nicht hinreichend übereinstimmt, sodass deren Benutzung irreführen kann, muss die Gebietsumschreibung auf andere Weise erfolgen. Dabei genügt die Angabe sämtlicher Flurnummern für sich nicht. Dadurch würde zwar ein hohes Maß an Exaktheit erreicht. Die bei größeren Flächen zu hohe Informationsdichte trüge aber eher zur Verwirrung bei. Auch kann keine präsente Kenntnis der Bürger von den Flurstücksnummern vorausgesetzt werden, deren Verwendung insoweit nur eine geminderte Anstoßwirkung zukäme. Sind Gebietsnamen nicht vorhanden, hat die Bekanntmachung an geläufige geografische Bezeichnungen wie Straße, Wasserwege, Schienenwege o.Ä. anzuknüpfen (vgl. BVerwG, Urteil v. 6. 7. 1984 – 4 C 22.80 –, BVerwGE 69, 344 ff.; BVerwG, Urteil v. 26. 5. 1978 – 4 C 9.77 –, BVerwGE 55, 369, 373 ff.; SächsOVG, NK-Urteil v. 24. 1. 2002 – 1 D 9/00 –, SächsVBl. 2002, 142 = JBSächsOVG 10, 46; BayVGH, Urteil v. 21. 6. 2004 – 20 N 04.1201 –, BayVBl. 2005, 177, 179).

Nach diesen Anforderungen kennzeichnet die Bekanntmachung der Antragsgegnerin vom 7. 3. 2003 die Örtlichkeit noch ausreichend. Sie enthält mit den Bezeichnungen „Vorhabenbezogener Bebauungsplan Nr. 007" und „Lebensmittelmarkt an der Neundorfer Straße" sowie dem zusätzlichen Hinweis auf die betroffenen Flurstücke eine ausreichende Bezeichnung des Plangebiets. Bereits der gewählten Straßenbezeichnung kommt im Hinblick auf deren Charakter als Hauptverkehrsstraße mit Straßenbahnlinie ein hoher Bekanntheitsgrad zu. Der Name dieser Straße ist auch zur Gebietskennzeichnung geeignet. Auf sie führt die PKW-Zufahrt zum Plangebiet. Für die hinreichend das Interesse der Leser weckende Bezeichnung der zu diesem Zeitpunkt einheitlich ungenutzten Fläche des Plangebietes ist nicht erforderlich, dass alle seine Flurstücke an die genannte Straße angrenzen. Die Länge der Straße von ca. 3 km macht die Bezeichnung des Plangebiets unter Berücksichtigung der weiteren Zusätze auch nicht zu unbestimmt. Durch die Angabe des Vorhabentyps und der Flurnummern wird klargestellt, dass räumlich nicht der gesamte straßenbegleitende Bereich gemeint ist. Anhaltspunkte für eine Verwechslungsgefahr mit anderen zur Zeit der Bekanntmachung an der gleichen Straße in Planung befindlichen Lebensmittelmärkten oder sonstige irreführende Wirkungen der Bezeichnung sind nicht ersichtlich. Der Umstand, dass der straßenbegleitende Bereich deutlich größer als das Plangebiet ist, rechtfertigt noch nicht die Annahme, dass sich die in der näheren Umgebung des Plangebiets betroffenen Bürger deshalb nicht als angesprochen ansehen könnten. Die Anstoßfunktion der Bekanntmachung ist danach noch ausreichend gewahrt. ...

1.3. Der bekannt gemachte Bebauungsplan ist jedoch mangels Beitrittsbeschlusses des Stadtrates der Antragsgegnerin unwirksam. Der Stadtrat hat in der am 12. 6. 2003 beschlossenen Fassung des Bebauungsplans die Darstellung der Gebäudeansichten ausdrücklich zum Bestandteil der Planzeichnung gemacht. Dafür, dass es sich dabei nicht um eine verbindliche planerische Festsetzung, sondern um einen bloß nachrichtlichen Hinweis auf den Stand der Planung zur Fassadengestaltung handeln sollte, auf die es dem Stadtrat nicht entscheidungserheblich ankam, sind keine Anhaltspunkte ersichtlich. Weder der Wortlaut noch die Stellung oder der Inhalt der Bestimmung spricht für ein derartiges Verständnis. Auch der Planbegründung (vgl. zu deren Stellenwert bei der Auslegung von Bebauungsplänen U. Böttger/M. Broosch, DÖV 2005, 466) lässt sich dafür nichts entnehmen. Vielmehr war gerade auch die Fassadengestaltung Gegenstand mehrfacher Erörterung sowohl im Planungsamt als auch mit den Grundstückseigentümern der angrenzenden Flächen. Dieses Ergebnis entspricht zugleich dem engen Vorhabenbezug des auf § 12 BauGB gestützten Bebauungsplans. Diesen Bebauungsplan hat das Regierungspräsidium mit seinem Bescheid vom 28. 8. 2003 indes nur mit der „Auflage" Nr. 2.1 genehmigt, dass die genannte Festsetzung mangels Vermaßung zu tilgen sei. Diese „Auflage" der Genehmigung betrifft allerdings den materiellen Inhalt des so vom Willen des Stadtrats getragenen Planes, ohne dass es dafür auf das objektive Gewicht der Bestimmung und ihre Zugehörigkeit zu den „Grundzügen" der Planung ankäme. Entgegen dem vom Regierungspräsidium unter Nr. 3 des Bescheides gegebenen Hinweis zum weiteren Vorgehen hat es sich danach inhaltlich nicht auf eine „redaktionell" zu erfüllende Auflage beschränkt. Die „Auflage" im Genehmigungsbescheid ist vielmehr als Vorbehalt für das Wirksamwerden der Genehmigung aufzufassen (vgl. SächsOVG, Urteil v. 3. 3. 2005 – 1 B 431/03 –; Urteil v. 30. 9. 2004 – 1 D 37/01 –, S. 16 ff.; BVerwG, Beschluss v. 27. 1. 05 – 4 BN 3.05 –; Jäde, in: H. Jäde u. a., BauGB/BauNVO, 4. Aufl. 2005, § 10 Rdnr. 16 ff., 20). Dies macht einen Beschluss des Stadtrates über die vom Regierungspräsidium als genehmigungsfähig beurteilte und später bekannt gemachte Fassung des Plans erforderlich. Die Gemeinde muss sich Maßgaben und Einschränkungen in der Genehmigung, die sich auf den Inhalt des Plans beziehen und nicht rein klarstellender redaktioneller Art sind, durch einen erneuten Satzungsbeschluss (sog. Beitrittsbeschluss) zu Eigen machen (BVerwG, Beschluss v. 14. 8. 1989 – 4 NB 24.88 –, DVBl. 1989, 1105 = BRS 49 Nr. 22; SächsOVG, Urteil v. 3. 5. 2005 – 1 B 431/03 –, UA S. 12; OVG NW, Urteil v. 18. 6. 2003 – 7 A 188/02 –; H. Jäde, a. a. O., § 10 Rdnr. 16 ff., 28). Eine bloß handschriftliche behördeninterne Änderung des Satzungstextes, wie hier am 9.9.2003 vorgenommen, ist nicht zulässig.

Dieser Mangel ist auch beachtlich (§214 Abs. 1 Nr.3 BauGB a.F.). Eine Rügefrist sieht §215 BauGB a. F. nicht vor. ...

2. Der angegriffene Bebauungsplan, dessen planerische Erforderlichkeit i. S. von § 1 Abs. 3 BauGB a. F. zu bejahen ist, leidet auch an einem beachtlichen materiellen Mangel, der ebenfalls zu seiner Unwirksamkeit führt. ...

2.2. Der Bebauungsplan ist abwägungsfehlerhaft. ...

Die Antragsgegnerin hat zwar eine Abwägungsentscheidung getroffen. Sie hat auch die wesentliche Konfliktlage zwischen der geplanten Nutzung und der vorhandenen nahe gelegenen Wohnbebauung erkannt, die insbesondere eine Ermittlung und Einbeziehung der Belange des Lärmschutzes erforderte. Hierzu ist der Stadtrat bei Ermittlung der für den Verkehrslärm einzuhaltenden Werte von der Einordnung der Umgebung als Mischgebiet ausgegangen. Jedoch hat er nach dem hierfür maßgeblichen Inhalt seines Abwägungsbeschlusses keine planerischen Festsetzungen getroffen, sondern die Konfliktbewältigung dem Baugenehmigungsverfahren überlassen, in dem eine Schallimmissionsprognose eingeholt werden solle. Gleiches gilt für den Lärm der geplanten Haustechnik. Eine derartige Verlagerung der Lösung der Problematik des Immissionsschutzes in den späteren Vollzug mag zwar grundsätzlich möglich sein, wenngleich das Abwägungsgebot auch das Gebot der Konfliktbewältigung beinhaltet, wonach jeder Bebauungsplan grundsätzlich die von ihm geschaffenen oder ihm zurechenbaren Konflikte zu lösen hat, auch soweit sie außerhalb des Plangebiets entstehen (BVerwG, Beschluss v. 1.9.1999 – 4 BN 25.99 –, BRS 62 Nr.3; Beschluss v. 14.7.1994 – 4 NB 25.94 –, BRS 56 Nr.6). Die Lösung von Folgeproblemen der Bauplanung darf allerdings künftigen Genehmigungsverfahren oder der Plandurchführung nur überlassen werden, soweit keine Anhaltspunkte dafür bestehen, dass eine Lösung auf der Stufe der Planverwirklichung nach prognostischer Beurteilung der Gemeinde nicht oder nur mit unvertretbar hohem Aufwand möglich ist (vgl. BVerwG, Urteil v. 23.2.2005 – 4 A 5.04 –, abgedruckt unter Nr.21; Beschluss v. 1.9.1999 – 4 BN 25.99 –, a.a.O.; Beschluss v. 14.7.1994 – 4 NB 25.94 –, a.a.O.). Auch Regelungen für Stellplätze können insoweit in einem künftigen Baugenehmigungsverfahren erteilt werden (VGH Bad.-Württ., Urteil v. 15.9.2004 – 8 S 2392/03 –, BRS 67 Nr.47). Indes setzt dies voraus, dass diese Planungsentscheidung auf einer zutreffenden Informationsgrundlage getroffen wird und die beabsichtigte Konfliktbewältigung noch möglich ist. Der Stadtrat der Antragsgegnerin hatte demgegenüber bei seiner Beschlussfassung nach dem maßgeblichen Abwägungsbeschluss vom 12.6.2003 und der dazu in den Akten befindlichen Beschlussvorlage mit Datum vom 12.5.2003 weder Kenntnis davon, dass das Baugenehmigungsverfahren bei der Antragsgegnerin bereits seit dem 22.5.2003 mit Erteilung der Genehmigung abgeschlossen war und der Antragsgegnerin eine Konfliktlösung dort nicht mehr möglich war, noch von dem bei der Baugenehmigungsbehörde bereits vorliegenden Lärmgutachten des Ingenieurbüros N. vom 28.4.2003 oder der bereits vorliegenden Stellungnahme des StUFA vom 16.5.2003 und des Fachbereichs Umwelt und Bauordnung der Antragsgegnerin vom 21. 5. 2003, denen jeweils nähere Erkenntnisse insbesondere zum Schallschutz zu entnehmen waren. Der Stadtrat war damit über zentrale abwägungserhebliche Umstände nicht informiert. Eine dem allgemein anerkannten planerischen Trennungsgrundsatz (vgl. SächsOVG, Urteil v. 11. 2. 1999 – 1 S 347/97 –, SächsVBl. 1999, 134, 136; BVerwG, Urteil v. 5. 7. 1974 – IV C 50.72 –, BRS 28 Nr. 4) und der – als Abwägungsdirektive zu berücksichtigenden (SächsOVG, Urteil v. 30. 9. 2004 – 1 D 37/01 –, S. 21 ff.) – Vorschrift des § 50 Abs. 1 BImSchG, nach dem bei raumbedeutsamen Planungen die für bestimmte Nutzungen vorgesehenen Flächen einander so zuzuordnen sind, dass schädliche Umwelteinwirkungen auf Wohn- und sonstige Schutzgebiete so weit wie möglich vermieden werden, noch eine genügende Ermittlung und sachgerechte Abwägung der Lärmschutzbelange der das Plangebiet umgebenden Wohnnutzung (zu den Anforderungen s.a. BVerwG, Beschluss v. 23. 1. 2002 – 4 BN 3.02 –, BRS 65 Nr. 9; OVG Koblenz, Urteil v. 30. 8. 2001 – 1 C 10054/01 –, NVwZ-RR 2002, 329; BayVGH, Urteil v. 5. 10. 2004 – 14 N 02.926 –, BRS 67 Nr. 20) hat der dafür zuständige Stadtrat der Antragsgegnerin danach nicht vorgenommen. Dies gilt umso mehr, als ein vorhabenbezogener Bebauungsplan betroffen war, der auf die Planung eines bereits weitgehend konkretisierten Vorhabens gerichtet war und ein nach der Wertung des § 11 Abs. 3 BauNVO wegen der von ihm ausgehenden Auswirkungen (vgl. § 11 Abs. 3 Satz 2 BauNVO) grundsätzlich nur in Kern- und Sondergebieten vorgesehenes großflächiges Einkaufszentrum zum Gegenstand hatte, was offensichtlich einer eingehenden Abwägung hinsichtlich seiner Auswirkungen auf die umgebende Wohnbebauung bedurft hätte.

Die festgestellten Mängel der Abwägung sind auch beachtlich (§ 214 Abs. 3 Satz 2 BauGB). Sie sind ohne weiteres den Akten zu entnehmen und damit offensichtlich. Sie haben sich auch auf das Ergebnis ausgewirkt. Es bestand die konkrete Möglichkeit, dass der Stadtrat der Antragsgegnerin ohne die im Abwägungsvorgang unterlaufenen Fehler eine andere Entscheidung getroffen hätte und insbesondere die Lärmschutzproblematik angesichts der bestehenden Vorbelastungen, zu denen der Vorhabenlärm noch hinzukam, unbeschadet der Immissionsvorgaben in der erteilten Baugenehmigung nicht in das Baugenehmigungsverfahren verlagert, sondern mit anderen Ergebnissen durch Planvorgaben selbst gelöst hätte. ...

Nr. 24

1. **Hat der Plangeber, der hinsichtlich eines im Bebauungsplanverfahren erkannten Nutzungskonfliktes planerische Zurückhaltung üben will, prognostisch zu beurteilen, ob die Bewältigung dieses Nutzungskonfliktes im Rahmen eines nachfolgenden Baugenehmigungsverfahrens gesichert oder wenigstens wahrscheinlich ist (vgl. BVerwG, Beschluß vom 14. 7. 1994 – 4 NB 25.94 –, BRS 56 Nr. 6), muß er – wenn es sich um eine Angebotsplanung handelt – seiner Prognose diejenigen baulichen Nutzungen zu Grunde legen, die bei einer vollständigen Ausnutzung der im Bebauungsplan getroffenen Festsetzungen möglich sind. Dies gilt auch**

dann, wenn der Plangeber bereits während des laufenden Bebauungsplanverfahrens die Verwirklichung einer bestimmten baulichen Nutzung des Plangebiets, die die getroffenen Festsetzungen nicht vollständig ausnutzt, als sicher ansieht.

2. **Erkennt der Plangeber im Bebauungsplanverfahren einer an das Plangebiet angrenzenden Wohnbebauung ausdrücklich den Schutzanspruch eines reinen Wohngebietes zu, muß er sicherstellen, daß dieser Schutzanspruch auch bei einer vollständigen Ausnutzung der Planfestsetzungen gewahrt werden kann.**

VwGO § 47 Abs. 6; BauGB § 1 Abs. 6 a. F.

OVG Nordrhein-Westfalen, Beschluß vom 15. Februar 2005 – 10 B 517/ 04.NE – (rechtskräftig).

Die Antragsteller sind Eigentümer eines mit einem Wohnhaus bebauten Grundstücks, das – durch eine Landesstraße getrennt – an den Geltungsbereich des mit dem Antrag nach § 47 Abs. 6 VwGO angegriffenen Bebauungsplans grenzt. Das Wohngrundstück ist Teil einer Wohnbebauung, der der Rat der Antragsgegnerin im Planaufstellungsverfahren ausdrücklich den Schutzanspruch eines reinen Wohngebiets zuerkannt hat. Der Bebauungsplan setzt die zur Bebauung vorgesehenen Flächen als Sondergebiet mit der Zweckbestimmung „Nahversorgungszentrum" fest. Zulässig sind vorwiegend Einzelhandelsbetriebe für Nahrungs- und Genußmittel mit insgesamt 2 100 m² Verkaufsfläche. Der Kundenparkplatz mit 126 Stellplätzen ist zur Landesstraße und damit zu der besagten Wohnbebauung hin ausgerichtet. Der Antrag nach § 47 Abs. 6 VwGO hatte Erfolg.

Aus den Gründen:
Der Antrag ist zulässig.

Insbesondere sind die Antragsteller antragsbefugt. Nach § 47 Abs. 2 Satz 1 VwGO kann den Normenkontrollantrag stellen, wer geltend macht, durch die angegriffene Rechtsvorschrift oder deren Anwendung in seinen Rechten verletzt zu sein oder in absehbarer Zeit verletzt zu werden. Diese Anforderungen gelten gleichermaßen für einen Antrag auf Erlaß einer einstweiligen Anordnung gemäß § 47 Abs. 6 VwGO.

Nach dem tatsächlichen Vorbringen der Antragsteller ist es nicht ausgeschlossen, daß sie durch die Festsetzungen des angegriffenen Bebauungsplans in einem ihrer Rechte verletzt werden. In Betracht kommt insoweit eine Verletzung des ihnen zustehenden Rechts auf gerechte Abwägung ihrer privaten Interessen. Das in § 1 Abs. 6 BauGB verankerte Abwägungsgebot hat drittschützenden Charakter hinsichtlich solcher privater Belange, die für die Abwägung erheblich sind, und kann deshalb ein „Recht" i.S. von § 47 Abs. 2 Satz 1 VwGO sein. Das Interesse der Antragsteller daran, daß ihr Wohngrundstück von unzumutbaren Lärmbelästigungen durch den mit dem geplanten Nahversorgungszentrum verbundenen Kraftfahrzeugverkehr verschont bleibt, war in die Abwägung der durch die Planung berührten öffentlichen und privaten Belange einzustellen, denn das Grundstück liegt – nur durch die E.-Straße getrennt – unmittelbar südwestlich des Plangebiets. Der Bebauungsplan ermöglicht die Errichtung von Einzelhandelsbetrieben für Nahrungs- und Genußmittel mit insgesamt 2 100 m² Verkaufsfläche auf einer bisher im Außenbereich gelegenen unbebauten Fläche und sieht dafür nördlich der E.-Straße einen Kundenparkplatz mit 126 Stellplätzen vor. Eine von zwei geplanten Zu- bzw. Ausfahrten dieses Kundenparkplatzes liegt – ebenso wie die nächstgelegenen Stellplätze – etwa 30 m vom Wohnhaus der Antragsteller entfernt.

Der Antrag ist auch begründet.

Gemäß § 47 Abs. 6 VwGO kann das Gericht auf Antrag eine einstweilige Anordnung erlassen, wenn dies zur Abwehr schwerer Nachteile oder aus anderen wichtigen Gründen dringend geboten ist. Dabei ist der auf den Individualrechtsschutz bezogene Begriff des „schweren Nachteils" strenger auszulegen als der Begriff des „wesentlichen Nachteils" i. S. von § 123 Abs. 1 Satz 2 VwGO (vgl. BVerwG, Beschluß v. 18. 5. 1998 – 4 VR 2.98 –, NVwZ 1998, 1065).

Insoweit setzt die Entscheidung über den Antrag nach § 47 Abs. 6 VwGO eine Gewichtung der widerstreitenden Interessen voraus, bei der insbesondere auf die Folgen für den Antragsteller abzustellen ist, die einträten, wenn die einstweilige Anordnung nicht erginge, der Normenkontrollantrag in der Hauptsache jedoch Erfolg hätte.

Nach diesen Maßstäben ist es dringend geboten, die Vollziehung des angegriffenen Bebauungsplans bis zur Entscheidung über den Normenkontrollantrag auszusetzen, um schwere Nachteile zu Lasten der Antragsteller abzuwehren.

Der Bebauungsplan Nr. 177 „Nahversorgungszentrum R./E.-Straße" dürfte unwirksam sein, da er an Mängeln im Abwägungsvorgang leidet, die auch erheblich sind. Der Plan genügt nicht den Anforderungen des § 1 Abs. 6 BauGB (§ 1 Abs. 7 BauGB n. F.).

Der Rat der Antragsgegnerin hatte bei der Abwägung neben der angestrebten Verbesserung der Nahversorgung der Bevölkerung auch die Interessen der Eigentümer der angrenzenden Wohngrundstücke an einer Beibehaltung der bisherigen Wohnsituation zu berücksichtigen und etwaige planbedingte Konflikte zwischen diesen Belangen zu lösen.

Die Festsetzung des Sondergebiets mit der zugehörigen Stellplatzanlage in unmittelbarer Nachbarschaft zu der außerhalb des Plangebiets gelegenen Wohnbebauung, die vom Rat als Teil eines reinen Wohngebiets angesehen wird, schafft im Hinblick auf den Wunsch nach weitgehend ungestörter Wohnruhe einerseits und dem Interesse an einer optimierten Ausnutzung der Sondergebietsfestsetzungen andererseits Nutzungskonflikte, die durch den Bebauungsplan nicht gelöst werden. Maßgeblich ist insoweit der Bebauungsplan in der Fassung des im ergänzenden Verfahren nach § 215 a BauGB a. F. gefaßten Satzungsbeschlusses vom 5. 2. 2004, den die Antragsteller zum Gegenstand ihres Antrags nach § 47 Abs. 6 VwGO gemacht haben.

Grundsätzlich hat jeder Bebauungsplan die von ihm geschaffenen oder ihm sonst zurechenbaren Konflikte zu lösen. Die Planung darf nicht dazu führen, daß Konflikte, die durch sie hervorgerufen werden, zu Lasten Betroffener letztlich ungelöst bleiben. Dies schließt eine Verlagerung von Problemlösungen aus dem Bauleitplanverfahren auf nachfolgendes Verwaltungshandeln indes nicht zwingend aus. Von einer abschließenden Konfliktbewältigung im

Bebauungsplan darf die Gemeinde Abstand nehmen, wenn die Durchführung der als notwendig erkannten Konfliktlösungsmaßnahmen außerhalb des Planungsverfahrens auf der Stufe der Verwirklichung der Planung sichergestellt ist. Die Grenzen zulässiger Konfliktverlagerung sind jedoch überschritten, wenn bereits im Planungsstadium sichtbar ist, daß sich der offen gelassene Interessenkonflikt auch in einem nachfolgenden Verfahren nicht sachgerecht lösen lassen wird (vgl. BVerwG, Beschluß v. 14. 7. 1994 – 4 NB 25.94 –, BRS 56 Nr. 6).

So ist es hier. Auf der Grundlage der getroffenen Festsetzungen lassen sich die vorauszusehenden Nutzungskonflikte zwischen der vorhandenen Wohnbebauung und dem geplanten Nahversorgungszentrum in nachfolgenden Baugenehmigungsverfahren nicht befriedigend lösen.

Der Rat hat die besagte Wohnbebauung als reines Wohngebiet beurteilt und ihr im Verhältnis zu dem geplanten Nahversorgungszentrum auch den Schutzanspruch eines reinen Wohngebiets zuerkannt. Dies ergibt sich sowohl aus den im Rahmen der Planbegründung für das ergänzende Verfahren angeführten Gründen als auch aus der Stellungnahme der Verwaltung zur Anregung des Staatlichen Umweltamtes, die sich der Rat zu eigen gemacht hat. Gleichwohl hat er davon abgesehen, die Wohnbebauung und das geplante Nahversorgungszentrum bzw. die ihm zugeordnete Stellplatzanlage räumlich so voneinander zu trennen, daß Nutzungskonflikte weitgehend auszuschließen sind. Er hat angenommen, er könne dem Schutzanspruch der angrenzenden Wohnbebauung – Tagwert von 50 dB(A) und Nachtwert von 35 dB(A) gemäß TA-Lärm bzw. DIN 18005 – grundsätzlich durch die Festsetzung einer Lärmschutzwand nördlich der E.-Straße genügen und die Konfliktbewältigung im übrigen nachfolgenden Baugenehmigungsverfahren überlassen.

Diese Annahme ist abwägungsfehlerhaft.

Ob eine Konfliktbewältigung durch späteres Verwaltungshandeln gesichert oder wenigstens wahrscheinlich ist, hat der Plangeber, da es um den Eintritt zukünftiger Ereignisse geht, prognostisch zu beurteilen (vgl. BVerwG, Beschluß v. 14. 7. 1994 – 4 NB 25.94 –, a. a. O.).

Dies hat der Rat gesehen und seine Abwägungsentscheidung hinsichtlich der zu erwartenden Lärmeinwirkungen auf die Wohnbebauung südlich der E.-Straße auf die „Lärmschutztechnischen Untersuchungen zum geplanten Nahversorgungszentrum R. in D." der Ingenieurgesellschaft S. gestützt.

Die genannten lärmschutztechnischen Untersuchungen sind jedoch als Grundlage für die Beantwortung der Frage, ob sich die oben aufgezeigten absehbaren Nutzungskonflikte im Rahmen der für das geplante Nahversorgungszentrum zu erteilenden Baugenehmigungen mit hinreichender Wahrscheinlichkeit bewältigen lassen, von vornherein ungeeignet. Die Untersuchungen haben ein konkretes Vorhaben zum Gegenstand, nämlich die Errichtung zweier Verbrauchermärkte: Eines Discount-Marktes (Typ ALDI/LIDL) mit einer Verkaufsfläche von etwa 750 m^2 und eines Supermarktes (Typ EDEKA/REWE) mit einer Verkaufsfläche von ungefähr 1350 m^2. Entsprechend des für dieses Vorhaben ausgearbeiteten Nutzungskonzeptes (Gebäudestellung, Lage der Anlieferungszonen, einheitlicher Kundenparkplatz) ist die Lärmabschätzung erfolgt.

Das beschriebene Nutzungskonzept stellt allerdings nicht die einzig mögliche Ausnutzung der getroffenen Sondergebietsfestsetzung dar. Vielmehr sind auch wesentlich lärmintensivere Nutzungskonzepte denkbar.

Die hauptsächliche Lärmquelle im Zusammenhang mit der Sondergebietsfestsetzung stellt der geplante Kundenparkplatz mit seinen Zu- und Ausfahrten dar, wobei vor allem die Häufigkeit der dort zu erwartenden Kraftfahrzeugbewegungen für die Höhe der künftig verursachten Lärmimmissionen maßgeblich ist. Nach Nr. 5.4 der Parkplatzlärmstudie des Bayerischen Landesamtes für Umweltschutz zeigen von den untersuchten Parkplätzen an Einkaufsmärkten die Parkplätze von Discountern und Getränkemärkten die höchste Bewegungshäufigkeit, die je 10 m² Nettoverkaufsfläche und Stunde angegeben wird. Demgegenüber finden auf den Parkplätzen von kleinen Verbrauchermärkten (Nettoverkaufsfläche bis 5000 m²), zu denen auch der zum Gegenstand der lärmschutztechnischen Untersuchungen gemachte Supermarkt gehört, wesentlich weniger Stellplatzwechsel statt. Würde also beispielsweise anstelle des Supermarktes ein weiterer Discounter und/oder ein Getränkemarkt im Sondergebiet angesiedelt, wäre mit erheblich mehr Kraftfahrzeugbewegungen auf dem Kundenparkplatz und damit mit erheblich mehr Lärm zu rechnen, als dies der Gutachter in den lärmschutztechnischen Untersuchungen zugrunde gelegt hat. Der Umstand, daß das konkrete Vorhaben, auf das sich die lärmschutztechnischen Untersuchungen beziehen, bereits bauaufsichtlich genehmigt worden ist, belegt die Geeignetheit dieser Untersuchungen für die vom Rat vorzunehmende Prognose nicht. Der Rat hat trotz des in den Blick genommenen konkreten Vorhabens eben keinen vorhabenbezogenen Bebauungsplan beschlossen, sondern sich für eine Angebotsplanung entschieden, die auch eine andere Nutzung der Sondergebietsfläche möglich macht. Auf diese tatsächlich mögliche Nutzung, für die die lärmschutztechnischen Untersuchungen keinerlei aussagekräftige Feststellungen enthalten, hätte er deshalb seine Prognose beziehen müssen, was er jedoch nicht getan hat.

Die lärmschutztechnischen Untersuchungen der Ingenieurgesellschaft taugen auch nicht für eine Grobabschätzung im Hinblick auf die Vereinbarkeit der im Sondergebiet ermöglichten Nutzung mit der mit dem Schutzanspruch eines reinen Wohngebiets versehenen angrenzenden Wohnbebauung. Abgesehen davon, daß die Untersuchungen bei summarischer Prüfung – jedenfalls was die Anwendung der Parkplatzlärmstudie angeht – erhebliche Mängel aufweisen, lassen sie für eine Bewältigung zusätzlichen Lärms im Baugenehmigungsverfahren keinerlei Spielraum erkennen. Schon hinsichtlich des untersuchten konkreten Nutzungskonzeptes bedarf es nach diesen Gutachten einer hochabsorbierenden Lärmschutzwand von 2,30 m Höhe sowie verschiedener Auflagen in den Baugenehmigungen – beispielsweise zur geräuscharmen Oberflächengestaltung der Stellplatzanlage, zum Ausschluß nächtlicher Warenanlieferungen, zur Schließung der Stellplatzanlage während der Nachtstunden und zur Ausführung und Lage von Kühl- und Lüftereinrichtungen –, um die Einhaltung der für ein reines Wohngebiet geltenden Immissionsrichtwerte in bezug auf die südlich angrenzende Wohnbebauung bei Mittelungspegeln bis zu 49,4 dB(A) gerade noch sicherzustellen. Eine vollständige Abschirmung der Stellplatzanlage gegenüber der südlich gelegenen Wohnbebauung scheidet aus, da die an die E.-Straße angebundenen Zu- und Ausfahrten nach dem Plankonzept erhalten bleiben müssen. Weiterer Lärm, der durch eine nach den Festsetzungen des Bebauungsplans mögliche stärkere Frequentierung des Kundenparkplatzes auftreten könnte und zur Überschreitung der nach dem Willen des Rates für die angrenzende Wohnbebauung einzuhaltenden Immissionsrichtwerte führen würde, ließe sich im Baugenehmigungsverfahren somit nur dadurch vermeiden, daß die Baugenehmigung für ein anderes, nach dem Bebauungsplan an sich zulässiges Vorhaben unter Berufung auf § 15 BauNVO versagt würde. Eine solche Einschränkung der Ausnutzung der Sondergebietsfestsetzung hat der Rat nach den Aufstellungsvorgängen aber an keiner Stelle ins Auge gefaßt.

Unter diesen Umständen durfte er keine planerische Zurückhaltung üben und die Konfliktbewältigung weitgehend in das nachfolgende Verwaltungsverfahren verlagern.

Der vorstehend festgestellte Mangel im Abwägungsvorgang ist auch erheblich i. S. des § 214 Abs. 3 Satz 2 BauGB a. F., denn er ist offensichtlich und auf das Abwägungsergebnis von Einfluß gewesen. (Wird ausgeführt.)

Nach allem wird der Normenkontrollantrag in der Hauptsache voraussichtlich Erfolg haben. Die bevorstehende Verwirklichung des Bebauungsplans stellt hier einen die Aussetzung der Vollziehung des Bebauungsplans rechtfertigenden schweren Nachteil i. S. des § 47 Abs. 6 VwGO dar, da sie in tatsächlicher und rechtlicher Hinsicht eine schwerwiegende Beeinträchtigung rechtlich geschützter Positionen der Antragsteller konkret erwarten läßt (vgl. OVG NRW, Beschlüsse v. 2. 9. 1999 – 7a B 1543/99.NE – und v. 20. 2. 2003 – 10a B 1780/02.NE –, BRS 66 Nr. 32 = BauR 2003, 1182).

Die Antragsteller müssen befürchten, daß auf der Grundlage der Festsetzungen des Bebauungsplans vor Abschluß des Normenkontrollhauptsacheverfahrens ein Parkplatz mit 126 Stellplätzen in unmittelbarer Nähe ihres Grundstücks angelegt wird, dessen Benutzung zu Lärmimmissionen auf ihrem Grundstück führen kann, die den ihnen vom Rat zuerkannten Schutzanspruch eines reinen Wohngebiets verletzen. Ein Bauvorhaben, welches auf der Grundlage eines Bebauungsplans genehmigt worden ist, genießt – nachdem es fertig gestellt ist – Bestandsschutz auch dann, wenn der zu Grunde liegende Bebauungsplan nachträglich im Normenkontrollverfahren für nichtig erklärt wird.

Nr. 25

1. **Ein Bebauungsplan ist nicht erforderlich i.S. des § 1 Abs. 3 BauGB a.F., wenn für das geschaffene, in der Tendenz überdimensionierte Baurecht kein hinreichender Bedarf besteht und die Planung deshalb nicht auf Verwirklichung in angemessener Zeit angelegt ist (Anlehnung an BVerwG v. 22. 1. 1993, BVerwGE 92, 8).**

2. **Setzt der Bebauungsplan ein neues Wohngebiet Lärmimmissionen einer bestehenden Straße aus, die im Bereich der Immissionsgrenzwerte für**

**Mischgebiete liegen, und unterlässt er Maßnahmen des aktiven Lärm-
schutzes allein deshalb, um Grundstückspreise und Erschließungskosten niedrig zu halten, ist er in aller Regel abwägungsfehlerhaft.**

BauGB a. F. § 1 Abs. 3, Abs. 6; BauGB §§ 214 f.; BauGB n. F. § 233 Abs. 1
und 2.

Bayerischer VGH, Urteil vom 25. Oktober 2005 – 25 N 04.642 – (rechtskräftig).

Gegenstand der Normenkontrolle ist der Bebauungsplan A., mit dem der Antragsgegner landwirtschaftliche Flächen, die sich in südwestlicher Richtung an den Hauptort
anschließen und beidseits der in den Hauptort führenden Staatsstraße liegen, überplant
und als allgemeines Wohngebiet ausgewiesen hat.
Der Antragsteller ist Vollerwerbslandwirt. Er beantragte beim Landratsamt einen Vorbescheid für den Neubau eines Schweinestalls, einer Maschinenhalle und einer Güllegrube auf seinem landwirtschaftlichen Grundstück. Daraufhin beschloss der Marktgemeinderat des Antragsgegners die Aufstellung eines Bebauungsplans für das Gebiet, in
dem auch das Grundstück des Antragstellers liegt und erließ eine Veränderungssperre.
Der Normenkontrollantrag gegen den Bebauungsplan hatte Erfolg.

Aus den Gründen:
1. Der Bebauungsplan ist nicht erforderlich i. S. des § 1 Abs. 3 BauGB (hier
gemäß § 233 Abs. 1 Satz 1 BauGB noch anwendbar i. d. F. der Bek. v.
27. 8. 1997, BGBl. I, 2141, zuletzt geändert durch Gesetz v. 27. 7. 2001, BGBl.
I, 1950 – im Folgenden: BauGB a. F. –, entspricht § 1 Abs. 3 Satz 1 BauGB
i. d. F. des EAG Bau v. 24. 6. 2004, BGBl. I, 1359, in Kraft getreten am
20. 7. 2004, Art. 7 EAG Bau, im Folgenden: BauGB n. F.), weil mit einer Verwirklichung des Baugebiets in angemessener Zeit nicht zu rechnen ist.
Gemäß § 1 Abs. 3 BauGB a. F. haben die Gemeinden die Bauleitpläne aufzustellen, sobald und soweit es für die städtebauliche Entwicklung erforderlich ist. Eine Planrechtfertigung setzt hiernach voraus, dass der Planung
überhaupt ein nach außen hin erkennbares städtebauliches Konzept
zugrunde liegt und dass die Planung auf Verwirklichung dieses Konzepts in
angemessener Zeit angelegt ist (BVerwG v. 22. 1. 1993, BVerwGE 92, 8, 14 ff.;
v. 18. 3. 2004, DVBl. 2004, 957; vgl. im Überblick auch Jäde, in: Jäde/Dirn-
berger/Weiss, BauGB und BauNVO, 4. Aufl. 2005, § 1 BauGB Rdnr. 20
m. w. N.). Der streitgegenständliche Bebauungsplan genügt diesen Anforderungen nicht.
a) Allerdings zweifelt der Senat nicht daran, dass der Planung vernünftige,
nach außen hin erkennbare städtebauliche Zielsetzungen zugrunde liegen.
...
b) Die nach § 1 Abs. 3 BauGB a. F. erforderliche Planrechtfertigung scheitert aber daran, dass die Planung nicht auf Verwirklichung dieses städtebaulichen Konzepts in angemessener Zeit angelegt ist. Rechtliche Bedenken ergeben sich dabei noch nicht notwendigerweise daraus, dass der Antragsgegner
mit einem einzigen Bebauungsplan im Vergleich zur vorhandenen Bebauung
auffallend großzügig Baurecht schafft, nämlich für insgesamt 121 Wohnhäuser bzw. für einen Bevölkerungszuwachs von 381 Personen und damit eine
Steigerung der Einwohnerzahl um 22,4 %. Die Grenzen des Erforderlichkeits-

grundsatzes überschreitet der Antragsgegner vielmehr dadurch, dass für dieses durch den streitgegenständlichen Bebauungsplan geschaffene, der Tendenz nach überdimensionierte Baurecht erkennbar kein konkreter Bedarf besteht (vgl. BVerwG v. 22. 1. 1993, a. a. O., S. 15 f.).

Sofern einer Planung vernünftige städtebauliche Zielsetzungen zugrunde liegen, obliegt es grundsätzlich der Einschätzung des Plangebers zu beurteilen, wie konkret und wie dringlich ein städtebauliches Bedürfnis nach Bauleitplanung ist. Dieser Einschätzungsspielraum ist aber nicht schrankenlos, weil mit den Festsetzungen eines Bebauungsplans Inhalt und Schranken des Eigentums geregelt werden (Art. 14 Abs. 1 Satz 2 GG). Die hiervon ausgehenden Beschränkungen der Eigentümerbefugnisse – im Falle des Antragstellers: Die Möglichkeit zur Nutzung des Grundstücks Fl.Nr. 583 als landwirtschaftliche Betriebsfläche – müssen sich unter Verhältnismäßigkeitsgesichtspunkten rechtfertigen lassen. Sie sind unverhältnismäßig und verfassungswidrig, wenn eine hinreichend konkrete Verwirklichungsperspektive fehlt (BVerwG v. 18. 3. 2004, a. a. O., S. 958, zur Festsetzung öffentlicher Verkehrsflächen). So liegen die Dinge hier: Weder in den Planaufstellungsunterlagen noch auf Grund sonstiger Umstände und auch nicht durch die in der mündlichen Verhandlung gewonnenen Erkenntnisse ist eine konkrete Nachfrage nach Bauplätzen ersichtlich geworden, die darauf hindeuten könnte, dass die Planung auf Verwirklichung in angemessener Zeit angelegt ist. Vielmehr ist davon auszugehen, dass sich der Antragsgegner, wenn überhaupt, allenfalls unzureichend und offensichtlich fehlsam mit der Frage auseinander gesetzt hat, wie konkret und dringlich das städtebauliche Bedürfnis nach Ausweisung des sehr groß dimensionierten Baugebiets ist (zur Beschränkung der gerichtlichen Kontrolle auf die Feststellung offenkundiger Fehlsamkeit vgl. Jäde, a. a. O., § 1 BauGB Rdnr. 26 m. w. N.). . . .

Da somit ein konkreter Bedarf nach Planung, der nach den Einschätzungen des Plangebers die Prognose rechtfertigen könnte, dass das streitgegenständliche Baugebiet A. in angemessener Zeit verwirklicht werden kann, nicht sichtbar geworden ist, ist davon auszugehen, dass der Bebauungsplan tatsächlich mehr oder weniger „auf Verdacht" angestoßen wurde. Allein der Umstand, dass der Planung ein nachvollziehbares planerisches Konzept zugrunde lag, nämlich neue Wohnbauflächen im Süden und Südwesten des Hauptortes zu entwickeln, rechtfertigt für sich genommen noch nicht die verbindliche Festsetzung eines Baugebiets mit den damit verbundenen eigentumsbeschränkenden Wirkungen. Diese Vorgehensweise des Antragsgegners verkennt nämlich, dass innerhalb der Zweistufigkeit der Bauleitplanung (§ 1 Abs. 2 BauGB) es Aufgabe des Flächennutzungsplans und nicht des Bebauungsplans ist, der beabsichtigten städtebaulichen Entwicklung rechtzeitig und großräumig Rechnung zu tragen (§ 5 Abs. 1 Satz 1 BauGB; BVerwG v. 22. 1. 1993, a. a. O.); eine bloße Vorratsplanung durch Bebauungsplan ist nicht erforderlich i. S. des § 1 Abs. 3 BauGB. . . .

Da der Bebauungsplan somit bereits mangels Realisierbarkeit in absehbarer Zeit nicht erforderlich und rechtswidrig ist, kann die im Normenkontrollverfahren weiter aufgeworfene Frage offen bleiben, ob eine Planrechtfertigung auch daran scheitert, dass der Bebauungsplan – wie von Antragstellerseite behauptet – als Versuch des Antragsgegners zu verstehen sei, die landwirt-schaftlichen Bauvorhaben des Antragstellers und anderer Landwirte zu ver-hindern, begleitet möglicherweise von städtebaulich ebenfalls nicht tragfähi-gen fiskalischen Motiven.

c) Der – materiell-rechtliche – Verstoß gegen § 1 Abs. 3 BauGB a. F. ist nach §§ 214 f. BauGB (ungeachtet der Gesetzesänderungen durch das EAG Bau) in der gerichtlichen Normenkontrolle uneingeschränkt beachtlich; eine Geltend-machung des Mangels gegenüber dem Antragsgegner war nicht erforderlich.

2. Der Bebauungsplan verstößt auch gegen das Abwägungsgebot, weil der Antragsgegner den Belang des Verkehrslärmschutzes nicht in einer den Anforderungen des § 1 Abs. 6 BauGB a. F. (noch anwendbar gemäß § 233 Abs. 1 Satz 1 BauGB; entspricht § 1 Abs. 7 BauGB n. F.) entsprechenden Weise abgewogen hat (zur Abwägungsfehlerlehre grundlegend BVerwG v. 12. 12. 1969, BVerwGE 34, 301, 309; v. 5. 7. 1974, BVerwGE 45, 309, 314 f.).

a) Der streitgegenständliche Bebauungsplan leidet unter einem Abwä-gungsdefizit, weil der Antragsgegner auf Maßnahmen des aktiven Lärm-schutzes verzichtet hat, ohne die hierfür relevanten Gesichtspunkte auch nur im Ansatz ermittelt zu haben.

aa) Eine Abwägung setzt zuallererst eine Zusammenstellung des relevan-ten Abwägungsmaterials voraus (BVerwG v. 5. 7. 1974, a. a. O., S. 23; v. 1. 9. 1999, NVwZ-RR 2000, 146, 147; siehe jetzt auch die Verfahrensvorschrift des § 2 Abs. 3 BauGB n. F.: „... sind die Belange, die für die Abwägung von Bedeutung sind, zu ermitteln und zu bewerten."). Hierbei ist auch eine Ent-scheidung darüber zu treffen, welche konkreten Umstände und Tatsachen für die Bewertung dieser Belange relevant sind; das entsprechende Fakten-material ist vollständig zu erfassen. Speziell für die Problematik des Verkehrs-lärmschutzes bedeutet dies, dass eine hinreichend differenzierte Kosten-Nut-zen-Analyse anzustellen ist, d. h. dass wenigstens eine Grobanalyse der rele-vanten Kosten für aktive oder passive Schutzmaßnahmen vorliegt, die eine sachgerechte Abwägung der Bewältigung des Lärmkonflikts ermöglicht (vgl. BVerwG v. 24. 9. 2003, NVwZ 2004, 340, 342 m. w. N.), was auch eine hinrei-chend konkrete Vorstellung über die jeweilige Wirksamkeit der verschiedenen in Betracht kommenden Schutzmaßnahmen voraussetzt.

Gegen dieses Gebot hat der Antragsgegner verstoßen. Zwar hat der Markt-gemeinderat im maßgeblichen Zeitpunkt des Satzungsbeschlusses (§ 214 Abs. 3 Satz 1 BauGB) zutreffend gesehen, dass bei dem an der Staatsstraße gelegenen Baugebiet A. der Belang der gesunden Wohnverhältnisse i. S. des § 1 Abs. 5 Satz 2 Nr. 1 BauGB a. F. (entspricht § 1 Abs. 6 Nr. 1 BauGB n. F.) betroffen ist. Das mit der Planung beauftragte Planungsbüro hat ferner zutreffend ermittelt, dass der von der Staatsstraße ausgehende Verkehrslärm auf den im Bebauungsplan mit „Lärmschutzzone I" gekennzeichneten Bau-grundstücken Lärmimmissionen bewirken kann, die die zugrunde gelegten schalltechnischen Orientierungswerte der DIN 18005 (55,0 dB(A) tags und 45,0 dB(A) nachts) überschreiten. Nach dem „Ergebnis schalltechnische Berechnung-Straßenverkehr" des Planungsbüros ergibt sich ein Beurtei-lungspegel von 67,4 dB(A) tags und 56,7 dB(A) nachts in einer Entfernung von ca. 13,5 m zur Straßenachse sowie von 57,4 dB(A) tags und 46,7 dB(A) nachts auf den schallabgewandten Gebäudeseiten; in der „Nachberechnung zum Lärmgutachten" sind die entsprechenden Beurteilungspegel auf 65,5 dB(A) tags und 54,5 dB(A) nachts bzw. 55,5 dB(A) tags und 44,5 dB(A) nachts korrigiert. Der Antragsgegner hat schließlich auch erkannt, dass die Verkehrslärmimmissionen auf den betroffenen Grundstücken Vorkehrungen zur Minderung der Beeinträchtigung erforderlich machen. Für die Entscheidung allerdings, welche Lärmschutzmaßnahmen konkret zu ergreifen sind, wurden die maßgeblichen Gesichtspunkte nicht einmal im Ansatz ermittelt.

Der Marktgemeinderat hat sich ausweislich des Auszugs aus der Niederschrift über die öffentliche Sitzung vom Oktober 2000 „aus wirtschaftlichen Gründen gegen die Errichtung einer Lärmschutzwand oder eines -walls ausgesprochen", weil „die nicht unerheblichen Kosten einer Lärmschutzwand (. . .) die Erschließungskosten des Plangebiets enorm verteuern und den Verkauf von Grundstücken unattraktiv machen" würden, und weil „für die Errichtung eines Lärmschutzwalls (. . .) viel Fläche benötigt (würde), die dann als auszuweisendes Bauland verloren ginge (weniger Bauplätze)", und auf Grund dieser Erwägungen beschlossen, „von aktiven Lärmschutzmaßnahmen abzusehen". Überlegungen oder Ermittlungen dazu, welche Kosten mit der Errichtung einer Lärmschutzwand konkret verbunden wären und in welcher Größenordnung sich hierdurch die Erschließungskosten verteuern würden, ferner wie viel Fläche für die Errichtung eines Lärmschutzwalls benötigt würde, wurden indes nicht angestellt. Dies räumte der Erste Bürgermeister des Antragsgegners im Termin zur mündlichen Verhandlung auf entsprechende Nachfrage des Senats ausdrücklich ein. Das mit der Planung beauftragte Planungsbüro habe – so der Erste Bürgermeister weiter – eine Kostenerhöhung mitgeteilt, ohne genauere Erhebungen hierzu vorgenommen zu haben. Im Marktgemeinderat habe man sich von der Vorstellung leiten lassen, dass bereits eine geringfügige Kostensteigerung von etwa 5 €/m² geeignet gewesen wäre, das Baugebiet nicht mehr konkurrenzfähig erscheinen zu lassen.

Dass Überlegungen zu den konkreten Kosten aktiver Lärmschutzmaßnahmen nicht angestellt wurden, lässt sich auch anhand der beigezogenen Behördenakten belegen. . . . In den Aufstellungsakten des Antragsgegners sind nicht einmal die schalltechnischen Berechnungen des Planungsbüros abgeheftet. Damit deutet der in den Behördenakten zum Ausdruck kommende Geschehensablauf positiv und klar darauf hin, dass die Lärmschutzproblematik ausschließlich in der Weise aufbereitet wurde, wie dies in der Nachberechnung und im Entscheidungsvorschlag des Planungsbüros zur Stellungnahme des Landratsamts zum Ausdruck kommt, nämlich ohne eine Grobanalyse der relevanten Kosten und erst recht ohne eine vergleichende Wirksamkeitsanalyse.

Der Senat ist deshalb zu der Überzeugung gelangt, dass die Abwägungsentscheidung des Marktgemeinderats, auf Maßnahmen des aktiven Lärmschutzes zu verzichten, allenfalls auf dem in der Beschlussempfehlung des Planungsbüros zum Ausdruck kommenden pauschalen Hinweis auf zu erwartende Kostenerhöhungen beruhte. Selbst der Betrag von fünf Euro, der nach Angaben des Ersten Bürgermeisters dem Marktgemeinderat als möglicher

Vorstellungshorizont gedient haben soll, für den es in den beigezogenen Behördenakten keine Anhaltspunkte gibt, wäre bei dieser Sachlage frei gegriffen bzw. jedenfalls nach Aktenlage nicht verifiziert oder sonst wie in einem rationalen Entscheidungsvorgang weiter aufbereitet. Erst Recht gibt es keine Anhaltspunkte dafür, dass sich der Marktgemeinderat Gedanken darüber gemacht hat, ob ggf. eine Flächen und Kosten sparende Kombination verschiedener aktiver Lärmschutzmaßnahmen oder eine Kombination aktiver und passiver Lärmschutzmaßnahmen (Lärmschutzwall/Lärmschutzfenster) denkbar wäre. Eine Auseinandersetzung mit Maßnahmen des aktiven Lärmschutzes hätte dabei umso näher gelegen, weil das Landratsamt ausdrücklich darauf hingewiesen hatte, dass der Verzicht auf aktive Lärmschutzmaßnahmen im Falle einer Neuplanung von Wohngebieten zu begründen und sachgerecht abzuwägen sei.

bb) Dieses Abwägungsdefizit ist als Mangel im Abwägungsvorgang (BVerwG v. 5. 7. 1974, a. a. O., S. 315) in entsprechender Anwendung der Planerhaltungsvorschriften des § 214 Abs. 1 Satz 1 Nr. 1, Abs. 3 Satz 2 Halbs. 2 BauGB n. F. (vorbehaltlich § 233 Abs. 2 Satz 2 BauGB n. F. grundsätzlich entsprechend anzuwenden gemäß § 233 Abs. 2 Satz 1 BauGB n. F.) beachtlich bzw. erheblich.

Dabei kann hier offen bleiben, ob der festgestellte Mangel nach der mit dem EAG Bau eingeführten Unterscheidung denjenigen Aspekten des Abwägungsvorgangs zuzuordnen wäre, die gemäß § 2 Abs. 3 BauGB n. F. nunmehr als Verfahrenspflicht ausgestaltet und deshalb nach der Planerhaltungsvorschrift des § 214 Abs. 1 Satz 1 Nr. 1 BauGB n. F. zu beurteilen sind, oder denjenigen Aspekten, die auch nach neuer Rechtslage zum materiell-rechtlichen Gehalt des Abwägungsgebots i. S. des § 1 Abs. 7 BauGB n. F. gehören und für die deshalb die Planerhaltungsvorschrift des § 214 Abs. 3 Satz 2 Halbs. 2 BauGB n. F. einschlägig ist (wobei unklar ist, welche Bedeutung dem § 214 Abs. 3 Satz 2 BauGB n.F nach dem EAG Bau überhaupt zukommt, vgl. BT-Drucks. 15/2996 zu § 214: „nur noch ergänzende Bedeutung"; a. A. Stelkens, Planerhaltung bei Abwägungsmängeln nach dem EAG Bau, UPR 2005, S. 81 ff.; kritisch Kraft, Gerichtliche Abwägungskontrolle von Bauleitplänen nach dem EAG Bau, UPR 2004, S. 331 ff.). Denn die festgestellten Ermittlungsdefizite zum Verkehrslärmschutz betreffen die von der Planung berührten Belange „in wesentlichen Punkten" (§ 214 Abs. 1 Nr. 1 BauGB n. F.); infolgedessen ist der Mangel sowohl gemäß § 214 Abs. 1 Satz 1 Nr. 1 als auch gemäß § 214 Abs. 3 Satz 2 Halbs. 2 BauGB nach den insoweit inhaltsgleichen weiteren Voraussetzungen beachtlich bzw. erheblich, wenn er offensichtlich und auf das Ergebnis des Verfahrens bzw. das Abwägungsergebnis von Einfluss gewesen ist. Diese Voraussetzungen sind hier erfüllt.

Das Abwägungsdefizit ist offensichtlich, weil es auf objektiv fassbaren Sachumständen beruht (BVerwG v. 21. 8. 1981, BVerwGE 64, 33; v. 29. 1. 1992, NVwZ 1992, 662, 663; v. 20. 1. 1995, NVwZ 1995, 692, 693). Wie dargestellt lässt sich den beigezogenen Behördenakten und der darin zum Ausdruck kommenden Geschehensabfolge positiv und klar entnehmen, dass die für aktive Lärmschutzmaßnahmen zu veranschlagenden Kosten nicht einmal im Ansatz beziffert worden sind.

Dieser offensichtliche Mangel ist auf das Abwägungsergebnis auch von Einfluss gewesen. Nach st. Rspr. des Bundesverwaltungsgerichts ist auch bei diesem Merkmal im Interesse der gesetzgeberischen Zielsetzung, die Überprüfung von Bebauungsplänen zu beschränken, ein strenger Maßstab anzulegen (BVerwG v. 20. 1. 1995, a. a. O., S. 693). Deshalb genügt nicht bereits die rein abstrakte Möglichkeit, dass ohne den Mangel anders geplant worden wäre; andererseits ist nicht erst dann von einem Einfluss des Mangels auf das Abwägungsergebnis auszugehen, wenn die Kausalität feststünde. Ausreichend ist vielmehr, wenn nach den Umständen des Einzelfalls konkrete Anhaltspunkte dafür bestehen, dass die Planung ohne den Mangel anders hätte ausfallen können (BVerwG v. 21. 8. 1981, a. a. O., S. 39 f. zur wortgleichen Vorgängervorschrift § 155 b Abs. 2 Satz 2 BBauG). Ob ein solcher Einfluss vorgelegen hat, ist auf Grund einer auf das konkrete Planungsverfahren bezogenen Betrachtungsweise zu entscheiden (BVerwG v. 20. 1. 1992, NVwZ 1992, 662, 663), insbesondere anhand der vorliegenden Planungsunterlagen oder sonst erkennbarer oder nahe liegender Umstände. Hat sich der Planungsträger von einem unzutreffend angenommenen Belang leiten lassen und sind andere Belange, die das Abwägungsergebnis rechtfertigen könnten, weder im Bauleitplanverfahren angesprochen noch sonst ersichtlich, ist die unzutreffende Erwägung auf das Abwägungsergebnis von Einfluss gewesen (BVerwG v. 21. 8. 1981, a. a. O., S. 40). So verhält es sich hier. Der Marktgemeinderat war in seiner Abwägungsentscheidung – wie dargelegt – dem Entscheidungsvorschlag des Planungsbüros gefolgt, der auf der unzutreffenden Vorstellung fußte, dass auch im Falle einer Neuausweisung „aus wirtschaftlichen Gründen" auf Maßnahmen des aktiven Lärmschutzes verzichtet werden kann, ohne auch nur die Größenordnung der hierfür zu veranschlagenden Kosten zu kennen. Andere Belange, die den beschlossenen Verzicht auf aktiven Verkehrslärmschutz rechtfertigen könnten, sind weder im Bauleitplanverfahren angesprochen noch sonst ersichtlich. Die Erwägungen des Planungsbüros, denen der Marktgemeinderat gefolgt ist, erschöpfen sich in der Zielsetzung, möglichst viel Baufläche zur Verfügung zu haben und diese möglichst billig anbieten zu können. Auch die Fünf-Euro-Marge, die der Marktgemeinderat nach Angaben des Ersten Bürgermeisters angeblich als „Schmerzgrenze" angesehen habe, wäre – wie dargestellt – jedenfalls frei gegriffen und deshalb nicht geeignet, das Abwägungsergebnis zu tragen. Ein Verzicht auf aktiven Lärmschutz lässt sich auch nicht mit den in den textlichen Festsetzungen des Bebauungsplans festgesetzten Lärmschutzmaßnahmen (Aufenthaltsräume, Schlaf- und Kinderzimmer sowie Außenwohnbereiche zur schallabgewandten Seite) rechtfertigen, weil der Antragsgegner, indem er zusätzlich Schallschutzfenster festsetzte, offensichtlich selbst davon ausging, dass damit allein der erforderliche Schallschutz noch nicht gewährleistet ist. Der festgestellte Mangel im Abwägungsvorgang ist damit insgesamt beachtlich bzw. erheblich.

cc) Der Mangel ist auch nicht unbeachtlich geworden. Nach § 215 Abs. 1 Nr. 2 BauGB a. F. (weiterhin anzuwenden gemäß § 233 Abs. 2 Satz 3 BauGB n. F.) werden Mängel in der Abwägung (d. h. sowohl Mängel im Abwägungsvorgang als auch im Abwägungsergebnis) unbeachtlich, wenn sie nicht innerhalb von sieben Jahren seit Bekanntmachung der Satzung schriftlich gegenüber der Gemeinde geltend gemacht worden sind. Diese Frist ist sowohl durch die Einwendungsschreiben des Bevollmächtigten des Antragstellers vom Juni und Dezember 2000 als auch durch den Normenkontrollantrag (vgl. hierzu Battis, in: Battis/Krautzberger/Löhr, BauGB, 9. Aufl. 2005, § 215 Rdnr. 6 m. w. N.) gewahrt, den der Antragsteller in einer den Anforderungen des § 215 BauGB a. F. genügenden Art und Weise auch mit einer unzureichenden Abwägung des Verkehrslärmschutzes begründen ließ. Das Normenkontrollgericht ist deshalb zur Feststellung des Abwägungsdefizits befugt.

b) Der Bebauungsplan ist auch wegen einer Abwägungsfehleinschätzung rechtswidrig, weil der Antragsgegner, indem er Maßnahmen des aktiven Verkehrslärmschutzes unterlassen hat, die Bedeutung dieses Belangs verkannt hat.

Im Bereich der Verkehrswegeplanung räumt der Gesetzgeber dem aktiven Lärmschutz im Grundsatz den Vorrang vor Maßnahmen des passiven Lärmschutzes ein (§§ 41, 42 BImSchG); ein Ausweichen auf passiven Lärmschutz ist gemäß § 41 Abs. 2 BImSchG nur zulässig, wenn die Kosten aktiver Lärmschutzmaßnahmen „außer Verhältnis zu dem angestrebten Schutzzweck stehen würden" (vgl. hierzu einerseits BVerwG – 4. Senat – v. 28. 1. 1999, BVerwGE 108, 248, andererseits BVerwG – 11. Senat – v. 15. 3. 2000, BVerwGE 110, 370). Für den Fall, dass nicht eine öffentliche Straße gebaut oder wesentlich geändert wird, sondern die Verkehrslärmproblematik – wie hier – dadurch entsteht, dass ein Baugebiet an eine bestehende öffentliche Straße heranrückt, sind die Vorschriften der §§ 41 f. BImSchG nicht (unmittelbar) anwendbar (Söfker, in: Ernst/Zinkahn/Bielenberg, BauGB, § 1 Rdnr. 244 a. E., 224 ff.). Auch sonstige verbindliche Vorgaben zur Vermeidung von Lärmbeeinträchtigungen bestehen insoweit nicht. Heranzuziehen sind vielmehr die allgemeinen Grundsätze, die wesentlich bestimmt werden durch die Anforderungen des Abwägungsgebots (§ 1 Abs. 6 BauGB a. F.) und das in ihm verankerte Gebot der Konfliktbewältigung (BVerwG v. 1. 9. 1999, NVwZ-RR 2000, 146, 147; Söfker, a. a. O., Rdnr. 215 ff. m. w. N.).

Nach den Planungsleitlinien des § 1 Abs. 5 Satz 1, 2 Nr. 1 und 7 BauGB a. F. (jetzt konkretisiert insbesondere in § 1 Abs. 6 Nr. 7 Buchst. c und e BauGB n. F.) sowie nach dem Optimierungsgebot des § 50 BImSchG, dem im Bereich des Verkehrslärmschutzes die Funktion einer Abwägungsdirektive zukommt (BVerwG v. 28. 1. 1999, a. a. O., S. 248, 253), sind bei der Aufstellung der Bauleitpläne die allgemeinen Anforderungen an gesunde Wohnverhältnisse und die Belange des Umweltschutzes zu berücksichtigen und schädliche Umwelteinwirkungen auf Wohngebiete so weit wie möglich zu vermeiden. Wegen der Langfristigkeit der planerischen Festlegungen kommt dabei dem vorsorgenden Immissionsschutz eine besondere Bedeutung zu (Söfker, a. a. O., § 1 Rdnr. 224). Es entspricht deshalb einem allgemeinen Abwägungsgrundsatz, ein schutzbedürftiges Wohngebiet nicht unzumutbaren Lärmbelastungen durch eine bestehende Straße auszusetzen. Wird ein Wohngebiet ohne den erforderlichen Schallschutz direkt neben einer lärmintensiven Straße geplant, kann der Bebauungsplan wegen Nichtbeachtung des Gebots der Konfliktbewältigung auf Grund eines Abwägungsfehlers nichtig sein (so zutreffend Stüer, Handbuch des Bau- und Fachplanungsrechts, 1998, Rdnr. 446; vgl. im Ergebnis z. B. auch BVerwG v. 30. 3. 1995 – 4 B 48/95 –). Im vorliegenden Fall bestand besonderer Anlass zu planerischen Vorkehrungen, weil davon auszugehen ist, dass die Immissionsgrenzwerte für Dorf- und Mischgebiete in § 2 Abs. 1 Nr. 3 16. BImSchV überschritten werden und deshalb für das geplante allgemeine Wohngebiet ohne Gegenmaßnahmen gesunde Wohnverhältnisse i. S. von § 1 Abs. 5 Satz 2 Nr. 1 BauGB a. F./§ 1 Abs. 6 Nr. 1 BauGB n. F. nicht mehr gewahrt sind (vgl. BVerwG v. 17. 3. 2005, NVwZ 2005, 811, 813).

Instrumentell hat die planende Gemeinde je nach Sachlage abgestufte Möglichkeiten des Verkehrslärmschutzes in Betracht zu ziehen. Welcher Mittel sie sich bedient, um den Anforderungen des Verkehrslärmschutzes gerecht zu werden, hat sie unter Beachtung des Abwägungsgebots grundsätzlich in eigener Verantwortung zu entscheiden (vgl. Söfker, a. a. O., § 1 BauGB Rdnr. 244). Wenn hierbei allerdings das durch die Planung hervorgerufene Verkehrslärmproblem ungelöst bleibt und einem Betroffenen dadurch ein nach Lage der Dinge unzumutbares Opfer abverlangt wird, verletzt die Gemeinde das im Abwägungsgebot verankerte Gebot der Konfliktbewältigung (BVerwG v. 1. 9. 1999, a. a. O.). Maßnahmen des aktiven Lärmschutzes haben deshalb, falls eine Konfliktvermeidung nach § 50 BImSchG ausscheidet, nicht nur bei der Verkehrswegeplanung, sondern auch bei der Konfliktbewältigung im Falle einer Wohngebietsausweisung neben einer bestehenden öffentlichen Straße ein besonderes Gewicht, zumal unter Verhältnismäßigkeitsgesichtspunkten. Sie setzen nämlich unmittelbar an der Quelle der Emissionen an und schützen deshalb verhaltensunabhängig, setzen also im Gegensatz zu passiven Lärmschutzmaßnahmen beispielsweise keine geschlossenen Lärmschutzfenster voraus, und umfassend, weil sie beispielsweise auch schutzwürdige Außenwohnbereiche (Balkone, Terrassen oder Hausgärten etc.) erfassen (zur Schutzwürdigkeit der Außenwohnbereiche BVerwG v. 21. 5. 1976, BVerwGE 51, 15, 33; v. 11. 11. 1988, NVwZ 1989, 255, 256). Damit tragen sie dem Schutzziel, schädliche Umwelteinwirkungen durch Verkehrsgeräusche nach dem Stand der Technik möglichst zu vermeiden, am ehesten Rechnung. Daneben sind Maßnahmen des aktiven Lärmschutzes in vielen Fällen das mildere Mittel, das den Nutzungsinteressen der Eigentümer entgegen kommt und die Privatnützigkeit des Eigentums als Grundlage privater Initiative und Lebensgestaltung (Art. 14 Abs. 1 Satz 1 GG; vgl. z. B. BVerfG v. 2. 3. 1999, BVerfGE 100, 226) am besten gewährleistet. Auch im Rahmen des Gebots der planerischen Konfliktbewältigung wird es deshalb in vielen Fällen geboten sein, der Lärmvorsorge durch Maßnahmen des aktiven Lärmschutzes den Vorrang vor passiven Schallschutzmaßnahmen einzuräumen, wie dies für den Bereich der Verkehrswegeplanung in den §§ 41, 42 BImSchG ausdrücklich bestimmt ist (vgl. im Übrigen auch den 11. Senat des BVerwG vom 15. 3. 2000, a. a. O., der die Verhältnismäßigkeitsprüfung nach § 41 Abs. 2 BImSchG ebenfalls als Element einer Abwägungsentscheidung begreift). Das schließt selbstverständlich nicht aus, dass die planende Gemeinde im Rahmen ihrer Abwägungsentscheidung gewichtigen anderen Belangen, die einer Festsetzung aktiver Lärmschutzmaßnahmen zuwiderlaufen, den Vorzug geben kann, beispielsweise weil ein Lärmschutzwall oder eine Lärmschutzwand vorhandene Bebauung unangemessen beeinträchtigen oder zur Verunstaltung des Orts- und Landschaftsbildes führen würde, oder eben auch, weil die Kosten aktiver Lärmschutzmaßnahmen wegen besonderer (baulicher, topographischer oder sonstiger) Umstände des Einzelfalls – auch unter Berücksichtigung alternativer Schutzmaßnahmen – zu dem angestrebten Schutzzweck außer Verhältnis stehen. Fehlt es hieran oder verkennt die planende Gemeinde die Gewichtigkeit der betroffenen Belange, wird ein Verzicht auf aktiven Lärmschutz der Aufgabe planerischer Konfliktbewältigung i. d. R. nicht gerecht.

So verhält es sich hier. Abwägungsfehlerhaft ist zum einen die Erwägung des Antragsgegners, eine Lärmschutzwand sei „aus wirtschaftlichen Gründen" abzulehnen, weil die nicht unerheblichen Kosten die Erschließungskosten des Plangebietes enorm verteuern und den Verkauf von Grundstücken unattraktiv machen würden. Abgesehen von den insoweit bestehenden Ermittlungsdefiziten ist diese Erwägung auch im Ergebnis offensichtlich fehlsam. Denn die Zielsetzung, die Erschließungskosten im zukünftigen Baugebiet möglichst niedrig zu halten, um attraktive Grundstückspreise zu erreichen, rechtfertigt für sich genommen noch nicht, auf Maßnahmen des aktiven Lärmschutzes zu verzichten, wenn, wovon im Regelfall auszugehen ist, passive Lärmschutzmaßnahmen, ggf. auch kombiniert mit weiteren Maßnahmen, nicht gleich wirksam sind und die Bewohner der lärmexponierten Grundstücke deshalb auf Dauer vermeidbaren Lärmbeeinträchtigungen ausgesetzt würden. Bereits das zugrunde liegende Kalkül besserer Vermarktungschancen bei billigen, dafür aber lärmbelasteten Grundstücken erscheint kaum realistisch, wie die eigenen Erfahrungen des Antragsgegners mit dem nach seinen Angaben unverkäuflichen Baugebiet B. nahe legen. Besondere Umstände, die einen Verzicht auf Maßnahmen des aktiven Lärmschutzes rechtfertigen könnten, etwa andere gewichtige Belange, die aktiven Lärmschutzmaßnahmen entgegenstehen könnten, sind vom Antragsgegner weder thematisiert worden noch sonst ersichtlich. Im Gegenteil spricht der Umstand, dass bisher unbebaute Ackerflächen ohne topografische oder sonstige Besonderheiten überplant wurden, dafür, dass der Antragsgegner bei der Planung völlig freie Hand hatte. Es ist auch nicht ersichtlich, dass mit den in den textlichen Festsetzungen des Bebauungsplans festgesetzten Schallschutzmaßnahmen der gesetzliche Schutzzweck ausnahmsweise ebenso gut zu errreichen wäre wie mit Maßnahmen des aktiven Schallschutzes. Auch wenn mit den Festsetzungen der Versuch unternommen wurde, das Lärmproblem weiter zu entschärfen und insbesondere die Aufenthaltsräume und schutzwürdige Teile des Außenwohnbereichs auf die lärmabgewandten Gebäudeseiten zu verlagern, bleibt dieses Maßnahmenbündel erkennbar hinter den Wirkungen aktiver, für sämtliche Gebäudeseiten und Grundstücksflächen wirksamer Lärmschutzmaßnahmen zurück. Schließlich fehlen auch Anhaltspunkte dafür, dass die Kosten des aktiven Lärmschutzes zu dem angestrebten Schutzzweck außer Verhältnis stehen würden. Die Planung eines neuen Wohngebiets ohne aktiven Schallschutz direkt neben der lärmintensiven Staatsstraße mit der wesentlichen Begründung, die Verkaufspreise der Baugrundstücke niedrig zu halten, ist deshalb als offensichtlicher Fehlgriff anzusehen. Erst recht untauglich ist die Erwägung des Antragsgegners, für die Errichtung eines Lärmschutzwalls würde Fläche benötigt, die dann als auszuweisendes Bauland verloren ginge (weniger Bauplätze). Träfe diese Begründung zu, wäre aktiver Lärmschutz in Form eines Lärmschutzwalls stets unverhältnismäßig, mit der Folge, dass die in § 41 Abs. 2 BImSchG zum Ausdruck kommende Ausnahme zum Grundsatz erhoben würde, weil ein Lärmschutzwall zwangsläufig Fläche in Anspruch nimmt.

Nr. 26

1. **Ein Bebauungsplan ist wegen Unzumutbarkeit von Immissionen regelmäßig dann vorläufig außer Vollzug zu setzen, wenn der Grad der schädlichen Umwelteinwirkungen i. S. des § 3 Abs. 1 BImSchG erreicht wird. Bei der Beurteilung im Einzelfall können die Werte der DIN 18005 eine Orientierungshilfe bieten. Gesunde Wohnverhältnisse i. S. des § 1 Abs. 6 Nr. 1 BauGB sind im Regelfall gewahrt, wenn die Orientierungswerte für Dorf- oder Mischgebiete von 60 dB(A) tags und 50 dB(A) nachts unterschritten werden.**

2. **Wird im Bebauungsplan bei der Festsetzung der maximal zulässigen Traufhöhen für den unteren Bezugspunkt auf die gemittelte Höhe der fertig ausgebauten Verkehrsfläche Bezug genommen, so ist diese Festsetzung auch bei erheblich geneigtem Geländeverlauf hinreichend bestimmt, wenn die öffentlichen Verkehrsflächen im Zeitpunkt des Satzungsbeschlusses zwar noch nicht hergestellt sind, aber der Höhenverlauf anhand eines Achsenplans sowie anhand von Längs- und Querschnitten umfassend festgelegt ist.**

BauGB §§ 1 Abs. 6 Nr. 1, 3 Abs. 3 Satz 1; BImSchG § 3 Abs. 1.

OVG Nordrhein-Westfalen, Beschluss vom 21. September 2005 – 10 B 9/05.NE – (rechtskräftig).

Die Antragstellerin ist Eigentümerin eines mit einem Einfamilienwohnhaus bebauten Grundstücks, das unmittelbar östlich bzw. südlich an den Planbereich des streitgegenständlichen Bebauungsplans angrenzt. Im Plangebiet werden auf dem Gelände eines ehemaligen Kinderheims Flächen zur Bebauung freigegeben, die insgesamt die Errichtung von 15 Einzel- oder Doppelhäusern sowie vier Einzelhäusern mit jeweils höchstens zwei Wohnungen ermöglichen. Hinsichtlich der Art der baulichen Nutzung setzt der Bebauungsplan ausschließlich reine Wohngebiete fest. Das Plangebiet soll sowohl von Süden als auch von Norden erschlossen werden. Der südliche Abschnitt der Erschließungsstraße verläuft in einer Entfernung von 13 m bis 20 m zur westlichen und nördlichen Grenze des Grundstücks der Antragstellerin. Ihren Antrag, den Vollzug des Bebauungsplans vorläufig auszusetzen, lehnte das Oberverwaltungsgericht ab.

Aus den Gründen:
Der Antrag ist zulässig. Die Antragstellerin ist antragsbefugt. Nach § 47 Abs. 2 Satz 1 VwGO kann den Normenkontrollantrag stellen, wer geltend macht, durch die angegriffene Rechtsvorschrift oder deren Anwendung in sei-

nen Rechten verletzt zu sein oder in absehbarer Zeit verletzt zu werden. Diese Anforderungen gelten gleichermaßen für einen Antrag auf Erlass einer einstweiligen Anordnung gemäß § 47 Abs. 6 VwGO.

Nach dem tatsächlichen Vorbringen der Antragstellerin erscheint es zumindest als möglich, dass sie durch die Festsetzungen des angegriffenen Bebauungsplans in ihrem Recht auf gerechte Abwägung ihrer privaten Interessen verletzt wird. Ein „Recht" i. S. von § 47 Abs. 2 Satz 1 VwGO kann das in § 1 Abs. 6 BauGB a. F. verankerte Abwägungsgebot sein, weil ihm drittschützender Charakter hinsichtlich solcher privater Belange zukommt, die für die Abwägung erheblich sind. Das Interesse der Antragstellerin, dass ihr Grundstück von unzumutbaren Lärmimmissionen durch den Kraftfahrzeugverkehr auf der westlich bzw. nördlich ihres Grundstücks vorgesehenen Erschließungsstraße für das geplante Wohngebiet verschont bleibt, war in die Abwägung der durch die Planung berührten öffentlichen und privaten Belange einzustellen. Denn das Grundstück der Antragstellerin grenzt unmittelbar östlich bzw. südlich an den Planbereich an. Der Bebauungsplan ermöglicht die Errichtung von bis zu 68 Wohneinheiten, die sowohl von Süden über die I.straße und die westlich bzw. nördlich des Grundstücks der Antragstellerin vorgesehene Erschließungsstraße als auch von Norden vom G.weg aus erschlossen werden sollen. Die Erschließungsstraße verläuft in einer Entfernung von 13 m auf einer Länge von etwa 45 m parallel zur westlichen Grundstücksgrenze der Antragstellerin. Im Norden ist sie zwischen 13 m und 20 m von ihrem Grundstück entfernt.

Der Antrag ist aber nicht begründet.

Gemäß § 47 Abs. 6 VwGO kann das Normenkontrollgericht auf Antrag eine einstweilige Anordnung erlassen, wenn dies zur Abwehr schwerer Nachteile oder aus anderen wichtigen Gründen dringend geboten ist. Die Entscheidung über den Antrag nach § 47 Abs. 6 VwGO setzt eine Gewichtung der widerstreitenden Interessen voraus, bei der insbesondere auf die Folgen für den Antragsteller abzustellen ist, die einträten, wenn die einstweilige Anordnung nicht erginge, der Normenkontrollantrag in der Hauptsache jedoch Erfolg hätte.

Die mögliche Verwirklichung eines angefochtenen Bebauungsplans vor dem rechtskräftigen Abschluss des Normenkontrollhauptsacheverfahrens stellt nur dann einen die Aussetzung seiner Vollziehung rechtfertigenden schweren Nachteil i. S. des § 47 Abs. 6 VwGO dar, wenn sie – was hier zu verneinen ist – in tatsächlicher und rechtlicher Hinsicht eine schwer wiegende Beeinträchtigung rechtlich geschützter Positionen des jeweiligen Antragstellers konkret erwarten lässt.

Eine solche Beeinträchtigung droht der Antragstellerin hier nicht. Die von ihr geltend gemachte zu erwartende Steigerung der Lärmimmissionen auf Grund der Zunahme des Kraftfahrzeugverkehrs durch den Ausbau der ehemaligen Zufahrt zum Kinderheim zur Erschließungsstraße für das Plangebiet lässt keine schweren Nachteile befürchten.

Die vorläufige Außervollzugsetzung auf Grund schwerer Nachteile wäre dann geboten, wenn die Antragstellerin anderenfalls nicht zumutbaren Immissionen ausgesetzt wäre. Als unzumutbar sind Immissionen regelmäßig dann einzustufen, wenn sie den Grad der schädlichen Umwelteinwirkungen

i. S. des § 3 Abs. 1 BImSchG erreichen. Für die Beantwortung der Frage, wann Immissionen nach Art, Ausmaß oder Dauer als schädliche Umwelteinwirkung anzusehen sind, bieten beispielsweise die Werte der DIN 18005 eine Orientierungshilfe. Die dort genannten Werte sind allerdings nicht absolut bindend, sondern lassen Abweichungen zu. Ihre schematische Anwendung in Form von „Grenzwerten" ist unzulässig (vgl. dazu BVerwG, Beschluss v. 18. 12. 1990 – 4 N 6.88 –, BRS 50 Nr. 25; OVG NRW, Urteil v. 7. 10. 2004 – 7a D 140/02.NE –).

Die konkrete Grenze des Zumutbaren ist vielmehr stets anhand einer umfassenden Würdigung aller Umstände des Einzelfalles zu bestimmen. Maßgeblich sind insoweit die Besonderheiten des jeweiligen Plangebiets und seiner Umgebung; daneben kann es auf vorhandene Vorbelastungen und ihre rechtliche Bewertung ankommen (vgl. BVerwG, Beschluss v. 18. 12. 1990 – 4 N 6.88 –, a. a. O.).

Nicht mehr hinzunehmen sind Immissionen jedenfalls dann, wenn sie mit gesunden Wohnverhältnissen i. S. des § 1 Abs. 6 Nr. 1 BauGB nicht in Einklang zu bringen sind (vgl. BVerwG, Urteil v. 23. 9. 1999 – 4 C 6.98 –, BRS 62 Nr. 86 = BauR 2000, 234 = DVBl. 2000, 192 und Beschluss v. 29. 10. 1990 – 4 B 60.02 –, Buchholz 406. 19 Nachbarschutz Nr. 165).

Eine exakte Grenze im Sinne eines eindeutigen Grenzwertes lässt sich allerdings auch insoweit nicht fixieren. Die Anforderungen an gesunde Wohnverhältnisse sind jedoch im Regelfall gewahrt, wenn die Orientierungswerte für Dorf- oder Mischgebiete von 60 dB(A) tags und 50 dB(A) nachts unterschritten werden, da die genannten Baugebiete neben der Unterbringung von (nicht wesentlich) störenden Gewerbebetrieben auch dem Wohnen dienen und die Orientierungswerte hierauf zugeschnitten sind (entsprechend zur 18. BImSchV: BVerwG, Urteil v. 23. 9. 1999 – 4 C 6.98 –, BRS 62 Nr. 86 = BauR 2000, 234; zur Schwelle von 70 dB(A) im Hinblick auf in Industriegebieten zulässige Betriebsleiterwohnungen: OVG NRW, Beschluss v. 29. 10. 1992 – 10 B 3803/92 –).

In Anwendung dieser Maßgaben stellen sich die bei der Verwirklichung des hier in Rede stehenden Bebauungsplans zu erwartenden Immissionen für die Antragstellerin als unzumutbar dar. Über die Erschließungsstraße werden bis zu 68 neue Vorhaben erschlossen. Im Plangebiet werden Flächen zur Bebauung freigegeben, die insgesamt die Errichtung von 15 Einzel- oder Doppelhäusern – vier davon werden unmittelbar vom G.weg erschlossen – sowie vier Einzelhäusern mit jeweils höchstens zwei Wohnungen ermöglichen. Im Plangebiet werden ausschließlich reine Wohngebiete i. S. des § 3 BauNVO (WR1 bis WR4) festgesetzt. Unter Berücksichtigung dieser Vorgaben ist nach der Immissionsabschätzung des Amtes 61 der Antragsgegnerin vom 4. 5. 2004 mit einem Kraftfahrzeugverkehr auf der Erschließungsstraße von etwa 240 Fahrten pro Tag und unter Einbeziehung der seitens der Antragstellerin befürchteten Schleichverkehre von etwa 300 Fahrten pro Tag zu rechnen. Die I.straße ist ausweislich einer Verkehrszählung vom 17. 5. 2000 (00.00 Uhr) bis zum 18. 5. 2000 (00.00 Uhr) bereits jetzt mit etwa 3050 Kfz pro Tag belastet. Nach der Abschätzung der Lärmsteigerung vom 4. 5. 2004 sind auf Grund der planbedingten Verkehrszunahme für das Grundstück der

Antragstellerin unter Berücksichtigung der von ihr befürchteten Schleichverkehre Lärmwerte von 41,0 dB(A) (Garten, nachts), 46,6 dB(A) (Haus EG, nachts), 49,6 dB(A) (Haus OG, nachts) und 41,6 dB(A) (Terrasse, nachts) sowie 51,1 dB(A) (Garten, tags), 56,6 dB(A) (Haus EG, tags), 59,7 dB(A) (Haus OG, tags) und 51,1 dB(A) (Terrasse, tags) zu erwarten. Gegenüber der bisherigen Situation bedeutet dies bei Verwirklichung des Bebauungsplans eine Erhöhung der Lärmpegel um maximal 2,4 dB(A) (nachts im Gartenbereich). Am Wohnhaus der Antragstellerin (Vorderfront) liegt die Zunahme zwischen 0,3 dB(A) (OG, nachts), 0,4 dB(A) (OG, tags) und 0,5 dB(A) (EG, tags und nachts).

Obwohl damit die prognostizierten Immissionswerte erkennbar oberhalb dessen liegen, was die DIN 18005 als Orientierungswerte für reine Wohngebiete mit 40 dB(A) (nachts) und 50 dB(A) (tags) vorgibt, erreichen sie kein Maß, das unter Berücksichtigung der Umstände des Einzelfalles die vorläufige Außervollzugsetzung rechtfertigen würde. Die Überschreitung der Orientierungswerte ist in erster Linie auf die Vorbelastung durch den Kraftfahrzeugverkehr auf der I.straße zurückzuführen. Diese Vorbelastung wirkt sich für das Grundstück der Antragstellerin schutzmindernd aus, da sie ihrerseits nicht unzumutbar ist (vgl. BVerwG, Beschluss v. 18. 12. 1990 – 4 N 6.88 –, a. a. O.).

Die planbedingte Steigerung der Immissionswerte liegt (teilweise deutlich) unterhalb 3 dB(A). Eine solche Pegeländerung ist vom menschlichen Gehör kaum wahrnehmbar. Allein die fehlende Wahrnehmbarkeit vermag zwar die Zumutbarkeit von Lärmsteigerungen nicht zu begründen, doch ist hier zu berücksichtigen, dass sich die ermittelten absoluten Werte mit nachts maximal 49,6 dB(A) (Haus OG) und tags höchstens 59,7 dB(A) (Haus OG) im Rahmen dessen bewegen, was in Dorf- und Mischgebieten zulässig ist und damit eindeutig unterhalb der Schwelle zur Gesundheitsgefährdung liegen.

Hinzu kommt, dass die Anlage ausschließlich der Erschließung eines reinen Wohngebiets dienen soll. Derartiger Erschließungsverkehr ist vom Grundsatz her unvermeidbar und stellt eine normale Belastung in Wohngebieten dar. Von der umgebenden – ebenfalls im reinen Wohngebiet liegenden – Bebauung ist dieser Verkehr regelmäßig hinzunehmen (OVG NRW, Urteil v. 11. 1. 2001 – 7a D 33/99.NE –).

Dies gilt hier auch vor dem Hintergrund, dass das Grundstück der Antragstellerin nicht im Plangebiet liegt und sie in Folge dessen nicht an den erweiterten Nutzungsmöglichkeiten durch die Festsetzung überbaubarer Flächen partizipiert, sondern vielmehr einseitig durch den zusätzlich hervorgerufenen Verkehr belastet wird. Denn die Überplanung des hier streitgegenständlichen Gebiets stellt eine im Interesse des sparsamen Umgangs mit Grund und Boden erwünschte Nachverdichtung des innerstädtischen Siedlungsbereichs dar (OVG NRW, Urteile v. 11. 1. 2001 – 7a D 33/99.NE –, und v. 5. 6. 2001 – 10a D 213/98.NE –, BRS 64 Nr. 38).

Das Plangebiet war bereits zuvor mit den Gebäuden des ehemaligen Kinderheims bebaut und vollständig von Wohnbebauung umgeben. Die gewählte Form der Erschließung dieses nachverdichteten Bereichs ist angesichts der vom Plangeber vorgefundenen baulichen Situation letztlich nicht zu beanstanden.

Auch mit der konkreten Ausgestaltung der südlichen Zufahrt zum Plangebiet trägt die Planung dem Interesse der Antragstellerin, zusätzliche Immissionen möglichst gering zu halten, in verschiedener Hinsicht Rechnung. Die Anlage zur inneren Erschließung des Baugebiets verläuft nicht unmittelbar entlang ihres Grundstücks, sondern folgt im Wesentlichen – neben der Verbreiterung von 3 m auf 5,50 m zu der dem Grundstück abgewandten Seite sind lediglich im Kurvenverlauf leichte Veränderungen geplant – der bereits vorhandenen ehemaligen Zufahrt zum Kinderheim. Zwischen den Grundstücksgrenzen und der Erschließungsstraße ist ein deutlicher Abstand von mindestens 13 m bis 20 m vorgesehen. Der dazwischen gelegene Grünstreifen ist im Bebauungsplan als Parkanlage festgesetzt. Darüber hinaus ist die neue Erschließungsstraße im Bebauungsplan als verkehrsberuhigter Bereich vorgesehen. Entsprechend der dort vorgeschriebenen Schrittgeschwindigkeit (vgl. § 42 Abs. 4 a Nr. 2 StVO) – bei der Immissionsabschätzung vom 4. 5. 2004 hatte die Antragsgegnerin noch eine Geschwindigkeit von 30 km/h zugrunde gelegt – ist nur mit geringen Immissionen zu rechnen. Die Lärmsteigerungen zulasten des Grundstücks der Antragstellerin, die sich aus der Lärmabschätzung der Verwaltung ergeben, beruhen auf der Annahme des ungünstigsten Falls und sind nach Einschätzung des Senats theoretischer Natur. Es wird nicht der gesamte Erschließungsverkehr über den in der Nähe des Grundstücks der Antragstellerin verlaufenden Teil der Erschließungsanlage stattfinden, da die den Planbereich von Südwesten nach Nordosten durchziehende Erschließungsstraße von zwei Seiten angefahren werden kann. Zum einen im Südwesten von der südlich des Antragstellergrundstücks verlaufenden I.straße und zum anderen vom G.weg, nördlich des Plangebiets.

Zudem dürfte – anders als bei der Immissionsabschätzung vom 4. 5. 2004 angenommen – nicht mit nennenswerten Schleichverkehren zu rechnen sein. Die Antragsgegnerin hat insoweit plausibel dargelegt, dass für Fahrbeziehungen zwischen der Stadt W. und der Innenstadt der Antragsgegnerin insbesondere auf Grund der begrenzten Geschwindigkeiten eine „Abkürzung" durch das Plangebiet zeitaufwändiger und damit unattraktiver ist als z. B. die Strecke über K.-Allee und J.straße.

Gegen die Zumutbarkeit der zu erwartenden zusätzlichen Immissionen spricht schließlich nicht, dass das Grundstück der Antragstellerin von mehreren Seiten Immissionen ausgesetzt ist; unmittelbar südlich verläuft die mit etwa 3050 Kraftfahrzeugen pro Tag befahrene I.straße, westlich und nördlich die neue Erschließungsstraße. Die Erschließungsstraße hält – wie bereits dargestellt – mit 13 m bis 20 m erhebliche Abstände zum Grundstück der Antragstellerin ein und wird zudem durch die festgesetzte Parkanlage abgeschirmt. Zudem folgt die Erschließungsstraße dem Verlauf der vorhandenen Zufahrt zum Kinderheim, sodass das Grundstück der Antragstellerin nicht erstmals Kraftfahrzeugverkehr von diesen Seiten ausgesetzt ist.

Bedenken, bei der Beurteilung der Zumutbarkeit die Abschätzung der Lärmwerte durch das Amt 61 der Antragsgegnerin vom 4. 5. 2004 heranzuziehen, bestehen nicht. (Wird ausgeführt.)

Auch durch die Festsetzung einer öffentlichen Parkplatzfläche westlich des Grundstücks der Antragstellerin sind keine einen schweren Nachteil begründenden Beeinträchtigungen zu befürchten. Die Gesamtbreite der ausgewiesenen Fläche von 20 m lässt lediglich ein Abstellen von maximal acht Personenwagen zu. Vom Grundstück der Antragstellerin ist die Fläche zudem durch einen als Parkanlage festgesetzten, 8 m breiten Grünstreifen getrennt. Ferner ist im Hinblick auf die Parkplatzfläche eine Vorbelastung zu verzeichnen, da sich bereits in der Vergangenheit in diesem Bereich zum Kinderheim gehörende Stellplätze befanden.

Unabhängig von einer möglichen Außervollzugsetzung wegen drohender schwerer Nachteile für die Antragstellerin, könnten Gesichtspunkte, die für die Unwirksamkeit des Bebauungsplans vorgebracht werden, nach der Rechtsprechung der mit Normenkontrollverfahren befassten Senate des beschließenden Gerichts allenfalls dann eine einstweilige Anordnung gemäß § 47 Abs. 6 VwGO rechtfertigen, wenn der Normenkontrollantrag auf Grund dieser Gesichtspunkte im Hauptsacheverfahren offensichtlich Erfolg haben wird. Die Gründe, die die Antragstellerin selbst für die Unwirksamkeit der angegriffenen Norm anführt, lassen eine solche Annahme nicht zu.

Es ist bei summarischer Prüfung nicht offensichtlich, dass der hier in Rede stehende Bebauungsplan städtebaulich nicht erforderlich ist (§ 1 Abs. 3 Satz 1 BauGB a. F.). Die Planrechtfertigung ist dann gegeben, wenn der Bebauungsplan nach seinem Inhalt auf die städtebauliche Ordnung ausgerichtet und nach der planerischen Konzeption der zur Planung berufenen Gemeinde als Mittel hierfür erforderlich ist. Welche städtebaulichen Ziele sich die Gemeinde setzt, liegt in ihrem Ermessen (vgl. BVerwG, Urteile v. 12. 12. 1969 – IV C 105.66 –, BVerwGE 34, 301, 305 = BRS 22 Nr. 4 = BauR 1970, 31, und v. 5. 7. 1974 – IV C 50.72 –, BVerwGE 45, 309, 312 = BRS 28 Nr. 4 = BauR 1974, 311, sowie Beschluss v. 11. 5. 1999 – 4 BN 15.99 –, BRS 62 Nr. 19 = BauR 1999, 1136).

Nicht erforderlich ist der Bebauungsplan in aller Regel erst bei groben und einigermaßen offensichtlichen, von keiner nachvollziehbaren Konzeption getragenen planerischen Missgriffen (vgl. BVerwG, Urteil v. 3. 6. 1971 – IV C 64.70 –, BRS 24 Nr. 1 = BauR 1971, 179).

Daran gemessen spricht nichts dafür, dass der streitige Bebauungsplan dem Erforderlichkeitsgebot widerspricht. Grund für die Planung war ausweislich der Begründung des Bebauungsplans, die durch die Aufgabe des Kinderheims nicht mehr genutzte Fläche durch Überplanung einer qualitativ hochwertigen Wohnbebauung in Form von individuell gestaltbaren Einfamilienhäusern auf großzügigen Grundstücken zuzuführen. Die Planrechtfertigung ist nicht etwa zu verneinen, weil – wie die Antragstellerin vorträgt – auf Grund des Bevölkerungsrückgangs im Stadtgebiet der Antragsgegnerin keine Wohnbebauung erforderlich gewesen sei. Abgesehen davon, dass die Antragsgegnerin in Untersuchungen zur Bevölkerungsermittlung eine Wohnraumnachfrage u. a. nach Einfamilienhäusern festgestellt hatte, ist eine Bedarfsanalyse im Rahmen der städtebaulichen Rechtfertigung nicht erforderlich (BVerwG, Beschluss v. 14. 8. 1995 – 4 NB 21.95 –, Buchholz 406.11 § 1 BauGB Nr. 86).

Bedenken hinsichtlich der Bestimmtheit der Festsetzungen des Bebauungsplans bestehen nicht. Insbesondere lassen sich die maximal zulässigen Traufhöhen hinreichend genau ermitteln. Der obere Bezugspunkt ist mit der Traufe zweifelsfrei bestimmt. Dies gilt auch unter Berücksichtigung des Umstandes, dass ein Haus mehrere Traufseiten hat, da das Maß der Traufhöhe als Höchstgrenze anzusehen ist. Außerdem sind die Satteldächer nach der Gestaltungsfestsetzung nur „symmetrisch gleichhüftig" zulässig, sodass sich je Gebäude ohnehin stets einheitliche Traufhöhen ergeben. Die Festsetzung des Bebauungsplans zum unteren Bezugspunkt ist ebenfalls hinreichend bestimmt. Die textliche Festsetzung Nr. 1.2.1 nimmt auf die gemittelte Höhe der fertig ausgebauten Verkehrsfläche bzw. mit Geh-, Fahr- und Leitungsrechten zu belastenden Fläche (Belastungsfläche) an der der Traufseite des Gebäudes zugewandten Straßenbegrenzungslinie (bzw. Flächenbegrenzungslinie der Belastungsfläche) zwischen den Schnittpunkten der Verlängerung der äußeren Seitenwände des Gebäudes mit der Straßenbegrenzungslinie (bzw. Flächenbegrenzungslinie der Belastungsfläche) Bezug. Sämtliche Gebäude im Plangebiet sind durch Festlegung der Firstrichtung mit der Traufseite nur einer Verkehrsfläche oder Belastungsfläche (über die das Grundstück erschlossen wird) zugeordnet. Da die gemittelte Höhe maßgeblich ist, lässt sich der Bezugspunkt auch bei – wie hier – erheblich geneigten Verkehrsflächen ohne Weiteres bestimmen. Schließlich ist auch die Höhe, mit der die Straßenbegrenzungslinie bzw. Flächenbegrenzungslinie zugrunde zu legen ist, ausreichend bestimmt. Die öffentlichen Verkehrsflächen und die mit Geh-, Fahr- und Leitungsrechten zu belastenden Flächen sind zwar nicht bzw. noch nicht in dem Zustand vorhanden, den sie nach dem Ausbau erhalten sollen. Die Antragsgegnerin hat jedoch den Höhenverlauf der künftigen Verkehrsflächen in den mit Zugehörigkeitsvermerk zum Bebauungsplan versehenen Plänen des Tiefbauamtes mittels eines Achsenplans sowie vier Längsschnitten und fünf Querschnitten umfassend festgelegt. Das hat zur Folge, dass auch schon vor der endgültigen Herstellung der Verkehrsflächen – der Tiefbauverwaltung verbleibt insoweit kein Spielraum – die im Bebauungsplan festgesetzten Bezugspunkte bestimmt werden können.

Im Rahmen der Abwägung sind der Antragsgegnerin ebenfalls keine offensichtlichen Mängel unterlaufen, die zur Unwirksamkeit des Bebauungsplans führen könnten.

Dies gilt zunächst hinsichtlich der Verkehrsimmissionen. Die Antragsgegnerin hat Ermittlungen zur künftigen Verkehrssituation (u. a.) in Bezug auf das Grundstück der Antragstellerin vorgenommen. Neben einer Verkehrszählung auf der I.straße im Mai 2000, bei der eine Belastung mit 3046 Kraftfahrzeugen pro Tag ermittelt worden ist, hat sie durch das Amt 61 eine Abschätzung der Lärmsteigerung vornehmen lassen. Dabei wurde eine Zunahme von etwa 220 bis 240 Kfz (bzw. maximal 300 Kfz bei Berücksichtigung zusätzlicher Schleichverkehre) errechnet. Die prognostizierten Steigerungen der Lärmwerte lagen zwischen 0,3 dB(A) an der Vorderfront des Wohnhauses zu Nachtzeit und 2,4 dB(A) nachts im Gartenbereich. Dass sich der Rat der Antragsgegnerin dabei nicht zusätzlich auf ein externes Gutachten gestützt hat, begründet kein offensichtliches Ermittlungsdefizit, da sich die hinzukommenden Fahrten pro Tag im Rahmen der normalen Belastung von Erschließungsverkehr in Wohnbereichen bewegen (vgl. auch OVG NRW, Urteil v. 11. 1. 2001 – 7a D 33/99.NE –).

Die Konflikte zwischen dem Interesse der Allgemeinheit an der Berücksichtigung der Wohnraumbedürfnisse und der Eigentumsbildung weiter Teile der Bevölkerung (vgl. § 1 Abs. 6 Nr. 2 BauGB) und dem Interesse der Antragstellerin, von einer Immissionszunahme möglichst verschont zu bleiben, hat der Rat der Antragsgegnerin gesehen und in vertretbarer Weise gelöst. (Wird ausgeführt.)

Von einer nicht hinreichenden Berücksichtigung der Eigentumsrechte der Antragstellerin gemäß Art. 14 GG im Rahmen der Abwägung ist ebenfalls nicht auszugehen. Die Antragsgegnerin meint, sie habe auf den Fortbestand der parkähnlichen und von Einblicken unbelasteten Ruhelage wegen der Festsetzungen des Bebauungsplans C.-Allee vertrauen dürfen, in dessen Geltungsbereich sich sowohl ihr Grundstück als auch die Flächen des ehemaligen Kinderheims befunden hätten. Es ist bereits nicht ersichtlich, wodurch ein solches Vertrauen geschaffen worden sein sollte, da in diesem Bebauungsplan keine Parkflächen ausgewiesen waren; vielmehr war der gesamte Bereich ausweislich der Planbegründung als Fläche für den Gemeinbedarf „Kinderheim" festgesetzt. Jedenfalls aber hat die Antragsgegnerin mit der teilweisen Aufhebung dieses Bebauungsplans den mit der hier streitgegenständlichen Planung verfolgten Interessen beanstandungsfrei den Vorrang eingeräumt. Im Rahmen der Abwägung führt die Antragsgegnerin insoweit aus, dass das Vertrauen am Erhalt des Baumbestandes und der parkähnlichen Landschaft gegenüber den öffentlichen Interessen zurücktreten müsse. Bei der Aufstellung von Bebauungsplänen seien die Wohnbedürfnisse der Bevölkerung zu berücksichtigen. Es bestehe ein Bedarf an Flächen für anspruchsvolle Wohnbebauung; aus gesamtstädtischer und stadtentwicklungspolitischer Sicht eigne sich die Fläche gut als Standort für eine Wohnungsbauentwicklung.

Kein Abwägungsfehler ist ferner darin zu erblicken, dass die Antragsgegnerin keine weiteren, über den landschaftspflegerischen Begleitplan hinausgehenden Ermittlungen angestellt hat, welche Tierarten im Plangebiet angesiedelt sind und wie sich die geplante Bebauung auf deren Lebensraum auswirken wird. Dem steht nicht entgegen, dass der landschaftspflegerische Begleitplan für Teilflächen des Plangebiets im Hinblick auf die Lebensraumfunktion von einer hohen bioökologischen Wertigkeit ausgeht. Denn Anhaltspunkte dafür, dass im Plangebiet besonders seltene oder schützenswerte Tiere ihren Lebensraum hatten, die weitere Untersuchungen hätten erforderlich machen können, hat die Bestandsaufnahme nicht ergeben.

Für die weiter gerügte nicht hinreichende Sicherung oder Konkretisierung der Kompensationsmaßnahmen ist ebenfalls nichts ersichtlich. Der Senat lässt in diesem Zusammenhang offen, ob es überhaupt der festgesetzten Ausgleichsmaßnahmen bedurft hätte, weil gemäß § 1 a Abs. 3 Satz 5 BauGB ein Ausgleich nicht erforderlich ist, soweit die Eingriffe bereits vor der planerischen Entscheidung erfolgt sind oder zulässig waren; für das hier in Rede stehende Plangebiet war ausweislich der Planbegründung bereits in dem Bebauungsplan „C.-Allee" die Festsetzung als Baugrundstück für den Gemeinbedarf „Kinderheim" getroffen worden. Jedenfalls ist nach dem Umweltbericht vorgesehen, den Eingriff, der nicht durch entsprechende Maßnahmen vor Ort gemindert werden kann, auf einer Fläche aus dem städtischen Ersatzflächenpool von ca. 6,83 ha am „O.weg" auszugleichen. In Anbetracht dessen, dass die Antragsgegnerin Eigentümerin der Flächen ist und anderweitige tatsächliche Hindernisse nicht erkennbar sind, kann auch nicht davon ausgegangen werden, dass die Realisierung der Ausgleichsmaßnahmen noch völlig offen ist (vgl. dazu BVerwG, Urteil v. 19. 9. 2002 – 4 CN 1.02 –, BRS 65 Nr. 20 = BauR 2003, 209; Nds. OVG, Urteile v. 14. 9. 2000 – 1 K 5414/98 –, BRS 63 Nr. 66, und v. 22. 3. 2001 – 1 K 2294/99 –, BRS 64 Nr. 9 = BauR 2001, 1542).

Ein Abwägungsmangel liegt schließlich nicht im Hinblick auf die Ausweisung eines Spielplatzes Typ C in der Parkanlage etwa 30 m nördlich des Grundstücks der Antragstellerin vor. Dies gilt auch vor dem Hintergrund, dass rund 200 m nördlich des Plangebiets ein mehr als 3.000 m² großer Spielbereich Typ B hergestellt worden ist. Der geplante Spielplatz Typ C soll Kleinkinder und jüngere Kinder bedienen. Die Antragsgegnerin beabsichtigt damit, ein kinder- und familiengerechtes Wohnangebot zu schaffen Die Lage des Spielplatzes im Plangebiet ermöglicht eine (weitgehend) gefahrlose Erreichbarkeit der Spielflächen. Beim Aufsuchen des nördlich des Plangebiets gelegenen Spielplatzes wären hingegen weitere Straßen zu queren. Sicherheitsaspekte waren nach dem Inhalt der Planbegründung neben der Aufenthaltsqualität und Kontrollmöglichkeiten bei der Wahl des Standortes ausschlaggebend.

Nr. 27

Will eine Gemeinde durch Bebauungsplan ein Sondergebiet für ein Einkaufszentrum mit 70 000 m² Verkaufsfläche nahe der Stadtgrenze zu einer Nachbargemeinde festsetzen, in deren Innenstadt ca. 62 000 m² Verkaufsfläche vorhanden sind, hat sie die städtebaulichen Konsequenzen ihrer Planung im Hinblick auf die verbrauchernahe Versorgung der Bevölkerung in der Nachbargemeinde und im Hinblick auf deren Zentrenstruktur abzuwägen.

Die Abwägung der städtebaulichen Konsequenzen für die Nachbargemeinde ist auch dann nicht entbehrlich, wenn der Bebauungsplan einen Bereich erfaßt, in dem nach § 34 Abs. 1 BauGB a. F. auf Grund der faktischen Gegebenheiten ein Anspruch auf Genehmigung entsprechender (weiterer) Einzelhandelsnutzungen bestand. In die Abwägung können zum Schutz der Nachbargemeinde durch den Bebauungsplan festzusetzende Sortimentsbeschränkungen einzubeziehen sein, und zwar auch dann, wenn die Gemeinde Planschadensersatzansprüche befürchtet.

BauGB §§ 1 Abs. 4, Abs. 6 a. F., Abs. 7 n. F., 2 Abs. 2, 34 Abs. 1 a. F., 42 Abs. 2, Abs. 3; BauNVO § 11 Abs. 3; LEPro NRW § 24 Abs. 3.

OVG Nordrhein-Westfalen, Urteil vom 25. August 2005 – 7 D 2/05.NE – (rechtskräftig).

Nr. 27

Die Antragstellerin ist eine Stadt mit ca. 86 000 Einwohnern. Im Süden des Stadtgebiets grenzt der Bereich der Antragsgegnerin an. Die Antragsgegnerin hat fast 40 000 Einwohner. Die Antragstellerin wandte sich mit dem Normenkontrollantrag gegen den Bebauungsplan „Sondergebiet Einkaufszentrum" der Antragsgegnerin. Das vom Bebauungsplan überplante, tatsächlich überwiegend bebaute Gebiet liegt unweit der gemeinsamen Stadtgrenze von Antragstellerin und Antragsgegnerin in einer Entfernung zum Stadtzentrum der Antragstellerin von etwa 4 km.

Das vom Bebauungsplan erfaßte Gebiet ist ca. 15 ha groß. Die Verkaufsfläche der dort vorhandenen Einzelhandelsbetriebe ermittelte die Antragsgegnerin mit rund 62 000 m². Der Bebauungsplan gibt ein Sondergebiet mit der Zweckbestimmung „Einkaufszentrum" vor. Ausweislich der textlichen Festsetzungen darf die Verkaufsfläche aller Einzelhandelsbetriebe insgesamt 70 000 m² nicht überschreiten. Die textlichen Festsetzungen geben folgende Nutzungen an, die im Sondergebiet zulässig sind: großflächige Möbelmärkte, großflächige Bau- und Gartenmärkte, Einzelhandelsbetriebe, sonstige großflächige Einzelhandelsbetriebe, Geschäfts-, Büro- und Verwaltungsgebäude, Tankstellen, Schank- und Speisewirtschaften, Vergnügungsstätten bis max. 200 m² Nutzfläche, Anlagen für Verwaltungen sowie kirchliche, kulturelle, soziale, gesundheitliche und sportliche Zwecke, sonstige nicht wesentlich störende Gewerbebetriebe, die auf Grund ihrer Emissionen in einem Abstand bis 100 m zur Wohnbebauung zulässig sind, Wohnungen für Aufsichts- und Bereitschaftspersonen sowie für Betriebsinhaber und Betriebsleiter. Als nicht zulässig sind Wohngebäude und Betriebe des Beherbergungsgewerbes genannt.

Der Normenkontrollantrag hatte Erfolg.

Aus den Gründen:

Der Bebauungsplan ist mit den Anforderungen des Abwägungsgebots in ihrer Ausprägung durch das interkommunale Abstimmungsgebot nicht vereinbar.

Befinden sich benachbarte Gemeinden objektiv in einer Konkurrenzsituation, so darf keine von ihrer Planungshoheit rücksichtslos zum Nachteil der anderen Gebrauch machen. Der Gesetzgeber bringt dies in § 2 Abs. 2 BauGB unmißverständlich zum Ausdruck. Diese Bestimmung verleiht dem Interesse der Nachbargemeinde, vor Nachteilen bewahrt zu werden, besonderes Gewicht. Das Gebot, die Bauleitpläne benachbarter Gemeinde aufeinander abzustimmen, ist als gesetzliche Ausformung des in Art. 28 Abs. 2 Satz 1 GG gewährleisteten gemeindlichen Selbstverwaltungsrechts zu verstehen. § 2 Abs. 2 BauGB liegt die Vorstellung zugrunde, daß benachbarte Gemeinden sich mit ihrer Planungsbefugnis im Verhältnis der Gleichordnung gegenüberstehen. Die Vorschrift verlangt einen Interessenausgleich zwischen diesen Gemeinden und fordert dazu eine Koordination der gemeindlichen Belange. Die Nachbargemeinde kann sich unabhängig davon, welche planerischen Absichten sie für ihr Gebiet verfolgt oder bereits umgesetzt hat, gegen unmittelbare Auswirkungen gewichtiger Art auf dem benachbarten Gemeindegebiet zur Wehr setzen. Rein wettbewerbliche bzw. wirtschaftliche Auswirkungen reichen hierfür allerdings nicht aus. Das interkommunale Abstimmungsgebot schützt nicht den in der Nachbargemeinde vorhandenen Einzelhandel vor Konkurrenz, sondern nur die Nachbargemeinde als Selbstverwaltungskörperschaft und Trägerin eigener Planungshoheit. Die befürchteten Auswirkungen müssen sich folglich auf die städtebauliche Ordnung und Entwicklung in der Nachbargemeinde beziehen (vgl. BVerwG, Urteil v. 1. 8. 2002 – 4 C 5.01 –, BRS 65 Nr. 10 = BauR 2003, 55).

Städtebauliche Konsequenzen einer Planung zeigen sich etwa dann, wenn eine Schädigung des Einzelhandels in der Nachbargemeinde die verbrauchernahe Versorgung der dortigen Bevölkerung in Frage stellt oder die Zentrenstruktur der Nachbargemeinde nachteilig verändert wird. Im Zusammenhang mit der Planung von Einzelhandelsprojekten kann insoweit der Abfluß bislang in der Nachbargemeinde absorbierter Kaufkraft einen wesentlichen Indikator darstellen. Der Kaufkraftabfluß ist typischerweise die Kenngröße, anhand derer die Intensität der Belastung der Nachbarkommune ermittelt werden kann. Allerdings handelt es sich bei dem Kriterium „Kaufkraftabfluß" zunächst um eine wirtschaftliche Bezugsgröße, deren städtebauliche Bedeutung sich erst bei Überschreiten der städtebaulichen Relevanzschwelle ergibt. Nichts anderes gilt für den Umstand, daß sich das wirtschaftliche Umfeld des Einzelhandels in der Nachbargemeinde verändert und sich dessen Konkurrenzsituation verschlechtert. Überschritten ist die städtebauliche Relevanzschwelle erst dann, wenn ein Umschlag von rein wirtschaftlichen zu städtebaulichen Auswirkungen stattfinden droht (vgl. BVerwG, Urteil v. 1. 8. 2002 – 4 C 5.01–, a. a. O.).

Im vorliegenden Fall bestehen schwerwiegende Anhaltspunkte für derartige Auswirkungen. Dies ergibt sich bereits unmittelbar aus der Bebauungsplanungsbegründung. Denn danach hat das nach Einschätzung der Antragsgegnerin vorhandene faktische Einkaufszentrum bereits zu einer erheblichen Schwächung der Einzelhandelsstruktur der Innenstadt der Antragstellerin geführt (Bebauungsplanbegründung S. 5). Derartige Gegebenheiten drängen sich im übrigen angesichts der Umstände auf, daß das vorhandene Einkaufszentrum eine Verkaufsfläche von rund 62 000 m^2 und damit eine Verkaufsfläche in der Größenordnung der gesamten Verkaufsfläche der Innenstadt der Antragsstellerin aufweist und zudem unmittelbar nahe der Stadtgrenze errichtet ist. Der Einwand der Antragsgegnerin, es sei unklar, welche Bereiche die Antragstellerin der Innenstadt zuordne und wie sich dort die Verkaufsflächenzahl ermittele, geht von einem Ansatz aus, der nicht berücksichtigt, daß es ihr als der planenden Gemeinde oblegen hat, die für die Abwägung bedeutsamen Umstände zu ermitteln. Die Planungshoheit entbindet die Antragsgegnerin nicht von einer den Anforderungen des § 1 Abs. 6 BauGB (nunmehr § 1 Abs. 7 BauGB n. F.) genügenden Abwägung. Hätte die Antragstellerin tatsächlich Zweifel gehabt, ob die Innenstadt der Antragsgegnerin durch die Bebauungsplanung nachhaltig beeinträchtigt werden kann, weil es keinen entsprechend abgrenzbaren Innenstadtbereich gebe oder dort keine Einzelhandelsstrukturen vorhanden seien, die in erheblichem Umfang beeinträchtigt werden könnten, hätte es ihr oblegen, bei der Antragstellerin um ergänzende Angaben nachzusuchen. Im übrigen spricht wenig für die Annahme, der Antragsgegnerin wären die Stadtstrukturen der Nachbarstadt nicht bekannt. Die Innenstadt der Antragstellerin entspricht in ihrer Lage der ehemaligen mittelalterlichen Stadt, die von den Straßen ... ringförmig umschlossen wird. Daß dort rund 61 000 m^2 Verkaufsfläche 1996 vorhanden waren, hat die Einzelhandelsstrukturuntersuchung der Antragstellerin aus Februar 1997 aufgezeigt. Daß sich hieran bis zum Zeitpunkt des Beschlusses über den Bebauungsplan Wesentliches geändert hätte, ist nicht ersichtlich.

Letztlich kommt es auf weitere Einzelheiten insoweit aber auch gar nicht an, denn die Antragsgegnerin ist – wie ausgeführt – ausweislich der Bebauungsplanbegründung selbst davon ausgegangen, daß schon das faktisch vorhandene Einkaufszentrum zu einer erheblichen Schwächung der Einzelhandelsstruktur der Innenstadt der Antragstellerin geführt hat, also von entsprechenden Auswirkungen ist. Diese Auswirkungen durfte die Antragsgegnerin bei der Ermittlung der von der Bebauungsplanung berührten Belange nicht deshalb gewissermaßen außen vor lassen, weil sich auf Grundlage des Bebauungsplans keine beachtlichen zusätzlichen Auswirkungen ergeben könnten. Das Gegenteil ist der Fall.

Der Bebauungsplan beschränkt sich nicht darauf, eine bauliche Erweiterung um ca. 10% der Verkaufsflächen zuzulassen, sondern ermöglicht auf der gesamten Nutzungsfläche, die er anhand der Verkaufsflächen beschreibt, ein Nutzungsspektrum, das über das tatsächliche Nutzungsspektrum im Zeitpunkt des Satzungsbeschlusses weit hinausreicht, namentlich eine Nutzungsentwicklung zuläßt, die deutlich gravierendere Auswirkungen auf die Innenstadtstruktur der Antragstellerin haben kann, als dies gegenwärtig der Fall ist. Diese Gegebenheiten ergeben sich offenkundig bereits auf Grund der in der Bebauungsplanbegründung wiedergegebenen Nutzungsstrukturen. Ein namhafter Teil der Nutzungen entfällt auf solche Nutzungen, die nicht oder nur bedingt für die Nutzungsstrukturen der angrenzenden Innenstadtlage der Antragsgegnerin von Bedeutung sind. (Wird ausgeführt.)

Der Einwand der Antragsgegnerin, auch ohne Bebauungsplan wären entsprechende Nutzungsänderungen rechtlich zulässig gewesen, verfängt nicht. Um eine sachgerechte Abwägung überhaupt erst zu ermöglichen, hatte die Antragsgegnerin die in die Abwägung einzustellenden Belange zunächst zutreffend zu ermitteln und zu bewerten. Erst wenn die Antragsgegnerin der Frage nachgegangen wäre, wie sich die tatsächlich gegebene Situation, die durch die im Plangebiet vorhandenen Einzelhandelsbetriebe geprägt wurde, auf Grundlage der durch den Bebauungsplan als zulässig bestimmten Nutzungsmöglichkeiten auch im Hinblick auf ihre Auswirkungen auf die Nachbarstadt ändern kann, wäre ihr die weitere Abwägung auf hinreichend sicherer Grundlage möglich gewesen, ob sie es eben nicht bei einer Planung beläßt, die die noch nicht eingetretenen Nutzungsänderungen weiterhin ermöglicht oder diese beschränkt.

Darüber hinaus kann entgegen der pauschalen Einschätzung der Antragsgegnerin eine Erweiterung der vorhandenen Verkaufsflächen um etwa 10% zu einer weiteren Schwächung der Einzelhandelsstruktur der Antragstellerin führen. Beispielsweise hätte die Antragsgegnerin in Rechnung stellen müssen, daß bislang geschwächte, aber gerade noch überlebensfähige Einzelhandelsbetriebe durch eine Ausweitung des Nutzungsmaßes im Bereich des Einkaufszentrums die gerade noch bestehende wirtschaftliche Leistungsfähigkeit verlieren können. Ermittlungen, ob dies tatsächlich der Fall ist, hat die Antragsgegnerin unterlassen.

Irgendwelche Ermittlungen, ob solche Entwicklungen zu befürchten sind, die die verbrauchernahe Versorgung der Bevölkerung in der Nachbarstadt oder die Entwicklung ihrer zentralen Versorgungsbereiche gefährden könnten, hat die Antragsgegnerin unterlassen, obwohl u. a. von der Antragstellerin im Planaufstellungsverfahren die Einholung eines Marktgutachtens angemahnt worden ist. Es besteht zwar, wie die Antragsgegnerin zutreffend ausführt, keine gesetzliche Verpflichtung zur Einholung eines Gutachtens. Die Antragsgegnerin hat es jedoch unterlassen, das zur sachgerechten Abwägung erforderliche Abwägungsmaterial zusammenzutragen. Konnte sie sich nicht auf andere Weise eine hinreichende Abwägungsgrundlage schaffen, oblag es allerdings ihr – und nicht etwa der Antragstellerin –, sich ggf. auch gutachterlicher Hilfe zu bedienen.

Die Abwägung der Antragsgegnerin ist ferner insoweit fehlerhaft, als sie schon nicht ermittelt hat, in welchem Umfang tatsächlich ausgeübte Einzelhandelsnutzungen durch Bebauungsplanfestsetzungen auf den Bestand festgeschrieben werden konnten, ohne Planschadensersatzansprüche befürchten zu müssen, und – wenn eine Festsetzung auf den Bestand ohne Ersatzanspruch für einige Bereiche des Plangebiets nicht in Betracht zu ziehen gewesen sein sollten – in welcher Höhe mit einem Planschadensersatzanspruch denn überhaupt zu rechnen war. Auch wenn in dem überplanten Gebiet die bislang vorhandenen baulichen Nutzungen einem faktischen Einkaufszentrum entsprochen haben mögen, hinderte dies nicht, die baulichen Nutzungen entsprechend den tatsächlichen Gegebenheiten (Flächenaufteilung für die jeweiligen Sortimente in Übereinstimmung mit den jeweils erteilten Baugenehmigungen) auf das vorhandene Maß zu beschränken. Zwar wäre eine Nutzungsänderung im Hinblick wohl auch auf den Verkauf solcher Sortimente zulässig gewesen, die in bestimmten Bereichen nicht angeboten wurden. Die Beschränkung zulässiger Nutzungsänderungen kann jedoch nur dann zu einem (eine Bebauungsplanung etwaig faktisch beeinträchtigenden oder gar hindernden) Planungsschaden führen, wenn sie innerhalb von sieben Jahren ab Zulässigkeit der Nutzungsänderung erfolgt (vgl. § 42 Abs. 2 BauGB). Spätestens 1984 bestanden jedoch Nutzungsänderungsmöglichkeiten für große Gebietsteile. Dies belegt die Entscheidung des 11. Senats des OVG NRW vom 9. 2. 1988 – 11 B 2505/87 –. Ob für andere Teilbereiche des Bebauungsplangebiets erst später und erst sieben Jahre vor dem Satzungsbeschluß entsprechende Nutzungsmöglichkeiten eröffnet wurden, bedarf keiner näheren Betrachtung. Jedenfalls für wesentliche Bereiche des Bebauungsplangebiets bestand keine bauliche Entwicklung, deren Festschreibung für die Antragsgegnerin die Befürchtung begründet hätte, einem Planschadensersatzanspruch ausgesetzt zu werden. Ferner hat die Antragsgegnerin jede Ermittlung in dieser Richtung unterlassen. Schließlich kann sich eine aus der wechselseitigen kommunalen Rücksichtnahmeverpflichtung abgeleitete Planungspflicht gerade auch in solchen Fallkonstellationen ergeben, in denen eine Gemeinde durch bewußte planerische Untätigkeit eine weitere Schädigung der Nachbargemeinde in Kauf nimmt, um möglicherweise drohenden Ersatzansprüchen wegen Planungsschäden zu entgehen (so BVerwG, Urteil v. 17. 9. 2003 – 4 C 14.01 –, BRS 66 Nr. 1 = BauR 2004, 443).

Unbehelflich ist schließlich der Vortrag der Antragsgegnerin und auch der Beigeladenen, die Antragstellerin selbst schütze ihre Innenstadt nicht; sie behauptet noch nicht einmal, die zwischenzeitlich genehmigten Einzelhandelsnutzungen hätten (im maßgebenden Zeitpunkt des Satzungsbeschlusses) zu Beeinträchtigungen der verbrauchernahen Versorgung der Bevölkerung in der Nachbarstadt oder zu einer Gefährdung der Entwicklung ihrer zentralen Versorgungsbereiche geführt. Darauf kommt es auch schon deshalb nicht an, weil die Antragsgegnerin in ihrer Abwägung auf eine solche Entwicklung nicht abgehoben hat. Ohnehin würde eine gewissermaßen hausgemachte Beeinträchtigung der eigenen Versorgungsstrukturen die Nachbargemeinde nicht berechtigen, die Situation einschränkungs- und abwägungslos zu verschärfen.

Da die Antragsgegnerin die für eine sachgerechte Abwägung erheblichen Belange schon nicht in ausreichendem Maße ermittelt hat, war ihr eine sachgemäße Bewertung der Belange namentlich der Antragstellerin nicht möglich. Eine Gewichtung der Belange hat der Sache nach in wesentlichen Punkten allenfalls formal, nicht aber unter Berücksichtigung des Gewichts der Belange stattgefunden (Abwägungsausfall). Ohne Abschätzung, in welcher Höhe Planschadensersatzansprüche konkret zu erwarten waren und welche Folgen die Planung für die verbrauchernahe Versorgung der Bevölkerung in der Nachbarstadt sowie die Entwicklung ihrer zentralen Versorgungsbereiche haben kann, konnte bereits nicht eingeschätzt werden, ob eine nicht mit einer (teilweisen) Sortimentsbeschränkung verbundene Überplanung des vorhandenen Bestands von hinreichend gewichtigen Belangen getragen war. Daß ein etwaiger Planschadensersatzanspruch (ungeachtet seiner konkreten Höhe) keine absolut vorrangige Bedeutung gegenüber den zu berücksichtigenden Interessen der Nachbargemeinde hat, ist oben bereits ausgeführt.

Die Mängel der Ermittlung und Bewertung des Abwägungsmaterials hätten der Antragsgegnerin bekannt sein müssen. U.a. die Antragstellerin hat auf die Notwendigkeit hingewiesen, zur sachgerechten Abwägung ein Gutachten einzuholen. Der Mangel der Ermittlung und Bewertung des Abwägungsmaterials ist offensichtlich und auf das Abwägungsergebnis von Einfluß gewesen. Dies gilt auch für die Mängel der (der Sache nach unterbliebenen) Gewichtung der von der Planung betroffenen Belange der Antragstellerin. Bei fehlerfreier Abwägung hätten andere Bebauungsplanfestsetzungen in Betracht zu ziehen gewesen sein können. Auch insoweit ist darauf zu verweisen, daß die Antragstellerin bereits im Bebauungsplanverfahren darauf hingewiesen hat, es könne eine den Bestand sichernde Bebauungsplanung unter Begrenzung nicht nur der Verkaufsflächen, sondern auch der Warensortimente in Betracht zu ziehen sein.

Es bedarf nach alledem keiner Entscheidung, ob der Bebauungsplan auch gegen Ziele der Raumordnung verstößt (vgl. § 1 Abs. 4 BauGB). Insbesondere ist nicht entscheidungserheblich, ob § 24 Abs. 3 LEPro NRW auch unter Berücksichtigung der Entscheidungen des BVerwG (BVerwG v. 15. 4. 2003 – 4 BN 25.03 –, BRS 66 Nr. 7, vom 17. 9. 2003 – 4 C 14.01 –, a. a. O., und vom 18. 9. 2003 – 4 CN 20.02 –, BRS 66 Nr. 5), als Ziel der Raumordnung anzusehen ist (vgl. OVG NRW, Urteil v. 7. 12. 2000 – 7a D 60/99.NE –, BRS 63 Nr. 34 = BauR 2001, 1054; Urteile v. 6. 6. 2005 – u. a. 10 D 145/04.NE –, BauR 2005, 1577), und ob der Bebauungsplan der Antragsgegnerin den sich aus § 24 Abs. 3 LEPro NRW etwaig ergebenden Bindungen genügt.

Nr. 28

Sollen in einem Sondergebiet für großflächigen Einzelhandel und Gewerbe zentren- und nahversorgungsrelevante Sortimente ausgeschlossen werden, bedarf es einer individuellen Betrachtung der jeweiligen örtlichen Situation. Die bloße Übernahme der Anlage zum Einzelhandelserlass des Wirtschaftsministeriums vom 21.2.2001 (GABl., 290) als textliche Festsetzung ohne Untersuchung des vorhandenen Angebotsbestands genügt diesen Anforderungen nicht.

BauGB § 1 Abs. 7; BauNVO §§ 8 Abs. 2 Nr. 1, 11 Abs. 2.

VGH Baden-Württemberg, Urteil vom 2. Mai 2005 – 8 S 1848/04 – (rechtskräftig).

(VG Sigmaringen)

Die Klägerin erstrebt einen Bauvorbescheid über die bauplanungsrechtliche Zulässigkeit des Umbaus eines bestehenden Baumarktes in einen Elektrofachmarkt sowie des Neubaus eines Lebensmitteldiscount- und Getränkemarktes.

Aus den Gründen:

2. Beide Fassungen der Änderungsplanung und damit auch die zuletzt am 13.7.2004 mit Rückwirkung zum 17.7.2003 beschlossene sind wegen Abwägungsausfalls unwirksam. Denn die Verbandsversammlung des Beigeladenen hat die Auflistung der zentrenrelevanten und nahversorgungsrelevanten Sortimente der Anlage zum Einzelhandelserlass des Wirtschaftsministeriums vom 21.2.2001 in Nr. 1.1.2 der textlichen Festsetzungen ohne weitere auf das Verbandsgebiet oder das Gebiet der Beklagten bezogene Erwägungen übernommen und alle dort aufgeführten Sortimente bzw. Sortimentsgruppen im Geltungsbereich des Änderungsbebauungsplans für unzulässig erklärt. Ausnahmen sind nur bei Betriebsverlagerungen möglich. Eigene Erhebungen hat der Verband nicht vorgenommen, es werden auch keine Erhebungen seitens der Stadt U. oder eines Fachgutachters erwähnt. Darüber hinaus ist weder den Sitzungsniederschriften noch den Sitzungsvorlagen irgendeine wie auch immer geartete Abwägung etwa der für und gegen einen Ausschluss einzelner Sortimente oder Sortimentsgruppen sprechenden Belange zu entnehmen.

Eine gerechte Abwägung erfordert aber eine individuelle Betrachtung der jeweiligen örtlichen Situation, wenn zum Schutz etwa des Innenstadtbereichs bestimmte Warensortimente an nicht integrierten Standorten ausgeschlossen werden sollen; dies gilt umso mehr, wenn – wie im vorliegenden Fall – jeglicher Handel mit den angeführten Sortimenten ausgeschlossen werden soll (OVG NW, Urteil v. 3.6.2002 – 7a D 92/99.NE –, BRS 65 Nr. 38). Nichts anderes folgt im Übrigen aus dem die Anlage zum Einzelhandelserlass einleitenden Satz: „Anhaltspunkte für die Zentrenrelevanz von Einzelhandelssortimenten ergeben sich aus dem vorhandenen Angebotsbestand in den gewachsenen Zentren i. V. m. städtebaulichen Kriterien". Dies setzt voraus, dass der „vorhandene Angebotsbestand" ermittelt wird.

Die Beklagte bzw. der Verband können sich auch nicht mit Erfolg darauf berufen, die entsprechenden Erhebungen seien im Rahmen der städtebaulichen Rahmenplanung „Nördliche Weststadt", die in der Begründung des Bebauungsplans erwähnt wird, angestellt worden. Denn zum einen handelt es sich dabei um einen Rahmenplan der Stadt, nicht des Stadtentwicklungsverbandes, und den Bebauungsplanakten ist nicht zu entnehmen, dass die Mitglieder der Verbandsversammlung über diese Rahmenplanung und ihre Grundlage informiert worden wären. Zum anderen ist darin die B.-Straße gerade als Standort für großflächigen Einzelhandel und Gewerbe festgelegt. „Erklärtes Entwicklungsziel" dieses Rahmenplans sei – so die Begründung der Bebauungsplanänderung unter Nr. 3.1 – die Bestandssicherung und die Ermöglichung zur Betriebserweiterung/Erneuerung bestehender gewerblicher Nutzungen sowie die Umstrukturierung des stadtintegrierten Standorts als Entwicklungsschwerpunkt für großflächigen Einzelhandel und Großhandel und somit die Sicherung des Einzelhandelsstandorts U. in der Region. Wenn das Plangebiet sonach aber in die städtische Einzelhandelsstruktur integriert ist, können in ihm angebotene Warensortimente nicht zentrenschädlich sein. Dies alles spricht für das Vorhaben der Klägerin.

Ferner heißt es unter Nr. 4.2.7 des Einzelhandelserlasses zur Erforderlichkeit einer entsprechenden Bauleitplanung: „Der Nachweis der Erforderlichkeit der Planung muss deren mögliche Auswirkungen i. S. des § 11 Abs. 3 BauNVO, insbesondere auf die infrastrukturelle Ausstattung der vorhandenen Zentren und Nebenzentren sowohl der planenden als auch der Nachbargemeinden, erkennen lassen." Ein solcher Nachweis fehlt hier.

Schließlich weist der Einzelhandelserlass im Hinblick auf die Festsetzung von Sondergebieten ausdrücklich darauf hin, dass die Zweckbestimmung speziell festgesetzt werden muss (Nr. 4.2.3.2). Hierfür genügt die Angabe „Sondergebiet für großflächige Einzelhandelsbetriebe" nicht. Vielmehr ist die Festsetzung der Art der Nutzung, d. h. der einzeln aufzuführenden zulässigen Anlagen, unerlässlich. Auch dies fehlt hier, denn es wird nicht beschrieben, was zulässig sein soll, sondern nur aufgelistet, welche Sortimente unzulässig sein sollen. Darüber hinaus wird auch der letzte Absatz der Anlage zum Einzelhandelserlass des Wirtschaftsministeriums vom 21.2.2001 in unveränderter Form in die textlichen Festsetzungen der Planänderung übernommen. In ihm werden Sortimente aufgeführt, die „i. d. R." zentrenrelevant sind. Den Bebauungsplanunterlagen lässt sich aber nicht entnehmen, ob und ggf. warum diese Regelvermutung für das Plangebiet „B.-Straße" Anwendung finden soll.

Nach allem sind die Bebauungsplanänderungen vom 8.7.2003 und 13.7.2004 mit der Folge unwirksam, dass sie der positiven Bescheidung der Bauvoranfrage der Klägerin nicht entgegenstehen können. Auf der Grundlage des danach weiterhin anwendbaren Bebauungsplans „B.-Straße" von 1965 i. V. m. §8 der BauNVO i. d. F. vom 26.6.1962 hat die Klägerin aber einen Anspruch auf die erstrebte Bauungsgenehmigung.

Nr. 29

1. Die Versorgungsfunktion der Innenstadt einschließlich ihrer Funktion als Treffpunkt und Aufenthaltsbereich und damit ihre Attraktion zu schützen, ist legitime Zielsetzung einer Gemeinde bei ihrer Bauleitplanung.

2. Der Ausschluss innenstadtrelevanter Sortimente für Einzelhandel in Gewerbe- und Mischgebieten ist auch hinsichtlich solcher Sortimente gerechtfertigt, die im Zentrum noch gar nicht vertreten sind.

BauGB § 1 Abs. 3, 5 Satz 2; BauNVO §§ 1 Abs. 5 u. 9, 8.

OVG Nordrhein-Westfalen, Urteil vom 13. Mai 2004 – 7a D 30/03.NE – (rechtskräftig).

Die Antragsteller wandten sich im Normenkontrollverfahren gegen einen Bebauungsplan, der entgegen seiner Ursprungsfassung einen weitgehenden Ausschluss von Einzelhandel mit innenstadtrelevanten Sortimenten festsetzt. Der Antrag, den Bebauungsplan für nichtig, hilfsweise für unwirksam zu erklären, blieb erfolglos.

Aus den Gründen:

Der Bebauungsplan ist städtebaulich gerechtfertigt i. S. von § 1 Abs. 3 BauGB.

Was i. S. von § 1 Abs. 3 BauGB erforderlich ist, bestimmt sich nach der jeweiligen planerischen Konzeption der Gemeinde. Welche städtebaulichen Ziele die Gemeinde sich setzt, liegt in ihrem planerischen Ermessen. Der Gesetzgeber ermächtigt sie, die Städtebaupolitik zu betreiben, die ihren städtebaulichen Ordnungsvorstellungen entspricht. Nicht erforderlich i. S. des § 1 Abs. 3 BauGB sind nur solche Bauleitpläne, die einer positiven Planungskonzeption entbehren und ersichtlich der Förderung von Zielen dienen, für deren Verwirklichung die Planungsinstrumente des Baugesetzbuchs nicht bestimmt sind. Davon ist beispielsweise auszugehen, wenn eine planerische Festsetzung lediglich dazu dient, private Interessen zu befriedigen oder eine positive städtebauliche Zielsetzung nur vorgeschoben wird (vgl. BVerwG, Beschluss v. 11. 5. 1999 – 4 BN 15.99 –, BRS 62 Nr. 19).

Dafür, welche öffentlichen Belange eine Bauleitplanung städtebaulich rechtfertigen können, enthält § 1 Abs. 5 Satz 2 BauGB eine beispielhafte, nicht abschließende Auflistung. Vorliegend lassen sich die angeführten städtebaulichen Zielsetzungen der Antragsgegnerin ohne weiteres auf mehrere der in § 1 Abs. 5 Satz 2 BauGB angeführten Belange zurückführen.

Nach der Planbegründung hatte bereits der Bebauungsplan in seiner Ursprungsfassung insbesondere durch den grundsätzlichen Einzel- und Großhandelsausschluss in den Misch- und eingeschränkten Gewerbegebieten das Ziel, die Einzelhandelskonzentration im Plangebiet so weit einzuschränken, dass die gewachsenen Stadtzentren in ihrer Versorgungsfunktion und die Aufwertung der Stadtmitte W. durch städtebauliche Umgestaltung nicht gefährdet werden. Dieses Ziel ist insoweit nicht erreicht worden, als sich auf der Grundlage der Ausnahmeregelung für Einzelhandel i. V. m. Handwerksbetrieben in der Praxis auch Einzelhandelsbetriebe (mit zentrenrelevanten Sortimenten) angesiedelt haben, auch wenn die handwerklichen Leistungen nur in geringem Umfang erbracht wurden; diese tatsächliche Entwicklung geben die Antragsteller ebenfalls wieder, indem sie auf die Entwicklung des intensiven Handwerkshandels (ohne Sortimentsbeschränkung) verweisen.

Die 5. Änderung hält an dem bereits mit dem Bebauungsplan in seiner Ursprungsfassung verfolgten Ziel fest und will es darüber hinaus nunmehr auch effektiv durchsetzen. Es soll u. a. sichergestellt werden, dass der bisherige Ausschluss von Einzelhandel für zentren- und nahversorgungsrelevanten Einzelhandel nicht mehr – wie in der Vergangenheit – „leicht zu unterwandern" ist und „häufig ins Leere" läuft. Gleichzeitig werden jedoch im Interesse der Grundstückseigentümer zusätzliche Handelsnutzungen, die mit dem vorgenannten Ziel zu vereinbaren sind, zugelassen. Namentlich sollen – in den GE(N)-Gebieten – die Nutzungsmöglichkeiten auf Einzelhandel mit nicht zentren- und nahversorgungsrelevanten Hauptsortimenten sowie alle Randsortimente erweitert werden, um Leerstand zu vermeiden und „die Entwicklung von ungenutzten Flächen zu forcieren". In den Gewerbegebieten mit eingeschränkter Nutzung soll nur noch „Einzelhandel, der typischerweise einer städtebaulichen Integration bedarf und zentrenrelevant (zentrenschädlich) ist, ausgeschlossen" werden (bzw. bleiben). Durch die Einschränkung (gemeint: Den Ausschluss) der innenstadtschädlichen und nahversorgungsrelevanten Sortimente in den GE(N)-Gebieten soll „die Funktion der Innenstadt als belebtes Einkaufszentrum, Treffpunkt und Aufenthaltsbereich gestärkt werden". Die Expansionsmöglichkeiten für Einzelhandel mit zentren- und nahversorgungsrelevanten Sortimenten soll in den bisherigen uneingeschränkten Gewerbegebieten angesichts der dortigen Einzelhandelsentwicklung, „der beabsichtigten Stärkung der Innenstadt W. durch erhebliche öffentliche Investitionen" und der vorliegenden Gutachten zur Einzelhandelsstruktur dabei nur insoweit beschränkt werden, als die als GE ausgewiesenen Gebiete verringert werden. Die Entwicklung der uneingeschränkten Gewerbegebiete zu einem „monostrukturierten Einzelhandelsbereich" mit Unternehmen, „die in ihrer Ausrichtung und Sortimentsstruktur gemäß Zentrenkonzept in den zentralen Versorgungsbereich am Standort W.-Mitte gehören würden", gefährde das Ziel der Stärkung der einzelnen Stadtteilzentren. Die Stadt W. habe sich zum Ziel gesetzt, mit hohen Investitionen die „Innenstadt zu attraktivieren" und aufzuwerten. Die „Entwicklung eines Gegenzentrums mit ähnlicher Sortimentsstruktur am Standort A. Kreuz" würde die Maßnahmen entwerten. Die Vielfalt der vorhandenen Einzelhandelsnutzungen in der Innenstadt soll erhalten und ausgebaut sowie weitere Einzelhandelsgeschäfte für die Innenstadt gewonnen werden, um einen „Branchenmix" in der Innenstadt zu erhalten und so auch einer Verödung der Innenstadt entgegenzuwirken.

Zusammenfassend will die Antragsgegnerin die Versorgungsfunktion der Innenstadt (bzw. der Stadtteilzentren) einschließlich deren Funktion als Treffpunkt und Aufenthaltsbereich und damit die Attraktivität der Innenstadt schützen und darüber hinaus ausbauen. Damit verfolgt die Antragsgegnerin legitime Zielsetzungen für eine verbindliche Bauleitplanung.

Die zentrale Zielsetzung einer Erhaltung der Attraktivität und Einzelhandelsfunktion der Innenstadt (– vgl. BVerwG, Beschluss v. 11.5.1999 – 4 BN 15.99 –, BRS 62 Nr. 19 –) ist von § 1 Abs. 5 Satz 2 Nr. 8 BauGB gedeckt. Diese Regelung, nach der bei der Aufstellung der Bauleitpläne u. a. „die Belange der Wirtschaft, auch ihrer mittelständischen Struktur im Interesse einer verbrauchernahen Versorgung der Bevölkerung", zu berücksichtigen sind, ist ein Beleg dafür, dass es dem Gesetzgeber ein wichtiges Anliegen ist, dem Interesse an gut erreichbaren und an den Bedürfnissen der Verbraucher orientierten Einzelhandelsbetrieben Rechnung zu tragen (vgl. OVG NRW, Urteil v. 22.4.2004 – 7a D 142/02.NE –, unter Hinweis auf BVerwG, Urteil v. 1.8.2002 – 4 C 5.01 –, BRS 65 Nr. 10).

Mit der verbrauchernahen Versorgung sind dabei Fragen der flächenmäßigen Zuordnung von Einkaufsmöglichkeiten und Dienstleistungsangeboten zu Wohnstandorten, der Sicherung der Vielfalt von Warenangeboten und Dienstleistungen an bestimmten Standorten sowie der räumlich ausgewogenen Verteilung des Waren- und Dienstleistungsangebots angesprochen (vgl. Gaentzsch, in: Berliner Kommentar zum BauGB, 3. Aufl. 2002, § 1 Rdnr. 68).

Letztlich geht es dabei um den Schutz und die Sicherung der Versorgung an integrierten, namentlich auch für die nicht motorisierte Bevölkerung möglichst gut erreichbaren Standorten. Nichts anderes soll mit dem strittigen Bebauungsplan erreicht werden, wenn dieser nach der oben wiedergegebenen Planbegründung darauf abzielt, in den GE(N)-Gebieten solche Hauptsortimente auszuschließen, die „typischerweise einer städtebaulichen Integration" bedürfen und deren Verkauf außerhalb des Zentrums zu einer Schädigung der Innenstadt sowie zur Bildung eines „Gegenzentrums" führen könnte.

Soweit die Antragsgegnerin über die bloße Erhaltung der Einzelhandelsfunktion der Innenstadt hinaus auch deren Stärkung und eine Verbesserung der Attraktivität der Innenstadt anstrebt, geht es nach den Ausführungen der Planbegründung zusätzlich darum, die mit demselben Zweck getätigten Investitionen nicht zu entwerten. Die unerwünschte weitere städtebauliche Entwicklung des Plangebiets hin zu einem „Gegenzentrum" würde die Funktion der Innenstadt als „belebtes Einkaufszentrum, Treffpunkt und Aufenthaltsbereich" gefährden. Diese Zielsetzung einer Stärkung der Attraktivität in diesem Sinne entspricht der Vorgabe des § 1 Abs. 5 Satz 2 Nr. 4 BauGB, wonach neben der Erhaltung auch die Fortentwicklung vorhandener Ortsteile bei der Aufstellung der Bauleitpläne zu berücksichtigen ist. Mit den positiv zu fördernden städtebaulichen Kriterien „Attraktivität", „belebtes Einkaufszentrum, Treffpunkt und Aufenthaltsbereich" sind darüber hinaus auch die in § 1 Abs. 5 Satz 2 Nr. 3 BauGB angeführten sozialen und im weitesten Sinne auch kulturellen Belange der Bevölkerung erfasst. Plastisch wird dies z. B. an dem allgemein verbreiteten Schlagwort „Erlebniseinkauf", das gerade die den sozialen Bedürfnissen der Bevölkerung Rechnung tragende Möglichkeit erfasst, in einem städtebaulich attraktiven, auch Möglichkeiten zum Verweilen und Kommunizieren bietenden Umfeld zugleich die Versorgungsbedürfnisse befriedigen zu können (vgl. grundlegend zur städtebaulichen Rechtfertigung der Stärkung einer Innenstadt: OVG NRW, Urteil v. 22.4.2004 – 7a D 142/02.NE –).

Städtebaulich gerechtfertigt ist auch der konkrete Ausschluss der in Nr. 4.3 der textlichen Festsetzungen aufgelisteten Sortimente des Einzelhandels in den GE(N)-Gebieten.

Anhaltspunkte für die Annahme, diese Festsetzungen seien untauglich, das von der Antragsgegnerin verfolgte planerische Ziel des Schutzes und der Stärkung der Innenstadt, insbesondere ihrer Einzelhandelsfunktion, zu erreichen (– vgl. BVerwG, Beschluss v. 17.7.2001 – 4 B 55.01 –, BRS 64 Nr. 29 –), sind weder vorgetragen noch ersichtlich. Insbesondere ist nichts dagegen zu erinnern, dass die Antragsgegnerin aus den in der Planbegründung dargelegten Gründen die bisher uneingeschränkten Gewerbegebiete nur zu etwas mehr als der Hälfte der Fläche nunmehr als GE(N)-Gebiete festgesetzt und die Ausschlussregelung von Nr. 4.3 der textlichen Festsetzungen nicht auf die verbleibenden, insgesamt höchstens ca. $40000\,\mathrm{m}^2$ großen GE-Gebiete erstreckt hat. Die Grundstücke in den fortbestehenden GE-Gebieten sind bereits, auch durch Einzelhandel mit zentrenrelevanten Sortimenten, weitgehend ausgenutzt, sodass nur eingeschränkt mit weiteren Ansiedlungen dieser Art gerechnet werden musste. ...

Die Ausschlussregelung in Nr. 4.3 der textlichen Festsetzungen ist gestützt auf § 1 Abs. 9 BauNVO. Nach dieser Vorschrift kann, wenn besondere städtebauliche Gründe dies rechtfertigen, u. a. bei Anwendung von Abs. 5 festgesetzt werden, dass nur bestimmte Arten der in den Baugebieten allgemein zulässigen baulichen Anlagen nicht zulässig sind oder nur ausnahmsweise zugelassen werden können. Nach § 1 Abs. 5 BauNVO kann im Bebauungsplan festgesetzt werden, dass bestimmte Arten von Nutzungen, die – vorliegend – nach § 8 BauNVO in einem Gewerbegebiet allgemein zulässig sind, nicht zulässig sind oder nur ausnahmsweise zugelassen werden können, sofern – wie hier – die allgemeine Zweckbestimmung des Baugebiets gewahrt bleibt.

§ 1 Abs. 9 BauNVO lässt auch Sortimentsbeschränkungen des Einzelhandels zu, wenn diese Differenzierung marktüblichen Gegebenheiten entspricht (vgl. BVerwG, Beschluss v. 4.10.2001 – 4 BN 45.01 –, BRS 64 Nr. 28).

Die hier gewählten Sortimentsbezeichnungen, die im Wesentlichen der Anlage 1 zum Einzelhandelserlass entnommen sind, entsprechen marktüblichen Gegebenheiten (vgl. OVG NRW, Urteil v. 22.4.2004 – 7a D 142/02.NE –).

Allerdings fordert eine Feindifferenzierung der zulässigen Art der baulichen Nutzung auf dieser Grundlage eine städtebauliche Begründung, die sich aus der jeweiligen konkreten Planungssituation ergeben muss und geeignet ist, die Abweichung vom normativen Regelfall der Baugebietsausweisung zu rechtfertigen. Das „besondere" an den städtebaulichen Gründen nach § 1 Abs. 9 BauNVO besteht dabei nicht darin, dass die Gründe von größerem oder im Verhältnis zu § 1 Abs. 5 BauNVO zusätzlichem Gewicht sein müssen. Mit „besonderen" städtebaulichen Gründen nach § 1 Abs. 9 BauNVO ist nur gemeint, dass es spezielle Gründe gerade für eine noch feinere Ausdifferenzierung der zulässigen Nutzung als nach den Abs. 5 bis 8 des § 1 BauNVO geben muss (vgl. BVerwG, Urteil v. 22.5.1987 – 4 C 77.84 –, BRS 47 Nr. 58).

Für Festsetzungen nach § 1 Abs. 9 BauNVO ist erforderlich, aber auch ausreichend, dass spezielle städtebauliche Gründe vorliegen (vgl. BVerwG, Urteil v. 30.6.1989 – 4 C 16.88 –, Buchholz 406.12 § 8 BauNVO Nr. 9 [insoweit nicht abgedruckt in BRS 49 Nr. 30]).

Demgemäß bedarf es einer individuellen Betrachtung der jeweiligen örtlichen Situation (vgl. OVG NRW, Urteil v. 3. 6. 2002 – 7a D 92/99.NE –, BRS 65 Nr. 38).

Aus dieser konkreten örtlichen Situation ist abzuleiten, weshalb der Ausschluss der gewählten Sortimente für die betroffenen Bereiche im Rahmen der planerischen Konzeption der Gemeinde einer geordneten städtebaulichen Entwicklung und damit legitimerweise der Verfolgung des Planziels (hier: Schutz, Stärkung und Erhöhung der Attraktivität der Innenstadt) dient.

Ob oder inwieweit es zur Beantwortung der Frage nach der städtebaulichen Erforderlichkeit eines festgesetzten Einzelhandelsausschlusses nach § 1 Abs. 9 i. V. m. Abs. 5 BauNVO mit dem Ziel, beispielsweise das Stadtzentrum zu schützen, in jedem Fall eines Nachweises durch ein Einzelhandelsgutachten bedarf, dass ohne den Ausschluss im Plangebiet diese Nutzungsarten an anderen Standorten gefährdet sind, bedarf vorliegend keiner Vertiefung (diese Frage verneinend: HessVGH, Urteil v. 18. 12. 2003 – 4 N 1372/01 –, JURIS-Dokumentation).

Jedenfalls hat die Antragsgegnerin im vorliegenden Fall ein entsprechendes Gutachten eingeholt, das sie zur städtebaulichen Begründung der Festsetzungen in Nr. 4 herangezogen hat. Im Übrigen will die Antragsgegnerin mit den textlichen Festsetzungen ihre Innenstadt und ihre Stadtteilzentren nicht nur vor einem weiteren Verlust an Attraktivität insbesondere durch Abwanderung von bestimmten Einzelhandelsnutzungen schützen, sondern – positiv – ihre Innenstadt in ihrer Versorgungsfunktion für innenstadtrelevante Sortimente ausbauen und stärken. Dazu sollen, gestützt auf ihr Einzelhandelskonzept und das Gutachten, diese Arten von Einzelhandel einschließlich Erweiterungen und Neuansiedlungen vor allem in der Innenstadt konzentriert werden. Im Plangebiet hingegen werden die uneingeschränkten Gewerbegebiete flächenmäßig erheblich verkleinert sowie der bisher vollständige grundsätzliche Ausschluss von Einzel- und Großhandel in den GE(N)-Gebieten aufgehoben und auf einen Ausschluss von Einzelhandel mit bestimmten innenstadttypischen Hauptsortimenten reduziert.

Gemessen an diesen Vorgaben und der Plankonzeption der Antragsgegnerin genügt der in Nr. 4.3 der textlichen Festsetzungen festgelegte Ausschluss bestimmter Einzelhandelssortimente in den Gewerbegebieten mit Nutzungsbeschränkungen den Anforderungen des § 1 Abs. 9 BauNVO.

Die Antragsgegnerin hat sich zur Gewährleistung des Planziels „Schutz und Stärkung der Einzelhandelsfunktion der Innenstadt" dazu entschlossen, den Ausschluss auf sämtliche 10 Sortimentsgruppen zu erstrecken, die nach Teil A der Anlage 1 zum Einzelhandelserlass 1996 als „zentrenrelevante Sortimentsgruppen gelten". Dieser Erlass nimmt allerdings nicht für sich in Anspruch, die Zentrenrelevanz bestimmter Sortimentsgruppen abschließend festzulegen. Vielmehr knüpft die Anlage 1 zum Einzelhandelserlass 1996 daran an, dass sich Anhaltspunkte für die Zentrenrelevanz aus dem vorhandenen Angebotsbestand in den gewachsenen Zentren i. V. m. städtebaulichen Kriterien ergeben (vgl. OVG NRW, Urteil v. 3. 6. 2002 – 7a D 92/99.NE –, BRS 65 Nr. 38).

Solche Anhaltspunkte sind in dem Gutachten, das Grundlage der Planungsentscheidung der Antragsgegnerin war, konkret ermittelt und dargestellt. Entgegen der Ansicht der Antragsteller bestehen gegen dessen Verwertung keine grundsätzlichen Bedenken. Insbesondere bedurfte es keiner erneuten, „zeitnahen" Untersuchung. Dies gilt bereits deshalb, weil das auf Erhebungen aus dem Jahre 1998 basierende Gutachten eine Prognose für das Jahr 2005 enthält. Das Aufstellungsverfahren begann formell im Jahre 2001 und war im April 2003 abgeschlossen. Zudem waren Vorarbeiten innerhalb der Verwaltung für ein Entwicklungskonzept für den Einzelhandel vorausgegangen, die in dem erstellten Gutachten Berücksichtigung fanden. Unabhängig hiervon sind keine Umstände dafür ersichtlich oder von den Antragstellern aufgezeigt, dass die tatsächliche Entwicklung bis zum Satzungsbeschluss in einem solchen Maße von den Feststellungen im Gutachten abgewichen ist, dass diese nicht zur Grundlage der Entscheidungen der Antragsgegnerin hätten gemacht werden dürfen. Ebenso wenig ist zu beanstanden, dass auslösender Anlass für das Gutachten eine mögliche Erweiterung eines Möbelhauses war. Im Gegenteil diente das Gutachten, wie bereits der Titel zum Ausdruck bringt, sogar in erster Linie der „Zentrenplanung und Stadtentwicklung", indem „Analysen, Prognosen und Empfehlungen zur Entwicklung des Einzelhandels im Zentrensystem" erstellt wurden. Dies entspricht auch seinem Inhalt. In Nr. 1.1 ist ausdrücklich darauf hingewiesen, es stelle auf Wunsch der Antragsgegnerin eine „fundierte Entscheidungshilfe für Belange von Städtebau und Einzelhandel" dar, auf die sich das Gutachten konzentriere; die Vereinbarkeit der Möbelhauserweiterung werde hingegen in einem gesonderten Gutachten vertieft. Ziel des Gutachtens war die Erarbeitung eines aktuellen Zentrenkonzepts mit nachprüfbaren Bestandsdaten und damit einer aktualisierten Gesamtkonzeption für die Entwicklung der Stadt. Das Gutachten stellt die Struktur des Einzelhandels in W. dar. Aus der Tabelle 64 Blatt 1 folgt, dass nach der Bestandsermittlung 1998 die Sortimente der Nrn. 1 bis 10 des Teils A der Anlage 1 zum Einzelhandelserlass 1996 bzw. von Nr. 4.3 der textlichen Festsetzungen in der Tat von einigen wenigen Ausnahmen abgesehen in der nach der planerischen Zielvorstellung der Antragsgegnerin zu schützenden Innenstadt mit relativ hohen Anteilen am Verkaufsflächenangebot der Gesamtstadt vertreten sind. Obwohl die Verkaufsflächen der Innenstadt nach dieser Tabelle und deren Blatt 2 lediglich 16 % der Gesamtverkaufsflächen ausmachen (allein das Plangebiet „A. Kreuz" weist hiernach 73,4 % der Verkaufsflächen für Einzelhandelssortimente auf), ergibt sich hieraus, dass die von der Antragsgegnerin als schützenswert erachtete Versorgungsfunktion der Innenstadt hinsichtlich nahezu aller Sortimente des Teils A der Anlage 1 zum Einzelhandelserlass 1996 zutrifft.

Dass auch einzelne Sortimente der Nrn. 1 bis 10 des Teils A der Anlage 1 zum Einzelhandelserlass 1996, die in der Innenstadt (möglicherweise) nicht vertreten sind, in die Liste der ausgeschlossen Hauptsortimente aufgenommen sind, macht die Entscheidung des Rates der Antragsgegnerin nicht fehlerhaft. In den Einzelhandelsausschluss können im Interesse der Stärkung des Zentrums auch solche Sortimente einbezogen werden, die dort (noch) nicht oder nur mit einem geringen Prozentanteil vertreten sind (vgl. OVG NRW, Urteil v. 22. 4. 2004 – 7a D 142/02.NE –).

Vorliegend handelt es sich um die in der genannten Tabelle 64 Blatt 1 (S. 75) des Gutachtens nicht aufgeführten Sortimente „Kunst/Antiquitäten" und „Musikalienhandel". Sie konnten nach der nicht zu beanstandenden Einschätzung der Antragsgegnerin bereits deshalb in die Ausschlussliste aufgenommen werden, weil sie in der Tat einer Stärkung der Innenstadt dienen. Ihr Ausschluss hat immerhin zur Folge, dass eventuelle Neuansiedlungen in der Innenstadt oder einem der Stadtteilzentren, in die diese Sortimente nach der planerischen Entscheidung der Antragsgegnerin eigentlich hineingehören, zumindest eher wahrscheinlich sind. Von dieser Überlegung hat sich die Antragsgegnerin insoweit leiten lassen, wie aus der Planbegründung folgt. Dort ist ausführlich begründet, warum auch diese Hauptsortimente in den GE(N)-Gebieten im Plangebiet ausgeschlossen wurden. Zwar seien sie im Zentrum W. nicht vertreten. Allerdings solle eine eventuelle Ansiedlung dieser Branchen im Innenstadtbereich erfolgen, um die Sortimentsvielfalt und Qualität (des Einzelhandels in der Innenstadt) zu erhöhen. Im Ergebnis stützt sich die Antragsgegnerin damit auf die Empfehlung im Gutachten, wonach in der Innenstadt Verkaufsflächendefizite bei zentrumstypischen Gütern abzubauen und auch aus diesem Grunde insbesondere am A. Kreuz auf Dauer jegliche Einzelhandelsgroßbetriebe mit zentrumstypischen Sortimenten auszuschließen seien.

Nicht zu beanstanden ist ferner, dass die Antragsgegnerin ebenfalls die Sortimentsgruppen Nr. 11 und 12 – „Lebensmittel, Getränke" sowie „Drogerie, Kosmetik, Haushaltswaren" – im Plangebiet ausgeschlossen hat. Anhaltspunkte dafür, dass eine Ausweitung der Verkaufsflächen für diese Warengruppen als Hauptsortiment im Plangebiet (in den GE- und MI-Bereichen) für die Nahversorgung einer Wohnbevölkerung im Plangebiet – soweit vorhanden – oder in angrenzenden Bereichen erforderlich sein könnte, sind weder ersichtlich noch vorgetragen. Im Übrigen kommt es vorliegend nicht darauf an, inwieweit diese Sortimente im engeren Sinne auch zentrenrelevant sind. In Teil A der Anlage 1 zum Einzelhandelserlass 1996 sind diese Sortimente als „nahversorgungs- (ggf. auch zentren-)relevante Sortimentsgruppen" bezeichnet. In der hier gegebenen örtlichen Situation sind sie zumindest nahversorgungsrelevant und damit i. S. von Nr. 4.3 Satz 3 der textlichen Festsetzungen innenstadtrelevant. Dies folgt bereits aus dem räumlich funktionalen Zentrenkonzept der Antragsgegnerin, wie es sich aus Abbildung 7 des Gutachtens ergibt. Außerdem beträgt nach der bereits angesprochenen Tabelle 64 Blatt 1 des Gutachtens der Anteil der Innenstadt an den in der Gesamtstadt angebotenen Verkaufsflächen immerhin:

- Nahrungs- und Genussmittel insgesamt   23,6 %
- Drogerie, Parfümerie   36,5 %
- Hausrat, Werkzeug, Eisenwaren (= Teil von Haushaltswaren)   15,8 %
- Porzellan, Glas (= Teil von Haushaltswaren)   10,4 %

Gleichzeitig sind im „Gewerbegebiet A. Kreuz" – das nach der Einzeichnung in der Abbildung nur den westlichen Teil des Plangebiets erfasst, auf den sich der Einzelhandel konzentriert – beispielsweise bereits 26,4 % der Verkaufsflächen für Nahrungs- und Genussmittel insgesamt vorhanden. Es liegt auf der Hand, dass eine weitere Ausweitung dieser Flächen an diesem nicht integrierten Standort die Nahversorgung der (nicht motorisierten) Bevölkerung in der Innenstadt und den Stadtteilen mit diesen Sortimenten gefährden kann.

Darüber hinaus wird das Ziel der Antragsgegnerin, ihr Zentrum zu stärken und dort ggf. Einzelhandelsbetriebe mit zentrenrelevanten Hauptsortimenten anzusiedeln, durch den Ausschluss auch dieser Sortimente gefördert. Dies rechtfertigt es, die genannten Sortimente jedenfalls in den GE(N)-Bereichen im Plangebiet als zentren- und nahversorgungsrelevant auszuschließen.

Entsprechendes gilt für die Sortimente „Blumen" und „Fahrräder u. Zubehör, Mofas", die in Teil B der Anlage 1 zum Einzelhandelserlass als i. d. R. zentrenrelevant benannt sind. Die Antragsgegnerin hat auch nicht unreflektiert diese fünf Sortimente umfassende Liste einfach übernommen, sondern nach der Planbegründung die Zentrenrelevanz im Einzelnen geprüft. Sie ist hiernach – in Anwendung des vorletzten Absatzes in Nr. 2.2.5 des Einzelhandelserlasses – mit plausiblen Gründen zu dem Ergebnis gelangt, dass lediglich diese beiden Sortimentsgruppen auf Grund der örtlichen Gegebenheiten in der Gemeinde zentren- und nahversorgungsrelevant sind. Ergänzend ist auch in der Planbegründung dargelegt, warum hingegen Teppiche, Campingartikel, Tiere und Tiernahrung sowie Zooartikel nicht in den Ausschluss in Nr. 4.3 der textlichen Festsetzungen übernommen wurden. Auch dies zeigt auf, dass die Antragsgegnerin sehr wohl in Rechnung gestellt hat, welche Hauptsortimente im Plangebiet nicht ausgeschlossen bleiben müssen, um die Umsetzung ihrer geplanten „Städtebaupolitik", insbesondere ihres Einzelhandels- und Zentrenkonzepts zu fördern.

Schließlich hat der Senat keinen Anlass daran zu zweifeln, dass – wie auf S. 4 der Bebauungsplanbegründung ausgeführt – das Hauptsortiment „Telekommunikation" in dem oben dargelegten Verständnis bereits in vielfältiger Weise in der Innenstadt der Antragsgegnerin („und den benachbarten Städten") vertreten ist und deshalb zu Recht als zentrenrelevant gewertet wurde. Auch die Antragsteller zeigen entgegenstehende Umstände nicht auf.

Die Antragsteller haben in der mündlichen Verhandlung gerügt, es sei städtebaulich nicht gerechtfertigt, dass in den Mischgebieten nach Nr. 4.4 Satz 1 der textlichen Festsetzungen alle Einzelhandelsbetriebe – insbesondere auch mit zentrenrelevanten Sortimenten – ausgeschlossen sind, die nicht der Versorgung des Gebiets dienen, während in den GE(N)-Gebieten jeglicher Einzelhandel mit nicht zentrenrelevanten Haupt- und allen Randsortimenten zugelassen wird. Diese unterschiedliche Regelung steht im Einklang mit dem Planungskonzept der Antragsgegnerin. Nach der Planbegründung sollen in Mischgebieten Läden, die der Versorgung des Gebiets dienen, zugelassen werden. Diese sehr kurze Begründung ist vor folgendem Hintergrund zu sehen: Grundsätzlich war nach der Ursprungsfassung des angegriffenen Bebauungsplans in den eingeschränkten Gewerbegebieten und den Mischgebieten u. a. jeder Einzelhandel ausgeschlossen. Warum in der Praxis die Bauaufsichtsbehörde auf Grund der – nach allgemeinen Grundsätzen eng auszulegenden – Ausnahmeregelung in Satz 2 der Nr. 4.3 der ursprünglichen textlichen Festsetzungen die Ansiedlung eines „intensiven Handwerkshandels" bzw. von weiterem Einzelhandel auch mit zentrenrelevanten Sortimenten ermöglichen musste, erschließt sich nicht ohne weiteres. Jedenfalls ist das erklärte Ziel der Bauleitplanung der Antragsgegnerin, dieser Entwicklung im Plangebiet entgegenzutreten. Hierbei hat sie sich nicht darauf beschränkt, den bisherigen grundsätzlichen (Groß- und) Einzelhandelsausschluss beizubehalten und lediglich die Ausnahmeregelung so zu fassen, dass ein Missbrauch ausgeschlossen wird. Vielmehr hat sie im Einzelnen geprüft, welche weiteren Nutzungen sie von dem bisherigen Ausschluss ausnehmen kann, ohne insbesondere das Ziel „Schutz und Stärkung der Innenstadt" zu gefährden. In den GE(N)-Gebieten, in denen sich ein nennenswerter Einzelhandel bereits entwickelt hatte, hat sie dessen Bestandsschutz und den bisherigen Gegebenheiten Rechnung getragen. Im Interesse der Grundstückeigentümer hat sie den bisherigen Ausschluss auf Einzelhandel mit im Einzelnen bestimmten, innenstadtrelevanten Hauptsortimenten zurückgenommen. In den Mischgebieten, aus denen im Rahmen des Aufstellungsverfahrens Anregungen und Bedenken nicht erhoben wurden, stellte sich die Situation anders dar. Dort hatte es eine Fehlentwicklung wie in den GE(N)-Gebieten nicht gegeben. Offenkundig war, wie von dem Bebauungsplan in seiner Ursprungsfassung bezweckt, kein nennenswerter Einzelhandel entstanden. Deshalb ist es gerechtfertigt, dort den grundsätzlichen Ausschluss jeglichen Einzelhandels beizubehalten, jedoch im Interesse der Grundeigentümer und der Wohnbevölkerung im umliegenden Gebiet solche Einzelhandelsbetriebe mit beliebigen Sortimenten (erstmals) zuzulassen, die der Versorgung des Gebiets dienen.

Der Bebauungsplan genügt den Anforderungen des Abwägungsgebots.

Die Antragsteller sehen einen Abwägungsmangel darin, dass durch die textlichen Festsetzungen massiv in die Eigentümerrechte eingegriffen werde, ohne hierfür eine überzeugende Rechtfertigung zu liefern. Während die von der Antragsgegnerin berücksichtigten Gutachten einen vollständigen Ausschluss des Einzelhandels im Plangebiet empfohlen hätten, seien in den textlichen Festsetzungen nur die in Nr. 4.3 genannten Sortimente ausgeschlossen worden. Hierfür fehle eine fachliche Untersuchung für eine notwendige differenzierte Begründung, warum gerade die genannten Hauptsortimente ausgeschlossen worden seien. Hiermit ist ein Abwägungsfehler nicht dargetan.

Es trifft bereits nicht zu, dass das Gutachten den Ausschluss jeglichen Einzelhandels empfohlen hat. Beispielsweise wird empfohlen, weitere Einzelhandelsgroßbetriebe mit zentrumstypischen Sortimenten u. a. am „A. Kreuz" auszuschließen und den Zusatzbedarf an allen zentrumstypischen Gütern ausschließlich auf das Stadtzentrum zu konzentrieren. Unabhängig hiervon hat die Antragsgegnerin, wie oben dargelegt, umfangreiche Erwägungen darüber angestellt, warum der Einzelhandel mit den 15 von ihr als zentren- und nahversorgungsrelevant bewerteten Hauptsortimenten in den GE(N)-Gebieten ausgeschlossen bleiben und nicht wie anderer Einzelhandel, jede Form von Großhandel und Nutzungen nach § 8 Abs. 3 Nr. 2 und 3 BauNVO gegenüber der bisherigen Rechtslage zugelassen werden sollte. Angesichts des Gutachtens konnte die Antragsgegnerin davon ausgehen, dass der Einzelhandel mit den ausgeschlossenen Sortimenten im Plangebiet die Attraktivität der

Innenstadt und ihre Funktion zur wohnungsnahen Grundversorgung beeinträchtigen würde. Das ergänzend berücksichtigte Gutachten der Firma J. bestätigt diese Einschätzung, indem es gerade mit Blick auf die „bipolare" Struktur zwischen dem Gewerbegebiet A. Kreuz und der Innenstadt u. a. empfiehlt, die Ansiedlung weiterer Einzelhandelsgroßbetriebe (der Lebensmittelbranche) und anderer Fachmärkte am „A. Kreuz" zu unterbinden, um die Attraktivität der Innenstadt zu stärken. Insoweit ist es folgerichtig und plausibel, wenn die Antragsgegnerin die Entwicklung eines Gegenzentrums (auch) mit zentrenrelevanten Sortimenten als Abwertung ihrer Bemühungen ansieht, die Innenstadt und Stadtteilzentren zu stärken sowie u. a. weitere Einzelhandelsgeschäfte für die Innenstadt zu gewinnen.

Des Weiteren ist nicht zu beanstanden, dass die Antragsgegnerin insoweit hinter den Empfehlungen der genannten Gutachten zurückgeblieben ist, als sie den Einzelhandelsausschluss nicht auf die verbleibenden uneingeschränkten Gewerbegebiete ausgeweitet hat. Die Entwicklung im Plangebiet erforderte eine Bauleitplanung, um der teilweise nach dem Gutachten bereits eingetretenen Schwächung der Innenstadt entgegenzuwirken. Dabei mag dahinstehen, ob insoweit ein städtebaulicher Missstand bereits eingetreten oder zumindest zu erwarten war. Unter „Ausnutzung" der Ausnahmeregelung für Handwerkshandel waren im Plangebiet bereits nahezu 110 000 m² Verkaufsfläche für Einzelhandel entstanden. Ohne planungsrechtliches Tätigwerden drohte eine weitere Verschlechterung bis hin zur Verödung der Innenstadt. In dieser Situation hat die Antragsgegnerin allerdings zutreffend auch die Interessen der Grundeigentümer im Plangebiet in ihre Abwägung eingestellt und ist zu dem Ergebnis gelangt, die vollständige Aufgabe der GE-Gebiete sei nicht vertretbar, da hierdurch übermäßig in bestehende Strukturen und Nutzungsrechte eingegriffen und im Übrigen bei bestimmten Grundstücken die Gefahr der Bildung von Gewerbebrachen bestünde. Dies ist sachgerecht und plausibel. Diesen Überlegungen steht nicht entgegen, dass auf der anderen Seite die Nutzungsmöglichkeiten der Grundstücke insbesondere in den GE(N)-Gebieten erheblich, und zwar speziell auf Einzelhandel mit nicht zentrenrelevanten Hauptsortimenten i. S. von Nr. 4.3 der textlichen Festsetzungen erweitert wurden. Diese Art von Einzelhandel im Plangebiet berührt nicht die Plankonzeption der Antragsgegnerin, nämlich die Innenstadt zu schützen und zu stärken.

Die Antragsteller rügen eine Ungleichbehandlung, namentlich eine günstigere Regelung gegenüber dem nach Nr. 4.4 Satz 2 der textlichen Festsetzungen ausnahmsweise zulässigen Einzelhandel von Handwerksbetrieben. Im Mischgebiet dürfe der „Handwerkshandel" ausschließlich Sortimente aus eigener Herstellung anbieten, während in den GE(N)-Gebieten nur das Hauptsortiment des „Handwerkshandels" aus eigener Herstellung stammen müsse. Eine Ungleichbehandlung in diesem Sinne liegt bereits deshalb nicht vor, weil Nr. 4.4 Satz 2 und Nr. 4.5 der textlichen Festsetzungen völlig unterschiedliche Sachverhalte betreffen. So bezieht sich Nr. 4.5 der textlichen Festsetzungen auf jede Art von Einzelhandel, der Sortimente aus eigener Herstellung anbietet, nicht nur auf „Handwerkshandel". Dies ist auch in der Planbegründung nochmals hervorgehoben. Nr. 4.4 Satz 2 der textlichen Festsetzungen begründet hingegen ausdrücklich nur eine Ausnahme für Einzelhandel von bestimmten Handwerksbetrieben. Außerdem stellt Nr. 4.5 eine Abweichung nur von Nr. 4.3 der textlichen Festsetzungen dar. In dieser Regelung ist jeder Einzelhandel – auch der „Handwerkshandel" – mit bestimmten Hauptsortimenten, nicht jedoch mit entsprechenden Nebensortimenten ausgeschlossen. Folgerichtig wird betreffend den Einzelhandel mit entsprechenden Nebensortimenten in Nr. 4.5 der textlichen Festsetzungen keine (Ausnahme-)Regelung getroffen. Hingegen ist in den Mischgebieten schon nach Nr. 4.4 Satz 1 der textlichen Festsetzungen nur jeder Einzelhandel – grundsätzlich auch „Handwerkshandel" – unabhängig von der Zentrenrelevanz der angebotenen (Haupt- und Rand-)Sortimente unzulässig, der nicht der Versorgung des Gebietes dient. Die Ausnahmeregelung in Satz 2 verhält sich demzufolge ebenso wenig zur Art des Sortiments. Im Übrigen dürfte sich eine Ungleichbehandlung auch aus den oben zur städtebaulichen Rechtfertigung der unterschiedlichen Regelungen in Nr. 4.3 und Nr. 4.4 der textlichen Festsetzungen dargelegten Gründen rechtfertigen.

Nr. 30

1. **Führt die Auslegung einer eigentumsgestaltenden Bebauungsplanfestsetzung nach ihrem Wortlaut, Zusammenhang, Zweck und ihrer Entstehungsgeschichte zu keinem eindeutigen Ergebnis, kann ihre verfassungskonforme Auslegung geboten sein.**

2. **Setzt die Gemeinde ein Sondergebiet für großflächige (Einzel-)Handelsnutzungen fest, können Sortimentsbeschränkungen für zentrenrelevante und nicht zentrenrelevante Warensortimente städtebaulich gerechtfertigt sein, um die Nahversorgung oder integrierte Zentren von Nachbargemeinden zu schützen.**

3. **Festsetzungen eines Bebauungsplans können auch dann abwägungsgerecht sein, wenn infolge ihrer Ausnutzung durch den Erstbauenden das Maß baulicher Nutzbarkeit für den Zweitbauenden beschränkt ist.**

4. **Stellt die Gemeinde in die Prognose, wie das Verkehrsaufkommen eines Bebauungsplans bewältigt werden kann, einen rechtlich nicht verbindlich gesicherten Ausbau des Verkehrsnetzes ein, begründet dies keinen Prognosemangel, wenn jedenfalls eine noch hinreichende Verkehrsabwicklung gewährleistet ist.**

5. **Die in einem Bebauungsplan festgesetzte Geschossflächenzahl kann ein geeigneter Maßstab für die Prognose des zu erwartenden Verkehrsaufkommens sein.**

6. **Dem Gebot zureichender Abwägung der durch die 22. BImSchV in den Blick genommenen Immissionsschutzbelange genügt hinsichtlich der sich aus der allgemeinen Verkehrsentwicklung ergebenden Folgerungen**

eine Bebauungsplanung, die die Einhaltung der Grenzwerte den Verfahren der Luftreinhalteplanung überlässt.

BauGB § 1 Abs. 7; BauNVO § 11; 22. BImSchV.

OVG Nordrhein-Westfalen, Urteil vom 22. April 2005 – 7 D 11/05.NE – (rechtskräftig); s. Beschluss des BVerwG vom 21. November 2005 – 4 BN 36.05 –, abgedruckt unter Nr. 31.

Die Antragstellerin wandte sich gegen einen Bebauungsplan, der im Wesentlichen Sonder- und Gewerbegebiete sowie die sie erschließenden Straßen als öffentliche Verkehrsflächen festsetzte. Die Sondergebiete dienten großflächigen Einzelhandels- und Handelsbetrieben i. S. des § 11 BauNVO. In ihnen waren Geschäfts-, Büro- und Verwaltungsgebäude ausnahmsweise zulässig. Differenziert für die einzelnen Sondergebiete gab der Bebauungsplan die Quadratmeterzahl der Verkaufsfläche als Höchstgrenze vor, auf der zentrenrelevanter und/oder nicht zentrenrelevanter Einzelhandel zulässig war. Die textlichen Festsetzungen unterschieden für jedes Sondergebiet zwischen in m^2 angegebenen Verkaufsflächen (VK) 1 und 2 und bestimmten: „Die Verkaufsfläche 1 (VK 1) ist als Höchstgrenze je Gebiet festgesetzt. In ihr ist sowohl zentrenrelevanter als auch nicht zentrenrelevanter Einzelhandel zulässig. Für Einzelhandelsbetriebe mit nicht zentrenrelevantem Kernsortiment ist eine Verkaufsfläche von maximal $700\,m^2$ im Betrieb mit zentrenrelevantem Randsortiment zulässig (Nr. 2 Abs. 2 der textlichen Festsetzungen). Die Verkaufsfläche 2 (VK 2) ist als Höchstgrenze je Gebiet festgesetzt. In ihr ist ausschließlich nicht zentrenrelevanter Einzelhandel zulässig (Nr. 2 Abs. 3 der textlichen Festsetzungen).“ Als zentrenrelevant war der Einzelhandel mit den zentrenrelevanten Sortimenten definiert, die in der Anlage 1, Teile A und B des Einzelhandelserlasses vom 7. 5. 1996 (MBl. NRW 1996, 922) aufgeführt sind. „Hiervon ausgenommen sind in Teil B der v.G. Anlage aufgeführten Sortimente, die durch Beschluss des Rates als nicht zentrenrelevant festgelegt werden (textliche Festsetzung Nr. 2 Abs. 4).“ Der Bebauungsplan ordnete das Grundstück der Antragstellerin einem der Sondergebiete zu. Die Verkaufsfläche 1 war für dieses Sondergebiet mit $2100\,m^2$, die Verkaufsfläche 2 mit $40300\,m^2$ festgelegt.

Der Normenkontrollantrag hatte keinen Erfolg.

Aus den Gründen:

Die Festsetzungen sind hinreichend bestimmt und von einschlägigen Ermächtigungsgrundlagen getragen.

Soweit die Antragstellerin eine Ermächtigungsgrundlage für die angeblich dynamische Festsetzung unter Nr. 2 Abs. 4 Satz 2 der textlichen Festsetzungen vermisst, ist Folgendes auszuführen: Die Festsetzung bedarf der Auslegung. Für die Auslegung sind die anerkannten Auslegungsmethoden heranzuziehen, die die Auslegung aus dem Wortlaut der Norm (grammatische Auslegung), aus ihrem Zusammenhang (systematische Auslegung), aus ihrem Zweck (teleologische Auslegung) sowie aus den Gesetzesmaterialien und der Entstehungsgeschichte (historische Auslegung) umfassen (vgl. BVerwG, Beschluss v. 14. 12. 1995 – 4 N 2.95 –, BRS 57 Nr. 57).

Für die Auslegung ist in erster Linie ihr Wortlaut und der Sinnzusammenhang maßgebend. Erst wenn daraus allein keine Klarheit zu gewinnen ist, können Anhaltspunkte aus der Entstehungsgeschichte der Vorschrift Bedeutung erlangen. Auf die subjektiven Vorstellungen der den Bebauungsplan beschließenden Ratsmitglieder kommt es bei der (gerichtlichen) Ermittlung des Inhalts des Bebauungsplans jedoch nicht an (vgl. BVerwG, Beschluss v.

10. 3. 1987 – 4 B 33.87 –, Buchholz 406.11 § 10 BBauG Nr. 15; Urteil v. 21. 8. 1981 – 4 C 57.80 –, BRS 38 Nr. 37).

Führt die Auslegung nach den vorstehend genannten Auslegungsmethoden zu keinem eindeutigen Ergebnis, ist jedenfalls dann, wenn eine eigentumsgestaltende Festsetzung des Bebauungsplans in Rede steht, als Maßstab der Auslegung ferner zu berücksichtigen, dass die Norm zulässigerweise nur auf verfassungskonforme Festsetzungen gerichtet sein kann. Daher kann es insoweit geboten sein, eine Bebauungsplanfestsetzung verfassungskonform auszulegen (vgl. BVerwG, Urteil v. 11. 3. 1977 – IV C 32.76 –, Buchholz 406.11 § 9 BBauG Nr. 19; vgl. auch zur verfassungskonformen Handhabung: BVerwG, Beschluss v. 7. 6. 1996 – 4 B 91.96 –, BRS 58 Nr. 244).

Der Rat hat in Abs. 4 Satz 1 der genannten textlichen Festsetzung die Sortimente, denen er zentrenrelevante Bedeutung zuordnet, durch Bezugnahme auf die Anlage 1, Teile A und B des Einzelhandelserlasses NRW v. 7. 5. 1996 (MBl. NRW 1996, 922) eindeutig bestimmt. Mit Satz 2 der textlichen Festsetzung behält er sich vor, „durch Beschluss" Sortimente des Teils B der Anlage 1 zum Einzelhandelserlass abweichend von Satz 1 als nicht zentrenrelevant festzulegen. Der vor Erlass des Bebauungsplans ergangene Beschluss des Rates v. 15. 6. 1999 ist in Satz 2 nicht in Bezug genommen. Dem Wortlaut der textlichen Festsetzung nach sollen demnach künftige Ratsbeschlüsse in der Lage sein, neu zu bestimmen, welche Warensortimente als zentrenrelevant anzusehen sind. Der Wortlaut lässt jedoch offen und ist daher auslegungsfähig, welchen gesetzlichen Anforderungen der Beschluss genügen muss. Da ein entsprechender Ratsbeschluss den Inhalt der auf Grundlage der Bebauungsplanfestsetzungen möglichen baulichen Nutzbarkeiten ändern würde, ist er mit der ihm zugeordneten Folgewirkung nur dann rechtlich zulässig, wenn er auf Grundlage eines entsprechenden, auf Änderung des Bebauungsplans gerichteten Verfahrens ergeht. Mit dem in Satz 2 genannten Beschluss kann daher objektiv nur ein Satzungsbeschluss gemeint sein, der ein solches Bebauungsplanänderungsverfahren abschließt.

Der Bebauungsplan ist städtebaulich gerechtfertigt. . . .

Die städtebauliche Rechtfertigung der Bebauungsplanung ergibt sich aus der Bebauungsplanbegründung. Danach dient der Bebauungsplan namentlich dazu, solchen Konflikten zu begegnen, die sich bei einer weiteren Entwicklung des überwiegend bebauten Plangebiets auf Grundlage des § 34 Abs. 1 BauGB ergeben würden. Die vorhandenen, teils großflächigen Einzelhandelsbetriebe entfalten zum Teil negative Auswirkungen auf die Entwicklung vorhandener Versorgungszentren in Nachbargemeinden und Stadtteilen. Um der Schädigung des Einzelhandels in den integrierten Versorgungsbereichen zu begegnen, beschränkt der Bebauungsplan die sonst bestehenden Nutzungsmöglichkeiten. Die beschränkenden Festsetzungen sind auch mit Blick auf die Auswirkungen auf das Verkehrsaufkommen getroffen worden. Mit diesen Erwägungen hat die Antragsgegnerin auf städtebaulich beachtliche Belange abgehoben. . . .

Zur städtebaulichen Rechtfertigung der Sortimentsbeschränkung bedurfte es keiner auf die jeweiligen Warensortimente bezogenen Ermittlung, ob gewachsene Einzelhandelsstrukturen oder die Nahversorgung ohne die Überplanung gefährdet sind. Die Antragstellerin bezieht sich für ihre dahingehende Ansicht zu Unrecht auf das Urteil des 7a Senats des OVG NRW v. 3.12.2003 (7a D 118/02.NE). Dort ging es darum, ob hinreichende besondere städtebauliche Gründe i.S. des § 1 Abs. 5, Abs. 9 BauNVO vorlagen, in einem Gewerbegebiet die nach der Baunutzungsverordnung dort allgemein zulässigen Nutzungen auszuschließen. Um eine vergleichbare Fallgestaltung geht es im vorliegenden Fall nicht. Hier geht es vielmehr darum, dass die Antragsgegnerin die Zulässigkeit solcher Nutzungen beschränken will, die (außer in Kerngebieten) nur in Sondergebieten zulässig sind. Maßgebend hierfür war nicht, ob Nutzungsausschlüsse gerechtfertigt sind, sondern ob – gewissermaßen umgekehrt – großflächige Einzelhandelsnutzungen der hier anzutreffenden Art und Quantität ermöglicht werden können, ohne die Nahversorgung oder integrierte Zentren der Nachbargemeinden zu beeinträchtigen. Die Planung in dieser Hinsicht rechtfertigende Erwägungen hat die Antragsgegnerin gutachterlich aufgearbeitet. Sie hat die „Zentrenrelevanz der SO-Festsetzungen" gutachterlich prüfen lassen. Danach war im März 2003 in den Sondergebieten eine Verkaufsfläche von rund 103 500 m^2 vorhanden, wovon 39 300 m^2 auf den zentrenrelevanten Bereich entfielen. Auf dieser Grundlage prognostizierte das Gutachten einen Umsatz von 238,2 Mio. €, davon 127,3 Mio. € im zentrenrelevanten Bereich. Hieraus folgerte nach den Ergebnissen des Gutachtens ein zentrenrelevanter Kaufkraftabfluss für die Nachbarstädte X. von 6,4 % und Y. von 5,9 %. Ortsteile der Gemeinde werden noch stärker betroffen (A. 14,3 %, B. 8,1 %, C. 7,3 %). Angesichts dieser Größenordnungen war städtebaulicher Handlungsbedarf gegeben. Bei einer nicht durch Bebauungsplan geplanten, d. h. hier begrenzten Ausdehnung des großflächigen Einzelhandels wären städtebaulich relevante Auswirkungen auf zentrale Versorgungsbereiche insbesondere der Nachbargemeinde zu befürchten gewesen, denen die Antragsgegnerin entgegentreten durfte (vgl. zu einer bei entsprechend gewichtigen Auswirkungen auf Nachbargemeinden bestehenden Planungspflicht: BVerwG, Urteil v. 17.9.2003 – 4 C 14.01 –, BRS 66 Nr. 1).

Aus dem vorstehenden Zusammenhang ergibt sich auch die städtebauliche Rechtfertigung der textlichen Festsetzung Nr. 2 Abs. 2 Satz 2. Ein großflächiger Einzelhandelsbetrieb ohne Zentrenrelevanz kann je nach Größe des zentrenrelevanten Randsortiments selbst in gewissem Umfang durch die Kombination mit Angeboten, die zentrenrelevant sind, besondere Attraktivität erlangen, die durch die auf das Randsortiment bezogene Regelung der textlichen Festsetzung Nr. 2 Abs. 2 Satz 2 begrenzt wird. Die Regelung läuft auch nicht deshalb leer, weil zentrenrelevante Warenangebote auch durch großflächige Einzelhandelsbetriebe als Hauptsortiment angeboten werden können, und zwar auf einer Verkaufsfläche, die größer ist, als sie den großflächigen Einzelhandelsbetrieben ohne Zentrenrelvanz für deren jeweiliges Randsortiment zugestanden wird. Ungeachtet der Frage, ob ein solches großflächiges Einzelhandelsgeschäft die gleiche Attraktivität erlangen kann, wie ein Einzelhandelsgeschäft, das auf weit größerer Fläche zusätzlich nicht zentrenrelevante Waren anbietet, geht die dahingehende Erwägung der Antragstellerin aus einem weiteren Grunde fehl. Die Sondergebietsfestsetzungen erfassen

bis auf einen Fall bebaute Bereiche. Dort sind vielfach großflächige Einzelhandelsbetriebe mit nicht zentrenrelevantem Hauptsortiment und zentrenrelevantem Randsortiment vorhanden. An den entsprechenden verwirklichten
und genehmigten Nutzungen sind die Flächenfestsetzungen VK 1 und VK 2
orientiert. Mit anderen Worten ergibt sich erst dann die Möglichkeit, einen
neuen großflächigen Einzelhandelsbetrieb mit zentrenrelevanten Sortimenten auf einer über 700 m² hinausgehenden Fläche zu eröffnen, wenn andere
Betriebe des jeweiligen Sondergebiets das sich durch die festgesetzte VK 1-
Fläche ergebende Höchstmaß nicht (mehr) ausschöpfen. Im Falle vorhandener großflächiger Einzelhandelsbetriebe bedeutet dies, dass die Attraktivität
eines solchen Gebiets insgesamt jedenfalls nicht erhöht wird.

Der Bebauungsplan genügt den Anforderungen des Abwägungsgebots. ...

Die Antragstellerin hält die Abwägung schon deshalb für fehlerhaft, weil es
die Antragsgegnerin versäumt habe, konkret individuelle Feststellungen zu
treffen, die der Festsetzung einer als Kappungsgrenze zu verstehenden Verkaufsflächenbegrenzung gemäß Nr. 2 Abs. 2 der textlichen Festsetzung vorausgehen müssten, um die von dieser Festsetzung betroffenen Belange des
jeweiligen Einzelhandelsbetriebs sachgerecht abwägen zu können. Die
Antragsgegnerin hat jedoch im Detail ermittelt, welche Verkaufsflächen im
Bebauungsplangebiet vorhanden sind und ob diese zentrenrelevanten Sortimenten zuzuordnen sind oder nicht (vgl. den Ergebnisbericht einer empiri-
schen Untersuchung über Verkaufsflächen und Kundenherkunftsbereiche
des Einzelhandels im Gewerbegebiet, die auch das Grundstück der Antragstellerin erfassende Verkaufsflächenaufstellung sowie die Untersuchung zur
„Zentrenrelevanz der SO-Festsetzungen").

Die Antragstellerin hält die Festsetzung von gebiets- und nicht grund-
stücksbezogenen Sortimentsbeschränkungen ferner deshalb für fehlerhaft,
weil es von Vorhaben privater Dritter abhänge, ob das Maß zulässiger Nutzung ausgeschöpft werden könne. Sie knüpft damit der Sache nach an Ausführungen des 7a Senats des OVG NRW zur Frage an, ob es eine mit Art. 14
GG nicht zu vereinbarende und damit abwägungsfehlerhafte Bestimmung
des Inhalts des Eigentums durch einen Bebauungsplan sein könne, wenn der
in einem Bebauungsplangebiet Erstbauende durch die von ihm errichtete
bauliche Anlage wegen an dieser Anlage anknüpfenden Bebauungsplanfestsetzungen vorgebe, in welchem Maß der Zweitbauende (noch) bauen darf. Der
7a Senat hat, an dieser Überlegung anknüpfend, eine Bebauungsplanfestsetzung als unwirksam angesehen, mit der bestimmt war, dass die Traufhöhe
einer baulichen Anlage die Traufhöhe der Nachbarbebauung nicht überschreiten darf (vgl. OVG NRW, Urteil v. 10. 12. 1993 – 7a D 164/92.NE –).

Um eine vergleichbare Situation geht es hier nicht. Es kommt daher nicht
darauf an, dass es die von der Antragstellerin formulierte Schranke für Festsetzungen eines Bebauungsplans in dieser Allgemeinheit ohnehin nicht gibt.
Festsetzungen eines Bebauungsplans, die der Erstbauende nutzt, können
durchaus in einer mit Art. 14 GG zu vereinbarenden Weise das Maß baulicher
Nutzbarkeit für den Zweitbauenden beschränken. Etwa kann dies der Fall
sein, wenn ein Bebauungsplan eine Doppelhausbebauung vorschreibt, der
Erstbauende das zulässige Maß baulicher Nutzung jedoch nicht ausschöpft

und der Zweitbauende dann an der Ausschöpfung des vollen Maßes baulicher Nutzung gehindert sein kann, um den Charakter eines Doppelhauses zu wahren (vgl. BVerwG, Urteil v. 24. 2. 2000 – 4 C 12.98 –, BVerwGE 110, 355).

Um eine vergleichbare Konstellation geht es hier nicht, denn durch den Bebauungsplan sind im Wesentlichen bebaute Sondergebiete unter Berücksichtigung des vorhandenen Bestands überplant worden. Soweit die höchstzulässigen Verkaufsflächen ausgeschöpft sind, hat es hiermit sein Bewenden; der Erstbauende bestimmt die Möglichkeiten des Zweitbauenden nicht. Wenn Verkaufsflächen noch nicht ausgeschöpft sein sollten bzw. durch Aufgabe einer bisherigen Nutzung erneut genutzt werden können, geht es allenfalls um die Erweiterung des Bestandes, auf den die Antragsgegnerin die vorhandenen Betriebe im Wesentlichen beschränkt hat. Der Erstbauende bestimmt nicht die Nutzungsmöglichkeiten des Zweitbauenden, sondern infolge einer (teilweisen) Nutzungsaufgabe besteht die Chance, auf die gewissermaßen frei gewordenen Verkaufsflächen zuzugreifen. Hiergegen ist auch unter dem Blickwinkel des Art. 14 Abs. 1 GG nichts zu erinnern (vgl. im Ergebnis ebenso: OVG Rh.-Pf., Urteil v. 24. 8. 2000 – 1 C 11457/99 –, BRS 63 Nr. 83).

Der Rat hat sich hinreichend Klarheit über die verkehrlichen Folgewirkungen der Bebauungsplanung durch Einholung eines Verkehrsgutachtens verschafft. Das Gutachten genügt den Anforderungen, die an eine Prognose zu stellen sind. Das Gericht ist hinsichtlich der vom Rat zugrunde gelegten Prognose auf die Prüfung der Frage beschränkt, ob die Prognose in einer der Materie angemessenen und methodisch einwandfreien Weise erarbeitet worden ist (vgl. BVerwG, Urteil v. 7. 7. 1978 – 4 C 79.76 –, BVerwGE 56, 110 = BRS 33 Nr. 1; Beschluss v. 5. 10. 1990 – 4 CB 1.90 –, NVwZ-RR 1991, 129).

Zu berücksichtigen ist ferner, dass die prognostizierte Abschätzung hinsichtlich der zu prüfenden Belange relativ grob ausfallen durfte. Es ging bei der gutachterlichen Untersuchung um die Frage, ob die verkehrlichen Auswirkungen der Entwicklung des über den Bereich des Bebauungsplans hinausgehenden Gewerbegebiets mit hinreichender Verkehrsqualität abgewickelt werden kann. Da die Antragsgegnerin insoweit keinen bindenden gesetzlichen Vorgaben unterworfen ist, oblag es jedoch letztlich ihr zu entscheiden, welche Verkehrsqualität sie als noch hinnehmbar ansieht. So ist insbesondere die Erschließung des Gebiets des Bebauungsplans ungeachtet der Ergebnisse des Gutachtens nicht infrage gestellt, sondern ist allenfalls fraglich, wie flüssig der Verkehr zu- und abgeführt werden kann. Es ist daher auch kein Mangel der Prognose, wenn diese das Verkehrsnetz betreffende Maßnahmen berücksichtigt, deren Umsetzung derzeit nicht verbindlich gesichert ist. Der Bebauungsplan selbst sieht keine Festsetzungen vor, die nicht ohne Umsetzung der das weitere Verkehrsnetz betreffenden Maßnahmen verwirklicht werden können. Als offen mag anzusehen sein, ob und wann die einzelnen von der Antragsgegnerin erwogenen Maßnahmen zur Verbesserung des Verkehrsnetzes außerhalb des Bebauungsplangebiets umgesetzt werden, beispielsweise wann die rechtlichen und tatsächlichen Voraussetzungen zur Absenkung der X-Straße unter die dortige Bahntrasse geschaffen werden. Kommt es (zunächst) nicht zur Umsetzung dieser oder anderer von der Antragsgegnerin verfolgter Maßnahmen zur Verbesserung ihres Verkehrsnetzes, wird das Verkehrsaufkommen des Gebiets des Bebauungsplans nicht schlechter bewältigt werden können, als dies ohne den Bebauungsplan der Fall ist, denn er eröffnet keine Nutzungen, die sich nicht derzeit schon jedenfalls auf Grundlage des § 34 BauGB ergeben. Soweit Mehrverkehr zu erwarten ist, rührt dieser im Wesentlichen aus den in der Verkehrsprognose berücksichtigten Gewerbegebieten in den südlich angrenzenden Bereichen her bzw. ergibt sich aus einem solchen Verkehrsaufkommen, das auch ohne Bebauungsplanung zu erwarten war. Die Nutzungsmöglichkeiten in den Bebauungsplangebieten werden jedoch nicht kurzfristig ausgeschöpft werden. Der Antragsgegnerin verbleibt daher ein zeitlicher Rahmen, in dem sie die von ihr in Übereinstimmung mit der Verkehrsprognose verfolgten Maßnahmen umsetzt. Selbst wenn es zwischenzeitlich zu gewissen vorübergehenden Beeinträchtigungen der Leistungsfähigkeit des Verkehrsnetzes kommen sollte, obliegt es letztlich der Antragsgegnerin, wie sie etwaigen Engpässen begegnet.

Die Verkehrsprognose ist ferner nicht deshalb ungeeignet, weil sie die durch den Bebauungsplan festgesetzte Geschossflächenzahl als Maßstab des erwarteten Verkehrsaufkommens angenommen hat. Die Geschossflächenzahl gibt gemäß § 20 Abs. 2 BauNVO an, wie viel Quadratmeter Geschossfläche je Quadratmeter Grundstücksfläche i. S. des § 19 Abs. 3 BauNVO zulässig sind. Sie gibt damit einen Anhalt für das Maß baulicher Nutzbarkeit der Grundstücke. Auf dieses Maß konnte insoweit als geeigneter Maßstab der Verkehrsentwicklung abgestellt werden, als das Nutzungsmaß für das zu erwartende Verkehrsaufkommen aussagekräftig ist. Für die Gewerbegebiete sind keine anderweitigen Maßfestsetzungen getroffen, die die grundsätzliche Eignung der Geschossflächenzahl als Bezugspunkt der Prognose infrage stellen würden. Allerdings sind in den Gewerbegebieten verschiedene Gewerbebetriebsarten zulässig, denen durchaus unterschiedliches Verkehrsaufkommen zuzuordnen sein kann. Ein auf die jeweilige Betriebsart abstellender Prognosemaßstab steht jedoch nicht zur Verfügung, da nicht absehbar ist, welche Betriebe sich in den Gewerbegebieten insbesondere des in weiten Bereichen noch nicht bebauten Bebauungsplans ansiedeln werden. Auch ist der auf die Geschossflächenzahl abstellende Prognosemaßstab nicht deshalb ungeeignet, weil das Bebauungsplangebiet Sondergebiete erfasst und deren Stellplatzbedarf je nachdem, ob es sich um einen Betrieb mit oder ohne zentrenrelevantes Warensortiment handelt, differieren dürfte (vgl. etwa die Erhebungen des Bay. Landesamtes für Umweltschutz unter Nr. 5.4 der „Parkplatzlärmstudie", 4. Aufl., 2003). Regelmäßig ist großflächigen Einzelhandelsbetrieben mit oder ohne zentrenrelevantes Warensortiment jedenfalls ein höheres Verkehrsaufkommen zuzuordnen als den allermeisten Gewerbebetriebsarten. Darüber hinaus sieht der Bebauungsplan mit Ausnahme des Sondergebiets südlich der D.-Straße keine neuen Sondergebiete vor, sondern orientiert seine Festsetzungen an den bestehenden Handelsbetrieben. Die Prognose der Verkehrszunahme, die sich im Wesentlichen aus den noch nicht ausgeschöpften baulichen Nutzungsmöglichkeiten der bebauten Gewerbegebiete, vor allem aber aus den noch unbebauten Gewerbegebieten südlich des Bebauungsplanbereichs ergibt, geht daher von einem derzeitigen Verkehrsaufkommen aus, dem ein anteilig höheres, den Sondergebieten zuzuordnendes Verkehrsaufkommen zugrunde liegt, als es sich bei einer reinen Gewerbegebietsnutzung ergeben würde. Das Gutachten prognostiziert daher unter Ansatz des auf die Geschossflächenzahl bezogenen Maßstabes eine eher höhere Verkehrsbelastung als sie sich bei einer betriebsbezogenen Betrachtung ergeben dürfte. Dies ist im Hinblick auf die vom Gutachter zu beantwortende Frage, ob sich das Verkehrsnetz als hinreichend leistungsfähig erweisen wird, unschädlich, führt nämlich dazu, dass das Gutachten im Ergebnis „auf der sicheren Seite" liegt. ...

Das dem Satzungsbeschluss zugrunde liegende Luftschadstoffgutachten ist nicht deshalb fehlerhaft, weil ihm lediglich ein Prognosehorizont bis zum Jahre 2005 zugrunde liegt. Die dem Gutachten zugrunde liegende 22. BImSchV sowie die zwischenzeitlich aufgehobene 23. BImSchV haben nicht geregelt, auf welchen Prognosezeitraum abzustellen ist. Da auch anderweitige Vorgaben fehlen, wäre die Entscheidung des Gutachters (und die des Rates der Antragsgegnerin), der Prognose das Jahr 2005 zugrunde zu legen, nur dann zu beanstanden, wenn sie sich als Ausdruck unsachlicher Erwägungen werten ließe (vgl. BVerwG, Urteil v. 21.3.1996 – 4 A 10.95 –, NVwZ 1996, 1006). Dies ist nicht der Fall. Für das Prognosejahr 2005 erwartete der Gutachter für das Bebauungsplangebiet außer für den Schadstoff PM 10 Verringerungen der Immissionen infolge der Änderungen der Fahrzeugflottenzusammensetzung sowie der Verflüssigung des Verkehrs auf der D.-Straße. Hinsichtlich der PM 10-Belastung (so genannter Feinstaub) verweist er darauf, dass gegenüber den bestehenden Gegebenheiten ähnliche Belastungen zu erwarten seien, die detaillierte Einschätzung jedoch erst nach Abschluss laufender Forschungsarbeiten sowie weiterer in Zukunft verfügbarer Erfahrungen mit Messdaten möglich sein werde.

Dabei hat der Gutachter in die auf das Prognosejahr 2005 abstellende Begutachtung allerdings bereits die geplante Entwicklung der Gewerbegebiete außerhalb des Gebiets des Bebauungsplans mit in das Gutachten einbezogen. Ein über das Jahr 2005 hinausgehender Prognosezeitraum war von diesem Ausgangspunkt aus betrachtet nicht relevant. Luftschadstoffbelastungen können sich aus den in den Bebauungsplangebieten eröffneten Nutzungsmöglichkeiten ergeben, zum anderen auch daraus, dass der Bebauungsplan den Ausbau der Straße ermöglicht. Diese beiden Umstände hat der Gutachter berücksichtigt. Darüber hinaus kommt eine verstärkte Luftschadstoffbelastung dann in Betracht, wenn eine allgemeine nicht planbedingte Erhöhung des Verkehrsaufkommens eintritt. Eine solche Entwicklung musste nicht in die Abwägung der Antragsgegnerin eingestellt werden und daher auch nicht gutachterlich aufbereitet sein. Dem Gebot zureichender Abwägung der durch die 22. BImSchV in den Blick genommenen Immissionsschutzbelange ist bei sich aus der allgemeinen Verkehrsentwicklung ergebenden Folgerungen vielmehr regelmäßig dadurch genügt, dass der Rat die Einhaltung der Grenzwerte dem Verfahren der Luftreinhalteplanung und mithin der zuständigen Behörde überlässt (vgl. für die straßenrechtliche Planfeststellung: BVerwG, Urteile v. 26.5.2004 – 9 A 5.03 –, juris, und – 9 A 6.03 –, NVwZ 2004, 1237; Urteil v. 18.11.2004 – 4 CN 11.03 –, ZfBR 2005, 270).

Eine Situation, in der absehbar wäre, dass die Verwirklichung des Bebauungsplans die Möglichkeit ausschließt, die Einhaltung der maßgebenden Grenzwerte der 22. BImSchV mit den Mitteln der Luftreinhalteplanung in einer mit dem Bebauungsplan zu vereinbarenden Weise zu sichern, ist nicht gegeben.

Nr. 31

Zur bundesrechtskonformen Auslegung einer Bebauungsplanfestsetzung.

Eine Gemeinde darf im Grundsatz abwägungsfehlerfrei die vorhandene Nutzung „festschreiben", weil sie die mit Erweiterungen verbundenen Auswirkungen verhindern will.
(Nichtamtliche Leitsätze.)

BauGB § 1 Abs. 6 a. F.; BauNVO § 11 Abs. 3.

Bundesverwaltungsgericht, Beschluss vom 21. November 2005 – 4 BN 36.05 –.

(OVG Nordrhein-Westfalen)

Die Antragstellerin hatte in ihrer Normenkontroll-Antragsbegründung die Auffassung vertreten, die umstrittene textliche Festsetzung im Bebauungsplan sei dynamisch auszulegen. Dies habe die Folge, dass auch durch einen späteren (einfachen) Beschluss des Gemeinderats die Liste der nicht zentrenrelevanten Sortimente erweitert werden könnte. Die Antragstellerin hat ferner gerügt, dies stelle ein vom BauGB nicht vorgesehenes Verfahren dar. Darauf hat die Antragsgegnerin (lediglich) erwidert, die angegriffene Formulierung sei „jedoch bewusst gewählt" worden. In der mündlichen Verhandlung vor dem Normenkontrollgericht hat der Senat nach dem eigenen Vortrag der Antragstellerin zu erkennen gegeben, dass er von der Nichtigkeit des Bebauungsplans ausgehen werde, falls es sich bei der umstrittenen Festsetzung um eine dynamische Verweisung handele. Ob dies der Fall sei, unterliege jedoch als Frage der Auslegung einer Rechtsnorm der Entscheidung des Normenkontrollgerichts.

Aus den Gründen:

Wenn eine bestimmte Auslegung eines Bebauungsplans – wie jeder anderen vergleichbaren Rechtsnorm – mit höherrangigem Recht, also Bundesrecht oder Verfassungsrecht (des Landes oder des Bundes) nicht vereinbar ist, drängt es sich auf, die Möglichkeit einer bundesrechtskonformen bzw. verfassungskonformen Auslegung zu prüfen. Bestehen Bedenken gegen eine sog. dynamische Verweisung, ist an eine statische Verweisung zu denken. Damit mag der Normgeber nicht in vollem Umfang dasjenige Ergebnis erreichen, das er „bewusst gewählt" hat. Dies liegt indes in der Natur einer bundesrechtskonformen bzw. verfassungskonformen Auslegung, die stets mit einer entsprechenden Einschränkung verbunden sein wird.

Vorliegend hat das Normenkontrollgericht die umstrittene textliche Festsetzung verfassungskonform dahin ausgelegt, dass das Wort Beschluss nur einen Satzungsbeschluss meinen könne, der auf der Grundlage eines Bebauungsplanänderungsverfahrens ergangen sei. Die Beschwerde rügt, damit entspreche die Formulierung der Sache nach einem Änderungsvorbehalt, der ohnehin selbstverständlich sei. Selbst wenn diese Gleichsetzung zutreffen sollte, würde eine derartige bundesrechtskonforme bzw. verfassungskonforme Auslegung nicht dem Rechtsstreit eine Wendung geben, mit der ein Beteiligter im Hinblick auf die Hinweise in der mündlichen Verhandlung nicht zu rechnen brauchte. Im Übrigen ist im Hinblick auf die entsprechenden Ausführungen in der Beschwerde darauf hinzuweisen, dass das vom Normenkontrollgericht genannte Bebauungsplanänderungsverfahren auch für mehrere Bebauungspläne zeitgleich durchgeführt werden kann.

Es bedarf keiner Klärung in einem Revisionsverfahren, dass eine Gemeinde im Grundsatz abwägungsfehlerfrei die vorhandene Nutzung „festschreiben" darf, weil sie die mit Erweiterungen (welcher Art auch immer) verbundenen Auswirkungen (beispielsweise nach § 11 Abs. 3 Satz 2 ff. BauNVO) verhindern will. Ob eine derartige Festsetzung im Einzelnen abwägungsfehlerfrei ist und ob dabei der Schutz des Eigentums seiner Bedeutung entsprechend angemessen einbezogen worden ist, lässt sich nicht in grundsätzlicher Weise klären. Zu Recht verweist das Oberverwaltungsgericht ferner darauf, dass die Genehmigungsfähigkeit eines Einzelvorhabens im Bauplanungsrecht auch davon abhängig sein kann, welche Gebäude und Nutzungen bereits vorhanden sind. Er nimmt dabei u. a. auf das Urteil des Senats vom 24. 2. 2000 (– 4 C 12.98 – BVerwGE 110, 355 = BRS 63 Nr. 185 = BauR 2000, 1168) Bezug, das die Wechselbeziehungen bei einem Doppelhaus betrifft. Ergänzend wäre u. a. auf Belange des Immissionsschutzes zu verweisen, die die Errichtung einer bestimmten (emittierenden oder schutzbedürftigen) baulichen Anlage hindern können, so lange eine andere Anlage noch genutzt wird. Eine Gemeinde ist nicht gehindert und wird im Hinblick auf eine vorhandene Lage häufig sogar gehalten sein, die gegenwärtigen Gegebenheiten im Rahmen ihrer Abwägung zu beachten. Sie ist auch nicht grundsätzlich gehindert, Festsetzungen zu treffen, die sich aus tatsächlichen Gründen erst unter bestimmten Voraussetzungen verwirklichen lassen. Ob dies im Einzelfall abwägungsfehlerfrei erfolgt ist, lässt sich nicht in einem Revisionsverfahren klären.

Nr. 32

Der Flächennutzungsplan darf bei der Darstellung der Art der Bodennutzung nicht über Grundzüge hinausgehen.

Welche Darstellungen zu den Grundzügen der Art der Bodennutzung gehören, hängt nicht von dem Grad ihrer Bestimmtheit, sondern davon ab, ob sie den Bezug zur jeweilig städtebaulichen Konzeption „für das ganze Gemeindegebiet" (§ 5 Abs. 1 Satz 1 BauGB) wahren. Unter dieser Voraussetzung können auch Grenzwerte für Geruchsimmissionen festgelegt werden.

Will die Gemeinde die städtebauliche Entwicklung im Außenbereich mittels Bauleitplanung steuern, darf sie sich grundsätzlich auf den Flächennutzungsplan beschränken.

Der Flächennutzungsplan darf für den Außenbereich nicht auf Grund des Bestimmtheitsgrades seiner Darstellungen faktisch an die Stelle eines Bebauungsplans treten.

Auch im Flächennutzungsplan genau festgelegte Immissionsgrenzwerte unterliegen der nachvollziehenden Abwägung.

BauGB §§ 1 Abs. 6 und 7, 5 Abs. 1 und Abs. 2 Nr. 1 und 6, 8 Abs. 2 Satz 1, 35 Abs. 1 Nr. 1, Abs. 3 Satz 1 Nr. 1 und Satz 3.

Bundesverwaltungsgericht, Urteil vom 18. August 2005 – 4 C 13.04 –.

(Niedersächsisches OVG)

Die Kläger begehren die Erteilung eines Bauvorbescheides für die Errichtung eines Geflügelmaststalles (ursprünglich für 39 990 Mastplätze mit einer Grundfläche von 22,5 m x 100 m). Das Außenbereichsgrundstück liegt östlich der Landesstraße ca. 700 m von der Hofstelle der Kläger entfernt.

Nach Herabsetzung der für die immissionsschutzrechtliche Genehmigungsbedürftigkeit maßgebenden Tierplatzzahlen durch das Gesetz zur Umsetzung der UVP-Änderungsrichtlinie, der IVU-Richtlinie und weiterer EG-Richtlinien vom 27. 7. 2001 (BGBl. I, 1950) änderten die Kläger ihr Verpflichtungsbegehren dahingehend ab, daß sie die Erteilung eines Bauvorbescheides für die Errichtung eines Geflügelmaststalles mit 29 990 Mastplätzen begehrten. Das Verwaltungsgericht wies die Klage als unzulässig ab.

Während des Berufungsverfahrens wurde die 52. Änderung des Flächennutzungsplans der Beigeladenen bekannt gemacht. Die Änderung erfaßt einen Streifen des Gemeindegebiets entlang der Küste. Ziel der Darstellungen ist es, die Kur- und Erholungseinrichtungen vor negativen Einflüssen zu schützen, welche nach Auffassung der Beigeladenen von Massentierhaltungseinrichtungen in der Gestalt von Staub und Geruch ausgehen können. Textlich wird bestimmt, daß das Plangebiet (Zone I–III) als Fläche für Erholungs-, Kur- und Freizeitzwecke (fremdenverkehrliche Schwerpunktzone) dient. Das Plangebiet ist in drei Zonen unterschiedlicher Schutzwürdigkeit aufgeteilt, in denen Betriebe (Gewerbebetriebe und landwirtschaftliche Betriebe) abgestufte Nutzungsbeschränkungen einzuhalten haben. Bei vorhandenen Betrieben darf die Geruchsschwelle (1 Geruchseinheit/cbm Luft) in 200 m Entfernung zum Emissionsschwerpunkt des Betriebes in der Zone 1 nur in maximal 3 %, in der Zone 2 in maximal 8 % und in der Zone 3 in maximal 10 % der Jahresstunden überschritten werden; der 1-h-Mittelwert der Schwebstaubkonzentration von maximal 500 Mikrogramm/cbm Luft (MIK-Wert gemäß VDI 2310 Blatt 19) darf in allen drei Zonen in 50 m Entfernung zum Emissionsschwerpunkt des Betriebes nicht überschritten werden. Bei der Neuansiedlung von Betrieben sind strengere Nutzungsbeschränkungen einzuhalten.

Durch Urteil vom Juni 2003 (BauR 2004, 459) hat das Oberverwaltungsgericht das Urteil des Verwaltungsgerichts geändert, die angefochtenen Bescheide aufgehoben und den Beklagten verpflichtet, den Klägern einen Bauvorbescheid zu erteilen.

Aus den Gründen:

II. Die Revision der Beigeladenen ist zulässig und begründet. Das angefochtene Urteil ist zwar mit Bundesrecht vereinbar, soweit es die geänderte Klage zugelassen (1.) und die Einwände der Beigeladenen gegen die Bestimmtheit der Bauvoranfrage zurückgewiesen hat (2.). Die dem Urteil zugrunde liegende Annahme, die Darstellungen des Flächennutzungsplans i. d. F. der 52. Änderung seien unwirksam, weil es aus Rechtsgründen nicht möglich sei, derart detaillierte Darstellungen in einen Flächennutzungsplan aufzunehmen, verletzt jedoch Bundesrecht (3.). Die tatsächlichen Feststellungen des Oberverwaltungsgerichts reichen nicht aus, um im Revisionsverfahren zu entscheiden, ob der Flächennutzungsplan i. d. F. der 52. Änderung wirksam ist und, wenn dies der Fall sein sollte, ob dem Vorhaben öffentliche Belange entgegenstehen, weil es den Darstellungen des Flächennutzungsplans widerspricht (4.). Das angefochtene Urteil ist daher aufzuheben und die Sache zur anderweitigen Verhandlung und Entscheidung an das Oberverwaltungsgericht zurückzuverweisen (§ 144 Abs. 3 Satz 1 Nr. 2 VwGO).

1. Das Oberverwaltungsgericht hat die Umstellung des Verpflichtungsantrags auf Erteilung eines Bauvorbescheides für die Errichtung eines Geflügelmaststalles mit 29 990 statt – wie bei Klageerhebung ursprünglich beantragt – 39 990 Mastplätzen zu Recht als eine zulässige Klageänderung angesehen.

1.1 Eine Klageänderung liegt vor, wenn der Streitgegenstand eines anhängigen Verfahrens durch Erklärung des Klägers geändert wird (vgl. BVerwG, Beschluß v. 21. 10. 1983 – 1 B 116.83 –, DVBl. 1984, 93). Nicht als eine Änderung der Klage ist es anzusehen, wenn ohne Änderung des Klagegrundes der Klageantrag in der Hauptsache beschränkt wird (§ 264 Nr. 2 ZPO i. V. m. § 173 VwGO). Wenn ein Antragsteller – wie hier – die Zahl der Mastgeflügelplätze in seinem Genehmigungsantrag unter die in der Nr. 7. 1 Buchstabe a) cc) der Spalte 2 des Anhangs zur 4. BImSchV genannte, für die immissionsschutzrechtliche Genehmigungsbedürftigkeit maßgebende Schwelle von 30 000 Plätzen absenkt, stellt er nicht ein lediglich im Umfang verringertes, sondern ein anderes Vorhaben zur Genehmigung. Die an diesen Schwellenwert anknüpfende immissionsschutzrechtliche Genehmigungsbedürftigkeit bringt zum Ausdruck, daß der Gesetzgeber das Erreichen von 30 000 Mastplätzen als qualitative Änderung des Vorhabens bewertet.

1.2 Eine Änderung der Klage ist gemäß § 91 Abs. 1 VwGO zulässig, wenn die übrigen Beteiligten einwilligen oder das Gericht die Änderung für sachdienlich hält. Die Entscheidung, ob eine Klageänderung sachdienlich ist, liegt im Ermessen der darüber entscheidenden Instanz. Das Revisionsgericht darf nur prüfen, ob das Tatsachengericht den Rechtsbegriff der Sachdienlichkeit verkannt und damit die Grenze seines Ermessens überschritten hat (vgl. BVerwG, Beschluß v. 11. 12. 2003 – 6 B 60.03 –, NVwZ 2004, 623; Urteil v. 11. 12. 1990 – 6 C 33.88 –, Buchholz 264 LUmzugskostenR Nr. 3). Eine Klageänderung ist i. d. R. als sachdienlich anzusehen, wenn sie der endgültigen Beilegung des sachlichen Streits zwischen den Beteiligten im laufenden Verfahren dient und der Streitstoff im wesentlichen derselbe bleibt (vgl. BVerwG, Urteile v. 22. 2. 1980 – 4 C 61.77 –, Buchholz 406.11 §35 BBauG Nr. 161 = DVBl. 1980, 598, und v. 27. 2. 1970 – 4 C 28.67 –, Buchholz 310 §91 VwGO Nr. 6). Hiervon ist auch das Oberverwaltungsgericht ausgegangen. Es hat für den Fall, daß der Gesetzgeber die für die immissionsschutzrechtliche Genehmigungsbedürftigkeit maßgebenden Besatzzahlen ohne Überleitungsregelung für Altanträge ändert und die Behörden dem geänderten Vorhaben ihre schon bisher geäußerten Argumente entgegenhalten, eine besondere Rechtfertigung dafür verlangt, dem auf die Gesetzesänderung reagierenden Antragsteller eine neuerliche Durchführung des behördlichen Verfahrens zuzumuten. Solche Rechtfertigungsgründe seien hier nicht gegeben. Von einem neuerlichen Widerspruchsverfahren sei außer einer Verfahrensverzögerung nichts zu erwarten. Diese Erwägungen sind revisionsrechtlich nicht zu beanstanden. Ist der Streitstoff trotz der Änderung des Vorhabens im wesentlichen derselbe geblieben und bejaht das Gericht die Sachdienlichkeit der Klageänderung, ist ein erneutes Vorverfahren nicht erforderlich (vgl. BVerwG, Urteile v. 22. 2. 1980 und v. 27. 2. 1970, jeweils a. a. O.).

2. Das Oberverwaltungsgericht hat die Bauvoranfrage der Kläger als hinreichend bestimmt angesehen. Die Anforderungen an die Bestimmtheit einer Bauvoranfrage hat es dem irrevisiblen Landesrecht entnommen. Es genüge, wenn die „einzelne Frage" i. S. des § 74 Abs. 1 NBauO – hier also die städtebauliche Zulässigkeit von Geflügelhaltung auf dem bezeichneten Flurstück – erkennbar werde und sich keine unüberwindlichen Schwierigkeiten hinsichtlich der Bindungswirkung einer daraufhin erteilten Bebauungsgenehmigung ergäben. An diese Auslegung des Landesrechts durch das Oberverwaltungsgericht ist der Senat gemäß § 560 ZPO i. V. m. § 173 VwGO gebunden. Das Bundesrecht stellt keine über das Landesrecht hinausgehenden Anforderungen an die Bestimmtheit einer Bauvoranfrage. § 35 BauGB, auf den die Revision mit ihrem Hinweis, für die Beurteilung der Wahrung der öffentlichen Belange sei es erforderlich, die Art des Geflügels anzugeben, Bezug nimmt, regelt nicht die verfahrensrechtlichen Anforderungen an eine Bauvoranfrage, sondern ausschließlich die bauplanungsrechtliche Zulässigkeit von Vorhaben.

3. Mit Bundesrecht nicht vereinbar ist die Annahme des Oberverwaltungsgerichts, die Darstellungen des Flächennutzungsplans der Beigeladenen i. d. F. seiner 52. Änderung seien unwirksam, weil es aus Rechtsgründen nicht möglich sei, derart detaillierte Regelungen in einen Flächennutzungsplan aufzunehmen.

3.1 Zutreffend ist das Oberverwaltungsgericht davon ausgegangen, daß im Flächennutzungsplan nur „Planungsgrundzüge" dargestellt werden können. Das ergibt sich aus § 5 Abs. 1 Satz 1 BauGB. Nach dieser Vorschrift ist im Flächennutzungsplan für das ganze Gemeindegebiet die sich aus der beabsichtigten städtebaulichen Entwicklung ergebende Art der Bodennutzung nach den voraussehbaren Bedürfnissen der Gemeinde in den Grundzügen darzustellen. Die Darstellungen dürfen einerseits hinter den Grundzügen nicht zurückbleiben (vgl. BVerwG, Urteil v. 18. 2. 1994 – 4 C 4.92 –, BVerwGE 95, 123, 126 = BRS 56 Nr. 2 = BauR 1994, 486; Söfker, in: Ernst/Zinkahn/ Bielenberg/Krautzberger, BauGB, § 5 Rdnr. 12). Der Flächennutzungsplan muß ein gesamträumliches Entwicklungskonzept für das Gemeindegebiet darstellen (vgl. BVerwG, Beschluß v. 12. 2. 2003 – 4 BN 9.03 –, BRS 66 Nr. 43 = BauR 2003, 838; Urteile v. 21. 10. 1999 – 4 C 1.99 –, BVerwGE 109, 371, 376 = BRS 62 Nr. 38 = BauR 2000, 695, und v. 22. 5. 1987 – 4 C 57.84 –, BVerwGE 77, 300, 304 = BRS 47 Nr. 5 = BauR 1987, 651). Der Flächennutzungsplan darf andererseits nicht – wie der Vertreter des Bundesinteresses meint – über eine Darstellung der Art der Bodennutzung in den Grundzügen hinausgehen; eine weitergehende Planungsbefugnis kommt der Gemeinde auf der Ebene des Flächennutzungsplans nicht zu (vgl. Löhr, in: Battis/ Krautzberger/Löhr, BauGB, 9. Aufl. 2005, § 5 Rdnr. 8; Söfker, a. a. O., § 5

Rdnr. 11). Die Befugnis, auch Einzelheiten der Bodennutzung darzustellen, kann weder aus §5 Abs. 1 Satz2 BauGB noch aus §13 Abs. 1 BauGB hergeleitet werden. Gemäß §5 Abs. 1 Satz2 BauGB können aus dem Flächennutzungsplan Flächen und sonstige Darstellungen ausgenommen werden, u. a. wenn dadurch die nach Satz 1 darzustellenden Grundzüge nicht berührt werden. Nach §13 Abs. 1 BauGB kann die Gemeinde, wenn durch die Änderung oder Ergänzung eines Bauleitplans die Grundzüge der Planung nicht berührt werden, unter bestimmten weiteren Voraussetzungen das vereinfachte Verfahren anwenden. Der Gesetzgeber gewährt die genannten Erleichterungen bei Aufstellung und Änderung des Flächennutzungsplans nicht für die Darstellung von Einzelheiten der Bodennutzung, sondern für den Fall, daß der Flächennutzungsplan auch ohne die ausgenommenen oder geänderten Darstellungen ein tragfähiges Bodennutzungskonzept für die geordnete städtebauliche Entwicklung des Gemeindegebiets als Ganzes enthält (vgl. Gaentzsch, in: Berliner Kommentar zum Baugesetzbuch, 3. Aufl., Stand 2005, §5 Rdnr. 14).

Das Oberverwaltungsgericht hat offengelassen, wo die Grenze von „Grundzügen" verläuft. Jedenfalls hier sei sie überschritten. Der Flächennutzungsplan stelle inhaltlich und hinsichtlich seiner Regelungstiefe und Parzellenschärfe eine so weitgehende Regelung dar, daß diese nicht mehr als Darstellung eines Flächennutzungsplans, sondern allenfalls als Festsetzung eines Bebauungsplans hätte ergehen dürfen. Aus dem Begriff der Grundzüge ergeben sich jedoch entgegen der Auffassung des Oberverwaltungsgerichts keine starren, von der jeweiligen planerischen Konzeption der Gemeinde unabhängigen Grenzen für Inhalt, Regelungstiefe und Parzellenschärfe des Flächennutzungsplans. So können parzellenscharfe Darstellungen, z. B. von Flächenbegrenzungen oder Trassenverläufen, erforderlich sein, um die Grundzüge der Planung überhaupt mit der gebotenen Bestimmtheit darzustellen. Auch konkrete inhaltliche Planaussagen können zu den „Grundzügen" gehören. Das gilt auch für die Festlegung von Werten, die – wie hier – die Emissionen bestimmter Betriebe begrenzen sollen und auf diese Weise die zulässige Art der Bodennutzung im Plangebiet regeln.

Die Befugnis der Gemeinde, in den Flächennutzungsplan aus ins einzelne gehende Darstellungen aufzunehmen, ergibt sich bereits aus dem Katalog des §5 Abs.2 BauGB. Zulässig sind hiernach auch Planaussagen, die nicht oder jedenfalls nicht wesentlich weniger detailliert und konkret als Festsetzungen in einem Bebauungsplan sind. So ist die Gemeinde beispielsweise gemäß §5 Abs.2 Nr. 1 BauGB bei der Darstellung der für die Bebauung vorgesehenen Flächen nicht auf die Ausweisung von Bauflächen (§1 Abs. 1 BauNVO) und Baugebieten (§1 Abs.2 BauNVO) beschränkt; dargestellt werden kann auch das allgemeine Maß der baulichen Nutzung. Bereits im Flächennutzungsplan können z. B. die Grund- und Geschoßflächenzahl, die Zahl der Vollgeschosse und die Höhe baulicher Anlagen dargestellt werden. Gemäß §5 Abs.2 Nr.6 BauGB kann die Gemeinde „Flächen für Nutzungsbeschränkungen oder für Vorkehrungen zum Schutz gegen schädliche Umwelteinwirkungen im Sinne des Bundesimmissionsschutzgesetzes" darstellen. Emissions- und Immissionsgrenzwerte sind zwar keine Vorkehrungen, weder i. S. von §9 Abs. 1 Nr.24

BauGB (vgl. BVerwG, Beschlüsse v. 2.3.1994 – 4 NB 3.94 –, Buchholz 406.11 §9 BauGB Nr. 70, v. 10.8.1993 – 4 NB 2.93 –, BRS 55 Nr. 11, und v. 18.12.1990 – 4 N 6.88 –, BRS 50 Nr. 25) noch von §5 Abs. 2 Nr. 6 BauGB. Flächen, auf denen die Emissionen von Betrieben bestimmte Grenzwerte nicht überschreiten dürfen, können jedoch als „Flächen für Nutzungsbeschränkungen", d. h. als Flächen, auf denen Nutzungsbeschränkungen notwendig sind (vgl. Gaentzsch, a. a. O., §5 Rdnr. 34), dargestellt werden.

Wenn die Gemeinde von ihrer Möglichkeit Gebrauch macht, in den Flächennutzungsplan auch über den nicht abschließenden Katalog des §5 Abs. 2 BauGB hinausgehende Darstellungen aufzunehmen, werden ihre Darstellungsmöglichkeiten allerdings durch §9 Abs. 1 BauGB begrenzt; Aussagen, die nicht Gegenstand einer zulässigen Festsetzung in einem Bebauungsplan werden können, sind auch im Flächennutzungsplan unzulässig (vgl. Gaentzsch, a. a. O., §5 Rdnr. 20; Reidt, in: Gelzer/Bracher/Reidt, Bauplanungsrecht, 7. Aufl. 2004, S. 56 Rdnr. 128). Inwieweit §9 Abs. 1 BauGB auch die sich aus §5 Abs. 2 Nr. 6 BauGB ergebenden Darstellungsmöglichkeiten begrenzt, kann offen bleiben. Denn in einem Bebauungsplan können ebenfalls Flächen, auf denen Betriebe bestimmte Emissionsgrenzwerte einzuhalten haben, festgesetzt werden (vgl. BVerwG, Urteil v. 28.2.2002 – 4 CN 5.01 –, BRS 65 Nr. 67 = BauR 2002, 1348; Beschluß v. 18.12.1990 – 4 N 6.88 –, a. a. O.).

Welche Darstellungen noch zu den Grundzügen der Art der Bodennutzung gehören, hängt mithin nicht von dem Grad ihrer Bestimmtheit, sondern davon ab, ob sie den Bezug zur jeweiligen städtebaulichen Konzeption „für das ganze Gemeindegebiet" (§5 Abs. 1 Satz 1 BauGB) wahren. Der Flächennutzungsplan soll ein umfassendes Gesamtkonzept für die beabsichtigte städtebauliche Entwicklung der Gemeinde darstellen (vgl. BVerwG, Beschluß v. 12.2.2003, a. a. O.; BVerwGE 109, 371, 376; 77, 300, 304). Dazu gehört es i. d. R., die einzelnen Bauflächen und die von Bebauung freizuhaltenden Gebiete einander zuzuordnen (vgl. BVerwG, Urteile v. 26.2.1999 – 4 CN 6.98 –, BRS 62 Nr. 48 = BauR 1999, 1128, und v. 28.2.1975 – 4 C 74.72 –, BVerwGE 48, 70, 75 = BRS 29 Nr. 8 = BauR 1975, 256). Die für einzelne Flächen vorgesehene Art der Bodennutzung muß sich in ein Konzept für das gesamte Gemeindegebiet einfügen. Darstellungen gehören ungeachtet ihres Bestimmtheitsgrades zu den Grundzügen der Art der Bodennutzung, wenn sie der Bewältigung eines Nutzungskonflikts dienen, der eine über die unmittelbar betroffenen Flächen hinausgehende Bedeutung für das dem Flächennutzungsplan zugrunde liegende gesamträumliche Entwicklungskonzept der Gemeinde hat. Die Gemeinde kann somit nicht jeden beliebigen Nutzungskonflikt zum Gegenstand ihres Entwicklungskonzepts machen und dadurch ins Einzelne gehende Darstellungen auf der Ebene des Flächennutzungsplans rechtfertigen. Sind jedoch detaillierte und konkrete Darstellungen erforderlich, um einen Nutzungskonflikt von grundlegender Bedeutung für ihre gesamträumliche Entwicklung planerisch zu bewältigen, kann der Flächennutzungsplan seiner Aufgabe nur gerecht werden, wenn auch derartige Darstellungen zulässig sind.

3.2 Das Oberverwaltungsgericht hat die Darstellungen des Flächennutzungsplans i. d. F. der 52. Änderung auch deshalb für unwirksam gehalten, weil sie nicht mehr entwicklungsfähig und -bedürftig seien. Dabei hat es nicht berücksichtigt, daß das Entwicklungsgebot (§ 8 Abs. 2 Satz 1 BauGB), soweit der Flächennutzungsplan – wie hier – die Art der Bodennutzung im Außenbereich darstellt, Rückschlüsse auf den zulässigen Bestimmtheitsgrad der Darstellungen nicht zuläßt.

Gemäß § 8 Abs. 2 Satz 1 BauGB sind Bebauungspläne aus dem Flächennutzungsplan zu entwickeln. Nach der Rechtsprechung des Senats folgt aus diesem gesetzlichen Ableitungszusammenhang, daß den Darstellungen des Flächennutzungsplans als Entwicklungsgrundlage noch nicht der Bestimmtheitsgrad eignet, der für Festsetzungen eines Bebauungsplans typisch ist; der Flächennutzungsplan weist ebenenspezifisch ein grobmaschiges Raster auf, das auf Verfeinerung angelegt ist (vgl. BVerwG, Beschlüsse v. 12. 2. 2003 – 4 BN 9.03 –, a. a. O., und v. 20. 7. 1990 – 4 N 3.88 –, BVerwGE 48, 70, 73 ff. = BRS 50 Nr. 36 = BauR 1990, 685). Das Entwicklungsgebot und die hierzu ergangene Rechtsprechung des Senats setzen voraus, daß die Gemeinde einen Bebauungsplan erläßt. Der Außenbereich liegt definitionsgemäß außerhalb des räumlichen Geltungsbereichs eines Bebauungsplans i. S. des § 30 Abs. 1 BauGB und außerhalb der im Zusammenhang bebauten Ortsteile (vgl. BVerwG, Urteil v. 1. 12. 1972 – 4 C 6.71 –, BVerwGE 41, 227, 232 = BRS 25 Nr. 36 = BauR 1973, 99). Im Außenbereich darf sich die Gemeinde grundsätzlich darauf beschränken, die städtebauliche Entwicklung planerisch durch den Flächennutzungsplan zu steuern. Das in § 35 BauGB vorgesehene Entscheidungsprogramm erweist sich in aller Regel als ausreichend, um eine städtebauliche Konfliktlage im Außenbereich angemessen beurteilen zu können und diese Beurteilung dem behördlichen Entscheidungsverfahren zuzuweisen (vgl. BVerwG, Urteil v. 1. 8. 2002 – 4 C 5.01 –, BVerwGE 117, 25, 30 = BRS 65 Nr. 10 = BauR 2003, 55). Das gilt insbesondere, wenn – wie hier – über den konkreten Standort von im Außenbereich gemäß § 35 Abs. 1 BauGB grundsätzlich zulässigen Vorhaben zu entscheiden ist. Die Gemeinde ist insoweit nicht darauf verwiesen, ihre planerischen Vorstellungen durch Erlaß eines weite Teile des Außenbereichs erfassenden Bebauungsplans zur Geltung zu bringen. Sie ist auch nicht darauf beschränkt, für Vorhaben nach § 35 Abs. 1 Nr. 2 bis 6 BauGB Konzentrationszonen mit den Rechtsfolgen des § 35 Abs. 3 Satz 3 BauGB auszuweisen. Der Gesetzgeber hat mit dem Planungsvorbehalt im nachträglich eingefügten § 35 Abs. 3 Satz 3 BauGB einen zusätzlichen Weg bezeichnet, durch Darstellungen im Flächennutzungsplan die Zulässigkeit privilegierter Vorhaben im Außenbereich zu steuern. Die Möglichkeit, daß einem privilegierten Vorhaben im Außenbereich öffentliche Belange entgegenstehen, weil es Darstellungen des Flächennutzungsplans widerspricht, bleibt hiervon unberührt (vgl. BVerwG, Urteil v. 17. 12. 2002 – 4 C 15.01 –, BVerwGE 117, 287, 292 = BRS 65 Nr. 95 = BauR 2003, 828; Beschluß v. 3. 6. 1998 – 4 B 6.98 –, BRS 60 Nr. 90 = BauR 1998, 991).

Anders als ein Bebauungsplan ist der Flächennutzungsplan für sich betrachtet keine rechtssatzmäßige Regelung zulässiger Bodennutzungen; eine unmittelbare, die Zulässigkeit privilegierter Nutzungen ausschließende

Wirkung können seine Darstellungen nicht entfalten (vgl. BVerwGE 77, 301, 305). Als Ausdruck der in ihm niedergelegten planerischen Vorstellungen der Gemeinde können Darstellungen des Flächennutzungsplans jedoch die Bedeutung eines der Zulässigkeit von Vorhaben im Außenbereich entgegenstehenden öffentlichen Belangs haben. Da der Gesetzgeber die in § 35 Abs. 1 BauGB genannten Vorhaben im Außenbereich allgemein für zulässig erklärt hat, ohne jedoch eine Entscheidung über den konkreten Standort zu treffen, können einem privilegierten Vorhaben nur konkrete standortbezogene Aussagen im Flächennutzungsplan als öffentlicher Belang entgegenstehen (vgl. BVerwG, Beschluß v. 20. 7. 1990 – 4 N 3.88 –, a. a. O.; BVerwG 77, 300, 305; 68, 311, 315). Darstellungen des Flächennutzungsplans für den Außenbereich müssen mithin, um öffentliche Belange qualifizieren zu können, eine im Wege der Bebauungsplanung nicht weiter konkretisierungsbedürftige Standortentscheidung enthalten.

Auch für den Außenbereich darf die Gemeinde ihre planerischen Vorstellungen jedoch nur mit den allgemein im Flächennutzungsplan zulässigen Darstellungen zum Ausdruck bringen. Der Flächennutzungsplan darf für den Außenbereich nicht auf Grund des Bestimmtheitsgrades seiner Darstellungen faktisch an die Stelle eines Bebauungsplans treten. Er muß sich sowohl für die mit Bebauungsplänen überplanten als auch für die nicht überplanten und auch nicht für eine Überplanung vorgesehenen Teile des Gemeindegebiets darauf beschränken, die Art der Bodennutzung in den Grundzügen darzustellen. Das schließt – wie bereits dargelegt – detaillierte und weiter konkretisierungsbedürftige Darstellungen nicht aus. Der Flächennutzungsplan darf die Art der Bodennutzung jedoch nicht insgesamt mit einer Detailliert- und Konkretheit, wie sie für einen Bebauungsplan typisch ist, darstellen. Solche Darstellungen dürfen nur einzelne Aspekte der Art der Bodennutzung betreffen. Im übrigen muß sich der Flächennutzungsplan darauf beschränken, einen Rahmen für die beabsichtigte städtebauliche Entwicklung des Gemeindegebiets zu setzen.

3.3 Das Oberverwaltungsgericht hat weiter gemeint, öffentliche Belange i. S. des § 35 Abs. 3 Satz 1 BauGB seien nur solche, welche Vorhaben in einer Abwägung gegenüber gestellt werden könnten. Das heiße, daß der Flächennutzungsplan öffentliche Belange nicht mit einer Detailgenauigkeit bestimmen könne, welche eine Abwägung ausschließe und eine vollständige Unterwerfung unter die Darstellungen des Flächennutzungsplans fordere. Das trifft nicht zu. Die nachvollziehende Abwägung ist auch bei ins Einzelne gehenden Darstellungen möglich und geboten.

Nach st. Rspr. des Senats (vgl. BVerwG, Urteile v. 21. 10. 2004 – 4 C 2.04 –, BauR 2005, 503 = NVwZ 2005, 211, 212, und v. 19. 7. 2001 – 4 C 4.00 –, BVerwGE 115, 17, 24 f. = BRS 64 Nr. 96 = BauR 2002, 41; BVerwGE 77, 300, 307; 68, 311, 313; Urteil v. 24. 8. 1979 – 4 C 3.77 –, BRS 35 Nr. 60 = BauR 1979, 481) setzt die Beantwortung der Frage, ob öffentliche Belange einem Vorhaben entgegenstehen, eine Abwägung voraus, und zwar nicht eine planerische Abwägung, sondern eine nachvollziehende Abwägung zwischen dem jeweils berührten öffentlichen Belang und dem Interesse des Antragstellers an der Verwirklichung des Vorhabens. Ob sich die öffentlichen Belange im

Einzelfall durchsetzen, ist eine Frage ihres jeweiligen Gewichts und der die gesetzlichen Vorgaben und Wertungen konkretisierenden Abwägung mit dem Vorhaben, zu dem es konkret in Beziehung zu setzen ist. Innerhalb dieser Beziehung ist dem gesteigerten Durchsetzungsvermögen privilegierter Außenbereichsvorhaben (§ 35 Abs. 1 BauGB) gebührend Rechnung zu tragen.

Für die Gewichtung einer Darstellung des Flächennutzungsplans ist zu beachten, daß die Darstellung nur wirksam ist, wenn sie ihrerseits auf einer gerechten planerischen Abwägung i. S. des § 1 Abs. 6 und 7 BauGB beruht (vgl. BVerwGE 77, 300, 307). Bei Aufstellung oder Änderung des Flächennutzungsplans können an die Ermittlung und Abwägung der Belange nicht die gleichen Anforderungen gestellt werden wie bei einem Bebauungsplan. Die Festsetzungen in einem Bebauungsplan sind parzellenscharf und – von der Möglichkeit der Befreiung (§ 31 Abs. 2 BauGB) abgesehen – im Genehmigungsverfahren bindend. Bei Aufstellung eines Bebauungsplans müssen deshalb auch die betroffenen Belange parzellenscharf ermittelt und abgewogen werden. Die Darstellungen eines Flächennutzungsplans sind, sofern sie nicht ausnahmsweise Parzellenschärfe für sich in Anspruch nehmen (vgl. BVerwGE 48, 70, 77.), „grobmaschiger" (vgl. BVerwG, Beschlüsse v. 12. 2. 2003 – 4 BN 9.03 –, und v. 20. 7. 1990 – 4 N 3.88 –, jeweils a. a. O.; BVerwGE 95, 123, 125; 48, 70, 73; 26, 287, 292). Anders als die Festsetzungen in einem Bebauungsplan sind sie nicht wie Rechtssätze anwendbar (vgl. BVerwG, Beschluß v. 13. 4. 1995 – 4 B 70.95 –, BRS 57 Nr. 109 = BauR 1995, 665; Urteil v. 28. 2. 1975 – 4 C 30.73 –, BRS 29 Nr. 70 = BauR 1975, 404; BVerwGE 26, 287, 292). Je geringer die Detailschärfe einer Darstellung des Flächennutzungsplans ist, desto „grobmaschiger" können auch die Ermittlung der betroffenen Belange und ihre Abwägung sein; ins Einzelne gehende Darstellungen müssen das Ergebnis einer entsprechend stärker differenzierenden Abwägung sein. Die parzellenscharfe Ermittlung der betroffenen Belange und deren Würdigung dürfen, soweit nicht ausnahmsweise eine parzellenscharfe Abgrenzung verschiedenartiger Flächen voneinander bereits im Flächennutzungsplan gewollt ist, für den Außenbereich dem Baugenehmigungsverfahren überlassen bleiben.

Für die nachvollziehende Abwägung bedeutet das: Soweit die Gemeinde die betroffenen Belange bereits bei Aufstellung des Flächennutzungsplans fehlerfrei ermittelt und abgewogen hat, können diese im Rahmen der nachvollziehenden Abwägung nicht anders gewichtet werden. Es ist jedoch zu prüfen, ob das Vorhaben von den der grobmaschigeren planerischen Abwägung zugrunde liegenden tatsächlichen Annahmen in wesentlichen Punkten abweicht, insofern also atypisch ist, und ob sonstige Umstände vorliegen, die nicht Gegenstand der planerischen Abwägung waren und das Gewicht der gemeindlichen Planungsvorstellungen mindern. Insoweit ist insbesondere zu berücksichtigen, daß Flächennutzungspläne – in wesentlich stärkerem Maße als Bebauungspläne – von der tatsächlichen städtebaulichen Entwicklung abhängig sind. Diese kann dazu führen, daß sich das Gewicht ihrer Aussagen bis hin zum Verlust der Aussagekraft abschwächt (vgl. Beschluß v. 20. 7. 1990 – 4 N 3.88 –, a. a. O.; BVerwGE 26, 287, 293). Liegen diese Voraussetzungen vor, können im Rahmen der nachvollziehenden Abwägung auch im

Flächennutzungsplan genau festgelegte Immissionsgrenzwerte ihre Bedeutung als entgegenstehender öffentlicher Belang einbüßen. Die für den Flächennutzungsplan kennzeichnende relative Wirkungsschwäche unterscheidet diese Grenzwerte von solchen Immissionsgrenzwerten, die in Konkretisierung des Begriffs „schädliche Umwelteinwirkungen" (§ 3 Abs. 1 BImSchG) durch Rechtssatz, etwa durch Verordnungen auf der Grundlage des Bundes-Immissionsschutzgesetzes, festgelegt sind. Ruft ein privilegiertes Vorhaben derartige schädliche Umwelteinwirkungen hervor oder wird es ihnen ausgesetzt, muß sich dieser entgegenstehende öffentliche Belang (§ 35 Abs. 3 Satz 1 Nr. 3 BauGB) wegen seiner Qualität als Rechtssatz bei der Abwägung mit den Interessen des Bauherrn immer durchsetzen.

4. Die Entscheidung stellt sich nicht aus anderen Gründen als richtig dar (§ 144 Abs. 4 VwGO).

4.1 Ausgehend von dem dargelegten Maßstab gehört die streitgegenständliche Darstellung des Flächennutzungsplans der Beigeladenen zu den Grundzügen der Art der Bodennutzung. Der Konflikt zwischen der Nutzung des Plangebiets als Erholungsraum für Kur- und Feriengäste einerseits und für Betriebe insbesondere mit Intensivtierhaltung andererseits hat eine über die Einzelvorhaben hinausgehende Bedeutung für das dem Flächennutzungsplan zugrunde liegende gesamträumliche Entwicklungskonzept der Beigeladenen. Die Beigeladene möchte in ihrer Küstenregion den Fremdenverkehr entwickeln. Die zu diesem Zweck ausgewiesene Fläche für Erholungs-, Kur- und Freizeitzwecke umfaßt etwa $^1/_4$ des Gemeindegebiets auf einem Streifen entlang der Nordseeküste; sie umschließt drei staatlich anerkannte Kur- und Erholungsorte. Das Plangebiet ist andererseits durch eine Vielzahl von Betrieben landwirtschaftlich geprägt. Bereits die Verwirklichung einzelner stark emittierender Vorhaben kann die Entwicklung des Fremdenverkehrs langfristig beeinträchtigen. Die Darstellung im Flächennutzungsplan ist darauf gerichtet, den Konflikt nicht einseitig zu Lasten des Fremdenverkehrs oder der landwirtschaftlichen Nutzung zu lösen, sondern auf der Grundlage eines nach der Empfindlichkeit des Gebiets einerseits und der Schutzwürdigkeit des Vorhabens andererseits abgestuften Konzepts planerisch zu bewältigen.

Der Flächennutzungsplan der Beigeladenen tritt mit der genannten Darstellung auch nicht faktisch an die Stelle eines Bebauungsplans. Er stellt zwar die von Betrieben einzuhaltenden Grenzwerte für Geruchs- und Staubemissionen mit einer eher für einen Bebauungsplan typischen Bestimmtheit dar. Im übrigen setzt er jedoch lediglich einen Rahmen für die beabsichtigte Entwicklung der fremdenverkehrlichen Schwerpunktzone. Das von der 52. Änderung des Flächennutzungsplans erfaßte Gebiet war vor Inkrafttreten der Änderung als Fläche für die Landwirtschaft ausgewiesen. Diese Darstellung soll nach dem Willen der Beigeladenen wirksam bleiben und durch die Zweckbestimmung und die Nutzungsbeschränkungen lediglich überlagert werden. Alle auf der Fläche für Landwirtschaft bisher zulässigen Arten der Bodennutzung bleiben dem Grunde nach auch in der fremdenverkehrlichen Schwerpunktzone zulässig.

4.2 Die im Flächennutzungsplan der Beigeladenen dargestellten Grenzwerte für Geruch und Staub sind keine unzulässigen „Summenpegel". Als solche wären sie nicht nur in einem Bebauungsplan (vgl. BVerwG, Beschluß v. 10. 8. 1993 – 4 NB 2.93 –, BRS 55 Nr. 11; Urteile v. 16. 12. 1999 – 4 CN 7.98 –, BVerwGE 110, 193, 200 = BRS 62 Nr. 44 = BauR 2000, 684, und v. 28. 2. 2002 – 4 CN 5.01 –, BRS 65 Nr. 67 = BauR 2002, 1348), sondern auch in einem Flächennutzungsplan unzulässig. Denn auch im Flächennutzungsplan darf – insoweit nicht anders als im Bebauungsplan – nur die Art der Bodennutzung dargestellt werden. Mit einem „Summenpegel" wird keine Nutzungsart, insbesondere nicht das Emissionsverhalten als Eigenschaft bestimmter Anlagen und Betriebe festgesetzt, sondern nur ein Immissionsgeschehen gekennzeichnet, das von einer Vielzahl unterschiedlicher Betriebe und Anlagen gemeinsam bestimmt wird und für das Emissionsverhalten der jeweiligen Anlage für sich genommen letztlich unbeachtlich ist (vgl. BVerwGE 110, 193, 200).

Die Beigeladene hat für Geruch und Staub keine Emissions-, sondern in 200 m bzw. 50 m Entfernung zum Emissionsschwerpunkt einzuhaltende Immissionsgrenzwerte festgelegt; um „Summenpegel" handelt es sich hierbei jedoch nicht. Die Einhaltung der Grenzwerte, mit denen die Beigeladene das Emissionsverhalten der Betriebe steuern will, ist für jeden Emittenten gesondert zu ermitteln. Das ergibt sich bereits daraus, daß die Immissionspunkte bezogen auf den jeweiligen Emittenten definiert sind. Ermittelt werden sollen die Geruchs- und Staubimmissionen in 200 m bzw. 50 m Entfernung zum Emissionsschwerpunkt des jeweiligen Betriebes.

4.3 Ob die Darstellung der Fläche für Erholungs-, Kur- und Freizeitzwecke mit den abgestuften Nutzungsbeschränkungen auf einer gerechten Abwägung i. S. des § 1 Abs. 6 und 7 BauGB beruht, hat das Oberverwaltungsgericht nicht geprüft und insoweit auch keine tatsächlichen Feststellungen getroffen. Angesichts des Umstandes, daß die Kur- und Erholungseinrichtungen zum Teil doch sehr weit entfernt seien, hat es die Abwägungsgerechtigkeit nicht als zweifelsfrei angesehen. Diesen Zweifeln wird es, wenn es bei seiner erneuten Entscheidung nicht die Wirksamkeit der Darstellung unterstellt, nachgehen müssen.

4.4 Der Senat kann – die Wirksamkeit der in Rede stehenden Darstellung des Flächennutzungsplans unterstellt – nicht ausschließen, daß dem Vorhaben der Kläger öffentliche Belange entgegenstehen, weil es der Darstellung widerspricht.

Wie bereits dargelegt, können nur konkrete standortbezogene Aussagen in einem Flächennutzungsplan der Zulässigkeit eines privilegierten Vorhabens im Außenbereich als öffentliche Belange entgegenstehen. Eine solche Aussage läßt sich nur Darstellungen entnehmen, die über den Regelungsgehalt des § 35 Abs. 2 und 3 BauGB hinausgehen. Flächen für die Land- und Forstwirtschaft sind im allgemeinen keine qualifizierten Standortzuweisungen; sie weisen dem Außenbereich nur die ihm ohnehin nach dem Willen des Gesetzes in erster Linie zukommende Funktion zu, der Land- und Forstwirtschaft – und dadurch zugleich auch der allgemeinen Erholung – zu dienen (vgl. BVerwG, Urteile v. 6. 10. 1989 – 4 C 28.86 –, BRS 50 Nr. 98, und v. 4. 5. 1988 – 4 C 22.87 –, BVerwGE 79, 318, 323 = BRS 48 Nr. 1; 77, 300, 301 f.; 68, 311, 315 f.). Die im Flächennutzungsplan der Beigeladenen dargestellte Fläche für

Erholungs-, Kur- und Freizeitzwecke mit den auf ihr geltenden Nutzungsbeschränkungen ist eine konkrete standortbezogene Aussage, die einem privilegierten Vorhaben als öffentlicher Belang entgegenstehen kann. Die Nutzungsbeschränkungen sind mit einer positiven Planung, nämlich der Ausweisung einer Zone, die in besonderem Maße der Erholung von Kur- und Feriengästen dienen soll, verbunden. Diese Fläche soll nicht nur – wie nach dem Willen des Gesetzgebers der Außenbereich im allgemeinen – neben den privilegiert zulässigen Nutzungen auch der allgemeinen Erholung dienen; die Nutzung zu Erholungszwecken soll vielmehr gegenüber anderen privilegierten Nutzungen in bestimmtem Umfang Vorrang erhalten.

Ob sich die Darstellung des Flächennutzungsplans – ihre Wirksamkeit unterstellt – gegen das privilegierte Vorhaben der Kläger durchsetzt, kann der Senat mangels der hierfür erforderlichen tatsächlichen Feststellungen nicht entscheiden. Das Oberverwaltungsgericht hat erwogen, die Darstellung in eine Vorrangfläche für Erholung umzudeuten; die nachvollziehende Abwägung hat es lediglich ausgehend von einem in dieser Weise geltungserhaltend reduzierten Flächennutzungsplan und auch insoweit nicht auf einer vollständigen Tatsachengrundlage vorgenommen. Das Gewicht der als wirksam zu unterstellenden Darstellung hängt davon ab, aus welchen Gründen, insbesondere auf Grund welcher tatsächlichen Gegebenheiten oder welcher für die Zukunft geplanten Entwicklung, die Beigeladene die Fläche für Erholungs-, Kur- und Freizeitzwecke in der hier betroffenen Zone unter Schutz gestellt hat. Im Rahmen der nachvollziehenden Abwägung ist zu prüfen, ob und inwieweit die nähere Umgebung des Vorhabens die von der Beigeladenen als maßgebend angesehenen Qualifikationsmerkmale aufweist oder, soweit sich die Schutzwürdigkeit erst aus der geplanten Entwicklung des Gebiets ergeben sollte, inwieweit die Verwirklichung der Planung nach der seit Inkrafttreten der 52. Änderung des Flächennutzungsplans eingetretenen tatsächlichen Entwicklung realistisch erscheint. Von Bedeutung ist schließlich, inwieweit die Schutzziele der Beigeladenen durch das Vorhaben beeinträchtigt würden. Das Oberverwaltungsgericht hat zwar Feststellungen zur gegenwärtigen Situation im Einwirkungsbereich des Vorhabens, nicht aber zu den Gründen der Beigeladenen für die Unterschutzstellung des Gebiets getroffen. Dies wird es nachzuholen haben.

Nr. 33

Die für einen in Aufstellung befindlichen Regionalplan entwickelten Grundsätze des Bundesverwaltungsgerichts können nicht ohne weiteres auf einen entsprechenden Flächennutzungsplanentwurf übertragen werden.

(Nichtamtlicher Leitsatz.)

BauGB § 35.

OVG Rheinland-Pfalz, Beschluss vom 14. Juli 2005 – 1 B 10669/05 – (rechtskräftig).

(VG Koblenz)

Aus den Gründen:

Das Verwaltungsgericht hat den Antrag auf Wiederherstellung der aufschiebenden Wirkung des Widerspruchs gegen die den Beigeladenen erteilten immissionsschutzrechtlichen Genehmigungen vom Dezember 2004 für die Errichtung von je einer Windenergieanlage mit der Begründung abgelehnt, dass die Antragstellerin aller Voraussicht nach durch die angefochtenen Genehmigungen nicht in eigenen Rechten verletzt ist. Hierzu hat es im Einzelnen ausgeführt, dass ihre Planungshoheit in Bezug auf die Flächennutzungsplanung nicht berührt sei, weil der aktuelle Flächennutzungsplan unstreitig gegenüber Windenergieanlagen keine Ausschlusswirkung entfalte und der Entwurf einer 5. Änderung des Flächennutzungsplanes nicht die erforderliche Planreife erlangt habe.

Soweit die Antragstellerin hiergegen mit der Beschwerde allein geltend macht, dass das Verwaltungsgericht zu Unrecht die Planreife hinsichtlich der 5. Änderung des Flächennutzungsplanes zum Zeitpunkt der Genehmigungserteilung verneint habe, vermögen diese Darlegungen nicht zu überzeugen. Sie stellt die Feststellungen des Verwaltungsgerichts nicht in Abrede, dass eine Abwägung öffentlicher und privater Belange hinsichtlich der Änderung des Flächennutzungsplanes zum maßgeblichen Zeitpunkt noch nicht stattgefunden hatte, meint aber unter Hinweis auf eine Entscheidung des Bundesverwaltungsgerichts vom 27. 1. 2005 (– 4 C 5.04 –, BauR 2005, 987), dass es bei der Anwendung des § 35 Abs. 3 Satz 1 BauGB ausreichend sein müsse, wenn in einem Plan die zukünftigen Darstellungen „zeichnerisch oder verbal jedenfalls so fest umrissen seien, dass er anderen Behörden oder der Öffentlichkeit zur Kenntnis gebracht werden könne". Bei dieser Argumentation übersieht die Antragstellerin zweierlei: Erstens bezieht sich die zitierte Entscheidung auf einen regionalen Raumordnungsplan, für den schon in früheren Entscheidungen aufgezeigt worden ist, dass nach § 3 Nr. 4 ROG zu den sonstigen Erfordernissen der Raumordnung auch Ziele der Raumordnung gehören, die sich in der Aufstellung befinden (BVerwG, Urteil v. 13. 3. 2003 – 4 C 3.02 –, BRS 66 Nr. 11 = BauR 2003, 1172 = UPR 2003, 355), während für Flächennutzungspläne eine entsprechende Regelung in § 35 BauGB fehlt. Zweitens verlangt das Bundesverwaltungsgericht in der zu einem Regionalplan ergangenen Entscheidung wegen des notwendigen Gesamtkonzepts von Plänen, die nicht nur positive Ausweisungen enthalten, sondern gleichzeitig mit einer Ausschlusswirkung an anderen Stellen versehen werden sollen, „dass der Abwägungsprozess weit fortgeschritten sein muss, bevor sich sicher abschätzen lässt, welcher der beiden Gebietskategorien ein im Planungsraum gelegenes einzelnes Grundstück zuzuordnen ist". Tatsächlich war es auch so, dass der Träger der Regionalplanung zum maßgebenden Zeitpunkt bereits eine abschließende Entscheidung über die Vorrangflächen und auch die Ausschlussflächen getroffen hatte und der dort in Rede stehende Regionalplan im Laufe des Revisionsverfahrens in Kraft getreten war.

Diese für einen in Aufstellung befindlichen Regionalplan entwickelten Grundsätze können entgegen der Auffassung der Antragstellerin nicht ohne weiteres auf einen entsprechenden Flächennutzungsplanentwurf übertragen werden. Vielmehr ist zu beachten, dass die Frage, ob einem privilegierten

Außenbereichsvorhaben auch der Entwurf eines Flächennutzungsplanes entgegengehalten wenden kann, bisher höchstrichterlich nicht entschieden worden ist. Zudem hat das Bundesverwaltungsgericht in seiner Entscheidung vom 13. 3. 2003 (– 4 C 3.02 –, a. a. O.) erhebliche Zweifel dahingehend geäußert, ob nach der Wertung des Gesetzgebers, wie sie sich aus den Regelbeispielen des § 35 Abs. 3 Satz 1 BauGB ergibt, nicht nur die Darstellungen eines wirksamen Flächennutzungsplanes beachtlich sein sollen. Für die Regelung des § 35 Abs. 3 Satz 3 BauGB wird dies ausdrücklich bejaht, für die zusätzlich zu prüfende Vorschrift des § 35 Abs. 3 Satz 1 BauGB dagegen offen gelassen, aber mit deutlichen Fragezeichen versehen. Der vorliegende Sachverhalt gibt ebenfalls keinen Anlass, dieser Frage weiter nachzugehen, da es dem in Rede stehenden Entwurf eines Flächennutzungsplanes mangels eines fortgeschrittenen Abwägungsvorgangs an der erforderlichen Planreife fehlt.

Von Planreife eines Flächennutzungsplanes kann nach den zuvor zitierten höchstrichterlichen Entscheidungen nur dann die Rede sein, wenn zumindest das gesamte Beteiligungsverfahren nach § 3 Abs. 2 Satz 1–3 BauGB abgeschlossen sowie zumindest eine erste Prüfung der eingegangenen Anregungen nach Satz 4 vorgenommen worden sind (ähnlich Stock, in: Ernst/Zinkahn/Bielenberg, BauGB § 33 Rdnr. 34; Roeser, Berliner Kommentar zum BauGB, 3. Aufl., § 33 Rdnr. 8; Schmaltz, in: Schrödter, BauGB, 6. Aufl., § 33 Rdnr. 6; Bracher, in: Gelzer, Bauplanungsrecht, 6. Aufl., Rdnr. 2547). Dabei übersieht der Senat nicht, dass nach Auffassung des Bundesverwaltungsgerichts im Bereich eines in Aufstellung begriffenen Regionalplans die zukünftige Ausschlusswirkung einem Außenbereichsvorhaben nicht erst dann entgegengehalten werden kann, wenn der Planungsträger die abschließende Abwägungsentscheidung getroffen hat und es nur noch von der Genehmigung und der Bekanntmachung abhängt, dass eine Zielfestlegung entsteht (BVerwG, Urteil v. 27. 1. 2005, a. a. O.). Eine großzügigere Betrachtungsweise war dort möglicherweise deshalb zu rechtfertigen, weil sonst die Regelung in § 3 Nr. 4 ROG nahezu leer liefe. Ob dies gleicherweise für einen Flächennutzungsplanentwurf zu gelten hat, ist angesichts der dort fehlenden gesetzlichen Regelung einer Bindungswirkung der in Aufstellung befindlichen Ziele wie gesagt zweifelhaft, braucht aber nicht abschließend entschieden zu werden, da im vorliegenden Fall der Abwägungsvorgang weder weitgehend fortgeschritten noch sogar abgeschlossen ist, sondern zum maßgeblichen Zeitpunkt nicht einmal begonnen worden ist, da erst wenige Tage vor Erteilung der angefochtenen Genehmigungen das Verfahren der Öffentlichkeitsbeteiligung abgeschlossen und erst für Februar 2005, also zwei Monate nach der Genehmigung der Windenergieanlagen, eine erste Vorberatung über die Anregungen und Bedenken vorgesehen worden war. In diesem Stadium kann noch nicht von einem „fortgeschrittenen Abwägungsvorgang" die Rede sein. Dafür spricht nicht zuletzt auch der Umstand, dass gerade die Planungen von Vorrang- und Ausschlussflächen für Windenergieanlagen mithilfe des Flächennutzungsplanes erfahrungsgemäß starken Einwendungen ausgesetzt sind und selten ohne wesentliche Änderungen im Laufe des Planaufstellungsverfahrens zum Abschluss gebracht werden können. Dies verbietet es, vor einer erstmaligen Befassung des Planungsträgers mit den Anregungen und Einwendungen aus dem Bekanntmachungsverfahren von einer hinreichend verfestigten Planung zu sprechen, die einem privilegierten Vorhaben entgegengehalten werden könnte.

Die gegenteilige Auffassung der Antragstellerin, die eine Planreife schon vor einer Beteiligung der Träger öffentlicher Belange und der öffentlichen Bekanntmachung für möglich hält, würde auch zu praktisch in einem gerichtlichen Eilverfahren nicht lösbaren Problemen führen. Wenn man berücksichtigt, dass nach inzwischen gefestigter Rechtsprechung die Ausweisung von Vorrang- und Ausschlussflächen für Windenergieanlagen nur wirksam ist, wenn sie auf einem schlüssigen gesamträumlichen Gesamtkonzept beruht, welches sicherstellt, dass solche Vorhaben sich in ausreichendem Umfang gegenüber konkurrierenden Nutzungen durchsetzen können (vgl. BVerwG, Urteile v. 21. 10. 2004, NVwZ 2005, 211 und v. 17. 12. 2002, NVwZ 2003, 733), dann müsste das Gericht im Wege einer Prognose und zudem ohne Kenntnis der zu erwartenden Einwendungen und Anregungen die vielfältigen Voraussetzungen eines Steuerungskonzepts für Windenergieanlagen ermitteln und sogar selbst eine Abwägung etwaiger Einwendungen anstelle des Planungsträgers vornehmen. Dabei könnte es nicht genügen zu prüfen, ob die Darstellung einzelner Ausschlussflächen hinreichend gerechtfertigt ist, weil eine solche Ausweisung in unlösbarem Zusammenhang mit den geplanten Vorrangflächen zu sehen ist, von denen i. d. R. zu diesem Zeitpunkt noch nicht gesagt werden kann, ob sie sich im weiteren Planaufstellungsverfahren durchsetzen lassen.

Eine Einzelfallbetrachtung des in Rede stehenden Anlagenstandortes könnte allenfalls unabhängig von der zukünftigen Bauleitplanung in Betracht kommen, wenn wegen besonderer Umstände, etwa des Vorliegens eines geschützten Biotops mit gefährdeten Tierarten, sonstige öffentliche Belange i. S. des § 35 Abs. 3 Satz 1 Nr. 5 BauGB entgegenstünden.

Nr. 34

1. **Der bauplanerische Ausschluß einzelner Nutzungsarten ist nur dann städtebaulich gerechtfertigt, wenn er anhand eines schlüssigen Plankonzepts auf seine Eignung, Erforderlichkeit und Angemessenheit überprüft werden kann.**

2. **Daran fehlt es, wenn für die Differenzierung zwischen ausgeschlossenen und zugelassenen Nutzungsarten keine nachvollziehbaren städtebaulichen Gründe erkennbar sind (hier: Ausschluß des Einzelhandels zur „Aufwertung" des Gewerbegebiets bei gleichzeitiger Zulassung von Vergnügungsstätten (u. a. Spielhallen), Tankstellen und Kfz-Handel; im Anschluß an Urteil des Senats vom 23. 8. 2001 – 8 S 1119/01 –, VBlBW 2002, 74).**

BauNVO §§ 1 Abs. 5, 8 Abs. 2 Nr. 1, 11 Abs. 3, 15 Abs. 1.

VGH Baden-Württemberg, Urteil vom 28. Januar 2005 – 8 S 2831/03 – (rechtskräftig).

Die Klägerin begehrt die Baugenehmigung für die Errichtung eines Lebensmittelmarktes mit Pkw-Stellplätzen auf ihrem Grundstück Schelmenwasenstraße x in Stuttgart-Möhringen.

Aus den Gründen:

I. Der im Änderungsbebauungsplan festgesetzte Einzelhandelsausschluß kann dem Vorhaben nicht entgegen gehalten werden.

1. ... Jedenfalls verletzt der Einzelhandelsausschluß für sich genommen § 1 Abs. 5 BauGB und das Gebot der Verhältnismäßigkeit.

2. Gemäß § 1 Abs. 5 BauNVO kann im Bebauungsplan festgesetzt werden, daß bestimmte Arten von Nutzungen, die nach den §§ 2, 4 bis 9 und 13 allgemein zulässig sind, nicht zulässig sind. Zu den Arten von Nutzungen, die auf diese Weise ausgeschlossen werden können, gehören auch im Gewerbegebiet sonst allgemein zulässige Einzelhandelsbetriebe (vgl. BVerwG, Beschluß v. 11. 5. 1999 – 4 BN 15.99 –, BRS 62 Nr. 19 = BauR 1999, 1136 = NVwZ 1999, 1338 = PBauE § 1 Abs. 5 BauNVO Nr. 6 m. w. N.). Ein solcher Ausschluß steht aber nicht im planerischen Belieben der Gemeinde, sondern kommt nur dann in Betracht, wenn städtebauliche Gründe ihn rechtfertigen (vgl. BVerwG, Beschluß v. 25. 4. 2002 – 4 BN 20.02 –; Beschluß v. 11. 5. 1999, a. a. O.; Beschluß v. 22. 5. 1987 – 4 N 4.86 –, BVerwGE 77, 308 = BRS 47 Nr. 54 = BauR 1987, 520 = PBauE § 47 Abs. 1 VwGO Nr. 1). Daran fehlt es etwa dann, wenn der Nutzungsausschluß nicht geeignet ist, die Plankonzeption der Gemeinde umzusetzen (Eingehend dazu Brügelmann, BauGB, Bd. 1, § 1 Rdnr. 235 ff. m. w. N.), oder wenn eine positive planerische Konzeption nur vorgeschoben wird, um in Wahrheit allein private Interessen zu befriedigen (vgl. Ernst/Zinkahn/Bielenberg, BauGB, Bd. 1, § 1 Rdnr. 34 m. w. N.) oder eine auf bloße Verhinderung gerichtete Planung zu verdecken (vgl. BVerwG, Beschluß v. 11. 5. 1999, a. a. O.; Urteil v. 14. 7. 1972 – IV C 8.70 –, BVerwGE 40, 258, 262 f.= BRS 25 Nr. 12 = BauR 1972, 282 = PBauE § 1 Abs. 3 BauGB Nr. 1). Darüber hinaus fehlt es an der städtebaulichen Rechtfertigung auch dann, wenn die Festsetzungen des Bebauungsplans kein schlüssiges Plankonzept erkennen lassen, das eine Überprüfung des Nutzungsausschlusses auf seine Eignung, Erforderlichkeit und Angemessenheit erlaubt (vgl. Urteil des Senats v. 23. 8. 2001 – 8 S 1119/01 –, BRS 64 Nr. 35 = VBlBW 2002, 741 = PBauE § 1 Abs. 9 BauNVO Nr. 12; VGH Baden-Württemberg, Beschluß v. 30. 5. 1994 – 5 S 2839/93 –, BRS 56 Nr. 1; zur Unverhältnismäßigkeit einer konzeptionslosen Planung vgl. Brügelmann, a. a. O., § 1 Rdnr. 237 m. w. N.). Hier deutet manches darauf hin, daß der Einzelhandelsausschluß jedenfalls nicht in erster Linie eine „Aufwertung" des Gewerbegebietes bezweckt, sondern vor allem dazu dient, das von der Klägerin beantragte Vorhaben zu verhindern. Denn jedenfalls zu Beginn der Planung stand im Vordergrund der Schutz des nahe gelegenen Einzelhandelstandortes „Europaplatz" .... . Jedenfalls liegt hier der oben genannte Fall konzeptionsloser Planung vor, weil die vom Änderungsbebauungsplan getroffene Differenzierung zwischen dem Ausschluß des Einzelhandels einerseits und der – ausnahmsweisen oder generellen – Zulassung sonstiger Nutzungen andererseits gemessen am Planziel der Freihaltung des Plangebiets für eine „hochwertige arbeitsplatzintensive gewerbliche Nutzung" vor allem im Bereich „Büro und Dienstleistung" nicht nachvollziehbar ist.

a) Allerdings wird die Schlüssigkeit und Eignung der Planung nicht schon dadurch in Frage gestellt, daß neben dem Einzelhandel nicht weitere Nutzungsarten ausgeschlossen wurden. Die Klägerin meint insoweit, das Planziel einer „Aufwertung" des Gewerbegebiets hätte insbesondere noch den Ausschluß des produzierenden Gewerbes und von Schank- und Speisewirtschaften erfordert. Zumindest für den Bereich des produzierenden Gewerbes ist bereits fraglich, ob überhaupt ein Zielwiderspruch besteht. Produktion kann arbeitsintensiver als Dienstleistung und überdies auch „hochwertig" sein . . . . Dies bedarf indes keiner weiteren Erörterung. Denn die Klägerin läßt außer Acht, daß ein Bebauungsplan nicht schon deshalb konzeptionslos oder ungeeignet ist, weil nicht sogleich umfassend alle Nutzungen ausgeschlossen wurden, die möglicherweise irgendwann einmal dem Planziel widersprechen könnten. Es genügt, wenn diejenigen Nutzungen erfaßt sind, für deren Realisierung in absehbarer Zeit eine gewisse Wahrscheinlichkeit spricht, etwa weil es – wie hier hinsichtlich des Einzelhandels – konkrete Anfragen gibt. Der Einzelhandelsausschluß ist jedoch deshalb städtebaulich nicht gerechtfertigt, weil das hierfür angegebene Planziel einer „Aufwertung" des Gewerbegebiets wegen der im Bebauungsplan „positiv" zugelassenen Nutzungen völlig nichtssagend ist und keine Prüfung der Verhältnismäßigkeit zuläßt.

b) Relevant sind folgende durch Bebauungsplan zugelassene Nutzungen: Ausnahmsweise zulässig sind gemäß Nr. 3.2 (GE 1) Vergnügungseinrichtungen. Der Änderungsbebauungsplan verweist insoweit auf den – weiter geltenden – Bebauungsplan „Vergnügungseinrichtungen und andere im Stadtbezirk M. (1989/17)". Nach dem zuletzt genannten Bebauungsplan unterfällt das Plangebiet der Kategorie IV (Sicherung der Flächen für Arbeitsstätten). In diesem Gebiet sind gemäß § 3 Abs. 1 der textlichen Festsetzungen Vergnügungseinrichtungen der Kategorie A zulässig. Es handelt sich insoweit gemäß § 2 Abs. 1 Nr. 1 dieses Bebauungsplans um Vergnügungseinrichtungen mit kulturellem, künstlerischem und sportlichem Angebot wie Theater, Variete, Kabarett, Lichtspieltheater, Kegel- und Bowlingbahnen. Gemäß § 3 Abs. 2 der textlichen Festsetzungen können in Gebieten der Kategorie IV ausnahmsweise auch Vergnügungseinrichtungen der Kategorie B zugelassen werden, wenn die Eigenart der näheren Umgebung erhalten bleibt. Gemäß § 2 Abs. 1 Nr. 2 dieses Bebauungsplans handelt es sich hierbei u. a. um Tanzlokale, Diskotheken und Spielhallen. Gemäß Nr. 2.4 und 2.5 (GE 1) des Änderungsbebauungsplans sind außerdem – als Ausnahme vom allgemeinen Einzelhandelsausschluß (vgl. § 1 Abs. 9 BauGB) – ausnahmsweise zulässig Einzelhandelsbetriebe nur zur Versorgung des Gewerbegebiets F.-Ost mit Lebensmitteln und Drogeriewaren sowie der Kraftfahrzeughandel. Im Teilbereich GE 2 sind – im Unterschied zum Bereich GE 1 – auch Tankstellen allgemein zulässig sowie ausnahmsweise eine „Erneuerung" des bestehenden Tankstellenshops.

Zwar mag die ausnahmsweise Zulassung von Einzelhandelsbetrieben des Lebensmittelhandels zur Gebietsversorgung und einer „Erneuerung" des Tankstellenshops noch plausibel sein, weil es insoweit nicht um eine „Aufwertung" des Gewerbegebiets, sondern um die Deckung eines konkreten Versorgungsbedarfs geht. Nicht mehr nachvollziehbar ist jedoch mit Blick auf das genannte planerische Ziel, weshalb Betriebe des Kraftfahrzeughandels als

„Untergruppe" des Einzelhandels ausnahmsweise zulässig sein sollen, nicht dagegen sonstige Einzelhandelsbetriebe wie etwa der von der Klägerin beantragte Lebensmittelmarkt. Denn es dürfte zahlreiche Betriebe des Einzelhandels geben, die auf einer kleineren Fläche mehr Arbeitsplätze schaffen als ein Kraftfahrzeughandel, ohne in ihrer „Wertigkeit" diesem gegenüber zurückzustehen. Möglicherweise wollte die Beklagte den vorhandenen Betrieb des Kraftfahrzeughandels in seiner Entwicklung sichern. Zu diesem Zweck hätte jedoch eine Festsetzung nach § 1 Abs. 10 BauNVO ausgereicht. Mit der Ausnahmeregelung wird jedoch die Möglichkeit geschaffen, daß sich ein weiterer Betrieb des Kraftfahrzeughandels ansiedelt. Es ist auch nicht erkennbar, daß eine solche Häufung von Betrieben des Kraftfahrzeughandels der Eigenart des Gewerbegebiets widerspräche. Dasselbe gilt mit Blick auf die Zulässigkeit von Tankstellen im Teilbereich GE 2. Auch insoweit hätte zur Sicherung der Entwicklung des vorhandenen Betriebs eine Festsetzung nach § 1 Abs. 10 BauNVO genügt. Statt dessen sind Tankstellen kraft ausdrücklicher planerischer Festsetzung in diesem Bereich allgemein zulässig. Es ist nicht nachvollziehbar, weshalb Tankstellen dem Ziel eines hochwertigen Gewerbegebiets eher entsprechen sollten als Betriebe des Einzelhandels.

Nicht nachvollziehbar ist schließlich mit Blick auf das angegebene Ziel der Freihaltung des Gebiets für hochwertige arbeitsplatzintensive Gewerbebetriebe (Bereich Büro und Dienstleistungen) insbesondere auch, weshalb Vergnügungsstätten ausnahmsweise zulässig, Einzelhandelsbetriebe hingegen ausgeschlossen sind. Sieht man vom Gesichtspunkt der „Arbeitsplatzintensität" einmal ab, mag es zwar noch vertretbar sein, die Vergnügungseinrichtungen der Kategorie A als gegenüber dem Einzelhandel „höherwertige" Betriebe zu begreifen. Dies gilt jedoch nicht für die nach § 3 Abs. 2 der textlichen Festsetzungen des Bebauungsplans „Vergnügungsstätten" ausnahmsweise zulässigen Vergnügungseinrichtungen der Kategorie B und hier insbesondere nicht für die danach im Plangebiet ausnahmsweise zulässigen Spielhallen. In der Rechtsprechung ist anerkannt, daß solche Betriebe gerade deshalb ausgeschlossen werden können, um einem Attraktivitätsverlust von durch Geschäfte und Dienstleistungsunternehmen geprägten Gebieten vorzubeugen und das vielfältige Angebot an Geschäften zu sichern (vgl. BVerwG, Beschluß v. 22. 5. 1987 – 4 N 4.86 –, BVerwGE 77, 308 = BRS 47 Nr. 54 = BauR 1987, 520 = PBauE § 47 Abs. 1 VwGO Nr. 1; Beschluß v. 21. 12. 1992 – 4 B 182.92 –, BRS 55 Nr. 42; Beschluß v. 5. 1. 1995 – 4 B 270.94 –). ... Es ist nicht schlüssig, daß zur Freihaltung des Plangebiets für eine hochwertige gewerbliche Nutzung zwar Betriebe des Einzelhandels wie der von der Klägerin beantragte Lebensmittelmarkt ausgeschlossen werden, demgegenüber aber ausdrücklich ein Ausnahmetatbestand für Vergnügungseinrichtungen wie etwa Spielhallen geschaffen wird.

c) Nach allem ist nicht erkennbar, daß dem vom Satzungsgeber angegebenen Ziel, das Gebiet für hochwertige arbeitsplatzintensive gewerbliche Nutzung freizuhalten, ein schlüssiges städtebauliches Konzept zugrunde liegt, das es als gerechtfertigt erscheinen lassen könnte, zwar den Einzelhandel auszuschließen, aber Vergnügungseinrichtungen der Kategorie B, den Kraftfahrzeughandel sowie Tankstellen ausnahmsweise oder allgemein zuzulassen. Diese Konzeptionslosigkeit wiegt hier um so schwerer, als es sich um ein kleines Gewerbegebiet mit nur sechs Baugrundstücken handelt. Vor diesem Hintergrund können die Ausnahmetatbestände in ihrer Wirkung auf das angegebene Planziel auch nicht vernachlässigt werden. Im vorliegenden Zusammenhang spielt auch keine Rolle, ob und unter welchen Voraussetzungen Betriebe des Kraftfahrzeughandels, Vergnügungsstätten oder Tankstellen im konkreten Fall tatsächlich realisiert werden könnten. Entscheidend ist, daß der Satzungsgeber selbst durch entsprechende „positive" Festsetzungen dem von ihm angegebenen Planungsziel einer „Aufwertung" des Gewerbegebiets jede Schlüssigkeit und Aussagekraft genommen hat. Im übrigen kann der Annahme nicht gefolgt werden, daß die nach dem Bebauungsplan ausnahmsweise zulässigen Nutzungen auf der Grundlage des § 15 BauNVO in jedem Fall verhindert werden könnten. Mit der Ausnahmeregelung hat der Satzungsgeber selbst zu erkennen gegeben, daß diese Nutzungen ihrer Art nach im Grundsatz mit dem Gebietscharakter vereinbar sind. Auch nach der tatsächlichen Gebietsprägung kann nicht davon ausgegangen werden, daß solche Vorhaben generell, also unabhängig von ihrer Lage und Größe, der Eigenart des Baugebiets widersprechen würden. Das gilt, wie bereits ausgeführt, auch für Spielhallen.

3. Die Unwirksamkeit des Einzelhandelsausschlusses bedeutet, daß der Lebensmittelmarkt gemäß § 8 Abs. 2 Nr. 1 BauNVO im Gewerbegebiet zulässig ist. Das Verwaltungsgericht hat zutreffend festgestellt, daß kein großflächiger Einzelhandelsbetrieb i. S. des § 11 Abs. 3 BauNVO vorliegt, der nur in einem Sondergebiet realisiert werden könnte. Die Verkaufsfläche des Vorhabens liegt mit 699 m² knapp unterhalb des vom Bundesverwaltungsgericht entwikkelten Schwellenwertes für die Großflächigkeit von 700 m² (vgl. zuletzt BVerwG, Beschluß v. 22. 7. 2004 – 4 B 29.04 –, BauR 2004, 1735). Großflächigkeit liegt hier auch nicht ausnahmsweise bereits unterhalb von 700 m² Verkaufsfläche vor. Im Gegenteil ist nach der tatsächlichen Entwicklung gerade im Lebensmitteleinzelhandel anzunehmen, daß der Schwellenwert die Untergrenze für die Großflächigkeit darstellt (vgl. VGH Baden-Württemberg, Urteil v. 13. 7. 2004 – 5 S 1205/03 –, UA S. 22: durchschnittliche Verkaufsfläche eines Supermarktes im Jahre 2000 bereits 746 m² = BauR 2005, 968, 971).

Nr. 35

Zu den Anforderungen an einen Bebauungsplan, der Bordelle und bordellähnliche Nutzungen in einem Gewerbegebiet ausschließt.

VwGO § 47 Abs. 2 Satz 1; BauGB § 1 Abs. 3; BauNVO § 1 Abs. 9; BauGB § 1 Abs. 5 Nr. 2, Abs. 6 F: 1998.

OVG Rheinland-Pfalz, Urteil vom 11. Mai 2005 – 8 C 10053/05 – (rechtskräftig).

Der Antragsteller beabsichtigt, ein Wohnhaus, das in einem stark verkehrslärmbelasteten Gebiet mit vorwiegend gewerblicher Nutzung, darunter drei ungenehmigte Bordelle, liegt, als „Erotik-Dienstleistungsbetrieb" umzunutzen. Die durch das Gebiet verlaufende Straße bildet die Zufahrt zu angrenzenden Wohnsiedlungen. Einen diesbezüglichen Bauantrag des Antragstellers nahm die Antragsgegnerin zum Anlass, das fragliche Gebiet als Gewerbegebiet, in dem u. a. Prostitutionsbetriebe und prostitutionsähnliche Nutzungen unzulässig sein sollen, zu überplanen. Der hiergegen gerichtete Normenkontrollantrag des Antragstellers blieb ohne Erfolg.

Aus den Gründen:

Der Normenkontrollantrag ist zulässig. Zwar ist der Antragsteller nicht Eigentümer eines im Plangebiet gelegenen Grundstücks. Gleichwohl ist er gemäß § 47 Abs. 2 Satz 1 VwGO antragsbefugt. Denn er beabsichtigt mit Einverständnis des Eigentümers die Nutzungsänderung eines im Plangebiet gelegenen Grundstücks. Es kann dahinstehen, ob die planbedingte Vereitelung dieser durch Bauantrag artikulierten Absicht den Antragsteller in seiner durch Art. 2 Abs. 1 GG geschützten wirtschaftlichen Entfaltungsfreiheit, einem eigenen Recht des Bauantragstellers (s. BVerwG, Beschluss v. 18. 5. 1994, BRS 56 Nr. 31 = NVwZ 1995, 264, 265), beeinträchtigen kann. Jedenfalls steht einem Bauherrn, dessen Bauantrag Planungsanlass für einen sein Vorhaben vereitelnden Bebauungsplan geworden ist, ein Recht auf ermessensfehlerfreie Abwägung seiner Belange gemäß § 1 Abs. 6 BauGB zu, das möglicherweise verletzt sein kann (s.a. ThürOVG, Urteil v. 16. 5. 2001, NVwZ-RR 2002, 415).

Der Antrag ist aber unbegründet, da die beanstandete Planung nicht gegen höherrangiges Recht verstößt.

Der Bebauungsplan ist erforderlich i. S. des § 1 Abs. 3 BauGB. Insbesondere beschränkt er sich nicht auf eine unzulässige sog. „Negativplanung". Entgegen der Auffassung des Antragstellers kann dieser Vorwurf nicht schon deshalb erhoben werden, weil sein Bauantrag Auslöser der Planung war und diese die beabsichtigte Umnutzung ausschließt (s. BVerwG, Beschluss v. 18. 12. 1990, BRS 50 Nr. 9 = BauR 1991, 165). Denn ausweislich der Planbegründung war es die städtebaulich legitime Absicht der Antragsgegnerin, eine planungsrechtlich problematische Gemengelage für die Zukunft zu ordnen und dabei – neben einer Anzahl anderer Nutzungen – auch eine Ansiedlung von Bordellen auszuschließen. Dafür, dass diese dokumentierten Planungsmotive des Stadtrates lediglich vorgeschoben sind, um die Absicht eines generellen Ausschlusses von Bordellen im Stadtgebiet zu verschleiern, bestehen keine ausreichenden Anhaltspunkte. Ungeachtet der Frage, ob das vom Antragsteller in diesem Zusammenhang zitierte Schreiben des Bauaufsichtsamtes der Antragsgegnerin vom Juli 2004 überhaupt Rückschlüsse auf den Willen des Plangebers zulässt, beweist der Inhalt des angefochtenen Bebauungsplans und seiner Begründung, dass jedenfalls bei Erlass dieser Satzung das Verhinderungsmotiv nicht allein leitend war (s. auch den Senatsbeschluss v. 12. 11. 2004 – 8 A 11711/04 –, S. 3 BA). Vielmehr ging es ausweislich der Planbegründung darum, die grundsätzliche Priorität des Gewerbes eindeutig zu definieren und Nutzungen zu verhindern, die die Entwicklung des Gewerbegebiets besonders beeinträchtigen. Derartige Planziele sind aber grundsätzlich geeignet, den Ausschluss von Prostitutionsbetrieben städtebaulich zu legitimieren (s. auch Hess. VGH, Urteil v. 5. 2. 2004, NVwZ-RR 2005, 312).

Der unter Nr. 1 der Textfestsetzungen verfügte Ausschluss von Prostitutionsbetrieben und prostitutionsähnlichen Nutzungen jeder Art genügt auch
den Anforderungen des § 1 Abs. 9 BauNVO. Hiernach kann im Bebauungsplan bei Anwendung der Abs. 5 bis 8 festgesetzt werden, dass u. a. bestimmte
Arten der in den Baugebieten allgemein oder ausnahmsweise zulässigen baulichen oder sonstigen Anlagen unzulässig sind, wenn besondere städtebauliche Gründe dies rechtfertigen. Prostitutionsbetriebe stellen eine bestimmte
Art von Gewerbebetrieben dar, die einer Branchendifferenzierung grundsätzlich zugänglich sind (s. dazu eingehend VG Neustadt a. d. Weinstraße, Urteil
v. 5. 7. 2004 – 3 K 3316/03.NW –, S. 13 UA). Besondere städtebauliche
Gründe für ihren Ausschluss aus dem hier in Rede stehenden Gewerbegebiet
liegen vor. Das „Besondere" an den städtebaulichen Gründen besteht nicht
notwendig darin, dass sie von größerem oder im Verhältnis zu Abs. 5 zusätzlichem Gewicht sein müssen. Vielmehr muss es sich um spezielle Gründe
gerade für die gegenüber Abs. 5 noch feinere Ausdifferenzierung der zulässigen Nutzungen handeln (BVerwG, Beschluss v. 10. 11. 2004, ZfBR 2005,
187). Das „Spezielle" am vorliegend als Gewerbegebiet festgesetzten, weitgehend bebauten Plangebiet ist darin zu sehen, dass es die Straßenrandbebauung der Zufahrtstraße zu Wohngebieten umfasst, die ihrerseits aus vereinzel-
ter betriebsfremder Wohnnutzung besteht. Auf Grund dieser atypischen
Situation besteht hinreichender Anlass, hinsichtlich der Vereinbarkeit einzelner Gewerbebranchen mit der gebietsinternen und angrenzenden Wohnnutzung planerisch zu differenzieren.

Schließlich verstößt der Plan auch nicht gegen das Abwägungsgebot. ...

Der von der Antragsgegnerin beabsichtigte Schutz benachbarter und plan-
gebietsinterner Wohnbebauung vor den Auswirkungen vermehrter Bordellan-
siedlung ist auch im Hinblick auf die „sittliche Neutralität" des Bauplanungsrechts ein zulässiges Abwägungskriterium. Entgegen der Auffassung des
Antragstellers wird mit dieser Erwägung kein sittliches Unwerturteil über die
Prostitution ausgesprochen, sondern Belangen gemäß § 1 Abs. 5 Nr. 2 und 3
BauGB a. F. (Wohnbedürfnisse der Bevölkerung und sowie Bedürfnisse der
Familien und jungen Menschen) (s. dazu bereits den Senatsbeschluss v.
12. 11. 2004, a. a. O.) Rechnung getragen. Dass diese Belange durch eine Massierung von Bordellen an der Hauptzufahrtstraße zu Wohngebieten beeinträchtigt werden können, ist angesichts der mit dem „Rotlichtmilieu" immer
noch typischerweise verbundenen Erscheinungen (Gewaltkriminalität, Dro-
genhandel etc.) (s. dazu auch den Senatsbeschluss v. 15. 1. 2004, BauR 2004,
644) unbestreitbar.

Die Abwägung weist nicht deshalb Defizite auf, weil eine angeblich enteig-
nende Wirkung des Bebauungsplans im Hinblick auf im Plangebiet vorhandene, ungenehmigte Bordelle nicht berücksichtigt wurde. Ausweislich der
Planaufstellungsakte haben weder Grundstückseigentümer noch Bordellbetreiber Anregungen und Bedenken gegen den Bebauungsplan erhoben. Über
die in der Planbegründung allgemein berücksichtigte Beschränkung der Baufreiheit hinausreichende, spezielle Belange dieses Personenkreises mussten
sich der Antragsgegnerin aber nicht aufdrängen und waren daher nicht
abwägungserheblich. Überdies nimmt der Bebauungsplan einer vor seinem

In-Kraft-Treten materiell legal, aber ungenehmigt betriebenen Bordellnutzung lediglich den Genehmigungsanspruch, ermöglicht aber nicht ihre Untersagung (s. im Einzelnen Lang, in: Jeromin, LBauO, § 81 Rdnr. 16 bis 18). War die Bordellnutzung hingegen schon vor In-Kraft-Treten des Bebauungsplanes materiell illegal, geht vom Bebauungsplan insoweit keine nachteilige Wirkung aus.

Der Einwand des Antragstellers, die Antragsgegnerin habe das Gewicht der für einen Ausschluss von Bordellen im Gewerbegebiet ins Feld geführten Belange überbewertet, greift nicht durch. Die im Einzelnen zutreffend bewerteten Belange sind jedenfalls in ihrer Gesamtheit geeignet, das Abwägungsergebnis zu tragen.

Die auf S. 6 der Planbegründung geäußerte Befürchtung, eine vermehrte Ansiedlung von Bordellen im Gewerbegebiet könne zu einer Erhöhung der Grundstückspreise und damit zu Erschwernissen für die Ansiedlung sonstiger Gewerbebetriebe führen, ist nicht von der Hand zu weisen. Die Behauptung des Antragstellers, für derartige Wirkungen fehle es an jeglichen Erfahrungswerten, trifft nicht zu. Vielmehr ist in der Rechtsprechung seit langem anerkannt, dass der planungsrechtliche Ausschluss oder die Beschränkung von Bordellbetrieben, sonstigen Einrichtungen des Sex-Gewerbes und auch Vergnügungsstätten im Hinblick auf einen von ihnen ausgelösten so genannten „Trading-Down-Effekt" zulässig sein kann (s. z. B. BVerwG, Beschluss v. 21. 12. 1992, BRS 55 Nr. 42; OVG Nordrhein-Westfalen, Beschluss v. 11. 10. 2001 – 10 A 2288/00 –, juris; VGH Baden-Württemberg, Urteil v. 3. 3. 2005 – 3 S 1524/00 –, juris). Ein solcher Effekt kann die Entstehung und Erhaltung einer hochwertigen Gebietsstruktur mit vorwiegend produzierendem und verarbeitendem Gewerbe gefährden (s. Hess VGH, Urteil v. 5. 2. 2004, a. a. O.). Er wird u. a. durch eine Konkurrenzsituation zwischen den auszuschließenden Betrieben mit typischerweise geringem Investitionsbedarf und vergleichsweise hoher Ertragsstärke sowie „normalen" Gewerbebetrieben mit deutlich höherem Investitionsbedarf und geringerer Ertragsstärke ausgelöst. Denn der Wettbewerb um Grundstücke und Immobilien zwischen Konkurrenten mit unterschiedlicher wirtschaftlicher Potenz führt tendenziell zu einer Erhöhung der Grundstücks- und Mietpreise und damit zu einer Verdrängung von Gewerbebranchen mit schwächerer Finanzkraft. Dass im hier überplanten Gebiet eine derartige Konkurrenzsituation nicht auszuschließen ist, folgt schon daraus, dass nach den unwidersprochenen Angaben der Antragsgegnerin in der mündlichen Verhandlung derzeit in dem relativ kleinen Plangebiet bereits drei Bordelle betrieben werden.

Des Weiteren hat die Antragsgegnerin die Bedeutung einer Bordellkonzentration im Plangebiet für die angrenzenden Wohngebiete nicht überbewertet. Zwar mag die Bezeichnung der N.-Straße als „Aushängeschild" dieser Gebiete angesichts der vorhandenen Straßenrandbebauung sprachlich missglückt sein. Dies ändert indessen nichts daran, dass die in der Folge erläuterte Gefährdungsprognose hinsichtlich der Wohngebiete für den Fall einer Entwicklung der N.-Straße zu einer „Bordellmeile" als hinreichend fundiert anzusehen ist. Denn es erscheint keineswegs wirklichkeitsfremd, dass ein nicht unerheblicher Anteil der Bevölkerung (insbesondere Familien mit Kindern)

Bedenken gegen die Ansiedlung in einem Wohngebiet hegt, dessen unmittelbarer Zugang durch eine derartige „Bordellmeile" vermittelt wird.

Schließlich durfte die Antragsgegnerin auch die mit einer Bordellkonzentration verbundene Entwertung der gebietsinternen Wohnnutzung bei der Abwägung ergänzend berücksichtigen. Es kann dahinstehen, ob dieser Belang angesichts der bereits vorhandenen Vorbelastung dieser Wohnnutzung allein hinreichend gewichtig gewesen wäre, um die fragliche Festsetzung zu rechtfertigen. Denn aus der Planbegründung ergibt sich mit hinreichender Deutlichkeit, dass er weder ausschließlich noch vorwiegend für das Abwägungsergebnis leitend war. Gegen seine lediglich zusätzliche Berücksichtigung ist nichts zu erinnern, weil mit der Massierung von Bordellen im Plangebiet und den damit verbundenen Begleiterscheinungen unbeschadet der vorhandenen starken Immissionsbelastung eine zusätzliche, qualitativ andersartige Entwertung der gebietsinternen Wohnnutzung einhergeht.

Der vom Antragsteller gerügte Abwägungsausfall hinsichtlich seiner Grundrechte als Bordellbetreiber liegt nicht vor. Ausweislich der Planbegründung war sich der Rat der Antragsgegnerin bei der Beschlussfassung über den Bebauungsplan bewusst, dass der Antragsteller einen Bauantrag zur Legalisierung einer Bordellnutzung gestellt hatte und durch die Festsetzungen des Bebauungsplanes eine partielle Einschränkung der Baufreiheit bewirkt würde. Weiter gehende Erwägungen im Hinblick auf die Berufsfreiheit des Antragstellers erübrigten sich. Zum einen erscheint schon fraglich, ob Baugebietsfestsetzungen wegen der hierfür erforderlichen berufsregelnden Tendenz überhaupt Eingriffe in die Berufsfreiheit darstellen können (verneinend Manssen, in: v. Mangoldt/Klein/Starck, GG, 4. Aufl. 1999, Art. 12 Rdnr. 70). Ungeachtet dessen würde es sich bei der hier strittigen Festsetzung ohnehin nur um eine Berufsausübungsregelung handeln, die aus jeder vernünftigen Erwägung des Gemeinwohls unter Beachtung des Grundsatzes der Verhältnismäßigkeit zulässig ist. Da sich dem Rat insoweit Bedenken weder aufdrängen mussten noch solche vom Antragsteller im Planaufstellungsverfahren geltend gemacht worden sind, bestand kein Anlass zu weiteren Überlegungen.

Der Vorwurf des Antragstellers, das Abwägungsergebnis verstoße wegen der gleich effektiven Möglichkeit baugestalterischer Vorschriften für Bordelle gegen den rechtsstaatlichen Grundsatz der Verhältnismäßigkeit, trifft nicht zu. Zwar mögen derartige Vorschriften die äußere Auffälligkeit solcher Einrichtungen mindern; ungeachtet der Frage, ob etwa ein baugestalterisches Werbeverbot für bauplanungsrechtlich zulässige Bordelle seinerseits einer rechtlichen Überprüfung standhalten würde, wäre es jedenfalls nicht geeignet, die von Klientel und Personal der Bordelle ausgehenden Auswirkungen auf die Wohnbevölkerung sowie die potenziell verdrängende Konkurrenzsituation zu „normalen" Gewerbebetrieben auszuschließen.

Nr. 36

Durch Bebauungsplan kann eine Gemeinde ein Dorfgebiet festsetzen, um eine schleichende Umwandlung in ein Wohngebiet zu verhindern, sofern

im Planbereich noch landwirtschaftliche Nebenerwerbsbetriebe vorhanden sind.

BauNVO § 5 Abs. 1; BauGB § 1 Abs. 3.

Hessischer VGH, Urteil vom 15. Februar 2005 – 3 N 1095/03 – (rechtskräftig).

Die Antragsteller wenden sich im Wege der Normenkontrolle gegen den Bebauungsplan „Dorfgebiet B." der Antragsgegnerin. Sie sind ebenso wie der Beigeladene Eigentümer von Grundstücken im Plangebiet.

Aus den Gründen:

Der angegriffene Bebauungsplan verstößt nicht gegen das Gebot der Erforderlichkeit des § 1 Abs. 3 BauGB, wonach die Gemeinden die Bauleitpläne aufzustellen haben, sobald und soweit es für die städtebauliche Entwicklung erforderlich ist. An der Erforderlichkeit der Bauleitplanung fehlt es nur dann, wenn sie von keiner erkennbaren Konzeption getragen ist. Welche städtebaulichen Ziele sich die Gemeinde setzt, liegt in ihrer planerischen Gestaltungsfreiheit. Der Gesetzgeber ermächtigt sie, die „Städtebaupolitik" zu betreiben, die ihren städtebaulichen Ordnungsvorstellungen entspricht (BVerwG, Beschluss vom 14. 8. 1996 – 4 NB 21.95 –, Buchholz 406.11 § 1 BauGB Nr. 86). Ein Bebauungsplan ist i. S. des § 1 Abs. 3 BauGB erforderlich, soweit er nach der städtebaulichen Konzeption der Gemeinde vernünftigerweise geboten ist (BVerwG, Urteil v. 7. 5. 1971 – IV C 76.68 –, BRS 24 Nr. 15). Die städtebaulichen Gründe für die Planung ergeben sich in ausreichendem Maße aus der Begründung zum Bebauungsplan im Abschnitt 2 „Ziel und Zweck des Bebauungsplans". Dort wird der Funktionsverlust als primär landwirtschaftlicher Standort, der Wegfall zentraler örtlicher Einrichtungen wie Bürgermeisteramt und Schule und die Entwicklung zu einem reinen Wohnstandort konstatiert. Für die Perspektiven des Ortskerns von B. werde dies von der Antragsgegnerin und dem Ortsbeirat nicht als sinnvolle Entwicklung angesehen. Ziel solle sein, die ursprüngliche Identität des Ortskerns, die gekennzeichnet sei von einer ländlich geprägten Funktions- und Nutzungsmischung sowie einer Vielfalt dörflicher Lebensformen, zu bewahren und weiterzuentwickeln. Für eine Umkehr der Entwicklung sei es noch nicht zu spät. Es gelte zunächst, noch bestehende Strukturen zu sichern. Der Plan solle sich als einfacher Bebauungsplan auf die absolut notwendigen Festsetzungen beschränken.

An der Erforderlichkeit des Bebauungsplans fehlt es auch nicht deshalb, weil die Festsetzung eines Dorfgebietes von vornherein funktionslos wäre.

Die Ausweisung eines Dorfgebietes gemäß § 5 BauNVO setzt das Vorhandensein von Wirtschaftsstellen land- bzw. forstwirtschaftlicher Betriebe voraus (vgl. z. B. OVG Rheinland-Pfalz, Urteil v. 22. 9. 2000 – 1 C 12156/99 –, BRS 63 Nr. 12; VGH Baden-Württemberg, Urteil v. 21. 1. 2002 – 8 S 1388/01 –, NuR 2002, 552). Fehlen sie und können sie auch nicht in absehbarer Zeit angesiedelt werden, ist die Ausweisung als Dorfgebiet unwirksam (OVG Rheinland-Pfalz, a. a. O.). Wird durch die tatsächliche Entwicklung die Verwirklichung der MD-Festsetzung auf unabsehbare Zeit ausgeschlossen und ist dies deutlich erkennbar, tritt die planerische Festsetzung außer Kraft. Sind Wirtschaftsstellen land- bzw. forstwirtschaftlicher Betriebe im MD-Gebiet nicht mehr vorhanden, tritt Funktionslosigkeit ein, wenn nicht die ernsthafte Möglichkeit ihrer Errichtung in absehbarer Zeit besteht (BVerwG, Beschluss v. 29. 5. 2001 – 4 B 33.01 –, NVwZ 2001, 1055; VGH Baden-Württemberg, a. a. O.).

Landwirtschaftliche Wirtschaftsstellen von Betrieben im Nebenerwerb sind in kleiner Zahl in B. noch vorhanden, deren weiteres Betreiben von den Prozessbeteiligten unterschiedlich bewertet wird, das aber möglich und nicht in jeder Hinsicht ausgeschlossen erscheint. So verhält es sich hier. Im maßgeblichen Zeitpunkt des Satzungsbeschlusses befand sich auf dem Grundstück des Beigeladenen noch die Hofstelle seiner Tochter, die von dort aus Landwirtschaft im Haupterwerb mit 900 Mutterschafen betrieb. Sie ist nach eigenen Angaben aus dem Dorfkern von B. ausgesiedelt. Landwirtschaft im Nebenerwerb betreibt nach Auskunft seiner Tochter auch der Beigeladene selbst, welcher 6 ha Acker bewirtschafte und 40 Schafe halte. An der Betriebsstelle A-Straße befänden sich landwirtschaftliche Geräte wie Traktor und Heuwender. Nach Angaben von Vertretern der Antragsgegnerin ist auf dem Anwesen Hauptstraße 1 noch bis 2003 Landwirtschaft im Nebenerwerb betrieben worden. Die Tochter des Beigeladenen hat in der mündlichen Verhandlung weiter erklärt, ihr Cousin betreibe von seinem Grundstück aus im Nebenerwerb Schafhaltung. Diese Behauptung wird zwar vom Antragsteller zu 1 bestritten, zwischen den Beteiligten ist allerdings unstreitig, dass es noch landwirtschaftliche Wirtschaftsstellen im Dorfkern von B. gibt und dass sich noch eine Reihe ehemaliger Hofstellen zur Wiederaufnahme von Landwirtschaft im Nebenerwerb eignen.

Aus alledem folgt die Zulässigkeit der planerischen Festsetzung MD, zumal Unsicherheit durch unterschiedliche Entscheidungen der Verwaltungsgerichte in Bezug auf die Gebietseinstufung entstanden war. ... Diese Unsicherheit brachte wiederum Unsicherheit über die bauplanungsrechtliche Zulässigkeit einzelner Vorhaben mit sich, wie Vertreter der Antragsgegnerin berichteten.

Die Antragsgegnerin hat ferner das Abwägungsgebot des § 1 Abs. 6 BauGB (jetzt § 1 Abs. 7 BauGB 2004) beachtet. ...

Nr. 37

1. **Die Ermächtigung in § 7 Abs. 4 Satz 1 BauNVO, für Teile eines Kerngebiets festzusetzen, dass nur Wohnnutzung zulässig ist, schließt die Befugnis, im Bebauungsplan Ausnahmen hiervon zuzulassen, ein.**

2. **Festsetzungen in einem Bebauungsplan nach § 7 Abs. 2 Nr. 7 BauNVO (allgemeine Zulässigkeit von sonstigen Wohnungen) müssen die allgemeine Zweckbestimmung eines Kerngebietes wahren. Dies ist nicht der Fall, wenn nicht betriebsgebundene Wohnnutzung im gesamten, im Wesentlichen sechsgeschossig zu bebauenden Kerngebiet in allen**

Geschossen außer den Erdgeschossen allgemein zugelassen und zugleich kerngebietstypische Nutzung ausgeschlossen wird.

BauGB §9 Abs. 1; BauNVO §7 Abs. 2 und 4.

Sächsisches OVG, Urteil vom 3. März 2005 – 1 B 431/03 – (rechtskräftig).

(VG Dresden)

Die Klägerin begehrt von dem Beklagten die Genehmigung eines Bebauungsplanes. 1996 beschloss der Stadtrat der Klägerin den Bebauungsplan Nr. 92 Dresden-Altstadt I Nr. 12 Altmarkt. Mit ihm wird das Plangebiet durch Festsetzung von 7 Teilgebieten (MK 1 bis MK 7) im Wesentlichen als Kerngebiet ausgewiesen. In den textlichen Festsetzungen ist u. a. bestimmt:

„I. Planungsrechtliche Festsetzungen nach §9 Abs. 1 BauGB i. V. m. der BauNVO
1. Nutzungsregelungen
1.1. Unzulässigkeit von allgemein zulässigen Nutzungen nach §1 Abs. 5 BauNVO
Im gesamten Kerngebiet (MK) sind
– Vergnügungsstätten (§7 Abs. 2 Nr. 2 BauNVO),
– Sonstige nicht wesentlich störende Gewerbebetriebe (§7 Abs. 2 Nr. 3 BauNVO) und
– Tankstellen im Zusammenhang mit Parkhäusern und Großgaragen nicht zulässig.
1.2. Unzulässigkeit von ausnahmsweise zulässigen Nutzungen nach §1 Abs. 6 Satz 1 Nr. 1 BauNVO
Im MK-Gebiet sind die nach §7 Abs. 3 Nr. 1 BauNVO ausnahmsweise zulässigen Tankstellen, die nicht unter §7 Abs. 2 Nr. 5 BauNVO fallen, unzulässig.
1.3. Zulässigkeit von ausnahmsweise zulässigen Nutzungen nach §1 Abs. 6 Satz 1 Nr. 2 BauNVO
Im MK-Gebiet sind die nach §7 Abs. 3 Nr. 2 BauNVO ausnahmsweise zulässigen Wohnungen allgemein zulässig.
1.4. Festsetzungen einzelner Nutzungen im Baugebiet
1.4.1. In den nachfolgend bezeichneten Teilen des Baugebietes sind nach §7 Abs. 4 Satz 1 Nr. 2 BauNVO mindestens 10% der Geschossfläche – bezogen auf die Geschossfläche des jeweils festgesetzten MK-Teilgebietes – als Wohnungen zu nutzen, und zwar jeweils in den Bereichen
– Kerngebiet MK 1 am Altmarkt und an der Schreibergasse,
– Kerngebiet MK 2 am Altmarkt, An der Kreuzkirche und an der Schreibergasse,
– Kerngebiet MK 3 an der Schreibergasse,
– Kerngebiet MK 4 an der Pfarrgasse,
– Kerngebiet MK 5 am Dr.-Külz-Ring, an der Seestraße und an der Schreibergasse,
– Kerngebiet MK 6 am Dr.-Külz-Ring und an der Pfarrgasse,
– Kerngebiet MK 7 am Dr.-Külz-Ring und an der Schulgasse.
Ausnahmen können für einzelne Teilgebiete zugelassen werden, sofern der entfallende Wohnanteil auf anderen Grundstücken des B-Plangebietes öffentlich-rechtlich gesichert zusätzlich nachgewiesen wird."

Aus den Gründen:

2. Die Klage ist unbegründet. Der 1996 beschlossene Bebauungsplan ist auch mit den von der Klägerin akzeptierten Einschränkungen nicht genehmigungsfähig.

2.1. Allerdings ist die Ausnahmeregelung in Nr. I.1.4.1. des Bebauungsplanes nicht zu beanstanden. Zwar weist der Beklagte zutreffend darauf hin, dass einer Gemeinde hinsichtlich der Festsetzungen in einem Bebauungsplan kein „Festsetzungsfindungsrecht" zusteht, vielmehr auch für die Regelung von Ausnahmen baugebietlicher Festsetzungen einer Rechtsgrundlage bedarf (vgl. nur Söfker, in: Ernst/Zinkahn/Bielenberg/Krautzberger, BauGB, Losebl. Stand September 2004, § 31 Rdnr. 22 m. w. N.). Die in Rede stehende Ausnahme findet jedoch eine hinreichende Rechtsgrundlage in § 7 Abs. 4 Bau-NVO. Nach dieser Bestimmung kann die Gemeinde unter bestimmten Voraussetzungen für Teile des Kerngebiets festsetzen, dass in Gebäuden ein im Bebauungsplan bestimmter Anteil der zulässigen Geschossfläche oder eine bestimmte Größe der Geschossfläche für Wohnungen zu verwenden ist. Das bedeutet, dass die plangebende Gemeinde sowohl zu der planerischen Entscheidung, solche Festsetzungen zu treffen, als auch zu der planerischen Entscheidung, hiervon abzusehen, ermächtigt ist. Wenn dies aber so ist, folgt daraus zugleich, dass die Gemeinde auch befugt ist, grundsätzlich zwingende Wohnnutzung festzusetzen, aber hiervon unter bestimmten Voraussetzungen wieder abzusehen. Die Baugebietstypik der BauNVO verlässt sie dadurch nicht. Der BauNVO lässt sich auch ansonsten nicht entnehmen, dass die Gemeinde darauf verwiesen ist, entweder ganz oder gar nicht von der Möglichkeit nach § 7 Abs. 4 Satz 1 Nr. 2 BauNVO Gebrauch zu machen. Insbesondere folgt dies für die hier konkret getroffene Ausnahme nicht daraus, dass nach dieser Norm nur für Teile des Kerngebiets Wohnnutzung vorgeschrieben werden kann. Die geforderte räumliche Begrenzung wird entgegen der Ansicht des Beklagten durch die Ausnahmeregelung nicht umgangen, denn sie verhält sich nicht dazu, an welcher Stelle des Plangebiets der ersatzweise zu schaffende Wohnraum zulässig ist. Im Falle der Anwendung der Ausnahmeregelung bleibt entgegen der Auffassung des Beklagten auch nicht offen, welche Nutzungsart statt der eigentlich allein möglichen Wohnnutzung zulässig sein soll. Denn in diesem Fall gelten – wieder – die allgemeinen planerischen Festsetzungen zur zulässigen Nutzungsart. Dass die die Ausnahme enthaltende Festsetzung – wie alle Festsetzungen im Bebauungsplan – dem Grundsatz der Erforderlichkeit nach § 1 Abs. 3, dem Abwägungsgebot nach § 1 Abs. 6 (jetzt Abs. 7) BauGB sowie dem Bestimmtheitsgebot genügen und zu den „besonderen städtebaulichen Gründen", deren Vorliegen erst die zwingende Festsetzung von Wohnnutzung in Teilen des Kerngebietes rechtfertigt, nicht in Widerspruch stehen darf, versteht sich von selbst; dass insoweit Bedenken bestehen, behauptet allerdings der Beklagte nicht und ist auch sonst nicht ersichtlich.

2.2. Der Bebauungsplan ist aber nicht genehmigungsfähig, weil die Festsetzung Nr. I .1.4.1. Satz 1 des Bebauungsplanes zu unbestimmt ist. An dieser Prüfung ist der Senat nicht deshalb gehindert, weil der Beklagte nach seinem erstinstanzlichen Vorbringen diese Frage „außergerichtlich" klären wollte. Der Senat ist, nachdem die Verpflichtung des Beklagten zur Genehmigung des Bebauungsplanes insgesamt streitgegenständlich ist, nicht darauf beschränkt, nur die Einwände gegen die Genehmigungsfähigkeit zu prüfen, die der Beklagte dem Bebauungsplan entgegengehalten hat oder noch entgegenhält.

Nach § 7 Abs. 4 Satz 1 Nr. 2 BauNVO kann „für Teile eines Kerngebiets" zwingend Wohnnutzung festgesetzt werden, „wenn besondere städtebauliche Gründe dies rechtfertigen". Daraus folgt, dass der betroffene Teilbereich deutlich erkennbar sein muss (vgl. Bielenberg, in: Ernst/Zinkahn/Bielenberg/Krautzberger, a. a. O., §7 BauNVO Rdnr. 45a), denn andernfalls liefe die einschränkende Voraussetzung des Vorliegens besonderer städtebaulicher Gründe ins Leere. Diese notwendige Bestimmtheit ist hier weder in der beschlossenen Fassung der in Rede stehenden Festsetzung, noch in der überarbeiteten Fassung erreicht. Nach beiden Formulierungen ist nicht sichergestellt, dass nur Teile und nicht der gesamte Planbereich von der Festsetzung erfasst werden und diese Teile auch hinreichend bestimmbar sind. Das Plangebiet ist in insgesamt 7 (Teil-)Kerngebiete aufgeteilt, die sämtlich von der Festsetzung betroffen sind. Eine Abgrenzung derjenigen Bereiche der Teilgebiete, die z. T. zwingend zu Wohnzwecken genutzt werden müssen, zu denjenigen Bereichen, für die dies nicht gelten soll, erfolgt in der ursprünglichen Fassung des Bebauungsplanes nicht. Dort werden die betroffenen Teile nur durch ihre Ausrichtung zu bestimmten Straßen bezeichnet, ohne dass durch die Festsetzung Nr. I. 1.4.1. selbst oder i. V. m. anderen Festsetzungen bestimmt werden könnte, wo der betroffene Teil innerhalb des durch Baulinien umgrenzten Teilkerngebiets enden soll. Diese Bestimmbarkeit wird auch durch die geänderte Fassung nicht erreicht. Denn die Begrenzung auf die „hofseitige Gebäudewand des jeweiligen Geschosses (Gebäudetiefe)" hilft dort nicht weiter, wo eine solche hofseitige Gebäudewand nicht vorhanden ist, nämlich bei den Geschossflächen, die den äußeren Rand der Gebäudeflügel bilden oder die aus sonstigen Gründen von einer Baulinie zur gegenüberliegenden Baulinie durchgehen. In diesen Fällen bleibt nach der alten wie nach der überarbeiteten Fassung des Bebauungsplanes völlig offen, wo der für die Berechnung des zehnprozentigen Anteils an der Geschossfläche maßgebliche Teil enden soll.

2.3. Der Bebauungsplan ist unabhängig von seiner fehlenden Bestimmtheit auch deshalb nicht genehmigungsfähig, weil seine Festsetzungen zur allgemeinen Zulässigkeit von Wohnnutzung mit der Zweckbestimmung eines Kerngebietes nicht übereinstimmen und deshalb mangels Rechtsgrundlage unwirksam sind.

Die Gemeinde ist bei der bauplanerischen Festsetzung der Nutzungsart an die Baugebietstypen der BauNVO gebunden. Daraus folgt, dass alle zum Zwecke der Modifizierung der Baugebietsvorschriften in §1 Abs. 4 bis 10 BauNVO vorgesehenen differenzierenden Festsetzungsmöglichkeiten die allgemeine Zweckbestimmung des Baugebietes wahren müssen (vgl. nur BVerwG, Beschluss v. 22. 12. 1989, BRS 49 Nr. 74 = BauR 1990, 186; Söfker, a. a. O., §1 BauNVO Rdnr. 9; Boeddinghaus/Dieckmann, BauNVO, 3. Aufl., §1 Rdnr. 60, jeweils m. w. N.). Dies gilt nicht nur dort, wo die Bewahrung der allgemeinen Zweckbestimmung ausdrücklich gesetzlich gefordert wird (z. B. §1 Abs. 6 Nr. 2 BauNVO), sondern als übergeordneter Grundsatz bei allen Modifizierungen der Zulässigkeitsregeln und auch für Festsetzungen nach §7 Abs. 2 Nr. 7 BauNVO, wonach sonstige, d. h. nicht betriebsgebundene Wohnungen nach Maßgabe von Festsetzungen des Bebauungsplanes im Kerngebiet allgemein zulässig sind (Söfker, a. a. O., §7 BauNVO Rdnr. 11 und 37; Roeser, in: König/Roeser/Stock, BauNVO, 1999 §7 Rdnr. 34; Fickert/Fieseler, BauNVO, 7. Aufl., §7 Rdnr. 12.2 und 15). Es kann deshalb dahinstehen, ob die Festsetzung unter Nr. I. 1.3 des Bebauungsplanes der Klägerin, wonach auch nicht betriebsbezogene Wohnungen in allen Teilgebieten des Kerngebietes allgemein zulässig sein sollen, auf § 7 Abs. 2 Nr. 7 BauNVO oder – wie im Bebauungsplan angegeben – auf § 1 Abs. 6 Satz 1 Nr. 2 i. V. m. § 7 Abs. 3 Nr. 2 BauNVO beruht, wonach eine an sich nur ausnahmsweise zulässige Nutzung für allgemein zulässig erklärt werden kann; das Gebot der Wahrung der allgemeinen Zweckbestimmung eines Kerngebietes bleibt dasselbe. Gegen diese verstößt eine Festsetzung, wonach sonstige Wohnungen im gesamten Kerngebiet allgemein zulässig sind (ebenso OVG NW, vgl. nur Urteil v. 19. 2. 2001 – 10a D 65/98.NE –, BRS 64 Nr. 24; Urteil v. 18. 3. 2004 – 7a D 52/03.NE –, zit. nach juris; Roeser, a. a. O., § 7 Rdnr. 5; dahin tendierend Bielenberg, a. a. O., § 7 BauNVO Rdnr. 38).

Die allgemeine Zweckbestimmung eines Kerngebietes ergibt sich nach der Rechtsprechung des Bundesverwaltungsgerichts (Beschluss v. 6. 12. 2000 – 4 B 4.00 –, BRS 63 Nr. 77 = BauR 2001, 605 = NVwZ-RR 2001, 217, zit. nach juris) aus der allgemeinen Umschreibung in § 7 Abs. 1 BauNVO, die in § 7 Abs. 2 BauNVO konkretisiert wird. Danach haben Kerngebiete zentrale Funktionen. Sie bieten vielfältige Nutzungen und ein urbanes Angebot an Gütern und Dienstleistungen für die Besucher der Stadt und die Wohnbevölkerung eines größeren Einzugsbereiches. Dieser Charakter umfasst auch nach Maßgabe des Bebauungsplanes oder ausnahmsweise zulässige Wohnnutzung. Der Plangeber hat bei der Festsetzung von Wohnungen im Kerngebiet jedoch zu beachten, dass dieses in erster Linie und im Unterschied zu anderen Baugebieten der BauNVO den vorgenannten zentralen Funktionen und Einrichtungen zu dienen bestimmt ist. Diese Prägung des Gebietes durch kerngebietstypische Nutzungen wird nach den Festsetzungen der Klägerin nicht mehr gewahrt, denn mit ihnen wird die allgemeine Wohnnutzung gleichberechtigt neben den den zentralen Funktionen und Einrichtungen dienenden Nutzungen in allen Gebäuden aller Teilgebiete des gesamten Kerngebietes zulässig. Dies gilt umso mehr, als die Klägerin in Nr. I. 1.1 auch noch mehrere allgemein zulässige kerngebietstypische Nutzungen ausgeschlossen und damit das Gewicht nochmals zugunsten einer kerngebietsuntypischen Festsetzung verschoben hat. Etwas anderes ergibt sich auch nicht daraus, dass nach der Festsetzung I. 1.4.2 des Bebauungsplanes in den Erdgeschossen der Gebäude Wohnungen nicht zugelassen sind. Denn damit bleibt der weitaus größte Anteil der ganz überwiegend mindestens sechsgeschossigen Gebäude – nur ein sehr kleiner Teil des MK 2 darf viergeschossig bebaut werden – einer Wohnnutzung zugänglich; etwas anderes dürfte demgegenüber gelten, wenn eine Wohnnutzung erst ab dem dritten Obergeschoss zugelassen würde. Ob die Gefahr einer „Überfremdung" des Kerngebiets durch Wohnnutzung tatsächlich besteht, ist unerheblich (vgl. Fickert/Fieseler, a. a. O., § 1 Rdnr. 168), zumal die Nachfrage nach Wohnraum und damit die Gefahr einer tatsächlichen Fehlentwicklung Veränderungen unterliegt. § 15 Abs. 1 BauNVO ist zur Rechtfertigung der beanstandeten Festsetzung nicht geeignet, denn er kann die vorhandene Planung, mit der hier gerade der Zweck verfolgt wird, Wohnnutzung für den Regelfall in einem Kerngebiet zuzulassen, nicht korrigieren. Schließlich kann sich die Klägerin auch nicht mit Erfolg auf die

„besondere städtebauliche Situation" des Plangebietes und der in seiner Umgebung vorhandenen baulichen Nutzung berufen, in die „hineingeplant" worden sei. Selbst wenn das von der Klägerin in diesem Zusammenhang in Bezug genommene Urteil des Bundesverwaltungsgerichts vom 4.5. 1988 – 4 C 34.86 –, BVerwGE 79, 309 = BRS 48 Nr. 37 = BauR 1988, 440, zit. nach juris, in dem dieses bei der Bestimmung der Eigenart des einzelnen Baugebiets i. S. von § 15 Abs. 1 BauNVO auch auf die jeweilige örtliche Situation abgestellt hat, auf die Ermittlung der allgemeinen Zweckbestimmung eines Kerngebietes übertragbar wäre, ergäbe sich hieraus nichts zugunsten der Klägerin. Das Plangebiet selbst war bei Beschlussfassung über den Bebauungsplan unbebaut und konnte mithin für eine besondere örtliche Situation nichts hergeben. Inwieweit die örtlichen Verhältnisse der Umgebung Besonderheiten aufweisen sollen, legt die Klägerin nicht dar. Im Hinblick auf die allgemein für zulässig erklärte Wohnnutzung ergeben sich Besonderheiten insbesondere nicht aus dem Wunsch, die Belebtheit der Innenstadt zu erhalten und einer Verdrängung von Wohnnutzung entgegenzuwirken, denn diese allgemeinen planerischen Ziele beruhen nicht auf einer vorgefundenen spezifischen örtlichen Situation. Dass die Zulassung von Wohnnutzung notwendig wäre, um die vorhandenen (Wohn-)Nutzungen in der unmittelbaren Umgebung nicht zu beeinträchtigen, ist ebenfalls nicht ersichtlich.

2.4. Der beschlossene Bebauungsplan dürfte schließlich – ohne dass dies der Senat abschließend entscheiden müsste – auch deshalb nicht genehmigungsfähig sein, weil er auf einer fehlerhaften Abwägung beruht. ...

Nr. 38

1. **Ein Sondergebiet „Kur" kann auch dann festgesetzt werden, wenn dort erheblichen Umfangs „nur" gewohnt werden soll. Es ist nicht erforderlich, daß die ein Kurgebiet ausmachenden Einrichtungen alle in diesem Sondergebiet vorhanden sind.**

2. **Zum Schutz von Deichen und Dünen.**

3. **Zur Behandlung des verstärkten Verkehrsaufkommens, das mit der Einrichtung eines Sondergebietes „Kur" verbunden ist.**

BauNVO § 11; NDG §§ 14, 16, 20 a.

Niedersächsisches OVG, Urteil vom 17. Februar 2005 – 1 KN 151/04 – (rechtskräftig).

Die Antragstellerin wendet sich gegen den Bebauungsplan Nr. 158 „ahoi-Bad" der Stadt B. Die Antragstellerin ist Eigentümerin des Grundstücks W.weg 37/39, das schräg gegenüber der durch den Bebauungsplan festgesetzten Zufahrten zu der Tiefgarage der geplanten Wohnanlagen sowie zum Parkplatz für das im Bereich des Bebauungsplanes gelegene ahoi-Bad liegt. Gegen diesen wendet sie im wesentlichen ein, die darin geschaffene Möglichkeit, mehrgeschossige Wohnbauten zu errichten, sei nicht aus dem Flächennutzungsplan entwickelt und stelle sich zudem, da als „Kurgebiet" deklariert, als Etikettenschwindel dar. Außerdem habe die Antragsgegnerin die Nutzungskonflikte, die sich namentlich im Hinblick auf den zu erwartenden zusätzlichen Lärm ergäben, im Plan nicht ausreichend bewältigt.

Der Bebauungsplan Nr. 158 „ahoi-Bad" ersetzt den bisher für das Gebiet geltenden Bebauungsplan Nr. 48. Im mittleren Teil seines Gebietes befindet sich das ahoi-Bad, im westlichen Bereich des Gebietes ein Mutter-Kind-Erholungsheim, ein kleiner Campingplatz und ein 7- bis 8-geschossiges Appartementhaus. Im östlichen Teil des damaligen Plangebietes liegt der ehemalige Kindergarten, der derzeit für eine Segelschule genutzt wird, ein Gebäude der Lesehalle mit verschiedenen dem Kurbetrieb dienenden Nutzungen, der Parkplatz für das ahoi-Bad sowie eine Wiese, die in Spitzenzeiten als Parkplatz genutzt wird. Ziel des Planes Nr. 158 ist es, die Fläche östlich des ahoi-Bads für eine Bebauung planungsrechtlich vorzubereiten. Auf der Grundlage einer Projektstudie schloß die Antragsgegnerin mit der Beigeladenen einen städtebaulichen Vertrag, der die bauvorbereitenden Leistungen regelt und die Aufstellung des hier angegriffenen Bebauungsplanes betrifft. Der Plan setzt ein Sondergebiet Kur, das in die Teile Kur 1 Buchst. A bis C sowie Kur 3 gegliedert ist. Das Gebiet Kur 1 A bis C erfaßt das ahoi-Bad, die westlich liegende Fläche sowie östlich vom ahoi-Bad einen Parkplatz für das ahoi-Bad und eine Buswendeanlage mit Haltestelle, die an den W.weg angrenzt. Das Gebiet Kur 3 erfaßt das nordöstliche Gebiet. Dort ist entsprechend der Planung der Beigeladenen eine bebaubare Fläche für insgesamt 5 Gebäude mit 4 Geschossen festgesetzt. Die Zufahrten zu Parkplatz, Buswendeanlage und Gebäudekomplex sind vom W.weg aus vorgesehen.

Aus den Gründen:

Die Zweifel der Antragstellerin daran, ob der Plan aus dem Flächennutzungsplan entwickelt ist, greifen nicht durch. Der Flächennutzungsplan sieht ein Kurgebiet vor. Dementsprechend hat die Antragsgegnerin das Plangebiet als Sondergebiet Kureinrichtungen festgesetzt. Die Zweifel der Antragstellerin beziehen sich darauf, ob die Festsetzung Kurgebiet gerechtfertigt ist angesichts der tatsächlich für das östliche Teilgebiet des Plans bezweckten Nutzung. Diese Zweifel beziehen sich aber auf die Rechtfertigung der gewählten Festsetzung und die damit verbundene Abwägungsentscheidung. Die gewählte Festsetzung jedenfalls entspricht dem Entwicklungsgebot.

Der angegriffene Bebauungsplan verstößt nicht gegen das Abwägungsgebot. ...

Der Bebauungsplan leidet nicht an einem Abwägungsmangel hinsichtlich der Festsetzung Sondergebiet Kur 3 in seinem östlichen Teil. Die für diesen Teil gewählte Festsetzung Sondergebiet mit der Zweckbestimmung „Kurgebiet" (SO Kur 3) erweist sich nicht deshalb als „Etikettenschwindel", weil sie hauptsächlich darauf ausgerichtet ist, einen Bereich für Dauerwohnen zu schaffen mit einem nur geringfügigen Anteil gewerblicher Einrichtungen. Als „Etikettenschwindel" ist eine Planung zu bezeichnen, bei der eine bestimmte Festsetzung im Bebauungsplan gewählt wird, um ein „stimmiges Konzept einzuhalten", obwohl die Gemeinde andere städtebauliche Absichten hegt (Urteil durch den Senat v. 24. 4. 2002 – 1 K 1948/00 –, ZfBR 2002, 689). Die gewählte Festsetzung Sondergebiet für Kureinrichtungen nach § 11 Abs. 2 BauNVO verlangt eine mindestens gleichmäßige Durchmischung von Wohnen und Kur- oder ähnlichen Einrichtungen; denn ein Sondergebiet nach § 11 BauNVO muß sich von den sonstigen Baugebieten der §§ 2 bis 9 BauNVO wesentlich unterscheiden. Ein wesentlicher Unterschied in diesem Sinne liegt vor, „wenn ein Festsetzungsgehalt gewollt ist, der sich keinem der in §§ 2 ff. BauNVO geregelten Gebietstypen zuordnen und der sich deshalb sachgerecht auch mit einer auf sie gestützten Festsetzung nicht erreichen läßt" (BVerwG,

Urteil v. 29. 9. 1978 – 4 C 30. 76 –, BVerwGE 56, 283 = BRS 33 Nr. 11 = BauR 1978, 449; Beschluß v. 1. 12. 1994 – 4 NB 29. 94 –, Buchholz 406. 12 § 10 BauNVO Nr. 3; Beschluß v. 20. 5. 2003 – 4 BN 57. 02 –, BRS 66 Nr. 221 = BauR 2003, 1688 = NVwZ 2003, 1259; Fickert/Fieseler, BauNVO, 10. Aufl., § 11 Rdnr. 7). Das hier für den östlichen Teilbereich des Bebauungsplans festgesetzte Sondergebiet Kur 3 unterscheidet sich bei isolierter Betrachtung zwar nicht wesentlich von einem allgemeinen Wohngebiet. Es soll nach der Konzeption der Beigeladenen, die der Planung zugrunde gelegt wurde und in das Abwägungsergebnis eingeflossen ist, ein Komplex mit mehr als 100 Wohnungen zur Dauerwohnnutzung entstehen mit einem geringfügigen Anteil von Läden und gewerblicher Nutzung im Erdgeschoßbereich der Gebäude. Diese isolierte Betrachtung ist indes nicht angezeigt. Schon wenn man nur auf den Bereich des angegriffenen Planes selbst abstellt, ist der Anteil, welcher für das „allgemeine" Wohnen festgesetzt worden ist, mit dem Charakter eines Sondergebietes „Kur" zu vereinbaren. Vorauszuschicken ist insofern, daß allgemeine Wohnnutzung mit dem Charakter eines Sondergebietes „Kur" entgegen erstem Anschein durchaus zu vereinbaren ist. In einem Sondergebiet „Kur" dürfen nicht nur die unmittelbar mit dem Kuren in Verbindung stehenden Einrichtungen wie namentlich ein Kurbad, ein Kurmittelhaus etc. untergebracht werden. Das Bundesverwaltungsgericht hat vielmehr in der oben schon zitierten Entscheidung vom 29. 9. 1978 (– 4 C 30. 76 –, BVerwGE 56, 283, 286 f. = BRS 33 Nr. 11 = BauR 1978, 449 – I A 42/74 – [V.n.b.]) die Entscheidung des erkennenden Senats v. 15. 12. 1975 nicht beanstandet. Darin hatte es der Senat als mit § 11 BauNVO vereinbar angesehen, daß in einem Sondergebiet „Kur" bis zu 30 v. H. der zulässigen Geschoßfläche zur (allgemeinen) Wohnnutzung zugelassen wurde. Das Bundesverwaltungsgericht hat auch bei einem solchen Gebiet die oben genannten Anforderungen an einen substantiellen Unterschied zu den in §§ 2 ff. BauNVO geregelten Baugebieten als erfüllt angesehen und ausgeführt, in dem fraglichen Gebiet sollten nach dem Willen der Gemeinde in eigenartiger Weise einerseits Wohnnutzung und andererseits eine spezifische gewerbliche Nutzung, nämlich die Nutzung durch Betriebe des Beherbergungsgewerbes gemischt werden. Das sei eine bauliche Nutzung, die ihrer Art nach unter keine der in den §§ 2 ff. BauNVO geregelten Gebietstypen falle und zur Zulässigkeit ihrer Festsetzung als Sondergebiet führe.

Eine dem entsprechende Sachlage ist hier schon dann gegeben, wenn man mit der Antragsgegnerin nur auf den Bereich des angegriffenen Planes abstellt, der insgesamt als Kurgebiet festgesetzt worden und insgesamt gleichmäßig mit Wohnen und Kureinrichtungen durchmischt worden ist.

Denn die westlich angrenzenden Teilbereiche, in denen das Schwimmbad liegt (Kur 1, Bereich A) sowie das daran westlich angrenzende Sondergebiet (Kur 1, Bereich B und C), die jeweils keinen Bereich für dauerhaftes, nicht in der textlichen Festsetzung genanntes, Wohnen vorsehen, genügen den Voraussetzungen, die für ein Sondergebiet Kureinrichtungen zu erfüllen sind. Im Rahmen des § 11 BauNVO kann zwar nicht auf die Gliederungsmöglichkeiten des § 1 Abs. 4 bis 10 BauNVO zurückgegriffen werden (§ 1 Abs. 3 Satz 3 BauNVO). Sollen Sondergebiete gegliedert werden, sind sie jeweils als eigenständiges Sondergebiet inhaltlich zu bestimmen (Boeddinghaus, BauNVO, 4. Aufl., § 11 Rdnr. 8; Fickert/Fieseler, a. a. O., § 11 Rdnr. 9; a. A. König/Roeser/Stock, BauNVO, 2. Aufl., § 11 Rdnr. 18). Allerdings sind durch § 1 Abs. 3 Satz 3 BauNVO nicht die Gestaltungsmöglichkeiten bei der Festsetzung von Sondergebieten eingeschränkt worden (BVerwG, Beschluß v. 20. 5. 2003 – 4 BN 57.02 –, a. a. O.). Gerade wenn die Gemeinde an die besonderen Gliederungsmöglichkeiten, die § 1 BauNVO für die sonstigen Baugebiete nach §§ 2 bis 9 BauNVO vorsieht, bei der Festsetzung von Sondergebieten nach §§ 10 und 11 BauNVO nicht gebunden ist, sondern differenzieren kann, muß nicht für jeden Teilbereich die gesamte Zweckbestimmung des Baugebietes gewahrt bleiben, wenn sich gleichzeitig die Nutzung aller Teilbereiche zusammen dem Zweck des Sondergebietes ohne weiteres zuordnen lässt (BVerwG, Beschluß v. 1. 12. 1994 – 4 NB 29.94 –, a. a. O.). So liegt es hier. Für den östlich gelegenen Bereich Sondergebiet Kur 3 hat die Antragsgegnerin ein Wohngebiet mit einem geringen ergänzenden Anteil von Gewerbe festgesetzt, das auch dem Zweck der Kureinrichtung dienen kann. Der westliche Bereich (Sondergebiet Kur 1), der mehr als die Hälfte des Plangebietes erfaßt, läßt dagegen Wohnen nur für Personal und Betriebsinhaber und -leiter zu. Damit ist für diesen Bereich eine Dauerwohnnutzung, die nicht mit den Kureinrichtungen in Zusammenhang steht, ausgeschlossen. Schon wenn man nur den Gesamtbereich der Gebiete Kur 1 und Kur 3 betrachtet, ist daher ein insgesamt ausgewogenes Verhältnis zwischen Wohnen und Kureinrichtungen gesichert.

Es kommt selbständig tragend und vor allem hinzu, daß die oben genannte sozusagen sondergebietstypische Durchmischung nicht in ein und demselben Plangebiet verwirklicht worden sein muß. Das Plangebiet liegt am Ende eines umfangreichen Areals, welches die Antragsgegnerin in ihrem Flächennutzungsplan als Sondergebietsfläche Kur dargestellt hat. In diesen anderen Bereichen liegen u. a. das Kurmittelhaus mit der Zimmervermittlung sowie andere Kureinrichtungen. Die Antragsgegnerin war schon wegen des Umfangs dieses Gebietes nicht verpflichtet, den Geltungsbereich eines/ihres Bebauungsplans, der diese Zweckbestimmung enthält, auf das gesamte im Flächennutzungsplan als Sondergebiet Kur dargestellte Gebiet zu erstrecken. Es reicht vielmehr aus, wenn das oben genannte Mischungsverhältnis bezogen auf alle Gebiete erreicht wird, welche sich als Kurgebiete darstellen. Das ist nach dem Ergebnis der mündlichen Verhandlung der Fall.

Entgegen dem Vorbringen der Antragstellerin liegt ein Abwägungsfehler im Hinblick auf den Küstenschutz nicht vor. Die Antragsgegnerin hat diese Problematik gesehen und in ihrer Abwägung bewältigt. Zwar war zunächst im Rahmen der Beteiligung der Träger öffentlicher Belange von der oberen Deichbehörde gerügt worden, daß der Deichschutz nicht ausreichend berücksichtigt worden sei. In Gesprächen zwischen den Beteiligten ist dann jedoch die letztlich festgelegte „Schutzzone" entlang der Deich- bzw. Dünenlinie als akzeptabel erarbeitet worden. Diese Lösung knüpft an die innerhalb des Ortsgebiets vorhandene Bebauung an, die einen Abstand von weniger als 50 m zum Deich hält. Insbesondere das westlich der hier neu entstehenden Bebauung liegende ahoi-Bad hält einen Abstand zu der hier den Deich ersetzenden Düne von nicht mehr als 15 m ein. Um diese Linie aufzunehmen, wurde die Baugrenze für die Neubebauung im Gebiet östlich des ahoi-Bads mit einem Abstand von 15 m zu der auf der Düne vorhandenen Lesehalle festgesetzt. Damit ist nach der Mitteilung der oberen Deichbehörde den Belangen des Hochwasserschutzes genügt. Zu berücksichtigen war in diesem Fall zusätzlich, daß in diesem Bereich der im östlichen Ortsgebiet vorhandene Deich durch eine natürliche Düne „ersetzt" ist und damit gemäß § 20 a Niedersächsisches Deichgesetz zwar die Benutzungsregelung des § 14 NDeichG, nicht aber die Abstandsregeln des § 16 NDeichG zu beachten sind. Die Anforderungen des § 16 Niedersächsisches Deichgesetz greifen deshalb in diesem Bereich nicht ein, unabhängig davon, ob die hier vorhandene natürliche Düne durch Widmung die Eigenschaft einer Schutzdüne erhalten hat (§ 20 a Abs. 1 Niedersächsisches Deichgesetz).

Abwägungsfehler hinsichtlich der Lärm- und Verkehrsbelastung der Umgebung und insbesondere des Grundstücks der Antragstellerin sind im Ergebnis nicht zu erkennen. Es sind zwar gewisse Anhaltspunkte für die Annahme zu erkennen, die Antragsgegnerin habe sich bei ihrer Abwägungsentscheidung von Umständen leiten lassen, deren Eintritt nicht verläßlich vorhergesehen werden könne. Das begründet im Ergebnis jedoch keinen Abwägungsfehler. Dazu sind folgende Ausführungen veranlaßt:

Es mag durchaus zweifelhaft sein, ob die optimistische, aus der Verkehrsuntersuchung des Ingenieurbüros F. gespeiste Annahme zutrifft, mit der Zeit würden sich die Besucher von K. an die Reduzierung der einst rund 270 Parkplätze am ahoi-Bad auf nunmehr nur 150 mit der Folge gewöhnt haben, daß namhafter Parksuchverkehr nicht mehr stattfinden und sich der Parkverkehr entsprechend den Einstellplätzen um ein Drittel reduzieren werde. Das stellt – erstens – möglicherweise nicht ganz realistische Anforderungen an den typischen Besucher, der (und sei es mit Rücksicht auf „quengelnde" Kinder oder seine Bequemlichkeit) zunächst eben doch versuchen wird, möglichst nahe am Spaßbad oder dem Strand zu parken. Dies beruht – zweitens – auf der durch Planfestsetzungen eben nicht verläßlich gesicherten, sondern nur erhofften Annahme, im Bereich der Einfahrt nach K. werde (auf privatem Grund) eine Art Parkleitsystem installiert werden können, welches dem Besucher die Wahrscheinlichkeit signalisiert, mit der er im Bereich des ahoi-Bades mit einem Parkplatz rechnen kann.

Selbst wenn all dies zum Vorteil der Antragstellerin als zu optimistisch und planerisch nicht gesichert angesehen würde, ergäbe sich daraus eine Verletzung des Gebotes, in der Abwägung planbedingte Konflikte auch gleich zu bewältigen, nicht. Denn die Abwägungsentscheidung beruht im Grunde auf der auch durch die schalltechnische Untersuchung Dr. I. erhärteten Einschätzung, daß die mit dem Planvorhaben verbundenen zusätzlichen Lärmeinbußen angesichts der Vorbelastung des W.weges nicht in einer Weise ins Gewicht fallen, welche den mit dem Planvorhaben verbundenen städtebaulichen Vorteil, diese Fläche nutzen zu können, aufwögen, und die Gesamtbelastung noch nicht annähernd eine Stärke erreiche, welche es erforderlich mache, die Lärmsituation grundlegend zu sanieren. Diese Annahme ist im Grundsatz nicht zu beanstanden (vgl. BVerwG, B. v. 4. 10. 1991 – 4 B 162.91 –, JURIS) und wird durch die vorliegenden Gutachten gestützt. Der Ingenieur

Dr. I. hat in seiner schalltechnischen Untersuchung (möglicherweise selbst von Zweifeln an der Richtigkeit der F. Prognose ausgehend) ausgeführt, selbst wenn sich die künftigen Verkehrsmengen anders als vom Büro F. prognostiziert entwickeln sollten, sei zu beachten, daß die Verkehrsbelastung insgesamt nur zu einer unwesentlichen Erhöhung des gegenwärtigen Verkehrslärms führe. Erst eine Verdopplung des Verkehrsaufkommens führe zu einer als wesentlich einzustufenden Verkehrslärmerhöhung von 3 dB(A). Steige das Verkehrsaufkommen hingegen lediglich um 20 v. H., so führe dies bei ansonsten gleich bleibenden Parametern wie namentlich zulässige Höchstgeschwindigkeit, Tag-Nacht-Verteilung etc. nur zu einer Pegelerhöhung von ca. 0,8 dB(A).

Berücksichtigt man dies bei der Würdigung der Tabellen zu Nr. 8 dieser schalltechnischen Untersuchung, so ergibt sich folgendes: Selbst wenn man die 120 Parkplätze mit dementsprechend 240 An- und Abfahrten zusätzlich berücksichtigte, so führte dies angesichts der Verkehrsbelastung, welche nach den insoweit nicht zu beanstandenden Ermittlungen des Ingenieurbüros F. (die Zahlen wurden sowohl während der Haupt- als auch während der Nebensaison ermittelt) der W.weg führt nicht zu wesentlichen Abweichungen. Danach beträgt die gegenwärtige Verkehrsbelastung des W.weges im fraglichen Abschnitt während der Hauptsaison über 4000 Kraftfahrzeuge/24 Stunden. Der zusätzliche Parksuchverkehr betrüge daher nur rund 6 v. H. Das erhöhte die von Gutachter Dr. I. ermittelten Zahlen nur so geringfügig, daß sich das Abwägungsergebnis auch bei voller Erkenntnis, die unter 7.2.4 der Planbegründung erwogenen Maßnahmen der Verkehrsleitungen würden sich künftig vielleicht doch nicht vollen Umfangs verwirklichen lassen, nicht geändert haben würde. Nach den Ermittlungen des Gutachters Dr. I. führt die gegenwärtige, sicher zu bedauernde Verkehrsbelastung des W.weges noch nicht zu Werten, welche einen Lärmsanierungsbedarf auslösten. ...

Aus den vorstehenden Gründen kann der Senat unentschieden lassen, ob die Lärmprognose ohnedies zugunsten der Antragsgegnerin zu korrigieren ist. Eine solche Annahme kommt möglicherweise mit folgender Begründung in Betracht: Selbst wenn der Parksuchverkehr zum ahoi-Bad im bisherigen Umfang ungehemmt anhielte (weil sich die Reduzierung der Parkplätze noch nicht ausreichend „herumgesprochen" hat), führte der Plan bei Lichte besehen unter Umständen nur zu einer Zunahme des Verkehrs um die 120 Einstellplätze, welche für die über 100 Wohnungen in den fünf Wohngebäuden erforderlich sind, sowie des Busverkehrs (Wendeschleife neu). Die damit verbundenen Lärmeinbußen fielen so gering aus, daß von einer nennenswerten Lärmeinbuße zu Lasten der Anlieger des W.weges überhaupt nicht mehr die Rede sein könnte und das Abwägungsergebnis daher sozusagen „erst recht" nicht zu beanstanden wäre.

Soweit sich dagegen zusätzlich bzw. neu eine Lärmbelastung aus der nunmehr geplanten Wohnbebauung im östlichen Plangebiet ergibt, konnte die Antragsgegnerin insoweit eine gewisse planerische Zurückhaltung üben und die Konfliktlösung im einzelnen den Regelungen im Baugenehmigungsverfahren überlassen. Die Folge von Belastungen aus der Zufahrt zu den Stellplätzen der Wohnanlage sowie Lage und Ausgestaltung der Stellplätze selbst, müssen nicht im einzelnen im Bebauungsplan geregelt sein, sondern können in der Baugenehmigung ausreichend erfaßt werden. Im Lärmgutachten, das in die Abwägung eingeflossen ist, wird festgestellt, daß als Folge der im Bebauungsplan festgesetzten Maßnahmen nur eine Lärmpegelerhöhung zu erwarten ist, die unterhalb der Wahrnehmbarkeitsschwelle liegt und damit nicht zu unzumutbaren Beeinträchtigungen für die Anlieger des W.wegs führt.

Nr. 39

1. **Als Instrument zur Beschränkung betrieblicher Emissionen können sog. immissionswirksame flächenbezogene Schalleistungspegel auch bei der Ausweisung von Sondergebieten Anwendung finden (im Anschluß an Bundesverwaltungsgericht, Urteil vom 28.2.2002 – 4 CN 5.01 –, DVBl. 2002, 1121).**

2. **Die Festsetzung von immissionswirksamen flächenbezogenen Schalleistungspegeln genügt nur dann dem Bestimmtheitsgebot sowie dem aus dem Abwägungsgebot folgenden Grundsatz planerischer Konfliktbewältigung, wenn der Bebauungsplan klare Vorgaben für die in jedem Genehmigungsverfahren vorzunehmende Prüfung enthält, ob der vom Satzungsgeber bezweckte Lärmschutz mit Blick auf den konkret geplanten Betrieb und seine Umgebung auch tatsächlich erreicht wird.**

3. **Dazu zählt etwa, daß der Bebauungsplan eindeutig bestimmt, welche Bezugsfläche für die „Umrechnung" der betrieblichen Schalleistung in den flächenbezogenen Schalleistungspegel zugrunde zu legen und nach welchem Regelwerk die Ausbreitung des betrieblichen Schalls nach den realen Verhältnissen zum Zeitpunkt der Genehmigung zu berechnen ist (vgl. auch BayVGH, Urteile vom 25.10.2000 – 26 N 99.490 –, BRS 63 Nr. 82 und vom 21.1.1998 – 26 N 95.1632 –, BayVBl. 1998, 463).**

4. **Eine wesentliche Änderung öffentlicher Straßen liegt gemäß § 1 Abs. 2 Nr. 1 Alt. 1 der Verkehrslärmschutzverordnung (16. BImSchV) auch dann vor, wenn eine Straße durch den Ausbau von einer Stich- zur Ringstraße erstmals durchgehende Fahrstreifen erhält.**

BauGB § 1 Abs. 6 (a. F.); BImSchG § 50 Satz 1; BauNVO §§ 1 Abs. 4 Satz 1 Nr. 2, 11 Abs. 2 Satz 1; 16. BImSchV § 1 Abs. 2 Nr. 1 Alt. 1, Nr. 2 Alt. 1.

VGH Baden-Württemberg, Urteil vom 24. März 2005 – 8 S 595/04 – (rechtskräftig).

Die Antragsteller wenden sich gegen den Bebauungsplan „Obere V." der Antragsgegnerin, der ein Sondergebiet mit der besonderen Zweckbestimmung „Wissenschafts- und Technologiepark" festsetzt. Das Plangebiet ist etwa 5,5 ha groß. Der räumliche Geltungsbereich wird begrenzt im Norden durch das Grundstück W. Straße 40–46 (Institutsgebäude der Bundesforschungsanstalt für Viruskrankheiten der Tiere – im folgenden: BFAV), im Osten durch das Grundstück W. Straße 22–28/1 (ebenfalls Institutsgebäude der BFAV), im Süden durch die Wohngrundstücke P.-E.-Straße 2–18 und durch die Grundstücke der Max-Planck-Institute (u. a. Labor, Entwicklungsbiologie, Fischzuchtstation und „biologische Kybernetik") sowie im Westen durch die Wohngrundstücke W.

Straße 65–77 und H. 4–10. Im Plangebiet sind als Bestand vorhanden die Sternwarte, das ehemalige astronomische Institut und an der nördlichen Plangrenze ein Teil der Gebäude der BFAV. Nördlich des Plangebiets liegt das Blockheizkraftwerk. Die Grundstücke der Antragsteller liegen außerhalb des Plangebiets.

Im Sondergebiet zulässig sind entwicklungs-, wissenschafts- und forschungsorientierte Gewerbebetriebe und Einrichtungen, insbesondere der Branchen Life-science, Medizintechnik und Informationstechnologie, auch als Einrichtungen des Universitätsklinikums (Nr. I. 1.(2) der textlichen Festsetzungen). Zulässig sind nach Nr. I. 1.(3) ferner u. a. auch die Nebenanlagen zu diesen Betrieben und Einrichtungen sowie nach Nr. I. 1.(4) ausnahmsweise Dienstleistungsbetriebe, Läden, Handwerksbetriebe, Schank- und Speisewirtschaften sowie Beherbergungsbetriebe, die der Versorgung des Wissenschafts- und Technologieparks dienen.

Der Bebauungsplan setzt in Nr. I. 1.(5) immissionswirksame flächenbezogene Schallleistungspegel (im folgenden: IFSP) fest, die gewährleisten sollen, daß der Gewerbe- und Verkehrslärm aus dem Sondergebiet bei der unmittelbar benachbarten Wohnbebauung keine Immissionswerte erzeugt, welche die Orientierungswerte der DIN 18 005 für reine Wohngebiete von 50 dB(A) tags und 35 dB(A) nachts überschreiten.

Aus den Gründen:

II. Der Bebauungsplan verstößt gegen höherrangiges materielles Recht.

1. Die Festsetzung von immissionswirksamen flächenbezogenen Schalleistungspegeln nach Nr. I. 1.(5) der textlichen Festsetzungen genügt nicht dem Bestimmtheitsgebot; es fehlt an klaren Vorgaben für die Anwendung des IFSP im Genehmigungsverfahren mit der Folge, daß der vom Satzungsgeber mit dieser Festsetzung gewollte Schutz der angrenzenden Wohnbevölkerung vor Lärmeinwirkungen aus dem Plangebiet nicht gewährleistet ist. In der fehlenden Schutzeignung der festgesetzten IFSP liegt zugleich ein Verstoß gegen das Abwägungsgebot nach § 1 Abs. 6 BauGB (a. F.), weil der Bebauungsplan die von ihm ausgelöste Lärmproblematik nicht hinreichend bewältigt.

a) Die Methode des IFSP stellt sich im wesentlichen wie folgt dar (vgl. insbesondere Tegeder, UPR 1995, 210; Tegeder/Heppekausen, BauR 1999, 1095; Fischer/Tegeder, NVwZ 2005, 30; vgl. auch Ernst/Zinkahn/Bielenberg, BauGB, Bd. 4, § 1 BauNVO Rdnr. 62 ff.; Fickert/Fieseler, BauNVO, 10. Aufl., § 1 Rdnr. 95 f.; BVerwG, Beschluß v. 27. 1. 1998 – 4 NB 3.97 –, BRS 60 Nr. 26 = BauR 1998, 744 = DVBl. 1998, 891): Für das an das künftige Baugebiet angrenzende Wohngebiet wird – bezogen auf die besonders lärmempfindlichen Immissionsorte – ein bestimmter Immissionswert festgelegt, der nicht überschritten werden soll. Diese Immissionswerte werden durch Schallausbreitungsrechnung auf flächenbezogene Emissionskontingente des Baugebiets „zurückgerechnet". Da bei der Planung regelmäßig weder konkrete Betriebsart und -struktur noch Lage, Höhe und Richtwirkung der Schallquellen oder Abschirmwirkungen durch Hindernisse bekannt sind, wird bei dieser „Rückrechnung" der Immissionswerte auf Emissionskontingente der Fläche unterstellt, daß sich der Schall gleichmäßig über die gesamte Fläche verteilt und ungehindert zum Immissionsort gelangt. Der auf der Grundlage dieser „Rückrechnung" der Immissionswerte auf die emittierende Fläche festgesetzte Emissionsgrenzwert enthält dann für jede künftige Schallquelle die verbindliche planerische Schranke des anteiligen Immissionskontingents, das sich aus der Differenz zwischen dem Emissionswert und dem Abstandsmaß ergibt. Diese Regelungstechnik führt dazu, daß ein Vorhaben, dessen Emissionen den festgesetzten Wert einhalten, unter dem Aspekt des Lärmschutzes in jedem Fall zulässig ist. Andernfalls folgt jedoch aus der Überschreitung des Wertes noch nicht zwangsläufig seine Unzulässigkeit. Vielmehr ist dann in einem zweiten Schritt nach Maßgabe des konkreten Vorhabens und seiner Umgebung zu prüfen, wie stark die Lärmeinwirkung am maßgeblichen Immissionsort tatsächlich ist. Dem Vorhabenträger bleibt dabei die Entscheidung überlassen, mit welchen Mitteln er eine Überschreitung des ihm zustehenden Immissionskontingents verhindert (etwa durch bestimmte Anordnung und Ausrichtung der Schallquellen oder Ausnutzung bereits vorhandener Baukörper zur Abschirmung). Mithin ist die Methode des IFSP dadurch gekennzeichnet, daß wesentliche Entscheidungen zur Einhaltung des vom Normgeber gewollten Immissionsschutzes erst auf der nachfolgenden Ebene des Genehmigungsverfahrens mit Rücksicht auf die realen Bedingungen der Schallausbreitung getroffen werden; durch diese dynamische Begrenzung der zulässigen Emissionen jeder einzelnen Anlage wird vermieden, daß die Nutzung der Betriebsgrundstücke durch starre Grenzwerte stärker eingeschränkt wird, als dies zum Schutz der Anwohner vor Lärmbeeinträchtigungen notwendig ist.

b) Diese Anknüpfung der zulässigen Emissionen an die tatsächlichen Umstände im Zeitpunkt des Genehmigungsverfahrens und der damit verbundene Anwendungsspielraum führt zwar noch nicht zur Unzulässigkeit des Instruments des IFSP als solches mit Blick auf das Bestimmtheitsgebot (vgl. BVerwG, Beschluß v. 27. 1. 1998, a. a. O.). Um den mit der Festsetzung von IFSP bezweckten Schutz der Anwohner vor Lärmimmissionen erreichen zu können, ist es jedoch unerläßlich, daß bereits der Bebauungsplan klare Vorgaben für die im Genehmigungsverfahren vorzunehmende Prüfung enthält, ob der einzelne Betrieb das ihm zugeteilte Lärmkontingent nicht überschreitet (vgl. Tegeder/Heppekausen, a. a. O., S. 1098). Das gilt vor allem dann, wenn der IFSP – wie hier – anstelle einer räumlichen Trennung der unverträglichen Baugebiete oder von aktiven Schallschutzmaßnahmen als zentrales Instrument eingesetzt wird, um unmittelbar benachbarte Wohngebiete vor erheblichen Lärmbeeinträchtigungen zu schützen. Dann muß bereits durch den Bebauungsplan selbst sichergestellt sein, daß der angestrebte Schutz der Wohnbevölkerung vor Lärm tatsächlich erreicht wird (vgl. BVerwG, Beschluß v. 20. 1. 1992 – 4 B 71.90 –, BRS 54 Nr. 18 = BauR 1992, 344 = VBlBW 1992, 293). Dies setzt u. a. voraus, daß der Bebauungsplan eindeutig bestimmt, auf welche Fläche die Schalleistung des jeweiligen Betriebes zu „verteilen" ist; auch muß sich eindeutig feststellen lassen, nach welcher Methode die tatsächliche Ausbreitung der betrieblichen Schalleistung im Genehmigungsverfahren zu berechnen ist (vgl. BayVGH, Urteile v. 21. 1. 1998 – 26 N 95.1631 –, BayVBl. 1998, 436, und v. 25. 10. 2000 – 26 N 99.490 –, BRS 63 Nr. 82; vgl. hierzu auch den Formulierungsvorschlag in Tegeder/Heppekausen, a. a. O., S. 1098; allgemein zu den Bestimmtheitsanforderungen BVerwG, Urteil v. 21. 3. 1996 – 4 C 9.95 –, BVerwGE 101, 1). Diesen Anforderungen genügt die Festsetzung der IFSP hier nicht.

c) Das gilt einmal hinsichtlich der Bezugsfläche für die Ermittlung des flächenbezogenen Schalleistungspegels des einzelnen Betriebs.

aa) Nach der oben angeführten Fachliteratur gibt der IFSP für jeden ansiedlungswilligen Betrieb den seiner Betriebsfläche entsprechenden anteiligen Schalleistungspegel, und über das Abstandsmaß das anteilige Immissionskontingent an. Dementsprechend ist zunächst zu ermitteln, ob die betriebliche Schalleistung den dem Betriebsgrundstück zugewiesenen flächenbezogenen Schalleistungspegel einhält; hierzu ist die betriebliche Schalleistung auf die Betriebsfläche zu „verteilen" (vgl. etwa Tegeder, UPR 1995, 210, 213; dem folgend BVerwG, Beschluß v. 27. 1. 1998, a. a. O.). Vorliegend bestimmt Nr. I. 1.(5) der textlichen Festsetzungen des angegriffenen Bebauungsplans nicht ausdrücklich das Betriebsgrundstück als Bezugsfläche zur Ermittlung des flächenbezogenen Schalleistungspegels (so der Formulierungsvorschlag in Tegeder/Heppekausen, a. a. O., S. 1098), sondern die „überbaubare Grundstücksfläche nach § 23 BauNVO". Das Betriebsgrundstück könnte bei dieser Festsetzung allenfalls dann als maßgebliche Bezugsfläche angesehen werden, wenn sie einschränkend dahingehend ausgelegt wird, daß sich die „überbaubare Grundstücksfläche" auf den jeweiligen Betrieb bezieht. Dem steht allerdings entgegen, daß der Gutachter S., der die für die Festsetzung der IFSP maßgebliche Prognose erstellt und den oben genannten Wortlaut der textlichen Festsetzung vorgeschlagen hat, bei der Prüfung, ob der Gaststättenbetrieb in der Sternwarte und die Stellplatzanlage des „Gründerzentrums" die IFSP einhalten, deren Schalleistung jeweils auf die gesamte überbaubare Fläche der Teilfläche T 2 von insgesamt 12 568 m^2 „verteilt" hat. Unter diesen Umständen ist zumindest nicht eindeutig, ob sich die hier festgesetzten IFSP – wie in der Fachliteratur dargestellt – auf die jeweilige Betriebsfläche als Teil der überbaubaren Fläche beziehen, oder abweichend davon auf die gesamte überbaubare Fläche.

bb) Im vorliegenden Verfahren ist nicht zu entscheiden, ob einer auf die gesamte überbaubare Fläche bezogenen Festsetzung von IFSP schon die Rechtsgrundlage fehlt, weil sie nicht an die „Art der Nutzung" i. S. des § 11 Abs. 2 Satz 1 BauNVO oder die „besondere Eigenschaft von Betrieben und Anlagen" i. S. des § 1 Abs. 4 Satz 1 Nr. 2 BauNVO anknüpft (zu § 1 Abs. 4 Satz 1 Nr. 2 BauNVO vgl. BVerwG, Beschluß v. 27. 1. 1998, a. a. O.; zur Unzulässigkeit von nicht an das Emissionsverhalten bestimmter Betriebe anknüpfenden sog. „Zaunwerten" vgl. BVerwG, Beschluß v. 10. 8. 1993 – 4 NB 2.93 –, BRS 55 Nr. 11 = DVBl. 1993, 1098). Dahinstehen kann auch, ob eine auf die gesamte überbaubare Fläche bezogene Festsetzung von IFSP überhaupt als taugliches Instrument zum Schutz der Anlieger vor Lärmbeeinträchtigungen in Betracht kommt; der Gutachter der Antragsgegnerin selbst hat die Ermittlung des Schalleistungspegels der gesamten überbaubaren Fläche in der mündlichen Verhandlung als falsch bezeichnet. Denn jedenfalls wäre die Schutzeignung dieser Variante der IFSP – so wie sie hier festgesetzt ist – nicht gegeben; in der Unbestimmtheit der Festsetzung hinsichtlich der maßgeblichen Bezugsfläche der IFSP liegt mithin auch eine Verletzung des Abwägungsgebots, weil der vom Normgeber gewollte Schutz der Anwohner der W.- und der P.-E.-Straße nicht gewährleistet ist:

Hinsichtlich der Gaststätte in der Sternwarte hat der Gutachter für die Tageszeit eine Schalleistung von 84 dB(A) und für die Nachtzeit von 76 dB(A) bzw. 86 dB(A) ermittelt; bezogen auf die überbaubare Fläche der Teilfläche T 2 von 12 568 m^2 ergibt sich daraus ein flächenbezogener Schalleistungspegel von 43 dB(A)/m^2 tags und von 35 dB(A) bzw. 45 dB(A)/m^2 nachts. Für die zur Nutzung während der Tageszeit genehmigten 113 Stellplätze des „Gründerzentrums" ergab sich ein Emissionswert von 84,8 dB(A) und bezogen auf die überbaubare Fläche von T 2 ein flächenbezogener Schalleistungspegel von 44 dB(A)/m^2. Die Schalleistung der beiden Vorhaben wurde vom Gutachter also jeweils auf die gesamte überbaubare Fläche „verteilt", ohne daß für die Tageszeit geprüft worden wäre, inwieweit die flächenbezogenen Schalleistungspegel beider Vorhaben das im Bebauungsplan festgesetzte Emissionskontingent der überbaubaren Fläche von 50 dB(A)/m^2 ausschöpfen oder ob sie es in der Summe bereits überschreiten. Dies zeigt, daß der Bebauungsplan Regelungen zur Anrechnung der verschiedenen flächenbezogenen Schalleistungspegel enthalten müßte, um zu vermeiden, daß das Emissionskontingent der überbaubaren Fläche nur deshalb überschritten wird, weil die Schalleistung mehrerer Betriebe jeweils isoliert auf diese „verteilt" werden. Auch müßte im Bebauungsplan bestimmt werden, daß und auf welche Weise eine bereits vorgenommene Inanspruchnahme des Lärmkontingents der überbaubaren Fläche in weiteren Genehmigungsverfahren für weitere Vorhaben berücksichtigt wird. Entsprechende Regelungen fehlen hier. Der Gutachter der Antragsgegnerin hat in der mündlichen Verhandlung überdies auf Nachfrage bestätigt, daß es zu geringeren flächenbezogenen Schalleistungspegeln kommt, wenn die Schalleistung des Betriebs nicht nur auf das jeweilige Betriebsgrundstück, sondern auf eine größere Fläche – wie hier die gesamte überbaubare Fläche – „verteilt" wird. Auf diese Weise kann der flächenbezogene Emissionswert auch dann eingehalten sein, wenn die betriebliche Schalleistung – wie hier mit über 80 dB(A) – relativ hoch ist. Insofern müßte der Bebauungsplan zumindest Vorkehrungen dagegen treffen, daß ein lärmintensiver Betrieb nur deshalb in unmittelbarer Nähe zur Wohnbebauung angesiedelt werden kann, weil der festgesetzte Emissionswert infolge der „Verteilung" der betrieblichen Schalleistung auf eine große Fläche eingehalten wird.

Nach allem stellt die Festsetzung der IFSP hier infolge ihrer Unbestimmtheit hinsichtlich der maßgeblichen Bezugsfläche kein taugliches Instrument dar, um den vom Normgeber gewollten Schutz der Anwohner vor Lärmbeeinträchtigungen aus dem Plangebiet zu gewährleisten.

d) Der Bebauungsplan gibt auch keine klaren Vorgaben zur Methode, nach welcher die Ausbreitung des Schalls eines konkreten Betriebs zu berechnen ist; auch aus diesem Grunde bietet die Festsetzung von IFSP hier keinen verläßlichen Lärmschutz für die benachbarte Wohnnutzung, so daß die Unbestimmtheit der Festsetzung auch insoweit zugleich einen Verstoß gegen das im Abwägungsgebot enthaltene Gebot der Konfliktbewältigung bedeutet.

Zwar ist sowohl in der textlichen Festsetzung als auch in der Satzungsbegründung von „immissionswirksamen flächenbezogenen Schalleistungspegeln nach der DIN 18 005 (Schallschutz im Städtebau)" die Rede. Damit steht jedoch nicht eindeutig fest, daß die DIN 18 005 vom Mai 1987 nicht nur

Grundlage für die Festsetzung der IFSP war, sondern auch für deren Anwendung gelten soll (zur Anwendbarkeit dieses Regelwerks im Rahmen des IFSP vgl. BayVGH, Urteil v. 25.10.2000, a.a.O.). Denn der Gemeinderat der Antragsgegnerin ging beim Satzungsbeschluß davon aus, daß das Regelwerk der DIN 18005 kein Maßstab für die Anwendung der IFSP sein kann, sondern auf der Ebene des Genehmigungsverfahrens das Regelwerk der TA Lärm 1998 heranzuziehen ist. Diese Annahme hat in der textlichen Festsetzung oder in der Satzungsbegründung jedoch keinen Niederschlag gefunden. Daß auch insoweit Unbestimmtheit vorliegt, zeigt wiederum die konkrete Anwendung der IFSP auf die Gaststätte in der Sternwarte und die Stellplatzanlage des „Gründerzentrums" durch den Gutachter, der die entsprechende textliche Festsetzung empfohlen hat. Die Schallausbreitungsrechnung erfolgte nach seinen Angaben nämlich weder auf der Grundlage der DIN 18005, die zum Zeitpunkt des Satzungsbeschlusses oder der maßgeblichen Schallimmissionsprognose galt, noch nach der der Festsetzung der IFSP zugrunde liegenden Fassung der DIN 18005 und auch der TA-Lärm 1998, sondern nach der ISO 9613/2, auf die in der aktuellen DIN 18005 verwiesen wird. Auch aus dieser Unbestimmtheit folgt die fehlende Eignung der festgesetzten IFSP, die aus der unmittelbaren Nachbarschaft der Wohnbebauung herrührende Immissionsproblematik zu bewältigen. Denn nach den übereinstimmenden Angaben der in der mündlichen Verhandlung anwesenden Lärmgutachter beider Beteiligten können die Pegelwerte um bis zu 3 dB(A) voneinander abweichen, je nach dem, nach welcher Methode die Schallausbreitung der Anlage oder des Betriebes berechnet wird. Damit ist die Gefahr nicht von der Hand zu weisen, daß im jeweiligen Genehmigungsverfahren diejenige Berechnungsmethode gewählt wird, welche die für das jeweilige Vorhaben günstigsten Schallpegel ergibt.

2. Der Bebauungsplan genügt dem Abwägungsgebots nach § 1 Abs. 6 BauGB (a. F.) auch nicht im Hinblick auf die daraus herzuleitende Pflicht, den abwägungserheblichen Sachverhalt zu ermitteln und festzustellen (vgl. Battis/Krautzberger/Löhr, BauGB, 8. Aufl., § 1 Rdnr. 116f., m.w.N.). Diese Pflicht geht im konkreten Fall der Überplanung eines Gebiets mit vorhandenen gewerblichen Betrieben in der Nachbarschaft von Wohnnutzung dahin, daß die bereits bestehende Lärmsituation sorgfältig untersucht wird, um entscheiden zu können, auf welche Weise schädliche Einwirkungen vermieden werden können (vgl. VGH Bad.-Württ., Urteil v. 17.9.1999 – 3 S 3/99 –, VGHBW-LS 2000, Beilage 2 B 6). Das ist hier hinsichtlich der zum Zeitpunkt des Satzungsbeschlusses bereits genehmigten und hergestellten Stellplatzanlage mit insgesamt 138 Stellplätzen (113 Stellplätze für das „Gründerzentrum" und 25 Stellplätze für die Gaststätte in der Sternwarte) versäumt worden.

a) Die Untersuchung des Emissionsverhaltens dieser Anlage war nicht schon deshalb von vornherein entbehrlich, weil die Baugenehmigung für das „Gründerzentrum" von 2001 dahin geändert worden war, daß die in der Schallimmissionsprognose genannten IFSP einzuhalten seien, und weil ferner die Auflage verfügt worden war, vor der jeweiligen Betriebsaufnahme der einzelnen Nutzerfirmen Nachweise eines amtlichen Sachverständigen über die Einhaltung des IFSP vorzulegen. ...

b) In der versäumten Untersuchung des Emissionsverhaltens der Stellplatzanlage liegt eine – entscheidungserhebliche – Verletzung des Abwägungsgebots unabhängig davon, ob der Gemeinderat der Antragsgegnerin eine „Verteilung" der betrieblichen Schalleistung auf das jeweilige Betriebsgelände oder die gesamte überbaubare Fläche gewollt hat.

Sollte das jeweilige Betriebsgelände die maßgebliche Bezugsfläche für die Ermittlung des flächenbezogenen Schalleistungspegels sein, hätte im Rahmen des Bauleitplanverfahrens geprüft werden müssen, ob die Nutzung der bereits vorhandenen Stellplatzanlage die geplanten IFSP einhält. Dieser Gesichtspunkt ist abwägungserheblich, weil bei Überschreitung der geplanten IFSP der vom Satzungsgeber mit deren Festsetzung bezweckte Lärmschutz der Anwohner im Einwirkungsbereich dieser Anlage verfehlt würde. Der Gemeinderat wäre dann etwa vor die Fragen gestellt, ob insoweit andere Lärmschutzmaßnahmen ergriffen oder ob insgesamt Abstriche vom Lärmschutzniveau gemacht werden sollen. Jedenfalls hinsichtlich der Stellplatzanlage wäre zum Zeitpunkt des Satzungsbeschlusses auch keineswegs offensichtlich gewesen, daß die geplanten IFSP einzuhalten sein würden. ...

Das Emissionspotenzial der Stellplatzanlage hätte auch dann untersucht werden müssen, wenn Bezugsfläche für die Umrechnung der betrieblichen Schalleistung in den flächenbezogenen Schalleistungspegel die gesamte überbaubare Fläche der jeweiligen Teilfläche sein sollte. Denn in diesem Fall wäre der der überbaubaren Fläche in T 2 zugeteilte IFSP von 50 dB(A) pro m² tags und 35 dB(A) nachts jedenfalls zu einem Teil bereits ausgeschöpft worden. ... . Insofern hätte sich die Frage gestellt, ob die vom Gemeinderat im Rahmenplan formulierte städtebauliche Zielsetzung für die Nutzung des Technologieparks bei Festsetzung der IFSP noch zu erreichen war, oder ob ggf. das Lärmschutzniveau gesenkt oder (ergänzend) andere (aktive) Lärmschutzmaßnahmen getroffen werden sollen.

3. Unabhängig davon beruht die Feststellung des Satzungsgebers, die Grenzwerte der 16. BImSchV würden im Bereich der P.-E.-Straße eingehalten, ebenfalls auf einer unzureichenden Ermittlung des Sachverhalts.

Der Satzungsgeber ist allerdings zutreffend davon ausgegangen, daß die Verkehrslärmschutzverordnung insoweit anwendbar ist. Denn zum einen wird die P.-E.-Straße durch den Umbau von einer Stich- zur Ringstraße i. S. des § 1 Abs. 2 Nr. 1 Alt. 1 der 16. BImSchV um nunmehr durchgehende Fahrstreifen für den Kraftfahrzeugverkehr erweitert. Zum anderen ist auch davon auszugehen, daß der Verkehrslärm infolge der Umbaumaßnahme um mindestens 3 dB(A) erhöht wird (§ 1 Abs. 2 Nr. 2 Alt. 1 der 16. BImSchV). Nach der Prognose des Gutachters L. wird das Verkehrsaufkommen im südlichen Einmündungsbereich in die W. Straße von derzeit 376 auf 1 120 Kraftfahrzeuge pro Tag steigen. Wie der Lärmgutachter S. der Antragsgegnerin in der mündlichen Verhandlung erklärt hat, ist damit in jedem Falle die oben genannte Steigerung des Verkehrslärms verbunden. Zu beanstanden ist jedoch die Einschätzung, der Grenzwert der 16. BImSchV für WR/WA von 59/49 dB(A) werde mit 53 bis 56 dB(A) tags und 45 bis 47 dB(A) nachts eingehalten werden. Denn die Lärmprognose beruht auf einer unzureichenden Ermittlung der voraussichtlichen Zahl der Fahrbewegungen auf der umgestalteten P.-E.-

Straße. Zu prognostizieren war der gesamte Verkehrslärm, der von der geänderten P.-E.-Straße künftig ausgehen wird (vgl. BVerwG, Urteil v. 21. 3. 1996 – 4 C 9.95 –, BVerwGE 101, 1). Daher hätte auch der Fahrverkehr beurteilt werden müssen, der von der Parkanlage im Anschluß an das Ende der bisherigen Stichstraße ausgelöst wird, die für eine außerhalb des Plangebiets errichtete Einrichtung geschaffen wurde. Das ist nach Angaben des Gutachters L. in der mündlichen Verhandlung nicht geschehen. Nach den vorliegenden Plänen erscheint auch naheliegend, daß der Ausbau der P.-E.-Straße zur Ringstraße nicht nur der Erschließung des Plangebiets selbst dient, sondern die Bebauung weiteren Geländes ermöglicht, insbesondere im nördlichen Teil unterhalb der Gebäude der Bundesforschungsanstalt für Viruskrankheiten. Die künftige Verkehrsmenge hätte daher auch unter diesem Aspekt untersucht werden müssen.

4. Im Hinblick auf eine eventuelle erneute Überplanung des Gebiets weist der Senat darauf hin, daß die weiteren Rügen der Antragsteller wohl unbegründet sein dürften:

a) Es ist nicht erkennbar, weshalb IFSP nicht auch für Sondergebiete sollten festgesetzt werden können. Nach der Rechtsprechung des Bundesverwaltungsgerichts, der der Senat folgt, kann der IFSP als Eigenschaft des Betriebes i. S. von § 1 Abs. 4 Satz 1 Nr. 2 BauNVO festgesetzt werden, weil er sich auf das emittierende Betriebsgrundstück und somit auf das Emissionsverhalten eines Betriebes oder einer Anlage bezieht (vgl. Beschluß v. 27. 1. 1998, a. a. O.). Zwar ist § 1 Abs. 4 Satz 1 Nr. 2 BauNVO auf Sondergebiete nicht anwendbar (§ 1 Abs. 3 Satz 3 BauNVO). Aber gerade bei der Ausweisung von Sondergebieten bestehen besonders flexible Festsetzungsmöglichkeiten. Die Gemeinde kann die Art der baulichen Nutzung gemäß § 11 Abs. 2 Satz 1 BauNVO über die Möglichkeiten hinaus, die § 1 Abs. 4 Satz 1 Nr. 2 und Abs. 9 BauNVO eröffnen, näher konkretisieren und zu diesem Zweck die Merkmale bestimmen, die ihr am besten geeignet erscheinen, um das von ihr verfolgte Planungsziel zu erreichen (vgl. BVerwG, Urteil v. 28. 2. 2002 – 4 CN 5.01 –, BRS 65 Nr. 67 = BauR 2002, 1348 = DVBl. 2002, 1121; Urteil v. 18. 8. 1989 – 4 C 12.86 –, BRS 49 Nr. 65 = BauR 1989, 701 = NVwZ 1990, 362). Dazu zählt auch die Beschränkung des Emissionspotenzials von Betrieben mit dem Ziel, die Nutzungsart gebietsadäquat zu steuern (vgl. BVerwG, Urteil v. 28. 2. 2002, a. a. O.; zur Überlappung der Begriffe „Nutzungsart" und „Eigenschaft von Betrieben und Anlagen" vgl. Fickert/Fieseler, BauNVO, 10. Aufl., § 1 Rdnr. 94.2; BVerwG, Beschluß v. 10. 8. 1993, a. a. O.). Auch stellt die hier vorgenommene Unterteilung des Plangebiets in zwei Teilflächen mit unterschiedlichen IFSP keine mit dem Wesen eines Sondergebiets unvereinbare horizontale Gliederung nach der Nutzungsart dar. Denn diese Gliederung berührt nicht die Einheitlichkeit der Nutzungsstruktur des Sondergebiets als Technologiepark (vgl. dazu BVerwG, Beschluß v. 7. 9. 1984 – 4 N 3.84 –, BRS 42 Nr. 55 = BauR 1985, 173 = DVBl. 1985, 120, 121).

b) Der Senat teilt auch nicht die Auffassung der Antragsteller, daß Immissionskonflikte zwischen Wohnnutzung und gewerblicher Nutzung nur durch räumliche Trennung der Baugebiete und nicht statt dessen auch durch Maßnahmen des aktiven Lärmschutzes oder – wie hier – durch Festsetzung von

Emissionsgrenzwerten gelöst werden können. Eine derart strikte Auslegung des in §50 BImSchG verankerten Trennungsgebotes wäre unvereinbar mit dem in §1a Abs.1 Satz1 BauGB niedergelegten Grundsatz des sparsamen und schonenden Umgangs mit Grund und Boden. Der aus dem unmittelbaren Nebeneinander von gewerblicher Nutzung und Wohngebiet folgende Konflikt kann vielmehr auch auf andere Weise als durch räumliche Trennung gelöst werden (vgl. VGH Bad.-Württ., Urteil v. 9.7.1991 – 5 S 1231/90 –, NVwZ 1992, 802 u. Beschluß v. 6.2.1995 – 3 S 1784/94 –, BRS 57 Nr.17). Entscheidend ist, daß der Bebauungsplan sicherstellt, daß der angestrebte Schutz der Wohnbevölkerung vor Lärm tatsächlich erreicht wird (vgl. BVerwG, Beschluß v. 20.1.1992, a.a.O.). Dazu kann auf die obigen Ausführungen verwiesen werden.

c) Nach dem Ergebnis der mündlichen Verhandlung dürfte auch die Einschätzung des Verkehrslärms in der W.- und der P.-E.-Straße – abgesehen von dem oben unter 3. beschriebenen Mangel – nicht zu beanstanden sein.

Das gilt einmal für die Ermittlung der künftigen Nutzfläche als Grundlage für die Prognose der Fahrbewegungen nach der voraussichtlichen Zahl der Arbeitsplätze. Entgegen der Auffassung der Antragsteller mußte die Nutzfläche hier wohl nicht nach der bauplanungsrechtlich höchstzulässigen Nutzung ermittelt, sondern durfte auf der Grundlage des Nutzungsumfangs errechnet werden, wie er in dem vom Gemeinderat beschlossenen Städtebaulichen Rahmenplan vorgesehen ist. Daß der Bebauungsplan ein höheres Nutzungsmaß festsetzt als im Städtebaulichen Rahmenplan vorgesehen, bedeutet nicht, daß der Normgeber von diesem Rahmenplan wieder abgerückt ist. In der Satzungsbegründung wird ausdrücklich darauf hingewiesen, es sei Ziel der großzügigen Ausweisung überbaubarer Flächen, Spielraum für die Anordnung der Baukörper zu schaffen. Da die Antragsgegnerin Eigentümerin aller Grundstücke im Plangebiet ist, erscheint auch ausreichend gewährleistet, daß die im Rahmenplan verankerte städtebauliche Zielsetzung auch tatsächlich umgesetzt wird. Zudem hat die Antragsgegnerin mit der Betreiberin des Technologieparks einen Kooperationsvertrag geschlossen, in dem die Einhaltung des Rahmenplans vereinbart wurde. Vor diesem Hintergrund kann auch die Berechnung nach konkret geplanten Vorhaben für die Baufelder 1 und 9 wohl nicht beanstandet werden. Bei einer erneuten Überplanung würde es sich jedoch anbieten, die Begriffe „Bruttonutzfläche", „Hauptnutzfläche" und „Nutzfläche" klar zu definieren und einheitlich zu verwenden, sowie näher darzulegen, woraus sich die – nicht von vornherein unplausible – Annahme ergibt, daß die Nutzfläche 60% der Bruttogeschoßfläche beträgt.

Nicht zu beanstanden dürfte auch die Annahme sein, daß pro 31 m^2 Nutzfläche ein Arbeitsplatz entsteht. Die Antragsgegnerin war wohl nicht gehalten, die im Verfahren zur Festsetzung des Entwicklungsgebiets getroffene Annahme von 23 m^2 Nutzfläche pro Arbeitsplatz zu übernehmen. Denn dieser Einschätzung lag eine Befragung von Technologieparks mit dem Schwerpunkt Informations- und Kommunikationstechnik zugrunde, während der vorliegende Technologiepark eine naturwissenschaftliche Ausrichtung aufweisen soll. Es erscheint daher zumindest vertretbar, die Ermittlung der Zahl der Arbeitsplätze auf eine Befragung von in Tübingen angesiedelten oder geplanten Technologiebetrieben der im Sondergebiet konkret vorgesehenen Art zu stützen. Allein die nach Ansicht der Antragsteller geringe Größe der befragten Betriebe dürfte nicht gegen den gewählten Ansatz sprechen. Es ist nicht dargelegt oder ersichtlich, daß im Technologiepark vor allem große Betriebe angesiedelt werden sollen oder daß solche größeren Betriebe tendenziell eine höhere Mitarbeiterquote bezogen auf die Nutzfläche aufweisen. Zudem ist auch ein größerer (geplanter) Betrieb mit immerhin 80 Mitarbeitern und einer Nutzfläche von 2500 m^2 in die Prognose eingeflossen, der im übrigen gerade die der Einschätzung zugrunde gelegte Quote von 31 m^2 Nutzfläche pro Arbeitsplatz angegeben hat. Indiz für die Schlüssigkeit der angenommenen Quote ist schließlich auch, daß nach Angaben des Gutachters L. in der mündlichen Verhandlung erfahrungsgemäß auf eine Nutzfläche von 35 bis 40 m^2 ein Stellplatz kommt.

Auch der Liefer- und Wirtschaftsverkehr dürfte in den Prognosen nicht zu gering angesetzt worden sein. Zwar wurden abweichend von den Empfehlungen für Anlagen des ruhenden Verkehrs nicht drei, sondern nur zwei Fahrten je 100 m^2 Bruttogeschoßfläche angesetzt. Dies erfolgte jedoch nach Angaben der Antragsgegnerin deshalb, weil in einem Technologiepark deutlich weniger Liefer- und Wirtschaftsverkehr anfällt, als etwa in einem Industriegebiet mit Produktions- und Verkaufsstätten. Wie der Gutachter L. in der mündlichen Verhandlung ergänzend ausgeführt hat, wurde bei der Abschätzung von den Erfahrungen aus dem Bereich Büro und Dienstleistungen ausgegangen. Dies erscheint plausibel. ...

d) Jedenfalls nach der gegenwärtig vorliegenden Verkehrslärmprognose ist wohl nicht zu beanstanden, daß der Satzungsgeber die – erhebliche – Überschreitung der Orientierungswerte der DIN 18005 für ein reines Wohngebiet von 50/40 dB(A) um bis zu 11 bzw. bis zu 12 dB(A) im Bereich der W. Straße südlich der G.straße als städtebaulich gerechtfertigt angesehen hat. Diese Orientierungswerte sind keine strikt zu beachtenden Grenzwerte, vielmehr ist die Frage der Zumutbarkeit des Lärms stets nach den Umständen des Einzelfalles zu beurteilen (hierzu und im folgenden vgl. BVerwG, Beschluß v. 18.12.1990 – 4 N 6.88 –, BRS 50 Nr. 25 = DVBl. 1991, 442). Dabei wird die Schutzwürdigkeit der Wohnnutzung vor allem durch den jeweiligen Gebietscharakter und durch eine planerische oder tatsächliche Vorbelastung bestimmt. Auch die Art des Lärms kann von Bedeutung sein. Eigentümer am Rande des Außenbereichs können nicht damit rechnen, daß in ihrer Nachbarschaft keine emittierende Nutzung oder höchstens ebenfalls nur Wohnnutzung entsteht. Sie dürfen nur darauf vertrauen, daß keine mit einer Wohnnutzung unverträgliche Nutzung verwirklicht wird. Das ist im allgemeinen nicht der Fall, wenn die Lärmbelastung nicht über das in einem Misch- oder Dorfgebiet zulässige Maß hinausgeht, weil auch diese Gebiete dem Wohnen dienen. ...

Nr. 40

1. Wird ein Grundstück zur Herstellung eines LKW-Abstellplatzes (fast) vollständig gepflastert, ist dies mit der Festsetzung einer GRZ von 0,6 nicht mehr zu vereinbaren.

2. **Werden auf einem Grundstück LKWs abgestellt, die einem Sand- und Kiesabbauunternehmen dienen, beurteilt sich die planungsrechtliche Zulässigkeit des Abstellplatzes nicht (mehr) nach der des Abbaubetriebes, wenn die Abbauflächen rund 5 km entfernt liegen; der für eine einheitliche Beurteilung erforderliche räumlich-funktionelle Zusammenhang ist dann nicht mehr gegeben.**

3. **Der LKW-Abstellplatz kann nicht mehr typisierend betrachtet (und dabei einem Speditionsunternehmen gleichgeachtet) werden, wenn die LKWs das Gelände morgens verlassen und es erst am Abend wieder anfahren.**

4. **Zur Abwägungsgerechtigkeit einer Planung, welche die Grundlage für einen Abstellplatz für insgesamt 9 LKWs in einem Gebiet schaffen soll, das zum Teil als Mischgebiet überplant, im Wesentlichen aber zu Wohnzwecken genutzt wird.**

BauGB § 1 Abs. 7; BauNVO § 19 Abs. 2, 4.

Niedersächsisches OVG, Urteil vom 28. April 2005 – 1 LB 29/04 – (rechtskräftig).

Die Klägerin erstrebt eine nachträgliche Baugenehmigung zur bereits seit langem verwirklichten Anlegung einer Abstellfläche für vier Lastkraftwagen. Das rechteckig geschnittene, rund 1050 m² große Grundstück ist im Wesentlichen vollständig befestigt. Es grenzt mit seiner nördlichen Schmalseite an die N. Straße, die frühere B 403 an. Es steht ebenso im Eigentum der Klägerin wie das westlich angrenzende, rund 1326 m² große Nachbarflurstück. Dieses reicht mit seiner westlichen Schmalseite an die Straße Im R. heran, die von der N.-Straße nach Süden abgeht. Beide Grundstücke umschließen damit das längsrechteckige Flurstück 174/3, das mit einem Wohnhaus (N.-Straße 42) bebaut ist. Auf dem drittnächst südlich davon gelegenen Grundstück Im R. 3 ist die Klägerin gewerberechtlich gemeldet.

Beide Grundstücke (Flurstücke 176/4 und 176/1) nutzt die Klägerin, die nach ihren Angaben an verschiedenen Orten, derzeit rund 5 km Luftlinie vom Ort des hier interessierenden Geschehens entfernt Sand und Kies abbaut, seit längerem zum Abstellen von zeitweise bis zu 10 Lastkraftwagen. Für die Grundstücke gelten seit Mitte März 2003 die Festsetzungen des Bebauungsplanes der Beigeladenen zu 3 Nr. 47 „N.-Straße-Ost", den deren Rat 1995 als Satzung beschloss. Dessen Geltungsbereich umfasst außer den beiden Grundstücken der Klägerin das von ihnen umschlossene Eckgrundstück N. Straße 42, das südlich der westlichen Abstellfläche gelegene Grundstück Im R. 1 sowie das östlich davon liegende Flurstück 178. Für alle Grundstücke wird MI als zulässige Nutzungsart festgesetzt. Ziel des Bebauungsplanes war es insbesondere, die planungsrechtliche Grundlage zur positiven Bescheidung des auf Drängen des Beklagten gestellten Antrages zu schaffen, die Abstellung von 4 Lastkraftzügen auf dem Flurstück 176/4 bauaufsichtsbehördlich zu genehmigen.

Aus den Gründen:

Wäre der Bebauungsplan der Beigeladenen zu 3 Nr. 47 „N.-Straße-Ost" wirksam, scheiterte eine Klagestattgabe am darin festgesetzten Nutzungsmaß. Das Vorhaben überschreitet die festgesetzte Grundflächenzahl von 0,6 deutlich. Nach § 19 Abs. 2 BauNVO ist die Grundfläche der Teil des Baugrundstücks, der von den baulichen Anlagen überdeckt wird. Durch die Wahl des Begriffs der baulichen Anlagen – statt des Begriffs Gebäude – hat der

Gesetzgeber verdeutlicht, dass selbst untergeordnete bauliche Anlagen wie beispielsweise Terrassen und befestigte Wege für die Bodenversiegelung von Bedeutung sind, welche § 19 BauNVO gerade i. d. F. der Bekanntmachung vom 23. 1. 1990 (BGBl. I, 127) steuern und eindämmen soll. § 19 Abs. 4 Satz 1 Nr. 1 BauNVO 1990 stellt dabei klar, dass alle Zufahrten und Rangierflächen, welche zur Benutzung von Abstellplätzen erforderlich sind, bei der Bemessung der versiegelten Grundfläche mitgezählt werden müssen. Danach ist die gesamte Versiegelung in Blick zu nehmen.

Das Baugrundstück ist nach dem übereinstimmenden Vortrag aller Beteiligten und dem sich aus zahlreichen Fotografien ergebenden Eindruck mit geringen Ausnahmen an den Rändern vollständig befestigt; der Versiegelungsgrad reicht damit hart an 100 v. H. heran. Das ist auch unter Anwendung des § 19 Abs. 4 Sätze 2 ff. BauNVO nicht zu rechtfertigen. Die Überschreitung der Grundflächenzahl darf danach nur bis an 0,8 = 80 v. H. heranreichen. Weitere Überschreitungen dieses Wertes sind nach § 19 Abs. 4 Satz 2 Halbs. 2 BauNVO 1990 nur in geringfügigem, aber nicht einem Umfang zulässig, der hart bis an 100 v. H. heranreicht.

Abweichende Festsetzungen i. S. von § 19 Abs. 4 Satz 3 BauNVO 1990 hat die Beigeladene zu 3 in ihrem Plan Nr. 47 nicht festgesetzt. Es mag zwar deren Bestreben gewesen sein, den Ist-Zustand bauplanungsrechtlich zu stützen. Das ist ihr indes nicht gelungen. Das Ziel allein rechtfertigt eine entsprechende Auslegung des Planes allenfalls dann, wenn sich in den textlichen Festsetzungen oder der Planbegründung Hinweise darauf ergeben, welche eine entsprechende Auslegung der Planfestsetzungen gestatten. Das ist hier nicht möglich. ...

Entgegen der Annahme des Verwaltungsgerichts ist es auch nicht möglich, das Vorhaben entsprechend zu reduzieren und dem Klageantrag zumindest teilweise stattzugeben. Dem steht schon entgegen, dass das Vorhaben damit nicht lediglich verkleinert, sondern verändert würde. Der Vertreter der Klägerin hat in der mündlichen Verhandlung des Senats selbst auf die erheblichen Kosten aufmerksam gemacht, welche die vollständige Befestigung dieses Grundstücks verursachte. Das wird ein Kaufmann nur dann tun, wenn diese Befestigung auch vollen Umfangs erforderlich ist. Das ist auch nach objektiven Kriterien beurteilt so. Die tatsächlichen Verhältnisse gestatten es nicht allen LKWs, vom Nordwesten des Grundstücks kommend „in einem Rutsch" in Parkstellung zu kommen. Selbst der erste zurückkehrende LKW muss rangieren. Erst recht gilt dies für die später ankommenden. Dafür wird die gesamte vorhandene Rangierfläche benötigt.

Eine Anwendung von § 19 Abs. 4 letzter Satz BauNVO 1990 kommt nicht in Betracht. Das Grundstück kann – wie die Existenz des zuvor aufstehenden und von der Klägerin 1977/1978 beseitigten Wohnhauses zeigt – auch in anderer Weise genutzt werden.

Das Vorhaben ist auch aus anderen bauplanungsrechtlichen Gründen unzulässig.

Das ergibt sich allerdings entgegen der Annahme des Beklagten nicht schon daraus, dass sich die städtebauliche Qualität des streitigen Abstellplatzes nach der des Kies- und Sandabbaubetriebes bemäße, dem er dient.

Das ist nach der vom Beklagten zitierten Rechtsprechung des Bundesverwaltungsgerichts (Urteil v. 15. 11. 1991 – 4 C 17.88 –, BRS 52 Nr. 52 unter Hinweis auf Beschluss v. 27. 11. 1987 – 4 B 230 und 231.87 u. a. –, BRS 47 Nr. 36), welcher der Senat folgt (vgl. Urteil v. 6. 10. 2004 – 1 LA 122/04 –, Vnb), nur dann gerechtfertigt, wenn die in Rede stehende bauliche Anlage räumlich und funktional in den Betriebsprozess eingegliedert und damit Teil des Gesamtbetriebes ist. Die Anlage muss hierzu Teil einer organisatorischen Zusammenfassung von Betriebsanlagen und Betriebsmitteln zu einem bestimmten Zweck sein. Nur wenn das nicht nur funktionell, sondern auch räumlich der Fall ist, beurteilt sich die planungsrechtliche Zulässigkeit nach Maßgabe derjenigen Vorschriften, die für den Hauptbetrieb gelten.

Das ist hier nicht möglich. Der Betriebsbegriff würde überdehnt, wollte man die rund 5 km Luftlinie entfernt liegenden Sand- und Kiesabbaustätten in die Betrachtung einbeziehen. Der nur drei Grundstücke davon getrennt südlich der Abstellflächen liegende Betriebssitz der Klägerin im handels- und gewerberechtlichen Sinne reicht als Anknüpfungspunkt hierfür nicht aus. Die zitierte Rechtsprechung ist nur für Fälle gedacht, in denen eine künstliche Aufspaltung benachbarter, einem bestimmten Betriebszweck dienender Flächen in bauplanungsrechtlich unterschiedlich zu beurteilende Vorhaben vermieden werden soll. Die dazu erforderliche Verklammerung mit den Abbauflächen wird allein durch den gewerberechtlichen Betriebssitz nicht hergestellt. Das zeigt letztlich auch die Existenz von § 12 BauNVO. Diese Vorschrift setzt geradezu voraus, dass es LKW-Abstellflächen geben muss, die isoliert zu beurteilen sind.

Der gewerberechtliche Betriebssitz auf dem Grundstück Im R. 3 führt auch nicht dazu, dass das Vorhaben kraft typisierender Betrachtungsweise als mit einem Mischgebiet nicht mehr zu vereinbaren ist, weil das Wohnen schon als wesentlich störend angesehen werden könnte. Die beiden Abstellflächen und der nahe gelegene gewerberechtliche Betriebssitz bilden zwar entgegen der Annahme der Klägerin eine Einheit. Das ergibt sich schon daraus, dass die Klägerin diese Abstellflächen zu dem Zwecke gewählt hat, die Sicherheit der abgestellten LKWs vor Diebstahl, Beschädigung oder anderen Schadensereignissen sicherstellen zu können.

Die hier in Rede stehende Nutzung entzieht sich indes einer typisierenden Betrachtungsweise. Insbesondere ist es nicht gerechtfertigt, das Vorhaben in seiner – typisierten – Störwirkung einer Spedition gleichzustellen. Dazu ist auszuführen:

Grundsätzlich sind die Nutzungen nach ihrem typischen Erscheinungsbild zu erfassen und anhand der Regelungen der Baunutzungsverordnung zu beurteilen (vgl. z. B. BVerwG, Urteil v. 18. 10. 1974 – IV C 77.73 –, BauR 1975, 29 = BRS 28 Nr. 27). Das gilt nach der Rechtsprechung des Bundesverwaltungsgerichts (vgl. namentlich das Urteil v. 24. 9. 1992 – 7 C 7.92 –, DVBl. 1993, 111 = BRS 54 Nr. 56) allerdings nicht uneingeschränkt. Es muss vielmehr stets untersucht werden, ob für einen bestimmten Betrieb wirklich eine typisierende Betrachtungsweise veranlasst ist oder ob es nicht vielmehr einer konkreten Beurteilung bedarf. In Anwendung dieser Grundsätze hat es das Bundesverwaltungsgericht beispielsweise abgelehnt, Fahrzeugreparaturwerkstätten typisierend zu betrachten. Sowohl hierzu ist eine Beurteilung ihrer konkreten Auswirkungen veranlasst (vgl. BVerwG v. 11.4.1975 – IV B 33.75 –, BauR 1975, 396; v. 14.4.1976 – IV B 32.76 –, BRS 30 Nr. 43; Urteil v. 7.2.1986 – 4 C 49.82 –, BauR 1986, 414 = BRS 46 Nr. 50) wie auch zur Beurteilung der städtebaulichen Zulässigkeit von Tankstellen und dort verwandten Waschanlagen (vgl. dazu z. B. Bad.-Württ. VGH, Urteil v. 19.8.1992 – 5 S 403/91 –, BRS 54 Nr. 51).

Für das in Rede stehende Vorhaben sucht der Beklagte ohne Erfolg, die Rechtsprechung fruchtbar zu machen, welche für Möbellager (BWVGH, Urteil v. 29.11.1978 – III 2914/78 –, BRS 33 Nr. 30, Volltext auch in JURIS) gilt und zum Ergebnis führt, dass diese selbst in Mischgebieten wegen der (wesentlichen) Belästigungen, die sie zulasten der Wohnbebauung hervorrufen, unzulässig sind. Möbel- oder andere selbstständige Lager sowie „übliche Speditionen" sind deshalb durch §§ 8 Abs. 2 Nr. 1, 9 Abs. 2 Nr. 1 BauNVO in Gewerbe- und Industriegebiete verwiesen worden, weil sie nicht nur einen zuweilen unerfreulichen, dem Wohnen weniger angenehmen Anblick bieten (vgl. dazu König/Roeser/Stock, BauNVO, § 8 Rdnr. 28), sondern vor allem erheblichen Lärm durch An- und Abfahrten von LKW verursachen, welcher den ganzen Tag andauert. Gemeint und erfasst sind damit Lagerhäuser, zu denen ein zahlenmäßig verlässlich nicht oder nur schwer zu erfassender LKW-An- und Ablieferungsverkehr besteht.

Das ist hier wesentlich anders. Der Betrieb gestattet es nicht, den von ihm ausgehenden Lärm nach Art eines Betriebs"typs" zur Grundlage der Beurteilung zu machen, ob er das Wohnen nur un- oder schon wesentlich stört (vgl. BVerwG, Beschluss v. 9.10.1990 – 4 B 121.90 –, BRS 50 Nr. 58 = BauR 1991, 49). Es ist sowohl in den im Tatbestand geschilderten Nachbarbeschwerden als auch im Gerichtsverfahren unbestritten geblieben und damit in dem Bauantrag zutreffend so angegeben, dass die klägerischen Lastkraftwagen den Hof nur einmal am Tag verlassen und an dessen Abend dort wieder eintreffen. Außer den 9 Personenkraftwagen für die LKW-Fahrer ist kein weiterer Fahrzeugverkehr zulässig und zu erwarten. Damit unterscheidet sich das hier in Rede stehende Vorhaben so deutlich von den oben genannten Nutzungen (insbesondere: Spedition), dass eine typisierende Betrachtung hier nicht in Betracht kommt. Eine solche konkrete, gerade nicht typisierende Betrachtungsweise liegt im Übrigen auch der Entscheidung des HessVGH vom 21.12.1992 (– 3 TH 1677/92 –, BRS 54 Nr. 52) zugrunde, welche der Beklagte zur Unterstützung seiner Auffassung heranzieht.

Das zur Genehmigung gestellte Vorhaben ist indes städtebaurechtlich unzulässig, weil der Bebauungsplan der Beigeladenen zu 3 wegen Abwägungsmangels unwirksam und das Vorhaben sowohl im Innen- als auch im Außenbereich unzulässig ist. ...

Nach Lage der Dinge durfte sich die Beigeladene zu 3 bei der Aufstellung ihres Bebauungsplanes Nr. 47 nicht mit der Feststellung begnügen, die Orientierungswerte würden nach dem Ergebnis der vorliegenden Untersuchungen eingehalten. Das Planvorhaben lässt vielmehr eine gewerbliche Nutzung in einen Bereich eindringen, der Anspruch auf Schutzvorkehrungen hat. Denn die Frage, ob schutzwürdige Belange in noch zumutbarer oder schon unzumutbarer Weise von einer Maßnahme betroffen sind, ist nicht unter schematischer Anwendung der darin bestimmten Richtwerte, sondern nach Maßgabe der sich im Einzelfall ergebenden tatsächlichen Verhältnisse und Besonderheiten des Gebiets zu beantworten (vgl. BVerwG, Beschluss v. 6.8.1982 – 7 B 67.82 –, NVwZ 1983, 155; Urteil v. 19.1.1989 – 7 C 77.87 –, BVerwGE 81, 197 = NJW 1989, 1291, 1292 f.; Urteil v. 23.5.1991 – 7 C 19.90 –, BVerwGE 88, 210 = BRS 52 Nr. 190). Die (Nicht-)Einhaltung solcher Richtwerte stellt mit anderen Worten lediglich eine Orientierungsmarke oder einen groben Anhalt dar, ist jedoch noch nicht mit der Lösung der anstehenden Frage gleichzusetzen, ob die durch das hier streitige Vorhaben hervorgerufenen Einwirkungen den Anliegern noch zugemutet werden können.

Diese auf den Einzelfall abstellende Prüfung ergibt, dass eine derart massive gewerbliche Nutzung ohne besondere Rücksichtnahme auf die umstehenden Wohngebäude nicht hätte geplant werden dürfen. ...

In die so gewürdigte Situation lässt der Bebauungsplan in einer Weise gewerbliche Nutzung eindringen, welche auch bei Anerkennung des Bereiches, in dem sich die Gemeinde in der einen oder anderen Weise entscheiden kann, ohne dass dies von dritter Seite beanstandet werden kann, nicht mehr als gerechte Abwägung der konkurrierenden Interessen angesehen werden kann. Bei dieser Würdigung sind die „schwarz" vorgenommenen Nutzungen und baulichen Ver- und Befestigungen hinwegzudenken. Betrachtet man unter diesem Blickwinkel die vorliegenden Luftbilder, dann ergibt sich: ...

Mit der jede Schutzvorkehrungen verweigernden Zulassung einer optisch und akustisch erheblich zu Buche schlagenden Nutzung hat die Beigeladene zu 3 im Dezember 1995 eine Lösung gewählt, welche den Besonderheiten der Situation, in die die gewerbliche Nutzung der Klägerin gestellt wird, nicht mehr angemessen ist. Eine Abwägung hat die konkurrierenden Interessen zu einem gerechten Ausgleich zu bringen. Gerecht ist der Ausgleich dann nicht mehr, wenn einem einzigen Belang ohne städtebaulich zureichenden Grund der Vorrang vor konkurrierenden Belangen eingeräumt wird. Das ist hier geschehen. Die Beigeladene zu 3 hat ausweislich der Planbegründung einzig die Einhaltung der Orientierungswerte für ein Mischgebiet ausreichen lassen. Im letzten Absatz der Planbegründung heißt es: „Da durch die angesprochenen Festsetzungen ein verträgliches Nebeneinander planungsrechtlich gegeben ist, liegt die Notwendigkeit zur Umsiedlung des Gewerbebetriebes nicht vor. Gleichzeitig kann die Gemeinde den Forderungen der Einwender nach einem Verbot der Lkw-Stellplätze, dem Bau von Lärmschutzwällen oder -wänden sowie der Einstellung des Bebauungsplanverfahrens nicht nachkommen."

Diese Einschätzung beruht darauf, dass der Plan einige textliche Festsetzungen enthält, durch die u. a. die Zahl der abzustellenden LKWs festgeschrieben und verboten wird, dort Reparaturarbeiten oder Fahrzeugwäschen durchzuführen. Die Beigeladene zu 3 hat bei der Abwägungsentscheidung allein die Einhaltung der Orientierungswerte ausreichen lassen. Sie hat dabei nicht ausreichend beachtet, dass es sich hier um einen Sachverhalt handelte, in dem umfangreiche Wohnnutzung, welche gerade mit den Immissionspunkten 5 bis 7 ausgesprochen eng an die Abstellflächen heranreicht, und gewerbliche, bislang nur in der Gestalt einer Vierergarage zu berücksichtigende Nutzung auf engem Raum aufeinander treffen. In einer solchen durch divergierende Nutzungsintensitäten und Schutzansprüche gekennzeichneten Lage darf sich die planende Gemeinde nicht auf die Einhaltung der Orientierungswerte zurückziehen. Sie muss vielmehr versuchen, die deutliche Intensivierung der gewerblichen Nutzung, der die Planung die Grundlage verschaffen soll, durch Vorkehrungen abzufedern, welche die Belastungen der Nachbarschaft vermindern. Dazu bieten sich – erstens – Lärmschutzvorkehrungen in der Gestalt von Lärmschutzwänden oder -wällen an. Zweitens wäre nach Lage der Dinge in Betracht gekommen, die Lastkraftwagen von den besonders belasteten Immissionspunkten fünf bis sieben weg auf das hier interessierende Baugrundstück zu verlagern. Dabei hätte sich angesichts der vorstehenden Ausführungen – drittens – durchaus die Frage stellen können, ob der Klägerin die Beibehaltung der 1963 und 1964 genehmigten Garagen wirklich konzediert werden muss. ...

Nr. 41

1. **Die Festsetzung eines örtlichen Hauptverkehrszuges i.S. des §5 Abs.2 Nr.3 BauGB – hier einer Verbindungsstraße zum überörtlichen Verkehr – im Bebauungsplan auf einer im Flächennutzungsplan dargestellten Wohnbaufläche stellt jedenfalls dann eine Verletzung des Entwicklungsgebotes des §8 Abs.2 Satz 1 BauGB dar, wenn der Flächennutzungsplan gerade an anderer Stelle eine Fläche für örtliche Hauptverkehrszüge vorsieht.**

2. **Es verstößt gegen §41 BImSchG, wenn eine im Bebauungsplan festgesetzte Straßentrasse zu Verkehrslärm führt, der die Immissionsgrenzwerte der Verkehrslärmschutzverordnung überschreitet, und sich die Gemeinde im Bebauungsplan darauf beschränkt, Lärmschutzmaßnahmen, die von weiteren Untersuchungen und Planungen abhängig sein sollen, in Aussicht zu stellen.**

BImSchG §41; BauGB §8 Abs. 2 Satz 1.

Hessischer VGH, Urteil vom 21. März 2005 – 9 N 1630/01 – (rechtskräftig).

Aus den Gründen:

2. d. Die materielle Fehlerhaftigkeit des angegriffenen Bebauungsplans folgt daraus, dass die in ihm erfolgte Festsetzung der Nord-Süd-Spange als Verkehrsfläche i.S. des §9 Abs. 1 Nr. 11 BauGB 1998 nicht gemäß §8 Abs. 2 Satz 1 BauGB 1998 aus dem Flächennutzungsplan entwickelt worden ist, der das fragliche Gebiet als Wohnbaufläche darstellt.

Der Bedeutungsgehalt des „Entwickelns" i.S. des §8 Abs. 2 Satz 1 BauGB 1998 ist unter Beachtung der unterschiedlichen Funktionen zu bestimmen, die einerseits dem Flächennutzungsplan und andererseits dem Bebauungsplan zukommen. Im Flächennutzungsplan als vorbereitendem Bauleitplan ist für das ganze Gemeindegebiet die sich aus der beabsichtigten städtebaulichen Entwicklung ergebende Art der Bodennutzung nach den voraussehbaren Bedürfnissen der Gemeinde in den Grundzügen darzustellen (§ 5 Abs. 1 Satz 1 BauGB 1998). Der Bebauungsplan als verbindlicher Bauleitplan enthält demgegenüber die rechtsverbindlichen Festsetzungen für die städtebauliche Ordnung (§ 8 Abs. 1 Satz 1 BauGB 1998). Das Entwicklungsgebot des § 8 Abs. 2 Satz 1 BauGB 1998 dient der Abstimmung der beiden Planungsstufen. Entwickeln bedeutet dabei nicht nur, den groben Raster des Flächennutzungsplans mit genaueren Festsetzungen auszufüllen, sondern belässt der Gemeinde die gestalterische Freiheit, im Rahmen des vorbereitenden Bauleitplans eigenständig zu planen. Dies gestattet dem Satzungsgeber in gewissem Umfang sogar Abweichungen von den Darstellungen des Flächennutzungsplans, und zwar sowohl von dessen gegenständlichen Darstellungen als auch von dessen räumlichen Grenzen. Insofern ist allerdings zu berücksichtigen, dass Entwickeln nach seinem Wortlaut und vor allem nach seinem Sinn für die Bauleitplanung bedeutet, dass sich der Bebauungsplan innerhalb der wesentlichen Grundentscheidungen des Flächennutzungsplans, d. h. innerhalb der Grundzüge i. S. des § 5 Abs. 1 BauGB 1998 halten muss. Dem Entwicklungsgebot des § 8 Abs. 2 Satz 1 BauGB 1998 werden sonach Festsetzungen in Bebauungsplänen gerecht, wenn sie sich als – von der Gestaltungsfreiheit des kommunalen Satzungsgebers getragene – planerische Konkretisierungen der im Flächennutzungsplan dargestellten Grundkonzeption erweisen, was Abweichungen vom Flächennutzungsplan einschließt, die sich aus dem Übergang in die stärker verdeutlichende Planstufe des Bebauungsplans rechtfertigen und die der Grundkonzeption des Flächennutzungsplans nicht widersprechen (vgl. zu Vorstehendem: Urteil des Senats v. 6. 11. 2000 – 9 N 2265/99 –, HSGZ 2001, 441, BVerwG, Urteil v. 28. 2. 1975 – 4 C 74.72 –, BVerwGE 48, 70; Hess. VGH, Beschluss v. 24. 1. 1989 – 4 N 8/82 –, NVwZ-RR 1989, 609; Brügelmann, BauGB, § 8 Rdnr. 94 ff. [Bearbeitungsstand: März 2004]).

Ob ein Bebauungsplan aus dem Flächennutzungsplan i. S. des § 8 Abs. 2 Satz 1 BauGB 1998 entwickelt ist, ist dabei im Hinblick auf die planerische Konzeption des Flächennutzungsplans für den engeren Bereich des Bebauungsplans zu bestimmen. Auf die Konzeption des Flächennutzungsplans für das gesamte Gemeindegebiet ist demgegenüber abzustellen, wenn ein Verstoß gegen das Entwicklungsgebot des § 8 Abs. 2 Satz 1 BauGB 1998 vorliegt und sich die Frage stellt, ob dieser Verstoß nach § 214 Abs. 2 Nr. 2 BauGB 1998 unbeachtlich ist (vgl. zu Vorstehendem: Urteil des Senats v. 6. 11. 2000 – 9 N 2265/99 –, a. a. O., BVerwG, Urteil v. 26. 2. 1999 – 4 CN 6.98 –, NVwZ 2000, 197; OVG Nordrhein-Westfalen, Urteil v. 30. 6. 1999 – 7 aD 184/97.NE -, BRS 62, 170).

Nach diesem Maßstab stellt die Festsetzung der Nord-Süd-Spange im angegriffenen Bebauungsplan einen Verstoß gegen das Entwicklungsgebot des § 8 Abs. 2 Satz 1 BauGB 1998 dar, der auch nicht nach § 214 Abs. 2 Nr. 2 BauGB 1998 unbeachtlich ist. Die im Bebauungsplan festgelegte Nord-Süd-Spange hat nach der Planbegründung wesentlich die Funktion, die nördlich des Plangebiets liegenden vorhandenen und zukünftigen Baugebiete – also insbesondere auch das Gebiet „Im Brühl" – an den überörtlichen Verkehr in Gestalt der K 168 anzuschließen. Damit handelt es sich bei der nach § 9

Abs. 1 Nr. 11 BauGB 1998 festgesetzten Nord-Süd-Spange nicht mehr nur um eine örtliche Erschließungsstraße, sondern um einen örtlichen Hauptverkehrszug i. S. des § 5 Abs. 2 Nr. 3 BauGB 1998 (vgl. zum Begriff des örtlichen Hauptverkehrszuges: Ernst/Zinkahn/Bielenberg/Krautzberger, BauGB, § 5 Rdnr. 30). Während die Festsetzung von Verkehrsflächen im Bebauungsplan, die nicht von § 5 Abs. 2 Nr. 3 BauGB erfasst werden, keine Divergenz von der Darstellung „Wohnbaufläche" im Flächennutzungsplan begründet, da derartige Verkehrsflächen zur wohnbauflächentypischen Infrastruktur zu zählen sind, liegt in der Festsetzung einer Verbindungsstraße zum überörtlichen Verkehr, also eines örtlichen Hauptverkehrszuges, auf einer Fläche, die der Flächennutzungsplan als Wohnbaufläche ausweist, eine Abweichung. Denn der Gesetzgeber unterscheidet in § 5 BauGB 1998 für den Flächennutzungsplan gerade zwischen der Darstellung von Bauflächen (§ 5 Abs. 2 Nr. 1 BauGB 1998) und der Darstellung von Flächen für die örtlichen Hauptverkehrszüge (§ 5 Abs. 2 Nr. 3 BauGB 1998).

Ob die Abweichung, die in der Festsetzung eines örtlichen Hauptverkehrszuges im Bebauungsplan auf einer im Flächennutzungsplan dargestellten Wohnbaufläche liegt, stets so schwer wiegt, dass sie auch ohne Hinzutreten weiterer Umstände die Grundkonzeption des Flächennutzungsplans für das Bebauungsplangebiet berührt und damit einen Verstoß gegen § 8 Abs. 2 Satz 1 BauGB 1998 begründet, bedarf vorliegend keiner Entscheidung. Denn bei der Festsetzung der Nord-Süd-Spange im angegriffenen Bebauungsplan liegen besondere Umstände vor, die jedenfalls diese Abweichung vom Flächennutzungsplan als Verletzung des Entwicklungsgebotes des § 8 Abs. 2 Satz 1 BauGB 1998 kennzeichnen. Dass die vom Flächennutzungsplan divergierende Festsetzung der Nord-Süd-Spange im Bebauungsplan die Grundkonzeption des Flächennutzungsplans für das vom Bebauungsplan 'M.' erfasste Gebiet nicht unberührt lässt, folgt daraus, dass der Flächennutzungsplan unverändert einen Anschluss der nördlich des Bebauungsplangebiets gelegenen Baugebiete an die K 168 über eine Trasse darstellt, die den Ortskern und insbesondere Wohnbauflächen der Antragsgegnerin vermeidet. Hierin liegt die Grundentscheidung des Flächennutzungsplans, den Anschluss an die K 168 in der dafür vorgesehenen Fläche für örtliche Hauptverkehrszüge (§ 5 Abs. 2 Nr. 3 BauGB 1998) vorzusehen, nicht jedoch anderwärts in einer Wohnbaufläche (vgl. zum Verstoß gegen § 8 Abs. 2 Satz 1 BauGB, wenn der Bebauungsplan abweichend von der Darstellung des Flächennutzungsplans Festsetzungen trifft, für die der Flächennutzungsplan an anderer Stelle Darstellungen gerade vorsieht: Hess. VGH, Beschluss v. 24. 1. 1989 – 4 N 8/82 –, NVwZ-RR 1989, 609; Ernst/Zinkahn/Bielenberg/Krautzberger, § 8 Rdnr. 11; Birkel/Jäde, Praxishandbuch des Bauplanungs- und Immissionsschutzrechtes, Teil D Rdnr. 74).

Dieser Verstoß gegen das Entwicklungsgebot des § 8 Abs. 2 Satz 1 BauGB 1998 ist auch nicht nach § 214 Abs. 2 Nr. 2 BauGB 1998 unbeachtlich. Nach dieser Vorschrift ist es für die Rechtswirksamkeit eines Bebauungsplans unbeachtlich, wenn § 8 Abs. 2 Satz 1 BauGB hinsichtlich des Entwickelns des Bebauungsplans aus dem Flächennutzungsplan verletzt worden ist, ohne dass hierbei die sich aus dem Flächennutzungsplan ergebende geordnete städtebauliche Entwicklung beeinträchtigt worden ist. Die Festsetzung der Nord-Süd-Spange im angegriffenen Bebauungsplan beeinträchtigt die sich aus dem Flächennutzungsplan für das Gemeindegebiet der Antragsgegnerin ergebende städtebauliche Entwicklung. Denn die geplante Führung eines die nördlichen Baugebiete der Antragsgegnerin an den überörtlichen Verkehr anschließenden örtlichen Hauptverkehrszuges durch den Ort hindurch weicht in schwer wiegender Weise von den Darstellungen des Flächennutzungsplans ab, die eine Anbindung außerhalb des Ortskerns vorsehen. Dies wird in der Begründung des Bebauungsplans augenfällig, nach der die Gemeindevertretung davon ausgeht, „dass eine verkehrsmäßige Anbindung dieser nördlichen Bereiche nur durch den Bau einer neuen Straße parallel zur S-Bahn-Trasse von der Bahnstraße zur K 168 (neu) gelöst werden kann". Eine derartige Abweichung des Bebauungsplans nimmt dem Flächennutzungsplan (partiell) seine Bedeutung als grundsätzliches Steuerungselement der städtebaulichen Entwicklung, sodass eine Planerhaltung nach Maßgabe des § 214 Abs. 2 Nr. 2 BauGB 1998 ausscheidet.

e. Ein weiterer materieller Fehler des angegriffenen Bebauungsplans liegt darin, dass die Planung der Nord-Süd-Spange durch die Antragsgegnerin den Anforderungen der §§ 41 ff. BImSchG nicht genügt.

Die §§ 41 ff. BImSchG gelten nicht nur in Ansehung straßenrechtlicher Planfeststellungsverfahren. Auch Gemeinden können ein mit erheblichen Lärmimmissionen verbundenes Verkehrsvorhaben nicht planen, ohne dass sie in Anwendung der insoweit maßgeblichen §§ 41 ff. BImSchG ein geeignetes Lärmschutzkonzept entwickeln (st. Rspr. des Senats, vgl. Urteile v. 19. 11. 2003 – 9 N 2846/02 –, und v. 12. 7. 2004 – 9 N 3140/02 –).

Für die im angegriffenen Bebauungsplan erfolgte Planung des Baus, also der erstmaligen Herstellung, der Nord-Süd-Spange als einer öffentlichen Straße sieht § 41 Abs. 1 BImSchG vor, dass – unbeschadet des § 50 BImSchG – sicherzustellen ist, dass durch die Straße keine schädlichen Umwelteinwirkungen hervorgerufen werden können, die nach dem Stand der Technik vermeidbar sind. Die Grenzwerte, die zum Schutz der Nachbarschaft vor schädlichen Umwelteinwirkungen durch Verkehrsgeräusche nicht überschritten werden dürfen, sind auf der Grundlage des § 43 Abs. 1 Satz 1 Nr. 1 BImSchG in der 16. BImSchV (Verkehrslärmschutzverordnung) normiert worden. Diese Werte sind einzuhalten, sofern nicht § 41 Abs. 2 BImSchG die Geltung des § 41 Abs. 1 BImSchG ausschließt, weil die Kosten der Schutzmaßnahme außer Verhältnis zu dem angestrebten Schutzzweck stehen würden. § 42 BImSchG schließlich trifft Entschädigungsregelungen für Schallschutzmaßnahmen für den Fall einer Überschreitung der Immissionsgrenzwerte.

Das hiernach dreistufige Lärmschutzkonzept des Bundesimmissionsschutzgesetzes ist vom Satzungsgeber in die Straßenplanung durch Bebauungsplan wie folgt zu integrieren (vgl. Ramsauer, NuR 1990, 349 [352 f.]; Uechtritz, DVBl. 1999, 198 [199 ff.]; jeweils m. w. N.): In die gerechte Abwägung der öffentlichen und privaten Belange (§ 1 Abs. 6 BauGB 1998) ist § 50 BImSchG als Optimierungsgebot einzustellen, d. h., auf der ersten Stufe ist vorrangig eine Straßenplanung anzustreben, durch die ein Lärmkonflikt überhaupt vermieden wird. Können die Probleme des Verkehrslärms nicht durch Beachtung des § 50 BImSchG bewältigt werden, so hat die planaufstellende Gemeinde – auf der zweiten Stufe – § 41 BImSchG als striktes Gebot zu beachten. Reichen die durch § 41 BImSchG grundsätzlich geforderten Maßnahmen des aktiven Lärmschutzes nicht aus, so kann die Gemeinde Vorkehrungen, die dem passiven Schallschutz dienen, in den Bebauungsplan, der eine öffentliche Straße festsetzt, aufnehmen und sieht § 42 BImSchG eine Entschädigungsregelung vor (dritte Stufe).

Die Planung der Nord-Süd-Spange durch die Antragsgegnerin im angegriffenen Bebauungsplan verstößt gegen § 41 BImSchG. Denn die Antragsgegnerin hat den von ihr durch diese Straßenplanung geschaffenen Konflikt im Bebauungsplan unbewältigt gelassen und damit das gesetzlich vorgegebene Lärmschutzkonzept des § 41 BImSchG verfehlt. Die Verwirklichung der Nord-Süd-Spange führt – wie die von der Antragsgegnerin eingeholte schalltechnische Untersuchung der F. GmbH v. 23. 6. 2004 belegt – bei Tag und bei Nacht zu Überschreitungen der im allgemeinen Wohngebiet geltenden Immissionsgrenzwerte nach dem maßgeblichen § 2 der 16. BImSchV.

Die Antragsgegnerin hat den sonach gesetzlich zwingend geforderten Lärmschutz durch die textliche Festsetzung II.1.3.1 im Bebauungsplan versucht zu verwirklichen. Diese Regelung des Bebauungsplans genügt indes den von der planenden Gemeinde zwingend zu beachtenden Vorgaben des § 41 BImSchG nicht. Der Bebauungsplan setzt unter Nr. II.1.3.1 keine – nach § 9 Abs. 1 Nr. 24 BauGB 1998 möglichen – aktiven Lärmschutzmaßnahmen fest, sondern stellt lediglich unter dem Vorbehalt nicht näher bezeichneter vertiefender Untersuchungen und Planungen eine Kombination aktiver und passiver Lärmschutzmaßnahmen in Aussicht, um die zu erwartenden Lärmimmissionen auf einen Immissionsgrenzwert von 45 dB (A) nachts zu reduzieren. Damit enthält der Bebauungsplan selbst kein Lärmschutzkonzept für die prognostizierten Grenzwertüberschreitungen und verstößt damit gegen das spezialgesetzlich konturierte Konfliktbewältigungsprogramm des § 41 BImSchG.

Die als textliche Festsetzung bezeichnete Regelung der Nr. II.1.3.1 sieht auch keine Verlagerung von Teilen der lärmbezogenen Konfliktbewältigung in ein sich anschließendes ergänzendes straßenrechtliches Planfeststellungsverfahren vor. Die Zulässigkeit eines derartigen Vorgehens wird – auf der Grundlage dem § 33 Abs. 5 Satz 2, Abs. 1 HStrG entsprechender Regelungen in § 17 Abs. 3 Satz 2 FStrG sowie in den Straßengesetzen anderer Bundesländer – befürwortet, wenn ein Bebauungsplan die aufgeworfenen Lärmkonflikte nicht bewältigen kann, weil die bauplanungsrechtlichen Festsetzungsmöglichkeiten nicht ausreichen (vgl. OVG Berlin, Urteil v. 14. 12. 1982 – 2 A 10/81 –, NVwZ 1983, 419 [421]; OVG Münster, Urteil v. 18. 4. 1989 – 10 aNE 94/87 –, NVwZ-RR 1990, 234 [235f.]; Ramsauer, a. a. O., S. 352). Der textlichen Festsetzung Nr. II.1.3.1 ist indes die beabsichtigte Durchführung eines ergänzenden Verfahrens der Planfeststellung – zu der es im Übrigen vor Beginn des Baus der Straße auch tatsächlich nicht gekommen ist – nicht mit der erforderlichen Bestimmtheit zu entnehmen. Überdies werden vertiefende Untersuchungen und Planungen nur angekündigt, um nächtliche Immissionen auf bestimmte Immissionsgrenzwerte zu reduzieren, sodass es in jedem Fall hinsichtlich der prognostizierten Grenzwertüberschreitungen am Tag bei einem Verstoß gegen § 41 BImSchG verbliebe.

Nr. 42

Eine isolierte Straßenplanung kann nicht Gegenstand eines vorhabenbezogenen Bebauungsplans sein.

Bayerischer VGH, Urteil vom 27. September 2005 – 8 N 03.2750 –.

Aus den Gründen:

3. Ein weiterer Mangel des Bebauungsplans des Antragsgegners liegt darin, dass er als vorhabenbezogener Bebauungsplan i. S. von §§ 12 Abs. 1 Satz 1, 30 Abs. 2 BauGB a. F. beschlossen wurde. Ein nach höchstrichterlicher Rechtsprechung als solcher zulässiger isolierter Straßenbebauungsplan (vgl. BVerwGE 38, 152; 94, 100) wird als einfacher Bebauungsplan i. S. von § 30 Abs. 3 BauGB a. F. aufgestellt, da er lediglich Festsetzungen für Verkehrsflächen nach § 9 Abs. 1 Nr. 11 BauGB a. F. enthält (vgl. HessVGH v. 5. 7. 1989, NVwZ-RR 1990, 297). Ein vorhabenbezogener Bebauungsplan ist indes für eine isolierte Straßenplanung nicht geeignet, da er an weitere Voraussetzungen anknüpft.

a) Der vorhabenbezogene Bebauungsplan nach §§ 12, 30 Abs. 2 BauGB a. F. setzt ein Vorhaben i. S. von § 29 Abs. 1 BauGB a. F. voraus. Der Begriff des Vorhabens i. S. von § 12 Abs. 1 Satz 1 BauGB a. F. ist, was die Steuerung der planungsrechtlichen Zulässigkeit betrifft, identisch mit dem Vorhabensbegriff des § 29 Abs. 1 BauGB a. F. (vgl. Krautzberger, in: Ernst/Zinkahn/Bielenberg/Krautzberger, BauGB, Stand: 15. 4. 2005, § 12 Rdnr. 48). Danach hat ein Vorhaben die Errichtung, Änderung oder Nutzungsänderung von baulichen Anlagen zum Inhalt. Der Begriff der baulichen Anlage im Bauplanungsrecht hat gegenüber dem des Bauordnungsrechts einen eigenständigen Gehalt. Nach der Rechtsprechung des Bundesverwaltungsgerichts ist eine bauliche Anlage i. S. von § 29 Abs. 1 BauGB a. F. durch die Merkmale des „Bauens" und der „bodenrechtlichen Relevanz" gekennzeichnet. Es muss sich um eine Anlage handeln, die in einer auf Dauer gedachten Weise künstlich mit dem Erdboden verbunden ist und die die in § 1 Abs. 5 und 6 BauGB a. F. genannten Belange in einer Weise berühren kann, die geeignet ist, das Bedürfnis nach einer ihre Zulässigkeit regelnden verbindlichen Bauleitplanung hervorzurufen (vgl. BVerwGE 44, 59, 65). Dabei muss eine bauleitplanerische Einflussnahme der Gemeinde möglich sein, d. h. für eine gemeindliche Bauleitplanung muss überhaupt Raum sein (vgl. BVerwG v. 5. 7. 1974, BayVBl. 1975, 174); zudem müssen Festsetzungen nach § 9 BauGB a. F. möglich sein (vgl. BVerwG v. 11. 5. 2000, NVwZ 2000, 1169). Diese Voraussetzungen sind bei der Herstellung einer größeren Straßenfläche, wie sie die Errichtung eines Kreisverkehrsplatzes darstellt, an sich erfüllt.

Trotzdem kann die Errichtung einer öffentlichen Straßenfläche im Ergebnis nicht unter den Vorhabensbegriff des § 29 Abs. 1 BauGB a. F. subsumiert werden. Wird eine Straßenfläche nach § 9 Abs. 1 Nr. 11 BauGB a. F. isoliert – insbesondere planfeststellungsersetzend – in einem Bebauungsplan festgesetzt, bleiben ihre wesentlichen materiell-rechtlichen Zulässigkeitsvoraussetzungen, die sich aus den Straßen- und Wegegesetzen wie dem Bayerischen Straßen- und Wegegesetz (BayStrWG) oder dem Bundesfernstraßengesetz (FStrG) einschließlich Nebenrecht ergeben, unverändert. Denn beim Ersetzen einer Planfeststellung durch einen Bebauungsplan (vgl. § 17 Abs. 3 Satz 1 FStrG, Art. 38 Abs. 3 Satz 1 BayStrWG) handelt die zuständige Stelle nur formell in der anderen Gestaltungsform des Bebauungsplans. Der Wechsel der Gestaltungsform darf indes die materiellen straßen- und wegerechtlichen Zulässigkeitsvoraussetzungen nicht in ihrem Wesen verändern. Im Rahmen der Systematik der materiellen Zulässigkeitsvoraussetzungen würde das Tatbestandsmerkmal des § 30 Abs. 2 BauGB a. F., dass die Erschließung gesichert sein muss, jedoch einen Fremdkörper darstellen. Denn eine Straße kann selbst eine Erschließungsanlage sein (vgl. § 127 Abs. 2 BauGB a. F.). Dabei ist auch Art. 38 Abs. 3 Satz 1 i. V. m. Art. 23 Abs. 3 BayStrWG dahingehend zu verstehen, dass bei einer isolierten Straßenplanung durch Bebauungsplan für die Festsetzung von überbaubaren Grundstücksflächen regelmäßig kein Anlass besteht (vgl. BayVGH v. 30. 4. 2003, BayVBl. 2004, 625, 629; v. 24. 5. 2005 – 8 N 04.3217 –). Damit sind bauplanungsrechtlich hauptsächlich nur die Begrenzungen der Verkehrsflächen i. S. von § 9 Abs. 1 Nr. 11 BauGB a. F., wohl aber zusätzlich die weiteren nach (Landes-)Straßenrecht erforderlichen Festsetzungen (vgl. § 9 Abs. 4 BauGB a. F.) zu treffen. Das Bauordnungsrecht nimmt im Übrigen sogar die Anlagen des öffentlichen Verkehrs sowie ihre Nebenanlagen und Nebenbetriebe von seinem Anwendungsbereich überhaupt aus (vgl. Art. 1 Abs. 2 Nr. 1 BayBO).

Mithin beurteilt sich die Zulässigkeit der Herstellung einer Straße im Geltungsbereich eines isolierten Straßenbebauungsplans nicht nach § 30 Abs. 2 BauGB a. F., sondern schwerpunktmäßig nach den (landes-)straßenrechtlichen Vorschriften. Das hat zur Folge, dass es sich auch bei der Herstellung eines Kreisverkehrsplatzes an einer Staatsstraße nicht um ein Vorhaben i. S. von § 29 Abs. 1 BauGB a. F., sondern um eine Straßenbaumaßnahme handelt, für die das materielle Straßenbaurecht gilt.

b) Gegen die Planung einer Landesstraße durch einen vorhabenbezogenen Bebauungsplan spricht hier ferner, dass der Vorhabenträger ebenfalls einer Körperschaft des öffentlichen Rechts angehört.

Eine derartige Fallkonstellation sieht das Baugesetzbuch jedoch nicht vor. Die Überschrift des vierten Abschnitts des ersten Teils des ersten Kapitels des Baugesetzbuchs lautet im Hinblick auf § 12 BauGB a. F.: „Zusammenarbeit mit Privaten." Soweit vertreten wird, auch eine Körperschaft des öffentlichen Rechts (z. B. das Land) komme als Vorhabenträger in Betracht (vgl. Krautzberger, in: Battis/Krautzberger/Löhr, BauGB, 9. Aufl. 2005, § 12 Rdnr. 11; ders., in: Ernst/Zinkahn/Bielenberg/Krautzberger, a. a. O., § 12 Rdnr. 88) findet dies im Gesetz keine Stütze. Zweck der Regelung ist es, die Gemeinden von Planungs- und Erschließungsaufgaben zu entlasten und zugleich private Initiativen bei der Planung und Erschließung zu ermöglichen. Der private Investor soll die städtebauliche Planung ausarbeiten und sich vertraglich verpflichten, diese pflichtgemäß zu verwirklichen und die Planungs- und Erschließungskosten zu tragen (vgl. Krautzberger, in: Ernst/Zinkahn/Bielenberg/Krautzberger, a. a. O., § 12 Rdnr. 2). Deshalb kommt insbesondere ein Fachplanungsträger als Vorhabensträger grundsätzlich nicht in Betracht, da er wie die Gemeinde eine selbstständige, gesetzlich übertragene Planungsbefugnis besitzt. Auch wenn nach den Fachplanungsgesetzen (vgl. § 17 Abs. 3 Satz 1 FStrG, Art. 38 Abs. 3 Satz 1 BayStrWG) ein Bebauungsplan an die Stelle einer Planfeststellung treten kann, besteht für die Verwendung der besonderen Form des vorhabenbezogenen Bebauungsplans, d. h. für die Begründung vertraglicher Baupflichten neben den öffentlich-rechtlichen Verpflichtungen der öffentlichen Träger aus Spezialgesetzen, kein Bedürfnis. Dies gilt auch unter dem Gesichtspunkt, dass die Finanzierung bzw. Kostentragung für öffentliche Straßen den spezialgesetzlichen Regelungen vorbehalten ist, die ohne eine ausdrückliche spezialgesetzliche Ermächtigung einer Disposition durch Verträge nach dem Baugesetzbuch nicht zugänglich sind (vgl. Krautzberger, in: Ernst/Zinkahn/Bielenberg/Krautzberger, a. a. O., § 12 Rdnr. 60).

Für einen Träger der Straßenbaulast i. S. von Art. 41 ff. BayStrWG besteht kein Anlass, sich im Rahmen eines vorhabenbezogenen Bebauungsplans nach § 12 BauGB a. F. zu binden. Vorliegend ist für die Staatsstraßen zwar der Freistaat Bayern Träger der Straßenbaulast (Art. 41 Satz 1 Nr. 1 BayStrWG), für die Vorstadtstraße und die Gehwege ist dies aber der Antragsgegner (Art. 42 Abs. 3 Satz 1, Art. 47 Abs. 1 BayStrWG). Art. 44 Abs. 1 BayStrWG bietet jedoch die spezialgesetzliche Möglichkeit, die Straßenbaulast durch öffentlich-rechtlichen Vertrag einem anderen Träger zu übertragen (vgl. BayVGH v. 24.2.1999, BayVBl. 2000, 242, 245; v. 8.8.2001, NVwZ-RR 2002, 257). Zudem bestehen besondere Regelungen für die Übernahme der Straßenbaulast bzw. für die Kostenverteilung unter mehreren Trägern der Straßenbaulast (vgl. Art. 42 Abs. 1 Satz 6, Art. 49 BayStrWG). Insgesamt enthalten damit Art. 44 Abs. 1 BayStrWG und Art. 54 ff. BayVwVfG ausreichende Möglichkeiten für öffentlich-rechtliche Vereinbarungen zwischen verschiedenen Trägern der Straßenbaulast. Ferner kann die Gemeinde durch einfachen Bebauungsplan eine öffentliche Straße für einen anderen Träger der Straßenbaulast (Art. 9 Abs. 1 BayStrWG) planen, soweit dieser seine Bereitschaft erklärt, die Straße zu bauen. Besonderer Vereinbarungen bedarf es hierzu nicht, da die Straßenbaulast in einem derartigen Fall unverändert bleibt (vgl. BayVGH v. 24.5.2005, a. a. O.). Weder in die eine noch in die andere Richtung besteht daher ein Bedürfnis, zwischen öffentlichen Trägern der Straßenbaulast im Rahmen des § 12 Abs. 1 Satz 1 BauGB a. F. einen Vorhabens- und Erschließungsplan sowie einen Durchführungsvertrag zu vereinbaren. Für Landesstraßen sind dabei die spezialgesetzlichen Regelungen des Bayerischen Straßen- und Wegegesetzes überhaupt als abschließend anzusehen. ...

Nr. 43

1. Will die Gemeinde einem durch den Erschließungsverkehr für ein geplantes Gewerbegebiet Lärmbetroffenen ein bestimmtes Schutzni-

veau (hier das eines allgemeinen Wohngebiets entsprechend § 2 Abs. 1 Nr. 2 der 16. BImSchV) gewährleisten, muß sich ihre Planung an dieser „eigenen Vorgabe" messen lassen. Bei deren Nichteinhaltung ist die Planung (abwägungs-)fehlerhaft.

2. Nach § 9 Abs. 1 Nr. 11 BauGB kann aus städtebaulichen Gründen auch ein nächtliches Fahrverbot auf einer öffentlichen Verkehrsfläche festgesetzt werden, wie dies nach § 5 Abs. 3 Satz 2 StrG auch als Widmungsbeschränkung „in sonstiger Weise" verfügt werden könnte. Einer straßenrechtlichen Umsetzung bedarf es wegen § 5 Abs. 6 Satz 1 StrG nicht (mehr).

3. Zum straßenverkehrsrechtlichen Begriff des „Anliegers".

BauGB §§ 1 Abs. 6, 9 Abs. 1 Nr. 11; StrG § 5 Abs. 3 Satz 2, Abs. 6 Satz 1.

VGH Baden-Württemberg, Urteil vom 8. März 2005 – 5 S 551/02 – (rechtskräftig).

Der Antragsteller wendet sich gegen den Bebauungsplan „H." der Antragsgegnerin. Das bisher überwiegend landwirtschaftlich genutzte und teilweise mit Obstbäumen bestandene Plangebiet liegt am südöstlichen Ortsrand der Antragsgegnerin.

Das Plangebiet wird durch die von der von B 31 nach Westen abzweigende Straße „Unter den R." erschlossen, die zunächst durch ein anderes Gewerbegebiet führt und dann entlang dessen westlichem Rand abknickend Richtung Norden im Plangebiet weiter verläuft, mit einem Anschluß sowohl an die B.straße (über die R.straße) im Norden wie auch – insbesondere – an die K 6119 im Westen. In diesem Bereich und im Bereich der zur B.straße führenden R.straße ist die Erschließungsstraße auf einer Länge von etwa 35 m bzw. 25 m festgesetzt als „Verkehrsfläche besonderer Zweckbestimmung hier: zeitlich begrenztes Verbot für jeglichen Kfz-Verkehr". Im Lageplan ist jeweils eine Schrankenanlage eingezeichnet mit dem erläuternden Zusatz in der Legende „Zufahrt Gewerbegebiet zwischen 22.00 Uhr–6.00 Uhr gesperrt".

Der Antragsteller ist Eigentümer eines Wohngrundstücks, das als letztes auf der Westseite der im Ortskern von der B 31 nach Süden abzweigenden K 6119 liegt. An dem hier durch Zeichen 262 angeordneten Verbot für Fahrzeuge über 3,5 t findet sich das Zusatzschild „frei für Anlieger".

Aus den Gründen:

I. Der Normenkontrollantrag ist gemäß § 47 Abs. 1 Nr. 1 VwGO statthaft und auch sonst zulässig. Insbesondere besitzt der Antragsteller die erforderliche Antragsbefugnis i. S. des § 47 Abs. 2 Satz 1 VwGO. Als Eigentümer eines außerhalb des Geltungsbereichs des angegriffenen Bebauungsplans gelegenen Wohngrundstücks kann der Antragsteller eine Verletzung des in § 1 Abs. 6 BauGB a. F. verankerten Abwägungsgebots geltend machen, das drittschützenden Charakter hinsichtlich solcher privater Belange hat, die für die Abwägung erheblich sind (vgl. BVerwG, Urteil v. 24. 9. 1998 – 4 CN 2.98 –, BVerwGE 107, 125 = BRS 60 Nr. 46 = BauR 1999, 134). Insoweit macht der Antragsteller eine planbedingte (insbesondere) Lärmimmissionsbelastung geltend, einmal durch das ausgewiesene Gewerbegebiet selbst, zum andern und vor allem aber auch durch den damit verbundenen Verkehr, der nach dem zugrunde liegenden Erschließungskonzept – wenn auch nach Meinung der Antragsgegnerin nur teilweise – über die K 6119, an der das Wohngebäude des Antragstellers liegt, zur B 31 (und über diese zur A 81) geführt werden soll.

Was die verkehrliche Immissionsbelastung angeht, so genügt es allerdings nicht, daß die Zunahme des Verkehrs und damit der Lärmimmissionen auf einer allgemeinen Veränderung der Verkehrssituation infolge einer Planung an anderen Straßenabschnitten beruhen; erforderlich ist vielmehr, daß sich die Verkehrssituation in einer spezifisch planbedingten Weise nachteilig verändert (vgl. BVerwG, Urteil v. 17. 9. 1998 – 4 CN 1.97 –, BRS 60 Nr. 45 = BauR 1999, 137). Nur dann kann das (verständliche) Vertrauen auf den Fortbestand einer bestimmten Verkehrslage noch als schutzwürdiges privates Interesse angesehen werden (vgl. BVerwG, Beschluß v. 28. 11. 1995 – 4 NB 38.94 –, BRS 57 Nr. 41 = NVwZ 1996, 711 = PBauE § 47 VwGO Nr. 32). Zwar muß danach der Antragsteller als Eigentümer eines an einer Kreisstraße gelegenen Wohngrundstücks damit rechnen, daß es auf dieser Straße wegen der ihr nach § 3 Abs. 1 Nr. 2 StrG u. a. zukommenden Funktion, den erforderlichen Anschluß einer Gemeinde an überörtliche Verkehrswege herzustellen, zu einer Verkehrszunahme infolge der Ausweisung von Baugebieten auf der Gemarkung der Antragsgegnerin kommt (vgl. auch Senatsurteil v. 24. 9. 1999 – 5 S 1985/98 –). Andererseits liegt das Wohngrundstück des Antragstellers in einem Bereich der Kreisstraße, nämlich nur ca. 120 m nördlich der Einmündung der Erschließungsstraße des geplanten Gewerbegebiets „H.", in dem die spezifisch planbedingte Verkehrszunahme in und aus Richtung der im Ortskern verlaufenden B 31 bei der gebotenen wertenden Betrachtung (vgl. hierzu BVerwG, Beschluß v. 19. 2. 1992 – 4 NB 11.91 –, BRS 54 Nr. 41 = DVBl. 1992, 198) nicht in Zweifel gezogen werden kann. Dies gilt um so mehr, als es sich bei der Kreisstraße bisher um eine vergleichsweise gering befahrene und damit ruhige Straße handelt; das Wohngebäude des Antragstellers war in dem von der Antragsgegnerin während des Planaufstellungsverfahrens veranlaßten Lärmgutachten der maßgebliche Immissionspunkt IP 2; nach dem Lärmgutachten führt ein Ausschöpfen der für ein allgemeines Wohngebiet geltenden Immissionsgrenzwerte der – als Bewertungsmaßstab heranzuziehenden – 16. BImSchV von 59 dB(A) tags und 49 dB(A) nachts zu einer „erheblichen Verschlechterung der Geräuschsituation für die Anwohner" an der K 6119. Die Lärmbetroffenheit des Antragstellers durch den planbedingten (Erschließungs-)Verkehr auf der Kreisstraße gehörte somit zum notwendigen Abwägungsmaterial.

II. Der Antrag hat auch Erfolg. Die angegriffene Planung ist mit höherrangigem Recht nicht vereinbar. Sie verstößt unter dem Gesichtspunkt des Verkehrslärmschutzes gegen das Gebot des § 1 Abs. 6 BauGB a. F., die öffentlichen und privaten Belange untereinander und gegeneinander gerecht abzuwägen.

Nach der planerischen Konzeption soll dem Wohngrundstück des Antragstellers mit Blick auf die verkehrliche Anbindung des Plangebiets an die K 6119 und den dadurch eröffneten Erschließungsverkehr (auch aus den angrenzenden Gewerbegebieten) der Schutzstatus der 16. BImSchV (§ 2 Abs. 1 Nr. 2) für ein allgemeines Wohngebiet von tags 59 db(A) und nachts 49 dB(A) gewährleistet werden. Zwar kommt die 16. BImSchV nicht unmittelbar zur Anwendung, da die Planung hinsichtlich der K 6119 nicht den Bau oder die wesentliche Änderung einer Straße zum Gegenstand hat. Im Anschluß an das im Planaufstellungsverfahren veranlaßte Lärmgutachten hat die Antragsgegnerin jedoch bei ihrer Planung für „Verkehrsgeräusche auf öffentlichen Verkehrsflächen" die Immissionsgrenzwerte der 16. BImSchV für ein allgemeines Wohngebiet als „Bewertungsmaßstab" herangezogen. Das begegnet unter Abwägungsgesichtspunkten keinen Bedenken; insoweit hat auch der Antragsteller keine Einwände erhoben.

Für den nunmehr eingenommenen Standpunkt, der Antragsteller könne lediglich das Schutzniveau eines Mischgebiets nach §2 Abs. 1 Nr. 3 der 16. BImSchV von tags 64 db(A) und nachts 54 dB(A) beanspruchen, kann sich die Antragsgegnerin nicht darauf berufen, daß der in Rede stehende Bereich an der K 6119 in dem 2001 in Kraft getretenen Flächennutzungsplan als gemischte Baufläche (M) dargestellt ist. Denn sowohl nach Nr. 6.6 der TA Lärm 1998 wie auch nach §2 Satz 2 der 16. BImSchV ergibt sich die Art der (zu schützenden) Gebiete bzw. Anlagen/Einrichtungen aus den Festsetzungen in den Bebauungsplänen. Existieren derartige normative Vorgaben nicht – wie hier –, so ist nicht auf die Darstellung in einem (die Bebauungsplanung nur vorbereitenden) Flächennutzungsplan zurückzugreifen. Vielmehr ist die Zuordnung zu einer Schutzkategorie dann nach dem faktischen Bestand vorzunehmen. Nach dem von der Antragsgegnerin vorgelegten Übersichtsplan, der mit den Beteiligten in der mündlichen Verhandlung erörtert worden ist, ist der südlich der – trennenden – B 31 gelegene Bereich an der K 6119 mit dem Wohngebäude des Antragstellers auch unter Berücksichtigung der vorhandenen „gewerblichen Nutzungen" (Pizzeria, Bäckerei – im Einmannbetrieb – und Fahrschule) aber nicht als Mischgebiet, sondern als allgemeines Wohngebiet einzustufen. ...

Selbst wenn der tatsächliche Befund nicht die Einordnung als allgemeines Wohngebiet rechtfertigen sollte, wäre die angegriffene Planung mit Blick auf den Verkehrslärm an diesem Schutzstatus zu messen. Denn die Antragsgegnerin hat – sozusagen als eigene (selbst gesetzte) planerische Vorgabe – dem Antragsteller das Schutzniveau eines allgemeinen Wohngebiets zubilligen wollen. So heißt es in der Planbegründung unter Nr. 4 (Bestand), daß das nordwestlich angrenzende Gebiet – dazu zählt auch der Bereich mit dem Wohngebäude des Antragstellers – als allgemeines Wohngebiet zu klassifizieren sei, während nördlich und östlich gewerbliche Nutzflächen das Plangebiet tangierten. Ersichtlich mit Rücksicht hierauf ist der nordwestliche, auskragende Teil des Plangebiets – im Gegensatz zum übrigen, überwiegenden Teil – als nur eingeschränktes Gewerbegebiet ausgewiesen, in dem nach Nr. 1.1.1 der textlichen Festsetzungen nur Gewerbebetriebe zulässig sind, die das Wohnen nicht wesentlich stören. ...

Auch den sonstigen zur Begrenzung der Lärmbelastung getroffenen Festsetzungen im Bebauungsplan liegt der Schutzstatus eines allgemeinen Wohngebiets für die Gebäude an der K 6119 zugrunde, so etwa der an zwei Stellen erfolgten, auf §9 Abs. 1 Nr. 11 BauGB gestützten Ausweisung einer „Verkehrsfläche besonderer Zweckbestimmung hier: zeitlich beschränktes Verbot für jeglichen Kfz-Verkehr", verbunden mit der Errichtung jeweils einer „Schrankenanlage: Zufahrt Gewerbegebiet zwischen 22.00 Uhr und 6.00 Uhr gesperrt". Ferner sind in diesem Zusammenhang zu erwähnen die Regelungen in Nr. 1.1.2 der textlichen Festsetzungen zum Bebauungsplan, wonach im gesamten Plangebiet nur solche Gewerbebetriebe zulässig sind, die während der Nachtzeit zwischen 22.00 Uhr bis 6.00 Uhr auf den Freiflächen „keine schalltechnisch relevanten Tätigkeiten ausüben" (Satz 1), und nächtliche Anlieferungen über die Zufahrt L. Straße mit Lastkraftwagen in dieser Zeit ebenfalls nicht zulässig sind (Satz 2). Grundlage für diese – erst im Laufe des Planaufstellungsverfahrens aufgenommenen – (einschränkenden) Festsetzungen sind die Ergebnisse/Empfehlungen des Lärmgutachtens, denen ihrerseits die Zielsetzung zugrunde liegt, die für ein allgemeines Wohngebiet geltenden Immissionsgrenzwerte einzuhalten. Mit der „Übernahme" der Ergebnisse/Empfehlungen des Lärmgutachtens in die Regelungen des Bebauungsplans hat die Antragsgegnerin sich selbst zur „planerischen Vorgabe" gemacht, den Wohngebäuden an der K 6119, wo der gegenwärtige Zustand – wie die durchgeführten Messungen gezeigt haben – „als außerordentlich ruhig" zu bezeichnen ist, jedenfalls den Schutzstatus eines allgemeinen Wohngebiets mit dem „Zielwert" von tags 59 dB(A) der 16. BImSchV zukommen zu lassen, nachdem das Ausschöpfen dieses Immissionsgrenzwerts für die Anwohner der Straße „eine erhebliche Verschlechterung der Gesamtsituation" bedeutet. Den Planungsunterlagen ist an keiner Stelle zu entnehmen, daß den an der K 6119 gelegenen Anwesen eine Lärmbelastung durch den planbedingten Verkehr aus und zu den Gewerbegebieten zugemutet werden soll, welche die nach der 16. BImSchV für ein allgemeines Wohngebiet geltenden Immissionsgrenzwerte überschreitet. An diesem eigenen „Zielwert" muß sich die angegriffene Planung messen lassen. Für die Nachtzeit von 22.00 Uhr bis 6.00 Uhr wird diese planerische Vorgabe eingehalten (a), nicht aber für den Tageszeitraum von 6.00 Uhr bis 22.00 Uhr (b).

a) Für die Nachtzeit kommt das Lärmgutachten zu dem Ergebnis, daß bereits der gesamte Pkw-Verkehr nur der ansässigen Firma P. im Gewerbegebiet „B." an den an der K 6119 gelegenen Wohngebäuden zu einer Überschreitung des Immissionsgrenzwerts von 49 dB(A) führe, so daß eine zusätzliche Erschließung auch noch des geplanten Gewerbegebiets „H." sowie des Rests der anderen bereits vorhandenen Gewerbegebiete über die K 6119 unter Lärmschutzaspekten nicht möglich sei. Dieser Beurteilung hat sich die Antragsgegnerin bei der Planung angeschlossen und sich zur Lösung der Probleme dafür entschieden, für die Nachtzeit von 22.00 Uhr bis 6.00 Uhr die Verbindung zwischen dem geplanten Gewerbegebiet (und damit auch den angrenzenden Gewerbegebieten) und der K 6119 an zwei Stellen im Straßennetz zu unterbrechen. Planerisches Mittel hierfür ist die Ausweisung einer ca. 25 m bzw. ca. 32 m langen Strecke im Bereich der R.straße und der Einmündung der Erschließungsstraße „H." in die K 6119 als „Verkehrsflächen besonderer Zweckbestimmung hier: zeitlich beschränktes Verbot für jeglichen Kfz-Verkehr". Das unterliegt keinen Bedenken. Rechtsgrundlage ist § 9 Abs. 1 Nr. 11 BauGB, wonach im Bebauungsplan aus städtebaulichen Gründen die Verkehrsflächen sowie Verkehrsflächen besonderer Zweckbestimmung festgesetzt werden können. Die vorliegende Regelung scheitert nicht daran, daß es nicht – wie etwa bei den in § 9 Abs. 1 Nr. 11 BauGB beispielhaft aufgeführten Fußgängerbereichen – um die Festlegung einer besonderen Benutzungsart oder eines besonderen Benutzungszwecks geht, sondern um den zeitlichen Ausschluß einer dem Grunde nach zulässigen Benutzung der (Erschließungs-)Straße. Zwar werden nächtliche Fahrverbote (etwa für Lastkraftwagen oder Motorräder) zum Schutze der Nachtruhe der Anwohner einer Straße i. d. R. allein auf straßenverkehrsrechtlicher Grundlage (vgl. § 45 Abs. 1 Satz 2 Nr. 3 StVO oder § 45 Abs. 1 b Satz 1 Nr. 5 StVO) angeordnet. Das schließt indes eine städtebauliche Regelung durch Bebauungsplan nicht aus. Der Senat hat keine Bedenken, auf der Grundlage von § 9 Abs. 1 Nr. 11 BauGB nicht nur eine öffentliche Verkehrsfläche als solche, unter Umständen mit einem beschränkten Benutzungszweck, sondern auch ein zeitliches Benutzungsverbot festzusetzen, wenn dieses – wie hier – „aus städtebaulichen Gründen", nämlich zum Schutz der Nachtruhe der Wohnbevölkerung (§ 1 Abs. 5 Satz 2 Nr. 1 BauGB a. F.), geschieht. Dabei kann dahinstehen, ob man einen derartigen zeitlichen Nutzungsausschluß als eine „besondere Zweckbestimmung" oder als eine der Festsetzung einer öffentlichen Verkehrsfläche zugewiesene Beschränkung des Nutzungsrahmens versteht. Was die straßenrechtliche Realisierung einer nach § 9 Abs. 1 Nr. 11 BauGB festgesetzten öffentlichen Verkehrsfläche angeht, so bestimmt § 5 Abs. 6 Satz 1 StrG, daß, wenn eine Straße auf Grund eines förmlichen Verfahrens nach anderen gesetzlichen Vorschriften – hierzu zählt auch das Bebauungsplanverfahren – für den öffentlichen Verkehr angelegt wird, sie mit der endgültigen Überlassung für den Verkehr als gewidmet gilt. Die straßenrechtliche Widmungsfiktion des § 5 Abs. 6 Satz 1 StrG bezieht sich also „deckungsgleich" auf den durch den Bebauungsplan zugelassenen Nutzungsrahmen der öffentlichen Verkehrsfläche. Eine „straßenrechtliche" Umsetzung der bauplanerischen Festsetzung – als einer normativen Vorgabe – durch eine entsprechende Widmungsentscheidung seitens der Straßenbaubehörde, hier der Antragsgegnerin als Trägerin der Straßenbaulast von Gemeindestraßen (§§ 5 Abs. 2 Nr. 2, 50 Abs. 3 Nr. 3 StrG), war also nicht mehr erforderlich. Der nächtliche Nutzungsausschluß, der straßenrechtlich als Beschränkung der Widmung „in sonstiger Weise" i. S. des § 5 Abs. 3 Satz 2 StrG verfügt werden könnte (vgl. Nagel, Straßengesetz für Baden-Württemberg, 3. Aufl., § 5 Rdnr. 21), wird von der Widmungsfiktion des § 5 Abs. 6 Satz 1 StrG bei entsprechend beschränkt festgesetzter öffentlicher Verkehrsfläche erfaßt.

Einer rechtlichen Einordnung (auch) der im Bebauungsplan an den beiden genannten Stellen im Straßennetz vorgesehenen Schrankenanlagen – im Hinblick auf den Festsetzungskatalog des § 9 Abs. 1 BauGB – bedarf es nicht. Die maßgebliche Regelung liegt in der auf § 9 Abs. 1 Nr. 11 BauGB gestützten Festsetzung einer öffentlichen Verkehrsfläche mit dem Verbot einer Benutzung während des Nachtzeitraums. Die vorgesehenen Schrankenanlagen sollen die Einhaltung dieses nächtlichen Fahrverbots gewährleisten.

Gleiches gilt, soweit zur Verhinderung eines Einfahrens in die K 6119 während der Nachtzeit – um zum Plangebiet und zu den anderen dortigen Gewerbegebieten zu gelangen – an der Einmündung der Kreisstraße in die B 31 ein entsprechendes Hinweisschild angebracht werden müßte und auch soll. Hiervon kann die Antragsgegnerin als Satzungsgeber ausgehen, auch wenn die verkehrsrechtliche Zuständigkeit bei der Verwaltungsgemeinschaft S. liegt, die eine entsprechende Beschilderung vornehmen/zusagen müßte.

Dahinstehen kann, ob die (weitere) Regelung unter Nr. 1.1.2 Satz 2 der textlichen Festsetzungen, wonach nächtliche Anlieferungen über die Zufahrt L. Straße (K 6119) mit Lkw im Zeitraum zwischen 22.00 Uhr und 6.00 Uhr (ebenfalls) nicht zulässig sind, zur Verhinderung einer nächtlichen, über 49 dB(A) hinausgehenden Lärmbeeinträchtigung der Anwohner an der Kreisstraße zulässig ist. Sie dürfte in der angegebenen Vorschrift des § 1 Abs. 5 BauNVO allerdings keine Grundlage finden. Danach kann im Bebauungsplan festgesetzt werden, daß bestimmte Arten von Nutzungen, die nach den §§ 2, 4 bis 9 und 13 BauNVO allgemein zulässig sind, nicht zulässig sind oder nur ausnahmsweise zugelassen werden können, sofern die allgemeine Zweckbestimmung des Baugebiets gewahrt bleibt. Der Ausschluß nächtlicher Anlieferungen über die außerhalb des Plangebiets verlaufende K 6119 mit Lastkraftwagen in der Zeit von 22.00 Uhr bis 6.00 Uhr dürfte nicht darunter fallen. ...

b) Hinsichtlich des Tageszeitraums (6.00 Uhr bis 22.00 Uhr) hält die angefochtene Planung die „eigene Vorgabe" nicht ein, daß die Lärmbelastung infolge der planbedingten Verkehrszunahme auf der K 6119 an den dort gelegenen Wohngebäuden den Immissionsgrenzwert der 16. BImSchV von 59 dB(A) nicht überschreiten soll. ...

Dabei geht das Gutachten davon aus, daß die K 6119 – auch künftig – wie folgt beschildert ist: „Gesperrt für Fahrzeuge über 3,5 t – frei für Anlieger" und daß Anlieger „auch die Fahrzeuge zu den Gewerbegebieten" seien. Die (auch künftige) Existenz dieser Beschilderung haben die Beteiligten übereinstimmend bestätigt. Im Gegensatz zur Annahme des Gutachtens geht die Antragsgegnerin davon aus, daß Fahrzeuge über 3,5 t (also der Schwerverkehr) nicht als „Anlieger" im Sinne der Beschilderung über die K 6119 in das Plangebiet und in die angrenzenden Gewerbegebiete einfahren (dürften), sondern die B 31 durch den Ort benutzten, um von Südosten zuzufahren. Für diesen Fall nimmt das Gutachten an, daß sich im Schwerverkehr „stets der Zustand des Prognose-Nullfalls nach Anlage 40 einstellen" werde. Aus Anlage 40 ergibt sich eine tägliche Schwerverkehrsbelastung auf der K 6119 von 20 Fahrzeugen. Die tägliche Gesamtbelastung beträgt nach Anlage 25 1270 Fahrzeuge.

Welche Variante bzw. verkehrliche Belastung in die Beurteilung einzustellen ist, hängt also davon ab, wie das an der Einmündung der K 6119 zu dem Zeichen 262 „Gesperrt für Fahrzeuge über 3,5 t" angebrachte Zusatzschild „frei für Anlieger" zu verstehen ist. Die Antragsgegnerin meint unter Rückgriff auf § 15 StrG, daß unter „Anlieger" nicht die Fahrzeuge zu den Betrieben im Plangebiet und in den angrenzenden Gewerbegebieten fielen; entsprechend solle durch eine weitere Beschilderung darauf hingewiesen bzw. hingewirkt werden, daß der Schwerlastverkehr zu den Gewerbegebieten über die B 31 durch den Ort hindurch und dann über die Straße „Unter den R." geleitet werde. Diesen Ansatz teilt der Senat nicht. Das – maßgebliche – Straßenverkehrsrecht definiert den Begriff „Anlieger" nicht. Das Bundesverwaltungsgericht (vgl. Urteil v. 15.2.2000 – 3 C 14.99 –, NJW 2000, 2121 = DVBl. 2000, 1611) vertritt die Auffassung, daß insoweit maßgeblich der allgemeine

Sprachgebrauch sein müsse; von Verkehrsteilnehmern, von denen i.d.R. schnelle Entscheidungen zu treffen seien und denen es „nicht selten eines besonders ausgeprägten Sprachgefühls ermangele", könne nämlich nicht verlangt werden, daß sie besonders feine sprachliche Unterscheidungen träfen, wenn sie vor der Frage stünden, ob sie eine Straße befahren dürften oder nicht; danach sei nicht von vornherein auszuschließen, daß auch solche Verkehrsteilnehmer Anlieger einer für den Verkehr gesperrten Straße sein könnten, welche sie befahren (müßten), um direkt (unmittelbar) zu derjenigen Straße zu gelangen, an der sie anlägen oder in welcher der Verkehr mit einem Anlieger (im vorbezeichneten Sinne) erfolgen solle. Eine solche Situation ist hier gegeben. Denn über ein nur ca. 200 m langes Teilstück der K 6119 könnte der gewerbliche Schwerlastverkehr über 3,5 t auf die zentrale, in das Plangebiet führende Erschließungsstraße gelangen, über die die einzelnen Grundstücke in den Gewerbegebieten zu erreichen sind. Dabei verdient auch der Umstand Beachtung, daß der angegriffene Bebauungsplan im Einmündungsbereich der Erschließungsstraße in die K 6119 deren Aufweitung unter Anlegung einer Linksabbiegespur vorsieht, was ebenfalls für eine „vollwertige" Erschließung spricht. Diese Ausgestaltung des Einmündungsbereichs hat der Verkehrsgutachter als zusätzlichen Grund dafür betrachtet, auch die Schwerverkehrfahrzeuge zu den Gewerbegebieten als berechtigte „Anlieger" einzuordnen. Der Sichtweise des Gutachters – der auf Grund seiner Sachkunde und seines Sachverstandes die künftige Verkehrsbelastung auf der K 6119 zu prognostizieren hatte – mißt der Senat erhebliches Gewicht bei, wenn es um die Frage geht, wie ein zu einer raschen Entscheidung über eine (zulässige) Weiterfahrt auf der K 6119 in die Gewerbegebiete gezwungener Verkehrsteilnehmer das Zusatzschild „frei für Anlieger" angesichts der Nähe seines Fahrziels und der umwegigen Alternativroute verstehen darf. ...

Nr. 44

1. **Eine Gemeinde kann durch ihre Bauleitplanung nur gebietsbezogen steuern, ob gewisse Nachteile oder Belästigungen i.S. von § 3 BImSchG erheblich sind.**

2. **Durch textliche Festsetzungen im Bebauungsplan nach § 9 Abs. 1 Nr. 24 BauGB kann das Schutzniveau nicht mit Wirkung für das Immissionsschutzrecht gegenüber einer gebietsbezogen zu ermittelnden Zumutbarkeitsschwelle abgesenkt werden. Bei solchen Festsetzungen hat sich die Gemeinde am Schutzmodell des Bundes-Immissionsschutzgesetzes auszurichten und kann es nicht im Wege der Abwägung überwinden.**

3. **Passiver Schallschutz ist nach dem Schutzmodell des Bundes-Immissionsschutzgesetzes nicht ausreichend, um schädliche Umwelteinwirkungen zu vermeiden. Er ist nur in den gesetzlich ausdrücklich vorgesehenen Fällen unter strengen Voraussetzungen vorgesehen, damit ein Vor-**

haben, das dem Gemeinwohl dient, nicht wegen von ihm ausgehender schädlicher Umwelteinwirkungen scheitern muß.

4. **Der baurechtliche Bestandsschutz einer störenden Nutzung gewährt nicht jede Nutzungsmöglichkeit, die tatsächlich möglich ist.** Er kann sich auch gegenüber einer später hinzugetretenen und ihrerseits bestandskräftig gewordenen empfindlichen Nutzung nur in den Grenzen entfalten, die ihm das dynamisch angelegte Immissionsschutzrecht läßt.

BImSchG §§ 3, 22, 24, 41; BauGB § 9 Abs. 1 Nr. 24.

OVG Nordrhein-Westfalen, Beschluß vom 1. September 2005 – 8 A 2810/ 03 – (rechtskräftig).

(VG Düsseldorf)

Die Klägerin wandte sich gegen eine Ordnungsverfügung, mit der ihr aufgegeben worden war, ihre bislang für einen eingeschränkten Nutzerkreis durchgehend betriebene Kartentankstelle zum Schutz der Nachbarschaft in den Nachtstunden von 22.00 bis 6.00 Uhr geschlossen zu halten. Sie meinte, die Schutzwürdigkeit der in ihrer Nachbarschaft entstandenen Wohnbebauung sei durch eine Festsetzung für passiven Schallschutz im Bebauungsplan eingeschränkt worden. Deshalb sei der Nachbarschaft auch eine Überschreitung der für Mischgebiete geltenden Lärmwerte zumutbar. Die verwaltungsgerichtliche Klage blieb ohne Erfolg. Das Oberverwaltungsgericht lehnte den Antrag auf Zulassung der Berufung gegen das erstinstanzliche Urteil ab.

Aus den Gründen:

a) Der Einwand der Klägerin, die Schutzwürdigkeit benachbarter Wohnbebauung werde von vornherein durch den Bebauungsplan auf passiven Schallschutz begrenzt, weil der Plangeber auf diese Weise den sich aufdrängenden Lärmkonflikt planerisch bewältigt habe, greift nicht durch.

Es ist höchstrichterlich geklärt, daß das Immissionsschutz- und das Bebauungsrecht in einer Wechselwirkung in dem Sinne zueinander stehen, daß einerseits das Bundes-Immissionsschutzgesetz die gebotene Rücksichtnahme auf die Nachbarschaft allgemein und auch mit Wirkung für das Bebauungsrecht konkretisiert und andererseits sich die Schutzwürdigkeit eines Gebiets nach dem bemißt, was dort planungsrechtlich zulässig ist. Die Gemeinde kann durch ihre Bauleitplanung allerdings nur gebietsbezogen steuern, ob gewisse Nachteile oder Belästigungen i. S. von § 3 BImSchG erheblich sind (vgl. BVerwG, Urteil v. 14. 4. 1989 – 4 C 52.87 –, BRS 49 Nr. 15 = NVwZ 1990, 257), weil der Begriff der erheblichen Belästigungen, vor denen das Immissionsschutzrecht die Nachbarschaft schützt, im Sinne einer Zumutbarkeitsschwelle baugebietsspezifisch zu definieren ist (vgl. BVerwG, Urteil v. 12. 8. 1999 – 4 CN 4.98 –, BVerwGE 109, 246 = BRS 62 Nr. 1 = BauR 2000, 229 m.w.N; grundlegend Urteil v. 21. 5. 1976 – IV C 80.74 –, BVerwGE 51, 15, 29 ff.).

Das schließt es aus, das Schutzniveau durch andersartige Festsetzungen mit Wirkung für das Immissionsschutzrecht gegenüber einer gebietsbezogen zu ermittelnden Zumutbarkeitsschwelle abzusenken.

Zwar sind die Gemeinden im Rahmen ihrer Bauleitplanung nicht auf die Abwehr von schädlichen Umwelteinwirkungen i. S. von § 3 BImSchG beschränkt, sondern dürfen darüber hinaus auch durch andersartige Festsetzungen entsprechend dem Vorsorgeprinzip des §5 Abs. 1 Nr. 2 BImSchG schon vorbeugenden Umweltschutz betreiben (vgl. BVerwG, Urteile v. 28. 2. 2002 – 4 CN 5.01 –, BRS 65 Nr. 67 = BauR 2002, 1348, und v. 14. 4. 1989, a. a. O.). Dadurch können sie aber gerade keinen weitergehenden Einfluß auf die Bestimmung der Erheblichkeit von Belästigungen oder Nachteilen i. S. von §3 Abs. 1 BImSchG nehmen als durch die Festlegung der Gebietsart. Insoweit können sie lediglich einen darüber hinausgehenden Schutz gewähren, ohne daß dieser sich auf die für das Immissionsschutzrecht maßgebliche gebietsbezogene Schutzwürdigkeit auswirken würde.

Ausgehend hiervon hat das BVerwG aufgezeigt, daß der gebietsbezogene Zumutbarkeitsmaßstab des Immissionsschutzrechts von der Bauleitplanung zu beachten ist und nicht im Wege der Abwägung überwunden werden kann. Es hat ausdrücklich klargestellt, daß die Gemeinden, die vorbeugenden Umweltschutz betreiben dürfen, gerade nicht auch umgekehrt berechtigt sind, sich über Grenzwertregelungen, durch die die Erheblichkeitsgrenze i. S. des Schutzstandards der §§ 5 und 22 BImSchG zugunsten der Nachbarschaft auch mit Wirkung für das Städtebaurecht konkretisiert wird, sehenden Auges hinwegzusetzen und Festsetzungen im Bebauungsplan zu treffen, deren Verwirklichung an den Anforderungen des Immissionsschutzrechts scheitert (vgl. BVerwG, Urteil v. 28. 2. 2002, a. a. O.; Nds. OVG, Urteil v. 3. 7. 2000 – 1 K 1014/00 –, BRS 63 Nr. 5 = BauR 2001, 58). Auch diese Beschränkung der Bauleitplanung durch das Immissionsschutzrecht steht einem Verständnis der hier streitigen Festsetzung passiven Schallschutzes in dem von der Klägerin vertretenen Sinne entgegen.

Abgesehen von der lediglich baugebietsbezogenen Beeinflußbarkeit des immissionsschutzrechtlichen Schutzniveaus und der Notwendigkeit, die dadurch gesetzten Grenzen bei der Bauleitplanung einzuhalten, ergibt sich unmittelbar aus dem Gesetz, daß sich die Funktion des §9 Abs. 1 Nr. 24 BauGB, auf den die hier streitige textliche Festsetzung im Bebauungsplan gestützt ist, darin erschöpft, eine Festsetzungsmöglichkeit u. a. für Vorkehrungen „zum Schutz vor schädlichen Umwelteinwirkungen und sonstigen Gefahren im Sinne des Bundes-Immissionsschutzgesetzes" zu schaffen (vgl. BVerwG, Beschluß v. 17. 5. 1995, a. a. O., S. 2573).

Aus diesem Wortlaut folgt unmittelbar, daß Festsetzungen nach §9 Abs. 1 Nr. 24 BauGB nicht zur Bestimmung der für die Schädlichkeit von Umwelteinwirkungen maßgeblichen Schutzwürdigkeit eines Gebiets heranzuziehen sind, sondern lediglich ermöglichen, dem sich aus dem Immissionsschutzrecht ergebenden gebietsbezogen zu bestimmenden Schutzanspruch Geltung zu verschaffen. Darüber hinaus sind sie ein Mittel, dem vorbeugenden Umweltschutz zu dienen. Jedoch hat sich eine Gemeinde, die Festsetzungen nach §9 Abs. 1 Nr. 24 BauGB treffen will, am Schutzmodell des Bundes-Immissionsschutzgesetzes auszurichten und kann dies nicht im Wege der Abwägung überwinden (vgl. BVerwG, Beschluß v. 17. 5. 1995, a. a. O., S. 2573).

Nach dem Schutzmodell des Bundes-Immissionsschutzgesetzes ist insbesondere passiver Schallschutz aber nicht ausreichend, um schädliche

Umwelteinwirkungen zu vermeiden. Er ist nur in den gesetzlich ausdrücklich vorgesehenen Fällen unter strengen Voraussetzungen vorgesehen, damit ein Vorhaben, das dem Gemeinwohl dient, nicht wegen von ihm ausgehender schädlicher Umwelteinwirkungen scheitern muß. Nur für solche Fälle kann eine Festsetzung passiver Schallschutzmaßnahmen nach §9 Abs.1 Nr.24 BauGB in einem Bebauungsplan dem Schutzmodell des BImSchG Rechnung tragen. Der Hauptanwendungsfall ist die Straßenplanung durch Bebauungsplan gemäß §17 Abs.3 FStrG oder §38 Abs.4 StrWG NRW, weil die §§41 f. BImSchG für die Straßenplanung ausdrücklich vorsehen, inwieweit Maßnahmen des aktiven Schallschutzes zu ergreifen sind und unter welchen besonders geregelten engen Voraussetzungen auf passiven Schallschutz ausgewichen werden darf. Eine vergleichbare Regelung enthält §74 Abs.2 VwVfG für die Planfeststellung. Auch dabei ist die Bestimmung, ob passiver Schallschutz zum Schutz der Anwohner genügt, gerade nicht Gegenstand planerischer Abwägung. Vielmehr legen diese Bestimmungen die Voraussetzungen hierfür genau fest im Sinne einer äußersten Grenze, die im Wege der Abwägung nicht überwindbar und als zwingendes Recht bei der Planung zu beachten ist (vgl. BVerwG, Urteile v. 28.1.1999 – 4 CN 5.98 –, BVerwGE 108, 248 = BRS 62 Nr.4 = BauR 1999, 867, v. 18.4.1996 – 11 A 86.95 –, BVerwGE 101, 73, v. 9.3.1990 – 7 C 21.89 –, BVerwGE 85, 44, 49, v. 21.5.1976, a.a.O., S.26ff., und v. 14.2.1975 – IV C 21.74 –, BVerwGE 48, 56, 68f. = BRS 29 Nr.6).

Da es für den vorliegenden Fall an einer besonderen gesetzlichen Ermächtigung fehlt, zum Schutz vor schädlichen Umwelteinwirkungen auf passiven Schallschutz auszuweichen, kann der hier erfolgten Festsetzung passiven Schallschutzes ungeachtet dessen, was der Plangeber damit konkret bezweckt hat, rechtmäßig nur die Funktion eines auf den Innenraum von Wohnhäusern beschränkten vorbeugenden Umweltschutzes zukommen, um die Bewohner über den gebietsbezogenen Lärmschutz für ein Mischgebiet hinaus ergänzend zu schützen.

Jedenfalls führen die Festsetzungen passiven Schallschutzes im Bebauungsplan nach §9 Abs.1 Nr.24 BauGB nicht zu einer Absenkung der gebietsbezogenen Schutzwürdigkeit benachbarter Wohnbebauung im festgesetzten Mischgebiet. Zweifel daran, daß der Beklagte diese zutreffend nach den Bestimmungen der TA Lärm 1998 bestimmt hat, die sich grundsätzlich Geltung für alle Anlagen beimißt, die den Anforderungen des Zweiten Teils des Bundes-Immissionsschutzgesetzes unterliegen, und gemäß ihrer Nr.1 Abs.3 Buchst.b) bb) insbesondere auch für Entscheidungen über Anordnungen im Einzelfall nach §24 BImSchG zu beachten ist, zeigt die Antragsschrift nicht auf. Insbesondere stellt Nr.A.1.3 des Anhangs zur TA Lärm 1998 auf den für die Beurteilung maßgeblichen Immissionsort einen halben Meter außerhalb vor der Mitte des geöffneten Fensters des vom Geräusch am stärksten betroffenen Raums ab. Dies trägt der Schutzwürdigkeit des Außenwohnbereichs und dem Interesse, ein Gebäude auch bei (gelegentlich) geöffnetem Fenster nutzen zu können, Rechnung (vgl. in diesem Zusammenhang auch BVerwG, Urteil v. 21.5.1976, a.a.O., S.33). Nr.6.7 Abs.1 Satz2 der TA Lärm 1998 bestimmt, daß auch in Gemengelagen die Immissionsrichtwerte für Mischgebiete (Nr. 6.1 Satz 1 Buchst. c) nicht überschritten werden sollen.

Für die Bestimmung der Schutzwürdigkeit ist es unerheblich, ob die im Bebauungsplan vorgesehenen Schallschutzmaßnahmen tatsächlich umgesetzt worden sind, weil sie ohnehin keinen Einfluß auf die der Beurteilung der Schutzwürdigkeit zugrunde zu legenden am maßgeblichen Immissionsort einwirkenden Lärmimmissionen haben. Das Fenster, an dem vorliegend die Lärmermittlung vorgenommen worden ist, ist als maßgeblicher Immissionsort zugrunde zu legen, weil die Antragsschrift nicht darlegt, daß bereits die Existenz des Fensters baurechtlich unzulässig sein könnte. Das Interesse der Wohnungsnutzer, die Wohnung frei von durch das (geöffnete) Fenster einwirkenden erheblich belästigenden Geräuschen nutzen zu können, ist nur dann nicht von der Rechtsordnung geschützt, wenn das Fenster überhaupt unzulässig ist (vgl. BVerwG, Urteil v. 24. 9. 1992 – 7 C 6.92 –, BRS 54 Nr. 187 = BauR 1993, 325).

b) Der Einwand der Klägerin, das Verwaltungsgericht habe unzutreffend angenommen, ihr Betrieb genieße keinen Bestandsschutz, stellt die Richtigkeit des angefochtenen Urteils im Ergebnis ebenfalls nicht in Zweifel. Denn für die Rechtmäßigkeit der angefochtenen Ordnungsverfügung ist es unerheblich, ob der ohne die erforderliche Baugenehmigung errichtete Betrieb der Tankanlage der Klägerin Bestandsschutz genießt. Selbst wenn man dies zugunsten der Klägerin unterstellt, wäre die Ordnungsverfügung rechtmäßig. Zwar sind Störungen, die mit einem bestandsgeschützten Betrieb notwendigerweise verbunden sind, um die Nutzung sinnvoll und funktionsgerecht auszuüben, vom Bestandsschutz umfaßt und von hinzutretender Wohnbebauung als Vorbelastung grundsätzlich hinzunehmen. Der Bestandsschutz gewährt aber schon von vornherein nicht jede Nutzungsmöglichkeit, die tatsächlich möglich ist (vgl. BVerwG, Urteil v. 18. 5. 1995 – 4 C 20.94 –, BRS 57 Nr. 67 = BauR 1995, 807). Er kann sich nur in den Grenzen entfalten, die ihm das dynamisch angelegte Immissionsschutzrecht läßt (vgl. BVerwG, Urteil v. 23. 9. 1999 – 4 C 6.98 –, BVerwGE 109, 314 = BRS 62 Nr. 86 = BauR 2000, 234). Im Konflikt zwischen einer bestandsgeschützten störenden und einer nach den Festsetzungen des Bebauungsplans zulässigen, später hinzugetretenen und bestandskräftig gewordenen empfindlichen Nutzung muß auch die störende Nutzung ihrerseits Rücksicht nehmen (vgl. BVerwG, Urteile v. 18. 5. 1995, a. a. O., und v. 23. 5. 1991 – 7 C 19.90 –, BVerwGE 88, 210, 216 = BRS 52 Nr. 190).

Im Hinblick darauf begründet der in der Antragsbegründung hervorgehobene Umstand, daß die Tankanlage seit ihrem Bestehen und darüber hinaus schon am alten genehmigten Standort immer auch nachts genutzt worden ist, keinen Vertrauensschutz dahin, die Tankanlage könne unabhängig von Lärmschutzgesichtspunkten auf Dauer Tag und Nacht betrieben werden. Selbst wenn die Klägerin eine Baugenehmigung für den Betrieb der Tankanlage hätte, bedeutete das nicht, daß diese einen Betrieb „rund um die Uhr" zulassen würde (vgl. BVerwG, Urteil v. 24. 9. 1992, a. a. O., S. 161).

c) Soweit die Antragsschrift einen Ermessensfehler unter dem Gesichtspunkt der Verhältnismäßigkeit behauptet, begründet auch dies keine ernstlichen Zweifel an der Richtigkeit des Urteils.

Der Einwand, es hätten mildere, gleich geeignete Mittel zur Verfügung gestanden, greift nicht durch. Insbesondere steht nicht fest, daß die von der Klägerin erwogene Festlegung eines bestimmten Geräuschpegels oder eine Einschränkung der nächtlichen Benutzung der Anlage durch Lkw genau so geeignet wäre, den gebotenen Schutz der Nachbarschaft sicher zu gewährleisten. Die Festlegung von Geräuschpegeln allein ist hierfür ungeeignet, weil durch Messungen belegt ist, daß bereits durch einzelne Lkw-Bewegungen die zulässigen nächtlichen Spitzenpegel überschritten werden. Daran würde sich durch die Festlegung von Lärmobergrenzen allein nichts ändern. Die Klägerin hat auch nicht aufgezeigt, auf welche Weise konkret die nächtliche Benutzung der Anlage durch Lkw ebenso wirksam wie bei einer vollständigen nächtlichen Betriebsbeschränkung unterbunden werden könnte. Das Bestehen eines beschränkten Nutzerkreises und die Möglichkeit, auf die Nutzer durch eine Nutzungsvereinbarung einzuwirken, schließt für sich genommen nächtliche Benutzungen und damit verbundenen unzumutbaren Lärm nicht ebenso wirksam aus wie eine nächtliche Schließung der Tankanlage. Die Klägerin hat nicht einmal vorgetragen, bereits entsprechend auf die Nutzer der Tankanlage eingewirkt zu haben. Selbst wenn die Klägerin Vereinbarungen schlösse, nach denen eine nächtliche Benutzung durch Lkw verboten wäre, wären dadurch absprachewidrige Nutzungen nicht ausgeschlossen, weil die Nutzer über eine Chipkarte verfügen.

Die Verhältnismäßigkeit der Ordnungsverfügung wird nicht dadurch in Frage gestellt, daß es der Klägerin möglich sein mag, ein konkretes Nutzungskonzept zu entwickeln, bei dem die nächtliche Nutzung sicher auf einen Umfang beschränkt wird, der keine schädlichen Umwelteinwirkungen für die Nachbarschaft verursacht. Denn es ist nicht Aufgabe der Behörde, der Klägerin ein bestimmtes Nutzungskonzept aufzuzwingen. Insoweit steht es der Klägerin allerdings frei, für die Nutzung der Tankanlage, die an dem derzeitigen Standort ohne die erforderliche Baugenehmigung aufgenommen worden ist, eine Baugenehmigung zu beantragen, in diesem Zusammenhang ihre Vorstellungen für eine Nachtnutzung zu konkretisieren und nachzuweisen, daß sie nicht mit schädlichen Umwelteinwirkungen für die Nachbarschaft verbunden ist. Insbesondere ist es ihre Aufgabe als Bauherrin, die für die immissionsschutzrechtliche Prüfung ihres Bauvorhabens erforderlichen Gutachten beizubringen (vgl. §69 Abs. 1 Satz 1 BauO NRW und §1 Abs. 2 Satz 1 BauPrüfVO) (OVG NRW, Beschluß v. 5. 2. 2001 – 7 A 410/01 –, BRS 64 Nr. 155 = BauR 2001, 1088).

Nr. 45

Im Bebauungsplan können Festsetzungen zum Maß der baulichen Nutzung, zu den überbaubaren und nicht überbaubaren Flächen und zur Bauweise auch dann festgesetzt werden, wenn kein Baugebiet sondern eine Gemeinbedarfsfläche ausgewiesen ist.

BauGB § 9 Abs. 1 Nr. 1, 2.

OVG Nordrhein-Westfalen, Urteil vom 21. Juni 2005 – 7 A 3611/04 – (rechtskräftig, s. BVerwG, Beschluss vom 10. Oktober 1005 – 4 B 56.05 –, abgedruckt unter Nr. 46).

(VG Köln)

Aus den Gründen:
Der Bebauungsplan ist nicht deshalb unwirksam, weil er Festsetzungen zum Maß der baulichen Nutzung, zu den überbaubaren und nicht überbaubaren Flächen und zur Bauweise festgesetzt hat, ohne ein Baugebiet auszuweisen.

Zwar wird vertreten, daß für die Gemeinbedarfsflächen weder die sonst für das Bauland vorgesehenen Festsetzungen zulässig seien noch dafür die Festsetzungsmittel der BauNVO herangezogen werden könnten, weil keine einwandfreie rechtliche Bindung der auch privaten Grundstückseigentümer an die Vorschriften der BauNVO, insbesondere an deren Ausnahmeregelungen, erfolgen könne (vgl. Fickert/Fieseler, BauNVO, 10. Aufl. 2002, § 1 Rdnr. 39).

Das überzeugt indes schon deshalb nicht, weil § 9 Abs. 1 Nr. 1 Buchstaben a) und b) BBauG 1960 bzw. § 9 Abs. 1 Nrn. 1 und 2 BauGB die Ermächtigung für Festsetzungen über das Maß der Nutzung, die Bauweise sowie die (nicht) überbaubaren Grundstücksflächen enthalten (vgl. OVG Bremen, Urteil v. 15. 9. 1970 – I BA 25/70 –, BRS 23 Nr. 9 = BauR 1971, 29).

Solche Festsetzungen schließen eine die Art der baulichen Nutzung betreffende Festsetzung schon ihrer Natur nach nicht aus. Die Festsetzung einer Gemeinbedarfsfläche legt die Art der baulichen Nutzung fest (vgl. BVerwG, Urteil v. 30. 6. 2004 – 4 C 3.03 –, BauR 2004, 1730, 1731; Beschluß v. 13. 7. 1989 – 4 B 140.88 –, BRS 49 Nr. 79 = BauR 1989, 703).

Gegen die Anwendung der Vorschriften der BauNVO über das Maß der baulichen Nutzung, die Bauweise und die (nicht) überbaubaren Grundstücksflächen auf Flächen für den Gemeinbedarf spricht auch nicht, daß diese Flächen nicht von der Ermächtigung des § 2 Abs. 5 (jetzt: § 9 a) BauGB bzw. § 2 Abs. 8 BBauG 1976 oder § 2 Abs. 10 BBauG 1960 erfaßt (gewesen) wären. Das Gegenteil ist der Fall (A. A.: VGH Baden-Württemberg, Beschluß v. 27. 1. 1972 – II 217/70 –, BRS 25 Nr. 18 S. 59; OVG Bremen, Urteil v. 15. 9. 1970, a. a. O., das die Vorschriften der BauNVO aber entsprechend anwendet).

Das ergibt sich aus folgendem: Nach Nr. 1 Buchstaben b) und c) des § 2 Abs. 5 (jetzt: § 9 a) BauGB ist der Verordnungsgeber wie bereits gemäß § 2 Abs. 10 Nr. 1 Buchstaben b) und c) BBauG zum Erlaß von Vorschriften über Festsetzungen „in den Bauleitplänen" über das Maß der baulichen Nutzung und seine Berechnung, die Bauweise sowie die überbaubaren und nicht überbaubaren Grundstücksflächen ermächtigt. Eine Einschränkung auf die „Baugebiete" wie in Nr. 2 der genannten Vorschriften ist gerade nicht erfolgt.

Da die Festsetzung einer Gemeinbedarfsfläche nach der oben genannten höchstrichterlichen Rechtsprechung die Art der baulichen Nutzung festlegt, gehören die Gemeinbedarfsflächen zum Bauland. Dies war noch dem Eingangssatz des §9 Abs. 1 BBauG 1960 zu entnehmen, der ausdrücklich bestimmte, daß der Bebauungsplan, „soweit es erforderlich ist, ... 1. das Bauland und für das Bauland" u. a. (nach Buchst. f) der genannten Vorschrift) „die Baugrundstücke für den Gemeinbedarf" festsetzt. Infolgedessen sind auch die Gemeinbedarfsflächen von den Regelungen der BauNVO erfaßt, soweit sie ihre Vorschriften nicht selbst auf Baugebiete beschränkt hat. Demgemäß beziehen sich viele Vorschriften des Zweiten und Dritten Abschnitts der BauNVO in sämtlichen Fassungen auf den „Bebauungsplan".

Nr. 46

Jedenfalls seit In-Kraft-Treten des BBauG 1976 kann das Maß der baulichen Nutzung im Bebauungsplan nicht nur für Baugebiete i.S. der BauNVO, sondern auch für Flächen festgesetzt werden, deren Art der baulichen Nutzung auf der Grundlage von §9 Abs. 1 BauGB – hier Nr. 5 (Flächen für den Gemeinbedarf) – bestimmt wird.

BBauG 1960 §9 Abs. 1 Nr. 1 a); BBauG 1976 §§2 Abs. 8, 9 Abs. 1 Nr. 1, Nr. 5; BauGB §§9 Abs. 1 Nr. 1, Nr. 5, 9 a; BauNVO §§1 Abs. 2, 16 ff.

Bundesverwaltungsgericht, Beschluss vom 10. Oktober 2005 – 4 B 56.05 –.

(OVG Nordrhein-Westfalen)

Aus den Gründen:

1. Die Frage, ob Festsetzungen über das Maß der baulichen Nutzung (Grundflächenzahl, Geschossflächenzahl, Zahl der Vollgeschosse) für eine Gemeinbedarfsfläche i. S. des §9 Abs. 1 Nr. 5 BauGB zulässig sind, führt nicht zur Zulassung der Revision. Sie lässt sich nämlich anhand der gesetzlichen Regelungen und der dazu ergangenen Rechtsprechung ohne weiteres im bejahenden Sinne beantworten.

Nach §9 Abs. 1 Nr. 1 des hier maßgeblichen BBauG 1976 (wortgleich mit §9 Abs. 1 Nr. 1 BauGB) können im Bebauungsplan aus städtebaulichen Gründen die Art und das Maß der baulichen Nutzung festgesetzt werden. Da die Art der baulichen Nutzung nach der Rechtsprechung des Senats (vgl. BVerwG, Beschluss v. 23. 12. 1997 – 4 BN 23.97 –, BRS 59 Nr. 71 = BauR 1998, 515) nicht nur durch die Festsetzung von Baugebieten i. S. der BauNVO, sondern auch durch Festsetzungen auf Grund einzelner Bestimmungen des §9 Abs. 1 BBauG 1976/BauGB bestimmt werden kann, gibt es keinen Grund, die Zulässigkeit von Festsetzungen über das Maß der baulichen Nutzung nach den §§16 ff. BauNVO auf Bebauungspläne zu beschränken, die ein Baugebiet i. S. der BauNVO ausweisen. Der Senat pflichtet daher dem Berufungsgericht und dem überwiegenden Teil des Schrifttums (Gaentzsch, in: Berliner Kommentar zum BauGB, 3. Aufl. 2002, §9 Rdnr. 14; Gierke, in: Brügelmann, BauGB, §9 Rdnr. 96; Söfker, in: Ernst/Zinkahn/Bielenberg, BauGB, §9 Rdnr. 9; Bracher, in: Gelzer/Bracher/Reidt, Bauplanungsrecht, 7. Aufl. 2004, S. 96, Rdnr. 237 f.) darin bei, dass der Bebauungsplan Regelungen über das Maß der baulichen Nutzung auch für Flächen treffen darf, deren Nutzungsart – wie hier – auf der Grundlage des §9 Abs. 1 Nr. 5 BBauG 1976/ BauGB festgesetzt worden ist.

Die aufgeworfene Rechtsfrage hat nicht deshalb grundsätzliche Bedeutung, weil das OVG Bremen in seinem Urteil vom 15. 9. 1970 (– I BA 25/70 – BRS 23 Nr. 9) angenommen hat, jedenfalls die Vorschriften der BauNVO über das Maß der baulichen Nutzung bezögen sich nur auf Baugebiete und seien ebenso wie die Bestimmungen über die Art der baulichen Nutzung auf Baugrundstücke für den Gemeinbedarf unmittelbar nicht anwendbar, und der VGH Mannheim in seinem Beschluss vom 27. 1. 1972 (– II 217/70 – BRS 25 Nr. 18) die Anwendbarkeit der Vorschriften der BauNVO auf ausgewiesene Baugebiete nach §1 Abs. 2 BauNVO beschränkt hat. Es bedarf keiner Durchführung eines Revisionsverfahrens, um die Feststellung zu treffen, dass die beiden Entscheidungen, die zum BBauG 1960 ergangen sind, jedenfalls nicht der Rechtslage seit In-Kraft-Treten des BBauG 1976 entsprechen. Nach §9 Abs. 1 Nr. 1 a) BBauG 1960 setzte der Bebauungsplan für das „Bauland" die Art und das Maß der baulichen Nutzung fest, und es mag sein, dass nur Baugebiete nach der BauNVO Bauland waren (So Gaentzsch, a. a. O., §9 Rdnr. 14). Seitdem §9 Abs. 1 Nr. 1 BauGB neu formuliert worden ist, sind Festsetzungen über Art und Maß der baulichen Nutzung in Bebauungsplänen freilich generell zulässig und nicht nur in Plänen für ein Baugebiet nach §1 Abs. 2 BauNVO. Die Rechtsgrundlage für den Erlass der BauNVO, §2 Abs. 8 BBauG 1976 (jetzt: §9a BauGB), bleibt dahinter nicht zurück, weil sie die zuständige Stelle in Nr. 1 a) und b) ermächtigte, Vorschriften über Darstellungen und Festsetzungen „in den Bauleitplänen" über die Art und das Maß der baulichen Nutzung zu erlassen. Das Berufungsgericht hebt zutreffend hervor, dass eine Einschränkung auf die „Baugebiete" wie in Nr. 2 nicht erfolgt ist. ...

3. Die Divergenzrüge bleibt erfolglos, weil sich die angeblich voneinander abweichenden Rechtssätze aus dem Urteil des Senats vom 18. 9. 2003 (– 4 CN 3.02 –, BRS 66 Nr. 21 = BauR 2004, 286) und der Berufungsentscheidung nicht auf dieselbe Rechtsvorschrift beziehen (vgl. zum Erfordernis der Identität der Rechtsnormen z. B. BVerwG, Beschluss v. 26. 5. 1999 – 6 B 65.98 –, NVwZ-RR 1999, 745). Die Beschwerde entnimmt den Ausführungen unter II. 2. b) des zitierten Senatsurteils den Rechtssatz, dass zur Auslegung des Inhalts eines Bebauungsplans nicht auf die Aufstellungsvorgänge zurückgegriffen werden darf. Die in Bezug genommenen Darlegungen verhalten sich freilich zur Auslegung eines vorhabenbezogenen Bebauungsplans nach §12 BauGB. Um einen solchen Plan geht es hier nicht. Im übrigen hat der Senat seinerzeit auch nicht den Rechtssatz formuliert, den die Beschwerde dem Urteil beilegt, sondern die Aussage getroffen, dass zur Auslegung eines vorhabenbezogenen Bebauungsplans nicht auf den Durchführungsvertrag zurückgegriffen werden darf, weil er nicht Bestandteil der Bauleitplanung ist und von anderen Planbetroffenen nicht eingesehen werden kann.

Nr. 47

An die Festsetzung von öffentlichen Grünflächen auf privaten Grundstücken sind im Hinblick auf Art. 14 Abs. 1 GG hohe Anforderungen zu stellen. Die Schaffung eines übergeordneten innerstädtischen Fuß- und Radwegenetzes auf öffentlichen Grünflächen kann eine derartige Inanspruchnahme privater Flächen rechtfertigen.

BauGB § 1 Abs. 7; GG Art. 14 Abs. 1.

OVG Nordrhein-Westfalen, Urteil vom 12. Dezember 2005 – 10 D 64/ 03.NE – (rechtskräftig).

Die Antragsteller wenden sich gegen einen Bebauungsplan, mit dem im Stadtgebiet von D. Flächen entlang eines Baches als öffentliche Grünfläche mit begleitendem Fuß- und Radweg festgesetzt werden.

Sie sind Eigentümer von Grundstücken, die im Plangebiet liegen oder daran anschließen. Sie halten den Bebauungsplan für abwägungsfehlerhaft, weil ihre Interessen als Eigentümer missachtet worden seien. Der vorgesehene Fuß- und Radweg sei überflüssig, weil an anderer Stelle mit gleicher Funktion bereits vorhanden, sodass eine Inanspruchnahme ihrer Grundstücke nicht gerechtfertigt sei. Die geplante Schaffung eines Grünzuges hätte auch bei einem schmaleren Zuschnitt des Plangebiets verwirklicht werden können.

Das Oberverwaltungsgericht wies die Normenkontrollanträge im Wesentlichen ab.

Aus den Gründen:

Der Bebauungsplan ist im Wesentlichen nicht zu beanstanden.

Die nach § 1 Abs. 3 BauGB erforderliche städtebauliche Rechtfertigung des Bebauungsplans ist zu bejahen, denn er verfolgt mit den Mitteln des Bauplanungsrechts das städtebaulich nicht zu beanstandende Ziel, einen naturnahen Ausbau des Baches im Plangebiet zur Herstellung einer durchgängigen Grünflächenverbindung zwischen S.-Park, dem begrünten Deckel der Autobahn und dem Schlosspark zu nutzen und zugleich die übergeordneten Radwegeverbindungen im Stadtgebiet zu verbessern.

Die Festsetzung des gesamten Plangebiets mit Ausnahme der als öffentliche Verkehrsfläche gekennzeichneten Straße A. als öffentliche Grünfläche findet ihre Rechtsgrundlage in § 9 Abs. 1 Nr. 15 BauGB und ist hinreichend bestimmt. Die geplante Grünfläche ist eindeutig als im gesamten Plangebiet öffentlich bezeichnet; die Festsetzung ist auf Grund der ihr beigefügten Zweckbestimmung Grundlage für die Ausgestaltung des Plangebiets als Grünanlage, die einen den Bachlauf begleitenden Fuß- und Radweg aufnimmt. Einer näheren Bestimmung des Verlaufs dieses Weges bedurfte es unter dem hier behandelten Gesichtspunkt der hinreichenden Bestimmtheit nicht; dies kann im vorliegenden Fall schon deshalb der Ausbauplanung überlassen bleiben, weil angesichts des im Durchschnitt nur 20 m breiten Geländestreifens westlich des Baches kaum Variationsmöglichkeiten für den Wegeverlauf bestehen. Dies gilt auch für die geplanten Stege über den Bach, für die auf der Höhe der T.straße und westlich des Hauses H.straße 23 durch den Zuschnitt des Plangebiets Zwangspunkte gesetzt sind (zur Bestimmtheit einer Grünflächenfestsetzung OVG NRW, Urteil v. 17. 1. 1994 – 11 A 2396/90 –,

BRS 56 Nr. 24. Zur Erforderlichkeit einer konkretisierenden Zweckbestimmung OVG NRW, Urteil v. 23. 10. 2001 – 10a D 192/98.NE –, NWVBl. 2003, 273).

Der angegriffene Bebauungsplan ist im Wesentlichen abwägungsfehlerfrei.

Allerdings sind an die Festsetzung von öffentlichen Grünflächen auf privaten Grundstücken hohe Anforderungen zu stellen. In besonderem Maße ist dabei die Bestandsgarantie des Eigentums nach Art. 14 GG zu beachten und auf größtmögliche Schonung privater Flächen zu prüfen. Der Plangeber muss bei der Bestimmung von Inhalt und Schranken des Eigentums die schutzwürdigen Interessen der Eigentümer und die Belange des Gemeinwohls in einen gerechten Ausgleich und ein ausgewogenes Verhältnis bringen. Insbesondere muss er prüfen, ob das Planungsziel nicht auch unter weiter gehender Schonung des Grundbesitzes der Betroffenen – insbesondere durch Inanspruchnahme von Flächen in gemeindlichem Eigentum – zu erreichen wäre, welche baurechtliche Qualität die betroffenen Flächen aufweisen und ob die Planung ein Mindestmaß an Lastengleichheit zwischen allen betroffenen Eigentümern gewährleistet; der Normenkontrollsenat hat die Einhaltung dieser Anforderungen zu überprüfen und sicherzustellen (BVerfG, Kammerbeschluss v. 19. 12. 2002 – 1 BvR 1402/01 –, BRS 65 Nr. 6 = BauR 2003, 1338; OVG NRW, Urteile v. 17. 12. 1998 – 10a D 186/96.NE –, BRS 60 Nr. 21, v. 2. 12. 1999 – 11a D 220/98.NE –, [Planung einer Grünfläche mit Fuß- und Radweg] und v. 7. 9. 2000 – 7a D 235/89.NE –, [Planung eines Grünzugs entlang eines Gewässers auf privaten Grundstücken]; BVerwG, Urteil v. 6. 6. 2002 – 4 CN 6. 01 –, BRS 65 Nr. 8 = BauR 2002, 1660).

Diesen Anforderungen ist der Plangeber im vorliegenden Fall und abgesehen von der gesondert zu behandelnden Parzelle des Antragstellers zu 3 gerecht geworden. Die betroffenen Grundstückseigentümer – dies betrifft lediglich die Antragstellerinnen zu 2 nicht – werden durch eine Überplanung der in ihrem Eigentum stehenden Grundstücke in ihren Eigentumsrechten beeinträchtigt, weil die Verwirklichung der Planung dazu führen wird, dass ihnen die überplanten Flächen dauerhaft nicht mehr zur Verfügung stehen werden. Diese Belastung wird jedoch durch die mit der Planung verfolgten und dem Gemeinwohl dienenden Ziele, einen übergeordneten Grünzug zu schaffen und im innerstädtischen Raum Fahrradfernverbindungen abseits des Straßenverkehrs zu entwickeln, hinreichend gerechtfertigt.

Die überplanten privaten Grundstücksflächen sind nicht als Bauland einzustufen. (Wird ausgeführt.)

Zudem sind alle in Privateigentum stehenden überplanten Flächen durch die seit Jahrzehnten in unterschiedlichen Ausprägungen bestehenden Planungen für öffentliche Verkehrsflächen entlang des Baches vorgeprägt. Sowohl der Fluchtlinienplan Nr. . . . vom 18. 4. 1933 als auch die Bebauungspläne Nrn. . . . und . . . aus den Jahren 1964 und 1969 sahen öffentliche Grünflächen, Wegeverbindung oder die Straße S. vor bzw. enthielten entsprechende Festsetzungen; hierauf geht auch der Umstand zurück, dass sich zahlreiche für diese Planungen vorgesehene Flurstücke bereits im Eigentum der Antragsgegnerin befinden. Auch diese Vorprägung der von der streitgegenständlichen Planung betroffenen privaten Flächen durfte der Plangeber berücksichtigen.

Demgegenüber geht das Ziel der Planung über die Schaffung einer nur im Interesse weniger Anrainer liegenden Grünanlage weit hinaus. Das Gewicht des von der Antragsgegnerin verfolgten Gemeinwohlbezugs ergibt sich vielmehr daraus, dass eine Reihe bereits vorhandener Grünflächen großräumig verbunden und damit in ihrem Nutzwert insgesamt erheblich verbessert werden; dies hat die Antragsgegnerin zur Überzeugung des Senats u. a. durch Vorlage von umfangreichem Kartenmaterial sowie Fachbeiträgen nachgewiesen. Dasselbe gilt auch für die geplante Radwegeverbindung, die im Interesse nicht nur einer lokal begrenzten Zahl von Nutzern liegt, sondern dem Bedürfnis nach sicheren und effektiven innerstädtischen Fahrradfernverbindungen gerecht wird (zur Schaffung eines verkehrssicheren Radwegenetzes unter Trennung von Radverkehr und Kraftfahrzeugverkehr als Gemeinwohlbelang vgl. OVG NRW, Urteil v. 24. 9. 2004 – 10a D 30/02.NE –, juris; zur Gewichtung der Eigentumsbelange bei der Schaffung eines Fuß- und Radweges auch Urteil v. 2. 12. 1999 – 11a D 220/98.NE –).

Die Planziele hätten sich auch nicht durch eine abweichende Planung in gleicher Weise oder überhaupt vergleichbar realisieren lassen. Denn eine noch stärkere Inanspruchnahme städtischer Grundstücke zur Entlastung privater Eigentumsflächen scheidet zur Verwirklichung dieser Planung aus, weil die Planung entlang des Baches ortsgebunden ist. Auch hätte eine Verlegung des Fuß- und Radweges an die Ostseite des Baches das vorbeschriebene Plankonzept gefährdet. Ein naturnaher Ausbau des Baches wäre durch einen Wegeverlauf im Böschungsbereich – abgesehen von den hohen Kosten dieser Variante – unmöglich gemacht worden, während die Ausdehnung des Plangebiets nach Osten unter gleichzeitiger Verkleinerung im Westen zur Inanspruchnahme der zur Erschließung der Wohngrundstücke erforderlichen N.straße sowie der bis fast an die Böschungsoberkante gewerblich genutzten Grundstücke im nördlichen Planbereich geführt hätte. Schließlich hätte die Verkleinerung des Plangebiets auf der Westseite des Baches auf einen Streifen von höchstens 10 m dazu geführt, dass die Planungsziele – Schaffung einer Wegeverbindung, eines Gewässerunterhaltungsweges und zugleich einer Grünzugverbindung, die den Charakter eines Erlebnisraums aufweist und einen naturnahen Gewässerausbau ermöglicht – nur noch teilweise oder gar nicht mehr hätten verwirklicht werden können. Dem Plangeber stand deshalb nicht – wie die Antragsteller meinen – eine Möglichkeit eines schonenderen Umgangs mit ihrem Eigentum offen, die denselben Nutzen erbracht hätte wie die in den Plan aufgenommene Variante.

Auch die von den Antragstellern hervorgehobene Nullvariante, auf den geplanten Radweg im Hinblick auf den vorhandenen Radweg entlang der K.straße ganz zu verzichten, konnte vom Plangeber rechtsfehlerfrei verworfen werden. Denn ein Radweg entlang einer durch ein Kerngebiet verlaufenden Straße kann auch bei ausgezeichnetem Ausbauzustand die Vervollständigung eines sicheren und effektiven Radwegenetzes an der vom Plan vorgesehenen Stelle nicht ersetzen und bietet erst recht keine Alternative für die Schaffung eines übergeordneten Grünzuges.

Schließlich ist auch die Belastungsgleichheit zwischen den von der Planung betroffenen Eigentümern gewahrt. Zwar wird sich die Verwirklichung der Planung auf die Antragsteller zu 1 und 4 optisch stärker auswirken als auf andere betroffene Eigentümer, weil zwischen den in ihrem Eigentum stehenden Gebäuden und der Plangebietsgrenze nur relativ geringfügige Freiflächen verbleiben; auch ist für die Antragstellerin zu 4 auf Grund des Zuschnitts ihres Grundstücks ein relativ gewichtiger Teil ihres Grundstücks planbetroffen. Insgesamt aber hat jeder planbetroffene Eigentümer einen verhältnismäßig geringen Anteil an Eigentumsbeeinträchtigung hinzunehmen, während der weit überwiegende Teil der Grundstücke in seiner Substanz sowie in seiner Nutzbarkeit unbeeinträchtigt bleibt, zumal bereits ein großer Teil der für die Planung nötigen Flächen Eigentum der Antragsgegnerin ist.

Der Plangeber hat auch den Wunsch der Antragsteller zu 1 bis 3, diejenigen Flächen zurückzuerhalten, die früher in ihrem Eigentum gestanden haben und die zur Verwirklichung einer inzwischen aufgegebenen Straßenplanung an die Antragsgegnerin übertragen worden sind, nicht übergangen, sondern hat ihn unter zutreffender Gewichtung in seine Abwägungsentscheidung eingestellt. Dieser Aspekt ist für die Antragstellerinnen zu 2 im Übrigen der einzige abwägungserhebliche Belang, da ihnen Grundstücke im Plangebiet nicht mehr gehören. Im Hinblick darauf, dass die Aufstellung eines Bebauungsplans trotz ihrer erheblichen Auswirkungen auf das Eigentum der Planbetroffenen keine enteignungsrechtliche Vorwirkung hat, ist es nicht fehlerhaft, die Frage, ob einer Rückübereignung eine spätere Enteignungsmöglichkeit entgegenstehen könnte, nicht schon im Planaufstellungsverfahren abschließend zu beantworten. Dies gilt schon deshalb, weil die Frage der Rückenteignung in dem dafür vorgesehenen Verfahren nach § 102 BauGB – das die betroffenen Antragsteller im vorliegenden Fall indes offenbar nicht eingeleitet haben – geklärt werden kann. Im Übrigen sind bei der Festsetzung einer öffentlichen Zwecken dienenden Fläche nicht schon die Voraussetzungen für eine spätere Enteignung in vollem Umfang zu prüfen. Jedoch muss der Eingriff in das Eigentum durch überwiegende Gründe des öffentlichen Interesses unter Berücksichtigung des Grundsatzes der Verhältnismäßigkeit gerechtfertigt sein. Dabei gehören die privaten Interessen der Grundstückseigentümer in besonderer Weise zu den abwägungserheblichen Belangen. Der Kernbereich der Eigentumsgarantie darf nicht ausgehöhlt werden. Zu diesem Kernbereich gehören sowohl die Privatnützigkeit als auch die grundsätzliche Verfügungsbefugnis über den Eigentumsgegenstand. Für die Beantwortung der Frage, ob sich die Planungsentscheidung in den verfassungsrechtlich vorgezeichneten Grenzen hält, kommt es maßgeblich darauf an, dass der erhebliche Sachverhalt zutreffend und vollständig ermittelt wurde, der Plangeber anhand dieses Sachverhalts alle sachlich beteiligten Belange und Interessen der Entscheidung zu Grunde gelegt sowie umfassend und in nachvollziehbarer Weise abgewogen hat. Die Bestandsgarantie des Art. 14 Abs. 1 Satz 1 GG fordert, dass Vorkehrungen getroffen werden, die eine unverhältnismäßige Belastung des Eigentümers verhindern und dass das Willkürverbot beachtet wird (vgl. BVerwG, Beschluss v. 6.10.1992 – 4 NB 36.92 –, BRS 54 Nr. 57 =

BauR 1993, 56, m. w. N.; BVerfG, Beschluss v. 19. 12. 2002 – 1 BvR 1402/01
–, BRS 65 Nr. 6 = BauR 2003, 1338).

Diesen Anforderungen hat der Plangeber – wie ausgeführt – Genüge getan; er musste nicht davon ausgehen, dass ihm die betroffenen Flächen mit so großer Wahrscheinlichkeit wieder entzogen werden würden, dass dies das Plankonzept gefährden könnte. Zutreffend hat der Satzungsgeber auch das Interesse der Antragstellerinnen zu 2 an einem Wertausgleich für die an die Antragsgegnerin übereigneten Flurstücke bewertet. Diese Flächen sind nicht, wie die Antragstellerinnen zu 2 meinen, kostenlos an die Antragsgegnerin abgegeben worden, sondern gegen einen mit später zu erwartenden Anliegerbeiträgen zu verrechnenden Wertausgleich. Dieser Wertausgleich wird, wie die Antragsgegnerin zu Recht annimmt, noch zu leisten sein, nachdem endgültig feststeht, dass es zur Anlage einer rückwärtigen Erschließungsstraße nicht mehr kommen wird. Dies ist in die Abwägung eingestellt worden und rechtfertigt die Einbeziehung der beiden Flurstücke in das Plangebiet.

Schließlich ist es auch nicht abwägungsfehlerhaft, auf eine Ausweisung des Fuß- und Radweges als öffentliche Verkehrsfläche – mit genauer Abgrenzung der hierfür zu verwendenden Flächen – zu verzichten, sondern den genauen Wegeverlauf wie bei der Planung öffentlicher Grünflächen üblich der Ausführungsplanung zu überlassen. Denn damit hat der Plangeber keine abwägungsrelevanten Belange übergangen oder fehlgewichtet und auch keine unzulässige Verlagerung der Konfliktlösung auf nachfolgendes Verwaltungshandeln vorgenommen. Angesichts des insgesamt nur schmalen zur Verfügung stehenden Geländestreifens, auf dem der Fuß- und Radweg angelegt werden muss, ist die Zahl denkbarer Varianten für die Wegeführung von vornherein gering. Zugleich ist erkennbar, dass ohne Weiteres ein Wegeverlauf möglich ist, der die Anlieger in ihrem – durch die Festsetzung ihrer Grundstücke als Kerngebiet oder, falls der Bebauungsplan Nr. .... im fraglichen Bereich obsolet sein sollte, durch die tatsächliche Nutzung geprägten – Schutzanspruch nicht verletzen wird. Dasselbe gilt für die im Plan nicht festgesetzte Position der vorgesehenen Stege über den Bach. Der Plangeber könnte bei der Ausführungsplanung auf diese Stege oder einen davon verzichten oder sie dort einrichten, wo es das Konzept der übergeordneten Radwegeverbindung erfordert (T.straße im Süden, Anschluss an die H.straße im Norden). In beiden Fällen sind abwägungsrelevante Belange der Anlieger nicht über das Maß dessen hinaus betroffen, das vorstehend bereits gewürdigt worden ist. Auch insofern bedurfte es deshalb keiner exakten Festsetzung der für die Stege vorgesehenen Positionen.

Der Antrag des Antragstellers zu 3 ist teilweise begründet. Die Einbeziehung des in seinem Eigentum stehenden Flurstücks in die Festsetzung als öffentliche Grünfläche ist abwägungsfehlerhaft; dies führt indes nicht zur Gesamt-, sondern nur zur Teilunwirksamkeit des Plans.

Die im Eigentum des Antragstellers zu 3 stehende Parzelle ist nicht – wie alle anderen im Eigentum Privater stehenden überplanten Flächen – vollständig unbebaut, sondern in einem Teilbereich mit einem gewerblich genutzten Gebäude bebaut. Dieses Gebäude ist – wie die Antragsgegnerin in der mündlichen Verhandlung bestätigt hat – legal errichtet und genutzt. Ausweislich der Planaufstellungsvorgänge hat der Satzungsgeber dies offenkundig übersehen. Der Verlauf des Planungsverfahrens lässt nämlich erkennen, dass der Plangeber derartige Flächen gerade nicht in seine Planung einbeziehen wollte und sie dort, wo dies im Planentwurf – wohl versehentlich – geschehen war und ihm vor Augen stand, aus dem Plangebiet nachträglich ausgenommen hat. So wurde das Plangebiet als Reaktion auf ein Schreiben der Handwerkskammer D. vom 4.7.1996, wonach im Plangebiet gewerblich genutzte Flächen und Aufbauten lägen, und auf eine Einwendung des betroffenen Eigentümers hin durch Beschluss des Ausschusses für Planung und Stadtentwicklung vom 21.6.2001 um diejenigen Bereiche des Grundstücks K.straße Nr. 14–22 verkleinert, die im ursprünglichen Plangebiet lagen, jedoch bebaut waren. Als Begründung hierfür war angegeben, dass ein gewerblich genutztes Gebäude erhalten werden solle. Demgegenüber hat es einen vergleichbaren Hinweis auf das Vorhandensein eines Gebäudes auf dem Flurstück des Antragstellers zu 3 im Planaufstellungsverfahren nicht gegeben. Der Rat der Antragsgegnerin hat sich weder in seiner Abwägungsentscheidung noch an anderer Stelle des Verfahrens mit dem Vorhandensein dieses Gebäudeteils im Plangebiet auseinander gesetzt, obwohl sich aus dem in den Akten befindlichen Kartenmaterial eindeutig ergibt, dass der Bebauungsplan im Bereich des Flurstücks ein vorhandenes Gebäude erfasst. Er hat die Belange des Antragstellers zu 3 vielmehr ausdrücklich so ermittelt und bewertet, als handle es sich um ein vollständig unbebautes Grundstück. Daraus lässt sich ableiten, dass der Plangeber den Umstand, dass das Flurstück innerhalb des Plangebiets gewerblich überbaut ist, übersehen hat. Damit hat er einen abwägungsrelevanten Belang, der sich in seiner Gewichtigkeit von den Belangen der Eigentümer unbebauter Grundstücke erheblich unterscheidet und deshalb einer gesonderten Bewertung bedurfte, verkannt und nicht in die Abwägung eingestellt.

Dieser Abwägungsfehler ist angesichts des im Planaufstellungsverfahren zur Verfügung stehenden Kartenmaterials offensichtlich und von Einfluss auf das Ergebnis der Planung gewesen. Denn wie das Beispiel des Grundstücks K.straße 14–22 zeigt, hätte der Plangeber auch im Falle des Antragstellers zu 3 mit an Sicherheit grenzender Wahrscheinlichkeit das Plangebiet geringfügig verkleinert, weil dies ohne Gefährdung der Grundzüge der Planung ohne weiteres möglich gewesen wäre, sodass sich das Eigentumsinteresse des Antragstellers zu 3 durchgesetzt hätte.

Auf die Frage, ob im Zeitpunkt des Satzungsbeschlusses auch schon die im Zeitpunkt der mündlichen Verhandlung jedenfalls vorhandenen weiteren Baulichkeiten, die von der Antragsgegnerin für illegal gehalten werden, bestanden haben oder nicht, kommt es vor diesem Hintergrund nicht an.

Aus den vorgenannten Gründen führt die Abwägungsfehlerhaftigkeit der Festsetzung „Öffentliche Grünfläche" für das Flurstück des Antragstellers zu 3 indes nicht zur Gesamtunwirksamkeit des Bebauungsplans, sondern nur zur räumlich auf dieses Flurstück beschränkten Teilunwirksamkeit. (Wird ausgeführt.)

Nr. 48

Wird durch Kombination von Teilen von Planentwürfen, die zuvor ordnungsgemäß öffentlich ausgelegen waren, ein neuer Bebauungsplan gebildet, so darf dieser ohne erneute öffentliche Auslegung als Satzung beschlossen werden.

VwGO § 47; BauGB 1997 §§ 1 Abs. 3, 6, 3 Abs. 3 Satz 1.

Bayerischer VGH, Urteil vom 13. Juni 2005 – 25 N 03.368 – (rechtskräftig).

Aus den Gründen:

1. Der Antragsteller sieht einen Verfahrensfehler darin, dass der Satzungsbeschluss vom Dezember 2000 eine vom selben Tag datierende Entwurfsfassung des Bebauungsplans zum Gegenstand hatte, welche zuvor nicht öffentlich ausgelegt wurde. § 3 Abs. 3 Satz 1 Halbs. 1 BauGB (in der für den vorliegenden Fall noch maßgeblichen Fassung der Bekanntmachung vom 27. 8. 1997, BGBl. I, 2141; die entsprechende Vorschrift des § 4 a Abs. 3 Satz 1 BauGB in der derzeit geltenden Fassung der Bekanntmachung vom 23. 9. 2004, BGBl. I, 2414, enthält keine sachlichen Unterschiede) sieht vor, dass der Entwurf des Bauleitplans, wenn er nach der Auslegung geändert oder ergänzt wird, erneut auszulegen ist. Diese Vorschrift erfasst aber die vorliegende Fallkonstellation nicht.

Die dem Satzungsbeschluss zugrunde liegende Entwurfsfassung vom Dezember 2000 ist – mit Ausnahme der Kurvenführung der Erschließungsstraße im Bereich des Grundstücks des Antragstellers und der sich hieraus ergebenden Folge für die straßenseitige Baugrenze auf diesem Grundstück – identisch mit der Entwurfsfassung vom November 2000. Die genannten abweichenden Festsetzungen entsprechen ihrerseits dem Vorläuferentwurf vom November 1999. Dieser war nach § 3 Abs. 2 BauGB öffentlich ausgelegt worden, der Entwurf vom November 2000 verkürzt nach § 3 Abs. 3 BauGB. In der Sache stellt der Entwurf vom Dezember 2000, der schließlich den Inhalt der Bebauungsplansatzung bildete, eine Kombination aus zwei Planteilen dar, die jeweils ordnungsgemäß ausgelegt worden waren.

Mit der von ihr beschlossenen Fassung des Bebauungsplans gab die Antragsgegnerin ihren Versuch, eine für den Antragsteller schonendere Kurvenführung zulasten eines anderen Anliegers festzusetzen wegen dessen Widerstands auf und kehrte zu ihrer ursprünglichen Entwurfsfassung zurück. Beide Varianten waren öffentlich ausgelegt, der Antragsteller hatte Gelegenheit, Anregungen vorzubringen, und hat diese auch genutzt. Unter diesen Umständen wäre ein erneutes Auslegungsverfahren eine bloße Förmlichkeit gewesen, die nach der Rechtsprechung des Bundesverwaltungsgerichts nicht Zweck der Bürgerbeteiligung ist (BVerwG v. 18. 12. 1987, NVwZ 1988, 822, 823). Dieses Verfahren dient in erster Linie der Beschaffung und Vervollständigung des notwendigen Abwägungsmaterials und dazu, den Bürgern die Möglichkeit zu geben, ihre Interessen und Rechte frühzeitig geltend zu machen und aktiv in den Prozess der Vorbereitung der Planungsentscheidung einbezogen zu werden (BVerwG, a. a. O.). Keiner dieser Zwecke gebietet es, einen Planentwurf, der bereits einmal Gegenstand der Bürgerbeteiligung war, nochmals diesem Verfahren zu unterwerfen, wenn der zwischenzeitlich ebenfalls unter Bürgerbeteiligung unternommene Versuch einer Planänderung wieder fallen gelassen wird. Der Ertrag aller vorherigen Auslegungsverfahren bleibt vielmehr erhalten. Insoweit gelten die Grundsätze, die das Bundesverwaltungsgericht in der genannten Entscheidung für den Fall einer noch nicht ausgelegenen Planfassung bei nur klarstellenden Ergänzungen oder Änderungen auf Vorschlag eines Betroffenen aufgestellt hat, erst recht.

2. Normenkontrollverfahren

Nr. 49

1. Die in einem Regionalplan enthaltenen Ziele der Raumordnung können Rechtsvorschriften i.S. des §47 Abs.1 Nr.2 VwGO sein und zum Gegenstand einer Normenkontrolle gemacht werden.

2. Eine Antragsbefugnis nach §47 Abs.2 Satz 1 VwGO ist zu bejahen, wenn der Antragsteller die ernsthafte Absicht dartut, in dem von der Zielfestlegung betroffenen Gebiet eine immissionsschutzrechtliche Genehmigung für Windenergieanlagen zu beantragen, insbesondere wenn bereits ein immissionsschutzrechtlicher Antrag gestellt und im Hinblick auf entgegenstehende Ziele der Raumordnung abgelehnt wurde.

3. Ein Verfahren ist i.S. des Art.4 Abs.2 Satz 2 des Gesetzes zur Änderung des Landesplanungsgesetzes und anderer Gesetze vom 8.5.2003 (GBl., 205) erst mit dem letzten Verfahrensschritt „abgeschlossen", im Falle eines Regionalplans mit dem In-Kraft-Treten durch Veröffentlichung der Genehmigung im Staatsanzeiger.

4. Die dem Träger der Regionalplanung durch Landesgesetz auferlegte Verpflichtung, Standorte für regionalbedeutsame Windkraftanlagen als Vorranggebiete und die übrigen Gebiete als Ausschlussgebiete festzulegen, ist mit der Garantie der kommunalen Selbstverwaltung (Art.28 Abs.2 Satz 1 GG) und Art.12 und 14 GG vereinbar.

5. Ziele der Raumordnung müssen aus überörtlichen Raumordnungsinteressen erforderlich sein. Ihnen fehlt die Erforderlichkeit (vergleichbar §1 Abs.3 BauGB), wenn ihrer Verwirklichung auf unabsehbare Zeit rechtliche oder tatsächliche Hindernisse entgegenstehen.

6. Ein Regionalplan, der Vorrangstandorte ausweist, deren Flächen nur ein Promille der Fläche des Plangebiets ausmachen, muss noch nicht die Grenze zur Negativplanung überschreiten.

VwGO §47 Abs.2; BauGB §§1 Abs.4, 35 Abs.3 Satz3; LplG §§5, 11 Abs.3 Nr.11, Abs.7 Satz1, 2. Halbs.; GG Art.12, 14, 28 Abs.2.

VGH Baden-Württemberg, Urteil vom 9. Juni 2005 – 3 S 1545/04 – (rechtskräftig).

Die Antragstellerin wendet sich gegen den Teilregionalplan „Erneuerbare Energien" des Antragsgegners vom 19.4.2004.

Aus den Gründen:
I. Der Normenkontrollantrag ist zulässig.
1. Der – fristgerecht erhobene – Antrag ist statthaft, weil es sich bei dem Regionalplan um eine im Rang unter dem Landesgesetz stehende Rechtsvorschrift handelt, die nach §47 Abs.1 Nr.2 VwGO Gegenstand eines Normenkontrollverfahrens sein kann. Der Regionalplan wurde gemäß §12 Abs.7 LplG n.F. als Satzung beschlossen und durch die Veröffentlichung der Ertei-

lung der Genehmigung im Staatsanzeiger für Baden-Württemberg verbindlich (§ 13 Abs. 2 Satz 3 i. V. m. § 13 Abs. 1, Abs. 2 Satz 1 LplG n. F.). In der Rechtsprechung ist mittlerweile geklärt, dass in einem Regionalplan enthaltene Ziele der Raumordnung Rechtsvorschriften i. S. des § 47 Abs. 1 Nr. 2 VwGO sind und vom Zieladressaten zum Gegenstand einer Normenkontrolle gemacht werden können (BVerwG, Urteil v. 20. 11. 2003 – 4 CN 6/03 –, BVerwGE 119, 217–229) und dass ihnen nicht mangels Außenwirksamkeit Rechtssatzcharakter abgesprochen werden kann. Ziele der Raumordnung besitzen zwar grundsätzlich keine rechtliche Außenwirkung gegenüber Privaten; ihr Geltungsanspruch richtet sich an öffentliche Planungsträger und Personen des Privatrechts, die raumbedeutsame Planungen und Maßnahmen in Wahrnehmung öffentlicher Aufgaben vornehmen (vgl. § 4 Abs. 1 und 2 ROG 1998). Durch die Neufassung des § 35 Abs. 3 Satz 2 und 3 BauGB haben die raumordnerischen Konzentrationsentscheidungen indessen einen Bedeutungszuwachs erfahren. Der Gesetzgeber verleiht ihnen mit der Regelung in § 35 Abs. 3 Satz 3 BauGB über ihren raumordnungsrechtlichen Wirkungsbereich hinaus die Bindungskraft von Vorschriften, die Inhalt und Schranken des Eigentums i. S. von Art. 14 Abs. 1 Satz 2 GG näher bestimmen und damit auch Rechtswirkung gegenüber Privaten entfalten. Das steht im Einklang mit § 4 Abs. 5 ROG 1998, wonach weitergehende Bindungswirkungen der Erfordernisse der Raumordnung auf Grund von Fachgesetzen unberührt bleiben, und wirkt sich auf das raumordnerische Abwägungsprogramm aus (so auch OVG Lüneburg, Urteil v. 28. 10. 2004, NVwZ-RR 2005, 162).

2. Die Antragstellerin ist auch antragsbefugt. Nach § 47 Abs. 2 Satz 1 VwGO kann den Antrag jede natürliche oder juristische Person stellen, die geltend macht, durch die Rechtsvorschrift oder deren Anwendung in ihren Rechten verletzt zu sein oder in absehbarer Zeit verletzt zu werden. Das ist hier der Fall. Die Antragsbefugnis ist in den Fällen zu bejahen, in denen der Antragsteller die ernsthafte Absicht dartut, in dem von der Zielfestlegung betroffenen Gebiet eine immissionsschutzrechtliche Genehmigung für Windenergieanlagen zu beantragen (OVG Nordrhein-Westfalen, Urteil v. 4. 6. 2003, BauR 2003, 1696–1701). Dies gilt umso mehr, wenn – wie vorliegend – bereits ein immissionschutzrechtlicher Antrag gestellt und im Hinblick auf entgegenstehende Ziele der Raumordnung abgelehnt wurde (vgl. OVG Bautzen, Urteil v. 26. 11. 2002, Sächs.VBl. 2003, 84–92 unter Hinweis auf einen Beschluss des BVerwG v. 18. 5. 1994, NVwZ 1995, 264). Denn in einem solchen Fall gehören die Betriebsinteressen zum notwendigen Abwägungsmaterial des Regionalplans und kann deshalb ein Antragsteller in seinem Recht auf gerechte Abwägung verletzt sein (BVerwG, Urteil v. 5. 11. 1999, BVerwGE 110, 36–40; BVerwG, Urteil v. 24. 9. 1998, NVwZ 1999, 592 = BVerwGE 107, 215).
...

II. Der Antrag ist jedoch unbegründet. Der angefochtene Teilregionalplan verstößt nicht gegen höherrangiges Recht.

1. Unschädlich ist, dass die 4. Anhörung nicht durch Beschluss des Planungsausschusses oder der Verbandsversammlung eingeleitet, sondern von der Verwaltung veranlasst wurde. Denn das Landesplanungsgesetz enthält keine Vorschrift darüber, wer das Anhörungsverfahren einzuleiten hat.

Verfahrensfehlerhaft ist indessen, dass der Antragsgegner die 4. Anhörung nur noch beschränkt auf die durch die Änderung betroffenen Kommunen und Planungsträger sowie die Firma p. und damit nicht entsprechend § 12 Abs. 3 LplG i. d. F. vom 10. 7. 2003, zuletzt geändert am 14. 12. 2004 – n. F. – durchgeführt hat. Diese Vorschrift, nach der eine Öffentlichkeitsbeteiligung vorgeschrieben ist, ist nach Art. 4 Abs. 3 des Gesetzes zur Änderung des Landesplanungsgesetzes und anderer Gesetze vom 8. 5. 2003 (GBl., 205 und 213; Berichtigung S. 320) auf den angefochtenen Regionalplan bereits anzuwenden. Danach können bei In-Kraft-Treten dieses Gesetzes laufende Verfahren zur Aufstellung, Fortschreibung oder sonstigen Änderungen eines Regionalplans nach den bisher geltenden Vorschriften weitergeführt werden. Sie sind innerhalb eines Jahres, beginnend am 20. 5. 2003, abzuschließen. Die Verbandsversammlung des Antragsgegners hat zwar den Regionalplan am 19. 4. 2004 und damit noch vor Ablauf eines Jahres seit In-Kraft-Treten des Landesplanungsgesetzes n. F. als Satzung beschlossen. Ein Verfahren ist indessen erst mit dem letzten Verfahrensschritt „abgeschlossen", nämlich hier mit der Veröffentlichung der Genehmigung im Staatsanzeiger (vgl. Ernst/Zinkahn/Bielenberg, BauGB, § 244 Rdnr. 23).

Hätte danach eine umfassende, den Anforderungen des § 12 LplG n. F. entsprechende Öffentlichkeitsbeteiligung durchgeführt werden müssen, so ist dieser Verfahrensfehler jedoch nach § 5 Abs. 1 Nr. 3 LplG n. F. unbeachtlich. Denn nach dieser Vorschrift ist es für die Rechtswirksamkeit eines Regionalplans unerheblich, wenn die Verletzung von Verfahrens- und Formvorschriften ohne Einfluss auf das Abwägungsergebnis gewesen ist. Diese Verknüpfung von Verfahrensvorschriften mit der Abwägung ist in dieser Form neu und den Planerhaltungsvorschriften des Baugesetzbuches fremd. Vorliegend kann indessen offen bleiben, ob auch für die Regionalplanung die im Baurecht entwickelten Grundsätze Anwendung finden, d. h. ob diese nur dann zur Unwirksamkeit des Planes führen, wenn die konkrete Möglichkeit besteht, dass das Ergebnis ohne den Mangel anders ausgefallen wäre. Denn es sprechen folgende Gründe dafür, dass die nicht der Vorschrift des § 12 LplG n. F. entsprechende Öffentlichkeitsbeteiligung auf das Abwägungsergebnis ohne Folgen war: Zum einen hat der Antragsgegner bei der 4. Anhörung eine Öffentlichkeitsbeteiligung nicht völlig unterlassen, sondern die betroffenen Kommunen und Planungsträger sowie die Betreiberfirma angehört. Zum anderen ist anlässlich der 2. und 3. Anhörung eine umfassende Öffentlichkeitsbeteiligung erfolgt, bei der zahlreiche Einwendungen eingegangen sind. Zwar wurde vor der 4. Anhörung die Zahl der vorgesehenen Vorrangstandorte noch einmal nahezu halbiert, jedoch ist nicht erkennbar, was hierzu seitens einer zu beteiligenden Öffentlichkeit noch hätte vorgetragen werden können, das nicht schon Gegenstand der Erörterungen gewesen war. Vor allem ist davon auszugehen, dass die Verbandsversammlung des Antragsgegners trotz weiterer Stellungnahmen seitens einer etwa beteiligten Öffentlichkeit an der vorgesehenen Reduktion der Vorrangstandorte festgehalten hätte. Denn die Verbandsversammlung war mehrheitlich ersichtlich zur Reduktion der Vorrangstandorte fest entschlossen, was allein der Umstand zeigt, dass sie entgegen der Vorlage der eigenen Verwaltung und trotz deren Warnung, die Grenze zur Negativplanung nicht zu überschreiten, an ihrem letztlich beschlossenen Konzept festgehalten hat.

2. Der Regionalplan ist auch materiell-rechtlich nicht zu beanstanden.

a) Maßgebliche Rechtsgrundlage ist vorliegend § 11 Abs. 3 LplG n. F. Dort heißt es: Soweit es für die Entwicklung und Ordnung der räumlichen Struktur der Region erforderlich ist (Regionalbedeutsamkeit), enthält der Regionalplan Festlegungen zur anzustrebenden Siedlungsstruktur, zur anzustrebenden Freiraumstruktur und zu den zu sichernden Standorten und Trassen für die Infrastruktur der Region. Dazu sind im Regionalplan nach § 11 Abs. 3 Satz 2 Nr. 11 LplG n. F. Standorte und Trassen für Infrastrukturvorhaben, insbesondere Gebiete für Standorte regionalbedeutsamer Windkraftanlagen festzulegen. Nach § 11 Abs. 7 kann der Regionalplan diese Festlegungen grundsätzlich in der Form von Vorranggebieten, Vorbehaltsgebieten sowie Ausschlussgebieten treffen; Standorte für regionalbedeutsame Windkraftanlagen nach Abs. 3 Satz 2 Nr. 11 müssen indessen als Vorranggebiete, die übrigen Gebiete der Region als Ausschlussgebiete festgelegt werden, in denen regionalbedeutsame Windkraftanlagen nicht zulässig sind. Der Ermächtigungsgrundlage des § 11 Abs. 3 Nr. 11 LplG n. F. (gleichlautend: § 8 Abs. 3 Nr. 11 LplG a. F.) für die Festlegung von „Zielen mit negativ-planerischer Funktion" bedarf es, denn § 35 Abs. 3 Satz 3 BauGB vermag die erforderliche raumordnungsrechtliche Ermächtigung zur Festlegung von Konzentrationsflächen nicht zu ersetzen (BVerwG, Urteil v. 13. 3. 2003, NVwZ 2003, 738).

b) Die Vorschrift des § 11 Abs. 3 Nr. 11 i. V. m. Abs. 7 Satz 1, 2. Halbs. LplG n. F., die den Regionalverbänden die Verpflichtung auferlegt, im Hinblick auf die Festlegung von Standorten für die Windenergienutzung nur Vorranggebiete und Ausschlussgebiete und keine Vorbehaltsgebiete festzulegen, ist entgegen der Auffassung der Antragstellerin nicht verfassungswidrig. Die Ausweisung von Vorbehalts- und Ausschlussgebieten hat zur Folge, dass sowohl für betroffene Gemeinden als auch für Private verbindliche Festlegungen getroffen werden. Zweifelsohne wird mit der Ausweisung der Standorte für die in § 11 Abs. 3 Nr. 11 LplG n. F. genannten Vorhaben in die zum gemeindlichen Selbstverwaltungsrecht gehörende Planungshoheit (Art. 28 Abs. 2 GG) eingegriffen, da die Gemeinden durch § 4 Abs. 1 LplG n. F., § 1 Abs. 4 BauGB verpflichtet sind, diese Ausweisung als Ziele der Raumordnung und Landesplanung bei raumbedeutsamen Planungen und Maßnahmen zu beachten und ihre Bauleitpläne an sie anzupassen. Das Recht, alle Angelegenheiten der örtlichen Gemeinschaft in eigener Verantwortung zu regeln, steht den Gemeinden jedoch nur „im Rahmen der Gesetze" zu. Seine nähere Ausgestaltung ist daher dem Gesetzgeber überlassen. Gesetzlichen Eingriffen sind allerdings Grenzen gesetzt: Sie dürfen den Kernbereich der Selbstverwaltungsgarantie nicht antasten und haben außerhalb des Kernbereichs den Grundsatz der Verhältnismäßigkeit sowie das Willkürverbot zu beachten (BVerfG, Beschluss v. 23. 6. 1987 – 2 BvR 826/83 –, BVerfGE 76, 107, 119 f.; Beschluss v. 7. 10. 1980 – 2 BvR 584/76 –, BVerfGE 56, 298, 313 f.; VGH Bad.-Württ., NK-Urteil v. 19. 12. 2000 – 8 S 2477/99 –).

Ob und inwieweit die Planungshoheit zu dem unantastbaren Kernbereich der Selbstverwaltungsgarantie gehört, hat das Bundesverfassungsgericht in seiner bisherigen Rechtsprechung offen gelassen (vgl. BVerfG, Beschluss v. 23. 6. 1987, a. a. O., S. 118f.; Beschluss v. 7. 10. 1980, a. a. O., S. 312f.; ebenso VGH Bad.-Württ., NK-Urteil v. 19. 12. 2000, a. a. O.). Auch vorliegend kann diese Frage offen bleiben, denn ein etwaiger mit der gebietsscharfen Ausweisung von Infrastrukturvorhaben verbundener Eingriff in die kommunale Planungshoheit ist durch überörtliche Interessen von höherem Gewicht gerechtfertigt (vgl. BVerwG, Urteil v. 15. 5. 2003 – 4 CN 9.01 –, BVerwGE 118, 191). Ingesamt beurteilen sich danach die Zulässigkeit und Grenzen gebietsscharfer Standortentscheidungen stets nach der Aufgabenstellung der Raumordnungsplanung sowie – im Hinblick auf die kommunale Planungshoheit (Art. 28 Abs. 2 Satz 1 GG) – nach dem Grundsatz der Verhältnismäßigkeit und dem Gebot der gegenseitigen Rücksichtnahme in mehrstufigen Planungsprozessen. Innerhalb dieses rechtlichen Rahmens darf der Landesgesetzgeber einen Träger der Regionalplanung zur gebietsscharfen Ausweisung von Infrastrukturvorhaben ermächtigen, soweit die vorstehend dargelegten verfassungsrechtlichen Grenzen nicht überschritten werden.

Die in § 11 Abs. 3 Nr. 11 i. V. m. Abs. 7 Satz 1, 2. Halbs. LplG n. F. getroffene Regel beachtet diese Grundsätze. Der mit ihr verbundene Eingriff in die gemeindliche Planungshoheit ist durch überörtliche Interessen von höherem Gewicht gerechtfertigt. Ausweislich der Begründung zur Neufassung des Landesplanungsgesetzes (LT-Drucks. 13/1883) sollte mit dem Gesetz der Anpassungsverpflichtung des § 22 ROG 1998 nachgekommen und eine Anpassung an das Raumordnungsgesetz des Bundes erreicht werden. Die Begründung zu der Neufassung des § 8, jetzt § 11 LplG n. F., lautet dementsprechend, dass die Neufassung zur Anpassung der bisherigen Regelung an § 7 ROG erfolgt. In dieser Bestimmung enthalte das Rahmenrecht des Bundes erstmals Vorgaben für den Inhalt insbesondere der Regionalpläne. Die Neufassung bringe keine Erweiterung der regionalen Planungskompetenz über die Vorgaben des Raumordnungsgesetzes hinaus. Sie schaffe im Wesentlichen nur die konkretisierte Rechtsgrundlage für die bestehende, auf die regionalen Entwicklungserfordernisse abgestimmte, bewährte Planungspraxis in Baden-Württemberg. Im Rahmen der Kompetenz für die Festlegung von Standorten für Infrastrukturvorhaben sei die Festlegung von Standorten für regionalbedeutsame Windkraftanlagen von besonderer Bedeutung. Die Kompetenz zur Festlegung von Vorranggebieten für regionalbedeutsame Windkraftanlagen sei nach Abs. 7 Satz 1 Halbs. 2 ROG unlösbar mit der Verpflichtung verbunden, regionsweit flächendeckend die übrigen Gebiete als Ausschlussgebiete festzulegen, in denen regionalbedeutsame Windkraftanlagen unzulässig seien. Seien die Voraussetzungen der Raumbedeutsamkeit zu bejahen, seien i. d. R. Standortfestlegungen des Regionalplans für die Entwicklung und Ordnung der räumlichen Struktur der Region erforderlich. Durch die Verpflichtung zur kombinierten Festlegung könnten die Regionalverbände einer ungeordneten oder ausschließlich durch örtliche Interessen bestimmten Nutzung der Windenergie entgegenwirken. Für die Standorte von regionalbedeutsamen Windkraftanlagen sei die Kombination von Vorranggebieten und Ausschlussgebieten gesetzlich zwingend vorgeschrieben. Durch diese Kombination werde bei der Nutzung der Windenergie erreicht, dass in allen Regionen auf Grund einer regionsweiten Prüfung die Standorte festgelegt würden, in denen eine vor allem landschaftsverträgliche Nutzung der Windenergie möglich sei, und zugleich die Gebiete bestimmt wurden, in denen die Aufstellung von regionalbedeutsamen Windkraftanlagen unzulässig sei. Durch die regionsweite flächendeckende Standortplanung werde ein einheitliches Konzept verwirklicht und letztlich eine „Verspargelung" der Landschaft vermieden (LT-Drucks. 13/1883, S. 35/36).

Diese Erwägungen rechtfertigen die Beschränkung der gemeindlichen Planungshoheit. Die Belange der Gemeinden werden dadurch hinreichend gewahrt, dass § 12 Abs. 2 Nr. 1 LplG n. F. vor der gebietsscharfen Ausweisung eines Standortes für ein regionalbedeutsames Vorhaben zu einer umfassenden Abwägung der von dem Vorhaben berührten öffentlichen und privaten Belange verpflichtet, soweit diese Ausweisung für nachfolgende Planungsentscheidungen bindend ist (vgl. Runkel, in: Bielenberg/Erbguth/Runkel, Raumordnungs- und Landesplanungsrecht des Bundes und der Länder, § 3 Rdnr. 56 ff., 74). Im Rahmen des so genannten Gegenstromprinzips sind in dieser Abwägung auch die Vorstellungen der betroffenen Gemeinde über die Nutzung des für das Vorhaben vorgesehenen Bereichs zu berücksichtigen (vgl. die rahmenrechtlichen Vorgaben in § 7 Abs. 7 und § 9 Abs. 2 Satz 2 ROG). § 12 Abs. 2 Nr. 1 LplG n. F. verlangt dementsprechend, dass bei der Ausarbeitung der Regionalpläne außer den anderen Planungsträgern auch die Gemeinden und die übrigen Träger der Bauleitplanung zu beteiligen sind, soweit sie in ihren Aufgaben berührt sind. Hierdurch wird ihnen die Möglichkeit eröffnet, auf die Regionalplanung Einfluss zu nehmen und ihre eigenen Planungsvorstellungen zur Geltung zu bringen (vgl. BVerwG, Beschluss v. 20. 8. 1992 – 4 NB 20.91 –, BVerwGE 90, 329, 335 = PBauE § 1 Abs. 4 BauGB Nr. 1; vgl. auch VGH Bad.-Württ., NK-Urteil v. 19. 12. 2000, a. a. O.).

Eine Verletzung des Verhältnismäßigkeitsgrundsatzes ist im vorliegenden Fall nicht gegeben, denn die Ausweisung von Vorrangstandorten für Windenergieanlagen hat zum einen überregionale Bedeutung, und wirkt sich auch außerhalb des Planungsgebiets einer Gemeinde aus. Zum anderen hat bereits der Bundesgesetzgeber in § 35 Abs. 3 Satz 3 BauGB vorgesehen, dass auch der Regionalplanung das Recht eingeräumt wird, durch verbindliche Festlegungen mit Zielwirkung die Ausschlusswirkung für das übrige Plangebiet zu bewirken. Da diese Wirkung durch die Festlegung von Vorbehaltsgebieten nicht erreicht werden kann, kann es dem Landesgesetzgeber nicht verwehrt sein, von vornherein den Regionalverbänden die Aufgabe zuzuweisen, bei ihrer Planung nur Vorrang- und Ausschlussgebiete festzulegen. Im Übrigen zeigt auch die Rechtsprechung des Bundesverwaltungsgerichts zu Regionalplänen, in denen Vorbehalts-, Vorrang- und Ausschlussgebiete festgelegt wurden, die Schwierigkeiten auf, in diesen Fällen die Frage zu beurteilen, ob in dem entsprechenden Planungsraum der Windkraft die von der Rechtsprechung geforderte Chance eingeräumt wurde und Standorte ausgewiesen wurden, die substanziell von einigem Gewicht sind. Im Übrigen werden durch die Regelung des § 11 Abs. 3 Nr. 11 LplG n. F. lediglich raumbedeutsame Anlagen erfasst. Für sonstige Anlagen verbleibt es bei der Planungshoheit der Gemeinde.

Auch im Hinblick auf Art. 12 und 14 Abs. 1 Satz 1 GG ist der Verhältnismä-
ßigkeitsgrundsatz gewahrt. Hierzu hat das Bundesverwaltungsgericht in seinen Entscheidungen v. 17.12.2002 und 13.3.2003 (– 4 C 15.01 –, NVwZ
2003, 733, und – 4 C 4.02 –, NVwZ 2003, 738) bereits festgehalten, dass der
Gesetzgeber den raumordnerischen Konzentrationsentscheidungen mit der
Regelung in §35 Abs. 3 Satz 3 BauGB über ihren raumordnungsrechtlichen
Wirkungsbereich hinaus die Bindungskraft von Vorschriften verleiht, die
Inhalt und Schranken des Eigentums i. S. von Art. 14 Abs. 1 Satz 2 GG näher
bestimmen. In die Abwägung sind alle öffentlichen und privaten Belange einzustellen, soweit sie auf der jeweiligen Planungsebene (Landes- oder Regionalplanung) erkennbar und von Bedeutung sind (vgl. §7 Abs. 7 Satz 2 ROG
1998). Bei der Festlegung von Vorranggebieten mit Ausschlusswirkung für
die Windenergienutzung gehören zum Abwägungsmaterial auch die privaten
Belange der Eigentümer von zur Windenergienutzung geeigneten Flächen.
Die Aufgaben der Raumordnung als einer zusammenfassenden, übergeordneten Planung, ihre weiträumige Sichtweise und ihr Rahmencharakter berechtigen den Planungsträger allerdings dazu, das Privatinteresse an der Nutzung
der Windenergie auf geeigneten Flächen im Planungsraum verallgemeinernd
zu unterstellen und als typisierte Größe in die Abwägung einzustellen. Dabei
darf der Träger der Regionalplanung berücksichtigen, dass die Privatnützigkeit der Flächen, die von der Ausschlusswirkung der Konzentrationsentschei-
dung erfasst werden, zwar eingeschränkt, aber nicht beseitigt wird. Ein
Eigentümer muss es grundsätzlich hinnehmen, dass ihm eine möglicherweise
rentablere Nutzung seines Grundstücks verwehrt wird. Art. 14 Abs. 1 GG
schützt nicht die einträglichste Nutzung des Eigentums (BVerfGE 100, 226,
242 f.). Die Ausschlusswirkung der in einem Regionalplan festgelegten Vorranggebiete steht einem gebietsexternen Windenergievorhaben überdies nicht
strikt und unabdingbar, sondern nach §35 Abs. 3 Satz 3 BauGB (nur) „i. d. R."
entgegen. Der Planungsvorbehalt steht also unter einem gesetzlichen „Ausnahmevorbehalt", der die Möglichkeit zur Abweichung in atypischen Einzelfällen eröffnet (vgl. auch BVerwG, Urteil v. 17.12.2002, a.a.O.). Dieser „Ausnahmevorbehalt" stellt ein Korrektiv dar, das unverhältnismäßigen (unzumutbaren) Beschränkungen des Grundeigentümers in Sonderfällen vorbeugt,
ohne dass die Grundzüge der Planung infrage gestellt werden. Diese Grundsätze berechtigen auch vorliegend den Landesgesetzgeber, den Regionalverbänden die Pflicht zur Planung aufzuerlegen mit der Vorgabe, nur Vorrang-
und Ausschlussgebiete festzulegen.

c) Die Festlegung der Vorranggebiete mit Ausschlusswirkung als Ziele der
Raumordnung genügt auch dem für Ziele der Raumordnung geltenden Gebot
der Erforderlichkeit (BVerwG, Beschluss v. 7.2.2005 – 4 BN 1.05 –; vgl. auch
BVerwGE 118, 181, 187, 189; Gaentzsch, in: Berliner Komm. zum BauGB, §1
Rdnr. 32, 35; Gierke/Brügelmann, BauGB, §1 Rdnr. 381). Zu §1 Abs. 3
BauGB hat das Bundesverwaltungsgericht in seiner Entscheidung v.
17.12.2002 (a.a.O.) ausgeführt, dass der Gesetzgeber mit dem Tatbestandsmerkmal der Erforderlichkeit u. a. eine Planungsschranke für den Fall aufge-
richtet habe, dass sich eine Planung als nicht vollzugsfähig erweise, weil ihr
auf unabsehbare Zeit unüberwindbare rechtliche oder tatsächliche Hinder-

nisse im Wege stehen. § 35 Abs. 3 Satz 3 BauGB setzt eine Darstellung voraus, bei der eine positive Standortzuweisung mit einer Ausschlusswirkung für das übrige Gemeindegebiet verknüpft wird. Das mit dieser Regelung verfolgte Ziel wird von vornherein verfehlt, wenn die Fläche, die für die vorgesehene Nutzung zur Verfügung stehen soll, aus tatsächlichen oder rechtlichen Gründen für eine Windenergienutzung schlechthin ungeeignet ist. Anders als Bauleitpläne müssen Ziele der Raumordnung nicht aus städtebaulichen Gründen (§ 1 Abs. 3 BauGB), sondern aus überörtlichen Raumordnungsinteressen erforderlich sein. Auch ihnen fehlt jedoch die Erforderlichkeit, wenn ihrer Verwirklichung auf unabsehbare Zeit rechtliche oder tatsächliche Hindernisse entgegenstehen (BVerwG, Beschluss v. 7. 2. 2005, a. a. O.).

aa) Aus tatsächlichen Gründen muss die Fläche, die der Errichtung von Windenergieanlagen vorbehalten ist, nicht so beschaffen sein, dass sie eine bestmögliche Ausnutzung gewährleistet. Es reicht aus, wenn an dem Standort die Voraussetzungen für eine dem Zweck angemessene Nutzung gegeben ist. Im vorliegenden Fall war zum Zeitpunkt der Beschlussfassung über die Satzung für die Standorte Nr. 1 und Nr. 2 mit einer Windgeschwindigkeit von jeweils 4,2 m/sec. und damit einer ausreichenden Windgeschwindigkeit zu rechnen. Auf nachfolgende Entwicklungen kommt es jedenfalls im Hinblick auf die Erforderlichkeit, vergleichbar der Erforderlichkeit für Bebauungspläne nach § 1 Abs. 3 BauGB, nicht an.

bb) Ein rechtliches Hindernis steht den festgelegten Vorrangflächen nicht entgegen, obwohl diese zum Teil in Landschaftsschutzgebieten und Naturschutzgebieten liegen. Denn von den Verbotsvorschriften, die sich in naturschutzrechtlichen Regelungen finden, kann unter Beachtung bestimmter gesetzlicher Vorgaben eine Befreiung gewährt werden. Zeichnet sich die Erteilung einer Befreiung für die Zukunft ab, weil eine Befreiungslage objektiv gegeben ist und einer Überwindung der Verbotsregelung auch sonst nichts im Wege steht, so darf der Plangeber dies im Rahmen der Prognose, vergleichbar der nach § 1 Abs. 3 BauGB gebotenen Erforderlichkeitsprüfung, berücksichtigen. Ein gewichtiges Indiz bildet hierfür die Stellungnahme der zuständigen Naturschutzbehörde (BVerwG, Urteil v. 17. 12. 2002, a. a. O.). Vorliegend hat der Antragsgegner für die in Betracht kommenden Vorbehaltsgebiete jeweils eine entsprechende Stellungnahme der zuständigen Naturschutzbehörde eingeholt.

d) Die windenergiebezogene Teilfortschreibung des angefochtenen Regionalplans erfüllt auch die rechtlichen Anforderungen an Ziele der Raumordnung i. S. von § 35 Abs. 3 Satz 3 BauGB, die das Bundesverwaltungsgericht in seinem Urteil vom 17. 12. 2002 (a. a. O.) aufgestellt hat.

Danach bedingen die negative und die positive Komponente der festgelegten Konzentrationszonen einander. Der Ausschluss der Anlagen auf Teilen des Plangebiets lässt sich nach der Wertung des Gesetzgebers nur rechtfertigen, wenn der Plan sicherstellt, dass sich die betroffenen Vorhaben an anderer Stelle gegenüber konkurrierenden Nutzungen durchsetzen. Dem Plan muss daher ein schlüssiges gesamträumliches Planungskonzept zugrunde liegen, das den allgemeinen Anforderungen des planungsrechtlichen Abwägungsgebots gerecht wird. Die Abwägung aller beachtlichen Belange muss sich auf die positiv festgelegten und die ausgeschlossenen Standorte erstrecken. Eine normative Gewichtungsvorgabe, der zufolge ein Planungsträger der Windenergienutzung im Sinne einer speziellen Förderungspflicht bestmöglich Rechnung zu tragen hat, ist der gesetzlichen Regelung nicht zu entnehmen. Eine gezielte (rein negative) „Verhinderungsplanung" ist dem Plangeber jedoch verwehrt. Er muss die Entscheidung des Gesetzgebers, Windenergieanlagen im Außenbereich zu privilegieren (§ 35 Abs. 1 Nr. 5 BauGB n. F.), beachten und für die Windenergienutzung im Plangebiet in substanzieller Weise Raum schaffen. Nur auf diese Weise kann er den Vorwurf einer unzulässigen „Negativplanung" entkräften. Wo die Grenze zur unzulässigen „Negativplanung" verläuft, lässt sich nicht abstrakt bestimmen. Ob diese Grenze überschritten ist, kann nur angesichts der tatsächlichen Verhältnisse im jeweiligen Planungsraum entschieden werden. Dabei kann die Sperrung eines oder mehrerer Außenbereiche für die Windenergienutzung aus Sicht des Regionalplans, welcher der großräumigen Entwicklung verpflichtet ist, gerechtfertigt sein, um die Errichtung von Windkraftanlagen im Planungsraum zu steuern. Eine „Verhinderungsplanung" liegt nicht schon dann vor, wenn die Festlegung von Konzentrationsflächen im Ergebnis zu einer Art Kontingentierung der Anlagenstandorte führt.

Dabei sind Abwägungen bei der Erstellung von Raumordnungsplänen an ähnlichen Maßstäben zu messen wie Abwägungen in der Bauleitplanung. Es muss überhaupt eine Abwägung stattfinden, es ist an Belangen einzustellen, was nach Lage der Dinge zu berücksichtigen ist, diese Belange sind zu gewichten und gegeneinander abzuwägen. Bei der Aufstellung eines Raumordnungsplanes müssen sowohl die betroffenen gemeindlichen Planungsbelange eingestellt wie auch die Belange betroffener Privater in der Abwägung berücksichtigt werden. Mit welcher Detailgenauigkeit diese Belange in die Abwägung einzustellen sind, hängt davon ab, ob ein Plansatz strikte Bindungswirkung haben wird oder ob bei seiner Anwendung Nachkorrekturen möglich sind. Eine solche strikte Bindung kommt insbesondere für die Negativwirkung von Raumordnungszielen über § 35 Abs. 3 Satz 2, 1. Halbs. BauGB in Betracht (vgl. hierzu OVG Greifswald, Urteil v. 7. 9. 2000, NVwZ-RR 2001, 565; OVG Lüneburg, Urteil v. 28. 10. 2004, NVwZ-RR 2005, 162). Dies bedeutet, dass das in die Abwägung einzustellende Abwägungsmaterial je nach Grad der Konkretheit der raumordnungsrechtlichen Zielbestimmung in unterschiedlichem Maße einzelne Belange zusammenfassend und vergrößert darstellen darf. Umgekehrt bedeutet dies aber auch, dass bei einer abschließenden konkreten raumordnungsrechtlichen Zielsetzung, die für die Fachplanung verbindliche Ausschlusswirkungen hervorruft, die Zusammenstellung des Abwägungsmaterials und der Abwägungsvorgang selbst sich den Anforderungen an die Abwägung bei Fachplanungen annähert. Das Maß der Abwägung muss daher für die einzelnen raumordnerischen Festlegungen jeweils konkret ermittelt werden (OVG Greifswald, Urteil v. 7. 9. 2000, a. a. O.). § 3 Nr. 2 ROG n. F. enthält eine Definition der Ziele der Raumordnung, wonach es sich dabei um verbindliche Vorgaben in Form von räumlich und sachlich bestimmten oder bestimmbaren, vom Träger der Landes- oder Regionalplanung abschließend abgewogenen textlichen oder zeichnerischen Festlegungen in Raumordnungsplänen zur Entwicklung, Ordnung und Sicherung des Raumes handelt. Die Festlegung der Vorrangstandorte und der Ausschlussgebiete im angefochtenen Raumordnungsplan sind daher Ziele der Raumordnung in dem Sinne, dass damit verbindlich Standortentscheidungen getroffen werden, welche die Fachbehörde binden und dieser keine Entscheidungsspielräume mehr einräumen.

Nach diesen Grundsätzen ist der Abwägungsvorgang vorliegend nicht zu beanstanden.

aa) Zum maßgeblichen Zeitpunkt der Beschlussfassung über den Regionalplan am 19. 4. 2003 sah die Regelung des EEG keine Beschränkung der Abnahmeverpflichtung hinsichtlich einer bestimmten Windhöffigkeit vor. Zwar hatte der Bundesrat in seiner Sitzung am 14. 5. 2004 beschlossen, zu dem vom Deutschen Bundestag am 2. 4. 2004 verabschiedeten Gesetz zur Neuregelung des Rechts der erneuerbaren Energien im Strombereich den Vermittlungsausschuss anzurufen, um eine Kappungsgrenze einzuführen. Netzbetreiber sollten nicht verpflichtet sein, Strom aus Anlagen zu vergüten, für die nicht vor Inbetriebnahme nachgewiesen sei, dass sie an dem geplanten Standort mindestens 65 von 100 des Referenzertrages erzielen könnten mit dem Ziel, die Errichtung von Windenergieanlagen an schlechten Standorten im Binnenland nicht durch das EEG voranzubringen (BT-Drucks. 15/3162, S. 2 rechte Spalte). Diese Entwicklung musste der Antragsgegner jedoch nicht berücksichtigen. Nach § 214 Abs. 3 Satz 1 BauGB, dessen Rechtsgedanke auch für die Beschlussfassung über Regionalpläne herangezogen werden kann, ist für die Abwägung die Sach- und Rechtslage zum Zeitpunkt der Beschlussfassung über den Regionalplan maßgeblich, hier also der 19. 4. 2004. Zu diesem Zeitpunkt sah die Regelung des EEG keine Abhängigkeit der Abnahmeverpflichtung von einer bestimmten Windhöffigkeit vor. Dem entsprach auch die Tischvorlage zur Sitzung vom 19. 4. 2004. Andererseits ist in der Rechtsprechung anerkannt, dass dieser Grundsatz nicht ausnahmslos gilt. Ändern sich zwischen der Abwägungsentscheidung und dem In-Kraft-Treten des Bauleitplans die abwägungsrelevanten Umstände so gravierend, dass sich das Abwägungsergebnis trotz eines korrekten Abwägungsvorgangs nachträglich als untragbar erweist, ist eine Neubewertung der Entscheidung zwingend. Denn auch im Zeitpunkt seines In-Kraft-Tretens muss ein Bauleitplan noch den Anforderungen des § 1 Abs. 6 BauGB entsprechen. Die Gemeinde bzw. der Plangeber ist daher gehalten, den bereits beschlossenen Plan bis zu seiner Bekanntmachung nicht völlig aus den Augen zu verlieren. Nach übereinstimmender Auffassung in Rechtsprechung und Literatur verschiebt sich daher bei einer wesentlichen Veränderung der Sach- und Rechtslage und damit einhergehend der abwägungserheblichen Belange der maßgebliche Zeitpunkt für die Beurteilung des Bauleitplans auf den Zeitpunkt seines In-Kraft-Tretens (vgl. BVerwGE 56, 283/288; Ernst/Zinkahn/ Bielenberg/Krautzberger, BauGB, Rdnr. 132 f.; Schrödter, BauGB, 6. Aufl. 1998, Rdnr. 44 zu § 214, BayVGH, Beschluss v. 10. 4. 2003, BayVBl. 2003, 568 m. w. N.). Dieser Grundsatz gilt auch für Regionalpläne. Auf Grund der Anrufung des Vermittlungsausschusses musste der Antragsgegners zwar in Betracht ziehen, dass wieder eine Kappungsgrenze für windarme Standorte in das Gesetzgebungsvorhaben eingefügt werden würde, indessen war er nicht gehalten, den ungewissen Ausgang des Vermittlungsverfahrens abzuwarten und das In-Kraft-Treten des Regionalplans zunächst nicht weiter zu betreiben. Vielmehr ist hier allein formal darauf abzustellen, dass jedenfalls zum Zeitpunkt des In-Kraft-Tretens des Regionalplans am 7. 6. 2004 ein EEG, das die Förderung von einer bestimmten Windhöffigkeit abhängig macht, noch nicht in Kraft war.

bb) Dem Teilregionalplan liegt ein schlüssiges gesamträumliches Planungskonzept zugrunde. Die sieben Schritte, mit denen der Antragsgegner in einem Suchlauf Ausschlussflächen ermittelt hat, sind nicht zu beanstanden. Denn in zulässiger Weise hat der Antragsgegner im zweiten Schritt unter dem Gesichtspunkt „regionalprägender und identitätsstiftender Landschaftsformen mit hoher visueller Verletzbarkeit und mit hoher Fernwirkung" den gesamten Westrand des Schwarzwaldes und des Kraichgauer Hügellandes ausgeschlossen. Hierbei hat er mithilfe von Höhenprofilen, die für repräsentative Sichtachsen von den Gebirgsräumen zum Rheintal gebildet worden sind, die Abgrenzung nach Osten hin vorgenommen. Ergab ein Höhenprofil, dass die Referenzanlage mit einer Gesamthöhe von 133 m vom Rheintal aus sichtbar ist und die Distanz vom Rheintal aus weniger als 10 km beträgt, wurde der Gebirgsbereich als Ausschlussgebiet definiert. Denn bis zu einer Entfernung von 10 km sei, sofern die Anlage nicht sichtverschattet ist, bei raumbedeutsamen Windkraftanlagen mit erheblichen Beeinträchtigungen des Landschaftsbilds zu rechnen. Die Wahl dieses Kriteriums als Ausschlusskriterium, liegt im planerischen Ermessen des Antragsgegners und ist nicht zu beanstanden. Dabei war der Antragsgegner auch nicht gehalten, etwa in dem Bereich, in dem die Autobahn A 8 diesen Bereich schneidet, im Hinblick auf eine etwaige Vorbelastung eine geringere Schutzwürdigkeit anzunehmen und von diesem Kriterium eine Ausnahme zu machen, denn einem Regionalverband ist es als Plangeber gestattet, im Hinblick auf die eine gesamte Region erfassende Planung zunächst einen groberen und pauschaleren Maßstab anzulegen. Insoweit hat der Antragsgegner nach Durchführung des Suchlaufs noch einmal überprüft, welche Standorte bei Wegfall dieses Kriteriums zusätzlich in Betracht gekommen wären, hat im Einzelfall eine Prüfung im Hinblick auf die Sichtbarkeit der Standorte von der Rheinebene aus vorgenommen und unter diesem Gesichtspunkt die Standorte erneut ausgeschlossen. Dieses differenzierte Vorgehen ist nicht zu beanstanden.

cc) Gleichfalls nicht zu beanstanden ist, dass der Antragsgegner als weiteres Kriterium im zweiten Schritt des Suchlaufs „große unzerschnittene Räume mit hoher Eignung für die landschaftsgebundene, stille Erholung" als Ausschlusskriterium gewählt hat. Nach Aussage des als amtliche Auskunftsperson in der mündlichen Verhandlung angehörten Mitarbeiters der Landesanstalt für Umweltschutz handelt es sich bei diesen „großen unzerschnittenen Räumen mit hoher Eignung für die landschaftsgebundene, stille Erholung" um sog. „Filet-Stücke" des Naturschutzes, die unabhängig von einer zerschneidenden Wirkung einer Windenergieanlage möglichst von jedweden Eingriffen freigehalten werden sollen. Von den in Baden-Württemberg befindlichen sechs derartigen Räumen liegen zwei Räume im Planungsgebiet des

Antragsgegners. Auch insoweit hält sich die Entscheidung, dieses Kriterium als Ausschlusskriterium festzulegen, im Rahmen des planerischen Ermessens des Antragsgegners.

dd) Dementsprechend liegt auch kein Abwägungsmangel darin, dass der von der Antragstellerin favorisierte Standort „T." von vornherein nie Bestandteil der Überlegungen des Antragsgegners zur Auswahl der Vorrangstandorte gewesen ist. Zu Recht hat der Antragsgegner den Standort „T." im Hinblick auf seine Lage in einem „großen unzerschnittenen Raum" abgelehnt. Im Übrigen ist auch dieser Standort im Nachhinein noch einmal daraufhin überprüft worden, ob er wegen seiner Lage in der Randzone dieses unzerschnittenen Raums dennoch in Betracht gezogen werden kann. Jedoch ist er im Hinblick auf seine Exponiertheit im konkreten Einzelfall wiederum abgelehnt worden, wie der Vertreter des Antragsgegners in der mündlichen Verhandlung bekundet hat. Auch dies ist nicht zu beanstanden.

ee) Schließlich war es dem Planungsausschuss des Antragsgegners nicht verwehrt, mittels einer Ortsbesichtigung die nach der 3. Anhörung verbliebenen neun Standorte zu besichtigen und jeden Einzelfall einer konkreten Bewertung zu unterziehen. Nicht zu beanstanden ist insofern auch, dass der Planungsausschuss und ihm folgend später die Verbandsversammlung im Hinblick auf die Abwägung Landschaftsbild einerseits und Förderung erneuerbarer Energien andererseits zu einer anderen Wertung gelangt ist, als die Vorlage der Verwaltung des Antragsgegners. Denn zuständiges und letztentscheidendes Gremium ist die Verbandsversammlung, die den Teilregionalplan „Erneuerbare Energien" als Satzung beschlossen hat. Dem steht auch nicht entgegen, dass der Antragsgegner die Erholung und das Landschaftsbild bereits unter Punkt 6 berücksichtigt, beschrieben und abgewogen hatte, denn wie bereits ausgeführt, stand es der Verbandsversammlung frei, die Standorte nochmals einer strengeren Beurteilung nach den selbst gewählten Kriterien zu unterwerfen.

e) Sind demnach die einzelnen Abwägungsschritte nicht zu beanstanden und liegt der Planung ein schlüssiges gesamträumliches Konzept zugrunde, so ist auch das Abwägungsergebnis nicht zu beanstanden. Der Antragsgegner hat mit der Ausweisung von vier Vorrangstandorten mit einer Fläche von ca. 2 km^2 (200 ha) gegenüber der Gesamtfläche des Regionalverbands von 2.137 km^2 der Windenergienutzung im Plangebiet – noch – in substanzieller Weise Raum geschaffen. Mit dem Ergebnis, dass auf 1 Promille der Fläche die Nutzung der Windenergie möglich ist, überschreitet der Antragsgegner noch nicht die Grenze zur Negativplanung. Er war nicht gehalten, im Hinblick auf dieses Ergebnis die einzelnen Planungsschritte erneut nachzujustieren, auch wenn insbesondere durch Schritt 2 mit dem Ausschluss des gesamten Westrandes des Schwarzwaldes und des Kraichgauer Hügellandes sowie der „großen, unzerschnittenen Räume" große Teile des Plangebiets von vornherein außer Betracht geblieben sind. Dass an den nunmehr festgelegten Vorrangstandorten auf Grund der Eigentumsverhältnisse vor Ort die Errichtung von Windenergieanlagen möglicherweise nicht zu verwirklichen ist, brauchte der Antragsgegner bei seiner Planungsentscheidung nicht weiter zu berücksichtigen, denn insofern durfte er eine grobe, auf das gesamte Planungsgebiet bezogene Suche durchführen, ohne hierbei die einzelnen Eigentumsverhältnisse an den vorgesehenen Standorten in den Blick zu nehmen. Im Hinblick auf das Abwägungsergebnis ist daher von 4 Vorrangstandorten auszugehen, auf denen insgesamt 18 Anlagen errichtet werden können. Dies kann nicht als rechtswidrig bewertet werden.

Nr. 50

Normenkontrollantrag einer Gemeinde gegen eine in der Form einer Rechtsverordnung getroffenen Planaussage, die nicht die Qualität eines Ziels der Raumordnung hat.

VwGO § 47 Abs. 2 Satz 1; ROG § 3 Nr. 2.

Bundesverwaltungsgericht, Beschluss vom 1. Juli 2005 – 4 BN 26.05 –.

(Bayerischer VGH)

Aus den Gründen:

1. a) § 3 Nr. 2 ROG definiert Ziele der Raumordnung als verbindliche Vorgaben in Form von räumlich und sachlich bestimmten oder bestimmbaren, vom Träger der Landes- oder Regionalplanung abschließend abgewogenen textlichen oder zeichnerischen Festlegungen in Raumordnungsplänen zur Entwicklung, Ordnung und Sicherung des Raums. Gemäß § 7 Abs. 1 Satz 3 ROG sind in den Raumordnungsplänen Ziele der Raumordnung als solche zu kennzeichnen. Die Kennzeichnung ist nicht konstitutiv (vgl. Gaentzsch, in: Berliner Kommentar zum BauGB, 3. Aufl. 2002, 1. Lfg./August 2002, § 1 Rdnr. 31; Gierke, in: Brügelmann, BauGB, § 1 Rdnr. 307; Hoppe, in: Hoppe/Bönker/Grotefels, Öffentliches Baurecht, 3. Aufl. 2004, § 6 Rdnr. 12). Die Rechtsqualität eines Ziels erlangt die als solche gekennzeichnete Planaussage nur, wenn auch die sich aus § 3 Nr. 2 ROG ergebenden Voraussetzungen eines Ziels der Raumordnung erfüllt sind. Insoweit hat sich durch das In-Kraft-Treten des Gesetzes zur Änderung des Baugesetzbuchs und zur Neuregelung des Rechts der Raumordnung – BauROG – vom 18. 8. 1997 (BGBl. I, 2081) nichts geändert. Zum ROG a. F. hat das Bundesverwaltungsgericht bereits entschieden, dass die Erklärung des Plangebers, seine Festlegung solle die Rechtsqualität eines Ziels der Raumordnung haben, nicht allein maßgeblich für die Zielqualität sein kann. Dem Willen des Plangebers ist zwar bei der Auslegung Rechnung zu tragen; entscheidend ist indes der materielle Gehalt. Weist die Planaussage nicht die Merkmale einer verbindlichen Vorgabe in Form einer räumlich und sachlich bestimmten, vom Träger der Landes- oder Regionalplanung abschließend abgewogenen textlichen oder zeichnerischen Festlegung auf, so ist sie nicht geeignet, normative Bindungen zu erzeugen (vgl. BVerwG, Beschluss v. 7. 3. 2002 – 4 BN 60.01 –, NVwZ 2002, 869).

b) Die weitere von der Beschwerde aufgeworfene Frage, ob eine als Ziel bezeichnete Bestimmung des Landesentwicklungsprogramms dahingehend ausgelegt werden kann, dass ihr materiell kein Zielinhalt beikommt und deshalb eine Normenkontrolle einer Gemeinde mangels Antragsbefugnis bzw. Rechtsschutzbedürfnis unzulässig ist, rechtfertigt ebenfalls nicht die Zulassung der Revision. Mit dem ersten Teil der Frage möchte die Beschwerde geklärt wissen, ob der Verwaltungsgerichtshof der als Ziel gekennzeichneten Planaussage BV 1.6.6 des Landesentwicklungsprogramms Bayern aus materiellen Gründen die Zielqualität absprechen durfte. Das Landesentwicklungsprogramm Bayern gehört dem irrevisiblen Landesrecht an. Seine Auslegung ist einer revisionsgerichtlichen Kontrolle nicht zugänglich (vgl. BVerwG, Urteil v. 20. 11. 2003 – 4 CN 6.03 –, BVerwGE 119, 217, 228). Einen rechtsgrundsätzlichen Klärungsbedarf im Hinblick auf die sich aus § 3 Nr. 2 ROG ergebenden bundesrechtlichen Voraussetzungen für die Qualifizierung als Ziel der Raumordnung zeigt die Beschwerde nicht auf.

Der zweite Teil der Frage, ob ein Normenkontrollantrag einer Gemeinde gegen eine in der Form einer Rechtsverordnung getroffene Planaussage, die nicht die Qualität eines Ziels der Raumordnung hat, mangels Antragsbefugnis bzw. Rechtsschutzbedürfnisses unzulässig ist, würde sich in einem Revisionsverfahren nicht stellen. Soweit die Gemeinde den Normenkontrollantrag als juristische Person stellt, gehört zu ihrer Antragsbefugnis gemäß § 47 Abs. 2 Satz 1 VwGO, dass sie geltend macht, durch eine untergesetzliche Rechtsvorschrift in ihren Rechten verletzt zu sein oder in absehbarer Zeit verletzt zu werden. Eine Rechtsverletzung im Sinne dieser Bestimmung scheidet von vornherein aus, wenn die Regelung, die den Angriffsgegenstand bildet, nicht die Qualität einer Rechtsnorm hat (vgl. BVerwG, Beschluss v. 7. 3. 2002, a. a. O.). Insoweit genügt es nicht, dass der Plan in der Form einer Rechtsvorschrift erlassen wurde. Eine Verletzung von Rechten der antragstellenden Gemeinde kommt nur in Betracht, wenn die angegriffene Planaussage auch materiell die Qualität einer Rechtsnorm hat. Hiervon ausgehend hat der Verwaltungsgerichtshof die Antragsbefugnis der Antragstellerinnen nicht nur wie in der von der Beschwerde bezeichneten Frage vorausgesetzt verneint, weil der Planaussage nicht die Qualität eines Ziels der Raumordnung zukomme, sondern weil sie von vornherein nicht geeignet sei, normative Bindungen im Hinblick auf die kommunale Planungshoheit zu erzeugen und „in keiner Hinsicht" eine rechtliche Regelung enthalte. Diese Auslegung des dem irrevisiblen Landesrecht angehörenden Landesentwicklungsprogramms Bayern wäre in einem Revisionsverfahren bindend (§ 560 ZPO i. V. m. § 173 VwGO).

Als Behörde kann eine Gemeinde die gerichtliche Prüfung von Rechtsvorschriften betreiben, ohne einen Nachteil i. S. des § 47 Abs. 2 Satz 1 VwGO darlegen zu müssen. Die Vorinstanz ist in Übereinstimmung mit der Rechtsprechung des Senats davon ausgegangen, dass auch eine Behörde nur antragsbefugt ist, wenn ihr ein Rechtsschutzbedürfnis zur Seite steht, und dass dieses nur gegeben ist, wenn die Behörde mit der Ausführung der von ihr beanstandeten Norm befasst ist (vgl. BVerwG, Beschluss v. 15. 3. 1989 – 4 NB 10.88 –, BVerwGE 81, 307, 310). Auch das Rechtsschutzbedürfnis der Antragstellerinnen hat der Verwaltungsgerichtshof nicht nur verneint, weil die angegriffene Planaussage materiell kein Ziel der Raumordnung sei. Im Hinblick auf den Inhalt der Planaussage, dass bei ausreichender Luftverkehrsnachfrage für einen regionalen Verkehrsflughafen im Allgäu auf dem als Schwerpunkt infrage kommenden Flugplatz Einrichtungen für den Instrumentenflugbetrieb sowie zur Abwicklung des gewerblichen Luftverkehrs vorgehalten werden sollen, hat er darüber hinaus selbstständig tragend darauf abgestellt, dass die Antragstellerinnen mit der Regelung nicht befasst seien, weil sie weder Adressaten der Planaussage noch für deren Durchsetzung verantwortlich seien. Ob diese Auslegung des Landesentwicklungsprogramms zutreffend ist, ist eine Frage der Interpretation von Landesrecht, die einer revisionsgerichtlichen Kontrolle nicht zugänglich ist.

c) Die Frage, ob eine Gemeinde im Wege der Normenkontrollklage als Minus zur Nichtigkeitsfeststellung feststellen lassen kann, dass eine formell als Ziel bezeichnete Bestimmung der Raumordnung in Wahrheit kein bindendes Ziel der Raumordnung sei, würde sich in dieser Allgemeinheit in einem Revisionsverfahren nicht stellen; soweit sie sich stellen würde, hat die Beschwerde einen rechtsgrundsätzlichen Klärungsbedarf nicht hinreichend dargelegt. Der Verwaltungsgerichtshof hat weder über die Statthaftigkeit des hilfsweise gestellten Antrags, festzustellen, dass das in den Hauptanträgen angesprochene „Ziel" kein Ziel der Raumordnung sei, noch über seine sachliche Zuständigkeit für einen solchen Antrag entschieden. Er hat die begehrte Feststellung nicht ausgesprochen, weil der Gegenstand des Hilfsantrags bereits mit der Folge einer entsprechenden Rechtskraftwirkung im Inhalt des abgewiesenen Hauptantrags enthalten sei. Den Hauptantrag hat er wegen fehlender Antragsbefugnis abgelehnt, weil das angegriffene „Ziel" des Landesentwicklungsprogramms kein Ziel i. S. von § 3 Nr. 2 ROG sei. Gegen die Annahme des Verwaltungsgerichtshofs, die hilfsweise begehrte Feststellung sei im Inhalt des abgewiesenen Hauptantrags enthalten, wendet die Beschwerde lediglich ein, dass nur der Tenor der Entscheidung einer Bindungswirkung zwischen den Parteien des Normenkontrollverfahrens zugänglich sei. Das trifft nicht zu. Der Inhalt des formell rechtskräftigen Urteils und damit der Umfang der Rechtskraft ist der Entscheidung im Ganzen zu entnehmen. Maßgebend ist in erster Linie die Urteilsformel. Lässt die Urteilsformel den Inhalt der Entscheidung bzw. den Umfang des Entschiedenen nicht mit Sicherheit erkennen, sind Tatbestand und Entscheidungsgründe, erforderlichenfalls auch das Parteivorbringen ergänzend heranzuziehen (vgl. BVerwG, Urteil v. 21. 9. 1984 – 8 C 4.82 –, BVerwGE 70, 159, 161). Das gilt insbesondere bei klageabweisenden Urteilen, bei denen der Umfang der Rechtskraft ohne Heranziehung des Tatbestandes und der Entscheidungsgründe gar nicht bestimmbar wäre (vgl. Kopp/Schänke, VwGO, 13. Aufl. 2003, § 121 Rdnr. 18). Dass und ggf. in welcher Weise diese Grundsätze zur Bestimmung des Umfangs der Rechtskraft zu präzisieren oder weiter zu entwickeln sein könnten, legt die Beschwerde nicht dar.

Nr. 51

Die Antragsbefugnis für einen Normenkontrollantrag gegen einen Bebauungsplan wegen einer möglichen Verletzung des Abwägungsgebots kann vorliegen, wenn die planbedingten Verkehrslärmimmissionen zwar nur zu einer Erhöhung des Dauerschallpegels von unter 2 dB(A) führen

und damit nach allgemeinen Erkenntnissen der Akustik für das menschliche Ohr kaum wahrnehmbar sind, die Orientierungswerte der DIN 18005 (Schallschutz im Städtebau) aber überschritten werden.

VwGO § 47 Abs. 2; BauGB § 1 Abs. 6 a. F.

VGH Baden-Württemberg, Urteil vom 22. September 2005 – 3 S 772/05 – (rechtskräftig).

Aus den Gründen:

Das bauplanungsrechtliche Abwägungsgebot hat hinsichtlich solcher Belange drittschützenden Charakter, die für die Abwägung erheblich sind. Antragsbefugt ist daher, wer sich auf einen abwägungserheblichen privaten Belang berufen kann; denn wenn es einen solchen Belang gibt, besteht grundsätzlich auch die Möglichkeit, dass die Gemeinde ihn bei ihrer Abwägung nicht korrekt berücksichtigt (vgl. BVerwG, Urteil v. 30. 4. 2004 – 4 CN 1.03 –, BRS 67 Nr. 51 = BauR 2004, 1427).

Allerdings genügt die bloße verbale Behauptung einer theoretischen Rechtsverletzung nicht zur Geltendmachung einer Rechtsverletzung i. S. von § 47 Abs. 2 Satz 1 VwGO, wenn die Behauptung nur vorgeschoben erscheint, das tatsächliche Vorliegen einer Rechtsverletzung aber offensichtlich ausscheidet (vgl. BVerwG, Urteil v. 24. 9. 1998 – 4 CN 2.98 –, BRS 60 Nr. 46 = BauR 1999, 134). Macht der Antragsteller – wie vorliegend – eine Verletzung des Abwägungsgebots geltend, so muss er einen eigenen Belang als verletzt benennen, der für die Abwägung überhaupt zu beachten war und dessen Verletzung nicht aus tatsächlichen Gründen offensichtlich ausscheidet. Nicht jeder private Belang ist in der Abwägung zu berücksichtigen, sondern nur solche, die in der konkreten Planungssituation einen städtebaulich relevanten Bezug haben. Nicht abwägungsbeachtlich sind hingegen geringwertige oder mit einem Makel behaftete Interessen sowie solche, auf deren Fortbestand kein schutzwürdiges Vertrauen besteht, oder solche, die für die Gemeinde bei der Entscheidung über den Plan nicht erkennbar waren (vgl. BVerwG, Urteil v. 30. 4. 2004 – a. a. O. –). In diesem Sinne dient die Bürgerbeteiligung dazu, der planenden Stelle Interessenbetroffenheit sichtbar zu machen. Hat ein Betroffener es unterlassen, seine Betroffenheit geltend zu machen, so ist sie nur abwägungserheblich, wenn sie sich der planenden Stelle aufdrängen musste (vgl. BVerwG, Beschluss v. 25. 1. 2001 – 6 BN 2.00 –, BRS 64 Nr. 214 m. w. N.). Wann ein privater Belang so stark betroffen wird, dass er im Rahmen der Abwägung von der Gemeinde beachtet werden muss, lässt sich nicht allgemeinverbindlich feststellen, sondern ist eine Frage des jeweiligen Einzelfalls (vgl. BVerwG, Beschluss v. 22. 8. 2000 – 4 BN 38.00 –, BRS 63 Nr. 45 = BauR 2000, 1834).

In diesem Sinne stellt nach der Rechtsprechung des Bundesverwaltungsgerichts das Interesse eines Grundstückseigentümers, von zusätzlichem Verkehrslärm verschont zu bleiben, grundsätzlich ein abwägungsbeachtliches Interesse dar, denn die Rechtsordnung verhält sich gegenüber den Belangen des Verkehrslärmschutzes und ihrer Relevanz für die Bauleitplanung nicht neutral (vgl. BVerwG, Urteil v. 21.10.1999 – 4 CN 1.98 –, BRS 62 Nr. 51 = BauR 2000, 848).

Dass der Gesetzgeber insoweit einen Schutzbedarf anerkennt, machen §§ 3, 41 ff. und 50 BImSchG sowie §§ 1 Abs. 5 Satz 2 Nrn. 1 und 7 (a. F.), 5 Abs. 2 Nr. 6 und 9 Abs. 1 Nr. 24 BauGB deutlich. Gleichwohl begründet nicht jede durch einen Bebauungsplan ermöglichte Verkehrszunahme für jeden davon Betroffenen eine Antragsbefugnis. Sind die Änderungen geringfügig oder wirken sie sich nur unwesentlich auf ein Grundstück aus, so ergibt sich hieraus eine Beschränkung der Antragsbefugnis (vgl. BVerwG, Urteil v. 21.10.1999 – a. a. O. –). Nicht erforderlich ist dagegen, dass die Lärmeinwirkungen die Schwelle erreichen, bei deren Überschreiten nach den einschlägigen technischen Regelwerken Lärmschutzmaßnahmen zwingend geboten sind. Auch unterhalb dieser Schwelle liegende Lärmeinwirkungen sind abwägungserheblich, wenn sie nicht als geringfügig einzustufen sind (vgl. BVerwG, Beschluss v. 25.1.2002 – 4 BN 2.02 –, BRS 65 Nr. 52 = BauR 2002, 1199). Andererseits reicht nicht aus, dass die Zunahme des Lärms auf einer allgemeinen Veränderung der Verkehrslage beruht, erforderlich ist vielmehr, dass sich die Verkehrssituation in einer spezifisch planbedingten Weise ändert. Ob eine planbedingte Zunahme des Verkehrslärms zum notwendigen Abwägungsmaterial gehört – mit der Folge der Bejahung der Antragsbefugnis des Betroffenen –, richtet sich letztlich nach den Umständen des Einzelfalls (vgl. BVerwG, Urteil v. 17.9.1998 – 4 CN 1.97 –, BRS 60 Nr. 45 = BauR 1999, 137). Dabei ist nicht allein auf den Dauerschallpegel abzustellen. Zwar ist eine Differenz von bis zu 2 dB(A) bei einem Dauerschallpegel nach allgemeinen Erkenntnissen der Akustik für das menschliche Ohr kaum wahrnehmbar (vgl. BVerwG, Beschluss v. 19.2.1992 – 4 NB 11.91 –, BRS 54 Nr. 41). Die Anforderungen an eine gerechte Abwägung der verschiedenen Belange erschöpfen sich bei der Frage des Verkehrslärms aber nicht allein im Vergleich von Lärmwerten, sondern sie haben auch etwas mit den allgemeinen Wohn- und Lebensverhältnissen in einem bestimmten Gebiet zu tun. Wenn auch häufig der ermittelte Lärmpegel bzw. die Differenz vor und nach Verwirklichung der Planung für die Frage der Abwägungserheblichkeit und hier insbesondere bei der Frage nach der Intensität der Betroffenheit eine wichtige Rolle spielen wird, so muss doch gleichzeitig die rechtliche Bewertung offen gehalten werden für andere mögliche Gesichtspunkte. Dies kann im Einzelfall dazu führen, dass wegen besonderer Gegebenheiten das Interesse von Anwohnern an der Vermeidung einer Verkehrszunahme zum notwendigen Abwägungsmaterial führt, selbst wenn die damit verbundene Lärmzunahme, bezogen auf den ermittelten Dauerschallpegel, für das menschliche Ohr kaum wahrnehmbar ist (vgl. BVerwG, Beschluss v. 19.2.1992 – a. a. O. –).

In Anwendung dieser Grundsätze ist eine mögliche Rechtsverletzung des Antragstellers hinsichtlich planbedingter Verkehrslärmimmissionen hinreichend dargelegt. Nach den im Normenkontrollverfahren vorgelegten schalltechnischen Berechnungen von 2005 beträgt die planbedingte Zunahme des Beurteilungspegels entlang der K.-Straße nach der RLS-90 zwar selbst im ungünstigsten Fall maximal 1,2 dB(A) und liegt damit unterhalb der Empfindlichkeitsschwelle des menschlichen Ohrs. Aus diesen Berechnungen ergibt sich jedoch zugleich – im Widerspruch zu den der Abwägung im Gemeinderat zugrunde gelegten, nach Angaben der Antragsgegnerin aber nicht mehr auffindbaren früheren Berechnungen, die zu einem Beurteilungspegel von 52,0 dB(A) am Tag und 43,6 dB(A) bei Nacht gekommen sind –, dass die Orientierungswerte der DIN 18005 (Schallschutz im Städtebau) für ein allgemeines Wohngebiet von 55 dB(A) am Tag und 45 dB(A) bei Nacht auch ohne das neue Baugebiet und erst recht nach Verwirklichung der Planung überschritten werden. Denn danach ist bei Berechnung nach der RLS-90 ohne das Baugebiet an der K.-Straße von einem Beurteilungspegel von 56,0 dB(A) am Tag und 47,7 dB(A) bei Nacht auszugehen, der sich nach Realisierung der Planung auf 57,2 dB(A) am Tag und 48,9 dB(A) bei Nacht erhöhen würde. Bei dieser Sachlage kann auch unter Berücksichtigung des Umstandes, dass die K.-Straße bereits in erheblichem Umfang vorbelastet ist, nicht davon ausgegangen werden, dass die planbedingt zu erwartende Zunahme des Verkehrslärms wegen Geringfügigkeit nicht abwägungsbeachtlich ist. Die DIN 18005 enthält – rechtlich unverbindliche – Orientierungswerte für die städtebauliche Planung. Werden diese Orientierungswerte überschritten, so führt dies nicht zwangsläufig zur Unzumutbarkeit der zu erwartenden Lärmbelastung. Es bleibt vielmehr zu prüfen, ob die Abwägung im Einzelfall noch mit dem Abwägungsgebot zu vereinbaren ist (vgl. BVerwG, Beschluss v. 18. 12. 1990 – 4 N 6.88 –, BRS 50 Nr. 25). Insbesondere ein deutliches Überschreiten der Orientierungswerte muss der planenden Gemeinde aber regelmäßig – und so auch vorliegend – Veranlassung geben, die Belange der von einer derartigen Lärmbelastung Betroffenen im Rahmen der Abwägung zu berücksichtigen. Eine andere Beurteilung ergibt sich vorliegend auch nicht aus dem Umstand, dass die nachgereichten schalltechnischen Berechnungen bei Zugrundelegung einer Belastung der K.-Straße nach Planrealisierung mit 1830 Kfz/24h offensichtlich von der ungünstigsten Fallkonstellation ausgegangen sind, wonach trotz der von der Antragsgegnerin geplanten Einbahnstraßenregelung bei der Anbindung des Plangebiets an die Gemeindeverbindungsstraße sämtlicher Verkehr von und nach O. auch zukünftig über die K.-Straße fließen wird. Denn ob und inwieweit nach Realisierung des Bebauungsplans der planbedingten Erhöhung des Verkehrs auf der K.-Straße eine Abnahme des Verkehrs von und nach O. auf Grund der Einbahnstraßenregelung gegenübersteht, ist völlig offen, nachdem etwaige Verkehrsverlagerungen von der Antragsgegnerin bis heute nicht untersucht worden sind. Bei dieser Sachlage erscheint eine Verletzung subjektiv-öffentlicher Rechte des Antragstellers aus § 1 Abs. 6 BauGB a. F. nicht offensichtlich und nach jeder Betrachtungsweise ausgeschlossen (vgl. BVerwG, Urteil v. 24. 9. 1998 – 4 CN 2.98 –, BVerwGE 108, 215 = BRS 60 Nr. 46 = BauR 1999, 134).

Nr. 52

Die Antragsbefugnis des Grundstückseigentümers hängt i. d. R. nicht von der zusätzlichen Voraussetzung ab, dass er sich auch konkret und ausdrücklich gegen die Festsetzung wendet, die der Bebauungsplan für sein Grund-

stück trifft. **Wenn er sich jedoch mit der Festsetzung für das eigene Grundstück einverstanden erklärt hat und sich nur gegen Festsetzungen für benachbarte Grundstücke wendet, genügt es nicht in jedem Fall, sich auf die Überplanung des eigenen Grundstücks zu berufen, um eine mögliche Verletzung des Abwägungsgebots darzutun.**
(Nichtamtlicher Leitsatz.)

VwGO § 47 Abs. 2.

Bundesverwaltungsgericht, Beschluss vom 20. September 2005 – 4 BN 46.05 –.

(VGH Baden-Württemberg)

Aus den Gründen:
Nach § 47 Abs. 2 Satz 1 VwGO kann den Normenkontrollantrag jede natürliche Person stellen, die geltend macht, durch die Rechtsvorschrift oder deren Anwendung in ihren Rechten verletzt zu sein oder in absehbarer Zeit verletzt zu werden. Seine st. Rspr. zu dieser seit dem 1. 1. 1997 geltenden Fassung der Vorschrift hat das Bundesverwaltungsgericht zuletzt in seinem Urteil vom 30. 4. 2004 (– 4 CN 1.03 –, BauR 2004, 1427 = NVwZ 2004, 1120 m. w. N.) wie folgt zusammengefaßt: Für die Antragsbefugnis ist ausreichend, dass der Antragsteller hinreichend substantiiert Tatsachen vorträgt, die es zumindest als möglich erscheinen lassen, dass er durch den zur Prüfung gestellten Rechtssatz in einem subjektiven Recht verletzt wird. Die Verletzung eines derartigen subjektiven Rechts kann, soweit es um die Normenkontrolle eines Bebauungsplans geht, auch aus einem Verstoß gegen das Abwägungsgebot des § 1 Abs. 7 BauGB folgen. Antragsbefugt ist in einem solchen Fall derjenige, der sich auf einen abwägungserheblichen privaten Belang berufen kann; denn wenn es einen solchen Belang gibt, besteht grundsätzlich auch die Möglichkeit, dass die Gemeinde ihn bei ihrer Abwägung nicht korrekt berücksichtigt hat.

Auf der Grundlage dieser Rechtsprechung lässt sich die von der Beschwerde gestellte Frage ohne weiteres wie folgt beantworten: Der Eigentümer eines Grundstücks, für das ein Bebauungsplan Festsetzungen trifft, ist grundsätzlich – also vorbehaltlich eines Ausnahmefalls – antragsbefugt. Seine Antragsbefugnis hängt mithin i. d. R. nicht von der zusätzlichen Voraussetzung ab, dass er sich auch konkret und ausdrücklich gegen die Festsetzung wendet, die der Bebauungsplan für sein Grundstück trifft. Wenn er sich jedoch mit der Festsetzung für das eigene Grundstück einverstanden erklärt und sich nur gegen Festsetzungen für benachbarte Grundstücke wendet, genügt es nicht in jedem Fall, sich auf die Überplanung auch des eigenen Grundstücks zu berufen, um eine mögliche Verletzung des Abwägungsgebots darzutun. Denn auch die Belange eines Nachbarn im Plangebiet sind in der Abwägung nur zu berücksichtigen, wenn sie in der konkreten Planungssituation einen städtebaulich relevanten Bezug haben; nicht abwägungsbeachtlich sind insbesondere geringwertige oder mit einem Makel behaftete Interessen sowie solche, auf deren Fortbestand kein schutzwürdiges Vertrauen besteht, oder solche, die für die Gemeinde bei der Entscheidung über den Plan nicht erkennbar waren (vgl. BVerwG, Urteil v. 24. 9. 1998 – 4 CN 2.98 –, BVerwGE 107, 215, 219 = BRS 60 Nr. 46 = BauR 1999, 134). Von diesem zutreffenden Ansatz ist auch der Verwaltungsgerichtshof ausgegangen und hat in Würdigung des Sachverhalts angenommen, dass sich die Antragsteller insoweit nicht auf abwägungserhebliche eigene Belange berufen können.

Nr. 53

1. **Die Antragsbefugnis für einen Normenkontrollantrag, mit dem der Antragsteller das Ziel verfolgt, die Einbeziehung seines Grundstücks in den Geltungsbereich eines Bebauungsplans zu erreichen, ist gegeben, wenn objektive Anhaltspunkte für eine willkürliche Nichteinbeziehung ersichtlich sind (im Anschluss an VGH Bad.-Württ., Normenkontrollbeschluss v. 7. 9. 1994 – 3 S 1648/92 –, VBlBW 1995, 204 = PBauE § 47 Abs. 2 VwGO Nr. 30).**

2. **Die von § 3 Abs. 2 BauGB vorgeschriebene öffentliche Auslegung des Entwurfs des Bebauungsplans mit der Begründung verlangt, dass jeder Interessierte ohne weiteres, d. h. ohne Fragen und Bitten an die Bediensteten der Gemeinde stellen zu müssen, in die Unterlagen Einblick nehmen kann. Diesen Anforderungen ist nicht genügt, wenn die Unterlagen auf einem Aktenschränkchen in einem Dienstzimmer der Gemeinde bereitgehalten werden, das für Dritte nicht frei zugänglich ist (im Anschluss an das Normenkontrollurteil des Senats v. 11. 12. 1998 – 8 S 1174/98 –, VBlBW 1999, 178 = PBauE § 3 BauGB Nr. 24).**

BauGB § 3 Abs. 2; VwGO § 47 Abs. 2.

VGH Baden-Württemberg, Urteil vom 2. Mai 2005 – 8 S 582/04 – (rechtskräftig).

Die Antragsteller wenden sich gegen den Bebauungsplan „Lange Äcker II" der Gemeinde. Der etwa 2 ha große Geltungsbereich des Bebauungsplans erstreckt sich am nördlichen Ortsrand der Antragsgegnerin von der W.-Straße nach Westen. Ausgewiesen ist ein in sechs Baufelder für insgesamt 25 Einfamilienhäuser gegliedertes Allgemeines Wohngebiet südlich der Straße Al., die schleifenförmig in das Baugebiet hinein verschwenkt ist. Im Norden grenzen an das Plangebiet der Antragstellerin 1 (Flurstück 204) sowie den Antragstellern 2 und 3 (Flurstück 204/2) gehörende, als Grün- bzw. Ackerland genutzte Grundstücke an. Die Frage, ob südliche Teilbereiche dieser Grundstücke in den Bebauungsplan einbezogen werden und auf ihnen Baufenster ausgewiesen werden sollten, bildet den Kern des vorliegenden Rechtsstreits.

Der Gemeinderat der Antragsgegnerin beschloss 2002, einen Bebauungsplan „Lange Äcker II" aufzustellen. Dem Beschluss lag ein Planentwurf zugrunde, der im südlichen Bereich der Grundstücke der Antragsteller einen Baustreifen mit vier Bauplätzen sowie daran nördlich anschließend eine etwa 25 m breite Grünfläche und einen etwa 3 m breiten Feldweg vorsah. Im Zuge der vorgezogenen Bürgerbeteiligung erhoben die Antragsteller 2 und 3 gegen diesen Entwurf Einwendungen. In zwei Gesprächen wurde ihnen 2003 erläutert, dass die Antragsgegnerin nur dann bereit sei, Bauland auszuweisen, wenn sie das Rohbauland zu einem Preis von 33,– € (65,– DM)/m^2 an die Gemeinde veräußerten. Der im Rückkaufsfall zu zahlende Preis für das erschlossene Grundstück betrage 125,– € (250,– DM)/m². Die Antragsteller lehnten den Verkauf von Grundstücks-flächen ab und baten darum, auf ihren Grundstücken keinen Grünstreifen vorzusehen. Der Gemeinderat der Antragsgegnerin beschloss daraufhin, einen Planentwurf öffentlich auszulegen, der die Grundstücke der Antragsteller nicht mehr erfasste. Die Erschließungsstraße Al. wurde zu diesem Zweck derart nach Süden trogartig ver-schwenkt, dass an ihrer Nordseite drei Bauplätze ohne Inanspruchnahme der Grund-stücke der Antragsteller Platz fanden.

Aus den Gründen:

Nicht jeder private Belang ist für die Abwägung erheblich, sondern nur sol-che, die in der konkreten Planungssituation einen städtebaulichen Bezug haben. Nicht abwägungsbeachtlich sind nach der st. Rspr. des Bundesverwal-tungsgerichts (seit dem Beschluss v. 9.11.1979 – 4 N 1.78, 2.–4.79 –, BVerwGE 59, 87 = BRS 35 Nr. 24 = BauR 1980, 36) insbesondere geringwer-tige oder mit einem Makel behaftete Interessen sowie solche, auf deren Fort-bestand kein schutzwürdiges Vertrauen besteht, oder solche, die für die Gemeinde bei der Entscheidung über den Bebauungsplan nicht erkennbar waren.

Auch die Interessen eines Eigentümers, dessen Grundstück nicht in den Geltungsbereich des Bebauungsplans einbezogen werden soll, können nach den dargelegten Grundsätzen abwägungserheblich sein. Das ist der Fall, wenn der Bebauungsplan oder seine Ausführung nachteilige Auswirkungen auf das Grundstück und seine Nutzung haben kann. Solche planungsbeding-ten Folgen müssen, wenn sie mehr als geringfügig, schutzwürdig und erkenn-bar sind, ebenso wie jeder vergleichbare Konflikt innerhalb des Plangebiets im Rahmen des Abwägungsgebots bewältigt werden. Dabei können im Einzel-fall die negativen Wirkungen gerade auch mit der – das betreffende Grund-stück aussparenden – Abgrenzung des Plangebiets zusammenhängen (z. B. Erschwerung der Erschließung, Einschnürung, Schaffung einer „Insellage" u.Ä.; ein derartiger Sachverhalt lag dem Beschluss des BVerwG v. 20.11. 1995 – 4 NB 23.94 –, BRS 57 Nr. 3 = BauR 1996, 215 zugrunde). Die ord-nungsgemäße Konfliktbewältigung mag in solchen Fällen gerade in der Einbe-ziehung und Überplanung des Grundstücks bestehen können (vgl. BVerwG, Beschluss v. 20.11.1995, a. a. O.). Für die Antragsbefugnis des Eigentümers kommt es indes darauf nicht an; hierfür genügt bereits die Tatsache der pla-nungsbedingten nachteiligen Auswirkungen (BVerwG, Urteil v. 30.4.2004 – 4 CN 1.03 –, BRS 67 Nr. 51 = BauR 2004, 1427 unter Berufung auf: VGH Bad.-Württ., Beschluss v. 7.9.1994 – 3 S 1648/92 –, VBlBW 1995, 204 = PBauE § 47 Abs. 2 VwGO Nr. 30; OVG Lüneburg, Urteil v. 29.1.2003 – 1 KN 1321/01 –, BRS 66 Nr. 62).

Die Antragsteller machen solche Nachteile in Form von Bewirtschaftungs-erschwernissen für ihre Grundstücke geltend. Sie sollen nach ihrem Vorbrin-gen durch den planungsbedingten Wegfall des bisher entlang der Südgrenze ihrer Grundstücke entlang führenden Feldwegs Nr. 192 eintreten. Der im Nor-den vorbei laufende Feldweg Nr. 205 reiche für eine ordnungsgemäße Bewirt-schaftung ihrer Flächen nicht aus, weil er zu schmal sei, an seiner Nordseite durch einen strauchbestandenen Abhang begrenzt werde, keine Wendemög-lichkeit aufweise und sich in schlechtem Zustand befinde. Dem vermag aber der Senat auf Grund der durch Augenschein getroffenen Feststellungen nicht zu folgen. Für das den Antragstellern 2 und 3 gehörende, als Schafweide mit Streuobstbestand genutzte Grundstück Flst. Nr. 204/2 können sich Bewirtschaftungserschwernisse durch die Aufhebung des südlichen Feldwegs schon deshalb nicht ergeben, weil es – völlig hindernisfrei – mit seiner gesamten östlichen Längsseite unmittelbar an die W.-Straße angrenzt. Demgemäß bestand am Ende der Augenscheinseinnahme unter den Beteiligten Einigkeit, dass bei diesem Grundstück keine Zufahrtsprobleme bestehen. Auch die landwirtschaftliche Nutzbarkeit als solche wird durch die Ausweisung des Plangebiets nicht merklich eingeschränkt. Denn die Antragsgegnerin weist zu Recht darauf hin, dass die Grünlandnutzung auch in der Nachbarschaft eines Allgemeinen Wohngebiets ohne weiteres aufrechterhalten bleiben kann.

Für das der Antragstellerin 1 gehörende Ackergrundstück Flst. Nr. 204 gilt insoweit nichts anderes. Bei ihm stellt sich allerdings die Zuwegungsproblematik in verschärfter Form. Denn es kann seit dem plangemäßen Wegfall des Feldwegs Nr. 192 und der Errichtung des ersten Neubaus auf der Nordseite der diesen ersetzenden Straße Al. von Süden her nicht mehr angefahren werden. Nach den durch Augenschein gewonnenen Feststellungen des Senats treten dadurch aber keine die Grenze der Geringfügigkeit überschreitenden Bewirtschaftungserschwernisse ein. Denn der (nördliche) Feldweg Nr. 205 ist mit einer Breite von etwa 3,5 m und mit bis in Höhe der nordöstlichen Ecke des Grundstücks Flst. Nr. 204 geschotterten Fahrspuren in einem für einen landwirtschaftlichen Weg, der wenige Grundstücke erschließen soll, ausreichenden Zustand. Die Antragsteller machen zwar geltend, das Grundstück werde als Hanf- und Maisacker genutzt, weshalb bei der Ernte ein besonders breiter Mähdrescher zum Einsatz komme. Dessen Mähtisch müsse nach Verlassen der Fahrstraße erst ausgeklappt werden, was auf dem Feldweg Nr. 205 wegen seiner hierfür zu geringen Breite nicht möglich sei. Dieses Vorbringen vermag aber ihre Antragsbefugnis nicht zu begründen. Denn zum einen haben sie es unterlassen, auf diesen Umstand im Verlauf der Offenlageverfahren hinzuweisen. Dem Gemeinderat der Antragstellerin konnte deshalb diese Besonderheit nicht bekannt sein. Zum anderen können sie unter keinem Aspekt ein Recht auf eine doppelte Erschließung ihres Ackergrundstücks haben, zumal auch der bisher vorhandene (südliche) Feldweg Nr. 192 keine Überbreite aufwies. Sollte der verbleibende (nördliche) Feldweg Nr. 205 mit seiner für landwirtschaftliche Wege dieser Art üblichen und ausreichenden Breite tatsächlich ein Aufklappen des Mähtischs nicht erlauben, so müssen die Antragsteller die hierfür erforderliche Fläche von wenigen Quadratmetern von ihrem Grundstück „opfern". Dieser Nachteil wiegt derart gering, dass er nicht als abwägungsbeachtlich eingestuft und damit zur Begründung der Antragsbefugnis herangezogen werden kann.

Dagegen ist das Interesse der Antragsteller, mit den südlichen Teilflächen ihrer Grundstücke in den Geltungsbereich des Bebauungsplans einbezogen zu werden, um so – ohne Veräußerung und nachfolgenden Rückerwerb der Flächen – vier Bauplätze zu erhalten, abwägungsbeachtlich und begründet ihre Antragsbefugnis. Auch die Festlegung der Grenzen eines Plangebiets unterliegt den sich aus § 1 Abs. 3 und 6 BauGB a. F. ergebenden rechtlichen

Schranken. So kann es aus Gründen der städtebaulichen Entwicklung und Ordnung oder zur Bewältigung planungsbedingter Probleme geboten sein, den Geltungsbereich des Plans auf Flächen auszudehnen, an deren Überplanung die Gemeinde gegenwärtig an sich nicht interessiert ist (vgl. BVerwG, Beschluss v. 20. 11. 1995, a. a. O.). Daraus kann aber nicht der Schluss gezogen werden, dass schon das bloße Interesse eines Eigentümers, das Plangebiet entgegen den bisherigen planerischen Vorstellungen auf sein Grundstück ausgedehnt zu sehen, von der Gemeinde in die Abwägung einbezogen werden muss. Ein derartiges Interesse an der Verbesserung des bauplanungsrechtlichen status quo und damit an der Erweiterung des eigenen Rechtskreises stellt grundsätzlich eine bloße Erwartung dar, die nicht schutzwürdig und damit auch nicht abwägungserheblich ist. Das ergibt sich aus dem Rechtscharakter der gemeindlichen Bauleitplanung und den rechtlichen Bindungen, denen diese Planung unterliegt (BVerwG, Urteil v. 17. 9. 2003 – 4 C 14.01 –, BVerwGE 119, 25 = BRS 66 Nr. 1 = BauR 2004, 443; Urteil v. 30. 4. 2004, a. a. O.). Die Gemeinden haben in eigener Verantwortung die Bauleitpläne aufzustellen, sobald und soweit es für die städtebauliche Entwicklung und Ordnung erforderlich ist (§§ 1 Abs. 3, 2 Abs. 1 Satz 1 BauGB). Dabei ist ihnen ein Planungsermessen eingeräumt, das neben dem „Wie" auch das „Ob" und „Wann" der planerischen Gestaltung umfasst. Grundsätzlich bleibt es der Einschätzung der Gemeinde überlassen, ob sie einen Bebauungsplan aufstellt, ändert oder aufhebt. Maßgebend sind ihre eigenen städtebaulichen Vorstellungen (BVerwG, Beschluss v. 5. 8. 2002 – 4 BN 32.02 –, BRS 65 Nr. 232 = BauR 2003, 73; Urteil v. 7. 6. 2001 – 4 CN 1.01 –, BVerwGE 114, 301 = BRS 64 Nr. 51 = BauR 2002, 282 m. w. N.). Das Planungsermessen erstreckt sich auch auf die Festlegung des räumlichen Geltungsbereichs eines Bauleitplans (vgl. BVerwG, Beschluss v. 20. 11. 1995, a. a. O.). Die – allgemein in § 1 Abs. 1 BauGB umschriebene – Aufgabe der Bauleitplanung und die daraus folgende Befugnis und ggf. Verpflichtung zur Bauleitplanung nach § 1 Abs. 3 BauGB sind objektiv-rechtlicher Natur, d. h., die Gemeinden werden hierbei im öffentlichen Interesse an einer geordneten städtebaulichen Entwicklung und nicht im individuellen Interesse Einzelner tätig (vgl. BVerwG, Urteil v. 17. 9. 2003, a. a. O.; Beschluss v. 9. 10. 1996 – 4 B 180.96 –, BRS 58 Nr. 3 = BauR 1997, 263; Beschluss v. 11. 2. 2004 – 4 BN 1.04 –, BRS 67 Nr. 55 = BauR 2004, 1264; Gaentzsch, in: Berliner Kommentar zum BauGB, 3. Aufl., § 2 Rdnr. 25). Dementsprechend stellen § 2 Abs. 3 und 4 BauGB klar, dass auf die Aufstellung, Änderung, Ergänzung und Aufhebung von Bauleitplänen kein Anspruch besteht. Die Gemeinde soll insoweit von äußeren Zwängen freigehalten werden. Die Gründe, die den Gesetzgeber veranlasst haben, ein subjektives Recht auf eine bestimmte gemeindliche Bauleitplanung zu verneinen, stehen auch einem „subjektiv-öffentlichen Anspruch auf fehlerfreie Bauleitplanung" entgegen, der auf die Einbeziehung eines Grundstücks in den Geltungsbereich eines Bebauungsplans und auf die Ausweisung des Grundstücks als Bauland zielt (BVerwG, Beschluss v. 11. 2. 2004, a. a. O.; Urteil v. 30. 4. 2004, a. a. O.).

Etwas anderes gilt aber dann, wenn objektive Anhaltspunkte dafür vorliegen, dass die Nichteinbeziehung eines Grundstücks willkürlich erfolgt ist

(VGH Bad.-Württ., Beschluss v. 7.9.1994, a.a.O.; Dürr, DÖV 1990, 136, 143; SächsOVG, Urteil v. 28.9.1995 – 1 S 517/94 –, NVwZ 1996, 1028; offen gelassen in BVerwG, Urteil v. 30.4.2004, a.a.O.). Denn in diesem Fall kann sich der Antragsteller auf den durch Art.3 Abs.1 GG gewährleisteten Anspruch auf Schutz vor willkürlicher Ungleichbehandlung berufen, der auch bei Anwendung von §2 Abs.3 und 4 BauGB zu beachten ist. Die bloße Behauptung einer den Antragsteller willkürlich benachteiligenden Planfestsetzung genügt für die Bejahung der Antragsbefugnis im Normenkontrollverfahren allerdings nicht. Vielmehr muss es sich objektiv gesehen um eine eingetretene oder zu erwartende Benachteiligung handeln (VGH Bad.-Württ., Beschluss v. 7.9.1994, a.a.O., m.w.N.). Bei einer auf eine angeblich willkürlich vorgenommene Abgrenzung des Plangebiets gestützten Normenkontrolle ist die Antragsbefugnis deshalb nur dann gegeben, wenn objektive Anhaltspunkte für die Richtigkeit dieses Vorbringens bestehen. Vorliegend gibt es derartige Anhaltspunkte. Denn die Antragsgegnerin verfährt – wie die mündliche Verhandlung ergeben hat – nicht durchgängig nach dem Grundsatz, nur eigene oder erwerbbare Grundstücke zu überplanen. Vielmehr entscheidet sie von Fall zu Fall, ob sie diesem Grundsatz folgt oder nicht. Dementsprechend gibt es auch keinen Gemeinderatsbeschluss, der – etwa ab einem bestimmten Zeitpunkt – das im vorliegenden Fall angewandte Verfahren vorschreiben würde. Mit diesem verfolgt die Antragsgegnerin auch nicht das städtebaulich zulässige (vgl. §11 Abs.1 Nr.2 BauGB) Ziel, damit den Wohnbedarf der ortsansässigen Bevölkerung bevorzugt abzudecken. Denn einheimische Interessenten für neu überplante Bauplätze gibt es praktisch nicht. Das vorliegend praktizierte Vorgehen dient vielmehr ausschließlich dazu, die Bodenordnung und die Erschließung zu erleichtern. Dies ist aber jedenfalls dann im Rahmen eines Bauleitplanverfahrens nicht zulässig, wenn es nicht einer durchgängigen Praxis entspricht. Denn damit werden einzelne Grundstückseigentümer – auch wenn darin keine Absicht der Gemeinde liegt – gezwungen, ihr Eigentum aufgeben zu müssen, wenn sie Bauland erhalten wollen, andere jedoch nicht, ohne dass diesem unterschiedlichen Vorgehen städtebauliche oder überhaupt nachvollziehbare Erwägungen zugrunde lägen. In der mündlichen Verhandlung hat der Prozessbevollmächtigte der Antragsgegnerin zwar als Begründung dafür, warum in einem anderen Baugebiet die Grundstücke in den Händen der privaten Eigentümer verblieben seien, die kleinräumige Parzellierung in diesem Gebiet angeführt. Dies stellt aber keinen sachgerechten Grund für die unterschiedlichen Vorgehensweisen dar. Die Tatsache, dass die Nichteinbeziehung der südlichen Bereiche der Grundstücke der Antragsteller nach objektiven Kriterien – also ohne dass der Antragsgegnerin deshalb ein subjektiver Vorwurf zu machen wäre – als willkürlich bezeichnet werden muss, wird auch nicht dadurch aufgehoben, dass den Antragstellern mündlich und im Vertragsentwurf, der für den Notartermin 2003 vorbereitet worden war, ein Rückkaufsrecht für vier Bauplätze ohne Bauzwang und mit der unbeschränkten Möglichkeit der Weiterveräußerung eingeräumt werden sollte. Denn dieses Angebot erscheint zwar entgegenkommend, ändert aber nichts daran, dass objektiv die Antragsteller anders behandelt werden als andere Grundstückseigentümer, ohne dass dafür nachvollziehbare sachliche, insbesondere städtebauliche Gründe gegeben sind. Es kommt hinzu, dass der Gemeinderat der Antragsgegnerin einen Bebauungsplan als Satzung beschlossen hatte, der auf den Grundstücken der Antragsteller vier Bauplätze und eine Grünfläche vorgesehen hatte. Dieser Plan wurde zwar – trotz seiner Genehmigung durch das Landratsamt – nicht in Kraft gesetzt. Er musste aber bei den Antragstellern die begründete Erwartung erzeugen, dass die südlichen Teile ihrer Grundstücke Bauland würden. Dabei musste es sich ihnen nicht aufdrängen, dass dies nur unter der Bedingung geschehen würde, dass sie sich zu einer Veräußerung von Teilflächen an die Antragsgegnerin bereit erklärten. Denn – wie angeführt – ging deren Praxis nicht durchgängig in diese Richtung. Ihr Interesse daran, an der Ausweisung von Bauland teilhaben zu können, war damit (wohl) über eine bloße, nach der Rechtsprechung des Bundesverwaltungsgerichts (Urteil v. 30. 4. 2004, a. a. O.) nicht abwägungsbeachtliche Erwartung hinaus erstarkt. Denn der Gemeinderat der Antragsgegnerin musste nun in die planerische Abwägung mit einstellen, dass diese Erwartung durch eigene Handlungen und Äußerungen der Gemeinde genährt und gestärkt worden war. Insofern hatte sich ihr Planungsermessen möglicherweise verengt. Diese Möglichkeit reicht nach dem eingangs Angeführten für die Bejahung der Antragsbefugnis der Antragsteller aus.

2. Die sonach zulässigen Anträge sind in der Sache auch begründet. Der angefochtene Bebauungsplan ist verfahrensfehlerhaft zustande gekommen. Denn die Antragsgegnerin hat die Entwürfe des Bebauungsplans und seiner Begründung nicht in der Weise öffentlich ausgelegt, wie dies § 3 Abs. 2 BauGB verlangt. Zweck der in dieser Bestimmung vorgeschriebenen öffentlichen Auslegung ist es, die Bürger von der beabsichtigten Planung zu unterrichten und es ihnen damit zu ermöglichen, sich mit Anregungen am Planungsverfahren zu beteiligen. Das Gesetz begnügt sich zur Erreichung dieses Zwecks nicht damit, dem Einzelnen ein Recht auf Einsichtnahme in den Planentwurf und den Erläuterungsbericht oder die Begründung zu geben, sondern verlangt eine Auslegung der genannten Unterlagen. Ein bloßes Bereithalten der Unterlagen ist daher nicht ausreichend. Erforderlich ist vielmehr, dass jeder Interessierte ohne weiteres, d. h. ohne noch Fragen und Bitten an die Bediensteten der Gemeinde stellen zu müssen, in die Unterlagen Einblick nehmen kann (Urteil des Senats v. 11. 12. 1998 – 8 S 1174/98 –, VBlBW 1999, 178 = PBauE § 3 BauGB Nr. 24; VGH Bad.-Württ., Beschluss v. 25. 7. 1973 – II 458/70 –, BRS 27 Nr. 15 = BauR 1974, 40 = ESVGH 24, 88; SächsOVG, Urteil v. 27. 9. 1999 – 1 S 694/98 –, SächsVBl. 2000, 115; Jäde, in: Jäde/Dirnberger/Weiß, BauGB/BauNVO, 4. Aufl. 2005, § 3 BauGB Rdnr. 19; Battis, in: Battis/Krautzberger/Löhr, BauGB, 9. Aufl. 2005, § 3 Rdnr. 15; Bielenberg, in: Ernst/Zinkahn/Bielenberg, BauGB, § 3 Rdnr. 2; Grauvogel, in: Brügelmann, BauGB, § 3 Rdnr. 66).

Die Handhabung der öffentlichen Auslegungen durch die Antragsgegnerin wird diesen Anforderungen nicht gerecht. Nach den Feststellungen, die der Senat im Rahmen der Augenscheinseinnahme getroffen hat und den dazu von ihrem Bürgermeister bzw. der für die Abwicklung der Bebauungsplanverfahren zuständigen Gemeindebediensteten in der mündlichen Verhandlung abgegebenen Erklärungen wurde die Auslegung im vorliegenden Fall – dem auch sonst üblichen Verfahren entsprechend – so durchgeführt, dass die Unterlagen auf einem niedrigen Aktenschrank („Sideboard") im Zimmer dieser Mitarbeiterin zur Einsicht bereit lagen. Wie der Senat bei einer Besichtigung dieses Zimmers festgestellt hat, befindet sich der Schrank schräg hinter dem Schreibtisch der Mitarbeiterin und ist daher für Dritte nicht frei zugänglich. Zudem ist nicht erkenntlich, dass hier die Planunterlagen „ausgelegt" sind. Ein an der Planung Interessierter war daher gezwungen, sich mit seinem Anliegen zuerst an die Mitarbeiterin zu wenden, nach den Unterlagen zu fragen und diese um deren Aushändigung zu bitten. Den an eine Auslegung zu stellenden Anforderungen ist damit auch unter Berücksichtigung des Umstands, dass es insbesondere für kleinere Gemeinden schwierig sein kann, einen separaten Raum oder einen bestimmten Teil eines Raums für die Auslegung zur Verfügung zu stellen, nicht genügt (Urteil des Senats v. 11.12.1998, a.a.O.).

Dieser Verfahrensmangel ist gemäß § 214 Abs. 1 Nr. 2 BauGB beachtlich. Er wurde auch rechtzeitig innerhalb der Zweijahresfrist des § 215 Abs. 1 Nr. 1 BauGB gerügt. Der angefochtene Bebauungsplan ist deshalb für unwirksam zu erklären.

Nr. 54

1. **Der Senat hält an seiner Rechtsprechung (Urteil v. 12.6.1984 – 5 S 2397/ 83 –, VBlBW 1985, 25) fest, dass eine Gemeinde die Prüfung der Gültigkeit einer in ihrem Gemeindegebiet geltenden Rechtsvorschrift i.S. des § 47 Abs. 1 Nr. 2 VwGO stets beantragen kann, wenn sie die Vorschrift als Behörde zu beachten hat.**

2. **Ein Verfahren zur Aufstellung, Fortschreibung oder sonstigen Änderung eines Regionalplans ist i.S. der Übergangsvorschrift des Art. 4 Abs. 2 des Gesetzes zur Änderung des Landesplanungsgesetzes und anderer Gesetze vom 8.5.2003 (GBl., 205, ber. 320) erst mit der öffentlichen Bekanntmachung der Genehmigung des Regionalplans im Staatsanzeiger abgeschlossen (wie VGH Bad.-Württ., Urteil v. 9.6.2005 – 3 S 1545/04 –).**

3. **Legt ein Regionalverband aus sachlichen Gründen einen oder mehrere Standorte für raumbedeutsame Windkraftanlagen auf dem Gebiet einer Gemeinde fest, kann sich diese dagegen nicht erfolgreich mit dem Einwand wehren, für die meisten Gemeinden im Verbandsgebiet seien Ausschlussgebiete festgelegt.**

GG Art. 28 Abs. 2; VwGO §§ 42 Abs. 2, 47 Abs. 1 Nr. 2, Abs. 2 Satz 1; ROG § 7 Abs. 4 Satz 1 Nr. 1; BauGB § 35 Abs. 1 Nr. 5, Abs. 3 Satz 1 Nr. 5; LplG §§ 3, 5, 11, 12, 13.

VGH Baden-Württemberg, Urteil vom 15. Juli 2005 – 5 S 2124/04 – (rechtskräftig).

Die Antragstellerin, eine Gemeinde, wendet sich gegen die am 19. 4. 2004 von der Verbandsversammlung des Antragsgegners beschlossene Fortschreibung des Regionalplans von 2002 im Teilkapitel „Erneuerbare Energien" (künftig: Teilregionalplan). Im Teilregionalplan werden als Ziele der Raumordnung für dessen gesamtes Gebiet (2137 km²) vier Vorranggebiete für regionalbedeutsame Windkraftanlagen festgelegt und im Übrigen die Errichtung und der Betrieb von regionalbedeutsamen Windkraftanlagen ausgeschlossen. Die vier Vorranggebiete umfassen eine Fläche von insgesamt etwa 200 ha und können insgesamt etwa 18 Windkraftanlagen mit einer Nabenhöhe von 98 m und einem Rotordurchmesser von etwa 70 m aufnehmen.

Aus den Gründen:

Der Antrag ist zulässig.

Er ist gemäß §47 Abs. 1 Nr. 2 VwGO i. V. m. §4 AGVwGO statthaft. Bei dem Teilregionalplan handelt es sich um eine andere, im Rang unter dem Landesgesetz stehende Rechtsvorschrift im Sinne der erwähnten Vorschriften. Er ist gemäß §12 Abs. 7 LplG als Satzung beschlossen und entfaltet gegenüber der Antragstellerin als Gemeinde unmittelbare Rechtswirkung, weil diese im Rahmen des Anpassungsgebots gemäß §1 Abs. 4 BauGB gehindert ist, in ihrem Flächennutzungsplan im Bereich der Vorranggebiete eine den Zielen des Teilregionalplans widersprechende bauliche Nutzung der Flächen darzustellen (vgl. BVerwG, Beschluss v. 15. 3. 1989 – 4 NB 10.88 –, BVerwGE 81, 307 = BRS 49 Nr. 39 = BauR 1989, 573, und Beschluss v. 18. 2. 1991 – 4 NB 37.90 –, Juris –).

Die Antragstellerin ist auch – als Behörde – antragsbefugt gemäß §47 Abs. 2 Satz 1 Alt. 2 VwGO. Denn nach der Rechtsprechung des Bundesverwaltungsgerichts und des erkennenden Gerichtshofs kann eine Gemeinde die Prüfung der Gültigkeit einer in ihrem Gemeindegebiet geltenden Rechtsvorschrift i. S. des §47 Abs. 1 Nr. 2 VwGO stets beantragen, wenn sie die Vorschrift als Behörde zu beachten hat. Ihre Antragsbefugnis ist nicht davon abhängig, dass die zu beachtende Rechtsvorschrift sie in ihrem Recht auf Selbstverwaltung konkret beeinträchtigt (BVerwG, Beschluss v. 15. 3. 1989 –, a. a. O.; Senatsurteil v. 12. 6. 1984 – 5 S 2397/83 –, VBlBW 1985, 25; VGH Bad.-Württ., Urteil v. 5. 8. 1998 – 8 S 1906/97 –, VBlBW 1999, 67). Insoweit macht sich der Senat nicht die jüngere Rechtsprechung des Sächsischen Oberverwaltungsgerichts zur Normenkontrolle von naturschutzrechtlichen Verordnungen zu Eigen, wonach eine Gemeinde sich als Behörde auf eine Verletzung ihrer Selbstverwaltungsgarantie gemäß Art. 28 Abs. 2 GG nur berufen kann, wenn entweder wesentliche Teile ihres Gemeindegebietes durch die angegriffene Norm einer durchsetzbaren Planung entzogen werden oder wenn durch die Verordnung eine eigene, hinreichend konkrete und verfestigte Planung nachhaltig gestört wird, weil ihr ansonsten das Rechtsschutzinteresse an der Feststellung der Unwirksamkeit der Verordnung fehlt (Sächs. OVG, Urteil v. 16. 8. 2000 – 1 D 162/99 –, SächsVBl. 2001, 12). Es trifft zwar zu, dass die Klagebefugnis von Gemeinden aus ihrer Planungshoheit bei Klagen gegen fachplanerische Zulassungsentscheidungen insoweit beschränkt ist, als es nicht ausreicht, wenn sie ausschließlich Rechte anderer, insbesondere ihrer Einwohner, oder nur das allgemeine Interesse, von einem Vorhaben der Fachplanung verschont zu werden, geltend machen (BVerwG, Urteil v.

20.5.1998 – 11 C 3.97 –, Buchholz 406.25 §41 BImSchG Nr. 18 = NVwZ 1999, 67). Daraus folgt aber nicht, dass die Antragsbefugnis einer Gemeinde im Normenkontrollverfahren als Behörde oder ihr Rechtsschutzinteresse gleichermaßen beschränkt sein müssten. Denn §47 Abs. 2 Satz 1 Alt. 2 VwGO macht die Antragsbefugnis einer Gemeinde als Behörde gerade nicht davon abhängig, dass die Gemeinde eine Rechtsverletzung geltend macht. Somit kann offen bleiben, ob der planerisch noch nicht betätigte Wille einer Gemeinde, auf ihrem Gebiet Windkraftanlagen allgemein auszuschließen, ausreicht, um in der Festlegung eines Vorranggebiets im Regionalplan einen möglichen Eingriff in ihre Planungshoheit zu sehen.

Der Antrag ist jedoch nicht begründet. Der Teilregionalplan leidet an keinem beachtlichen Rechtsmangel.

Maßgeblich für die Beurteilung der Sach- und Rechtslage ist der Zeitpunkt des Erlasses der Vorschrift durch öffentliche Bekanntgabe der Genehmigung des Wirtschaftsministeriums am 7.6.2004. Für die Rechtmäßigkeit der Abwägung kommt es auf den Zeitpunkt der Beschlussfassung durch die Verbandsversammlung am 19.4.2004 an.

Anzuwenden sind die Vorschriften des Landesplanungsgesetzes i. d. F. der Neubekanntmachung (mit geänderter Paragraphenfolge) v. 10.7.2003 (GBl., 385), geändert am 1.4.2004 (GBl., 177), und nicht (mehr) das Landesplanungsgesetz i. d. F. v. 8.4.1992 (GBl., 229), zuletzt geändert durch Art. 1 des Gesetzes v. 14.3.2002 (GBl., 185, ber. 325 und 386). Zwar bestimmt die Übergangsvorschrift des Art. 4 Abs. 2 des Gesetzes zur Änderung des Landesplanungsgesetzes v. 8.5.2003 (GBl., 205, bzw. 320), dass bei In-Kraft-Treten dieses Gesetzes laufende Verfahren zur Aufstellung, Fortschreibung oder sonstigen Änderung des Regionalplans nach den bisher geltenden Vorschriften weitergeführt werden können (Satz 1). Dies gilt aber nur, wenn sie innerhalb eines Jahres abgeschlossen sind, wobei die Jahresfrist am 20.5.2003 beginnt (Satz 2). Das Verfahren zur Fortschreibung des Teilregionalplans war am 20.5.2004 jedoch noch nicht abgeschlossen. Insoweit kommt es nicht, wie der Antragsgegner meint, auf den Satzungsbeschluss, sondern auf den Zeitpunkt der öffentlichen Bekanntgabe der Genehmigung des Teilregionalplans am 7.6.2004 an (VGH Bad.-Württ., Urteil v. 9.6.2005 – 3 S 1545/04 – unter Hinweis auf Ernst/Zinkahn/Bielenberg, BauGB, §244 BauGB Rdnr. 23; vgl. auch BVerwG, Urteil v. 1.8.2002 – 4 C 5.01 –, BVerwGE 117, 25 = BRS 65 Nr. 10 = BauR 2003, 55). Etwas anderes ergibt sich nicht aus der Begründung zu dieser Übergangsvorschrift. In ihr wird im Wesentlichen nur der Wortlaut des Gesetzes wiederholt (LT-Drucks. 13/1883, S. 44). Soweit dort auch bestimmt wird (Satz 3), dass in den rechtzeitig abgeschlossenen Verfahren §10 LplG in seiner neuen Fassung gilt, folgt daraus nur, dass eine innerhalb der Jahresfrist (§13 LPlG n. F.) erteilte Genehmigung und deren Bekanntmachung bereits dem neuen (für die Regionalverbände kostengünstigeren) Recht entsprechen müssen. Auch dass die Genehmigung und Bekanntgabe von (Gesamt-)Regionalplänen üblicherweise, wie der Antragsgegner ausgeführt hat, längere Zeit bis zu einem Jahr beanspruchen, erlaubt es nicht, den Begriff des Abschlusses des Verfahrens abweichend vom Wortsinn und der üblichen Auslegung entsprechender Übergangsvorschriften zu verstehen. Denn es kann durchaus im Sinne des Gesetzgebers gewesen sein, das neue Recht mit einer nur sehr knappen Übergangsfrist wirksam werden zu lassen. Im Übrigen durfte der Gesetzgeber davon ausgehen, dass etwa anhängige Genehmigungsverfahren rechtzeitig innerhalb der erwähnten Frist beendet würden.

Der Teilregionalplan leidet dennoch nicht an einem beachtlichen Verfahrensfehler. Es kann dahinstehen, ob der Antragsgegner den Entwurf in seiner letzten, vierten Fassung nochmals gemäß § 12 Abs. 3 LplG hätte öffentlich auslegen müssen. Denn jedenfalls wäre ein entsprechender Verfahrensfehler gemäß § 5 Abs. 1 Satz 1 Nr. 3 LplG unbeachtlich, weil er ohne Einfluss auf das Verfahrensergebnis geblieben ist. Maßgeblich hierfür ist, dass die letzte Fassung des Entwurfs keine neuen Vorranggebiete enthielt, dass der Entwurf in seiner zweiten und dritten Fassung öffentlich ausgelegen hatte, dass auch zum vierten Entwurf noch eine beschränkte Anhörung auch der Antragstellerin erfolgt war und dass nicht im Sinne einer konkreten Möglichkeit angenommen werden kann, die Verbandsversammlung hätte unter dem Eindruck der Ergebnisse einer weiteren Öffentlichkeitsbeteiligung anders entschieden (VGH Bad.-Württ., Urteil v. 9. 6. 2005 – 3 S 1545/04 –).

Der Teilregionalplan ist auch materiell rechtmäßig.

Gemäß § 11 Abs. 7 Satz 1 Halbs. 2 LplG müssen Standorte für regionalbedeutsame Windkraftanlagen als Vorranggebiete (vgl. § 11 Abs. 3 Satz 2 Nr. 11 LplG, § 7 Abs. 4 Satz 1 Nr. 1 ROG) und die übrigen Gebiete der Region als Ausschlussgebiete, in denen raumbedeutsame Windkraftanlagen nicht zulässig sind, festgelegt werden. Gegen die Vereinbarkeit dieser Vorschrift mit höherrangigem Recht hat die Antragstellerin keine Bedenken geäußert. Sie wären auch nicht begründet (VGH Bad.-Württ., Urteil v. 9. 6. 2005 – 3 S 1545/04 –).

Die von der Antragstellerin erhobenen Einwände gegen die Rechtmäßigkeit der Abwägung greifen nicht durch.

Gemäß § 3 Abs. 2 LplG sind u. a. bei der Fortschreibung der Regionalpläne die Grundsätze der Raumordnung gegeneinander und untereinander abzuwägen. Sonstige öffentliche Belange sowie private Belange sind in der Abwägung zu berücksichtigen, soweit sie auf der jeweiligen Planungsebene erkennbar und von Bedeutung sind, auf der Ebene der Regionalplanung insbesondere die Flächennutzungspläne und die Ergebnisse der von den Gemeinden beschlossenen sonstigen Planungen. In der Abwägung sind auch die Erhaltungsziele oder der Schutzzweck der Gebiete von gemeinschaftlicher Bedeutung und der Europäischen Vogelschutzgebiete im Sinne des Bundesnaturschutzgesetzes zu berücksichtigen; soweit diese erheblich beeinträchtigt werden können, sind die Vorschriften des Bundesnaturschutzgesetzes über die Zulässigkeit oder Durchführung von derartigen Eingriffen sowie die Einholung einer Stellungnahme der Kommission anzuwenden (Prüfung nach der Flora-Fauna-Habitat-Richtlinie).

Für die rechtliche Überprüfbarkeit gelten insoweit dieselben Grundsätze wie im Bauplanungs- oder im Fachplanungsrecht (st. Rspr., vgl. zuletzt BVerwG, Urteil v. 27. 1. 2005 – 4 C 5.04 –, BauR 2005, 987 = NVwZ 2005, 578). Die gerichtliche Kontrolle ist insoweit darauf beschränkt, ob eine Abwägung überhaupt stattgefunden hat, ob in sie an Belangen eingestellt worden ist, was nach Lage der Dinge einzustellen war, ob die Bedeutung der öffentlichen und privaten Belange richtig erkannt und ob der Ausgleich zwischen den von der Planung berührten öffentlichen und privaten Belangen in einer Weise vorgenommen worden ist, die zu ihrer objektiven Gewichtigkeit in einem angemessenen Verhältnis steht. Sind diese Anforderungen an die Planungstätigkeit beachtet worden, so wird das Abwägungsgebot nicht dadurch verletzt, dass der Planungsträger bei der Abwägung der verschiedenen Belange dem einen den Vorzug einräumt und sich damit notwendigerweise für die Zurücksetzung eines anderen entscheidet (vgl. BVerwG, Beschluss v. 12. 12. 1996 – 4 C 105.66 –, BVerwGE 34, 301 = PBauE § 1 Abs. 6 BauGB Nr. 1, und v. 5. 7. 1974 – 4 C 50.72 –, BVerwGE 45, 309 = BRS 28 Nr. 4 = BauR 1974, 70 = PBauE § 1 Abs. 6 BauGB Nr. 3). Auch im Verfahren zur Aufstellung, Fortschreibung oder sonstigen Änderung eines (Teil-)Regionalplans sind Mängel im Abwägungsvorgang nur erheblich, wenn sie offensichtlich und auf das Abwägungsergebnis von Einfluss gewesen sind (§ 5 Abs. 1 Satz 1 Nr. 2 LplG). Bei Anwendung diese Maßstäbe vermag der Senat keine beachtlichen Abwägungsfehler zu erkennen.

Zu Recht ist der Antragsgegner im maßgeblichen Zeitpunkt der Beschlussfassung davon ausgegangen, dass die Windkraftanlagen in den streitigen Vorranggebieten wirtschaftlich betrieben werden können. . . .

Es ist auch nicht zu beanstanden, dass der Antragsgegner letztlich zwei von vier Vorranggebieten im Verbandsgebiet auf dem Gebiet der Antragstellerin festgelegt hat. Der Sache nach sieht die Antragstellerin insoweit einen von ihr im Rahmen des Rechts auf kommunale Selbstverwaltung beanspruchten Grundsatz der Lastengleichheit verletzt. Sie sieht sich dadurch beeinträchtigt, dass sie als eine von nur wenigen Gemeinden raumbedeutsame Windkraftanlagen auf ihrem Gebiet hinnehmen soll. Ihr allgemeines Interesse, von einem (oder mehreren) Vorhaben der Fachplanung bzw. hier von Festlegungen der Regionalplanung auf ihrem Gebiet möglichst verschont zu bleiben, ist aber rechtlich insbesondere nicht durch Art. 28 Abs. 2 GG geschützt (BVerwG, Beschluss v. 17. 4. 2000 – 11 B 19.00 –, Buchholz § 11 Art. 28 GG Nr. 127 m. w. N.; Senatsurteil v. 6. 7. 2004 – 5 S 1706/03 –, UPR 2005, 58, nur Leitsatz). Legt ein Regionalverband aus sachlichen Gründen einen oder mehrere Standorte für raumbedeutsame Windkraftanlagen auf dem Gebiet einer Gemeinde fest, kann sich diese dagegen nicht erfolgreich mit dem Einwand wehren, für die meisten Gemeinden im Verbandsgebiet seien Ausschlussgebiete festgelegt.

Nr. 55

Plant eine Gemeinde im Anschluss an einen bereits vorhandenen Windpark einer Nachbargemeinde einen Windpark mit neun Windkraftanlagen auf ihrem eigenen Gemeindegebiet, kann der Nachbargemeinde die Antragsbefugnis für einen dagegen gerichteten Normenkontrollantrag fehlen.

BauGB § 2 Abs. 2; VwGO § 47 Abs. 2.

Niedersächsisches OVG, Beschluss vom 26. September 2005 – 1 MN 113/ 05 – (rechtskräftig).

Die Antragstellerin wendet sich im Wege des vorläufigen Rechtsschutzes gegen den Bebauungsplan Nr. 03.09 „Windpark C." der westlich an ihr Gemeindegebiet angrenzenden Gemeinde B. Das Plangebiet liegt westlich der Bundesautobahn 31 im Bereich C. Das Plangebiet ist insgesamt 83,8 ha groß. Die Festsetzungen des Bebauungsplanes Nr. 03.09 beschränken sich im Wesentlichen auf die Festlegung von neun Bauteppichen für die Errichtung von Windenergieanlagen einschließlich Turm und Fundamenten. Die durch Baugrenzen abgegrenzten neun Bauteppiche weisen eine Größe von jeweils 75 m x 75 m auf. Durch textliche Festsetzungen ist aus Gründen eines sparsamen Umgangs mit Grund und Boden eine Mindestnennleistung von 1,8 MW je Anlagenstandort festgeschrieben. Die Nabenhöhe der baulichen Anlagen ist auf maximal 100 m über Grund begrenzt.

Östlich des durch den angegriffenen Bebauungsplan Nr. 03.09 überplanten Bereiches schließt sich auf dem Gemeindegebiet der Antragstellerin – jenseits der Bundesautobahn 31 – der 13 Windkraftanlagen umfassende Windpark A. Moor an. Planungsrechtliche Grundlage dafür ist der vom Rat der Antragstellerin 1998 als Satzung beschlossene vorhabenbezogene Bebauungsplan Nr. 1 „Windpark A. Moor". Für die in diesem Bebauungsplan festgesetzten 13 Baufelder ist durch ergänzende textliche Festsetzungen je Windkraftanlage eine maximale Nennleistung von 1,5 MW, ein Rotordurchmesser von maximal 66 m und eine maximale Nabenhöhe von 66,8 m aufgenommen. Die unterschiedlichen textlichen Festsetzungen der beiden Bebauungspläne lassen damit im Bereich des Bebauungsplanes Nr. 03.09 Windkraftanlagen in einer Gesamthöhe bis etwa 135 m, in dem des Bebauungsplanes Nr. 1 bis etwa 100 m zu.

Aus den Gründen:

Der Antrag der Antragstellerin auf Außervollzugsetzung des Bebauungsplanes Nr. 03.09 ist unzulässig. Der Antragstellerin fehlt als Nachbargemeinde die erforderliche Antragsbefugnis, um gegen den Bebauungsplan „Windpark C." im Wege der Normenkontrolle vorgehen zu können. Sie kann daher auch nicht die Außervollzugsetzung dieses Bebauungsplanes im Wege des Erlasses einer einstweiligen Anordnung gemäß § 47 Abs. 6 VwGO erreichen.

Gemäß § 47 Abs. 2 Satz 1 VwGO kann jede natürliche oder juristische Person einen Normenkontrollantrag gegen einen Bebauungsplan stellen, die geltend macht, durch den angegriffenen Bebauungsplan in ihren Rechten verletzt zu sein oder in absehbarer Zeit verletzt zu werden. Nach dieser Vorschrift ist antragsbefugt, wer geltend machen kann, durch den angegriffenen Bebauungsplan in seinem Recht auf gerechte Abwägung seiner geschützten Belange verletzt zu sein (§ 1 Abs. 6 BauGB a. F., § 1 Abs. 7 BauGB n. F. – dazu umfassend BVerwG, Urteil v. 24.9.1998 – 4 CN 2.98 –, BVerwGE 107, 215 = BRS 60 Nr. 46 = BauR 1999, 134). Die Besonderheit des vorliegenden Verfahrens besteht darin, dass die Antragstellerin sich als Nachbargemeinde, und nicht etwa als betroffener privater Bürger bzw. Grundstückseigentümer, gegen den Bebauungsplan Nr. 03.09 wendet. Die Antragstellerin stützt ihre Antragsbefugnis auf § 2 Abs. 2 BauGB. Nach dieser Vorschrift sind die Bauleitpläne benachbarter Gemeinden aufeinander abzustimmen. Während sich die bis zum 20.7.2004 geltende Fassung des § 2 Abs. 2 BauGB auf das sog. Abstimmungsgebot beschränkt, regelt die durch das EAG Bau bewirkte Neufassung dieses Absatzes nunmehr in einem hinzukommenden Satz 2, dass sich die Gemeinden im Rahmen des Abstimmungsgebotes auch auf die ihnen durch Ziele der Raumordnung zugewiesenen Funktionen sowie auf die Auswirkungen auf ihre zentralen Versorgungsbereiche berufen können. §2 Abs. 2 BauGB a. F. bzw. §2 Abs. 2 Satz 1 BauGB n. F. stehen in einem engen sachlichen Zusammenhang mit dem allgemeinen Abwägungsgebot. Das interkommunale Abstimmungsgebot stellt sich als eine besondere Ausprägung des Abwägungsgebotes dar.

Befinden sich benachbarte Gemeinden objektiv in einer Konkurrenzsituation, so darf keine von ihrer Planungshoheit rücksichtslos zum Nachteil der anderen Gebrauch machen. Der Gesetzgeber bringt dies in §2 Abs. 2 BauGB unmissverständlich zum Ausdruck. Diese Bestimmung verleiht dem Interesse der Nachbargemeinde, vor Nachteilen bewahrt zu werden, besonderes Gewicht. Das Gebot, die Bauleitpläne benachbarter Gemeinden aufeinander abzustimmen, lässt sich als gesetzliche Ausformung des in Art. 28 Abs. 2 Satz 1 GG gewährleisteten gemeindlichen Selbstverwaltungsrechts verstehen. §2 Abs. 2 BauGB liegt die Vorstellung zugrunde, dass benachbarte Gemeinden sich mit ihrer Planungsbefugnis im Verhältnis der Gleichordnung gegenüberstehen. Die Vorschrift verlangt einen Interessenausgleich zwischen diesen Gemeinden und fordert dazu eine Koordination der gemeindlichen Belange. Die Nachbargemeinde kann sich unabhängig davon, welche planerischen Absichten sie für ihr Gebiet verfolgt oder bereits umgesetzt hat, gegen unmittelbare Auswirkungen gewichtiger Art auf dem benachbarten Gemeindegebiet zur Wehr setzen. Maßgebend ist dabei allerdings die Reichweite der Auswirkungen (vgl. BVerwG, Urteil v. 8. 9. 1972 – IV C 17.71 –, BVerwGE 40, 323 = BRS 25 Nr. 14; Urteil v. 15. 12. 1989 – 4 C 36.86 –, BVerwGE 84, 209 = BRS 50 Nr. 193; Beschluss v. 5. 9. 1994 – 4 NB 18.94 –, BRS 56 Nr. 36 = BauR 1994, 492; Beschluss v. 9. 1. 1995 – 4 NB 42.94 –, BRS 57 Nr. 5 = BauR 1995, 354). Nicht jede Auswirkung auch untergeordneter Art führt bereits zur Bejahung der Antragsbefugnis einer sich gegen die Planung der Nachbargemeinde wehrenden Gemeinde.

Die Bedeutung des §2 Abs. 2 BauGB im Rahmen des allgemeinen Abwägungsgebotes liegt darin, dass eine Gemeinde, die ihre eigenen Vorstellungen selbst um den Preis von gewichtigen Auswirkungen für die Nachbargemeinde durchsetzen möchte, einem erhöhten Rechtfertigungszwang in Gestalt der Pflicht zur (formellen und materiellen) Abstimmung im Rahmen einer förmlichen Planung unterliegt (BVerwG, Urteil v. 1. 8. 2002 – 4 C 5.01 –, BVerwGE 117, 25 = BRS 65 Nr. 10 = BauR 2003, 55). Nach diesen Vorgaben vermittelt das interkommunale Abstimmungsgebot einer benachbarten Gemeinde nicht gleichsam automatisch die Befugnis, alle Bebauungspläne einer Nachbargemeinde zum Gegenstand einer Normenkontrolle machen zu können, die einen räumlichen Bezug zum eigenen Gemeindegebiet haben (so Hess. VGH, Beschluss v. 3. 11. 2004 – 9 N 2247/03 –, BauR 2005, 1296). Die Antragsbefugnis setzt vielmehr unmittelbare Auswirkungen gewichtiger Art voraus.

Derartige Auswirkungen sind nach den Ausführungen der Antragstellerin bei Realisierung der mit dem angegriffenen Bebauungsplan zugelassenen neun Windkraftanlagen nicht verbunden. Allerdings beruft sich die Antragstellerin in diesem Zusammenhang zunächst zu Recht auf das Urteil des Senats vom 14. 9. 2000 (– 1 K 5414/98 –, BRS 63 Nr. 66). In diesem Normen-kontrollverfahren hat der Senat die Antragsbefugnis einer klagenden Nach-bargemeinde mit der Begründung bejaht, dass ein Windpark, der bis auf 400 m an die Gemeindegrenze heranreicht, unmittelbare gewichtige Auswir-kungen auf die städtebauliche Ordnung und Entwicklung der Nachbarge-meinde hat. Die Planung eines Windparks in unmittelbarer Nachbarschaft zur Gemeindegrenze berührt regelmäßig auch abwägungsbeachtliche und damit auch die Antragsbefugnis ausfüllende Belange der Nachbargemeinde. Die Besonderheit des vorliegenden Falles besteht aber darin, dass nicht – wie im zuvor zitierten Urteil – ein Windpark im Randbereich der einen zur ande-ren Gemeinde erstmals, und zwar in einem zuvor von Windkraftanlagen nicht „belasteten" Bereich, durch einen Bebauungsplan planerisch zugelassen wer-den soll, sondern darin, dass sich der „neu" geplante Windpark mit neun Windkraftanlagen an einen bereits vorhandenen anderen Windpark aus 13 Windkraftanlagen gewissermaßen anschließen soll. Der Sachverhalt ist damit davon geprägt, dass die Antragsgegnerin die vorausgegangene Planung der Antragstellerin aufgenommen hat, um nun ihrerseits einen in der Größenord-nung der Flächenbeanspruchung vergleichbaren „eigenen" Windpark auf ihrem Gemeindegebiet daneben zu setzen. Die Antragstellerin wird damit durch die Planung der Antragsgegnerin nicht mit der Gefahr der Blockierung eigener planerischer Vorstellungen und Aktivitäten konfrontiert, die Auswir-kungen des von der Antragsgegnerin geplanten Windparks treffen nicht einen in diesem Sinne unbelasteten Gemeindebereich, sondern die Planung des Windparks C. erweitert nur den bereits vorhandenen Windpark der Antrag-stellerin um einen Windpark mit weiteren neun Windkraftanlagen. Diese pla-nerische „Vorbelastung" muss sich auch im Rahmen der Antragsbefugnis auswirken. Sie führt dazu, dass die Festsetzungen des angegriffenen Bebau-ungsplanes für die Antragstellerin jedenfalls nicht mit „unmittelbaren Aus-wirkungen gewichtiger Art" verbunden sind.

Der Antragstellerin kann die Antragsbefugnis auch nicht im Hinblick dar-auf zugestanden werden, dass im Bereich des von ihr geplanten vorhabenbe-zogenen Bebauungsplanes Nr. 1 für die Windkraftanlagen eine Höhenbegren-zung mit einer maximalen Nabenhöhe von 66,8 m sowie einem Rotordurch-messer von maximal 66 m festgesetzt worden ist und damit jede Windkraftan-lage eine Höhe von etwa 100 m erreicht, demgegenüber der angegriffene Bebauungsplan Windkraftanlagen bis etwa 135 m Gesamthöhe zulässt. Der Antragstellerin steht insoweit ein schützenswertes, abwägungsbeachtliches und gerichtlich durchsetzbares Recht „auf gleiche Höhe" nicht zu. Nicht jegli-che – bauplanerisch zwar regelbare, dann aber von der planenden Gemeinde nicht wahrgenommene – Feinabstimmung der Zulässigkeit von Windkraftan-lagen führt für sich schon zur Bejahung der Antragsbefugnis der Nachbarge-meinde. Der Senat bewertet die unterschiedliche Höhe der einzelnen Wind-kraftanlagen im Windpark A. Moor einerseits und der Windkraftanlagen im geplanten Windpark C. andererseits im Hinblick auf die im Rahmen des Abstimmungsgebotes vorzunehmende Abwägung jedenfalls nicht als so erheblich, um daraus die Folgerung zu ziehen, dass allein deswegen von unmittelbaren Auswirkungen gewichtiger Art ausgegangen werden kann. Maßgeblich ist im vorliegenden Verfahren nach Einschätzung des Senats vielmehr das sich hier als ein Windpark darstellende Gesamtbild der Windkraftanlagen, das in einem mehr oder weniger zusammenhängenden Bereich insgesamt 23 Windkraftanlagen aufweist.

Die weiteren Einwendungen der Antragstellerin führen ebenfalls nicht zur Annahme der Antragsbefugnis. Dies gilt namentlich für die von ihr vorgenommene Bewertung der Eingriffe in das Landschaftsbild und der Belange des Naturschutzes. Daraus ableitbare gemeindliche Rechte sind nicht ersichtlich.

Nr. 56

1. **Ist eine Veränderungssperre im Laufe eines Normenkontrollverfahrens außer Kraft getreten, muss der Antragsteller für die Umstellung seines Antrags auf Feststellung der Ungültigkeit der Norm ein berechtigtes Interesse geltend machen können.**

2. **Ein Feststellungsinteresse liegt nicht vor, wenn die begehrte Feststellung keine präjudizielle Wirkung für die Frage der Rechtmäßigkeit oder Rechtswidrigkeit eines auf die Norm gestützten behördlichen Verhaltens und damit für in Aussicht genommene Entschädigungs- oder Schadensersatzansprüche haben kann.**

3. **Ein Verzögerungsschaden wegen verspäteter Bescheidung eines Bauantrags für die Errichtung einer Windenergieanlage scheidet von vornherein aus, wenn sich die Zulassung des Vorhabens (Windfarm) zum Zeitpunkt des In-Kraft-Tretens der Veränderungssperre nicht nach Baurecht, sondern nach Immissionsschutzrecht richtete.**

VwGO § 47 Abs. 2.

OVG Nordrhein-Westfalen, Urteil vom 24. Januar 2005 – 10 D 144/02.NE – (rechtskräftig, s. BVerwG, Beschluss vom 26. Mai 2005 – 4 BN 22.05 –, abgedruckt unter Nr. 57).

Die Antragstellerin begehrt die Feststellung, dass eine – während des anhängigen Normenkontrollverfahrens außer Kraft getretene – Satzung, mit der für ein im Flächennutzungsplan der Antragsgegnerin dargestelltes Vorranggebiet für Windkraftanlagen eine Veränderungssperre erlassen wurde, unwirksam war. Ihr Interesse an dieser Feststellung begründet die Antragstellerin mit der Absicht, den durch Erlass der Veränderungssperre entstandenen Schaden wegen verzögerter Bearbeitung ihres Bauantrages zur Errichtung von 2 Windkraftanlagen im Wege einer Klage vor dem Zivilgericht geltend machen zu wollen. Als Vorfrage sei die Unwirksamkeit der Veränderungssperre zu prüfen. Die Bauanträge der Antragstellerin waren ursprünglich Gegenstand eines von der Firma F. eingeleiteten Verfahrens, mit dem die Baugenehmigungen für die Errichtung von insgesamt 4 Windkraftanlagen begehrt wurden. Die Anträge gingen 2001 bei der Bauaufsichtsbehörde ein. 2002 wurde für 2 Windkraftanlagen ein Bauherrenwechsel angezeigt. Bauherrin war nunmehr die Antragstellerin. Die Veränderungssperre trat am 26.7.2002 in Kraft. Den Normenkontrollantrag mit dem ursprünglichen Begehren festzustellen, dass die Veränderungssperre unwirksam ist, stellte die Antragstellerin am

19.12.2002. Am 27.7.2004 trat die Veränderungssperre außer Kraft. Am 17.8.2004 erteilte die Bauaufsichtsbehörde die Baugenehmigungen für die von der Antragstellerin beantragten Windkraftanlagen. Der Normenkontrollantrag wurde als unzulässig verworfen.

Aus den Gründen:

Der Normenkontrollantrag ist mit dem nunmehr von der Antragstellerin verfolgten Feststellungsbegehren unzulässig.

Tritt eine Veränderungssperre während der Anhängigkeit eines – wie hier – nach § 47 Abs. 2 Satz 1 VwGO zulässigen Antrags auf Feststellung ihrer Unwirksamkeit außer Kraft (vgl. zur Antragsbefugnis eines obligatorisch Berechtigten: OVG NRW, Urteil vom 4.6.2003 – 7a D 131/02.NE –, BRS 66 Nr. 116 = BauR 2003, 1696), kann die Feststellung begehrt werden, dass die Veränderungssperre unwirksam war, wenn der Antragsteller durch die Veränderungssperre oder deren Anwendung einen Nachteil erlitten hat. Die Zulässigkeit des Normenkontrollantrages nach Außer-Kraft-Treten der Veränderungssperre entfällt allerdings dann, wenn der Antragsteller trotz eines möglicherweise durch die Norm erlittenen Nachteils kein berechtigtes Interesse an der Feststellung hat, dass diese unwirksam war (vgl. BVerwG, Beschluss v. 2.9.1983 – 4 N 1.83 –, BVerwGE 68, 12ff. = BRS 40 Nr. 99 = BauR 1984, 156).

So liegt es hier. Insbesondere kann die von der Antragstellerin begehrte Feststellung keine präjudizielle Wirkung für die Frage der Rechtmäßigkeit des behördlichen Verhaltens im Zusammenhang mit der Bescheidung der Bauanträge und damit für in Aussicht genommene Entschädigungs- oder Schadensersatzansprüche haben. Ein entsprechender Schadensersatzprozess mit dem Ziel, einen Verzögerungsschaden wegen verspäteter Bescheidung der Bauanträge geltend zu machen, hätte offensichtlich keinen Erfolg (vgl. zum Prüfungsmaßstab: BVerwG, Beschluss v. 2.9.1983 – 4 N 1.83 –, a.a.O.).

Die Antragstellerin hatte schon vor der am 26.7.2002 in Kraft getretenen Veränderungssperre keinen Anspruch auf Erteilung von Baugenehmigungen für die Errichtung von insgesamt zwei Windkraftanlagen. Die Veränderungssperre war folglich nicht kausal für das an der vermeintlich verzögerten Bearbeitung festgemachte behördliche Fehlverhalten. Die unter dem 20.3.2001 beantragten Vorhaben, um deren Verwirklichung es ging, waren baurechtlich nicht zulassungsfähig, da sich ihre Zulassung bereits seit dem 3.8.2001 nach Immissionsschutzrecht richtete und auch vor diesem Zeitpunkt begonnene Verwaltungsverfahren nach den Vorschriften des Immissionsschutzrechts zu Ende zu führen waren. Soweit die Bauaufsichtsbehörde am 17.8.2004 jeweils Baugenehmigungen für die Windkraftanlagen 1 und 2 erteilt hat, sind diese zu Unrecht erfolgt und damit rechtswidrig. Für Windenergieanlagen, die der immissionsschutzrechtlichen Genehmigung bedürfen, kann mangels Sachkompetenz der Bauordnungsbehörde im laufenden Baugenehmigungsverfahren eine Baugenehmigung nicht erteilt werden. Für die Durchführung eines Baugenehmigungsverfahrens neben dem immissionsschutzrechtlichen Verfahren von Rechts wegen kein Raum mehr.

Dass die Windkraftanlagen 1 und 2 einer immissionsschutzrechtlichen Genehmigung bedurften, folgt aus § 4 Abs. 1 BImSchG, § 1 Abs. 1 Satz 1 der 4. BImSchV i.V.m. Nr. 1.6 des Anhangs zur 4. BImSchV i.d.F. des Gesetzes zur

Umsetzung der UVP-Änderungsrichtlinie, der IVU-Richtlinie und weiterer EG-Richtlinien zum Umweltschutz vom 27. 7. 2001 (BGBl. I, 1950), wonach die Errichtung und der Betrieb einer Windfarm mit mindestens drei Windkraftanlagen seit dem 3. 8. 2001, dem Tag des In-Kraft-Tretens des Gesetzes (vgl. Art. 25), einer immissionsschutzrechtlichen Genehmigung bedürfen. Verfahren, die – wie hier – vor dem 3. 8. 2001 begonnen, aber noch nicht beendet waren, sind – bzw. waren – gemäß § 67 Abs. 4 BImSchG nach den Vorschriften des Bundesimmissionsschutzgesetzes und den auf dieses Gesetz gestützten Rechtsvorschriften unter Einschluss der 4. BImSchV zu Ende zu führen (vgl. BVerwG, Urteile v. 30. 6. 2004 – 4 C 9.03 –, BauR 2004, 1745 = NVwZ 2004, 1235, und v. 21. 10. 2004 – 4 C 3.04 –, BauR 2005, 498).

Die Bauanträge der Antragstellerin zur Errichtung der von ihr geplanten zwei Windkraftanlagen unterfallen auch der Rechtsänderung, die der Gesetzgeber mit dem Gesetz vom 27. 7. 2001 vorgenommen hat. Zwar liegt die immissionsschutzrechtliche Relevanzschwelle auch nach der Neuregelung – wie dargestellt – bei drei Windenenergieanlagen. Hinter dieser Mindestzahl bleiben die Bauanträge indes nur scheinbar zurück. Die beiden Windkraftanlagen 1 und 2 können nicht isoliert betrachtet werden. Sie bilden zusammen mit den von der Firma F. beantragten Windkraftanlagen 3 und 5, mit denen sie ursprünglich als „Ensemble" auf der Fläche des Vorranggebietes Nr. 1 errichtet werden sollten, eine Windfarm i. S. von Nr. 1.6 des Anhangs zur 4. BImschV. Entscheidend für das Vorhandensein einer Windfarm ist nicht, ob die Windkraftanlagen auf ein und demselben Betriebsgelände liegen und mit gemeinsamen Betriebseinrichtungen verbunden sind. Auch der Betreiberfrage ist keine entscheidende Bedeutung beizumessen. Eine Mehrzahl von Betreibern – wie hier – schließt eine Anwendung der Nr. 1.6 des Anhangs nicht aus. Entscheidend für das Vorhandensein einer Windfarm ist vielmehr der räumliche Zusammenhang der einzelnen Anlagen. Von einer Windfarm ist mithin dann auszugehen, wenn drei oder mehr Windkraftanlagen einander räumlich so zugeordnet werden, dass sich ihre Einwirkungsbereiche überschneiden oder wenigstens berühren (vgl. dazu BVerwG, Urteile v. 30. 6. 2004 – 4 C 9.03 –, und v. 21. 10. 2004 – 4 C 3.04 –, jeweils a. a. O.).

Davon ist angesichts der geplanten Standorte für die Windkraftanlagen, die sich ausschließlich auf der Fläche des Vorranggebietes verteilen und deren Abstände zueinander teilweise unter 300 m liegen, auszugehen. Ob die das Plangebiet durchquerende Freileitung und der Standort der Windkraftanlage 5 östlich der Freileitung zu einer Unterbrechung des Zusammenhangs führen, kann dahinstehen. Jedenfalls die westlich der Freileitung vorgesehenen Standorte der Windkraftanlagen 1, 2 und 3, und damit insgesamt drei Anlagen, hängen räumlich derart zusammen, dass die Anlagen eine Windfarm i. S. von Nr. 1.6 des Anhangs zur 4. BImSchV bilden. Bei dieser eindeutigen Sachlage gibt das vorliegende Verfahren keinen Anlass, den Begriff der „Windfarm" weiter zu problematisieren (vgl. dazu Schmidt-Eriksen, Die Genehmigung von Windkraftanlagen nach dem Artikelgesetz, NuR 2002, 648, 653).

Anhaltspunkte dafür, dass die Antragstellerin die Absicht hatte, das begonnene Genehmigungsverfahren nach Immissionsschutzrecht zu beenden, liegen nicht vor. Bis zum Außer-Kraft-Treten der Veränderungssperre hatte die Antragstellerin weder – wie im Gesetz vorgesehen – die Erteilung einer immissionsschutzrechtlichen Genehmigung beantragt noch, wie der Bauherrenwechsel augenfällig dokumentiert, beabsichtigt. Seitens der Bauordnungsbehörde konnte eine Abgabe der Bauantragsunterlagen an die zuständige Immissionsschutzbehörde nicht automatisch, sondern allenfalls mit Zustimmung der Antragstellerin erfolgen. Eine solche lag bis zum In-Kraft-Treten der Veränderungssperre ebenfalls nicht vor.

Nr. 57

Zur Frage, ob eine Entschädigungs- oder Schadensersatzklage wegen verzögerter Erteilung der Genehmigung unter dem Gesichtspunkt des Erlasses einer rechtswidrigen Veränderungssperre offensichtlich ohne Erfolg bleiben muß, wenn der Genehmigungsantrag bei der unzuständigen Behörde gestellt wurde.
(Nichtamtlicher Leitsatz.)

VwGO § 113 Abs. 1 Satz 4.

Bundesverwaltungsgericht, Beschluß vom 26. Mai 2005 – 4 BN 22.05 –.

(OVG Nordrhein-Westfalen)

Das Oberverwaltungsgericht hat ein berechtigtes Interesse an der begehrten Feststellung, daß die Veränderungssperre unwirksam war, verneint, weil die Feststellung keine präjudizielle Wirkung für die Frage der Rechtmäßigkeit des behördlichen Verhaltens im Zusammenhang mit der Bescheidung der Bauanträge und damit für in Aussicht genommene Entschädigungs- oder Schadensersatzansprüche haben könne. Die Antragstellerin habe schon vor der 2002 in Kraft getretenen Veränderungssperre keinen Anspruch auf Erteilung von Baugenehmigungen für die Errichtung von insgesamt zwei Windkraftanlagen gehabt, weil die Anlagen gemeinsam mit zwei weiteren Anlagen eine Windfarm i. S. von Nr. 1.6 des Anhangs zur 4. BImSchV bildeten und sich ihre Zulassung seit dem 3. 8. 2001 nach Immissionsschutzrecht gerichtet habe.

Aus den Gründen:
2. Die Beschwerde möchte weiter rechtsgrundsätzlich geklärt wissen, ob sich eine Gemeinde gegenüber Ersatzansprüchen unter dem Gesichtspunkt des Erlasses einer rechtswidrigen Veränderungssperre damit verteidigen kann, daß der Bauherr die Baugenehmigung bei der unzuständigen Baugenehmigungsbehörde beantragt hat, wenn diese sich selbst für zuständig erklärt und wenn die Veränderungssperre dem sachlich richtigen immissionsschutzrechtlichen Genehmigungsantrag ebenso entgegenstünde.
Die Frage läßt sich, soweit sie sich in einem Revisionsverfahren stellen würde, auch ohne Durchführung eines Revisionsverfahrens beantworten. Nach der Rechtsprechung des Senats (vgl. Beschluß v. 2. 9. 1983 – G 4 N 1.83 –, BVerwGE 68, 12 = BRS 40 Nr. 99 = BauR 1984, 156) entfällt die Zulässigkeit eines Normenkontrollantrags nach Außer-Kraft-Treten einer Veränderungssperre, wenn der Antragsteller kein berechtigtes Interesse an der Feststellung hat, daß die Satzung ungültig war. Ein berechtigtes Feststellungsinteresse besteht jedenfalls, wenn die begehrte Feststellung präjudizielle Wirkung für

die Frage der Rechtmäßigkeit oder Rechtswidrigkeit eines auf die Norm gestützten behördlichen Verhaltens und damit für in Aussicht genommene Entschädigungsansprüche haben kann. Das Oberverwaltungsgericht hat bei dieser Prüfung nicht in eine eingehende Untersuchung der Begründetheit der vom Antragsteller beabsichtigten Entschädigungs- oder Schadensersatzansprüche einzutreten; dies ist Sache des mit der etwaigen Klage angerufenen Zivilgerichts. Ein berechtigtes Interesse an der beantragten Feststellung besteht nur dann nicht, wenn sie der Vorbereitung einer Klage dient, die offensichtlich aussichtslos ist (vgl. BVerwGE 68, 12, 15 f.). Davon ist auch das Oberverwaltungsgericht ausgegangen. In einem Revisionsverfahren würde sich mithin lediglich die Frage stellen, ob eine Entschädigungs- oder Schadensersatzklage wegen verzögerter Erteilung der erforderlichen Genehmigung für die Errichtung zweier Windkraftanlagen unter dem Gesichtspunkt des Erlasses einer rechtswidrigen Veränderungssperre offensichtlich ohne Erfolg bleiben muß, wenn der Genehmigungsantrag bei der unzuständigen Baugenehmigungsbehörde gestellt wurde, diese sich aber selbst für zuständig hielt. Diese Frage ist entgegen der Auffassung des Oberverwaltungsgerichts zu verneinen. Der Erlaß einer Veränderungssperre kann für die Verzögerung der Genehmigungserteilung zwar dann nicht kausal geworden sein, wenn das Vorhaben aus einem weiteren Grund endgültig nicht genehmigungsfähig war (vgl. BGH, Beschluß v. 26. 3. 1997 – III ZR 114/96 –, BGHR BGB § 839 Abs. 1 Satz 1 Kausalität 12). Ein solcher Fall ist hier jedoch nicht gegeben. Daß die Windkraftanlagen ohne die Veränderungssperre auch immissionsschutzrechtlich nicht genehmigungsfähig gewesen wären, hat das Oberverwaltungsgericht nicht angenommen. Ob alternative Versagungsgründe wie hier die Erforderlichkeit einer immissionsschutzrechtlichen Genehmigung die Kausalität zwischen der Rechtmäßig- oder Rechtswidrigkeit einer Veränderungssperre und dem Verhalten der Baugenehmigungsbehörde bei der Bescheidung eines Bauantrags auch dann unterbrechen, wenn der Bauherr den Versagungsgründen durch Umstellung seines Antrags oder Anpassung seines Vorhabens hätte begegnen können, ist zumindest zweifelhaft (verneinend Schieferdecker, in: Hoppe/Bönker/Grotefels, Öffentliches Baurecht, 3. Aufl. 2004, § 19 Rdnr. 55; vgl. auch BGH, Urteil vom 21. 5. 1992 – III ZR 14/91 –, DVBl. 1992, 1430, 1431). Hätte die Bauaufsichtsbehörde die Erteilung der beantragten Baugenehmigung unter Hinweis auf die Erforderlichkeit einer immissionsschutzrechtlichen Genehmigung abgelehnt, hätte die Antragstellerin eine solche Genehmigung beantragen oder der Abgabe der Antragsunterlagen an die Immissionsschutzbehörde zustimmen können. In diesem Fall hätte sie die für die Errichtung der Windkraftanlagen erforderliche Genehmigung möglicherweise zu einem früheren Zeitpunkt erhalten. Das Oberverwaltungsgericht hat zwar Anhaltspunkte dafür, daß die Antragstellerin die Absicht hatte, das begonnene Genehmigungsverfahren nach Immissionsschutzrecht zu beenden, verneint. Diese Feststellung steht einem adäquaten Ursachenzusammenhang zwischen der behaupteten Rechtswidrigkeit der Veränderungssperre und der Verzögerung der Genehmigungserteilung jedenfalls nicht offensichtlich entgegen. Insoweit dürfte es darauf ankommen, ob die Antragstellerin auf der Erteilung einer Baugenehmigung auch dann bestanden hätte, wenn die Bauaufsichtsbehörde selbst ihre Zuständigkeit nicht rechtsirrig bejaht, sondern in Übereinstimmung mit dem Urteil des Senats vom 30. 6. 2004 (– 4 C 9.03 –, BauR 2004, 1745 = NVwZ 2004, 1235) verneint hätte. Daß die Antragstellerin auch unter diesen Umständen ihre Zustimmung zu einer Abgabe der Antragsunterlagen an die Immissionsschutzbehörde verweigert hätte, hat das Oberverwaltungsgericht nicht festgestellt.

Nr. 58

1. **Die Rechtsprechung des Senats (Beschluss v. 4. 10. 2004 – 1 MN 225/04 –, BauR 2005, 532), wonach im Verfahren des vorläufigen Rechtsschutzes gegen einen Bebauungsplan das Rechtsschutzbedürfnis entfällt, wenn eine Baugenehmigung erteilt ist, mit der die Festsetzungen des Plans (nahezu vollständig) umgesetzt sind, bezieht sich nur auf die Zulässigkeit des Eilverfahrens. Ist die erteilte Baugenehmigung angefochten, wird für die Normenkontrolle (Hauptsacheverfahren) das Rechtsschutzbedürfnis regelmäßig fortbestehen.**

2. **Der Antragsteller kann das für die Durchführung des Normenkontrollverfahrens erforderliche Rechtsschutzbedürfnis nicht mit der Erwägung begründen, im Falle der Unwirksamkeit des angegriffenen Plans bestehe Aussicht auf die Durchführung von Sanierungs- bzw. Umlegungsmaßnahmen, wenn diese Aussicht fern liegt.**

BauGB § 1 Abs. 6; VwGO § 47.

Niedersächsisches OVG, Urteil vom 28. April 2005 – 1 KN 70/04 – (rechtskräftig).

Der Antragsteller wendet sich mit seiner Normenkontrolle gegen den Bebauungsplan der Antragsgegnerin, mit dem ihm im Ortskern der Gemeinde ein überwiegend bebautes Areal überplant wird. Der Antragsteller hält die angegriffene Satzung für eine Gefälligkeitsplanung zugunsten der Beigeladenen bzw. deren Rechtsvorgängerin. Seine eigenen Interessen sieht er bei der Planung in unangemessener Weise zurückgesetzt.

Aus den Gründen:

Dem Antragsteller steht kein Rechtsschutzbedürfnis zur Seite. Die Zulässigkeit des Normenkontrollantrages setzt neben der Antragsbefugnis das Vorliegen eines allgemeinen Rechtsschutzbedürfnisses voraus. Diese Sachurteilsvoraussetzung fehlt, wenn der Antragsteller seine Rechtsstellung mit der begehrten Entscheidung nicht verbessern kann und die Inanspruchnahme des Gerichts deshalb als für ihn nutzlos erscheint. Wann dies der Fall ist, richtet sich im Wesentlichen nach den jeweiligen Verhältnissen im Einzelfall (BVerwG, Beschluss vom 28. 8. 1987 – 4 N 3.86 –, BRS 47 Nr. 185; Beschluss v. 9. 2. 1989 – 4 NB 1.89 –, BRS 49 Nr. 37). Im Eilrechtsschutzverfahren gegen einen Bebauungsplan führt die Erteilung einer Baugenehmigung, mit der die Festsetzungen des Bebauungsplanes (nahezu vollständig) umgesetzt werden, dazu, dass das Rechtsschutzbedürfnis für das einstweilige Rechtsschutzverfahren entfällt. Hierauf hat der Senat bereits in seinem Beschluss vom 10. 9. 2004 – 1 MN 71/04 – hingewiesen (vgl. auch Beschluss des Senats v.

4.10.2004 – 1 MN 225/04 –, BauR 2005, 532). Diese Rechtsprechung bezieht sich nur auf das Rechtsschutzbedürfnis im Eilrechtsschutzverfahren. Ist die erteilte Baugenehmigung angefochten, wird für das Hauptsacheverfahren regelmäßig das Rechtsschutzbedürfnis fortbestehen (vgl. OVG Münster, Beschluss v. 29.9.1998 – 10 a D 139/94.NE –, BRS 60 Nr. 50). Bekämpft der Antragsteller Festsetzungen des Bebauungsplanes, auf deren Grundlage Vorhaben unanfechtbar genehmigt und verwirklicht worden sind, entfällt nicht immer das Rechtsschutzbedürfnis, sondern nur dann, wenn der Antragsteller dadurch, dass der Bebauungsplan für unwirksam erklärt wird, seine Rechtsstellung derzeit nicht verbessern kann (BVerwG, Beschluss v. 9.2.1989 – 4 NB 1.89 –, a.a.O.; Urteil v. 28.4.1999 – 4 CN 5.99 –, BRS 62 Nr. 47). Daran gemessen kann der Antragsteller mit dem vorliegenden Antrag im Hauptsacheverfahren seine Rechtsstellung nicht mehr verbessern, soweit er sich dagegen wendet, dass die Festsetzungen des Bebauungsplanes den Beigeladenen bzw. deren Rechtsvorgängerin die Verwirklichung ihres Bauvorhabens gestatten. Die Baugenehmigung für das Bauvorhaben mit der Tiefgarage im rückwärtigen Bereich wurde bereits vor In-Kraft-Treten des Bebauungsplanes – nach Angaben des Antragstellers im Jahr 1993 – erteilt und ist unanfechtbar. Das Vorhaben ist auch verwirklicht.

Der vom Antragsteller in diesem Zusammenhang geltend gemachte Gesichtspunkt des Folgenbeseitigungsanspruches greift nicht durch. Ein solcher steht einem Privaten gegen die öffentliche Hand im Zusammenhang mit einem Bebauungsplan nur dann zu, wenn dessen Vollzug zu einem andauernden rechtswidrigen Zustand geführt hat und die Baumaßnahme von dem Plangeber verantwortet wird (vgl. BVerwG, Urteil v. 26.8.1993 – 4 C 24.91 –, BVerwGE 94, 100 = BRS 55 Nr. 17). Ein solcher Fall ist hier nicht gegeben. Die Tiefgarage und deren Zufahrt zum Pensionsbetrieb der Beigeladenen beruhen nicht auf einem Vollzug des hier angegriffenen Planes, sondern auf der bestandskräftigen Baugenehmigung der mit der Antragsgegnerin nicht identischen Bauaufsichtsbehörde. Selbst wenn der hier angegriffene Plan nachträglich die Baumaßnahme der Beigeladenen/ihrer Rechtsvorgängerin materiell legalisieren soll, bedeutet dies nicht, dass dem Antragsteller damit ein Folgenbeseitigungsanspruch zustünde. Denn diesen Zustand hat die Bauaufsichtsbehörde durch ihren Bauschein hervorgerufen. Dessen Vollzug wird durch den Fortfall des hier angegriffenen Bebauungsplanes indes nicht beeinflusst.

Das Rechtsschutzbedürfnis für den Normenkontrollantrag fehlt ferner, soweit der Antragsteller vorträgt, im Falle der Unwirksamkeit des Bebauungsplanes bestehe Aussicht auf Durchführung von sanierungsrechtlichen Ordnungs- bzw. Umlegungsmaßnahmen, die es ihm ermöglichten, im hinteren Teil seines derzeit für eine Bebauung zu schmalen Grundstückes ein angemessen großes Wohnhaus zu errichten. Es liegen keine Anhaltspunkte dafür vor, dass der Antragsteller mit dem Angriff gegen den Bebauungsplan insoweit seine Rechtsstellung verbessern könnte. Selbst für den Fall, dass der Bebauungsplan für unwirksam erklärt wird, könnte der Antragsteller nicht die von ihm geforderte Sanierung der Verkehrssituation in der Ortsdurchfahrt der Landesstraße auf Höhe seines Grundstückes erreichen. Die Umsetzung von Fördermaßnahmen im Zuge des Sanierungsverfahrens „Ortskern B." ist nach dem Vorbringen der Antragsgegnerin zum 31.12.2003 abgeschlossen worden. Für ein Normenkontrollverfahren gegen die Aufhebung der Sanierungssatzung fehlte dem Antragsteller die Antragsbefugnis (OVG Münster, Beschluss v. 21.9.1989 – 7a NE 34/86 –, NVwZ-RR 1990, 292). Im Übrigen hat der Eigentümer eines Grundstückes im Sanierungsgebiet keinen Rechtsanspruch darauf, dass bestimmte, von ihm für sinnvoll erachtete Sanierungsmaßnahmen vom Sanierungsträger durchgeführt werden. Die Aufstellung einer Sanierungssatzung liegt allein im öffentlichen Interesse.

Abgesehen davon hat die Antragsgegnerin in ihren Abwägungsempfehlungen zu den Anregungen des Antragstellers zu Recht darauf hingewiesen, dass sie nicht Straßenbaulastträger der Straße ist. ...

Es ist auch nicht erkennbar, dass der Antragsteller mit einem Erfolg der Normenkontrolle seine Rechtsstellung in Bezug auf die von ihm begehrte Umlegung verbessern könnte. Auch auf der Grundlage des alten Bebauungsplanes Nr. 7 könnte der Antragsteller eine Umlegung nicht durchsetzen. Zwar kann der Zweck einer Umlegung ohne gültigen Bebauungsplan regelmäßig nicht erreicht werden (BVerwG, Beschluss v. 17.12.1992 – 4 NB 25.90 –, NVwZ 1993, 1183). Auf die Anordnung und Durchführung einer Umlegung besteht jedoch gemäß § 46 Abs. 3 BauGB kein individueller Rechtsanspruch. Es ist auch fern liegend anzunehmen, dass auf der Grundlage des Bebauungsplanes Nr. 7 noch mit einer Umlegung gerechnet werden könnte. Die Antragsgegnerin verweist in den Abwägungsempfehlungen zu Recht darauf, dass es seit In-Kraft-Treten des Bebauungsplanes Nr. 7 in seiner Ursprungsfassung im Jahr 1968 über 25 Jahre nicht zu einer Grundstücksneuordnung im rückwärtigen Bereich des Grundstücks des Antragstellers und der südlich benachbarten Grundstücke durch Umlegung, durch Grenzregelungsverfahren, durch gegenseitigen Flächentausch oder durch privatrechtliche Änderung der Grundstücksgrenzen gekommen ist. Warum jetzt Aussicht auf einen neuen Zuschnitt der rückwärtigen Bereiche der Grundstücke im Plangebiet bestehen soll, legt der Antragsteller nicht dar. Hinzu kommt, dass nach Verwirklichung der Tiefgarage auf den Grundstücken B.-Straße 20 und 22 eine Erschließung des Grundstücks B.-Straße 18 über die öffentliche Erschließungsstraße des Bebauungsplanes Nr. 7 tatsächlich nicht mehr möglich ist. Eine Erschließung von Norden her war bisher nicht im Gespräch und lässt sich wegen der dort anzutreffenden Grundstücksverhältnisse auch mithilfe der Festsetzungen des Bebauungsplanes Nr. 7 nicht realisieren.

Nr. 59

Der Senat hält an seiner Auffassung fest, dass das Rechtsschutzbedürfnis für ein Normenkontrolleilverfahren entfällt, wenn die Planfestsetzungen durch Baugenehmigungen im Wesentlichen ausgenutzt worden sind. Das gilt auch dann, wenn diese Baugenehmigungen noch nicht unanfechtbar geworden sind. In einem solchen Fall kann der Antragsteller seine Rechte allein noch im Verfahren um die Anfechtung/Ausnutzung der erteilten Genehmigungen geltend machen. Von einer Ausnutzung der Festsetzungen eines Bebauungsplanes im obigen Sinne ist dann auszugehen, wenn

nur noch untergeordnete, insbesondere den Antragsteller nicht beeinträchtigende Regelungsinhalte übrig geblieben sind.

VwGO §§ 47 Abs. 6, 80 a Abs. 3.

Niedersächsisches OVG, Beschluss vom 23. Juni 2005 – 1 MN 46/05 –.

Der Antragsteller möchte den am 10.12.2004 im Amtsblatt bekannt gemachten Bebauungsplan außer Vollzug gesetzt sehen, weil dieser die Planungsgrundlage für ein großes Einkaufszentrum mit einer offenen Parkgarage darstelle, dessen Zufahrtsspindel unmittelbar gegenüber seinem Grundstück vorgesehen sei und das zu seinen Lasten über das zumutbare Maß hinaus Lärm sowie Luftvereinigungen hervorrufen werde. Den Normenkontroll- und Normenkontrolleilantrag hat der Antragsteller am 2.3.2005 gestellt. Bereits unter dem 14.12.2004 hatte die Antragsgegnerin als Bauaufsichtsbehörde der Beigeladenen eine Baugenehmigung für den Neubau eines Einkaufszentrums mit offener Parkgarage erteilt.

Der Antragsteller hält den Eilantrag für zulässig, weil der angegriffene Plan nicht allein die Grundlage für die Errichtung des Einkaufszentrums, sondern zugleich für Baumaßnahmen am südlich davon gelegenen Zentralen Omnibusbahnhof bilde. Zudem wäre es mit Art. 19 Abs. 4 Satz 1 GG nicht zu vereinbaren, wenn einem Nachbarn die Möglichkeiten des § 47 Abs. 6 VwGO allein deshalb abgeschnitten würden, weil zu einem Zeitpunkt Baugenehmigungen erteilt worden seien, zu dem der Plan gerade mal bekannt gemacht worden sei und ein Normenkontrollantrag nicht habe gestellt werden können.

Aus den Gründen:

II. Der Normenkontrolleilantrag ist unzulässig. Ihm fehlte von Anfang an das Rechtsschutzbedürfnis, weil die Planfestsetzungen durch die Baugenehmigung der Antragsgegnerin vom 14.12.2004 im Wesentlichen ausgenutzt worden waren.

Der Senat hat seine Rechtsprechung in einem Fall, in dem am Tage der Bekanntmachung des Planes für acht von neun damit geplanten „Baufenstern" Genehmigungen für Windenergieanlagen erteilt worden waren, im Beschluss vom 17.6.2005 – 1 MN 59/05 –, (Vnb.) wie folgt nochmals zusammengefasst:

„Zur Frage der Zulässigkeit eines einstweiligen Anordnungsverfahrens nach § 47 Abs. 6 VwGO im Falle der (mehr oder weniger vollständigen) Ausnutzung der Festsetzungen eines angegriffenen Bebauungsplanes durch Erteilung von bau- oder immissionsschutzrechtlichen Genehmigungen hat sich der Senat in seinem Beschluss v. 4.10.2004 – 1 MN 225/04 –, BauR 2005, 532 im Anschluss an seinen vorausgegangenen Beschluss v. 4.5.2004 – 1 MN 50/04 –, V.n.b.) wie folgt geäußert: (s. BRS 67 Nr. 56).

An dieser Auffassung ist auch hier uneingeschränkt festzuhalten. Den Einwand des Antragstellers, diese Handhabung des Rechtsschutzbedürfnisses verstoße gegen Art. 19 Abs. 4 Satz 1 GG, hatte der Senat bereits wiederholt behandelt. Er dringt unverändert nicht durch. Diese grundgesetzliche Verbürgung gewährleistet nicht, dass ein eröffneter Rechtsweg unabhängig von Zulässigkeitsvoraussetzungen soll beschritten werden dürfen. Auch wenn die Normenkontrolle in ihrer Reichweite unter Umständen über die Nachbaranfechtung hinausgeht, weil dort der Antragsteller auch auf Grund rechtlicher Gesichtspunkte Erfolg haben kann, welche nicht seinem Schutz zu dienen bestimmt sind, besagt dies nicht, dass ihm diese Vorteile in jedem Falle, d. h.

ungeachtet von Zulässigkeitsfragen zu erhalten sind. Der Gesetzgeber hat die Normenkontroll-Aussetzungsentscheidung „nun einmal" nicht mit Rückwirkung ausgestaltet. Dementsprechend ist der Nachbar auf die Anfechtung der erteilten Genehmigungen beschränkt, wenn sein Normenkontrollantrag „zu spät" kommt. Darin liegt keine unzumutbare, vor Art. 19 Abs. 4 Satz 1 GG zu missbilligende Einschränkung seiner Abwehrmöglichkeiten. Denn noch immer kann er im Rahmen der Individualanfechtung alle Gesichtspunkte mit Aussicht auf Erfolg vorbringen, die seinen individuellen Rechten zu dienen bestimmt sind. Der Rechtsschutz ist somit unverändert „effektiv" geeignet, eigene Rechtspositionen auch einstweilen ausreichenden Umfangs zu wahren.

Entgegen der Annahme des Antragstellers nutzt die Baugenehmigung vom Dezember 2004 die Planfestsetzungen so wesentlich aus, dass dies zum Fortfall des Rechtsschutzbedürfnisses führt. Sein Hinweis auf die Zentrale Omnibushaltestelle (ZOH) rechtfertigt kein anderes Ergebnis. Denn der streitige Plan setzt den ZOH nicht etwa erstmals fest mit der Folge, dass seine (möglicherweise genehmigungsfrei zu vollziehende) Anlegung zusätzlich zum angegriffenen Einkaufszentrum namhaften Verkehr in diesen Bereich leitete. Der Bereich des ZOH wird durch die Planfestsetzungen vielmehr sogar reduziert, weil sich das Einkaufszentrum zum Teil auf seinen Bereich hin ausdehnen soll. Diese räumliche Einengung stellte keine Einschränkung, aber auch keine Erweiterung des Betriebes des öffentlichen Personennahverkehrs (ÖPNV) dar. Die Verkleinerung der Fläche führt nach den Ausführungen der Antragsgegnerin in der Planbegründung zwar dazu, dass der ZOH räumlich neu eingeteilt und in diesem Zusammenhang eine Mittelinsel mit Abfahrtszonen eingerichtet werden solle. Das allein ist indes keine Maßnahme, durch die die planbedingten Belastungen zum Nachteil des Antragstellers verstärkt würden. Vielmehr wird dadurch nur der (Einsteige-)Komfort der Fahrgäste verbessert. Dementsprechend wird auf S. 81 der Planbegründung nachvollziehbar ausgeführt, die Einziehung der bislang dem ZOH dienende Teilfläche An der P. in den Center-Bereich sei zu vertreten, weil Belange des ÖPNV hierdurch nicht nachteilig berührt werden. ...

Nr. 60

1. **Wenn ein Bebauungsplan oder eine Satzung zur Änderung eines Bebauungsplans unter Geltung des §47 VwGO i. d. F. des BauROG rechtskräftig nicht nur für nicht wirksam, sondern für nichtig erklärt worden ist, darf die Gemeinde eine inhaltsgleiche Satzung nicht gemäß §214 Abs. 4 BauGB rückwirkend in Kraft setzen.**

2. **Eine unter Rechtsschutzgesichtspunkten etwaige wechselseitige Stärkung der Verfahrenspositionen des Plangebers und beizuladender Dritter, die gemeinsam die Nichtigerklärung des Plans abzuwehren suchen, ist mit dem Rechtsinstitut der Beiladung nicht bezweckt.**

(Zu 2. nichtamtlicher Leitsatz.)

Nr. 60

BauGB §§ 1 Abs. 3 Satz 1, 214 Abs. 4; VwGO §§ 47 Abs. 2 Satz 4, Abs. 5 Satz 2, 65 Abs. 1.

Bundesverwaltungsgericht, Beschluss vom 14. November 2005 – 4 BN 51.05 –.

(Bayerischer VGH)

Aus den Gründen:

1.1 ... Der Verwaltungsgerichtshof ist weder davon ausgegangen, dass es unabhängig von den konkreten Festsetzungen einen quasi automatischen Rechtswidrigkeitszusammenhang zwischen einer Änderungssatzung und den nachfolgenden Änderungen dieses Bebauungsplans gibt, noch hat er allein darauf abgestellt, dass die 4. Änderung für die Grundstücke der Antragsteller die Festsetzungen der für nichtig erklärten 2. Änderung nicht geändert hat. Maßgebend für die Annahme, dass die rechtskräftig für die 2. Änderungssatzung festgestellten Nichtigkeitsgründe in gleicher Weise der 4. Änderungssatzung anhaften, war vielmehr, dass die 4. Änderung die mit der 2. Änderung eingeleitete Planungskonzeption fortschreibe und es für die Grundstücke der Antragsteller bei den Baurechtsbeschränkungen belasse, die zur Nichtigkeit der 2. Änderung geführt hätte. Die mit der 2. Änderung eingeleitete Planungskonzeption habe darin bestanden, durch die Reduzierung und Festschreibung des Baurechts auf den vorgefundenen Baubestand Anreize für bauwillige Gewerbetreibende zu schaffen, städtebauliche Verträge zur Mitfinanzierung der geplanten Erschließungsmaßnahmen abzuschließen; denjenigen Grundstückseigentümern, die sich darauf einlassen würden, hätte sodann in weiteren Planungsschritten wieder ein größeres Maß der baulichen Nutzung eingeräumt werden sollen. Die auf dieser Grundkonzeption beruhende 2. Änderung des Bebauungsplans hat der Verwaltungsgerichtshof in einem früheren Normenkontrollverfahren rechtskräftig für nichtig erklärt, weil die vollständige Beseitigung der nicht ausgenutzten Baurechte städtebaulich nicht erforderlich i. S. von § 1 Abs. 3 BauGB gewesen sei und unabhängig davon hierin ein nicht behebbarer Abwägungsmangel i. S. von § 1 Abs. 6 BauGB gelegen habe. Dass der 4. Änderungssatzung bei deren Erlass neben der Fortschreibung dieser Planungskonzeption eine von der Wirksamkeit der 2. Änderung unabhängige, die Erforderlichkeit i. S. von § 1 Abs. 3 Satz 1 BauGB selbstständig tragende städtebauliche Konzeption zugrunde gelegen habe, hat der Verwaltungsgerichtshof nicht festgestellt.

2. Die Rügen gegen die unterbliebene Beiladung der Eigentümer der anderen im Änderungsgebiet gelegenen Grundstücke greifen nicht durch.

2.1. So weit die Beschwerde die unterbliebene Beiladung als Verfahrensmangel rügt, legt sie nicht – wie dies erforderlich wäre (vgl. BVerwG, Urteil v. 6. 6. 2002 – 4 CN 4.01 –, BVerwGE 116, 296, 306 = BRS 65 Nr. 78 = BauR 2002, 1655) – dar, dass die Antragsgegnerin hierdurch beschwert ist. Die Möglichkeit, die Eigentümer planunterworfener Grundstücke, denen die Unwirksamkeitserklärung des Plans zum Nachteil gereichen würde, im Normenkontrollverfahren beizuladen, wurde geschaffen, um deren grundrechtlichen Anspruch auf effektiven Rechtsschutz Rechnung zu tragen (vgl. BT-Drucks. 14/6393, S. 9, im Anschluss an BVerfG, Beschluss v. 19. 7. 2000 – 1

BvR 1053/93 –, NVwZ 2000, 1283). Die Beiladung ist nach ihrem Sinn und Zweck ein verfahrensrechtliches Instrument zum Schutze dieser Grundeigentümer und nicht etwa des Plangebers selbst. In aller Regel wird die plangebende Gemeinde durch das Unterlassen der Beiladung der Eigentümer planunterworfener Grundstücke nicht in ihren Rechten berührt. Eine unter Rechtsschutzgesichtspunkten etwaige wechselseitige Stärkung der Verfahrenspositionen des Plangebers und beizuladender Dritter, die gemeinsam die Nichtigerklärung des Plans abzuwehren suchen, ist mit dem Rechtsinstitut der Beiladung nicht bezweckt (vgl. BVerwG, Urteil v. 6.6.2002, a.a.O., und Beschluss v. 4.4.2000 – 7 B 190.99 –, VIZ 2000, 661, 662). Für eine atypische Fallkonstellation, in der etwas Anderes gelten könnte, ist hier nichts dargetan oder sonst ersichtlich ...

3.1. Die zum Themenkomplex „Umfang der Rechtskraft" als rechtsgrundsätzlich bezeichnete Frage, ob und unter welchen Voraussetzungen eine Gemeinde im Falle einer stattgebenden Normenkontrollentscheidung gehindert ist einen inhaltsgleichen Bebauungsplan neu zu erlassen, würde sich in dieser Allgemeinheit in dem erstrebten Revisionsverfahren nicht stellen. Der Verwaltungsgerichtshof hat aus der stattgebenden Normenkontrollentscheidung von 2002 kein generelles Verbot, einen inhaltsgleichen Bebauungsplan neu zu erlassen, hergeleitet, sondern lediglich das Verbot, einen solchen Bebauungsplan *rückwirkend* in Kraft zu setzen. Zudem ist die stattgebende Normenkontrollentscheidung, deren Rechtskraftwirkung in Rede steht, noch auf der Grundlage des § 47 VwGO i.d.F. des Gesetzes zur Änderung des Baugesetzbuchs und zur Neuregelung des Rechts der Raumordnung (Bau- und Raumordnungsgesetzes 1998 – BauROG v. 18.8.1997, BGBl. I, 2081)) ergangen. Das BauROG hatte die – durch das Gesetz zur Anpassung des Baugesetzbuchs an EU-Richtlinien (Europarechtsanpassungsgesetz Bau – EAG Bau v. 24.6.2004, BGBl. I, 1359) nicht aufrecht erhaltene – Unterscheidung zwischen der Erklärung einer Satzung für nichtig und für nicht wirksam eingeführt. Entscheidungserheblich wäre mithin nur, ob eine Gemeinde, wenn die ursprüngliche Satzung zur Änderung eines Bebauungsplans unter Geltung des § 47 VwGO i.d.F. des BauROG rechtskräftig nicht nur für nicht wirksam, sondern – wie hier – für nichtig erklärt wurde, einen inhaltsgleichen Bebauungsplan rückwirkend in Kraft setzen darf. Diese Frage bedarf nicht der Klärung in einem Revisionsverfahren. Dass sie zu verneinen ist, ergibt sich unmittelbar aus dem Gesetz und der bisherigen Rechtsprechung des Senats.

Gemäß § 214 Abs. 4 BauGB können der Flächennutzungsplan oder die Satzung durch ein ergänzendes Verfahren zur Behebung von Fehlern auch rückwirkend in Kraft gesetzt werden. Außerhalb des Anwendungsbereichs dieser Vorschrift darf die Gemeinde einen Bebauungsplan nicht rückwirkend in Kraft setzen. Das hat der Senat für § 215 Abs. 3 BauGB 1987 und § 215a Abs. 2 BauGB 1998 bereits entschieden (vgl. BVerwG, Urteil v. 18.4.1996 – 4 C 22.94 –, BVerwGE 101, 58 = BRS 58 Nr. 44 = BauR 1996, 671; Beschlüsse v. 7.11.1997 – 4 NB 48.96 –, BRS 59 Nr. 32 = BauR 1998, 284 = Buchholz 406.11 § 215 BauGB Nr. 12, und v. 6.3.2000 – 4 BN 31.99 –, Buchholz 310 § 47 VwGO Nr. 140 = BRS 63 Nr. 55 = BauR 2000, 1008). § 10 Abs. 3 Satz 4

BauGB regelt abschließend, dass der Bebauungsplan mit der Bekanntmachung in Kraft tritt; eine Abweichung hiervon lässt allein § 214 Abs. 4 BauGB zu. Insoweit sind mit der Neuregelung in § 214 Abs. 4 BauGB keine grundsätzlichen inhaltlichen Änderungen gegenüber der bisherigen Regelung in § 215 a BauGB 1998 verbunden (vgl. BT-Drucks. 15/2250, S. 65; Berkemann, in: Berkemann/Halama, Erstkommentierungen zum BauGB 2004, § 214 BauGB Rdnr. 148). Die Gemeinde kann einen Bebauungsplan rückwirkend mithin nur in Kraft setzen, wenn der Fehler, an dem der ursprünglich beschlossene Bebauungsplan litt, durch ein ergänzendes Verfahren behoben werden kann. Nach § 215 a Abs. 1 Satz 1 BauGB 1998 führten Mängel der Satzung, die nicht unbeachtlich waren und die durch ein ergänzendes Verfahren behoben werden könnten, nicht zur Nichtigkeit; bei Vorliegen eines im ergänzenden Verfahren behebbaren Mangels war die Satzung gemäß § 47 Abs. 5 Satz 4 VwGO i. d. F. des BauROG lediglich für nicht wirksam zu erklären (vgl. BVerwG, Urteile v. 8. 10. 1998 – 4 CN 7.97 –, BRS 60 Nr. 52 = BauR 1999, 359 = Buchholz 406.11 § 215 a BauGB Nr. 1, und v. 25. 11. 1999 – 4 CN 12.98 –, BVerwGE 110, 118 = BRS 62 Nr. 45 = BauR 2000, 845). Die Fehlerbehebung im ergänzenden Verfahren war – anders als die Möglichkeit des rückwirkenden In-Kraft-Setzens gemäß § 215 a Abs. 2 BauGB 1998 – nicht auf bestimmte Arten von Fehlern beschränkt. Im Wege des ergänzenden Verfahrens behebbar waren grundsätzlich alle beachtlichen Satzungsmängel (vgl. BVerwG, Urteil v. 18. 9. 2003 – 4 CN 20.02 –, BRS 66 Nr. 5 = BauR 2004, 280 = Buchholz 406.11 § 1 BGB Nr. 118). Anhaltspunkte dafür, dass der Gesetzgeber, als er bei Erlass des EAG Bau in § 214 Abs. 4 BauGB die Möglichkeit, den Flächennutzungsplan oder die Satzung rückwirkend in Kraft zu setzen, auf alle Fehler erstreckte, die in einem ergänzenden Verfahren behoben werden können, den Begriff des ergänzenden Verfahrens anders als in § 215 a Abs. 1 Satz 1 BauGB 1998 verstanden haben könnte, sind nicht ersichtlich. Auch insoweit waren mit der Neuregelung keine grundsätzlichen inhaltlichen Änderungen gegenüber der bisherigen Regelung beabsichtigt (vgl. BT-Drucks. 15/2250, S. 65).

Ist ein Bebauungsplan oder eine Satzung zur Änderung eines Bebauungsplans unter Geltung des § 47 VwGO i. d. F. des BauROG rechtskräftig nicht nur für nicht wirksam, sondern für nichtig erklärt worden, weil die Satzung an einem Mangel leidet, der nicht in einem ergänzenden Verfahren behoben werden kann, steht die fehlende Behebbarkeit des Mangels in einem ergänzenden Verfahren zwischen den Beteiligten des Normenkontrollverfahrens fest. Denn gebunden ist die Gemeinde nicht nur an den Tenor, sondern auch an die tragenden Gründe der Normenkontrollentscheidung (vgl. BVerwG, Beschluss v. 6. 5. 1993 – 4 N 2.92 –, BVerwGE 92, 266, 270 = BRS 55 Nr. 27 = BauR 1993, 695). Da § 214 Abs. 4 BauGB die Behebbarkeit des Mangels in einem ergänzenden Verfahren voraussetzt, folgt aus der rechtskräftigen Normenkontrollentscheidung zugleich, dass die Gemeinde eine inhaltsgleiche Satzung nicht rückwirkend in Kraft setzen darf.

3.3. Die in diesem Zusammenhang geltend gemachte Divergenz liegt nicht vor. Der Senat hat in dem Beschluss vom 6. 3. 2000 (– 4 BN 31.99 –, BRS 63 Nr. 55 = BauR 2000, 1008 = Buchholz 310 § 47 VwGO Nr. 140) zwar den Rechtssatz aufgestellt, dass die Feststellung der Nichtigkeit eines Bebauungsplans im Normenkontrollverfahren die Gemeinde nicht daran hindert, einen neuen Bebauungsplan gleichen Inhalts aufzustellen mit dem Ziel in dem „wieder aufgenommenen" Planaufstellungsverfahren den Rechtsmangel zu beheben, der nach den Gründen der Normenkontrollentscheidung die Nichtigkeit zur Folge hat; dass ein solcher Bebauungsplan entgegen der Rechtsauffassung des VGH auch rückwirkend in Kraft gesetzt werden kann, hat er jedoch nicht entschieden. Einen solchen Rechtssatz enthält auch der Beschluss vom 6.5.1993 (– 4 N 2.92 –, a.a.O.) nicht.

Nr. 61

Nach einer Behebung des im Normenkontrollverfahren festgestellten Mangels in einem ergänzenden Verfahren ist ein Antragsteller nicht gehindert, in einem zweiten Normenkontrollverfahren die für nicht durchgreifend angesehenen Rügen erneut zu erheben.
(Nichtamtlicher Leitsatz.)

VwGO § 47 Abs. 2 Satz 1.

Bundesverwaltungsgericht, Beschluss vom 2. Juni 2005 – 4 BN 19.05 –.

(VGH Baden-Württemberg)

Aus den Gründen:

Die Beschwerde wirft die Frage auf, ob ein Normenkontrollgericht nach einer erneuten Überprüfung eines Bebauungsplans, der in einem ergänzenden Verfahren geheilt wird, an jene Wertungen gebunden ist, die es im ersten Normenkontrollverfahren ausgesprochen hat. Diese Frage ist in der Rechtsprechung des Senats bereits geklärt. Sie bezieht sich auf Urteile, durch die ein Bebauungsplan für unwirksam erklärt worden ist. Darin enthaltene Ausführungen, wonach der Bebauungsplan an keinen weiteren Mängeln leidet, die für seine Wirksamkeit beachtlich sind, tragen den Entscheidungsausspruch des Normenkontrollgerichts nicht und nehmen deshalb an seiner Rechtskraft nicht teil. Nach einer Behebung des im Normenkontrollverfahren festgestellten Mangels in einem ergänzenden Verfahren ist ein Antragsteller nicht gehindert, in einem zweiten Normenkontrollverfahren die für nicht durchgreifend angesehenen Rügen erneut zu erheben (BVerwG, Beschluss v. 11.12.2002 – 4 BN 16.02 –, BRS 65 Nr. 49; vgl. Beschluss v. 20.6.2001 – 4 BN 21.01 –, BRS 64 Nr. 58). Folgerichtig ist das Normenkontrollgericht auch nicht gehindert, einen Bebauungsplan im Hinblick auf die angesprochenen Mängel erneut zu überprüfen. Vorliegend kommt – wie in der Beschwerdeerwiderung zu Recht hervorgehoben wird – noch hinzu, dass der Inhalt der von den Antragstellern angegriffenen Festsetzungen im Rahmen des ergänzenden Verfahrens verändert worden ist. Außerdem ist der Verwaltungsgerichtshof entgegen der Darstellung in der Beschwerde in seinem (Ersten) Normenkontrollurteil vom 14.9.2000 – 3 S 2486/99 –, nicht uneingeschränkt zu dem Ergebnis gelangt, das Erweiterungsinteresse der Antragsteller sei richtig abgewogen worden. Vielmehr hat er einen Mangel im Abwägungsvorgang als möglich angesehen, diesen jedoch als unbeachtlich behandelt (Urteilsabdruck S. 13).

II. Zulässigkeit von Bauvorhaben

1. Im Geltungsbereich eines Bebauungsplanes

Nr. 62

1. **Ob eine Schank- und Speisewirtschaft der Versorgung eines allgemeinen Wohngebiets dient, muß auch für ein Fastfood-Restaurant (hier: „subway"-Filiale) unter Berücksichtigung aller Umstände des Einzelfalles entschieden werden (vgl. BVerwG, Beschlüsse v. 18.1.1993 – 4 B 230.92 –, BRS 55 Nr. 54, und v. 3.9.1998 – 4 B 85.98 –, BRS 60 Nr. 67).**

2. **Ein im allgemeinen Wohngebiet ausnahmsweise zulässiger sonstiger nicht störender Gewerbebetrieb (§ 4 Abs. 3 Nr. 2 BauNVO) muß nach Wortlaut sowie Sinn und Zweck der Vorschrift nicht darauf beschränkt sein, lediglich der Gebietsversorgung zu dienen.**

BauNVO § 4 Abs. 2 Nr. 2, Abs. 3 Nr. 2.

OVG Nordrhein-Westfalen, Beschluß vom 16. März 2005 – 10 B 1350/04 – (rechtskräftig).

(VG Düsseldorf)

Die Antragstellerin betreibt als Franchisenehmerin für die Kette „subway" in einem durch Bebauungsplan als allgemeines Wohngebiet festgesetzten Gebiet eine Sandwichbar. Der Antragsgegner sprach durch die angegriffene Ordnungsverfügung eine Nutzungsuntersagung aus und erklärte sie für sofort vollziehbar. Er war der Meinung, die Sandwichbar diene nicht der Versorgung der umliegenden Wohngebiete, sondern wende sich vor allem an Kunden aus dem nahe gelegenen Sondergebiet Universität. Das VG lehnte den Antrag auf Anordnung der aufschiebenden Wirkung des Widerspruchs gegen die Ordnungsverfügung ab. Die hiergegen gerichtete Beschwerde hatte Erfolg.

Aus den Gründen:

Der Antragsgegner hat die sofortige Vollziehung der Nutzungsuntersagungsverfügung ausgesprochen, weil er die derzeit durchgeführte Nutzung der von der Antragstellerin betriebenen Gaststätte als „subway"-Filiale als formell illegal und materiell nicht offensichtlich genehmigungsfähig einstuft. Diese Annahme hält einer rechtlichen Überprüfung nicht stand.

Die Antragstellerin stützt sich auf die Baugenehmigung von 2003, mit der eine Nutzung der Räumlichkeiten als „Schank- und Speisewirtschaft zur Versorgung des örtlichen Wohngebiets" (Betriebsbeschreibung zum Bauantrag) – ohne zusätzlichen eigenständigen Erklärungsinhalt ist das Vorhaben im Bauantrag und in der Baugenehmigung auch als „Kaffeewirtschaft" bezeichnet – erlaubt worden ist. Nach der mit dem Bauantrag vorgelegten Betriebsbeschreibung werden halbfertig angelieferte Waren zu kalten und warmen Speisen für Frühstück, Mittag- und Abendessen verarbeitet und zum Verzehr an Ort und Stelle oder zum Verkauf außer Haus angeboten. Ob sich der Betrieb der Antragstellerin noch im Rahmen der Bandbreite dieser Baugenehmigung hält oder diese überschreitet, läßt sich auf der Grundlage des in den Akten befindlichen Materials und der im Orts- und Erörterungstermin gewonnenen

Erkenntnisse nicht mit abschließender Sicherheit feststellen. Allerdings spricht Überwiegendes dafür, daß der Betrieb der Antragstellerin – entgegen der Annahme des Antragsgegners – als Betrieb mit Gebietsversorgungscharakter i. S. des § 4 Abs. 2 Nr. 2 BauNVO eingestuft werden kann, insoweit der Baugenehmigung entspricht und deshalb nicht formell illegal ist.

Zwar reicht es für die Annahme, daß eine Gaststätte i. S. des § 4 Abs. 2 Nr. 2 BauNVO der Gebietsversorgung dient, nicht aus, wenn die betroffene Gaststätte in untergeordnetem Maß auch auf die Wohnbevölkerung des sie umgebenden allgemeinen Wohngebiets zielt; sie muß diesem nach ihrem Betriebskonzept vielmehr funktional zugeordnet sein und ihm in diesem Sinne dienen. Das ist nicht der Fall, wenn sie von gebietsfremder Laufkundschaft oder von den im Wohngebiet berufstätigen Personen aufgesucht, von den in diesem Gebiet wohnenden Personen hingegen allenfalls gelegentlich besucht wird (BVerwG, Beschlüsse v. 18. 1. 1993 – 4 B 230.92 –, BRS 55 Nr. 54 = BauR 1993, 435; und v. 3. 9. 1998 – 4 B 85.98 –, BRS 60 Nr. 67 = BauR 1999, 29; Urteil v. 29. 10. 1998 – 4 C 9.97 –, BRS 60 Nr. 68 = BauR 1999, 228).

Die Frage der Gebietsversorgung ist für jeden Einzelfall unter Würdigung der konkreten Umstände zu beantworten. Ein Indiz für die funktionale Zuordnung einer Gaststätte zu einem Wohngebiet ist neben der gebietsangemessenen Betriebsgröße und einem darauf abgestimmten Nutzungskonzept die fußläufige Erreichbarkeit der Gaststätte; umgekehrt ist die allein auf den Gaststättentyp abstellende Annahme, ein Fastfood-Restaurant könne seiner Art nach nicht der Versorgung eines Allgemeinen Wohngebiets dienen, regelmäßig nicht gerechtfertigt. Im vorliegenden Fall ergibt sich aus den in den Akten befindlichen Angaben zur Betriebsgröße und -struktur, zu dem Betriebskonzept der Antragstellerin sowie aus den im Rahmen der Ortsbesichtigung gewonnenen Erkenntnissen über die Ausdehnung der umliegenden Wohngebiete und über die Betriebsergebnisse der Gaststätte insbesondere an Wochenenden und in den Semesterferien folgendes:

Anders als es sich aus der in den Akten befindlichen Planskizze ergibt, ist der Betrieb der Antragstellerin nicht nur von den mit WA 27, WA 28 und WA 29 bezeichneten Wohngebieten umgeben; vielmehr sind drei zusätzliche Neubauwohngebiete entstanden, die den vorhandenen Wohnungsbestand erheblich erweitert haben. Damit dürfte ein Kundenpotenzial vorhanden sein, das für die Antragstellerin nach ihren – vom Antragsgegner nicht in Zweifel gezogenen – Angaben die Grundlage für einen wirtschaftlich sinnvollen Betrieb bietet. Alle erwähnten Wohngebiete müssen unabhängig von den jeweils durch Bebauungsplan festgesetzten Gebietsgrenzen in die Betrachtung einbezogen werden, da sie in fußläufiger Entfernung vom Betrieb der Antragstellerin liegen und nach ihrer Anordnung und Struktur realistischerweise erwarten lassen, daß die Gaststätte allein durch die Bewohner dieser Gebiete in einem nennenswerten Umfang ausgelastet werden könnte; hierfür spricht auch der Umstand, daß an Wochenenden oder in den Semesterferien nach Angaben der Antragstellerin hinreichende Umsätze erzielt werden. Daß die Gaststätte der Antragstellerin mit ihrem Angebot offenkundig auch Personen anspricht, die an der nahe gelegenen Universität studieren oder berufstätig sind, stellt diese Annahmen nach derzeitigem Kenntnisstand nicht in Frage.

Denn zum einen fehlt es an jeglichen Ermittlungen dazu, inwieweit sich dieser Personenkreis mit dem Kreis der Bewohner der genannten Wohngebiete überschneidet. Zum anderen beruht die Annahme des Antragsgegners, der Betrieb der Antragstellerin ziele in erster Linie auf Nutzer aus dem Universitätsbereich, lediglich auf einzelnen Hinweisen der Antragstellerin zur Wahl des Standortes sowie auf nicht näher erläuterten Annahmen des Antragsgegners selbst und ist durch konkret ermittelte Erkenntnisse nicht belegt. Den Akten läßt sich jedenfalls nicht entnehmen, daß das Betriebskonzept der Antragstellerin die im Umfeld der Universität angesprochene Kundschaft als den eigentlichen Kern des für den Betrieb erforderlichen Kundenpotenzials ansähe.

In dieser Situation fällt die im gerichtlichen Eilverfahren vorzunehmende Abwägung zwischen dem Interesse des Antragsgegners an der Untersagung einer (möglicherweise) formell illegalen Nutzung und dem Interesse der Antragstellerin daran, die Nutzung zunächst bis zum Abschluß eines Hauptsacheverfahrens durchführen zu können, zugunsten der Antragstellerin aus. Auf der Grundlage der bisher angestellten Ermittlungen ist nämlich mit einiger Wahrscheinlichkeit davon auszugehen, daß eine formell illegale Nutzung nicht vorliegt. Mithin ist es unwahrscheinlich, daß die tatbestandlichen Voraussetzungen für eine Nutzungsuntersagung überhaupt gegeben sind. Deshalb wiegt das Interesse der Antragstellerin an der vorläufigen Fortführung ihres Betriebes schwerer als das Interesse an der vorläufigen Durchsetzung der erlassenen Ordnungsverfügung.

Für dieses Ergebnis der Interessenabwägung spricht auch der Umstand, daß eine ausnahmsweise Zulassung für den Betrieb der Antragstellerin auf der Grundlage von § 4 Abs. 3 Nr. 2 BauNVO zu erwägen wäre, selbst wenn eine auf § 4 Abs. 2 Nr. 2 BauNVO gestützte Nutzungsänderungsgenehmigung nicht in Frage kommen sollte. In einem allgemeinen Wohngebiet kann ausnahmsweise ein sonstiger Gewerbebetrieb zulässig sein, wenn von ihm keine Störungen ausgehen. Dies dürfte – vorbehaltlich weiterer Ermittlungen – auf den Betrieb der Antragstellerin zutreffen. Denn auf Grund der konkreten Betriebsabläufe und der Lage des Betriebes an der Ecke U.-Straße/C.-Straße ist mit wohngebietsunverträglichen Emissionen nicht zu rechnen. Insbesondere wird kein Verkehr in das Wohngebiet hineingezogen, der die gebietstypische Wohnruhe beeinträchtigen würde, weil Kunden, die nicht zu Fuß oder mit dem Fahrrad kommen, auf der U.-Straße unmittelbar vor dem Betrieb halten und die ruhigeren Seitenstraßen ,insbesondere die C.-Straße nicht nutzen müssen. Von dem Betrieb selbst ,mit einer genehmigten Anzahl von nur 20 Sitzplätzen gehen keine nennenswerten Störungen aus; Nachbarbeschwerden sind nach Aktenlage bisher nicht aufgetreten. Einer Genehmigung als sonstiger nicht störender Gewerbebetrieb würde auch nicht entgegenstehen, daß der Betrieb – für den Fall, daß nach seinem Betriebskonzept eine Genehmigung als Gebietsversorger nach § 4 Abs. 2 Nr. 2 BauNVO ausscheiden sollte – überwiegend auf die außerhalb des allgemeinen Wohngebiets ansässige oder dort arbeitende Bevölkerung abzielen müßte. Denn § 4 Abs. 3 Nr. 2 BauNVO verlangt einen derartigen Gebietsbezug im Unterschied zu § 4 Abs. 2 Nr. 2 BauNVO und entgegen der Rechtsansicht des Antragsgegners gerade nicht (OVG NRW, Beschluß v. 25.2.2003 – 10 B 2417/02 –, BRS 66 Nr. 89 = BauR 2003, 1011; Stock, in: König/Roeser/Stock, BauNVO, 2. Aufl., §4 Rdnr. 73 m. w. N.; Reidt, in: Gelzer/Bracher/Reidt, Bauplanungsrecht, 7. Aufl. 2004, Rdnr. 1378 ff.; Boeddinghaus, BauNVO, 5. Aufl. 2005, §2 Rdnr. 30; Bönker, in: Hoppe/Bönker/Grotefels, Öffentliches Baurecht, 3. Aufl. 2004, §4 Rdnr. 37; die abweichende Ansicht von Fickert/Fieseler, BauNVO, §4 Rdnr. 9.4 und §2 Rdnr. 25.17, findet keine Stütze im Wortlaut oder im Sinn und Zweck der Vorschrift).

Nr. 63

Eine Anstalt des offenen Strafvollzugs („Freigängerhaus") ist keine Anlage für soziale Zwecke im Sinne der Baunutzungsverordnung.

BauGB §34 Abs. 2; BauNVO §§3, 4, 6; StVollzG §11.

Bundesverwaltungsgericht, Beschluß vom 26. Juli 2005 – 4 B 33.05 –.

(Sächsisches OVG)

Aus den Gründen:

Das Oberverwaltungsgericht ist zu dem Ergebnis gelangt, daß die Eigenart der näheren Umgebung des Vorhabengrundstücks und des Grundstücks der Klägerin nach §34.2 BauGB einem der Baugebiete der BauNVO entspricht. Dabei hat es offen gelassen, ob die Umgebung als faktisches allgemeines Wohngebiet oder (im Hinblick auf eine Autowaschanlage) als faktisches Mischgebiet einzustufen ist. In jedem Fall sei ein Freigängerhaus – in dem hier 60 männliche Gefangene untergebracht werden sollen – nicht zulässig, da es sich nicht um eine Wohnnutzung, eine Anlage für soziale Zwecke oder eine Anlage für Verwaltung handle.

Die von der Beschwerde aufgeworfene Frage kann mit dem Oberverwaltungsgericht verneint werden, ohne daß es hierfür der Durchführung eines Revisionsverfahrens bedürfte. Anlagen für soziale Zwecke dienen in einem weiten Sinn der sozialen Fürsorge und der öffentlichen Wohlfahrt. Es handelt sich um Nutzungen, die auf Hilfe, Unterstützung, Betreuung und ähnliche fürsorgerische Maßnahmen ausgerichtet sind. Als typische Beispiele werden Einrichtungen für Kinder und Jugendliche, alte Menschen sowie andere Personengruppen angesehen, die (bzw. deren Eltern) ein besonderes soziales Angebot wahrnehmen wollen (vgl. Stock, in: König/Roeser/Stock, BauNVO, 2. Aufl. 2003, §4 BauNVO Rdnr. 51; Ziegler, in: Brügelmann, BauGB, §2 BauNVO Rdnr. 66). Sie sollen – in der Formulierung des §3 Abs. 3 BauNVO – den Bedürfnissen der die Einrichtung in Anspruch nehmenden Personen dienen.

Demgegenüber stellt ein Freigängerhaus als offene Anstalt des Justizvollzugs eine anders geartete Einrichtung dar. Sie dient dem durch ein Strafurteil angeordneten Strafvollzug. Die Strafgefangenen begeben sich nicht in die Anstalt, um dort von einer sozialen Einrichtung zu profitieren. Davon könnte erst gesprochen werden, wenn es sich um frühere Strafgefangene handelt, die beispielsweise eine Anlaufstelle für Entlassene aufsuchen, um dort Betreuung und Unterstützung zu erhalten.

Diese bauplanungsrechtliche Einordnung wird nicht dadurch in Frage gestellt, daß der gesamte Strafvollzug nach § 2 Satz 1 StVollzG der Resozialisierung dient und den Betroffenen befähigen soll, künftig in sozialer Verantwortung ein Leben ohne Straftaten zu führen. Freigang stellt nach § 11 Abs. 1 Nr. 1 StVollzG eine Form der Lockerung des Vollzugs dar; der Vollzugscharakter als solcher wird jedoch nicht in Frage gestellt. Denn der Gefangene darf zwar außerhalb der Anstalt einer Beschäftigung nachgehen; gerade während des Aufenthalts im Freigängerhaus wird jedoch der weiter geltende Charakter als Form des Vollzugs besonders deutlich, denn die Anstalt darf nicht frei verlassen werden.

In der Literatur wird ebenfalls überwiegend davon ausgegangen, daß ein Freigängerhaus nicht als Anlage für soziale Zwecke eingestuft werden kann (Stock, a. a. O., § 3 BauNVO Rdnr. 27; Fickert/Fieseler, BauNVO, 10. Aufl. 2002, § 3 BauNVO Rdnr. 16.33; Ziegler, a. a. O.; lediglich Bielenberg, in: Ernst/Zinkahn/Bielenberg, BauGB, § 3 BauNVO Rdnr. 11 geht ohne nähere Begründung von einer Anlage für soziale Zwecke aus). ...

Im übrigen ist hervorzuheben, daß entgegen den Formulierungen in der Beschwerde und der Ansicht des Verwaltungsgerichts auf der Grundlage dieser rechtlichen Würdigung die Schaffung eines Freigängerhauses (durch Errichtung oder Nutzungsänderung) nicht nur durch die Überplanung mit einem Sondergebiet nach § 11 Abs. 1 BauNVO, sondern auch im Wege der Befreiung nach § 34 Abs. 2 BauGB i. V. m. § 31 Abs. 2 BauGB möglich ist, wenn die Voraussetzungen hierfür im Einzelfall vorliegen.

Nr. 64

Eine offene Anstalt des Justizvollzuges, sog. Freigängerhaus, ist seiner Nutzungsart nach weder Wohnnutzung, noch eine Anlage für soziale Zwecke oder Anlage für Verwaltung und deshalb weder in einem allgemeinen Wohngebiet noch in einem Mischgebiet bauplanungsrechtlich zulässig.

BauGB § 34; BauNVO §§ 4, 6; SächsBO a. F. § 75; SächsBO n. F. § 77.

Sächsisches OVG, Urteil vom 3. März 2005 – 1 B 120/04 – (rechtskräftig).

Die Klägerin wendet sich gegen eine dem Freistaat Sachsen erteilte Zustimmung für den Umbau vorhandener Gebäude zu einem sog. Freigängerhaus. Die Klägerin ist Eigentümerin der Flurstücke, die mit Wohnhäusern bebaut sind und die teilweise an das Vorhabengrundstück grenzen. Ein Bebauungsplan für das Baugrundstück existiert nicht.

1999 beantragte der Freistaat Sachsen die Erteilung einer Zustimmung für den Umbau des Alt- und Neubaus auf dem Baugrundstück zu einem Freigängerhaus der Justizvollzugsanstalt Chemnitz. In dem Freigängerhaus sollen 60 männliche Gefangene untergebracht werden. Die Stadt Chemnitz stimmte der „Nutzungsänderung" zu. 2000 erteilte das Regierungspräsidium Chemnitz die Zustimmung.

Aus den Gründen:

I. Die Berufung ist zulässig. Insbesondere fehlt der Klägerin nicht das auch für die Durchführung eines Berufungsverfahrens erforderliche Rechtsschutzbedürfnis. Allerdings ist das Vorhaben nach § 77 Abs. 1 Satz 3 SächsBO in der seit dem 1. 10. 2004 geltenden Fassung nicht mehr zustimmungspflichtig, weil die Stadt Chemnitz dem Vorhaben nicht widersprochen hat und Abweichungen, Ausnahmen oder Befreiungen nicht zugelassen worden sind. Nach der Rechtsprechung des Senats (Beschluß v. 15. 7. 1999, SächsVBl. 1999, 275; vgl. auch BVerwG, Urteil v. 8. 10. 1998, NVwZ 1999, 415) führt der Umstand, daß eine im Nachbarrechtsstreit angefochtene Baugenehmigung auf Grund einer Rechtsänderung nicht mehr erforderlich ist, nicht zur Erledigung der Nachbarklage, weil der Nachbar ein Rechtsschutzbedürfnis dafür besitzt, den Eintritt der formellen Legalität des Bauvorhabens zu verhindern. Etwas anderes gelte nur dann, wenn mit der Einführung der Genehmigungsfreiheit dem Bauherrn auch rückwirkend die erlangte Rechtsposition hätte entzogen werden sollen, was durch § 89 SächsBO a. F. nicht geschehen sei. An dieser Rechtsprechung hält der Senat auch hinsichtlich der mit § 89 Abs. 1 SächsBO n. F. identischen Regelung in § 90 Abs. 1 SächsBO n. F. fest. Ein Nachbar, der eine inzwischen an sich nicht mehr erforderliche Baugenehmigung mit Erfolg anficht, ist seinem Ziel auf Abwendung der Verletzung eigener Rechte immerhin etwas näher gekommen, auch wenn er etwa in einem Verfahren auf Einschreiten der Behörde gegen das nicht genehmigte Vorhaben nicht mehr geltend machen kann, es sei formell illegal, und die Frage, ob das Vorhaben ihn materiell in seinen Rechten verletzt, erneut zu prüfen ist. Seine Rechtsposition wäre noch ungünstiger, wenn das Bauvorhaben formell legal wäre. Die oben genannte Rechtsprechung ist des weiteren auch auf eine bauaufsichtliche Zustimmung zu übertragen. Bei dieser handelt es sich jedenfalls im Verhältnis zum dem Vorhaben nicht zustimmenden Nachbarn um einen Verwaltungsakt (vgl. dazu Dahlke-Piel, in: Degenhart, SächsBO, Losebl., Stand Juni 2002, § 75 Rdnr. 37; Jäde, in: Jäde/Dirnberger/Böhme, Bauordnungsrecht Sachsen, Losebl., Stand Oktober 2004, § 75 Rdnr. 35 f.), und damit wie eine Baugenehmigung jedenfalls insoweit um einen Bescheid, der dem nicht zustimmenden Nachbarn gegenüber in formelle Bestandskraft erwachsen und deshalb dem Vorhaben formelle Legalität verschaffen kann.

II. Die Berufung ist auch begründet. Das Verwaltungsgericht hat die Klage zu Unrecht abgewiesen. ...

1. Die Klägerin ist in ihrem Gebietswahrungsanspruch aus § 34 Abs. 2 BauGB (vgl. dazu nur Söfker, in: Ernst/Zinkahn/Bielenberg, BauGB, Losebl., Stand September 2004, § 34 Rdnr. 143 m. w. N.) verletzt, weil jedenfalls ihr Grundstück mit dem Vorhabengrundstück entweder in einem faktischen allgemeinen Wohngebiet i. S. von § 4 BauNVO oder in einem faktischen Mischgebiet i. S. von § 6 BauNVO liegt und das Vorhaben in beiden Fällen nach § 34 Abs. 2 BauGB bauplanungsrechtlich unzulässig ist. Da die bauplanungsrechtliche Zulässigkeit des Vorhabens in einem bauaufsichtlichen Zustimmungsverfahren sowohl nach der alten Rechtslage (§ 75 Abs. 4 Satz 2 Nr. 1 SächsBO a. F.), als auch nach der neuen Rechtslage (§ 77 Abs. 3 Satz 1 Nr. 1 SächsBO n. F.) zum bauaufsichtlichen Prüfungsumfang gehört, kann offen bleiben, welche Rechtslage für die materielle Rechtmäßigkeit der angefochtenen Bescheide maßgeblich ist. ...

1.2 Sowohl in einem faktischen allgemeinen Wohngebiet als auch in einem faktischen Mischgebiet ist ein Freigängerhaus nicht allgemein zulässig (§ 34 Abs. 2 BauGB i. V. m. § 4 BauNVO).

1.2.1 Um Wohnnutzung i. S. von § 4 Abs. 2 Nr. 1, § 6 Abs. 2 Nr. 1 BauNVO handelt es sich nicht (ebenso Fickert/Fieseler, BauNVO, 7. Aufl., § 3 Rdnr. 16.3; Stock, in: König/Roeser/Stock, BauNVO, 1999, § 3 Rdnr. 27; Bielenberg, a. a. O., § 3 BauNVO Rdnr. 11; a. A. wohl Hess. VGH, Beschluß v. 2. 5. 1980, BRS 36 Nr. 183). Zum Begriff des Wohnens gehört eine auf Dauer angelegte Häuslichkeit, die Eigengestaltung der Haushaltsführung und des häuslichen Wirkungskreises sowie die Freiwilligkeit des Aufenthaltes (vgl. nur BVerwG, Beschluß v. 25. 3. 2004 – 4 B 15.04 –, zit. nach juris). Diese Merkmale sind bei einem Freigängerhaus als einer Anstalt des Justizvollzuges zur Vollstreckung der Freiheitsstrafe (§ 10 Abs. 1, § 139, § 141 Abs. 2 StVollG) sämtlich nicht gegeben. Der Umstand, daß ein Gefangener nur mit seiner Zustimmung in einem Freigängerhaus, genauer: einer Anstalt des offenen Vollzugs, untergebracht werden kann (§ 10 Abs. 1 StVollG) ändert daran nichts. Denn ohne diese Zustimmung kann der Gefangene seinen Aufenthaltsort nicht etwa frei wählen, sondern er wird im geschlossenen Vollzug untergebracht (§ 10 Abs. 2 StVollG).

1.2.2 Bei einem Freigängerhaus handelt es sich auch nicht um ein Anlage für soziale Zwecke i. S. von § 4 Abs. 2 Nr. 3 oder i. S. von § 6 Abs. 2 Nr. 5 BauNVO (ebenso Fickert/Fieseler, a. a. O.; Ziegler, in: Brügelmann, BauGB, Losebl. Stand Oktober 2004, § 2 BauNVO Rdnr. 66; a. A. Bielenberg, a. a. O.). Anlagen für soziale Zwecke im Sinne dieser Vorschrift sind solche, die – wenn ihr Zweck auch nicht auf die Versorgung des Gebietes gerichtet sein muß – mit den Wohnbedürfnissen im weiteren Sinne in Zusammenhang stehen (Fickert/Fieseler, a. a. O., § 4 Rdnr. 6.3). Dies tut ein Freigängerhaus als offene Anstalt des Justizvollzuges nicht. Eine solche dient – wie geschlossene Justizvollzugsanstalten – der Vollziehung der Freiheitsstrafe (§ 139 StVollG) und unterscheidet sich von den Anstalten des geschlossenen Vollzuges nur darin, daß nur verminderte Vorkehrungen gegen Entweichungen vorgesehen sind (§ 141 Abs. 2 StVollG). Dies mag – auch – soziale Gründe haben, dadurch wird der vornehmliche Zweck der Anstalt, die Strafvollstreckung, aber nicht in den Hintergrund gedrängt. Die Vollziehung der Freiheitsstrafe dient übergeordneten, nicht speziell mit den Wohnbedürfnissen der Bevölkerung in Zusammenhang stehenden, allgemeingesellschaftlichen und staatspolitischen Zwecken. Ob die Ansiedlung eines Freigängerhauses dem Ziel der Wiedereingliederung des Gefangenen, dem im übrigen auch der geschlossene Vollzug verpflichtet ist (§ 2 Satz 1, § 3 Abs. 3 StVollG), eher dienen kann, wenn sie in der Nähe zu Wohngebäuden erfolgt, kann dahinstehen. Denn dies mag bei der Frage, ob ein Freigängerhaus den übrigen Bewohnern des Gebietes gegenüber die gebotene Rücksichtnahme einhält, eine Rolle spielen, die Begriffe der Nutzungsarten der BauNVO sind demgegenüber anhand der den Baugebieten zugewiesenen allgemeinen Zweckbestimmungen auszulegen und nicht nach justiz- oder sozialpolitischen Erwägungen.

1.3 Bei einem Freigängerhaus handelt es sich auch nicht um eine Anlage für Verwaltung (§ 4 Abs. 3 Nr. 3, § 6 Abs. 2 Nr. 5 BauNVO) (anders wohl Ziegler,

a. a. O.). Anlagen für Verwaltungen sind solche Einrichtungen, in denen oder von denen aus verwaltet wird (Bielenberg, a. a. O., § 4 BauNVO Rdnr. 23). Sie dienen nicht dem ständigen, sondern nur dem vorübergehenden, auf eine berufliche Tätigkeit oder die Inanspruchnahme von Leistungen gerichteten Aufenthalt von Menschen. Dies ist bei einem Freigängerhaus, in dem zwar einige Bedienstete arbeiten, im wesentlichen aber Menschen leben, nicht der Fall.

Nr. 65

1. Ein Steinmetzbetrieb ist in einem allgemeinen Wohngebiet grundsätzlich unzulässig.

2. Zum Vorliegen eines atypischen Falls (hier verneint).

BauGB § 34 Abs. 1, Abs. 2; BauNVO § 4.

Thüringer OVG, Urteil vom 10. August 2005 – 1 KO 714/02 – (rechtskräftig).

(VG Weimar)

Die Klägerin und der Beigeladene zu 2 begehren die Aufhebung einer dem Beigeladenen zu 1 erteilten Baugenehmigung. Die Klägerin und der Beigeladene zu 2 sind Miteigentümer des Flurstücks a, der Beigeladene zu 1 ist Eigentümer des südlich angrenzenden Flurstücks b.

1997 beantragte der Beigeladene zu 1 die Erteilung einer Baugenehmigung für das als „Umnutzung Wohn- und Geschäftsgrundstück – Wohnhaus mit Büro, Sanitäranlagen und Werkstatt im getrennten Gebäude, Ausstellungsfläche auf dem Grundstück" bezeichnete Vorhaben. Nach den Genehmigungsunterlagen soll dort ein Steinmetzbetrieb mit drei Beschäftigten unterhalten werden, als einzusetzende Maschinen wurden angegeben Hammer, Meißel, ein kleiner Kompressor und Bohrmaschine (Werkstatt). Die Klägerin und der Beigeladene zu 2 stimmten dem Vorhaben nicht zu; die Stadt erteilte ihr Einvernehmen.

1998 erteilte der Beklagte die beantragte Baugenehmigung. In Nr. III. 1 der der Genehmigung beigefügten Auflagen ist bestimmt, dass u. a. die Stellungnahme der Unteren Immissionsschutzbehörde Bestandteil der Genehmigung ist. Nr. III.2 der Auflagen enthält den Vorbehalt, dass bei Betreiben der gewerblichen Einrichtung die zulässigen Immissionsrichtwerte eingehalten werden und keine nachteiligen Auswirkungen auf die umliegende Wohnbebauung entstehen. Sie enthält ferner die Regelung, dass keine Außenarbeiten und in der Werkstatt keine lärmintensiven Arbeiten durchgeführt werden dürfen; eine Schüttgutlagerung auf der Freifläche darf nicht erfolgen. Wenn notwendig, sind Lärmschutz mindernde Maßnahmen durchzuführen.

Aus den Gründen:

II. Die Umgebung stellt sich als (faktisches) allgemeines Wohngebiet i. S. des § 34 Abs. 2 BauGB a. F. i. V. m. § 4 BauNVO dar, in der der dem Beigeladenen zu 1 genehmigte Betrieb seiner – hier allein umstrittenen – Art nach nicht zulässig ist. . . .

2) Der dem Beigeladenen zu 1 genehmigte Steinmetzbetrieb ist kein sonstiger nicht störender Gewerbebetrieb, der in einem allgemeinen Wohngebiet nach § 4 Abs. 3 Nr. 2 BauNVO ausnahmsweise zulässig wäre.

Ausgangspunkt ist hier, dass das allgemeine Wohngebiet gemäß § 4 Abs. 1 BauNVO „vorwiegend dem Wohnen" dient. Sein Gebietscharakter wird dadurch geprägt, dass es nach Möglichkeit ein ungestörtes Wohnen gewährleisten soll. Bei der Frage, ob ein Gewerbebetrieb i. S. des § 4 Abs. 3 Nr. 2 BauNVO stört, ist grundsätzlich eine typisierende Betrachtungsweise geboten. Maßgebend ist, ob das Vorhaben – bezogen auf den dargelegten Gebietscharakter des allgemeinen Wohngebietes – aufgrund seiner typischen Nutzungsweise störend wirkt (vgl. BVerwG, Urteil v. 21. 3. 2002 – 4 C 1.02 –, BRS 65 Nr. 63 = BauR 2002, 1497 = BVerwGE 116, 155). Dabei sind alle mit der Zulassung des Betriebes nach dessen Gegenstand, Struktur und Arbeitsweise typischerweise verbundenen Auswirkungen auf die nähere Umgebung zu berücksichtigen; zu diesen für die Gebietsverträglichkeit wesentlichen Merkmalen gehört je nach Art des zuzulassenden Gewerbebetriebes auch der mit ihm regelmäßig verbundene Zu- und Abfahrtsverkehr sowie die von diesen bewirkten Geräusche und sonstigen Immissionen (vgl. BVerwG, Beschluss v. 9. 10. 1990 – 4 B 121.90 –, BRS 50 Nr. 58 = BauR 1991, 49).

Bei typisierender Betrachtungsweise ist davon auszugehen, dass ein Steinmetzbetrieb in einem – allgemeinen – Wohngebiet nicht zulässig ist. Er verfügt im Regelfall über eine Anzahl von Maschinen, die sämtlich Lärm und Staub verursachen, und ist, was den An- und Abtransport des Ausgangsmaterials und der hergestellten Waren anbelangt, mit Emissionen verbunden, die mit dem Charakter eines Wohngebietes nicht verträglich sind (vgl. auch BayVGH, Urteil v. 29. 7. 1976 – 23 XIV 73 –, BRS 30 Nr. 28). Insoweit gilt nichts anderes als für Tischlereien (vgl. BVerwG, Urteil v. 7. 5. 1971 – IV C 76.68 –, BRS 24 Nr. 15 = BauR 1971, 182) und Zimmereibetriebe (vgl. BVerwG, Urteil v. 15. 2. 1990 – 4 C 23.86 –, a. a. O.). Eine Gebietsverträglichkeit lässt sich auch für den Betrieb des Beigeladenen zu 1 nicht feststellen, wobei nicht von seinem gegenwärtigen, sondern von dem genehmigten Umfang auszugehen ist. Allerdings weist dieser – mit 3 Mitarbeitern kleine – Steinmetzbetrieb die Besonderheiten auf, dass er sich im Wesentlichen mit der Fertigstellung vorgefertigter Grabsteine beschäftigt und – wie die Augenscheinseinnahme ergeben hat – nur über eine sehr kleine Werkstatt verfügt, die der Annahme größerer Aufträge von vornherein entgegensteht. Gleichwohl kann er nicht als atypisch mit der Folge angesehen werden, dass er mit dem Charakter eines – allgemeinen – Wohngebietes vereinbar wäre. Dies ergibt sich daraus, dass er – wie typischerweise ein Steinmetzbetrieb – über Maschinen und Arbeitsgeräte wie einen Kompressor, eine Bohrmaschine, eine Steinschneidemaschine und ein Sandstrahlgerät verfügt, mit denen lärmintensive Arbeiten durchgeführt werden, indem Grabsteine graviert und Einfassungen geschnitten werden. Hinzu kommen der An- und Abtransport des Rohmaterials und der fertig gestellten Grabsteine. Der bei diesen Verrichtungen entstehende Lärm und die mit ihnen verbundene Unruhe sind mit der umliegenden, überwiegenden Wohnnutzung nicht vereinbar.

Etwas anderes folgt auch nicht aus den in der Baugenehmigung vom März 1998 getroffenen Regelungen. Die nach der Baugenehmigung einzuhaltende Auflage in der Stellungnahme der Unteren Immissionsschutzbehörde, bei der Ausführung von Steinbearbeitungen im Werkstattinnenbereich seien sämtliche „lärmrelevanten" Türe, Tore und Fenster geschlossen zu halten, kann – wie die Augenscheinseinnahme ergeben hat – nicht eingehalten werden. Die Einfassungen, die im Betrieb des Beigeladenen zu 1 geschnitten werden, sind für die Werkstatt zu lang und können daher nur bei geöffneter Tür bearbeitet werden. Die des Weiteren in der Baugenehmigung enthaltene Auflage, es dürften „in der Werkstatt keine lärmintensiven Arbeiten durchgeführt werden", widerspricht dem Charakter des Steinmetzbetriebes und ist insofern sinnlos.

Etwas anderes ergibt sich schließlich nicht daraus, dass bei Durchführung der Arbeiten in der Werkstatt, die – wie dargelegt – teilweise nur bei geöffneter Tür durchgeführt werden können, möglicherweise die für ein allgemeines Wohngebiet geltenden Lärmwerte eingehalten werden. Abgesehen davon, dass es für Beantwortung der Frage, ob ein Betrieb mit der Eigenart des Gebietes verträglich oder unverträglich ist, in erster Linie auf das Kriterium der gebietsunüblichen Störung und nicht auf die Einhaltung der immissionsschutzrechtlichen Lärmwerte ankommt (vgl. BVerwG, Urteil v. 21.3.2002 – 4 C 1.02 –, a.a.O.), ist deren Einhaltung im vorliegenden Fall jedenfalls nicht gesichert. ...

Erweist sich mithin der dem Beigeladenen zu 1 genehmigte Betrieb auch nicht ausnahmsweise gemäß §34 Abs.2 BauGB a.F. i.V.m. §4 Abs.3 Nr.2 BauNVO als zulässig, so verstößt er zugleich gegen den Anspruch der Klägerin und des Beigeladenen zu 2 auf Bewahrung der Gebietsart im hier maßgebenden Bereich. Zusätzlicher Feststellungen einer tatsächlich spürbaren und nachweisbaren Beeinträchtigung und damit der Verletzung des Gebots der Rücksichtnahme im Einzelfall bedarf es daher nicht (vgl. BVerwG, Urteil v. 16.9.1993 – 4 C 28.91 –, BRS 55 Nr.110 = BauR 1994, 223 = BVerwGE 94, 151). Insofern kommt es auch auf die von der Bundesstraße B 86 ausgehende Lärmbelästigung und die dadurch bedingte Vorbelastung des Grundstücks der Klägerin und des Beigeladenen zu 2 nicht an.

Unerheblich ist auch, dass dem Beigeladenen zu 1 für die Umnutzung seines Anwesens am 22.4.1997 ein Bauvorbescheid erteilt worden ist. Dieser Bescheid war jedenfalls bei Erteilung der angefochtenen Baugenehmigung noch nicht bestandskräftig, denn er ist der Klägerin und dem Beigeladenen zu 2 nicht bekannt gegeben worden (vgl. BVerwG, Urteil v. 17.3.1989 – 4 C 14.85 –, BRS 49 Nr.168 = BauR 1989, 454).

Nr. 66

In Dorfgebieten können Schweineställe auch in einer Entfernung von weniger als der Hälfte des Mindestabstands nach Bild 21 der VDI-Richtlinie 3471 von benachbarten Wohnhäusern zulässig sein.

BauGB §34 Abs.1 und 2; BauNVO §5 Abs.1, 2 Nr.1; BImSchG §§3 Abs.1 und 2, 22 Abs.1; VDI-Richtlinie 3471.

Bayerischer VGH, Urteil vom 1. Juli 2005 – 25 B 99.86 – (rechtskräftig).

Gegenstand des Rechtsstreits ist der genehmigte Umbau des bestehenden Viehstalls des Beigeladenen in einen Mastschweinestall. Der Kläger ist Miteigentümer des benachbarten Grundstücks, das in südöstlicher Richtung an das Baugrundstück angrenzt. Er betreibt auf dem Grundstück nach eigenen Angaben einen Winzerbetrieb mit Direktvermarktung des Weines sowie teilweise auch eine konzessionierte Heckenwirtschaft, die gegenwärtig hauptsächlich im Herbst und Frühjahr betrieben wird, und hält außerdem ein paar Schafe und Hühner, ferner zwei Schweine. Er macht geltend, daß durch den geplanten Mastschweinestall schädliche Umwelteinwirkungen auf seinem Grundstück hervorgerufen würden.

Mit Bescheid vom Februar 1997 genehmigte das Landratsamt den geplanten Stallumbau mit der Vorgabe, daß in dem Stall nicht mehr als 140 Tiere, entsprechend 18,2 GV, in Flüssigmistaufstallung gehalten werden dürfen, und daß der Flüssigmist über perforierten Boden in eine geruchsdicht verschlossene Güllegrube abzuleiten und im Zulauf zur Grube ein Geruchsverschluß (z. B. Siphon) einzubauen ist.

Widerspruch, Klage und Berufung des Nachbarn blieben erfolglos.

Aus den Gründen:

1. Der geplante Schweinestall ist seiner Art nach gemäß § 34 Abs. 1, 2 BauGB i. V. m. § 5 Abs. 2 Nr. 1 BauNVO bauplanungsrechtlich zulässig.

Die landwirtschaftliche Hofstelle des Beigeladenen liegt innerhalb des im Zusammenhang bebauten Ortsteils H., dessen Eigenart nach übereinstimmender, im Ortstermin bestätigter Einschätzung aller Beteiligten einem Dorfgebiet i. S. des § 1 Abs. 3 Satz 1, Abs. 2 Nr. 5 i. V. m. § 5 BauNVO entspricht. Nach der Art der baulichen Nutzung ist der geplante Stallumbau gemäß § 34 Abs. 2 BauGB im faktischen Dorfgebiet zulässig, weil er als Teil der Wirtschaftsstelle des landwirtschaftlichen Betriebes des Beigeladenen in einem entsprechenden Baugebiet gemäß § 5 Abs. 2 Nr. 1 BauNVO allgemein zulässig wäre.

Das Vorhaben fügt sich auch nach seinem äußeren Erscheinungsbild in die Eigenart der näheren Umgebung ein. Auch wenn in H. kein weiterer Schweinemastbetrieb dieser Größe mehr existiert und – wie die Beteiligten im gerichtlichen Augenschein übereinstimmend bestätigten – die Landwirtschaft insgesamt zurückgegangen sein bzw. sich auf andere landwirtschaftliche Betätigungsfelder wie insbesondere den Weinbau verlagert haben mag, fügt sich der Betrieb des Beigeladenen nach dem im gerichtlichen Augenschein gewonnenen Eindruck ohne weiteres in die Eigenart der näheren Umgebung ebenso wie in das dörfliche Gesamtbild des Ortes ein. Der Senat teilt insoweit die Einschätzung des Landratsamts, daß das Vorhaben eines landwirtschaftlichen Betriebes auf dem Prüfstand steht und er typischer für die bäuerliche Landwirtschaft nicht sein könnte. Diese Qualifizierung wird auch durch den geplanten Stallumbau nicht in Frage gestellt, der die bestehenden Wirtschaftsgebäude in ihrer äußeren Form im wesentlichen unberührt läßt.

2. Das Vorhaben wahrt auch die Grenzen des nachbarschaftlichen Rücksichtnahmegebots. Die von dem geplanten Schweinestall ausgehenden Immissionen sind trotz der relativ engen Grundstücksverhältnisse im Umfeld des Vorhabens auf Grund der konkreten Umstände des Einzelfalls für den Kläger noch zumutbar.

a) Das bauplanungsrechtliche Rücksichtnahmegebot, das auch im unbeplanten Innenbereich über das Einfügensgebot des § 34 Abs. 1 Satz 1 BauGB

Geltung beansprucht (BVerwG v. 13.3.1981, DVBl. 1981, 928; v. 11.1.1999, BayVBl. 1999, 568), soll gewährleisten, daß Nutzungen, die geeignet sind Spannungen und Störungen hervorzurufen, einander in rücksichtsvoller Weise so zugeordnet werden, daß Konflikte möglichst vermieden werden. Erforderlich ist stets eine einzelfallbezogene Beurteilung. Das Rücksichtnahmegebot ermöglicht und gebietet damit eine „Feinabstimmung" der konkreten Nutzungsverhältnisse mit der Folge, daß die grundsätzlich nach Baugebieten zusammengefaßten Zulässigkeitsmaßstäbe je nach Lage des Einzelfalls durch situationsbezogene Zumutbarkeitskriterien ergänzt werden (BVerwG v. 23.9.1999, BVerwGE 109, 314, 318f.; BayVGH v. 23.11.2004 – 25 B 00.366 –). Welche Anforderungen sich hieraus im einzelnen ergeben, hängt maßgeblich davon ab, was dem Rücksichtnahmebegünstigten einerseits und dem Rücksichtnahmeverpflichteten andererseits nach Lage der Dinge zuzumuten ist (grundlegend BVerwG v. 25.2.1977, BVerwGE 52, 122, 126, st. Rspr; vgl. z.B. auch BVerwG v. 23.9.1999, a.a.O.).

Bei der Bestimmung der Zumutbarkeitsgrenzen kann auf die Begriffsbildungen des Bundes-Immissionsschutzgesetzes zurückgegriffen werden (BVerwG v. 25.2.1977, a.a.O., LS 3). Dieses Gesetz verlangt von den Betreibern emittierender Anlagen unabhängig von der immissionsschutzrechtlichen Genehmigungspflicht, daß vermeidbare schädliche Umwelteinwirkungen unterbleiben (§5 Abs. 1 Satz 1 Nr. 1 und §22 Abs. 1 BImSchG). Schädliche Umwelteinwirkungen sind nach §3 Abs. 1 und 2 BImSchG Immissionen, die nach Art, Ausmaß oder Dauer geeignet sind, Gefahren, erhebliche Nachteile oder erhebliche Belästigungen für die Allgemeinheit oder für die Nachbarschaft herbeizuführen (BVerwG v. 25.2.1977, a.a.O., S.126; vgl. auch BayVGH v. 3.1.1995, BayVBl. 1995, 347). Einwirkungen dieses Grades sind den davon Betroffenen grundsätzlich nicht zumutbar.

Die Frage, wann Immissionen im Einzelfall als erheblich anzusehen und deshalb unzumutbar sind, läßt das Bundes-Immissionsschutzgesetz offen. Auch untergesetzliche rechtsverbindliche Konkretisierungen für die Ermittlung und Bewertung von Geruchsimmissionen aus der Schweinehaltung fehlen. Normkonkretisierende Verwaltungsvorschriften wie insbesondere die Erste Allgemeine Verwaltungsvorschrift zum Bundes-Immissionsschutzgesetz (Technische Anleitung zur Reinhaltung der Luft – TA Luft) vom 24.7.2002 (GMBl., 511) liefern für den hier zu entscheidenden Fall ebenfalls keine brauchbaren Maßstäbe. Zum einen regelt die TA Luft gemäß Nr. 1 Abs.3 nicht den Schutz vor, sondern nur die Vorsorge gegen schädliche Umweltwirkungen durch Geruchsimmissionen (BayVGH v. 25.5.2004 – 20 B 01.2294 –, UA S.8). Zum anderen enthält die Mindestabstandskurve für Schweine in Abbildung 1 der TA Luft (GMBl., a.a.O., S.565) keine Aussage zu dem – hier einschlägigen – Bereich einer Tierlebendmasse unter 50 Großvieheinheiten. Bei der gerichtlichen Würdigung der Erheblichkeit von Geruchsimmissionen durch Schweinehaltung ist deshalb auf die VDI-Richtlinie 3471 „Emissionsminderung Tierhaltung – Schweine" (im folgenden: VDI-Richtlinie 3471, abgedruckt in König/Roeser/Stock, BauNVO, 3.Aufl. 2005, Anhang 9) zurückzugreifen, die zwar als technisches Regelwerk nicht unmittelbar rechtsverbindlich ist, die aber als Orientierungs- und Entscheidungshilfe für die Beurteilung der Zumutbarkeit von Geruchsimmissionen aus der Schweinehaltung grundsätzlich brauchbar ist (BVerwG v. 14. 1. 1993, DVBl. 1993, 652; v. 27. 1. 1994, NVwZ-RR 1995, 6; v. 8. 7. 1998, NVwZ 1999, 63; v. 28. 2. 2002, NVwZ 2002, 1114; vgl. auch BayVGH v. 25. 5. 2004, a. a. O.).

b) Unter Heranziehung der VDI-Richtlinie 3471 als Orientierungs- und Entscheidungshilfe ergibt sich bei Würdigung der Umstände des Einzelfalls, daß von dem geplanten Schweinestall des Beigeladenen keine erheblich belästigenden und damit unzumutbaren Geruchsimmissionen auf das Grundstück des Klägers einwirken.

aa) Zu Recht gehen sowohl die beteiligten Fachbehörden als auch die Genehmigungs- und die Widerspruchsbehörde von einem tatsächlichen Immissionsabstand von ca. 51 m zwischen dem emittierenden Vorhaben und dem maßgeblichen Immissionspunkt auf dem Grundstück des Klägers aus.

Maßgeblicher Emissionspunkt bei der Bestimmung des tatsächlichen Immissionsabstandes ist der Abluftkamin in unmittelbarer Nähe zur südwestlichen Giebelfrontseite des Stallgebäudes, den das Landratsamt im Genehmigungsbescheid als Bestandteil der Zwangsentlüftung vorgeschrieben hat. Der im Eingabeplan eingezeichnete Lüftungsschacht in der nordwestlichen Außenwand des Stallgebäudes (Bestand) ist demgegenüber keine relevante Emissionsquelle, weil im Genehmigungsbescheid bestimmt ist, daß „näher zum Ortskern befindliche Abluftkamine" aufzugeben und zu verschließen sind. Der Güllebehälter, den der Kläger als weitere Emissionsquelle berücksichtigt wissen möchte, ist mit einer befahrbaren Betondecke abgeschlossen. Er setzt deshalb bei der Lagerung auch nach Auffassung des vom Kläger beauftragten Privatsachverständigen keine nennenswerten Emissionen frei. Geruchsbelästigungen beim Umrühren und Abpumpen der Gülle beschränken sich erfahrungsgemäß auf wenige Stunden im Jahr und haben deshalb als geringfügige Ereignisse bei der Bestimmung der Zumutbarkeitsschwelle außer Betracht zu bleiben (vgl. auch SH OVG v. 15. 12. 2003 – 1 LB 3724/01 –, juris), zumal die mit der Art der Entmistung im Zusammenhang stehenden Immissionen bereits über die Stallkriterien nach Tabelle 4 der VDI-Richtlinie 3471 in die erforderlichen Mindestabstände einfließen. ...

Maßgeblicher Immissionsort am Grundstück des Klägers ist die dem Emissionspunkt Abluftkamin am nächsten gelegene westliche Hausecke des Wohngebäudes des Klägers. Dabei kann zugunsten des Klägers vernachlässigt werden, daß die nächstgelegene Fensteröffnung (Speisekammer), über die die Stallgerüche am ehesten in das Wohnhaus des Klägers eindringen können, vom Emissionspunkt noch etwas weiter entfernt ist als die Hausecke. Die vom Kläger geplante Umnutzung der an der südwestlichen Grundstücksgrenze stehenden Wirtschaftsgebäude zu Wohnzwecken hat als nicht genehmigte und deshalb rechtlich noch nicht verfestigte Nutzungsabsicht bei der Bemessung des tatsächlichen Immissionsabstandes außer Betracht zu bleiben. Der weitere Vortrag des Klägers, daß in den Wirtschaftsgebäuden Hausschlachtungen durchgeführt würden und frische Fleischware (Räucherware) und Gemüse aufbewahrt werde, bestätigte sich beim gerichtlichen Augenschein nicht und wurde auch nicht mehr aufrechterhalten. Schließlich führen auch die Freiflächen des klägerischen Grundstücks, die der Kläger für schutzwürdig hält, nicht zu einer Verlagerung des maßgeblichen Immissionspunkts, etwa in dem Sinne, daß – wie der Kläger meint – auf die gemeinsame Grundstücksgrenze als maßgeblicher Immissionspunkt abzustellen wäre. In der Rechtsprechung ist zwar anerkannt, daß bei der Bestimmung von Zumutbarkeitsschwellen nicht nur das Leben innerhalb der betroffenen Gebäude, sondern auch eine angemessene Nutzung der sog. Außenwohnbereiche wie Balkone, Terrassen, Hausgärten, Kinderspielplätze und sonstigen Grün- und Freiflächen eine Rolle spielen können (BVerwG v. 21.5.1976, BVerwGE 51, 15, 33, und v. 11.11.1988, NVwZ 1989, 255, 256, jeweils zu Lärmbeeinträchtigungen durch Verkehrslärm; vgl. auch OVG SH v. 29.1.2003 – 1 KN 42/02 –, juris, zur Berücksichtigung des Außenwohnbereichs in der Bauleitplanung). Voraussetzung hierfür ist allerdings, daß die in Frage stehende Freifläche auch schutzwürdig ist, was je nach Lage und bestimmungsgemäßer Nutzung sowie Vorbelastung der Fläche jeweils konkret festzustellen ist (BVerwG v. 11.11.1988, a.a.O.; vgl. auch BVerwG v. 21.5.1976, a.a.O.). Als schutzwürdige Freifläche des klägerischen Anwesens kommt insoweit allein die südlich unmittelbar an das Wohnhaus angrenzende, durch die zurücktretenden Wirtschaftsgebäude gebildete begrünte Hoffläche in Betracht, auf der beim gerichtlichen Augenschein lediglich ein Tisch mit zwei Bänken platziert waren und die nach eigenen Angaben des Klägers als Teil der konzessionierten Hekkenwirtschaft genutzt wird. Diese Fläche liegt aber, wie sich aus dem Lageplan ergibt, noch außerhalb des durch die westliche Hausecke definierten Immissionsradius von 51 m und führt schon deshalb nicht zu einer Verlagerung des maßgeblichen Immissionspunkts.

Die Distanz zwischen dem Abluftkamin des Stallgebäudes des Beigeladenen als dem maßgeblichen Emissionsort und der südwestlichen Hausecke des Wohngebäudes des Klägers als dem maßgeblichen Immissionsort haben die Behörden mit ca. 51 m beziffert, was auf der Grundlage der vorliegenden Planunterlagen nachvollziehbar ist und klägerseits auch nicht substantiiert in Frage gestellt worden ist.

bb) Diesem Ist-Wert von 51 m steht nach der VDI-Richtlinie 3471 ein maßgeblicher Soll-Wert von ca. 61 m gegenüber. Aus Bild 21 der Richtlinie ergibt sich bei einer höchstzulässigen Belegung mit 140 Mastschweinen (entsprechend 18,2 Großvieheinheiten; zur Umrechnung vgl. Abschnitt „Grundbegriffe – Großvieheinheiten" der VDI-Richtlinie 3471) und einem 100-Punkte-Stall (vgl. Abschnitt 3.2.1) zwar grundsätzlich ein erforderlicher Mindestabstand von ca. 122 m. Dieser Wert kann aber gemäß Abschnitt 3.2.3.2 im faktischen Dorfgebiet bis auf die Hälfte verringert werden, weil im Dorfgebiet ein höheres Maß an Geruchsstoffimmissionen zuzumuten ist. Diese Wertung der Richtlinie korrespondiert mit der Vorrang- und Rücksichtnahmeklausel des § 5 Abs. 1 Satz 2 BauNVO und ist deshalb rechtlich unbedenklich.

Im übrigen sind die Mindestabstände nach Bild 21 der VDI-Richtlinie 3471 aus den – empirisch ermittelten – Geruchsschwellenwerten zuzüglich eines Sicherheitsabstandes gebildet (siehe Abschnitt 3.2.1 Abs. 8 der VDI-Richtlinie 3471) (vgl. auch Funk, BayVBl. 1994, 225, 227 f., und Jäde, ZfBR 1992, 107, 112: „Verdoppelung der Geruchsschwellenwerte"). Die halbierten Werte markieren deshalb lediglich die Geruchsschwellenwerte, geben also diejenigen

Abstände an, ab denen Geruchsimmissionen überhaupt erst wahrnehmbar werden (Wahrnehmbarkeitsschwelle) und Immissionskonflikte deshalb überhaupt erst auftreten können. Daß allein die Wahrnehmbarkeit eines landwirtschaftlichen Geruchs aber noch nicht zwangsläufig zu schädlichen Umwelteinwirkungen i. S. des § 3 Abs. 1 und 2 BImSchG und damit zu unzumutbaren Geruchsimmissionen führt, liegt auf der Hand (vgl. auch BayVGH v. 23. 11. 2004 – 25 B 00.366 –, m. w. N. zur Rinderhaltung). Ob deshalb Anlaß besteht, die halbierten Werte im Dorfgebiet noch einmal pauschal nach unten zu korrigieren (etwa im Sinne einer Viertelung des Mindestabstände als pauschalierte Mittelwertsbildung zwischen Wahrnehmbarkeitsschwelle und Schädlichkeitsschwelle, wie insbesondere von Funk, a. a. O., vorgeschlagen), muß hier schon deshalb nicht abschließend entschieden werden, weil nach Abschnitt 3.2.3.4 der VDI-Richtlinie 3471 im Nahbereich und bei einer Unterschreitung der halbierten Mindestabstände ohnehin stets eine Sonderbeurteilung durchzuführen ist, die Richtlinie den Abstandsangaben in Bild 21 also allein keine Aussagekraft mehr beimißt (BVerwG v. 8.7.1989, NVwZ 1999, 63, 64).

cc) Unter Berücksichtigung der konkreten Umstände des Einzelfalls hat der Senat die Überzeugung gewonnen, daß das Vorhaben – bei einem Abstand von 51 m, der die Wahrnehmbarkeitsschwelle von 61 m nur um 10 m unterschreitet, nicht zu erheblichen Belästigungen i. S. des § 3 Abs. 1 und 2 BImSchG führen wird und damit auch nicht unzumutbar und rücksichtslos ist. Der Senat stützt sich hierbei auf die Sonderbeurteilung der beteiligten Fachbehörden, deren fachliche Qualität durch den Klägervortrag und die vom Kläger vorgelegte privatgutachtliche Stellungnahme nicht erschüttert wird, sowie auf das Ergebnis des gerichtlichen Augenscheins.

Die beteiligten Fachbehörden gehen im Rahmen ihrer Sonderbeurteilung unter Berücksichtigung aller maßgeblichen Umstände des konkreten Einzelfalls übereinstimmend davon aus, daß unzumutbare Geruchsimmissionen nicht zu befürchten sind. Sie stützen diese Einschätzung insbesondere darauf, daß das Wohnhaus des Klägers sowohl durch die eigenen Wirtschaftsgebäude des Klägers als auch durch die Gebäude des Beigeladenen abgeschirmt ist. Diesen Umstand fand der Senat beim gerichtlichen Augenschein im wesentlichen bestätigt. Insbesondere konnte übereinstimmend festgestellt werden, daß das Gebäude, in dem der geplante Schweinestall untergebracht werden soll, auf Grund der hoch aufragenden Nebengebäude des Klägers an der Grundstücksgrenze nahezu vollständig verdeckt und vom Hof des Klägers aus betrachtet kaum sichtbar war. Eine ungehinderte Ausbreitung der Stallgerüche des Beigeladenen auf das Grundstück des Klägers ist deshalb nicht zu erwarten. Die Fachbehörden weisen ferner auf die Ortsrandlage des geplanten Schweinestalls mit einer sich nach Südwesten anschließenden freien, unbebauten Landschaft hin. Insofern meint der Kläger zwar, daß dieser Umstand für die Beurteilung der Immissionssituation völlig unerheblich sei. Dieser Einwand überzeugt indes nicht, weil die Ortsrandlage ebenso wie der hohe First des Stallgebäudes eine freie Abströmung der Abluft in die Atmosphäre begünstigen (vgl. auch Abschnitte 2.4.2 und 2.4.3 der VDI-Richtlinie 3471) und die Immissionsbelastung des Klägers zusätzlich vermindern.

Besondere Umstände wie etwa eine ausgeprägte Hanglage oder ungünstige meteorologische Verhältnisse, die die Immissionssituation negativ beeinflussen könnten, sahen die Fachbehörden übereinstimmend als nicht gegeben an. Der gerichtliche Augenschein hat die Feststellungen zur Geländetopographie bestätigt. Anhaltspunkte für Fehleinschätzungen der beteiligten Fachbehörden ergaben sich insgesamt nicht. Im Rahmen der Sonderbeurteilung haben die Fachbehörden somit zu allen nach Abschnitt 3.2.3.4 der VDI-Richtlinie 3471 maßgeblichen Kriterien Stellung genommen. Die Behauptung des Klägers, daß das Vorgehen der Fachbehörden schon von Ansatz her verfehlt gewesen sei, weil bei der Einzelfallbeurteilung teils völlig unerhebliche Kriterien herangezogen, teils wesentliche Kriterien unberücksichtigt gelassen worden seien, erscheint daher als unberechtigt.

Das Ergebnis der fachbehördlichen Einzelfallbeurteilung wird schließlich auch nicht durch die erstinstanzlich vorgelegte privatgutachtliche Stellungnahme von 1998 in Frage gestellt. ...

dd) Eine weitere gerichtliche Sachverhaltsaufklärung zur Zumutbarkeit der Geruchsimmissionen war unter diesen Umständen nicht veranlaßt. Zwar fordert die VDI-Richtlinie 3471 – wie ausgeführt – in Abschnitt 3.2.3.4 im Nahbereich unter 100 m stets eine Sonderbeurteilung, weshalb die Zumutbarkeitsschwelle in diesen Fällen nicht allein den Abstandsangaben in Bild 21 der VDI-Richtlinie 3471 entnommen werden kann (BVerwG v. 8. 7. 1989, a. a. O.). Damit ist aber noch nicht gesagt, daß ein Gericht, das sich bei seiner Entscheidung auf die in der VDI-Richtlinie 3471 verwerteten Erkenntnisse stützen möchte, im Nahbereich unter 100 m stets ein Sachverständigengutachten benötigte. Es kann seiner Sachaufklärungspflicht vielmehr auch dadurch genügen, daß es die für die Ausbreitung der Stallgerüche bedeutsamen örtlichen Gegebenheiten sowie die an Ort und Stelle gewonnenen Erkenntnisse der Fachbehörden berücksichtigt (BVerwG v. 8. 7. 1989, a. a. O.). Die vom Kläger in der Berufungsbegründung angekündigten Beweisangebote durch Sachverständigengutachten konnten damit unberücksichtigt bleiben.

Nr. 67

Die Beurteilung, ob ein Gebietsteil überwiegend durch gewerbliche Nutzung geprägt ist, erfordert eine wertende Betrachtungsweise, die sich nicht in einer rein rechnerischen (quantitativen) Betrachtungsweise erschöpft.
(Nichtamtlicher Leitsatz.)

BauNVO § 6 Abs. 2 Nr. 8.

Bundesverwaltungsgericht, Beschluß vom 13. Juni 2005 – 4 B 36.05 –.

(Bayerischer VGH)

Aus den Gründen:
Die Beschwerde wirft die Frage auf, ob es möglich ist, einen maßgeblichen Gebietsteil i. S. des § 6 Abs. 2 Nr. 8 BauNVO auch mitten durch einheitliche Gebäude auf einheitlichen Anwesen hindurch abzugrenzen. Nach dieser Vorschrift sind in einem Mischgebiet Vergnügungsstätten nur in den Teilen des

Gebiets zulässig, die überwiegend durch gewerbliche Nutzungen geprägt sind. Eine derartige Prägung hat das Berufungsgericht für die zum Marktplatz führende Veit-Stoß-Straße bejaht, nicht dagegen für den parallel dazu verlaufenden Anger. Ferner ist es zu dem Ergebnis gelangt, die Veit-Stoß-Straße sei nicht in den maßgeblichen Bereich einzubeziehen, da in dieser keine Wirkungen der im Anger geplanten Vergnügungsstätte zu erwarten seien. Für mögliche negative Störeinflüsse einer Vergnügungsstätte auf sensible Nutzungen im benachbarten Bereich sei der Zuschnitt der Buchgrundstücke ohne Bedeutung.

Die von der Beschwerde aufgeworfene Frage lässt sich auch ohne Durchführung eines Revisionsverfahrens beantworten. Der Wortlaut des § 6 Abs. 2 Nr. 8 BauNVO macht deutlich, dass eine Unterteilung innerhalb eines Mischgebiets vorzunehmen ist. Die Beurteilung, ob ein Gebietsteil überwiegend durch gewerbliche Nutzung geprägt ist, erfordert eine wertende Gesamtbetrachtung, die sich nicht in einer rein rechnerischen (quantitativen) Betrachtungsweise erschöpft (vgl. BVerwG, Beschluß v. 7.2.1994 – 4 B 179.93 – „Buchholz 406.12 § 6 BauNVO Nr. 14 = UPR 1994, 262; vgl. auch VGH Baden-Württemberg, Urteil v. 9.9.1993 – 8 S 1609/92 –, juris). Der Bereich muss so weit gezogen werden, wie sich die konkrete Vergnügungsstätte in städtebaulich relevanter Weise auswirken kann. Dies kann dazu führen, dass die an einer Straße liegenden Gebäude einzubeziehen sind, während die an der parallel dazu verlaufenden Nachbarstraße liegenden Gebäude unberücksichtigt bleiben. Dagegen liefert die Tatsache, dass die entsprechenden Gebäude auf demselben Buchgrundstück liegen, keinen Maßstab für die nach § 6 Abs. 2 Nr. 8 BauNVO zu treffende Abgrenzung. Denn sie sagt weder etwas über die gewerbliche Prägung eines Gebiets noch über den Einwirkungsbereich einer Vergnügungsstätte aus. Vielmehr kann ein Gebäude nach einer Seite zu einer Straße oder einem Platz hin liegen, der den Auswirkungen der Vergnügungsstätte ausgesetzt ist, zur anderen Seite dagegen einem Bereich, der nicht in dieser Weise betroffen ist.

Nr. 68

Ein Krematorium ist als Anlage für kulturelle Zwecke in einem Gewerbegebiet (nur) ausnahmsweise zulässig.
(Nichtamtlicher Leitsatz.)

BauNVO § 8 Abs. 2 Nr. 1, Abs. 3 Nr. 2; BauGB §§ 31, 36 Abs. 2 Satz 2; BestG Art. 1 Abs. 1, Art. 5 Abs. 1, Art. 14 Abs. 1 Satz 1; VwGO § 42 Abs. 2.

Bayerischer VGH, Urteil vom 30. Juni 2005
– 15 BV 04.576 – (rechtskräftig, s. Beschluss d. BVerwG vom 20.12.2005 – 4 B 71.05 –, abgedruckt unter Nr. 69.

(VG Regensburg)

Die Beteiligten streiten darüber, ob die Baugenehmigung des Landratsamts die Klägerin (Gemeinde) in ihren Rechten verletzt. Gegenstand des dem Beigeladenen zunächst erteilten Bescheids ist der Neubau einer Betriebshalle mit Büro für den Einbau einer

„Human. Einäscherungsanlage". Mit Ergänzungsbescheid hat das Landratsamt den „Einbau" einer Feuerbestattungsanlage zum Inhalt der Genehmigung gemacht. Das Verwaltungsgericht hat der Klage stattgegeben. Die Berufung hatte keinen Erfolg.

Aus den Gründen:

I. Die Klage ist zulässig. Die Klägerin (Gemeinde) kann sich auf das Recht zur Beachtung ihres Bebauungsplans „Gewerbegebiet H. II" berufen (§ 42 Abs. 2 VwGO; BVerwG v. 27. 11. 1981, BRS 38 Nr. 155 = BauR 1982, 154 = NVwZ 1982, 310). Der Beklagte wendet dagegen vergeblich ein, das Einvernehmen der Klägerin zu dem Vorhaben des Beigeladenen gelte gemäß § 36 Abs. 2 Satz 2 BauGB als erteilt, weil die Klägerin es nicht fristgerecht verweigert habe. Für eine Fiktion des Einvernehmens ist nur Raum, wenn die Baugenehmigungsbehörde im bauaufsichtlichen Verfahren über die Zulässigkeit eines Vorhabens nach den §§ 31, 33 bis 35 BauGB entscheidet. Nur dann bedarf es eines ggf. im Wege der Fiktion zu ersetzenden Einvernehmens der Gemeinde (§ 36 Abs. 1 Satz 1 BauGB). Ein solcher Fall lag nicht vor. Weder hat der Beigeladene mit seinem Bauantrag ausdrücklich eine Ausnahme oder Befreiung von entsprechenden Festsetzungen des Bebauungsplans begehrt noch ließen die Bauvorlagen erkennen, dass eine Entscheidung nach § 31 BauGB erforderlich ist (vgl. hierzu VGH BW v. 17. 11. 1998, BRS 60 Nr. 157 = BauR 1999, 381). Ebensowenig ist das Landratsamt im Verlauf des Genehmigungsverfahrens an die Klägerin mit der Bitte herangetreten, über das Einvernehmen zu einer Ausnahme oder Befreiung von den Festsetzungen des Bebauungsplans zu entscheiden. Vielmehr war das Baugenehmigungsverfahren von vornherein auf den Erlass einer Baugenehmigung nach § 30 Abs. 1 BauGB gerichtet und endete auch mit einer solchen Genehmigung.

II. Die Klage ist begründet. Der angefochtene Bescheid ist rechtswidrig und verletzt die Klägerin in ihren Rechten (§ 113 Abs. 1 Satz 1 VwGO).

1. Das Vorhaben des Beigeladenen widerspricht den Festsetzungen des Bebauungsplans „Gewerbegebiet H. II" der Klägerin von 1996 i. d. F. der Änderungssatzung vom Mai 2000. Es ist innerhalb des mit dem Bebauungsplan festgesetzten Gewerbegebiets nur ausnahmsweise zulässig. Das Landratsamt hat eine Ausnahme (§ 31 Abs. 1 BauGB) nicht bewilligt.

Nach § 8 Abs. 3 Nr. 2 BauNVO können in einem Gewerbegebiet Anlagen für kirchliche, kulturelle, soziale und gesundheitliche Zwecke (nur) ausnahmsweise zugelassen werden. Diese Bestimmung erfaßt nur solche Anlagen, die zusätzlich zu der genannten Zweckbestimmung einem Gemeinbedarf dienen (Gemeinbedarfsanlage i. S. von § 5 Abs. 2 Nr. 2 und § 9 Abs. 1 Nr. 5 BauGB – vgl. BVerwG v. 12. 12. 1996, BRS 58 Nr. 59 = BauR 1997, 440 = DVBl 1997, 568).

a) Das Krematorium ist eine derartige Gemeinbedarfsanlage. Es dient nach seinem Nutzungszweck einem nicht fest bestimmten, wechselnden Teil der Bevölkerung (vgl. hierzu BVerwG v. 30. 6. 2004, BauR 2004, 1730 = NVwZ 2004, 1355, 1356), denn es ermöglicht den Angehörigen des Verstorbenen, ihrer Bestattungspflicht für den Fall einer Feuerbestattung (Art. 1 Abs. 1 BestG, §§ 15, 17 BestV) nachzukommen. Im übrigen ist die verfahrensgegenständliche Feuerbestattungsanlage den Hinterbliebenen zugänglich. Sie können im Pietätsraum von dem Verstorbenen Abschied nehmen. Darauf, ob die Anlage im Sinne eines Gemeingebrauchs jedermann ohne weiters offen steht, kommt es nicht an (vgl. BVerwG v. 30. 6. 2004, a. a. O.). Der erforderliche Gemeinwohlbezug fehlt nicht deshalb, weil die Anlage von einer Person des privaten Rechts nach privatwirtschaftlichen Grundsätzen mit Gewinnerzielungsabsicht und damit gewerblich betrieben werden soll. Die hoheitliche „Gewährleistungs- und Überwachungsverantwortlichkeit" (vgl. hierzu BVerwG v. 30. 6. 2004, a. a. O.), die wegen des besonderen Allgemeininteresses an einer geordneten Bestattung besteht, stellt den Gemeinwohlbezug her. Die Landratsämter als staatliche Verwaltungsbehörden und die Gemeinden haben nach Art. 14 Abs. 1 Satz 1 BestG darüber zu wachen, dass die Vorschriften des Bestattungsgesetzes und die auf Grund dieses Gesetzes ergangenen Rechtsvorschriften eingehalten werden (Überwachungsverantwortlichkeit). Die Gemeinden haben darüber hinaus dafür zu sorgen, dass jeder Verstorbene schicklich beerdigt wird (Art. 149 Abs. 1 Satz 1 BV). Das umfaßt die Verpflichtung der Gemeinden, die erforderlichen Bestattungseinrichtungen herzustellen und zu unterhalten, wenn sie von den Kirchen oder von anderen Stellen nicht bereitgehalten werden (vgl. VerfGH v. 4. 7. 1996, VerfGH 49, 79, 89 – [Gewährleistungsverantwortlichkeit]).

b) Das genehmigte Krematorium wird von dem städtebaulichen Begriff einer Anlage für kulturelle Zwecke erfaßt. Die vom Beklagten vorgenommene Zuordnung zur Nutzungskategorie „Gewerbe aller Art" (§ 8 Abs. 2 Nr. 1 BauNVO) reduziert den Zweck eines Krematoriums auf eine gewerblich betriebene Verbrennung Verstorbener und verkennt dessen kulturellen Bezug. Das Krematorium dient der Bestattungskultur. Die Bestattungskultur erfaßt die mit der Totenbestattung und dem Totengedenken zusammenhängenden Erscheinungsformen (vgl. Sörries, Großes Lexikon der Bestattungs- und Friedhofskultur, Band 1, S. 282 f.). Zur Feuerbestattung gehört nach der dem allgemeinen Verständnis folgenden Legaldefinition des Art. 1 Abs. 1 Satz 1 BestG nicht nur die Beisetzung der in einer Urne verschlossenen Aschenreste in einer Grabstätte, sondern auch die Einäscherung in einer Feuerbestattungsanlage. Im allgemeinen werden zur Kultur neben der – hier wegen des säkularen Charakters der Bestattung als solcher (vgl. BVerwG v. 26. 6. 1974, BVerwGE 45, 224, 227) nicht einschlägigen – Religion die Bereiche Kunst, Wissenschaft und Bildung gezählt (vgl. Bielenberg, in: Ernst/Zinkahn/Bielenberg/Krautzberger, BauGB, § 2 BauNVO Rdnr. 44; Maihofer, in: Benda/Maihofer/Vogel, Handbuch des Verfassungsrechts, 2. Aufl. 1994, S. 1226 f.). Allerdings schöpft das den Begriff der Kultur nicht aus (vgl. Staatslexikon, Hrsg. Görres-Gesellschaft, 1. Band, 7. Aufl. 1985, Spalte 746 f.). Es darf deshalb Kultur in einem weiteren Sinn bestimmt werden als die Gesamtheit der einzigartigen geistigen, materiellen, intellektuellen und emotionalen Aspekte, die eine Gesellschaft oder eine soziale Gruppe kennzeichnen (so die Begriffbestimmung der UNESCO, in: UNESCO-Konferenzberichte, Nr. 5 S. 121). Dazu gehört die Totenbestattung. In allen Kulturen findet seit jeher die Ehrfurcht vor dem Tod und der pietätvolle Umgang mit den Verstorbenen in den verschiedenen Bestattungsformen ihren symbolischen Ausdruck (hierzu Diefenbach, in: Gaedke, Handbuch des Friedhofs- und Bestattungsrechts, 9. Aufl. 2004, S. 1 ff.; vgl. auch Beschluß des Bayerischen Senats v. 21. 7. 1994, Senatsdrucksache 305/94: beim Betrieb von Feuerbestattungsanlagen gehe es nicht „um technische Fragen, sondern um weiterreichende kulturelle Fragen").

Es kann dahinstehen, ob dieser Begriff der Kultur für § 8 BauNVO stets beachtlich ist. Er entspricht jedenfalls bei einem Krematorium dem Zweck dieser Vorschrift. Von maßgeblicher Bedeutung für die Bestimmung des jeweiligen Gebietscharakters sind neben anderem die Anforderungen des Vorhabens an ein Gebiet und die Auswirkungen des Vorhabens auf ein Gebiet. Durch die Zuordnung von Nutzungen zu Baugebieten will der Verordnungsgeber diese oft gegenläufigen Ziele zu einem schonenden Ausgleich bringen (vgl. BVerwG v. 12. 12. 1996, a. a. O.). Das rechtfertigt es, die Nutzungsarten der Baunutzungsverordnung in den Grenzen des Wortsinns so auszulegen, dass jede – unbedenkliche – Nutzung ihren städtebaulich angemessenen Standort findet (vgl. Ziegler, in: Brügelmann, BauGB, § 2 BauNVO Rdnr. 68). Ein Krematorium stellt besondere Anforderungen an seine Umgebung, die ein Gewerbegebiet nur ausnahmsweise erfüllt. Feuerbestattungsanlagen müssen so beschaffen sein und betrieben werden, dass die Würde des Verstorbenen und das sittliche Empfinden der Allgemeinheit nicht verletzt werden (Art. 13 Abs. 1 i. V. m. Art. 5 Abs. 1 Satz 1 BestG). Entsprechendes gilt für die Bestattung selbst (Art. 5 Abs. 1 Satz 2 BestG), die – wie bereits dargelegt – im Falle der Feuerbestattung auch die Einäscherung in einer Feuerbestattungsanlage umfaßt. Dem wird ein Gewerbegebiet im allgemeinen nicht gerecht. Es steht Gewerbebetrieben aller Art und damit verschiedenartigsten betrieblichen Betätigungen offen, die vom kleinen Handwerksbetrieb über Handels- und Dienstleistungsunternehmen bis zu industriellen Großbetrieben reichen können (vgl. Stock, in: König/Roeser/Stock, BauNVO, 2. Aufl. 2003, § 8 Rdnr. 6). Eine derartige Umgebung ist regelmäßig geeignet, die Totenverbrennung in einer Weise gewerblich-technisch zu prägen, die mit der aus der Ehrfurcht vor dem Tod und dem pietätvollen Umgang mit den Verstorbenen erwachsenden kulturellen Einbindung des Krematoriums nicht vereinbar ist.

Als Anlage für kulturelle Zwecke unterfällt die Feuerbestattungsanlage der spezielleren Vorschrift des § 8 Abs. 3 Nr. 2 BauNVO, die einen Rückgriff auf § 8 Abs. 2 Nr. 1 BauNVO auch dann ausschließt, wenn die Anlage – wie hier – von einer Person des privaten Rechts gewerblich betrieben wird (vgl. Ziegler, in: Brügelmann, BauGB, § 1 BauNVO Rdnr. 58).

c) Die angefochtene Baugenehmigung verletzt die Klägerin in ihrem Recht, die örtliche Bauleitplanung in eigener Verantwortung wahrzunehmen (Art. 28 Abs. 2 Satz 1 GG, § 2 Abs. 1 Satz 1 BauGB – gemeindliche Planungshoheit). Mit der Festsetzung eines Gewerbegebiets im Bebauungsplan „Gewerbegebiet H. II" wurde auch der Ausnahmevorbehalt des § 8 Abs. 3 Nr. 2 BauNVO Bestandteil des Bebauungsplans (§ 1 Abs. 2, Abs. 3 Satz 2 BauNVO). Die abschließende planerische Entscheidung kann insoweit im Baugenehmigungsverfahren nur im Einvernehmen mit der Gemeinde getroffen werden (§§ 31 Abs. 1, 36 Abs. 1 Satz 1 BauGB). Das ist nicht geschehen.

Nr. 69

Ein Krematorium für menschliche Leichen ist jedenfalls dann, wenn es über einen Raum für eine Einäscherungszeremonie verfügt, nicht in einem Gewerbegebiet allgemein zulässig. Ob es als Anlage für kulturelle Zwecke ausnahmsweise zulässig ist, bleibt offen.

BauNVO § 8 Abs. 2 Nr. 1, Abs. 3 Nr. 2.

Bundesverwaltungsgericht, Beschluss vom 20. Dezember 2005 – 4 B 71.05 –.

(Bayerischer VGH)

Das Landratsamt erteilte dem Beigeladenen eine Baugenehmigung zur Errichtung einer Feuerbestattungsanlage in einem durch Bebauungsplan ausgewiesenen Gewerbegebiet. Nach seiner Ansicht sind in privater Trägerschaft betriebene Krematorien als Gewerbebetriebe aller Art nach § 8 Abs. 2 Nr. 1 BauNVO in Gewerbegebieten allgemein zulässig. Auf die Klage der Standortgemeinde hat das Verwaltungsgericht die Baugenehmigung aufgehoben. Die Berufung des Beklagten hatte keinen Erfolg. Der Verwaltungsgerichtshof hat die Auffassung vertreten, Krematorien seien als Anlage für kulturelle Zwecke nach § 8 Abs. 3 Nr. 2 BauNVO in Gewerbegebieten nur ausnahmsweise zulässig. Eine Ausnahme (§ 31 Abs. 1 BauGB) habe das Landratsamt nicht bewilligt. Gegen die Nichtzulassung der Revision wandte sich der Beigeladene mit seiner Beschwerde.

Aus den Gründen:

Die Beschwerde ist entgegen der Meinung des Verwaltungsgerichtshofs in seinem Nichtabhilfebeschluss allerdings zulässig. Dem Beigeladenen ist der Zugang zum Revisionsverfahren nicht deshalb versperrt, weil er gegen das erstinstanzliche Urteil keine Berufung eingelegt hat. Es trifft nicht zu, dass dieses Urteil ihm gegenüber rechtskräftig geworden ist. Vielmehr ist durch die Einlegung der Berufung durch den Beklagten auch sein Prozessrechtsverhältnis in die Berufungsinstanz gelangt (vgl. Jörg Schmidt, in: Eyermann, VwGO, 11. Aufl., § 66 Rdnr. 2) und nimmt er weiterhin als Dritter an dem Prozess zwischen den Hauptbeteiligten teil. Er ist deshalb nach § 66 VwGO befugt, das ihn beschwerende Berufungsurteil mit dem Rechtsmittel der Nichtzulassungsbeschwerde anzugreifen.

Die Beschwerde ist jedoch unbegründet. Die Rechtssache hat nicht die grundsätzliche Bedeutung, die ihr der Beigeladene beimisst.

Der Ausgang des Rechtsstreits hängt von der als grundsätzlich klärungsbedürftig bezeichneten Frage, ob Feuerbestattungsanlagen Anlagen für kulturelle Zwecke i. S. des § 8 Abs. 3 Nr. 2 BauNVO sind, nicht ab. Selbst wenn die Frage zu verneinen wäre, stünde damit nicht fest, dass das Bauvorhaben als Gewerbebetrieb aller Art nach § 8 Abs. 2 Nr. 1 BauGB genehmigungsfähig ist. Denkbar ist auch, dass Krematorien in Gewerbegebieten (oder anderen Baugebieten nach den §§ 2 bis 7 und 9 BauNVO) überhaupt nicht zulässig sind, sondern in Sondergebiete (§ 11 BauNVO), auf Flächen für den Gemeinbedarf (§ 9 Abs. 1 Nr. 5 BauGB) oder auf Friedhofsflächen (§ 9 Abs. 1 Nr. 15 BauGB) gehören.

Das angefochtene Urteil wäre nur dann unrichtig und bedürfte der Korrektur, wenn Krematorien in Gewerbegebieten allgemein zulässig wären. Hierzu hat sich das Bundesverwaltungsgericht bislang nicht geäußert. Dies nötigt jedoch nicht zur Zulassung der Revision. Von der Durchführung eines Revisionsverfahrens kann nach der Rechtsprechung aller Senate des Bundesverwaltungsgerichts abgesehen werden, wenn sich die aufgeworfene Rechtsfrage auf der Grundlage der vorhandenen Rechtsprechung und mithilfe der üblichen Regeln sachgerechter Gesetzesinterpretation ohne weiteres im Verfahren der Beschwerde gegen die Nichtzulassung der Revision beantworten lässt. So liegt es hier.

Es unterliegt keinem Zweifel, dass ein Krematorium, das von einem Privaten in der Absicht der Gewinnerzielung betrieben wird, ein Gewerbebetrieb ist. Daraus folgt jedoch nicht, dass es in einem Gewerbegebiet nach § 8 Abs. 2 Nr. 1 BauNVO allgemein zulässig ist. Es entspricht st. Rspr. des Senats, dass sich nicht nur nach dem Wortlaut des § 8 BauNVO, sondern auch nach der Zweckbestimmung des Gewerbegebiets richtet, welche Gewerbebetriebe in ihm bei typisierender Betrachtung zulässig sind (vgl. BVerwG, Urteil v. 29. 4. 1992 – 4 C 43.89 –, BVerwGE 90, 140, 145 = BRS 54 Nr. 53 = BauR 1992, 586). Als Merkmal für die Typisierung ist dabei nicht nur die unterschiedliche Immissionsträchtigkeit oder Immissionsverträglichkeit einzelner Nutzungen maßgebend. Der Zweck der Baugebiete und die Zulässigkeit von Nutzungen in ihnen werden vielmehr auch von anderen Maßstäben der städtebaulichen Ordnung bestimmt. Dem Leitbild, „eine nachhaltige städtebauliche Entwicklung und eine dem Wohl der Allgemeinheit entsprechende ... Bodennutzung (zu) gewährleisten" (vgl. § 1 Abs. 5 Satz 1 BauGB) könnte eine Planung nicht gerecht werden, die den Zweck der Baugebiete und die in ihnen zulässigen Nutzungen ausschließlich nach dem Störgrad oder der Störanfälligkeit von Nutzungen im Hinblick auf Immissionen bestimmen könnte (BVerwG, Urteil v. 25. 11. 1983 – 4 C 64.79 –, BVerwGE 68, 207, 211 = BRS 40 Nr. 45 = BauR 1984, 142).

Gewerbegebiete zeichnen sich dadurch aus, dass in ihnen gearbeitet wird. Nach dem Leitbild der BauNVO sind sie den produzierenden und artverwandten Nutzungen vorbehalten (vgl. Schlichter/Friedrich, WiVerw 1988, 199, 226). Ob eine Feuerbestattungsanlage diesem Leitbild widerspricht, wenn in ihr nur der technische Vorgang der Verbrennung stattfindet, kann offen bleiben; denn sie ist zumindest dann nicht gewerbegebietstypisch, wenn sie wie hier und wohl allgemein üblich über eine Pietätshalle verfügt, in der die Hinterbliebenen von dem Verstorbenen Abschied nehmen können.

Der traditionelle Standort eines Krematoriums ist von möglichen Ausnahmen abgesehen das Friedhofsgelände (Gröschner, Menschenwürde und Sepulkralkultur in der grundgesetzlichen Ordnung, S. 55). Friedhöfe sind üblicherweise Orte der Ruhe, des Friedens und des Gedenkens an die Verstorbenen. Sie bieten das kontemplative Umfeld, in das eine pietätvolle Totenbestattung nach herkömmlicher Anschauung und Erwartungshaltung einzubetten ist. Im Gegensatz zu Friedhöfen sind Gewerbegebiete nicht durch Stille und Beschaulichkeit, sondern durch werktägliche Geschäftigkeit geprägt. Deshalb sind Krematorien jedenfalls dann, wenn sie mit Räumlichkeiten für Trauerfeierlichkeiten ausgestattet sind, für Gewerbegebiete nicht charakteristisch.

Vor der gesetzlichen Zulassung von Feuerbestattungsanlagen in privater Trägerschaft ist, soweit ersichtlich, nicht bezweifelt worden, dass Krematorien der allgemeinen Zweckbestimmung des Gewerbegebiets fremd sind; denn es findet sich niemand, der die Auffassung vertritt, diese Anlagen seien als öffentliche Betriebe nach § 8 Abs. 2 Nr. 1 BauNVO im Gewerbegebiet allgemein zulässig. Als Beispiele für öffentliche Betriebe werden Elektrizitäts-, Gas-, Wasser-, Fernheizwerke, Umspannwerke, Depots für die Fahrzeugparks von Polizei, Müllabfuhr, Tiefbauverwaltung oder Verkehrsbetrieben (Busse, Straßenbahnen), Schlachthöfe in öffentlicher Trägerschaft sowie Klär- und Abfallbeseitigungsanlagen genannt (vgl. Bielenberg, in: Ernst/Zinkahn/Bielenberg, BauGB, § 8 BauNVO Rdnr. 19; Stock, in: König/Roeser/Stock, BauNVO, 2. Aufl., § 8 Rdnr. 29; Fickert/Fieseler, BauNVO, 10. Aufl., § 8 Rdnr. 10.1; Boeddinghaus, BauNVO, 4. Aufl., § 8 Rdnr. 8). Von diesen Betrieben, in denen dem alltäglichen Geschäft der Daseinsvorsorge nachgegangen wird, unterscheidet sich ein Krematorium mit einem Pietätsraum, der es Trauergästen ermöglichen soll, in einem würdevollen, dem Anlass angemessenen äußeren Rahmen von dem Verstorbenen Abschied zu nehmen. An diesem Unterschied hat sich durch die Zulassung der Privatisierung von Krematorien nichts geändert. Es ist freilich nicht auszuschließen, dass sich die Anschauungen über den Umgang mit den Verstorbenen in Zukunft wandeln. Dies mag dann dazu führen, dass Feuerbestattungsanlagen den im Gewerbegebiet typischerweise vertretenen Betrieben gleichzustellen sind.

§ 8 Abs. 3 Nr. 2 BauNVO bestätigt, dass Krematorien mit einem Raum für die Bestattungszeremonie nicht mit der typischen Funktion eines Gewerbegebiets im Einklang stehen. Nach der genannten Vorschrift sind in Gewerbegebieten Anlagen für kirchliche Zwecke nur ausnahmsweise zulässig. Zu diesen Anlagen zählen u. a. Kapellen und Betsäle (Stock, in: König u. a., a. a. O., § 4 Rdnr. 47). Mit ihnen sind Pietätsräume vergleichbar. Auch wenn sie nicht aus religiösen Motiven in Anspruch genommen werden, so sind sie doch ein Ort für Ruhe, Besinnung und innere Einkehr.

Nr. 70

1. **Ein privat betriebenes Krematorium ist in einem Industriegebiet genehmigungsfähig.**

2. **Die grundsätzlich umfassende Prüfungs- und Sachentscheidungskompetenz der Bauaufsichtsbehörde ist eingeschränkt, sofern die Entscheidung über die Vereinbarkeit des Vorhabens mit sonstigen öffentlich-rechtlichen Vorschriften einer anderen Behörde obliegt.**

3. **Zur sog. Schlusspunkttheorie im rheinland-pfälzischen Baugenehmigungsrecht.**

BauGB §§ 34, 35; BauNVO §§ 9 Abs. 2 Nr. 1, Abs. 3 Nr. 2, 15 Abs. 1 Satz 2; BestG §§ 8, 16.

OVG Rheinland-Pfalz, Beschluss vom 28. Oktober 2005 – 8 B 11345/05 – (rechtskräftig).

Die Antragstellerin wendet sich gegen die den Beigeladenen erteilte Baugenehmigung zur Errichtung eines Krematoriums.

Das Baugrundstück liegt im Geltungsbereich des Bebauungsplans, der den Bereich als Industriegebiet festsetzt. Die Antragstellerin ist Eigentümerin eines Grundstücks in demselben Industriegebiet. Dort befindet sich die Werkhalle ihres Maschinenbaubetriebes sowie ein Verwaltungsgebäude. Die Entfernung zwischen dem Baugrundstück und dem Grundstück der Antragstellerin beträgt ca. 220 m.

Die Baugenehmigung wurde den Beigeladenen im Juli 2005 unter Übernahme der fachbehördlich verlangten Auflagen erteilt. Im August 2005 erteilte die Aufsichts- und Dienstleistungsdirektion der Stadt H. die bestattungsrechtliche Genehmigung, auf dem fraglichen Baugrundstück eine Einäscherungsanlage zu errichten und zu betreiben. Gleichzeitig wurde ihr nach § 16 Abs. 3 BestG die Genehmigung erteilt, die Errichtung und den Betrieb der Einäscherungsanlage auf die derzeit in Gründung befindliche I. H. GmbH zu übertragen. Gesellschafter dieser GmbH sind die Beigeladenen.

Bereits zuvor hat die Antragstellerin bei dem Verwaltungsgericht um die Anordnung der aufschiebenden Wirkung ihres gegen die Baugenehmigung eingelegten Widerspruchs nachgesucht.

Das Verwaltungsgericht lehnte den Eilrechtsschutzantrag ab. Die dagegen gerichtete Beschwerde hatte keinen Erfolg.

Aus den Gründen:

Nach dem Ergebnis der im Verfahren des Eilrechtsschutzes allein möglichen summarischen Prüfung ist nicht ersichtlich, dass die angefochtene Baugenehmigung die Antragstellerin in ihren Rechten verletzt.

1. Zunächst kann sich die Antragstellerin nicht mit Erfolg auf eine Verletzung des Gebietsgewährleistungsanspruchs berufen. Insofern ist in der Rechtsprechung der Verwaltungsgerichte allerdings anerkannt, dass Eigentümer von Grundstücken innerhalb eines Baugebiets einen Anspruch darauf haben, dass die Festsetzung im Bebauungsplan über die Art der Nutzung eingehalten wird. Sie werden hierdurch in die Lage versetzt, einer „schleichenden Umwandlung" des Gebiets vorzubeugen. Derselbe Nachbarschutz besteht im unbeplanten Innenbereich, wenn die Eigenart der näheren Umgebung einem der Baugebiete der Baunutzungsverordnung entspricht – § 34 Abs. 2 BauGB – (vgl. BVerwG, Urteil v. 16. 9. 1993, BRS 55 Nr. 110 = BauR 1994, 223, DVBl. 1994, 284 f; Beschluss v. 2. 2. 2000, BRS 63 Nr. 190 = BauR 2000, 1019).

Nach dem bisherigen Sach- und Streitstand ist letztlich noch ungeklärt, ob die Voraussetzungen für das Geltendmachen eines Gebietsgewährleistungsanspruchs überhaupt vorliegen. Nach Mitteilung der Kreisverwaltung leiden die Bebauungspläne zum „Industriegebiet G..." in sämtlichen Fassungen an der fehlenden Ausfertigung. ... Da die angefochtene Baugenehmigung nicht auf der Grundlage von § 33 BauGB erlassen wurde, richtet sich die bauplanungsrechtliche Beurteilung des Vorhabens der Beigeladenen somit entweder nach § 34 BauGB oder nach § 35 BauGB. Auf einen Gebietsgewährleistungsanspruch könnte sich die Antragstellerin aber nur dann berufen, wenn die Voraussetzungen des § 34 Abs. 2 BauGB vorlägen, was von der Antragstellerin und den Beigeladenen bejaht wird (vgl. zum Ausschluss des Gebietsgewährleistungsanspruchs über die Fälle des § 34 Abs. 2 BauGB hinaus: BVerwG, Beschluss v. 28. 7. 1999, BRS 62 Nr. 189 = BauR 1999, 1439). Ob das Vorhaben der Beigeladenen innerhalb eines im Zusammenhang bebauten Ortsteils liegt und die Eigenart der näheren Umgebung einem Industriegebiet entspricht, kann im Rahmen dieses Eilrechtsschutzverfahrens allerdings nicht geklärt werden.

Aber selbst wenn das Vorliegen der Voraussetzungen des § 34 Abs. 2 BauGB unterstellt wird, kann sich die Antragstellerin nicht mit Erfolg auf den Gebietsgewährleistungsanspruch berufen. Denn das von den Beigeladenen geplante Krematorium steht mit dem nach § 34 Abs. 2 BauGB entsprechend anwendbaren § 9 BauNVO in Einklang. Dabei kann dahingestellt bleiben, ob das privat und mit dem Zweck der Gewinnerzielung betriebene Krematorium nicht schon dem – grundsätzlich weiten – Begriff des „Gewerbebetriebs aller Art" unterfällt und deshalb nach § 9 Abs. 2 Nr. 1 BauNVO allgemein zulässig ist. Zweifel bestehen im Anschluss an das von der Antragstellerin zitierte Urteil des Bayerischen VGH vom 30. 6. 2005 (– 15 BV 04.576 –) deshalb, weil bei der Auslegung dieses Begriffs auch auf die typische Funktion des Gewerbe- oder – wie hier – Industriegebiets abzustellen ist (vgl. BVerwG, Urteil v. 29. 4. 1992, BVerwGE 90, 140 = BRS 54 Nr. 53 = BauR 1992, 586). Danach sind Nutzungen, die den für ein Gewerbe- oder Industriegebiet typischen Nachteilen oder Belästigungen nicht ausgesetzt werden sollen, in einem solchen Gebiet nicht allgemein zulässig (vgl. BVerwG, a. a. O.). Bei einem Krematorium ist zu berücksichtigen, dass seine Nutzung sich nicht in dem technischen Vorgang der Verbrennung Verstorbener erschöpft, sondern auch einen kulturellen Bezug aufweist. Die Einäscherung ist nämlich Teil der Bestattungskultur. Bei der Feuerbestattung gehört dazu nach der – allgemeinem Verständnis folgenden – Legaldefinition in § 8 Abs. 4 Satz 3 BestG nicht nur die Beisetzung der Asche in einer Grabstätte, sondern auch die vorherige Einäscherung der Leiche. Diesem Umstand wird auch in dem von den Beigeladenen geplanten Krematorium dadurch Rechnung getragen, dass es über einen abgesonderten Bereich verfügt, in dem den Angehörigen das Abschiednehmen von dem Verstorbenen ermöglicht wird. Diese Einbindung der Einäscherung in den Vorgang der Bestattung und die Rücksichtnahme auf die bei der Bestattung zu achtende Würde des Toten und das sittliche Empfinden der Allgemeinheit (§ 8 Abs. 1 BestG) könnten es verbieten, das Krematorium an jedwedem Standort innerhalb eines Gewerbe- oder Industriegebiets als allgemein zulässig zu betrachten.

Diese Bedenken an der allgemeinen Zulässigkeit eines Krematoriums im Industriegebiet können hier aber deshalb dahingestellt bleiben, weil jedenfalls die ausnahmsweise Zulässigkeit einer solchen Einäscherungsanlage als Anlage für kulturelle oder soziale Zwecke i. S. von § 9 Abs. 3 Nr. 2 BauNVO zu bejahen ist (vgl. ebenso: BayVGH, a. a. O.). Entgegen der Auffassung der Antragstellerin kann dem Bauplanungsrecht also ein gänzlicher Ausschluss privat betriebener Krematorien in Industriegebieten ungeachtet ihrer konkreten Lage und Nachbarschaft gerade nicht entnommen werden. Die zu den Akten gereichten Pläne und Fotografien lassen nicht den Schluss zu, dass die ausnahmsweise Zulassung des Krematoriums an dem gewählten Standort mit dem Charakter des Gebiets unvereinbar wäre. Hiergegen spricht, dass das Baugrundstück nach Norden und Osten durch einen Waldstreifen abgeschirmt ist und im übrigen in unmittelbarer Nachbarschaft keine für den Betrieb des Krematoriums störenden Gewerbebetriebe vorhanden sind.

Soweit die Antragstellerin sich zur Begründung ihres Rechtsbehelfs auf das zitierte Urteil des Bayerischen VGH beruft, ist darauf hinzuweisen, dass dieser Entscheidung ein anderer Sachverhalt zugrunde lag. Denn der Bayerische VGH hatte über die Klage einer Gemeinde gegen die ohne ihr Einvernehmen erteilte Baugenehmigung zur Errichtung einer privat betriebenen Einäscherungsanlage zu entscheiden. Im vorliegenden Fall hat die Stadt H. hingegen ihr – nach § 36 Abs. 1 i. V. m. § 31 Abs. 1 BauGB notwendiges – Einvernehmen zu dem Vorhaben der Beigeladenen erteilt.

2. Die Antragstellerin hat auch nicht dargetan, dass die angefochtene Baugenehmigung zu ihren Lasten gegen das Gebot der Rücksichtnahme verstößt. Die Anwendbarkeit dieses Gebots ergibt sich vorliegend entweder aus § 34 Abs. 2 BauGB i. V. m. § 15 BauNVO, aus dem Begriff des Einfügens in § 34 Abs. 1 BauGB oder als Ausprägung öffentlicher Belange i. S. von § 35 Abs. 3 BauGB (vgl. BVerwG, Beschluss v. 12. 2. 1990, BRS 50 Nr. 79 = BauR 1990, 326; Urteil v. 27. 8. 1998, NVwZ 1999, 523, 525; Urteil v. 18. 11. 2004, BauR 2005, 1138 = NVwZ 2005, 328, 329 – nachteilige Wirkungen über schädliche Umwelteinwirkungen hinaus –). Danach ist ein Vorhaben entsprechend § 15 Abs. 1 Satz 2 BauNVO im Einzelfall zum einen dann unzulässig, wenn von ihm für die Umgebung unzumutbare Belästigungen oder Störungen ausgehen (Störeignung des Vorhabens), zum anderen aber auch dann, wenn es seinerseits solchen Belastungen oder Störungen ausgesetzt wird (Störanfälligkeit des Vorhabens).

Das Verwaltungsgericht hat im einzelnen dargelegt, dass von dem geplanten Krematorium für den Betrieb der Antragstellerin keine unzumutbaren Beeinträchtigungen zu erwarten sind. Die Einhaltung der einschlägigen Vorgaben, insbesondere in der Verordnung über Anlagen zur Feuerbestattung – 27. BImSchV –, sind durch Auflagen im Bauschein sichergestellt. Die als störend empfundene Sichtbeziehung wird in ihrer Wirkung zum einen durch die Entfernung, die andere Zuwegung und die geplante Begrünung des Krematoriums, vor allem aber dadurch gemindert, dass die Büroräume in den Gebäuden der Antragstellerin nach dem von der Antragsgegnerin vorgelegten Lageplan keine unmittelbare Sichtverbindung zum Krematorium ermöglicht. Der von der Antragstellerin als unzumutbar gerügte wiederholte Anblick von Leichenwagen würde sich in vergleichbarer Intensität bei einem städtischen Grundstück in der Nachbarschaft eines Friedhofs ergeben. Die Wahrnehmbarkeit dieses Bestattungsvorgangs ist als Teil menschlichen Lebens hinzunehmen.

Auch unter dem Gesichtspunkt der Störanfälligkeit des Vorhabens ist eine Rechtsverletzung der Antragstellerin nicht erkennbar. Die Verletzung des Rücksichtnahmegebots käme insofern nur dann in Betracht, wenn der Antragstellerin durch das angegriffene Vorhaben in Zukunft Einschränkungen ihrer Betriebsweise drohten (vgl. zum Problem des Heranrückens einer Bebauung an einen störenden Betrieb: Urteil des Senats v. 13. 6. 2002 – 8 A 11660/01 –). Dies ist jedoch weder vorgetragen noch ersichtlich. Insbesondere hat die Antragstellerin nicht geltend gemacht, das Vorhaben der Beigeladenen sei deshalb nicht i. S. von § 15 Abs. 1 Satz 2 2. Alt. BauNVO genehmigungsfähig, weil es gerade von ihrem Unternehmen unzumutbaren Beeinträchtigungen ausgesetzt werde, die bei Aufrechterhaltung der angefochtenen Baugenehmigung nachträgliche Nutzungseinschränkungen ihres Betriebs befürchten ließen. Über das Vorbringen hinaus, es sei allgemein pietätlos, ein Krematorium in einem Industriegebiet anzusiedeln, hat die Antragstellerin nicht dargetan, dass gerade die Nachbarschaft zu ihrem Unternehmen das sittliche Empfinden der Allgemeinheit und insbesondere das Empfinden der das Krematorium aufsuchenden Trauernden erheblich beeinträchtigen werde. Die zu den Akten gereichten Fotografien der näheren Umgebung des Grundstücks der Beigeladenen und der im Hintergrund erkennbaren Betriebsgebäude der Antragstellerin geben hierfür ebenfalls nichts her.

3. Schließlich lässt sich die Rechtswidrigkeit und eine rechtsverletzende Wirkung der Baugenehmigung zu Lasten der Antragstellerin auch nicht aus einem Verstoß gegen § 16 Abs. 2 und 3 BestG herleiten. Denn die Vereinbarkeit des Bauvorhabens der Beigeladenen mit den Vorschriften des Bestattungsgesetzes gehört nicht zum Prüfungsprogramm der Bauaufsichtsbehörde und hat demzufolge auch nicht Teil an der Feststellungswirkung der Baugenehmigung.

Zwar hat die Bauaufsichtsbehörde im Grundsatz umfassend zu prüfen, ob dem Vorhaben neben baurechtlichen nicht auch sonstige öffentlich-rechtliche Vorschriften entgegenstehen (§§ 65 Abs. 1 Satz 1 und 70 Abs. 1 Satz 1 LBauO). Diese umfassende Prüfungs- und Sachentscheidungskompetenz ist jedoch eingeschränkt, sofern die Entscheidung über die Vereinbarkeit des Vorhabens mit sonstigen öffentlich-rechtlichen Vorschriften einer anderen Behörde obliegt (§ 65 Abs. 1 Satz 2 LBauO) (vgl. im übrigen: BVerwG, Urteil v. 11. 5. 1989, BRS 49 Nr. 184 = DVBl. 1989, 1055, 1058; VGH BW, Urteil v. 22. 10. 2002, BRS 65 Nr. 94 = BauR 2003, 492, 494). Für die bestattungsrechtliche Zulässigkeit der Errichtung und des Betriebs der Einäscherungsanlage durch die Beigeladenen bzw. die von ihnen zu gründende GmbH besteht in § 16 Abs. 2 und 3 BestG ein spezieller Genehmigungsvorbehalt zugunsten der Aufsichts- und Dienstleistungsdirektion. Danach kommt es auf die – mit dem Verwaltungsgericht zu verneinende – drittschützende Wirkung der bestattungsrechtlichen Vorschrift nicht mehr an.

Die angefochtene Baugenehmigung vom Juli 2005 wird im Verfahren der Hauptsache auch nicht deshalb aufzuheben sein, weil sie nicht als Schlusspunkt mehrerer für das Vorhaben notwendiger und parallel einzuholender Genehmigungen erteilt worden ist. Dabei kann hier die Geltung der sog. Schlusspunkttheorie im rheinland-pfälzischen Baugenehmigungsrecht letztlich dahingestellt bleiben. Für deren Anwendung wird allerdings mit guten Gründen die in § 65 Abs. 5 LBauO angelegte Koordinierungsfunktion der Bauaufsichtsbehörden mit den Pflichten zur Einholung paralleler Genehmigungen (§ 65 Abs. 5 Satz 1 LBauO – Sternverfahren –) und zur einheitlichen Bekanntgabe aller parallelen Entscheidungen (§ 65 Abs. 5 Satz 4 LBauO) angeführt (vgl. Jeromin, LBauO-Kommentar, 2005, § 65 Rdnr. 24 und § 70 Rdnr. 46 f. unter Hinweis auf den Beschluss des Senats v. 13. 7. 2001 – 8 E 10991/01 –, ESOVGRP; vgl. insofern auch: OVG NRW, Urteil v. 11. 9. 2003, BRS 66 Nr. 159 = BauR 2003, 1870, 1871). Die Einschränkung der Sachentscheidungskompetenz der Bauaufsichtsbehörde gemäß § 65 Abs. 1 Satz 2

LBauO und damit die Einschränkung der Feststellungswirkung der Baugenehmigung schließen es nämlich nicht aus, der Bauaufsichtsbehörde eine
Kontrollkompetenz hinsichtlich des Vorliegens der parallel einzuholenden
Genehmigungen mit der Maßgabe einzuräumen, dass die Baugenehmigung –
aus verfahrensrechtlichen Gründen – zu versagen ist, wenn die für das Vorhaben im übrigen notwendigen Genehmigungen noch nicht erteilt worden sind.

Diese Fragen können im vorliegenden Fall aber aus zweierlei Gründen auf
sich beruhen. Zum einen entfaltet die verfahrensrechtliche Forderung nach
einer Bündelung verschiedener paralleler Genehmigungen mit der Baugenehmigung als Schlusspunkt keine drittschützende Wirkung zugunsten der
Antragstellerin. Zum anderen ist die hier parallel notwendige Genehmigung
nach § 16 Abs. 2 und 3 BestG inzwischen erteilt worden, so dass die geäußerten verfahrensrechtlichen Bedenken an der Rechtmäßigkeit der Baugenehmigung ausgeräumt sind.

Der Inhalt des Genehmigungsbescheids der Aufsichts- und Dienstleistungsdirektion vom August 2005 ist aus den oben dargelegten Gründen
nicht Gegenstand des nur die Anfechtung der Baugenehmigung betreffenden
Verfahrens. Damit erübrigt sich eine Auseinandersetzung mit dem umfangreichen und den Kern der Beschwerdebegründung bildenden Darlegungen
der Antragstellerin, das rheinland-pfälzische Bestattungsrecht lasse eine
Übertragung des Krematoriumsbetriebs auf eine privatrechtlich organisierte
und auf Gewinnerzielung ausgerichtete Gesellschaft nicht zu. Insofern sei
ergänzend lediglich bemerkt: Ungeachtet der einfachgesetzlichen Frage nach
der Zulässigkeit der von den Landesbehörden vertretenen erweiterten Auslegung des § 16 Abs. 3 BestG erscheinen die von der Antragstellerin geltend
gemachten grundsätzlichen, letztlich im Verfassungsrecht wurzelnden
Bedenken gegen die „Kommerzialisierung der Feuerbestattung" wenig überzeugend. Die Übertragung der Errichtung und des Betriebs von Krematorien
auf private Rechtsträger ist in den Bestattungsgesetzen der meisten Bundesländer ausdrücklich vorgesehen (vgl. Gaedke, Handbuch des Friedhofs- und
Bestattungsrechts, 9. Aufl. 2004, Teil IV, Kap. 4., S. 221). Ebenso wie die seit
langem praktizierte und allgemein anerkannte Tätigkeit privater Bestattungs-
unternehmer nicht zwangsläufig die Würde des Toten und das sittliche Empfinden der Trauernden beeinträchtigt, gilt dies entsprechend für die Mitwirkung privater Gewerbetreibender beim Vorgang der Feuerbestattung. Eine
privatrechtliche, durchaus auch auf Gewinnerzielung ausgerichtete Organi-
sation der Einäscherung vermag den Pietätsvorstellungen der Betroffenen
grundsätzlich in gleichem Maße Rechnung zu tragen wie das Verfahren in
einer kommunalen Einrichtung. Hinzu kommt, dass bei der hier gewählten
Organisationsform das private Unternehmen durch den Betreibervertrag mit
der Stadt und deren Benutzungsordnung sowie die Aufsicht des Landes
umfangreichen Kontrollen unterliegt, die eine pietätvolle Praxis der Feuerbestattung gewährleisten (vgl. im übrigen die Entscheidung des Bayerischen
VerfGH v. 4. 7. 1996 zum Betrieb von Krematorien in privater Trägerschaft,
die sich eingehend auch mit der von der Antragstellerin zitierten Argumentation Gröschners auseinandersetzt, NVwZ 1997, 481).

Nr. 71

1. **Einzelhandelsbetriebe sind großflächig i.S. von § 11 Abs. 3 Satz 1 Nr. 2 BauNVO, wenn sie eine Verkaufsfläche von 800 m² überschreiten.**

2. **Bei der Berechnung der Verkaufsfläche sind auch die Thekenbereiche, die vom Kunden nicht betreten werden dürfen, der Kassenvorraum (einschließlich eines Bereichs zum Einpacken der Ware und Entsorgen des Verpackungsmaterials) sowie ein Windfang einzubeziehen.**

3. **Da der Typus des der wohnungsnahen Versorgung dienenden Einzelhandelsbetriebs häufig nicht mehr allein anhand der Großflächigkeit bestimmt werden kann, kommt dem Gesichtspunkt der Auswirkungen in § 11 Abs. 3 BauNVO erhöhte Bedeutung zu.**

BauGB § 30; BauNVO § 11 Abs. 3.

Bundesverwaltungsgericht, Urteil vom 24. November 2005 – 4 C 10.04 –.

(VGH Baden Württemberg)

I. Die Klägerin, ein Lebensmitteldiscounter, erstrebt die Erteilung einer Baugenehmigung für die Erweiterung einer Verkaufsstätte.

Die Klägerin betreibt auf einem am Ostrand der Gemeinde D. liegenden, an ein Gewerbegebiet der benachbarten beigeladenen Stadt W. angrenzenden Grundstück eine Verkaufsstätte. Diese wurde 1996 mit einer Verkaufsfläche von ca. 660 m² und einer Geschossfläche von 1196 m² und 159 Stellplätzen genehmigt. Das Grundstück liegt im Geltungsbereich eines Bebauungsplans, der ein Gewerbegebiet ausweist und Einzelhandelsbetriebe ausschließt; insoweit war eine Ausnahme erteilt worden. Die Klägerin beantragte 2001 die Erteilung einer Baugenehmigung zur Erweiterung der Verkaufsstätte auf eine Geschossfläche von 1469 m² bei einer Verkaufsfläche einschließlich Kassenbereich von (nach der Berechnung des VGH) ca. 850 m² sowie zur Erhöhung der Stellplatzzahl auf 171. Nachdem die Klägerin erklärt hatte, keine Ausdehnung des Sortiments vorzunehmen, erteilte die Gemeinde D. ihr Einvernehmen. Dagegen äußerten u. a. der Regionalverband sowie die beigeladene Stadt Bedenken. 2001 lehnte das Landratsamt den Antrag ab. Auf die nach erfolglosem Widerspruchsverfahren erhobene Klage hat das Verwaltungsgericht den Beklagten verpflichtet, erneut über den Bauantrag zu entscheiden. Auf die Berufung des Beklagten hat der Verwaltungsgerichtshof mit Urteil vom 13. 7. 2004 (BRS 67 Nr. 77 = BauR 2005, 968 = ZfBR 2005, 78) das Urteil des Verwaltungsgerichts geändert und die Klage abgewiesen.

Gegen dieses Urteil hat die Klägerin ohne Erfolg die vom Berufungsgericht zugelassene Revision eingelegt.

Aus den Gründen:

II. Der Verwaltungsgerichtshof ist zu Recht zu dem Ergebnis gelangt, dass das von der Klägerin geplante Erweiterungsvorhaben nicht genehmigungsfähig ist. Es handelt sich um einen großflächigen Einzelhandelsbetrieb, der in einem Gewerbegebiet nicht zulässig ist, weil er sich nach Art, Lage oder Umfang auf die Verwirklichung der Ziele der Raumordnung und Landesplanung oder auf die städtebauliche Entwicklung und Ordnung nicht nur unwesentlich auswirken kann (§ 11 Abs. 3 Satz 1 Nr. 2 BauNVO).

1. Einzelhandelsbetriebe sind großflächig i.S. von § 11 Abs. 3 Satz 1 Nr. 2 BauNVO, wenn sie eine Verkaufsfläche von 800 m² überschreiten.

1.1 § 11 Abs. 3 BauNVO liegt die Wertung zugrunde, dass die in dieser Vorschrift bezeichneten Betriebe typischerweise ein Beeinträchtigungspotenzial aufweisen, das es rechtfertigt, sie einem Sonderregime zu unterwerfen (BVerwG, Urteil v. 1.8.2002 – 4 C 5.01 –, BVerwGE 117, 25, 35 = BRS 65 Nr. 10 = BauR 2003, 55). Den Typus der in § 11 Abs. 3 Satz 1 Nr. 1 BauNVO genannten Einkaufszentren (vgl. hierzu BVerwG, Urteil v. 27.4.1990 – 4 C 16.87 –, BRS 50 Nr. 67 = BauR 1990, 573 = Buchholz 406.12 § 11 BauNVO Nr. 16) schränkt der Verordnungsgeber nicht mit weiteren Merkmalen ein. Demgegenüber grenzt er in § 11 Abs. 3 Satz 1 Nr. 2 BauNVO die nur in Kerngebieten und Sondergebieten zulässigen Einzelhandelsbetriebe mit zwei eigenständigen Merkmalen ein, nämlich mit dem Merkmal der Großflächigkeit und mit der Bezeichnung bestimmter städtebaulich erheblicher Auswirkungen (Urteile v. 22.5.1987 – 4 C 19.85 –, NVwZ 1987, 1076 = BRS 47 Nr. 56 = BauR 1987, 528 und – 4 C 30.86 –, BRS 47 Nr. 57 = NVwZ 1987, 969; Beschluss v. 22.7.2004 – 4 B 29.04 –, BRS 67 Nr. 76 = BauR 2004, 1735 = Buchholz 406.12 § 11 BauNVO Nr. 28). Er misst dem Erfordernis der Großflächigkeit eigenständige Bedeutung bei. Der Begriff der Großflächigkeit dient ihm dazu, in typisierender Weise unabhängig von regionalen oder lokalen Besonderheiten bundesweit den Betriebstyp festzuschreiben, der von den in den §§ 2 bis 9 BauNVO bezeichneten Baugebieten fern gehalten werden soll. Dies bedeutet entgegen der Auffassung der Klägerin allerdings nicht, dass die nähere Umschreibung der Auswirkungen in § 11 Abs. 3 BauNVO nicht auch für die Auslegung des Begriffs der Großflächigkeit herangezogen werden könnte. Insbesondere bietet § 11 Abs. 3 Satz 3 BauNVO, wonach Auswirkungen in der Regel anzunehmen sind, wenn die Geschossfläche 1200 m² überschreitet, einen wichtigen Anhaltspunkt für die Bestimmung der Großflächigkeit. Nach der gesetzgeberischen Konzeption verbietet sich die Annahme, dass diese Grenze auch den Übergang zur Großflächigkeit markiert. Wie sich aus § 11 Abs. 3 Satz 4 BauNVO ergibt, ist die Vermutungsregel des Satzes 3 widerleglich. Abweichungen kommen nicht nur nach oben, sondern auch nach unten in Betracht. Schon aus diesem Grund muss das Tatbestandsmerkmal der Großflächigkeit, soll es nicht leer laufen, eine niedrigere Schwelle bezeichnen. Bei Überschreiten dieser Schwelle hat eine eigenständige, eingehende Prüfung einzusetzen, für die der Verordnungsgeber in den Sätzen 3 und 4 des § 11 Abs. 3 BauNVO eine Reihe von Kriterien benennt. Diese Prüfung sieht er auch in Fällen als sachlich geboten an, in denen der in § 11 Abs. 3 Satz 3 BauNVO benannte Schwellenwert von (seit 1.1.1987) 1200 m² nicht erreicht wird.

1.2 Das Merkmal der Großflächigkeit wird in der Rechtsprechung mithilfe der Größe der Verkaufsfläche bestimmt (BVerwG, Urteil v. 22.5.1987 – 4 C 19.85 –, a.a.O.). Denn mit ihm soll ein bestimmter Typ von Einzelhandelsbetrieben und eine städtebaulich erhebliche Nutzungsart definiert werden. Für diese Typisierung eignet sich die Geschossfläche als Maßstab weniger (Fikkert/Fieseler, BauNVO, 10. Aufl. 2002, § 11 BauNVO Rdnr. 19.2). Einzelhandelsbetriebe werden vor allem durch die Größe der Verkaufsfläche bestimmt (Söfker, in: Ernst/Zinkahn/Bielenberg, BauGB, § 11 BauNVO Rdnr. 53). Ihre Attraktivität und damit die in § 11 Abs. 3 BauNVO näher umschriebenen Auswirkungen werden nicht von der Größe der baulichen Anlage, die sich in der Geschossfläche widerspiegelt, sondern – soweit es um das Merkmal der Fläche geht – eher von derjenigen Fläche beeinflusst, auf der Waren präsentiert und gekauft werden können.

1.3 Die zwischenzeitliche Entwicklung rechtfertigt es, den Schwellenwert für die Prüfung, ob die in § 11 Abs. 3 Satz 2 BauNVO umschriebenen Auswirkungen vorliegen, bei einer Verkaufsfläche von 800 m² anzusetzen. Dagegen kann dem Anliegen der Klägerin, die Schwelle noch weiter heraufzusetzen, auf der Grundlage des geltenden Rechts nicht entsprochen werden.

1.3.1 Im Urteil vom 22. 5. 1987 (– 4 C 19.85 –, a. a. O.) ist der Senat davon ausgegangen, dass die Baunutzungsverordnung mit dem Merkmal der Großflächigkeit Einzelhandelsbetriebe, die wegen ihres angestrebten größeren Einzugsbereichs – wenn nicht in Sondergebiete – in Kerngebiete gehören und typischerweise auch dort zu finden sind, von den Läden und Einzelhandelsbetrieben der wohnungsnahen Versorgung der Bevölkerung unterscheidet, die in die ausschließlich, überwiegend oder zumindest auch dem Wohnen dienenden Gebiete gehören und dort typischerweise auch zu finden sind. Daraus hat er die Schlussfolgerung gezogen, die Großflächigkeit beginne dort, wo üblicherweise die Größe solcher, der wohnungsnahen Versorgung dienender, Einzelhandelsbetriebe, seinerzeit auch „Nachbarschaftsläden" genannt, ihre Obergrenze finde. Er ging somit davon aus, der Typus des der wohnungsnahen Versorgung dienenden Einzelhandelsbetriebs lasse sich anhand seiner Größe vom großflächigen Einzelhandelsbetrieb unterscheiden, der üblicherweise nicht mehr auf eine im Wesentlichen wohnungsnahe Versorgung zielt. Der Senat hat unter Bezugnahme auf die ihm damals vorliegenden Erkenntnisse in der Literatur weiter ausgeführt: „Der Oberbundesanwalt gibt hierfür eine Verkaufsfläche von 600 bis 700 m² an. Im Schrifttum wird die Obergrenze bei 600 m² (...) oder 700 m² (...) gesehen. Der Senat hat aus Anlass dieses Falles nicht zu entscheiden, wo nach dem derzeitigen Einkaufsverhalten der Bevölkerung und den Gegebenheiten im Einzelhandel die Verkaufsflächen-Obergrenze für Einzelhandelsbetriebe der wohnungsnahen Versorgung liegt. Vieles spricht dafür, dass sie nicht wesentlich unter 700 m² und aber auch nicht wesentlich darüber liegt. Jedenfalls liegt die vom Kläger beabsichtigte Größe seines Lebensmittelmarktes mit einer Verkaufsfläche sowohl von 951 m² als auch von 838 m² oberhalb dieser Grenze."

Der Senat hat in diesem Urteil v. 22. 5. 1987 zugleich zum Ausdruck gebracht, dass es im Hinblick auf das Einkaufsverhalten der Bevölkerung wie auf dementsprechende Entwicklungen im Handel nicht angebracht sei, sich beim Merkmal der Großflächigkeit allzu starr an den genannten Richtwert von 700 m² zu klammern. Im Anschluss daran hat der Senat in seinem, dem VGH zum Zeitpunkt des Erlasses seines Urteils noch nicht bekannten, Beschluss vom 22. 7. 2004 (– 4 B 29.04 –, a. a. O.) hervorgehoben, dass Überschreitungen des Richtwerts von 700 m² selbst dann, wenn sie eine Größenordnung von bis zu 100 m² erreichen, nicht zu dem Schluss zwingen, das Merkmal der Großflächigkeit sei erfüllt.

1.3.2 Der Verwaltungsgerichtshof sieht es als eine allgemeine Erfahrung an, dass seit 1987 bei (Lebensmittel-)Einzelhandelsbetrieben, die der wohnungsnahen Versorgung der Bevölkerung dienen, die Ansprüche und Erwartungen der Käufer gestiegen sind. Der unumkehrbare Trend zu Selbstbedienungsläden mit einem immer breiteren Warenangebot habe zu einem entsprechenden Bedarf an Flächen für das Befahren mit Einkaufswagen sowie für eine attraktivere Präsentation der Waren geführt. Die eigenständige, räumlich getrennte Lagerhaltung sei deutlich reduziert worden. Der Verwaltungsgerichthof verweist hierbei auch auf den Bericht der Arbeitsgruppe „Strukturwandel im Lebensmitteleinzelhandel und § 11 Abs. 3 BauNVO" vom 30. 4. 2002 (ZfBR 2002, 598). Die genannte Arbeitsgruppe wurde eingesetzt, nachdem sich um die Jahreswende 1999/2000 Unternehmen und Verbände des Einzelhandels an die Bundesregierung gewandt hatten, weil sie die Regelung des § 11 Abs. 3 BauNVO hinsichtlich der Standortzuweisung für großflächige Einzelhandelsbetriebe als Benachteiligung von Lebensmittelsupermärkten (Vollsortimenter) gegenüber anderen Vertriebsformen des Lebensmittelhandels, vor allem Discountern, empfanden. Sie referiert in ihrem Bericht hierzu umfangreiches Tatsachenmaterial und gibt u. a. die Einschätzung der Spitzenverbände des Einzelhandels wieder, wonach zwar bereits bestehende Märkte auf einer Verkaufsfläche von mindestens rund 900 m² (d. h. rund 1200 m² Geschossfläche) noch wirtschaftlich betrieben werden könnten, neu zur Eröffnung anstehende Märkte, um auf Dauer wirtschaftlich betrieben werden zu können, jedoch Größenordnungen von rund 2000 m² Geschossfläche (d. h. rund 1500 m² Verkaufsfläche) benötigten. Auf der Grundlage dieser auch vom Verwaltungsgerichtshof festgestellten Tatsachen kann nunmehr davon ausgegangen werden, dass nach den heutigen Gegebenheiten jedenfalls Einzelhandelsbetriebe mit nicht mehr als 800 m² Verkaufsfläche als Betriebe einzustufen sind, die der Nahversorgung der Bevölkerung dienen. Da eine darüber hinaus gehende Erhöhung dieses Schwellenwerts aus Rechtsgründen (hierzu im Folgenden) ausscheidet, bedarf es insoweit keiner weiteren Feststellungen.

1.3.3 Die Entwicklung zu größeren Verkaufsflächen auch bei Lebensmitteleinzelhandelsbetrieben, die unbedenklich der ortsnahen Versorgung der Wohnbevölkerung dienen, wird nach den Feststellungen des Verwaltungsgerichtshof, dem Bericht der genannten Arbeitsgruppe und der vorliegenden Literatur zugleich durch eine andere Tendenz flankiert: Den beschriebenen Vollsortimentern mit 7500 bis 11 500 Artikeln stehen Discounter gegenüber, die ihr Angebot auf 1000 bis 1400 Art. beschränken und damit leichter mit kleineren Verkaufsflächen zurechtkommen und unter der Schwelle von 700 m² bis 800 m² bleiben können. Gerade Discounter haben indes häufig Auswirkungen der in § 11 Abs. 3 BauNVO umschriebenen Art. Der vorliegend zugrunde liegende Sachverhalt bietet hierfür deutliches Anschauungsmaterial. Der Schwellenwert, den § 11 Abs. 3 BauNVO mit dem Begriff der Großflächigkeit umschreibt, muss indessen auch für die Handelsform der Discounter Aussagekraft besitzen.

1.3.4 Aus diesen zum Teil gegenläufigen Entwicklungen lässt sich die Schlussfolgerung ziehen, dass der Typus des Einzelhandelsbetriebs, der auf die Versorgung eines (auch) dem Wohnen dienenden Gebiets zielt, nicht mehr ohne weiteres allein mithilfe des Kriteriums der Großflächigkeit vom Typus des Betriebs zu unterscheiden ist, der auf einen größeren Einzugsbereich zielt. Damit mag die auf dieser Unterscheidung beruhende Erwägung des Senats in seinen Urteilen vom 22. 5. 1987 an Gewicht verlieren. Dies ändert indes nichts an dem systematischen Zusammenhang zwischen dem in § 11 Abs. 3 Satz 3 BauNVO bezeichneten Wert für die Vermutungsregel von 1200 m² einerseits und dem Begriff der Großflächigkeit andererseits.

1.3.5 Der Verwaltungsgerichtshof hebt zutreffend hervor, dass die genannte Arbeitsgruppe mehrheitlich eine Änderung des Wortlauts der Bau-NVO nicht befürwortet und das zuständige Bundesministerium im Ergebnis keinen Bedarf für eine Änderung des § 11 Abs. 3 BauNVO gesehen hat. Trotz der eingehenden Überprüfung der Rechtslage durch die Arbeitsgruppe hält der Verordnungsgeber somit an dem durch die Rechtsprechung des Senats konkretisierten Wortlaut der Regelung fest. Er geht ersichtlich davon aus, dass in Anwendung der unveränderten Formulierungen der Verordnung vernünftige, die Interessen aller beteiligten Gruppen beachtende Ergebnisse zu erzielen sind. Diese Schlussfolgerung ergänzt er mit Hinweisen zur Auslegung und Anwendung der Regelung in der Verwaltungspraxis. Daraus wird zugleich deutlich, dass auch in den Augen des Verordnungsgebers an der Funktion des Merkmals der Großflächigkeit als einem eigenständigen Schwellenwert festzuhalten ist.

1.3.6 Nach § 11 Abs. 3 Satz 3 BauNVO sind Auswirkungen der in Satz 2 genannten Art in der Regel anzunehmen, wenn die Geschossfläche 1200 m² überschreitet. Zugleich geht der Verordnungsgeber davon aus, dass derartige Auswirkungen bereits bei weniger als 1200 m² Geschossfläche vorliegen können. Das Merkmal der Großflächigkeit umschreibt diejenige Schwelle, ab der die Prüfung vorzunehmen ist, ob derartige Auswirkungen vorliegen. Somit muss die Schwelle ausreichend niedrig liegen, um Raum für diejenigen Fälle zu lassen, in denen entgegen der Regel bereits bei einer Geschossfläche von weniger als 1200 m² Auswirkungen zu erwarten sind.

In der Begründung für die Herabsetzung der maßgeblichen Geschossfläche von 1500 m² auf 1200 m², hat der Verordnungsgeber anlässlich der Novellierung der BauNVO im Jahr 1986 ausgeführt, dass „Verkaufsflächen bis nahezu 800 m²," nach den Erfahrungen der Praxis einer Geschossfläche von 1200 m² entsprechen (BR-Drucks. 541/86, S. 3). Daraus folgt ein Verhältnis der Verkaufsfläche zur Geschossfläche von 2:3. Inzwischen hat sich, wie auch den Feststellungen des Verwaltungsgerichtshofs zu entnehmen ist, dieses Verhältnis verändert. Als Erfahrungswert hat sich herausgebildet, dass Einzelhandelsbetriebe in Folge einer Reduzierung der Lager- und sonstigen Nebenflächen drei Viertel der Geschossfläche als Verkaufsfläche nutzen können. Somit ist jedenfalls bei einer Verkaufsfläche, die 900 m² überschreitet, zugleich eine Überschreitung der in § 11 Abs. 3 Satz 3 BauNVO genannten Geschossflächengrenze von 1200 m² zu erwarten. Wie dargelegt muss die Schwelle, ab der eine Prüfung der möglichen Auswirkungen vorzunehmen ist, deutlich unterhalb des für die Geltung der Vermutungsregel maßgebenden Werts liegen. Aus Gründen der praktischen Handhabbarkeit in der Rechtsanwendung legt der Senat einen Schwellenwert von 800 m² zu Grunde. Mithin sind Einzelhandelsbetriebe großflächig i. S. von § 11 Abs. 3 Satz 1 Nr. 2 Bau-

NVO, wenn sie eine Verkaufsfläche von 800 m² überschreiten. Dagegen würde die von der Klägerin angestrebte weitere Erhöhung bis zu einer Größenordnung von 850 m² der systematischen Bedeutung des Schwellenwerts der Großflächigkeit nicht gerecht.

1.4 Da der Typus des der wohnungsnahen Versorgung dienenden Einzelhandelsbetriebs häufig nicht mehr allein anhand der Großflächigkeit bestimmt werden kann, kommt dem Gesichtspunkt der Auswirkungen in § 11 Abs. 3 BauNVO erhöhte Bedeutung zu. Danach ist für die städtebaurechtliche Einordnung großflächiger Einzelhandelsbetriebe entscheidend, ob sie sich nach Art, Lage oder Umfang auf die Verwirklichung der Ziele der Raumordnung und Landesplanung oder auf die städtebauliche Entwicklung und Ordnung nicht nur unwesentlich auswirken können. Die Auswirkungen umschreibt die Verordnung näher als schädliche Umwelteinwirkungen sowie Auswirkungen auf die infrastrukturelle Ausstattung, auf den Verkehr, auf die Versorgung der Bevölkerung im Einzugsbereich der Betriebe, auf die Entwicklung zentraler Versorgungsbereiche in der Gemeinde oder in anderen Gemeinden, auf das Orts- und Landschaftsbild und auf den Naturhaushalt. Nur wenn derartige Auswirkungen zu bejahen sind, ist ein großflächiger Einzelhandelsbetrieb in ein Kern- oder ein Sondergebiet zu verweisen. Nach § 11 Abs. 3 Satz 3 BauNVO sind derartige Auswirkungen in der Regel anzunehmen, wenn die Geschossfläche 1200 m² überschreitet. Die Regel gilt nach Satz 4 der Vorschrift allerdings nicht, wenn Anhaltspunkte dafür bestehen, dass Auswirkungen bereits bei weniger als 1200 m² Geschossfläche vorliegen oder bei mehr als 1200 m² Geschossfläche nicht vorliegen. Unterhalb des genannten Werts ist die Genehmigungsbehörde darlegungspflichtig dafür, dass mit derartigen Auswirkungen zu rechnen ist, während bei Betrieben oberhalb dieser Größe der Bauantragsteller die Darlegungslast für das Fehlen solcher Auswirkungen trägt (ebenso die erwähnte Arbeitsgruppe unter Rdnr. 19 ihres Beratungsergebnisses).

Bei dieser Prüfung sind nach § 11 Abs. 3 Satz 4 BauNVO insbesondere die Gliederung und Größe der Gemeinde und ihre Ortsteile, die Sicherung der verbrauchernahen Versorgung der Bevölkerung und das Warenangebot des Betriebs zu berücksichtigen. In der Begründung des Verordnungsgebers zu der 1986 erfolgten Ergänzung um den Satz 4 (BR-Drucks. 541/86, S. 4 und 5) wird hervorgehoben, dass großflächige Einzelhandelsbetriebe bereits unterhalb der Größenordnung von 1200 m² Geschossfläche vor allem in Ortsteilen von großen Städten, kleinen Orten oder Orten im ländlichen Raum je nach Warenangebot und Standort raumordnerische und besondere städtebauliche Auswirkungen haben könnten. Ein Einzelhandelsbetrieb mit 1200 m² Geschossfläche in einer kleinen Gemeinde wirke sich anders aus als ein Betrieb von gleicher Größe in einer Großstadt. Zugleich wird betont, dass großflächige Einzelhandelsbetriebe, vor allem, wenn sie wegen ihres Warenangebots (z. B. Möbelmärkte, Kraftfahrzeughandel) auf größere Flächen angewiesen sind, bei einer größeren Geschossfläche als 1200 m² keine nachteiligen Auswirkungen haben könnten. Somit verbietet sich eine lediglich an der Verkaufsfläche und der Geschossfläche anknüpfende schematische Handhabung. Vielmehr erlaubt die differenzierte Regelung, wie der Senat bereits in seinem Beschluss vom 22. 7. 2004 (– 4 B 29.04 –, a. a. O.) näher ausgeführt hat, eine die verschiedenen aufgeführten Gesichtspunkte beachtende sachgerechte Handhabung:

Ob die Vermutung widerlegt werden kann, hängt maßgeblich davon ab, welche Waren angeboten werden, auf welchen Einzugsbereich der Betrieb angelegt ist und in welchem Umfang zusätzlicher Verkehr hervorgerufen wird. Entscheidend ist, ob der Betrieb über den Nahbereich hinauswirkt und dadurch, dass er unter Gefährdung funktionsgerecht gewachsener städtebaulicher Strukturen weiträumig Kaufkraft abzieht, auch in weiter entfernten Wohngebieten die Gefahr heraufbeschwört, dass Geschäfte schließen, auf die insbesondere nicht motorisierte Bevölkerungsgruppen angewiesen sind. Nachteilige Wirkungen dieser Art werden noch verstärkt, wenn der Betrieb in erheblichem Umfang zusätzlichen gebietsfremden Verkehr auslöst. Je deutlicher die Regelgrenze von 1200 m^2 Geschossfläche überschritten ist, mit desto größerem Gewicht kommt die Vermutungswirkung des § 11 Abs. 3 Satz 3 BauNVO zum Tragen. Dabei kann allerdings die jeweilige Siedlungsstruktur nicht außer Betracht bleiben. Je größer die Gemeinde oder der Ortsteil ist, in dem der Einzelhandelsbetrieb angesiedelt werden soll, desto eher ist die Annahme gerechtfertigt, dass sich die potenziellen negativen städtebaulichen Folgen relativieren. Für den Bereich des Lebensmitteleinzelhandels ist die Arbeitsgruppe „Strukturwandel im Einzelhandel und § 11 Abs. 3 BauNVO" zu dem Ergebnis gelangt, dass es insbesondere auf die Größe der Gemeinde/des Ortsteils, auf die Sicherung der verbrauchernahen Versorgung der Bevölkerung und das Warenangebot des Betriebs ankommt. Bei der gebotenen Einzelfallprüfung könne es an negativen Auswirkungen auf die Versorgung der Bevölkerung und den Verkehr insbesondere dann fehlen, wenn der Non-Food-Anteil weniger als zehn v. H. der Verkaufsfläche beträgt und der Standort verbrauchernah und hinsichtlich des induzierten Verkehrsaufkommens „verträglich" sowie städtebaulich integriert ist. Die Arbeitsgruppe ist ferner zu dem Ergebnis gelangt, dass bei der vorzunehmenden Einzelfallprüfung bestimmte von ihr näher dargelegte allgemeine Erfahrungswerte im Sinne einer typisierenden Betrachtungsweise berücksichtigt werden könnten. Auf der Grundlage dieser Überlegungen lassen sich unter Berücksichtigung der Besonderheiten des Einzelfalles sachgerechte Standortentscheidungen für den Lebensmitteleinzelhandel treffen, ohne dass es von Rechts wegen einer weiteren Erhöhung beim Merkmal der Großflächigkeit bedürfte.

2. Zu Recht ist der Verwaltungsgerichtshof davon ausgegangen, dass die Flächen des Windfangs und des Kassenvorraums (einschließlich eines Bereichs zum Einpacken der Ware und Entsorgen des Verpackungsmaterials) nicht aus der Verkaufsfläche herausgerechnet werden können. Denn auch sie prägen in städtebaulicher Hinsicht die Attraktivität und Wettbewerbsfähigkeit des Betriebs (ebenso Niedersächsisches OVG, Beschluss v. 15. 11. 2002 – 1 ME 151/02 –, BRS 65 Nr. 69 = BauR 2003, 659 = NVwZ-RR 2003, 486, sowie Stock, in: König/Roeser/Stock, BauNVO, § 11 Rdnr. 55 und Söfker, in: Ernst/Zinkahn/Bielenberg, § 11 BauNVO Rdnr. 53 b). Dies wird deutlich, wenn man die Verkaufsform der Selbstbedienung und die der Bedienung durch Personal (sowie die hierzu bestehenden Mischfor-

men) vergleichend betrachtet. Denn insbesondere der räumliche Bereich vor der Zugangsschranke und hinter den Kassen erscheint beim System der Selbstbedienung nur wegen der Besonderheiten dieser Verkaufsform als abtrennbar. Der Kunde geht durch eine Schranke, um den Selbstbedienungsbereich betreten zu können. Nachdem er bezahlt und den Kassenbereich durchschritten hat, betritt er eine Fläche, in der er die Waren einpacken, Verpackungsmittel entsorgen und sich zum Ausgang begeben kann. In einem Laden, in dem er herkömmlich bedient wird, besteht eine derartige räumliche Abtrennung nicht. Im Übrigen verweist das Niedersächsische OVG im genannten Beschluss, auf den der Verwaltungsgerichtshof Bezug nimmt, zum Bereich hinter den Kassen zutreffend darauf hin, der Betreiber könne den Kunden nicht anschließend „in die freie Luft entlassen". Auf die Frage, an welcher Stelle der Kauf im Sinne des Zivilrechts abgeschlossen ist, kommt es aus städtebaulicher Sicht nicht an. Zur Verkaufsfläche sind im Übrigen auch diejenigen Bereiche innerhalb eines Selbstbedienungsladens zu zählen, die vom Kunden zwar aus betrieblichen und hygienischen Gründen nicht betreten werden dürfen, in denen aber die Ware für ihn sichtbar ausliegt (Käse-, Fleisch- und Wursttheke etc.) und in dem das Personal die Ware zerkleinert, abwiegt und abpackt. Insoweit handelt es sich um einen Bereich, der bei einem reinen Bedienungsladen herkömmlicher Art ebenfalls der Verkaufsfläche zuzurechnen wäre. Davon zu unterscheiden sind diejenigen Flächen, auf denen für den Kunden nicht sichtbar die handwerkliche und sonstige Vorbereitung (Portionierung etc.) erfolgt sowie die (reinen) Lagerflächen.

3. Somit handelt es sich bei dem hier zur Genehmigung gestellten Vorhaben um einen großflächigen Einzelhandelsbetrieb. Nach den Feststellungen des Verwaltungsgerichtshofs wird seine Verkaufsfläche bei Einbeziehung von Windfang und Kassenvorraum sowie angemessenem Abzug für Putz (1 cm) etwa 850 m² betragen. Auf diese Fläche ist abzustellen, denn die planungsrechtliche Überprüfung hat sich auf das gesamte Vorhaben in seiner durch die beantragte Erweiterung geänderten Gestalt zu erstrecken (vgl. hierzu das Urteil des Senats v. 17. 6. 1993 – 4 C 17.91 –, BRS 55 Nr. 72 = BauR 1994, 81, sowie den Beschluss v. 29. 11. 2005 – 4 B 72.05 –, abgedruckt unter Nr. 77).

Nach der geplanten Erweiterung überschreitet der Einzelhandelsbetrieb der Klägerin mit einer Geschossfläche von 1469 m² auch die Vermutungsgrenze von 1200 m² nach § 11 Abs. 3 Satz 3 BauNVO. Die mithin darlegungspflichtige Klägerin benennt jedoch selbst keine Tatsachen, aus denen sich ergeben könnte, dass der geplante Betrieb nach der Erweiterung nicht die in § 11 Abs. 3 Satz 1 und 2 BauNVO benannten Auswirkungen herbeiführen würde. Vielmehr handelt es sich nach den Feststellungen des Verwaltungsgerichtshofs geradezu um ein Musterbeispiel für einen nicht integrierten Standort. Denn er liegt am Rande des Gemeindegebiets und der Abstand zur bebauten Ortslage beträgt mehr als einen Kilometer. Der Betrieb soll auch nicht der verbrauchernahen Versorgung der Bevölkerung der – keine zentralörtlichen Funktionen wahrnehmenden und überdies sehr kleinen – Standortgemeinde dienen. Vielmehr sollen etwa 80 % des Umsatzes außerhalb dieser Gemeinde erwirtschaftet werden.

Die Klägerin führt lediglich an, die vorgesehene Vergrößerung des Betriebs werde nicht zu einer Erweiterung des Sortiments führen. Daraus lässt sich jedoch nichts zugunsten der Klägerin ableiten. Da die Verkaufsstätte bisher die Schwelle zur Großflächigkeit noch nicht überschritten hatte, ist die nach § 11 Abs. 3 BauNVO gebotene Prüfung, ob die in dieser Vorschrift benannten Auswirkungen zu erwarten sind, noch nicht erfolgt. Mit dem jetzt gestellten Antrag ist diese Prüfung vorzunehmen. Auch die Klägerin stellt nicht infrage, dass dabei die Auswirkungen des gesamten Betriebs und nicht etwa nur diejenigen der Erweiterung heranzuziehen sind. Zu Recht hebt der Verwaltungsgerichtshof hervor, dass nicht im Sinne einer „Vorbelastung" die von dem genehmigten Betrieb ausgehenden Auswirkungen außer Betracht bleiben können. Mit dem Überschreiten des Schwellenwerts ist der Betrieb erstmals in den städtebaulichen Typus des großflächigen Einzelhandelsbetriebs hineingewachsen, sodass sich seine Zulässigkeit nunmehr nach den Regelungen in § 11 Abs. 3 BauNVO richtet.

Nr. 72

1. **Einzelhandelsbetriebe sind großflächig i. S. von § 11 Abs. 3 Satz 1 Nr. 2 BauNVO, wenn sie eine Verkaufsfläche von 800 m² überschreiten (wie Urteil vom 24. 11. 2005 – 4 C 10.04 –).**

2. **Ob es sich um einen einzigen oder um mehrere Betriebe handelt, bestimmt sich nach baulichen und betrieblich-funktionellen Gesichtspunkten. Ein Einzelhandelsbetrieb ist nur dann als selbstständig anzusehen, wenn er unabhängig von anderen Betrieben genutzt werden kann und deshalb als eigenständiges Vorhaben genehmigungsfähig wäre.**

3. **Ist innerhalb eines Gebäudes die Betriebsfläche baulich in mehrere selbstständig nutzbare betriebliche Einheiten unterteilt, bilden diese Einheiten gleichwohl einen Einzelhandelsbetrieb i. S. des § 11 Abs. 3 BauNVO, wenn die Gesamtfläche durch einen Einzelhandelsbetrieb als Hauptbetrieb geprägt wird und auf den baulich abgetrennten Flächen zu dessen Warenangebot als Nebenleistung ein Warenangebot hinzutritt, das in einem inneren Zusammenhang mit der Hauptleistung steht, diese jedoch nur abrundet und von untergeordneter Bedeutung bleibt (hier Backshop und Laden für Toto/Lotto, Zeitschriften und Schreibwaren).**

BauGB § 34 Abs. 1; BauNVO § 11 Abs. 3.

Bundesverwaltungsgericht, Urteil vom 24. November 2005 – 4 C 14.04 –.

(OVG Brandenburg)

Die Klägerin erstrebt die Erteilung einer Baugenehmigung für die Umwandlung einer Getränkelagerfläche in Verkaufsfläche.
Die Klägerin war Eigentümerin eines Grundstücks, auf dem ein Selbstbedienungs-Lebensmittelmarkt betrieben wird. Ein Bebauungsplan besteht nicht. Auf den Antrag der Klägerin wurde ihr 1996 die Baugenehmigung erteilt. Nach den genehmigten Bau-

vorlagen umfasste der Betrieb u. a. einen Verkaufsraum (582,83 m²), das Getränkelager (149,78 m²), die Kassenzone (27,69 m²), eine Pack- und Entsorgungszone (23,99 m²), einen in den Markt integrierten Thekenbereich (33,55 m²), einen Backshop (25,82 m²), einen Laden für Toto/Lotto, Zeitschriften und Schreibwaren (66,76 m²) sowie einen gemeinsamen Windfang (16,84 m²). Bei einer Ortsbesichtigung 1997 stellten Mitarbeiter des Beklagten fest, dass das Getränkelager als Verkaufsfläche genutzt wurde. Daraufhin erließ der Beklagte gegenüber der Klägerin eine entsprechende Nutzungsuntersagungsverfügung. Die Klägerin beantragte bei dem Beklagten die Erteilung einer Baugenehmigung für die Nutzungsänderung des Getränkelagers zu einem Verkaufsraum. Diesen Antrag lehnte der Beklagte ab; die beigeladene Gemeinde hatte zuvor ihr Einvernehmen versagt. Widerspruch und Klage blieben ohne Erfolg.

Mit Urteil v. 8. 11. 2004 (– 3 A 471/01 –, BRS 67 Nr. 78 = ZfBR 2005, 292) hat das Oberverwaltungsgericht für das Land Brandenburg die Berufung zurückgewiesen. Auch die Revision blieb erfolglos.

Aus den Gründen:

II. Das Oberverwaltungsgericht ist zu Recht zu dem Ergebnis gelangt, dass mit der Einbeziehung des Getränkelagers in die Verkaufsfläche ein großflächiger Einzelhandelsbetrieb entsteht. Ein solcher war zum Zeitpunkt der Entscheidung des Berufungsgerichts nach § 246 Abs. 7 BauGB i. V. m. § 3 des Brandenburgischen Gesetzes zur Durchführung des Baugesetzbuches (BbgBauGBDG) im unbeplanten Innenbereich gemäß § 34 Abs. 1 Satz 1 BauGB nicht zulässig (1.). Eine Genehmigung kommt nach den Feststellungen des Oberverwaltungsgerichts auch für die seit dem 1. 1. 2005 geltende Rechtslage nicht in Betracht (2.).

1.1 Nach § 246 Abs. 7 BauGB konnten die Länder bestimmen, dass § 34 Abs. 1 Satz 1 BauGB bis zum 31. 12. 2004 nicht für Einkaufszentren, großflächige Einzelhandelsbetriebe und sonstige großflächige Handelsbetriebe i. S. des § 11 Abs. 3 BauNVO anzuwenden ist. Von dieser Möglichkeit hat das Land Brandenburg in § 3 des Brandenburgischen Gesetzes zur Durchführung des Baugesetzbuches (BbgBauGBDG v. 10. 6. 1998, GVBl. I, 126) Gebrauch gemacht. Diese Regelungen standen der angestrebten Baugenehmigung zu dem für das Oberverwaltungsgericht maßgeblichen Zeitpunkt seiner mündlichen Verhandlung entgegen. Da das Vorhaben nicht im Geltungsbereich eines Bebauungsplans (§ 30 Abs. 1 BauGB), aber innerhalb eines im Zusammenhang bebauten Ortsteils liegt (§ 34 Abs. 1 BauGB) und die Eigenart der näheren Umgebung nicht einem der Baugebiete der Baunutzungsverordnung entspricht (§ 34 Abs. 2 BauGB), hätte es bauplanungsrechtlich nur gemäß § 34 Abs. 1 Satz 1 BauGB zulässig sein können.

1.2 Das Oberverwaltungsgericht ist zu Recht zu dem Ergebnis gelangt, dass mit der Einbeziehung des Getränkelagers in die Verkaufsfläche ein großflächiger Einzelhandelsbetrieb i. S. des § 11 Abs. 3 BauNVO entsteht.

Einzelhandelsbetriebe sind großflächig i. S. von § 11 Abs. 3 Satz 1 Nr. 2 BauNVO, wenn sie eine Verkaufsfläche von 800 m² überschreiten. Dies hat der Senat in seinem Urteil vom 24. 11. 2005 – 4 C 10.04 –, (abgedruckt unter der Nr. 71) näher dargelegt.

1.3 Mit der Umwandlung der als Getränkelager genehmigten Fläche in Verkaufsfläche ist diese in die Berechnung der Verkaufsfläche einzubeziehen. Dies stellt auch die Klägerin nicht infrage. In die Verkaufsfläche einzubeziehen sind auch die „Kassenzone", also der Bereich, in dem sich die Kassen und die Durchgänge befinden, und die Fläche, die vorliegend mit „Pack- und Entsorgungszone" bezeichnet wird und von den Kunden vor dem Betreten des abgetrennten Verkaufsbereichs sowie nach Verlassen der Kasse durchlaufen wird. Denn auch sie prägen in städtebaulicher Hinsicht die Attraktivität und Wettbewerbsfähigkeit des Betriebs. Dies wird deutlich, wenn man die Verkaufsform der Selbstbedienung und die der Bedienung durch Personal (sowie die hierzu bestehenden Mischformen) vergleichend betrachtet. Denn insbesondere der räumliche Bereich vor der Zugangsschranke und hinter den Kassen erscheint beim System der Selbstbedienung nur wegen der Besonderheiten dieser Verkaufsform als abtrennbar. Der Kunde geht durch eine Schranke, um den Selbstbedienungsbereich betreten zu können. Nachdem er bezahlt und den Kassenbereich durchschritten hat, betritt er eine Fläche, in der er die Waren einpacken, Verpackungsmittel entsorgen und sich zum Ausgang begeben kann. In einem Laden, in dem er herkömmlich bedient wird, besteht eine derartige räumliche Abtrennung nicht. Auf die Frage, an welcher Stelle der Kauf im Sinne des Zivilrechts abgeschlossen ist, kommt es aus städtebaulicher Sicht nicht an. Zur Verkaufsfläche sind auch diejenigen Bereiche innerhalb eines Selbstbedienungsladens zu zählen, die vom Kunden zwar aus betrieblichen und hygienischen Gründen nicht betreten werden dürfen, in denen aber die Ware für ihn sichtbar ausliegt (Käse-, Fleisch- und Wursttheke etc.) und in dem das Personal die Ware zerkleinert, abwiegt und abpackt. Insoweit handelt es sich um einen Bereich, der bei einem reinen Bedienungsladen herkömmlicher Art ebenfalls der Verkaufsfläche zuzurechnen wäre. Davon zu unterscheiden sind diejenigen Flächen, auf denen für den Kunden nicht sichtbar die handwerkliche und sonstige Vorbereitung (Portionierung etc.) erfolgt, sowie die (reinen) Lagerflächen.

Bereits nach diesen Grundsätzen ist hier ein großflächiger Einzelhandelsbetrieb anzunehmen. Denn mit dem ursprünglich genehmigten Verkaufsraum (582,83 m^2), dem einzubeziehenden früheren Getränkelager (149,78 m^2), der Theke (33,55 m^2), der Kassenzone (27,69) sowie dem Bereich für Verpackung und Entsorgung (23,99) wird die maßgebliche Schwelle von 800 m^2 um 84 m^2 überschritten.

1.4 Im Ergebnis zu Recht hat das Oberverwaltungsgericht auch die Flächen für den Backshop (25,82 m^2), den Laden für Toto/Lotto, Zeitschriften und Schreibwaren (66,76 m^2) sowie den von allen drei Bereichen gemeinsam genutzten Windfang (16,84 m^2) einbezogen. Denn der Backshop sowie der Laden für Toto/Lotto, Zeitschriften und Schreibwaren bilden mit dem Lebensmitteleinzelhandelsbetrieb eine betriebliche Einheit und sind daher mit ihm zusammen als ein großflächiger Einzelhandelsbetrieb i. S. von § 11 Abs. 3 BauNVO anzusehen.

Der Senat ist bereits in seinem Urteil vom 22. 5. 1987 (– 4 C 77.84 –, BRS 47 Nr. 58 S. 159 = Buchholz 406.12 § 1 BauNVO Nr. 5 = ZfBR 1987, 251 [insoweit in BVerwGE 77, 317 nicht abgedruckt]) davon ausgegangen, dass ein Vorhaben die Errichtung eines als Einheit zu betrachtenden Betriebs zum Gegenstand haben kann. Er hat erwogen, dass das seinerzeit umstrittene Vorhaben „in Wahrheit nur einen Betrieb darstellen" könne, weil es zwar zwei räumlich getrennte Baukörper umfasste, aber aufgrund eines Bauantrages eines Grundstückseigentümers auf einem Grundstück gleichzeitig und mit aufeinander abgestimmten Sortimenten in den beiden Märkten verwirklicht werden sollte. Er hat andererseits im Urteil vom 4.5.1988 (– 4 C 34.86 –, BVerwGE 79, 309, 315 = BRS 48 Nr. 37 = BauR 1988, 440) hervorgehoben, dass ein räumlicher Zusammenhang allein noch nicht zu einer „summierenden" Betrachtungsweise berechtigt. Der Senat hat in diesem Zusammenhang auch den Begriff der „Funktionseinheit" verwendet, für eine solche im zu behandelnden Fall indes keine Anhaltspunkte gesehen.

§ 11 Abs. 3 BauNVO liegt die Wertung zugrunde, dass die in dieser Vorschrift bezeichneten Betriebe typischerweise ein Beeinträchtigungspotenzial aufweisen, das es rechtfertigt, sie einem Sonderregime zu unterwerfen. Den Typus der in § 11 Abs. 3 Satz 1 Nr. 1 BauNVO genannten Einkaufszentren schränkt der Verordnungsgeber nicht mit weiteren Merkmalen ein. Demgegenüber grenzt er in § 11 Abs. 3 Satz 1 Nr. 2 BauNVO die nur in Kerngebieten und Sondergebieten zulässigen Einzelhandelsbetriebe mit zwei eigenständigen Merkmalen ein, nämlich mit dem Merkmal der Großflächigkeit und mit der Bezeichnung bestimmter städtebaulich erheblicher Auswirkungen. Der Begriff der Großflächigkeit dient ihm dazu, in typisierender Weise unabhängig von regionalen oder lokalen Besonderheiten bundesweit den Betriebstyp festzuschreiben, der von den in den §§ 2 bis 9 BauNVO bezeichneten Baugebieten fern gehalten werden soll. Wird die Schwelle zur Großflächigkeit überschritten, hat eine eigenständige, eingehende Prüfung einzusetzen, für die der Verordnungsgeber in den Sätzen 3 und 4 des § 11 Abs. 3 BauNVO eine Reihe von Kriterien benennt (vgl. hierzu das Urteil des Senats v. 24.11.2005 – 4 C 10.04 –, a.a.O.).

Der Begriff des großflächigen Einzelhandelsbetriebs ist vorrangig nach dieser Zielsetzung des § 11 Abs. 3 BauNVO auszulegen. Umschreibungen des Begriffs Betrieb oder Einzelhandelsbetrieb, die in anderen Fachgebieten oder anderen rechtlichen Zusammenhängen verwendet werden, können daher nur eingeschränkt nutzbar gemacht werden (vgl. auch das Senatsurteil v. 18.6.2003 – 4 C 5.02 –, BRS 66 Nr. 85 = BauR 2004, 43 = ZfBR 2004, 62 zum Begriff des Verbrauchermarkts in der BauNVO 1968). § 11 Abs. 3 BauNVO verhält sich gegenüber den sich dynamisch entwickelnden unterschiedlichen Strukturen des Einzelhandels neutral und regelt lediglich die städtebaulichen Auswirkungen. Dass Einzelhandelsbetriebe heute vielfältige, zum Teil sich überschneidende Erscheinungs- und Gestaltungsformen aufweisen, ändert freilich nichts daran, dass Regelungsgegenstand der Vorschrift allein „der einzelne Betrieb" ist.

Ob es sich in diesem Sinne um einen einzigen oder um mehrere Betriebe handelt, bestimmt sich nach baulichen und betrieblich-funktionellen Gesichtspunkten. Für die räumliche Abgrenzung eines Einzelhandelsbetriebs ist auf die nach außen erkennbaren baulichen Gegebenheiten abzustellen. Eine Verkaufsstätte kann ein selbstständiger Einzelhandelsbetrieb i.S. des § 11 Abs. 3 BauNVO nur sein, wenn sie selbstständig, d.h. unabhängig von anderen Einzelhandelsbetrieben genutzt werden kann und deshalb baurechtlich auch als eigenständiges Vorhaben genehmigungsfähig wäre. Hierfür muss die Verkaufsstätte jedenfalls einen eigenen Eingang, eine eigene Anlieferung und eigene Personalräume haben; sie muss unabhängig von anderen Betrieben geöffnet und geschlossen werden können. Ohne Bedeutung ist hingegen, wer rechtlich oder wirtschaftlich jeweils Betreiber ist. Die Frage der bauplanungsrechtlichen Selbstständigkeit ist auch unabhängig davon zu beurteilen, ob Selbstbedienung, Bedienung durch Personal oder eine Mischform erfolgt und wie die dem entsprechenden Bereiche innerhalb der Betriebsfläche voneinander abgegrenzt sind.

Die Verkaufsflächen baulich und funktionell eigenständiger Betriebe können grundsätzlich nicht zusammengerechnet werden. Für die Prüfung einer „Funktionseinheit" unter den Gesichtspunkten eines gemeinsamen Nutzungskonzepts, der Ergänzung der Sortimente, der Nutzung von Synergieeffekten u.ä. ist in diesen Fällen kein Raum. Das gilt indes nicht uneingeschränkt. Ist innerhalb eines Gebäudes die Betriebsfläche baulich in mehrere selbstständig nutzbare betriebliche Einheiten unterteilt, bilden diese Einheiten gleichwohl einen Einzelhandelsbetrieb i. S. des § 11 Abs. 3 BauNVO, wenn die Gesamtfläche durch einen Einzelhandelsbetrieb als „Hauptbetrieb" geprägt wird und auf den baulich abgetrennten Flächen zu dessen Warenangebot als „Nebenleistung" ein Warenangebot hinzutritt, das in einem inneren Zusammenhang mit der „Hauptleistung" steht, diese jedoch nur abrundet und von untergeordneter Bedeutung bleibt (vgl. Urteil v. 30.6.2004 – 4 C 3.03 –, BVerwGE 121, 205, 209 = BRS 67 Nr. 89, zu den einem Postdienstleistungsbetrieb zuzuordnenden Nebenleistungen). Dann ist es im Hinblick auf die bauplanungsrechtliche Zielsetzung geboten, die Verkaufsflächen für die Ermittlung der Schwelle der Großflächigkeit i. S. von § 11 Abs. 3 BauNVO zusammenzurechnen. Unter welchen Voraussetzungen eine derartige Unterordnung anzunehmen ist, bestimmt sich nach den Umständen des Einzelfalls. Für eine betriebliche Einheit wird im Allgemeinen sprechen, dass die für die „Nebenbetriebe" in Anspruch genommenen Flächen deutlich hinter denjenigen des Hauptbetriebs zurückbleiben. Schließlich kann berücksichtigt werden, dass nach der Verkehrsanschauung aus der Sicht des Verbrauchers ein Randangebot als zum Hauptbetrieb zugehörig angesehen wird (vgl. auch das Urteil des Senats v. 30.6.2004, a.a.O.). Baulich gesondert nutzbare Betriebsflächen bilden somit dann eine betriebliche Einheit mit einem Hauptbetrieb, wenn auf ihnen lediglich ein diesen ergänzendes Angebot erbracht wird. Dies ist insbesondere der Fall, wenn nach der Verkehrsanschauung der kleinere Bereich ebenso in die Verkaufsfläche des größeren Betriebs einbezogen sein könnte. Ob und ggf. unter welchen Voraussetzungen baulich selbstständig nutzbare Verkaufsstätten einen Einzelhandelsbetrieb i. S. des § 11 Abs. 3 BauNVO bilden können, wenn sie nicht in einem Gebäude untergebracht sind, bedarf aus Anlass des vorliegenden Falles keiner Entscheidung.

1.5 Das Oberverwaltungsgericht ist vorliegend ersichtlich davon ausgegangen, dass der Lebensmitteleinzelhandelsbetrieb, der Backshop und der Laden für Toto/Lotto, Zeitschriften und Schreibwaren bautechnisch selbstständig nutzbar sind. Es geht dabei wohl davon aus, dass sie von dem gemeinsamen Windfang aus über separate Zugänge verfügen. Jedenfalls haben der Backshop und der Laden für Toto/Lotto, Zeitschriften und

Schreibwaren jeweils eigenständige Personalräume und Toiletten. Aus den Feststellungen des Oberverwaltungsgerichts ergibt sich jedoch, dass diese Betriebsbereiche nur dem Lebensmittelmarkt zuzurechnende „Nebenleistungen" erbringen. Die für sie in Anspruch genommenen Flächen sind im Vergleich zur Fläche des Hauptbetriebs untergeordnet. Ferner bietet der Backshop ebenso wie der Laden für Toto/Lotto, Zeitschriften und Schreibwaren ein gleichsam ausgelagertes untergeordnetes Ergänzungsangebot. Beide Sortimente könnten ohne weiteres in dem Lebensmitteleinzelhandelsbetrieb angeboten werden, wie dies bei anderen Betrieben dieser Art häufig der Fall ist. Das Oberverwaltungsgericht hebt hierzu hervor, die Sortimente seien auf eine identische Zielgruppe hin orientiert und optimal aufeinander abgestimmt, da es sich jeweils um Waren des täglichen Bedarfs handele. Daher handelt es sich vorliegend um einen der Fälle, in denen eine Zusammenrechnung unter dem Gesichtspunkt der betrieblichen Einheit geboten ist. Somit erreicht der Betrieb insgesamt eine Verkaufsfläche von 927,26 m² und überschreitet damit bei weitem die Schwelle der Großflächigkeit.

2. Auch nach Außer-Kraft-Treten der Regelung in §246 Abs. 7 BauGB ist das Vorhaben der Klägerin nicht genehmigungsfähig.

Das Revisionsgericht hat Rechtsänderungen, die während des Revisionsverfahrens eintreten, im gleichen Umfang zu beachten, wie sie die Vorinstanz berücksichtigen müsste, wenn sie jetzt entschiede (st. Rspr., vgl. z.B. BVerwG, Urteil v. 24.6.2004 – 4 C 11.03 –, BVerwGE 121, 152). Das Berufungsgericht ist auf die seit dem Ablauf des 31.12.2004 geltende Rechtslage bereits eingegangen. Sein Ausgangspunkt, wonach mit der Umwandlung der Lagerfläche in Verkaufsfläche ein großflächiger Einzelhandelsbetrieb entsteht, ist wie ausgeführt zutreffend. Mit dem Überschreiten der Schwelle der Großflächigkeit hat die materiellrechtliche Prüfung nunmehr daran anzuknüpfen. Dabei ist der Einzelhandelsbetrieb in seiner Gesamtheit und nicht etwa nur hinsichtlich der beantragten Vergrößerung zu würdigen (vgl. Senatsurteil v. 24.11.2005 – 4 C 10.04 –). Nach den Feststellungen des Oberverwaltungsgerichts befindet sich in der Umgebung kein weiterer derartiger Betrieb, sodass der umstrittene Einzelhandelsbetrieb sich nicht nach §34 Abs. 1 BauGB einfügt. Dabei bietet der Fall keine Veranlassung, der Frage nachzugehen, ob bereits das Bestehen eines einzelnen großflächigen Einzelhandelsbetriebs als Anknüpfungspunkt für §34 Abs. 1 BauGB ausreicht oder ob ein solcher Betrieb nicht eher als Fremdkörper anzusehen sein wird. Weiterhin gelangt das Oberverwaltungsgericht unter Hinweis auf die zunehmende Verkehrsbelastung sowie die Vorbildwirkung zu dem Ergebnis, dass der Betrieb bodenrechtlich beachtliche Spannungen hervorruft. Bereits die Vergrößerung der Verkaufsfläche werde zu einer Verstärkung des bisherigen Zu- und Abgangverkehrs und damit zu einer höheren Belastung der umliegenden Wohnbebauung führen. Dies rechtfertigt nach der Einschätzung des Oberverwaltungsgerichts die Annahme, dass das den Rahmen der Umgebungsbebauung ohnehin schon überschreitende Vorhaben der Klägerin sich nicht harmonisch in die Eigenart der näheren Umgebung einfügt.

Die Klägerin stellt infrage, ob lediglich die Vergrößerung der Verkaufsfläche zu einer höheren Belastung der Umgebung führen werde, ohne allerdings zulässige Verfahrensrügen zu erheben. Dies mag indes auf sich beruhen. Denn es kommt bei der jetzt aus Anlass des Entstehens eines großflächigen Einzelhandelsbetriebs vorzunehmenden Prüfung darauf an, wie hoch die von diesem Betrieb insgesamt ausgehenden Belastungen sind. Diese sind in jedem Fall nicht nur geringfügig. Somit ist die Schlussfolgerung des Berufungsgerichts zutreffend, es handele sich nicht um einen der Fälle, in denen ein Vorhaben sich trotz der Überschreitung des durch die Umgebungsbebauung gesetzten Rahmens einfüge, weil es keine bewältigungsbedürftigen Spannungen erzeuge oder verstärke. Davon abgesehen hat das Oberverwaltungsgericht seine Entscheidung überdies darauf gestützt, dass vom Vorhaben aus einem weiteren Grund bewältigungsbedürftige Spannungen ausgehen. Denn es gelangt zu dem Ergebnis, dass die städtebauliche Situation auch im Hinblick auf die mit dem Vorhaben verbundene Vorbildwirkung negativ in Bewegung gebracht wird. In der näheren Umgebung des Vorhabens befinden sich mehrere Grundstücke, die sich für eine weitere Ansiedlung vergleichbarer Betriebe anbieten. Somit kommt eine Genehmigung bereits nach § 34 Abs. 1 BauGB nicht in Betracht, sodass mit dem Oberverwaltungsgericht dahinstehen kann, ob einer Zulassung des Vorhabens überdies die Regelung in § 34 Abs. 3 BauGB 2004 entgegensteht.

Anmerkung:
Nahezu wortgleiche Ausführungen finden sich im Urteil des Bundesverwaltungsgericht vom 24. 11. 2005 – 4 C 3.85 – (OVG Brandenburg) zu einer bauaufsichtlichen Verfügung, mit der die Umnutzung einer Getränkelagerfläche in einen Teil der Verkaufsfläche untersagt worden war.

Nr. 73

1. **Einzelhandelsbetriebe sind großflächig i. S. von § 11 Abs. 3 Satz 1 Nr. 2 BauNVO, wenn sie eine Verkaufsfläche von 800 m² überschreiten (wie Urteil v. 24. 11. 2005 – 4 C 10.04 –).**

2. **Ob es sich um einen oder um mehrere Betriebe handelt, bestimmt sich nach baulichen und betrieblich-funktionellen Gesichtspunkten. Ein Einzelhandelsbetrieb ist nur dann als selbstständig anzusehen, wenn er unabhängig von anderen Betrieben genutz werden kann und deshalb als eigenständiges Vorhaben genehmigungsfähig wäre (wie Urteil v. 24. 11. 2005 – 4 C 14.04 –). Dies ist bei einem Betrieb zu bejahen, der über einen eigenen Eingang, eine eigene Anlieferung und eigene Personalräume verfügt (hier: Getränkemarkt neben einem Lebensmittel-Discount-Markt).**

BauNVO § 11 Abs. 3.

Bundesverwaltungsgericht, Urteil vom 24. November 2005 – 4 C 8.05 –.

(OVG Nordrhein-Westfalen)

Die Klägerin erstrebt die Erteilung eines baurechtlichen Vorbescheids für die Nutzungsänderung einer Lagerhalle zu einem Getränkemarkt.

Sie ist Eigentümerin eines Grundstücks in E. Dieses liegt in einem ca. 350–400 m langen und ca. 50–120 m breiten ausschließlich gewerblich genutzten Areal. Ein Bebauungsplan besteht nicht. Auf diesem Grundstück hat sie ein Gebäude mit einer Grundfläche von 40 x 53 m errichtet. Dessen südlicher Teil (ca. 19 x 53 m) wird entsprechend der Baugenehmigung vom Mai 1999/September 2000 als Lebensmittel-Discount-Markt genutzt. Der nördliche Teil (ca. 21 x 53 m) ist als Lagerhalle genehmigt worden und blieb zunächst ungenutzt. Bereits im August 2000 beantragte die Klägerin die Erteilung eines baurechtlichen Vorbescheids für die Nutzungsänderung der Lagerhalle in einen Getränkemarkt (Verkaufsfläche 695 m²) mit Lager (324 m²). Dies lehnte der Beklagte mit der Begründung ab, da die beiden Betriebe eine Funktionseinheit bildeten, handele es sich um einen großflächigen Einzelhandelsbetrieb, der in einem Gewerbegebiet nicht zulässig sei.

Auf die nach erfolglosem Widerspruchsverfahren erhobene Klage hat das Verwaltungsgericht den Beklagten verpflichtet, den beantragten bauplanungsrechtlichen Vorbescheid zu erteilen. Die hiergegen vom Beklagten eingelegte Berufung hat das Oberverwaltungsgericht für das Land Nordrhein-Westfalen mit Urteil vom 25.4.2005 (ZfBR 2005, 572 = BauR 2005, 1602) zurückgewiesen.

Die Revision des Beklagten blieb ohne Erfolg.

Aus den Gründen:

II. Das Oberverwaltungsgericht ist zu Recht zu dem Ergebnis gelangt, dass der geplante Getränkemarkt mit einer Verkaufsfläche von 695 m² nicht als großflächiger Einzelhandelsbetrieb nach § 11 Abs. 3 Satz 1 Nr. 2 BauNVO anzusehen ist. Entgegen der Auffassung des Beklagten ist die Verkaufsfläche nicht mit derjenigen des im selben Gebäude bestehenden Lebensmittel-Discount-Markts zusammenzurechnen.

1. Einzelhandelsbetriebe sind großflächig i. S. von § 11 Abs. 3 Satz 1 Nr. 2 BauNVO, wenn sie eine Verkaufsfläche von 800 m² überschreiten. Dies hat der Senat in seinem Urteil vom 24.11.2005 (– 4 C 10.04 –, abgedruckt unter Nr. 71, zur Veröffentlichung in BVerwGE vorgesehen) näher dargelegt. Der den Gegenstand des beantragten Vorbescheids bildende Getränkemarkt hält diesen Schwellenwert ein.

2.1 Bei der Berechnung der Verkaufsfläche ist lediglich auf den Getränkemarkt abzustellen. Dieser bildet keine betriebliche Einheit mit dem Lebensmittel-Discount-Markt. Ob es sich um einen einzigen oder um mehrere Betriebe i. S. von § 11 Abs. 3 Satz 1 Nr. 2 BauNVO handelt, bestimmt sich nach baulichen und betrieblich-funktionellen Gesichtspunkten. In seinem Urteil vom 24.11.2005 (– 4 C 14.04 –, abgedruckt unter Nr. 72, zur Veröffentlichung in BVerwGE vorgesehen) hat der Senat hierzu dargelegt: (Wörtliche Wiedergabe der Gründe unter II. 1. 4., abgedruckt unter Nr. 72).

2.2. Nach diesen Grundsätzen handelt es sich bei dem Getränkemarkt um einen eigenständigen Betrieb i. S. von § 11 Abs. 3 Satz 1 Nr. 2 BauNVO. Der Gebäudeteil, in dem der Getränkemarkt untergebracht werden soll, lässt sich eindeutig von außen erkennbar von demjenigen abgrenzen, in dem der Lebensmittel-Discount-Markt betrieben wird. Die beiden Gebäudeteile haben jeweils ein eigenständiges Satteldach, das die Trennung noch hervorhebt. Die beiden Verkaufsstätten verfügen jeweils über einen eigenen Eingang, eine eigene Anlieferung und eigene Personalräume. Somit können sie beide unabhängig vom benachbarten Betrieb genutzt werden. Der Getränkemarkt ist mit einer Verkaufsfläche von 695 m² sowie einem Lager mit 324 m² schon im Hinblick auf seine Größe nicht als Nebenbetrieb zu dem etwa gleich großen Lebensmittel-Discount-Markt anzusehen. Daher bedarf keiner Entscheidung, ob bei anderen Größenverhältnissen der Verkauf von Getränken vom Sortiment her als „Nebenleistung" zum Warenangebot eines Lebensmittel-Einzelhandelsbetriebes angesehen werden kann, der dessen Angebot abrundet und von untergeordneter Bedeutung bleibt.

Nr. 74

1. **Ob ein großflächiger Einzelhandelsbetrieb nach § 11 Abs. 3 Satz 1 Nr. 2 BauNVO vorliegt, hängt von der Verkaufsfläche des zur Genehmigung gestellten Einzelvorhabens ab. Die Grenze des Verkaufsflächenmaßes zur Großflächigkeit bestimmt sich nach der Rechtsprechung des BVerwG (Beschluß vom 22. 7. 2004 – 4 B 29.04 –, ZfBR 2004, 699: ca. 700 m² mit Überschreitungsmöglichkeiten um ca. 100 m²).**

2. **Die Verkaufsfläche des Einzelvorhabens bleibt auch maßgebend, wenn dieses in räumlicher Nähe anderer Einzelhandelsbetriebe errichtet werden soll und diese insgesamt den Begriff des geplanten oder faktischen Einkaufszentrums (§ 11 Abs. 3 Satz 1 Nr. 1 BauNVO) nicht erfüllen.**

3. **§ 11 Abs. 3 Satz 1 Nr. 2 BauNVO deckt nicht die summierende Betrachtungsweise der Verkaufsflächen von nebeneinanderliegenden Einzelhandelsbetrieben zur Großflächigkeit (im Anschluß an BVerwG, Urteil vom 4. 5. 1988 – 4 C 34.86 –, BRS 48 Nr. 37).**

4. **Der Begriff der Funktionseinheit ist – jedenfalls seitdem jeweils mehrere Discounter bzw. Einzelhandelsbetriebe als direkte Konkurrenten die räumliche Nähe suchen – ungeeignet, die Agglomeration von Einzelhandelsbetrieben zum Zwecke der Sortimentsergänzung zu erklären und eine Addition der Verkaufsflächen zur Großflächigkeit i. S. des § 11 Abs. 3 Satz 1 Nr. 2 BauNVO zu rechtfertigen.**

5. **Etwas anderes kann nur dann ausnahmsweise gelten, wenn ein einheitliches, an sich großflächiges Einzelhandelskonzept unter dem Aspekt der Umgehung in kleinteilige Fachmärkte zerlegt wird.**

BauNVO § 11 Abs. 3 Satz 1.

OVG Nordrhein-Westfalen, Urteil vom 25. April 2005 – 10 A 2861/04 – (rechtskräftig, s. BVerwG, Urteil vom 24. 11. 2005 – 4 C 8.05 –, abgedruckt unter Nr. 73).

(VG Gelsenkirchen)

Die Klägerin begehrt die Erteilung eines baurechtlichen Vorbescheids für die Nutzungsänderung einer Lagerhalle zu einem Getränkemarkt mit Lager. Für den Verkauf ist eine Verkaufsfläche von 695 m² und für das Lager eine Fläche von 324,02 m² vorgesehen. Die Errichtung der Lagerhalle geht auf eine der Klägerin erteilte Baugenehmigung für die Errichtung eines Lebensmittel-Discount-Marktes mit einer maximalen Verkaufsfläche von 700 m², einer Lagerhalle und einer Stellplatzanlage mit 174 Stellplätzen zurück. Der Beklagte lehnte den beantragten Bauvorbescheid ab. Zur Begründung führte er aus, das Baugrundstück liege in einem faktischen Gewerbegebiet. Da der beantragte Getränkemarkt mit dem schon vorhandenen Discountmarkt eine Funktionseinheit bilde, entstehe bei summierender Betrachtung der jeweiligen Verkaufsflächen ein großflächiger Einzelhandelsbetrieb, der sondergebiets- bzw. kerngebietspflichtig sei. Der hiergegen eingelegte Widerspruch blieb erfolglos. Das Verwaltungsgericht gab der Klage statt. Die anschließende Berufung des Beklagten hatte keinen Erfolg. Das Oberverwaltungsgericht hat die Revision zugelassen.

Aus den Gründen:

Das klägerische Vorhaben – Nutzungsänderung einer Lagerhalle in einen Getränkemarkt mit einer Verkaufsfläche von 695 m² – ist auf dem Baugrundstück, das Teil eines faktischen Gewerbegebiets ist, bauplanungsrechtlich zulässig (§ 8 Abs. 2 Nr. 1 BauNVO). Die geplante Nutzungsänderung ist auch nicht etwa deswegen unzulässig, weil es sich zwar um eine gewerbliche, aber ansonsten kern- bzw. sondergebietspflichtige Nutzung handelt. Mit der Errichtung des Getränkemarktes entsteht zusammen mit dem vorhandenen Aldi-Markt weder ein kern- bzw. sondergebietspflichtiges Einkaufszentrum (§ 11 Abs. 3 Satz 1 Nr. 1 BauNVO), noch stellt der Getränkemarkt selbst einen – ebenfalls – kern- oder sondergebietspflichtigen großflächigen Einzelhandelsbetrieb (§ 11 Abs. 3 Satz 1 Nr. 2 BauNVO) dar.

Die infolge der Errichtung des Getränkemarktes zusammen mit dem vorhandenen Aldi-Markt entstehende Ansammlung von zwei Einzelhandelsbetrieben führt nicht zur Entstehung eines Einkaufszentrums (§ 11 Abs. 3 Satz 1 Nr. 1 BauNVO). Ein Einkaufszentrum ist eine entweder einheitlich geplante oder aus anderen Gründen entstandene räumliche Konzentration von Einzelhandelsbetrieben verschiedener Art und Größe, die zumeist in Kombination mit verschiedenartigen Dienstleistungsbetrieben auftreten (vgl. BVerwG, Urteile v. 1. 8. 2002 – 4 C 5.01 –, BVerwGE 117, 25, = BRS 65 Nr. 10 = BauR 2003, 55, und v. 27. 4. 1990 – 4 C 16.87 –, BRS 50 Nr. 67 = BauR 1990, 573).

Eine von den Betreibern nicht geplante, erst mit der Zeit entstandene Konzentration von Einzelhandelsbetrieben kann ein faktisches Einkaufszentrum bilden, wenn die verschiedenen Betriebe aus der Sicht des Kunden als planvoll zusammengefaßt und nicht bloß als zufällige Anhäufung erscheinen (vgl. BVerwG, Urteile v. 1. 8. 2002 – 4 C 5.01 –, a. a. O., und v. 27. 4. 1990 – 4 C 16.87 –, a. a. O., Beschluß v. 15. 2. 1995 – 4 B 84.94 –, ZfBR 1995, 338).

Der schon vorhandene Aldi-Markt und der geplante Getränkemarkt erfüllen danach ungeachtet der Frage, welche Mindestgröße für die Annahme eines Einkaufszentrums erforderlich ist (vgl. dazu die Darstellung bei Stock, in: König/Roeser/Stock, BauNVO, 2. Aufl. 2003, § 11 Rdnr. 46), die Anforderungen an den Rechtsbegriff „Einkaufszentrum" nicht einmal ansatzweise.

Anhaltspunkte für eine planvolle Zusammenfassung beider Märkte im Sinne eines geplanten Einkaufszentrums bestehen von vornherein nicht. Gegen die Annahme eines faktischen Einkaufszentrums spricht schon die zu geringe Größe beider Betriebe, die weder durch ein gemeinsames Konzept und eine Kooperation verbunden sind noch als solche nach außen, etwa durch gemeinsame Werbung oder Namensgebung, in Erscheinung treten. Von einer Sog- und Magnetwirkung, die von beiden Märkten als Zentrum ausgeht, kann bei dieser Sachlage nicht die Rede sein (vgl. zu dem Begriff der Magnetwirkung Stock, a. a. O., § 11 Rdnr. 43 ff. m. w. N.; Ziegeler, in: Brüggelmann u. a., BauGB, Stand: Dezember 2004, § 11 Rdnr. 90 b sowie ferner § 11 Rdnr. 88 n, 88 s und 88 t mit kritischer Bewertung der vom BVerwG entwickelten Kriterien).

Der geplante Getränkemarkt stellt auch keinen großflächigen Einzelhandelsbetrieb nach § 11 Abs. 3 Satz 1 Nr. 2 BauNVO dar.

Ob ein großflächiger Einzelhandelsbetrieb nach § 11 Abs. 3 Satz 1 Nr. 2 BauNVO gegeben ist, hängt von der Verkaufsfläche des zur Genehmigung gestellten Einzelvorhabens ab. Die Grenze des Verkaufsflächenmaßes zur Großflächigkeit liegt nach der st. Rspr. des Bundesverwaltungsgericht nicht wesentlich unter 700 m², aber auch nicht wesentlich darüber (vgl. zur kritischen Größe: BVerwG, Urteile v. 22. 5. 1987 – 4 C 77.84 –, BRS 47 Nr. 58 = BauR 1987, 524 und – 4 C 19.85 –, BRS 47 Nr. 56 = BauR 1987, 528).

Nach einer jüngeren Entscheidung ist das Merkmal der Großflächigkeit auch dann nicht erfüllt, wenn die Überschreitungen des Verkaufsflächenmaßes von 700 m² eine Größenordnung bis zu etwa 100 m² erreichen (vgl. BVerwG, Beschluß v. 22. 7. 2004 – 4 B 29.04 –, BauR 2004, 1735 = ZfBR 2004, 699).

Für die danach maßgebliche Verkaufsfläche ist lediglich auf diejenige des Getränkemarktes abzustellen. Denn die Verkaufsfläche des Einzelvorhabens bleibt auch dann maßgebend, wenn dieser in räumlicher Nähe anderer Einzelhandelsbetriebe errichtet werden soll. Gegenstand der vorzunehmenden planungsrechtlichen Beurteilung im Rahmen des baurechtlichen Genehmigungsverfahrens ist grundsätzlich das Vorhaben i. S. von § 29 Satz 1 BauGB. Es ist Sache des Bauherrn, durch seinen Genehmigungsantrag den Inhalt des Vorhabens festzulegen (vgl. BVerwG, Urteile v. 3. 5. 1974 – IV C 10.71 –, BRS 28 Nr. 42 = BauR 1974, 328, und v. 4. 7. 1980 – IV C 99.77 –, BRS 36 Nr. 158 = BauR 1980, 543, Beschluß v. 21. 8. 1991 – 4 B 20.91 –, BRS 52 Nr. 2, und Urteil v. 20. 8. 1992 – 4 C 57.89 –, BRS 54 Nr. 50).

Die Verkaufsfläche für den Getränkemarkt soll nach den eingereichten Plänen maximal 695 m² aufweisen. Sie erreicht somit die für die Großflächigkeit „kritische Größe" von 700 bis 800 m² noch nicht.

Soweit der Beklagte für die Ermittlung der Großflächigkeit die Verkaufsflächen des Getränkemarktes mit derjenigen des benachbarten Aldi-Marktes zusammenrechnet mit der Folge, daß die dann entstehende Verkaufsfläche von knapp unter 1400 m² die Schwelle zur Großflächigkeit überschreitet, ist diese Vorgehensweise vom geltenden Recht nicht gedeckt. Denn § 11 Abs. 3 Satz 1 Nr. 2 BauNVO deckt nicht die summierende Betrachtungsweise der Verkaufsflächen von nebeneinanderliegenden Einzelhandelsbetrieben zur Großflächigkeit (vgl. BVerwG, Urteil v. 4. 5. 1988 – 4 C 34.86 –, BRS 48 Nr. 37 = BauR 1988, 440).

Ein Zusammenrechnen der Verkaufsflächen selbständiger Einzelhandelsbetriebe kommt auch unter dem Gesichtspunkt der Funktionseinheit nicht in Betracht. Eine solche Funktionseinheit wird in der Rechtsprechung teilweise angenommen, wenn es sich um eine planmäßige, auf Dauer angelegte und gemeinschaftlich abgestimmte Teilnahme mehrerer Betriebe am Wettbewerb handelt, wobei neben der nach Außen hin erkennbaren Gemeinschaftlichkeit der Betriebe insbesondere auch ein bestimmtes Nutzungskonzept gefordert wird. Letzteres soll die Wertung bautechnisch selbständiger Betriebe als eine „Funktionseinheit" namentlich dann gebieten, wenn die Betriebe auf Grund dieses Konzeptes wechselseitig voneinander profitieren und das an den objektiven Gegebenheiten ablesbare gemeinsame Konzept die Betriebe nicht als Konkurrenten, sondern als gemeinschaftlich verbundene Teilnehmer am Wettbewerb erscheinen läßt (vgl. VGH Bad.-Württ., Beschluß v. 22.1.1996 – 8 S 2969/95 –, BRS 58 Nr. 201 [Funktionseinheit im konkreten Fall abgelehnt]; OVG NRW, Urteil v. 4.5.2000 – 7 A 1744/97 –, BRS 63 Nr. 85 = BauR 2000, 1453 [Funktionseinheit zwischen Discounter und Getränkemarkt bejaht]; Bay. VGH, Beschluß v. 7.7.2003 – 20 CS 03.1568 –, BRS 66 Nr. 86 = BauR 2003, 1857 [Möglichkeit der Funktionseinheit bejaht, im konkreten Fall aber offen gelassen]).

Der Begriff der Funktionseinheit ist jedoch – jedenfalls seitdem mehrere Discounter bzw. Einzelhandelsbetriebe als direkte Konkurrenten die räumliche Nähe suchen – ungeeignet, die Agglomeration von Einzelhandelsbetrieben zum Zwecke der Sortimentsergänzung zu erklären und eine Addition der Verkaufsflächen zur Großflächigkeit i. S. des § 11 Abs. 3 Satz 1 Nr. 2 BauNVO zu rechtfertigen. Weder der räumliche Zusammenhang noch betriebliche Gesichtspunkte (Kooperation, Konkurrenz, Werbung und insbesondere Sortimente) reichen danach aus, um selbständige Betriebe als eine Einheit zu erfassen. Das liegt für die angeführten betrieblichen Gesichtspunke auch insoweit auf der Hand, als die Ergebnisse hiernach unterschiedlich ausfallen können, je nachdem ob man den Schwerpunkt der Betrachtung mehr bei den Inhabern der einzelnen Geschäfte (Pächter) oder bei den Eigentümern des Gesamtkomplexes (Verpächter) setzt. Im ersten Fall liegt es nahe, entscheidungserheblich auf die Besonderheiten insbesondere der Sortimente der einzelnen Läden abzustellen und eine Funktionseinheit auch oder vorrangig aus einer Sortimentsergänzung abzuleiten. Eine Sortimentsergänzung wiederum könnte sich einmal aus der breiten Palette der Sortimente ergeben wie bei einem Warenhaus oder einem Einkaufszentrum oder aber daraus, daß ein ähnlich strukturierter Bedarf befriedigt wird wie z. B. bei Essen und Trinken. Wird abweichend hiervon der Schwerpunkt bei den Eigentümern gesetzt, wären andere Gesichtspunkte maßgebend: Es träte dann die äußere bauliche Einheit hervor und verbunden mit ihr die Erwägung, daß die innere Abtrennung ohne größere bauliche Schwierigkeiten durchbrochen werden könnte; weiter wäre bei diesem Ausgangspunkt zu bedenken, daß sowohl Sortimente wie Pächter entsprechend den Marktgegebenheiten wechseln können und bei Mißerfolg eines Geschäfts die Ersetzung durch ein anderes zu erwarten ist, wobei die baurechtliche Relevanz solcher Veränderungen, die bei einer mehr betrieblichen Perspektive angenommen werden müßte, nicht ohne weiteres selbstverständlich ist (vgl. dazu Bay. VGH, Beschluß v. 7.7.2003 – 20 CS 03.1568 –, a. a. O.).

Auch eine Auslegung des § 11 Abs. 3 Satz 1 Nr. 2 BauNVO unter Berücksichtigung von Wortlaut, Entstehungsgeschichte sowie Sinn und Zweck der Vorschrift führt nicht zu einem gegenteiligen Ergebnis.

Der ausdrückliche Wortlaut der Vorschrift stellt für die Frage der Großflächigkeit auf den jeweiligen Einzelhandelsbetrieb ab. Eine funktionseinheitliche Betrachtung verschiedener Betriebe ist danach nicht Gegenstand der Bestimmung.

Auch der Gesetz- und Verordnungsgeber hat in Ansehung des Problems der Agglomeration ausdrücklich keinen Regelungsbedarf gesehen. Anläßlich der dritten Verordnung zur Änderung der Baunutzungsverordnung (Änderungsverordnung 1987), die allein eine Änderung des § 11 Abs. 3 BauNVO zum Gegenstand hatte und anläßlich derer die in § 11 Abs. 3 Satz 3 BauNVO enthaltene Geschoßfläche von 1500 m^2 auf 1200 m^2 herabgesetzt und dem § 11 Abs. 3 der Satz 4 – neu – angefügt wurde, hat der Bundesrat in einer Entschließung vom 21. 2. 1986 (BR-Drucks. 541/86) gegenüber der Bundesregierung zu diesem Aspekt Stellung genommen. Danach sollte insbesondere geprüft werden, wie das Problem der Agglomeration mehrerer kleinerer Betriebe zu Einkaufszentren mit den in § 11 Abs. 3 BauNVO genannten Auswirkungen gelöst werden könne. Hierzu verwies die Bundesregierung (BR-Drucks. 354/89) unter Bezugnahme auf die Rechtsprechung des BVerwG zum Begriff des Einkaufszentrums darauf, daß nach geltendem Recht bei der Errichtung mehrerer Betriebe auf einer Betriebsfläche (räumlicher Zusammenhang) und bei Vorliegen eines abgestimmten Warensortiments (funktionaler Zusammenhang) die Gesamtfläche zu berücksichtigen sei, vor allem im Hinblick auf die Vermutungsregelung des § 11 Abs. 3 Satz 2 BauNVO. Zur Vermeidung einer mit der geordneten städtebaulichen Entwicklung nicht zu vereinbarenden Agglomeration im übrigen sah man in § 15 BauNVO ein geeignetes, die örtlichen Verhältnisse ausreichend berücksichtigendes und bewährtes Rechtsinstrument. Nach dem verlautbarten Willen der Bundesregierung sollten weitergehende Regelungen sachgerecht unter Berücksichtigung der unterschiedlichen Gegebenheiten und Erfordernisse nur im Rahmen der planerischen Feinsteuerung durch Festsetzungen in einem Bebauungsplan auf der Grundlage von § 1 Abs. 5 und 9 BauNVO erfolgen. Insoweit kann der Vorschrift des § 11 Abs. 3 BauNVO die Entscheidung des Verordnungsgebers entnommen werden, daß die bauplanungsrechtliche Zulässigkeit von die Grenzen des § 11 Abs. 3 BauNVO überschreitenden Vorhaben im Grundsatz eine auf diese „Anlagenspezifika" zugeschnittene Planung der Gemeinde voraussetzt, weil nur auf diese Weise die Ansiedlung solcher Betriebe im Einklang mit der städtebaulichen Entwicklung einhergehen kann. Mit Rücksicht auf diese Rechtslage sind weitere Klarstellungen im Verordnungstext des § 11 Abs. 3 BauNVO ausdrücklich abgelehnt worden. Die nachfolgende Änderungsverordnung 1990 führte lediglich zu einer Ergänzung des nicht abschließenden Katalogs der in Betracht kommenden Sondergebiete in § 11 Abs. 2 Satz 2 BauNVO. Die Vorschrift des § 11 Abs. 3 BauNVO blieb unberührt.

Eine Zusammenfassung verschiedener, selbständiger Betriebe verbietet sich auch nach einer systematischen Auslegung der Vorschrift unter Berücksichtigung von Sinn und Zweck sowie Stellung und Funktion der Bestimmung innerhalb von § 11 Abs. 3 BauNVO.

Die Vorschrift des § 11 Abs. 3 BauNVO zielt darauf ab, den Einzelhandel an den Standorten zu sichern, die in das städtebauliche Ordnungssystem systemgerecht eingebunden sind, um zu verhindern, daß durch die Ansiedlung von Einzelhandelsbetrieben an peripheren Standorten die wirtschaftliche Existenz derjenigen Betriebe bedroht oder gar vernichtet wird, die eine verbrauchernahe Versorgung gewährleisten. Auch wenn die Agglomeration mehrerer selbständiger Einzelhandelsbetriebe zu einem städtebaulichen Problem im Sinne der Vorschrift werden kann, besteht keine Regelungslücke, die mit dem Begriff der Funktionseinheit ausgefüllt werden müßte. Insoweit kann nicht unberücksichtigt bleiben, daß dem Verordnungsgeber erkennbar daran gelegen war, die Vorschrift in der Praxis über die Ermittlung des Merkmals der Großflächigkeit eines Betriebes einfach handhaben zu können und es im übrigen der Planungshoheit und den Planungsmöglichkeiten der Gemeinde überlassen bleiben sollte, etwaigen weitergehenden Bedürfnissen nach einer planerischen Feinsteuerung des Einzelhandels nachzukommen. Der einfachen Ermittlung des mit dem Merkmal der Großflächigkeit definierten Typs eines „großflächigen Einzelhandelsbetriebes" über die Berücksichtigung seiner Verkaufsfläche läuft es erkennbar zuwider, mit dem Begriff der Funktionseinheit auch solche Betriebe in die Betrachtung mit einzubeziehen, die sich zueinander als selbständige Betriebe verhalten und deren Zusammengehörigkeit allein über räumliche und letztlich schwierig zu bestimmende betriebs- bzw. wettbewerbswirtschaftliche Gesichtspunkte hergestellt werden soll.

Auch die Stellung und Funktion der Vorschrift des § 11 Abs. 3 Satz 1 Nr. 2 BauNVO im weiteren System des § 11 Abs. 3 BauNVO widerspricht einer Zusammenrechnung der Verkaufsflächen verschiedener, selbständiger Betriebe. Eine sukzessive Agglomeration mehrerer nicht großflächiger Einzelhandelsbetriebe kann unter bestimmten Voraussetzungen – wie bereits an anderer Stelle dargestellt – zur Konstituierung eines faktischen Einkaufszentrums i. S. des § 11 Abs. 3 Satz 1 Nr. 1 BauNVO führen. Wäre daneben eine Addition der Verkaufsflächen selbständiger Betriebe möglich, hätte es der Vorschrift des § 11 Abs. 3 Satz 1 Nr. 1 BauNVO nicht bedurft. Eine andere Sichtweise stünde auch nicht mit Art. 14 GG in Einklang. Die Vorschrift des § 11 Abs. 3 Satz 1 Nr. 2 BauNVO ist danach nur dann als zulässige Inhalts- und Schrankenbestimmung des Eigentums anzusehen, wenn bei selbständig geführten Unternehmen die Frage der baurechtlichen Zulässigkeit und somit auch die Frage nach der Großflächigkeit gesondert, für den einzelnen Betrieb, beantwortet wird (so auch Nickels/Stock, BayVBl 2001, 249, 250; Schenke, Rechtliche Fragen der Errichtung von Betrieben des Einzelhandels, DÖV 1988, 233, 238).

Der Begriff der Funktionseinheit findet folglich auf § 11 Abs. 3 Satz 1 Nr. 2 BauNVO keine Anwendung. Selbständige Einzelhandelsbetriebe können deshalb nicht zu einem „funktionseinheitlichen" Betrieb zusammengerechnet werden. Indizien für eine Selbständigkeit in diesem Sinne sind u. a. eine bautechnische Gestaltung, die es erlaubt, daß jeder Betrieb von den betrieblichen

Abläufen her für sich funktionsfähig ist, eigene Zugänge, Kassenbereiche und Sozialräume und eine eigenständige Andienung hat. Für eine Selbständigkeit spricht es auch, wenn die Verkaufs- und Lageraktivitäten der Betriebe vollständig voneinander getrennt sind, wenn sie von verschiedenen Betreibern mit unterschiedlichem Betriebszweck betrieben werden, jederzeit unabhängig voneinander den Eigentümer wie den Mieter wechseln können, ihren Geschäftsbetrieb einstellen oder die jeweiligen Räumlichkeiten über eine Nutzungsänderung einer geänderten Nutzung zuführen können, ohne daß davon der oder die anderen Betriebe betroffen werden (vgl. so auch: Stock, a. a. O., § 11 Rdnr. 85; Hauth, Unzulässigkeit von Einzelhandelsbetrieben, BauR 2001, 1037; Nickel/Stock, a. a. O.; Schenke, a. a. O.).

Etwas anderes kann nur ausnahmsweise dann gelten, wenn ein einheitliches, an sich großflächiges Einzelhandelskonzept unter dem Aspekt der Umgehung in kleinteilige Fachmärkte zerlegt wird (vgl. so auch Fickert/Fieseler, BauNVO, 10. Aufl. 2002, § 11 Rdnr. 32 (32.11.); Schmitz/Federwisch, Einzelhandel und Planungsrecht, 1. Aufl. 2004, Rdnr. 311, 312; Ziegeler, a. a. O., § 11 Rdnr. 90 c).

Hier bestehen für eine Umgehungsabsicht keine Anhaltspunkte. Der Getränkemarkt und der Aldi-Markt werden insbesondere nicht als zwei Vorhaben eines Betriebes präsentiert. Es handelt sich bei beiden Märkten vielmehr – wie bereits an anderer Stelle ausgeführt – um jeweils selbständige Einzelhandelsbetriebe.

Von dem beantragten Vorhaben sind auch keine schädliche Auswirkungen auf zentrale Versorgungsbereiche in der Gemeinde oder in anderen Gemeinden i. S. von § 34 Abs. 3 BauGB zu erwarten. Weder auf der Grundlage des Vorbringens des Beklagten noch aus sonstigen Umständen ergeben sich irgendwelche Anhaltspunkte für eine Unzulässigkeit des Vorhabens gemäß § 34 Abs. 3 BauGB. Der Beklagte selbst schließt entsprechende Auswirkungen nach eigener Prüfung für sein Stadtgebiet aus. Der Senat schließt sich dieser Einschätzung an. Dabei kann offen bleiben, ob die Vorschrift auf die Ansiedlung eines – wie hier – nicht großflächigen Einzelhandelsbetriebes überhaupt Anwendung findet oder ob sich der Anwendungsbereich der Vorschrift entsprechend der Regelung des § 11 Abs. 3 Satz 1 Nr. 2 und Satz 2 BauNVO nur auf großflächige Einzelhandelsbetriebe bezieht (vgl. hierzu: Upmeier/Brandenburg, Neues Baugesetzbuch und weitere wichtige Gesetze, 6. Aufl. 2004, § 34, S. 74 ff.; Battis/Krautzberger, BauGB, 9. Aufl. 2005, § 34 Rdnr. 54 ff.).

Jedenfalls lassen sich etwaige Anknüpfungspunkte für eine Zentrenschädlichkeit des Vorhabens weder im Hinblick auf die geplante Größe des Marktes noch aus dem angebotenen Warensortiment entnehmen. Der Umstand, daß die vorgesehenen Pächter des Marktes einen kleineren Getränkemarkt in E. und somit einen Nahversorgungsmarkt aufgeben, ist allein darauf zurückzuführen, daß die infrastrukturellen Bedingungen des alten Standorts auf die Voraussetzungen eines Getränkemarkts nicht zugeschnitten waren. Immerhin sind solche Märkte auf einen erheblichen An- und Zulieferungsverkehr einschließlich einem eigenen Lieferservice sowie Parkmöglichkeiten für die Kunden angewiesen.

Das Vorhaben ist auch nicht planungsrechtlich rücksichtslos. Der mit der Nutzung des Getränkemarktes einhergehende Zu- und Abgangsverkehr begegnet weder für sich noch in einer Gesamtschau mit den übrigen Nutzungen Bedenken. Die nähere Umgebung ist überwiegend durch gewerbliche Nutzungen geprägt, gegenüber diesen bestehen von vornherein keine Anhaltspunkte für eine Unzumutbarkeit. Gegenüber der am Rande der N. Straße vorhandenen Wohnbebauung, die bereits durch die vorhandenen Nutzungen und den von dort ausgehenden Zu- und Abgangsverkehr erheblich vorbelastet ist, wirkt sich eine etwaige Steigerung der Verkehrsbelastung nur unwesentlich aus. Hinzu kommt, daß der Zu- und Abgangsverkehr über verschiedene Zu- und Abfahrten abgewickelt werden kann, so daß sich hiervon ausgehende Belästigungen nicht auf eine Stelle konzentrieren, sondern zugunsten der betroffenen Anwohner im Gebiet verteilen. Bei dieser Sachlage ist das klägerische Vorhaben auch der im Bereich der N. Straße vorhandenen Wohnbebauung zumutbar. Sonstige Anknüpfungspunkte für eine Unzumutbarkeit bestehen keine. . . .

Nr. 75

1. **Die Großflächigkeit von Einzelhandelsbetrieben i. S. des § 11 Abs. 3 Satz 1 Nr. 2 BauNVO ist nach wie vor bei einer Verkaufsfläche von ca. 700 m² anzunehmen (wie BVerwG, Beschluss vom 22. 7. 2004 – 4 B 29.04 –, DVBl. 2004, 1308, und VGH Bad.-Württ., Urteil vom 13. 7. 2004 – 5 S 1205/03 –).**

2. **Nicht nur unwesentliche Auswirkungen i. S. des § 11 Abs. 3 Satz 1 Nr. 2, Satz 2 BauNVO sind bei einem Verstoß gegen raumordnerische Plansätze eines Landesentwicklungsplans, Regionalplans oder Einzelhandelserlasses regelmäßig anzunehmen.**

3. **Ein „Zusammenwachsen" i. S. von Plansatz 3.3.7 Satz 2 des Landesentwicklungsplans Bad.-Württ. 2002 kann bei verschiedenen politischen Gemeinden erst dann angenommen werden, wenn aufgrund der faktischen Entwicklungen eine Art „zentralörtliches Versorgungssystem" im Sinne eines einheitlichen und größer angelegten Siedlungsbereiches entstanden ist.**

BauNVO § 11 Abs. 3 Satz 1 Nr. 2, Satz 2.

VGH Baden-Württemberg, Urteil vom 16. Juni 2005 – 3 S 479/05 – (rechtskräftig).

(VG Freiburg)

Die Klägerin begehrt die Erteilung einer Baugenehmigung zur Erweiterung einer bestehenden Verkaufsstätte.

Sie ist Eigentümerin eines Grundstücks, das im Geltungsbereich des seit 1984 rechtsverbindlichen Bebauungsplans liegt, der ein Gewerbegebiet ausweist. Für dieses Grundstück beantragte die Klägerin 2002 eine Baugenehmigung zur Errichtung einer Verkaufsstätte mit einer Verkaufsfläche von 748,61 m² (brutto) und 138 Stellplätzen. Hiergegen wurden erhebliche Bedenken geltend gemacht.

Daraufhin reichte die Klägerin einen Antrag auf Nachtragsbaugenehmigung zur Errichtung einer Verkaufsstätte mit einer Verkaufsfläche von – nur – 714,59 m² (brutto), einer Geschossfläche von 1494,63 m² und 110 Stellplätzen ein. Dieses Vorhaben wurde 2003 genehmigt; unter Nr. 6 der Baugenehmigung wurde darauf hingewiesen, „dass eine nachträgliche Erweiterung der Verkaufsfläche (Lager 2) eine genehmigungspflichtige Nutzungsänderung darstellen würde, die jedoch i. S. von § 11 Abs. 3 BauNVO unzulässig wäre".

Nach Bestandskraft dieser Baugenehmigung und Realisierung des genehmigten Vorhabens beantragte die Klägerin 2003 eine Nachtragsbaugenehmigung zur Erweiterung der Verkaufsfläche der bestehenden Verkaufsstätte auf 830,52 m² (brutto), bei einer Packzone von 36,39 m² und einem Windfang von 17,79 m². Die mit dem Erweiterungsvorhaben geplante Gesamtverkaufsfläche sei planungsrechtlich in dem festgesetzten Gewerbegebiet zulässig; es handele sich nicht um einen „großflächigen" Einzelhandelsbetrieb i. S. des § 11 Abs. 3 Nr. 2 BauNVO. Die Gemeinde stimmte dem Bauantrag zu.

Das Landratsamt lehnte den Erweiterungsantrag ab.

Aus den Gründen:

1. Wie das Verwaltungsgericht zutreffend ausgeführt hat, würde es sich bei der erweiterten Verkaufsstätte der Klägerin um einen „großflächigen" Einzelhandelsbetrieb handeln. Im Anschluss an das Urteil des 5. Senats des erkennenden Gerichtshofs vom 13. 7. 2004 (– 5 S 1205/03 –, BauR 2005, 968 = VBlBW 2005, 67) geht der Senat davon aus, dass auch die Bereiche nach der Kassenzone, hier also „Packzone" (36,39 m²) und „Windfang" (17,79 m²), der Verkaufsfläche zuzurechnen sind. Mit einer Gesamtverkaufsfläche von somit geplanten 884,70 m² übersteigt das Vorhaben der Klägerin den „Schwellenwert" von 700 m² deutlich, den das Bundesverwaltungsgericht in seinen Urteilen vom 22. 5. 1987 (– 4 C 19.85 –, BRS 47 Nr. 56 = BauR 1987, 528 und – 4 C 30.86 –, BRS 47 Nr. 57) entwickelt hat. Im Einklang mit der neueren Rechtsprechung des Bundesverwaltungsgerichts (Beschluss v. 22. 7. 2004 – 4 B 29.04 –, BauR 2004, 1735 = DVBl. 2004, 1308) sieht auch der erkennende Senat trotz der Entwicklung im Einzelhandel seit 1987 derzeit kein Bedürfnis, von diesem Schwellenwert abzugehen und seine bisherige Rechtsprechung in einer Richtung fortzuentwickeln, die auf der Linie des Vorbringens der Klägerin zu Verkaufsflächen von 800 bis 900 m² oder gar 1000 m² führen würde, ohne dabei den Mechanismus der Vermutungsregel des § 11 Abs. 3 Satz 3 BauNVO auszulösen. Die Kritik der Klägerin am aufgeführten Beschluss des Bundesverwaltungsgerichts vom 22. 7. 2004 vermag nicht zu überzeugen. Denn gerade das Festhalten an einem Schwellenwert von ca. 700 m² führt dazu, dass die Eigenständigkeit des Tatbestandsmerkmals der „Großflächigkeit" erhalten wird. Eine Heraufsetzung dieses Schwellenwertes würde der inneren Systematik des § 11 Abs. 3 BauNVO, die auf zwei Tatbestandspfeilern – der Großflächigkeit und der Vermutungsregelung – ruht, zuwiderlaufen. Die Großflächigkeit würde als eigenständiges Tatbestandsmerkmal weitgehend funktionslos, wenn sich die für sie maßgebliche Verkaufsfläche nicht mehr deutlich von der Verkaufsfläche unterscheiden würde, die als ein in der Geschossfläche enthaltenes wesentliches Flächenelement im Rahmen des § 11 Abs. 3 Satz 3 BauNVO für die Beurteilung der Frage eine Rolle spielt, ob negative Auswirkungen i. S. des § 11 Abs. 3 Satz 2 BauNVO zu besorgen sind (vgl. BVerwG, a. a. O.). Der Klägerin ist zuzubilligen,

dass bei dieser Auslegung die Frage der Großflächigkeit im Hinblick auf die Vermutungsregelung ausgelegt wird. Dies jedoch findet seine innere Begründung in der Systematik des § 11 Abs. 3 BauNVO. Hiernach erscheint es sachdienlich, für das Merkmal der Großflächigkeit einen beispielsweise 1200 m² deutlich unterschreitenden Schwellenwert zu definieren, um so in einer größeren Zahl der Fälle den Mechanismus der Vermutungsregel auszulösen. Nur auf diese Weise wird sichergestellt, dass die Frage der negativen Auswirkungen i. S. von § 11 Abs. 3 Satz 2 BauNVO hinreichend häufig konkret im Einzelfall überprüft wird. Andernfalls würde der hierdurch bezweckte städtebauliche Schutz bzw. der Schutz der Ziele der Raumordnung und Landesplanung in einer zu großen Zahl von Fällen möglicherweise leer laufen (in diesem Sinne auch VGH Bad.-Württ., Urteil v. 13. 7. 2004 – 5 S 1205/03 –, a. a. O.).

2. Das geplante Vorhaben lässt auch nicht nur unwesentliche Auswirkungen i. S. des § 11 Abs. 3 Satz 1 Nr. 2 und Satz 2 BauNVO erwarten. Das Verwaltungsgericht hat zutreffend ausgeführt, dass der Wortlaut des § 11 Abs. 3 Satz 1 Nr. 2 BauNVO verdeutlicht, dass hierzu der Eintritt der aufgeführten negativen Auswirkungen nicht gewiss zu sein braucht. Es genügt vielmehr, dass solche eintreten „können". Dies ist schon dann der Fall, wenn im Hinblick auf die vorhandene städtebauliche bzw. raumplanerische Situation jedenfalls nicht ausgeschlossen werden kann, dass der betreffende Einzelhandelsbetrieb bei funktionsgerechter Nutzung auf Grundlage der begehrten Baugenehmigung die genannten Auswirkungen haben kann. Mithin bedarf es keines konkreten Nachweises, dass derartige Auswirkungen eintreten werden. Es genügt vielmehr, dass solche Auswirkungen aufgrund konkreter sachlicher Anhaltspunkte wahrscheinlich zu erwarten sind.

Auch der erkennende Senat geht davon aus, dass dies hier der Fall ist. Zwar ist auf das Vorhaben nicht die Vermutungsregel des § 11 Abs. 3 Satz 3 BauNVO (n. F.) anzuwenden, wonach Auswirkungen im Sinne des Satzes 2 der Norm bei Betrieben nach Satz 1 Nr. 2 i. d. R. anzunehmen sind, wenn die Geschossfläche 1200 m² überschreitet. Vielmehr ist – in Anbetracht des 1984 in Kraft getretenen Bebauungsplans „R." – insoweit die frühere Regelung des § 11 Abs. 3 Satz 3 BauNVO 1977 einschlägig, wonach diese Vermutung erst bei einer Überschreitung der Geschossfläche von 1500 m² eingreift (vgl. die Überleitungsvorschrift des § 25 b Abs. 1 Satz 1 BauNVO). Diese Geschossfläche wird vom Vorhaben der Klägerin – wenn auch nur ganz geringfügig – unterschritten (1494,63 m²). Gemäß § 25 b Abs. 2 BauNVO ist in diesem Fall § 11 Abs. 3 Satz 4 BauNVO entsprechend anzuwenden, wonach die Regel des Satzes 3 nicht gilt, wenn Anhaltspunkte dafür bestehen, dass Auswirkungen bereits bei weniger als 1500 m² Geschossfläche vorliegen.

Solche Anhaltspunkte sind hier hinreichend gegeben; der hilfsweise beantragten Einholung eines Sachverständigengutachtens bedarf es nicht. Entgegen der Auffassung der Klägerin ist auch insoweit das Gesamtvorhaben in seiner geänderten Gestalt und nicht nur die beantragte, vergleichsweise geringfügige Verkaufsflächenerweiterung zu überprüfen. Denn erst ab dem Überschreiten des Schwellenwertes von ca. 700 m² wandelt sich das Vorhaben der Klägerin von einem normalen Gewerbebetrieb in einen großflächigen Einzelhandelsbetrieb. Wie insbesondere die diesbezüglich unterschiedlichen Regelungen der BauNVO verdeutlichen, führt diese quantitative Veränderung im bauplanungsrechtlichen Sinne auch zu einer Qualitätsveränderung des Vorhabens hinsichtlich der Art der baulichen Nutzung. Erst jetzt wird die Frage möglicher negativer Auswirkungen i. S. des § 11 Abs. 3 Satz 2 BauNVO rechtlich relevant; solche Auswirkungen müssen erst jetzt von der Baugenehmigungsbehörde überprüft werden. Um eine Umgehung bzw. ein faktisches Leerlaufen dieser Prüfung auch in der (vorliegenden) Konstellation aufeinander aufbauender, gewissermaßen „scheibchenweiser" Genehmigungsverfahren für im Wesentlichen dasselbe Vorhaben zu verhindern, muss der neue Einzelhandelsbetrieb nach Sinn und Zweck der Norm jedenfalls ab Erreichen der Großflächigkeit dann insgesamt auf mögliche Auswirkungen hin überprüft werden.

Bei der mithin auch insoweit gebotenen Betrachtung des Gesamtvorhaben in seiner geänderten Gestalt liegen insbesondere auf der Grundlage der Stellungnahmen der Industrie- und Handelskammer, des Regionalverbandes sowie des Einzelhandelsverbandes ausreichende Fakten vor, die die Frage der Wahrscheinlichkeit des Eintretens von Auswirkungen i. S. des § 11 Abs. 3 Satz 2 BauNVO hinreichend sicher bejahen lassen. Auch die Klägerin hat diese Fakten weitgehend nicht infrage gestellt, sodass sie im Wesentlichen als unstreitig angesehen werden können. In diesen Stellungnahmen ist ausgeführt, dass weit mehr als 50 %, ja wohl sogar 90 bis 95 % des erzielbaren Jahresumsatzes der klägerischen Verkaufsstätte aus Nachbargemeinden bzw. aus Räumen außerhalb des Gemeindegebietes resultiert, was bei einer Einwohnerzahl der Gemeinde E. von nur rund 2200 Einwohnern, der Lage der Verkaufsstätte außerhalb des Ortskernes im Gewerbegebiet und insbesondere ihrer geradezu idealen verkehrsmäßigen Anbindung unmittelbar plausibel erscheint. Der Einzelhandelsverband sieht deshalb die Kleinzentren B. und E.-K. „bei Nahversorgungssortimenten hochgradig betroffen". Auch wenn man dieser Wertung aufgrund der möglicherweise nicht unbedeutenden schon vorhandenen bzw. genehmigten Einzelhandelsbetriebe etwa in B. und E.-K. oder auch H. nicht folgen wollte, unabhängig von deren anders gelagerten bauplanungsrechtlichen Ausgangssituationen, spricht auf der Grundlage der Stellungnahmen alles dafür, dass hier dennoch eine entscheidungserhebliche Auswirkung i. S. des § 11 Abs. 3 Satz 1 Nr. 2, Satz 2 BauNVO gegeben ist, jedenfalls hinsichtlich der Verwirklichung der Ziele der Raumordnung und Landesplanung. Denn ein großflächiger Einzelhandelsbetrieb verstößt am Standort E. gegen die verbindlichen und hinreichend bestimmten Plansätze des Landesentwicklungsplans Baden-Württemberg i. V. m. dem Regionalplan 2000 der Region Hochrhein-Bodensee. Bei einem solchen Verstoß aber sind negative Auswirkungen i. S. des § 11 Abs. 3 Satz 1 Nr. 2, Satz 2 BauNVO regelmäßig anzunehmen.

Nach den Zielen der Raumordnung und Landesplanung in Plansatz 2.2.34 des Landesentwicklungsplans 1983 sollen großflächige Einzelhandelsbetriebe nur an solchen Standorten ausgewiesen, errichtet oder erweitert werden, wo sie sich nach Größe und Einzugsbereich in das zentralörtliche Versorgungssystem einfügen; sie dürfen weder durch ihre Lage oder Größe noch durch ihre Folgewirkungen das städtebauliche Gefüge, die Funktionsfähigkeit des zentralörtlichen Versorgungskerns oder die verbrauchernahe Versorgung der Bevölkerung im Einzugsbereich beeinträchtigen. Zur Begründung heißt es, dass sich Einzelhandelsgroßprojekte an falsch gewählten Standorten insbesondere auf das Netz der Zentralen Orte problematisch auswirken. Der Regionalplan 2000 hat diesen Plansatz des Landesentwicklungsplans 1983 nachrichtlich übernommen und konkretisiert. Gemäß Nr. 2.6.4 Satz 4 des Regionalplans 2000 kommen demnach Kleinzentren und Gemeinden ohne Zentralortfunktion – wie E. – als Standorte für großflächige Einzelhandelsbetriebe grundsätzlich nicht infrage. Entsprechend heißt es im Plansatz 3.3.7 Satz 1 des Landesentwicklungsplan 2002, dass sich großflächige Einzelhandelsbetriebe in das zentralörtliche Versorgungssystem einfügen sollen; sie dürfen i. d. R. nur in Ober-, Mittel- und Unterzentren ausgewiesen, errichtet oder erweitert werden. Auch hiernach kommt der Standort E. für das Vorhaben der Klägerin mithin grundsätzlich nicht in Betracht.

Eine Ausnahme hiervon scheidet auch auf der Grundlage des Plansatzes 3.3.7 Satz 2 des Landesentwicklungsplans 2002 aus. Demnach kommen Gemeinden ohne zentralörtliche Funktion als Standorte für großflächige Einzelhandelsbetriebe ausnahmsweise dann in Betracht, wenn dies nach den raumstrukturellen Gegebenheiten zur Sicherung der Grundversorgung geboten ist – was von der Klägerin nicht hinreichend dargelegt wurde und auch nicht ersichtlich ist – oder wenn diese „in Verdichtungsräumen liegen und mit Siedlungsbereichen benachbarter Ober-, Mittel- oder Unterzentren zusammengewachsen" sind. Zwar gehört vom Landkreis L. auch die Gemeinde E. nach Nr. 5 zu 2.1.1 (Raumkategorien) des Anhanges zum Landesentwicklungsplan 2002 (S. 74) zum „Verdichtungsraum Lörrach/Weil". Eine Ausnahme scheidet im vorliegenden Fall jedoch deswegen aus, weil die Gemeinde E. nicht im Sinne des Plansatzes 3.3.7 Satz 2 mit Siedlungsbereichen benachbarter Ober-, Mittel- oder Unterzentren „zusammengewachsen" ist. Hierfür gibt es jedenfalls keine hinreichenden Anhaltspunkte. Ein Zusammenwachsen verschiedener politischer Gemeinden kann in diesem Sinne erst dann angenommen werden, wenn aufgrund der faktischen Entwicklungen eine Art „zentralörtliches Versorgungssystem" im Sinne eines einheitlichen und größer angelegten Siedlungsbereiches entstanden ist, es mithin insbesondere im Hinblick auf die Kaufkraftabflüsse aus benachbarten Gemeinden gerechtfertigt erscheint, von der Regel des Plansatzes Nr. 3.3.7 Satz 1 abzuweichen, weil ohnehin eine mit einem Ober-, Mittel- oder Unterzentrum vergleichbare Situation gegeben ist. Daran fehlt es im vorliegenden Fall. Nach der zum Regionalplan 2000 gehörenden Strukturkarte I kann E. weder hinsichtlich der Siedlungsbereiche der dort ausgewiesenen nächstgelegenen Mittelzentren (bzw. den vorgeschlagenen Oberzentren) Weil am Rhein oder Lörrach noch hinsichtlich der Siedlungsbereiche der Unterzentren E.-K. oder B. als Teil eines einheitlichen und größer angelegten Siedlungsbereichs begriffen werden. Auch nach der dem Senat vorliegenden Landkarte (Michelin 2005) sowie dem von der Klägerin vorgelegten Lageplan liegen zwischen E. und B. sowie H. zumindest jeweils ca. 1 km und zwischen E. und E.-K. sowie F. jeweils zumindest 1–2 km offene Landschaft; nirgendwo stoßen die Siedlungsbereiche der Gemeinden aneinander. Von einem „Zusammenwachsen" kann damit nicht ernstlich die Rede sein.

Auswirkungen i. S. des § 11 Abs. 3 Satz 1 Nr. 2, Satz 2 BauNVO auf die Verwirklichung der Ziele der Raumordnung und Landesplanung sind auch im Hinblick auf das raumordnerische „Kongruenzgebot" gegeben. Ein Verstoß hiergegen liegt gemäß Nr. 3.2.1.4 des Einzelhandelserlasses vom 21.2. 2001 (Wirtschaftsministerium Bad.-Württ. – 6-2500.4/7 –) regelmäßig dann vor, wenn mehr als 30 % des Umsatzes aus Räumen außerhalb des zentralörtlichen Verflechtungsbereichs der Standortgemeinde erzielt werden. Dies ist nach den Stellungnahmen der Industrie- und Handelskammer, des Regionalverbandes sowie des Einzelhandelsverbandes hier eindeutig gegeben. Der Verstoß kann auch nicht mittels einer stark erweiternden Definition des zentralörtlichen Verflechtungsbereichs von E. relativiert werden. Entgegen der Behauptung der Klägerin ergibt sich aus der Strukturkarte I des Regionalplanes 2000 nicht, dass dieser „den gesamten Verdichtungsbereich einschließlich der Randzone Lörrach-Weil umfasst"; in der Strukturkarte I sind vielmehr überhaupt keine zentralörtlichen Verflechtungsbereiche im Sinne des Einzelhandelserlasses ausgewiesen. Zudem trägt die Klägerin selbst vor, dass im konkreten Fall Kaufkraftzuflüsse „überwiegend durch Einkäufe der schweizer und französischen Kunden erzielt würden, die von den schlechthin idealen Verkehrsbeziehungen profitierten". Jedenfalls die schweizer und französischen Grenzgebiete aber können nicht mehr zum zentralörtlichen Verflechtungsbereich von E. gerechnet werden.

Nr. 76

1. **Ein Zusammenwachsen mehrerer Betriebe unter dem Gesichtspunkt einer Funktionseinheit zu einem Einkaufszentrum i. S. des § 11 Abs. 3 Satz 1 Nr. 1 BauNVO kommt nur in den Fällen infrage, in denen damit eine Größenordnung erreicht wird, die deutlich über der eines großflächigen Einzelhandelsbetriebs i. S. des § 11 Abs. 3 Satz 1 Nr. 2 BauNVO liegt.**

2. **Eine Agglomeration mehrerer kleinerer, nicht großflächiger Einzelhandelsbetriebe (Nr. 2.3.3. des Einzelhandelserlasses vom 21.2.2001, GABl. vom 30.3.2001, 290) wird von § 11 Abs. 3 Satz 1 Nr. 2 BauNVO nicht erfasst. Als Korrektiv kommt nur § 15 BauNVO in Betracht.**

BauNVO §§ 11 Abs. 3 Satz 1 Nr. 1, Nr. 2, 15.

VGH Baden-Württemberg, Urteil vom 22. September 2005 – 3 S 1061/04 – (rechtskräftig).

(VG Stuttgart)

Die Klägerin erstrebt einen Bauvorbescheid für den Neubau eines Nahversorgungszentrums.

Die Klägerin ist Eigentümerin des Grundstücks im Geltungsbereich des Bebauungsplans P. Nord-West von 1999, der für das Grundstück ein eingeschränktes Gewerbegebiet festsetzt. Die Einschränkung betrifft bestimmte immissionsschutzrechtliche

Betriebe. Hinsichtlich Einzelhandelsbetrieben enthält die Festsetzung keine Einschränkung.

2001 beantragte die Klägerin für den Neubau eines Nahversorgungszentrums, Metzgerei – Bäckerei – Bekleidungsverkauf, die Erteilung eines Bauvorbescheids. Nach den Antragsunterlagen sind in dem eingeschossigen Gebäude eine Bäckerei mit $61,52\,m^2$ Verkaufsfläche, eine Metzgerei mit $54,93\,m^2$, ein Bekleidungsverkauf mit $557,61\,m^2$ Verkaufsfläche und schließlich ein Windfang/Eingang mit $44,90\,m^2$, d. h. einer Gesamtfläche von $718,96\,m^2$, vorgesehen. Mit Nebenräumen für Metzgerei und Bäckerei, Kühlräumen, WC, Flur, Aufenthaltsräumen und Technikraum ergibt dies eine Nutzfläche von insgesamt $846,23\,m^2$. Die Geschossfläche beträgt $912\,m^2$.

In unmittelbarer Nachbarschaft des Grundstücks der Klägerin befindet sich ein ebenfalls in deren Eigentum stehender LIDL-Lebensmitteldiscountmarkt mit $715\,m^2$ Verkaufsfläche sowie eine JET-Tankstelle nebst Verkaufsladen und ein Verkaufsladen für Backprodukte.

2002 lehnte die Beklagte den Antrag ab.

Das Verwaltungsgericht verpflichtete die Beklagte zur Erteilung der beantragten Bebauungsgenehmigung im Wege des Bauvorbescheids.

Aus den Gründen:

Das Verwaltungsgericht hat die Beklagte zu Recht zur Erteilung der beantragten Bebauungsgenehmigung im Wege des Bauvorbescheids verpflichtet; denn die Klägerin hat einen Anspruch auf Erteilung eines positiven Bauvorbescheids über die Frage der planungsrechtlichen Zulässigkeit einer Bebauung des Grundstücks mit dem von ihr beabsichtigten Nahversorgungszentrum.
...

Nach den Festsetzungen des Bebauungsplans aus dem Jahre 1999 ist in dem Gewerbegebiet ein Einzelhandelsbetrieb unterhalb der Schwelle der Großflächigkeit als Gewerbebetrieb aller Art grundsätzlich zulässig, wobei die Großflächigkeit von Einzelhandelsbetrieben i. S. des § 11 Abs. 3 Satz 1 Nr. 2 BauNVO nach wie vor bei einer Verkaufsfläche von ca. $700\,m^2$ anzunehmen ist (BVerwG, Urteil v. 22. 7. 2004 – 4 B 29.04 –, BRS 67 Nr. 76 = BauR 2004, 1735, VGH Bad.-Württ., Urteile v. 13. 7. 2004 – 5 S 1205/03 –, BRS 67 Nr. 77 = BauR 2005, 968, und v. 16. 6. 2005 – 3 S 479/05 –). Selbst wenn man die Flächen in dem Nahversorgungszentrum vorgesehenen Betriebe, nämlich der Metzgerei, der Bäckerei und des Bekleidungshandels zusammenrechnet, wird dadurch diese Grenze zur Großflächigkeit nicht überschritten. Zwar ist der Windfang hinzuzurechnen, denn Verkaufsfläche ist die Fläche, die dem Verkauf dient einschließlich der Gänge, Treppen in den Verkaufsräumen, Standflächen für Einrichtungsgegenstände, Kassenzonen, Schaufenster und sonstiger Flächen, so weit sie dem Kunden zugänglich sind (vgl. VGH Bad.-Württ., Urteile v. 16. 6. 2005, a. a. O., und 13. 7. 2004, a. a. O., sowie Nr. 2.2.4 des Einzelhandelserlasses v. 21. 2. 2001, GABl. v. 30. 3. 2001, S. 290 f.). Insgesamt ist daher von einer Verkaufsfläche von $718\,m^2$ auszugehen. Indessen führt die geringfügige Überschreitung um $18\,m^2$ nicht zur Großflächigkeit des als Nahversorgungszentrum bezeichneten Vorhabens der Klägerin.

Nicht zulässig ist es, das Vorhaben zusammen mit dem vorhandenen LIDL-Lebensmitteldiscountmarkt als Einkaufszentrum (§ 11 Abs. 3 Satz 1 Nr. 1 BauNVO) anzusehen.

Nach der Rechtsprechung des Bundesverwaltungsgerichts zum Vorliegen eines Einkaufszentrums (Urteil v. 27. 4. 1990, BRS 50, 149 f.) kann auch eine nicht von vornherein als solche geplante und organisierte Zusammenfassung von Einzelhandels- und Dienstleistungsbetrieben ein Einkaufszentrum i. S. des § 11 Abs. 3 Satz 1 Nr. 1 BauNVO darstellen. Ein solches „Zusammenwachsen" mehrerer Betriebe zu einem „Einkaufszentrum" setzt jedoch neben der erforderlichen räumlichen Konzentration weiter gehend voraus, dass die einzelnen Betriebe aus der Sicht der Kunden als aufeinander bezogen, durch ein gemeinsames Konzept und durch Kooperation miteinander verbunden in Erscheinung treten. Dabei kommt ein „Zusammenwachsen" mehrerer Betriebe zu einem „Einkaufszentrum" i. S. des § 11 Abs. 3 Satz 1 Nr. 1 BauNVO nur in den Fällen in Frage, in denen damit eine Größenordnung erreicht wird, die deutlich über der eines großflächigen Einzelhandelsbetriebs i. S. des § 11 Abs. 3 Satz 1 Nr. 2 BauNVO liegt. Denn ein Einkaufszentrum ist auch ohne die Auswirkungen des § 11 Abs. 3 Satz 3 BauNVO in einem Gewerbegebiet nicht zulässig, während ein großflächiger Einzelhandelsbetrieb nach § 11 Abs. 3 Satz 1 Nr. 2 BauNVO darüber hinaus voraussetzt, dass von ihm im Einzelfall die in § 11 Abs. 3 Satz 2 BauNVO beschriebenen nachteiligen Auswirkungen ausgehen. Vorliegend scheidet ein solches „Zusammenwachsen" von vornherein schon deshalb aus, weil das geplante Nahversorgungszentrum und der LIDL-Lebensmitteldiscountmarkt zusammen lediglich eine Verkaufsfläche von 1433 m^2 und damit keine Größenordnung erreichen, bei der man von einem Einkaufszentrum i. S. des § 11 Abs. 3 Satz 1 Nr. 1 BauNVO sprechen kann. Davon abgesehen können weder die räumliche Komponente noch betriebliche Gesichtspunkte ein Zusammenrechnen der jeweiligen Verkaufsflächen rechtfertigen. Zwar verfügen das Nahversorgungszentrum und der LIDL-Lebensmitteldiscountmarkt über eine gemeinsame Zufahrt und auch die Stellplätze stehen sowohl dem vorhandenen Lebensmitteldiscountmarkt als auch dem neuen Vorhaben zur gemeinsamen Nutzung zur Verfügung. Indessen werden sie in deutlich voneinander getrennt errichteten Gebäuden untergebracht sein. Sie wurden unabhängig voneinander konzipiert. Auch wenn von vornherein die Absicht bestand, auf den infrage stehenden Grundstücken der Klägerin mehrere Betriebe anzusiedeln, die jeweils von der Anziehungskraft des anderen profitieren sollten, fehlt es dennoch an einem gemeinsamen Konzept. Die verschiedenen Unternehmen werden keine gemeinsame Werbung betreiben und sind auch in ihrem Sortimentsangebot nicht aufeinander zugeschnitten, vielmehr – wenn auch nicht in allen Bereichen – auf Konkurrenz angelegt, wie das Verwaltungsgericht im Einzelnen ausgeführt hat.

Auch § 11 Abs. 3 Satz 1 Nr. 2 BauNVO rechtfertigt nicht ein Zusammenrechnen der Verkaufsflächen der verschiedenen Betriebe im Sinne einer Funktionseinheit, sodass die Grenze zur Großflächigkeit überschritten würde. Diese Vorschrift kann nicht dahingehend ausgelegt werden, dass sie auch solche Fälle erfasst, in denen „mehrere kleinere Betriebe mit einer Größe von jeweils unter 1.200 m^2 Geschossfläche in räumlichem und zeitlichem Zusammenhang errichtet werden, zu vorhandenen Betrieben neue Betriebe unter 1.200 m^2 hinzutreten oder vorhandene Betriebe entsprechend erweitert oder umgenutzt werden sollen" (sog. Agglomeration nach Nr. 2.3.3 des Einzelhandelserlasses v. 21.2.2001, GABl. v. 30.3.2001, S. 290). Denn der ausdrückliche Wortlaut des § 11 Abs. 3 Satz 1 Nr. 2 BauNVO stellt für die Frage der Großflächigkeit auf den jeweiligen Einzelhandelsbetrieb ab. Eine Agglomeration mehrerer kleinerer Betriebe ist davon nicht erfasst. Es ist Sache des Gesetzgebers, § 11 BauNVO entsprechend zu ändern, um auch diese Fälle zu steuern. Anlässlich der 3. Verordnung zur Änderung der Baunutzungsverordnung (ÄndVO 1987) hat der Gesetzgeber indessen klar zum Ausdruck gebracht, dass er das Problem der Agglomeration mehrerer kleinerer Betriebe mit den in § 11 Abs. 3 BauNVO genannten Auswirkungen nicht gesondert regeln will, vielmehr hat er auf die Rechtsprechung des Bundesverwaltungsgerichts zur Funktionseinheit im Hinblick auf das Vorhandensein eines Einkaufszentrums verwiesen und darüber hinaus wiederum unter Hinweis auf Rechtsprechung des Bundesverwaltungsgerichts insbesondere in § 15 BauNVO ein geeignetes, die örtlichen Verhältnisse berücksichtigendes Rechtsinstrument gesehen, um eine mit der geordneten städtebaulichen Entwicklung nicht zu vereinbarende Agglomeration zu vermeiden (BT-Drucks. 354/89, S. 28). Das Prinzip der Funktionseinheit findet folglich auf § 11 Abs. 3 Satz 1 Nr. 2 BauNVO keine Anwendung (vgl. auch OVG Nordrhein-Westfalen, Urteil v. 25.4.2005, BauR 2005, 1602 = ZfBR 2005, 572; offen gelassen von BayVGH, Beschluss v. 7.7.2003 – 20 CS 3.1568 –, BauR 2003, 1857), auch wenn sich aus der in der Gesetzesbegründung zu § 15 BauNVO angeführten Rechtsprechung des Bundesverwaltungsgerichts (nämlich Urteile v. 3.2.1984 – 4 C 17.82 –, und v. 4.5.1988 – 4 C 34.86 –) die Problematik der Agglomeration mehrerer kleinerer Einzelhandelsbetriebe in einem Gewerbegebiet, in dem sie je für sich als Gewerbebetrieb aller Art grundsätzlich zulässig sind, nur unzureichend erschließt. Denn die Entscheidung vom 3.2.1984 betraf einen Fall, der nach der BauNVO 1968 zu beurteilen war, die für großflächige Einzelhandelsbetriebe noch keine dem § 11 Abs. 3 BauNVO vergleichbare Regelung enthielt. Das Urteil vom 4.5.1988 bezog sich auf die Zulässigkeit von mehreren Einzelhandelsbetrieben in einem Mischgebiet.

Davon abgesehen rechtfertigt im vorliegenden Fall § 15 BauNVO die Versagung des begehrten Bauvorbescheids nicht. Nach § 15 Abs. 1 BauNVO 1990 ist ein in einem Baugebiet allgemein zulässiges Vorhaben im Einzelfall gleichwohl unzulässig, wenn es „nach Anzahl, Lage, Umfang oder Zweckbestimmung der Eigenart des Baugebiets widerspricht" (Satz 1) oder wenn von ihm „Belästigungen oder Störungen ausgehen können, die für die Umgebung nach der Eigenart des Gebiets unzumutbar sind" (Satz 2). Anders als bei einem Mischgebiet, das durch die Gleichwertigkeit und Gleichgewichtigkeit von Wohnen und nicht störendem Gewerbe gekennzeichnet ist, gibt es eine derartige die Verhältnisse verschiedener Nutzungen zueinander betreffende Regelung in Gewerbegebieten nicht. Der Senat kann indessen offen lassen, inwiefern die oben genannte Rechtsprechung des Bundesverwaltungsgerichts auch auf Gewerbegebiete übertragen werden kann, sodass auch Vorhaben die an sich ihrer Art nach bauplanungsrechtlich zulässig sind, im Einzelfall unzulässig sind, wenn sie in einer Situation verwirklicht werden sollen, in der sie städtebaulich nicht (mehr) verträglich sind und die Umgebung sie nicht

Nr. 77

(mehr) aufnehmen kann (BVerwG, Urteil v. 4. 5. 1988, a. a. O.). Auch wenn mit dem GMA-Gutachten vom Januar 2004 belegt sein dürfte, dass städtebauliche Auswirkungen i. S. des § 11 Abs. 3 Satz 2 BauNVO durch das Hinzutreten des geplanten Nahversorgungszentrums zu erwarten sind, so ist im konkreten Fall (noch) nicht die Grenze überschritten, bei der wegen der Anzahl vorhandener Einzelhandelsbetriebe eine Unzulässigkeit nach § 15 Abs. 1 BauNVO zu bejahen ist. Bisher ist in dem betreffenden Bereich lediglich ein Einzelhandelsbetrieb vorhanden, zu dem nun ein weiterer hinzutritt. Bei zwei Einzelhandelsbetrieben, ergänzt durch Bäckerei und Metzgerei, kann indessen noch nicht von einer städtebaulich unverträglichen „Häufung" von Einzelhandel in dem Gewerbegebiet gesprochen werden.

Nr. 77

Es kommt weder für das Eingreifen der Regelvermutung nach § 11 Abs. 3 Satz 3 BauNVO noch für deren Widerlegung darauf an, ob der Einzelhandelsbetrieb von vornherein in der nun zu beurteilenden Größe errichtet oder ob ein bestehender Betrieb nachträglich erweitert werden soll.

BauGB §§ 29 Abs. 1, 31 Abs. 2; BauNVO § 11 Abs. 3.

Bundesverwaltungsgericht, Beschluss vom 29. November 2005 – 4 B 72.05 –.

(VGH Baden-Württemberg)

Aus den Gründen:

Wird ein bestehender Einzelhandelsbetrieb erweitert und wird dadurch – wie hier – das Maß der baulichen Nutzung des Grundstücks erhöht, stellt die Erweiterung schon deswegen ein Vorhaben i. S. des § 29 Abs. 1 BauGB dar, für das die §§ 30 bis 37 BauGB gelten (vgl. BVerwG, Urteil v. 14. 4. 2000 – 4 C 5.99 –, BRS 63 Nr. 115 = BauR 2000, 1312 = Buchholz 406.11 § 35 BauGB Nr. 342). Liegt das Baugrundstück im Geltungsbereich eines Bebauungsplans, hat sich die Prüfung der bauplanungsrechtlichen Zulässigkeit des Vorhabens auch auf § 11 Abs. 3 BauNVO zu erstrecken, wenn die Frage der Vereinbarkeit des Vorhabens mit dieser Vorschrift durch die Erweiterung des Betriebes neu aufgeworfen wird (vgl. BVerwG, Beschluss v. 4. 2. 2000 – 4 B 106.99 –, BRS 63 Nr. 172 = BauR 2000, 1041 = Buchholz 406.11 § 29 BauGB Nr. 64). Veränderungen der für Verkaufszwecke zur Verfügung stehenden Fläche eines Einzelhandelsbetriebes sind geeignet, städtebauliche Belange neu zu berühren; denn die Größe der Verkaufsfläche trägt zur Kapazität, Wettbewerbskraft und Attraktivität eines Handelsbetriebes bei und wirkt sich von daher auf eine geordnete städtebauliche Entwicklung, insbesondere auf die Struktur des Handels und die Versorgung in dem betreffenden Gebiet aus (vgl. BVerwG, Urteil v. 27. 4. 1990 – 4 C 36.87 –, Buchholz 406.12 § 11 BauNVO Nr. 17 = BRS 50 Nr. 68 = BauR 1990, 569). § 11 Abs. 3 BauNVO ist deshalb nicht nur neu zu prüfen, wenn durch die Vergrößerung der Verkaufsfläche erstmals ein großflächiger Einzelhandelsbetrieb entsteht oder erstmals die für das Eingreifen der Regelvermutung maßgebende Geschossfläche überschritten wird, sondern auch, wenn aufgrund der Erweiterung der Verkaufsfläche eines bestehenden großflächigen, die Regelvermutung des § 11 Abs. 3 Satz 3 BauNVO bereits auslösenden Einzelhandelsbetriebes die städtebaulichen Auswirkungen des Vorhabens neu zu beurteilen sind. Letzteres hat der Verwaltungsgerichtshof bei einer Vergrößerung der Verkaufsfläche von 748 m² auf etwa 1000 m² bejaht. Insoweit macht die Beschwerde Gründe für die Zulassung der Revision nicht geltend.

Handelt es sich bei der Erweiterung des Betriebes nicht um ein selbstständiges, abtrennbares Vorhaben, sondern – wie hier – um die Änderung einer baulichen Anlage, kann die Erweiterung nicht isoliert beurteilt werden. Bei der Änderung einer baulichen Anlage muss das Gesamtvorhaben in seiner durch die Erweiterung geänderten Gestalt geprüft werden; das vom Bauherrn angestrebte Ergebnis der Baumaßnahme muss den zu prüfenden bauplanungsrechtlichen Vorschriften entsprechen (vgl. BVerwG, Urteile v. 17. 6. 1993 – 4 C 17.91 –, Buchholz 406.11 § 34 BauGB Nr. 158 = BRS 55 Nr. 72 = BauR 1994, 81, und v. 15. 5. 1997 – 4 C 23.95 –, Buchholz 406.11 § 35 BauGB Nr. 329 = BRS 59 Nr. 90 = BauR 1997, 988; Beschluss v. 4. 2. 2000 – 4 B 106.99 –, Buchholz 406.11 § 29 BauGB Nr. 64 = BRS 63 Nr. 172 = BauR 2000, 1041). Das gilt bei der Erweiterung eines großflächigen Einzelhandelsbetriebes auch im Hinblick auf dessen Auswirkungen i. S. des § 11 Abs. 3 Satz 2 BauNVO und das Eingreifen der Regelvermutung nach § 11 Abs. 3 Satz 3 und 4 BauNVO. Gemäß § 11 Abs. 3 Satz 3 BauNVO sind Auswirkungen im Sinne des Satzes 2 i. d. R. anzunehmen, wenn die Geschossfläche 1200 m² überschreitet. Maßgebend ist bei der Erweiterung eines bestehenden Einzelhandelsbetriebes die Geschossfläche des Gesamtvorhabens. Gemäß § 11 Abs. 3 Satz 4 BauNVO gilt die Regel des Satzes 3 nicht, u. a. wenn Anhaltspunkte dafür bestehen, dass Auswirkungen bei mehr als 1200 m² Geschossfläche nicht vorliegen. Entscheidend ist, ob der Betrieb – und zwar auch insoweit der Betrieb in seiner durch die Erweiterung geänderten Gestalt – über den Nahbereich hinauswirkt und dadurch, dass er unter Gefährdung funktionsgerecht gewachsener städtebaulicher Strukturen weiträumig Kaufkraft abzieht, auch in weiter entfernten Wohngebieten die Gefahr heraufbeschwört, dass Geschäfte schließen, auf die insbesondere nicht motorisierte Bevölkerungsgruppen angewiesen sind. Je deutlicher die Regelgrenze von 1200 m² Geschossfläche überschritten ist, mit desto größerem Gewicht kommt die Vermutungswirkung des § 11 Abs. 3 Satz 3 BauNVO zum Tragen (vgl. BVerwG, Beschluss v. 22. 7. 2004 – 4 B 29.04 –, BRS 67 Nr. 42 = BauR 2004, 1735 = Buchholz 406.12 § 11 BauNVO Nr. 28). Da maßgebend die Auswirkungen des Gesamtvorhabens sind, kommt es weder für das Eingreifen der Regelvermutung noch für deren Widerlegung darauf an, ob der Einzelhandelsbetrieb von vornherein in der nun zu beurteilenden Größe errichtet oder ob ein bestehender Betrieb nachträglich erweitert werden soll.

2. Die Frage, ob ein großflächiger Einzelhandelsbetrieb mit über 1200 m² Geschossfläche von der Festsetzung des § 11 Abs. 3 BauNVO, die über die Ausweisung eines Gewerbegebiets nach § 8 BauNVO Eingang in einen Bebau-

ungsplan gefunden hat, gemäß §31 Abs.2 BauGB befreit werden kann, oder ob dies zwingend die Grundsätze der Planung berührt, bedarf ebenfalls nicht der Klärung in einem Revisionsverfahren. Dass von der Vorschrift des §11 Abs.3 BauNVO nicht gemäß §31 Abs.2 BauGB befreit werden kann, ergibt sich unmittelbar aus dem Gesetz. Gemäß §31 Abs.2 BauGB kann nur von Festsetzungen eines Bebauungsplans befreit werden. §11 Abs.3 BauNVO bestimmt unabhängig davon, welche Festsetzungen der Bebauungsplan trifft, dass die dort bezeichneten großflächigen Betriebe nur in Kerngebieten oder in für sie festgesetzten Sondergebieten zulässig sind. Eine Befreiung von den Festsetzungen des Bebauungsplans kann die Geltung des §11 Abs.3 Bau-NVO somit nicht suspendieren. Die Möglichkeit, die in §11 Abs.3 BauNVO genannten großflächigen Betriebe zu verwirklichen, wird dadurch nicht übermäßig beschränkt. Denn §11 Abs.3 BauNVO enthält für den vom Regelfall abweichenden Einzelfall eine eigene Korrekturmöglichkeit (vgl. BVerwG, Urteil v. 3.2.1984 – 4 C 54.80 –, BVerwGE 68, 342, 348 = BRS 42 Nr.50). Die Regel des §11 Abs.3 Satz3 BauNVO, dass nachteilige Auswirkungen im Sinne des Satzes 2 bei großflächigen Einzelhandelsbetrieben, deren Geschossfläche 1200 m^2 überschreitet, anzunehmen sind, gilt nach Satz4 nicht, wenn Anhaltspunkte dafür bestehen, dass Auswirkungen bei mehr als 1200 m^2 nicht vorliegen.

Nr. 78

1. **Ist ein nach §34 Abs.2 BauGB i.V.m. §6 BauNVO zu beurteilender Einzelhandelsbetrieb bereits nicht großflächig i.S. des §11 Abs.3 Nr.2 BauNVO, kommt es auf die Vermutungsregel des §11 Abs.3 BauNVO nicht mehr an.**

2. **Ein Einzelhandelsbetrieb mit einer Verkaufsfläche von 764 m^2 kann im Einzelfall als noch nicht großflächig angesehen werden.**

3. **Betrifft eine nachträglich gestellte Bauvoranfrage nur Teilflächen einer insgesamt bereits ohne Genehmigung genutzten Verkaufsfläche, kann hierin eine unzulässige Rechtsausübung gesehen werden, die das Rechtsschutzinteresse für eine auf Erteilung eines positiven Bauvorbescheids gerichtete Verpflichtungsklage entfallen lässt.**

(Zu 1. und 2. nur Leitsatz.)

BauGB §34 Abs.2; BauNVO §§6, 11 Abs.3; VwGO §155 Abs.4.

Hessischer VGH, Urteil vom 20. Januar 2005 – 3 UE 2553/04 – (rechtskräftig).

(VG Gießen)

Die Beteiligten stritten über die Verpflichtung der Beklagten zur Erteilung eines Bauvorbescheides.

2001 stellte die Klägerin eine Bauvoranfrage zur Genehmigungsfähigkeit einer Erweiterung und Neuordnung der Verkaufsfläche ihres Verbrauchermarktes um 41,91 m^2. Es würden im Bereich der Zugänge Flächen für saisonal bedingte Produkte ausgewiesen, welche auf Rollcontainern temporär zum Verkauf angeboten würden. Das bestehende Getränkelager werde verkleinert und die entstehende Fläche der Verkaufsfläche angegliedert. Die geplante Erweiterung betrage 41,91 m², womit sich aus den bereits vorhandenen und genehmigten 722,77 m² und den neuen Flächen eine Gesamtverkaufsfläche von 764,68 m² ergebe.

2002 hat das Verwaltungsgericht die Beklagte verpflichtet, die Bauvoranfrage der Klägerin von 2001 positiv zu bescheiden.

Zur Begründung der Berufung trug die Beklagte u. a. vor, die Klägerin habe bereits kein Rechtsschutzbedürfnis an der Durchführung des vorliegenden Verfahrens. Sie verfüge über eine genehmigte Verkaufsfläche von 722 m². Zähle man entsprechend dem die Berufung zulassenden Beschluss auch die Kassenzonen zur genehmigten Verkaufsfläche hinzu, betrage die genehmigte Verkaufsfläche 737 m². Die Klägerin nutze weitere 76 m² ungenehmigt als Verkaufsfläche, sodass die tatsächlich genutzte Verkaufsfläche 813 m² betrage. Beantragt habe die Klägerin lediglich eine zusätzliche Verkaufsfläche von 42 m², obwohl sie keineswegs beabsichtige, den Verkauf auf den überschießenden Flächen einzustellen. Es sei nicht ersichtlich, welches rechtlich geschützte Interesse sie an einer Entscheidung haben könne, die ihr ein Recht einräume, dass sie in dieser Form eingestandenermaßen gar nicht nutzen wolle. Aus diesen Gründen habe die Klägerin auch kein Sachbescheidungsinteresse im Hinblick auf ihre Voranfrage. Die Beklagte sei daher befugt gewesen, die Voranfrage schon aus diesem Grunde abzulehnen.

Die Klägerin habe auch aus bauplanungsrechtlichen Gründen keinen Anspruch auf einen positiven Vorbescheid.

Aus den Gründen:

Die zulässige Berufung der Beklagten ist nach den in der Berufungsverhandlung abgegebenen Erklärungen des Geschäftsführers der Klägerin unbegründet, da das Verwaltungsgericht danach im Ergebnis zu Recht von der planungsrechtlichen Zulässigkeit des beantragten Vorhabens ausgegangen ist. Hierbei geht der Senat davon aus, dass nach der von dem Geschäftsführer der Klägerin abgegebenen Erklärung in der Berufungsverhandlung von der Klägerin lediglich die bereits genehmigten 722,77 m² zuzüglich der beantragten 41,91 m², mithin insgesamt 764,68 m² als Verkaufsfläche genutzt werden sollen, wobei die darüber hinausgehenden tatsächlich belegten Flächen in einer Größenordnung von 49 m² (15 m² Kassenzone und 34 m² sonstige Verkaufsflächen) weder streitgegenständlich sind, noch als Verkaufsflächen weiter genutzt werden sollen. ...

Die Absicht der Klägerin, den genehmigten Einzelhandelsbetrieb von 722,77 m² auf 764,68 m² zu erweitern, führt nicht zum Vorliegen eines großflächigen Einzelhandelsbetriebes. ...

Die Berufung der Beklagten ist daher zurückzuweisen.

Die Kostenentscheidung beruht auf den §§ 154 Abs. 1, 155 Abs. 4 VwGO. Als unterliegende Beteiligte hat die Beklagte die Kosten des Berufungsverfahrens zu tragen, allerdings mit Ausnahme der Kosten der mündlichen Verhandlung sowie der einen Beschluss gemäß § 130a VwGO übersteigenden Kosten, die aus Billigkeitsgründen nach Auffassung des Senats der Klägerin aufzuerlegen sind. Gemäß § 155 Abs. 4 VwGO können die Kosten, die durch Verschulden eines Beteiligten entstanden sind, diesem auferlegt werden. Voraussetzung der Haftung ist, dass ein Beteiligter unter Außerachtlassung der erforderlichen und ihm zumutbaren Sorgfalt durch eigenes Verhalten einen anderen Beteiligten oder das Gericht zu Prozesshandlungen oder Entscheidungen veranlasst hat, die an sich nicht erforderliche Kosten verursachen (vgl. Redeker/von Oertzen, Verwaltungsgerichtsordnung, 14. Aufl. 2004, § 155 Rdnr. 5). Seit dem die Berufung zulassenden Beschluss des Senats war der Klägerin bekannt, dass der Senat Bedenken am Rechtsschutzbedürfnis der Klägerin hinsichtlich der positiven Bescheidung ihrer Bauvoranfrage hat, da sie ausweislich der dem Senat vorliegenden Unterlagen zusätzlich zu der genehmigten Fläche eine insgesamt 76 m² große Fläche als Verkaufsfläche nutzt, zu der die 15 m² hinter den Kassenzonen, die von ihr ebenfalls tatsächlich genutzt werden, hinzukommen, jedoch lediglich eine knapp 42 m² umfassende Fläche zur Genehmigung, und das auch nur im Rahmen einer Bauvoranfrage, gestellt hat. Hätte die Klägerin im Berufungsverfahren die von ihr in der Berufungsverhandlung abgegebene Erklärung frühzeitiger abgegeben, lediglich die beantragten zusätzlichen Verkaufsflächen von ca. 42 m² nutzen und ihre Möglichkeiten aus dem Pachtvertrag gegenüber dem Marktbetreiber einsetzen zu wollen, diesen auf die beantragte Nettoverkaufsfläche zu beschränken, hätte der Senat durch Beschluss gemäß § 130 a VwGO über die Berufung entscheiden können. Die mündliche Verhandlung wurde indes auf Betreiben des Klägervertreters anberaumt, da über die Frage des Rechtsschutzinteresses an der begehrten Bescheidung des Bauvorbescheides bisher noch nicht mündlich verhandelt worden war. Hätte die Klägerin die in der Berufungsverhandlung abgegebene Verpflichtungserklärung nicht abgegeben, die für den Senat eine wesentliche Grundlage dieser Entscheidung ist, wäre der Berufung unter Aufhebung des erstinstanzlichen Urteils stattzugeben gewesen, da die Klägerin bis zur Berufungsverhandlung eine schützenswerte Rechtsposition nicht dargelegt hatte.

Nach der Rechtsprechung des Hessischen VGH ist nämlich ein Bauantrag, der lediglich einen Teil eines nicht genehmigten Baubestandes nachträglich zur Genehmigung stellt, nicht genehmigungsfähig (vgl. Hess. VGH, Urteil v. 6. 4. 1989 – 4 UE 3377/78 –; Hess. VGH, Urteil v. 15. 11. 1995 – 4 UE 239/92 –, BRS 57 Nr. 280). Zwar ist diese Rechtsprechung zum einen zu Bauanträgen und nicht zu Bauvoranfragen und zum anderen zu Gebäudeteilen ergangen, die auf nicht genehmigtem vorhandenen Baubestand aufbauen und zur Genehmigung gestellt werden, während hier über die Erteilung eines Bauvorbescheids zur Umnutzung von – rückbaubaren – Verkaufsflächen gestritten wurde. Gleichwohl hätte auch im vorliegenden Fall nichts anderes zu gelten gehabt.

Grundsätzlich kann gemäß § 65 Abs. 1 HBO 93, § 66 HBO 2002 vor Einreichen des Bauantrages auf schriftlichen Antrag zu einzelnen Fragen des Bauvorhabens ein schriftlicher Bescheid erteilt werden, wobei der Antragsteller den Umfang der Prüfung durch seinen Antrag bestimmen kann. Etwas anderes hat jedoch dann zu gelten, wenn sich die Beschränkung der Bauvoranfrage auf bestimmte Teilbereiche als rechtsmissbräuchlich darstellt, da der Antragsteller tatsächlich bereits weitere baugenehmigungspflichtige Nutzungen vornimmt, diese jedoch nicht vollständig zur Überprüfung stellt und die Beschränkung der Bauvoranfrage zu Irritationen im Rechtsverkehr führt, indem die Genehmigungsfähigkeit von Teilbereichen zur Überprüfung gestellt wird, die nach dem Willen des Antragstellers nicht das tatsächlich genutzte Gesamtvorhaben umfassen. Nach den dem Senat vorliegenden Unterlagen nutzte die Klägerin zumindest bis zur Berufungsverhandlung insgesamt zusätzlich 76,51 m² als Verkaufsfläche, ohne hierfür die erforderliche Genehmigung zu haben, zum Gegenstand der Bauvoranfrage hat sie jedoch lediglich 41,91 m² gemacht. In Anbetracht der Tatsache, dass die Klägerin sich mit den von ihr genutzten Verkaufsflächen im Grenzbereich eines großflächigen Einzelhandelsbetriebes befindet, musste von ihr erwartet werden, dass, so weit sie zusätzlich zu den genehmigten 722 m² Verkaufsfläche, zu denen die 15 m² der Kassenzonen noch hinzuzurechnen sind, weitere Flächen als Verkaufsflächen belegt, auch im Rahmen einer Bauvoranfrage diese Flächen komplett zur Überprüfung stellt, es sei denn, sie gibt definitiv die darüber hinausgehende Nutzung auf. Von den 76,51 m² zusätzlich genutzter Verkaufsfläche hat die Klägerin nur einen Teil zur Überprüfung gestellt, obgleich sie ausweislich einer Überprüfung der Beklagten im Juli 2004 weiterhin auch die darüber hinausgehenden Flächen schon als Verkaufsflächen nutzte. Gerade im Grenzbereich unterschiedlich zulässiger Nutzungen wie im Grenzbereich großflächiger Einzelhandelsunternehmen muss von den Bauantragstellern und insoweit gehören zu diesen auch die Bauvorbescheidsantragsteller verlangt werden, dass die Bauantragsunterlagen zumindest dem Umfang der bereits erfolgten Umnutzungen entsprechen, so weit diese nicht aufgegeben werden sollen. Bezogen auf großflächige Einzelhandelsbetriebe kann nicht hingenommen werden, dass die Baubehörden durch nicht mit der Realität in Einklang stehende Bauanträge oder Bauvorbescheidsanträge darüber im Dunkeln gehalten werden, in welchem Umfang tatsächlich Verkaufsflächen genutzt werden und daher sinnvoll ihrer Aufgabe, großflächige Einzelhandelsbetriebe tatsächlich nur in den für sie vorgesehenen Gebieten zuzulassen, nachkommen zu können. Es gibt kein Recht auf Teillegalisierung genutzter Verkaufsflächen, wenn im Ganzen schon mindestens wegen formeller Illegalität der Tatbestand einer Ordnungswidrigkeit erfüllt wird und sich daran nichts ändern soll.

Etwas anderes folgt auch nicht daraus, dass die Verkaufsflächen ohne großen Aufwand wieder zurückgebaut werden können und durch die illegale Nutzung keine unwiederbringlichen oder nur schwer zu beseitigenden Tatsachen geschaffen wurden. Dass Verkaufsflächen eines Einzelhandelsbetriebes ohne große Probleme umgenutzt werden können, ist diesen eigen, besagt jedoch nichts darüber, dass der Bauantragsteller keinen gleichsam gutachterlichen Anspruch auf Bescheidung eines nicht mit der Realität übereinstimmenden Baugesuchs hat und der Behörde nicht zuzumuten ist, „scheibchenweise" über die Genehmigungsfähigkeit einzelner Teilflächen zu befinden, obgleich diese Flächen bereits seit langem insgesamt als Verkaufsflächen genutzt werden und auch weiterhin genutzt werden sollten, wobei die Klägerin 2004 zudem zum Ausdruck gebracht hatte, dass sie neue Erweiterungen der Marktflächen ins Auge fasst.

Die Klägerin hat mithin die Kosten der mündlichen Verhandlung sowie die einen Beschluss gemäß § 130 a VwGO übersteigenden Kosten schuldhaft verursacht, da bei rechtzeitiger Abgabe der von ihr erst in der mündlichen Verhandlung erfolgten wesentlichen Klärung eine mündliche Verhandlung nicht erforderlich gewesen wäre.

Nr. 79

Eine in der Vergangenheit bauaufsichtlich genehmigte gewerbliche Nutzung, die in einem faktischen allgemeinen Wohngebiet einen Fremdkörper bildet (vgl. BVerwGE 84, 322 ff.), ist keine zugelassene Nutzung i. S. des § 12 Abs. 2 BauNVO, sofern sie aktuell nicht wenigstens im Wege der Befreiung gemäß § 31 Abs. 2 BauGB zugelassen werden könnte.

BauGB §§ 31 Abs. 2, 34 Abs. 2; BauNVO § 12 Abs. 2.

OVG Rheinland-Pfalz, Urteil vom 1. September 2005 – 1 A 10759/05 – (nicht rechtskräftig).

Die Klägerin wandte sich als Grundstücksnachbarin gegen eine Baugenehmigung, die der Beigeladenen für die Errichtung von zehn Pkw-Stellplätzen erteilt worden ist. Die Beigeladene führt auf den Nachbargrundstücken einen Betonbaubetrieb, dem die Stellplätze dienen sollen. Diesem Betrieb zugeordnete Baulichkeiten sind 1962 bauaufsichtlich genehmigt worden.

Das Verwaltungsgericht hat die Nachbarklage abgewiesen. Die dagegen gerichtete Berufung hatte Erfolg.

Aus den Gründen:

Die vom Senat zugelassene Berufung ist begründet.

Das Verwaltungsgericht hätte die Anfechtungsklage der Klägerin gegen die der Beigeladenen erteilte Baugenehmigung zur Errichtung von zehn Pkw-Stellplätzen nicht abweisen dürfen. Denn diese Baugenehmigung verstößt gegen die zugunsten der Klägerin nachbarschützenden Bestimmungen der § 34 Abs. 2 BauGB, §§ 4, 12 Abs. 2 BauNVO; dadurch wird der sog. Gebietserhaltungsanspruch (Anspruch auf Bewahrung der Gebietsart) verletzt, der der Klägerin als Eigentümerin eines in demselben Baugebiet gelegenen Grundstücks zusteht (dazu vgl. BVerwG, Urteil v. 16. 9. 1993, BVerwGE 94, 151, 155 ff. = NJW 1994, 1546 f., und Beschluß v. 11. 4. 1996, NVwZ-RR 1997, 463, 464).

Die Eigenart der näheren Umgebung des Baugrundstücks der Beigeladenen entspricht entgegen der Auffassung des Verwaltungsgerichts einem allgemeinen Wohngebiet gemäß § 4 BauNVO. Die Baulichkeiten der Beigeladenen weisen keinen die nähere Umgebung in bauplanungsrechtlicher Hinsicht prägenden Charakter auf. Weitere baurechtmäßige Nutzungen, die in einem allgemeinen Wohngebiet nicht wenigstens ausnahmsweise zulässig wären, sind in der näheren Umgebung nicht vorhanden. Daher ist es nicht gerechtfertigt, diese als ein faktisches Mischgebiet oder als eine sog. Gemengelage einzustufen.

Von der bauplanungsrechtlichen Eigenart der näheren Umgebung des Baugrundstücks hat sich der Senat mit Hilfe der durchgeführten Ortsbesichtigung und des vom Beklagten vorgelegten Flurkartenauszugs mit eingetragenen baulichen Nutzungen ein Bild gemacht. Danach vermittelt das Gebiet den Eindruck eines relativ ruhigen Wohngebiets. In dem in Rede stehenden Baugebiet sind vereinzelt Räume i. S. des § 13 BauNVO anzutreffen. Auf zwei Grundstücken befinden sich in einem allgemeinen Wohngebiet gemäß § 4 Abs. 3 Nr. 2 BauNVO ausnahmsweise zulässige sonstige nichtstörende Gewerbebetriebe. Darunter fällt zum einen der Computerladen in der H. Das gleiche gilt jedoch auch für den Automobilhandel auf dem Grundstück D. Dabei handelt es sich um einen Kleinbetrieb, dem nur in sehr beschränktem Umfang Raum zur Verfügung steht und in dessen Rahmen offensichtlich keine Arbeiten an Fahrzeugen durchgeführt werden. Die beiden eben erwähnten Gewerbebetriebe stellen mangels einer entsprechenden prägenden Wirkung den Charakter der Umgebung als allgemeines Wohngebiet nicht in Frage (vgl. dazu BVerwG, Beschluß v. 11. 2. 2000, BRS 63 Nr. 102, S. 493 f.). Daß sie ihrer Art nach überwiegend auf außerhalb des betreffenden allgemeinen Wohngebiets ansässige Kundschaft abzielen, steht ihrer Einordnung unter § 4 Abs. 3 Nr. 2 BauNVO nicht entgegen (vgl. OVG Münster, Beschluß v. 16. 3. 2005, BauR 2005, 1288, 1290 m. w. N.).

Auch der Gewerbebetrieb der Beigeladenen ändert nichts an der Einstufung der näheren Umgebung des Baugrundstücks als faktisches allgemeines Wohngebiet. Allerdings handelt es sich bei diesem Betrieb, wie das Verwaltungsgericht zu Recht angenommen hat, nicht um einen wohngebietsverträglichen Betrieb i. S. von § 4 Abs. 3 Nr. 2 BauNVO. Daß er bei der Bestimmung der bauplanungsrechtlichen Eigenart der näheren Umgebung nicht zu berücksichtigen ist, folgt vielmehr daraus, daß die ihm zugeordneten baulichen Anlagen und gewerblichen Nutzungen auf den Grundstücken 1145/7 und 1143/6 einen sog. Fremdkörper im Sinne der höchstrichterlichen Rechtsprechung bilden (vgl. dazu zusammenfassend BVerwG, Urteil v. 15. 2. 1990, BVerwGE 84, 322, 325 ff. = BRS 50 Nr. 75 = BauR 1990, 328; bestätigend BVerwG, Beschluß v. 11. 2. 2000 – 4 B 1.00 – juris, dort Rdnr. 11 und 44, insoweit in BRS 63 Nr. 102 nur teilweise abgedruckt).

Nach dieser gefestigten Rechtsprechung, der sich der Senat anschließt, können aus der Bestimmung der Eigenart der näheren Umgebung solche Anlagen auszuschließen sein, die zwar in quantitativer Hinsicht nicht völlig unbedeutend sind, sondern die Erheblichkeitsschwelle überschreiten, die nach ihrer Qualität jedoch völlig aus dem Rahmen der sonst in der näheren Umgebung anzutreffenden Bebauung herausfallen. Das kommt insbesondere dann in Betracht, wenn eine singuläre Anlage in einem auffälligen Kontrast zur übrigen Bebauung steht. Nach ihrer auch äußerlich erkennbaren Zweckbestimmung in der näheren Umgebung einzigartige bauliche Anlagen bilden um so eher ein zu vernachlässigendes „Unikat" in diesem Sinne, je einheitlicher die nähere Umgebung im übrigen baulich genutzt wird. Trotz ihrer deutlich in Erscheinung tretenden Größe und ihres nicht zu übersehenden Gewichts in der näheren Umgebung bestimmen solche Anlagen nicht deren Eigenart mit, weil sie wegen ihrer vom übrigen Charakter der Umgebung abweichenden Struktur gleichsam isoliert dastehen. Derartige Anlagen dürfen bei der Bestimmung der Eigenart der näheren Umgebung aber nur dann als Fremdkörper ausgeklammert werden, wenn sie wegen ihrer Andersartigkeit und Einzigartigkeit den Charakter der Umgebung letztlich nicht beeinflussen können. Dabei muß bedacht werden, daß einzelne bauliche Anlagen von stark abweichendem Charakter auch ein solches Gewicht aufweisen können, daß sie trotz ihrer evidenten Andersartigkeit in einer abweichend und verhältnismäßig einheitlich strukturierten Umgebung ihrerseits tonangebend wirken und die Eigenart der Umgebung mitbestimmen (zum ganzen vgl. BVerwG, Urteil v. 15. 2. 1990, a. a. O.).

Nach diesen Grundsätzen sind die gewerblich genutzten Baulichkeiten der Beigeladenen (im Jahre 1962 bauaufsichtlich genehmigte Werkhalle und daran angebaute Garage) als ein Fremdkörper einzustufen, der bei der Bestimmung der bauplanungsrechtlichen Eigenart der näheren Umgebung außer Betracht bleibt. Der Baukörper, den diese Anlagen bilden, steht sowohl nach seiner äußeren Gestalt als auch nach seiner Nutzung in einem auffälligen Kontrast zur sonstigen Bebauung des in Rede stehenden Baugebiets. Diese besteht durchweg aus einzeln stehenden Wohnhäusern mit den entsprechenden Hausgärten, dabei zumindest weitaus überwiegend aus Einfamilienhäusern. Auch auf den beiden durch nichtstörende Gewerbebetriebe (mit-)genutzten Grundstücken befinden sich keine Baulichkeiten, die mit denen der Beigeladenen vergleichbar sind. Insbesondere hebt sich aber die Nutzung der Grundstücke und Anlagen der Beigeladenen zum Betrieb einer Baufirma deutlich von den Gegebenheiten der näheren Umgebung ab, in der keine auch nur annähernd vergleichbaren Nutzung anzutreffen ist. Die auf den Grundstücken der Beigeladenen abgestellten bzw. gelagerten Container, Bauwagen, Baumaterialien, Leitern und Schalungselemente unterstreichen noch den von der Umgebungsbebauung deutlich abweichenden Charakter der Werkhalle mit Garage.

Andererseits weisen die baulichen Anlagen der Beigeladenen indessen kein ausreichendes Gewicht auf, um in ihrer Umgebung trotz ihrer Andersartigkeit tonangebend zu wirken und deren Eigenart in bauplanungsrechtlicher Hinsicht mitzubestimmen. Nach ihrer Größe und äußeren Gestalt wirkt die Werkhalle ziemlich unauffällig. Auch überragt sie die in der Nähe gelegene Wohnbebauung nicht, sondern ist eher niedriger als diese. Ihr Standort im rückwärtigen Grundstücksbereich trägt ebenfalls zur relativ geringen Auffälligkeit bei. Den Blick des Betrachters ziehen zunächst eher die auf den Grundstücken abgestellten Container und Bauwagen sowie die sonstigen dort abgelagerten Gegenstände auf sich als die im hinteren Grundstücksbereich befindlichen Baulichkeiten. Wenn sich der Betrachter nur etwas von den Grundstücken der Beigeladenen entfernt, so treten diese Bauten bereits nicht mehr in Erscheinung. Es ist aber auch nicht zu erkennen, daß die von der Werkhalle und der Garage ausgehenden Immissionen diesen Anlagen eine die Umgebung beherrschende Stellung vermittelten. Die Emissionen, die von der gewerblichen Tätigkeit der Beigeladenen – dabei aber mehr von der Nutzung des Außengeländes als von derjenigen der Halle und Garage – ausgehen, mögen von der unmittelbaren Nachbarschaft als störend empfunden werden. Dies bedeutet jedoch noch nicht, daß der Betrieb der Beigeladenen den Gebietscharakter mitprägt. Von entsprechendem Gewicht ist der Betrieb nicht. Davon, daß er Auswirkungen auf den Charakter des gesamten den Rahmen der Betrachtung bildenden Gebiets hätte, kann nicht die Rede sein.

Entspricht die Eigenart der näheren Umgebung des umstrittenen Bauvorhabens somit einem allgemeinen Wohngebiet i. S. des § 4 BauNVO, so sind für die Zulässigkeit von Stellplätzen die Regelungen gemäß § 12 Abs. 2 und Abs. 3 Nr. 2 BauNVO maßgeblich. Da es vorliegend nicht um Stellplätze für Kraftfahrzeuge mit einem Eigengewicht von über 3,5 t sowie für Anhänger dieser Kraftfahrzeuge geht, kommt es allein auf § 12 Abs. 2 BauNVO an. Danach sind in den dort bezeichneten Gebieten, zu denen auch die allgemeinen Wohngebiete zählen, Stellplätze und Garagen nur für den durch die zugelassene Nutzung verursachten Bedarf zulässig. Nach dieser nachbarschützenden (dazu vgl. BVerwG, Urteil v. 16. 9. 1993, BVerwGE 94, 151, 157 f. = NJW 1994, 1546, 1547) Regelung, die auch im Rahmen von § 34 Abs. 2 BauGB heranzuziehen ist (vgl. OVG Saarlouis, Urteil v. 30. 8. 1994, BRS 56 Nr. 121; Ernst/ Zinkahn/Bielenberg, BauGB, § 12 BauNVO Rdnr. 6; Fickert/Fieseler, Bau-NVO, 10. Aufl. 2002, § 12 Rdnr. 3; Sarnighausen, NVwZ 1996, 7, 8), dürfen die in Rede stehenden Stellplätze nicht zugelassen werden.

Dies folgt allerdings nicht schon daraus, daß sich die Beigeladene für die Nutzung der Werkhalle im Rahmen ihres Betonbaubetriebs nicht mehr auf die im Jahre 1962 für diese Baulichkeit erteilte Baugenehmigung berufen könne. Vielmehr hält sich die aktuelle Nutzung der Werkhalle noch im Rahmen der Variationsbreite der seinerzeit genehmigten Nutzung (dazu vgl. BVerwG, Urteil v. 27. 8. 1998, NVwZ 1999, 523, 524, und Beschluß v. 7. 11. 2002, BRS 66 Nr. 70 m. w. N.) als Werkhalle zur Herstellung von Betonware. Diese Nutzung hat nach den glaubhaften Angaben der Geschäftsführerin der Beigeladenen damals bereits die Herstellung von Holzschalungen für Hochsilos und Güllebehälter und damit der heutigen Betriebstätigkeit durchaus ähnliche Vorgänge umfaßt.

Aus dem Umstand, daß für die Werkhalle 1962 eine Baugenehmigung erteilt worden ist, folgt indessen nicht die bauplanungsrechtliche Zulässigkeit der umstrittenen Stellplätze, weil diese i. S. von § 12 Abs. 2 BauNVO der Deckung des „durch die zugelassene Nutzung verursachten Bedarfs" dienten. Dieser vom Kreisrechtsausschuß und nunmehr auch von der Beigeladenen gezogene Schluß berücksichtigt nicht ausreichend die Fremdkörpereigenschaft der den Stellplatzbedarf auslösenden gewerblichen Nutzung in dem betroffenen faktischen allgemeinen Wohngebiet. Der Umstand, daß der Stellplatzbedarf durch eine Nutzung verursacht wird, die – wenn auch bauaufsichtlich genehmigt – als bei der Bestimmung der Gebietsart als allgemeines Wohngebiet zu vernachlässigender Fremdkörper einzustufen ist, muß im vorliegenden Fall vielmehr dazu führen, daß die Voraussetzungen des § 12 Abs. 2 BauNVO letztlich zu verneinen sind.

Als eine Vorschrift, die die Art der baulichen Nutzung in einzelnen Baugebieten betrifft, soll § 12 Abs. 2 BauNVO sicherstellen, daß in diesen Baugebieten parallel zur jeweils heranzuziehenden Regelung gemäß §§ 2 bis 4 BauNVO Stellplätze und Garagen nicht über den durch die zugelassene Nutzung verursachten Bedarf hinaus zugelassen werden (vgl. BVerwG, Urteil v. 16. 9. 1993, BVerwGE 94, 151, 157 = NJW 1994, 1546, 1547). Im Falle eines allgemeinen Wohngebiets ist „zugelassene Nutzung" mithin zunächst einmal die durch den Bebauungsplan zugelassene (also bauplanungsrechtlich zulässige) Nutzung, deren Inhalt durch § 4 BauNVO eingegrenzt wird (vgl. auch § 1 Abs. 3 Satz 1 und 2 BauNVO). Für die nach § 34 Abs. 2 BauGB i. V. m. § 4 BauNVO zu beurteilenden Baugebiete, für die kein Bebauungsplan existiert, kann insoweit nur auf § 4 BauNVO abgestellt werden. Demgemäß entspricht es der allgemeinen Auffassung des Schrifttums, daß zugelassene Nutzung i. S. von § 12 Abs. 2 BauNVO (zunächst einmal) die durch den Bebauungsplan zugelassene Nutzung ist (Dürr, BauR 1997, 7, 10; vgl. ferner König/Roeser/Stock, Bau-NVO, 2. Aufl. 2003, § 12 Rdnr. 20; Ernst/Zinkahn/Bielenberg, BauGB, § 12 BauNVO Rdnr. 54; Ziegler, in: Brügelmann, BauGB, § 12 BauNVO Rdnr. 41). Darüber hinaus geht die im Schrifttum einhellig vertretene Auffassung indessen dahin, daß der Begriff der zugelassenen Nutzung gemäß § 12 Abs. 2 Bau-NVO auch die im Wege einer Ausnahme oder Befreiung nach § 31 BauGB zuzulassenden Vorhaben sowie die Räume i. S. des § 13 BauNVO umfasse (vgl. außer den soeben genannten Autoren noch Sarnighausen, NVwZ 1996, 7, 8; Fickert/Fieseler, BauNVO, 10. Aufl. 2002, § 12 Rdnr. 6; Meiners/Kronsbein, in: Hoppenberg/de Witt, Handbuch des öffentlichen Baurechts, A II Rdnr. 337). Allein auf dieser Grundlage darf für die vorliegend umstrittenen Stellplätze jedoch keine Baugenehmigung erteilt werden. Denn die (Haupt-) Nutzung, der sie zugeordnet sind, ist als ein Fremdkörper in dem maßgeblichen faktischen Baugebiet nach § 4 BauNVO weder allgemein noch ausnahmsweise zulässig. Für sie ist weder eine Ausnahme noch eine Befreiung erteilt worden. Auch dürfte die Werkhalle heute nicht im Wege der Befreiung zugelassen werden, da die Abweichung von dem Gebietscharakter als allgemeines Wohngebiet, die in der Zulassung des Betonbaubetriebs der Beigeladenen läge, die Grundzüge der Planung berühren würde (§ 34 Abs. 2, letzter Halbs. i. V. m. § 31 Abs. 2 BauGB) (dazu vgl. BVerwG, Beschluß v. 15. 3. 2000, BRS 63 Nr. 41 = BauR 2001, 207, und Urteil v. 9. 3. 1990, NVwZ 1990, 873, 874).

Der Umstand, daß die Werkhalle 1962 tatsächlich bauaufsichtlich genehmigt worden ist, bedeutet nicht, daß eine zugelassene Nutzung i. S. des § 12 Abs. 2 BauNVO vorliegt. Wie soeben dargelegt, bezieht sich „zugelassen" in diesem Sinne nämlich auf die planungsrechtliche Zulässigkeit, die hier nicht gegeben ist. Der vorliegende Sachverhalt macht vielmehr deutlich, daß ein Bauvorhaben zwar die positive Feststellungswirkung einer Baugenehmigung auf seiner Seite haben kann, gleichwohl aber keine zugelassene Nutzung i. S. von § 12 Abs. 2 BauNVO bilden muß; das gilt, wenn das Vorhaben in dem betreffenden Baugebiet planungsrechtlich nicht wenigstens im Wege der Befreiung gemäß § 31 Abs. 2 BauGB zugelassen werden könnte. Verstünde man den Begriff der zugelassenen Nutzung dahingehend, daß darunter auch bauplanungsrechtlich als Fremdkörper einzustufende, zu früherer Zeit aber genehmigte Nutzungen fielen, so könnten diese Vorhaben nachträglich noch mit – einer gebietsunverträglichen Nutzung zugeordneten – Stellplätzen ausgestattet werden, obwohl sie in ihrer Umgebung einen Fremdkörper bilden, der bei der bauplanungsrechtlichen Einstufung des jeweiligen Gebiets außer Betracht bleibt. Darin läge letztlich ein Wertungswiderspruch. Dabei ist auch zu berücksichtigen, daß nach der jüngeren Rechtsprechung des Bundesverwaltungsgerichts für die Erweiterung oder Änderung eines solchen Vorhabens nach den früher in der Rechtsprechung vertretenen Grundsätzen über den sog. überwirkenden Bestandsschutz kein Raum mehr besteht (vgl. BVerwG, Urteil v. 27. 8. 1998, NVwZ 1999, 523, 524 f. m. w. N.). Eine Verfestigung derartiger Nutzungen darf auch nicht über eine Auslegung des § 12 Abs. 2 Bau-

NVO erfolgen, die zur Genehmigung von (weiteren) Stellplätzen jegliche vorliegende bauaufsichtliche Genehmigung für das (Grund-)Vorhaben ohne Rücksicht auf dessen aktuelle materielle bauplanungsrechtliche Zulässigkeit ausreichen läßt.

Die bauplanungsrechtliche Zulässigkeit der umstrittenen Stellplätze ergibt sich des weiteren nicht aus § 34 Abs. 3 a Satz 1 BauGB i. d. F. des Art. 1 Nr. 24 Buchst. b des EAGBau vom 24. 6. 2004 (BGBl I, 1359). Die dort vorgesehene Lockerung der bauplanungsrechtlichen Voraussetzungen für zulässigerweise errichtete Gewerbe- oder Handwerksbetriebe bezieht sich ausdrücklich nur auf Abweichungen vom Erfordernis des Einfügens in die Eigenart der näheren Umgebung nach § 34 Abs. 1 Satz 1 BauGB. In Bezug auf § 34 Abs. 2 BauGB und auf Abweichungen von dem für die nähere Umgebung des Bauvorhabens maßgeblichen Gebietscharakter verbleibt es dagegen bei der gesetzlich alleine vorgesehenen entsprechenden Anwendung von § 31 Abs. 1 und 2 BauGB.

Indessen steht auch diese Regelung dem Erfolg der vorliegenden Nachbarklage nicht entgegen. Die Ausnahmemöglichkeiten nach § 4 Abs. 3 BauNVO kommen den streitbefangenen, einem störenden Gewerbebetrieb zugeordneten Stellplätzen nicht zugute. Die Klägerin braucht sich aber auch nicht entgegenhalten zu lassen, daß eine gewisse Anzahl von Stellplätzen für die Betonbaufirma der Beigeladenen eventuell im Wege einer Befreiung zugelassen werden könnte. Die grundsätzliche Frage, ob überhaupt noch Raum für eine derartige Befreiung besteht, wenn die Voraussetzungen gemäß § 12 Abs. 2 BauNVO hinsichtlich der fraglichen Stellplätze nicht erfüllt sind, kann dabei letztlich offen bleiben. Denn die angefochtene Baugenehmigung ist jedenfalls nicht auf eine Befreiung gemäß § 34 Abs. 2 i. V. m. § 31 Abs. 2 BauGB gestützt worden. Der Erteilung der Baugenehmigung für die Stellplätze, ohne daß die Möglichkeit und Notwendigkeit einer Befreiung gesehen worden ist, ist keine positive Befreiungsentscheidung zu entnehmen. Die hierfür gemäß § 68 Abs. 1 Satz 2 und Abs. 2 LBauO erforderliche Beteiligung der Nachbarn (vgl. dazu Lang, in: Jeromin/Schmidt/Lang, LBauO, § 68 Rdnr. 43, 48 f. und 60) ist unterblieben. Ferner hat bislang keine entsprechende Ermessensbetätigung (vgl. dazu zuletzt Beschluß des Senats v. 9. 5. 2005 – 1 A 10331/05 – Umdruck S. 5 f., unter Hinweis auf BVerwG, Urteil v. 19. 9. 2002, BVerwGE 117, 50 = NVwZ 2003, 478) stattgefunden. Es obliegt indessen nicht dem Senat, das Befreiungsermessen anstelle der dafür zuständigen Bauaufsichtsbehörde auszuüben. Daher braucht hier auch nicht entschieden zu werden, ob hinsichtlich der genehmigten zehn Stellplätze die tatbestandlichen Voraussetzungen des § 31 Abs. 2 BauGB erfüllt sein könnten. Dafür, daß das durch diese Bestimmung eingeräumte Ermessen auf Null reduziert sein könnte, ist jedenfalls nichts ersichtlich. Auch liegt kein Fall des § 114 Satz 2 VwGO vor. Denn in Bezug auf die Erteilung einer Befreiung geht es hier nicht um die Ergänzung von Ermessenserwägungen, sondern um die nicht unter § 114 Satz 2 VwGO fallende erstmalige Ermessensbetätigung (vgl. Gerhardt, in: Schoch/Schmidt-Aßmann/Pietzner, VwGO, § 114 Rdnr. 12 e; Kopp/Schenke, VwGO, 13. Aufl. 2003, § 114 Rdnr. 50).

Nr. 80

Die für die Baugebiete nach den §§ 2 bis 4 BauNVO geltende Beschränkung freiberuflicher oder vergleichbarer Nutzungen auf „Räume" gewährleistet, dass diese Nutzungen dort nur in einem Umfang zugelassen werden können, bei dem typischerweise keine gebietsunverträglichen Störungen durch vorhabenbezogenen Kraftfahrzeugverkehr eintreten.

BauGB § 34 Abs. 2; BauNVO §§ 3, 13, 15 Abs. 1.

OVG Nordrhein-Westfalen, Beschluss vom 5. September 2005 – 10 A 3511/03 – (rechtskräftig).

Die Kläger wandten sich mit ihrer Klage gegen die dem Beigeladenen erteilte Baugenehmigung für eine Arztpraxis mit chirotherapeutischer Ausrichtung im Kellergeschoss seines Wohnhauses, das innerhalb eines faktischen reinen Wohngebiets liegt. Sie vertraten die Auffassung, das Vorhaben sei wegen des damit verbundenen Kraftfahrzeugaufkommens mit dem Gebietscharakter eines reinen Wohngebiets unvereinbar und im Übrigen auch nach § 15 Abs. 1 BauNVO unzulässig. Das Verwaltungsgericht wies die Klage ab. Der Antrag auf Zulassung der Berufung hatte keinen Erfolg.

Aus den Gründen:

Die Auffassung des Verwaltungsgerichts, wonach die dem Beigeladenen erteilte Baugenehmigung zur Einrichtung einer Arztpraxis im Kellergeschoss des in S. gelegenen Wohnhauses L.-Straße 30 nicht gegen öffentliche-rechtliche Vorschriften des Bauplanungs- oder Bauordnungsrechts verstößt, die auch dem Schutz der Kläger zu dienen bestimmt sind, ist nicht zu beanstanden.

Insbesondere können die Kläger nicht mit Erfolg geltend machen, die Genehmigung der Arztpraxis sei unter dem Gesichtspunkt einer drohenden Veränderung des Gebietscharakters nicht mit den nachbarschützenden Regelungen des § 13 BauNVO i. V. m. § 3 BauNVO vereinbar. Nach diesen Vorschriften sind auch in reinen Wohngebieten Räume für die Berufsausübung freiberuflich Tätiger und solcher Gewerbetreibender, die ihren Beruf in ähnlicher Weise ausüben, ihrer Art nach zulässig. Die genehmigten Flächen für freiberufliche Nutzung halten sich hier innerhalb des von § 13 BauNVO vorgegebenen Rahmens. Das Verwaltungsgericht hat die dazu von der Rechtsprechung entwickelten Grundsätze zutreffend angewandt.

Nach diesen Grundsätzen können in einem Wohnhaus, das in einem der Baugebiete nach den §§ 2 bis 4 BauNVO liegt, sogar eine oder auch mehrere Wohnungen ausschließlich für freie oder ähnliche Berufe genutzt werden, solange das Wohnhaus nicht durch überwiegende berufliche Nutzung dem Wohnen entfremdet wird. Deshalb darf die freiberufliche Nutzung in Mehrfamilienhäusern, die in einem der genannten Baugebiete liegen, nicht mehr als die halbe Anzahl der Wohnungen und nicht mehr als 50 % der Wohnfläche in Anspruch nehmen, wobei es entscheidend darauf ankommt, dass der spezifische Gebietscharakter auch für das einzelne Gebäude gewahrt bleibt (vgl. BVerwG, Urteile v. 20. 1. 1984 – 4 C 56.80 –, BVerwGE 68, 324, 328–330 = BRS 42 Nr. 56 = BauR 1984, 267, v. 25. 1. 1985 – 4 C 34.81 –, BRS 44 Nr. 47, und v. 18. 5. 2001 – 4 C 8.00 –, BRS 64 Nr. 66 = BauR 2001, 1556).

Für die teilweise freiberufliche Nutzung eines Einfamilienwohnhauses gelten diese Grundsätze – abgestellt auf die jeweiligen Nutzflächenanteile – entsprechend.

Aus dem Beschwerdevorbringen ergibt sich nicht, dass entgegen der Bewertung durch das Verwaltungsgericht die Voraussetzungen des § 13 BauNVO, bezogen auf ein reines Wohngebiet, nicht erfüllt wären. Dass – wovon die Beteiligten übereinstimmend ausgehen – die Grundstücke der Kläger und des Beigeladenen innerhalb eines faktischen reinen Wohngebiets i. S. des § 34 Abs. 2 BauGB i. V. m. § 3 BauNVO liegen, bezweifelt der Senat nach Auswertung des bei den Akten befindlichen Karten- und Lichtbildmaterials nicht. Die im Gebäude L.-Straße 30 genehmigte Nutzungseinheit für freiberufliche Tätigkeit besteht aus mehreren Räumen im Kellergeschoss des Hauses und weist nach der zur Baugenehmigung gehörenden Flächenzusammenstellung eine Grundfläche von etwas mehr als 70 m^2 auf, während die darüber hinaus im Gebäude vorhandene und ausschließlich Wohnzwecken dienende Nutzfläche nach den unwidersprochen gebliebenen Schätzungen des Beigeladenen etwa 180 m^2 umfasst. Damit beansprucht die Nutzungseinheit für die freiberufliche Tätigkeit deutlich weniger Raum als die im Gebäude vorhandene Wohnung. Sie lässt, zumal sie im Kellergeschoss untergebracht ist, das Gebäude insgesamt nicht als gewerblich genutztes Gebäude erscheinen, sodass der spezifische Gebietscharakter auch unter Berücksichtigung des dem Beigeladenen genehmigten Vorhabens gewahrt bleibt.

Der Umstand, dass mit dem Betrieb der Arztpraxis ein gewisser Kraftfahrzeugverkehr verbunden ist, schließt die grundsätzliche Verträglichkeit einer solchen Arztpraxis im reinen Wohngebiet nicht aus. Auch im Rahmen des § 13 BauNVO ist – was die in der Vorschrift beschriebenen Nutzungsarten angeht – eine typisierende Betrachtungsweise geboten, die den üblicherweise mit derartigen Nutzungen einhergehenden Kraftfahrzeugverkehr bereits berücksichtigt. Durch die Zuordnung von Nutzungen zu Baugebieten will der Verordnungsgeber die Anforderungen bestimmter Vorhaben an ein Gebiet, ihre Auswirkungen auf das Gebiet und die Erfüllung eines spezifischen Gebietsbedarfs zu einem schonenden Ausgleich bringen. Zum Ausgleich dieser oft gegenläufigen Ziele – zu diesen Zielen gehört auch die Vermeidung eines für das jeweilige Gebiet unverträglichen Kraftfahrzeugverkehrs – trifft § 13 BauNVO eine sachgerechte Regelung (vgl. BVerwG, Urteil v. 12. 12. 1996 – 4 C 17.95 –, BRS 58 Nr. 59 = BauR 1997, 440).

Die für die Baugebiete nach den §§ 2 bis 4 BauNVO geltende Beschränkung freiberuflicher oder vergleichbarer Nutzungen auf „Räume" gewährleistet, dass diese Nutzungen dort nur in einem Umfang zugelassen werden können, bei dem typischerweise keine gebietsunverträglichen Störungen durch vorhabenbezogenen Kraftfahrzeugverkehr eintreten.

Bei konkreter Betrachtung führt der durch das genehmigte Vorhaben tatsächlich ausgelöste Kraftfahrzeugverkehr ebenfalls nicht zu einer Gebietsunverträglichkeit dieses Vorhabens. Insbesondere gehen von der Arztpraxis im Zusammenhang mit dem Kraftfahrzeugverkehr keine Belästigungen oder Störungen aus, die nach der Eigenart des Baugebiets dort selbst oder in seiner Umgebung nach § 15 Abs. 1 BauNVO unzumutbar sind. Auch unter Berücksichtigung des Umstandes, dass in einem allgemeinen Wohngebiet grundsätzlich mehr Kraftfahrzeugverkehr zumutbar ist als in einem reinen Wohngebiet und dass die Umgebung eines an einer stärker befahrenen Straße gelegenen Vorhabens grundsätzlich mehr an Belästigungen oder Störungen durch Kraftfahrzeugverkehr hinnehmen muss als die Umgebung eines in einer ruhigen Stichstraße befindlichen Vorhabens, hält der Senat die genehmigte Arztpraxis an ihrem Standort noch für gebietsverträglich. Es mag zwar sein, dass sie wegen ihrer chirotherapeutischen Ausrichtung auch Patienten aus einem größeren räumlichen Umfeld anzieht, doch ist die Gesamtzahl der täglich zu behandelnden Patienten im Hinblick auf die für die Behandlung zur Verfügung stehenden Praxisräume und die sich aus der Betriebsbeschreibung ergebende personelle Beschränkung der Praxis stark begrenzt. Dass es trotz dieser beschränkten Patientenzahl zu einem vorhabenbedingten Kraftfahrzeugverkehr kommt, der den im Rahmen des § 13 BauNVO vom Verordnungsgeber bereits berücksichtigten typischen An- und Abfahrtsverkehr in einem die Zumutbarkeitsschwelle überschreitenden Maß übersteigt, steht nicht zu erwarten. Die von den Antragstellern vorgelegten und mit Lichtbildern belegten Aufstellungen, die dokumentieren, welche Kraftfahrzeuge zu welchen Zeiten in der L.-Straße abgestellt waren, rechtfertigen keine andere Beurteilung. Die Lichtbilder zeigen keine Ansammlungen abgestellter Fahrzeuge im Bereich der L.-Straße, die in einem reinen Wohngebiet von vornherein unüblich wären und Rückschlüsse auf einen gebietsunverträglichen Kraftfahrzeugverkehr zuließen. Zudem sind auf den meisten Lichtbildern auch Fahrzeuge abgebildet, die offensichtlich anderen Anliegern zuzuordnen sind. Der Beklagte hat demgegenüber eigene Beobachtungen zum ruhenden Verkehr in der L.-Straße dokumentiert. Diese Beobachtungen – an deren Richtigkeit der Senat ebenso wenig Anlass zu zweifeln hat wie an der Richtigkeit der von den Klägern vorgelegten Aufstellungen – fanden an zehn Werktagen in der Zeit v. 3. bis 20. 2. 2003 zwischen 10.05 und 15.50 Uhr statt und wurden mit Lichtbildern festgehalten. Diese Lichtbilder zeigen jeweils nur wenige Fahrzeuge, die dem Grundstück des Beigeladenen zugeordnet werden können. Es spricht daher alles dafür, dass die von den Klägern für verschiedene Zeitpunkte belegten – ohnehin gebietsverträglichen – Häufungen von abgestellten Kraftfahrzeugen im Bereich der L.-Straße sowie die daraus zu schließenden Verkehrsvorgänge lediglich Momentaufnahmen darstellen und keine unzumutbaren Belästigungen oder Störungen i. S. des § 15 Abs. 1 BauNVO hervorzurufen vermögen, zumal sich die Wirkungen des Kraftfahrzeugverkehrs vornehmlich auf den öffentlichen Straßenraum der Stichstraße beschränken. Anhaltspunkte dafür, dass der mit dem Vorhaben zusammenhängende Zu- und Abfahrtsverkehr zu Behinderungen und Gefährdungen des Verkehrs in der L.-Straße im Übrigen führen könnte, sind – abgesehen von der Relevanz solcher Behinderungen und Gefährdungen im Rahmen des § 15 Abs. 1 BauNVO – nicht ersichtlich. Die von den Beteiligten vorgelegten Lichtbilder geben dafür angesichts der Breite und Übersichtlichkeit der Stichstraße sowie der Zahl der gleichzeitig zu erwartenden Verkehrsvorgänge nichts her.

Nr. 81

1. Der Begriff „Räume" in § 13 BauNVO bezieht sich auf ein Gebäude und nicht auf ein Baugrundstück.

2. Durch Übernahme einer Baulast, nach der die Nutzung eines reinen Bürogebäudes untrennbar mit der Nutzung eines auf dem Grundstück weiter vorhandenen Wohngebäudes verbunden werden soll, wird aus dem Bürogebäude kein „Wohngebäude" i.S. des § 4 Abs. 2 Nr. 1 BauNVO.

3. Die Einstufung als freiberufliche Tätigkeit i.S. der BauNVO hängt nicht von der jeweils gewählten Rechtsform ab.

BauGB § 34 Abs. 2; BauNVO §§ 4, 13; LBO § 71.

VGH Baden-Württemberg, Urteil vom 6. Juli 2005 – 3 S 141/05 – (rechtskräftig).

(VG Stuttgart)

Die Kläger wenden sich gegen einen Widerspruchsbescheid des Regierungspräsidiums, der auf den Widerspruch der Beigeladenen eine den Klägern von der Stadt erteilte Baugenehmigung zur Errichtung eines Bürogebäudes mit Garagen und Stellplätzen aufgehoben hat.

Die Kläger sind Eigentümer des derzeit im mittleren Bereich mit einem Wohngebäude und im vorderen Bereich mit Garagen bebauten Grundstücks. Es befindet sich im nicht überplanten Innenbereich.

2000 beantragten die Kläger die Erteilung einer Baugenehmigung für den Abbruch der bestehenden Garagen im vorderen Bereich ihres Flurstückes sowie den Neubau eines Bürogebäudes mit Garage und 5 Stellplätzen. Das Bürogebäude soll für die Kanzlei der als Rechtsanwältin tätigen Klägerin zu 1 sowie für die überregional tätige Wirtschaftsprüfer- und Steuerberaterkanzlei des Klägers zu 2 mit insgesamt 7 Beschäftigten genutzt werden. Es soll zweigeschossig mit einer Nutzfläche von 194,14 m² errichtet werden, wobei das obere Geschoß zurückversetzt geplant ist; die Dachflächen sollen begrünt werden. In der Anlage gemäß § 7 Abs. 2 LBOVVO wurde u. a. angegeben: „Es wird keine gewerbliche Tätigkeit ausgeübt (Freiberufler)".

Im Baugenehmigungsverfahren erhoben 27 Anwohner des T.talwegs Einwendungen.

2002 unterzeichneten die Kläger gegenüber der Stadt folgende „Baulast-Übernahmeerklärung nach § 71 LBO": „Im Gegenzug zu der Genehmigung des Neubaus eines Bürogebäudes gehen wir gegenüber der Baurechtsbehörde folgende öffentlich-rechtliche Verpflichtung ein: Wir verpflichten uns, die Nutzung des neu zu erstellenden Bürogebäudes auf die Ausübung der freiberuflichen Tätigkeit als Rechtsanwalt, Steuerberater und Wirtschaftsprüfer zu beschränken und diese Nutzung lediglich in Zusammenhang mit der Wohnnutzung im bestehenden Gebäude Nr. X auf demselben Grundstück auszuüben. Es ist bekannt, dass die Baulast auch gegenüber Rechtsnachfolgern wirksam ist".

2002 erteilte die Stadt den Klägern die begehrte Baugenehmigung. Hiergegen legte die Beigeladene als Eigentümerin des südlich angrenzenden Grundstücks Widerspruch ein.

Mit Widerspruchsbescheid von 2003 hob das Regierungspräsidium hierauf die Baugenehmigung auf.

Aus den Gründen:

Die Kläger haben keinen Anspruch auf Erteilung der beantragten Baugenehmigung für den Neubau des von ihnen geplanten Bürogebäudes. Das

Regierungspräsidium hat auf den Widerspruch der Beigeladenen zu Recht die den Klägern von der Stadt erteilte Baugenehmigung aufgehoben, denn die Beigeladene wird durch diese Baugenehmigung in nachbarschützenden Rechten verletzt:

1. Das Verwaltungsgericht hat zutreffend entschieden, dass die den Klägern erteilte Baugenehmigung gegen die über § 34 Abs. 2 BauGB anwendbaren §§ 4 und 13 BauNVO verstößt. ...

Das streitbefangene Vorhaben entspricht hinsichtlich seiner Art keinem der im allgemeinen Wohngebiet zulässigen Anlagen. Laut ihrem Baugesuch planen die Kläger den Neubau eines „Bürogebäudes mit Garage und Stellplätzen". Ein reines Bürogebäude ist insbesondere kein „Wohngebäude" i. S. des § 4 Abs. 2 Nr. 1 BauNVO. In diesem Sinne sind Wohngebäude, einmal abgesehen von den nach § 13 BauNVO zulässigen (Teil-)Nutzungen, nur ausschließlich dem Wohnen dienende Gebäude.

2. Das Bauvorhaben kann aber auch nicht unter Berufung auf § 13 BauNVO genehmigt werden. Hiernach sind in den Baugebieten nach den §§ 2 bis 4 BauNVO, also sowohl im reinen als auch im allgemeinen Wohngebiet, für die Berufsausübung freiberuflich Tätiger und solcher Gewerbetreibender, die ihren Beruf in ähnlich Art ausüben, nur „Räume", hingegen in den Baugebieten gemäß §§ 4 a bis 9 BauNVO auch „Gebäude" zulässig. § 13 BauNVO enthält damit für die typisierten Baugebiete eine baugebietsübergreifende Regelung über die Zulässigkeit der Berufsausübung freiberuflich Tätiger und solcher Gewerbetreibender, die ihren Beruf in ähnlicher Art ausüben. Hinsichtlich der Baugebiete nach den §§ 2 bis 4 BauNVO wird ergänzend, aber nicht ersetzend, angeordnet, inwieweit u. a. freiberufliche Nutzungen (nur) in den dort allgemein bzw. ausnahmsweise zulässig errichteten Gebäuden möglich sind. Bezogen auf die Geschoßfläche des jeweiligen Gebäudes soll die freiberufliche Nutzung – faustregelartig – einen Anteil von 50% und den nur einer Wohnung grundsätzlich nicht übersteigen, damit das Gesamterscheinungsbild des Gebäudes von der im übrigen ausgeübten Wohnnutzung geprägt bleibt (vgl. Jäde u. a., BauGB/BauNVO, 2005, § 13 BauNVO Rdnr. 14, m. w. N.). Wie das Verwaltungsgericht zutreffend dargelegt hat, soll hierdurch verhindert werden, dass insbesondere im Wohngebiet durch eine zu starke freiberufliche Nutzungsweise – generell – die planerisch unerwünschte Wirkung einer Zurückdrängung der Wohnnutzung eintreten kann und damit die zumindest teilweise Umwidmung des Plangebiets. § 13 BauNVO schützt vor der städtebaulich unerwünschten Verdrängung der primären Wohnnutzung und stellt insoweit auf eine abstrakte Betrachtungsweise ab (vgl. BVerwG, Urteil v. 25. 1. 1985 – 4 C 34.81 –, BRS 44 Nr. 47 = VBlBW 1985, 382).

Nach dem eindeutigen Wortlaut des § 13 BauNVO steht auch diese Norm dem selbständigen Bürogebäude der Kläger zur freiberuflichen Berufsausübung entgegen. Die Sperrwirkung des § 13 BauNVO kann nicht dadurch relativiert werden, dass als Bezugsgröße das jeweilige Baugrundstück gewählt wird. Nach dem auch insoweit hinreichend eindeutigen Wortlaut des § 13 BauNVO wird vielmehr zwischen Räumen und Gebäuden unterschieden. In den Baugebieten nach den §§ 4 a bis 9 BauNVO sind Gebäude, in denen nach §§ 2 bis 4 BauNVO dagegen nur Räume in Gebäuden und nicht „auf

Grundstücken" für die Berufsausübung freiberuflich Tätiger nutzbar. Die von den Klägern vorgenommene entgegen gesetzte Auslegung würde zudem den von der Norm bezweckten Gebietscharakterschutz leer laufen lassen und damit auch gegen ihren Sinn und Zweck verstoßen.

3. Auch die von den Klägern erklärte Baulast macht aus dem streitgegenständlichen reinen Bürogebäude kein im allgemeinen Wohngebiet zulässiges „Wohngebäude". Eine in diesem Sinne eintretende baurechtliche Verklammerung des Gebäudes mit dem auf dem Grundstück schon bestehenden Wohnhaus kann nicht angenommen werden, denn durch die Baulast verliert das Bürogebäude nicht seinen Charakter als eigenständiges Gebäude. Dem in § 2 bis § 9 BauNVO jeweils enthaltenen Zulässigkeitskatalog lässt sich entnehmen, dass der Gebäudebegriff als Unterfall von dem allgemeinen Begriff der (baulichen) Anlage mit umfaßt wird, auf den insbesondere auch § 29 BauGB abstellt. Hieraus folgt einerseits, dass unselbständige Teile einer baulichen Anlage nicht als Gebäude qualifiziert werden können. Andererseits folgt hieraus, dass als Abgrenzungsmerkmal auf das Kriterium der selbständigen Benutzbarkeit abzustellen ist. Für den Gebäudebegriff im bauplanungsrechtlichen Sinne ist somit erforderlich und genügend, dass eine jedenfalls tatsächlich unabhängig von sonstigen baulichen Anlagen mögliche Nutzung gegeben ist. Diese funktionale Selbständigkeit wird dabei auch durch eine etwaige bauliche Verbindung mit anderen Gebäuden oder Anlagen nicht in Frage gestellt (vgl. BVerwG, Beschluß v. 13. 12. 1995 – 4 B 245.95 –, BRS 57 Nr. 79 = BauR 1996, 219).

Nach diesen Grundsätzen würde das geplante Bürogebäude seine selbständige Benutzbarkeit und Gebäudeeigenschaft nicht dadurch verlieren, dass es, etwa durch einen Gang, mit dem Wohnhaus der Kläger baulich verbunden würde. Noch viel weniger kann es seine selbständige tatsächliche Benutzbarkeit dadurch verlieren, dass seine Nutzung mittels einer Baulast rechtlich mit der Wohnnutzung im bestehenden Gebäude verknüpft wird. Auf die Frage der Wirksamkeit und Rechtmäßigkeit der bestellten Baulast kommt es damit nicht entscheidungserheblich an. Das Verwaltungsgericht hat insoweit allerdings zutreffend dargelegt, dass es hier wohl schon an einem öffentlichen Interesse i. S. des § 71 Abs. 3 Satz 2 LBO fehlt, so dass von der Baurechtsbehörde zwingend der Verzicht zu erklären wäre. Zu Recht wurde weiter ausgeführt, dass die Baulast kein Rechtsinstitut ist, mit dem planungsrechtlich verbindliche Festsetzungen aufgehoben oder verändert werden können (vgl. VGH Bad.-Württ., Urteil v. 11. 4. 2002 – 2 S 2239/00 –, BWGZ 2002, 486). Nicht ersichtlich ist zudem, warum die in der Baulast erklärten Verpflichtungen hier nicht später im Wege einer genehmigungsfreien Teilung des Grundstücks umgangen werden könnten.

4. Das Bürogebäude kann auch nicht ausnahmsweise gemäß § 4 Abs. 3 Nr. 2 BauNVO als „sonstiger nicht störender Gewerbebetrieb" zugelassen werden, denn die Kläger betreiben keinen Gewerbebetrieb. Auch wenn ihr Vortrag als wahr unterstellt wird, auf Grund steuer- und europarechtlicher Einflüsse verwische sich zunehmend die Unterscheidung zwischen Freiberuflern und Gewerbetreibenden, zwingt dies in bauplanungsrechtlicher Hinsicht nicht zur Aufgabe der entsprechenden Differenzierung. Wie gerade die §§ 4 und 13

BauNVO zeigen, unterscheidet der Verordnungsgeber bauplanungsrechtlich nach wie vor zwischen freiberuflicher und gewerblicher Tätigkeit. Die Frage, ob diese Unterscheidung etwa im Hinblick auf ein heute möglicherweise generell nicht mehr wesentlich unterschiedliches Störungspotential der Tätigkeiten noch gerechtfertigt ist, fällt nicht in den Entscheidungsbereich des Senats.

Das Vorhaben der Kläger könnte im übrigen i. S. des § 4 Abs. 3 Nr. 2 BauNVO selbst dann nicht als „Gewerbebetrieb" eingestuft werden, wenn die Kanzleien etwa in der Rechtsform einer GmbH oder AG betrieben würden. Die Einstufung als freiberufliche Tätigkeit i. S. der BauNVO hängt nicht von der jeweils gewählten Rechtsform ab (so auch OVG Hamburg, Urteil v. 19. 12. 1996 – Bf II 46/94 –, BRS 58 Nr. 75 = BauR 1997, 613). Denn die Wahl einer bestimmten Rechtsform hebt die Charakteristika der freiberuflichen Tätigkeit, bei der Dienstleistungen persönlich und eigenständig erbracht werden und die Betreffenden ihre individuellen Eigenleistungen i. d. R. in unabhängiger Stellung erbringen (vgl. BVerwG, Urteil v. 20. 1. 1984, BVerwGE 68, 324 = BRS 42 Nr. 56 = BauR 1984, 267), nicht auf.

Das geplante Bürogebäude der Kläger ist auch nicht als „Anlage für Verwaltungen" gemäß § 4 Abs. 3 Nr. 3 BauNVO ausnahmsweise zulässig. Zwar beschränken sich Anlagen für Verwaltungen in diesem Sinne nicht auf öffentliche Verwaltungen, sondern umfassen auch private Einrichtungen solchen Charakters (vgl. Hess. VGH, Urteil v. 28. 5. 2001 – 9 N 1626/96 –, BauR 2002, 1134). Auch insoweit sind aber die durch den Gebietscharakter gezogenen Grenzen zu beachten; im allgemeinen Wohngebiet gebietsunverträglich und so auch nicht ausnahmsweise zulässig ist daher ein Gebäude, das nach seiner Ausgestaltung und Funktionalität einem Büro- oder Verwaltungsgebäude nahe kommt (vgl. BVerwG, Beschluß v. 11. 2. 2000 – 4 B 1.00 –, BRS 63 Nr. 102). ...

5. Schließlich scheidet eine Befreiung entsprechend § 31 Abs. 2 BauGB aus. ... Wie das Verwaltungsgericht auch insoweit zutreffend dargelegt hat, läge bei der Genehmigung eines reinen Bürogebäudes im allgemeinen Wohngebiet ein Eingriff in die Grundzüge der Planung i. S. des § 31 Abs. 2 BauGB vor. Wie dargelegt, widersprechen reine Bürogebäude freiberuflich Tätiger dem Gebietscharakter des allgemeinen Wohngebiets. Auch über § 31 Abs. 2 BauGB kann die städtebaulich unerwünschte Verdrängung der primären Wohnnutzung nicht legitimiert werden. Damit kommt es nicht darauf an, ob eine Abweichung hier i. S. von Nr. 2 der Norm städtebaulich vertretbar wäre oder ob i. S. von Nr. 3 der Norm auf Grund der ungünstigen Topografie des Grundstückes eine offenbar nicht beabsichtigte Härte herbeigeführt würde.

6. Die Genehmigung des streitbefangenen reinen Bürogebäudes würde mithin gegen § 34 Abs. 2 BauGB i. V. m. §§ 4 und 13 BauNVO verstoßen. Wie das Bundesverwaltungsgericht entschieden hat, kann ein Verstoß gegen § 13 BauNVO von einem Nachbarn grundsätzlich unabhängig davon abgewehrt werden, ob er durch die freiberufliche Nutzung unzumutbar beeinträchtigt wird. Der Nachbarschutz beruht hier auf der Erwägung, dass die Grundstückseigentümer im gleichen Plangebiet im Hinblick auf die Nutzung ihrer Grundstücke zu einer rechtlichen Schicksalsgemeinschaft verbunden sind.

Die Beschränkung der Nutzungsmöglichkeiten des eigenen Grundstücks wird dadurch ausgeglichen, dass auch die anderen Grundeigentümer diesen Beschränkungen unterworfen sind. Ein Rückgriff auf § 15 Abs. 1 BauNVO erübrigt sich damit auch insoweit (vgl. BVerwG, Beschluß v. 13. 12. 1995 – 4 B 245.95 –, BRS 57 Nr. 79 = BauR 1996, 219).

Nr. 82

Zur Frage, ob der Betreiber einer „Internetagentur" seinen Beruf i. S. von § 13 BauNVO in ähnlicher Weise ausübt wie ein freiberuflich Tätiger.

BauNVO § 4 Abs. 2, Abs. 3, § 13.

VGH Baden-Württemberg, Beschluss vom 1. August 2005 – 5 S 1117/05 – (rechtskräftig).

(VG Karlsruhe)

Aus den Gründen:

Anders als das Verwaltungsgericht hält es der Senat zwar für offen, ob der Widerspruch der Antragstellerin gegen die dem Beigeladenen erteilte Baugenehmigung für die Errichtung eines Wohnhauses mit Büroräumen für eine „Internetagentur" im Untergeschoss nebst Carport auf dem Grundstück Flst.Nr. 3027 Erfolg haben wird. Nach Auffassung des Senats überwiegt jedoch das Interesse des Beigeladenen an der fortbestehenden Vollziehbarkeit der Baugenehmigung (§ 212 a Abs. 1 BauGB) das Interesse der Antragstellerin an der Anordnung der aufschiebenden Wirkung des Widerspruchs. Denn der Beigeladene hat nach den Angaben der Antragstellerin das Untergeschoss im Rohbau bereits fertig gestellt und jene kann allenfalls durch die Nutzung von zwei Räumen des Untergeschosses für eine „Internetagentur", nicht aber durch die Errichtung des Gebäudes selbst in eigenen Rechten verletzt werden.

Ob das Vorhaben des Beigeladenen gemäß § 30 BauGB i. V. m. den Festsetzungen des Bebauungsplans „Kernäcker" (in Kraft getreten 2004) der Gemeinde hinsichtlich der Art der baulichen Nutzung zulässig ist, bedarf der rechtlichen Klärung in einem Hauptsacheverfahren.

Insoweit ist das Verwaltungsgericht zu Recht davon ausgegangen, dass ein entsprechender Rechtsverstoß die Antragstellerin, deren Grundstück an das Baugrundstück angrenzt und in demselben allgemeinen Wohngebiet liegt, in ihrem Recht auf Wahrung des Gebietscharakters des durch den Bebauungsplan festgesetzten Baugebiets verletzen würde (BVerwG, Urteil v. 16. 9. 1993 – 4 C 28.91 –, BVerwGE 94, 151 = BRS 55 Nr. 110 = BauR 1994, 223; Beschluss v. 13. 12. 1995 – 4 B 245.95 –, BRS 57 Nr. 79 = BauR 1996, 219).

Zutreffend hat es ferner für seine rechtliche Beurteilung den Inhalt der Baugenehmigung zu Grunde gelegt, in der unter Nr. 7 der Auflagen, Bedingungen und Hinweise anknüpfend an die vom Landratsamt angeforderte Betriebsbeschreibung des Beigeladenen u. a. bestimmt ist, dass die gewerbliche Nutzung im Untergeschoss nur zugelassen wird, „soweit sie sich auf die vom Antragsteller dargestellten Tätigkeiten erstreckt." Erläuternd heißt es insoweit weiter, dass nach den Angaben des Bauherrn „Dienstleistungen im EDV-Bereich (Internetagentur, Internetprogrammierungen) durchgeführt" werden. Es finde „kein Kundenverkehr sowie kein Verkauf von Waren statt". Es kommt somit für die Frage der Rechtmäßigkeit der Baugenehmigung nicht darauf an, ob der Beigeladene hiervon tatsächlich abweichend in den genehmigten „Büroräumen" auch EDV-Geräte vertreibt, wofür seine Angaben im Bauantrag sprechen könnten.

Ob der Betreiber einer „Internetagentur" der hier maßgeblichen Art seinen Beruf in ähnlicher Weise ausübt wie ein freiberuflich Tätiger und damit die Voraussetzungen des § 13 Alt. 1 BauNVO 1990 erfüllt, ist allerdings fraglich. Nach dieser Vorschrift sind für die Berufsausübung freiberuflich Tätiger und solcher Gewerbetreibender, die ihren Beruf in ähnlicher Weise ausüben, in den Baugebieten nach §§ 2 bis 4 BauNVO, also auch in einem allgemeinen Wohngebiet (§ 4 BauNVO), Räume zulässig. In der teilweise noch zur wortgleichen Vorgängervorschrift des § 13 BauNVO 1977 ergangenen Rechtsprechung des Bundesverwaltungsgerichts, von der auch das Verwaltungsgericht ausgegangen ist, ist insoweit geklärt, dass die Berufsausübung freiberuflich Tätiger und solcher Gewerbetreibender, die ihren Beruf in ähnlicher Art ausüben, dadurch gekennzeichnet ist, dass in unabhängiger Stellung Dienstleistungen angeboten werden, die vorwiegend auf geistigen Leistungen oder sonstigen persönlichen Fertigkeiten beruhen. Betriebe oder Betriebsteile des Handels, des Handwerks oder der Industrie gehören jedoch nicht zu den freien oder ähnlichen Berufen, auch nicht die Geschäftsstelle eines Verbands von Handwerksinnungen. Denn die Vorschrift will erkennbar nicht die Nutzung von Räumen durch alle Arten von Gewerbebetrieben zulassen, die in den jeweiligen Baugebieten nicht stören, sondern nur freiberuflich Tätigen und ähnlich tätigen Gewerbetreibenden die Nutzung von Räumen zu Berufszwecken ermöglichen. Dabei kann für die Auslegung von § 13 BauNVO das Steuerrecht, nämlich § 18 Abs. 1 Nr. 1 EStG, nutzbar gemacht werden. Die dort aufgezählten Berufe fallen auch unter § 13 BauNVO. Diejenigen, die derartige Leistungen anbieten, befinden sich in der Regel in unabhängiger Stellung; sie bieten ihre Dienste üblicherweise einer unbestimmten Anzahl von Interessenten an. Regelmäßig wird bei den Bewohnern aller Baugebiete im Sinne der Baunutzungsverordnung ein Interesse an derartigen Dienstleistungen bestehen. Den freien Berufen gleichstellen wollte der Gesetzgeber insoweit beispielsweise Handelsvertreter ohne Auslieferungslager, Handelsmakler, Versicherungsvertreter oder Masseure (BVerwG, Urteil v. 20.1.1984 – 4 C 56.80 –, BVerwGE 68, 324 = BRS 42 Nr. 56 = BauR 1984, 267). Insoweit maßgeblich ist nicht die „Wohnartigkeit" des Berufsausübung. Auch wird nicht gefordert, wenn dies auch herkömmlich mit dem Begriff des freien Berufs verbunden wird, dass der Beruf aufgrund einer besonders qualifizierten Ausbildung erfolgt (vgl. Stock, in: Ernst/Zinkahn/Bielenberg, BauGB, § 13 BauNVO Rdnrn. 14, 17 ff.; vgl. auch die Auflistung bei Wacker, in: Schmidt, EStG, 23. Aufl., § 18 Rdnr. 155). Demzufolge werden von den heilkundlichen Berufen unter die freien Berufen oder als ihnen ähnlich auch Dentisten, Physiotherapeuten, Heilmasseure, medizinische Bademeister, selbstständig tätige Krankenschwestern und -pfleger, Logopäden, Beschäftigungs- und Arbeitstherapeuten, Psychologen und Psychoanalytiker gezählt (Stock, a. a. O., Rdnr. 18). Dagegen sind als freien Berufen nicht ähnlich beurteilt worden etwa die zentrale Verwaltung der Angelegenheiten von Lohnsteuerhilfevereinen (BVerwG, Beschluss v. 13. 8. 1996 – 4 B 154.96 –, BRS 58 Nr. 62 = BauR 1996, 816), ein Pudelsalon (BVerwG, Beschluss v. 26. 9. 1984 – 4 B 219.84 –, BRS 42 Nr. 57), die Abhaltung von Gymnastik- und Tanzkursen für Frauen und Kindern in Kleingruppen (OVG NW, Beschluss v. 24. 10. 1997 – 7 B 2333/97 –, Juris), ein Fahrschulraum (OVG NW, Beschluss v. 29. 4. 1996 – 11 B 748/96 –, BRS 58 Nr. 63 = BauR 1996, 681) oder auch ein Betrieb zur Herstellung und zum Vertrieb von Software (Nds. OVG, Urteil v. 14. 9. 1993 – 1 L 35/91 –, BRS 55 Nr. 145), dagegen soll eine private Arbeitsvermittlung einem freien Beruf ähnlich sein (OVG Lüneburg, Beschluss v. 24. 5. 2002 – 1 LA 2680/01 –, GewA 2002, 345).

Die in die angefochtene Baugenehmigung aufgenommene Betriebsbeschreibung des Beigeladenen lässt nicht ohne Weiteres erkennen, dass er seinen Beruf ähnlich wie ein freiberuflich Tätiger ausübt. Der Begriff „Internetagentur" ist insoweit nicht hinreichend klar. Er deckt wohl auch die Betriebsbeschreibung des Beigeladenen im Rahmen seiner Gewerbeanmeldung ab, die nach einer von der Antragstellerin vorgelegten Auskunft des Gewerberegisters lautet: „Vertrieb elektronischer Geräte und Komponenten sowie Zubehör, Service, Dienstleistung und Beratung im Bereich Informations- und Kommunikationstechnik. Internet-Programmierung." Dass der Begriff „Internetagentur" auch unter Berücksichtigung der in der Baugenehmigung gemachten Einschränkungen (kein Kundenverkehr, kein Verkauf) die Voraussetzungen des § 13 BauNVO 1990 möglicherweise nicht hinreichend wahrt, könnte sich auch aus der Betriebsbeschreibung des Beigeladenen von 2004 ergeben, in der er ausführt, dass er mit einem Mitarbeiter (als Außendiensttechniker) vor Ort bei Kunden EDV-Anlagen warte und z. B. Netzwerke und PC's repariere und installiere, wobei nichts dafür ersichtlich ist, dass es sich bei der verwendeten Installationssoftware um von ihm entwickelte anwenderorientierte Software handelt. Dies weist möglicherweise eher auf eine handwerksähnliche als auf eine einem freien Beruf ähnliche Tätigkeit hin. Ob es insoweit ausreicht, dass der Beigeladene, worauf das Verwaltungsgericht maßgeblich abstellt, für seine Kunden „individuelle Lösungen erarbeitet", ist fraglich. Denn individuelle Lösungen werden möglicherweise zunehmend auch von Angehörigen verschiedener Handwerksberufen regelmäßig erwartet. Der Beigeladene hat insoweit gegenüber dem Senat seine Tätigkeit nochmals vertiefend erläutert und dabei ausgeführt, er verkaufe „Hardware" nur ganz am Rande, etwa wenn ein Kunde schnell einen neuen Tintenstrahldrucker brauche oder wenn ein PC oder ein Monitor ausgefallen sei. Er habe auch, entgegen der Behauptung der Antragstellerin, nicht etwa die Gemeinde S. komplett mit Computern ausgestattet, sondern nur einige defekte PC's und Bildschirme ausgetauscht. Seine Hauptaufgabe sei die Installation von Betriebssystemen von Netzwerken und PC's. Im Rahmen der Wartung der EDV von kleinen und mittelständischen Firmen arbeite er z. B. einen indivi duellen Netzwerkplan aus, erweitere die EDV-Infrastruktur, baue sie neu auf, ermittele, wie „Flaschenhälse" umgangen werden könnten, und nehme dann auch vor Ort die Softwarekonfigurationen oder -änderungen vor. Sofern er einmal für einen großen Server einen Auftrag erhalte, werde die Hardware direkt vom Hersteller an den Kunden geliefert. Seit acht Jahren führe er seinen Betrieb von seiner $54\,m^2$ großen Wohnung aus, die er mit seiner Freundin und seiner Tochter bewohne. Eine Lagerhaltung sei auch in den neuen Betriebsräumen nicht notwendig und beabsichtigt.

Unter diesen Umständen hält es der Senat nicht von vornherein für ausgeschlossen, dass der Betrieb des Beigeladenen noch als einer freien Berufsausübung ähnlich angesehen werden kann. Wesentlich sein könnte insoweit auch, dass der Bundesfinanzhof in Abkehr von seiner früheren Rechtsprechung entschieden hat, dass ein selbstständiger EDV-Berater, der Computer-Anwendungssoftware entwickelt, einen dem Ingenieur (als freien Beruf) ähnlichen Beruf i.S. des § 18 Abs. 1 Nr. 1 EStG ausüben kann (BFH, Urteil v. 4. 5. 2004 – XI R 9/03 –, BFHE 206, 33 = DStZ 2004, 768). Dies könnte zumindest in städtebaulicher Hinsicht gleichermaßen für eine vorwiegend programmierende Tätigkeit, wie sie der Beigeladene möglicherweise ausübt, gelten, jedenfalls wenn nicht nur die Installation fertiger Betriebssysteme, sondern die nicht notwendig Ingenieurskenntnisse erfordernde Anpassung von Betriebssystemen auf jeweilige Netzwerke und individuelle Bedürfnisse in Rede steht. Für die Auslegung von § 13 BauNVO könnte auch von Bedeutung sein, dass sich viele Berufsbilder gegenwärtig stark verändern und dass mit dem dynamischen Wachstum des so genannten tertiären Sektors des Arbeitsmarkts die Zahl der Selbstständigen, insbesondere auch der Freiberufler oder freiberuflich ähnlich Tätigen, stark zunimmt (vgl. Stock, a. a. O., Rdnr. 4 unter Hinweis auf BT-Drucks. 14/9499, S. 2, 18 ff.).

Inwieweit für die Beurteilung auch die erwähnten „Internetprogrammierungen" i. S. des § 13 BauNVO einer freiberuflichen Tätigkeit ähnlich sind, kann dahinstehen. Denn jedenfalls ist nicht ersichtlich, dass der Beigeladene diese programmierende Tätigkeit in seinem Gewerbebetrieb überwiegend ausübt. Eine entsprechende überwiegende Tätigkeit folgt noch nicht daraus, dass er in der Betriebsbeschreibung angegeben hat, seine Tätigkeit im Büro, wo er sich als einzige Person, neben seiner Mutter, die an einem halben Tag je Woche die Buchhaltung mache, durchschnittlich drei Tage in der Woche aufhalte, bestehe aus Computerarbeit (z. B. Internetseitenprogrammierung), zumal insoweit auch die Tätigkeit des zum Betrieb gehörenden „Außendienstmitarbeiters" zu berücksichtigen ist. Dass kein Kundenverkehr und kein Verkauf von Waren in den genehmigten Räumen stattfinden sollen, reicht nicht aus, um eine einer freiberuflichen Tätigkeit ähnliche Berufsausübung anzunehmen. Denn ansonsten müsste gemäß § 13 BauNVO 1990 in den Baugebieten nach §§ 2 bis 4 BauNVO 1990 jegliche gewerbliche Tätigkeit mit einer entsprechenden Beschränkung für die gewerblich genutzten Räume zugelassen werden. Auf das Fehlen von Störungen durch Kundenverkehr soll es aber nach der oben aufgeführten Rechtsprechung des Bundesverwaltungsgerichts gerade nicht ankommen.

Die Baugenehmigung lässt sich insoweit nicht auf §31 Abs. 1 BauGB i.V.m. §4 Abs.3 Nr.2 BauNVO 1990 stützen. Nach diesen Vorschriften können ausnahmsweise Sonstige nicht störende Gewerbebetriebe im allgemeinen Wohngebiet zugelassen werden. Eine Ausnahme von der Festsetzung eines allgemeinen Wohngebiets hat das Landratsamt aber (ausdrücklich) nicht erteilt. Damit hat es wohl dem Umstand Rechnung getragen, dass der Bebauungsplan „Kernäcker" jegliche Ausnahmen gemäß A 1.1. seiner textlichen Festsetzungen ausschließt (vgl. § 1 Abs. 6 Nr. 1 BauNVO 1990). ...

Der Senat weist darauf hin, dass diese Entscheidung kein Vertrauen des Beigeladenen dahin begründen kann, dass die Baugenehmigung im Hauptsacheverfahren Bestand haben wird.

Nr. 83

1. **Eine Mobilfunkstation ist in aller Regel keine Nebenanlage i.S. von §14 Abs. 1 Satz 1 BauNVO, sondern eine fernmeldetechnische Nebenanlage i.S. von §14 Abs. 2 Satz 2 BauNVO.**

2. **Eine Mobilfunkstation kann in einem reinen Wohngebiet (§3 BauNVO bzw. §34 Abs. 2 BauGB i.V.m. §3 BauNVO) ausnahmsweise zulässig sein.**

3. **Bei der Ermessensentscheidung über die Erteilung einer Ausnahme ist neben der Wertung des Verordnungsgebers in §14 Abs. 2 Satz 2 BauNVO zu berücksichtigen, daß der Nutzungszweck des reinen Wohngebiets als Regelfall erhalten bleiben und der gewerbliche Nutzungszweck der Mobilfunkstation den Charakter einer Ausnahmeerscheinung in dem betroffenen Gebiet behalten muß.**

4. **Betroffene Nachbarn können zwar nicht die Beeinträchtigung des Ortsbildes durch eine Mobilfunkstation, ggf. aber die Veränderung des Gebietscharakters durch die – auch optischen – Auswirkungen einer solchen Station erfolgreich geltend machen.**

BauNVO §§3, 14 Abs. 1 Satz 1 und Abs. 2 Satz 2, 15.

OVG Nordrhein-Westfalen, Beschluß vom 6. Mai 2005 – 10 B 2622/04 – (rechtskräftig).

(VG Düsseldorf)

Die Antragsteller wenden sich gegen die Errichtung einer Mobilfunkbasisstation auf einem viergeschossigen Wohnhaus in ihrer Nachbarschaft. Zur Erteilung der Baugenehmigung hierfür war der Antragsgegner durch ein rechtskräftiges Urteil auf Antrag des Rechtsvorgängers der Beigeladenen verpflichtet worden. Das Verwaltungsgericht wies den Nachbarantrag ab; die Beschwerde blieb ohne Erfolg.

Aus den Gründen:

Die von der Baugenehmigung erfaßte Mobilfunkstation ist als fernmeldetechnische Nebenanlage auf dem Baugrundstück, das einem faktischen reinen Wohngebiet (§34 Abs. 2 BauGB i.V.m. §§3, 14 Abs. 2 Satz 2 BauNVO) zuzuordnen ist, ausnahmsweise zulässig (dazu nachfolgend 1.). Gesichtspunkte, die im vorliegenden Fall eine Verletzung der nachbarlichen Rechte der Antragsteller begründen könnten und damit gegen die Zulässigkeit einer Ausnahme sprechen, sind nicht ersichtlich (dazu 2.); der Umstand, daß im Verfahren nicht eine Ausnahme, sondern eine Befreiung erteilt worden ist, verhilft der Beschwerde nicht zum Erfolg (dazu 3).

1. Die zur Genehmigung gestellte Anlage besteht neben einem in das Dachgeschoß des Wohnhauses Z.-Weg 5 eingebauten Technikraum aus einem etwa 14 m hohen Antennenmast, der 30 cm unterhalb der Firstlinie aus dem Dach austritt und von dort in einer Höhe von 9,99 m zuzüglich einer 40 cm langen Blitzfangstange aufragt. Der polygonale Stahlmast weist einen Durchmesser von durchschnittlich etwa 20 cm auf; daran sollen mindestens drei und – im Zuge eines Ausbaus des UMTS-Netzes – höchstens neun Antennen kreisförmig angeordnet in drei Ebenen übereinander montiert werden, die jeweils ungefähre Maße von 20 cm Breite, 15 cm Tiefe und zwischen 1,30 m und 1,94 m Höhe aufweisen sollen. Zwischen der Unterkante der am niedrigsten angebrachten Antenne und dem Dachfirst verbleibt ein Abstand von 4,75 m; der Durchmesser der aus Mast und montierten Antennen bestehenden Anlage wird – gemessen zwischen den Außenflächen der Antennen – etwa 1,05 m betragen. Auf der Außenseite der Dachhaut werden zusätzlich eine Dachgaube in einer Ausdehnung von etwa 50 x 50 cm für die Kabelführung, ein Dachflächenfenster als Ausstieg in den Maßen ca. 115 x 50 cm sowie eine Gitterplattform (80 x 100 cm) zur Aufnahme eines Klimaaußengeräts montiert. Das Klimaaußengerät (Höhe ca. 65 cm) wird auf dieser Gitterplattform aufrecht stehend angebracht, so daß es den Dachfirst um wenige Zentimeter überragt; zwischen dem Dachausstieg und der Gitterplattform werden fünf Trittstufen montiert. Die Antennen werden mit dem Technikraum durch bis zu 18 Kabel (je $^1/_2$ Zoll) – durch die unmittelbar neben dem Dachfirst angebrachte Gaube geführt – verbunden. Diese Mobilfunkstation ist auf Grund ihrer Größe und weil im Hinblick auf die Anzahl der im Markt tätigen Netzbetreiber mit einer Häufung derartiger Stationen geringer Reichweite in den Baugebieten gerechnet werden muß von bodenrechtlicher Relevanz (§ 29 BauGB) (vgl. OVG NRW, Beschluß v. 25. 2. 2003 – 10 B 2417/02 –, S. 4; BRS 66 Nr. 89; ebenso Nds. OVG, Beschluß v. 6. 12. 2004 – 1 ME 256/04 –, juris) und nach § 34 Abs. 2 BauGB i. V. m. § 3 BauNVO in einem faktischen reinen Wohngebiet – vom Vorliegen eines solchen geht der Senat aus – nicht zulässig.

Sie ist jedoch als fernmeldetechnische Nebenanlage einzustufen, § 14 Abs. 2 Satz 2 BauNVO, und kann deshalb in einem reinen Wohngebiet ausnahmsweise zulässig sein.

Nach § 14 BauNVO können in einem reinen Wohngebiet zusätzlich zu den in den §§ 3, 12 und 13 BauNVO genannten baulichen Anlagen Nebenanlagen zulässig sein. Neben in einem reinen Wohngebiet allgemein zulässigen untergeordneten baugrundstücksbezogenen und baugebietsbezogenen Nebenanlagen und Einrichtungen (§ 14 Abs. 1 BauNVO) sind nach Abs. 2 Satz 2 der Vorschrift u. a. fernmeldetechnische Nebenanlagen ausnahmsweise zulässig, wenn sie nicht bereits allgemein nach Abs. 1 Satz 1 als dem Nutzungszweck des Errichtungsgrundstücks oder des Baugebiets dienend zulässig sind.

Mobilfunkstationen der im vorliegenden Fall betroffenen Art sind in aller Regel keine baugrundstücks- und baugebietsbezogenen Nebenanlagen i. S.

von § 14 Abs. 1 Satz 1 BauNVO, weil sie regelmäßig nur in geringem Umfang dem Nutzungszweck eines Baugebiets oder Baugrundstücks dienend zu- und untergeordnet sind. Als Bestandteile eines Kommunikationssystems stellen sie unabhängig vom jeweiligen Nutzungszweck eines Baugebiets zum einen die lückenlose Erbringung von Kommunikationsdienstleistungen an diejenigen Personen sicher, die sich in dem Baugebiet ständig oder vorübergehend aufhalten und dienen zum anderen dazu, derartige Dienstleistungen für Personen zu erbringen, die keinerlei Verbindung zu dem Baugebiet haben, aber auf eine Durchleitung von Gesprächen und weiteren Kommunikationsinhalten angewiesen sind. Dem Nutzungszweck „Wohnen" (§ 3 Abs. 1 BauNVO) zu- und untergeordnet sind Mobilfunksendeanlagen nur, soweit sie es den im Baugebiet Wohnenden ermöglichen, als Ausprägung ihrer Wohnnutzung an der mobilen drahtlosen Kommunikation teilzuhaben; diese Funktion einer Mobilfunkstation tritt jedoch gegenüber den weiteren genannten Funktionen – Versorgung der das Baugebiet durchquerenden Personen mit Kommunikationsdienstleistungen, Weiterleitung von Kommunikationsinhalten ohne jeden Bezug zum Baugebiet – so weit in den Hintergrund, daß sich – auch bezogen auf ein reines Wohngebiet – eine Einstufung als Nebenanlage i. S. von § 14 Abs. 1 Satz 1 BauNVO regelmäßig verbietet (vgl. Stock, in: König/Roeser/Stock, BauNVO, 2. Aufl., § 14 Rdnr. 8, 13a, 14; Beschluß v. 1. 11. 1999 – 4 B 3.99 –, BRS 62 Nr. 82 = BauR 2000, 703).

Die betroffene Mobilfunkstation ist jedoch als fernmeldetechnische Nebenanlage i. S. von § 14 Abs. 2 Satz 2 BauNVO einzustufen (ebenso Stock, in: König/Roeser/Stock, a. a. O., § 14 Rdnr. 35 [auch zur denkbaren Einstufung als gewerbliche Hauptanlage]; Rathjen, Zur Zulässigkeit von Mobilfunksendeanlagen, ZfBR 2000, 304; noch offen gelassen in OVG NRW, Beschluß v. 25. 2. 2003 – 10 B 2417/02 –, BRS 66 Nr. 89).

Sie ist Bestandteil eines aus einer Vielzahl baulicher Anlagen bestehenden Mobilfunknetzes und ist – ungeachtet des Umstands, daß für fernmeldetechnische Nebenanlagen je nach den Umständen des konkreten Falles auch eine Einstufung als gewerbliche Anlage in Frage kommt – als eine der in dem Mobilfunknetz in einer Vielzahl vorhandenen kleinsten baulichen Anlagen nicht selbst Hauptanlage, sondern Nebenanlage. Auch wenn der Verordnungsgeber bei Ergänzung des § 14 Abs. 2 BauNVO nicht an Anlagen der hier betroffenen Art, sondern lediglich an optisch deutlich untergeordnete Baukörper wie eingeschossige Fernmeldegebäude geringen Bauvolumens gedacht haben mag, sind Mobilfunkstationen trotz ihrer funktionsbedingt andersartigen baulichen Gestaltung (Dachmontage) und damit im Regelfall deutlichen optischen Wahrnehmbarkeit von Wortlaut und Normzweck des § 14 Abs. 2 Satz 2 BauNVO als typischerweise kleinste Bestandteile eines Fernmeldenetzes ohne weiteres erfaßt. Wo genau die Grenze zwischen einer fernmeldetechnischen Neben- und Hauptanlage zu ziehen ist, kann im Hinblick auf die Größe der streitbefangene Anlage offen bleiben (zur Größe der Anlagen als maßgeblich für die Abgrenzung von Neben- und Hauptanlage vgl. Steinmetz, Steuerungsmöglichkeiten der Kommune bei der Ansiedlung von Mobilfunksendeanlagen, BWGZ 2001, 769; ebenso die Fachkommission Städtebau der ARGEBAU, InfHSTZ 2001, 60 ff.; Jung, Die baurechtliche Beurteilung von

Mobilfunkbasisstationen, ZfBR 2001, 24, 27; anders Reidt, in: Gelzer/Bracher/Reidt, Bauplanungsrecht, 7. Aufl. 2004, Rdnr. 1261; wohl auch Nds. OVG, Beschluß v. 6. 12. 2004 –1 ME 256/04 –, juris; Hess. VGH, Urteil v. 6. 12. 2004 – 9 UE 2582/03 –, ZfBR 2005, 278, 280).

2. Die von der Baugenehmigung erfaßte Mobilfunkstation ist in ihrer Umgebung, die ein faktisches reines Wohngebiet darstellt, ausnahmsweise zulässig; Gesichtspunkte, die einer Zulässigkeit im vorliegenden Fall entgegenstehen könnten, sind nicht ersichtlich.

Bei der im Ermessen der Genehmigungsbehörde stehenden Erteilung einer Ausnahme zur Genehmigung einer Mobilfunkstation in einem reinen Wohngebiet muß die Behörde auf der Grundlage einer vollständigen Ermittlung des relevanten Sachverhalts und am Gesetzeszweck der Norm orientiert einerseits die gesetzgeberische Wertung des § 14 Abs. 2 Satz 2 BauNVO beachten, andererseits dem Gebot der Wahrung des Gebietscharakters hinsichtlich der Art der baulichen Nutzung Genüge tun; die Interessen betroffener Nachbarn sind in diese Entscheidung einzustellen und können von den Nachbarn ggf. mit Erfolg geltend gemacht werden.

Der Verordnungsgeber hat durch § 14 Abs. 2 Satz 2 BauNVO eine Privilegierung fernmeldetechnischer Nebenanlagen bewirkt und damit grundsätzlich entschieden, daß derartige Anlagen – die regelmäßig gewerblichen Charakter haben – in allen Wohngebieten und somit auch in einem reinen Wohngebiet zumindest ausnahmsweise zulässig sein können. Im Hinblick auf den Gebietscharakter eines reinen Wohngebiets folgt daraus, daß der Kreis derjenigen gewerblichen baulichen Anlagen, die im reinen Wohngebiet ausnahmsweise zulässig sind, aber über eine Gebietsversorgung hinausgehen, durch § 14 Abs. 2 Satz 2 BauNVO ausgeweitet wird. Die Rechtfertigung für die damit verbundene zusätzliche gewerbliche Nutzung der reinen Wohngebiete liegt darin, daß Infrastruktursysteme, auch soweit sie nicht unmittelbar den Bewohnern eines reinen Wohngebiets dienen, im öffentlichen Interesse erforderlich sind und aus technischen Gründen auf die Inanspruchnahme von Flächen auch in reinen Wohngebieten angewiesen sein können.

Auf der anderen Seite muß die Ermessensentscheidung über die Erteilung einer Ausnahme berücksichtigen, daß der Gebietscharakter des betroffenen reinen Wohngebiets trotz der Zulassung einer erkennbar als gewerbliche Anlage genutzten Mobilfunkanlage gewahrt bleiben muß. Der Nutzungszweck des Wohngebiets muß als Regelfall erhalten bleiben, während der Nutzungszweck der genehmigten Mobilfunkanlage den Charakter einer Ausnahmeerscheinung in dem betroffenen Gebiet behalten muß; soweit die Realisierung von Ausnahmen – namentlich bei einer Massierung – den Gebietscharakter verfälschen würde, muß die Erteilung einer Ausnahme versagt werden (Kuschnerus, Das zulässige Bauvorhaben, 6. Aufl. 2001, Rdnr. 89; Reidt, in: Gelzer/Bracher/Reidt, a. a. O., Rdnr. 1262, 1698 ff.).

Die Entscheidung des Verordnungsgebers für die ausnahmsweise Zulässigkeit fernmeldetechnischer Nebenanlagen in allen Baugebieten bedeutet deshalb nicht, daß unabhängig von den Besonderheiten des jeweils betroffenen Standorts der geplanten Anlage regelmäßig ein Anspruch auf Errichtung und Betrieb von Mobilfunkstationen auch in reinen Wohngebieten bestünde.

Vielmehr bedarf es einer Einzelfallprüfung unter Berücksichtigung aller relevanten Umstände. Diese Prüfung muß sicherstellen, daß das Regel-Ausnahme-Verhältnis zwischen dem Gebietscharakter des reinen Wohngebiets und der gewerblichen Nutzung von Gebäuden und Gebietsteilen durch Nebenanlagen eines Mobilfunknetzes gewahrt bleibt und Nachbarbelange nicht verletzt werden; im Rahmen der Entscheidung über die Erteilung einer Ausnahme sind auch solche Aspekte zu berücksichtigen, die eine zu prüfende Nutzung als rücksichtslos erscheinen lassen könnten.

Bei der Einzelfallprüfung können neben Belangen des Gesundheitsschutzes – Wahrung der erforderlichen Sicherheitsabstände – insbesondere auch die optischen Auswirkungen der Anlage auf das Ortsbild sowie weitere städtebauliche Gesichtspunkte wie die Einpassung in die Gebietsstruktur eine wesentliche Rolle spielen. Wo etwa die geplante Anlage für sich genommen oder zusammen mit vorhandenen weiteren gleichartigen Anlagen im Verhältnis zur vorhandenen Bausubstanz, Bauhöhe und Baugestaltung in der näheren Umgebung eine prägende Wirkung entfaltet, die den Regelfall der Wohnnutzung hin zu einer gemischten Wohn- und Gewerbenutzung verschiebt, kann der Gebietscharakter auch unter Berücksichtigung der gesetzgeberischen Grundentscheidung in § 14 Abs. 2 Satz 2 BauNVO verändert werden (vgl. Reidt, in: Gelzer/Bracher/Reidt, a. a. O., Rdnr. 1262; OVG NRW, Beschluß v. 25. 2. 2003 – 10 B 2417/02 –, S. 14 ff.; ähnlich auch Nds. OVG, Beschluß v. 6. 12. 2004 – 1 ME 256/04 –, juris; Hess. VGH, Urteil v. 6. 12. 2004 – 9 UE 2582/03 –, a. a. O., 280 f.).

Das Gewicht dieses letztgenannten für die Ermessensausübung wesentlichen Gesichtspunkts wird durch die Entstehungsgeschichte der Vorschrift bestätigt. Der Verordnungsgeber hat § 14 Abs. 2 BauNVO durch die 4. Verordnung zur Änderung der Baunutzungsverordnung vom 23. 1. 1990 (BGBl. I, 127) ergänzt, weil fernmeldetechnische Infrastruktureinrichtungen – zu denen auch Telekommunikationsnetze zählen – nicht zu den bis zur Änderung der Vorschrift allein erfaßten Anlagen zur Versorgung der Bevölkerung mit Elektrizität gehören. Er hat jedoch, wie sich aus der Amtlichen Begründung zur Änderungsverordnung ergibt, lediglich an untergeordnete Baukörper wie „Kabinen für Fernsehumsetzer und Breitbandverteilungsanlagen sowie <u>kleinere eingeschossige</u> Fernmeldegebäude" (Hervorhebungen nicht im Original) gedacht, die zudem regelmäßig ebenerdig errichtet oder angebracht werden und schon deshalb den Charakter eines reinen Wohngebiets kaum zu beeinträchtigen vermögen. Schon für diese Baukörper soll nach der Amtlichen Begründung gelten, daß die Ermessensentscheidung über die Erteilung einer Ausnahme städtebauliche Aspekte unter Einschluß optischer Gesichtspunkte berücksichtigen muß, um beispielsweise eine Beeinträchtigung des Ortsbildes zu vermeiden (BR-Drucks. 354/89 v. 30. 6. 1989, S. 57 [zu Nr. 12]).

Dies gilt erst recht, wenn – wie es regelmäßig bei Mobilfunkstationen der Fall ist – eine Ausnahme für bauliche Anlagen beantragt ist, die allein wegen ihrer funktionsbedingt hervorgehobenen Höhe auf vorhandenen Gebäuden oder als selbständige Anlagen mit entsprechender Gesamthöhe eine erhebliche Ausstrahlungswirkung auf die nähere Umgebung haben und damit den Gebietscharakter in besonderem Maße prägen können. Zu berücksichtigen ist auch der Umstand, daß der Verordnungsgeber für die in § 14 Abs. 2 Satz 2 genannten Infrastruktureinrichtungen nicht – wie beispielsweise in § 13 Bau-NVO – eine Regelzulässigkeit, sondern das Erfordernis einer Abweichung von der durch den Gebietscharakter bestimmten Regelnutzung der Baugebiete vorgesehen hat. Welche Gesichtspunkte in der zu treffenden Ermessensentscheidung jeweils zu berücksichtigen sind, ergibt sich aus den Umständen des Einzelfalles und bedarf im Rahmen des vorliegenden Eilverfahrens keiner abschließenden Festlegung.

Betroffene Nachbarn können sich gegen Nebenanlagen i. S. des § 14 Bau-NVO jedenfalls insoweit wehren, als gesundheitliche Beeinträchtigungen etwa durch eine Unterschreitung der in der Standortbescheinigung festgelegten Mindestabstände zu befürchten sind oder insoweit sich die Nebenanlagen – wie hier – auf die Bewahrung des Gebietscharakters auswirken können, beispielsweise durch eine sich aus der Relation zur vorhandenen baulichen Umgebung ergebende optische Dominanz. Die Vorschrift gewährt ihnen ein auf die Art der baulichen Nutzung bezogenes Abwehrrecht; wenn die Anlage zu einer Veränderung des Gebietscharakters führt, besteht ein von individuellen Störungen unabhängiger nachbarlicher Abwehranspruch (OVG NRW, Urteil v. 25. 4. 2005 – 10 A 2861/04 –; Beschluß v. 25. 2. 2003 – 10 B 2417/02 –, S. 12, m. w. N.; Hess. VGH, Urteil v. 6. 12. 2004 – 9 UE 2582/03 –, a. a. O., 280; zu § 14 allgemein BVerwG, Urteil v. 28. 4. 2004 – 4 C 10.03 –, NVwZ 2004, 1244; abweichend Nds. OVG, Beschluß v. 6. 12. 2004 – 1 ME 256/04 –, juris).

Unter Berücksichtigung der vorgenannten Grundsätze sind im vorliegenden Fall allerdings keine Gesichtspunkte erkennbar, die zu einer Versagung der erforderlichen Ausnahme hätten führen müssen.

Bedenken hinsichtlich der von der Mobilfunkanlage zu erwartenden Emissionen bestehen nicht; die ausweislich der Standortbescheinigung erforderlichen Sicherheitsabstände von 1,66 m vertikal und 5,72 m horizontal sind eingehalten, so daß eine Beeinträchtigung des unmittelbar benachbarten Gebäudes Z.-Weg 7 nicht zu befürchten ist; dies gilt erst recht für die Gebäude Z.-Weg 9 und S.-Weg 68. Insbesondere ist der Antragsteller zu 1 nicht daran gehindert, das Dachgeschoß seines Hauses Z.-Weg 7 zu Wohnzwecken zu nutzen, weil auch dann der vertikale Sicherheitsabstand gewahrt bliebe. Die Frage, ob und in welchem Maße er bei einer zusätzlichen Nutzung des Luftraumes oberhalb seines Grundstücks durch eine Aufstockung beeinträchtigt sein könnte, stellt sich in diesem Eilverfahren nicht, weil der Antragsteller zu 1 konkrete Bauabsichten nicht dargetan hat. Denn nur bei einer Aufstockung um mehr als 3,09 m ab Firsthöhe wäre der durch die Standortbescheinigung vorgegebene Sicherheitsabstand unterschritten; in diesem Falle würde sich allerdings die Frage nach dem Erlöschen der Standortbescheinigung wegen Umfeldveränderung stellen. (§ 7 Abs. 2 Alt. 2 der Verordnung über das Nachweisverfahren zur Begrenzung elektromagnetischer Felder i. d. F. v. 20. 8. 2002, BGBl. I, 3366.)

Der Gebietscharakter des betroffenen faktischen reinen Wohngebiets wird durch die genehmigte Anlage nicht verändert. Das Baugrundstück und die unmittelbar benachbarten Wohngrundstücke sind mit viergeschossigen

Gebäuden bestanden, die eine Firsthöhe von etwas unter 15 m aufweisen. Die auf einem dieser Gebäude errichtete Mobilfunkantenne wird trotz der geringen Dachneigung von nur etwa 33‡ vom Niveau der Straße aus zwar wahrnehmbar sein, jedoch weder das Baugrundstück, das darauf errichtete Gebäude noch die umliegenden Grundstücke derart dominieren, daß eine Beeinträchtigung des Ortsbildes – was von den Antragstellern als Nachbarn indes nicht geltend gemacht werden könnte – oder eine Mischnutzung von Wohnen und Gewerbe die Folge wäre. Dies gilt auch für die nicht unmittelbar benachbarten umliegenden Grundstücke. Sie sind mit Gebäuden unterschiedlicher Höhe bebaut. Neben Gebäuden mit einem bis zwei Vollgeschossen, teilweise mit ausgebautem Dachgeschoß, befinden sich u.a. auch das sieben- bzw. achtgeschossige Wohngebäude der Antragstellerin zu 3 sowie die viergeschossigen Wohnhäuser des Vorhabensgrundstücks und seiner unmittelbaren Nachbarschaft, so daß eine einheitliche und vorherrschende Gebäudehöhe nicht festzustellen ist. Hinsichtlich der Nutzungsart herrschen Wohngebäude vor, auch wenn in einer Entfernung von etwa 70 m zum Vorhabensgrundstück Gebäude eines Kindergartens, einer Turnhalle und einer Grundschule stehen. Diese eher als unruhig zu bezeichnende städtebauliche Situation wird durch das Hinzutreten einer einzelnen Mobilfunkstation voraussichtlich nicht zu Lasten des Wohngebietscharakters in Bewegung gebracht werden, da die Antennenanlage i. V. m. den weiteren auf der Dachfläche sichtbaren Installationen in Relation zu ihrer Umgebung kein nennenswertes Gewicht aufweist. Auch soweit die Anlage von den oberen Geschossen des von den Mitgliedern der Antragstellerin zu 3 bewohnten Gebäudes aus gut zu sehen sein wird, erreicht die durch die angegriffene Genehmigung ermöglichte bauliche Situation nicht ein Maß, das zu einer Veränderung des Gebietscharakters führen würde.

Nr. 84

1. **Zur Eigenschaft von Mobilfunkstationen (hier: Basisstation des UMTS-Netzes) als fernmeldetechnische Nebenanlagen i. S. von § 14 Abs. 2 Satz 2 BauNVO.**

2. **Fernmeldetechnische Nebenanlagen können in allen Baugebieten – auch reinen Wohngebieten – als Ausnahme zugelassen werden.**

3. **Die Versagung einer Ausnahme kommt nur aus städtebaulichen Gründen in Betracht.**

BauNVO §§ 3, 14 Abs. 1 Satz 2, Abs. 2 Satz 2; BauGB § 31 Abs. 1; 26. BImSchV.

OVG Nordrhein-Westfalen, Beschluß vom 6. Mai 2005 – 7 B 2752/04 – (rechtskräftig).

(VG Gelsenkirchen)

Die Antragsteller wandten sich gegen die Errichtung einer Basisstation für das UMTS-Netz auf der an ihr Wohnhaus angrenzenden Doppelhaushälfte. Das Verwaltungsgericht gab ihrem Antrag auf einstweiligen Rechtsschutz statt. Die Beschwerden der Antragsgegnerin und des beigeladenen Mobilfunkbetreibers hatten beim Oberverwaltungsgericht Erfolg.

Aus den Gründen:
Die im vorliegenden Verfahren des einstweiligen Rechtsschutzes gebotene Interessenabwägung geht zu Lasten der Antragsteller aus. Zwar dürfte der der Beigeladenen erteilte Befreiungsbescheid, der allein Gegenstand des vorliegenden Verfahrens ist, rechtswidrig sein. Nachbarliche Abwehrrechte gegen die strittige Mobilfunkanlage können die Antragsteller nach der im vorliegenden Verfahren nur möglichen und gebotenen summarischen Prüfung der Sach- und Rechtslage hieraus jedoch nicht herleiten.

Allerdings spricht alles dafür, daß das Verwaltungsgericht die strittige Mobilfunkanlage zu Recht als fernmeldetechnische Nebenanlage i. S. von § 14 Abs. 2 Satz 2 BauNVO angesehen hat. Eine solche liegt vor, wenn die in Rede stehende Anlage bezogen auf das gesamte infrastrukturelle Versorgungsnetz eine untergeordnete Funktion hat, mithin von ihrer Funktion und Bedeutung her nicht so gewichtig ist, daß sie als eigenständig und damit Hauptnutzung anzusehen ist (vgl. Nds. OVG, Beschluß v. 6. 12. 2004 – 1 ME 256/04 –, JURIS = BauR 2005, 975 = ÖffBauR 2005, 34; Hess. VGH, Urteil v. 6. 12. 2004 – 9 UE 2582/03 –, BauR 2005, 983 = ZfBR 2005, 278, 280; König/Roeser/Stock, BauNVO, 2. Aufl. 2003, § 14 Rdnr. 30/35).

Diese Voraussetzung dürfte bei der strittigen Anlage zu bejahen sein.

Es handelt sich bei der von der Beigeladenen bereits errichteten Anlage um eine sog. Basisstation (Node B) für das im Aufbau befindliche UMTS-Netz. In diesem Netz ist jede Basisstation der Kern einer Mobilfunkzelle, wobei innerhalb der Reichweite der Antenne der Basisstation Kontakt des Nutzers zum Mobilfunknetz besteht. Dabei sind alle Mobilfunknetze im Gegensatz zur Festnetztelefonie dadurch gekennzeichnet, daß durch die kabellose Verbindung zum nächstgelegenen Antennenstandort (der jeweiligen Basisstation) die Möglichkeit besteht, sich frei und ohne Unterbrechung der Verbindung bewegen zu können. Demgemäß müssen beim Verlassen einer Mobilfunkzelle die Verbindungen an die angrenzende Nachbarfunkzelle – für den Teilnehmer unbemerkt – übergeben werden (sog. „Handover"). Während in den bisherigen GSM-Netzen des Mobilfunks dies als „Hard-Handover" in der Form erfolgt, daß die eine Verbindung zur zunächst genutzten Basisstation getrennt und sodann die Verbindung zur nächsten Basisstation aktiviert, mithin „hart" umgeschaltet wird, ist das im Aufbau befindliche UMTS-Netz durch „Soft-Handover" gekennzeichnet. Der Nutzer steht mit dem Netz zumeist nicht nur über eine Verbindung mit der nächstgelegenen Basisstation in Kontakt, sondern ist zudem gleichzeitig mit einer oder sogar zwei Nachbarzellen verbunden. Hierdurch soll auch in schwierigem Gelände oder in Städten eine gute Qualität der Verbindung und Erreichbarkeit garantiert und zugleich gesichert werden, daß bei plötzlichem Verlust des Kontaktes zu einer Basisstation die Verbindung weiter besteht. Bei mobilen Nutzern wird hiernach, schon lange bevor diese den Bereich der Zelle einer Basisstation verlassen, eine weitere Verbindung zu einer für sie qualitativ akzeptablen Nachbarzelle hergestellt und erst nach einiger Zeit und evtl. schon nach tiefem Vordringen in die Nachbarzelle die Verbindung zu der vorhergehenden Basisstation getrennt (vgl. zu alledem S. 22 ff. der vom Bayerischen Staatsministerium für Landesentwicklung und Umweltfragen im Juni 2003 herausgegebenen „Grundinformation zur neuen Mobilfunkgeneration UMTS", im Internet als PDF-Datei abrufbar unter www.stmugv.bayern.de/de/elektrosmog/umts.pdf).

Angesichts dieser Funktion der einzelnen Basisstationen im hier allein betrachteten UMTS-Netz, das sich hinsichtlich der Netzkonzeption – wie dargelegt – nur teilweise von anderen Mobilnetzen unterscheidet, spricht alles dafür, daß die jeweilige Basisstation jedenfalls als fernmeldetechnische Nebenanlage i. S. von § 14 Abs. 2 Satz 2 BauNVO zu qualifizieren ist. Dies gilt jedenfalls dann, wenn – wie im vorliegenden Fall – die Basisstation nur die Antenne einer solchen Mobilfunkzelle bildet, die im Gesamtnetz als sog. Mikrozelle fungiert, von denen etliche tausend Zellen das UMTS-Netz bilden (zur Unterscheidung zwischen Makro-, Mikro- und Pikozellen des UMTS-Netzes vgl. S. 9 und zum Bedarf an UMTS-Basisstationen allein in Bayern vgl. S. 10 der bereits angesprochenen „Grundinformation zur neuen Mobilfunkgeneration UMTS").

Eine solche Funktion hat die strittige Basisstation mit einer Reichweite von wenigen hundert Metern bis zu ca. 2 Kilometern, wobei die Größe der von ihr gebildeten Mikrozelle nicht statisch festliegt, sondern jeweils von der aktuell gegenwärtigen Lastsituation abhängt (zu diesem Phänomen des sog. „Cell-Breathing" vgl. S. 25 der bereits angesprochenen „Grundinformation zur neuen Mobilfunkgeneration UMTS").

Insoweit ist eine einzelne Basisstation kein unverzichtbarer Bestandteil des Mobilfunknetzes. Zum einen hat sie ohne die anderen existierenden Basisstationen keine Funktion. Zum anderen bliebe das Mobilfunknetz als solches auch bei hinweggedachten einzelnen Basisstationen funktionsfähig. Der einzelnen Basisstation kommt nur eine Hilfsfunktion zu, die der eines Telefonverteilerkastens einschließlich der von diesem zu den Nutzern führenden Leitungen entspricht (vgl. auch Hess. VGH, Urteil v. 6. 12. 2004 – 9 UE 2582/03 –, a. a. O., unter Bezugnahme auf OVG Hamburg, Beschluß v. 8. 12. 2003 – 2 Bs 439/03 –, NordÖR 2004, 110 = JURIS).

Für fernmeldetechnische Nebenanlagen i. S. von § 14 Abs. 2 Satz 2 BauNVO kommt es ferner nicht darauf an, daß sie wie Nebenanlagen i. S. von § 14 Abs. 1 BauNVO (vgl. hierzu grundlegend BVerwG, Urteil v. 28. 4. 2004 – 4 C 10.03 –, BauR 2004, 1567 = NVwZ 2004, 1244, sowie Urteil v. 28. 4. 2004 – 4 C 12.03 –, JURIS) nicht nur in ihrer Funktion, sondern auch räumlich-gegenständlich dem primären Nutzungszweck der in dem Baugebiet gelegenen Grundstücke sowie der diesem Nutzungszweck entsprechenden Bebauung dienend zugeordnet und untergeordnet sind. § 14 Abs. 2 Satz 2 BauNVO fordert mit der Verweisung auf Satz 1 der genannten Vorschrift lediglich, daß die fernmeldetechnische Nebenanlage „der Versorgung der Baugebiete" dient, mithin – wie insbesondere aus dem Plural „Baugebiete" folgt – nicht allein des Gebiets, in dem sich die betreffende Nebenanlage befindet (vgl. König/Roeser/Stock, a. a. O., § 14 Rdnr. 31; Bielenberg, in: Ernst/Zinkahn/Bielenberg, BauNVO, Stand: November 1995, § 14 Rdnr. 27).

Daß eine solche dienende Funktion hier vorliegt, unterliegt keinem Zweifel.

Ob sich im Einzelfall bei Mobilfunkstationen auch die Frage ihrer Qualifizierung als Nebenanlage i. S. von § 14 Abs. 1 BauNVO stellen kann, bedarf im vorliegenden Fall keiner Erörterung.

Nicht unproblematisch erscheint, ob bei der Beurteilung einer konkreten Anlage als fernmeldetechnische Nebenanlage i. S. von § 14 Abs. 2 Satz 2 BauNVO im Hinblick auf den Begriff „Neben"anlage zumindest darauf abzustellen ist, daß das betreffende Objekt den Hauptanlagen im Gebiet nicht gleichwertig erscheinen oder diese gar optisch verdrängen darf (so Hess. VGH, Urteil v. 6. 12. 2004 – 9 UE 2582/03 –, a. a. O., m. w. N.).

Zwar hat der Verordnungsgeber bei der Ergänzung des § 14 Abs. 2 BauNVO durch die 4. Verordnung zur Änderung der Baunutzungsverordnung v. 23. 1. 1990 (BGBl. I, 127) ausdrücklich nur Baukörper wie „Kabinen für Fernsehumsetzer und Breitbandverteilungsanlagen sowie kleinere eingeschossige Fernmeldegebäude" benannt (vgl. die amtliche Begründung zur Novellierung der BauNVO in BR-Drucks. 354/89, S. 57).

Daraus läßt sich jedoch nicht ohne weiteres der Schluß ziehen, die Eigenschaft einer konkreten Anlage als „fernmeldetechnische" Nebenanlage hänge auch davon ab, welche Dimension diese Anlage im Verhältnis zu der in ihrer Umgebung konkret vorhandenen sonstigen baugebietskonformen Bebauung mit Hauptnutzungen hat. Diese Bebauung kann – je nach der individuellen Struktur des jeweiligen Baugebiets – auch dann, wenn es sich um ein reines oder allgemeines Wohngebiet handelt, mehr oder weniger unterschiedlich oder gar diffus sein, so daß häufig nicht feststellbar ist, welchen baulichen Anlagen die fernmeldetechnische Nebenanlage im angesprochenen Sinne „gleichwertig" sein muß. Demgegenüber spricht alles dafür, die Dimensionen der konkreten Anlage bei der Beurteilung, ob eine fernmeldetechnische Nebenanlage vorliegt, allenfalls dann in den Blick zu nehmen, wenn diese Anlage sich durch ein außergewöhnliches Erscheinungsbild auszeichnet. So kann es bedenklich erscheinen, ein Fernmeldedienstgebäude mit einer Sendefunkanlage, dessen Antennenanlage eine Höhe von 50 m erreicht, noch als fernmeldetechnische Nebenanlage i. S. von § 14 Abs. 2 Satz 2 BauNVO anzusehen (in diesem Sinne für ein Mischgebiet BayVGH, Beschluß v. 8. 7. 1997 – 14 B 93.3102 –, BRS 59 Nr. 181).

Einer abschließenden Entscheidung dieser Frage bedarf es im vorliegenden Fall jedoch nicht, weil von einer solchen außergewöhnlichen Anlage hier keine Rede sein kann. Der insgesamt knapp 10 m hohe Mast der strittigen Anlage soll im Dachbereich der an das Wohnhaus der Antragsteller unmittelbar angrenzenden Doppelhaushälfte verankert werden, die – wie die andere Doppelhaushälfte der Antragsteller – eine Firsthöhe von ca. 8 m aufweist. Dabei soll der über die Dacheindeckung hinausreichende sichtbare Teil des Mastes eine Höhe von insgesamt 7,60 m haben. Im oberen Bereich des Mastes, an dem entlang Kabel zu dem im rückwärtigen Bereich des Grundstücks im Freien aufzustellenden Technikraum (Höhe ca. 2 m; Breite ca. 2,70 m; Tiefe deutlich unter 1 m) geführt werden, sollen drei D1-Antennen angebracht werden, die insgesamt einen 1,30 m hohen nahezu kreisförmigen Bereich mit einem Durchmesser von rd. 0,5 m bilden. Angesichts dieser Dimensionen besteht bei der hier nur möglichen summarischen Prüfung kein

Zweifel, daß die strittige Anlage auch mit Blick auf die in der Umgebung tatsächlich vorhandenen Hauptnutzungen noch als „Neben"anlage erscheint. Ob sie als solche unter Berücksichtigung der genannten Dimensionen an ihrem konkreten Standort zulässig ist, ist im Nachfolgenden im Hinblick auf die Voraussetzungen für die Zulassung einer Ausnahme nach § 14 Abs. 2 Satz 2 BauNVO noch zu erörtern.

Spricht hiernach alles dafür, die strittige Anlage als eine fernmeldetechnische Nebenanlage i. S. von § 14 Abs. 2 Satz 2 BauNVO anzusehen, ist für die vom Antragsgegner erteilte Befreiung nach § 31 Abs. 2 BauGB allerdings kein Raum. Die Anlage liegt unstreitig in einem faktischen reinen Wohngebiet. Auch in einem solchen kann sie gemäß § 14 Abs. 2 Satz 2 i. V. m. Satz 1 BauNVO als Ausnahme gemäß § 31 Abs. 1 BauGB zugelassen werden. Mit der Aufnahme der fernmeldetechnischen Nebenanlagen in den Katalog der nach der genannten Vorschrift zulässigen Ausnahmen hat der Verordnungsgeber der BauNVO auch den Grundeigentümern in reinen Wohngebieten zugemutet, die Errichtung solcher Anlagen in ihrer Nachbarschaft ausnahmsweise hinzunehmen. Der besonderen Voraussetzungen für die Erteilung einer Befreiung nach § 31 Abs. 2 BauGB (vgl. hierzu BVerwG, Beschluß v. 5. 3. 1999 – 4 B 5.99 –, BRS 62 Nr. 99 = BauR 1999, 1280) bedarf es für die materielle Zulässigkeit von fernmeldetechnischen Nebenanlagen hiernach nicht. Anderes mag dann gelten, wenn die konkrete Mobilfunkstation auf Grund ihrer speziellen Netzfunktion über die Bedeutung einer bloßen Nebenanlage hinausgeht, wofür im vorliegenden Fall – wie dargelegt – jedoch nichts ersichtlich ist.

Aus dem Umstand, daß die strittige Befreiung vom Antragsgegner zu Unrecht erteilt sein dürfte, folgt jedoch noch nicht, daß den Antragstellern bereits deswegen ein nachbarliches Abwehrrecht gegen die ersichtlich von einer Baugenehmigung freigestellte Mobilfunkstation (vgl. § 65 Abs. 1 Nr. 18 BauO NRW; diese Freistellung von „Sendeanlagen einschließlich der Masten mit einer Höhe bis zu 10,0 m" erfaßt neben dem eigentlichen Antennenmast mit Leitungen auch den im Garten des Nachbargrundstücks der Antragsteller im Freien errichteten Technikraum als Bestandteil der Sendeanlage) zusteht. Ein solches scheidet regelmäßig aus, wenn die materielle Legalität der betreffenden Anlage ohne weiteres durch die – hier während des Beschwerdeverfahrens auch erfolgte – Erteilung der erforderlichen Ausnahme nach § 31 Abs. 1 BauGB ohne Verstoß gegen subjektive Rechte des betreffenden Nachbarn herbeigeführt werden kann. Dies ist im vorliegenden Verfahren bei der hier nur möglichen und gebotenen summarischen Prüfung der Sach- und Rechtslage hinreichend wahrscheinlich. Es sind keine durchgreifenden Anhaltspunkte dafür ersichtlich, daß die erforderliche Ausnahme nicht erteilt werden kann und der zwischenzeitlich erteilte Ausnahmebescheid vom 24. 1. 2005 deshalb rechtlichen Bedenken unterliegt.

Zutreffend weisen die Beschwerdeführer darauf hin, daß die Versagung einer gesetzlich vorgesehenen Ausnahme nach § 31 Abs. 1 BauGB, auch wenn ihre Erteilung im Ermessen der Behörde steht, nur aus städtebaulichen Gründen in Betracht kommt (vgl. VGH Bad.-Württ., Urteil v. 19. 11. 2003 – 5 S 2726/02 –, BRS 66 Nr. 75 = BauR 2004, 1909; Söfker, in: Ernst/Zinkahn/Bielenberg, BauGB, Stand: Februar 1999, § 31 Rdnr. 26).

Bauordnungsrechtliche Aspekte, namentlich der Gesichtspunkt einer verunstaltenden Wirkung i. S. von § 12 Abs. 1 und 2 der hier einschlägigen BauO NRW, können die Versagung einer Ausnahme nach § 31 Abs. 1 BauGB mithin nicht rechtfertigen. Dementsprechend ist in der bereits angesprochen Amtlichen Begründung zur Novellierung der Baunutzungsverordnung durch Einfügung des neuen Satzes 2 in § 14 Abs. 2 BauNVO (vgl. BR-Drucks. 354/89, S. 57) ausdrücklich ausgeführt: „Im Rahmen der Ermessensentscheidung finden – wie bei den übrigen Nebenanlagen nach § 14 Abs. 2 auch – die städtebaulichen Erfordernisse, wie z. B. die Einpassung in die Gebietsstruktur, Vermeidung einer Beeinträchtigung des Ortsbilds und der historischen Struktur, Berücksichtigung."

Des weiteren bleibt für die Ausübung negativen Ermessens bei der Entscheidung über eine Ausnahme wenig Raum, wenn die Voraussetzungen für ihre Erteilung gegeben sind (zur vergleichbaren Situation bei Befreiungen nach § 31 Abs. 2 BauGB vgl. BVerwG, Urteil v. 19. 9. 2002 – 4 C 13.01 –, BRS 65 Nr. 74 [S. 369] = BauR 2003, 488).

Liegen konkret keine städtebaulichen Gründe für eine Versagung der Ausnahme vor, bei deren Prüfung auch die jeweilige spezielle örtliche Situation von Bedeutung ist, dürfte die Ausnahme daher regelmäßig zu erteilen sein.

Bei der Entscheidung über die Erteilung einer Ausnahme nach § 31 Abs. 1 BauGB können des weiteren die auch die Bauaufsichtsbehörden bindenden normativen Vorgaben nicht vernachlässigt werden. Dazu gehören im hier interessierenden Bereich der Telekommunikation insbesondere die von der Beigeladenen zu Recht betonten verfassungsrechtlichen Vorgaben des Art. 87 f Abs. 1 GG. Hiernach gewährleistet der Bund nach Maßgabe eines zustimmungspflichtigen Bundesgesetzes im Bereich des Postwesens und der Telekommunikation „flächendeckend angemessene und ausreichende Dienstleistungen" (zur Bedeutung dieser verfassungsrechtlichen Vorgabe im Rahmen der – im vorliegenden Verfahren allerdings nicht einschlägigen – Erteilung einer Befreiung vgl. auch OVG Rh.-Pf., Urteil v. 7. 8. 2003 – 1 A 10196/03 –, JURIS = ZfBR 2004, 184 [nur Leitsatz]).

Dies bedeutet, wie der Senat klarstellend anmerkt, allerdings nicht, daß den Betreibern der Mobilfunknetze damit gleichsam ein Freibrief erteilt worden ist, die konkrete Konzeption und Ausgestaltung ihres Netzes, die aufwändiger rechnergesteuerter Analysen und Simulationen bedarf (vgl. hierzu S. 8 der bereits angesprochenen „Grundinformation zur neuen Mobilfunkgeneration UMTS"), ausschließlich an einer Optimierung funktechnischer und betriebswirtschaftlicher Gesichtspunkte auszurichten. Dies gilt auch im Hinblick auf eine eventuelle Koordination bei der Ausgestaltung mehrerer unabhängig voneinander betriebener Netze unterschiedlicher Betreiber, namentlich wenn bei einer unkoordinierten (isolierten) Ausgestaltung der jeweiligen Netze in bestimmten Bereichen die Gefahr besteht, daß diese gleichsam mit einem „Antennenwald" überzogen werden. Die Netzbetreiber haben mithin nicht etwa generell einen Anspruch darauf, Netzelemente wie Basisstationen stets an den von ihnen individuell als zweckmäßig und – auch unter wirtschaftlichen Gesichtspunkten – sinnvoll erscheinenden Standorten zu errichten. Eine Umdeutung der „Kann-Vorschrift" des § 31 Abs. 1 BauGB in eine

„Muß-Vorschrift", wie die Beigeladene im Beschwerdeverfahren wohl vorträgt, ist auch verfassungsrechtlich nicht geboten (vgl. Söfker, in: Ernst/Zinkahn/Bielenberg, a. a. O.).

Konkret können bei der Entscheidung über die Erteilung von Ausnahmen, wie noch anzusprechen ist, neben objektiv-rechtlichen städtebaulichen Aspekten auch Gesichtspunkte des Nachbarschutzes insbesondere im Rahmen des Gebots der Rücksichtnahme nach § 15 BauNVO (vgl. hierzu BVerwG, Urteil v. 5. 8. 1983 – 4 C 96.79 –, BRS 40 Nr. 4 = BauR 1983, 543, und Urteil v. 19. 9. 1986 – 4 C 8.84 –, BRS 46 Nr. 173 = BauR 1987, 70) nicht vernachlässigt werden.

Gemessen an diesen Maßstäben liegt hier bei summarischer Prüfung allerdings kein Anhalt dafür vor, daß der Beigeladenen für die strittige Anlage keine Ausnahme nach § 31 Abs. 1 BauGB erteilt werden könnte, der zwischenzeitlich ergangene Ausnahmebescheid vom 24. 1. 2005, der nicht unmittelbar Gegenstand des vorliegenden Verfahrens ist, mithin ersichtlich gleichfalls rechtswidrig wäre.

In städtebaulicher Hinsicht gilt auch für die Erteilung von Ausnahmen nach § 14 Abs. 2 Satz 2 BauNVO der generell für Ausnahmen geltende Grundsatz, daß Nutzungen, die nach der allgemeinen Wertentscheidung des Verordnungsgebers in bestimmten Baugebieten ausnahmsweise zugelassen werden können, konkret dann nicht zulässig sind, wenn sie den Gebietscharakter des betreffenden Baugebiets gefährden und damit gebietsunverträglich sind. Das ist insbesondere der Fall, wenn das Vorhaben – bezogen auf den Gebietscharakter des betreffenden Baugebiets – auf Grund seiner typischen Nutzungsweise störend wirkt. Dies trifft für Wohngebiete namentlich dann zu, wenn die betreffende Anlage „Unruhe" in das Gebiet bringt und regelhaft erhebliche Auswirkungen auf die im betreffenden Baugebiet erstrebte gebietsbezogene Wohnruhe hat (vgl. zur ausnahmsweisen Zulässigkeit von Anlagen für Verwaltungen in allgemeinen Wohngebieten BVerwG, Urteil v. 21. 3. 2002 – 4 C 1.02 –, BRS 65 Nr. 63 = BauR 2002, 1497).

Hierfür liegt im vorliegenden Fall der Errichtung einer Basisstation des künftigen UMTS-Netzes in einem faktischen reinen Wohngebiet allerdings kein konkreter Anhalt vor.

Auch wenn eine Basisstation des Mobilfunknetzes einer regelmäßigen Wartung bedarf und in Störfällen von dem erforderlichen Personal für Reparaturarbeiten angefahren werden muß, können die damit verbundenen, „Unruhe" erzeugenden Fahrvorgänge und sonstigen Aktivitäten nicht als in einem reinen Wohngebiet „gebietsunverträglich" angesehen werden. Sie unterscheiden sich nicht grundlegend von dem, was auch bei einer Wohnnutzung gelegentlich an Wartungs- und Reparaturarbeiten an technischen Einrichtungen (z. B. Heizungsanlagen, Solaranlagen u. a. m.) anfällt. Störungen durch sonstige Immissionen scheiden – abgesehen von den gesondert noch anzusprechenden Immissionen durch Strahlungen – ersichtlich von vornherein aus. Schließlich können auch optische Auswirkungen durch die konkrete Gestaltung der Anlage nicht als Störung in dem hier in Rede stehenden Kontext gewertet werden. Dem Bauplanungsrecht unterfallen die optisch relevanten gestalterischen Wirkungen bestimmter baulicher Anlagen nur insoweit, als sie in

Beziehung zu dem – nachfolgend noch anzusprechenden – städtebaulichen Kriterium des Ortsbilds i. S. von § 1 Abs. 5 Satz 2 Nr. 4 (jetzt: § 1 Abs. 6 Nr. 5) bzw. § 34 Abs. 1 Satz 2 BauGB stehen (vgl. OVG NRW, Beschluß v. 9. 1. 2004 – 7 B 2482/03 –, BauR 2004, 792 = NVwZ-RR 2004, 481).

Die von dem Vorhaben ausgehende Strahlenbelastung, die von den Antragstellern in den Vordergrund ihrer Einwände gegen das strittige Vorhaben gestellt wird, rechtfertigt es nicht, die Erteilung einer Ausnahme zu versagen. Insoweit entspricht es bundesweit gefestigter Rechtsprechung, daß bei Einhaltung der Grenzwerte der 26. BImSchV nicht davon ausgegangen werden kann, daß die menschliche Gesundheit – auch und gerade der in der Nachbarschaft von Mobilfunkanlagen Wohnenden – völlig unzureichend geschützt wäre (vgl. BVerfG, Beschlüsse v. 28. 2. 2002 – 1 BvR 1676/01 –, BRS 65 Nr. 178 = BauR 2002, 1222 und v. 8. 12. 2004 – 1 BvR 1238/04 –, NVwZ-RR 2005, 227; ebenso BGH, Urteil v. 13. 2. 2004 – V ZR 217/03 –, NVwZ 2004, 1019 = BauR 2005, 74; OVG NRW, Urteil v. 8. 10. 2003 – 7 A 1397/02 –, BRS 66 Nr. 92 = BauR 2004, 649 und Beschluß v. 25. 2. 2003 – 10 B 2417/02 –, BRS 66 Nr. 89 = BauR 2003, 1011, u. a. m.).

Der Vortrag der Antragsteller gibt keinen Anlaß zu einer anderweitigen Wertung. Insoweit ist zu ihren Ausführungen, die Sicherheitsabstände lägen „unstreitig im Bereich des Wohngebäudes der Antragssteller", lediglich anzumerken, daß die nach der 26. BImSchV erforderlichen Sicherheitsabstände der strittigen Anlage nach der von der Beigeladenen vorgelegten Standortbescheinigung der Regulierungsbehörde für Telekommunikation und Post sich weit oberhalb des Firstes des Doppelhauses befinden, dessen eine Hälfte im Eigentum der Antragsteller steht und auf dessen anderer Hälfte die strittige Anlage errichtet ist.

Im Hinblick auf das optische Erscheinungsbild der strittigen Anlage, das durch das dem Senat vorgelegte Lichtbildmaterial anschaulich verdeutlicht wird, mag durchaus die Wertung angezeigt sein, der im hier gegebenen Umfeld auffällig in Erscheinung tretende Antennenmast mit seiner sichtbaren Höhe von 7,60 m wirke mit Rücksicht auf die geringe Größe des zur Hälfte den Antragstellern gehörenden Doppelhauses mit seiner Firsthöhe von lediglich 8 m „deplaziert" und „überdimensioniert" (so zu einer vergleichbaren Fallkonstellation Nds. OVG, Beschluß v. 6. 12. 2004 – 1 ME 256/04 –, a. a. O.).

Unter den hier ausschließlich relevanten städtebaulichen Kriterien läßt sich aus diesen optischen Wirkungen der Anlage ein Grund für die Versagung einer Ausnahme nach Aktenlage jedoch gleichfalls nicht herleiten.

Soweit eine Beeinträchtigung des Ortsbilds in Betracht zu ziehen ist, kommt es nicht, wie etwa nach den bauordnungsrechtlichen Vorschriften, die sich auf die Gestaltung des jeweiligen Bauwerks beziehen, darauf an, daß das Bauwerk selbst nicht „unschön" sein und auch nicht seine Umgebung durch „Unschönheit" stören soll. Maßgeblich für eine unter dem in städtebaulicher Hinsicht bauplanungsrechtlich relevanten Kriterium der Ortsbildbeeinträchtigung ist vielmehr das Erscheinungsbild eines größeren Bereichs der Gemeinde und die Frage, ob das Vorhaben sich in diese weite Umgebung einpaßt (vgl. BVerwG, Urteil v. 11. 5. 2000 – 4 C 14.98 –, BRS 63 Nr. 105 = BauR 2000, 1848).

Bezogen hierauf ist nach Aktenlage – abgesehen davon, daß die Antragsteller aus einer eventuellen Beeinträchtigung des Ortsbilds ohnehin keine nachbarlichen Abwehrrechte herleiten könnten – nichts für eine relevante Beeinträchtigung erkennbar. Dabei ist zum einen zu berücksichtigen, daß die strittige Antennenanlage, mag sie bei isolierter Betrachtung im Kontext mit dem Doppelhaus, auf dem sie errichtet ist, auch deplatziert wirken, ersichtlich keinen hinreichend negativen Einfluß auf das in den Blick zu nehmende großräumige Erscheinungsbild des hier betroffenen Ortsteils hat. Des weiteren kann nicht vernachlässigt werden, daß auch in reinen Wohngebieten der hier in Rede stehenden Struktur technische Anlagen, die in der jeweiligen Dachlandschaft optisch auffällig in Erscheinung treten, zunehmend zum „Ausstattungsstandard" gehören. Hierzu zählen etwa (häufig auch mehrfach angebrachte) schüsselförmige Satellitenantennen für den Empfang von Rundfunk- und Fernsehprogrammen sowie die inzwischen auch auf älteren Bauten immer mehr angelegten großflächigen und dementsprechend auffällig in das Blickfeld tretenden Anlagen zur Nutzung von Solarenergie. Ob und unter welchen Voraussetzungen eine andere Wertung dann in Betracht kommt, wenn etwa durch den Aufbau mehrerer unabhängiger Mobilfunknetze oder eine sonstige Häufung von Sendeanlagen die bereits angesprochene Gefahr des Entstehens eines „Antennenwalds" besteht, bedarf aus Anlaß des vorliegenden Verfahrens keiner weiteren Erörterung.

Die Versagung einer Ausnahme kommt hier ersichtlich auch nicht deshalb in Betracht, weil durch die ausnahmsweise Zulassung der strittigen Anlage der Gebietscharakter des hier betroffenen faktischen reinen Wohngebiets verfälscht würde, indem das Regel-Ausnahme-Verhältnis in eine Schieflage gebracht würde (vgl. Roeser, in: Berliner Kommentar zum BauGB, 3. Aufl., Stand: Juli 2004, Rdnr. 7 zu §31; Reidt, in: Gelzer/Bracher/Reidt, Bauplanungsrecht, 7. Aufl. 2004, Rdnr. 1262 und 1698).

Von einer Massierung von Mobilfunkmasten und vergleichbaren Sendeanlagen, die als gewerbliche Nutzungen das hier betroffene Wohngebiet deutlich (mit) prägen, kann keine Rede sein. Ebenso wenig hat die hier strittige Anlage ein so prägendes städtebauliches Gewicht, daß sie im dargelegten Sinne den Gebietscharakter des faktischen reinen Wohngebiets verfälschen würde.

Schließlich ist auch sonst nichts dafür erkennbar, daß die strittige Anlage unter städtebaulich relevanten Aspekten den Antragstellern gegenüber rücksichtslos sein könnte. Dies gilt namentlich auch für den Aspekt einer erdrückenden Wirkung. Zwar ist anerkannt, daß im Einzelfall bauliche Anlagen, selbst wenn sie – wie die strittige Anlage – die bauordnungsrechtlichen Abstandvorschriften nicht verletzen, rücksichtslos sein und deshalb bauplanungsrechtlich begründete Abwehrrechte auslösen können (vgl. etwa zu einem 18 m hohen ausfahrbaren Stahlgittermast mit Antenne eines Funkamateurs, der praktisch „über den Köpfen" der sich unmittelbar daneben aufhaltenden Nachbarn errichtet worden ist OVG NRW, Urteil v. 27.7.2000 – 7 A 3558/96 –, BRS 63 Nr. 148 = BauR 2001, 232).

Für eine solche Fallgestaltung ist hier angesichts des Umstands, daß die strittige Anlage auf dem Dach der dem Wohnhaus der Antragsteller benachbarten Doppelhaushälfte errichtet und deutlich vom freien Aufenthaltsbereich des Grundstücks der Antragsteller abgerückt ist, jedoch nichts ersichtlich.

Spricht hiernach alles dafür, daß die strittige Anlage als fernmeldetechnische Nebenanlage i. S. von § 14 Abs. 2 Satz 2 BauNVO durch die – zwischenzeitlich auch erfolgte – Erteilung einer Ausnahme ohne Verletzung von Rechten der Antragsteller legalisiert werden kann, besteht kein Anlaß, die aufschiebende Wirkung ihres Widerspruchs gegen den ersichtlich zu Unrecht erteilten Befreiungsbescheid des Antragsgegners anzuordnen. Bei dieser Sachlage ist auch kein Raum für die von den Antragstellern im Beschwerdeverfahren erstmals begehrte Anordnung von Maßnahmen zur Sicherung ihrer Rechte.

Nr. 85

Mobilfunk-Basisstationen sind Teile gewerblicher Hauptanlagen im Sinne der Baunutzungsverordnung und können gleichzeitig fernmeldetechnische Nebenanlagen nach § 14 Abs. 2 Satz 2 BauNVO 1990 sein.

BayBO Art. 63 Abs. 1 Satz 1 Nr. 4 Buchst. a, Art. 70 Abs. 3, Art. 81 Abs. 1 Satz 1; BauGB §§ 9 Abs. 1 Nr. 4, 31 Abs. 2; BauNVO 1977 §§ 5 Abs. 2 Nr. 7, 14; BauNVO 1990 § 14 Abs. 2 Satz 2.

Bayerischer VGH, Urteil vom 1. Juli 2005 – 25 B 01.2747 – (rechtskräftig).

(VG Würzburg)

Der Rechtsstreit betrifft die Baueinstellung einer Mobilfunksendeanlage.

Die Rechtsvorgängerin der Klägerin hatte mit der Errichtung der Anlage auf einer Scheune im Ortsbereich der Gemeinde begonnen. Die Anlage soll aus zwei Antennen, welche den Dachfirst um ca. 6,90 m überragen und eine konstruktive Gesamtlänge von 9,50 m aufweisen, sowie einem in die Scheune eingebauten, ausschließlich von außen zugänglichen Betriebsraum bestehen. Kurz vor Fertigstellung der Anlage stellte das Landratsamt nach Hinweisen von Anliegern und auf Bitte der Gemeinde mit Bescheid vom August 2000 unter Anordnung der sofortigen Vollziehung und Androhung eines Zwangsgelds den Bau ein. Das Vorhaben bedürfe zwar keiner Baugenehmigung, aber einer bisher nicht beantragten selbstständigen Befreiung von den Festsetzungen des maßgeblichen Bebauungsplans, werde also im Widerspruch zu öffentlich-rechtlichen Vorschriften errichtet. Der unter Geltung der BauNVO 1977 erlassene Bebauungsplan setze für das Baugrundstück Dorfgebiet fest. Mobilfunkanlagen seien dort nicht allgemein zulässig, es handele sich dabei auch nicht um einen Gewerbebetrieb. Als fernmeldetechnische Nebenanlage diene sie nicht lediglich dem Nutzungszweck der im Baugebiet gelegenen Grundstücke oder des Baugebiets selbst und sei daher nicht nach § 14 Abs. 1 Satz 1 BauNVO 1977 allgemein zulässig. Zwar wäre sie gemäß § 14 Abs. 2 Satz 2 BauNVO 1990 ausnahmsweise zulässig, eine solche Bestimmung sei jedoch in dem hier einschlägigen § 14 Abs. 2 BauNVO 1977 nicht enthalten.

Widerspruch, Klage und Berufung der Klägerin blieben erfolglos.

Aus den Gründen:

1. Nach Art. 81 Abs. 1 Satz 1 BayBO kann die Bauaufsichtsbehörde die Einstellung der Arbeiten anordnen, wenn Anlagen im Widerspruch zu öffentlich-rechtlichen Vorschriften errichtet oder geändert werden. Dabei genügt

für das Einschreiten nach einhelliger Meinung grundsätzlich bereits allein die formelle Illegalität der Bauarbeiten (vgl. Jäde, in: Jäde/Dirnberger/ Bauer/Weiß, BayBO, Art. 81 Rdnr. 1 m. w. N.). Ein solcher Fall war bei der streitgegenständlichen Mobilfunkanlage gegeben.

a) Die Beteiligten gehen übereinstimmend davon aus, dass die Mobilfunkanlage nach Art. 63 Abs. 1 Satz 1 Nr. 4 Buchst. a BayBO keiner Baugenehmigung bedarf. Diese Vorschrift gilt für Antennen einschließlich der Masten bis zu einer Höhe von 10 m und zugehöriger Versorgungseinheiten mit einem Rauminhalt bis zu 10 m³ sowie, soweit sie auf oder an einer bestehenden baulichen Anlage errichtet werden, die damit verbundene Änderung der Nutzung oder der äußeren Gestalt der Anlage. Die erste Voraussetzung einer Antennenhöhe von maximal 10 m wird augenscheinlich eingehalten, auch wenn es dafür – da sich die Höhenbegrenzung ausschließlich aus statisch-konstruktiven Erwägungen heraus ergibt (vgl. Dirnberger, in: Jäde/Dirnberger/Bauer/ Weiß, BayBO, Art. 63 Rdnr. 98) – nicht allein auf den sichtbaren oder den den Dachfirst überragenden Anteil der Konstruktion ankommen dürfte, sondern auf deren Gesamthöhe. Diese beträgt aber nach den von der Klägerin vorgelegten Konstruktionsplänen insgesamt 9,50 m bis zur Verankerung in der Dachkonstruktion und liegt damit noch unterhalb der 10-m-Grenze. Zweifel bestehen aber daran, ob die Behauptung der Klägerin zutrifft, der Rauminhalt des Betriebsraums ihrer Mobilfunk-Basisstation betrage weniger als 10 m³. Nach den vorgelegten Konstruktionszeichnungen beträgt die Raumhöhe 2,50 m, die Grundfläche ca. 4,50 m x 2 m, womit der Grenzwert erheblich überschritten wäre. Diese Frage, die in den angefochtenen Bescheiden nicht aufgegriffen wurde, kann auch hier offen bleiben, weil jedenfalls die Annahme der Behörden zutrifft, dass die Klägerin (auch) eine Befreiung gemäß § 31 Abs. 2 BauGB einholen hätte müssen, bevor sie mit den Bauarbeiten beginnt.

b) Unterstellt, die Baugenehmigungspflicht sei gemäß Art. 63 Abs. 1 Satz 1 Nr. 4 Buchst. a BayBO entfallen, so ist nach bayerischem Landesrecht schriftlich die Zulassung einer Abweichung zu beantragen, wenn von den Festsetzungen eines Bebauungsplans abgewichen werden soll (Art. 70 Abs. 3 Satz 1 BayBO). Diese sog. isolierte Abweichung umfaßt insbesondere auch den Regelungsbereich der Befreiung nach § 31 Abs. 2 BauGB und begründet eine eigenständige Genehmigungspflicht. Wer ohne die erforderliche isolierte Abweichung baut, baut formell rechtswidrig mit den oben angesprochenen Konsequenzen für die Baueinstellung (vgl. Jäde, a. a. O., Art. 70 Rdnr. 39). Mit der Errichtung der Mobilfunk-Basisstation durch die Klägerin war ein derartiges ungenehmigtes Abweichen von den Festsetzungen des Bebauungsplans der Gemeinde verbunden.

aa) Die Mobilfunkanlage ist allerdings nach ihrer Art der baulichen Nutzung im Gebiet des Bebauungsplans grundsätzlich allgemein zulässig; insoweit modifiziert der Senat seine im vorläufigen Rechtsschutzverfahren getroffenen Aussagen. Dabei ist daran festzuhalten, dass es sich bei der Mobilfunkbasisstation um eine fernmeldetechnische Nebenanlage i. S. von § 14 Abs. 2 Satz 2 BauNVO 1990 handelt. Für den hier einschlägigen Bebauungsplan, der 1983 ortsüblich bekannt gemacht wurde, entfaltet diese Vorschrift aber keine Wirkung, weil nach § 1 Abs. 3 Satz 2 BauNVO 1977 letztere Fassung zum Bestandteil des Bebauungsplans geworden ist, welche die Ausnahmevorschrift für fernmeldetechnische Nebenanlagen noch nicht enthielt. Die beiden späteren Änderungssatzungen betrafen nur punktuelle Festsetzungen und ließen die Geltung der BauNVO 1977 unberührt. Damit ergibt sich gleichzeitig, dass die Mobilfunkanlage keine Nebenanlage i. S. von § 14 Abs. 2 BauNVO 1977 sein kann, weil dieser Vorschrift die Erweiterung auf fernmeldetechnische Anlagen gerade noch fehlt (BVerwG v. 1. 11. 1999, NVwZ 2000, 680, 681 = BRS 62 Nr. 82 = BauR 2000, 703). Festzuhalten ist schließlich auch daran, dass auf die Mobilfunkanlage auch nicht § 14 Abs. 1 Satz 1 BauNVO 1977 anwendbar ist, weil die Vorschrift nur solche Nebenanlagen meint, deren Funktion sich auf einzelne Baugrundstücke oder auf das konkrete Baugebiet beschränkt (BVerwG, a. a. O.). Das ist bei der Mobilfunkbasisstation nicht der Fall, denn sie dient nicht nur der Versorgung des Baugebiets, sondern der der gesamten Gemeinde und darüber hinaus als Teil eines flächendeckenden Funknetzes dem Betrieb des gesamten Mobilfunkunternehmens.

Die Mobilfunk-Basisstation ist aber als Teil einer gewerblichen Hauptanlage (Hauptnutzung) im Baugebiet allgemein zulässig. Der Bebauungsplan setzt ein Dorfgebiet i. S. von § 5 Abs. 1 BauNVO 1977 fest. Darin sind u. a. sonstige nicht störende Gewerbebetriebe zulässig (§ 5 Abs. 2 Nr. 7 BauNVO 1977). Basisstationen sind Bestandteile eines gewerblich betriebenen Mobilfunknetzes und damit bauplanungsrechtlich als gewerbliche Nutzung zu beurteilen. Wenn sie – wie hier – den Bestimmungen der 26. BImSchV entsprechen, sonstige Immissionen nicht zu erwarten sind und bodenrechtliche Auswirkungen einschließlich derer auf das Ortsbild fern liegen, sind sie als nicht störende Gewerbebetriebe anzusehen (vgl. z. B. OVG NRW v. 9. 1. 2004, ZfBR 2004, 469, 470 f. m. w. N.). Es handelt sich dabei – obwohl gleichzeitig der Begriff der fernmeldetechnischen Nebenanlage i. S. von § 14 Abs. 2 Satz 2 BauNVO erfüllt ist – um Hauptanlagen.

Die Frage ist umstritten (vgl. z. B. Hess. VGH v. 29. 7. 1999, BRS 62 Nr. 83 = BauR 2000, 1162; v. 6. 12. 2004, ZfBR 2005, 278; OVG NRW v. 6. 5. 2005 – 10 B 2622/04 –, BauR 2005, 1284; NdsOVG v. 6. 12. 2004, BauR 2005, 975 = ZfBR 2005, 281; VGH BW v. 19. 11. 2003, ZfBR 2004, 284 = BRS 66 Nr. 75 = BauR 2004, 1909). Das liegt daran, dass das Wort Nebenanlage in der Baunutzungsverordnung mit unterschiedlicher Bedeutung verwandt wird. Grundsätzlich ist zu unterscheiden zwischen Hauptanlagen und Nebenanlagen. Der Begriff der Hauptanlage wird dabei in der Baunutzungsverordnung nicht ausdrücklich verwendet, aber vorausgesetzt. Als Hauptanlage ist eine Anlage anzusehen, die Gegenstand einer planungsrechtlich eigenständigen Regelung i. S. der §§ 2 bis 13 ist (Stock, in: König/Roeser/Stock, BauNVO, 2. Aufl. 2003, § 14 Rdnr. 2 a). Im Gegensatz dazu kommt eine Nebenanlage nicht ohne die Hauptanlage aus, der sie dienen soll. Sie bezieht ihre Daseinsberechtigung allein aus der Existenz einer anderen Anlage, der Hauptanlage. Die Nebenanlage muss gleichsam eine von dem Hauptvorhaben „ausgelagerte" Nutzungsweise bleiben (vgl. BVerwG v. 5. 1. 1999, BRS 62 Nr. 84 = BauR 1999, 732 = NVwZ-RR 1999, 426). Die Begriffe sind damit nicht beliebig gegeneinander austauschbar, eine Anlage kann nicht zugleich Haupt- und Nebenanlage sein (vgl. Stock, a. a. O., § 8 Rdnr. 17 a). In diesem Sinne wird der

Begriff der Nebenanlage in § 14 Abs. 1 BauNVO gebraucht. Einen anderen Sinngehalt hat das Wort in § 14 Abs. 2 BauNVO. Hier betrifft es Teile von Infrastruktursystemen, die über die Grenzen des Baugebiets hinausgehen können. In dieser Spezialregelung, die dazu dient, diesen Infrastruktursystemen einen erleichterten Zugang zu allen Baugebieten zu verschaffen, hat das Wort also in erster Linie einen instrumentell-rechtstechnischen Zweck, der mit dem Begriffsinhalt, der ihm sonst in der Baunutzungsverordnung zukommt, nicht kompatibel ist; ob dem Wort in diesem Zusammenhang auch noch eine Größenbegrenzung des „Anlagenteils" entnommen werden kann (vgl. dazu z. B. Hess. VGH, a. a. O.), kann im vorliegenden Fall als nicht entscheidungserheblich dahinstehen. Daher kann eine Nebenanlage i. S. von § 14 Abs. 2 BauNVO zugleich eine Hauptanlage i. S. des § 14 Abs. 1, der §§ 2 bis 13 und der übrigen Vorschriften der Baunutzungsverordnung sein (vgl. Stock, a. a. O., § 8 Rdnr. 17 a).

Für Mobilfunk-Basisstationen bedeutet das, dass sie – obwohl fernmeldetechnische Nebenanlagen i. S. von § 14 Abs. 2 Satz 2 BauNVO 1990 – (gewerbliche) Hauptanlagen sind (vgl. Stock, a. a. O.). Anders als Werbeanlagen für Fremdwerbung – die selbstständig und isoliert nutzbar sind – stellen sie keine eigenständigen gewerblichen Hauptanlagen dar (vgl. dazu BVerwG v. 3. 12. 1992, BVerwGE 91, 234 = BRS 54 Nr. 126 = BauR 1993, 315.), sind aber als unverzichtbare Betriebsteile Bestandteile der gewerblichen Hauptanlage. Auch die Zulässigkeit des räumlich abgetrennten Betriebsteils ist damit abhängig von der Zulässigkeit der Art des Betriebs im Baugebiet (vgl. zu Lagerplätzen: BVerwG v. 8. 11. 2001, BRS 64 Nr. 71 = BauR 2002, 747; vgl. auch Stock, a. a. O.). Als sonstiger nicht störender Gewerbebetrieb ist die Mobilfunkanlage somit nach § 5 Abs. 2 Nr. 7 BauNVO 1977 hier in dem durch Bebauungsplan festgesetzten Dorfgebiet grundsätzlich zulässig.

bb) Die Mobilfunk-Basisstation durfte aber dennoch nicht ohne eine Befreiung nach § 31 Abs. 2 BauGB errichtet werden, weil sie auf einer Fläche stehen soll, die der Bebauungsplan Nebenanlagen und Garagen vorbehält. Wie dargelegt, stellt das Vorhaben aber weder i. S. von § 14 Abs. 1 noch § 14 Abs. 2 BauNVO 1977 eine Nebenanlage dar, sondern eine gewerbliche Hauptanlage. Weil § 14 Abs. 2 Satz 2 BauNVO 1990 für den Bebauungsplan noch nicht maßgeblich sein konnte, scheidet auch die Annahme aus, die Festsetzung könnte fernmeldetechnische Nebenanlagen im Sinne dieser Vorschrift mit umfassen. Für einen entsprechenden Willen des Normgebers oder ein sonstiges erweiterndes, von der Baunutzungsverordnung 1977 abweichendes Verständnis des Begriffs der Nebenanlage fehlt jeder Anhaltspunkt. Es ist vielmehr davon auszugehen, dass in Vollzug des § 9 Abs. 1 Nr. 4 BauGB dessen noch engerer Begriff der Nebenanlage gemeint ist, der lediglich die auf Grund von Vorschriften außerhalb des BauGB vorgeschriebenen, für die Nutzung von Grundstücken erforderlichen Nebenanlagen einschließt (vgl. Stock, a. a. O., § 14 Rdnr. 6). Ohne eine Befreiung nach § 31 Abs. 2 BauGB in dem nach Art. 70 Abs. 3 Satz 1 BayBO vorgesehenen Verfahren war die Errichtung der Mobilfunkanlage somit zumindest formell rechtswidrig, weshalb die Voraussetzungen einer Baueinstellung gemäß Art. 81 Abs. 1 Satz 1 BayBO vorlagen.

d) Die Bauaufsichtsbehörde hat auch ohne Ermessensfehler gehandelt. Obwohl sie den eigentlichen Grund für die Erforderlichkeit einer Befreiung von Festsetzungen des Bebauungsplans nicht erfaßt hatte, hat sie die wesentlichen Voraussetzungen ihres Eingreifens richtig erkannt. Das war zum einen die Tatsache, dass die Mobilfunkanlage zumindest formell rechtswidrig errichtet wurde, weil es an einer selbstständigen Befreiung von den Festsetzungen des Bebauungsplans fehlte, und zum anderen die Erkenntnis, dass die Sicherung der Planungshoheit der Gemeinde und eines gesetzmäßigen Bauvollzugs eine Baueinstellung im Regelfall gebot. Es ist auch im Ergebnis nicht unverhältnismäßig, den Betreiber eines Mobilfunknetzes bei Errichtung der einzelnen Basisstationen zur Einhaltung des gesetzlich vorgeschriebenen Verfahrens zu zwingen. Auf die Frage, ob möglicherweise ein Anspruch auf Befreiung gegeben ist und wie die Festsetzung der Fläche für Nebenanlagen einschließlich deren Beschränkung auf ein Vollgeschoss im konkreten Bebauungsplan in diesem Zusammenhang zu gewichten sind, kommt es daher im vorliegenden Verfahren nicht weiter an.

Nr. 86

1. **Ein Sonnenschutzdach, das aus einer Metallrahmenkonstruktion und darin geführten beweglichen Bahnen aus Markisenstoff besteht und das einerseits an der Gebäudewand befestigt ist und andererseits von ca. 5 m vor dem Gebäude einbetonierten Metallpfosten getragen wird, ist nach hamburgischem Recht nicht als „Markise" von der Baugenehmigungspflicht freigestellt.**

2. **Als Sonnen- und Wetterschutz für eine zur Gästebewirtung bestimmte Terrassenfläche einer Gaststätte kann ein solches Schutzdach nicht auf der Grundlage von §23 Abs. 5 BauNVO außerhalb einer Baugrenze zugelassen werden.**

HBauO §60 Abs. 1; BaufreistellungsVO; BauNVO §23 Abs. 5.

Hamburgisches OVG, Urteil vom 20. Januar 2005 – 2 Bf 283/03 – (rechtskräftig).

Der Kläger begehrt die Feststellung, daß eine von ihm gewerblich genutzte Anlage keiner Baugenehmigung bedarf, hilfsweise eine Baugenehmigung für die Errichtung dieser Anlage.

Der Kläger betreibt ein Restaurant. Die Gaststätte – welche in einem fünfgeschossigen aus der Gründerzeit stammenden Gebäude untergebracht ist – umfaßt neben den Räumen im Souterrain, wo 60 Gäste Platz finden, auch vorgelagerte Terrassen- und Grünflächen.

Der Bebauungsplan Winterhude 18 von 1985 (GVBl., 139) setzt für das Grundstück allgemeines Wohngebiet (WA 5g) fest. Die überbaubare Fläche wird durch Baugrenzen bestimmt. Die parallel zur S-Straße liegende vordere Baugrenze verläuft in etwa entlang der Gebäudefront.

Die zur S.-Straße ausgerichtete Terrasse, die diese Baugrenze in voller Tiefe überschreitet, wurde als Sommerterrasse 1999 für gewerbliche Zwecke baurechtlich im

Befreiungswege genehmigt. Danach darf die Terrasse – die bis zu 5 Meter tief ist und 30 Gästen Platz bietet – bis etwa 3,50 Meter an die S.-Straße heranreichen. Zwischen der Terrasse und dem Fußweg befinden sich Büsche und eine Hecke.

2000 beantragte die damalige Betreiberin bei der Beklagten eine Baugenehmigung für eine – zu diesem Zeitpunkt bereits errichtete – Anlage, die in den Bauunterlagen als „einfahrbare Pergolamarkise" bezeichnet wird. Sie besteht aus einer Metallrahmenkonstruktion, in welcher ein Dach aus zwei Stoffbahnen mit Hilfe eines Elektromotors ein- und ausgefahren werden kann. Die Anlage, die an der Südwestfront des Hauses mit der Außenwand verschraubt ist, hat eine Tiefe von 5,60 m, ist 11,50 m breit und erreicht an der Wand – über Straßenniveau – eine Höhe von 2,70 m. Zu der Stützkonstruktion gehören auch drei im Boden einbetonierte Rohrsäulen, die etwa 5,20 m von der Hauswand entfernt stehen. Zumindest seitlich können in die Anlage Schutzplanen eingehängt werden.

Die Beklagte lehnte die Erteilung einer Baugenehmigung für die Anlage ab.

Aus den Gründen:

I. 1. Die Anlage erfüllt – unstreitig – die Merkmale einer baulichen Anlage im Sinne der gesetzlichen Definition des § 2 Abs. 1 Satz 1 HBauO und ist als solche genehmigungsbedürftig nach § 60 Abs. 1 HBauO. Eine Genehmigungspflicht entfällt nicht deshalb, weil die Beklagte bereits den Bau der „Sommerterrasse" genehmigt hatte (a)). Die Anlage ist auch nicht nach § 61 HBauO i. V. m. mit den Regelungen der Baufreistellungsverordnung von der Erteilung einer Baugenehmigung freigestellt (b)).

a) Die Anlage ist noch nicht baurechtlich genehmigt worden. Gegenstand der im Befreiungswege nach § 31 Abs. 2 BauGB erteilten Baugenehmigung von 1999 war ausschließlich die aus Waschbetonplatten bestehende „Sommerterrasse" einschließlich der später errichteten Treppenanlage und Stützmauern. Die im Streit befindliche Anlage war hiervon – ausweislich der genehmigten Bauvorlagen – nicht mit umfaßt.

b) Die Anlage bedarf einer baurechtlichen Genehmigung. Sie unterfällt nicht den in Abschnitt XII Nr. 3 der Anlage zur Baufreistellungsverordnung aufgeführten untergeordneten baulichen Anlagen und Bauteilen, wonach Markisen – außer wenn sie gleichzeitig als Werbeanlagen dienen – keiner Baugenehmigung bedürfen.

Die Anlage unterliegt baurechtlich einer einheitlichen Betrachtungsweise. Die aufrollbaren Stoffbahnen und das sie tragende Gestell bilden baulich und funktional eine Einheit. Eine Aufteilung in einen beweglichen Teil (mobiles Sonnendach) und einen stationären Teil (Gerüst, Pergola o.ä.) kommt daher nicht in Betracht.

Die so zu betrachtende Anlage ist keine „Markise" im Sinne der Baufreistellungsverordnung mehr.

Bereits nach dem allgemeinem und rechtlichen Sprachverständnis gehört zum Wesen einer Markise ihre weitgehende Beweglichkeit. Sie muß „aufrollbar" sein oder wie ein „Vorhang" funktionieren (vgl. Brockhaus Enzyklopädie, 1971; Brockhaus/Wahrig, Deutsches Wörterbuch, 1982; Duden, Das Bedeutungswörterbuch, 1970; Wahrig, Deutsches Wörterbuch 1988). Dem entspricht auch der rechtliche Sprachgebrauch. So definiert die Niedersächsische Bauordnung Markisen als „bewegliche Sonnendächer" (Nr. 14.6 der Anlage zu § 69 NdsBauO). Es ist nichts dafür erkennbar, daß der hamburgische Verordnungsgeber von einem anderen Sprachverständnis ausgegangen ist. Eine starr im Boden verankerte Konstruktion aus Querträgern und Pfosten, die auch bei aufgerollten Stoffbahnen unverändert auf bzw. über der Terrassenfläche stehen bleibt und sichtbar ist, entspricht diesem Begriffsverständnis nicht.

Auch die Systematik der Baufreistellungsverordnung spricht dafür, daß der Verordnungsgeber die streitige Anlage nicht genehmigungsfrei stellen wollte. Aus der eindeutigen Überschrift des XII. Abschnitts ihrer Anlage folgt, daß nur solche baulichen Anlagen und Bauteile in diesem Abschnitt genehmigungsfrei gestellt werden sollten, die untergeordnet sind. Die Formulierungen der Nr. 3 und 4 dieses Abschnitts zeigen mit der Gegenüberstellung von Markisen und Rollläden in der Nr. 3 einerseits und „anderen untergeordneten Bauteilen in oder an Gebäuden ..." andererseits, daß Markisen eher als Bauteile gesehen worden sind, die von den Gebäuden getragen werden. Bei Sonnenschutzanlagen, die aus statischen Gründen nicht nur an einer Wand hängen, sondern darüber hinaus von im Erdboden verankerten Pfosten getragen werden, handelt es sich dagegen um größere Anlagen, die nicht mehr als am Haus befindliche Bauteile angesehen werden können.

2. Der Kläger hat keinen Anspruch darauf, daß die Beklagte ihm die nach § 69 Abs. 1 HBauO erforderliche Baugenehmigung erteilt, denn die Anlage steht im Widerspruch zu öffentlich-rechtlichen Vorschriften (a)). Auch die Befreiung ist zu Recht abgelehnt worden (b)).

a) Die Anlage widerspricht bereits dem Bauplanungsrecht, so daß ihre Konformität mit bauordnungsrechtlichen Vorschriften dahinstehen kann.

aa) Sie unterfällt dem Regime des Baugesetzbuches nach § 29 Abs. 1 BauGB. Die dafür als Voraussetzung erforderliche städtebauliche Relevanz wird daraus erkennbar, daß § 23 Abs. 5 BauNVO auch untergeordnete bauliche Anlagen auf nicht überbaubarer Fläche einer Regelung unterwirft, also von deren städtebaulicher Relevanz ausgeht.

bb) Ein Verstoß gegen das Bauplanungsrecht ist darin zu erblicken, daß die Anlage jenseits der im Bebauungsplan Winterhude 18 nach § 23 Abs. 1 BauNVO festgesetzten Baugrenze steht, also auf einer nicht überbaubaren Grundstücksfläche. Die Anlage ist auch nicht nach § 23 Abs. 3 oder § 23 Abs. 5 BauNVO zulassungsfähig.

(1) Die Anlage fällt nicht unter die Regelungen des § 23 Abs. 3 Satz 3 i. V. m. Abs. 2 Satz 3 BauNVO, wonach bereits im Bebauungsplan nach Art und Umfang die Überschreitung einer Baugrenze zugelassen werden kann. Das Gesetz über den Bebauungsplan Winterhude 18 macht von dieser Möglichkeit in seinem § 2 Nr. 3 zwar Gebrauch. Danach kann eine Überschreitung der Baugrenzen bis zu 1,50 Meter durch Balkone, Erker, Loggien und Sichtschutzwände zugelassen werden. Die vorliegend zu beurteilende Anlage erfüllt diesen Ausnahmetatbestand jedoch weder nach der Art noch hinsichtlich des zulassungsfähigen Maßes.

(2) Die Anlage erfüllt auch nicht den Tatbestand des § 23 Abs. 3 Satz 2 BauNVO, wonach ein Vortreten von Gebäudeteilen in geringfügigem Ausmaß zugelassen werden kann. Der Frage, ob die Anlage Teil eines Gebäudes ist, muß im vorliegenden Zusammenhang nicht nachgegangen werden, denn eine

Zulassung kommt vorliegend schon deshalb nicht in Betracht, weil bei einer Überschreitung der Baugrenze um mehr als 5 Meter die Anlage nicht nur geringfügig hervortritt.

(3) Eine Zulassung kommt auch nicht auf der Grundlage von §23 Abs. 5 BauNVO in Betracht. Die klägerische Anlage erfüllt nicht den Tatbestand nach Satz 1 dieser Vorschrift, weil sie keine untergeordnete Nebenanlage i.S. des §14 BauNVO ist ((a)). Auch nach §23 Abs. 5 Satz 2 BauNVO kann die Anlage nicht zugelassen werden ((b)).

(a) Die streitbefangene Anlage ist keine untergeordnete Nebenanlage, sondern Hauptanlage(teil).

Eine Hauptanlage unterscheidet sich von einer Nebenanlage darin, daß die Nebenanlage für sich keine Daseinsberechtigung hat. Bauliche Teile und Anlagen, die hingegen eine gewerbliche Nutzung – hier eine Speisewirtschaft – substantiell ausmachen, sind bauplanungsrechtlich nicht Nebenanlage, sondern entweder Teil(e) der Hauptanlage oder selbst Hauptanlage. Deshalb ist eine mit einer Gaststätte betriebene Kegelbahn nicht Neben-, sondern Hauptanlage (Ernst/Zinkahn/Bielenberg, Baugesetzbuch, Loseblatt-Ausgabe, Stand: 1.7.2004, §4 BauNVO Rdnr. 15, §14 BauNVO Rdnr. 16a; Fickert/Fieseler, Baunutzungsverordnung, 10. Aufl. 2002, §14 Rdnr. 3). Gleiches gilt für gastronomische Außenanlagen, sofern sie für die Hauptnutzung des Betriebes – Speise- oder Getränkeverzehr durch Gäste – bestimmt sind. Denn diese Anlagen erweitern die im Gebäude vorhandene Hauptnutzung als Schank- oder Speisewirtschaft und stellen ihren Kernbereich dar. Die hier zu beurteilende Sonnenschutzanlage verfolgt keinen Nebenzweck einer Gaststättennutzung, sondern dient als bauliche Konstruktion unmittelbar dazu, den Hauptzweck einer Gaststätte, die Gästebewirtung, auch bei bestimmten Witterungslagen zu ermöglichen. Der Frage, ob damit – einem Wintergarten ähnlich – bereits „Raum" im baurechtlichen Sinne geschaffen worden ist, kommt für die Abgrenzung einer Hauptanlage gegenüber einer Nebenanlage nach §14 Abs. 1 BauNVO keine entscheidende Bedeutung zu.

(b) Eine Zulassung der Anlage kann auch nicht nach §23 Abs. 5 Satz 2 BauNVO erfolgen, wonach bauliche Anlagen auf nicht überbaubaren Flächen zugelassen werden können, soweit sie nach Landesrecht in den Abstandsflächen zulässig sind oder zugelassen werden können. Die Anlage zählt nämlich nicht zu den nach §6 Abs. 3 oder Abs. 4 HBauO in Abstandsflächen zulässigen oder zulassungsfähigen Anlagen. Sie ist weder im Katalog des §6 Abs. 3 aufgeführt noch erfüllt sie die tatbestandlichen Voraussetzungen des §6 Abs. 4 HBauO (Garage, Gebäude oder Stellplatz).

b) Es ist nicht zu beanstanden, daß die Beklagte es abgelehnt hat, eine bauplanungsrechtliche Befreiung nach §31 Abs. 2 BauGB zu erteilen. Die Grundzüge der Planung mögen dabei noch nicht berührt sein. Ob die weiteren tatbestandlichen Voraussetzungen – insbesondere die städtebauliche Vertretbarkeit der Anlage und ihre Vereinbarkeit mit öffentlichen Belangen – erfüllt sind, kann offenbleiben. Sofern die Erwägungen der Beklagten, eine Genehmigung könnte über den Einzelfall hinaus eine Vorbildwirkung entfalten, nicht bereits die Voraussetzungen einer Befreiung ausschließen, rechtfertigen sie jedenfalls die Ablehnung einer Befreiung im Ermessenswege.

Nr. 87

Nebenanlagen i.S. von §23 Abs.5 Satz1 BauNVO können nur Anlagen sein, die nicht Bestandteil des (Haupt-)Gebäudes sind. Zur Abgrenzung einer Nebenanlage vom Teil der Hauptanlage können funktionelle und räumliche Gesichtspunkte herangezogen werden (hier: Markise über der Terrasse einer Gaststätte).
(Nichtamtlicher Leitsatz.)

BauNVO §§ 14, 23 Abs. 5.

Bundesverwaltungsgericht, Beschluß vom 13. Juni 2005 – 4 B 27.05 –.

(Hamburgisches OVG)

Aus den Gründen:
1. Die Beschwerde wirft sinngemäß die Frage auf, ob eine Sonnenschutzanlage vor einem gewerblichen Betrieb eine untergeordnete Nebenanlage i. S. des § 14 Abs. 1 BauNVO darstellt. Dabei geht es um eine Sonnenschutzanlage, die die Terrasse einer Gaststätte überdeckt und aus statischen Gründen nicht nur an einer Hauswand befestigt ist, sondern darüber hinaus von im Erdboden verankerten Pfosten getragen wird. Das Hamburgische OVG (Urteil v. 20. 1. 2005, BauR 2005, 849 = NordÖR 2005, 165) hat die Anlage nicht als Nebenanlage sondern als Teil der Hauptanlage, einem fünfgeschossigen Eckgebäude, angesehen.

Eine Anlage der umschriebenen Art stellt einen Teil der Hauptanlage dar und ist daher rechtlich nicht als Nebenanlage nach § 14 BauNVO einzustufen. Die eine Zulassung auf den nicht überbaubaren Grundstücksflächen erleichternde Regelung in § 23 Abs. 5 Satz 1 BauNVO ist daher nicht anwendbar. Dies bedarf keiner Klärung in einem Revisionsverfahren. Nebenanlagen i. S. von § 23 Abs. 5 Satz 1 BauNVO können nur Anlagen sein, die nicht Bestandteil des (Haupt-)Gebäudes sind (Senatsbeschluß v. 14. 2. 1994 – 4 B 18.94 –, Buchholz 406.12 § 23 BauNVO Nr. 1 = ZfBR 1994, 193). Die Zulässigkeit des Hervortretens von Teilen des Hauptgebäudes über die Baugrenze regelt § 23 Abs. 3 BauNVO. Danach kann ein Hervortreten nur in geringfügigem Ausmaß zugelassen werden. Diese Vorschrift darf nicht durch die Anwendung von § 23 Abs. 5 i. V. m. § 14 BauNVO umgangen werden.

Zur Abgrenzung einer Nebenanlage vom Teil der Hauptanlage können funktionelle und räumliche Gesichtspunkte herangezogen werden. Die Terrasse sowie ihre Überdachung dienen im Streitfall der Erweiterung der im Hauptgebäude befindlichen Gasträume. Sie stellen damit der Hauptnutzung eine größere Fläche zur Verfügung und dienen nicht einem Nebenzweck. Die Sonnenschutzanlage erlaubt die Nutzung auch bei entsprechender Witterung. Die Ansicht der Beschwerde, insoweit könne zwischen der Terrasse, die auch sie als Teil der Hauptanlage ansieht, und ihrer Überdachung unterschieden werden, berücksichtigt nicht ausreichend den gemeinsamen Zweck beider Anlagen, den Gästen eine weitere Fläche zur Verfügung zu stellen. Überdies ist die Anlage mit dem Hauptgebäude konstruktiv verbunden; daran ändern die (anders als bei einer einfachen Markise) zur Abstützung erforderlichen im Erdboden verankerten Pfosten nichts. Es handelt sich nicht – wie in dem dem Urteil des Senats vom 28. 4. 2004 – 4 C 10.03 –, (NVwZ 2004, 1244 = BauR 2004, 1567 – Schwimmhalle) zugrunde liegenden Sachverhalt – um ein in deutlicher räumlicher Trennung vom Haupthaus vorgesehenes eigenständiges Gebäude, das rechtlich nicht das Schicksal des Hauptgebäudes teilen würde.

Nr. 88

1. **Eine über 4 m hohe und ca. 16 m lange Mauer mit einem Grenzabstand von gut 3 m zum Nachbargrundstück stellt in einem reinen Wohngebiet mit festgesetzter eingeschossiger Bauweise keine zulässige Nebenanlage nach § 14 Abs. 1 Satz 1 BauNVO dar.**

2. **§ 14 BauNVO gewährt als Vorschrift zur Art der baulichen Nutzung gegen die rechtswidrige Zulassung einer Nebenanlage in gleicher Weise Nachbarschutz wie die Baugebietsvorschriften und § 12 BauNVO. Der Nachbar kann einen nachbarlichen Abwehranspruch insoweit auf die Grundsätze stützen, die das Bundesverwaltungsgericht zum sog. Gebietserhaltungsanspruch entwickelt hat (im Anschluß an BVerwG, Urteil v. 28. 4. 2004 – 4 C 10.03 –, NVwZ 2004, 1244).**

BauNVO § 14.

OVG Nordrhein-Westfalen, Urteil vom 25. April 2005 – 10 A 773/03 – (rechtskräftig).

(VG Gelsenkirchen)

Der Kläger wandte sich gegen eine den Beigeladenen in der Nähe der gemeinsamen Grundstücksgrenze genehmigte Mauer, die über 4 m hoch und ca. 16 m lang ist. Beide Grundstücke liegen in einem durch Bebauungsplan festgesetzten reinen Wohngebiet, für das der Plan eingeschossige Bauweise vorsieht. Das Gebiet zeichnete sich durch einen villenartigen und großzügigen Zuschnitt der in offener Bauweise bebauten Grundstücke aus. Das Verwaltungsgericht wies die Klage ab. Die hiergegen gerichtete Berufung des Klägers hatte Erfolg.

Aus den Gründen:

Die Baugenehmigungen hätten nicht erteilt werden dürfen, weil der Errichtung der Mauer öffentlich-rechtliche Vorschriften entgegenstehen (§ 75 Abs. 1 Satz 1 BauO NRW).

Die streitbefangene „Ziermauer" ist nach § 63 BauO NRW baugenehmigungspflichtig, weil sie nicht genehmigungsfrei gestellt ist.

Eine Genehmigungsfreiheit folgt nicht aus § 65 Abs. 1 Nr. 13 BauO NRW. Danach bedürfen Einfriedungen, soweit sie nicht zu öffentlichen Verkehrsflächen hin errichtet werden, bis zu einer Höhe von 2,00 m über der Geländeoberfläche keiner Baugenehmigung.

Der Zweck einer Einfriedung im Sinne dieser Vorschrift besteht darin, bebaute oder unbebaute Grundstücke oder ihre Teile von Verkehrsflächen, Nachbargrundstücken oder auch Bereichen desselben Grundstücks abzuschirmen, um Witterungs- oder Immissionseinflüsse (Wind, Lärm, Straßenschmutz) abzuwehren oder das Grundstück oder seine Teile gegen unbefugtes Betreten oder Einsichtnahme zu schützen (vgl. Boeddinghaus/Hahn/ Schulte, Bauordnung für das Land Nordrhein-Westfalen, Stand: November 2004, §65 Rdnr. 89).

Die Genehmigungsfreistellung einer Einfriedung ist auf eine maximale Höhe von 2,00 m begrenzt.

Die hier streitgegenständliche Mauer, die ihren Standort nicht an der Grundstücksgrenze, sondern gut 3 m davon abgerückt hat, ist keine Einfriedung im beschriebenen Sinne. Ihr Zweck erschöpft sich darin, das Nachbargrundstück und insbesondere das Haus des Klägers abzumauern. Jedenfalls unter Berücksichtigung ihrer genehmigten Höhenmaße (mindestens 2,67 m, maximal 4,04 m), die den Richtwert von 2,00 m deutlich überschreiten, ist die sog. Ziermauer keine (genehmigungsfreie) Einfriedung i. S. von §65 Abs. 1 Nr. 13 BauO NRW.

Die baugenehmigungspflichtige Mauer ist bauplanungsrechtlich unzulässig.

Bei ihr handelt es sich um ein Vorhaben i. S. des §29 BauGB. Ihre Errichtung ist schon allein wegen ihrer Ausmaße (ca. 16 m Länge und über 4 m Höhe) bauplanungsrechtlich relevant, so daß für sie die §§30 bis 37 BauGB gelten.

Die Errichtung der Mauer entspricht nicht §30 BauGB i. V. m. §14 BauNVO bzw. §34 Abs. 2 BauGB i.V.m §14 BauNVO. Sie widerspricht der Baugebietsfestsetzung des Bebauungsplans zur Art der baulichen Nutzung. Der Bebauungsplan weist die Grundstücke als reines Wohngebiet i. S. von §3 BauNVO aus. Von der Verbindlichkeit des Bebauungsplans ist hier auszugehen, da Anhaltspunkte für seine Ungültigkeit weder dargetan noch ersichtlich sind. Ungeachtet dessen wäre für den Fall der Unwirksamkeit des Bebauungsplans auf §34 Abs. 2 BauGB abzustellen, weil die nähere Umgebung auch faktisch einem reinen Wohngebiet i. S. von §3 BauNVO entspricht.

In einem reinen Wohngebiet sind – soweit hier erörterungsbedürftig – Wohngebäude und Nebenanlagen gemäß §14 BauNVO zulässig. Die streitbefangene Mauer ist danach nicht zulässig. Sie ist nicht Teil eines Wohngebäudes und stellt auch keine zulässige Nebenanlage gemäß §14 BauNVO dar.

Nach §14 BauNVO sind außer den in §§2 bis 13 BauNVO genannten Anlagen auch untergeordnete Nebenanlagen und Einrichtungen zulässig, die dem Nutzungszweck der in dem Baugebiet gelegenen Grundstücke dienen und die seiner Eigenart nach nicht widersprechen (§14 Abs. 1 Satz 1 BauNVO). Im Bebauungsplan kann die Zulässigkeit der Nebenanlagen und Einrichtungen eingeschränkt oder ausgeschlossen werden. Der Bebauungsplan beinhaltet zwar keine für die Frage der Zulässigkeit der hier streitigen Nebenanlage einschränkenden oder ausschließenden Festsetzungen. Die textlichen Festsetzungen in Nr. 5 enthalten lediglich Vorgaben für den Abstand und die bauliche Ausbildung von Einfriedigungen zur Straßenbegrenzungslinie hin. Darunter fällt die streitbefangene Mauer, die ihren Standort zwischen zwei Grundstükken im rückwärtigen Grundstücksbereich hat, nicht.

Die Mauer erfüllt aber die Anforderungen des § 14 Abs. 1 Satz 1 BauNVO an eine zulässige Nebenanlage nicht, weil sie sich nicht unterordnet und der Eigenart des Baugebiets widerspricht. Zu den Wesensmerkmalen einer Nebenanlage i. S. von § 14 Abs. 1 Satz 1 BauNVO gehört, daß die Anlage sowohl in ihrer Funktion als auch räumlich-gegenständlich dem primären Nutzungszweck der in dem Baugebiet gelegenen Grundstücke sowie der diesem Nutzungszweck entsprechenden Bebauung dienend zu- und untergeordnet ist (vgl. BVerwG, Urteil v. 17. 12. 1976 – IV C 6.75 –, BRS 30 Nr. 117 = BauR 1977, 109).

Eine dem Nutzungszweck dienende Nebenanlage hat im Hinblick auf die Hauptnutzung eine Hilfsfunktion. Die „nebensächliche" Bedeutung muß einmal funktional durch den der Hauptnutzung dienenden Zweck, zum anderen optisch im Hinblick auf die räumliche Unterordnung gegeben sein (vgl. König/Roeser/Stock, Baunutzungsverordnung, 2. Aufl. 2003, § 14 Rdnr. 12 m. w. N.).

Möglicherweise ist zwar eine Unterordnung der Mauer in funktionaler Hinsicht zu bejahen. Entgegen der Auffassung des Beklagten kommt es allerdings in diesem Zusammenhang nicht darauf an, ob sich die Anlage „neben" der Hauptanlage, hier also dem Wohngebäude befindet, sondern ausschließlich darauf, daß es sich um eine selbständige Anlage handeln muß, die ihre „Daseinsberechtigung" aus der Existenz einer anderen Anlage, nämlich der Hauptanlage, bezieht (vgl. BVerwG, Beschluß v. 5. 1. 1999 – 4 B 131.98 –, BRS 62 Nr. 84 = BauR 1999, 732).

So könnte es sein, wenn sich der Nutzungszweck der streitbefangenen Mauer in der Abschirmung des Wohnanwesens der Beigeladenen erschöpft.

Jedenfalls ist eine nebensächliche Bedeutung der Mauer im Hinblick auf ihre räumlich-gegenständliche („optische") Unterordnung gegenüber der Hauptanlage zu verneinen. Die Abmessungen der Mauer mit einer genehmigten Länge von bis zu über 16 m und einer Höhe von über 4 m im mittleren Bereich – über einen Längenabschnitt von über 11 m – sind derart groß, daß von einem geringfügigen Ausmaß der Anlage nicht mehr ausgegangen werden kann.

Auch unter Berücksichtigung der Verhältnisse auf dem Grundstück der Beigeladenen ordnet sich die hier streitbefangene Mauer nicht mehr unter. Zwar ist das streitige Vorhaben im Verhältnis zum Flächenmaß des Gesamtgrundstücks (ca. 3500 m^2) möglicherweise von untergeordneter Bedeutung. Vergleicht man aber die Höhenmaße der Mauer mit der Höhe der übrigen Baukörper, ergibt sich, daß das im Einklang mit dem Bebauungsplan eingeschossig errichtete Wohngebäude der Beigeladenen bis zur Traufenoberkante mit einer Höhe von maximal 3,90 m unterhalb der Höhe der Mauer (4,04 m) in ihrem mittleren Bereich liegt. Allein die obere Giebelfläche des Wohngebäudes überragt die Mauer mit einem kleinen Ausschnitt. Bei dieser Sachlage kommt der Mauer im Verhältnis zur Hauptnutzung eine nicht nur nebensächliche, sondern eine im Erscheinungsbild und in der optischen Wahrnehmung und Wirkung gleichwertige Bedeutung zu (vgl. zur Frage der Unterordnung VGH Bad.-Württ., Urteil v. 30. 9. 1976 – III 780/75 –, BRS 30 Nr. 99 [Stützmauer von 1 m Höhe im Garten eines Wohnhauses – Unterordnung bejaht]; OVG

Saarl., Urteil v. 26. 11. 1996 – 2 R 20/95 –, BRS 58 Nr. 175 [Brennholzstapel 7 m lang, 2 m tief, 1,30 m hoch – Unterordnung bejaht]).

Die Mauer widerspricht darüber hinaus auch der Eigenart des Baugebiets. Hierbei kommt es außer der allgemeinen Zweckbestimmung des Baugebiets – hier Reines Wohngebiet nach § 3 BauNVO – vor allem auf die tatsächlich vorhandene Bebauung der Umgebung an. Es muß sich stets um eine Nutzung handeln, die ihrem Umfang nach nicht über das hinaus geht, was nach der Verkehrsanschauung in dem jeweiligen Baugebiet üblich ist. Die Eigenart des Gebiets wird durch Lage, Größe und Zuschnitt des Baugrundstücks sowie Weiträumigkeit oder Dichte der Bebauung ebenso bestimmt wie durch Siedlungsweise und konkrete Art der Nutzung der Grundstücke.

Die Eigenart des hier maßgeblichen Baugebiets wird durch einen villenartigen und großzügigen Zuschnitt der in offener Bauweise bebauten Grundstücke geprägt. Im Falle straßennah errichteter Wohngrundstücke erfüllen die Baukörper selbst eine das restliche Grundstück abschirmende Funktion, ansonsten sind die Grundstücke durch Hecken oder sonstige im Sinne der textlichen Festsetzungen des Bebauungsplans maßvoll gestaltete Einfriedigungen umgrenzt. Größere Hecken sind die Ausnahme. Auf Grund der topographischen Verhältnisse (hängiges Gelände) sind vereinzelt höhere Stützmauern errichtet worden. Kompakte Einfriedungen in Gestalt von Mauern oder blickdichten Einfriedungen finden sich nur ganz vereinzelt. Diesen Eindruck, den die Berichterstatterin an Ort und Stelle gewonnen hat, hat sie dem Senat in der mündlichen Verhandlung anhand von Plänen und Lichtbildern vermittelt.

Dem beschriebenen Erscheinungsbild des Baugebiets widerspricht zwar keine Einfriedung. Anders liegt es indes bei der streitbefangenen Mauer auf dem Grundstück der Beigeladenen, die gerade keine Einfriedung im vorgenannten Sinne, sondern eine allein zum Zwecke der Abschirmung errichtete bauliche Anlage darstellt. Sie wirkt unter Berücksichtigung ihrer Baumaße (über 16 m lang und über einen Bereich von 11,18 m über 4 m hoch) wie die fensterlose ungegliederte Rückseite einer Hauswand und ist in dieser Ausführung in dem hier maßgeblichen Baugebiet ohne Vorbild. Mit den genehmigten Baumaßen trägt die Mauer zu einer erheblichen Veränderung der ansonsten offenen Siedlungsstruktur und der durch Weiträumigkeit und durch maßvolle Einfriedigungen geprägten Siedlungsweise bei. Der Charakter einer aufgelockerten Bebauung und offenen Siedlungsweise wird durch das streitige Vorhaben vollständig aufgehoben.

Der Kläger wird durch die somit rechtswidrigen Baugenehmigungen auch in eigenen Rechten verletzt. Insbesondere gewährt § 14 BauNVO als Vorschrift zur Art der baulichen Nutzung gegen die rechtswidrige Zulassung einer vermeintlichen Nebenanlage in gleicher Weise Nachbarschutz wie die Baugebietsvorschriften und § 12 BauNVO. Der Kläger kann einen nachbarlichen Abwehranspruch insoweit auf die Grundsätze stützen, die das Bundesverwaltungsgericht zum sog. Gebietserhaltungsanspruch entwickelt hat (vgl. zum Gebietserhaltungsanspruch grundsätzlich BVerwG, Urteil v. 16. 9. 1993 – 4 C 28.91 –, BRS 55 Nr. 110 = BauR 1994, 223; vgl. zum Nachbarschutz bei

Unvereinbarkeit des Vorhabens mit § 14 BauNVO BVerwG, Urteil v. 28. 4. 2004 – 4 C 10.03 –, BauR 2004, 1567 = NVwZ 2004, 1244, 1246). Danach wird ein Nachbar in seinen Rechten verletzt, wenn in einem durch Bebauungsplan festgesetzten oder in einem faktischen Baugebiet ein seiner Art nach gebietsuntypisches Vorhaben zugelassen wird. Der sog. Gebietserhaltungsanspruch beruht auf dem Gedanken des wechselseitigen Austauschverhältnisses. Weil und soweit der Eigentümer eines Grundstücks in dessen Ausnutzung öffentlich-rechtlichen Beschränkungen unterworfen ist, kann er deren Beachtung grundsätzlich auch im Verhältnis zum Nachbarn durchsetzen. An diesem Nachbarschutz nimmt der Kläger, dessen Grundstück sich unmittelbar neben demjenigen des Beigeladenen befindet, teil. Auf irgendwelche tatsächlichen Beeinträchtigungen kommt es nicht an.

Nr. 89

1. **Im Geltungsbereich eines qualifizierten Bebauungsplans bietet das bauplanungsrechtliche Gebot der Rücksichtnahme (§ 15 Abs. 1 BauNVO) keine Grundlage zu einer einengenden Ergänzung sämtlicher Festsetzungen des Bebauungsplans. Es bezieht sich insbesondere nicht auf die planerischen Maßfestsetzungen, sondern nur auf die Vereinbarkeit der Art der baulichen Nutzung mit dem festgesetzten Gebietscharakter.**

2. **Ein Bauvorhaben kann daher wegen seiner Lage oder seines Umfangs nur dann als planungsrechtlich rücksichtslos unzulässig sein, wenn die quantitativen Dimensionen des Vorhabens derart aus dem Rahmen fallen, daß eine in dem Baugebiet in seiner konkreten Ausgestaltung unzumutbare Qualität im Hinblick auf die Art der baulichen Nutzung erreicht wird.**

BauGB § 30 Abs. 1; BauNVO § 15 Abs. 1.

OVG Nordrhein-Westfalen, Beschluß vom 21. Februar 2005 – 10 B 1269/ 04 – (rechtskräftig).

(VG Düsseldorf)

Die Antragsteller wenden sich gegen eine dem Beigeladenen erteilte Baugenehmigung zur Errichtung eines Wohn- und Geschäftshauses. Geplant ist ein mehrgeschossiges Gebäude, das im Erdgeschoß gewerblich und im übrigen zu Wohnzwecken (vier Wohnungen) genutzt werden soll. Die Antragsteller sind Eigentümer des nordwestlich angrenzenden, mit einem Wohnhaus bebauten Grundstücks. Beide Grundstücke befinden sich im Geltungsbereich des Bebauungsplans Nr. 5379/47 und unterliegen der Festsetzung als Besonderes Wohngebiet in geschlossener Bauweise mit höchstens vier Vollgeschossen. Zudem sind eine straßenseitige Baulinie und eine rückwärtige Baugrenze festgesetzt, so daß sich eine geschlossene Blockrandbebauung ergibt. Dies führt dazu, daß auf dem Grundstück der Antragsteller zwischen beiden seitlichen Grundstücksgrenzen ein 15 m tiefes Baufenster besteht, während das Grundstück des Beigeladenen – von den zwischen Straßenbegrenzungslinie und vorderer Baulinie liegenden Flächen abgesehen – vollständig bebaubar ist.

Die Antragsteller haben Widerspruch und inzwischen Anfechtungsklage gegen die dem Beigeladenen erteilte Baugenehmigung erhoben. Ihren Antrag auf Gewährung einstweiligen Rechtsschutzes wies das Verwaltungsgericht ab. Die Beschwerde hatte keinen Erfolg.

Aus den Gründen:

Die Antragsteller beanstanden, daß das Bauvorhaben des Beigeladenen zum einen etwa 5 m höher ist als ihr Wohnhaus und daß es zum anderen – was die gemeinsame Grenzbebauung angeht – die Bautiefe ihres Wohnhauses nicht aufnimmt, sondern dieses zunächst ohne Grenzabstand um 2,80 m in der Tiefe überragt und erst dann seitlich um 3 m Meter von der Grenze zurückgesetzt ist. Die dem Grundstück der Antragsteller zugewandte Außenwand wird demgemäß auf einer Länge von 2,80 m bis zum Schnittpunkt der hinteren Baugrenzen ohne Grenzabstand errichtet und hält erst im Anschluß an dieses Teilstück auf einer Länge von 6,20 m einen Grenzabstand ein. Die Antragsteller halten die Ausnutzung des Baugrundstücks in diesem Umfang für einen Verstoß gegen das planungsrechtliche Gebot der Rücksichtnahme, weil der durch ihr Wohnhaus vorgegebene Rahmen überschritten werde und es zu einer Verschattung ihrer gartenseitigen Fenster durch den ohne Grenzabstand errichteten Teil des Bauvorhabens komme. Diese Rechtsauffassung trifft jedoch nicht zu, so daß die Beschwerde nicht zu einer Anordnung der aufschiebenden Wirkung der inzwischen erhobenen Anfechtungsklage gegen die erteilte Baugenehmigung führen kann.

Nach § 30 Abs. 1 BauGB ist im Geltungsbereich eines qualifizierten Bebauungsplans ein Bauvorhaben zulässig, wenn es den Festsetzungen des Plans nicht widerspricht und die Erschließung gesichert ist. Ein nachbarlicher Abwehranspruch gegen eine mit den Planfestsetzungen übereinstimmende Baugenehmigung unter Berufung auf das Gebot der Rücksichtnahme besteht im allgemeinen nicht, weil dieses bereits in den einen rechtsgültigen Bebauungsplan voraussetzenden Abwägungsvorgang eingeflossen sein muß, wodurch es gewissermaßen „aufgezehrt" wird. Lediglich im Einzelfall können bauliche Anlagen trotz Übereinstimmung mit den Planfestsetzungen unzulässig sein, wenn sie nach Anzahl, Lage, Umfang oder Zweckbestimmung der Eigenart des Baugebiets widersprechen oder wenn von ihnen Belästigungen oder Störungen ausgehen können, die nach der Eigenart des Baugebiets unzumutbar sind. Das dergestalt in § 15 Abs. 1 BauNVO geregelte planungsrechtliche Gebot der Rücksichtnahme (vgl. grundsätzlich, auch zur drittschützenden Wirkung, BVerwG, Urteil v. 5. 8. 1983 – 4 C 96.79 –, BRS 40 Nr. 4 = BauR 1983, 543, Beschlüsse v. 27. 12. 1984 – 4 B 278.84 –, BRS 42 Nr. 183 und v. 11. 7. 1983 – 4 B 123.83 –, Buchholz 406.19 Nachbarschutz Nr. 54; Hahn/Schulte, Öffentlich-rechtliches Baunachbarrecht, Rdnr. 125 ff.) bietet jedoch keine Grundlage zu einer einengenden Ergänzung sämtlicher Festsetzungen eines Bebauungsplans, sondern bezieht sich unter Ausschluß der Maßfestsetzungen lediglich auf die Auswirkungen baulicher oder sonstiger Anlagen i. S. der §§ 2 bis 14 BauNVO auf die Art der baulichen Nutzung im Plangebiet. Denn das Regelungsziel des § 15 BauNVO ist es, allgemeine Voraussetzungen für die Zulässigkeit baulicher Anlagen im Plangebiet und ihre Vereinbarkeit mit dem festgesetzten Gebietscharakter zu schaffen (BVerwG,

Urteile v. 16. 3. 1995 – 4 C 3.94 –, BRS 57 Nr. 175 = BauR 1995, 508 m. w. N. und v. 7. 12. 2000 – 4 C 3.00 –, BRS 63 Nr. 160 = BauR 2001, 914 [zum Verhältnis zu bauordnungsrechtlichen Stellplatzregelungen]; König/Roeser/Stock, BauNVO, 2. Aufl., § 15 Rdnr. 8; Reidt, in: Gelzer/Bracher/Reidt, Bauplanungsrecht, 7. Aufl., Rdnr. 1236).

Insoweit unterscheidet sich die Reichweite des Rücksichtnahmegebots im Anwendungsbereich des § 30 Abs. 1 BauGB von seiner alle Elemente des Einfügens umfassenden Anwendung im Rahmen des § 34 Abs. 1 BauGB: Im Geltungsbereich eines qualifizierten Bebauungsplans kann eine die Nachbarn beeinträchtigende Lage eines Baukörpers ebenso wie ein übermäßiger Umfang nur dann als planungsrechtlich rücksichtslos unzulässig sein, wenn die quantitativen Dimensionen des Vorhabens derart aus dem Rahmen fallen, daß eine in dem Baugebiet in seiner konkreten Ausgestaltung unzumutbare Qualität der Nutzung erreicht wird, etwa weil die noch zumutbare Betriebsgröße überschritten wird oder das Vorhaben Ziel- und Quellverkehr einer nicht mehr baugebietsverträglichen Intensität auslöst. Wird in einem derartigen Fall die Schwelle eines solchen Umschlagens von Quantität in Qualität hingegen nicht überschritten, führt § 15 BauNVO nicht zur Unzulässigkeit eines Bauvorhabens (vgl. die Auseinandersetzung mit BVerwG, Urteil v. 5. 8. 1983 – 4 C 96.79 –, BRS 40 Nr. 4 [dort insbesondere die Ausführungen S. 10 f. zur Ausnutzung eines Grundstücks durch grenznahe Hinterlandbebauung], in dem Urteil v. 16. 3. 1995 – 4 C 3.94 –, BRS 57 Nr. 175, 423 f.; zum Rücksichtnahmegebot im Anwendungsbereich des § 34 Abs. 1 BauGB BVerwG, Beschluß v. 11. 1. 1999 – 4 B 128.98 –, BRS 62 Nr. 102 = BauR 1999, 615; im Verhältnis zum bauordnungsrechtlichen Abstandflächenrecht OVG NRW, Urteil v. 13. 12. 1995 – 7 A 159/94 –, BRS 57 Nr. 137, Beschluß v. 15. 5. 2002 – 7 B 558/02 –).

Gemessen an diesen Grundsätzen stellt sich das Vorhaben des Beigeladenen nicht als planungsrechtlich rücksichtslos dar. Es hält – was die Beschwerde nicht bestreitet – die Festsetzungen des Bebauungsplans zur Art und zum Maß der baulichen Nutzung ein. Dies trifft insbesondere auch auf die in einer Länge von 2,80 m unmittelbar entlang der Grundstücksgrenze zum Grundstück der Antragsteller verlaufende Außenwand des Vorhabens zu, die jedenfalls bis zur der hinteren Baugrenze wegen der festgesetzten geschlossenen Bauweise grenzständig errichtet werden muß; die auf dem Grundstück der Antragsteller vorhandene Bebauung erfordert eine Abweichung nicht (§ 22 Abs. 3 BauNVO). Auch überschreitet das Vorhaben die festgesetzte Höchstzahl von vier Vollgeschossen nicht. Mit diesem Bauvolumen erreicht es jedoch keinen derart großen Umfang, daß die dadurch ermöglichte Nutzung des Gebäudes ihrer Art nach in dem Plangebiet nicht mehr zumutbar wäre; die Nutzung durch eine Gewerbeeinheit und vier Wohnungen überschreitet den durch die Festsetzungen und ihre tatsächliche Ausnutzung gezogenen Rahmen nicht einmal ansatzweise.

Dieser Rahmen wird durch das Gebäude auf dem Grundstück der Antragsteller entgegen der Annahme der Beschwerde nicht maßgeblich beeinflußt. Denn das Wohnhaus der Antragsteller schöpft weder hinsichtlich der Bauhöhe – zulässig sind vier Vollgeschosse – noch hinsichtlich der Bautiefe – es bleibt gegenüber der hinteren Baugrenze um 2,80 m zurück – die durch den Bebauungsplan festgesetzten Baumöglichkeiten aus, so daß sein Bauvolumen deutlich geringer ist als dasjenige der nordwestlich sich anschließenden Nachbarbebauung. Der Umstand, daß die vorhandene Bebauung die planerischen Maßfestsetzungen nicht ausschöpft, führt jedoch nicht dazu, daß ein Bauvorhaben, welches die festgesetzten Möglichkeiten in vollem Umfang nutzt, unter Berufung auf § 15 BauNVO als rücksichtslos eingestuft werden könnte (BVerwG, Urteil v. 16. 3. 1995 – 4 C 3. 94 –, a. a. O., 423).

§ 15 BauNVO gebietet es daher im vorliegenden Fall nicht, auf eine Ausnutzung der festgesetzten Baugrenze zu verzichten und das Bauvorhaben hinsichtlich der Bautiefe und -höhe an das Wohnhaus der Antragsteller anzupassen. Denkbare Einschränkungen hinsichtlich der Belichtung gartenseitiger Räume auf dem Grundstück der Antragsteller müssen diese hinnehmen.

Nr. 90

1. **§ 15 Abs. 1 Satz 2 BauNVO schützt objektiv-rechtlich auch Wohnnutzungen auf dem Grundstück, auf dem die Anlage betrieben wird, vor unzumutbaren Belästigungen oder Störungen, die von dieser ausgehen.**

2. **Die Eigenart eines Mischgebiets kann nach § 15 Abs. 1 Satz 1 BauNVO der Erweiterung einer Gaststätte um eine Freisitzfläche im Innern einer Blockrandbebauung entgegenstehen.**

BauGB § 34 Abs. 2; BauNVO §§ 6, 15 Abs. 1 Satz 1; TA Lärm; VDI-Richtlinie 2058, 3770.

Bayerischer VGH, Urteil vom 27. Juli 2005 – 25 BV 03.73 – (rechtskräftig).

(VG Würzburg)

Der Rechtsstreit betrifft die Genehmigung einer Freisitzfläche im Hof einer Gaststätte.

Der Kläger ist Eigentümer eines Grundstücks, auf dem sich ein älteres, mehrstöckiges Gebäude befindet, das unmittelbar an die verkehrsreiche W. Straße angrenzt. Das Gebäude hat zwei Eingänge und ist Teil einer nur an wenigen Stellen unterbrochenen Blockrandbebauung in dem Straßengeviert, das durch W. Straße, H.straße, D.straße und S.straße gebildet wird. Die Grundstücke der Beigeladenen befinden sich ebenfalls in diesem Bereich. Im Erdgeschoß des Anwesens des Klägers wird seit 1984 eine Gaststätte betrieben. Für diese strebt der Kläger seit 1994 die Einrichtung einer Freisitzfläche im Hofbereich seines Grundstücks an. Zuletzt beantragte er die bauaufsichtliche Genehmigung eines „Biergartens" mit 15 Sitzplätzen und einem Müllabstellplatz.

Die Beklagte lehnte den Bauantrag ab; das Vorhaben sei der Nachbarschaft nicht zumutbar.

Aus den Gründen:

1. Die Errichtung der Freisitzfläche für die Gaststätte ist nach Art. 62 Satz 1 BayBO genehmigungspflichtig. Mit der Freischankfläche wird der bestehende Gaststättenbetrieb erweitert und damit die Nutzung des Gesamtvorhabens geändert. Wegen der dadurch neu aufgeworfenen Fragen des

Immissionsschutzes entfällt die Genehmigungspflicht auch nicht nach Art. 63 Abs. 4 Nr. 1 BayBO, wonach die Nutzungsänderung von Gebäuden und Räumen, die nicht im Außenbereich liegen, keiner Genehmigung bedarf, wenn für die neue Nutzung keine anderen öffentlich-rechtlichen Anforderungen in Betracht kommen (vgl. BayVGH v. 31. 7. 2003 – 2 B 00.3282 –; Lechner, in: Simmon/Busse, BayBO, Art. 63 Rdnr. 921). Ob die Freisitzfläche daneben allein auf Grund der insoweit geänderten Zweckbestimmung des Hofgrundstücks eine fiktive bauliche Anlage i. S. von Art. 2 Abs. 1 Satz 3 BayBO darstellt, kann offen bleiben (vgl. dazu BayVGH v. 31. 7. 2003, a. a. O.; v. 6. 11. 1992 – 2 B 91.2334 –). Das Vorhaben ist aber nicht genehmigungsfähig, weil es den bauplanungsrechtlichen Anforderungen nicht entspricht (Art. 72 Abs. 1 Satz 1, Art. 73 Abs. 1 Nr. 1 BayBO).

2. Die bauplanungsrechtliche Zulässigkeit des Vorhabens beurteilt sich nach § 34 Abs. 2 BauGB i. V. m. § 6 BauNVO. Die nähere Umgebung, auf deren Eigenart es danach für die Zulässigkeit des Vorhabens ankommt, wird von dem durch das Straßengeviert begrenzten Bebauungsblock gebildet, in welchem die Grundstücke und die hierauf ausgeübten Nutzungen in besonderer Weise aufeinander bezogen sind. In dieser Umgebung dominiert zwar quantitativ – zumindest in den Obergeschoßen – die Wohnnutzung, so dass auch ein innenstädtisches allgemeines Wohngebiet (§ 4 BauNVO) in Betracht gezogen werden könnte; die vor allem zur W. Straße hin orientierten abweichenden Nutzungen (Sparkassenfiliale, Versicherungsbüro, Arztpraxis, Labor des Wasser- und Schifffahrtsamtes) wären damit regelhaft (§§ 4 Abs. 2 Nr. 2, 13 BauNVO) oder zumindest ausnahmsweise (§ 4 Abs. 3 Nrn. 2 und 3 BauNVO) vereinbar. Die auf relativ engem Raum entstandenen drei Schank- und Speisewirtschaften können aber in dieser Häufung nicht mehr maßgeblich der Versorgung des Gebiets dienen (vgl. § 4 Abs. 2 Nr. 2 BauNVO), so dass ein Mischgebiet anzunehmen ist, in dem dieser Versorgungszweck der Gaststätten nicht gefordert wird (§ 6 Abs. 2 Nr. 3 BauNVO). Das Vorhaben des Klägers entspricht seiner Art nach dieser Vorschrift, so dass es zulässig wäre, wenn nicht im Einzelfall § 15 Abs. 1 BauNVO entgegenstünde.

a) Der Senat folgt der Rechtsauffassung des Verwaltungsgerichts, dass die Freisitzfläche der Gaststätte gemäß § 15 Abs. 1 Satz 2 BauNVO unzulässig ist, weil von ihr Belästigungen oder Störungen ausgehen können, die nach der Eigenart des Baugebiets im Baugebiet selbst oder in dessen Umgebung unzumutbar sind. Obwohl sich die Tatbestandsmerkmale „Belästigungen oder Störungen" teilweise von der in § 3 Abs. 1 BImSchG gewählten Begriffsbestimmung für schädliche Umwelteinwirkungen unterscheiden, was eine stärkere Betonung des städtebaulichen Blickwinkels nahe legt, deckt sich die Grenze dessen, was Nachbarn im Rahmen des § 15 Abs. 1 BauNVO an Einwirkungen zugemutet werden kann, mit den Anforderungen, die das Bundesimmissionsschutzgesetz für nicht genehmigungspflichtige Anlagen festgelegt hat (vgl. Roeser, in: König/Roeser/Stock, BauNVO, 2. Aufl. 2003, § 15 Rdnr. 9, 23 und 34). Damit kann zur Beurteilung der Lärmbeeinträchtigung grundsätzlich auch die auf der Grundlage des § 48 BImSchG erlassene Technische Anleitung zum Schutz gegen Lärm (TA Lärm) vom 26. 8. 1998 (GMBl S. 503) herangezogen werden. Obwohl nach deren Nr. 1 Satz 2 Buchst. b Freiluftgaststätten ausdrücklich von der Anwendung ausgenommen sein sollen, hält der Verwaltungsgerichtshof – insbesondere was die vorgesehenen Immissionsrichtwerte betrifft (Nr. 6 TA Lärm) – eine Heranziehung dieser Verwaltungsvorschrift als Anhaltspunkt für die Beurteilung dieser Art von Gaststättenlärm für sinnvoll (vgl. BayVGH v. 5. 4. 2005 – 25 ZB 00.1208 –; v. 31. 7. 2003 – 2 B 00.3282 –; v. 21. 4. 2004 – 20 B 02.2396 –). Die ebenfalls hilfreiche Erkenntnisse ermöglichende VDI-Richtlinie 2058 (Beurteilung von Arbeitslärm in der Nachbarschaft, Juni 1973), von welcher das Verwaltungsgericht ausgeht, weist in Bezug auf die vorgesehenen Immissionsrichtwerte keine Unterschiede auf. Für die hier streitige, in einem faktischen Mischgebiet ausschließlich tags zu betreibende Freischankfläche ist somit anzunehmen, dass ein Immissionsrichtwert von 60 dB (A) die Grenze des Zumutbaren darstellt (Nr. 6.1 Satz 1 Buchst. c TA Lärm; Nr. 3.3.1 Buchst. c VDI-Richtlinie 2058). § 2 Abs. 1 Satz 2 der Bayerischen Biergartenverordnung vom 20. 4. 1999 (GVBl S. 142) mit dem erhöhten Richtwert von 65 dB (A) ist demgegenüber unanwendbar, weil die von dieser Verordnung vorausgesetzten Kennzeichen eines traditionellen Biergartens (vgl. dazu BayVGH v. 10. 10. 2002 – 22 ZB 02.2451 –; v. 7. 8. 1997, BayVBl 1998, 48, 50 f.) nicht erfüllt sind.

aa) Die Berechnungen der konkreten Beurteilungspegel durch das Umwelt- und Ordnungsamt der Beklagten erscheinen dem Senat als Entscheidungsgrundlage tauglich. ... Im Ergebnis führt das für den am stärksten betroffenen Immissionsort bei einer angenommenen Betriebszeit von 17.00 bis 22.00 Uhr zu einem Beurteilungspegel von 62 dB (A), bei einer Betriebszeit von 18.00 bis 22.00 Uhr zu einem Beurteilungspegel von 61 dB (A). Wendet man auf den Fall auch die Annahmen der VDI-Richtlinie 3770 an, so erhöhen sich diese Werte um jeweils 1 dB (A). Bei einer Verwirklichung des Vorhabens wären somit Störungen durch Gaststättenlärm zu erwarten, die im Baugebiet unzumutbar sind.

bb) Es trifft zwar zu, dass die Überschreitung der Immissionsrichtwerte nur das erste Obergeschoß des Gebäudes betrifft, in dessen Erdgeschoß die streitgegenständliche Gaststätte betrieben wird und das im Eigentum des Klägers steht. Für die übrigen Immissionsorte vor den Fenstern von Wohnräumen der Beigeladenen wurden Beurteilungspegel zwischen 46 und 51 dB (A) bzw. – bei Anwendung der VDI-Richtlinie 3770 – 47 und 52 dB (A) errechnet, die alle unterhalb des Immissionsrichtwerts liegen. Das ist für den vorliegenden Rechtsstreit aber ohne Bedeutung, weil es hier nicht um eine Rechtsverletzung der Beigeladenen geht, sondern darum, ob objektiv-rechtlich ein Anspruch des Klägers auf die begehrte Baugenehmigung besteht. Die Anwendbarkeit des § 15 Abs. 1 Satz 2 BauVO ist nicht etwa auf Grundstücke jenseits der Grenzen des Baugrundstücks beschränkt. Die Vorschrift enthält vielmehr neben ihrer drittschützenden Wirkung auch und zunächst ein objektiv-rechtliches Gebot der Rücksichtnahme (vgl. Roeser, a. a. O., § 15 Rdnr. 9 f.; Jäde, in: Jäde/Dirnberger/Weiß, BauGB/BauNVO, 4. Aufl. 2005, § 15 BauNVO Rdnr. 4). Schon nach dem Wortlaut des § 15 Abs. 1 Satz 2 BauNVO, der Anlagen für unzulässig erklärt, wenn von ihnen Belästigungen oder Störungen ausgehen können, die nach der Eigenart des Baugebiets im Baugebiet selbst oder in dessen Umgebung unzumutbar sind, kommt es in erster

Linie auf die Vereinbarkeit der Anlage mit der Eigenart eines konkreten Baugebiets an. Die Einbeziehung der „Umgebung" beschränkt den Schutz nicht etwa nur auf Nachbargrundstücke, wie die Klägerseite meint; vielmehr sollte mit der erstmals in der BauNVO 1977 enthaltenen Formulierung klargestellt werden, dass auch Auswirkungen außerhalb des Baugebiets erfaßt werden (vgl. Roeser, a. a. O., Rdnr. 2). In den räumlichen Schutzbereich der Vorschrift fällt daher neben der weiteren Umgebung das gesamte Baugebiet, dem auch das Baugrundstück angehört. Gegenstand des Schutzes sind diejenigen Nutzungen im Baugebiet, die von der Anlage in ihrem Einwirkungsbereich nachteilig betroffen werden (vgl. Bielenberg, in: Ernst/Zinkahn/Bielenberg/Krautzberger, BauGB, § 15 BauNVO Rdnr. 30). Für die alleinige Maßgeblichkeit des Bezugs zwischen störender Anlage und betroffener Nutzung – unabhängig davon, auf welchem Grundstück sie stattfindet – spricht ferner, dass auch der Schutz des Bundes-Immissionsschutzgesetzes anlagenbezogen ist und von Grundstücks- und Eigentumsverhältnissen unberührt bleibt. So stellt z. B. die Begriffsbestimmung der schädlichen Umwelteinwirkungen auf Nachteile für die Allgemeinheit oder die Nachbarschaft ab (§ 3 Abs. 1 BImSchG; vgl. auch Nr. 2.1 TA Lärm). Zur Nachbarschaft in diesem Sinne zählen insbesondere auch Mietparteien in dem Gebäude, in dem die störende Anlage betrieben wird (Jarass, BImSchG, 6. Aufl. 2005, § 3 Rdnr. 35). Auch die vier Mietwohnungen im ersten Obergeschoß des Anwesens des Klägers stellen somit geschützte Nutzungen dar. Sie sind insbesondere nicht selbst Teil der störenden Anlage, für den ein gemindertes Schutzniveau erwogen werden könnte, weil sie als Betriebswohnungen weder baurechtlich genehmigt wurden noch faktisch so genutzt werden. Wer Eigentümer des Grundstücks und der Wohnungen ist, die dem Lärm ausgesetzt werden, kann nicht entscheidend sein. Sonst wäre die bauplanungsrechtliche Rechtslage den Zufälligkeiten und Wandelbarkeiten der zivilrechtlichen Grundstücksverhältnisse unterworfen.

b) Die Freischankfläche scheitert schließlich auch an § 15 Abs. 1 Satz 1 BauNVO. Danach sind die in §§ 2 bis 14 BauNVO aufgeführten baulichen und sonstigen Anlagen im Einzelfall unzulässig, wenn sie nach Anzahl, Lage, Umfang oder Zweckbestimmung der Eigenart des Baugebiets widersprechen. Die Eigenart eines Mischgebiets wird dabei zunächst durch seine allgemeine Zweckbestimmung in § 6 Abs. 1 BauNVO gekennzeichnet, dass es sowohl dem Wohnen als auch der Unterbringung von Gewerbebetrieben, die das Wohnen nicht wesentlich stören, dienen soll (BVerwG v. 4. 5. 1988, BVerwGE 79, 309, 311; Roeser, a. a. O., § 15 Rdnr. 12). Mit dieser allgemeinen Zweckbestimmung des Baugebiets ist eine Gaststätte mit Freisitzfläche grundsätzlich vereinbar. Für die generelle Gebietsverträglichkeit des Vorhabens spricht neben seiner regelhaften Zulässigkeit nach § 6 Abs. 2 Nr. 3 BauNVO (vgl. BVerwG v. 21. 3. 2002, NVwZ 2002, 118 f.) auch das über einen längeren Zeitraum gewachsene Vorhandensein von drei Gaststätten im Baugebiet. § 15 Abs. 1 Satz 1 BauNVO geht aber über die Sicherung dieser generellen Gebietsverträglichkeit hinaus und ermöglicht die Vermeidung gebietsunverträglicher Auswirkungen nach Anzahl, Lage, Umfang und Zweckbestimmung im Einzelfall (BVerwG, a. a. O.). Zur Eigenart eines konkreten Baugebiets gehören in diesem Sinne auch seine örtliche Situation und damit zusammenhängende, charakteristische Besonderheiten und Prägungen (vgl. Roeser, a. a. O., Rdnr. 14; BVerwG v. 3. 2. 1984, BVerwGE 68, 369, 376 f.; v. 4. 5. 1988, a. a. O.). Im vorliegenden Fall ist das Baugebiet charakteristisch dadurch geprägt, dass die Wohnnutzung – und von dieser besonders die störanfälligen Teile – in das Innere der Blockrandbebauung gerichtet sind. Fast alle Wohnungen haben dorthin führende Balkone, alle sonstigen, dem Wohnen dienenden Freiflächen sind zwangsläufig dort untergebracht. Die nicht dem Wohnen dienenden Nutzungen orientieren sich demgegenüber zur Straßenseite der verkehrsbelasteten W. Straße und lassen das Blockinnere von Immissionen weitestgehend unbelastet. Eine Ausnahme bilden nur die beiden weiteren Gaststätten mit ihren Freisitzflächen. Diese haben aber den Charakter des Blockinneren noch nicht umgeprägt. Die Freisitzfläche der traditionellen Gastwirtschaft an der Ecke S./W. Straße ist in einer zur W. Straße geöffneten Lücke der Randbebauung situiert, wodurch ihr Störpotential für das Blockinnere abgeschwächt ist. Die Freifläche des Cafes in der S.straße ist an fast drei Seiten von Gebäuden und Nebengebäuden begrenzt und scheint durch den tatsächlich ausgeübten geringen Umfang der – übrigens baurechtlich nicht genehmigten – Nutzung bisher nicht zu Konflikten geführt zu haben. Obwohl die beiden Gaststättenfreiflächen gewisse Spannungen in das Baugebiet hineingetragen haben, ist somit der am Gebäudebestand und den Nutzungen ablesbare Eigenart des Baugebiets als Blockrandbebauung mit vorherrschender und schutzbedürftiger Wohnnutzung im Blockinnern sowie nach außen orientierter sonstiger Nutzung im wesentlichen aufrechterhalten geblieben. Damit ist die vom Kläger geplante Freischankfläche an zentraler Stelle des Blockinnern nicht zu vereinbaren. Das Vorhaben widerspricht i. S. von § 15 Abs. 1 Satz 1 BauNVO nach seiner Lage der Eigenart des Baugebiets. Es würde einen städtebaulichen Mißgriff darstellen, wenn der dem ruhigen Wohnen vorbehaltene Innenhofbereich einer verstärkten gewerblichen Nutzung geöffnet würde. Dabei kommt es nicht auf die Überschreitung von Immissionsrichtwerten an. Bereits das Eindringen einer wechselnden Öffentlichkeit von Gaststättenbesuchern in die Privatheit der Wohnnutzung im Hinterhof verursacht eine Störung. Insofern unterscheiden sich die Lebensäußerungen der Gaststättenbesucher qualitativ von denjenigen der Mitbewohner auf Balkonen, Freiflächen und an geöffneten Fenstern.

Nr. 91

1. **Das in § 31 Abs. 2 BauGB enthaltene Gebot der Rücksichtnahme ist verletzt, wenn in einer Reihenhauszeile mit Gebäudebreiten von jeweils nur 4,75 m durch die Errichtung eines über 1,50 m vortretenden, die hintere Baugrenze überschreitenden, grenzständigen, die gesamte Gebäuderückseite einnehmenden Balkons erstmalig qualifizierte Einsichtnahmemöglichkeiten wie von einer „Aussichtsplattform" in ein etwa ein Meter entferntes Schlafzimmerfenster sowie in die benachbarten Terrassenbereiche geschaffen werden. Das Gebot der Rücksichtnahme steht der**

Errichtung eines Balkons an Reihenhäusern allerdings nicht schlechthin entgegen.

2. **Die Anwendung der Abstandflächenvorschriften der BauO NRW setzt voraus, dass zuvor die planungsrechtliche Frage der Bauweise entschieden ist.**

3. **Muß nach planungsrechtlichen Vorschriften an die Grenze gebaut werden, dann gilt dies auch für Gebäudeteile, die gemäß §23 Abs. 3 Satz 2 BauNVO außerhalb der durch Baugrenzen überbaubaren Fläche zugelassen werden können oder für die gemäß §31 Abs. 2 BauGB eine Befreiung von den festgesetzten Baugrenzen erteilt werden kann.**

BauGB §31 Abs. 2; BauNVO §§22, 23 Abs. 3 Satz 2; BauO NRW §§6 Abs. 1 Satz 2 Buchstabe b), 6 Abs. 7, 61 Abs. 1, 72, 77 Abs. 1.

OVG Nordrhein-Westfalen, Urteil vom 22. August 2005 – 10 A 3611/03 – (rechtskräftig).

(VG Düsseldorf)

Der Kläger begehrte die Beseitigung des auf der rückwärtigen Seite des Gebäudes der Beigeladenen errichteten Balkons.

Der Kläger ist Eigentümer eines mit einem zweigeschossigen Einfamilienreihenhaus bebauen Grundstücks. Nördlich grenzt es an das im Eigentum der Beigeladenen stehende Grundstück an, auf dem ebenfalls ein zweigeschossiges Einfamilienreihenhaus errichtet ist. Beide Gebäude sind Reihenmittelhäuser mit einer Breite von 4,75 m und gehören zu einer aus sechs Häusern bestehenden, insgesamt knapp 29 m langen Hausgruppe.

Die Reihenhauszeile liegt im Geltungsbereich des Bebauungsplans Nr. 31, 2. Änderung vom 24.2.1987. Darin werden für den hier in Rede stehenden Bereich u. a. die Festsetzungen „WA" (allgemeines Wohngebiet) und „nur Hausgruppen zulässig" getroffen. Des weiteren sieht der Bebauungsplan zwei senkrecht zur südlich verlaufenden C.-Straße angeordnete und über Stichwege erschlossene Baufenster von 13 m x 32,5 m vor. Die überbaubaren Grundstücksflächen enden im rückwärtigen Bereich der Grundstücke des Klägers und der Beigeladenen jeweils 0,50 m jenseits der westlichen – gartenseitigen – Gebäudeaußenwand.

Im September 1995 beantragten die Beigeladenen die Erteilung einer Baugenehmigung für den Anbau eines Balkons an der rückwärtigen Gebäudeseite im ersten Obergeschoss. Nach den Bauvorlagen soll der an der Gartenseite von zwei Stahlstützen getragene Balkon einschließlich der Umwehrung eine Tiefe von 1,50 m aufweisen und sich über die gesamte Hausbreite erstrecken. Unter dem 9.11.1995 erteilte der Beklagte den Beigeladenen die beantragte Baugenehmigung.

Im Rahmen des sich anschließenden Nachbarklageverfahrens vor dem Verwaltungsgericht stellte die Berichterstatterin beim Ortstermin fest, dass bereits die Kragplatte des Balkons eine Tiefe von 1,50 m aufwies. Zusätzlich war der Balkon mit einer Holzverkleidung sowie mit fest montierten und weitere 0,30 cm bis 0,35 cm vor die Brüstung vortretenden Blumenkästen versehen. Auf den Hinweis der Berichterstatterin, dass der vorhandene Balkon nicht den genehmigten Bauvorlagen entspreche, erklärten Kläger und Beklagter das Verfahren in der Hauptsache für erledigt. Zur Begründung der Kostenentscheidung des Einstellungsbeschlusses wurde u. a. ausgeführt, dass die Baugenehmigung auf Grund der abweichenden Errichtung des Balkons zwischenzeitlich erloschen sei.

2000 forderte der Kläger vom Beklagten, den Beigeladenen durch Ordnungsverfügung die Beseitigung des Balkons aufzugeben. Der 2001 erhobenen Untätigkeitsklage des Klägers gab das Verwaltungsgericht statt. Die vom Oberverwaltungsgericht zugelassene Berufung blieb erfolglos.

Aus den Gründen:
Der Kläger hat gegen den Beklagten einen Anspruch auf Erlass der beantragten, gegen die Beigeladenen gerichteten Beseitigungsverfügung. Das Unterlassen der entsprechenden bauordnungsrechtlichen Verfügung ist rechtswidrig und verletzt den Kläger in seinen Rechten (§ 113 Abs. 5 Satz 1 VwGO). Der Anspruch des Klägers auf Entfernung des Balkons auf der rückwärtigen Seite des Gebäudes der Beigeladenen folgt aus § 61 Abs. 1 Satz 2 BauO NRW.

Nach § 61 Abs. 1 BauO NRW haben die Bauaufsichtsbehörden bei der Errichtung, der Änderung, dem Abbruch, der Nutzung, der Nutzungsänderung sowie der Instandhaltung baulicher Anlagen darüber zu wachen, dass die öffentlich-rechtlichen Vorschriften und die auf Grund dieser Vorschriften erlassenen Anordnungen eingehalten werden. Sie haben in Wahrnehmung dieser Aufgaben nach pflichtgemäßem Ermessen die erforderlichen Maßnahmen zu treffen. § 61 BauO NRW stellt eine verfassungsmäßige Inhalts- und Schrankenbestimmung des Eigentums (Art. 14 GG) dar (vgl. zu der entsprechenden Regelung des § 81 LBO Rh.-Pf.: BVerfG, Beschluss v. 2. 9. 2004 – 1 BvR 1860/02 –, NVwZ 2005, 203).

Ein Anspruch des Nachbarn auf bauordnungsbehördliches Einschreiten folgt aus dieser Eingriffsermächtigung, wenn das angegriffene Bauvorhaben nicht durch eine bestandskräftige Baugenehmigung gedeckt wird, der errichtete Balkon rechtswidrig ist und den klagenden Nachbarn in seinen Rechten verletzt, dieser seine Abwehrrechte nicht verwirkt hat sowie das Ermessen der Behörde auf Null reduziert ist.

Dem Abwehranspruch des Klägers steht keine den streitgegenständlichen Balkon erfassende Baugenehmigung entgegen. Die Legalisierungswirkung einer Baugenehmigung hat zur Folge, dass im Umfang der Feststellungswirkung der Baugenehmigung die Legalität des Vorhabens nicht in Frage steht, solange die erteilte Genehmigung nicht aufgehoben ist (vgl. dazu BVerwG, Urteil v. 7. 11. 1997 – 4 C 7.97 –, BRS 59 Nr. 109 = BauR 1998, 533; BGH, Urteil v. 3. 2. 2000 – III ZR 296/98 –, NVwZ 2000, 1206, 1207; OVG NRW, Urteil v. 11. 9. 2003 – 10 A 4694/01 –, BRS 66 Nr. 159 = BauR 2003, 1718, 1870; Boeddinghaus/Hahn/Schulte, Bauordnung für das Land Nordrhein-Westfalen, Kommentar, Loseblatt, Stand: Mai 2005, § 75 Rdnr. 38).

Der den Beigeladenen am 9. 11. 1995 erteilte Baugenehmigung zum Anbau eines Balkons auf der rückwärtigen Gebäudeseite kommt keine Legalisierungswirkung zu, da diese gemäß § 77 Abs. 1 BauO NRW 1995 erloschen ist. Mit der Errichtung des genehmigten Balkons ist nicht innerhalb von zwei Jahren nach Erteilung der Genehmigung begonnen worden. Offen bleiben kann, ob die Baugenehmigung im Zeitpunkt des Ortstermins des Verwaltungsgerichts am 12. 7. 2000 noch Bestand hatte, weil durch den Nachbarwiderspruch des Klägers vom 7. 1. 1996 der Ablauf der Zweijahresfrist gehemmt war (vgl. dazu OVG NRW, Urteil v. 13. 6. 1990 – 7 B 945/89 –, Beschluss v.

22.6.2001 – 7 A 3553/00 –, und Urteil v. 9.5.1997 – 7 A 1071/96 – [dort offen gelassen, ob Hemmung oder Unterbrechung]), oder ob die Baugenehmigung ausnahmsweise trotz Nachbarwiderspruchs bereits erloschen war, weil der Zeitablauf darauf zurückzuführen war, dass der Bauherr unabhängig vom Nachbarstreit ein anderes Vorhaben als das genehmigte errichtet hat (vgl. dazu OVG NRW, Urteil v. 19.1.1987 – 7 A 901/86 –, und allgemein zum Erlöschen bei Errichtung eines „aliud" OVG NRW, Urteil v. 30.4.1998 – 10 A 2981/96 –).

Denn jedenfalls ist die Frist mittlerweile abgelaufen, weil auch durch die Vornahme der Rückbaumaßnahmen im Jahr 2000 nicht von der Baugenehmigung Gebrauch gemacht worden ist. Der zurückgebaute Balkon einschließlich der Umwehrung überschreitet mit 1,51 m nach wie vor die genehmigte Tiefe von 1,50 m. Zudem ist die Kragplatte abweichend von den Bauzeichnungen nicht über eine Breite von 4,64 m ausgeführt, sondern lediglich über die Breite von 4,50 m. Statt der geplanten 0,055 m weist die Kragplatte zur Nachbargrenze des Klägers einen Abstand von 0,11 m und zur Nachbargrenze zum Haus Nr. 48 von 0,14 m auf.

Der Balkon ist materiell rechtswidrig. Er verstößt gegen Bauplanungsrecht, weil er die in dem Bebauungsplan Nr. 31, 2. Änderung festgesetzte hintere Baugrenze, die parallel zu den westlichen Außenwänden der Gebäude des Klägers und der Beigeladenen verläuft, um etwa einen Meter überschreitet. Diese Überschreitung kann – entgegen der vom Beklagten in der Berufungsbegründung vertretenen Auffassung – auch nicht nach § 23 Abs. 3 Satz 2 BauNVO (1977) zugelassen werden, weil das in dieser Bestimmung vorausgesetzte Vortreten von Gebäudeteilen in geringfügigem Ausmaß nicht gegeben ist. Ein Vortreten in geringfügigem Ausmaß ist nur anzunehmen, wenn es sich – bezogen auf die Größenordnung des Gebäudes – um untergeordnete Gebäudeteile handelt. Tritt dagegen ein wesentlicher Gebäudeteil über die Baugrenze, so überschreitet damit das Gebäude selbst und nicht wie vom Gesetz verlangt, lediglich ein Bauteil die Baugrenze (BVerwG, Urteil v. 20.6.1975 – IV C 5.74 –, BRS 29 Nr. 126 = BauR 1975, 313; OVG NRW, Beschluss v. 6.2.1996 – 11 B 3046/95 –, BRS 58 Nr. 170 = BauR 1996, 684; VGH Bad.-Württ., Urteil v. 1.2.1999 – 5 S 2507/96 –, BRS 62 Nr. 97; OVG Saarl., Beschluss v. 16.2.2001 – 2 Q 15/00 –, BRS 64 Nr. 189).

Dem hier in Rede stehende Balkon fehlt es an der erforderlichen Unterordnung. Der mit einer fast geschlossenen, wuchtigen Holzbrüstung versehene und sich über die gesamte Hausbreite von 4,75 m erstreckende Balkon tritt vielmehr als dominierendes Gebäudeteil der westlichen Außenwand in Erscheinung. Auch vor dem Hintergrund, dass die überbaubare Grundstücksfläche eine Bautiefe von höchstens 13 m zulässt, stellt sich die Überschreitung der Baugrenze um einen Meter über die gesamte Grundstücksbreite nicht mehr als geringfügig dar. Im übrigen tritt der Balkon einschließlich der auf Grund ihrer Massivität einzubeziehenden Brüstung 1,51 m vor die Außenwand vor und überschreitet damit das in § 6 Abs. 7 BauO NRW genannte Maß, auf das für die Beurteilung der Frage, ob das Vortreten eines Gebäudeteils noch als geringfügig einzustufen ist, zusätzlich zurückgegriffen werden kann (vgl. dazu OVG NRW, Beschlüsse v. 6.2.1996 – 11 B 3046/95 –,

Nr. 91

a.a.O; v. 24.5.1996 – 11 B 970/96 –, BRS 58 Nr. 171 = BauR 1997, 82 und v. 8.12.1998 – 10 B 2255/98 –, BRS 60 Nr. 208 = BauR 1999, 628; VGH Bad.-Württ., Urteil v. 1.2.1999 – 5 S 2507/96 –, BRS 62 Nr. 97; OVG Rh.-Pf., Urteil v. 3.12.1998 – 1 A 11826/98 –).

Unerheblich ist nach den oben dargestellten Maßgaben, dass die Überschreitung der Baugrenze durch den Balkon mit einem Meter deutlich hinter dem in § 6 Abs. 7 BauO NRW genannten Maß von 1,50 m zurückbleibt. Denn es handelt sich um ein wesentliches Gebäudeteil, mit der Folge, dass das gesamte Gebäude die Baugrenze überschreitet.

Das Überschreiten der Baugrenze kann auch nicht durch die Erteilung einer Befreiung gemäß § 31 Abs. 2 BauGB ausgeräumt werden, weil eine Abweichung in Nachbarrechte des Klägers eingriffe. Der hier in Rede stehenden Festsetzung von hinteren Baugrenzen kommt zwar kein nachbarschützender Charakter zu. Aber auch im Fall der Befreiung von nicht nachbarschützenden Festsetzungen ist § 31 Abs. 2 BauGB insoweit drittschützend, als diese Vorschrift das Ermessen der Bauaufsichtsbehörde dahin bindet, dass die Abweichung auch unter Würdigung nachbarlicher Interessen mit den öffentlichen Belangen vereinbar sein muss (vgl. BVerwG, Urteil v. 6.10.1989 – 4 C 14.87 –, BRS 49 Nr. 188 = BauR 1989, 710; Hahn/Schulte, Öffentlich-rechtliches Baunachbarrecht, München 1998, Rdnr. 172).

Die Festsetzung der hinteren Baugrenzen ist hier nicht nachbarschützend. Von einer neben die städtebauliche Ordnungsfunktion tretenden nachbarschützenden Wirkung der festgesetzten Baugrenzen ist nur dann auszugehen, wenn konkrete Anhaltspunkte für einen dahingehenden planerischen Willen erkennbar sind. Dies ist in jedem Einzelfall aus Inhalt und Rechtsnatur der Festsetzung, ihrem Zusammenhang mit den anderen Regelungen des Plans, der Planbegründung oder anderen Vorgängen im Zusammenhang mit der Planaufstellung im Wege der Auslegung zu ermitteln. Hierbei ist insbesondere von Bedeutung, ob die Nachbarn durch die Festsetzung im Sinne eines „Austauschverhältnisses" rechtlich derart verbunden sind, dass sie zu gegenseitiger Rücksichtnahme verpflichtet sind oder eine „Schicksalsgemeinschaft" bilden, aus der keiner der Beteiligten ausbrechen darf (BVerwG, Beschluss v. 9.3.1993 – 4 B 38.93 –, BRS 55 Nr. 170 = BauR 1993, 581; OVG NRW, Beschlüsse v. 6.2.1996 – 11 B 3046/95 –, a.a.O., v. 24.5.1996 – 11 B 970/96 –, BRS 58 Nr. 171 und v. 23.9.2004 – 7 B 1908/04 –, jeweils m.w.N.).

Hier sind weder aus den Regelungen des Bebauungsplans, der Planbegründung noch aus den Aufstellungsvorgängen derartige Umstände ersichtlich. Entsprechende Anhaltspunkte ergeben sich insbesondere nicht aus einer Zusammenschau mit der Festsetzung „nur Hausgruppe zulässig". Denn damit wird in erster Linie das städtebauliche Ziel verfolgt, eine einheitliche Baustruktur der neu hinzukommenden Bebauung mit der östlich des neu überplanten Bereichs (2. Änderung) bereits vorhandenen Bebauung zu schaffen. In der Begründung zur 2. Änderung des Bebauungsplans wird insoweit ausgeführt, dass im Zusammenhang mit der im Bebauungsplan Nr. 31 ausgewiesenen Wohnbaufläche nördlich der C.-Straße zwischen J.-Straße und dem Schulgrundstück eine in sich geschlossene Reihenhaussiedlung entstanden sei. Mit der 2. Änderung sollte die bislang für Erweiterungen der Grundschule vorgehaltene Fläche der benachbarten Wohnbebauung zugeordnet werden, um eine städtebauliche Abrundung zu erreichen. Eine nachbarschützende Wirkung der entsprechenden Festlegung der überbaubaren Grundstücksflächen auch durch rückwärtige Baugrenzen ist mit dieser Zielsetzung nicht verbunden.

Eine Befreiung von der danach nicht nachbarschützenden Festsetzung der hinteren Baugrenzen kann gleichwohl nicht rechtmäßig erteilt werden, weil sie die nachbarlichen Interessen i. S. des § 31 Abs. 2 BauGB nicht hinreichend berücksichtigen würde. Unter welchen Voraussetzungen durch eine Befreiung Nachbarrechte verletzt werden, ist nach den Grundsätzen des Gebots der Rücksichtnahme zu beantworten, das in dem Tatbestandsmerkmal „unter Würdigung nachbarlicher Interessen" seinen rechtlichen Anknüpfungspunkt findet. Bei der erforderlichen Interessenabwägung sind die Schutzwürdigkeit des betroffenen Nachbarn, sein Interesse an der Einhaltung der Festsetzungen des Bebauungsplans und damit an einer Verhinderung von Beeinträchtigungen und Nachteilen sowie die Intensität der Beeinträchtigungen einerseits mit den Interessen des Bauherrn an der Erteilung der Befreiung andererseits abzuwägen. Der Nachbar kann um so mehr an Rücksichtnahme verlangen, je empfindlicher seine Stellung durch eine an die Stelle der im Bebauungsplan festgesetzten baulichen Nutzung tretende andersartige Nutzung berührt werden kann. Umgekehrt braucht derjenige, der die Befreiung in Anspruch nehmen will, um so weniger Rücksicht zu nehmen, je verständlicher und unabweisbarer die von ihm verfolgten Interessen sind. Unter welchen Voraussetzungen eine Befreiung Rechte des Nachbarn verletzt, hängt wesentlich von den Umständen des Einzelfalls ab. Maßgeblich kommt es darauf an, was einerseits dem Rücksichtnahmebegünstigten und andererseits dem Rücksichtnahmeverpflichteten nach Lage der Dinge zuzumuten ist. Geht es wie hier um ein Vorhaben, das von den Festsetzungen des Bebauungsplans abweicht und nur ausnahmsweise über eine Befreiung gemäß § 31 Abs. 2 BauGB zulässig sein kann, ist zu berücksichtigen, dass derjenige, der sich auf den Bebauungsplan berufen kann, bei der Interessenabwägung grundsätzlich einen gewissen Vorrang hat (vgl. BVerwG, Urteile v. 6. 10. 1989 – 4 C 14.87 –, BRS 49 Nr. 188 = BauR 1989, 710 und v. 23. 8. 1996 – 4 C 13.94 –, BRS 58 Nr. 159 = BauR 1997, 72; OVG NRW, Beschluss v. 23. 9. 2004 – 7 B 1908/04 –).

Bei der Interessenabwägung können u. a. die topografischen Verhältnisse, die Lage der Grundstücke zueinander, die Größe der Grundstücke sowie die Schutzbedürftigkeit und Schutzwürdigkeit bestehender Nutzungen von Bedeutung sein (vgl. OVG NRW, Beschluss v. 29. 10. 2001 – 10 B 891/01 –, und Urteil v. 18. 12. 2003 – 10 A 2512/00 –).

In Anwendung dieser Grundsätze und unter Berücksichtigung der von der Berichterstatterin im Ortstermin festgestellten und dem Senat vermittelten örtlichen Verhältnisse stellt sich das Vorhaben der Beigeladenen auf Grund der konkreten Umstände des vorliegenden Falles gegenüber dem Kläger als rücksichtslos dar. Die Hausgruppe, in der sich die Gebäude des Klägers und der Beigeladenen befinden, ist durch eine dichte Baustruktur gekennzeichnet. Bereits auf Grund der Breite der Gebäude bzw. Grundstücke von lediglich 4,75 m und der geringen Größe der rückwärtigen Gartenbereiche der Reihenmittelhäuser von lediglich etwa 40 m² ist die private Wohnsphäre auf ein Mindestmaß beschränkt. Ein kleiner geschützter Außenwohnbereich konnte bislang in der Erdgeschossebene durch die Errichtung von Grenzmauern oder Sichtschutzelementen im Terrassenbereich erreicht werden. Mit der erstmaligen Errichtung eines Balkons über die volle Breite des Obergeschosses und den damit eröffneten Einblickmöglichkeiten wird dieses empfindliche Gefüge des nachbarlichen Nebeneinanders unzumutbar gestört. Zwar müssen in bebauten Bereichen – speziell wenn wie hier eine Hausgruppe errichtet ist – im allgemeinen Einsichtnahmemöglichkeiten selbstverständlich hingenommen werden; das Rücksichtnahmegebot steht der Errichtung eines Balkons an Reihenhäusern auch nicht schlechthin entgegen (vgl. OVG NRW, Urteil v. 2. 9. 1993 – 10 A 684/89 –).

Schon vor Errichtung des Balkons bestanden Einsichtmöglichkeiten von den Fenstern der Obergeschosse in die benachbarten Gartenbereiche und umgekehrt vom Garten in die Fenster der Obergeschosse der benachbarten Gebäude. Ebenso waren Gebäude und Gärten bereits bisher Einblicken seitens der westlich gelegenen Reihenhauszeile ausgesetzt.

Durch den Balkon der Beigeladenen entsteht jedoch eine neue Qualität von Einsichtnahmemöglichkeiten. Als besonders belastend wirkt es sich aus, dass nun erstmals im Bereich des Obergeschosses eine vor die Gebäuderückseiten vorgelagerte „Aussichtsplattform" geschaffen wird. War zuvor vom Obergeschoss aus nur eine (gegenseitige) Einblicknahme in die benachbarten Gartenbereiche möglich, eröffnet der Balkon nun erstmals auch Einblicke in Richtung der benachbarten Fenster. Dies betrifft im vorliegenden Fall insbesondere das Schlafzimmerfenster des Klägers, das sich lediglich etwa einen Meter vom Balkon der Beigeladenen entfernt befindet. Sich in dem neu geschaffenen Außenwohnbereich der Beigeladenen aufhaltende Personen sind nun für den Kläger gleichsam „zum Greifen" nahe und lassen nicht einmal ein Mindestmaß an privater Wohnsphäre zu. Auch der Terrassenbereich des Klägers, der bislang nur teilweise und lediglich schräg unter Herauslehnen aus dem Fenster der Beigeladenen im Obergeschoss eingesehen werden konnte, kann nun ohne weiteres vom Balkon aus beobachtet werden. Hinzu kommt die in seiner Eigenschaft als Außenwohnbereich begründete Nutzungsqualität des Balkons. Im Gegensatz zu Fenstern, die regelmäßig nur für (gelegentliche) Ausblicke nach außen genutzt werden, dient ein Balkon gerade dem ggf. auch länger andauernden Aufenthalt. Diesen erheblichen Beeinträchtigungen stehen keine wesentlich ins Gewicht fallenden schützenswerten Interessen der Beigeladenen gegenüber. Das Einfamilienreihenhaus der Beigeladenen verfügt bereits über eine Terrasse im Erdgeschoss. Das Interesse an der Errichtung eines zusätzlichen Außenwohnbereichs im Obergeschoss hat angesichts dessen zurückzutreten.

Kann die Überschreitung der Baugrenzen durch den Balkon auf Grund des Verstoßes gegen das Rücksichtnahmegebot nicht durch die Erteilung einer Befreiung gemäß § 31 Abs. 2 BauGB ausgeräumt werden, ist der Kläger durch das rechtswidrige Vorhaben in seinen Nachbarrechten verletzt (vgl. zur

Nachbarrechtsverletzung bei fehlender Befreiung: BVerwG, Urteil v. 6. 10. 1989 – 4 C 14.87 –, a. a. O.).

Dem Vorhaben stehen darüber hinaus nachbarschützende Vorschriften des Bauordnungsrechts entgegen.

Das grenzständig errichtete Vorhaben der Beigeladenen verstößt gegen die Abstandflächenvorschriften des §6 BauO NRW. Die Einhaltung einer Abstandfläche ist hier nicht nach §6 Abs. 1 Satz 2 Buchstabe a) BauO NRW entbehrlich. Nach dieser Vorschrift ist innerhalb der überbaubaren Grundstücksfläche eine Abstandfläche nicht erforderlich vor Außenwänden, die an der Nachbargrenze errichtet werden, wenn nach planungsrechtlichen Vorschriften das Gebäude ohne Grenzabstand gebaut werden muss.

Der Senat lässt offen, ob die grenzständige Errichtung auf der Grundlage dieser Regelung bereits deshalb ausscheidet, weil die dem Grundstück des Klägers zugewandte Seite des Balkons keine Außenwand darstellt, die die üblicherweise von grenzständigen oder grenznahen Wänden einzuhaltenden Anforderungen – beispielsweise Ausführung als Gebäudeabschlusswand ohne Öffnungen gemäß §31 BauO NRW – nicht erfüllen kann.

Auf Grund des Vorrangs des Bauplanungsrechts (BVerwG, Beschlüsse v. 11. 3. 1994 – 4 B 53.94 –, BRS 56 Nr. 65 = BauR 1994, 494 und v. 12. 1. 1995 – 4 B 197.94 –, BRS 57 Nr. 131 = BauR 1995, 365), beurteilt sich die Frage, ob an die Grenze gebaut werden muss, bei Vorliegen eines Bebauungsplans nach dessen Festsetzungen zur Bauweise i. S. des §22 BauNVO (1977) (OVG NRW, Beschluss v. 28. 2. 1991 – 11 B 2967/90 –, NWVBl. 1991, 265, 266).

Nach Planungsrecht muss – abgesehen von dem in §22 Abs. 3 BauNVO angeführten Ausnahmefall – an die seitlichen Grundstücksgrenzen gebaut werden, wenn in einem Gebiet die geschlossene Bauweise festgesetzt ist oder tatsächlich besteht. Das gleiche gilt in einer abweichenden Bauweise nach §22 Abs. 4 Satz 1 BauNVO, sofern die Errichtung einer Außenwand an einer Grundstücksgrenze zwingend vorgesehen ist. Ferner muss ein Gebäude dann, wenn Doppelhäuser oder Hausgruppen in einem Gebiet zwingend vorgeschrieben sind (vgl. §22 Abs. 2 Sätze 2 und 3 BauNVO), bezüglich der „inneren Ordnung" bei Errichtung auf verschiedenen benachbarten Grundstücken an der Grenze errichtet werden. Bei diesen Hausformen handelt es sich zwar um eine Bauform der offenen Bauweise, innerhalb der Gesamtbaukörper müssen aber die selbstständigen Gebäudeeinheiten an eine seitliche Grundstücksgrenze (Doppelhaushälften und Reiheneckhäuser) oder an beide seitlichen Grundstücksgrenzen (Reihenmittelhäuser) gebaut werden (vgl. dazu auch BayVGH, Urteil v. 21. 7. 1997 – 14 B 96.3086 –, BRS 59 Nr. 113).

Der Bebauungsplan Nr. 31, 2. Änderung, sieht für den hier maßgeblichen Bereich offene Bauweise vor. Lediglich auf Grund der zur inneren Gliederung getroffenen Festsetzung „nur Hausgruppen zulässig" sind die innerhalb einer Hausgruppe liegenden Gebäude ohne seitlichen Grenzabstand zu errichten.

Der Balkon der Beigeladenen ist gleichwohl ohne Einhaltung von Abstandflächen unzulässig, da dieser sich teilweise außerhalb der überbaubaren Grundstücksfläche befindet. Der Bebauungsplan Nr. 31, 2. Änderung, trifft mit der Festsetzung von Baugrenzen i. S. von §23 Abs. 3 Satz 1 BauNVO (1977) u. a. für die Gebäuderückseiten Festsetzungen zur überbaubaren

Grundstücksfläche. Der hier in Rede stehende Balkon der Beigeladenen überschreitet die rückwärtige Baugrenze um etwa einen Meter. Er hält sich nach planungsrechtlichen Grundsätzen nicht mehr innerhalb der überbaubaren Grundstücksfläche, für die die Festsetzung „nur Hausgruppe zulässig" gilt und eine Grenzbebauung als innere Gliederung zwingend erfordert.

Ein Herausschieben der Baugrenze mittels einer Abweichung gemäß § 23 Abs. 3 Satz 2 BauNVO (1977) mit der Folge, dass sich im Einzelfall die Festsetzung „Hausgruppe" auf die zusätzlich überbaubare Grundstücksfläche erstreckt und ohne seitlichen Grenzabstand gebaut werden muss (vgl. dazu OVG NRW, Beschluss v. 27. 3. 2003 – 7 B 2212/02 –, BRS 66 Nr. 126 = BauR 2003, 1185; OVG Rh.-Pf., Urteil v. 3. 12. 1998 – 1 A 11826/98 –; OVG Saarl., Urteil v. 16. 2. 2001 – 2 Q 15/00 –, BRS 64 Nr. 189; sowie zum definitorischen Charakter der wesensmäßig zu den Begriffen Baulinie und Baugrenze und der überbaubaren Grundstücksfläche gehörenden Abweichungsmöglichkeiten: BVerwG, Urteil v. 27. 2. 1992 – 4 C 43.87 –, BRS 54 Nr. 60 = BauR 1992, 472), scheitert hier bereits daran, dass – wie oben bereits ausgeführt – nicht von einem geringfügigen Vortreten auszugehen ist.

Auch im Wege einer Befreiung von den festgesetzten Baugrenzen gemäß § 31 Abs. 2 BauGB kann der Grenzanbau des streitgegenständlichen Balkons nicht ermöglicht werden. Zwar erstrecken sich die Festsetzungen zur Bauweise im Fall einer Befreiung in vergleichbarer Weise auf den dadurch zusätzlich überbaubaren Bereich, so dass die Festsetzung „Hausgruppe" eine Pflicht zum Grenzanbau in diesem Bereich begründen würde (vgl. dazu auch OVG NRW, Beschluss v. 23. 9. 2004 – 7 B 1908/04 –).

Eine Befreiung kann jedoch – wie oben bereits dargestellt – unter Würdigung der nachbarlichen Belange nicht rechtmäßig erteilt werden.

Ein Grenzanbau ist auch nicht im Hinblick auf § 6 Abs. 7 BauO NRW als zulässig anzusehen. Denn diese Vorschrift, die regelt, inwieweit unselbstständige Bauteile bei der Bemessung der Abstandflächen außer Betracht bleiben (vgl. OVG NRW, Beschluss v. 6. 12. 1985 – 7 B 2402/85 –, BRS 44 Nr. 101), setzt die bauplanungsrechtliche Zulässigkeit der betreffenden Bauteile gerade voraus (vgl. Boeddinghaus/Hahn/Schulte, a. a. O., § 6 Rdnrn. 237 ff.; Gädtke/Temme/Heintz, Landesbauordnung Nordrhein-Westfalen, Kommentar, 10. Aufl. 2003, § 6 Rdnrn. 256, 258).

Dem steht vorliegend der oben festgestellte Verstoß gegen das planungsrechtliche Gebot der Rücksichtnahme entgegen. Im übrigen scheidet eine Anwendung der Regelung des § 6 Abs. 7 BauO NRW im Hinblick auf das Vortreten vor die Außenwand um mehr als 1,50 m aus.

Die Beigeladenen haben auch keinen Anspruch auf Zulassung einer Abweichung gemäß § 73 BauO NRW. Nach dieser Vorschrift kann die Genehmigungsbehörde Abweichungen von bauaufsichtlichen Anforderungen dieses Gesetzes und der auf Grund dieses Gesetzes erlassenen Vorschriften zulassen, wenn sie unter Berücksichtigung des Zwecks der jeweiligen Anforderungen und unter Würdigung der nachbarlichen Interessen mit den öffentlichen Belangen vereinbar sind.

Die Zulassung einer Abweichung von Abstandflächenvorschriften kommt nur bei Vorliegen besonderer Umstände in Betracht, weil der Gesetzgeber mit den detaillierten, die gegenläufigen Interessen benachbarter Grundstückseigentümer zum Ausgleich bringenden Regelungen in §6 BauO NRW bereits abschließende Festlegungen getroffen hat. Vor diesem Hintergrund scheiden Belange des Bauherrn selbst als Gegengewicht grundsätzlich aus (vgl. OVG NRW, Beschlüsse v. 28.8.1995 – 7 B 2117/95 –, BRS 57 Nr. 141 = BauR 1996, 85 und v. 12.2.1997 – 7 B 2608/96 –, BRS 59 Nr. 162).

Aber auch sonst sind hier keine Anhaltspunkte für eine atypische Situation ersichtlich, die von dem Normalfall, von dem die Abstandflächenvorschriften ausgehen, derart abweicht, dass die Festlegungen den Zielsetzungen des Gesetzgebers nicht entsprechen könnten.

Dem Kläger ist das aus §6 BauO NRW hergeleitete nachbarliche Abwehrrecht auch nicht nach dem Grundsatz von Treu und Glauben abgeschnitten, weil er möglicherweise selbst bauliche Anlagen errichtet hat, die die erforderlichen Grenzabstände nicht einhalten.

Ob der Kläger mit der 2,05 m hohen und 3,20 m langen grenzständigen Mauer im Terrassenbereich zum Grundstück der Beigeladenen die Abstandflächen nicht einhält, kann offen bleiben. Denn selbst wenn die Errichtung nicht mit dem Bebauungsplan und den übrigen baurechtlichen Vorschriften im Einklang stehen sollte, bedeutete dies nicht, dass der Kläger sich überhaupt nicht mehr gegen Verletzungen der Abstandsregelungen durch seinen Nachbarn zur Wehr setzen könnte. Der Kläger muss nicht hinnehmen, dass die Beeinträchtigung durch das Vorhaben der Beigeladenen schwerwiegender auf die nachbarschaftliche Situation einwirkt als dies durch die Nutzung seiner baulichen Anlage mit Unterschreitung der Abstandflächen geschieht. Er wäre nur gehindert, ein Vorhaben zu unterbinden, das in seinen Auswirkungen dem eigenen gleichsteht und unter den Maßstäben des geltenden Rechts in gleicher Weise zu beurteilen ist. Nur insoweit schließt der Grundsatz von Treu und Glauben die Geltendmachung nachbarlicher Abwehrrechte aus. Bei der Bewertung der von einem Baukörper für das Nachbargrundstück ausgehenden Beeinträchtigung ist neben dem konkreten Grenzabstand auch die Qualität der mit der Verletzung der Abstandflächenvorschriften einhergehenden Beeinträchtigungen von wesentlicher Bedeutung (vgl. OVG NRW, Urteil v. 24.4.2001 – 10 A 1402/98 –, BRS 64 Nr. 188 = BauR 2002, 295 ff., Beschlüsse v. 22.7.2004 – 7 A 453/03 – und v. 10.6.2005 – 10 A 3664/03 –, BauR 2005, 1766).

Mit dem abstandflächenwidrigen Balkon der Beigeladenen wird die Nachbarbebauung des Klägers wesentlich stärker beeinträchtigt als sich die grenzständige Mauer des Klägers auf Grundstück und Bebauung der Beigeladenen auswirkt. Während durch den hier in Rede stehenden Balkon mit der Abstandflächenverletzung erhebliche Einblickmöglichkeiten einhergehen, erschöpfen sich die Auswirkungen der Mauer in einer allenfalls geringfügig erhöhten Verschattungswirkung. Die dadurch verursachte Einschränkung der Belichtung ist kaum wahrnehmbar, zumal die Beigeladenen selbst durch den über der Terrasse liegenden Balkon die Belichtungssituation der Erdgeschossräume zur Gartenseite maßgeblich negativ beeinflussen.

Der Kläger hat einen Anspruch darauf, dass der Beklagte den Beigeladenen die vollständige Beseitigung des rückwärtigen Balkons aufgibt.

Der Beklagte ist gemäß § 61 Abs. 1 Satz 2 BauO NRW zum Einschreiten verpflichtet. Zwar steht es im pflichtgemäßen Ermessen, welche Maßnahmen er treffen will, um die Einhaltung der öffentlich-rechtlichen Vorschriften durchzusetzen. Das Ermessen des Beklagten ist hier jedoch zugunsten des Klägers dahin gebunden, dass der Beklagte einschreiten muss. Das Entschließungsermessen der Bauaufsichtsbehörde ist in aller Regel auf eine Pflicht zum Einschreiten reduziert, wenn die Baurechtswidrigkeit einer Anlage auf der Verletzung nachbarschützender Vorschriften des öffentlichen Rechts beruht. In solchen Fällen muss dem rechtswidrigen Zustand abgeholfen werden (vgl. OVG NRW, Urteile v. 23. 4. 1982 – 10 A 645/80 –, BRS 39 Nr. 178, v. 17. 5. 1983 – 7 A 330/81 –, BRS 40 Nr. 191 = BauR 1984, 160, v. 27. 11. 1989 – 11 A 195/88 –, BRS 50 Nr. 185 = BauR 1990, 341, v. 22. 1. 1996 – 10 A 1464/92 –, BRS 58 Nr. 115 und v. 15. 8. 1995 – 11 A 850/92 –, BRS 57 Nr. 258 = BauR 1996, 237).

Zudem steht die Beachtung und Durchsetzung des materiellen Bauplanungsrechts im Rahmen landesrechtlich geregelter Verfahren grundsätzlich nicht zur Disposition des Landesgesetzgebers; dieser ist vielmehr verpflichtet, bundesrechtlichem Bauplanungsrecht zur Durchsetzung zu verhelfen (BVerwG, Urteil v. 19. 12. 1985 – 7 C 65.82 –, BVerwGE 72, 300 sowie Beschlüsse v. 17. 4. 1998 – 4 B 144.97 –, BRS 60, 169 = BauR 1999, 735, v. 9. 2. 2000 – 4 B 11.00 –, BRS 63 Nr. 210 = BauR 2000, 1318 und v. 17. 12. 2003 – 4 B 96.03 –, Buchholz 406.19 Nachbarschutz Nr. 168).

Gründe, die es dem Beklagten ermöglichen, ausnahmsweise von einem Einschreiten abzusehen, liegen nicht vor.

Die Pflicht des Beklagten zum Einschreiten ist darauf gerichtet, den Beigeladenen die vollständige Entfernung des Balkons aufzugeben, weil sich allein die gesamte Beseitigung als ermessensfehlerfrei darstellt. Der Rückbau auf ein die Abstandflächen und Baugrenzen einhaltendes sowie das Gebot der Rücksichtnahme wahrendes Maß ist kein milderes Mittel, das der Beklagte den Beigeladenen anstelle des vollständigen Abrisses aufgeben könnte. Eine solche Wahl scheidet aus Rechtsgründen aus, weil verschiedene Möglichkeiten des Rückbaus denkbar sind und dem Bauherrn nicht eine bestimmte Form des Gebäudes aufgedrängt werden darf (vgl. OVG NRW, Urteil v. 22. 1. 1996 – 10 A 1464/92 –, BRS 58 Nr. 115, Beschluss v. 18. 3. 1997 – 10 A 853/93 –, BRS 59 Nr. 209 und Urteil v. 13. 10. 1999 – 7 A 998/99 –).

Den Beigeladenen bleibt die Möglichkeit, nach Erlass der Ordnungsverfügung als Austauschmittel gemäß § 21 Satz 2 OBG NRW den Rückbau des Balkons auf ein zulässiges Maß anzubieten.

Die Kläger können statt des Abbruchs auch nicht auf eine Nutzungsuntersagung verwiesen werden. Mit einer Nutzungsuntersagung kann weder die Überschreitung der Baugrenzen beseitigt noch der Abstandflächenverstoß ausgeräumt werden.

Nr. 92

Die Gemeinde darf die Wahl der Bauweise nicht dem Belieben des Bauwerbers überlassen.

(Nichtamtlicher Leitsatz.)

BauNVO § 22 Abs. 4.

Bundesverwaltungsgericht, Beschluss vom 18. Mai 2005 – 4 BN 21.05 –.

(Bayerischer VGH)

Aus den Gründen:

1. Die Revision ist nicht wegen der behaupteten Abweichung der angegriffenen Entscheidung von dem Beschluss des Bundesverwaltungsgerichts vom 6. 5. 1993 (– 4 NB 32.92 –, BRS 55 Nr. 10 = BauR 1993, 693 = ZfBR 1993, 297) zuzulassen. . . .

Das Normenkontrollgericht hat die umstrittene textliche Festsetzung zur „abweichenden Bauweise" (§ 22 Abs. 4 BauNVO), nach der an einer seitlichen Grenze innerhalb der Baugrenzen angebaut bzw. der Grenzabstand beliebig vermindert werden kann, an dem rechtlichen Erfordernis der hinreichenden Bestimmtheit einer bauplanerischen Festsetzung gemessen. Es ist zu dem Ergebnis gelangt, die Festsetzung sei unklar, weil sie nicht eine bestimmte Bauweise vorgebe. Die Gemeinde dürfe die Wahl der Bauweise nicht – wie hier – ausschließlich dem Belieben des Bauwerbers überlassen. Dieser rechtliche Ansatz widerspricht nicht den Anforderungen, die der beschließende Senat in seinem vorbezeichneten Beschluss vom 6. 5. 1993 an die Bestimmtheit einer auf der Grundlage von § 22 Abs. 4 BauNVO festgesetzten „abweichenden Bauweise" gestellt hat. Der Senatsbeschluss vom 6. 5. 1993 hebt ebenfalls das Erfordernis der hinreichenden Bestimmtheit einer Festsetzung nach § 22 Abs. 4 BauNVO hervor und fügt hinzu, dass die Festsetzungen eines Bebauungsplans nicht schon dann zu unbestimmt seien, wenn sich deren Inhalt erst durch eine Auslegung erschließe. Zur Auslegung der dem nicht-revisiblen Landesrecht angehörenden Bebauungspläne ist der Verwaltungsgerichtshof als Normenkontrollgericht berufen. Im Zuge seiner Auslegung der hier umstrittenen Festsetzung ist er zu dem Ergebnis gelangt, dass die hier umstrittene Festsetzung das Gebot der Bestimmtheit für die Regelung einer „abweichenden Bauweise" gemäß § 22 Abs. 4 BauNVO verletzt. Ein Widerspruch zu den Ausführungen in dem Beschluss des Bundesverwaltungsgerichts vom 6. 5. 1993 ist nicht ersichtlich.

Die Auffassung der Beschwerde, mit der hier angegriffenen Regelung zur Bauweise im Bebauungsplan B 28 werde genau die planerische Festsetzung umgesetzt, die Gegenstand des Beschlusses des Bundesverwaltungsgerichts vom 6. 5. 1993 gewesen sei, trifft nicht zu. Die seinerzeit getroffene Festsetzung ließ eine geschlossene Bauweise zu, ohne sie zwingend festzusetzen. Im Gegensatz dazu geht es im vorliegenden Streitfall um eine Festsetzung, nach der an einer seitlichen Grundstücksgrenze angebaut, der Grenzabstand aber auch „beliebig" vermindert werden darf.

Nr. 93

Von einem Vor- oder Zurücktreten von Gebäudeteilen in geringfügigem Ausmaß i.S. von §23 Abs.3 Satz2 BauNVO kann ausgegangen werden, wenn die Errichtung des Gebäudeteils nach Landesrecht (hier: nach §5 Abs.6 Nr.2 LBO) in den Abstandsflächen zulässig wäre (im Anschluß an VGH Baden-Württemberg, Beschluß v. 3.6.1993 – 5 S 1029/93 –).

BauNVO §23 Abs.3; LBO §5 Abs.6.

VGH Baden-Württemberg, Beschluß vom 20. Januar 2005 – 8 S 3003/04 – (rechtskräftig).

(VG Stuttgart)

Aus den Gründen:
Zu Recht ist das Verwaltungsgericht davon ausgegangen, daß ein Verstoß gegen nachbarschützende Vorschriften des Bauordnungsrechts nicht ersichtlich ist. Daß das Vorhaben, soweit mit ihm zum Grundstück der Antragstellerin ein Abstand von 4,98 m eingehalten wird, die nach §5 Abs.7 LBO erforderliche Abstandsflächentiefe unterschreitet, behauptet die Antragstellerin selbst nicht. Allerdings ist sie – ohne nähere Begründung – der Auffassung, mit dem an dieser Seite des Gebäudes vorgesehenen Treppenhaus werde die gebotene Tiefe der Abstandsfläche nicht eingehalten. Dies trifft jedoch schon deshalb nicht zu, weil nach §5 Abs.6 Nr.2 LBO Vorbauten bei der Bemessung der Abstandsflächen außer Betracht bleiben, wenn sie nicht breiter als fünf Meter sind, nicht mehr als 1,5 m vortreten und von Nachbargrundstücken mindestens 2 m entfernt bleiben. Diese Voraussetzungen sind im Falle des Treppenhauses erfüllt. Insoweit handelt es sich um einen Vorbau i.S. des §5 Abs.6 Nr.2 LBO, da das Treppenhaus aus dem Gebäude „auskragt"; die Aufzählung von Vorbauten in dieser Vorschrift ist lediglich beispielhaft und daher nicht abschließend (vgl. Schlotterbeck/von Arnim, LBO für Baden-Württemberg, 4.Aufl., §5 Rdnr.68). Auch hält sich das Treppenhaus innerhalb des von §5 Abs.6 Nr.2 LBO gezogenen Rahmens, da es lediglich 0,80 m vor die entsprechende Wand vortritt, nur 2,97 m breit ist und über 4 m von der Grundstücksgrenze der Antragstellerin entfernt bleibt.
Auch einen Verstoß gegen nachbarschützende Vorschriften des Bauplanungsrechts hat das Verwaltungsgericht zu Recht verneint. ...
Nach §31 Abs.2 BauGB sind allerdings die nachbarlichen Belange auch bei der Befreiung von nicht nachbarschützenden Normen unter Beachtung des Gebots der Rücksichtnahme zu würdigen (vgl. u.a. BVerwG, Urteil v. 6.10.1989, BVerwGE 82, 343). ...
Mit dem Treppenhausanbau an der dem Grundstück der Antragstellerin zugewandten Seite wird die dortige Baugrenze überschritten. Diese seitliche Baugrenze hat auch nachbarschützende Wirkung zugunsten des Grundstücks der Antragstellerin, da zu dem an derselben Grundstücksseite liegenden Nachbarn grundsätzlich ein Austauschverhältnis begründet wird, das zur gegenseitigen Rücksichtnahme und zur wechselseitigen Beachtung der

festgesetzten Baugrenze verpflichtet (vgl. VGH Baden-Württemberg, Urteil v. 10. 11. 1992 – 5 S 1475/92 –, ESVGH 43, 81 = BRS 54 Nr. 199 = NVwZ-RR 1993, 347 sowie Beschluß v. 1. 10. 1999 – 5 S 2014/99 –, BRS 62 Nr. 185 = NVwZ-RR 2000, 348, 349). Die Antragsgegnerin hat die entsprechende Überschreitung aber in rechtlich nicht zu beanstandender Weise nach § 23 Abs. 3 Satz 2 BauNVO zugelassen. Nach dieser Vorschrift kann ein Vor- oder Zurücktreten von Gebäudeteilen (hierzu gehören auch Treppenhäuser, vgl. Fickert/Fieseler, BauNVO, 10. Aufl., § 23 Rdnr. 14) in geringfügigem Ausmaß zugelassen werden. Die Ausfüllung des unbestimmten Rechtsbegriffs „in geringfügigem Ausmaß" entzieht sich einer generellen Festlegung; sie ist vielmehr jeweils bezogen auf die Größenordnung des Gebäudes zu bestimmen und daher relativ (vgl. Fickert/Fieseler, a. a. O., § 23 Rdnr. 13). Zur Bestimmung des Begriffs „in geringfügigem Ausmaß" kann ferner unter Berücksichtigung des in § 23 Abs. 5 Satz 2 BauNVO enthaltenen Rechtsgedankens auf die bauordnungsrechtliche Regelung des § 5 Abs. 6 LBO zurückgegriffen werden, d. h. bei Gebäudeteilen, die den in dieser Vorschrift festgelegten Voraussetzungen entsprechen und die deshalb bei der Bemessung der Abstandsfläche außer Betracht bleiben, kann zugleich auch angenommen werden, daß sie nur „in geringfügigem Ausmaß" i. S. des § 23 Abs. 3 Satz 2 BauNVO „vortreten" (so bereits bezüglich § 23 Abs. 2 Satz 2 BauNVO VGH Baden-Württemberg, Beschluß v. 3. 6. 1993 – 5 S 1029/93 –; ebenso Ernst/Zinkahn/Bielenberg, BauGB, § 23 BauNVO Rdnr. 49). Da – wie oben bereits ausgeführt – im Hinblick auf das Treppenhaus die Voraussetzungen des § 5 Abs. 6 Nr. 2 LBO erfüllt sind, liegen somit auch die Voraussetzungen nach § 23 Abs. 3 Satz 2 LBO für eine Zulassung des „Vortretens" des Treppenhauses „in geringfügigem Ausmaß" vor. Zutreffend hat das Verwaltungsgericht festgestellt, daß sich die von der Antragsgegnerin ausgesprochene Zulassung auch als ermessensfehlerfrei erweist, da nicht ersichtlich ist, daß sie unzumutbare Beeinträchtigungen der Antragstellerin als Eigentümerin des östlich angrenzenden Nachbargrundstücks zur Folge haben könnte. . . .

Soweit die Antragstellerin rügt, das Verwaltungsgericht habe nicht geprüft, ob die in § 31 Abs. 2 BauGB festgelegten Voraussetzungen für die erteilten Befreiungen von Festsetzungen des Bebauungsplans vorliegen, geht dies fehl. Zwar stellt eine Befreiung von nachbarschützenden Festsetzungen, die nicht durch die rechtlichen Voraussetzungen des § 31 Abs. 2 BauGB gedeckt ist, zugleich eine Verletzung von Rechten des Nachbarn dar (vgl. Dürr, Baurecht Baden-Württemberg, 11. Aufl., Rdnr. 273). Hier sind aber lediglich Befreiungen von nicht nachbarschützenden Festsetzungen bezüglich der Geschoßflächen- und Grundflächenzahl sowie der vorderen straßenseitigen Baugrenze erteilt worden (bezüglich des Treppenhauses erfolgte die Zulassung auf Grund von § 23 Abs. 3 Satz 2 BauNVO, insoweit handelte es sich nicht um eine Befreiung nach § 31 Abs. 2 BauGB). In derartigen Fällen kommt – unabhängig davon, ob die rechtlichen Voraussetzungen nach § 31 Abs. 2 BauGB vorliegen – eine Verletzung von Nachbarrechten nur in Betracht, wenn bei Erteilung der Befreiung gegen das Gebot der Rücksichtnahme verstoßen worden ist. An einem solchen Verstoß fehlt es hier aber gerade.

2. Zulässigkeit von Bauvorhaben im nicht beplanten Innenbereich

Nr. 94

Ein an einen Bebauungszusammenhang angrenzendes bebautes Grundstück ist im Regelfall als Teil des Bebauungszusammenhangs anzusehen; für die Annahme einer aufeinander folgenden Bebauung ausschlaggebend ist jedoch, inwieweit die Bebauung den Eindruck der Geschlossenheit und Zusammengehörigkeit vermittelt.
(Nichtamtlicher Leitsatz.)

BauGB § 34.

Bundesverwaltungsgericht, Beschluss vom 9. November 2005 – 4 B 67.05 –.

(Bayerischer VGH)

Aus den Gründen:
Der Verwaltungsgerichtshof hatte sich nicht mit einer Lücke zwischen einer sich zu beiden Seiten fortsetzenden Bebauung, sondern mit der Frage zu befassen, ob ein am Rande eines im Zusammenhang bebauten Ortsteils liegendes Grundstück diesem Bebauungszusammenhang noch zuzurechnen ist oder nicht. Ein an einen Bebauungszusammenhang angrenzendes bebautes Grundstück ist nach der insoweit maßgebenden Rechtsprechung des Senats im Regelfall als Teil des Bebauungszusammenhangs anzusehen; für die Annahme einer aufeinander folgenden Bebauung ausschlaggebend ist jedoch, inwieweit die Bebauung den Eindruck der Geschlossenheit und Zusammengehörigkeit vermittelt; hierfür kommt es auf die Verkehrsauffassung und damit jeweils auf die Lage des Einzelfalls an (vgl. BVerwG, Urteil v. 6. 11. 1968 – 4 C 2.66 –, BVerwGE 31, 20 = BRS 20 Nr. 35; Urteil v. 15. 5. 1997 – 4 C 23.95 –, Buchholz 406.11 § 35 BauGB Nr. 329 = BRS 59 Nr. 90 = BauR 1997, 988). Aus diesem Grundsatz kann sich – z. B. unter besonderen topografischen Verhältnissen – auch ergeben, dass die Bebauung auf einem an einen Bebauungszusammenhang angrenzenden Grundstück nicht mehr an diesem Bebauungszusammenhang teilnimmt (vgl. BVerwG, Urteil v. 15. 5. 1997, a. a. O.). Von dieser Rechtsprechung ist auch der Verwaltungsgerichtshof ausgegangen.

Die behauptete Abweichung von dem Urteil des Senats vom 6. 11. 1968 (– 4 C 2.66 –, BVerwGE 31, 20) liegt schon deshalb nicht vor, weil der Senat nicht den Rechtssatz aufgestellt hat, dass Flächen, die wegen ihrer natürlichen Beschaffenheit oder wegen ihrer besonderen Zweckbestimmung einer Bebauung entzogen sind, den Zusammenhang nicht unterbrechen können. Der Senat hat in dem genannten Urteil zu den Anforderungen an das Vorliegen eines Bebauungszusammenhangs ausgeführt, dass in den Vordergrund der Betrachtung das unbebaute, jedoch gleichwohl den Zusammenhang nicht unterbrechende Grundstück trete, d. h. einerseits und vor allem die Baulücke, andererseits freie Flächen, die einer Bebauung entzogen seien und die *unter Umständen* auch bei größerer Ausdehnung ohne Bedeutung seien, also den Zusammenhang nicht unterbrechen *mögen* (vgl. BVerwGE 31, 20, 21). Auch in Bezug auf die freien Flächen hat der Senat daran fest gehalten, dass es zur Beurteilung, ob eine Unterbrechung des Zusammenhangs vorliegt, einer echten Wertung und Bewertung des konkreten Sachverhaltes bedarf und dass ausschlaggebend ist, inwieweit die aufeinander folgende Bebauung trotz vorhandener Baulücken den Eindruck der Geschlossenheit (Zusammengehörigkeit) vermittelt. Letztlich maßgebend für die Betrachtungsweise ist die Verkehrsauffassung mit der Folge, dass es entscheidend jeweils auf die Lage des Einzelfalls ankommt. Das gilt – wie der Senat in dem genannten Urteil hervorgehoben hat – auch dafür, ob etwa eine Straße oder Geländehindernisse irgendwelcher Art den Bebauungszusammenhang unterbrechen oder auf ihn ohne Einfluss sind (vgl. BVerwGE 31, 20, 22.).

Nr. 95

Zur Bedeutung des Begriffs „Außenbereich im Innenbereich".

Zur Notwendigkeit einer Ortsbesichtigung bei der Frage der Zugehörigkeit eines Grundstücks zum Innen- oder Außenbereich.
(Nichtamtliche Leitsätze.)

BauGB §§ 34, 35; VwGO § 86 Abs. 1.

Bundesverwaltungsgericht, Beschluss vom 15. September 2005 – 4 BN 37.05 –.

(OVG Nordrhein-Westfalen)

Aus den Gründen:
1. a) Die Beschwerde möchte in dem erstrebten Revisionsverfahren den Begriff „Außenbereich im Innenbereich" geklärt wissen. Dieser Begriff bedarf schon deshalb nicht der revisionsgerichtlichen Klärung, weil er kein eigenständiger Rechtsbegriff ist. Das BauGB unterscheidet im Hinblick auf die nicht im Geltungsbereich eines Bebauungsplans liegenden Bereiche nur zwischen den im Zusammenhang bebauten Ortsteilen (§ 34 BauGB) und dem Außenbereich (§ 35 BauGB). Die für diese Abgrenzung maßgeblichen Kriterien sind in der Rechtsprechung des Bundesverwaltungsgerichts geklärt. Ausschlaggebend für das Bestehen eines Bebauungszusammenhangs i. S. des § 34 BauGB ist, inwieweit die aufeinander folgende Bebauung trotz etwa vorhandener Baulücken nach der Verkehrsauffassung den Eindruck der Geschlossenheit und Zusammengehörigkeit vermittelt und die zur Bebauung vorgesehene Fläche (noch) diesem Zusammenhang angehört (vgl. BVerwG, Beschluss v. 18.6.1997 – 4 B 238.96 –, BRS 59 Nr. 78 = BauR 1997, 807 m. w. N.). Eine ringsum von Bebauung umgebene Freifläche, die so groß ist, dass sich ihre Bebauung nicht mehr als zwanglose Fortsetzung der vorhandenen Bebauung aufdrängt und die deshalb nicht als Baulücke erscheint, liegt nicht innerhalb eines Bebauungszusammenhangs i. S. des § 34 Abs. 1 BauGB; sie ist damit bebauungsrechtlich Außenbereich (vgl. BVerwG, Urteile v.

17. 2. 1984 – 4 C 55.81 –, BRS 42 Nr. 94; v. 1. 12. 1972 – 4 C 6.71 –, BRS 25 Nr. 36 = BauR 1973, 99). Wie eng die Aufeinanderfolge von Baulichkeiten sein muss, um sich noch als zusammenhängende Bebauung darzustellen, ist nicht nach geographisch-mathematischen Maßstäben, sondern auf Grund einer umfassenden Bewertung des im Einzelfall vorliegenden konkreten Sachverhalts zu entscheiden (BVerwG, Beschluss v. 18. 6. 1997, a. a. O.). Dass diese Maßstäbe, die auch das Oberverwaltungsgericht angewandt hat, konkretisierungs- oder fortentwicklungsbedürftig sein könnten, zeigt die Beschwerde nicht auf.

b) Auch die Frage, ob bei Grundstücken, die in Bereichen mit starken Höhenunterschieden liegen, die Abgrenzung zwischen Innen- und Außenbereich erst nach Einnahme eines Augenscheins erfolgen kann, bedarf nicht der Klärung in einem Revisionsverfahren. In der Rechtsprechung des Bundesverwaltungsgerichts ist bereits geklärt, dass sich dem Tatsachengericht bei der Prüfung, ob eine aufeinanderfolgende Bebauung trotz dazwischenliegender unbebauter Flächen den Eindruck der Geschlossenheit oder Zusammengehörigkeit vermittelt und ob das zur Bebauung anstehende Grundstück an diesem Bebauungszusammenhang teilhat, häufig das Beweismittel der Ortsbesichtigung zur sachgerechten und umfassenden Tatsachenfeststellung anbieten wird; dies bedeutet freilich nicht, dass über die Frage der Zugehörigkeit eines Grundstücks zum Innen- oder Außenbereich verfahrensfehlerfrei stets nur auf der Grundlage eines Augenscheins entschieden werden darf (vgl. BVerwG, Urteil v. 14. 11. 1991 – 4 C 1.91 –, BRS 52 Nr. 146 = Buchholz 310 § 86 Abs. 1 VwGO Nr. 236). Auch insoweit gilt der allgemeine Grundsatz, dass das Gericht Umfang und Art der Tatsachenermittlung nach pflichtgemäßem Ermessen bestimmt. Im Einzelfall kann es auch ausreichend sein, die Überzeugungsbildung auf Kartenmaterial, Fotos, Luftbilder oder auch auf Schilderungen ortskundiger Verfahrensbeteiligter zu stützen (vgl. BVerwG, Urteil v. 14. 11. 1991, a. a. O.; Beschluss v. 19. 4. 1994 – 4 B 77.94 –, Buchholz 406.11 § 34 BauGB Nr. 169 = BRS 56 Nr. 60 = BauR 1994, 494). Ob das Tatsachengericht von einer Ortsbesichtigung auch dann absehen darf, wenn das betreffende Grundstück in einem Bereich mit starken Höhenunterschieden liegt, hängt ebenfalls von den Umständen des jeweiligen Einzelfalles ab. ...

3. Auch ein Verfahrensmangel ist nicht in der gemäß § 133 Abs. 3 Satz 3 VwGO erforderlichen Weise bezeichnet. Die Beschwerde meint, das Oberverwaltungsgericht habe gegen den Amtsermittlungsgrundsatz (§ 86 Abs. 1 VwGO) verstoßen, weil es über die Zugehörigkeit des Grundstücks der Antragstellerinnen zum Innen- oder Außenbereich ohne Einnahme eines Augenscheins entschieden habe. Sie legt jedoch nicht – wie dies für eine substantiierte Darlegung eines Aufklärungsmangels erforderlich wäre (vgl. BVerwG, Beschluss v. 19. 8. 1997, a. a. O.) – dar, auf Grund welcher Umstände sich dem Gericht die Erforderlichkeit eines Ortstermins hätte aufdrängen müssen. Sie meint, dass das vom Oberverwaltungsgericht herangezogene Kartenwerk „obsolet" gewesen sei. Insoweit hätte sie aufzeigen müssen, in welcher Hinsicht die herangezogenen Karten fehlerhaft oder unzulänglich waren und woran das Oberverwaltungsgericht dies trotz fehlenden Hinweises der Antragstellerinnen hätte erkennen sollen. Auch bezüglich der behaupte-

ten starken Höhenunterschiede im Plangebiet legt die Beschwerde nicht dar, in welcher Weise diese für die Zuordnung des Grundstücks der Antragstellerinnen zum Innen- oder Außenbereich von Bedeutung sein sollen, dass diese Bedeutung den Karten- und Lichtbildern, die dem Oberverwaltungsgericht vorgelegen haben, nicht zu entnehmen war und auf Grund welcher Umstände sich dies dem Oberverwaltungsgericht hätte aufdrängen müssen.

Nr. 96

1. **Ist im unbeplanten Innenbereich die geschlossene Bauweise lediglich im vorderen Grundstücksbereich prägend und sind die hinteren Grundstücksbereiche frei von an der seitlichen oder rückwärtigen Grundstücksgrenze errichteten Gebäuden der Hauptnutzung, mit der Folge, daß für diesen Bereich weder geschlossene noch abweichende Bauweise vorliegt, so ist eine im hinteren Grundstücksbereich auf einer vorhandenen Grenzgarage errichtete Terrasse nicht nach § 6 Abs. 1 Satz 2 Buchst. a) BauO NRW grenzständig zulässig.**

2. **Mit der Errichtung einer Dachterrasse auf einer vorhandenen Grenzgarage verliert die zunächst bauordnungsrechtlich zulässige Garage ihre Eigenschaft als im Grenzbereich privilegiert zulässiges Vorhaben nach § 6 Abs. 11 Nr. 1 BauO NRW und muß grundsätzlich Abstandflächen einhalten.**

3. **Das Merkmal des Sicheinfügens i. S. des § 34 BauGB bezieht sich nur auf die vier Normelemente Art und Maß der baulichen Nutzung, Bauweise und überbaubare Grundstücksfläche. Andere Kriterien – etwa das Vorhandensein von Dachterrassen – sind für die Frage des Sicheinfügens nicht maßgeblich.**

BauGB § 34 Abs. 1; BauNVO § 22; BauO NRW § 6 Abs. 1 Satz 2 Buchst. a), Abs. 1 Satz 2 Buchst. b), Abs. 11 Nr. 1, Abs. 16.

OVG Nordrhein-Westfalen, Beschluß vom 30. September 2005 – 10 B 972/05 – (rechtskräftig).

(VG Düsseldorf)

Die Antragstellerin wandte sich gegen eine Baugenehmigung des Antragsgegners, die es dem Beigeladenen erlaubte, auf dem im hinteren Grundstücksbereich grenznah bzw. grenzständig vorhandenen Garagengebäude eine Dachterrasse mit teilweise gemauerter Brüstung anzulegen.

Aus den Gründen:

Die Antragstellerin wird durch die streitgegenständliche Baugenehmigung in ihren Nachbarrechten verletzt. Das nachbarliche Abwehrrecht steht der Antragstellerin als Miteigentümerin des Grundstücks M.-Straße 18 ohne Rücksicht darauf zu, ob die anderen Miteigentümer ihre Rechte ebenfalls geltend machen oder – wie der Beigeladene mit der Beschwerde vorträgt – dem Vorhaben zugestimmt haben.

Die angefochtene Baugenehmigung ermöglicht u. a. die Änderung des bestehenden Garagengebäudes, das mit einer seitlichen Außenwand im Norden grenznah bzw. grenzständig errichtet ist und auch mit seiner südwestlichen Außenwand unmittelbar an der Nachbargrenze steht. Die Baugenehmigung erlaubt die Anlegung einer Dachterrasse auf der gesamten Fläche des Garagendaches und – als Brüstung – eine 0,44 m hohe Mauer entlang der Dachkanten sowie ein darauf angebrachtes 0,46 m hohes Geländer als zusätzliche Absturzsicherung. Das so geänderte Garagengebäude verstößt gegen die nachbarschützenden Abstandflächenvorschriften des § 6 BauO NRW. Nach § 6 Abs. 1 Satz 1 BauO NRW sind grundsätzlich vor Außenwänden von Gebäuden Abstandflächen freizuhalten. Diese müssen nach § 6 Abs. 2 und Abs. 5 BauO NRW auf dem Grundstück selbst liegen und mindestens 3,0 m betragen.

Die Einhaltung einer Abstandfläche ist nicht nach § 6 Abs. 1 Satz 2 Buchst. a) BauO NRW entbehrlich. Danach ist innerhalb der überbaubaren Grundstücksfläche eine Abstandfläche nicht erforderlich vor Außenwänden, die an der Nachbargrenze errichtet werden, wenn nach planungsrechtlichen Vorschriften das Gebäude ohne Grenzabstand gebaut werden muß. Auf Grund des Vorrangs des Bauplanungsrechts beurteilt sich die Frage, ob an die Grenze gebaut werden muß, nach der Bauweise i. S. des § 22 BauNVO. Nach Planungsrecht muß an die seitlichen Grenzen gebaut werden, wenn in einem Gebiet die geschlossene Bauweise festgesetzt ist oder tatsächlich besteht. Das gleiche gilt bei einer abweichenden Bauweise nach § 22 Abs. 4 Satz 1 BauNVO, sofern diese abweichende Bauweise die Errichtung einer Außenwand an der – vorderen, rückwärtigen oder seitlichen – Grundstücksgrenze zwingend vorgibt. Ferner muß ein Gebäude dann, wenn Doppelhäuser oder Hausgruppen in einem Gebiet mit offener Bauweise zwingend vorgeschrieben sind (vgl. § 22 Abs. 2 Sätze 2 und 3 BauNVO), im Hinblick auf die „innere Ordnung" bei Errichtung auf benachbarten Grundstücken an einer (Doppelhaushälften, Reiheneckhäuser) oder beiden (Reihenmittelhäuser) seitlichen Grenzen errichtet werden (vgl. OVG NRW, Urteil v. 22. 8. 2005 – 10 A 3611/03 –).

Das Vorhaben des Beigeladenen liegt nicht im Geltungsbereich eines Bebauungsplans, der Bestimmungen über die Bauweise trifft. Im unbeplanten Innenbereich richtet sich gemäß § 34 Abs. 1 BauGB die Zulässigkeit eines Vorhabens u. a. im Hinblick auf die hier in Rede stehende Bauweise danach, ob es sich in die Eigenart der näheren Umgebung einfügt. Der für die Bestimmung der Bauweise maßgebliche Umgebungsbereich ist regelmäßig enger zu begrenzen als etwa der für die Ermittlung der Art der baulichen Nutzung heranzuziehende Rahmen. Vor diesem Hintergrund ist hier für die Beurteilung der Bauweise bei summarischer Prüfung die Bebauung zwischen Markt, M.-Straße, K.-Gasse und L.-Tor maßgeblich. Dieser Bereich weist eine einheitliche, in sich abgeschlossene städtebauliche Struktur auf. Nach Auswertung des vorliegenden Karten- und Bildmaterials ist in diesem Straßenkarree für die zur Straßenseite gelegenen Hauptgebäude jedenfalls im vorderen Grundstücksbereich die geschlossene Bauweise prägend. Vorherrschend ist eine (beidseitig) seitlich grenzständige Bebauung mit der Folge, daß insoweit an die Grenze gebaut werden muß. Die hinteren Grundstücksbereiche nehmen hingegen nicht am Eindruck der geschlossenen Bebauung teil; diese sind frei von (grenzständigen) Gebäuden der Hauptnutzung. Die Grenze zwischen beiden Bereichen wird durch die faktische hintere Baugrenze bestimmt. Das hier streitgegenständliche Vorhaben des Beigeladenen befindet sich im hinteren Grundstücksbereich jenseits der faktischen Baugrenze und damit nicht in dem durch geschlossene Bauweise geprägten Bereich, in dem grenzständig gebaut werden muß.

Eine abweichende Bauweise, die die Rechtmäßigkeit des Anbaus an die seitliche (einseitig zur Antragstellerin) und insbesondere rückwärtige Grenze durch den Beigeladenen begründen könnte, liegt für den hier in Rede stehenden hinteren Grundstücksbereich ebenfalls nicht vor. In der oben beschriebenen, für die Beurteilung der Bauweise maßgeblichen näheren Umgebung finden sich keine an die hintere oder seitliche Grundstücksgrenze angebauten Gebäude, die eine abweichende Bauweise begründen könnten.

Aber auch wenn man die nähere Umgebung um die gesamte den Markt umgebende Bebauung erweitern würde, wäre eine den Grenzanbau an die rückwärtige Grundstücksgrenze zulassende abweichende Bauweise nicht gegeben. Denn die vereinzelt vorhandenen Anbauten an die hinteren Grundstücksgrenzen besitzen nicht das Gewicht, auch für das Grundstück des Beigeladenen eine entsprechende Bauweise vorzugeben. Vorherrschend sind vielmehr Gebäude, die zur rückwärtigen Grundstücksgrenze einen Grenzabstand einhalten.

Ist danach ein Grenzanbau im rückwärtigen Grundstücksbereich nicht zwingend vorgeschrieben, wäre die grenzständige Errichtung nur unter den Voraussetzungen des §6 Abs. 1 Satz 2 Buchst. b) BauO NRW zulässig. Nach dieser Regelung ist innerhalb der überbaubaren Grundstücksflächen eine Abstandfläche nicht erforderlich vor Außenwänden, die an der Nachbargrenze errichtet werden, wenn nach planungsrechtlichen Vorschriften das Gebäude ohne Grenzabstand gebaut werden darf und öffentlich-rechtlich gesichert ist, daß auf dem Nachbargrundstück ebenfalls ohne Grenzabstand gebaut wird. Eine derartige Anbausicherung ist hier aber hinsichtlich des streitigen Terrassenanbaus weder im Hinblick auf den seitlichen noch auf den hinteren Grenzanbau gegeben. Im übrigen steht einem Grenzanbau entgegen, daß sich der Terrassenanbau nicht innerhalb der überbaubaren Grundstücksfläche befindet. Die faktische hintere Baugrenze, die durch die eine weitgehend einheitliche Tiefe aufweisenden Rückfronten der Gebäude M.-Weg 22 bis 24 und M.-Straße 10 bis 18 gebildet wird, wird durch das Vorhaben mit etwa 5 m mehr als nur geringfügig überschritten.

Das Garagengebäude mit der Dachterrasse ist – wie bereits vom Verwaltungsgericht ausgeführt – nicht nach §6 Abs. 11 Nr. 1 BauO NRW ohne Einhaltung eines Grenzabstandes zulässig. Die zunächst bauordnungsrechtlich zulässige Grenzgarage verliert durch den Aufbau der Umwehrung sowie die zusätzliche Nutzung als Dachterrasse insgesamt ihre Eigenschaft als im Grenzbereich privilegiert zulässiges Vorhaben (OVG NRW, Beschluß v. 13. 3. 1990 – 10 A 1895/88 –, BRS 50 Nr. 149 = BauR 1990, 457, Urteil v. 30. 10. 1995 – 10 A 3096/91 –, BRS 57 Nr. 151 = BauR 1996, 369).

Soweit der Beigeladene zur Begründung der Beschwerde vorträgt, daß das Vorhaben die Höhe von 3,0 m nur zum Teil und nur geringfügig überschreite, ist dies weder zutreffend noch wäre es in diesem Zusammenhang rechtlich erheblich. Ausweislich der insoweit allein maßgeblichen Bauzeichnungen zur Baugenehmigung erreichen die an der Nachbargrenze stehenden Außenwände des Garagengebäudes einschließlich der wegen ihrer Massivität einzubeziehenden aufgemauerten Brüstung mit 3,445 m eine mittlere Höhe, die deutlich mehr als 3,0 m über der Geländeoberfläche liegt. Die Höhe des zusätzlichen Geländers ist dabei noch nicht berücksichtigt. Ferner kommt es auf die Einhaltung des Höhenmaßes des § 6 Abs. 11 Nr. 1 BauO NRW letztlich nicht an, da eine Privilegierung nach dieser Ausnahmeregelung – wie eben dargestellt – bereits auf Grund der Errichtung der Terrasse auf dem Garagendach ausscheidet.

Die abstandsrechtliche Zulässigkeit des geänderten Garagengebäudes läßt sich schließlich nicht aus § 6 Abs. 16 BauO NRW herleiten. Danach können in überwiegend bebauten Gebieten geringere Tiefen der Abstandflächen gestattet oder verlangt werden, wenn die Gestaltung des Straßenbildes oder besondere städtebauliche Verhältnisse dies auch unter Würdigung nachbarlicher Belange rechtfertigen und Gründe des Brandschutzes nicht entgegenstehen. Im Hinblick darauf, daß sich der hier in Rede stehende Anbau auf der Gebäuderückseite befindet, sind nicht ansatzweise Anhaltspunkte dafür ersichtlich, daß prägende Merkmale des Straßenbildes die Errichtung ohne Grenzabstände rechtfertigen könnten. Auch ist die seitens des Beigeladenen vorgetragene „spätmittelalterliche Bebauung" nicht mit besonderen städtebaulichen Verhältnissen gleichzusetzen. Für die Gestattung geringerer Abstandflächen nach diesem Ausnahmetatbestand bedarf es vielmehr einer deutlich erkennbaren Einheitlichkeit der Bebauung mit eindeutig vorgegebenen Baufluchten und Gebäudehöhen. Der rückwärtige Anbau des Beigeladenen fällt hingegen gegenüber den weitgehend einheitlichen Rückseiten der angrenzenden Gebäude aus dem Rahmen.

Mit Blick auf den Vortrag des Antragsgegners, die genehmigte Terrasse füge sich in die nähere Umgebung ein, weil in unmittelbarer Nähe des Baugrundstücks bereits zahlreiche Dachterrassen auf Garagen und Anbauten vorhanden seien, weist der Senat darauf hin, daß sich das Merkmal des sich Einfügens nur auf die vier Normelemente des § 34 Abs. 1 BauGB – Art und Maß der baulichen Nutzung, Bauweise und überbaubare Grundstücksfläche – bezieht (vgl. BVerwG, Urteil v. 23. 5. 1986 – 4 C 34.85 –, BRS 46 Nr. 176 = BauR 1986, 542, OVG NRW, Beschluß v. 25. 9. 1996 – 10 B 2177/96 –; Hahn/Schulte, Öffentlich-rechtliches Baunachbarrecht, München 1998, Rdnrn. 186 f.).

Andere als diese vier Kriterien – wie etwa die Existenz von Dachterrassen – sind für die Beantwortung der Frage, ob sich das Bauvorhaben in die nähere Umgebung einfügt, ohne Belang.

Nr. 97

Der Ausbau eines Dachgeschosses zu Wohnzwecken fügt sich nach dem Maß der baulichen Nutzung nicht in die Eigenart der näheren Umgebung ein, wenn der Ausbau über eine „Aktualisierung" der im Dachbereich vorhandenen Flächenreserven hinausgeht und die vorhandene „glatte" Dachfläche im Wesentlichen mit Auf- und Einbauten in Anspruch genommen werden soll.

BauGB § 34 Abs. 1.

Niedersächsisches OVG, Beschluss vom 21. Dezember 2005 – 1 LA 8/05 – (rechtskräftig).

Die Beteiligten streiten um die Frage, ob sich der von der Klägerin beabsichtigte Umbau eines im unverplanten Innenbereich stehenden Fachwerkhauses trotz des beabsichtigten „Dachausbaus" nach seinem Maß noch in die Eigenart der näheren Umgebung einfügt. Das aus dem 19. Jahrhundert stammende Fachwerkhaus steht an der Südseite der Straße. Nach den Plänen, welche die Klägerin in Ergänzung ihrer Bauvoranfrage eingereicht hat, soll im Erd- und ersten Obergeschoss je eine Wohnung eingebaut werden. Der zu diesen Zwecken bislang nicht genutzte Dachstuhl soll zwei Wohnungen aufnehmen, die sich über das sog. Dachgeschoss und den darüber liegenden sog. Spitzboden erstrecken sollen. Dazu soll in die westliche Hälfte vom Nordbereich des Gebäudes ein Treppenhaus eingebaut werden, das nach Art einer Utlucht vor das Gebäude tritt und im Dachbereich in Form eines rund 2,60 m breiten Zwerchhauses endet, dessen Flucht über die Traufe und dessen First über die benachbarten insgesamt vier Gauben hinausragt. Drei davon weisen nur ein Fenster auf, und zwar die beiden das Treppenhaus flankierenden Gauben und die sich östlich daran anschließende. Die ganz im Ostteil des Daches vorgesehene Gaube soll breiter ausgestaltet sein und zwei Fenster enthalten.

An der straßenabgewandten, d.h. Südseite des Gebäudes sollen im Obergeschoss zwei Balkone angebracht werden. Der rund 18 m breite Dachbereich soll folgendermaßen umgestaltet werden: Im Dachgeschoss soll eine durchgehende sog. Gaube eingezogen werden, welche eine Breite von 15 m erreichen und vor die ein durchgehender Balkonbereich in Höhe der ehemaligen Traufe gebaut werden soll. Im Spitzbodengeschoss sollen zwei sog. Gauben à vier Fenster geschaffen werden, welche zu den Dachenden einen Abstand von jeweils rund 2,50 m halten und vor die jeweils Balkonbereiche gesetzt werden sollen, die auf die sog. Dachgeschossgaube aufsetzen. Im Profil der beiden Giebelseiten sieht das dann so aus, dass im Ober- und Dachgeschoss Balkone vor die Gebäudefront springen, in Fortsetzung der Gebäuderückwand die sog. Dachgeschossgaube aus dem Dachbereich heraustritt und knapp unter dem First nur schwach geneigt die Spitzbodengaube abgeht, deren „Fußleiste" sich auf der Dachgeschossgaube als Balkon fortsetzt.

Aus den Gründen:

Die hier maßgeblichen Fragen, welche sich im Zusammenhang mit der Beurteilung eines „Dachgeschossausbaues" in unverplanter Innenbereichslage stellen, sind in der Rechtsprechung des Bundesverwaltungsgerichts, namentlich in seinem Urteil vom 23.3.1994 (– 4 C 18.92 –, BVerwGE 95, 277 = DVBl. 1994, 702 = BRS 56 Nr.63; bekräftigt u.a. durch Beschluss v. 21.6.1996 – 4 B 84.96 –, BauR 1996, 823 = NVwZ 1997, 520 = BRS 58 Nr.83

und v. 30. 1. 1997 – 4 B 172.96 –, NVwZ-RR 1997, 519 = Buchholz 406.11
§ 34 BauGB Nr. 182) bereits geklärt. Sie lassen sich etwa so zusammenfassen:
Ein Vorhaben muss sich nach der Neufassung des § 34 Abs. 1 BauGB u. a.
hinsichtlich des Maßes der baulichen Nutzung in die Eigenart der näheren
Umgebung einfügen. Bei der Bestimmung des aus der Eigenart der näheren
Umgebung ableitbaren Nutzungsmaßes darf im Grundsatz zwar auf die Faktoren zurückgegriffen werden, welche die Baunutzungsverordnung hinsichtlich des Nutzungsmaßes enthält. Weil § 34 BauGB aber keinen Ersatzplan,
sondern nur einen Planersatz darstellt, ist der Beurteilungsmaßstab notwendigerweise grober und ungenauer, als er bei einer Anwendung von Planfestsetzungen wäre. Das verbietet es, die in der Baunutzungsverordnung enthaltenen Beurteilungsmaßstäbe rechtssatzartig anzuwenden. Da sich diese
Maßstäbe in erster Linie nur aus der Eigenart der umstehenden Bebauung
ergeben können, sind nicht die in den §§ 16 ff. BauNVO in Abhängigkeit zur
Grundstücksgröße getroffenen, „relativen" Regelungen maßgeblich. Es
kommt vielmehr in erster Linie darauf an, ob sich das Vorhaben in seiner
geänderten Gestalt nach seiner „absoluten" Größe, d. h. seinen Ausmaßen im
Rahmen dessen hält, was in der näheren Umgebung anzutreffen ist. Daher ist
es unerheblich, ob das durch den Ausbau entstehende weitere Geschoss im
Sinne des (für die Auslegung dieser bundesrechtlichen Vorschrift ohnedies
nur bedingt geeigneten) Landesrechts ein Vollgeschoss darstellt. Entscheidend ist die Kubatur, d. h. das äußere Erscheinungsbild des Gebäudes in seiner geänderten Gestalt. Dabei ist § 34 Abs. 1 BauGB einem Ausbau des Dachgeschosses grundsätzlich positiv aufgeschlossen. In unverplanten Innenbe-
reichslagen stellen entsprechend dimensionierte Dachräume nicht nur nach
der Verkehrsanschauung, sondern auch nach § 34 Abs. 1 BauGB sozusagen
die Nutzungsreserve dar. An deren Aktivierung und Aktualisierung hindert
diese Vorschrift den Bauherrn so lange nicht, wie sich der Dachgeschossausbau auf „innere Ausbaumaßnahmen" beschränkt. Es liegt in der Natur der
Sache, dass sich die durch die Wohnraumnutzung erforderlich werdende
Belichtung auch im Erscheinungsbild des Daches niederschlägt. Das ist
jedoch nur so lange unschädlich, wie sich der Ausbau des Dachgeschosses
ohne wesentliche (äußere) Veränderung des Gebäudes vollzieht. Ein auf den
Ausbau des Daches zielendes Vorhaben fügt sich daher in die Eigenart der
näheren Umgebung ein, wenn sich der Ausbau im Wesentlichen auf bauliche
Änderungen innerhalb des Dachgeschosses beschränkt, d. h. ohne wesentliche Veränderungen des Gebäudes einhergeht und dieses insbesondere hinsichtlich seiner Höhe unverändert lässt.

In Anwendung dieser Grundsätze sprechen die weitaus besseren Gründe
für die Richtigkeit des vom Verwaltungsgericht gefundenen Ergebnisses und
ist die Berufung daher nicht wegen ernstlicher Zweifel zuzulassen. Der von
der Klägerin beabsichtigte Umbau des Hauses wird sein äußeres Erscheinungsbild gerade im Dachbereich ganz erheblich verändern. Sie will sich
nicht im Sinne der zitierten Rechtsprechung des Bundesverwaltungsgerichts
darauf beschränken, die Flächenreserven zu aktivieren, welche im Dachraum
ihres Gebäudes „schlummern". Diese Flächen sollen vielmehr in einer Weise
erweitert werden, welche nicht nur im Verhältnis zur vorhandenen Dachge-

schossfläche quantitativ wesentlich ins Gewicht fällt, sondern auch nach außen deutlich in Erscheinung tritt. Dabei mag es sein, dass die Klägerin dies zur Straße hin mehr oder minder erfolgreich zu kaschieren bestrebt ist. Das reicht indes nicht aus, um die Betrachtung der Südseite des Gebäudes in der von der Klägerin gewünschten, von der Rechtsprechung des Bundesverwaltungsgerichts aber nicht gestützten Weise außer Acht zu lassen. Hiernach kommt es ganz wesentlich darauf an, ob sich der „Ausbau" – wie schon der Wortsinn sagt – darauf beschränkt, die unter dem Dach gelegenen Flächenreserven für Wohnzwecke zu aktivieren oder ob die Baumaßnahme in einer nach außen sichtbaren Weise darüber hinausgeht. Ob das straßenseitig oder von einer anderen Seite her zu sehen ist, ist dabei hier unerheblich. Maßgeblich ist vorrangig, ob von außen her zu sehen ist, ob die Kubatur, also das äußere Erscheinungsbild des Gebäudes, in einer mehr als nur zur Hebung dieser Nutzungsreserven erforderlichen Weise verändert wird. Dabei kommt es gerade nicht, wie die Klägerin unter Verkürzung des Inhalts des Urteils vom 23. 3. 1994 (A. a. O.) meint, nur auf die Merkmale der Grundfläche, Geschosszahl und Gebäudehöhe an. Diese Merkmale stehen nach den allgemeinen, zu Beginn der Entscheidung wiedergegebenen Grundsätzen der bisherigen Rechtsprechung nur stellvertretend („insbesondere") für das äußere Erscheinungsbild. Wird dieses mehr als nur zur Hebung der Flächenreserven üblicherweise erforderlich geändert, kann ein Dach-"Ausbau" doch an § 34 Abs. 1 BauGB scheitern. Das ist hier zum Nachteil der Klägerin der Fall.

Es trifft sicher zu, dass im Rahmen der „Aktualisierung" im Dachbereich gelegener Flächenreserven die Dachhaut aufgeschnitten und die Dachflächen zur Erreichung der notwendigen Belichtung und Belüftung nicht nur mit Dachflächen-, sog. Velux-Fenstern, sondern auch mit Zwerchhäusern und Gauben versehen werden dürfen. Das hindert eine dem Bauherrn günstige Anwendung des § 34 Abs. 1 BauGB so lange nicht, wie in äußerlich erkennbarer Weise das äußere Erscheinungsbild des Daches im Wesentlichen erhalten bleibt, d. h. sich die Veränderungen im Wesentlichen auf das Innere des Dachgeschosses beschränken. Das ist hier auf der äußerlich sehr wohl sichtbaren Südseite des Daches in nachgerade exemplarischer Weise anders. Die Dachfläche verschwindet bis auf einige wenige Bereiche. Wie gerade der Schnitt der Giebelseite zeigen, aber auch die Ansicht der Südseite zeigen, tritt die Dachfläche vollkommen in den Hintergrund. Die Gebäuderückseite wird gleichsam „aufgeklappt" und zu einer Art „viergeschossigem Terrassenhaus" entwickelt. Die bislang vorhandene Dachfläche bleibt längst nicht mehr die von Gauben, Dachflächenfenstern oder Zwerchhäusern unterbrochene Hauptsache. Sie erfüllt vielmehr nur noch den Zweck, die darunter liegenden Gebäudeteile in den wenigen Bereichen vor Regenwasser etc. zu schützen, die nicht von der sog. Gaube im Dachgeschossbereich und den beiden sog. Gauben im Spitzbodengeschoss bedeckt sind. Nicht mehr die Dachschrägen erscheinen als Hauptsache, sondern die zahlreichen, optisch deutlich dominierenden Einbauten. Dass diese Dachflächen dabei unverändert die Funktion eines Schutzes vor der Witterung erfüllen, ist selbstverständlich, für die Anwendung des § 34 Abs. 1 BauGB insoweit aber ebenso ohne jede Aussagekraft wie die Beobachtung, dass die Dachneigung erhalten bleiben soll.

Dass damit das äußere Erscheinungsbild des Gebäudes merklich beeinflusst wird und sich die Baumaßnahme daher von einem bloßen „Ausbau" des Dachgeschosses entfernt hat, zeigt auch die Parallelwertung der (zugegebenermaßen: landesrechtlichen und dementsprechend nur unterstützend zu betrachtenden) Abstandsvorschriften. Gauben und Zwerchhäuser genießen das Abstandsprivileg des § 7 b NBauO nur dann, wenn sie untergeordnet sind. Dazu dürfen sie nicht mehr als die Hälfte der Dachbreite einnehmen bzw. eine Breite von 6 m nicht überschreiten. Letzteres gilt auch für Zwerchhäuser (vgl. Nds. OVG, Beschluss v. 31. 5. 1995 – 1 M 1920/95 –, OVGE 45, 434 = BRS 57 Nr. 158). Auch diese Parallelwertung zeigt, dass nicht nur die untere nur sog. Gaube, sondern auch die beiden oberen nicht mehr als ungeordnete Bauteile angesehen werden können, weil ihre Gesamtbreite 2 x 5,50 m, die Dachgesamtbreite aber nur rund 18 m beträgt.

Die Gebäuderückseite prägt, wie ausgeführt, den Charakter des Vorhabens entscheidend mit; daher ist es nicht gerechtfertigt, wie von der Klägerin gewünscht die Betrachtung auf die Vorderseite zu beschränken. Auch hier zeigt sich allerdings – wenngleich in bescheidenerem Maße –, dass sich die Baumaßnahme nicht auf die „Hebung" von Flächenreserven beschränkt. Treppenturm und die vier Gauben haben zusammen eine Breite von etwa 11 m; die Dachgesamtbreite beträgt aber nur 18 m. Schon hier zeigt sich also, dass es sich nicht um eine „Ausbau"-Maßnahme handelt, welche das äußere Erscheinungsbild des Daches/Gebäudes im Wesentlichen unbeeinflusst lässt und sich im Wesentlichen im Gebäudeinneren vollzieht.

Damit unterliegt die weitere Folgerung des Verwaltungsgerichts keinen ernstlichen Zweifeln, durch die Baumaßnahme solle das Vorhaben insgesamt den Charakter eines viergeschossigen Bauwerks erhalten. Ob das oberste als Vollgeschoss anzusehen ist, ist nach der insoweit ganz eindeutigen Rechtsprechung des Bundesverwaltungsgerichts, welche dieses durch den zitierten Beschluss vom 21. 6. 1996 (A. a. O.) nochmals bekräftigt und seither nicht eingeschränkt hat, völlig unerheblich. Gerade weil die Feinheiten – ohnedies nur landesrechtlicher – Regelungen für die Anwendung des § 34 Abs. 1 BauGB nicht von entscheidender Aussagekraft sind, kommt es hierauf nicht an. Das Verwaltungsgericht durfte dies daher mit Recht unentschieden lassen.

Ihm ist auch in seiner Einschätzung zuzustimmen, dass ein Bauwerk, wie es durch den geplanten Umbau entstünde, in der näheren Umgebung ohne Beispiel ist. ...

Nr. 98

1. **Unter dem in § 34 Abs. 1 Satz 1 BauGB benannten städtebaulichen Merkmal der überbaubaren Grundstücksfläche lässt der Gesichtspunkt, dass die geplante Baumaßnahme – hier die Errichtung eines Mehrfamilienwohnhauses im straßennahen Bereich vor einem vorhandenen Wohngebäude – zur Entstehung eines „Hinterhauses" auf einem bereits baulich ausgenutzten Grundstück führt, nicht per se den Schluss auf eine städte-**

baulich unerwünschte Verteilung von Baumassen bzw. auf ein Nichtein-fügen im Sinne der Vorschrift zu.

2. Beim Vergleich der vorhandenen Bebauung unter dem Aspekt des Maßes der baulichen Nutzung ist vor allem ein Größenvergleich mit den in der Umgebung vorhandenen Baukörpern nach der Grundfläche und der Höhenentwicklung vorzunehmen. Allenfalls sehr bedingt aussagekräftig ist dabei die regelmäßig nur durch abstrakte Berechnungen exakt ermit-telbare Anzahl der Vollgeschosse. Nicht abzustellen ist in diesem Zusam-menhang auf die das Merkmal des Maßes der baulichen Nutzung für den beplanten Bereich regelmäßig konkretisierenden relativen Größen der Grund- und Geschossflächenzahlen (§ 16 Abs. 2 Nr. 1 und Nr. 2 BauNVO), weil es sich dabei um für eine Beurteilung im Rahmen des § 34 BauGB ungeeignete Bezugsgrößen handelt, die in der Örtlichkeit nur schwer ablesbar sind und regelmäßig nach Maßgabe der einschlägigen Bestim-mungen der Baunutzungsverordnung errechnet werden müssen. Bei der Vergleichsbetrachtung von Rahmen bildenden Gebäuden in der näheren Umgebung und dem Bauvorhaben nach Höhe und Grundfläche sind die Gebäude nicht isoliert voneinander mit Blick (nur) auf eines dieser Merkmale zu betrachten.

BauGB §§ 34 Abs. 1, 36; BauNVO § 16; LBO Saar 1996 § 76.

OVG des Saarlandes, Urteil vom 24. November 2005 – 2 R 6/05 – (rechts-kräftig).

Der Kläger beabsichtigt die Errichtung eines Mehrfamilienhauses auf seinem Grund-stück (Anwesen D.-Straße 23) in dem Ortsteil H. der beigeladenen Gemeinde R. Auf dem Grundstück befinden sich bereits mehrere Gebäude. Dabei handelt es sich um eine stra-ßennahe größere eingeschossige Garagenanlage, ein dahinter liegendes dreigeschossi-ges Wohnhaus, an das rückseitig ein weiterer 28 m langer Garagentrakt angebaut ist, und schließlich um ein 71 m von der D.-Straße abgerücktes eingeschossiges Lagerge-bäude im hinteren Teil. Für die zuletzt genannte Anlage hat der Beklagte 1999 die Besei-tigung angeordnet; von dem Kläger hiergegen eingeleitete Rechtsbehelfsverfahren blie-ben ohne Erfolg (vgl. hierzu das Urteil des OVG des Saarlandes v. 12. 11. 2002 – 2 R 13/01 –, SKZ 2003, 85, Leitsatz Nr. 52, und den eine Beschwerde gegen die Nichtzulassung der Revision zurückweisenden Beschluss des BVerwG v. 26. 3. 2003 – 4 B 19.03 –). Ein Bebauungsplan existiert nicht.
Im November 2001 beantragte der Kläger die Erteilung eines Vorbescheids für den „Neubau eines Mehrfamilienwohnhauses" am Standort der zum Abbruch vorgesehenen Garagenanlage im straßennahen Grundstücksbereich. Ausweislich der beigefügten Pläne sollte das beidseitig Grenzabstände von mindestens 3 m wahrende, in den Außen-maßen 21,49 m auf 14,99 m große Gebäude ein unterirdisches Kellergeschoss und ein Erd-, ein Ober- sowie ein nach der Beschreibung als „Nicht-Vollgeschoss" ausgebautes Dachgeschoss aufweisen. In den Grundrissen der drei letztgenannten Geschosse waren jeweils drei Wohnungen dargestellt. Die Höhe des Gebäudes bis zum First des Sattelda-ches war mit (2,80 m + 2,80 m + 5,18 m =) 10,78 m vermaßt. Die Bauvoranfrage blieb im Verwaltungsverfahren ohne Erfolg, nachdem die Beigeladene ihr Einvernehmen unter Verweis auf ein Nichteinfügen des Vorhabens i. S. des § 34 Abs. 1 Satz 1 BauGB versagt hatte.

Das Verwaltungsgericht hat der Klage des Klägers entsprochen. Auf die vom Oberverwaltungsgericht zugelassene Berufung der beigeladenen Gemeinde hin wurde dieses Urteil geändert und die Klage abgewiesen.

Aus den Gründen:

Die vom Oberverwaltungsgericht zugelassene und innerhalb der Frist des § 124 a Abs. 6 VwGO begründete Berufung der Beigeladenen unterliegt hinsichtlich ihrer Zulässigkeit keinen durchgreifenden Bedenken. Das gilt insbesondere unter dem Aspekt der erforderlichen Beschwer eines Rechtsmittelführers durch die angegriffene Entscheidung. Bei den unter diesem Gesichtspunkt an die Zulässigkeit der Berufung eines Beigeladenen – anders als bei Hauptbeteiligten – unabhängig von Erfolg oder Nichterfolg eines erstinstanzlich angebrachten Antrags zu stellenden Anforderungen ist zu untersuchen, ob dieser durch das Urteil in seinen Rechten „nachteilig betroffen" wird. Dabei sind entsprechend dem Rechtsgedanken des § 42 Abs. 2 VwGO lediglich die Rechtsmittel als unzulässig anzusehen, bei denen eine negative rechtliche Betroffenheit des jeweiligen Beigeladenen durch das erstinstanzliche Urteil erkennbar ausscheidet (vgl. etwa OVG des Saarlandes, Urteil v. 14. 12. 1999 – 2 R 4/99 –, SKZ 2000, 97, Leitsatz Nr. 24, wonach erst die Begründetheit des Rechtmittels des Beigeladenen voraussetzt, dass dieser durch die Aufrechterhaltung der angegriffenen Entscheidung in eigenen Rechten verletzt wird). Davon kann vorliegend nicht ausgegangen werden. Die den Gemeinden als Ausfluss der kommunalen Planungshoheit (§ 2 Abs. 1 Satz 1 BauGB) und der verfassungsrechtlich verbürgten Selbstverwaltungsgarantie (Art. 28 GG, 117 Abs. 3 SVerf) im Rahmen bauplanungsrechtlicher Zulassung von Bauvorhaben erwachsenden eigenen Rechte sichert der Bundesgesetzgeber über das in § 36 Abs. 1, Abs. 2 Satz 1 BauGB geregelte Einvernehmenserfordernis u. a. bei – wie hier – Bauvorhaben in der unbeplanten Ortslage (§ 34 Abs. 1 BauGB). Die Beigeladene ist im vorliegenden Verfahren auch nicht gehindert, diese Rechtsposition mit Erfolg geltend zu machen. Sie hat ihr Einvernehmen zu der auf eine planungsrechtliche Vorausbeurteilung des Vorhabens des Klägers zielenden Bauvoranfrage unter Hinweis auf eine aus ihrer Sicht fehlende Genehmigungsfähigkeit am Maßstab des § 34 Abs. 1 BauGB verneint. Ein weiter gehendes Erfordernis der Differenzierung nach einzelnen von den Gemeinden im Rahmen der Begründung für die Verweigerung des Einvernehmens angeführten Argumenten lässt sich dem Gesetz entgegen der Ansicht des Klägers jedenfalls unter dem Aspekt „Rechtsschutzbedürfnis" nicht entnehmen. Vor daher stellt sich hier die Frage eines – gar unzulässigen – „Nachschiebens" von Gründen in dem Zusammenhang nicht. Daher kommt es dabei auch nicht darauf an, ob die seinerzeit vorgebrachte Argumentation in den Einzelheiten die Ablehnung des Genehmigungsanspruchs in jeder Hinsicht getragen hätte.

Die Berufung der Beigeladenen ist auch begründet. Die die nach der Überleitungsbestimmung in § 88 Abs. 1 LBO 2004 nach dem im Zeitpunkt der Antragstellung maßgeblichen Verfahrenrecht (§ 76 LBO 1996) zu behandelnde Bauvoranfrage ablehnenden Verwaltungsentscheidungen sind rechtmäßig. Dem Kläger steht unter den mit der Bauvoranfrage zur Vorausbeurteilung durch den Beklagten gestellten bauplanungsrechtlichen Gesichtspunkten kein Anspruch auf Erteilung des begehrten positiven Bauvorbescheids in Form der sog. Bebauungsgenehmigung (§ 76 Abs. 1 Satz 2 LBO 1996) für die Errichtung eines Mehrfamilienwohnhauses zu. Das einen solchen Zulassungsanspruch bejahende erstinstanzliche Urteil des Verwaltungsgerichts verletzt daher die Beigeladene in ihrer Planungshoheit. ...

Nach den im Rahmen der Ortsbesichtigung gewonnenen Erkenntnissen fügt sich das nach § 29 BauGB bodenrechtlichen Anforderungen unterworfene und mit Blick auf den in Aussicht genommenen Bauplatz in der (bisher) unbeplanten Ortslage insoweit an den Anforderungen des § 34 BauGB zu messende Bauvorhaben nicht in die Eigenart der näheren Umgebung ein (§ 34 Abs. 1 Satz 1 BauGB).

Als von vornherein unproblematisch sind insofern die – jeweils selbstständig zu beurteilenden (vgl. OVG des Saarlandes, Urteil v. 12. 11. 2002 – 2 R 13/01 –, SKZ 2003, 85, Leitsatz Nr. 52) – städtebaulichen Kriterien der Art der baulichen Nutzung (Wohnen) und der Bauweise (§ 22 BauNVO entspr.) anzusehen. Dem Kläger ist ferner zuzugestehen, dass sich unter dem in § 34 Abs. 1 Satz 1 BauGB darüber hinaus benannten Merkmal der überbaubaren Grundstücksfläche der von der Beigeladenen mit dem quasi „umgedrehten" Hinterhausargument bezeichnete Gesichtspunkt, dass die neue Bebauung des bereits derzeit baulich ausgenutzten straßennahen Bereichs des Grundstücks des Klägers zu einer aus Sicht der Beigeladenen unerwünschten Baumassenverteilung führen wird (vgl. wegen der Einzelheiten dieses städtebaulichen Kriteriums OVG des Saarlandes, Urteil v. 19. 9. 2005 – 2 R 7/05 –), nicht fassen lässt. Das hat bereits das Verwaltungsgericht richtig herausgestellt.

Entgegen der Ansicht des Verwaltungsgerichts fügt sich das Vorhaben indes hinsichtlich des Maßes der baulichen Nutzung nicht in die Eigenart der näheren Umgebung ein. Das Vorhaben des Klägers überschreitet insoweit den aus der prägenden Umgebungsbebauung zu entnehmenden Rahmen, und es würde im Falle seiner Realisierung zudem bodenrechtlich bewältigungsbedürftige Spannungen auslösen bzw. erhöhen.

Beim Vergleich der Rahmen bildenden vorhandenen Bebauung ist unter dem Aspekt des Maßes der baulichen Nutzung ein Größenvergleich mit den in der Umgebung vorhandenen Baukörpern vorzunehmen (vgl. OVG des Saarlandes, Urteil v. 29. 3. 1994 – 2 R 30/93 –, wonach insbesondere die Zahl der in einem Wohngebäude vorhandenen Wohnungen weder unter dem Gesichtspunkt des Maßes baulicher Nutzung noch ansonsten ein Kriterium des Sicheinfügens bildet). Allenfalls sehr bedingt aussagekräftig ist dabei die regelmäßig, insbesondere was Keller- und im Dachraum befindliche Geschosse anbelangt, nur durch abstrakte Berechnungen exakt ermittelbare Anzahl der Vollgeschosse (§§ 20 BauNVO, 2 Abs. 4 LBO 1996, 2 Abs. 5 LBO 2004). Nicht abzustellen ist in diesem Zusammenhang ferner auf die das Merkmal des Maßes der baulichen Nutzung für den beplanten Bereich regelmäßig konkretisierenden relativen Maße der Grund- und Geschossflächenzahlen (§ 16 Abs. 2 Nr. 1 und Nr. 2 BauNVO), sodass die im Verfahren vorgelegte Erfassung der Umgebungsbebauung durch den Beklagten nach Bauakten unter dem Blickwinkel hier letztlich nicht entscheidend ist. Diesbezüglich handelt es sich um für eine Beurteilung im Rahmen des § 34 BauGB nicht geeignete Bezugsgrößen, weil sie in der Örtlichkeit nur schwer ablesbar sind und regelmäßig nach Maßgabe der einschlägigen Bestimmungen der Baunutzungsverordnung errechnet werden müssen (vgl. beispielsweise OVG des Saarlandes, Urteil v. 12. 3. 2002 – 2 R 1/01 –, SKZ 2002, 299, Leitsatz Nr. 48). Entscheidend sind beim Vergleich der Baukörper vielmehr speziell im unbeplanten Innenbereich wegen der generellen Anknüpfung des Gesetzgebers an die faktischen baulichen Gegebenheiten in § 34 BauGB solche Gebäudeabmessungen, die nach außen für den Betrachter wahrnehmbar in Erscheinung treten und anhand derer sich die Gebäude in der Umgebung leicht zueinander in Beziehung setzen lassen (vgl. etwa OVG des Saarlandes, Urteile v. 25. 10. 1994 – 2 R 12/94 –, SKZ 1995, 112, Leitsatz Nr. 16, unter Verweis auf BVerwG, Urteil v. 23. 3. 1994 – 4 C 18.92 –, BRS 56 Nr. 63 = BauR 1994, 481; v. 30. 4. 1996 – 2 R 18/95 –, SKZ 1996, 264, Leitsatz Nr. 14, und v. 12. 3. 2002 – 2 R 1/01 –, SKZ 2002, 299, Leitsatz Nr. 48). Beachtlich sind daher mit Blick auf den Katalog der den Gemeinden für den Bereich betätigter Planung in § 16 Abs. 2 BauNVO eröffneten Festsetzungsmöglichkeiten die Größe der Grundflächen der in die Beurteilung einzustellenden Gebäude (Nr. 1) und deren Höhe (Nr. 4).

Bei der Ortsbesichtigung am 12. 9. 2005 konnte in der überwiegend inhomogenen Umgebungsbebauung kein Gebäude festgestellt werden, das hinsichtlich der flächenmäßigen Ausdehnung (Grundfläche) und der Höhenentwicklung insgesamt dem Vorhaben des Klägers entsprechende Ausmaße erreicht, geschweige denn diese überschreitet. Die hier maßgebende, weil im Verständnis des § 34 Abs. 1 BauGB das Baugrundstück hinsichtlich des Nutzungsmaßes „prägende" Bebauung beidseits der D.-Straße beginnt im Westen in Höhe des Anwesens Nr. 9 (Baugrundstücksseite), in dessen Bereich die Straße eine Rechtsbiegung macht und im weiteren Verlauf recht stark abfällt, und reicht im Osten bis zur Höhe des noch mit zu fassenden Hauses Nr. 39, wo die D.-Straße eine Linksbiegung aufweist, in deren Folge der optische Kontakt zum Baugrundstück abreißt. Dies ist zwischen den Beteiligten nicht streitig. Die von dem Kläger persönlich bei der Begehung der Örtlichkeit abschließend unter dem Aspekt „Mehrfamilienhaus" angesprochene Bebauung weiter oberhalb in der D.-Straße, insbesondere das nach dem äußeren Eindruck über sechs Wohneinheiten verfügende Anwesen Nr. 34, hat zweifellos nach den Maßstäben des § 34 BauGB aufgrund der Entfernung und wegen des Fehlens jeglichen optischen Bezugs keine prägende Wirkung für das Grundstück des Klägers mehr.

Zu einer den in dem genannten Bereich von Gebäuden ermittelten Umgebungsrahmen nicht überschreitenden Betrachtung gelangte man nur, wenn man unterschiedliche äußerliche Maße, insbesondere Grundfläche und Höhe der Gebäude isoliert voneinander betrachtet, und so einen einheitlichen Rahmen im Sinne einer Art „Höchstgrenze" aus einer Kombination von Einzelmerkmalen verschiedener Gebäude herleitet. Eine derartige Vorgehensweise ist nach Auffassung des Senats im Rahmen des § 34 Abs. 1 Satz 1 BauGB keine taugliche Art der Rahmenbestimmung. Bei einer solchen Vorgehensweise ließe sich im Ergebnis – ins Extreme gedacht – aus einem schmalen, aber sehr hohen Gebäude und einem in der Fläche raumgreifenden flachen Gebäude ein „Rahmen" für ein Hochhaus ermitteln.

Es ist nach den Feststellungen vor Ort sicher so, dass etwa die ausgedehnte eingeschossige Garagenanlage am Bauplatz, die zwar im Zuge der Verwirklichung des Vorhabens abgebrochen werden soll, dennoch gegenwärtig als prägender baulicher Umgebungsbestandteil in der vorhandenen, trotz fehlender entsprechender Genehmigung von dem Beklagten offensichtlich hingenommenen Größe zu berücksichtigen ist und insbesondere in räumlicher Hinsicht – was freilich ohnedies Bedeutung nur im Rahmen des Merkmals der überbaubaren Grundstücksfläche erlangen würde (§ 23 Abs. 5 BauNVO entspr.) – nicht als untergeordnete Nebenanlage angesehen werden kann, flächenmäßig in etwa dem Baukörper des geplanten Mehrfamilienhauses entspricht. Letzteres mag – einmal zugunsten des Klägers unterstellt – auch auf das eingeschossige Wohngebäude Nr. 16a zutreffen. Nicht zulässig ist es aber, die in beiden Fällen offensichtlich mit dem Bauvorhaben nicht vergleichbare Höhenentwicklung mit entsprechender Kubatur durch die Höhe anderer Gebäude, die (bei weitem) diese Gebäudegrundfläche nicht erreichen, zu „kompensieren". Das gilt insbesondere für die verschiedenen Häuser mit geländebedingtem „Kellerfreistand", die von den flächenmäßigen Ausdehnungen her deutlich kleiner sind als das Vorhaben des Klägers. Das etwa über einen teilweisen Kellerfreistand, ein Erd-, ein Ober- und ein Geschoss im Dachraum verfügende Haus Nr. 35 weist zwar möglicherweise eine dem Vorhaben des Klägers vergleichbare Höhenentwicklung auf, hat aber eine wesentlich geringere Grundfläche von nur etwa (8,85 m x 9,40 m = gerundet:) 83 m^2. Das zurückversetzt stehende, ältere, allerdings deutlich niedrigere Anwesen Nr. 37 auf der Parzelle Nr. 127/5 weist nach den Bauunterlagen eine Grundfläche von (12,49 m x 15,49 m =) 193,47 m^2 auf. Im Ergebnis nichts anderes gilt für das auf dem Baugrundstück bereits vorhandene Wohngebäude. Das vom Baukörper her „mächtigste" Haus der Umgebung ist das Anwesen M (D.-Straße Nr. 39), das nach den Erkenntnissen vor Ort mindestens drei Vollgeschosse aufweist. Dieses umfasst nach den zur Baugenehmigung gehörenden Bauzahlenberechnungen eine Grundfläche („bebaute Fläche") von 162,27 m^2 und bleibt insoweit ebenfalls deutlich hinter dem Vorhaben des Klägers mit rund 322 m^2 zurück. Anhaltspunkte dafür, dass diese Größen bei der für die Beurteilung im Rahmen des § 34 BauGB maßgebenden tatsächlichen Bauausführung in nennenswertem Umfang überschritten wurden, ergeben sich nicht. Im Übrigen gäbe das Grundstück des Hauses Nr. 39 schon aufgrund seiner im Vergleich zu dem des Klägers erkennbar geringeren Breite bezogen auf die Grundfläche eine vergleichbare Ausmaße erreichende Bebauung nur her, wenn diese deutlich in die Tiefe orientiert wäre, was aber nicht der Fall ist. Die bestehende Anlage (Haus Nr. 39) mag daher eine vergleichbare Höhenentwicklung aufweisen, bezogen auf die Grundfläche des Gebäudes wird das Ausmaß des Vorhabens des Klägers aber klar auch hier nicht erreicht.

Ist vor dem Hintergrund bei dem geplanten Mehrfamilienhaus von einem den Rahmen der maßgeblichen Umgebungsbebauung überschreitenden Bauvorhaben auszugehen, so unterliegt es keinen Zweifeln, dass dessen Verwirklichung unter dem Gesichtspunkt der Vorbildwirkung städtebauliche Spannungen verursachen, ein potenzielles Planungsbedürfnis auslösen und sich daher am Maßstab des §34 Abs. 1 Satz 1 BauGB nicht einfügen würde. Dem Vorhaben käme eine Vorbildwirkung für die Realisierung entsprechender, den bisherigen Rahmen des Nutzungsmaßes überschreitender Bebauung beispielsweise auf dem unmittelbar rechts benachbarten Grundstück zu. Das brächte den städtebaulichen Zustand ungeachtet der ohnehin inhomogenen Bebauungsstruktur negativ in Bewegung und würde daher zumindest potenziell ein Bedürfnis nach einer die bauliche Weiterentwicklung des Bereichs städtebaulichen Planung durch die Beigeladene auslösen.

Nr. 99

Bei dem Merkmal der überbaubaren Grundstücksfläche, das den Standort des Bauvorhabens i. S. von §23 BauNVO betrifft, stellt das Städtebaurecht Anforderungen an die räumliche Lage der Baukörper auf den Grundstücken und verlangt eine Prüfung, ob sich der als Vergleichsmaßstab heranzuziehenden Umgebungsbebauung Beschränkungen in Form faktischer Baulinien (§23 Abs. 2 BauNVO) und/oder Baugrenzen (§23 Abs. 3 BauNVO) entnehmen lassen, welche bei der Realisierung eines hinzutretenden Bauvorhabens beachtet werden müssen.

Dabei ist hinsichtlich so genannter faktischer rückwärtiger Baugrenzen entsprechend dem Rechtsgedanken des §23 Abs. 4 Satz 2 BauNVO die vorhandene Bebauungstiefe von der tatsächlichen Grenze der jeweils als Erschließungsanlage gewählten öffentlichen Straße aus zu ermitteln, wobei die Bautiefe dem jeweiligen Straßenverlauf folgt und ggf. entsprechend von Straßengrenzen gebildeten Kurven und Winkeln verspringt. Auch dabei kommt es – wie auch sonst bei dem an faktische Gegebenheiten anknüpfenden §34 BauGB – auf die Verläufe der katastermäßigen, in der Örtlichkeit als solche nicht in Erscheinung tretenden Grundstücks- und Parzellengrenzen grundsätzlich nicht an.

Wie bei der Abgrenzung des Bebauungszusammenhangs i. S. des §34 BauGB ist bei dem vom Gesetzgeber benutzten Begriff des „Ortsteils" zumindest insoweit eine rechtliche Komponente zu berücksichtigen, dass eine Bebauung dann nicht in die Betrachtung einbezogen werden kann, wenn sie sich nicht auf dem Gebiet der Gemeinde befindet, für deren Grundstück jeweils die Frage der Einschlägigkeit des §34 BauGB zu beantworten ist.

Der Grundsatz der Beachtlichkeit aller in der „näheren Umgebung" tatsächlich vorhandenen baulichen Nutzungen erfährt bei der gebotenen wertenden Beurteilung auch tatsächlich in zweifacher Hinsicht Einschränkungen: Außer Betracht zu lassen sind neben solchen Nutzungen, die auf Grund ihres Erscheinungsbildes von vornherein nicht die Kraft haben, eine prägende Wirkung zu entfalten, diejenigen Anlagen, welche zwar diese

Erheblichkeitsschwelle überschreiten, jedoch in der konkreten Umgebung als „Fremdkörper" erscheinen. Letzteres beurteilt sich im Wesentlichen nach qualitativen Merkmalen und setzt voraus, dass die in Rede stehende Nutzung nach ihrer Qualität völlig aus dem Rahmen der ansonsten in der Umgebung anzutreffenden Bebauung herausfällt.

Eine „Hinterlandbebauung" auf so genannten Pfeifenstiel- oder Hammergrundstücken widerspricht nicht um ihrer selbst willen städtebaulichen Ordnungsvorstellungen und sie kann nicht von vornherein als städtebaulich „unerwünschte" und von daher unzulässige Verteilung von Baumassen angesehen werden.

BauGB § 34; BauNVO § 23; LBO Saar 1996 §§ 67, 77; LBO Saar 2004 § 88; GG Art. 3.

OVG des Saarlandes, Urteil vom 19. September 2005 – 2 R 7/05 – (rechtskräftig).

Die Kläger beabsichtigten die Errichtung eines Einfamilienhauses in der bebauten Ortsrandlage der Gemeinde M. (Parzelle 754/2). Das Grundstück verfügte nach den Plänen über eine 4,40 m breite Verbindung zu der öffentlichen Straße entlang der seitlich vorgelagerten und mit einem Wohnhaus bebauten Parzelle Nr. 754/1. Ein Bebauungsplan für den Bereich existiert nicht. Der Antrag der Kläger auf Erteilung einer Baugenehmigung für ihr Vorhaben blieb im Verwaltungsverfahren erfolglos, nachdem die Gemeinde M. ihr Einvernehmen wegen einer von ihr als unzulässig angesehenen „Bebauung in zweiter Reihe" nicht hergestellt hatte. Die dagegen erhobene Klage hat das Verwaltungsgericht abgewiesen. Die vom Oberverwaltungsgericht zugelassene Berufung der Kläger gegen dieses Urteil blieb nach Durchführung einer Ortsbesichtigung ebenfalls ohne Erfolg.

Aus den Gründen:

Das Bauvorhaben der Kläger fügt sich hinsichtlich des städtebaulichen Kriteriums der überbaubaren Grundstücksfläche nicht in der von § 34 Abs. 1 Satz 1 BauGB geforderten Weise in die Eigenart der näheren Umgebung ein. Bei dem Merkmal der überbaubaren Grundstücksfläche, das den Standort des Bauvorhabens i. S. von § 23 BauNVO betrifft, stellt das Städtebaurecht Anforderungen an die räumliche Lage der Baukörper auf den Grundstücken und verlangt eine Prüfung, ob sich der als Vergleichsmaßstab heranzuziehenden Umgebungsbebauung Beschränkungen in Form faktischer Baulinien (§ 23 Abs. 2 BauNVO) und/oder Baugrenzen (§ 23 Abs. 3 BauNVO) entnehmen lassen, welche bei der Realisierung eines hinzutretenden Bauvorhabens beachtet werden müssen (vgl. hierzu etwa OVG des Saarlandes, Urteile v. 30. 9. 2003 – 1 R 22/03 –, SKZ 2004, 66, v. 12. 3. 2002 – 2 R 1/01 –, SKZ 2002, 299, Leitsatz Nr. 48, und v. 26. 2. 2002 – 2 R 6/01 –, SKZ 2002, 298, Leitsatz Nr. 46, jeweils m. w. N. aus der Rechtsprechung des Senats). Auch unter dem Aspekt ist – wie bei dem Tatbestandsmerkmal des „Einfügens" (§ 34 Abs. 1 Satz 1 BauGB) insgesamt – zunächst der sich aus der konkret vorhandenen, nicht notwendig bauaufsichtsbehördlich genehmigten Umgebungsbebauung ergebende Beurteilungsrahmen zu bestimmen, wobei der Baubestand bezogen auf das jeweils untersuchte städtebauliche Kriterium im Sinne der Vorschrift insoweit zu berücksichtigen ist, als sich die Ausführung des Vorhabens auf die städtebauliche Situation in seiner Umgebung auswirkt und soweit die Umgebung ihrerseits den bodenrechtlichen Charakter des Baugrundstücks prägt oder zumindest beeinflusst.

Bei dem Kriterium der überbaubaren Grundstücksfläche ist entsprechend dem Rechtsgedanken des § 23 Abs. 4 Satz 2 BauNVO die vorhandene Bebauungstiefe von der tatsächlichen Grenze der jeweils als Erschließungsanlage gewählten öffentlichen Straße aus zu ermitteln, wobei die Bautiefe dem jeweiligen Straßenverlauf folgt und ggf. entsprechend von Straßengrenzen gebildeten Kurven und Winkeln verspringt (vgl. OVG des Saarlandes, Urteil v. 18. 9. 1995 – 2 R 27/94 –, SKZ 1996, 113, Leitsatz Nr. 16). Das bedeutet jedoch nicht, dass insoweit in jedem Fall – wenngleich dies regelmäßig so sein wird – hinsichtlich der maßgeblichen Umgebung von vornherein ausschließlich die jeweils für das Vorhaben als Zuwegung ausersehene Straße in Betracht zu ziehen wäre; unter dem Aspekt der „Auswirkungen des Vorhabens" auf seine Umgebung kann im Ausnahmefall auch eine weiter gehende Bebauung maßgeblich sein (vgl. BVerwG, Urteil v. 21. 11. 1980 – 4 C 30.78 –, BRS 36 Nr. 56). Darüber hinaus soll das Kriterium des Sicheinfügens hinsichtlich der überbaubaren Grundstücksfläche allgemein gewährleisten, dass sich ein Vorhaben „in jeder Hinsicht", etwa hinsichtlich seiner Grundfläche, in die Eigenart der näheren Umgebung einfügt (vgl. dazu BVerwG, Beschlüsse v. 15. 4. 1987 – 4 B 60.87 –, BRS 47 Nr. 68, und v. 28. 9. 1988 – 4 B 175.88 –, BRS 48 Nr. 50, sowie OVG des Saarlandes, Urteil v. 30. 1. 2001 – 2 R 5/00 –, SKZ 2001, 201, Leitsatz Nr. 50). Daher stellt das Gesetz insoweit auch Anforderungen hinsichtlich der räumlichen Lage und der Anordnung des geplanten Baukörpers in Bezug auf die vorhandene Bebauung. Geklärt ist in der Rechtsprechung schließlich, dass es dabei – wie auch sonst bei dem an faktische Gegebenheiten anknüpfenden § 34 BauGB – auf die Verläufe der katastermäßigen Grundstücksgrenzen nicht ankommt (vgl. etwa Hofherr, in: Schlichter/Stich/Driehaus/Paetow, Berliner Kommentar zum Baugesetzbuch, 3. Aufl., Loseblatt, § 34 Rdnr. 37).

Bei Anlegung dieser allgemeinen Maßstäbe auf den vorliegenden Fall ist mit dem Verwaltungsgericht im Ergebnis zunächst davon auszugehen, dass das von den Klägern geplante Wohnhaus im Verständnis des § 34 Abs. 1 Satz 1 BauGB den durch die maßgebliche Umgebungsbebauung vorgegebenen Rahmen hinsichtlich der vorgesehenen rückwärtigen Bautiefe überschreitet.

Maßgebliche (rahmenstiftende) Umgebungsbebauung ist auf der Grundlage des in der Örtlichkeit gewonnenen Eindrucks und – ergänzend – dem bei den Akten befindlichen umfangreichen Karten- und Luftbildmaterial die an der Nordseite (nordwestlich) der H.-Straße im Gebiet der Beigeladenen angelagerte Straßenrandbebauung. ... Die im Süden (südöstlich) der H.-Straße befindliche Bebauung entfaltet nach dem – im Übrigen in der Örtlichkeit von den Beteiligten übereinstimmend geteilten – Eindruck für das hier fragliche Grundstück hinsichtlich des Merkmals der überbaubaren Grundstücksfläche (Bautiefe) keine prägenden Wirkungen.

Das weiter westlich, jenseits der im Zeitpunkt der Ortseinsicht lediglich straßennah mit einem alten Wohnwagen und einer Fertiggarage versehenen ansonsten baufreien Parzelle Nr. 752/1 bestehende und mit seinen rückseitigen Anbauten weiter in den hinteren Grundstücksbereich des Anwesens H.-Straße Nr. 4 reichende Wohngebäude kann aus Rechtsgründen bei der Bestimmung des Umgebungsrahmens i. S. des § 34 Abs. 1 Satz 1 BauGB nicht berücksichtigt werden. Zwar knüpft diese Vorschrift generell – wie ausgeführt – grundsätzlich an die faktischen baulichen Gegebenheiten in der Umgebung des als Bauplatz ausersehenen Bereichs an, nicht aber an in der Örtlichkeit als solche nicht in Erscheinung tretende Grundstücks- und Parzellengrenzen (vgl. hierzu etwa grundlegend BVerwG, Urteil v. 12. 12. 1990 – 4 C 40.87 –, BRS 50 Nr. 72, wonach es insoweit nur auf äußerlich erkennbare, also mit dem menschlichen Auge wahrnehmbare Gegebenheiten der vorhandenen Bebauung und der übrigen Geländeverhältnisse ankommt). Bereits bei der Abgrenzung des insoweit in den Blick zu nehmenden Bebauungszusammenhangs i. S. des § 34 Abs. 1 BauGB ist aber bei dem vom Gesetzgeber benutzten Begriff des „Ortsteils" zumindest insoweit eine rechtliche Komponente zu berücksichtigen, dass eine Bebauung generell nicht in die Betrachtung einbezogen werden kann, wenn sie sich nicht auf dem Gebiet der Gemeinde befindet, für deren Grundstücke die Frage der Einschlägigkeit des § 34 BauGB zu beantworten ist. In diesem Merkmal hat der Gesetzgeber die Beziehung dieses „planersetzenden" städtebaulichen Zulassungstatbestands zu der im Hintergrund dieser Regelungen insgesamt zu sehenden Planungshoheit der Gemeinden (§ 2 Abs. 1 BauGB) zum Ausdruck gebracht (vgl. dazu etwa Hofherr, in: Schlichter/Stich/Driehaus/Paetow, Berliner Kommentar zum Baugesetzbuch, 3. Aufl., Loseblatt, § 34 Rdnr. 2 mit zahlreichen Rechtsprechungsnachweisen, Battis/Krautzberger/Löhr, BauGB, 9. Aufl. 2005, § 34 Rdnr. 5), wobei die Einflussmöglichkeiten der jeweiligen Gemeinde – abgesehen von so genannten Abstimmungsgeboten im Bereich der Bauleitplanung (§ 2 Abs. 2 BauGB) – hinsichtlich einer Bebauung sich nicht auf Flächen einer Nachbargemeinde erstrecken (vgl. in dem Zusammenhang beispielsweise BVerwG, Urteil v. 3. 12. 1998 – 4 C 7.98 –, BRS 60 Nr. 81, Beschluss v. 19. 9. 2000 – 4 B 49.00 –, BRS 63 Nr. 98). Gilt dies aber bereits für die Frage der Anwendbarkeit der Vorschrift, so kann im Anwendungsbereich des § 34 Abs. 1 Satz 1 BauGB bei der Ermittlung des Beurteilungsrahmens aus der vorhandenen Umgebungsbebauung nichts anderes angenommen werden (vgl. in dem Zusammenhang auch Bracher, in: Gelzer/Bracher/Reidt, Bauplanungsrecht, 6. Aufl. 2001, Rdnr. 2216, unter Hinweis auf die den Bebauungsplan ersetzende Funktion des § 34 Abs. 1 BauGB). Bauliche Anlagen sind insoweit nicht berücksichtigungsfähig, als sie sich – bezogen auf das Baugrundstück – auf dem Gebiet einer anderen Gemeinde befinden. Letzteres ist nach dem Ergebnis des Berufungsverfahrens entgegen den Ausführungen in dem erstinstanzlichen Urteil des Verwaltungsgerichts für die Bebauung des Anwesens H.-Straße Nr. 4 insgesamt zu bejahen. Die sie tragenden Grundstücke liegen (sämtlich) bereits auf dem Gebiet der Gemeinde Q.

Die hiervon und von der Straße deutlich nach Nordwesten abgesetzten, über einen westlich des Anwesens Nr. 4 von der H.-Straße abzweigenden eigenen Weg erschlossenen beiden Gebäude der ehemaligen Schreinerei „B.", ein Wohnhaus und ein (weiterhin) gewerblich genutztes Gebäude nahe der hier verlaufenden Autobahn (A 8), vermögen dem von den Klägern gewählten Baugrundstück ungeachtet einer Belegenheit auf dem Gebiet der Beigeladenen infolge eines Versprungs der Kreisgrenze nach Westen im rückwärtigen Anschluss an das Anwesen Nr. 4 auf Grund der Entfernung, der durch ein deutliches Abfallen des Geländes von der Straße her nach Norden geprägten topografischen Verhältnisse und der völlig anderen Anbindungssituation an die H.-Straße (im Bereich G.) keine Maßstäbe hinsichtlich der zulässigen Bautiefe zu vermitteln.

Entsprechendes gilt für die im Bereich der Beigeladenen in östlicher Richtung an der H.-Straße liegenden Anwesen Nr. 242 und Nr. 242 a. Der § 34 Abs. 1 Satz 1 BauGB verweist hinsichtlich des Beurteilungsrahmens auf die „nähere Umgebung" des zur Bebauung ausersehenen Standorts und verlangt daher eine Grenzziehung nach den eingangs beschriebenen Beurteilungsmaßstäben einer wechselseitigen Prägung von Baugrundstück und zur Rede stehender Umgebungsbebauung (vgl. zur Ausfüllung dieses Merkmals allgemein grundlegend BVerwG, Urteil v. 3. 4. 1981 – 4 C 61.78 –, BRS 38 Nr. 69 m. w. N.). Dieser Bereich ist hinsichtlich der genannten Anwesen, die auf Grund der Entfernung von weit mehr als 200 m vom Vorhabengrundstück keinerlei optische Beziehung mehr zu dem gewählten Bauplatz aufweisen, eindeutig überschritten. Das mag auch der bei der Ortsbesichtigung aus dem Kreis der Beteiligten gemachte Vorschlag, den Weg zu den fraglichen Anwesen per Auto zurückzulegen, verdeutlichen.

Schließlich wird der Rahmen der Umgebungsbebauung hinsichtlich faktischer rückwärtiger Baugrenzen nicht mitbestimmt durch das Anwesen H.-Straße Nr. 266. Bei diesem handelte es sich nach den Angaben des Bürgermeisters der Beigeladenen in der mündlichen Verhandlung vor dem Verwaltungsgericht früher um eine Gaststätte mit rückseitig anschließendem „Tanzsaal", wobei sowohl das an der H.-Straße stehende Vordergebäude wie auch der von der Bautiefe (Straßenabstand) her das von den Klägern geplante Maß erreichende rückseitige Anbau nach den vor Ort gewonnenen Erkenntnissen zu Wohnzwecken genutzt werden. Die fehlende prägende Wirkung für die Parzelle Nr. 754/2 („Baugrundstück") ergibt sich zwar nicht aus dem Umstand, dass westlich des Anwesens Nr. 266 ausweislich des bei den Akten befindlichen Katasterkartenmaterials eine eigene nach Norden führende und mit dem Hinweis „Weg" versehene Parzelle ausgewiesen ist. Bei der Begehung des Bereichs wurde deutlich, dass dieses Gelände jedenfalls in dem hier maßgeblichen, zur H.-Straße hin gelegenen Bereich nur (noch) als befestigte „Hofeinfahrt" zur Anbindung des genannten rückwärtigen Anbaus dient und in Erscheinung tritt. Des ungeachtet ist gerade dieses Bauwerk nicht als im hier zur Rede stehenden Bereich mit rahmenbildend anzusehen. Es erscheint in der ansonsten durch eine ausnahmslos auch hinsichtlich der Bautiefe deutlich zur H.-Straße orientierten Bebauung geprägten Umgebung als Fremdkörper (vgl. hierzu grundlegend etwa OVG des Saarlandes, Urteil v. 21. 8. 2001 – 2 R 7/00 –, SKZ 2002, 161, Leitsatz Nr. 39).

Dabei wird nicht verkannt, dass auch eine städtebaulich möglicherweise als „unerwünscht" oder „nicht vertretbar" angesehene Bebauung wegen der Anknüpfung in § 34 BauGB an die faktischen baulichen Verhältnisse ohne weiter gehende städtebauliche Zielvorgaben dann prägende Wirkungen entfalten kann und daher nicht allein deshalb von vornherein unberücksichtigt bleiben darf, wenn sie sich von der ansonsten vorhandenen Bebauung unterscheidet (vgl. dazu u. a. BVerwG, Urteil v. 26. 5. 1978 – 4 C 9.77 –, BRS 33 Nr. 36, damals noch zu § 34 BBauG 1976). Der Grundsatz der Beachtlichkeit aller in der „näheren Umgebung" tatsächlich vorhandenen baulichen Nutzungen erfährt indes nach der Rechtsprechung bei der insoweit gebotenen auch wertenden Beurteilung in zweifacher Hinsicht Einschränkungen: Außer Betracht zu lassen sind neben solchen Nutzungen, die auf Grund ihres Erscheinungsbildes von vornherein nicht die Kraft haben, eine prägende Wirkung zu entfalten, diejenigen Anlagen, welche zwar diese Erheblichkeitsschwelle überschreiten, jedoch in der konkreten Umgebung als „Fremdkörper" erscheinen (vgl. hierzu etwa BVerwG, Urteil v. 15. 2. 1990 – 4 C 23.86 –, BRS 50 Nr. 75).

Letzteres beurteilt sich im Wesentlichen nach qualitativen Merkmalen und setzt nach der Rechtsprechung des Bundesverwaltungsgerichts voraus, dass die in Rede stehende Nutzung nach ihrer Qualität völlig aus dem Rahmen der ansonsten in der Umgebung anzutreffenden Bebauung herausfällt, beispielsweise, wenn eine singuläre Anlage in einem „auffälligen Kontrast" zur übrigen Bebauung steht. Für diese wertende Beurteilung kommt es nicht allein auf das Vorliegen eines „Kontrastes" als solchem, sondern auf eine in der Örtlichkeit vorfindliche Einzigartigkeit an, die umso eher die Annahme eines Fremdkörpers rechtfertigt, je homogener die Umgebungsbebauung sich darstellt, und zusätzlich auf die Qualität dieser „Abweichung", was durch die in der Rechtsprechung des Bundesverwaltungsgerichts verwandten Begriffe des „völlig" aus dem Rahmen Fallens und des geforderten „auffälligen" Kontrasts zum Ausdruck kommt. Diese Voraussetzungen erfüllt das Anwesen H.-Straße Nr. 266. Das Gebäude greift – was wohl auf seine Entstehungsgeschichte und die frühere Nutzung als „Tanzsaal" und möglicherweise auch die ehemalige Orientierung an dem vormaligen Wegeverlauf zurückzuführen ist – in der ansonsten gerade hinsichtlich der rückwärtigen Bautiefen durch eine an die H.-Straße angelehnte Bebauung im Bereich der Anwesen Nr. 268 bis Nr. 286 einzig und ganz deutlich in nördlicher Richtung Platz und weist dabei auch eine „Randlage" auf. Die Anlage ist daher nicht geeignet, die faktische rückwärtige Baugrenze für den sich – von ihm betrachtet – in westlicher Richtung anschließenden Bereich generell nach Norden zu erweitern und so auch den ganz deutlich von der H.-Straße nach hinten abgesetzten Standort des Vorhabens der Kläger auf der durch Ausparzellierung der Parzelle Nr. 754/1 (heute: Anwesen Nr. 284) entstandenen hammerförmigen Parzelle Nr. 754/2 in den Umgebungsrahmen i. S. des § 34 Abs. 1 Satz 1 BauGB hinsichtlich der überbaubaren Grundstücksflächen einzubeziehen.

Die Bejahung der Fremdkörpereigenschaft kann bei Vorliegen der genannten Voraussetzungen allenfalls dann nicht mehr gerechtfertigt sein, wenn die zur Rede stehende bauliche Anlage durch ein „beherrschendes" bauliches Inerscheinungtreten im jeweiligen Umfeld diesem ein bestimmtes – nämlich sein – Gepräge gewissermaßen „aufdrückt". Eine solche die Umgebung gewissermaßen „dominierende" Qualität kann dem Gebäude (Anwesen Nr. 266) indes offensichtlich nicht beigemessen werden.

Daher ergibt sich aus der demnach den maßgeblichen den Beurteilungsrahmen bildenden Bebauung auf den Anwesen H.-Straße Nr. 286 bis Nr. 268 eine wesentlich näher am Straßenverlauf orientierte faktische hintere Baugrenze, die von dem Vorhaben der Kläger deutlich überschritten wird. Der am weitesten nach Nordwesten reichende rückseitige Anbau bei dem Anwesen Nr. 274 (Parzelle Nr. 759/1) reicht von der Bautiefe her allenfalls in den Bereich der vorderen Ecke des Neubauvorhabens der Kläger. Zur Klarstellung ist zu ergänzen, dass mit Blick auf die in den §§ 23 Abs. 5, 14 BauNVO zum Ausdruck kommende Wertung des Bundesgesetzgebers die typischen, der Hauptnutzung untergeordneten Nebenanlagen bei der Bestimmung des Umgebungsrahmens hinsichtlich des Merkmals der überbaubaren Grundstücksfläche (auch) im Anwendungsbereich des § 34 Abs. 1 Satz 1 BauGB außer Betracht bleiben (vgl. auch hierzu etwa OVG des Saarlandes, Urteile v. 30. 9. 2003 – 1 R 22/03 –, SKZ 2004, 66; siehe auch BVerwG, Beschluss v. 6. 11. 1997 – 4 B 172.97 –, BRS 59 Nr. 79). Das gilt für die verschiedenen bei der Ortseinsicht festgestellten kleineren Nebengebäude in den Gärten der Häuser und insbesondere für das rückwärtige Nebengebäude auf der rechten Nachbarparzelle Nr. 755/1, bei dem es sich nach den Feststellungen vor Ort um eine Garage mit seitlichem Anbau handelt.

Das damit im vorgenannten Sinne den Rahmen sprengende Bauvorhaben der Kläger fügt sich nicht i. S. des § 34 Abs. 1 Satz 1 BauGB ein. Es würde selbst den Beurteilungsrahmen ganz deutlich erweitern und auf Grund der mit seiner Realisierung einhergehenden Vorbildwirkung für die Bebauung der rückwärtigen Bereiche auf den seitlich anschließenden Grundstücken die städtebauliche Situation erkennbar negativ in Bewegung bringen.

Dabei ist den Klägern zuzugestehen, dass bei einer „Hinterlandbebauung", etwa auf so genannten Pfeifenstiel- oder – wie hier – Hammergrundstücken, nicht generell angenommen werden kann, dass eine solche gewissermaßen um ihrer selbst willen städtebaulichen Ordnungsvorstellungen widerspricht oder von vornherein städtebaulich als „unerwünschte" und von daher unzulässige Verteilung von Baumassen anzusehen ist (so bereits BVerwG, Urteil v. 21. 11. 1980 – 4 C 30.78 –, BRS 36 Nr. 56; dazu etwa Hofherr, in: Schlichter/Stich/Driehaus/Paetow, Berliner Kommentar zum Baugesetzbuch, 3. Aufl., Loseblatt, § 34 Rdnr. 38 mit zahlreichen Rechtsprechungsnachweisen), sodass eine Überschreitung der Bautiefe der Umgebungsbebauung nicht bereits für sich allein zwingend den Schluss zulässt, dass sich ein Vorhaben i. S. des § 34 Abs. 1 Satz 1 BauGB nicht in die Eigenart der näheren Umgebung einfügt. Dabei ist indes davon auszugehen, dass die Feststellung der Überschreitung des Umgebungsrahmens in diesem Zusammenhang wegen der damit typischerweise verbundenen Gefahren, dass der bestehende bauliche Zustand bodenrechtlich in negativer Richtung in Bewegung und damit in „Unordnung" gebracht wird, regelmäßig – so im Ergebnis auch hier – zur Unzulässigkeit eines solchen Vorhabens führt (vgl. grundlegend hierzu OVG des Saarlandes, Urteile v. 18. 11. 1985 – 2 R 65/84 –, und v. 27. 5. 1997 – 2 R 36/96 –, vgl. auch das Urteil v. 27. 5. 1988 – 2 R 513/85 –, BRS 48 Nr. 51, und dazu wiederum BVerwG, Beschluss v. 28. 9. 1988 – 4 B 175.88 –, BRS 48 Nr. 50). Die nach der Rechtsprechung des Bundesverwaltungsgerichts zusätzlich für die Annahme der Unzulässigkeit eines den Rahmen sprengenden Vorhabens zu fordernde Begründung bzw. Verstärkung bodenrechtlich beachtlicher, d. h. städtebaulich im Rahmen einer (ergänzenden) Bauleitplanung zu bewältigender Spannungen ist hier aus den sich für die bisher mit Hauptanlagen unbebauten Bereiche im rückwärtigen Anschluss an die vorhandene, benachbarte Straßenrandbebauung an der H.-Straße ergebenden Vorbildwirkungen ohne Zweifel anzunehmen.

Dem von den Klägern auch im Berufungsverfahren erhobenen und mit dem Hinweis auf die Zulassung aus ihrer Sicht vergleichbarer anderer Bauvorhaben im Bereich der Beigeladenen versehenen Einwand einer willkürlichen, nach ihrer Auffassung den Gleichbehandlungsgrundsatz (Art. 3 Abs. 1 GG) verletzenden Genehmigungspraxis braucht vorliegend nicht nachgegangen zu werden. Aus dem Gleichbehandlungsgebot kann grundsätzlich kein subjektiver Anspruch auf Erteilung einer geltendem Recht widersprechenden Baugenehmigung hergeleitet werden. Der Gleichbehandlungsgesichtspunkt vermag unter rechtsstaatlichen Aspekten grundsätzlich keine Verpflichtung einer Behörde zu rechtswidrigem Handeln zu begründen. Aus dem gleichen Grund kommt eine entsprechende gerichtliche Verpflichtung des Beklagten – hier zur Erteilung der den Klägern nicht zustehenden Baugenehmigung – auch unter dem Gesichtspunkt von vornherein nicht in Betracht (vgl. beispielsweise OVG des Saarlandes, Urteil v. 26. 2. 2002 – 2 R 3/01 –, SKZ 2002, 297, Leitsatz Nr. 45).

Nr. 100

Bei der Beurteilung des Gebietscharakters nach § 34 BauGB kann eine Maschinenfabrik selbst dann die nähere Umgebung prägen, wenn ihr Bestandsschutz infolge Nutzungsaufgabe erloschen ist. Innerhalb welcher zeitlicher Grenzen nach der Verkehrsauffassung eine derartige nachprägende Wirkung besteht, hängt von den konkreten Umständen des Einzelfalles ab. Dabei sind auch die berechtigten Interessen des Eigentümers an der Nutzbarkeit seiner legal errichteten Gebäudesubstanz zu berücksichtigen (Art. 14 Abs. 1 GG).

BauGB §§ 1 Abs. 6, 29 Abs. 1, 34 Abs. 1, 2; BauNVO §§ 3, 4, 6, 13; BauO NRW §§ 63 Abs. 1, 71 Abs. 1, 75 Abs. 1; GG Art. 14.

OVG Nordrhein-Westfalen, Urteil vom 21. November 2005 – 10 A 1166/04 – (rechtskräftig).

(VG Düsseldorf)

Der Kläger begehrte ursprünglich die Erteilung einer Baugenehmigung für die Nutzungsänderung einer Maschinenfabrik in eine Großhandelsfirma für EDV-Zubehör. Im Berufungsverfahren hat er nur noch einen entsprechenden bauplanungsrechtlichen Bauvorbescheid beantragt.

Der Kläger ist Eigentümer des etwa 2600 m² großen Grundstücks, auf dem sich das Gebäude einer gegen Ende des Ersten Weltkriegs errichteten ehemaligen Maschinenfabrik mit Werkhalle, Büro- und Besprechungs- sowie Sozialräumen befindet. Das Fabrikationsprogramm des Betriebs umfasste Pressen-Auslaufsysteme für Leicht- und Schwermetall, Streckbänke für Sägeeinrichtungen, Verpackungsanlagen und Transporteinrichtungen.

Östlich des Antragsgrundstücks steht teilweise grenzständig ein ehemaliges Mühlengebäude, das heute vollständig zu Wohnzwecken genutzt wird. Daran schließen sich landwirtschaftlich genutzte Freiflächen an. In dem schräg gegenüber des Antragsgrundstücks errichteten Gebäude sind Wohnungen und die Räume einer Tierarztpraxis. Westlich des Antragsgrundstücks schließt sich beidseitig der Straße Wohnbebauung an. Am westlichen Ende der Straße liegt eine landwirtschaftliche Hofstelle. Die südlich abzweigende Straße ist ausschließlich mit Wohnhäusern bebaut.

Mit Vertrag vom 7. 9. 1998 veräußerte der Kläger die Firma H.K. ohne das Grundstück und die aufstehenden Betriebsgebäude. Die Gewerbeabmeldung erfolgte zum 30. 11. 1998. Nachdem die Produktion Ende 1998 eingestellt worden war, wurden im Laufe des Jahres 1999 die Maschinen abgebaut. Der Kläger nutzte den Verwaltungstrakt noch bis etwa Ende des Jahres 2000 für Büroarbeiten im Auftrag der Erwerberfirma und lagerte für diese in der Werkhalle Ersatzteile.

Am 15. 6. 2001 beantragte der Kläger die Erteilung einer Baugenehmigung für die Nutzungsänderung der Maschinenfabrik in einen Großhandel mit EDV-Zubehör. Gegenstand der Firma war der An- und Verkauf leer geschriebener Lasertoner- und Tintenbehälter an Großabnehmer.

Der Beklagte lehnte die Erteilung der Nutzungsänderungsgenehmigung mit der Begründung ab, die geplante Nutzungsänderung füge sich nicht in die als reines Wohngebiet einzustufende nähere Umgebung ein. Der Bestandsschutz der Maschinenfabrik, der ohnehin nur die genehmigte Nutzung erfasse, sei wegen der Aufgabe des Betriebs über zwei Jahre vor Antragstellung erloschen.

Die Klage auf Erteilung der beantragten Nutzungsänderungsgenehmigung wies das Verwaltungsgericht ab. Nach Zulassung der Berufung reduzierte der Kläger in der mündlichen Verhandlung vor dem Oberverwaltungsgericht sein Begehren darauf, ihm für die beabsichtigte Nutzungsänderung einen bauplanungsrechtlichen Vorbescheid zu erteilen. Die Berufung hatte Erfolg.

Aus den Gründen:

Die Berufung des Klägers ist mit dem im Berufungsverfahren gestellten Antrag zulässig und begründet. Seine Klage mit dem – unter Zustimmung des Beklagten – reduzierten Antrag auf Erteilung eines planungsrechtlichen Bauvorbescheides ist zulässig.

Ihre Zulässigkeit scheitert insbesondere nicht daran, dass die Erteilung eines Bauvorbescheids nicht Gegenstand eines Widerspruchsverfahrens nach § 68 VwGO gewesen ist. Ein erneutes Vorverfahren war hier entbehrlich, da Prüfungsmaßstab für das geänderte Begehren die bauplanungsrechtliche Zulässigkeit ist und die damit zusammenhängenden Fragen auch für die Beurteilung, ob dem Kläger die zunächst begehrte Baugenehmigung erteilt werden kann, maßgeblich waren. Der Beklagte hat die Baugenehmigung allein aus bauplanungsrechtlichen Gründen abgelehnt. Im Anschluss daran ist die Frage der bauplanungsrechtlichen Zulässigkeit Gegenstand des Widerspruchsverfahrens gewesen (vgl. dazu OVG NRW, Urteile v. 22. 1. 1996 – 10 A 1464/92 –, BRS 58 Nr. 115 und v. 9. 1. 1997 – 7 A 2233/96 –).

Die Klage ist mit dem nunmehr gestellten Antrag begründet. Der Kläger hat einen Anspruch gegen den Beklagten auf Erteilung des begehrten bauplanungsrechtlichen Vorbescheides. So weit dem der Bescheid des Beklagten von 2001 in der Gestalt des Widerspruchsbescheids von 2002 entgegensteht, ist er aufzuheben. Diese Aufhebung erfasst den Bescheid, so weit mit ihm über die bauplanungsrechtliche Zulässigkeit des Vorhabens entschieden ist.

Die begehrte Nutzungsänderung der Maschinenfabrik in einen Großhandel für EDV-Zubehör ist genehmigungspflichtig (1.), der Kläger hat Anspruch auf Erteilung des beantragten Bauvorbescheides, weil der Nutzungsänderung die insoweit zu prüfenden öffentlich-rechtlichen Vorschriften nicht entgegenstehen (§§ 71 Abs. 1, 75 Abs. 1 BauO NRW) (2.).

1. Die beabsichtigte Nutzungsänderung ist gemäß § 63 Abs. 1 BauO NRW genehmigungsbedürftig. Danach bedürfen die Errichtung, die Änderung, die Nutzungsänderung und der Abbruch baulicher Anlagen der Baugenehmigung, so weit in den – hier nicht einschlägigen – §§ 65 bis 67, 79 und 80 BauO NRW nichts anderes bestimmt ist.

Eine Nutzungsänderung im Sinne dieser Vorschrift liegt vor, wenn sich die neue Nutzung von der bisherigen (legalen) dergestalt unterscheidet, dass sie anderen oder weiter gehenden Anforderungen bauordnungs- oder bauplanungsrechtlicher Art unterworfen ist oder unterworfen werden kann, d. h. schon dann, wenn die Möglichkeit besteht, dass die Zulässigkeit des geänderten Vorhabens nach den Bauvorschriften anders beurteilt werden kann (vgl. OVG NRW, Beschluss v. 13. 11. 1995 – 11 B 2161/95 –, BRS 57 Nr. 184 = BauR 1996, 375; HessVGH, Urteil v. 8. 11. 1979 – IV OE 51/75 –, BRS 35 Nr. 51 = BauR 1980, 251; Boeddinghaus/Hahn/Schulte, Bauordnung für das Land Nordrhein-Westfalen, Kommentar, Loseblatt, Stand Mai 2005, § 63 Rdnr. 64).

Was unter genehmigungsrechtlichen Gesichtspunkten eine Nutzungsänderung ist, muss unter Berücksichtigung des Charakters des Baugenehmigungsverfahrens als eines präventiven Prüfverfahrens ermittelt werden. Die Änderung der Zweckbestimmung einer baulichen Anlage oder ihrer Teile (Nutzungseinheiten) muss nämlich bereits dann präventiv geprüft werden können, wenn die Möglichkeit besteht, dass eine andere Beurteilung nach den in Betracht kommenden öffentlich-rechtlichen Vorschriften erfolgen kann. Nicht erforderlich ist hingegen, dass eine andere Beurteilung auch tatsächlich erfolgt; eine derartige Erkenntnis kann Ergebnis der Prüfung, nicht aber ihre Voraussetzung sein (vgl. BayVGH, Urteil v. 9. 7. 1985 – 1 B 84 A.2138 –, BayVBl. 1986, 275; OVG NRW, Urteil v. 15. 8. 1995 – 11 A 850/92 –, BRS 57 Nr. 258 = BauR 1996, 237; Boeddinghaus/Hahn/Schulte, a. a. O., § 63 Rdnr. 64).

In planungsrechtlicher Hinsicht ist eine Nutzungsänderung i. S. des § 29 BauGB dann anzunehmen, wenn durch die Verwirklichung des Vorhabens die jeder Nutzung eigene Variationsbreite verlassen und die rechtliche Qualität der bisherigen Nutzung so verändert wird, dass sich die Genehmigungsfrage neu stellt; dieses ist insbesondere der Fall, wenn die Änderung die in § 1 Abs. 6 BauGB n. F. genannten Belange berühren kann (vgl. BVerwG, Urteile v. 11. 2. 1977 – 4 C 8.75 –, BRS 32 Nr. 140 = BauR 1977, 253, v. 3. 2. 1984 – 4 C

25.82 –, BRS 42 Nr. 52 = BauR 1984, 373, v. 11.11.1988 – 4 C 50.87 –, BRS 48 Nr. 58 und v. 18.5.1990 – 4 C 49.89 –, BRS 50 Nr. 166 = BauR 1990, 582, Beschlüsse v. 30.1.1997 – 4 B 172.96 –, BRS 59 Nr. 81 und v. 14.4.2000 – 4 B 28.00 –, BRS 63 Nr. 173).

Für die Beurteilung, ob eine bestimmte Nutzung gegenüber einer früheren eine Nutzungsänderung ist, kommt es nicht darauf an, welche Nutzung früher tatsächlich ausgeübt, sondern darauf, welche Nutzung früher bauaufsichtlich genehmigt oder jedenfalls in einer beachtlichen Zeitspanne materiell legal ausgeübt worden ist (vgl. BVerwG, Urteile v. 3.2.1984 – 4 C 25.82 –, BRS 42 Nr. 52 = BauR 1984, 373 und v. 27.8.1998 – 4 C 5.98 –, BRS 60 Nr. 83 = BauR 1999, 152).

Die Maschinenfabrik ist auf dem Grundstück des Klägers legal betrieben worden. Dies steht zur Überzeugung des Senats fest, auch wenn die Genehmigungslage nicht lückenlos seit der Betriebsaufnahme im Jahre 1917 dokumentiert ist. In den Hausakten befindet sich – offenbar auf Grund eines Brandes im Baudezernat im Jahr 1968 – lediglich die Baugenehmigung vom 8.9.1987, mit der der Beklagte die Erweiterung der Werkhalle sowie des Bürotraktes genehmigt hat. Auch der Kläger selbst konnte bis auf den in der mündlichen Verhandlung vorgelegten, mit Zugehörigkeitsvermerk versehenen Lageplan zur Bauerlaubnis vom 14.11.1962, die sich offensichtlich auf einen rückwärtigen Anbau an die Werkhalle bezog, keine weiteren Baugenehmigungen vorlegen.

Der Senat verkennt nicht, dass den Kläger grundsätzlich die Beweislast für die Vorlage von Baugenehmigungen und das Vorliegen von Bestandsschutz trifft (vgl. BVerwG, Urteil v. 23.2.1979 – 4 C 86.76 –, BRS 35 Nr. 206 = BauR 1979, 228, Beschluss v. 19.2.1988 – 4 B 33.88 –; OVG NRW, Urteil v. 17.5.1993 – 11 A 3625/91 –, Beschluss v. 18.1.2001 – 10 B 1898/00 –, BRS 64 Nr. 161 = BauR 2001, 758; Boeddinghaus/Hahn/Schulte, a.a.O., § 75 Rdnr. 58 a).

Hier sprechen die Gesamtumstände unter Berücksichtigung der Grundsätze des Beweises des ersten Anscheins für einen legalisierten Baubestand. Dass 1917 eine ganze Maschinenfabrik unter den Augen der Baupolizei illegal errichtet worden sein soll, ist unwahrscheinlich. Hiergegen sprechen auch die Änderungsgenehmigungen von 1962 und 1987. Mit der am 8.9.1987 zugunsten des Klägers als Inhaber der Maschinenfabrik M. erteilten Baugenehmigung ist neben der beschriebenen Erweiterung jedenfalls auch über die bauplanungsrechtliche Zulässigkeit der Maschinenfabrik entschieden worden. Dies folgt daraus, dass der Beklagte bei seiner Überprüfung wegen des Untergangs der Hausakte nicht auf in der Vergangenheit erteilte Baugenehmigungen zurückgreifen konnte und zudem der Kläger seinerzeit mit seinem Antrag vom 17.7.1987 (Eingang beim Beklagten) eine umfassende Betriebsbeschreibung beigefügt hatte, in der u.a. die Art des Betriebs, die Erzeugnisse, die verwendeten Rohstoffe, Materialien, Betriebsstoffe, die Arbeitsabläufe, die eingesetzten Maschinen, Apparate sowie die Betriebszeiten dargestellt waren. Die Betriebsbeschreibung war Gegenstand der bauaufsichtlichen Prüfung und ist durch Grünstempel als zur Baugenehmigung zugehörig gekennzeichnet worden, sodass die Baugenehmigung vom 8.9.1987 zugleich auch eine positive

Entscheidung des Beklagten über die Vereinbarkeit des Vorhabens mit dem Bauplanungsrecht, insbesondere §34 BauGB, enthält. Mit der Baugenehmigung vom 8. 9. 1987 wäre somit selbst dann eine erstmalige Legalisierung der Grundstücksnutzung als Maschinenfabrik einhergegangen, wenn die Nutzung – entgegen den obigen Ausführungen – bis dahin ungenehmigt erfolgt und vom Beklagten nur geduldet worden wäre (vgl. dazu BVerwG, Urteil v. 16. 5. 1991 – 4 C 4.89 –, BRS 52 Nr. 218 = BauR 1991, 597; BayVGH, Beschluss v. 18. 2. 1998 – 20 ZB 98. 121 –, BRS 60 Nr. 143).

Die zur Genehmigung gestellte Nutzung für einen Großhandelsbetrieb für EDV-Zubehör stellt im Vergleich zu der bisherigen (legalen) Nutzung als Maschinenfabrik eine genehmigungsbedürftige Nutzungsänderung dar. Es findet eine qualitative Änderung der Nutzung statt. Während die Gebäude bislang von einem Metall und Eisen verarbeitenden Betrieb in erster Linie zu Produktionszwecken genutzt worden sind, soll künftig ein Großhandel, der – abgesehen von der Überprüfung gebrauchter Tintenpatronen auf ihre Wiederverwendbarkeit – vornehmlich auf den An- und Verkauf von EDV-Zubehör ausgerichtet ist, betrieben werden. Mit der Änderung der Nutzung von einem Industriebetrieb zu einem Großhandelsbetrieb besteht insbesondere die Möglichkeit einer Zunahme des Kraftfahrzeugverkehrs, mit der Folge, dass die in § 1 Abs. 6 Nr. 1 BauGB (gesunde Wohn- und Arbeitsverhältnisse), Nr. 7 e) (Vermeidung von Emissionen) und Nr. 9 (Belange des Personen- und Güterverkehrs) berührt sein können. Sowohl die Anlieferung der Waren, aber auch die Auslieferung an die Kunden bzw. Abholung durch (verschiedene) Kunden wird mit Kraftfahrzeugen erfolgen. Ob die neue Nutzung tatsächlich einen vermehrten Kraftfahrzeugverkehr hervorruft oder sich unter einem anderen Gesichtspunkt als stärker belastend darstellt, ist nach den dargestellten Grundsätzen unerheblich. Dies zu beurteilen ist vielmehr Gegenstand des Genehmigungsverfahrens. Allein der Umstand, dass die beabsichtigte Nutzung wegen des Wegfalls von Produktionslärm jedenfalls teilweise mit Sicherheit weniger emissionsträchtig sein wird als die frühere Nutzung, ändert nichts an der qualitativen Andersartigkeit der begehrten Nutzung; eine „Verrechnung" von Emissionen findet in einer solchen Situation nicht statt.

Da damit die beabsichtigte neue Nutzung gegenüber der bisherigen Nutzung eine neue, qualitativ abweichende Nutzung darstellt, ist diese nicht mehr von der bestandskräftigen Baugenehmigung oder unter Bestandsschutzgesichtspunkten gedeckt (vgl. dazu BVerwG, Urteile v. 11. 2. 1977 – IV C 8.75 –, BRS 32 Nr. 140 = BauR 1977, 253, v. 23. 1. 1981 – 4 C 83.77 –, BRS 38 Nr. 89 = BauR 1981, 246, v. 3. 2. 1984 – 4 C 25.82 –, BRS 42 Nr. 52 = BauR 1984, 373, v. 18. 5. 1990 – 4 C 49.89 –, BRS 50 Nr. 166 = BauR 1990, 582 und v. 18. 5. 1995 – 4 C 20.94 –, BRS 57 Nr. 67 = BauR 1995, 807).

Infolge dessen ist es für die Entscheidung des vorliegenden Falles ohne Belang, ob der bisherigen Nutzung der Gebäude als Maschinenfabrik überhaupt noch in diesem Sinne Bestandsschutz zugekommen wäre, oder ob dieser mittlerweile durch die seit der Beendigung der bisherigen Nutzung verstrichene Zeit erloschen ist. Einen darüber hinausgehenden „aktiven" Bestandsschutz gibt es jenseits der gesetzlichen Regelungen nicht. Ein solcher erweiterter Bestandsschutz, der nicht nur dazu berechtigt, eine im Einklang mit dem materiellen Baurecht errichtete Anlage in ihrem Bestand zu erhalten und sie wie bisher zu nutzen, sondern auch dazu, Nutzungserweiterungen oder – wie hier – Nutzungsänderungen vorzunehmen, läst sich auch aus Art. 14 Abs. 1 Satz 1 GG nicht herleiten (vgl. grundlegend dazu: BVerwG, Urteil v. 12. 3. 1998 – 4 C 10.97 –, BRS 60 Nr. 98 = BauR 1998, 760).

2. Dem Vorhaben des Klägers stehen öffentlich-rechtliche Vorschriften des Bauplanungsrechts nicht entgegen (§ 71 Abs. 1 und 2 i. V. m. § 75 Abs. 1 Satz 1 BauO NRW). Die begehrte Nutzungsänderung ist nach § 34 BauGB zulässig. Das von der Nutzungsänderung betroffene Gebäude des Klägers liegt innerhalb eines im Zusammenhang bebauten Ortsteils und fügt sich nach Art und Maß der baulichen Nutzung, der Bauweise und der Grundstücksfläche, die überbaut werden soll, in die Eigenart der näheren Umgebung ein; die Erschließung ist gesichert. Im Rahmen der von der Bauvoranfrage aufgeworfenen Fragestellung ist auch nichts dafür ersichtlich, dass die Anforderungen an gesunde Wohn- und Arbeitsverhältnisse nicht gewahrt werden oder das Ortsbild beeinträchtigt sein könnte.

Das Grundstück des Klägers befindet sich innerhalb eines im Zusammenhang bebauten Ortsteils. (Wird ausgeführt.)

Der vom Kläger beantragte Handelsbetrieb fügt sich nach der Art der baulichen Nutzung in die Eigenart der näheren Umgebung ein. Die maßgebliche nähere Umgebung entspricht allerdings keinem der in der BauNVO bezeichneten Baugebiete (vgl. § 34 Abs. 2 BauGB). (Wird ausgeführt.)

Die nähere Umgebung ist vielmehr wegen des Nebeneinanders von Wohnnutzung und einem wesentlich störenden Gewerbebetrieb als Gemengelage einzustufen und die Zulässigkeit des Vorhabens nach § 34 Abs. 1 BauGB zu beurteilen. (Wird ausgeführt.)

Die Eigenart der so eingegrenzten näheren Umgebung wird hinsichtlich der Art der baulichen Nutzung grundsätzlich durch alle baulichen Nutzungen bestimmt, die tatsächlich vorhanden sind, und zwar unabhängig davon, ob sie städtebaulich wünschenswert oder auch nur vertretbar sind. Maßgeblich ist grundsätzlich jede – optisch wahrnehmbare – Bebauung, die für die angemessene Fortentwicklung des vorhandenen Bestandes Maßstab bildend ist (vgl. BVerwG, Beschluss v. 11. 7. 2002 – 4 B 30.02 –, BRS 65 Nr. 80 = BauR 2002, 1827).

Die ehemalige Nutzung als Maschinenfabrik ist als prägend zu berücksichtigen.

Dem steht nicht entgegen, dass der Kläger seinen Betrieb bereits vor Beantragung der Nutzungsänderungsgenehmigung verkauft hat und die Produktion an einen anderen Ort verlagert worden ist. Maßgeblich ist zwar grundsätzlich die im Zeitpunkt der Zulassungsentscheidung tatsächlich vorhandene Bebauung bzw. der tatsächlich ausgeübten Nutzung. Aber auch eine bereits eingestellte Nutzung behält ihre prägende Kraft solange, wie nach der Verkehrsauffassung mit der Aufnahme einer gleichartigen Nutzung gerechnet werden kann (vgl. BVerwG, Urteile v. 15. 1. 1982 – 4 C 58.79 –, BRS 39 Nr. 67 = BauR 1982, 242 und v. 3. 2. 1984 – 4 C 25.82 –, BRS 42 Nr. 52 = BauR 1984, 373, Beschluss v. 23. 5. 1986 – 4 B 83.86 –, Buchholz 406.11 § 34 BBauG Nr. 113, Urteil v. 19. 9. 1986 – 4 C 15.84 –, BRS 46 Nr. 62 = BauR 1987, 52,

Beschluss v. 24. 5. 1988 – 4 CB 12. 88 –, BRS 48 Nr. 137 = BauR 1988, 574 und Urteil v. 27. 8. 1998 – 4 C 5. 98 –, BRS 60 Nr. 83 = BauR 1999, 152, m. w. N.).

Innerhalb welcher zeitlicher Grenzen mit der Verkehrsauffassung eine nachprägende Wirkung anzunehmen ist, hängt maßgeblich von den konkreten Umständen des Einzelfalls ab (BVerwG, Urteil v. 19. 9. 1986, a. a. O.).

Die Anwendung starrer Fristen kommt angesichts der Vielgestaltigkeit der Fälle und der Bedeutung für das grundrechtlich geschützte Eigentum nicht in Betracht. Je nachdem, ob es um die Wiederbebauung nach Abriss eines Gebäudes oder – wie hier – um die Wiederaufnahme einer Nutzung in einem vorhandenen und legal errichteten Gebäudebestand geht, ob sich das Vorhaben im Innen- oder im Außenbereich befindet, ob eine gewerbliche oder nicht gewerbliche Nutzung, kleine oder große Anlage u. v. m. in Rede steht, kann die Verkehrsauffassung zu unterschiedlichen Einschätzungen im Hinblick auf die nachprägende Wirkung eines Gebäudes oder einer Nutzung kommen. Auch die berechtigten Eigentümerbelange (Art. 14 Abs. 1 Satz 1 GG) spielen – in Abwägung mit den Belangen des Wohls der Allgemeinheit (Art. 14 Abs. 2 GG) – bei der Frage, wann mit einer Wiederaufnahme einer gleichartigen Nutzung gerechnet werden kann, eine Rolle. Zu berücksichtigen ist das Interesse des Eigentümers an der Nutzbarkeit einer vorhandenen und verwertbaren Gebäudesubstanz, die legal errichtet und genutzt worden ist (vgl. dazu auch BVerwG, Urteil v. 16. 5. 1991 – 4 C 17. 90 –, BRS 52 Nr. 157).

Der ehemaligen Maschinenfabrik kommt eine nachprägende Wirkung zu. Zwischen der Abmeldung des Gewerbes etwa Ende November 1998 und dem Eingang des hier streitgegenständlichen Antrags auf Genehmigung der Nutzungsänderung im Juni 2001 sind zwar über zweieinhalb Jahre vergangen. Mit zunehmendem Zeitablauf ist im Regelfall in abnehmendem Maß mit einer Wiederaufnahme der Nutzung zu rechnen. Von einer endgültigen Aufgabe der bisherigen bzw. einer gleichartigen Nutzung ist hier gleichwohl nicht auszugehen. Die Verkehrsauffassung wird vielmehr bei den vorliegenden Gegebenheiten einen längeren Zeitraum bis zur Wiederaufnahme der Nutzung hinnehmen.

Bei Aufgabe einer gewerblichen Nutzung wie hier der Maschinenfabrik beruht dies insbesondere auf den besonderen Schwierigkeiten, nach Einstellung des (konkreten) Gewerbebetriebs eine gleichartige Nachfolgenutzung zu erreichen. Bei einem spezialisierten Betrieb des produzierenden Gewerbes – im Betrieb der Klägerin sind Maschinen zur Herstellung von Aluminiumprofilen produziert worden – sind die gewerblichen Bauten regelmäßig auf den konkreten Betrieb und dessen Betriebsabläufe zugeschnitten. Dies schränkt den ohnehin kleinen Kreis potenziell in Betracht kommender Nachfolgenutzer – das Marktsegment gleichartiger Nutzungen ist ungleich kleiner als bei anderen Nutzungsarten – weiter deutlich ein. Die Suche nach einem geeigneten Nachfolgenutzer nimmt ungleich mehr Zeit in Anspruch als beispielsweise bei einem Einfamilienhaus und hat daher regelmäßig längere Übergangszeiträume bis zur Aufnahme einer Anschlussnutzung zur Folge. Hinzu kommen Vermarktungsschwierigkeiten in Phasen mit schwacher konjunktureller Lage sowie auf Grund der für einen Gewerbebetrieb im Hinblick auf die Infrastruktur nachteiligen Lage am Rand der durch das Überwiegen von Wohnnutzung gekennzeichneten Bebauung in der näheren Umgebung. Auch hat sich der Kläger hier bereits deutlich vor Stellung des Bauantrags um eine gewerbliche Nachfolgenutzung bemüht. Nach der Verlagerung des Betriebs, die teilweise noch bis ins Jahr 1999 hineinreichte – letzte Auftragsarbeiten für die Erwerberfirma tätigte der Kläger sogar noch bis in das Jahr 2000 hinein –, gab es ab dem Jahr 2000 mit dem Beklagten (Bauaufsichtsamt und Amt für Wirtschaftsförderung) Gespräche über eine Nachfolgenutzung. Erste Verhandlungen mit der Firma H. und W. fanden im Oktober 2000, also fast ein Jahr vor dem letztlich vereinbarten Mietbeginn im September 2001 statt. Ein erster, allerdings wegen unvollständiger Bauvorlagen zurückgewiesener Bauantrag wurde sogar schon am 27. 4. 2001 gestellt (vgl. zur nachprägenden Wirkung bei fortlaufendem Bemühen um eine Bebauung und jahrelangen erfolglosen Verhandlungen über Art und Weise der Bebauung mit Gemeinde und Bauaufsichtsbehörde: BVerwG, Urteil v. 19. 9. 1986 – 4 C 15.84 –, BRS 46 Nr. 62 = BauR 1987, 52).

Der äußerlich wahrnehmbare Zustand der Betriebsgebäude, der keine Anzeichen von Verfall oder Verwahrlosung aufweist, lässt nach der Verkehrsauffassung ebenfalls darauf schließen, dass diese für eine Fortführung der Nutzung noch offen stehen. Das Ausräumen der Maschinen stellt keinen Vorgang dar, auf Grund dessen die Verkehrsanschauung mit einer endgültigen Aufgabe der maßgeblichen Nutzung rechnet. Es handelt sich vielmehr um einen – beispielsweise bei einem Inhaberwechsel oder einem Wechsel zu einer zwar neuen, aber gleichartigen Nutzung – üblichen Vorgang.

Des Weiteren steht einer Berücksichtigung der ehemaligen Maschinenfabrik nicht entgegen, dass deren formelle Legalität derzeit nicht lückenlos in allen Details nachweisbar ist, da jedenfalls – wie bereits dargestellt – eine die bauplanungsrechtliche Zulässigkeit erfassende Genehmigung aus dem Jahr 1987 vorliegt. Ohnehin wären für die Beurteilung der Umgebungsbebauung neben genehmigten baulichen Anlagen auch solche von Bedeutung, die in einer Weise geduldet werden, die keinen Zweifel daran lässt, dass sich die zuständigen Behörden mit ihrem Vorhandensein abgefunden haben (vgl. BVerwG, Urteile v. 6. 11. 1968 – IV C 31.66 –, BRS 20 Nr. 36 und v. 26. 5. 1978 – 4 C 9.77 –, BRS 33 Nr. 36 = BauR 1978, 276, Beschlüsse v. 7. 5. 1991 – 4 B 52.91 –, BRS 52 Nr. 68 = BauR 1991, 572 sowie v. 23. 11. 1998 – 4 B 29.98 –, BRS 60 Nr. 82 = BauR 1999, 233).

Schließlich stellt die ehemalige Maschinenfabrik keinen sog. Fremdkörper dar, der bei der Beurteilung der Umgebungsbebauung außer Betracht bleiben müsste. Bauliche Anlagen sind als Fremdkörper zu bewerten und bei der Bestimmung der Eigenart der näheren Umgebung auszusondern, wenn sie zwar in ihrem quantitativen Erscheinungsbild die Erheblichkeitsschwelle überschreiten, jedoch nach ihrer Qualität völlig aus dem Rahmen der sonst in der näheren Umgebung anzutreffenden Bebauung herausfallen und deshalb wegen ihrer Andersartigkeit und Einzigartigkeit den Charakter der näheren Umgebung letztlich nicht beeinflussen können. Ob dies der Fall ist, muss unter Würdigung des tatsächlich Vorhandenen ermittelt werden. Ausschlaggebend kann die Größe oder das Störpotenzial der andersartigen Anlage sein.

Steht eine singuläre Anlage in einem auffälligen Kontrast zu den benachbarten baulichen Nutzungen, so erlangt diese Anlage umso eher die Stellung eines „Unikats", je einheitlicher die nähere Umgebung im Übrigen baulich genutzt ist. Trotz ihrer deutlich in Erscheinung tretenden Größe und ihres nicht zu übersehenden Gewichts in der näheren Umgebung bestimmt sie nicht deren Eigenart, weil sie wegen ihrer mehr oder weniger ausgeprägt vom übrigen Charakter der Umgebung abweichenden Struktur gleichsam isoliert dasteht. Andererseits können einzelne bauliche Anlagen mit einem von den übrigen Nutzungen stark abweichenden Charakter nach Ausdehnung, Zahl und anderen Qualitätsmerkmalen ein solches Gewicht erhalten, dass sie trotz ihrer herausstechenden Andersartigkeit in einer abweichend und verhältnismäßig einheitlich strukturierten Umgebung ihrerseits tonangebend wirken. Dafür kommen neben der Größe des Gebäudes auch die Ausstrahlungswirkungen (Emissionen) einer einzelnen baulichen Anlage auf die nähere Umgebung in Betracht. Auf diesem Wege kann sogar ein einzelner Gewerbebetrieb in einem im Übrigen einheitlich strukturierten Wohngebiet die Eigenschaft eines außer Betracht zu lassenden Fremdkörpers verlieren und seinerseits die Eigenart der näheren Umgebung mitbestimmen (vgl. grundlegend BVerwG, Urteil v. 15.2.1990 – 4 C 23.86 –, BRS 50 Nr. 75 = BauR 1990, 328, Beschlüsse v. 16.7.1990 – 4 B 106.90 –, BRS 51 Nr. 76 = BauR 1990, 688 und v. 23.11.1998 – 4 B 29.98 –, BRS 60 Nr. 82 = BauR 1999, 233; OVG NRW, Urteile v. 20.8.2003 – 10 A 1648/00 –, und v. 29.8.2005 – 10 A 2879/03 –).

Nach diesen Grundsätzen kann die aufgegebene Nutzung der Maschinenfabrik bei der Bestimmung der Eigenart der näheren Umgebung nicht außer Betracht bleiben. Die nähere Umgebung des Vorhabens ist zwar durch eine weitgehend homogene Bebauung gekennzeichnet. Neben der hier in Rede stehenden Nutzung durch die Maschinenfabrik und den Praxisräumen für eine Tierarztpraxis im schräg gegenüber gelegenen Gebäude findet sich in der näheren Umgebung ausschließlich Wohnbebauung, mit der Folge, dass sich die Anlage deutlich von der Umgebungsbebauung abhebt. Trotz dieser Einzigartigkeit und Andersartigkeit in der abweichend und verhältnismäßig einheitlich strukturierten Umgebung wirkt die Maschinenfabrik gleichwohl ihrerseits „tonangebend" und prägt den Bereich entlang der Straße M. erheblich mit. Dies beruht zunächst auf Umfang und Ausdehnung des zur ehemaligen Maschinenfabrik zählenden Hauptgebäudes. Mit einer überbauten Grundstücksfläche von etwa 530 m² und einer von der Straße sichtbaren Gebäudefront von über 30 m zählt das ehemalige Fabrikgebäude nicht zu den unbedeutenden Anlagen. Insbesondere aber kommt der bisherigen Nutzung und den von ihr ausgehenden Emissionen eine die Umgebung prägende Ausstrahlungswirkung zu. Gerade im Hinblick auf das zur Überprüfung stehende Merkmal der Art der baulichen Nutzung haben die von einer baulichen Anlage ausgehenden Emissionen erhebliche Bedeutung, weil gerade diese regelmäßig in besonderer Weise spezifisch und charakteristisch für die bauliche Nutzung sind. Die bisherige Nutzung als Maschinenfabrik war mit einem erheblichen, gegenüber der Wohnnutzung dominierenden Störungspotenzial verbunden. Für die Produktion der Maschinen wurden ausweislich der zur Baugenehmigung vom 8.9.1987 gehörenden Betriebsbeschreibung vorwiegend die Rohstoffe Stahl und Aluminium verarbeitet. Unter Einsatz von Drehbänken, Bohrwerken und Fräsmaschinen wurden aus diesen Materialien Formstücke hergestellt. Dass dabei besondere schalldämmende Maßnahmen zum Einsatz gekommen sind, lässt sich anhand der vorliegenden Unterlagen nicht ausmachen. Der auf Grund der Immissionen dominierende Einfluss der Maschinenfabrik wirkt seit der Zeit gegen Ende des Ersten Weltkriegs, als die Fabrik ihren Betrieb aufnahm, auf die Umgebung ein. Die später an diesen Betrieb heranrückende Wohnbebauung war von Anfang an den von der Fabrik ausgehenden Immissionen ausgesetzt und hat dadurch ihre Prägung erhalten. Mittlerweile befindet sich die Maschinenfabrik in einer für „kleinere" gewerbliche Betriebe – es waren zehn Mitarbeiter beschäftigt – typischen Ortsrandlage mit einer baulichen Anbindung an den vorhandenen Ortsteil und zugleich einer Ausrichtung in den Außenbereich, sodass sie – trotz ihrer Andersartigkeit – in Beziehung zur Umgebungsbebauung tritt und infolge dessen nicht „isoliert" dasteht.

In die durch die aufgegebene Nutzung der Maschinenfabrik mitgeprägte nähere Umgebung fügt sich das streitgegenständliche Vorhaben – Nutzungsänderung in Großhandelsbetrieb für EDV-Zubehör – ein. Geht die Bandbreite der vorhandenen Nutzungen – wie hier – von Wohnnutzung bis hin zu Gewerbebetrieben, die in einem Mischgebiet nicht mehr zulässig wären – hier die Maschinenfabrik als produzierender Betrieb der Metallverarbeitung –, hält sich der hier zur Überprüfung stehende Großhandelsbetrieb innerhalb des vorzufindenden Rahmens. Dieser ist mit einer Lagerfläche von $440\,\text{m}^2$ und sieben Mitarbeitern bei typisierender Betrachtung als jedenfalls im Mischgebiet zulässiger, nicht wesentlich störender Gewerbebetrieb einzustufen.

Das Vorhaben ist auch nicht mit Blick auf die geänderte Art der baulichen Nutzung rücksichtslos. Ein Verstoß gegen das im Merkmal des Sich-Einfügens nach §34 Abs.1 BauGB enthaltene Gebot der Rücksichtnahme liegt nicht vor. (Wird ausgeführt.)

Das Vorhaben des Klägers fügt sich auch hinsichtlich der weiteren Tatbestandsmerkmale des §34 Abs.1 Satz1 BauGB in die Eigenart der näheren Umgebung ein. Hinsichtlich des Maßes der baulichen Nutzung, der Bauweise und der Grundstücksfläche, die überbaut werden soll, hält sich der bereits seit Jahrzehnten vorhandene Baukörper innerhalb des insoweit maßgeblichen Rahmens.

Schließlich werden auch die weiteren Voraussetzungen des §34 Abs.1 Sätze 1 und 2, wie die Sicherung der Erschließung, Wahrung der Anforderungen an gesunde Wohn- und Arbeitsverhältnisse, keine Beeinträchtigung des Ortsbildes, durch das Vorhaben des Klägers erfüllt.

3. Zulässigkeit von Bauvorhaben im Außenbereich

Nr. 101

Die Anforderung der „überwiegend eigenen Futtergrundlage" als Voraussetzung einer landwirtschaftlichen Pensionstierhaltung (§ 201 BauGB 1997) bezieht sich nur auf das Verhältnis von selbst erzeugtem zu zugekauftem Futter. Die Frage, in welchem Umfang die erforderlichen Betriebsflächen im Eigentum des Landwirts stehen müssen, ist in diesem Zusammenhang ohne Bedeutung. Diese Frage betrifft die Anforderungen an die Dauerhaftigkeit des landwirtschaftlichen Betriebs.

BauGB §§ 35 Abs. 1 Nr. 1, 201.

Bayerischer VGH, Beschluß vom 4. Januar 2005 – 1 CS 04.1598 – (rechtskräftig).

(VG München)

I. Die Antragstellerin begehrt unter Berufung auf ihre Planungshoheit vorläufigen Rechtsschutz gegen eine der Beigeladenen erteilte Baugenehmigung für eine Pensionspferdehaltung.

Die Beigeladene beabsichtigt, auf ihren im Außenbereich gelegenen Grundstücken die Anlagen für eine Pensionspferdehaltung zu errichten.

2003 erteilte das Landratsamt der Beigeladenen – wiederum – unter Ersetzung des gemeindlichen Einvernehmens die Baugenehmigung. Nach den Bauvorlagen umfaßt das für 25 Pferde geplante Vorhaben den Umbau und die Nutzungsänderung eines landwirtschaftlichen Nebengebäudes und die Errichtung eines Stallgebäudes sowie die Errichtung einer Bewegungshalle und eines Bewegungsplatzes. Die Antragstellerin legte Widerspruch ein, über den noch nicht entschieden wurde.

Aus den Gründen:

II. 1. Nach summarischer Prüfung dient das Vorhaben einem im Außenbereich bevorrechtigt zulässigen landwirtschaftlichen Nebenerwerbsbetrieb in der Form der Pensionstierhaltung (§§ 35 Abs. 1 Nr. 1, 201 BauGB in der bei Erteilung der Baugenehmigung maßgeblichen Fassung der Bekanntmachung vom 27. 8. 1997 [BGBl. I, 2141, 1998 I, 137]). Im Hinblick auf das Beschwerdevorbringen wird ergänzend ausgeführt:

a) Bei der geplanten Pensionspferdehaltung handelt es sich um Landwirtschaft im Sinne des Bauplanungsrechts.

Nach der Begriffsbestimmung in § 201 BauGB 1997 ist Landwirtschaft u. a. die Wiesen- und Weidewirtschaft einschließlich der Pensionstierhaltung „auf überwiegend eigener Futtergrundlage". Diese Anforderung bezieht sich auf das Verhältnis von selbst erzeugtem zu zugekauftem Futter. Ein Betrieb erfüllt die Voraussetzungen des § 201 BauGB 1997, wenn mehr als die Hälfte des benötigten Futters auf den zum Betrieb gehörenden Flächen gewonnen werden kann. Die Frage, ob die hierfür erforderlichen Betriebsflächen im Eigentum des Betriebsinhabers stehen müssen (oder auf andere Weise dinglich gesichert sein müssen) oder ob es sich um Pachtflächen handeln darf, ist in diesem Zusammenhang ohne Bedeutung. Diese Frage betrifft die Anforderungen an die Dauerhaftigkeit eines landwirtschaftlichen Betriebs (dazu unter b] bb]).

Die Voraussetzung der „überwiegend eigenen Futtergrundlage" ist erfüllt.

Nach den von der Antragstellerin nicht substantiiert in Zweifel gezogenen Stellungnahmen des Amts für Landwirtschaft zu dem Vorbescheidsantrag und nach dem gerichtlichen Gutachten benötigt der auf Barockpferde spezialisierte Betrieb Wiesen- und Weideflächen von 0,35 ha pro Pferd, insgesamt also eine Fläche von (0,35 ha x 25 =) 8,75 ha. Den Äußerungen ist zwar nicht eindeutig zu entnehmen, ob es sich bei diesem Maß um die für die Erfüllung der Voraussetzungen des §201 BauGB erforderliche Fläche oder um die Fläche handelt, die benötigt würde, wenn das Futter vollständig im eigenen Betrieb erzeugt würde. In letzterem Fall würde es für die Annahme einer „überwiegend eigenen Futtergrundlage" genügen, wenn eine Fläche von mehr als 4,375 ha vorhanden wäre. Dies muß jedoch nicht abschließend geklärt werden. Eine ausreichende „Flächenbasis" wäre nämlich auch vorhanden, wenn Wiesen- und Weideflächen von 8,75 ha erforderlich wären. Die Beigeladene verfügt nämlich über Eigentums- und Pachtflächen von etwa 15 ha. Die Betriebsflächen sind damit selbst dann groß genug, wenn ein kleiner Teil dieser Flächen nicht als Wiese oder Weide geeignet wäre. Den diesbezüglichen Behauptungen der Antragstellerin muß somit jedenfalls in diesem Verfahren nicht nachgegangen werden.

Aus §201 BauGB in der auf dem Europarechtsanpassungsgesetz Bau (EAG Bau) beruhenden Fassung vom 23.9.2004 (BGBl. I, 2414) ergibt sich nichts anderes. Die Begriffsbestimmung wurde zwar geändert. Nach der neuen Fassung zählt die Wiesen- und Weidewirtschaft einschließlich der Tierhaltung zur Landwirtschaft, soweit das Futter überwiegend auf den zum landwirtschaftlichen Betrieb gehörenden, landwirtschaftlich genutzten Flächen erzeugt werden kann. Diese Änderung läßt aber das Erfordernis der „überwiegend eigenen Futtergrundlage" unberührt. Es wird nur klargestellt, daß es nicht notwendig ist, das selbst erzeugte Futter in dem Betrieb zu verwenden. Es genügt, wenn es im erforderlichen Umfang auf den Betriebsflächen erzeugt werden kann (Gesetzentwurf der Bundesregierung, BT-Drucks. 15/2250, S. 62; Jäde, in: Jäde/Dirnberger/Weiss, BauGB/BauNVO, 4. Aufl., §201 Rdnr. 4).

b) Die geplante Pensionstierhaltung erfüllt nach summarischer Prüfung auch die Voraussetzungen eines Betriebs i. S. von §35 Abs. 1 Nr. 1 BauGB. Die erforderliche Dauerhaftigkeit erscheint gewährleistet, weil die geplante Tierhaltung einen nennenswerten Gewinn erwarten läßt (aa) und weil ein ausreichend großer Teil der Betriebsflächen im Eigentum der Beigeladenen steht (bb).

aa) Mit einer Pensionspferdehaltung in der geplanten Größe (25 Pferde) und mit dem von der Beigeladenen verfolgten Konzept kann ein ausreichender Gewinn erzielt werden. Dies hat das Amt für Landwirtschaft in den Stellungnahmen vom Juli 2000 (zu einem Vorhaben für 29 Pferde) und vom November 2000 (zu einer Planung für 18 Tiere) im einzelnen dargelegt. Im Juli

2003 hat das Amt bestätigt, daß diese Stellungnahmen auch für den Bauantrag gelten. ...

bb) Auch der Anteil der Eigentumsflächen an den als „Futtergrundlage" benötigten Flächen ist groß genug, um einen dauerhaften Betrieb zu gewährleisten.

Eine auf Dauer angelegte planmäßige und eigenverantwortliche Bewirtschaftung ist bei einer Tierhaltung dann zu erwarten, wenn dem Landwirt die zur Erfüllung der Voraussetzungen des § 201 BauGB erforderlichen Flächen dauerhaft zur Verfügung stehen. Dies setzt i. d. R. voraus, daß der Landwirt Eigentümer (oder dinglich Berechtigter) eines erheblichen Teils dieser Flächen ist. Es ist aber nicht ausgeschlossen, daß ein Teil der Betriebsflächen nur gepachtet ist. Für das Verhältnis von Eigentums- und Pachtflächen sieht das Gesetz keine Mindestwerte vor. Vielmehr ist dieses Verhältnis nur Indiz für die Beantwortung der Frage, ob ein landwirtschaftlicher Betrieb vorliegt. Je größer der Anteil der Pachtflächen ist, desto fraglicher ist, ob die Dauerhaftigkeit noch gewährleistet ist (BVerwG v. 3. 2. 1989, ZfBR 1989, 177 = BRS 49 Nr. 92 = BauR 1989, 182). Entgegen der Auffassung der Antragstellerin fordert die höchstrichterliche Rechtsprechung nicht, daß regelmäßig mindestens die Hälfte der erforderlichen Flächen im Eigentum des Landwirts stehen müssen. Maßgeblich ist eine Gesamtbetrachtung unter Berücksichtigung aller Umstände (BVerwG v. 19. 5. 1995, Buchholz 406.11 § 35 BauGB Nr. 310 [„... keine schematischen oder abstrakten Berechnungsformeln ..."]).

Die Gesamtbetrachtung ergibt, daß die Dauerhaftigkeit des Betriebs ausreichend gesichert erscheint. Der gegenteiligen Beurteilung der Antragstellerin ist schon deswegen nicht zu folgen, weil sie die Eigentumsflächen nicht in Relation zu der für die Erfüllung der Voraussetzungen des § 201 BauGB benötigten Fläche, sondern zur gesamten vorhandenen Betriebsfläche setzt.

Nach den Angaben der Beigeladenen ist von den in ihrem Eigentum stehenden Grundstücken sowie dem Grundstück ihres Ehemanns eine Fläche von insgesamt rund 4,5 ha als Wiese und Koppel nutzbar. Die hiergegen erhobenen Einwände der Antragstellerin sind nicht überzeugend. Das 0,8212 ha große Grundstück des Ehemanns der Beigeladenen, das dieser seiner Frau zur Nutzung überlassen hat, kann wie eine Eigentumsfläche gewertet werden. Eine dauerhafte Zuordnung zum Betrieb ist nämlich grundsätzlich auch anzunehmen, wenn eine Fläche im Eigentum eines Familienangehörigen des Betriebsinhabers steht (Söfker, in: Ernst/Zinkahn/Bielenberg/Krautzberger, BauGB, § 35 Rdnr. 30; Dürr, in: Brügelmann, BauGB, § 35 Rdnr. 21 jeweils m. w. N.). Den auf die Stellungnahme des Landwirtschaftsamts vom Juni 2004 gestützten Einwänden der Antragstellerin, daß nach den Angaben der Beigeladenen im so genannten Mehrfachantrag für das Jahr 2004 von den Eigentumsflächen nur 3,0312 ha als „Futterfläche (Mähweide)" nutzbar seien, und daß auch diese Fläche nicht vollständig für diesen Zweck geeignet sei, ist die Beigeladene überzeugend entgegen getreten. Im Schriftsatz vom Juli 2004 wurde dargelegt, daß die im Mehrfachantrag nicht berücksichtigten Flächen nur während der Bauzeit nicht genutzt werden können. Somit ist jedenfalls nach summarischer Prüfung von 4,5 ha Eigentumsflächen auszugehen.

Diese Fläche deckt die für die Erfüllung der Voraussetzungen des §201 BauGB benötigte Fläche vollständig ab, wenn sich das Flächenmaß von 0,35 ha auf die für ein Pferd erforderliche Gesamtfläche bezieht. Denn in diesem Fall sind, wie bereits dargelegt wurde, 4,375 ha erforderlich, um das Futter überwiegend auf den Betriebsflächen gewinnen zu können. Wenn das Maß von 0,35 ha nur die zur Erfüllung der Voraussetzungen des §201 BauGB benötigte Fläche bezeichnet, wird mit den Eigentumsflächen rund die Hälfte dieser Fläche abgedeckt. Schon diese Gegenüberstellung zeigt, daß die Dauerhaftigkeit des Betriebs gesichert ist und daß die Beurteilung auch nicht in Frage gestellt wäre, wenn sich bei abschließender Prüfung zeigen sollte, daß ein kleiner Teil der Eigentumsflächen nicht als Weide oder Wiese geeignet ist.

Hinzu kommt die günstige Lage der Eigentumsflächen in unmittelbarer Nachbarschaft zu den geplanten Gebäuden. Auch wegen dieses engen räumlichen Zusammenhangs bilden diese Flächen ein sicheres Fundament für den geplanten Betrieb, das durch nahe gelegene Pachtflächen von rund 3,6 ha und die weiteren Pachtflächen von rund 7 ha ergänzt wird.

Nr. 102

Nicht jede Unterschreitung des in der Richtlinie 3471 gegenüber der Wohnnutzung im Dorfbereich oder im Außenbereich vorgeschlagenen Schutzabstandes von 125 m ist dem Bereich der erheblichen Belästigung zuzuordnen.
(Nichtamtlicher Leitsatz.)

BauGB §35 Abs. 1, Abs. 3 Satz 1 Nr. 3.

Bundesverwaltungsgericht, Beschluß vom 2. August 2005 – 4 B 41.05 –.

(Bayerischer VGH)

Aus den Gründen:

1. Die Beschwerde mißt der Frage grundsätzliche Bedeutung zu, ob einem privilegierten Vorhaben i.S. des §35 Abs. 1 BauGB – hier dem vom Kläger geplanten Mastschweinestall – regelmäßig öffentliche Belange gemäß §35 Abs. 3 Satz 1 Nr. 3 BauGB entgegenstehen, wenn das Vorhaben mit Blick auf die von ihm ausgehenden Geruchsemissionen zu einer benachbarten Sport- bzw. Freizeitanlage den Abstand unterschreitet, den die Richtlinie VDI 3471 für die Nutzung „Wohnen im Dorfgebiet" vorsieht. Zu dem damit angesprochenen Fragenkreis des §35 Abs. 3 Satz 1 Nr. 3 BauGB wären indes in dem erstrebten Revisionsverfahren keine über den Einzelfall hinausweisenden, die vorhandene höchstrichterliche Rechtsprechung weiter entwickelnden Aussagen zu erwarten.

Nach §35 Abs. 3 Satz 1 Nr. 3 BauGB stehen einem nach §35 Abs. 1 BauGB bevorzugt zulässigen Außenbereichsvorhaben öffentliche Belange entgegen, wenn es u.a. „schädliche Umwelteinwirkungen hervorrufen kann". Die Vorschrift verweist auf die Begriffsbestimmung der schädlichen Umwelteinwirkungen in §3 Abs. 1 BImSchG, im Fall von Geruchsimmissionen also auf den Begriff der „erheblichen Belästigungen" für die Allgemeinheit oder die Nachbarschaft. Ist die Schwelle der Erheblichkeit – wie bei Geruchsimmissionen – nicht durch Gesetz, Rechtsverordnung oder normkonkretisierende Verwaltungsvorschrift bestimmt, kommt es darauf an, ob die Immissionen das nach der gegebenen Situation zumutbare Maß überschreiten. Die Zumutbarkeitsgrenze ist auf Grund einer umfassenden Würdigung aller Umstände des Einzelfalls und insbesondere der speziellen Schutzwürdigkeit des jeweiligen Baugebiets zu bestimmen. All dies ist gefestigte Rechtsprechung des Bundesverwaltungsgerichts (vgl. zuletzt etwa Beschluß v. 17.7.2003 – 4 B 55.03 –, BRS 66 Nr. 167 = BauR 2004, 657). Ebenso ist geklärt, dass für die Beurteilung der Zumutbarkeit der von Schweineställen verursachten Gerüche als „brauchbare Orientierungshilfe" auf die Abstandsregelungen der Richtlinie VDI 3471 zurückgegriffen werden darf (BVerwG, Urteil v. 28.2.2002 – 4 CN 5.01 –, BRS 65 Nr. 67 = BauR 2002, 1348).

Die Beschwerde verkennt nicht, dass der Verwaltungsgerichtshof von diesen Grundsätzen ausgegangen ist und auch gesehen hat, dass die genannte Richtlinie keine Regelung zum Schutz von Sport- und Freizeitanlagen trifft. Sie kritisiert freilich die Annahme des Gerichts, Freizeitanlagen wie der in Rede stehende Trainingsplatz genössen keinen geringeren bzw. „zumindest annähernd denselben" Schutzanspruch wie eine Wohnnutzung im Dorfgebiet oder im Außenbereich. Diese Ausführungen des Verwaltungsgerichtshofs sind in erster Linie als Antwort auf die von ihm mißbilligte Ansicht des Verwaltungsgerichts zu verstehen, eine Sport- und Freizeitnutzung besitze eine „geringere Schutzwürdigkeit". Hingegen hat sich das Berufungsgericht bei der Beurteilung des zugrunde liegenden Sachverhalts nicht von einem allgemein geltenden, zwingend oder regelmäßig zur Unzulässigkeit des Vorhabens führenden Maßstab, sondern letztlich – in Übereinstimmung mit der Rechtsprechung des Bundesverwaltungsgerichts – von den Umständen des Einzelfalles leiten lassen. Insbesondere hat es nicht etwa jede Unterschreitung des in der Richtlinie gegenüber der Wohnnutzung im Dorfgebiet oder im Außenbereich vorgeschlagenen Schutzabstandes von 125 m bereits dem Bereich der erheblichen Belästigung zugeordnet. Vielmehr hat es darauf abgehoben, dass dieser Abstand „bei weitem" nicht eingehalten werde. Er beträgt nämlich nach den – mit Verfahrensrügen nicht angegriffenen – Feststellungen im Berufungsurteil ca. 93 m, gerechnet von der als Emissionsschwerpunkt angenommenen Mitte des Stalls bis zur Grenze des Trainingsplatzes. Ferner verweist der Verwaltungsgerichtshof auf den Umstand, dass der ostwärts gelegene Trainingsplatz wegen der vorherrschenden Westwinde in besonderer Weise den aus dem Stall herrührenden Gerüchen ausgesetzt wäre. Anhaltspunkte dafür, dass sich das Vorhaben des Klägers bei der gegebenen kritischen Nähe auf Grund einer Sonderbeurteilung als zulässig erweisen könnte, seien weder ersichtlich noch von den Beteiligten geltend gemacht.

Für das Berufungsurteil tragend ist somit die tatrichterliche Würdigung des konkreten Sachverhalts. Ob diese Würdigung, wie die Beschwerde meint, zu beanstanden ist, und ob beispielsweise eine Sonderbeurteilung angebracht gewesen wäre, ist für die Frage einer Zulassung der Revision nach § 132 Abs. 2 Nr. 1 VwGO nicht von Bedeutung.

2. Die Voraussetzungen für eine Zulassung der Revision nach § 132 Abs. 2 Nr. 3 VwGO liegen gleichfalls nicht vor.

Der Verwaltungsgerichtshof hat die Erklärung des Klägers in der mündlichen Verhandlung des Verwaltungsgerichts, mit seiner Bauvoranfrage gehe es ihm nicht mehr wie ursprünglich um die Situierung der einzelnen betrieblichen Anlagen, sondern nur um die Klärung der grundsätzlichen Eignung des Standorts, als – unzulässige – Klageänderung gemäß § 91 VwGO angesehen. Die Beschwerde rügt als Verstoß gegen § 88 VwGO, dass im Berufungsurteil gleichwohl noch über die Bauvoranfrage in ihrer ursprünglichen Fassung vom Juni 2001 befunden worden sei. In der Tat hätte es vom prozessualen Standpunkt des Verwaltungsgerichtshofs aus keiner Entscheidung mehr über die zunächst den Gegenstand der beim Verwaltungsgericht erhobenen Verpflichtungsklage bildende Bauvoranfrage in der Gestalt vom Juni 2001 bedurft. Denn durch die Berufung der Beklagten war lediglich die geänderte Klage Streitgegenstand des zweitinstanzlichen Verfahrens geworden. Der Kläger ist aber durch diese „überschießenden" Ausführungen nicht zusätzlich beschwert, das Berufungsurteil kann also nicht auf einer Verletzung des § 88 VwGO beruhen. Denn auch bei einer Beschränkung auf die geänderte Klage hätte die Berufung der Beklagten nach der insoweit zugrunde zu legenden Rechtsauffassung des Verwaltungsgerichtshofs Erfolg gehabt.

Die weitere Rüge des Klägers, der Verwaltungsgerichtshof habe verfahrensfehlerhaft eine Klageänderung angenommen, ist unbegründet. Die Bauvoranfrage vom Juni 2001 war auf die bebauungsrechtliche Zulässigkeit des vom Kläger geplanten landwirtschaftlichen Vorhabens nach § 35 BauGB gerichtet. Die wichtigste und kritischste Frage war ersichtlich die Zulässigkeit des mit Geruchsemissionen verbundenen Mastschweinestalls. Ob der Errichtung des Stalles der öffentliche Belang des § 35 Abs. 3 Satz 1 Nr. 3 BauGB entgegensteht, beurteilt sich bei dem hier gegebenen Sachverhalt maßgebend nach dessen konkretem Standort auf dem Baugrundstück, der in der Bauvoranfrage vom Juni 2001 ebenso wie der Standort der anderen baulichen Anlagen auch genau bezeichnet war. Ändert – wie geschehen – der Bauherr die Bauvoranfrage in der Weise, dass der Standort des Stalles – wie auch der anderen Anlagen – auf dem Baugrundstück offen bleibt, so ist auch die maßgebende tatsächliche Beurteilungsgrundlage in wesentlichen Punkten geändert. Zu Recht hat der Verwaltungsgerichtshof darin eine Änderung des Streitgegenstandes und damit eine Klageänderung gesehen. Aus revisionsrechtlicher Sicht nicht zu beanstanden ist im übrigen die Auffassung des Verwaltungsgerichtshofs, die Änderung der Klage sei wegen fehlenden Rechtsschutzbedürfnisses nicht sachdienlich (§ 91 Abs. 1 VwGO). Daß der Verwaltungsgerichtshof bei dieser in seinem Ermessen liegenden und deshalb vom Revisionsgericht nur eingeschränkt überprüfbaren Beurteilung der Sachdienlichkeit fehlerhaft verfahren wäre, ist nicht zu erkennen.

Nr. 103

1. **Die als Entwurf herausgegebene VDI-Richtlinie 3474 aus dem Jahr 2001 stellt nach wie vor speziell für die Bewertung der Zumutbarkeit der von einer Rinderhaltung herrührenden Geruchsimmissionen eine brauchbare Orientierungshilfe dar.**

2. **Einzelfall einer wegen einer Gemengelage zwischen landwirtschaftlicher Nutzung und angrenzender Wohnnutzung nach dem Gebot der gegenseitigen Rücksichtnahme vorzunehmenden Zwischenwertbildung in Bezug auf die von der Rinderhaltung zu wahrenden Norm- bzw. Mindestabstände.**

BImSchG §3; BauGB §35 Abs. 1 Nr. 1, Abs. 3 Nr. 3.

Hessischer VGH, Urteil vom 8. Dezember 2005 – 4 UE 1207/05 – (rechtskräftig).

(VG Kassel)

Der Kläger ist Vollerwerbslandwirt und erstrebt die Erteilung eines Bauvorbescheides hinsichtlich der Errichtung eines Boxenlaufstalles für 66 Milchkühe plus Nachzucht.

Der Kläger bewirtschaftet einen landwirtschaftlichen Vollerwerbsbetrieb in der Größe von ca. 60 ha landwirtschaftlicher Nutzfläche. Davon befinden sich ca. 28 ha im Eigentum des Klägers, die restlichen Betriebsflächen sind angepachtet. Der landwirtschaftliche Betrieb ist auf die Milcherzeugung sowie auf die Erzeugung von Schweinefleisch angelegt; der Kläger hält dazu durchschnittlich etwa 50–60 Stück Rindvieh, davon 30 Milchkühe mit Nachzucht, sowie etwa 100 Mastschweine. Die Hofreite des Klägers befindet sich auf dem nahezu 3 ha großen Grundstück Flurstück 23/10. Als bauliche Anlagen befinden sich auf diesem Grundstück die Wohn- und Betriebsgebäude sowie eine Fahrsilo- und eine Festmistanlage. Bei dem restlichen weitläufigen Grundstücksteil handelt es sich um Grünland, das als hofnahe Rinderweide genutzt wird. Der landwirtschaftliche Betrieb wurde im Jahr 1956 an seine jetzige Stelle ausgesiedelt.

Das Betriebsgrundstück Flurstück 23/10 bildet ein Dreieck, dessen südwestliche Spitze durch den Einmündungsbereich der R.straße und der Kreisstraße 5 (K 5) gebildet wird. In dieser Spitze befinden sich auch die Wohn- und Betriebsgebäude des landwirtschaftlichen Betriebes. Unmittelbar an diesen Gebäudekomplex schließen sich an der Westseite des Grundstückes entlang der R.straße Wohnhäuser an, wobei dieser Bereich in dem Bebauungsplan Nr. 2 der Gemeinde von 1968 als reines Wohngebiet festgesetzt ist. Der Bereich, der sich an die das Grundstück nach Süden hin abgrenzende K 5 anschließt, ist ebenfalls beplant. Der insoweit maßgebliche Bebauungsplan von 1981 weist diesen Bereich als Mischgebiet aus. Die tatsächliche Bebauung an der K 5 gegenüber dem Betriebsgrundstück des Klägers stellt sich als Wohnbebauung dar. In nordöstlicher Richtung grenzen an das genannte Grundstück Grünlandflächen an; diese haben eine Größe von ca. 2 ha. Hieran schließt sich in östlicher Richtung der Geltungsbereich des Bebauungsplans Nr. 46 von 2003 an, der in diesem Bereich ein allgemeines Wohngebiet festsetzt. Letztgenannter Bebauungsplan war Gegenstand eines vom Kläger beim Hessischen VGH anhängig gemachten Normenkontrollverfahrens nebst zugehörigem Eilverfahren. Beide Anträge hatten keinen Erfolg.

Bereits mit 1997 bei dem Beklagten eingegangenem Antrag beantragte der Kläger die Erteilung eines Bauvorbescheides für das Bauvorhaben „Neubau eines Boxenlaufstalles für 66 Milchkühe plus Nachzucht, Güllelagerung in 1000 Kubikmeter Rundbehälter ohne Decke" auf dem Grundstück Flurstück 23/10.

Noch während des erstinstanzlichen Verfahrens teilte der Kläger mit, dass er 2002 beim Bauamt des Landkreises einen Lageplan eingereicht habe, der einen im Standort um ca. 45 m nach Südosten verschobenen Boxenlaufstall zum Gegenstand habe. 2003 stellte der Kläger gegenüber dem Beklagten klar, dass es sich bei der Standortverschiebung um eine Tektur der ursprünglichen Bauvoranfrage handele.

Das Verwaltungsgericht wies die Klage ab.

Aus den Gründen:

Zutreffend hat das Verwaltungsgericht zunächst das auch im Berufungsverfahren mit dem Hauptantrag verfolgte Begehren des Klägers auf Verpflichtung des Beklagten zur Erteilung eines Bauvorbescheides betreffend den Neubau eines Boxenlaufstalles auf seinem Grundstück an dem Standort, den der Kläger in dem Genehmigungsverfahren aus dem Jahr 1997 zeichnerisch dargestellt hat, abgewiesen. Dagegen ist die Abweisung der Klage, so weit sie sich auf das mit dem Hilfsantrag verfolgte Begehren auf Erteilung eines Bauvorbescheides für das genannte Bauvorhaben an dem im Jahr 2003 in das Verfahren eingeführten Alternativstandort bezieht, zu Unrecht erfolgt. Denn die erhobene Verpflichtungsklage ist auch insoweit – entgegen der Auffassung des Verwaltungsgerichts – als zulässig anzusehen und sie ist auch begründet, da der Kläger einen Anspruch auf Erteilung der begehrten Bebauungsgenehmigung für das Vorhaben an diesem Standort hat.

Für den geplanten Boxenlaufstall ist hinsichtlich der mit der Bauvoranfrage vom Kläger allein zur Überprüfung gestellten bauplanungsrechtlichen Zulässigkeit auf § 35 BauGB abzustellen, denn das Vorhaben soll im Außenbereich verwirklicht werden. ...

Wie aus den im Verhandlungstermin vom Beklagten vorgelegten Luftbildaufnahmen deutlich zu ersehen ist, findet zurzeit die zuvor beschriebene „Außenbereichsinsel" noch ihre Anbindung an den das Bebauungsplangebiet Nr. 46 großräumig umschließenden Außenbereich, als dessen in die bebaute Ortslage hineinragende Spitze sie sich darstellt, sodass korrekterweise von einer „Außenbereichshalbinsel" gesprochen werden sollte, auf der das Bauvorhaben des Klägers verwirklicht werden soll.

Bei dem Liegeboxenlaufstall für 66 Milchkühe und Nachzucht handelt es sich auch um ein einem landwirtschaftlichen Betrieb dienendes und damit um ein privilegiertes Vorhaben i. S. des § 35 Abs. 1 Nr. 1 BauGB. Diesem Vorhaben des Klägers stehen öffentliche Belange entgegen (§ 35 Abs. 1 BauGB), sofern es an dem Standort verwirklicht werden soll, den der Kläger in dem Genehmigungsverfahren aus dem Jahr 1997 zeichnerisch dargestellt hat. Nicht jede Beeinträchtigung öffentlicher Belange führt zur Unzulässigkeit von privilegierten Vorhaben. Bei Vorhaben nach § 35 Abs. 1 BauGB ist eine Abwägung zwischen dem Zweck des Vorhabens und dem öffentlichen Belang erforderlich, wobei das Gewicht, das der Gesetzgeber der Privilegierung von Vorhaben im Außenbereich beimisst, besonders zu berücksichtigen ist (s. etwa: Söfker, in: Ernst/Zinkahn/Bielenberg/Krautzberger, BauGB-Komm., Stand April 2005, § 35 Rdnr. 60). Von den in § 35 Abs. 3 BauGB (nicht abschließend) aufgezählten öffentlichen Belangen, die der Zulässigkeit von Vorhaben auch des Abs. 1 der genannten Vorschrift entgegenstehen können, kommt hier das Hervorrufen schädlicher Umwelteinwirkungen (Nr. 3) in Betracht. Dies ist der

Fall, wenn durch das Vorhaben Immissionen hervorgerufen werden, die nach Art, Ausmaß oder Dauer geeignet sind, Gefahren, erhebliche Nachteile oder erhebliche Belästigungen für die Allgemeinheit oder die Nachbarschaft herbeizuführen (§ 3 BImSchG). Die Erheblichkeit von Nachteilen und Belästigungen setzt voraus, dass das übliche und zumutbare Maß überschritten wird, wobei es nicht auf die enteignungsrechtliche Zumutbarkeit im Sinne eines schweren und unerträglichen Eingriffs, sondern auf die nach der gegebenen Situation bestehende Unzumutbarkeit ankommt, die die bebauungsrechtliche Prägung der Situation und die tatsächliche und die planerische Vorbelastung berücksichtigt. Anhaltspunkte für die Unzumutbarkeit der Beeinträchtigungen können die technischen Regelwerke des Immissionsschutzrechts sein, die jedoch nicht schematisch, sondern nur unter Berücksichtigung der konkreten bauplanungsrechtlichen Verhältnisse Anwendung finden können (s. zum Ganzen: Söfker, a. a. O., Rdnr. 88 m. w. N. aus der Rechtsprechung des Bundesverwaltungsgerichts).

Die konkrete Situation des landwirtschaftlichen Betriebes des Klägers, dessen Erweiterung das streitgegenständliche Bauvorhaben dienen soll, ist geprägt durch die räumliche Nähe miteinander in Konflikt tretender Nutzungen, nämlich der immissionsträchtigen landwirtschaftlichen Nutzung des klägerischen Betriebes einerseits und der teilweise unmittelbar an das Betriebsgrundstück angrenzenden Wohnnutzung andererseits. In der Rechtsprechung (vgl. statt vieler: BVerwG, Beschluss v. 28. 9. 1993 – 4 B 151.93 –, BRS 55 Nr. 165 m. w. N.) ist geklärt, dass städtebauliche Konflikte in sog. Gemengelagen, also mit aufeinander prallenden, unterschiedlichen Nutzungen, u. a. nach dem Grundsatz der gegenseitigen Rücksichtnahme auszugleichen sind. In derartigen Gemengelagen kann vor allem eine tatsächliche Vorbelastung die Pflicht zur gegenseitigen Rücksichtnahme verändern und zu einer erhöhten Hinnahme von sonst nicht (mehr) zumutbaren Beeinträchtigungen führen. Das Bundesverwaltungsgericht hat für Lärmimmissionen als eine „Art Mittelwert" bezeichnet, wenn in Gemengelagen ein Wert zuzumuten ist, der zwischen den Richtwerten liegt, welche für die benachbarten Gebiete unterschiedlicher Nutzung und unterschiedlicher Schutzwürdigkeit – bei jeweils isolierter Betrachtung – gegeben sind. Damit sollte zum Ausdruck gebracht werden, dass als konkretes Ergebnis der gegenseitigen Rücksichtnahme sich weder der eine noch der andere Richtwert durchzusetzen vermag. Zugleich sollte der tatrichterlichen Beurteilung ein Hinweis gegeben werden, in welcher Weise die materielle Rechtslage im Falle gegenseitiger Rücksichtnahme konkretisierend umzusetzen sei. In der zuvor zitierten Entscheidung hat das Bundesverwaltungsgericht darauf hingewiesen, dass dieser „Ansatz" zunächst dahin missverstanden worden sei, dass der Mittelwert der Sache nach das arithmetische Mittel zweier Richtwerte sei. Das sei indes nicht der Fall, denn einer derartigen Annahme stünden bei Lärmimmissionen in aller Regel bereits physikalisch-mathematische Gesetzmäßigkeiten der Lärmausbreitung entgegen, welche eine derartige mathematische Interpolation verbieten würden. Gemeint sei vielmehr ein zu bildender „Zwischenwert", ohne dass die Rechtsprechung näher angegeben habe und auch nicht anzugeben vermöge, ob dieser „Zwischenwert" nach mathematischen Gesetzmäßigkeiten zu bilden sei. Es seien unverändert die Ortsüblichkeit und die Umstände des Einzelfalles zu berücksichtigen, um die Zumutbarkeit zu bestimmen. Davon befreie die Vorstellung, es sei ein „Mittelwert" zu bilden, mithin nicht. Auch der Gesichtspunkt der Priorität könne bedeutsam sein (vgl. auch BVerwG, Urteil v. 7. 2. 1986 – 4 C 49.82 –, BRS 46 Nr. 50 = BauR 1986, 414). Wenn in diesem Sinne ein „Mittelwert" der Sache nach lediglich einen zwischen zwei Richtwerten liegenden „Zwischenwert" darstelle, dann gelte dies auch für andere Beeinträchtigungen, mithin auch für Geruchsimmissionen (BVerwG, Beschluss v. 28. 9. 1993, a. a. O.).

In diesem Zusammenhang kann allerdings – entgegen der vom Beklagtenvertreter in der mündlichen Verhandlung vorgetragenen Auffassung – nicht der Gesichtspunkt der Vorsorgepflicht eines Anlagebetreibers nach § 5 Abs. 1 Nr. 2 BImSchG Eingang in die zuvor dargestellte, vom erkennenden Gericht vorzunehmende Zwischenwertbildung Eingang finden. Zum einen handelt es sich bei dem geplanten Boxenlaufstall nicht um ein der Genehmigungspflicht des BImSchG unterfallendes Vorhaben. Zum anderen scheidet die Berücksichtigung der Vorsorgepflicht gegenüber der benachbarten Wohnbebauung im Rahmen der gegenseitigen Rücksichtnahme schon deshalb aus, weil nach herrschender Auffassung der Vorsorgepflicht im Gegensatz zur Schutz- und Gefahrenabwehrpflicht nach § 5 Abs. 1 Nr. 1 BImSchG kein drittschützender Charakter zukommt; Nachbarn können sich also auf die Einhaltung von Vorsorgewerten schon grundsätzlich nicht berufen (vgl. dazu etwa Jarass, Komm. zum BImSchG, 6. Aufl., § 5 Rdnr. 121 m. w. N.).

Unter Beachtung der oben dargestellten Grundsätze ist in die vorzunehmende Abwägung mithin zunächst einzustellen, dass der Standort des vom Kläger geplanten Boxenlaufstalles bauplanungsrechtlich zwar einerseits im Außenbereich angesiedelt ist, dass andererseits wegen des Zuschnittes dieser oben näher umschriebenen „Außenbereichshalbinsel" die auf der südwestlichen Spitze des Betriebsgrundstücks befindlichen landwirtschaftlichen Betriebsgebäude einschließlich des Wohnhauses des Klägers an die Wohnbebauung entlang der R.straße angrenzen und von der Wohnbebauung der an der südlichen Betriebsgrundstücksgrenze verlaufenden K 5 auch nur durch diese Straße getrennt sind. Das streitgegenständliche Bauvorhaben ist allerdings vom Kläger auf einer sich an die Betriebsgebäude in östlicher Richtung anschließenden, zurzeit als weitläufige Rinderweide genutzten, unbebauten Außenbereichsfläche geplant. Dabei beträgt der Abstand des ursprünglich geplanten Boxenlaufstalles gemessen vom Emissionsschwerpunkt des Stalles zu den nächstgelegenen Wohnhäusern im Norden und Nordwesten (R.straße) nach den Feststellungen des Sachverständigen 75 m bis 84 m und zu den Wohnhäusern im Süden (zwischen der K 5 und der Straße „Am I.") 91 m bis 108 m. Aus dieser räumlichen Nähe zwischen dem emittierenden Bauvorhaben und der Wohnbebauung sind wechselseitige Rücksichtnahmepflichten abzuleiten, die hier dazu führen, dass den jeweiligen Nutzungsberechtigten ein Ausgleich im Sinne eines „Mittelwertes" oder besser eines „Zwischenwertes" angesonnen werden kann. Maßgeblich für die Bildung eines solchen Zwischenwertes ist die Frage, womit nach der konkreten örtlichen Situation in den Grenzbereichen der hinsichtlich der Art der baulichen Nutzung unterschiedlichen Gebiete für die Betroffenen zu rechnen war. Baurechtlich genehmigte Wohnhäuser, die in unmittelbarer Nähe eines bereits bestehenden landwirtschaftlichen Betriebes errichtet werden, sind regelmäßig darin vorbelastet, dass die dort Wohnenden bis zu einem gewissen Grad mit den für die Landwirtschaft typischen Immissionen rechnen müssen und sich auch nicht darauf verlassen können, dass es auf Dauer nicht zu stärkeren Belästigungen kommt, als sie bereits bei Entstehen der Wohnhäuser üblich waren (BVerwG, Urteil v. 25. 2. 1977 – IV C 22.75 –, BVerwGE 52, 122 = BRS 32 Nr. 155 = BauR 1977, 244). Dabei ist hier zu berücksichtigen, dass der landwirtschaftliche Betrieb des Klägers bereits im Jahr 1956 an seine jetzige Stelle ausgesiedelt worden ist. Die wegen der vorherrschenden Windrichtung (Süd, Süd-Südwest) und ihrer Nähe zum geplanten Vorhaben von dessen Emissionen in erster Linie betroffenen Wohnhäuser nordwestlich des geplanten Boxenlaufstalles sind erst nachträglich errichtet worden und daher auf Grund der genannten Situation als tatsächlich vorbelastet zu betrachten; sie sind aber auch (bauplanungs-)rechtlich vorbelastet, da sie auf Grund ihrer Nähe zum Außenbereich grundsätzlich mit der Errichtung dort zulässiger, privilegierter Vorhaben rechnen mussten. Gleiches gilt für die Wohnbebauung südlich des geplanten Vorhabens entlang der K 5. Es entspricht gesicherter Rechtsprechung, dass die Eigentümer von am Rande des an sich für die Aufnahme landwirtschaftlicher Nutzungen vorgesehenen Außenbereichs gelegenen Wohngrundstücken, was die Belastung durch Lärm und Gerüche auf Grund landwirtschaftlicher Betätigung anbelangt, gerade nicht die Herstellung oder Erhaltung von Verhältnissen einfordern können, wie sie in reinen oder allgemeinen, ansonsten unvorbelasteten Wohngebieten anzutreffen sind (vgl. hierzu etwa BVerwG, Urteil v. 25. 2. 1977, a. a. O.; Beschluss v. 18. 12. 1990, BRS 50 Nr. 25).

Nach Auffassung des erkennenden Senats kann für die Zumutbarkeitsbewertung der hier in Rede stehenden Immissionen nach wie vor als brauchbare Orientierungshilfe auf die VDI-Richtlinie 3474 abgestellt werden. Davon ist der Senat bereits 2003 in dem Normenkontrollverfahren des Klägers gegen die beigeladene Gemeinde ausgegangen und hat zur Begründung ausgeführt, dass es sich bei der genannten Richtlinie nicht um etwas völlig Neues, sondern um eine Weiterentwicklung der bislang für die Tierhaltung maßgebenden VDI-Richtlinien handele, in die der neueste Erkenntnisstand eingebracht worden sei und dass keine Gründe erkennbar geworden seien, die ihrer Heranziehung entgegenstehen könnten. Deshalb stelle die VDI-Richtlinie 3474 ebenso wie ihre Vorgängerrichtlinie 3471 eine brauchbare Orientierungshilfe zur Berechnung eines Mindestabstandes zwischen Tierhaltung und Wohnbebauung dar, auch wenn diese Richtlinie sich z. Z. noch in der Entwurfsphase befinde. Auch zum Zeitpunkt der Entscheidung im vorliegenden Verfahren gibt es keine gegen die Anwendung dieser Richtlinie sprechenden neueren Erkenntnisse. In dem beim VGH Kassel anhängigen, auf die Erteilung einer Baugenehmigung für den Boxenlaufstall gerichteten Klageverfahren hat der Bedienstete des zum Verfahren beigeladenen Landesbetriebs Landwirtschaft Hessen, Herr G., der dem Senat aus einer Reihe gerichtlicher Verfahren als erfahrener Gutachter in Immissionsschutzfragen speziell aus dem Bereich der Landwirtschaft bekannt ist, mitgeteilt, dass die Daten des Entwurfs der VDI-Richtlinie 3474 auf Expertenwissen aus dem gesamten Bundesgebiet basierten. Bei den geforderten Mindestabständen beinhalteten diese bereits Sicherheitszuschläge. Bei Einhaltung der Abstände nach den zurzeit gültigen bzw. als Entwürfe erschienenen VDI-Richtlinien sei es seines Wissens nicht zu unzumutbaren Beeinträchtigungen in der Praxis gekommen. Das Zurückziehen des Entwurfs der VDI-Richtlinie 3474 habe seines Erachtens politische Gründe gehabt und sei nicht unter fachlichen Aspekten zu sehen. Zwar hat der vom Kläger beauftragte Gutachter Dr. X. in seinem Gutachten von 2004 die Anwendbarkeit der genannten Richtlinie in Zweifel gezogen, diese Auffassung scheint allerdings eine vereinzelt gebliebene Fachmeinung darzustellen.

Auf der Grundlage der vom Senat daher auch zum jetzigen Zeitpunkt noch als für die Bewertung der Zumutbarkeit von aus der landwirtschaftlichen Rinder- bzw. Milchkuhhaltung herrührenden Geruchsimmissionen brauchbare Orientierungshilfe betrachteten Richtlinie 3474 sind von dem Sachverständigen Dipl. Ing. F. im Auftrag der beigeladenen Gemeinde mehrere Gutachten erstellt worden. ...

Dem aufgezeigten Normabstand von 106 m liegt als Ausgangspunkt zugrunde, dass der Umgebungsbebauung die Schutzwürdigkeit eines allgemeinen oder reinen Wohngebietes zukommt. Auf Grund der oben dargestellten gegenseitigen Rücksichtnahmepflichten des Klägers und seiner Nachbarn kann die Einhaltung dieses Abstandes von der den landwirtschaftlichen Betrieb umgebenden Wohnbebauung nicht eingefordert werden. Vielmehr geht der Senat unter Berücksichtigung aller genannten, für diese Bewertung maßgebenden Umstände in Übereinstimmung mit dem Gutachter Dipl. Ing. F. davon aus, dass in einer Art „Zwischenwertbildung" der Umgebungsbebauung die Schutzwürdigkeit eines Mischgebietes zuzusprechen ist und zwar unabhängig von der jeweiligen planerischen Ausweisung, da in der Nachbarschaft des klägerischen Betriebes eine nahezu homogene Wohnbebauung vorzufinden ist. Somit ist auf der Grundlage des Gutachtens vom 29. 8. 2002 ein Normabstand von 80 m zu fordern, den das Bauvorhaben des Klägers an seinem ursprünglich geplanten Standort gegenüber der umgebenden Wohnbebauung zu wahren hat. Diesen Mindestabstand hält das klägerische Bauvorhaben in Bezug auf die nördlich bzw. nordwestlich gelegenen Wohnhäuser nicht ein; der tatsächliche Abstand zur nächstgelegenen Wohnbebauung beträgt ca. 75 m. Lediglich gegenüber der an der K 5 gelegenen Wohnbebauung, die etwa 91 m bis 108 m vom Emissionsschwerpunkt entfernt ist, kann dieser Normabstand eingehalten werden. Damit würde die Errichtung und die Inbetriebnahme des Boxenlaufstalles am ursprünglich geplanten Standort für die an der R.straße wohnhafte Nachbarschaft zu einer unzumutbaren Immissionsbelastung führen.

Dieses Ergebnis findet seine Bestätigung durch die vom Gutachter Dipl. Ing. F. durchgeführte, auf dem Computerprogramm EMIAK basierende Sonderbeurteilung, die von diesem wegen des (auch bei Bildung eines Zwischenwertes) nicht gewahrten Normabstandes zusätzlich erstellt worden ist. Eine solche Sonderbeurteilung ist gemäß Nr. 4 (S. 68) der VDI-Richtlinie 3474 erforderlich, wenn die Mindestabstände nicht eingehalten werden oder auch im Nahbereich von Anlagen (Abstand von unter 50 m). Nach der mit Hilfe des Programms EMIAK vorgenommenen Abschätzung der Immissionshäufigkeiten breiten sich die hier zu beurteilenden Gerüche im Jahresgeschehen vor allem in nord- und nordöstlicher Richtung aus, der südliche Bereich ist deutlich weniger betroffen. Die mit dem Neubau des Liegeboxenlaufstalles einschließlich der genannten Nebeneinrichtungen einhergehende Erweiterung des Rinderbestandes bei gleichzeitiger Stilllegung des Altstalles führt danach zu Immissionshäufigkeiten bei der nördlich gelegenen Bebauung, die den Wert von 100 Promille der Jahresstunden in Bezug auf das am weitesten nördlich gelegene Wohnhaus (Immissionsbereich 1) erreichen. Dieser Wert übersteigt den in einem Mischgebiet für zulässig erachteten Wert (70 Promille) und weist damit gleichfalls zumindest für den zuvor genannten Immissionsbereich auf unzumutbare Geruchsbelastungen hin.

Dagegen kann der Kläger mit seinem Hilfsantrag, mit dem er die Erteilung der Bebauungsgenehmigung für den in seinem Antrag von 2003 dargestellten Alternativstandort begehrt, durchdringen, denn für diesen vom Kläger der Bauaufsichtsbehörde in Reaktion auf das zuvor dargestellte Gutachten vom 29. 8. 2002 unterbreiteten und von dieser mit Bescheid von 2003 abgelehnten Änderungsvorschlag stellt sich die Immissionssituation für die betroffenen Nachbarn nicht als unzumutbar dar. ...

An dem nach Südosten verschobenen Alternativstandort gehen von dem Bauvorhaben des Klägers keine für die umgebende Wohnbebauung unzumutbaren Immissionen aus. Im Gutachten vom 7. 2. 2003 gelangt der Gutachter zu der fachlichen Einschätzung, dass der geplante Liegeboxenlaufstall am neuen Standort ausreichende Immissionsschutzabstände zu den Wohnhäusern im Norden und Nordwesten aufweise und schädliche Umwelteinwirkungen auf Grund erheblicher Geruchsimmissionen in diesem Bereich nicht zu erwarten seien. Die Abstände zu der Wohnbebauung im Süden reichten nicht aus, wenn diese Bebauung als WA-Gebiet eingestuft werde, sie reichten aber aus, wenn das Mittelwertprinzip angewendet werde. Die Fahrsiloanlage spiele für die zu klärende Frage keine Rolle und brauche daher im Rahmen der Abstandsbeurteilung nach VDI 3474 nicht weiter berücksichtigt zu werden. Nach diesem Gutachten sind von dem Bauvorhaben des Klägers als Normabstand gegenüber der im Norden bzw. Nordwesten gelegenen Bebauung 72 m einzuhalten und gegenüber dem nächst gelegenen Wohnhaus im Süden 80 m unter der oben bereits ausführlich dargestellten, vom Senat zugrunde gelegten Prämisse, dass der Umgebungsbebauung des landwirtschaftlichen Betriebes des Klägers die Schutzwürdigkeit eines Mischgebietes zuzusprechen ist. Diese Bedingungen werden in Bezug auf den laut Gutachten um ca. 50 m verlagerten Boxenlaufstall erfüllt. Das vom Gutachter im Rahmen der Abstandsbeurteilung gefundene Ergebnis wird durch die von ihm zusätzlich durchgeführte Sonderbeurteilung zur Abschätzung der Immissionshäufigkeiten untermauert. In dieser Sonderbeurteilung gelangt Dipl. Ing. F. zu dem Ergebnis, dass in den bebauten Gebieten im Umfeld des geplanten Stalles und zwar im Norden, im Nordwesten und auch im Süden nicht mit erheblichen Geruchsimmissionen zu rechnen sei. Die zu erwartenden Immissionshäufigkeiten lägen bei 30–50 Promille der Jahresstunden, was für allgemeine

Wohngebiete zumutbar sei. Diese Bewertung gilt daher erst recht, wenn der Umgebungsbebauung die Schutzwürdigkeit eines Mischgebietes zukommt, für das laut Gutachten 70 Promille der Jahresstunden als tolerierbarer Wert anzusehen sind.

Dem zuvor dargestellten Fazit des Gutachtens folgt der Senat in der von ihm vorzunehmenden Bewertung der Immissionssituation, denn das Gutachten ist auf der Grundlage der als brauchbare Orientierungshilfe anzusehenden VDI-Richtlinie 3474 erstellt worden. ...

Nr. 104

Der Flächennutzungsplan darf bei der Darstellung der Art der Bodennutzung nicht über Grundzüge hinausgehen.

Welche Darstellungen zu den Grundzügen der Art der Bodennutzung gehören, hängt nicht von dem Grad ihrer Bestimmtheit, sondern davon ab, ob sie den Bezug zur jeweiligen städtebaulichen Konzeption „für das ganze Gemeindegebiet" (§5 Abs.1 Satz 1 BauGB) wahren. Unter dieser Voraussetzung können auch Grenzwerte für Geruchsimmissionen festgelegt werden.

Will die Gemeinde die städtebauliche Entwicklung im Außenbereich mittels Bauleitplanung steuern, darf sie sich grundsätzlich auf den Flächennutzungsplan beschränken.

Der Flächennutzungsplan darf für den Außenbereich nicht auf Grund des Bestimmtheitsgrades seiner Darstellungen faktisch an die Stelle eines Bebauungsplans treten.

Auch im Flächennutzungsplan genau festgelegte Immissionsgrenzwerte unterliegen der nachvollziehenden Abwägung.

Bundesverwaltungsgericht, Urteil vom 18. August 2005 – 4 C 13.04 –.

(Niedersächsisches OVG)

Abgedruckt unter Nr. 32.

Nr. 105

Zur Zulässigkeit der Bescheidungsklage bei „steckengebliebenem" Baugenehmigungsverfahren.

Ob eine am Standort einer Windenergieanlage im Außenbereich errichtete Solaranlage der Forschung, Entwicklung oder Nutzung der Windenergie dient, ist in entsprechender Anwendung der Kriterien zu beurteilen, die die Rechtsprechung zur dienenden Funktion mitgezogener Betriebsteile im Bereich der Landwirtschaft entwickelt hat.

BauGB §35 Abs. 1 Nr. 5 F.: 1998; LBauO §65 Abs. 2 Satz 2; VwGO §113 Abs. 5 Satz 1.

OVG Rheinland-Pfalz, Urteil vom 11. Mai 2005 – 8 A 10281/05 – (nicht rechtskräftig).

Die Klägerin beabsichtigt, an einer im Außenbereich befindlichen Windenergieanlage einen Träger für Solarmodule zu errichten, der auf einem um den Turm der Windenergieanlage verlegten Drehkranz dem Sonnenstand nachgeführt werden kann. Die Solaranlage soll nach Angaben der Klägerin vor allem die Einspeisungscharakteristik der Windenergieanlage verbessern und deren Energiebedarf bei Flaute decken. Der Beklagte hat einen diesbezüglichen Bauantrag der Klägerin mit der Begründung abgelehnt, das Vorhaben sei nicht privilegiert und beeinträchtige öffentliche Belange. Die auf Neubescheidung des Bauantrags gerichtete Klage der Klägerin hatte Erfolg. Der Senat hat die dagegen eingelegte Berufung des Beklagten zurückgewiesen.

Aus den Gründen:

Das Verwaltungsgericht hat der auf Neubescheidung des Bauantrages gerichteten Klage zu Recht entsprochen. Denn sie ist zulässig (I) und begründet (II).

I. Gegen die Zulässigkeit der von der Klägerin erhobenen Bescheidungsklage bestehen keine durchgreifenden Bedenken. Zwar handelt es sich bei der Erteilung einer Baugenehmigung, die Gegenstand des Bauantrages ist, gemäß § 70 Abs. 1 Satz 1 LBauO um eine gebundene Verwaltungsentscheidung. Bei Versagung einer derartigen Genehmigung besteht grundsätzlich nur ein Rechtsschutzinteresse an einer Verpflichtungsklage. Denn nur diese ist geeignet, das einzig legitime Rechtsschutzziel des Bauherrn, nämlich die Erteilung der Genehmigung, zu erreichen. Lehnt die Bauaufsichtsbehörde die Genehmigung des beantragten Vorhabens nach Prüfung aller in Betracht kommenden Rechtsvorschriften ab, weil es aus ihrer Sicht gegen mehrere Vorschriften verstößt, so besteht grundsätzlich kein Rechtsschutzinteresse daran, das Vorliegen eines bestimmten Verstoßes durch Erhebung einer Bescheidungsklage prüfen zu lassen. Eine andere Beurteilung ist lediglich bei einem sog. „stecken gebliebenen" Genehmigungsverfahren (s. dazu BVerwG, Urteil v. 14. 4. 1989, BRS 49 Nr. 15) angezeigt. Ein solcher Fall liegt vor, wenn die Bauaufsichtsbehörde die Genehmigung des Vorhabens, ohne seine Vereinbarkeit mit baurechtlichen oder sonstigen öffentlich-rechtlichen Vorschriften umfassend zu prüfen, wegen eines bestimmten Rechtsverstoßes – etwa mangelnder Konformität mit Bauplanungsrecht – ablehnt. Nach der Rechtsprechung des Senats (s. Urteil v. 05. 3. 2003 – 8 A 11370/02 –, S. 20 UA) sind die Gerichte in solchen Fällen selbst bei Erhebung einer Verpflichtungsklage berechtigt, sich auf ein Bescheidungsurteil zu beschränken, wenn ansonsten komplexe Fragen – etwa des Bauordnungs- oder Naturschutzrechts – erstmals im gerichtlichen Verfahren geklärt werden müßten. Entbindet aber ein „stecken gebliebenes" Genehmigungsverfahren die Gerichte ausnahmsweise von ihrer bei Verpflichtungsklagen gemäß § 113 Abs. 5 Satz 1 VwGO bestehenden Pflicht, die Sache spruchreif zu machen, so berechtigt es erst recht den Bauherrn, sein Klagebegehren von vornherein auf Neubescheidung des Bauantrages nach gerichtlicher Klärung des behördlichen Ablehnungsgrundes zu beschränken (s. Kopp/ Schenke, VwGO, 13. Aufl. 2003, § 113 Rdnr. 203 ff., VGH Baden-Württemberg, Urteil v. 7. 2. 2003 – 8 S 2422/02 –, juris, und allgemein zur Bescheidungsklage bei gebundenen Verwaltungsakten BVerwG, Urteil v. 2. 5. 1984, NVwZ 1985, 35, 36). Dies gilt jedenfalls dann, wenn das Vorhaben nicht aus anderen als von der Behörde herangezogenen Gründen offensichtlich unzulässig ist.

Da sich im vorliegenden Fall die angefochtenen Entscheidungen des Beklagten auf die bauplanungsrechtliche Unzulässigkeit des Vorhabens stützen, ohne Fragen des Bauordnungs- und Naturschutzrechts abschließend zu klären und das Vorhaben unter diesen rechtlichen Aspekten jedenfalls nicht offensichtlich unzulässig ist, besteht für die Klage ein hinreichendes Rechtsschutzinteresse. ...

II. Die zulässige Klage ist auch begründet. ...

2. Dem Genehmigungsanspruch der Klägerin kann jedenfalls der vom Beklagten angenommene Verstoß des Vorhabens gegen Bauplanungsrecht nicht entgegengehalten werden. Die Klägerin kann daher die erneute Bescheidung des Bauantrages unter Berücksichtigung der planungsrechtlichen Zulässigkeit des Vorhabens verlangen. Die Errichtung eines PV-Modulträgers in der im Bauantrag bezeichneten Größe am Standort einer Windenergieanlage zu den dort bezeichneten und von der Klägerin im Verlauf des Klageverfahrens erläuterten Zwecken ist gemäß § 35 Abs. 1 Nr. 5 BauGB in der am 20. 7. 2004 in Kraft getretenen Fassung des Europarechtsanpassungsgesetzes Bau vom 24. 6. 2004 (BGBl. I, 1359) im Außenbereich privilegiert (a). Ihm stehen auch keine öffentlichen Belange gemäß § 35 Abs. 3 BauGB entgegen (b).

a) Nach § 35 Abs. 1 Nr. 5 BauGB ist ein Vorhaben – vorbehaltlich der vorliegend unstreitig gesicherten Erschließung – im Außenbereich privilegiert zulässig, wenn es der Erforschung, Entwicklung oder Nutzung der Windenergie dient.

Nach zutreffender Auffassung des Beklagten ist dies bei Errichtung einer zusätzlichen Anlage zur Erzeugung erneuerbarer Energien am Standort einer Windenergieanlage nicht schon dann der Fall, wenn sie bloß durch Nutzung der dort vorhandenen Infrastruktur und zusätzliche Energieausbeute den wirtschaftlichen Nutzen des Windenergiestandortes erhöht. Eine derartige Gesetzesauslegung stünde in klarem Widerspruch zu dem im Gesetzgebungsverfahren zum Ausdruck gekommenen Willen des Gesetzgebers. So sah § 35 Abs. 1 Nr. 7 BauGB i. d. F. des Entwurfs eines Gesetzes zur Änderung des Baugesetzbuches (BT-Drucks. 13/1733) eine Privilegierung von „Vorhaben, die der Erforschung, Entwicklung oder Nutzung der Windenergie oder sonstiger erneuerbarer Energien dienen" vor. Dieser weite Privilegierungstatbestand hat das Gesetzgebungsverfahren indessen nicht überdauert. Vielmehr ist er einer Beschlußempfehlung des 18. Ausschusses des Bundestages (BT-Drucks. 13/4978) folgend auf die Wind- und Wasserenergie beschränkt worden. Nach Auffassung des Ausschusses (a. a. O., S. 6) ist nämlich ein Teil der erneuerbaren Energien auf den Außenbereich nicht angewiesen. Dies gelte insbesondere für Solaranlagen, die im Innenbereich auf Flachdächern und an Fassaden errichtet werden könnten.

Daraus folgt, daß Anlagen zur Erzeugung erneuerbarer Energien, die nicht selbst Wind- oder Wasserkraft nutzen, vom Privilegierungstatbestand des § 35 Abs. 1 Nr. 5 BauGB allenfalls dann erfaßt sein können, wenn der von ihnen erzeugten Energie hinsichtlich der Erzeugung, Erforschung oder Entwicklung der Windenergie eine „dienende" Funktion zukommt. Für die Auslegung dieses Begriffes, der bereits vor der Privilegierung der Wind- und Wasserenergie im Rahmen anderer Privilegierungstatbestände (s. etwa §35 Abs. 1 Nrn. 1, 3, 4 und 6 BauGB 1986) verwendet worden ist, kann nach Auffassung des Senats auf die höchstrichterliche Auslegung der älteren Vorschriften, insbesondere des §35 Abs. 1 Nr. 1 BauGB, zurückgegriffen werden (s. auch Söfker, in: Ernst/Zinkahn/Bielenberg, BauGB, §35 Rdnr. 59). Nach der zu §35 Abs. 1 Nr. 1 BauGB entwickelten, von den Verwaltungsgerichten auch auf gleichlautende Begriffe in anderen Privilegierungstatbeständen angewandten (s. z. B. OVG Saarlouis, Beschluß v. 25.9.2001 – 2 Q 23/01 –; juris zu §35 Abs. 1 Nr. 2 BauGB) Rechtsprechung des Bundesverwaltungsgerichts setzt die dienende Funktion eines Vorhabens für einen landwirtschaftlichen Betrieb voraus, daß es für den Betrieb zwar nicht notwendig oder unentbehrlich, aber mehr als bloß förderlich ist und durch die Zuordnung zu dem konkreten Betrieb auch äußerlich geprägt wird. Maßgebend ist, ob ein vernünftiger Landwirt auch und gerade unter Berücksichtigung des Gebotes größtmöglicher Schonung des Außenbereichs dieses Vorhaben mit etwa gleichem Verwendungszweck und mit etwa gleicher Ausstattung für einen entsprechenden Betrieb errichten würde (s. Söfker, a. a. O., Rdnr. 34 ff. m. w. N.). Besteht das Vorhaben selbst nicht unmittelbar im Betrieb von Landwirtschaft, kann es als sog. „mitgezogener Betriebsteil" gleichwohl derselben dienen, wenn es sich im Verhältnis zum landwirtschaftlichen Betrieb um eine bodenrechtliche Nebensache handelt, zwischen dem Betrieb und der hinzugenommenen Betätigung ein mehr als nur entfernter Zusammenhang besteht und das Erscheinungsbild des im Außenbereich gelegenen Betriebes nicht wesentlich verändert wird.

Beantwortet man die Frage, wann eine nicht unter Ausnutzung von Wind oder Wasser erfolgende Energieerzeugung am Standort einer Windenergieanlage der Entwicklung, Erforschung oder Nutzung der Windenergie dient, unter entsprechender Anwendung dieser Grundsätze, so ergibt sich nach Auffassung des Senats folgendes:

Tritt die zusätzliche Energieerzeugung lediglich zu der Windenergieerzeugung hinzu, ohne für diese selbst mehr als nur förderlich zu sein, kann sie also hinweggedacht werden, ohne daß die Qualität der Windenergieerzeugung nennenswert leidet, scheidet eine Privilegierung aus. Gleiches gilt, wenn die Anlage zur Erzeugung zusätzlicher Energie keine äußerlich erkennbare Zuordnung zur Windenergieanlage aufweist. Zudem muß sichergestellt sein, daß der Nutzen der zusätzlichen Energieerzeugung in der konkret beabsichtigten Form und im konkret beabsichtigten Umfang für die Qualität der Windenergieerzeugung so groß ist, daß sie aus der Sicht eines „vernünftigen" Windenergieerzeugers eine Inanspruchnahme des Außenbereichs rechtfertigt. Da die zusätzliche Energieerzeugung selbst nicht mittels Wind oder Wasser erfolgt, also bei isolierter Betrachtung privilegierungsfremd ist, gelten auch die einschränkenden Voraussetzungen für die Privilegierung „mitgezogener" Betriebsteile entsprechend. Danach muß sich die zusätzliche Energieerzeugungsanlage der Anlage zur Nutzung, Entwicklung oder Erforschung der Windenergie dienend unterordnen und im Verhältnis zu ihr als bodenrechtliche Nebensache erscheinen. Damit sind nicht nur dem äußeren Umfang der zusätzlichen Energieerzeugungsanlage, sondern auch ihrer

Erzeugungskapazität enge Grenzen gesetzt: Geht die Erzeugungskapazität über das hinaus, was zur Verbesserung der Qualität der Windenergieerzeugung angemessen erscheint, kann von einer Unterordnung keine Rede mehr sein. Vielmehr steht dann der Zweck eigenständiger, zusätzlicher Energieerzeugung im Vordergrund. Weiterhin darf die hinzutretende Anlage das Erscheinungsbild des im Außenbereich vorhandenen Windenergieerzeugungsstandortes nicht wesentlich verändern. Schließlich muß sich die zusätzliche Energieerzeugungsanlage auf die Qualität der Windenergieerzeugung unmittelbar auswirken, d. h. in einem engen und nicht nur entfernten Zusammenhang mit ihr stehen.

Nach Maßgabe dieser Grundsätze dient das strittige Vorhaben jedenfalls der Entwicklung und Erzeugung der Windenergie. Ob die Existenz zahlreicher weiterer Bauanträge für ähnliche Anlagen – wie der Beklagte meint – seine Einstufung auch als Forschungsprojekt ausschließt, kann deshalb dahinstehen.

Der geplante Modulträger SPT-SK 30/WKA ist der Windenergieanlage zunächst hinreichend äußerlich erkennbar zugeordnet. Nach Maßgabe des Bauantrages wird er auf einer rund um den Turm der Anlage zu errichtenden, 4 m hohen Unterkonstruktion angebracht. Daß die Bauherrin und die Betreiberin der Windenenergieanlage unterschiedliche juristische Personen sind, steht einer hinreichenden Zuordnung nicht entgegen. Diese wird vielmehr durch den Bauantrag und die darauf bezogene Regelungswirkung einer etwaigen Baugenehmigung baurechtlich sichergestellt.

Der Modulträger dient nach Maßgabe des Bauantrages auch einer Verbesserung der Windenergieerzeugung. Der Einwand des Beklagten, der Modulträger könne keinen Einfluß auf die Windenergieerzeugung haben, weil er selbst keine Energie erzeuge und die Montage von Solarmodulen gesondert genehmigungspflichtig sei, greift nicht durch. Denn der Bauantrag beinhaltet nicht die Errichtung eines nutzungsneutralen, drehbaren Stahlträgers, sondern eines Solarmodulträgers als Bestandteil einer Anlage zur Erzeugung von Solarenergie. Nur in dieser Funktion wäre daher der Träger von einer Baugenehmigung gedeckt. Insoweit ist er aber auch geeignet und bestimmt, zur qualitativen Verbesserung der Windenergienutzung und damit zu deren Entwicklung beizutragen.

Daß die Solaranlage, zu deren Installation der Modulträger ausweislich des Bauantrages verwendet werden soll (206 Module mit 33, 99 kWp), geeignet ist, spürbare Mängel der Windenergieerzeugung in wesentlichem Umfang abzumildern, hat die Klägerin aus Sicht des Senats überzeugend dargelegt. Der Geschäftsführer der Klägerin sowie der in seinem Beistand erschienene Dipl.-Ing. E. haben in der mündlichen Verhandlung die bereits im Schriftsatz der Klägerin vom Mai 2004 im einzelnen erörterten positiven Effekte des Solaranlagenbetriebes für die Windenergieerzeugung näher erläutert. Hiernach unterliegen Windenergieanlagen sowohl in Phasen, in denen Schwachwind und Flaute in kürzester Zeit wechseln, als auch in andauernden Starkwindphasen mit hoher Energieproduktion häufig äußerst kurzfristigen Abschaltungen, die für die Entstehung von schädlichen Oberwellen im Stromnetz mit verantwortlich sind und außerdem zu mechanischen Belastungen der Anlage sowie Verschleiß an den elektrischen Bauteilen führen. Der Einsatz einer zusätzlichen, windunabhängigen Energieerzeugungsanlage sorgt dafür, daß in Schwachwindphasen die Erzeugungsschwankungen abgemildert werden und sich dadurch die Anzahl der Abschaltungen sowie der Netzbezug („negative Energieproduktion") der Windenergieanlage vermindert; in Starkwindphasen ermöglicht es der Betrieb der Solaranlage, die ansonsten zu Abschaltungen führenden Energiespitzen kurzfristig zwischenzuspeichern.

Diese von erkennbarer Sachkunde getragenen, in sich widerspruchsfreien Ausführungen, denen der Beklagte überdies weder durch substantiierte Einwände noch durch einen diesbezüglichen Beweisantrag entgegengetreten ist, erscheinen dem Senat überzeugend. Gründe, aus denen sich im Rahmen der Amtsermittlungspflicht weiterer Aufklärungsbedarf aufdrängen würde, sind nicht ersichtlich. Denn zum einen stimmen die Angaben inhaltlich mit dem überein, was die Dipl.-Ing. E. und L. in ihren Stellungnahmen vom Juli 2004 ausgeführt haben. Zum anderen handelt es sich bei den genannten Personen um unternehmensexterne Fachleute, die nicht bei der Klägerin angestellt sind und damit zumindest kein durch ein Arbeitsverhältnis bedingtes unmittelbares Eigeninteresse an einem der Klägerin günstigen Prozeßausgang haben.

Die demnach durch das Vorhaben ermöglichte, qualitative Verbesserung der Windenergieerzeugung ist auch nicht deshalb im Rahmen des Privilegierungstatbestandes unbeachtlich, weil sie lichtabhängig funktioniert und daher in den Nachtstunden wirkungslos ist. Eine Anlage dient der Windenergieerzeugung nämlich nicht erst dann, wenn sie deren Probleme vollständig beseitigt oder die Erzeugung erst ermöglicht. Vielmehr reicht es aus, wenn von ihr ein nicht nur unwesentlicher, positiver Effekt hierfür ausgeht.

Ist aber der Modulträger zur Aufnahme einer der Betriebsoptimierung von Windenergieanlagen dienenden Solaranlage geeignet, so steht seiner Privilegierung entgegen der Auffassung des Beklagten nicht der Umstand entgegen, daß die Klägerin ähnliche Modulträger im Landkreis D. zur Errichtung von Solaranlagen verwendet, die ohne Beeinflussung der Windenergieerzeugung lediglich der zusätzlichen Erzeugung von Solarenergie am Standort einer Windenergieanlage dienen. Auch im Anwendungsbereich des §35 Abs. 1 Nr. 1 BauGB ist anerkannt, daß die objektive Eignung einer Anlage (auch) für privilegierungsfremde Zwecke ihrer dienenden Funktion für die privilegierte Nutzung nicht entgegensteht, wenn sie hierfür nach Maßgabe des Bauantrages bestimmt und tatsächlich den gegenwärtigen und auf Dauer absehbaren Betriebserfordernissen angemessen ist (s. BVerwG, Urteil v. 22.11.1985, BRS 44 Nr. 76 = BauR 1986, 188, und Söfker, a.a.O., Rdnr. 34). So liegt der Fall hier. Nach Maßgabe der Bauantragsunterlagen in Verbindung mit den von der Klägerin hierzu während des Widerspruchsverfahrens und des gerichtlichen Verfahrens gegebenen Erläuterungen steht fest, daß der beantragte Modulträger im vorliegenden Fall ausschließlich der Installation einer Solaranlage dient, deren weitaus überwiegender Hauptzweck in der Optimierung des Windenergieanlagenbetriebes besteht. Überdies steht es dem Beklagten frei, diese sich aus dem Bauantrag ergebende Zweckbestimmung im Rahmen einer etwaigen Genehmigung durch entsprechende Nebenbestimmungen zu sichern.

Der Senat hegt auch keine Zweifel, daß die Errichtung einer Solaranlage in der durch die Ausmaße des beantragten Modulträgers vorgegebenen Dimension angesichts der vorstehend erörterten positiven Auswirkungen auf den Betrieb der Windenergieanlage aus der Sicht eines „vernünftigen" Windenergieerzeugers die erweiterte Inanspruchnahme des bereits im Außenbereich befindlichen Energieerzeugungsstandortes auch unter Berücksichtigung des Schonungsgebotes rechtfertigt. Hierbei ist einerseits zu berücksichtigen, daß keine neue, erstmalige Beanspruchung des Außenbereichs eintritt, sondern lediglich eine vorhandene intensiviert wird. Zum anderen ergibt sich aus der Stellungnahme der Frau Dr. B. vom August 2004, daß die Betriebsoptimierung der Windenergieanlage eine Standortidentität mit der Solaranlage erfordert und diese daher zu gleichem Zweck nicht innerhalb des – hier wie regelmäßig – weit entfernten Innenbereichs errichtet werden kann.

Schließlich erfüllt das strittige Vorhaben auch die erhöhten Anforderungen an die Privilegierung eines „mitgezogenen" Betriebsteils der Windenergieerzeugung. Der Modulträger vergrößert zum einen die von der Windenergieanlage in Anspruch genommene Grundfläche nur unwesentlich; zum anderen erreicht er einschließlich des Sockels noch nicht einmal ein Viertel der Nabenhöhe der Anlage, so daß er vom äußeren Erscheinungsbild den Charakter einer „bodenrechtlichen Nebensache" im Sinne der oben zitierten Rechtsprechung trägt. Die dienende Unterordnung unter die privilegierte Windenergieanlage kommt schließlich auch durch die Leistungskapazität der Solaranlage, zu deren Installation der Modulträger ausweislich des Bauantrages geeignet und bestimmt ist, zum Ausdruck. Im Gegensatz zur Windenergieanlage, die eine Leistung von 1500 kW hat, ist der Modulträger auf die Installation von 206 Modulen zu je 165 Watt (insgesamt also 33,99 kW) ausgelegt. Hierdurch wird deutlich, daß das Vorhaben in der Tat nicht ausschließlich oder vorrangig der zusätzlichen Energieerzeugung dient, sondern wesentlich im Hinblick auf die oben beschriebenen positiven Effekte für die Windenergieerzeugung konzipiert ist. Insoweit hat Herr Dipl.-Ing. E. in der mündlichen Verhandlung ausgeführt, daß es in Schwachwindphasen mit Wechsel zwischen Schwachwind und Flaute bei der fraglichen Windenergieanlage zu kurzzeitigen Leistungsschwankungen zwischen - 30 kW und + 250 kW kommt, mithin ein häufiger, der Qualität der Windenergieerzeugung abträglicher Wechsel zwischen Stromerzeugung und Strombezug eintritt. Angesichts der Leistungskapazität der Solaranlage erscheint es daher ohne weiteres glaubhaft, daß diese – jedenfalls im Rahmen der Schwachwindproblematik – mehr oder weniger als „Notstromaggregat" zur Vermeidung ständiger Statuswechsel der Windenergieanlage dient. Letztlich führt die Eigenart und Dimension der geplanten Solaranlage auch nicht dazu, daß das typische Erscheinungsbild eines Windenergieerzeugungsstandortes im Außenbereich wesentlich verändert wird.

Soweit in der dem Bauantrag beigefügten Präsentation damit geworben wird, daß der Modulträger auch mit im Wirkungsgrad gesteigerten Modulen jederzeit nachgerüstet werden könne, weist der Senat vorsorglich auf folgendes hin:

Sollte der Beklagte im Rahmen der Neubescheidung des Bauantrages eine Baugenehmigung erteilen, so bezieht sich diese lediglich auf das Vorhaben, wie es durch den Bauantrag selbst und die nachgängigen Erläuterungen der Klägerin umschrieben ist. Dabei handelt es sich um einen Modulträger zur Aufnahme einer Solaranlage, deren Kapazität das Ausmaß dessen, was zum Mängelausgleich der Windenergieerzeugung erforderlich ist, nicht überschreitet. Dies kann zusätzlich durch entsprechende Nebenbestimmungen sichergestellt werden. Würde hingegen der Modulträger mit einer leistungsstärkeren, in beachtlichem Umfang auf die zusätzliche Erzeugung von Solarenergie ausgelegten Anlage bestückt, wäre er weder durch die Baugenehmigung gedeckt noch materiell durch § 35 Abs. 1 Nr. 5 BauGB privilegiert.

b) Dem privilegierten Vorhaben der Klägerin stehen auch keine öffentlichen Belange gemäß § 35 Abs. 3 BauGB entgegen.

§ 35 Abs. 3 Satz 3 BauGB, wonach öffentliche Belange einem Vorhaben nach Abs. 1 Nr. 5 i. d. R. entgegenstehen, soweit hierfür durch Darstellungen im Flächennutzungsplan oder als Ziele der Raumordnung eine Ausweisung an anderer Stelle erfolgt ist, findet keine Anwendung. Denn das Vorhaben befindet sich innerhalb eines durch Flächennutzungs- und Raumordnungsplan ausgewiesenen Vorrangbereichs für Windenergie.

Andererseits ist das Entgegenstehen öffentlicher Belange aber auch nicht durch § 35 Abs. 3 Satz 2 BauGB ausgeschlossen. Hiernach stehen öffentliche Belange raumbedeutsamen Vorhaben nach Abs. 1 nicht entgegen, soweit die Belange bei der Darstellung dieser Vorhaben als Ziele der Raumordnung abgewogen worden sind. Sollte es sich bei einem – mit Sockel – 20 m hohen Modulträger – sofern er überhaupt einer isolierten Betrachtung zugänglich ist – um ein raumbedeutsames Vorhaben handeln, sind jedenfalls die Belange des § 35 Abs. 3 Satz 1 BauGB bei der Festlegung von Vorrangflächen für die Windenergie nicht im Hinblick auf Hilfsanlagen in Gestalt einer Solaranlage abgewogen worden.

Ungeachtet dessen sind aber öffentliche Belange, die dem Vorhaben der Klägerin entgegenstehen könnten, nicht ersichtlich. Es widerspricht angesichts der vorstehend erwähnten Ausweisungen weder den Darstellungen des Flächennutzungsplanes noch Zielen der Raumordnung. Auch verursacht das Vorhaben keine Verunstaltung des Landschaftsbildes, die sich gegenüber seiner Privilegierung durchsetzen könnte. Eine Beeinträchtigung öffentlicher Belange führt nur dann dazu, daß sie dem privilegierten Vorhaben entgegenstehen, wenn eine Abwägung unter Berücksichtigung des gesteigerten Durchsetzungsvermögens privilegierter Vorhaben und der Gewichtigkeit des jeweils betroffenen Belangs dessen Vorrang begründet. Dies ist vorliegend nicht der Fall. Der Beklagte hat nicht darzulegen vermocht, daß das Landschaftsbild am Standort des Vorhabens eine gesteigerte Schutzwürdigkeit aufweist. Dies gilt zumal deshalb, weil sich aus dem Widerspruchsbescheid ergibt, daß die Windenergieanlage, die durch das strittige Vorhaben „aufgerüstet" werden soll, Bestandteil eines aus elf Windenergieanlagen bestehenden Windparks ist. Ist aber das Landschaftsbild am Standort bereits jetzt derart „industriell" vorbelastet, so verstärkt sich diese Belastung durch das Vorhaben der Klägerin jedenfalls nicht in einem Ausmaß, das seine Privilegierung aufzuwiegen vermag. Gleiches gilt für die Belange der natürlichen Eigenart der Landschaft sowie ihres Erholungswertes.

Nr. 106

In einem gegen die Baugenehmigung für eine Windenergieanlage geführten verwaltungsgerichtlichen Eilverfahren kann eine in Bezug auf die Windenergieanlage erstellte Immissionsprognose oder -messung auch dann verwertbar sein, wenn sie sich nicht unmittelbar auf das Grundstück des Antragstellers bezieht.

BauGB § 35 Abs. 3.

OVG Nordrhein-Westfalen, Beschluss vom 11. März 2005 – 10 B 2462/04 – (rechtskräftig).

(VG Münster)

Die Antragsteller begehrten die Anordnung der aufschiebenden Wirkung ihres Widerspruchs gegen die den Beigeladenen erteilte Baugenehmigung zur Errichtung zweier Windenergieanlagen. Das im Außenbereich gelegene Grundstück der Antragsteller ist von den Standorten der zwischenzeitlich fertig gestellten Anlagen 680 m bzw. 750 m entfernt. Die im Baugenehmigungsverfahren erstellte Immissionsprognose, deren Plausibilität durch eine spätere Immissionsmessung bestätigt wurde, ergab für einen zwischen dem Grundstück der Antragsteller und den Anlagenstandorten festgelegten Immissionspunkt einen Beurteilungspegel von 42,6 dB(A) in der ungünstigsten Nachtstunde. Der Antrag blieb in beiden Instanzen erfolglos.

Aus den Gründen:

Das Verwaltungsgericht hat die im Rahmen der §§ 80 a Abs. 1 Nr. 2 und Abs. 3, 80 Abs. 5 VwGO erforderliche Interessenabwägung zulasten der Antragsteller vorgenommen. Die diese Interessenabwägung tragenden Gründe werden durch das Beschwerdevorbringen, das der Senat gemäß § 146 Abs. 4 Satz 6 VwGO allein zu prüfen hat, nicht widerlegt.

Bei der in den Verfahren des vorläufigen Rechtsschutzes gebotenen summarischen Überprüfung der Sach- und Rechtslage spricht alles dafür, dass der genehmigte Betrieb der beiden bereits errichteten Windenergieanlagen geschützte Rechtspositionen der Antragsteller nicht unzumutbar beeinträchtigt.

Dies gilt insbesondere für die durch den Betrieb der Anlagen verursachten Geräuschimmissionen.

Nach st. Rspr. der Bausenate des beschließenden Gerichts können im Außenbereich gelegene Wohnhäuser nicht die für Wohngebiete maßgeblichen Schutzmaßstäbe für sich in Anspruch nehmen, sondern lediglich den Schutzmaßstab eines Misch- oder Dorfgebiets (vgl. OVG NRW, Beschluss v. 3.9. 1999 – 10 B 1283/99 –, NVwZ 1999, 1360).

Die Antragsteller – deren Wohngrundstück unstreitig im Außenbereich liegt – können daher, was die Lärmbeeinträchtigung durch benachbarte

Windenergieanlagen angeht, nur die Einhaltung eines Immissionsrichtwertes von tagsüber 60 dB(A) und 45 dB(A) während der Nachtstunden beanspruchen (Nr. 6.1 Satz 1 Buchst. c der TA Lärm). Es gibt keine Anhaltspunkte dafür, dass diese Werte – bezogen auf ihr Grundstück – nicht eingehalten werden können.

Den angefochtenen Baugenehmigungen liegt ein Schalltechnisches Gutachten des Ingenieurbüros R. & H. vom 29.11.2002 – ergänzt am 19.8.2003 sowie am 12.11.2003 – zu Grunde, das zwar keine konkrete Prognose des auf dem Grundstück der Antragsteller im Zusammenhang mit dem Betrieb der Windenergieanlagen zu erwartenden Beurteilungspegels enthält, gleichwohl aber hinreichend sichere Rückschlüsse auf einen – was die Antragsteller angeht – nachbarverträglichen Anlagenbetrieb zulässt.

Das Gutachten geht in seiner letzten Ergänzung vom 12.11.2003 davon aus, dass sich durch den Lärm der im Streit befindlichen pitch-gesteuerten Windenergieanlagen an den auf dem Grundstück H.54 gelegenen Immissionspunkt IP5 unter Einbeziehung des Lärms einer weiteren benachbarten Windenergieanlage in der ungünstigsten Nachtstunde ein Beurteilungspegel von 42,6 dB(A) ergibt, wobei die Immissionsbeiträge der hier in Rede stehenden Anlagen lediglich 34,3 dB(A) bzw. 37,1 dB(A) ausmachen. Die Gutachter haben dabei einen leistungsreduzierten und damit schalloptimierten Betrieb der Anlagen (Reduzierung der elektrischen Leistung auf 800 kW und Begrenzung der Rotordrehzahl auf 14,7 U/min) vorausgesetzt und einen Zuschlag von 2,5 dB(A) zur Abschätzung der oberen Vertrauensbereichsgrenze eingerechnet. Der IP5 liegt südwestlich des auf dem Grundstück der Antragsteller aufstehenden Wohngebäudes und damit näher zu den noch weiter südwestlich gelegenen Standorten der vorhandenen Windkraftanlagen. Während der Abstand zwischen dem IP5 und den Windkraftanlagen etwa 600 m bzw. 490 m beträgt, sind die Anlagen vom Wohngebäude der Antragsteller rund 680 m bzw. 750 m entfernt. Da der von einer Lärmquelle erzeugte Schalldruckpegel bei zunehmender Entfernung von der Lärmquelle abnimmt, spricht alles dafür, dass die Immissionsbeiträge der hier zu prüfenden Windenergieanlagen am Wohngebäude der Antragsteller deutlich niedriger liegen, als die für den IP5 mittels Ausbreitungsrechnung im alternativen Verfahren gemäß DIN ISO 9613-2 prognostizierten Immissionsbeiträge, d.h. niedriger als 34,3 dB(A) bzw. 37,1 dB(A).

Die Antragsteller haben ihre Einwände gegen die Plausibilität der Immissionsprognose, die durch eine am 20.2.2004 von den Gutachtern der K. vorgenommene Immissionsmessung am IP1 (Ersatzwohnhaus auf dem Grundstück R. 24 in Ra.) bestätigt worden ist, angesichts der niedrigen prognostizierten Immissionsbeiträge, die eine Überschreitung der Richtwerte auf ihrem Grundstück nahezu ausgeschlossen erscheinen lassen, nicht ausreichend substanziiert. Dies betrifft sowohl die Frage eines angeblich um 1 dB(A) zu niedrig angenommenen Schallleistungspegels als auch etwaige Zuschläge für die behaupteten besonderen Auffälligkeiten der Anlagengeräusche.

Mit Blick auf die Entfernung der Anlagen zum Wohngebäude der Antragsteller ist auf der Grundlage des Beschwerdevorbringens auch nicht erkennbar, dass die sonstigen behaupteten Beeinträchtigungen durch den Betrieb der Anlagen die Schwelle der Zumutbarkeit überschreiten und deshalb den Antragstellern gegenüber rücksichtslos sind. Insbesondere ist keine Beeinträchtigung durch unzulässigen Schattenwurf zu erwarten. Das im Baugenehmigungsverfahren vorgelegte Schattenwurfgutachten des Planungsbüros S. gelangt zu dem Ergebnis, dass für den auf dem Grundstück der Antragsteller bestimmten Immissionsort SR09 im ungünstigsten Fall eine Beschattungsdauer von insgesamt etwas weniger als 30 h/a und eine reale Beschattungsdauer von 4:44 h/a anzunehmen ist. Solche Werte sind nach den Hinweisen des Arbeitskreises Lichtimmissionen des Länderausschusses für Immissionsschutz zur Ermittlung und Beurteilung der optischen Immissionen von Windenergieanlagen zumutbar (vgl. Landesumweltamt – LUA – Nordrhein-Westfalen, Materialien Nr. 63, Windenergieanlagen und Immissionsschutz, 2002, Nr. 5.2.2).

Was die von den Antragstellern als „Bewegungssuggestion" beschriebene optische Wirkung der Anlagen angeht, hängt die Beantwortung der Frage, ob diese durch das Drehen der Rotorblätter erzeugte optische Wirkung rücksichtslos ist, von den Umständen des Einzelfalles und nicht zuletzt von dem Abstand zwischen der Anlage und dem betroffenen Wohnbereich ab. Der Senat neigt dazu, jedenfalls bei einem Abstand jenseits der 300 m insoweit keinen Verstoß gegen das Gebot der Rücksichtnahme anzunehmen (vgl. OVG NRW, Beschluss v. 2. 4. 2003 – 10 B 1572/02 –).

Dass – wie die Antragsteller behaupteten – beim Betrieb der umstrittenen Anlagen ein so genannter „Diskoeffekt" auftritt, hervorgerufen durch Lichtreflexe auf den Anlagenteilen, wird durch die Beschwerde angesichts der Einschätzung des Landesumweltamtes, wonach derartige Lichtreflexe entsprechend dem Stand der Technik in Bezug auf die Oberflächenbeschaffenheit der modernen Anlagen kein besonderes Problempotenzial mehr darstellen (vgl. LUA Nordrhein-Westfalen, Materialien Nr. 63, Windenergieanlagen und Immissionsschutz, 2002, Nr. 5.3), nicht ausreichend belegt.

Soweit die Antragsteller Beeinträchtigungen geltend machen, die mit der Bausubstanz der Windenergieanlagen zusammenhängen – etwa die bedrängende Höhe, Verstöße gegen Abstandflächenvorschriften oder blinkende Gefahrenfeuer zur Nachtkennzeichnung als Luftfahrthindernis –, können sie damit die begehrte Entscheidung nach § 80 Abs. 5 VwGO nicht zu ihren Gunsten beeinflussen. Insoweit fehlt es schon am erforderlichen Rechtsschutzinteresse für diese Entscheidung, da sie die Beseitigung der bereits errichteten Anlagen im Wege des vorläufigen Rechtsschutzes nicht erreichen können.

Was das umfangreiche Beschwerdevorbringen im Übrigen angeht, weist der Senat darauf hin, dass im verwaltungsgerichtlichen Streit um die einem Dritten erteilte Baugenehmigung der betroffene Nachbar Abwehransprüche gegen die Baugenehmigung nur aus solchen öffentlich-rechtlichen Vorschriften herleiten kann, die – bezogen auf den konkreten Fall – zumindest auch seinem Schutz zu dienen bestimmt sind (nachbarschützende Vorschriften). Eine Aufhebung der Baugenehmigung wegen Verstoßes gegen nicht nachbarschützende Vorschriften kann er dagegen nicht verlangen.

Im Hinblick auf diese Grundsätze sind Teile des Beschwerdevorbringens von vornherein nicht geeignet, den geltend gemachten Anspruch der Antragsteller auf Anordnung der aufschiebenden Wirkung ihrer Widersprüche gegen die den Beigeladenen erteilten Baugenehmigungen zu stützen. Dies gilt beispielsweise für die Behauptung der Antragsteller, die Baugenehmigung für die Windenergieanlage auf dem Flurstück 44 sei – unabhängig von der Beeinträchtigung eigener materieller Rechtspositionen – mangels eines zu Grunde liegenden Bauantrags und mangels Beteiligung bestimmter Fachbehörden im Baugenehmigungsverfahren rechtswidrig. Nichts anderes gilt für die Behauptung, die Windenergieanlagen seien wegen abweichender Bauausführung – gemeint sind eine geringfügige Veränderung der Gesamthöhe und eine geringfügige Verschiebung des Standortes – von den Baugenehmigungen nicht gedeckt. Ebenso wenig nachbarschützend sind Vorschriften, die den Schutz von Natur und Landschaft einschließlich des Landschaftsbildes und der Fauna bezwecken.

Ob der maßgebliche Gebietsentwicklungsplan und/oder der Flächennutzungsplan der Gemeinde Ra. im Hinblick auf den dargestellten Windeignungsbereich BOR 30 unwirksam sind, spielt für einen Abwehranspruch der Antragsteller gegen die umstrittenen Windenergieanlagen ebenfalls keine Rolle. Gegen die im Außenbereich gemäß § 35 Abs. 1 Nr. 5 BauGB privilegierten Anlagen können sie lediglich die Verletzung des in § 35 Abs. 3 Satz 1 Nr. 3 BauGB verankerten Rücksichtsnahmegebotes geltend machen.

Soweit die Antragsteller vortragen, die angefochtenen Baugenehmigungen beträfen zwei von insgesamt mehr als drei in engem räumlichen Zusammenhang genehmigten Windenergieanlagen, sodass statt der Baugenehmigungsverfahren immissionsschutzrechtliche Genehmigungsverfahren hätten durchgeführt werden müssen, verhilft auch dies der Beschwerde nicht zum Erfolg. Der Senat hat in der Vergangenheit entschieden, dass die verfahrensrechtlichen Bestimmungen des Bundesimmissionsschutzgesetzes über das vereinfachte Genehmigungsverfahren gemäß § 19 BImSchG und die Vorschriften, die die Zuständigkeit für die Erteilung einer diesbezüglichen Genehmigung regeln, keinen Nachbarschutz vermitteln (vgl. OVG NRW, Beschluss v. 27. 3. 2003 – 10 B 2088/02 –, m. w. N.).

Der 22. Senat des beschließenden Gerichts hat entschieden, dass bei der im Rahmen der §§ 80, 80a VwGO erforderlichen Interessenabwägung die verfahrensrechtlichen Vorschriften des § 10 BImSchG allein keine Rechtsposition des Nachbarn gegen die baurechtliche Genehmigung einer Windenergieanlage begründeten, da § 10 BImSchG nicht zu den Verfahrensvorschriften gehöre, bei denen ausnahmsweise Nachbarschutz allein auf Grund der Möglichkeit gewährt werden müsse, dass infolge des verkürzten Verfahrens der erforderliche Nachbarschutz nicht sichergestellt sei. Auch aus den Vorschriften über das Erfordernis einer Umweltverträglichkeitsprüfung sei kein nachbarliches Abwehrrecht herzuleiten (vgl. OVG NRW, Beschluss v. 7. 1. 2004 – 22 B 1288/03 –).

Die grundsätzliche Entscheidung darüber, ob im Hinblick auf eine europarechtskonforme Auslegung der innerstaatlichen Verfahrensvorschriften und die jüngste Rechtsprechung des Bundesverwaltungsgerichts zum Begriff der „Windfarm" (vgl. BVerwG, Urteil v. 30. 6. 2004 – 4 C 9.03 –, NVwZ 2004, 1235; OVG Rh.-Pf., Beschluss v. 25. 1. 2005 – 7 B 12114/04.OVG und 7 E 12117/

04.OVG –) an diesen bisher vertretenen Rechtsansichten der Bausenate festzuhalten ist, muss dem Hauptsacheverfahren vorbehalten bleiben. Für die Antragsteller ergibt sich durch die Aussparung der besagten Fragenkomplexe im Verfahren des vorläufigen Rechtsschutzes letztlich kein unzumutbarer Nachteil, da angesichts der oben geschilderten Prognoseergebnisse Anhaltspunkte für eine unzulässige Beeinträchtigung des ihnen gehörenden Wohngrundstücks nicht ersichtlich sind.

Die Ausführungen der Beschwerde zu den sich nach Auffassung der Antragsteller aus der Richtlinie 2002/49 des Europäischen Parlaments und des Rates vom 25. 6. 2002 über die Bewertung und Bekämpfung von Umgebungslärm (EGRL 49/2002) ergebenden individuellen Rechten genügt nicht den Anforderungen des § 146 Abs. 4 VwGO. Die Richtlinie verpflichtet die Mitgliedstaaten zur Erstellung eines Lärmminderungskonzeptes durch eine Lärmkartierung nach festgesetzten Bewertungskriterien und durch die Annahme von Aktionsplänen sowie die Veröffentlichung lärmrelevanter Daten in einem bis etwa 2013 reichenden Zeitraum. In welcher Weise dies sich in den streitgegenständlichen Baugenehmigungsverfahren hätte auswirken können und woraus sich der von der Beschwerde behauptete Drittschutz zugunsten der Antragsteller ableiten lassen könnte, bleibt unklar.

Was schließlich die Unfallgefahren angeht, auf die sich die Antragsteller zur Begründung ihres Aussetzungsantrags berufen, ist das Beschwerdevorbringen unsubstanziiert. Der pauschale Hinweis auf die bloße Möglichkeit, dass sich Teile des Rotors lösen oder Eisbrocken von den Rotorblättern geschleudert werden könnten, genügt unter Berücksichtigung der Entfernung zwischen den Windenergieanlagen und dem Grundstück der Antragsteller nicht, um eine über das allgemeine Lebensrisiko hinausgehende Gefährdung ihres Grundstücks darzulegen, die die gleichwohl erteilten Baugenehmigungen als rücksichtslos erscheinen lässt.

Nr. 107

1. **Die vom Gesetzgeber unter den in § 12 Abs. 2 ROG genannten Voraussetzungen eröffnete Möglichkeit, zur Sicherung eines in Aufstellung befindlichen Ziels der Raumordnung die Erteilung einer Baugenehmigung zu untersagen, läßt die Befugnis der Bauaufsichtsbehörde unberührt, die Baugenehmigung mit der Begründung zu versagen, dem Bauvorhaben (hier: Windkraftanlage) stehe ein in Aufstellung befindliches Ziel der Raumordnung als unbenannter öffentlicher Belang i. S. des § 35 Abs. 3 Satz 1 BauGB entgegen.**

2. **Ein in Aufstellung befindliches Ziel der Raumordnung hat die Qualität eines öffentlichen Belangs, wenn es inhaltlich hinreichend konkretisiert und wenn zu erwarten ist, daß es sich zu einer verbindlichen, den Wirksamkeitsanforderungen genügenden Zielfestsetzung i. S. des § 3 Nr. 2 ROG verfestigt.**

ROG §§ 3 Nrn. 2 und 4, 4 Abs. 4 Satz 1, 7 Abs. 4 Satz 1 Nr. 1 und Satz 2, 12 Abs. 2; BauGB §§ 35 Abs. 1 Nr. 5 und Abs. 3 Sätze 1 und 3, 42; VwGO §§ 43 Abs. 1, 113 Abs. 1 Satz 4.

Bundesverwaltungsgericht, Urteil vom 27. Januar 2005 – 4 C 5.04 –.

(OVG Rheinland Pfalz)

Der Kläger beantragte 2001 eine Baugenehmigung für die Errichtung einer Windkraftanlage mit 100 m Nabenhöhe auf dem Gemeindegebiet der Beigeladenen zu 1 im Naturpark Nordeifel. Südöstlich des Vorhabens sind auf Standorten, die in dem im Dezember 2003 beschlossenen und im Juni 2004 bekannt gemachten regionalen Raumordnungsplan der Beigeladenen zu 2 als Vorranggebiet festgelegt sind, Baugenehmigungen für zwei Windkraftanlagen gleichen Typs erteilt worden. Fünf weitere Anlagen in der näheren Umgebung befanden sich bis Ende Januar 2003 noch im Genehmigungsverfahren.

Im Januar 2002 versagte der Beklagte die beantragte Baugenehmigung. Den hiergegen erhobenen Widerspruch des Klägers wies der Kreisrechtsausschuß des Beklagten zurück: Das Vorhaben des Klägers beeinträchtige die Eigenart der Landschaft, weil es im Landschaftsschutzgebiet „Naturpark Nordeifel" errichtet werden solle, die Untere Landespflegebehörde aber zu Recht die dazu notwendige Ausnahmegenehmigung nach der Schutzverordnung versagt habe. Die Anlage verunstalte das Landschaftsbild. Sie beeinträchtige auch den Naturgenuß i. S. des § 3 der Schutzverordnung.

Das VG Trier hat die daraufhin erhobene Klage abgewiesen: Das Oberverwaltungsgericht hat auf die Berufung des Klägers mit Urteil vom März 2004 antragsgemäß festgestellt, daß der in Aufstellung befindliche Regionalplan – Teilfortschreibung Windkraft – der Region Trier bis zur Beschlußfassung der Regionalvertretung vom Dezember 2003 der beantragten Baugenehmigung nicht entgegenstand. Im übrigen hat es die Berufung zurückgewiesen.

Gegen das Urteil des Berufungsgerichts haben sowohl der Kläger als auch der Beklagte Revision eingelegt.

Aus den Gründen:

II. 1. Die Revision des Klägers ist zulässig, aber unbegründet. Soweit der Kläger mit seinem Hauptantrag erfolglos geblieben ist, läßt sich das angefochtene Urteil nicht beanstanden. Das Berufungsgericht hat zu Recht entschieden, daß der Beklagte nicht verpflichtet ist, die beantragte Baugenehmigung zu erteilen.

1.1 Dahinstehen kann, ob dies bereits daraus folgt, daß das Vorhaben des Klägers eine Windfarm im Sinne der Nr. 1.6 des Anhangs der 4. BImSchV entstehen ließe und deshalb nach § 4 Abs. 1 BImSchG einer immissionsschutzrechtlichen Genehmigung bedarf (vgl. hierzu BVerwG, Urteil v. 30. 6. 2004 – 4 C 9.03 –, BauR 2004, 1745 = NVwZ 2004, 1235). ...

1.2 Nach Auffassung des Berufungsgerichts scheitert das Vorhaben des Klägers jedenfalls daran, daß ihm ein in den Entwurf der Teilfortschreibung des regionalen Raumordnungsplans Region Trier (Teilbereich Windenergie) aufgenommenes in Aufstellung befindliches Ziel der Raumordnung entgegensteht. Diese Einschätzung begegnet keinen rechtlichen Bedenken. Nach den Feststellungen des Berufungsgerichts befindet sich das Grundstück, auf dem der Kläger die Windkraftanlage errichten möchte, in einem Bereich, der in der 2003 von der Beigeladenen zu 2 beschlossenen Teilfortschreibung des Regionalplans nicht als Vorrangfläche, sondern als Ausschlußzone für die Windenergienutzung gekennzeichnet ist. Wie aus §7 Abs. 4 Satz 1 Nr. 1 und Satz 2 ROG zu ersehen ist, kann die Festlegung von Vorranggebieten mit der Bestimmung verbunden werden, daß die von der Vorrangregelung erfaßten Nutzungen an anderer Stelle im Planungsraum ausgeschlossen sind. Sowohl die positiven als auch die negativen Elemente solcher planerischen Aussagen weisen die Merkmale von Zielen der Raumordnung auf (vgl. BVerwG, Urteil v. 13. 3. 2003 – 4 C 4.02 –, BVerwGE 118, 33 = BRS 66 Nr. 10 = BauR 2003, 1165). Rechtliche Wirkungen können sie indes schon entfalten, bevor sie die Qualität verbindlicher Zielvorgaben i. S. des §3 Nr. 2 ROG erlangen. Denn nach §4 Abs. 4 Satz 1 ROG sind die Erfordernisse der Raumordnung bei Genehmigungen über die Zulässigkeit raumbedeutsamer Maßnahmen nach Maßgabe der für diese Entscheidungen geltenden Vorschriften zu berücksichtigen. Zu den sonstigen Erfordernissen der Raumordnung zählen nach §3 Nr. 4 ROG nicht zuletzt in Aufstellung befindliche Ziele der Raumordnung.

1.2.1 Der Senat hat bereits im Urteil vom 13. 3. 2003 (– 4 C 3.02 –, BRS 66 Nr. 11 = BauR 2003, 1172 = Buchholz 406.11 §35 BauGB Nr. 356) aus der Wertung, die der Gesetzgeber in §4 Abs. 4 Satz 1 ROG vorgenommen hat, gefolgert, daß in Aufstellung befindliche Ziele der Raumordnung als nicht benannter öffentlicher Belang i. S. des §35 Abs. 3 Satz 1 BauGB auch im Rahmen des §35 Abs. 1 BauGB von rechtlicher Bedeutung sein können, wenn den Gegenstand des Genehmigungsverfahrens eine raumbedeutsame Maßnahme i. S. des §3 Nr. 6 ROG bildet. Er hat im Urteil vom selben Tage (– 4 C 4.02 –, a. a. O.) klargestellt, daß auch die Errichtung einer einzelnen Windkraftanlage die Merkmale einer raumbedeutsamen Maßnahme erfüllen kann. Nicht bloß §35 Abs. 2 BauGB, sondern auch §35 Abs. 1 BauGB bietet die tatbestandlichen Voraussetzungen dafür, den Anforderungen des §4 Abs. 4 Satz 1 ROG Rechnung zu tragen. Nach dieser Vorschrift darf auch ein Vorhaben, das im Außenbereich an sich privilegiert zulässig ist, nicht zugelassen werden, wenn öffentliche Belange „entgegenstehen". Ob dies der Fall ist, ist im Wege einer „nachvollziehenden" Abwägung zu ermitteln (vgl. BVerwG, Urteile v. 25. 10. 1967 – 4 C 86.66 –, BVerwGE 28, 148 = BRS 18 Nr. 50; v. 19. 7. 2001 – 4 C 4.00 –, BVerwGE 115, 17 = BRS 64 Nr. 96 = BauR 2002, 41; und v. 13. 12. 2001 – 4 C 3.01 –, BRS 64 Nr. 98 = BauR 2002, 751 = Buchholz 406.11 §35 BauGB Nr. 350). Dabei sind die öffentlichen Belange je nach ihrem Gewicht und dem Grad ihrer nachteiligen Betroffenheit einerseits und das kraft der gesetzlichen Privilegierung gesteigert durchsetzungsfähige Privatinteresse an der Verwirklichung des Vorhabens andererseits einander gegenüberzustellen. Diese im Unterschied zur multipolaren planerischen Abwägung durch eine zweiseitige Interessenbewertung gekennzeichnete Entscheidungsstruktur der Zulassungsvorschrift des §35 Abs. 1 BauGB läßt vom rechtlichen Ansatz her Raum dafür, in Aufstellung befindliche Ziele als Erfordernisse der Raumordnung i. S. des §4 Abs. 4 Satz 1 ROG zu „berücksichtigen".

1.2.2 Die hiergegen erhobenen Einwände des Klägers greifen nicht durch.

1.2.2.1 §245b Abs. 1 Satz 2 BauGB i. d. F. vom 30. 7. 1996 rechtfertigt nicht die Schlüsse, die der Kläger aus ihm zieht. Diese Bestimmung ermöglichte es in Anlehnung an § 15 BauGB, die Entscheidung über die Zulässigkeit von Windkraftanlagen längstens bis zum 31. 12. 1998 auszusetzen, wenn die für die Raumordnung zuständige Stelle die Aufstellung, Änderung oder Ergänzung von Zielen der Raumordnung zu Windenergieanlagen eingeleitet hatte. Die als „Überleitungsvorschrift" gekennzeichnete Regelung des § 245 b BauGB ergänzte als flankierende Maßnahme das neue Konzept des Gesetzgebers, die Errichtung von Windkraftanlagen in § 35 Abs. 1 Nr. 7 BauGB (jetzt: § 35 Abs. 1 Nr. 5 BauGB) zu privilegieren, gleichzeitig aber neben den Gemeinden auch den für die Raumordnung zuständigen Stellen durch Ausweisungen von Konzentrationszonen mit Ausschlußwirkung für den übrigen Planungsraum ein Steuerungsmittel an die Hand zu geben. Der Gesetzgeber beschränkte die Wirkungen dieses speziellen Sicherungsinstruments auf den Zeitraum bis zum 31. 12. 1998. Ob und wie die für die Raumordnung zuständigen Stellen nach diesem Termin ihre planerischen Aktivitäten bei der Aufstellung von Zielen im Rahmen des § 7 Abs. 4 Satz 1 Nr. 1 und Satz 2 ROG sicherten, richtete sich nach den insoweit einschlägigen allgemeinen Vorschriften des Bauplanungs- und des Raumordnungsrechts (vgl. BVerwG, Urteil v. 19. 2. 2004 – 4 CN 13.03 –, BauR 2004, 1256 = NVwZ 2004, 984; Beschluß v. 25. 11. 2003 – 4 BN 60.03 –, BauR 2004, 634 = NVwZ 2004, 477).

1.2.2.2 § 35 Abs. 3 Satz 2 und 3 BauGB läßt sich entgegen der Auffassung des Klägers ebenfalls nicht als Argument gegen die Berücksichtigung in Aufstellung befindlicher Ziele der Raumordnung im Baugenehmigungsverfahren ins Feld führen. Satz 2 setzt ebenso wie Satz 3 verbindlich gewordene Zielfestlegungen voraus. Es deutet nichts darauf hin, daß diese Bestimmungen im Regelungskonzept des § 35 BauGB als abschließende Raumordnungsklauseln zu verstehen sind. § 4 Abs. 4 Satz 1 ROG macht vielmehr deutlich, daß im Fachrecht nicht bloß verbindliche Zielfestlegungen, sondern auch in Aufstellung befindliche Ziele der Raumordnung relevant sein können. Der unterschiedlichen rechtlichen Qualität trägt der Gesetzgeber dadurch Rechnung, daß Ziele, deren endgültige rechtliche Verfestigung noch aussteht, im Anwendungsbereich des § 35 Abs. 3 Satz 1 BauGB lediglich eine Berücksichtigungspflicht begründen.

1.2.2.3 Auch aus der raumordnungsrechtlich eröffneten Möglichkeit, raumbedeutsame Maßnahmen unter bestimmten Voraussetzungen zu untersagen, läßt sich entgegen der Ansicht des Klägers keine Sperrwirkung ableiten, die verhindert, ein in Aufstellung befindliches Ziel der Raumordnung als öffentlichen Belang i. S. des § 35 Abs. 3 Satz 1 BauGB einzustufen. Nach § 12 Abs. 1 Nr. 2 ROG ist u. a. vorzusehen, daß die in § 4 Abs. 1 und 3 ROG bezeichneten raumbedeutsamen Maßnahmen zeitlich befristet untersagt werden können, wenn zu befürchten ist, daß die Verwirklichung in Aufstellung, Änderung, Ergänzung oder Aufhebung befindlicher Ziele der Raumordnung unmöglich gemacht oder wesentlich erschwert werden würde. Eine solche befristete Untersagung kann nach § 12 Abs. 2 ROG auch bei behördlichen Entscheidungen über die Zulässigkeit raumbedeutsamer Maßnahmen von Personen des Privatrechts erfolgen, wenn die Ziele der Raumordnung bei der Genehmigung der Maßnahme nach § 4 Abs. 4 ROG rechtserheblich sind. Zu den in dieser Vorschrift angesprochenen Entscheidungen gehört nicht zuletzt die Baugenehmigung, sofern eine raumbedeutsame Maßnahme den Genehmigungsgegenstand bildet.

Die raumordnungsrechtliche Untersagung beansprucht gegenüber der auf ein in Aufstellung befindliches Ziel der Raumordnung gestützten Genehmigungsversagung keinen Vorrang. Sie dient einem anderen Schutzzweck. Die befristete Untersagung, deren Höchstdauer zwei Jahre nicht überschreiten darf (vgl. § 12 Abs. 4 ROG; § 19 Abs. 3 Nr. 2 LPlG 2003; § 19 Abs. 3 Satz 1 und 2 LPlG 1977), ist der Zurückstellung nach § 15 BauGB vergleichbar. Sie stellt ein Sicherungsmittel dar, mit dessen Hilfe sich verhindern läßt, daß die Verwirklichung zukünftiger Ziele bereits im Vorfeld der Planung vereitelt oder wesentlich erschwert wird. § 35 Abs. 3 Satz 1 BauGB hat, soweit er es i. V. m. § 4 Abs. 4 Satz 1 ROG ermöglicht, in Aufstellung befindliche Ziele der Raumordnung als Zulassungshindernis zu berücksichtigen, eine andere Funktion. Er ist nicht als Mittel der Planungssicherung konzipiert. Vielmehr dient er erklärtermaßen dem Schutz öffentlicher Belange. Zur Wahrung des Grundanliegens, den Außenbereich weitestmöglich von Bebauung freizuhalten, zählt er beispielhaft die Schutzgüter auf, die es grundsätzlich rechtfertigen, die Verwirklichung von Bauvorhaben abzuwehren. Mit dieser Schutzrichtung fügt er sich in das Schutzkonzept des Raumordnungsrechts ein, in dem einer der Grundpfeiler ebenfalls darin besteht, die Freiraumstruktur zu sichern (vgl. § 7 Abs. 2 Satz 1 Nr. 2 ROG). Wie aus § 4 Abs. 4 Satz 1 ROG zu ersehen ist, mißt der Gesetzgeber der koordinierenden Funktion der Raumordnung, die er in § 1 Abs. 1 Satz 1 ROG selbst als zusammenfassende übergeordnete Planung kennzeichnet, bereits in der Entstehungsphase von Zielbestimmungen maßgebliche Bedeutung bei. Die steuernde Kraft, die Ziele der Raumordnung nach § 3 Nr. 2 ROG als „verbindliche Vorgaben" haben, dokumentiert sich im Aufstellungsverfahren in rechtserheblichen Vorwirkungen als sonstige „Erfordernisse" der Raumordnung i. S. des § 3 Nr. 4 ROG. Dieser ausdrücklichen gesetzgeberischen Wertung ist im Rahmen der Zulassungsentscheidung nach § 35 BauGB Rechnung zu tragen.

Die Überlegungen, die der Kläger in diesem Zusammenhang zum Planungsschadensrecht anstellt, rechtfertigen keine abweichende Beurteilung. Die landesplanerische Untersagung wäre allenfalls dann als vorrangiges Handlungsinstrument anzusehen, wenn sie geeignet wäre, in entsprechender Anwendung der §§ 39 und 42 BauGB Entschädigungsansprüche auszulösen. Das trifft indes nicht zu. § 39 BauGB scheidet als Anspruchsgrundlage von vornherein aus, da er als Vertrauenstatbestand einen rechtsverbindlichen Bebauungsplan voraussetzt. Auch § 42 BauGB ist unergiebig. Diese Vorschrift knüpft die Entschädigungspflicht allgemein an die Aufhebung oder die Änderung einer zulässigen Nutzung. Der Senat hat es im Urteil vom 19. 9. 2002 (– 4 C 10.01 –, BVerwGE 117, 44 = BRS 65 Nr. 102 = BauR 2003, 223) für möglich gehalten, daß § 42 BauGB ein weites Verständnis des Entzugs von Nutzungsmöglichkeiten zugrunde liegt (vgl. auch BGH, Urteile v. 12. 6. 1975 – III ZR 158/72 –, BGHZ 64, 366, und v. 1. 10. 1981 – III ZR 109/80 –, BGHZ 81, 374). Diese Sichtweise hat sich der Bundestagsausschuß für Verkehr, Bau- und Wohnungswesen im Rahmen der Erörterungen zum Entwurf des EAGBau unter Hinweis auf das Urteil des BGH vom 10. 4. 1997 (– III

ZR 104/96 –, BGHZ 135, 192) nicht zu Eigen gemacht (BT-Drucks. 15/2996, S. 62). Nach seiner Auffassung haben die Nutzungsmöglichkeiten, die § 35 BauGB eröffnet, nicht die in § 42 BauGB vorausgesetzte Qualität einer eigentumsrechtlichen Rechtsposition. Vorhaben im Außenbereich sind nicht ohne weiteres zulässig, denn sie stehen unter dem Vorbehalt der Nichtbeeinträchtigung (Abs. 2) bzw. des Nichtentgegenstehens (Abs. 1) öffentlicher Belange. Windkraftanlagen weisen überdies die Besonderheit auf, daß sie zwar seit dem 1. 1. 1997 privilegiert zulässig sind, seit diesem Zeitpunkt aber auch dem Planvorbehalt des § 35 Abs. 3 Satz 3 BauGB unterworfen sind.

Im übrigen übersieht der Kläger, daß eine in Umsetzung des § 12 Abs. 2 ROG ausgesprochene landesplanerische Untersagung sich selbst bei weitestgehendem Verständnis des § 42 BauGB deshalb nicht als eine Aufhebung oder Änderung der zulässigen Nutzung werten läßt, weil sie sich in einer bloßen Sicherungsfunktion erschöpft. In ihren Wirkungen ist sie der Zurückstellung und der Veränderungssperre i. S. der §§ 14 und 15 BauGB vergleichbar. Sie hat zur Folge, daß ein ansonsten zulässiges Vorhaben einer Privatperson nicht zugelassen werden kann. Von daher hat sie zwar den Charakter einer Inhalts- und Schrankenbestimmung i. S. des Art. 14 Abs. 1 Satz 2 GG. Dem Betroffenen wird jedoch kein unverhältnismäßiges Opfer auferlegt, wenn ihm ein finanzieller Ausgleich versagt wird. Wie aus § 18 BauGB zu ersehen ist, geht der Gesetzgeber davon aus, daß eine rechtmäßige Veränderungssperre – ggf. unter Anrechnung einer Zurückstellung – eine Entschädigungspflicht erst auslöst, wenn sie länger als vier Jahre dauert. Dies wird von der Rechtsprechung gebilligt (vgl. BVerwG, Urteil v. 10. 9. 1976 – 4 C 39.74 –, BVerwGE 51, 121 = BRS 30 Nr. 76 = BauR 1977, 31; BGH, Urteil v. 14. 12. 1978 – III ZR 77/76 –, BGHZ 73, 161). Die landesplanerische Untersagung bietet nach der Wertung, die dieser gesetzgeberischen Entscheidung zugrunde liegt, noch weniger als § 18 BauGB, Anlaß zu etwaigen Bedenken. Denn ihre Höchstdauer ist nach § 12 Abs. 4 ROG von vornherein auf zwei Jahre begrenzt. Folgerichtig hat der Bundesgesetzgeber bei der Schaffung des Raumordnungsgesetzes 1998 darauf verzichtet, Entschädigungsfragen zu thematisieren. Wie aus der Regierungsvorlage zu § 12 erhellt, beruht dies auf der Erwägung, daß „die Grenze zur Entschädigungspflicht, gemessen an den Fristen des § 18 BauGB, nicht überschritten wird" (BT-Drucks. 13/6392, S. 86). Daran vermag auch der Umstand nichts zu ändern, daß sich der Kläger für die Ansicht stark macht, die Windenergienutzung von sonstigen Grundstücksnutzungen zu unterscheiden und als Ausübung einer von ihm als „Windabschöpfungsrecht" bezeichneten Berechtigung zu qualifizieren, die nach seiner Einschätzung dem Schürf- und Ausbeutungsrecht nach dem Bundesberggesetz vergleichbar ist.

1.2.2.4 Der wahlweise Rückgriff auf das raumordnungsrechtliche Planungssicherungsinstrument der Untersagung und das ordnungsrechtliche Mittel der Baugenehmigungsversagung stellt entgegen der Auffassung des Klägers keinen Fremdkörper im Rechtssystem dar. Über § 4 Abs. 4 Satz 1 ROG hinaus können im Anwendungsbereich des § 35 BauGB auch sonstige noch nicht abgeschlossene Planungsverfahren als Zulassungshindernis in Betracht kommen. Bei der Prüfung der Zulässigkeit eines Außenbereichsvorhabens kann als unbenannter öffentlicher Belang i. S. des § 35 Abs. 3 Satz 1 BauGB ein in Aufstellung befindlicher Bebauungsplan ebenso durchschlagen wie eine noch nicht zur förmlichen Planfeststellung gediehene Fachplanung, ohne daß sich der Planungsträger darauf verweisen lassen muß, von der der raumordnerischen Untersagung vergleichbaren Möglichkeit der Veränderungssperre (vgl. § 14 BauGB, § 9 a FStrG) Gebrauch zu machen (vgl. BVerwG, Urteile v. 8. 2. 1974 – 4 C 77.71 –, BRS 28 Nr. 48 = BauR 1974, 257 = Buchholz 406. 11 § 35 BBauG Nr. 107, und v. 29. 10. 1969 – 4 C 44.68 –, BVerwGE 34, 146 = BRS 22 Nr. 82).

1.2.3 Das Berufungsgericht hat nicht verkannt, daß ein in Aufstellung befindliches Ziel der Raumordnung bestimmten Anforderungen genügen muß, um im Zulassungsregime des § 35 BauGB relevant zu sein.

1.2.3.1 Erforderlich ist zum einen ein Mindestmaß an inhaltlicher Konkretisierung. Der Gesetzgeber läßt es nicht mit der Aufstellung eines Raumordnungsplans bewenden. Es genügt nicht der Hinweis des Trägers der Raumordnungsplanung, einen Aufstellungsbeschluß gefaßt oder einen sonstigen Akt vollzogen zu haben, der sich als Einleitung eines Planungsverfahrens werten läßt. Der Gesetzgeber knüpft nach Maßgabe des § 4 Abs. 4 Satz 1 ROG Rechtsfolgen allein an die Zielaufstellung. Dabei kommen aus dem Kreis etwaiger in Aufstellung befindlicher Ziele nur solche als Zulassungshindernis in Betracht, die geeignet sind, ohne weiteren planerischen Zwischenschritt unmittelbar auf die Zulassungsentscheidung durchzuschlagen. Das zukünftige Ziel muß bereits so eindeutig bezeichnet sein, daß es möglich ist, das Bauvorhaben, das den Gegenstand eines bauordnungsrechtlichen Zulassungsverfahrens bildet, an ihm zu messen und zu beurteilen, ob es mit ihm vereinbar wäre. Die insoweit erforderliche Detailschärfe weist es erst auf, wenn es zeichnerisch oder verbal so fest umrissen ist, daß es anderen Behörden und der Öffentlichkeit zur Kenntnis gebracht werden kann. Dieses Stadium der Verlautbarungsreife ist regelmäßig erreicht, wenn es im Rahmen eines Beteiligungsverfahrens zum Gegenstand der Erörterung gemacht werden kann.

1.2.3.2 Das Berufungsgericht ist indes zu Recht bei dem Erfordernis inhaltlicher Konkretisierung nicht stehen geblieben. Es hat die Berücksichtigungsfähigkeit eines in Aufstellung befindlichen Ziels als öffentlichen Belang im Rahmen des § 35 BauGB vielmehr von einer zusätzlichen Voraussetzung abhängig gemacht. Der inhaltlich konkretisierte Entwurf der Zielfestlegung muß die hinreichend sichere Erwartung rechtfertigen, daß er über das Entwurfsstadium hinaus zu einer verbindlichen Vorgabe i. S. des § 3 Nr. 2 ROG erstarken wird. Es würde dem Gewährleistungsgehalt des Art. 14 Abs. 1 Satz 1 GG zuwider laufen, ein ansonsten zulässiges Vorhaben an Zielvorstellungen des Planungsträgers scheitern zu lassen, bei denen noch nicht absehbar ist, ob sie je als zukünftiges Ziel der Raumordnung Außenwirksamkeit entfalten werden. Die Planung muß ein genügendes Maß an Verläßlichkeit bieten, um auf der Genehmigungsebene als Versagungsgrund zu dienen. Diesem Erfordernis ist erst dann genügt, wenn ein Planungsstand erreicht ist, der die Prognose nahe legt, daß die ins Auge gefaßte planerische Aussage Eingang in die endgültige Fassung des Raumordnungsplans finden wird. Davon kann keine

Rede sein, solange der Abwägungsprozeß gänzlich offen ist. Gerade bei Plänen, die auf der Grundlage des §35 Abs. 3 Satz 3 BauGB aufgestellt werden, bedarf es eines Gesamtkonzepts, das dadurch gekennzeichnet ist, daß eine positive Ausweisung, die für eine bestimmte Nutzung substanziellen Raum schafft, mit einer Ausschlußwirkung an anderer Stelle kombiniert wird. Diese Wechselbezüglichkeit von positiver und negativer Komponente bringt es i. d. R. mit sich, daß der Abwägungsprozeß weit fortgeschritten sein muß, bevor sich hinreichend sicher abschätzen läßt, welcher der beiden Gebietskategorien ein im Planungsraum gelegenes einzelnes Grundstück zuzuordnen ist.

Das bedeutet freilich nicht zwangsläufig, daß die zukünftige Ausschlußwirkung eines in Aufstellung befindlichen Ziels einem Außenbereichsvorhaben erst dann entgegengehalten werden kann, wenn der Planungsträger die abschließende Abwägungsentscheidung getroffen hat und es nur noch von der Genehmigung und der Bekanntmachung abhängt, daß eine Zielfestlegung entsteht, die die in §35 Abs. 3 Satz 3 BauGB genannten Merkmale aufweist. Läßt sich bereits zu einem früheren Zeitpunkt absehen, daß die Windkraftanlage auf einem Grundstück errichtet werden soll, das in einem Raum liegt, der für eine Windenergienutzung von vornherein tabu ist oder aus sonstigen Gründen erkennbar nicht in Betracht kommt, so ist das insoweit in Aufstellung befindliche Ziel der Raumordnung schon in dieser Planungsphase im Baugenehmigungsverfahren berücksichtigungsfähig. Ob und wie lange vor der abschließenden Beschlußfassung sich die Planung ggf. in Richtung Ausschlußwirkung verfestigen kann, beurteilt sich nach den jeweiligen Verhältnissen vor Ort. Je eindeutiger es nach den konkreten Verhältnissen auf der Hand liegt, daß der Bereich, in dem das Baugrundstück liegt, Merkmale aufweist, die ihn als Ausschlußzone prädestinieren, desto eher ist die Annahme gerechtfertigt, der Plangeber werde diesem Umstand in Form einer negativen Zielaussage Rechnung tragen. Zur Zeit des Berufungsurteils hatte die Beigeladene zu 2 sogar schon eine abschließende Entscheidung über Zahl, Lage und Größe der für die Windenergienutzung vorgesehenen und der von Windkraftanlagen grundsätzlich freizuhaltenden Flächen getroffen. Jedenfalls zu diesem Zeitpunkt konnte der Kläger nach den Feststellungen der Vorinstanz nicht mehr mit einer Einbeziehung des Baugrundstücks in das in der Nachbarschaft ausgewiesene Vorranggebiet rechnen.

1.2.3.3 Beizupflichten ist auch der Auffassung des Berufungsgerichts, daß ein in Aufstellung befindliches Ziel einem privilegiertem Vorhaben nur dann als öffentlicher Belang entgegengehalten werden kann, wenn davon auszugehen ist, daß es so, wie es im Entwurfsstadium vorliegt, wird rechtliche Verbindlichkeit erlangen können. Um im Anwendungsbereich des §35 Abs. 3 Sätze 2 und 3 BauGB als Zulassungshindernis in Betracht zu kommen, genügt es nicht, daß eine planerische Vorgabe die äußerlichen Merkmale eines Ziels der Raumordnung aufweist. Die Zielfestlegung muß wirksam sein. Ein in Aufstellung befindliches Ziel kann insoweit keine vergleichsweise stärkeren rechtlichen Wirkungen erzeugen. Seine Verhinderungskraft kann nicht weitergehen als die der späteren endgültigen Zielfestlegung. Das Berufungsgericht ist deshalb zu Recht der Frage nachgegangen, ob dem Planentwurf

Mängel anhaften, die sich als formelles oder materielles Wirksamkeitshindernis erweisen können. Die gegen das Ergebnis dieser Prüfung gerichteten Angriffe des Klägers gehen fehl. Das gilt insbesondere für die Kritik am förmlichen Ablauf des Aufstellungsverfahrens. Der Kläger stellt selbst nicht in Abrede, daß die durch die Planung berührten Behörden beteiligt worden sind und die betroffenen Gemeinden Gelegenheit gehabt haben, zu den sie berührenden Zielaussagen Stellung zu nehmen. Er bestreitet auch nicht, daß die Öffentlichkeit in die von ihm bekämpfte Planung einbezogen worden ist. Wie der Planungsträger hierbei im einzelnen vorzugehen hatte, richtete sich nach dem insoweit einschlägigen Landesplanungsrecht. Ob das Berufungsgericht dieses Recht zutreffend ausgelegt und angewandt hat, entzieht sich revisionsgerichtlicher Überprüfung.

Auch die materiellrechtliche Beurteilung der Vorinstanz bietet revisionsrechtlich keinen Anlaß zu Bedenken.

Wie aus § 1 Abs. 1 ROG zu ersehen ist, hat die Raumordnung Planungscharakter. Pläne, die auf dieser Planungsstufe aufgestellt werden, sind Abwägungsprodukte, die nach den in der Rechtsprechung zum Abwägungsgebot entwickelten Grundsätzen gerichtlicher Prüfung unterliegen. Der Kläger zeigt indes keinen Abwägungsmangel auf. Für ein Abwägungsdefizit ist ebenso wenig ersichtlich wie für eine Fehlgewichtung einzelner Belange.

Welche Rolle im Rahmen der Raumordnungsplanung naturschutzrechtliche Schutzgebietsausweisungen und die gemeindliche Bauleitplanung spielen, hängt von der konkreten Planungssituation ab. Ob ein Landschaftsschutzgebiet als Taburaum zu betrachten ist, richtet sich nach dem jeweils maßgeblichen Schutzregime. Wie weit das in § 1 Abs. 3 ROG verankerte Gegenstromprinzip es rechtfertigt, gemeindlichen Planungen als teilräumlichen Gegebenheiten Rechnung zu tragen, bestimmt sich nach den Erfordernissen des Gesamtraums. Das Berufungsgericht hat dargelegt, weshalb die Beigeladene zu 2 dem Interesse an der Wahrung der Integrität des Landschaftsschutzgebiets „Naturpark Nordeifel" erhebliches Gewicht beimessen durfte und berechtigten Anlaß hatte, auf die an der ursprünglichen Teilfortschreibung Windkraft orientierte Bauleitplanung Rücksicht zu nehmen. Daß der Kläger diese Einschätzung nicht teilt, läßt sich nicht als Beleg für einen Abwägungsfehler werten. Es deutet auch nichts darauf hin, daß die Vorinstanz die Bedeutung der privaten Belange verkannt haben könnte. Das Berufungsgericht hat im Anschluß an die Senatsrechtsprechung ausdrücklich hervorgehoben, daß sich das Zurücktreten der Privilegierung in Teilen des Planungsgebiets nach der Wertung des Gesetzgebers nur dann rechtfertigen läßt, wenn die Planung die Gewähr dafür bietet, daß sich die betroffenen Vorhaben an anderer Stelle gegenüber konkurrierenden Nutzungen durchsetzen. Der Träger der Raumordnungsplanung darf das Instrumentarium, das ihm das Raumordnungsrecht an die Hand gibt, nicht für eine „Verhinderungsplanung" mißbrauchen (vgl. BVerwG, Urteile v. 17.12.2002 – 4 C 15.01 –, BVerwGE 117, 287 = BRS 65 Nr. 95 = BauR 2003, 828 und v. 13.3.2003 – 4 C 4.02 —, a. a. O.). Das Berufungsgericht hat näher begründet, warum das im Aufstellungsverfahren entwickelte Konzept der Regionalvertretung, durch das Standorte für mehr als 500 Windkraftanlagen gesichert werden, nicht auf eine „Feigenblattplanung" hinausläuft, obwohl der Vorrangflächenanteil lediglich 0,49% des Plangebiets ausmacht. ...

Die Rechtsprechung des erkennenden Senats steht dieser Würdigung nicht entgegen. In den Urteilen vom 17. 12. 2002 und vom 13. 3. 2003 wird darauf hingewiesen, daß sich der gemessen an der Gesamtfläche geringe Umfang einer Positivausweisung, isoliert betrachtet, nicht als Indiz oder gar Beleg für eine verkappte Verhinderungsplanung werten läßt. Der Kläger beschränkt sich darauf, der Würdigung der Vorinstanz seine eigene abweichende Einschätzung entgegenzuhalten. Die von ihm ins Feld geführten Argumente sind nicht geeignet, ein Abwägungsdefizit zu Lasten der Windenergienutzung aufzuzeigen. Sie sind bereits im Ansatz verfehlt. Es versteht sich von selbst, daß der Planungsträger nicht verpflichtet ist, überall dort Vorranggebiete festzulegen, wo Windkraftanlagen bereits vorhanden sind. Der Gesetzgeber sieht es als berechtigtes öffentliches Anliegen an, die Windenergienutzung zu kanalisieren und Fehlentwicklungen gegenzusteuern. Dieses Ziel ließe sich nicht erreichen, wenn sich die Flächenauswahl nach den Standorten vorhandener Windkraftanlagen zu richten hätte. Trägt der Planungsträger der Kraft des Faktischen dadurch Rechnung, daß er bereits errichtete Anlagen in sein Konzentrationszonenkonzept mit einbezieht, so ist es ihm unbenommen, sich bei der Gebietsabgrenzung an dem vorhandenen Bestand auszurichten und das vom Kläger angesprochene „Repowering"-Potential auf diesen räumlichen Bereich zu beschränken. Schafft er auf diese Weise im Sinne der Senatsrechtsprechung für die Windenergienutzung substanziellen Raum, so braucht er nicht darüber hinaus durch einen großzügigen Gebietszuschnitt den Weg für den Bau neuer Anlagen freizumachen, die für ein späteres „Repowering" zusätzliche Möglichkeiten eröffnen.

1.2.3.4 Nach der Darstellung des Berufungsgerichts überwiegt der öffentliche Belang, der sich als Ausschlußkriterium in dem in Aufstellung befindlichen Ziel der Raumordnung dokumentiert, das Interesse des Klägers, das Baugrundstück für Zwecke der Windenergienutzung in Anspruch zu nehmen. Den Entscheidungsgründen des angefochtenen Urteils ist zu entnehmen, daß der für die Errichtung der Windkraftanlage vorgesehene Standort im Geltungsbereich der Landschaftsschutzverordnung „Naturpark Nordeifel" liegt, in dem es verboten ist, die Natur zu schädigen, das Landschaftsbild zu verunstalten oder den Naturgenuss zu beeinträchtigen. Eine der „Leitlinien" der Raumordnungsplanung war es, diesen förmlich unter Schutz gestellten Bereich von Windkraftanlagen freizuhalten. Allerdings ließ die Beigeladene zu 2 schon in der Anfangsphase des Aufstellungsverfahrens erkennen, daß sie trotz der Schutzgebietsfestsetzung bereit war, in der Nachbarschaft der als Baugrundstück vorgesehenen Parzelle ein Vorranggebiet für die Windenergienutzung auszuweisen. Dies beruhte nach den vom Berufungsgericht getroffenen Feststellungen indes ausschließlich auf der Erwägung, daß dort bereits genehmigte Windkraftanlagen vorhanden waren, die es nach der Einschätzung des Planungsträgers rechtfertigten, einen „Ausnahmefall" anzuerkennen. Die Beigeladene zu 2 hatte keinen erkennbaren Anlaß, über die Bestandssicherung hinaus Raum für zusätzliche Anlagen zu schaffen.

1.2.4 Der rechtlichen Argumentation des Berufungsgerichts ist nicht dadurch nachträglich der Boden entzogen worden, daß sich die Rechtslage insofern geändert hat, als der regionale Raumordnungsplan für den Teilbereich Windenergie im Laufe des Revisionsverfahrens in Kraft getreten ist. Der Kläger macht selbst nicht geltend, daß die zur Außenwirksamkeit erforderlichen Verfahrensschritte der Genehmigung und der Bekanntmachung, die im Zeitpunkt der Entscheidung der Vorinstanz noch ausstanden, inzwischen aber vollzogen worden sind, Mängel aufweisen. Sein Vorbringen bietet auch keine Anhaltspunkte dafür, daß die materiellrechtlichen Erwägungen, die das Berufungsgericht im Vorgriff auf die endgültige Zielfestlegung angestellt hat, nicht mehr geeignet sind, das Berufungsurteil zu tragen.

2. Die Revision des Beklagten ist zulässig und begründet. Soweit die Vorinstanz auf den Hilfsantrag des Klägers hin festgestellt hat, „daß der in Aufstellung befindliche Regionalplan – Teilfortschreibung Windkraft – der Region Trier bis zur Beschlußfassung der Regionalvertretung vom Dezember 2003 der beantragten Baugenehmigung nicht entgegenstand", verstößt das angefochtene Urteil gegen Bundesrecht. Das Berufungsgericht hätte der auf dieses Ziel gerichteten Klage nicht stattgeben dürfen. Das Prozeßrecht bietet für einen solchen Ausspruch keine Stütze. Der Feststellungsantrag ist unzulässig.

2.1 § 113 Abs. 1 Satz 4 VwGO ermöglicht in analoger Anwendung die Feststellung, daß die Versagung des Verwaltungsakts rechtswidrig gewesen ist. Das Berufungsgericht erfaßt mit seinem Tenor indes nur einen Teilausschnitt aus dem Rechtswidrigkeitsspektrum. Es bringt zum Ausdruck, daß der in Aufstellung befindliche Regionalplan bis zum Dezember 2003 der beantragten Baugenehmigung nicht entgegenstand. Zu der Frage, ob die Genehmigung zu diesem Zeitpunkt aus sonstigen Gründen zu Recht oder zu Unrecht versagt worden ist, äußert es sich nicht. Diese Prüfung erübrigte sich schon deshalb nicht, weil der Beklagte die fehlende Genehmigungsfähigkeit des Bauvorhabens bis zum Dezember 2003 nicht bloß unter Hinweis auf die Planung der Beigeladenen zu 2 aus einem in Aufstellung befindlichen Ziel der Raumordnung, sondern aus verschiedenen sonstigen Zulassungshindernissen herleitet.

2.2 Auch auf der Grundlage des § 43 Abs. 1 VwGO muß der Hilfsantrag erfolglos bleiben. Dahinstehen kann, ob er auf die Feststellung eines Rechtsverhältnisses abzielt. Die begehrte Feststellung erschöpft sich darin, daß dem Bauvorhaben zu einem bestimmten Zeitpunkt ein näher bezeichneter öffentlicher Belang nicht i. S. des § 35 Abs. 1 BauGB entgegengestanden habe. Jedenfalls hat der Kläger kein berechtigtes Interesse an der von ihm begehrten Feststellung. Er betrachtet den anhängigen Rechtsstreit als einen Baustein auf dem Wege zu einem Folgeprozeß, in dem er Entschädigungsansprüche auf der Grundlage der §§ 39 ff. BauGB geltend zu machen beabsichtigt. Für einen etwaigen Planungsschaden müßte indes nicht der Beklagte einstehen. Anspruchsgegner wäre vielmehr die Beigeladene zu 2, die nach § 16 Abs. 1 LPlG 1977 bzw. § 15 Abs. 1 LPlG 2003 die Stellung einer selbständigen Körperschaft des öffentlichen Rechts hat. Zwar kann zum Gegenstand einer Feststellungsklage grundsätzlich auch ein Rechtsverhältnis gemacht werden, das nicht zwischen den Parteien, sondern zwischen dem Kläger und einem Dritten besteht. Voraussetzung hierfür aber ist, daß der Kläger gerade gegenüber dem Beklagten ein Interesse daran hat, insoweit eine Klärung herbeizuführen. Das ist nur dann der Fall, wenn das Drittrechtsverhältnis auch für die Rechtsbeziehungen der Parteien untereinander von Bedeutung ist (vgl. BVerwG, Urteile v. 25.2.1970 – 6 C 125.67 –, NJW 1970, 2260, und v. 27.6.1997 – 8 C 23.96 –, NJW 1997, 3257; vgl. auch BGH, Urteile v. 8.7.1983 – V ZR 48/82 –, NJW 1984, 2950, und v. 18.3.1996 – II ZR 10/95 –, NJW-RR 1996, 869). Anhaltspunkte, die im Verhältnis des Klägers zum Beklagten in diese Richtung weisen, sind weder vorgetragen worden noch sonst aus den Umständen ersichtlich.

Nr. 108

Weist der Raumordnungsplan Vorranggebiete aus, die der Nutzung der Windenergie im Plangebiet substanziell Raum schaffen, stehen Flächen, auf denen die Träger der Flächennutzungsplanung weitere Standorte für Windenergieanlagen ausweisen dürfen (sog. „weiße" Flächen), der Ausschlusswirkung des § 35 Abs. 3 Satz 3 BauGB nicht entgegen. Die Ausschlusswirkung erstreckt sich allerdings nur auf die Gebiete, die der Plan als Ausschlusszone festschreibt. Die „weißen" Flächen erfasst sie nicht, weil es in Bezug auf diese Flächen an einer abschließenden raumordnerischen Entscheidung fehlt.

BauGB § 35 Abs. 1 Nr. 5, Abs. 3 Satz 1, Satz 3.

Bundesverwaltungsgericht, Beschluss vom 28. November 2005 – 4 B 66.05 –.

(Bayerischer VGH)

Aus den Gründen:
1. Die Frage, ob eine regionalplanerische Zielausweisung, bei der weniger als 0,15 % der Gesamtfläche als Vorrangfläche für die Windkraftnutzung ausgewiesen wird und dem ca. 80 % der Gesamtfläche als Ausschlussfläche entgegengesetzt werden, grundsätzlich eine unzulässige Verhinderungsplanung darstellt, rechtfertigt nicht die Zulassung der Revision wegen grundsätzlicher Bedeutung der Rechtssache (§ 132 Abs. 2 Nr. 1 VwGO). In der Rechtsprechung des Senats ist geklärt, dass sich nicht abstrakt bestimmen lässt, wo die Grenze zur unzulässigen „Negativplanung" verläuft (vgl. BVerwG, Urteil v. 13.3.2003 – 4 C 4.02 –, BVerwGE 118, 33, 47 = BRS 66 Nr. 10 = BauR 2003, 1165). Maßgeblich sind die tatsächlichen Verhältnisse im jeweiligen Planungsraum, Größenangaben sind, isoliert betrachtet, als Kriterium ungeeignet (vgl. BVerwG, Urteil v. 17.12.2002 – 4 C 15.01 –, BVerwGE 117, 287, 295 = BRS 65 Nr. 95 = BauR 2003, 828). Einen Bedarf für eine Korrektur dieser Rechtsprechung zeigt die Beschwerde nicht auf.
Zur Zulassung der Revision nötigt ferner nicht die Frage, ob einem Windkraftvorhaben ein in Aufstellung befindliches Ziel der Raumordnung in einem

künftigen Regionalplan i. S. des § 35 Abs. 3 Satz 1 BauGB auch dann entgegenstehen kann, wenn die Positivausweisungen für die Windkraftnutzung ohne Rücksicht auf § 10 Abs. 4 EEG erfolgt sind und ernstlich zu befürchten ist, dass in den ausgewiesenen Gebieten keine der gängigen Windkraftanlagen die gesetzlich vorgeschriebene Mindestvergütung nach § 10 EEG erhalten wird und damit letztlich faktisch ausgeschlossen ist, dass dort jemals Windkraftanlagen errichtet werden. Wie die Beschwerde einräumt, hat der Senat bereits entschieden (vgl. BVerwG, Urteil v. 19. 2. 2004 – 4 CN 16.03 –, BRS 67 Nr. 11 = BauR 2004, 1252, NVwZ 2004, 858, 859), dass das EEG die Abnahme und Vergütung von Strom, jedoch keine bauplanungsrechtlichen Fragen regelt. Daran hat sich durch die Verschärfung der Voraussetzungen für die Mindestvergütung nichts geändert. ...

2. Die Revision ist auch nicht nach § 132 Abs. 2 Nr. 2 VwGO wegen einer Abweichung der angefochtenen Entscheidung von einer höchstrichterlichen Entscheidung zuzulassen. Der Tatbestand der Divergenz ist nicht erfüllt, weil das Berufungsgericht nicht in Anwendung derselben Rechtsvorschrift mit einem seine Entscheidung tragenden Rechtssatz einem ebensolchen Rechtssatz in einer Entscheidung des Bundesverwaltungsgerichts widersprochen hat.

Die Beschwerde entnimmt dem Berufungsurteil den Rechtssatz, ein Raumordnungsplan könne auch dann eine Ausschlusswirkung nach § 35 Abs. 3 BauGB entfalten, wenn lediglich für eine Teilfläche eine abschließende raumordnerische Entscheidung getroffen und daher nur für einen Teilraum ein schlüssiges Planungskonzept festgelegt und umgesetzt wurde und die Frage der Zulässigkeit von Windkraftanlagen in den übrigen Gebieten der kommunalen Planungshoheit vorbehalten bleibt. Sie sieht darin eine Divergenz zum amtlichen Leitsatz im Urteil des Senats vom 13. 3. 2003 (– 4 C 3.02 –, BRS 66 Nr. 11 = BauR 2003, 1172), dass ein Raumordnungsplan die Ausschlusswirkung des § 35 Abs. 3 Satz 3 BauGB nicht entfalten kann, wenn in einem die Standorte für Windenergieanlagen ausweisenden Raumordnungsplan für bestimmte Flächen noch keine abschließende raumordnerische Entscheidung getroffen ist und es daher an einem schlüssigen gesamtplanerischen Konzept fehlt.

Die von der Beschwerde behauptete Divergenz liegt nicht vor. Das Berufungsgericht ist davon ausgegangen, dass der Nutzung der Windenergie durch die Ausweisung von Vorrangflächen (600 ha) ausreichend Raum verschafft wird. Die Vorbehaltsflächen (400 ha) und die unbeplanten Gebiete (85 000 ha) hat es nicht zu den Positivflächen gezählt, denn es zitiert für seine Schlussfolgerung, die Planung laufe erkennbar nicht auf eine „Verhinderungs-" oder „Feigenblattplanung" hinaus, u. a. die Urteile des Senats vom 13. 3. 2003 (– 4 C 4.02 –, BVerwGE 118, 33 = BRS 66 Nr. 10 = BauR 2003, 1165) und des 20. Senats des VGH München vom 8. 12. 2003 (– 20 N 01.2612 –, BRS 66 Nr. 12). Die Entscheidung des beschließenden Senats macht die Ausschlusswirkung ausdrücklich davon abhängig, dass der Windenergie durch die Ausweisung von Vorrangflächen in substanzieller Weise Raum gegeben wird; Vorbehaltsgebiete seien in der Bilanz von Positiv- und Negativflächen nicht als Positivausweisung zu werten (a. a. O., 47 f.). Auch nach

Ansicht des 20. Senats des VGH München sind Vorbehaltsgebiete nicht für Positivausweisungen geeignet. Sind die Vorranggebiete so gewählt und zuge-schnitten, dass sie – wie hier – für die Nutzung der Windenergie in substan-zieller Weise Raum schaffen, stehen unbeplante („weiße") Flächen der Aus-schlusswirkung nicht entgegen. Die Ausschlusswirkung erstreckt sich frei-lich nur auf die Flächen, die der Plan als Ausschlusszone festschreibt. Die unbeplanten Flächen erfasst sie nicht, weil es in Bezug auf diese Flächen an einer abschließenden raumordnerischen Entscheidung des Trägers der Raumordnung fehlt (vgl. BVerwG, Urteil v. 13.3.2003 – 4 C 3.02 –, a.a.O., S. 1262). Im Unterschied zum Sachverhalt in der vorgenannten Entschei-dung, in dem die Errichtung einer Windenergieanlage auf „weißen" Flächen zur Debatte stand, geht es vorliegend um Vorhaben, die in der Ausschluss-zone errichtet werden sollen. Für diese Zone hat der Plangeber eine abschlie-ßende Entscheidung getroffen.

Nr. 109

1. **Es stellt nicht (zwingend) einen Hinweis auf „weiße Flecken" (vgl. BVerwG, Urteil v. 13.3.2003 – 4 C 4.02 –, BauR 2003, 1165) dar, wenn die Gemeinde nur anderthalb Jahre, nachdem sie eine Konzentrationspla-nung für Windenergieanlagen hat wirksam werden lassen, daran geht, weitere Vorranggebiete auszuweisen.**

2. **Die Gemeinde darf sich zur Vorbereitung ihrer Konzentrationsplanung von Drittseite erstellter Gutachten bedienen, in denen eine gewisse Vor-Sichtung des Gemeindegebietes auf Flächen vorgenommen wurde, die für die Nutzung von Windenergie in Betracht kommen.**

3. **Die Gemeinde ist nicht verpflichtet, eine einzige zusammenhängende Konzentrationszone zu schaffen; sie darf der Windenergie vielmehr auch an verstreuten Standorten Vorranggebiete zuweisen.**

4. **Zur Frage, wann die Gesamtheit der Vorranggebiete eine „substanzielle Windenergienutzung" zulässt.**

5. **Die Gemeinde ist im Rahmen einer auf §35 Abs.3 Satz3 BauGB gestütz-ten Konzentrationsplanung für Windenergie nicht verpflichtet, die Ein-griffsproblematik zu bewältigen.**

BauGB §35 Abs.3 Satz1 Nr.5, Satz3.

Niedersächsisches OVG, Urteil vom 8. November 2005 – 1 LB 133/04 – (rechtskräftig).

(Nur Leitsätze.)

Nr. 110

Die Luftfahrtbehörde ist auch dann nicht gehindert, die Zustimmung zur Erteilung eines Bauvorbescheides für über 100 m hohe Windenergieanlagen bei Gefährdung des Luftverkehrs in der Kontrollzone eines Militärflughafens zu verweigern, wenn der Standort der geplanten Anlagen in einem Gebiet liegt, das der regionale Raumordnungsplan als Vorrangfläche für die Nutzung der Windenergie ausweist.

LuftVG §§ 12 Abs. 2, 14 Abs. 1, 30 Abs. 2, 31 Abs. 2; ROG § 4.

OVG Rheinland-Pfalz, Beschluss vom 7. März 2005 – 8 A 12244/04 – (rechtskräftig).

Der Beklagte hat einen Antrag der Klägerin auf Errichtung von zwei Windenergieanlagen (Gesamthöhe 130 m) in einem durch den regionalen Raumordnungsplan ausgewiesenen Vorranggebiet für die Windenergienutzung abgewiesen, nachdem die Luftfahrtbehörde des Landes die Zustimmung nach § 14 LuftVG unter Hinweis auf die Gefährdung des Luftverkehrs in der Kontrollzone eines Militärflughafens verweigert hatte. Der nach erfolgloser Klage gestellte Antrag auf Zulassung der Berufung hatte keinen Erfolg.

Aus den Gründen:

Entgegen der Auffassung der Klägerin bindet die Ausweisung einer Vorrangfläche für Windenergie im regionalen Raumordnungsplan die Luftfahrtbehörde bei der Entscheidung über die Erteilung einer Zustimmung nach § 14 LuftVG nicht. Nach § 4 Abs. 4 Satz 1 ROG sind die Erfordernisse der Raumordnung (wozu gemäß § 3 Nr. 1 ROG auch Ziele der Raumordnung i. S. des § 3 Nr. 2 ROG gehören) bei behördlichen Entscheidungen über die Zulässigkeit raumbedeutsamer Maßnahmen von Personen des Privatrechts nur „nach Maßgabe der für diese Entscheidungen geltenden Vorschriften zu berücksichtigen". § 14 LuftVG enthält indessen – anders als etwa § 30 Abs. 3 Satz 1 LuftVG – keine Regelung über die Berücksichtigung von Zielen der Raumordnung. Vielmehr dient die Vorschrift ausschließlich der Förderung des Luftverkehrs und seiner Sicherung vor baulichen Hindernissen außerhalb des Bauschutzbereichs.

Ungeachtet dessen ist auch nicht ersichtlich, dass die Versagung der luftfahrtbehördlichen Zustimmung zur Errichtung einer über 100 m hohen Windenergieanlage an einem bestimmten Standort im Bereich einer Vorrangfläche für Windenergie einem derartigen Ziel der Raumordnung zuwiderläuft. Die Ausweisung solcher Vorrangflächen in einem Raumordnungsplan beinhaltet nämlich keineswegs die raumordnungsrechtlich verbindliche Zielaussage, dass innerhalb der Vorrangfläche Windenergieanlagen an jedem Ort in beliebiger Höhe und unter jedem denkbaren rechtlichen Aspekt zulässig sein sollen.

Der Einwand der Klägerin, die Vorinstanz habe den Eintritt der Zustimmungsfiktion gemäß §§ 14 Abs. 1, 12 Abs. 2 Satz 2 LuftVG verkannt, greift nicht durch. Der vom Beklagten beteiligte Beigeladene hat seine Zustimmung versagt und die Zweimonatsfrist des § 12 Abs. 2 Satz 2 LuftVG gewahrt. ... Die Auffassung der Klägerin, das Schreiben habe mangels Zuständigkeit des Beigeladenen keine fristwahrende Wirkung gehabt, teilt der Senat nicht. Es kann offen bleiben, ob die Beteiligung einer unzuständigen Behörde überhaupt geeignet gewesen wäre, die Frist in Lauf zu setzen und zugunsten der Klägerin eine Zustimmungsfiktion herbeizuführen. Denn der Beigeladene war vorliegend für die Entscheidung über die nach § 14 LuftVG erforderliche luftfahrtbehördliche Zustimmung gemäß § 31 Abs. 2 Nr. 9 LuftVG i. V. m. § 1 der Landesverordnung über Zuständigkeiten nach dem Luftverkehrsgesetz vom 20. 3. 1992 (GVBl., 82) i. d. F. des Art. 22 der Landesverordnung zur Anpassung der Zuständigkeiten an die Neuorganisation der Straßen- und Verkehrsverwaltung Rheinland-Pfalz vom 6. 5. 2002 (GVBl., 269) zuständig.

Entgegen der Auffassung der Klägerin wird diese Zuständigkeit nicht durch diejenige von Dienststellen der Bundeswehr oder Behörden der Bundeswehrverwaltung gemäß § 30 Abs. 2 LuftVG verdrängt. Die Zuständigkeitszuweisung an Behörden der Bundeswehrverwaltung gemäß § 30 Abs. 2 Satz 4 LuftVG greift nicht ein, da sie nur „an die Stelle der in §§ 12, 13 und 15 bis 19 genannten Luftfahrtbehörden" treten. Daraus folgt, dass die reguläre Behördenzuständigkeit im Rahmen des § 14 LuftVG von dieser Vorschrift unberührt bleibt. Auch § 30 Abs. 2 Satz 1 LuftVG begründet keine Verwaltungszuständigkeit von Dienststellen der Bundeswehr für die Erteilung der nach § 14 LuftVG erforderlichen Zustimmung. Hiernach werden die Verwaltungszuständigkeiten nach dem LuftVG „für den Dienstbereich der Bundeswehr ... und der stationierten Truppen durch Dienststellen der Bundeswehr wahrgenommen". Die gemäß § 14 LuftVG zu gewährleistende Sicherung des Streckenflugverkehrs (s. Hofmann/Grabherr: LuftVG, § 14 Rdnr. 1) gehört nicht zum „Dienstbereich der Bundeswehr oder der stationierten Truppen". Dieser umfasst nur die Tätigkeiten, die zur Erlangung, Aufrechterhaltung und Verbesserung der Einsatzbereitschaft der Streitkräfte im Hinblick auf den durch Art. 87 a GG erteilten Verteidigungsauftrag dienen, wie etwa den Betrieb von Militärflugplätzen einschließlich der örtlichen Flugsicherung oder die Luftaufsicht über Militärluftfahrzeuge auf solchen Flugplätzen oder im Luftraum (s. Hofmann/Grabherr, a. a. O., § 30 Rdnr. 18 und 20). Hingegen obliegt die allgemeine Sicherung des Luftverkehrs vor baulichen Luftfahrthindernissen auch dann den Behörden der Länder, wenn aus besonderen Gründen des Einzelfalls von dem in Rede stehenden Luftfahrthindernis besondere Gefahren für den militärischen Luftverkehr ausgehen.

Die Versagung der luftfahrtbehördlichen Zustimmung erweist sich schließlich auch nicht wegen fehlender Abwägung zwischen den Belangen der Luftsicherheit einerseits und denen der bauplanungsrechtlich privilegierten Windenergieerzeugung andererseits als rechtswidrig. Das Verwaltungsgericht hat unter Bezugnahme auf die Rechtsprechung des Bundesverwaltungsgerichts zutreffend ausgeführt, dass es sich bei der Entscheidung über die Erteilung der luftfahrtbehördlichen Zustimmung weder um eine Planungs- noch um eine Ermessensentscheidung handelt. Räumt aber § 14 LuftVG weder ein Planungs- noch ein sonstiges Ermessen ein, so kann die luftfahrtbehördliche Entscheidung auch nicht an diesbezüglichen Fehlern leiden. Vielmehr ist die Zustimmungsversagung erst dann fehlerhaft und damit im Rahmen der Verpflichtungsklage auf baurechtliche Zulassung eines Vorhabens unbeachtlich, wenn sich im Rahmen der gerichtlichen Vollprüfung die mangelnde Notwendigkeit der Baubeschränkung für die Sicherung des Luftverkehrs herausstellt (s. dazu auch BVerwG, Urteil v. 16.7.1965, BRS 16 Nr.118 = DÖV 1966, 130, 131 l.Sp.). Dass aber die geplanten Windenergieanlagen am konkreten Standort – entgegen der vom Beigeladenen gemäß §31 Abs. 3 LuftVG eingeholten gutachtlichen Stellungnahmen der DFS – für den Luftverkehr ungefährlich sind bzw. etwaige Gefahren durch mildere Mittel als die Versagung der Zustimmung abgewehrt werden könnten, hat die Klägerin nicht dargelegt.

Nr. 111

1. **Eine Sicherheitsleistung für den Rückbau einer Windkraftanlage konnte vor In-Kraft-Treten des §35 Abs.5 Satz2 und 3 BauGB 2004 allein auf §6 Abs.3 Satz1 HENatG gestützt werden.**

2. **Es verstößt nicht gegen das Gebot der Gleichbehandlung, wenn für den Rückbau einer Windkraftanlage Sicherheitsleistung verlangt wird, während im Außenbereich privilegierte landwirtschaftliche Betriebsgebäude davon freigestellt sind.**

BauGB §35 Abs. 5 Satz2, Satz3; GG Art.3 Abs. 1; HENatG §6 Abs. 3 Satz1, §7 Abs. 1.

Hessischer VGH, Beschluss vom 12. Januar 2005 – 3 UZ 2619/03 – (rechtskräftig).

(VG Gießen)

Aus den Gründen:
Die beanstandungsfrei auf §6 Abs. 3 Satz1 HENatG beruhende und gemäß §7 Abs. 1 HENatG zu Recht mit der Baugenehmigung als Auflage verknüpfte Sicherheitsleistung verletzt nicht das Gebot der Gleichbehandlung des Art. 3 Abs. 1 GG und schafft kein unzulässiges Sonderbaurecht zulasten der Klägerin. Insoweit hat der Beklagte zutreffend darauf hingewiesen, dass andere privilegierte Außenbereichsbaulichkeiten wie etwa landwirtschaftliche Höfe oder Atomkraftwerke, für deren Genehmigung der Beklagte schon gar nicht zuständig ist, keine unmittelbaren Vergleichsfälle darstellen. So sind landwirtschaftliche Gebäude im Außenbereich nicht wie Windkraftanlagen nur auf einen bestimmten Zeitraum angelegt, der technisch von der Haltbarkeit des Materials und der Lebenserwartung im jahrelangen Dauerbetrieb bestimmt ist. Landwirtschaftliche Anwesen, die häufig über Generationen hinweg in der Familie oder sonst an Betriebsnachfolger weitergegeben werden, weisen mit ihren Baulichkeiten gegenüber Windkraftanlagen auch eine deutlich geringere Höhe und damit geringere nachteilige Auswirkungen für das Landschaftsbild auf. Sie werfen auch nicht dieselben Sicherheitsprobleme auf wie ungenutzte und ungewartete Windkraftanlagen. Mithin liegen insgesamt vernünftige Differenzierungsgründe vor, die einen Verstoß gegen den Gleichheitssatz ausschließen.

Soweit sich die Klägerin darauf beruft, sie habe eine unbefristet ausgestellte und daher für eine unbestimmte Zeit gültige Baugenehmigung inne, sodass die Pflicht zur Entsorgung der Anlage und die zugehörige Sicherheitsleistung nicht an die Beendigung des Pachtvertrages geknüpft werden könnten, verhilft dies dem Zulassungsantrag nicht zum Erfolg. Der Antragstellerin ist zuzugeben, dass die Baugenehmigung vom Juli 2001 mit den auf das Einvernehmensschreiben der unteren Naturschutzbehörde der Beklagten vom Mai 2001 zurückgehenden Auflagen nichts ausdrücklich zum Erlöschen der Baugenehmigung bei Beendigung des Pachtvertrags oder dauerhafter Betriebseinstellung aussagt. Die Baugenehmigung ist auch nicht mit einem entsprechenden Widerrufsvorbehalt oder unter der auflösenden Bedingung der Einstellung der Stromeinspeisung erteilt worden. Gleichwohl lässt sich den mit der Baugenehmigung verknüpften Auflagen hier hinreichend etwas über die begrenzte zeitliche Reichweite der Geltung der Baugenehmigung und des daraus fließenden Nutzungsrechts entnehmen. Dies beruht auf der bestandskräftigen naturschutzrechtlich begründeten Aufl. Nr. 9 Satz 1, wonach die Klägerin bei Beendigung des Pachtvertrags verpflichtet ist, die Windkraftanlage und das Betonfundament zu entfernen. Dieses Gebot ist von der Klägerin zu keiner Zeit rechtlich wirksam infrage gestellt worden. ... Mit der an die Beendigung des Pachtvertrages geknüpften bestandskräftigen Rückbauverpflichtung für die Windkraftanlage und das Betonfundament ist hinreichend geklärt, dass der Baugenehmigung keine unbefristete Wirkung zukommt und sie von Anfang an entsprechend entwehrt war.

Die verlangte Sicherheitsleistung von damals 20000,– DM, jetzt 10 225,84 €, ist auch der Höhe nach nicht zu beanstanden. Um die Beeinträchtigungen beim Landschaftsbild und im Funktionszusammenhang beim Schutzgut Boden rückgängig zu machen, ist nicht nur der Abbau des oberirdischen Teils der Windkraftanlage geboten, sondern auch die Entfernung des Betonfundaments. Für diese Arbeiten ist der verlangte Betrag bei überschlägiger Schätzung nicht übersetzt. Immerhin sind über den bloßen Abbau der Anlage hinaus kostenträchtig ins Gewicht fallende Gesichtspunkte wie Sicherheitsfragen, Transport und Abfallgebühren für nicht wiederverwertbare Materialien in den Blick zu nehmen.

Auch die grundsätzliche Bedeutung der Rechtssache i. S. des § 124 Abs. 2 Nr. 3 VwGO ist nicht dargelegt. ...

Bei § 6 Abs. 3 Satz 1 HENatG handelt es sich um eine Ermessensvorschrift, bei deren Anwendung die jeweils einschlägigen Gesichtspunkte zu berücksichtigen sind. Der Regelung lässt sich nichts darüber entnehmen, dass etwa die langjährige Dauer eines Natureingriffs durch bauliche Anlagen zur Nichtanwendung der Norm führt. Dazu sei entsprechend auf die zukünftig als weitere Rechtsgrundlage für eine Rückbauverpflichtung nach dauerhafter Aufgabe der zulässigen Nutzung zur Verfügung stehende bauplanungsrechtliche Vorschrift des § 35 Abs. 5 Satz 2 und 3 BauGB i. d. F. der Bekanntmachung vom 23. 9. 2004 (BGBl. I., 2414) verwiesen, wo im Zusammenhang mit der gebotenen Sicherstellung der Einhaltung der Rückbauverpflichtung nichts für eine Befristung oder eine sonstige zeitliche Ausschlussgrenze für das betreffende Pflichtprogramm zu entnehmen ist.

Nr. 112

Die vertragliche Teilabrede der Vertragsparteien zu Spendenzahlungen an die Gemeinde kann wirksamer Bestandteil des Kaufvertrages über Windkraftanlagen sein.

Windkraftanlagen sind sog. Scheinbestandteile (§ 95 Abs. 1 BGB) des Grundstücks, wenn sie in Ausübung eines zeitlich begrenzten Nutzungsrechts errichtet werden.

(Nichtamtliche Leitsätze.)

BGB §§ 95 Abs. 1, 326 Abs. 1, 516, 518.

Schleswig-Holsteinisches OLG, Urteil vom 26. August 2005 – 14 U 9/05 – (rechtskräftig).

(LG Kiel)

I. Die Klägerin begehrt von der Beklagten Schadensersatz im Zusammenhang mit der Veräußerung von Windkraftanlagen.

2001 veräußerte die Klägerin an die Beklagte sechs von neun noch zu errichtenden Windkraftanlagen nebst Umspannanlage zu einem „Festpreis". Darüber hinaus vereinbarten die Parteien die Zahlung einer Verkaufsprovision i. H. v. 1 200 000,– DM an die Klägerin. Der gesamte Kaufpreis einschließlich der Verkaufsprovision sollte in vier Raten gezahlt werden, wobei die 1. Rate (30 % des Kaufpreises) und die 2. Rate (Verkaufsprovision) sogleich nach Inkrafttreten des Vertrages fällig sein sollten, während die 3. Rate (55 % des Kaufpreises) bei Anlieferung der Anlagen auf der Baustelle und die 4. Rate (15 % des Kaufpreises) nach erfolgter Inbetriebnahme und Übergabe der letzten Anlage gezahlt werden sollten. Die Anlagen sollten auf Grundstücken errichtet werden, für die die Klägerin im Jahr 1994 Nutzungsverträge mit einer Laufzeit von mindestens bis zum Jahre 2025 abgeschlossen hatte. In dem Kaufvertrag heißt es außerdem u. a. wie folgt: „Der Verkäufer hat sich gegenüber der (Gemeinde), auf deren Gebiet der Vorrangstandort entwickelt wurde, zu einer freiwilligen Spende für gemeinnützige Zwecke in den ersten beiden Betriebsjahren i. H. v. 20 000,– DM pro Windkraftanlage und Jahr verpflichtet. ... Der Käufer übernimmt den Anteil der Spende, der auf seine Standorte entfällt."

Im Zusammenhang mit der in der Präambel genannten „freiwilligen Spende" erfolgten 2002/2003 entsprechende Leistungen der Klägerin an das Amt N.

Nach Abschluss des Kaufvertrages stellte die Klägerin der Beklagten 2001 die ersten beiden Raten jeweils in Rechnung. Nachdem die Klägerin die Windkraftanlagen geliefert und installiert hatte, stellte die Klägerin der Beklagten auch die dritte Rate in Rechnung. Im Februar 2002 erfolgte im Beisein der Beklagten die Abnahme der Anlagen durch die Klägerin. Eine Bezahlung dieser drei Kaufpreisraten erfolgte allerdings nicht. Auch die in Rechnung gestellte vierte Kaufpreisrate wurde durch die Beklagte nicht beglichen.

Aus den Gründen:

II. 1. Der von der Klägerin begehrte Schadensersatzanspruch wegen Nichterfüllung beruht auf § 326 Abs. 1 Satz 2 1. Alt. BGB a. F. Dessen Voraussetzungen liegen sowohl dem Grunde nach (a.) als auch nahezu vollständig in der durch das Landgericht tenorierten Höhe (b.) vor.

a. Der Kaufvertrag zwischen den Parteien ist wirksam zustande gekommen. Einwendungen oder Einreden stehen der Beklagten nicht zu.

aa. Bedenken gegen die Wirksamkeit des Kaufvertrags bestehen nicht – weder im Hinblick auf die vertragliche Teilabrede der Parteien hinsichtlich der „Spendenzahlungen" (Nr. (1)) noch wegen angeblich objektiver Unmöglichkeit, § 306 BGB a. F. (Nr. (2)).

(1) Die vertragliche Teilabrede der Parteien hinsichtlich der „Spendenzahlungen" berührt entgegen der Auffassung der Beklagten die Wirksamkeit des Kaufvertrags nicht, denn bei den „Spendenzahlungen" an die Gemeinde handelt es sich nicht um eine eigenständige Spendenverpflichtung der Beklagten gegenüber der Gemeinde in der Form eines Vertrags zugunsten Dritter (§ 328 BGB), die in der Tat gemäß §§ 516, 518 Abs. 1 Satz 1 BGB formunwirksam sein könnte (vgl. auch Palandt/Weidenkaff, BGB, 64. Aufl., § 516 Rdnr. 9). Vielmehr ist, worauf die Klägerin zu Recht hingewiesen hat, die Spendenvereinbarung Bestandteil des Kaufvertrages und damit untrennbarer Teil der Gegenleistung (Kaufpreis bzw. „Kaufpreissurrogat"), die die Beklagte unmittelbar im Verhältnis zur Klägerin zu erbringen hat. Dies ergibt sich nicht nur daraus, dass die „Spendenzahlungen" in einem engen sachlichen und räumlichen Zusammenhang mit den eigentlichen Kaufpreiszahlungen stehen. So werden sie sogar als „5. Rate" und „6. Rate" bezeichnet. Hinzu kommt die klare Formulierung in der Präambel, wo es unter Nr. 3 heißt, dass sich der Verkäufer gegenüber der Gemeinde zu einer freiwilligen Spende für gemeinnützige Zwecke verpflichtet habe und der Käufer den Anteil der Spende übernehme, der auf seine Standorte entfalle. Hier ist also nicht die Rede davon, dass die Beklagte – anstelle der Verkäuferin – etwa eine eigenständige Verpflichtung gegenüber der Gemeinde übernehmen sollte. Vor diesem Hintergrund unterlag diese Vereinbarung daher auch nicht dem Formzwang des § 518 Abs. 1 Satz 1 BGB. Die Beklagte kann sich im übrigen in diesem Zusammenhang nicht darauf berufen, dass die Klägerin mangels einer eigenen formwirksamen Verpflichtungserklärung gegenüber der Gemeinde zur Spendenzahlung rechtlich gar nicht verpflichtet gewesen ist, denn die Spendenzahlungen sind inzwischen unstreitig erfolgt, so dass die ursprüngliche Formunwirksamkeit der Spendenvereinbarung gemäß § 518 Abs. 2 BGB durch das Bewirken der versprochenen Leistung geheilt ist. Nicht zu begründen ist schließlich, warum die Klägerin dadurch, dass sie die „vereinbarten" Spenden an die Gemeinde gezahlt hat, gegen ihre Schadensminderungspflicht (§ 254 Abs. 2 BGB) im Verhältnis zur Beklagten verstoßen haben sollte. Voraussetzung hierfür wäre, dass die Klägerin als Geschädigte unter Berücksichtigung der Grundsätze von Treu und Glauben eine Maßnahme unterlassen haben müßte, die ein ordentlicher und verständiger Mensch zur Schadensabwendung oder Schadensminderung ergriffen hätte (vgl. Palandt/Heinrichs, a. a. O., § 254 Rdnr. 36 m. w. N.). Davon kann hier nach Überzeugung des Senats nicht ausgegangen werden, denn es ist – neben dem finanziellen Interesse der Beklagten – auch zu berücksichtigen, dass die Klägerin nach ihrem unbestritten gebliebenen Vorbringen beabsichtigt hatte, durch die Spenden zugunsten der Gemeinde dort eine positive Einstellung hinsichtlich der Windkraftanlagen zu bewirken. Der Umstand, dass die Beklagte später ihren Vertragsverpflichtungen nicht nachkam, änderte aber an dieser nachvollziehbaren Interessenlage nichts. Im Gegenteil: Gerade aus Sicht eines ordentlichen und verständigen Menschen konnte von der Klägerin gerade nicht erwartet werden, dass sie nach Errichtung der Windkraftanlagen die freiwillig gege-

bene Spendenzusage gegenüber der Gemeinde „aufkündigt". Dann nämlich hätte die Klägerin selbst den – wenn auch finanziell wohl nicht meßbaren – Schaden zu tragen. Dies aber würde die Grenzen der Zumutbarkeit und damit der Schadensminderungspflicht i. S. des § 254 Abs. 2 BGB überschreiten.

(2) Die Beklagte beruft sich ebenfalls ohne Erfolg auf eine angeblich objektive Unmöglichkeit der Leistung (§ 306 BGB a. F.), denn die von der Klägerin gemäß § 433 Abs. 1 Satz 1 BGB a. F. i. V. m. dem Kaufvertrag von 2001 zu erbringende Leistung – die Errichtung und Übereignung der vereinbarten sechs Windkraftanlagen nebst Umspannwerk – ist nach Überzeugung des Senats nicht objektiv unmöglich.

Wenn man mit dem Bundesgerichtshof (BGH, NJW 2000, 504; so auch FG Sachsen-Anhalt, EFG 2002, 1250; a. A. OVG NRW, BRS 63 Nr. 150 [2000]) davon ausgeht, dass Windkraftanlagen, da sie jeweils auf einem festen Betonfundament stehen, mit ihrer Errichtung gemäß §§ 93, 94 BGB wesentlicher Bestandteil des Grundstücks werden (so auch FG Sachsen-Anhalt, EFG 2002, 1250; im Ergebnis wohl auch Ganter, Die Sicherungsübereignung von Windkraftanlagen als Scheinbestandteil eines fremden Grundstücks, WM 2002, 105, 106; Goecke/Gamon, Windkraftanlagen auf fremdem Grund und Boden, WM 2000, 1309, 1311; a. A. Peters, Wem gehören die Windkraftanlagen auf fremdem Grund und Boden? WM 2002, 110, 113), steht dies der Begründung obligatorischer Rechte an den Windkraftanlagen selbst nicht entgegen, da nach der Rechtsprechung des Bundesgerichtshofs Gegenstand eines Kaufvertrages auch eine mit rechtlicher Selbständigkeit erst künftig entstehende Sache sein kann (ebenso Hübner, BGB, Allgemeiner Teil, 2. Aufl., § 18 Abs. 2 Satz 1 Rdnr. 322). In der oben genannten Entscheidung des Bundesgerichtshofs ging es um eine Kaufpreisforderung im Zusammenhang mit einem Kaufvertrag über eine Pkw-Ausstellungshalle. Diese Halle hatte der Kläger als Verkäufer auf einem Grundstück erbaut, das er zuvor von dem Eigentümer gepachtet hatte. Aus Sicht des Bundesgerichtshofs sei die Ausstellungshalle zwar mit ihrer Errichtung wesentlicher Bestandteil des Grundstücks geworden. Dies habe jedoch die Begründung schuldrechtlicher Ansprüche auf die Ausstellungshalle nicht gehindert. Insbesondere sei der Abschluss eines Kaufvertrages hierüber rechtlich durchaus möglich gewesen. Insoweit habe es sich um einen Kaufvertrag über einen Gegenstand gehandelt, der als Sache erst künftig, z. B. durch den Abbau der Halle, mit rechtlicher Selbständigkeit entstehen sollte (vgl. BGH, a. a. O., m. w. N.). Vergleichbar liegt der Fall hier: Die Klägerin hat die Windkraftanlagen auf einem Grundstück errichtet, für das der Klägerin durch Vertrag vom März 1994 entsprechende Nutzungsrechte von dem Eigentümer eingeräumt worden waren. Wenn man also vor diesem Hintergrund davon ausgeht, dass die Windkraftanlagen entgegen der Formulierung im Nutzungsvertrag kraft Gesetzes mit ihrer Errichtung wesentlicher Bestandteil des Grundstückes und dadurch Eigentum des Grundstückseigentümers geworden sind, so sind sie doch künftig sonderrechtsfähig geblieben, da sie mit ihrem – jederzeit möglichen – Abbau grundsätzlich rechtliche Selbständigkeit erlangen können, so dass demnach eine objektive Unmöglichkeit i. S. des § 306 BGB a. F. ausscheidet.

Wenn man, wie die Beklagte, die Rechtsauffassung des Bundesgerichtshofs hinsichtlich der Sonderrechtsfähigkeit nicht teilt, scheitert die Annahme einer objektiven Unmöglichkeit der Leistung nach Überzeugung des Senats jedenfalls daran, dass die Windkraftanlagen als sog. Scheinbestandteile i. S. des § 95 Abs. 1 BGB a. F. zu bewerten sind, so dass §§ 93, 94 BGB einer Übereignung der Anlagen ohnehin nicht entgegenstehen.

Nach § 95 Abs. 1 Satz 1 BGB spricht man von einem „Scheinbestandteil", wenn eine Sache „nur zu einem vorübergehenden Zweck mit dem Grund und Boden verbunden" ist. Ob eine Sache zu einem nur vorübergehenden Zweck mit einem Grundstück verbunden wird, beurteilt sich in erster Linie nach dem – im Zeitpunkt der Verbindung vorliegenden – Willen des Erbauers, sofern dieser mit dem nach außen in Erscheinung tretenden Sachverhalt in Einklang zu bringen ist (vgl. BGHZ 92, 70, 73 f.; MünchKomm.-Holch, BGB, 4. Aufl., § 95 Rdnr. 3; Ganter, a. a. O., S. 107). Handelt jemand – wie hier – in Ausübung eines zeitlich begrenzten Nutzungsrechts (Pächter, Mieter, pp.), so besteht grundsätzlich die tatsächliche Vermutung, dass er nur im eigenen Interesse und nicht zugleich in der Absicht, den Scheinbestandteil nach Vertragsende dem Grundstückseigentümer zufallen zu lassen, also nur zu einem vorübergehendem Zweck für die Vertragsdauer handelt (vgl. BGHZ a. a. O.; Soergel/Marly, BGB, Allgemeiner Teil, 13. Aufl., § 95 Rdnr. 10; Erman/ Michalski, BGB, Band I, 11. Aufl., § 95 Rdnr. 3 m. w. N.). Dies gilt selbst bei einem Gebäude mit massiver Bauart (MünchKomm.-Holch, a. a. O., § 95 Rdnr. 6), und auch eine längere, vielleicht noch nicht abzusehende Dauer des Nutzungsverhältnisses vermag diese tatsächliche Vermutung nicht zu erschüttern (vgl. BGHZ, a. a. O.; OVG NRW, a. a. O.; Soergel/Marly, a. a. O., jeweils m. w. N.; Erman/Michalski, a. a. O., § 95 Rdnr. 2). Ebensowenig kommt es für die Beurteilung eines „Scheinbestandteils" auf die Höhe des investierten Kapitals an (MünchKomm.-Holch, a. a. O., § 95 Rdnr. 13 m. w. N.). Damit spricht hier – zugunsten der Klägerin – eine tatsächliche Vermutung dafür, dass sie als Nutzungsberechtigte und damit Grundstückspächterin die Windkraftanlagen nur für die Dauer des Vertragsverhältnisses und damit nur vorübergehend auf dem Grundstück errichtet hat. Um in diesen Fällen die daraus folgende Anwendung des § 95 Abs. 1 Satz 1 BGB auszuschließen, bedarf es des Nachweises eines gegenteiligen Willens dessen, der die Verbindung hergestellt hat (vgl. MünchKomm.-Holch, a. a. O., § 95 Rdnr. 6 m. w. N.). Dieser Nachweis ist der insoweit beweisbelasteten Beklagten nicht gelungen. Die Parteien des Nutzungsvertrages haben, im Gegenteil, sogar ausdrücklich vereinbart, dass die Windkraftanlagen Eigentum der Klägerin als Nutzungsberechtigte bleiben sollten. Eine – mögliche – Übernahme der Anlagen durch den Grundstückseigentümer ist zu keiner Zeit im Gespräch gewesen und aus den vertraglichen Vereinbarungen auch nicht ersichtlich (so aber in der Entscheidung des FG Sachsen-Anhalt, a. a. O.; vgl. hierzu auch MünchKomm.-Holch, a. a. O., § 95 Rdnr. 8). Soweit die Beklagte darauf verwiesen hat, dass die Mindestlaufzeit des Grundstücksnutzungsvertrags länger sei als die Lebensdauer der streitgegenständlichen Windkraftanlagen betrage und aus diesem Grund nicht von einer Verbindung „nur zu einem vorübergehendem Zweck" gesprochen werden könne, hat sie mit diesem Einwand keinen Erfolg.

Es wird zwar die Ansicht vertreten, dass die Vermutung einer Verbindung „nur zu einem vorübergehendem Zweck" i. S. des §95 Abs. 1 Satz 1 BGB dann widerlegt sei, wenn das Bauwerk bei Vertragsende „verbraucht" sei (vgl. Ganter, a. a. O., S. 107 m. w. N.). Allerdings ist diese Auffassung wenig praxisnah. Zum einen ist zweifelhaft, ob die „Lebensdauer" technisch oder wirtschaftlich zu beurteilen ist. Hinzu kommt, dass die Lebenserwartung von Windkraftanlagen, so die Ausführungen in der Literatur hierzu, zwischen 30 und 45 Jahren beträgt und sogar unklar ist, wie diese überhaupt exakt ermittelt werden soll (Goecke/Gamon, a. a. O., S. 1312; Ganter, a. a. O., S. 108). Außerdem ist zu berücksichtigen, dass Windkraftanlagen im Rahmen des sog. „Repowering" und des sich entwickelnden „Zweitmarktes" für gebrauchte Windkraftanlagen häufig nicht durchgängig an ihrem jeweiligen Standort betrieben werden, so dass sie sich gerade nicht zwingend auf dem Grundstück, auf dem sie erstmals aufgestellt wurden, „verbrauchen" (so auch Peters, a. a. O., S. 118). Die Gegenmeinung, die die Lebenserwartung der Sache übersteigende Nutzungsvertragslaufzeit nicht für ein Ausschlusskriterium bei der Einordnung, ob ein nur „vorübergehender Zweck" der Verbindung der Sache mit dem Grundstück zu bejahen ist, (vgl. Peters, a. a. O., S. 116ff. m. w. N.) hält, hat schließlich für sich, dass dadurch die Windkraftanlagen wirtschaftlich zutreffend demjenigen zugeordnet werden, der sie aufstellt, bezahlt und betreibt. Dies dient nicht zuletzt der Sicherheit des Rechtsverkehrs und ist von den Vertragsparteien – Grundstückseigentümer und Betreiber – auch so gewollt, so auch in diesem Fall. Schon vor diesem Hintergrund kann sich die Beklagte daher nach Überzeugung des Senats nicht auf einen möglichen „Verbrauch" der Windkraftanlagen vor bzw. mit Ablauf des Grundstücksnutzungsvertrags berufen. Hinzu kommt, dass der Senat angesichts der in der Literatur angegebenen Prognosen zur Lebensdauer von Windkraftanlagen ohnehin nicht davon überzeugt ist, dass sich die streitgegenständlichen Windkraftanlagen nach Ablauf der Mindestlaufzeit des Nutzungsvertrags – 31. 12. 2025 – wirtschaftlich oder/und technisch verbraucht haben werden, denn diese sind erst im Februar 2001 errichtet worden, so dass sie dann noch nicht einmal 25 Jahre alt sein werden.

Darüber hinaus ergibt sich die Bewertung einer Windkraftanlage als „Scheinbestandteil" im übrigen auch aus §95 Abs. 1 Satz 2 BGB. Danach gehört ein Gebäude oder ein anderes Werk nicht zu den wesentlichen Bestandteilen eines Grundstücks, das „in Ausübung eines Rechts an einem fremden Grundstück von dem Berechtigten mit dem Grundstücke verbunden worden ist". Rechte im Sinne dieser Vorschrift sind nur dingliche Rechte, also nicht schuldrechtliche Nutzungsrechte (vgl. Palandt/Heinrichs, BGB, 64. Aufl., §95 Rdnr. 5 m. w. N.; Peters, a. a. O., S. 113). Hierzu zählen daher auch die hier zugunsten des Betreibers der Windkraftanlagen im Hinblick auf die Nutzung des Grundstücks beschränkt persönlichen Dienstbarkeiten, die inzwischen auch unstreitig im Grundbuch eingetragen worden sind. Dass die Eintragungen erst nach Errichtung der Anlagen erfolgt sind, ist nach Überzeugung des Senats unerheblich, da die Eintragungen bei Vertragsschluss bereits in Aussicht genommen worden waren (vgl. hierzu BGH, MDR 1961, 591; so auch Soergel/Marly, a. a. O., §95 Rdnr. 19; Erman/Michalski, a. a. O.,

§95 Rdnr. 6; Enneccerus/Nipperdey, Allgemeiner Teil des Bürgerlichen Rechts, 1959, S. 802). Damit kommt es – entgegen der Auffassung des Beklagten – für die Bewertung einer Sache als „Scheinbestandteil" i. S. des §95 Abs. 1 Satz 2 BGB nicht darauf an, dass die in diesem Zusammenhang zugunsten des Nutzungsberechtigten schuldrechtlich vereinbarte Grunddienstbarkeit bereits im Grundbuch eingetragen (so MünchKomm.-Holch, a. a. O., §95 Rdnr. 25, 26; wohl auch RGRK-Kregel, BGB, Band I, 12. Aufl., 1982, §95 Rdnr. 38) bzw. die Eintragung jedenfalls beantragt (so Peters, a. a. O., S. 114 f.) ist, da dann die Bewertung einer Sache als „Scheinbestandteil" von Zufälligkeiten in der Praxis im Rahmen der Antragsstellung abhinge. Daher ist nach Überzeugung des Senats erforderlich, aber auch ausreichend, dass die Eintragung des hinreichend bestimmten dinglichen Rechts von den Parteien von vornherein gewollt und notariell vereinbart war und im Ergebnis auch erfolgt ist.

Nach alledem ist der Einwand der objektiven Unmöglichkeit, §306 BGB a. F., ohne jeden Erfolg, da Windkraftanlagen entweder als wesentliche Bestandteile eines Grundstücks sonderrechtsfähig bleiben oder als sog. Scheinbestandteile ohnehin nicht unter §§93, 94 BGB fallen.

bb. Die Beklagte ist von ihrer vertraglichen Verpflichtung zur Kaufpreiszahlung wegen angeblichen Unvermögens seitens der Klägerin nicht freigeworden, denn der Klägerin ist die von ihr zu erbringende Leistung gerade nicht subjektiv unmöglich, §323 Abs. 1 BGB a. F.. Sie wäre in der Lage gewesen, der Beklagten Eigentum an den Windkraftanlagen und der Umspannanlage zu verschaffen – ob diese lediglich als sonderrechtsfähig oder sogar als Scheinbestandteile zu bewerten wären –. Dem steht auch weder der Nutzungsvertrag zwischen dem Grundstückseigentümer und der Klägerin noch die Lebensdauer der Windkraftanlagen entgegen.

cc. Die Beklagte durfte die Kaufpreiszahlung schließlich auch nicht im Hinblick auf ein angebliches Zurückbehaltungsrecht (Einrede des nichterfüllten Vertrags, §320 BGB a. F.) verweigern. Als „Scheinbestandteil" wäre die Eigentumsverschaffung hinsichtlich der Windkraftanlagen nebst Umspannwerk – losgelöst vom Grundstück – ohnehin möglich gewesen. Nimmt man hingegen (lediglich) eine Sonderrechtsfähigkeit der Anlagen an, würde sich hier nach der Art des Kaufgegenstandes eine Zurückbehaltung der Gegenleistung verbieten (vgl. Palandt/Heinrichs, a. a. O., §320 Rdnr. 10), denn die Besonderheit beim Kauf einer Windkraftanlage besteht gerade darin, dass diese i. d. R. auf fremdem Grund und Boden errichtet wird. Kann dann die Eigentumsverschaffung (nur) in Aussicht genommen werden, liegt dies in der Natur der Sache. In jedem Fall hat in einem solchen Fall – auch hier – der Verkäufer die ihm obliegende Pflicht – nach dem Verständnis beider Vertragsparteien – im wesentlichen erbracht, so dass eine Zurückbehaltung des Kaufpreises treuwidrig ist.

Weitere Bedenken gegen den Grund des Schadensersatzanspruchs aus §326 Abs. 1 Satz 2 1. Alt. sind nicht vorgebracht und auch nicht ersichtlich, so dass dem Grunde nach der Schadensersatzanspruch besteht.

b. Hinsichtlich der Höhe des geltend gemachten Schadensersatzanspruchs folgt der Senat uneingeschränkt den Feststellungen des Landgerichts. ...

cc. Ohne Erfolg ist auch der Einwand der Beklagten hinsichtlich der sog. Spendenzusage, soweit sie hier eine „Unrechtsvereinbarung" zwischen der Gemeinde und der Klägerin und damit eine strafbare Handlung vermutet und vor diesem Hintergrund auch die „Spendenklausel" im Kaufvertrag wegen Sittenwidrigkeit nichtig sein soll (§ 138 Abs. 1 BGB). Auch hier argumentiert die Beklagte nämlich mit bloßen Vermutungen und einem Vorbringen „ins Blaue hinein". Tatsache ist, dass – unstreitig – die Spendenzusage zu einem Zeitpunkt erfolgt ist, als alle für den Betrieb der Windkraftanlagen erforderlichen Genehmigungen und Bescheide vorlagen, so dass diese Zusage die Gemeinde nicht mehr beeinflussen konnte. Hinzu kommt, dass die Genehmigungen gar nicht von der begünstigten Gemeinde, sondern vom Landkreis erteilt worden sind. Allein der Umstand, dass nach Erteilung der Genehmigungen die Spendenzusage erfolgt ist, vermag nach Überzeugung des Senats noch nicht die tatsächliche Vermutung zu begründen, dass nach allgemeiner Lebenserfahrung vorher eine unrechtmäßige Absprache erfolgt sein muss mit der Folge einer Beweislastumkehr zulasten der Klägerin.

Nr. 113

1. **Die Voraussetzung des § 35 Abs. 4 Satz 1 Nr. 2 c BauGB ist nicht erfüllt, wenn der Eigentümer das vorhandene Gebäude nicht ununterbrochen zur dauerhaften Versorgung mit dem notwendigen Wohnraum genutzt hat.**

2. **Zur Ermessensbetätigung nach § 48 Abs. 1 Satz 1 LVwVfG bei der Rücknahme einer ins Werk gesetzten Baugenehmigung.**

LVwVfG § 48 Abs. 1 Satz 1; BauGB § 35 Abs. 4 Satz 1 Nr. 2.

VGH Baden-Württemberg, Urteil vom 29. Juli 2005 – 5 S 2372/03 – (rechtskräftig).

(VG Karlsruhe)

Der Kläger wendet sich gegen die Rücknahme einer ihm erteilten Baugenehmigung.

Die Mutter des Klägers ist Eigentümerin des 14 915 m² großen Grundstücks, das oberhalb des Ortes am Waldrand im Geltungsbereich einer Landschaftsschutzverordnung liegt. Seit den Vierzigerjahren steht auf dem Grundstück ein Gebäude, das in der Folgezeit mehrmals (mit Genehmigung) erweitert wurde. Seit den Sechzigerjahren war auf dem Grundstück ein parkartiger Garten angelegt mit teilweise auch exotischen Bäumen und verschiedenen baulichen Anlagen (z. B. Mauern zur Terrassierung des Geländes, Ponystall und Schwimmbecken).

Bis 1976 nutzte die Eigentümerfamilie das Gebäude zu Wohnzwecken, „so weit dies von der Witterung her möglich war." In der Folgezeit war das Haus bis Ende 1994 möbliert an einen Freund der Familie vermietet. Ab 1995 beabsichtigte der Kläger die (Eigen-)Nutzung des Gebäudes zu Wohnzwecken. Es handelte sich um ein zweistöckiges, teilweise unterkellertes Haus, an das eine ca. 50 m² große Terrasse mit Pergola angebaut war; das darunter befindliche, talseitig ebenerdig in Erscheinung tretende Untergeschoss wurde ebenfalls zu Wohnzwecken genutzt; insgesamt betrug die Wohnfläche nach der in den Akten befindlichen Berechnung ca. 175 m².

1996 erteilte die Beklagte der Mutter des Klägers antragsgemäß eine Baugenehmigung für die „Sanierung eines Wohnhauses und Einrichtung eines Ateliers"; nach den genehmigten Plänen sollte die Wohnfläche im Vergleich zur Bauvoranfrage durch Umbaumaßnahmen nochmals um ca. 22 m² (11 %) vergrößert werden.

1997 erteilte das Landratsamt der Mutter des Klägers gemäß der Landschaftsschutzverordnung 1941 die Erlaubnis „zur Sanierung eines Wohnhauses und Einrichtung eines Ateliers".

Bei einer Baukontrolle im März 1998 stellte die Beklagte fest, dass abweichend von der Genehmigung von 1996 gebaut und darüber hinaus im Zuge der Bauausführung die zur Sanierung vorgesehenen Teile des Wohnhauses bis auf wenige Reste vollständig abgebrochen worden waren.

Im Rahmen eines „Ergänzungsbauantrags" teilte das Landratsamt der anfragenden Beklagten mit, dass seitens der Unteren Naturschutzbehörde keine Bedenken gegen das Vorhaben bestünden, da der Umfang und die Kubatur der baulichen Anlagen sich nicht änderten und im Vergleich zum Vorhaben (nach der Baugenehmigung von 1996) keine Erweiterungen vorgenommen würden; eine Änderung der landschaftsschutzrechtlichen Erlaubnis sei nicht erforderlich. Daraufhin erteilte die Beklagte dem Kläger mit Bescheid von 1998 eine „Nachtrags-Baugenehmigung" für das Vorhaben „Abbruch und Neuerrichtung eines Wohnhauses mit Atelier".

Gegen das Bauvorhaben gab es seitens mehrerer Nachbarn Einwendungen, die sowohl zu einem verwaltungsgerichtlichen Eilrechtsschutzverfahren als auch zu einem Petitionsverfahren führten. 1999 vertrat das Wirtschaftsministerium Baden-Württemberg gegenüber dem Petitionsausschuss die Auffassung, dass das exponiert in Erscheinung tretende Wohnhaus mit Atelier mit den Vorschriften der Landschaftsschutzverordnung 1941 nicht zu vereinbaren sei; mit seiner großzügigen Gebäudeplanung und der markanten Freiflächengestaltung, insbesondere der Errichtung zahlreicher Betonmauern im Gartenbereich, stelle das Vorhaben als wesensfremde Nutzung einen Fremdkörper in der geschützten Landschaft dar; die Baugenehmigung von 1998 sei rechtswidrig und müsse daher zurückgenommen werden; weiterhin sei der Abbruch der erstellten Betonmauern sowie der Treppenanlage anzuordnen. Das Wirtschaftsministerium Baden-Württemberg bat das Regierungspräsidium, die Beklagte zur Rücknahme der Baugenehmigung von 1998 sowie zur Beseitigung von Außenanlagen (Mauern, Treppenanlage und Einfriedigung) und das Landratsamt zur Rücknahme der naturschutzrechtlichen Erlaubnis anzuweisen, was das Regierungspräsidium jeweils mit Erlass vom 21. 10. 1999 umsetzte.

Mit „Entscheidung" vom 30. 11. 1999 nahm die Beklagte – nach Anhörung des Klägers – die Baugenehmigung von 1998 zurück und ordnete die Beseitigung von im Einzelnen aufgeführten Außenanlagen an. Zur Begründung wurde u. a. ausgeführt: Das nach § 35 Abs. 2 BauGB zu beurteilende Vorhaben beeinträchtige öffentliche Belange, insbesondere des Naturschutzes und der Landschaftspflege; es widerspreche den Darstellungen des Flächennutzungsplans, beeinträchtige die natürliche Eigenart der Landschaft und lasse die Entstehung bzw. Verfestigung einer Splittersiedlung befürchten. Da der Abbruch des neuen Gebäudes unverhältnismäßig wäre, müsse es in dem (rechtswidrig) genehmigten Umfang geduldet werden.

Aus den Gründen:

Rechtsgrundlage für die Rücknahmeentscheidung ist § 48 LVwVfG. Nach dessen Abs. 1 Satz 1 kann ein rechtswidriger Verwaltungsakt, auch nachdem er unanfechtbar geworden ist, ganz oder teilweise mit Wirkung für die Zukunft oder für die Vergangenheit zurückgenommen werden. Nach Satz 2 darf ein Verwaltungsakt, der ein Recht oder einen rechtlich erheblichen Vorteil begründet oder bestätigt hat (begünstigender Verwaltungsakt), nur unter den Einschränkungen der Abs. 2 bis 4 zurückgenommen werden. Hieran gemessen erweist sich die angefochtene Rücknahmeentscheidung nicht als fehlerhaft.

Die dem Kläger erteilte Baugenehmigung von 1998 ist rechtswidrig gewesen.

Sie ist zwar als „Nachtrags-Baugenehmigung" bezeichnet, nennt aber als genehmigtes Vorhaben „Abbruch und Neuerrichtung eines Wohnhauses mit Atelier" auf dem Grundstück.

Auch unter Nr. 5 der Nebenbestimmungen heißt es, dass es sich nunmehr um die Neuerrichtung eines Wohngebäudes mit Atelier und um keine Sanierungsmaßnahme mehr handelt.

Angesichts dieses (statischen) Befunds und des Umstands, dass der anstehende Bauaufwand quantitativ und qualitativ trotz teilweise noch beibehaltener Mauerreste den eines Neubaus erreicht, fehlt es an der Identität mit dem bisher vorhandenen Gebäude. Die „Nachtrags-Baugenehmigung" stellt daher für den Abbruch und die „Neuerrichtung eines Wohnhauses mit Atelier" die allein maßgebliche baurechtliche Grundlage dar. Insofern ist die Bezeichnung als „Nachtrags-Baugenehmigung" nicht ganz korrekt, da eine solche nur für die Zulassung kleinerer Änderungen in Betracht kommt, die das Gesamtvorhaben in seinen Grundzügen nur unwesentlich berühren; ihr Regelungsgehalt beschränkt sich auf die Feststellung, dass die Änderungen den öffentlich-rechtlichen Vorschriften nicht widersprechen, während Grundlage des Vorhabens als solchem die ursprüngliche Baugenehmigung bleibt (vgl. OVG Saarland, Urteil v. 27. 9. 1994 – 2 R 46/93 –, Juris). Die danach inkorrekte Bezeichnung ist jedoch für die Bestimmung des wahren Regelungsgehalts der „Nachtrags-Baugenehmigung" von 1998 unschädlich. . . .

Das mit der zurückgenommenen „Nachtrags-Baugenehmigung" genehmigte (Neubau-)Vorhaben ist planungsrechtlich unzulässig. Der Kläger kann sich hierfür nicht auf den (Teil-)Privilegierungstatbestand des § 35 Abs. 4 Satz 1 Nr. 2 BauGB berufen. Danach kann den nachfolgend bezeichneten sonstigen Vorhaben i. S. des Abs. 2 nicht entgegengehalten werden, dass sie Darstellungen des Flächennutzungsplans oder eines Landschaftsplans widersprechen, die natürliche Eigenart der Landschaft beeinträchtigen oder die Entstehung, Verfestigung oder Erweiterung einer Splittersiedlung befürchten lassen, so weit sie im Übrigen außerbereichsverträglich i. S. des Abs. 3 sind:

Nr. 2 die Neuerrichtung eines gleichartigen Wohngebäudes an gleicher Stelle unter den folgenden in a bis d aufgeführten Voraussetzungen; nach Satz 2 sind geringfügige Erweiterungen des neuen Gebäudes gegenüber dem beseitigten Gebäude sowie geringfügige Abweichungen vom bisherigen Standort des Gebäudes zulässig. . . .

Es fehlt jedenfalls an der Voraussetzung des § 35 Abs. 4 Satz 1 Nr. 2 c BauGB, dass das vorhandene Gebäude seit längerer Zeit vom Eigentümer selbst genutzt wird. Der Kläger weist zwar zutreffend darauf hin, dass der

Gesetzgeber mit der Regelung vermeiden will, dass Dritte im Außenbereich solche Gebäude, die Missstände oder Mängel aufweisen, aufkaufen und an ihrer Stelle neue Wohnbauten errichten (vgl. BVerwG, Urteil v. 13.3.1981 – 4 C 2.78 –, BVerwGE 62, 32 = BRS 38 Nr.98 = BauR 1981, 360 = NJW 1981, 2143). Dass dem umstrittenen (Neubau-)Vorhaben ein solchermaßen spekulatives Moment anhaftete, kann der Senat auch nicht erkennen. Der Kläger übersieht jedoch, dass der Gesetzgeber zur Erreichung dieses Ziels bei dem vorliegend allein einschlägigen Tatbestand des § 35 Abs. 4 Satz 1 Nr. 2 BauGB kumulativ das Vorliegen der unter a bis d genannten Voraussetzungen verlangt. Nur dem Eigentümer (oder einem Familienangehörigen), der das alte Gebäude seit längerer Zeit selbst bewohnt hat, soll die Regelung den Ersatzbau ermöglichen; die gesetzliche Erleichterung soll denjenigen zugute kommen, die sich längere Zeit mit den Missständen bzw. Mängeln abgefunden und damit unter Beweis gestellt haben, dass dieses Wohnhaus für sie im Familienleben eine bedeutende Rolle spielt (vgl. BVerwG, Urteil v. 12.3.1982 – 4 C 59.78 –, BRS 39 Nr. 89 = BauR 1982, 359). Dient ein Wohngebäude während einer solch längeren Zeit der Versorgung einer Familie mit dem notwendigen Wohnraum, der Missstände bzw. Mängel aufweist, so ist es zur Beseitigung der darin liegenden Härten und Schwierigkeiten gerechtfertigt, der sich mit dem mangelhaften Wohnstandard abfindenden Familie die Erleichterung der gesetzlichen Regelung zugute kommen zu lassen. Erforderlich ist eine Kontinuität der Eigennutzung; der Eigentümer muss das alte Wohngebäude über längere Zeit ununterbrochen bis zur Neuerrichtung eines gleichartigen Ersatzbaus selbst genutzt haben (vgl. BVerwG, Urteil v. 10.3.1988 – 4 B 41.88 –, BRS 48 Nr.71 = BauR 1988, 324). Diese Vorraussetzungen sind vorliegend nicht erfüllt.

Auf die frühere jahrelange Nutzung des Gebäudes durch die Eigentümerfamilie bis zum Jahre 1976 kann sich der Kläger ebenso wenig berufen wie auf die nachfolgende Nutzung durch einen engen Freund der Familie bis zum Ende des Jahres 1994. Für die Zeit ab 1995 bis Anfang des Jahres 1998, dem Beginn der Arbeiten zur Realisierung der (Sanierungs-)Baugenehmigung von 1996, kann dahinstehen, ob diese Zeitspanne als „längere Zeit" i. S. des § 35 Abs. 4 Satz 1 Nr. 2 c BauGB angesehen werden kann. Nachdem das Bundesverwaltungsgericht (vgl. Urteil v. 12.3.1982 – 4 C 59.78 –, a. a. O.) einen Zeitraum von weniger als zwei Jahren und das OVG Lüneburg (vgl. Urteil v. 7.12.1977 – 1 A 198/75 –, BRS 33 Nr.77) auch drei Jahre nicht für ausreichend gehalten haben, wird in der Literatur wegen des zu fordernden strengen Maßstabs und unter Berufung auf eine allgemeine Verkehrsauffassung eine Eigennutzung von (wohl eher) mindestens vier Jahren verlangt (vgl. Dürr, in: Brügelmann, BauGB, § 35 Rdnr. 137). Einer abschließenden Entscheidung bedarf es insoweit jedoch nicht, da der Senat die Überzeugung gewonnen hat, dass der Kläger – als Sohn der Grundstückseigentümerin – das alte Gebäude nicht i. S. von § 35 Abs. 4 Satz 1 Nr. 2 c BauGB als Wohnung selbst genutzt hat. In der mündlichen Verhandlung hat der Kläger zunächst zwar angegeben, dass er nach dem Auszug des Mieters ab Anfang des Jahres 1995 das Gebäude genutzt habe. Er hat jedoch sogleich die Einschränkung hinzugefügt, dass dies nur der Fall gewesen sei, „so weit es die Witterung erlaubt habe". Ausweislich der Akten war während des gesamten in Rede stehenden Zeitraums als Adresse des Klägers – der i. d. R. auch als Vertreter seiner Mutter, der Grundstückseigentümerin, aufgetreten ist – angegeben „P.straße, 13. OG, K.". Dementsprechend hat der Kläger in der mündlichen Verhandlung letztlich eingeräumt, dass er sich in dem alten Gebäude nicht im Sinne eines „ständigen Wohnens" aufgehalten habe. Diente somit das Gebäude nicht der Versorgung des Klägers mit dem notwendigen – mit Missständen bzw. Mängeln behafteten – Wohnraum (zu Dauerwohnzwecken), so liegen auch keine „Härten und Schwierigkeiten" vor, zu deren Behebung es gerechtfertigt wäre, dem sich damit abfindenden Kläger die Erleichterung des § 35 Abs. 4 Satz 1 Nr. 2 BauGB zugute kommen zu lassen.

Ist das mit Bescheid von 1998 genehmigte (Neubau-)Vorhaben danach voll umfänglich an § 35 Abs. 2 und 3 BauGB zu messen, so erweist es sich als unzulässig, da es (zumindest) die Verfestigung einer Splittersiedlung befürchten lässt. ...

Die Rücknahmeentscheidung ist nicht verspätet erfolgt. Nach § 48 Abs. 4 Satz 1 LVwVfG ist, wenn die Behörde von Tatsachen Kenntnis erlangt, welche die Rücknahme eines rechtswidrigen Verwaltungsakts rechtfertigen, diese nur innerhalb eines Jahres seit dem Zeitpunkt der Kenntnisnahme zulässig. Nach dem Beschluss des Großen Senats des Bundesverwaltungsgerichts vom 19. 12. 1984 (– GrS 1 und 2/84 – BVerwGE 70, 356 = BRS 42 Nr. 214 = BauR 1985, 296) findet die Vorschrift (auch) Anwendung, wenn die Behörde nachträglich erkennt, dass sie den beim Erlass eines begünstigenden Verwaltungsakts vollständig bekannten Sachverhalt unzureichend berücksichtigt oder unrichtig gewürdigt und deswegen rechtswidrig entschieden hat; hinsichtlich der Voraussetzungen der Rechtswidrigkeit lässt die Vorschrift also jeden Grund genügen und differenziert nicht danach, ob der Verwaltungsakt wegen eines „Tatsachenirrtums" oder eines „Rechtsirrtums" rechtswidrig ist. Zwischen den Beteiligten steht außer Streit, dass mit Blick auf die zurückgenommene Baugenehmigung von 1998 nur eine Rechtswidrigkeit wegen eines „Rechtsirrtums" in Betracht kommt. Der Kläger meint, dass bei einem (etwaigen) Rechtsirrtum der Behörde, der – wie vorliegend – in Kenntnis und unter Abwägung aller maßgeblichen Argumente und Vorschriften erfolgt sei, für den Beginn der Jahresfrist des § 48 Abs. 4 Satz 1 LVwVfG auf den Zeitpunkt der angeblich fehlerhaften Entscheidung abzustellen sei. Demgegenüber beginnt nach der Entscheidung des Bundesverwaltungsgerichts vom 19. 12. 1984 die Jahresfrist (erst) zu laufen, wenn die Behörde die Rechtswidrigkeit des Verwaltungsakts erkannt hat und ihr die für die Rücknahme außerdem erheblichen Tatsachen vollständig bekannt sind; das entspricht dem Zweck der Jahresfrist als einer Entscheidungsfrist.

Ausgehend hiervon hat die Jahresfrist des § 48 Abs. 4 Satz 1 LVwVfG nicht, auch nicht ausnahmsweise, bereits mit dem Erlass der (rechtswidrigen) Baugenehmigung von 1998 zu laufen begonnen. Vielmehr ist mit dem Verwaltungsgericht davon auszugehen, dass das Bauordnungsamt der Beklagten erstmals mit Schreiben des Regierungspräsidiums vom 14. 10. 1999 von der im beigefügten Schreiben des Wirtschaftsministeriums vom 11. 10. 1999 vertretenen (verbindlichen) Auffassung der obersten Baurechtsbehörde zur

Rechtswidrigkeit der Baugenehmigung von 1998 – als Voraussetzung für die darin enthaltenen Aufforderung an das Regierungspräsidium, die Beklagte zur Rücknahme dieser Baugenehmigung anzuweisen – erfahren hat. Damit ist die im angefochtenen Bescheid der Beklagten vom 30.11.1999 verfügte Rücknahme der Baugenehmigung vom 17.6.1998 rechtzeitig erfolgt.

Das nach § 48 Abs. 1 Satz 1 LVwVfG eröffnete Rücknahmeermessen hat jedenfalls das Regierungspräsidium Karlsruhe im Widerspruchsbescheid von 2000 gemessen an § 114 Satz 1 VwGO fehlerfrei ausgeübt. Die Behörde hat erkannt, dass eine Rücknahme der Baugenehmigung mit erheblichen Nachteilen für den Kläger verbunden ist. Zwar droht dem Kläger in der Folge dieser Entscheidung keine Anordnung zum Abbruch des Gebäudes. Eine solche hat die Beklagte im Ausgangsbescheid vom 30.11.1999 für unverhältnismäßig erachtet und daher eine Duldung des Gebäudes in dem rechtswidrig genehmigten Umfang, ausgesprochen. Mit der Rücknahme der Baugenehmigung von 1998 entfällt jedoch deren Legalisierungswirkung und damit auch der Anknüpfungspunkt für die Bestandsschutzregelung des § 35 Abs. 4 BauGB. Die Behörde hat gesehen, dass mit dem Wegfall der Baugenehmigung als rechtlicher Absicherung des neu errichteten Wohngebäudes auch die erheblichen finanziellen Investitionen entsprechend entwertet werden, die der Kläger für die Errichtung des Gebäudes selbst wie auch für die aus Gründen des Naturschutzes geforderte landschaftsgärtnerische Gestaltung des Grundstücks aufgewandt hat. Fehl geht in diesem Zusammenhang die Rüge des Klägers, dass die Behörde wegen der – auch nicht ermittelten – Höhe eines ihm insoweit zustehenden Ausgleichsanspruchs nach § 48 Abs. 3 LVwVfG (auch) im öffentlichen Interesse zur Vermeidung einer finanziellen Belastung der öffentlichen Hand von einer Rücknahme der Baugenehmigung hätte absehen müssen. Nach § 48 Abs. 3 Satz 1 LVwVfG hat die Behörde dem Betroffenen bei Rücknahme des Verwaltungsakts auf Antrag den Vermögensnachteil auszugleichen, den dieser dadurch erleidet, dass er auf den Bestand des Verwaltungsakts vertraut hat, so weit sein Vertrauen unter Abwägung mit dem öffentlichen Interesse schutzwürdig ist. Es erscheint bereits fraglich, ob die Behörde einen – zudem antragsabhängigen – Anspruch des Klägers auf Ausgleich eines Vermögensnachteils überhaupt der Höhe nach – jedenfalls in der Größenordnung – bereits im Rahmen der Ermessensbetätigung feststellen muss. Denn vorliegend hat die Behörde ihre Rücknahmeentscheidung tragend auf die „erhebliche Vorbildwirkung des umfangreichen, exponierten Vorhabens in landschaftlich reizvoller Lage" gestützt. Zwar kann das Gebäude – weil ausdrücklich geduldet – stehen bleiben, aber es sollte doch klargestellt und betont werden, dass es hierfür keine legalisierende, einen Bestandsschutz vermittelnde Baugenehmigung gibt. So weit die Behörde in diesem Zusammenhang auf die gesellschaftliche Stellung des Klägers und dessen Bekanntheitsgrad sowie auf das daraus folgende Echo in der (Presse-) Öffentlichkeit als „daneben" zu berücksichtigende Umstände hingewiesen hat, ist dies nicht im Sinne eines unzulässigen „Prominenten-Malus" zu verstehen. Vielmehr sollte damit nur dem Eindruck vorgebeugt werden, dass dem für die Rücknahme der rechtswidrigen Baugenehmigung von 1998 streitenden Grundsatz der Gesetzmäßigkeit der Verwaltung bei einem in der Öffentlichkeit bekannten Bauherrn nicht in gleichem Maß – wie bei jedem anderen Bürger – Geltung verschafft werde. Es sollte der Eindruck einer Vorzugsbehandlung des Klägers in der behördlichen Genehmigungspraxis hinsichtlich der Errichtung eines – zumal umfangreichen und exponiert gelegenen – Wohnbauvorhabens im Außenbereich vermieden werden. Zusammenhängend damit hat die Behörde berechtigterweise die Befürchtung geäußert, dass sich künftig andere Bewerber auf eine Genehmigung des umstrittenen Vorhabens berufen würden. Dieser Überlegung steht nicht entgegen, dass es in der Sache selbst, d. h. bei der Erteilung einer beantragten Baugenehmigung, keinen Anspruch auf Gleichbehandlung im Unrecht gibt. Nach all dem ist es unter Ermessensgesichtspunkten nicht zu beanstanden, dass die Behörde dem im öffentlichen Interesse liegenden Grundsatz der Gesetzmäßigkeit der Verwaltung Vorrang eingeräumt hat gegenüber dem Vertrauen des Klägers, das dieser durch Realisierung des Gebäudes und der aus Gründen des Naturschutzes geforderten gestalterischen Maßnahmen im „Parkgarten" ins Werk gesetzt und wofür er erhebliche finanzielle Mittel aufgewandt hat. Dies steht einer Rücknahme der Baugenehmigung nicht zwingend entgegen.

Nr. 114

1. **Eine Änderung i. S. des § 29 BauGB liegt nur vor, wenn ein vorhandenes Gebäude in städtebaulich relevanter Weise baulich umgestaltet wird. Davon ist auszugehen, wenn die Baumaßnahme mit einer Erhöhung des Nutzungsmaßes verbunden ist. Aber auch in Fällen, in denen das Erscheinungsbild unangetastet bleibt und das Bauvolumen nicht erweitert wird, können an der Anlage vorgenommene Bauarbeiten das Merkmal einer Änderung aufweisen.**

2. **Zur erleichterten Zulassung der Neuerrichtung eines gleichartigen Wohngebäudes im Außenbereich.**

3. **Zur Ausübung des Rücknahmeermessens im öffentlichen Interesse.**
(Nichtamtliche Leitsätze.)

BauGB §§ 29, 35 Abs. 4 Satz 1 Nr. 2; VwVfG § 48 Abs. 3.

Bundesverwaltungsgericht, Beschluss vom 10. Oktober 2005 – 4 B 60.05 –.

(VGH Baden-Württemberg)

Aus den Gründen:

1. Der Verwaltungsgerichtshof ist in dem angefochtenen Urteil davon ausgegangen, dass die planungsrechtliche Zulässigkeit des umstrittenen (Neubau)-Vorhabens nicht bereits aufgrund des erteilten Vorbescheids feststehe, weil der Vorbescheid nur die Sanierung, nicht die Neuerrichtung des Gebäudes betroffen habe. Die Beschwerde macht geltend, dass das errichtete Gebäude bezüglich der überbauten Grundstücksfläche, der Gestaltung und der Kubatur „identisch" mit dem durch den Bauvorbescheid genehmigten

Gebäude sei. Sie meint, dass es unter diesen Voraussetzungen bodenrechtlich keine Rolle spiele, ob ein Gebäude saniert oder im Wesentlichen neu errichtet werde. Das trifft nicht zu. Dass die Sanierung, die keine Änderung einer baulichen Anlage i. S. des §29 Abs. 1 BauGB darstellt, und die Neuerrichtung eines Gebäudes bodenrechtlich keine identischen Vorhaben sind, ergibt sich unmittelbar aus dem Gesetz.

Gemäß §29 Abs. 1 BauGB gelten die §§30 bis 37 BauGB für Vorhaben, die u. a. die Errichtung, Änderung oder Nutzungsänderung von baulichen Anlagen zum Inhalt haben. Nicht jede Instandsetzung oder Sanierung eines Gebäudes ist mit dessen Änderung im Rechtssinne verbunden. Eine Änderung i. S. des §29 BauGB liegt nur vor, wenn ein vorhandenes Gebäude in städtebaulich relevanter Weise baulich umgestaltet wird. Davon ist auszugehen, wenn die Baumaßnahme mit einer Erhöhung des Nutzungsmaßes verbunden ist. Aber auch in Fällen, in denen das Erscheinungsbild unangetastet bleibt und das Bauvolumen nicht erweitert wird, können an der Anlage vorgenommene Bauarbeiten das Merkmal einer Änderung aufweisen. Denn nach dem Wortsinn des §29 BauGB reicht es aus, dass eine Anlage nach baulichen Maßnahmen als eine andere erscheint als vorher. Der Senat stellt in diesem Zusammenhang maßgeblich auf Art und Umfang der Baumaßnahmen ab. Eingriffe in die vorhandene Bausubstanz qualifiziert er als Änderung i. S. des §29 BauGB, wenn das Bauwerk dadurch seiner ursprünglichen Identität beraubt wird. Ein solcher Identitätsverlust tritt nach der Rechtsprechung des Senats nicht nur ein, wenn der Eingriff in den vorhandenen Bestand so intensiv ist, dass er die Standfestigkeit des gesamten Bauwerk berührt und eine statische Nachberechnung erforderlich macht, sondern erst recht, wenn die Bausubstanz ausgetauscht wird oder die Baumaßnahmen sonst praktisch einer Neuerrichtung gleichkommen (vgl. BVerwG, Urteil v. 14. 4. 2000 – 4 C 5.99 –, BRS 63 Nr. 173 = Buchholz 406.11 §35 BauGB Nr. 342 = NVwZ 2000, 1048 m. w. N.). Ob die Sanierung eines Gebäudes, deren grundsätzliche Zulässigkeit in einem Vorbescheid festgestellt ist, gemessen hieran bereits eine Änderung einer baulichen Anlage i. S. von §29 Abs. 1 BauGB darstellt, weil sie einer Neuerrichtung gleichkommt, bedarf der tatrichterlichen Würdigung im jeweiligen Einzelfall (vgl. BVerwG, Beschluss v. 27. 7. 1994 – 4 B 48.94 –, Buchholz 406.11 §35 BauGB Nr. 302 = BRS 56 Nr. 85 = BauR 1994, 738).

2. Die Beschwerde thematisiert außerdem die Frage, ob die erleichterte Zulassung der Neuerrichtung eines gleichartigen Wohngebäudes gemäß §35 Abs. 4 Satz 1 Nr. 2 BauGB auch dann voraussetzt, dass das vorhandene Gebäude seit längerer Zeit vom Eigentümer selbst genutzt wird, wenn feststeht, dass das Gebäude seit ca. 50 Jahren im Eigentum der Familie, die die Baumaßnahmen durchführen will, steht und diese das Gebäude anschließend wieder langfristig nutzten will. Dass diese Frage zu bejahen ist, ergibt sich ebenfalls unmittelbar aus dem Gesetz. Nach §35 Abs. 4 Satz 1 Nr. 2 Buchst. c BauGB genügt es nicht, dass das vorhandene Gebäude seit längerer Zeit im Eigentum des Bauherrn steht. Der Eigentümer muss das Wohngebäude über längere Zeit ununterbrochen bis zur Neuerrichtung eines gleichartigen Ersatzbaus selbst genutzt haben. Entgegen der Auffassung des Klägers will §35 Abs. 4 Satz 1 BauGB nicht ausschließlich Spekulationen mit sanierungsbe-

dürftigen Gebäuden im Außenbereich verhindern. Vielmehr soll die Erleichterung denjenigen zugute kommen, die sich „längere Zeit" mit den beengten Wohnverhältnissen abgefunden und damit unter Beweis gestellt haben, dass dieses Wohnhaus für sie im Familienleben eine bedeutende Rolle spielt. Demgegenüber sollte beispielsweise die Errichtung eines Ersatzbaus für eine Ferien- oder Wochenendhausnutzung nicht erleichtert werden (vgl. BVerwG, Beschlüsse v. 10.3.1988 – 4 B 41.88 –, BRS 48 Nr. 71, und v. 25.6.2001 – 4 B 42.01 –, BRS 64 Nr. 106 m.w.N.). Nach den Feststellungen des Verwaltungsgerichtshofs hat weder die Eigentümerin des Grundstücks noch der Kläger als deren Sohn das alte Gebäude i.S. von § 35 Abs. 4 Satz 1 Nr. 2 BauGB als Wohnung selbst genutzt.

3. Der Verwaltungsgerichtshof ist im Anschluss an den Beschluss des Großen Senats des Bundesverwaltungsgerichts vom 19.12.1984 (– Gr. Sen. 1 und 2.84 –, BVerwGE 70, 356) davon ausgegangen, dass die Jahresfrist erst zu laufen beginnt, wenn die Behörde die Rechtswidrigkeit des Verwaltungsakts erkannt hat und ihr die für die Rücknahme außerdem erheblichen Tatsachen vollständig bekannt sind. Die Beschwerde kritisiert den Beschluss des Großen Senats. Sie meint, dass die Frist bereits zu laufen beginnen müsse, wenn die Behörde die Rechtswidrigkeit des Verwaltungsakts kennen müsse. Diese Rechtsauffassung hat der Große Senat in dem genannten Beschluss ausdrücklich verworfen; die Jahresfrist sei eine Entscheidungsfrist, die sinnvollerweise erst anlaufen könne, wenn der zuständigen Behörde alle für die Rücknahmeentscheidung bedeutsamen Tatsachen bekannt seien (vgl. BVerwGE 70, 356, 363). Warum diese Rechtsprechung überprüfungsbedürftig oder auf einen Fall der vorliegenden Art jedenfalls nicht anwendbar sein sollte, zeigt die Beschwerde nicht auf.

4. Die Beschwerde rügt schließlich, dass der Verwaltungsgerichtshof die Ausübung des Rücknahmeermessens nicht beanstandet habe. Sie meint, die Behörde habe bei der Ausübung des Ermessens im öffentlichen Interesse berücksichtigen müssen, dass dem Kläger gemäß § 48 Abs. 3 LVwVfG ein Anspruch auf Ausgleich seines Vermögensnachteils, den er dadurch erleide, dass er auf den Bestand des Verwaltungsaktes vertraut habe, so weit sein Vertrauen unter Abwägung mit dem öffentlichen Interesse schutzwürdig sei, zustehe. Der Verwaltungsgerichtshof nehme hierzu nicht Stellung. Das trifft nicht zu. Der Verwaltungsgerichtshof hat die Rüge des Klägers, dass die Behörde wegen der – auch nicht ermittelten – Höhe eines ihm insoweit zustehenden Ausgleichsanspruchs nach § 48 Abs. 3 LVwVfG (auch) im öffentlichen Interesse zur Vermeidung einer finanziellen Belastung der öffentlichen Hand von einer Rücknahme der Baugenehmigung hätte absehen müssen, ausdrücklich zurückgewiesen. Ob die Behörde einen – zudem antragsabhängigen – Anspruch des Klägers auf Ausgleich eines Vermögensnachteils überhaupt der Höhe nach – jedenfalls in der Größenordnung – bereits im Rahmen der Ermessensbetätigung feststellen müsse, hat der Verwaltungsgerichtshof offen gelassen. Denn vorliegend habe die Behörde ihre Rücknahmeentscheidung tragend auf die „erhebliche Vorbildwirkung des umfangreichen, exponierten Vorhabens in landschaftlich reizvoller Lage" gestützt. Es sei unter Ermessensgesichtspunkten nicht zu beanstanden, dass die Behörden dem im öffentlichen Inter-

esse liegenden Grundsatz der Gesetzmäßigkeit der Verwaltung Vorrang eingeräumt habe gegenüber dem Vertrauen des Klägers, dass dieser durch Realisierung des Gebäudes und der aus Gründen des Naturschutzes geforderten
gestalterischen Maßnahmen im „Parkgarten" ins Werk gesetzt und wofür er
erhebliche finanzielle Mittel aufgewandt habe. Die Beschwerde zeigt nicht auf,
warum die im angefochtenen Urteil offen gelassene Frage in dem erstrebten
Revisionsverfahren entscheidungserheblich sein sollte.

III. Sicherung der Bauleitplanung

1. Veränderungssperre

Nr. 115

Ein von einem Regionalverband gegenüber einer Gemeinde erlassenes Planungsgebot kann sich jedenfalls dann auch auf den Erlass einer Veränderungssperre und die Beantragung einer Zurückstellung von Baugesuchen erstrecken, wenn eine hinreichend verfestigte gemeindliche Planung vorhanden ist, die durch diese Instrumente gesichert werden kann.

BauGB §§ 14, 15; LplG § 21.

VGH Baden-Württemberg, Beschluss vom 9. Dezember 2005 – 8 S 1754/05 – (rechtskräftig).

(VG Stuttgart)

Aus den Gründen:

3. Die Einwände der Beschwerdebegründungen gegen die Rechtmäßigkeit der auf die Instrumente der Plansicherung nach den §§ 14 und 15 BauGB ausgerichteten Gebote in Nr. 2 bis 4 des Bescheids vom 20. 6. 2005 sind nicht berechtigt.

Entgegen der Auffassung der Beschwerdeführer kann sich ein Planungsgebot auch nach dem baden-württembergischen Landesrecht (zum Bundesrecht vgl. BVerwG, Urteil v. 17. 9. 2003 – 4 C 14.01 –, BVerwGE 119, 25 = BRS 66 Nr. 1 = BauR 2004, 443) auf diese Sicherungsinstrumente erstrecken. Denn § 21 Abs. 1 LplG ermächtigt ausdrücklich die Regionalverbände dazu, die Träger der Bauleitplanung zu verpflichten, ihre Pläne an die Ziele der Raumordnung und Landesplanung anzupassen. Die Zuständigkeit der Kommunalaufsicht beschränkt sich dagegen nach § 21 Abs. 2 LplG auf die Vollstreckung dieser Verpflichtung, falls ein Träger der Bauleitplanung einem Planungsgebot keine Folge leistet. Gemeint sind damit die Aufsichtsmittel nach den §§ 118 ff. GemO. § 21 Abs. 2 LplG zielt dagegen nicht auf die Instrumente, die die Erfüllung eines Planungsgebots absichern sollen. Erst wenn eine Gemeinde oder ein Planungsverband der ihm auferlegten Verpflichtung, etwa auch eine Veränderungssperre zu erlassen oder die Zurückstellung eines Baugesuchs zu beantragen, nicht nachkommt, muss der Regionalverband die Sache an die Kommunalaufsichtsbehörde übergeben, will er sein Gebot durchsetzen (lassen). Diese hat dann darüber zu entscheiden, ob sie etwa im Wege der Ersatzvornahme nach § 123 GemO ihrerseits eine Veränderungssperre erlässt oder eine Zurückstellung beantragt, oder ob sie nach § 124 GemO einen Beauftragten bestellt.

Zum andern tragen die Beschwerdeführer vor, keines dieser beiden Sicherungsinstrumente sei im vorliegenden Fall zulässig, weil keine hinreichend verfestigte Planung vorliege, die vor drohenden Veränderungen geschützt werden müsse. Der Sache nach machen sie damit geltend, das umstrittene Planungsgebot verlange von der Antragstellerin etwas rechtlich Unzulässiges. Das ist aber nicht der Fall, denn insoweit kann auf den bis zur öffentlichen Auslegung 2003 gediehenen Entwurf eines Bebauungsplans „P.-Straße – 1. Änderung", der die Ausweisung von (eingeschränkten) Gewerbegebieten vorsah, „aufgesetzt" werden. Der Erlass einer Veränderungssperre erschöpft sich damit nicht in einer reinen Verhinderungsabsicht, sondern fußt auf durchaus konkreten positiven Planvorstellungen. Die Antragstellerin mag zwar inzwischen von diesen Vorstellungen abrücken wollen; das bedeutet aber nicht, dass sie „aus der Welt" sind, da der Auslegungsbeschluss von 2003 bislang nicht aufgehoben worden ist. Der Fall ist auch nicht – wie die Antragstellerin und die Beigeladene meinen – vergleichbar mit dem dem Normenkontrollurteil des 3. Senats vom 16.11.2001 (– 3 S 605/01 –, VBlBW 2002, 200) zugrunde liegenden. Denn dort waren die Planvorstellungen erst so weit gediehen, dass überprüft und konkretisiert werden sollte, ob ein Sondergebiet, ein Industriegebiet oder ein Gewerbegebiet ausgewiesen werden solle.

4. Schließlich vermag der Senat auch den Angriffen der Antragstellerin und der Beigeladenen gegen die im Bescheid des Antragsgegners vom 20.6.2005 angestellten Ermessenserwägungen nicht zu folgen.

Soweit geltend gemacht wird, dieser Bescheid spreche der Antragstellerin die Planungshoheit ab, weil er auf längst aufgegebene planerische Absichten der Antragstellerin Bezug nehme, verkürzt dies die in dem Bescheid angestellten Erwägungen. Dort wird zwar in der Tat zunächst darauf abgehoben, dass die Antragstellerin ursprünglich nicht die Absicht verfolgt habe, die Verwirklichung eines Einzelhandelsgroßprojekts zu ermöglichen. Gemeint ist damit der erwähnte Entwurf eines Bebauungsplans „P.-Straße – 1. Änderung". Die weitere Argumentation im Bescheid befasst sich dann aber nicht mit diesem Planentwurf, sondern damit, dass nach der Vorstellung der Antragstellerin eine Baugenehmigung für ein Großprojekt unter Ausnutzung des (alten) Bebauungsplans „Erweiterung P.-Straße" erteilt werden sollte, obwohl dieser Bebauungsplan gemäß § 1 Abs. 4 BauGB den Zielen der Raumordnung hätte angepasst werden müssen. Da die Selbstverwaltungsgarantie und damit die Planungshoheit der Gemeinden aber nur „im Rahmen der Gesetze" gewährleistet ist (vgl. dazu eingehend das Urteil des Senats v. 19.12.2000 – 8 S 2477/99 –, VBlBW 2001, 266 und nachgehend: BVerwG, Urteil v. 15.5.2003 – 4 CN 9.01 –, BVerwGE 118, 181 = BRS 66 Nr. 4), ist gegen diese Argumentation grundsätzlich nichts einzuwenden.

Nr. 116

1. **Das für den Erlass einer Veränderungssperre erforderliche Mindestmaß an Konkretisierung der Planungsziele umfasst nicht die Festlegung der planerischen Mittel zur Zielerreichung oder Aussagen zur Lösung etwaiger Nutzungskonflikte.**

2. **Das Gebot, Bebauungspläne aus dem Flächennutzungsplan zu entwickeln, gilt gemäß § 8 Abs. 2 Satz 2 BauGB nicht für Bebauungspläne,**

deren Inhalt sich darauf beschränkt, regionalplanerische Vorranggebiete für Windkraftanlagen i. S. des § 1 Abs. 4 BauGB etwa durch Begrenzung der Anlagenhöhe oder der Festlegung der Standorte einzelner Anlagen zu konkretisieren, und zwar unabhängig davon, ob ein Flächennutzungsplan vorliegt und welche Aussagen er trifft.

BauGB §§ 1 Abs. 4, 5 Abs. 2, 8 Abs. 2 Satz 1, Satz 2, Abs. 3, Abs. 4 Satz 1, 14; LPlG § 11 Abs. 3 Satz 2 Nr. 11, Abs. 7 Satz 1.

VGH Baden-Württemberg, Urteil vom 24. November 2005 – 8 S 794/05 – (rechtskräftig).

Die Antragstellerin wendet sich gegen die Satzung über die Veränderungssperre für den Bereich des Bebauungsplans „Windenergieanlagen L." der Gemeinde R. vom 25. 3. 2004. Der Bereich „L." wird in der 1999 genehmigten 6. Fortschreibung des Flächennutzungsplans als Standort für maximal drei Windenergieanlagen dargestellt. Der Bereich befindet sich innerhalb des Flugbeschränkungsgebiets für den Truppenübungsplatz, der eine Bauhöhenbeschränkung festlegt (Gesamthöhe 100 m, Nabenhöhe 74 m). Nachdem der Truppenübungsplatz inzwischen aufgegeben wurde, soll auch das Flugbeschränkungsgebiet und die daraus folgende Bauhöhenbeschränkung bis spätestens März 2006 aufgehoben werden.

Der bestehende Regionalplan 1993 befindet sich hinsichtlich der Festlegung von Vorrang- und Ausschlussgebieten für Standorte regionalbedeutsamer Windenergieanlagen im Verfahren der Fortschreibung. Im Beschlussvorschlag des Planungsausschusses des Regionalverbands zur Fortschreibung heißt es u. a., dass die in den Flächennutzungsplänen genehmigten Standorte und Ausschlussbereiche für die Gesamtplanung übernommen werden sollen, um eine doppelte Prüfung bereits untersuchter Flächen zu vermeiden. Dementsprechend enthält auch der 2005 von der Verbandsversammlung zu beschließende Anhörungsentwurf für eine Fortschreibung den Bereich „L." als Standort für Windenergieanlagen (ohne Bauhöhenbeschränkung).

2004 beantragte die Antragstellerin eine Baugenehmigung für die Errichtung und den Betrieb einer Windenergieanlage mit einer Nabenhöhe von 114,09 m (Gesamthöhe ca. 150 m) auf Flst. X. auf der im Flächennutzungsplan als Standort für Windenergieanlagen dargestellten Fläche am Standort „L." mit der Auflage, dass das Vorhaben erst errichtet werden darf, wenn die militärische Bauhöhenbeschränkung aufgehoben ist. Die Antragstellerin hat sich die für die Errichtung benötigte Fläche durch einen Nutzungsvertrag mit den Eigentümern privatrechtlich gesichert. Für denselben Standort hatte die Antragstellerin 2001 die Baugenehmigung zur Errichtung von drei Windkraftanlagen mit einer Nabenhöhe von 50 m und einer Gesamthöhe von 74 m erhalten; dieses Vorhaben will die Antragstellerin nicht mehr weiter verfolgen.

Am 25. 3. 2004 beschloss der Gemeinderat der Antragsgegnerin die Aufstellung des Bebauungsplans „Windenergieanlagen L.". In der Sitzungsniederschrift wird ausgeführt, dass in der 6. Fortschreibung des Flächennutzungsplans, welche den Standort „L." für Windkraftanlagen ausweise, keine Höhenbegrenzung festgelegt worden sei; denn „im Gremium" sei damals bekannt gewesen, „dass auf Grund des Flugbetriebs eine Höhenbegrenzung galt, die nicht explizit durch einen Bebauungsplan festgelegt werden musste". Weiter heißt es in der Sitzungsniederschrift: „Nachdem der Gemeinde nun bekannt ist, dass die Höhenbegrenzung der Windkraftanlage nach Wegfall des militärischen Flugbetriebes aufgehoben wird, sieht sich die Gemeindeverwaltung dazu veranlasst, eine bereits bei der Änderung des Flächennutzungsplanes gewollte Höhenbegrenzung festzuschreiben, die bisher mit als Voraussetzung für den Standort „L." maßgebend war. Zudem will man auch das Gebiet für Windkraftanlagen genau abgrenzen. Die Gemeindeverwaltung hält nach wie vor an dem Windkraftstandort „L." wie im Flächennutzungsplan ausgewiesen fest, allerdings mit der Maßgabe, einen Bebauungsplan aufzustellen, in dem die bisher geltende Höhenbegrenzung von derzeit 74 m, die durch den militärischen Flugbetrieb vorgegeben war, im Bebauungsplan festgeschrieben wird, da ansonsten nachteilige Auswirkungen auf den betroffenen Landschaftsraum zu erwarten sind. Dieser Eingriff muss im Rahmen des Bebauungsplanverfahrens noch gesondert überprüft, bewertet und nachgewiesen werden. Ebenso muss noch nachgewiesen werden, dass durch die Höhenbegrenzung die Umsetzung des Flächennutzungsplanes nicht unmöglich gemacht wird, indem der Betrieb der Anlage dadurch unwirtschaftlich wird."

In derselben Sitzung am 25. 3. 2004 beschloss der Gemeinderat sodann eine Veränderungssperre zur Sicherung der Planung im künftigen Geltungsbereich des Bebauungsplans.

Nach dem aktuellen Entwurf des Bebauungsplans „Windenergieanlagen L." zur Anhörung der Träger öffentlicher Belange soll der Bereich „L." als Sondergebiet für maximal zwei Windenergieanlagen mit einer Anlagenhöhe von 101 m über natürlichem Gelände ohne genaue Festlegung des Standorts der Anlagen ausgewiesen werden.

Aus den Gründen:

2. Die Veränderungssperre ist von einer hinreichend konkreten positiven Planungskonzeption getragen.

Eine Veränderungssperre darf erst erlassen werden, wenn die Planung, die sie sichern soll, ein Mindestmaß dessen erkennen lässt, was Inhalt des zu erwartenden Bebauungsplans sein soll. Erforderlich, aber auch ausreichend ist, dass die Gemeinde im Zeitpunkt des Erlasses der Veränderungssperre eine bestimmte Art der baulichen Nutzung im betroffenen Gebiet ins Auge gefasst hat (vgl. BVerwG, Urteil v. 19. 2. 2004, BRS 67 Nr. 11, m. w. N.; Beschluss v. 25. 11. 2003 – 4 BN 60.03 –, BRS 66 Nr. 115). Dieses Planziel muss auf eine positive städtebauliche Gestaltung gerichtet sein; eine Negativplanung, die sich darin erschöpft, einzelne Vorhaben auszuschließen, reicht nicht aus (vgl. BVerwG, Beschluss v. 5. 2. 1990 – 4 B 191.89 –, BRS 50 Nr. 103; Beschluss des Senats v. 9. 2. 1998, BRS 60 Nr. 99; Ernst/Zinkahn/ Bielenberg, BauGB, Bd. 1, § 14 Rdnr. 47). Danach ist die Veränderungssperre hier nicht zu beanstanden.

a) Bei Erlass der Veränderungssperre bestanden hinreichend konkrete planerische Vorstellungen.

Der Beschluss des Gemeinderates der Antragsgegnerin v. 25. 3. 2004 hat zum Inhalt, dass für den Bereich „L." ein Bebauungsplan zur Errichtung von Windenergieanlagen aufgestellt werden soll. In der Begründung des Aufstellungsbeschlusses wird weiter ausgeführt, dass es darum geht, die Darstellung des Bereichs „L." im Flächennutzungsplan als Standort für Windkraftanlagen hinsichtlich der Bauhöhe und der räumlichen Lage weiter zu entwickeln. Nach dem – parzellenscharfen – Lageplan, der dem Aufstellungsbeschluss zugrunde liegt, soll der Geltungsbereich des künftigen Bebauungsplans kleinräumig auf lediglich sieben Grundstücke begrenzt werden. Damit ist die zu sichernde Planung hinreichend konkretisiert. Sie gilt einem bestimmten Baugebiet mit einer eindeutig bestimmten Nutzungsart. Ob und wenn ja welche anderen Nutzungen im Plangebiet zulässig sein sollen, bedurfte entgegen der Auffassung der Antragstellerin keiner Festlegung. Denn Planziel ist allein die Vorhaltung des Bereichs „L." zur Errichtung von Windenergieanlagen, nicht die Sicherung oder der Ausschluss sonstiger Nutzungen. Auch angesichts der geringen Größe des Plangebiets steht die Frage der Regelung sonstiger Nutzungsmöglichkeiten nicht gleichrangig neben dem Ziel, es als Standort für Windenergieanlagen vorzusehen (vgl. demgegenüber BVerwG, Urteil v. 19. 2. 2004, a. a. O., bei einer Veränderungssperre für große Teile des Gemeindegebiets). Die anderweitige Nutzung des künftigen Plangebiets ist daher allenfalls insoweit von planerischer Relevanz, als es um die Lösung von durch Windenergieanlagen möglicherweise ausgelöste Nutzungskonflikte geht. Der Erlass einer Veränderungssperre kann jedoch nicht davon abhängig gemacht werden, dass bereits Aussagen zur Lösung von Nutzungskonflikten infolge der Realisierung des Planziels getroffen werden, weil dies typischerweise erst im weiteren Verlauf des Aufstellungsverfahrens im Rahmen einer umfassenden Abwägung unter Berücksichtigung der Erkenntnisse aus der Behörden- und Öffentlichkeitsbeteiligung möglich ist.

Die Antragstellerin meint ferner, bereits bei Erlass der Veränderungssperre hätte feststehen müssen, ob die Ausweisung des Gebiets „L." als Windkraftstandort durch Festsetzung eines entsprechenden Sondergebiets nach § 11 Abs. 2 BauNVO oder einer Fläche nach § 9 Abs. 1 Nr. 12 BauGB erfolgen soll. Das trifft nicht zu. Es reicht aus, wenn bei Erlass der Veränderungssperre absehbar ist, dass sich das Planziel im Wege bauplanerischer Festsetzungen überhaupt erreichen lässt (vgl. BVerwG, Beschluss v. 27. 7. 1990 – 4 B 156.89 –, BRS 50 Nr. 101 = BauR 1990, 694), was hier zweifellos der Fall ist. Die Auswahl der Mittel zur Realisierung des Planziels ist hingegen – ebenso wie die Lösung von Nutzungskonflikten – typischerweise Aufgabe der im Aufstellungsverfahren vorzunehmenden planerischen Abwägung.

b) Die beabsichtigte Planung ist auch von einer positiven Konzeption getragen.

Ihr eigentliches Ziel ist nicht, das Vorhaben der Antragstellerin zu verhindern; vielmehr hat die Antragsgegnerin plausible städtebauliche Gründe für eine weitere Konkretisierung der im Flächennutzungsplan bereits erfolgten Darstellung des Bereichs „L." als Windkraftstandort angeführt. Insbesondere geht es nicht um eine bloße Übernahme der demnächst wegfallenden militärischen Bauhöhenbeschränkung ohne eigene städtebauliche Überlegungen. Zwar wird ausweislich der Sitzungsniederschrift eine entsprechende Höhenbegrenzung angestrebt. Dies soll jedoch zum einen zum Schutz des Landschaftsraums erfolgen, also auf Grund einer städtebaulichen Erwägung. Zum anderen wird die künftige Höhenbegrenzung ausdrücklich unter den Vorbehalt gestellt, dass sie eine wirtschaftliche Nutzung der Windenergie zulässt. Zu diesem Zweck sollen im Planverfahren die Auswirkungen der Anlagenhöhe auf den Landschaftsraum und die Wirtschaftlichkeit der Windenergienutzung am Standort „L." untersucht und bewertet und der Konflikt zwischen Landschaftsverträglichkeit und Wirtschaftlichkeit der Windenergienutzung einem planerischen Ausgleich zugeführt werden. Die Planung ist damit auf eine positive städtebauliche Gestaltung gerichtet. Es gibt auch keine Anhaltspunkte dafür, dass der Gesichtspunkt des Schutzes des Landschaftsraums nur vorgeschoben ist. Dass dieser Aspekt bei der Beschlussfassung über die Aufstellung eines Bebauungsplans und den Erlass einer Veränderungssperre nicht näher konkretisiert wurde, stellt hierfür kein Indiz dar. Denn die konkrete Untersuchung und Bewertung der Auswirkungen von Windenergieanlagen bestimmter Höhe auf den Landschaftsraum hat die Antragsgegnerin – zu Recht – dem Aufstellungsverfahren vorbehalten. Im Übrigen dürfte dem Gemeinderat bereits bei Erlass der Veränderungssperre eine „Grobeinschätzung" möglich gewesen sein. Im Erläuterungsbericht zur 6. Fortschreibung des Flächennutzungsplans wird die Notwendigkeit, die Errichtung von Windenergieanlagen auf dem Gemeindegebiet zu steuern, u. a. damit begründet, dass die Gemeinde als eines ihrer wichtigsten Ziele die Stärkung und Weiterentwicklung des Fremdenverkehrs ansehe, wofür wesentliche Voraussetzung der Erhalt der vorhandenen Landschaft mit herausragenden ästhetischen Reizen und einer nur sehr geringen Vorbelastung durch technische Bauwerke sei. Da es sich bei der Antragsgegnerin um eine kleine Gemeinde handelt, kann angenommen werden, dass den Gemeinderäten diese Konfliktsituation bei der Beschlussfassung bekannt war. Auch die im Bebauungsplanverfahren inzwischen vorgenommene „Sichtbarkeitsanalyse" in Gestalt eines Vergleichs fiktiver Ansichten von Windenergieanlagen mit Höhen von jeweils 100 m und 150 m bestätigt nicht die Einschätzung der Antragstellerin, es bestehe offensichtlich keine Notwendigkeit, den Landschaftsraum durch eine Höhenbegrenzung zu schützen.

3. Die Sicherung des Planziels durch Veränderungssperre ist auch sonst gerechtfertigt.

Die Veränderungssperre soll die Erarbeitung eines tragfähigen Plankonzepts ermöglichen. Das schließt eine „antizipierte Normenkontrolle" des zu erstellenden Bebauungsplans aus. Eine Veränderungssperre ist nur dann als Sicherungsmittel nicht mehr gerechtfertigt, wenn die aus dem Aufstellungsbeschluss ersichtliche Planung offensichtlich unheilbar rechtswidrig oder nicht realisierbar ist (vgl. Beschluss des Senats v. 9. 2. 1998, a. a. O.; VGH Bad.-Württ., Urteil v. 2. 3. 1993 – 5 S 2091/92 –, NVwZ 1994, 797; Berliner Kommentar, Bd. 1, § 14 Rdnr. 10; Ernst/Zinkahn/Bielenberg, Bd. 1, a. a. O., § 14 Rdnr. 53 ff.). Das ist hier nicht der Fall. Insbesondere stand nicht bereits zum Zeitpunkt des Beschlusses über die Veränderungssperre mit Gewissheit fest, dass der künftige Bebauungsplan gegen das Entwicklungsgebot des § 8 Abs. 2 BauGB verstoßen wird, weil ihm keine wirksamen Darstellungen des Flächennutzungsplans zur Nutzung der Windenergie zugrunde liegen werden (vgl. zur Verletzung des Entwicklungsgebots bei Unwirksamkeit des Flächennutzungsplans BVerwG, Beschluss v. 18. 12. 1991 – 4 N 2.89 –, BRS 52 Nr. 6).

a) Dies gilt zum einen selbst dann, wenn die von der Antragstellerin geltend gemachte Unwirksamkeit der Darstellungen des Flächennutzungsplans zur Nutzung der Windenergie auf dem Gebiet der Antragsgegnerin unterstellt wird. Denn es spricht viel dafür, dass diese Darstellungen durch eine regionalplanerische Standortplanung „ersetzt" werden.

Die Regelung des § 11 Abs. 3 Nr. 11 i. V. m. Abs. 7 Satz 1 Halbs. 2 LPlG verpflichtet die Regionalverbände, Standorte für regionalbedeutsame Windkraftanlagen als Vorranggebiete und die übrigen Gebiete der Region als Ausschlussgebiete festzulegen, in denen Windkraftanlagen nicht zulässig sind. Durch diese zwingend vorgeschriebene flächendeckende regionale Standortplanung soll eine ungeordnete oder nur durch örtliche Interessen bestimmte

Nr. 116

Nutzung der Windenergie und letztlich eine „Verspargelung" der Landschaft verhindert werden (vgl. LT-Drucks. 13/1883, S. 35 f.). Eine eigenständige Standortplanung mit Alternativenprüfung ist den Gemeinden daher künftig nur für Windenergieanlagen von untergeordneter Bedeutung eröffnet. Hinsichtlich der regional bedeutsamen Anlagen wird die eigentliche Standortentscheidung hingegen von der Regionalplanung getroffen. Den Gemeinden bleibt insoweit nur noch die Möglichkeit, diese Entscheidung etwa mit Blick auf die Bauhöhe der einzelnen Anlagen oder deren parzellenscharfen Standort zu konkretisieren (vgl. hierzu BVerwG, Beschluss v. 25. 11. 2003, a. a. O.; zur Vereinbarkeit der „Heraufzonung" der Standortplanung auf die regionale Ebene mit der gemeindlichen Planungshoheit vgl. VGH Baden-Württ., Urteil v. 9. 6. 2005, a. a. O.). Beschränkt sich ein Bebauungsplan auf diese Möglichkeit zur weiteren „Entwicklung" eines regionalplanerischen Vorranggebiets für Windkraftanlagen nach Maßgabe des § 1 Abs. 4 BauGB, besteht gemäß § 8 Abs. 2 Satz 2 BauGB kein Gebot, einen solchen Bebauungsplan außerdem auch aus dem Flächennutzungsplan herzuleiten. Angesichts des geringen Spielraums zur planerischen Konkretisierung der regionalplanerischen Standortentscheidung besteht kein Bedarf, das Vorranggebiet auch noch auf der Ebene der Flächennutzungsplanung näher auszugestalten, zumal diese gemäß § 5 Abs. 2 BauGB auf die Darstellung von Flächen beschränkt ist und daher keine Aussage etwa zur Bauhöhe der Anlagen treffen könnte. Soweit es nur darum geht, ein Vorranggebiet für Windkraftanlagen gemäß § 1 Abs. 4 BauGB auszuformen, ist daher ein Flächennutzungsplan i. S. des § 8 Abs. 2 Satz 2 BauGB nicht erforderlich, um die städtebauliche Entwicklung zu ordnen. Vielmehr kann die Ebene der Flächennutzungsplanung „übersprungen" und die Ausformung durch einen Bebauungsplan ohne Bindung an das Entwicklungsgebot des § 8 Abs. 2 Satz 1 BauGB erfolgen, unabhängig davon, ob ein Flächennutzungsplan vorliegt und welche Aussagen er trifft. Insoweit „verdrängt" das Zielanpassungsgebot des § 1 Abs. 4 BauGB das Entwicklungsgebot des § 8 Abs. 2 Satz 1 BauGB. Soweit in der Literatur darauf verwiesen wird, dass § 8 Abs. 2 Satz 2 BauGB nur Anwendung findet, wenn überhaupt kein Flächennutzungsplan vorliegt (vgl. Battis/Krautzberger/Löhr, a. a. O., § 8 Rdnr. 7; Ernst/Zinkahn/Bielenberg, a. a. O., § 8 Rdnr. 12; Brügelmann, BauGB, Bd. 1, § 8 Rdnr. 115), betrifft dies ersichtlich nur die Ebenen des Flächennutzungsplans und des Bebauungsplans; insoweit ist das Vorhandensein eines Flächennutzungsplans in der Tat Indiz dafür, dass die Gemeinde selbst einen solchen für erforderlich hält, um die städtebauliche Entwicklung des Gemeindegebiets zu ordnen. Hier geht es jedoch um den anders gelagerten Fall, dass ein vorhandener Flächennutzungsplan durch die regionalplanerische Standortplanung teilweise überlagert wird und insoweit keinen eigenständigen, über die Möglichkeiten des Bebauungsplans hinaus reichenden Beitrag leisten kann, um diese Standortaussage in die städtebauliche Gesamtentwicklung zu integrieren.

Ausgehend davon ist kein Raum für die Feststellung, dass der künftige Bebauungsplan „Windenergieanlagen L." offensichtlich gegen das Entwicklungsgebot des § 8 Abs. 2 Satz 1 BauGB verstoßen wird. Der hier maßgebliche Regionalplan Neckar-Alb wird derzeit entsprechend der oben genannten gesetzlichen Verpflichtung zur Festlegung von Vorrang- und Ausschlussgebieten für Standorte regionalbedeutsamer Windkraftanlagen fortgeschrieben. Unstreitig sieht der vom Planungsausschuss des Regionalverbands beschlossene Anhörungsentwurf der Fortschreibung den Bereich „L." als Vorrangstandort für Windenergieanlagen (ohne Höhenbegrenzung) vor. Somit erscheint es jedenfalls möglich, dass bei Erlass des Bebauungsplans „Windenergieanlagen L." der Bereich „L." bereits als Vorranggebiet und das übrige Gemeindegebiet als Ausschlussbereich für regionalbedeutsame Windkraftanlagen festgelegt sein wird oder sich eine entsprechende regionalplanerische Absicht hinreichend verfestigt haben wird. Wie ausgeführt, müsste der Bebauungsplan, der sich nach den bisherigen Vorstellungen darauf beschränkt, die Nutzung des Bereichs „L." für die Windkraft näher zu konkretisieren, in diesem Fall gemäß § 8 Abs. 2 Satz 2 BauGB nicht aus dem Flächennutzungsplan entwickelt werden, gleichgültig, ob dessen Aussagen zur Nutzung der Windkraft auf dem Gemeindegebiet wirksam sind oder nicht.

Unabhängig von der Frage der Anwendbarkeit des § 8 Abs. 2 Satz 2 BauGB gilt Folgendes: Sollte noch ein Verfahren zur erneuten Fortschreibung des Flächennutzungsplans eingeleitet werden, wofür derzeit allerdings nichts ersichtlich ist, könnte der Bebauungsplan gemäß § 8 Abs. 3 Satz 2 BauGB vor dem geänderten Flächennutzungsplan bekannt gemacht werden. Denn mit Blick auf das Zielanpassungsgebot des § 1 Abs. 4 BauGB und den geringen Spielraum für eine bauleitplanerische Konkretisierung der regionalplanerischen Vorgabe stünde ohnehin fest, dass der Bebauungsplan aus den künftigen Darstellungen des Flächennutzungsplans entwickelt sein wird. Ansonsten könnte der Bebauungsplan jedenfalls gemäß § 8 Abs. 4 Satz 1 BauGB als vorzeitiger Bebauungsplan erlassen werden. Nach dieser Vorschrift kann ein Bebauungsplan u. a. aufgestellt werden, bevor der Flächennutzungsplan aufgestellt ist, wenn dringende Gründe es erfordern und wenn der Bebauungsplan der beabsichtigten städtebaulichen Entwicklung des Gemeindegebiets nicht entgegenstehen wird. Sie ist auch dann anwendbar, wenn ein Flächennutzungsplan zwar existiert, aber – wie hier unterstellt – unwirksam ist, und zwar auch dann, wenn die Gemeinde selbst den Flächennutzungsplan als gültig angesehen hat; entscheidend ist allein, dass die gesetzlichen Voraussetzungen hierfür objektiv vorliegen (vgl. BVerwG, Beschluss v. 18. 12. 1991, a. a. O.; vgl. auch Ernst/Zinkahn/Bielenberg, BauGB, a. a. O., § 8 Rdnr. 7; zur Anwendung des § 8 Abs. 4 auf die Veränderungssperre vgl. auch VGH Bad.-Württ., Beschluss v. 26. 5. 1981 – 3 S 2491/80 –, BRS 38 Nr. 108). Angesichts des oben bezeichneten, eng begrenzten Spielraums zur Konkretisierung eines regionalplanerisch festgelegten Vorrangstandorts für Windenergieanlagen würde der künftige Bebauungsplan bei einer entsprechenden Aussage des Regionalplans zum Bereich „L." der beabsichtigten städtebaulichen Entwicklung des Gemeindegebiets offensichtlich nicht entgegenstehen. Wegen der – von der Antragsgegnerin plausibel begründeten – Notwendigkeit einer planerischen Bewältigung des Konflikts zwischen einer landschaftsgerechten und einer möglichst wirtschaftlichen Nutzung der Windenergie am Standort „L." hätte ein Abwarten auf das In-Kraft-Treten eines geänderten Flächennutzungsplans größere Nachteile zur Folge, als die Aufstellung des Bebauungsplans vor diesem Zeitpunkt, zumal die Flächennutzungsplanung ohnehin keinen eigenständigen Beitrag zur Konkretisierung der regionalplanerischen Vorrangfestlegung leisten könnte; daher dürfte auch die nach § 8 Abs. 4 Satz 1 BauGB geforderte Dringlichkeit für die vorzeitige Aufstellung des Bebauungsplans gegeben sein (vgl. dazu Ernst/Zinkahn/Bielenberg, a. a. O., § 8 Rdnr. 23).

Nach allem ist wegen der möglichen regionalplanerischen Festlegung des Bereichs „L." als Vorrangstandort für regional bedeutsame Windkraftanlagen kein Raum für die Feststellung, dass der künftige Bebauungsplan aller Voraussicht nach offensichtlich gegen das Entwicklungsgebot verstoßen wird.

b) Unabhängig von den vorgenannten Konsequenzen einer regionalplanerischen Standortplanung für Windkraftanlagen für die Einhaltung des Entwicklungsgebots steht auch nicht evident fest, dass die Aussagen des Flächennutzungsplans zur Windkraftnutzung auf dem Gebiet der Antragsgegnerin unwirksam sind oder jedenfalls bei Aufstellung des Bebauungsplans „Windenergieanlagen L." unwirksam sein werden, wie die Antragstellerin meint.

Sie macht geltend, der Flächennutzungsplan sei insoweit abwägungsfehlerhaft, weil er nicht auf einer flächendeckenden Untersuchung der Eignung aller in Betracht kommenden Standorte auf dem Gemeindegebiet beruhe. Es gibt jedoch keine evidenten Anhaltspunkte für einen solchen Abwägungsfehler. Die 6. Fortschreibung des Flächennutzungsplans ist von einer Veröffentlichung des Regionalverbands Neckar-Alb vom April 1996 und einer Untersuchung aus dem Jahre 1997 ausgegangen, die zum Ergebnis gelangten, dass das Gemeindegebiet acht für die Nutzung der Windenergie „besonders geeignete" Standorte aufweise. ...

Die Antragstellerin trägt ferner vor, der Ausschluss der übrigen, in der Studie des Regionalverbands als „besonders geeignet" bezeichneten Standorte beruhe auf einer zu hohen Gewichtung der Belange, die gegen die Errichtung von Windkraftanlagen sprächen. Auch dieser Einwand dringt nicht durch. Die Antragsgegnerin hat in einer ersten Bewertungsstufe fünf potenzielle Standorte wegen zu großer Nähe zur Ortslage und in einem Fall wegen Exponiertheit sowie deshalb ausgeschieden, weil sie sich im Umkreis von 200 m zu Biotopen und Schutzzonen befinden (vgl. Nr. 2.1 der Gemeinsamen Richtlinie des Umweltministeriums und des Wirtschaftsministeriums für die gesamtökologische Beurteilung und baurechtliche Behandlung von Windenergieanlagen). Wegen des zuletzt genannten Gesichtspunkts der Wahrung eines Schutzabstands zu Biotopen und Schutzzonen wurden zwei weitere Standorte ausgeschieden. Dieser Ausschluss wurde außerdem darauf gestützt, dass sich beide Standorte in der Nähe zu Brutplätzen von Vögeln befänden sowie ein Standort in einer Trasse von Zugvögeln am Albtrauf. Die Antragstellerin meint, entsprechend den Vorgaben der Richtlinie hätte geprüft werden müssen, ob im 200 m-Umkreis gleichwohl ausnahmsweise Windenergieanlagen errichtet werden könnten, weil keine konkreten Anhaltspunkte für erhebliche negative Auswirkungen auf Biotope oder Schutzgebiete vorliegen oder weil geeignete Ausgleichsmaßnahmen möglich sind und ob überhaupt besonders geschützte Vogelarten berührt sind. Damit verkennt sie jedoch die den

Gemeinden für die Bauleitplanung eingeräumte Abwägungsfreiheit, deren Ausübung nicht durch Richtlinien gelenkt werden kann. Dementsprechend bezieht sich die genannte Richtlinie auch nicht auf die Bauleitplanung, sondern ausdrücklich auf die Anwendung der – strikten – Eingriffsregelung des § 11 Abs. 3 Satz 1 NatSchG. Die Antragsgegnerin hat die in der Richtlinie aufgeführten Beurteilungskriterien lediglich als Anknüpfungspunkte für die eigenständige Standortplanung genommen und zusätzlich insbesondere auf die überragende Bedeutung der Erhaltung der ungestörten Landschaft „mit herausragenden ästhetischen Reizen" für ihre Stellung als Fremdenverkehrsgemeinde abgestellt. Nach allem ist jedenfalls für eine evidente Abwägungsfehlerhaftigkeit der Aussagen des Flächennutzungsplans zur Windkraftnutzung nichts ersichtlich.

Nr. 117

1. **Die Aufstellung eines Flächennutzungsplans mit Darstellungen zu Konzentrationszonen für Windkraftanlagen, dem Ausschlusswirkung des § 35 Abs. 3 Satz 3 BauGB für Windkraftanlagen zukommen soll, kann nicht mit einer Veränderungssperre gesichert werden. Zulässig ist eine Veränderungssperre jedoch zur Sicherung der – ggf. im Parallelverfahren nach § 8 Abs. 3 Satz 1 BauGB durchgeführten – Aufstellung eines Bebauungsplans, mit dem die im Flächennutzungsplan vorgesehenen Darstellungen der Konzentrationszonen zusätzlich einer Feinsteuerung unterzogen werden sollen.**

2. **Die zu sichernde Bebauungsplanung muss im Zeitpunkt des Erlasses der Veränderungssperre hinreichend erkennen lassen, was Inhalt des zu erwartenden Bebauungsplans sein soll.**

3. **Für die Beurteilung der Gültigkeit der Veränderungssperre kommt es nicht darauf an, welches Ergebnis die Planung letztlich hat. Die spätere Entwicklung der Planung kann allenfalls ein zusätzliches Indiz für etwaige bereits vor oder bei Erlass der Veränderungssperre gegebene Anhaltspunkte sein, dass von Anfang an ein hinsichtlich eventueller positiver Ausweisungen zugunsten der Windenergie noch völlig offenes und damit nicht sicherungsfähiges Plankonzept verfolgt wurde.**

4. **Die im Gebietsentwicklungsplan für das Münsterland festgelegten „Eignungsbereiche" für Windkraftanlagen haben die Qualität von Zielen der Raumordnung. Ihnen kommt nicht nur eine Steuerungsfunktion nach § 35 Abs. 3 Satz 3 BauGB bezogen auf raumbedeutsame Windkraftanlagen zu, sondern sie binden auch die gemeindliche Bauleitplanung gemäß § 1 Abs. 4 BauGB.**

5. **Eine Gemeinde kann mit ihrer Flächennutzungsplanung die Zielvorgaben des Gebietsentwicklungsplans in dem von seinen Festlegungen zugelassenen Rahmen näher konkretisieren und mit Bebauungsplänen hieran anknüpfend eine zusätzliche Feinsteuerung vornehmen.**

6. Einer Gemeinde ist es verwehrt, die im Gebietsentwicklungsplan getroffene raumordnerische Eignungsfestlegung zu konterkarieren bzw. auszuhöhlen; will sie von den bindenden Zielvorgaben abweichen, bedarf es einer Änderung des Gebietsentwicklungsplans bzw. der Durchführung eines Zielabweichungsverfahrens (hier nach § 19 a LPlG).

OVG Nordrhein-Westfalen, Urteil vom 28. Januar 2005 – 7 D 35/03.NE – (rechtskräftig). Abgedruckt unter Nr. 9.

Nr. 118

1. Hat die Gemeinde ihr Planungsziel, die Ansiedlung von Tierhaltungsanlagen im Gemeindegebiet durch einen einfachen Bebauungsplan zu steuern, um die Zersiedlung ihres Außenbereichs zu begrenzen und die Erholungsfunktion der noch unzersiedelten Landschaft zu stärken, hinreichend konkretisiert, steht der Rechtmäßigkeit einer Veränderungssperre nicht entgegen, dass die Gemeinde noch nicht endgültig entschieden hat, mit welchen Festsetzungen sie dieses Ziel erreichen will.

2. Das großflächig angelegte Konzept einer Gemeinde, der fortschreitenden Zersiedlung ihres bisher noch von Bebauung freien Außenbereichs durch die anhaltende Massierung von Tierhaltungsanlagen begegnen zu wollen, kann es rechtfertigen, weite Teile des Gemeindegebietes mithilfe eines einfachen Bebauungsplanes zu überplanen.

BauGB §§ 9 Abs. 1, 14 Abs. 1, 35 Abs. 1 Nr. 1, Nr. 4.

Niedersächsisches OVG, Urteil vom 7. Oktober 2005 – 1 KN 297/04 – (rechtskräftig).

Die Antragstellerin wendet sich gegen die erste Verlängerung der Geltungsdauer einer Veränderungssperre, mit der ein Vorhaben der Antragstellerin zur Errichtung von Masttierhaltungsanlagen im Gemeindegebiet der Antragsgegnerin gesperrt wird.

Die Antragstellerin ist eine Firma in der Rechtsform einer GmbH & Co. KG. Geschäftsführer der GmbH ist der Vollerwerbslandwirt F., der schwerpunktmäßig Schweinemast betreibt. Er kaufte im Sommer 2001 eine landwirtschaftliche Nutzfläche im Gemeindegebiet der Antragsgegnerin in einer Größe von ca. 3 ha. Das Grundstück liegt zwischen den Bauerschaften G. und H.

2002 beantragte die Antragstellerin beim Landkreis die Erteilung einer immissionsschutzrechtlichen Genehmigung zur Errichtung von drei Sauenställen mit ca. 1.400 Plätzen und fünf Ferkelaufzuchtställen mit 5.040 Plätzen nebst Nebengebäuden auf der vom Geschäftsführer der GmbH hinzugekauften Fläche. Die Antragsgegnerin erteilte für dieses Vorhaben ihr Einvernehmen gemäß § 36 BauGB.

Im März 2003 beschloss der Rat der Antragsgegnerin, das Verfahren zur Aufstellung des Bebauungsplanes Nr. 117 „Tierhaltungsanlagen" einzuleiten, um, den formulierten Zielvorstellungen folgend, insbesondere überbaubare Flächen für Tierhaltungsanlagen gemäß § 35 Abs. 1 Nr. 1 und Nr. 4 BauGB festzusetzen. Der in Aussicht genommene Geltungsbereich des Planes erfasst nahezu das gesamte Gemeindegebiet, das 113,23 km² groß ist, mit Ausnahme der Ortslage und einzelner Bauerschaften, die abseits des Ortskerns liegen. Gleichzeitig beschloss der Rat, den Flächennutzungsplan der Gemeinde im Parallelverfahren zu ändern – 36. Änderung –.

Ferner beschloss der Rat der Antragsgegnerin, eine Veränderungssperre für den künftigen Geltungsbereich des Bebauungsplanes Nr. 117 zu erlassen. Die Aufstellung des Bebauungsplanes und die Veränderungssperre wurden im April 2003 bekannt gemacht.

Im Mai 2004 lehnte der Landkreis den immissionsschutzrechtlichen Genehmigungsantrag der Antragstellerin unter Hinweis auf die Veränderungssperre ab.

Die Antragstellerin hat im November 2004 die Normenkontrolle gegen die Veränderungssperre eingeleitet.

Der Rat der Antragsgegnerin hat im Februar 2005 beschlossen, die Geltungsdauer der Veränderungssperre für den künftigen Geltungsbereich des Bebauungsplanes Nr. 117 um ein weiteres Jahr zu verlängern. Die Bekanntmachung dieser Satzung datiert vom März 2005.

Aus den Gründen:

In materieller Hinsicht sind die Voraussetzungen zum Erlass einer Veränderungssperre und zu deren Verlängerung gegeben. Gemäß § 14 Abs. 1 BauGB kann die Gemeinde zur Sicherung der Planung für den künftigen Planbereich eine Veränderungssperre beschließen, wenn der Beschluss über die Aufstellung eines Bebauungsplanes gefasst ist. Nach der Rechtsprechung des Bundesverwaltungsgerichts (Urteil v. 10. 9. 1976 – IV C 39. 74 –, BVerwGE 51, 121, 128 = BRS 30 Nr. 76 = BauR 1977, 31) ist eine Veränderungssperre nur dann im Rechtssinne erforderlich, wenn der Inhalt der beabsichtigten Planung hinreichend konkret bestimmt ist. ...

Die Planung der Antragsgegnerin ist hinreichend konkretisiert. Die Antragstellerin macht geltend, die Antragsgegnerin habe nur vage Vorstellungen über den Inhalt des Bebauungsplanes. Die Planung habe noch nicht einen Stand erreicht, der ein Sicherungsbedürfnis auslöse. Dieses Vorbringen ist nicht haltbar. Die Antragsgegnerin hat ihre Zielvorstellungen für den Bebauungsplan Nr. 117 in einer dem Konkretisierungserfordernis genügenden Weise in der 7 Seiten umfassenden Sitzungsvorlage zu dem Tagesordnungspunkt 6.2.7 „Planerische Steuerung von Standorten für Tierhaltungsanlagen" der Ratssitzung vom März 2003 niedergelegt. Die Antragsgegnerin verfolgt die Absicht, mit der Planung eine weitere Zersiedlung der im Gemeindegebiet noch vorhandenen freien Landschaft durch den Bau von Tierhaltungsanlagen zu unterbinden. Seit 1997 hat die Zahl der Intensivtierhaltungsanlagen im Gemeindegebiet der Antragsgegnerin stark zugenommen, obwohl sich die Zahl der landwirtschaftlichen Betriebe im Gemeindegebiet in der Zeit von 1979 bis 1999 halbiert hat und weiter abnimmt. Einen optischen Eindruck hinsichtlich der erheblichen Massierung von Tierhaltungsanlagen im Gemeindegebiet vermittelt das bei den Verwaltungsvorgängen befindliche Kartenmaterial. Ihm ist zu entnehmen, dass die Standorte der Anlagen nicht nur auf den Ortskern der Gemeinde und die einzelnen Bauerschaften beschränkt sind, sondern zunehmend auch Anlagen, aufgereiht wie auf einer Perlschnur, entlang der Erschließungsstraßen ohne Anbindung an vorhandene Standorte entstanden sind. Im Gemeindegebiet der Antragsgegnerin ist mittlerweile (Stand 2001) mit 2,92 die zweithöchste Viehdichte in Niedersachsen bezogen auf Großvieheinheiten pro ha landwirtschaftlicher Nutzfläche und mit 2,41 die höchste Viehdichte in Niedersachsen bezogen auf Großvieheinheiten je ha Gemeindefläche vorhanden (vgl. Gierke, NdsVBl. 2002, 225, 226). Um dem festgestellten Trend, Tierhaltungsanlagen vermehrt hofentfernt zu errichten, zu begegnen, hat die Antragsgegnerin beschlossen, mithilfe eines einfachen Bebauungsplanes die Ansiedlung von Tierhaltungsanlagen im Gemeindegebiet zu steuern. Damit soll einer weiteren Zersiedlung der Landschaft vorgebeugt und die Funktion des Außenbereichs, als Erholungslandschaft für die Allgemeinheit zu dienen, gestärkt werden. Zur Erreichung dieser Ziele sollen zukünftig Tierhaltungsanlagen mithilfe der Festsetzung überbaubarer Flächen in die Nähe bereits vorhandener Hofstellen gelenkt werden. Angesichts dieser detaillierten Zielvorstellung ist der Einwand der Antragstellerin, die Antragsgegnerin habe bisher nur unzureichende Angaben zum zukünftigen Planinhalt gemacht, nicht nachvollziehbar.

Die genannten Ziele sind städtebaulich motiviert. Die Gemeinde darf städtebauliche Ziele verfolgen, die mehr auf Bewahrung als auf Veränderung der vorhandenen Situation zielen (BVerwG, Beschluss v. 18. 12. 1990 – 4 NB 8.90 –, BRS 50 Nr. 9 = BauR 1991, 165). Es unterliegt deshalb keinen Bedenken, dass die Antragsgegnerin mit dem in Aufstellung befindlichen Bebauungsplan das Ziel anstrebt, die Zersiedlung des im Gemeindegebiet noch vorhandenen Außenbereichs durch Tierhaltungsanlagen zu beschränken. Die Freihaltung des Außenbereichs von weiteren negativen Eingriffen ist nach der zitierten Rechtsprechung des Bundesverwaltungsgerichts ein Ziel, das mit der Bauleitplanung verfolgt werden kann. Der Einwand der Antragstellerin, die geplante Steuerung der Standortentscheidungen für Tierhaltungsanlagen laufe leer, weil sich die geplanten Festsetzungen der überbaubaren Flächen nur auf Anlagen mit mehr als 25 Großvieheinheiten bezögen, greift nicht durch. Ausweislich des in der Ratsvorlage für die Sitzung des Gemeinderates vom März 2003 dargestellten Planungskonzepts hat die Antragsgegnerin bei den Genehmigungsanträgen für Tierhaltungsanlagen seit 1997 einen Trend zu großen Anlagen festgestellt. Es ist deshalb davon auszugehen, dass die Antragsgegnerin mit ihrer Absicht, überbaubare Flächen für Tierhaltungsanlagen mit mehr als 25 Großvieheinheiten festzusetzen, die weitaus überwiegende Zahl von Neubauvorhaben im Bereich der Massentierhaltung erfassen kann. Ob und in welchem Umfang Emissionsradien bei der Festsetzung der einzelnen überbaubaren Flächen zu beachten sind, ist eine Frage der Abwägung. Die Absicht der Antragsgegnerin, den noch unzersiedelten Außenbereich als Erholungslandschaft zu sichern, ist ebenfalls städtebaulich begründet. Die Erholung ist ein öffentlicher Belang, der gemäß § 1 Abs. 5 Satz 2 Nr. 3 BauGB bei der Aufstellung von Bebauungsplänen zu berücksichtigen ist. Es kommt nicht darauf an, dass die Flächen, auf denen die Antragstellerin die geplanten Tierhaltungsanlagen errichten möchte, möglicherweise aus naturschutzfachlicher oder landespflegerischer Sicht nicht besonders schützenswert sind. Die Antragsgegnerin verweist zu Recht darauf, dass es ihr freistehe, nicht nur besonders schöne oder für den Natur- und Landschaftsschutz besonders wertvolle Bereiche von jeglicher, also auch außenbereichsprivilegierter Bebauung freizuhalten, sondern auch Flächen von „normaler" Außenbereichsqualität, wenn – wie im Falle der Antragsgegnerin – die Zersiedelung des Außenbereiches bereits weit fortgeschritten sei.

Gegen die Rechtmäßigkeit der Veränderungssperre spricht nicht, dass die Antragsgegnerin noch nicht endgültig entschieden hat, mit welchen Festsetzungen sie das Ziel, die Zersiedelung ihres Außenbereiches zu begrenzen und die Erholungsfunktion der noch unzersiedelten Landschaft zu stärken, erreichen will. Von der Gemeinde kann nicht verlangt werden, dass sie sich bereits zu Beginn des Aufstellungsverfahrens auf ein bestimmtes Planungsergebnis festlegt; es ist gerade Sinn der Vorschriften über die Planaufstellung, dass der Bebauungsplan innerhalb des Planungsverfahrens – insbesondere unter Beachtung des Abwägungsgebotes – erst erarbeitet wird (BVerwG, Urteil v. 19.2.2004 – 4 CN 16.03 –, BVerwGE 120, 138 = BRS 67 Nr. 11 = BauR 2004, 1252). In Abgrenzung davon ist nach der genannten Rechtsprechung des Bundesverwaltungsgerichts eine Planung noch nicht sicherungsfähig, deren Konzept erst im Planungsverfahren entwickelt werden soll. Wie bereits ausgeführt, hat die Antragsgegnerin mit ihrem Planungskonzept positive Planungsziele formuliert und damit eine Grundentscheidung getroffen, welchen Zielen der Bebauungsplan dienen soll. Mit der Absicht, die Standortentscheidungen für Tierhaltungsanlagen mit mehr als 25 Großvieheinheiten durch Festsetzungen überbaubarer Grundstücksflächen zu steuern, hat die Antragsgegnerin den zukünftigen Inhalt des Bebauungsplanes hinreichend präzisiert.

Da das Planungskonzept durch einen einfachen Bebauungsplan verwirklicht werden soll, reicht es aus, dass die Antragsgegnerin erklärt hat, welche der in § 30 Abs. 1 BauGB genannten Festsetzungsmöglichkeiten sie ins Auge gefasst hat. Die Antragsgegnerin hat verdeutlicht, dass sie überbaubare Grundstücksflächen festsetzen will. Hierbei handelt es sich um eine nach § 9 Abs. 1 Nr. 2 BauGB zulässige Festsetzung. Es mag zweifelhaft sein, ob die Zielvorstellungen der Antragsgegnerin allein mit dieser Festsetzung umgesetzt werden können. Denn die Festsetzung der überbaubaren Grundstücksflächen begründet nicht die Bebaubarkeit der Flächen, auf die sie sich bezieht, sondern setzt sie voraus (BVerwG, Beschluss v. 21.6.1983 – 4 B 68.83 –, Buchholz 406.11, § 35 BBauG Nr. 203; König, in: König/Roeser/Stock, Bau-NVO, 2. Aufl. 2003, § 23 Rdnr. 10). Ein einfacher Bebauungsplan, der sich auf eine solche Festsetzung beschränkte, hätte folglich im Außenbereich nur eine begrenzte Steuerungsfunktion. Die Antragsgegnerin hat dies erkannt. Sie plant deshalb, überbaubare Grundstücksflächen für Tierhaltungsanlagen mit mehr als 25 Großvieheinheiten festzusetzen. Hinsichtlich dieser Kombination stellt sich allerdings die Frage, ob die Antragsgegnerin damit den über den abschließenden Katalog der möglichen Festsetzungen gemäß § 9 Abs. 1 BauGB vorgegebenen Weg verlässt. Denn Tierhaltungsanlagen sind mangels einer Flächenbezogenheit nicht einer eigenständigen Festsetzung nach § 9 Abs. 1 BauGB zugänglich. Der aufgeworfenen Frage muss der Senat in dem vorliegenden Verfahren nicht weiter nachgehen. Denn die Antragsgegnerin hat schriftsätzlich und auch im Termin zur mündlichen Verhandlung noch einmal betont, dass sie an ihren Zielvorstellungen festhalte und im Rahmen des Abwägungsprozesses weiter prüfen werde, auf welchem Weg ihr Planungskonzept rechtlich unangreifbar umsetzbar sei. Es lässt sich derzeit jedenfalls nicht feststellen, dass dieses Konzept unter keinem denkbaren rechtlichen Gesichtspunkt auf der Basis des geltenden Städtebaurechts verwirklicht werden kann. Im Rahmen eines Normenkontrollverfahrens gegen eine Veränderungssperre findet eine „vorgezogene Normenkontrolle" der beabsichtigten Festsetzungen grundsätzlich nicht statt. Erst dann, wenn sich bereits jetzt verlässlich absehen lässt, dass diese überhaupt nicht in rechtlich wirksamer Weise festgesetzt werden können, hat der Normenkontrollantrag Erfolg. Das ist nur in seltenen Ausnahmefällen gegeben. Ein solcher liegt hier nicht vor. Es muss dem weiteren Abwägungsprozess vorbehalten bleiben, den zukünftigen Inhalt des Bebauungsplanes ins Einzelne gehend festzulegen. Die Antragsgegnerin hat selbst ausgeführt, prüfen zu wollen, ob sich die geplanten Zielvorstellungen mit einer Festsetzung nach § 9 Abs. 1 Nr. 10 BauGB besser verwirklichen lassen. Die Antragsgegnerin wird dabei auch noch einmal zu erwägen haben, ob eine Steuerung der Zulässigkeit von Tierhaltungsanlagen in dem Bebauungsplan über die Art der Nutzung in einem Sondergebiet in Betracht kommt.

Durchgreifende Zweifel an der Rechtmäßigkeit der angegriffenen Satzung ergeben sich auch nicht daraus, dass der zukünftige Geltungsbereich des Bebauungsplanes große Teile des Gemeindegebietes umfassen soll. Zwar hat der Senat mit Urteil vom 18. 6. 2003 (– 1 KN 56/03 –, ZfBR 2003, 790 = UPR 2003, 454) eine Veränderungssperre, mit der nahezu das gesamte Gemeindegebiet für die Aufstellung eines Bebauungsplanes zwecks Festsetzung von Sondergebieten für Anlagen zur Windenergienutzung gesichert werden sollte, für nichtig erklärt. Die dort entschiedene Fallgestaltung war allerdings dadurch gekennzeichnet, dass der Gemeinde mit der Konzentrationsplanung gemäß § 35 Abs. 3 Satz 3 BauGB ein Instrument zur Verfügung stand, die Windenergienutzung für das gesamte Gemeindegebiet auf der Ebene des Flächennutzungsplanes zu steuern. Diese Möglichkeit, mithilfe des Planvorbehalts des § 35 Abs. 3 Satz 3 BauGB bestimmte geeignete Standorte positiv festzulegen und/oder ungeeignete Standorte auszuschließen, besteht für privilegierte Vorhaben nach § 35 Abs. 1 Nr. 1 BauGB nicht. § 35 Abs. 3 Satz 3 BauGB beschränkt die Anwendbarkeit der Konzentrationsplanung auf Vorhaben nach § 35 Abs. 1 Nr. 2 bis 6 BauGB. Die Antragsgegnerin möchte nach ihrem erklärten Willen auch die Standortentscheidung für landwirtschaftliche Stallanlagen nach § 35 Abs. 1 Nr. 1 BauGB steuern. In dieser Planungssituation, in der Steuerungsmöglichkeiten auf der Ebene des Flächennutzungsplanes begrenzt oder nicht vorhanden sind, bestehen keine durchgreifenden Bedenken dagegen, weite Teile eines Gemeindegebietes mithilfe eines Bebauungsplanes zu überplanen. Ein generelles Verbot, für alle Flächen des Gemeindegebietes einen oder mehrere Bebauungspläne aufzustellen, besteht nicht (Gierke, in: Brügelmann, Kommentar zum BauGB, Loseblattsammlung, Stand: Februar 2005, § 1 Rdnr. 35; ders., Nds. VBl. 2001, 201, 214). Vielmehr kann das von der Gemeinde verfolgte Ziel es sogar erfordern, großflächig zu planen. Gierke, (Nds. VBl. 2001, 201, 214) nennt als Beispiel das städtebauliche Ziel, bestimmte Gebiete in der Gemeinde vor Luftverunreinigungen zu schützen. Dieses Ziel lasse sich i. d. R. nur durch eine großflächige Planung erreichen, die auch die Standorte emittierender Anlagen im Außenbereich erfasse, da Luftemissionen nicht an den Grenzen klein zugeschnittener Bebauungsplanbereiche Halt machten. Die Antragsgegnerin verfolgt mit ihrem Planungsvorhaben eine vergleichbare Absicht. Sie möchte mit ihrem Bauleitplan der fortschreitenden Zersiedlung ihres bisher noch von Bebauung freien Gemeindegebietes durch die anhaltende Massierung von Tierhaltungsanlagen begegnen. Da solche Anlagen gemäß § 35 Abs. 1 Nr. 1 oder Nr. 4 BauGB vorrangig im Außenbereich zuzulassen sind, ist ihr Ansatz, die Errichtung von Tierhaltungsanlagen zukünftig über einen Bebauungsplan, der weite Teile des Gemeindegebietes erfasst, zu steuern, nicht von vornherein verfehlt. Mit einem klein geschnittenen Plangebiet, das nur einen Bruchteil der Fläche des Gemeindegebietes erfasst, könnte die Zielvorstellung der Antragsgegnerin, eine Zersiedlung des Außenbereichs im Gemeindegebiet zu verhindern, nicht erreicht werden.

Entgegen der Ansicht der Antragstellerin handelt es sich bei dem Vorhaben der Antragsgegnerin nicht um eine Verhinderungsplanung. Der Gemeinde ist es nicht verwehrt, einen konkreten Bauwunsch zum Anlass zu nehmen, eine städtebauliche Fehlentwicklung aufzugreifen und durch die Aufstellung eines Bebauungsplanes – gesichert durch eine Veränderungssperre – den rechtlichen Rahmen für die von ihr für richtig gehaltene bauliche Entwicklung zu schaffen. Es bestehen deshalb keine Bedenken dagegen, dass die Antragsgegnerin auf den immissionsschutzrechtlichen Genehmigungsantrag der Antragstellerin mit der Einleitung des Verfahrens zur Aufstellung des Bebauungsplanes Nr. 117 reagiert hat. Zwar hat die Antragsgegnerin zu dem genannten Genehmigungsantrag ihr Einvernehmen gemäß § 36 Abs. 2 BauGB erteilt. Dieses hindert die Antragsgegnerin aber nicht, ihre „gemeindepolitischen" Motive zu ändern. Das Recht – und die Pflicht – der Gemeinde, ihre Bauleitpläne in eigener Verantwortung aufzustellen (§ 2 Abs. 1 Satz 1 BauGB), wird durch die Erteilung des Einvernehmens zu einem konkreten Bauvorhaben nicht berührt (BVerwG, Urteil v. 19. 2. 2004 – 4 CN 16.03 –, a. a. O.). Allerdings kann nach der zitierten Rechtsprechung des Bundesverwaltungsgerichts die Einvernehmenserteilung im Einzelfall Auswirkungen auf die materielle Rechtmäßigkeit eines ihm inhaltlich widersprechenden Bebauungsplanes haben. Für die Wirksamkeit einer zur Sicherung des Bebauungsplanes erlassenen Veränderungssperre kommt es darauf jedoch grundsätzlich nicht an, weil sich die Rechtmäßigkeit eines Bebauungsplanes vor Beendigung des Planaufstellungsverfahrens nicht abschließend beurteilen lässt. Nicht behebbare Rechtsmängel des künftigen Bebauungsplanes, die ausnahmsweise zur Unwirksamkeit der Veränderungssperre führen, sind im vorliegenden Verfahren nach dem Vorgesagten nicht ersichtlich.

Nr. 119

Eine Bauleitplanung, die zur Verhinderung eines „Trading-Down-Effektes" vorsieht, dass Sex-Shops und Vergnügungsstätten in bestimmten Planbereichen eines Kerngebietes ausgeschlossen werden, kann durch Veränderungssperre gesichert werden.

BauGB § 1 Abs. 3, Abs. 6, § 14 Abs. 1; BauNVO § 1 Abs. 5, Abs. 9.

VGH Baden-Württemberg, Urteil vom 3. März 2005 – 3 S 1524/04 – (rechtskräftig).

Nr. 119

Die Antragstellerinnen wenden sich gegen die 2004 beschlossene Veränderungssperre für drei Grundstücke der Mannheimer Innenstadt, mit der die durch Aufstellungsbeschluß vom 1.4.2003 eingeleitete Bauleitplanung mit dem Ziel der Inkraftsetzung des Bebauungsplans „Fortentwicklung eines Teilbereichs der Innenstadt Mannheims durch Ausschluß unerwünschter Nutzungen" gesichert werden soll.

Der neue Bebauungsplan soll mehrere Bebauungspläne teilweise ändern. Ausgewiesenes Ziel des künftigen Bebauungsplans – und damit der Veränderungssperre – ist die Verhinderung eines so genannten „Trading-Down-Effektes" in der Mannheimer Innenstadt. Hierunter wird ein Verdrängungsprozeß des traditionellen Einzelhandels und seiner Käuferschichten verstanden durch bestimmte Vergnügungsstätten, insbesondere Sex-Shops, aber auch Spielhallen oder Diskotheken, die – auch weil sie zumindest teilweise nicht an die Beschränkungen des Ladenschlußgesetzes gebunden sind – zur Bezahlung höherer Mietpreise bereit und in der Lage sind und so durch verstärkte Ansiedelung auf Grund ihres Erscheinungsbildes zu einer Niveauabsenkung des Gebiets führen, welches, nach sukzessiver Schließung der traditionellen Betriebe, schließlich in ein reines Vergnügungsviertel „umkippen" kann. In dem, wie bisher, voraussichtlich überwiegend als Kerngebiet (MK) definierten Gebiet des neuen Bebauungsplans soll die Zulässigkeit von Vergnügungsstätten und auch Sex-Shops umfassend geregelt werden. Die bisherige Regelung der dortigen Zulässigkeit von „Vergnügungsstätten nur in den Erdgeschossen" genügt nach Ansicht des Gemeinderats der Antragsgegnerin auf Grund „entsprechender Tendenzen der jüngsten Zeit" nicht mehr. Nach Aktenlage ist die angegriffene Veränderungssperre eine gezielte Reaktion auf drei, den geplanten Festsetzungen widersprechende Bauanträge hinsichtlich der drei von ihr betroffenen Grundstücke im künftigen Plangebiet.

Aus den Gründen:

Allein der Beschluß über die Aufstellung eines Bebauungsplans genügt für die Wirksamkeit einer Satzung über eine Veränderungssperre nicht. Eine Veränderungssperre darf vielmehr insbesondere erst dann erlassen werden, wenn die Planung, die sie sichern soll, ein Mindestmaß dessen erkennen lässt, was Inhalt des zu erwartenden Bebauungsplans sein soll. Die Planung muss dabei nicht bereits einen Stand erreicht haben, der nahezu den Abschluß des Verfahrens ermöglicht; ein detailliertes und abgewogenes Planungskonzept ist so nicht zu fordern. Ausreichend ist, dass sich aus dem Planaufstellungsbeschluß oder weiteren Verfahrensschritten wenigstens ansatzweise ersehen lässt, was Inhalt des zukünftigen Bebauungsplans sein soll.

Diesen Mindestanforderungen wird etwa genügt, wenn die Gemeinde im Zeitpunkt des Erlasses der Veränderungssperre bereits einen bestimmten Baugebietstyp ins Auge gefaßt und somit bereits positive Vorstellungen über den Inhalt des Bebauungsplans entwickelt hat; eine reine Negativplanung, die sich darin erschöpft, einzelne Vorhaben auszuschließen, reicht nicht aus. Wenn selbst Vorstellungen über die angestrebte Art der baulichen Nutzung der betroffenen Grundflächen fehlen, ist der Inhalt des zu erwartenden Bebauungsplans noch offen. Die nachteiligen Wirkungen der Veränderungssperre wären – auch vor dem Hintergrund des Art. 14 Abs. 1 Satz 2 GG – nicht erträglich, wenn sie zur Sicherung einer Planung dienen sollte, die sich in ihrem Inhalt in keiner Weise absehen lässt.

Ein Mindestmaß an konkreter planerischer Vorstellung gehört mithin zur Konzeption des § 14 BauGB, wie im übrigen auch Abs. 2 Satz 1 der Norm verdeutlicht. Hiernach kann eine Ausnahme von der Veränderungssperre zugelassen werden, wenn überwiegende öffentliche Belange nicht entgegenstehen. Ob der praktisch wichtigste öffentliche Belang, nämlich die Vereinbarkeit des Vorhabens mit der beabsichtigten Planung, beeinträchtigt ist, kann aber nur beurteilt werden, wenn die planerischen Vorstellungen der Gemeinde nicht noch völlig offen sind (vgl. zu alledem: BVerwG, Urteil v. 19.2.2004 – 4 CN 16.03 –, BauR 2004, 1252 und Beschluß v. 19.5.2004 – 4 BN 22.04 –, BRS 67 Nr. 116 jeweils m. w. N.; vgl. zudem VGH Bad.-Württ., Urteil v. 19.11.2004 – 3 S 1091/04 –, und Beschluß v. 4.2.1999 – 8 S 39/99 –, BRS 62 Nr. 123 = BauR 2000, 1159).

Eine Veränderungssperre ist schließlich als Sicherungsmittel ungeeignet und damit unwirksam, wenn die beabsichtigte Bauleitplanung zwar im oben aufgezeigten Sinne schon hinreichend konkretisiert ist, sich jedoch das erkennbare Planungsziel im Wege planerischer Festsetzung nicht erreichen lässt, oder wenn dieses der Förderung von Zielen dient, für deren Verwirklichung die Planungsinstrumente des Baugesetzbuches nicht bestimmt sind, oder wenn der beabsichtigte Bauleitplan schon jetzt erkennbar schlechterdings nicht behebbare rechtliche Mängel aufweist (vgl. BVerwGE 34, 301; 81, 111 und Beschluß v. 21.12.1993 – 4 NB 40.93 –, BRS 55 Nr. 95 = NVwZ 1994, 685, sowie Senatsurteil v. 19.11.2004 – 3 S 1091/04 –).

2. Bei Zugrundelegung dieser Grundsätze ist die angefochtene Veränderungssperre nicht zu beanstanden.

a. Die Antragsgegnerin hat hinreichend konkrete und positive Planungsvorstellungen für das Gebiet des aufzustellenden Bebauungsplans entwickelt. Sie will primär einen sog. „Trading-Down-Effekt" in der Mannheimer Innenstadt verhindern. Positiv formuliert soll dies nach den in der Beschlußvorlage von 2002 differenziert aufgeführten Planungszielen der Standortsicherung und Aufwertung von Einzelhandel und Dienstleistung, die die Funktionserfüllung der Innenstadt leisten, dienen, der Sicherung der Funktion der Stadt als Oberzentrum, der Erfüllung der Ansprüche der Bewohner und Besucher an die Attraktivität der Innenstadt, der Erhaltung der Nutzungsvielfalt der Innenstadt sowie der Entgegenwirkung von gegenseitigen Beeinträchtigungen unterschiedlicher Nutzungen, sowie der Sicherung der Innenstadt als Wohnstandort.

In der Beschlußvorlage von 2002 wird plausibel dargelegt, dass jüngste Entwicklungen im Innenstadtbereich Mannheims die Annahme nahe legen, dass auch in Zukunft mit einem weiteren Zuzug von Vergnügungsstätten und Einzelhandelsbetrieben mit überwiegend erotisch-sexuellem Angebot (Sex-Shops) zu rechnen ist. Es sei festzustellen, dass der nördliche Bereich der Kurpfalzstraße zwischen Marktplatz und Kurpfalzbrücke derzeit eine gute Attraktivität bei sehr jungen Einzelhandelskunden besitze, die es zu sichern und auszubauen gelte. Zum anderen sei auch wieder eine erfreuliche Tendenz zur Ansiedelung höherwertigen Handels, wie z. B. Boutiquen bzw. ein Juwelier, zu beobachten. Zudem sei die Anziehungskraft des Einzelhandels und damit der Einkaufsstadt Mannheim, trotz erheblicher Konkurrenz im Umland, derzeit ungebrochen. Für die Bevölkerung erfülle die Mannheimer Innenstadt so eine Reihe wichtiger Funktionen. Neben dem Wohnen, Arbeiten sowie der Freizeit- und Kulturgestaltung spiele die Versorgung mit Waren und

Dienstleistungen eine bedeutende Rolle. Die Einkaufsattraktivität der Innenstadt zu sichern und – wenn möglich – noch auszubauen, sei von fundamentaler Bedeutung für den Mannheimer Einzelhandel und die Stadt insgesamt. Wichtig sei dabei die Positionierung Mannheims gegenüber den Mittelzentren und den beiden anderen Oberzentren der Region sowie den Standorten in den Gewerbe- bzw. Sondergebieten und den großflächigen Einzelhandelsbetrieben auf der sog. „grünen Wiese". Dies alles gelte es durch die verstärkte Eindämmung von Vergnügungsstätten und insbesondere Sex-Shops zu sichern. Ziel der Wirtschafts- und Strukturpolitik der Stadt Mannheim sei es, hierdurch eine weitere Steigerung der Einkaufsattraktivität u. a. durch städtebauliche Aufwertungsmaßnahmen und eine Verbesserung des Branchenmixes zu erreichen.

Wie der in den Akten enthaltene Vorentwurf zum Bebauungsplans von Juni 2004 ergänzend illustriert, sind die positiven Vorstellungen der Antragsgegnerin über den Inhalt des künftigen Planes zwischenzeitlich mehr als nur im Mindestmaß entwickelt, sie sind offenkundig bereits recht weit gediehen. Das überwiegend als Kerngebiet (MK) definierte Bebauungsplangebiet soll hiernach voraussichtlich eingeteilt werden in Gebiete mit höchster (rot unterlegt), sehr hoher (gelb unterlegt), hoher (blau unterlegt) sowie normaler Schutzbedürftigkeit (grün unterlegt) hinsichtlich des „Trading-Down-Effekts". Die einzelnen Gebiete wurden mittels insoweit „sensibler Bestandsbebauung" (Schulen, Kirchen oder hochwertige Einzelhandelsbetriebe) schlüssig voneinander abgegrenzt. Hinsichtlich der nur als „normal schutzbedürftigen" (grün unterlegten) Gebiete ist beabsichtigt, voraussichtlich keine Reglementierungen für Vergnügungsstätten und Sex-Shops festzusetzen, außer ggf., wie bisher, die Beschränkung auf eine Nutzung nur der Erdgeschosse. Mithin werden voraussichtlich in einem angemessen großen Bereich der Mannheimer Innenstadt – nicht allerdings auf dem Grundstück der Antragstellerin zu 2 (dort derzeit vorgesehen: „höchste" bzw. „hohe Schutzbedürftigkeit") – weiterhin die ansonsten „unerwünschten Nutzungen" in erheblichem Umfange kerngebietstypisch zulässig sein. Diese Konzeptionen der Antragsgegnerin genügen für die bei § 14 BauGB erforderliche Annahme eines Mindestmaßes an planerischen Vorstellungen.

b. Hinreichende Anhaltspunkte dafür, dass sich das erkennbare Planungsziel der Antragsgegnerin der Verhinderung des „Trading-Down-Effektes" in der Mannheimer Innenstadt im Wege planerischer Festsetzung – insbesondere mittels des Instrumentariums des § 1 Abs. 4–9 BauNVO – nicht erreichen ließe, sind von den Antragstellerinnen weder vorgetragen noch sonst erkennbar. Die Verhinderung des „Trading-Down-Effekts" kann – angesichts der in § 1 Abs. 5 BauGB a. F. aufgeführten Belange einer nachhaltigen städtebaulichen Entwicklung wie etwa der Wohnbedürfnisse der Bevölkerung (Abs. 5 Satz 2 Nr. 1), der Schaffung und Erhaltung sozial stabiler Bewohnerstrukturen (Abs. 5 Satz 2 Nr. 2), der Erhaltung, Erneuerung und Fortentwicklung vorhandener Ortsteile (Abs. 5 Satz 2 Nr. 4), der Erfordernisse für Gottesdienst und Seelsorge (Abs. 5 Satz 2 Nr. 6), und den Belangen der Wirtschaft, gerade ihrer mittelständischen Struktur im Interesse einer verbrauchernahen Versorgung der Bevölkerung (Abs. 5 Satz 2 Nr. 8) – auch nicht ernsthaft als ein

Ziel angesehen werden, für dessen Verwirklichung die Planungsinstrumente des Baugesetzbuches nicht bestimmt wären. Vielmehr bestehen etwa gegen eine auf § 1 Abs. 5, Abs. 9 BauNVO gestützte Regelung eines Bebauungsplans mit dem Inhalt, dass Sex-Shops in einem festgesetzten Kerngebiet nur ausnahmsweise zulässig sind, keine Bedenken, wenn und soweit – wie voraussichtlich hier – besondere städtebauliche Gründe, wie insbesondere die Verhinderung des „Trading-Down-Effekts", eine solche Beschränkung rechtfertigen (so schon OVG NRW, Urteil v. 9. 1. 1989 – 10a NE 75/86 –, BRS 49 Nr. 77 = NVwZ 1990, 85; Beschluß v. 11. 10. 2001 – 10 A 2288/00 –).

c. Auch bestehen keine Anhaltspunkte dafür, dass der künftige Bebauungsplan an schlechterdings nicht behebbaren Mängeln leiden könnte. Insbesondere der sinngemäß geltend gemachte Verstoß gegen § 1 Abs. 3 BauGB ist nicht erkennbar. Denn hiernach haben die Gemeinden Bauleitpläne aufzustellen, sobald und soweit es für die städtebauliche Entwicklung und Ordnung erforderlich ist. Nicht erforderlich ist ein Bebauungsplan, wenn seiner Verwirklichung auf unabsehbare Zeit rechtliche oder tatsächliche Hindernisse im Wege stehen. Das Tatbestandsmerkmal der Erforderlichkeit gilt dabei nicht nur für den Anlass, sondern auch für den Inhalt des Bebauungsplans, und zwar für jede Festsetzung (vgl. BVerwG, Urteil v. 31. 8. 2000 – 4 CN 6.99 –, BRS 63 Nr. 1 = BauR 2001, 358; Urteil v. 18. 3. 2004 – 4 CN 4.03 –, BauR 2004, 1260).

Die Regelung des § 1 Abs. 3 BauGB erkennt damit die kommunale Planungshoheit an und räumt der Gemeinde Planungsermessen ein. Ein Bebauungsplan ist deshalb „erforderlich" im Sinne dieser Vorschrift, soweit er nach der planerischen Konzeption der Gemeinde erforderlich ist. Dabei ist entscheidend, ob die getroffene Festsetzung „in ihrer eigentlichen gleichsam positiven Zielsetzung – heute und hier – gewollt und erforderlich ist" (BVerwGE 40, 258, 262). Sie darf mithin nicht nur das vorgeschobene Mittel sein, um einen Bauwunsch zu durchkreuzen. Letzteres kann aber nicht bereits dann angenommen werden, wenn die negative Zielrichtung im Vordergrund steht. Denn auch eine zunächst nur auf die Verhinderung einer – aus der Sicht der Gemeinde – Fehlentwicklung gerichtete Planung kann einen Inhalt haben, der rechtlich nicht zu beanstanden ist. Festsetzungen in einem Bebauungsplan sind somit als „Negativplanung" nicht schon dann wegen Verstoßes gegen § 1 Abs. 3 BauGB unwirksam, wenn ihr Hauptzweck in der Verhinderung bestimmter städtebaulich relevanter Nutzungen besteht. Sie sind vielmehr nur unzulässig, wenn sie nicht dem planerischen Willen der Gemeinde entsprechen und also vorgeschoben sind, um eine andere Nutzung zu verhindern (vgl. BVerwG, Beschluß v. 18. 12. 1990 – 4 NB 8.90 –, BRS 50 Nr. 9 = BauR 1991, 165 = DÖV 1991, 744).

Entgegen der Auffassung der Antragstellerinnen liegt bei Anwendung dieser Grundsätze keine unzulässige Negativplanung vor. Das detailliert dargelegte Planungsziel der Antragsgegnerin der Verhinderung eines „Trading-Down-Effektes" in ihrer Innenstadt ist im Rahmen der oben aufgeführten städtebaulichen Belange des § 1 Abs. 5 BauGB a. F. nachvollziehbar und – in zulässiger Erweiterung und Verschärfung der Regelungen des bisherigen Bebauungsplans – legitim und hält sich, auch unter Berücksichtigung der

Nr. 119

Grundrechtspositionen der Antragstellerinnen aus Art. 12 und Art. 14 Abs. 1 GG, im Rahmen des gemeindlichen Planungsermessens. Ersichtlich korrespondiert es mit der allgemeinen Wirtschafts- und Strukturpolitik der Antragsgegnerin und sichert diese bauplanungsrechtlich zulässig weiter ab (vgl. OVG NRW, Beschluß v. 11.10.2001 – 10 A 2288/00 –, ; VGH Bad.-Württ., Urteil v. 16.12.1991 – 8 S 14/89 –, NVwZ-RR 1993, 122; Nds. OVG, Urteil v. 11.9.1986 – 1 C 26/85 –, NVwZ 1987, 1091).

Daß es der Antragsgegnerin mit dem beabsichtigten Erlass des Bebauungsplans zielgerichtet vorrangig um die Verhinderung der Erweiterung gerade des Erotik-Shops der Antragstellerin zu 2 im Obergeschoß des von ihr angemieteten Gebäudes gehen könnte, ist nicht ersichtlich. Ausweislich des Vorentwurfs zum Bebauungsplan von Juni 2004 hat die Antragsgegnerin vielmehr ein ihre gesamte Innenstadt umspannendes planerisches Konzept entwickelt, das sie mit der angegriffenen Veränderungssperre – angesichts der drei vorliegenden, diesem Plankonzept widersprechenden Bauwünsche – plausibel zu sichern sucht. Daß die dargelegte Zielsetzung der Verhinderung eines „Trading-Down-Effektes" in der Mannheimer Innenstadt von der Antragsgegnerin nur vorgeschoben worden sein könnte, mithin von ihr in Wahrheit andere Ziele verfolgt werden, ist nicht erkennbar.

3. Eine Unwirksamkeit der angegriffenen Veränderungssperre kann schließlich auch nicht unter dem Gesichtspunkt des Gebots gerechter Abwägung oder des Grundsatzes der Verhältnismäßigkeit angenommen werden.

Die Veränderungssperre unterliegt selbst nicht dem allgemeinen Abwägungsgebot gemäß § 1 Abs. 6 a. F. bzw. Abs. 7 BauGB n. F., sondern vielmehr der aufgezeigten Prüfung, ob sie zur Erreichung des mit ihr verfolgten Sicherungszwecks erforderlich ist. Deshalb ist nicht darauf abzustellen, ob der noch nicht beschlossene künftige Bebauungsplan in seinen Festsetzungen möglicherweise dem Abwägungsgebot entsprechen wird, sondern nur darauf, ob die beabsichtigte Planung überhaupt auf ein Ziel gerichtet ist, das im konkreten Fall mit den Mitteln der Bauleitplanung zulässigerweise erreicht werden kann (vgl. BVerwG, Beschluß v. 30.9.1992 – 4 NB 35.92 –, BRS 54 Nr. 72 = BauR 1993, 62). Wie dargestellt, ist die Planung der Antragsgegnerin auf ein solches Ziel gerichtet. ...

Auch dem Grundsatz der Verhältnismäßigkeit wird hinreichend Genüge getan. Daß sich die Veränderungssperre räumlich allein auf drei Grundstücke bezieht, ist nicht zu beanstanden. Da nach Aktenlage im Zeitpunkt der Beschlußfassung nur für diese drei Grundstücke Bauanträge vorlagen, die voraussichtlich den künftigen Festsetzungen des Bebauungsplans zuwiderlaufen und bei denen die Möglichkeit der Zurückstellung von Baugesuchen gemäß § 15 BauGB ausgeschöpft worden war, wäre vielmehr ein räumlich erweiterter Geltungsbereich nicht erforderlich gewesen. Eine Veränderungssperre kann auch für nur wenige Grundstücke oder sogar für nur ein einziges Grundstück erlassen werden (vgl. BVerwGE 51, 121). Die Erforderlichkeit und sachliche Angemessenheit der Veränderungssperre ergibt sich im übrigen hinsichtlich des Vorhabens der Antragstellerinnen unzweifelhaft schon aus dem Umstand, dass dieses den voraussichtlichen Festsetzungen des Bebauungsplans widerspricht. Auf die von den Antragstellerinnen aufgeworfene Frage, ob und in welchem Umfang negative städtebauliche Auswirkungen im Sinne eines „Trading-Down-Effektes" konkret durch die Erweiterung ihres Erotik-Shops ausgelöst würden, kommt es insoweit nicht an. Diese Frage könnte allenfalls in einem Ausnahmeverfahren gemäß § 14 Abs. 2 BauGB von entscheidungserheblicher Bedeutung sein.

Nr. 120

Zur Unwirksamkeit einer Veränderungssperre

BauGB § 17.

Bundesverwaltungsgericht, Beschluss vom 31. Mai 2005 – 4 BN 25.05 –.

(OVG Nordrhein-Westfalen)

Aus den Gründen:
1. Die Fragen,
– ob eine Veränderungssperre von Anfang an unwirksam ist, wenn ohne Änderung der Sach- und Rechtslage das der zu sichernden Bebauungsplanung zu Grunde liegende Plankonzept aufgegeben wird und es deshalb nicht mehr zum Erlass des Bebauungsplans kommt, und
– ob dies jedenfalls dann gilt, wenn die Veränderungssperre (auch) die vorläufige Verhinderung an sich planungsrechtlich zulässiger Vorhaben mit dem Ziel einer planerischen Feinsteuerung (unter Aufrechterhaltung ihrer grundsätzlichen Zulässigkeit im Plangebiet) bezweckt,

lassen sich ohne weiteres verneinen. Es versteht sich von selbst und bedarf keiner Bekräftigung durch eine Revisionsentscheidung, dass eine Veränderungssperre mit Wirkung ex tunc nur unwirksam ist, wenn die Voraussetzungen für ihren Erlass bereits zum Zeitpunkt ihrer Bekanntmachung (vgl. § 16 Abs. 2 BauGB) nicht vorlagen. Wird die zu sichernde Planung, aus welchen Gründen auch immer, später aufgegeben und fallen damit die Voraussetzungen für ihren Erlass nachträglich fort, verliert die Veränderungssperre ihre Wirksamkeit nicht rückwirkend auf den Zeitpunkt ihres In-Kraft-Tretens, sondern allenfalls mit Wirkung ex nunc (vgl. Lemmel, in: Berliner Kommentar zum BauGB, 3. Aufl., § 17 Rdnr. 15).

Nr. 121

Die Bediensteten einer kreisfreien Stadt haben den Inhaber einer Baugenehmigung für ein in einem potentiellen Planungsgebiet gelegenes Grundstück auf den drohenden Eintritt einer Veränderungssperre gemäß § 9 a Abs. 3 Satz 4 i. V. m. Abs. 1 FStrG hinzuweisen, wenn die Stadt nach § 9 a Abs. 3 Satz 2 FStrG gehört wird und mit der Baumaßnahme noch nicht begonnen worden ist.

FStrG § 9 a Abs. 1 und 3; BGB § 839; ZPO § 304.

Bundesgerichtshof, Urteil vom 3. März 2005 – III ZR 186/04 –.

(OLG Dresden)

Nr. 121

Die Klägerin nimmt die beklagte Landeshauptstadt aus Amtshaftung wegen unzureichender Unterrichtung über die Festlegung eines Planungsgebiets nach dem Bundesfernstraßengesetz und die Vorbereitungen dazu in Anspruch.

Die Klägerin beabsichtigte die Bebauung von zwei seinerzeit in ihrem Eigentum stehenden Flurstücken. Das Ortsamt (Bauaufsicht) der Beklagten erteilte im August 1994 einen positiven Bauvorbescheid für drei Mehrfamilienhäuser und ein Zweifamilienhaus. Im September 1994 beantragte die Klägerin die Baugenehmigung für die Mehrfamiliengebäude auf dem Flurstück 3/1 und im Oktober 1994 für das Zweifamilienhaus auf dem Flurstück 3/3.

Die Parzellen liegen in der Nähe der künftigen Bundesautobahn A 17 Sachsen-Böhmen. Das staatliche Autobahnamt Sachsen plante den Bau einer Anschlußstelle, durch die im Ergebnis die Grundstücke der Klägerin tangiert wurden. Das Autobahnamt übersandte dem Stadtplanungsamt der Beklagten die Durchschrift eines Schreibens vom November 1994, mit dem einer anderen kommunalen Körperschaft nach § 9 a Abs. 3 Satz 2 FStrG Gelegenheit zur Stellungnahme zur beabsichtigten Festlegung eines Planungsgebiets gewährt wurde. Der Beklagten wurde hiervon „im Hinblick auf die noch nicht endgültig geklärte Zubringerproblematik informell" Kenntnis gegeben und eine Erklärung „außerhalb des Verfahrens" anheim gestellt.

Das Ortsamt erteilte im Dezember 1994 die Baugenehmigung für die Mehrfamilienhäuser. Für das Zweifamilienhaus wurde das Anzeigeverfahren (§ 62 b der Sächsischen Bauordnung v. 26. 7. 1994, SächsGVBl., 1401 ff.) durchgeführt. Die Klägerin richtete an die Beklagte eine Bauanzeige, die dieser im Dezember 1994 zuging.

Im Februar 1995 bat das Autobahnamt das Stadtplanungsamt förmlich um Stellungnahme zu den Planungsabsichten und setzte hierfür eine Frist bis zum 10. 3. 1995.

Im Februar und April 1995 erteilten die zuständigen Dienststellen der Beklagten der Klägerin die Genehmigungen zum Fällen von Bäumen auf dem Flurstück 3/1 und zur Errichtung einer Grundstückseinfahrt.

Nachdem das Autobahnamt die Beklagte im April 1995 an die Erledigung des Schreibens vom Februar 1995 erinnert hatte, nahm diese unter dem 26. 4. 1995 Stellung zu den Planungen. Hierbei verwies sie auch auf die der Klägerin erteilten Baugenehmigungen.

Nach Durchführung von archäologischen Grabungsarbeiten auf den Grundstücken der Klägerin erteilte das Ortsamt im November 1995 die auf Erd- und Rohbauarbeiten bis zur Oberkante des Kellers begrenzte Baufreigabe für die Mehrfamilienhäuser.

Im November 1995 erließ das Regierungspräsidium Dresden eine Rechtsverordnung über die Festlegung eines Fernstraßenplanungsgebietes, in das auch die Grundstücke der Klägerin einbezogen waren. Es unterrichtete die Beklagte von der Rechtsverordnung und bat um örtliche Bekanntmachung, die jedoch zunächst unterblieb. Die Verordnung wurde im Februar 1996 im Sächsischen Gesetz- und Verordnungsblatt veröffentlicht und trat am Folgetag in Kraft. Die eigentlichen Bauarbeiten der Klägerin hatten zu diesem Zeitpunkt noch nicht begonnen. Im Amtsblatt der Beklagten wurde die Verordnung erst im August 1997 bekannt gegeben.

Mit Datum vom 10. 10. 1996 zeigte die Klägerin der Beklagten den Baubeginn auf dem Flurstück 3/1 an. Im Hinblick auf die Festlegung des Planungsgebiets verfügte die Bauaufsichtsbehörde am 25. 11. 1996 fernmündlich und am 29. 11. 1996 schriftlich einen Baustopp. Die Klägerin versuchte vergeblich, eine Ausnahmegenehmigung gemäß § 9 a Abs. 5 FStrG für die Fortführung ihres Bauvorhabens zu erlangen. Widerspruch und Klage gegen die Versagung der Ausnahmegenehmigung blieben erfolglos.

Die Klägerin hat zwischenzeitlich die Flurstücke an die Bundesrepublik Deutschland veräußert und eine Entschädigung nach dem Bundesfernstraßengesetz erhalten. Sie verlangt von der Beklagten weiteren Schadensersatz für Aufwendungen, die sie ihrem Vorbringen zufolge im Vertrauen auf die Baugenehmigung und die Baufreigabe getätigt hat und die sich als nutzlos herausgestellt haben, weil die Fernstraßenplanungsabsichten der Realisierung ihres Bauvorhabens entgegenstehen.

Aus den Gründen:

II. 1. Dem Berufungsgericht ist darin beizupflichten, daß die Beklagte der Klägerin gemäß §839 Abs. 1 BGB i.V.m. Art. 34 Abs. 1 GG wegen Verletzung einer Hinweispflicht auf Schadensersatz haftet. Allerdings besteht ein Anspruch der Klägerin auch für Aufwendungen, die sie vor Inkrafttreten der Veränderungssperre erbracht hat, und zwar für die Zeit ab dem 10. 3. 1995.

Die Bediensteten der Beklagten traf zu dem Zeitpunkt, in dem sie gegenüber dem Autobahnamt die Stellungnahme zu der beabsichtigten Festlegung des Planungsgebiets abzugeben hatten, die Pflicht, die Klägerin auf die Möglichkeit hinzuweisen, daß ihre Grundstücke von einer Veränderungssperre nach §9 a Abs. 3 Satz 4 i.V.m. Abs. 1 FStrG betroffen werden könnten. Zwar bestand zu dieser Zeit keine besondere auf gesetzlichen Bestimmungen beruhende Hinweispflicht. Jedoch war die Beklagte nach allgemeinen Grundsätzen gehalten, der Klägerin die Gefahr des Eintritts einer Veränderungssperre aufzuzeigen. Gegen diese Pflicht haben die Bediensteten der Beklagten fahrlässig verstoßen und so einen Vermögensschaden der Klägerin herbeigeführt.

a) Es entspricht st. Rspr. des Senats (z. B. Urteile v. 9. 10. 2003 – III ZR 414/02 –, BRS 66 Nr. 166 = BauR 2004, 346 = NVwZ 2004, 638, 639; v. 7. 12. 1995 – III ZR 141/94 –, WM 1996, 1015, 1017 f; v. 5. 5. 1994 – III ZR 78/ 93 –, NJW 1994, 2415, 2417; v. 17. 9. 1970 – III ZR 4/69 –, JZ 1971, 227, 228; v. 5. 4. 1965 – III ZR 11/64 –, NJW 1965, 1226, 1227; v. 6. 4. 1960 – III ZR 38/59 –, NJW 1960, 1244 f. jew. m. w. N. sowie BGHZ 15, 305, 312; siehe auch Staudinger/Wurm, BGB, 13. Bearb., 2002, §839 Rdnr. 159 ff.), daß besondere tatsächliche Lagen zusätzliche Pflichten für den Beamten schaffen können und er insbesondere nicht „sehenden Auges" zulassen darf, daß der Bürger Schaden erleidet, den er, der Beamte, durch einen kurzen Hinweis, eine Belehrung mit wenigen Worten oder eine entsprechende Aufklärung über die Sach- und Rechtslage zu vermeiden in der Lage ist. Den Beamten trifft eine solche Aufklärungs- oder Belehrungspflicht, die sich auch auf mit einiger Wahrscheinlichkeit bevorstehende Änderungen der Rechtslage bezieht (Senatsurteil v. 6. 4. 1960, a. a. O., S. 1245), wenn er bei Wahrnehmung seiner dienstlichen Aufgaben erkennt oder erkennen muß, daß ein Bürger, der in einer besonderen Rechtsbeziehung zu einer Behörde steht, einem Schadensrisiko ausgesetzt ist, dem durch einen kurzen Hinweis zu begegnen ist (so insbesondere Senatsurteile v. 9. 10. 2003, a. a. O., 7. 12. 1995, a. a. O., S. 1017 und 17. 9. 1970, a. a. O.). Allerdings besteht keine drittgerichtete Amtspflicht, sich ohne konkreten Anlaß mit den Angelegenheiten der Bürger zu beschäftigen und sie umfassend zu beraten, um sie ggf. vor Schaden zu bewahren. Erst wenn der Bürger in eine besondere Beziehung zu einer Behörde tritt, besteht für ihre Bediensteten nach Treu und Glauben Veranlassung, in diesem Rahmen seine Belange zu berücksichtigen (Senatsurteil v. 7. 12. 1995, a. a. O., S. 1017 f.).

b) Ein solcher Fall liegt hier vor.

aa) Die Klägerin stand mit der Beklagten auf Grund der Baugenehmigung und der Bauanzeige in einer rechtlichen Sonderverbindung. Diese existierte

auch noch zu dem Zeitpunkt, in dem die Beklagte gegenüber dem Autobahnamt die Stellungnahme zu der beabsichtigten Festlegung eines Planungsgebiets abzugeben hatte, da die Vorhaben nicht abgeschlossen und weitere
Genehmigungen und Freigaben zur Umsetzung der Baumaßnahme erforderlich waren.

bb) Die Beklagte hatte auf Grund der angeforderten Stellungnahme konkreten Anlaß, sich mit der baurechtlichen Position der Klägerin zu befassen.
Das Autobahnamt benötigte zur ordnungsgemäßen Vorbereitung seiner Entscheidung über die Festlegung des Planungsgebiets die Information, ob für
potentiell betroffene Grundstücke Baugenehmigungen vorlagen. Für Bauan-
zeigen im vereinfachten Verfahren gilt – auch in bezug auf die nachfolgenden
Ausführungen – Entsprechendes. Die mit der Festlegung eines Planungsgebiets eintretende Veränderungssperre nach § 9 a Abs. 3 Satz 4 i. V. m. Abs. 1
FStrG erfaßt genehmigte und begonnene Maßnahmen nicht (§ 9 a Abs. 1 Satz 2
FStrG). Zur Feststellung, in welchem Maß die Festlegung eines Planungsgebiets den erwünschten Zweck, die Sicherung der Planaufstellung (Marschall/
Kastner, Bundesfernstraßengesetz, 5. Aufl., § 9 a Rdnr. 13), erreichen kann,
ist es deshalb erforderlich, Kenntnis von den im betroffenen Gebiet erteilten
Baugenehmigungen zu erhalten. Aber auch mit Blick auf die Grundstücke,
für die zwar Baugenehmigungen vorliegen, die jedoch unter die Veränderungssperre fallen, weil das Vorhaben zum Zeitpunkt ihres Inkrafttretens
noch nicht begonnen ist, muß die Behörde Kenntnis von den Baugenehmigungen haben. Gemäß § 9 a Abs. 2 FStrG haben die Grundstückseigentümer
eine Veränderungssperre nach § 9 a Abs. 1 FStrG nur vier Jahre entschädi-
gungslos hinzunehmen. Die anschließende Entschädigung setzt voraus, daß
der Eigentümer in der Ausübung einer zulässigen Nutzung behindert ist und
er die Absicht hatte, von den Nutzungsmöglichkeiten Gebrauch zu machen
(Marschall/Kastner, a. a. O., Rdnr. 9). Bei Vorliegen einer Baugenehmigung
kann regelmäßig sowohl von der Zulässigkeit der Nutzung des Grundstücks
zur Bebauung als auch von einem entsprechenden Nutzungswillen des Eigentümers ausgegangen werden. Auf die vierjährige Frist, innerhalb deren der
Eigentümer die Veränderungssperre nach § 9 a Abs. 1 FStrG ohne Entschädigung zu dulden hat, ist die Dauer der infolge der Festlegung eines Planungsgebiets eintretenden Veränderungssperre anzurechnen (§ 9 a Abs. 3 Satz 7
FStrG). Bereits mit dieser Veränderungssperre wird damit die möglicherweise
in eine Entschädigungspflicht mündende Frist in Gang gesetzt. Die Behörde
muß daher, um die Risiken einer eventuell später zu leistenden Entschädigung abschätzen zu können, bereits vor der Entscheidung über die Festlegung eines Planungsgebiets davon Kenntnis haben, ob und ggf. für welche
potentiell von der Veränderungssperre betroffenen Grundstücke möglicherweise nicht mehr durchführbare Baugenehmigungen erteilt sind.

Die Beklagte hat dem Rechnung getragen und in ihrem Schreiben an das
Autobahnamt vom April 1995 die der Klägerin erteilte Baugenehmigung mitgeteilt. ... Der Hinweis war entgegen der Ansicht der Beklagten aus den vorgenannten Gründen nicht überobligatorisch.

cc) Die der Klägerin drohende Gefahr, daß die ihr gehörenden Flurstücke
unter die Veränderungssperre fallen würden, war zum Zeitpunkt der gegen-

über dem Autobahnamt abzugebenden Stellungnahme zu der beabsichtigen Planungsgebietfestlegung auch hinreichend konkret. Das Vorhaben der für den Autobahnbau zuständigen Behörden war entgegen der Auffassung der Beklagten und des Berufungsgerichts in diesem Stadium über bloße Planungsvorüberlegungen hinaus gediehen. Die Planungsabsichten waren sowohl dem Grunde nach als auch bezogen auf die betroffenen Grundstücke verfestigt. Bereits aus der Tatsache, daß die Beklagte nach § 9 a Abs. 3 FStrG angehört wurde, folgt, daß die Ausweisung des Planungsgebiets ernsthaft beabsichtigt war. Die Betroffenheit der Parzellen ergab sich hinreichend deutlich aus den Anlagen zu dem Schreiben des Autobahnamts vom Februar 1995. Das Amt hatte entsprechend Nr. 4 Abs. 1 der Richtlinien für die Festlegung von Planungsgebieten nach dem Bundesfernstraßengesetz des Bundesministeriums für Verkehr vom 14. 4. 1976 (PlaGeR – VKBl. 1976, 370) das vorgesehene Planungsgebiet zeichnerisch und konkret auf die umfaßten Grundstücke bezogen ausgewiesen. Die Beklagte kann sich nicht darauf berufen, daß – wie sie behauptet – die Pläne dem Schreiben vom Februar 1995 nicht beigefügt waren. Sollte dies der Fall gewesen sein, hätten die Bediensteten der Beklagten mit Rücksicht auf die ihnen vom Autobahnamt gesetzte Frist sogleich die Nachsendung der fehlenden Unterlagen veranlassen müssen.

Weiterhin kann die Beklagte nicht damit gehört werden, aus den Plänen sei die Betroffenheit der Parzellen nicht klar zu erkennen gewesen. Dies steht in Widerspruch zu der Tatsache, daß sie ausweislich ihrer Stellungnahme vom April 1995 die Einbeziehung der der Klägerin gehörenden Flurstücke in das vorgesehene Planungsgebiet erkannt hat.

Daß die genaue Trassenführung noch nicht feststand, ist ebenfalls ohne Bedeutung. Für die Festlegung eines Planungsgebiets, das erst die Planung selbst sichern soll, muß die Linienführung der Bundesfernstraße (§ 16 Abs. 2 FStrG) noch nicht feststehen (siehe Nr. 2 Abs. 2 Satz 2 PlaGeR; vgl. auch Begründung der Bundesregierung zum Entwurf des Gesetzes zur Änderung des Bundesfernstraßengesetzes v. 25. 10. 1960, BT-Drucks. 3/2159, S. 10).

dd) Bei der gebotenen Abklärung der baurechtlichen Situation mußte es sich den mit der Stellungnahme betrauten Bediensteten der Beklagten aufdrängen, daß die Klägerin Gefahr lief, hohe Investitionen zu tätigen, die durch den absehbaren Eintritt der Veränderungssperre nutzlos zu werden drohten, da die Baugenehmigung die Verläßlichkeitsgrundlage für kostspielige Aufwendungen darstellte (vgl. insoweit Senatsurteil v. 9. 10. 2003, a. a. O., S. 638). Weil die Baugenehmigung seinerzeit jüngeren Datums und mit der Festlegung des Planungsgebiets alsbald zu rechnen war, konnten die Mitarbeiter der Beklagten auch nicht mit hinreichender Sicherheit davon ausgehen, daß die Vorhaben der Klägerin nicht mehr unter die bevorstehende Veränderungssperre fallen würden, weil die Baumaßnahmen bereits begonnen sein würden (§ 9 a Abs. 1 Satz 2 FStrG). Dem drohenden Schaden ließ sich durch einen Hinweis auf die mögliche Festlegung des Planungsgebiets und die in diesem Fall eintretende Veränderungssperre begegnen. Ein solcher Hinweis war ohne Schwierigkeiten zeitgleich mit der Abgabe der Stellungnahme gegenüber dem Autobahnamt zu erteilen, zumal ausweislich des Schreibens der Beklagten vom April 1995 nur für vier Flurstücke Baugenehmigungen vorlagen. Ohne Belang ist, ob im Verhältnis zur Klägerin die Bauaufsichtsbehörde und in Beziehung zum Autobahnamt das Stadtplanungsamt der Beklagten zuständig war. Die Bediensteten dieser Organisationseinheit hätten jedenfalls die für die Bauaufsicht zuständigen Mitarbeiter der Beklagten zur Unterrichtung der Klägerin veranlassen müssen (vgl. Senatsurteile v. 11.5.1989 – III ZR 88/87 –, NJW 1990, 245, 246f., und v. 7.12.1995, a.a.O., S. 1018f.).

ee) (1) Der Hinweis hätte der Klägerin nicht erst am 26.4.1995, dem Datum der Erklärung gegenüber dem Autobahnamt, sondern spätestens am 10.3.1995 erteilt werden müssen. Den Bediensteten der Beklagten oblag es, die Klägerin in einem Zug mit der Stellungnahme zu der beabsichtigten Festlegung des Planungsgebiets zu unterrichten. Das Autobahnamt hatte der Beklagten hierfür mit dem Schreiben vom 2.2.1995 Zeit bis zum 10.3.1995 gegeben. Es ist kein Anhaltspunkt dafür ersichtlich, daß diese Frist unangemessen kurz war. Die pflichtwidrige Verzögerung, mit der die Beklagte die angeforderte Stellungnahme abgab, kann nicht zu Lasten der Klägerin gehen.

(2) Entgegen der Ansicht der Klägerin hätte ein Hinweis auf die Überlegungen zum Autobahnbau jedoch nicht bereits bei Erteilung der Baugenehmigung oder gar schon zusammen mit dem Bauvorbescheid gegeben werden müssen. Es ist nicht vorgetragen, daß sich die Absichten der für den Autobahnbau zuständigen Stellen bereits vor der Anhörung der Beklagten nach § 9a Abs. 3 Satz 2 FStrG für diese erkennbar inhaltlich, örtlich und zeitlich so verdichtet hatten, daß im Bereich der fraglichen Flurstücke ernsthaft mit einer alsbaldigen Veränderungssperre gerechnet werden mußte, durch die die Realisierung genehmigter Bauvorhaben verhindert werden würde.

(a) Insbesondere hilft der Klägerin der von ihr insoweit in Bezug genommene Bebauungsplan Nr. 74 aus dem Jahr 1993 nicht weiter. Er enthält hinsichtlich der Autobahnplanung für das Gebiet, in dem die klägerischen Flurstücke liegen, den Hinweis, daß konkrete Ausbaupläne noch nicht vorlägen, weil der Trassenverlauf der Autobahn Sachsen-Böhmen noch abzuwarten sei.

(b) Die Klägerin macht weiter geltend, es sei fehlerhaft gewesen, die Bundesrepublik Deutschland nicht an dem Baugenehmigungsverfahren zu beteiligen. Auch dies ist unbehelflich. Die Klägerin hat nicht vorgetragen, daß die Überlegungen der für den Autobahnbau zuständigen Behörde bereits im Zeitpunkt der möglicherweise notwendigen Stellungnahme zu den Bauvorhaben der Klägerin hinsichtlich des Verlaufs und des Umfangs des Planungsgebiets verfestigt waren. Es ist deshalb nicht ersichtlich, daß die Beklagte auf Grund einer Stellungnahme bereits hinreichend sicher mit dem Eintritt der Veränderungssperre für die Parzellen der Klägerin hätte rechnen müssen. ...

(3) Weiterhin mußte die Beklagte die Klägerin auch nicht sogleich nach Zugang des Schreibens des Autobahnamts vom 2.2.1995 oder während der laufenden Erarbeitung der Stellungnahme auf die Möglichkeit des Eintritts einer Veränderungssperre hinweisen. Der Beklagten muß eine angemessene Zeit zur sorgfältigen Prüfung der Sach- und Rechtslage zugebilligt werden. Die vom Autobahnamt für die Abgabe der Erklärung zu der beabsichtigten Planungsgebietsausweisung gesetzte Frist bis zum 10.3.1995 war auch nicht

so weiträumig, daß die Bediensteten der Beklagten die Unterrichtung der Klägerin in der laufenden Bearbeitung vorzuziehen hatten.

ff) Die hiernach bestehende Unterrichtungspflicht der Beklagten wird nicht durch die in §9 a Abs. 4 FStrG statuierte Pflicht, auf die Festlegung eines Planungsgebiets in den betroffenen Gemeinden hinzuweisen, verdrängt. Diese Vorschrift enthält keine abschließende Regelung über die im Zusammenhang mit der Festlegung von Planungsgebieten bestehenden Informationspflichten der öffentlichen Hand. Eine derartige, die allgemeine Hinweispflicht einschränkende Bestimmung kommt in Betracht, wenn das Gesetz ein besonderes Verfahren bereithält, das die Wahrung der schutzwürdigen Informationsinteressen Dritter gewährleisten soll (vgl. Senatsurteil v. 10. 4. 2003 – III ZR 38/02 –, VIZ 2003, 353, 354). §9 a Abs. 4 FStrG soll, wie sich aus dem Anwendungsbereich der Bestimmung ergibt, die schutzwürdigen Informationsbelange der Festlegungsbetroffenen jedoch nicht in einem solchen Umfang wahren, daß ihm ein abschließender Charakter beigelegt werden kann, der den Rückgriff auf die allgemeine Hinweispflicht ausschließt. Die in §9 a Abs. 4 FStrG bestimmte Hinweispflicht betrifft nur die erfolgte, nicht aber die drohende Festlegung eines Planungsgebiets und dient der Unterrichtung aller hiervon betroffenen Eigentümer, mithin auch derjenigen, denen gegenüber bislang keine mit der baulichen Nutzung der Grundstücke zusammenhängenden Pflichten der Gemeinde oder des Trägers der Straßenbaulast bestanden. §9 a Abs. 4 FStrG ist damit weder geeignet noch dazu bestimmt, Grundstückseigentümer, die auf Grund einer Baugenehmigung über eine Verläßlichkeitsgrundlage für Investitionen verfügen, vor Aufwendungen zu schützen, die infolge einer zunächst drohenden und später eintretenden Veränderungssperre nach §9 a Abs. 3 Satz 4 i. V. m. Abs. 1 FStrG nutzlos werden.

c) Da die Notwendigkeit, die Klägerin von der beabsichtigten Festlegung des Planungsgebiets zu unterrichten, bei einer sorgfältigen und im erforderlichen Maß vorausschauenden Führung der Amtsgeschäfte erkennbar war, handelten die Bediensteten der Beklagten fahrlässig. Deren Verschulden ist nicht ausgeschlossen, weil das Berufungsgericht eine Hinweispflicht vor Inkrafttreten der Veränderungssperre verneint hat. Zwar trifft einen Beamten i. d. R. kein Verschulden, wenn ein mit mehreren Berufsrichtern besetztes Gericht die Amtstätigkeit als objektiv rechtmäßig angesehen hat (z. B.: Senat in BGHZ 117, 236, 250; Urteile v. 6. 2. 1997 – III ZR 241/95 –, BGHR BGB §839 Abs. 1 Satz 1, Verschulden 30, und v. 21. 10. 1993 – III ZR 68/92 –, a. a. O., Verschulden 24; Staudinger/Wurm, a. a. O., Rdnr. 216). Hierbei handelt es sich jedoch nur um eine allgemeine Richtlinie. Sie gilt u. a. dann nicht, wenn und soweit das Gericht für die Beurteilung des Falles wesentliche Gesichtspunkte unberücksichtigt gelassen hat (Senatsurteile v. 6. 2. 1997 und 21. 10. 1993, a. a. O.; Staudinger/Wurm, a. a. O., Rdnr. 218). Das Berufungsgericht hat bei seinen Erwägungen, mit denen es eine allgemeine Hinweispflicht der Bediensteten der Beklagten verneint hat, den wesentlichen Aspekt außer acht gelassen, daß in dem Planungsgebiet nach §9 a Abs. 3 FStrG die genaue Trassenführung der vorgesehenen Bundesfernstraße noch nicht feststehen muß (Nr. 2 Abs. 2, Satz 2 PlaGeR) und das Planungsgebiet größer als für die spätere Linienführung erforderlich sein kann (Nr. 3 PlaGeR).

Dementsprechend werden von der Veränderungssperre nach §9a Abs.3 Satz 4 i.V.m. Abs. 1 FStrG vielfach auch solche Grundstücke erfaßt, die von der späteren Straßenführung nicht berührt werden. Es war deshalb für die Hinweispflicht der Bediensteten der Beklagten entgegen der Ansicht des Berufungsgerichts unmaßgeblich, daß zum Zeitpunkt der Anhörung der Beklagten durch das Autobahnamt noch nicht feststand, daß die Trasse über die Grundstücke der Klägerin führen werde.

d) Der Klägerin entstand infolge der unterlassenen, spätestens jedoch bis zum 10.3.1995 geschuldeten Unterrichtung ein Schaden. Die Klägerin hätte weitere Aufwendungen im Zusammenhang mit den Baumaßnahmen unterlassen, wenn sie rechtzeitig auf die vorgesehene Festlegung des Planungsgebiets hingewiesen worden wäre. ...

e) Die Schadensersatzforderung ist nicht verjährt.

aa) Die Verjährungsfrist beginnt nach dem gemäß Art. 229 §6 Abs. 1 Satz 2 EGBGB auf den vorliegenden Fall noch anzuwendenden §852 Abs. 1 BGB a. F., sobald der Verletzte von dem Schaden und der Person des Ersatzpflichtigen Kenntnis erlangt. Bei einem Anspruch aus §839 Abs. 1 BGB kann die Verjährung erst beginnen, wenn der Geschädigte weiß, daß die in Rede stehende Amtshandlung widerrechtlich und schuldhaft und deshalb eine zum Schadensersatz verpflichtende Amtspflichtverletzung war. Dabei genügt im allgemeinen, daß der Verletzte die tatsächlichen Umstände kennt, die eine schuldhafte Amtspflichtverletzung als naheliegend, eine Amtshaftungsklage – sei es auch nur als Feststellungsklage – mithin als so aussichtsreich erscheinen lassen, daß dem Verletzten die Erhebung der Klage zugemutet werden kann (z. B. Senatsurteile, BGHZ 150, 172, 186 m.w.N. und v. 16.9.2004 – III ZR 346/03 –, NJW 2005, 429, 433, für BGHZ vorgesehen; Staudinger/Wurm, a.a.O., Rdnr.388). Der hier bestehende Amtshaftungsanspruch gründet sich in tatsächlicher Hinsicht auf die Anhörung der Beklagten durch das Autobahnamt gemäß §9a Abs.3 Satz 2 FStrG, auf Grund deren ihre Bediensteten von der konkreten Absicht erfuhren, alsbald ein Planungsgebiet mit der Folge der Veränderungssperre festzulegen. Die Kenntnis dieses Umstandes war für die Erhebung einer aussichtsreichen (Feststellungs-)Klage erforderlich.

bb) Die Klägerin hat behauptet, diese Tatsache erst im November 1999 durch Einsicht in die zwischen dem Autobahnamt und der Beklagten gewechselten Schreiben ... erfahren zu haben. ...

Schließlich kann die Beklagte auch nichts für sie Günstiges aus der von ihr behaupteten Tatsache herleiten, daß die Klägerin bereits Anfang 1997 Schadensersatzansprüche geltend machte. Für den Beginn des Laufs der Verjährungsfrist ist es unmaßgeblich, ab wann die Klägerin der Rechtsauffassung war, einen Schadensersatzanspruch zu haben. Der Beginn der Verjährung hängt nicht von Beurteilung der Rechtslage durch den Geschädigten, sondern allein von der Kenntnis der den Anspruch begründenden Tatsachen ab. Deshalb ist es grundsätzlich unerheblich, wenn der Verletzte aus diesen nicht die zutreffenden rechtlichen Schlüsse zieht (Senat und Staudinger/ Wurm, a.a.O.) und es unterläßt, den Amtshaftungsanspruch zu verfolgen. Dies gilt spiegelbildlich im umgekehrten Fall, daß der Geschädigte eine Schadensersatzforderung voreilig erhebt, ohne die sie rechtlich tragenden Tatsachen zu kennen. ...

2. Der Senat kann selbst abschließend über die Wiederherstellung des erstinstanzlichen Grundurteils entscheiden, da die Sache hinsichtlich des Anspruchsgrundes entscheidungsreif ist (§ 563 Abs. 3 ZPO). Ein Grundurteil darf ergehen, wenn ein Anspruch nach Grund und Höhe streitig ist, alle Fragen, die zum Grund des Anspruchs gehören, erledigt sind und nach dem Sach- und Streitstand zumindest wahrscheinlich ist, daß der Anspruch in irgendeiner Höhe besteht (st. Rspr. des BGH, z. B. Senatsurteil v. 11. 11. 2004 – III ZR 200/03 –, juris Dok.-Nr. KORE312352004 Rdnr. 34; Urteile v. 2. 10. 2000 – II ZR 54/99 –, NJW 2001, 224, 225; v. 16. 1. 1991 – VIII ZR 14/90 –, NJW-RR 1991, 599, 600 m. w. N.). Die Vorinstanzen haben die für das Bestehen des Anspruchs dem Grunde nach erforderlichen Tatsachenfeststellungen getroffen. Es ist wenigstens wahrscheinlich, daß der Klägerin nach Durchführung des Betragsverfahrens zumindest ein Forderungsrest bleibt.

a) Die hier nicht abgehandelten Punkte können diesem Verfahren überlassen bleiben. Insbesondere gilt folgendes:

aa) Die Revisionsrüge, es müsse für den Erlaß eines Grundurteils für jeden Teilanspruch feststehen, daß er dem Grunde nach besteht, ist unbegründet. Vielmehr kann dem Betragsverfahren die Feststellung vorbehalten bleiben, ob und in welchem Umfang die einzelnen von der Klägerin geltend gemachten Aufwendungen von dem Schadensersatzanspruch erfaßt sind. Dabei kann auf sich beruhen, ob einzelne hierbei zu beachtende Voraussetzungen im materiell-rechtlichen Sinn dem Anspruchsgrund zuzuordnen sind. § 304 ZPO entspringt prozeßwirtschaftlichen Erwägungen, so daß dogmatische Gesichtspunkte bei der Auslegung der Vorschrift in den Hintergrund treten (BGHZ 108, 256, 259 m. w. N.). So darf bei einer einheitlichen, aus mehreren Einzelposten zusammengesetzten Schadensersatzforderung die Verpflichtung zum Schadensersatz dem Grunde nach festgestellt und dem Betragsverfahren die Prüfung vorbehalten werden, ob und inwieweit einzelne Schadenspositionen auf die schadenstiftende Handlung zurückzuführen sind (BGHZ, a. a. O.; vgl. auch Urteile v. 4. 12. 1997 – IX ZR 247/96 –, BGHR ZPO § 304 Abs. 1 Anspruchsmehrheit 5; v. 5. 3. 1993 – V ZR 87/91 –, BGHR a. a. O., Voraussetzungen 3). Eine solche Fallgestaltung liegt hier vor, da die jeweiligen Schadensposten als unselbständige Positionen auf derselben tatsächlichen und rechtlichen Grundlage – der Amtspflichtverletzung der Beklagten und den nachfolgend getätigten Aufwendungen der Klägerin zur Fortführung der Baumaßnahme – geltend gemacht werden und derselben Schadensart zuzurechnen sind.

bb) Ebenso durfte es das Berufungsgericht dem Betragsverfahren überlassen, ob und in welchem Maß der von der Beklagten erhobene Einwand des § 254 BGB begründet ist. Dem Betragsverfahren kann die Prüfung des Mitverschuldens vorbehalten werden, wenn es nur geeignet ist, zu einer Minderung, nicht aber zu einer Beseitigung des Anspruchs zu führen (BGHZ 110, 196, 202; 76, 397, 400). Dies ist hier der Fall, da nicht erkennbar ist, daß ein etwaiges Mitverschulden der Klägerin, sofern es sich überhaupt auf alle Schadenspositionen erstrecken sollte, so gewichtig wäre, daß eine Haftung der Beklagten vollständig entfallen könnte.

cc) Dem Betragsverfahren gleichfalls vorbehalten bleibt die Entscheidung darüber, ob und in welchem Umfang einzelne der von der Klägerin geltend gemachten Positionen bereits von der ihr gewährten Entschädigung erfaßt sind. Der Senat hat entschieden, daß ein Grundurteil ergehen kann, wenn der durch eine Amtspflichtverletzung Geschädigte auf eine anderweitige Ersatzmöglichkeit (§ 839 Abs. 1 Satz 2 BGB) zurückgreifen kann, jedoch feststeht, daß diese den Schaden nicht voll ausgleicht (Urteil v. 10. 5. 1976 – III ZR 90/74 –, WM 1976, 873, 874 m. w. N.; so auch: Stein/Jonas/Leipold, ZPO, 21. Aufl., § 304 Rdnr. 18; Zöller/Vollkommer, ZPO, 25. Aufl., § 304 Rdnr. 14). Gleiches muß gelten, wenn der Geschädigte eine Enteignungsentschädigung erhalten hat, die aber den geltend gemachten Schaden nicht abdeckt. Dies ist hier der Fall, da von der Entschädigung ausweislich des Bescheides des Regierungspräsidiums vom November 2003 Aufwendungen, die nach dem Inkrafttreten der Veränderungssperre getätigt wurden, ausgenommen sind.

b) Das Grundurteil war nicht auf den Zahlungsantrag der Klägerin zu beschränken. Es erfaßt auch den Klageantrag zu 2, mit dem die Feststellung begehrt wird, daß die Beklagte verpflichtet ist, die Klägerin von der Forderung eines Gerüstbauunternehmens i. H. v. 5729,33 € freizustellen. Zwar kommt i. d. R. bei einem Feststellungsantrag ein Grundurteil nicht in Betracht, weil es meist an einem Streit über Grund und Betrag fehlt, wie es gemäß § 304 Abs. 1 ZPO Voraussetzung für den Erlaß eines Urteils über den Grund ist. Feststellungsklagen haben jedoch dann eine nach Grund und Betrag streitige Verpflichtung zum Gegenstand, wenn – wie hier – der Feststellungsantrag auf eine Forderung in bestimmter Höhe gerichtet ist, so daß die Klage auch zu einem Ausspruch über die Höhe des Anspruchs führen soll. In einem solchen Fall ist die Feststellungsklage in einer Weise beziffert, daß ein Grundurteil seinen Zweck erfüllen kann (BGH, Urteil v. 9. 6. 1994 – IX ZR 125/93 –, NJW 1994, 3295, 3296 m.w.N = BGHZ 126, 217ff., insoweit dort jedoch nicht abgedruckt; Stein/Jonas/Leipold, a. a. O., Rdnr. 5; Zöller/Vollkommer, a. a. O., Rdnr. 3).

c) Eine Teilabweisung der Klage war nicht geboten, obgleich der Senat von einem späteren Zeitpunkt, zu dem die Bediensteten der Beklagten verpflichtet waren, die Klägerin zu unterrichten, als das Landgericht ausgeht. Der abweichende Zeitpunkt hat nur insoweit Auswirkungen, als einzelne von der Klägerin ersetzt verlangte Positionen möglicherweise nicht auf die den Bediensteten der Beklagten unterlaufene Amtspflichtverletzung zurückzuführen sein werden. Die Prüfung der Kausalität zwischen dieser und den geltend gemachten Schadensposten kann jedoch dem Betragsverfahren überlassen bleiben (siehe oben Buchstaben a aa).

Eine Teilabweisung für Aufwendungen, die vor dem Stichtag veranlaßt wurden, wäre auch rechtlich nicht möglich. Ein Grund- und Teilurteil, durch das ein Teil der Klageforderung abgewiesen wird, darf nur ergehen, wenn jeweils ein quantitativer, zahlenmäßig oder auf sonstige Weise bestimmter Teil des – teilbaren – Streitgegenstandes dem abschließend beschiedenen Teil des Klageanspruchs und der Zwischenentscheidung über den Grund zugeordnet werden kann (BGHZ 108, 256, 260; Urteil v. 8.6.1988 – VIII ZR 105/87 –, WM 1988, 1500, 1502). Andernfalls bliebe ungewiß, in welchem Umfang über den Klageanspruch rechtskräftig entschieden ist und in welcher Höhe er – als dem Grunde nach gerechtfertigt – noch anhängig ist. Macht der Kläger einen Zahlungsanspruch geltend, der sich, wie hier, aus mehreren bezifferten Einzelposten zusammensetzt und teilt das Gericht das Klagebegehren lediglich nach Zeitabschnitten auf, so läßt sich sowohl eine teilweise Klageabweisung als auch eine Entscheidung zum Grund nur dann ausreichend individualisieren, wenn die geltend gemachten Einzelposten entweder im Urteil oder wenigstens im Parteivorbringen bestimmten Zeitabschnitten zugeordnet sind (BGH, a.a.O.). Dies ist hier jedoch nicht der Fall. Weder das Berufungsurteil noch das des Landgerichts lassen eine Zuordnung aller Schadenspositionen zu den hier maßgebenden Zeitabschnitten zu. ...

Nr. 122

1. **Besondere Umstände i.S. von § 17 Abs. 2 BauGB liegen nur vor, wenn ein Planverfahren durch eine Ungewöhnlichkeit gekennzeichnet ist, die die Gemeinde nicht zu vertreten hat. Verwaltungsinterne Schwierigkeiten durch Krankheit und Tod von Mitarbeitern liegen in der Sphäre der Gemeinde.**

2. **Der Ausschluß von bestimmten Einzelhandelsbetrieben in einem Gewerbegebiet führt nicht zu einem unmittelbaren Vorteil i.S. von § 18 Abs. 1 GemO für die Inhaber bestehender Einzelhandelsbetriebe.**

3. **Das Auftreten neuer Konkurrenz für den vorhandenen Einzelhandel fällt zudem unter den Ausnahmetatbestand des § 18 Abs. 3 GemO.**

BauGB § 17 Abs. 2; GemO § 18 Abs. 1, Abs. 3.

VGH Baden-Württemberg, Urteil vom 3. März 2005 – 3 S 1998/04 – (rechtskräftig).

Die Antragstellerin wendet sich gegen die Verlängerung der Geltungsdauer einer Veränderungssperre.

2001 beschloß der Gemeinderat der Antragsgegnerin die Änderung des Bebauungsplans „Gewerbegebiet Nord" mit dem Ziel, die planungsrechtlichen Voraussetzungen für den Ausschluß von Einzelhandelsbetrieben und Verbrauchermärkten sowie Anlagen für sportliche Zwecke zu schaffen, und eine Satzung über eine Veränderungssperre. 2003 beschloß der Gemeinderat die Verlängerung der Geltungsdauer der Veränderungssperre um ein Jahr. 2004 beschloß der Gemeinderat die Verlängerung der Geltungsdauer der Veränderungssperre um ein weiteres Jahr, weil „auf Grund der urlaubsbedingten Abwesenheit und der bekannten Belastungssituation des stellvertretenden Bauamtsleiters Herrn W. noch nicht in die detaillierte Sachbearbeitung eingestiegen werden konnte".

Aus den Gründen:

Der Antrag ist begründet. Die zweite Verlängerung der Geltungsdauer der Veränderungssperre von 2001 für das Plangebiet „Gewerbegebiet Nord" der Antragsgegnerin von 2004 ist unwirksam.

Der Satzungsbeschluß leidet allerdings nicht an einem formellen Mangel, denn die von der Antragstellerin benannten Mitglieder des Gemeinderats waren nicht befangen i. S. von § 18 Abs. 1 GemO. Nach dieser Vorschrift darf ein Mitglied des Gemeinderats weder beratend noch entscheidend mitwirken, wenn die Entscheidung einer Angelegenheit ihm selbst oder bestimmten anderen Personen einen unmittelbaren Vorteil oder Nachteil bringen kann. Diese Voraussetzung ist erfüllt, wenn ein Mitglied des Gemeinderats auf Grund der Beziehung zum Gegenstand der Entscheidung ein individuelles Sonderinteresse an der Entscheidung hat, welches von der Beschlußfassung gezielt betroffen wird. Die tatsächliche Verschaffung eines unmittelbaren Vorteils oder Nachteils in diesem Sinne ist nicht erforderlich. Es genügt die konkrete Eignung des Beschlußgegenstands hierzu. Die Möglichkeit eines Sonderinteresses muss nicht direkt aus der Entscheidung folgen. Sind weitere Entscheidungen erforderlich, kommt es darauf an, inwieweit die vorangegangene Entscheidung die nachfolgende festlegt. Es ist Zweck der Befangenheitsvorschriften des § 18 GemO, die auf einen Ausgleich öffentlicher und privater Interessen beruhenden Entscheidungen des Gemeinderats von individuellen Sonderinteressen freizuhalten und damit zugleich das Vertrauen der Bürger in eine am Wohl der Allgemeinheit orientierte und unvoreingenommene Kommunalverwaltung zu stärken (vgl. Urteile des Senats v. 25. 10. 1983 – 3 S 1221/83 –, BRS 40 Nr. 31 = VBlBW 1985, 21, und v. 8. 8. 1990 – 3 S 2948/89 –).

Diese Voraussetzungen liegen hier nicht vor. Die beiden von der Antragstellerin benannten Gemeinderäte sind Inhaber von Einzelhandelsbetrieben im Zentrum der Antragsgegnerin. Ziel der durch die angegriffene Veränderungssperre gesicherten Bauleitplanung ist in erster Linie der Ausschluß von Einzelhandelsbetrieben in dem Gewerbegebiet. Dies kann zwar dazu führen, dass dadurch die Ansiedlung von Konkurrenzbetrieben zu den bestehenden Einzelhandelsbetrieben der benannten Gemeinderatsmitglieder im „Gewerbegebiet Nord" verhindert wird. Dies führt jedoch zu keinem unmittelbaren Vorteil, denn die Umsatz- und Gewinnchancen der bestehenden Einzelhandelsbetriebe hängen von einer Vielzahl struktureller (Betriebsstandort, Betriebsgröße) und wirtschaftlicher (Preis-Leistungs-Verhältnis, Service, Warenangebot) Gegebenheiten ab. Die mögliche Verhinderung eines Konkurrenzbetriebs in einem bestimmten Gewerbegebiet führt nicht zwangsläufig zu einer unmittelbaren Verbesserung der Erwerbschancen eines bestehenden Betriebs, zumal im Zeitpunkt der Verlängerung der Veränderungssperre noch nicht abzusehen ist, welches Warensortiment im Gewerbegebiet ausgeschlossen werden soll. Damit war im Zeitpunkt der Beschlußfassung des Gemeinderats nicht absehbar, welche bestehenden Einzelhandelsbetriebe auf der Gemarkung der Antragsgegnerin durch die in Aussicht genommene Änderung der Festsetzungen des Bebauungsplans einen wirtschaftlichen Vorteil erreichen können.

Der Befangenheit der benannten Gemeinderäte steht auch § 18 Abs. 3 GemO entgegen. Danach gilt § 18 Abs. 1 GemO nicht, wenn die Entscheidung nur die gemeinsamen Interessen einer Berufs- oder Bevölkerungsgruppe berührt. Das durch die Veränderungssperre betroffene Sonderinteresse der von der Antragstellerin bezeichneten Gemeinderäte hebt sich von dem allgemeinen Gruppeninteresse der Einzelhändler der Antragsgegnerin nicht deutlich ab, denn alle Einzelhändler müssen zumindest in Teilbereichen ihrer Sortimente mit Umsatzeinbußen rechnen, die ihnen durch die Konkurrenz eines in einem Gewerbegebiet angesiedelten Einzelhandelbetriebs erwächst. Das Auftreten neuer Konkurrenz für den vorhandenen Einzelhandel fällt unter den Ausnahmetatbestand des § 18 Abs. 3 GemO. Dies wäre nur anders zu sehen, wenn auf Grund der Entscheidung über die Änderung des Bebauungsplans und der Veränderungssperre gewissermaßen gezielt eine marktbeherrschende Stellung des innerörtlichen Einzelhandels bedroht wäre (vgl. insoweit VGH Bad.-Württ., Urteil v. 20. 1. 1986 – 1 S 2009/85 –). Dies ist im Gegensatz zu dem dort entschiedenen Fall nicht gegeben.

Der Antrag der Antragstellerin ist jedoch deshalb begründet, weil die materiell-rechtlichen Voraussetzungen des § 17 Abs. 2 BauGB für eine zweite Verlängerung der Geltungsdauer der Veränderungssperre nicht vorliegen. Nach dieser Vorschrift kann die Gemeinde mit Zustimmung der nach Landesrecht zuständigen Behörde die Geltungsdauer der Veränderungssperre bis zu einem weiteren Jahr nochmals verlängern, wenn besondere Umstände es erfordern. Besondere Umstände in diesem Sinne liegen nur vor, wenn ein Planverfahren durch eine Ungewöhnlichkeit gekennzeichnet ist, die sich von dem allgemeinen Rahmen der üblichen städtebaulichen Planungstätigkeit wesentlich abhebt. Bei dieser Ungewöhnlichkeit kann es sich um Besonderheiten des Umfangs, des Schwierigkeitsgrads oder des Verfahrensablaufs handeln. Notwendig ist weiterhin ein ursächlicher Zusammenhang. Gerade die Ungewöhnlichkeit des Falles muss ursächlich dafür sein, dass die Aufstellung des Planes mehr als die übliche Zeit erfordert. Hinzu kommen muss außerdem, dass die jeweilige Gemeinde die die Verzögerung verursachenden Ungewöhnlichkeiten nicht zu vertreten hat. Vertreten muss eine Gemeinde insoweit jedes ihr vorwerfbare Fehlverhalten, wobei im allgemeinen davon ausgegangen werden kann, dass Mängel, die in der Sphäre der Gemeinde auftreten, auf deren Fehlverhalten zurückzuführen sind. Das Erfordernis, dass besondere Umstände vorliegen müssen, setzt mit dem Ablauf des dritten Sperrjahres ein und steigert sich im Maß des Zeitablaufs (vgl. BVerwG, Urteil v. 10. 9. 1976 – IV C 39.74 –, BRS 30 Nr. 76 = BauR 1977, 31; VGH Bad.-Württ., Urteil v. 10. 11. 1994 – 8 S 2252/94 –, UPR 1995, 278; OVG Lüneburg, Urteil v. 5. 12. 2001 – 1 K 2682/98 –, BRS 64 Nr. 112 = BauR 2002, 594).

Solche besonderen Umstände für die Verzögerung der Planung liegen hier nicht vor. Für die Dauer der Planung ist hier von Bedeutung, dass die durch die Veränderungssperre zu sichernde Planung lediglich die Änderung eines bestehenden Bebauungsplans betrifft und nicht etwa eine völlige Neubeplanung eines bisher unbeplanten Bereichs. Ziel der Planänderung ist nach dem entsprechenden Änderungsbeschluß der Antragsgegnerin von 2001 allein die Schaffung planungsrechtlicher Voraussetzungen für den Ausschluß von Einzelhandelsbetrieben, Verbrauchermärkten und Anlagen für sportliche Zwecke in einem vorhandenen Gewerbegebiet. Auch unter Berücksichtigung der Größe des Plangebiets wäre es bei zügiger Planungstätigkeit der Antragsgegnerin möglich gewesen, die beabsichtigten Brancheneinschränkungen innerhalb der üblichen Geltungsfrist einer Veränderungssperre von drei Jahren festzulegen. Soweit die Planungsdauer dadurch verlängert worden ist, dass die Antragsgegnerin mehrere Bebauungspläne gleichzeitig mit dem Ziel ändern will, bestimmte Einzelhandelsbetriebe in Gewerbegebieten auszuschließen, liegt dies ausschließlich in der Sphäre der Gemeinde. Dadurch entstehende Verzögerungen sind daher ihr anzulasten. Auch die von der Antragsgegnerin geltend gemachten verwaltungsinternen Schwierigkeiten durch Krankheit und Tod von Mitarbeitern liegen in der Sphäre der Gemeinde. Die Verzögerung des Verfahrens beruht offensichtlich auf einer Entscheidungsschwäche des Gemeinderats. Die Unschlüssigkeit des Satzungsgebers rechtfertigt nicht, eine Planung auch in ihrer das Eigentum belastenden Auswirkung auf Dauer in der Schwebe zu halten.

Nr. 123

1. **Zu der Problematik der Zurückstellung eines Baugesuchs über eine Windkraftanlage im Außenbereich nach § 15 Abs. 3 BauGB.**

2. **Zu der Frage, wann die Frist bei Genehmigungsverfahren beginnt, die bereits vor dem Inkrafttreten des § 15 Abs. 3 BauGB am 20. 7. 2004 eingeleitet worden sind.**

(Leitsätze der Redaktion)

BauGB § 15 Abs. 3.

OVG Rheinland-Pfalz, Beschluß vom 18. Februar 2005 – 7 B 10012/05 – (rechtskräftig).

Die Antragstellerin begehrt die Wiederherstellung der aufschiebenden Wirkung ihres Widerspruchs gegen einen Zurückstellungsbescheid des Antragsgegners. Sie hat im Januar 2004 einen Antrag auf immissionsrechtliche Genehmigung von 4 Windkraftanlagen gestellt. Mit Antrag vom 25. 11. 2004 beantragte die beigeladene Gemeinde die Zurückstellung gemäß § 15 Abs. 3 Baugesetzbuch (BauGB) i. d. F. des EAG Bau, weil sie eine Änderung der Flächennutzungsplanung eingeleitet hatte und die Offenlegung der Änderung am 19. 11. 2004 vom Verbandsgemeinderat beschlossen worden war. Nach dem zugrunde liegenden Entwurf einer Fortschreibung im Hinblick auf die Windkraftnutzung war eine Vorrangfläche vorgesehen, die außerhalb des von der Antragstellerin geplanten Bereichs der Windkraftanlagen liegt. Der Antragsgegner stellte mit Bescheid vom 29. 11. 2004 das Vorhaben der Antragstellerin zurück und ordnete die sofortige Vollziehung des Bescheids an.

Mit dem dagegen eingelegten Widerspruch sowie dem Antrag auf Wiederherstellung der aufschiebenden Wirkung macht die Antragstellerin insbesondere geltend, der Antrag nach § 15 Abs. 3 BauGB sei verfristet, weil die im Gesetz vorgesehene Sechsmonatsfrist, innerhalb derer der Antrag gestellt werden kann, bereits mit dem Eingang des Genehmigungsantrags bei der Gemeinde im Rahmen des Beteiligungsverfahrens nach § 36 BauGB, nämlich hier dem 22. 1. 2004, zu laufen begonnen habe.

Aus den Gründen:

II. Die Voraussetzungen für die Zurückstellung des Genehmigungsantrags liegen i. S. des § 15 Abs. 3 BauGB voraussichtlich vor. Die Bestimmung ist mit dem EAG Bau am 20. 7. 2004 in Kraft getreten. Sie knüpft an § 245 b Abs. 1

BauGB i. d. F. des Änderungsgesetzes vom 30. 6. 1996 (BGBl. I, 1189) an, wonach auf Antrag der Gemeinde die Baugenehmigungsbehörde die Entscheidung über die Zulässigkeit von Windenergieanlagen bis längstens zum 31. 12. 1998 auszusetzen hatte, wenn die Gemeinde beschlossen hatte, einen Flächennutzungsplan aufzustellen und dabei beabsichtigte zu prüfen, ob Darstellungen zu Windenergieanlagen i. S. des § 35 Abs. 3 Satz 3 in Betracht kommen.

Mit dem Gesetz war in Abkehr von der Rechtsprechung des Bundesverwaltungsgerichts (E 96, 95) die Privilegierung dieser Anlagen im Außenbereich gesetzlich eingeführt worden (§ 35 Abs. 1 Nr. 7 BauGB a. F.), allerdings in der zum 1. 1. 1997 in Kraft getretenen Fassung unter dem Vorbehalt (§ 35 Abs. 3 Satz 3 BauGB), dass durch die Raumordnung oder Flächennutzungsplanung eine anderweitige Steuerung erfolgte. Um diesen planerischen Vorbehalt wirksam werden zu lassen, bedurfte es in aller Regel bestimmter Zeit beanspruchender planerischer Aktivitäten auf der Ebene der Raumordnung oder der Flächennutzungsplanung. Mit Rücksicht auf den für solche Änderungen erforderlichen Zeitraum hatte es der Gesetzgeber seinerzeit für erforderlich gehalten, den Gemeinden in Anlehnung an das Sicherungsinstrumentarium für das Bauleitplanverfahren nach § 15 BauGB die Möglichkeit zu geben, das Vorhaben im Genehmigungsverfahren für eine bestimmte Frist (bis Ende 1998) zurückstellen zu lassen.

Die Bestimmung hatte wegen der gesetzlich vorgesehenen Befristung ab Ende 1998 keine Bedeutung mehr. Mit § 15 Abs. 3 in der durch das EAG Bau novellierten Fassung des BauGB ist diese Möglichkeit erneut eröffnet worden. Die Regelung ist im Gegensatz zu der Vorgängerbestimmung als Dauerregelung ausgebildet worden. Die Zurückstellung ist indessen längstens für ein Jahr unter Berücksichtigung bestimmter Anrechnungsregeln möglich. Zudem hat der Gesetzgeber für die Gemeinden eine Ausschlußfrist verfügt, die an die förmliche Bekanntgabe des Genehmigungsvorhabens an die Gemeinde anknüpft (§ 15 Abs. 3 Satz 3 BauGB). Diese Frist ist vorliegend entgegen der Auffassung der Antragstellerin und des Verwaltungsgerichts noch nicht verstrichen.

1. Der Antrag der Gemeinde ist zwar nach der genannten Bestimmung nur innerhalb von 6 Monaten zulässig, nachdem die Gemeinde in einem Verwaltungsverfahren von dem Bauvorhaben förmlich Kenntnis erhalten hat. Der Senat teilt nicht die Auffassung des Verwaltungsgerichts, bei der Berechnung des Laufs dieser Frist komme es auf den Zeitpunkt des In-Kraft-Tretens des Gesetzes zum 20. 7. 2004 nicht an.

a) Bis zum Zeitpunkt des In-Kraft-Tretens des Gesetzes fand eine Beteiligung der Gemeinde lediglich unter dem Gesichtspunkt der Erteilung des gemeindlichen Einvernehmens i. S. des § 36 BauGB statt (vgl. für das immissionsschutzrechtliche Verfahren § 36 Abs. 1 Satz 2 BauGB). Wie sich aus § 36 Abs. 1 Satz 3 BauGB ergibt, dient die Beteiligung auch der Entscheidung der zuständigen gemeindlichen Ebene über Maßnahmen zur Sicherung der Bauleitplanung. Im übrigen folgt aus § 36 Abs. 2 BauGB die Funktion des Verfahrens der Beteiligung der Gemeinde, dass diese ihre materiell-rechtliche planerische Position wahrt, weil das Einvernehmen (nur) aus den sich aus den §§ 31, 33, 34 und 35 ergebenden Gründen versagt werden kann.

Mit der Sechsmonatsfrist nach § 15 Abs. 3 BauGB hat der Gesetzgeber dem Umstand Rechnung getragen, dass sich auch noch nach Ablauf der Zweimonatsfrist des § 36 Abs. 2 BauGB, die für die Fiktion des Einvernehmens entscheidend ist, Anlass ergeben kann, eine Planung einzuleiten, die dem Vorhaben entgegenstehen kann. Eine eigentumsrechtlich geschützte Position ist – was das Bauen im Außenbereich angeht – im übrigen in der Rechtsprechung erst nach Erteilung der Genehmigung anerkannt; zuvor muss der Eigentümer stets damit rechnen, dass auch eine zunächst von öffentlichen Belangen nicht vorbelastete Anspruchsposition sich auf Grund bestimmter Entwicklungen nicht mehr eigentumskräftig verfestigen lässt (ausdrücklich für eine geänderte Flächennutzungsplanung BVerwG, Urteil v. 17. 2. 1984 – 4 C 56.79 –, BRS 42 Nr. 80 = BauR 1984, 493).

Die förmliche Kenntnisgabe soll nach Sinn und Zweck der Regelung eine Anstoßfunktion für die Gemeinde ausüben; damit ist unvereinbar, dass das Moment der Fristauslösung unabhängig davon bestehen könnte, dass eine solche Anstoßfunktion überhaupt wahrgenommen werden kann. Für die Flächennutzungsplanung konnte eine solche Anstoßfunktion indessen erst mit In Kraft-Treten der neuen Regelung einsetzen, weil die bloße Beteiligung im Rahmen des § 36 BauGB für die Sicherung der Flächennutzungsplanung und die Steuerung i. S. des § 35 Abs. 3 Satz 3 bis dahin keine Bedeutung erlangen konnte.

Aus der Gesetzgebungsgeschichte geht auch nicht hervor, dass der Gesetzgeber in Abkehr von dieser Funktion und unter Bevorzugung einer Vertrauenssicherung für die bloße Antragstellung im Genehmigungsverfahren Altanträge hätte privilegieren wollen. Darauf zielte allerdings das Konzept des Regierungsentwurfs ab (Synopse in dem Beschluß des Ausschusses für Bau- und Wohnungswesen, BT-Drucks. 15/2996, S. 26, 27). Im Regierungsentwurf war ein Absatz 4 der Vorschrift vorgesehen, wonach die Bestimmungen über die Zurückstellung nur gelten sollten für Vorhaben, wenn der Antrag auf Genehmigung im Zeitraum eines Jahres, gerechnet ab dem Zeitpunkt des Tages nach Verkündung gestellt wird. Damit hätte die Bestimmung wie § 245b Abs. 1 BauGB a. F. eine zeitlich nur begrenzte Bedeutung gehabt; im übrigen wären Altanträge, d. h. solche, die vor In-Kraft-Treten des Gesetzes gestellt worden waren, nicht erfaßt worden. Damit hätte insoweit das Planungsverfahren der Gemeinde keinen Schutz genießen können. Die Bundesregierung hat in ihrer Gegenäußerung zur Stellungnahme des Bundesrates, welcher die Streichung des Absatzes 4 befürwortete, diese Regelung damit gerechtfertigt, dass sie eine Entscheidung des Gesetzgebers sei, die die Bevorrechtigung der Windkraft unterstütze und damit der Planungssicherheit für die Investoren von Windkraftanlagen diene. Die Bundesregierung hat sich mit diesem Konzept indessen nicht durchgesetzt. Vielmehr entspricht die Gesetz gewordene Regelung i. d. F. des genannten Beschlusses des Ausschusses in der Grundkonzeption der Auffassung des Bundesrates im Hinblick auf die Notwendigkeit einer Dauerregelung. Dieser hatte in seiner Stellungnahme (BR-Drucks. 756/03, S. 16) geltend gemacht („§ 15 Abs. 4 ist zu streichen"), dass sich der Bedarf zur planerischen Steuerung auch später jederzeit ergeben könne und es daher nicht gerechtfertigt sei, die Zurückstellungsmöglichkeit auf einen bestimmten Zeitraum nach Verkündung des EAG Bau zu beschränken. Eine ebenso grundsätzliche Abkehr vom Regierungsentwurf ergibt sich im Hinblick auf den Kreis der erfaßten Vorhaben. Ebenso wie bei der Vorgängerbestimmung des § 245 b Abs. 1 gibt er im Gegensatz zum Regierungsentwurf keinerlei Hinweis darauf, dass Anlagen, für die der Antrag auf Genehmigung vor einem bestimmten Stichtag eingereicht worden ist, aus dem Regelungsbereich ausgenommen wären. Im Hinblick auf Sinn und Zweck der Regelung, der nämlich im Schutz der gemeindlichen Planung und damit der ordnungsgemäßen Steuerung der genannten Vorhaben besteht und durch ein Zulassungsmoratorium gewährleistet werden soll, bedürfte es insoweit auch einer ausdrücklichen Regelung, wie sie noch im Regierungsentwurf enthalten war. Dem Schutz des Investors dient insoweit lediglich noch zum einen die erfolgte Verschärfung der materiellen Voraussetzungen für die Zurückstellung, die im Regierungsentwurf noch nicht vorgesehen war. Es ist nämlich nicht nur auf die Einleitung einer Planung als solche abzustellen, sondern vorhabenbezogen darauf, ob zu befürchten ist, dass die Durchführung der Planung durch das Vorhaben unmöglich gemacht oder wesentlich erschwert würde. Zum Andern muss in zeitlicher Hinsicht die Gemeinde sich innerhalb der Ausschlußfrist von sechs Monaten zu der Einleitung einer Planung und dem Antrag auf Zurückstellung entschließen. Diese Frist entspricht wohl einem Zeitraum, innerhalb dessen der Investor spätestens mit einem Abschluß der Überlegungen zur Einleitung einer Planung rechnen darf. Daraus ergibt sich im Umkehrschluß, dass vor dem Ablauf dieses Zeitraums ein Vertrauensschutz vom Gesetzgeber nicht anerkannt worden ist. Eine entsprechende Fristsetzung wies der Regierungsentwurf noch nicht auf. Es spricht alles dafür, dass die Ausschlußfrist in anderer Form den vom Regierungsentwurf vorgesehenen Investitionsschutz umsetzt. Anhaltspunkte für einen Willen des Gesetzgebers, Altanträge, die vor In-Kraft-Treten des Gesetzes eingegangen sind, auf darüber hinausgehende Weise zu schützen, liegen damit nicht vor. Die Funktion der förmlichen Kenntnisvermittlung und Anstoßwirkung für die planungsbefugte Gemeinde kann nur von einer Kenntnisgabe nach In-Kraft-Treten des Gesetzes ausgehen. Eine vorher erfolgte Beteiligung der Gemeinde kann diese Aufgabe nicht erfüllen. Es kommt lediglich in Betracht, ihr die Frist auslösende Funktion ab In-Kraft-Treten des Gesetzes beizumessen.

b) Die Frage könnte auf Grund der Besonderheiten der gemeinderechtlichen Lage in Rheinland-Pfalz auf der Ebene des Bundesrechts sogar dahingestellt bleiben; soweit für die künftige Anwendung auch in den Hinweisen der ARGEBAU (Anwendungshinweise S. 69) davon ausgegangen wird, die Anstoßwirkung und Fristauslösung durch die förmliche Kenntnisverschaffung für die Gemeinde könne auch im Beteiligungsverfahren nach § 36 BauGB bewirkt werden, mag dies für Fälle zutreffen, in denen die Einvernehmensbeteiligung und die Zuständigkeit für die Flächennutzungsplanung bei einer einheitlichen gemeindlichen Körperschaft liegen. Indessen ist die Zuständigkeit nach der Rechtslage auf Grund der rheinland-pfälzischen Gemeindeordnung insoweit getrennt: Während die Beteiligung nach § 36 und die Befugnis für die Bauleitplanung außerhalb der Flächennutzungsplanung nach §§ 1 Abs. 2, 67 Abs. 1 GemO der Ortsgemeinde zukommt, ist auf Grund besonderer Regelung in § 67 Abs. 2 GemO i. V. m. § 203 Abs. 2 BauGB Trägerin der Flächennutzungsplanung die Verbandsgemeinde. Die Beteiligung der Ortsgemeinde im Rahmen des § 36 BauGB konnte vor In-Kraft-Treten des EAG Bau daher nicht die insoweit erforderliche Anstoßwirkung im Rahmen des § 15 Abs. 3 BauGB für die Verbandsgemeinde auslösen, da zu jenem Zeitpunkt für die zuständige Verbandsgemeinde keinerlei Möglichkeit der Sicherung ihrer Planung bestand. Im übrigen muss auch künftig insoweit zwischen der Verfahrensbeteiligung der Ortsgemeinde im Rahmen des § 36 und der Fristauslösung für die Verbandsgemeinde nach § 15 Abs. 3 unterschieden werden, so dass die nach § 15 Abs. 3 gebotene förmliche Kenntnisvermittlung eine entsprechende Adressierung an den jeweils zuständigen Verfahrensbeteiligten erforderlich macht.

2. Vorkaufsrechte der Gemeinde

Nr. 124

1. Der Verwaltungsakt, mit dem das gemeindliche Vorkaufsrecht ausgeübt wird, stellt eine öffentlich-rechtliche Verpflichtungserklärung dar.

2. Zu der Frage, ob § 63 Abs. 2 NGO 1982, der die handschriftliche Unterzeichnung einer Verpflichtungserklärung durch Gemeindedirektor und Ratsvorsitzenden unter Beifügung des Dienstsiegels vorschreibt, als Regelung der Vertretungsbefugnis oder als Formvorschrift einzuordnen ist und welche Rechtsfolgen ein Verstoß gegen die genannte Vorschrift nach sich zieht.

BGB §§ 125, 177 Abs. 1, 184 Abs. 1; BauGB §§ 24 Abs. 1 Nr. 1, 28 Abs. 2 Satz 2; NGO § 63; VwVfG § 46.

Niedersächsisches OVG, Urteil vom 28. April 2005 – 1 LB 270/02 – (rechtskräftig).

Der Kläger wendet sich im Wesentlichen mit der Behauptung, das sei formunwirksam geschehen, gegen die Ausübung des Vorkaufsrechts durch die Beklagte.

Aus den Gründen:
Der Bescheid der Beklagten von 1998, mit dem sie das Vorkaufsrecht ausgeübt hat, ist nichtig. Nach § 24 Abs. 1 Nr. 1 BauGB steht der Gemeinde ein Vorkaufsrecht zu beim Kauf von Grundstücken im Geltungsbereich eines Bebauungsplanes, soweit es sich um Flächen handelt, für die nach dem Bebauungsplan eine Nutzung für öffentliche Zwecke festgesetzt ist. Die in der Vergangenheit umstrittene Frage nach der Rechtsnatur des gemeindlichen Vorkaufsrechts (vgl. hierzu W. Schrödter, in: Schrödter, BauGB, 6. Aufl. 1998, § 28 Rdnr. 5 und 6) hat der Gesetzgeber im Zuge der Novellierung des BBauG

1976 dahingehend entschieden, dass das Vorkaufsrecht durch Verwaltungsakt auszuüben ist (vgl. jetzt §28 Abs. 2 Satz 1 BauGB). Mit der Ausübung des Vorkaufsrechts kommt gemäß §28 Abs. 2 Satz 2 BauGB i. V. m. §505 Abs. 2 BGB a. F. (jetzt §464 Abs. 2 BGB), ohne dass es weiterer Erklärungen bedarf, der Kaufvertrag zwischen der Gemeinde und dem Verkäufer zustande. Die Pflicht zur Kaufpreiszahlung entsteht. Wegen dieser Begründung von Pflichten ist der Bescheid, mit dem das Vorkaufsrecht ausgeübt wird, als kommunalrechtliche Verpflichtungserklärung einzuordnen (OVG Münster, Urteil v. 9. 12. 1993 – 10 A 3593/91 –, BRS 55 Nr. 103; OVG Koblenz, Urteil v. 17. 12. 1997 – 8 A 12998/96 –, NVwZ 1998, 655, zu §49 GO RhPf.; W. Schröder, a. a. O., §28 Rdnr. 10). Nach §63 Abs. 2 Satz 1 NGO i. d. F. vom 22. 6. 1982 (NdsGVBl. 1982, 229) – NGO a. F. – kann der Gemeindedirektor Erklärungen, durch die die Gemeinde verpflichtet werden soll, nur gemeinsam mit dem Ratsvorsitzenden abgeben. Nach Satz 2 der genannten Vorschrift sind die Erklärungen nur rechtsverbindlich, wenn sie handschriftlich unterzeichnet und mit dem Dienstsiegel versehen sind. Diese Vorschrift ist in den Gemeinden, solange – wie hier bei Erlass der streitigen Bescheide der Fall – die zweigleisige Kommunalverfassung fortbesteht, nach Art. 11 Nr. 12 Satz 1 des Gesetzes zur Reform des niedersächsischen Kommunalverfassungsrechts vom 1. 4. 1996 (NdsGVBl., 82) weiterhin anzuwenden. Die Vorgaben des §63 Abs. 2 NGO a. F. hat die Beklagte nicht eingehalten.

Die handschriftliche Unterzeichnung des Bescheides vom August 1998 durch den Ratsvorsitzenden fehlt. Auch das Dienstsiegel ist nicht beigefügt worden. Ein Geschäft der laufenden Verwaltung, für das §63 Abs. 2 NGO a. F. gemäß Abs. 4 der Vorschrift nicht gilt, lag nicht vor. Das Verwaltungsgericht hat zutreffend festgestellt, dass die Ausübung des Vorkaufsrechts für ein Grundstück zum Kaufpreis von 600000,– DM angesichts der Größe und Finanzkraft der Beklagten nicht (mehr) den (einfachen) Geschäften der laufenden Verwaltung zuzuordnen ist.

Rechtsfolge des Verstoßes gegen §63 Abs. 2 NGO a. F. ist die Nichtigkeit der allein vom Gemeindedirektor abgegebenen Verpflichtungserklärung. Sie tritt unabhängig davon ein, ob die genannte Vorschrift als Regelung der Vertretungsbefugnis oder als Formvorschrift einzuordnen ist. Der Bundesgerichtshof vertritt die Auffassung, dass es sich bei §63 Abs. 2 NGO a. F. oder vergleichbaren Vorschriften des Landesrechts nicht um Form-, sondern um materielle Vorschriften über die Beschränkung der Vertretungsmacht handele, die dem Schutz der öffentlich-rechtlichen Körperschaften und ihrer Mitglieder dienten (BGH, Urteil v. 10. 5. 2001 – III ZR 111/99 –, BGHZ 147, 381 = NJW 2001, 2626 m. w. N.). Danach führt ein Verstoß gegen §63 Abs. 2 NGO a. F. nicht zwangsläufig zur Nichtigkeit des gemeindlichen Rechtshandels, sondern zur schwebenden Unwirksamkeit mit der Möglichkeit, diese durch eine nachträgliche Zustimmung zu beseitigen. Der Hessische Verwaltungsgerichtshof (Urteil v. 15. 2. 1996 – 5 UE 2836/95 –, ESVGH 46, 169 = NVwZ 1997, 618) hat sich dieser überwiegend zur Abgabe privatrechtlicher Verpflichtungserklärungen der Gemeinde ergangenen Rechtsprechung auch für den Fall angeschlossen, dass die Gemeinde durch öffentlich-rechtliche Verpflichtungserklärung handelt (vgl. auch VG Göttingen, Urteil v. 24. 4. 2002

– 2 A 2132/01 –, V.n.b.; Thiele, NGO, 7. Aufl. 2004, §63 Anm. 3, S. 275). Soweit die verpflichtenden Erklärungen öffentlich-rechtlicher Natur sind, liegt nach anderer Ansicht eine Formvorschrift vor, deren Nichteinhaltung zur Nichtigkeit führt (vgl. OVG Koblenz, Urteil v. 17. 12. 1997 – 8 A 12998/96 –, a. a. O.; Blum, in: Kommunalverfassungsrecht Niedersachsen, Loseblattsammlung, Stand: Dezember 2004, §63 NGO Rdnr. 43, zum Erfordernis handschriftlicher Unterzeichnung in §63 Abs. 2 NGO n. F.). Der Senat neigt der letzteren Auffassung zu. Er muss sich in dieser Frage aber nicht festlegen. Denn nach beiden Auffassungen ist der Bescheid vom August 1998 nichtig.

Die Vorschrift des §63 Abs. 2 NGO a. F. ist ihrem Wortlaut nach als Formvorschrift konzipiert. Die gesetzliche Bestimmung stellt Anforderungen an die Verpflichtungserklärung. Sie ist vom Gemeindedirektor und vom Ratsvorsitzenden handschriftlich zu unterzeichnen. Das Dienstsiegel ist beizufügen. Fehlen diese Voraussetzungen, ist die Erklärung nicht „rechtsverbindlich". Für die Regelung von Formerfordernissen bei der Abgabe kommunalrechtlicher Verpflichtungserklärungen hat der Landesgesetzgeber die Gesetzgebungskompetenz (Blum, a. a. O., §63 NGO Rdnr. 43; vgl. auch Ludwig/Lange, NVwZ 1999, 136). Dagegen wird zu Unrecht vorgebracht (BGH, Urteil v. 10. 5. 2001 – III ZR 111/99 –, a. a. O.), mit dem In-Kraft-Treten des BGB seien privatrechtliche Formvorschriften der Landesgesetze außer Kraft getreten (Art. 55 EGBGB), und zur Einführung solcher Vorschriften fehle dem Landesgesetzgeber die Kompetenz (Art. 72 Abs. 1, 74 Abs. 1 Nr. 1 GG). Denn in der vorliegenden Fallgestaltung geht es nicht um die Frage, welchen Rechtscharakter die in §63 Abs. 2 NGO a. F. genannten Förmlichkeiten bei Abgabe privatrechtlicher Verpflichtungserklärungen haben. Die Beklagte hat eine öffentlich-rechtliche Verpflichtungserklärung abgegeben. Welche Anforderungen an die Form dieser Erklärung zu stellen sind, regelt §63 Abs. 2 NGO a. F. Insoweit besteht eine originäre Gesetzgebungszuständigkeit des Landesgesetzgebers.

Die Nichtigkeit der Ausübungserklärung ergibt sich danach unmittelbar aus §63 Abs. 2 NGO a. F. Die genannte Vorschrift dient nicht nur dem Schutz der Gemeinde vor einer unbedachten, übereilten oder nicht durch die befugten Organe geprüften Eingehung von Verbindlichkeiten (vgl. hierzu BGH, Urteil v. 10. 5. 2001 – III ZR 111/99 –, a. a. O.), sondern im Interesse des Rechtsverkehrs auch der Klarheit und Unbestreitbarkeit gemeindlicher Erklärungen (OVG Koblenz, Urteil v. 17. 12. 1997 – 8 A 12998/96 –, a. a. O.). Mit den zu beachtenden Förmlichkeiten soll eine klare Beweisunterlage geschaffen und damit die Überwachung der Gemeindeverwaltung durch den Rat ermöglicht werden (Blum, a. a. O., §63 NGO Rdnr. 28). Nach außen sollen die für die Gemeinde Handelnden eindeutig erkennbar sein. Diese Funktion der Vorschrift wäre nicht mehr gewährleistet, wenn ein Verstoß gegen die Förmlichkeiten sanktionslos bliebe oder nachträglich geheilt werden könnte.

Ergibt sich danach die Nichtigkeit unmittelbar aus §63 Abs. 2 NGO a. F., kann offen bleiben, ob eine analoge Anwendung von §125 BGB, nach dessen Satz 1 ein Formmangel zur Nichtigkeit führt, über die den Vorschriften zum öffentlich-rechtlichen Vertrag beigefügte Verweisungsvorschrift des §62 Satz 2 VwVfG in Betracht kommt (bejahend: OVG Koblenz, Urteil v.

17. 12. 1997 – 8 A 12998/96 –, a. a. O.), oder die Verweisung in §28 Abs. 2 Satz 2 BauGB auf §§504 ff. BGB a. F. (jetzt §§463 ff. BGB n. F.) auch §125 BGB erfasst, wie der Kläger meint.

Bei Annahme, §63 Abs. 2 NGO a. F. regele die Vertretungsmacht, ist der Bescheid vom 26. 8. 1998 ebenfalls nichtig. Die schwebende Unwirksamkeit des Bescheides, die entweder aus einer entsprechenden Anwendung von §177 BGB (BGH, Urteil v. 28. 9. 1966 – Ib ZR 141/64 –, DVBl. 1967, 375 = NJW 1966, 51; Urteil v. 4. 12. 1981 – V ZR 241/80 –, NJW 1982, 1036; offen gelassen im Urteil v. 10. 5. 2001 – III ZR 111/99 –, a. a. O.) oder unmittelbar aus den kommunalrechtlichen Vorschriften herzuleiten ist, hätte nur durch eine nachträgliche Zustimmung (vgl. §184 BGB) beseitigt werden können. Diese Genehmigung hätte die Beklagte nur in der Frist des §28 Abs. 2 Satz 1 BauGB, wonach das Vorkaufsrecht nur innerhalb von zwei Monaten nach Mitteilung des Kaufvertrages durch Verwaltungsakt gegenüber dem Verkäufer ausgeübt werden kann, erteilt werden können. Die Zweimonatsfrist ist eine Ausschlussfrist, nach deren Ablauf eine Heilung nicht mehr möglich ist (Hess. VGH, Urteil v. 11. 2. 1983 – IV OE 57/81 –, BRS 40 Nr. 105 = NVwZ 1983, 556; BGH, Urteil v. 15. 6. 1960 – V ZR 191/58 –, BGHZ 32, 375 = NJW 1960, 1805). In der genannten Frist ist die Ausübung des Vorkaufsrechts nicht genehmigt worden. Die Beklagte ist noch zu Beginn des Widerspruchsverfahrens davon ausgegangen, formwirksam gehandelt zu haben. Zweifel an der formgerechten Vertretung traten nach den Verwaltungsvorgängen erst im Februar 1999 auf.

Zu Unrecht macht die Beklagte geltend, die Voraussetzungen für die ordnungsgemäße Vertretung der Gemeinde bei Abgabe der öffentlich-rechtlichen Verpflichtungserklärung seien erfüllt, weil der Rat der Beklagten bereits vor Erlass des Bescheides vom August 1998 den Beschluss, das Vorkaufsrecht auszuüben, gefasst habe und daher eine Nachholung der Willensbildung nicht erforderlich gewesen sei. Die Ausübung des gemeindlichen Vorkaufsrechts vollzieht sich in zwei Schritten. Ist die gemeindliche Aufgabe – wie hier – nicht den Geschäften der laufenden Verwaltung zuzuordnen, entscheidet zunächst der Rat darüber, ob das Vorkaufsrecht auszuüben ist. Dessen Beschluss hatte seinerzeit der Gemeindedirektor zwar gemäß §62 Abs. 1 Nr. 2 NGO a. F. auszuführen. Gleichwohl lässt diese Vorschrift die nachfolgende Bestimmung (§63 Abs. 2 NGO a. F.) darüber unberührt, in welcher Form dies im Außenverhältnis zu geschehen hat. Gerade das Nebeneinander beider Vorschriften zeigt die Richtigkeit der Annahme, dass §63 Abs. 2 NGO a. F. nicht nur der Bewahrung der Gemeinde vor übereilten Rechtshandlungen, sondern auch dem öffentlichen Interesse an der Rechtsklarheit und Rechtssicherheit im Grundstücksverkehr dient. Aus dem zuletzt genannten Grund steht die Einhaltung der Vorschrift nicht zur Disposition der Gemeinde, sie kann nicht darauf verzichten (OVG Koblenz, Urteil v. 17. 12. 1997 – 8 A 12998/96 –, a. a. O.). Durch die Förmlichkeiten in §63 Abs. 2 NGO a. F. wird sichergestellt, dass die von einer öffentlich-rechtlichen Verpflichtungserklärung Betroffenen Kenntnis über den Inhalt der Verpflichtung erhalten, die für die Gemeinde Handelnden eindeutig erkennbar sind und deren Vertretungsberechtigung überprüfbar ist (vgl. BGH, Urteil v. 13. 10. 1983 – III ZR 158/82 –, a. a. O.).

Daneben gewährleistet die genannte Vorschrift, dass der Rat die Tätigkeit von Gemeindedirektor und Bürgermeister im Außenverhältnis kontrollieren kann. Führte die vorherige Zustimmung (Einwilligung) des Rates zur Ausübung des Vorkaufsrechts zur Wirksamkeit der anschließenden Ausübungserklärung, könnten die genannten Schutzzwecke nicht mehr vollständig erfüllt werden.

Gegen die Auffassung der Beklagten spricht auch, dass das gemeindliche Vorkaufsrecht erst wirksam mit Bescheid ausgeübt wird. Der vorangegangene Ratsbeschluss ist nur ein Akt der internen Willensbildung. Soll eine schwebende Unwirksamkeit des Bescheides, mit dem das Vorkaufsrecht ausgeübt wird, beseitigt werden, setzt dies voraus, dass der Bescheid bereits erlassen ist. Mit einem Ratsbeschluss, der vor Erlass des Bescheides ergangen ist, kann deshalb der Rechtsverstoß nicht geheilt werden. Schließlich kann eine schwebende Unwirksamkeit nur durch Genehmigung geheilt werden (vgl. § 177 Abs. 1 BGB).

Genehmigung ist indes nur die nachträgliche Zustimmung (vgl. § 184 Abs. 1 BGB). Der vor dem Bescheid vom 26. 8. 1998 ergangene Beschluss des Rates der Beklagten vom 13. 8. 1998 enthält deshalb keine wirksame Genehmigung.

Die Beklagte stützt sich zur Verteidigung ihrer Rechtsauffassung, angesichts des Ratsbeschlusses vom 13. 8. 1998 lägen die Voraussetzungen einer ordnungsgemäßen Vertretung der Gemeinde vor, vergeblich auf das Urteil des Bundesgerichtshofs vom 22. 6. 1989 (– III ZR 100/87 –, NVwZ 1990, 403). Darin hat der Bundesgerichtshof zwar ausgeführt, dass ein Verstoß gegen Vertretungserfordernisse durch das materielle Einverständnis des Gemeinderates als des für die Willensbildung der Gemeinde maßgeblichen Beschlussorgans überwunden werden könne; dabei komme es nicht entscheidend darauf an, ob die Zustimmung der Verpflichtungserklärung vorangehe oder nachfolge. Aus der genannten Rechtsprechung kann die Beklagte indes nichts zu ihren Gunsten herleiten. Denn die Entscheidung des Bundesgerichtshofes bezieht sich auf eine privatrechtliche Verpflichtungserklärung. Hier hat die Beklagte eine öffentlich-rechtliche Verpflichtungserklärung abgegeben. Bei Abgabe einer solchen Erklärung sind nach dem Vorgesagten die Förmlichkeiten des § 63 Abs. 2 NGO a. F. zu beachten, und zwar unabhängig davon, ob die gesetzliche Bestimmung als Formvorschrift oder als Vertretungsbefugnis betrachtet wird.

Nr. 125

Willigt die Gemeindevertretung in die Ausübung eines gemeindlichen Vorkaufsrechts ein, scheitert die Ausübung nicht daran, dass nur der Bürgermeister den entsprechenden Bescheid unterschreibt.

Die Ausübung des gemeindlichen Vorkaufsrechts beim Verkauf eines ehemaligen Bundeswehrdepots kann dem Wohl der Allgemeinheit entsprechen, wenn ein privater Grundeigentümer eine geordnete städtebauliche Entwicklung nicht in gleicher Weise erwarten lässt wie die Gemeinde.

BauGB §§24, 25 Abs. 1 Satz 1 Nr. 2, 135a; HBO §92; HGO §71 Abs. 2 Satz 2.

Hessischer VGH, Urteil vom 24. Februar 2005 – 3 UE 231/04 – (rechtkräftig).

(VG Gießen)

Die Beteiligten streiten um die Ausübung eines Vorkaufsrechts durch die Beklagte. Die Klägerin kaufte im März 2002 von der Bundesrepublik Deutschland, vertreten durch das Bundesvermögensamt Kassel, das Grundstück des ehemaligen Bundeswehrdepots mit NATO-Lager mit einer Fläche von 417 632 m² zu einem Kaufpreis von 337 093,– €.

Nach Aufgabe der Nutzung des Bundeswehrdepots und NATO-Lagers beschloss die Gemeindevertretung der Beklagten im März 2000 die Aufstellung eines Bebauungsplans für diesen Bereich mit der Bezeichnung Nr. 2.14 „Ehemaliges Bundeswehrdepot mit NATO-Lager". Gleichzeitig beschloss sie eine Veränderungssperre und durch weiteren gesonderten Beschluss vom März 2000 den Erlass einer Vorkaufsrechtssatzung. Begründet wurden Aufstellungsbeschluss, Veränderungssperre und Vorkaufsrechtssatzung damit, dass nach Aufgabe der militärischen Nutzung durch bauleitplanerische Absicherung zunächst die Nutzung der 29 größeren Bunker als Maschinenhalle für landwirtschaftliches Gerät und als Lagerhalle für landwirtschaftliche Produkte und die Nutzung der kleineren Bunker als Fledermausquartiere erfolgen sollte. Gleichzeitig war beabsichtigt, die mit Waldbäumen bestandenen Flächen analog dem angrenzenden Gemeindewald unter besonderer Berücksichtigung naturschutzfachlicher Kompensationsmaßnahmen zu nutzen und die sonstigen Flächen zur Anerkennung als Kompensationsflächen und -maßnahmen für zukünftige Eingriffe in Natur und Landschaft zu verwenden.

Mit Bescheid vom Mai 2002 übte die Beklagte für das genannte Grundstück gemäß §25 Abs. 1 Satz 2 i. V. m. §24 Abs. 3 Satz 1 BauGB und der gemeindlichen Vorkaufsrechtssatzung das gemeindliche Vorkaufsrecht gegenüber der Beigeladenen aus. Am Ende des Bescheids befindet sich neben dem gemeindlichen Dienstsiegel nur die Unterschrift des Bürgermeisters. Mit Schreiben vom gleichen Tage gab die Beklagte auch der Klägerin die Ausübung des Vorkaufsrechts bekannt, verbunden mit einer Rechtsmittelbelehrung, dem gemeindlichen Dienstsiegel und der Unterschrift des Bürgermeisters.

Aus den Gründen:

Eine zur Unwirksamkeit der Ausübung des Vorkaufsrechts führende Verletzung des §71 Abs. 2 Satz 2 HGO liegt hier nicht vor. Zweck der Norm ist der Schutz des Gemeindevermögens vor übereilten Entscheidungen eines einzelnen Mitglieds des Gemeindevorstands. Wenn, wie hier, die Gemeindevertretung mit Beschluss vom Mai 2002 vorab der Ausübung des Vorkaufsrechts zugestimmt und darin eingewilligt hat, ist dieser Schutzzweck ausreichend erfüllt. Darin liegt ein entscheidender Unterschied zu dem Fall, den der Hessische VGH mit Urteil vom 11. 2. 1983 – 4 OE 57/81 –, NVwZ 1983, 556 = ESVGH 33, 185 entschieden hat. Diese Auffassung steht auch im Einklang mit dem Urteil des Hessischen VGH vom 15. 2. 1996 – 5 UE 2836/95 –, ESVGH 46, 169. Dort ist ausgeführt, soweit nach §71 Abs. 2 Sätze 1 und 2 HGO bei der Abgabe von Verpflichtungserklärungen zulasten der Gemeinde bestimmte Förmlichkeiten zu beachten sind, handelt es sich nicht um Vorschriften über die Form von Rechtsgeschäften, sondern um Vertretungsregelungen, die die Vertretungsmacht von Gemeindeorganen beschränken. Verstöße können dadurch geheilt werden, dass die Gemeinde durch einen Beschluss ihres allgemeinen Vertretungsorgans der Verpflichtungserklärung zustimmt. Dies gilt auch bei öffentlich-rechtlichen Verpflichtungserklärungen. Soweit es hier nicht um die nachträgliche Heilung durch einen Beschluss der Gemeindevertretung geht, sondern um eine vorherige Zustimmung im Sinne einer Einwilligung nach § 183 BGB, ändert dies nichts daran, dass der Schutzzweck des § 71 Abs. 2 Satz 2 HBO, sofern die Norm überhaupt anwendbar wäre, erfüllt ist. In diesem Falle, wo über die Gemeindevertretung hinaus auch der Gemeindevorstand die Ausübung des Vorkaufsrechts im Mai 2002 beschlossen hat, ist eine zweite Unterschrift eines Mitglieds des Gemeindevorstands unter den angefochtenen Bescheid nicht geboten und wäre eine bloße Förmelei. Auf das inhaltliche Einverständnis der Gemeindevertretung als des für die Willensbildung der Gemeinde maßgeblichen Beschlussorgans stellt auch das Urteil des Bundesgerichtshofs vom 22. 6. 1989 – III ZR 100/87 –, NVwZ 1990, 403 ab. Danach kommt es nicht entscheidend darauf an, ob die Zustimmung der Verpflichtungserklärung vorangeht oder nachfolgt. Im angefochtenen Bescheid ist der Klägerin die Einwilligung der Gemeindevertretung vom Mai 2002 auch bekannt gegeben worden. ...

Auch die der Ausübung des Vorkaufsrechts zu Grunde liegende Vorkaufsrechtssatzung vom März 2000 ist rechtlich nicht zu beanstanden. Ihre Rechtsgrundlage findet sie in § 25 Abs. 1 Satz 1 Nr. 2 BauGB. Als Rechtsnorm bedarf die Satzung selbst keiner Begründung. Soweit sie zur Sicherung der geordneten städtebaulichen Entwicklung im betreffenden Bereich erlassen worden ist, entspricht diese Formulierung dem gesetzlichen Wortlaut. Einer näheren Konkretisierung des Satzungszwecks bedurfte es auch schon deshalb nicht, weil im Zusammenhang mit der am selben Tage beschlossenen Aufstellung des Bebauungsplans Nr. 2.14 „Ehemaliges Bundeswehrdepot mit NATO-Lager" ein entsprechender innerer sachlicher Zusammenhang für die Öffentlichkeit erkennbar war. Es liegt auf der Hand, dass ein ehemaliges Militärdepot im Außenbereich beim Übergang zu zivilen Nutzungen eine Bauleitplanung vernünftigerweise geboten erscheinen lässt, was bei einem solchen größeren Objekt mit nachteiligen Landschaftseingriffen im Außenbereich auch für die Zusammenführung des Grundeigentums in der Hand der Gemeinde angemessen ist.

Auch sonst sind die rechtlichen Voraussetzungen für die Ausübung des Vorkaufsrechts erfüllt. Soweit gemäß § 25 Abs. 2 Satz 2 BauGB der Verwendungszweck des Grundstücks anzugeben und das bereits zum Zeitpunkt der Ausübung des Vorkaufsrechts möglich ist, enthält der angefochtene Bescheid vom Mai 2002 dazu entsprechende Ausführungen. Es geht um die teilweise Entsiegelung von Straßenflächen, den Abriss militärischer Baulichkeiten, die Umgestaltung der Freiflächen und eine ökologische, auch naturschutzfachlich abgestützte Aufwertung des gesamten Plangebiets, darunter die teilweise Entrohrung eines Bachlaufs. Ein wichtiger und beanstandungsfrei einzubeziehender Gesichtspunkt ist die Rückführung eines optisch und funktionell störenden Landschaftseingriffs im Außenbereich durch das ehemalige Militärdepot mit seinen vielfältigen militärtypischen Bau- und Erschließungsmaßnahmen. Das zudem verfolgte Ziel, das Öko-Punktekonto der Gemeinde zu mehren, ist angesichts der bauleitplanbezogenen Kompensationspflichten nach § 1 a Abs. 3 BauGB ebenfalls angemessen. Zu denken ist auch an die Möglichkeit der Gemeinde, entsprechende städtebauliche Verträge zu schließen (vgl. § 11 Abs. 1 Satz 1 Nr. 2 BauGB) und die mögliche Vorleistungspflicht der Gemeinde nach § 135 a Abs. 2 Satz 1 BauGB mit der Möglichkeit nach Satz 2 der Vorschrift, die Maßnahmen zum Ausgleich bereits vor den Baumaßnahmen und der Zuordnung durchzuführen.

Die gesetzlichen Vorgaben und die satzungsrechtlichen Möglichkeiten der Gemeinde nach § 135 b und c BauGB sichern auch die Refinanzierung der Maßnahmen, so dass der Einwand einer Verletzung haushaltswirtschaftlicher Grundsätze nach den §§ 92 ff. HGO nicht durchgreift.

Soweit das Vorkaufsrecht nach § 25 Abs. 2 Satz 1 i. V. m. § 24 Abs. 3 Satz 1 BauGB nur ausgeübt werden darf, wenn das Wohl der Allgemeinheit dies rechtfertigt, ist diese Voraussetzung hier erfüllt. Die Durchsetzung der mit der Aufstellung des Bebauungsplans Nr. 2.14 verfolgten Planungsziele für die Umnutzung und Umstrukturierung einer größeren militärischen Liegenschaft ist in der Hand der Gemeinde eher gewährleistet. Es geht um kostenträchtige und vorleistungspflichtige Maßnahmen wie die Renaturierung eines Baches, die Entsiegelung von Verkehrsflächen, den Abriss verschiedener Gebäude und damit um die Beseitigung bzw. Milderung eines großflächigen Landschaftseingriffs im Außenbereich, was bei privatem Grundeigentum nicht in gleicher Weise zu erwarten oder zu verlangen ist.

Eine mögliche Abwendungsbefugnis der Klägerin als Käuferin gemäß § 27 Abs. 1 Satz 1 BauGB kommt hier nicht in Betracht, da es an einer entsprechenden rechtzeitigen Verpflichtung nach § 28 Abs. 2 Satz 1 BauGB fehlt. Auch ein entsprechender städtebaulicher Vertrag kam nicht zustande. Die Klägerin, die Verschiedene der gemeindlich geplanten Maßnahmen nicht für erforderlich hält, hat auch zu erkennen gegeben, dass sie mit den planerischen Vorstellungen der Beklagten nicht in vollem Umfang übereinstimmt. Insofern führt auch der klägerische Vorwurf einer ermessenswidrigen Ausübung des Vorkaufsrechts nicht zur Aufhebung des angefochtenen Bescheids über die Ausübung des Vorkaufsrechts.

Das gemeindliche Vorkaufsrecht ist auch nicht dadurch nachträglich ausgehöhlt oder unwirksam geworden, weil der Ehemann der Klägerin als Pächter einen Bewirtschaftungsvertrag mit dem Land Hessen bis Dezember 2007 abgeschlossen hat. Von dem Vertrag sind ohnehin nur 8 ha von insgesamt 41 ha Gesamtfläche erfasst. Ggf. kann die Beklagte den Vertragsablauf abwarten, sodass der Durchsetzung ihrer Planungsziele auf Dauer nichts Entscheidendes entgegensteht.

B. Rechtsprechung zum Bauordnungsrecht

I. Anforderung an das Baugrundstück und das Bauvorhaben

Nr. 126

1. Ein Drempel (auch Kniestock) ist ein konstruktiver Bauteil des Dachgeschosses, der durch Höherführung auch der traufseitigen Umfassungswände über die Decke des obersten Geschosses, das unterhalb des Dachraums liegt, entsteht und der Vergrößerung des Dachgeschosses dient.

2. Für die Frage, ob das Dachgeschoß (Geschoß mit geneigten Dachflächen) eines Hauses einen Drempel aufweist, ist unerheblich, ob dieses Dachgeschoß nach der jeweils einschlägigen landesrechtlichen Legaldefinition (hier: § 2 Abs. 5 Satz 3 BauO NRW) als Vollgeschoß zu qualifizieren ist oder nicht.

3. Die baugestalterische Funktion der ortsrechtlichen Festsetzung einer (regelmäßig nur geringen) Drempelhöhe besteht in erster Linie darin, die optisch wirksamen Proportionen des Gebäudes, namentlich das Verhältnis des nutzbaren Dachraums zu den darunter liegenden Vollgeschossen mit senkrechten Außenwänden, zu steuern; sie soll demgemäß sicherstellen, daß der i. d. R. als solcher von außen auch erkennbare nutzbare Dachraum gegenüber den darunter liegenden Geschossen optisch nur als ein eher untergeordneter Bauteil erscheint.

4. Die Freistellungsregelungen des § 67 BauO NRW führen zu einer gesteigerten Verantwortlichkeit des Bauherrn und des Entwurfsverfassers; diese haben bei freigestellten Vorhaben selbst darauf zu achten, daß das Vorhaben dem geltenden Recht entspricht.

BauO NRW §§ 2 Abs. 5 Satz 3, 67.

OVG Nordrhein-Westfalen, Beschluß vom 18. Januar 2005 – 7 B 2751/04 – (rechtskräftig).

(VG Arnsberg)

Die Antragsteller wandten sich gegen die sofortige Vollziehung einer Bauordnungsverfügung, mit der ihr Bauvorhaben stillgelegt wurde. Ihr Begehren hatte in beiden Instanzen keinen Erfolg.

Aus den Gründen:

Die Stillegungsverfügung ist maßgeblich darauf gestützt, daß das genehmigungspflichtige Vorhaben der Antragsteller abweichend von der erteilten Baugenehmigung und damit formell illegal ausgeführt worden und wegen Verstoßes gegen die Festsetzungen des einschlägigen Bebauungsplans der

Gemeinde F. hinsichtlich der zulässigen Drempelhöhe auch materiell rechtswidrig ist. Das Beschwerdevorbringen begründet keine Zweifel an diesen Einschätzungen.

Zu Unrecht meint die Beschwerde, auf eine Einhaltung der Vorgaben der den Antragstellern erteilten Baugenehmigung komme es nicht an, weil das Vorhaben entsprechend dem Schreiben der Gemeinde F. ohne Abweichung von den Festsetzungen des Bebauungsplans durchgeführt werde und demgemäß als sog. freigestelltes Vorhaben i.S. von §67 BauO NRW keiner Baugenehmigung bedürfe. Die Errichtung von Wohngebäuden mittlerer und geringer Höhe im Geltungsbereich von Bebauungsplänen i.S. von §30 Abs.1 BauGB ist gemäß §67 Abs.1 Satz 1 BauO NRW nur dann von der Baugenehmigungspflicht freigestellt, wenn das Gebäude u.a. nach Nr.1 der genannten Vorschrift den Festsetzungen des Bebauungsplans nicht widerspricht. Ein solcher Widerspruch liegt hier jedoch vor. Das mit einem Satteldach versehene Wohngebäude weist in seinem Dachgeschoß an den Traufseiten zwischen dem Fußboden dieses Geschosses und dem Tragwerk des Dachstuhls Aufmauerungen der Außenwände auf, auf denen die Dachkonstruktion ruht. Diese Aufmauerungen sind als „Drempel" zu werten und unterliegen damit der im Bebauungsplan vorgegebenen Höhenbegrenzung für Drempel. Das insoweit vorgegebene Höhenmaß von 75 cm wird bei weitem überschritten.

Der Begriff „Drempel" ist allerdings weder in der BauO NRW noch im Bebauungsplan näher definiert. Die auf §86 BauO NRW i.V.m. §9 Abs.4 BauGB gestützten, in den Bebauungsplan aufgenommenen gestalterischen Festsetzungen gehen damit ersichtlich von dem Verständnis dieses Begriffes aus, wie es in der Fachwelt – namentlich der Architektur – allgemein anerkannt ist. Insoweit ist den Antragstellern zuzugestehen, daß die verschiedenen nicht stets wortidentischen Umschreibungen dieses Begriffes zu Mißdeutungen Anlaß geben können. Gemeinsam ist den Umschreibungen stets, daß es sich bei einem Drempel, häufig auch „Kniestock" genannt, um eine höhenmäßige Verlängerung der Außenwand handelt, auf der die Dachkonstruktion ruht. Hiernach wird ein Drempel oder Kniestock dann gebaut, wenn das Tragwerk des Daches nicht unmittelbar auf der darunter liegenden Geschoßdecke ruht, sondern wenn über der Geschoßdecke die Außenwand – zumeist um mehrere Lagen Steine – aufgemauert wird und die Dachkonstruktion auf dieser Aufmauerung ruht (vgl. Bild unter www.pro-future-massivhaus.de/kniestock.htm).

Die Anlage eines Drempels oder Kniestocks ist damit ein architektonisches Mittel, um die Nutzbarkeit des Raumes (Dachgeschoß) zu verbessern, der sich unterhalb der Schrägen eines Daches befindet. Dies kommt etwa in folgender Umschreibung des Drempels (bzw. Kniestocks) in der Rechtsprechung zum Ausdruck: „Man versteht darunter herkömmlicherweise einen konstruktiven Bauteil des Dachgeschosses, der durch Höherführung auch der traufseitigen Umfassungswände über die Decke des obersten Geschosses entsteht und der Vergrößerung des Dachgeschosses dient" (so wörtlich VGH Bad.-Württ., Urteil v. 15.2.1984 – 3 S 1279/83 –, BRS 42 Nr.114, S.273 = BauR 1985, 289).

Der Sache nach nichts anderes ergibt sich aus der von den Antragstellern bereits im erstinstanzlichen Verfahren vorgelegten Definition, die im Internet (www.architektur-lexikon.de/lexikon/drempel.htm) zu finden ist: „Der Drempel ist die senkrechte Wand zwischen der lastaufnehmenden Dachkonstruktion und der obersten Geschoßdecke, also die Verlängerung der Hausaußenwand nach oben unter das Dach. Je höher diese Wand ist, desto mehr Platz bietet das Dachgeschoß zum aufrechten Gehen und um so komfortabler wird die Wohnung. Da der Drempel in etwa kniehoch ist, wird er auch Kniestock genannt."

Beiden Umschreibungen gemeinsam ist eine Unschärfe, die zu Mißdeutungen Anlaß geben kann. Wenn in ihnen vom „obersten Geschoß" bzw. der „obersten Geschoßdecke" die Rede ist, ist damit nicht etwa das oberste Geschoß des gesamten Gebäudes gemeint, das sich bei Häusern mit geneigtem Dach regelmäßig erst im Dachraum befindet und Dachschrägen aufweist. Gemeint ist vielmehr das oberste der Geschosse, die nicht im Dachraum selbst liegen und damit keine Dachschrägen aufweisen. Dies folgt auch daraus, daß in beiden Definitionen unterschieden wird zwischen dem „obersten Geschoß" bzw. „der obersten Geschoßdecke" einerseits und dem – zwangsläufig darüber liegenden – Dachgeschoß andererseits. Die beiden genannten Umschreibungen sind daher dahin zu ergänzen, daß hinter die Worte „des obersten Geschosses" bzw. „der obersten Geschoßdecke" jeweils die Worte „unterhalb des Dachraums" zu setzen sind, um zu verdeutlichen, daß ein Drempel stets dann vorliegt, wenn die Außenwände des betreffenden Geschosses nicht allseits in voller Höhe senkrecht sind, sondern an den Traufseiten über höhenmäßig verkürzten Außenwänden Dachschrägen aufweisen.

Aus den vorstehenden Darlegungen folgt zugleich, daß es für die Frage, ob das Dachgeschoß (Geschoß mit geneigten Dachflächen) eines Hauses einen Drempel aufweist, unerheblich ist, ob dieses Dachgeschoß nach der jeweils einschlägigen landesrechtlichen Legaldefinition (hier: § 2 Abs. 5 Satz 3 BauO NRW) als Vollgeschoß zu qualifizieren ist, wie der Antragsgegner zutreffend hervorhebt. Hierfür spricht auch, daß die Höhe des Drempels zwar ein Grund dafür sein kann, ob das Dachgeschoß als Vollgeschoß zu qualifizieren ist. Diese Eigenschaft wird wesentlich aber auch dadurch bestimmt, welche Breite das Geschoß zwischen den Traufseiten hat und welche Neigung die Dachflächen aufweisen. Ein Dachgeschoß kann demgemäß zugleich ein Vollgeschoß sein, ohne daß es darauf ankommt, ob es einen Drempel aufweist oder nicht. Entscheidend für das Vorliegen eines Drempels ist hingegen allein, ob die das Dachgeschoß begrenzenden Dachschrägen im dargelegten Sinne auf senkrechten Erhöhungen der Außenwände an den Traufseiten ruhen oder nicht.

Ergibt sich hiernach, daß das von den Antragstellern errichtete Gebäude im Dachgeschoß Drempel aufweist, unterliegt auch keinem Zweifel, daß das im Bebauungsplan festgesetzte Höhenmaß deutlich überschritten ist. Die Berechnungsmodalitäten hierfür sind in den textlichen Festsetzungen des Bebauungsplans dahingehend festgelegt, daß die Drempelhöhe „auf der Außenseite der Außenwand, von Oberkante Fertigfußboden bis Oberkante

Dacheindeckung" zu messen ist. Diese Festlegung stimmt allerdings nicht exakt überein mit der zumeist üblichen Berechnungsweise der Drempel- oder Kniestockhöhe. Bei dieser wird nämlich regelmäßig auf den Abstand zwischen der Oberkante des Dachgeschoßfußbodens und der Sparrenunterkante abgestellt, so daß die Stärke der Dachkonstruktion als solcher zwischen der Sparrenunterkante und der Außenseite der Dachhaut unberücksichtigt bleibt (vgl. hierzu das oben erwähnte Bild sowie die Ausführungen im o. a. Urteil des VGH Bad.-Württ. v. 15. 2. 1984, wonach der Kniestock [Drempel] nach verschiedenen Ausführungen in der Fachliteratur „von der Decke des Dachgeschoßfußbodens [Dachbodens] bis zum Schnitt von Umfassungswand und Sparrenunterkante gemessen" wird).

Hier ist jedoch die im Bebauungsplan insoweit abweichend festgesetzte Berechnungsweise maßgeblich, da der Ortsgesetzgeber angesichts des Fehlens bindender Vorgaben des höherrangigen (Landes-)Rechts für die Bemessung der Drempelhöhe frei ist, die Grundlagen der Berechnung selbst verbindlich vorzugeben.

In Anwendung dieser Berechnungsvorgaben beträgt die Drempelhöhe im Dachgeschoß des Hauses der Antragsteller rd. 1,60 m und überschreitet die bindenden Vorgaben des Bebauungsplans damit um rd. 85 cm.

Daß der Bau der Antragsteller den Festsetzungen des Bebauungsplans zur Drempelhöhe widerspricht, wird auch nicht etwa dadurch in Frage gestellt, daß es den Antragstellern unbenommen gewesen wäre, ihr Haus insgesamt höher zu bauen. Zwar trifft es zu, daß sie nach den Festsetzungen des Bebauungsplans nicht gehindert gewesen wären, ihr Haus mit zwei Vollgeschossen zu errichten, die jeweils durchgehend senkrechte Außenwände aufweisen, und erst über diesen beiden Vollgeschossen – ggf. unter Anlage eines maximal 75 cm hohen Drempels gemessen nach den Vorgaben des Bebauungsplans – ein Dachgeschoß (ggf. mit zusätzlichem Spitzboden) anzulegen. Einen solchen Bau haben die Antragsteller jedoch nicht errichtet.

Ebensowenig können sich die Antragsteller darauf berufen, daß ihr Haus dann, wenn sie die vorgenannte mit dem Bebauungsplan vereinbare Gestaltungsvariante gewählt hätten, deutlich höher geworden wäre. Die Festlegung einer Drempelhöhe ist ein baugestalterisches Mittel. Dessen Zweck besteht nicht primär darin, die Höhenentwicklung eines Gebäudes in seiner Gesamtheit zu steuern. Diese wird maßgeblich auch durch weitere Faktoren bestimmt, wie etwa die Anlage eines Sockels unter dem Erdgeschoßfußboden, die der hier in Rede stehende Bebauungsplan nicht regelt, und die Neigung des Daches, für die der Bebauungsplan deutliche Spielräume – 350 bis 480 – beläßt. Die absolute Höhenentwicklung eines Gebäudes kann abschließend nur mit der Festsetzung einer Firsthöhe bzw. maximalen Gebäudehöhe, in gewissem Umfang auch durch Festsetzung einer Traufhöhe i. V. m. der Vorgabe einer bestimmten Dachneigung, gesteuert werden. Solche Höhenbegrenzungen enthält der Bebauungsplan jedoch nicht. Die baugestalterische Funktion der hier gewählten Festsetzung einer Drempelhöhe besteht in erster Linie darin, die optisch wirksamen Proportionen des Gebäudes, namentlich das Verhältnis des nutzbaren Dachraums zu den darunter liegenden Vollgeschossen mit senkrechten Außenwänden, zu steuern. Die Festsetzung einer – regelmäßig nur geringen – Drempelhöhe soll demgemäß sicherstellen, daß der i. d. R. als solcher von außen auch erkennbare nutzbare Dachraum gegenüber den darunter liegenden Geschossen optisch nur als ein eher untergeordneter Bauteil erscheint.

Widerspricht die tatsächliche Ausführung des Hauses der Antragsteller nach alledem jedenfalls hinsichtlich der Drempelhöhe den Festsetzungen des Bebauungsplans, ist sie nicht gemäß § 67 Abs. 1 BauO NRW freigestellt, sondern bedarf einer Baugenehmigung. Anderes ergibt sich nicht etwa daraus, daß die Gemeinde F., die nicht zugleich Bauaufsichtsbehörde ist, den Antragstellern mitgeteilt hat, die Unterlagen zum Antrag auf Freistellung nach § 67 BauO NRW seien gesichtet worden und Abweichungen von den Festsetzungen des Bebauungsplans seien nicht festgestellt worden. Selbst wenn sich aus diesen von der Gemeinde geprüften Unterlagen eine Bauausführung ergäbe, die – wie die tatsächliche Bauausführung – einen Drempel von rd. 1,60 m Höhe vorsieht, folgt aus der dann fehlerhaften Einschätzung der Gemeinde nicht, daß das Vorhaben freigestellt ist. Ob die Festsetzungen des Bebauungsplans tatsächlich eingehalten werden, hat der Bauherr selbst zu verantworten. Auf eventuelle Fehleinschätzungen der Gemeinde im Freistellungsverfahren kann sich der Bauherr nicht berufen. Die Freistellungsregelungen des § 67 BauO NRW bedeuten einen Rückzug des Staates nicht nur hinsichtlich der Durchführung eines Genehmigungsverfahrens, sondern auch im Hinblick auf Prüfung der Erfüllung der bautechnischen Anforderungen (vgl. LT-Drucks. 11/7153, S. 183).

Sie führen zu einer gesteigerten Verantwortlichkeit des Bauherren und des Entwurfsverfassers. Diese haben nunmehr selbst darauf zu achten, daß das Vorhaben dem geltenden Recht entspricht (vgl. Boeddinghaus/Hahn/ Schulte, Die neue Bauordnung in Nordrhein-Westfalen, 2. Aufl. 2000, § 67 Rdnr. 1).

Das nach alledem nicht freigestellte, sondern genehmigungspflichtige Vorhaben der Antragsteller ist auch nicht von der ihnen erteilten Baugenehmigung gedeckt. Mit dieser Baugenehmigung ist den Antragstellern zwar eine Abweichung gemäß § 73 BauO NRW hinsichtlich der Gestaltungsfestsetzung des Bebauungsplans über die Drempelhöhe erteilt worden. Diese bezieht sich nach dem eindeutigen Wortlaut der Baugenehmigung in Übereinstimmung mit den genehmigten Bauvorlagen, nur auf eine nach den Vorgaben des Bebauungsplans ermittelte Drempelhöhe von 1,05 m. Auch dieses Maß wird von dem tatsächlich errichteten Drempel mit rd. 1,60 m Höhe jedoch überschritten.

Aus dem Vorstehenden folgt nicht nur, daß die Antragsteller ihr Bauvorhaben formell illegal, nämlich ohne die für die konkret gewählte Bauausführung erforderliche Baugenehmigung, errichtet haben, sondern daß das tatsächlich errichtete Bauwerk wegen Verstoßes gegen die Festsetzung des Bebauungsplans zur Drempelhöhe auch materiell illegal ist. Der Antragsgegner konnte daher das Bauvorhaben zu Recht mit der angegebenen Begründung stillegen.

Nr. 127

1. **Die in ein Bauvorhaben einbezogenen Bestandsgebäude sind neu zu bewerten, soweit die Frage der Einhaltung der Abstandsflächen für ein einheitliches Bauvorhaben insgesamt neu aufgeworfen wird (bejaht bei Umbau ehemaligen Altenheims zu kultureller Begegnungsstätte).**

2. **Schutzgüter der Abstandsflächenvorschrift des § 6 SächsBO n. F. sind neben dem Brandschutz zumindest der Belang einer ausreichenden gesundheitsrelevanten Belichtung. Die Wahrung des sozialen Wohnfriedens zählt nicht mehr zu den Schutzgütern.**

3. **§ 67 Abs. 1 SächsBO n. F. gestattet kein beliebiges Abweichen vom Bauordnungsrecht, eröffnet aber eine Flexibilisierung insbesondere bei Verwirklichung der betroffenen Schutzziele auf anderen als den bauaufsichtlich vorgegebenen Wegen.**

SächsBO §§ 6, 62, 67.

Sächsisches OVG, Urteil vom 28. August 2005 – 1 B 889/04 – (rechtskräftig).

(VG Leipzig)

Der Kläger wendet sich gegen eine der Beigeladenen erteilte Baugenehmigung für den Um- und Neubau der auf ihrem benachbarten Grundstück befindlichen Gebäude zu einem gemeindlichen Begegnungszentrum und die ihr hierfür ergänzend erteilte Befreiung von der Einhaltung der Abstandsflächen.

Die Beigeladene ist Eigentümerin des unbeplanten Vorhabengrundstücks, dessen Geländeoberfläche unterschiedliche Höhen aufweist und gegenwärtig mit einem Vorderhaus (ein Untergeschoss, ein Erdgeschoss, je zwei Ober- sowie Dachgeschosse) mit sich rückwärtig anschließendem Terrassenanbau nebst Treppenabgang sowie einem in nördlicher Richtung in etwas über 17 Metern Abstand gelegenen Hinterhaus (ein Untergeschoss, ein Erdgeschoss und ein Obergeschoss) bebaut ist. Es wurde bis 1996 als Altenheim genutzt.

2001 beantragte die Beigeladene bei der Beklagten die Erteilung einer Baugenehmigung für den Umbau des Altenheims zu einem Begegnungszentrum. Im bestehenden Vorder- und Hinterhaus sieht die Beigeladene ein Foyer, Vortragsräume, einen Ausstellungsraum, einen Gymnastikraum, eine Bibliothek, einen Schach- und Zeichenraum, ein Vorstandsbüro, eine Hausmeisterwohnung sowie Gästezimmer, ein Musikzimmer, ein Nähzimmer und zwei Bastelräume vor. Im Keller des Vorderhauses sollen Technik- und Lagerräume ausgebaut sowie eine zum Dach entlüftete Küche mit Speiseaufzug eingebaut werden. Der Keller des Hinterhauses soll u. a. Garderoben, Toilettenanlagen und Lagerräume aufnehmen. Für den dazwischen liegenden Bereich ist ein Verbindungsbau in abgesenkter Bauweise mit einer Außenhöhe von ca. 1,4 m (Fußbodenhöhe des rückwärtigen Ausgangs des Vorderhauses auf den sich derzeit anschließenden Terrassenanbau) und einem vom Vorderhaus aus begehbaren begrünten Flachdach (Hof) mit runden Oberlichtern vorgesehen, der die Vorder- und Hinterhaus verbinden sowie im Inneren einen Saal mit einer Bestuhlung für ca. 300 Personen ermöglichen soll. Auf der zum klägerischen Grundstück hin gelegenen Seite des Verbindungsbaus plant die Beigeladene eine Fensterfront. Die Gesamtbaukosten beziffert die Beigeladene auf ca. 2,5 Mio. €.

2002 erteilte die Beklagte der Beigeladenen die beantragte Baugenehmigung. 2003 wies das Regierungspräsidium Leipzig den Widerspruch des Klägers zurück.

Das Verwaltungsgericht hat die Klage abgewiesen, da die Baugenehmigung keine subjektiven Rechte der klägerschützenden Vorschriften verletze.

Der Senat hat die Berufung wegen ernstlicher Zweifel zugelassen, da die Notwendigkeit einer abstandsflächenrechtlichen Neubewertung des Bauwerks in Betracht komme. Auf Antrag der Beigeladenen hat die Beklagte mit Bescheid vom 1.3.2005 eine Abweichung von der Einhaltung der Abstandsflächen zugelassen. Den hiergegen eingelegten Widerspruch des Klägers wies das Regierungspräsidium mit Widerspruchsbescheid vom 1.8.2005 zurück.

Aus den Gründen:

Die zulässige Berufung des Klägers ist unbegründet. Das Verwaltungsgericht hat die Klage gegen die erteilte Baugenehmigung in der Gestalt des Widerspruchsbescheides von 2003 im Ergebnis zu Recht abgewiesen. Sie ist auf Grund der ergänzend mit Bescheid vom 1.3.2005 und Widerspruchsbescheid vom 1.8.2005 zugelassenen Abweichung rechtmäßig und verletzt den Kläger nicht in seinen Rechten (§ 113 Abs. 1 VwGO). Der Kläger konnte die Abweichung jedenfalls im Wege der aus prozessökonomischen Gründen nach §§ 91, 125 VwGO sachdienlichen Klageänderung in das Berufungsverfahren einbeziehen (vgl. BVerwG, Urteil v. 17.2.1971 – IV C 2.68 –, BRS 24 Nr. 168 = BauR 1971, 106).

Die der Beigeladenen erteilte Baugenehmigung i.d.F. der Abweichungsentscheidung verletzt keine im Genehmigungsverfahren zu prüfenden, den klägerschützenden öffentlich-rechtlichen Vorschriften. Für das im Jahr 2001 eingeleitete Baugenehmigungsverfahren bestimmen sich die zu prüfenden Vorschriften nach der Verfahrensvorschrift des § 70 Abs. 1 Satz 1 SächsBO in der ab dem 1.5.1999 und vor dem 1.8.2004 geltenden Fassung (SächsGVBl. 1999, 86 u. 1999, 186; im Folgenden: SächsBO a.F.; s. § 90 Abs. 1 Satz 1 SächsBO). Materiell-rechtlich ist im Nachbaranfechtungsstreit grundsätzlich der Zeitpunkt der Sach- und Rechtslage der Genehmigungserteilung maßgeblich (BVerwG, Beschluss v. 23.4.1998 – 4 B 40.98 –, BRS 60 Nr. 178 = BauR 1998, 995). Spätere Änderungen zulasten des Bauherrn haben außer Betracht zu bleiben. Nachträgliche Änderungen zu seinen Gunsten sind dagegen zu berücksichtigen, da es mit der Baufreiheit nicht vereinbar wäre, eine zur Zeit des Erlasses rechtswidrige Baugenehmigung aufzuheben, die sogleich nach der Aufhebung wieder erteilt werden müsste (BVerwG, a.a.O., und § 90 Abs. 1 Satz 3 SächsBO).

Durch die Baugenehmigung werden den Kläger als nachbarschützende Vorschriften weder des Bauordnungsrechts (unten I.) noch des Bauplanungsrechts verletzt.

I. 1. Die Erteilung der Baugenehmigung verstößt nicht gegen die gemäß § 62 SächsBO a.F. zu prüfende Vorschrift des § 6 SächsBO in der hier nach § 90 Abs. 1 Satz 3 SächsBO anwendbaren aktuellen Fassung, wonach vor den Außenwänden von oberirdischen Gebäuden Abstandsflächen einzuhalten sind (§ 6 Abs. 1 Satz 1 SächsBO). Die Tiefe der Abstandsflächen bemisst sich nach der Wandhöhe und beträgt in der Tiefe grundsätzlich 0,4 der Wandhöhe – 0,4 H –, mindestens 3 m (§ 6 Abs. 4 und 5 Satz 1 SächsBO).

Das Vorderhaus der Beigeladenen hält den sich hieraus zum klägerischen Grundstück ergebenden Abstand nicht ein. Die Einhaltung des erforderlichen

Abstandes ist auch nicht nach planungsrechtlichen Vorgaben (§ 6 Abs. 1 Satz 3 SächsBO) oder deshalb entbehrlich, weil i. S. von § 6 Abs. 2 Satz 3 SächsBO rechtlich gesichert wäre, dass das Grundstück des Klägers nicht überbaut wird. Ebenso wenig kann von der Einhaltung des Abstandes abgesehen werden, weil dem Vorderhaus im Rahmen des Bauvorhabens der Beigeladenen Bestandsschutz zukäme. Denn nach der Rechtsprechung des Senats (SächsOVG, Beschluss v. 18. 10. 1994 – 1 S 133/94 –; Beschluss von 10. 6. 1996 – 1 S 134/96 –; BRS 58 Nr. 107 = JBSächsOVG 4, 220; Beschluss v. 16. 2. 1999 – 1 S 53/99 –, SächsVBl. 1999, 137; Beschluss von 25. 2. 1999 – 1 S 61/99 –, SächsVBl. 1999, 139; Beschluss v. 31. 4. 2004 – 1 B 255/04 –) sind auch die in ein Bauvorhaben einbezogenen Bestandsgebäude neu zu bewerten, soweit die Frage der Einhaltung der Abstandsflächen für ein einheitliches Bauvorhaben insgesamt neu aufgeworfen wird. Dies ist hier der Fall. Ein einheitliches Bauvorhaben ist zunächst gegeben, weil die Beigeladene selbst ihr Vorhaben als Einheit aufgefasst hat. Sie hat das Vorhaben bereits im Bauantrag als einheitlichen „Um- und Neubau" zur Genehmigung gestellt (vgl. zur Erheblichkeit des Antragsinhalts BVerwG, Beschluss v. 13. 10. 1998 – 4 B 93.98 –, BRS 60 Nr. 69 = BauR 199, 145; BVerwG, Urteil v. 4. 7. 1980 – I C 99/77 –, NJW 1981, 776 zu § 29 BauGB = BRS 36 Nr. 158 = BauR 1980, 543; SächsOVG, Beschluss v. 31. 3. 2004 – 1 B 344/03 –). Sie hat die einzelnen Baukörper mit ihrem übergreifenden Nutzungskonzept zu einem einheitlichen Objekt („Begegnungszentrum") zusammengefasst und zum Bauantrag eine einheitliche Flächenberechnung vorgenommen. Unabhängig davon ist auch eine funktionale Verbindung der Bauten zu einem einheitlichen Gebäude (vgl. zur Maßgeblichkeit einer funktionalen Verbindung § 2 Abs. 2 SächsBO und SächsOVG, Beschluss v. 16. 2. 1999 – 1 S 53/99 –, SächsVBl. 1999, 137 sowie BVerwG, Beschluss v. 13. 12. 1995 – 4 B 245.95 –, BRS 57 Nr. 79 = BauR 1996, 219) zu bejahen, nachdem der Zwischenbau ungeachtet eines zusätzlichen seitlichen Zugangs auf seiner Westseite in erster Linie auf eine Begehung über den straßenseitigen Haupteingang des Vorderhauses ausgerichtet ist sowie Sanitär- und andere ihm dienende Funktionsräume in den Bestandsgebäuden geplant sind. Der geplante Zwischenbau kann entgegen der Auffassung des Verwaltungsgerichts auch nicht als optisch selbstständig bewertet werden. Allein der Umstand, dass der geplante Zwischenbau besonders wegen seiner niedrigeren Geschosszahl und Gebäudehöhe in der Außenansicht eigenständig wahrnehmbar ist, vermittelt noch nicht den Eindruck seiner Selbstständigkeit von den Bestandsbauten. Vielmehr ergibt sich gerade aus seiner Anordnung zwischen den Bestandsbauten und seiner Erschließung auch über den Haupteingang im Vorderhaus der Eindruck einer verklammernden Verbindung der beiden Hauptbauten unter Entstehung entsprechender Durchgangsmöglichkeiten bis zum Hinterhaus. Daran ändert die aus Gründen des Denkmalschutzes zugunsten der Bestandsgebäude geforderte statische Eigenständigkeit des geplanten Zwischenbaus nichts. Es ist auch eine insbesondere nach der Nutzerzahl relevante Nutzungsveränderung geplant, die geeignet erscheint, nachbarrechtliche Belange etwa des Brandschutzes stärker als zuvor zu berühren und deshalb eine neue Prüfung des gesamten Vorhabens auch hinsichtlich der

Abstandsflächenvorschrift des §6 SächsBO erforderlich zu machen (vgl. SächsOVG, Beschluss v. 31.3.2004 – 1 B 344/03 –, S.6; Beschluss v. 1.3.2005 – 1 BS 24/05 –; Beschluss v. 16.2.1999 – 1 S 53/99 –, SächsVBl. 1999, 137; Beschluss v. 15.3.1994 – 1 S 633/93 –, LKV 1995, 119; OVG NW, Urteil v. 15.5.1997 – 11 A 7224/95 –, BRS 59 Nr. 144 = BauR 1997, 996).

Auf Grund der Zulassung einer Abweichung nach §67 Abs. 1 SächsBO ist kein Verstoß mehr gegen das Abstandsrecht gegeben. Der Kläger ist durch die so gefasste Baugenehmigung nicht mehr in seinen Rechten verletzt (vgl. HessVGH, Urteil v. 10.4.2000 – 9 UE 2459/96 –, BRS 63 Nr. 164 = BauR 2001, 939).

Die Abweichung ist in der nach §79 VwGO maßgeblichen Gestalt des Widerspruchsbescheides vom 1.8.2005 rechtmäßig. Gemäß §67 Abs. 1 SächsBO kann die Bauaufsichtsbehörde Abweichungen u. a. von den Anforderungen der SächsBO zulassen, wenn sie unter Berücksichtigung des Zwecks der jeweiligen Anforderung und unter Würdigung der öffentlich-rechtlich geschützten nachbarlichen Belange mit den öffentlichen Belangen, insbesondere den Anforderungen des §3 Abs. 1 SächsBO vereinbar sind.

Die nunmehr für Ausnahmen und Befreiungen von bauordnungsrechtlichen Vorschriften nach bisherigem Recht unter dem Begriff der Abweichung einheitlich gefassten tatbestandlichen Voraussetzungen dieser Vorschrift sind erfüllt. Bei der Erteilung einer Abweichung ist zu berücksichtigen, dass die einschlägigen Belange und Interessen regelmäßig schon durch die sonstigen baurechtlichen Vorschriften in einen gerechten Ausgleich gebracht worden sind und die Gleichmäßigkeit des Gesetzesvollzugs kein beliebiges Abweichen von den Vorschriften der Landesbauordnung gestattet (vgl. OVG Rh.-Pf., Urteil v. 3.11.1999 – 8 A 10951/99 –, BRS 62 Nr. 143 = BauR 2000, 551 für das dortige Landesrecht; zu §§6, 68 SächsBO a. F., SächsOVG, Beschluss v. 11.2.1997 – 1 S 531/96 –, SächsVBl. 1998, 57, 58), jedoch andererseits durch §67 SächsBO eine Flexibilisierung insbesondere bei der Verwirklichung der betroffenen Schutzziele auch auf anderen als den bauaufsichtlich vorgegebenen Wegen eröffnet wird (vgl. Jäde, NVwZ 2003, 668, 670; LT-Drucks. 3/9651, Einzelbegründung zu §67 Abs. 2). Ob auch nach dem neu gefassten Tatbestand entsprechend den bisherigen Anforderungen nach §68 Abs. 3 SächsBO a. F. an die Erteilung von bauordnungsrechtlichen Befreiungen ein Ausnahmefall gegeben sein muss (vgl. dazu Jäde, in: Jäde u. a., Bauordnungsrecht Sachsen, Lbl.-Kommentar, Stand Jan. 2003, §68 Rdnr. 47 f; BVerwG, Beschluss v. 5.3.1999 – 4 B 5.99 –, BRS 62 Nr. 99 = BauR 1999, 1280 zur „Atypik" bei §31 Abs. 2 BauGB), bedarf vorliegend keiner abschließenden Entscheidung. Ein solcher liegt jedenfalls vor. Denn die hier betroffene Abstandsflächenunterschreitung beschränkt sich auf die dem Grundstück des Klägers zugewandte Seite des Vorderhauses. Dieses Vorderhaus, dessen rechtmäßige Errichtung keinen Zweifeln unterliegt, ist ein bereits vorhandener Bestandsbau und soll in seiner baulichen Gestalt nicht verändert werden. Insoweit wird auf dem Grundstück des Klägers keine Verschlechterung der bereits vorgeprägten baulichen Situation hervorgerufen. Denn es weist vorhabenseitig einen seiner Bebaubarkeit entgegenstehenden geschützten Baumbestand (eine Platane) auf und ist seinerseits erst im Abstand von ca. 20 m, also einem Vielfachen der Überschreitungstiefe, auf der vom Vorhabengrundstück abgewandten Hälfte bebaut. Dies hat die Beklagte in ihrer Abweichungsentscheidung zutreffend hervorgehoben. Die Schaffung des religiös-kulturellen Begegnungszentrums gerade auch unter Einbeziehung des vorhandenen und mit seinen runden erkerförmigen Vorbauten bereits symboltragend ausgestalteten Vorderhauses steht außerdem in Einklang mit dem öffentlichen Interesse an der Verfügbarkeit adäquater gemeindlicher Begegnungsorte.

Bei der Beurteilung, inwieweit eine Abweichung in Betracht kommt, sind auch die Schutzziele der entsprechenden baurechtlichen Anforderungen und das Ausmaß ihrer Beeinträchtigung fehlerfrei bestimmt sowie mit den für eine Abweichung streitenden Gründen sowie den betroffenen öffentlichen und den geschützten Nachbarinteressen abgewogen worden (zu diesem Abwägungserfordernis vgl. SächsOVG, Beschluss v. 11. 2. 1997 – 1 B 66/03 –, unter 2.2; OVG Rh.-Pf., a. a. O.).

Vorliegend sind die Schutzgüter der Abstandsflächenvorschrift des § 6 SächsBO betroffen, die nach der gesetzlichen Neuregelung – abweichend von § 6 SächsBO a. F. (vgl. SächsOVG, Beschluss v. 31. 3. 2004 – 1 B 344/03 –; SächsOVG, Beschluss v. 11. 2. 1997 – 1 S 531/96 –, SächsVBl. 1998, 57, 58) – einerseits neben dem Brandschutz zumindest den Belang einer ausreichenden gesundheitsrelevanten Ausleuchtung mit Tageslicht einschließen, während andererseits jedenfalls der Nebenzweck der Wahrung des sozialen Wohnfriedens nicht mehr zu den Schutzgütern zählt (Dammert, in: Dammert u. a., Die neue sächsische Bauordnung, 2005, § 6 Rdnr. 1). Der dahingehende gesetzgeberische Wille ergibt sich aus den Gesetzesmaterialien (vgl. LT-Drucks. 3/9651, S. 11 – Einzelbegründung zu § 6 Abs. 5) und hat insoweit mit der Verringerung des Regelabstandsmaßes von 1 auf 0,4 h hinreichenden Ausdruck im Gesetz gefunden. Mangels einer Veränderung der Kubatur des Vorderhaus kommt es unabhängig von der Frage seiner Nutzung nicht zu Veränderungen der Belichtung oder Verschattung des klägerischen Grundstücks. Nicht zuletzt auf Grund der massiven Ausführung des Vorderhauses kann auch bei einer künftig möglicherweise erhöhten Zahl von Nutzern keine beachtliche Veränderung der brandschutzrechtlichen Situation festgestellt werden.

Weiter sind die nachbarlichen Belange des Klägers in die Abwägung einzustellen, soweit sie öffentlich-rechtlich geschützt sind. Dazu zählen die bereits durch § 6 SächsBO geschützten genannten Belange. Eine mehr als geringfügige Beeinträchtigung dieser Belange ist jedoch, wie dargelegt, mangels Verschlechterung der bereits vorgeprägten baulichen Situation nicht erkennbar. Etwaige Beschränkungen einer künftigen Bebauung oder sonstigen Ausnutzbarkeit des klägerischen Grundstücks betreffen eine im Verhältnis zu seiner Größe lediglich geringfügige Fläche, die sich zudem entsprechend der Dachgestaltung des Vorderhauses mit zunehmendem Abstand zur Grundstücksgrenze – auf die Spitze einer Dreiecksfläche zulaufend – verkleinert. Unter Einbeziehung des einer Bebauung entgegenstehenden geschützten Baumbestandes nahe der Grundstücksgrenze zum Vorhabengrundstück sowie des Umstandes, dass der Kläger nach der gesetzlichen Verkürzung des Abstandsmaßes von 1 h auf 0,4 h nur noch eine weitaus geringere Abstandsfläche als zuvor beanspruchen kann, ist auch das Gewicht derartiger Beschränkungen gemindert. Auf die weiteren vom Kläger unter Hinweis etwa auf § 31 Abs. 2 BauGB und die dort in Bezug auf die Befreiung von nachbarschützenden Vorgaben zugunsten des anfechtenden Nachbarn eröffnete umfassende objektivrechtliche Rechtmäßigkeitsprüfung (vgl. BVerwG, Beschluss v. 8. 7. 1998 – 4 B 64.98 –, BRS 60 Nr. 183 = BauR 1998, 1206; Urteil v. 6. 10. 1989 – 4 C 14.87 –, BRS 49 Nr. 188 = BauR 1989, 710; BVerwG, Urteil v. 19. 9. 1986 – 4 C 8.84 –, BRS 46 Nr. 173 = BauR 1987, 70) vorgebrachten Bedenken etwa gegen die Vereinbarkeit des Bauvorhabens der Beigeladenen mit Vorschriften zum behindertengerechten Bauen oder der Stellplatzgestaltung kommt es demgegenüber nicht an. Diese Rügen betreffen nicht die hier maßgebliche (vgl. Jäde, in: Jäde u. a., Bauordnungsrecht Brandenburg, Stand Okt. 2002, § 72 BbgBO Rdnr. 17 a ff.) Rechtmäßigkeit der Abweichung, sondern lediglich der erteilten Baugenehmigung, die hier eine bereits vorhandene und Standortalternativen nicht eröffnende bauliche Situation legalisiert.

Die Abweichung ist auch mit den öffentlichen Belangen nach § 67 SächsBO vereinbar. Insbesondere ist i. S. der von § 67 Abs. 1 SächsBO bezweckten Einhaltung von Mindestanforderungen (vgl. LT-Drucks. 3/9651 – Einzelbegründung zu § 67) keine Gefährdung der Schutzgüter des § 3 Abs. 1 SächsBO – der öffentlichen Sicherheit und Ordnung, insbesondere des Lebens, der Gesundheit und der natürlichen Lebensgrundlagen – gegeben. Indessen beschränkt sich der weit gefasste Begriff der öffentlichen Belange nicht allein auf die spezifischen baurechtlichen Belange (SächsOVG, Beschluss v. 11. 2. 1997 – 1 S 531/96 –, SächsVBl. 1998, 56, 58; s.a. BVerwG, Beschluss v. 19. 2. 1982 – 4 B 21.82 –, BRS 39 Nr. 168 zu § 31 Abs. 2 BauGB), sondern umfasst auch das sich nicht im privaten Interesse Einzelner erschöpfende öffentliche Interesse an der Schaffung von Versorgungs- oder Verkehrsanlagen sowie sozialer, kultureller oder sportlicher Einrichtungen, ohne dass solche Einrichtungen von einem hoheitlichen Träger betrieben werden müssen (vgl. SächsOVG, 21. 9. 2004 – 1 B 66/03 –; Beschluss v. 11. 2. 1997 – 1 S 531/96 –, SächsVBl. 1998, 56, 58; BayVGH, Beschluss v. 26. 6. 1997 – 2 ZS 97.905 –, BRS 59 Nr. 59). Als ein derartiger öffentlicher Belang streitet hier unter Berücksichtigung der anerkannten Bedeutung von Kirchen und Religionsgemeinschaften (vgl. Art. 4 GG, Art. 109 SächsVerf und § 5 Abs. 2 des Vertrags des Freistaates Sachsen mit dem Landesverband der X.-Gemeinden, der öffentliche Zuschüsse zur Förderung der Errichtung von – wie hier – Kultuszwecken dienenden Gebäuden vorsieht) das Interesse an der Schaffung einer religiös-kulturellen Begegnungsstätte gerade auch an einem Standort mit bereits vorhandenen historischen Bezügen und baulich-gestalterischen Besonderheiten mit beträchtlichem Gewicht für die Verwirklichung des streitigen Vorhabens. Insgesamt erscheint danach die Zulassung einer Abweichung auch unter Berücksichtigung der geschützten Interessen des Klägers mit den öffentlichen Belangen vereinbar.

Die Abweichung vom 1. 3. 2005 ist in ihrer nach § 79 VwGO maßgeblichen Gestalt des Widerspruchsbescheides vom 1. 8. 2005 auch ermessensfehlerfrei ergangen (vgl. § 114 VwGO).

Die Widerspruchsbehörde ist von einem zutreffenden Sachverhalt ausgegangen. Zu Recht ging sie davon aus, dass die Form der Abstandsfläche nach der zugunsten der Beigeladenen anzuwendenden Neufassung des § 6 Abs. 4 SächsBO abweichend von der im Antrag der Beigeladenen ausgewiesenen rechteckigen Abstandsfläche in ein mit der Spitze auf dem Grundstück des Klägers auslaufendes Dreieck mündet. Dies entspricht dem Willen des Gesetzgebers, Wand- und Giebelflächen mit Rücksicht auf die grundsätzliche Verkürzung der Abstandsflächentiefe auf 0,4 H nunmehr „in ihren tatsächlichen Abmessungen" in die Abstandsflächenermittlung einzustellen (LT-Drucks. 3/9651, S. 11 – Einzelbegründung zu § 6 Abs. 4 –). Die Abstandsfläche vor der Seitenwand des Vorderhauses ist demnach um die Fläche des zum Grundstück des Klägers hin abgewalmten Daches zu ergänzen, die Höhe des um ca. 60 Grad im unteren und ca. 47 Grad im oberen Teil geneigten Daches der vollen Seitenwandhöhe allerdings nur zu einem Drittel hinzuzurechnen, § 6 Abs. 4 Satz 4 SächsBO. Weiter haben die Behörden der Abweichung keine zulasten des Klägers unzutreffende Abstandsflächentiefe oder unzutreffende Grenzüberschreitungsmaße zugrunde gelegt. Die Widerspruchsbehörde ist von einer Abstandsflächentiefe von 6,04 m ausgegangen, die im Anschluss an einen Abstand des Vorderhauses von der Grundstücksgrenze von 4,50 m auf einer Tiefe von 1,54 m auf dem Grundstück des Klägers ruhe. Diese rechnerisch vom Kläger nicht angegriffene Abstandsflächentiefe ergibt sich nach den Erläuterungen der Beklagten in der mündlichen Verhandlung vor dem Senat bei einer Dachhöhe von insgesamt 8,48 m aus einer bis zum Schnittpunkt mit der Dachhaut an der unteren Traufe ermittelten Wandhöhe von 11,97 m. Deren Berechnung wurde als Geländeoberfläche i. S. von § 6 Abs. 4 Satz 3 SächsBO ein Mittelwert des unterschiedlichen Geländeniveaus des klägerischen Grundstücks, der Straße vor dem Vorhabengrundstück und des Gartenhofs im mittleren Teil des Vorhabengrundstücks i. H. v. 107,15 m über NN zugrunde gelegt. Dies ist nicht zu beanstanden. Maßgebliche Geländeoberfläche ist in Ermangelung einer von der Bauaufsichtsbehörde in der Baugenehmigung festgelegten oder in einem Bebauungsplan festgesetzten die gewachsene (natürliche) Geländeoberfläche (vgl. Nr. 2.6 Abs. 1 der VwVSächsBO v. 18. 3. 2005, SächsABl. 2005, Sonderdruck Nr. 2, S. 57 ff., 60). Deren angenommene Höhe steht mit den bei 107 m über NN liegenden Angaben der mit dem Bauantrag eingereichten Karte des Städtischen Vermessungsamtes mit Höhen- und Liegenschaftsdarstellung zur straßenseitigen und mittleren Höhe des Vorhabengrundstücks sowie des Grundstücks des Klägers in Einklang. Entgegen der Auffassung des Klägers ist demgegenüber nicht auf die Bodenhöhe der vor der ihm zugewandten Seitenwand des Vorderhauses befindlichen Vertiefung von ca. 1,5 m abzustellen, da es sich bei dieser Vertiefung um eine unselbstständige und im Verhältnis zur Gebäude- und Grundstücksgröße geringfügige Abgrabung handelt, die die maßgebliche Geländehöhe nicht verändert (vgl. Nr. 2.6 Abs. 2 VwVSächsBO).

Die Behörden haben zur Zulassung der Abweichung in der Gestalt des Widerspruchsbescheides i. S. von § 114 VwGO ausreichende Ermessenserwägungen angestellt. Sie haben die wesentlichen Belange mit den in Betracht kommenden Schutzzielen des § 6 SächsBO und den Interessen des Klägers sowie der Beigeladenen abgewogen. Sie durften dabei auch das Vorhandensein der Bausubstanz des bereits zuvor die Abstandsflächen gegenüber dem Grundstück des Klägers nicht einhaltenden Vorderhauses einstellen. Dass die Beigeladene die bisherige Nutzung ihrer Bestandsgebäude als Altersheim im Jahre 1996 aufgegeben hat, betrifft nicht die Existenz der Bausubstanz (vgl. zur allenfalls fehlerhaften Berücksichtigung von Bestandsschutz nach einem vollständigen Abriss der Substanz eines zu ersetzenden Gebäudes SächsOVG, Urteil v. 5.12.2002 – 1 B 325/01 –, SächsVBl. 2003, 235). Ebenso sind die für eine Abweichung sprechenden öffentlichen Interessen, das Nutzungsinteresse der Beigeladenen, die Auswirkungen der von ihr geplanten Nutzung sowie die sich aus ihrer Form ergebende Verminderung der Abstandsfläche berücksichtigt.

2. Eine baubedingte Gefährdung der Sicherheit des klägerischen Grundstücks samt Standsicherheit des Gebäudes ist nicht ersichtlich. ...

3. Weitere bauordnungsrechtliche Rügen des Klägers etwa des nicht behindertengerechten Ausbaus des Vorhabens (§ 53 Abs. 4 SächsBO a. F. bzw. § 50 Abs. 3 SächsBO n. F.), des Fehlens notwendiger Treppenräume (§ 32 Abs. 1 SächsBO a. F. bzw. § 34 Abs. 1 SächsBO n. F.) und einer unzureichenden Anzahl von Stellplätzen (§ 49 Abs. 1 SächsBO) betreffen keine den Kläger als Nachbarn schützende Vorschriften (zu Stellplatzvorgaben vgl. OVG Bremen, Beschluss v. 18.10.2002 – 1 B 315/02 –, BRS 65 Nr. 144 = BauR 2003, 509). ...

Nr. 128

1. **Tatsächliche Baugrenzen oder Baulinien vermitteln keinen Nachbarschutz im Rahmen des Rücksichtnahmegebots.**

2. **Infolge der Reduzierung der regelmäßigen Abstandsflächen auf 0,4 H in § 6 Abs. 5 Satz 1 SächsBO n. F. ist wegen der auf seiner Grundlage zu beurteilenden Vorhaben die Annahme einer regelmäßig nicht feststellbaren „erdrückenden" Wirkung eines Vorhabens bei Einhaltung der Abstandsflächen zu überdenken.**

BauGB § 34 Abs. 1; SächsBO § 6 Abs. 5 Satz 1.

Sächsisches OVG, Beschluss vom 20. Oktober 2005 – 1 BS 251/05 – (rechtskräftig).

(VG Dresden)

Aus den Gründen:

Dem maßgeblichen objektiv-rechtlichen Rücksichtnahmegebot – hier entnommen aus dem Begriff des „Einfügens" in § 34 Abs. 1 BauGB – kommt nur ausnahmsweise eine drittschützende Wirkung zu. Eine Ausnahme in diesem Sinne liegt nur vor, soweit in qualifizierter und zugleich individualisierter Weise auf schutzwürdige Interessen eines erkennbar abgegrenzten Kreises Dritter Rücksicht zu nehmen ist (grds.: BVerwG, Urteil v. 25.2.1977, BVerwGE 52, 122 = BRS 32 Nr. 155 = BauR 1977, 244). Dies schließt eine erfolgreiche Berufung auf die Einhaltung tatsächlicher Baugrenzen oder Baulinien aus. Ob Baugrenzen oder Baulinien nachbarschützend sind oder ausschließlich städtebauliche Aussagen treffen, beurteilt sich nach ihrer Zweckbestimmung (Fickert/Fieseler, Baunutzungsverordnung, 10. Aufl., § 23 Rdnr. 6). Eine Zweckbestimmung lässt sich hingegen nur im Fall der Festsetzung von Baugrenzen oder Baulinien in einem Bebauungsplan nachvollziehen. Im Fall einer faktischen Baugrenze oder Baulinie ist hierfür kein Raum, da es an einer für die drittschützende Wirkung maßgeblichen planerischen Entscheidung der Gemeinde fehlt (VGH Bad.-Württ., Beschluss v. 15. 11. 1994 – 8 S 2937/94 –, Rdnr. 3 bei Juris). Außer im Fall einer ausdrücklich nachbarschützenden Festsetzung durch einen Bebauungsplan existiert auch kein Recht auf „Bewahrung einer bevorzugten Aussicht" (vgl. SächsOVG, Beschluss v. 17. 2. 2004 – 1 BS 398/03 –; BVerwG, Urteil v. 28. 10. 1993, NVwZ 1994, 686).

Eine Verletzung des Rücksichtnahmegebots aus § 34 Abs. 1 BauGB wegen eines „Einmauerungseffekts" bzw. einer erdrückenden Wirkung des Vorhabens lässt sich auf der Grundlage des Beschwerdevorbringens nicht feststellen. Dies folgt allerdings noch nicht aus dem Umstand, dass die – wie noch zu zeigen ist – mit der Beschwerde vorgetragenen abstandsflächenrechtlichen Bedenken nicht durchgreifen. Die bisher vorherrschende Auffassung, dass eine erdrückende Wirkung eines Vorhabens gegenüber der Nachbarschaft regelmäßig dann ausgeschlossen ist, wenn jenes die abstandsflächenrechtlichen Vorgaben der jeweiligen Landesbauordnung einhält (BVerwG, Beschluss v. 11. 1. 1999 – 4 B 128.98 –, Rdnr. 3 f. bei Juris = BRS 62 Nr. 102 = BauR 1999, 615), ist von der Überlegung getragen, dass derartige Auswirkungen wegen des auf die Sicherung ausreichender Belichtung, Besonnung und Belüftung und damit auch zur Verhinderung eines „Einmauerns" ausgerichteten Abstandsflächenrechts als regelmäßig ausgeschlossen angesehen werden könne. Diese Auffassung ist für Bauvorhaben im Freistaat Sachsen nach der Neufassung des § 6 Sächsische Bauordnung – SächsBO – durch das Gesetz zur Neufassung der Sächsischen Bauordnung und zur Änderung anderer Gesetze vom 28. 5. 2004 (SächsGVBl., 200) zu überdenken. Durch die Reduzierung der regelmäßigen Abstandsfläche auf 0,4 H (§ 6 Abs. 5 Satz 1 SächsBO) – wodurch selbst das bisher maximal an zwei Außenwänden zulässige Schmalseitenprivileg (§ 6 Abs. 6 Satz 1 SächsBO a. F.) in Gestalt von 0,5 H für alle Gebäudeseiten unabhängig von ihrer Länge noch unterschritten wird – hat das Abstandsflächenrecht im Freistaat Sachsen eine Beschränkung auf ein sicherheitsrechtliches und gesundheitliches Minimum erfahren. Jedenfalls die Wahrung des sozialen Wohnfriedens gehört nicht mehr zu den Schutzgütern des § 6 SächsBO (SächsOVG, Urteil v. 28. 8. 2005 – 1 B 889/04 –; Dammert, in: Dammert u. a., Die neue Sächsische Bauordnung, 2. Aufl., § 6 Rdnr. 1). Zu den Schutzgütern gehört vornehmlich der Brandschutz sowie eine unter dem Gesichtspunkt zu verhindernder Gesundheitsgefährdung zu sichernde Ausleuchtung von Räumen mit Tageslicht (SächsOVG, a. a. O.).

Die Beschwerde legt jedoch nicht dar, durch welche Umstände von einer erdrückenden oder einmauernden Wirkung des Vorhabens der Beigeladenen auf das Grundstück des Antragstellers ausgegangen werden soll. Eine starke Hanglage ist nicht zu verzeichnen. Die Grundstücksgrenze wird auch nicht auf ihrer gesamten Breite von den Beigeladenen in Anspruch genommen. Ihr Vorhaben nimmt lediglich gut die halbe Breite der gemeinsamen Grundstücksgrenze in Anspruch. Dies spricht gegen einen Einmauerungseffekt, wie auch die Höhenentwicklung des Vorhabens sich auf Grund seiner Zweigeschossigkeit und eines vorhabenseitig unterhalb der gemeinsamen Grenze liegenden Geländeniveaus gegen eine Rücksichtslosigkeit in dieser Hinsicht spricht.

Nimmt man die Abstandsflächen ins Auge, begegnet der verwaltungsgerichtliche Beschluss nicht den vom Antragsteller vorgetragenen Bedenken. Er missversteht diesen Beschluss, wenn er meint, mit dem dort verwandten Begriff des „Vorbaus" sei der grenzständige „Abstellraum" gemeint. Mit dem „Vorbau" kennzeichnet das Verwaltungsgericht den im ersten Geschoss mit einer selbstständigen Fußbodendecke über den „Abstellraum" in Richtung auf Grundstück des Antragstellers auskragenden Bereich. Dessen abstandsflächenrechtliche Zulässigkeit hat das Verwaltungsgericht auf der Grundlage des neu gefassten § 6 Abs. 6 SächsBO bejaht, ohne das sich aus dem Beschwerdevorbringen Zweifel an dieser im Einzelnen dargelegten Feststellung ergeben. Die Einwände der Beschwerde gegen die abstandsflächenrechtliche Zulässigkeit des „Abstellraums" greifen nicht durch. Seine Zulässigkeit ergibt sich allerdings nicht schon daraus, dass nach § 6 Abs. 7 Satz 1 Nr. 1 SächsBO „Garagen einschließlich Abstellraum" in den Abstandsflächen eines Gebäudes sowie ohne eigene Abstandsflächen zulässig sind. Dieser Anbau dürfte keinen „Abstellraum" im vorgenannten Sinne darstellen. Ein solcher Raum muss der Garage und ihrer Zweckbestimmung zugeordnet sein. Er muss ausschließlich dazu dienen, Gerätschaften und Betriebsmittel aufzunehmen, die in unmittelbarem Zusammenhang mit der Unterbringung von Kraftfahrzeugen stehen (Dirnberger, in: Jäde, Sächsische Bauordnung, Stand: Juli 2005, § 6 SächsBO a. F., Rdnr. 159). Zweifel bestehen insoweit nicht auf Grund der Behauptung des Antragstellers, dieser Raum sei für die Aufnahme der Heizung bestimmt, was zu seiner Entprivilegierung führe. Die Beigeladenen haben unwidersprochen vorgetragen, dass die Heizung in dem östlich liegenden „Hausanschlussraum" eingebaut werden soll. Dieser Vortrag ist plausibel, zumal auch die Grundfläche jenes Raumes mit 2,5 m² eine Heizungsinstallation ohne weiteres zulässt. Zweifel begründet hingegen der Umstand, dass der „Abstellraum" nach dem „Grundriss Erdgeschoss" der Fassung der Baugenehmigung vom 17. 3. 2005 von der Garage nicht – mehr – zugänglich sein soll. Ein Zugang befindet sich nur noch auf der östlichen Seite dieses Raumes, sodass von der Garage aus das gesamte Gebäude umgangen werden muss, um den „Abstellraum" zu erreichen. Für den Tatbestand einer „Garage mit Abstellraum" bedarf es hingegen eines funktionalen Zusammenhangs beider Räume. Dieser entfällt wenn der „Abstellraum" von der Garage nicht zugänglich ist (vgl. Dirnberger, a. a. O.). Eine Abstandsflächenverletzung durch das Vorhaben der Beigeladenen ist gleichwohl nicht festzustellen. Der vorgesehene „Abstellraum" ist i. S. von § 6 Abs. 7 Nr. 1 SächsBO als „Gebäude ohne Aufenthaltsräume und Feuerstätten" abstandsflächenrechtlich privilegiert. Bei ihm handelt es sich um eine selbstständig benutzbare, überdeckte bauliche Anlage die von Menschen betreten werden kann und geeignet oder bestimmt ist, dem Schutz von Menschen, Tieren oder Sachen zu dienen, mithin um ein Gebäude i. S. von § 2

Abs. 2 SächsBO. Er stellt zudem keinen Aufenthaltsraum dar, da er mangels natürlicher Belichtung nicht zum dauernden Aufenthalt von Menschen bestimmt oder geeignet ist (vgl. §2 Abs. 5 SächsBO). Letztlich ist für ihn auch keine Feuerstätte vorgesehen.

Nr. 129

1. **Das in §31 Abs. 2 BauGB enthaltene Gebot der Rücksichtnahme ist verletzt, wenn in einer Reihenhauszeile mit Gebäudebreiten von jeweils nur 4,75 m durch die Errichtung eines über 1,50 m vortretenden, die hintere Baugrenze überschreitenden, grenzständigen, die gesamte Gebäuderückseite einnehmenden Balkons erstmalig qualifizierte Einsichtnahmemöglichkeiten wie von einer „Aussichtsplattform" in ein etwa ein Meter entferntes Schlafzimmerfenster sowie in die benachbarten Terrassenbereiche geschaffen werden. Das Gebot der Rücksichtnahme steht der Errichtung eines Balkons an Reihenhäusern allerdings nicht schlechthin entgegen.**

2. **Die Anwendung der Abstandflächenvorschriften der BauO NRW setzt voraus, dass zuvor die planungsrechtliche Frage der Bauweise entschieden ist.**

3. **Muß nach planungsrechtlichen Vorschriften an die Grenze gebaut werden, dann gilt dies auch für Gebäudeteile, die gemäß §23 Abs. 3 Satz 2 BauNVO außerhalb der durch Baugrenzen überbaubaren Fläche zugelassen werden können oder für die gemäß §31 Abs. 2 BauGB eine Befreiung von den festgesetzten Baugrenzen erteilt werden kann.**

OVG Nordrhein-Westfalen, Urteil vom 22. August 2005 – 10 A 3611/03 – (rechtskräftig).

(VG Düsseldorf)

Abgedruckt unter Nr. 91.

Nr. 130

Muß nicht, darf aber nach bauplanungsrechtlichen Vorschriften ohne Grenzabstand gebaut werden, ergeben sich aus §6 Abs. 1 Satz 2 b) BauO NRW weitergehende Anforderungen bauordnungsrechtlicher Art im Hinblick auf die Gegebenheiten auf dem Nachbargrundstück.

Der von §6 Abs. 1 Satz 2 b) BauO NRW geforderten Anbausicherung steht gleich eine hinreichend gewichtige Bebauung, bei der es sich nicht um ein Gebäude mit einer Hauptnutzung handeln muß.

BauO NRW §6 Abs. 1 Satz 2 b).

OVG Nordrhein-Westfalen, Beschluß vom 17. August 2005 – 7 B 1288/05 – (rechtskräftig).

(VG Köln)

Die Antragsteller wandten sich gegen eine grenzständige Nachbarbebauung, da diese den Anforderungen des §6 Abs. 1 Satz 2 b) BauO NRW nicht genüge. Auf ihrem Grundstück sei zwar ebenfalls eine bauliche Anlage grenzständig vorhanden. Diese komme als sog. Anbausicherung nicht in Betracht, da es sich nicht um ein Gebäude mit einer Hauptnutzung handele.

Der Antrag auf Gewährung einstweiligen Rechtsschutzes blieb in beiden Instanzen erfolglos.

Aus den Gründen:

Die Antragsteller halten es für überprüfungsbedürftig, ob jede bauliche Anlage ungeachtet ihrer Nutzung (und Größe) schon dann eine öffentlich-rechtliche Anbausicherung i. S. des §6 Abs. 1 Satz 2 b BauO NRW zu ersetzen vermag, wenn sie im Grenzbereich abstandrechtlich nicht zulässig ist. Zu fordern sei vielmehr ein Grenzanbau, der einer Hauptnutzung dient. Die Ansicht, es müsse sich bei dem anbaufähigen Grenzanbau um eine Hauptnutzung handeln, teilt der Senat jedoch nicht in der von den Antragstellern vertretenen umfassenden Sichtweise.

Gädtke/Temme/Heintz, BauO NRW, (10. Aufl.) nimmt an den von den Antragstellern zitierten Stellen der Kommentierung (§6 Rdnr. 122 und 166) zur Begründung seiner Ansicht, anbaufähig sei nur eine Hauptnutzung, auf den Beschluß des 10. Senats vom 28. 6. 2000 – 10 B 906/00 – Bezug. Dort hat der 10. Senat (in Übereinstimmung mit der Rechtsprechung des 7. Senats des OVG, vgl. z. B. Beschluß v. 6. 11. 1998 – 7 B 2057/98 –) ausgeführt, §6 Abs. 1 Satz 2 b BauO NRW erfasse nur die Fälle, in denen eine geschlossene Bauweise jedenfalls planungsrechtlich zulässig ist und erlaube deshalb das Bauen ohne Grenzabstand, wenn auf dem konkreten Grundstück eine Situation geschaffen werden solle, die der einer geschlossenen Bauweise entspricht. Das sei nur dann sichergestellt, wenn das an der Grenze bereits bestehende Gebäude für die geschlossene Bauweise aussagekräftig ist und es sich gerade nicht um ein Gebäude handelt, daß an der Grenze auch in offener Bauweise zulässig ist. Ein Gebäude ist jedoch nicht erst dann für die geschlossene Bauweise „aussagekräftig", wenn es sich um ein Gebäude mit einer Hauptnutzung handelt. Dies folgert Gädtke/Temme/Heintz, a. a. O., „im Umkehrschluß" daraus, daß sich die geschlossene Bauweise nur auf Gebäude der Hauptnutzung beziehe. Darauf kommt es im vorstehenden Zusammenhang jedoch nicht an. Ob nach planungsrechtlichen Vorschriften ein Gebäude ohne Grenzabstand gebaut werden darf, beurteilt sich nach den für das Baugrundstück geltenden planungsrechtlichen Vorschriften. Ergibt die bauplanungsrechtliche Prüfung, daß auf dem Baugrundstück ohne Grenzabstand gebaut werden darf, besteht die entsprechende bauplanungsrechtliche Berechtigung grundsätzlich ungeachtet der Frage, wie sich die bauliche Situation auf dem Nachbargrundstück darstellt. Beispielsweise kann die Prüfung, welche Bauweise sich aus der Bebauung der näheren Umgebung i. S. des §34 Abs. 1 BauGB ableitet, zu einem Ergebnis führen, das sich allein aus der Bebauungssituation des Nachbargrundstücks nicht ableiten läßt. Etwa kann die Beurteilung anhand der maßgebenden Umgebungsbebauung zu dem Ergebnis führen, eine Bebauung mit oder ohne Grenzabstand sei zulässig, während das Nachbargrundstück selbst beidseitig grenzständig oder beidseits mit Grenzabstand bebaut ist. § 6 Abs. 1 Satz 2 b BauO NRW geht daher insoweit über die sich aus dem Bauplanungsrecht ergebenden Anforderungen hinaus, als nicht nur vorausgesetzt wird, daß der Bauherr die für sein Grundstück geltenden bauplanungsrechtlichen Anforderungen einhält – die im vorliegenden Fall den Grenzanbau erlauben –, sondern weitergehende Anforderungen bauordnungsrechtlicher Art im Hinblick auf die Gegebenheiten auf dem Nachbargrundstück stellt. Diese müssen daher nicht bauplanungsrechtlichen Anforderungen für eine Bebauung in geschlossener Bauweise entsprechen, sondern erschöpfen sich nach dem Wortlaut des § 6 Abs. 1 Satz 2 b) BauO NRW darin, daß öffentlich-rechtlich gesichert ist, daß auf dem Nachbargrundstück ohne Grenzabstand gebaut wird. Dieser Sicherung haben die mit Bausachen befaßten Senate des OVG, wie dargelegt, eine hinreichend aussagekräftige, mit anderen Worten gewichtige Bebauung auf dem Nachbargrundstück gleichgestellt. Sie haben nicht verlangt, es müsse sich um ein Gebäude mit einer Hauptnutzung handeln. Daß es sich bei der auf dem Grundstück der Antragsteller vorhandenen baulichen Anlage um eine für eine Anbausicherung hinreichend gewichtige Anlage handelt, hat das Verwaltungsgericht in dem angefochtenen Beschluß zutreffend dargelegt.

Das auf dem Grundstück der Antragsteller grenzständig zum Grundstück der Beigeladenen stehende Gebäude ist angesichts seiner Dimensionen geeignet, als Anbausicherung i. S. des § 6 Abs. 1 Satz 2 b BauO NRW zu dienen. Auf die weitergehenden allgemeinen Erwägungen der Antragsteller zu anderen Fallgruppen kommt es hier daher nicht entscheidungserheblich an. Die Antragsteller fürchten, eine massive bauliche Verdichtung könne eintreten, würde eine bauliche Nebennutzung als Anbausicherung als ausreichend angesehen. Diese Befürchtung teilt der Senat jedenfalls insoweit nicht, als ihr die Einschätzung zugrundeliegt, die mögliche bauliche Verdichtung sei nicht von Gesetzes wegen in Kauf genommen. Zunächst muß – wie dargelegt – der einzelne, abstandrechtlich nicht privilegierte, als Anbausicherung geeignete, einer Nebennutzung zuzuordnende Baukörper für die Bestimmung der Bauweise anhand der bauplanungsrechtlichen Vorschriften selbst nicht bedeutend sein. Nur dann, wenn nach planungsrechtlichen Vorschriften ohne Grenzabstand gebaut werden darf, stellt sich für die von § 6 Abs. 1 Satz 2 b BauO NRW geregelten Fälle die Frage, ob eine Nebenanlage als Anbausicherung dienen kann. Nicht das Bauordnungsrecht gibt demnach vor, ob und in welchem Umfang eine Bebauungsverdichtung möglich ist, sondern das Bauplanungsrecht. Die bauordnungsrechtlichen Abstandregelungen haben in diesem Zusammenhang nur die Funktion, die bauliche Nutzbarkeit des abstandrechtlich erheblichen Bereichs im Verhältnis zum unmittelbar benachbarten Grundstück zu regeln. Ob sich aus den tatsächlichen Grundstücksgegebenheiten eine entsprechende Bebauungsverdichtung über den Rahmen des einzelnen Grundstücks hinaus ergeben kann, ist mit anderen Worten keine Frage der bauordnungsrechtlichen Betrachtung, sondern eine des bauplanungsrechtlich vorgegebenen Rahmens. Dies zeigt auch § 6 Abs. 1 Satz 2 b BauO NRW durch die Regelung auf, daß eine öffentlich-rechtliche Anbausicherung ausdrücklich als Möglichkeit angesprochen wird, einen Grenzanbau zu verwirklichen, obwohl die öffentlich-rechtliche Sicherung regelmäßig nur auf einer entsprechenden Vereinbarung der jeweiligen Grundstücksnachbarn beruht und selbst ohne vorherige entsprechende tatsächliche bauliche Entwicklung zu einer Bebauungsverdichtung im maßgebenden Grundstücksbereich beiträgt. Daß der Grundstückseigentümer es im übrigen regelmäßig selbst in der Hand hat, ob er im abstandrechtlich erheblichen Grenzbereich einen anbaufähigen Baukörper errichtet oder ihn dort stehen läßt, sei angemerkt.

Nr. 131

1. **Die Inanspruchnahme des 16-Meter-Privilegs an zwei Außenwänden setzt voraus, dass an allen anderen Außenwänden die Abstandsfläche nach § 6 Abs. 5 Satz 1 LBauO M-V eingehalten wird.**

2. **Der Nachbar hat einen Anspruch darauf, dass ihm gegenüber die Regelmindestabstandsfläche nur dann nach § 6 Abs. 6 Satz 1 LBauO M-V unterschritten wird, wenn die gesetzlichen Voraussetzungen dafür vollumfänglich vorliegen.**

3. **Die Eintragung einer Baulast genießt keinen öffentlichen Glauben.**

LBauO M-V §§ 72 Abs. 1, 6 Abs. 5, Abs. 6, 7 Abs. 1, 83.

OVG Mecklenburg-Vorpommern, Urteil vom 26. Oktober 2005 – 3 L 156/ 01 – (rechtskräftig).

(VG Schwerin)

Die Beteiligten streiten um die Rechtmäßigkeit einer Baugenehmigung, die der Beklagte der Rechtsvorgängerin des Beigeladenen erteilt hat.

Der Kläger ist Eigentümer des mit einem Bürogebäude bebauten Flurstücks 56/4. Dieses Flurstück war ursprünglich mit dem Nachbarflurstück 56/5 vereint und wurde im Zuge der Veräußerung des Flurstücks 56/4 an den Kläger im Wege der Teilung zu einem selbstständigen Flurstück.

Die Rechtsvorgängerin des Beigeladenen beantragte 1996 die Genehmigung zur Errichtung eines Mehrfamilienwohnhauses mit sechs Wohneinheiten auf dem Flurstück 56/5 beim Beklagten. In den Verwaltungsvorgängen befindet sich zu den Abstandflächen eine Zeichnung, aus der sich ergibt, dass der geplante Neubau zum Grundstück des Klägers einen Abstand von 4,50 m einhält. Die Höhe der hier 12,27 m langen Seitenwand des Neubaus beträgt 8,73 m. Nach den Erkenntnissen des Beklagten ist auf Grund der Konstruktion des Daches eine Einbeziehung des Daches in die Berechnung der Abstandfläche nicht erforderlich. Zum Nachbarflurstück 53 hält die geplante Bebauung einen Grenzabstand von ebenfalls 4,50 m ein. Die zu diesem Flurstück zeigende Gebäudewand ist geringfügig kürzer als 7,7 m. Zum Flurstück 55 hat das Flurstück 56/5 eine diagonal laufende Grundstücksgrenze. Die nach Nordosten zeigende Gebäudeseite hält die Abstandflächen zum Flurstück 55 nicht ein. Die damalige Eigentümerin des Flurstücks 55, die Stadt I., räumte der Rechtsvorgängerin des Beigeladenen eine Baulast ein. Die Baulast hat folgenden Inhalt:

„Der jeweilige Grundstückseigentümer gestattet, dass von seinem Grundstück eine Teilfläche dem Nachbargrundstück Flurstück 56/5 ... bei der Bemessung des Grenzabstandes zugerechnet wird. Er ist verpflichtet, mit seinen baulichen Anlagen von dieser Teilfläche den vorgeschriebenen Grenzabstand zu halten."

Bestandteil der Baulasterklärung ist ein Lageplan im Maßstab 1:500, auf dem die eingeräumte Baulast farblich markiert ist. Daraus ergibt sich, dass auf dem Flurstück

55 drei Flächen liegen, die von der Baulast erfasst werden. Das Flurstück 55 ist mit einem Erbbaurecht zugunsten der Le. GmbH belastet. Diese hat der Stadt mitgeteilt, „dass unsererseits keine Bedenken gegen die Eintragung einer Baulast bestehen, da wir eine Anmietung des Gebäudes anstreben". Die Eintragung der Baulast erfolgte am 8. 11. 1996. Der Kläger, der am Verfahren der Eintragung der Baulast nicht beteiligt worden war, legte am 11. 7. 1997 gegen die Eintragung der Baulast Widerspruch ein. In einem Anhörungsschreiben vom 16. 7. 1997 wies der Beklagte darauf hin, der Widerspruch dürfte unzulässig sein, weil eine Rechtsverletzung des Klägers nicht erkennbar sei. Die vom Kläger angeführten Gründe seien im Baugenehmigungsverfahren zu klären. Das Widerspruchsverfahren ist zwischenzeitlich bis zur Entscheidung des Rechtsstreits in dieser Streitsache ausgesetzt.

Am Baugenehmigungsverfahren wurde der Kläger nicht beteiligt. Der Beklagte erteilte die streitbefangene Baugenehmigung am 19. 2. 1997. Bestandteil der Baugenehmigung ist als Auflage die beurkundete Baulasterklärung.

Aus den Gründen:

Die Baugenehmigung ist nach § 72 Abs. 1 LBauO M-V zu erteilen, wenn dem Vorhaben keine öffentlich-rechtlichen Vorschriften entgegenstehen, die im Baugenehmigungsverfahren zu prüfen sind. Stehen dem Vorhaben solche öffentlich-rechtlichen Vorschriften entgegen, ist die Baugenehmigung zu versagen. Wird sie trotzdem erteilt, erweist sie sich als rechtswidrig. So liegt der Fall hier.

Dem Vorhaben der – genehmigten – Bebauung des Flurstücks 56/5 stehen die Vorschriften der §§ 6 Abs. 1, 2 Satz 1, 5 Satz 1 und 6, 7 Abs. 1 Sätze 1 und 3 LBauO M-V entgegen. Diese Bestimmungen, die abstandflächenrechtliche Fragen regeln, sind im Baugenehmigungsverfahren zu prüfen. Aus diesen Vorschriften ergibt sich, dass grundsätzlich die Abstandfläche 1 H beträgt (§ 6 Abs. 5 Satz 1 LBauO M-V) und vollständig auf dem Grundstück selbst liegen muss (§ 6 Abs. 2 Satz 1 LBauO M-V), wenn nicht die Einhaltung der Abstandfläche durch die Eintragung einer Baulast unter Nutzung eines anderen Grundstücks öffentlich-rechtlich gesichert ist (§ 7 Abs. 1 Sätze 1 und 3 LBauO M-V). Ausnahmsweise genügt vor zwei Außenwänden als Tiefe der Abstandfläche 0,5 H, mindestens aber 3 m, wenn diese Abstandflächen vor zwei Außenwänden von nicht mehr als 16 m liegen (§ 6 Abs. 6 Satz 1 LBauO M-V). Aus dem systematischen Zusammenhang der Abs. 5 Satz 1 und 6 Satz 1 des § 6 LBauO M-V folgt, dass die Unterschreitung der Abstandfläche von 1 H bis zu 0,5 H nur erlaubt ist, wenn dies vor nicht mehr als zwei Außenwänden von nicht mehr als jeweils 16 m Länge geschieht. Denn das sog. 16-Meter-Privileg des § 6 Abs. 6 Satz 1 LBauO M-V ist eine Ausnahmebestimmung zu § 6 Abs. 5 Satz 1 LBauO M-V. Dies ergibt sich nicht nur bei einer systematischen Auslegung, sondern bereits aus dem Wortlaut des § 6 Abs. 6 Satz 1 LBauO M-V. Zudem folgt dies auch aus der inneren Systematik des § 6 Abs. 6 LBauO M-V. In dem dortigen Satz 3 sind Sonderfälle der geschlossenen bzw. Grenzbebauung geregelt. Diese Sonderfälle schränken den Anwendungsbereich des § 6 Abs. 6 Satz 1 LBauO M-V ein: Das 16-Meter-Privileg gilt nur noch für eine Außenwand, wenn eine andere Außenwand an ein anderes Gebäude oder die Grundstücksgrenze gebaut wird; es entfällt ganz, wenn zwei andere Außenwände in dieser Weise errichtet sind. Deutlich wird daraus, dass das geltende Abstandflächenrecht bestimmt, dass eine Unterschreitung des Regelmindestabstandes von 1 H nur an maximal zwei Außenwänden erlaubt ist. Anders ausgedrückt: Die Inanspruchnahme des 16-Meter-Privilegs an zwei Außenwänden setzt voraus, dass an allen anderen Außenwänden die Abstandfläche nach §6 Abs. 5 Satz 1 LBauO M-V eingehalten wird. Anderenfalls liegt eine Inanspruchnahme des 16-Meter-Privilegs an mehr als zwei Außenwänden vor, was wiederum vom Gesetz nicht gedeckt ist. Auf den subjektiven Planungswillen des Bauherrn kommt es insoweit nicht an.

Im hier zu entscheidenden Fall hält das – genehmigte – Vorhaben zum Flurstück 56/4 und dem Flurstück 53 die Abstandfläche von jeweils 1 H nicht ein. Weil die tatsächliche Abstandfläche größer ist als 0,5 H und die jeweiligen Außenwände nicht länger als 16 m sind, genügt – für sich betrachtet – das Vorhaben der Regelung des §6 Abs. 6 Satz 1 LBauO M-V. Bei dieser Betrachtungsweise kann aber nicht stehen geblieben werden. Auch zum Flurstück 55 hält das Vorhaben die Abstandfläche von 1 H nicht ein. Da dafür die Inanspruchnahme des 16-Meter-Privilegs nicht mehr möglich ist, ist eine Baulast eingetragen worden, durch die die Einhaltung der Abstandfläche gesichert werden soll. Auch der Beklagte räumt zwischenzeitlich ein, dass sich die durch die Baulast gesicherte Abstandfläche des Vorhabens auf dem Flurstück 56/4 und die von der Bebauung auf dem Flurstück 55 ausgelöste Abstandfläche in einem Umfang von 0,98 m² überschneiden. Damit verstößt die Baulast gegen §7 Abs. 1 Satz 1 LBauO M-V, wonach die auf dem belasteten Grundstück erforderlichen Abstände und Abstandflächen nicht auf die gesicherte Abstandfläche angerechnet werden dürfen, es daher keine Überschneidungen der Abstandflächen geben darf. Bereits aus diesem Grund erweist sich die Baulast als rechtswidrig. Eine rechtswidrige Baulast ist nicht geeignet, die Rechtsfolgen des §7 Abs. 1 Satz 1 LBauO M-V auszulösen. Das Vorhaben hält daher an drei Seiten nicht die Regelmindestabstandfläche von 1 H ein. Es verstößt damit gegen geltendes Abstandflächenrecht und ist rechtswidrig.

Der Beklagte kann sich nicht darauf berufen, die Eintragung der Baulast im Baulastverzeichnis sei ein Verwaltungsakt und dieser sei bestandskräftig. Unabhängig von der Frage, ob die Eintragung rechtlich als Verwaltungsakt zu betrachten oder zu behandeln ist, hat der Kläger dagegen Widerspruch eingelegt. Sollte die Eintragung einen Verwaltungsakt darstellen oder als solcher behandelt werden müssen, würde der – ansonsten zulässige – Widerspruch den Eintritt der Bestandskraft hindern und zudem die aufschiebende Wirkung nach §80 Abs. 1 Satz 1 VwGO auslösen. ...

Die rechtswidrige Baugenehmigung verletzt den Kläger auch in seinen subjektiven Rechten. Die Vorschriften über das Abstandflächenrecht sind grundsätzlich drittschützend. Dies gilt insbesondere für §6 Abs. 5 Satz 1 und Abs. 6 Satz 1 LBauO M-V. Durch die Regelungen soll jedenfalls auch der Grundstücksnachbar in seinem rechtlich geschützten Interesse auf ausreichende Belichtung, Belüftung und Wahrung des nachbarlichen Friedens geschützt werden. Insbesondere §6 Abs. 6 Satz 1 LBauO M-V ist drittschützend. Wird er in seinem objektiv-rechtlichen Gehalt verletzt, weil die Voraussetzung des 16-Meter-Privilegs, die Einhaltung der Regelmindestabstandfläche von 1 H nach §6 Abs. 5 Satz 1 LBauO M-V an allen anderen Außenwänden, nicht vorliegt, wird zugleich der Nachbar, dem gegenüber das 16-Meter-

Privileg in Anspruch genommen wird, in seinen Rechten verletzt. Dieser Nachbar hat einen Ansprach darauf, dass ihm gegenüber die Regelmindestabstandfläche nur dann im Rahmen der gesetzlichen Ausnahmebestimmung des §6 Abs. 6 Satz 1 LBauO M-V unterschritten wird, wenn die gesetzlichen Voraussetzungen dafür vollumfänglich vorliegen (vgl. Domning/Möller/Suttkus, Bauordnungsrecht Schleswig-Holstein, 3. Aufl., Stand 1996, §89 Rdnr. 62 und Große-Suchsdorf/Linndorf/Schmaltz/Wiedert, Niedersächsische Bauordnung, 7. Aufl. 2002, §7a Rdnr. 13, unter Hinweis auf OVG Weimar, Beschluss v. 5. 10. 1999 – 1 EO 968/99 –, BRS 62 Nr. 136, BauR 2000, 869; BayVGH, Beschluss v. 17. 4. 2000 – Gr.S. 1/99 –, 14 B 97.2901 –, BayVBl. 2000, 562 mit ablehnender Anmerkung von Hauth, BayVBl. 2000, 545). Dieses Ergebnis entspricht auch der Rechtsprechung des Senats, wonach nach objektiven Kriterien zu beurteilen ist, an welchen Seiten die erforderlichen Abstandflächen nach §6 Abs. 6 LBauO M-V eingehalten werden (OVG M-V, Beschluss v. 16. 1. 1998 – 3 M 169/97 –, NordÖR 1998, 123, LKV 1998, 364). Denn es kann nicht im Belieben des Bauherrn stehen, welchem Nachbarn gegenüber er das Schmalseitenprivileg in Anspruch nimmt und dabei den Rechtsschutz des Nachbarn auch dann ausschließt, wenn er zu anderen Seiten des Bauvorhabens trotz Verbrauchs des Schmalseitenprivilegs nach §6 Abs. 6 Satz 1 LBauO M-V die Mindestabstandfläche nach §6 Abs. 5 Satz 1 LBauO M-V nicht einhält. Soweit dem Beschluss des erkennenden Senats v. 27. 1. 1998 (– 3 M 163/97 –, BRS 60, 430) Gegenteiliges entnommen werden könnte, hält der Senat nicht daran fest.

Dem Kläger kann nicht entgegengehalten werden, die Eintragung der Baulast im Baulastenverzeichnis verleihe der Baulast unabhängig von ihrer Rechtswidrigkeit eine Wirksamkeit, die der Kläger nicht angreifen könne. Insoweit fehlt der Eintragung der Baulast eine dem öffentlichen Glauben an das Grundbuch entsprechende Wirkung (vgl. Domning/Möller/Suttkus, a.a.O., §89 Rdnr. 62). Das heißt, dass die einmal eingetragene Baulast nicht allein wegen ihrer Eintragung gegenüber Dritten wirkt, sondern dass die Eintragung von Dritten auch hinsichtlich der sonstigen Voraussetzungen der Baulast überprüft werden kann.

Nr. 132

1. Der Begriff der öffentlichen Verkehrsfläche im Sinne des Abstandflächenrechts setzt grundsätzlich voraus, daß die Verkehrsfläche nicht nur tatsächlich so genutzt wird, sondern dem Verkehr auch gewidmet ist. Das Fehlen einer Widmung kann allerdings im Einzelfall unschädlich sein.

2. Die Notwendigkeit der Erschließung besteht im öffentlichen Interesse.
(Nichtamtliche Leitsätze.)

BauO NRW §6 Abs. 5 Satz 2.

OVG Nordrhein-Westfalen, Beschluß vom 8. Februar 2005 – 10 B 1876/04 – (rechtskräftig).

Aus den Gründen:

Der auf der Parzelle 253 verlaufende Verbindungsweg stellt eine öffentliche Verkehrsfläche i. S. von § 6 Abs. 5 Satz 2 BauO NRW dar. Der Begriff der öffentlichen Verkehrsfläche im Sinne des bauordnungsrechtlichen Abstandflächenrechts setzt grundsätzlich voraus, daß die betreffende Verkehrsfläche nicht nur tatsächlich so genutzt wird, sondern dem öffentlichen Verkehr auch gewidmet ist. Das Fehlen einer Widmung ist allerdings unschädlich, wenn die Gemeinde Eigentümerin der Wegeparzelle ist und trotz fehlender Widmung Baugenehmigungen für an dem Weg liegende Grundstückseigentümer erteilt hat. Denn auch dann ist gewährleistet, daß die Wegeflächen auf Dauer nicht überbaut werden und es in deren Verhältnis zu einem Baugrundstück damit nicht zu den durch die Abstandflächenvorschriften geregelten Nutzungskonflikten kommen kann.

So liegt es hier.

Die Stadt M. ist Eigentümerin der Parzelle 253, auf der der Weg verläuft. Sämtliche Anliegergrundstücke des Weges sind auf den Weg zur Erschließung ihrer eigenen Grundstücke angewiesen. In Kenntnis dieser Umstände hat der Antragsgegner in der Vergangenheit auch tatsächlich Baugenehmigungen für die Anliegergrundstücke zur Bebauung mit Wohnhäusern und Garagen erteilt. Dem Anliegen der bauordnungsrechtlichen Vorschrift zum Verkehrsflächenprivileg, sicherzustellen, daß die Wegefläche nicht überbaut wird, wird auch dann genügt, wenn eine tatsächlich bestehende, im Eigentum der Gemeinde stehende Wegeverbindung deshalb nicht beseitigt werden kann, weil die Gemeinde andernfalls gegen die ihr gegenüber der bestehenden Bebauung obliegenden Erschließungspflichten verstoßen würde. Mit dieser notwendigen Erschließungsfunktion ist die Wegefläche auf der Parzelle 253 den öffentlichen Verkehrsflächen vergleichbar (vgl. für eine nicht im Eigentum der Stadt stehenden private Verkehrsfläche OVG NRW, Beschluß v. 6. 10. 1999 – 7 B 1766/99 –).

Unter Anwendung des danach gemäß § 6 Abs. 5 Satz 2 BauO NRW einschlägigen Verkehrsflächenprivilegs, wonach die Tiefe der Abstandflächen zu öffentlichen Verkehrsflächen 0,4 H beträgt, sind die Abstandflächen zum Grundstück des Antragstellers hin gewahrt, auch wenn für die Bestimmung der Wandhöhen richtigerweise der jeweilige Garagenboden als maßgebliche Geländeoberfläche angenommen wird.

Das Bauvorhaben der Beigeladenen verletzt nach summarischer Prüfung auch nicht das planungsrechtliche Gebot der Rücksichtnahme. Die genehmigten Baukörper halten sich insbesondere im Rahmen der näheren Umgebungsbebauung. ...

Der weitere Einwand des Antragstellers, die Erschließung des Bauvorhabens über den stellenweise nur etwas über 2 m breiten Weg sei nicht sichergestellt, führt ebenfalls nicht zur Anordnung der aufschiebenden Wirkung des Widerspruchs. Die bauplanungs- und bauordnungsrechtlichen Erfordernisse der ausreichenden Erschließung eines Baugrundstücks (§ 34 Abs. 1 Satz 1 BauGB, § 4 Abs. 1 BauO NRW) bestehen im öffentlichen Interesse und können daher von Nachbarn als eigene Rechte nicht geltend gemacht werden. Sie sollen die Erreichbarkeit und ordnungsgemäße Benutzbarkeit des Baugrundstücks sicherstellen bzw. Gefahren für die öffentliche Sicherheit vermeiden.

Nr. 132

Nachbarschützende Funktion kann ihnen nur im Einzelfall zukommen, wenn die mit dem angegriffenen Vorhaben verbundenen Auswirkungen auf die Erschließung derart gravierend sind, daß die Schwelle der Rücksichtslosigkeit überschritten wird (Mampel, Nachbarschutz im öffentlichen Baurecht, Rdnr. 1054 ff. m. w. N.; Gädtke/Temme/Heintz, BauO NRW, 10. Aufl. 2003, § 74 Rdnr. 55 m. w. N. auf die Rechtsprechung; Schulte/Hahn/Boeddinghaus, BauO NRW, § 4 Rdnr. 6 ff.; vgl. auch OVG NRW, Urteil v. 23. 2. 1983 – 11 A 1790/81 –, BRS 40 Nr. 70).

Dies ist vorliegend nicht anzunehmen. Der von der M. Straße abzweigende Weg ist zwar so schmal, daß ein Begegnungsverkehr nicht möglich und im Abzweigungsbereich nicht ungefährlich ist; insofern ist – angesichts der Weglänge von etwa 100 m bis zum Baugrundstück – die Erschließung unzureichend. Dieser Umstand allein setzt jedoch selbst dann, wenn sich die Nutzung des Weges durch die Bewohner des angegriffenen Bauvorhabens weiter verstärkt, die Anlieger des Weges nicht derartigen Unzulänglichkeiten oder Gefahren aus, daß von Rücksichtslosigkeit zu Lasten der Anwohner als Grundstückseigentümer gesprochen werden könnte. Da das Bauvorhaben lediglich privat und nicht etwa gewerblich – etwa durch Kunden oder Lieferanten – genutzt werden wird, ist nicht damit zu rechnen, daß es zu ständigen oder doch häufigen überlastungsbedingten Verstopfungen des Weges kommen wird, die im Gefahrenfalle die Erreichbarkeit der anliegenden Grundstücke einschränken. Auch die vom Bauvorhaben ausgelöste Belastung durch den Anliegerverkehr im übrigen – Lärm- und Geruchsbeeinträchtigungen – wird mit als rücksichtslos einzustufenden Auswirkungen nicht verbunden sein.

Schließlich ist der Einwand des Antragstellers, es fehle an einer geordneten Erschließung deswegen, weil im Bereich des Weges keine Parkmöglichkeiten für Besucher vorhanden seien, aus den vorgenannten Gründen ebenfalls unbeachtlich. Im übrigen befinden sich die Eingänge zu den Gebäuden M. Straße 16 und 18 im Bereich der M. Straße. Der vom Weg aus zugängliche Aufzug an der rückwärtigen Gebäudeseite soll nach den Angaben der Beigeladenen ausschließlich den zukünftigen Bewohnern vorbehalten bleiben und ist für diese nur über eine entsprechende Kodierung zugänglich. Im Bereich der M. Straße sind – wie der Antragsgegner im gerichtlichen Verfahren ergänzend ausgeführt hat – Parkmöglichkeiten vorhanden.

Auch im privatrechtlichen Bereich drohen dem Antragsteller keine Duldungspflichten aus der Erschließungssituation des Baugrundstücks. Der Grundsatz des § 75 Abs. 3 Satz 1 BauO NRW, daß die Baugenehmigung unbeschadet privater Rechte Dritter erteilt wird, greift zwar nicht durch, soweit die Baugenehmigung einen gegen den Nachbarn gerichteten Anspruch auf Duldung eines Notweges oder eine ähnliche Inanspruchnahme seines Grundstücks, wie vom Antragsteller im Hinblick auf die befürchtete Mitbenutzung seiner Hoffläche befürchtet, nach sich zieht (vgl. BVerwG, Urteil v. 26. 3. 1976 – IV C 7.74 –, BRS 30 Nr. 140; daran anschließend OVG NRW, Beschluß v. 30. 6. 2004 – 22 A 2700/01 –).

Dem Antragsteller droht jedoch auf Grund der Zulassung des Bauvorhabens der Beigeladenen nicht die Gefahr der Inanspruchnahme seines Grundstücks. ...

Nr. 133

1. **Die in § 68 Abs. 3 Satz 1 Nr. 1 HBauO festgelegte Mindesttiefe einer Abstandsfläche von 2,5 m, von der nur mit Zustimmung des Eigentümers des angrenzenden Grundstücks eine Abweichung zugelassen werden darf, bezieht sich auf den Abstand des Gebäudes zur Grundstücksgrenze.**

2. **Die Übernahme einer Abstandsflächenbaulast, mit der eine für die Bebauung des Nachbargrundstücks erforderliche Abstandsfläche auf das spätere Baugrundstück übernommen worden ist, hat nicht zur Folge, dass nunmehr eine Mindestabstandsfläche von 2,5 m von der Baulastfläche nur mit Zustimmung des benachbarten Grundstückseigentümers unterschritten werden darf.**

3. **Es bleibt offen, ob die Zustimmung des Nachbarn erforderlich ist, wenn eine Überbauung der Baulastfläche oder die Annäherung an sie zur Folge hätte, dass einander gegenüber liegende Gebäudeaußenwände einen Gesamtabstand von 5 m unterschreiten würden.**

HBauO § 68 Abs. 3 Satz 1 Nr. 1.

Hamburgisches OVG, Beschluss vom 4. Oktober 2005 – 2 Bs 306/05 – (rechtskräftig).

Aus den Gründen:

Die Antragstellerin sieht ihre Rechte aus § 68 Abs. 3 Satz 1 Nr. 1 HBauO dadurch verletzt, dass die Antragsgegnerin ein Gebäude genehmigt hat, bei dem zwei Außenwände nicht einen Abstand von 2,5 m zu einer Fläche einhalten, die zwar zum Baugrundstück gehört, aber auf Grund einer zugunsten der Bebauung auf dem Grundstück der Antragstellerin übernommenen Abstandsflächenbaulast gemäß § 7 HBauO weder bebaut noch auf andere Abstandsflächen angerechnet werden darf. Diese Auffassung der Antragsteller trifft nicht zu.

§ 68 Abs. 3 Satz 1 Nr. 1 HBauO macht es von der Zustimmung der Eigentümerin des angrenzenden Grundstücks abhängig, wenn Abweichungen von bestimmten Anforderungen an Abstandsflächen zugelassen werden sollen, und zwar von den Anforderungen des § 6 Abs. 9 und 10 HBauO, soweit die Mindesttiefe der Abstandsfläche von 2,5 m unterschritten werden soll. Nach dem Zweck des Gesetzes und angesichts der Nennung des benachbarten Grundeigentümers als Inhaber des Zustimmungsrechts ist damit die Mindesttiefe einer Abstandsfläche vor einer Gebäudewand bis zur Grenze des Nachbargrundstücks gemeint. Durch die Einräumung einer Abstandsflächenbaulast wird die damit belastete Fläche nicht zum Teil des durch die Baulast begünstigten benachbarten Grundstücks, wird mithin nicht für die Anwendung von § 68 Abs. 3 Satz 1 Nr. 1 HBauO die Grundstücksgrenze an die Grenze der Baulastfläche vorverlagert. Der Zweck des Gesetzes, eine Bebauung innerhalb einer Mindestabstandsfläche von jeweils 2,5 m von der Zustimmung des jeweiligen Nachbarn abhängig zu machen, also ohne solche

Zustimmungen einen Gesamtabstand der Gebäude von 5 Metern herbeizuführen, wenn nach §6 Abs. 1 HBauO überhaupt Abstandflächen erforderlich sind und nicht Bebauungspläne andere Abstände festsetzen, kann es möglicherweise rechtfertigen, wegen einer Abstandsflächenbaulast in entsprechender Anwendung von §68 Abs. 3 Satz 1 Nr. 1 HBauO die Zustimmung des durch die Baulast begünstigten Grundeigentümers als Genehmigungsvoraussetzung anzusehen, wenn ein geringerer Gebäudeabstand als 5 m zugelassen werden soll. Dies bedarf hier keiner Vertiefung, weil die einander gegenüberstehenden Außenwände mit etwa 12 m deutlich weiter voneinander entfernt bleiben. Für ein weitergehendes Zustimmungserfordernis beim Heranrücken an eine Baulastfläche oder im Falle ihrer teilweisen Überbauung bietet §68 Abs. 3 Satz 1 Nr. 1 HBauO keine Grundlage.

Soweit die Antragstellerin unter Vorlage einer Grundrißzeichnung vorträgt, die von der gemeinsamen Grundstücksgrenze zurückspringende Seitenwand des genehmigten Gebäudes führe sogar zu einer Überbauung der Baulastfläche um einige Zentimeter, ergibt sich daraus auch keine nach §68 Abs. 3 Satz 1 Nr. 1 HBauO zustimmungsbedürftige Abweichung von einer Mindesttiefe der Abstandsfläche zur Grundstücksgrenze. Zum einen weist nämlich der genehmigte Erdgeschossgrundriß nach dem Stand vom April 2004 diese Überbauung nicht mehr auf, weil sich die rückwärtigen Wände der Baukörper unmittelbar an der gemeinsamen Grundstücksgrenze danach vollständig decken. Zum anderen dürfte auch die in der Grundrißzeichnung vom Juni 2003 dargestellte Überbauung noch in dem Bereich gelegen haben, in dem der Bebauungsplanentwurf mit den darin vorgesehenen Baugrenzen eine Bebauung auf der Grundstücksgrenze zulassen will und in dem deshalb i. V. m. §33 BauGB eine planungsrechtliche Vorschrift besteht, auf Grund der nach §6 Abs. 1 Satz 2 HBauO keine Abstandsflächen einzuhalten sind.

Nr. 134

1. **Zur Frage, welche Ermessenserwägungen bei einer Entscheidung über die Gestattung geringerer Abstandsflächen nach §6 Abs. 14 LBauO M-V anzustellen sind.**

2. **Verletzt nur ein Teil einer streitbefangenen Baugenehmigung den Nachbarn in seinen Rechten, kann das Gericht die Baugenehmigung nur dann teilweise aufheben, wenn sie auch ohne den Teil, der den Antragsteller in seinen Rechten verletzt, objektiv-rechtlich Bestand haben kann.**

3. **Im Eilrechtsschutzverfahren nach §§80, 80a VwGO kann das Gericht gegenüber dem beigeladenen Bauherrn eine Baueinstellung regelmäßig nur aussprechen, wenn der Beigeladene die aufschiebende Wirkung eines Widerspruchs voraussichtlich missachten wird.**

LBauO M-V §6 Abs. 14; VwVfG M-V §40; VwGO §§80 Abs. 5, 80a Abs. 3, Abs. 1 Nr. 2.

OVG Mecklenburg-Vorpommern, Beschluss vom 17. Januar 2005 – 3 M 37/04 – (rechtskräftig).

I. Die Beteiligten streiten um die Rechtmäßigkeit einer Baugenehmigung, die der Antragsgegner der Beigeladenen erteilt hat.

Der Antragsteller ist Eigentümer des Flurstücks 850/1 im Stadtgebiet der Stadt R. in der Straße „E.". Das Flurstück ist unbebaut. Auf dem nord-östlich angrenzenden Flurstück 849 ist ausweislich der Verwaltungsvorgänge ein Gebäude direkt an die Grenze zum Flurstück 850/1 errichtet worden, das eine Traufhöhe von 11,98 m hat. Auf dem süd-westlich angrenzenden Flurstück 851 befindet sich ausweislich der in den Verwaltungsvorgängen vorgefundenen Pläne ebenfalls grenzständig zum Flurstück 850/1 ein Gebäude mit einer Traufhöhe von 7,26 m. Das südlich an das Flurstück 851 angrenzende Flurstück 872 steht ebenfalls im Eigentum des Antragstellers. Die Gebäude auf den genannten Flurstücken stehen in einer Linie. Ausweislich der Karte der „1. Fortschreibung städtebaulicher Rahmenplan Sanierungsgebiet Stadtzentrum R." ist die Bebauung unmittelbar an der Grundstücksgrenze zur öffentlichen Verkehrsfläche errichtet.

Die Beigeladene hat 2002 die Genehmigung der Bebauung u.a. der Flurstücke 853 und 854/2 beantragt. Die Flurstücke 853 und 854/2 grenzen mit ihrer östlichen Grenze an die Straße „E.". Die weiteren vom Bauantrag erfassten Flurstücke grenzen beginnend mit dem Flurstück 855/1 westlich fortlaufend an die Flurstücke 854/2 und 853 an und sind über die Straße „B. W." über öffentliche Verkehrsflächen erreichbar. Mit dem Bauantrag begehrte die Beigeladene die Genehmigung der Errichtung eines Wohn- und Geschäftshauses mit 18 Wohn- und 2 Gewerbeeinheiten.

Die Beigeladene informierte den Antragsteller über das Bauvorhaben. Der Antragsteller verweigerte die von ihm erbetene Zustimmung unter Hinweis auf die Abstandsflächenproblematik.

Im Juni 2003 erteilte der Antragsgegner der Beigeladenen eine Teilbaugenehmigung umfassend die Erdarbeiten, die Gründung und das Kellergeschoss. Im Juli 2003 erteilte der Antragsgegner sodann die beantragte Baugenehmigung. Unter anderem bezogen auf das Flurstück 850/1 wurde eine Abstandsfläche von 2,0 m (entspricht 0,21 H) wegen der besonderen städtebaulichen Verhältnisse gestützt auf § 6 Abs. 14 Landesbauordnung (LBauO) M-V genehmigt.

Der Antragsteller legte Widerspruch gegen die Baugenehmigung ein und beantragte beim Verwaltungsgericht einstweiligen Rechtsschutz. Nach Durchführung eines Ortstermins lehnte das Verwaltungsgericht die Anträge des Antragstellers im Eilrechtsschutzverfahren ab. Die Beschwerde hatte überwiegend Erfolg.

Aus den Gründen:

II. A. ... Die Beschwerde des Antragstellers ist nicht dadurch unzulässig geworden, dass zwischenzeitlich der Rohbau der genehmigten baulichen Anlage fertig gestellt worden ist. Allerdings hat der Senat in st. Rspr. die Auffassung vertreten, mit der Fertigstellung des Rohbaus einer genehmigten baulichen Anlage entfalle das Rechtsschutzbedürfnis für einen Antrag auf vorläufigen gerichtlichen Rechtsschutz, wenn die Verletzung subjektiver Rechte des Rechtsschutz suchenden Nachbarn allein durch den Baukörper ausgelöst wird (so bereits Beschluss v. 22.3.1994 – 3 M 66/93 –). Der Senat hat aber in dem genannten Beschluss auch ausgeführt, dass anderes gelte, wenn auch die Nutzung der baulichen Anlage eine Verletzung subjektiver Rechte der Nachbarn bewirkt und beispielhaft die Einsichtsmöglichkeiten in den Ruhebereich eines Hausgrundstücks benannt (vgl. weiter Beschluss des Senats v. 3.6.1994 – 3 M 94/93 –). Aus dieser bisherigen st. Rspr. des Senats ergibt sich für den hier zu entscheidenden Einzelfall, dass die Fertigstellung des Rohbaus nicht zum Wegfall des Rechtsschutzinteresses des Antragstel-

lers führt. Ausweislich der Baugenehmigung weist die an der Grundstücksgrenze zur Straße E. errichtete Gebäudeaußenwand im 1. und 2. Geschoss
größere Fensteröffnungen auf und ist für das 3. Geschoss eine Dachterrasse
zur Straße E. vorgesehen. Damit werden Einsichtsmöglichkeiten auf das
Grundstück des Antragstellers eröffnet, die angesichts der Unterschreitung
der Regel-Mindestabstandsfläche eine Verletzung subjektiver Rechte des
Antragstellers möglich erscheinen lassen.

    B. Die Beschwerde ist begründet, so weit mit ihr die Anordnung der auf-
schiebenden Wirkung des Widerspruchs des Antragstellers gegen die der Beigeladenen erteilte Baugenehmigung begehrt wird. Aus den vom Antragsteller
in der Beschwerdebegründung dargelegten und für die Prüfung des angefochtenen Beschlusses maßgeblichen Gründen (vgl. § 146 Abs. 4 Satz 6 VwGO)
ergibt sich, dass die streitbefangene Baugenehmigung sich als überwiegend
wahrscheinlich rechtswidrig erweisen und den Antragsteller in seinen Rechten verletzen dürfte (§ 113 Abs. 1 Satz 1 VwGO). Das Interesse des Antragstellers an der Anordnung der aufschiebenden Wirkung seines Widerspruchs
überwiegt unter diesen Umständen das öffentliche Interesse und das Privatinteresse der Beigeladenen am Vollzug der Baugenehmigung.

    Die Baugenehmigung erweist sich überwiegend wahrscheinlich als rechts-
widrig, weil sie unter Verstoß gegen das geltende Abstandflächenrecht aus § 6
LBauO M-V erteilt worden ist. Das genehmigte Bauvorhaben der Beigeladenen hält unstreitig die Regel-Mindestabstandflächen der Landesbauordnung
nicht ein. Der Antragsgegner hat daher die Inanspruchnahme geringerer
Abstandsflächen auf der Grundlage des § 6 Abs. 14 LBauO M-V gestattet.
Danach können in überwiegend bebauten Gebieten geringere Tiefen der
Abstandsflächen gestattet werden, wenn die Gestaltung des Straßenbildes
oder besondere städtebauliche Verhältnisse dies rechtfertigen und Gründe
des Brandschutzes nicht entgegenstehen. Ob die tatbestandlichen Voraussetzungen des § 6 Abs. 14 LBauO M-V vorliegen, kann der Senat offen lassen; für
die von § 6 Abs. 14 LBauO M-V verlangten besonderen städtebaulichen Verhältnisse mag allerdings die gewachsene und auf die heute erforderlichen
Abstandsflächen nicht Rücksicht nehmende Bebauung sprechen. Die Baugenehmigung erweist sich wegen der nicht fehlerfreien Ermessensentscheidung
über die Gestattung geringerer Abstandsflächen als rechtswidrig.

    § 6 Abs. 14 LBauO M-V räumt der Baugenehmigungsbehörde bei Vorliegen
der tatbestandlichen Voraussetzungen ein Ermessen hinsichtlich der Gestattung geringerer Abstandsflächen ein. Das hat der Antragsgegner auch nicht
verkannt. Er hat gegenüber der Beigeladenen mit Schreiben vom Mai 2003 zum
Ausdruck gebracht, dass er sein ihm in § 6 Abs. 14 LBauO M-V eingeräumtes
Ermessen in einer die Beigeladene begünstigenden Weise auszuüben gedenke,
wenn bestimmte Anforderungen an das bauliche Vorhaben erfüllt werden. Dass
der Antragsgegner von dieser Erkenntnis bei der Erteilung der Baugenehmigung abgewichen ist, lässt sich den Verwaltungsvorgängen nicht entnehmen.

    Der Senat vermag auch nicht zu erkennen, dass unter dem Aspekt einer
Ermessensreduzierung auf null der Antragsgegner zugunsten der Beigeladenen eine Gestattung geringerer Abstandsflächen erteilen musste. Selbst wenn
sich das Vorhaben der Beigeladenen bauplanungsrechtlich als rechtmäßig

erweisen sollte, weil es sich i. S. des §§ 34 Abs. 1 oder 2 BauGB einfügt, was der Senat im Eilverfahren nicht abschließend beurteilen kann, ist der Landesgesetzgeber nicht daran gehindert, bauordnungsrechtliche Anforderungen an die Genehmigungsfähigkeit eines baulichen Vorhabens zu stellen, die zur (teilweisen) Unzulässigkeit des Vorhabens führen können (vgl. VGH München, Beschluss v. 10. 2. 2001 – 20 ZS 01.2775 –, NVwZ-RR 2002, 259; OVG Berlin, Beschluss v. 28. 8. 1996 – 2 S 15.96 –, BRS 58 Nr. 104).

Allerdings ist die konkrete Ermessensausübung bei der gebotenen summarischen Betrachtung der Sachlage nicht ordnungsgemäß erfolgt. Die Ermessensausübung hat sich am Zweck der Norm auszurichten (§ 40 Verwaltungsverfahrensgesetz M-V). Eine ordnungsgemäße Ermessensausübung verlangt, dass alle nach dem Zweck der Norm für die zu treffende Entscheidung zu berücksichtigenden Gesichtspunkte hinreichend ermittelt und bei der konkreten Entscheidung eingestellt werden. Dafür genügt nicht, dass der Antragsgegner feststellt, durch das Bauvorhaben der Beigeladenen werde das im Eigentum des Antragstellers stehende Flurstück nicht unzumutbar beeinträchtigt. Vielmehr ist die unzumutbare Beeinträchtigung eines Nachbarn die Grenze einer Ermessensausübung. Liegt sie vor, handelt es sich um einen Fall der Ermessensreduzierung auf null zugunsten des Nachbarn.

Aus der Erkenntnis, dass sie nicht vorliegt, folgt – anders als wohl der Antragsgegner meint –, dass Ermessen eröffnet ist, das dann aber auch ausgeübt werden muss. Bei dieser Ermessensausübung ist der vom Antragsgegner in der Baugenehmigung angesprochene Gesichtspunkt, dass der Antragsteller sein Grundstück ebenfalls mit einem Gebäude mit einer Traufhöhe von 9,33 m bebauen könne, nicht allein in den Blick zu nehmen.

Ebensowenig reicht es für eine ordnungsgemäße Ermessensausübung aus, wenn der Antragsgegner darauf verweist, dass bei Einhaltung der Abstandsfläche von 1 H eine Bebauung der Flurstücke 853, 854/2 und 850/1 nicht möglich sei. Denn selbst wenn das als richtig unterstellt wird, bleibt zu bedenken, dass auch eine Bebauung in geringerer Höhe als beantragt möglich wäre. Zudem wäre eine Bebauung mit einer Abstandsfläche von 1/2 H möglicherweise realisierbar. Schließlich hat die Beigeladene nicht eine isolierte Bebauung der Flurstücke 853 und 854/2 beantragt, sodass das Gesamtprojekt bei der Ermessensentscheidung zu bedenken gewesen wäre.

Diese vom Antragsgegner angeführten Aspekte genügen den Anforderungen an eine ordnungsgemäße Ermessensausübung nicht. Vielmehr hätte er bei seiner Ermessensentscheidung das Interesse des Antragstellers an der Einhaltung der Regel-Mindestabstandsflächen mit dem ihm gebührenden Gewicht in die Entscheidung einstellen müssen. Insbesondere das Maß der Verschattung und die dadurch bedingte Beeinflussung der Art der baulichen Nutzung des Flurstücks des Antragstellers und die durch die genehmigte Bebauung geschaffenen Einsichtsmöglichkeiten hätten gegen das Interesse der Beigeladenen an einer maximalen Ausnutzung der für die Bebauung vorgesehenen Grundstücke abgewogen werden müssen. Der Antragsgegner hätte auch die Abweichung vom städtebaulichen Rahmenplan in die Ermessensentscheidung einstellen müssen. Dieser Rahmenplan ist zwar nicht im strengen Sinne für den Antragsgegner verbindlich, doch dokumentiert sich darin eine grundlegende Planungsabsicht der Stadt R., die von der Verwaltung nicht unbeachtet bleiben darf. Schließlich hätte in die Ermessenentscheidung auch eingestellt werden müssen, ob durch das Bauvorhaben der Beigeladenen eine „Straßenschlucht" entsteht, die städtebaulich bedenklich sein könnte, weil sie der Schaffung gesunder Wohn- und Arbeitsverhältnisse entgegenstehen könnte (vgl. zu diesem Aspekt Temme, in: Böckenförde/Temme/Heintz, LBauO NRW, 9. Aufl. 1998, Nr. 386 Rdnr. 140 unter Hinweis auf OVG Münster, Beschluss v. 23. 10. 1995 – 10 B 2661/95 –, BRS 57 Nr. 159).

Der Antragsteller wird durch die rechtswidrige Gestattung geringerer Abstandsflächen in seinen Rechten verletzt. Die Bestimmungen über das Abstandflächenrecht sind regelmäßig drittschützend. Dem Antragsteller kann nicht entgegengehalten werden, seine Rechtsausübung verstoße gegen Treu und Glauben. Das im Eigentum des Antragstellers stehende Grundstück 850/1 ist nicht bebaut. Der Antragsteller nimmt insoweit auch nicht selbst eine Unterschreitung der Abstandsflächen in Anspruch, die er der Beigeladenen gerade verwehren will. Dass die Flurstücke 854/2 und 853 möglicherweise für sich genommen nur eingeschränkt bebaubar sind, wenn die gesetzlichen Mindestabstandsflächen einzuhalten sind, kann den Antragsteller auch unter dem Aspekt des nachbarschaftlichen Gemeinschaftsverhältnisses nicht daran hindern, die Einhaltung von Regel-Mindestabstandsflächen zu fordern.

Die Beschwerde ist nicht deswegen teilweise unbegründet, weil die Verletzung subjektiver Rechte des Antragstellers nur durch Teile der baulichen Anlage und den darauf bezogenen Teil der Baugenehmigung erfolgen kann. Allerdings wird in der Rechtsprechung teilweise die Rechtsauffassung vertreten, in einstweiligen Rechtsschutzverfahren (VGH Mannheim, Beschluss v. 25. 11. 1996 – 3 S 2913/96 –, BRS 59 Nr. 166) oder generell könne ein in seinen Rechten verletzter Nachbar die Baugenehmigung nur in den Teilen erfolgreich angreifen, die seine Rechtsverletzung auslösten (vgl. OVG Berlin, Beschluss v. 25. 3. 1993 – 3 S 4.93 –, BRS 55 Nr. 121; VGH Kassel, Beschluss v. 15. 11. 1989 – 4 TG 2987/89 –, ESVGH 41, 79 = juris; zurückhaltender OVG Saarlouis, Beschluss v. 23. 2. 1994 – 2 B 5/94 –, BRS 56, 184; OVG Weimar, Beschluss v. 11. 5. 1995 – 1 EO 486/94 –, BRS 57 Nr. 221). Diese Rechtsauffassung vermag nicht zu überzeugen. Sie führt zu dem Ergebnis, dass jedenfalls dann, wenn sich die Baugenehmigung materiell-rechtlich nicht als teilbar erweist, das Gericht eine objektiv rechtswidrige Baugenehmigung „übrig lassen" muss. Dies ist nicht Aufgabe eines Gerichts (vgl. den allgemeinen Rechtsgedanken aus § 139 BGB; zu weiteren Gründen Mampel, BauR 2000, 1817ff.). Der Senat vermag weiter nicht zu erkennen, dass die streitbefangene Baugenehmigung in der Weise teilbar wäre, dass sie auch ohne den Teil, der den Antragsteller in seinen Rechten verletzt, objektivrechtlich Bestand haben kann. Auch eine Beschränkung auf eine bloße Nutzungsuntersagung des Teils des Gebäudes, der Einsichtsmöglichkeiten auf das Grundstück des Antragstellers bietet, kommt vorliegend wegen des Anspruchs des Antragstellers auf effektiven Rechtsschutz nicht in Betracht. Die Nutzungsuntersagung würde nur einen Teil der durch die Baugenehmigung ausgelösten Rechtsverletzung des Antragstellers erfassen.

So weit der Antragsteller die Verpflichtung der Beigeladenen zur Einstellung der Bauarbeiten begehrt, ist die Beschwerde unbegründet. Der Senat kann offen lassen, ob sich aus §80a Abs. 3 Satz 1 i.V.m. Abs. 1 Nr.2 VwGO ergibt, dass ausnahmsweise das Gericht unmittelbar gegenüber einem notwendig Beigeladenen eine gegebenenfalls vom Gericht zu vollstreckende Verpflichtung auf Baueinstellung aussprechen kann (so Schoch, in: Schoch/Schmidt-Aßmann/Pietzner, VwGO, §80a Rdnr. 53ff.; Funke-Kaiser, in: Bader, VwGO, 2.Aufl. 2002, §80a Rdnr.27; Finkelnburg/Jank, Vorläufiger Rechtsschutz in Verwaltungsstreitverfahren, 4.Aufl. 1998, Rdnr.840 jeweils m.N. zum Streitstand in der Rechtsprechung). Voraussetzung einer solchen Sicherungsmaßnahme ist regelmäßig, dass die vom Gericht ausgesprochene Anordnung der aufschiebenden Wirkung des Widerspruchs von der Beigeladenen missachtet wird (vgl. VGH München, Beschluss v. 19.4.1993 – 14 AS 93790 –, BayVBl. 1993, 67 = BRS 55, 201; Schoch, a.a.O., Rdnr.54, 39). Für ein solchermaßen zukünftig rechtswidriges Verhalten des Beigeladenen ergeben sich aus den Verwaltungsvorgängen keine hinreichenden Anhaltspunkte, sodass es nicht darauf ankommt, ob der Antragsgegner bereit ist, gegebenenfalls die aufschiebende Wirkung des Widerspruchs durchzusetzen.

Nr. 135

Für die Frage, ob eine bauliche Änderung eines Gebäudes i.S. des §6 Abs.15 Satz 1 BauO NRW geringfügig ist, kommt es auf einen Vergleich des Gebäudezustands nach der geplanten bzw. durchgeführten baulichen Änderung mit dem vor der baulichen Änderung genehmigten oder jedenfalls materiell rechtmäßigen Gebäudezustand an.

Zum Maßstab, ab wann eine Änderung des Baukörpers nicht mehr als geringfügig angesehen werden kann.

Umbaumaßnahmen im Innern des Gebäudes sind grundsätzlich geringfügig i.S. des §6 Abs.15 Satz 1 BauO NRW.

Baumaßnahmen an den Gebäudeseiten, die der abstandflächenrechtlich betroffenen Nachbargrenze abgewandt sind, stellen eher geringfügige bauliche Änderungen dar.

Der Nachbargrenze zugewandte bauliche Maßnahmen – außer bei Veränderung von Länge oder Höhe der Wände – sind erst dann mehr als geringfügig, wenn gerade die Gebäudeveränderung zu einer mehr als geringfügigen Beeinträchtigung der Nachbarsituation beiträgt.

BauO NRW §§6 Abs. 15, 61 Abs. 1.

OVG Nordrhein-Westfalen, Urteil vom 15. April 2005 – 7 A 19/03 – (rechtskräftig).

Der Beklagte verlangt vom Kläger die Beseitigung von ungenehmigten Dachgaupen in einem seit langem als Wohnhaus dienenden Gebäude („Herrenhaus"), das die erforderliche Abstandfläche zum Grundstück der Beigeladenen nicht einhält. Das OVG gab der Klage gegen die Ordnungsverfügung statt.

Aus den Gründen:

Nach § 6 Abs. 15 Satz 1 BauO NRW können bei Nutzungsänderungen sowie bei geringfügigen baulichen Änderungen bestehender Gebäude ohne Veränderung von Länge und Höhe der den Nachbargrenzen zugekehrten Wände unter Würdigung nachbarlicher Belange geringere Tiefen der Abstandflächen gestattet werden, wenn Gründe des Brandschutzes nicht entgegenstehen. Die hier streitigen baulichen Änderungen sind geringfügig.

Für die Frage, ob die Errichtung der Gaupen eine geringfügige bauliche Änderung i. S. des § 6 Abs. 15 Satz 1 BauO NRW darstellt, kommt es auf einen Vergleich mit dem zuletzt genehmigten oder jedenfalls materiell rechtmäßigen Gebäudezustand von 1983 an. Vor Änderung des Dachs wies die südliche Dachfläche außer einer Ladeluke allenfalls ein Dachflächenfenster auf.

Wo die Grenze der Geringfügigkeit i. S. des § 6 Abs. 15 Satz 1 BauO NRW liegt, bestimmt sich im jeweiligen Einzelfall nach dem Sinn und Zweck der Vorschrift.

Die Abstandregelungen sind auf den Ausgleich der schutzwürdigen und schutzbedürftigen Interessen der benachbarten Grundstückseigentümer unter Berücksichtigung der mit den Abstandregelungen verfolgten öffentlichen Interessen gerichtet und bestimmen damit den Inhalt des Grundeigentums i. S. des Art. 14 Abs. 1 Satz 2 GG (vgl. BVerwG, Urteil v. 16. 5. 1991 – 4 C 17.90 –, BVerwGE 88, 191 = BRS 52 Nr. 157).

Die mit § 6 Abs. 1 Satz 1 BauO NRW verfolgte Verpflichtung, vor Außenwänden von Gebäuden Abstandflächen einzuhalten, soll dem Nachbarn im Hinblick auf die Belichtung, Belüftung, Brandsicherheit und den Sozialabstand ein Mindestmaß an Schutz garantieren und zugleich festlegen, was der Nachbar an Bebauung in welchem Abstand hinzunehmen hat. Werden die durch die Bauordnung in der zur Zeit der Errichtung einer baulichen Anlage geltenden Fassung vorgeschriebenen Grenzabstände, die für den Nachbarn die Zumutbarkeitsschwelle markieren, durch eine bauliche Anlage unterschritten, kann der Betroffene grundsätzlich die Beseitigung dieser baulichen Anlage verlangen (vgl. OVG NRW, Beschluß v. 13. 6. 2001 – 10 B 574/01 –).

Allerdings trifft die Festlegung einer Mindestabstandfläche den Grundeigentümer, der auf seinem Grundstück erstmals ein Gebäude errichten will, anders als jenen, der an einer bereits vorhandenen Gebäudesubstanz lediglich (Nutzungsänderungen oder) bauliche Änderungen vornehmen will. Während dem ersteren regelmäßig die Möglichkeit der freien Disposition verbleibt, kann der letztere vor die Entscheidung gestellt sein, ob er wirtschaftliche Verluste hinnimmt, weil für eine wirtschaftlich sinnvolle Verwertung erforderliche bauliche Änderungen ausgeschlossen sind, oder ob er die grundsätzlich verwertbare Gebäudesubstanz abreißen und unter Berücksichtigung des neuen Abstandflächenrechts durch eine neue ersetzen soll. In jedem Fall einer geringfügigen baulichen Änderung und/oder einer Nutzungsänderung dennoch die Einhaltung der gegenüber der früheren Sach- oder Rechtslage vergrößerten Abstandflächen zu fordern, würde den berechtigten Interessen des Eigentümers an der Nutzung verwertbarer Gebäudesubstanz jedoch nicht gerecht. Aus Art. 14 Abs. 1 Satz 2 GG ergibt sich vielmehr die Verpflichtung des Gesetzgebers, eine sozial gerechte Eigentumsordnung zu gewährleisten, die die Nutzung einer vorhandenen und verwertbaren Gebäudesubstanz nicht verhindert, wenn dem berechtigte und mehr als geringfügige Belange des Allgemeinwohls oder eines Nachbarn nicht entgegenstehen (vgl. BVerwG, Urteil v. 16. 5. 1991 – 4 C 17.90 –, a. a. O.).

Unter Berücksichtigung von Sinn und Zweck der Abstandregelungen hat der Gesetzgeber mit dem in §6 eingefügten neuen Abs. 15 den verfassungsrechtlich gebotenen Ausgleich herbeigeführt. Er hat unter Berücksichtigung öffentlicher Belange den Ausgleich der Interessen der benachbarten Grundstückseigentümer für den Fall geregelt, daß vor den Außenwänden eines bestehenden Gebäudes die im Zeitpunkt der geringfügigen baulichen Änderung (oder der Nutzungsänderung) nach Maßgabe des §6 Abs. 1 Satz 1 geforderten Abstandflächen nicht zur Verfügung stehen. Das Interesse des Grundeigentümers an einer wirtschaftlich sinnvollen Nutzung einer vorhandenen verwertbaren Gebäudesubstanz und das Interesse des Nachbarn an der Beachtung der Abstände, die aus der Sicht der Bauordnung bei der erstmaligen Errichtung der (baulich bzw. in ihrer Nutzung) geänderten Gebäude eingehalten werden müßten, um nicht zumutbare Beeinträchtigungen durch zu dicht an der Nachbargrenze stehende bauliche Anlagen auszuschließen, sind in die Regelung eingegangen (vgl. OVG NRW, Urteil v. 24. 6. 2004 – 7 A 4529/ 02 –, BauR 2004, 1765).

Nach §6 Abs. 15 Satz 1 BauO NRW ist das Maß der Geringfügigkeit zunächst am Bauvolumen des Baukörpers, der geändert werden soll, orientiert. Bezeichnet diese Vorschrift die Veränderung von Länge und Höhe der den Nachbargrenzen zugekehrten Wände als erheblich, schließt sie damit zugleich andere bauliche Änderungen nicht von vornherein von der Qualifizierung als geringfügig aus. Der Maßstab, ab wann eine Änderung des Baukörpers als beachtlich angesehen werden kann, ergibt sich wegen des mit der Regelung des §6 Abs. 15 BauO NRW verfolgten Zwecks letztlich daraus, welche Maßnahmen erforderlich sind, um das Gebäude weiterhin sinnvoll nutzen zu können. Sind Umbaumaßnahmen im Innern des Gebäudes erforderlich, spricht ungeachtet ihres Umfangs grundsätzlich nichts dafür, sie als mehr als geringfügig anzusehen, es sei denn, sie würden ein Ausmaß erreichen, daß dem Bauherrn ein die Beachtung der Abstandflächenvorschriften einhaltender Neubau angesonnen werden kann. Denn Innenbaumaßnahmen sind, was die baulichen Änderungen als solche anbelangt, für die durch die Abstandflächenvorschriften geschützten Belange grundsätzlich nicht von Belang. Bauliche Maßnahmen, die die äußere Gestalt eines Baukörpers verändern, werden zumeist den baulichen oder Nutzungsänderungen im Innern zuzuordnen sein. Handelt es sich um solche Maßnahmen, die eine sinnvolle Gebäudenutzung erst ermöglichen, spricht viel dafür, sie dann als geringfügig anzusehen, wenn sie nicht ihrerseits wegen ihres Umfangs die Forderung nahe legen, dem Bauherrn ein Abrücken von der Nachbargrenze abzuverlangen, und wenn sie darüber hinaus die Situation an der Nachbargrenze nicht oder jedenfalls nicht unter abstandrechtlich relevanten Gesichtspunkten verändern. Baumaßnahmen an den Gebäudeseiten, die der abstandflächenrechtlich betroffenen Nachbargrenze abgewandt sind, stellen daher eher geringfügige bauliche Änderungen dar. Aber auch der Nachbargrenze zugewandte bauliche Maßnahmen – die weder Länge noch Höhe der dorthin gerichteten Wände verändern und deshalb der § 6 Abs. 15 BauO NRW immanenten Wertung der Belange von Nachbarn und Bauherrn zugänglich sind – sind erst dann mehr als geringfügig, wenn gerade die Gebäudeveränderung zu einer mehr als geringfügigen Beeinträchtigung der Nachbarsituation beiträgt. Aus diesem Grunde ist etwa die Herstellung architektonischer Gliederungselemente eher geringfügig (vgl. § 6 Abs. 7 BauO NRW). Dasselbe gilt i. d. R. für die erstmalige Herstellung von Fensteröffnungen. Auch dürfte eine zu Isolierzwecken hergestellte Bekleidung oder Verblendung von Außenwänden i. d. R. unbeachtlich sein (vgl. § 6 Abs. 14 BauO NRW).

Gemessen an diesen Anforderungen sind die vom Kläger durchgeführten baulichen Änderungen i. S. des § 6 Abs. 15 Satz 1 BauO NRW geringfügig. Soweit sie das Gebäudeinnere betreffen, bleiben sie von vornherein außer Betracht. Die äußeren baulichen Änderungen wirken sich zwar auf das Grundstück der Beigeladenen aus, weil die zehn Dachgaupen zu ihrem Grundstück hin ausgerichtet sind. Sie ändern jedoch die räumliche Ausdehnung des bestehenden Gebäudes im Vergleich zu seinem bereits vor den baulichen Änderungen großen umbauten Volumen nur marginal. Einsichtnahmemöglichkeiten und ästhetische Gesichtspunkte sind für die Bestimmung der räumlichen Ausdehnung eines Gebäudes irrelevant.

Sind bauliche Änderungen als geringfügig einzustufen, ist weiter zu prüfen, ob geringere Tiefen der Abstandflächen unter Würdigung nachbarlicher Belange gestattet werden können. Diesbezüglich hat der Senat bereits in seinem Urteil vom 24. 6. 2004 (Urteil v. 24. 6. 2004 – 7 A 4529/02 –, a. a. O.) entschieden, daß für diese Prüfung eine letztlich am Grundsatz der Verhältnismäßigkeit orientierte Abwägung der Interessen des Bauherrn an der baulichen Änderung des bestehenden Gebäudes mit der Schutzbedürftigkeit der nachbarlichen Belange maßgebend ist. Danach sind in die Abwägung die im Einzelfall betroffenen Belange einzustellen. Ferner ist zu berücksichtigen, in welchem Maß die nachbarlichen Belange durch die Änderung beeinträchtigt werden und wie berechtigt das Interesse des Bauherrn daran ist, die Änderung vorzunehmen, obwohl sie zu gewissen tatsächlichen Nachbarbeeinträchtigungen beiträgt. Für die Abwägung von Belang ist namentlich, ob der Nachbar mit einer vergleichbaren baulichen Änderung rechnen oder ob sich umgekehrt der Bauherr darauf einstellen mußte, daß der beabsichtigten Änderung gewichtige Nachbarinteressen oder andere öffentlichrechtliche Vorschriften wie die des Abstandflächenrechts entgegenstehen. Zusätzliche Faktoren können für die Abwägung nach Maßgabe des ihnen im Einzelfall zukommenden Gewichts von Bedeutung sein.

So kann im Rahmen der Prüfung, ob unter Würdigung nachbarlicher Belange geringere Tiefen der Abstandflächen gestattet werden können, von Belang sein, in welchem Ausmaß die vorhandene Bausubstanz noch verwertbar ist, ob die beabsichtigte Nutzungsänderung einen städtebaulichen Mißstand verfestigt oder ob eine Veränderung der Bausubstanz dergestalt möglich und zumutbar ist, daß den Anforderungen des Abstandflächenrechts genügt werden kann (vgl. zu diesen Aspekten: BVerwG, Urteil v. 16. 5. 1991 – 4 C 17.90 –, a. a. O.; OVG NRW, Urteil v. 24. 6. 2004 – 7 A 4529/02 –, a. a. O.).

Die Würdigung der nachbarlichen Belange ergibt hier, daß das Interesse des Klägers, die Bausubstanz und Nutzung des „Herrenhauses" zu ändern, die Nachbarinteressen der Beigeladenen überwiegt. Zugunsten des Klägers ist in die Abwägung einzustellen, daß die vorhandene Gebäudesubstanz im öffentlichen Interesse Beschränkungen unterworfen ist, weil das „Herrenhaus" in die Denkmalliste eingetragen ist. Die wirtschaftliche Verwertbarkeit des Gebäudes ist besonders zu berücksichtigen, weil durch die Denkmalschutzvorschriften die Variationsbreite möglicher baulicher Änderungen von vornherein eingeschränkt wird und erhebliche Kapitalmehraufwendungen erforderlich werden. Die Änderungen sind mit der zuständigen Denkmalbehörde abgesprochen worden. Der Dachgeschoßausbau zu Wohnzwecken ist eine sinnvolle wirtschaftliche Verwertung des „Herrenhauses", die ohne bauliche Änderungen für Belichtungszwecke nicht möglich wäre.

Zu Lasten der Beigeladenen fällt ins Gewicht, daß damit nicht nur das Interesse des Klägers, sondern auch öffentliche Interessen betroffen sind. Denn ohne eine angemessene wirtschaftliche Verwertbarkeit der unter Denkmalschutz stehenden Gebäude würden die diesbezüglichen Ziele des Denkmalschutzes gefährdet.

Das Interesse der Beigeladenen, die Beeinträchtigungen ihrer nachbarlichen Belange zu verhindern, muß auch deshalb zurückstehen, weil die unmittelbare Nachbarschaft zu dem denkmalgeschützten „Herrenhaus" eine situationsgebundene Vorbelastung ist. Die Beigeladene hat ihr Wohnhaus auf einem Grundstück errichtet, das ehemals Teil eines Klosterhofs war. Darüber hinaus war objektiv mit der Möglichkeit zu rechnen, daß der ersichtlich große Raum unter dem steilen Dach des „Herrenhauses" ausgebaut werden würde. Da sich im Erd- und Obergeschoß bereits Wohnungen befunden hatten, war objektiv auch mit der Möglichkeit zu rechnen, daß der Dachraum zu Wohnzwecken umgebaut werden würde. Dasselbe gilt auf Grund der nach Süden weisenden Dachfläche auch für die Errichtung von Dachgaupen zum Grundstück der Beigeladenen hin. Die durch Gaupen im Vergleich zu Dachflächenfenstern erhöhte Möglichkeit, das Grundstück der Beigeladenen einsehen zu können, fällt im Rahmen der Abwägung nachbarlicher Belange schon deshalb nicht zu ihren Gunsten ins Gewicht, weil bei einem unter Denkmalschutz stehenden Gebäude zumindest auch, wenn nicht sogar eher, mit dem Einbau von Dachgaupen statt moderner Dachflächenfenster zu rechnen war.

Nr. 136

Ein Fitneß-Studio kann eine barrierefrei herzustellende Sportanlage i. S. von § 39 Abs. 2 Nr. 6 LBO-BW sein (hier: bejaht).

LBO § 39 Abs. 1, Abs. 2 Nr. 6, Abs. 3; GG Art. 14.

VGH Baden-Württemberg, Urteil vom 27. September 2004 – 3 S 1719/03 – (rechtskräftig).

(VG Freiburg)

Nr. 136

Die Klägerin wendet sich gegen eine der ihr erteilten Baugenehmigung beigefügte Auflage zum Einbau eines Aufzugs in ein Fitneß-Studio.

Am 11.4.2001 beantragte sie die Baugenehmigung zur Errichtung eines Fitneß-Studios auf dem Grundstück X. Nach den Plänen sind im Erdgeschoß neben dem Trainingsbereich im wesentlichen Umkleide-, Dusch- und Solarium-/Sauna-Räume und ein Ruheraum sowie je ein mit Aerobic bzw. Miniclub bezeichneter Raum vorgesehen. Im Obergeschoß wird eine Galerie errichtet, die ebenfalls zu Trainingszwecken genutzt wird. Außerdem ist ein Büroraum vorgesehen. Die Galerie soll nach den Plänen über eine Treppe vom Erdgeschoß aus erreicht werden.

Mit Bescheid vom 13.6.2001 erteilte das Landratsamt die beantragte Baugenehmigung. Der Baugenehmigung ist als Auflage die Nebenbestimmung beigefügt, wonach bis zur Nutzungsaufnahme des Fitneß-Studios der nach § 39 Abs. 2 Nr. 6 LBO notwendige Aufzug betriebsbereit einzubauen ist.

Gegen diese Nebenbestimmung legte die Klägerin Widerspruch ein und führte aus, von einem Behinderten seien nur sehr wenige Geräte ihres Fitneß-Clubs zu nutzen. Sämtliche Bein- und Ausdauergeräte könnten auf Grund einer Behinderung der Beine nicht genutzt werden. Es bleibe lediglich der Bereich des Freihanteltrainings im Sitzen. Es gebe keinen Bedarf für Aufzüge in einem Fitneß-Club. Die Forderung nach einem Aufzug wirke sich bedrohlich auf die wirtschaftliche Situation ihres Unternehmens aus. Ein Fitneß-Studio sei in dem abschließenden Katalog der barrierefrei auszuführenden Anlagen nicht aufgeführt. Bei dem Fitneß-Studio handele es sich nicht um eine öffentliche Sportanlage, da nur einem bestimmten Personenkreis, nämlich den zahlenden Mitgliedern, der Zutritt zu dem Studio gewährt werde. In ihrem Fitneß-Studio könnten Behinderte auch nicht als Bedienstete eingestellt werden. Als Trainer kämen nur körperlich gesunde Personen in Betracht. Auch der Theken- und Putzdienst könne nicht von Rollstuhlfahrern ausgeführt werden. Besucher hätten keinen Zutritt.

Widerspruch und Klage hatten keinen Erfolg.

Aus den Gründen:

Bauliche Anlagen, sowie andere Anlagen, die überwiegend von kleineren Kindern, behinderten oder alten Menschen genutzt werden, wie Kindergärten u. a. (Nr. 1), Tages- und Begegnungsstätten u. a. (Nr. 2) und Altentagesstätten u. a. (Nr. 3), sind nach § 39 Abs. 1 LBO i. d. F. vom 29. 10. 2003 (GBl. S. 695, LBO) so herzustellen, dass sie von diesen Personen zweckentsprechend ohne fremde Hilfe genutzt werden können (barrierefreie Anlagen). Die Anforderungen nach Abs. 1 gelten auch für den in § 39 Abs. 2 LBO genannten Katalog von speziellen Anlagen und Einrichtungen, zu denen u. a. auch Sport-, Spiel- und Erholungsanlagen, Schwimmbäder (§ 39 Abs. 2 Nr. 6 LBO) gehören. Der Gesetzgeber hat die Regelungen über die Barrierefreiheit bewußt strikt gefaßt (Hager, VBlBW 1999, 401, 403). Er hat eine vorbildliche Regelung schaffen wollen und zu diesem Zweck erhebliche Mehrkosten für die Bauherren in Kauf genommen (Hager, in: Schlotterbeck/v. Arnim/Hager, LBO für Bad.-Württ., 5. Aufl. 2003, § 39 Rdnr. 1). Nach dem Wortlaut der Vorschrift, soll u. a. Behinderten die zweckentsprechende Nutzung bestimmter ausdrücklich aufgeführter baulicher Anlagen ermöglicht werden. Handelt es sich um eine der in Abs. 2 genannten Anlagen, dann muss nach dem Willen des Gesetzgebers Behinderten durch die Herstellung der Barrierefreiheit die zweckentsprechende Nutzung der Anlage ermöglicht werden. Das Gesetz stellt nicht darauf ab, dass die Anlage schon bisher oder üblicherweise von behinderten oder alten Menschen oder Kindern genutzt wird. Hierauf wird lediglich in Abs. 1 abgehoben.

Hierfür spricht neben dem Wortlaut der Vorschrift auch der Umstand, dass in § 42 Abs. 2 LBO i. d. F. vom 23. 7. 1993 (GBl. S. 533, LBO a. F.) eine entsprechende Einschränkung vorgesehen war, die in der Neufassung der Vorschrift entfallen ist. Nach § 42 Abs. 2 LBO a. F. gilt „Abs. 1 der Vorschrift für folgende baulichen Anlagen und Einrichtungen, die von Behinderten, alten Menschen und Müttern mit Kleinkindern nicht nur gelegentlich aufgesucht werden …". § 39 LBO enthält eine derartige Einschränkung nicht.

Bei dem genehmigten Vorhaben der Klägerin handelt es sich um eine Sportanlage i. S. des § 39 Abs. 2 Nr. 6 LBO. Nach § 1 Abs. 2 der 18. BImSchV vom 18. 7. 1991 (BGBl. I, 1588, 1790) sind Sportanlagen ortsfeste Einrichtungen i. S. des § 3 Abs. 5 Nr. 1 BImSchG, die zur Sportausübung bestimmt sind. Eine allgemein anerkannte Definition des Begriffs „Sport" und damit auch des Begriffs „Sportausübung" existiert nicht. Es ist aber anerkannt, dass sich das Phänomen Sport durch bestimmte Wesensmerkmale definiert. Zu diesen gehören die körperliche Bewegung, das Wettkampf- bzw. Leistungsstreben, das Vorhandensein von Regeln und Organisationsformen und die Betätigung als Selbstzweck ohne produktive Absicht (Kuchler, NuR 2000, 77, 81). Zur Sportausübung bestimmt ist eine Anlage, wenn sie primär, d. h. von ihrem Hauptzweck her der Durchführung von Wettkampfsport und / oder der körperlichen Ertüchtigung dienen soll (Herr, Sportanlagen in Wohnnachbarschaft, 1998, S. 150). Fitneß-Studios dienen in erster Linie der körperlichen Ertüchtigung. Sie sind deshalb Sportanlagen (a. A. Hager, in: Schlotterbeck/v. Arnim/Hager, Kommentar zur LBO, 5. Aufl. 2003, § 39 Rdnr. 26 – Freizeitstätte). Dies ergibt sich auch daraus, dass Fitneßcenter bauplanungsrechtlich zu den Anlagen für sportliche Zwecke i. S. der §§ 2, 3 u. a. BauNVO zählen (Ziegler, in: Brügelmann, BauGB, Stand April 1997, § 2 Rdnr. 70). Der Umstand, dass kein Wettkampf stattfindet, ist für die Annahme einer Sportanlage unerheblich (Ketteler, Sportanlagenlärmschutzverordnung, 1998, S. 54). Dafür, dass in dem Fitneß-Studio der Klägerin die physiotherapeutische Betreuung im Vordergrund stünde und es deshalb möglicherweise bauplanungsrechtlich als Anlage für gesundheitliche Zwecke anzusehen wäre (vgl. hierzu Bergemann, Die neue LBO für Bad.-Württ., Band II, Teil 5, Stichwort: Fitneßstudio.), gibt es keinen Anhaltspunkt.

Der Auffassung der Klägerin, ihr Fitneß-Studio sei keine barrierefrei herzustellende Anlage ist nicht zu folgen. Aus § 39 Abs. 1 LBO und dem umfassenden Katalog in Abs. 2 ergibt sich, dass praktisch alle Anlagen insgesamt barrierefrei herzustellen. Ausgenommen sind lediglich Wohnungen und andere, Wohnzwecken dienende Nutzungseinheiten, sonstige Nutzungseinheiten, die in Abs. 1 und Abs. 2 Nr. 1 bis 17 nicht aufgeführt sind, soweit die Nutzungseinheiten je Geschoß nicht mehr als 500 m² oder insgesamt nicht mehr als 1000 m² Nutzfläche haben, und Stellplätze und Garagen, soweit es sich nicht um allgemein zugängliche Großgaragen handelt und die Stellplätze und Garagen nicht für barrierefreie Anlagen bestimmt sind (Sauter, Kommentar zur LBO, 3. Aufl., Stand November 2003, § 39 Rdnr. 19).

Barrierefrei herzustellen sind nicht nur Sportanlagen, die gleichzeitig öffentliche Einrichtungen sind. Vielmehr genügt es, dass die Sportanlage öffentlich zugänglich ist. Dem Wortlaut der Norm ist eine Beschränkung auf öffentliche Einrichtungen nicht zu entnehmen. Zudem zeigt der Katalog der Anlagen und Einrichtungen in § 39 Abs. 2 LBO, dass nicht nur öffentliche Einrichtungen gemeint sind. Denn in diesem Katalog sind Anlagen speziell genannt, bei denen es sich typischerweise nicht um öffentliche Einrichtungen handelt. So sind danach Schalter- und Abfertigungsräume der Post, Banken und Sparkassen (Nr. 2), Camping- und Zeltplätze (Nr. 7) Krankenhäuser (Nr. 10) Bürogebäude (Nr. 13), Beherbergungsbetriebe (Nr. 15), Gaststätten (Nr. 16) und Praxen der Heil- und Heilhilfsberufe (Nr. 17) barrierefrei herzustellen. Auch die Gesetzesbegründung geht von öffentlich zugänglichen Einrichtungen aus. Danach sei zum erweiterten Katalog der öffentlich zugänglichen Gebäude in Nr. 18 ein Auffangtatbestand für weitere Nutzungen geschaffen worden sei. Zu Recht weist der Beklagte darauf hin, dass etwas anderes nur für private Räume, wie z. B. Wohnungen, gilt.

Das Fitneß-Studio der Klägerin ist eine öffentlich zugängliche Anlage. Sie steht jedem potentiellen Nutzer offen, der Nutzungszweck ist gerade darauf angelegt, dass eine nicht bestimmbare Gruppe von Menschen die Anlage nutzt. Hieran ändert nichts, dass die Nutzer ein Entgelt zu entrichten haben bzw. Mitglied werden müssen und für die Klägerin – wie sie vorträgt – kein Kontrahierungszwang besteht. Dies ist kein Abgrenzungskriterium, das das Fitneß-Studio von den anderen in § 39 Abs. 2 LBO genannten Anlagen unterscheiden würde. Vielmehr gilt dies in gleicher Weise für die meisten der in dieser Vorschrift speziell genannten Anlagen.

Aus der Änderung der Vorschrift ist ein anderes Ergebnis nicht abzuleiten. In § 42 Abs. 2 Nr. 8 LBO a. F. sind Sportstätten als barrierefrei herzustellende Anlagen genannt, während in § 39 Abs. 2 Nr. 6 LBO von Sportanlagen die Rede ist. Entgegen der Auffassung der Klägerin ist aus der Gegenüberstellung dieser Begriffe nicht abzuleiten, dass nach der Neufassung der LBO nur Sportanlagen barrierefrei herzustellen seien, die eine gewisse Größe und Bedeutung für die Allgemeinheit und den gesellschaftlichen Verkehr haben. Der Begriff „Sportanlage" knüpft an den Begriff der baulichen Anlage i. S. von § 2 Abs. 1 LBO an und ist gegenüber der „Sportstätte" der weitere Begriff, wie die Klägerin zutreffend darlegt. Sportanlage i. S. des § 39 LBO ist jede bauliche Anlage, die der Sportausübung dient, ohne dass weitere Anforderungen an Größe oder Bedeutung für das gesellschaftliche Leben vom Gesetz gestellt würden.

Ohne Erfolg beruft sich die Klägerin darauf, im Obergeschoß befänden sich nur Geräte, die von Behinderten nicht genutzt werden könnten. Die Forderung nach einer barrierefreien Errichtung erstreckt sich grundsätzlich auf das gesamte Gebäude und damit auf alle Geschosse (VGH Bad.-Württ., Beschluß v. 29. 3. 2001 – 5 S 1745/01 –; Hager, in: VBlBW 1999, 401, 403; Ruf, in: BWGZ 2003, 953). Dies folgt nicht zuletzt aus der Begründung des Gesetzes, wonach die zweckentsprechende barrierefreie Nutzbarkeit insgesamt gewährleistet werden soll, und bedeutet, dass auch das Gebäude der Klägerin insgesamt barrierefrei hergestellt werden muss, zumal sich im Obergeschoß ein Büroraum befindet und die Art der im Obergeschoß aufgestellten Geräte jederzeit veränderbar ist. Auch wenn in größeren Anlagen möglicherweise nicht alle einzelnen Einrichtungen für sich behindertengerecht ausgestattet werden müssen, es möglicherweise genügt, dass z. B. in Hotels ein Mindestanteil hindernisfrei eingerichteter Zimmer oder in Gaststätten, Sportanlagen und Veranstaltungsräumen ein Mindestanteil an Sitzplätzen oder Toiletten behindertengerecht hergestellt werden (vgl. hierzu Hager, in: Schlotterbeck/v. Arnim/Hager, a. a. O., § 39 Rdnr. 40), kann die Klägerin hieraus nichts für sich ableiten. Um solche Einrichtungen geht es vorliegend nicht.

Die Annahme, auch Fitneß-Studios könnten zu den barrierefreien Anlagen gehören, begegnet auch unter dem Blickwinkel von Art. 14 GG keinen Bedenken. Eine entsprechend einschränkende Auslegung der Vorschrift ist im Hinblick auf das Fitneß-Studio der Klägerin nicht geboten.

Zum Inhalt des durch Art. 14 GG geschützten Grundeigentums gehört die Befugnis des Eigentümers, sein Grundstück im Rahmen der Gesetze baulich zu nutzen. Der Gesetzgeber muss bei der Bestimmung von Inhalt und Schranken des Eigentums die schutzwürdigen Interessen des Eigentümers und die Belange des Gemeinwohls in einen gerechten Ausgleich und ein ausgewogenes Verhältnis bringen. Er muss sich dabei im Einklang mit allen anderen Verfassungsnormen halten; insbesondere ist er an den verfassungsrechtlichen Grundsatz der Verhältnismäßigkeit und den Gleichheitssatz des Art. 3 Abs. 1 GG gebunden. Das Wohl der Allgemeinheit ist nicht nur Grund, sondern auch Grenze für die dem Eigentum aufzuerlegenden Belastungen. Einschränkungen der Eigentümerbefugnisse dürfen nicht weiter gehen, als der Schutzzweck reicht, dem die Regelung dient. Der Kernbereich der Eigentumsgarantie darf dabei nicht ausgehöhlt werden. Zu diesem gehört sowohl die Privatnützigkeit als auch die grundsätzliche Verfügungsbefugnis über den Eigentumsgegenstand (vgl. BVerfG, Beschluß v. 19. 12. 2002 – 1 BvR 1402/ 01 –, BRS 65 Nr. 6 = BauR 2003, 1338 = NVwZ 2003, 727 m. w. N.; vgl. hierzu auch Hager, in: Schlotterbeck/v. Arnim/Hager, a. a. O., § 39 Rdnr. 3).

Die Auslegung des Begriffs Sportanlage in § 39 Abs. 2 LBO durch den Senat wird dem Grundsatz der Verhältnismäßigkeit gerecht. Mit dieser Auslegung genügt die Vorschrift des § 39 Abs. 2 Nr. 6 LBO den Anforderungen an die Erforderlichkeit, Geeignetheit und Angemessenheit der Maßnahme zur Zielerreichung. Bei der Frage der Angemessenheit ist eine Abwägung zwischen den mit der gesetzlichen Regelung verfolgten öffentlichen Interessen und den (möglicherweise) entgegenstehenden privaten Interessen vorzunehmen.

Das öffentliche Interesse an der Barrierefreiheit möglichst vieler Gebäude und Anlagen hat erhebliches Gewicht. Dies ergibt sich schon daraus, dass nach Art. 3 Abs. 3 Satz 2 GG niemand wegen seiner Behinderung benachteiligt werden darf. Hinzu kommt, dass § 39 LBO, der den bisherigen § 42 ersetzt, vor diesem verfassungsrechtlichen Hintergrund die Lebensverhältnisse behinderter und älterer Menschen dadurch verbessern soll, dass diesem Personenkreis über eine möglichst hindernisfreie Umwelt die Teilnahme am gesellschaftlichen Leben ermöglicht wird. Er verfolgt das Ziel weitergehende Erleichterungen für den geschützten Personenkreis zu erreichen und hat deutliche Verschärfungen für die Bauherren gebracht. Zum einen entfällt die bisherige generelle Beschränkung auf die dem allgemeinen Besucherverkehr dienenden Teile baulicher Anlagen, da die über §39 geschützten Personen grundsätzlich nicht nur als Besucher der genannten Gebäude, sondern auch als potentiell Beschäftigte in diesen Gebäuden in Betracht kommen. Zum anderen ist der Katalog in Abs. 2 ergänzt worden. Der neue Abs. 3 schränkt zudem die Möglichkeiten, von den gesetzlichen Anforderungen an das barrierefreie Bauen Ausnahmen zu erteilen, gegenüber der bisherigen Regelung ein. Damit soll erreicht werden, das Ziel des barrierefreien Bauens bis auf einzelne begründete Ausnahmefälle tatsächlich zu verwirklichen (Begründung in Lt.-Drucks. 11/5337, S. 104).

Das Interesse der Eigentümer ist von vergleichsweise geringem Gewicht. Es wird sich i. d. R. auf wirtschaftliche Gründe beschränken. Weder die Privatnützigkeit des Eigentums noch die grundsätzliche Verfügungsbefugnis werden in Frage gestellt. Es geht vielmehr lediglich um eine zusätzliche, letztlich wirtschaftliche Belastung.

Die Forderung der Barrierefreiheit ist vorliegend zur Zielerreichung (gleiche Lebensbedingungen für Behinderte) auch geeignet. Ungeeignet wäre sie nur dann, wenn eine zweckentsprechende Nutzung durch Behinderte ohne fremde Hilfe auch als Beschäftigte ungeachtet der Barrieren objektiv (z. B. durch arbeitsrechtlichen Schutzbestimmungen) ausgeschlossen wäre (weitergehend wohl Sauter, a. a. O., §39 Rdnr. 22; Hager, in: Schlotterbeck/v. Arnim/Hager, a. a. O., §39 Rdnr. 38).

Im übrigen ist es vor dem Hintergrund des Grundsatzes der Verhältnismäßigkeit sachgerecht, nach dem Grad der Wahrscheinlichkeit einer Benutzung einer Anlage durch behinderte oder alte Menschen oder Kinder zu differenzieren. Je größer die Wahrscheinlichkeit ist, dass eine bauliche Anlage vom geschützten Personenkreis genutzt wird, desto größer ist auch das Gewicht des öffentlichen Interesses an der Barrierefreiheit. Je unwahrscheinlicher eine Nutzung durch Behinderte ist, desto weniger geeignet ist die Barrierefreiheit zur Durchsetzung ihres Ziels und desto geringer wird das Gewicht des öffentlichen Interesses sein.

Bei Anwendung dieser Grundsätze ist es nicht derart unwahrscheinlich, dass behinderte und alte Menschen das Fitneß-Studio der Klägerin benutzen, dass dem öffentlichen Interesse an der Integration des geschützten Personenkreises ein gegenüber dem wirtschaftlichen Interesse der Klägerin geringeres Gewicht zukommen würde. Immerhin erhält der Behindertensport immer größere Bedeutung und ist es nicht ausgeschlossen, dass auch gehbehinderte Personen einen Nutzen von einem Fitneß-Studio haben können. Hinzu kommt, dass auch alte Menschen zum geschützten Personenkreis zählen. Es ist denkbar, dass ein alter Mensch (z. B. aus konditionellen Gründen) Schwierigkeiten hat, eine Treppe ins Obergeschoß zu überwinden, gleichwohl mit Erfolg auf einem Laufband oder einem Ergometer trainiert. Hinzu kommt, dass im Obergeschoß ein Büroraum vorgesehen ist, in dem auch ein Arbeitsplatz für einen Behinderten sein kann. Auch wenn dies derzeit nicht vorgesehen sein mag, ist es in der Zukunft nicht ausgeschlossen.

Eine Ausnahme nach §39 Abs. 3 LBO kommt ungeachtet der Frage der wirtschaftlichen (Un-)Zumutbarkeit nicht in Betracht. Die genehmigte Anlage

(Fitneß-Studio) ist nicht durch eine Nutzungsänderung oder bauliche Änderung einer bestehenden Anlage entstanden (§39 Abs. 3 Nr. 1 LBO). Die gesetzlichen Voraussetzungen für eine Befreiung nach §56 Abs. 5 LBO liegen nicht vor. Weder erfordern Gründe des Wohls der Allgemeinheit eine Abweichung von §39 LBO noch würde die Einhaltung der Vorschrift im vorliegenden Einzelfall zu einer offenbar nicht beabsichtigten Härte führen. Zu Recht hat das Verwaltungsgericht ausgeführt, bei der Frage der offenbar nicht beabsichtigten Härte komme es nur auf die objektive Situation des Grundstücks, namentlich auf Lage, Form, Geländebeschaffenheit und Zuschnitt, nicht dagegen auf die subjektiven Verhältnisse des Bauherrn (persönliche Lage, wirtschaftliche Verhältnisse oder Bedürfnisse) an. Es muss ein in der Grundstückssituation bedingter Sonderfall gegeben sein, der dem Einzelnen ein über die allgemeinen Auswirkungen hinaus gehendes Opfer verlangt (Sauter, a. a. O., §56 Rdnr. 50). Hierfür sind vorliegend Anhaltspunkte weder geltend gemacht noch ersichtlich.

Nr. 137

1. **Die Pflicht des Staates, Leben und Gesundheit seiner Bürger durch Maßnahmen zur Gefahrenabwehr und Gefahrenvorsorge zu schützen, gebietet von Verfassungs wegen nicht, jedes nützliche und verantwortungsbewußte Verhalten gesetzlich vorzuschreiben.**

   Der Gesetzgeber darf bei seiner Entscheidung, in welchem Umfang er seiner Schutzpflicht genügt, die Grundentscheidung der Verfassung für Freiheit und Selbstverantwortung der Menschen (Art. 1 Abs. 2 LV) ebenso berücksichtigen wie Gründe der Verwaltungspraktikabilität und der Vermeidung zusätzlicher Regelungsdichte.

2. **Hiernach ist der Landesgesetzgeber nicht verpflichtet, auch für bestehende Wohngebäude die Anbringung von Rauchwarnmeldern vorzuschreiben.**

   LV Rh.Pf. Art. 3, 17; LBauO §§44 Abs. 8, 85.

   Verfassungsgerichtshof Rheinland-Pfalz, Urteil vom 5. Juli 2005 – VGH B 28/04 – (rechtskräftig).

   Mit der Verfassungsbeschwerde begehrt die Beschwerdeführerin ein gesetzgeberisches Tätigwerden. Sie beanstandet, daß der Landesgesetzgeber es unterlassen habe, auch für bestehende Wohngebäude die Installation von Rauchwarnmeldern vorzuschreiben.

   Eine solche Pflicht besteht nach §44 Abs. 8 i. V. m. §85 Abs. 1 und Abs. 2 LBauO i. d. F. des Änderungsgesetzes vom 22. 12. 2003 (GVBl., 396) nur für Neubauten und für wesentliche Änderungen von Gebäuden. Von der Erstreckung dieser Verpflichtung auch auf bestehende Wohngebäude wurde im wesentlichen aus Gründen des Bestandsschutzes abgesehen. Stattdessen wurde auf Information und Aufklärung der Bevölkerung verwiesen.

Nr. 137

Mit ihrer Verfassungsbeschwerde rügt die sechsjährige Beschwerdeführerin, vertreten durch ihre Mutter, die Verletzung ihrer Grundrechte aus Art. 3 und Art. 17 Abs. 2 der Verfassung für Rheinland-Pfalz – LV – und macht hierzu geltend: Der Gesetzgeber habe mit § 44 Abs. 8 LBauO eine unzureichende Regelung getroffen. Die bereits bestehenden Gebäude seien nicht erfaßt. Da sie in einer bereits 1979 erbauten Wohnung lebe, sei ihr Leben im Falle eines Brandes und der damit verbundenen Rauchentwicklung nicht geschützt. Der Gesetzgeber habe die Notwendigkeit von Rauchwarnmeldern gerade in Altbauten außer Acht gelassen. Damit habe er zunächst seine Pflicht zum Schutz des Lebens verletzt. Art. 3 LV verpflichte den Gesetzgeber zum Erlaß notwendiger Schutzvorkehrungen. Ohne Rauchwarnmelder seien insbesondere Kinder großen Gefahren für Leib und Leben ausgesetzt. Wegen der Bedeutung dieser höchsten Rechtsgüter könne nicht auf Bestandsschutzargumente verwiesen werden. Ferner habe der Gesetzgeber durch seine Regelung in § 44 Abs. 8 LBauO gegen den Gleichbehandlungsgrundsatz verstoßen. Gegenüber den in Neubauten wohnenden Kindern werde sie in willkürlicher Art und Weise benachteiligt.

Landtag und Landesregierung sind der Verfassungsbeschwerde entgegengetreten.

Aus den Gründen:

Die Verfassungsbeschwerde hat keinen Erfolg.

A. Der Verfassungsgerichtshof hat Bedenken zurückgestellt, ob überhaupt ein Rechtschutzbedürfnis besteht oder nicht unzulässig eine Popularklage erhoben worden ist. Die Bedenken gründen darin, daß die Beschwerdeführerin den begehrten Schutz ihres Lebens und der körperlichen Unversehrtheit durch Maßnahmen ihrer sorgeberechtigten Mutter leicht selbst erreichen könnte.

Die Begründung der Verfassungsbeschwerde läßt erkennen, daß ihre Mutter um die Bedeutung von Rauchwarnmeldern zur Gefahrenvorsorge weiß. Es ist nicht vorgetragen, daß sie ihr diesen Schutz vorenthalten will oder zur Anbringung von Rauchwarnmeldern aus tatsächlichen Gründen nicht in der Lage ist. Hierfür ist angesichts des Umstandes, daß ihre Großmutter Eigentümerin des von der Beschwerdeführerin bewohnten Hauses ist, auch nichts ersichtlich. Angesichts dessen ist zweifelhaft, ob hier subjektiver Rechtsschutz begehrt oder nicht bloß ein Tätigwerden des Gesetzgebers im Interesse der Allgemeinheit verlangt wird.

B. Die Verfassungsbeschwerde ist jedenfalls nicht begründet.

Die Beschwerdeführerin ist nicht dadurch in ihren Grundrechten aus der Landesverfassung verletzt, daß der Landesgesetzgeber die Pflicht zur Anbringung von Rauchwarnmeldern auf Neubauten beschränkt und von einer Erstreckung auf Altbauten abgesehen hat.

I. Eine solche Pflicht zu gesetzgeberischem Tätigwerden ergibt sich zunächst nicht aus den Freiheitsgrundrechten der Landesverfassung, insbesondere nicht aus Art. 3 Abs. 1 und Abs. 3 i. V. m. Art. 1 Abs. 2 LV.

1. Art. 3 Abs. 1 und Abs. 3 LV stellt das Leben und die körperliche Unversehrtheit des Menschen unter den Schutz der Verfassung. Die Freiheitsgrundrechte der Landesverfassung begründen jedoch in erster Linie Abwehrrechte gegen staatliche Eingriffe. Darüber hinaus beinhalten sie aber zugleich eine Wertentscheidung für die genannten Rechtsgüter. Deren Bewahrung wird dadurch zur umfassenden Aufgabe staatlicher Organe (vgl. Merten, in: Festschrift für Burmeister, 2005, 227, 231). Hieraus kann auch eine Pflicht

zum Tätigwerden des Staates erwachsen, um andere Gefährdungen der grundrechtlich geschützten Rechtsgüter abzuwenden. Diese aus dem objektiv-rechtlichen Gehalt des jeweiligen Grundrechts hergeleitete Schutzpflicht ist in der Verfassung für Rheinland-Pfalz ausdrücklich anerkannt. Denn nach Art. 1 Abs. 2 LV gehört es zur Aufgabe des Staates, die persönliche Freiheit und Selbständigkeit des Menschen zu schützen. Der Staat ist deshalb gehalten, sich schützend und fördernd vor die verfassungsrechtlich verbürgten Rechtsgüter zu stellen, sie insbesondere vor Eingriffen anderer zu bewahren (vgl. VerfGH Rh.-Pf., AS 29, 23, 31; BVerfGE 88, 203, 251; 66, 39, 58; 49, 89, 141; Süsterhenn/Schäfer, Kommentar der Landesverfassung, 1950, Art. 1 Anm. 3 a; Gusy, in: Grimm/Caesar, Verfassung für Rheinland-Pfalz, 2001, Art. 1 Rdnr. 15; H. H. Klein, DVBl. 1994, 289, 290; Merten, a. a. O., S. 236).

Mit der staatlichen Pflicht zum Schutz der grundrechtlich verbürgten Rechtsgüter ist jedoch zunächst nur eine Staatsaufgabe als solche umschrieben. Wie die staatlichen Organe ihre Schutzpflicht erfüllen, ist von ihnen in eigener Verantwortung zu entscheiden (vgl. BVerfGE 96, 56, 64). Entwicklung und normative Umsetzung eines Schutzkonzepts sind grundsätzlich Sache des Gesetzgebers. Ihm steht bei der Erfüllung der Schutzpflicht ein weiter Einschätzungs-, Wertungs- und Gestaltungsbereich zu, der auch Raum läßt, etwa konkurrierende öffentliche und private Interessen zu berücksichtigen (vgl. BVerfGE 79, 174, 202 – Verkehrslärmschutz –). Der Umfang dieses Wertungsrahmens hängt von der Eigenart des in Rede stehenden Sachbereichs und der Bedeutung der auf dem Spiel stehenden Rechtsgüter ab. Es obliegt der Einschätzungsprärogative des Gesetzgebers, ob er eine staatliche Reglementierung für notwendig erachtet und welchen Inhalt er ihr gibt. Verfassungsrechtlichen Bindungen unterliegt er um so mehr, je existenzieller und fundamentaler die betroffenen Grundrechtsgüter für den Einzelnen sind und je mehr dieser auf staatliche Hilfe angewiesen ist (vgl. zur Proportionalität der Schutzpflicht: Merten, a. a. O., S. 242).

Die verfassungsgerichtliche Prüfung beschränkt sich darauf, ob der Gesetzgeber die genannten Faktoren ausreichend berücksichtigt und seinen Einschätzungsspielraum in vertretbarer Weise gehandhabt hat (vgl. BVerfGE 88, 203, 262). Eine Verletzung der Schutzpflicht liegt insbesondere dann vor, wenn die staatlichen Organe gänzlich untätig geblieben oder die bisher getroffenen Maßnahmen völlig unzureichend sind (vgl. BVerfGE 79, 174, 202). Kommt der Gesetzgeber seiner derart umschriebenen verfassungsrechtlichen Schutzpflicht nicht nach, hat der Träger des Grundrechts einen Anspruch auf Erfüllung dieser Pflicht, den er mit der Verfassungsbeschwerde geltend machen kann (vgl. BVerfG, a. a. O.; H. H. Klein, in: Merten/Papier, Handbuch der Grundrechte, Bd. I, 2004, § 6 Rdnr. 68).

2. Gemessen an diesen Grundsätzen ist die Entscheidung des rheinland-pfälzischen Gesetzgebers, für den vorhandenen Bestand von ca. 1,9 Mio. Wohnungen im Land das Anbringen von Rauchwarnmeldern gesetzlich nicht anzuordnen, von Verfassungs wegen nicht zu beanstanden.

Der Gesetzgeber ist hinsichtlich der durch Brand verursachten Gefahren für Leib und Leben nicht untätig geblieben. Der Brandschutz war schon immer Kernanliegen des Bauordnungsrechts. Die §§ 15, 27 ff. und 50 LBauO sowie ergänzende Rechtsverordnungen enthalten zahlreiche Anforderungen zur Beschaffenheit baulicher Anlagen und gewährleisten damit vorbeugenden wie abwehrenden Brandschutz. Hinzu kommen Vorschriften im Brand- und Katastrophenschutzgesetz. Es ist nicht ersichtlich, daß diese Maßnahmen völlig unzureichend sind.

Bei der von der Beschwerdeführerin verlangten Anbringung von Rauchwarnmeldern handelt es sich um eine Maßnahme der weiteren Gefahrenvorsorge. Auch insofern ist der Gesetzgeber nicht untätig geblieben. Vielmehr hat er sich eingehend mit dem Nutzen dieser Geräte vertraut gemacht. Er hat erkannt, daß Rauchwarnmelder ein geeignetes Mittel sind, um entstehende Brände frühzeitig zu bemerken und dadurch Schutzmaßnahmen rechtzeitig zu ergreifen. Hieraus folgt indessen noch nicht die verfassungsrechtlich zwingende Pflicht, die Anbringung von Rauchwarnmeldern in allen vorhandenen Wohnungen gesetzlich anzuordnen.

a) Nicht jedes nützliche und verantwortungsbewußte Verhalten von Personen bedarf der gesetzlichen Regelung. Nicht jede gesetzliche Regelung zur Gefahrenabwehr und Gefahrenvorsorge ist verfassungsrechtlich zwingend geboten. Der Staat hat bei der Entscheidung über im Tätigwerden auch die verfassungsrechtliche Grundaussage für die Freiheit und Selbstverantwortung der Menschen zu beachten (Art. 1 Abs. 2 LV). Hierin kommt die subsidiäre Zweckbestimmung des Staates zum Ausdruck, die in der Verfassung von Rheinland-Pfalz ihre besondere Ausprägung erfahren hat (vgl. Süsterhenn/Schäfer, a. a. O., vor Art. 1, Anm. I). Es ist deshalb legitimes Ziel der Gesetzgebung, den Bestand an Normen auf das unbedingt Notwendige zu beschränken.

Staatlicher Schutz ist um so mehr geboten, je stärker der Einzelne Gefahren ausgeliefert ist. Dies gilt insbesondere bei Gefahren von dritter Seite. Umgekehrt unterliegt der Gesetzgeber dann um so weniger konkreten Handlungspflichten, je mehr der Einzelne die Gefahrenlage und die Möglichkeit zu ihrer Abwendung selbst beherrscht. Bedeutung hat dies gerade für die vielfältigen Gefahren im häuslichen Bereich, und zwar nicht beschränkt auf die eigene Wohnung. Es gilt gleichermaßen für den Aufenthalt in fremden Wohnungen. Auch insofern kann auf die Eigenverantwortung des Einzelnen und das Verantwortungsbewußtsein derjenigen vertraut werden, in deren Obhut er sich begibt. Für minderjährige Kinder ergibt sich nichts anderes, da sie ohnehin in ihrem gesamten Lebensumfeld auf das Verantwortungsbewußtsein ihrer Sorgeberechtigten angewiesen sind. Es ist daher von Verfassungs wegen nicht zu beanstanden, wenn der Gesetzgeber das Anbringen von Rauchwarnmeldern grundsätzlich der Eigenverantwortung der Wohnungsnutzer überlassen und seine Schutzmaßnahmen auf die Unterrichtung der Bevölkerung und den Appell an deren Verantwortungsbewußtsein beschränkt hat (vgl. zur Öffentlichkeitsarbeit als staatliche Schutzmaßnahme: BVerfG, NJW 1987, 2287).

b) Hinzu kommt, daß der Gesetzgeber beim Erlaß materieller Normen immer auch deren Vollzug zu bedenken hat. Wo die Verwirklichung gesetzlich angeordneter Schutzvorkehrungen letztlich doch vom Verantwortungs- und Pflichtbewußtsein des Einzelnen abhängt, ist es verfassungsrechtlich nicht zu beanstanden, wenn der Gesetzgeber bereits beim Erlaß materieller Standards Zurückhaltung übt und auf Gesetze verzichtet, die ohnehin nur mahnenden Charakter haben. Dies gilt in verstärktem Maße wegen des Bemühens des Gesetzgebers, Umfang und Dichte des Normbestandes zurückzuführen. Angesichts von ca. 1,9 Mio. Wohnungen im Land ist es nicht fehlerhaft, wenn der Gesetzgeber den zur Gewährleistung der Funktionssicherheit der Rauchwarnmelder erforderlichen Kontrollaufwand als unverhältnismäßig hoch bewertet hat. Um die Verwirklichung der Vorsorgemaßnahme dauerhaft sicherzustellen, müßte nicht nur die Anbringung der Rauchwarnmelder, sondern auch die Erhaltung ihrer Funktionsfähigkeit überwacht werden. Hierzu zählt bei batteriebetriebenen Rauchwarnmeldern, die auch nach Auffassung der Beschwerdeführerin bei Altbauten allein in Betracht kommen, insbesondere das rechtzeitige Auswechseln der Batterien. Diese Wartungsarbeit kann zeitnah nur durch den Wohnungsinhaber erbracht werden. Wenn somit die Aufrechterhaltung der Funktionssicherheit batteriebetriebener Rauchwarnmelder letztlich doch von der Eigenverantwortung des jeweiligen Wohnungsnutzers abhängt, ist die Abwägung des Gesetzgebers von Verfassungs wegen nicht zu beanstanden, auch bereits in Bezug auf den Einbau dieser Warnmelder auf das Verantwortungsbewußtsein der Menschen zu vertrauen.

Soweit die Beschwerdeführerin auf die verordnungsrechtliche Verpflichtung zum Gebrauch spezieller Kindersicherungssysteme in Kraftfahrzeugen hinweist (vgl. §21 Abs. 1a Straßenverkehrsordnung), mag dies zwar die rechtspolitische Forderung nach einer umfassenden Installationspflicht für Rauchwarnmelder unterstützen. Sie belegt indes nicht die verfassungsrechtliche Pflicht, das Anbringen von Rauchwarnmeldern auch in vorhandenen Wohnungen gesetzlich anzuordnen. Denn ungeachtet des grundsätzlichen Einwands, daß nicht jede sinnvolle gesetzliche Regelung zur Gefahrenabwehr und Gefahrenvorsorge in grundrechtlichen Schutzpflichten zwingend vorgegeben ist, kann die staatliche Überwachung des Betriebs und der Nutzung von Kraftfahrzeugen durch die dort ohnehin vorhandenen Kontrollen in ungleich größerem Umfang gewährleistet werden, als dies für die Nutzung von Rauchwarnmeldern innerhalb der Wohnung möglich wäre.

II. Die Beschwerdeführerin wird dadurch, daß der Gesetzgeber die Verpflichtung zum Anbringen von Rauchwarnmeldern auf die Errichtung und wesentliche Änderung baulicher Anlagen gemäß §44 Abs. 8 i. V. m. §85 Abs. 1 und Abs. 2 LBauO beschränkt hat, auch nicht in ihrem Recht auf Gleichbehandlung verletzt.

Der allgemeine Gleichbehandlungsgrundsatz (Art. 17 Abs. 1 und 2 LV) gebietet, Gleiches gleich und Ungleiches seiner Eigenart entsprechend verschieden zu behandeln. Dabei obliegt es dem Gesetzgeber zu entscheiden, welche Elemente der zu ordnenden Lebensverhältnisse er als maßgebend dafür ansieht, sie im Recht gleich oder verschieden zu behandeln. Der Gleichheitssatz ist nur verletzt, wenn sich – bezogen auf die Eigenart des zu regelnden Sachbereichs – ein vernünftiger, aus der Natur der Sache folgender oder sonst wie einleuchtender Grund für die betreffende Differenzierung oder Gleichbehandlung nicht finden läßt. Hierbei hat der Verfassungsgerichtshof lediglich darüber zu wachen, daß die äußeren, von der Verfassung gesetzten

Grenzen der normativen Gestaltungsfreiheit beachtet werden (vgl. VerfGH Rh.-Pf., AS 25, 418, 419; AS 29, 23, 30f.; NJW 2005, 410, 414; Caesar, in: Grimm/Caesar, Art. 17 Rdnr. 12 ff.).

Gemessen an diesen Grundsätzen ist ein Verstoß gegen den Gleichheitssatz nicht festzustellen. Es ist einleuchtend, daß der Gesetzgeber davon abgesehen hat, das Anbringen von Rauchwarnmeldern auch in den bereits vorhandenen Gebäuden gesetzlich anzuordnen.

Der Gesetzgeber durfte davon ausgehen, daß für den vorhandenen Wohnbestand aus Gründen des Bestandsschutzes nur der Einsatz batteriebetriebener Rauchwarnmelder verlangt werden könnte. Auch die Beschwerdeführerin fordert nur die Verpflichtung zum Einbau dieser Anlagen. Die Einrichtung eines an das Stromnetz angeschlossenen und vernetzten Rauchwarnmeldersystems, das von den Sachverständigen aus Gründen der Zuverlässigkeit und Funktionssicherheit empfohlen wird, wäre nämlich u. a. wegen der Notwendigkeit eines eigenen Stromanschlusses an der Zimmerdecke mit nicht unerheblichem Aufwand und hohen Kosten verbunden (vgl. die Sachverständigenanhörung im Haushalts- und Finanzausschuß des Landtags am 4. 11. 2003, Protokoll der 35. Sitzung, S. 9). Das Verlangen einer solch aufwändigen Maßnahme der Gefahrenvorsorge würde das verfassungsrechtlich geschützte Bestandsinteresse der Gebäudeeigentümer unverhältnismäßig stark beeinträchtigen. Um das Anbringen batteriebetriebener Rauchwarnmelder und vor allem die Aufrechterhaltung ihrer Funktionsfähigkeit zu überwachen, wäre ein im Vergleich zur Neuerrichtung oder wesentlichen Änderung von Gebäuden unverhältnismäßig hoher und im Endergebnis doch nicht lückenloser Kontrollaufwand erforderlich. Letztlich hinge die Verwirklichung der Gefahrenvorsorgemaßnahme bei Altbauten doch von der Eigenverantwortung des jeweiligen Wohnungsnutzers ab.

Demgegenüber durfte der Gesetzgeber davon ausgehen, daß bei Neubauten eine Installationspflicht viel leichter umgesetzt und auch besser überwacht werden kann. Denn hier kann das Anbringen der Rauchwarnmelder ohne zusätzlichen Aufwand bereits bei der Planung des Gebäudes berücksichtigt und im Rahmen der allgemeinen Baukontrolle mit überwacht werden. Was die Bedenken gegen die dauerhafte Funktionsfähigkeit batteriebetriebener Rauchwarnmelder anbelangt, so hat sich der Gesetzgeber ersichtlich von der Vorstellung leiten lassen, daß die Regelung in § 44 Abs. 8 LBauO bei der Neuerrichtung von Gebäuden in einer nicht unerheblichen Zahl der Fälle zur Einrichtung eines stromnetzgebundenen und vernetzten Rauchwarnmeldersystems führen wird, womit die Notwendigkeit nachträglicher Kontrollen weitgehend entfällt (vgl. die Stellungnahmen der Abgeordneten im Haushalts- und Finanzausschuß des Landestages, a. a. O., S. 10 f. des Protokolls).

Vor diesem Hintergrund war es sachlich gerechtfertigt, die Installationspflicht für Rauchwarnmelder auf Neuerrichtungen und wesentliche Änderungen baulicher Anlagen zu beschränken.

Nr. 138

1. **Die Vorschrift des § 71 LBO ist keine Verbotsnorm i. S. von § 134 BGB.**

2. **Eine Baulast kann auch auf Vorrat ohne konkreten Anlass übernommen werden. Voraussetzung ist nur, dass nicht ausgeschlossen sein darf, dass die Baulast in naher Zukunft baurechtliche Bedeutung gewinnen kann.**

BGB § 134; LVwVfG § 59 Abs. 1; LBO § 71.

VGH Baden-Württemberg, Urteil vom 1. Oktober 2004 – 3 S 1743/03 – (rechtskräftig).

(VG Freiburg)

Im vorliegenden Rechtsstreit geht es um die Wirksamkeit eines von den Beteiligten geschlossenen gerichtlichen Vergleichs.

Die Beklagten sind Eigentümer des Grundstücks Flst.-Nr. 9. Das Grundstück grenzt an die L 96 und ist mit einem Wohn- und Geschäftshaus mit Schaufenstern zur Straße hin bebaut. Die Fläche vor den Schaufenstern wurde in der Vergangenheit als Parkplatz genutzt. In den Jahren 1994/1995 führte die Klägerin (Gemeinde) eine Umgestaltung der Ortsdurchfahrt der L 96 durch. Hierbei wurde u. a. ein durchgehender Gehweg entlang der L 96 angelegt. Die Klägerin wies die Beklagten darauf hin, dass es durch den Bau des Gehweges künftig sehr schwierig sein werde, weiterhin vier Pkws auf der Fläche zwischen Gebäude und Straße abzustellen. Sie – die Klägerin – sei bereit, den oder die entfallenden Stellplätze soweit erforderlich – im Rahmen einer Ablösevereinbarung kostenlos an anderer Stelle bereit zu stellen. 1994 schlossen die Beteiligten eine Vereinbarung, mit der sich die Beklagten verpflichteten, die Gestaltungskonzeption für ihr Grundstück anzuerkennen und die nicht durch öffentliche Zuschüsse gedeckten Aufwendungen sowie die nicht zuschußfähigen Kosten zu tragen.

Nach Durchführung der Straßenbaumaßnahme teilte die Klägerin 1995 den Beklagten mit, ihr Kostenanteil belaufe sich auf 11 199,11 DM. In der Folgezeit konnten sich die Beteiligten nicht über die Frage einigen, ob die Klägerin den Beklagten zwei Stellplätze zur Verfügung zu stellen habe. Einer Zahlungsaufforderung der Klägerin hielten die Beklagten entgegen, ihre Zahlungsverpflichtung sei abhängig von der Schaffung und Sicherung der Ersatzparkplätze durch Baulast durch die Klägerin.

In einem vor dem Verwaltungsgericht geschlossenen Vergleich verpflichteten sich die Beklagten, als Gesamtschuldner bis zum 1. 11. 2001 an die Klägerin 17 000,– DM zu bezahlen, und die Klägerin, bis 1. 11. 2001 den Beklagten bzw. den jeweiligen Eigentümern des Grundstücks Flst.-Nr. 9 zwei Stellplätze i. S. des § 37 Abs. 1 LBO auf dem gemeindeeigenen Grundstück Flst.-Nr. 476 zur kostenlosen Nutzung zu überlassen und die Nutzung durch Übernahme einer Baulast zugunsten des Grundstücks Flst.-Nr. 9 zu sichern.

2002 beantragte die Klägerin beim Verwaltungsgericht die Fortsetzung des Verfahrens. Sie trug vor, der Vergleich sei nichtig. Es sei unzulässig, auf Vorrat eine Baulast zu übernehmen, für die zur Zeit keine Veranlassung bestehe. Eine Baulast, die als öffentlich-rechtliche Sicherung funktionslos wäre, sei unwirksam. Außerdem habe der Bürgermeister mit dem Abschluß des Vergleichs seine Vertretungsbefugnis überschritten. Sie habe inzwischen zur Abwendung der Zwangsvollstreckung eine entsprechende Baulasterklärung abgegeben. Eine Erledigung sei hierdurch aber nicht eingetreten.

Aus den Gründen:

Zu Recht hat das Verwaltungsgericht festgestellt, dass das gerichtliche Verfahren beim Verwaltungsgericht durch den gerichtlichen Vergleich von 2001 beendet ist. Der Vergleich ist wirksam.

Ein öffentlich-rechtlicher Vertrag ist nichtig, wenn sich die Nichtigkeit aus der entsprechenden Anwendung von Vorschriften des Bürgerlichen Gesetzbuchs ergibt (§ 59 Abs. 1 LVwVfG). Zu Recht hat das Verwaltungsgericht ausgeführt, dass § 59 Abs. 2 LVwVfG nicht zur Anwendung kommt, da sich diese Vorschrift ausschließlich auf subordinationsrechtliche Verträge bezieht, wie sich aus dem Verweis auf § 54 Satz 2 LVwVfG ergibt, und es sich vorliegend nicht um einen subordinationsrechtlichen Vertrag handelt.

Ein Rechtsgeschäft, das gegen ein gesetzliches Verbot verstößt, ist nichtig, wenn sich nicht aus dem Gesetz ein anderes ergibt (§ 134 BGB). Verbote i. S. des § 134 BGB sind Vorschriften, die eine nach der Rechtsordnung grundsätzlich mögliche rechtsgeschäftliche Regelung wegen ihres Inhalts oder der Umstände ihres Zustandekommens untersagen (Palandt, Kommentar zum BGB, 63. Aufl., § 134 Rdnr. 5).

Nach der Rechtsprechung des Bundesverwaltungsgerichts ist der differenzierenden Regelung in § 59 VwVfG zu entnehmen, dass bei verwaltungsrechtlichen Verträgen nicht jeder Rechtsverstoß, sondern nur qualifizierte Fälle der Rechtswidrigkeit zur Nichtigkeit führen sollen (BVerwG, Urteile v. 3. 3. 1995 – 8 C 32.93 –, BVerwGE 98, 58, und v. 23. 8. 1991 – 8 C 61.90 –, BVerwGE 89, 7, sowie Beschluß v. 6. 8. 1993 – 11 B 39.92 –, Buchholz 316 § 59 VwVfG Nr. 10). Baurechtliche Vorschriften ziehen die Nichtigkeit von Rechtsgeschäften, die gegen sie verstoßen, im Zweifel nicht nach sich (MünchKomm.-Mayer-Maly, BGB, § 134 Rdnr. 74).

Damit ein (objektiver) Rechtsverstoß „qualifiziert" ist und ein gesetzliches Verbot i. S. des § 59 Abs. 1 LVwVfG i. V. m. § 134 BGB vorliegt, muss ein Verstoß gegen eine zwingende Rechtsnorm vorliegen; nicht ausreichend sind Regelungen mit Soll- oder Kann-Vorschriften ohne strikte Bindungswirkung (Stelkens/ Bonk/Sachs, Verwaltungsverfahrensgesetz, 6. Aufl. 2001, § 59 Rdnr. 52 f.). Gesetzliche Verbote in diesem Sinn sind grundsätzlich nur solche, die entweder den Abschluß eines Vertrages, d. h. eine Regelung der in Frage stehenden Angelegenheit durch Vertrag, den Inhalt der vertraglichen Regelung, oder die Herbeiführung eines bestimmten Erfolgs schlechthin verbieten. Verstöße gegen den Grundsatz der materiellen Gesetzmäßigkeit oder gegen materielle Ermächtigungsnormen allein stellen als solche grundsätzlich noch keinen Verstoß gegen ein gesetzliches Verbot dar. Das gilt auch für das Fehlen einer an sich erforderlichen gesetzlichen Ermächtigungsnorm oder für Verstöße gegen Vorschriften, aus denen sich ergibt, dass eine bestimmte Regelung nicht zulässig ist (Kopp/ Ramsauer, VwVfG, 7. Aufl., § 59 Rdnr. 11 m. w. N.). Ein gesetzliches Verbot kann allerdings nicht nur dann vorliegen, wenn nach dem ausdrücklichen Wortlaut einer Rechtsvorschrift der Eintritt einer bestimmten Rechtsfolge unbedingt ausgeschlossen ist. Aus Sinn, Zweck und Systematik einer gesetzlichen Regelung ohne ausdrückliche Klarstellung im Wortlaut kann sich ein Verbot auch dann ergeben, wenn der Rechtsverstoß objektiv erheblich ist und ein im Einzelfall schutzwürdiges öffentliches Interesse an der Erhaltung der Rechtsordnung besteht, hinter der der Grundsatz der Vertragsverbindlichkeit zurückzutreten hat (OVG Münster, Urteil v. 12.12.1991 – 11 A 2717/89 –, NVwZ 1992, 988; vgl. auch BGH, Urteil v. 14.12.1999 – X ZR 34/98 –, BGHZ 143, 283). Bei Zugrundelegung dieser Grundsätze handelt es sich bei der Vorschrift des § 71 LBO nicht um eine Verbotsnorm i. S. des § 134 BGB.

Nach dieser Vorschrift können Grundstückseigentümer durch Erklärung gegenüber der Baurechtsbehörde öffentlich-rechtliche Verpflichtungen zu einem ihre Grundstücke betreffenden Tun, Dulden oder Unterlassen übernehmen, die sich nicht schon aus öffentlich-rechtlichen Vorschriften ergeben. Nach dem Wortlaut dieser Norm handelt es sich nicht um eine zwingende Vorschrift mit strikter Bindungswirkung. Sie verbietet weder allgemein noch im Hinblick auf den vorliegenden konkreten Vertragsinhalt den Abschluß eines Vertrages über die Abgabe einer Baulasterklärung, noch eine vertragliche Verpflichtung zur Abgabe einer Baulasterklärung, noch die vertragliche Belastung eines Grundstücks mit einer öffentlich-rechtlichen Verpflichtung schlechthin. Vielmehr sieht die Vorschrift gerade die Möglichkeit der Abgabe einer Baulasterklärung vor. Auch Sinn und Zweck der Vorschrift gehen nicht dahin, etwas zu verbieten. Vielmehr sieht § 71 LBO die Übernahme einer Baulast vor, mit der Hindernisse ausgeräumt werden sollen, die im Einzelfall einer Bebauung (oder Nutzungsänderung) entgegenstehen können (BVerwG, Beschluß v. 4.10.1994 – 4 B 175.94 –, BRS 56 Nr. 114 = BauR 1995, 224 = NVwZ 1995, 377 m.w.N.; vgl. hierzu auch VGH Bad.-Württ., Beschluß v. 30.7.2001 – 8 S 1485/01 –, BRS 64 Nr. 131 = VBlBW 2002, 127, und Urteil v. 27.10.2000 – 8 S 1445/00 –, BRS 63 Nr. 184 = BauR 2001, 759 = VBlBW 2001, 188). Allein eine – etwaige – Rechtswidrigkeit der Baulast würde als bloßer Verstoß gegen eine materiell-rechtliche Regelung nicht die Nichtigkeit des Vergleichs nach sich ziehen. Hieraus folgt, dass ungeachtet der Frage, ob die Baulast vorliegend im Einklang mit § 71 LBO steht, der Vertrag nicht wegen eines Verstoßes gegen eine gesetzliche Vorschrift nichtig ist.

Im übrigen ist der Vergleich aber auch deshalb nicht nichtig, weil die Baulast in Übereinstimmung mit § 71 LBO steht. Inhalt einer Baulast können nur solche Verpflichtungen sein, die auf ein baurechtlich bedeutsames Tun, Dulden oder Unterlassen gerichtet sind und damit selbst baurechtlich bedeutsam sind. Baurechtliche Bedeutsamkeit ist gegeben, wenn zwischen der durch Baulast übernommenen Verpflichtung und der Wahrnehmung der der Baurechtsbehörde obliegenden Aufgaben ein Zusammenhang besteht. Die Baulast ist ein Rechtsinstitut des Baurechts. Deshalb muss sie in irgendeinem Zusammenhang mit dem Baugeschehen stehen. Dieses Erfordernis bedeutet aber nicht, dass eine Baulast nur im Rahmen eines anhängigen Baugenehmigungs- oder Kenntnisgabeverfahrens übernommen werden dürfte. Baulasterklärungen können auch im Hinblick auf ein für die Zukunft in Aussicht genommenes Bauvorhaben abgegeben werden, das keineswegs schon im Zeitpunkt der Baulastübernahme in allen Einzelheiten feststehen muss. Eine Baulast kann auch auf Vorrat ohne einen konkreten Anlass erklärt werden. Es darf aber nicht ausgeschlossen sein, dass die Baulast in naher Zukunft baurechtlich Bedeutung gewinnen kann. Wegen mangelnder baurechtlicher Bedeutsamkeit inhaltlich unzulässig ist eine baulastmäßige

Verpflichtung dann, wenn kein sachlicher Gesichtspunkt erkennbar ist, auf Grund dessen sie in absehbarer Zeit baurechtliche Bedeutung gewinnen könnte (vgl. zu diesen Grundsätzen: Sauter, a. a. O., §71 Rdnr. 14, 16, 17, und VGH Bad.-Württ., Urteile v. 11. 4. 2002 – 2 S 2239/00 –, BWGZ 2002, 486, und v. 27. 10. 2000 – 8 S 1445/00 –, a. a. O.).

Zu Recht hat das Verwaltungsgericht ausgeführt, dass es nicht ausgeschlossen ist, dass die vorliegende Baulast in naher Zukunft baurechtlich bedeutsam sein wird. Zwar gibt es keinen Anhaltspunkt dafür, dass die durch die Baulast begünstigten Beklagten in absehbarer Zeit bzw. in naher Zukunft ein konkretes Bauvorhaben planen, hinsichtlich dessen die Baulast ihnen baurechtlich nützen könnte. Ihr Prozeßbevollmächtigter hat in der mündlichen Verhandlung aber vorgetragen, für die Beklagten stelle sich das Problem der Folgenutzung hinsichtlich der auf ihrem Grundstück vorhandenen Geschäfte. Der derzeitige Pächter des Blumengeschäftes werde aus der Gemeinde wegziehen, der Betreiber des Möbelgeschäftes setze sich in absehbarer Zeit zur Ruhe und der Apotheker höre in drei Jahren auf. Sie hätten schon früher beabsichtigt, ein Bistro-Cafe einzurichten, wie sich aus den vorgelegten Baugenehmigungen ergebe. Es sei möglich, dass sie diese Pläne wieder aufgriffen. Die notwendigen Nutzungsänderungen riefen stets einen Stellplatzbedarf hervor. In der Vergangenheit seien Bauabsichten immer wieder an den fehlenden Stellplätzen gescheitert. Diesen Ausführungen ist die Klägerin nicht substanziiert entgegen getreten. Vielmehr hat ihr Bürgermeister in der mündlichen Verhandlung ausdrücklich bestätigt, dass mit Veränderungen hinsichtlich der auf dem Grundstück der Beklagten vorhandenen Geschäfte in absehbarer Zukunft zu rechnen sei. Bei dieser Sachlage, an deren Richtigkeit der Senat nicht zweifelt, ist zwar nicht konkret erkennbar, dass die Baulast tatsächlich baurechtlich bedeutsam sein wird. Ausgeschlossen ist dies aber nicht, vielmehr spricht einiges dafür, dass die Beklagten die Nutzung ihrer Gebäude ändern müssen und sich dabei die Stellplatzfrage stellen wird, zumal die Fläche vor den Schaufenstern von der Baurechtsbehörde nicht als Fläche für notwendige Stellplätze anerkannt wird. Dies genügt, um die baurechtliche Bedeutsamkeit der Baulast zu bejahen.

Die Nichtigkeit des Vergleichs ergibt sich auch nicht aus anderen Gründen. Es kann dahingestellt bleiben, ob der Vertreter der Klägerin mit dem Abschluß des Vergleichs seine interne Organzuständigkeit überschritten hat. Selbst wenn dies so wäre, wäre der Vergleich wirksam. Der Bürgermeister vertritt die Gemeinde (§42 Abs. 1 Satz2 GemO). Rechtsgeschäftliche Erklärungen des Bürgermeisters sind im Außenverhältnis auch dann wirksam, wenn er seine interne Organzuständigkeit überschritten hat (Gern, Kommunalrecht, 8. Aufl., Rdnr. 188). Die gesetzliche Vertretungsmacht des Bürgermeisters und der für ihn handelnden Gemeindebediensteten nach §42 Abs. 1 Satz2 GO ist weder durch die Vorschriften der Gemeindeordnung über die Verteilung der Entscheidungskompetenzen zwischen den Gemeindeorganen eingeschränkt noch grundsätzlich durch Gemeinderatsbeschluß beschränkbar (VGH Bad.-Württ., Urteil v. 22. 3. 1990 – 2 S 1058/88 –, ESVGH 40, 245 m. w. N.). Außerdem hat der ordnungsgemäß bevollmächtigte Prozeßvertreter der Klägerin die Erklärung abgegeben.

II. Garagen und Einstellplätze

Nr. 139

Ein Pkw-Stellplatz im Vorgartenbereich ist wegen fehlender Erschließung im Einzelfall unzulässig, wenn er nur über einen fremden Grundstücksstreifen (hier: Grünstreifen im Eigentum der Gemeinde) angefahren werden kann und ein Recht zur Inanspruchnahme als Grundstückszufahrt nicht besteht.

BayBO Art. 82 Satz 2; BauGB § 30 Abs. 1.

Bayerischer VGH, Beschluss vom 7. Februar 2005 – 25 ZB 01.1739 – (rechtskräftig).

(VG Würzburg)

Aus den Gründen:

... Die Nutzung des Einzelstellplatzes auf dem Grundstück der Beigeladenen widerspricht öffentlich-rechtlichen Vorschriften, auf deren Einhaltung die Gemeinde im Rahmen ihrer kommunalen Planungshoheit einen Rechtsanspruch hat.

Mit dem Verwaltungsgericht ist jedenfalls im Ergebnis davon auszugehen, dass der streitgegenständliche Stellplatz auch deshalb unzulässig ist, weil das Grundstück der Beigeladenen insoweit nicht erschlossen ist. Nach § 30 Abs. 1 BauGB ist im Geltungsbereich eines qualifizierten Bebauungsplans ein Vorhaben, auch wenn es den Festsetzungen des Bebauungsplans nicht widerspricht, nur zulässig, wenn die Erschließung gesichert ist. Hieran fehlt es im Falle der Beigeladenen. ... Denn die fehlende Erschließung ergibt sich bereits daraus, dass der Einzelstellplatz über ein fremdes Grundstück angefahren wird, für das der Beigeladenen ein Nutzungsrecht nicht zusteht.

Nach Aktenlage wird der streitgegenständliche Stellplatz über den Alleeweg angefahren. ... Mit Klagebegründungsschriftsatz ließ die Gemeinde ferner vortragen, dass sich zwischen dem streitbefangenen Grundstück und dem Alleeweg ein ca. 1 m breiter Grünstreifen mit schützenswertem alten Alleebaumbestand befinde, der in ihrem Eigentum stehe, und dass die Beigeladene einen Teil des Grünstreifens beseitigt habe, um ihn an ihrem Grundstück überfahren zu können. Dieser Vortrag wird durch die in Kopie vorliegende Planurkunde der 3. Änderung des Bebauungsplans sowie durch die vorgelegten Lichtbilder bestätigt, die entlang des Alleeweges einen separaten Grünstreifen mit Alleebäumen und fast durchgängig niederem Bewuchs zeigen. Es ist deshalb davon auszugehen, dass die Beigeladene den streitgegenständlichen Einzelstellplatz auf ihrem Grundstück tatsächlich über den im Eigentum der Gemeinde stehenden Grünstreifen anfährt. Der hiergegen gerichtete Einwand des Beklagten im erstinstanzlichen Verfahren, über den Einmündungsbereich eines am Grundstück der Beigeladenen einmündenden Wohnweges in den Alleeweg könnte der strittige Stellplatz auch ohne Überquerung des Geländestreifens des Klägers erreicht werden, stellt dieses

Ergebnis nicht infrage. Er bestätigt es vielmehr gerade. (Dieser Einwand steht übrigens mit der weiteren Argumentation des Beklagten im Widerspruch, wonach sich die ausreichende Erschließung gerade daraus ergebe, dass das Grundstück der Beigeladenen an dem im Bebauungsplan als Straßenverkehrsweg ausgewiesenen, ausreichend breiten Alleeweg liege.)

Anhaltspunkte dafür, dass die Beigeladene berechtigt wäre, den Grundstücksstreifen als Grundstückszufahrt zu nutzen, existieren nicht. Ein entsprechendes Nutzungsrecht lässt sich weder aus dem Bebauungsplan herleiten, noch ergibt es sich aus straßenrechtlichen Vorschriften.

Eine ausdrückliche Festsetzung des Grundstücksstreifens als befahrbare Verkehrsfläche gemäß § 9 Abs. 1 Nr. 11 BauGB, ggf. auch mit besonderer Zweckbestimmung (Grundstückszufahrt), enthält der Bebauungsplan nicht. Im Gegenteil sprechen die zeichnerische Darstellung und das städtebauliche Konzept des Bebauungsplans dafür, dass der Streifen gerade von verkehrlicher Nutzung freigehalten werden soll, dass also ein Anschluss der Baugrundstücke an die Fahrbahn in diesem Bereich gemäß § 9 Abs. 1 Nr. 11 BauGB ausgeschlossen sein soll. So bestimmt die textliche Festsetzung Nr. 7.3 des Bebauungsplans, dass „die bestehende Allee an der nördlichen Grenze des Geltungsbereichs … erhalten bleiben" muss. Diese Festsetzung wird ergänzt durch zeichnerische Festsetzungen eines sowohl von der Fahrbahn des Alleeweges als auch von den anliegenden Grundstücksflächen deutlich abgesetzten Streifens, der in etwa in der Flucht der Alleebäume liegt und diese im Wesentlichen aufnimmt. Insgesamt legen es die Festsetzungen des Bebauungsplans deshalb nahe, dass der Plangeber die Alleebaumreihe, die mittlerweile auch naturschutzrechtlich unter Schutz gestellt worden ist, mit dem Grünstreifen erhalten und vor schädlichen Einwirkungen schützen wollte. Ein Recht zur Inanspruchnahme des Grünstreifens als Grundstückszufahrt lässt sich dem Bebauungsplan deshalb gerade nicht entnehmen.

Ein Recht der Beigeladenen zum Zugriff auf den im Eigentum der Gemeinde stehenden Grünstreifen ergibt sich auch nicht aus straßenrechtlichen Vorschriften. Der Grünstreifen ist nicht als Fahrbahn für Zwecke des Verkehrs gewidmet. Eine Nutzung des Grünstreifens als Grundstückszufahrt kann die Beigeladene vorliegend auch nicht unmittelbar auf gesetzlicher Grundlage beanspruchen (§ 123 Abs. 3 BauGB, Art. 17 BayStrWG). Der Anliegergebrauch (Art. 14, 17 BayStrWG) vermittelt im vorliegenden Fall keinen Anspruch auf Duldung einer Zufahrt für Kraftfahrzeuge zum Baugrundstück. Das Grundstück der Beigeladenen ist nämlich über die im Bebauungsplan festgesetzten Gemeinschaftsgaragen bereits ausreichend mit Stellplätzen versorgt und insoweit angemessen erschlossen.

Nr. 140

1. Aus dem bauordnungsrechtlichen Erschließungserfordernis des § 5 Abs. 1 Nr. 1 LBO 1996 bzw. aus dem diese Anforderungen inhaltlich unverändert fortschreibenden § 5 Abs. 1 LBO 2004 lässt sich nicht entnehmen, dass ein Stellplatz im rückwärtigen Teil eines vorderseitig an

eine öffentliche Verkehrsfläche grenzenden Grundstücks entweder selbst unmittelbar an eine öffentliche Verkehrsfläche angrenzen oder dass er zumindest eine befahrbare, nach Maßgabe des §2 Abs.9 LBO 1996 (§2 Abs.11 LBO 2004) öffentlich-rechtlich gesicherte Zufahrt zu einer befahrbaren öffentlichen Verkehrsfläche haben muss.

2. Bei der Beurteilung der Rechtmäßigkeit oder Rechtswidrigkeit einer bauaufsichtsbehördlichen Nutzungsuntersagung im Anfechtungsprozess sind die konkret erlassene Anordnung und, da es sich um eine Ermessensentscheidung handelt (§88 Abs.2 LBO 1996, heute: §82 Abs.2 LBO 2004), die zu deren Begründung von der erlassenden Behörde angestellten rechtlichen Erwägungen in den Blick zu nehmen.

LBO Saar 1996 §§2 Abs.9, 5, 9, 50, 88; LBO Saar 2004 §§2 Abs.11, 5, 9, 47, 82.

OVG des Saarlandes, Beschluss vom 13. Dezember 2005 – 2 Q 15/05 – (rechtskräftig).

Die Kläger sind Eigentümer des an der L.straße in E. gelegenen Anwesens Nr. 53. In einem beidseitig auf den seitlichen Grenzen an die Nachbargebäude angebauten Vorderhaus betreiben sie einen Pizza-Heimservice. Im rückwärtigen Hofraum befindet sich u.a. ein nur über die in fremdem Eigentum stehende Nachbarparzelle, konkret über eine im Erdgeschoss des dortigen Wohnhauses (Anwesen R.straße Nr. 2) befindliche Durchfahrt erreichbarer PKW-Abstellplatz. 2002 untersagte der Beklagte den Klägern die Nutzung dieses „im Innenhof" ihres Anwesens befindlichen Unterstellplatzes für PKW mit dem Hinweis, dieser grenze nicht an eine öffentliche Verkehrsfläche und die Zufahrt zu ihm sei auch nicht öffentlich-rechtlich gesichert. Die vorhandene Zufahrt sei nach der Gesetzeslage nicht ausreichend, und zwar unabhängig davon, ob auf ihrer Grundlage die Bewilligung des betroffenen Eigentümers zur Eintragung einer entsprechenden Baulast erzwungen werden könne oder nicht.
Die Klage hatte in beiden Rechtszügen Erfolg.

Aus den Gründen:
Der Sachvortrag des Beklagten begründet zunächst keine ernstlichen Zweifel an der Richtigkeit der erstinstanzlichen Entscheidung (§124 Abs.2 Nr.1 VwGO). Entgegen der Ansicht des Beklagten lässt sich aus dem in der Antragsbegründung einzig thematisierten §5 Abs.1 Nr.1 LBO 1996 bzw. aus dem diese Anforderungen inhaltlich unverändert fortschreibenden §5 Abs.1 LBO 2004 nicht entnehmen, dass der bauaufsichtsbehördlich aufgegriffene Stellplatz entweder (selbst) unmittelbar an eine öffentliche Verkehrsfläche angrenzen oder (zumindest) eine befahrbare, nach Maßgabe des §2 Abs.9 LBO 1996 (§2 Abs.11 LBO 2004) öffentlich-rechtlich gesicherte Zufahrt zu einer befahrbaren öffentlichen Verkehrsfläche haben muss. Dieses bauordnungsrechtliche Erschließungserfordernis bezieht sich nach dem eindeutigen Wortlaut der Bestimmung auf das „Grundstück", konkret das vom Gesetzgeber insoweit in den Blick genommene Buchgrundstück, und regelt damit dessen äußere Erschließung im Sinne seiner Erreichbarkeit vom öffentlichen Verkehrsraum. Dass die östlich an die L.straße angrenzende Parzelle diesen Anforderungen bei einer Betrachtung in ihrer Gesamtheit genügt, ist nicht ernstlich zweifelhaft und wird auch seitens des Beklagten nicht in Abrede

gestellt. Wird diese Voraussetzung erfüllt, so handelt es sich um ein auch aus Sicht des Bauordnungsrechts grundsätzlich der Bebauung zugängliches Grundstück und die Frage der baulichen Nutzung en detail ist Sache des Eigentümers, der auch insoweit allerdings in vollem Umfang an die sich aus sonstigen Vorschriften ergebenden materiell-rechtlichen Anforderungen, insbesondere des öffentlichen Baurechts, gebunden bleibt.

So ist beispielsweise bei der Errichtung rückwärtiger Gebäude auf einem Grundstück der unter Brandschutzgesichtspunkten notwendige Zu- oder Durchgang zu schaffen, um ggf. eine Brandbekämpfung zu ermöglichen (§ 6 Abs. 1 LBO 2004, vorher: § 1 TVO (vgl. die inzwischen außer Kraft getretene Zweite Verordnung zur Bauordnung für das Saarland – Technische Durchführungsverordnung (TVO), v. 17.3.1989, Amtsblatt S. 498). Aus dem allgemeinen Erfordernis des Erschlossenseins i. S. des § 5 Abs. 1 Nr. 1 LBO 1996, das lediglich die Frage beantwortet, ob ein Grundstück „überhaupt" baulich zur Errichtung von Gebäuden benutzt werden darf, ergibt sich das hingegen nicht. Materielle bauordnungsrechtliche Anforderungen an Stellplätze (und Garagen) ergaben sich aus dem im Zeitpunkt des Erlasses des Nutzungsverbots einschlägigen § 50 LBO 1996, der lediglich in seinem Abs. 9 Anforderungen an die räumliche Anordnung auf „Grundstücken" enthält, und zwar in Satz 1 hinsichtlich der durch die Nutzung verursachten Beeinträchtigungen der Nachbarschaft und in Satz 2 bezüglich ihrer verkehrssicheren Erreichbarkeit auf möglichst kurzem Weg von den öffentlichen Verkehrsflächen (entsprechend heute: § 47 Abs. 5 Sätze 1 und 2 LBO 2004). Ohne dass es mit Blick auf die Nichtgeltendmachung in der Antragsschrift vorliegend für die Beurteilung des Zulassungsantrags entscheidend darauf ankäme, spricht nichts dafür, dass diese Vorschrift selbst unter dem Aspekt der „Verkehrssicherheit" (auch) Anforderungen an die rechtliche Qualität der Zufahrt stellt oder gar deren ausschließliche Belegenheit auf dem Baugrundstück erfordert. Ob den Klägern die Benutzung eines Stellplatzes im hinteren Teil der Parzelle wegen der bis auf beide seitlichen Grenzen reichenden Bebauung an der L.straße ohne eigene Durchfahrt in den Hof – mit den Worten des Beklagten – „nur unter Zuhilfenahme eines Baukrans" möglich ist oder nicht, ist keine Frage der Anbindung des Grundstücks als solchem an den öffentlichen Verkehrsraum i. S. des § 5 Abs. 1 Nr. 1 LBO 1996 (§ 5 Abs. 1 LBO 2004). Das gilt auch für die Frage, ob den Klägern die nach den derzeitigen baulichen Gegebenheiten für die tatsächliche Benutzung einer Kraftfahrzeugabstellmöglichkeit erforderliche Zufahrt von der R.straße her bestehende Durchfahrtsmöglichkeit künftig rechtlich zur Verfügung steht. Insoweit ist – wie erwähnt – lediglich die an die Ausgestaltung und die Straßenanbindung (Ausfahrt) anknüpfende Frage der Verkehrssicherheit Gegenstand besonderer bauordnungsrechtlicher Anforderungen (§§ 50 Abs. 9 Satz 2, 20 LBO 1996, 47 Abs. 5 Satz 2, 17 LBO 2004).

Soweit der Beklagte auf eine „nicht lebensfremde" Möglichkeit einer künftigen Grundstücksteilung mit dem Ergebnis rechtlicher Verselbstständigung des rückseitigen Teils der heutigen Parzelle, die allerdings erst durch eine Vereinigung verschiedener vorher getrennt geführter Parzellen entstanden ist, verweist, so unterlag diese bei Erlass des Nutzungsverbots (§ 88 Abs. 2 LBO 1996) noch einem präventiven bauaufsichtsbehördlichen Genehmigungserfordernis.

Die Genehmigung der Teilung war zu versagen, wenn hierdurch den bauordnungsrechtlichen Anforderungen zuwider laufende Verhältnisse, hier konkret durch die Erzeugung eines bebauten Grundstücks ohne (irgendeine) Erschließung im Verständnis des § 5 Abs. 1 Nr. 1 LBO 1996, geschaffen wurden (§ 9 Abs. 1 LBO 1996). Nach der Neufassung der Landesbauordnung entfällt zwar die vorherige Genehmigung bei der Teilung, die genannten materiellen Anforderungen gelten aber uneingeschränkt (§ 9 Abs. 1 LBO 2004) und sollen nach den Vorstellungen des Gesetzgebers entsprechend dem Gesamtkonzept einer Reduzierung präventiver bauaufsichtsbehördlicher Tätigkeiten im Wege des repressiven Überwachens und Einschreitens zur Geltung gebracht werden. Die mit dieser Systemumstellung gerade in dem Bereich notwendig verbundenen Kenntnis- und damit letztlich Kontrolldefizite mögen in der Tat eine „verhängnisvolle Quelle" für die künftige Schaffung baurechtswidriger Zustände bilden. Sie sind jedoch von rein verfahrensrechtlicher Bedeutung. Im Grundsatz unterliegen Teilungen der vom Beklagten befürchteten Art nach wie vor den rechtlichen Anforderungen an die bauliche Nutzung von Grundstücken.

Aus den vorstehenden Ausführungen erschließt sich, dass der Sache unter dem Aspekt auch keine grundsätzliche Bedeutung im Verständnis des § 124 Abs. 2 Nr. 3 VwGO zukommt. Der Rechtsstreit weist keine über den Einzelfall hinaus bedeutsamen, im Sinne der Rechtseinheit klärungsbedürftigen Fragen auf. Vielmehr lassen sich die in Zusammenhang mit Anwendbarkeit und Reichweite des bauordnungsrechtlichen Erschließungserfordernisses (§ 5 Abs. 1 Nr. 1 LBO 1996) vom Beklagten aufgeworfenen Fragen unschwer beantworten, ohne dass es dazu der Durchführung eines Rechtsmittelverfahrens bedürfte.

Soweit der Beklagte nunmehr eine, letztlich wiederum nur mit Blick auf über das allgemeine Erschließungserfordernis hinausgehende materiell-rechtliche Anforderungen des Bauordnungsrechts bedeutsame Qualifizierung der von der Nutzungsuntersagung betroffenen baulichen Anlage als Garagengebäude vornimmt, muss er sich darauf verweisen lassen, dass die entsprechende Einordnung – wenn sie denn zutreffend wäre – keinen Niederschlag in der erlassenen Nutzungsuntersagung gefunden hat und daher auch für die Beurteilung der Rechtmäßigkeit oder Rechtswidrigkeit der Verfügung allenfalls insoweit Bedeutung erlangen könnte, als diese an den tatsächlichen Gegebenheiten auf dem Baugrundstück vorbeiginge und schon insoweit rechtlichen Bedenken unterliegen könnte. Beurteilungsgegenstand im Anfechtungsprozess sind die konkret erlassene, sich hier auf einen „Unterstellplatz" beziehende Anordnung und, da es sich um eine Ermessensentscheidung handelt (§ 88 Abs. 2 LBO 1996, heute: § 82 Abs. 2 LBO 2004), die zu deren Begründung von der erlassenden Behörde angestellten rechtlichen Erwägungen. Diese umfassen vorliegend, da sich der Beklagte nicht auf eine Beanstandung lediglich der formellen Illegalität der Nutzung beschränkt hat, die von ihm konkret angeführten materiell-rechtlichen Hindernisse für die Nutzung. Solche ergeben sich indes – wie ausgeführt – nicht schon aus dem allgemeinen bauordnungsrechtlichen Erschließungserfordernis. Ob es sich bei der Anlage tatsächlich um eine bauordnungsrechtlich als Garage zu qualifizierende Kraftfahrzeugabstellmöglichkeit (§§ 2 Abs. 7 Satz 2 LBO 1996, 2 Abs. 9 Satz 2 LBO 2004) handelt und ob sich insoweit im vorliegenden Fall weitere materiell-rechtliche Anforderungen an die Anlage ergeben, denen diese nicht genügt, bleibt daher für die Entscheidung des Rechtsstreits ebenfalls ohne Bedeutung.

Nr. 141

1. **Ist im unbeplanten Innenbereich die geschlossene Bauweise lediglich im vorderen Grundstücksbereich prägend und sind die hinteren Grundstücksbereiche frei von an der seitlichen oder rückwärtigen Grundstücksgrenze errichteten Gebäuden der Hauptnutzung, mit der Folge, daß für diesen Bereich weder geschlossene noch abweichende Bauweise vorliegt, so ist eine im hinteren Grundstücksbereich auf einer vorhandenen Grenzgarage errichtete Terrasse nicht nach § 6 Abs. 1 Satz 2 Buchst. a) BauO NRW grenzständig zulässig.**

2. **Mit der Errichtung einer Dachterrasse auf einer vorhandenen Grenzgarage verliert die zunächst bauordnungsrechtlich zulässige Garage ihre Eigenschaft als im Grenzbereich privilegiert zulässiges Vorhaben nach § 6 Abs. 11 Nr. 1 BauO NRW und muß grundsätzlich Abstandflächen einhalten.**

3. **Das Merkmal des Sicheinfügens i. S. des § 34 BauGB bezieht sich nur auf die vier Normelemente Art und Maß der baulichen Nutzung, Bauweise und überbaubare Grundstücksfläche. Andere Kriterien – etwa das Vorhandensein von Dachterrassen – sind für die Frage des Sicheinfügens nicht maßgeblich.**

OVG Nordrhein-Westfalen, Beschluß vom 30. September 2005 – 10 B 972/05 – (rechtskräftig).

(VG Düsseldorf)

Abgedruckt unter Nr. 96.

Nr. 142

1. **Stellplätze im Vorgartenbereich auszuschließen kann ein legitimes Regelungsziel sein, um Baugrundstücke und damit letztlich auch das Ortsbild zu gestalten.**

2. **Die landesrechtliche Ermächtigung in Art. 98 Abs. 1 Nr. 3 BayBO 1994 (entspricht Art. 91 Abs. 1 Nr. 3 BayBO 1998) zum Erlass örtlicher Bauvorschriften „über die Gestaltung und Ausstattung ... der Stellplätze für Kraftfahrzeuge" kann nicht erweiternd dahin ausgelegt werden, dass die Gemeinden auch berechtigt wären, örtliche Bauvorschriften über die Lage von Stellplätzen zu erlassen.**

3. **Eine Stellplätze in bestimmten Grundstücksbereichen ausschließende örtliche Bauvorschrift, die auf die Nutzung von Grund und Boden zielt und an bauplanungsrechtliche Kategorien (Art der baulichen Nutzung) anknüpft, ist eine im Ergebnis kompetenzwidrige und damit unwirksame bodenrechtliche Regelung „im Gewande einer Baugestaltungsvor-**

schrift" (BVerwG v. 10.7.1997, NVwZ-RR 1998, 486/LS 2), wenn hierfür auch bundesrechtliche Instrumente der gemeindlichen Bauleitplanung zur Verfügung stehen.

BayBO Art. 72 Abs. 1; BauGB §30 Abs. 1; BauGB-MaßnahmenG 1993 §5 Abs. 4; BayBO 1994 Art. 98 Abs. 1 Nr. 3 (entspricht Art. 91 Abs. 1 Nr. 3 BayBO 1998).

Bayerischer VGH, Urteil vom 20. Dezember 2004 – 25 B 98.1862 – (rechtskräftig nach Beschluss des BVerwG vom 31.5.2005, abgedruckt unter Nr. 148).

(VG Würzburg)

Gegenstand des Rechtsstreits ist (u. a.) die Genehmigungsfähigkeit eines Stellplatzes im Vorgartenbereich des Grundstücks der Kläger. Das Grundstück liegt im Geltungsbereich des Bebauungsplans „J.", nach dessen textlichen Festsetzungen „Garagen ... nur innerhalb der Baugrenzen oder Flächen für Garagen zulässig" sind und die freie Grundstücksfläche ... mit Bäumen und Sträuchern zu begrünen ist. Im zeichnerischen Teil des Bebauungsplans ist für das Baugrundstück der Kläger eine Baugrenze im Abstand von 3 m zur Straßenbegrenzungslinie festgesetzt.

Die Stadt lehnte die von den Klägern beantragte Genehmigung für einen (dritten) Stellplatz im Vorgartenbereich unter Hinweise auf die Festsetzungen des Bebauungsplans sowie auf die im Dezember 1995 in Kraft getretene „Satzung über die Herstellung, Ablösung und Gestaltung von Garagen und Stellplätzen für Kraftfahrzeuge sowie die Herstellung und Bereithaltung von Abstellplätzen für Fahrräder (Garagen-, Stellplatz- und Abstellplatzsatzung – GaStAbS)" ab. Nach §5 Abs. 2 dieser Satzung sind Stellplätze im Vorgartenbereich (Grundstücksfläche zwischen der Straßenbegrenzungslinie und der Linie, die durch die straßenseitigen Gebäudefronten bestimmt wird) von nicht gewerblich genutzten Grundstücken grundsätzlich unzulässig.

Nach erfolglosem Widerspruchsverfahren erhoben die Kläger Verpflichtungsklage, die in erster Instanz ebenfalls ohne Erfolg blieb. Die zugelassene Berufung der Kläger hatte Erfolg.

Aus den Gründen:

...

Der dritte Stellplatz im Vorgarten des Baugrundstücks ist genehmigungsfähig, weil er öffentlich-rechtlichen Vorschriften, die im bauaufsichtlichen Genehmigungsverfahren zu prüfen sind, nicht widerspricht, Art. 72 Abs. 1 Satz 1 BayBO.

a) Bauplanungsrechtliche Unzulässigkeitsgründe können dem Stellplatz nicht (mehr) entgegengehalten werden. Sie wären jedenfalls gemäß §5 Abs. 4 BauGB-MaßnahmenG präkludiert.

Nach dieser Bestimmung, die auf den Genehmigungsantrag der Kläger Anwendung findet (zur Anwendbarkeit der Präklusionsvorschrift vgl. z. B. VGH BW v. 26.3.1998, BRS 60, 498 m.w.N.), darf die Genehmigung nicht nach den §§30 und 31 BauGB versagt werden, wenn der Antrag auf Genehmigung nicht innerhalb von drei Monaten nach Eingang des Antrags bei der Genehmigungsbehörde abgelehnt wird. Die Genehmigung für den dritten Stellplatz beantragten die Kläger erstmals mit Tekturantrag vom September/Oktober 1990. Dieser Genehmigungsantrag wurde (inzident) erstmalig mit Bescheid vom September 1995 abgelehnt. Allenfalls wäre daran zu denken, in der Baueinstellung vom August 1991 eine konkludente Ablehnung des Genehmigungsantrags i. S. des § 5 Abs. 4 BauGB-MaßnahmenG zu sehen. Aber selbst in diesem Fall wäre die Drei-Monats-Frist bei weitem überschritten. Innerhalb der Präklusionsfrist wies das Bauamt der Beklagten die Kläger zwar verschiedentlich schriftlich oder mündlich darauf hin, dass der Stellplatz im Vorgarten nicht genehmigungsfähig sei, weshalb eine Stellplatzablöse gezahlt werden müsse; eine bescheidmäßige Ablehnung erfolgte indes nicht. Damit war die Beklagte nach Ablauf der Drei-Monats-Frist gemäß § 5 Abs. 4 BauGB-MaßnahmenG mit bauplanungsrechtlichen Ablehnungsgründen präkludiert, wovon auch die Regierung von Unterfranken und ihr folgend das Verwaltungsgericht zutreffend ausgegangen waren. . . .

b) Die Unzulässigkeit des dritten Stellplatzes im Vorgarten des Baugrundstücks ergibt sich auch nicht aus § 5 Abs. 2 GaStAbS der Beklagten.

Nach dieser Satzungsbestimmung sind Stellplätze im Vorgartenbereich nicht gewerblich genutzter Grundstücke zwar unzulässig. Mangels tragfähiger Rechtsgrundlage ist diese Satzungsbestimmung jedoch nichtig und kann dem beantragten dritten Stellplatz im Vorgartenbereich ebenfalls nicht entgegengehalten werden.

aa) Die Beklagte stützt ihre Garagen-, Stellplatz- und Abstellplatzsatzung ausdrücklich auf Art. 98 Abs. 1 Nrn. 1 und 3, Abs. 2 Nrn. 4 und 6 und Art. 96 Abs. 1 Nr. 15 BayBO 1994 i. V. m. Art. 23 GO. Andere denkbare Rechtsgrundlagen für den Satzungserlass wie beispielsweise Art. 22a BayStrWG zieht die Beklagte nicht heran. Für die in Streit stehende Satzungsvorschrift des § 5 Abs. 2 GaStAbS kommt deshalb als Rechtsgrundlage allein die Bestimmung des Art. 98 Abs. 1 Nr. 3 BayBO 1994 (= Art. 91 Abs. 1 Nr. 3 BayBO 1998) in Betracht, derzufolge Gemeinden durch Satzung „örtliche Bauvorschriften . . . über die Gestaltung und Ausstattung . . . der Stellplätze für Kraftfahrzeuge" erlassen können.

bb) Gegen die Verfassungsmäßigkeit der Rechtsgrundlage selbst bestehen keine durchgreifenden Bedenken. Insbesondere wahrt Art. 98 Abs. 1 Nr. 3 BayBO 1994 – jedenfalls bei verfassungskonformer Auslegung – die Grenzen der föderalen Kompetenzordnung des Grundgesetzes und steht auch sonst mit höherrangigem Recht im Einklang.

Zweck des Art. 98 BayBO 1994 ist die bereichsspezifische Ergänzung und Modifizierung der landesrechtlich normierten Anforderungen des Bauordnungsrechts durch örtliche Bauvorschriften. Zwingende Grenze der landesrechtlichen Zuweisung von Satzungsautonomie an die Gemeinden ist das „Bodenrecht" als Gegenstand der konkurrierenden Gesetzgebungszuständigkeit des Bundes (Art. 72, 74 Abs. 1 Nr. 18 GG), von der der Bundesgesetzgeber durch die Vorschriften des Baugesetzbuchs über die Bauleitplanung materiell wie verfahrensmäßig abschließend und umfassend Gebrauch gemacht hat (grundlegend BVerfG v. 16. 6. 1954, BVerfGE 3, 407; vgl. auch BayVerfGH v. 12. 5. 2004, BayVBl. 2004, 559; aus der fachgerichtlichen Rspr. vgl. zuletzt BVerwG v. 11. 5. 2000, NVwZ 2000, 1169 und BayVGH v. 30. 5. 2003, BayVBl. 2004, 369, 370 – Gartenstadtsatzung LHSt München –, jeweils m. w. N.). Zur Materie des Bodenrechts gehören nur solche Vorschriften, die Grund und Boden unmittelbar zum Gegenstand rechtlicher Ordnung haben. Dem Landesgesetzgeber verbleibt nach der Grundregel der Art. 30, 70 Abs. 1 GG das Bauordnungsrecht als Regelungsgegenstand und damit auch als Zuweisungsgegenstand für örtliche Bauvorschriften. Zur Regelungskompetenz der Länder für das Bauordnungsrecht gehören einerseits Maßnahmen der Gefahrenabwehr im engeren Sinne, aber auch weiter gehende, beispielsweise ästhetische Absichten oder der allgemeinen Wohlfahrt dienende Regelungen (BVerfG, a. a. O.; BayVGH, a. a. O.). Im Bereich der Baugestaltung kann der Landesgesetzgeber dabei über die Verunstaltungsabwehr hinaus z. B. auch positive Gestaltungsziele verfolgen (BVerwG v. 10. 7. 1997, NVwZ-RR 1998, 486).

Allerdings stößt eine kompetenzrechtlich notwendige Abgrenzung des städtebaulichen Bauplanungsrechts gegenüber dem Bauordnungsrecht auf die Schwierigkeit, dass die Zielsetzung „Ortsbildgestaltung" sowohl einer bauplanungsrechtlichen als auch einer bauordnungsrechtlichen Regelung zugänglich ist. Nach der Rechtsprechung des Bundesverwaltungsgerichts (BVerwG v. 10. 7. 1997, NVwZ-RR 1998, 486) gehört die Gestaltung des Ortsbildes weder allein dem bundesrechtlichen Bauplanungsrecht noch allein dem landesrechtlichen Bauordnungsrecht an; sie ist vielmehr je nach „Regelungsgegenstand" dem einen oder dem anderen Bereich zuzuordnen (vgl. BVerwG v. 3. 12. 1992, NVwZ 1993, 983; v. 16. 12. 1993, NVwZ 1994, 1010, 1011; vgl. auch BayVGH, a. a. O.). Neben der konkreten Zwecksetzung ist hierbei auch auf die jeweilige rechtliche Anknüpfung der Regelung und das jeweils zur Verfügung stehende rechtliche Instrumentarium abzustellen (vgl. insbesondere BVerwG v. 10. 7. 1997, NVwZ-RR 1998, 486, 487; vgl. auch BVerwG v. 11. 5. 2000, NVwZ 2000, 1169, 1170 und v. 18. 5. 2001, BVerwGE 114, 247, 250 ff.).

Das Bauplanungsrecht regelt in erster Linie die rechtlichen Beziehungen zu Grund und Boden und trifft Bestimmungen darüber, in welcher Weise der Eigentümer sein Grundstück nutzen darf. Nicht zuletzt über die Vorschriften, die die Art und das Maß der baulichen Nutzung, die Bauweise und die überbaubare Grundstücksfläche betreffen, leistet auch das Städtebaurecht einen Beitrag zur Gestaltung des Ortsbildes (§§ 1 Abs. 5 Satz 2, 34 Abs. 1 Satz 2 und 35 Abs. 3 BauGB). Ein Bebauungsplan überschreitet den Rahmen städtebaulicher Zielsetzungen nicht, wenn seine Festsetzungen darauf zielen, prägende Bestandteile des Orts- und Straßenbildes um ihrer städtebaulichen Qualität willen für die Zukunft festzuschreiben. Das städtebauliche Instrumentarium des Bauplanungsrechts reicht unter diesem Blickwinkel indes nur so weit, wie das Baugesetzbuch entsprechende Gestaltungsmöglichkeiten eröffnet. Zur bodenrechtlichen Ortsbildgestaltung steht der Gemeinde der in § 9 Abs. 1 BauGB abschließend umschriebene und durch die Vorschriften der BauNVO ergänzte Festsetzungskatalog zur Verfügung. Gestaltungsvorschriften, die über das städtebauliche Instrumentarium des Baugesetzbuchs und der Baunutzungsverordnung hinausgehen, ohne Grund und Boden unmittelbar zum Gegenstand rechtlicher Ordnung zu haben, stehen dem landesrechtlichen Bauordnungsrecht und damit auf der Grundlage des Art. 98 BayBO 1994 grundsätzlich auch örtlichen Bauvorschriften offen. Dem landesrechtlichen Bauordnungsrecht und auf landesrechtlicher Grundlage auch den Gemeinden ist es deshalb unbenommen, anknüpfend an die äußere Gestaltung einzelner baulicher Anlagen auf das örtliche Gesamterscheinungsbild Einfluss zu nehmen.

Hieraus ergibt sich, dass die Ermächtigungsnorm des Art. 98 Abs. 1 Nr. 3 BayBO 1994 („Gestaltung und Ausstattung ... der Stellplätze für Kraftfahrzeuge") die Grenzen der föderalen Kompetenzordnung wahrt. Sie ermächtigt die Gemeinden, in Ergänzung der Stellplatzvorschriften des Bauordnungsrechts (Art. 52 BayBO) örtliche Bauvorschriften zu erlassen (vgl. z. B. Koch/Molodovsky/Famers, BayBO, Art. 91 Anm. 1 und 2.3). Sie knüpft dabei an die äußere Gestaltung der Stellplätze an („Gestaltung und Ausstattung") und eröffnet ein Instrumentarium, das den Gemeinden nach dem Festsetzungskatalog des § 9 Abs. 1 BauGB und den ergänzenden Vorschriften der BauNVO nicht oder jedenfalls nicht in umfassender Weise zur Verfügung steht.

Anhaltspunkte dafür, dass die Ermächtigungsnorm gegen sonstiges höherrangiges Recht verstoßen könnte, existieren ebenfalls nicht.

cc) Demgegenüber überschreitet § 5 Abs. 2 GaStAbS die Grenzen des Regelungsspielraums, den Art. 98 Abs. 1 Nr. 3 BayBO 1994 den Gemeinden beim Erlass örtlicher Bauvorschriften zuweist.

Fraglich ist bereits, ob § 5 Abs. 2 GaStAbS nach einfachrechtlichen Maßstäben unter Art. 98 Abs. 1 Nr. 3 BayBO 1994 subsumiert werden kann. Die Rechtsgrundlage ermächtigt ausdrücklich nur zum Erlass örtlicher Bauvorschriften über die „Gestaltung und Ausstattung" der Stellplätze. Eine Kompetenz zur Regelung der Situierung und Anordnung von Stellplätzen auf dem Baugrundstück, die die Beklagte mit § 5 Abs. 2 GaStAbS für sich in Anspruch nimmt („Stellplätze im Vorgartenbereich ... sind unzulässig"), weist der Landesgesetzgeber den Gemeinden jedenfalls nach dem Wortlaut des Art. 98 Abs. 1 Nr. 3 BayBO 1994 gerade nicht zu. Auch wenn es zutreffend sein mag, dass – wie das Verwaltungsgericht feststellt – die Gestaltung eines Stellplatzes vor allem durch die Lage beeinflusst wird, und auch der mögliche Wortsinn des Art. 98 Abs. 1 Nr. 3 BayBO 1994 nicht entgegensteht, sprechen jedenfalls Sinn und Zweck der landesrechtlichen Ermächtigung gegen eine erweiterte Lesart. Denn wie bereits erwähnt, ist Art. 98 Abs. 1 Nr. 3 BayBO 1994 auf eine Ergänzung der Stellplatzvorschriften des landesrechtlichen Bauordnungsrechts durch Ortsrecht angelegt. Die für die Stellplatz- und Garagenpflicht zentralen Vorschriften der Bayerischen Bauordnung (Art. 52 und 53 BayBO) enthalten neben der grundsätzlichen Verpflichtung zur Errichtung von Stellplätzen auf dem Baugrundstück und ihrer Ablösung Regelungen der Gefahrenabwehr und zur Gestaltung der Stellplätze (insbesondere in Abs. 2 Satz 1 und Abs. 6), aber gerade keine Bestimmungen über die konkrete Anordnung und Lage der Stellplätze auf dem Baugrundstück. Es spricht deshalb viel dafür, dass der Landesgesetzgeber zu einer Regelung i. S. des § 5 Abs. 2 GaStAbS nicht ermächtigen wollte und sich die Ermächtigungsnorm aus teleologischen Gründen auch gegen eine entsprechend erweiternde Auslegung sperrt.

Diese Frage kann aber letztlich offen bleiben. Denn eine Ermächtigung zum Erlass einer örtlichen Bauvorschrift i. S. des § 5 Abs. 2 GaStAbS wäre dem Landesgesetzgeber, selbst wenn er wollte, aus kompetenzrechtlichen

Gründen versperrt. Der Landesgesetzgeber kann nur zu solchen Regelungen ermächtigen, die dem landesrechtlichen Bauordnungsrecht kompetenziell zugänglich sind. Diese Grenzen überschreitet die Satzungsbestimmung des § 5 Abs. 2 GaStAbS.

Der Senat zweifelt allerdings nicht daran, dass die Beklagte mit der Garagen-, Stellplatz- und Abstellplatzsatzung in erster Linie gestalterische Motive verfolgt. Es liegt auf der Hand, dass die Beklagte über den Ausschluss von Stellplätzen im Vorgartenbereich auch auf das Erscheinungsbild der jeweiligen Baugrundstücke und damit letztlich auf das Ortsbild Einfluss nehmen möchte. Zur Verwirklichung dieses Ziels regelt sie aber nicht die äußere Gestaltung einzelner baulicher Anlagen. Vielmehr schließt sie Stellplätze im Vorgartenbereich, also flächenbezogen aus. Sie macht damit Grund und Boden unmittelbar zum Gegenstand rechtlicher Ordnung und bestimmt, in welcher Weise der Eigentümer sein Grundstück nutzen darf. Problematisch erscheint ferner die rechtliche Anknüpfung des § 5 Abs. 2 GaStAbS. Die Bestimmung schließt Stellplätze im Vorgartenbereich für nicht gewerblich genutzte Grundstücke aus, knüpft damit also an die bauplanungsrechtliche Kategorie der Art der baulichen Nutzung an. Vor allen Dingen aber enthält die Satzung eine Regelung, für die auch städtebauliche Instrumente zur Verfügung stehen. Um ihr Regelungsziel – den Ausschluss von Stellplätzen im Vorgartenbereich – zu erreichen, kann die Beklagte nach § 9 Abs. 1 Nr. 4 Flächen für Stellplätze und Garagen positiv festsetzen und zugleich regeln, dass Stellplätze und Garagen an anderer Stelle unzulässig sein sollen; sie kann ferner gemäß § 9 Abs. 1 Nr. 2 BauGB die nicht überbaubaren Grundstücksflächen festsetzen und bestimmen, dass entgegen § 23 Abs. 5 Satz 2 BauNVO auch Stellplätze, die nach Landesrecht in den Abstandsflächen zulässig sind oder zugelassen werden können, nicht zulässig sein sollen; und sie kann ggf. gemäß § 9 Abs. 1 Nr. 10, 15 BauGB weitere Festsetzungen treffen, um Flächen gänzlich von Bebauung freizuhalten. Von diesem städtebaulichen Instrumentarium hat die Beklagte im Bebauungsplan auch teilweise Gebrauch gemacht, dies allerdings nur hinsichtlich der Garagen (Festsetzung Nr. 4 Satz 1). Eine entsprechende Regelung wäre auch für Stellplätze möglich gewesen. Damit fällt die Regelung des § 5 Abs. 2 GaStAbS, obgleich generell auf gestalterische Ziele ausgerichtet, nach konkretem Regelungszweck, rechtlicher Anknüpfung und Instrumentarium in den Kompetenzbereich des Bodenbzw. Bauplanungsrechts, das nach der föderalen Kompetenzordnung des Grundgesetzes der konkurrierenden Gesetzgebung des Bundes zugewiesen ist. Angesichts der insoweit umfassenden und erschöpfenden Regelungen des Bauplanungsrechts sind entsprechende Regelungen in örtlichen Bauvorschriften aus kompetenzrechtlichen Gründen ausgeschlossen.

Stellplätze im Vorgartenbereich auszuschließen kann durchaus ein legitimes Regelungsziel sein, um die Baugrundstücke und damit letztlich auch das Ortsbild zu gestalten. Das gilt umso mehr, wenn – wie möglicherweise auch im Falle der Kläger, die sich beim Dachgeschossausbau und bei der Errichtung des dritten Stellplatzes beharrlich über Genehmigungserfordernisse und behördliche Anordnungen hinweggesetzt haben – über die Stellplatzregelung auch eine unerwünschte Nachverdichtung verhindert werden kann. Es ist aber die Frage, welches Instrumentarium die Gemeinde hierbei in die Hand nehmen muss. Bei einem auf die Nutzung von Grund und Boden zielenden Ausschluss von Stellplätzen in bestimmten Grundstücksbereichen ist dies nicht das landesrechtlich eröffnete Instrumentarium der örtlichen Bauvorschriften, sondern das städtebaurechtliche Instrumentarium des Bauplanungsrechts. Gerade das Nebeneinander von Festsetzungen in Bebauungsplan und gemeindlicher Stellplatzsatzung belegt, dass § 5 Abs. 2 GaStAbS keine örtliche Bauvorschrift ist, die auf die Ermächtigungsnorm des Art. 98 Abs. 1 Nr. 3 BayBO 1994 gestützt werden kann. § 5 Abs. 2 GaStAbS ist keine Gestaltungsvorschrift, die über das städtebauliche Instrumentarium des Bauplanungsrechts hinausgeht, sondern erweist sich im Ergebnis als kompetenzwidrige und damit nichtige bodenrechtliche Regelung „im Gewande einer Baugestaltungsvorschrift" (BVerwG v. 10. 7. 1997, NVwZ-RR 1998, 486/LS 2). Eine Ablehnung des Tekturantrags der Kläger kann hierauf nicht gestützt werden.

III. Werbeanlagen

Nr. 143

Von einer in der Höhe von 1,30 m an der Grundstücksgrenze montierten Werbetafel im sog. Euroformat gehen Wirkungen wie von einem Gebäude aus.

Zur Frage der Abweichung in einem solchen Fall.

BayBO Art. 6 Abs. 9, Art. 70 Abs. 1.

Bayerischer VGH, Urteil vom 28. Juni 2005 – 15 BV 04.2876 – (rechtskräftig).

(VG Regensburg)

Der Klägerin geht es in dem Rechtsstreit um die Verpflichtung des Beklagten zur Erteilung einer Baugenehmigung für die Errichtung einer Werbeanlage (Plakatanschlagtafel im sog. Euroformat).

Aus den Gründen:

1. Das Vorhaben der Klägerin widerspricht Art. 6 Abs. 1, 3, 4, 9 BayBO und damit öffentlich-rechtlichen Vorschriften, die im bauaufsichtlichen Genehmigungsverfahren zu prüfen sind (Art. 72 Abs. 1 Satz 1 BayBO). Das hat das Verwaltungsgericht zutreffend ausgeführt. ...

Dass von vergleichbar auf der Grundstücksgrenze situierten Plakatwänden im Euroformat Wirkungen wie von Gebäuden ausgehen, entspricht der Rechtsprechung des 14. Senats des Verwaltungsgerichtshofs (vgl. Beschluss v. 29. 10. 2001 – 14 ZB 00.2798 –, n.v.; ferner Finkelnburg/Ortloff, Öffentliches Baurecht II, 4. Aufl. 1998, S. 29; Jäde/Dirnberger/Bauer/Weiß, BayBO, Art. 6 Rdnr. 157, die von einem Bedürfnis nach Abstandsflächen ab einer Anlagenhöhe von 2 m ausgehen; für Einfriedungen ähnlich Schwarzer/König,

BayBO, 3. Aufl. 2000, Art. 6 Rdnr. 14). Diese Auffassung wird auch in der Rechtsprechung anderer Oberverwaltungsgerichte vertreten (vgl. SächsOVG v. 16. 4. 1999, BRS 62 Nr. 159 = BauR 1999, 893 = NVwZ-RR 1999, 560; NdsOVG v. 18. 2. 1999, BRS 62 Nr. 158 = BauR 1999, 1449). Ein allgemeiner Rechtssatz, dass vor Werbetafeln im Euroformat keine Abstandsflächen einzuhalten sind, ist dem Urteil des 2. Senats des Verwaltungsgerichtshofs vom 13. 8. 1997 (BRS 59 Nr. 136 = NVwZ-RR 1998, 620) nicht zu entnehmen. Über die Bewertung eines anders gelagerten Einzelfalls geht das Urteil nicht hinaus.

Insbesondere die Ortseinsicht hat anhand des dort errichteten Modells der Werbeanlage die Auffassung des Verwaltungsgerichts bestätigt, dass von der konkreten Werbeanlage Wirkungen wie von einem Gebäude ausgehen (Art. 6 Abs. 9 BayBO). Entsprechend den Zielen des Abstandsflächenrechts geht es bei diesen Wirkungen um die Belichtung und Lüftung des Nachbargrundstücks (vgl. VerfGH v. 12. 5. 2004, VerfGH 57, 48, 54; BayVGH v. 14. 12. 1994, VGH n. F. 48, 24, 25). Vor allem im Hinblick auf die Belichtung ist die Wirkung der Plakattafel mit der eines Gebäudes nahezu identisch. Die Beigeladene weist zu Recht darauf hin, dass sich aus der Tiefe eines Gebäudes im Vergleich zu derjenigen der Werbeanlage im allgemeinen allenfalls kleinere und daher zu vernachlässigende Unterschiede auf die Belichtung ergeben. Infolge ihrer Höhe und Breite ist die Werbeanlage auch keine unbedeutende bauliche Anlage i. S. des Art. 6 Abs. 8 BayBO. Sie weist insbesondere die für ein Garagen- oder Nebengebäude an der Grundstücksgrenze von vornherein unzulässige Höhe von 4,05 m auf (vgl. Art. 7 Abs. 4 BayBO).

Auch die Eigentumsgarantie gebietet die Genehmigung des Vorhabens der Klägerin nicht. Die Vorschriften des Abstandsflächenrechts bestimmen den Inhalt des Eigentums (Art. 14 Abs. 1 Satz 2 GG). Sie tun das im Interesse einer möglichst uneingeschränkten Versorgung der Grundstücke mit Licht und Luft und beschränken das Eigentum deshalb und auch im Hinblick auf die Abweichungsregel des Art. 70 BayBO nicht unverhältnismäßig.

2. Der Beklagte war auch nicht gehalten, für das Vorhaben eine Abweichung von den Anforderungen des Abstandsflächenrechts zuzulassen (Art. 70 Abs. 1 BayBO). Eine Abweichung kann zugelassen werden, wenn sie unter Berücksichtigung der jeweiligen Anforderung und unter Würdigung nachbarlicher Interessen mit den öffentlichen Belangen vereinbar ist. Für die Anforderungen des Abstandsflächenrechts ist typisch, dass ihnen nicht auf andere Weise Rechnung getragen werden kann (BayVGH, VGH n. F. 48, 24, 25). Abweichungen von Art. 6 BayBO haben daher regelmäßig zur Folge, dass die Ziele des Abstandsflächenrechts nicht verwirklicht werden. Die Abweichung lässt sich dann nur rechtfertigen, wenn Gründe vorliegen, durch die sich das Vorhaben vom Regelfall unterscheidet und wegen derer die Einbuße an Belichtung und Lüftung zu vernachlässigen ist. Solche Gründe gibt es nicht.

Das Vorhaben der Klägerin benötigte eine vollständige Befreiung von den Anforderungen des Art. 6 BayBO. Allgemein gilt der Grundsatz, dass die Abweichung um so weniger in Betracht kommt, je weiter die Abweichung gehen soll (Schwarzer/König, a. a. O., Art. 70 Rdnr. 7). Das Abstandsflächenrecht sichert Belichtung und Lüftung des Nachbargrundstücks nicht nur dann, wenn es gilt, sicherheitsrechtlich relevante Zustände zu verhindern. Die auf dem Nachbargrundstück östlich des Vorhabens sich anschließende Fläche ist derzeit als Grünfläche genutzt; sie ist auf eine möglichst gute Belichtung angewiesen. Zudem ist die Fläche außerhalb der Abstandsfläche grundsätzlich bebaubar. Gebäude an der Grundstücksgrenze lässt die Bayerische Bauordnung nur nach Maßgabe ihres Art. 7 Abs. 2, 4 zu, lediglich in den Fällen des Abs. 2 mit einer über das Vorhaben noch hinausgehenden Höhenentwicklung. Dem liegt eine besondere, Ausnahmecharakter tragende, gesetzliche Abwägung zugrunde. Vergleichbar gewichtiges trägt das Begehren der Klägerin nicht.

Nr. 144

Von einer großflächigen Werbeanlage (3,90 x 2,89 m bei einer Tiefe von 0,64 m) auf einem 2,50 m hohen Standfuß gehen auch dann Wirkungen wie von einem Gebäude i. S. des § 6 Abs. 1 Satz 2 ThürBO n. F. (§ 6 Abs. 10 ThürBO a. F.) aus, wenn sie nicht parallel, sondern quer zur Nachbargrenze errichtet wird. Sie muss daher zu Nachbargrenzen Abstandsflächen einhalten.

ThürBO § 6 Abs. 1 Satz 2, Abs. 2 Satz 2, Abs. 6 (Fassung 2004); ThürBO § 6 Abs. 2 Satz 2, Abs. 7, 10, 12 (Fassung 1994).

Thüringer OVG, Urteil vom 19. Oktober 2005 – 1 KO 1180/03 – (rechtskräftig).

(VG Gera)

Die Beklagte Stadt wendet sich gegen ein verwaltungsgerichtliches Urteil, durch das eine der Beigeladenen erteilte Baugenehmigung auf die Nachbarklage der Klägerin aufgehoben worden ist. Die Klägerin ist Eigentümerin des Grundstücks X.; sie betreibt dort ein Autohaus.

Die Beigeladene beantragte die Erteilung einer Baugenehmigung für die Aufstellung einer großformatigen Werbe- und Informationsanlage auf einem östlich an das Grundstück der Klägerin grenzenden und entlang der L. verlaufenden Geh- und Radweg. Mit Bescheid von 1997 erteilte die Beklagte die Baugenehmigung. Die inzwischen errichtete Werbeanlage besteht aus einem 2,50 m hohen Standfuß und dem darauf angebrachten eigentlichen Werbeträger mit einer Höhe von 2,89 m und einer Breite von 3,90 m, der für doppelseitige Wechselwerbung geeignet ist. Die Werbeanlage steht quer zur Grenze des Grundstücks der Klägerin und hält mit dem eigentlichen Werbeträger zu dieser nur einen Abstand von wenigen Zentimetern ein.

Aus den Gründen:

Die noch auf der Grundlage der bis zum 30. 5. 2004 geltenden a. F. der Thüringer Bauordnung vom 3. 6. 1994 (GVBl. 553 – im Folgenden: ThürBO a. F.) erteilte Baugenehmigung, die auch die Vereinbarkeit des Vorhabens mit den bauordnungsrechtlichen Vorschriften festgestellt hat (vgl. demgegenüber für das vereinfachte Baugenehmigungsverfahren nach neuem Recht § 63 b Abs. 1 ThürBO n. F., ist rechtswidrig, da sie nicht mit den im Zeitpunkt der Genehmigungserteilung geltenden Abstandsflächenregelungen in § 6 ThürBO a. F. in Einklang steht. Das seit dem 1. 5. 2004 geltende Abstandsflächenrecht der Thüringer Bauordnung i. d. F. der Neubekanntmachung vom 25. 3. 2004 (GVBl. 349 – im Folgenden: ThürBO n. F.) enthält keine der Beigeladenen günstigeren Regelungen, die der Aufhebung der Baugenehmigung nunmehr entgegenstehen würden (vgl. zum maßgeblichen Prüfungszeitpunkt bei der Nachbarklage nur Senatsurteil v. 17. 6. 1998 – 1 KO 1040/97 –, BRS 60 Nr. 200 = ThürVBl. 1998, 280).

Nach § 6 Abs. 1 Satz 1 ThürBO a. F. (und n. F.) sind vor den Außenwänden von Gebäuden Abstandsflächen von oberirdischen Gebäuden freizuhalten, die nach Abs. 2 Satz 1 grundsätzlich auf dem Baugrundstück liegen müssen. Nicht erforderlich ist eine Abstandsfläche nach § 6 Abs. 1 Satz 2 ThürBO a. F. (und § 6 Abs. 1 Satz 3 n. F.) nur dann, wenn an die Grenze gebaut werden muss oder darf, wobei nach § 6 Abs. 1 Satz 2 Nr. 2 ThürBO a. F. im letzteren Falle gesichert sein musste, dass angebaut wird. Das Verwaltungsgericht hat zutreffend darauf hingewiesen, dass hier kein (wirksamer) Bebauungsplan existiert, aus dem sich eine Pflicht zur Grenzbebauung herleiten ließe. Es ist auch nichts dafür ersichtlich, dass die Errichtung von Gebäuden oder gebäudeähnlichen baulichen Anlagen unmittelbar an der Grundstücksgrenze sich nach der Bauweise oder der überbaubaren Grundstücksfläche i. S. des § 34 Abs. 1 BauGB in die Eigenart der näheren Umgebung einfügen würde und deshalb bauordnungsrechtlich keine Abstandsflächen einzuhalten wären.

Die Mindesttiefe der somit einzuhaltenden Abstandsflächen beträgt nach § 6 Abs. 5 Satz 1 ThürBO (a. F. und n. F.) in allen Baugebieten 3 m. Für bauliche Anlagen, von denen Wirkungen wie von Gebäuden ausgehen, gelten diese Regelungen nach § 6 Abs. 10 ThürBO a. F. bzw. § 6 Abs. 1 Satz 2 ThürBO n. F. gegenüber Gebäuden und Nachbargrenzen entsprechend. Das Verwaltungsgericht hat zu Recht angenommen, dass von der streitgegenständlichen Werbeanlage derartige Wirkungen ausgehen, und hierbei auf das Senatsurteil vom 26. 2. 2002 – 1 KO 305/99 –, (BRS 65 Nr. 130 = ThürVBl. 2002, 256) verwiesen, in dem es zu dieser Frage heißt:

„Ob dies der Fall ist, beurteilt sich – ausgehend vom Regelungszusammenhang des § 6 Abs. 10 BauO mit den Abs. 1 bis 9 der Vorschrift – danach, ob von der Anlage vergleichbare Wirkungen ausgehen, die bei Gebäuden die Einhaltung von Abstandsflächen erforderlich machen (vgl. OVG Berlin, Urteil v. 31. 7. 1992 – 2 B 3.91 –, BRS 54 Nr. 91). Diese Wirkungen können, da die Abstandsvorschriften der BauO – ebenso wie die der ThürBO – die nachfolgend genannten Belange schützen, den Brandschutz, die Belichtung, Besonnung und Belüftung sowie den nachbarlichen Wohnfrieden betreffen. Dass auch der Wohnfriede Schutzgut der genannten Vorschriften ist, lässt sich § 6 Abs. 7 BauO entnehmen; danach müssen auch bestimmte Vorbauten – wie etwa Erker und Balkone –, die die Belange der Belichtung, Belüftung und Besonnung regelmäßig nicht beeinträchtigen, einen bestimmten (Sozial-) Abstand zur Nachbargrenze einhalten. Auch § 6 Abs. 5 Satz 2 BauO spricht dafür, dass durch die Abstandsflächenvorschriften auch der nachbarliche Wohnfriede geschützt werden soll, denn danach werden in Gewerbe- und Industriegebieten deutlich geringere Abstandsflächen zugelassen als in Wohngebieten (vgl. Senatsbeschluss v. 25. 6. 1999 – 1 EO 197/99 –, ThürVGRspr. 1999, 197 = ThürVBl. 1999, 257 = BRS 62 Nr. 141)."

Allerdings ist zweifelhaft, ob diese Überlegungen auch für das neue Abstandsflächenrecht uneingeschränkt zu gelten haben. Der Gesetzgeber hat die Neuregelung des Abstandsflächenrechts damit begründet, dass die darin enthaltene Verringerung der Abstandsflächentiefe von 1 auf 0,4 H ausschließlich auf einen bauordnungsrechtlich zu sichernden Mindestabstand ziele und keine städtebaulichen Nebenzwecke mehr verfolge. Ziel der Regelung der Abstandsflächentiefe sei (nur) die Ausleuchtung der Aufenthaltsräume mit Tageslicht im fensternahen Bereich (vgl. die Begründung des Gesetzentwurfs der Landesregierung, LT-Drucks. 3/3287, S. 58). Andererseits enthält auch die geänderte Thüringer Bauordnung in § 6 Abs. 6 eine dem früheren § 6 Abs. 7 ThürBO vergleichbare Sonderregelung über den durch bestimmte Vorbauten einzuhaltenden Mindestabstand zur Nachbargrenze; § 6 Abs. 5 Satz 2 ThürBO n. F. sieht zudem weiterhin für Gewerbe- und Industriegebiete deutlich geringere Abstandsflächen vor. Ob diese Regelungen die Annahme zulassen, das Abstandsflächenrecht der geänderten Bauordnung verfolge trotz wohl gegenteiliger Regelungsabsichten des Gesetzgebers nach wie vor (auch) den Zweck, im Interesse des Wohnfriedens die Einhaltung eines bestimmten Mindestabstandes und Freiraums zwischen Gebäuden (sog. Sozialabstand) zu gewährleisten, bedarf hier aber keiner Entscheidung. Denn eine gebäudeähnliche Wirkung kommt der streitgegenständlichen Werbeanlage nicht nur dann zu, wenn man den nachbarlichen Wohnfrieden als Schutzgut der Abstandsflächenvorschriften ansieht und dementsprechend mit dem Verwaltungsgericht darauf abstellt, dass die Werbeanlage eine erhebliche optische Wirkung auf das Grundstück der Klägerin ausübt.

Die streitgegenständliche Werbeanlage ist – wie das Verwaltungsgericht zutreffend erkannt hat – auf Grund ihrer Höhe und ihrer Ausmaße geeignet, die Belichtung auf dem Grundstück der Klägerin in einer Weise zu beeinträchtigen, die durchaus mit der durch ein Gebäude bewirkten Beeinträchtigung vergleichbar ist. Insoweit lässt sich die Anlage mit einer großflächigen Werbetafel im sog. Euro-Format vergleichen, der in der Rechtsprechung jedenfalls dann durchweg eine gebäudegleiche Wirkung beigemessen wird, wenn sie parallel zur Grundstücksgrenze steht (vgl. OVG Lüneburg, Urteil v. 18.2.1999 – 1 L 4263/96 –, BRS 62 Nr. 158 = BauR 1999, 1449 = NVwZ-RR 1999, 560; SächsOVG, Urteil v. 16.4.1999 – 1 S 39/99 –, BRS 62 Nr. 159 = BauR 1999, 893 = NVwZ-RR 1999, 560; BayVGH, Urteil v. 28.6.2005 – 15 BV 04.2876 –, BauR 2006, 363; VG Meiningen, Gerichtsbescheid v. 6.10.1994 – 5 K 206/93.Me –, juris). Dem steht nicht entgegen, dass die eigentliche Werbeanlage hier – anders als eine herkömmliche Werbetafel – auf einem 2,50 m hohen Fuß angebracht ist, dem für sich betrachtet keine gebäudeähnliche Wirkung zukommen mag, weil er nur mit unerheblichen Beeinträchtigungen der Belichtung verbunden ist. Die Klägerin verweist zu Recht darauf, dass die Beeinträchtigung der Belichtung nicht deshalb zu vernachlässigen ist, weil sie im konkreten Fall erst ab einer bestimmten Höhe einsetzt, denn die insgesamt 5,39 m hohe Werbeanlage wäre etwa für ein benachbartes Wohnhaus mit einer spürbaren Beeinträchtigung der Belichtung vor allem in Höhe des ersten Obergeschosses verbunden.

Etwas anderes gilt hier auch nicht deshalb, weil die Werbeanlage nicht parallel, sondern quer zur Grenze des Grundstücks der Klägerin errichtet worden ist und nur mit ihrer nach den vorliegenden Plänen im Bereich des Standfußes 0,76 m und im oberen Bereich 0,64 m breiten „Schmalseite" zum Grundstück weist. Soweit in der Rechtsprechung für quer zur Grundstücksgrenze errichtete herkömmliche Plakatanschlagtafel eine gebäudegleiche Wirkung verneint wird (so etwa BayVGH, Urteil v. 13. 8. 1997 – 2 B 93.4024 –, BRS 59 Nr. 136 = NVwZ-RR 1998, 620), vermag der Senat dem jedenfalls für Anlagen der hier in Rede stehenden Art nicht zu folgen. Die streitgegenständliche Werbeanlage hat angesichts der Größe des eigentlichen Werbeträgers (3,90 m x 2,89 m bei einer Tiefe von 0,64 m) und ihrer Gesamthöhe (5,39 m) trotz des gewählten Aufstellungsortes je nach Sonneneinfall auch eine nicht unerhebliche Beeinträchtigung der Belichtung des Grundstücks der Klägerin zur Folge, die sich für ein dort stehendes benachbartes Wohnhauses noch spürbar nachteilig auswirken würde. Die Beeinträchtigung wird hier zwar i. d. R. geringer sein als die durch ein Gebäude verursachte Beeinträchtigung der Belichtung; sie ist aber damit noch vergleichbar. Hierbei ist zu berücksichtigen, dass Gebäude nicht nur dann Abstandsflächen zu Nachbargrundstücken einhalten müssen, wenn ihre Außenwände mehr oder weniger parallel zur Grundstücksgrenze errichtet werden, sondern auch dann, wenn etwa zwei Gebäudeaußenwände in Richtung des Nachbargrundstücks in spitzem Winkel aufeinander zulaufen und lediglich die äußerste Gebäudeecke direkt zum Nachbargrundstück hinweist. Selbst bestimmte vor die Außenwand vortretende Bauteile und Vorbauten, die nach der bereits erwähnten Regelung des § 6 Abs. 7 ThürBO a. F. bzw. § 6 Abs. 6 ThürBO n. F. bei der Bemessung der Abstandsflächen „an sich" außer Betracht bleiben, müssen von (gegenüberliegenden) Nachbargrenzen einen Mindestabstand von 2 m einhalten. Die streitgegenständliche Werbeanlage ist auch nicht mit den baulichen Anlagen vergleichbar, die wie etwa Masten nach der (entgegen der Auffassung des Verwaltungsgerichts im Wesentlichen nur klarstellenden und in der ThürBO n. F. nicht mehr enthaltenen) Regelung des § 6 Abs. 12 ThürBO a. F. keine Abstandsflächen einhalten müssen, weil ihnen nach Auffassung des Gesetzgebers keine gebäudegleiche Wirkung zukommt. Die Anlage weist zwar zum Grundstück der Klägerin hin eine Breite auf, in der ein Mast wohl noch ohne Einhaltung einer Abstandsfläche zulässig wäre (vgl. dazu etwa OVG NW, Beschluss v. 28. 2. 2001 – 7 B 214/01 –, BRS 64 Nr. 124 = BauR 2001, 1089); ihr kommt jedoch insbesondere wegen der Ausmaße des eigentlichen Werbeträgers eine flächige, gebäudegleiche Wirkung zu, die mit der eines relativ schlanken Masts nicht vergleichbar ist.

Die Voraussetzungen für die Erteilung einer Abweichung von den Abstandsflächenvorschriften nach den §§ 6 Abs. 15 Satz 1, 68 ThürBO Abs. 1 a. F. oder nach § 63 e ThürBO n. F. liegen ersichtlich nicht vor. ...

Die Klägerin wird durch die der Beigeladenen unter Verstoß gegen die nachbarschützende Bestimmung des § 6 ThürBO erteilte Baugenehmigung auch in ihren Rechten verletzt. Ihr steht hiergegen ein Abwehrrecht zu, ohne dass es darauf ankommt, ob die Werbeanlage mit spürbaren tatsächlichen Beeinträchtigungen, insbesondere der von ihr vor allem geltend gemachten

Behinderung der Sicht auf das Autohaus verbunden ist (vgl. hierzu schon den Senatsbeschluss v. 25. 6. 1999 – 1 EO 197/99 –, BRS 62 Nr. 141 = ThürVBl. 1999, 257).

Der Klägerin ist schließlich eine Berufung auf die Verletzung des § 6 ThürBO auch nicht deshalb verwehrt, weil sich – wie die Ortsbesichtigung des Senats ergeben hat – im nördlichen Teil ihres Grundstücks eine der streitgegenständlichen Anlage vergleichbare Werbeanlage befindet, die zu dem sich östlich anschließenden Flurstück ebenfalls keinen oder nur einen sehr geringen Grenzabstand einhält. Allerdings kann derjenige, der selbst mit seinem Gebäude (oder einer gebäudeähnlichen baulichen Anlage) den erforderlichen Grenzabstand nicht eingehalten hat, billigerweise nicht verlangen, dass der Nachbar die Abstandsfläche freihält (vgl. hierzu etwa: OVG Lüneburg, Urteil v. 12. 9. 1984 – 6 A 49/83 –, BRS 42 Nr. 196; OVG des Saarlandes, Beschluss v. 24. 1. 1983 – 2 W 2/83 –, BRS 40 Nr. 218; OVG Berlin, Beschluss v. 6. 9. 1994 – 2 S 14.94 –, BRS 56 Nr. 173; Senatsbeschluss v. 5. 10. 1999 – 1 EO 698/99 –, BRS 62 Nr. 136 = BauR 2000, 869 = ThürVBl. 2000, 132; Senatsurteil v. 11. 5. 2005 – 1 KO 290/05 –, n.v.). So verhält es sich hier jedoch nicht. Bei dem östlich an das Grundstück der Kläger angrenzenden Flurstück handelt es sich um eine öffentliche Verkehrsfläche (Geh- und Radweg sowie Fahrbahn); derartige Flächen dürfen aber nach § 6 Abs. 2 Satz 2 ThürBO (a. F. und n. F.) bis zur Mitte für Abstandsflächen in Anspruch genommen werden, so dass die auf dem Grundstück der Klägerin errichtete Werbeanlage – anders als die auf der öffentlichen Verkehrsfläche errichtete Anlage der Beigeladenen – die erforderlichen Abstandsflächen einhalten kann. Angesichts der im Gesetz angelegten unterschiedlichen Behandlung von öffentlichen Verkehrsflächen einerseits und sonstigen Grundstücksflächen andererseits fehlt es mithin an einer Vergleichbarkeit der wechselseitigen Inanspruchnahme der jeweiligen Grundstücke durch die vor den Werbeanlagen einzuhaltenden Abstandsflächen.

Nr. 145

Die zur Feststellung einer Verletzung des bauordnungsrechtlichen Verunstaltungsverbotes nach § 10 Abs. 2 i.V.m. § 11 Abs. 2 Satz 1 BauO Bln erforderliche optische Verbindung zwischen den zu schützenden Objekten und der Werbeanlage setzt nicht voraus, dass die Werbeanlage und die schutzwürdige Umgebung von jedem nur denkbaren Standort aus gleichzeitig mit einem Blick vom Betrachter erfasst werden können. Vielmehr reicht es aus, wenn die Werbeanlage nicht nur aus einem ganz bestimmten, ungewöhnlichen Blickwinkel im Zusammenhang mit dem zu schützenden Bereich sichtbar ist, sondern regelmäßig – mindestens in Teilen – ohne weiteres in den Blick gerät, wenn der Betrachter – wie etwa ein durchschnittlicher Verkehrsteilnehmer oder Tourist – seinen Standort verändert.

BauGB § 172 Abs. 1 Nr. 1; BauO Bln §§ 2 Abs. 1 Satz 1, 10 Abs. 2, 11 Abs. 1, Abs. 2 Satz 1, 55 Abs. 1, Abs. 3, 56 Abs. 1 Nr. 8, 62 Abs. 1 Satz 1.

OVG Berlin-Brandenburg, Urteil vom 12. Oktober 2005 – 2 B 21.04 – (rechtskräftig).

Die Klägerin beantragte 1999 die Erteilung einer Baugenehmigung zur Errichtung einer Dachwerbeanlage auf dem mit einem Hotel bebauten Grundstück, das sich im Geltungsbereich der Verordnung über die Erhaltung der städtebaulichen Eigenart auf Grund der städtebaulichen Gestalt für das Gebiet „Dorotheenstadt, Friedrichstadt" im Bezirk Mitte von Berlin vom 3.3.1997 (GVBl., 258, i.F.: Erhaltungsverordnung) befindet. Das Hotelgebäude ist Bestandteil der südlichen Platzrandbebauung des Gendarmenmarkts, der als Denkmalbereich (Ensemble) in die Denkmalliste Berlin (Stand 15.5.2001, ABl., 2261, 2367) eingetragen ist. Auf dem Platz befinden sich ferner die – als Baudenkmale ebenfalls in die Denkmalliste eingetragenen (a.a.O., S. 2394) – historischen Gebäude des Deutschen und des Französischen Doms sowie des Schauspielhauses. Bei der bereits 1999 errichteten Werbeanlage handelt es sich um eine 7200 mm lange und 1680 mm hohe Dachleuchtschrift sowie ein 4300 mm langes und 3000 mm hohes Firmenlogo.
Klage und Berufung hatten keinen Erfolg.

Aus den Gründen:

Das Vorhaben der Klägerin bedarf nach §55 Abs. 1 BauO Bln einer Baugenehmigung. Es handelt sich unstreitig um eine Anlage der Außenwerbung (Werbeanlage) i.S. des §11 Abs. 1 BauO Bln, die zugleich eine bauliche Anlage i.S. des §2 Abs. 1 Satz 1 BauO Bln ist und für die deshalb nach §11 Abs. 2 Satz 1 BauO Bln die in diesem Gesetz an bauliche Anlagen gestellten Anforderungen gelten. Die Werbeanlage erfüllt nicht die Voraussetzungen der Genehmigungsfreiheit nach §56 Abs. 1 Nr. 8 BauO Bln; insbesondere handelt es sich wegen der Eigenschaft als bauliche Anlage und der Anbringung in Höhe von Obergeschossen nicht um eine genehmigungsfreie Werbeanlage an der Stätte der Leistung i.S. des §56 Abs. 1 Nr. 8 lit. c BauO Bln. Von der Erteilung der Baugenehmigung kann mangels Geringfügigkeit des Vorhabens auch nicht im Wege einer Ermessensentscheidung nach §55 Abs. 3 BauO Bln abgesehen werden.

Die Baugenehmigung ist nach §62 Abs. 1 Satz 1 BauO Bln nur zu erteilen, wenn das Vorhaben den öffentlich-rechtlichen Vorschriften entspricht. Diese Voraussetzung ist hier nicht erfüllt, da das Vorhaben sowohl der Erhaltungsverordnung (1.) als auch dem bauordnungsrechtlichen Verunstaltungsverbot gemäß §10 Abs. 2 i.V. m. §11 Abs. 2 Satz 1 BauO Bln (2.) widerspricht.

1. Der Inhalt der auf §172 Abs. 1 Satz 1 Nr. 1 BauGB gestützten Erhaltungsverordnung beschränkt sich auf die Abgrenzung des räumlichen Geltungsbereichs und die Angabe des Erhaltungsziels (städtebauliche Eigenart des Gebiets auf Grund seiner städtebaulichen Gestalt). Dies ist nach der Rechtsprechung ausreichend (vgl. BVerwG, Urteil v. 3.7.1987, BRS 47 Nr. 129 = BauR 1987, 676; VGH Kassel, Urteil v. 24.11.1995, BRS 57 Nr. 289.), weil die weitere Konkretisierung erst auf der zweiten Stufe des Verfahrens erfolgt, indem über die Schutzwürdigkeit des konkreten Bauwerks in Bezug auf Besonderheiten des Erhaltungsgebiets und die Zulässigkeit etwaiger Veränderungen entschieden wird (vgl. VGH Kassel, a.a.O.). Die Erhaltungsziele wurden für den vorliegenden Bereich durch den Beschluss Nr. 135 des Bezirksamts vom September 2000 präzisiert. Gemäß Nr. I. des vorgenannten Beschlusses werden u. a. in allen städtebaulichen Erhaltungsgebieten, in Denkmalbereichen und in der unmittelbaren Umgebung von Denkmalen keine Werbeflächen auf öffentlichem Straßenland zugelassen; Werbeanlagen

in der Dachzone sind nach Nr. II des Beschlusses unzulässig. Bedenken gegen die Formulierung dieser Erhaltungsziele sind weder vorgetragen worden noch sonst ersichtlich. Sie findet eine ausreichende Rechtfertigung schon darin, dass nach den durch das Ergebnis der Augenscheinseinnahme im Ortstermin bestätigten Angaben des Beklagten im Widerspruchsbescheid die Umgebung im hier maßgeblichen Bereich keine Dachwerbeanlagen aufweist. Hierbei handelt es sich um ein die städtebauliche Eigenart des Gebietes prägendes Merkmal. Da die von der Klägerin errichtete Dachwerbeanlage hiermit offensichtlich nicht vereinbar ist, widerspricht das Vorhaben der Erhaltungsverordnung.

2. Das Vorhaben widerspricht zudem auch dem bauordnungsrechtlichen Verunstaltungsverbot. Nach § 10 Abs. 2 i. V. m. § 11 Abs. 2 Satz 1 BauO Bln sind Werbeanlagen, die bauliche Anlagen sind, mit ihrer Umgebung so in Einklang zu bringen, dass sie das Straßenbild, Ortsbild oder Landschaftsbild nicht verunstalten oder deren beabsichtigte Gestaltung nicht stören; auf die erhaltenswerten Eigenarten der Umgebung ist Rücksicht zu nehmen.

Die Feststellung einer Verletzung dieser umgebungsbezogenen Anforderungen an bauliche Anlagen setzt nach st. Rspr. des OVG Berlin, der sich der erkennende Senat des OVG Berlin-Brandenburg anschließt, einen deutlich zu Tage tretenden Widerspruch des Erscheinungsbildes der Anlage zu den für die Umgebung bestimmenden städtebaulichen oder stadtbildlichen Gestaltungsmerkmalen voraus, wobei die Beurteilung nicht ausschließlich anhand des tatsächlich in der Umgebung vorhandenen Bestandes zu treffen ist; vielmehr ist auch die beabsichtigte Gestaltung des Straßen- und Ortsbildes nach Maßgabe der planerischen Vorstellungen und Konzepte der zuständigen Stellen heranzuziehen (vgl. hierzu OVG Berlin, Urteil v. 31. 7. 1992, OVGE 20, 138, 139 f. = BRS 54 Nr. 110). Zur Umgebung zählt hierbei der örtliche Bereich, der von der baulichen Anlage optisch beeinflusst werden kann und dessen ästhetische Beeinträchtigung vermieden werden soll (vgl. OVG Berlin, Urteil v. 7. 5. 1999, OVGE 23, 134 = BRS 62 Nr. 157). Wie weit der Ausstrahlungsbereich einer Werbeanlage reicht, hängt neben der Art der Werbung und ihrer Dimensionierung vor allem von ihrem Anbringungsort ab; eine Verunstaltung ist nur dann anzunehmen, wenn die Teile der Umgebung, deren Schutz vor Beeinträchtigung in Betracht kommt, und die Werbeanlage, die die Verunstaltung verursachen soll, vom Betrachter gleichzeitig gesehen werden können (vgl. OVG Berlin, Urteil v. 7. 5. 1999, a. a. O., Beschluss v. 8. 6. 2000, OVGE 23, 195 = BRS 63 Nr. 183 = BauR 2001, 618). Die erforderliche optische Verbindung und der Wirkzusammenhang zwischen den zu schützenden Objekten und der Werbeanlage setzt dabei jedoch nicht voraus, dass die Werbeanlage und die schutzwürdige Umgebung von jedem nur denkbaren Standort aus gleichzeitig mit einem Blick vom Betrachter erfasst werden können. Vielmehr reicht es aus, wenn die Werbeanlage nicht nur aus einem ganz bestimmten, ungewöhnlichen Blickwinkel im Zusammenhang mit dem zu schützenden Bereich sichtbar ist, sondern regelmäßig – mindestens in Teilen – ohne Weiteres in den Blick gerät, wenn der Betrachter – wie etwa ein durchschnittlicher Verkehrsteilnehmer oder Tourist – seinen Standort verändert. Es sind mithin nur solche Ausnahmefälle nicht erfasst, in denen man als Betrachter erst einen Standort finden muss, der überhaupt ein optisches Erfassen der zu schützenden Objekte und der Werbeanlage ermöglicht (so OVG Berlin, Urteil v. 7.5.1999, a.a.O.).

Gemessen an diesen Kriterien stört und verunstaltet die Anbringung der 7,2 m langen und 1,68 m hohen Dachleuchtschrift sowie des 4,3 m langen und 3 m hohen Firmenlogos an dem Hotelgebäude der Klägerin das in dieser Umgebung vorhandene und angestrebte Straßen- und Ortsbild.

Die für die Umgebung bestimmenden städtebaulichen oder stadtbildlichen Gestaltungsmerkmale werden an dieser Stelle durch das Gebäudeensemble des Gendarmenmarktes sowie insbesondere die baulichen Anlagen des Deutschen und des Französischen Domes sowie des Schauspielhauses geprägt. Es handelt sich hierbei um den örtlichen Bereich, der von der baulichen Anlage optisch beeinflusst werden kann und dessen ästhetische Beeinträchtigung vermieden werden soll. Die besondere Schutzwürdigkeit dieses Bereichs ergibt sich ohne Weiteres aus der – unbestrittenen – Denkmaleigenschaft sowohl des Denkmalbereichs als Ensemble, als auch der auf dem Gendarmenmarkt befindlichen – jeweils als Baudenkmal in die Denkmalliste eingetragenen – historischen Gebäude des Deutschen und des Französischen Domes sowie des Schauspielhauses. Abgesehen von der prägenden Wirkung des tatsächlich vorhandenen baulichen Bestandes ist zu berücksichtigen, dass die gestalterischen Zielvorstellungen für den hier maßgeblichen Bereich in der bereits erwähnten Erhaltungsverordnung i.V.m. dem ebenfalls bereits erwähnten Beschluss Nr.135 des Bezirksamts vom September 2000 ihren normativen Niederschlag gefunden haben.

Die Einwände der Klägerin, die im Kern die Relevanz der von der Werbeanlage ausgehenden Wirkungen bestreitet, überzeugen nicht.

Soweit die Klägerin geltend macht, dass die streitgegenständliche Dachwerbeanlage auf Grund ihrer Anbringung auf dem vom Gendarmenmarkt aus gesehen äußersten rechten Teil des Hoteldachs und der Anordnung des Denkmalensembles nur von „vereinzelten" Standorten – und insbesondere nicht von einem angeblich „idealen Standort" zur Betrachtung des Gesamtensembles des Gendarmenmarkts, der vor dem Schauspielhaus und in der Nähe der Ecke M.straße/T.straße liegen soll – überhaupt wahrgenommen werden könne, ändert dies nichts daran, dass die erforderliche optische Verbindung und der Wirkzusammenhang zwischen den zu schützenden Objekten und der Werbeanlage hier eindeutig gegeben sind. Denn es steht außer Frage, dass die Anlage zwar nicht von jedem Standort, aber jedenfalls für praktisch jeden Betrachter, der den Gendarmenmarkt entlang der westlich verlaufenden C.straße oder der östlich verlaufenden M.straße passiert, früher oder später zusammen mit wenigstens einem der Baudenkmale sichtbar ist. Anders als etwa in dem von der Klägerin zitierten Fall des „Kant-Dreiecks" (vgl. OVG Berlin, Urteil v. 7.5.1999, a.a.O.), in dem es um ein Werbelogo auf einem drehbaren, auf dem Dach eines Hochhauses in einer Höhe von über 36 m angebrachten Metallsegel an der Ecke eng bebauter Straßenzüge ging, ist die Dachwerbung im vorliegenden Fall an einem Gebäude angebracht, das nicht nur – wie das „Kant-Dreieck" – beim Blick durch eine Straßenflucht, sondern auch von einem ausgedehnten Platz aus, dessen Abschlusswand es bildet, zusammen mit der geschützten Umgebung sichtbar ist. Jedenfalls kann nach dem Ergebnis der Augenscheinseinnahme durch den Senat im Ortstermin keine Rede davon sein, dass die auf dem Dach des Hotels der Klägerin angebrachte Werbeanlage nur von einem ganz bestimmten, ungewöhnlichen Standort aus zusammen mit dem Ensemble des Gendarmenmarkts erkennbar ist. Zu Unrecht kritisiert die Klägerin in diesem Zusammenhang, dass das Verwaltungsgericht maßgeblich auf die Sichtachse der westlich des Gendarmenmarkts verlaufenden C.straße abgestellt hat, weil von hier aus die Werbeanlage noch in weiter Entfernung wahrgenommen werden könne. Ungeachtet des Umstands, dass sich der aus dem Schauspielhaus und den dieses flankierenden Gebäuden des Deutschen und Französischen Domes gebildete Platz zu der östlich gelegenen M.straße hin öffnet, weshalb sich dort auch der von der Klägerin geltend gemachte „ideale Standort" zur Betrachtung des Ensembles befinden mag, kommt der das Schauspielhaus von der „Rückseite" her erschließenden C.straße im vorliegenden Zusammenhang schon deshalb eine herausgehobene Funktion zu, weil sie die einzige direkte Verbindung zwischen dem Gendarmenmarkt und der Straße Unter den Linden darstellt und damit die Wahrnehmung des Stadtbildes in diesem Bereich maßgeblich bestimmt. Wie der Ortstermin ergeben hat, befindet sich die Dachwerbeanlage für einen sich auf der C.straße in südlicher Richtung bewegenden Betrachter jedenfalls ab der Ecke M.straße ständig zusammen mit dem Schauspielhaus und teilweise auch der Kuppel des Deutschen Domes im Blickfeld. Dass von hier aus lediglich die Rückseite des Schauspielhauses gesehen werden kann, ist nicht maßgeblich, da auch diese Seite zweifellos zu der geschützten Umgebung gehört. Auch kann nicht, wie die Klägerin offenbar meint, gefordert werden, dass ständig alle Teile des geschützten Ensembles gleichzeitig im Blick sind.

Darüber hinaus hat die Ortsbesichtigung ergeben, dass die Dachwerbeanlage nicht nur von der „Rückseite" des Gendarmenmarkts aus zusammen mit dem geschützten Bereich wahrgenommen werden kann, sondern auch von der östlich – gleichsam an der „Vorderseite" – des Platzes verlaufenden M.straße aus. Zwar ist die Werbeanlage auf der Höhe der T.straße und der J.straße nicht zu sehen. Kurz vor dem Französischen Dom befinden sich jedoch zumindest Teile der Werbeanlage gemeinsam mit dem Deutschen Dom und dem Schauspielhaus im Blickfeld des Betrachters. Vom Standpunkt an der Ecke M.straße/F.straße aus ist die gesamte Werbeanlage zwar ohne das Schauspielhaus, aber gemeinsam mit den beiden Domen deutlich zu sehen.

Auch der Einwand der Klägerin, die Dachwerbeanlage mache lediglich 0,8 % der Gesamtfläche der Fassade aus, überzeugt nicht. Das Größenverhältnis zwischen Fassadenfläche und Werbeanlage ist für die Frage, ob ein Widerspruch des Erscheinungsbildes der Anlage zu den für die Umgebung bestimmenden städtebaulichen oder stadtbildlichen Gestaltungsmerkmalen deutlich zu Tage tritt, ohne Bedeutung. Vielmehr kommt es allein auf die Wahrnehmbarkeit der Werbeanlage von einem Standort aus an, der so weit entfernt liegt, dass jedenfalls zugleich auch die geschützte Umgebung mit einem Blick erfasst werden kann. Hieran besteht auf Grund der Feststellungen im Ortstermin kein Zweifel. Die Wahrnehmbarkeit ist auch nicht etwa deshalb wesentlich eingeschränkt, weil die Werbeanlage – wie von der Klägerin behauptet – in Bezug auf die Farbgebung und die Strichstärke der Buchstaben Schriftzuges „sehr zurückhaltend gestaltet" sei. Eine besonders hervorzuhebende Zurückhaltung bei der Gestaltung hat der Senat im Ortstermin nicht feststellen können. Schon angesichts der Größe der 7,2 m langen und 1,68 m hohen Dachleuchtschrift sowie des 4,3 m langen und 3 m hohen Firmenlogos ist der gewünschte Werbeeffekt vielmehr ohne Weiteres gewährleistet.

3. Ob das Vorhaben der Klägerin wegen der unmittelbaren Nähe zu dem als Denkmalbereich geschützten Gendarmenmarkt und der als Baudenkmale geschützten Gebäude des Deutschen und des Französischen Doms sowie des Schauspielhauses darüber hinaus auch gegen § 10 Abs. 1 DSchG Bln verstößt, wonach die unmittelbare Umgebung eines Denkmals, soweit sie für dessen Erscheinungsbild von prägender Bedeutung ist, u. a. durch die Errichtung baulicher Anlagen nicht so verändert werden darf, dass die Eigenart und das Erscheinungsbild des Denkmals wesentlich beeinträchtigt werden, kann im Hinblick auf den Verstoß gegen die Erhaltungsverordnung und das bauordnungsrechtliche Verunstaltungsverbot dahinstehen.

Nr. 146

1. Das fernstraßenrechtliche Anbauverbot im 40 m-Bereich längs von Bundesautobahnen gilt durchgängig auf ganzer Strecke, auch wenn diese durch eine Stadtlage führt. Die für Ortsdurchfahrten geltenden Einschränkungen des Anbauverbots an Bundesfernstraßen (§ 9 Abs. 1 Satz 1 Nr. 1 FStrG) beziehen sich nur auf Bundesstraßen, nicht auch auf Bundesautobahnen.

2. Allein durch die bauplanungsrechtliche Ausweisung eines Gewerbegebiets können Werbeanlagen nicht auch fernstraßenrechtlich als i. S. des § 9 Abs. 7 FStrG bebauungsplanadäquat angesehen werden. Insoweit sind angesichts der denkbaren Vielfalt von Werbeanlagen in Ausführung und Gestaltung sowie der dadurch bedingten Folgen für die Sicherheit und Leichtigkeit des Verkehrs höhere Anforderungen an die Konkretisierung der Festsetzungen zu stellen.

FStrG § 9 Abs. 1 Satz 1 Nr. 1, Abs. 6, Abs. 7, Abs. 8; BauO Bln § 62 Abs. 1; GG Art. 3 Abs. 1.

OVG Berlin, Urteil vom 14. Juni 2005 – 2 B 8.03 – (rechtskräftig).

Die Klägerin betreibt einen Lebensmittelmarkt auf einem Grundstück in Berlin-Charlottenburg. Das Grundstück grenzt im hinteren Bereich an die Bundesautobahn A 100. Sie begehrt die Erteilung einer Baugenehmigung zur Errichtung einer Werbeanlage mit ihrem blau-gelb-roten Firmenzeichen in den Maßen 4,50 m x 4,50 m auf dem hinteren, der Autobahn zugewandten Teil ihres Betriebsgebäudes. Das Grundstück liegt nach den Ausweisungen des Bebauungsplans in einem Gewerbegebiet. Die ausgewiesenen nicht überbaubaren Grundstücksflächen reichen – von der Bundesautobahn A 100 aus gesehen – bis in eine Grundstückstiefe von 18 m. Der Teil des Betriebsgebäudes, auf dem die

Werbeanlage angebracht werden soll, liegt etwa 25 m vom äußeren Rand der befestigten Fahrbahn entfernt.

Aus den Gründen:

1. Das Vorhaben entspricht nicht den öffentlich-rechtlichen Vorschriften (§ 62 Abs. 1 BauO Bln), denn der Erteilung der beantragten Baugenehmigung steht das fernstraßenrechtliche Anbauverbot des § 9 Abs. 1 Satz 1 Nr. 1 des Bundesfernstraßengesetzes i. d. F. der Bek. vom 19. 4. 1994 (BGBl. I, 854 – FStrG –) entgegen, das auch für Anlagen der Außenwerbung gilt (§ 9 Abs. 6 FStrG). Danach dürfen längs der Bundesfernstraßen Hochbauten jeder Art in einer Entfernung bis 40 m bei Bundesautobahnen und bis 20 m bei Bundesstraßen außerhalb der zur Erschließung der anliegenden Grundstücke bestimmten Teile der Ortsdurchfahrten, jeweils gemessen vom äußeren Rand der befestigten Fahrbahn, nicht errichtet werden. Der Betriebsgebäudeteil, auf dem die Werbeanlage angebracht werden soll, liegt innerhalb des nach § 9 Abs. 1 Satz 1 Nr. 1 FStrG für Bundesautobahnen maßgebenden 40 m-Bereichs.

Das Anbauverbot im 40 m-Bereich längs der Bundesautobahnen (§ 9 Abs. 1 Satz 1 Nr. 1 FStrG) ist auf den vorliegenden Fall anwendbar, denn der einschränkende Zusatz hinsichtlich des Geltungsbereichs des Anbauverbots nur „außerhalb der zur Erschließung der anliegenden Grundstücke bestimmten Teile der Ortsdurchfahrten" bezieht sich auf Bundesstraßen und nicht auch auf Bundesautobahnen. Für letztere gilt durchgängig auf ganzer Strecke das Anbauverbot im 40 m-Bereich, auch wenn diese durch eine Stadtlage führen. Auf die zwischen den Beteiligten strittige Frage, ob eine Bundesautobahn überhaupt eine Erschließungsfunktion haben kann und ob gegebenenfalls die Bundesautobahn A 100 in dem hier maßgebenden Abschnitt zwischen den Anschlussstellen S. und K. eine Erschließungsfunktion tatsächlich hat, kommt es deshalb nicht an.

Dass sich der vorgenannte einschränkende Zusatz hinsichtlich der Ortsdurchfahrten nur auf Bundesstraßen bezieht, ergibt eine Auslegung der Vorschrift anhand der Gesetzesmaterialien, die die Entwicklung des Gesetzeswortlauts wiederspiegeln. Danach war der Zusatz „außerhalb der zur Erschließung der anliegenden Grundstücke bestimmten Teile der Ortsdurchfahrten" in der Ursprungsfassung des Gesetzes vom 6. 8. 1953 (BGBl. I, 903) wie auch in der Neufassung vom 6. 8. 1961 (BGBl. I, 1741 – FStrG a. F. –) nicht in § 9 Abs. 1 FStrG enthalten. Das Anbauverbot galt danach im 40 m-Bereich sowohl längs der Bundesautobahnen als auch im 20 m-Bereich entlang der Bundesstraßen. Die Beschränkung auf die „außerhalb der zur Erschließung der anliegenden Grundstücke bestimmten Teile der Ortsdurchfahrten" wurde erst durch das Zweite Gesetz zur Änderung des Bundesfernstraßengesetzes vom 4. 7. 1974 (BGBl. I, 1401 – 2. FStrÄndG –) i. d. F. der Bek. vom 1. 10. 1974 (BGBl. I, 2413) in das Bundesfernstraßengesetz eingefügt und zwar als vorangestellter einschränkender Zusatz in § 9 Abs. 1 Satz 1 des Gesetzes. Dadurch bezog sich die Einschränkung nach dem Wortlaut auf „Bundesfernstraßen", zu denen nach der Definition des § 1 Abs. 2 Nr. 1 und 2 FStrG Bundesautobahnen und Bundesstraßen gehören. Der Gesetzesbegründung (BT-Drucks. 7/1265, S. 19 zu Art. 1 Nr. 7, § 9 FStrG) für diese Änderung ist jedoch zu entnehmen, dass der Gesetzgeber das generelle Anbauverbot, wie es in § 9 Abs. 1 FStrG a. F. noch enthalten war, nur für Bundesstraßen einschränken wollte, weil er das fernstraßenrechtliche Anbauverbot in der geschlossenen Ortslage innerhalb des „durch Zufahrten oder Zugänge von den Grundstücken zur Bundesstraße erschlossenen Bereichs" als nicht mehr sinnvoll ansah. Im übrigen sollte das Anbauverbot für Hochbauten in § 9 Abs. 1 Satz 1 Nr. 1 FStrG a. F. fortgelten, d. h. für Bundesstraßen, für die Strecken außerhalb der zur Erschließung der anliegenden Grundstücke bestimmten Teile der Ortsdurchfahrten und für Bundesautobahnen entlang der gesamten Strecke. § 9 Abs. 1 Satz 1 i. d. F. des 2. FStrÄndG entsprach deshalb nach dem Wortlaut, der den einschränkenden Zusatz sowohl auf Bundesstraßen als auch auf Bundesautobahnen bezog, nicht dem Willen des Gesetzgebers, wie er sich der Gesetzesbegründung entnehmen lässt. Diese Diskrepanz zwischen Wortlaut und Begründung der Norm wurde vom Gesetzgeber im Wege einer erneuten Änderung des § 9 Abs. 1 FStrG durch Art. 4 des Zweiten Rechtsbereinigungsgesetzes vom 16. 12. 1986 (BGBl. I, 2441) behoben, indem der Zusatz „außerhalb der zur Erschließung der anliegenden Grundstücke bestimmten Teile der Ortsdurchfahrten" nunmehr statt vor dem Wort „Bundesfernstraßen" hinter dem Wort „Bundesstraßen" eingefügt wurde. Diese Fassung entspricht dem Gesetzeswortlaut des § 9 Abs. 1 Satz 1 Nr. 1 FStrG, der im vorliegenden Fall zugrunde zu legen ist.

Die durch das Zweite Rechtsbereinigungsgesetz erfolgte Umstellung des Zusatzes innerhalb des Gesetzestextes war aus systematischen Gründen folgerichtig und vom Regelungszweck her geboten, denn schon die Definition der Ortsdurchfahrt in § 5 Abs. 4 FStrG, die nicht nur im Rahmen der Verteilung der Straßenbaulast von Bedeutung ist (vgl. § 1 Abs. 1 Satz 2 FStrG), zeigt, dass diese stets nur der Teil einer Bundesstraße ist, der innerhalb der geschlossenen Ortslage liegt und der Erschließung der anliegenden Grundstücke oder der mehrfachen Verknüpfung des Ortsstraßennetzes dient, während Bundesautobahnen – im Gegensatz zu Bundesstraßen – gerade dadurch gekennzeichnet sind, dass sie dem Schnellverkehr mit Kraftfahrzeugen dienen und von höhengleichen Kreuzungen frei sind sowie mit besonderen Anschlussstellen für Zu- und Abfahrten ausgestattet sein müssen (§ 1 Abs. 3 FStrG). Dies schließt eine Anwendung der für Ortsdurchfahrten mit Erschließungsfunktion für die anliegenden Grundstücke getroffenen Ausnahmeregelungen vom Anbauverbot auf die Bundesautobahnen aus (vgl. auch BVerwG, Urteil v. 24. 9. 1982, Buchholz 407.4, § 12 FStrG Nr. 2 zu § 8 a FStrG).

Die Entscheidung des Bundesverwaltungsgerichts vom 23. 5. 1986 (BVerwGE 74, 217.), wonach „nach dieser Vorschrift ... (gemeint ist § 9 Abs. 1 Satz 1 Nr. 1 FStrG) längs der Bundesfernstraßen – und zwar außerhalb der zur Erschließung der anliegenden Grundstücke bestimmten Teile der Ortsdurchfahrten – Hochbauten jeder Art in einer Entfernung bis zu 40 m bei Bundesstraßen nicht errichtet werden" dürfen, steht der nur auf Bundesstraßen bezogenen Auslegung der Vorschrift in der durch das Zweite Rechtsbereinigungsgesetz geänderten Fassung nicht entgegen, weil diese Entscheidung noch auf der Grundlage des Zweiten Gesetzes zur Änderung des Bundesfernstraßengesetzes vom 4. 7. 1974 (BGBl. I, 1401) i. d. F. der Bek.

vom 1. 10. 1974 (BGBl. I, 2413) ergangen ist, die – wie dargestellt – jedenfalls dem Wortlaut nach die Geltungsbeschränkungen im Bereich der Ortsdurchfahrten auf Bundesfernstraßen bezog und damit definitionsgemäß auch auf Bundesautobahnen erstreckte. Zudem hatte das Bundesverwaltungsgericht anhand des Falles keinen Anlass zu einer eventuellen Differenzierung auf Grund der abweichenden Gesetzesbegründung (BT-Drucks. 7/1265, S. 19 zu Art. 1 Nr. 7, § 9 FStrG).

2. Das Vorhaben der Klägerin ist auch nicht gemäß § 9 Abs. 7 FStrG von dem fernstraßenrechtlichen Anbauverbot des § 9 Abs. 1 Satz 1 Nr. 1 BauGB ausgenommen. Danach gelten die Absätze 1 bis 5 der Vorschrift nicht, wenn das Bauvorhaben den Festsetzungen eines Bebauungsplans entspricht, der mindestens die Begrenzung der Verkehrsflächen sowie die an diesen gelegenen überbaubaren Grundstücksflächen enthält und unter Mitwirkung des Trägers der Straßenbaulast zustande gekommen ist. § 9 Abs. 7 FStrG ist trotz seiner Bezugnahme nur auf die Absätze 1 bis 5 der Vorschrift – statt auch auf den für Werbeanlagen geltenden Absatz 6 – hier anwendbar, weil dadurch nur Regelungen mit materiellrechtlichem Inhalt suspendiert werden sollten. Eine Bezugnahme auf die Gleichstellungsregelung für Werbeanlagen in Absatz 6 würde daher keinen Sinn machen.

Ein qualifizierter Bebauungsplan i. S. des Abs. 7 hat nach dieser Regelung Vorrang gegenüber dem fernstraßenrechtlichen Anbauverbot des § 9 Abs. 1 Satz 1 Nr. 1 FStrG. Der Gesetzgeber geht offenbar davon aus, dass der Bebauungsplan bei der Verkehrsflächenfestsetzung auf Grund einer umfassenden Abwägung ergangen sein muss, die die Verkehrsbelange bei der Planaufstellung mit berücksichtigt hat. § 9 Abs. 7 FStrG beugt mit dieser Regelung einem möglichen Konflikt zwischen den Festsetzungen des Bebauungsplans und dem straßenrechtlichen Anbauverbot vor, indem er bei einem solchen Bebauungsplan das Verhältnis zwischen Straße und Grundstücksnutzung als abschließend rechtsverbindlich geregelt ansieht (vgl. Marschall/Schröter/Kastner, Bundesfernstraßengesetz, 5. Aufl. 1998, § 9 Rdnr. 13).

Der für das Grundstück der Klägerin geltende Bebauungsplan von 1963 erfüllt die Anforderungen eines solchen qualifizierten Bebauungsplans i. S. des § 9 Abs. 7 FStrG nicht. Er setzt zwar die Verkehrsflächen fest, begrenzt diese und weist die Art der baulichen Nutzung für das Grundstück der Klägerin als Gewerbegebiet aus sowie auch die nicht überbaubaren Grundstücksflächen bis zu einer Tiefe von ca. 18 m. Dieser schwerpunktmäßig auf Verkehrsflächenausweisungen ausgerichtete Bebauungsplan ist auch unter Mitwirkung des Trägers der Straßenbaulast zustande gekommen, wie der Beklagtenvertreter in der mündlichen Verhandlung bestätigte. Textliche oder sonstige Festsetzungen bezüglich der Zulässigkeit von Werbeanlagen im Plangebiet enthält der Bebauungsplan jedoch nicht. Zwar sind Werbeanlagen an der Stätte der Leistung als Nebenanlagen i. S. des § 14 Abs. 1 BauNVO oder – im Falle der Fremdwerbung – bauplanungsrechtlich als eigenständige gewerbliche Nutzung anzusehen (vgl. BVerwG, Urteil v. 3. 12. 1992, BVerwGE 91, 234, 239.), die in einem Gewerbegebiet bauplanungsrechtlich zulässig ist. Allein durch die bauplanungsrechtliche Ausweisung eines Gewerbegebiets können Werbeanlagen jedoch nicht auch fernstraßenrechtlich als i. S. des § 9

Abs. 7 FStrG bebauungsplanadäquat angesehen werden. Vielmehr sind angesichts des gewollten Ablenkungspotentials und der denkbaren Vielfalt von Werbeanlagen in Ausführung und Gestaltung sowie der dadurch bedingten Folgen für die Sicherheit und Leichtigkeit des Verkehrs höhere Anforderungen an die Konkretisierung der Festsetzungen zu stellen, so dass bei der Ausweisung eines Gewerbegebiets ohne Festsetzungen über die Zulässigkeit von Werbeanlagen jedenfalls nicht ohne weiteres davon ausgegangen werden kann, dass der Träger der Straßenbaulast der Errichtung solcher Anlagen generell ohne Rücksicht auf deren konkrete Gestaltung habe zustimmen wollen (vgl. OVG Münster, Urteil v. 27. 6. 1974, GewA 1975, 243, 244). Nach dem Sinn und Zweck des § 9 Abs. 7 FStrG kann die Anwendbarkeit der Absätze 1 bis 5 für Werbeanlagen nur dann ausgeschlossen sein, wenn die Entscheidung über die verkehrlichen Auswirkungen der Errichtung von Werbeanlagen längs der Bundesfernstraßen im Planaufstellungsverfahren gewissermaßen ausdrücklich vorweggenommen worden ist. Dies muss erst recht gelten, wenn – wie hier – der Bebauungsplan zu einer Zeit festgesetzt worden ist, in der noch nicht einmal davon auszugehen war, dass Werbeanlagen bauplanungsrechtlich als eigenständige gewerbliche Nutzung anzusehen sind. Dies war erst seit der im Jahr 1992 und damit knapp 30 Jahre nach der 1963 erfolgten Festsetzung des Bebauungsplans ergangenen Entscheidung des Bundesverwaltungsgerichts (a.a.O.) der Fall.

3. Die Klägerin hat auch keinen Anspruch auf eine Ausnahmezulassung gemäß § 9 Abs. 8 FStrG. Danach kann die oberste Landesstraßenbaubehörde Ausnahmen von den Verboten der Absätze 1, 4 und 6 zulassen, wenn die Durchführung der Vorschriften im Einzelfall zu einer offenbar nicht beabsichtigten Härte führen würde und die Abweichung mit den öffentlichen Belangen vereinbar ist oder wenn Gründe des Wohls der Allgemeinheit die Abweichung erfordern. Hier fehlt es schon an einer nicht beabsichtigten Härte, denn die Dispensregelung setzt voraus, dass dem Betreffenden ein erhebliches Opfer auferlegt wird, das über die jedermann treffenden Auswirkungen der gesetzlichen Regelung hinausgeht. Dazu müßte die fernstraßenrechtliche Anbauverbot im Falle der Klägerin zu einer schwerwiegenden Einschränkung der Nutzungsmöglichkeiten des Grundstücks führen (vgl. Marschall/Schröter/Kastner, a.a.O., § 9 Rdnr. 15, 16). Hiervon ist jedoch schon deshalb nicht auszugehen, weil die Klägerin eine Werbeanlage an der Stätte der Leistung bereits auf dem der S.-Straße zugewandten Teil des Betriebsgebäudes, in dem der Grundstückszugang liegt, errichtet hat. Ihr Versuch, eine weitere Werbung zur Bundesautobahn A 100 ausgerichtet zu platzieren, zielt deshalb lediglich auf eine zusätzliche Werbemöglichkeit auf Grund der Lagegunst des Grundstücks ab, deren Versagung keine Härte darstellt. Erst recht handelt es sich nicht um eine offenbar nicht beabsichtigte Härte, denn dies setzt voraus, dass die Beachtung des Anbauverbots im Hinblick auf das Schutzgut der Sicherheit und Leichtigkeit des Verkehrs im konkreten Fall (z.B. wegen verdeckter Lage) entbehrlich wäre (Marschall/Schröter/Kastner, a.a.O., § 9 Rdnr. 16). An dem von der Klägerin vorgesehenen Standort wäre die Werbeanlage jedoch gerade nicht fernstraßenrechtlich irrelevant. Vielmehr würde sie

gezielt auf die Kraftfahrer einwirken, die die Autobahn befahren, um so die beabsichtigte Werbewirkung und damit ihr Ablenkungspotential zu entfalten.

4. Aus dem Gleichheitsgrundsatz des Art. 3 Abs. 1 GG kann die Klägerin im Hinblick auf die zahlreichen entlang der Bundesautobahn A 100 bereits vorhandenen Werbeanlagen keinen Anspruch auf die beantragte Baugenehmigung herleiten. Die Klägerin würde damit eine Gleichbehandlung im Unrecht verlangen, auch wenn die von ihr eingereichte Fotodokumentation zeigt, dass entlang der innerstädtischen Autobahnabschnitte zahlreiche Werbeanlagen vorhanden sind. Der Beklagte hat nachvollziehbar dargelegt, wie es in der Vergangenheit zu den Genehmigungen, insbesondere den Giebelbemalungen entlang der Bundesautobahn A 100 gekommen ist. Diese sind zum Teil – wie der Beklagte vorträgt – bestandsgeschützt, zum Teil aber auch illegal errichtet worden, insbesondere soweit es sich um Fremdwerbeanlagen handelt. Er ist in der Zwischenzeit auch – soweit rechtlich möglich – dagegen vorgegangen und will dies zukünftig weiter tun, so dass diese Werbeanlagen unter Gleichbehandlungsgesichtspunkten keine geeigneten Bezugsobjekte sind.

Nr. 147

Die bauordnungsrechtliche Bestimmung, wonach Werbeanlagen nur widerruflich oder befristet genehmigt werden dürfen (§ 70 Abs. 2 Satz 3 LBauO Rh.-Pf.), ist mit dem Eigentumsrecht und dem Gleichbehandlungsgrundsatz vereinbar (im Anschluß an OVG Rh.-Pf., AS 9, 312).

LBauO § 70 Abs. 2 Satz 3; GG Art. 14, Art. 3 Abs. 1.

OVG Rheinland-Pfalz, Urteil vom 21. Januar 2005 – 8 A 11867/04 – (rechtskräftig).

Die Klägerin, ein Unternehmen der Außenwerbung, begehrt zur Errichtung einer Wandwerbetafel für wechselnden Plakatanschlag eine uneingeschränkte Baugenehmigung.

Auf den entsprechenden Bauantrag erteilte die Beklagte 2002 die beantragte Baugenehmigung, allerdings gemäß § 70 Abs. 2 Landesbauordnung unter Widerrufsvorbehalt.

Nach erfolglosem Vorverfahren hat die Klägerin ihr Begehren auf Erteilung einer unwiderruflichen und unbefristeten Baugenehmigung im Klageweg weiterverfolgt. Sie hat geltend gemacht, unter Berücksichtigung der Eigentumsgarantie müßten auch Werbeanlagen regelmäßig uneingeschränkt genehmigt werden. Nur wenn auf Grund der besonderen Umstände des konkreten Falles ein Widerrufsvorbehalt oder eine Befristung erforderlich sei, dürften bei verfassungskonformer Betrachtung entsprechende Nebenbestimmungen beigefügt werden. Derartige Umstände liegen hier nicht vor.

Klage und Berufung blieben ohne Erfolg.

Aus den Gründen:

Gemäß § 70 Abs. 2 Satz 3 LBauO dürfen u. a. Werbeanlagen nur widerruflich oder befristet genehmigt werden. Der Wortlaut dieser Regelung ist eindeutig und keiner abweichenden Auslegung zugunsten der Klägerin zugänglich. Die Norm ist auch mit höherrangigem Recht vereinbar; insbesondere steht sie in Einklang sowohl mit dem Eigentumsgrundrecht (Art. 14 Abs. 1 GG, Art. 60 VerfRhPf) als auch mit dem Gleichbehandlungsgrundsatz (Art. 3 Abs. 1 GG, Art. 17 VerfRhPf). Daher ist die Sache weder nach Art. 100 Abs. 1

GG dem Bundesverfassungsgericht vorzulegen, noch bedarf es nach Art. 130 Abs. 3 VerfRhPf der Vorlage an den Verfassungsgerichtshof Rheinland-Pfalz.

Die gesetzliche Verpflichtung, der Baugenehmigung für Werbeanlagen einen Widerrufsvorbehalt oder eine Befristung beizufügen, verstößt nicht gegen die Eigentumsgarantie, sondern ist Ausdruck einer verfassungskonformen Inhalts- und Schrankenbestimmung nach Art. 14 Abs. 1 Satz 2 GG. Das Eigentum ist in seiner konkreten Ausgestaltung von der Regelung durch den Gesetzgeber abhängig. Dieser muß allerdings die grundsätzliche Privatnützigkeit und Verfügungsbefugnis, die zum Begriff des Eigentums gehören, achten und darf diese nicht unverhältnismäßig einschränken. Die hierdurch gezogenen Grenzen hat der Landesgesetzgeber mit § 70 Abs. 2 Satz 3 LBauO nicht überschritten.

Mit der umstrittenen Regelung verfolgt er das Ziel, bei Werbeanlagen eine Anpassung an die Umgebung jederzeit zu ermöglichen: Die bauliche und sonstige öffentliche Gestaltung der Umgebung ständen stets derart im Vordergrund, daß demgegenüber Werbeanlagen in ihrem Bestand zurücktreten müßten (so die amtliche Begründung zu der inhaltsgleichen Vorgängerbestimmung in § 86 Abs. 4 der LBauO v. 26. 9. 1960 [LT-Drucks. IV/186, S. 1047, 1117]). Der verpflichtende Widerrufsvorbehalt, der der Beseitigung zunächst (unbefristet) zugelassener, der städtebaulichen Entwicklung aber nachträglich zuwiderlaufender Werbeanlagen dient, ist geeignet, dieses gesetzgeberische Ziel zu erreichen. Er ist hierzu auch erforderlich, denn eine weniger belastende, aber gleich geeignete Regelung steht erkennbar nicht zur Verfügung. Werden Werbeanlagen – z. B. nach einer Umgestaltung und Aufwertung des Straßenbildes – nachträglich zum Störfaktor, bedarf es des Widerrufs der Genehmigung, um nach Aufhebung der formellen Legalität ggf. die Beseitigung anordnen zu können.

Eine gesetzliche Bestimmung, welche den Widerrufsvorbehalt lediglich in das Ermessen der Behörde stellt, trägt dem gesetzgeberischen Willen nicht in gleicher Weise Rechnung. Gerade das von der Klägerin vorgelegte Urteil des Niedersächsischen OVG vom 10. 3. 2004 (BauR 2004, 1281) zu der dort bestehenden Rechtslage macht dies deutlich. Danach muß nämlich die Bauaufsichtsbehörde, will sie eine Baugenehmigung im Ermessensweg mit Widerrufsvorbehalt versehen, im einzelnen unter Bezugnahme auf den konkreten Standort der beantragten Werbeanlage begründen, warum sie die betreffende Nebenstimmung für erforderlich hält. Häufig wird aber bei Erlaß der Genehmigung aus den Umständen des Einzelfalls (noch) nicht erkennbar sein, ob und inwieweit von der Werbeanlage künftig eine Störung ausgehen wird. Daher ist die rheinland-pfälzische Regelung besser geeignet, die ihr zugedachte Steuerungsfunktion zu erfüllen.

Die umstrittene Regelung beeinträchtigt den Werbetreibenden auch nicht unzumutbar. Der Befugnis des Eigentümers, sein Grundstück auch mit Werbeanlagen zu bebauen, steht das Interesse der Allgemeinheit am Schutz der Gestaltung der Straßen-, Orts- und Landschaftsbildes sowie an der Verkehrssicherheit gegenüber. Wie das erkennende Gericht bereits in seinem Urteil vom 3. 6. 1965 (AS 9, 312) ausgeführt hat, üben Werbeanlagen ihrer Zweckbestimmung nach einen besonderen Einfluß aus, der sich je nach der baulichen oder sonstigen Beschaffenheit der Umgebung auf diese nachteilig auswirken kann. Da diese Umgebung sich ihrerseits ändern kann, durfte der Gesetzgeber eine Lösung suchen, die diesen Gegebenheiten Rechnung trägt. Eine unzumutbare Belastung liegt darin deshalb nicht, weil der Widerrufsvorbehalt keine freie Widerruflichkeit der Baugenehmigung begründet. Vielmehr hat die Bauaufsichtsbehörde nach Abwägung der betroffenen öffentlichen und privaten Interessen stets im Einzelfall zu entscheiden, ob der Widerruf auch unter dem Gesichtspunkt des Vertrauensschutzes gerechtfertigt ist.

Mit dieser Maßgabe kann sich das öffentliche Interesse auch unter den heute gegebenen Umständen gegenüber dem Interesse des Werbetreibenden durchsetzen. Zwar mag es sein, daß der seinerzeit formulierte Satz, Werbeanlagen pflegten schon ihrer Natur nach regelmäßig nicht auf Dauer erstellt zu werden, was häufig in der Art ihrer Befestigung und des verwendeten Materials zum Ausdruck komme, unter den heutigen Verhältnissen stärker noch als damals zu relativieren ist. Dennoch bleibt es auch für teurere Werbeanlagen kennzeichnend, daß sie typischerweise ohne wesentlichen Substanzverlust abgebaut und später – ggf. an einem anderen Ort – wieder aufgebaut werden können. Gerade wenn eine Werbeanlage eine erhebliche Investition erforderlich gemacht hat und auf eine Lebensdauer von mehreren Jahrzehnten ausgelegt ist, werden sich der Abbau und die Wiederverwendung oft in einem wirtschaftlich vertretbaren Rahmen halten. Ob dies im Einzelfall so ist oder nicht, hat die Bauaufsichtsbehörde zusammen mit allen anderen relevanten Umständen bei der Ausübung des vorbehaltenen Widerrufs zu berücksichtigen, stellt aber die Rechtmäßigkeit des Widerrufsvorbehalts als solche nicht in Frage.

Die Widerruflichkeit (oder Befristung) einer Baugenehmigung für Werbeanlagen verletzt auch nicht den Gleichbehandlungsgrundsatz. Zwar werden insofern Werbeanlagen in der Tat anders behandelt als reguläre bauliche Anlagen, bei denen das Gesetz die Widerruflichkeit – über die allgemeine Vorgabe in § 36 VwVfG hinaus – überhaupt nicht regelt. Ein Unterschied besteht ferner zu baulichen Anlagen, die nur für eine begrenzte Zeit errichtet werden sollen und bei denen Widerrufsvorbehalt und Befristung in das Ermessen der Bauaufsichtsbehörde gestellt sind (§ 70 Abs. 2 Satz 1 LBauO). Die Differenzierung beruht aber auf sachlichen Gründen und ist nicht willkürlich. Wie der Vertreter des öffentlichen Interesses im einzelnen herausgestellt hat, wurden schon seit dem Beginn des 20. Jahrhunderts, als sich die Markenartikelreklame nach amerikanischem Vorbild auch in Deutschland verbreitete, immer wieder bauordnungsrechtliche Bestimmungen als notwendig angesehen, um bestehenden oder drohenden Störungen oder Verunstaltungen durch Werbeanlagen entgegentreten zu können. So enthalten die meisten Bauordnungen besondere Anforderungen an Werbeanlagen oder ermächtigen die Gemeinden, solche Anforderungen zu stellen. Wenn sich vor diesem Hintergrund der rheinland-pfälzische Gesetzgeber entschlossen hat, über die gesetzlichen Bestimmungen anderer Bundesländer hinaus den Widerrufsvorbehalt bzw. die Befristung für Baugenehmigungen von Werbeanlagen verpflichtend einzuführen, hält sich dies im Rahmen der gesetzlichen Gestaltungsfreiheit und ist von der Klägerin hinzunehmen.

IV. Gestaltungsrecht

Nr. 148

Die Gemeinde ist nicht befugt, im Gewande bauordnungsrechtlicher Gestaltungsvorschriften bodenrechtliche Regelungen zu treffen. Wenn sie derartige Regelungen treffen will, hat sie sich des hierfür zur Verfügung stehenden bodenrechtlichen Instrumentariums zu bedienen.
(Nichtamtlicher Leitsatz.)

BauGB § 9 Abs. 1.

Bundesverwaltungsgericht, Beschluß vom 31. Mai 2005 – 4 B 14.05 –.

(Bayerischer VGH)

Aus den Gründen:

Der Verwaltungsgerichtshof ist zu dem Ergebnis gelangt, daß die umstrittene Regelung in der Satzung der beklagten Gemeinde – „Stellplätze im Vorgartenbereich (Grundstücksfläche zwischen der Straßenbegrenzungslinie und der Linie, die durch die straßenseitigen Gebäudefronten gebildet wird) von nicht gewerblich genutzten Grundstücken sind unzulässig". – die Grenzen des Regelungsspielraums überschreitet, den die Bayerische Bauordnung den Gemeinden beim Erlaß örtlicher Bauvorschriften zuweist. Zur Begründung verweist er tragend darauf, daß eine Ermächtigung zum Erlaß einer örtlichen Bauvorschrift wie derjenigen, um die es hier geht, dem Landesgesetzgeber aus kompetenzrechtlichen Gründen versperrt wäre. Zwar sei nicht zweifelhaft, daß die Beklagte mit ihrer Regelung in erster Linie gestalterische Motive verfolge. Sie mache jedoch Grund und Boden unmittelbar zum Gegenstand rechtlicher Ordnung und bestimme, in welcher Weise der Eigentümer sein Grundstück nutzen dürfe. Die Satzung enthalte eine Regelung, für die auch städtebauliche Instrumente zur Verfügung stünden. Dabei verweist er auf die Festsetzungsmöglichkeiten in § 9 Abs. 1 Nr. 2 und 4, ggf. auch Nr. 10 und 15 BauGB.

Die Beklagte meint demgegenüber ersichtlich, das Instrument der örtlichen Bauvorschriften stehe ihr immer dann zur Verfügung, wenn sie – in erster Line – baugestalterische Ziele verfolgen wolle. Sie wirft die Frage auf, ob der Landesgesetzgeber die Kompetenz besitze, zu solchen örtlichen Bauvorschriften zu ermächtigen, die aus rein gestalterischen Zielen mittelbar bodenrechtliche Regelungen treffen. Hierfür spreche bereits das Interesse der Gemeinde, für ihr gesamtes Gebiet einheitliche Regelungen zu treffen. Bebauungspläne mit den entsprechenden Festsetzungen für das gesamte Stadtgebiet zu erlassen, sei aus Praktikabilitätsgründen nicht möglich.

Diesem Ansatz ist nicht zu folgen. Gestalterische Ziele – in dem weiten Sinn, wie die Beklagte es versteht – können mit zahlreichen Festsetzungen, wie sie das Bauplanungsrecht vorsieht, verfolgt werden. Dies gilt selbst für das Maß der baulichen Nutzung nach § 9 Abs. 1 Nr. 1 BauGB i. V. m. § 16 ff. BauNVO. Vorliegend möchte die Beklagte in der Sache Regelungen zur überbaubaren Grundstücksfläche treffen. Auch insoweit hat der Bundesgesetzgeber von der ihm zustehenden Kompetenz Gebrauch gemacht und Regelungen über Festsetzungen in Bebauungsplänen getroffen (§ 9 Abs. 1 Nr. 2 BauGB i. V. m. § 23 BauNVO). Zu Recht verweist der Verwaltungsgerichtshof auf weitere Festsetzungsmöglichkeiten, beispielsweise § 9 Abs. 1 Nr. 4 BauGB, für Flächen von Garagen und Stellplätzen. Derartige Regelungen sind der Befugnis des Landesgesetzgebers entzogen. Daher kann er insoweit auch nicht zum Erlaß örtlicher Bauvorschriften ermächtigen. Denn für die Erreichung des angestrebten Ziels, eine bestimmte näher umschriebene Fläche von Bebauung – auch durch Stellplätze – frei zu halten, stellt das Bauplanungsrecht das Instrumentarium im Rahmen der dem Bundesgesetzgeber zustehenden Kompetenz zur Verfügung (vgl. hierzu den auch vom Verwaltungsgerichtshof herangezogenen Beschluß des Senats v. 10. 7. 1997 – 4 NB 15.97 –, BRS 59 Nr. 19 = BauR 1997, 999 = NVwZ-RR 1998, 486). Daß eine Gemeinde mit derartigen Festsetzungen zugleich in einem weiten Sinn gestalterische Ziele verfolgen will, ändert daran nichts. Der Hinweis der Beklagten, sie treffe nur „mittelbar" bodenrechtliche Regelungen, verkennt die zu wahrende Rangfolge. Wenn sie bodenrechtliche Regelungen treffen will, hat sie sich des hierfür zur Verfügung stehenden rechtlichen Instrumentariums zu bedienen. Sie kann nicht wegen einer damit verfolgten gestalterischen Zielsetzung eine Kompetenz zum Erlaß örtlicher Bauvorschriften in Anspruch nehmen. Daran ändert auch der Hinweis, es sei unpraktikabel, zahlreiche Bebauungspläne ergänzen zu müssen, nichts. Die Gemeinden sind nicht befugt, im Gewande bauordnungsrechtlicher Gestaltungsvorschriften bodenrechtliche Regelungen zu treffen.

Nr. 149

1. **Zur hinreichenden Bestimmtheit des räumlichen Geltungsbereichs sowie zur Teilnichtigkeit einer Gestaltungssatzung.**

2. **Wegen des deutlich abweichenden Erscheinungsbildes kann in einer Gestaltungssatzung der Einbau von Holzfenstern zum Schutz des historischen Erscheinungsbildes einer Altstadt vorgesehen werden.**

3. **§ 83 Abs. 1 BauO a. F. ermächtigte nur zum Erlass materieller Regelungen, nicht aber zur Einführung baurechtlicher Genehmigungserfordernisse.**

4. **Die Verpflichtung zum Einbau von Holzfenstern unter Beseitigung vorhandener Kunststofffenster konnte auf § 60 Abs. 2 Satz 2 SächsBO a. F. gestützt werden.**

SächsBO §§ 60 Abs. 2 Satz 2, 77 a. F.; BauO § 83 a. F.

Sächsisches OVG, Urteil vom 7. September 2005 – 1 B 300/03 – (rechtskräftig).

(VG Chemnitz)

Die Klägerin, eine Gesellschaft bürgerlichen Rechts, die als Bauherrin im historischen Zentrum der Beklagten ein Wohnhaus errichtete, wendet sich gegen eine Anordnung der Beklagten, dort eingebaute 47 Kunststofffenster gegen Holzfenster auszutauschen.

Das Wohnhaus liegt im Geltungsbereich einer von der Beklagten 1991 beschlossenen und 1992 im Freiberger Anzeiger veröffentlichten Gestaltungssatzung.

Nach ihrem Vorwort ist Ziel dieser Satzung, das charakteristische Erscheinungsbild der Altstadt sowie sonstiger ausgewählter Bereiche der Beklagten zu erhalten.

§ 1 der Satzung lautet auszugsweise:

„§ 1 Geltungsbereich

Diese Satzung gilt für bauliche Anlagen sowie für andere Anlagen und Einrichtungen in folgenden Bereichen:

1. Altstadt

Sämtliche Grundstücke der unter Denkmalschutz stehenden Altstadt einschließlich der sie begrenzenden Ringanlagen innerhalb von Hornstraße, Platz der Oktoberopfer, Schillerstraße, Bebelplatz, Beethovenstraße, Leipziger Straße, Meißner Ring und Donatsring einschließlich des alten Donatsfriedhofes und der Grundstücke der beidseitigen Bebauung der genannten Straßen (Leipziger Straße nur zwischen Beethovenstraße und Abzweig Meißner Ring).

2. Stadtgebiete außerhalb der Altstadt . . ."

§ 2 Abs. 1 Satz 1 und 2 lauten:

„Im Geltungsbereich bedürfen Errichtung, Abbruch, Veränderung sowie Nutzungsänderung von baulichen Anlagen generell einer Baugenehmigung.

Diese wird durch die zuständige Baugenehmigungsbehörde im Einvernehmen mit der Stadt Freiberg erteilt. . . ."

Nach § 2 Abs. 3 sind näher bezeichnete „Grundstücke" von der Genehmigungspflicht „nach dieser Satzung" ausgenommen.

§ 8 Abs. 4 Satz 1 der Satzung lautet:

„Fenster an denkmalgeschützten Gebäuden sowie vom öffentlichen Verkehrsraum aus sichtbare Fenster in der Altstadt sind ausschließlich aus Holz, in den übrigen Gebieten bevorzugt aus Holz, herzustellen".

§ 18 Abs. 1 der Satzung lautet:

„Von zwingenden Vorschriften dieser Satzung kann die zuständige Baugenehmigungsbehörde im Einvernehmen mit der Stadt Freiberg auf Antrag Befreiung gewähren, wenn die Durchsetzung der Vorschrift im Einzelfall zu einer unbilligen Härte führen würde und die Abweichung auch unter Würdigung nachbarlicher Interessen mit den öffentlichen Belangen vereinbar ist".

Nach § 18 Abs. 2 können im Einvernehmen mit der Beklagten Ausnahmen von Sollvorschriften oder Vorschriften mit vorgesehener Ausnahmemöglichkeit gewährt werden.

1997 genehmigte die Beklagte den Umbau, die Sanierung und Nutzungsänderung des klägerischen Gebäudes von Gewerbe- in Wohnnutzung mit der Aufl. Nr. 3, dass die Fenster in Holz zu fertigen seien und die aufgesetzten Sprossen im Profil und in Breite denen von zweiflügeligen Fenstern mit oberen Kämpfern entsprechen müssten.

Mit Bescheid vom März 1997 gab die Beklagte der Klägerin nach einer Kontrolle vor Ort auf, bis zum 31. 5. 1997 die auf dem Baugrundstück straßenseitig sichtbaren eingebauten 47 Kunststofffenster gegen die gleiche Anzahl von Holzfenstern auszutauschen. Solche Fenster seien nach § 8 Abs. 4 der Gestaltungssatzung der Beklagten vorgeschrieben.

Die Klägerin legte unter Hinweis auf unverhältnismäßige Kosten eines Fensteraustausches erfolglos Widerspruch ein.

Nr. 149

Aus den Gründen:
Rechtsgrundlage der angefochtenen Anordnung ist §60 Abs. 2 Satz 2 SächsBO in der zum maßgeblichen Zeitpunkt des Erlasses des Widerspruchsbescheides geltenden Fassung der SächsBO (SächsBO v. 26. 7. 1994, SächsGVBl. 1994, 1401, zuletzt geändert durch Gesetz v. 20. 2. 1997, SächsGVBl. 1997, 105 – im Folgenden: SächsBO a. F.). Nach §60 Abs. 2 Satz 1 SächsBO a. F. haben die Bauaufsichtsbehörden u. a. bei der Errichtung von baulichen Anlagen darüber zu wachen, dass die öffentlich-rechtlichen Vorschriften und die auf Grund dieser Vorschriften erlassenen Anordnungen eingehalten werden; nach Satz 2 haben sie in Wahrnehmung ihrer Aufgaben nach pflichtgemäßem Ermessen die erforderlichen Maßnahmen zu treffen. Diese Vorschrift wird nicht durch §77 SächsBO a. F. verdrängt, wonach die Bauaufsichtsbehörde die teilweise oder vollständige Beseitigung baulicher Anlagen anordnen kann, wenn solche im Widerspruch zu öffentlich-rechtlichen Vorschriften errichtet oder geändert werden und nicht auf andere Weise rechtmäßige Zustände hergestellt werden können. Denn die hier angefochtene Anordnung eines Fensteraustauschs erschöpft sich nicht in der Auferlegung eines Beseitigungsgebots. Unerheblich ist auch, dass der nach §79 VwGO Gestalt gebende Widerspruchsbescheid zusätzlich als Rechtsgrundlage der Anordnung §77 Abs. 1 Satz 1 SächsBO a. F. benennt. Denn dies ist nicht mit einer Wesensänderung, einer inhaltlichen Veränderung des Verfügungssatzes der Anordnung oder einer unzulässigen Verkürzung der Rechtsverteidigung der Klägerin verbunden.

Der erfolgte Einbau der Kunststofffenster ist formell rechtswidrig, da er gegen die Aufl. Nr. 3 der bestandskräftigen Baugenehmigung verstößt. Er ist auch materiell rechtswidrig und kann nicht etwa nachträglich durch eine Genehmigung legalisiert werden (vgl. SächsOVG, Urteil v. 27. 11. 1997 – 1 S 658/96 –, UA S. 7 zu §77 SächsBO a. F.). Der Einbau widerspricht, ohne dass eine Befreiung erteilt werden kann, den Vorgaben des §8 Abs. 4 der Gestaltungssatzung der Beklagten, wonach vom öffentlichen Verkehrsraum aus sichtbare Fenster – um solche handelt es sich hier – ausschließlich aus Holz herzustellen sind.

Die Vorschrift des §8 Abs. 4 der Gestaltungssatzung erfassende Gründe für eine Unwirksamkeit der Satzung liegen nicht vor. Insbesondere ist die aufsichtsbehördlich genehmigte Gestaltungssatzung, hinsichtlich deren Zustandekommen formelle Mängel nicht geltend gemacht und nicht ersichtlich sind, entgegen der Auffassung des Verwaltungsgerichts nicht insgesamt nichtig.

Die in der Satzung getroffene Festlegung des räumlichen Geltungsbereichs ist hinreichend bestimmt. Die Satzung ist, wie jede andere Rechtsnorm auch, der Auslegung zugänglich (vgl. BVerwG, Beschluss v. 1. 2. 1994 – 4 NB 44.93 –, zit nach Juris). Dem aus Art. 20 Abs. 3 GG und Art. 3 Abs. 3 SächsVerf abzuleitenden Bestimmtheitsgebot für Rechtsnormen genügt dabei ein anhand objektiver und damit eine willkürliche Auslegung ausschließende Kriterien im Wege der Auslegung bestimmbarer Geltungsbereich einer Satzung (vgl. BVerfG, Beschluss v. 27. 11. 1990 – 1 BvR 402/87 –, NJW 1991, 1471; BVerwG, Beschluss v. 15. 11. 1995 – 11 B 72.95 –, zit. nach Juris; Beschluss v. 16. 6. 1994 – 4 C 2.94 –, BRS 56 Nr. 233 = BauR 1994, 755; OVG

N.-W., Urteil v. 26.3.2003 – 7 A 1002/01 –, BRS 66 Nr. 147 = BauR 2004, 73 ff.; OVG Schl.-H., Urteil v. 9.5.1995 – 1 L 165/94 –, zit. nach Juris). Dieser ergibt sich hier auch für Ortsunkundige bereits aus den textlichen Festsetzungen der Satzung. Einer detailgenauen kartografischen Darstellung – die Satzungsveröffentlichung enthält lediglich eine hinsichtlich der Grenzziehung unkenntliche Verkleinerung der im Satzungsvorgang enthaltenen großformatigen Karte mit genauen Grenzlinien – bedurfte es daneben nicht (vgl. BVerwG, Urteil v. 16.6.1994 – 4 C 2.94 –, a.a.O.; Beschluss v. 4.1.1994 – 4 NB 30.93 –, BRS 56 Nr. 33; OVG Schl.-H., Urteil v. 9.5.1995 – 1 L 165/94 –, zit. nach Juris).

§ 1 Nr. 1 der Satzung bestimmt ihren räumlichen Geltungsteilbereich „Altstadt" maßgeblich durch die Bezeichnung eines geschlossenen Straßenrings, der die westlich gelegenen Teichanlagen umschließt, und durch die Einbeziehung eines östlich gelegenen Friedhofs. Der genaue Verlauf des Straßenrings ergibt sich aus den in der Satzung im Einzelnen aufgeführten Straßen und Plätzen. Der Geltungsteilbereich „Altstadt" wird zudem ausdrücklich auf die Grundstücke der beidseitigen Bebauung der genannten Straßen erstreckt. Damit ist eine ausreichende Bestimmbarkeit dieses Geltungsteilbereichs der Satzung gewährleistet. Welche Grundstücke erfasst werden, lässt sich nach diesen Kriterien eindeutig bestimmen. Die weiteren textlichen Zusätze stellen diese Zuordnung nicht infrage. So ist der Begriff der „Altstadt" dahin auszulegen, dass er nicht als zusätzliche oder einschränkende Bestimmung des Geltungsbereichs der Satzung neben die Aufzählung der Ringstraßen und -plätze tritt, sondern – wie bereits in der Überschrift zu § 1 Nr. 1 – lediglich als Schlagwortbezeichnung für das betroffene Satzungsteilgebiet verwendet wird. Ebenso kann der Textzusatz „unter Denkmalschutz stehend" allein als Hinweis auf das Schutzziel der Satzung verstanden werden. Anderenfalls hätte es der vorgenommenen präzisen Aufzählung der den Altstadtbereich umgebenden Ringstraßen und -plätze nicht mehr bedurft. Gleiches gilt für die weiter genannten „Ringanlagen", die zudem ersichtlich den ausweislich der vorgelegten Flurkarte innerhalb der Ringstraßen vorhandenen und ebenfalls geschlossenen Ring von Grünflächen mit Denkmälern bezeichnen. Einer Bezugnahme der Satzung auf eine Denkmalliste bedurfte es dabei nicht. Schon der – zumal im Plural gehaltene – Wortlaut spricht auch gegen die Auslegung, der Satzungsgeber könne – allein – die bereits bei Satzungserlass nur noch in Teilen und nicht mehr als geschlossener Ring vorhandene Stadtmauer gemeint haben. Dass mit dem Begriff der „Ringanlagen" andererseits nicht der Straßenring gemeint sein kann, ergibt sich daraus, dass dieser gesondert umschrieben ist und die Ringanlagen „einschließt". Dieses Verständnis des Begriffs der „Ringanlagen" entspricht auch dem für den Senat aus anderen Gerichtsverfahren ersichtlichen Sprachgebrauch in Bezug auf ähnliche Anlagen in weiteren Städten des Freistaates (vgl. zum historischen „Grüngürtel" des D.-Ringes in Zwickau Beschluss des Senats v. 26.4.2005 – 1 BS 49/05 –, S. 6).

Unklarheiten bestehen im Übrigen auch nicht hinsichtlich der Frage, ob sich die Satzung nur auf einzelne Baudenkmäler oder das gesamte Gebiet der so umschriebenen „Altstadt" erstrecken soll. § 1 Nr. 1 erstreckt die Geltung der Satzung auf „sämtliche" Grundstücke der „Altstadt". Die Satzung unterscheidet zudem etwa in § 8 Abs. 4 zwischen denkmalgeschützten und anderen Gebäuden, woraus sich ergibt, dass die Satzung sich auf das gesamte Gebiet der näher umschriebenen „Altstadt" erstrecken soll. Eine „dynamische" Bestimmung des räumlichen Geltungsbereichs der Satzung liegt damit nicht vor, sodass offen bleiben kann, ob sie wirksam wäre (vgl. dazu BVerwG, Urteil v. 16. 6. 1994 – 4 C 2.94 –, a. a. O.).

Ob eine bloße Unbestimmtheit des Randbereichs der Satzung ihre Wirksamkeit im Kernbereich, in dem das von der Klägerin errichtete Haus gelegen ist, unberührt ließe (vgl. dazu BVerwG, Beschluss v. 19. 5. 1998 – 4 B 49.98 –, zit. nach Juris; Beschluss v. 14. 4. 1997 – 7 B 329.96 –, NVwZ-RR 1997, 608; Beschluss v. 16. 6. 1994 – 4 C 2.94 –, a. a. O.; Beschluss v. 1. 2. 1994 – 4 NB 44.93 –, zit. nach Juris; Beschluss v. 4. 1. 1994 – 4 NB 30.93 –, a. a. O.; Sächs-OVG, Urteil v. 11. 12. 1996 – 1 S 532/95 –, UA S. 16; OVG Schleswig-Holstein, Urteil v. 9. 5. 1995 – 1 L 165/94 –, zit. nach Juris), kann gleichermaßen dahinstehen.

Eine die Vorschrift des § 8 Abs. 4 erfassende Unwirksamkeit der Satzung ist auch nicht aus sonstigen Gründen gegeben.

Allerdings enthält § 2 Abs. 1 der Satzung, wonach in deren Geltungsbereich Errichtung, Abbruch, Veränderung und Nutzungsänderung baulicher Anlagen „generell" einer Baugenehmigung bedürfen, für die von ihm erfassten Vorgänge eine unzulässige Regelung über die Erforderlichkeit einer Genehmigung. Mit dieser Vorschrift hat die Beklagte die genannten Bauvorhaben im Satzungsgebiet allgemein für genehmigungspflichtig erklärt. § 2 Abs. 1 der Satzung lässt sich nicht, wie die Beklagte meint, als lediglich deklaratorischer Hinweis auf die bei Satzungserlass im April 1991 geltenden bauordnungsrechtlichen Verfahrensvorschriften verstehen. In § 2 Abs. 3 spricht die Satzung ausdrücklich von einer Genehmigungspflicht „nach dieser Satzung", von der lediglich bestimmte „Grundstücke" ausgenommen sein sollen. Auch enthält die Satzung keine ausdrückliche textliche Verweisung auf die Verfahrensvorschriften des Bauordnungsrechts. Selbst der Annahme einer nur „deklaratorischen" inhaltlichen Wiedergabe der Regelungen des damaligen Bauordnungsrechts zur Erforderlichkeit von Baugenehmigungen steht entgegen, dass in §§ 62 ff. des Gesetzes über die Bauordnung – BauO – (GBl.-DDR I Nr. 50, 907 ff.; in Kraft getreten am 1. 8. 1990 nach § 1 des Einführungsgesetzes zur BauO, GBl.-DDR I 1990, 950, außer Kraft getreten mit Geltung von § 83 des SächsBO v. 17. 7. 1992 ab dem 18. 8. 1992, SächsGVBl. 1992 I, 363 ff., 369, 375) insbesondere in § 63 BauO genehmigungsfreie Vorhaben vorgesehen waren; insoweit besteht keine inhaltliche Übereinstimmung des Satzungstextes und des dort verwendeten Zusatzes „generell" mit den Regelungen der §§ 62 ff. BauO. Daran ändert auch der Umstand nichts, dass die Satzung die – nach dem bei Satzungserlass geltenden Recht nicht in Rechtsträgerschaft der Beklagten stehende – Baugenehmigungsbehörde als die zuständige Behörde für die Erteilung der Genehmigungen nach § 2 Abs. 1 der Satzung benennt und zugunsten der Beklagten lediglich ein Einvernehmenserfordernis vorsieht.

Danach überschreitet die Vorschrift des § 2 Abs. 1 die Grenzen der bei Satzungserlass geltenden Ermächtigungsgrundlage. Nach der – bundesrechtlich zulässigen (vgl. BVerwG, Urteil v. 16. 12. 1993 – 4 C 22.92 –, zit. nach Juris, Rdnr. 12) – Vorschrift des § 83 Abs. 1 BauO können die Gemeinden lediglich örtliche Bauvorschriften erlassen über 1. die äußere Gestaltung baulicher Anlagen sowie von Werbeanlagen und Warenautomaten zur Durchführung baugestalterischer Absichten in bestimmten, genau abgegrenzten bebauten oder unbebauten Teilen des Gemeindegebietes bzw. 2. besondere Anforderungen an bauliche Anlagen, Werbeanlagen und Warenautomaten zum Schutz bestimmter Bauten, Straßen, Plätze oder Ortsteile von geschichtlicher, künstlerischer oder städtebaulicher Bedeutung sowie von Baudenkmälern und Naturdenkmälern. Dies deckt nur die Schaffung materieller Regelungen, nicht aber die Schaffung baurechtlicher Genehmigungserfordernisse über die BauO hinaus. Allein in § 83 Abs. 2 Nr. 1 BauO war eine – auf Werbeanlagen beschränkte – Ermächtigung zur Einführung einer Genehmigung für bauordnungsrechtlich genehmigungsfreie Vorhaben ausdrücklich vorgesehen.

Demgegenüber wiederholt zwar auch § 18 Abs. 1 der Satzung nicht lediglich inhaltlich unverändert die gesetzliche Befreiungsregelung des ehemaligen § 68 Abs. 3 BauO, wonach eine Befreiung bei Vorliegen einer unbilligen Härte oder aus Gründen des Allgemeinwohls in Betracht kam. Jedoch beschränkt er die gesetzlichen Befreiungsregelungen nicht ausdrücklich, sodass er schon seinem Wortlaut nach nicht als abschließende und aus diesem Grund als rechtswidrige Regelung auszulegen ist. Er schafft lediglich eine Möglichkeit der Beschränkung der nach § 83 BauO zulässigen materiellen Vorgaben der Satzung, womit keine Überschreitung der Satzungskompetenzen der Beklagten verbunden ist.

Die Unwirksamkeit des § 2 Abs. 1 der Satzung führt nur zu einer Teilnichtigkeit der Satzung. Voraussetzung hierfür ist eine Teilbarkeit der Satzungsregelungen und ein anzunehmender Wille des Satzungsgebers, die Satzung auch ohne die Regelung in § 2 der Satzung zu erlassen (vgl. etwa BVerwG, Beschluss v. 1. 8. 2001 – 4 B 23.01 –, BRS 64 Nr. 110; Beschluss v. 4. 1. 1994 – 4 NB 30.93 –; Beschluss v. 15. 2. 1982 – 4 CB 8.82 –, zit. nach Juris). Diese Voraussetzungen sind erfüllt. Sowohl bei § 2 Abs. 1 als auch bei § 18 Abs. 1 der Satzung handelt es sich lediglich um abtrennbare Verfahrensvorschriften, deren Inhalt die verbleibenden materiellen Gestaltungsgebote der Satzung eigenständig bestehen lassen. Auch kann das in der Präambel verdeutlichte Hauptziel der Beklagten, die Erhaltung des Erscheinungsbildes der Altstadt, auch ohne die Vorschriften der §§ 2 und 18 der Satzung verwirklicht werden, wie sich für den Zeitpunkt des Satzungserlasses insbesondere aus §§ 70 Abs. 1 Satz 1 und 68 Abs. 3 BauO ergibt. Danach muss vom Willen der Beklagten ausgegangen werden, die Satzung auch ohne die genannten Verfahrensvorschriften zu erlassen. Auf die systematische Stellung der §§ 2 und 18 innerhalb der Satzung kommt es dafür nicht entscheidend an.

Die Satzung ist im Übrigen in ihren hier maßgeblichen Teilen wirksam. Sie verfolgt, wie sich aus dem Vorwort und den einzelnen Vorschriften hinreichend klar und unmittelbar ergibt, ersichtlich das von § 83 BauO gedeckte Gestaltungsziel, im Satzungsbereich das historisch gewachsene charakteristische Erscheinungsbild des Straßen- und Ortsbildes zu erhalten (vgl. schon SächsOVG, Urteil v. 11.12.1996 – 1 S 532/95 –). Einer ausdrücklichen Begründung und weiter detaillierten Darstellung des verfolgten Konzeptes in der Satzung bedurfte es danach nicht (vgl. OVG Schl.-H., Urteil v. 9.5.1995 – 1 L 165/94 –, zit. nach Juris). Die Satzung ist als zulässige Inhalts- und Schrankenbestimmung des nach Art. 14 GG geschützten Eigentums auch hinsichtlich des Gebotes der Verwendung von Holzfenstern zulässig (vgl. SächsOVG, Urteil v. 11.12.1996 – 1 S 532/95 –, UA S. 14ff.; OVG Schl.-H., Urteil v. 9.5.1995 – 1 L 165/94 –, zit. nach Juris), zumal kein bundesrechtlicher Grundsatz des Inhalts existiert, dass dem Grundstückseigentümer die optimale Verwirklichung seines Interesses an der baulichen Nutzung seines Grundstücks ermöglicht werden müsste (SächsOVG, Urteil v. 11.12.1996 – 1 S 532/95 –). Die Beklagte durfte in ihrer Satzung die Verwendung von Kunststoffmaterialien als das historische Erscheinungsbild der Altstadt beeinträchtigend bewerten (vgl. SächsOVG, Urteil v. 11.12.1996 – 1 S 532/ 95 –; HessVGH, Urteil v. 27.9.1996 – 4 UE 1284/96 –, BRS 58 Nr. 231). Dies beruht auf dem deutlich abweichenden Erscheinungsbild dieses Materials, das auch einer weitaus geringeren Verwitterung unterliegt. Unter Berücksichtigung der im Bereich der Altstadtbebauung der Beklagten vorhandenen geringen Sichtabstände ist dies für Passanten auch noch in den Obergeschossen wahrnehmbar.

Die Anordnung der Beklagten ist auch im Übrigen rechtmäßig. Die Anordnung ist i.S. von § 1 SächsVwVfG i.V.m. § 37 VwVfG hinreichend bestimmt. Die Voraussetzungen des § 60 Abs. 2 SächsBO a.F. liegen ebenfalls vor. Die erfolgte Bauausführung verletzt die satzungsgemäße Auflage der Baugenehmigung zum Einbau von Holzfenstern. Die Anordnung ist in Gestalt des Widerspruchsbescheides ermessensfehlerfrei (§ 114 VwGO). Durchgreifende Anhaltspunkte dafür, dass die Beklagte von einem unzutreffenden Sachverhalt ausgegangen wäre oder in anderer Weise rechtsfehlerhaft gehandelt hätte, sind nicht ersichtlich. Sie geht insbesondere zutreffend davon aus, dass nur durch den angeordneten Fensteraustausch ein rechtmäßiger Zustand wieder hergestellt werden kann (vgl. bereits SächsOVG, Urteil v. 11.12.1996 – 1 S 523/95 –). Eine nachträgliche Befreiung auf der Grundlage von § 18 der Satzung kommt mangels Vorliegens eines atypischen Falles (vgl. SächsOVG, Urteil v. 11.12.1996 – 1 S 523/95 –) oder sonstiger Befreiungsgründe nicht in Betracht. Die Voraussetzungen für eine Abweichungsentscheidung gemäß § 67 Abs. 1 SächsBO (vgl. § 90 Abs. 1 Satz 3 SächsBO) sind weder vorgetragen noch anderweitig ersichtlich. Eine Beschränkung der Anordnung auf die unteren Geschosse ist nach den vor Ort vorhandenen Sichtabständen, bei denen das verwendete Material, wie bereits dargelegt, auch noch in den oberen Geschossen wahrnehmbar ist, gleichfalls nicht veranlasst. Die der Klägerin nach ihren Angaben entstehenden Kosten von ca. 25 000,– € machen die Anordnung angesichts der deutlich höheren Gesamtbaukosten überdies nicht unverhältnismäßig, zumal ihr die ihrer tatsächlichen Bauausführung entgegenstehende Auflage Nr. 3 der Baugenehmigung vorab bekannt war. Die Anordnung ist schließlich nicht wegen einer unzulässigen Ungleichbehandlung der Klägerin ermessenswidrig. Anhaltspunkte für ein nach Art. 3 Abs. 1 GG, 18 SächsVerf gleichheitswidriges willkürliches Nichteinschreiten der Beklagten gegen andere Betroffene ohne sachgerechte Differenzierungsgründe (vgl. SächsOVG, Beschluss v. 9. 12. 2004 – 1 B 650/ 03 –) sind nicht ersichtlich. Aus den Verwaltungsvorgängen und den von der Beklagten in der mündlichen Verhandlung vorgelegten Unterlagen, die von der Klägerin nicht substanziiert in Zweifel gezogen wurden, ist ersichtlich, dass die Beklagte in den von der Gestaltungssatzung erfassten Fällen gegen ihr bekannt gewordene Verstöße einschreitet. Dass im Übrigen die Widerspruchsbehörde einige bei ihr anhängige Verfahren bis zur vorliegenden Entscheidung des Senats zurückgestellt hat, beruht im Hinblick auf die vom Verwaltungsgericht angenommene Unwirksamkeit der Gestaltungssatzung auf einem sachlich einleuchtenden Grund.

Nr. 150

1. **Eine in einer Zwangsmittelandrohung gesetzte Frist, die abgelaufen ist, ohne dass der Pflichtige sie zu befolgen hatte, wird gegenstandslos. Dies hat zur Folge, dass eine Klage gegen die Zwangsmittelandrohung mangels Rechtsschutzbedürfnisses unzulässig ist.**

2. **Zur Rechtmäßigkeit einer auf § 87 Abs. 1 Nr. 1 HBO 1993 gestützten baugestalterischen Festsetzung, Dacheindeckungen mit naturroten bis rotbraunen, unglasierten Dachziegeln und -steinen vorzunehmen.**

BauGB 1993 §§ 1 Abs. 6, 9 Abs. 4; HBO 1993 § 87 Abs. 1 Nr. 1, Abs. 4 Satz 2; HessVwVG § 69 Abs. 1 Nr. 2.

Hessischer VGH, Urteil vom 28. April 2005 – 9 UE 372/04 –.

(VG Darmstadt)

Die Kläger sind Eigentümer des Grundstücks im Geltungsbereich des Bebauungsplans A 52 der beigeladenen Stadt, der 1994 öffentlich bekannt gemacht wurde. In den textlichen Festsetzungen des Bebauungsplans heißt es unter „Festsetzungen gemäß § 9 Abs. 4 BauGB i. V. m. § 87 HBO": „Zulässige Dacheindeckung: Naturrote bis rotbraune, unglasierte Dachziegel und -steine."

1997 genehmigte der Beklagte auf dem Grundstück die Errichtung eines Doppelwohnhauses mit Carport. Unter Nr. 5 der allgemeinen Baubeschreibung nach § 4 Bauvorlagenverordnung, die Bestandteil der Baugenehmigung geworden ist, wurde eine Dacheindeckung mit unglasierten Dachziegeln der Farbe naturrot genehmigt.

Während einer Bauzustandsbesichtigung stellte der Beklagte fest, dass die Dacheindeckung mit Ziegeln der Farbe schwarz/anthrazit vorgenommen worden war. Daraufhin erging seitens des Beklagten am 20. 1. 1998 eine bauaufsichtliche Verfügung, in welcher den damaligen Grundstückseigentümern aufgegeben wurde, bis zum 27. 2. 1998 das Dach des Doppelhauses mit Ziegeln der Farbe rot bis rotbraun einzudecken. Die sofortige Vollziehung der Verfügung wurde angeordnet und für den Fall der Nichtbeachtung ein Zwangsgeld i. H. v. 5000,– DM festgesetzt.

Nachdem der Beklagte mit Ergänzungsbescheid vom Februar 1998 die Anordnung der sofortigen Vollziehung der Verfügung vom 20. 1. 1998 aufgehoben und im Mai 1998 die Anhörung im Widerspruchsverfahren stattgefunden hatte, wies das Regierungspräsidium im Oktober 1998 den Widerspruch zurück.

Nr. 150

Aus den Gründen:

Soweit sich die Klage gegen die im angegriffenen Bescheid ausgesprochene Zwangsmittelandrohung richtet, ist sie bereits mangels Rechtsschutzbedürfnisses unzulässig. Von der mit einer Fristsetzung bis zum 27. 2. 1998 versehenen Zwangsgeldandrohung gehen nämlich keine Rechtswirkungen mehr aus. Die Zwangsgeldandrohung war gemäß §69 Abs. 1 Nr. 2 des Hessischen Verwaltungsvollstreckungsgesetzes in der zum Zeitpunkt des Erlasses des Widerspruchsbescheides geltenden Fassung vom 18. 5. 1998 (GVBl. I, 191) – HessVwVG – mit einer zumutbaren Frist zur Erfüllung der Verpflichtung zur Umdeckung des Daches zu versehen. Diese den Klägern gesetzte Frist ist aber dadurch gegenstandslos geworden, dass sie abgelaufen ist, ohne dass die Kläger sie zu befolgen hatten. Sie waren von der Fristbefolgung befreit, da der Beklagte die ursprüngliche Anordnung der sofortigen Vollziehung mit Ergänzungsbescheid vom Juni 1997 aufgehoben hatte und somit der Widerspruch gegen den Grundverwaltungsakt gemäß §80 Abs. 1 Satz 1 VwGO aufschiebende Wirkung entfaltete. Eine abgelaufene Frist, die nicht befolgt zu werden braucht, erfüllt ihren Zweck, es dem Betroffenen zu ermöglichen, die von ihm geforderte Handlung freiwillig zu erfüllen, nicht mehr. Ist die Fristsetzung gegenstandslos, so gilt dies auch für die Zwangsmittelandrohung, da diese nach §69 Abs. 1 Nr. 2 HessVwVG mit einer Fristsetzung verbunden sein muss (vgl. zu einer auf Ausländerrecht beruhenden Abschiebungsandrohung BVerwG, Urteil v. 11. 11. 1982 – 1 C 15.79 –, InfAuslR 1983, 33).

Dem vorgenannten Ergebnis steht auch nicht die Rechtsprechung des Bundesverwaltungsgerichts im Urteil vom 26. 2. 1980 – 1 C 90.76 –, DÖV 1980, 651, entgegen. In dieser Entscheidung wurde eine Zwangsmittelandrohung aufgehoben, weil die gesetzte Frist bereits zum Zeitpunkt des Erlasses des Widerspruchsbescheides abgelaufen war und die Widerspruchsbehörde durch die Zurückweisung des Widerspruchs zu erkennen gegeben habe, dass sie die bereits abgelaufene Frist als für eine etwaige Vollstreckung ausreichend erachte. Dem kann bereits deshalb nicht gefolgt werden, weil es nicht dem Willen der Widerspruchsbehörde unterliegen kann, eine objektiv erledigte Zwangsmittelandrohung aufrechtzuerhalten. Im Übrigen hat sich – entgegen dem Inhalt des Widerspruchsbescheides in dem vom Bundesverwaltungsgericht 1980 entschiedenen Fall – die Widerspruchsbehörde hier inhaltlich mit der Rechtmäßigkeit der Zwangsmittelandrohung nicht auseinander gesetzt, sodass durch den Widerspruchsbescheid auch nicht der Rechtsschein einer die Zwangsvollstreckung rechtfertigenden existenten Zwangsmittelandrohung gesetzt wurde.

Die weiter gehende Klage ist zwar zulässig, aber unbegründet, da die in der angefochtenen Verfügung in Gestalt des Widerspruchsbescheides ausgesprochene Verpflichtung, das Dach des Doppelhauses umzudecken, rechtmäßig ist und die Kläger daher nicht in ihren Rechten verletzt.

Die Widerspruchsbehörde hat in ihrem Bescheid vom Oktober 1998 zu Recht die angegriffene Verfügung auf §61 Abs. 2 der Hessischen Bauordnung in der zum Zeitpunkt des Erlasses des Widerspruchsbescheides maßgeblichen Fassung v. 20. 12. 1993 (GVBl. I, 655) – HBO 1993 – gestützt. Danach haben die Bauaufsichtsbehörden im Rahmen der geltenden Gesetze die nach pflichtgemäßem Ermessen notwendigen Maßnahmen zu treffen, um von der Allgemeinheit oder einzelnen Gefahren für die öffentliche Sicherheit oder Ordnung abzuwehren, die durch bauliche oder andere Anlagen und Einrichtungen hervorgerufen werden. Die Voraussetzungen, unter denen nach der vorgenannten Bestimmung die Neueindeckung des Daches gefordert werden konnte, sind gegeben.

Die derzeitig vorhandene Dacheindeckung mit schwarz-/anthrazitfarbenen Dachziegeln ist formell baurechtswidrig. Dies folgt daraus, dass in den genehmigten Bauvorlagen eine Dacheindeckung mit unglasierten naturroten Dachziegeln vorgesehen ist.

Die vorhandene Eindeckung des Daches ist auch materiell baurechtswidrig. Sie verstößt gegen die textliche Festsetzung des Bebauungsplans A 52 der Beigeladenen, wonach nur naturrote bis rotbraune, unglasierte Dachziegel und -steine zulässig sind.

Entgegen der Auffassung des Verwaltungsgerichts ist die vorgenannte textliche Festsetzung des Bebauungsplans wirksam.

Nach § 9 Abs. 4 des Baugesetzbuches in der zum Zeitpunkt des In-Kraft-Tretens des Bebauungsplans geltenden Fassung der Bekanntmachung vom 8. 12. 1986 (BGBl. I, 2253), zuletzt geändert durch Gesetz vom 22. 4. 1993 (BGBl. I, 466), – BauGB 1993 – können die Länder durch Rechtsvorschrift bestimmen, dass auf Landesrecht beruhende Regelungen in den Bebauungsplan als Festsetzungen aufgenommen werden können und inwieweit auf diese Festsetzungen die Vorschriften des Baugesetzbuches Anwendung finden. In § 87 Abs. 4 HBO 1993 ist geregelt, dass Vorschriften nach § 87 Abs. 1 und 2 HBO 1993 in den Bebauungsplan aufgenommen werden können und § 12 BauGB 1993 unter Ausschluss der übrigen Vorschriften des Baugesetzbuches auf diese Festsetzungen Anwendung findet.

Die im Bebauungsplan getroffene Festsetzung zur farblichen Gestaltung der Dachflächen im Plangebiet findet ihre Ermächtigungsgrundlage in § 87 Abs. 1 Nr. 1 HBO 1993. Nach dieser Regelung können Gemeinden durch Satzung u. a. Vorschriften erlassen über die äußere Gestaltung baulicher Anlagen. Material und Farbe der Dacheindeckung gehören zweifelsohne zur äußeren Gestaltung einer baulichen Anlage i. S. des § 87 Abs. 1 Nr. 1 HBO 1993 und können demgemäß Gegenstand einer baugestalterischen Festsetzung im Bebauungsplan sein.

Die baugestalterische Festsetzung verstößt nicht gegen das Abwägungsgebot.

Obwohl nach der Regelung in § 87 Abs. 4 Satz 2 HBO 1993 die Bestimmung des § 1 Abs. 6 BauGB 1993, wonach bei der Aufstellung der Bauleitpläne die öffentlichen und privaten Belange gegeneinander und untereinander gerecht abzuwägen sind, für die streitgegenständliche Festsetzung nicht gilt, hat die Gemeinde bei dem Erlass von Vorschriften nach § 87 Abs. 1 Nr. 1 HBO 1993, wie bei jeder planerischen Entscheidung, durch die Inhalt und Schranken des Eigentums i. S. des Art. 14 Abs. 1 Satz 2 GG bestimmt werden, die Grundsätze des Abwägungsgebots zu beachten (so auch Hess. VGH, Beschluss v. 2. 4. 1992 – 3 N 2241/89 –, ESVGH 42, 267 = BRS 54 Nr. 116).

Nr. 150

Ein Fehler im Abwägungsvorgang ist nicht gegeben, insbesondere kann nicht davon ausgegangen werden, dass die Beigeladene bei der Planaufstellung die Belange der Grundstückseigentümer, die gegen die baugestalterische Festsetzung über Farbe und Material der Dacheindeckung sprechen, nicht gesehen und nicht berücksichtigt hat.

Unter Nr. 5.1 am Ende der Begründung zum Bebauungsplan A 52 führt die Beigeladene Folgendes aus: „Damit im zukünftigen Baugebiet eine Dachlandschaft entsteht, die sich hinsichtlich Dachform, Neigung bzw. Art und Farbe, Eindeckung am Bestand des angrenzenden Wohngebietes orientiert, enthält der Bebauungsplan diesbezüglich verschiedene gestalterische Festsetzungen, die auch der Ortsrandlage gerecht werden."

Den Klägern ist zwar zuzugestehen, dass diese Begründung sich nicht ausdrücklich mit dem zugunsten der Grundstückseigentümer streitenden Belang der Baufreiheit auseinander setzt. Daraus allein kann jedoch noch kein Fehler im Abwägungsvorgang gefolgert werden. Dass durch eine positive Bestimmung über die Farbgestaltung von Dacheindeckungen in der Bestimmung nicht genannte Farbvarianten in einer die Baufreiheit einschränkenden Weise ausgeschlossen werden, liegt derart offen auf der Hand, dass die Nichterwähnung dieser Belastung für die Grundstückseigentümer in der Begründung des Bebauungsplans nicht als Beleg dafür dienen kann, die planende Gemeinde habe diesen Belang übersehen und nicht in ihre Abwägung eingestellt (vgl. auch VGH Baden-Württemberg, Urteil v. 22. 4. 2002 – 8 S 177/02 –, BauR 2003, 81 = VBlBW 2003, 123; OVG Nordrhein-Westfalen, Urteil v. 9. 2. 2000 – 7 A 2386/98 –, NVwZ-RR 2001, 14 = BauR 2000, 1472 = BRS 63 Nr. 166).

Andere Belange als das Interesse der Eigentümer an einem uneingeschränkten Erhalt der Baufreiheit, die gegen die streitgegenständliche Festsetzung sprechen könnten, insbesondere solche wirtschaftlicher Art, sind weder vorgetragen worden noch ersichtlich.

Ungeachtet dessen weist der Senat darauf hin, dass nach § 87 Abs. 4 HBO 1993 mit Ausnahme des § 12 BauGB 1993 die übrigen Vorschriften des Baugesetzbuches auf Festsetzungen nach § 87 Abs. 1 Nr. 1 HBO 1993 keine Anwendung finden. Dies bedeutet auch, dass § 9 Abs. 8 HBO 1993, wonach dem Bebauungsplan eine Begründung beizufügen ist, in der die Ziele, Zwecke und wesentlichen Auswirkungen des Bebauungsplans darzulegen sind, für baugestalterische Vorschriften nach § 87 Abs. 1 Nr. 1 HBO 1993 nicht gilt. Mangels ausdrücklicher gesetzlicher Vorgaben bedürfen solche gestalterischen Festsetzungen somit keiner ausdrücklichen Begründung und auch im Übrigen müssen Satzungsunterlagen nicht im Einzelnen Aufschluss über den Abwägungsvorgang geben. Deshalb beschränkt sich die gerichtliche Überprüfung der Ordnungsgemäßheit der Abwägungsentscheidung im Falle baugestalterischer Vorschriften nach § 87 Abs. 1 Nr. 1 HBO 1993 im Allgemeinen auf das Abwägungsergebnis (vgl. dazu auch Hess. VGH, Urteil v. 30. 6. 1987 – 3 OE 168/82 –, BRS 47 Nr. 121; Urteil v. 2. 4. 1992 – 3 N 2241/89 –, a. a. O.).

Das Abwägungsergebnis ist aber (ebenfalls) nicht zu beanstanden.

Das Gebot, bei der Dacheindeckung naturrote bis rotbraune, unglasierte Dachziegel und -steine zu verwenden, berührt – wie oben bereits ausgeführt –

allein die Baufreiheit, d. h. das Interesse der Grundstückseigentümer, die Dacheindeckung nach freiem Belieben zu bestimmen. Diesen Belang hat die Beigeladene in nicht zu beanstandender Weise hinter das gemeindliche Interesse zurückgestellt, in dem Baugebiet „In der Dreispitze" eine Dachlandschaft entstehen zu lassen, die sich auch hinsichtlich Farbe und Eindeckung am Bestand des angrenzenden Wohngebietes orientiert. Das aus dieser Begründung ersichtliche Bestreben der Beigeladenen, das neu geplante Wohngebiet an die vorhandene einheitliche Gestaltung des benachbarten Gebietes anzupassen, stellt entgegen der Ansicht des Verwaltungsgerichts einen Belang dar, der hinreichend gewichtig ist, die auf Seiten der Grundstückseigentümer streitende Baufreiheit zu überwinden.

Dabei ist zunächst zu berücksichtigen, dass der hessische Gesetzgeber mit der Regelung des § 87 Abs. 1 Nr. 1 HBO 1993 den Gemeinden als örtlichen Satzungsgebern die Befugnis eingeräumt hat, allein aus gestalterischen Gründen Inhalt und Schranken des Grundeigentums zu bestimmen. Das Bauordnungsrecht darf somit – soweit dies im Rahmen einer Inhalts- und Schrankenbestimmung i. S. des Art. 14 Abs. 1 Satz 2 GG zulässig ist – auch zur Wahrung ästhetischer Belange nutzbar gemacht werden, ohne dass die Grenze zur Verunstaltung überschritten worden sein müsste (vgl. auch BVerwG, Beschluss v. 10. 7. 1997 – 4 NB 15.97 –, BRS 59 Nr. 19; OVG Nordrhein-Westfalen, Urteil v. 9. 2. 2000 – 7 A 2386/98 –, BauR 2000, 1472 = BRS 63 Nr. 166). Material und Farbe der Dacheindeckung gehören – wie oben bereits ausgeführt – zur äußeren Gestaltung einer baulichen Anlage i. S. des § 87 Abs. 1 Nr. 1 HBO 1993. Demzufolge handelt es sich bei dem Bestreben, für eine gewisse Einheitlichkeit der Dachlandschaft zu sorgen, um ein vom Gesetz anerkanntes Ziel (vgl. VGH Baden-Württemberg, Urteil v. 22. 4. 2002 – 8 S 177/02 –, BauR 2003, 180 = VBlBW 2003, 213 zu der dem § 87 Abs. 1 Nr. 1 HBO 1993 entsprechenden Vorschrift des § 74 LBO BW).

Dieses Interesse der Beigeladenen war hier umso höher zu bewerten, als nach der Begründung des Bebauungsplans, deren Richtigkeit die Kläger nicht in Zweifel gezogen haben, die Dachlandschaft des neuen Baugebietes der Dachlandschaft des angrenzenden Wohngebietes angeglichen werden sollte. Somit liegt der angegriffenen gestalterischen Festsetzung nicht allein die Absicht zugrunde, einheitliche Verhältnisse innerhalb eines noch unbebauten Gebietes zu schaffen, sondern eine bereits entstandene einheitliche Dachlandschaft zu bewahren.

Der Senat folgt nicht der Auffassung des Verwaltungsgerichts, wonach § 87 Abs. 1 Nr. 1 HBO 1993 besondere Vorschriften über die äußere Gestaltung baulicher Anlagen nur zulässt, wenn ein über die beabsichtigte einheitliche Gestaltung der Dachlandschaft hinausgehender Grund vorliegt. Nach § 87 Abs. 1 Nr. 1 HBO 1993 ist es vielmehr den Gemeinden unbenommen, grundsätzlich auf das äußere Gesamterscheinungsbild Einfluss zu nehmen und das Orts- oder Straßenbild je nach ihren gestalterischen Vorstellungen zu erhalten oder umzugestalten (vgl. dazu OVG Nordrhein-Westfalen, Urteil v. 9. 2. 2000 – 7 A 2386/98 –, BauR 2000, 1472 = BRS 63 Nr. 166; sowie BVerwG, Beschluss v. 10. 7. 1997 – 4 NB 15.97 –, BRS 59 Nr. 19).

Schließlich ist die textliche Festsetzung des Bebauungsplans, wonach nur naturrote bis rotbraune, unglasierte Dachziegel und -steine zulässig sind, auch nicht mangels Bestimmtheit unwirksam. Davon ist das Verwaltungsgericht zu Recht ausgegangen. ...

Mit der Farbfestsetzung naturrot bis rotbraun hat die Beigeladene ein Farbspektrum vorgeben wollen, das von naturrot bis rotbraun reicht, also eine Farbe, die noch einem dieser Farbtöne zuzurechnen ist. Dass es in Grenzbereichen schwierig sein kann, festzustellen, ob der gewählte Farbton dem vorgegeben Farbspektrum entspricht, macht die Festsetzung nicht unwirksam. Insoweit gilt dasselbe wie bei jedem unbestimmten Rechtsbegriff. Den unbestimmten Rechtsbegriffen ist immanent, dass ihr konkreter Inhalt im Einzelfall – namentlich in Grenzbereichen – nur im Rahmen einer wertenden Betrachtung zu ermitteln ist und es unter Umständen sogar einer fachlich-sachverständigen Begutachtung bedarf (so zu einer Farbfestsetzung „Grundfarbe rot": OVG Nordrhein-Westfalen, Urteil v. 9.2.2000 – 7 A 2386/98 –, BauR 2000, 1472, und zu einer Farbfestsetzung „rot bis rotbraun": VGH Baden-Württemberg, Urteil v. 22.4.2002 – 8 S 177/02 –, a.a.O.).

Auch die gewählte Farbbezeichnung naturrot, die eine Grenze des von der Beigeladenen festgesetzten Farbspektrums bezeichnet, ist hinreichend bestimmt. In Zusammenhang mit der Festsetzung, dass unglasierte Dachziegel und -steine zu verwenden sind, bedeutet naturrot wiederum ein Spektrum, dass von hellrot bis dunkelrot reichen kann, dass aber beschichtete Dachziegel bzw. -steine dieses Farbspektrums, also nicht nur glasierte, sondern auch engobierte – mit einem Keramiküberzug versehene – Materialien, ausgeschlossen sind (vgl. dazu Hess. VGH, Urteil v. 2.4.1992 – 3 N 2241/89 –, a.a.O.).

Ermessensfehler, unter denen die angefochtene Verfügung i.d.F. des Widerspruchsbescheides leiden könnte, sind nicht ersichtlich. Insbesondere ist das Gebot der Neueindeckung nicht unverhältnismäßig. Dies folgt bereits daraus, dass die ursprünglichen Kläger sich bewusst über die genehmigten Bauvorlagen hinweggesetzt haben.

C. Rechtsprechung
zum Baugenehmigungsverfahren

I. Bauliche Anlage und Genehmigungspflicht

Nr. 151

Besteht ein Bauvorhaben aus einem genehmigungspflichtigen Teil (Wohnhaus) und aus – bei isolierter Betrachtung – genehmigungsfreien Teilen (Stützmauer, Erdaufschüttung), ist das Vorhaben insgesamt genehmigungspflichtig.

LBauO §§ 8 Abs. 8, 61, 62 Abs. 1, 66 Abs. 3.

OVG Rheinland-Pfalz, Urteil vom 13. April 2005 – 8 A 12135/04 – (rechtskräftig).

Die Beteiligten streiten über die Genehmigungsbedürftigkeit einer Aufschüttung mit Stützmauer, die die Kläger bei der Errichtung eines Einfamilienhauses hergestellt haben.

Den Klägern wurde 2002 im vereinfachten Genehmigungsverfahren eine Baugenehmigung für ein Einfamilienhaus erteilt. Nachdem der Beklagte bei einer Baukontrolle festgestellt hatte, dass entlang der westlichen Grundstücksgrenze eine Mauer aus Betonfertigteilen errichtet worden war, untersagte er weitere Bauarbeiten und bat darum, insoweit einen prüffähigen Bauantrag vorzulegen. Der daraufhin eingereichte Nachtragsbauantrag bezog sich auf die talseitige Unterkellerung des Wohngebäudes sowie auf eine an der Grundstücksgrenze zu errichtende, 1,55 m hohe Winkelstützmauer mit einer maximal 1,90 m hohen Aufschüttung dahinter.

2003 erteilte der Beklagte die begehrte Baugenehmigung für das Kellergeschoss, wies aber einschränkend darauf hin, dass Geländeauffüllung und Stützmauer nicht Gegenstand dieser Genehmigung seien; die hierfür erforderlichen Antragsunterlagen seien gesondert einzureichen.

Die auf die Feststellung der Genehmigungsfreiheit gerichtete Klage blieb sowohl vor dem Verwaltungsgericht als auch vor dem Oberverwaltungsgericht ohne Erfolg.

Aus den Gründen:

Die Feststellungsklage ist zwar zulässig nach § 43 Abs. 1 VwGO. Insbesondere wird mit der Frage, ob die Kläger für die von ihnen konkret bezeichneten Anlagen einer bauaufsichtlichen Genehmigung des Beklagten bedürfen, ein streitiges Rechtsverhältnis aufgezeigt. Sie haben auch ein berechtigtes Interesse an der baldigen Feststellung; der für Aufschüttung und Stützmauer 2004 nachträglich gefertigte Bauantrag wurde nur vorsorglich gestellt und nimmt den Klägern nicht ihr Feststellungsinteresse.

Die Klage ist aber im Einklang mit der Rechtsauffassung des Verwaltungsgerichts unbegründet, denn die Kläger benötigen für das umstrittene Vorhaben eine Baugenehmigung. Sowohl die aus Winkelelementen erstellte Mauer als auch die dahinter befindliche Aufschüttung sind bauliche Anlagen i. S. von § 2 Abs. 1 Satz 1 bzw. Satz 3 Nr. 1 LBauO. Für die Errichtung baulicher Anlagen ist gemäß § 61 LBauO grundsätzlich eine Baugenehmigung erforderlich. Eine solche wurde den Klägern bislang nicht erteilt, denn in den der Genehmigung von 2002 zugrunde liegenden Bauzeichnungen ist die Mauer gar nicht und die Aufschüttung allenfalls andeutungsweise dargestellt. Unter den hier gegebenen Umständen lässt sich der Landesbauordnung weder für die Aufschüttung noch für die Mauer eine Regelung entnehmen, die sie von der Genehmigungspflicht freistellt.

Gemäß § 62 Abs. 1 Nr. 11 Buchst. a sind selbstständige Aufschüttungen bis zu 300 m² Grundfläche und bis zu 2 m Höhe genehmigungsfrei. Die hier umstrittene Aufschüttung fällt darunter nicht, denn sie ist nicht „selbstständig". Der Senat hat bereits entschieden, dass selbstständige Aufschüttungen in diesem Sinne nur solche sind, die eine eigene Zweckbestimmung haben und nicht im räumlichen und zeitlichen Zusammenhang mit Bauarbeiten für ein anderes Vorhaben stehen (Urteil v. 12. 12. 2001 – 8 A 10806/01 –, BRS 64 Nr. 154 = BauR 2002, 608; ebenso: Jeromin, LBauO, § 62 Rdnr. 76). Die Kläger interpretieren die Norm zwar anders. Sie meinen, eine Aufschüttung sei nur dann unselbstständig und damit baugenehmigungspflichtig, wenn sie aus tatsächlichen (statischen) oder rechtlichen Gründen für eine andere bauliche Anlage, insbesondere ein Gebäude, erforderlich sei, wenn also die eine bauliche Anlage nicht ohne die andere bestehen könne oder dürfe. Dem ist aber nicht zu folgen. Mögen mit dem Gesetzeswortlaut auch beide Auslegungen vereinbar sein, sprechen Erwägungen der Gesetzessystematik und des Normzwecks doch für das hier vertretene, engere Normverständnis.

Genehmigungspflichtigkeit (§ 61 LBauO) und Genehmigungsfreiheit (§ 62 LBauO) stehen, wie schon erwähnt, zueinander in einem Regel-Ausnahme-Verhältnis. Ziel der Freistellungsvorschrift ist es, bei Vorhaben von geringer bau- oder bodenrechtlicher Relevanz, aber eben auch nur bei ihnen, auf eine präventive Verwaltungskontrolle zu verzichten, um die Baubehörden zu entlasten und den Bauherren Kosten zu ersparen (Jeromin, LBauO, § 62 Rdnr. 1). Systematik und Zweck des Gesetzes schließen es daher aus, bei einem Gesamtvorhaben, welches aus genehmigungspflichtigen und – isoliert betrachtet – genehmigungsfreien Teilen besteht, ein „Splitting" zwischen den Einzelteilen durchzuführen. Handelt es sich bei dem Vorhaben um eine einheitliche Anlage, die aus genehmigungspflichtigen und genehmigungsfreien Einzelelementen besteht, ist vielmehr das gesamte Vorhaben als genehmigungspflichtige Baumaßnahme zu qualifizieren, wobei sich die Genehmigungspflicht dann auch auf die an sich genehmigungsfreien Teile erstreckt (OVG NW, Urteile v. 12. 8. 1968, BRS 20 Nr. 149, und v. 12. 9. 1974, BRS 28 Nr. 95 = BauR 1975, 113; OVG Berlin, Beschluss v. 23. 8. 1988, BRS 48 Nr. 125; BayVGH, Urteil v. 26. 2. 1993, NVwZ-RR 1994, 246; Jeromin, LBauO, § 62 Rdnr. 13; Simon/Lechner, BayBO, Art. 63 Rdnr. 9). Besteht aber die Genehmigungsfreiheit schon aus allgemeinen Erwägungen nur für Einzelvorhaben, die nicht im räumlichen, zeitlichen und funktionellen Zusammenhang mit einem anderen (Gesamt-)Vorhaben stehen, bestimmt dieses Vorverständnis auch die Auslegung des in § 62 Abs. 1 Nr. 11 Buchst. a LBauO besonders hervorgehobenen Merkmals der Selbstständigkeit, dem insoweit keine konstitutive, sondern klarstellende Bedeutung zukommt.

Vor diesem Hintergrund ist die hier umstrittene Geländeauffüllung als unselbstständig und damit als baugenehmigungspflichtig zu qualifizieren. Sie wurde nicht nur im räumlichen, sondern auch im unmittelbaren zeitlichen Zusammenhang mit der Errichtung des Einfamilienhauses vorgenommen. Auch der funktionelle Zusammenhang ist offenkundig, haben doch die Kläger das aus der Baugrube ausgehobene Erdreich verwendet, um vom Garten aus das Erdgeschoss ihres Hauses ebenerdig erreichen zu können.

Entsprechende Überlegungen gelten auch für die Genehmigungspflichtigkeit der zur Abstützung des aufgefüllten Geländes aus Winkelsteinen errichteten Mauer. Zwar stellt § 62 Abs. 1 Nr. 1 Buchst. b Stützmauern bis zu 2 m Höhe über der Geländeoberfläche von der Genehmigungspflicht frei. Bei den von den Klägern aufgestellten Winkelelementen dürfte es sich auch um eine Stützmauer in diesem Sinne handeln. Soweit der Senat in der Vergangenheit Bedenken geäußert hat, ob nicht Stützmauern im bauordnungsrechtlichen Sinne stets nur solche sind, die natürliches und nicht etwa künstlich aufgeschüttetes Gelände stützen (so zuletzt Urteil v. 8. 12. 2004 – 8 A 11467/04 –, [ESOVGRP]), hält er daran nicht fest. Den Klägern ist nämlich zuzugeben, dass durch eine solche Einschränkung, die im Gesetzeswortlaut keinen Anhalt findet, der Anwendungsbereich der Freistellungsvorschrift über Gebühr eingeschränkt würde. Das ändert aber nichts daran, dass die hier umstrittene Stützmauer, die im räumlichen, zeitlichen und funktionellen Zusammenhang mit der wegen ihrer engen Beziehung zum Hausbau ihrerseits genehmigungspflichtigen Erdaufschüttung hergestellt wurde, ebenfalls Teil eines genehmigungspflichtigen Gesamtvorhabens ist und deshalb der Baugenehmigung bedarf. Dabei übersieht der Senat nicht, dass in § 62 Abs. 1 Nr. 6 Buchst. b LBauO, anders als in § 62 Abs. 1 Nr. 11 Buchst. a, ein ausdrücklicher Hinweis auf die „Selbstständigkeit" fehlt. Dieser Unterschied ist nicht entscheidungserheblich, da, wie gezeigt, die Systematik und der Normzweck des Gesetzes ohnehin bei einem Gesamtvorhaben eine Gesamtbetrachtung der Genehmigungspflicht erfordern.

Die Prüfung des von den Klägern 2004 nachgereichten Bauantrages wird dem Beklagten, wie zur Vermeidung weiterer Zweifelsfragen hinzugefügt werden mag, auch Gelegenheit geben, die hier in Rede stehenden bauordnungsrechtlichen Fragen zu prüfen. Zwar ist die Baugenehmigung von 2002 für das Einfamilienhaus im vereinfachten Verfahren ergangen, erstreckte sich also nach § 66 Abs. 3 LBauO nicht auf die Vorschriften der Landesbauordnung. Da sich bei wertender Betrachtung am Gegenstand der Baugenehmigung auch beim Hinzutreten der hier umstrittenen, untergeordneten baulichen Anlagen im Schwerpunkt nichts ändert, spricht vieles dafür, auch insoweit von einer Genehmigungspflicht im vereinfachten Verfahren auszugehen. Dies haben auch die Kläger so gesehen, die ihren Bauantrag von 2004 ausdrücklich auf § 66 LBauO bezogen haben. Auch für einen solchen Bauantrag gilt aber nach der Rechtsprechung des Senats, dass die Baubehörde im Einzelfall bauordnungsrechtliche Vorschriften in die Prüfung einbeziehen darf. Dies liegt insbesondere dann nahe, wenn bereits im Verwaltungsverfahren zwischen Bauherren, Nachbarn und Bauaufsichtsbehörde unterschiedliche Auffassungen bestehen, die auf jeden Fall eine Entscheidung der Behörde, und sei es im

Wege eines späteren Einschreitens auf einen entsprechenden Nachbarantrag hin, erfordern (s. Urteil v. 23. 10. 2002 – 8 A 10994/02 –, [ESOVGRP]). So ist es im vorliegenden Fall. Im Hinblick auf den vor allem strittigen Grenzabstand wird wiederum zu berücksichtigen sein, dass ein bauliches Gesamtvorhaben nicht willkürlich in seine Einzelteile „zerlegt" werden darf; seine Zulässigkeit beurteilt sich vielmehr in einer wertenden Gesamtschau aus den für die Einzelelemente geltenden Regelungen (vgl. §8 Abs. 8 Satz 3 LBauO für die Stützmauer, §8 Abs. 8 Satz 2 LBauO für die Aufschüttung).

II. Baugenehmigung

Nr. 152

Aussageungenauigkeiten prognostischer Bewertungen von zu erwartenden Geräuschimmissionen kann auf der Baugenehmigungsebene dadurch zulässigerweise begegnet werden, dass durch Auflagenvorbehalte und die Durchführung nachträglicher Messungen die Genauigkeit der Prognose verifiziert wird und im Falle der Überschreitung von Richtwerten der TA Lärm entsprechende Nachrüstungen angeordnet werden.

HBO §64; TA Lärm Nr. 3.1, Nr. 4, Nr. 6.1.

Hessischer VGH, Beschluss vom 29. Juli 2005 – 3 UZ 239/05 – (rechtskräftig).

(VG Gießen)

Aus den Gründen:

Das Vorbringen im Zulassungsschriftsatz, die angefochtene Entscheidung sei bereits deshalb fehlerhaft, da der TÜV Süddeutschland in dem Lärmschutzgutachten von einem zu geringen durch das Vorhaben ausgelösten Verkehr, nämlich lediglich von 1000 Pkw pro Tag ausgegangen sei, während in der Parkplatzlärmstudie des Bayerischen Landesamtes für Umweltschutz bei Einkaufszentren mit normalem Warenangebot von 1,6 Bewegungen pro Stellplatz und Stunde ausgegangen werde, rechtfertigt keine ernstlichen Zweifel. Der Beklagte hat in seiner Antragserwiderung ausgeführt, dass einiges dafür spreche, dass bei den geplanten Märkten der in der Baubeschreibung angegebene zu erwartende anlagenbezogene Verkehr von 1000 Pkw, 2 Lkw und 2 Lieferwagen pro Tag als zu großzügig bemessen anzusehen sei. Bei vergleichbaren Objekten sei ein deutlich niedrigerer anlagenbezogener Verkehr gemessen worden. Dass es sich bei diesen Vergleichsobjekten um nicht vergleichbare Sachverhalte handelt, hat der Kläger nicht dargelegt. Im Übrigen hat das Verwaltungsgericht zutreffend darauf hingewiesen, dass sich ein Baugenehmigungsverfahren auf ein bestimmtes Vorhaben auf Grund eines dieses näher beschreibenden Antrags auf Baugenehmigung bezieht. Somit bestimmt die Bauherrschaft durch ihren Antrag die inhaltliche Umschreibung und Umgrenzung des Vorhabens und legt damit fest, was Verfahrensgegenstand des Baugenehmigungsverfahrens und somit auch der Baugenehmigung sein soll. Die Beigeladene geht von einem anlagenbezogenen Verkehr von 1000 Pkw pro Tag aus, wobei nicht ersichtlich ist, dass diese Zahl von vornherein unrealistisch mit der Folge ist, dass die Baugenehmigungsbehörde die Beigeladene hätte zur Klarstellung auffordern müssen. Ob die von der Beigeladenen angegebenen Zahlen mit der Folge der Einhaltung der Lärmschutzwerte sich tatsächlich in der Wirklichkeit bestätigen werden, ist demgegenüber eine Frage der Bauüberwachung, die die Rechtmäßigkeit der Baugenehmigung nicht infrage stellt.

Zudem verkennt der Kläger die Bedeutung der von dem TÜV Süddeutschland bezeichneten „Aussageungenauigkeit der Prognose von 3 dB(A)". Laut TÜV-Gutachten liegen die anlagenbezogenen Verkehrsgeräusche tagsüber nach RLS 90 um mindestens 17 dB(A) unterhalb des Immissionsgrenzwertes nach der Verkehrslärmschutzverordnung (16. BImSchV) für allgemeine Wohngebiete. Die derzeitige durchschnittliche Verkehrsmenge auf der Landesstraße liege nach Angaben des Amtes für Straßen- und Verkehrswesen im Bereich des Ortsteils O. bei 5000 Kfz, sodass sich der anlagenbezogene Verkehr durch die neuen Einkaufsmärkte auf der Landesstraße mit dem vorhandenen Verkehr vermische. Bei einer Steigerung des Pkw-Aufkommens auf 1300 Pkw pro Tag erhöhe sich der Beurteilungspegel um bis zu 1 dB(A), bei 1600 Pkw um bis zu 2 dB(A) und bei 2000 Pkw pro Tag um bis zu 3 dB(A). Die Aussagegenauigkeit der Prognose im Sinne der Tabelle 5 der DIN ISO 3613 (Tabelle 5: Richtwerte nach TA Lärm sowie Zusatzbelastung durch die geplanten Einkaufsmärkte in dB(A)) belaufe sich auf 3 dB(A). Diese von dem TÜV-Gutachten bezeichnete Aussagegenauigkeit bzw. Aussageungenauigkeit der Prognose begründet jedoch keine ernstlichen Zweifel an der erstinstanzlichen Entscheidung. Prognosen zeichnen sich dadurch aus, dass sie zwar wissenschaftlich begründete Voraussagen einer künftigen Entwicklung enthalten (vgl. Duden, Deutsches Universalwörterbuch, Stand: 2001), ihnen aber gleichwohl eine gewisse Unsicherheit als Voraussage inne wohnt. Dieser Unsicherheit kann auf der Baugenehmigungsebene dadurch zulässigerweise begegnet werden, dass durch nachträgliche Messungen die Genauigkeit der Prognose verifiziert wird und bei Überschreitung von Grenzwerten entsprechende Nachrüstungen angeordnet werden. Insoweit genügt zur Konfliktbewältigung auf der Baugenehmigungsebene, dass die Genehmigungsbehörde auf Grund der vorliegenden Unterlagen, wozu auch prognostische Gutachten gehören können, davon ausgehen darf, dass die Werte der TA Lärm eingehalten werden und, soweit sich durch Überwachungsmessungen herausstellen sollte, dass die Werte nicht eingehalten werden, durch entsprechende Auflagen, deren Anordnung vorbehalten sein muss – was durch die Auflage A200 der Baugenehmigung vom 30. 6. 2003 geschehen ist –, die Genehmigung nachgerüstet werden kann.

Nr. 153

Die Bauaufsichtsbehörde kann durch die Aushändigung des Bauscheins eine Ausnahme von bauordnungsrechtlichen Vorschriften erteilen. Eines gesonderten Bescheides bedarf es hierzu nicht.

NBauO §§ 13 Abs. 1 Nr. 1, 85.

Niedersächsisches OVG, Beschluss vom 15. November 2005 – 1 ME 153/05 – (rechtskräftig).

Der Antragsteller wendet sich in der Beschwerdeinstanz im Wesentlichen noch wegen Nichteinhaltung des vollen Grenzabstandes sowie wegen der befürchteten Lärmimmissionen gegen die Genehmigung des Einkaufszentrums „Stadtgalerie H.".

Aus den Gründen:

Entgegen der Annahme des Beschwerdeführers wird es aller Voraussicht nach nicht zu beanstanden sein, dass die Antragsgegnerin mit Rücksicht auf die in der Beschwerde allein in Blick genommene Ausbuchtung des Baukörpers an der Parkhausauffahrtsspindel von der Einhaltung der Grenzabstandsvorschriften auf der Grundlage von § 13 Abs. 1 Nr. 1 NBauO eine Ausnahme erteilt hat.

Entgegen der Annahme des Beschwerdeführers ist es hierzu nicht erforderlich, dass dies ausdrücklich geschieht. Eines gesonderten Bescheides bedarf es hierzu, wie in der Kommentierung von Große-Suchsdorf/Lindorf/Schmaltz/Wiechert, (NBauO, 7. Aufl., § 85 Rdnr. 18) zutreffend dargelegt wird, nach dem Wortlaut des § 85 Abs. 2, Halbs. 1 NBauO nicht. Denn hiernach wird eine Ausnahme, wenn – wie hier – die Rechtmäßigkeit einer Baugenehmigung von ihr abhängt, schon durch die Baugenehmigung selbst zugelassen; nur in den anderen, durch den ersten Halbsatz nicht erfassten Fällen, zu dem dieser nicht gehört, bedarf es einer besonderen schriftlichen Entscheidung.

Der bisherigen Rechtsprechung des Senats lässt sich Gegenteiliges nicht entnehmen. Die vom Antragsteller hierzu zitierte Entscheidung (Senatsbeschluss v. 6. 12. 2004 – 1 ME 256/04 –, BauR 2005, 975 = NdsVBl. 2005, 132) sagt hierzu nichts aus. In der Entscheidung vom 3. 9. 2003 (– 1 ME 193/03 –, BauR 2004, 464 = NdsVBl. 2004, 75) war ausweislich der Gründe offenbar nicht einmal ein solcher Antrag gestellt worden. Ein solcher ist nach dem voneinander abweichenden Wortlaut des § 85 NBauO einerseits und 86 NBauO andererseits nur bei Befreiungen erforderlich. Bei einer Ausnahme reicht es nach dem Willen des Gesetzgebers schon aus, dass das dahingehende Begehren des Bauherrn schon durch den Bauantrag deutlich wird.

Auf dieser Linie liegt es auch, dass der Senat in seinem Beschluss vom 6. 9. 2004 (a. a. O.) die Frage einer Ausnahme nach § 13 Abs. 1 Nr. 6 NBauO erörtert hat, obwohl im Bauschein nur eine „Ausnahme nach § 34 (2) BauGB" erteilt worden war.

Nr. 154

Die nach Art. 71 Abs. 1 Sätze 1 und 2 BayBO als Zustimmung geltende Unterschrift des Nachbarn ist nur bis zu ihrem Zugang bei der Baugenehmigungsbehörde frei widerruflich.

BayBO Art. 71; BGB §§ 130, 183.

BayerischerVGH, Großer Senat, Beschluss vom 3. November 2005 – 2 BV 04. 1756, 1758 und 1759 –.

Im Ausgangsverfahren wenden sich die Kläger gegen die dem Beigeladenen erteilte Baugenehmigung für die Nutzungsänderung seines bereits bestehenden Rinderstalles. Die Kläger hatten vorbehaltlos sämtliche Bauvorlagen unterschrieben. Nach Eingang des Bauantrags beim zuständigen Landratsamt (hier: 23. 7. 2002), aber noch vor Erteilung der Baugenehmigung (hier: 24. 10. 2002) widerriefen die Kläger ihre Zustimmung zum Vorhaben des Beigeladenen.

Ihre auf Aufhebung der Baugenehmigung gerichteten Klagen wies das Verwaltungsgericht als unzulässig ab. Die Kläger haben Berufung eingelegt. Der für die Verfahren zuständige 2. Senat des Verwaltungsgerichtshofs teilt die Rechtsauffassung des Verwaltungsgerichts. Mit Anfragebeschluss vom 8. 11. 2004 bat der Senat den 1. Senat um Erklärung, ob dieser an seiner im Urteil vom 21. 12. 1971 vertretenen Rechtsauffassung festhalte, dass die Zustimmungserklärung des Nachbarn bis zum Erlass der Baugenehmigung frei widerrufen werden könne.

Am 7. 3. 2005 beschloss der 1. Senat, an der im Urteil vom 21. 12. 1971 (Nr. 188 I 71, VGH n. F. 26, 1 = BayVBl. 1972, 635) vertretenen Rechtsauffassung festzuhalten, dass „die Zustimmungserklärung nach Art. 89 Abs. 1 Satz 1 und 2 BayBO 1969 (= Art. 71 Abs. 1 Sätze 1 und 2 BayBO 1997) von den Nachbarn (jedenfalls) bis zum Erlass des Baugenehmigungsbescheids frei widerrufen werden" kann.

Mit Beschluss vom 22. 4. 2005 hat der 2. Senat dem Großen Senat die Frage zur Entscheidung vorgelegt, bis zu welchem Zeitpunkt die nach Art. 71 Abs. 1 Sätze 1 und 2 BayBO als Zustimmung geltende Unterschrift des Nachbarn frei widerruflich ist.

Aus den Gründen:

II. Der Große Senat des Bayerischen Verwaltungsgerichtshofs ist gemäß §§ 12 Abs. 1, 11 Abs. 2 VwGO zuständig und entscheidet ohne mündliche Verhandlung durch Beschluss (§§ 12 Abs. 1, 11 Abs. 7 VwGO) über die ihm zur Entscheidung vorgelegte Rechtsfrage. Er beantwortet diese Rechtsfrage dahin, dass die nach Art. 71 Abs. 1 Sätze 1 und 2 BayBO als Zustimmung geltende Unterschrift des Nachbarn nur bis zu ihrem Zugang bei der Baugenehmigungsbehörde frei widerruflich ist.

Nach Art. 71 Abs. 1 Satz 1 BayBO i. d. F. vom 4. 8. 1997 (GVBl., 433, ber. GVBl. 1998, 270, zuletzt geändert durch Gesetz vom 26. 7. 2005, GVBl. 287) sind den Eigentümern der benachbarten Grundstücke vom Bauherrn oder von seinem Beauftragten der Lageplan und die Bauzeichnungen zur Unterschrift vorzulegen. Die Unterschrift gilt als Zustimmung (Art. 71 Abs. 1 Satz 2 BayBO).

Mit der vorbehaltlosen Unterschrift bringt der Nachbar zum Ausdruck, dass er wegen des konkreten Bauvorhabens, wie es sich aus Lageplan und Bauzeichnungen zum Zeitpunkt der Vorlage ergibt, auf seine subjektiven öffentlich-rechtlichen Nachbarrechte verzichtet. Hierin erschöpft sich der objektive, nach § 133 BGB auszulegende Erklärungsinhalt der Nachbarunterschrift. Neben dem materiell-rechtlichen Verzicht hat die Nachbarunterschrift zugleich eine verfahrensrechtliche Bedeutung im Baugenehmigungsverfahren. Wird die Unterschrift geleistet, hat dies zur Folge, dass der Nachbar nicht über die Erteilung der Baugenehmigung zu unterrichten ist (Art. 71 Abs. 1 Satz 6 BayBO) und die Begründungspflicht nach Art. 72 Abs. 2 Satz 2 BayBO entfällt.

Die Frage, bis zu welchem Zeitpunkt die Nachbarunterschrift widerrufen werden kann, wird nicht nur von den einzelnen Senaten des Verwaltungsgerichtshofs, sondern auch in der Literatur und der übrigen Rechtsprechung nicht einheitlich beurteilt (für freie Widerruflichkeit bis zur Erteilung der Baugenehmigung: BayVGH v. 21. 12. 1971, VGH n. F. 26, 1 = BayVBl. 1972, 635; v. 31. 10. 1979, BayVBl 1980, 88; v. 4. 7. 1995 – 14 CS 95.1127 –; Jäde, in: Jäde/Dirnberger/Bauer/Weiß, Die neue bayerische Bauordnung, Rdnr. 86 zu Art. 71; ders., UPR 2005, 161; für Widerruflichkeit bis Eingang bei der Baugenehmigungsbehörde: Dirnberger, in: Simon/Busse, BayBO, Rdnr. 133 zu Art. 71; Schwarzer/König, BayBO, 3. Aufl. 2000, Rdnr. 14 zu Art. 71; Koch/Molodovsky/Famers, BayBO, Anm. 4.3.3 zu Art. 71; Decker/ Konrad, Bayerisches Baurecht, 2002, S. 36, Rdnr. 13; Geiger, in: Birkl [Hrsg.], Praxishandbuch des Bauplanungs- und Immissionsschutzrechts, Teil E Rdnr. 9; Hartmann, DÖV 1990, 8; Hablitzel/Heiß, BayVBl. 1973, 233; Heiß, BayVBl. 1973, 260; BayVGH v. 29. 8. 1990 – 2 CS 90.2054 –; VG München v. 6. 2. 1992, BayVBl. 1992, 762, 764; OVG Saarl v. 12. 5. 1978, BauR 1979, 135; VGH BW v. 1. 4. 1982, NVwZ 1983, 229, 230; OVG RhPf v. 25. 2. 1987, AS 21, 147; HessVGH v. 7. 12. 1994, NVwZ-RR 1995, 495, 496; OVG NRW v. 30. 8. 2000, BauR 2001, 89, 91; v. 20. 1. 2000, BauR 2000, 866, 867).

1. Eine ausdrückliche Regelung, ob und bis zu welchem Zeitpunkt der Nachbar seine Zustimmung widerrufen kann, ist weder in der Bayerischen Bauordnung noch im Bayerischen Verwaltungsverfahrensgesetz enthalten. Die fingierte Zustimmung nach Art. 71 Abs. 1 Satz 2 BayBO ist eine einseitige empfangsbedürftige öffentlich-rechtliche Willenserklärung, auf die § 130 BGB analog anwendbar ist (BayObLG v. 2. 7. 1990, BayVBl. 1991, 28, 29; Dirnberger, in: Simon/Busse, a. a. O., Rdnr. 128 zu Art. 71; Decker/Konrad, a. a. O., 2002, S. 36 Rdnr. 13; Schwarzer/König, a. a. O., Rdnr. 14 zu Art. 71; Reichel/ Schulte, Handbuch Bauordnungsrecht, 2004, Kap. 14, Rdnr. 264 f.; Jäde, in: Jäde/Dirnberger/Bauer/Weiß, a. a. O., Rdnr. 85 zu Art. 71; Koch/Molodovsky/Famers, a. a. O., Anm. 4.3.3 zu Art. 71; Schröer/Dziallas, NVwZ 2004, 134, 135; VGH BW v. 1. 4. 1982, a. a. O., S. 229, OVG RhPf v. 25. 2. 1987, a. a. O., S. 147; OVG NRW v. 30. 8. 2000, a. a. O., S. 89). Nach § 130 Abs. 1 Satz 1 BGB wird eine Willenserklärung, die einem anderen gegenüber abzugeben ist, in dem Zeitpunkt wirksam, in welchem sie ihm zugeht. Wirksamkeit tritt nach § 130 Abs. 1 Satz 2 BGB allerdings dann nicht ein, wenn dem anderen vorher oder gleichzeitig ein Widerruf zugeht. Der Zugang der Willenserklärung beim Adressaten (hier: bei der für die Baugenehmigung zuständigen Bauaufsichtsbehörde) führt somit zur Wirksamkeit. Wirksamkeit nach § 130 BGB bedeutet, dass die mit der Erklärung bewirkten Rechtsfolgen eintreten und dass der Erklärende seine Erklärung nicht mehr widerrufen kann (vgl.

MünchKomm.-Einsele, BGB, 4.Aufl. 2001, Rdnr.3 zu §130; Weiler, JuS 2005, 788, 789). Die mit der Nachbarunterschrift bewirkte Rechtsfolge ist der Verzicht auf subjektive öffentliche Abwehrrechte gegen das konkrete Bauvorhaben. Sind hiernach mit dem Zugang der vom Nachbarn vorbehaltlos unterzeichneten Bauvorlagen bei der Baugenehmigungsbehörde die dem Nachbarn zustehenden Abwehrrechte durch Verzicht untergegangen, können sie im konkreten Verfahren nicht wieder aufleben; ein späterer Widerruf ist nicht möglich (ebenso OVG Saarl v. 12.5.1978, a.a.O., S.138; OVG RhPf v. 25.2.1987, a.a.O., S.148; Heiß, a.a.O., S.260 und 263; Schröer/Dziallas, a.a.O., S.136).

2. Dieser Rechtsauslegung kann nicht mit Erfolg entgegengehalten werden, sie werde den Besonderheiten im Baugenehmigungsverfahren, insbesondere den Interessen der Beteiligten, nicht gerecht.

2.1. Der Nachbar hat vor der Unterzeichnung der ihm vorgelegten Bauvorlagen die Möglichkeit, diese eingehend zu prüfen und ihre Auswirkungen auf sein Grundstück zu hinterfragen. Auch für den juristischen Laien ist in einer solchen Situation erkennbar, dass er mit der vorbehaltlosen Unterzeichnung der Bauvorlagen eine Erklärung abgibt, an die er prinzipiell gebunden ist. Erst recht kann die freie Widerruflichkeit bis zur Erteilung der Baugenehmigung kein Ausgleich dafür sein, dass der Nachbar ohne nähere Prüfung die Unterschrift geleistet hat. Ein sachlicher Grund, von der Bindungswirkung nach §130 BGB abzuweichen, ist nicht ersichtlich. Diese Rechtsauslegung entspricht auch dem Grundsatz der Rechtssicherheit. Der Zeitpunkt, zu dem der Bauantrag bei der Baugenehmigungsbehörde eingeht, steht für alle Beteiligten objektiv fest. Der Bauherr ist zwar nicht Adressat der in der Nachbarunterschrift liegenden Zustimmungserklärung. Jedoch ist zu berücksichtigen, dass der erste Abschnitt im Baugenehmigungsverfahren gesetzlich so geregelt ist, dass der Bauherr vor Einreichen des Bauantrags in der in Art.71 Abs.1 BayBO geregelten Weise Kontakt mit dem Nachbarn aufzunehmen hat, bevor er die Baugenehmigungsbehörde einschaltet. Es handelt sich damit bereits um ein formalisiertes, gesetzlich geregeltes Verfahren. Der Bauherr wird – obwohl nicht Adressat dieser Erklärung – die Unterschrift des Nachbarn und den darin liegenden Verzicht auf die Einhaltung nachbarschützender Normen zur Kenntnis nehmen. Ist der Bauantrag der Baugenehmigungsbehörde zugegangen, ist das Vertrauen des Bauherrn, der Nachbar werde sich auf die Verletzung nachbarschützender Normen nicht berufen, durchaus schützenswert.

2.2 Adressat der mit der Nachbarunterschrift fingierten Zustimmung ist allein die Baugenehmigungsbehörde (BayVGH v. 12.12.1971, VGH n.F. 26, 1/4 = BayVBl. 1972, 635; Jäde, UPR 2005, 161, 163; BayObLG, a.a.O., S.28; Hartmann, a.a.O., S.9). Zwischen dem Eingang des Bauantrags und der Entscheidung hierüber liegt regelmäßig eine gewisse Zeitspanne. Es wird die Auffassung vertreten, dass die fingierte Zustimmung mit Zugang bei der Bauaufsichtsbehörde noch keinerlei rechtliche Wirkungen erzeuge. Der Verzicht auf eine nachbarschützende Rechtsposition sei aufschiebend bedingt (siehe VGH n.F. 26, 1/7 = BayVBl. 1972, 635; Jäde, UPR 2005, 161, 163). Die fehlende rechtliche Bedeutung zeige sich vor allem dann, wenn die beantragte

Baugenehmigung versagt werde. Da die Nachbarunterschrift nur im Zusammenhang mit der Baugenehmigung rechtliche Relevanz erlange, wird zum Teil der Rechtsgedanke des § 183 BGB zur Stützung der Rechtsansicht herangezogen, dass die Zustimmung des Nachbarn bis zur Erteilung der Baugenehmigung frei widerrufen werden könne; der Große Senat folgt dem nicht.

Die auf § 183 BGB bezogene Argumentation, die bislang in keiner Hauptsacheentscheidung von einem der Bausenate des Verwaltungsgerichtshofs zur Entscheidungsgrundlage gemacht wurde, überzeugt nicht. Der 1. Senat hatte im Urteil vom 21. 12. 1971 (a. a. O.) insbesondere darauf abgestellt, dass die Baugenehmigungsbehörde bei Widerruf der (im Ausgangfall ausdrücklich erklärten) Zustimmung bei einer etwa veranlassten oder beabsichtigten Befreiung von zwingenden baurechtlichen Vorschriften die Interessenlage des betroffenen Nachbarn nochmals zu prüfen habe und sich letztlich die der Genehmigungsbehörde obliegende Prüfung der Genehmigungsfähigkeit des Vorhabens in ihrem Umfang jedenfalls nicht dadurch grundsätzlich ändere, dass der Nachbar zustimme oder nicht (VGH n. F. 26, 1/6 f. = BayVBl. 1972, 635; Jäde, UPR 2005, 161, 162). „Ehestens" könne insoweit der dem § 183 BGB zugrunde liegende Rechtsgedanke herangezogen werden (VGH n. F. 26, 1/7 = BayVBl. 1972, 635).

Nach § 183 Satz 1 BGB ist die vorherige Zustimmung bis zur Vornahme des Rechtsgeschäfts widerruflich, soweit nicht aus dem ihrer Erteilung zugrunde liegenden Rechtsverhältnis sich anderes ergibt. Die Vorschrift steht in unmittelbarem rechtlichen Zusammenhang mit § 182 BGB. Sie regelt die Fallgestaltung, dass die Wirksamkeit eines Vertrages oder eines einseitigen Rechtsgeschäfts, das gegenüber einem anderen vorzunehmen ist, von der Zustimmung eines Dritten abhängig ist (§ 182 Abs. 1 BGB). Die auf ein zustimmungsbedürftiges Rechtsgeschäft zugeschnittene Regelung könnte demzufolge für den Widerruf der Nachbarunterschrift nur herangezogen werden, wenn im Baugenehmigungsverfahren eine zumindest vergleichbare Verfahrenssituation gegeben ist.

Dies ist indes nicht der Fall (vgl. Dirnberger, in: Simon/Busse, Rdnr. 133 zu Art. 71; Schwarzer/König, Rdnr. 14 zu Art. 71; Jäde, UPR 2005, 161, 162; OVG Saarl, a. a. O., S. 138; OVG RhPf, a. a. O., S. 148; Hablitzel/Heiß, a. a. O., S. 234; Heiß, a. a. O., S. 262 f.; Hartmann, a. a. O., S. 12; Geiger, a. a. O., Rdnr. 9; VG München, a. a. O., S. 764). Weder die Wirksamkeit des Bauantrags noch die Erteilung der Baugenehmigung ist von der Zustimmung des Nachbarn abhängig. Unabhängig davon, ob der Nachbar durch seine Unterschrift dem Bauvorhaben zugestimmt oder nicht zugestimmt hat, hängt die Erteilung der Baugenehmigung allein von der Vereinbarkeit des konkreten Bauvorhabens mit öffentlich-rechtlichen Vorschriften ab (Art. 72 Abs. 1 Satz 1 BayBO). Selbst bei der Ermessensentscheidung über Abweichungen von bauaufsichtlichen Anforderungen, bei der in die Abwägung die nachbarlichen Interessen einzustellen sind, sind diese objektiv zu würdigen (Dhom, in: Simon/Busse, Rdnr. 37 zu Art. 70; Koch/Molodovsky/Famers, Anm. 4.4. zu Art. 70); auch wenn der Nachbar dem Bauvorhaben zugestimmt hat, entfällt nicht die eigenständige Prüfung durch die Baugenehmigungsbehörde. Der

Zustimmung des Nachbarn kommt damit keine konstitutive Wirkung für die Genehmigungsfähigkeit des konkreten Bauvorhabens zu.

Ob es einen allgemeinen Rechtsgrundsatz gibt, dass eine öffentlich-rechtliche Willenserklärung frei widerrufen werden kann, solange sie noch keine gestaltende Außenwirkung erlangt hat (so Jäde, UPR 2005, 160, 164), kann dahingestellt bleiben. Denn der materielle Rechtsverzicht des Nachbarn wird mit dem Zugang der Unterschrift bei der Baugenehmigungsbehörde unmittelbar wirksam. Dass die Wirksamkeit des Rechtsmittelverzichts nicht von der Erteilung der Baugenehmigung abhängt, zeigt im Übrigen bereits die entsprechende Regelung des Gesetzes für das Genehmigungsfreistellungsverfahren (Art. 64 Abs. 3 i. V. m. Art. 71 Abs. 1 Satz 2 BayBO).

3. Dem kann schließlich auch nicht entgegengehalten werden, dass die hier vertretene Auffassung zu einem Wertungswiderspruch zum Einvernehmen der Gemeinde i. S. des § 36 BauGB führe. Nach § 36 Abs. 2 Satz 2 BauGB gilt das Einvernehmen der Gemeinde als erteilt, wenn es nicht binnen zwei Monaten nach Einreichung des Bauantrags bei der Gemeinde (vgl. Art. 67 Abs. 1 BayBO) verweigert worden ist. Hat die Gemeinde ausdrücklich ihr Einvernehmen erklärt oder tritt die Fiktionswirkung nach § 36 Abs. 2 Satz 2 BauGB ein, kann das Einvernehmen nicht widerrufen oder zurückgenommen werden. Dies würde dem Sinn der Vorschrift widersprechen, innerhalb der Frist klare Verhältnisse über die Einvernehmenserklärung der Gemeinde zu schaffen (BVerwG v. 12. 12. 1996, BayVBl. 1997, 376 = NVwZ 1997, 900, 901; bestätigt durch Urteil v. 19. 2. 2004, NVwZ 2004, 858, 860). Ebenso wie die fingierte Zustimmungserklärung des Nachbarn ist auch das ausdrücklich erklärte oder kraft gesetzlicher Fiktion eingetretene Einvernehmen der Gemeinde an die Baugenehmigungsbehörde und nicht an den Bauherrn gerichtet. Gleichwohl betont das Bundesverwaltungsgericht, dass der Zweck der Fristenregelung des § 36 Abs. 2 Satz 2 BauGB nicht nur darin besteht, das Genehmigungsverfahren zu beschleunigen, sondern dass es auch dem Schutz des Bauantragstellers dient, wenn es feststellt: „Er darf darauf vertrauen, dass über eine Teilfrage des Genehmigungsverfahrens innerhalb der Zwei-Monats-Frist des § 36 Abs. 2 Satz 2 BauGB Klarheit geschaffen wird. Deshalb kann die Erteilung des Einvernehmens auch nicht widerrufen oder zurückgenommen werden" (BVerwG v. 19. 2. 2004, a. a. O., S. 860).

Hieraus wird ersichtlich, dass ein Wertungswiderspruch zur Einschränkung der Widerrufsfrist für eine Nachbarunterschrift im Rahmen des § 130 Abs. 1 BGB gerade nicht besteht. Obwohl auch bei der Erteilung des gemeindlichen Einvernehmens nicht der Bauherr Adressat der Einvernehmenserklärung ist, billigt ihm das Bundesverwaltungsgericht Vertrauensschutz zu.

Die freie Widerruflichkeit der in der Nachbarunterschrift liegenden Zustimmung zu dem konkreten Bauvorhaben nur bis zum Eingang des Bauantrags bei der Baugenehmigungsbehörde entspricht nach alledem der Rechtslage, ist sachlich gerechtfertigt und trägt den berechtigten Interessen aller an diesem Verfahren Beteiligten ausreichend Rechnung.

Nr. 155

Baumaßnahmen, die so zögerlich und stückwerkhaft durchgeführt werden, dass allein schon dieser Umstand zum Verfall der Baugrubensicherung führt, stellen keinen zielführenden Baufortschritt dar, der den Fristablauf für ein Erlöschen der Baugenehmigung hindern könnte. Dies gilt um so mehr, wenn objektive Anhaltspunkte dafür bestehen, dass subjektiv auch allenfalls eine Baugrubensicherung in der Hoffnung auf die Realisierung eines anderen Bauprojekts beabsichtigt ist, das noch im Klageverfahren verfolgt wird.

BbgBO n. F. §§ 73 Abs. 1 Nr. 1, 68 Abs. 1 Nr. 1; BbgBO a. F. § 78 Abs. 1.

OVG Berlin-Brandenburg, Beschluss vom 21. Oktober 2005 – 2 S 104.05 – (rechtskräftig).

(VG Potsdam)

Die Voreigentümerin hatte das Grundstück 1996 mit einem zweigeschossigen Wohngebäude mit ausgebautem Dachgeschoss bebaut. Gleichzeitig – jedoch ohne Baugenehmigung – ließ sie einen ca. sieben Meter tiefen, den rückwärtigen Grundstücksteil mit den Außenabmessungen 20 m x 14,50 m fast vollständig in Anspruch nehmenden Baugrubenaushub für eine Tiefgarage vornehmen. Im verwaltungsgerichtlichen Verfahren vor dem Verwaltungsgericht hatte der Antragsgegner für den Fall der Einreichung entsprechender Bauvorlagen die positive Bescheidung eines Bauantrags auf Erteilung einer Baugenehmigung für eine Tiefgarage mit 12 Stellplätzen in Aussicht gestellt. Hierzu kam es jedoch nicht. Statt dessen beantragte die Voreigentümerin im Januar 1999 die Erteilung einer Baugenehmigung für eine Schwimmhalle mit Treppenhaus an gleicher Stelle für die im Erdgeschoss des Hauses inzwischen eingerichtete physiotherapeutische Praxis. Die Erteilung der Baugenehmigung hierfür wurde vom Antragsgegner jedoch abgelehnt.

Daraufhin beantragte die Voreigentümerin 1999 wiederum eine Baugenehmigung für eine Tiefgarage mit 9 Stellplätzen, die ihr mit Bescheid vom Juli 1999 auch erteilt wurde. Die Antragsteller erwarben das Grundstück Ende 2000 und verfolgten das Begehren der Voreigentümerin auf Erteilung einer Baugenehmigung für eine Schwimmhalle mit Treppenhaus anstelle der Tiefgarage nach dem Eigentumswechsel weiter. Die hierauf gerichtete Klage ist noch anhängig. Im April 2001 trat der Bebauungsplan „Musikerviertel" in Kraft, dessen Geltungsbereich auch das Grundstück der Antragsteller umfaßt.

Mit Schreiben vom März 2004 beantragten die Antragsteller eine Verlängerung der Baugenehmigung vom Juli 1999 für die Tiefgarage. Dies ist vom Antragsgegner mit Bescheid vom April 2004 mit der Begründung abgelehnt worden, dass die Baugenehmigung mit Ablauf ihrer dreijährigen Geltungsdauer erloschen und ein Antrag auf Verlängerung nicht innerhalb dieser Frist gestellt worden sei.

Bei einer Ortsbesichtigung am 26. 5. 2004 stellte der Antragsgegner fest, dass in der Tiefgaragenbaugrube umfangreiche Bewehrungs- und Schalungsarbeiten durchgeführt wurden. Er erließ mit Bescheid vom 27. 5. 2004 eine Baueinstellungsverfügung, mit der er den Antragstellern weitere Arbeiten zur Errichtung der Tiefgarage auf dem Grundstück unter Anordnung der sofortigen Vollziehung untersagte. Den Antrag auf Wiederherstellung und Anordnung der aufschiebenden Wirkung des Widerspruchs gegen die Baueinstellungsverfügung hat das Verwaltungsgericht zurückgewiesen.

Aus den Gründen:

II. 2. Die Baueinstellungsverfügung rechtfertigt sich aus §§ 73 Abs. 1 Nr. 1, 68 Abs. 1 Nr. 1 BbgBO n. F., weil die Ausführung des Bauvorhabens durch die Antragsteller im Mai 2004 erfolgte, obwohl eine Baugenehmigung für die Errichtung einer Tiefgarage nicht mehr vorlag und eine nachträgliche Verlängerung der Geltungsdauer der Baugenehmigung vom Juli 1999 zuvor mit Bescheid vom April 2004 vom Antragsgegner abgelehnt worden war. Die Baugenehmigung vom Juli 1999 ist gemäß § 78 Abs. 1 BbgBO a. F. nach drei-jähriger Geltungsdauer erloschen, weil mit der Ausführung des Bauvorha-bens durch die Antragsteller nach der Erteilung der Baugenehmigung nicht im Sinne des Gesetzes begonnen worden war. Mit dem Bau beginnt, wer die Bauarbeiten für das genehmigte Vorhaben nachhaltig aufnimmt. Bloße Scheinaktivitäten, ohne den zusätzlichen Fertigstellungswillen, mit dem Ziel, die Baugenehmigung auch ernsthaft zu verwirklichen, genügen hierfür nicht (vgl. Reimus/Semter/Langer, BbgBO, 2. Aufl. 2004, § 69 Rdnr. 7; BayVGH, Urteil v. 29. 6. 1987, BRS 47 Nr. 143). Schließlich besteht ein öffentliches Interesse daran, die Übereinstimmung eines nicht in angemessener Zeit begonnenen Vorhabens mit den baurechtlichen Zulässigkeitsanforderungen erneut zu überprüfen (VGH BW, Urteil v. 25. 3. 1999, BRS 62 Nr. 169 = BauR 2000, 714).

Über den Baugrubenaushub mit dem Berliner Verbau und die Betonsohle hinaus, die als Arbeiten zwar zu den wesentlichen Baumaßnahmen zur Aus-führung eines Bauvorhabens gehören (vgl. OVG Nds., Beschluss v. 7. 7. 1981, BRS 38 Nr. 157 = BauR 1981, 560), im vorliegenden Fall aber den Antragstel-lern nicht zurechenbar sind, weil sie schon weit vor dem Grundstückserwerb durch die Voreigentümerin veranlasst worden waren, sind von ihnen nachfol-gend keine wesentlichen Bauarbeiten nach der Erteilung der Baugenehmi-gung für die Tiefgarage vom Juli 1999 in Ausnutzung der Genehmigung mehr durchgeführt worden.

Ausgehend von dem im Ortsterminsprotokoll des Verwaltungsgerichts 1998 festgestellten Bauzustand der Baugrube, wonach diese bereits „ausge-hoben und verschalt" gewesen sein soll, wobei hier – auch zugunsten der Antragsteller – davon auszugehen ist, dass es sich um eine irrtümliche Bezeichnung des erst vorhandenen Berliner Verbaus gehandelt haben muss, ist von den Antragstellern schon kein Baubeginn oder zumindest eine Wieder-aufnahme der Bauarbeiten i. S. des § 74 Abs. 9 BbgBO a. F. angezeigt worden. Bei den Arbeiten, die die Antragsteller für den hier maßgeblichen Tätigkeits-zeitraum nach Bestandskraft der Baugenehmigung etwa von September 1999 bis September 2002 mit der Beschwerdebegründung aufgelistet haben, han-delt es sich nicht um solche, die einen zielführenden Baufortschritt kenn-zeichnen. Die Antragsteller nannten im wesentlichen das wiederholte Aus-pumpen der Baugrube nach Wasseransammlungen, die Säuberung der Bau-grube von Laub und Ästen sowie Dämmarbeiten, wie das Aufnageln von Sty-rodurplatten mit nachfolgender Anbringung von Dachpappe. Diese Arbeiten dienten offenbar in erster Linie dem Schutz des Berliner Verbaus und damit der Baugrube vor Witterungseinflüssen und sollten auch nach dem eigenen Beschwerdevorbringen der Antragsteller nur so weit gehen, „als ihnen die

Möglichkeit zur Umnutzung in ein therapeutisches Bewegungsbad offen blieb", nämlich für den Fall des Erfolgs ihrer Klage.

Allein der Umstand, dass der zur Sicherung der Baugrube errichtete Berliner Verbau aus dem Jahre 1997 noch im Mai 2004 – und damit fast 8 Jahre nach seiner Errichtung – nahezu ungesichert durch nachfolgende Bewehrung, Schalung und Betonschüttung vorhanden war und lediglich teilweise Styrodur-Dämmung mit aufgebrachter Dachpappe (wohl) als Trennplatte für die spätere Betonierung aufwies, so dass Feuchtigkeitseinwirkungen vor allem in den unteren Teilbereichen zum Verfaulen der nicht druckimprägnierten, weil nur als temporäre Sicherungsmaßnahme gedachten Bohlen mit nachfolgendem Erdeinbruch führen konnten, zeigt, dass die Antragsteller den Bau nicht fortschreiten ließen und auch nicht lassen wollten. Vielmehr war ihnen offensichtlich daran gelegen, sich die von ihnen bevorzugte Option auf die Errichtung einer Schwimmhalle anstelle der Tiefgarage bis zum Abschluss des verwaltungsgerichtlichen Verfahrens baulich offen zu halten und keine unnötigen Investitionen zu tätigen, zumindest nur solche, die dem Witterungsschutz dienten und nachfolgend noch verwendbar sein würden. Das von den Antragstellern in der Beschwerdebegründung aufgelistete, sich häufig wiederholende Abpumpen von Wasser stellt sich unter diesen Umständen ebenfalls nur als jeweilige Maßnahme zur Sicherung der Baugrube, vor allem des Berliner Verbaus vor weiterem Verfall dar. Selbst die im Mai 2004 durchgeführten Arbeiten (Bewehrung und Schalung) waren deshalb – unabhängig davon, dass sie für die Fristberechnung nicht mehr von Bedeutung sind – angesichts der akut aufgetretenen Gefahren durch ein Einbrechen der Verbaukonstruktion mit nachfolgenden Geländeeinbrüchen auf den Nachbargrundstücken in erster Linie eine Sicherungsmaßnahme, auch wenn sie dem „Baufortschritt" für die Errichtung der Tiefgarage zugleich dienlich waren, indem sie die Betonschüttung vorbereiteten, zu der es jedoch auf Grund der angefochtenen Baueinstellungsverfügung nicht mehr kam. Der Antragsgegner hat diese Bauarbeiten auch nur als Baugrubensicherung anerkannt, aber die nachfolgende Betonschüttung nicht mehr zugelassen, um eine weitere Verfestigung der Verhältnisse zu vermeiden und stattdessen eine Erdauffüllung zu ermöglichen.

Baumaßnahmen, die so zögerlich und stückwerkhaft durchgeführt werden, dass allein schon dieser Umstand zum Verfall des zur Baugrubensicherung errichteten (Berliner) Verbaus führt, stellen jedoch keinen zielführenden Baufortschritt dar, der den Fristablauf für ein Erlöschen der Baugenehmigung hindern könnte. Dies gilt umso mehr, wenn objektive Anhaltspunkte dafür bestehen, dass subjektiv auch allenfalls eine Baugrubensicherung in der Hoffnung auf die Realisierung eines anderen Bauprojekts beabsichtigt ist, das noch im Klageverfahren verfolgt wird. Auf die zahlreichen Angaben der Nachbarn, ob und, wenn ja, wann auf dem Grundstück Bauaktivitäten entfaltet worden sind, sowie auf die von den Antragstellern geäußerten Zweifel, inwieweit die Nachbarn überhaupt akustisch etwas von etwaigen Bauarbeiten bemerkt haben oder das Baugrundstück einsehen konnten, kommt es deshalb nicht an. Die formelle Illegalität allein rechtfertigt schon die Baueinstellungsverfügung. Eine offensichtliche Genehmigungsfähigkeit ist nach dem Inkrafttreten des Bebauungsplans „Musikerviertel" schon im Hinblick auf die Überschreitung der GRZ nicht mehr gegeben.

3. Soweit sich die Antragsteller mit der Beschwerde gegen die Ablehnung ihres Hilfsantrages wenden, zumindest noch die Betonschüttung vornehmen zu dürfen, haben sie ebenfalls keinen Erfolg. Dem Schreiben vom Juli 2004 ist zu entnehmen, dass die eingebrachte Baustahlbewehrung nunmehr die eigentliche Sicherung der Baugrube darstellt, die verhindert, dass weitere Sandmassen einbrechen und es zu den befürchteten Geländebrüchen auf den Nachbargrundstücken kommt. Die Schalung ist dagegen aus Kostengründen inzwischen wieder entfernt worden, weil sie nach dieser Stellungnahme für sich keine Sicherung der Baugrube darstellte, sondern nur der Vorbereitung der Betonschüttung diente. Auch wenn den Antragstellern die Betonverfüllung und damit die Errichtung der Tiefgaragenwand unter den gegebenen Umständen als die wirtschaftlichste Maßnahme erscheint, die einen Baufortschritt mit einer weiteren Baugrubensicherung vereinen würde, die weitere Verfolgung ihres Bauprojekts (Schwimmbad) zudem nicht – wie die aufwendigere Erdverfüllung – ausschließen würde, stellt dies keine weitere Sicherungsmaßnahme dar, auf die sie einen Anspruch haben könnten. Denn diese Baumaßnahme dient – im Gegensatz zu der Erdverfüllung – der Verwirklichung eines Bauvorhabens, für das der Antragsgegner bereits eine Verlängerung der Baugenehmigung abgelehnt hat, und die – wie dargelegt – auch nicht offensichtlich genehmigungsfähig erscheint.

Nr. 156

a) **Zur amtspflichtwidrigen Rücknahme und Versagung eines gemäß § 36 Abs. 2 Satz 2 BauGB durch Ablauf der Zwei-Monats-Frist fingierten gemeindlichen Einvernehmens.**

b) **Zur Frage, ob eine anderweitige Ersatzmöglichkeit des geschädigten Bauherrn in Gestalt eines Schadensersatzanspruchs gegen seinen im Verwaltungsverfahren tätig gewordenen Rechtsanwalt in Betracht kommt, wenn dieser es unterlassen hat, die Widerspruchsbehörde auf eine nachträglich ergangene neue Entscheidung des Bundesverwaltungsgerichts hinzuweisen.**

BGB § 839; BauGB § 36.

Bundesgerichtshof, Urteil vom 13. Oktober 2005 – III ZR 234/04 –.

(OLG Jena)

Die Rechtsvorgängerin der Klägerin (im folgenden durchgängig selbst als „Klägerin" bezeichnet) beabsichtigte, in den Jahren 1995/96 auf einem Gelände im unbeplanten Innenbereich der beklagten Stadt eine Tankstelle zu errichten. Zu diesem Zwecke reichte sie am 14. 11. 1995 einen entsprechenden Bauantrag beim Landratsamt als der zuständigen Bauaufsichtsbehörde ein. Diese forderte mit Schreiben vom 16. 11. 1995 die Beklagte zur Stellungnahme über die Erteilung des gemeindlichen Einvernehmens nach § 36 BauGB auf. Dieses Ersuchen wiederholte die Bauaufsichtsbehörde mit Schreiben vom 19. 2. 1996. Daraufhin verweigerte die Beklagte mit Schreiben vom 1. 3. 1996 das

Einvernehmen. Mit Schreiben vom 12. 6. 1996 an die Bauaufsichtsbehörde räumte die Beklagte ein, dass das Einvernehmen durch Versäumung der Zwei-Monats-Frist des § 36 Abs. 2 Satz 2 BauGB als erteilt gelte, erklärte jedoch zugleich, dass sie dieses Einvernehmen nunmehr zurückziehe. Die Bauaufsichtsbehörde hielt die Verweigerung des Einvernehmens zwar für rechtswidrig – worauf sie die Beklagte auch durch Schreiben vom 19. 12. 1996 hinwies und um Stellungnahme bis zum 10. 1. 1997 bat, ob das gemeindliche Einvernehmen nicht doch erteilt werde –, fühlte sich aber gleichwohl daran gebunden. Mit Bescheid vom 4. 3. 1997 lehnte die Bauaufsichtsbehörde den Bauantrag der Klägerin ab. Die Entscheidung wurde ausschließlich auf die Bindungswirkung der Versagung des gemeindlichen Einvernehmens gestützt. Mit der gleichen Begründung wurde der Widerspruch der Klägerin zurückgewiesen. Auf die hiergegen gerichtete Klage verpflichtete das Verwaltungsgericht die Bauaufsichtsbehörde, der Klägerin die Baugenehmigung zur Errichtung einer Tankstelle entsprechend ihrem Bauantrag vom November 1995 zu erteilen. Dies geschah mit Bescheid vom Januar 2000.

Die Klägerin nimmt nunmehr die beklagte Stadt aus Amtshaftung wegen der rechtswidrigen Versagung des Einvernehmens auf Ersatz des entstandenen Verzögerungsschadens, den sie auf 425 627,59 € beziffert, nebst Zinsen in Anspruch. Das Landgericht hat die Klage insgesamt abgewiesen. Auf die Berufung der Klägerin hat das Oberlandesgericht durch Grundurteil den Klageantrag für gerechtfertigt erklärt, soweit Schadensersatz für die Zeit vom 11.1. bis 31. 10. 1997 begehrt werde. Im übrigen wurde die Berufung zurückgewiesen. Hiergegen richtet sich die vom Senat zugelassene Revision der Klägerin, der sich die Beklagte angeschlossen hat.

Aus den Gründen:

Die Revision der Klägerin ist begründet, die Anschlussrevision der Beklagten hingegen unbegründet.

1. Das Berufungsgericht bejaht eine schuldhafte Amtspflichtverletzung der zuständigen Amtsträger der beklagten Stadt durch die unberechtigte Verweigerung des Einvernehmens zu dem geplanten Bauvorhaben der Klägerin (§ 36 BauGB). Es lässt jedoch den Amtshaftungsanspruch zum weit überwiegenden Teil daran scheitern, dass der Klägerin für den Verzögerungszeitraum ab 1. 11. 1997 eine anderweitige Ersatzmöglichkeit in Gestalt eines Schadensersatzanspruchs gegen ihren Prozessbevollmächtigten zustehe, der sie auch im Verfahren des verwaltungsrechtlichen und verwaltungsgerichtlichen Primärrechtsschutzes vertreten hatte. Es lastet dem Anwalt als Pflichtverletzung an, dass er es unterlassen habe, die Widerspruchsbehörde rechtzeitig auf die Entscheidung des Bundesverwaltungsgerichts vom 12. 12. 1996 (– 4 C 24.95 –, NVwZ 1997, 900, 901 = BauR 1997, 444, 446) hinzuweisen, wo in einem obiter dictum ausgesprochen worden war, dass das durch Fristablauf fingierte Einvernehmen der Gemeinde nicht widerrufen werden könne. Die Revision der Klägerin wendet sich gegen diese Teilabweisung der Klage und betrifft dementsprechend die Anspruchshöhe. Hingegen macht die Beklagte mit ihrer Anschlussrevision geltend, es fehle an einem Ursachenzusammenhang zwischen dem Einvernehmenswiderruf und der behaupteten Verzögerung der Tankstellenerrichtung; ferner hätten die zuständigen Amtsträger bei der Entscheidung über das Einvernehmen nicht schuldhaft gehandelt. Außerdem verfolgt die Beklagte die vorinstanzlich erhobene Verjährungseinrede weiter. Dies bedeutet, dass durch die Anschlussrevision auch der Anspruchsgrund insgesamt zur Entscheidung des erkennenden Senats gestellt wird.

2. Die Angriffe der Beklagten gegen den Grund des zuerkannten Amtshaftungsanspruchs (§ 839 BGB i. V. m. Art. 34 GG) können keinen Erfolg haben.

a) Bei dem von der Klägerin geplanten Bauvorhaben handelte es sich um ein solches im unbeplanten Innenbereich der beklagten Gemeinde (§ 34 BauGB), das des gemeindlichen Einvernehmens nach § 36 Abs. 1 Satz 1 BauGB in der Ursprungsfassung vom 8. 12. 1986 (BGBl. I, 2253) bedurfte. Die Änderung des § 36 BauGB durch das Gesetz zur Änderung des Baugesetzbuchs und zur Neuregelung des Rechts der Raumordnung (Bau- und Raumordnungsgesetz 1998 – BauROG) vom 18. 8. 1997 (BGBl. I, 2081) ist dagegen – zumindest für das Verwaltungsverfahren vor dem Landratsamt als der zuständigen Bauaufsichtsbehörde – noch nicht einschlägig. Durch dieses Gesetz ist in § 36 Abs. 2 der neue Satz 3 eingefügt worden, durch den die nach Landesrecht zuständige Behörde unmittelbar durch Bundesrecht die Möglichkeit erhalten hat, ein rechtswidrig versagtes gemeindliches Einvernehmen zu einem genehmigungsbedürftigen Bauvorhaben zu ersetzen. Insoweit bedarf es einer Zuständigkeitsregelung durch den Landesgesetz- oder Verordnungsgeber. Von dieser Regelungsbefugnis hatte der Freistaat Thüringen während der Dauer des hier in Rede stehenden Verwaltungsverfahrens keinen Gebrauch gemacht; deswegen blieb es insoweit uneingeschränkt bei den bisherigen Haftungsgrundsätzen (vgl. zu diesen Fragen: Staudinger/Wurm, BGB, 13. Bearb. 2002, § 839 Rdnr. 587–589).

b) Der auf der Planungshoheit beruhenden Beteiligung der Gemeinde am Baugenehmigungsverfahren kann im Falle der Versagung des Einvernehmens eine für den Bauwilligen ausschlaggebende Bedeutung zukommen, weil die Baugenehmigungsbehörde nach der hier einschlägigen Rechtslage gehindert ist, eine Baugenehmigung auszusprechen, solange die Gemeinde ihr Einvernehmen nicht erklärt hat (übereinstimmende Rechtsprechung des Bundesverwaltungsgerichts und des Bundesgerichtshofs; vgl. z. B. BVerwGE 22, 342; BVerwG, UPR 1992, 234, 235; BGHZ 65, 182, 186; 99, 262, 273; 118, 263, 265). Vereitelt oder verzögert die Gemeinde im Geltungsbereich der bisherigen Regelung durch unberechtigte Verweigerung des Einvernehmens ein planungsrechtlich zulässiges Bauvorhaben, so berührt dies – sei es auch nur mittelbar – notwendig und bestimmungsgemäß die Rechtsstellung des Bauwilligen. Dies genügt, um eine besondere Beziehung zwischen der verletzten Amtspflicht und dem Bauwilligen als einem geschützten „Dritten" i. S. des § 839 Abs. 1 Satz 1 BGB zu bejahen. Dessen Interessen werden durch die Amtspflicht, das Einvernehmen nicht zu verweigern, wenn das Bauvorhaben nach den §§ 31, 33, 34 oder 35 BauGB zulässig ist, in individualisierter und qualifizierter Weise geschützt (BGHZ 65, 182, 184 ff.; seither st. Rspr., vgl. BGHZ 118, 263, 265 f. m. w. N.; siehe zum ganzen auch Staudinger/Wurm, a. a. O., Rdnr. 581).

c) Der Grundsatz, dass eine rechtswidrige Versagung des Einvernehmens unmittelbare Amtshaftungsansprüche des Bauherrn gegen die Gemeinde begründen kann, gilt – wie das Berufungsgericht eingehend und zutreffend ausgeführt hat – auch dann, wenn das Einvernehmen objektiv überhaupt nicht erforderlich gewesen war. Es genügt vielmehr, dass die Bauaufsichtsbehörde die Gemeinde am Verfahren beteiligt hat, weil sie deren Einvernehmen für erforderlich hielt. Die zuständigen Amtsträger der Gemeinde haben auch in einem solchen Fall die Amtspflicht gegenüber einem Bauwilligen, die Erteilung der von ihm begehrten Baugenehmigung, auf die er einen Anspruch hat, nicht durch ein Verhalten zu hindern, das die Bauaufsichtsbehörde als Verweigerung des für erforderlich gehaltenen Einvernehmens nach §36 BauGB werten muss. In diesem Zusammenhang hat der Senat insbesondere bereits entschieden, dass es nicht darauf ankommt, aus welchem Rechtsgrund das Einvernehmen im konkreten Falle entbehrlich war (siehe dazu vor allem den Senatsbeschluss v. 25. 10. 1990 – III ZR 249/89 –, BGHR BGB, §839 Abs. 1 Satz 1 Gemeinderat 4 = BRS 53 Nr. 40; sowie das Senatsurteil v. 21. 11. 2002 – III ZR 278/01 –, NVwZ-RR 2003, 403).

d) Auf Grund der Rechtskraft des verwaltungsgerichtlichen Urteils steht auch für den vorliegenden Amtshaftungsprozess, d. h. im Verhältnis zwischen der Klägerin und der seinerzeit beigeladenen Beklagten, fest, dass die Verweigerung der Baugenehmigung rechtswidrig gewesen war (Senatsurteil v. 21. 11. 2002, a. a. O.). Dies bedeutete, dass die von der Beklagten gegen die planungsrechtliche Zulässigkeit des Vorhabens angeführten Gründe sich als nicht stichhaltig erwiesen hatten.

e) Das Berufungsgericht hat zutreffend festgestellt, dass die zuständigen Amtsträger der Gemeinde bei der Verweigerung des Einvernehmens schuldhaft gehandelt haben. Dabei bedarf es keiner Entscheidung, ob sie bereits vor dem Urteil des Bundesverwaltungsgerichts vom 12. 12. 1996 (a.a.O.) hätten erkennen können und müssen, dass ein durch Ablauf der Zwei-Monats-Frist des §36 Abs. 2 Satz 2 BauGB fingiertes Einvernehmen nicht mehr frei widerruflich gewesen war. Jedenfalls liegt ein Verschulden darin, dass sie die planungsrechtliche Zulässigkeit des Vorhabens materiell unrichtig beurteilt hatten. Dies ergibt sich aus den Feststellungen des Verwaltungsgerichts zu den topografischen und baulichen Gegebenheiten, nach denen es sich um ein Mischgebiet gehandelt hatte, in dem die geplante Tankstelle zulässig war. Nach dem objektivierten Sorgfaltsmaßstab, der im Amtshaftungsrecht gilt, mussten die Amtsträger der Gemeinde die für eine so weittragende Entscheidung wie die Versagung des Einvernehmens erforderlichen Rechts- und Verwaltungskenntnisse besitzen oder sich verschaffen (Senatsurteil v. 21. 11. 2002, a. a. O.). Dies gilt hier um so mehr, als sie – im Unterschied zu dem dem Senatsurteil vom 21. 11. 2002 zugrunde liegenden Fall – von der Bauaufsichtsbehörde auf die Zulässigkeit des Vorhabens hingewiesen worden waren. Auch die „Kollegialgerichts-Richtlinie", die in diesem Zusammenhang von der Anschlussrevision angesprochen wird, hilft der Beklagten hier nicht, da das Landgericht sich zur Frage der materiellen Rechtmäßigkeit der der Versagung des Einvernehmens zugrunde liegenden planungsrechtlichen Erwägungen nicht geäußert hat.

f) Entgegen der Auffassung der Beklagten lässt sich hier nicht feststellen, dass das Bauvorhaben auch bei einer rechtzeitigen Erteilung des Einvernehmens und einer entsprechend früheren Erteilung der Baugenehmigung undurchführbar gewesen wäre. Es mag zwar zutreffen, dass die Verwirklichung des Bauvorhabens noch von weiteren Voraussetzungen, insbesondere der Erschließung und des dafür erforderlichen Abschlusses straßenbaurechtlicher Verträge sowohl mit der Beklagten (Grunderwerb) als auch mit dem Freistaat Thüringen abhängig gewesen war. Konkrete Anhaltspunkte dafür, dass diese Verträge bei früherer Erteilung der Baugenehmigung nicht auch früher hätten abgeschlossen werden können, sind indessen weder substantiiert vorgetragen noch sonst ersichtlich. Es ist deshalb nicht erkennbar, dass etwaige hierdurch verursachte Verzögerungen das Bauvorhaben insgesamt in Frage gestellt hätten. Die genaue Feststellung des hypothetischen Zeitablaufs kann daher dem Betragsverfahren vorbehalten werden und schließt eine Feststellung der Ersatzpflicht dem Grunde nach nicht aus.

g) Entgegen der Auffassung der Beklagten ist der gegen sie gerichtete Amtshaftungsanspruch auch nicht verjährt. Die Verjährung beurteilt sich noch nach § 852 Abs. 1 BGB a. F. Sie ist hier durch die Inanspruchnahme verwaltungsrechtlichen und verwaltungsgerichtlichen Primärrechtsschutzes analog § 209 Abs. 1 BGB a. F. auch im Verhältnis zwischen der Klägerin und der damals beigeladenen Beklagten unterbrochen worden (vgl. Wurm, Festschrift Boujong 1996, 687, 699 f.; siehe aus der Rechtsprechung insbesondere Senatsurteil, BGHZ 118, 253, 263 betreffend die Unterbrechung der Frist des Art. 71 Abs. 1 BayAGBG, die sich nach den gleichen Grundsätzen beurteilt wie die Verjährungsunterbrechung).

3. Zu Recht wenden sich sowohl die Klägerin mit ihrer Revision als auch der Anwalt, der ihr im Revisionsrechtszug auf Streitverkündung beigetreten ist, mit seiner Stellungnahme gegen die Auffassung des Berufungsgerichts, der geltend gemachte Amtshaftungsanspruch scheitere zum weitaus größten Teil an dem Verweisungsprivileg des § 839 Abs. 1 Satz 2 BGB. Außerdem ist der Revision darin beizupflichten, dass auch die Festlegung des Beginns des vom Berufungsgericht angenommenen Schadenszeitraums auf den 11. 1. 1997 keinen Bestand haben kann.

a) Insoweit weist die Revision zutreffend darauf hin, dass die Beklagte verpflichtet war, schon bei ihren in der ersten Hälfte des Jahres 1996 getroffenen Entscheidungen, betreffend das Einvernehmen, den oben skizzierten objektivierten Sorgfaltsmaßstab einzuhalten. Ihre Amtsträger hätten danach schon vor Ablauf der von der Bauaufsichtsbehörde bis zum 10. 1. 1997 gesetzten Frist zur Nachholung des Einvernehmens erkennen können und müssen, dass das Vorhaben der Klägerin bauplanungsrechtlich zulässig war. Auch die vorangegangenen abschlägigen Entscheidungen stellten daher Amtspflichtverletzungen dar, die die Beklagte zum Schadensersatz gegenüber der Klägerin verpflichten konnten.

b) Eine anderweitige Ersatzmöglichkeit in Form eines entsprechenden Anspruchs gegen den vorinstanzlichen Prozessbevollmächtigten der Klägerin, der diese auch im Verwaltungsverfahren vertreten hatte, lässt sich hier nicht feststellen. Der Anwalt hatte in seiner Widerspruchsbegründung – noch bevor ihm, auch nach Auffassung des Berufungsgerichts, die neue Entscheidung des Bundesverwaltungsgerichts hatte bekannt sein können – die Sach- und Rechtslage nach dem seinerzeitigen Stand in Rechtsprechung und Schrifttum zutreffend dargelegt und dabei insbesondere auch das Problem angesprochen, dass ein durch Fristablauf fingiertes Einvernehmen nicht hatte widerrufen werden können. Damit hatte er das seinerseits Erforderliche getan, um die Interessen der Klägerin ordnungsgemäß und sachgerecht wahrzunehmen. Die Parteien und ihre Anwälte tragen im wesentlichen Verantwortung hinsichtlich des unterbreiteten Sachverhalts und der Antragstellung. Der weitere Gang des Verfahrens lag nunmehr in der Hand der Widerspruchsbehörde. Diese war verpflichtet, die Entwicklung der einschlägigen Rechtsprechung des Bundesverwaltungsgerichts im Auge zu behalten. Deshalb sieht der Senat keine Rechtfertigung dafür, dem Anwalt auch noch das Risiko aufzuladen, dass die Widerspruchsbehörde als mit besonderer Sachkunde ausgestattete zuständige Fachbehörde die einschlägige nachträglich ergehende Rechtsprechung des Bundesverwaltungsgerichts zur Kenntnis nahm und sich danach ausrichtete. Solches ist auch nicht Sinn der Subsidiaritätsklausel des §839 Abs. 1 Satz 2 BGB.

4. Auf der Grundlage des von den Vorinstanzen festgestellten Sachverhalts ist der Rechtsstreit entscheidungsreif, soweit er den gesamten Anspruchsgrund betrifft. Der Senat hat den Amtshaftungsanspruch daher insgesamt dem Grunde nach für gerechtfertigt erklärt. Die Anschlussrevision der Beklagten war zurückzuweisen.

Nr. 157

Ein Kaufinteressent kann sich nicht darauf verlassen, das ins Auge gefaßte und bereits errichtete Objekt stehe im Einklang mit dem Baurecht, weil die Beamten ansonsten seine Beseitigung hätten durchsetzen müssen. Der Schutz dieses Vertrauens ist bei Fehlen der Baugenehmigung nicht von den Amtspflichten bezweckt, die den Beamten der Baubehörde obliegen.
(Nichtamtlicher Leitsatz.)

GG Art. 34; BGB §839.

OLG Hamm, Beschluss vom 19. September 2005 – 11 W 11/05 – (rechtskräftig).

(LG Bochum)

I. Die Antragstellerin wurde in Vollzug eines Kaufvertrags 1978 Eigentümerin einer im nicht beplanten Außenbereich liegenden Grundbesitzung. Sie nahm nach dem Erwerb auf diesem Grundbesitz verschiedene Investitionen vor. Unstreitig war das Objekt zu Wohnzwecken bebaut, ohne dass für diese Bebauung eine Baugenehmigung erteilt war. Die Beklagte hat mehrere Baugesuche zur Legalisierung der aufstehenden Baulichkeiten abgelehnt. Eine verwaltungsgerichtliche Klage ist unter Bestätigung der Auffassung der Beklagten abgewiesen worden. Auch eine Bauvoranfrage der Klägerin für ein Einfamilienwohnhaus mit Einliegerwohnung auf dem Grundstück ist im Jahr 1985 abgelehnt worden.

Ein Kaufvertrag, den die Klägerin 2001 mit dem Käufer abgeschlossen hatte, ist nach der Ablehnung einer vom Käufer beantragten Baugenehmigung zur nachträglichen Legalisierung der Gebäude durch Vertrag vom Februar 2002 aufgehoben worden.

Die Antragstellerin will im Klagewege die Feststellung erstreiten, dass die Beklagte ihr zum Schadensersatz verpflichtet sei. Dazu hat sie ausgeführt: Die Beamten der künftigen Beklagten hätten es pflichtwidrig unterlassen, entsprechend der Ankündigung in einem Schreiben vom April 1964 die Beseitigung des rechtswidrig errichteten Gebäudes durchzusetzen, obwohl eine bereits 1962 erlassene Abrißverfügung bestandskräftig geworden sei.

Aus den Gründen:

II. 2. Die Antragstellerin kann mit der bisher angekündigten Fassung des Antrags auch in sachlicher Hinsicht keinen Erfolg haben, weil die Beamten der künftigen Beklagten nicht 1962 eine Ordnungsverfügung erlassen haben, die zu vollziehen gewesen wäre. Mit dem Bescheid vom Januar 1962, den die Antragstellerin in ihrem bisher formulierten Klageantrag bezeichnet, wurde vielmehr die Erteilung einer Baugenehmigung abgelehnt. Eines Vollzugs dieses Bescheids bedurfte es nicht.

Der Senat hat keinen Anlass, den bereits in der angefochtenen Entscheidung enthaltenen Hinweis auf die Möglichkeit einer Anpassung des Klagebegehrens zu wiederholen. Das verbietet sich auch aus den nachfolgend dargestellten Erwägungen im Hinblick auf denkbare andere Antragsfassungen, gleich ob als Feststellungs- oder Leistungsklage.

3. Als Anspruchsgrundlage für einen Schadensersatzanspruch der Antragstellerin kann unter den hier gegebenen Umständen allenfalls § 839 BGB i. V. m. Art. 34 GG in Betracht gezogen werden. Das sieht auch die Antragstellerin nicht anders. Ein solcher Anspruch scheitert jedenfalls daran, dass es nach dem Vortrag der Antragstellerin an einer Verletzung einer Amtspflicht, die den für die künftige Beklagte handelnden Beamten gegenüber der Antragstellerin oblag, fehlt. Maßgeblich ist insoweit der Schutzweck, dem die verletzte Amtspflicht dient. Eine für § 839 BGB relevante Amtspflichtverletzung liegt nur vor, wenn die verletzte Pflicht gerade auch den Inhaber der beeinträchtigten Vermögensposition schützen soll, was voraussetzt, dass der Schutz (zumindest auch) gerade der Interessen des Einzelnen bezweckt ist. Entgegen der Auffassung der Antragstellerin kann das hier nicht angenommen werden.

Die Antragstellerin meint, es seien hier die Grundsätze entsprechend anzuwenden, die die Rechtsprechung an Hand der Fälle rechtswidrig erteilter Baugenehmigungen entwickelt hat und bei denen der Nachfolger des Adressaten der rechtswidrigen Genehmigung in den Kreis der von der verletzten Amtspflicht geschützten Dritten einzubeziehen ist. Die Antragstellerin berücksichtigt nicht, dass der Bundesgerichtshof (BGHZ 122, 317) in diesem Zusammenhang besonderen Wert darauf legt, dass der Kreis der geschützten Dritten im Fall rechtswidrig erteilter Baugenehmigung anders zu definieren ist als bei Versagung einer solchen Genehmigung. Die erteilte Baugenehmigung hat eine grundstücksbezogene Wirkung und ihr Wirkungskreis umfaßt auch die begünstigten Nachfolger in die Position des Adressaten der Baugenehmigung. Nach der Auffassung des Bundesgerichtshofs bestehen die Pflichten der Beamten auch ihnen gegenüber. Anders liegt es bei Versagung einer beantragten Baugenehmigung. Ihr kommt grundsätzlich eine nur personenbezogene Wirkung zu, Dritte sind in den Schutzbereich der insoweit verletzten Pflichten nicht einbezogen. Diese Unterscheidung, der der Senat in seiner Rechtsprechung folgt, verbietet es, die von der Antragstellerin angesprochene drittschützende Wirkung auch in dem vorliegenden Fall, in dem eine Baugenehmigung unstreitig nicht erteilt wurde, anzunehmen.

Die Beamten haben auch nicht eine Amtspflicht zu konsequentem Verhalten, die ihnen im Verhältnis zur Antragstellerin oblag, verletzt. Die Antragstellerin meint den Beamten in diesem Zusammenhang vorwerfen zu können, dass sie untätig geblieben sind, obwohl sie im Schreiben vom April 1964 Zwangsmaßnahmen als unvermeidlich bezeichnet haben, wenn der Eigentümer nicht fristgerecht die Beseitigung des Schwarzbaus selbst vornehme. Damit kann die Antragstellerin nicht durchdringen.

Die Amtspflicht zu konsequentem Verhalten bezweckt den Schutz derer, die auf solchermaßen konsequentes Verhalten vertrauen und im Hinblick darauf Vermögensdispositionen vornehmen (BGHZ 76, 343). Zu diesen Dritten zählt die Antragstellerin hier nicht. Sie kannte nach eigener Darstellung nicht die Rechtswidrigkeit der baulichen Situation und nicht den Inhalt von Gesprächen und Korrespondenz zwischen den Voreigentümern und der Behörde. Sie hat mithin auch nicht darauf vertraut, dass die Beamten nach ergebnislosem Ablauf der dem Voreigentümer eingeräumten Frist für die Beseitigung des Baus die angekündigten Zwangsmaßnahmen verhängen und durchführen würden. Sie hat auch nicht im Vertrauen hierauf eigene Dispositionen vorgenommen. Der Erwerb des Grundstücks erfolgte vielmehr im Vertrauen darauf, die Gebäude stünden im Einklang mit dem Baurecht. Der Schutz dieses Vertrauens ist, entgegen der Annahme der Antragstellerin, im Falle des Fehlens einer Baugenehmigung grundsätzlich nicht von den Amtspflichten, die den Beamten der Baubehörde obliegen, bezweckt. Ein Kaufinteressent kann sich eben nicht darauf verlassen, das ins Auge gefaßte und bereits errichtete Objekt stehe im Einklang mit dem Baurecht, weil die Beamten ansonsten seine Beseitigung hätten durchsetzen müssen. Er wird deshalb gut daran tun, sich insoweit vor dem Vertragsschluss in geeigneter Weise Gewißheit zu verschaffen. Soweit er, wie die Antragstellerin meint, mit einer Einsicht in die Bauakten „bei weitem überfordert" ist, kann er sich sachkundiger Hilfe bedienen. Nach geltendem Recht hat nicht die Baubehörde eine Pflicht gegenüber allen Käufern von bebauten Grundstücken, für die Rechtmäßigkeit der Bebauung einzustehen, wenn sie nicht für deren Beseitigung sorgt.

Denkbar ist allerdings, dass im Fall einer baurechtswidrigen Bauerrichtung den Beamten auch im Verhältnis zu einzelnen Bürgern eine Pflicht obliegt, zum Zweck der Beseitigung des baurechtswidrigen Zustands tätig zu werden. Das kann im Hinblick auf Nachbarn der Fall sein, wenn der rechtswidrige Bau gegen nachbarschützende Bauvorschriften verstößt (vgl. z.B. BVerwG, BauR 1994, 740 = NVwZ 1995, 272). Ein solcher Fall liegt aber hier offensichtlich nicht vor.

III. Einwendungen des Nachbarn

Nr. 158

1. Die Entscheidung, ob an der vom Senat bisher vertretenen Rechtsansicht zur drittschützenden Wirkung der verfahrensrechtlichen Bestimmungen des Bundesimmissionsschutzgesetzes festzuhalten ist (vgl. OVG NRW, Beschluss v. 27.3.2003 – 10 B 2088/02 –; BVerwG, Urteil v. 30.6.2004 – 4 C 9.03 –, NVwZ 2004, 1235), bleibt im baurechtlichen Nachbarstreit jedenfalls dann dem Hauptsacheverfahren vorbehalten, wenn die umstrittene Windkraftanlage bereits errichtet worden und es auf Grund einer nachträglichen Geräuschmessung hinreichend plausibel ist, dass der durch den genehmigten Betrieb der Anlage verursachte Lärm die zugunsten des Nachbarn einzuhaltenden Immissionsrichtwerte nicht überschreitet.

2. Der Senat neigt dazu, bei einem Mindestabstand von 300 m zwischen Windkraftanlage und Wohnnutzung keinen Verstoß gegen das Gebot der Rücksichtnahme unter dem Aspekt der optisch bedrängenden Wirkung anzunehmen (vgl. OVG NRW, Beschluss v. 2.4.2003 – 10 B 1572/02 –). Ist die Windkraftanlage bereits errichtet, rechtfertigt eine geringe Unterschreitung dieses Abstandes – hier 280 m – die Anordnung der aufschiebenden Wirkung des gegen die Baugenehmigung vom Nachbarn eingelegten Widerspruchs nicht, da die negativen optischen Wirkungen, die der Nachbar abwenden will, im Wesentlichen mit der Bausubstanz der Anlage selbst verbunden sind.

VwGO §§ 80 Abs. 5, 80 a; BImSchG § 10.

OVG Nordrhein-Westfalen, Beschluss vom 21. Januar 2005 – 10 B 2397/03 – (rechtskräftig).

(VG Münster)

Der Antragsteller, der Eigentümer eines im Außenbereich gelegenen Wohngrundstücks ist, beantragte die Anordnung der aufschiebenden Wirkung seines Widerspruchs gegen eine dem Beigeladenen erteilte Baugenehmigung zur Errichtung einer Windenergieanlage in der Nähe seines Grundstücks. Nach der Baugenehmigung darf die Windenergieanlage in der Nacht nur leistungsgemindert betrieben werden. Nachdem die Windenergieanlage im Abstand von 280 m zum Wohnhaus des Antragstellers errichtet worden war, fanden Geräuschmessungen statt, um die Immissionsbelastungen für das Wohnhaus des Antragstellers zu ermitteln. Die Gutachter stellten fest, dass die maßgeblichen Immissionsrichtwerte nicht überschritten seien. Der Antrag blieb in beiden Instanzen ohne Erfolg.

Aus den Gründen:

Dass das Verwaltungsgericht die im Verfahren nach den §§ 80 a Abs. 1 Nr. 2 und Abs. 3, 80 Abs. 5 VwGO erforderliche Interessenabwägung zulasten des Antragstellers vorgenommen hat, ist nicht zu beanstanden.

Das Verwaltungsgericht hat angenommen, auf der Grundlage der in den Verfahren des vorläufigen Rechtsschutzes gebotenen summarischen Prüfung der Sach- und Rechtslage lasse sich nicht feststellen, dass die dem Beigeladenen erteilte Baugenehmigung zur Errichtung einer Windenergieanlage des Typs Südwind S 70 auf dem in B. gelegenen Flurstück 121 gegen öffentlich-rechtliche Vorschriften verstoße, die auch dem Schutz des Antragstellers zu dienen bestimmt seien.

Diese Annahme des Verwaltungsgerichts – auf die zutreffenden Gründe der erstinstanzlichen Entscheidung wird insoweit Bezug genommen – wird durch die in der Beschwerdeschrift dargelegten Gründe, die der Senat gemäß § 146 Abs. 4 Satz 6 VwGO allein zu prüfen hat, nicht widerlegt.

Insbesondere verhelfen die Einwände, mit denen der Antragsteller die Annahmen und Berechnungen der der Baugenehmigung zugrunde liegenden Immissionsprognose infrage zu stellen sucht, der Beschwerde nicht zum Erfolg. Die Immissionsprognose geht davon aus, dass bei einer Reduzierung der elektrischen Leistung auf höchstens 850 kW im Nachtbetrieb ein Schallleistungspegel von 98,9 dB(A) nicht überschritten und am maßgeblichen Immissionspunkt IP6 auf dem Grundstück des Antragstellers ein maximaler Schalldruckpegel von 45 dB(A) eingehalten wird. Die Baugenehmigung schreibt durch die Nebenbestimmung Nr. 29 vor, dass der Nachtbetrieb nur in der leistungs- und schallgeminderten Form erfolgen darf.

Am 4.2.2004 wurden vom TÜV Geräuschmessungen in Bezug auf die bereits errichtete Windenergieanlage des Beigeladenen durchgeführt und in einem Bericht dokumentiert. Als Ergebnis der Geräuschmessungen und der darauf fußenden Beurteilung ist in dem Bericht festgehalten, dass unter Berücksichtigung von Messunsicherheiten der Immissionsrichtwert von 45 dB(A) am maßgeblichen Immissionspunkt IP6 bei einem Betrieb mit reduzierter Leistung (maximal 850 kW) nicht überschritten und der prognostizierte Immissionsanteil der Anlage von etwa 43,2 dB(A) eingehalten werde. Bei der Beurteilung – die die Richtigkeit der Immissionsprognose im Wesentlichen bestätigt – ist kein Messabschlag von 3 dB(A) nach Nr. 6.9 TA Lärm vorgenommen worden. Eine Ton- oder Impulshaltigkeit der von der Windenergieanlage verursachten Geräusche haben die TÜV-Gutachter nicht wahrgenommen.

Im Hinblick auf die Messergebnisse und die darauf gestützten Berechnungen ist jedenfalls für das Verfahren des vorläufigen Rechtsschutzes davon auszugehen, dass die Windenergieanlage des Beigeladenen – soweit es den Antragsteller angeht – auf der Grundlage der angefochtenen Baugenehmigung nachbarverträglich betrieben werden kann und auch betrieben wird. Vor allem sind die Behauptungen des Antragstellers hinreichend sicher widerlegt, wonach die Immissionsprognose im Hinblick auf die zu geringen Zuschläge wegen Messunsicherheiten, die zu kurze Dauer der für die Bestimmung des Schallleistungspegels herangezogenen Referenzmessung und die nicht berücksichtigte Richtwirkung der Schallabstrahlung unsicher sei.

Die Kritik, die der Antragsteller mit der Beschwerde hinsichtlich der Geräuschmessungen durch den TÜV geäußert hat, vermag deren Plausibilität nicht zu erschüttern.

Soweit er geltend macht, den Messergebnissen sei ein Zuschlag von 6 dB(A) für die Tonhaltigkeit der Anlagengeräusche hinzuzufügen, besteht nach Aktenlage für die Berücksichtigung eines solchen Zuschlags im einstweiligen

Rechtsschutzverfahren kein Anlass. Die sachkundigen, unabhängigen und in der Bewertung von Geräuschen erfahrenen TÜV-Gutachter haben keine Tonhaltigkeit der Anlagengeräusche festgestellt. Die mit eidesstattlichen Versicherungen versehenen gleichlautenden Äußerungen verschiedener Anlieger, wonach insbesondere beim An- und Auslaufen der Anlage bzw. bei niedrigen Umdrehungszahlen ein deutlich hörbares und lautes Nebengeräusch auftrete, geben für die Einordnung dieses „Nebengeräusches" als tonhaltig nichts her und vermögen die gegenteilige Einschätzung der TÜV-Gutachter nicht ernsthaft infrage zu stellen. Allein der Umstand, dass ein Geräusch – wie von den Anliegern vorgetragen – subjektiv als „störend" empfunden wird, sagt über die Tonhaltigkeit dieses Geräusches nichts aus. Ebenso wenig ergibt sich die Tonhaltigkeit eines Anlagengeräusches daraus, dass sich das Geräusch mit wechselndem Betriebszustand der Anlage verändert. Maßgeblich für die Tonhaltigkeit ist vielmehr, dass aus den zu beurteilenden Geräuschimmissionen ein oder mehrere Töne hervortreten (Nr. A.2.5.2 des Anhangs zur TA Lärm) und – beispielsweise – als Brummen, Quietschen, Heulen oder Pfeifen wahrnehmbar sind. Das Auftreten derartiger, aus dem Anlagengeräusch hörbar hervortretender Einzeltöne wird von den Anliegern nicht beschrieben.

Die weiter gehende Behauptung, durch die mechanischen Vorgänge im Zusammenhang mit der Leistungsbegrenzung würden zusätzliche Geräusche verursacht, die ebenfalls ton- oder impulshaltig sein könnten, ist in keiner Weise substanziiert und stellt sich als bloße Vermutung dar, die eine Aussetzung der angegriffenen Baugenehmigung nicht rechtfertigt.

Wenn der Antragsteller eine Übertragung der am Tag vorgenommenen Messungen des TÜV auf den Nachtbetrieb im Hinblick auf die „nächtliche Lärmsteigerung wegen der Stabilität der Atmosphäre" für unzulässig hält, ist ihm entgegenzuhalten, dass bei der hier durchgeführten Berechnung nach dem alternativen Verfahren (DIN ISO 9613-2) die Ausbreitungsbedingungen in der Nacht berücksichtigt worden sind. Das Verfahren nach der DIN ISO 9613-2 zur Berechnung der Dämpfung des Schalls bei der Ausbreitung im Freien dient zur Berechnung von Geräuschimmissionspegeln, die in einem bestimmten Abstand von verschiedenen Schallquellen auftreten. Bei der Berechnung wird von schallausbreitungsgünstigen Witterungsbedingungen in Mitwindrichtung oder – gleichwertig – bei gut entwickelter, leichter Bodeninversion ausgegangen, wie sie üblicherweise nachts auftritt (DIN ISO 9613-2, Abschnitt 1 „Anwendungsbereich"). Damit hat das Verfahren gerade die günstigere Schallausbreitung zur Nachtzeit im Blick (vgl. OVG NRW, Beschluss v. 7. 1. 2004 – 22 B 1288/03 –).

Dass die TÜV-Gutachter den Ersatzmesspunkt für die Immissionsmessungen am IP6 fehlerhaft bestimmt haben, ergibt sich aus dem Beschwerdevorbringen nicht. Die TA Lärm sieht im Anhang A.1.3 vor, dass die Bestimmungen nach DIN 45645-1, Ausgabe Juli 1996, Abschnitt 6.1 zu Ersatzmessorten sowie zur Mikrofonaufstellung und Messdurchführung ergänzend gelten. An diesen Bestimmungen haben sich die TÜV-Gutachter nach Nr. 6.2 ihres Berichtes orientiert. Sie haben nachvollziehbar begründet, aus welchen Gründen die Wahl eines Ersatzmesspunktes erforderlich war und mit Schreiben vom 11.3.2004 in Erwiderung der vom Antragsteller an der Messung geäußerten Kritik nochmals bekräftigt, dass die Messergebnisse am Ersatzmessort die Geräuschimmissionen am IP6 eindeutig abbilden. Der Senat hat keinen Anlass, die Richtigkeit dieser Angaben und damit die Korrektheit der Immissionsmessung zu bezweifeln. Einen solchen Anlass vermag insbesondere nicht der Eindruck zu bieten, den die bei der Messung anwesende Ehefrau des Antragstellers nach dessen Vorbringen im Hinblick auf die Stärke der windinduzierten Nebengeräusche durch die Abdeckplane eines Getreidesilos gewonnen hat. Dieser Eindruck, wonach „eine ordnungsgemäße Messung kaum möglich" gewesen sei, ist derart vage, dass er die gegenteilige Einschätzung der sachkundigen TÜV-Gutachter nicht erschüttern kann. Die Behauptung, dass am Ersatzmessort reflexionsbedingte Pegelerhöhungen fehlten, die am eigentlichen Messort zu erwarten seien, ist durch nichts belegt und stellt die Wahl des Ersatzmessortes ebenfalls nicht infrage.

Sofern der Antragsteller unter Berufung auf die DIN 45645-2 die von den TÜV-Gutachtern vorgenommene Fremdgeräuschkorrektur bemängelt, hat er damit die Unverwertbarkeit der Immissionsmessungen nicht dargetan. In ihrem oben erwähnten Schreiben vom 11.3.2004 haben die TÜV-Gutachter ergänzend zur Fremdgeräuschkorrektur ausgeführt, dass ihr Bericht auf eine Kombination der simultan durchgeführten Emissions- und Immissionsmessungen abstelle. Die DIN 45645-2, auf die sich der Antragsteller berufe, sei im Rahmen der TA-Lärm nicht anwendbar und werde ausdrücklich nur zur Bestimmung des Beurteilungspegels am Arbeitsplatz herangezogen. Das Ausweterverfahren orientiere sich an der Technischen Richtlinie zur Bestimmung der Leistungskurve, der Schallemissionswerte und der elektrischen Eigenschaften von Windenergieanlagen (FWG-Richtlinie, Rev. 15, Januar 2004), um eine einheitliche Behandlung der Emissions- und Immissionsdaten zu erreichen. Die Plausibilität dieser Ausführungen wird durch das Beschwerdevorbringen nicht widerlegt. Der Antragsteller hat zur Begründung der vermeintlich mängelbehafteten Fremdgeräuschkorrektur im Wesentlichen aus einer Stellungnahme des Landesumweltamtes zitiert, die einen Einzelfall betraf. Ohne Kenntnis der diesen Einzelfall bestimmenden konkreten Umstände, vermag der Senat weder die inhaltliche Richtigkeit und Relevanz dieser Äußerungen des Landesumweltamtes zu überprüfen, noch deren Übertragbarkeit auf den vorliegenden Fall festzustellen.

Der Einwand des Antragstellers, dass die Regelung der Leistungsbegrenzung in der Baugenehmigung allenfalls die Einhaltung des vorgegebenen nächtlichen Immissionswertes von 45 dB(A) als Mittelwert sicherstelle, weil die Anlage erst bei Erreichen einer Leistung von 850 kW reagiere und ihre Trägheit zu permanenten Überschreitungen des vorgegebenen Wertes führe, findet in der angefochtenen Genehmigung keine Grundlage. Nach deren Nebenbestimmung Nr. 29 darf die Windenergieanlage in der Zeit von 22.00 Uhr bis 6.00 Uhr nur in leistungsreduzierter Betriebsweise mit maximal 850 kW betrieben werden. Kann die Einhaltung dieses Maximalwertes – etwa wegen der Trägheit der Mechanik – nur in der Weise garantiert werden, dass die Leistungsbegrenzung bereits einsetzt, wenn die Anlage eine Leistung erreicht, die unterhalb der zulässigen Maximalleistung von 850 kW liegt, muss die Anlage entsprechend eingestellt werden, um den Anforderungen der Baugenehmigung zu entsprechen. Dass eine Leistungsreduzierung auf maximal 850 kW nicht möglich ist, ergibt sich weder aus den vorliegenden Gutachten noch aus dem Beschwerdevorbringen. Wird der Betrieb auf eine Leistung von maximal 850 kW begrenzt, werden nach dem TÜV-Gutachten am maßgeblichen Immissionspunkt weder der Immissionsrichtwert von 45 dB(A) noch der errechnete Immissionsanteil von 43,2 dB(A) überschritten.

Soweit der Antragsteller geltend macht, die angefochtene Baugenehmigung betreffe eine von insgesamt sieben in engem räumlichen Zusammenhang genehmigten Windenergieanlagen, sodass statt des Baugenehmigungsverfahrens ein immissionsschutzrechtliches Genehmigungsverfahren hätte durchgeführt werden müssen, verhilft dies der Beschwerde nicht zum Erfolg. Der Senat hat in der Vergangenheit entschieden, dass die verfahrensrechtlichen Bestimmungen des Bundesimmissionsschutzgesetzes über das vereinfachte Genehmigungsverfahren gemäß § 19 BImSchG und die Vorschriften, die die Zuständigkeit für die Erteilung einer diesbezüglichen Genehmigung regeln, keinen Nachbarschutz vermitteln (vgl. OVG NRW, Beschluss v. 27. 3. 2003 – 10 B 2088/02 –, m. w. N.).

Der ebenfalls mit Bausachen befasste 22. Senat des erkennenden Gerichts hat entschieden, dass bei der im Rahmen der §§ 80, 80 a VwGO erforderlichen Interessenabwägung die verfahrensrechtlichen Vorschriften des § 10 BImSchG allein keine Rechtsposition des Nachbarn gegen die baurechtliche Genehmigung einer Windenergieanlage begründeten, da § 10 BImSchG nicht zu den Verfahrensvorschriften gehöre, bei denen ausnahmsweise Nachbarschutz allein auf Grund der Möglichkeit gewährt werden müsse, dass infolge des verkürzten Verfahrens der erforderliche Nachbarschutz nicht sichergestellt sei. Auch aus den Vorschriften über das Erfordernis einer Umweltverträglichkeitsprüfung sei kein nachbarliches Abwehrrecht herzuleiten (vgl. OVG NRW, Beschluss v. 7. 1. 2004 – 22 B 1288/03 –).

Die grundsätzliche Entscheidung darüber, ob im Hinblick auf die jüngste Rechtsprechung des BVerwG zum Begriff der „Windfarm" (vgl. BVerwG, Urteil v. 30. 6. 2004 – 4 C 9.03 –, NVwZ 2004, 1235) an diesen bisher vertretenen Rechtsansichten der Bausenate festzuhalten ist, muss dem Hauptsacheverfahren vorbehalten bleiben. Für den Antragsteller ergibt sich durch die Aussparung der besagten Fragenkomplexe im Eilverfahren letztlich kein unzumutbarer Nachteil, da angesichts der oben geschilderten Messergebnisse Anhaltspunkte für eine unzulässige Beeinträchtigung des dem Antragsteller gehörenden Wohngrundstücks nicht ersichtlich sind.

Schließlich rechtfertigt auch die optisch bedrängende Wirkung, die eine Windenergieanlage der hier in Rede stehenden Art unter Umständen auf bewohnte Nachbargrundstücke ausüben kann, im vorliegenden Eilverfahren keine Entscheidung zugunsten des Antragstellers. Die umstrittene Windenergieanlage ist bereits errichtet worden. Ihre Beseitigung kann der Antragsteller im Rahmen des Eilverfahrens nicht erreichen, sodass er die negativen optischen Wirkungen, die von der Bausubstanz der Anlage ausgehen, ohnehin bis zum Abschluss des Hauptsacheverfahrens hinnehmen muss. Eine durch das ständige Drehen der Rotorblätter möglicherweise eintretende Verstärkung dieser von der Bausubstanz der Anlage ausgehenden Wirkungen erscheint dem Antragsteller und seinen Mitbewohnern jedenfalls für die Dauer des Hauptsacheverfahrens aus folgenden Gründen zumutbar: Ob eine Windenergieanlage wegen ihrer optisch bedrängenden Wirkung einem benachbarten Wohngrundstück gegenüber rücksichtslos ist, hängt von den Umständen des Einzelfalles und nicht zuletzt von dem Abstand zwischen der Anlage und dem Wohnbereich ab. Der Senat neigt dazu, jedenfalls bei einem Abstand jenseits der 300 m insoweit keinen Verstoß gegen das Gebot der Rücksichtnahme anzunehmen (vgl. OVG NRW, Beschluss v. 2. 4. 2003 – 10 B 1572/02 –).

Dieses Maß ist hier bei einem Abstand von 280 m zwischen Windenergieanlage und Wohnhaus des Antragstellers nur geringfügig – nämlich um 20 m – unterschritten. Zudem sind die negativen optischen Wirkungen, die der Antragsteller abwenden will, im Wesentlichen mit der Bausubstanz der Anlage selbst verbunden. Eine Aussetzung der Baugenehmigung allein zu dem Zweck, dem Beigeladenen die Grundlage für den Betrieb der Windenergieanlage zu entziehen und damit ein Drehen der Rotorblätter im Hinblick auf eine denkbare Verstärkung negativer optischer Wirkungen vorläufig zu unterbinden, wäre nach den vorstehenden Ausführungen nicht interessengerecht.

Nr. 159

Die Klärung der Frage, ob an der Auffassung festzuhalten ist, dass § 10 BImSchG und § 3 UVPG keine nachbarschützenden Vorschriften sind, oder ob im Hinblick auf Art. 10 a der UVP-Richtlinie, der bis zum 25. 6. 2005 von den Mitgliedstaaten umzusetzen war und eine gerichtliche Überprüfung auch der verfahrensrechtlichen Rechtmäßigkeit von Entscheidungen durch „Mitglieder der betroffenen Öffentlichkeit" vorsieht, eine europarechtskonforme Auslegung der insoweit maßgeblichen innerstaatlichen Verfahrensvorschriften als drittschützend geboten ist, bleibt einem etwaigen Hauptsacheverfahren vorbehalten.

§ 19 BImSchG; 4. BImSchV.

OVG Nordrhein-Westfalen, Beschluss vom 15. September 2005 – 8 B 417/05 – (rechtskräftig).

(VG Münster)

Der Antragsteller ist Eigentümer eines im Außenbereich gelegenen Grundstücks. Durch Bescheid vom 18. 6. 2004 erteilte die Antragsgegnerin der Beigeladenen nach Durchführung eines Vorprüfungsverfahrens gemäß § 3 c UVPG im vereinfachten Verfahren die immissionsschutzrechtliche Genehmigung zur Errichtung und zum Betrieb einer Windfarm mit vier pitch-gesteuerten Windenergieanlagen vom Typ GE Wind Energy 1.5sl (Nennleistung 1500 kW, Rotordurchmesser 77 Meter). Die Nabenhöhe der in dem Genehmigungsbescheid unter Nr. 1 und 2 aufgeführten Anlagen sollte 61,4 m betragen, die Nabenhöhe der unter Nr. 3 und 4 aufgeführten Anlagen 96 m. In Bezug auf die beiden letztgenannten Anlagen lagen bereits Baugenehmigungen vor. Der Standort der dem Grundstück des Antragstellers nächstgelegenen Anlagen Nr. 1 und Nr. 2 ist ca. 370 m bzw. 700m entfernt; der Abstand zu den Anlagen Nr.3 und 4 beträgt etwa 820m bzw. 1050m. Am 22.7.2004 ordnete die Antragsgegnerin, nachdem ein Anwohner Widerspruch erhoben hatte, auf Antrag der Beigeladenen die sofortige Vollziehung an.

Nachdem der Antragsteller beim Verwaltungsgericht die Wiederherstellung der aufschiebenden Wirkung seines Widerspruchs beantragt hatte, verzichtete die Beigeladene auf die Errichtung der unter Nr.1 und 2 des Genehmigungsbescheides aufgeführten Windenergieanlagen. Das Verwaltungsgericht lehnte den Antrag des Antragstellers ab. Die hiergegen gerichtete Beschwerde des Antragstellers hatte keinen Erfolg.

Aus den Gründen:

Soweit die angefochtene Genehmigung die Errichtung und den Betrieb der beiden vorgesehenen Anlagen mit einer Nabenhöhe von je 61,4m betrifft, ist der Antrag auf Regelung der Vollziehung unzulässig. Ein Bedürfnis für die Inanspruchnahme gerichtlichen Rechtsschutzes gegen die Vollziehbarkeit der Genehmigung ist insoweit nicht erkennbar, nachdem die Beigeladene auf die Errichtung dieser beiden Anlagen verzichtet hat und die Genehmigung dadurch insoweit erloschen ist (vgl. BVerwG, Urteil v. 15.12.1989 – 4 C 36.86 –, BVerwGE 84, 209).

...

Bezüglich der beiden verbleibenden Windkraftanlagen kann dahinstehen, ob der Antrag nach In-Kraft-Treten des § 67 Abs.9 BImSchG (– eingefügt durch das Gesetz zur Umsetzung der Richtlinie 2003/105/EG des Europäischen Parlaments und des Rates v. 16.12.2003 zur Änderung der Richtlinie 96/82/EG des Rates zur Beherrschung der Gefahren bei schweren Unfällen mit gefährlichen Stoffen v. 25.6.2005 [BGBl. I, 1865] –) weiterhin zulässig ist. Für diese beiden Anlagen hat der Landrat des Kreises X. nach Aktenlage bereits am 31.10.2002 Baugenehmigungen erteilt, die nach § 67 Abs.9 Satz 1 BImSchG nunmehr als immissionsschutzrechtliche Genehmigungen gelten dürften. Die Frage, ob die Baugenehmigungen derzeit noch wirksam und vollziehbar sind sowie ob der Antragsteller Errichtung und Betrieb dieser Anlagen ungeachtet des Ausgangs des vorliegenden Verfahrens ohnehin dulden muss, kann offen bleiben, da die Beschwerde jedenfalls in der Sache keinen Erfolg hat.

Das Beschwerdevorbringen, auf dessen Prüfung der Senat gemäß § 146 Abs.4 Satz 6 VwGO beschränkt ist, gibt keinen Anlass, dem Suspensivinteresse des Antragstellers größeres Gewicht beizumessen als den Interessen der Beigeladenen.

Rechtsgrundlage der immissionsschutzrechtlichen Genehmigung ist § 6 Abs.1 i.V.m. § 5 BImSchG. Nach diesen Vorschriften ist die – hier nach § 4 BImSchG i.V.m. Nr.1.6 des Anhangs der 4. BImSchV (in der derzeit ebenso wie in der bis zum 30.6.2005 geltenden Fassung) erforderliche – Genehmigung zu erteilen, wenn sichergestellt ist, dass die sich aus § 5 BImSchG ergebenden Pflichten erfüllt werden und andere öffentlich-rechtliche Vorschriften und Belange des Arbeitsschutzes der Errichtung und dem Betrieb der Anlage nicht entgegenstehen.

Die Rüge des Antragstellers, die Genehmigung sei zu Unrecht nach Nr.1.6 Spalte 2 des Anhangs der 4. BImSchV in einem Genehmigungsverfahren nach § 19 BImSchG und nicht nach Nr.1.6 Spalte 1 des Anhangs der 4. BImSchV (jeweils in der bis zum 30.6.2005 geltenden Fassung) einem förmlichen Genehmigungsverfahren nach § 10 BImSchG mit Öffentlichkeitsbeteiligung und unter Einschluss einer Umweltverträglichkeitsprüfung erteilt worden, verhilft der Beschwerde nicht zum Erfolg.

Die Klärung der Frage, ob an der Auffassung festzuhalten ist, dass § 10 BImSchG und § 3 UVPG keine nachbarschützenden Vorschriften sind (vgl. OVG NRW, Beschluss v. 7.1.2004 – 22 B 1288/03 –), oder ob im Hinblick auf Art. 10a der UVP-Richtlinie (– eingefügt durch die Richtlinie des Europäischen Parlaments und des Rates v. 26.5.2003 über die Beteiligung der Öffentlichkeit bei der Ausarbeitung bestimmter umweltbezogener Pläne und Programme und zur Änderung der Richtlinien 85/337/EWG und 96/61/EG des Rates in Bezug auf die Öffentlichkeitsbeteiligung und den Zugang zu Gerichten, Richtlinie 2003/35/EG, ABl. Nr. L 156 v. 25.6.2003, S. 17ff. –), der bis zum 25.6.2005 von den Mitgliedstaaten umzusetzen war und eine gerichtliche Überprüfung auch der verfahrensrechtlichen Rechtmäßigkeit von Entscheidungen durch „Mitglieder der betroffenen Öffentlichkeit" vorsieht, eine europarechtskonforme Auslegung der insoweit maßgeblichen innerstaatlichen Verfahrensvorschriften als drittschützend geboten ist (so OVG Rh.-Pf., Beschluss v. 25.1.2005 – 7 B 12114/04 –, DÖV 2005, 436; kritisch Lecheler, ZNER 2005, 127, 130f.), muss allerdings einem etwaigen Hauptsacheverfahren vorbehalten bleiben (vgl. OVG NRW, Beschlüsse v. 11.3.2005 – 10 B 2462/04 –, und v. 27.4.2005 – 10 B 355/05 –).

Entsprechendes gilt für die damit in Zusammenhang stehende weitere Frage, ob unter Berücksichtigung der am 1.7.2005 in Kraft getretenen Änderung der Nr. 1.6 des Anhangs zur 4. BImSchV (– Verordnung zur Änderung der Verordnung über genehmigungsbedürftige Anlagen und zur Änderung der Anlage 1 des Gesetzes über die Umweltverträglichkeitsprüfung vom 20.6.2005 (BGBl. I, 1687) –) ein zum maßgeblichen Zeitpunkt noch erheblicher Verfahrensfehler vorliegt. Danach ist über die immissionsschutzrechtliche Genehmigung einer Windkraftanlage mit einer Gesamthöhe von mehr als 50 Metern grundsätzlich in einem Verfahren nach § 19 BImSchG – also ohne Öffentlichkeitsbeteiligung – zu entscheiden, es sei denn, nach dem Gesetz über die Umweltverträglichkeitsprüfung ist ein Verfahren mit Umweltverträglichkeitsprüfung durchzuführen (§ 2 Abs. 1 Satz 1 Nr. 1 Buchst. c der 4. BImSchV).

Das allein vermag aber ein Überwiegen des Suspensivinteresses des Antragstellers nicht zu begründen. Zwar erweist sich die angefochtene Genehmigung nach der im vorliegenden Verfahren allein möglichen und gebotenen summarischen Prüfung der Sach- und Rechtslage nicht als offensichtlich rechtmäßig. Gleichwohl fällt die bei dieser Sachlage vorzunehmende weitere Interessenabwägung zulasten des Antragstellers aus. Das wirtschaftliche Interesse der Beigeladenen, von der Genehmigung Gebrauch zu machen, ist von erheblichem Gewicht; demgegenüber ist dem Antragsteller zuzumuten, den Betrieb der zwei noch in Rede stehenden Windkraftanlagen vorläufig während der Dauer des Rechtsbehelfsverfahrens hinzunehmen, da ihm dadurch offensichtlich jedenfalls keine materiell-rechtlichen Nachteile drohen. Anhaltspunkte für eine unzulässige Beeinträchtigung des Antragstellers durch diese beiden Anlagen sind nicht dargelegt.

Gemäß § 5 Abs. 1 Nr. 1 BImSchG sind genehmigungsbedürftige Anlagen so zu errichten und zu betreiben, dass schädliche Umwelteinwirkungen (§ 3 Abs. 1 BImSchG) und sonstige Gefahren, erhebliche Nachteile und erhebliche Belästigungen für die Allgemeinheit und die Nachbarschaft nicht hervorgerufen werden können. Die Verursachung derartiger schädlicher Umwelteinwirkungen i. S. des § 3 Abs. 1 BImSchG durch die beiden noch in Rede stehenden Windenergieanlagen ist in Würdigung des Beschwerdevorbringens des Antragstellers nicht ersichtlich.

Die Antragsgegnerin und das Verwaltungsgericht sind zutreffend davon ausgegangen, dass Bewohnern des Außenbereichs von Windenergieanlagen ausgehende Lärmpegel von 60 dB(A) tagsüber und 45 dB(A) nachts in Anlehnung an die für Mischgebiete nach der TA-Lärm 1998 festgelegten Grenzwerte zuzumuten sind (vgl. zur st. Rspr. des OVG NRW, Beschlüsse v. 3. 9. 1999 – 10 B 1283/99 –, NVwZ 1999, 1360, v. 26. 4. 2002 – 10 B 43/02 –, NWVBl. 2003, 29, und v. 13. 5. 2002 – 10 B 671/02 –, NVwZ 2002, 1131, 1132, Urteil v. 18. 11. 2002 – 7 A 2127/00 –, NVwZ 2003, 756, m. w. N., Beschlüsse v. 28. 4. 2004 – 21 B 573/03 –, und v. 23. 7. 2004 – 21 B 753/03 –).

Auf der Grundlage des der angefochtenen Genehmigung zugrunde liegenden schalltechnischen Gutachtens und unter Berücksichtigung des Verzichts auf die Realisierung der genehmigten Anlagen Nr. 1 und 2 bestehen auch in Anbetracht der Beschwerdebegründung des Antragstellers keine durchgreifenden Bedenken dagegen, dass die durch diese Genehmigung vorgegebenen Lärmwerte eingehalten werden. (Wird ausgeführt.)

Dass das schalltechnische Gutachten im Übrigen auf fehlerhaften Grundlagen beruht oder die Prognose der Lärmimmissionen unzutreffend sein könnte, ist ebenso wenig vorgetragen wie Anhaltspunkte für sonstige den Antragsteller belastende Umwelteinwirkungen ersichtlich sind.

Nr. 160

Die Bestimmungen des förmlichen immissionsschutzrechtlichen Genehmigungsverfahrens mit Öffentlichkeitsbeteiligung haben wegen ihrer Funktion als Trägerverfahren für die nach der UVP-Richtlinie einer Umweltprüfung bedürftigen Anlagen drittschützende Wirkung für die „betroffene" Öffentlichkeit.

BImSchG § 10; UVPG §§ 3 c, 12; UVP-RL Art. 10 a (Genehmigung von Windkraftanlagen, Drittschutz).

OVG Rheinland-Pfalz, Beschluss vom 25. Januar 2005 – 7 B 12114/04 – (rechtskräftig).

Der Antragsteller ist Eigentümer und Bewohner eines Anwesens, das im Außenbereich gelegen ist und in dessen Nachbarschaft mehrere Windkraftanlagen von der Beigeladenen geplant sind. Ursprünglich wurde die Absicht verfolgt, auf der Grundlage mehrerer Baugenehmigungen eine Kette von insgesamt 15 Windkraftanlagen zu errichten.

Nr. 160

Der Abstand des Wohnanwesens des Antragstellers zu den am nächsten gelegenen Anlagen 6 und 7 im Süden des Anwesens beträgt knapp 500 m. Nachdem der Antragsteller verschiedene Baugenehmigungen angegriffen hatte, verzichtete die Beigeladene schließlich auf die Genehmigungen für die Anlagen 4 und 5 sowie 8 bis 10. Im Hinblick auf die aufrechterhaltene Baugenehmigung für die Anlagen 6 und 7 stellte der 8. Senat des OVG Rheinland-Pfalz durch Beschluss vom 22. 10. 2004 die aufschiebende Wirkung des Widerspruchs des Antragstellers im Hinblick auf den nächtlichen Betrieb wieder her, weil insoweit im Hauptsacheverfahren Bedenken im Hinblick auf die Einhaltung der nächtlichen Immissionsrichtwerte zu überprüfen seien. Für die Anlagen 1 bis 3 sowie 11 bis 15 erteilte der Antragsgegner auf entsprechend geänderte Anträge des Beigeladenen hin am 19. 10. 2004 die angegriffenen immissionsschutzrechtlichen Genehmigungen, nachdem jeweils für die genannten Komplexe ein vereinfachtes Verfahren nach § 19 BImSchG durchgeführt worden war. Der Antragsteller macht geltend, die Genehmigungen verletzten seine drittgeschützten Rechte, insbesondere auch sein Recht auf Durchführung eines förmlichen immissionsschutzrechtlichen Genehmigungsverfahrens, weil es sich vorliegend unter der notwendigen Einbeziehung der aufrechterhaltenen Baugenehmigung für die Anlagen 6 und 7 um einen einheitlichen Windpark mit mehr als 5 Anlagen handele. Das Verwaltungsgericht lehnte den Aussetzungsantrag ab. Die Beschwerde des Antragstellers hatte teilweisen Erfolg.

Aus den Gründen:

2. a) Für die Genehmigung hätte voraussichtlich ein förmliches Genehmigungsverfahren nach § 10 BImSchG durchgeführt werden müssen. ...

c) Die Verfahrensrechtsverletzung ist auch drittschutzerheblich.

Insbesondere kann der Antragsteller unter Einfluss der einschlägigen europarechtlichen Bestimmungen auf Grund der jüngsten Rechtsprechung des EuGH wie auch der im Hinblick auf die Arhus-Konvention geänderten verdeutlichenden Bestimmungen der UVP-ÄnderungsRL 2003/35-EG zum Zugang zu den Gerichten geltend machen, das notwendige Öffentlichkeitsbeteiligungsverfahren sei nicht durchgeführt worden.

Die Einbeziehung von Windkraftanlagen in die 4. BImSchVO und deren Zuordnung zu den vereinfachten oder förmlichen Genehmigungsverfahren geht auf die Umsetzung der UVP-RL und die Notwendigkeit zurück, für nach dem UVPG umweltverträglichkeitsprüfungspflichtige Vorhaben im Immissionsschutzrecht das geeignete Trägerverfahren bereitzustellen. Die Anlage 1 zum UVPG sieht unter Nr. 1.6.2 für Windparks mit 6 bis 20 Anlagen in Spalte 2 den Kennbuchstaben A vor, was bedeutet, dass UVP-rechtlich im Hinblick auf die Verfahrenspflichten eine allgemeine Prüfung des Einzelfalls (§ 3 c Abs. 1 Satz 2 UVP-Gesetz) stattzufinden hat. Die Umweltverträglichkeitsprüfung ist nach den Kriterien der Anlage 2 zum UVPG vorzunehmen, wenn das Vorhaben auf Grund überschlägiger Prüfung erhebliche nachteilige Auswirkungen haben kann, die nach § 12 UVPG zu berücksichtigen wären. § 2 der 4. BImSchVO mit der Zuordnung von Windparks über 5 Anlagen stellt insoweit das geeignete Trägerfahren zur Verfügung. Im danach angeordneten förmlichen Verfahren nach § 10 BImSchG ist eine Öffentlichkeitsbeteiligung vorgesehen (§ 10 Abs. 3, 4 BImSchG).

Der deutsche Gesetzgeber stellt damit das Öffentlichkeitsbeteiligungsverfahren wegen einer möglichen Notwendigkeit der Durchführung eines Umweltverträglichkeitsprüfungsverfahrens zur Verfügung. Verletzungen dieser Verfahrensbestimmungen sind damit gleichbedeutend mit der möglichen Verletzung der einschlägigen europarechtlich begründeten Verfahrenspflichten.

Im Hinblick auf diese Verfahrenspflichten hat die Rechtsprechung in Deutschland zunächst angenommen, dass sie keine selbstständige Schutzwirkung zugunsten Dritter entfalten (vgl. Übersicht bei Schoch, Individualrechtsschutz im deutschen Umweltrecht unter Einfluss des Gemeinschaftsrechts, NVwZ 1999, 457 m. w. N.).

Bei Verfahren mit einem planerischen Abwägungsgebot ist die Rechtsprechung davon ausgegangen, dass dem Fehlen eines förmlich als Umweltverträglichkeitsprüfung zu bezeichnenden Verfahrens dann keine Bedeutung zukommt, wenn das Verfahren frei von Ermittlungs- und Abwägungsmängeln ist und der Sache nach in diesem Rahmen de facto den gemeinschaftsrechtlichen Anforderungen genügt wurde (vgl. BVerwGE 100, 238; 100, 370). In diesem Sinne wurde eine Klagemöglichkeit allein wegen des Verfahrensfehlers infolge mangelnder Kausalität verneint. Die „konkrete Möglichkeit einer anderen Entscheidung" (BVerwGE 69, 256, 269) wurde nur dann in Betracht gezogen, wenn sich auf Grund erkennbarer und nahe liegender Umstände die Möglichkeit abzeichne, dass bei Durchführung einer Umweltverträglichkeitsprüfung die Entscheidung anders ausgefallen wäre (vgl. zuletzt BVerwG, Urteil v. 18. 11. 2004 – 4 CN 11.03 –, Umdruck S. 14 = BauR 2005, 671). Eine Ausnahme davon hat die Rechtsprechung im Sinne der Anerkennung selbstständig einklagbarer Verfahrenspositionen im Sinne eines vorgezogenen Grundrechtschutzes allerdings im Atomrecht anerkannt, zum Teil auch im förmlichen immissionsschutzrechtlichen Verfahren (vgl. BVerwGE 85, 373 f.), indessen für das vereinfachte immissionsschutzrechtliche Verfahren verneint (a. a. O.).

Bei Entscheidungen ohne planungsrechtlichen Abwägungsgehalt hat die Rechtsprechung die Bedeutung des Verfahrensschutzes dahin relativiert, dass sie davon ausgegangen ist, das Verfahren diene lediglich der bestmöglichen Verwirklichung der dem Einzelnen zustehenden materiell-rechtlichen Position, sodass es auf den Verfahrensschutz nicht ankommt, wenn die materiell-rechtliche Position erkennbar nicht verletzt sei. Der erkennende Senat (vgl. OVG Koblenz DVBl. 1993, 1956 = DÖV 1994, 354) hat angenommen, dass auch über das Atomrecht hinaus der Rechtsordnung selbstständig schützende Verfahrensrechte zu eigen sein können, wenn nämlich die Rechtsordnung erkennbar wegen einer komplexen Genehmigungslage dem Einzelnen nicht zumuten kann, auch ohne das ihn schützende Verfahren unmittelbar seine materiell-rechtliche Position zu verteidigen, und insoweit sein Grundrechtsschutz zu kurz käme. Er hat dies z. B. bei Eröffnung eines regelmäßigen Flughafenverkehrs ohne erforderliche Genehmigung nach § 6 LuftVG auf der Grundlage einer dafür nicht geeigneten bloßen Außenstart- und -landeerlaubnis (§ 25 LuftVG) angenommen.

Nach europäischem Recht kommt bei komplexen Umweltentscheidungen, die der UVP bedürfen, dem Verfahrensgedanken eine eigenständige Bedeutung bei. Das europäische Verfahrensrecht nimmt insoweit moderne Entwicklungen im Verhältnis von Staat und Gesellschaft auf. Die neueren technischen Verfahren haben derart ubiquitäre Auswirkungen, dass die sie domestizierenden Gesetze nicht mehr stabile Individualsphären zuteilen und begrenzen, sondern nur noch die Koordinierung und Abwägung des Geflechts betroffener Belange organisieren können. Mangels einer prästabilisierten Ordnung genau umschriebener Rechte und Pflichten kann dabei nicht in jeder Hinsicht ein bestimmter Anspruch verfolgt werden (vgl. Winter, NVwZ 1999, 467, 472). Zudem kommt der moderne Staat mit seiner Übernahme umfassender Verantwortung für das wirtschaftliche Wohlergehen und die Daseinsvorsorge, was den Schutz der Umwelt und der Rechte des Einzelnen angeht, zunehmend bei komplexen Genehmigungsverfahren in die Rolle eines nicht mehr vollends neutralen und unabhängigen Verfahrensführers. Die Schaffung von Beteiligungsmöglichkeiten im Verfahren, die Herstellung von Transparenz und Öffentlichkeit kann dem in gewissem Maße abhelfen. Soweit im europäischen Umweltrecht solche Ansätze verfolgt werden, müssen die nationalen Gerichte im Rahmen ihrer Zuständigkeit zugleich als Gemeinschaftsrechtsgerichte die volle Anwendung und Effektivität der Bestimmungen des EG-Rechts gewährleisten. In diesem Rahmen ist es Sache der nationalen Gerichte festzustellen, ob nach nationalem Recht die Möglichkeit besteht, eine bereits erteilte Genehmigung zurückzunehmen oder auszusetzen, weil der „Einzelne" sich auf die Rechte aus Art. 2 Abs. 1 i. V. m. Art. 1 Abs. 1 und 2, Art. 4 der RL 85/337 berufen kann (vgl. EuGH – Wells-Entscheidung – Urteil der 5. Kammer v. 7. 1. 2004 – C 201/02 –, DVBl. 2004, 370, dort Leitsätze 2 und 3; vgl. dazu auch Anm. Kerkmann, DVBl. 2004, 1287, der insbesondere darauf hinweist, dass danach klargestellt wird, dass die unmittelbare Wirkung einer Richtlinie nicht daran scheitert, dass im Dreiecksverhältnis damit eine Belastung für einen privaten Dritten verbunden ist). Soweit aus dem europäischen Recht damit die Absicht der Einräumung einer selbstständigen Verfahrensstellung zu entnehmen ist, wird dem im deutschen Recht mit der Zulassung der Anfechtungsklage und der Aussetzung der Vollziehung zu entsprechen sein. Im Hinblick auf den Willen des Europarechts, selbstständige Verfahrenspositionen für die „betroffene Öffentlichkeit" zu schaffen, die durch die gleichzeitige Gewährleistung des Zugangs zu den Gerichten durchsetzbar sind, kommt insbesondere den verdeutlichenden Rechtsakten in der EG im Zusammenhang mit der Umsetzung der Arhus-Konvention Bedeutung bei, die die bisherige Rechtsprechung in einem anderen Licht erscheinen lässt. Nach den Erwägungen zur ÄnderungsRL 2003/35 EG v. 26. 5. 2003, (ABl. EU L 156, 17) heißt es unter 7: „Art. 6 des Arhus-Übereinkommens sieht die Beteiligung der Öffentlichkeit an den Entscheidungen über bestimmte Tätigkeiten, die eine erhebliche Auswirkung auf die Umwelt haben können, vor". Unter Nr. 6 ist dort ausgeführt, dass es eines der Ziele des Übereinkommens sei, das Recht auf Beteiligung der Öffentlichkeit an Entscheidungsverfahren in Umweltangelegenheiten zu gewährleisten und somit dazu beizutragen, dass das Recht des Einzelnen auf ein Leben in einer Gesundheit und dem Wohlbefinden zuträglichen Umwelt geschützt wird. Nr. 9 der Erwägungsgründe hebt hervor, dass das Arhus-Übereinkommen Bestimmungen über den Zugang zu gerichtlichen und anderen Verfahren zwecks Anfechtung der materiellen und verfahrensrechtlichen Rechtmäßigkeit vorsieht, und zwar in Verfahren, in denen gemäß dem Überkommen eine Öffentlichkeitsbeteiligung vorgesehen ist. Der auf diesen Grundlagen beruhende Art. 10 a der geänderten UVP-RL sieht dementsprechend vor, dass die Mitgliedstaaten im Rahmen ihrer innerstaatlichen Rechtsvorschriften sicherstellen, dass Mitglieder der betroffenen Öffentlichkeit, die ausreichendes Interesse haben oder eine Rechtsverletzung geltend machen, Zugang zu einem Überprüfungsverfahren vor einem Gericht oder einer auf gesetzlicher Grundlage zu schaffenden unabhängigen und unparteiischen Stelle haben, um die materiell-rechtliche und die verfahrensrechtliche Rechtmäßigkeit von entsprechenden Entscheidungen, für die die Öffentlichkeitsbeteiligung gilt, anzufechten. Was als ausreichendes Interesse und als Rechtsverletzung gilt, bestimmen die Mitgliedstaaten im Einklang mit dem Ziel, der betroffenen Öffentlichkeit einen weiten Zugang zu den Gerichten zu gewährleisten.

Art. 10 a verdeutlicht die Funktionselemente der Verfahrensbeteiligung auf der Ebene des europäischen Umweltrechts und damit die bestehenden Direktiven für eine europarechtskonforme – dem Effektivitätsgrundsatz Rechnung tragende – Auslegung der innerstaatlichen Verfahrensvorschriften wie § 10 BImSchG i. V. m. den Bestimmungen des UVPG und der 4. BImSchVO, wie sie der Umsetzung des europäischen Verfahrensrechts dienen. Angesichts dessen kommt es auf die Umsetzungsfrist der Änderungsrichtlinie selbst maßgeblich nicht an. Das deutsche Verfahrens- und Prozessrecht ist in seinem Bestand ohne weiteres in der Lage, diesen systematischen Ansatz aufzunehmen, wie sich auch daran zeigt, dass auf dieser systematischen Grundlage auch bisher schon im innerstaatlichen Recht (ausnahmsweise) die selbstständige drittschützende Funktion von Verfahrensbestimmungen Anerkennung zu finden vermochte, indem die Verfahrensrechtsposition als drittgeschütztes Recht i. S. der §§ 42 Abs. 2, 113 Abs. 1 VwGO anerkannt wird. Die entsprechende Entwicklung ist dem nationalen Recht nicht fremd, wie auch etwa die amtliche Begründung des Regierungsentwurfs zum Europarechtsanpassungsgesetz-Bau (allg. Begr. unter II.2.) zeigt, wo es unter der Überschrift „Gewähr materieller Rechtmäßigkeit des Bauleitplans durch ein ordnungsgemäßes Verfahren" heißt, dass das bestehende deutsche Rechtssystem mit dem Konzept der gemeinschaftsrechtlichen Vorgaben strukturell harmonisiert werden solle und die europarechtlich vorgegebene Stärkung des Verfahrensrechts mit den Regelungen zur Bestandssicherung der städtebaulichen Pläne verbunden werden solle.

Aus diesen Gründen kommt dem immissionsschutzrechtlichen Verfahrensrecht, soweit aus Gründen der Umsetzung der Umweltverträglichkeitsprüfungsvorschriften eine Öffentlichkeitsbeteiligung vorgesehen ist, drittschützende Bedeutung für die angesprochene „betroffene Öffentlichkeit" zu. Zu diesem Kreis gehört der Antragsteller ohne Zweifel, ohne dass es vorliegend einer näheren Abgrenzung bedürfte. Es handelt sich dabei nicht um ein Jedermannsrecht; erforderlich ist vielmehr, dass eine mögliche nachteilige Betroffenheit von nicht unerheblichem Gewicht geltend gemacht werden kann. Es ist insoweit eine Orientierung an dem erforderlich, was im Bereich der Planungsentscheidungen als abwägungserheblicher Belang zu qualifizieren wäre. Da der Antragsteller vorliegend im Hinblick auf die Anlagen 6 und

7, die in die Betrachtung einzubeziehen sind, von nahezu unzumutbaren Auswirkungen betroffen ist, wie die Würdigung des 8. Senats für den nächtlichen Betrieb ergibt, gehört er auf jeden Fall zum Kreis der betroffenen Öffentlichkeit. Der Antragsteller braucht Errichtung und Betrieb der Anlagen nicht hinzunehmen, bevor nicht das gebotene Verfahren durchgeführt ist. Inwieweit es auf die Verletzung einzelner Verfahrensvorschriften innerhalb des gebotenen förmlichen Verfahrens ankäme, braucht vorliegend nicht erörtert zu werden. Insoweit mögen im Einzelnen Kausalitätserwägungen eine Rolle spielen können. Das Europarecht nimmt mit seinen verfahrensrechtlichen Vorstellungen die prozessualen Befugnisse des Einzelnen zur Durchsetzung seiner Funktion auch unabhängig von einer im Einzelnen abgegrenzten materiell-rechtlichen Betroffenheit des Einzelnen in Dienst. Es ergibt sich insoweit eine vergleichbare Lage wie sie bei demjenigen besteht, der als von den enteignungsrechtlichen Vorwirkungen Betroffener eine Planungsentscheidung auch unter Hinweis auf verletzte Belange des Allgemeinwohls angreift (vgl. dazu BVerwGE 67, 74; 69, 271; 77, 91).

Kann der Antragsteller deswegen hier im Ansatz zwar beanspruchen, dass die Vollziehbarkeit der auf falscher Verfahrensgrundlage ergangenen immissionsschutzrechtlichen Genehmigung ausgesetzt wird, so ist im Wege der Interessenabwägung im Eilverfahren indessen zugleich zu berücksichtigen, dass die Verfahrensgrundlage nicht zu beanstanden wäre, wenn die Anlagen 6 und 7 nicht in die Betrachtung einzubeziehen sind. Dem Betreiber musste deshalb vorbehalten bleiben, auf die Ausnutzung seiner Rechtsposition aus der Baugenehmigung (wenigstens vorerst) zu verzichten, um durch die vorliegende Entscheidung nicht an der Errichtung und dem Betrieb der Komplexe 1 bis 3 und 11 bis 15 noch vor einer eventuellen Heilung des Verfahrensfehlers oder einer anderweitigen Entscheidung im Hauptsacheverfahren gehindert zu sein. Sollte er die Bedingungen für die Ausschöpfung des ausgesprochenen Vorbehalts erfüllen, ist kein berechtigtes Interesse des Antragstellers an einer Aussetzung zu erkennen.

Nr. 161

1. **Durch die Erteilung einer Baugenehmigung für Windkraftanlagen statt einer immissionsschutzrechtlichen Genehmigung im vereinfachten Verfahren werden Dritte nicht in ihren Rechten verletzt (Abgrenzung zu OVG Rheinland-Pfalz, Beschluß vom 25.1.2005 – 7 B 12114/04 –).**

2. **Zu den Anforderungen an eine Lärmprognose für Windkraftanlagen (im Anschluß an OVG Nordrhein-Westfalen, Urteil vom 18.11.2002, NVwZ 2003, 756).**

UVPG §§ 3 c, Abs. 1 Satz 2, 5 Abs. 1; BImSchG §§ 10, 19; BauGB § 35 Abs. 3 Satz 1 Nr. 3; EWGRL 85/337 Art. 4 Abs. 2, Art. 10 a.

OVG Rheinland-Pfalz, Urteil vom 21. Januar 2005 – 8 A 11488/04 – (rechtskräftig).

Die Kläger wenden sich gegen eine Baugenehmigung, die der Beklagte dem Beigeladenen für eine Windkraftanlage erteilt hat.

Sie machen geltend: Die Baugenehmigung sei rechtswidrig, weil sie einen Teil eines Vorhabens mit drei Windkraftanlagen betreffe, dessen Genehmigung nach dem Bundesimmissionsschutzgesetz zu beurteilen sei. Die maßgeblichen Immissionsrichtwerte für ihr Wohnhaus könnten nicht eingehalten werden. Wegen erheblicher Ton- und Impulswerte seien Aufschläge von 3 oder 6 dB(A) zu berücksichtigen, außerdem entspreche die Tonhaltigkeit nicht dem Stand der Technik und verstoße deshalb gegen das Immissionsschutzgesetz.

Aus den Gründen:

Eine Verletzung der Rechte der Kläger sieht der Senat allerdings nicht bereits darin, daß eine Baugenehmigung erteilt worden ist, obwohl eine immissionsschutzrechtliche Genehmigung erforderlich gewesen wäre, weil die genehmigte Windkraftanlage zusammen mit zwei weiteren bereits mit Bauschein vom 10.6.2002 genehmigten Windkraftanlagen als Windfarm anzusehen ist, für die ein immissionsschutzrechtliches Genehmigungsverfahren durchzuführen ist (§4 Abs.1 BImSchG i.V.m. §1 sowie Nr.1.6 des Anhangs zur 4. BImSchV; vgl. BVerwG, Urteil v. 30.6.2004 – 4 C 9.03 –, BauR 2004, 1745 = NVwZ 2004, 1235).

Hierzu hat das Verwaltungsgericht zutreffend ausgeführt, daß der Einzelne die Beachtung von Verfahrensvorschriften grundsätzlich nicht unabhängig von der Verletzung materieller Rechte erzwingen kann. Der materiell-rechtliche Schutz, den das Baurecht gewährt, entspricht dem in §5 Abs.1 Nr.1 BImSchG geregelten Schutz durch das Immissionsschutzrecht (BVerwG, Urteil v. 30.9.1983 – 4 C 74.78 –, BVerwGE 68, 58, 59 = BRS 40 Nr.206). Soweit andererseits §5 Abs.1 Nr.2 BImSchG im Rahmen der Vorsorge dem Stand der Technik entsprechende Maßnahmen verlangt, ist dies nicht nachbarschützend (BVerwG, Urteil v. 18.5.1982 – 7 C 42.80 –, BVerwGE 65, 313, 320). Das immissionsschutzrechtliche Verfahren dient nicht um seiner selbst willen dem Schutz des potentiell betroffenen Nachbarn (BVerwG, Urteil v. 5.10.1990 – 7 C 55 und 56.89 –, BVerwGE 85, 368, 373).

Eine Rechtsverletzung der Kläger ergibt sich auch nicht unter europarechtlichen Gesichtspunkten daraus, daß eine Umweltverträglichkeitsprüfung unterblieben ist. Die Richtlinie 85/337/EWG regelt die Umweltverträglichkeitsprüfung bei öffentlichen und privaten Projekten, die möglicherweise erhebliche Auswirkungen auf die Umwelt haben. Windfarmen sind nach Art.4 Abs.2 Richtlinie 85/337/EWG i.V.m. Anhang 2 Nr.3i auf Grund einer Einzelfalluntersuchung oder anhand von Schwellenwerten oder anderen Kriterien darauf zu untersuchen, ob sie einer Umweltverträglichkeitsprüfung nach Art.5 bis 10 unterzogen werden müssen. Entsprechend regelt §3c Abs.1 Satz2 UVPG i.V.m. Ziff.1.6.3 der Anlage 1, daß bei Windfarmen von drei bis weniger als sechs Windkraftanlagen eine standortbezogene Vorprüfung des Einzelfalles vorzunehmen ist. Nur wenn danach auf Grund der besonderen örtlichen Gegebenheiten gemäß den in der Anlage 2 Abs.2 aufgeführten Schutzkriterien erhebliche nachteilige Umweltauswirkungen zu erwarten sind, ist eine Umweltverträglichkeitsprüfung durchzuführen. Nach Art.10a der Richtlinie 85/337/EWG stellen die Mitgliedstaaten sicher, daß

Mitglieder der betroffenen Öffentlichkeit, die ein ausreichendes Interesse haben oder eine Rechtsverletzung geltend machen, Zugang zu einer Überprüfung vor einem Gericht haben, um die materiell-rechtliche und verfahrensrechtliche Rechtmäßigkeit von Entscheidungen, Handlungen oder Unterlassungen anzufechten, für die die Bestimmungen dieser Richtlinie über die Öffentlichkeitsbeteiligung gelten. Abgesehen davon, daß diese Vorschrift (noch) nicht unmittelbar gilt, weil sie erst durch die Richtlinie 2003/35/EG eingefügt wurde und die Umsetzungsfrist bis zum 25. 6. 2005 (Art. 6 Richtlinie 2003/35/EG) noch nicht abgelaufen ist, liegt im Unterlassen der Vorprüfung nach § 3 c Abs. 1 Satz 2 UVPG auch kein im Sinne der Richtlinie beachtlicher Verfahrensverstoß. Denn für die Vorprüfung selbst ist eine Öffentlichkeitsbeteiligung noch nicht vorgesehen (zu deren Erheblichkeit für den Drittrechtsschutz bei Verfahrensverstößen siehe jüngst OVG Rheinland-Pfalz, Beschluß v. 25. 1. 2005 – 7 B 12114/04 –). Auch liegen die Voraussetzungen für die Erforderlichkeit einer Umweltverträglichkeitsprüfung nicht vor, wie die inzwischen im immissionsschutzrechtlichen Verfahren vorgenommene Vorprüfung bestätigt hat. Auch der Flächennutzungsplan läßt nicht erkennen, daß besondere Standortbedingungen gegeben sind, die die Durchführung einer Umweltverträglichkeitsprüfung erfordern würden. Rechte der Kläger aus der Richtlinie 2002/49/EG über die Bewertung und Bekämpfung von Umgebungslärm, die verletzt sein könnten, sind ebenfalls nicht ersichtlich.

Allerdings verstößt die angefochtene Baugenehmigung entgegen der Auffassung des Verwaltungsgerichts zum Nachteil der Kläger gegen das baurechtliche Gebot der Rücksichtnahme, das in § 35 Abs. 3 Satz 1 Nr. 3 BauGB seine Grundlage findet (BVerwG, Beschluß v. 28. 7. 1999 – 4 B 38.99 –, BRS 62 Nr. 189 = BauR 1999, 1439), so daß sie wegen dessen nachbarschützender Wirkung in ihren Rechten verletzt werden. Die mit der angefochtenen Baugenehmigung genehmigte Windkraftanlage kann zusammen mit den bereits mit Baugenehmigung vom Juni 2002 genehmigten Windkraftanlagen schädliche Umwelteinwirkungen i. S. von § 35 Abs. 3 Satz 1 Nr. 3 BauGB hervorrufen, die für die Kläger unzumutbar sind. Diese drei Windkraftanlagen, die in einem so engen räumlichen Zusammenhang stehen, daß sich ihre Einwirkungsbereiche überschneiden und für die auch zeitgleich ein Bauantrag gestellt wurde, bilden eine Windfarm (vgl. BVerwG, Urteil v. 30. 6. 2004, a. a. O.). Ihre Umwelteinwirkungen können nicht getrennt voneinander gesehen werden. Die Grenzen der Zumutbarkeit von Umwelteinwirkungen für Nachbarn und damit das Maß an gebotener Rücksichtnahme wird auch im Bereich des Baurechts durch §§ 3 Abs. 1, 22 Abs. 1 Satz 1 BImSchG bestimmt (vgl. BVerwG, Urteil v. 30. 9. 1983, a. a. O.).

Zur Beurteilung ob ein Verstoß gegen die Anforderungen des Bundesimmissionsschutzgesetzes vorliegt, kann nach einhelliger Auffassung die 6. Allgemeine Verwaltungsvorschrift zum Bundesimmissionsschutzgesetz (TA Lärm) vom 28. 8. 1998 herangezogen werden. Dabei läßt sich der Senat (siehe bereits Beschluß v. 22. 3. 2004 – 8 B 10325/04 –) übereinstimmend mit der Rechtsprechung des OVG Nordrhein-Westfalen (Urteil v. 18. 11. 2002, NVwZ 2003, 756; siehe auch Beschlüsse v. 7. 1. 2004, NuR 2004, 817, und v. 14. 6. 2004 – 10 B 2151/03 – (juris)) von folgenden Überlegungen leiten: Die

Baugenehmigung für Windkraftanlagen muß zum Schutz der Nachbarn auf einer Prognose der Immissionsbelastungen beruhen, die „auf der sicheren Seite" liegt. Sie hat auf den Betriebszustand der Anlagen mit den höchsten Emissionen abzustellen. Bei sog. pitch-gesteuerten Anlagen – wie im vorliegenden Fall – tritt dieser Zustand regelmäßig bei Windgeschwindigkeiten ein, bei denen die Nennleistung erreicht wird. Der Prognose ist deshalb der mit einem Sicherheitszuschlag (u. a. wegen möglicher „Serienstreuung") versehene Schalleistungspegel zugrunde zu legen, der für die Nennleistung bei einer Referenzmessung desselben Anlagentyps ermittelt worden ist. Sodann ist in einer Ausbreitungsrechnung nach der TA-Lärm, und zwar zur Vermeidung von Prognosefehlern tunlichst in den sog. alternativen Verfahren gemäß DIN ISO 9613-2 Abschnitt 7.3.2, zu ermitteln, ob an den relevanten Immissionsorten der einschlägige Nachtwert eingehalten wird. Ist dies der Fall, muß die Baugenehmigung grundsätzlich Vorsorge treffen, daß die bei der Prognose unterstellte Prämisse, auf Grund deren das Fehlen schädlicher Umwelteinwirkungen angenommen werden konnte, möglichst dauerhaft eingehalten wird. Hierzu bietet sich die Festschreibung des der Prognose zugrunde gelegten Schalleistungspegels – d. h. des Schalleistungspegels der Referenzanlage ohne Sicherheitszuschlag – an. Eine solche Festschreibung ist deshalb sachgerecht, weil ihre Einhaltung am ehesten im Rahmen der Überwachung überprüfbar ist. Demgegenüber stellt die Vorgabe, daß ein bestimmter Zielwert am maßgeblichen Immissionsobjekt einzuhalten ist, für sich genommen nicht hinreichend sicher, daß dort schädliche Umwelteinwirkungen vermieden werden.

Nach diesen Maßstäben ist für die Kläger eine unzumutbare Beeinträchtigung auch nach dem Gutachten des Sachverständigen Dipl.-Ing. P. nicht hinreichend sicher ausgeschlossen. Die vorgelegte Prognose genügt den zu stellenden Anforderungen nicht. Zwar ist nach ihr der Immissionsgrenzwert von 40 dB(A) am Anwesen der Kläger mit einem prognostizierten Beurteilungspegel von 38 dB(A) eingehalten. Der Gutachter ist dabei zutreffend von den Immissionsrichtwerten für ein allgemeines Wohngebiet ausgegangen, da im Bebauungsplan, gegen dessen Wirksamkeit durchgreifende Bedenken nicht bestehen, ein solches ausgewiesen ist. Es bestehen jedoch Bedenken, ob der Sachverständige die Tonhaltigkeit der Geräusche ausreichend berücksichtigt hat. Das Gutachten geht von einem Tonzuschlag von 2 dB(A) aus, der letztlich bei der Ermittlung des Beurteilungspegels am Hause der Kläger mit 1 dB(A) in die Berechnung eingeht. In der mündlichen Verhandlung vor dem Verwaltungsgericht hat der Sachverständige eingeräumt, daß es große Unsicherheiten gebe, was die Schallausbreitung von Tönen betreffe. Es könne sowohl eine Dämpfung als auch eine Verstärkung des Schalls eintreten. Deshalb müsse die Tonhaltigkeit am Immissionsort gemessen werden. Im Baugenehmigungsverfahren halte er es auch für vertretbar, einen Zuschlag von 3 dB(A) für Töne zu geben, da die Vermessung bei der Anlage Typ Nordex einen Zuschlag von 2 dB(A) ergeben habe. Er sei allerdings konform zur akustischen Vermessung der Anlage von einem Tonzuschlag von 1 bzw. 2 dB(A) ausgegangen. Bei dem Immissionspunkt am Haus der Kläger komme er nur zu einer Erhöhung von 1 dB(A), dies hänge mit der Entfernung zur Anlage zusammen. Angesichts der vom Sachverständigen dargelegten Ungewißheit über die Ausbreitung von tonhaltigen Geräuschen sieht der Senat – auch im Hinblick auf die ruhige Lage des betroffenen Baugebietes – keine Veranlassung, von dem von der TA Lärm (Anhang A.3.3.5) vorgesehenen Tonhaltigkeitszuschlag von 3 dB(A) abzuweichen. Danach ergibt sich unter Ansatz der übrigen Werte entsprechend dem Gutachten folgende Berechnung: Beurteilungspegel 35 dB(A) zuzüglich Tonhaltigkeitszuschlag 3 dB(A) zuzüglich Unsicherheitszuschlag 2 dB(A) gleich insgesamt 40 dB(A). Damit wäre der Richtwert gerade eingehalten. Es kommt jedoch dazu, daß der der Prognose zugrunde liegende Schalleistungspegel in der Baugenehmigung nicht festgeschrieben und somit seine Einhaltung für die Zukunft nicht sichergestellt ist. Deshalb ist die Prognose nicht, wie zu verlangen ist, auf der sicheren Seite.

Das ist nicht deshalb unerheblich, weil die in Betracht zu ziehende Überschreitung des Richtwertes nur geringfügig erscheint und ein schalloptimierter oder schallreduzierter Betrieb möglich ist, wenn im Rahmen der Bauüberwachung eine Überschreitung der Immissionsrichtwerte festgestellt werden sollte. Von einer für die Kläger noch zumutbaren Lärmbeeinträchtigung kann nur ausgegangen werden, wenn bereits eine Prognose bestätigt, daß die Lärmrichtwerte hinreichend sicher eingehalten werden. Es ist maßgeblich auf die Prognose abzustellen, denn die Kläger können nicht auf die in der Baugenehmigung festgeschriebenen Immissionswerte und deren Überwachung verwiesen werden. Wie sich auch im vorliegenden Fall bestätigt hat, stößt die meßtechnische Überprüfung der Einhaltung der Immissionswerte auf erhebliche Schwierigkeiten, die sich zu Lasten der Kläger auswirken würden, während es Aufgabe des Bauherrn ist, Bedenken gegen das Vorhaben auszuräumen.

Nr. 162

1. Auf Baugenehmigungen, die vor dem 1.7.2005 für Windkraftanlagen mit einer Gesamthöhe von mehr als 50 Metern erteilt worden sind, findet unbeschadet der gesetzlichen Fiktion in § 67 Abs. 9 Satz 1 BImSchG, nach der diese Baugenehmigungen als Genehmigungen nach dem Bundes-Immissionsschutzgesetz gelten, weiterhin § 212 a Abs. 1 BauGB Anwendung.

2. In Verfahren, die gemäß § 67 Abs. 9 BImSchG nach dem bis zum 30.6.2005 geltenden Recht zu beurteilende Baugenehmigungen für Windkraftanlagen betreffen, bleibt die Baugenehmigungsbehörde richtige Antragsgegnerin. Eine Funktionsnachfolge findet insoweit nicht statt.

BImSchG § 67 Abs. 9; BauGB § 212 a.

OVG Nordrhein-Westfalen, Beschluß vom 14. September 2005 – 8 B 96/05 – (rechtskräftig).

(VG Münster)

Die Antragstellerin, eine kreisangehörige Gemeinde, wendete sich gegen eine dem Rechtsvorgänger der Beigeladenen vom Antragsgegner, dem Landrat als Bauaufsichtsbehörde, erteilte Baugenehmigung zur Errichtung einer Windkraftanlage. Sie machte geltend, die Baugenehmigung sei unter Verletzung ihrer kommunalen Mitwirkungsrechte zustande gekommen und beeinträchtige ihre Planungshoheit, da ihre aktuelle Flächennutzungsplanung mit dem Vorhandensein der Windkraftanlage, die zwischenzeitlich bereits errichtet und in Betrieb genommen worden ist, unvereinbar sei. Das Verwaltungsgericht lehnte den Antrag der Antragstellerin auf Anordnung der aufschiebenden Wirkung ihres Widerspruchs ab. Die hiergegen gerichtete Beschwerde hatte keinen Erfolg.

Aus den Gründen:

1. Das Rechtsschutzbedürfnis der Antragstellerin ist allerdings nicht dadurch entfallen, daß nach der am 1. 7. 2005 in Kraft getretenen Neuregelung in § 67 Abs. 9 Satz 1 BImSchG (– Art. 1 Nr. 7 des Gesetzes zur Umsetzung der Richtlinie 2003/105/EG des Europäischen Parlaments und des Rates v. 16. 12. 2003 zur Änderung der Richtlinie 96/82/EG des Rates zur Beherrschung der Gefahren bei schweren Unfällen mit gefährlichen Stoffen v. 25. 6. 2005 [BGBl. I S. 1865] –) Baugenehmigungen für Windkraftanlagen mit einer Gesamthöhe von mehr als 50 Metern, die „bis zum 1. 7. 2005" (gemeint ist offensichtlich: vor dem 1. 7. 2005) erteilt worden sind, als Genehmigungen nach dem Bundes-Immissionsschutzgesetz gelten. Allerdings haben Widersprüche Dritter gegen immissionsschutzrechtliche Genehmigungen grundsätzlich gemäß § 80 Abs. 1 VwGO aufschiebende Wirkung. Baugenehmigungen sind hingegen nach § 80 Abs. 2 Satz 1 Nr. 3 VwGO i. V. m. § 212 a Abs. 1 BauGB kraft Gesetzes sofort vollziehbar. Die gesetzlichen Voraussetzungen des § 212 a Abs. 1 BauGB sind hier erfüllt; denn der Widerspruch der Antragstellerin richtet sich gegen die bauaufsichtliche Zulassung des Vorhabens. Die sofortige Vollziehbarkeit dieser bauaufsichtlichen Zulassung ist auch nicht nachträglich entfallen. Auf Baugenehmigungen, die – wie hier – vor dem 1. 7. 2005 für Windkraftanlagen mit einer Gesamthöhe von mehr als 50 Metern erteilt worden sind, findet unbeschadet der gesetzlichen Fiktion in § 67 Abs. 9 Satz 1 BImSchG weiterhin § 212 a Abs. 1 BauGB Anwendung. Die Fortgeltung der bei Erteilung der Baugenehmigung eingetretenen sofortigen Vollziehbarkeit über den 30. 6. 2005 hinaus ist zwar im Gesetz nicht ausdrücklich geregelt, sie entspricht aber dem aus dem Regelungszusammenhang des § 67 BImSchG ersichtlichen Gesetzeszweck (a) und dem im Gesetzgebungsverfahren deutlich gewordenen Willen des Gesetzgebers (b). Auch verfassungsrechtliche Erwägungen legen diese Auslegung nahe (c).

a) Für eine Fortgeltung der sofortigen Vollziehbarkeit der für eine Windkraftanlage erteilten Baugenehmigung spricht der objektive Zweck der gesetzlichen Neuregelung. § 67 Abs. 9 BImSchG stellt – ebenso wie die Absätze 5 bis 8 – eine Ausnahme von dem in § 67 Abs. 4 BImSchG normierten Grundsatz dar, daß bereits begonnene Verfahren einschließlich solcher Widerspruchsverfahren, die auf Widersprüchen Dritter beruhen (vgl. BVerwG, Urteil v. 18. 5. 1982 – 7 C 42.80 –, BVerwGE 65, 313; Jarass, BImSchG, 6. Aufl., 2005, § 67 Rdnr. 31), bei Gesetzesänderungen nach neuem Recht zu Ende zu führen sind. Die Ausnahme von diesem Grundsatz ist in § 67 Abs. 9 Satz 3 BImSchG in Bezug auf Verfahren auf Erteilung einer Baugenehmigung für Windkraftanlagen, die vor dem 1.7.2005 rechtshängig geworden sind, eindeutig geregelt. Diese Verfahren werden – wenn nicht der Bauherr von der in §67 Abs. 9 Satz 4 BImSchG eingeräumten Möglichkeit einer Klageänderung Gebrauch macht – nach den Vorschriften der Verordnung über genehmigungsbedürftige Anlagen und der Anlage 1 des Gesetzes über die Umweltverträglichkeitsprüfung in der bisherigen, bis zum 30.6.2005 geltenden Fassung abgeschlossen. Das bedeutet, daß auch für Anlagen, die eine Gesamthöhe von mehr als 50 Metern aufweisen und die deshalb nach Nr. 1.6 des Anhangs der 4. BImSchV in der seit dem 1.7.2005 geltenden Fassung (– Verordnung zur Änderung der Verordnung über genehmigungsbedürftige Anlagen und zur Änderung der Anl. 1 des Gesetzes über die Umweltverträglichkeitsprüfung v. 20.6.2005 [BGBl. I S. 1687] –) einer immissionsschutzrechtlichen Genehmigung bedürften, auf Grund der Übergangsregelung in §67 Abs. 9 Satz 3 BImSchG weiterhin die Erteilung einer Baugenehmigung in Betracht kommt, sofern die Anlage nicht Teil einer Windfarm ist, die bereits nach bisher geltendem Recht einer immissionsschutzrechtlichen Genehmigung bedurfte. Die auf Grund eines solchen, nach der Übergangsregelung fortgeführten Verfahrens erteilte Baugenehmigung gilt gemäß §67 Abs. 9 Satz 3 Halbs. 2 BImSchG als immissionsschutzrechtliche Genehmigung. Mithin sieht das Gesetz – sogar – für den Fall, daß der Bauherr bisher noch keine Baugenehmigung für die Errichtung einer Windkraftanlage erhalten hat, eine Übergangsregelung vor, nach der nicht ein völlig neues Genehmigungsverfahren bei einer anderen Behörde eingeleitet werden muß. Der Bauherr soll vielmehr auf einen bisher erreichten Verfahrensstand aufbauen können. Der Zweck der Übergangsregelung besteht demgemäß darin, im Interesse der Windkraftanlagenbetreiber der Verzögerung anhängiger Verfahren entgegenzuwirken, die anderenfalls aus der geänderten Abgrenzung zwischen bau- und immissionsschutzrechtlich genehmigungsbedürftigen Anlagen erwachsen würde. Dieser objektive Gesetzeszweck legt nahe, daß Entsprechendes – erst recht – dann gilt, wenn der Bauherr bereits eine Baugenehmigung erhalten hat. Auch in diesem Fall sollen dem Betreiber die Vorteile eines schon erreichten Verfahrensstandes nicht genommen werden. Zu diesen Vorteilen zählt auch die sofortige Vollziehbarkeit der erteilten Baugenehmigung.

b) Ein solches Verständnis entspricht auch dem im Gesetzgebungsverfahren deutlich gewordenen Willen des Gesetzgebers. Die Einfügung des §67 Abs. 9 BImSchG steht ausweislich der Begründung des Bundestagsausschusses für Umwelt, Naturschutz und Reaktorsicherheit, der die Änderung angeregt hat, im Zusammenhang mit den Vollzugsproblemen, die auf Grund des Urteils des BVerwG vom 30.6.2004 (– 4 C 9.03 –, BVerwGE 121, 182 = BauR 2004, 1745) entstanden sind. Der Gesetzgeber wollte den hinsichtlich der Genehmigung von Windkraftanlagen bei Anwendung des bisher maßgeblichen Begriffs der Windfarm entstandenen Abgrenzungsproblemen entgehen und mit der Übergangsregelung in §67 Abs. 9 BImSchG „Reibungsverluste" vermeiden (vgl. BT-Drucks. 15/5443, S. 3).

Anhaltspunkte dafür, daß der Gesetzgeber mit der gesetzlichen Fiktion nach §67 Abs. 9 Satz 1 BImSchG die Rechtsposition des Anlagenbetreibers schwächen wollte, sind danach nicht im Ansatz erkennbar. Die Übergangsregelung soll im Gegenteil dem Interesse der Windkraftanlagenbetreiber an einer zügigen Durchführung des Verfahrens dienen.

c) Gegen die Annahme, daß auf Grund der Fiktion des § 67 Abs. 9 Satz 1 BImSchG die mit Erteilung einer Baugenehmigung vor dem 1.7.2005 kraft Gesetzes eingetretene sofortige Vollziehbarkeit am 1.7.2005 entfallen wäre, sprechen auch verfassungsrechtliche Erwägungen. Zwar verstoßen gesetzliche Regelungen, durch die der Gesetzgeber auf eine bislang gegebene verfahrensrechtliche Lage, in der sich ein Beteiligter befindet, mit Wirkung für die Zukunft einwirkt, nicht gegen das Rückwirkungsverbot. Nach dem allgemeinen Grundsatz des intertemporalen Verfahrens- und Prozeßrechts erfassen Änderungen des Verfahrensrechts mit ihrem Inkrafttreten grundsätzlich auch anhängige Verwaltungs- und Gerichtsverfahren, sofern Übergangsregelungen nichts Abweichendes bestimmen (vgl. BVerwG, Beschluß v. 11.11.2002 – 7 AV 3.02 –, NVwZ 2003, 401; Hess. VGH, Beschluß v. 14.2.1991 – 13 TH 2288/90 –, InfAuslR 1991, 272; Sächs. OVG, Beschluß v. 15.3.1994 – 1 S 633/93 –, LKV 1995, 119; BayVGH, Beschluß v. 17.12.1998 – 15 CS 98.2858 –, BayVBl. 1999, 373 = BRS 60 Nr. 195).

Dieser allgemeine Grundsatz wird jedoch durch die im Rechtsstaatsprinzip wurzelnden Grundsätze der Rechtssicherheit und des Vertrauensschutzes eingeschränkt. Deren Mißachtung kann den Beteiligten in seinem Grundrecht aus Art. 2 Abs. 1 GG verletzen (vgl. BVerfG, Urteil v. 22.3.1983 – 2 BvR 475/78 –, BVerfGE 63, 343, 353; Beschluß v. 7.7.1992 – 2 BvR 1631/90, 2 BvR 1728/90 –, BVerfGE 87, 48, 62 ff.).

Das Vertrauen in den Fortbestand verfahrensrechtlicher Regelungen ist von Verfassungs wegen zwar weniger geschützt als das Vertrauen in die Aufrechterhaltung materieller Rechtspositionen; im Einzelfall aber können verfahrensrechtliche Regelungen nach ihrer Bedeutung und ihrem Gewicht in gleichem Maße schutzwürdig sein wie Positionen des materiellen Rechts. Vor diesem Hintergrund erfährt der allgemeine Grundsatz des intertemporalen Prozeßrechts, daß eine Änderung des Verfahrensrechts grundsätzlich auch anhängige Rechtsstreitigkeiten erfaßt, für anhängige Rechtsmittelverfahren eine einschränkende Konkretisierung: Beim Fehlen abweichender Bestimmungen führt eine nachträgliche Beschränkung von Rechtsmitteln gerade nicht zum Fortfall der Statthaftigkeit bereits eingelegter Rechtsmittel (BVerfG, Beschluß v. 7.7.1992 – 2 BvR 1631/90, 2 BvR 1728/90 –, a.a.O., m.w.N.).

Auch wenn es im vorliegenden Fall nicht um die Beschränkung eines Rechtsmittels geht, ist die Interessenlage im wesentlichen vergleichbar. Die aus § 212a Abs. 1 BauGB folgende verfahrensrechtliche Position des Bauherrn steht ihm nicht erst auf Grund eines Rechtsbehelfs (vgl. § 80a Abs. 1 Nr. 1, Abs. 3 VwGO), sondern bereits kraft Gesetzes zu.

Die vorstehenden verfassungsrechtlichen Erwägungen sprechen deshalb dafür, daß die durch § 212a Abs. 1 BauGB bewirkte sofortige Vollziehbarkeit einer vor dem 1.7.2005 für eine Windkraftanlage erteilten Baugenehmigung fortgilt. Eine ausdrückliche gesetzliche Übergangsregelung des Inhalts, daß die sofortige Vollziehbarkeit einer vor Inkrafttreten des § 67 Abs. 9 BImSchG erteilten, von einem Dritten angefochtenen Baugenehmigung für eine Windkraftanlage mit Ablauf des 30. 6. 2005 entfällt, besteht nicht. Vielmehr spricht alles für eine gegenteilige Gesetzesauslegung. Eine eindeutige Übergangsregelung wäre aus den dargelegten verfassungsrechtlichen Gründen erforderlich gewesen, wenn dem Anlagenbetreiber, der finanzielle Dispositionen auf Grund der ihn begünstigenden verfahrensrechtlichen Position getroffen hat, diese Position wieder hätte genommen werden sollen. Der Gesetzgeber mußte bei der Neuregelung davon ausgehen, daß die Betreiber von Windkraftanlagen, denen ungeachtet etwaiger Drittwidersprüche sofort vollziehbare Baugenehmigungen erteilt worden waren, die Anlagen in einer Vielzahl von Fällen – so auch hier – unter beträchtlichen finanziellen Aufwendungen errichtet und in Betrieb genommen hatten. Eine verfahrensrechtliche Gleichstellung der von einem Dritten angefochtenen Baugenehmigung mit einer immissionsschutzrechtlichen Genehmigung hätte zur Folge gehabt, daß ein Anlagenbetreiber, der sich rechtstreu verhalten wollte, auf Grund des am 30. 6. 2005 verkündeten Änderungsgesetzes verpflichtet gewesen wäre, die Anlage mit Beginn des 1. 7. 2005 außer Betrieb zu nehmen und sodann im Einzelfall die behördliche Anordnung der aufschiebenden Wirkung zu beantragen. Das würde sogar dann gelten, wenn ein Antrag des Nachbarn auf Anordnung der aufschiebenden Wirkung seines Widerspruchs zuvor schon erfolglos geblieben wäre. Eine derart weitgehende Zurückstellung der Vertrauensschutzinteressen des Anlagenbetreibers hätte eine ausdrückliche Regelung und eine entsprechende, verfassungsrechtlich tragfähige Begründung erfordert; an beidem fehlt es hier.

2. Ausgehend von dem vorstehend dargestellten Verständnis des § 67 Abs. 9 BImSchG ist der Antrag auch zu Recht weiterhin gegen den Antragsgegner als Baugenehmigungsbehörde gerichtet. Unter Berücksichtigung der Parallelität der für Anfechtungs- und Verpflichtungssituationen maßgeblichen Regelungen in § 67 Abs. 9 Satz 1 und Satz 3 BImSchG bleibt die Behörde, die die von einem Dritten angefochtene Baugenehmigung erlassen hat, ebenso wie die Baugenehmigungsbehörde, die für die Erteilung einer Baugenehmigung in einem auf Grund der Übergangsregelung nach altem Recht fortzusetzenden Verfahren zuständig ist, alleinige Herrin des Verfahrens. Das gilt bis zu dessen unanfechtbarem Abschluß.

Die Übergangsregelung bestimmt lediglich, daß bereits rechtshängige Baugenehmigungsverfahren nach altem Recht fortgeführt werden. Das bedeutet für das Verfahren der Drittanfechtung, daß die Rechtmäßigkeit der Baugenehmigung sich entsprechend allgemeinen, für das Baurecht entwickelten Grundsätzen, (vgl. BVerwG, Beschlüsse v. 22. 4. 1996 – 4 B 54.96 –, BRS 58 Nr. 157, und v. 23. 4. 1998 – 4 B 40.98 –; BRS 60 Nr. 178 = BauR 1998, 995; OVG NRW, Urteil v. 27. 6. 1996 – 7 A 3590/91 –, BRS 58 Nr. 147) nach der Sach- und Rechtslage im Zeitpunkt der Genehmigungserteilung beurteilt. Eine Funktionsnachfolge dergestalt, daß nunmehr die Immissionsschutzbehörde für die Erteilung bzw. Verteidigung der nach altem Recht zu beurteilenden Baugenehmigung für eine Windkraftanlage zuständig wäre, findet danach nicht statt. Immissionsschutzrechtliche Bestimmungen sind in dem nach § 67 Abs. 9 BImSchG fortgeführten Verfahren nur insoweit maßgeblich, als die Baugenehmigung rechtswidrig ist bzw. nicht erteilt werden kann,

wenn die Anlage schon nach bisherigem Recht einer immissionsschutzrechtlichen Genehmigung bedurfte. Demgemäß liegen in Fällen der vorliegenden
Art auch die Voraussetzungen für eine Beiladung der immissionsschutzrechtlich zuständigen Behörde nicht vor, da ihre rechtlichen Interessen durch die
Entscheidung nicht i. S. von § 65 Abs. 1 VwGO berührt werden.

Klarstellend weist der Senat darauf hin, daß sich die vorstehenden Ausführungen zur zunächst fortgeltenden Zuständigkeit der Baugenehmigungsbehörde lediglich auf Verfahren beziehen, die vor dem 1. 7. 2005 erteilte und
noch nicht unanfechtbare Baugenehmigungen zum Gegenstand haben. Sie
beziehen sich hingegen nicht auf Überwachungs- oder Vollstreckungsmaß-
nahmen im Zusammenhang mit den vorerwähnten Baugenehmigungen.

3. Ob die vorliegende Beschwerde auch im übrigen zulässig, insbesondere
fristgerecht erhoben ist, kann dahinstehen. Denn sie ist jedenfalls unbegründet. Das Beschwerdevorbringen, auf dessen Prüfung der Senat gemäß § 146
Abs. 4 Satz 6 VwGO beschränkt ist, stellt den angefochtenen Beschluß des
Verwaltungsgerichts nicht in Frage. Das Verwaltungsgericht hat das Rechts-
schutzgesuch der Antragstellerin mit der Begründung abgelehnt, daß der
Widerspruch der Antragstellerin, die sich auf Verletzung von Mitwirkungs-
rechten und ihres kommunalen Selbstverwaltungsrechts beruft, mit überwiegender Wahrscheinlichkeit unbegründet sei und daß selbst dann, wenn der
Ausgang des Hauptsacheverfahrens offen sein sollte, die im Verfahren nach
§ 80 Abs. 5 VwGO vorzunehmende Interessenabwägung zuungunsten der
Antragstellerin ausfalle.

Jedenfalls die zweite Begründung, die die Versagung des begehrten vorläufigen Rechtsschutzes selbstständig trägt, wird durch das Beschwerdevorbringen nicht in Frage gestellt. Das Interesse der Beigeladenen daran, die Anlage
auch weiterhin betreiben zu dürfen, ist offenkundig von beträchtlichem
Gewicht. Sie hat bereits erhebliche Investitionen getätigt, indem sie die streitbefangene Windkraftanlage – im übrigen nach Abschluß eines Gestattungs-
vertrages hinsichtlich der Benutzung eines im Eigentum der Antragstellerin
stehenden Weges – im Dezember 2004 errichtet hat. Anhaltspunkte für überwiegende gegenläufige Interessen der Antragstellerin sind dem Beschwerdevorbringen demgegenüber nicht zu entnehmen. Auch mit Blick auf das
grundsätzlich gewichtige und schutzwürdige Interesse an der Wahrung ihrer
kommunalen Planungshoheit ist der Antragstellerin zuzumuten, die umstrittene Windkraftanlage bis zum Abschluß des Hauptsacheverfahrens hinzunehmen. Durch die sofortige Vollziehbarkeit der Baugenehmigung werden
keine unumkehrbaren Fakten geschaffen, so daß eine endgültige Vereitelung
der gemeindlichen Planungsabsichten nicht droht. Die hier in Rede stehende
Windkraftanlage entfaltet keine Vorbildwirkung in Bezug auf Vorhaben,
denen nunmehr die Darstellungen des Flächennutzungsplans entgegenstehen (vgl. OVG NRW, Beschluß v. 7. 8. 2002 – 10 B 1001/02 –).

Ein überwiegendes Interesse der Antragstellerin an der Wiederherstellung
der aufschiebenden Wirkung ihres Widerspruchs ist auch deshalb nicht
erkennbar, weil ihre Rechtsposition in Bezug auf die Wahrung der gemeindlichen Planungshoheit durch einen Erfolg des vorliegenden Rechtsschutzge-
suchs nicht verbessert würde. Der Antragstellerin geht es letztlich um eine

Klärung, ob und inwieweit sie durch die der Beigeladenen erteilte Baugenehmigung in ihrer Flächennutzungsplanung, die für das betreffende Gebiet nunmehr andere Nutzungszwecke vorsieht, gebunden ist. Eine derartige Klärung, die eine verläßliche Grundlage für weitere planerische Entscheidungen wäre, kann indessen nur in einem Hauptsacheverfahren, nicht hingegen in einem Verfahren des vorläufigen Rechtsschutzes herbeigeführt werden. Die bei dem gegenwärtigen Sachstand allein zu erreichende Einstellung des Betriebs wäre in Bezug auf die Gewährleistung der kommunalen Planungshoheit ohne Belang. Eine Verpflichtung der Beigeladenen zum sofortigen Abriß der Anlage kommt auf Grund einer Entscheidung im vorläufigen Rechtsschutz nicht in Betracht (vgl. OVG NRW, Beschluß v. 11.3.2005 –10 B 2462/04 –, juris).

Nr. 163

1. **Die Baugenehmigung zur Erweiterung eines Gebäudes zu einer „Mehrzwecknutzung" ist unbestimmt, wenn sich weder der Baugenehmigung selbst noch den mit Zugehörigkeitsvermerk versehenen Bauvorlagen Inhalt, Reichweite und Umfang der genehmigten Nutzung entnehmen läßt.**

2. **Eine Baugenehmigung ist im Regelfall als nachbarrechtswidrig aufzuheben, wenn Bauschein und genehmigte Bauvorlagen hinsichtlich nachbarrechtsrelevanter Umstände unbestimmt sind und infolgedessen bei der Ausführung des Bauvorhabens eine Verletzung von Nachbarrechten nicht auszuschließen ist.**

VwVfG NRW § 37 Abs. 1.

OVG Nordrhein-Westfalen, Beschluß vom 30. Mai 2005 – 10 A 2017/03 – (rechtskräftig).

(VG Münster)

Der Kläger wendete sich gegen eine dem Beigeladenen vom Beklagten erteilte und bereits verwirklichte Genehmigung zur Nutzungsänderung und Erweiterung eines ehemaligen Umkleidegebäudes zu Lager- und Abstellzwecken sowie zu einer „Mehrzwecknutzung". Der Beigeladene betrieb in unmittelbarer Nähe zu dem betroffenen Bauvorhaben ein Hotel; er erweiterte das vormals durch einen Sportverein genutzte Umkleidegebäude auf Grund der Genehmigung um einen etwa 130 m² umfassenden „Mehrzweckraum". Ab März 2000 bot er das fertig gestellte Bauvorhaben in Presseinseraten als – nach Wahl auch selbst zu bewirtschaftenden – Partyraum für Feiern von 20 bis 100 Personen an. Der Kläger war Eigentümer eines benachbart gelegenen und mit einem Einfamilienwohnhaus bebauten Grundstücks; er beklagte, daß zahlreiche Veranstaltungen bis in die späte Nacht andauerten und mit unzumutbarer Lärmentwicklung verbunden seien. Sowohl das streitbefangene Bauvorhaben als auch das Wohnhaus des Klägers lagen in einem durch Bebauungsplan festgesetzten allgemeinen Wohngebiet. Das Verwaltungsgericht hob die Baugenehmigung auf. Der Antrag des Beigeladenen auf Zulassung der Berufung blieb erfolglos.

Aus den Gründen:
Die angegriffene Baugenehmigung ist unter Verstoß gegen §37 Abs. 1 VwVfG NRW unbestimmt, und die Unbestimmtheit bezieht sich gerade auf diejenigen Merkmale des Vorhabens, deren genaue Festlegung erforderlich ist, um eine Verletzung nachbarschützender Rechtsvorschriften – hier der Vorschriften zum Gebietscharakter der Baugebiete nach §4 der BauNVO – auszuschließen.

Eine Baugenehmigung muß inhaltlich bestimmt sein. Sie muß Inhalt, Reichweite und Umfang der genehmigten Nutzung eindeutig erkennen lassen, damit der Bauherr die Bandbreite der für ihn legalen Nutzungen und Drittbetroffene das Maß der für sie aus der Baugenehmigung erwachsenden Betroffenheit zweifelsfrei feststellen können. Eine solche dem Bestimmtheitsgebot genügende Aussage muß dem Bauschein selbst – ggf. durch Auslegung – entnommen werden können, wobei die mit Zugehörigkeitsvermerk versehenen Bauvorlagen bei der Ermittlung des objektiven Erklärungsinhalts der Baugenehmigung herangezogen werden müssen. Andere Unterlagen oder sonstige Umstände sind angesichts der zwingend vorgeschriebenen Schriftform der Baugenehmigung (§75 Abs. 1 Satz 2 BauO NRW) für den Inhalt der erteilten Baugenehmigung regelmäßig nicht relevant. Allerdings ist die Baugenehmigungsbehörde gehalten, Bauanträge unter Einbeziehung der ihr bekannten Umstände des jeweils zugrunde liegenden Sachverhalts auszulegen, über den so ermittelten Verfahrensgegenstand zu entscheiden und dies in der ggf. zu erteilenden Baugenehmigung deutlich zu machen (OVG NRW, Beschluß v. 29.4.2004 – 10 B 545/04 –; Urteil v. 10.12.1996 – 10 A 4248/92 –, BRS 58 Nr. 216; Beschluß v. 12.1.2001 – 10 B 1827/00 –, BRS 64 Nr. 162 = BauR 2001, 755, und v. 23.9.1988 – 11 B 1739/88 –, BRS 48 Nr. 134, Urteil v. 26.9.1991 – 11 A 1604/89 –, BRS 52 Nr. 144; Boeddinghaus/Hahn/Schulte, Bauordnung NRW, Stand 1.3.2005, §75 Rdnr. 137–142 m.w.N.).

Im vorliegenden Fall sind diese Anforderungen nicht gewahrt. Dem Bauschein läßt sich lediglich entnehmen, daß ein vormaliges Umkleidegebäude einer neuen Nutzung als „Lager- und Abstellgebäude" zugeführt werden darf, daß WC-Anlagen für eine „Mehrzwecknutzung" erneuert und daß ein „Mehrzweckraum" angebaut werden darf. Weder mit Hilfe dieser Formulierungen noch anhand der im Bauschein enthaltenen Nebenbestimmungen läßt sich präzisieren, welcher Art die genehmigte Mehrzwecknutzung sein soll. Die zulässige Bandbreite der Nutzung wird jedenfalls nicht mit dem im Bauschein verwendeten Begriff des „Lager- und Abstellgebäudes" vollständig erfaßt, denn den grüngestempelten Bauzeichnungen läßt sich entnehmen, daß die Lagerflächen des umgenutzten und erweiterten Gebäudes – ein Abstellraum und zwei „Tisch- und Stuhllager" – quantitativ gegenüber dem als Erweiterung genehmigten „Mehrzweckraum" so stark in den Hintergrund treten, daß mit ihnen nicht die gesamte Bandbreite der genehmigten Nutzung abgedeckt ist. Die erforderliche Präzisierung – die im Hinblick darauf, daß die Baugenehmigung ein mitwirkungsbedürftiger Verwaltungsakt ist, in erster Linie vom Beigeladenen zu leisten gewesen wäre – ist auch den übrigen mit Zugehörigkeitsvermerk versehenen Bauvorlagen nicht zu entnehmen. Weder aus der Baubeschreibung noch aus der Berechnung des umbauten Raumes oder aus dem Stellplatznachweis geht ein genauer bestimmter Nutzungszweck des „Mehrzweckraumes" hervor; eine Betriebsbeschreibung, die hier hätte Klarheit schaffen können, hat der Beigeladene entgegen § 5 Abs. 2 BauPrüfVO NRW nicht vorgelegt. Nicht berücksichtigt werden können die im Rahmen der Bauberatung zu den Akten gelangten Architektenentwürfe, da sie nicht Bestandteil der Baugenehmigung geworden sind und da ihnen auch nicht zu entnehmen ist, daß sie überhaupt einem vom Beigeladenen ernsthaft verfolgten Nutzungskonzept entsprechen. Hiervon abgesehen könnte sich aus ihnen allenfalls eine Nutzung für Tagungszwecke, Besprechungsräume oder eine – wiederum nicht näher bestimmte – Clubnutzung ergeben, nicht jedoch die tatsächlich beabsichtigte und durchgeführte Nutzung.

Schließlich konnte und mußte der Beklagte den eingereichten Bauvorlagen auch aus den äußeren, ihm bekannten Umständen nicht entnehmen, welche Nutzung zur Genehmigung gestellt werden sollte. Denn anders als in dem vom Beigeladenen in der Antragsbegründung in Bezug genommenen Fall der Erweiterung einer privilegierten Außenbereichsnutzung (OVG NRW, Urteil v. 26. 9. 1991 – 11 A 1604/89 –, BRS 52 Nr. 144), konnte der Beklagte den äußeren Umständen keine nähere Präzisierung der Nutzungsabsicht entnehmen. Er konnte insbesondere nicht davon ausgehen, daß – wie vom Beigeladenen im Zulassungsverfahren behauptet – eine Nutzung zu sportlichen Zwecken beabsichtigt war. Zwar war das betroffene Gebäude zuvor als Umkleidegebäude für einen Sportverein genutzt worden, doch läßt der Antrag auf Genehmigung einer Nutzungsänderung gerade nicht erkennen, daß eine derartige Nutzung im Kern weitergeführt werden sollte. Dasselbe gilt – erst recht – für die vom Beigeladenen ebenfalls ohne jeden Anhaltspunkt behauptete Nutzung für soziale Zwecke im Hinblick auf das nahe gelegene Altenheim. Schließlich mußte der Beklagte nicht ohne weiteres davon ausgehen, daß eine Nutzung als Teil eines Hotel- und Gaststättenbetriebes geplant war. Allein der Umstand, daß der Bauantragsteller Inhaber eines solchen Betriebes ist, reicht hierfür nicht aus; ohne präzisierende Hinweise in den Bauvorlagen ließ sich angesichts der Vielzahl möglicher Nutzungen im vorliegenden Fall nicht bestimmen, welche Bandbreite an Nutzungen neben der Nutzung als Lagergebäude zur Genehmigung gestellt war. Der Umstand, daß das streitbefangene Vorhaben jedenfalls überwiegend gewerblich als zur Selbstbewirtschaftung vermieteter Partyraum genutzt wird und nicht – unmittelbar – als Teil eines Gaststätten- und Beherbergungsbetriebes, bestätigt dies.

Die Unbestimmtheit der Baugenehmigung führt im vorliegenden Fall zu ihrer Aufhebung. Eine Baugenehmigung ist als nachbarrechtswidrig aufzuheben, wenn Bauschein und genehmigte Bauvorlagen hinsichtlich nachbarrechtsrelevanter Baumaßnahmen unbestimmt sind und infolgedessen bei der Ausführung des Bauvorhabens eine Verletzung von Nachbarrechten nicht auszuschließen ist (OVG NRW, Beschluß v. 29. 9. 1995 – 11 B 1258/95 –, BRS 57 Nr. 162).

So liegt der Fall hier, denn die Unbestimmtheit betrifft die Bandbreite der zulässigen Nutzungsarten und berührt damit den Gebietsgewährleistungsanspruch, der dem Kläger als Nachbarn zusteht. Nach dem Wortlaut der Baugenehmigung wäre jede denkbare Nutzung des ehemaligen Umkleidegebäudes –

unabhängig vom Grad seiner Emissionsträchtigkeit – zulässig und damit auch solche Nutzungen, die in einem allgemeinen Wohngebiet weder allgemein noch ausnahmsweise zulässig sind.

Ernstliche Zweifel an der Richtigkeit des Urteils bestehen auch nicht im Hinblick auf die Entscheidung zum Klageantrag zu 2) – Anspruch auf Einschreiten der Bauaufsichtsbehörde –, denn der Rechtsmittelführer hat durchgreifende Rügen hiergegen nicht vorgetragen. Hiervon unabhängig ist die Entscheidung des Verwaltungsgericht zu diesem Teil des Streitgegenstandes nicht zu beanstanden. Der Beklagte hat – zuletzt 2002 – ausgeführt, daß dem Kläger ein Anspruch auf Einschreiten trotz des Umstandes, daß eine Verletzung des Gebietscharakters durch das Vorhaben bewirkt werde, nicht zustehe, weil kein besonders schwerer Gefahrensfall vorliege und weil die Baugenehmigung jedenfalls zunächst rechtmäßig erteilt worden sei; eine – unterstellte – mittlerweile eingetretene Rechtswidrigkeit der Baugenehmigung ändere daran nichts. Diese Begründung trägt die Ermessensentscheidung über das bauaufsichtliche Einschreiten nicht. Die Beachtung und Durchsetzung des bundesrechtlich geregelten materiellen Bauplanungsrechts im Rahmen landesgesetzlich geregelter Verfahren steht grundsätzlich nicht zur Disposition des Landesgesetzgebers bzw. der Bauaufsichtsbehörde; diese ist vielmehr in einem derartigen Fall regelmäßig zum Einschreiten verpflichtet (BVerwG, Beschluß v. 9. 2. 2000 – 4 B 11.00 –, BRS 63 Nr. 210 = BauR 2000, 1318.).

Nr. 164

Zum unterschiedlichen Regelungsgehalt des Merkmals „unter Würdigung nachbarlicher Interessen" in § 31 Abs. 2 BauGB bei einer Befreiung von nachbarschützenden und von nicht nachbarschützenden Festsetzungen eines Bebauungsplans.

VwGO § 146 Abs. 4 Sätze 3 und 4; BauGB § 31 Abs. 2.

Bayerischer VGH, Beschluss vom 16. August 2005 – 1 CS 05.1421 – (rechtskräftig).

(VG München)

Die Antragsteller begehren als Miteigentümer des Grundstücks die aufschiebende Wirkung ihres Widerspruchs gegen die dem Beigeladenen zu 1 unter Befreiung von vier Festsetzungen des Bebauungsplans im Januar 2005 erteilte Baugenehmigung zur Errichtung eines Wohn- und Geschäftshauses auf dem südöstlich angrenzenden Grundstück anzuordnen. Über den Widerspruch der Antragsteller ist noch nicht entschieden. Mit Bescheid vom April 2005 ergänzte das Landratsamt den Bescheid vom Januar 2005 um eine Begründung der Befreiungen.

Aus den Gründen:

II. Die Beschwerde ist als unzulässig zu verwerfen (§ 146 Abs. 4 Satz 4 VwGO), weil sie nicht ausreichend begründet worden ist (§ 146 Abs. 4 Satz 3 VwGO). ...

Die Beschwerdebegründung genügt diesen Anforderungen nicht. Sie setzt sich mit der die Entscheidung des Verwaltungsgerichts in erster Linie tragenden Begründung, dass die Befreiungen keine nachbarschützenden Festsetzungen des Bebauungsplans betreffen (Nr. 1), und mit der die Entscheidung in zweiter Linie tragenden Begründung, dass die Befreiungen nicht gegen das Gebot der Würdigung nachbarlicher Interessen verstoßen (Nr. 2), nicht ausreichend auseinander.

Die Beschwerdebegründung berücksichtigt zwar, dass ein Nachbar nur dann einen Anspruch auf Aufhebung einer dem Bauherrn erteilten Befreiung von Festsetzungen des Bebauungsplans hat, wenn die Befreiung rechtswidrig und der Nachbar dadurch in seinen Rechten verletzt ist (§ 113 Abs. 1 Satz 1 VwGO). Sie berücksichtigt auch, dass sich ein Abwehrrecht des Nachbarn nur aus einem Verstoß gegen das Gebot des § 31 Abs. 2 BauGB, bei der Befreiung (auch) die nachbarlichen Interessen zu würdigen, ergeben kann. Sie lässt jedoch außer Acht, dass nicht jeglicher Verstoß gegen diese Befreiungsvoraussetzung, sondern nur ein qualifizierter Verstoß gegen diese Anforderung Rechte des Nachbarn verletzen kann. Die Beschwerdebegründung unterscheidet auch nicht ausreichend, dass ein qualifizierter Verstoß gegen das Gebot, (auch) die nachbarlichen Belange zu würdigen, bei einer rechtswidrigen Befreiung von einer nachbarschützenden Festsetzung stets (vgl. BVerwG v. 10. 12. 1982, NJW 1983, 1574 = DVBl. 1983, 348; Dürr, in: Brügelmann, BauGB, § 31 – Stand April 1997 – Rdnr. 68), bei einer rechtswidrigen Befreiung von einer nicht nachbarschützenden Festsetzung aber nur ausnahmsweise und nur dann in Betracht kommt, wenn die Befreiung in einer das nachbarschützende Gebot der Rücksichtnahme verletzenden Weise rechtswidrig ist (vgl. schon BVerwG v. 19. 9. 1986, NVwZ 1987, 409). Das ist der Fall, wenn durch die Befreiung oder ihre Ausnutzung die Nutzung des Nachbargrundstücks unzumutbar beeinträchtigt wird (BVerwG v. 20. 9. 1984, NVwZ 1985, 37, 38; v. 19. 9. 1986, NVwZ 1987, 409, 410; v. 8. 7. 1998, NVwZ-RR 1999, 8 = BauR 1998, 1206, 1207).

1. Das Verwaltungsgericht hat in erster Linie festgestellt, dass die vier Festsetzungen, von denen der Antragsgegner Befreiungen erteilt hat, nicht nachbarschützend sind. ...

Die Beschwerdebegründung lässt nicht einmal ansatzweise eine Auseinandersetzung mit der wesentlichen Begründung des Verwaltungsgerichts erkennen. Sie greift schon die auf die Begründung des Bebauungsplans gestützte Erwägung des Verwaltungsgerichts nicht auf, dass sowohl die Festsetzung der besonderen Bauweise als auch die Festsetzungen zu den Dachaufbauten allein der Gestaltung des Ortsbildes, nicht auch dem Nachbarschutz dienen sollen. Erst recht fehlt es an einer rechtlichen Aufbereitung und Durchdringung dieser Frage. Das hätte zumindest eine Erörterung erfordert, ob und unter welchen Voraussetzungen Festsetzungen zu den die seitlichen Grundstücksgrenzen betreffenden Bauweisen (§ 22 Abs. 2 und 3 BauNVO) nachbarschützend sind (vgl. BVerwG v. 24. 2. 2000, E 110, 355, 362 = NVwZ 2000, 1055, 1057) und inwiefern das auch für eine die rückwärtige Grundstücksgrenze betreffende besondere Bauweise (§ 22 Abs. 4 Satz 2 BauNVO) gilt. ...

2. Das Verwaltungsgericht hat in zweiter Linie angenommen, dass die Antragsteller die Befreiung von den nicht nachbarschützenden Festsetzungen nicht abwehren könnten, weil der Antragsgegner im Ergänzungsbescheid

vom April 2005 und in seiner Antragserwiderung die nachbarlichen Interessen umfangreich und zutreffend gewürdigt habe. Es hat hierzu auf die Entscheidung des Bundesverwaltungsgerichts vom 8.7.1998 (BauR 1998, 1206 = NVwZ-RR 1999, 8 = BRS 60 Nr. 183 = BayVBl. 1999, 26) Bezug genommen. Diese Begründung des Verwaltungsgerichts greift zwar zu kurz, weil sie nicht – wie es das Bundesverwaltungsgericht in der Entscheidung vom 8.7.1998 fordert – darauf abstellt, ob die Befreiung rechtswidrig ist und zugleich gegen das nachbarschützende Gebot der Rücksichtnahme verstößt.

In der Beschwerdebegründung sind diese Feststellung und diese Begründung des Verwaltungsgerichts jedoch nicht in schlüssiger Weise angegriffen. Es hätte dargelegt und in nachvollziehbarer Weise begründet werden müssen, warum die Befreiungen gegen das nachbarliche Gebot der Rücksichtnahme verstoßen sollen – warum also auf dem Grundstück der Antragsteller unzumutbare Verhältnisse eintreten sollen, wenn der Beigeladene zu 1 von den Befreiungen und von der Baugenehmigung Gebrauch macht. Ein Verstoß gegen das nachbarschützende Gebot der Rücksichtnahme und damit ein qualifizierter Verstoß gegen das Gebot des § 31 Abs. 2 BauGB, bei der Befreiung (auch) die nachbarlichen Belange zu würdigen, ist nicht einmal ansatzweise aufgezeigt. Der bloße Hinweis, dass durch die „offene Bauweise" und den Dachaufbau nachbarliche Belange beeinträchtigt seien, reicht nicht aus.

Entgegen der Auffassung des Prozessbevollmächtigten der Antragsteller kommt es nicht darauf an, ob die Befreiung von den nicht nachbarschützenden Festsetzungen an Ermessensfehlern leidet.

Zwar kann sich bei einer Befreiung von einer nachbarschützenden Festsetzung aus einem Ermessensfehler bei der Erteilung der Befreiung ein Abwehranspruch des Nachbarn ergeben. Der durch die nachbarschützende Festsetzung vermittelte Drittschutz erstreckt sich nämlich auch darauf, dass bei einer Befreiung die nachbarlichen Belange ordnungsgemäß – und damit auch ermessensgerecht – gewürdigt werden. Anders ist es jedoch bei einer Befreiung von einer nicht nachbarschützenden Festsetzung. Hier ergibt sich der Nachbarschutz nicht schon aus der Festsetzung, sondern erst aus dem – gerichtlich voll überprüfbaren – nachbarschützenden Gebot der Rücksichtnahme. Insoweit kommt es auf Ermessensfehler bei der Erteilung der Befreiung nicht an (BVerwG v. 8.7.1998, BauR 1998, 1206, 1207 = BRS 60 Nr. 183, S. 633 f.; OVG NRW v. 1.12.2004 – 7 B 2327/04 –, Öff BauR 2005, 59). ...

Nr. 165

Lassen sich die Erfolgsaussichten eines Nachbarrechtsbehelfs gegen eine Baugenehmigung im Aussetzungsverfahren auf Grund der verfahrensformbedingt eingeschränkten Erkenntnismöglichkeiten nicht abschließend positiv beurteilen, so ist für eine Anordnung der kraft ausdrücklicher gesetzlicher Regelung (§§ 80 Abs. 2 Satz 1 Nr. 3 VwGO, 212 a Abs. 1 BauGB) ausgeschlossenen aufschiebenden Wirkung nur Raum, wenn die überschlägige Rechtskontrolle zumindest gewichtige Zweifel an der nachbarrechtlichen Unbedenklichkeit der angefochtenen Genehmigung ergibt.

Die Interpretation, dass eine sog. „Familienheimklausel" in einem Bebauungsplan nur die Errichtung eines (einzigen) entsprechenden Gebäudes je Grundstück zulässt, ist im Hinblick auf die sich aus der insoweit überwiegend als abschließende Konkretisierung der Festsetzungsmöglichkeit für „Familienheime" in § 9 Abs. 1 Nr. 1 g) BBauG bzw. – seit der Novelle 1976 entsprechend – in § 9 Abs. 1 Nr. 6 BBauG angesehene Befugnis der Gemeinden zur Beschränkung der Zahl der Wohnungen je Wohngebäude in § 3 Abs. 4 BauNVO 1962/68, die weiter gehende planerische Anordnungen bezogen also auf die Errichtung auf nur einem Grundstück jedenfalls nicht zuließ, zumindest bedenklich.

Alleiniger Beurteilungsgegenstand des Nachbarrechtsbehelfs ist das in der Baugenehmigung bzw. in den diese inhaltlich konkretisierenden genehmigten Bauvorlagen, ggf. unter Berücksichtigung darin enthaltener Grüneintragungen der Bauaufsichtsbehörde, dargestellte Bauvorhaben. Eine inhaltliche Änderung der Genehmigungsentscheidung durch sog. Tekturgenehmigungen im Verlaufe des Nachbarrechtsbehelfsverfahrens ist in diesem und daher auch im Beschwerdeverfahren gegen stattgebende Aussetzungsentscheidungen des Verwaltungsgerichts zu berücksichtigen.

Betrifft eine Befreiung (§ 31 Abs. 2 BauGB) nicht nachbarschützende Festsetzungen eines Bebauungsplans, hier über das Maß der baulichen Nutzung und die überbaubaren Grundstücksflächen (Baugrenzen), so kann sich ein nachbarlicher Abwehranspruch allenfalls über das Gebot nachbarlicher Rücksichtnahme in entsprechender Anwendung des § 15 Abs. 1 BauNVO unter Berücksichtigung der Interessenbewertung des § 31 Abs. 2 BauGB ergeben. Eine rechtliche „Aufwertung" der Nachbarposition lässt sich nicht über die objektiven Dispensvoraussetzungen begründen.

Auch wenn mit der Rechtsprechung des Bundesverwaltungsgerichts davon auszugehen ist, dass eine Verletzung des planungsrechtlichen Rücksichtnahmegebots grundsätzlich unter den Gesichtspunkten des „Einmauerns" bzw. der „erdrückenden Wirkung" mit Blick auf den Umfang eines Bauvorhabens selbst dann rechtlich nicht ausgeschlossen ist, wenn die landesrechtlichen Vorschriften über die Grenzabstände, die eine ausreichende Belichtung von Nachbargrundstücken sicherstellen und der Wahrung des Nachbarfriedens dienen sollen, eingehalten sind, so kann dies nur in Ausnahmefällen in Betracht kommen.

Es gehört nicht zu den Aufgaben eines privaten Nachbarn, allgemein über die Einhaltung des öffentlichen Baurechts zu „wachen" und jegliche Realisierung rechtswidriger Bauvorhaben in seiner Nachbarschaft zu verhindern.

BBauG § 9 Abs. 1 Nr. 6; BauGB §§ 30, 31; BauNVO 1962/68 § 3 Abs. 4.

OVG des Saarlandes, Beschluss vom 20. Dezember 2005 – 2 W 33/05 – (rechtskräftig).

Der Antragsteller ist Eigentümer des mit einem Wohnhaus bebauten Grundstücks Parzelle Nr. 95/1. Er wendet sich gegen die Neubebauung des früher mit einem bis auf die gemeinsame Grenze reichenden Gebäude bestandenen rechtsseitigen Nachbargrundstücks (bisher Parzelle Nr. 97/8). Beide Grundstücke liegen im Geltungsbereich des Bebauungsplans „G./Teilplan 1" aus dem Jahre 1968, der u. a. ein reines Wohngebiet und offene Bauweise festsetzt. Die überbaubaren Grundstücksflächen werden durch vordere und hintere Baugrenzen ausgewiesen. Im textlichen Teil der Festsetzungen wird unter Nr. 12 hinsichtlich „überwiegend für die Bebauung mit Familienheimen vorgesehener Flächen" auf den „gesamten Geltungsbereich" verwiesen.

2004 erteilte die Antragsgegnerin der Beigeladenen die Baugenehmigung für den „Neubau von 2 Zweifamilienhäusern mit je 1 PKW-Garage" auf der Parzelle Nr. 97/8 im vereinfachten Genehmigungsverfahren (§ 67 LBO 1996). Durch gesonderten Bescheid wurde eine Befreiung von den Festsetzungen der überbaubaren Grundstücksflächen in dem Bebauungsplan wegen Überschreitung der vorderen und hinteren Baugrenzen mit Balkonen gewährt. Nach den mit Genehmigungsvermerken versehenen Bauvorlagen sollen die beiden Gebäude getrennt durch die aneinander gebauten Garagen hintereinander dergestalt ausgeführt werden, dass die Eingangsseiten und die Zufahrten auf der dem Grundstück des Antragstellers abgewandten Seite liegen. Beide Gebäude verfügen über ein Erd- und zwei Obergeschosse. Das zur Wohnung im ersten Obergeschoss gehörende zweite Obergeschoss soll jeweils zum Antragsteller hin zurückversetzt und mit einer vorgelagerten Terrasse ausgeführt werden. Der Grenzabstand zum Grundstück des Antragstellers soll mindestens 3 m betragen.

Nachdem Anfang Mai 2005 mit der Ausführung des Vorhabens begonnen worden war, erhob der Antragsteller, dem die Baugenehmigung nicht bekannt gegeben worden war, Widerspruch. Zur Begründung wurde ein Verstoß gegen die Festsetzungen des einschlägigen Bebauungsplans, konkret die Beschränkung auf die Errichtung von „Familienheimen" und die Festsetzung über das zulässige Maß der baulichen Nutzung durch Grundflächenzahl, geltend gemacht. Zudem liege eine Verletzung des Rücksichtnahmegebots wegen einer „erdrückenden Wirkung" vor.

Auf die entsprechenden Anträge des Antragstellers hin hat das Verwaltungsgericht die aufschiebende Wirkung des Widerspruchs gegen die Baugenehmigung angeordnet und den Antragsgegner verpflichtet, die weitere Ausführung des im Rohbau weitgehend realisierten Bauvorhabens sofort bis zur abschließenden Entscheidung über den Rechtsbehelf zu unterbinden. In den Gründen ist ausgeführt, das Vorhaben verstoße gegen die im Bebauungsplan enthaltene „Familienheimklausel".

Die Beigeladene hat Beschwerde eingelegt. Im Verlaufe des Beschwerdeverfahrens hat die Beigeladene geänderte Pläne eingereicht, wonach das Grundstück im Bereich zwischen den beiden Gebäuden bzw. den beiden diese verbindenden Garagen geteilt werden soll. Daraufhin hat die Antragsgegnerin der Beigeladenen auf für beide Häuser getrennt gestellte Anträge hin Befreiungen wegen einer Überschreitung der im Bebauungsplan festgesetzten Geschossflächenzahl sowie Abweichungen wegen geringfügiger Überlappung der Abstandsflächen im Bereich der einander zugekehrten Außenwände der Gebäude erteilt. Ferner wurde ein für die gesonderte Erschließung des rückseitigen Gebäudes nach der Teilung notwendiges Geh- und Fahrrecht in das Baulastenverzeichnis eingetragen.

Aus den Gründen:

Die gemäß § 146 VwGO statthafte Beschwerde der Beigeladenen ist begründet. Die nach § 146 Abs. 4 Satz 6 VwGO den gerichtlichen Prüfungsumfang im Beschwerdeverfahren bestimmende Beschwerdebegründung gebietet eine abweichende Beurteilung des Eilrechtsschutzbegehrens des Antragstellers.

In derartigen Antragsverfahren nach den §§ 80 a Abs. 1 Nr. 2 und Abs. 3, 80 Abs. 5 Satz 1 VwGO ist Entscheidungskriterium für die Verwaltungsgerichte die mit den Erkenntnismöglichkeiten des Eilverfahrens zu prognostizierende Erfolgsaussicht des jeweils „in der Hauptsache" eingelegten Nachbarrechtsbehelfs. Entscheidend ist daher die Frage des Vorliegens einer für den Erfolg des Nachbarwiderspruchs oder ggf. einer anschließenden Anfechtungsklage des Antragstellers unabdingbaren Verletzung seinem Schutz dienender Vorschriften des öffentlichen Rechts (vgl. etwa OVG des Saarlandes, Beschluss v. 28. 8. 1998 – 2 V 15/98 –, SKZ 1999, 120. Leitsatz Nr. 52, wonach der Umstand, dass eine Baugenehmigung lediglich gegen im öffentlichen Interesse erlassene Vorschriften verstößt und sich insoweit als erkennbar rechtswidrig erweist, im Einzelfall keinen Grund darstellt, dem Nachbarinteresse an der Aussetzung der sofortigen Vollziehbarkeit den Vorrang einzuräumen; ebenso etwa Beschlüsse v. 16. 12. 2003 – 1 W 42/03 –, v. 24. 6. 2004 – 1 W 18/04 –, SKZ 2005, 71, Leitsatz Nr. 26, und v. 6. 9. 2004 - 1 W 26/04 –, SKZ 2005, 94, Leitsatz Nr. 35) nach Maßgabe der im Zeitpunkt der Erteilung der umstrittenen Baugenehmigung noch geltenden §§ 77 Abs. 1 Satz 1, 67 Abs. 2 LBO 1996 durch die Baugenehmigung (§ 113 Abs. 1 Satz 1 VwGO). Lassen sich die Erfolgsaussichten im Aussetzungsverfahren auf Grund der verfahrensformbedingt eingeschränkten Erkenntnismöglichkeiten nicht abschließend positiv beurteilen, so ist für eine Anordnung der kraft ausdrücklicher gesetzlicher Regelung (§§ 80 Abs. 2 Satz 1 Nr. 3 VwGO, 212a Abs. 1 BauGB) ausgeschlossenen aufschiebenden Wirkung eines Nachbarrechtsbehelfs gegen eine Baugenehmigung nur Raum, wenn die überschlägige Rechtskontrolle zumindest gewichtige Zweifel an der nachbarrechtlichen Unbedenklichkeit der angefochtenen Genehmigung ergibt (vgl. hierzu im Einzelnen etwa OVG des Saarlandes, Beschlüsse v. 27. 10. 2003 – 1 W 34/03 und 1 W 35/03 –, SKZ 2004, 85, Leitsatz Nr. 40, st. Rspr.). Davon kann nach dem Ergebnis des Beschwerdeverfahrens nicht ausgegangen werden.

Eine solche ernst zu nehmende Möglichkeit des Vorliegens einer Verletzung subjektiver Nachbarrechte des Antragstellers durch die streitige Baugenehmigung wurde vom Verwaltungsgericht in dem angefochtenen Beschluss unter Hinweis auf die Nichtbeachtung der im Textteil des Bebauungsplans „G./Teilplan 1" unter Nr. 12 enthaltenen „Familienheimklausel" (vgl. zum Inhalt und der nachbarrechtlichen Bedeutung derartiger, in Bebauungsplänen saarländischer Kommunen in den 1960er-Jahren flankierend zu Wohngebietsausweisungen quasi „standardisiert" übernommener „Familienheimklauseln" Bitz/Schwarz/Seiler-Dürr/Dürr, Baurecht Saarland, 2. Aufl. 2005, Kap. XI Rdnr. 157 ff. mit zahlreichen Rechtsprechungsnachweisen) und sich hieraus voraussichtlich ergebender nachbarlicher Abwehrrechte des Antragstellers bejaht, da sowohl der Begriff des Eigenheims als auch derjenige des Wohneigenheims nach § 9 Abs. 2 WoBauG die Errichtung (nur) einer solchen Anlage auf einem Grundstück umfasse. Diese Interpretation der Festsetzung erscheint nicht unproblematisch. Insoweit wurde die Befugnis der Gemeinden zur Beschränkung der Zahl der Wohnungen je Wohngebäude in § 3 Abs. 4 BauNVO 1962/68 überwiegend als abschließende Konkretisierung der Festsetzungsmöglichkeit für „Familienheime" in § 9 Abs. 1 Nr. 1 g) BBauG bzw. – seit der Novelle 1976 entsprechend – in § 9 Abs. 1 Nr. 6 BBauG angesehen. Die Vorschrift ließ weiter gehende planerische Anordnungen der angenommenen

Art, bezogen also auf die Errichtung auf nur einem Grundstück, jedenfalls nicht zu (vgl. hierzu beispielsweise Ernst/Zinkahn/Bielenberg, BBauG, Loseblatt, §9 Rdnr. 37, zu §9 Abs. 1 Nr. 6 BBauG 1976, unter Verweis auf die insoweit abschließenden Regelungen der BauNVO, wonach es nicht Aufgabe des Planungsrechts ist, sicherzustellen, dass von den durch das Wohnungsbaugesetz gebotenen Förderungsmöglichkeiten, etwa durch Eigentumserwerb, Gebrauch gemacht wird, Brügelmann, BBauG, Loseblatt, §9 Anm. 6c), zu §9 Abs. 1 Nr. 6 BBauG 1976, unter Hinweis auf die durch das II. WoBauG bezweckte Eigentumsbildung [§7 Abs. 1 II. WoBauG] und die insoweit abschließende Konkretisierung durch §3 Abs. 4 BauNVO 1968, sodass für anderweitige Festsetzungen zur Erreichung der Zwecke des II. WoBauG kein Raum war; siehe auch Fickert/Fieseler, BauNVO, 1. Aufl. 1969, §3 Tz 74, zur Konkretisierung des §9 Abs. 1 Nr. 1g) BBauG durch §3 Abs. 4 BauNVO 1962/68). Die bisherige Rechtsprechung des Oberverwaltungsgerichts des Saarlandes betraf ersichtlich ausschließlich die Frage der Zulässigkeit der Errichtung von Mehrfamilienhäusern auf einem einzigen von derartigen Ausweisungen betroffenen Grundstück (vgl. etwa die grundlegende Entscheidung OVG des Saarlandes, Urteil v. 3. 6. 1980 – II R 110/79 –, BRS 36 Nr. 198, wo es um die – dort im Rahmen eines Nachbarstreits verneinte – Frage der Zulässigkeit der Errichtung eines Gebäudes mit 7 Wohnungen ging, wenngleich in der Entscheidung die dem II. WoBauG zu entnehmende Zielsetzung ohne Einschränkungen wiedergegeben wurde).

Die Richtigkeit des angegriffenen Beschlusses in diesem Punkt bedarf aber aus Anlass der Entscheidung über die Beschwerde der Beigeladenen keiner abschließenden Betrachtung mehr. Zum einen ist alleiniger Beurteilungsgegenstand des Nachbarrechtsbehelfs das in der Baugenehmigung bzw. in den diese inhaltlich konkretisierenden genehmigten Bauvorlagen dargestellte Bauvorhaben. Das gilt auch für die sich aus dem Lageplan ergebenden Grenzverläufe (§§3 Abs. 3 Nr. 3 BauVorlVO 1996/2004). Zum anderen ist eine inhaltliche Änderung der Genehmigungsentscheidung durch sog. Tekturgenehmigungen im Verlaufe des Nachbarrechtsbehelfsverfahrens, und daher insbesondere auch im Beschwerdeverfahren gegen stattgebende Aussetzungsentscheidungen des Verwaltungsgerichts, zu berücksichtigen. Das hat zur Folge, dass nach der zwischenzeitlich vom Antragsgegner auf Antrag der Beigeladenen zugelassenen „Tektur" der Pläne „zum Bauschein Nr. 268/03" von einer Teilung der bisherigen Parzelle Nr. 97/8 und der Errichtung der beiden Gebäude auf getrennten Parzellen auszugehen ist, ohne dass es – mit Blick auf die erwähnte Maßgeblichkeit der Pläne – für die vorliegende Entscheidung darauf ankäme, ob die Teilung katastermäßig bereits vollzogen wurde oder noch aussteht. Entscheidend ist vielmehr, ob die Genehmigung mit dem Inhalt, den sie durch die genannte Tektur erhalten hat – wie eingangs ausgeführt – zumindest gewichtigen Zweifeln hinsichtlich ihrer nachbarrechtlichen Unbedenklichkeit unterliegt. Das ist zu verneinen. Dass sich ein solcher Nachbarrechtsverstoß nicht – zumindest nicht mehr – aus der im einschlägigen Bebauungsplan enthaltenen Festsetzung über die Zulässigkeit (nur) von „Familienheimen" ergibt, folgt ohne weiteres aus dem zuvor Gesagten. Die beiden genehmigten Gebäude weisen nicht mehr als (je) zwei Wohnungen auf.

Auch ansonsten ergeben sich insbesondere unter Berücksichtigung des weiteren Vorbringens des Antragstellers im erstinstanzlichen Verfahren keine durchgreifenden Anhaltspunkte dafür, dass das von der Antragsgegnerin zugelassene Bauvorhaben gegen den Schutz des Antragstellers dienende Vorschriften aus dem Prüfungskatalog des vereinfachten Genehmigungsverfahrens nach § 67 Abs. 2 LBO 1996 verstößt. Der Antragsteller leitet in der Antragsbegründung eine Verletzung seiner Rechte vor allem aus einer Nichtbeachtung für die Bauvorhaben des Beigeladenen geltender bauplanungsrechtlicher Anforderungen (§ 67 Abs. 2 Nr. 1 LBO 1996) ab.

Eine Missachtung nachbarschützender Festsetzungen des Bebauungsplans, von dessen Wirksamkeit mangels evidenter Gültigkeitsmängel zumindest im vorläufigen Rechtsschutzverfahren auszugehen ist (vgl. dazu OVG des Saarlandes, Beschlüsse v. 21. 10. 1996 – 2 W 29/96 –, v. 18. 7. 1995 – 2 W 31/95 –, SKZ 1996, 112, Leitsatz Nr. 12, v. 13. 4. 1993 – 2 W 5/93 –, BRS 55 Nr. 189, und v. 6. 9. 2004 – 1 W 26/04 –, wonach in Verfahren des vorläufigen Rechtsschutzes regelmäßig keine inzidente Normenkontrolle durchzuführen, vielmehr von der Verbindlichkeit planerischer Festsetzungen für das Baugrundstück auszugehen ist), kann nach gegenwärtigem Erkenntnisstand nicht angenommen werden. Insbesondere die von dem Antragsteller als verletzt gerügten Festsetzungen über das zulässige Maß der baulichen Nutzung (§ 16 BauNVO), hier insbesondere der „Grundflächenzahl", bzw. der nach dem Befreiungsbescheid der Antragsgegnerin von 2005 überschrittenen Geschossflächenzahl oder auch bezogen auf die im neuesten Schriftsatz seitens des Antragstellers mit Blick auf das 2. Obergeschoss ebenfalls als nicht eingehalten angesehene Festsetzung der Vollgeschosszahl (allgemein zur Nichtanwendbarkeit der Ausschlusswirkung des § 146 Abs. 4 Satz 6 VwGO in dieser Konstellation, OVG des Saarlandes, Beschluss v. 27. 4. 2005 – 3 W 2/05 –, SKZ 2005, 287, Leitsatz Nr. 6) besteht – anders als in Ansehung der Bestimmung der jeweils zulässigen Art baulicher Nutzung – keine bundesrechtliche Bindung der Gemeinden im Sinne einer Pflicht zu nachbarschützender Ausgestaltung. Daher kann aus einer Nichtbeachtung solcher Festsetzungen nur dann ein subjektives nachbarliches Abwehrrecht gegen ein Bauvorhaben hergeleitet werden, wenn dem jeweiligen Bebauungsplan (§ 10 BauGB) ein ausdrücklich erklärter oder zumindest aus den Planunterlagen oder der Planzeichnung unzweifelhaft erkennbarer dahingehender Regelungswille der Gemeinde entnommen werden kann (vgl. hierzu grundlegend BVerwG, Beschluss v. 23. 6. 1995 – 4 B 52.95 –, BRS 57 Nr. 209, wonach die planbetroffenen Eigentümer durch die Maßfestsetzungen nicht in gleicher Weise zu einer „Schicksalsgemeinschaft" verbunden werden, wie dies bei Festsetzungen über die Art der baulichen Nutzung (Baugebiete) der Fall ist, ein generell Nachbar schützender Charakter daher nicht angenommen werden kann und die Gewährung von Nachbarschutz durch das Rücksichtnahmegebot in dem Zusammenhang als ausreichend anzusehen ist; wie hier beispielsweise OVG des Saarlandes, Beschlüsse vom 16. 3. 2004 – 1 W 3/04 und 1 W 4/04 –, SKZ 2005, 69, Leitsatz Nr. 18, („faktische Baugrenzen"), v.

9.2.2005 – 1 W 1/05 –, SKZ 2005, 292, Leitsatz Nr. 28, und v. 11.5.2005 – 1 W 4/05 –, SKZ 2005, 293, Leitsatz Nr. 30). Dafür geben hier weder die Planzeichnung noch die zugehörige Begründung etwas her. In Letzterer wird lediglich feststellend ausgeführt, dass das Maß der baulichen Nutzung durch die im Plan festgesetzten Geschoss-, Grundflächen- und Geschossflächenzahlen bestimmt werde. Diese Formulierung lässt nicht darauf schließen, dass die Satzungsgeberin über allgemein städtebauliche Zielsetzungen hinaus im Einzelfall auch die Rechtsstellung von Grundstücksnachbarn zu deren Gunsten mitgestalten wollte.

Vor diesem Hintergrund spielt es für den Ausgang des vorliegenden Nachbarstreits keine Rolle, ob die gesetzlichen Voraussetzungen für die Erteilung einer Befreiung (§ 31 Abs. 2 BauGB) von der Einhaltung der Festsetzung der festgesetzten Geschossflächenzahl vorlagen. Betrifft ein Befreiungserfordernis nicht Nachbar schützende Festsetzungen eines Bebauungsplans, so kann sich ein nachbarlicher Abwehranspruch (allenfalls) über das Gebot nachbarlicher Rücksichtnahme in entsprechender Anwendung des § 15 Abs. 1 BauNVO unter Berücksichtigung der Interessenbewertung des § 31 Abs. 2 BauGB ergeben (vgl. BVerwG, Urteil v. 6.10.1989 – 4 C 14.87 –, BRS 49 Nr. 188 = BauR 1989, 710, und Beschluss v. 8.7.1998 – 4 B 64.98 –, BRS 60 Nr. 183 = BauR 1998, 1206 = BayVBl. 1999, 26, wonach der Nachbar über den Anspruch auf „Würdigung nachbarlicher Interessen" hinaus keinen Anspruch auf eine ermessensfehlerfreie Entscheidung der Baugenehmigungsbehörde besitzt; ebenso OVG des Saarlandes, Beschlüsse vom 23.11.1999 – 2 Q 33/99 –, SKZ 2000, 102, Leitsatz Nr. 55, und v. 9.2.2005 – 1 W 1/05 –, SKZ 2005, 292, Leitsatz Nr. 28). Eine rechtliche „Aufwertung" der Nachbarposition lässt sich daher über diesen „Umweg" nicht begründen (ebenso etwa OVG des Saarlandes, Beschluss v. 11.5.2005 – 1 W 4/05 –, SKZ 2005, 293, Leitsatz Nr. 30).

Hinsichtlich ihrer Relevanz für die subjektive Rechtsposition des Nachbarn gilt Entsprechendes für die Frage der Einhaltung der hier im Wege von Baugrenzenfestlegung vorgenommenen Festsetzung der überbaubaren Grundstücksfläche (§ 23 BauNVO) (vgl. auch hierzu OVG des Saarlandes, Beschluss v. 11.5.2005 – 1 W 4/05 –, SKZ 2005, 293, Leitsatz Nr. 30) und die insoweit zugelassene „Überschreitung der vorderen und rückseitigen Baugrenze durch die Balkone" (vgl. insoweit den gesonderten Befreiungsbescheid der Antragsgegnerin am 27.1.2004). Auch die Festsetzung von Baugrenzen nach § 23 Abs. 3 BauNVO entfaltet regelmäßig allein städtebauliche Wirkungen. Sie begründet kein für die Anerkennung subjektiver Abwehransprüche privater Dritter gegen ein Bauvorhaben bedeutsames (gegenseitiges) Austauschverhältnis unter den Eigentümern von derartigen planerischen Festsetzungen betroffener Grundstücke (vgl. hierzu im Einzelnen Bitz/Schwarz/Seiler-Dürr/Dürr, Baurecht Saarland, 2. Aufl. 2005, Teil XI Rdnr. 162, m. N. aus der Rspr., u. a. ebenso OVG des Saarlandes, Beschlüsse v. 16.3.2004 – 1 W 3/04 und 1 W 4/04 –, SKZ 2005, 69, Leitsatz Nr. 18, [„faktische Baugrenzen"]). Ergänzend sei erwähnt, dass es sich vorliegend – da keine seitlichen Baugrenzen festgesetzt wurden – nur um eine Überschreitung einer vorderen bzw. einer rückwärtigen Baugrenze handeln kann, die notwendig keine zusätzliche bauliche Annäherung an das seitlich anschließende Grundstück des Antragstellers beinhaltet. Die fraglichen „über Eck" angeordneten Balkone im ersten Obergeschoss vollziehen in diese Richtung die durch die Gebäudeaußenwand vorgegebene Flucht nach und führen daher nicht zu einem weiteren Herantreten des Gebäudes an die gemeinsame Grenze. Unter dem Aspekt spricht daher gegenwärtig ebenfalls nichts für einen nachbarlichen Abwehranspruch des Antragstellers.

Ein solcher könnte sich davon ausgehend in bauplanungsrechtlicher Hinsicht allenfalls unter dem Gesichtspunkt des Gebots nachbarlicher Rücksichtnahme ergeben, das für qualifiziert beplante Bereiche dem § 15 BauNVO entnommen wird (vgl. dazu grundlegend BVerwG, Urteil v. 5. 8. 1983 – 4 C 96.79 –, BRS 40 Nr. 4 = BauR 1983, 543) und eine gegenseitige Interessenabwägung unter Zumutbarkeits- und Billigkeitsgesichtspunkten erfordert. Die Annahme einer Rücksichtslosigkeit des Bauvorhabens gegenüber dem Antragsteller und damit eine subjektive Rechtsverletzung seinerseits erscheint zumindest sehr unwahrscheinlich, wenngleich eine abschließende Beurteilung dieser Frage regelmäßig nicht ohne Verschaffung eines Eindrucks von der Situation vor Ort möglich ist. Auch wenn mit der Rechtsprechung des Bundesverwaltungsgerichts (vgl. dazu BVerwG, Beschluss v. 11. 1. 1999 – 4 B 128.98 –, BRS 62 Nr. 102 = BauR 1999, 615) davon auszugehen ist, dass die Verletzung des planungsrechtlichen Rücksichtnahmegebots grundsätzlich unter den Gesichtspunkten des „Einmauerns" bzw. der von dem Antragsteller geltend gemachten „erdrückenden Wirkung" mit Blick auf den Umfang eines Bauvorhabens selbst dann rechtlich nicht generell ausgeschlossen ist, wenn – was der Antragsteller auch im Beschwerdeverfahren nicht in Abrede stellt – die landesrechtlichen Vorschriften über die Grenzabstände, die eine ausreichende Belichtung von Nachbargrundstücken sicherstellen und der Wahrung des Nachbarfriedens dienen sollen, eingehalten sind, so kann dies jedoch nur in Ausnahmefällen in Betracht kommen. Das Vorliegen einer solchen Sondersituation ist hier nach Aktenlage zumindest unwahrscheinlich.

Die Schaffung der tatsächlichen Voraussetzungen für die Wahrung der ausreichenden Belichtung eines Grundstücks fällt grundsätzlich in den Risiko- und Verantwortungsbereich des Eigentümers, und die sich diesbezüglich aus der eigenen Grundstücks- und Bebauungssituation ergebenden Defizite können nicht auf den Bauherrn durch Einschränkung der Bebauungsmöglichkeiten eines Nachbargrundstücks verlagert werden (vgl. etwa OVG des Saarlandes, Beschluss v. 23. 11. 1999 – 2 Q 33/99 –, SKZ 2000, 102, Leitsatz Nr. 55). Dass dem Eigentümer eines Grundstücks in der Ortslage kein Anspruch auf eine „unverbaute" Aussicht oder – was die auf der dem Anwesen des Antragstellers zugewandten Seite des Bauvorhabens geplanten Balkone und Terrassen angeht – auf eine generelle Vermeidung der Schaffung von Einsichtsmöglichkeiten auf sein Grundstück zusteht, bedarf keiner Vertiefung (ebenso etwa OVG des Saarlandes, Beschlüsse v. 16. 12. 2003 – 1 W 42/03 –, v. 16. 3. 2004 – 1 W 3/04 und 1 W 4/04 –, SKZ 2005, 69, Leitsatz Nr. 18, v. 24. 6. 2004 – 1 W 18/04 –, SKZ 2005, 71 Leitsatz Nr. 26, v. 9. 2. 2005 – 1 W 1/ 05 –, SKZ 2005, 292, Leitsatz Nr. 28, und v. 11. 5. 2005 – 1 W 4/05 –, SKZ

2005, 293, Leitsatz Nr. 30). Eine Verletzung des Rücksichtnahmegebots lässt sich ferner nicht aus der Anzahl der zu schaffenden Wohnungen (vgl. OVG des Saarlandes, Beschluss v. 1.6.1995 – 2 W 16/95 –, n.v., betreffend den Rechtsbehelf des Eigentümers eines Einfamilienhausgrundstücks gegen die Genehmigung einer Wohnanlage mit 92 Wohneinheiten am Hang eines ehemaligen Steinbruchs, Beschluss v. 18.3.1996 – 2 W 1/96 –, SKZ 1996, 265, Leitsatz Nr. 15) herleiten. Schließlich gibt es keinen allgemeinen Grundsatz des Inhalts, dass der Einzelne einen Anspruch darauf hat, vor jeglicher Wertminderung seines Grundstückes als Folge der Ausnutzung der einem Dritten erteilten Baugenehmigung bewahrt zu werden (vgl. BVerwG, Beschluss v. 13.11.1997 – 4 B 195.97 –, BRS 59 Nr. 177 = NVwZ-RR 1998, 540). Insgesamt erscheint auch eine Verletzung subjektiver Rechte des Antragstellers wegen eines Verstoßes gegen das Gebot nachbarlicher Rücksichtnahme daher fern liegend, zumal die Parzelle Nr. 97/8 nach Aktenlage bereits früher mit einem größeren, von der Bautiefe vollständig hinter dem Wohnhaus des Antragstellers befindlichen und sogar unmittelbar mit dem Giebel auf der gemeinsamen Grenze stehenden Haus bebaut gewesen ist.

Es gehört schließlich nach dem eingangs Gesagten sicher nicht zu den Aufgaben eines privaten Nachbarn, allgemein über die Einhaltung des öffentlichen Baurechts zu „wachen" und jegliche Realisierung rechtswidriger Bauvorhaben in der Nachbarschaft zu verhindern (vgl. dazu etwa OVG des Saarlandes, Beschluss v. 11.3.2005 – 1 W 4/05 –, SKZ 2005, 293, Leitsatz Nr. 30). Vor diesem Hintergrund kann es vorliegend entgegen der Ansicht des Antragstellers nicht entscheidend sein, ob nach der vorgesehenen Grundstücksteilung bzw. der neuen Grenzziehung im Bereich der zwischen den beiden Häusern liegenden Garagen im Verhältnis der Anlagen untereinander die erforderlichen Abstandsflächen frei gehalten werden bzw., ob hinsichtlich der im Bescheid der Antragsgegnerin vom 13.10.2005 angesprochenen geringfügigen Überdeckung der Abstandsflächen „A 8" um 0,10 m (§§ 6 Abs. 3 LBO 1996, 7 Abs. 3 LBO 2004) die objektiven Voraussetzungen für die Zulassung einer Abweichung (§ 68 LBO 2004) vorlagen oder nicht. Ein irgendwie gearteter Bezug dieser vor den vom Grundstück des Antragstellers abgewandten Garageneinfahrten befindlichen Abstandsflächen zu seiner subjektiven Rechtsstellung bleibt unerfindlich. Dass die notwendigen Abstandsflächen in Richtung auf die gemeinsame Grenze der privaten Beteiligten nicht auf den Baugrundstücken lägen oder die von der Beigeladenen errechneten Abstandserfordernisse am Maßstab des § 6 Abs. 5 LBO 1996 bzw. des § 7 Abs. 5 LBO 2004 (vgl. zur Geltung des sog „Günstigkeitsprinzips" für den Bauherrn im Rahmen des öffentlichen Baunachbarstreits mit Blick auf die aus Art. 14 GG ableitbare Baufreiheit Bitz/Schwarz/Seiler-Dürr/Dürr, Baurecht Saarland, 2. Aufl. 2005, Kap. XI Rdnr. 55 ff.) insoweit unzureichend wären, wird vom Antragsteller selbst nicht geltend gemacht.

Nr. 166

Die Festsetzung der Hausform Doppelhaus in der offenen Bauweise in einem Bebauungsplan entfaltet nicht in jedem Fall Nachbar schützende Wirkung, sondern nur insoweit, als sie ein nachbarliches Austauschverhältnis zwischen dem Eigentümer des Baugrundstücks und dem sich konkret gegen das Bauvorhaben wendenden Nachbarn begründet, also regelmäßig im Verhältnis der Eigentümer der die beiden Doppelhaushälften tragenden Grundstücke zueinander.

Eine geringe Größe des Nachbargrundstücks bildet einen situationsbedingten Lagenachteil, der bei der Beurteilung der Frage der „Rücksichtslosigkeit" des bekämpften Bauvorhabens keine entscheidende Rolle spielen kann.

VwGO § 80 a; BauGB § 30; BauNVO §§ 15, 16, 20, 22.

OVG des Saarlandes, Beschluss vom 9. Februar 2005 – 1 W 1/05 – (rechtskräftig).

Die Antragsgegnerin wandte sich in mehreren Verfahren wiederholt gegen die Ausführung eines dem Antragsteller genehmigten Mehrfamilienhauses auf einem ihrem Wohnhausanwesen unmittelbar südlich benachbarten Grundstück. Das Wohnhaus auf dem Grundstück der Antragsgegnerin reicht bis an die gemeinsame Grenze mit dem Baugrundstück und bildet zusätzlich mit einem auf dem nördlichen Nachbargrundstück stehenden Wohngebäude ein Doppelhaus. Südlich des Baugrundstücks befindet sich auf der dort angrenzenden Parzelle an der gemeinsamen Grenze ein weiteres Wohngebäude. Das von der Baugenehmigungsbehörde – vorliegend weiterer Beteiligter – genehmigte Mehrfamilienhaus soll im Wege eines Lückenschlusses an diese beiden seitlich auf der Grenze befindlichen Wohnhäuser angebaut werden.

Sämtliche Grundstücke liegen im Geltungsbereich des aus dem Jahre 1966 stammenden und 1974 geänderten Bebauungsplans. Dieser begrenzt u. a. die Zahl der zulässigen Vollgeschosse auf 2, schreibt eine offene Bauweise vor und enthält für den Bereich des Baugrundstückes ferner die ausdrückliche zeichnerische und textliche Vorgabe, dass dort „nur Doppelhäuser zulässig" sind. Dem Antragsteller wurde durch Befreiungsbescheid seitens des weiteren Beteiligten ein Dispens von der Festsetzung der Geschosszahl erteilt.

Auf entsprechende Anträge der Antragsgegnerin – dort jeweils Antragstellerin – ordnete das Verwaltungsgericht wiederholt die aufschiebende Wirkung ihrer Widersprüche gegen verschiedene dem – in jenen Verfahren jeweils beigeladenen – Antragsteller für sein Vorhaben erteilte Baugenehmigungen an und verpflichtete den weiteren Beteiligten – dortigen Antragsgegner – zur Einstellung der Bauarbeiten.

Nachdem der weitere Beteiligte durch Grüneintrag in den mit Genehmigungsvermerken versehenen Bauvorlagen zum letzten Bauschein die maßgebliche Geländeoberfläche ausdrücklich festgesetzt hatte, wies das Verwaltungsgericht mit dem vorliegend angefochtenen Beschluss auf den Abänderungsantrag des Antragstellers hin unter entsprechender Änderung der zuvor ergangenen (letzten) Aussetzungsentscheidung den Antrag der Antragsgegnerin auf Anordnung der aufschiebenden Wirkung zurück.

Dagegen hat die Antragsgegnerin erfolglos Beschwerde erhoben.

Aus den Gründen:

Eine Missachtung Nachbar schützender Festsetzungen des einschlägigen Bebauungsplans i. d. F. 1974 kann auf der Grundlage des Beschwerdevorbringens schwerlich angenommen werden.

Ein objektiver Verstoß gegen die Festsetzungen des Bebauungsplans in der Form des Änderungsbebauungsplans aus dem Jahre 1974 ergibt sich jedoch – wenn man von der Wirksamkeit des Bebauungsplans insoweit ausgeht – (vgl. dazu OVG des Saarlandes, Beschlüsse v. 21.10.1996 – 2 W 29/96 –, v. 18.7.1995 – 2 W 31/95 –, SKZ 1996, 112, Leitsatz Nr. 12, v. 13.4.1993 – 2 W 5/93 –, BRS 55 Nr. 189, und v. 6.9.2004 – 1 W 26/04 –, wonach in Verfahren des vorläufigen Rechtsschutzes – abgesehen von evidenten Gültigkeitsmängeln – regelmäßig keine inzidente Normenkontrolle durchzuführen, vielmehr von der Verbindlichkeit planerischer Festsetzungen für das Baugrundstück auszugehen ist) aus dem Umstand, dass die Stadt gerade und auch nur hinsichtlich des das Baugrundstück bildenden Planbereichs und des sich nördlich an das Anwesen Nr. 9 anschließenden Geländes von der ihr durch § 22 Abs. 2 Satz 3 BauNVO eröffneten Möglichkeit Gebrauch gemacht hat, Flächen festzusetzen, auf denen nur eine bestimmte der in der offenen Bauweise zulässigen Hausformen errichtet werden darf. Danach ist gerade am Standort des genehmigten Vorhabens ausweislich der Legende zum Plan allein ein Doppelhaus zulässig. Dies würde, da ein Doppelhaus begrifflich die Errichtung zweier Gebäude auf verschiedenen Grundstücken voraussetzt (vgl. dazu etwa BVerwG, Urteil v. 24.2.2000 – 4 C 12.98 –, BRS 63 Nr. 185; VGH München, Beschlüsse v. 21.7.2000 – 26 CS 00.1348 –, BRS 63 Nr. 96, und v. 10.11.2000 – 26 CS 99.2102 –, BRS 63 Nr. 97; Fickert/Fieseler, BauNVO 9. Aufl. 1998, § 22 Anm. 6.3 und 6.23, wonach es sich bei zwei auf einem Grundstück aneinander gebauten Häusern im planungsrechtlichen Sinne nicht um ein Doppel-, sondern um ein Einzelhaus handelt, König/Roeser/ Stock, BauNVO 1999, § 22 Rdnr. 14), bei der gegenwärtigen Grundstücks- und Bebauungssituation erforderlich machen, dass zwar wie geplant an das grenzständige Wohnhaus Nr. 1 angebaut wird, dass aber – da sonst, wie nach dem Gesagten nun vorgesehen, die Hausform Hausgruppe entsteht – auf der anderen, dem Anwesen der Antragsgegnerin zugewandten Seite Grenzabstände eingehalten werden. ...

Durchgreifende Anhaltspunkte für eine Nachbar schützende Zielrichtung dieser Festsetzung im konkreten Fall jedenfalls zugunsten der Antragsgegnerin sind nach dem gegenwärtigen Erkenntnisstand jedoch nicht gegeben. Für Festsetzungen über die Bauweise in Bebauungsplänen gilt allgemein nichts anderes als für die Festsetzungen über das Maß der baulichen Nutzung. Es gibt auch insoweit keine generelle bundesrechtliche Verpflichtung für den Satzungsgeber zu einer drittschützenden Ausgestaltung; ob einer bestimmten Festsetzung, speziell bei Vorgabe von Hausformen nach § 22 Abs. 2 Satz 3 BauNVO (1962/1990), eine Schutzwirkung zugunsten eines sich gegen ein insoweit nicht plankonformes Bauvorhaben wendenden Nachbarn zukommt, ist daher im Einzelfall durch Auslegung zu ermitteln. Anders als bei Festsetzungen über die zulässige Art baulicher Nutzung ist dabei im Ansatz von einer rein städtebaulichen und nur objektiv-rechtlich bedeutsamen Festsetzung auszugehen, die von daher „regelmäßig" keinen Nachbar schützenden Charakter hat (vgl. OVG des Saarlandes, Beschlüsse v. 16.3.2004 – 1 W 3/04 –, juris, v. 24.6.1998 – 2 V 13/98 –, SKZ 1998, 248, Leitsatz Nr. 10, v. 23.6.1995 – 2 W 21/95 –, v. 22.2.1995 – 2 W 6/95 –, SKZ 1995, 253, Leitsatz Nr. 20 (jeweils Vollgeschosszahl), v. 3.2.1992 – 2 W 35/91 –, BauR 1992, 489, v. 10.2.1992 – 2 W 38/91 –, SKZ 1992, 242, Leitsatz Nr. 9, und v. 19.1.1983 – 2 W 2044/82 –, SKZ 1983, 245, Leitsatz Nr. 9). Maßgeblich bleibt aber stets die Auslegung des einschlägigen Bebauungsplanes. Festsetzungen über das Maß der baulichen Nutzung, die überbaubaren Grundstücksflächen (§ 23 BauNVO) oder – wie hier – die Bauweise kommt nur dann Nachbar schützende Bedeutung zu, wenn im Einzelfall entweder die Begründung oder die tatsächlichen Gegebenheiten im Planbereich Anhaltspunkte hierfür ergeben (vgl. dazu z. B. OVG des Saarlandes, Beschluss v. 8.12.1992 – 2 W 33/92 –, insoweit n.v.). Solche bieten die Planunterlagen der Stadt S. nicht, und zwar weder die Begründung zum Ursprungsbebauungsplan aus dem Jahre 1965 noch diejenige der Änderungsplanung (1974). Die Planzeichnung der maßgeblichen Änderungsplanung enthält über die Aussage in der Legende, dass an dieser Stelle nur ein Doppelhaus zulässig ist, keine weiteren Hinweise darauf, dass damit über die städtebaulich-gestalterische Zielsetzung einer aufgelockerten Bebauung hinaus speziell die Antragsgegnerin in der nunmehr von ihr reklamierten Weise unter Ausschluss der Bebaubarkeit von nördlichen Teilen des heutigen Grundstücks des Antragstellers durch Einräumung einer durchsetzbaren subjektiven Rechtsposition begünstigt werden sollte. Dagegen spricht eher, dass im Bebauungsplan bei der Ausweisung der überbaubaren Grundstücksflächen durch Baugrenzen (§ 23 Abs. 3 BauNVO 1962/1990) in der Breite keine Beschränkungen für den Grundstücksbereich des Antragstellers vorgenommen wurden. Die Planurkunden (1966/1974) weisen vielmehr für das Gebiet westlich des F.-Wegs ein einheitliches, lediglich in der Tiefe begrenztes und nur insoweit in der Änderungsplanung im Jahre 1974 gegenüber der Ursprungsplanung eingeschränktes und auch keine Baulinien mehr enthaltendes Baufenster aus. Nach derzeitigem Erkenntnisstand spricht daher wenig für einen Schutzcharakter dieser Festsetzung zugunsten der Antragsgegnerin.

Eine hiervon abweichende Bewertung rechtfertigt die von der Antragsgegnerin angeführte höchstrichterliche Rechtsprechung zur Nachbar schützenden Wirkung der Doppelhausfestsetzung in der offenen Bauweise (§ 22 Abs. 1 BauNVO) nicht (vgl. insbesondere BVerwG, Urteil v. 24.2.2000 – 4 C 12.98 –, BRS 63 Nr. 185). Diese betrifft nachbarrechtliche Auseinandersetzungen zwischen den Eigentümern beider Doppelhaushälften, insbesondere zur Frage der Dimensionierung der an einen Bestand anzubauenden zweiten Doppelhaushälfte, und basiert auf dem in der neueren Rechtsprechung zum bauplanungsrechtlichen Nachbarschutz ganz im Vordergrund stehenden festsetzungsbezogenen nachbarlichen Austauschverhältnis zwischen den Grundstücksnachbarn. Dieses wird im Verhältnis der Eigentümer der Doppelhaushälften aus einem durch die Festsetzung ausgelösten wechselseitigen Verzicht auf seitliche Grenzabstände an der gemeinsamen Grundstücksgrenze hergeleitet, was gerade mit einer Erhöhung der baulichen Ausnutzbarkeit der beiden Grundstücke einhergeht. Demgegenüber würde hier dem Antragsteller einseitig im Verhältnis zur Antragsgegnerin eine lediglich eingeschränkte bauliche Ausnutzbarkeit seines Grundstückes angesonnen, wenn man die Festsetzung im Sinne einer ihrem Schutz dienenden Verpflichtung zur Einhaltung von Abständen gegenüber ihrer Grundstücksgrenze interpretieren wollte, und das, obwohl das Wohnhaus der Antragsgegnerin selbst auf voller Tiefe auf der gemeinsamen Grenze mit dem Baugrundstück steht. Von einem wechselseitigen Austauschverhältnis in dem zuvor beschriebenen Verständnis kann daher in dieser Konstellation nicht gesprochen werden. Ein solches wird durch die konkrete Doppelhausfestsetzung aus Sicht des Antragstellers allenfalls im Verhältnis zum Eigentümer des Anwesens Nr. 1 begründet, nicht aber mit der Antragsgegnerin. Auch unter dem Aspekt spricht daher wenig für einen nachbarlichen Abwehranspruch der Antragsgegnerin gegen das genehmigte Vorhaben.

Ein solcher könnte sich – ausgehend davon – in bauplanungsrechtlicher Hinsicht allenfalls unter dem Gesichtspunkt des Gebots nachbarlicher Rücksichtnahme ergeben, das für qualifiziert beplante Bereiche dem § 15 BauNVO entnommen wird (vgl. dazu grundlegend BVerwG, Urteil v. 5.8.1983 – 4 C 96.79 –, BRS 40 Nr. 4). Unter diesem, eine gegenseitige Interessenabwägung unter Zumutbarkeits- und Billigkeitsgesichtpunkten erforderndern rechtlichen Aspekt erscheint die Annahme einer Rücksichtslosigkeit des Bauvorhabens gegenüber der Antragsgegnerin und damit eine subjektive Rechtsverletzung zumindest unwahrscheinlich, wenngleich eine abschließende Beurteilung dieser Frage regelmäßig nicht ohne Verschaffung eines Eindrucks von der Situation vor Ort möglich ist. Anders als es das Beschwerdevorbringen nahe legt, lässt sich aus einer Nichteinhaltung objektiv-baurechtlicher Anforderungen nicht per se auf eine Rücksichtslosigkeit gegenüber einem Nachbarn schließen, und zwar selbst dann nicht, wenn die Bebauung seines Grundstücks selbst im Einklang mit den maßgeblichen Rechtsvorschriften steht.

Auch wenn mit der Rechtsprechung des Bundesverwaltungsgerichts (vgl. dazu BVerwG, Beschluss v. 11.1.1999 – 4 B 128.98 –, BRS 62 Nr. 102) davon auszugehen ist, dass eine Verletzung des planungsrechtlichen Rücksichtnahmegebots grundsätzlich unter den Gesichtspunkten des „Einmauerns" bzw. der von der Antragsgegnerin geltend gemachten „erdrückenden Wirkung" mit Blick auf den Umfang eines Bauvorhabens selbst dann rechtlich ausgeschlossen ist, wenn die landesrechtlichen Vorschriften über die Grenzabstände, die eine ausreichende Belichtung von Nachbargrundstücken sicherstellen und der Wahrung des Nachbarfriedens dienen sollen, eingehalten sind, so kann dies jedoch nur in Ausnahmefällen in Betracht kommen. Das Vorliegen einer solchen Sondersituation ist hier zumindest unwahrscheinlich. Soweit die Antragsgegnerin in dem Zusammenhang darauf hinweist, das Bauvorhaben des Antragstellers sei um ein Geschoss „höher", bleibt festzuhalten, dass für die Frage des Erdrückens aus Sicht des Nachbarn nicht die Frage der Geschosszahl im Inneren des Bauvorhabens, sondern vielmehr die durch die äußeren Abmessungen bestimmte Höhenentwicklung entscheidend ist, zumal sich die Vollgeschosseigenschaft (§§ 18 BauNVO 1962, 2 Abs. 5 LBO

1965) des Untergeschosses bei Berücksichtigung des in den Bauvorlagen dargestellten hängigen Geländeverlaufs – nach Angaben der Antragsgegnerin besteht eine „starke Hanglage" – ohnedies auf Grund des teilweisen Freistehens dem Grundstück der Antragsgegnerin abgewandter Gebäudeteile ergibt. An der gemeinsamen Grenze ist nach den Ansichtszeichnungen wohl in Anlehnung an das bisher dem § 6 Abs. 1 Satz 3 LBO 1996 zu entnehmende Erfordernis eines im Wesentlichen deckungsgleichen Anbaus eine die Dachtraufe des Hauses der Antragsgegnerin nicht überschreitende Dachhöhe dargestellt. Insbesondere die Rückansicht weist im Übrigen darauf hin, dass das rückwärtige Gelände auf dem Grundstück der Antragsgegnerin sogar nicht unerheblich niveauhöher ist als das auf dem Baugrundstück, wobei die an der Grenze dargestellte Stützmauer zusätzlich auf eine nachträgliche Anhebung ihres Geländes hindeutet. Ebenfalls wenig aussagekräftig für die Frage eines Erdrückens ist die aus Sicht des Grundstücks der Antragsgegnerin nicht maßgeblich in Erscheinung tretende Breite des Nachbargrundstücks und damit des Bauvorhabens des Antragstellers. Insbesondere die von ihr angeführte geringe Breite ihres eigenen Grundstücks rechtfertigt es nicht, dem Bauherrn – hier dem Antragsteller – Bebauungsmöglichkeiten hinsichtlich seines Grundstücks über das Gebot der Rücksichtnahme zu „entziehen" oder diese einzuschränken. Eine geringe Größe des Nachbargrundstücks bildet einen situationsbedingten Lagenachteil, der bei der Beurteilung der Frage der „Rücksichtslosigkeit" des bekämpften Bauvorhabens keine entscheidende Rolle spielen kann (vgl. etwa OVG des Saarlandes, Beschluss v. 27. 10. 2003 – 1 W 35/03 –, SKZ 2004, 85, Leitsatz Nr. 40). Die Schaffung der tatsächlichen Voraussetzungen für die Wahrung der ausreichenden Belichtung eines Grundstücks fällt grundsätzlich in den Risiko- und Verantwortungsbereich seines jeweiligen Eigentümers, und die sich diesbezüglich aus der eigenen Grundstücks- und Bebauungssituation ergebenden Defizite können nicht auf den Bauherrn durch Einschränkung der Bebauungsmöglichkeiten eines Nachbargrundstücks verlagert werden (vgl. etwa OVG des Saarlandes, Beschluss v. 23. 11. 1999 – 2 Q 33/99 –, SKZ 2000, 102, Leitsatz Nr. 55). Dass dem Eigentümer eines Grundstücks in der Ortslage kein Anspruch auf eine „unverbaute" Aussicht oder auf eine generelle Vermeidung der Schaffung von Einsichtsmöglichkeiten auf sein Grundstück zusteht, bedarf keiner Vertiefung (ebenso etwa OVG des Saarlandes, Beschlüsse v. 16. 12. 2003 – 1 W 42/ 03 –, sowie v. 16. 3. 2004 – 1 W 3/04 und 1 W 4/04 –). Eine Verletzung des Rücksichtnahmegebots lässt sich ferner nicht aus der Anzahl der Wohnungen (vgl. OVG des Saarlandes, Beschluss v. 1. 6. 1995 – 2 W 16/95 –, n.v., betreffend den Rechtsbehelf des Eigentümers eines Einfamilienhausgrundstücks gegen die Genehmigung einer Wohnanlage mit 92 Wohneinheiten am Hang eines ehemaligen Steinbruchs, Beschluss v. 18. 3. 1996 – 2 W 1/96 –, SKZ 1996, 265, Leitsatz Nr. 15) herleiten. Schließlich gibt es keinen allgemeinen Grundsatz des Inhalts, dass der Einzelne einen Anspruch darauf hat, vor jeglicher Wertminderung seines Grundstückes als Folge der Ausnutzung der einem Dritten erteilten Baugenehmigung bewahrt zu werden (vgl. BVerwG, Beschluss v. 13. 11. 1997 – 4 B 195.97 –, NVwZ-RR 1998, 540). Insgesamt erscheint eine Verletzung subjektiver Rechte der Antragsgegnerin wegen eines

Verstoßes gegen das Gebot nachbarlicher Rücksichtnahme daher ebenfalls eher fern liegend. Eine abschließende nachbarrechtliche Beurteilung ist dem Hauptsacheverfahren vorzubehalten.

Nr. 167

1. **Ein öffentlicher Parkplatz als tatsächlich öffentliche Verkehrsfläche ist baurechtlich wie eine Stellplatzanlage zu behandeln.**

2. **Ob ein solcher öffentlicher Parkplatz die Anforderungen des Rücksichtnahmegebots aus § 34 Abs. 1 BauGB erfüllt, kann nur auf Grund einer einzelfallbezogenen Bewertung aller seiner Auswirkungen beurteilt werden.**

BauGB § 34 Abs. 1; LBauO M-V §§ 1 Abs. 2 Nr. 1, 48 Abs. 9.

OVG Mecklenburg-Vorpommern, Beschluß vom 24. Februar 2005 – 3 M 185/04 – (rechtskräftig).

(VG Greifswald)

Die Beteiligten streiten um die Rechtmäßigkeit einer Baugenehmigung, die die Antragsgegnerin der Beigeladenen (Stadt) für den Bau eines Parkplatzes erteilt hat. Der Bauantrag umfaßte einen sog. Erläuterungsbericht mit folgenden Aussagen:

„Um dem Parkdruck im Innenstadtbereich der Stadt S. Folge zu leisten, hat die Stadt beschlossen, die derzeitig brach liegende Fläche im Einmündungsbereich der S.-K.-Straße/R.straße als Parkplatz auszubauen.

Durch den Parkplatzausbau erfolgt eine schrittweise Erfüllung des städtebaulichen Bedarfs der Stadt S. nach raumordnerischen und städtebaulichen Vorgaben. Es sind die Anlage von 105 Stellflächen, sowie vier Behinderten-Stellflächen vorgesehen.

Grundsätzlich ist davon auszugehen, dass durch die Schaffung zusätzlichen Parkraumes das „wilde Parken" im Innenstadtbereich minimiert wird. Des weiteren ist eine Minimierung der Abgas- und Geräuschbelastung im Innenstadtbereich durch parkplatzsuchende Kfz zu erwarten.

Durch die Anlage des Parkplatzes wird die Funktionsfähigkeit des Ortszentrums verbessert."

Diese Erläuterungen wurden ergänzt durch ein dem Bauantrag beigefügtes Papier „Stadterneuerung S. Parkplatz S.-K.-Straße". Danach soll der Parkplatz den Bedarf des Einzugsbereichs R.straße, B.straße und den der Objekte Be.straße xx und xx decken. Zur größtmöglichen Minderung des Lärmpegels soll die Oberfläche der Fahrbahn des Parkplatzes mit Asphalt befestigt werden. Der mit dem Parkplatz verfolgte Zweck unterlag wechselnden Angaben der Beigeladenen: Nachdem die Antragsgegnerin die Frage aufwarf, ob es sich um öffentliche oder notwendige Stellplätze handele, erklärte die Beigeladene, es handele sich um notwendige Stellplätze mit einem geringen Anteil für die Öffentlichkeit. 2003 teilte der Bauamtsleiter der Beigeladenen mit, der Parkplatz solle als öffentlicher Parkplatz errichtet und betrieben werden. Mit weiterem Schreiben teilte der Bauamtsleiter der Beigeladenen mit, der Parkplatz solle als Verkehrsfläche für den ruhenden öffentlichen Verkehr gewidmet werden; die Widmung solle nach Fertigstellung der Anlage erfolgen.

Aus den Gründen:

II. B. 2) Für die Beurteilung der Rechtmäßigkeit der angefochtenen Baugenehmigung ist zunächst maßgeblich, welche rechtliche Einordnung der von der Beigeladenen geplante Parkplatz erfährt. Aus dem Umstand, dass die Beigeladene eine Baugenehmigung für diesen Parkplatz beantragt hat, lässt sich – trotz späterer gegenteiliger Äußerungen der Beigeladenen – schließen, dass es sich bei dem Parkplatz nicht um eine sonstige Straße i. S. des §3 Nr. 4 StrWG M-V handeln soll (vgl. OVG Saarlouis, Urteil v. 3. 4. 1992 – 2 R 31/89 –, AS 24, 189). Die Errichtung einer solchen Straße unterliegt nicht den Bestimmungen der Landesbauordnung M-V (§ 1 Abs. 2 Nr. 1 LBauO M-V) und ist insbesondere nicht von der Unteren Bauaufsichtsbehörde zu genehmigen.

Nach Aktenlage hat die Beigeladene die Errichtung eines öffentlichen Parkplatzes als tatsächlich öffentliche Verkehrsfläche (vgl. dazu allgemein Grote, in: Kodal/Krämer, Straßenrecht, 5. Aufl. 1995, Kap. 24 Rdnr. 59) bei der Antragsgegnerin beantragt, der baurechtlich wie eine Stellplatzanlage zu behandeln ist. Dies hat auch die Antragsgegnerin so verstanden, wie sich aus ihrem Hinweis auf §48 Abs. 9 LBauO M-V ergibt.

Die Baugenehmigung für die Errichtung eines öffentlichen Parkplatzes, der nicht für den öffentlichen Verkehr gewidmet ist, darf nur erteilt werden, wenn die einschlägigen bauplanungs- und bauordnungsrechtlichen Vorschriften eingehalten werden (§72 Abs. 1 LBauO M-V).

a) Soll eine bauliche Anlage im unbeplanten Innenbereich errichtet werden, muss sie den Anforderungen des §34 Abs. 1 BauGB genügen. Angesichts der nach summarischer Betrachtung vorliegenden Gemengelage ist §34 Abs. 2 BauGB unanwendbar. Die Errichtung des öffentlichen Parkplatzes genügt den Anforderungen des §34 Abs. 1 BauGB nur, wenn das im Tatbestandsmerkmal des Einfügens anzusiedelnde, subjektiv-rechtlich aufgeladene Gebot der Rücksichtnahme eingehalten wird (vgl. BVerwG, Urteil v. 27. 8. 1998 – 4 C 5.98 –, BRS 60 Nr. 83 = BauR 1999, 152 = NVwZ 1999, 523). Insoweit ist eine Interessenabwägung erforderlich, die sich danach auszurichten hat, ob den durch das Vorhaben Betroffenen dessen nachteilige Auswirkungen billigerweise nicht mehr zuzumuten sind.

Bei der Beurteilung der Frage, ob das Gebot der Rücksichtnahme mit der Folge einer Nachbarrechtsverletzung berührt ist, kommt es darauf an, ob in qualifizierter und zugleich individualisierter Weise auf schutzwürdige Interessen Dritter Rücksicht zu nehmen ist. Hiervon ist auszugehen, wenn die tatsächlichen Umstände handgreiflich ergeben, auf wen Rücksicht zu nehmen ist, und eine besondere rechtliche Schutzwürdigkeit des Betroffenen anzuerkennen ist. Das hängt wesentlich von den jeweiligen Umständen des konkreten Einzelfalles ab. Die Schutzwürdigkeit des Betroffenen, die Intensität der Beeinträchtigung, die Interessen des Bauherrn und das, was beiden Seiten billigerweise zumutbar oder unzumutbar ist, sind dabei gegeneinander abzuwägen. Ob insoweit den Anforderungen des Rücksichtnahmegebots genügt ist, hängt davon ab, welche Einwirkungen die Betroffenen nach den Wertungen des Immissionsschutzrechts hinzunehmen haben (vgl. BVerwG, Urteil v. 25. 2. 1977 – 4 C 22.75 –, BVerwGE 52, 122 = BRS 32 Nr. 155 = BauR 1977, 244).

Die Richtwerte der TA-Lärm oder von VDI-Richtlinien können für Anlagen, die gemäß §22 BImSchG keiner immissionsschutzrechtlichen Genehmigung bedürfen, als Anhalt dienen. Insoweit können sie auch bei der Beurteilung, ob sich ein Vorhaben gemäß § 34 Abs. 1 BauGB „einfügt" oder ob es wegen der von ihm ausgehenden Emissionen gegen das Rücksichtnahmegebot verstößt, berücksichtigt werden. Allerdings wird durch die Richtwerte für Schallpegel nach der TA-Lärm oder Richtlinien nicht abschließend bestimmt, ob eine geltend gemachte Beeinträchtigung durch Geräusche von einer immissionsschutzrechtlich genehmigungsfreien Anlage die für eine Verletzung des Rücksichtnahmegebots maßgebliche Zumutbarkeitsschwelle überschreitet. Ob die Anlage in einer die Rechte des Nachbarn verletzenden Weise rücksichtslos ist, kann vielmehr nur auf Grund einer einzelfallbezogenen Bewertung aller ihrer Auswirkungen beurteilt werden (BVerwG, Beschluß v. 22. 9. 1998 – 4 B 88.98 –, BRS 60 Nr. 85 = BauR 1999, 732 = NVwZ-RR 1999, 431). Die VDI-Richtlinien und die in der TA Lärm festgelegten Grenzwerte liefern somit lediglich Anhaltspunkte dafür, wo die Grenzen für eine (noch) zumutbare Lärmbelästigung anzusiedeln sind. Sie schöpfen aber weder den Inhalt des baurechtlichen Gebots der Rücksichtnahme im Hinblick auf Geräuschimmissionen stets aus noch legen sie den Maßstab des der Nachbarschaft Zumutbaren abschließend fest. Für die abschließende Beurteilung der Unzumutbarkeit der Lärmbelästigungen sind vielmehr die tatsächlichen Umstände des Einzelfalles maßgeblich. Dabei kann es für den Nachbarn unzumutbar sein, dass auf dem Nachbargrundstück eine Immissionsquelle entsteht, die mit den vorhandenen in keiner Weise vergleichbar ist. Ist bislang das Grundstück lediglich in geringem Umfange – subjektiv als weniger störend empfundenen – Geräuschen ausgesetzt, werden diese jedoch erheblich vermehrt, so kann dies die Unzumutbarkeit begründen (vgl. Senat, Beschluß v. 25. 10. 1994 – 3 M 167/94 –, MDR 1995, 797; Beschluß v. 21. 12. 2004 – 3 M 209/04 –).

Zu den im konkreten Einzelfall zu berücksichtigenden Umständen gehört hier, dass der Parkplatz ausweislich des Kartenmaterials in den rückwärtigen Grundstücksbereich des Grundstücks der Antragstellerin einwirkt. Zudem wirkt der Parkplatz im Süden mit Fläche, wenn auch nicht Stellflächen mit PKW, an eine mit großzügigen Fensteröffnungen versehene Außenwand des Beherbergungsbetriebs der Antragstellerin ein. Daß der rückwärtige Grundstücksbereich grundsätzlich im erhöhten Maß schutzwürdig ist, weil er üblicherweise als Ruhe- und Rückzugsraum genutzt wird, ist in der Rechtsprechung anerkannt (vgl. OVG Weimar, Urteil v. 11. 5. 1995 – 1 EO 486/94 –, BRS 57, 221). ...

Weiter ist zu berücksichtigen, dass der Parkplatz nicht nur Stellplätze für Wohn- und Beherbergungsnutzung im Bereich der sog. westlichen Altstadt zur Verfügung stellt. Nach der Stellplatzbedarfsaufstellung der Beigeladenen decken bis zu 59 Stellplätze den Stellplatzbedarf von Gaststätten ab. Es kann daher nicht ohne weiteres davon ausgegangen werden, dass es gerade zur Nachtzeit nur wenige Fahrzeugbewegungen auf dem Parkplatz geben wird. Vielmehr ist bei einer touristisch geprägten Altstadt wie der von S. mit einem nennenswerten Anteil an Gaststättenbesuchern zu rechnen, die erfahrungsgemäß ihr Auto nicht über Nacht auf einem Parkplatz stehenlassen. Es wird daher voraussichtlich zu einer deutlich höheren nächtlichen Fahrzeugbewegungszahl als 0,02 kommen, die der Gutachter zugrundegelegt hat. Hinzu kommt, dass auch und gerade von Parkplatzbenutzern, die Gaststätten aufgesucht haben, besondere Geräusche mit hohem Informationsgehalt ausgehen. Die vom Parkplatz ausgehende Geräuschkulisse wird daher voraussichtlich nicht der eines Stellplatzes für Ferienwohnungen entsprechen. Weiter ist zu beachten, dass die Beigeladene besondere Lärmschutzvorkehrungen nicht vorgesehen hat. Schließlich ist die Befürchtung der Antragstellerin nicht von der Hand zu weisen, dass der Parkplatz selbst wegen seiner ausgedehnten Grünflächen auch als Treffpunkt gerade zur Abend- und Nachtzeit genutzt werden wird und dadurch besondere Lärmimmissionen ausgelöst werden können.

Zu bedenken ist aber auch, dass die Schutzwürdigkeit des Grundstücks der Antragstellerin unter zwei Aspekten herabgesetzt werden kann: Zum einen grenzt das Grundstück westlich mindestens an eine Gemengelage an – wenn es nicht sogar Teil dieser Gemengelage ist – und muss aus dem Gesichtspunkt der gegenseitigen nachbarlichen Rücksichtnahme möglicherweise höhere Immissionen hinnehmen als wenn es (mitten) in einem allgemeinen Wohngebiet läge. Mit der der konkreten Gemengelage entsprechenden Nutzung der Nachbarflächen als Parkfläche musste die Antragstellerin zudem rechnen. Das Gelände war in den 90-er Jahren des letzten Jahrhunderts noch gewerblich genutzt worden und ist erst im Jahr 2000 geräumt worden. Zum anderen dient der Parkplatz auch als notwendige Stellplatzfläche für die nähere Umgebung; jedenfalls macht die Beigeladene dies im Beschwerdeverfahren geltend. Das kann unter dem Blickwinkel der Sozialadäquanz des Parkverkehrs zur verringerten Berücksichtigung von parkplatztypischen Immissionssituationen führen (vgl. VGH Mannheim, Beschluß v. 20. 7. 1996 – 3 S 3538/94 –, BRS 1997 Nr. 167 = NVwZ-RR 1996, 1954).

b) Die Errichtung des Parkplatzes muss zudem die bauordnungsrechtlichen Anforderungen an eine Stellplatzanlage erfüllen (vgl. OVG Saarlouis, a. a. O.). Maßgeblich für den Nachbarschutz ist § 48 Abs. 9 LBauO M-V. Die Norm beinhaltet unter bauordnungsrechtlichen Gesichtspunkten eine spezielle Regelung des Nachbarschutzes gegen die spezifischen Auswirkungen von Stellplätzen durch Lärm, Abgase und vergleichbare der Stellplatznutzung zurechenbare Emissionen. Die Benutzung der Stellplätze darf keine Gefahren oder unzumutbaren Belästigungen für den Nachbarn hervorrufen. Dabei meint die bauordnungsrechtliche Unzumutbarkeit Belästigungen unterhalb der enteignungsrechtlichen Unzumutbarkeitsschwelle (vgl. Heintz, in: Gädtke/Temme/Heintz, LBauO NRW, 10. Aufl. 2003, § 51 Rdnr. 127). Wann eine unzumutbare Belästigung gemäß § 48 Abs. 9 LBauO M-V vorliegt, richtet sich nach den Umständen des Einzelfalles, wobei insbesondere die Art und das Maß der baulichen Nutzung des Grundstücks und seiner Umgebung, etwaige Vorbelastungen, Standort, Art und Benutzungsart der Stellplätze sowie Lage und Beschaffenheit ihrer Verbindungswege zum öffentlichen Verkehrsraum von Bedeutung sind. Dagegen kommt es innerhalb dieses Rahmens für die Beurteilung der Lärmbelästigungen ebenfalls nicht darauf an, ob die Richtwerte der TA-Lärm oder der VDI-Richtlinie 2058 überschritten werden, denn für die Frage der Zumutbarkeit von Stellplatznutzungen kann nicht auf Durchschnittswerte abgestellt werden (OVG Bautzen, Urteil v. 25. 9. 2003 – 1 B 786/00 –, SächsVBl. 2004, 63; vgl. auch Weimar, a. a. O.; VG

Koblenz, Urteil v. 27. 6. 2002 – 1 A 11669/99 –, BauR 2003, 368 = BRS 65, Nr. 143). Auch hier bieten die sich aus den für Stellplatz-Lärmimmissionen nicht verwendbaren technischen Regelwerken TA-Lärm 1998 und VDI-Richtlinie 2058 ergebenden Immissionswerte allerdings brauchbare Anhaltspunkte; rechtliche Bindungen ergeben sich aus diesen Regelungswerken aber nicht (BVerwG, Beschluß v. 20. 3. 2003 – 4 B 59.02 –, NVwZ 2003, 1516; Heintz, a. a. O., Rdnr. 128 m. w. N.). Bei der Bewertung der Lärmimmissionen ist für den jeweiligen Einzelfall insbesondere auch zu berücksichtigen, dass sich Parkplatzlärm durch spezifische Merkmale auszeichnet; es überwiegen unregelmäßige Geräusche, die zum Teil einen hohen Informationsgehalt aufweisen (BVerwG, Urteil v. 27. 8. 1998 – 4 C 5.98 –, BRS 60 Nr. 83).

Im summarischen Verfahren kann der Senat die Frage der Zumutbarkeit nicht abschließend klären. Er hat bei offenem Ausgang des Hauptsacheverfahrens eine eigenständige Interessenabwägung zu treffen. Diese ist ausgerichtet am Gewicht der öffentlichen Interessen an der Verwirklichung des Parkplatzprojekts und den privaten Interessen der Antragstellerin an der Anordnung der aufschiebenden Wirkung ihres Widerspruchs. Diese Interessenabwägung geht zugunsten der Antragstellerin aus. Die Antragstellerin macht geltend, durch die geplante Parkplatzanlage werde die Ausübung des Beherbergungsbetriebes erheblich erschwert und die getätigten Investitionen wertlos. Das ist – teilweise – nachvollziehbar. Jedenfalls die westliche Hälfte des Gebäudes wäre den Parkplatzimmissionen direkt ausgesetzt. Die Vermietbarkeit dieser Gebäudehälfte würde nach Errichtung des Parkplatzes mit dessen Nutzungsbeginn voraussichtlich erheblich eingeschränkt werden. Die Antragstellerin hat daher ein nicht unerhebliches wirtschaftliches Interesse an der Anordnung der aufschiebenden Wirkung ihres Widerspruches. Dem ist das Interesse der Beigeladenen an der Herstellung des Parkplatzes gegenüber zu stellen, das nicht gering zu schätzen ist. Allerdings ist ausweislich der Behördenakte dieser Parkplatz als notwendiger Stellplatz für die vorhandene Bebauung in der westlichen Altstadt nicht zwingend zum gegenwärtigen Zeitpunkt erforderlich, da die dort vorhandenen Gebäude ebenfalls über eine größere Anzahl von Stellplätzen auf den jeweiligen Grundstücken verfügen. Auch die durch Baulasten gesicherten Stellplätze sind zu berücksichtigen, dabei ist aber zu bewerten, dass die Beigeladene diese Stellplätze über einen längeren Zeitraum hin nicht hergestellt hat. Es ist daher nicht erkennbar, dass die Herstellung des Parkplatzes zum jetzigen Zeitpunkt unumgänglich ist und anderenfalls unerträgliche Zustände entstünden. Die Antragstellerin hat immerhin unwidersprochen darauf hingewiesen, dass es an der H.straße einen nicht ausgenutzten Parkplatz gebe. Schließlich ist bei der Interessenabwägung auch zu berücksichtigen, dass es für die Antragstellerin mit erheblichen Mühen und unsicheren Erfolgsaussichten verbunden ist, eine rechtmäßige Parkplatznutzung zu erreichen, wenn sich nach Errichtung des Parkplatzes im Hauptsacheverfahren herausstellt, dass er materiell rechtswidrig ist und sie in ihren subjektiven Rechten verletzt. Ein Abwarten des Ausgangs des Klageverfahrens ist unter diesen Umständen der Beigeladenen eher zuzumuten als der Antragstellerin die Hinnahme der – rechtlich betrachtet vorläufigen – Errichtung des Parkplatzes.

Nr. 168

Ein Bauvorhaben verletzt den Nachbarn nicht allein schon dann in Nachbar schützenden Rechten des Bauplanungsrechts, wenn es ohne vorherige, objektiv-rechtlich allerdings erforderliche Bebauungsplanung verwirklicht werden soll.

Steht die für ein Fußballstadion erforderliche Stellplatzzahl nicht zur Verfügung, kann dies gegenüber dem Nachbarn – ausnahmsweise – im bauplanungsrechtlichem Sinne rücksichtslos sein, wenn sein Wohngrundstück infolge des anlässlich der Fußballspiele zu erwartenden Parksuchverkehrs über Stunden nicht verlässlich mit dem Kfz erreichbar ist.

Der die Errichtung eines Fußballstadions ermöglichende Bebauungsplan ist rechtsfehlerhaft, wenn nicht sichergestellt ist, ob und wo die erforderlichen Stellplätze angelegt werden können.

BauGB §§ 1 Abs. 7, 35 Abs. 3.

OVG Nordrhein-Westfalen, Beschluss vom 15. November 2005 – 7 B 1823/05 – (rechtskräftig).

(VG Minden)

Gegen die für die Errichtung eines in einem Bebauungsplangebiet gelegenen Fußballstadions erteilte Baugenehmigung erhob der Eigentümer eines benachbarten Wohngrundstücks Klage. Sein Antrag auf Anordnung der aufschiebenden Wirkung seiner Klage hatte in zweiter Instanz Erfolg.

Aus den Gründen:

Die Vereinbarkeit der Baugenehmigung mit Nachbar schützenden Rechten der Antragsteller beurteilt sich hier auf Grundlage des von § 35 Abs. 3 BauGB umfassten Gebots der Rücksichtnahme. Entgegen der Ansicht des Antragsgegners und der Beigeladenen ergibt sich die Zulässigkeit des Vorhabens nicht nach Maßgabe der Festsetzungen des Bebauungsplans i. V. m. § 30 Abs. 1 BauGB. Zwar ist im Verfahren auf Gewährung einstweiligen Rechtsschutzes gegenüber einer einem Dritten erteilten Baugenehmigung grundsätzlich von der Wirksamkeit des der Baugenehmigung zugrunde liegenden Bebauungsplans auszugehen. Hier gilt jedoch – ausnahmsweise – etwas anderes, da der Bebauungsplan an offensichtlichen Mängeln leidet, die zu seiner Unwirksamkeit führen. Der Bebauungsplan leidet jedenfalls an durchgreifenden Abwägungsmängeln.

Das Gebot, die öffentlichen und privaten Belange untereinander und gegeneinander gerecht abzuwägen, wird zunächst dann verletzt, wenn eine sachgerechte Abwägung überhaupt nicht stattfindet. Es ist ferner dann verletzt, wenn in die Abwägung an Belangen nicht eingestellt wird, was nach Lage der Dinge in sie eingestellt werden muss. Schließlich liegt eine solche Verletzung auch dann vor, wenn die Bedeutung der betroffenen Belange verkannt oder wenn der Ausgleich zwischen den von der Planung berührten Belangen in einer Weise vorgenommen wird, die zur objektiven Gewichtigkeit einzelner Belange außer Verhältnis stehen. Innerhalb des so gezogenen Rahmens ist dem Abwägungsgebot jedoch genügt, wenn sich die zur Planung berufene Gemeinde im Widerstreit verschiedener Belange für die Bevorzugung des einen und damit notwendigerweise für die Zurückstellung des anderen Belangs entscheidet.

Der Rat der Stadt Q. hat nicht alle erheblichen Belange mit dem ihnen jeweils zukommenden Gewicht in die Abwägung eingestellt. Zu den abwägungsbeachtlichen Umständen gehörte namentlich die Frage, ob und wo die Stellplätze angelegt werden können, die das im Bebauungsplangebiet vorgesehene Vorhaben erfordert. Der Rat hatte bei seinen Erwägungen von dem Vorhaben auszugehen, das er ermöglichen wollte und dessen Zulässigkeit sich auf Grundlage der Bebauungsplanfestsetzungen ergibt. Der Bebauungsplan zielt u. a. darauf, ein auch für die 2. Fußball-Bundesliga geeignetes Fußballstadion bereit zu halten. Zwar hat der Rat in seine Erwägungen eingestellt, dass das Fußballstadion in mehreren Ausbaustufen errichtet werden könne. Die städtebauliche Rechtfertigung der Bebauungsplanung hat der Rat jedoch in dem Erfordernis gesehen, ein Stadion für 15 000 Besucher zu errichten. ...

Ob und wo (und mit welchen Konsequenzen für die Verkehrsbewältigung) die für ein Stadion mit 15 000 Zuschauerplätzen erforderlichen Stellplätze angelegt werden können, ist indessen eine ungelöste Frage geblieben. Der zur Sitzung des Rates der Stadt Q. am 16. 6. 2005 vorgelegten Beschlussvorlage ist ebenso wenig wie der Bebauungsplanbegründung zu entnehmen, wie der Stellplatzbedarf tatsächlich befriedigt werden kann. Ungeachtet der von den Antragstellern vertieften Problematik, ob der Stellplatzbedarf fehlerfrei prognostiziert worden ist, ist selbst die Anlage der vom Rat als erforderlich angesehenen 4000 Stellplätze nicht gesichert. Der Rat hielt es für ausreichend, „zunächst bei laufendem Betrieb zu schauen, wie sich die Zuschauerzahlen (und damit die Stellplatzsituation) entwickeln und ab welcher Zuschauerzahl tatsächlich auf die bestehenden Stellplätze auf dem Betriebsgelände der Firma X. zurückgegriffen werden muss". Dieses Procedere begründet im Ergebnis jedenfalls deshalb einen Abwägungsmangel, weil selbst auf die Stellplätze der Firma X. nicht sicher zurückgegriffen werden kann. Diese Firma hat nicht etwa vorbehaltlos, sondern nur „grundsätzlich" ihre Bereitschaft erklärt, ihre Parkplätze bei Spitzenspielen zur Verfügung zu stellen; sie hat ihre Erklärung zudem mit dem Zusatz versehen, die Erklärung gelte (nur) bis auf Widerruf. Eine Erklärung weiter gehenden Inhalts hat – wie vorsorglich angemerkt sei – auch die Firma G. nicht abgegeben. Dementsprechend haben die Firmen einer zur rechtlichen Absicherung der Stellplätze erforderlichen Baulasteintragung nicht zugestimmt. Dass selbst bei gutem Willen der genannten Firmen eine Nutzung der Firmenstellplätze von vornherein nicht in Betracht kommen dürfte, wenn die Stellplätze von diesen Firmen selbst benötigt werden, also während ihrer Geschäftszeiten, haben die Antragsteller zutreffend angemerkt.

Der Rat der Stadt Q. durfte die Klärung der Frage, ob und wo die erforderlichen Stellplätze angelegt werden können, nicht offen lassen. Die Gemeinde darf zwar von einer abschließenden Konfliktbewältigung im Bebauungsplan Abstand nehmen, wenn die Durchführung der als notwendig erkannten Konfliktlösungsmaßnahmen außerhalb des Planungsverfahrens auf der Stufe der Verwirklichung der Planung sichergestellt ist (vgl. BVerwG, Beschluss v. 14. 7. 1994 – 4 NB 25.94 –, Buchholz 406.11 § 1 Nr. 75 = BRS 56 Nr. 6; Urteil v. 8. 10. 1998 – 4 CN 7.97 –, BauR 1999, 359 = BRS 60 Nr. 52).

Von einer Sicherung in diesem Sinne kann jedoch keine Rede sein. Dass die Stellplatzproblematik offen geblieben ist, ergibt sich mit aller Deutlichkeit beispielsweise aus S. 8 der Beschlussvorlage: „Da der volle Stellplatznachweis für 15 000 Besucher zurzeit nicht erbracht werden kann, besteht bauordnungsrechtlich nur die Möglichkeit, eine Grundgenehmigung mit begrenzter Besucherzahl zu erteilen. ..." Dass die mit der Baugenehmigung beabsichtigte Nutzungsbeschränkung auf 6000 Besucher, „allein der verbindlichen Regelung des weiter gehenden Stellplatzbedarfs geschuldet ist", hat der Antragsgegner im vorliegenden Verfahren auf Gewährung vorläufigen Rechtsschutzes im Ergebnis bestätigt.

Der Abwägungsmangel ist i. S. des § 214 Abs. 3 BauGB erheblich und erfasst den Bebauungsplan insgesamt.

Vorsorglich merkt der Senat an, dass der Bebauungsplan an weiteren Mängeln leiden dürfte. So spricht beispielsweise einiges dafür, dass die Erwägungen des Rates der Stadt Q. auch insoweit nicht abwägungsfehlerfrei sind, als eine ordnungsgemäße Erschließung des Fußballstadions nicht gesichert sein dürfte. (Wird ausgeführt.)

Die Unwirksamkeit des Bebauungsplans begründet entgegen der Annahme der Antragsteller allerdings allein noch keinen Abwehranspruch gegen die Baugenehmigung. Die Antragsteller leiten einen dahingehenden Anspruch daraus her, dass das Vorhaben nur auf Grundlage einer Abwägung der betroffenen Belange, zu denen ihre eigenen Belange rechnen würden, zulässig sei. Die Antragsteller stützen sich für ihre Ansicht auf die Entscheidungen des Bundesverwaltungsgerichts vom 17. 9. 2003 – 4 C 14.01 –, BRS 66 Nr. 1 und vom 11. 8. 2004 – 4 B 55.04 –, BauR 2005, 832. In den genannten Entscheidungen ging es um die Frage, ob und unter welchen Voraussetzungen sich aus den Bestimmungen des Baugesetzbuchs eine Pflicht zur Bebauungsplanung ergeben kann und dass einem im bauplanungsrechtlichen Außenbereich geplanten Bauvorhaben als öffentlicher Belang das Erfordernis einer förmlichen Bebauungsplanung entgegenstehen kann. Das Bundesverwaltungsgericht erörtert in diesen Entscheidungen jedoch nicht, ob dem privaten Grundstückseigentümer gegenüber einem Bauvorhaben ein Nachbar schützendes Abwehrrecht allein wegen einer unterbliebenen Bebauungsplanung zustehen kann. Dies ist nach Ansicht des Senats nicht der Fall. Der Private hat im Bebauungsplanverfahren lediglich ein subjektives Recht darauf, dass seine Belange in der Abwägung ihrem Gewicht entsprechend „abgearbeitet" werden. Ob und mit welchem Ergebnis sich seine Belange in der Abwägung durchsetzen, ist hingegen offen (vgl. BVerwG, Urteil v. 24. 9. 1998 – 4 CN 2.98 –, BRS 60 Nr. 46; OVG NRW, Beschluss v. 8. 7. 2001 – 7 B 870/01 –).

Den Antragstellern steht jedoch deshalb gegenüber dem Vorhaben der Beigeladenen ein nachbarliches Abwehrrecht zu, weil es zu ihren Lasten mit dem von § 35 Abs. 3 BauGB umfassten Gebot der Rücksichtnahme nicht vereinbar ist.

Das Vorhaben der Beigeladenen soll im bauplanungsrechtlichen Außenbereich verwirklicht werden. (Wird ausgeführt.)

Ein im bauplanungsrechtlichen Außenbereich geplantes Vorhaben hat auf benachbarte Wohnbebauung (deren jedenfalls formelle Legalität von den Beteiligten nicht in Abrede gestellt wird), auch wenn diese selbst dem bauplanungsrechtlichen Außenbereich zuzuordnen sein sollte, Rücksicht zu nehmen. Welche Anforderungen das Gebot der Rücksichtnahme stellt, hängt wesentlich von den jeweiligen Umständen ab. Je empfindlicher und schutzwürdiger die Stellung desjenigen ist, dem die Rücksichtnahme im gegebenen Zusammenhang zugute kommt, umso mehr kann er an Rücksichtnahme verlangen. Je verständlicher und unabweisbarer die mit dem Vorhaben verfolgten Interessen sind, umso weniger braucht derjenige, der das Vorhaben verwirklichen will, Rücksicht zu nehmen. Abzustellen ist darauf, was einerseits dem Rücksichtnahmebegünstigten und andererseits dem Rücksichtnahmepflichtigen nach Lage der Dinge zuzumuten ist. Bei der Interessengewichtung spielt eine maßgebende Rolle, ob es um ein Vorhaben geht, das grundsätzlich zulässig und nur ausnahmsweise unter bestimmten Voraussetzungen nicht zuzulassen ist, oder ob es sich – umgekehrt – um ein solches handelt, das an sich unzulässig ist und nur ausnahmsweise zugelassen werden kann (vgl. BVerwG, Beschluss v. 6. 12. 1996 – 4 B 215.96 –, Buchholz 406.19 Nachbarschutz Nr. 140 = BRS 58 Nr. 164).

Auch eine unzureichende Stellplatzzahl eines Bauvorhabens kann gegenüber den Eigentümern der vom parkenden Verkehr und Parksuchverkehr betroffenen Wohngrundstücke im Einzelfall – ausnahmsweise – im bauplanungsrechtlichen Sinne rücksichtslos sein (vgl. OVG NRW, Urteil v. 10. 7. 1998 – 11 A 7238/95 –; Beschluss v. 31. 8. 2000 – 10 B 1052/00 –).

So ist die Situation hier. Die Antragsteller machen mit der Beschwerde „unzumutbare Beeinträchtigungen ihrer Erschließungssituation durch unkontrollierten Parksuchverkehr und parkende Fahrzeuge" geltend. Dabei geht es nicht etwa, wie der Beigeladene meint, darum, dass „gewisse Veranstaltungen gelegentlich den Verkehrsfluss auf öffentlichen Straßen behindern". Die Antragsteller befürchten vielmehr „eine unerträgliche Beeinträchtigung ihrer ohnehin empfindlichen Erschließungssituation dadurch, dass selbst für 6000 Zuschauer nicht genügend Stellplätze vorhanden sind und sich dann der Parkverkehr bis in den Stichweg ergießt, auf den ihre Grundstücke als einzige Erschließung angewiesen sind". Diese Befürchtung, der der Antragsgegner und der Beigeladene nicht substanziiert entgegengetreten sind, ist in der Tat nicht nur nachvollziehbar, sondern durchaus realistisch.

Es ist häufig mit ganz erheblichem Parksuchverkehr im Stadionbereich anlässlich der Heimspiele zu rechnen, und zwar selbst dann, wenn nur Fußballspiele mit bis zu 6000 Besuchern berücksichtigt würden, die die Baugenehmigung zulässt. Der Senat geht bei einem Fußballspiel mit 6000 Zuschauern von einem höheren Stellplatzbedarf aus, als ihn der Antragsgegner prognostiziert hat. Spiele mit einer Zuschauerzahl, die einen höheren Bedarf an Stellplätzen nach sich ziehen, als er auf dem dem Fußballstadion zugeordneten Parkplatz sichergestellt werden kann, sind häufig, wenn nicht gar regelmäßig zu erwarten.

Der Antragsgegner prognostiziert wie der Rat der Stadt Q. den durch bis zu 6000 Besucher ausgelösten Stellplatzbedarf auf Grundlage des Gutachtens vom 28. 4. 2005. Dieses Gutachten geht zunächst davon aus, dass der nach der sog. Stellplatzrichtlinie (Verwaltungsvorschrift zu § 51 BauO NRW) für ein Fußballstadion ermittelte Stellplatzbedarf zu Werten kommt, die dem tatsächlichen Bedarf nicht gerecht werden. Die Gutachter ziehen einen Vergleich mit dem Stellplatzbedarf, der sich am Stadion X. bei Spielen mit 4000 Besuchern ergeben hat. Die Gutachter rechnen diesen Wert hoch und ermitteln auf dieser Grundlage bei 6000 Besuchern einen Bedarf von 1050 Stellplätzen. Dass dieser sich auf Beobachtungen aus der Regionalligazeit stützende Wert für das Zuschaueraufkommen eines Zweitligavereins nicht repräsentativ sein dürfte, da sich dessen Zuschaueraufkommen regelmäßig aus einem größeren Einzugsbereich mit entsprechenden Folgerungen für die Zusammensetzung der von den Zuschauern benutzten Verkehrsmittel ergibt, haben auch die Gutachter erkannt. Sie haben letztlich auf das Arbeitspapier Nr. 49 der Forschungsgesellschaft für das Straßen- und Verkehrswesen abgehoben und den sich danach ergebenden Wert von 1185 Stellplätzen bei 6000 Zuschauern zugrunde gelegt, allerdings auf einen Bedarf von 1100 Stellplätzen herabgesetzt. Dem Arbeitspapier liegt eine Spanne zwischen 65 % und 75 % der Zuschauer zugrunde, die mit dem motorisierten Individualverkehr (MIV) anreisen; die Gutachter haben den niedrigsten Prozentsatz gewählt. Aus der Spanne des im Arbeitspapier Nr. 49 angenommenen Besetzungsgrades der Pkw zwischen 2,0 bis 2,8 Personen/Pkw haben sie den höchsten Wert gegriffen. Eine Begründung für diese Berechnungsweise ist nicht mitgeteilt ("nimmt man") und daher nicht ersichtlich, dass sich das Gutachten mit seiner Prognose auf der sicheren Seite hält. Die Gutachten gehen darüber hinaus selbst davon aus, dass der auf diesem Wege prognostizierte Stellplatzbedarf "einen hohen Anteil von 35 % an Besuchern voraussetzt, die mit dem ÖPNV anreisen. Von hoher Bedeutung sind daher eine gute Anbindung des Stadions an den ÖPNV und entsprechende Hinweise in den Medien vor den Spielen". Die Voraussetzung eines entsprechend hohen Anteils der Besucher, die den ÖPNV nutzen, ist jedoch nicht sichergestellt. (Wird ausgeführt.)

Der Stellplatzfehlbedarf, der bei 6000 Zuschauern bereits mit gut 300 Stellplätzen nicht unrealistisch angenommen sein dürfte, wird einen erheblichen Parksuchverkehr auslösen. Zudem kann die Baugenehmigung nicht sicherstellen, dass sich die bei nur 6000 Besuchern ergebenden Stellplatzprobleme nicht durch eine noch größere Besucherzahl noch verschärfen werden. Zwar ist die Baugenehmigung "auf eine Zuschauerkapazität von 6000 Besuchern" begrenzt (Nebenbestimmung Nr. 1). Die Baugenehmigung hindert jedoch nicht und kann auch nicht verhindern, dass eine größere Zahl von Besuchern zu einem Fußballspiel anreist, auch wenn nicht mehr als 6000 Besucher in das Stadion eingelassen werden sollten, wobei der Senat in diesem Zusammenhang dahinstehen lässt, ob eine solche Regelung praktikabel wäre oder nicht erkennbar als "maßgeschneiderte" Baugenehmigung eine Problembewältigung nur vorgibt, in Wirklichkeit jedoch (auch zulasten der Antragsteller) ungelöst lässt. Soweit die Nebenbestimmung Nr. 2 der Baugenehmigung – hinsichtlich derer bereits vom Verwaltungsgericht die aufschiebende Wirkung der Klage angeordnet worden ist – für „geplante Spiele oberhalb von 6000 Besuchern" einen Antrag auf eine Einzelgenehmigung verlangt, ergibt sich hieraus nichts anderes, da ein Spiel auch dann mehr als 6000 Besucher anlocken mag, wenn dies nicht „geplant" ist. Dass mit mehr als 6000 Zuschauern häufig zu rechnen ist, hat immerhin der Rat der Stadt Q. in anderem Zusammenhang angenommen.

Es liegt auf der Hand, dass die unzureichende Stellplatzsituation zu entsprechenden Folgeproblemen in der Umgebung des Fußballstadions führen wird. Hierauf hat die Kreispolizeibehörde mit ihrer Stellungnahme in aller Deutlichkeit hingewiesen: „Stehen direkt am Stadion keine Parkplätze mehr zur Verfügung, so steht zu befürchten, dass zunächst die angrenzenden Wohnquartiere zugeparkt werden. Auf entsprechende Erfahrungen wird ... verwiesen." Das damit angesprochene sog. wilde Parken wird vor allem auch den die Grundstücke der Antragsteller erschließenden Weg (im Folgenden: Stichweg) erfassen. Der bislang einzige, dem Fußballstadion zugeordnete Parkplatz, der auf Grundlage der Baugenehmigung nördlich der Q1.-Straße, westlich der Straße B. errichtet werden soll, soll in etwa schräg den Grundstücken der Antragsteller gegenüberliegend errichtet werden. Die Hauptzufahrt zu diesem Parkplatz führt über den Verkehrsknotenpunkt Q1.-Straße/ B.; unmittelbar südlich knüpft der Stichweg an den südlichen Ast der Straße B. an. Der Stichweg verläuft unmittelbar parallel zur Q1.-Straße und ist daher als Weg leicht auszumachen, der einen Versuch nahe legt, dort eine Möglichkeit zu suchen, einen Pkw abzustellen.

Aus den vorstehend wiedergegebenen besonderen örtlichen Verhältnissen, die dadurch gekennzeichnet sind, dass die Grundstücke der Antragsteller nur über einen verhältnismäßig schmalen Stichweg erreichbar sind, der in unmittelbarer Nähe der Kreuzung, über die die Hauptzufahrt zum Stadionparkplatz erfolgen soll, von der Straße B. abzweigt, angesichts des Umfangs des Parksuchverkehrs sowie der Tatsache, dass der Stichweg als Sackgasse endet und daher nur von der Straße B. angefahren werden kann, ist zu befürchten, dass für eine Zeit von etwa zwei Stunden vor Spielbeginn bis zum Spielbeginn und auch für eine Zeit von mindestens einer Stunde nach Spielschluss die Erreichbarkeit der Grundstücke der Antragsteller nicht mehr gewährleistet ist. Diese zeitlichen Zusammenhänge ergeben sich aus den vorliegenden Gutachten, wonach die Spitzenstunde für den Verkehrszufluss etwa 120 Minuten bis 60 Minuten vor Spielbeginn zu erwarten ist; in dieser Stunde kommen etwa 60% des Gesamtverkehrs an, danach etwa 35%.

Die beschriebene Verkehrssituation übersteigt das Maß des den Antragstellern Zumutbaren. Zwar ist nicht ausgeschlossen, dass der Antragsgegner Maßnahmen ergreift, die das Maß der zumutbaren Beeinträchtigung der Erschließung der Grundstücke der Antragsteller ausschließt. Solche Maßnahmen sind jedoch nicht einmal für die Sonntagsspiele Regelungsgegenstand der Baugenehmigung geworden und können daher im vorliegenden Verfahren nicht zugunsten des Antragsgegners und der Beigeladenen berücksichtigt werden. Auch sieht die Baugenehmigung die Möglichkeit nachträglicher Einschränkungen nicht vor.

Nr. 169

Der Senat hat in die Bewertung, ob sich das Vorhaben der Beigeladenen den Antragstellern gegenüber in der genehmigten Form als rücksichtslos darstellt, das Interesse eingestellt, das an einer Anlage des Profisports besteht, die die Förderung einer sozialadäquaten und von breiten Bevölkerungskreisen akzeptierten Form der Freizeitgestaltung dient (vgl. BVerwG, Beschluss v. 16. 12. 1992 – 4 B 202.92 –, Buchholz 406.11 § 3 BauGB Nr. 4).

Zu Lasten des Antragsgegners und der Beigeladenen war jedoch zu berücksichtigen, dass das Vorhaben ohne wirksamen Bebauungsplan unzulässig sein dürfte. Es ist im bauplanungsrechtlichen Außenbereich nicht privilegiert zulässig und beeinträchtigt öffentliche Belange, fordert insbesondere wegen seiner ganz erheblichen Auswirkungen eine die betroffenen Belange berücksichtigende Bebauungsplanung. Demgegenüber haben die Antragsteller ein anzuerkennendes Recht darauf, dass ihre Grundstücke in zumutbarer Weise erschlossen bleiben, und zwar auch dann, wenn im Bereich des Bebauungsplangebiets ein Fußballspiel stattfindet.

Nr. 169

1. **Da die TA Lärm 1998 nach ihrer Nr. 1 Abs. 2 b auf immissionsschutzrechtlich nicht genehmigungsbedürftige Freizeitanlagen und Freiluftgaststätten nicht anwendbar ist, bleibt es der tatrichterlichen Würdigung im Einzelfall vorbehalten, die Schädlichkeit der von solchen Anlagen ausgehenden Lärmeinwirkungen i. S. von § 22 Abs. 1 Satz 1 Nr. 1 i. V. m. § 3 Abs. 1 BImSchG zu beurteilen.**

2. **Auch das schutzwürdigste Volksfest sollte in der Nachtzeit nach 22 Uhr i. d. R. wenigstens die Tagrichtwerte der Freizeitlärm-Richtlinie für seltene Ereignisse einhalten. Nach Mitternacht sollte der Volksfestbetrieb regelmäßig enden.**

(Nichtamtliche Leitsätze.)

BImSchG §§ 3, 22, 24.

Bayerischer VGH, Beschluss vom 22. November 2005 – 22 ZB 05.2679 –.

Auf die von den Klägern erhobene Verpflichtungsklage hin verpflichtete das Verwaltungsgericht den Beklagten (Freistaat Bayern), über den Antrag der Kläger auf Erlass einer immissionsschutzrechtlichen Anordnung unter Beachtung der Rechtsauffassung des Gerichts zu entscheiden. Der Antrag der Beigeladenen auf Zulassung der Berufung hatte keinen Erfolg.

Aus den Gründen:

1. ...

2. Es begründet weder ernstliche Zweifel an der Richtigkeit des angefochtenen Urteils, noch lässt es besondere rechtliche oder tatsächliche Schwierigkeiten hervortreten, dass das Verwaltungsgericht angenommen hat, dass der bisherige Volksfestbetrieb bei den Klägern schädliche Lärmeinwirkungen hervorruft.

a) Es ist bereits hinreichend geklärt, nach welchen Kriterien die Schädlichkeitsgrenze für durch den Betrieb eines Volksfestplatzes hervorgerufenen

Lärm zu bestimmen ist. Dies stellt die Beigeladene mit ihrem Vorbringen nicht infrage.

Da die TA Lärm 1998 nach ihrer Nr. 1 Abs. 2 b auf immissionsschutzrechtlich nicht genehmigungsbedürftige Freizeitanlagen und Freiluftgaststätten nicht anwendbar ist, bleibt es der tatrichterlichen Würdigung im Einzelfall vorbehalten, die Schädlichkeit der von solchen Anlagen ausgehenden Lärmeinwirkungen i. S. von §22 Abs. 1 Satz 1 Nr. 1 i. V. m. §3 Abs. 1 BImSchG zu beurteilen (BVerwG v. 17.7.2003, NJW 2003, 3360, 3361; HessVGH v. 25.2.2005, GewArch 2005, 437). Die Schädlichkeitsgrenze wird nicht so sehr nach einem festen und einheitlichen Maßstab bestimmt, sondern mehr auf Grund einer auf die konkrete Situation bezogenen Abwägung und eines Ausgleichs der widerstreitenden Interessen im Einzelfall. Notwendig ist eine umfassende Würdigung aller Umstände des Einzelfalls, insbesondere unter Berücksichtigung der Eigenart der einzelnen Immissionen (Art, Ausmaß, Dauer, Häufigkeit, Lästigkeit) und der speziellen Schutzwürdigkeit des betroffenen Gebiets (BVerwG v. 17.7.2003, BRS 66 Nr. 167). Als Orientierungshilfe im Sinne eines „groben Anhalts" kann die sog. Freizeitlärm-Richtlinie des Länderausschusses für Immissionsschutz (NVwZ 1997, 469) herangezogen werden, einschließlich der Regelung Nr. 4.4 für sog. seltene Ereignisse (vgl. zuletzt Hess VGH v. 25.2.2005, GewArch 2005, 437). Dabei ist zu beachten, dass dann, wenn sich eine Störung trotz nachteiliger Wirkungen auf den Einzelnen nach Zeit, Dauer und Intensität im Rahmen des Herkömmlichen und Angemessenen hält, wenn diese Art von Störung von Rechts wegen geschützt oder zumindest duldenswert erscheint oder wenn sie bei den Betroffenen auf mehr subjektives Verständnis stößt und somit akzeptiert wird, die Störung als „sozialadäquat" ertragen werden muss (BVerwG v. 30.4.1992, BRS 54 Nr. 188 m. m. w. N.).

Volks- und Gemeindefeste können nach diesen Maßstäben als herkömmliche und allgemein akzeptierte Formen städtischen und dörflichen Zusammenlebens angesehen werden (BGH v. 26.9.2003, BRS 66 Nr. 175; BayVGH v. 19.3.1997, BayVBl. 1998, 310 = GewArch 1997, 389, 390 und v. 13.5.1997, BayVBl. 1997, 594). Es liegt in der Natur der Sache, dass solche Veranstaltungen häufig in der Nähe von Wohnbebauung durchgeführt werden müssen und zwangsläufig zu Beeinträchtigungen der Nachbarschaft führen. Da solche Veranstaltungen für den Zusammenhalt der örtlichen Gemeinschaft von großer Bedeutung sein können, dabei auch die Identität dieser Gemeinschaft stärken und für viele Bewohner einen hohen Stellenwert besitzen, werden die mit ihnen verbundenen Störungen von verständigen Durchschnittsmenschen i. d. R. in höherem Maß akzeptiert als andere Immissionen (BGH v. 26.9.2003, UPR 2004, 31, 32).

In Anbetracht dieser Privilegierung des Volksfestlärms liegt die Anwendung der Freizeitlärm-Richtlinie des Länderausschusses für Immissionsschutz (vgl. NVwZ 1997, 469) zwar nicht eben nahe (anders z. B. HessVGH v. 25.2.2005, GewArch 2005, 437; Spies, Einige Aspekte des Gaststätten- und Freizeitlärms, GewArch 2004, 453, 454). Hierauf kommt es aber nicht entscheidend an. Orientiert man sich gleichwohl an dieser Richtlinie, muss man nämlich regelmäßig unter Berücksichtigung der Umstände des Einzelfalls von ihr abweichen (vgl. VG Gießen v. 2.7.2004, GewArch 2004, 493, 494; OVG RP v. 14.9.2004, GewArch 2004, 494, 497). Dies bedeutet jedoch nicht, dass jede erhebliche Lärmbelästigung ohne weiteres hingenommen werden müsste (OVG Bremen v. 14.11.1995, GewArch 1996, 390, 391). Auch das schutzwürdigste Volksfest sollte in der Nachtzeit nach 22 Uhr i.d.R. wenigstens die Tagrichtwerte der Freizeitlärm-Richtlinie für seltene Ereignisse einhalten (BGH v. 26.9.2003, UPR 2004, 31, 33; OVG RP v. 14.9.2004, GewArch 2004, 494, 497). Nach Mitternacht sollte der Volksfestbetrieb regelmäßig enden, weil der Schutz der Nachtruhe dann vorrangig ist (BGH v. 26.9.2003, UPR 2004, 31, 33; VG Gießen v. 2.7.2004, GewArch 2004, 493, 494; OVG RP v. 14.9.2004, GewArch 2004, 494, 497). Ausnahmen kann es nur in sehr seltenen, nicht mehrere Nächte andauernden Fällen geben (OVG RP, a.a.O.; HessVGH v. 25.2.2005, GewArch 2005, 437, 439). Deutliche Überschreitungen der Immissionsrichtwerte bis Mitternacht sind dann nicht mehr ohne weiteres zumutbar, wenn der folgende Tag ein allgemeiner Arbeitstag bzw. ein Schultag ist (OVG RP v. 13.2.2004, GewArch 2004, 217, 219, zurückhaltender v. 14.9.2004, GewArch 2004, 494, 497).

b) Das angefochtene Urteil bewegt sich entgegen der Auffassung der Beigeladenen im Rahmen dieser Kriterien und bejaht das Vorliegen schädlicher Umwelteinwirkungen mit überzeugender Begründung. Der entscheidungserhebliche Sachverhalt wird aus tatrichterlicher Sicht umfassend gewürdigt. Die Freizeitlärm-Richtlinie wird zwar als Orientierungsmaßstab herangezogen, aber nicht schematisch angewendet. Dem Verwaltungsgericht erscheint es angemessen, die Immissionsrichtwerte jeweils um 5 dB(A) zu erhöhen. Es wird geprüft, ob sich aus Gesichtspunkten des Herkommens, der Sozialadäquanz und der allgemeinen Akzeptanz berücksichtigungsbedürftige Besonderheiten ergeben. Ob allen Einzelerwägungen zugestimmt werden könnte, kann dahinstehen; die Annahme einer erheblichen Überschreitung der Schädlichkeitsgrenze nach 22 Uhr ist jedenfalls im Ergebnis nicht zu beanstanden. Die Beeinträchtigung der Nachbarschaft dauert an vier aufeinander folgenden Tagen unvermindert bis nach Mitternacht an. Ein sehr seltenes Ausnahmeereignis kann unter diesen Umständen nicht angenommen werden. Schon vor 22 Uhr kommt es zu erheblichen Lärmbelästigungen, wie das Verwaltungsgericht im Anschluss an das Gutachten der Fa. N. festgestellt hat (zur Bedeutung dieser Umstände HessVGH v. 25.2.2005, GewArch 2005, 437, 439). Der festgestellte Beurteilungspegel für die Nachtzeit von 74 dB(A) beim Wohnhaus der Kläger zu 1 und 2 liegt höher als der Immissionsrichtwert der Nr. 4.4 der Freizeitlärm-Richtlinie für seltene Ereignisse während der Tagzeit (70 dB(A)). Bei einem Ausschankende und Musikdarbietungsende um 24 Uhr liegt es nahe, dass das faktische Betriebsende noch später liegt. Mindestens an Sonntag- und Montagabenden Anfang September steht in Bayern zwar kein Schultag, aber doch ein allgemeiner Arbeitstag bevor.

Nr. 170

1. Für die Beurteilung der Zumutbarkeit von Freizeitlärm bestehen keine rechtlich verbindlich vorgegebenen Mess- und Beurteilungsverfahren.

2. Die Beurteilung der Erheblichkeit von Beeinträchtigungen durch Freizeitlärm hat durch tatrichterliche Würdigung des Einzelfalles unter Berücksichtigung der einzelnen Schallereignisse, ihres Immissionspegels, ihrer Eigenart (z.B. Dauer, Häufigkeit, Impulshaltigkeit usw.) und ihres Zusammenwirkens zu erfolgen.

3. Zur Beurteilung von Geräuschimmissionen eines Volksfestes ist der Anhang B der Musterverwaltungsvorschrift zur Ermittlung, Beurteilung und Verminderung von Geräuschimmissionen vom 4.5.1995, sog. Freizeitlärm-Richtlinie, ein geeignetes technisches Regelwerk, das als Orientierungshilfe herangezogen werden kann.

4. Die Regelung der Nr. 4.4 der Freizeitlärm-Richtlinie trägt bereits dem Umstand Rechnung, dass der Nachbarschaft bei seltenen Störereignissen eine Gesamtbelastung zugemutet wird, die erheblich ist und die sonst vorgesehenen Beurteilungspegel überschreitet.

5. Auch bei traditionellen Volksfesten mit einer Dauer von mehr als einem Tag sind die Richtwerte der Freizeitlärm-Richtlinie maßgebend, wenn eine Veranstaltung nicht an einem gleichwertigen, den Charakter der Veranstaltung wahrenden, jedoch die Lärmeinwirkungen für die Anwohner deutlich reduzierenden Alternativstandort verlegt wird.

6. Vorbeugende Unterlassungsklagen können auch zur Verhinderung zukünftiger Verwaltungsakte zulässig sein.

7. Die Androhung eines Zwangsgeldes in einem Urteil, mit dem eine Behörde verpflichtet wird, einen Verwaltungsakt zu unterlassen, ist nicht zulässig.

BImSchG §3 Abs. 1; Freizeitlärm-Richtlinie; VwGO §§ 167, 172; ZPO §890 Abs. 2.

Hessischer VGH, Urteil vom 25. Februar 2005 – 2 UE 2890/04 –.

Nr. 171

Nachbarklage gegen Vorbescheid für Wohnhaus im amtlich festgesetzten Überschwemmungsgebiet.

BauGB §35; BayWG Art. 61 Abs. 2.

Bayerischer VGH, Urteil vom 14. Februar 2005 – 26 B 03.2579 – (rechtskräftig).

(VG Augsburg)

Nr. 171

Der Kläger wendet sich gegen einen dem Beigeladenen erteilten Vorbescheid für die Errichtung eines Einfamilienhauses mit Garage auf dem Grundstück FlNr. 22/3. Westlich davon befindet sich das klägerische Grundstück FlNr. 22/2, auf dem dieser Anfang der 90er-Jahre ein Ferienhaus errichtet hat.

Nachdem die Stadt ihr Einvernehmen zu dem Bauvorhaben des Beigeladenen erteilt und die Zusage gegeben hatte, bei der derzeit betriebenen Fortschreibung des Flächennutzungsplanes werde das zurzeit im Außenbereich gelegene Grundstück des Beigeladenen als allgemeines Dorfgebiet ausgewiesen, stellte das Landratsamt dem Beigeladenen mit Vorbescheid von 2001 die Erteilung einer Baugenehmigung für den Neubau eines Einfamilienhauses mit Garage unter verschiedenen Auflagen und Bedingungen in Aussicht.

Nach erfolglosem Widerspruchsverfahren erhob der Kläger Klage.

Aus den Gründen:

2. Nach übereinstimmender Auffassung aller Beteiligten – der sich der erkennende Senat anschließt – beurteilt sich die Zulässigkeit des Vorhabens des Beigeladenen in bauplanungsrechtlicher Hinsicht nach § 35 BauGB, da es im Außenbereich verwirklicht werden soll. Dabei ist allerdings im vorliegenden Verfahren nicht zu klären, ob das im Außenbereich nicht privilegierte Wohnhaus objektiv-rechtlich allen Anforderungen des § 35 BauGB entspricht. Denn bei Vorhaben im Außenbereich beschränkt sich der Nachbarschutz auf die Anforderungen des Gebots der Rücksichtnahme. Es findet Eingang in die Anwendung des § 35 Abs. 2 BauGB als Bestandteil der nach § 35 Abs. 3 BauGB zu berücksichtigenden öffentlichen Belange (vgl. BVerwGE 52, 122, 125 ff.). Danach liegt eine Beeinträchtigung öffentlicher Belange insbesondere vor, wenn das Vorhaben schädliche Umwelteinwirkungen hervorrufen kann (§ 35 Abs. 3 Satz 1 Nr. 1 BauGB). Darüber hinaus kann der von einem Hochwasser bedrohte Gewässeranlieger Drittschutz gegen Bauvorhaben im Außenbereich zusätzlich über § 35 Abs. 3 Satz 1 Nr. 4 BauGB (vgl. Birkl/Geiger, Nachbarschutz, E Rdnr. 276) und Art. 62 Abs. 1 BayWG verlangen. Diese Vorschrift mit der darin für die Gewässeraufsicht enthaltenen Ermächtigung, Anordnungen zur Sicherstellung eines schadlosen Hochwasserabflusses zu treffen, schützt auch Dritte (vgl. BayOLG, BayVBl. 1990, 58; BayVGH v. 8.11.1990, BayVBl. 91, 247, 248).

Das Vorhaben des Beigeladenen liegt jedenfalls zu einem nicht völlig unerheblichen Teil in einem amtlich festgesetzten Überschwemmungsgebiet und bedarf daher jedenfalls insoweit wegen des generellen Bauverbots von Anlagen in einem solchen Gebiet nach Art. 61 Abs. 2 Satz 1 und 2 BayWG einer Ausnahme. Neben der baurechtlichen Genehmigung ist allerdings eine gesonderte Entscheidung über die Ausnahme unnötig (Art. 61 Abs. 2 Satz 3 erster Halbs. BayWG). Ob eine solche Ausnahme im Rahmen der sie mitumfassenden Baugenehmigung hier erteilt werden konnte, hängt davon ab, inwieweit die jeweilige Anlage wasserwirtschaftliche Folgen hat. Denn nach Art. 61 Abs. 2 Satz 2 BayWG kann das Landratsamt unter den erforderlichen Auflagen und Bedingungen eine Ausnahme nur dann genehmigen, wenn und soweit dadurch der Wasserabfluss, die Höhe des Wasserstandes oder der Wasserrückhaltung nicht oder nur geringfügig beeinflusst werden können.

Bei dieser Ermessensentscheidung des Landratsamtes sind sowohl die wasserwirtschaftlichen Folgen für die Allgemeinheit als auch für die Betroffenen zu beachten (vgl. dazu BVerwGE 78, 40, 43). Vorliegend fehlen allerdings Umstände, welche die Ermessensentscheidung des Landratsamtes, für das Vorhaben des Beigeladenen eine Ausnahme nach Art. 61 Abs. 2 Satz 2 BayWG zu genehmigen, fehlerhaft machen. Die Einwendungen und Befürchtungen des Klägers sind durch das Wasserwirtschaftsamt als wasserwirtschaftliche Fachbehörde (Art. 75 Abs. 2 Satz 1 BayWG) sachverständig beurteilt worden. In der mündlichen Verhandlung des Senats wurden diese Stellungnahmen durch den zuständigen Mitarbeiter des Wasserwirtschaftsamtes detailliert erläutert. Danach wird die Errichtung des Einfamilienhauses des Beigeladenen angesichts des hier 410 m breiten Überschwemmungsgebietes zu keiner nachteiligen Beeinflussung des Wasserabflusses, der Höhe des Wasserstandes und der Wasserrückhaltung führen, wenn der verloren gehende Retentionsraum in der Nähe des Bauvorhabens neu hergestellt wird. Gemäß Nr. 17 des angefochtenen Bauvorbescheides ist der Retentionsausgleich mit einer Berechnung und den dazugehörigen Planunterlagen nachzuweisen. In den Randbereichen eines Überschwemmungsgebietes, in dem das streitgegenständliche Bauvorhaben verwirklicht werden soll, ist nach Aussage des Wasserwirtschaftsamtes der Hochwasserabfluss von nur untergeordneter Bedeutung. Hier findet vorrangig Hochwasserrückhalt statt. Das Bauvorhaben der Beigeladenen, das nur teilweise in das Überschwemmungsgebiet hineinreicht, wird nach Einschätzung des Wasserwirtschaftsamtes im Falle eines Hochwassers allenfalls eine Erhöhung des Wasserspiegels im mm- oder cm-Bereich bewirken. In Anbetracht dieser auf der Grundlage der beim Hochwasser im Jahr 1993 erhobenen Daten möglichen Prognose der denkbaren wasserwirtschaftlichen Auswirkungen des Vorhabens habe eine – aufwändige und teure – genauere Berechnung in keinem vernünftigen Verhältnis zum finanziellen Aufwand gestanden.

Diese Erwägungen wurden seitens des Klägers nicht ernsthaft erschüttert. Sachverständigenaussagen des Wasserwirtschaftsamtes als der Fachbehörde für wasserwirtschaftliche Fragen kommt große Bedeutung zu. Sie haben sogar i. d. R. größeres Gewicht als Expertisen von privaten Fachinstituten, weil sie auf jahrelanger Bearbeitung eines bestimmten Gebiets und nicht nur auf der Auswertung von Aktenvorgängen im Einzelfall beruhen. Durch schlichtes Bestreiten oder bloße Behauptungen können sie nicht erschüttert werden (vgl. BayVGH v. 26. 4. 2001 – 22 ZB 01.863 –; v. 7. 10. 2002 – 22 ZB 02.1206 –). Insbesondere erscheint entgegen der Auffassung des Klägers die Schaffung eines Ersatzes für den durch das Vorhaben verloren gehenden Retentionsraum durch eine Eintiefung im südlichen Bereich des Grundstücks des Beigeladenen durchaus möglich; eine konkrete Maßnahme zum Ausgleich des Verlusts am Retentionsraum ist vom Beigeladenen erst mit dem Antrag auf Erteilung einer Baugenehmigung darzustellen.

Nach alledem ist daher mit dem Verwaltungsgericht davon auszugehen, dass der Kläger durch die wasserwirtschaftlichen Auswirkungen des Bauvorhabens des Beigeladenen nicht in unzumutbarer, das Rücksichtnahmegebot verletzender Weise beeinträchtigt wird.

Nr. 172

1. **Der Nachbar kann eine Teilungsgenehmigung (§ 94 NBauO) mit der Begründung anfechten, die damit vorbereitete Bebauung/Nutzung verletze seine Baunachbarrechte; er braucht sich insoweit nicht auf die Anfechtung einer hierfür erforderlichen Genehmigung verweisen zu lassen (Bestätigung der bisherigen Rechtsprechung; vgl. OVG Lüneburg, Urteil v. 7.5.1980 – 6 A 171/78 –, Vnb).**

2. **Nicht jede Grundstücksteilung, die mit dem Zwecke vorgenommen wird, die in § 12 Abs.1 NBauO enthaltene Beschränkung auf ein einziges Grenzgebäude zu umgehen, ist rechtsmissbräuchlich und daher dem Nachbarn gegenüber unwirksam. Dafür kommt es vielmehr auf die Umstände des Einzelfalls, namentlich darauf an, ob die Interessen des Nachbarn an ausreichender Besonnung, Belichtung und Belüftung nach den konkreten Verhältnissen unangemessen hintangestellt werden.**

NBauO §§ 12 Abs. 1, 94; VwGO § 154 Abs. 3.

Niedersächsisches OVG, Urteil vom 7. März 2005 – 1 LB 174/04 – (rechtskräftig).

Die Klägerin wendet sich mit der Begründung gegen die Teilungsgenehmigung, die Beigeladene zu 1 habe sie in missbräuchlicher Absicht, nämlich allein zu dem Zwecke erstrebt, damit den Einschränkungen von § 12 Abs. 1 NBauO zuwider auf der Grenze zu ihrem Grundstück nicht nur ein, sondern zwei Nebengebäude legal errichten und nutzen zu können.

Der Klägerin gehört das Grundstück Am R.bach 29. Das in etwa quadratisch geschnittene Grundstück grenzt mit seiner rund 79 m langen Nordostseite an die Straße Am R.bach an. An seiner knapp 80 m entfernt liegenden Rückseite fließt der R.bach. Es ist in seiner Nordecke mit einem Wohngebäude, straßenseitig in der Mitte zudem mit einem größeren Nebengebäude bestanden. Im Übrigen ist das Grundstück nach der Kartenlage unbebaut. Südöstlich grenzt das Grundstück Am R.bach 25 an, welches mit Ausnahme des Bereichs, um dessen Abtrennung die Beteiligten jetzt streiten, ebenso wie das sich südöstlich anschließende Grundstück Am R.bach 23 im Eigentum der Beigeladenen zu 1 steht. Diese beiden Grundstücke werden in der folgenden Weise genutzt:

Etwa in der Mitte des Areals steht ein als Scheune bezeichnetes Nebengebäude, das beiderseits bis zur jeweiligen Grundstücksgrenze reicht. Zum Grundstück der Klägerin hin erreicht es eine Grenzbebauung von rund 14,80 m Breite; zum Grundstück Am R.bach 21 hin ist das Gebäude rund 25 m breit. In dem der Klägerin zugewandten Gebäudeteil ist mittlerweile eine Garage untergebracht. Südlich davon steht ein ebenfalls von der Westgrenze des Grundstücks Am R.bach 25 bis zur Südostgrenze des Grundstücks Nr. 23 reichendes weiteres Nebengebäude, das im Wesentlichen, darunter auch auf der Grenze zum Grundstück der Klägerin 7 m, an seinem anderen Ende hingegen nur noch 4 m breit ist.

Das Grundstück Am R.bach 25 stellte einst ein 1304 m² großes Buchgrundstück dar, welches der Beigeladenen zu 1 und ihrem inzwischen verstorbenen Ehemann gehörte. Es bestand aus dem zwischen 78 und 80 m langen und bis zu 18,5 m breiten Flurstück 61/1. Aus diesem sind auf Grund eines Teilungsvorganges die Flurstücke 61/2 und 61/3 hervorgegangen, über dessen Rechtmäßigkeit die Beteiligten in diesem Verfahren streiten.

Ausgangspunkt der Streitigkeiten war der Bauschein des Beklagten von 1992. Mit diesem genehmigte er dem verstorbenen Ehemann der Beigeladenen zu 1, im nördlichen Anschluss an das Scheunengebäude eine pultgedeckte Garage für drei Fahrzeuge zu errichten. Diese sollte mit ihrer 8,99 m langen Nordwestseite unmittelbar auf der gemeinsamen Grenze stehen und 6,49 m tief sein. Auf Widerspruch der Klägerin und Weisung der Bezirksregierung nahm der Beklagte die Baugenehmigung durch Bescheid vom Juli 1994 zurück und ordnete an, die Garage bis zu einem Abstand von 3 m zur Grundstücksgrenze wieder abzutragen. Über den gegen die Rücknahmeverfügung vom verstorbenen Ehemann der Beigeladenen zu 1 eingelegten Widerspruch wurde bislang nicht entschieden.

1995 schlossen die Beigeladene zu 1 sowie ihr Ehemann mit der Beigeladenen zu 2, ihrer Tochter, einen notariell beurkundeten „Übergabevertrag". Darin übertrugen die Eltern ihrer Tochter „im Wege vorweggenommener Erbfolge" von dem Grundstück Am R.bach 25 (einst Flurstück 61/1) das jetzige Flurstück 61/2. Diese rund 350 m² große Teilfläche ist zwischen 14,45 m und 16,70 m breit. Auf ihr steht die zwischenzeitlich errichtete, gegenüber dem ursprünglich geplanten Aufstellungsort nach Norden verschobene Grenzgarage für drei Kraftfahrzeuge. In §9 des Vertrages beantragten die Vertragsparteien, zugunsten des jeweiligen Eigentümers der südlich anschließenden Fläche (jetzt: Flurstück 61/3) eine Dienstbarkeit des Inhalts einzutragen, darüber von der Straße Am R.bach Zufahrt zu nehmen. § 10 des Vertrages zufolge waren sich die Beteiligten darüber einig, dass die zu übertragende Teilfläche zu Lebzeiten der Eltern („Übergeber") nicht veräußert oder sonst in irgendeiner Weise auf andere Personen übertragen werden dürfe. Für den Fall eines Verstoßes vereinbarten die Vertragsbeteiligten die Rückübertragung des Grundbesitzes. Das sollte durch eine entsprechende Vormerkung gesichert werden.

1999 wurde in das Baulastenverzeichnis des Beklagten eine Baulast doppelten Inhalts eingetragen. Zum einen verpflichtete sich darin der jeweilige Eigentümer des Flurstücks 61/2, die Herstellung, Unterhaltung und Benutzung einer Zuwegung zu dulden, die erforderlich ist, damit bauliche Anlagen auf dem Flurstück 61/3 dem öffentlichen Baurecht entsprechen. Der jeweilige Eigentümer des Flurstücks 61/2 gestattet zum anderen, dass eine 2,60 bis 3,40 m breite und 18 m lange Teilfläche, welche auf der südlichen Grundstücksgrenze beginnt, dem Flurstück 61/3 bei der Bemessung des Grenzabstandes zugerechnet wird. Er ist verpflichtet, mit seinen baulichen Anlagen von dieser Teilfläche Abstand zu halten.

Auf Antrag der Beigeladenen zu 1 genehmigte der Beklagte diese Grundstücksteilung.

Den Widerspruch der Klägerin gegen die Teilungsgenehmigung wies die Bezirksregierung im Wesentlichen mit folgender Begründung zurück: Die Teilungsgenehmigung sei zwar zunächst rechtswidrig gewesen, weil die Scheune mit einer Traufhöhe von 5,10 m zu nah an der nunmehrigen Grundstücksgrenze zwischen den beiden neuen Flurstücken gestanden habe. Dieser Mangel sei aber zwischenzeitlich durch die oben zitierte Baulast ausgeräumt worden. Weil es sich um ein selbstständiges Grundstück handele, sei es baurechtlich zulässig, dort eine Grenzgarage zu errichten. Es sei nicht zu beanstanden, durch Teilung relativ großer Baugrundstücke Flächen zu schaffen, auf denen in Einklang mit § 12 Abs. 1 NBauO Garagen errichtet werden könnten.

Aus den Gründen:

Der Senat hält – in Übereinstimmung mit der bereits vom Verwaltungsgericht zitierten älteren Rechtsprechung des OVG Lüneburg (vgl. insbesondere Urteil v. 7. 5. 1980 – 6 A 171/78 –, S. 12 UA; Vnb) – an seiner im Zulassungsbeschluss v. 7. 7. 2004 – 1 LA 305/03 –, vertretenen Auffassung fest, dass die mit der Teilung beabsichtigte Nutzung des Grundstücks bei der Genehmigung zu überprüfen ist und dem Nachbarn dementsprechend das Recht zusteht, die Teilungsgenehmigung daraufhin überprüfen zu lassen, ob diese Nutzung seine rechtlich geschützten Interessen verletzt. Das ergibt sich u. a. aus dem Wortlaut des §94 Abs. 1 Satz2 NBauO. Hiernach darf die Teilung eines Grundstücks nur dann genehmigt werden, wenn hierdurch keine Verhältnisse geschaffen werden, die der NBauO oder anderen Vorschriften des öffentlichen Baurechts zuwiderlaufen. Das schließt das Erfordernis ein, die mit der Teilung beabsichtigte oder zumindest vorbereitete Nutzung in die Betrachtung einzubeziehen.

Diese Prüfung führt indes entgegen den Überlegungen, welche den Senat noch zur Zulassung der Berufung veranlasst haben, nicht zu einem Klageerfolg. Die maßgeblichen Entscheidungen sind im Verlaufe des Verfahrens bereits vollständig genannt worden. Am Ende seines Zulassungsbeschlusses hatte der Senat auf seine Entscheidung vom 26. 2. 2004 (– 1 LA 210/03 –, NordÖR 2004, 204 = NdsPfl. 2004, 133 = BauR 2004, 1274 = NdsVBl. 2004, 188) verwiesen. Das Verwaltungsgericht hatte auf das oben bereits erwähnte Urteil des 6. Senats des OVG Lüneburg vom 7. 5. 1980 (– 6 A 171/78 –, Vnb) sowie den Senatsbeschluss v. 27. 12. 1996 (– 1 M 6717/96 –, NdsVBl. 1997, 158 = BRS 58 Nr. 121) hingewiesen.

Die darin entwickelten Grundsätze lassen sich wie folgt zusammenfassen: Nicht jede Ausnutzung einer durch Grundstücksteilung erlangten Rechtsposition stellt einen Missbrauch dar. Hinzukommen muss vielmehr der Vorwurf des Rechtsmissbrauchs. Ob dieser zugunsten des Nachbarn eingreift, ist insbesondere nach Sinn und Zweck des §12 NBauO zu beurteilen. Dazu muss anhand der konkreten Umstände des Einzelfalls beurteilt werden, ob der Standort der Anlage, der mit der Grundstücksteilung zur Baurechtmäßigkeit verholfen werden soll, das Interesse des Grundstücksnachbarn an ausreichender Belichtung, Belüftung und Besonnung einseitig und ohne dass dies durch triftige Erwägungen des Bauherrn gerechtfertigt wäre, hintanstellt. In der Entscheidung des 6. Senates des OVG Lüneburg v. 7. 5. 1980 (– 6 A 171/78 –, Vnb) wird zusätzlich darauf abgestellt, ob durch die Teilung ein selbstständiges Baugrundstück entsteht, auf dem die vorhandene Grenzgarage nach §12 Abs. 1 NBauO zulässig wäre; denn als einer Verselbstständigung zugängliches Grundstück i. S. des §4 Abs. 1 Satz1 NBauO könne nur ein solches angesehen werden, dessen Ausnutzung den Anforderungen des Gesetzes entspreche und das daher Raum für ein Haupt- sowie ein Nebengebäude biete.

Danach kann die Klägerin die Grundstücksabteilung selbst dann nicht mit Erfolg angreifen, wenn – wofür einiges spricht – einziger Zweck des sog. Übergabevertrages vom Juni 1995 gewesen sein sollte, die Einschränkung zu umgehen, welche §12 Abs. 1 Satz 1 NBauO durch die Beschränkung auf einen einzigen Grenzbau der Beigeladenen zu 1 auferlegt. Denn es fehlen die zusätzlichen Elemente, welche erst den Vorwurf des Rechtsmissbrauchs zu begründen vermögen.

Folgt man dem Gedanken des einstigen 6. Senat des OVG Lüneburg, so scheidet die Annahme eines Rechtsmissbrauchs aus. Mit 350 m^2 erreicht das abgeteilte Grundstück eine Größe, welche es als – bescheidenes – eigenständiges Baugrundstück erscheinen lässt. Jedenfalls unter Zuhilfenahme der Straße (§ 9 Abs. 1 NBauO) ist es in Einklang mit den Grenzabstandsvorschriften möglich, neben einem Nebengebäude dort auch ein kleines Häuschen unterzubringen. Dass dies möglich ist, zeigt auch der Umstand, dass vor Errichtung der Garagen im nordöstlichen Bereich des abgetrennten Areals ein Wohngebäude gestanden hatte.

Durch die Grenzabstandsvorschriften geschützte Interessen der Klägerin an ausreichender Belichtung, Belüftung und Besonnung werden durch den beanstandeten Vorgang nicht einseitig und ohne nachvollziehbaren Grund hintangestellt. Anders als in dem unter dem 26. 2. 2004 (– 1 LA 210/03 –, NdsRpfl. 2004, 133 = NordÖR 2004, 204 = NdsVBl. 2004, 188 = BauR 2004, 1274) entschiedenen Fall steht das Wohnhaus der Klägerin rund 67 m von der angegriffenen Grenzgarage entfernt und ist zudem von ihr durch das landwirtschaftliche Nebengebäude getrennt. Optische oder akustische Einbußen der Wohnnutzung durch die Grenzgarage sind daher auszuschließen. In der mündlichen Verhandlung hat die Klägerin für die südlichen und westlichen Grundstücksbereiche allein eine Nutzung durch Pferde geltend zu machen vermocht. Weitere Nutzungen ergeben sich aus der Aktenlage nicht. Diese Nutzungen reichen nicht annähernd aus, von unzumutbaren, d. h. Verhältnissen zu reden, die dem Sinn und Zweck der Grenzabstandsvorschriften flagrant widersprächen. Es wäre ihre Sache gewesen, weitere in ihrer Sphäre liegende Gesichtspunkte vorzubringen, welche die Hinnahme der Grenzgarage als unzumutbar hätten erscheinen lassen können. Das ist indes nicht geschehen. Namentlich hat die Klägerin auch in der mündlichen Verhandlung keine Nutzungs- oder Bauabsichten erkennen lassen, deren Verwirklichung durch die Grenzgarage „verbaut" oder in einer ins Gewicht fallenden Weise erschwert würden, sondern in Abrede gestellt, sich mit Verkaufs- oder Bauabsichten zu tragen.

Es kommt schließlich – gleichfalls selbstständig tragend – hinzu, dass das einstige Flurstück 61/1 mit rund 78 m Länge und nur 18 m Breite vergleichsweise „unglücklich" geschnitten war und von daher ein nicht zu verkennendes Interesse der Beigeladenen zu 1 daran besteht, den straßenzugewandten Teil ungeachtet der seit längerer Zeit auf den rückwärtigen Grundstückspartien stehenden Nebengebäude in zeitgemäßer Weise, d. h. insbesondere mit straßennah aufzustellenden Garagen zu nutzen.

Es entspricht der Billigkeit, die außergerichtlichen Kosten der Beigeladenen für erstattungsfähig zu erklären, auch wenn sie sich durch unterlassene Antragstellung (vgl. § 154 Abs. 3 VwGO) der Gefahr einer Kostentragungspflicht entzogen haben. Denn sie waren gezwungen, die Teilungsgenehmigung mit anwaltlichem Beistand zu verteidigen, die entgegen der Annahme des Verwaltungsgerichts die Entscheidung des Rechtsstreits über die Rücknahme der Baugenehmigung nicht unwesentlich mitbestimmt.

Nr. 173

1. **Wird für die Errichtung eines Winterstützpunkts an einer Autobahn das falsche Verfahren gewählt, kann eine Gemeinde dagegen nicht mit Erfolg gerichtlich vorgehen, wenn ihre materiellen Rechte gewahrt sind.**

2. **Ein Recht auf Abwehr einer Beeinträchtigung oder Verunstaltung des Landschaftsbildes steht einer Gemeinde nicht zu.**

BauGB §§ 35 Abs. 1 Nr. 4, 36, 37, 38; FStrG §§ 1 Abs. 4 Nr. 4, 17 Abs. 1 Satz 1, Abs. 1 a, Abs. 2.

Hessischer VGH, Urteil vom 19. Mai 2005 – 3 UE 2829/04 – (rechtskräftig nach Beschluss des BVerwG vom 10. 1. 2006 – 4 B 48.05 –

(VG Frankfurt)

Die Beteiligten streiten über die Rechtmäßigkeit der Ersetzung des gemeindlichen Einvernehmens.

Als Bauherr beantragte die Beigeladene, vertreten durch das Staatsbauamt, 1998 bei der Bauaufsichtsbehörde die Durchführung des Zustimmungsverfahrens nach § 75 Abs. 1 HBO 1993. Sie beabsichtigt, direkt an der östlichen Seite der Bundesautobahn A 66 auf einer bundeseigenen Fläche im inneren Ohr der nordöstlichen Autobahnabfahrt einen bemannten Winterstützpunkt zu errichten, der folgende Anlagen umfassen soll: Zwei Salzsilos für 100 m³ Auftausalz sowie eine Salzsoleanlage mit einem 40 000 Liter-Tank, des Weiteren ein Unterkunftsgebäude und einen Unterstand für zwei LKW. Als Fläche wird ein Bedarf von 42 m x 44 m veranschlagt. Erschlossen werden soll dieser Standort direkt über die Rampen der Anschlussstelle der Autobahn.

Mit ihrer Stellungnahme vom Juni 1998 versagte die Klägerin ihr Einvernehmen nach § 36 Abs. 1 Satz 1 BauGB wegen der Beeinträchtigung öffentlicher Belange, insbesondere des Ortsbildes. Daraufhin ersetzte das Regierungspräsidium das klägerische Einvernehmen mit Bescheid vom Oktober 1998 und erklärte das Vorhaben nach § 37 Abs. 1 BauGB für zulässig.

Der Kreis erteilte der Beigeladenen mit Bescheid vom November 1998 die Zustimmung zur Ausführung des Bauvorhabens. Über den dagegen eingelegten klägerischen Widerspruch ist nicht entschieden worden.

Die Klägerin stellte 1998 beim Verwaltungsgericht einen Eilantrag gegen den Zustimmungsbescheid des Kreises vom November 1998. Im Beschwerdeverfahren ordnete der Hessische VGH mit Beschluss vom 7. 12. 2000 (– 4 TG 3044/99 –, BRS 63 Nr. 122 = BauR 2001, 924), die aufschiebende Wirkung des klägerischen Widerspruchs gegen den Zustimmungsbescheid an. Der Zustimmungsbescheid sei zumindest deshalb offensichtlich rechtswidrig, weil das ihm zugrunde liegende gemeindliche Einvernehmen nicht rechtswirksam ersetzt worden sei. Dem gemeindlichen Widerspruch gegen die ohne Sofortvollzug erfolgte Ersetzung des Einvernehmens komme aufschiebende Wirkung zu.

Im Dezember 1998 hatte die Klägerin Widerspruch gegen die nicht mit einer Rechtsmittelbelehrung versehene Ersetzung des gemeindlichen Einvernehmens vom Oktober 1998 eingelegt. Das Regierungspräsidium wies diesen Widerspruch mit der Begründung zurück, dass der Winterstützpunkt sei ein im Außenbereich privilegiertes Vorhaben i. S. der § 35 Abs. 1 Nr. 4 BauGB. Eine Beeinträchtigung des Ortsbildes sei wegen baulicher Vorbelastungen in der näheren Umgebung durch einen Baumarkt, eine Lärmschutzwand und ein Einkaufszentrum sowie der großen Entfernung zum Kurbad selbst nicht gegeben, auch keine Verkehrsgefährdung durch die Benutzung der Autobahnauf- und -abfahrt durch Räumfahrzeuge.

Das Verwaltungsgericht hat die Anfechtungsklage abgewiesen. Zur Begründung hat es ausgeführt, das Vorhaben sei im Außenbereich privilegiert.

Aus den Gründen:
Das Verwaltungsgericht hat die Klage zu Recht abgewiesen. Zwar ist die Klage zulässig. Der Klägerin steht die Klagebefugnis des § 42 Abs. 2 VwGO zu. Die Klägerin kann geltend machen, in eigenen Rechten verletzt zu sein. Die streitbefangene Ersetzung des gemeindlichen Einvernehmens vom Oktober 1998 stellt einen die Klägerin belastenden Verwaltungsakt dar. Die Klägerin hat hinreichend substanziiert tatsächliche und rechtliche Anhaltspunkte vorgetragen, die es zumindest möglich erscheinen lassen, dass sie durch das ersetzte Einvernehmen für einen Winterstützpunkt in ihrem Gemeindegebiet in ihrer kommunalen Planungshoheit verletzt wird.

Der Klägerin steht auch das allgemeine Rechtsschutzbedürfnis zu. Bei einem erfolgreichen Verfahrensausgang stünde sie bezogen auf ihre Planungshoheit und die von ihr vertretenen öffentlichen Belange rechtlich günstiger dar. Eine rechtskräftige Aufhebung des ersetzten Einvernehmens nähme der durch das Einvernehmen begünstigten Beigeladenen die Möglichkeit, sich darauf im Rechtsverkehr, insbesondere auch im Zusammenhang mit der bereits erteilten bauaufsichtlichen Zustimmung vom November 1998, erfolgreich zu berufen. Dabei ist von Bedeutung, dass der 4. Senat des Hessischen VGH in seinem Beschluss vom 7.12.2000 (– 4 TG 3044/99 –, BRS 63 Nr. 122 = BauR 2001, 924) die aufschiebende Wirkung des klägerischen Widerspruchs gegen den Zustimmungsbescheid deshalb angeordnet hatte, weil dem klägerischen Widerspruch gegen die ohne Sofortvollzug erfolgte Ersetzung des Einvernehmens seinerseits aufschiebende Wirkung zukam.

Eine Aufhebung der angefochtenen Ersetzung des Einvernehmens kommt gemäß § 113 Abs. 1 Satz 1 VwGO nicht in Betracht, weil die Klägerin trotz der Wahl eines falschen Verfahrens nicht in ihren Rechten verletzt ist.

Dabei ist der Klägerin zuzugeben, dass der geplante Winterstützpunkt als Nebenanlage zu den Bundesfernstraßen nach den §§ 1 Abs. 4 Nr. 4, 17 Abs. 1 Satz 1 FStrG grundsätzlich planfeststellungsbedürftig ist. Gemäß § 17 Abs. 1a FStrG kann unter den dort genannten Voraussetzungen anstelle eines Planfeststellungsbeschlusses eine Plangenehmigung erteilt werden. Das Hessische Landesamt für Straßen- und Verkehrswesen hat sich diese Auffassung offenbar auch zu Eigen gemacht, da es, wie die Beklagte mitgeteilt hat, das Amt für Straßenwesen mit der Durchführung eines entsprechenden Plangenehmigungsverfahrens beauftragt hat.

Mit der grundsätzlichen Planfeststellungsbedürftigkeit kommt § 38 BauGB ins Blickfeld, der bei einem Vorhaben von überörtlicher Bedeutung die §§ 29 bis 37 BauGB bei Beteiligung der Gemeinde für nicht anwendbar erklärt, womit auch kein gemeindliches Einvernehmen oder seine Ersetzung in Betracht kommt. Eine überörtliche Bedeutung des Vorhabens liegt hier vor, da es dem Lückenschluss eines 46 km langen Streubezirks zwischen S. und L. dienen soll. Damit wird ein überörtlicher Koordinierungsbedarf ausgelöst (vgl. BVerwG, Beschluss. v. 30.6.2004 – 7 B 92.03 –, BRS 67 Nr. 116 = BauR 2005, 667, RdL 2004, 315). Nach dieser Entscheidung ist die frühere Rechtsprechung des Bundesverwaltungsgerichts im Urteil vom 4.5.1988 (– 4 C

22.87 –, BVerwGE 79, 318 = BRS 48 Nr. 1) nicht mehr maßgebend, wonach eine überörtliche Planung i. S. des § 38 Satz 2 BBauG (= § 38 Satz 1 BauGB) regelmäßig dann gegeben ist, wenn das planfestzustellende Vorhaben das Gebiet von zumindest zwei Gemeinden tatsächlich berührt.

Die grundsätzliche Planfeststellungsbedürftigkeit des Vorhabens und die Anwendung des § 38 Satz 1 BauGB entfallen auch nicht deshalb, weil ein Fall von unwesentlicher Bedeutung vorliegt, in dem gemäß § 17 Abs. 2 Satz 1 FStrG Planfeststellung und Plangenehmigung entfallen. Satz 2 der Vorschrift regelt unter Nr. 1 bis 3 die Voraussetzungen für Fälle unwesentlicher Bedeutung. Danach darf es sich nicht um ein Vorhaben handeln, für das eine Umweltverträglichkeitsprüfung durchzuführen ist, es dürfen andere öffentliche Belange nicht berührt sein oder es müssen die erforderlichen behördlichen Entscheidungen vorliegen, die dem Plan nicht entgegenstehen, und Rechte anderer dürfen nicht beeinflusst werden oder es sind mit den vom Plan Betroffenen entsprechende Vereinbarungen getroffen worden. Auch wenn hier nichts hinreichend dafür ersichtlich oder vorgetragen worden ist, dass für den Winterstützpunkt eine Umweltverträglichkeitsprüfung nach dem Gesetz über die Umweltverträglichkeitsprüfung durchzuführen ist, fehlt es jedenfalls an der zweiten Voraussetzung, dass andere öffentliche Belange nicht berührt sind oder erforderliche, dem Plan nicht entgegenstehende rechtswirksame behördliche Entscheidungen vorliegen. So berühren die 10 m hohen Salzsilos als öffentlichen Belang das Landschaftsbild, selbst wenn in der näheren Umgebung optische Vorbelastungen des Landschaftsbildes durch die Autobahn, einen Baumarkt, eine Lärmschutzwand und ein Einkaufszentrum gegeben sind. Mit dem gesetzlichen Begriff des Berührens eines öffentlichen Belangs ist gegenüber der Beeinträchtigung oder Verletzung eine verhältnismäßig geringe Belastungsstufe normiert worden, die hier durch die mindestens teilweise Sichtbarkeit der geplanten Vertikalstrukturen i. V. m. dem Landschaftsbild der Umgebung erreicht ist. Davon gehen auch die Beteiligten selbst übereinstimmend aus, auch wenn sie bei der Frage, ob dem Außenbereichsvorhaben öffentliche Belange entgegenstehen oder nicht, verschiedener Ansicht sind.

Es liegt hier auch keine zurzeit rechtlich wirksame erforderliche oder sonstige behördliche Entscheidung zugunsten des Vorhabens vor. Selbst wenn man in der bauordnungsrechtlichen Zustimmung des Kreises vom November 1998 eine solche behördliche Entscheidung sehen wollte, wäre sie derzeit wegen des Beschlusses des 4. Senats des Hessischen VGH vom 7. 12. 2004 (– 4 TG 3044/99 –, a. a. O.) nicht wirksam, weil dort die aufschiebende Wirkung des klägerischen Widerspruchs gegen den Zustimmungsbescheid vom November 1998 angeordnet worden ist. ...

Für den Ausschluss eines Falles von unwesentlicher Bedeutung i. S. des § 17 Abs. 2 FStrG kommt es nach alledem nicht mehr entscheidend darauf an, ob Rechte anderer i. S. des § 17 Abs. 2 Satz 2 Nr. 3 FStrG nicht beeinflusst werden. Ob hier über die berührten öffentlichen Belange hinaus Rechte der Klägerin aus ihrer Planungshoheit und planerischen Gestaltungsfreiheit mehr als geringfügig beeinflusst sind, mag zweifelhaft sein, ist hier aber für den Ausschluss eines Falles von unwesentlicher Bedeutung nicht mehr von

Belang. Insoweit sei nur darauf hingewiesen, dass auch die Beteiligten übereinstimmend davon ausgehen, dass hier ein Fall von unwesentlicher Bedeutung nicht vorliegt.

Gleichwohl kann die Klägerin mit ihrem Anfechtungsbegehren gegen die Ersetzung des gemeindlichen Einvernehmens im Ergebnis nicht durchdringen, obwohl nicht das richtige Verfahren gewählt worden ist. Nach st. Rspr. des Bundesverwaltungsgerichts (vgl. Beschluss v. 27. 10. 1997 – 11 VR 4/97 –, DÖV 1998, 341; Beschluss v. 5. 3. 1999 – 4 A 7/98, 4 VR 3/98 –, NVwZ-RR 1999, 556), der der Senat folgt, kann der Einzelne verlangen, dass seine materiellen Rechte gewahrt werden, er hat jedoch keinen Anspruch darauf, dass dies in einem bestimmten Verfahren geschieht. Das Verfahrensrecht diene zwar insofern dem Schutz potenziell Betroffener, als es gewährleisten solle, dass die materiell-rechtlichen Vorschriften eingehalten werden. Das bedeute jedoch nicht, dass der Einzelne die Beachtung der Verfahrensvorschriften um ihrer selbst Willen erzwingen könnte, unabhängig davon, ob er in einem materiellen Recht verletzt ist oder nicht (vgl. auch BVerwG, Urteil v. 14. 12. 1973 – 4 C 50.71 –, BVerwGE 44, 235; Urteil v. 15. 1. 1982 – 4 C 26.78 –, BVerwGE 64, 325; Urteil v. 5. 10. 1990 – 7 C 55 und 56.89 –, BVerwGE 85, 368). Es liegt hier auch kein Fall einer unzulässigen Umgehung von Verfahrensrechten zulasten der Klägerin vor (vgl. dazu BVerwG, Urteil v. 14. 5. 1997 – 11 A 43.96 –, BVerwGE 104, 367). Für eine missbräuchliche Verfahrenswahl gibt es keine Anhaltspunkte. Auch die Klägerin hat solche nicht geltend gemacht.

Mit ihrer Planungshoheit verknüpfte materielle Rechte der Klägerin sind hier nicht verletzt. Es ist nichts dafür vorgetragen worden oder sonst ersichtlich, dass die Klägerin den streitbefangenen Standort selbst beplanen wollte. Es ist auch nichts dafür erkennbar, dass die Klägerin im Einwirkungsbereich des streitbefangenen Vorhabens Planungen verwirklichen wollte, die davon nachteilig betroffen wären. Der Sache nach ruft die Klägerin lediglich als öffentlichen Belang die möglichst unbeeinträchtigte Erhaltung des Landschaftsbilds in der Umgebung auf, insbesondere hinsichtlich der Blickbeziehungen zum Orber Berg. Bei alledem steht der Klägerin kein Recht auf eine ungeschmälerte Erhaltung des Landschaftsbildes oder auf die Abwehr einer Verunstaltung oder Beeinträchtigung des Landschaftsbildes zu. Mit dem optischen Landschafts- und Erholungsschutz sind keine die Klägerin begünstigenden materiellen Rechte verknüpft. Die Klägerin beruft sich lediglich als Kur- und Fremdenverkehrsort auf ein öffentliches Interesse, das jedoch nicht zu einem mit Erfolg aufrufbaren subjektiv-öffentlichen Recht erstarkt ist.

Im Rahmen der Ersetzung des gemeindlichen Einvernehmens nach den §§ 35 Abs. 1 Nr. 4, 36 Abs. 1 und 37 Abs. 1 BauGB ebenso wie durch die bauaufsichtliche Zustimmung nach § 75 Abs. 1 HBO 1993 sind auch Beteiligungsrechte der Klägerin, wie sie ihr in einem Planfeststellungs- oder Plangenehmigungsverfahren zustehen mit der Möglichkeit, alternative Standorte vorzuschlagen, hinreichend gewahrt.

Im Verwaltungsstreitverfahren hat die Klägerin schon frühzeitig verschiedene andere Standorte für den Winterstützpunkt in dem betreffenden Bereich und darüber hinaus vorgeschlagen. Für den Streusalzeinsatz in dem 46 km langen Streubezirk zwischen S. und L. handelt es sich unter Berücksichtigung der bisher erkennbaren Umstände gleichwohl um einen besonders gut geeigneten Standort, dessen Auswahl beanstandungsfrei erfolgt ist. Der unmittelbar an der Autobahnabfahrt gelegene Standort soll eine reibungslose Zu- und Abfahrt der Streufahrzeuge ermöglichen, ohne dass sich bessere Alternativen anbieten. Der Standort gewährleistet insbesondere die Einhaltung der Leistung Nr. 5.1 Abs. 3 des „Leistungshefts für die betriebliche Straßenunterhaltung auf Bundesfernstraßen", Leistungsbereich 5: Winterdienst, Stand: Juli 2001, wonach u. a. auf Bundesautobahnen alle Fahrstreifen der Richtungsfahrbahnen während des gesamten Tages (24 h) innerhalb von 2 h, ggf. wiederholt abgestreut sein sollen. Auf die jahrelangen Bemühungen der Klägerin hin, eine Verlegung des Standorts zu erreichen, sei es in eines ihrer Gewerbegebiete, sei es an eine andere Autobahnabfahrt oder den früheren Standort A., hat das Amt für Straßen- und Verkehrswesen näher dargelegt, dass der streitbefangene Standort als am besten für die betrieblichen Belange geeignet ausgewählt worden sei. Der Beklagte hat dazu plausibel dargelegt, dass der frühere Standort A. zu klein und ungeeignet sei, den geplanten Winterstützpunkt aufzunehmen und von dort aus den Streubezirk in gleicher Weise optimal bedienen zu können. Das gilt auch für die Gewerbegebiete der Klägerin wie etwa „Im See" und „G.". Gerade im Winter kann es auf den Zufahrtsstraßen von den Gewerbegebieten zur Autobahn geparkte oder liegen gebliebene Fahrzeuge geben, die selbst bei kurzen Entfernungen eine Durchfahrt der 4 m breiten Räumfahrzeuge behindern oder sperren. Als Zufahrt ungeeignet ist dabei auch die nur 4,50 m breite Unterführung zum Gewerbegebiet „Im See", die bei winterlichen Verhältnissen eine ungehinderte Durchfahrt der Streufahrzeuge nicht als hinreichend gesichert erscheinen lässt. Auch ein Standort an der Autobahnabfahrt Bad O./W. ist nicht in gleicher Weise geeignet wie der streitbefangene Standort, der fast genau in der Mitte des Streubezirks liegt und ein Zeit sparendes Wenden der Streufahrzeuge und damit eine sachgerechte Bedienung des Streubezirks besser ermöglicht.

Wenn auch die angefochtenen Bescheide die im Vorfeld erfolgten und in zwei Gerichtsinstanzen aufgenommenen alternativen Standortbewertungen nicht ausdrücklich selbst vorgenommen haben, ändert dies nichts daran, dass die insoweit bestehenden Beteiligungsrechte der Klägerin insgesamt ausreichend gewürdigt und einbezogen worden sind. In einem Planfeststellungs- oder Plangenehmigungsverfahren, wo der Klägerin nur ein Beteiligungsrecht zustünde und keine materielle Rechtsprüfung wie bei der Ersetzung des Einvernehmens, könnte die Klägerin in Bezug auf ihre materiellen Rechte nicht besser stehen. So weit die Klägerin geltend macht, in einem Planfeststellungsverfahren sei anders als bei der Ersetzung des Einvernehmens zwingend eine Umweltverträglichkeitsprüfung durchzuführen, besteht darauf kein gemeindlicher Anspruch. Die Vorschriften über die Durchführung einer Umweltverträglichkeitsprüfung sind nicht drittschützend und können daher von der Klägerin verfahrensrechtlich nicht mit Erfolg aufgerufen werden. Ob eine Umweltverträglichkeitsprüfung erforderlich wäre, wofür die Klägerin nichts substanziiert vorgetragen hat, ist unbeachtlich.

Nach alledem bleibt die Klägerin darauf verwiesen, dass ihre aus der Planungshoheit fließenden Belange im Rahmen des ersetzten Einvernehmens und der bauaufsichtlichen Zustimmung hinreichend geprüft und im Ergebnis beanstandungsfrei bewertet worden sind. Öffentliche Belange stehen dem Vorhaben nicht entgegen. Was die optischen Auswirkungen auf das Landschaftsbild in der näheren Umgebung betrifft, muss sich die Klägerin die Vorbelastungen durch einen Baumarkt, eine Lärmschutzwand und ein Einkaufszentrum sowie die große Entfernung zum Kurbad selbst entgegenhalten lassen. Das Innenohr einer Autobahnausfahrt ist maßgeblich von der vorbeiführenden Autobahn und der Ausfahrt selbst geprägt. Die besonderen betriebstechnischen Vorteile eines so unmittelbar an der Autobahntrasse gelegenen Winterstützpunkts lassen die Nachteile der etwa 10 m hoch aufragenden Salzsilos an dieser Stelle für das Landschaftsbild der Umgebung zurücktreten.

So weit der Flächennutzungsplan für die betreffende Fläche Straßenverkehrsgrün festsetzt, handelt es sich nicht um eine standortbezogene Aussage, die einem privilegierten Außenbereichsvorhaben als öffentlicher Belang im Sinne eines anderweitig verplanten Standorts konkret entgegengehalten werden kann (vgl. BVerwG, Urteil v. 6. 10. 1989 – 4 C 28.86 –, NVwZ 1991, 161).

Nr. 174

1. **Einer Gemeinde steht gegen eine Baugenehmigung für ein privilegiertes Außenbereichsvorhaben (Windkraftanlage), die unter Ersetzung ihres Einvernehmens erteilt worden ist, auch dann ein Abwehrrecht zu, wenn sie sich ausschließlich auf solche entgegenstehende öffentliche Belange beruft, die nicht speziell dem Selbstverwaltungsrecht zugeordnet sind (anders für immissionsschutzrechtliche Genehmigung VGH Kassel, Beschluss vom 27. 9. 2004 – 2 TG 1630/04 –, zitiert nach Juris).**

2. **Ob ein privilegiertes Vorhaben im Außenbereich unzulässig ist, weil ihm Belange des Naturschutzes entgegenstehen, ist innerhalb einer die gesetzliche Wertung für den konkreten Einzelfall nachvollziehenden Abwägung zu ermitteln. Hierbei kommt der Lage in einem sog. Tabubereich nach der Richtlinie über tierökologische Abstandskriterien für die Errichtung von Windkraftanlagen in Brandenburg nicht in jedem Fall ein so hohes Gewicht zu, dass das Vorhaben trotz der grundsätzlichen Privilegierung bauplanungsrechtlich unzulässig wäre.**

BauGB §§ 5 Abs. 1 und 3, 36, 212a Abs. 1; BNatSchG §§ 34 Abs. 2, 61 Abs. 1 Satz 1; ROG §§ 8, 9; BbgNatSchG § 26 d.

OVG Berlin-Brandenburg, Beschluss vom 29. November 2005 – 2 S 115.05 – (rechtskräftig).

(VG Potsdam)

2004 erteilte der Antragsgegner dem Beigeladenen eine Baugenehmigung für die Errichtung einer Windkraftanlage auf dem Gemeindegebiet der Antragstellerin unter Ersetzung des wegen der zu erwartenden Umweltbeeinträchtigungen verweigerten gemeindlichen Einvernehmens. Den Widerspruch der Antragstellerin wies der Antragsgegner mit Widerspruchsbescheid vom 16.11.2004 zurück. Mit dem angefochtenen Beschluss hat das Verwaltungsgericht den Antrag der Antragstellerin, die aufschiebende Wirkung des Widerspruchs gegen die Baugenehmigung anzuordnen, abgelehnt. Die Beschwerde der Antragstellerin hatte keinen Erfolg.

Aus den Gründen:

II. 1. Entgegen der Annahme des Verwaltungsgerichts ist es der Antragstellerin im vorliegenden Verfahren nicht verwehrt, sich darauf zu berufen, dass dem Vorhaben die Beigeladenen Belange des Naturschutzes entgegenstehen. Nach § 36 Abs. 2 Satz 1 BauGB darf die Gemeinde ihr Einvernehmen hinsichtlich der Zulässigkeit von Vorhaben nach den §§ 31, 33 bis 35 BauGB (nur) aus den sich aus den §§ 31, 33, 34 und 35 BauGB ergebenden Gründen versagen. Zu diesen Gründen gehören in Bezug auf Außenbereichsvorhaben auch entgegenstehende Belange des Naturschutzes (vgl. § 35 Abs. 3 Satz 1 Nr. 5 BauGB). Darf die Gemeinde unter Berufung auf diesen Grund ihr Einvernehmen versagen, so muss es ihr auch möglich sein, sich unter Berufung auf diesen Grund gegen eine Baugenehmigung zu wehren, die unter Ersetzung ihres Einvernehmens erteilt worden ist. Dafür, dass sich die Antragstellerin – wie das Verwaltungsgericht meint – nur auf solche Belange berufen könne, die „speziell dem Selbstverwaltungsrecht oder sonstigen Rechten der Antragstellerin zugeordnet" seien, sprechen weder der Wortlaut noch Sinn und Zweck der Regelung (vgl. OVG für das Land Brandenburg, Beschluss v. 7.3.2003 – 3 B 27/02 –). Dass die in § 36 Abs. 1 Satz 1 BauGB vorgesehene Mitwirkung der Gemeinde im Baugenehmigungsverfahren der Sicherung der gemeindlichen Planungshoheit dient (vgl. hierzu etwa BVerwG, Urteil v. 16.9.2004, BRS 67 Nr. 113 = BauR 2005, 509), rechtfertigt gerade nicht den vom Verwaltungsgericht unter Bezugnahme auf die zu einer immissionsschutzrechtlichen Genehmigung ergangene Rechtsprechung des VGH Kassel (Beschluss v. 27.9.2004 – 2 TG 1630/04 –, zitiert nach Juris) gezogenen Schluss, dass der Gemeinde kein Abwehrrecht zustehe, wenn sie im Rahmen ihres Mitwirkungsrechts Belange des Naturschutzes i. S. des § 35 Abs. 3 Satz 1 Nr. 5 BauGB geltend macht. Vielmehr ist die Gemeinde schon dann in ihrer Planungshoheit verletzt, wenn die Baugenehmigung trotz der Versagung des gemeindlichen Einvernehmens erteilt wird (vgl. OVG für das Land Brandenburg, Beschluss v. 4.11.1996, BRS 58 Nr. 143), denn das gemeindliche Einvernehmen ist ein als Mitentscheidungsrecht ausgestattetes Sicherungsinstrument des Baugesetzbuchs, mit dem die Gemeinde als sachnahe und fachkundige Behörde an der Beurteilung der bebauungsrechtlichen Zulässigkeitsvoraussetzungen mitentscheidend beteiligt werden soll (vgl. BVerwG, Urteil v. 14.4.2000, BRS 63 Nr. 115 = BauR 2000, 1312). Dementsprechend verbietet sich eine Differenzierung danach, ob diese Voraussetzungen jeweils dem Selbstverwaltungsrecht zuzuordnen sind oder nicht. Die zugunsten der Gemeinde in § 36 Abs. 1 BauGB normierte Beteiligungsbefugnis und ihre damit anerkannte hoheitliche Mitverantwortung schließen es aus, ihre Stellung mit der eines privaten Nachbarn im Verhältnis zu einem privaten Bauherrn zu vergleichen (vgl. BVerwG, Urteil v. 12.12.1991, BRS 52 Nr. 136 = NVwZ 1992, 878, 879). Aus diesem Grund verbietet sich auch eine Gleichsetzung der Gemeinde mit einem nach § 59 BNatSchG oder auf Grund landesrechtlicher Vorschriften nach § 60 BNatSchG anerkannten Verein, dessen Klagebefugnis in Fällen, in denen er nicht in eigenen Rechten verletzt ist, einer ausdrücklichen Regelung (§ 61 Abs. 1 Satz 1 BNatSchG) bedarf. Entgegen der Auffassung der Kammer steht der Geltendmachung von Naturschutzbelangen i. S. des § 35 Abs. 3 Satz 1 Nr. 5 BauGB durch eine Gemeinde, die sich gerichtlich gegen die Erteilung einer Baugenehmigung unter Ersetzung ihres Einvernehmens wehrt, schließlich auch nicht entgegen, dass es den Gemeinden nach der st. Rspr. des Bundesverwaltungsgerichts verwehrt ist, sich zum gesamtverantwortlichen Wächter des Natur- und des sonstigen Umweltschutzes aufzuschwingen und als solcher Belange der Allgemeinheit zu wahren, die nicht speziell ihrem Selbstverwaltungsrecht zugeordnet sind (vgl. BVerwG, Urteil v. 24. 6. 2004 – 4 C 11.03 –, NVwZ 2004, 1229, 1234). Die Antragstellerin verweist zu Recht darauf, dass sich diese Rechtsprechung auf solche Fälle beschränkt, in denen der Gemeinde lediglich ein Beteiligungsrecht zusteht, und nicht auf das als Mitentscheidungsrecht ausgestaltete Einvernehmenserfordernis nach § 36 Abs. 1 BauGB übertragen werden kann.

2. Die Beschwerde der Antragstellerin kann gleichwohl keinen Erfolg haben, weil die Voraussetzungen für die Ersetzung des gemeindlichen Einvernehmens gemäß § 36 Abs. 2 Satz 3 BauGB voraussichtlich gegeben sind. Bei der im Verfahren des vorläufigen Rechtsschutzes nur gebotenen summarischen Prüfung ist davon auszugehen, dass die Antragstellerin zu Unrecht geltend macht, dass dem unstreitig nach § 35 Abs. 1 Nr. 6 BauGB a. F. (bzw. § 35 Abs. 1 Nr. 5 BauGB n. F.) privilegierten Vorhaben des Beigeladenen öffentliche Belange, insbesondere Belange des Naturschutzes i. S. des § 35 Abs. 3 Satz 1 Nr. 5 BauGB entgegenstehen.

a) Entgegen der Auffassung der Antragstellerin ist die Ersetzung des gemeindlichen Einvernehmens nicht schon deshalb rechtswidrig, weil sie mit Blick auf eine unvollständige Sachverhaltsermittlung bzw. unvollständige Antragsunterlagen zur Verweigerung des Einvernehmens berechtigt gewesen wäre. Zwar steht außer Frage, dass die Gemeinde ihr Beteiligungsrecht nur sachgerecht ausüben kann, wenn sie eine ausreichende Beurteilungsgrundlage besitzt, und dass es ihr daher nicht verwehrt ist, gegenüber der Baugenehmigungsbehörde geltend zu machen, dass der Bauantrag ohne die Vorlage einer bestimmten fachtechnischen Untersuchung in bauplanungsrechtlicher Hinsicht nicht beurteilungsreif und insoweit ergänzungsbedürftig sei (vgl. BVerwG, Urteil v. 16. 9. 2004, a. a. O.). Zu Unrecht meint die Antragstellerin jedoch, dass der Antragsgegner allein auf Grund der Tatsache, dass sich die geplante Windkraftanlage in einem sog. Tabubereich nach der im Juni 2003 durch das Ministerium für Landwirtschaft, Umweltschutz und Raumordnung des Landes Brandenburg erlassenen Richtlinie über tierökologische Abstandskriterien für die Errichtung von Windenergieanlagen befinde, verpflichtet gewesen sei, von dem Beigeladenen ein entsprechendes avifaunistisches Gutachten anzufordern, und dass sie, solange dieses Gutachten nicht vorliege, allein deshalb zur Verweigerung des Einvernehmens berechtigt gewesen sei. Der Antragsgegner hat im Widerspruchsverfahren eine Stellungnahme der unteren Naturschutzbehörde eingeholt, die sich auf der Grundlage einer artenschutzfachlichen Stellungnahme des Landesumweltamtes Brandenburg mit den zu berücksichtigenden avifaunistischen Belangen auseinander setzt. In diesen Stellungnahmen der zuständigen Fachbehörden werden u. a. auch die von der Antragstellerin in der Beschwerdebegründung hervorgehobenen Gesichtspunkte der Lage des Vorhabens im Tabubereich von bedrohten und störungssensiblen Vogelarten, des dauerhaften Nahrungsflächenverlusts in der Umgebung der Windkraftanlage und der erheblichen Beeinträchtigung des Zugkorridors von Brut- und Zugvögeln aus dem SPA-Gebiet „Unteres Odertal" (Landiner Haussee) ausführlich und detailliert behandelt. Diesen Feststellungen des Landesumweltamtes bzw. der unteren Naturschutzbehörde tritt die Antragstellerin nicht entgegen. Sie legt auch nicht dar, welche über diese Ausführungen des Landesumweltamtes hinausgehenden Erkenntnisse zu den im Rahmen der bauplanungsrechtlichen Beurteilung nach § 35 BauGB zu berücksichtigenden naturschutzfachlichen Belange sie sich von dem geforderten avifaunistischen Gutachten verspricht.

b) Die Antragstellerin durfte die Verweigerung des Einvernehmens bei summarischer Prüfung auch nicht darauf stützen, dass die Abwägung der naturschutzfachlichen Belange durch den Antragsgegner fehlerhaft gewesen sei. Ob ein nach § 35 Abs. 1 BauGB privilegiertes Vorhaben im Außenbereich unzulässig ist, weil ihm ein in § 35 Abs. 3 Satz 1 BauGB beispielhaft genannter öffentlicher Belang entgegensteht, hat die Behörde innerhalb einer die gesetzliche Wertung für den konkreten Einzelfall nachvollziehenden Abwägung zu ermitteln. Ein Ermessensspielraum steht ihr dabei nicht zu. Diese „nachvollziehende" Abwägung ist gerichtlich uneingeschränkt überprüfbar (vgl. BVerwG, Urteil v. 13. 12. 2001, NVwZ 2002, 1112).

Hiervon ausgehend spricht zwar vieles für die in der Beschwerdebegründung vertretene Auffassung, dass die in dem vom VGH zustimmend zitierten Widerspruchsbescheid des Antragsgegners unter 1. bis 4. genannten Punkte nicht in die Abwägung eingestellt worden sind, denn in dem Widerspruchsbescheid wird ausgeführt, dass die avifaunistische Bedeutung des Landiner Haussees und des Felchowseegebietes einschließlich der Verbindungsrouten zwischen den Gebieten bereits bei der Ausweisung des Windeignungsgebietes Pinnow bekannt gewesen sei und grundsätzlich Berücksichtigung gefunden habe und daher dem geplanten Vorhaben im Eignungsgebiet nicht mehr entgegengehalten werden könne. Gegen diesen Ansatz des Antragsgegners bestehen Bedenken. Die Vorschrift des § 35 Abs. 3 Satz 2 2. Halbs. BauGB, der zufolge öffentliche Belange raumbedeutsamen Vorhaben nach Abs. 1 nicht entgegenstehen, soweit die Belange bei der Darstellung dieser Vorhaben als Ziele der Raumordnung in Plänen i. S. des § 8 oder § 9 des Raumordnungsgesetzes abgewogen worden sind, dürfte nämlich vorliegend nicht anwendbar sein, da vieles dafür spricht, dass – wie die Antragstellerin im Widerspruchsverfahren unter Bezugnahme auf die Aufstellungsvorgänge nachvollziehbar und unwidersprochen ausgeführt hat – eine abschließende Abwägung in Bezug auf die Verträglichkeit der Errichtung von Windenergieanlagen mit den Belangen des Natur- und Artenschutzes auf der Ebene der Regionalplanung hier gerade nicht stattgefunden hat. Gleichwohl hat dieser Umstand nicht zur Folge, dass die die gesetzliche Wertung „nachvollziehende" Abwägung bei der im vorliegenden Verfahren des vorläufigen Rechtsschutzes nur möglichen und gebotenen summarischen Prüfung zu einem anderen Ergebnis führt. Denn in dem Widerspruchsbescheid wird in Bezug auf den Standort der Windenergieanlage ergänzend ausgeführt, dass die zu betrachtende Fläche zwischen der Ortsverbindung Pinnow-Landin und der Bundesstraße B 2 (neu) bereits teilweise verkehrsbedingt gestört und die Umgebung von Pinnow und Landin von landwirtschaftlichen Flächen geprägt sei, die als ersatzweise Nahrungsflächen in Betracht kämen. Das Kollisionsrisiko am Mast der Windkraftanlage könne durch Vermeidung eines weißen Anstrichs deutlich vermindert werden. Die Konflikte würden durch weitere Vorbelastungen im Gebiet gemindert, zu denen neben der südlich verlaufenden Bundesstraße B 2 eine südwestlich der Straße vorhandene Stallanlage, eine Hochspannungsleitung, eine Eisenbahnlinie und die ca. 1 km südlich der Windkraftanlage anschließende Ortslage Pinnow mit einem Industriegebiet zähle. Zudem befinde sich der Standort außerhalb von Gebieten, die förmlich unter Schutz gestellt seien. Schließlich bringe es die Privilegierung von Windkraftanlagen mit sich, dass sie nicht nur an solchen Standorten zugelassen werden müssten, an denen sie mit der Avifauna nicht in Konflikt geraten könnten.

Diesen Erwägungen des Antragsgegners ist jedenfalls im summarischen Verfahren auch unter Berücksichtigung des Beschwerdevorbringens zu folgen. Angesichts der in § 35 Abs. 1 Nr. 6 BauGB a. F. (bzw. § 35 Abs. 1 Nr. 5 BauGB n. F.) getroffenen grundsätzlichen Entscheidung des Gesetzgebers für eine Privilegierung von Windenergieanlagen im Außenbereich und des solchen Vorhaben damit zuerkannten gesteigerten Durchsetzungsvermögens kann offensichtlich nicht jede nachweisbare Beeinträchtigung artenschutzrechtlicher Belange zur Unzulässigkeit führen. Vielmehr muss diesen Belangen im Einzelfall ein höheres Gewicht als der gesetzlichen Privilegierung von Windkraftanlagen im Außenbereich zukommen. Diese Schwelle ist hier nach derzeitigem Erkenntnisstand nicht erreicht. Den von der Antragstellerin konkret hervorgehobenen Gesichtspunkten der Lage des Vorhabens im „Tabubereich" von bedrohten und störungssensiblen Vogelarten, des dauerhaften Nahrungsflächenverlusts in der Umgebung sowie der Beeinträchtigung des Zugkorridors von Brut- und Zugvögeln aus dem SPA-Gebiet „Unteres Odertal" kommt unter Berücksichtigung der fachlichen Stellungnahmen der unteren Naturschutzbehörde und des Landesumweltamtes bei summarischer Prüfung nicht ein so hohes Gewicht zu, dass das Vorhaben des Beigeladenen trotz der grundsätzlichen Privilegierung an dem vorgesehenen Standort bauplanungsrechtlich unzulässig wäre. Entgegen der Auffassung der Antragstellerin folgt auch aus § 34 BNatSchG bzw. § 26 d BbgNatSchG nichts anderes. Nach § 34 Abs. 2 BNatSchG ist ein Projekt unzulässig, wenn die Prüfung der Verträglichkeit ergibt, dass es zu erheblichen Beeinträchtigungen eines Gebiets von gemeinschaftlicher Bedeutung oder eines Europäischen Vogelschutzgebiets in seinen für die Erhaltungsziele oder den Schutzzweck maßgeblichen Bestandteilen führen kann. Der Anwendung dieser Regelung dürfte zwar nicht schon grundsätzlich der Umstand entgegenstehen, dass der Standort der geplanten Windkraftanlage unstreitig nicht innerhalb eines Schutzgebiets i. S. des § 34 Abs. 1 BNatSchG liegt; denn es ist anerkannt, dass das Schutzregime des § 34 Abs. 2 BNatSchG auch bei erheblichen Beeinträchtigungen greift, die ihre Ursache zwar außerhalb des Schutzgebiets haben, sich aber auf das Gebiet auswirken (vgl. BVerwG, Urteil v. 19.5.1998, BVerwGE 107, 1 = NVwZ 1998, 961, 966 = BRS 60 Nr. 218 (n. Ls.); VGH Mannheim, Beschluss v. 29.11.2002, NVwZ-RP 2003, 184, 185). Lediglich mittelbare Auswirkungen auf den Bestand bzw. die Erhaltung der in den Schutzgebieten geschützten Arten reichen jedoch nicht aus. Vogelschutzgebiete vermitteln über das Schutzregime des § 34 Abs. 2 BNatSchG Artenschutz nur durch den Schutz der von ihnen erfassten Flächen bzw. Gebietsbestandteile, die für die Erhaltungsziele oder den Schutzzweck maßgebend sind. Geht es – wie hier – ausschließlich um Gefährdungen, denen die geschützten (Vogel-)Arten nur ausgesetzt sind, wenn sie die Schutzgebiete verlassen, fehlt es an der unerlässlichen Gebietsbezogenheit der Auswirkungen (vgl. VGH Mannheim, Beschluss v. 29.11.2002, a.a.O., S. 186).

Nr. 175

1. Die Gemeinde ist für die Umstände darlegungspflichtig, aus denen heraus ihre Klagebefugnis gegen einen fernstraßenrechtlichen Planfeststellungsbeschluss abgeleitet werden kann.

2. Eine Verletzung eigener Rechte der Gemeinde durch einen fernstraßenrechtlichen Planfeststellungsbeschluss kommt in Betracht, wenn und soweit ihre Belange in die fachplanerische Abwägung gemäß § 17 Abs. 1 Satz 2 FStrG einzustellen und dort zu berücksichtigen sind.

3. Aus Art. 28 Abs. 2 GG folgt kein Anspruch auf umfassende gerichtliche Überprüfung eines die Gemeinde betreffenden Planfeststellungsbeschlusses unter allen in Betracht kommenden rechtlichen Gesichtspunkten.

4. Eine Gemeinde ist nicht berechtigt, gegenüber einem fernstraßenrechtlichen Planfeststellungsbeschluss ohne Bezug zu ihr zustehenden eigenen Rechten die angeblich fehlende Planrechtfertigung des planfestgestellten Straßenbauprojekts zu rügen.

5. Einzelfall einer nicht gegebenen Verletzung der kommunalen Planungshoheit durch einen das Gemeindegebiet berührenden fernstraßenrechtlichen Planfeststellungsbeschluss.

GG Art. 28 Abs. 2 Satz 1; VwGO § 42 Abs. 2; FStrG § 17.

OVG Rheinland-Pfalz, Urteil vom 17. März 2005 – 1 C 11411/04 – (rechtskräftig).

Die Klägerin, eine rheinland-pfälzische Ortsgemeinde, wendet sich gegen einen Planfeststellungsbeschluss für den Neubau einer Bundesstraße, die ihr Gemeindegebiet berührt.
Die Klage blieb ohne Erfolg.

Aus den Gründen:

Die Klage bleibt ohne Erfolg. Vieles spricht dafür, dass sie mangels einer Klagebefugnis der Klägerin i. S. von § 42 Abs. 2 VwGO bereits unzulässig ist. Letztlich kann dies aber dahingestellt bleiben, da die Klage jedenfalls unbegründet ist.

Gemäß § 42 Abs. 2 VwGO ist auch die Anfechtungsklage einer Gemeinde gegen einen fernstraßenrechtlichen Planfeststellungsbeschluss nur zulässig, wenn diese geltend macht, durch den Planfeststellungsbeschluss in ihren Rechten verletzt zu sein. Insoweit genügt es für die Annahme der Klagebefugnis, wenn eine Verletzung der Gemeinde zustehender eigener Rechte durch den Planfeststellungsbeschluss nicht von vornherein ausgeschlossen erscheint; der Frage, ob eine solche Rechtsverletzung tatsächlich vorliegt, ist erst bei der Prüfung der Begründetheit der Klage nachzugehen. Eine Verletzung eigener Rechte der Gemeinde kommt in Betracht, wenn und soweit ihre Belange in die fachplanerische Abwägung gemäß § 17 Abs. 1 Satz 2 FStrG einzustellen und dort zu berücksichtigen sind (dazu vgl. BVerwG, Beschluss v. 5. 11. 2002, NVwZ 2003, 207 unter Hinweis auf das Urteil v. 7. 6. 2001, BVerwGE 114, 301, 305 f. = NVwZ 2001, 1280, 1281). Für die Umstände, aus denen heraus so die Klagebefugnis abgeleitet werden kann, ist die Gemeinde jedoch darlegungspflichtig (vgl. BVerwG, Beschlüsse v. 18. 9. 1998, NuR 1999, 631 m. w. N.; v. 5. 11. 2002, a. a. O. und v. 9. 10. 2003 – 9 VR 6.03 –, juris, dort Rdnr. 14). Entsprechender Vortrag hat bereits im Einwendungsverfahren nach § 17 Abs. 4 FStrG zu erfolgen. Vorliegend kommt insoweit ernsthaft nur die bereits im Rahmen der rechtzeitig erhobenen Einwendungen der Klägerin geltend gemachte Befürchtung in Betracht, infolge der durch die Planung neu geschaffenen Möglichkeit, die Mosel bei K. zu überqueren und auf der B 49 nach Luxemburg zu fahren, könne es zu einer Verkehrserhöhung auf der Ortsdurchfahrt I. der B 49 kommen. Allerdings hat es die Klägerin versäumt, rechtzeitig näher auszuführen, weshalb sie eine solche Verkehrszunahme für geeignet hält, ihre kommunale Planungshoheit zu beeinträchtigen; auf die von ihr für möglich gehaltenen Auswirkungen einer Verkehrszunahme auf der B 49 für ihre Ortsentwicklung, insbesondere für das südlich der B 49 im Ortsbereich gelegene Neubaugebiet D., ist sie erst in der mündlichen Verhandlung vor dem Senat zu sprechen gekommen.

Unbeschadet daraus folgender beträchtlicher Zweifel an der Zulässigkeit der Klage ist diese unbegründet, weil der angefochtene Planfeststellungsbeschluss die Klägerin jedenfalls nicht in ihr zustehenden eigenen Rechten verletzt.

Die Einwendungen, die die Klägerin im gerichtlichen Klageverfahren gegen die in Rede stehende Straßenplanung erhoben hat, unterfallen zu großen Teilen dem Einwendungsausschluss gemäß § 17 Abs. 4 FStrG, weil sie im Einwendungsverfahren nach der Offenlage der Planfeststellungsunterlagen, insbesondere in dem Einwendungsschreiben der Klägerin vom Juli 2003 nicht vorgebracht worden sind. Eine genaue Aufgliederung hierzu erübrigt sich jedoch, weil es sich außerdem durchweg um Einwendungen handelt, die nicht der Erkenntnis Rechnung tragen, dass einer Gemeinde grundsätzlich kein Anspruch auf eine umfassende objektiv-rechtliche Planprüfung zusteht.

Auch sie kann vielmehr nur die Verletzung eigener Rechtspositionen rügen, die sich etwa aus ihrem Selbstverwaltungsrecht ergeben können. Eine Überprüfung des Planfeststellungsbeschlusses auf seine Vereinbarkeit mit Rechten der Gemeindebürger oder mit Bestimmungen des objektiven Rechts, beispielsweise des Umwelt- oder Gewässerschutzes, kann sie nicht beanspruchen. Dies gilt sogar dann, wenn – was hier nicht einmal der Fall ist – ihr Grundeigentum für das planfestgestellte Vorhaben in Anspruch genommen wird (vgl. BVerwG, Beschluss v. 9.10.2003 – 9 VR 6.03 –, juris, dort Rdnr. 4 unter Hinweis auf die Urteile v. 21.3.1996, NVwZ 1997, 169 und v. 11.1.2001, NVwZ 2001, 1160). Aus Art. 28 Abs. 2 GG folgt kein Anspruch auf umfassende gerichtliche Überprüfung eines die Gemeinde betreffenden Planfeststellungsbeschlusses unter allen in Betracht kommenden rechtlichen Gesichtspunkten (vgl. BVerwG, Urteil v. 11.1.2001, a.a.O.; Beschluss v. 5.11.2002, NVwZ 2003, 207, 209 und Urteil v. 24.6.2004, NVwZ 2004, 1229, 1234).

Mithin ist die Klägerin nicht befugt, gegen den Planfeststellungsbeschluss geltend zu machen, die Auswirkungen des Straßenbauprojekts auf Natur und Landschaft seien nicht richtig ermittelt und bewertet worden, ein potenzielles FFH-Gebiet werde geschädigt, es seien nicht genügend Wildbrücken geplant, die Folgen für das Kleinklima im Saar- und Moseltal seien nicht richtig eingeschätzt worden, die negativen Auswirkungen auf den Gewässerschutz würden bagatellisiert oder der zu erwartende Verkehrslärm sei nicht ausreichend untersucht worden und vorgesehene Lärmschutzmaßnahmen reichten nicht aus. Die zuletzt genannten Kritikpunkte könnte die Klägerin nur dann zulässigerweise zur gerichtlichen Überprüfung stellen, wenn sie geltend machen würde, dass gemeindliche Einrichtungen oder gemeindliches Eigentum durch den Verkehrslärm beeinträchtigt würden. Derartiges hat die Klägerin jedoch nicht vorgetragen. In gleicher Weise fehlt den Rügen, die sich auf die Ermittlung des zu erwartenden Verkehrsaufkommens, eine Abweichung des Planfeststellungsbeschlusses von dem raumordnerischen Entscheid aus dem Jahre 1995 oder sich angeblich aufdrängende Trassenalternativen erstrecken, der Bezug zu eigenen Rechten der Klägerin, deren Verletzung sie zulässigerweise geltend machen könnte. Ferner kann die Klägerin, ohne eine Verletzung ihr zustehender materieller Rechtspositionen geltend zu machen, nicht mit Erfolg rügen, dass nur eine unzulängliche Umweltverträglichkeitsprüfung durchgeführt worden sei (vgl. BVerwG, Beschluss v. 5.11.2002, NVwZ 2003, 207, 209 m.w.N.).

Auch die angeblich nicht gesicherte Finanzierbarkeit des Straßenbauvorhabens innerhalb von zehn Jahren und die damit ggf. einhergehende fehlende Planrechtfertigung (vgl. dazu BVerwG, Urteile v. 20.5.1999, NVwZ 2000, 555, 558 und v. 18.3.2004, NVwZ 2004, 856) kann die Klägerin gegenüber dem angefochtenen Planfeststellungsbeschluss nicht einwenden. Zwar spricht vieles dafür, dass insoweit kein Einwendungsausschluss gemäß § 17 Abs. 4 FStrG besteht, da die Möglichkeit, diese Gesichtspunkte vorzutragen, im Wesentlichen auf Umständen beruht, die erst nach Ablauf der Einwendungsfrist eingetreten sind. Einer Gemeinde ist es indessen verwehrt, sich ohne Bezug zu ihr zustehenden eigenen Rechten auf die angeblich fehlende Planrechtfertigung eines Vorhabens der Fachplanung zu berufen (vgl. dazu bereits Urteil des Senats v. 28.10.2004 – 1 C 10517/04.OVG –, NuR 2005, 113, 114). Insoweit entspricht es der Rechtsprechung des Bundesverwaltungsgerichts (Urteil v. 8.7.1998, NVwZ 1999, 70, 71) und des erkennenden Senats (vgl. z.B. Urteil v. 22.11.2001 – 1 C 10395/01.OVG –, Umdruck S.11 – ESOVGRP –), dass Private, die durch einen Planfeststellungsbeschluss nicht mit enteignender Vorwirkung, sondern nur mittelbar betroffen sind, sich nicht darauf berufen können, dem planfestgestellten Vorhaben fehle die Planrechtfertigung (ebenso VGH Bad.-Württ., Urteil v. 17.7.2003 – 5 S 723/02 –, juris, dort Rdnr.36). Nichts anderes kann indessen für die Klage einer Gemeinde gegen einen Planfeststellungsbeschluss gelten. Denn auch ihr ist die Berufung auf eine enteignungsrechtliche Vorwirkung des Planfeststellungsbeschlusses versagt und ihr steht kein Anspruch auf umfassende gerichtliche Überprüfung der Rechtmäßigkeit des Planfeststellungsbeschlusses unter allen denkbaren rechtlichen Aspekten zu. Wie der mittelbar betroffene Private kann sie sich nur auf solche Gesichtspunkte berufen, die ihre eigenen Rechte – zumindest in Gestalt von abwägungsrelevanten eigenen Belangen – unmittelbar betreffen. Dazu zählt jedoch nicht das Erfordernis der Planrechtfertigung für das planfestgestellte Vorhaben, mit dessen Hilfe das vernünftige Gebotensein der Maßnahme überprüft wird. Die Prüfung der Planrechtfertigung ist der gerichtlichen Abwägungskontrolle, in deren Rahmen eigene Rechte der Kommune ggf. eine Rolle spielen, vorgelagert und von ihr zu trennen (vgl. BVerwG, Urteil v. 11.7.2001, NVwZ 2002, 350, 353). Sie erfordert eine Prüfung, ob das Vorhaben mit den Zielen des Gesetzes übereinstimmt, sodass seine Zulassung im Allgemeinwohlinteresse erforderlich erscheint (BVerwG, a.a.O., S.354). Es obliegt indessen nicht den Gemeinden, allgemein dafür Sorge zu tragen, dass es nur zu aus der Sicht des Allgemeinwohls vernünftigerweise gebotenen Fachplanungen kommt.

Die von dem Recht auf kommunale Selbstverwaltung mit umfasste Planungshoheit der Klägerin wird durch den Planfeststellungsbeschluss nicht verletzt. Die Planungshoheit kann einer Gemeinde zwar unter bestimmten Voraussetzungen eine wehrfähige, in die Abwägung einzubeziehende Rechtsposition gegenüber fremden Fachplanungen auf ihrem Hoheitsgebiet vermitteln (vgl. BVerwG, Beschluss v. 13.3.1995, NVwZ 1995, 905, 907 m.w.N.). Es müsste dann eine eigene hinreichend bestimmte Planung der Gemeinde nachhaltig gestört werden, auf noch nicht verfestigte, aber konkrete Planungsabsichten der Gemeinde nicht hinreichend Rücksicht genommen werden oder das Vorhaben der Fachplanung wegen seiner Großräumigkeit wesentliche Teile des Gemeindegebiets einer durchsetzbaren Planung der Gemeinde entziehen (vgl. dazu BVerwG, Urteil v. 11.1.2001, NVwZ 2001, 1160, 1162 und Beschluss v. 5.11.2002, NVwZ 2003, 207 – in Zusammenschau –). Diese Voraussetzungen sind vorliegend aber nicht erfüllt.

Die Klägerin trägt selbst vor, dass für den von der Planfeststellung betroffenen Bereich im Flächennutzungsplan keine qualifizierten Standortzuweisungen vorhanden seien und ein Bebauungsplan weder existiere noch sich in Aufstellung befinde. Das in Rede stehende Straßenbauvorhaben entzieht aber auch nicht wesentliche Teile des Gemeindegebiets einer durchsetzbaren Planung der Klägerin. Aus den planfestgestellten Unterlagen geht nämlich hervor, dass die B 51 neu lediglich auf ca. 70 m im Moseltal und auf ca. 1100 m im äußersten Nordosten des Außenbereichs des Gemeindegebiets auf dem Gebiet der Klägerin verlaufen wird. Dadurch werden nicht wesentliche Teile des Gemeindegebiets einer Beplanung durch die Klägerin entzogen; auch von einer künftige kommunale Planungen behindernden Durchschneidung des Gemeindegebiets kann nicht die Rede sein (im Sachverhalt vergleichbar: BVerwG, Beschluss v. 9. 10. 2003 – 9 VR 7.03 –, juris, dort Rdnr. 14).

Wegen der von der Klägerin befürchteten Verkehrszunahme auf der Ortsdurchfahrt I. der B 49 ist der angegriffene Planfeststellungsbeschluss rechtlich nicht zu beanstanden. Der dieser Gesichtspunkt für die Klägerin als Gemeinde überhaupt bereits als solcher rügefähig ist oder ob er erst noch mit ihrem eigenen Rechtskreis verknüpft werden muss und dies hier in einer den rechtlichen Anforderungen – insbesondere auch des § 17 Abs. 4 FStrG – genügenden Weise geschehen ist, braucht daher nicht näher nachgegangen zu werden. Der Planfeststellungsbeschluss befasst sich auf S. 52 mit der befürchteten Mehrbelastung der Ortsdurchfahrt I. infolge des Tanktourismus nach Luxemburg. Die dort angestellte Prognose einer diesem Faktor zuzuschreibenden Verkehrszunahme von ca. 250 Fahrzeugen täglich – bei einem gleichzeitig durch die B 51 neu erwarteten Entlastungseffekt von, auf das Jahr 2020 bezogen, 3600 Fahrzeugen täglich – wurde von den Vertretern des Beklagten in der mündlichen Verhandlung vor dem Senat nachvollziehbar erläutert. Sie basiert auf einer Erhebung zu den aus dem Raum K. nach G. in Luxemburg erfolgenden Fahrten; dort befindet sich für den Raum K. die nächstgelegene Moselbrücke, um nach Luxemburg zu gelangen. Selbst wenn die aus den derzeit ca. 1200 derartigen Fahrten unter Berücksichtigung der dann zur Verfügung stehenden drei alternativen Fahrtrouten abgeleitete Zahl von ca. 250 auf der Ortsdurchfahrt I. der B 49 zu erwartenden Tanktourismus-Fahrten aus dem Raum K. nach W. zu niedrig angesetzt sein sollte, ließe das den Planfeststellungsbeschluss zu diesem Punkt noch nicht abwägungsfehlerhaft erscheinen. Der in diesem Zusammenhang entscheidende Gesichtspunkt liegt nämlich darin, dass der mit der B 51 neu eintretende Entlastungseffekt für die Ortsdurchfahrt I. auf jeden Fall ausreichend groß ist, um eine Zunahme der gesamten Verkehrsbelastung dort – auch bei Berücksichtigung des Tanktourismus – auszuschließen. Insoweit liegt es auf der Hand, dass ein Großteil des sich aus T. auf der B 49 westwärts bewegenden, aber auch des aus Luxemburg nach T. strömenden Verkehrs in Zukunft den Weg über die B 51 neu und die A 64 nehmen und nicht mehr die B 49 mit den Ortsdurchfahrten I., W. und W. benutzen wird. Entscheidend wird die Planung im Übrigen auch im Hinblick auf die planerische Abwägung von dem Bestreben getragen, eine Umfahrung des Stadtgebiets von T. im Westen zu ermöglichen, während eine Verkehrsentlastung der Ortsdurchfahrt I. der B 49 mehr eine – sei es auch erwünschte – Nebenfolge der Planung darstellt.

Sollte der Planfeststellungsbehörde hinsichtlich des Tanktourismus aus dem Raum K. nach Luxemburg und der darauf zurückzuführenden Verkehrsbelastung der Ortsdurchfahrt I. der B 49 gleichwohl ein Abwägungsfehler unterlaufen sein, so wäre dieser gemäß § 17 Abs. 6 c Satz 1 FStrG unerheblich.

Er ist nämlich weder offensichtlich noch wäre er auf das Abwägungsergebnis von Einfluss gewesen. Offensichtlich ist er nicht, da er sich nicht ohne weiteres aus den Unterlagen des Planfeststellungsverfahrens ergibt. Ein Einfluss auf das Abwägungsergebnis ist ihm nicht zuzusprechen, da nach den gesamten zu Tage getretenen Umständen des Planfeststellungsverfahrens und des gerichtlichen Verfahrens nicht angenommen werden kann, dass ohne den Fehler auf die Planung verzichtet worden oder ihr ein wesentlich anderer Inhalt gegeben worden wäre. Insbesondere spricht nichts dafür, dass auf eine vollständige Anbindung der B 49 an die B 51 neu im Bereich von I./Z. verzichtet worden wäre.

Nr. 176

1. Die in § 34 Abs. 1 BauGB 1987 normierten Zulassungsvoraussetzungen beziehen sich in örtlicher Hinsicht auf das Gebiet der Standortgemeinde und sind daher einer Anreicherung durch nachbargemeindliche Belange, an die ein Drittschutz der Nachbargemeinde anknüpfen könnte, nicht zugänglich.

2. § 34 Abs. 1 BauGB 1987 eröffnet der Bauaufsichtsbehörde nicht die Möglichkeit, eine die bauplanungsrechtliche Zulässigkeit betreffende Bauvoranfrage mit dem Argument negativ zu bescheiden, das Vorhaben löse einen Abstimmungsbedarf zwischen Standort- und Nachbargemeinde aus und könne ohne einen den Anforderungen des § 2 Abs. 2 BauGB genügenden Bebauungsplan nicht verwirklicht werden.

BauGB 1987 § 34 Abs. 1.

Hessischer VGH, Beschluss vom 18. August 2005 – 9 UZ 1170/05 – (rechtskräftig).

(VG Darmstadt)

Aus den Gründen:
Die in § 34 Abs. 1 BauGB 1987 normierten Zulassungsvoraussetzungen beziehen sich in örtlicher Hinsicht sämtlich auf das Gebiet der Standortgemeinde und sind daher einer Anreicherung durch nachbargemeindliche Belange, an die allein ein Drittschutz der Nachbargemeinde anknüpfen könnte, nicht zugänglich (vgl. BVerwG, Urteil v. 17. 9. 2003 – 4 C 14.01 –, BRS 63 Nr. 1 = BauR 2004, 443). Infolgedessen eröffnet § 34 Abs. 1 BauGB 1987 der Bauaufsichtsbehörde nicht die Möglichkeit, eine die bauplanungsrechtliche Zulässigkeit betreffende Bauvoranfrage mit dem Argument negativ zu bescheiden, das Vorhaben löse einen Abstimmungsbedarf zwischen Standort- und Nachbargemeinde aus und könne ohne einen den Anforderungen des § 2 Abs. 2 BauGB genügenden Bebauungsplan nicht verwirklicht werden.
Dass in § 34 Abs. 1 BauGB 1987 die Berücksichtigung nachbargemeindlicher Belange vom Gesetzgeber nicht vorgesehen ist, ist verfassungsrechtlich auch im Hinblick auf die Garantie der kommunalen Selbstverwaltung nicht zu beanstanden. Nach Art. 28 Abs. 2 Satz 1 GG muss den Gemeinden das

Recht gewährleistet sein, alle Angelegenheiten der örtlichen Gemeinschaft im Rahmen der Gesetze in eigener Verantwortung zu regeln. Zum Schutz der von Art. 28 Abs. 2 Satz 1 GG umfassten gemeindlichen Bebauungsplanung (vgl. hierzu: Hoppe/Bönker/Grotefels, Öffentliches Baurecht, 3. Aufl. 2004, § 2 Rdnr. 26 ff. [S. 20 ff.]) vor mittelbaren (faktischen) Beeinträchtigungen durch die Bauleitplanung benachbarter Gemeinden hat der Gesetzgeber einfachrechtlich das interkommunale Abstimmungsgebot des § 2 Abs. 2 BauGB geschaffen. Ein zusätzlicher Schutz der gemeindlichen Bauleitplanung vor mittelbaren Beeinträchtigungen durch die Zulassung von Vorhaben im nicht qualifiziert beplanten Innenbereich einer Nachbargemeinde – wie ihn nunmehr die Zulassungsschranke des § 34 Abs. 3 BauGB 2004 bietet – ist von Art. 28 Abs. 2 Satz 1 GG nicht gefordert. Denn es ist dem Bundesgesetzgeber verfassungsrechtlich unbenommen, davon auszugehen, dass die Gemeinden beim Vorliegen eines Abstimmungsbedarfs i. S. des § 2 Abs. 2 BauGB ihrer Planungspflicht nach § 1 Abs. 3 BauGB grundsätzlich nachkommen werden und dass Rechtsverstößen durch die Möglichkeiten der Kommunalaufsicht hinreichend begegnet werden kann.

Die vom Bundesverwaltungsgericht im Urteil vom 11. 2. 1993 – 4 C 15.92 –, BRS 55 Nr. 174 – noch angestellte Erwägung, wonach das interkommunale Abstimmungsgebot für eine Nachbargemeinde ein einzelvorhabenbezogenes Abwehrrecht allenfalls dann begründen könne, wenn die Standortgemeinde dem Bauinteressenten unter Missachtung des § 2 Abs. 2 BauGB einen Zulassungsanspruch verschafft habe, was bei Fehlen eines Bebauungsplanes voraussetze, dass die Standortgemeinde die Weichen in Richtung Zulassungsentscheidung gestellt habe, hat das Gericht im Urteil vom 17. 9. 2003 – 4 C 14.01 –, a. a. O., nicht mehr aufgegriffen. Ein derartiges Abwehrrecht lässt sich – wie dargelegt – in § 34 Abs. 1 BauGB 1987 nicht verorten, wobei hinzutritt, dass ohne gesetzliche Grundlage dem die Zulassung seines Bauvorhabens von der Bauaufsicht begehrenden Bürger ein planerisches Fehlverhalten der Standortgemeinde schwerlich entgegengesetzt werden kann. Ungeachtet dessen hat die Klägerin im Zulassungsantrag vom 18. 4. 2005 zwar die Behauptung aufgestellt, die Stadt W. als Standortgemeinde habe die Weichenstellung in Richtung Zulassungsentscheidung vorgenommen, indem sie trotz Planungsbedürftigkeit bewusst untätig geblieben sei, um letztlich auch einem Einkaufszentrum der hier vorliegenden Dimension eine Genehmigungsmöglichkeit über § 34 Abs. 1 BauGB zu eröffnen, hat diesen Vorwurf der missbräuchlichen Umgehung des § 2 Abs. 2 BauGB indes nicht durch Angabe von Indiztatsachen zu substanziieren vermocht.

Nr. 177

1. Eine Gemeinde kann sich zur Abwehr eines großflächigen Vorhabens in der Nachbargemeinde nur dann auf § 2 Abs. 2 BauGB berufen, wenn diese durch eine städtebaurechtlich zurechenbare Maßnahme die „Weichen hierfür gestellt" hat. Es bleibt unentschieden, ob dies auch dadurch

geschehen kann, dass das an sich gebotene Verfahren zur Erteilung einer Befreiung nach §31 Abs. 2 BauGB oder die Schaffung der für das streitige Vorhaben an sich erforderlichen Planungsgrundlage missbräuchlich unterblieben ist.

2. Die Gemeinde, in deren Gebiet das Vorhaben verwirklicht werden soll, muss nicht in jedem Fall ein allen Ansprüchen gerecht werdendes Fachgutachten zu den Auswirkungen einholen, welche das Vorhaben auf die Nachbargemeinde voraussichtlich haben wird. Es kann ausreichen, eine überschlägige „erste" Untersuchung anzustellen.

3. §2 Abs. 2 Satz 2, Alt. 1 BauGB entfaltet nur zugunsten der Gemeinde positive Rechtswirkungen, welcher die niedersächsische Landesplanung eine bestimmte zentralörtliche Funktion zugewiesen hat. Das ist im Verhältnis niedersächsischer Gemeinden zur Stadt Bremen nicht der Fall.

4. Die zentralörtlichen Gliederungen im Landesraumordnungsprogramm des Landes Niedersachsen schließen die verschiedenen Zentren nicht zu einer „Schicksalsgemeinschaft" zusammen, die es rechtfertigte, die vom Bundesverwaltungsgericht im Urteil vom 16.9.1993 (– 4 C 28.91 –, BVerwGE 94, 151) entwickelten Grundsätze anzuwenden.

5. Es bleibt unentschieden, ob §2 Abs. 2 Satz 2, Alt. 2 BauGB nur dann zugunsten der Nachbargemeinde eingreift, wenn das in Rede stehende Vorhaben spürbare Auswirkungen auf ihre zentrale Versorgungsbereiche hat/haben kann.

6. Die Nachbargemeinde kann sich auf die vom Nds. OVG im Beschluss vom 15.11.2002 (– 1 ME 151/02 –, BauR 2003, 659 = BRS 65 Nr.69) entwickelten Grundsätze nicht berufen, wenn der Vorhabenträger planerische Festsetzungen ausnutzt/auszunutzen versucht, welche vor längerer Zeit ohne jeden Blick auf sein Vorhaben getroffen worden sind. In einem solchen Fall kann die Nachbargemeinde das Vorhaben also nicht unabhängig von den Auswirkungen abwehren, welche das Vorhaben (möglicherweise) zu ihren Lasten haben wird/kann.

BauGB §§2 Abs. 2, 31 Abs. 2; BauNVO §11 Abs. 3 Satz 2.

Niedersächsisches OVG, Beschluss vom 30. November 2005 – 1 ME 172/ 05 – (rechtskräftig).

(Nur Leitsätze.)

Nr. 178

1. Öffentlich-rechtliche Abwehrrechte eines Nachbarn können nicht allein durch Zeitablauf verwirkt werden (wie BVerwG, Beschluß vom 16.4.2002 – 4 B 8.02 –, BRS 65 Nr.195). Die Verwirkung setzt vielmehr eine das Vertrauen des Bauherrn darauf, der Nachbar werde sein Abwehrrecht nicht mehr geltend machen, begründende Untätigkeit sowie ein sich hierauf einstellendes Verhalten des Bauherrn voraus.

2. Ist der Verlauf der richtigen Grenze in der Örtlichkeit unklar, fällt es in den Risikobereich des Eigentümers, wenn er seinem Bauvorhaben ohne vorherige amtliche Vermessung einen für ihn günstigen Verlauf der Grenze zu Grunde legt und infolgedessen die erforderlichen Grenzabstände nicht einhält. Der Nachbar handelt nicht treuwidrig, wenn er in einer solchen Situation seine Rechte erst nach längerem Zeitablauf geltend macht.

BGB § 242.

OVG Nordrhein-Westfalen, Beschluß vom 10. Juni 2005 – 10 A 3664/03 – (rechtskräftig).

(VG Münster)

Der Kläger wandte sich etwa 13 Monate nach Rohbauabnahme und etwa 10 Monate nach Schlußabnahme an die Bauaufsichtsbehörde mit dem Begehren, gegen ein von seinem Nachbarn errichtetes Garagen- und Stallgebäude durch Erlaß einer Abbruchverfügung einzuschreiten. Dem Nachbarn war zuvor eine Baugenehmigung erteilt worden; allerdings war der Grenzverlauf teilweise unklar, ohne daß eine amtliche Einmessung des Vorhabens stattgefunden hätte. Das tatsächlich errichtete Gebäude war um einen Meter länger als das genehmigte Vorhaben und hielt zur Grundstücksgrenze lediglich einen Abstand von etwa 2,50 m statt wie genehmigt von 3,00 m ein. Der beigeladene Bauherr berief sich zur Rechtfertigung der Abstandflächenverletzung auf eine Erklärung des Klägers von 1958 und rügte, daß dieser sein Abwehrrecht verwirkt habe. Das Verwaltungsgericht verpflichtete die beklagte Behörde zum Einschreiten; der Antrag auf Zulassung der Berufung blieb erfolglos.

Aus den Gründen:

Das Verwaltungsgericht hat im Ergebnis zutreffend angenommen, daß das betroffene Gebäude formell und materiell illegal errichtet worden und nicht genehmigungsfähig ist. Die erteilte Baugenehmigung war inhaltlich eindeutig und erlaubte die Errichtung eines Gebäudes in den Maßen 4,99 m x 5,99 m und in einem Grenzabstand von 3 m. Das tatsächlich errichtete Gebäude weist demgegenüber Maße von etwa 5 m x 7 m und einen Grenzabstand von 2,52 m auf und stellt damit ein Aliud dar, das weder von der erteilten Baugenehmigung gedeckt ist noch dem materiellen Bauordnungsrecht (§ 6 Abs. 5 Satz 5 BauO NRW) entspricht. Die erteilte Baugenehmigung ist, wie das Verwaltungsgericht zutreffend ausgeführt hat, erloschen (§ 77 BauO NRW), weil der Beigeladene mit der Errichtung des genehmigten Bauwerks nicht begonnen, sondern ein anderes errichtet hat. Das errichtete Gebäude ist wegen des Abstandflächenverstoßes ohne Mitwirkung des Klägers – etwa durch Erteilung einer Baulast – auch nicht genehmigungsfähig, so daß die von der Antragsbegründung aufgeworfene Frage der planungsrechtlichen Zulässigkeit offen bleiben kann.

Die Rüge des Beigeladenen, der Kläger sei unter dem Gesichtspunkt des widersprüchlichen Verhaltens nach Treu und Glauben an einer Geltendmachung von Abwehrrechten gehindert, führt gleichfalls nicht zur Annahme ernstlicher Zweifel an der Richtigkeit des verwaltungsgerichtlichen Urteils und damit zur Zulassung der Berufung. In diesem Zusammenhang verweist die Antragsbegründung auf eine vom Kläger am 14.4.1958 unterzeichnete

„Bescheinigung", wonach der „Bauschuppen" des Rechtsvorgängers des Beigeladenen „in der jetzigen Lage 1 Meter von meiner Grenze entfernt stehen
bleiben und bzw. verlängert werden kann." Die Annahme, diese Erklärung drücke ein Einverständnis auch mit dem
streitbefangenen Bauvorhaben aus, ist abwegig. Es ist schon unzutreffend,
daß sich die Erklärung, wie die Antragsbegründung ausdrücklich ausführt,
überhaupt auf ein Stallgebäude erstreckt. Nach ihrem Wortlaut erstreckt sie
sich auf einen Bauschuppen, also auf ein zur Lagerung von Baumaterialien
und -geräten bestimmtes und nicht auf ein zur Tierhaltung genutztes und mit
entsprechenden Emissionen verbundenes Gebäude; eine Baugenehmigung
für ein auch als Stall nutzbares Gebäude wurde dem Vater des Beigeladenen
erst im Juli 1964 erteilt. Schon deshalb kann von einem aktiven Verhalten
des Klägers zur Billigung des streitbefangenen Vorhabens nicht die Rede sein,
so daß es auf die vom Verwaltungsgericht zu Recht verneinte Frage nicht
mehr ankommt, ob die – vor Inkrafttreten der BauO NRW unterzeichnete –
„Bescheinigung" auch die vierzig Jahre später erfolgte Verdoppelung der
Grundfläche unter Nichteinhaltung der erforderlichen Abstandfläche noch
umfaßt.

Schließlich hat der Kläger sein nachbarliches Abwehrrecht nicht verwirkt,
so daß eine Zulassung der Berufung auch unter diesem Aspekt ausscheidet.
In Betracht kommt im Hinblick auf die formelle Illegalität des streitbefangenen Gebäudes lediglich die Verwirkung des materiellrechtlichen Abwehrrechts. Allerdings können öffentlich-rechtliche Abwehrrechte eines Nachbarn
nicht allein durch Zeitablauf verwirkt werden (BVerwG, Beschluß v.
16. 4. 2002 – 4 B 8.02 –, BRS 65 Nr. 195 = BauR 2003, 1031).

Voraussetzung für eine Verwirkung ist vielmehr nach der st. Rspr. des
Senats in Übereinstimmung mit der – allerdings zur Verwirkung bundesrechtlich geregelter Abwehrrechte ergangenen – Rechtsprechung des Bundesverwaltungsgericht eine Untätigkeit des Nachbarn, die ein Vertrauen des Bauherrn darauf rechtfertigt, der Nachbar werde das ihm eigentlich zustehende
Abwehrrecht nicht mehr geltend machen (Vertrauensgrundlage), sowie ein
sich hierauf einstellendes Verhalten des Bauherrn (Vertrauenstatbestand).
Für das Merkmal der Treuwidrigkeit, das für den Rechtsverlust durch Verwirkung konstitutiv ist, bedarf es also neben dem Zeitablauf einer kausalen Verknüpfung des Verhaltens des Nachbarn einerseits mit demjenigen des Bauherrn andererseits. Wann eine Verwirkung in diesem Sinne anzunehmen ist,
hängt maßgeblich von den Umständen des jeweiligen Einzelfalles ab; die Verwirkung als Grundlage für einen Rechtsverlust des Nachbarn trotz fortdauernder Rechtswidrigkeit und ggf. beeinträchtigender Wirkung einer baulichen
Anlage kann allerdings nur in Ausnahmefällen angenommen werden (OVG
NRW, Urteil v. 24. 4. 2001 – 10 A 1402/98 –, BRS 64 Nr. 188 = BauR 2002,
295; Urteil v. 2. 3. 1999 – 10 A 2343/97 –, BRS 62 Nr. 194 = BauR 2000, 381;
Urteil v. 20. 3. 1997 – 10 A 4965/96 – [Einschreiten der Nachbarn erst 2 Jahre
nach Rohbaufertigstellung bzw. 20 Monate nach Fertigstellung als Fall der
Verwirkung]; BVerwG, Urteil v. 16. 5. 1991 – 4 C 4.89 –, BRS 52 Nr. 218 =
BauR 1991, 597; vgl. auch Hahn/Schulte, öffentlich-rechtliches Baunach-
barrecht, 1998, Rdnr. 416 ff.).

Danach war im vorliegenden Fall zum Zeitpunkt des ersten anwaltlichen Schreibens von seiten des Klägers eine Verwirkung des materiellrechtlichen Abwehrrechts – noch – nicht eingetreten. Der Kläger hat sich etwa 10 Monate nach Schlußabnahme und etwas mehr als 13 Monate nach Rohbauabnahme erstmals gegen das Vorhaben gewandt. Eine treuwidrige Untätigkeit liegt darin im Hinblick auf die Besonderheiten des vorliegenden Falles nicht; auch ist nicht zu erkennen, daß sich der Beigeladene infolge der Untätigkeit des Klägers darauf einstellen durfte, die nach Fertigstellung des Rohbaus oder gar die gegen Ende der Bauzeit noch ausstehenden Investitionen zu tätigen, ohne Widerstand des Klägers gewärtigen zu müssen. Denn der Kläger durfte zunächst davon ausgehen, daß der behördlich genehmigte Anbau die erforderlichen Grenzabstände einhalten würde, da der Anbau an das vorhandene Gebäude jedenfalls einen deutlichen Rücksprung gegenüber dem grenznah errichteten Garagen- und Stallgebäude aufwies. Der Umstand, daß die unter dem 28. 8. 1998 erteilte Baugenehmigung tatsächlich einen – vom Beigeladenen nicht eingehaltenen – Grenzabstand des Bauvorhabens von 3 m vorsah, bestätigt diese Einschätzung. Umgekehrt mußte dem Beigeladenen als Bauherrn klar sein, daß ein Zurückweichen des Neubaus gegenüber dem Altbestand um einen Meter zur Wahrung der Grenzabstände nicht ausreichen würde, da der Altbestand nach der Baugenehmigung vom 14. 7. 1964 nur einen Grenzabstand von 1,50 m aufwies. Im Hinblick auf den unklaren Grenzverlauf war es vor diesem Hintergrund für den Kläger zunächst kaum erkennbar, daß die sich über neun Monate hinziehenden Bauarbeiten zu einem formell und materiell illegalen Baukörper führten, gegen den er als Nachbar einschreiten konnte. Infolgedessen liegt in seinem Zuwarten keine treuwidrige Untätigkeit, die Grundlage für eine Verwirkung hätte sein können.

Nr. 179

a) Sollen mit dem aus Besitz bzw. Eigentum abgeleiteten Unterlassungsanspruch wiederholte gleichartige Störungen abgewehrt werden, die zeitlich unterbrochen auftreten, löst jede neue Einwirkung einen neuen Anspruch aus; die im Rahmen des Einwands der Verwirkung für die Beurteilung des Zeitmoments maßgebliche Frist beginnt jeweils neu zu laufen.

b) Das Fehlen einer notwendigen öffentlich-rechtlichen Genehmigung stellt für die Frage der Wesentlichkeit der Beeinträchtigung nur ein Kriterium von mehreren dar. Entscheidend ist eine Würdigung aller Umstände, ausgerichtet am Empfinden eines „verständigen Durchschnittsmenschen", insbesondere unter Berücksichtigung der nach § 906 Abs. 1 Satz 2 und 3 BGB maßgeblichen Grenz- oder Richtwerte.

BGB §§ 242 Ce, 862 Abs. 1, 906, 1004 Abs. 1.

Bundesgerichtshof, Urteil vom 21. Oktober 2005 – V ZR 169/04 –.

(OLG Stuttgart)

Die Klägerin zu 2 ist Nießbrauchsberechtigte eines Hausgrundstücks, welches sie seit 1991 mit dem Kläger zu 1, ihrem Ehemann, bewohnt. Schräg gegenüber auf der anderen Straßenseite befindet sich das Grundstück der Beklagten, die dort ein von ihrem verstorbenen Ehemann übernommenes Fuhrunternehmen betreibt.

Der Ehemann der Beklagten erhielt 1970 die Genehmigung zum Bau eines Wohnhauses mit zwei Pkw-Garagen und zwei Lkw-Garagen „als Fuhrgeschäft" sowie für eine oberirdische Heizöllagerung von 12000 Litern. Das Wohnhaus mit den zwei Pkw-Garagen wurde erstellt, die beiden Lkw-Garagen hingegen nicht. Stattdessen legte der Ehemann der Beklagten Abstellplätze für bis zu drei Lkw an. Er errichtete zudem eine 1972 nachträglich zugelassene Eigenverbrauchstankstelle, die inzwischen stillgelegt wurde. Von einer 1978 erteilten Genehmigung für den Neubau einer Montagegrube machte er keinen Gebrauch. Heute besteht der Fuhrpark aus zwei oder drei Lastkraftwagen, davon mindestens zwei Tanklastzügen, die als Gefahrguttransporter eingesetzt werden.

Seit 1998 wenden sich die Kläger mit zahlreichen Eingaben an Behörden und an den Petitionsausschuss des Landtags Baden-Württemberg sowie mit einer verwaltungsgerichtlichen Klage vergeblich gegen den – zeitweilig bis zu acht Lastkraftwagen umfassenden – Fuhrbetrieb. Sie fühlen sich durch An- und Abfahrten der Lastzüge, durch Dieselabgase und insbesondere durch an Samstagen ausgeführte Wartungs- und Reparaturarbeiten beeinträchtigt.

Das Landgericht hat die Klage, mit der die Kläger die Verurteilung der Beklagten zur Unterlassung der Benutzung ihres Grundstücks als Fuhrbetrieb mit Tanklastzügen und Hängerzügen sowie für die Durchführung von Reparatur- und Wartungsarbeiten verlangen, abgewiesen. Das Oberlandesgericht hat der Klage stattgegeben.

Aus den Gründen:

I. Nach Auffassung des Berufungsgerichts ist es bei der Prüfung der Wesentlichkeit und der Ortsüblichkeit von Immissionen ein sachgerechter Ansatz, ob die emittierende Anlage mit oder ohne behördliche Genehmigung betrieben wird. Ein nicht genehmigter Betrieb könne nicht ortsüblich sein. Das Fehlen der notwendigen Genehmigung spreche zudem so lange für eine Wesentlichkeit der Beeinträchtigung des Nachbargrundstücks, wie nicht feststehe, dass die Anlage ohne Einschränkungen genehmigungsfähig sei. Nach den überzeugenden Ausführungen des Verwaltungsgerichts in einem zwischen den Klägern und der Gemeinde geführten Rechtsstreit sei der gesamte Fuhrbetrieb der Beklagten materiell baurechtswidrig und in seiner Ausprägung nicht genehmigungsfähig. Damit sei nach den vom Bundesgerichtshof aufgestellten Darlegungs- und Beweisregeln vorgegeben, dass von dem Betrieb der Beklagten Einwirkungen ausgingen, welche die Benutzung des Grundstücks der Kläger wesentlich beeinträchtigten. Da die Genehmigungsfähigkeit einer typisierenden Betrachtung folge, komme es nicht darauf an, ob hier Lärmschutzvorschriften eingehalten seien. Ob Immissionsunterlassungsansprüche verwirkt werden könnten, brauche nicht entschieden zu werden, denn die Voraussetzungen für eine Verwirkung lägen nicht vor.

Das hält revisionsrechtlicher Nachprüfung nicht stand. . . .

II. 2. Ebenfalls erfolglos macht die Revision geltend, der Anspruch der Kläger gegen die Beklagte sei verwirkt. Allerdings kann hier offen bleiben, ob – wie das Berufungsgericht gemeint hat – das für die Verwirkung erforderliche Umstandsmoment nicht erfüllt ist; denn es fehlt an dem ebenfalls notwendigen Zeitmoment.

a) Ein Recht ist verwirkt, wenn sich der Schuldner wegen der Untätigkeit seines Gläubigers über einen gewissen Zeitraum hin bei objektiver Beurteilung darauf einrichten darf und eingerichtet hat, dieser werde sein Recht nicht mehr geltend machen, und deswegen die verspätete Geltendmachung gegen Treu und Glauben verstößt (st. Rspr., siehe nur Senat, BGHZ 122, 308, 315 m. w. N.; BGH, Urteil v. 14. 11. 2002 – VII ZR 23/02 –, NJW 2003, 824). Die Verwirkung ist somit ein Sonderfall der unzulässigen Rechtsausübung (§ 242 BGB); sie kann im gesamten Privatrecht eingewendet werden (Senat, BGHZ 122, 308, 314). Verwirkt werden können nur subjektive Rechte, weil nur bei ihnen davon gesprochen werden kann, ihre Ausübung stehe in Widerspruch zu der länger andauernden Nichtausübung, die bei dem Schuldner einen entsprechenden Vertrauenstatbestand begründet hat (BGH, Beschluss v. 1. 7. 1994 – BLw 95/93 –, WM 1994, 1944, 1945). Der Verwirkung unterliegen dingliche Rechte nicht, wohl aber die daraus folgenden Ansprüche (Bamberger/Roth/Grüneberg, BGB, § 242 Rdnr. 163; MünchKomm.-Roth, BGB, 4. Aufl., § 242 Rdnr. 298; Palandt/Heinrichs, BGB, 64. Aufl., § 242 Rdnr. 107; Soergel/Teichmann, BGB, 12. Aufl., § 242 Rdnr. 335; Staudinger/J. Schmidt, BGB [1995], § 242 Rdnr. 538). Mithin bestehen keine Bedenken, auch die aus Besitz bzw. Eigentum abgeleiteten Beseitigungs- und Unterlassungsansprüche nach §§ 862 Abs. 1, 1004 Abs. 1 BGB dem Einwand der Verwirkung auszusetzen (vgl. Senat, Urteil v. 22. 6. 1990 – V ZR 3/89 –, NJW 1990, 2555, 2556).

b) Bei Unterlassungsansprüchen der hier vorliegenden Art ist zu unterscheiden: Sollen wiederholte gleichartige Störungen abgewehrt werden, die zeitlich unterbrochen auftreten, löst jede neue Einwirkung einen neuen Anspruch aus (Bamberger/Roth/Grüneberg, a. a. O.; Palandt/Heinrichs, a. a. O.; ebenso RG, JW 1935, 1775 für den Schadensersatzanspruch). Die für die Beurteilung des Zeitmoments maßgebliche Frist beginnt jeweils neu zu laufen, sodass es i. d. R. – mit Ausnahme besonders langer Unterbrechungen – an dem Zeitmoment fehlt. Ob das auch für die Abwehr ununterbrochen andauernder Einwirkungen gilt (vgl. Senat, Urteil v. 14. 10. 1994 – V ZR 76/93 –, WM 1995, 300, 301 für den Beginn der Ausschlussfrist des § 864 Abs. 1 BGB), kann offen bleiben. Solche Immissionen sind nicht Gegenstand dieses Rechtsstreits.

3. Zu Unrecht hat das Berufungsgericht jedoch eine wesentliche Beeinträchtigung der Benutzung des von den Klägern bewohnten Grundstücks durch Immissionen angenommen, die von dem Grundstück der Beklagten herrühren. Die Feststellungen in dem Berufungsurteil rechtfertigen das nicht.

a) Im Ansatz zutreffend ist das Berufungsgericht – stillschweigend – davon ausgegangen, dass den Klägern ein Unterlassungsanspruch nach §§ 862 Abs. 1 Satz 2, 1004 Abs. 1 Satz 2 BGB i. V. m. § 1065 BGB gegen die Beklagte als Betreiberin des störenden Fuhrunternehmens zustehen kann; richtig ist auch, dass ein solcher Anspruch nicht nach § 864 Abs. 1 BGB durch Fristablauf erloschen und die Zulässigkeit der Immissionen am Maßstab des § 906 BGB zu messen ist (vgl. Senat, Urteil v. 14. 10. 1994 – V ZR 76/93 –, WM 1995, 300, 301).

b) Fehlerhaft hat das Berufungsgericht aber den Vortrag der Beklagten für unerheblich gehalten, die von ihrem Grundstück ausgehenden Lärmemissionen lägen unterhalb der in den Vorschriften der TA-Lärm für Mischgebiete enthaltenen Grenzwerte. Das zeigt, dass das Berufungsgericht die für seine Ansicht herangezogene Rechtsprechung des Senats missverstanden hat. Es hat die für den Erfolg des Unterlassungsanspruchs notwendige Unterscheidung zwischen einer wesentlichen Beeinträchtigung des Nachbargrundstücks und einer ortsüblichen Benutzung des emittierenden Grundstücks (§ 906 Abs. 2 Satz 1 BGB) verkannt. In seinem Urteil vom 30. 10. 1998 hat der Senat nicht den Grundsatz aufgestellt, dass die von einem Betrieb auf ein Nachbargrundstück einwirkenden Immissionen als wesentlich anzusehen sind, wenn dieser bauplanungsrechtlich nicht genehmigt und auch nicht genehmigungsfähig ist; vielmehr hat er es lediglich für rechtlich unbedenklich gehalten, bei der Erheblichkeitsprüfung die Tatsache mit zu berücksichtigen, dass die für den Betrieb notwendige behördliche Genehmigung fehlt (BGHZ 140, 1, 6f.). Hinsichtlich der ortsüblichen Benutzung des emittierenden Grundstücks hat der Senat entschieden, dass eine vorhandene Genehmigung nicht automatisch die Ortsüblichkeit begründet, sondern dafür nur einen Anhalt bietet; das Fehlen einer notwendigen Genehmigung schließt allerdings die Ortsüblichkeit aus (BGHZ 140, 1, 9), jedenfalls dann, wenn es auch an der Genehmigungsfähigkeit fehlt (vgl. Wenzel, NJW 2005, 241, 245). Das verdeutlicht, dass bei der für die Feststellung der Wesentlichkeit erforderlichen Würdigung der Gesamtumstände das Fehlen der öffentlich-rechtlichen Genehmigung nur ein einzelnes Kriterium ist. Es kann zu dem Ergebnis führen, dass die von dem Betriebsgrundstück ausgehenden Emissionen die Benutzung des Nachbargrundstücks nur unwesentlich beeinträchtigen und deshalb kein Unterlassungsanspruch des Nachbarn besteht. Dass der Betrieb aus öffentlich-rechtlichen Gründen wegen fehlender Genehmigung nicht aufrechterhalten bleiben dürfte, ist für die Beurteilung der Wesentlichkeit der Beeinträchtigung des Nachbargrundstücks somit nicht von alleiniger Bedeutung. Maßgeblich bleibt, ob im konkreten Fall von dem Betrieb Immissionen ausgehen, die sich nach dem Empfinden eines „verständigen Durchschnittsmenschen" als wesentlich darstellen (Senat BGHZ 148, 261, 264 m. w. N.). Dabei können die nach § 906 Abs. 1 Satz 2 und 3 BGB maßgeblichen Regelwerke, in denen Grenz- oder Richtwerte für Immissionen festgelegt sind, nicht außer Betracht gelassen werden.

4. Unter diesen Gesichtspunkten wird das Berufungsgericht dem Vortrag der Beklagten nachzugehen haben, die von ihrem Grundstück ausgehenden Lärmemissionen lägen unterhalb der maßgeblichen Grenzwerte.

a) Trifft das zu, ist zunächst von der Unwesentlichkeit der Lärmbeeinträchtigung für die Benutzung des von den Klägern bewohnten Grundstücks auszugehen (§ 906 Abs. 1 Satz 2 und 3 BGB); es ist dann Sache der Kläger, Umstände darzulegen und zu beweisen, welche diese Indizwirkung erschüttern (Senat, Urteil v. 13.2.2004 – V ZR 217/03 –, NJW 2004, 1317, 1318). Dazu haben sie bisher nichts vorgetragen, weil sie zu Unrecht davon ausgegangen sind, von der Beklagten wegen der fehlenden baurechtlichen Genehmigung die Unterlassung der Benutzung des Grundstücks zum Befahren,

Abstellen sowie zur Reparatur und Wartung von Lastkraftwagen verlangen zu können. Insoweit müssen die Kläger ggf. Gelegenheit zu weiterem Vortrag erhalten.

b) Bestätigt sich der Vortrag der Beklagten nicht, werden die maßgeblichen Grenz- oder Richtwerte also überschritten, rechtfertigt das allerdings nicht ohne weiteres die Annahme einer wesentlichen Beeinträchtigung des Nachbargrundstücks, sondern indiziert lediglich das Vorliegen einer solchen (Senat, Urteil v. 13. 2. 2004 – V ZR 217/03 –, a. a. O.). Der Beklagten wird damit nicht die Möglichkeit abgeschnitten, eine nur unwesentliche Beeinträchtigung darzulegen und zu beweisen.

c) Die indizielle Bedeutung der Einhaltung oder Nichteinhaltung von Grenz- oder Richtwerten muss das Berufungsgericht beachten. Es kann im Rahmen seines Beurteilungsspielraums unter Würdigung der Umstände des Einzelfalls und unter Berücksichtigung des Empfindens eines verständigen Durchschnittsmenschen von dem Regelfall abweichen und trotz Unterschreitens der Werte eine wesentliche Beeinträchtigung annehmen oder eine solche trotz Überschreitens der Werte verneinen.

5. Das Berufungsgericht wird auch Feststellungen zu der Wesentlichkeit der von den Klägern ebenfalls geltend gemachten Beeinträchtigungen durch das Einsickern von Schweröl in den Boden und durch die Abgase der Lkw-Motoren treffen müssen. Falls es wegen einer oder mehrerer Immissionen eine wesentliche Beeinträchtigung der Benutzung des von den Klägern bewohnten Grundstücks feststellt, wird es aufzuklären haben, ob sie durch eine ortsübliche Benutzung des Grundstücks der Beklagten herbeigeführt wird und nicht durch wirtschaftlich zumutbare Maßnahmen verhindert werden kann (§ 906 Abs. 2 Satz 1 BGB). Verneint es die Ortsüblichkeit, muss es den Klägern die Möglichkeit zu einer Anpassung ihres Unterlassungsantrags geben. Die Parteien und das Berufungsgericht haben nämlich bisher übersehen, dass der Störer regelmäßig zwischen verschiedenen zur Abhilfe geeigneten Maßnahmen wählen kann, es also grundsätzlich ihm überlassen bleibt, auf welchem Weg er die Beeinträchtigung abwendet; daher kann der Beeinträchtigte i. d. R. lediglich die Vornahme geeigneter Maßnahmen zur Verhinderung der Beeinträchtigung verlangen und der Urteilsausspruch nur allgemein auf Unterlassung von Störungen bestimmter Art lauten (Senat, Urteil v. 12. 12. 2003 – V ZR 98/03 –, NJW 2004, 1035, 1037 m. w. N.). Hier haben die Kläger jedoch bisher die Verurteilung der Beklagten zu einer konkreten Maßnahme beantragt, die das Berufungsgericht auch ausgesprochen hat. Das ist aber nur dann zulässig, wenn allein diese Maßnahme den Nichteintritt der drohenden Beeinträchtigung gewährleistet oder wenn weitere Maßnahmen zwar möglich sind, vernünftigerweise jedoch nicht ernsthaft in Betracht gezogen werden können (Senat, Urteil v. 12. 12. 2003 – V ZR 98/03 –, a. a. O.). Dazu fehlt es bisher an Parteivortrag und an Feststellungen des Berufungsgerichts.

Nr. 180

Der Eigentümer und Vermieter eines Grundstücks kann nicht geltend machen, durch eine dem Mieter erteilte Baugenehmigung in subjektiv-öffentlichen Rechten verletzt zu sein; er ist nicht klagebefugt i.S. des §42 Abs.2 VwGO.

VwGO §42 Abs.2; BayBO Art.71, Art.72 Abs.4; BayVwVfG Art.13.

Bayerischer VGH, Beschluß vom 6. Juni 2005 – 25 ZB 04.924 – (rechtskräftig).

(VG Würzburg)

Aus den Gründen:

Der Senat teilt die Auffassung des Verwaltungsgerichts, dass die Klage unzulässig ist, weil der Kläger als Eigentümer des mit einer Lagerhalle bebauten Grundstücks nicht zur Klage gegen die streitgegenständliche Baugenehmigung befugt ist, die die Beigeladene als Mieterin der Lagerhalle für den nachträglichen Einbau von Büro- und Lagerflächen beantragt hatte. Der Kläger als Grundeigentümer kann nicht gemäß §42 Abs.2 VwGO geltend machen, durch diese Baugenehmigung in subjektiv-öffentlichen Rechten verletzt zu sein.

Als Eigentümer und Vermieter kann der Kläger zwar eigene Rechte am Baugrundstück geltend machen, auf Grund derer er von der Beigeladenen als Mieterin ein bestimmtes Tun, Dulden oder Unterlassen verlangen kann. Hierbei handelt es sich aber ausschließlich um private Rechte und nicht um subjektiv-öffentliche Rechtspositionen, die allein eine Klagebefugnis gemäß §42 Abs.2 VwGO begründen können.

Eine subjektiv-öffentliche Rechtsposition vermittelt ein Rechtssatz des öffentlichen Rechts ausnahmsweise dann, wenn er nicht nur dem öffentlichen Interesse, sondern – zumindest auch – dem Schutz von Individualinteressen zu dienen bestimmt ist (sog. Schutznormtheorie, vgl. z.B. BVerwG v. 24.9.1998, BVerwGE 107, 215, 220f. = BRS 60 Nr.46 = BauR 1999, 134; Kopp/Schenke, VwGO, 13.Aufl. 2003, §42 Rdnr.78ff. m.w.N.). Sofern diese Zweckrichtung einer öffentlichen Rechtsvorschrift nicht bereits im Wortlaut zum Ausdruck kommt, ist im Wege der Auslegung festzustellen, ob überhaupt und ggf. welche Individualinteressen sie schützen soll (vgl. z.B. Kopp/Schenke, a.a.O., Rdnr.83; Maurer, Allgemeines Verwaltungsrecht, 14.Aufl. 2002, §8 Rdnr.8f.).

Die bauordnungsrechtlichen Vorschriften des vorbeugenden Brandschutzes (insbesondere Art.15 BayBO), auf die sich der Kläger beruft, vermitteln dem Grundeigentümer keine subjektiv-öffentliche Rechtsposition zur Abwehr einer dem obligatorisch Nutzungsberechtigten erteilten Baugenehmigung. Zwar können Brandschutzvorschriften neben ihrer objektiv-rechtlichen Funktion auch dem Schutz Dritter dienen und insoweit drittschützende subjektiv-öffentliche Rechtspositionen sein (zum Meinungsstand vgl. z.B. Famers, in: Koch/Molodovsky/Famers, BayBO, Art.15 Anm.1.2). In der Rechtsprechung ist aber geklärt, dass dieser Drittschutz – ebenso wie der

Interessenschutz bei sonstigen drittschützenden Vorschriften des öffentlichen Baurechts – grundsätzlich nur baurechtlichen „Nachbarn" i. S. des Art. 71 BayBO, also dem Eigentümer (oder sonst dinglich Berechtigten) eines benachbarten, d. h. eines anderen Grundstücks als des Baugrundstücks zugute kommt (BayVGH v. 27. 10. 1992, BRS 54 Nr. 179 = BayVBl 1993, 373; v. 25. 11. 2002, BRS 65 Nr. 185 = BayVBl 2003, 370; vgl. auch ThürOVG v. 2. 2. 1995, BRS 57 Nr. 208).

Diese Beschränkung der drittschützenden Wirkung baurechtlicher Vorschriften auf den baurechtlichen „Nachbarn" lässt sich, soweit sie sich nicht bereits aus dem Wortlaut der jeweiligen Vorschrift ergibt, jedenfalls aus deren Zweckrichtung entnehmen. Die Eigentumsgarantie des Grundgesetzes (Art. 14 GG) gewährleistet dem Grundeigentümer das Recht, über das Ob und das Wie einer baulichen Nutzung seines Grundstücks nach eigenen Vorstellungen selbst privatautonom zu entscheiden (sog. Baufreiheit, vgl. z. B. Papier, in: Maunz/Dürig, Grundgesetz, Art. 14 GG Rdnr. 57), wobei Inhalt und Schranken dieser Eigentümerbefugnis gemäß Art. 14 Abs. 1 Satz 2 GG durch die Gesetze bestimmt werden, u. a. durch die Vorschriften des öffentlichen Baurechts. Hiernach kann sich der Grundeigentümer zwar darauf berufen, dass seine Eigentümerbefugnisse durch die Vorschriften des öffentlichen Baurechts in verfassungswidriger Weise zu sehr eingeschränkt worden sind. Indes vermittelt ihm die grundrechtliche Gewährleistung keine subjektive Rechtsposition gegen eine zu geringe Beschränkung seiner Eigentümerbefugnisse. Eines Schutzes gegen das ihm genehmigte Vorhaben bedarf der Grundeigentümer – im Gegensatz zu seinen Nachbarn – schon deshalb nicht, weil er privatautonom über die Ausführung seines Bauvorhabens entscheiden kann.

Nichts anderes gilt, wenn der Grundeigentümer einen Teil seiner Eigentümerbefugnisse vertraglich auf eine andere Person überträgt. Auch in diesem Falle bedarf der Grundeigentümer keiner der des Nachbarn vergleichbaren subjektiv-öffentlichen Rechtsposition, weil er durch entsprechende Vertragsgestaltung privatautonom darüber entscheiden kann, welche Rechtsmacht er zur Durchsetzung seiner Interessen behalten will, und auf Grund seiner Eigentümerposition gegenüber dem obligatorisch Berechtigten zusätzlich gesichert ist.

Dieses Ergebnis wird auch durch die Beteiligungsvorschriften der Bayerischen Bauordnung bestätigt. Nach Art. 71 BayBO sind nur die Eigentümer (oder sonst dinglich Berechtigten) anderer Grundstücke als „Nachbarn" am Genehmigungsverfahren zu beteiligen, während der Eigentümer des Baugrundstücks, der nicht selbst Bauherr i. S. des Art. 56 BayBO ist, nicht Verfahrensbeteiligter ist. Diese Ausgestaltung des Genehmigungsverfahrens ist wegen des Gebots einer den Grundrechtsschutz effektivierenden Verfahrensgestaltung (vgl. z. B. BVerfG v. 14. 5. 1985, BVerfGE 69, 315, 355 = BRS 44 Nr. 24 = BauR 1985, 531) ein weiteres Indiz für den gesetzgeberischen Willen, nur den „Nachbarn" i. S. des Art. 71 BayBO, nicht aber den Grundeigentümer mit Abwehrrechten auszustatten. Der Grundeigentümer, der gegen eine Baugenehmigung vorgehen möchte, die einem obligatorisch zu Nutzung Berechtigten erteilt wurde, kann sich deshalb grundsätzlich nicht auf subjektivöffentliche Rechtspositionen i. S. des §42 Abs. 2 VwGO berufen. Er ist – ähnlich einem Mieter, der sich bei Unzulänglichkeiten des genehmigten Bauwerks ebenfalls nicht selbst gegen die Baugenehmigung zur Wehr setzen kann (BVerwG v. 11. 7. 1989, BRS 49 Nr. 185 = BauR 1989, 713 = NJW 1989, 2766; ThürOVG, a. a. O.), sondern auf der Grundlage des geschlossenen Mietvertrages gegen seinen Vermieter vorgehen muss – darauf verwiesen, gegenüber dem vertraglich zur Nutzung Berechtigten privatrechtlich seine Interessen durchzusetzen.

Eine Durchbrechung dieses Grundsatzes hat der Verwaltungsgerichtshof in seiner Rechtsprechung bisher lediglich für den Sonderfall anerkannt, dass auf der Grundlage einer Bebauungsplanfestsetzung ein hoheitlicher Entzug der von der Baugenehmigung betroffenen Teilfläche eines Grundstücks durch Enteignung in Betracht kommt: Für diesen Fall soll dem Grundeigentümer im Interesse eines effektiven Rechtsschutzes (Art. 19 Abs. 4 GG) ausnahmsweise das Recht zugebilligt werden, gegenüber dem Bauvorhaben eines durch die Enteignungsmöglichkeit begünstigten Dritten auf dieser Teilfläche für die Restfläche – gewissermaßen im Vorgriff auf die in Zukunft möglicherweise getrennte Grundstückssituation – Nachbarrechte geltend zu machen (BayVGH v. 25. 11. 2002, a. a. O.). Eine vergleichbare Situation liegt hier nicht vor. Daß der Kläger sein Eigentum an einer Teilfläche des Baugrundstücks durch hoheitlichen Zugriff verlieren könnte, ist nicht vorgesehen und wird im Zulassungsantrag auch nicht geltend gemacht (§ 124 a Abs. 4 Satz 4, Abs. 5 Satz 2 VwGO).

Eine Befugnis des Klägers zur Anfechtung der Baugenehmigung ergibt sich schließlich auch nicht daraus, dass der Baugenehmigung in einem Zivilrechtsstreit mit der Beigeladenen – wie der Kläger meint – eine Tatbestandswirkung zukomme, die ihn an einer Durchsetzung seiner zivilrechtlichen Rechtspositionen hindere. Baugenehmigungen werden gemäß Art. 72 Abs. 4 BayBO unbeschadet der privaten Rechte Dritter erteilt. Private Abwehrrechte des Klägers gegen die Beigeladene werden deshalb durch die Baugenehmigung nicht berührt. Insbesondere werden durch sie keinerlei Duldungspflichten des Klägers als Grundstückseigentümer begründet. Die Baugenehmigung ist ihm gegenüber außerdem mangels Bekanntgabe nicht wirksam geworden (Art. 43 Abs. 1 BayVwVfG) und bindet ihn schon deshalb nicht (vgl. z. B. Kopp/Ramsauer, VwVfG, 8. Aufl. 2003, § 13 Rdnr. 49).

Richtig ist allerdings, dass sich der Umfang privater Abwehrrechte ausnahmsweise nach öffentlichem Recht bestimmen kann, wenn sie an eine öffentlich-rechtliche Vorschrift als Schutzgesetz i. S. des § 823 Abs. 2 BGB anknüpfen (vgl. z. B. BayObLG v. 18. 12. 2000, BayVBl 2001, 729; Koch/Molodovsky/Famers, BayBO, Art. 72 Anm. 4.4). Das setzt aber die Verletzung einer öffentlich-rechtlichen Schutznorm voraus, die hier gerade fehlt.

Nr. 181

1. **Zu den baurechtlichen Nachbarrechten aus Wohnungseigentum.**

2. **Ein einzelner Wohnungseigentümer (§ 1 Abs. 2 WEG) ist aufgrund seines ideellen Anteils am gemeinschaftlichen Eigentum (§ 1 Abs. 5 WEG) nicht**

berechtigt, wegen Beeinträchtigung des gemeinschaftlichen Eigentums eigenen Namens Abwehrrechte gegen ein Bauvorhaben auf einem Nachbargrundstück geltend zu machen (vgl. BGH vom 11. 12. 1992, NJW 1993, 727). Er kann solche Abwehrrechte nur in den engen Grenzen der Notgeschäftsführung (§ 21 Abs. 2 WEG) und nur Namens der teilrechtsfähigen Wohnungseigentümergemeinschaft (vgl. BGH vom 2. 6. 2005, NJW 2005, 2061, 2062) geltend machen (teilweise Änderung der Rechtsprechung des Senats; vgl. BayVGH vom 2. 10. 2003, BayVBl. 2004, 664; vom 11. 11. 2004 – 1 N 03.983 –).

3. Ob sich baurechtliche Nachbarrechte gegen eine Baugenehmigung aus dem Sondereigentum ergeben können, bleibt offen (teilweise Änderung der Rechtsprechung des Senats; vgl. BayVGH vom 2. 10. 2003, BayVBl. 2004, 66).

VwGO §§ 42 Abs. 2, 65 Abs. 1, 162 Abs. 3; VwGO (analog) § 144 Abs. 4; WEG §§ 1 Abs. 2 und 5, 20 Abs. 1, 21 Abs. 1; BauGB § 34 Abs. 2; BauNVO § 15 Abs. 1 Satz 2; BayBO Art. 6 Abs. 1 Satz 1, Abs. 2 Satz 1, 71 Abs. 1 Satz 1, Abs. 3 Satz 2, 73 Abs. 1.

Bayerischer VGH, Beschluss vom 12. September 2005 – 1 ZB 05.42 – (rechtskräftig).

(VG München)

Der Kläger ist Miteigentümer des mit einem Wohn- und Geschäftshaus bebauten Grundstücks und Sondereigentümer einer auf der Westseite im ersten und zweiten Obergeschoss gelegenen Eigentumswohnung in diesem Gebäude. Er wendet sich gegen die der Beigeladenen zu 1 vom Landratsamt mit Bescheid vom 9. 10. 2003, berichtigt am 20. 2. 2004, erteilte Baugenehmigung für den Umbau des Gebäudes auf dem angrenzenden Grundstück. Das Vorhaben umfasst die Umwandlung von früher gewerblich genutzten, zuletzt zum größten Teil leer stehenden Räumen im Erdgeschoss und in den beiden Obergeschossen in 18 Appartements. Beide Gebäude sind als Teile eines größeren Gebäudekomplexes an einer gemeinsamen Grundstücksgrenze zusammengebaut. Die westliche Außenwand des im Miteigentum des Klägers stehenden Gebäudes, in der sich die Fenster der Wohnung des Klägers befinden, und die südliche Außenwand des Gebäudes der Beigeladenen zu 1 mit dem Hauseingang und den Fenstern von sieben Appartements stoßen im rechten Winkel aufeinander.

Widerspruch und Klage gegen die Baugenehmigung hatten keinen Erfolg. Auch der Antrag auf Zulassung der Berufung blieb erfolglos.

Aus den Gründen:

Die Berufung ist schon deswegen nicht zuzulassen, weil die Entscheidung des Verwaltungsgerichts jedenfalls im Ergebnis richtig ist (1.). Im Übrigen sind die geltend gemachten Zulassungsgründe nicht ausreichend dargelegt oder sie liegen nicht vor (2.).

1. Der Zulassungsantrag ist in entsprechender Anwendung von § 144 Abs. 4 VwGO ohne Prüfung der geltend gemachten Zulassungsgründe als unbegründet abzulehnen, weil sich bereits im Zulassungsverfahren ohne Weiteres feststellen lässt, dass die Klage unzulässig und das angefochtene Urteil somit jedenfalls im Ergebnis richtig ist (Meyer-Ladewig/Rudisile, in: Schoch/Schmidt-Aßmann/Pietzner, VwGO, § 124 a Stand 2004, Rdnr. 125

m. w. N.). In dem angestrebten Berufungsverfahren käme es damit auf die geltend gemachten Zulassungsgründe nicht an. Da diese Gründe zudem nicht ausreichend dargelegt sind oder nicht vorliegen, darf die Entscheidung auf die Unzulässigkeit der Klage gestützt werden, ohne dass der Kläger hierzu vorher gehört worden ist.

Die Klage ist unzulässig, weil der Kläger nicht klagebefugt ist. Der Kläger kann nicht hinreichend substanziiert geltend machen, durch die Baugenehmigung in eigenen Rechten verletzt zu sein (§ 42 Abs. 2 VwGO). Das gilt nicht nur für das Gemeinschaftseigentum (1.1.), sondern auch für sein Sondereigentum (1.2.).

1.1. Der Kläger kann sich nicht darauf berufen, dass die Baugenehmigung gegen Vorschriften des Genehmigungsmaßstabs (Art. 73 Abs. 1 BayBO) verstoße, die nicht nur öffentlichen Interessen, sondern auch dem Schutz des Gemeinschaftseigentums dienen. Der Kläger ist nicht befugt, Rechte aus seinem ideellen Anteil am gemeinschaftlichen Eigentum, das gemäß § 1 Abs. 5 WEG das Grundstück sowie die nicht im Sondereigentum oder im Eigentum eines Dritten stehenden Teile, Anlagen und Einrichtungen des Gebäudes umfasst, geltend zu machen (1.1.1.). Er ist auch nicht befugt, eigenen Namens Rechte der teilrechtsfähigen Wohnungseigentümergemeinschaft im Hinblick auf die Verwaltung des gemeinschaftlichen Eigentums geltend zu machen (1.1.2.).

1.1.1. Für das Geltendmachen von Rechten aus seinem ideellen Anteil am gemeinschaftlichen Eigentum fehlt dem Kläger die Befugnis. Er ist insoweit kein Nachbar i. S. des Art. 71 Abs. 1 Satz 1, Abs. 3 Satz 2 BayBO. Bei der Geltendmachung von Nachbarrechten wegen einer Verletzung von öffentlich-rechtlichen Vorschriften, die dem Schutz des gemeinschaftlichen Eigentums dienen, handelt es sich um eine Maßnahme der Verwaltung des gemeinschaftlichen Eigentums (§ 20 Abs. 1 WEG). Diese steht gemäß § 21 Abs. 1 WEG grundsätzlich den Wohnungseigentümern gemeinschaftlich zu. Anders als bei einer Bruchteilsgemeinschaft (vgl. § 10 Abs. 1 Satz 1 Halbs. 2 WEG, §§ 744 Abs. 2, 1011 BGB) ist der einzelne Wohnungseigentümer gemäß §§ 10 Abs. 1 Satz 1 Halbs. 1, 21 Abs. 1 WEG nicht berechtigt, aufgrund seines ideellen Anteils am gemeinschaftlichen Eigentum wegen Beeinträchtigungen dieses Eigentums Abwehrrechte gegen ein Bauvorhaben auf einem Nachbargrundstück geltend zu machen (vgl. BGH v. 11. 12. 1992, NJW 1993, 727, 728 ff.). Die Gemeinschaft der Wohnungseigentümer beschließt Verwaltungsmaßnahmen, wenn nichts anderes vereinbart ist, gemäß § 21 Abs. 3 WEG durch Stimmenmehrheit. So weit (und nur so weit) die Gemeinschaft der Wohnungseigentümer das gemeinschaftliche Eigentum verwaltet und dabei am Rechtsverkehr teilnimmt, ist sie rechtsfähig (BGH v. 2. 6. 2005, NJW 2005, 2061, 2062). Als teilrechtsfähige Vereinigung ist sie im Verwaltungsverfahren (Art. 11 Nr. 2 BayVwVfG) und im verwaltungsgerichtlichen Verfahren (§ 61 Nr. 2 VwGO) beteiligtenfähig.

1.1.2. Der Kläger ist auch nicht berechtigt, eigenen Namens Nachbarrechte der Eigentümergemeinschaft als Notgeschäftsführer (§ 21 Abs. 2 WEG) geltend zu machen. Der Senat hält die Auffassung, dass ein Notgeschäftsführer in Prozessstandschaft – und damit eigenen Namens – für die Eigentümergemeinschaft tätig werde (BayVGH v. 2. 10. 2003 – 1 CS 03.1785 –, BayVBl.

2004, 664; v. 11.11.2004 – 1 N 03.983 –), nicht aufrecht, weil sie die Teilrechtsfähigkeit der Wohnungseigentümergemeinschaft bei der Verwaltung des gemeinschaftlichen Eigentums (BGH v. 2.6.2005, NJW 2005, 2061, 2062) nicht ausreichend berücksichtigt. Vielmehr ist anzunehmen, dass der Notgeschäftsführer – wie der Verwalter, wenn er als Organ der Gemeinschaft handelt (BGH v. 2.6.2005, NJW 2005, 2061, 2063) – Namens der Gemeinschaft tätig wird.

Im Übrigen liegen die Voraussetzungen für eine Notgeschäftsführung nicht vor. Es ist nicht ersichtlich, dass dem Gemeinschaftseigentum durch das Vorhaben der Beigeladenen unmittelbar ein Schaden droht (§ 21 Abs. 2 WEG). Die Tatsache, dass mit Ausnahme des Klägers alle anderen Wohnungseigentümer die Bauvorlagen unterschrieben haben und somit die Mehrheit der Wohnungseigentümer (§ 21 Abs. 3 WEG) der Auffassung ist, dass die Baugenehmigung nicht angefochten werden soll, bestätigt dies.

1.2. Der Kläger kann auch nicht unter Berufung auf sein Sondereigentum (§ 1 Abs. 2 WEG) geltend machen, durch die Baugenehmigung in eigenen Rechten verletzt zu sein (§ 42 Abs. 2 VwGO). Es kann offen bleiben, ob an der im Beschluss des Senats vom 2.10.2003 (– 1 CS 03.1785 –, BayVBl. 2004, 665) vertretenen, die Entscheidung nicht tragenden Auffassung, dass ein Wohnungseigentümer baurechtliche Nachbarrechte wegen Beeinträchtigung seines Sondereigentums in vollem Umfang und aus eigenem Recht geltend machen könne, festzuhalten ist. Auch wenn sich aus dem Sondereigentum Abwehransprüche gegen eine Baugenehmigung ergeben können, kommt nämlich eine rechtserhebliche Beeinträchtigung des Sondereigentums des Klägers nicht in Betracht.

1.2.1. Es ist auszuschließen, dass das Sondereigentum des Klägers durch einen Verstoß gegen nachbarschützendes Bauplanungsrecht verletzt wird (§ 113 Abs. 1 Satz 1 VwGO).

1.2.1.1. Die Verletzung eines auf das Sondereigentum des Klägers gestützten Anspruchs auf Bewahrung des Gebietscharakters kommt schon deshalb nicht in Betracht, weil die der Beigeladenen zu 1 genehmigte Wohnnutzung in einem faktischen Mischgebiet allgemein zulässig ist (§ 34 Abs. 2 Halbs. 1 BauGB, § 6 Abs. 2 Nr. 1 BauNVO).

1.2.1.2. Auch ein auf das Sondereigentum gestützter Abwehranspruch wegen eines Verstoßes gegen das nachbarschützende Gebot der Rücksichtnahme (§ 34 Abs. 2 Halbs. 1 BauGB, § 15 Abs. 1 Satz 2 BauNVO) besteht offensichtlich nicht. Nach § 15 Abs. 1 Satz 2 Alt. 1 BauNVO ist ein in einem Baugebiet an sich zulässiges Vorhaben im Einzelfall unzulässig, wenn von ihm Belästigungen oder Störungen ausgehen können, die nach der Eigenart des Baugebiets im Baugebiet selbst oder in dessen Umgebung unzumutbar sind. Welches Maß an Belästigungen oder Störungen noch zumutbar ist, ergibt sich aus dem Verhältnis der geplanten Nutzung zu der von ihr betroffenen Umgebung (Roeser, in: König/Roeser/Stock, BauNVO, 2. Aufl., § 15 Rdnr. 30). Trifft – wie hier – eine Wohnnutzung auf eine vorhandene Wohnnutzung, dann kommt unter dem Gesichtspunkt der Nutzungsart ein Verstoß gegen das Gebot der Rücksichtnahme nur unter ganz außergewöhnlichen Umständen in Betracht. Solche liegen hier schon deshalb nicht vor, weil die vom Kläger befürchteten Beeinträchtigungen bereits die Schwelle der bauplanungsrechtlichen Erheblichkeit nicht überschreiten (vgl. Roeser, a. a. O., Rdnr. 24).

Vor unerwünschten Blicken aus den nächstgelegenen Fenstern kann sich der Kläger durch Vorhänge oder Jalousien schützen. Küchen- und Toilettengerüche muss der Kläger hinnehmen, so weit sie sich im üblichen Rahmen halten. Dass dieser überschritten werden könnte, ist in Anbetracht der Grundrisse der Appartements auf der Südseite auszuschließen. Bei dem von der Wohnung des Klägers aus gesehen nächstgelegenen Appartement im ersten Obergeschoss (Appartement Nr. 3) befindet sich die Kochnische in dem fensterlosen Flur, der von dem im Gebäudeinnern liegenden Treppenhaus erreicht wird. Die gleichfalls fensterlose Toilette liegt nördlich des Flurs. Bei diesem Grundriss erscheint es ausgeschlossen, dass störende Küchen- und Toilettengerüche über das Doppelfenster des Wohnraums oder eine Lüftungsanlage bis zu den Fenstern der Wohnung des Klägers gelangen könnten. Entsprechendes gilt für das in den Bauvorlagen gleichfalls mit Nr. 3 bezeichnete, nächstgelegene Appartement im zweiten Obergeschoss, das einen ähnlichen Grundriss hat. Bei dem im zweiten Obergeschoss östlich anschließenden Appartement (Nr. 2) hat das Bad, in dem sich auch die Toilette befindet, zwar ein Fenster in der südlichen Außenwand. Dieses Fenster ist von den Fenstern der Wohnung des Klägers aber mindestens rund 11 m entfernt. Jedenfalls aus diesem Grund ist auch hier eine Belästigung durch Gerüche nicht zu erwarten. Bei dem entsprechenden Appartement im ersten Obergeschoss (Nr. 2) hat das Bad nach dem „Berichtigungsplan" keine Fenster. Eine durch die Außenwand geführte Lüftungsanlage wäre gleichfalls rund 11 m von den Fenstern des Klägers entfernt. Die Kochnischen befinden sich auch bei diesen Appartements im Flur. Bei den drei weiteren, jeweils mit Nr. 1 bezeichneten Appartements auf der Südseite des Gebäudes sind die Bäder mit den Toiletten und die Kochnischen so angeordnet, dass eine Beeinträchtigung der Wohnung des Klägers ausgeschlossen ist.

1.2.2. Die Klagebefugnis ergibt sich auch nicht aus einem möglichen Verstoß gegen die abstandsflächenrechtlichen Vorschriften des Art. 6 BayBO.

Eine Verletzung von Rechten des Klägers kommt insoweit schon deswegen nicht in Betracht, weil der genehmigte „Innenausbau" ohne Änderung der für die Lage und die Bemessung der Abstandsflächen relevanten Gebäudeteile entgegen der vom Verwaltungsgericht bestätigten Annahme des Landratsamts wohl keine Veranlassung gab, die abstandsflächenrechtliche Zulässigkeit des Gebäudes neu zu prüfen. Es spricht viel dafür, dass die mit dem Umbau verbundene Nutzungsänderung von einer gewerblichen Nutzung zu einer Wohnnutzung nur bauplanungsrechtlich, nicht auch abstandsflächenrechtlich von Bedeutung ist (vgl. ThürOVG v. 25. 6. 1999, ZfBR 1999, 359; OVG MV v. 27. 8. 1998, BauR 1999, 624; VGH BW v. 10. 9. 1998, BauR 1999, 1282; Jeromin, BauR 2000, 510; Hauth, BayVBl. 2000, 545, 548). Die mit der Baugenehmigung zugelassene Abweichung (Art. 70 Abs. 1 BayBO), durch die die Abstandsfläche vor der südlichen Außenwand auf das Maß des auf dem Baugrundstück vorhandenen Grenzabstands verkürzt wurde, dürfte somit „ins Leere gehen".

Jedenfalls wäre der Kläger durch die Abweichung nicht in seinen Rechten verletzt. Abstandsflächen sind „vor" den Außenwänden von Gebäuden einzuhalten (Art. 6 Abs. 1 Satz 1 Halbs. 2 BayBO). Somit fällt die auf der Südseite des Gebäudes der Beigeladenen zu 1 vor dem freistehenden Teil der Wand anfallende Abstandsfläche zwar auch auf die kleine, zwischen dem Baugrundstück und der Martinstraße liegende Teilfläche des Grundstücks. Denn der vor der Außenwand liegende unbebaute Teil des Baugrundstücks ist nicht groß genug, um die Abstandsfläche auf diesem Grundstück einzuhalten (Art. 6 Abs. 2 Satz 1 BayBO). Das gilt unabhängig davon, ob die Tiefe der Abstandsfläche gemäß Art. 6 Abs. 4 Satz 1 i. V. m. Abs. 3 Satz 2 BayBO 8,81 m beträgt oder, wovon das Landratsamt ausgegangen ist, in Anwendung des sog. 16 m-Privilegs (Art. 6 Abs. 5 Satz 1 Halbs. 1 BayBO) die Hälfte dieses Maßes. Die von der Abstandsfläche betroffene Fläche des Grundstücks ist aber Teil des Gemeinschaftseigentums. Das Sondereigentum des Klägers wird nicht berührt.

2. Unabhängig davon hat der Zulassungsantrag auch deshalb keinen Erfolg, weil der Zulassungsgrund der grundsätzlichen Bedeutung nicht ausreichend dargelegt ist und weil die Zulassungsgründe der ernstlichen Zweifel an der Richtigkeit des angefochtenen Urteils und der besonderen tatsächlichen oder rechtlichen Schwierigkeiten nicht vorliegen. ...

4. Der Kläger trägt die Kosten des Verfahrens, weil sein Zulassungsantrag keinen Erfolg hat (§ 154 Abs. 2 VwGO). Es entspricht der Billigkeit, dass die Beigeladenen ihre außergerichtlichen Kosten selbst tragen (§ 162 Abs. 3 VwGO). Die Beigeladene zu 1 hat zwar einen erfolgreichen Gegenantrag gestellt. Es wäre aber nicht billig, ihre außergerichtlichen Kosten gemäß § 162 Abs. 3 Alt. 1 VwGO dem unterlegenen Kläger aufzuerlegen, denn sie ist mit dem Antrag kein Kostenrisiko nach § 154 Abs. 3 VwGO eingegangen. Bei einem erfolgreichen Zulassungsantrag wären nämlich keine Kosten angefallen, weil die Kosten in diesem Fall Teil der Kosten des Berufungsverfahrens sind. Deshalb bleibt es im Zulassungsverfahren auch bei einer erfolgreichen Antragstellung in aller Regel bei dem kostenrechtlichen Grundsatz, dass ein Beigeladener seine Kosten selbst trägt (BayVGH v. 11. 10. 2001, DVBl. 2002, 345; v. 11. 4. 2002 – 1 ZS 01.3179 –). Dass die Beigeladene zu 2 ihre außergerichtlichen Kosten selbst trägt, erscheint billig, weil ihr im Zulassungsverfahren keine nennenswerten Kosten entstanden sind. Die Beiladung der Gemeinde ist zwar zu Unrecht erfolgt. Rechtliche Interessen (§ 65 Abs. 1 VwGO) einer Gemeinde werden nämlich nicht berührt, wenn ein Dritter eine im Einvernehmen mit der Gemeinde erteilte Baugenehmigung anficht (BayVGH v. 18. 2. 1997, NVwZ-RR 1998, 389; Kopp/Schenke, VwGO, 14. Aufl., § 65 Rdnr. 12). Die außergerichtlichen Kosten eines zu Unrecht Beigeladenen gemäß § 162 Abs. 3 Alt. 2 VwGO der Staatskasse aufzuerlegen, ist aber nur dann gerechtfertigt, wenn dem Beigeladenen durch eine verständliche Reaktion auf die Beiladung, etwa durch die Einschaltung eines Rechtsanwalts, die er für erforderlich halten durfte, größere Aufwendungen entstanden sind.

Durch die Beiladung der Gemeinde (Beigeladene zu 2) im Klageverfahren und im Zulassungsverfahren angefallene Auslagen des Gerichts, die an sich zu den vom Kläger zu tragenden Kosten des Verfahrens gehören (§ 162 Abs. 1 VwGO), werden nicht erhoben. Da die Beiladung zu Unrecht erfolgt ist, sind diese Auslagen durch eine unrichtige Sachbehandlung des Verwaltungsgerichts entstanden (§ 21 Abs. 1 Satz 1 GKG).

Nr. 182

Die Klage gegen einen luftrechtlichen Planfeststellungsbeschluß hat nach § 10 Abs. 6 Satz 1 LuftVG keine aufschiebende Wirkung, auch wenn sie sich gegen eine wasserrechtliche Erlaubnis richtet, die nach § 14 Abs. 1 WHG im Rahmen der Planfeststellung einen eigenständigen Entscheidungsbestandteil darstellt.

Schließt der Gesetzgeber auf der Grundlage des § 80 Abs. 2 Satz 1 Nr. 1 VwGO die aufschiebende Wirkung der Klage aus, so schlägt das Vollzugsinteresse im Verfahren des vorläufigen Rechtsschutzes bei offenem Prozeßausgang in der dann gebotenen Interessenabwägung mit erheblichem Gewicht zu Buche. Das bedeutet aber nicht, daß sich dieses Interesse gegenüber dem Aufschubinteresse regelhaft durchsetzt.

VwGO § 80 Abs. 2 Satz 1 Nr. 3 und Abs. 5 Satz 1; LuftVG § 10 Abs. 6 Satz 1.

Bundesverwaltungsgericht, Beschluß vom 14. April 2005 – 4 VR 1005.04 –.

I. Die Antragsteller wenden sich gegen den Planfeststellungsbeschluß des Antragsgegners vom 13. 8. 2004 zum Ausbau des Verkehrsflughafens Berlin-Schönefeld.

Die Antragsteller zu 1 bis 5 sind Eigentümer von Grundstücken, die für das Planvorhaben (Flughafengelände, Verlegung von Wegen und Leitungen, naturschutzrechtliche Kompensationsmaßnahmen) vollständig oder teilweise in Anspruch genommen werden sollen. Die Antragsteller zu 6 und 7 sind in der Nachbarschaft des Flughafenareals Eigentümer eines Wohngrundstücks sowie Pächter von Flächen, die sie gewerblich nutzen (Pferdehof). Der Antragsteller zu 8 hat – ebenfalls außerhalb des überplanten Bereichs – ein Nutzungsrecht an einem Grundstück, das er für Wohnzwecke und gewerblich (Fäkalienabfuhr und Transporte) nutzt.

Die Antragsteller sehen sich durch das Planvorhaben in ihren Rechten als Eigentümer bzw. als Inhaber von Gewerbebetrieben verletzt.

Sie haben gegen den Planfeststellungsbeschluß Klage erhoben und die Gewährung vorläufigen Rechtsschutzes beantragt.

Aus den Gründen:

II. Der Antrag auf Gewährung vorläufigen Rechtsschutzes ist zulässig.

Das Bundesverwaltungsgericht ist als Gericht der Hauptsache i. S. des § 80 Abs. 5 Satz 1 VwGO zuständig für die Entscheidung über die Anordnung der aufschiebenden Wirkung der gegen den Planfeststellungsbeschluß vom August 2004 gerichteten Klage der Antragsteller. Dies ergibt sich aus § 5 Abs. 1 VerkPBG. Danach entscheidet das Bundesverwaltungsgericht im ersten und letzten Rechtszug über sämtliche Streitigkeiten, die Planfeststellungsverfahren und Plangenehmigungsverfahren für Vorhaben nach § 1 des Gesetzes betreffen. Hierzu gehört nach Abs. 1 Satz 1 Nr. 3 dieser Vorschrift nicht zuletzt die Planung des Baus und der Änderung von Verkehrsflughäfen im Land Brandenburg. Die Zuständigkeitsregelung des § 5 Abs. 1 VerkPBG erstreckt sich auch auf die unter dem 13. 8. 2004 erteilte wasserrechtliche Erlaubnis für die mit dem Planvorhaben verbundene Gewässerbenutzung. Diese Erlaubnis stellt freilich nach § 14 Abs. 1 WHG einen eigenständigen Entscheidungsbestandteil dar, der von der Ersetzungswirkung des § 9 Abs. 1 Satz 1 LuftVG nicht erfaßt wird. Gleichwohl betrifft der Rechtsstreit auch insoweit ein „Planfeststellungsverfahren" i. S. des § 5 Abs. 1 VerkPBG. Denn diese vom Beschleunigungszweck geprägte Bestimmung erfaßt alle Rechtsstreitigkeiten um Maßnahmen, die der Durchführung eines der in § 1 VerkPBG aufgeführten Vorhaben dienen (vgl. BVerwG, Beschluß v. 6. 8. 2001 – 4 VR 23.01 –, Buchholz 407.3 § 5 VerkPBG Nr. 14 m. w. N.).

Die gegen den Beschluß vom August 2004 gerichtete Klage hat, auch soweit die wasserrechtliche Erlaubnis ihr Angriffsziel ist, keine aufschiebende Wirkung. Dies folgt aus dem mit § 10 Abs. 6 Satz 1 LuftVG verfolgten Regelungszweck. In dieser Bestimmung ist zwar ausdrücklich nur vom Planfeststellungsbeschluß die Rede. Aus der Begründung des Entwurfs des 11. Gesetzes zur Änderung des Luftverkehrsgesetzes ist jedoch zu ersehen, daß der Gesetzgeber den Ausschluß der aufschiebenden Wirkung über den Anwendungsbereich des Planungsvereinfachungsgesetzes vom 17. 12. 1993 hinaus in Anschluß an § 5 Abs. 2 Satz 1 VerkPBG als Mittel „zur Beschleunigung der Realisierung planfestgestellter Vorhaben" hat verstanden wissen wollen. Mit dieser Änderung sollte „für die Behörde die bisherige Notwendigkeit der Anordnung der sofortigen Vollziehung durch besonderen Bescheid" entfallen (vgl. BT-Drucks. 13/9513, S. 27). Dieser eindeutig zum Ausdruck gebrachten Beschleunigungsabsicht ist auch bei einem Planvorhaben Rechnung zu tragen, das zu seiner Verwirklichung, da mit ihm i. S. des § 14 Abs. 1 WHG die Benutzung eines Gewässers verbunden ist, zusätzlich einer wasserrechtlichen Erlaubnis bedarf.

Der Antrag ist zum ganz überwiegenden Teil begründet. Die aufschiebende Wirkung der Klage ist in dem aus dem Tenor ersichtlichen Umfang anzuordnen. Insoweit überwiegt das Interesse der Antragsteller, bis zum Abschluß des Hauptsacheverfahrens vor Vollzugsmaßnahmen verschont zu bleiben, das Interesse des Antragsgegners und der Beigeladenen an der sofortigen Vollziehung des angefochtenen Planfeststellungsbeschlusses (von der aufschiebenden Wirkung ausgenommen sind folgende Maßnahmen: „Vorabmaßnahmen", „Beräumung und Baufeldfreimachung" und „Vorflut und Grundwasserhaltung". Insoweit wird der Antrag auf Gewährung vorläufigen Rechtsschutzes abgelehnt).

Diese Interessenbewertung besagt nichts über die Prozeßaussichten, an denen sich die Entscheidung über die Gewährung vorläufigen Rechtsschutzes mit Rücksicht auf ihre Funktion, den Rechtsschutz in der Hauptsache zu sichern, an sich vorrangig auszurichten hat. Im derzeitigen Verfahrensstadium läßt sich nicht vorhersagen, ob die Antragsteller mit ihrer Anfechtungsklage Erfolg haben werden. Nach dem jetzigen Erkenntnisstand verbietet es sich, über den Prozeßausgang auch nur ein Wahrscheinlichkeitsurteil zu fällen. Im Hauptsacheverfahren ist eine Vielzahl zum Teil schwieriger Tatsachen- und Rechtsfragen zu klären, die sich nicht im Rahmen des Verfahrens nach § 80 Abs. 5 Satz 1 VwGO im Wege einer summarischen Prüfung in der einen oder anderen Richtung aufhellen lassen. Die Palette reicht von spezifisch planungsrechtlichen Fragestellungen unter Einschluß insbesondere der Standort- und der Immissionsschutzproblematik über raumordnungsrechtliche Vorgaben bis hin zu Problemen des Natur-, des Wasser- und des Bodenschutzrechts, die einer dem Hauptsacheverfahren vorbehaltenen eingehenden Untersuchung bedürfen. Unter Berücksichtigung der tatsächlichen und rechtlichen Gegebenheiten ist der Prozeßausgang als offen einzustufen.

In dieser Situation sind die widerstreitenden Interessen unabhängig vom voraussichtlichen Ergebnis des Hauptsacheverfahrens gegeneinander abzuwägen. Dabei kann nicht außer Acht gelassen werden, daß der Gesetzgeber ausweislich der in § 10 Abs. 6 Satz 1 LuftVG getroffenen Regelung dem Vollzugsinteresse erhebliches Gewicht beimißt. Der dort angeordnete Ausschluß der aufschiebenden Wirkung der Anfechtungsklage hat nicht lediglich zur Folge, daß die Behörde von der ihr sonst nach § 80 Abs. 2 Satz 1 Nr. 4 VwGO obliegenden Pflicht entbunden wird, das öffentliche Interesse an der sofortigen Vollziehung des Planfeststellungsbeschlusses anhand der konkreten Planungssituation besonders zu begründen (so aber BVerwG, Beschlüsse v. 21. 7. 1994 – 4 VR 1.94 –, BVerwGE 96, 239, und v. 17. 9. 2001 – 4 VR 19.01 –, DVBl. 2001, 1861). Er trägt vielmehr auch dem öffentlichen Interesse Rechnung, schon auf gesetzgeberischer Ebene zur beschleunigten Umsetzung luftrechtlicher Planungsentscheidungen beizutragen.

Trotz dieser Wertung erübrigt sich aber nicht die Interessenabwägung, die im Rahmen des § 80 Abs. 5 Satz 1 VwGO bei offenem Prozeßausgang vorzunehmen ist. Macht der Gesetzgeber nach § 80 Abs. 2 Satz 1 Nr. 3 VwGO von der Möglichkeit Gebrauch, die aufschiebende Wirkung auszuschließen, so verschiebt sich nach Maßgabe des jeweiligen Regelungszusammenhanges in mehr oder minder starkem Maße die Darlegungslast des Antragstellers, der vorläufigen Rechtsschutz begehrt. Ordnet das Gesetz beispielsweise an, daß die aufschiebende Wirkung des Widerspruchs und der Anfechtungsklage gegen die Verfügung entfällt, durch die dem Adressaten untersagt wird, schadensträchtige Geschäfte ohne die hierfür erforderliche Erlaubnis zu betreiben, so läßt sich aus dem Normzweck ohne weiteres ableiten, daß das Vollziehungsinteresse Vorrang beansprucht und das private Interesse, die unerlaubte Tätigkeit bis zum Abschluß des Hauptsacheverfahrens fortzusetzen, im Regelfall zurückzustehen hat (so BVerfG, Kammerbeschluß v. 10. 10. 2003 – 1 BvR 2025/03 –, NVwZ 2004, 93). Um in einem solchen Fall von der gesetzgeberischen Grundentscheidung abzuweichen, bedarf es der Darlegung besonderer individueller Umstände. Nicht jeder gesetzliche Ausschluß der aufschiebenden Wirkung läßt indes auf ein vergleichbar eindeutiges Regel-Ausnahme-Muster schließen. Läßt der Gesetzgeber den Suspensiveffekt entfallen, so nimmt er die Entscheidung über die Risikoverteilung nicht stets in der Weise vorweg, daß sich das Vollzugsinteresse gegenüber dem Aufschubinteresse regelhaft durchsetzt. Der individuelle Rechtsschutz, dem auch das vorläufige Rechtsschutzverfahren zu dienen bestimmt ist, darf nicht an abstrakten Vorrangregeln scheitern. Insbesondere im Bereich des Verkehrswegeplanungsrechts, in dem für bestimmte näher bezeichnete Vorhaben ein vordringlicher Bedarf besteht, der es nach der Einschätzung des Gesetzgebers rechtfertigt, das in § 80 Abs. 1 und 2 VwGO angelegte Regel-Ausnahme-Verhältnis der aufschiebenden Wirkung zum Sofortvollzug umzukehren, ist davon auszugehen, daß die nach § 80 Abs. 5 Satz 1 VwGO gebotene Abwägung zwar gesetzlich vorstrukturiert, aber nicht präjudiziert ist. Trotz des gesetzlichen Ausschlusses der aufschiebenden Wirkung muß bei der Interessenabwägung der Einzelfallbezug gewahrt bleiben. Der Rechtsschutzanspruch schlägt dabei umso stärker zu Buche und darf umso weniger zurückstehen, je schwerer die dem Einzelnen auferlegte Belastung wiegt und je mehr die Maßnahmen der Verwaltung unabänderliches bewirken (BVerfG, Beschlüsse v. 18. 7. 1973 – 1 BvR 23, 155/73 –, BVerfGE 35, 382, 402, und v. 21. 3. 1985 – 2 BvR 1642/83 –, BVerfGE 69, 220, 228).

Nach diesen Grundsätzen ist den Antragstellern in dem aus dem Tenor ersichtlichen Umfang vorläufiger Rechtsschutz zu gewähren. Die Verwirklichung des mit der Klage angegriffenen Planvorhabens ist mit baulichen und sonstigen Eingriffen verbunden, die geeignet sind, das Gesicht des davon betroffenen Raumes weit über den vorhandenen Flughafen hinaus nachhaltig zu verändern. Dahinstehen kann, wie weit die Antragsteller durch die Vielzahl von Maßnahmen, die bereits vor Abschluß des Hauptsacheverfahrens beabsichtigt sind, in ihrer persönlichen Sphäre Nachteile erleiden würden, die sich nicht wieder gutmachen ließen. Soweit die Antragsteller mit enteignungsrechtlicher Vorwirkung betroffen sind, sind sie nicht darauf beschränkt, gegen die Planung persönliche Belange zur Geltung zu bringen. Sie sind vielmehr berechtigt, die Gemeinwohlverträglichkeit des Planvorhabens in Frage zu stellen und in diesem Zusammenhang gegen die öffentlichen Belange, die von Seiten der Beigeladenen für das Flughafenprojekt aufgelistet werden, öffentliche Belange ins Feld zu führen, die gegen die Planung streiten. Gerade unter diesem Blickwinkel erheben sie zulässigerweise zahlreiche Rügen, die es nicht von vornherein ausgeschlossen erscheinen lassen, daß der Planungsentscheidung vom August 2004 Mängel anhaften.

Soweit die Antragsteller sich als nur mittelbar Betroffene insbesondere gegen die zukünftigen Lärmeinwirkungen zur Wehr setzen, gilt für sie im Ergebnis nichts Abweichendes. Zwar besteht im Falle unzulänglicher Immissionsvorsorge grundsätzlich nur ein Anspruch auf Planergänzung, der ggf. im Wege einer Verpflichtungsklage durchzusetzen ist und es in aller Regel ausschließt, vorläufigen Rechtsschutz auf der Grundlage des § 80 Abs. 5 Satz 1 VwGO zu gewähren. Jedoch kommt auch bei bloßen Lärmbelästigungen oder sonstiger mittelbarer Betroffenheit eine (teilweise) Planaufhebung in Betracht, wenn das zum Schutz der Nachbarschaft entwickelte Konzept des Planungsträgers Defizite aufweist, die so schwer wiegen, daß die Ausgewogenheit der Planung insgesamt in Frage gestellt erscheint (vgl. BVerwG, Urteile v. 7. 7. 1978 – 4 C 79.76 u. a. –, BVerwGE 56, 110, v. 20. 10. 1989 – 4 C 12.87 –, BVerwGE 84, 31, und v. 18. 4. 1996 – 11 A 86.95 –, BVerwGE 101, 73; Beschluß v. 12. 11. 1992 – 7 ER 300.92 –, Buchholz 442.08 § 36 BBahnG Nr. 22). Die Rügen der Antragsteller weisen in diese Richtung. Ob sie durchgreifen, läßt sich beim derzeitigen Verfahrensstand nicht abschließend beurteilen.

Würde es den Beigeladenen in dieser Situation der Ungewißheit gestattet, unter Ausnutzung der gesetzlichen Sofortvollzugsanordnung von dem Planfeststellungsbeschluß unbeschränkt Gebrauch zu machen, so würden hierdurch vollendete Tatsachen geschaffen, die zur Folge haben könnten, daß nicht bloß etwaige private Rechtspositionen, sondern auch gewichtige Gemeinwohlbelange beeinträchtigt werden und immissionsschutzrechtliche Vorkehrungen, die nicht bloß zum Schutz privater Rechtspositionen geboten sind, sondern auch im öffentlichen Interesse zu berücksichtigen sind, nicht mit dem Gewicht zum Tragen kommen, das ihnen gebührt.

Die Nachteile, die den Beigeladenen durch die Anordnung der aufschiebenden Wirkung entstehen, erscheinen weniger gravierend als die Schäden, die im Falle der Versagung vorläufigen Rechtsschutzes drohen könnten. Sie erschöpfen sich darin, daß bestimmte Maßnahmen zurückgestellt werden müssen, bis im Hauptsacheverfahren geklärt ist, ob der angefochtene Planfeststellungsbeschluß den rechtlichen Anforderungen genügt. Etwaige Verzögerungen, die hierdurch eintreten, halten sich aller Voraussicht nach in überschaubaren Grenzen. Denn der Senat wird sich bemühen, das Hauptsacheverfahren bis Mitte 2006 abzuschließen. Auf der anderen Seite werden auch den Antragstellern keine unzumutbaren Opfer abverlangt. Es deutet nichts darauf hin, daß sich allein schon durch die Maßnahmen, die von der Anordnung der aufschiebenden Wirkung ausgenommen sind, die Verhältnisse im Planbereich bis zur Entscheidung in der Hauptsache in irreparabler Weise zu ihren Lasten verfestigen könnten.

Nr. 183

Der Antrag eines Nachbarn auf Anordnung der aufschiebenden Wirkung seines Widerspruchs gegen eine Baugenehmigung, der mit der verschattenden Wirkung des genehmigten Gebäudes begründet wird, ist wegen fehlenden Rechtsschutzbedürfnisses unzulässig, wenn das Gebäude bereits weitgehend errichtet ist.

VwGO §§ 80 Abs. 5, 80 a Abs. 3.

VGH Baden-Württemberg, Beschluß vom 12. Januar 2005 – 8 S 2720/04 – (rechtskräftig).

(VG Stuttgart)

Aus den Gründen:

Dem Antragsteller fehlt in Ansehung der hergestellten Gebäudeteile das auf jeder Stufe des Verfahrens erforderliche Rechtsschutzbedürfnis. Dieses ist u. a. dann (ausnahmsweise) nicht gegeben, wenn der Rechtsuchende mit seinem Begehren eine Verbesserung seiner Rechtsstellung nicht erreichen kann (BVerwG, Beschluß v. 11. 3. 1992 – 5 B 32.92 –, Buchholz 310 § 40 VwGO Nr. 254 m. w. N.), d. h. wenn eine Inanspruchnahme des Gerichts sich als für seine subjektive Rechtsstellung nutzlos darstellt (BVerwG, Beschluß v.

28.8.1987 – 4 N 3.86 –, BVerwGE 78, 85, 91 = BRS 47 Nr. 185 = BauR 1987, 661). So liegt es insoweit hier: Dem vom Antragsteller vorgelegten Lichtbild, das nach seinen eigenen Angaben den Baufortschritt nach dem Stand Mitte September 2004 wiedergibt, war der streitige Anbau schon damals, also noch vor der angefochtenen Entscheidung des Verwaltungsgerichts, bereits bis zur Oberkante der Erdgeschoßwände gediehen. Den von der Antragsgegnerin praktisch zeitgleich mit der Beschwerdebegründung dem Senat überlassenen Aufnahmen läßt sich des weiteren entnehmen, daß der Rohbau einschließlich der Dacheindeckungen zum damaligen Zeitpunkt abgeschlossen war. Damit können die von diesen Baulichkeiten hervorgerufenen negativen Auswirkungen insbesondere auf die über seiner Garage angebrachte Terrasse, die der Antragsteller mit seinem Antrag abwehren will, durch eine Anordnung der aufschiebenden Wirkung seines am 11.6.2004 eingelegten Widerspruchs gegen die dem Beigeladenen unter dem 18.5.2004 erteilte Baugenehmigung nicht mehr verhindert werden. Soweit sich der Antragsteller gegen die vom Baukörper des Anbaus als solchem (und nicht erst von seiner bestimmungsgemäßen Nutzung) ausgehenden Beeinträchtigungen wendet, ist sein Begehren auf Erlangung vorläufigen gerichtlichen Rechtsschutzes mangels fortbestehenden Rechtsschutzbedürfnisses unzulässig geworden (VGH Baden-Württemberg, Beschluß v. 15.2.1990 – 3 S 2/90 –; Beschluß v. 3.2.1989 – 3 S 99/89 –; Beschluß v. 11.11.1986 – 8 S 2528/86 – (alle in juris); vgl. auch: OVG Schleswig, Beschluß v. 22.9.1994 – 1 M 16/94 –, NVwZ-RR 1995, 252, 253).

Nr. 184

Das prozessuale Instrument der Beiladung bietet einem Antragsteller keine Handhabe dafür, sich die Stellung eines Beteiligten in einem Prozeß zu sichern, den als Hauptbeteiligter zu führen ihm nach Maßgabe der hierfür gesetzlich vorgesehenen Prozeßvoraussetzungen freigestanden hätte. Die Beiladung darf nicht als Ersatz für eine Klage herhalten, die von Rechts wegen möglich gewesen wäre.
(Nichtamtlicher Leitsatz.)

VwGO § 65.

Bundesverwaltungsgericht, Beschluß vom 17. Mai 2005 – 4 A 1005/04 –.

Aus den Gründen:
Die Voraussetzungen einer einfachen Beiladung auf der Grundlage des § 65 Abs. 1 VwGO sind nicht erfüllt. Die Antragsteller tragen selbst vor, Eigentümer von Grundstücken „im planfestgestellten Flughafenareal" zu sein bzw. „innerhalb des planfestgestellten Flughafengeländes jeweils einen Gewerbehof" zu betreiben. Sie gehören zum Kreis derjenigen, die bis zwei Wochen nach Ablauf der Frist für die Auslegung der Planunterlagen gegen den Plan zum Ausbau des Flughafens Schönefeld hätten Einwendungen erheben können. Denn nach ihrem Vorbringen steht außer Zweifel, daß ihre Belange durch das

Vorhaben berührt werden (vgl. §10 Abs. 2 LuftVG i.V. m. §73 Abs. 4 VwVfG). Von der Möglichkeit, sich mit Einwendungen am Anhörungsverfahren zu beteiligen, haben sie indes keinen Gebrauch gemacht. Sie haben es auch unterlassen, Klage zu erheben, obwohl sie nach ihrer eigenen Darstellung „von den eigentumsbeschränkenden Wirkungen des Planfeststellungsbeschlusses besonders hart betroffen" werden. Die vom Antragsgegner getroffene Planungsentscheidung ist ihnen gegenüber bestandskräftig geworden. Was sie daran gehindert haben könnte, sich mit den rechtlichen Mitteln, die ihnen zu Gebote standen, gegen das Planvorhaben zur Wehr zu setzen, ist weder vorgetragen noch sonst aus den Umständen ersichtlich. Das prozessuale Instrument der Beiladung bietet einem Antragsteller keine Handhabe dafür, sich die Stellung eines Beteiligten in einem Prozeß zu sichern, den als Hauptbeteiligter zu führen ihm nach Maßgabe der hierfür gesetzlich vorgesehenen Prozeßvoraussetzungen freigestanden hätte. Ein durch einen Planfeststellungsbeschluß Betroffener hat nicht die Wahl, ob er die für ihn nachteilige Entscheidung im Klagewege anficht oder im Klageverfahren eines Dritten, der im Gegensatz zu ihm selbst den prozessualen Anforderungen genügt hat, seine Beiladung betreibt. Die Beiladung darf nicht als Ersatz für eine Klage herhalten, die von Rechts wegen möglich gewesen wäre, als – fristgebundenes – Rechtsschutzmittel aber, aus welchen Gründen auch immer, nicht genutzt worden ist.

Nr. 185

1. **Verpflichtet sich der Bauherr in einem gerichtlichen Vergleich, der zur Beilegung eines Nachbarrechtsstreits gegen die ihm erteilte Baugenehmigung zur Errichtung einer Lkw-Halle im Rahmen eines Speditionsunternehmens geschlossen worden ist, auf dem Betriebsgrundstück Lkw-Fahrten nachts zu unterlassen, so trifft diese Verpflichtung auch einen Rechtsnachfolger, der im Zuge der Übernahme/Weiterführung der Spedition Eigentümer des Betriebsgrundstücks geworden ist. Eine solche vertragliche Verpflichtung hat ebenso wie die zugrunde liegende Baugenehmigung vorhabenbezogenen Charakter.**

2. **Zur Haftung für eine solche vertragliche Verpflichtung nach handelsrechtlichen Grundsätzen, wenn der ursprünglich von einem Einzelkaufmann (Bauherr) geführte Speditionsbetrieb von einer unter seiner Beteiligung gebildeten Kommanditgesellschaft weitergeführt wird.**

3. **Ein gerichtlicher Vergleich i.S. des §106 VwGO kann auch dann vorliegen, wenn sich der Kläger in einem vor Gericht zur Niederschrift geschlossenen, vorgelesenen und genehmigten Vergleich zur Rücknahme des eingelegten Rechtsmittels verpflichtet und diese anschließend im Termin vereinbarungsgemäß erklärt.**

4. **Zur Anpassung der in einem gerichtlichen Vergleich übernommenen Verpflichtung wegen veränderter Verhältnisse steht den Beteiligten die Abänderungsklage nach §173 VwGO i.V.m. §323 ZPO zur Verfügung.**

5. Die auf § 60 Abs. 1 Satz 1 LVwVfG gestützte Klage ist auf Verurteilung zur Abgabe einer Zustimmungserklärung zu der begehrten Vertragsanpassung zu richten.

6. Voraussetzung einer solchen Klage ist das Scheitern von Anpassungsverhandlungen.

7. Zum Anspruch auf Vertragsanpassung nach § 60 Abs. 1 Satz 1 LVwVfG zwecks Gestattung – bisher unzulässiger – nächtlicher Fahrten auf einem (Speditions-)Betriebsgrundstück, wenn sich die der vertraglichen Regelung (Unterlassungsverpflichtung) zugrunde liegenden tatsächlichen/baulichen Verhältnisse mit Blick auf den Lärmschutz für das Nachbargrundstück wesentlich geändert haben.

VwGO §§ 105, 106, 168 Abs. 1 Nr. 3, 173; ZPO § 323; LVwVfG § 60 Abs. 1 Satz 1; LBO § 58 Abs. 1, Abs. 2; HGB § 28 Abs. 1, Abs. 2.

VGH Baden-Württemberg, Urteil vom 26. Januar 2005 – 5 S 1662/03 – (rechtskräftig).

(VG Freiburg)

Die Klägerin betreibt auf dem Grundstück Flst.Nr. 1737 ein Speditionsunternehmen, das der mittlerweile verstorbene Herr H. als Einzelkaufmann in den sechziger Jahren gegründet und in der Folgezeit zunächst allein geführt hatte. Nördlich des Grundstücks verläuft in Ost-West-Richtung die B 315, von der – zunächst parallel hierzu – ein Gemeindeweg abzweigt, über den das Grundstück erschlossen wird. Westlich des Wegs grenzt das im Eigentum des Beklagten stehende Grundstück Flst.Nr. 1735/1 an, das in ca. 20 m Entfernung von der Grundstücksgrenze mit einem Wohnhaus bebaut ist. In dem Bebauungsplan „R." aus dem Jahre 1985 ist das Betriebsgrundstück der Klägerin als eingeschränktes Gewerbegebiet ausgewiesen; das Grundstück des Beklagten liegt außerhalb des Plangebiets im Außenbereich.

Aus der Firma des Einzelkaufmanns H. entstand 1993 die H. Kommanditgesellschaft, nachdem Frau S., Tochter von Herrn H., als Kommanditistin in das Handelsgeschäft eingetreten war. Im Handelsregister findet sich hierzu der Eintrag: Die Kommanditistin G. S. haftet nicht für die vor ihrem Eintritt in den Betrieb des Handelsgeschäfts entstandenen Verbindlichkeiten.

1993 trat die H. Beteiligungs-GmbH als persönlich haftende Gesellschafterin (Komplementärin) in die Kommanditgesellschaft ein. Herr H. wurde Kommanditist. 1998 schied Herr H. als Kommanditist aus der Gesellschaft aus; im Wege der Sonderrechtsnachfolge erhöhte sich die Einlage der Kommanditistin S. Geschäftsführer der Beteiligungs-GmbH waren zunächst Herr H. sowie seine Tochter, Frau S., die seit dem Tode von Herrn H. im August 2000 alleinige Geschäftsführerin der Klägerin ist.

Seit 1993 ist die „Firma Spedition H. KG" als Eigentümerin des Betriebsgrundstücks Flst.Nr. 1737 im Grundbuch eingetragen.

1975 erteilte das Landratsamt Herrn H. antragsgemäß die Baugenehmigung für den Neubau einer Lkw-Abstellhalle; beigefügt war eine Auflage zur „Einhaltung der Nachtruhe von 22.00 bis 6.00 Uhr". Die hiergegen erhobene Nachbarklage des Beklagten wies das Verwaltungsgericht 1976 ab. Im Berufungsverfahren vor dem erkennenden Senat schlossen Einzelkaufmann H. (damals Beigeladener), der Beklagte (damals Kläger) und das Land Baden-Württemberg (damals Beklagter) im Verhandlungstermin vom 26. 5. 1977 zur Niederschrift des Gerichts folgenden Vergleich:

§ 1

Der Beigeladene H. verpflichtet sich, zwischen 22.00 und 6.00 Uhr nicht mit Lastkraftwagen auf dem Grundstück Lgb.Nr. 1737 zu fahren und während dieser Zeit keine Lastkraftwagenmotoren laufen zu lassen.

§ 2

Der Beigeladene H. verpflichtet sich ferner, mit Lastkraftwagen die westliche Grenze seines Grundstücks Lgb.Nr. 1737 im gegenwärtigen Bestand nicht zu überfahren.

§ 3

Der Kläger verpflichtet sich, die Berufung zurückzunehmen.

v. u. g.

Demgemäß nahm der Beklagte im Termin die Berufung – mit Zustimmung der Beteiligten – zurück.

In der Folgezeit wurde die genehmigte Abstellhalle errichtet, wobei sich der Lkw-Bestand damals auf ca. 8 Fahrzeuge belief. Mittlerweile verfügt die Klägerin über ca. 40 Fahrzeuge.

1979 wurde die Erweiterung der Lkw-Halle um ein Büro, ein Lager und ein Reifenlager, 1984 die Erweiterung der Lkw-Halle selbst in Richtung Westen genehmigt. 1986 erhielt Herr H. antragsgemäß die Baugenehmigung zur Errichtung einer Schallschutzwand an der westlichen Grenze des Betriebsgrundstücks Flst.Nr. 1737 südlich anschließend an die westliche Abschlußwand der Lkw-Halle. 1996 genehmigte das Landratsamt der Klägerin neben mehreren Pkw-Stellplätzen insgesamt 27 Lkw-Stellplätze. In den Auflagen hieß es u. a.: Es wird darauf hingewiesen, daß in der Zeit zwischen 22.00 Uhr und 6.00 Uhr lediglich eine Lkw-Anfahrt von der B 315 auf das Betriebsgelände sowie eine Stationierung des Fahrzeugs auf der östlichen Betriebsgeländezone im Lkw-Stellplatzbereich zulässig ist. Das TÜV-Gutachten vom 31. 1. 1996 ist Bestandteil der Baugenehmigung.

Nachdem ein ergänzendes Gutachten 1999 zu dem Ergebnis gekommen war, daß bei Realisierung einer zusätzlichen Schallschutzmauer in Verlängerung der westlichen Stirnfassade der Lkw-Halle nach Norden in Richtung Gemeindeweg und unter Anwendung der neuen Beurteilungskriterien der TA Lärm 1998 theoretisch bis zu vier Lkw-An- und Abfahrten pro Nachtstunde zulässig wären, genehmigte das Landratsamt der Klägerin 1999 die Errichtung einer 9,50 m langen und 2,50 m bis 4,20 m hohen Schallschutzwand im nordwestlichen Grundstücksbereich (Zufahrtsbereich) anschließend an die Lkw-Halle; wegen des notwendigen Versatzes der Schallschutzwand um 3 m nach Westen war der TÜV in seiner ergänzenden gutachterlichen Äußerung 1999 zu dem Ergebnis gekommen, daß bei dieser Schallschutzvariante bei maximal drei Fahrzeugbewegungen pro Nachtstunde mit keiner Überschreitung des zulässigen Beurteilungspegels von 45 dB(A) zu rechnen sei; auch der zulässige kurzzeitige Spitzenpegel von 65 dB(A) werde dabei nicht überschritten.

Im Hinblick auf die mittlerweile errichteten Schallschutzwände, durch die in Verbindung mit der Lkw-Halle eine nahezu vollständige akustische Trennung zwischen den Grundstücken erreicht worden sei, sowie im Hinblick auf erlittene bzw. drohende erhebliche finanzielle Einbußen bat die Klägerin den Beklagten 2000, einer Abänderung des Vergleichs von 1977 mit folgendem Inhalt zuzustimmen:

1. In Abänderung des vor dem VGH Baden-Württemberg geschlossenen gerichtlichen Vergleichs vom 26. 5. 1977 wird es der Firma Spedition H. GmbH und Co. KG sowie etwaigen Rechtsnachfolgern gestattet, ihr Betriebsgrundstück auch in den Nachtstunden zu befahren.

2. Die Möglichkeit des Befahrens des Betriebsgrundstücks in der Zeit von 22.00 Uhr bis 6.00 Uhr wird auf maximal drei Fahrzeugbewegungen pro Stunde (An- oder Abfahrt) beschränkt.

3. Bei Abfahrvorgängen finden der Start und das Warmlaufenlassen der Motoren sowie das Aufbauen des Bremsdrucks ausschließlich in der Halle statt.

Während das ebenfalls um Zustimmung gebetene Landratsamt der Abänderung des Vergleichs in der beantragten Form zustimmte, verweigerte der Beklagte seine Zustimmung, da sich die Situation für ihn seit Abschluß des Vergleichs infolge der Ausweitung des Speditionsbetriebs erheblich verschlechtert habe.

2002 hat die Klägerin Klage erhoben mit dem Antrag, festzustellen, daß der vor dem VGH Baden-Württemberg abgeschlossene Prozeßvergleich von 1977 sie in §§ 1 und 2 nicht verpflichtet, hilfsweise den Prozeßvergleich dahingehend abzuändern, daß es ihr künftig gestattet ist, ihr Betriebsgrundstück Flst.Nr. 1737 auch in der Zeit zwischen 22.00 Uhr und 6.00 Uhr mit maximal zwei Fahrzeugbewegungen pro Nachtstunde (An- oder Abfahrt) zu befahren, wobei der Start und das Warmlaufen der Motoren bei Abfahrt- vorgängen innerhalb der auf diesem Grundstück vorhandenen Lkw-Halle zu erfolgen hat.

Aus den Gründen:

I. Der auf Feststellung gerichtete Hauptantrag der Klägerin, daß der vor dem VGH Baden-Württemberg abgeschlossene Vergleich von 1977 in §§ 1 und 2 sie nicht verpflichtet, hat keinen Erfolg.

1. Der Hauptantrag, dessen Verfolgung im Verwaltungsrechtsweg für den Senat nach § 17 a Abs. 5 VwGO bindend feststeht, ist als Feststellungsklage nach § 43 Abs. 1 VwGO zulässig. Diese bereits vom Verwaltungsgericht vorge- nommene prozessuale Einordnung greift der Beklagte mit der Berufung auch nicht an.

2. Dem Feststellungsbegehren kann jedoch in der Sache nicht entspro- chen werden. Die in § 1 des Vergleichs von 1977 von Einzelkaufmann H. (damals Beigeladener) übernommene Verpflichtung, zwischen 22.00 Uhr und 6.00 Uhr nicht mit Lastkraftwagen auf dem Grundstück Nr. 1737 zu fahren und während dieser Zeit keine Lastkraftwagenmotoren laufen zu lassen, bin- det auch die Klägerin. Denn dieser Unterlassungsverpflichtung kommt – ent- gegen der Auffassung des Verwaltungsgerichts – dingliche Wirkung zu; es handelt sich nicht um eine (höchst-)persönliche Verpflichtung, die Einzel- kaufmann H. als Beteiligter des Vergleichsvertrags eingegangen und die nach dessen Ableben erloschen ist. Das ergibt sich aus folgendem:

Den Vergleichsvertrag haben die Beteiligten – unter Mitwirkung des Lan- des Baden-Württemberg (damals Beklagter) – in einem verwaltungsgerichtli- chen Verfahren geschlossen, in dem sich der Beklagte (damals Kläger) gegen die dem Einzelkaufmann H. (damals Beigeladener) erteilte Baugenehmigung von 1975 zur Errichtung einer Lkw-Abstellhalle auf dem Grundstück Flst.Nr. 1737 zur Wehr gesetzt hatte. Die (angefochtene) Baugenehmigung selbst ist ein vorhabenbezogener/sachbezogener Verwaltungsakt. Das ergibt sich unmittelbar aus § 58 Abs. 1 LBO, wonach die Baugenehmigung zu ertei- len ist, wenn dem Bauvorhaben keine von der Baurechtsbehörde zu prüfen- den öffentlichrechtlichen Vorschriften entgegenstehen. Baugenehmigungs- verfahren und Baugenehmigung stellen also (regelmäßig) auf das Vorhaben und nicht auf die Person des Eigentümers des Baugrundstücks ab (vgl. BVerwG, Urteil v. 22. 1. 1971 – IV C 62.66 –, BRS 24 Nr. 193 = BauR 1971, 188 = NJW 1971, 1624 = DÖV 1971, 640). Die Baugenehmigung regelt, daß und in welcher Weise ein Grundstück baulich genutzt werden darf. Ausgehend von diesem vorhabenbezogenen Charakter der Baugenehmigung bestimmt

§58 Abs. 2 LBO (im Sinne eines allgemeinen Rechtsgedankens), daß die Baugenehmigung auch für und gegen den Rechtsnachfolger des Bauherrn gilt, also gegenüber demjenigen, der nach dem ursprünglichen Bauherrn die Bauherrenfunktion übernimmt. Die Regelung des §58 Abs. 2 LBO bedeutet, daß der Rechtsnachfolger (insbesondere) auch Nebenbestimmungen zur Baugenehmigung gegen sich gelten lassen muß, soweit sie grundstücks- bzw. vorhabenbezogen sind. Das ist etwa bei einer Auflage der Fall, welche die mit der Baugenehmigung zugelassene Nutzung des Grundstücks (zeitlich) beschränkt oder sonst modifiziert, weil nur die so gestattete Nutzung genehmigungsfähig ist (Genehmigungsinhaltsbestimmung). Wäre die umstrittene Verpflichtung aus § 1 des Vergleichs von 1977 dem Einzelkaufmann H. als damaligem Bauherrn im Wege einer Nebenbestimmung zur Baugenehmigung von 1975 auferlegt worden, so hätte die Verpflichtung vorhabenbezogenen Charakter wie die Baugenehmigung selbst und wie auch die beigefügte Auflage zur „Einhaltung der Nachtruhe von 22.00 bis 6.00 Uhr".

Der Umstand, daß das in Rede stehende absolute Nachtfahrverbot in einem (Vergleichs-)Vertrag vereinbart worden ist, rechtfertigt keine andere Beurteilung. Zur Unrecht beruft sich das Verwaltungsgericht für seine gegenteilige Auffassung auf den Beschluß des OVG Lüneburg vom 24. 5. 1994 (– 1 M 1066/94 – BRS 56 Nr. 214 = BauR 1994, 616 = NJW 1994, 3309), wonach die Verpflichtung aus einem gerichtlichen Vergleich, ein Gebäude zu beseitigen, nicht auf den Pächter übergehe, selbst wenn der Pachtvertrag erst nach dem Vergleich abgeschlossen werde; die im Wege des Vergleichs übernommene Beseitigungsverpflichtung habe mangels einer dinglichen Wirkung nicht zur Folge, daß das Grundstück und damit das Gebäude gleichsam von vornherein mit der Pflicht zur Beseitigung belastet gewesen wäre und nur mit dieser Belastung hätte verpachtet werden können; ein gerichtlicher Vergleich wirke lediglich zwischen den an dieser Vereinbarung Beteiligten; die (landesrechtliche) Vorschrift, wonach bauaufsichtliche Anordnungen auch gegenüber Rechtsnachfolgern gälten, regele allein die Bindungswirkung bauaufsichtlicher Verfügungen; sie sei wegen der Grundstücksgebundenheit solcher Anordnungen auch nicht entsprechend auf gerichtliche Vergleiche anwendbar. Dagegen ist einzuwenden, daß der Pächter eines Grundstücks nicht „Rechtsnachfolger" in eine vom Grundstückseigentümer übernommene Beseitigungsverpflichtung ist, er vielmehr (nur) ein eigenständiges privatrechtliches Nutzungsrecht Besitzrecht hat, das er allerdings einer zwangsweisen Durchsetzung der vom Grundstückseigentümer übernommenen Verpflichtung entgegenhalten kann und das deshalb mittels einer Duldungsverpflichtung ihm gegenüber zu überwinden ist.

Maßgebend ist, daß die Unterlassungsverpflichtung aus § 1 des Vergleichs von 1977 in untrennbarem Zusammenhang mit der angefochtenen Baugenehmigung von 1975 und der damit zugelassenen Nutzung des Grundstücks Flst.Nr. 1737 im Rahmen des dort betriebenen Speditionsunternehmens steht. Bestandteil dieser Baugenehmigung ist auch die beigefügte Auflage zur „Einhaltung der Nachtruhe zwischen 22.00 und 6.00 Uhr", die mit der umstrittenen vertraglichen Verpflichtung zugunsten des Beklagten (damals Kläger) gewährleistet bzw. gesichert werden sollte. Als so zu verstehende annexe Verpflichtung zur angefochtenen Baugenehmigung, die Einzelkaufmann H. als Bauherr vertraglich eingegangen ist, teilt sie den vorhabenbezogenen Charakter der Baugenehmigung selbst. Wegen der vom Bauherrn übernommenen Unterlassungsverpflichtung hat auch der Beklagte den mit der Baugenehmigung zugelassenen Speditionsbetrieb unter dem für ihn bedeutsamen Aspekt der Lärmverträglichkeit zur Nachtzeit als akzeptabel anerkannt und insoweit eine Nachbarrechtswidrigkeit der so modifizierten Baugenehmigung mit der (vereinbarten) Erklärung der Zurücknahme der Berufung nicht weiter geltend gemacht. Vor diesem Hintergrund kann der umstrittenen Unterlassungsverpflichtung aus § 1 des Vergleichsvertrags von 1977 kein nur (höchst-)persönlicher Charakter dahingehend beigemessen werde, daß sie ausschließlich Einzelkaufmann H. „in personam" treffen und damit von dessen Existenz oder auch nur von dessen persönlicher Mitwirkung (in welcher Funktion auch immer) in der später gebildeten Kommanditgesellschaft abhängig sein sollte.

Wegen des danach dinglichen Charakters konnte die umstrittene vertragliche Unterlassungsverpflichtung – wie auch die zugrunde liegende Baugenehmigung von 1975 bzw. die damit zugelassene Nutzungsberechtigung – auf die Klägerin übergehen, wenn diese Rechtsnachfolgerin von Einzelkaufmann H. (geworden) ist. Das ist der Fall. In der Regel ergibt sich die Rechtsnachfolge in die Bauherrenschaft aus der Rechtsnachfolge in die dingliche Verfügungsbefugnis über das (Bau-)Grundstück. Ursprünglich stand das Betriebsgrundstück Flst.Nr. 1737 im Eigentum von Einzelkaufmann H. Ausweislich des Handelsregisterauszugs von 2001 ist durch den Eintritt von Frau S. (Tochter) in das Handelsgeschäft von Einzelkaufmann H. 1993 die H. Kommanditgesellschaft gegründet worden, in die Einzelkaufmann H. das Betriebsgrundstück Flst.Nr. 1737 eingebracht hat. Dementsprechend ist ausweislich des von der Klägerin vorgelegten Grundbuchauszugs die „Firma Spedition H. KG" seit 1993 als Eigentümerin des Grundstücks Flst.Nr. 1737 im Grundbuch eingetragen. Mangels gegenteiligen Vorbringens der Klägerin oder sonst gegenteiliger Anhaltspunkte ist auch vom Regelfall auszugehen, daß mit dem nach §§ 161 Abs. 2, 124 HGB zulässigen Erwerb des Betriebsgrundstücks Flst.Nr. 1737 durch die neu gegründete H. Kommanditgesellschaft auch die Rechte und Pflichten aus der vorhabenbezogenen Baugenehmigung von 1975 und damit auch die umstrittene, hieran anknüpfende Unterlassungsverpflichtung aus § 1 des Vergleichsvertrags von 1977 übergegangen sind (vgl. VGH Bad.-Württ., Urteil v. 26. 11. 1980 – 3 S 2005/80 –, BRS 36 Nr. 209 = BauR 1981, 185 = VBlBW 1981, 187). Durch den Eintritt der H. Beteiligungs-GmbH im Oktober 1993 als (neue) persönlich haftende Gesellschafterin (Komplementärin) in die H. Kommanditgesellschaft, wodurch die Klägerin entstanden ist, ist keine neue/andere Kommanditgesellschaft geschaffen worden, auf die das Eigentum an dem Betriebsgrundstück Flst.Nr. 1737 (wiederum) hätte übertragen werden müssen, um die Klägerin als Rechtsnachfolgerin in die dingliche Verfügungsbefugnis über das Grundstück ansehen zu können. Durch den Beitritt der Beteiligungs-GmbH als persönlich haftende Gesellschafterin in die H. Kommanditgesellschaft hat keine Umwandlung stattgefunden (vgl. Grunewald in Münchener Kommentar zum Handelsgesetz-

buch, Bd. 2, § 161 Rdnr. 60). Es ist kein neuer, von der alten Kommanditgesellschaft zu unterscheidender Rechtsträger entstanden. Daß sie Rechtsnachfolgerin von Einzelkaufmann H. in das Betriebsgrundstück Flst.Nr. 1737
geworden ist, hat die Klägerin in der mündlichen Verhandlung auch nicht
mehr in Abrede gestellt.

Danach kann dahinstehen, ob sich eine Bindung der Klägerin an die
umstrittene Unterlassungsverpflichtung aus § 1 des Vergleichs von 1977
auch aus handelsrechtlichen Grundsätzen ergibt. Es spricht allerdings vieles
dafür, daß die Klägerin als neu gebildete Kommanditgesellschaft, die
(zunächst) durch den Eintritt von Frau S. als Kommanditistin in das Handelsgeschäft von Einzelkaufmann H. entstanden ist, nach § 28 Abs. 1 HGB für alle
im Betrieb des Geschäfts entstandenen Verbindlichkeiten des früheren
Geschäftsinhabers haftet. Daß die Voraussetzungen dieser Vorschrift, die im
Verständnis als Vertragsüberleitungsnorm einen gesetzlichen Schuldbeitritt
der neu gebildeten Gesellschaft begründet (vgl. Lieb, in: Münchener Kommentar zum Handelsgesetzbuch, Bd. 2, § 28 Rdnr. 27 und 29, sowie Baumbach/
Hopt, Handelsgesetzbuch, 31. Aufl., § 28 Rdnr. 5), erfüllt sind, bestreitet die
Klägerin nicht. Aber auch der von ihr (allein) beanspruchte Haftungsausschluß gemäß § 28 Abs. 2 HGB dürfte nicht zum Zuge kommen. Nach dieser
Vorschrift ist eine abweichende Vereinbarung einem Dritten gegenüber nur
wirksam, wenn sie in das Handelsregister eingetragen und bekannt gemacht
oder von einem Gesellschafter dem Dritten mitgeteilt worden ist. Im Handels-
register(-auszug) findet sich im Zusammenhang mit dem Eintritt von Frau S.
als Kommanditistin in das Geschäft des Einzelkaufmanns H. der Eintrag:
„Die Kommanditistin G. S. haftet nicht für die vor ihrem Eintritt in den
Betrieb des Handelsgeschäfts entstandenen Verbindlichkeiten." Dieser Haftungsausschluß der Kommanditistin S. dürfte – entgegen der Meinung der
Klägerin – nicht als Haftungsausschluß der (neu gegründeten) Kommanditgesellschaft selbst i. S. des § 28 Abs. 2 HGB ausgelegt bzw. dahin umgedeutet
werden können. Zum einen wird es durchaus für zulässig erachtet, anstelle
der Haftung der Gesellschaft sozusagen als minus nur die Haftung der Gesellschafter oder einzelner Gesellschafter auszuschließen (vgl. Lieb, a. a. O., § 28
Rdnr. 37, sowie Baumbach/Hopt, a. a. O., § 28 Rdnr. 6), unabhängig von der
Sinnhaftigkeit eines solchen Haftungsausschlusses bei einem Kommandi-
tisten. Zum anderen – und dies dürfte entscheidend sein – ist die von der Klägerin vorgenommene Interpretation des Haftungsausschlusses der Kommanditistin S. (Gesellschafterin) als Haftungsausschluß der Kommanditgesellschaft
selbst mit der Regelung des § 15 HGB über die Publizität des Handelsregisters
wohl schwerlich in Einklang zu bringen.

II. Der Hilfsantrag ist zulässig und begründet.

Da die Klage mit dem Hauptantrag erfolglos bleibt, ist in der Berufungsinstanz erstmals über den Hilfsantrag zu entscheiden.

1. Soweit die Klägerin im Berufungsverfahren ihren Hilfsantrag auf
Zustimmung des Beklagten zu einer Anpassung von § 1 des Vergleichs von
1977 über den bisher angestrebten Inhalt hinaus auf die Verpflichtung zur
Errichtung eines Zufahrtskontrollsystems erweitert hat, ist eine insoweit
anzunehmende Klageänderung (Klageerweiterung) jedenfalls deshalb zuläs-

sig, weil der Beklagte sich in der mündlichen Verhandlung vor dem Senat auf sie, ohne zu widersprechen, eingelassen hat (§ 91 Abs. 2 VwGO).

Der auf Zustimmung des Beklagten zur Abänderung von § 1 des Vergleichs gerichtete Hilfsantrag ist als Abänderungsklage nach § 173 VwGO i.V.m. § 323 ZPO zulässig.

Bei dem abzuändernden Vergleich von 1977 handelt es sich um einen gerichtlichen Vergleich i.S. von § 106 VwGO und damit um einen Vollstrekkungstitel i.S. des § 168 Abs. 1 Nr. 3 VwGO. Ein gerichtlicher Vergleich wird nach § 106 VwGO geschlossen, um den Rechtsstreit – vollständig oder zum Teil – zu erledigen. Der gerichtliche Vergleich hat eine Doppelnatur; er ist sowohl Prozeßhandlung, deren Wirksamkeit sich nach den Grundsätzen des Prozeßrechts richtet, als auch öffentlich-rechtlicher Vertrag, für den die Rechtsregeln des materiellen Rechts gelten; das bedeutet nicht, daß er in eine Prozeßhandlung und in ein Rechtsgeschäft aufzuspalten wäre, die getrennt nebeneinander stünden; vielmehr bildet der Prozeßvergleich eine Einheit, die sich darin äußert, daß zwischen dem prozessualen und dem materiellen Teil ein Abhängigkeitsverhältnis besteht; als Prozeßhandlung führt er zur Prozeßbeendigung, als materieller Vertrag zur Streitbeendigung (vgl. BVerwG, Beschluß v. 27. 10. 1993 – 4 B 175.93 –, m.w.N., NJW 1994, 2306 = DVBl. 1994, 211). So liegt es hier. Die Beteiligten wollten mit dem – unter Mitwirkung des Landes Baden-Württemberg (damals Beklagter) – vor dem Senat geschlossenen Vergleich von 1977 das anhängige Baunachbarstreitverfahren, das der Beklagte gegen die dem Rechtsvorgänger der Klägerin erteilte Baugenehmigung von 1975 zur Errichtung einer Lkw-Abstellhalle auf dem Grundstück Flst.Nr. 1737 eingeleitet hatte, beenden. Der Vergleich wurde vor dem Senat „zur Niederschrift des Gerichts" geschlossen. Er wurde vorgelesen und genehmigt. Damit waren die (Form-)Erfordernisse des § 105 VwGO i.V.m. §§ 160 Abs. 3 Nr. 1, 162 Abs. 1 ZPO erfüllt. Die prozessuale Natur (als Prozeßhandlung) kann dem Vergleich nicht deshalb abgesprochen werden, weil der Beklagte sich in § 3 zur Rücknahme der Berufung (gegen das seine Nachbarklage abweisende verwaltungsgerichtliche Urteil) verpflichtete, was er im unmittelbaren Anschluß an die Protokollierung des Vergleichs im Verhandlungstermin – unter Zustimmung der übrigen Beteiligten – auch erklärt (und was zum deklaratorischen Einstellungsbeschluß des Senats geführt) hat. Selbst wenn im Hinblick hierauf anzunehmen wäre, daß die eigentliche prozeßbeendigende Erklärung die Rücknahme der Berufung durch den Beklagten (damals Kläger) war, der die übrigen Beteiligten – wie erforderlich – zugestimmt haben, bleibt doch festzuhalten, daß die von den Beteiligten beabsichtigte Beendigung des Rechtsstreits im Verhandlungstermin von 1977 vor dem Senat „der Sache nach" (schon) durch den Vergleich herbeigeführt worden ist, während sich die unmittelbar anschließende, zu Protokoll erklärte Rücknahme der Berufung lediglich als Annex darstellt, mit dem der Beklagte die soeben in § 3 des Vergleichs eingegangene entsprechende Verpflichtung erfüllt hat. Jedenfalls in einer prozessualen Situation wie der vorliegenden erschiene es gekünstelt, den vor Gericht zur Beendigung des anhängigen (Baunachbar-)Rechtsstreits zur Niederschrift geschlossenen Vergleich nicht als gerichtlichen Vergleich, sondern als außergerichtlichen Vergleich (mit lediglich materiell-rechtlichem Gehalt) zu qualifizieren.

Die mit dem Hilfsantrag angestrebte Anpassung von § 1 des (Vergleichs-) Vertrags nach § 60 Abs. 1 Satz 1 LVwVfG – diese Regelung gilt wegen dessen Doppelnatur auch für einen Prozeßvergleich (vgl. VGH Bad.-Württ., Beschluß v. 28. 2. 1997 – 9 S 1610/96 –, NVwZ-RR 1998, 465 = VBlBW 1997, 301) – bewirkt nicht, daß die wirksam zustande gekommene Vereinbarung mit rückwirkender Kraft (ex tunc) beseitigt würde. Vielmehr wird mit ihr nur für die Zukunft eine andere (angepaßte) vertragliche Regelung angestrebt. Der Streit hierüber ist daher nicht durch Fortsetzung des alten, durch den Prozeßvergleich abgeschlossenen Verfahrens, sondern in einem neuen Klageverfahren auszutragen (vgl. BVerwG, Beschluß v. 27. 10. 1993 – 4 B 175.93 –, a. a. O., VGH Bad.-Württ., Beschluß v. 28. 2. 1997 – 9 S 1610/96 –, a. a. O. sowie Bay. VGH, Urteil v. 20. 7. 1977 – 2 XV 75 –, BayVBl. 1978, 53).

Statthaft ist nach § 173 VwGO i. V. m. § 323 Abs. 1 ZPO eine Abänderungsklage, die nach § 323 Abs. 4 ZPO auch bei gerichtlichen Vergleichen in Betracht kommt. Zwar erfaßt § 323 Abs. 1 ZPO ausdrücklich nur künftig fällig werdende wiederkehrende Leistungen (gemeint ist i. S. von § 258 ZPO). Wegen des dieser Regelung innewohnenden allgemeinen Rechtsgedankens bestehen jedoch keine Bedenken, eine wesentliche Änderung der zugrunde liegenden Verhältnisse auch in sonstigen Fällen – wie vorliegend i. S. von § 60 Abs. 1 Satz 1 LVwVfG – durch eine dem § 323 Abs. 1 ZPO nachgebildete (Abänderungs-)Klage geltend zu machen (so auch Bay. VGH, Urteil v. 20. 7. 1977 – 2 XV 75 –, a. a. O.). Wegen der unterschiedlichen Zielrichtung ist damit eine Qualifizierung des Hilfsantrags als Vollstreckungsgegenklage nach § 173 VwGO i. V. m. § 767 ZPO ausgeschlossen (vgl. Vollkommer, in: Zöller, ZPO, 14. Aufl., § 323 Rdnr. 15 und 16).

Die Anpassung eines öffentlich-rechtlichen Vertrags an wesentlich geänderte (zugrunde gelegte) Verhältnisse nach § 60 Abs. 1 Satz 1 LVwVfG erfolgt nicht automatisch. Vielmehr erwächst dem – vermeintlich benachteiligten – Vertragspartner ein eigenständiger Anpassungsanspruch, der durch (Leistungs-)Klage geltend zu machen ist, gerichtet auf Abgabe einer Willenserklärung, nämlich auf Zustimmung zu der verlangten Vertragsanpassung. Durch deren Erklärung bzw. durch ein diese Erklärung ersetzendes rechtskräftiges Urteil (§ 173 VwGO i. V. m. § 894 Abs. 1 Satz 1 ZPO) – zusammen mit dem Änderungsverlangen – kommt die (begehrte) Vertragsanpassung zustande (vgl. BVerwG, Urteil v. 26. 1. 1995 – 3 C 21.93 –, m. w. N., BVerwGE 97, 331).

Als Korrelat eines Anpassungsanspruchs nach § 60 Abs. 1 Satz 1 LVwVfG ist die Erfüllung der Neuverhandlungspflicht vorauszusetzen, so daß ein erfolgloser Einigungsversuch über die angestrebte Vertragsanpassung als Sachurteilsvoraussetzung der auf Zustimmung gerichteten Klage zu fordern ist (vgl. Lorenz, Der Wegfall der Geschäftsgrundlage beim verwaltungsrechtlichen Vertrag, DVBl. 1997, 865). Erst durch ein Scheitern von Anpassungsverhandlungen (als Ausfluß der Vertragsautonomie) geht die Gestaltungsmacht auf das Gericht über. Auch diese Sachurteilsvoraussetzung ist hier gegeben, da der Beklagte mit Schreiben seines damaligen Bevollmächtigten vom 30. 1. 2000 das Anpassungsverlangen der Klägerin im Schreiben vom

17. 1. 2000 abgelehnt hat. Daß darin (weitergehend) die Gestattung von drei Fahrzeugbewegungen pro Nachtstunde gefordert worden war, ist angesichts der grundsätzlich ablehnenden Haltung des Beklagten unschädlich. Im übrigen hat der Beklagte durch seinen Klagabweisungsantrag in der mündlichen Verhandlung vor dem Senat dokumentiert, daß er auch nicht bereit ist, einem auf zwei Fahrzeugbewegungen pro Nachtstunde reduzierten Fahrverkehr auf dem Betriebsgrundstück Flst.Nr. 1737 – zudem unter der zusätzlich von der Klägerin übernommenen Verpflichtung zur Errichtung eines Zufahrtskontrollsystems – zuzustimmen.

Da – wie im Rahmen des Hauptantrags festgestellt – die Klägerin als Rechtsnachfolgerin von Einzelkaufmann H., der die streitgegenständliche Verpflichtung in § 1 des Vertrags von 1977 übernommen hat, hieran gebunden ist, ist sie auch berechtigt, die Abänderung des Prozeßvergleichs gerichtlich geltend zu machen.

2. Der auf Anpassung der Regelung in § 1 des Vergleichs gerichtete Hilfsantrag ist begründet.

Als Anspruchsgrundlage für das Anpassungsbegehren der Klägerin kommt § 60 Abs. 1 Satz 1 LVwVfG in Betracht. Diese Regelung ist – wie allgemein die Vorschriften der §§ 54 ff. LVwVfG – wegen seiner Doppelnatur als Prozeßhandlung und zugleich öffentlich-rechtlicher Vertrag auch auf den Prozeßvergleich anwendbar (vgl. BVerwG, Beschluß v. 4. 11. 1987 – 1 B 12.87 –, NJW 1988, 662 und VGH Bad.-Württ., Beschluß v. 28. 2. 1997 – 9 S 1610/96 –, a. a. O.). Daß der streitgegenständliche (Vergleichs-)Vertrag vor dem Inkrafttreten des Landesverwaltungsverfahrensgesetzes vom 21. 6. 1977 (GBl. S. 227) geschlossen worden ist, steht nicht entgegen (§ 1 VwVfG und BVerwG, Urteil v. 26. 1. 1995 – 3 C 21.93 –, BVerwGE 97, 331 = NVwZ 1996, 171).

Nach § 60 Abs. 1 Satz 1 LVwVfG kann, wenn sich die Verhältnisse, die für die Festsetzung des Vertragsinhalts maßgebend gewesen sind, seit Abschluß des Vertrags so wesentlich geändert haben, daß einer Vertragspartei das Festhalten an der ursprünglichen vertraglichen Regelung nicht zuzumuten ist, diese Vertragspartei eine Anpassung des Vertragsinhalts an die geänderten Verhältnisse verlangen (oder, sofern eine Anpassung nicht möglich oder einer Vertragspartei nicht zuzumuten ist, den Vertrag kündigen). Gesetzliche Voraussetzung für eine Lockerung bzw. Aufhebung der Vertragsbindung nach dieser Vorschrift ist objektiv eine nachträgliche, wesentliche Änderung der für die Festsetzung des Vertragsinhalts maßgeblichen Umstände und subjektiv die (freilich ihrerseits nach einem objektiven Maßstab zu beurteilende) Unzumutbarkeit für die benachteiligte Partei, den Vertrag unverändert fortzusetzen. Beide Anforderungen, die auf Grund der gesetzlichen Verknüpfung in einem engen (inneren) Zusammenhang stehen, sind vorliegend erfüllt.

Die für die Festsetzung des Vertragsinhalts maßgeblichen Verhältnisse haben sich geändert. Für den Vertragsinhalt maßgebend sind rechtliche und tatsächliche Verhältnisse, die weder Vertragsinhalt noch bloßer Beweggrund, sondern die von den Vertragsparteien ausdrücklich oder stillschweigend zur gemeinsamen und wesentlichen Grundlage des Vertrags gemacht worden sind (vgl. BVerwG, Urteil v. 25. 11. 1966 – 7 C 35.65 –, BVerwGE 25, 299 sowie Kopp/Ramsauer, Verwaltungsverfahrensgesetz, 7. Aufl., § 60 Rdnr. 10). Die

Vertragspartner müssen die betreffenden Umstände als gemeinsame Grundlage des Vertrags angenommen und vorausgesetzt haben.

Der Vergleich von 1977 wurde in einem Nachbarstreitverfahren geschlossen, in dem sich der Beklagte gegen die dem Rechtsvorgänger der Klägerin erteilte Baugenehmigung von 1975 zur Wehr setzte. Diese betraf die Errichtung einer Lkw-Halle in einem Abstand von ca. 15 m zur westlichen Grenze des Betriebsgrundstücks Flst.Nr. 1737, an das sich westlich – jenseits des Gemeindewegs – das Grundstück Flst.Nr. 1735/1 des Beklagten mit einem Wohnhaus in einem weiteren Abstand von ca. 20 m anschließt. Zum damaligen Zeitpunkt war das Grundstück Flst.Nr. 1737 unbebaut, so daß der Beklagte dem Lkw-Verkehr im Rahmen des Speditionsbetriebs, vor allem der Zufahrt über den Gemeindeweg zu den beiden Falltoren in der westlichen Außenwand der Lkw-Abstellhalle (Einfahrt), akustisch – und auch optisch – ungeschützt ausgesetzt war. Grundlage für die in § 1 des Vergleichs aus Gründen den nächtlichen Lärmschutzes übernommene Verpflichtung des Rechtsvorgängers der Klägerin, zwischen 22.00 Uhr und 6.00 Uhr nicht mit Lastkraftwagen auf dem Betriebsgrundstück Flst.Nr. 1737 zu fahren und während dieser Zeit keine Lastkraftwagenmotoren laufen zu lassen, waren daher die mit der Baugenehmigung von 1975 zugelassenen und entstandenen tatsächlichen baulichen Verhältnisse auf dem Betriebsgrundstück Flst.Nr. 1737, die durch das Fehlen jeglicher abschirmender Anlagen bzw. Faktoren gegenüber dem Wohngrundstück des Beklagten gekennzeichnet waren.

Sinn und Zweck des in § 1 des Vergleichs vereinbarten (absoluten) Lkw-Fahrverbots in der Nachtzeit zwischen 22.00 Uhr und 6.00 Uhr erschließen sich (nur) aus dessen Zusammenhang mit der im damaligen Rechtsstreit angefochtenen Baugenehmigung von 1975. Diese enthielt unter Hinweis auf das vom Rechtsvorgänger der Klägerin vorgelegte Gutachten u. a. die Auflage zur „Einhaltung der Nachtruhe von 22.00 bis 6.00 Uhr". Sowohl das Gutachten wie auch das die Nachbarklage abweisende verwaltungsgerichtliche Urteil haben für das Wohngrundstück des Beklagten zwar einerseits mit Blick auf die TA Lärm 1968 den Schutzstatus eines allgemeinen Wohngebiets als Ausgangspunkt angenommen, andererseits aber auch im Rahmen einer „Gesamtwürdigung unter Berücksichtigung der sonstigen Geräuscheinwirkungen auf das Grundstück" den durch die unmittelbar nördlich vorbei führende B 315 verursachten stärkeren Lärm schutzmindernd eingestellt. Mit Blick auf den allein in Rede stehenden Nachtzeitraum kann die der Baugenehmigung von 1975 beigefügte Auflage zur „Einhaltung der Nachtruhe von 22.00 bis 6.00 Uhr" nur dahin verstanden werden, daß damit an den in der TA Lärm 1968 unter Nr. 2.321 d enthaltenen Immissionsrichtwert von 40 dB(A) für ein allgemeines Wohngebiet angeknüpft werden sollte. Wegen dieses Regelungsgehalts der Auflage hat das Verwaltungsgericht im klagabweisenden Urteil von 1976 auch für den umstrittenen Nachtzeitraum keine Rechtsverletzung des Beklagten erkennen können. Die von diesem befürchtete Mißachtung der so verstandenen „Nachtruhe" hat das Verwaltungsgericht in den Bereich der – nicht streitgegenständlichen – Überwachung der baurechtlichen Auflage verwiesen. Um deren Einhaltung zu gewährleisten bzw. zu sichern, hat der Rechtsvorgänger der Klägerin in § 1 des Vergleichs von 1977 die Verpflichtung übernommen, während des genannten Nachtzeitraums auf dem Grundstück Flst.Nr. 1737 jeglichen Lkw-Fahrverkehr zu unterlassen. Daß dies zur Gewährleistung bzw. Sicherung einer – richtwertunabhängigen – „totalen Nachtruhe" für den Beklagten geschehen sollte, kann bei verständiger Würdigung nicht angenommen werden. Es sollte (lediglich) der dem Beklagten zugebilligte Lärmschutz gewährleistet bzw. gesichert werden, den das Verwaltungsgericht im klagabweisenden Urteil von 1976 mit Blick auf das Gutachten von 1974 und die TA Lärm 1968 im Rahmen der bauordnungsrechtlichen Regelung des § 69 Abs. 9 LBO (damaliger Fassung) geprüft hat, wonach Garagen so angeordnet und hergestellt werden müssen, daß u. a. das Wohnen in der Umgebung durch Lärm nicht erheblich gestört wird.

Die Änderung der Verhältnisse ist auch wesentlich i. S. von § 60 Abs. 1 Satz 1 LVwVfG. Das ist anzunehmen, wenn Änderungen eingetreten sind, mit denen die Vertragsparteien bei Abschluß des Vertrags nicht gerechnet haben, und die bei objektiver Betrachtung so erheblich sind, daß nicht angenommen werden kann, der Vertrag wäre auch bei ihrer Kenntnis mit dem gleichen Inhalt geschlossen worden (vgl. Lorenz, a. a. O., m. w. N.). So liegt es hier.

Seit Abschluß des Vergleichs von 1977 hat es auf dem Betriebsgrundstück Flst.Nr. 1737 zahlreiche bauliche Veränderungen gegeben. Auf Grund der Baugenehmigung von 1984 wurde die Lkw-Abstellhalle selbst bis an die westliche Grundstücksgrenze, nunmehr mit einer geschlossenen westlichen Außenwand, erweitert; die Lkw-Zufahrt erfolgt seither durch ein Tor in der Nordwand im westlichen (erweiterten) Teil der Halle. Auf Grund der Baugenehmigung von 1986 wurde eine Schallschutzwand an der westlichen Grenze des Betriebsgrundstücks Flst.Nr. 1737 südlich anschließend an die (neue) westliche Abschlußwand der Lkw-Halle errichtet. Schließlich wurde auf Grund der Baugenehmigung von 1999 eine 9,50 m lange und 2,50 m bis 4,20 m hohe Schallschutzwand im nordwestlichen Grundstücksbereich (Zufahrtsbereich) ebenfalls anschließend an die Lkw-Halle – mit einem 3 m langen Versatz nach Westen – errichtet. Auf dem Betriebsgrundstück Flst.Nr. 1737 besteht also keine „(Durchfahrts-)Lücke" mehr im Bereich der Lkw-Halle. Vielmehr ist an der Westgrenze des Betriebsgrundstücks Flst.Nr. 1737 zum Wohngrundstück des Beklagten hin eine „durchgehende Abschlußwand" – bestehend aus der geschlossenen Westfassade der (erweiterten) Lkw-Halle und den beiden nördlich und südlich anschließenden Schallschutzwänden – entstanden. Auf Grund des Gutachtens von 1999 steht zur Überzeugung des Senats fest, daß bei diesen (veränderten) baulichen (Lärmschutz-)Verhältnissen, insbesondere als Folge der Errichtung der nördlichen Schallschutzwand im Bereich der Zufahrt zur Lkw-Abstellhalle, bei maximal drei Fahrzeugbewegungen pro Nachtstunde mit keiner Überschreitung des nach der TA Lärm 1998 (Nr. 6.1) für ein Mischgebiet zulässigen Beurteilungspegels von nachts 45 dB(A) zu rechnen ist und auch der zulässige (um 20 dB(A) höhere) kurzzeitige Spitzenpegel von 65 dB(A) dabei nicht überschritten wird. ... Danach ist festzuhalten, daß sich die bauliche Situation, die mit Blick auf den Lärmschutz für den Beklagten Grundlage der (Unterlassungs-)Verpflichtung des Rechtsvorgängers der Klägerin in § 1 des Vergleichs von 1977 gewesen ist, i. S. des § 60 Abs. 1 Satz 1 LVwVfG geändert hat. Dem steht nicht entgegen, daß die baulichen Veränderungen von der Klägerin bzw. ihrem Rechtsvorgänger, also einem Vertragspartner selbst, – jeweils mit behördlicher Genehmigung und teilweise gezielt aus Gründen des Lärmschutzes – herbeigeführt worden sind.

Mit der „durchgehenden Abschlußwand" ist auf dem Betriebsgrundstück Flst.Nr. 1737 an dessen Westgrenze zum Wohngrundstück des Beklagten hin eine bauliche Situation entstanden, die sich unter Lärmschutzgesichtspunkten als so gravierend verbessert darstellt, daß bei objektiver Betrachtung nicht anzunehmen ist, § 1 des Vergleichs wäre auch bei Kenntnis dieser gewandelten Verhältnisse mit dem gleichen Inhalt, nämlich einem absoluten nächtlichen Lkw-Fahrverbot für das Speditionsunternehmen, geschlossen worden. Dies gilt um so mehr, als das Betriebsgrundstück Flst.Nr. 1737 der Klägerin – nicht auch das westlich davon gelegene Wohngrundstück des Beklagten – seit dem Jahre 1985 durch den Bebauungsplan „R." als eingeschränktes Gewerbegebiet ausgewiesen ist, in dem – zum Schutz der angrenzenden Wohnbebauung – allerdings nur Betriebe zulässig sind, welche die für ein Mischgebiet geltenden Immissionsrichtwerte einhalten, d. h. die das Wohnen nicht wesentlich stören i. S. des § 6 Abs. 1 BauNVO.

In der mündlichen Verhandlung des Senats hat auch der Beklagte eingeräumt, daß eine wesentliche Änderung der baulichen Situation auf dem Betriebsgrundstück Flst.Nr. 1737 gegenüber dem Zustand im Zeitpunkt des Abschlusses der umstrittenen vertraglichen Regelung eingetreten ist.

Der Klägerin als der benachteiligten Vertragspartnerin ist ein Festhalten an der ursprünglichen Vereinbarung auch nicht zuzumuten. Sinn und Zweck der Anpassungsregelung des § 60 Abs. 1 Satz 1 LVwVfG ist es, die Parteien nicht an vertraglichen Absprachen festzuhalten, die auf Grund einer wesentlichen Änderung der Geschäftsgrundlage ihre Ausgleichsfunktion eingebüßt haben, an die sie aber ohne den Anspruch auf Umgestaltung gebunden wären (vgl. BVerwG, Urteil v. 26. 1. 1995 – 3 C 21.93 –, a. a. O.). Die Ausgleichsfunktion muß so stark gestört sein, daß es dem benachteiligten Vertragspartner unmöglich wird, in der betreffenden Regelung seine Interessen auch nur annähernd noch gewahrt zu sehen. Maßgebend für die Frage der Unzumutbarkeit des Festhaltens am Vertrag ist letztlich das Ergebnis einer Abwägung aller Gesichtspunkte des konkreten Falles (vgl. VGH Bad.-Württ., Urteil v. 19. 12. 1995 – 10 S 1140/94 –, m. w. N., NVwZ 1996, 1230 = VBlBW 1996, 257).

Bei Abschluß des Vergleichsvertrags von 1977 ist die Klägerin davon ausgegangen und durfte sie davon ausgehen, ihren Speditionsbetrieb im Zeitraum von 6.00 Uhr bis 22.00 Uhr auf dem Grundstück Flst.Nr. 1737 abwickeln zu können. Das vereinbarte (absolute) nächtliche Lkw-Fahrverbot hatte die Funktion, dem Beklagten den bei einer Nutzung des Betriebsgrundstücks Flst.Nr. 1737 nach Maßgabe der Baugenehmigung von 1975 (Errichtung einer Lkw-Abstellhalle) zu gewährenden nächtlichen Lärmschutz („Nachtruhe" im Sinne der beigefügten Auflage) zu sichern, wobei das Regierungspräsidium im Widerspruchsbescheid darauf hingewiesen hatte, daß dem Grundstück des Beklagten wegen der Lage im Außenbereich nicht der Schutzstatus eines allgemeinen Wohngebiets zugebilligt werden könne. Gleichwohl war auf Grund

des vereinbarten (absoluten) nächtlichen Lkw-Fahrverbots natürlich gewährleistet, daß selbst der Richtwert für ein allgemeines Wohngebiet von nachts
40 dB(A) eingehalten wird. Zutreffenderweise ist jedoch wegen der Außenbe-
reichslage des Wohngrundstücks des Beklagten die geringere Schutzwürdigkeit eines Mischgebiets mit nachts 45 dB(A) zugrunde zu legen (vgl. Nr. 6.6
i. V. m. Nr. 6.1 der TA Lärm 1998), wie dies auch in den vorliegenden gutachterlichen Stellungnahmen der Fall ist. Zur Gewährleistung bzw. Sicherung
des dem Beklagten danach materiell zustehenden Lärmschutzanspruchs ist
das vereinbarte (absolute) nächtliche Lkw-Fahrverbot nicht mehr erforderlich. Der Klägerin ist ein Festhalten hieran nach Treu und Glauben auch
nicht mehr zuzumuten. Unerheblich sind hierfür die Erweiterung des Speditionsbetriebs als solche sowie insbesondere dessen von der Klägerin geltend
gemachte Abhängigkeit von Aufträgen (gerade) der Baustofffirma S. (mit einem
künftig veränderten, sich in den Nachtzeitraum auswirkenden Verladekon-
zept). Denn diese betrieblichen Umstände fallen ausschließlich in die Risiko-
sphäre der Klägerin. In betrieblicher Hinsicht ist die Klägerin jedoch davon
ausgegangen, im Rahmen ihres Speditionsunternehmens erforderliche Fahrten auf dem Betriebsgrundstück Flst.Nr. 1737 im Zeitraum von 6.00 bis
22.00 Uhr abwickeln zu können. ... Es sind bereits die allgemein gestiegenen
Anforderungen bzw. veränderten Gegebenheiten im Speditionsgewerbe (just-
in-time-Transporte) und die allgemeinkundig veränderte verkehrliche Situation auf Grund des gestiegenen Verkehrsaufkommens (gerade auf Autobah-
nen), die für die Klägerin zu unzumutbaren betrieblichen Konsequenzen führen, wenn sie nach wie vor im Nachtzeitraum von 22.00 bis 6.00 Uhr – aus
Gründen des Lärmschutzes zugunsten des Beklagten – auf jegliche Zu- oder
Abfahrt auf dem Betriebsgrundstück Flst.Nr. 1737 verzichten muß, abgesehen von der einen Lkw-Anfahrt, die nach der bestandskräftigen Baugenehmigung von 1996 im gesamten Nachtzeitraum im östlichen (abgelegenen)
Bereich des Betriebsgrundstück zulässig ist. Mit der Ausweisung als eingeschränktes Gewerbegebiet durch den Bebauungsplan „R." aus dem Jahre
1985 hat die Gemeinde auch in städtebaulicher Hinsicht den Rahmen für
eine nächtliche gewerbliche Nutzung des Betriebsgrundstücks Flst.Nr. 1737 –
(wenn auch nur) in der Qualität eines Mischgebiets – bestimmt. Auch im Hinblick auf diese planungsrechtliche Einordnung und „Absicherung" des
Betriebsgeländes durch die Gemeinde erscheint ein Festhalten an dem
ursprünglich vereinbarten (absoluten) nächtlichen Lkw-Fahrverbot für die
Klägerin nicht mehr zumutbar.

Dies gilt um so mehr, als die Klägerin mit ihrem Anpassungsverlangen den
nach den Gutachten immissionsschutzrechtlich zulässigen Umfang von drei
Fahrten pro Nachtstunde nicht ausschöpft, sondern nur (noch) zwei Fahrbewegungen pro Nachtstunde beansprucht. Ergänzend hat sich die Klägerin zur
Errichtung eines geeigneten Zufahrtskontrollsystems mit Protokollierung der
Zu- und Abfahrten verpflichtet, um dem Beklagten eine Überwachung der
Anzahl der zugestandenen Nachtfahrten zu ermöglichen. Zu bedenken ist
auch, daß die „Gegenleistung" des Beklagten bei Abschluß des Vergleichs von
1977 lediglich in der Zurücknahme der Berufung gegen das seine Nachbarklage abweisende Urteil des Verwaltungsgerichts bestand und die in § 1 des

Vergleichs übernommene Unterlassungsverpflichtung – auch von den Beteiligten – nicht als ein materiell ins Gewicht fallendes Obsiegen des Beklagten (mit entsprechender Folge im Rahmen der Kostentragung) gewertet wurde. Das alles läßt bei einer Gesamtwürdigung die begehrte Vertragsanpassung auch für den von der bisherigen Vereinbarung begünstigten Beklagten als zumutbar erscheinen. Die Klägerin bleibt mit dem Anpassungsverlangen hinter einer nächtlichen Nutzung des Betriebsgrundstücks Flst.Nr. 1737 zurück, gegen die sich der Beklagte im Falle einer baurechtlichen Genehmigung nicht mit Erfolg zur Wehr setzen könnte.

D. Rechtsprechung zu Maßnahmen der Baubehörden

Nr. 186

1. Baueinstellungen sind in aller Regel für sofort vollziehbar zu erklären, ohne daß in der Begründung auf den konkreten Einzelfall eingegangen werden muß.

2. Für eine Baueinstellung reicht der durch Tatsachen belegte „Anfangsverdacht" eines formellen oder materiellen Rechtsverstoßes aus.

VwGO §80 Abs. 2 Nr. 4, Abs. 3; BauNVO §23 Abs. 5; LBO-BW §§6 Abs. 1 Satz 2, 64 Abs. 1.

VGH Baden-Württemberg, Beschluß vom 10. Februar 2005 – 8 S 2834/04 – (rechtskräftig).

(VG Stuttgart)

Aus den Gründen:

Der Antragsteller beanstandet zu Unrecht, die Anordnung der sofortigen Vollziehbarkeit der Baueinstellung sei nicht ausreichend begründet worden. Nach §80 Abs. 3 VwGO bedarf eine solche Anordnung zwar einer besonderen Begründung, an deren Inhalt allerdings keine zu hohen Anforderungen gestellt werden dürfen (vgl. Eyermann/Jörg Schmidt, VwGO, 11. Aufl. 2000, §80 Rdnr. 43). Dies gilt gerade auch bei Baueinstellungen nach §64 Abs. 1 LBO, mit denen sichergestellt werden soll, daß keine vollendeten Tatsachen geschaffen werden, die später nur schwer wieder rückgängig gemacht werden können (vgl. Sauter, LBO, §64 Rdnr. 1). Sie sind in aller Regel für sofort vollziehbar zu erklären (Senatsurteil v. 1. 2. 1993 – 8 S 1594/92 –, BRS 55 Nr. 194 = VBlBW 1993, 431 m. w. N.), ohne daß es eines Eingehens auf den konkreten Einzelfall bedarf, da sich das besondere öffentliche Interesse unabhängig vom Einzelfall aus der Art der getroffenen Maßnahme und ihrem generellen Zweck ergibt (vgl. Sauter, a. a. O., Rdnr. 40).

Nach diesen Maßstäben begegnet die Begründung der Sofortvollzugsanordnung im Bescheid des Landratsamts keinen durchgreifenden Bedenken. Denn es wird dort ausdrücklich darauf Bezug genommen, es gelte zu verhindern, daß die Baurechtsbehörde und die Nachbarn vor vollendete Tatsachen gestellt würden.

Auch in der Sache sind die Einwände des Antragstellers nicht berechtigt. Er verkennt insbesondere, daß §64 Abs. 1 Nr. 1 LBO nicht erst dann eine Baueinstellung rechtfertigt, wenn feststeht, daß die Bauarbeiten einem rechtswidrigen Vorhaben dienen. Vielmehr reicht für ihren Erlaß der durch Tatsachen belegte „Anfangsverdacht" eines formellen oder materiellen Rechtsverstoßes der betreffenden Anlage aus (VGH Bad.-Württ., Beschluß v. 10. 12. 1993 – 3 S 507/93 –, VBlBW 1994, 196; Beschluß des Senats v. 22. 9. 2003 – 8 S 1970/03 –; Sauter, LBO, §64 Rdnr. 28). Die Bauarbeiten dürfen demgemäß schon dann gestoppt werden, wenn die Frage der Genehmigungsbedürftigkeit oder jedenfalls der Notwendigkeit einer Ausnahmeerteilung ernstlich zweifelhaft ist (Beschlüsse des Senats v. 20. 9. 1988 – 8 S 2171/88 – und v. 22. 9. 2003, a. a. O.; Thür. OVG, Beschluß v. 29. 11. 1999 – 1 EO 658/99 –, BRS 62 Nr. 203 = BauR 2000, 719 = NVwZ-RR 2000, 578).

Solche Zweifel mußten sich vorliegend auf Grund der im Rahmen der Baukontrolle getroffenen Feststellungen aufdrängen. Denn danach war auf dem Baugrundstück ein Baukörper bis zur Rohbaureife gediehen, der nach seinem ganzen Gepräge, insbesondere auf Grund der großen Fensteröffnungen und der darüber angebrachten Rolladenkästen den Eindruck eines Wohngebäudes vermittelte. Bei unbefangener Betrachtung konnte deshalb niemand davon ausgehen, hier entstehe eine Nebenanlage i. S. des § 14 BauNVO oder eine nach § 6 Abs. 1 Satz 2 LBO privilegierte Grenzgarage und damit eine auf einer nicht überbaubaren Grundstücksfläche gemäß § 23 Abs. 5 BauNVO zulässige bauliche Anlage. Dieser Eindruck wird nachdrücklich bestätigt durch die im Kenntnisgabeverfahren nach § 51 LBO eingereichten Bauvorlagen. Denn danach überragt das errichtete „Garagengebäude", das mit einer Nutzfläche von 91,46 m^2 schon in der Fläche größer ist als jede der beiden Doppelhaushälften, denen es zugeordnet sein soll, das geplante Hauptgebäude in der Höhe um etwa 0,50 m. Von einer räumlich-gegenständlichen Unterordnung, die Voraussetzung für das Vorliegen einer Nebenanlage wäre (vgl. Fickert/Fieseler, BauNVO, 10. Aufl. 2002, § 14 Rdnr. 3 und 5 m. w. N.), kann danach keine Rede sein.

Nr. 187

Die Bauaufsichtsbehörde darf eine sofort vollziehbare Nutzungsuntersagung wegen der planungsrechtlichen Unzulässigkeit einer bordellartigen Nutzung von Räumlichkeiten ermessensfehlerfrei an den Grundstückseigentümer richten und muss diese nicht vorrangig gegenüber dem Mieter erlassen.

HBauO § 76 Abs. 1 Satz 2.

Hamburgisches OVG, Beschluß vom 10. Juni 2005 – 2 Bs 144/05 – (rechtskräftig).

Der Antragsteller ist Eigentümer eines Mehrfamilienhauses im Geltungsbereich eines Baustufenplans nach der BPVO, der für das Grundstück die Ausweisung „W4g" enthält. Die Antragsgegnerin stellte nach Berichten in der Tagespresse und auf Grund einschlägiger Anzeigen fest, dass zwei in diesem Haus vorhandene ehemalige Läden mit Nebenräumen in gleicher Weise wie ähnliche Räumlichkeiten in anderen Häusern in der näheren Umgebung zum Zwecke der Prostitutionsausübung genutzt werden.

Mit einer an den Antragsteller gerichteten Verfügung vom März 2005 untersagte die Antragsgegnerin diesem unter Anordnung der sofortigen Vollziehung und Festsetzung von Zwangsmitteln mit sofortiger Wirkung auf Dauer, die beiden ehemaligen Läden für bordellartige Zwecke zu nutzen oder nutzen zu lassen, und forderte den Antragsteller auf, bestehende Miet- oder Nutzungsverhältnisse mit Personen, die die Räume zur Ausübung der Prostitution zur Verfügung stellen oder nutzen mit sofortiger Wirkung zu beenden. Im Rahmen eines Einschreitens vor Ort durch Bauaufsichtsbehörde und Polizei wurde den zu diesem Zeitpunkt in den Räumlichkeiten anwesenden vier Frauen jeweils eine Duldungsverfügung übergeben. Ferner wurden die Räume anschließend versiegelt und eine nach außen sichtbare Mitteilung über die Nutzungsuntersagung angebracht.

Der Antragsteller erhob gegen die Verfügung Widerspruch und begehrte mit einem Antrag auf vorläufigen Rechtsschutz die Wiederherstellung der aufschiebenden Wirkung sowie die Entfernung der Siegel und der Mitteilung über die Nutzungsuntersagung. Das Verwaltungsgericht hat die aufschiebende Wirkung des Widerspruchs wiederhergestellt und den Antrag im übrigen abgelehnt.

Aus den Gründen:

Die zulässige Beschwerde der Antragsgegnerin hat Erfolg. Sie hat den Anforderungen des § 146 Abs. 4 Satz 6 VwGO genügend dargelegt, dass die Begründung des Verwaltungsgerichts die Wiederherstellung der aufschiebenden Wirkung nicht zu rechtfertigen vermag (1.); auch im übrigen rechtfertigen die Interessen des Antragstellers in Abwägung mit dem besonderen öffentlichen Interesse am Sofortvollzug der Verfügung keine Wiederherstellung der aufschiebenden Wirkung seines Widerspruchs (2.).

1. Zutreffend rügt die Antragsgegnerin, dass es nicht ermessensfehlerhaft war, die Nutzungsuntersagung gegen den Antragsteller als Grundstückseigentümer und Verfügungsberechtigten über das Grundstück zu richten (a) und die Verfügung auch hinreichend klar erkennen lässt, welches Verhalten vom Antragsteller verlangt wird (b).

a) Unzutreffend ist die die Entscheidung tragende Erwägung des Verwaltungsgerichts, der Antragsteller habe keine Möglichkeit, die bordellartige Nutzung der beiden Ladenwohnungen umgehend zu beenden, weil er selbst eine ggf. fristlose Kündigung zivilrechtlich nur im Wege einer Räumungsklage gegenüber Mietern durchsetzen könne, wenn diese die Nutzung nicht aufgäben und die Räumlichkeiten nicht selbst räumten, und deshalb müsse die Antragsgegnerin im Rahmen der Auswahl, gegen wen (als Störer) eingeschritten werden solle, gegen die Mieter vorgehen.

Dem steht bereits die beabsichtigte Reichweite der Verfügung entgegen. Denn die Antragsgegnerin hat nicht nur die aktuelle Nutzung der Wohnung zu bordellartigen Zwecken (durch die gegenwärtigen Nutzer) untersagt, sondern die Nutzungsuntersagung für diesen Zweck „auf Dauer", d. h. auch für die Zukunft ausgesprochen, solange keine veränderte bauplanungsrechtliche Ausweisung diese Nutzungsform zulässt. Eine solche Verfügung kann nur an den Grundeigentümer bzw. den Verfügungsberechtigten gerichtet werden, da nur diese Personen es in der Hand haben, nach Beendigung der aktuellen Nutzungsverhältnisse zukünftig für eine dauerhafte Beendigung der bordellartigen Nutzung und eine ordnungsgemäße Nutzung der Räumlichkeiten zu sorgen.

Auch mit Blick auf die zum Zeitpunkt des Einschreitens bestehenden aktuellen Nutzungsverhältnisse erweist sich die Auswahl des Antragstellers als – wie von der Antragsgegnerin unterstellt – (nur) bodenrechtlich Verantwortlicher jedoch nicht als rechtsfehlerhaft. Die Nutzungsuntersagung legt dem Antragsteller die Verpflichtung auf, gibt ihm aber zugleich auch die Möglichkeit, die von ihm getroffenen Regelungen über die Nutzungsverhältnisse unverzüglich zu beenden. Soweit eine tatsächliche Beendigung der Nutzung nicht erfolgt, ist die Antragsgegnerin selbst unter Verwendung von Duldungsverfügungen gegenüber den Mietern bzw. Nutzern – wie diese gegenüber den in den Räumen angetroffenen Personen erlassen worden sind – in der Lage, die Nutzungsuntersagung zu vollstrecken.

Die vom Verwaltungsgericht für erforderlich gehaltene vorrangige Nutzungsuntersagung gegenüber den Mietern bzw. sonstigen Nutzungsberechtigten wird bei der bordellartigen Nutzung im übrigen vielfach auch deshalb ungeeignet sein, weil diese – ohne entsprechende Offenlegung durch den Grundstückseigentümer oder Verfügungsberechtigten – von der Antragsgegnerin nicht oder nur schwer ermittelt werden können. Anders als etwa bei einer normalen Wohnnutzung ist milieutypisch nicht zu erwarten, dass vor Ort angetroffene Prostituierte die Mieter bzw. die verantwortlichen Nutzer der Räumlichkeiten sind oder diese offenbaren. Eine lediglich gegenüber den in den Räumlichkeiten angetroffenen Personen ausgesprochene Nutzungsuntersagung böte schon von daher für die Antragsgegnerin keine hinreichende Gewähr für eine rasche und erfolgreiche Beendigung der unzulässigen Nutzung. Die entsprechende Einschätzung der Antragsgegnerin hat sich im übrigen durch den Verlauf des gerichtlichen Verfahrens bestätigt. Der Antragsteller hat sich auch auf einen entsprechenden Hinweis des Beschwerdegerichts nicht veranlaßt gesehen, die maßgeblichen Mietverträge für die Räume oder die verantwortlichen Nutzungsberechtigten und die von ihm zugelassene Nutzung offen zu legen.

Dementsprechend wird bei unzulässigen bordellartigen bzw. vergleichbaren Nutzungen auch in der Rechtsprechung anderer Oberverwaltungsgerichte ein Einschreiten gegen den Grundstückseigentümer nicht beanstandet (vgl. z. B. VGH Mannheim, Urteil v. 24. 7. 2002, GewArch 2003, 496 ff.; OVG Berlin, Beschluß v. 9. 4. 2003, GewArch 2003, 498 f.); die vom Verwaltungsgericht zur Stützung seiner Auffassung herangezogenen Entscheidungen (OVG Münster, Beschluß v. 24. 11. 1988 – 7 B 2677/88 – in Juris; VG Neustadt/W., Beschluß v. 23. 7. 2004 – 4 L 1673/04 – in Juris –) zu unzulässigen Wohnnutzungen erfassen die damit verbundene Problematik nicht.

b) Entgegen der Auffassung des Verwaltungsgerichts ist nicht ersichtlich, dass die getroffene Anordnung nicht den Bestimmtheitsanforderungen des § 37 Abs. 1 HmbVwVfG genügt, da nicht die Kündigung der bestehenden Mietverhältnisse mit namentlich bestimmten Personen verlangt werde. Sie lässt auf der Basis eines objektiven Empfängerhorizonts eindeutig erkennen, dass der Antragsteller verpflichtet wird, bestehende Mietverträge oder andere Nutzungsverhältnisse für die Wohnungen zu kündigen und die tatsächliche Nutzung für bordellartige Zwecke beenden zu lassen. Die vom Verwaltungsgericht bemängelte fehlende Benennung konkreter Personen war nicht erforderlich. Denn dem Antragsteller muss bekannt sein, wem er die Räumlichkeiten vermietet oder in sonstiger Weise verantwortlich zur Verfügung gestellt hat und wer insofern Adressat seiner Maßnahmen zu sein hat.

Eine etwaige Meinungsverschiedenheit darüber, ob in den Räumen tatsächlich bordellartige Betriebe geführt werden, berührt die Frage der hinreichenden Bestimmtheit der Verfügung hinsichtlich der Adressaten einer Kündigung oder sonstigen Aufforderung des Antragstellers nicht.

2. Die Entscheidung des Verwaltungsgerichts ist nicht aus anderen Gründen im Ergebnis aufrecht zu erhalten. Die Interessen des Antragstellers rechtfertigen in Abwägung mit dem besonderen öffentlichen Interesse am Sofortvollzug der Verfügung keine Wiederherstellung der aufschiebenden Wirkung seines Widerspruchs.

Dabei sieht das Beschwerdegericht Anlass zu dem Hinweis, dass für den objektiven Empfängerhorizont die Anordnung des Sofortvollzugs – entgegen der Auffassung des Verwaltungsgerichts – nicht auf die Beendigung der ungenehmigten Nutzung der zum Zeitpunkt des Erlasses der Verfügung bestehenden Nutzungsverhältnisse begrenzt ist, sondern auch alle weiteren (neuen) bordellartigen Nutzungen erfaßt. Die für die sofortige Vollziehung maßgeblichen Gründe gelten hierfür gleichermaßen und rechtfertigen deshalb im Ergebnis keine einschränkende Auslegung der Anordnung der sofortigen Vollziehung.

Dahinstehen kann, ob in der vorliegenden Fallkonstellation die Voraussetzungen vorlagen, die nach § 28 Abs. 2 HmbVwVfG der Antragsgegnerin die Möglichkeit geben, wie geschehen, die Nutzungsuntersagung ohne vorherige Anhörung des Antragstellers auszusprechen. Der Verstoß gegen diese Regelung kann und wird im Widerspruchsverfahren geheilt werden, in dem der Antragsteller alle Gründe geltend machen kann, die aus seiner Sicht gegen die Nutzungsuntersagung sprechen. Die mit der erfolgten Versiegelung der Räume verbundenen Fragen sind nicht Gegenstand des Beschwerdeverfahrens und betreffen nicht die Frage der Rechtmäßigkeit der Untersagungsverfügung selbst, sondern deren Vollstreckung.

Zutreffend ist das Verwaltungsgericht nach den aus dem Sachvorgang der Antragsgegnerin ersichtlichen und im gerichtlichen Verfahren geltend gemachten Umständen davon ausgegangen, dass die beiden streitigen ehemaligen Läden und Nebenräume bordellartig genutzt werden. Der erstinstanzlich geäußerte Einwand des Antragstellers, die Antragsgegnerin habe mit der Bezugnahme auf einschlägige Internet-Annoncen nicht hinreichend dargelegt, dass auch tatsächlich eine bordellartige Nutzung stattfinde und mögliche Interessenten nicht lediglich zu einem entsprechenden Angebot eingeladen würden, ohne dass klar sei, ob es hierzu komme, entbehrt angesichts der nutzungstypischen Gestaltung der Eingangsbereiche, die vor Erlass der Verfügung für Jedermann von außen wahrnehmbar war und auf den zur Sachakte gelangten Fotos erkennbar ist, sowie der Lebenswirklichkeit jeder sachlichen Grundlage.

Vor diesem Hintergrund wird sich die Nutzungsuntersagung in der Sache als rechtmäßig erweisen. Es ist weder ersichtlich noch vom Antragsteller geltend gemacht, dass er über eine baurechtliche Genehmigung verfügt, die die Nutzung der beiden ehemaligen Läden zu bordellartigen Zwecken gestattet. Bereits dieser Umstand der formellen Illegalität rechtfertigt eine sofort vollziehbare Nutzungsuntersagung, sofern die Genehmigungsfähigkeit der Nut-

zung nicht offensichtlich ist (st. Rspr. des Senats, zuletzt z. B. Beschluß v.
19. 11. 2003 – 2 Bs 555/03 –; Beschluß v. 1. 6. 2004 – 2 Bs 154/04 –; vgl. ferner z. B. VGH Kassel, Beschluß v. 14. 10. 2002, BRS 65 Nr. 160; Alexejew/
Haase/Großmann, Hamburgisches Bauordnungsrecht, Kommentar, Stand
2004, § 76 HBauO Rdnr. 82 m. w. N.).

Die bordellartige Nutzung der Räumlichkeiten, die zumindest als nicht
unerhebliche Störpotentiale auslösende gewerbliche Nutzung anzusehen ist
(vgl. z. B. BVerwG, Beschluß v. 29. 10. 1997, BRS 59 Nr. 62; OVG Koblenz,
Beschluß v. 15. 1. 2004, BauR 2004, 644 f.; OVG Berlin, a. a. O. m. w. N.; VGH
Kassel, a. a. O.), ist wegen ihres Störpotentials in einem Wohngebiet nach § 10
Abs. 4 BPVO nicht – erst recht nicht offensichtlich – zulässig. Auch bei einer
Konkretisierung des Begriffs der Wohnbedürfnisse anhand von § 4 BauNVO
gehört eine derartige Nutzung nicht zu den in einem Wohngebiet nach § 4
Abs. 3 BauNVO zulassungsfähigen gewerblichen Nutzungen (vgl. BVerwG,
a. a. O.; OVG Koblenz, a. a. O.; OVG Berlin, a. a. O.). Auf die Frage in welchem
Umfang nicht störende gewerbliche Nutzungen zum Begriff der „Wohnbedürf-
nisse" i. S. des § 10 Abs. 4 BPVO gezählt werden können (vgl. OVG Hamburg,
Urteil v. 10. 4. 1997, NordÖR 1999, 354 ff.; Urteil v. 13. 2. 2002, NordÖR
2002, 412 ff.), kommt es insofern nicht an.

Nr. 188

**Formell illegalen Baumaßnahmen ist regelmäßig durch Stillegung der
Baumaßnahmen oder Untersagung der Nutzungsaufnahme zu begegnen.
Lediglich in Ausnahmefällen, wenn beispielsweise die Beseitigung den
ohne die erforderliche Baugenehmigung Bauenden nicht wesentlich härter
trifft als ein Nutzungsverbot oder – wie bei Werbeanlagen – das Nutzungsverbot einer Beseitigung gleichkommt, darf die Behörde die sofortige Entfernung eines Baukörpers allein wegen formeller Illegalität verlangen. In
jedem Fall muss die Beseitigung der baulichen Anlage ohne erheblichen
Substanzverlust und andere – absolut und im Wert zur baulichen Anlage
gesehen – hohe Kosten für Entfernung und Lagerung möglich sein.**

BauO NRW §§ 2 Abs. 1, 61 Abs. 1, 63 Abs. 1, 65 Abs. 1 Nr. 1, 75 Abs. 1, 79
Abs. 1.

OVG Nordrhein-Westfalen, Beschluss vom 7. Oktober 2005 – 10 B 1394/
05 – (rechtskräftig).

(VG Minden)

Im Oktober 2002 errichtete die Antragstellerin auf ihrem im Außenbereich gelegenen
Grundstück eine etwa 80 m³ umfassende, ohne wesentlichen Substanzverlust demon-
tierbare Kühlzelle. Mit Ordnungsverfügung vom 18. 4. 2005 gab der Antragsgegner der
Antragstellerin unter Anordnung der sofortigen Vollziehung auf, die Kühlzelle innerhalb
von einer Woche vom Grundstück zu entfernen. Das Verwaltungsgericht lehnte den
Antrag, die aufschiebende Wirkung des Widerspruchs wieder aufzuheben, ab. Die
Beschwerde blieb erfolglos.

Aus den Gründen:

Aus den in der Beschwerdeschrift dargelegten Gründen, die der Senat gemäß § 146 Abs. 4 Satz 6 VwGO allein zu prüfen hat, ergibt sich nicht, dass der Beschluss des Verwaltungsgerichts zu ändern ist.

Das Verwaltungsgericht hat zu Recht angenommen, dass sich die Ordnungsverfügung des Antragsgegners bei der im Verfahren des vorläufigen Rechtsschutzes gebotenen summarischen Überprüfung der Sach- und Rechtslage als offensichtlich rechtmäßig erweist und deshalb die im Rahmen des § 80 Abs. 5 VwGO vorzunehmende Interessenabwägung zu Lasten der Antragstellerin ausgeht.

Die Ordnungsverfügung, mit der der Antragsgegner der Antragstellerin die Entfernung der auf ihrem Grundstück aufgestellten Kühlzelle aufgibt, ist rechtmäßig. Nach § 61 Abs. 1 BauO NRW haben die Bauaufsichtsbehörden bei der Errichtung, der Änderung, dem Abbruch, der Nutzung, der Nutzungsänderung sowie der Instandhaltung baulicher Anlagen darüber zu wachen, dass die öffentlich-rechtlichen Vorschriften und die auf Grund dieser Vorschriften erlassenen Anordnungen eingehalten werden. Sie haben in Wahrnehmung dieser Aufgaben nach pflichtgemäßem Ermessen die erforderlichen Maßnahmen zu treffen.

Die Errichtung der als Lager genutzten Kühlzelle ist ohne die nach § 75 BauO NRW erforderliche Baugenehmigung und damit formell illegal erfolgt. Die Kühlzelle ist eine bauliche Anlage; sie ist aus Bauprodukten hergestellt und ruht durch eigene Schwere auf dem Erdboden (vgl. § 2 Abs. 1 BauO NRW). Die Errichtung ist nach § 63 Abs. 1 BauO NRW baugenehmigungsbedürftig. Die streitgegenständliche Kühlzelle ist kein genehmigungsfreier Fliegender Bau i. S. des § 79 Abs. 1 Satz 1 BauO NRW, da er nicht dazu bestimmt ist, an verschiedenen Orten wiederholt aufgestellt und zerlegt zu werden. Für den nach dem subjektiven Willen des Aufstellers erforderlichen regelmäßigen Ortswechsel sind keine Anhaltspunkte ersichtlich. Vielmehr ist – wie bereits vom Verwaltungsgericht dargelegt – durch die erhebliche Zeitdauer der Aufstellung eine feste Beziehung des Gebäudes zum Grundstück eingetreten, da sich die Kühlzelle etwa seit Oktober 2002 – mit einer kurzen Unterbrechung etwa von Januar bis März 2005 – auf dem Grundstück der Antragstellerin befindet.

Das Vorhaben ist auch nicht gemäß § 65 Abs. 1 Nr. 1 BauO NRW genehmigungsfrei, da der Brutto-Rauminhalt der Kühlzelle mit ca. 80 m^3 die zulässige Höchstgrenze von 30 m^3 deutlich überschreitet und es unabhängig davon bereits wegen seiner Lage im Außenbereich einer Baugenehmigung bedurft hätte.

Der Antragsgegner konnte die sofortige Entfernung der Kühlzelle vom Grundstück der Antragstellerin in rechtlich zulässiger Weise allein auf die formelle Illegalität des Vorhabens stützen. Das öffentliche Interesse an der sofortigen Vollziehung einer bauaufsichtlichen Beseitigungsverfügung ist zwar grundsätzlich zu verneinen, weil der – nur durch ein Eilverfahren bestätigte – sofortige Abbruch von baulichen Anlagen die Hauptsache in unangemessener Weise vorwegnehmen kann (vgl. OVG NRW, Beschlüsse v. 28. 8. 1995 – 11 B

1957/95 –, BRS 57 Nr. 252 = BauR 1996, 236, und v. 13. 9. 1996 – 11 B 1083/96 –, BRS 58 Nr. 128).

Formell illegalen Baumaßnahmen ist daher regelmäßig durch Stillegung der Baumaßnahmen oder Untersagung der Nutzungsaufnahme zu begegnen. Mit der Anordnung dieser Maßnahmen wird dem Zweck der Genehmigungspflicht – das Bauvorhaben soll (vor seiner Ausführung) auf seine Zulässigkeit überprüft werden – in aller Regel hinreichend Rechnung getragen. Auch kann der Vorteil, den der ohne die erforderliche Baugenehmigung Bauende gegenüber dem gesetzestreuen Bürger dadurch erlangt, dass er eine nicht zugelassene Baumaßnahme bzw. Nutzung schon vor der Erteilung der Baugenehmigung verwirklicht, durch die Stillegung oder Nutzungsuntersagung weitgehend aufgehoben werden.

Lediglich in Ausnahmefällen, wenn beispielsweise die Beseitigung den ohne die erforderliche Baugenehmigung Bauenden nicht wesentlich härter trifft als ein Nutzungsverbot oder – wie bei Werbeanlagen – das Nutzungsverbot einer Beseitigung gleichkommt, darf die Behörde die sofortige Entfernung eines Baukörpers allein wegen formeller Illegalität verlangen. In jedem Fall muss die Beseitigung der baulichen Anlage ohne erheblichen Substanzverlust und andere – absolut und im Wert zur baulichen Anlage gesehen – hohe Kosten für Entfernung und Lagerung möglich sein (vgl. dazu auch Hess. VGH, Beschluss v. 20. 6. 1991 – 4 TH 2607/90 –, BRS 52 Nr. 239 = BauR 1992, 66).

Ein solcher Ausnahmefall liegt hier unter Berücksichtigung der Umstände des Einzelfalles vor. Die Beseitigungsanordnung belastet die Antragstellerin nicht wesentlich stärker, als es ein auf die Kühlzelle bezogenes Nutzungsverbot tun würde. Die Beseitigung der in Rede stehenden baulichen Anlage ist ohne Substanzverlust oder wesentliche wirtschaftliche Aufwendungen möglich. Die Kühlzelle besteht – dies hat bereits das Verwaltungsgericht ausgeführt – aus Boden-, Wand- und Deckenelementen, die durch Exzenterspannschlösser verbunden werden, so dass die Anlage ohne größeren Aufwand auf- und abgebaut werden kann. Die Antragstellerin selbst hat mit der Beschwerdebegründung erneut auf die besondere Aufbautechnik verwiesen, die den einfachen Auf- und Abbau der Kühlzelle ermögliche.

Für die hier statt eines Nutzungsverbots gewählte Beseitigungsanordnung spricht zudem, dass von dem im Außenbereich errichteten Gebäude eine negative Vorbildwirkung ausgeht. Die Kühlzelle schließt sich östlich an das auf dem Grundstück der Antragstellerin vorhandene Garagengebäude an und führt damit zu einer weiteren Ausdehnung der Bebauung in den von baulichen Anlagen weitgehend freigehaltenen Außenbereich südlich des Ortsteils F. Beließe man den Baukörper bis zur endgültigen Entscheidung über den Widerspruch und eine eventuell nachfolgende Klage gegen die Ordnungsverfügung auf dem Grundstück, ginge von diesem Baukörper – die Illegalität ist für den außenstehenden Betrachter regelmäßig nicht erkennbar – eine Nachahmungswirkung im Hinblick auf weitere Bauwünsche in der Nachbarschaft aus. Der Einwand der Antragstellerin, es sei nicht zu befürchten, dass die einem Container gleichende Kühlzelle ein Vorbild für die Aufstellung weiterer Container bilden werde, greift zu kurz, denn die Vorbildwirkung der hier in

Rede stehenden, zu Lagerzwecken genutzten Kühlzelle beschränkt sich nicht auf „containerähnliche" bauliche Anlagen.

Der Anordnung der sofortigen Vollziehung der streitigen Ordnungsverfügung steht nicht entgegen, dass der Antragsgegner im Jahr zuvor, als er schon einmal die Entfernung der Kühlzelle verlangt hatte, die Verfügung nicht für sofort vollziehbar erklärt hatte. Mit dem damaligen Absehen von einer Anordnung der sofortigen Vollziehung ist keine Bindung des Antragsgegners eingetreten, bei der hier in Rede stehenden Verfügung ebenso zu verfahren. Die Antragstellerin hat vielmehr durch ihr Verhalten nach Erlass der ersten Ordnungsverfügung dem Antragsgegner gerade Anlass dazu gegeben, nun im Wege des Sofortvollzugs vorzugehen. Trotz der früheren Ordnungsverfügung hat die Antragstellerin die Kühlzelle wieder auf ihrem Grundstück aufgestellt und damit erneut die Regelungen des formellen Baurechts mißachtet.

Nr. 189

Eine bauordnungsbehördliche Rückbauverfügung ist rechtswidrig, wenn sie nicht geeignet ist, rechtmäßige Zustände herzustellen. (Im Anschluß an BVerfG, Beschluß vom 2.9.2004 – 1 BvR 1860/02 –, NVwZ 2005, 203) Dies ist der Fall, wenn die Behörde nach Feststellung umfangreicher formell und materiell illegaler Um- und Erweiterungsbaumaßnahmen an einem zum Wohnen genutzten Schwarzbau im Außenbereich nur den Teilrückbau, nicht aber den vollständigen Abbruch anordnet.

BauGB §35 Abs. 3 Satz 1 Nrn. 1, 2, 7; BauO NRW §§6 Abs. 6 Satz 5, 6 Abs. 15, 61 Abs. 1.

OVG Nordrhein-Westfalen, Urteil vom 22. August 2005 – 10 A 4694/03 – (rechtskräftig).

(VG Düsseldorf)

Der Kläger wendete sich gegen eine bauordnungsbehördliche Verfügung, mit der ihm der Rückbau von Um- und Erweiterungsbaumaßnahmen aufgegeben wurde, die er ohne Baugenehmigung auf dem Grundstück E.-Straße 22 in E. vorgenommen hatte.

Das insgesamt etwa 110 m tiefe und 17 m breite Grundstück liegt unmittelbar östlich der E.-Straße (B 9). Es ist mit einem etwa 35 m von der E.-Straße zurückversetzten Wohnhaus mit zwei Wohneinheiten bebaut. Das Gebäude wurde vermutlich gegen Ende des Zweiten Weltkrieges zunächst als Übergangsheim für Ausgebombte errichtet. In den sechziger Jahren des letzten Jahrhunderts erfolgte ein Erweiterungsbau mit Anbau sowie einer Aufstockung. Eine Baugenehmigung für das Gebäude liegt nicht vor. Das Grundstück liegt nicht im Geltungsbereich eines Bebauungsplans.

Bereits in den siebziger Jahren war in der Siedlung „O.", in dem sich auch das „streitgegenständliche" Grundstück befindet, ein über den Altbestand hinaus errichteter Schwarzbau Gegenstand eines verwaltungsgerichtlichen Verfahrens. Ende der sechziger Jahre war an das heutige Gebäude E.-Straße 15 ein eingeschossiges Wohnhaus mit etwa 90 m² Wohnfläche ohne die erforderliche Baugenehmigung angebaut worden. Die gegen die Beseitigungsverfügung gerichtete Klage wurde vom Verwaltungsgericht abgewiesen. Im Rahmen des Berufungsverfahrens vor dem OVG Nordrhein-Westfalen verpflichtete sich der Kläger des dortigen Verfahrens im Vergleichswege, den Bau zu beseitigen. Im Juli 1982 wurde das Gebäude vollständig entfernt.

Das streitgegenständliche Grundstück befindet sich im Außenbereich, etwa 300 m nordöstlich des Ortsteils A.

Der Flächennutzungsplan der Stadt E. stellt für dieses Grundstück sowie für die umliegenden Grundstücke Flächen für die Landwirtschaft dar. Das Grundstück liegt ausweislich des Landschaftsplans des Kreises im Landschaftsschutzgebiet „S.". Der Landschaftsplan trifft für Landschaftsschutzgebiete ein Bauverbot.

Im Rahmen einer Ortsbesichtigung im Juli 2000 stellten Mitarbeiter des Beklagten an dem streitgegenständlichen Gebäude ungenehmigte Umbau- und Erweiterungsmaßnahmen im Dachgeschoß fest und versiegelten die Baustelle.

Der Kläger beantragte daraufhin eine Baugenehmigung zum Anbau und zur Dacherneuerung. Ausweislich der Bauzeichnungen sollte das Gebäude auf der Ostseite über die gesamte Schmalseite vom Keller bis zum Dachgeschoß um etwa 5 m verlängert werden. Zudem waren die Neuerrichtung des Dachstuhls einschließlich des Einbaus von insgesamt vier Dachgaupen, die teilweise Erneuerung der Giebelwände sowie der Ausbau des Dachgeschosses zu einer weiteren Wohneinheit geplant. Im Bereich der Treppenhäuser sollten an der Nord- und Südfassade Vorbauten errichtet werden.

Bei einer erneuten Ortsbesichtigung im September 2000 stellten Mitarbeiter des Beklagten den Bruch des Siegels sowie weitere Ausbaumaßnahmen fest.

Die beantragte Baugenehmigung lehnte der Beklagte ab.

Nachdem der Kläger zunächst Widerspruch eingelegt hatte, teilte er mit Schreiben vom 20. 7. 2001 dem Beklagten mit, daß der „Versagungsbescheid akzeptiert und der Widerspruch hiermit zurückgezogen wird".

Im Rahmen einer weiteren Ortsbesichtigung im Oktober 2001 stellten Mitarbeiter des Beklagten fest, daß der Innenausbau des Dachgeschosses fast abgeschlossen war.

Mit Ordnungsverfügung vom 23. 11. 2001 forderte der Beklagte den Kläger auf, die ohne die erforderliche Baugenehmigung vorgenommenen Umbauten und Erweiterungen des Wohnhauses im Dachgeschoß innerhalb von zwei Monaten nach Bestandskraft der Ordnungsverfügung zurückzubauen. Im einzelnen seien folgende Forderungen zu erfüllen: „1. Entfernung der Dachgaupen, 2. Entfernung der Trennwände für die beabsichtigten Nutzungen Diele, Schlafen, Kochen, Bad/WC."

Widerspruch und Klage blieben erfolglos. Die Berufung des Klägers hatte Erfolg.

Aus den Gründen:

Nach § 61 Abs. 1 BauO NRW haben die Bauaufsichtsbehörden bei der Errichtung, der Änderung, dem Abbruch, der Nutzung, der Nutzungsänderung sowie der Instandhaltung baulicher Anlagen darüber zu wachen, daß die öffentlich-rechtlichen Vorschriften und die auf Grund dieser Vorschriften erlassenen Anordnungen eingehalten werden. Sie haben in Wahrnehmung dieser Aufgaben nach pflichtgemäßem Ermessen die erforderlichen Maßnahmen zu treffen. § 61 BauO NRW stellt eine verfassungsmäßige Inhalts- und Schrankenbestimmung des Eigentums (Art. 14 GG) dar (vgl. zu der entsprechenden Regelung des § 81 LBO Rh.-Pf.: BVerfG, Beschluß v. 2. 9. 2004 – 1 BvR 1860/02 –, abgedruckt unter Nr. 190).

Die durch den Kläger vorgenommenen Änderungen an dem Gebäude E.-Straße 22 sind zwar formell und materiell illegal (1.). Die Ordnungsverfügung ist jedoch ermessensfehlerhaft, weil der Beklagte keine zur Beseitigung der Rechtsverstöße geeigneten Maßnahmen angeordnet hat (2.).

(1.) Die Umbau- und Erweiterungsmaßnahmen am Gebäude E.-Straße 22 verstoßen gegen öffentlich-rechtliche Vorschriften. Sie sind formell illegal und auch nicht genehmigungsfähig. Die Bauarbeiten sind ohne die gemäß § 63 BauO NRW erforderliche Baugenehmigung durchgeführt worden (§ 75 BauO

NRW). Der Ausbau des Dachgeschosses unterliegt bereits wegen der vollständigen Neuerrichtung des Daches einschließlich des Dachstuhls und Teilen der Giebelwände sowie des Einbaus von Dachgaupen der Genehmigungspflicht. Auch der Erweiterungsbau über sämtliche Geschosse – gegen den der Beklagte mit der hier streitgegenständlichen Ordnungsverfügung allerdings nicht vorgeht – stellt eine genehmigungspflichtige Baumaßnahme dar. Zudem hätte es für die Baumaßnahmen einer den vorhandenen Bestand einschließenden Baugenehmigung bedurft. Allein die Genehmigung der Erweiterungs- und Umbauarbeiten oder nur des Dachausbaus wäre unzulässig, da ein derartiger Torso keine mit den öffentlichrechtlichen Vorschriften zu vereinbarende Gebäudeeinheit darstellen kann. Stellt sich die Genehmigungsfrage insgesamt, können aus dem einheitlichen Baukörper nicht einzelne – für sich möglicherweise genehmigungsfreie – Bauteile herausgelöst werden (vgl. dazu BayVGH, Beschluß v. 18.2.1998 – 20 ZB 98.121 –, BRS 60 Nr.143; Boeddinghaus/Hahn/Schulte, Bauordnung für das Land Nordrhein-Westfalen, Kommentar, Loseblatt, Stand: Mai 2005, §75 Rdnr.64).

Eine Baugenehmigung liegt weder für das Gesamtvorhaben noch für die von der streitgegenständlichen Ordnungsverfügung aufgegriffenen Baumaßnahmen vor. Möglicherweise abgegebene mündliche Äußerungen durch Mitarbeiter des Beklagten, daß unter bestimmten Voraussetzungen eine Genehmigungsfähigkeit des Dachgeschoßausbaus in Betracht komme, vermögen die erforderliche Baugenehmigung ebenso wenig zu ersetzen wie der Antrag auf Erteilung Baugenehmigung. Vor diesem Hintergrund ist es auch ohne Belang, ob der Kläger seinen Widerspruch gegen den die beantragte Baugenehmigung ablehnenden Bescheid vom 3.1.2001 mit Schreiben vom 20.7.2001 zurückgenommen hat.

Die formelle Legalität des hier in Rede stehenden Vorhabens kann auch nicht aus einem möglicherweise genehmigten Altbestand – der Kläger verweist insoweit darauf, der Beklagte habe die Errichtung als Behelfsheim sowie den ersten Erweiterungsbau in den 1960er Jahren „unterstützt" oder geduldet – hergeleitet werden.

Sollte für das ursprünglich auf dem Grundstück E.-Straße 22 errichtete Gebäude gegen Ende des Zweiten Weltkriegs eine sog. Baukarte für Behelfsheime – im Regelfall 20 m² große Unterkünfte an vor feindlichen Bombenangriffen sicheren Standorten, vornehmlich im Außenbereich – erteilt worden sein, wäre die damit begründete formelle Legalität spätestens im Jahr 1965 mit der Aufhebung der Wohnraumbewirtschaftung weggefallen (vgl. HessVGH, Urteil v. 5.9.1967 – OS IV 159/66 –, BRS 18 Nr.154; Nds. OVG, Urteil v. 4.10.1979 – VI A 45/76 –, BRS 36 Nr.103; OVG Schl.-H., Urteil v. 25.11.1991 – 1 L 115/91 –, BRS 54 Nr.206; sowie zur Erteilung von Baukarten und deren Geltungsdauer: Schulte, in: Reichel/Schulte, Handbuch Bauordnungsrecht, München 2004, S.52 f.).

Im übrigen konnte der Kläger weder eine solche Baukarte, noch eine Genehmigung für die Erweiterungsmaßnahmen in den 1960er Jahren oder zumindest die Annahme einer aktiven Duldung der Baumaßnahmen stützende Unterlagen vorlegen. Beruft sich jedoch der Bürger gegenüber einer Beseitigungsverfügung darauf, das Bauwerk sei genehmigt und deshalb formell rechtmäßig, ist er für das Vorliegen einer Baugenehmigung beweispflichtig. Dasselbe gilt für die Beweislast hinsichtlich eines behaupteten Bestandsschutzes (vgl. BVerwG, Urteil v. 23.2.1979 – 4 C 86.76 –, BRS 35 Nr. 206 = BauR 1979, 228, Beschluß v. 19.2.1988 – 4 B 33.88 –; OVG NRW, Urteil v. 17.5.1993 – 11 A 3625/91 –, Beschluß v. 18.1.2001 – 10 B 1898/00 –, BRS 64 Nr. 161 = BauR 2001, 788; Boeddinghaus/Hahn/Schulte, Bauordnung für das Land Nordrhein-Westfalen, Kommentar, Loseblatt, Stand: Mai 2005, § 75 Rdnr. 58 a).

Aber selbst wenn eine den Altbestand legitimierende Baugenehmigung vorgelegen haben sollte, wäre diese spätestens mit den im Jahr 2000 vorgenommenen Anbau- und Erweiterungsmaßnahmen erloschen. Denn der mit diesen Maßnahmen vorgenommene Eingriff in den Bestand – Neuerrichtung des Daches einschließlich Dachgaupen und Teilen der Giebelwände sowie Erweiterungsbau – ist so intensiv, daß er die Standfestigkeit des gesamten Gebäudes berührt und eine statische Neuberechnung des gesamten Gebäudes erforderlich macht (vgl. dazu BVerwG, Beschluß v. 21.3.2001 – 4 B 18.01 –, BRS 64 Nr. 90; Schulte, in: Reichel/Schulte, a.a.O., S. 60 f.).

Die durch den Kläger vorgenommenen Änderungen der baulichen Anlage sind nicht genehmigungsfähig, da sie dem materiellen Baurecht widersprechen. Gegenstand der bauplanungsrechtlichen Prüfung ist das Gesamtvorhaben in seiner geänderten Gestalt (BVerwG, Urteil v. 17.6.1993 – 4 C 17.91 –, BRS 55 Nr. 72 = BauR 1994, 81, und Beschluß v. 4.2.2000 – 4 B 106.99 –, BRS 63 Nr. 172 = BauR 2000, 1041).

Es liegt ein Verstoß gegen die Vorschriften des Bauplanungsrechts vor. Die Beurteilung des im Außenbereich gelegenen Vorhabens richtet sich nach § 35 BauGB. Als sonstiges Vorhaben ist es nicht zulässig, weil seine Ausführung öffentliche Belange beeinträchtigt (§ 35 Abs. 2 und 3 BauGB) und die Erschließung nicht gesichert ist (§ 35 Abs. 1 BauGB). (Wird ausgeführt.)

(2.) Die Beseitigungsverfügung ist jedoch ermessensfehlerhaft. Der bei der Ermessensausübung zu beachtende Grundsatz der Verhältnismäßigkeit erfordert, daß eine Maßnahme zur Erreichung des mit ihr verfolgten Zwecks geeignet und erforderlich ist, sowie daß die Belastung des Betroffenen in einem angemessenen Verhältnis zu den mit der Regelung verfolgten Interessen steht.

Die Beseitigungsverfügung des Beklagten ist nicht zur Herstellung rechtmäßiger Zustände geeignet. Ausgangspunkt für die Beurteilung der Geeignetheit der Ordnungsverfügung ist der mit ihr angestrebte Zweck. Ziel bauordnungsbehördlichen Handelns hat es zu sein, baurechtswidrige Zustände zu beseitigen (vgl. auch OVG NRW, Urteil v. 22.1.1996 – 10 A 1464/92 –, BRS 58 Nr. 115).

Dies ergibt sich bereits unmittelbar aus der Regelung des § 61 Abs. 1 BauO NRW, die gerade die Einhaltung öffentlich-rechtlicher Vorschriften sicherstellen soll. Daher scheidet auch die Anordnung von Maßnahmen, die den vorgefundenen rechtswidrigen Zustand nur verändern oder reduzieren, grundsätzlich aus (vgl. dazu BVerfG, Beschluß v. 2.9.2004 – 1 BvR 1860/02 –, NVwZ 2005, 203).

Mit der Ordnungsverfügung des Beklagten werden keine rechtmäßigen Zustände erreicht. Die geforderte Entfernung der Dachgaupen und Trennwände ändert nichts an der baurechtlichen Unzulässigkeit des Gebäudes insgesamt. Dem im Außenbereich nicht privilegierten Wohngebäude stehen auch nach dem Rückbau die öffentlichen Belange des §35 Abs. 3 Nrn. 1, 2 und 7 BauGB entgegen. Auch der seitens des Beklagten zur Begründung des Einschreitens herangezogene Abstandflächenverstoß gemäß §6 BauO NRW wird durch die Ordnungsverfügung nicht beseitigt. Zwar wird die Höhe der Wandabschnitte im Bereich der Dachgaupen durch deren Rückbau verringert. Da der zwischen 1 m und 3 m betragende Grenzabstand jedoch nicht verändert wird, findet nach wie vor eine erhebliche Unterschreitung des gemäß §6 Abs. 5 Satz 5 BauO NRW einzuhaltenden Mindestabstandes statt. Insbesondere der bauplanungsrechtliche Verstoß kann nur durch die vollständige Beseitigung des Baukörpers erreicht werden.

Der Rückbau ist kein milderes Mittel, da er zur Herstellung rechtmäßiger Zustände nicht (gleich) geeignet ist.

Auch im Hinblick auf die grundsätzlich bestehende Ermessensfreiheit der Bauaufsichtsbehörde ist es – anders als vom Verwaltungsgericht angenommen – im Rahmen des bauordnungsbehördlichen Einschreitens im Wege einer Rückbauverfügung regelmäßig nicht ausreichend, wenn durch die angeordneten Maßnahmen lediglich eine Milderung oder Reduzierung des Rechtsverstoßes erreicht werden kann. Daraus, daß die Behörde grundsätzlich die Möglichkeit hat, von einem Einschreiten gegen rechtswidrige Zustände ganz abzusehen, kann nicht zwingend gefolgert werden, daß es dann erst recht in ihrem Ermessen stehen müsse, anstelle einer zur völligen Beseitigung des Zustandes geeigneten Maßnahme eine weniger scharfe, den Rechtsverstoß lediglich mildernde Maßnahme zu ergreifen (so aber wohl VGH Bad.-Württ., Urteil v. 29. 5. 1973 – III 1362/72 –, BRS 27 Nr. 200).

Die Behörde wirkt mit Erlaß einer zur Herstellung rechtmäßiger Zustände ungeeigneten Teilabriß- oder Rückbauverfügung – anders als im Fall des rein passiven Absehens von einem Einschreiten – aktiv an der Beibehaltung oder Veränderung rechtswidriger Zustände mit. Die Verfügung eines Teilabrisses oder Rückbaus zieht in aller Regel erhebliche finanzielle Aufwendungen für den Verpflichteten nach sich. Haben die verfügten Rückbaumaßnahmen aber zur Folge, daß der verbleibende Baukörper keinerlei rechtliche Sicherung beanspruchen kann, sei es in Form einer (diesen Zustand abdeckenden) Baugenehmigung oder zumindest einer bestehenden Genehmigungsfähigkeit oder aktiven Duldung, stellen sich solche, nicht zur Beseitigung des rechtswidrigen Zustands dienenden Maßnahmen als unverhältnismäßig dar.

Bei der mit der angefochten Verfügung angeordneten Entfernung der vier Dachgaupen mit einer Gesamtbreite von nahezu 20 m verbliebe zudem ein so nicht sinnvoll existenzfähiger Torso des Daches (vgl. OVG Saarl., Beschluß v. 22. 10. 1996 – 2 W 30/96 –, BRS 58 Nr. 146 = BauR 1997, 283; Boeddinghaus/Hahn/Schulte, Bauordnung für das Land Nordrhein-Westfalen, Kommentar, Loseblatt, Stand: Mai 2005, §75 Rdnr. 66).

Weitere Maßnahmen zur Beseitigung dieses Zustandes scheiden aus Rechtsgründen aus, weil dem Verpflichteten nicht eine bestimmte Form des

Gebäudes aufgedrängt werden darf (vgl. OVG NRW, Urteile v. 23.10.1995 –
10 A 958/92 –, und v. 22.1.1996 – 10 A 673/94 –, Beschluß v. 18.3.1997 –
10 A 853/93 –, BRS 59 Nr. 209, und Urteil v. 12.11.2003 – 7 A 3663/99 –;
sowie zu einem abweichenden Einzelfall: OVG NRW, Beschluß v. 1.8.1997 –
10 A 6445/97 –).

Maßnahmen, die lediglich auf eine (erhebliche) Reduzierung des Rechtsverstoßes hinwirken (vgl. zur teilweisen Beseitigung von Gefahren im Polizeirecht
und im allgemeinen Ordnungsrecht Drews/Wacke/Vogel/Martens, Gefahrenabwehr, 9. Aufl. 1986, § 25, 5., S. 421), können sich nur in Ausnahmefällen
als ermessensgerecht darstellen, wenn der Verpflichtete in schutzwürdiger
Weise darauf vertrauen darf, daß die Behörde nicht die vollständige Beseitigung des rechtswidrigen Zustandes verfolgen werde. Unter derartigen besonderen Umständen des Einzelfalles kann die Anordnung der vollständigen
Beseitigung eine unangemessene Belastung des Verpflichteten bedeuten, weil
kein die Eigentümerposition überwiegendes öffentliches Interesse an der
Beseitigung gegeben ist (vgl. BVerfG, Beschluß v. 2.9.2004 – 1 BvR 1860/02
–, NVwZ 2005, 203).

Allein die faktische Duldung, die sich durch ein länger andauerndes Hinnehmen des illegalen Zustandes durch die Behörde auszeichnet, vermag
allerdings keinen entsprechenden Vertrauenstatbestand zu begründen (OVG
NRW, Beschluß v. 16.9.1997 – 10 A 6105/95 –, und Urteil v. 20.4.1998 – 7 A
1195/96 –).

Dafür bedürfte es vielmehr einer sog. aktiven Duldung, und zwar des mit
der Ordnungsverfügung geforderten Zustandes (vgl. zur aktiven Duldung
auch OVG Berlin, Urteil v. 14.5.1982 – 2 B 57.79 –, BRS 39 Nr. 207, und zur
Baugenehmigung für einen unselbständigen Teil eines ansonsten nicht
genehmigten Gebäudes BayVGH, Beschluß v. 18.2.1998 – 20 ZB 98.121 –,
BRS 60 Nr. 143).

Angesichts des Ausnahmecharakters und der weitreichenden Folgen einer
aktiven Duldung – die Behörde ist auf Dauer an der Beseitigung rechtswidriger
Zustände gehindert – muß den entsprechenden Erklärungen der Behörde mit
hinreichender Deutlichkeit zu entnehmen sein, ob, in welchem Umfang und
ggf. über welchen Zeitraum die Duldung der illegalen Zustände erfolgen soll. Im
übrigen spricht vieles dafür, daß eine länger andauernde Duldung oder Dul-
dungszusage, soll sie Vertrauensschutz vermitteln, schriftlich erfolgen muß
(OVG NRW, Urteil v. 20.5.1994 – 10a D 104/93.NE –, BRS 56 Nr. 32).

Aber auch in Fällen einer aktiven Duldung ist die Behörde an diese Duldung
nicht mehr gebunden, wenn die bauliche Anlage dergestalt geändert wird, daß
sie eine neue und andersartige Identität erhält. Denn damit ist ein auf den „Altbestand" und dessen Nutzung bezogener Vertrauenstatbestand untergegangen
(OVG NRW, Beschluß v. 16.9.1997 – 10 A 6105/95 –; anders bei ganz geringfügigen und leicht rückgängig zu machenden baulichen Veränderungen:
BVerfG, Beschluß v. 2.9.2004 – 1 BvR 1860/02 –, NVwZ 2005, 203).

Der im vorliegenden Fall verfügte Rückbau ist auch unter Berücksichtigung dieser Maßgaben nicht ermessensgerecht, weil keine Gesichtspunkte
des Vertrauensschutzes die nur teilweise Beseitigung des rechtswidrigen
Zustandes in dem verfügten Umfang gebieten.

Kein relevanter Vertrauenstatbestand kann darin erblickt werden, daß der Beklagte nach Angaben des Klägers der Errichtung des Behelfsheims und den Ausbaumaßnahmen in den 1960er Jahren möglicherweise „zugestimmt" hat. Denn selbst wenn darin eine aktive Duldung zu sehen gewesen wäre – was nicht der Fall ist –, wäre diese durch die umfangreichen Ausbaumaßnahmen im Jahr 2000 obsolet.

Der streitgegenständlichen Rückbauverfügung kann ebenfalls keine einen Vertrauenstatbestand begründende aktive Duldung der nach dem Rückbau verbleibenden baurechtswidrigen Zustände entnommen werden. Allein die Anordnung der Beseitigung (nur) eines Teils der baurechtswidrigen Zustände hat nicht den darüber hinausgehende Aussagegehalt, daß die verbleibenden Rechtsverstöße auf Dauer hingenommen werden sollen. Ob eine derartige Kombination von Teilabriß und aktiver Duldung überhaupt in Frage kommt, kann hier offen bleiben. Jedenfalls müßte dann der Wille der Behörde zum dauerhaften Erhalt des verbleibenden Teils ausdrücklich und unmißverständlich in der Verfügung zum Ausdruck kommen. Derartige Umstände liegen hier nicht vor. Insbesondere vor dem Hintergrund, daß der Beklagte mit dem verfügten Rückbau der Dachgaupen und der Entfernung der Trennwände im Dachgeschoß nur einen Teil der im Jahr 2000 illegal durchgeführten Baumaßnahmen aufgegriffen hat, hätte es einer eindeutigen Erklärung bedurft, daß damit die ebenfalls bei der Erweiterung errichteten Bauteile – Neuerrichtung des Daches einschließlich des Dachstuhls, teilweise Erneuerung der Giebelwände, Vorbauten in den beiden Treppenhausbereichen, Erweiterung des vorhandenen Baukörpers vom Keller bis ins Dachgeschoß um einen 7,50 m breiten und etwa 5 m tiefen Anbau – auf Dauer auf der Grundlage einer aktiven Duldung bestehen bleiben dürften.

Aus dem vom Kläger angeführten Gespräch zwischen der (damaligen) Leiterin des Bauaufsichtsamtes, dem (damaligen) Leiter des Planungsamtes, dem Architekten des Klägers und dem Kläger selbst, in dem seitens des Beklagten in Aussicht gestellt worden sei, daß bei einem Verzicht von Wohnnutzung im Dachgeschoß eine Genehmigungsfähigkeit hergestellt werden könne, ergibt sich nichts anderes. Nur mündlich gegebene Zusagen sind nicht geeignet, einen Vertrauenstatbestand zu begründen. Zudem wäre der Beklagte daran jedenfalls nicht mehr gebunden. Denn Grundlage für die mögliche Duldung war der Verzicht auf die Nutzung des Dachgeschosses zu Wohnzwecken. Der Kläger hat in der Folgezeit den Ausbau zu Wohnzwecken (Einbau der Badewanne, Fliesenlegearbeiten usw.) jedoch weiter fortgeführt.

Ein berechtigtes Vertrauen des Klägers, daß der Beklagte gegen illegale Erweiterungsbauten nicht vorgehen werde, kann nicht aus der Verwaltungspraxis des Beklagten i. V. m. dem Gleichbehandlungsgrundsatz des Art. 3 Abs. 1 GG hergeleitet werden. Für eine solche, eine Ermessensbindung herbeiführende Verwaltungspraxis ist nichts ersichtlich. Vielmehr hat der Beklagte im Jahr 1982 die Beseitigung des Ende der sechziger Jahre schräg gegenüber dem streitgegenständlichen Grundstück errichteten Bungalows auf Grund eines vor dem OVG Nordrhein-Westfalen geschlossenen Vergleichs durchgesetzt.

Die streitgegenständliche Ordnungsverfügung des Beklagten ist außer aus den bereits dargelegten Gründen auch deshalb ermessensfehlerhaft, weil nicht nachvollziehbar ist, weshalb gegen einen Teil der Umbauten eingeschritten wird, hingegen der umfangreiche illegale Anbau nicht einmal erwähnt wird. Auch insoweit hat der Beklagte von dem ihm eingeräumten Ermessen in einer nicht dem Zweck der Ermächtigung entsprechenden Weise Gebrauch gemacht (§ 114 Satz 1 VwGO). Soll – wie hier – gegen die illegale Erweiterung einer bauliche Anlage eingeschritten werden, bedarf es konkreter Feststellungen zum Altbestand und zu den neu hinzugekommenen Bauteilen sowie der Berücksichtigung dieser Feststellungen im Rahmen des anschließenden Tätigwerdens (vgl. zum Fall der Nutzungsuntersagung auch OVG NRW, Beschluß v. 29. 11. 2004 – 10 B 2076/04 –, BauR 2005, 851).

Für eigene Ermittlungen des Beklagten zur exakten Feststellung des Umfangs der im Jahr 2000 neu errichteten Gebäudeteile sowie des zuvor vorhandenen Altbestandes läßt sich den Verwaltungsvorgängen nichts entnehmen. Lediglich an Hand der vom Kläger zum Bauantrag eingereichten Bauzeichnungen lassen sich der Gebäudezustand vor und nach den Erweiterungsmaßnahmen des Klägers im Jahr 2000 entnehmen. Ob und inwieweit der Beklagte den tatsächlichen Umfang der Erweiterungsmaßnahmen im einzelnen erkannt hat, ist nicht sicher nachvollziehbar. In der angefochtenen Ordnungsverfügung ist lediglich die Rede von „ohne die erforderliche Baugenehmigung vorgenommenen Umbauten und Erweiterungen des Wohnhauses im Dachgeschoß". Nach den konkretisierten Forderungen der Ordnungsverfügung sind nur die Dachgaupen und Trennwände im Dachgeschoß zu entfernen. Der Beklagte greift damit nur einen Teil der illegal vorgenommenen Bauarbeiten auf. Völlig unberücksichtigt bleiben die umfangreichen weiteren Baumaßnahmen. Die ebenfalls vorgenomme vollständige Neuerrichtung des Dachstuhls und teilweise Erneuerung der Giebelwände, die Errichtung des großzügigen (Grundfläche etwa 5 m x 7,50 m), vom Keller bis ins Dachgeschoß reichenden Anbaus und die Erweiterungen in den nördlichen und südlichen Treppenhausbereichen finden in der Ordnungsverfügung keine Erwähnung.

Für die sachgerechte Ermessensausübung des Beklagten hätte es einer umfassenden Aufnahme des in der Siedlung „O." tatsächlich vorhandenen Gebäudebestandes bedurft, um die planungsrechtliche Beurteilung als Splittersiedlung im Außenbereich sicher vornehmen zu können. Dies ist erstmals im verwaltungsgerichtlichen Verfahren erfolgt. Die ebenfalls im Ermessen der Behörde stehende Auswahl des Störers hätte darüber hinaus die Ermittlung der Eigentumsverhältnisse sowie deren Berücksichtigung im Rahmen des bauordnungsbehördlichen Einschreitens erfordert.

Nr. 190

1. **§ 81 RhPfBauO stellt eine verfassungsmäßige Inhalts- und Schrankenbestimmung des Eigentums dar. Die Gerichte haben bei der Auslegung und Anwendung dieser Inhalts- und Schrankenbestimmung Bedeutung und**

Tragweite der Eigentumsgarantie nach Art. 14 Abs. 1 und Abs. 2 GG zu beachten. Sie müssen bei ihren Entscheidungen der verfassungsrechtlichen Anerkennung des Privateigentums sowie seiner Sozialpflichtigkeit gleichermaßen Rechnung tragen und insbesondere den Grundsatz der Verhältnismäßigkeit wahren (vgl. BVerfGE 102, 1, 18).

2. Der Grundsatz der Verhältnismäßigkeit erfordert, daß eine Maßnahme zur Erreichung des von ihr verfolgten Zwecks geeignet und erforderlich ist sowie daß die Belastung des Eigentümers in einem angemessenen Verhältnis zu den mit der Regelung verfolgten Interessen steht.

3. Werden in einem Gebiet, in dem illegale Wochenendhäuser geduldet werden, an einem solchen Haus bauliche Maßnahmen durchgeführt, die zur Funktionsverbesserung dienen, so darf deshalb nicht der Abbruch des Hauses, sondern lediglich die Rückgängigmachung der Maßnahmen angeordnet werden. Dies gilt jedenfalls dann, wenn die Funktionsverbesserung auf einer geringfügigen baulichen Veränderung beruht, die sich leicht rückgängig machen läßt.

(Nichtamtliche Leitsätze.)

GG Art. 14; RhPfBauO §81.

Bundesverfassungsgericht, Beschluß vom 2. September 2004 – 1 BvR 1860/02 –.

Die Verfassungsbeschwerde betrifft eine baurechtliche Beseitigungsanordnung. Die Beschwerdeführer sind Eigentümer eines Außenbereichsgrundstücks, auf dem sich u. a. ein ungenehmigtes und nicht genehmigungsfähiges Wochenendhaus befindet. Das Grundstück liegt im Landkreis Südwestpfalz und damit im räumlichen Geltungsbereich der sog. Pirmasenser Amnestie. Dabei handelt es sich um eine Verfügung der früheren Bezirksregierung der Pfalz an das Landratsamt Pirmasens vom 11. 7. 1967, wonach die Beseitigung bestehender Wochenendhäuser aus Gründen des allgemeinen Wohls nicht für geboten gehalten werde und die Bezirksregierung die stillschweigende Duldung dieser Bauten nicht beanstanden werde. Die Verwaltungspraxis in dem Landkreis orientierte sich in der Folgezeit an dieser Verfügung, so daß von der Rechtsprechung eine auf dem Gleichbehandlungsgebot beruhende Ermessensbindung angenommen wurde. Allerdings ging die Verwaltung zunächst weiterhin gegen an sich der Amnestie unterfallende Schwarzbauten vor, wenn an ihnen nach dem 1. 7. 1967 Bauarbeiten durchgeführt wurden, unabhängig davon, ob es sich um qualitative oder quantitative Veränderungen oder um bloße Unterhaltungs- oder Reparaturarbeiten handelte. Mit Urteil vom 8. 9. 1989 – 8 A 93/88 – entschied das OVG Koblenz, daß sich aus der Pirmasenser Amnestie auch ein Vertrauensschutz darauf ergebe, daß der Amnestie grundsätzlich unterfallende Bauwerke auch nach Durchführung bestandserhaltender Maßnahmen geduldet würden. Die Duldung beziehe sich dagegen nicht auf darüber hinausgehende Arbeiten, die die am 1. 7. 1967 fertiggestellten Bauten erweiterten oder sonst in ihrem Äußeren oder ihrem Bauzustand veränderten, verbesserten oder in ihrer Funktionsfähigkeit erhöhten. Die Beschwerdeführer erwarben das mit dem Wochenendhaus bebaute Grundstück im Jahr 1983. Das Haus verfügt über eine überdachte Terrasse mit drei das Terrassendach tragenden Holzstützen. Die Beschwerdeführer versahen die Holzstützen mit einer Vorrichtung, die es erlaubt, zwischen die Holzpfosten mobile Kunststofffenster einzuhängen. Durch Bescheid des Landkreises vom 13. 9. 2000 wurden die Beschwerdeführer aufgefordert, ihr Wochenendhaus zu beseitigen. Das Gebäude sei im Widerspruch zu baurechtlichen Vorschriften errichtet worden; auf andere Weise als durch den Abbruch könne ein rechtmäßiger Zustand nicht hergestellt werden. Die Beschwerdeführer könnten sich auch nicht auf die Pirmasenser Amnestie berufen. Das Verwaltungsgericht wies die Klage ab und führte in seiner Begründung insbesondere aus, die Beschwerdeführer hätten bereits nicht nachgewiesen, daß die rechtswidrigen Anlagen bereits im Jahr 1967 vorhanden gewesen seien. Zum anderen hatten sie sog. amnestieschädliche Maßnahmen vorgenommen. Das Oberverwaltungsgericht lehnte den Antrag auf Zulassung der Berufung bezüglich des Wochenendhauses ab. Ein etwaiger Vertrauensschutz sei durch amnestieschädliche Maßnahmen der Beschwerdeführer entfallen.

Die Verfassungsbeschwerde hatte zum Teil Erfolg. Der Beschluß des Oberverwaltungsgerichts verletzte die Beschwerdeführer in ihrem Grundrecht aus Art. 14 Abs. 1 Satz 1 GG und wurde aufgehoben. Die Sache wurde an das Oberverwaltungsgericht zurückverwiesen. Im übrigen wurde die Verfassungsbeschwerde nicht zur Entscheidung angenommen.

Aus den Gründen:

II. 1. ... Die für die Beurteilung der Verfassungsbeschwerde maßgeblichen Fragen hat das Bundesverfassungsgericht bereits entschieden. Der Beschluß des Oberverwaltungsgerichts, wonach an der Richtigkeit des verwaltungsgerichtlichen Urteils, welches die Rechtmäßigkeit der Abbruchsanordnung festgestellt hat, keine ernsthaften Zweifel bestehen, verstößt gegen Art. 14 Abs. 1 GG.

a) Der Beschluß berührt den Schutzbereich des Art. 14 Abs. 1 Satz 1 GG. Dies folgt bereits daraus, daß die Beschwerdeführer durch die auf § 81 RhPfBauO gestützte Abbruchsanordnung verpflichtet werden, das Gebäude zu beseitigen, und damit in das Eigentum an der tatsächlich vorhandenen Gebäudesubstanz eingegriffen wird.

b) § 81 RhPfBauO stellt eine verfassungsmäßige Inhalts- und Schrankenbestimmung des Eigentums dar. Die Gerichte haben bei der Auslegung und Anwendung dieser Inhalts- und Schrankenbestimmung Bedeutung und Tragweite der Eigentumsgarantie nach Art. 14 Abs. 1 und Abs. 2 GG zu beachten. Sie müssen bei ihren Entscheidungen der verfassungsrechtlichen Anerkennung des Privateigentums sowie seiner Sozialpflichtigkeit gleichermaßen Rechnung tragen und insbesondere den Grundsatz der Verhältnismäßigkeit wahren (vgl. BVerfGE 102, 1, 18). Der Grundsatz der Verhältnismäßigkeit erfordert, daß eine Maßnahme zur Erreichung des von ihr verfolgten Zwecks geeignet und erforderlich ist, sowie daß die Belastung des Eigentümers in einem angemessenen Verhältnis zu den mit der Regelung verfolgten Interessen steht.

c) Zweck der vorliegenden Anordnung ist die Herstellung eines baurechtmäßigen Zustands. Zur Erzielung dieses Zwecks ist die Verfügung geeignet und erforderlich. Insbesondere reicht hierfür die Beseitigung der nachträglich angebrachten Fensterelemente nicht aus, weil dies an der baurechtlichen Unzulässigkeit des Gebäudes insgesamt nichts ändert.

Die Beseitigungsanordnung stellt jedoch unter den besonderen Umständen des vorliegenden Falls eine unangemessene Belastung der Beschwerdeführer dar. Dabei ist zu berücksichtigen, daß in dem Gebiet, in dem das Grundstück liegt, baurechtswidrige Wochenendhäuser, die vor dem 1. 7. 1967 errichtet worden sind, grundsätzlich geduldet werden. Dadurch wird zum

Ausdruck gebracht, daß in diesem Gebiet i. d. R. kein die Eigentümerposition überwiegendes öffentliches Interesse an der Beseitigung eines unter die „Amnestie" fallenden Gebäudes besteht.

Zwar kann ein Interesse der Öffentlichkeit daran bestehen, eine weitere Intensivierung des baurechtswidrigen Zustands zu verhindern und daher eine Funktionsverbesserung der nur geduldeten Wochenendhäuser zu unterbinden. Jedenfalls dann, wenn die Funktionsverbesserung auf einer geringfügigen baulichen Veränderung beruht, die sich leicht rückgängig machen läßt, kann dieses Interesse aber nur die Beseitigung der nachträglich vorgenommenen Veränderungen tragen, nicht jedoch den Abbruch des gesamten Hauses begründen.

d) Der Beschluß des Oberverwaltungsgerichts beruht auf der festgestellten Verletzung des Art. 14 Abs. 1 Satz 1 GG. Er ist daher aufzuheben und die Sache an das Oberverwaltungsgericht zurückzuverweisen (§§ 93 c Abs. 2, 95 BVerfGG).

Nr. 191

1. **Zum Umfang der gerichtlichen Nachprüfung einer Duldungsanordnung bei bestandskräftiger Teilbeseitigungsanordnung.**

2. **Zu den Anforderungen an eine Teilbeseitigungsanordnung zur Herstellung rechtlicher Zustände.**

BauO Bln § 70 Abs. 1.

OVG Berlin, Beschluss vom 26. April 2005 – 2 S 60.04 – (rechtskräftig).

Die Antragsteller sind seit 1995 Eigentümer des Grundstücks H.-Straße 178. Ihr Vater hat als vormaliger Eigentümer mit Zustimmung des Stadtbezirksbauamts 1987 einen etwa 4 m x 5 m großen Kohleschuppen in nur 90 cm Entfernung zur hinteren Grundstücksgrenze errichtet. Im Jahre 1997 stellte der Antragsgegner fest, dass der Kohleschuppen für die Unterbringung einer Heizungsanlage zum Teil abgebrochen, neu aufgebaut und erweitert worden war. Mit Bescheid vom Oktober 1998 erließ er daraufhin gegen den Vater unter Punkt 1) eine Anordnung, den grenznahen ehemaligen Kohleschuppen einschließlich der darin befindlichen Gasheizungsanlage so zu beseitigen, dass die Mindestabstandfläche von 3 m zum Nachbargrundstück H.-Straße 180 eingehalten wird. Die gegen den Bescheid erhobene Klage wurde zurückgenommen. Kurz nach Ablauf der vereinbarten Beseitigungsfrist teilte der Vater dem Antragsgegner mit, dass er nur Mieter und nach Rücksprache mit den Eigentümern nicht berechtigt sei, den geforderten Rückbau vorzunehmen.

Auf den Hinweis, dass die Antragsteller nicht Rechtsnachfolger, sondern bereits seit 1995 Eigentümer des streitbefangenen Grundstücks seien, erließ der Antragsgegner mit Bescheiden vom August 2004 unter Anordnung der sofortigen Vollziehung Duldungsanordnungen gegen die Antragsteller als Eigentümer des Grundstücks betreffend die Maßnahmen zur Befolgung der bestandskräftigen Anordnung vom Oktober 1998. Hiergegen haben die Antragsteller jeweils Widerspruch eingelegt und die Duldungsanordnungen zum Gegenstand des vorläufigen Rechtsschutzverfahrens gemacht.

Aus den Gründen:

Hinsichtlich der Duldungsanordnung zu 1 im Bescheid vom August 2004 hat die Beschwerde keinen Erfolg. Eine Duldungsanordnung ist ein statthaftes Mittel, um Hindernisse auszuräumen, die sich aus zivilrechtlichen Rechtspositionen Dritter für die Befolgung oder Durchsetzung bauaufsichtlich verfügter Handlungs- oder Unterlassungspflichten ergeben können. Hierbei handelt es sich nicht um eine Maßnahme der Verwaltungsvollstreckung, sondern um eine Ordnungsverfügung, deren Rechtsgrundlage § 70 Abs. 1 BauO Bln i. V. m. § 17 ASOG ist (vgl. Beschluss des Senats v. 28. 2. 1997, BRS 59 Nr. 208 m. w. N.; OVG Saarlouis, Urteil v. 18. 6. 2002, NVwZ-RR 2003, 337, 338). Eine Duldungsanordnung ist deshalb nur zulässig, wenn auch der Ausgangsverwaltungsakt, dessen Befolgung oder Durchsetzung sie ermöglichen soll, rechtmäßig ist. Dass der Ausgangsverwaltungsakt – wie hier der Bescheid vom Oktober 1998 – Bestandskraft erlangt hat, genügt allein nicht, um von der Rechtmäßigkeit der Duldungsanordnung auszugehen, denn die Bestandskraft äußert keine Bindungswirkung gegenüber den Antragstellern, die weder Adressat des Bescheids noch im Verfahren – VG 19 A 297.00 – beigeladen waren. Sie sind deshalb nicht gehindert, die Rechtswidrigkeit der gegen den Mieter gerichteten Anordnung geltend zu machen und dadurch eine inhaltliche Nachprüfung des Bescheids vom Oktober 1998 zu bewirken (vgl. OVG Saarlouis, a. a. O.). Die Antragsteller bleiben dabei allerdings darauf beschränkt, nur etwaige mit der Beseitigungsanordnung verbundene rechtswidrige Eingriffe in ihre schutzwürdigen Rechtspositionen geltend zu machen oder etwaige Ermessensfehler, die der Duldungsanordnung selbst anhaften (vgl. Beschluss des Senats v. 28. 2. 1997, a. a. O.).

Die Duldungsanordnungen bezüglich der Maßnahmen zur Beseitigung der grenznahen Bebauung zum Grundstück H.-Straße 180 einschließlich der Heizungsanlage (Pkt. 1 des Bescheids vom Oktober 1998) dürfte zwar rechtswidrig sein, weil sich die Beseitigungsanordnung (§ 70 Abs. 1 BauO Bln) auf einen teilweisen Rückbau des 90 cm von der Grundstücksgrenze errichteten Gebäudes mit der Heizungsanlage auf einen Abstand von 3 m zu der Grundstücksgrenze bezieht und damit einen baurechtlich nicht genehmigungsfähigen Torso hinterlassen würde, obwohl gemäß § 70 BauO Bln mit einer Beseitigungsanordnung rechtmäßige Zustände hergestellt werden sollen. Denn ein Teilabbruch kommt als milderes Mittel i. d. R. nur in Betracht, wenn es nach der Struktur des Bauwerks möglich erscheint, durch Wegnahme bestimmter Teile einen genehmigungsfähigen Zustand zu erreichen, nicht aber, wenn ein weder bautechnisch noch nach den Vorstellungen des Bauherrn abteilbarer Gebäuderest übrig bliebe (vgl. BVerwG, Beschluss v. 30. 8. 1996, BRS 58 Nr. 90; OVG NRW, Beschluss v. 18. 3. 1997, BRS 59 Nr. 209; Simon/Busse, BayBO, Stand: November 2004, Art. 82 Rdnr. 238). In solchen Fällen ist die Baubehörde grundsätzlich gehalten, den vollständigen Abriss zu verlangen. Es ist dann Sache des Bauherrn, den Rückbau auf ein rechtlich zulässiges und deshalb genehmigungsfähiges Maß als Austauschmittel anzubieten.

Im vorliegenden Fall haben die Antragsteller jedoch in keiner Weise zum Ausdruck gebracht, dass der dann verbleibende Restbaubestand für sie keinen Wert mehr haben würde. Vielmehr hat der Vater der Antragsteller schon im Widerspruchsschreiben von 1998 gegen den zunächst von der Behörde verhängten Baustopp ausdrücklich gefordert, diesen hinsichtlich des nicht von dem angegriffenen Bescheid umfassten Schuppenteils aufzuheben.

Ebenso hat er im Verfahren – VG 19 A 297.00 – mit der Klagerücknahme zugesagt, „den Abriss des in dem 3-Meter-Grenzbereich befindlichen Schuppenteils" innerhalb der ihm gewährten Frist vorzunehmen.

Ein etwaiger Bestandsschutz steht der Duldungsanordnung hinsichtlich der geforderten Teilbeseitigung nicht entgegen, denn die Umbauarbeiten waren ausweislich der in dem Verwaltungsvorgang befindlichen Fotodokumentation derartig umfangreich, dass von der alten Bausubstanz insgesamt gesehen kaum noch etwas übrig blieb. Diese gingen unter Verwendung neuer Wiederherstellungsmaterialien weit über die vom Bestandsschutz noch umfasste Beseitigung von Mängeln unter Wahrung der Identität des bestehenden Gebäudes hinaus, sodass praktisch ein neues Gebäude entstanden ist (vgl. hierzu BVerwG, Beschluss v. 11.12.1996, NVwZ-RR 1997, 521; VGH BW, Urteil v. 5.7.1996, NVwZ-RR 1997, 464, 465).

Nr. 192

1. **Wird dem Pächter landwirtschaftlicher Flächen durch Ordnungsverfügung aufgegeben, die von ihm erneuerten Dränageleitungen im Bereich dieser Flächen zu beseitigen oder unbrauchbar zu machen, um den ursprünglichen Zustand der dort vorhandenen Feuchtflächen wieder herzustellen, verletzt eine Anordnung, die den Grundstückseigentümer zur Duldung dieser Maßnahmen verpflichtet, diesen nicht in seinen Rechten (§ 591 a BGB).**

2. **Die Duldungsanordnung ist ein Gestaltungsakt, der zivilrechtliche Ansprüche des Duldungspflichtigen, die einem Vollzug der Grundverfügung durch den Handlungspflichtigen entgegenstehen, ausschließt. Sie ist zugleich eine vollstreckungsfähige Anordnung, durch die dem Duldungspflichtigen untersagt wird, den Vollzug zu behindern (BayVGH, Beschluss v. 11.7.2001, NVwZ-RR 2002, 608 = BRS 64 Nr. 202 = BauR 2001, 1957 [LS]).**

3. **Der Grundstückseigentümer ist als Zustandsstörer für die Wiederherstellung ordnungsgemäßer Zustände mitverantwortlich und deshalb zur Duldung der dem Pächter als Handlungsstörer auferlegten Maßnahmen verpflichtet.**

4. **Die Rechtsgrundlage für die Duldungsanordnung entspricht der Rechtsgrundlage für die Handlungsanordnung (Art. 13 d Abs. 5 Satz 2 BayNatSchG).**

BGB §§ 586 Abs. 1 Satz 2, 591 a Satz 1; BayNatSchG Art. 13 d Abs. 1 Nr. 1, Abs. 5 Satz 2; LStVG Art. 8 Abs. 1 und 2, Art. 9 Abs. 2 Satz 2.

Bayerischer VGH, Beschluss vom 24. Oktober 2005 – 9 CS 05.1840 – (rechtskräftig).

(VG München)

Nr. 192

Der Antragsteller wehrt sich als Eigentümer des von ihm verpachteten landwirtschaftlich genutzten Grundstücks gegen die naturschutzrechtliche Anordnung, zu dulden, dass der Pächter, der auf dem Grundstück drei Dränagestränge erneuert hat, Anordnungen zur Wiederherstellung einer Feuchtfläche auf dem Grundstück befolgt. Gegenstand des Beschwerdeverfahrens ist im Wesentlichen nur mehr das Begehren des Antragstellers, ihm wegen der Duldungsanordnung hinsichtlich des nach Nordosten verlaufenden Dränagestranges „a" vorläufigen Rechtsschutz zu gewähren.

Der Antragsteller hatte bis 1999 das Grundstück selbst bewirtschaftet. Nach seinen Angaben hatte er es 1955 drainiert und damals als Mähwiese und für intensive Weidewirtschaft, später, und zwar bis 1991, als Maisacker genutzt. Anschließend wurde es wegen einer sich abzeichnenden Betriebsaufgabe in eine Weide umgewandelt und wenig genutzt. Die Dränageleitungen waren zu diesem Zeitpunkt weitgehend verfallen.

Im März 2000 zeigte ein benachbarter Landwirt Interesse, eine Reihe von Grundstücken zu pachten und die damals bekannten drei Dränageleitungen auf dem Grundstück zu erneuern. In der Folge kam es zur Verpachtung des Grundstücks. Der Pächter begann nach seinen Angaben im März 2000 mit der nach wenigen Tagen abgeschlossenen Erneuerung der drei Dränagestränge.

Mit Bescheid vom November 2004 ordnete das Landratsamt gegenüber dem Pächter an, den ursprünglichen Zustand der Feuchtfläche wieder herzustellen und hierzu die in einem Lageplan näher beschriebenen drei Dränagestränge vollständig zu beseitigen oder wahlweise funktionsunfähig zu machen, indem auf der gesamten Länge der jeweiligen Leitungen alle 10 m eine 2 m lange Unterbrechung erfolgt (Nr. 1). Gleichzeitig wurde der Antragsteller unter Androhung eines Zwangsgelds i. H. v. 2000,– € (Nr. 9) verpflichtet, die Anordnungen ab sofort zu dulden (Nr. 6). Zur Begründung wurde im Wesentlichen ausgeführt, dass es sich bei dem betroffenen Grundstücksteil um eine seggen- und binsenreiche Nass- bzw. Feuchtfläche handle, die ein nach Art. 13 d BayNatSchG gesetzlich geschütztes Biotop darstelle. Der Pächter habe eine offensichtlich nicht mehr funktionsfähige Dränageanlage erneuert, um die Feuchtfläche zu entwässern.

Mit Bescheid vom April 2005 erklärte das Landratsamt gegenüber dem Antragsteller die Duldungsanordnung für sofort vollziehbar. Über den Widerspruch des Pächters und den Widerspruch und die Untätigkeitsklage des Antragstellers gegen den Bescheid vom November 2004 ist noch nicht entschieden.

Aus den Gründen:

II. Mit der Duldungsanordnung wird der Antragsteller verpflichtet, zu dulden, dass der Pächter die ihm im Bescheid vom November 2004 auferlegten Pflichten erfüllt. Die Duldungsanordnung soll verhindern, dass sich der Pächter öffentlich-rechtlichen Handlungspflichten ausgesetzt sieht, die ihm zivilrechtlich verboten werden. Ohne Überwindung dieses zivilrechtlichen Verbots, auf das sich der Antragsteller beruft, ist es dem Pächter nicht zumutbar, die ihm durch den angefochtenen Bescheid öffentlich-rechtlich auferlegten Handlungspflichten zu erfüllen.

Die Duldungsanordnung hat eine Doppelnatur. Sie ist ein Gestaltungsakt, der zivilrechtliche Ansprüche des Duldungspflichtigen, die einem Vollzug der Grundverfügung durch den Handlungspflichtigen entgegenstehen, ausschließt. Sie ist zugleich eine vollstreckungsfähige Anordnung, durch die dem Duldungspflichtigen untersagt wird, den Vollzug zu behindern (BayVGH v. 11.7.2001, BayVBl. 2002, 275, 277). Eine fehlende Duldungsanordnung berührt nicht die Rechtmäßigkeit der Grundverfügung. Sie ist nur ein Vollstreckungshindernis (BVerwG v. 28.4.1972, BayVBl. 1973, 161, 162; BayVGH v. 4.11.1975, BayVBl. 1976, 115).

Die Duldungspflicht des Antragstellers beruht darauf, dass er als Eigentümer des Grundstücks in gleicher Weise wie der Pächter des Grundstücks verpflichtet ist, die naturschutzrechtlichen Schranken des Eigentums (Art. 14 Abs. 1 Satz 2 GG), wie sie sich hier vor allem aus Art. 13 d Abs. 1 Nr. 1 BayNatSchG ergeben können, zu beachten. Der Antragsteller ist als Eigentümer (§ 903 BGB) und mittelbarer Besitzer (§ 868 BGB) des Grundstücks öffentlich-rechtlich dafür mitverantwortlich, dass die öffentlich-rechtlichen Vorschriften eingehalten werden. Er ist bei einem Verstoß gegen solche Vorschriften in seiner Eigenschaft als Zustandsstörer (Art. 9 Abs. 2 Satz 2 LStVG) auch dafür mitverantwortlich, dass wieder ordnungsgemäße Zustände hergestellt werden. Diese Verantwortung bedingt die entsprechende Einschränkung seiner zivilrechtlichen Rechtsstellung als Verpächter, mittelbarer Besitzer und Eigentümer des Grundstücks.

1. Es spricht viel dafür, dass die Duldungsanordnung keine Rechte des Antragstellers verletzt (§ 113 Abs. 1 Satz 1 VwGO).

Rechtsgrundlage für die Duldungsanordnung ist eine entsprechende Anwendung des Art. 13 d Abs. 5 Satz 2 BayNatSchG. Nach dieser Vorschrift kann die Wiederherstellung des ursprünglichen Zustands verlangt werden, wenn Maßnahmen im Widerspruch zu öffentlich-rechtlichen Vorschriften begonnen oder durchgeführt werden und wenn nicht auf andere Weise rechtmäßige Zustände hergestellt werden können. In entsprechender Anwendung dieser Vorschrift kann einem Zustandsstörer geboten werden, einem anderen Störer auferlegte Handlungspflichten in der Weise zu dulden, dass er diesem gegenüber keine zivilrechtlichen Gegenrechte geltend macht und die Durchführung der Maßnahmen nicht behindert.

Der Antragsteller kann dem Pächter wohl schon zivilrechtlich nicht verbieten, den Dränagestrang „a" wieder zu beseitigen oder ihn zu unterbrechen, wie das von dem Pächter in Nr. 1 des Bescheids vom November 2004 verlangt wird.

Bei den Maßnahmen des Pächters vom März und April 2000 zur Entwässerung der Feuchtfläche auf dem Grundstück handelte es sich nicht um eine gewöhnliche Ausbesserung der Pachtsache (§ 586 Abs. 1 Satz 2 BGB), sondern um Erneuerungsarbeiten, die der Pächter zu Beginn des Pachtverhältnisses durchgeführt hat, um das Grundstück landwirtschaftlich intensiver nutzen zu können als das bei dem bisherigen Zustand des Grundstücks möglich war. ... Die Erneuerungsarbeiten dürften deshalb so anzusehen sein, dass der Pächter die Pachtsache schon zu Beginn des Pachtverhältnisses mit einer Einrichtung versehen hat, die er, wenn er will, jederzeit wieder beseitigen darf, ohne dass dies der Antragsteller als Verpächter, mittelbarer Besitzer und Eigentümer der Pachtsache zivilrechtlich verhindern kann.

Unabhängig davon ist der Antragsteller wohl aber auch dann zur Duldung der Wiederherstellungsmaßnahmen verpflichtet, falls er zivilrechtlich an sich berechtigt wäre, vom Pächter zu verlangen, dass dieser die ihm durch die Anordnungen in Nr. 1 des Bescheids auferlegten Maßnahmen unterlässt. Es spricht nämlich viel dafür, dass diese Anordnungen rechtmäßig sind und dass der Antragsteller deshalb öffentlich-rechtlich zur Duldung der Maßnahmen verpflichtet ist.

Bei der Feuchtfläche handelte es sich vor der Erneuerung der Dränageleitungen im März und April 2000 wohl um ein schützenswertes Biotop i. S. des Art. 13 d Abs. 1 Nr. 1 BayNatSchG. Das Beschwerdevorbringen ist nicht geeignet, diese (nahe liegende) Auffassung des Landratsamtes und des Verwaltungsgerichts zu widerlegen. Die Beseitigung bzw. Unterbrechung der vom Pächter erneuerten Dränageleitung sind nach dem derzeitigen Stand der Erkenntnisse geeignete und erforderliche (vgl. Art. 8 Abs. 1 LStVG) sowie verhältnismäßige (vgl. Art. 8 Abs. 2 LStVG) Maßnahmen zur (teilweisen) Wiederherstellung und zum Erhalt des Biotops. ...

Zu berücksichtigen ist auch, dass der Antragsteller durch den angefochtenen Bescheid nicht mit Kosten belastet worden ist. Schließlich ist zu berücksichtigen, dass durch die Beseitigung oder Unterbrechung der Dränageleitung keine Zustände auf dem Grundstück geschaffen werden, die nicht mehr rückgängig gemacht werden könnten. Das ergibt sich schon daraus, dass eine unterbrochene Leitung wieder repariert, eine beseitigte Leitung wieder neu verlegt werden kann.

Nr. 193

Die nach § 23 Abs. 1 VwVfG NRW für Behörden verbindliche Amtssprache umfaßt die deutsche Umgangssprache und die Fachsprache; die Verwendung fremdsprachiger Begriffe der Fachsprache (hier: „Showroom") ist zulässig, wenn diese Begriffe in einem Fachgebiet allgemein geläufig sind, wenn sich eine einheitliche und bedeutungsgleiche deutsche Übersetzung (noch) nicht herausgebildet hat oder wenn auch dem (nur) deutsch sprechenden Fachmann ihre Bedeutung ohne weiteres klar ist.

VwVfG NRW § 23 Abs. 1.

OVG Nordrhein-Westfalen, Beschluß vom 8. April 2005 – 10 B 2730/04 – (rechtskräftig).

(VG Düsseldorf)

Aus den Gründen:
Die angegriffene Ordnungsverfügung untersagt der Antragstellerin nicht die Nutzung der Räumlichkeiten im 2. und 3. Obergeschoß des Gebäudes C.Allee 43 als Büro – diese Nutzung kann also während der Dauer eines Hauptsacheverfahrens weitergeführt werden –, sondern lediglich die Nutzung als „Showroom". Mit dieser Formulierung verstößt die Ordnungsverfügung – was von der Beschwerde allein gerügt wird – weder gegen § 37 Abs. 1 VwVfG NRW noch gegen § 23 Abs. 1 VwVfG NRW.

Nach § 37 Abs. 1 VwVfG NRW muß ein Verwaltungsakt inhaltlich hinreichend bestimmt sein. Für den Adressaten einer Bauordnungsverfügung muß zweifelsfrei erkennbar sein, welches Verhalten von ihm verlangt wird; ein Verstoß gegen den Bestimmtheitsgrundsatz liegt vor, wenn der Inhalt des Verwaltungsaktes auch durch Auslegung – maßgeblich ist der Empfängerhorizont – nicht zweifelsfrei ermittelt werden kann (P. Stelkens/U. Stelkens, in: Stelkens/Bonk/Sachs, VwVfG, 6. Aufl., § 37 Rdnr. 10 ff. m. w. N.; Köhler-Rott, in:

Reichel/Schulte, Handbuch Bauordnungsrecht, Kap. 15 Rdnr. 270, 71 ff. m. w. N.).

Daran gemessen ist die hier angegriffene Ordnungsverfügung nicht zu beanstanden. Für die Antragstellerin ist zweifelsfrei erkennbar, welche Nutzung sie in den betroffenen Räumlichkeiten weiterführen darf (Büronutzung) und welche sie zu unterlassen hat (Nutzung als Showroom). Was unter einem Showroom zu verstehen ist, ist entgegen der Auffassung der Beschwerde für die Antragstellerin als Adressatin des Verwaltungsaktes unmißverständlich erkennbar. Der Begriff ist in der textlichen Festsetzung Nr. 3.1.2. des Bebauungsplans Nr. 5379/47 – der Antragstellerin mitgeteilt durch Anhörungsschreiben – definiert als eine Nutzung von Büro- oder Geschäftsräumen zu Ausstellungs- und Verkaufszwecken, soweit die Verkäufe über den täglichen Bedarf des Gebiets hinausgehen. Daß es andere Möglichkeiten geben mag, den Begriff „Showroom" zu definieren und daß es sich bei diesem Begriff nicht um einen eingeführten baurechtlichen Fachbegriff handeln mag, spielt keine Rolle; für die Antragstellerin als Adressatin der Ordnungsverfügung war nach Zugang des Anhörungsschreibens eindeutig, welches Verständnis die Behörde dem Begriff in der angekündigten Ordnungsverfügung zugrunde legen würde, so daß es ihr ohne weiteres zumutbar gewesen wäre, sich die Begriffsbestimmung i. d. F. der textlichen Festsetzung Nr. 3.1.2. des genannten Bebauungsplans zu beschaffen. Im übrigen ergibt sich aus dem Schriftwechsel im Verwaltungsverfahren sowie aus einschlägigen und nicht nur allgemein zugänglichen, sondern in der Branche der Antragstellerin auch allgemein bekannten Publikationen, daß es sich bei dem Begriff Showroom um einen in der Modebranche gängigen Fachbegriff mit hinreichend klaren Konturen handelt; in einem Showroom werden Erzeugnisse der Branche dem Fachpublikum, insbesondere den Weiterverkäufern, präsentiert, um die Gelegenheit zu schaffen, Entscheidungen über Bestellung und Kauf der zur Schau gestellten Artikel auch abseits einer Modemesse zu treffen (vgl. Financial Times Deutschland v. 30. 9. 2003, S. 3 [„Deutsche Mode-Metropole kämpft um ihren Status. Düsseldorfer Bekleidungsbranche muß ihre Kollektionen mit mehr Glamour präsentieren. Bauaufsicht verbietet Schauräume in Wohnhäusern"]; Sitzungsprotokoll des Rates der Landeshauptstadt Düsseldorf v. 5. 2. 2004, S. 27 [zu TOP 27 und 28]; allgemein die Einträge auf der Website der Düsseldorfer „Selbsthilfegruppe Mode" unter „www.showruhm.com" sowie die Hinweise unter „www.fashion-square.de").

Die Ordnungsverfügung verstößt mit der Verwendung des Begriffs „Showroom" auch nicht gegen § 23 Abs. 1 VwVfG NRW. Nach dieser Vorschrift darf und muß sich die Behörde in dem von ihr ausgehenden Schriftverkehr des Deutschen als Amtssprache bedienen. Dies umfaßt die deutsche Umgangssprache und die Fachsprache; die Verwendung fremdsprachiger Begriffe der Fachsprache ist möglich, wenn diese Begriffe in einem Fachgebiet allgemein geläufig sind, wenn sich eine einheitliche und bedeutungsgleiche deutsche Übersetzung (noch) nicht herausgebildet hat oder wenn dem (nur) deutsch sprechenden Fachmann ihre Bedeutung ohne weiteres klar ist (vgl. BPatG, Beschlüsse v. 15. 10. 2004 – 10 W (pat) 31/04 –, veröffentlicht in juris – [für Begriffe wie „SETUP", „CANCEL", „WLAN"], v. 20. 5. 1974 – 16 W (pat) 108/72 –,

MittdtschPatAnw 1974, 263 [für englischsprachige Bezeichnungen chemischer Verbindungen], und v. 19. 10. 1966 – 21 W (pat) 75/66 –, BPatGE 9, 6; alle Entscheidungen zu §§ 45, 35 PatG, wonach eine Patentanmeldung in deutscher Sprache abgefaßt sein muß).

Hiervon ausgehend verstößt die Verwendung des Begriffs „Showroom" in der angegriffenen Ordnungsverfügung nicht gegen § 23 Abs. 1 VwVfG NRW. Vielmehr ist die Ordnungsverfügung in deutscher Sprache unter zulässiger Verwendung eines englischsprachigen Fachbegriffs abgefaßt. Der Begriff „Showroom" ist – für die Antragstellerin als Unternehmen der Modebranche offenkundig und wie sich auch aus dem Verwaltungsverfahren ergibt – ein in der Modebranche eingeführter Begriff, über dessen Inhalt Klarheit besteht, der jedoch in einer bedeutungsgleichen deutschen Fassung bisher nicht existiert. Dies ergibt sich auch aus der vorwiegend im Internet dokumentierten und öffentlich geführten Diskussion (– aus den oben genannten Seiten der Website der „Selbsthilfegruppe Mode" [www.showruhm.com] etwa: Offener Brief v. 10. 7. 2003 „Hat Düsseldorf einen Alleinherrscher zum Oberbürgermeister?"; Eintrag von A. Smith im Gästebuch v. 10. 9. 2003 [16:24:07] –) der Begriff ist daher als Fachbegriff verwendungsfähig, insbesondere nicht mißverständlich. Daß er mit möglicherweise abweichenden Bedeutungsnuancen auch in anderen Branchen – Autohandel, Handel mit Musikinstrumenten – Verwendung findet und dort insbesondere den Kontakt des Händlers zum Endabnehmer betrifft, steht seiner hier ersichtlich gemeinten Einstufung als Fachbegriff der Modebranche nicht entgegen. Die Frage, ob und ggf. unter welchen Voraussetzungen auch fremdsprachliche amtliche Äußerungen – insbesondere in der Form eines Verwaltungsaktes – zulässig sein können, bedarf vor diesem Hintergrund keiner näheren Prüfung.

Nr. 194

Die bauaufsichtsbehördlichen Einschreitensbefugnisse (§§ 82, 57 Abs. 2 LBO 2004) unterliegen, anders als subjektive Abwehrrechte eines Nachbarn gegen ein Bauvorhaben, nicht der Verwirkung. Ein längeres Untätigbleiben der Behörde angesichts erkannter baurechtswidriger Zustände löst daher keine Bindungswirkungen oder gar Duldungspflichten im Rahmen der Betätigung des Einschreitensermessens aus.

LBO Saar 1996 § 61 Abs. 2; LBO Saar 2004 §§ 57 Abs. 2, 82.

OVG des Saarlandes, Beschluss vom 25. Januar 2005 – 1 Q 51/04 – (rechtskräftig).

Die Kläger sind Eigentümer eines in Teilen altbestehenden mehrgeschossigen Wohn- und Geschäftshauses in zentraler Lage. Dieses Gebäude wurde durch einen Rechtsvorgänger auf der Grundlage mehrerer im Jahre 1981 erteilter Baugenehmigungen wesentlich verändert bzw. erweitert und dabei um eine Tiefgarage ergänzt. Der Genehmigung waren speziell für die Tiefgarage umfangreiche Brandschutzauflagen beigefügt worden, die indes in Folge nicht zur Ausführung gelangten und Gegenstand mehrerer Brandverhütungsschauen und Brandschauberichte waren. Im Jahre 2001 forderte die Untere

Bauaufsichtsbehörde die Kläger, die das Anwesen nach ihren Angaben in Unkenntnis der Problematik zwischenzeitlich im Wege der Zwangsversteigerung erworben hatten, zur Durchführung verschiedener brandschutztechnischer Vorkehrungen bzw. Nachrüstungen mit einem geschätzten finanziellen Aufwand von 175 000,– € in der Tiefgarage auf. Die dagegen nach erfolglosem Widerspruchsverfahren erhobene Klage wurde vom Verwaltungsgericht unter Verweis auf die entsprechende Maßnahmen erfordernden Bestimmungen der saarländischen Garagenverordnung abgewiesen.

Der Berufungszulassungsantrag der Kläger blieb ohne Erfolg.

Aus den Gründen:

Die das Anwesen L.straße 3–5 in S. betreffenden bauaufsichtsbehördlichen Anordnungen enthalten die Aufforderung zur Vornahme verschiedener, nach den Ausführungen im erstinstanzlichen Urteil materiell ihre Grundlage in den §§ 6, 8, 14, 16 und 17 der Garagenverordnung (GarVO) (vgl. die insoweit im Saarland nach wie vor maßgebliche Dritte Verordnung zur Landesbauordnung [Garagenverordnung – GarVO] v. 30. 8. 1976 [Amtsblatt S. 950]) findender brandschutztechnischer Vorkehrungen in der dortigen Tiefgarage binnen drei Monaten nach Bestandskraft der Verfügungen, und zwar im Wesentlichen den Einbau einer Sprinkleranlage, einer Brandmeldeanlage und einer Brandmeldezentrale mit Direktmeldung zur Feuerwehr, einer RWA-Anlage (Entrauchung) sowie die Aufbringung eines Feuerschutzanstrichs (F 60) auf die vorhandene Stahltragekonstruktion bzw. – alternativ – deren anderweitige brandschutztechnische Nachrüstung zur Erreichung eines feuerbeständigen Gesamtaufbaus (F 90).

Die Darlegungen der Kläger begründen keine ernstlichen Zweifel an der Richtigkeit der erstinstanzlichen Entscheidung (§ 124 Abs. 2 Nr. 1 VwGO). Die Kläger, welche die streitgegenständliche bauliche Anlage im Jahre 1990 im Wege der Zwangsversteigerung erworben haben und die die brandschutztechnischen Mängel der zugehörigen Tiefgarage nicht in Abrede stellen, machen insoweit zunächst eine Verwirkung der bauaufsichtsbehördlichen Einschreitensbefugnisse der Beklagten geltend. Dies ergebe sich aus dem Umstand, dass es bei den umstrittenen brandschutztechnischen Anforderungen in der Sache letztlich um die Durchsetzung schon den Bauscheinen aus dem Jahre 1981 für das mehrgeschossige Gebäude mit der Tiefgarage beigegebener Brandschutzauflagen gehe, die bei der Ausführung des Vorhabens nicht eingehalten und deren Beachtung anschließend auch gegenüber ihren – der Kläger – Rechtsvorgängern von der Beklagten trotz jahrelanger Kenntnis der Gefahrenlage nicht durchgesetzt worden seien.

Zwar trifft es nach Aktenlage zu, dass der Beklagten die nach den streitgegenständlichen Anordnungen zu behebenden brandschutztechnischen Missstände seit vielen Jahren bekannt sind und dass – aus welchen Gründen auch immer – eine konsequente Abhilfe nicht durchgesetzt worden ist. Daraus kann indes, auch wenn man mit den Klägern den rechtlichen Anknüpfungspunkt in den Auflagen zu den Bauscheinen aus dem Jahre 1981 sieht und diese mit dem Verwaltungsgericht als nachträgliche Anforderungen im Verständnis des § 82 LBO 1996 begreift, nicht, wie die Kläger das mit ihrem Verwirkungseinwand im Ergebnis reklamieren, auf einen generellen Ausschluss der Befugnis der Bauaufsichtsbehörde geschlossen werden, nunmehr ihnen gegenüber die entsprechenden Anordnungen zur Herstellung ausreichender Sicherheit der Tiefgarage im Brandfalle zu erlassen. Nach st. Rspr. der saarländischen Verwaltungsgerichte führen allein der mit einer langen Bestandszeit einer illegalen oder mit Mängeln belasteten baulichen Anlage verbundene Zeitablauf und ein Untätigbleiben der Behörde – ggf. in Kenntnis dieser Umstände – für sich genommen nicht zu Bindungen oder gar dauerhaften Duldungspflichten der Behörde im Rahmen der Betätigung ihres Einschreitensermessens. Die bauaufsichtsbehördlichen Einschreitensbefugnisse sind keine „subjektiven" behördlichen Rechte und unterliegen, anders als Abwehrrechte eines Nachbarn gegen ein Vorhaben, anerkannter Maßen nicht der Verwirkung (vgl. OVG des Saarlandes, Beschlüsse v. 8. 11. 1002 – 2 Q 9/02 –, SKZ 2003, 85, Leitsatz Nr. 51; v. 20. 5. 2001 – 2 Q 20/01 –, und v. 28. 5. 2001 – 2 Q 18/01 –, SKZ 2001, 203, Leitsatz Nr. 58; Urteile v. 14. 7. 2000 – 2 R 6/00 –, SKZ 2001, 109, Leitsatz Nr. 41; v. 29. 8. 2000 – 2 R 7/99 –, SKZ 2001, 109, Leitsatz Nr. 42, und v. 28. 4. 1989 – 2 R 390/86 –, n.v.). Eine Verwirkung führte – entsprechend einschlägigen zivilrechtlichen Grundsätzen – bei Vorliegen der Voraussetzungen in der Rechtsfolge zu einem Rechtsverlust, was gegenüber illegal errichteten baulichen Anlagen im Ergebnis sogar zu einer gesicherteren Stellung führen würde als in den Fällen der Errichtung von Bauwerken mit einer Baugenehmigung, die im Falle der Rechtswidrigkeit unter den allgemeinen verwaltungsverfahrensrechtlichen Voraussetzungen des § 48 SVwVfG zurückgenommen werden kann.

Im Übrigen sei zur Vermeidung von Missverständnissen bei den Klägern angemerkt, dass, selbst wenn man, abweichend davon, Ermessensbindungen der Beklagten in Form eines Ausschlusses der Befugnis zur Anordnung der Behebung brandschutztechnischer Mängel der Tiefgarage und damit letztlich des gesamten darüber errichteten mehrgeschossigen Wohn- und Geschäftsgebäudes in Erwägung ziehen wollte, das keinesfalls zur Folge hätte, dass der „status quo" hinzunehmen wäre. In diesem Falle spräche vielmehr im Hinblick auf die ganz gravierenden Gefahren im Brandfall für Leib und Leben einer Vielzahl von Menschen, seien es Bewohner, Besucher oder bei einem Rettungseinsatz tätiges Feuerwehrpersonal, alles dafür, dass die weitere Nutzung des Gebäudekomplexes, der in der bestehenden Form auf Grund der Abweichungen bei der Ausführung nicht als durch die dafür erteilten Baugenehmigungen legalisiert angesehen werden kann (vgl. in dem Zusammenhang etwa OVG des Saarlandes, Beschlüsse v. 26. 3. 2004 – 1 Q 75/03 –, und v. 17. 5. 1999 – 2 Q 9/99 –, SKZ 1999, 280, Leitsatz Nr. 44, wonach die bauordnungsrechtlichen Bestimmungen über das Erlöschen einer Baugenehmigung, heute § 74 Abs. 1 Satz 1 LBO 2004, stets konkret an die Ausführung „des Bauvorhabens" anknüpfen und in der Errichtung eines in wesentlicher Hinsicht von den genehmigten Plänen abweichenden Vorhabens kein Gebrauch machen von der Genehmigung im Sinne der Vorschriften liegt), insgesamt durch den Erlass eines Nutzungsverbots (§ 82 Abs. 2 LBO 2004) wirksam zu unterbinden wäre.

Die von den Klägern angesprochene Vereinbarung zwischen der Beklagten und den früheren Eigentümern des Anwesens, den Eheleuten K., aus dem

Jahre 1988 rechtfertigt offensichtlich keine andere Beurteilung. Sie steht allein im anderweitigen rechtlichen Zusammenhang mit der Behandlung der Tiefgarage nach dem früheren Schutzbautengesetz aus dem Jahre 1965. Dass im Eingang dieses Vertrages – offenbar formularmäßig – unzutreffend von einer erfolgten „mängelfreien Abnahme" der Anlage die Rede ist, ändert daran nichts. Auch den Bauabnahmen durch die Bauaufsichtsbehörden nach den früheren Fassungen der Landesbauordnung konnte zudem weder eine „genehmigende Wirkung" noch die verbindliche Zusicherung der Hinnahme der baulichen Anlage in dem besichtigten Zustand entnommen werden. Deswegen wäre selbst einer im Rahmen der (früheren) Bauüberwachung förmlich erteilten Bauabnahmebescheinigung der Bauaufsichtsbehörde hinsichtlich vom ursprünglichen Genehmigungsinhalt abweichend ausgeführter Bauteile keine legalisierende oder – mit Blick auf ein späteres bauaufsichtliches Tätigwerden – auch nur eine „vertrauensbildende" Wirkung zuzumessen gewesen (vgl. etwa OVG des Saarlandes, Beschluss v. 16. 8. 1999 – 2 Q 31/99 –, SKZ 2000, 101, Leitsatz Nr. 50, dort zu §§ 107 LBO 1974/80, wonach es sich dabei nur um feststellende Verwaltungsakte des Inhalts handelte, dass die Baubehörde die fertig gestellte Anlage besichtigt und dass sie keine oder ggf. welche Abweichungen von den genehmigten Plänen sie festgestellt hatte, was dem Bauherrn jedoch weder rechtsverbindlich die Mängelfreiheit noch gar eine „Heilung" baurechtswidriger Zustände garantierte).

Auch der mit dem Hinweis auf die Nichtinanspruchnahme ihrer Rechtsvorgänger verbundene Verweis der Kläger auf den allgemeinen Gleichbehandlungsgrundsatz kann keine andere rechtliche Beurteilung rechtfertigen. Zwar hat die Bauaufsichtsbehörde im Rahmen des ihr in den bauordnungsrechtlichen Einschreitenstatbeständen (§§ 61 Abs. 2, 88 LBO 1996, 57 Abs. 2, 82 LBO 2004) eingeräumten Entschließungsermessens grundsätzlich den Anforderungen des dem Art. 3 Abs. 1 GG zu entnehmenden Willkürverbots Rechnung zu tragen und sie darf daher gleich gelagerte Sachverhalte nicht ohne einen irgendwie einleuchtenden sachlichen Grund unterschiedlich behandeln. Die Thematik der willkürlich unterschiedlichen Behandlung im Wesentlichen gleich gelagerter Sachverhalte ist vorliegend jedoch nicht berührt. Bei der Frage der unzureichenden Beachtung der brandschutztechnischen Anforderungen an die Tiefgarage des Anwesens L.straße 3–5 handelt es sich um einen – und denselben – Lebenssachverhalt, der nicht über einen Hinweis auf den Eintritt der Rechtsnachfolge hinsichtlich des Eigentums in mehrere „Fälle" aufgespalten werden kann. Wollte man die Argumentation der Kläger durchgreifen lassen, so liefe das auf einen Ausschluss der Regelungsbefugnisse und – hier – Einschreitenspflichten in einer der Verwirkung vergleichbaren Weise durch die „Hintertür" hinaus, was gerade angesichts des Umstands, dass die Frage eines Eigentumswechsels in keinerlei Zusammenhang mit dem Einwirkungsbereich der Bauaufsichtsbehörde steht, völlig unvertretbar erschiene.

Aus dem bisher Gesagten wird ferner deutlich, dass die Sache unter den von den Klägern im Zulassungsantrag angesprochenen Aspekten weder „besondere" Schwierigkeiten (§ 124 Abs. 2 Nr. 2 VwGO) noch eine grundsätzliche Bedeutung (§ 124 Abs. 2 Nr. 3 VwGO) aufweist.

Nr. 195

Eine in einer Zwangsmittelandrohung gesetzte Frist, die abgelaufen ist, ohne dass der Pflichtige sie zu befolgen hatte, wird gegenstandslos. Dies hat zur Folge, dass eine Klage gegen die Zwangsmittelandrohung mangels Rechtsschutzbedürfnisses unzulässig ist.

Hessischer VGH, Urteil vom 28. April 2005 – 9 UE 372/04 –.

(VG Darmstadt)

Abgedruckt unter Nr. 150.

Nr. 196

Die nachträgliche Anforderung der Kosten der Ersatzvornahme durch Leistungsbescheid ist eine Maßnahme in der Verwaltungsvollstreckung i. S. des § 80 Abs. 2 Nr. 3, 2. Alt. VwGO/§ 39 VwVG Bbg, für die auf Grund landesgesetzlicher Regelung die aufschiebende Wirkung von Widerspruch und Klage entfällt (im Anschluss an OVG Berlin, Beschluss v. 3.3.1997 – 2 S 24.96 –, NVwZ-RR 1999, 156 = OVGE 22, 107 zu § 187 Abs. 3 VwGO a. E./§ 4 AG VwGO).

VwGO § 80; VwVG Bbg § 39.

OVG Berlin-Brandenburg, Beschluss vom 23. Dezember 2005 – 2 S 122.05 – (rechtskräftig).

Aus den Gründen:

II. ... Die Klagen des Antragstellers gegen die Leistungsbescheide zur nachträglichen Anforderung der Kosten der Ersatzvornahme des Antragsgegners haben keine aufschiebende Wirkung i. S. des § 80 Abs. 1 VwGO. Die Leistungsbescheide sind sofort vollziehbar.

1. Die Vollziehbarkeit der Leistungsbescheide ergibt sich nicht aus § 80 Abs. 2 Nr. 1 VwGO, der die aufschiebende Wirkung von Rechtsbehelfen gegen die Anforderung von öffentlichen Abgaben und Kosten ausschließt.

Zu den Kosten zählen rechtsnormativ bestimmte und bestimmbare, regelmäßig anfallende öffentlich-rechtliche Geldforderungen zur Abgeltung eines behördlichen Aufwandes. Hierbei hat die entfallende aufschiebende Wirkung den Zweck der finanziellen Sicherung der öffentlichen Aufgabenerfüllung, indem die erforderlichen Einnahmen der öffentlichen Hand zunächst einmal zur Verfügung stehen (vgl. OVG Bln-Bbg, Beschluss v. 9.12.2005 – 2 S 127.05 –, m. w. N.). Ersatzvornahmekosten sind dagegen weder nach ihrem Anfall noch nach ihrer Höhe annähernd voraussehbar und können damit nicht Teil der auf Erfahrungssätzen beruhenden Haushaltsplanung sein. Allein der Umstand, dass die Vermeidung von finanziellen Deckungsproblemen auch in diesen Fällen erstrebenswert wäre (so BayVGH, Beschluss v. 15.11.1993, NVwZ-RR 1994, 471, 472), macht sie nicht zu Kosten i. S. des § 80 Abs. 2 Nr. 1 VwGO.

2. Die Vollziehbarkeit der Leistungsbescheide ergibt sich jedoch aus §80 Abs. 2 Nr. 3, 2. Alt. VwGO, denn bei der nachträglichen Anforderung von Ersatzvornahmekosten handelt es sich um eine Maßnahme in der Verwaltungsvollstreckung i. S. des §39 VwVG Bbg, gegen die Rechtsbehelfe keine aufschiebende Wirkung haben. Der verwaltungsvollstreckungsrechtliche Charakter der Kostenanforderung durch Leistungsbescheid ist – unabhängig davon, ob diese vor oder nach der Durchführung der Ersatzvornahme erfolgt – schon regelungssystematisch integraler Bestandteil des landesrechtlich in §19 Abs. 1 VwVG Bbg geregelten Zwangsmittels der Ersatzvornahme. Diese strukturelle Verzahnung der Kostenanforderung mit dem Zwangsmittel der Ersatzvornahme verleiht diesem erst die Beugefunktion und zwar umso mehr, als die nachwirkende Zahlungsverpflichtung aus dem Vollstreckungsverhältnis auch zeitnah realisiert werden kann. Der Senat schließt sich der bisherigen Rechtsprechung des OVG Berlin an und verweist zur Begründung hierauf (OVG Berlin, Beschluss v. 3. 3. 1997, NVwZ-RR 1999, 156 = OVGE 22, 107). Jede Entkoppelung von Vollstreckungsmaßnahme und Kostenersatz durch die formale vollstreckungsrechtliche Betrachtung, dass nur die Vollstreckungsmaßnahme selbst das eigentliche Zwangsmittel mit Beugecharakter sei, mit dem die behördliche Anordnung durchgesetzt werde, und nicht die nachträgliche Kostenanforderung, zumal Rechtsbehelfe gegen diese die Vollstreckung nicht mehr hindern könnten (so OVG Rheinl.-Pfalz, Beschluss v. 28. 7. 1998, NVwZ-RR 1999, 27 = BRS 60 Nr. 172; SächsOVG, Beschluss v. 21. 2. 2003, NVwZ-RR 2003, 475; OVG Bln-Bbg, Beschluss v. 3. 8. 2005 – 9 S 1.05 –, zum Berliner Vollstreckungsrecht), berücksichtigt nicht das daraus möglicherweise folgende faktische Vollzugshindernis für die mit der Vollstreckung belasteten Behörden. Denn bei ungewisser Aussicht auf einen zeitnahen Kostenersatz dürften diese – insbesondere bei kostenintensiven Ersatzvornahmen und in Zeiten knapper finanzieller Kassen – eher dazu neigen, von der Durchführung einer Ersatzvornahme abzusehen. Zudem dürfte sich der Zahlungspflichtige zur Rechtsbehelfseinlegung geradezu ermuntert fühlen, wenn er sich auf diese Weise ein entsprechendes Druckpotenzial gegenüber der Behörde verschaffen könnte. Dieser schon in der Entscheidung des OVG Berlin aus dem Jahre 1997 (OVG Berlin, Beschluss v. 3. 3. 1997, NVwZ-RR 1999, 156 = OVGE 22, 107) genannte maßgebende Gedanke, der nicht nur in Fällen der vorzeitigen Anforderung der Ersatzvornahmekosten trägt (vgl. HessVGH, Beschluss v. 6. 6. 1997, NVwZ-RR 1998, 534), und dem in heutiger Zeit verstärktes Gewicht zukommen dürfte, ist vom OVG Rheinl.-Pfalz (a. a. O.) nicht berücksichtigt worden. Insbesondere in Eilfällen wird so eine effektive, weil nicht von einer vorherigen Zeit raubenden Kostenanforderung zur eigenen Kostenabsicherung abhängige Vollstreckung in der Gewissheit ermöglicht, nachfolgend zügig zu einer Kostenerstattung zu gelangen und hierdurch ihre Handlungsfähigkeit zu erhalten.

E. Rechtsprechung zum Denkmalschutz

Nr. 197

Ein nicht bestandskräftiger Verwaltungsakt über eine konstitutive Eintragung in das Verzeichnis der Denkmale gemäß § 9 BbgDSchG a. F. erledigt sich infolge der – durch Art. 1 des Gesetzes zur Neuregelung des Denkmalschutzrechts im Land Brandenburg vom 24. 5. 2004 erfolgten – Umstellung des Denkmalschutzes auf ein nachrichtliches Eintragungssystem in die Denkmalliste, bei dem der denkmalrechtliche Schutz kraft Gesetzes besteht und nicht von der Eintragung des Denkmals in die Denkmalliste abhängig ist.

VwGO §§ 78 Abs. 1 Nr. 2, 80 Abs. 5, 113 Abs. 1 Satz 4; BbgDSchG a. F. §§ 8 ff.; BbgDSchG n. F. §§ 2, 3 Abs. 1, 2 und 6.

OVG Brandenburg, Beschluss vom 18. Mai 2005 – 5 B 300/04 – (rechtskräftig).

Aus den Gründen:

1. Entgegen der Ansicht des Antragstellers war das oben bezeichnete Passivrubrum nicht zu ändern. Der Antragsgegner, der die Aufgaben der unteren Denkmalschutzbehörde wahrnimmt (vgl. § 3 Abs. 2 Satz 1 BbgDSchG v. 22. 7. 1991 [GVBl., 311], geändert durch Gesetz v. 18. 12. 1997 [GVBl. I, 124] – BbgDSchG a. F.–; § 16 Abs. 1 BbgDSchG i. d. F. des Gesetzes zur Neuregelung des Denkmalschutzrechts im Land Brandenburg v. 24. 5. 2004 [GVBl. I, 215] – BbgDSchG n. F. –) und den angefochtenen Bescheid von 2004 über die Eintragung in das Verzeichnis der Denkmale erlassen hat, ist in diesem Beschwerdeverfahren entsprechend § 78 Abs. 1 Nr. 2 VwGO i. V. m. § 8 Abs. 2 Bbg VwGG der richtige Antragsgegner. Anders als der Antragsteller geltend macht, hat im anhängigen Verfahren kein behördlicher Zuständigkeitswechsel stattgefunden. Ein behördlicher Zuständigkeitswechsel führt im verwaltungsgerichtlichen Verfahren nur dann zu einem gesetzlichen Beteiligtenwechsel, sofern und soweit er die behördliche Sachbefugnis auch in der streitbefangenen Sache erfasst (vgl. BVerwG, Urteil v. 2. 11. 1973 – IV C 55.70 –, BVerwGE 44, 148, 150). Letzteres ist hier nicht der Fall. Der Antragsteller wendet sich mit seinem Begehren, die aufschiebende Wirkung seines Widerspruchs gegen die im Bescheid – gemäß § 9 BbgDSchG a. F. – erfolgte konstitutive Eintragung in das Verzeichnis der Denkmale wieder herzustellen, gegen eine Entscheidung einer Behörde, die den angefochtenen Verwaltungsakt entsprechend der zum damaligen Zeitpunkt geltenden Zuständigkeitsregelung (vgl. § 9 Abs. 2 BbgDSchG a. F.) erlassen hat. Diese Zuständigkeit sowie die daraus folgende behördliche Sachbefugnis ist hier nicht durch die am 1. 8. 2004 in Kraft getretene (vgl. Art. 3 Abs. 1 Gesetz zur Neuregelung des Denkmalschutzrechts im Land Brandenburg) Regelung des § 3 BbgDSchG n. F. verändert worden; sie ist insbesondere nicht, wie der Antragsteller gel-

tend macht, auf die Denkmalfachbehörde übergegangen. Zwar wird die Denkmalliste nunmehr von der Denkmalfachbehörde (vgl. §§ 3 Abs. 2 Satz 1, 17 Abs. 1 BbgDSchG n. F.) geführt. Die hier streitbefangene behördliche Zuständigkeit, mit konstitutiver Wirkung eine Eintragung in das Verzeichnis der Denkmale vorzunehmen, ist aber gerade nicht auf die Denkmalfachbehörde übergegangen, weil eine solche Eintragung nach nunmehr geltendem Recht nicht mehr vorgesehen ist. Vielmehr begründet § 3 Abs. 1 und 2 BbgDSchG n. F. nur die Zuständigkeit und Sachbefugnis der Denkmalfachbehörde zur nachrichtlichen Eintragung in die Denkmalliste. Auch die an die vorbezeichnete nachrichtliche Eintragung anknüpfende Regelung des § 3 Abs. 6 BbgDSchG n. F., wonach die Denkmalfachbehörde auf Antrag des Verfügungsberechtigten die Eigenschaft als Denkmal durch Verwaltungsakt festzustellen hat, soweit ein Denkmal auf Grund des Gesetzes in die Denkmalliste eingetragen wurde, ist hier nicht einschlägig, zumal der Antragsteller hier keinen Antrag auf Erlass eines solchen feststellenden Verwaltungsaktes gestellt hat und ein solcher demzufolge hier auch nicht erlassen wurde.

2. Die Beschwerde bleibt auch im Übrigen ohne Erfolg. . . .

Ob die im Zeitpunkt der gerichtlichen Entscheidung bestehende und infolge einer Erledigung des Verwaltungsaktes eingetretene Unzulässigkeit des Antrags nach § 80 Abs. 5 VwGO aus der Unstatthaftigkeit des Antrages oder – wie das Verwaltungsgericht meint – aus dem Fehlen des allgemeinen Rechtsschutzbedürfnisses folgt, kann der Senat hier offen lassen. Die dazu vertretenen unterschiedlichen Auffassungen, wonach nach einer Ansicht der Antrag nach § 80 Abs. 5 VwGO nur statthaft sei, wenn ein sofort vollziehbarer nicht bestandskräftiger Verwaltungsakt vorliege, der sich nicht erledigt habe (vgl. so u. a. Kopp/Schänke, VwGO, 13. Aufl., § 80 Rdnrn. 130 u. 136; Finkelnburg/Jank, Vorläufiger Rechtsschutz im Verwaltungsstreitverfahren, 4. Aufl., Rdnr. 962), während nach anderer Ansicht im Fall einer Erledigung des Verwaltungsaktes das allgemeine Rechtsschutzbedürfnis für den Antrag verneint wird (vgl. Sächs. OVG, Beschluss v. 7. 3. 2001 – 3 BS 237/00 –, SächsVBl. 2001, 176, 178; OVG Münster, Beschluss v. 14. 7. 1983 – 18 B 20253/83 –, NVwZ 1984, 261), führen nämlich beide zu dem Ergebnis, dass der Antrag des Antragstellers im Zeitpunkt der gerichtlichen Entscheidung unzulässig war.

Zutreffend geht das Verwaltungsgericht davon aus, dass sich der Regelungsgehalt des Bescheides des Antragsgegners über die Eintragung der Gedenkstätte in das Verzeichnis der Denkmale erledigt hat. Ein Verwaltungsakt kann sich auf andere Weise als durch Zurücknahme erledigen (vgl. § 113 Abs. 1 Satz 4 VwGO; § 43 Abs. 2 VwVfGBbg), insbesondere wenn die beschwerende Regelung nachträglich entfallen ist (vgl. Schoch/Schmidt-Aßmann/ Pietzner, VwGO, § 113 Rdnr. 81; BVerwG, Urteil v. 27. 2. 1969 – VIII C 88.69 –, BVerwGE 31, 324, 325). Daher kann bei nicht bestandskräftigen Verwaltungsakten auch eine Änderung der Rechtslage, die zu einem Wegfall des beschwerenden Regelungsgehalts führt, zu einer Erledigung des Verwaltungsaktes führen. Dementsprechend ist es in der Rechtsprechung anerkannt, dass es bei einem nicht bestandskräftigen Verwaltungsakt über eine konstitutive Eintragung in das Verzeichnis der Denkmale infolge der gesetzlichen Umstellung auf ein lediglich nachrichtliches Denkmalschutzsystem, bei dem sich die Eigenschaft eines Objektes als Denkmal unmittelbar aus dem Gesetz ergibt (d. h. der Schutz nach dem Denkmalschutzgesetz also nicht von der Eintragung des Denkmals in die Denkmalliste abhängig ist), es zu einer Erledigung des vorgenannten Verwaltungsaktes kommt (vgl. HessVGH, Urteil v. 23. 1. 1992 – 4 UE 3467/88 –, NVwZ-RR 1993, 462; OVG Berlin, Urteil v. 3. 1. 1997 – 2 B 10/93 –, LKV 1998, 152). Eine derartige Situation ist hier gegeben. Zum Zeitpunkt der Eintragung der Gedenkstätte in das Verzeichnis der Denkmale durch den Bescheid von 2004 galten §§ 8 ff. BbgDSchG a. F., die eine konstitutive Eintragung vorsahen, bei der die Schutzbestimmungen des Denkmalschutzgesetzes grundsätzlich nur für Denkmale gelten, die ins Verzeichnis der Denkmale eingetragen sind (vgl. § 8 BbgDSchG a. F.). Der Verwaltungsakt über die Eintragung hat sich hier während des einstweiligen Rechtsschutzverfahrens durch Rechtsänderung erledigt, weil dessen ursprünglicher, den Antragsteller belastender Regelungsgehalt nachträglich entfallen ist. Mit der Neuregelung des Denkmalschutzgesetzes nach dem am 1. 8. 2004 in Kraft getretenen BbgDSchG n. F. wurde die konstitutive Eintragung in das Verzeichnis der Denkmale, die hier vor der Rechtsänderung infolge des Widerspruchs des Antragstellers noch keine Bestandskraft erlangt hatte, durch eine nachrichtliche (deklaratorische) Eintragung in ein öffentliches Verzeichnis der Denkmale (Denkmalliste) nach § 3 Abs. 1 Satz 1 BbgDSchG n. F. ersetzt. Der Schutz nach dem Denkmalschutzgesetz ist gemäß § 3 Abs. 1 Satz 2 BbgDSchG nicht mehr von der Eintragung der Denkmale in die Denkmalliste abhängig. Er besteht kraft Gesetzes (ipso jure), wenn die gesetzlichen Voraussetzungen des § 2 BbgDSchG n. F. erfüllt sind (vgl. Begründung des Gesetzentwurfes der Landesregierung, Landtag Brandenburg, Drucks. 3/7054, S. 6). Dies hat hier zur Folge, dass der denkmalrechtliche Schutz der Gedenkstätte nicht mehr davon abhängig ist, dass sie in das Verzeichnis der Denkmale bzw. in die Denkmalliste eingetragen ist. Vielmehr soll bei jeder Maßnahme nach dem Denkmalschutzgesetz eine Prüfung stattfinden, ob bei dem in Rede stehenden Objekt ein Denkmal i. S. von § 2 DSchG n. F. vorliegt (vgl. HessVGH, Urteil v. 23. 1. 1992, a. a. O.). Damit gehen von dem angefochtenen, nicht bestandskräftigen Eintragungsbescheid keine fortdauernden, den Antragsteller belastenden unmittelbaren Rechtswirkungen (mehr) aus. Soweit der Antragsteller geltend macht, es habe der – mit Bescheid von 2005 erteilten – Erlaubnis zur Beseitigung der Gedenkstätte nicht bedurft, wenn der Eintragungsbescheid von 2004 nicht ergangen wäre, so trifft dies nicht zu und vermag auch keinen Fortbestand einer Regelungswirkung des Bescheides zu begründen. Ob eine erlaubnispflichtige Maßnahme nach § 9 Abs. 1 Nr. 1 BbgDSchG n. F. vorliegt, hängt nach dieser Regelung allein davon ab, ob ein Denkmal entgegen dem Erhaltungsgebot des § 7 BbgDSchG zerstört, beseitigt oder an einen anderen Ort verbracht wird. Der Erlaubnis bedarf es unabhängig von dem Bescheid von 2004 demgemäß nur dann, wenn die Gedenkstätte kraft Gesetzes ein Denkmal i. S. von § 2 BbgDSchG n.F ist. Auch soweit die mit Bescheid von 2005 erteilte Erlaubnis zur Beseitigung der Gedenkstätte mit bestimmten Nebenbestimmungen verbunden wurde (vgl. § 9 Abs. 4 Satz 1 BbgDSchG n. F.), hängt deren Rechtmäßigkeit nicht von einem wie auch immer gearteten Fortbestand der Regelungswirkung des Bescheides von 2004 ab, sondern in erster Linie davon ab, ob die Gedenkstätte kraft Gesetzes ein Denkmal ist oder nicht. Auch aus der Übergangsbestimmung des § 28 Abs. 1 BbgDSchG n. F. folgt kein fortdauernder Regelungsgehalt des Bescheides von 2004. Soweit die nach § 9 BbgDSchG a. F. geführten Verzeichnisse der Denkmale nach der Verordnung über das Verzeichnis der Denkmale v. 30. 4. 1992 bekannt gemacht worden sind, werden sie gemäß § 28 Abs. 1 BbgDSchG n. F. Bestandteil der Denkmalliste nach § 3 BbgDSchG n. F. Dementsprechend ist die Gedenkstätte Bestandteil der Denkmalliste geworden. Diese Regelung führt aber nicht dazu, dass der Bescheid von 2004 fortdauernde unmittelbare Rechtswirkung hat, denn die Eintragung in die Denkmalliste erfolgt ihrerseits nur nachrichtlich (§ 3 Abs. 1 Satz 1 BbgDSchG n. F.). Insbesondere die Entstehungsgeschichte (vgl. Begründung des Gesetzentwurfes der Landesregierung, a. a. O., S. 7) zeigt, dass diese nachrichtliche Eintragung in die Denkmalliste keinen eigenständigen verwaltungsaktmäßigen Regelungscharakter hat, insbesondere keine Regelung enthält, die auf unmittelbare Wirkung nach außen gerichtet ist. Sie hat vielmehr lediglich deklaratorische Bedeutung und erfüllt bloße Informationsfunktionen (vgl. u. a. HessVGH, Urteil v. 23. 1. 1992, a. a. O.).

Obwohl sich der Regelungsgehalt des Bescheides von 2004 infolge der Rechtsänderung erledigt hat, verkennt der Senat nicht, dass der Antragsteller durchaus ein berechtigtes Interesse an der Feststellung haben mag, dass die ursprüngliche (konstitutive) Eintragung rechtswidrig gewesen sei. Dieses gilt insbesondere in Hinblick darauf, dass die Denkmaleigenschaft der Gedenkstätte eine Vorfrage für die vom Antragsteller angesprochene Frage ist, ob die Gedenkstätte gemäß § 3 Abs. 2 Satz 3 BbgDSchG n. F. aus der Denkmalliste zu löschen ist. Ein solches in einem (künftigen) Hauptsacheverfahren geltend gemachtes und substanziiert dargelegtes Fortsetzungsfeststellungsinteresse vermag die Zulässigkeit eines Fortsetzungsfeststellungsantrages nach der Erledigung des Verwaltungsaktes (vgl. § 113 Abs. 1 Satz 3 VwGO) zu rechtfertigen (vgl. dazu näher u. a. HessVGH, Urteil v. 23. 1. 1992, a. a. O.; OVG Berlin, Urteil v. 3. 1. 1997 – 2 B 10/93 –, a. a. O.). Im Rahmen des hier anhängigen vorläufigen Rechtsschutzantrages ist aber ein derartiger „Fortsetzungsfeststellungseilantrag" unstatthaft (vgl. Finkelnburg/Jank, Vorläufiger Rechtsschutz im Verwaltungsstreitverfahren, 4. Aufl., Rdnr. 981; Schoch/Schmidt-Aßmann/Pietzner, § 80 Rdnr. 246). Für den Fall der Erledigung des Verwaltungsaktes ist weder in § 80 Abs. 5 VwGO noch in einer sonstigen Bestimmung des vorläufigen Rechtsschutzes ein Fortsetzungsfeststellungsantrag vorgesehen. § 113 Abs. 1 Satz 4 VwGO kann insoweit auch nicht analog Anwendung finden. Diese Norm soll die Möglichkeit eröffnen, bei berechtigtem Interesse trotz Eintritts der Erledigung eine rechtskräftige gerichtliche Feststellung über die behauptete Rechtswidrigkeit des Verwaltungsaktes herbeizuführen. In einem vorläufigen Rechtsschutzverfahren kann die im Hauptsacheverfahren durch § 121 VwGO erzielbare Rechtskraft- und Bindungswirkung aber nicht erreicht werden.

Nr. 198

1. Die Gesamtanlagenschutzsatzung „Alt-Heidelberg" vom 15.1.1998 i.d.F. vom 26.6.2003 steht mit § 19 Abs.1 DSchG in Einklang.

2. Für eine Verpflichtungsklage auf Erteilung einer denkmalschutzrechtlichen Genehmigung nach § 8 Abs.1 DSchG fehlt es am erforderlichen Rechtsschutzinteresse, wenn feststeht, dass sich das beantragte Vorhaben nicht verwirklichen lässt, weil die weiter gehende denkmalschutzrechtliche Genehmigung nach § 19 Abs.2 DSchG zu Recht versagt wurde.

DSchG §§ 2, 8 Abs.1, 19 Abs.1, Abs.2.

VGH Baden-Württemberg, Urteil vom 16. November 2005 – 1 S 2953/04 – (rechtskräftig).

(VG Karlsruhe)

Die Beteiligten streiten um die Befugnis der Klägerin zur Anbringung von vier Verkaufsständern zur Aufnahme von Waren vor der Schaufensterfassade ihres Ladengeschäfts.

Die Klägerin betreibt im Gebäude H.-Straße in Heidelberg in gepachteten Räumen ein Einzelhandelsgeschäft, in dem überwiegend Geschenkartikel und Accessoires angeboten werden. Das Gebäude befindet sich im räumlichen Geltungsbereich der Gesamtanlagenschutzsatzung „Alt-Heidelberg". Bei dem Gebäude handelt es sich um ein klassizistisches Wohn- und Geschäftshaus, das 1814 erbaut und 1888 sowie 1905 umgebaut worden ist. Im Jahr 1999 erfolgte die Sanierung des Gebäudes unter Beachtung denkmalschutzrechtlicher Auflagen.

Bei einer Kontrolle wurde festgestellt, dass auf den beiden Schaufenstersockeln des Geschäftes vier Haltekonstruktionen montiert waren, die zur Aufnahme von Verkaufsständern dienten und in den öffentlichen Straßenraum hineinragten. 2000 ordnete die Beklagte die Beseitigung der Verkaufsständer an. Diese wurden in der Folgezeit entfernt und durch vier mobile Haltekonstruktionen zur Aufnahme von Verkaufsständern ersetzt, die nicht mehr den öffentlichen Straßenraum in Anspruch nehmen. Sie werden während der Ladenöffnungszeiten in Bohrlöcher in den vorhandenen Sockeln eingeführt und nach Ladenschluss wieder entfernt. 2001 beantragte die Klägerin nachträglich die Erteilung etwaiger hierfür erforderlicher Genehmigungen.

Mit Bescheid von 2003 lehnte die Beklagte die Erteilung einer denkmalschutzrechtlichen Genehmigung ab, ordnete den Abbruch der bereits angebrachten Haltekonstruktionen für die vier Verkaufsständer an und untersagte die erneute Anbringung von Verkaufsständern sowie das Aufstellen von Waren und Warenständern vor der Fassade und ordnete für den Fall des Zuwiderhandelns die umgehende Entfernung derselben an.

Aus den Gründen:

1. Die Klägerin hat keinen Anspruch auf Erteilung der beantragten denkmalschutzrechtlichen Genehmigung nach § 19 Abs.2 DSchG. Auch kann sie keine erneute Ermessensentscheidung der Beklagten über ihren Antrag verlangen.

Gemäß § 19 Abs.2 DSchG bedürfen Veränderungen an dem geschützten Bild der Gesamtanlage der Genehmigung der unteren Denkmalschutzbehörde. Zu Recht sieht die Beklagte die tatbestandlichen Voraussetzungen dieser Bestimmung durch die Installation der vier Verkaufsständer als gegeben an.

Das Gebäude H.-Straße 10–14, an dem während der Ladenöffnungszeiten die Verkaufsständer vor den beiden Schaufenstern angebracht werden sollen, liegt im räumlichen Geltungsbereich der Gesamtanlagenschutzsatzung „Alt-Heidelberg" der Beklagten.

Entgegen dem Berufungsvorbringen der Klägerin ist die Gesamtanlagenschutzsatzung der Beklagten rechtlich nicht zu beanstanden. Nach § 19 Abs. 1 DSchG können Gemeinden im Benehmen mit der höheren Denkmalschutzbehörde (vor Änderung des Denkmalschutzgesetzes durch das Verwaltungsstruktur-Reformgesetz v. 1.7.2004: im Benehmen mit dem Landesdenkmalamt) Gesamtanlagen, insbesondere Straßen-, Platz- und Ortsbilder, an deren Erhaltung aus wissenschaftlichen, künstlerischen oder heimatgeschichtlichen Gründen ein besonderes öffentliches Interesse besteht, durch Satzung unter Denkmalschutz stellen. Von dieser Möglichkeit hat die Beklagte rechtsfehlerfrei Gebrauch gemacht.

Der Gemeinderat der Beklagten hat im Benehmen mit dem seinerzeit zuständigen Landesdenkmalamt 1997 die Satzung zum Schutz des Bereichs „Alt-Heidelberg" als Gesamtanlage gemäß § 19 DSchG (Gesamtanlagenschutzsatzung) und erneut – ebenfalls im Benehmen mit dem Landesdenkmalamt – 2003 beschlossen. ...

Die Satzung ist auch materiell-rechtlich nicht zu beanstanden.

Die von der Klägerin geäußerten Bedenken hinsichtlich ihrer inhaltlichen Bestimmtheit teilt der Senat nicht. § 19 DSchG stellt keine besonderen Anforderungen an den Inhalt der Satzung. Das „geschützte Bild der Gesamtanlage" als Schutzgegenstand bedarf keiner Konkretisierung, vielmehr bestimmt es sich unmittelbar aus dem vorhandenen Erscheinungsbild. Aus dem Zweck des § 19 DSchG sind auch die notwendigen Festsetzungen abzuleiten. Die Satzung ist danach bereits dann hinreichend bestimmt, wenn die Gesamtanlage räumlich abgegrenzt und damit der Anwendungsbereich des Genehmigungsvorbehalts nach Abs. 2 bestimmt ist. Dies kann durch textliche Beschreibung oder kartografische Darstellung geschehen. Hingegen verlangt die Regelung keine Beschreibung des geschützten Bildes oder dessen bildliche Darstellung und ebenso wenig eine Begründung des besonderen öffentlichen Interesses (vgl. zum Ganzen Strobl/Majocco/Sieche, Denkmalschutzgesetz für Baden-Württemberg, 2. Aufl., § 19 Rdnr. 12). Einer Differenzierung zwischen der historischen Altstadt und der „nachgewachsenen Altstadt" bedarf es danach nicht.

Den dargelegten Anforderungen wird die Gesamtanlagenschutzsatzung der Beklagten gerecht. Der genaue Grenzverlauf des Geltungsbereichs ist in § 2 der Satzung unter Angabe der Flurstücknummern näher beschrieben und außerdem zeichnerisch dargestellt. § 3 der Satzung regelt darüber hinaus den Gegenstand des Schutzes: Danach umfasst das vorhandene Erscheinungsbild die Altstadt von Heidelberg mit den umgebenden Hanglagen und dem Neckar. Der Schutz umfasst dabei das nach außen wirkende Bild der Altstadt – wie es sich dem Betrachter von den Hängen des Neckartals aus darstellt –, das innere Bild der durch die historische Bebauung geprägten Straßen und Plätze sowie die Sichtbeziehung von der Altstadt auf die Hanglagen. Der Schutzumfang erstreckt sich auf alle innerhalb des Anwendungsbereichs der

Satzung befindlichen unbeweglichen Sachen (Gebäude, bauliche und sonstige Anlagen, unbebaute Grundstücksflächen, wie Straßen, Plätze, Wasserflächen und Parkanlagen). Ausweislich dieser Festsetzungen ist auch der Bereich der H.-Straße, in dem sich das Einzelhandelsgeschäft der Klägerin befindet, mit dem geschützten Straßenbild von der Satzung erfasst.

Entgegen dem Berufungsvorbringen der Klägerin ist die Satzung auch nicht in zeitlicher Hinsicht unbestimmt. Auf welchen Zeitpunkt für die Beurteilung, welches Bild geschützt werden soll, abzustellen ist, ergibt sich bereits aus der Zielsetzung der Gesamtanlagenschutzsatzung, das vorhandene Erscheinungsbild der Altstadt und damit auch das innere Bild der durch die historische Bebauung geprägten Straßen und Plätze zu schützen. Dies bedeutet, dass das zum Entscheidungszeitpunkt vorhandene Bild der Altstadt von Heidelberg erhalten werden soll.

Die Gesamtanlagenschutzsatzung begegnet auch ansonsten keinen rechtlichen Bedenken. Der Senat hat keinen Zweifel daran, dass an der Erhaltung der Gesamtanlage „Alt-Heidelberg" aus wissenschaftlichen, künstlerischen und heimatgeschichtlichen Gründen ein besonderes öffentliches Interesse i. S. von § 19 Abs. 1 DSchG besteht. Dieses Erfordernis entspricht der „besonderen Bedeutung" i. S. von § 12 Abs. 1 DSchG und knüpft an das öffentliche Erhaltungsinteresse i. S. von § 2 Abs. 1 DSchG an. Das Bild der Heidelberger Altstadt ist geprägt durch dominierende große Baudenkmale wie das Schloss, die Kirchen und große Profanbauten sowie durch die ungewöhnlich dicht und vollständig erhaltene Bürgerhausstruktur entlang den Hauptstraßen und damit auch der autofreien Fußgängerzone. An der Erhaltung des geschlossenen Ortsbildes der Heidelberger Altstadt besteht ein besonderes öffentliches Interesse, da es ein architektonisches Ensemble von internationalem Rang darstellt. Insbesondere besteht auch ein besonderes Interesse an der Erhaltung des aus der Fußgängerperspektive erlebbaren Stadt- und Straßenbildes. Dies hat der Senat bei der durchgeführten Augenscheinseinnahme auch für den Bereich der H.-Straße bestätigt gefunden. Die jüngere Vor-Altstadt, in der das Geschäft der Klägerin liegt, ist, wie ein Vertreter der Beklagten in der mündlichen Verhandlung dargelegt hat, deshalb von besonderem wissenschaftlichen und heimatgeschichtlichen Interesse, weil die H.-Straße in diesem Bereich erst mit der im Jahre 1840 erfolgten Eröffnung der Eisenbahnlinie zwischen Heidelberg und Mannheim und der damit verbundenen Errichtung des Bahnhofs in der Nähe des heutigen Bismarckplatzes als Geschäftsstraße Bedeutung erlangt hat, was dazu geführt hat, dass in der Vor-Altstadt die – weitgehend noch erhaltenen – charakteristischen Geschäfts- und Wohnhäuser erbaut bzw. vorhandene Wohnhäuser in Geschäftshäuser umgebaut wurden. Auch heute ist im Straßenbild noch die Ausbau- und Verdichtungsphase des 19. und 20. Jahrhunderts ablesbar. Dass in diesem Bereich das geschützte innere Bild der durch die historische Bebauung geprägten H.-Straße bereits Störungen aufweist, führt nicht dazu, das öffentliche Erhaltungsinteresse zu verneinen. Denn diese Beeinträchtigung des geschützten Bildes ist nicht so weit fortgeschritten, dass eine Schutzwürdigkeit der Gesamtanlage nicht mehr gegeben wäre. Vielmehr wird auch dieser Teil der H.-Straße, der das Entrée zur Fußgängerzone darstellt, noch deutlich geprägt von historischen Fassaden und denkmalgeschützten Gebäuden und erweist sich ungeachtet moderner Gebäude als schutzwürdig.

Liegt somit das Gebäude H.-Straße 10–14 im Geltungsbereich der – danach rechtlich nicht zu beanstandenden – Gesamtanlagenschutzsatzung der Beklagten, so ist das bereits in Werk gesetzte Vorhaben der Klägerin nach Maßgabe des § 19 Abs. 2 DSchG genehmigungspflichtig; denn durch die auf Haltekonstruktionen aufgebrachten Warenständer vor den Schaufensterfronten des Gebäudes wird das geschützte Bild der Gesamtanlage verändert. § 19 Abs. 2 DSchG geht von einer umfassenden Genehmigungspflicht aus. Die Vorschrift ist insoweit weiter gehend als die Genehmigungspflicht des § 8 Abs. 1 DSchG. Nur so kann der mit allen Veränderungen verbundenen Gefahr einer Beeinträchtigung des geschützten Bildes begegnet werden. Der Genehmigungsvorbehalt bedeutet ein formelles (präventives), kein materielles Veränderungsverbot. Es bezieht auch Sachen mit ein, denen keine Denkmaleigenschaft zukommt, weil auch deren Veränderung das Erscheinungsbild der Gesamtanlage beeinträchtigen kann (vgl. zum Ganzen Strobl/Majocco/Sieche, a. a. O., § 19 Rdnr. 3 bis 5). Es ist in diesem Zusammenhang daher rechtlich unerheblich, ob das Gebäude H.-Straße 10–14 ein Kulturdenkmal i. S. von § 2 Abs. 1 DSchG darstellt oder nicht.

Nach § 19 Abs. 2 Satz 2 DSchG ist die Genehmigung zu erteilen, wenn die Veränderung das Bild der Gesamtanlage nur unerheblich oder nur vorübergehend beeinträchtigen würde oder wenn überwiegende Gründe des Gemeinwohls unausweichlich Berücksichtigung verlangen. Bei Vorliegen der in Satz 2 genannten Voraussetzungen besteht daher ein Genehmigungsanspruch, im Übrigen ist der Denkmalschutzbehörde Ermessen eingeräumt.

Die Beklagte und das Verwaltungsgericht haben zunächst zu Recht angenommen, dass die Beeinträchtigung nicht nur vorübergehend i. S. des § 19 Abs. 2 Satz 2 DSchG ist. An dem Merkmal „vorübergehend" fehlt es entgegen der Auffassung der Klägerin deswegen, weil die Anbringung der Warenständer nicht lediglich während eines bestimmten, kurzen Zeitraumes erfolgen soll, wie etwa eine saisonale Weihnachtsdekoration an der Fassade eines Gebäudes, sondern die Warenständer regelmäßig und auf unbestimmte Dauer während der Ladenöffnungszeiten aufgestellt werden sollen.

Es ist auch weder dargelegt noch sonst ersichtlich, dass überwiegende Gründe des Gemeinwohls eine Genehmigung gebieten.

Der danach allein noch in Betracht kommende Genehmigungsgrund, dass das Bild der Anlage nur unwesentlich beeinträchtigt wird, ist nach dem Ergebnis des Augenscheins ebenfalls nicht erfüllt.

Maßstab der Beurteilung ist nach der Rechtsprechung des erkennenden Gerichtshofs in subjektiver Hinsicht das Empfinden des für die Belange des Denkmalschutzes aufgeschlossenen Durchschnittsbetrachters. Denn der Gesamtanlagenschutz betrifft allein das Erscheinungsbild der Gesamtanlage, bei dessen Beurteilung es weniger um die Kenntnis von (fachlichen) Zusammenhängen als um Fragen der Optik und Ästhetik geht, deren Beantwortung besonderen Sachverstand nicht erfordert (VGH Baden-Württemberg, Urteil v. 10. 10. 1988 – 1 S 1849/88 –, BRS 48 Nr. 118 = BauR 1989, 70; Strobl/Majocco/Sieche, a. a. O., § 19 Rdnr. 13). In objektiver Hinsicht setzt eine erhebliche Beeinträchtigung des Erscheinungsbildes – wie auch bei § 8 Abs. 1 DSchG – voraus, dass der Gesamteindruck von der geschützten Anlage empfindlich gestört würde. Die damit allgemein gekennzeichneten Anforderungen bleiben einerseits unterhalb der Schranke dessen, was üblicherweise „hässlich" wirkt und deshalb im bauordnungsrechtlichen Sinne „verunstaltend" ist. Andererseits genügt für eine erhebliche Beeinträchtigung des Erscheinungsbildes i. S. des § 19 Abs. 2 Satz 2 DSchG nicht jede nachteilige Beeinflussung des Erscheinungsbildes, vielmehr muss der Gegensatz zu ihm deutlich wahrnehmbar sein und vom Betrachter als belastend empfunden werden (vgl. Senatsurteil v. 10. 10. 1988, a. a. O.).

Auf Grund des eingenommenen Augenscheins ist der Senat ebenso wie das Verwaltungsgericht zu der Überzeugung gelangt, das die Verkaufsständer vor dem Ladengeschäft der Klägerin das geschützte Bild der Gesamtanlage im Sinne des dargelegten Maßstabs wesentlich beeinträchtigen.

Das aus der Fußgängerperspektive erlebbare, in den Schutz der Gesamtanlage einbezogene Straßenbild der H.-Straße wird im optischen Bezugsfeld des Anwesens der Klägerin maßgeblich durch die weithin sichtbaren historischen Fassaden der Wohn- und Geschäftshäuser geprägt. Da die H.-Straße im Bereich des Anwesens der Klägerin einen Knick macht und auch im weiteren Verlauf in Richtung Universitätsplatz eine leicht geschwungene Straßenführung aufweist, sind Baustil und Gestaltung der Fassaden der überwiegend denkmalgeschützten Gebäude für den Fußgänger eindrucksvoll wahrnehmbar. Dabei dominiert zwar der obere Fassadenbereich der Gebäude ab dem 1. Obergeschoss; gleichwohl wird der Blick auf die Ladenzonen der Gebäude durch den Fußgängerverkehr nicht derart „verstellt", dass der Erdgeschossbereich mit den Schaufenstern nicht mehr aus der Fußgängerperspektive wahrnehmbar wäre. Der Charakter der Fußgängerzone ist damit durchgehend durch die Fassaden der charakteristischen Wohn- und Geschäftsgebäude des 19. und 20. Jahrhunderts unter Einbeziehung der Geschäftszone geprägt, wobei die Sockelfront der Ladengeschäfte den architektonischen und gestalterischen Anspruch der Fassaden der Gebäude entlang der H.-Straße unterstützt. Bei der Renovierung der Ladengeschäfte wurde und wird, wie von der Beklagten in der mündlichen Verhandlung durch Fotos veranschaulicht, auf eine deutliche Gliederung der Schaufensteranlage Wert gelegt und werden ggf. entsprechende denkmalschutzrechtliche Auflagen angeordnet. Das prägende Erscheinungsbild der H.-Straße wird auch nicht dadurch entscheidend gestört, dass sich im weiteren Verlauf der Fußgängerzone in Richtung Altstadt die modern gestaltete Fassade des X. befindet. Denn diese wird vom aufgeschlossenen Durchschnittsbetrachter lediglich als ein das ansonsten harmonische Gesamtbild störender „Ausreißer" empfunden. In der näheren Umgebung des Geschäftes der Klägerin ist die H.-Straße hingegen durch ein ruhiges und harmonisches Erscheinungsbild geprägt, das mitunter durch eine an die bestehende Fassade angepasste historisierende Neugestaltung des Erdgeschossbereichs unterstützt wird. Auch neuere Gebäude auf der gegenüberliegenden Seite fügen sich überwiegend in die Gestaltung der historischen Fassaden ein. Die der Klägerin benachbarten Geschäftshäuser haben keine vergleichbaren mit bunten Artikeln bestückten Ständer vor ihren

Ladengeschäften aufgestellt; lediglich die Buchhandlung hat einen kleineren, weit weniger auffallenden Zeitungsständer vor ihrem Geschäft stehen, sodass die in das Straßenbild hineinragende Warenpräsentation der Klägerin mit ihrer auffallenden Farbpalette vom aufgeschlossenen Durchschnittsbetrachter als Fremdkörper wahrgenommen wird. Aus der Nähe fallen die Warenständer besonders negativ auf, weil sie die Fensterfront der Fassade völlig verdecken, während bei den anderen Ladengeschäften der Umgebung die Schaufensterfront sichtbar und damit die Architektur des Erdgeschossbereiches ablesbar bleibt. Auch von der Fahrtgasse kommend hat der Fußgänger die bunten Warenständer vor der schlichten, aber doch ansprechenden Fassade des Gebäudes H.-Straße 10–14 genau im Blickfeld und erlebt sie als belastend.

Wird danach – wie gezeigt – das geschützte Bild der Gesamtanlage durch die bereits durchgeführte Veränderung erheblich beeinträchtigt, so muss die Denkmalschutzbehörde die Genehmigung nach § 19 Abs. 2 Satz 2 DSchG nicht erteilen. Das schließt indessen eine Erteilung im Ermessenswege nicht aus. Die Denkmalschutzbehörde hat über die Genehmigung nach pflichtgemäßem Ermessen zu entscheiden und bei dessen Ausübung die Grenze des Zumutbaren zu beachten (vgl. Senatsurteil v. 10. 10. 1988, a. a. O.). Die Regelung des § 19 Abs. 2 DSchG ist als Bestimmung von Inhalt und Schranken i. S. des Art. 14 Abs. 1 Satz 2 GG zu verstehen. Aufgabe der Denkmalschutzbehörde ist es, im Einzelfall – die unbestimmten Rechtsbegriffe des Gesetzes konkretisierend – die öffentlichen Denkmalschutzinteressen und die schutzwürdigen Interessen des Eigentümers zu einem gerechten Ausgleich und in ein ausgewogenes Verhältnis zu bringen, wie es der Grundrechtsschutz verlangt. Dem entspricht es, dass der Denkmalschutzbehörde, soweit sie nicht zur Erteilung der Genehmigung verpflichtet ist (§ 19 Abs. 2 Satz 2 DSchG), ein Ermessen eingeräumt ist, bei dessen Ausübung sie die dargelegte Grenze des Zumutbaren zu beachten hat. Für die Rechtsposition der Klägerin als Besitzerin eines Geschäftes, das sich im Schutzbereich einer Gesamtanlage befindet, gilt nach § 6 DSchG im Ergebnis nichts anderes (st. Rspr., vgl. Urteil des Senats v. 10. 10. 1988, a. a. O.).

Eine solche Ermessensentscheidung haben die Denkmalschutzbehörden im vorliegenden Fall getroffen und das ihnen eröffnete Ermessen auch fehlerfrei ausgeübt. Mit Rücksicht auf das beachtliche öffentliche Interesse an der Aufrechterhaltung des bisherigen Erscheinungsbilds der Gesamtanlage und mit Blick auf die negative Vorbildwirkung für weitere Geschäfte in der H.-Straße ist die Ablehnung der Genehmigungserteilung auch unter Beachtung der wirtschaftlichen Interessen der Klägerin nicht zu beanstanden. Insbesondere wurden die Ermessenserwägungen nicht auf einen unzutreffenden Sachverhalt gestützt. In die Ermessenserwägungen durfte dabei auch eingestellt werden, dass durch die Verkaufsständer nicht nur das Straßenbild, sondern auch das Gebäude H.-Straße 10–14 als Kulturdenkmal in seinem Erscheinungsbild wesentlich beeinträchtigt wird. Der Senat teilt die Auffassung der Beklagten, dass es sich bei dem Gebäude um ein Kulturdenkmal i. S. von § 2 Abs. 1 DSchG handelt, an dessen Erhaltung aus wissenschaftlichen, künstlerischen und heimatgeschichtlichen Gründen ein öffentliches

Interesse besteht. Dies hat die Klägerin im Berufungsverfahren auch nicht mehr in Abrede gestellt. Das Gebäude veranschaulicht durch seinen Umbau vom Wohnhaus zum Wohn- und Geschäftshaus die Entwicklung der H.-Straße zu einer repräsentativen Wohn- und Geschäftsstraße des gehobenen Bürgertums, womit dem Gebäude heimatgeschichtliche Bedeutung zukommt. Das Gebäude weist durch das künstlerisch anspruchsvolle Kranzgesims und weitere Fassadendetails bei der Fenstergestaltung im 1. und 2. Obergeschoss auch eine besondere gestalterische Qualität auf, die das ästhetische Empfinden des Betrachters in besonderer Weise anspricht; Form und Funktion des schlichten klassizistischen Wohn- und Geschäftshauses entsprechen sich in besonders gelungener Weise, sodass auch der Schutzgrund der künstlerischen Bedeutung gegeben ist. Dem Gebäude kann darüber hinaus ein dokumentarischer Wert zugebilligt werden, weil es auch in architekturgeschichtlicher Hinsicht den Wandel der H.-Straße zu einer repräsentativen Wohn- und Geschäftsstraße bezeugt. Vor dem Hintergrund dieser Schutzgründe wird der Gesamteindruck des Gebäudes durch die Haltekonstruktionen mit den Verkaufsständern empfindlich gestört. Die Frage der denkmalschutzrechtlichen Beeinträchtigung der Haltekonstruktionen kann dabei nicht losgelöst von ihrer zweckgebundenen Bestimmung als Warenständer beurteilt werden. Mit der Beklagten geht der Senat davon aus, dass die Fassade des Kulturdenkmals einer einheitlichen Betrachtung zu unterziehen ist, auch wenn sie im Erdgeschoss überwiegend aus neuen und nur in den oberen Geschossen aus historischen Teilen besteht. Da während der Ladenöffnungszeiten die gesamte Erdgeschosszone durch die Verkaufsständer und die daran aufgehängten Artikel verdeckt ist, ist die Architektur im Ladengeschossbereich während dieser Zeit nicht mehr ablesbar. Die Warenständer werden von dem dem Denkmalschutz aufgeschlossenen Durchschnittsbetrachter mit Blick auf die künstlerische Gestaltung der Fassade auch als belastend wahrgenommen. Dies gilt insbesondere, wenn man von der Fahrtgasse kommend auf das Gebäude blickt. Durch das Vorhaben wird mithin das Erscheinungsbild des Gebäudes erheblich beeinträchtigt. Die Klägerin wusste bei Übernahme des Geschäftes um die denkmalschutzrechtliche Bedeutung des Gebäudes; denn die Schaufensterfront ist 1999 unter Berücksichtigung denkmalschutzrechtlicher Belange gestaltet worden. Ein besonderes Augenmerk hat die Beklagte dabei – für die Klägerin erkennbar – auf die deutliche Gliederung der Schaufensteranlage mit den Rahmen/Profilen in Metallglimmer gelegt. Auf diese Rahmenbedingungen hatte sie sich bei der Verwirklichung ihres Geschäftskonzepts einzustellen. Vor allem durfte die Beklagte im Rahmen ihrer Ermessensentscheidung auch berücksichtigen, dass die Verkaufsständer im Falle ihrer Zulassung eine im Umfang schwer einschätzbare negative Vorbildwirkung für andere Geschäfte im Bereich der Gesamtanlagenschutzsatzung, aber auch in denkmalgeschützten Gebäuden entfalten würden. Die Klägerin hat in diesem Zusammenhang nicht in Abrede gestellt, dass eine ganze Reihe weiterer Geschäfte dringend die Entscheidung in dieser Sache abwartet, um im Falle einer Zulassung ihre Ware auf gleiche Weise vor dem Schaufensterbereich zu präsentieren. Vergleichbare Veränderungen an anderen Ladengeschäften würden jedoch zu einer weiteren nachteiligen Auswirkung auf das Erscheinungsbild der vom Gesamtanlagenschutz erfassten Fußgängerzone führen. Vor dem Hintergrund dieser Umstände ist es rechtlich nicht zu beanstanden, wenn die Beklagte dem öffentlichen Interesse an dem geschützten Stadtbild Vorrang vor dem von der Klägerin angeführten wirtschaftlichen Interesse eingeräumt hat. Der mit der Ablehnung der Genehmigungserteilung erstrebte Zweck steht auch nicht außer Verhältnis zu den Nachteilen, die der Klägerin entstehen. Der Klägerin ist es zuzumuten, ohne die Anbringung der Verkaufsständer vor den Schaufenstern auszukommen und den Zustand des Gebäudes – auch zu Geschäftszeiten – so zu belassen, wie er ist. Die Klägerin hat die gleichen Wettbewerbsbedingungen wie die sonstigen Geschäfte in ihrer Umgebung. Der Klägerin bleibt es unbenommen, Passanten durch eine ansprechende Schaufenstergestaltung und einen unverstellten Blick in das Innere des Geschäftes auf ihre Produktpalette aufmerksam zu machen. Daneben besteht für sie weiterhin die Möglichkeit, ihre Waren im Eingang ihres Geschäftes zu präsentieren und auf diese Weise Käufer ins Ladeninnere zu locken. Das Geschäft verfügt über einen weit geöffneten 2,50 m breiten Eingangsbereich, in dem auf beiden Seiten Verkaufsgegenstände aufgestellt werden können und auch derzeit zwei fahrbare Verkaufsständer von der Beklagten akzeptiert werden. Auch hier kann die Kundschaft, worauf es der Klägerin entscheidend ankommt, die aufgehängten Waren „en passant" wahrnehmen und anfassen. Mit Blick darauf, dass sich zur Überzeugung des Senats die Gestaltung der Auslage und der fahrbaren Ständer im Eingangsbereich optimieren lassen, ist es für den Senat nicht nachvollziehbar, dass durch den Wegfall der vier Verkaufsständer, wie die Klägerin darlegt, mindestens 50 % „Geschäftsverlust" eintrete und dadurch ihr Geschäft, auch weil es nach ihren Darlegungen keine Kompensationsmöglichkeiten gebe, in die Insolvenz getrieben werde. Dieses Vorbringen ist jedoch letztlich auch unter Berücksichtigung des Grundsatzes der Verhältnismäßigkeit rechtlich nicht erheblich. Der Senat sah daher keine Veranlassung, der Beweisanregung der Klägerin, hierzu ein Sachverständigengutachten einzuholen, nachzukommen. Denn selbst wenn man Zweifel, ob diese Tatsachenbehauptung einem Sachverständigengutachten überhaupt zugänglich ist, zurückstellt und die Behauptung der Klägerin, dass durch den Wegfall der vier Verkaufsständer mindestens 50 % Geschäftsverlust eintritt, als „wahr unterstellt", führt dies nicht dazu, dass das Ermessen der Beklagten auf null reduziert wäre und sie die vier Warenständer zu genehmigen hätte. Denn insoweit ist der Klägerin die Situationsgebundenheit der – selbst gewählten – Lage ihres Geschäfts entgegenzuhalten. Sie konnte bei Anmietung des Geschäfts nicht davon ausgehen, dass sie ihr Geschäftskonzept im Bereich einer denkmalgeschützten Gesamtanlage und in einem denkmalgeschützten Gebäude ohne Rücksicht auf denkmalschutzrechtliche Bindungen würde verwirklichen können. Die Versagung der denkmalschutzrechtlichen Genehmigung ist danach nicht ermessensfehlerhaft, sodass auch kein Anspruch auf Neubescheidung besteht.

2. Die Berufung der Beklagten hat schon deshalb Erfolg, weil das Verwaltungsgericht, soweit es der Verpflichtungsklage der Klägerin auf Erteilung einer denkmalschutzrechtlichen Genehmigung nach § 8 Abs. 1 DSchG statt-

gegeben hat, die Klage hätte als unzulässig abweisen müssen. Insoweit fehlt der Klägerin bereits das für ihr Begehren erforderliche Rechtsschutzinteresse. Voraussetzung der Zulässigkeit jeder Klage ist, dass der Kläger ein schutzwürdiges Interesse an der begehrten Entscheidung des Gerichts hat. Hieran fehlt es, wenn der Rechtsschutz unnütz in Anspruch genommen wird. Dies ist der Fall, wenn er nicht geeignet ist, zur Verbesserung der subjektiven Rechtsstellung des Klägers beizutragen. In diesem Sinne nutzlos ist eine Rechtsverfolgung auch dann, wenn ihr Ziel die Erteilung einer Genehmigung ist, die sich mit Rücksicht auf die rechtlichen Verhältnisse nicht verwirklichen lässt (BVerwG, Beschluss v. 20. 7. 1993, NVwZ 1994, 482 ff.). Das Gleiche gilt, wenn sich das Vorhaben wegen Versagung einer hierfür ebenfalls notwendigen weiteren Genehmigung nicht realisieren lässt. Diese Situation ist hier gegeben. Nachdem die Klägerin keinen Anspruch auf Erteilung der denkmalschutzrechtlichen Genehmigung nach § 19 Abs. 2 DSchG hat, besteht für ihr Begehren auf Erteilung der Genehmigung nach § 8 Abs. 1 DSchG kein Sachbescheidungsinteresse, da der Verwertung der erstrebten Genehmigung rechtliche Hindernisse entgegenstehen, die sich nicht ausräumen lassen. Auszugehen ist davon, dass die Klägerin zur Verwirklichung ihres Vorhabens sowohl die denkmalschutzrechtliche Genehmigung nach § 19 Abs. 2 DSchG als auch die Genehmigung nach § 8 Abs. 1 DSchG benötigt. Die Genehmigungspflicht nach § 19 Abs. 2 DSchG ist insofern weiter gehend, als davon auch Vorhaben an Gebäuden erfasst werden, die selbst keine Kulturdenkmale darstellen und daher nicht der Genehmigungspflicht nach § 8 Abs. 1 DSchG unterliegen, und darüber hinaus auch insoweit, als alle Veränderungen am Erscheinungsbild der Gesamtanlage die formelle Genehmigungspflicht auslösen, während § 8 Abs. 1 DSchG lediglich die Beeinträchtigung am Erscheinungsbild oder der Substanz des Kulturdenkmals der Genehmigungspflicht unterwirft. Beide Regelungen verfolgen einen unterschiedlichen Schutzzweck, der einer einheitlichen rechtlichen Beurteilung nicht zugänglich ist. Eine Bündelung der Genehmigungspflichten zu einer einzigen einheitlichen Genehmigungspflicht für beide Genehmigungstatbestände sieht das Gesetz daher auch nicht vor. Ohne eine Genehmigung nach § 19 Abs. 2 DSchG lässt sich somit das beantragte Vorhaben nicht verwirklichen. In einem solchen Fall ist der weiter gehende Antrag, wie hier der Antrag auf Erteilung einer Genehmigung nach Maßgabe des § 19 Abs. 2 DSchG, als Hauptantrag zu verfolgen, während der Antrag nach § 8 Abs. 1 DSchG als (unechter) Hilfsantrag zu stellen ist für den Fall, dass der Hauptantrag Erfolg hat (vgl. VGH Baden-Württemberg, Urteil v. 20. 7. 1984, NVwZ 1985, 351 f.).

Im Übrigen wäre die Klage auch unbegründet gewesen, weil durch das Vorhaben, wie oben dargelegt, das Erscheinungsbild des Denkmals wesentlich beeinträchtigt wird und die Beklagte aus den unter 1) dargelegten Gründen auch die Genehmigung nach § 8 Abs. 1 DSchG ermessensfehlerfrei versagen durfte.

F. Natur- und Landschaftsschutz

Nr. 199

1. **Es steht der Eignung einer Kompensationsmaßnahme als naturschutzrechtliche Ersatzmaßnahme nicht entgegen, wenn sie zugleich der Sanierung eines Altstandortes dient.**

2. **Zukunftsplanungen eines von der enteignungsrechtlichen Vorwirkung einer naturschutzrechtlichen Kompensationsmaßnahme Betroffenen dürfen nicht generell als unbeachtlich aus der Abwägung ausgeblendet werden.**

GG Art. 14 Abs. 3; FStrG §§ 17 Abs. 1 Satz 2, 19 Abs. 1 Satz 2; BNatSchG a. F. § 8 Abs. 2, 3 und 9; LNatG M-V § 15 Abs. 5.

Bundesverwaltungsgericht, Urteil vom 26. Januar 2005 – 9 A 7.04 –.

Die Kläger wandten sich als Eigentümer des am M.-See gelegenen „Waldbades" mit ihrer Klage dagegen, dass im Rahmen der Planfeststellung für den Neubau der Ortsumgehung C. als landschaftspflegerische Ersatzmaßnahme eine Renaturierung dieses Freibades angeordnet worden ist.

Die genannte Ortsumgehung soll die bisher als Ortsdurchfahrt durch C. verlaufende B 321 als bogenförmige Nordtangente auf einer Länge von ca. 4,9 km an dieser Stadt vorbeiführen. Die neue Trasse durchschneidet in diesem Bereich u. a. das Waldgebiet „Eichholz" und die „Amtsgrabenniederung". Das landschaftspflegerische Ausgleichskonzept sieht umfangreiche trassenferne Ersatzmaßnahmen vor, darunter als Maßnahme E 6 die Renaturierung des ehemaligen „Waldbades" am M.-See. Diese Maßnahme umfasst den Abbruch sämtlicher Baulichkeiten des Freibades, die Anpflanzung eines Laubwaldes und – im Uferbereich – von Röhricht sowie Freihaltung einer kleinen Badestelle sowie eine vorläufige Einzäunung längs der verbleibenden Waldwege. Ziel der Maßnahme ist eine Aufwertung der Uferzone durch die verbesserte Erholungseignung des Gebietes (fußläufige Wegeverbindung entlang des Sees), die funktional Beeinträchtigungen der Erholungsfunktionen im Bereich der „Amtsgrabenniederung" und des „Eichholzes" zugeordnet wird, sowie die Schaffung von hochwertigen gewässernahen Lebensräumen, die als Ersatz für die Beeinträchtigung von Gewässern und Feuchtlebensräumen einschließlich der betroffenen faunistischen Funktionen gewertet werden.

Die Klage hatte keinen Erfolg.

Aus den Gründen:

II. Die Inanspruchnahme stützt sich auf die Enteignungsermächtigung des § 19 Abs. 1 Satz 2 FStrG. Danach ist eine Enteignung zulässig, soweit sie zur Ausführung eines nach § 17 FStrG festgestellten Vorhabens notwendig ist. In der Rechtsprechung des Bundesverwaltungsgerichts ist geklärt, dass sich diese Ermächtigung auch auf Flächen erstreckt, auf denen – wie hier – nach den Vorschriften des Landesnaturschutzrechts Ersatzmaßnahmen durchzuführen sind (vgl. BVerwG, Urteil v. 23. 8. 1996 – 4 A 29.95 –, Buchholz 407.4 § 19 FStrG Nr. 8, S. 11).

Als Rechtsgrundlage für die Ersatzmaßnahme E 6 nennt der angefochtene Planfeststellungsbeschluss § 15 Abs. 5 des Landesnaturschutzgesetzes i. d. F. der Bekanntmachung vom 22. 10. 2002 – GVOBl. M-V 2003, 1 – (LNatG M-V).

In ihrem Satz 2 bestimmt die genannte Vorschrift – in Ausübung der Ermächtigung des § 8 Abs. 9 BNatSchG a. F. –, dass bei einem Eingriff in Natur und Landschaft, der nicht im erforderlichen Maße ausgleichbar, aber dennoch nach § 15 Abs. 3 Satz 1 Nr. 2 LNatG M-V zulässig ist, der Verursacher möglichst in der vom Eingriff betroffenen Großlandschaft durch geeignete Maßnahmen die Strukturen, Funktionen und Prozesse von Natur und Landschaft möglichst gleichwertig oder ähnlich zu ersetzen hat (Ersatzmaßnahmen). Die Kläger bezweifeln nicht das in Anwendung dieser Vorschrift ermittelte Ausgleichsdefizit, mithin die Erforderlichkeit von Ersatzmaßnahmen. Sie halten jedoch speziell die Ersatzmaßnahme E 6 für überflüssig, zumindest aber ihrer Art nach und auf Grund ihrer Entfernung vom Eingriffsort für ungeeignet, eine Kompensation der Eingriffsfolgen herbeizuführen. Mit diesem Einwand können die Kläger ebenso wenig durchdringen (1) wie mit ihrer Rüge, der Eingriff in ihr Grundeigentum sei vermeidbar gewesen, weil das Ausgleichsdefizit ebenso unter Inanspruchnahme anderer Grundstücke hätte behoben werden können (2.). Schließlich machen die Kläger ohne Erfolg geltend, dass die Inanspruchnahme ihres Grundeigentums mit unzumutbaren Folgen verbunden sei (3.).

1. Eine Inanspruchnahme ihres Grundeigentums für eine Ersatzmaßnahme, die naturschutzfachlich ungeeignet oder sogar überflüssig ist, müssen die Kläger nicht hinnehmen. Der Senat kann sich den mit dieser Zielrichtung gegen die Ersatzmaßnahme E 6 erhobenen Einwänden der Kläger jedoch nicht anschließen. ...

3. Die Inanspruchnahme des Eigentums für öffentliche Zwecke darf nicht gegen das rechtsstaatliche Übermaßverbot verstoßen. Auch eine zur Erreichung des mit ihr verfolgten Zwecks geeignete und erforderliche Ersatzmaßnahme muss deswegen auf privatem Grund unterbleiben, wenn sie für den betroffenen Eigentümer Nachteile herbeiführt, die erkennbar außer Verhältnis zu dem angestrebten Zweck stehen (vgl. BVerwG, Urteil v. 23. 8. 1996 – 4 A 29.95 –, Buchholz 407.4 § 19 FStrG Nr. 8, S. 12). Die mit der Ersatzmaßnahme E 6 verbundene Belastung der Kläger ist nicht in diesem Sinne unzumutbar.

Unberechtigt ist zunächst der Vorwurf der Kläger, hier werde unter dem Vorwand des Naturschutzes versucht, gegen einen polizeirechtlich unerwünschten Zustand einzuschreiten. Es stellt nicht notwendig einen Widerspruch zu der naturschutzrechtlichen Zielrichtung der Ersatzmaßnahme E 6 dar, wenn der Vorhabenträger in seiner Stellungnahme vom Juni 2003 das „Sicherheitsrisiko" erwähnt, das von den verwahrlosten Anlagen des „Waldbades" ausgeht. Bei einer Suche nach Flächen, die für naturschutzrechtliche Kompensationsmaßnahmen geeignet sind, geraten Altstandorte als ökologisch aufwertungsfähige Areale notwendig in das Blickfeld. Denn eine Sanierung von Altstandorten, die auch der Gefahrenabwehr dienen mag, erfüllt zumindest dann zugleich die Voraussetzungen für eine Kompensation von anderweitigen Eingriffen in Natur und Landschaft, wenn die Flächen anschließend in einen ökologisch höherwertigen Zustand überführt werden. Wie vorstehend (oben 2.) erörtert wurde, ist das hier der Fall.

Eine Zurückstellung des Eigentums gegenüber den für den Natur- und Landschaftsschutz sprechenden Belangen ist im Rahmen der planerischen

Abwägung umso eher möglich, je weniger gewichtig die betroffene Eigentümerposition ist (vgl. BVerwG, Urteil v. 23. 1. 1981 – 4 C 4.78 –, BVerwGE 61, 295, 302). Auch unter diesem Aspekt bietet sich die Auswahl eines Altstandorts an, wenn Flächen gesucht werden, auf denen naturschutzrechtliche Kompensationsmaßnahmen unterzubringen sind. Im Rahmen einer Verkehrswertermittlung führen nämlich die Sanierungskosten zu einem Abschlag, der zur Folge hat, dass der Bodenwert sinkt oder sich sogar ein negativer Bodenwert bildet (vgl. BVerwG, Urteil v. 1. 9. 2004 – 10 C 1.04 –, juris). Dementsprechend sind die Kläger erklärtermaßen mit einem Abriss der Baulichkeiten des „Waldbades", der auf Kosten der öffentlichen Hand erfolgt, durchaus einverstanden. Letztlich geht es ihnen nur darum, eine Aufforstung zu verhindern, die einer Anschlussnutzung der Fläche entgegenstehen würde. Wie der Hinweis auf ein in der Nähe neu entstandenes Wohngebiet erkennen lässt, hegen sie dabei möglicherweise die Vorstellung, das Areal des „Waldbades" hätte als Bauerwartungsland mit mehr Gewicht in die Abwägung eingestellt werden müssen. Die Voraussetzungen des § 4 Abs. 2 Satz 1 WertV, unter denen eine Fläche als Bauerwartungsland eingestuft werden kann, sind jedoch vorliegend nicht gegeben. Es fehlt jeder Anhaltspunkt dafür, dass die Flächen nach ihrer Eigenschaft, ihrer sonstigen Beschaffenheit und ihrer Lage eine bauliche Nutzung „in absehbarer Zeit tatsächlich erwarten" lassen. Die Flächen liegen im Außenbereich der Stadt C., der nach § 35 BauGB tendenziell von einer baulichen Nutzung freizuhalten ist (vgl. z. B. BVerwG, Beschluss v. 28. 7. 1999 – 4 B 38.99 –, Buchholz 406.19 Nachbarschutz Nr. 160, S. 6). Da die Heranziehung der Flächen für die Ersatzmaßnahme E 6 auf Vorschlag der Stadt C. erfolgt ist, kann ausgeschlossen werden, dass sich eine Entwicklung der Bauleitplanung abzeichnet, die demnächst eine bauliche Nutzung dieser Flächen ermöglicht hätte.

Ebenso wenig realistisch ist auch die Einschätzung der Kläger, sie könnten eine Anschlussnutzung der Flächen (z. B. als Zeltplatz) unter dem Aspekt des Bestandsschutzes planen. Nach der Rechtsprechung des Bundesverwaltungsgerichts gibt es keinen Anspruch auf Zulassung eines Vorhabens, der sich außerhalb der gesetzlichen Regelungen unmittelbar aus Art. 14 Abs. 1 Satz 1 GG herleiten lässt (vgl. BVerwG, Urteil v. 12. 3. 1998 – 4 C 10.97 –, BVerwGE 106, 228, 234 f.). Nur weil das „Waldbad" eine unter dem Gesichtspunkt der Eigentumsgarantie bestandsgeschützte Anlage gewesen sein mag, können die Kläger nicht verlangen, dass ihnen nach Beseitigung der Baulichkeiten entgegen § 35 BauGB eine neue bauliche Nutzung im Außenbereich gestattet wird. Die Anlage eines Zeltplatzes oder einer sonstigen Freizeitanlage wäre nicht nach § 35 Abs. 1 Nr. 4 BauGB privilegiert und müsste als sonstiges Vorhaben nach § 35 Abs. 2 BauGB daran scheitern, dass die Probleme, die durch derartige Vorhaben für die Umgebung aufgeworfen würden, einer planerischen Steuerung bedürften (vgl. BVerwG, Urteil v. 14. 3. 1975 – 4 C 41.73 –, BVerwGE 48, 109, 116 f.; Beschluss v. 29. 11. 1991 – 4 B 209.91 –, Buchholz 406.11 § 35 BauGB Nr. 278, S. 74; Urteil v. 1. 8. 2002 – 4 C 5.01 –, BVerwGE 117, 25, 31).

Diese bauplanungsrechtliche Situation relativiert erheblich die Beschwer, die die Kläger darin sehen, dass sie in ihren Planungen für das Herrenhaus

M. gestört und nach der Enteignung zu DDR-Zeiten erneut teilweise enteignet werden. Zukunftsplanungen eines von der enteignungsrechtlichen Vorwirkung Betroffenen dürfen zwar nicht generell als unbeachtlich aus der Abwägung ausgeblendet werden. So kann es ein schwer wiegender Nachteil sein, wenn künftige Nutzungsmöglichkeiten ausgeschlossen werden, die sich nach Lage der Dinge objektiv anbieten oder sogar aufdrängen, zumal wenn sie bereits unter erheblichen Aufwendungen vorbereitet worden sind (vgl. BVerwG, Urteil v. 9.3.1979 – 4 C 41.75 –, BVerwGE 57, 297, 305 f.). Das ist hier jedoch nicht der Fall. Deswegen kommt es nicht darauf an, dass die Kläger unter den gegebenen Umständen bisher keine Gelegenheit hatten, Zukunftsplanungen für das ehemalige „Waldbad" zu entwickeln.

Nr. 200

1. **Eine Beschreibung des sachlich-funktionellen Zusammenhangs zwischen festgesetzten Ausgleichsmaßnahmen und Eingriffen im Plangebiet reicht grundsätzlich nicht als Zuordnung i.S. von §9 Abs.1a Satz2 und §135a Abs.2 Satz1 BauGB aus.**

2. **Ein entsprechender Zuordnungswille der Gemeinde kann nicht schon daraus hergeleitet werden, daß der sachlich-funktionelle Zusammenhang von Eingriffen und Ausgleichsmaßnahmen aus den Festsetzungen des Bebauungsplans hervorgeht.**

BauGB §§ 1 a Abs. 3, 9 Abs. 1 a, 135 a Abs. 2 Satz 1, 200 a.

VGH Baden-Württemberg, Beschluß vom 31. März 2005 – 5 S 2507/04 – (rechtskräftig).

(VG Karlsruhe)

Aus den Gründen:
Rechtsgrundlage dafür, daß eine Gemeinde die Kosten für Ausgleichsmaßnahmen ganz oder teilweise geltend machen kann, sind seit dem 1.1.1998 §§135a bis c BauGB (vormals – ab 1.5.1993 – §8a Abs.3 bis 5 BNatSchG). §135a BauGB enthält u.a. folgende Regelungen: Festgesetzte Maßnahmen zum Ausgleich i.S. des §1a Abs.3 BauGB – diese umfassen, allerdings erst seit dem 1.1.1998, auch Ersatzmaßnahmen nach den Vorschriften der Landesnaturschutzgesetze (§200a Satz1 BauGB) – sind vom Vorhabenträger durchzuführen (Abs.1). Soweit Maßnahmen zum Ausgleich an anderer Stelle den Grundstücken nach §9 Abs.1a BauGB zugeordnet sind, soll die Gemeinde diese anstelle und auf Kosten der Vorhabenträger oder der Eigentümer der Grundstücke durchführen und auch die hierfür erforderlichen Flächen bereitstellen, sofern dies nicht auf andere Weise gesichert ist (Abs.2 Satz 1). Die Kosten können geltend gemacht werden, sobald die Grundstücke, auf denen Eingriffe zu erwarten sind, baulich oder gewerblich genutzt werden dürfen (Abs.3 Satz 1). Die Gemeinde erhebt zur Deckung ihres Aufwands für Maßnahmen zum Ausgleich einschließlich der Bereitstellung hierfür erforder-

licher Flächen einen Kostenerstattungsbetrag (Abs. 3 Satz 2). Die Erstattungspflicht entsteht mit der Herstellung der Maßnahmen zum Ausgleich durch die Gemeinde (Abs. 3 Satz 3). Der Betrag ruht als öffentliche Last auf dem Grundstück (Abs. 3 Satz 4). Die landesrechtlichen Vorschriften über kommunale Beiträge einschließlich der Billigkeitsregelungen sind entsprechend anzuwenden (Abs. 4). § 135 b und § 135 c BauGB regeln die Verteilungsmaßstäbe und räumen den Gemeinden eine Satzungsbefugnis ein.

Indem § 135 a Abs. 2 Satz 1 BauGB den Fall regelt, daß Maßnahmen zum Ausgleich an anderer Stelle den Grundstücken nach § 9 Abs. 1 a BauGB zugeordnet sind, und die Kostenerstattung hiervon abhängig macht, erfordert die Vorschrift ausdrücklich eine entsprechende Zuordnung durch eine Festsetzung des Bebauungsplans. Nicht geregelt ist der Fall, daß die Gemeinde eine solche Zuordnung nicht festsetzt. In einem solchen Fall obliegt es ihr, die Ausgleichsmaßnahmen auf ihre Kosten auszuführen, soweit sie dazu auch ohne Zuordnungsfestsetzung in der Lage ist (auf eigenen Grundstücken oder mit Zustimmung von Grundstückseigentümern). Zutreffend ist die Zuordnungsfestsetzung gemäß § 9 Abs. 1 a BauGB deshalb auch als eine konstitutive Voraussetzung für einen Kostenerstattungsanspruch der Gemeinde bezeichnet worden; fehlt es an dieser allein durch Bebauungsplanfestsetzung vorzunehmenden rechtlichen Verknüpfung, kann ein Kostenerstattungsanspruch nicht entstehen (Birk, Die Kostenerstattung bei naturschutzrechtlichen Eingriffsregelungen unter besonderer Berücksichtigung des Erschließungsbeitragsrechts, VBlBW 1998, 82; vgl. auch VG Freiburg, Urteil v. 22. 1. 2003 – 2 K 314/01 –, VD-Bad.-Württ. – VENSA; VG Dresden, Beschluß v. 4. 8. 2000 – 4 K 972/00 –, NVwZ-RR 2001, 582). § 135 a Abs. 2 Satz 1 BauGB nimmt insoweit die Regelung des § 9 Abs. 1 a BauGB auf. Nach ihr können (Flächen und) Maßnahmen zum Ausgleich i. S. des § 1 a Abs. 3 BauGB auf den Grundstücken, auf denen Eingriffe in Natur und Landschaft zu erwarten sind, oder an anderer Stelle sowohl im sonstigen Geltungsbereich des Bebauungsplans als auch in einem anderen Bebauungsplan festgesetzt werden (Satz 1). Die Flächen oder Maßnahmen zum Ausgleich an anderer Stelle können den Grundstücken, auf denen Eingriffe zu erwarten sind, ganz oder teilweise zugeordnet werden; dies gilt auch für Maßnahmen auf von der Gemeinde bereitgestellten Flächen (Satz 2). Der Gesetzgeber überläßt es somit der Gemeinde, ob sie eine solche Zuordnungsfestsetzung trifft und damit die Voraussetzungen für eine Kostenerstattung nach § 135 a bis c BauGB schafft oder nicht (vgl. auch BVerwG, Beschluß v. 16. 3. 1999 – 4 BN 17.98 –, BRS 62 Nr. 224 = BauR 2000, 242).

Aus dem Vorbringen der Beklagten ergibt sich nicht, daß der hier zu beurteilende Bebauungsplan eine solche Zuordnungsfestsetzung gemäß § 9 Abs. 1 a Satz 2 BauGB enthält. Die Beklagte trägt vor, der Grünordnungsplan als Bestandteil des Bebauungsplans ordne alle Ausgleichsmaßnahmen dem Bauvorhaben „Kreuzäcker" zu. Dort werde ausgeführt, daß für die Bauvorhaben die beschriebenen Ausgleichsmaßnahmen erforderlich seien. Daraus ergebe sich eindeutig und unmißverständlich, daß alle Ausgleichsmaßnahmen allen Grundstücksflächen im Baugebiet zugeordnet seien. Eine solche verbale Beschreibung sei ausreichend. Es bedürfe keiner Aufzählung der einzelnen Flurstücke, zumal sich die Flurstücksnummern und -zuschnitte im Laufe der Jahre ändern könnten.

Eine Beschreibung des Zusammenhangs von festgesetzten Ausgleichsmaßnahmen und Eingriffen im Plangebiet reicht grundsätzlich nicht als Zuordnung i.S. von §9 Abs. 1a Satz2 und §135a Abs. 2 Satz 1 BauGB aus. Die von der Beklagten in Bezug genommenen Auszüge aus dem Grünordnungsplan, der als Bestandteil des Bebauungsplans mit diesem beschlossen worden ist, begründen lediglich die Festsetzung von Ausgleichsmaßnahmen für Eingriffe im Plangebiet. Die darin liegende „Zuordnung" erläutert den gemäß §1a Abs. 3 BauGB erforderlichen sachlich-funktionellen Zusammenhang von Ausgleichs- bzw. Ersatzmaßnahme und Eingriff, läßt aber nicht erkennen, daß mit ihr zugleich regelnd auch eine Zuordnung i.S. von §9 Abs. 1a BauGB (bzw. des damals noch maßgeblichen §8a Abs. 1 Satz4 BNatSchG) bestimmt werden sollte. Ein entsprechender Zuordnungswille der Gemeinde kann nicht schon daraus hergeleitet werden, daß der sachlich-funktionelle Zusammenhang von Eingriffen und Ausgleichsmaßnahmen aus den Festsetzungen des Bebauungsplans hervorgeht. Zu Recht weist das Verwaltungsgericht darauf hin, daß die der Zuordnungsfestsetzung zugrunde liegende Willensentscheidung der Gemeinde die Ausübung eines eigenständigen städtebaulichen Ermessens in der Abwägung gemäß §1a BauGB erfordert. Dabei hat die Gemeinde zu erwägen, ob und in welchem Umfang sie die Voraussetzungen dafür schaffen will, die Ausgleichsmaßnahmen selbst gemäß §135a Abs. 2 Satz 1 BauGB ausführen und vom Vorhabenträger oder Grundstückseigentümer die Kosten erstattet verlangen zu können. Für eine Willensentscheidung der Beklagten in diesem Sinne ist nichts ersichtlich; so zeigt die Beklagte selbst nicht auf, aus welchen Gründen sie für die allein abgerechnete Flutmulde eine Zuordnungsfestsetzung getroffen haben will, für weitere im Bebauungsplan festgesetzte Ausgleichsmaßnahmen aber nicht. Die Gemeinde hat ferner die Eingriffe und die ihnen jeweils zugeordneten Ausgleichs- und Ersatzmaßnahmen zu gewichten und deren Zuordnung zu Eingriffsgrundstücken danach auszurichten. Dies kommt jedenfalls dann in Betracht, wenn sich die Eingriffswirkungen im Plangebiet in einzelnen Planbereichen wesentlich unterscheiden; denn die Zuordnungsentscheidung muß das die Eingriffsregelung prägende Verursacherprinzip berücksichtigen (Gassner, in: Gassner/Bendomir-Kahlo/Schmidt-Räntsch, BNatSchG, 1996, §8a); dies ist etwa geboten, wenn einzelne Flächen im Plangebiet als naturbelassene öffentliche Grünflächen oder gar als (andere) Ausgleichsflächen festgesetzt sind; ihnen kann mangels Eingriffs keine Ausgleichsmaßnahme zugeordnet werden. Zu beachten hat die Gemeinde bei einer Zuordnungsfestsetzung schließlich auch, welche Ausgleichs- und Ersatzmaßnahmen ganz oder teilweise auf die Herstellung von Erschließungsanlagen (einschließlich solcher nach §127 Abs. 2 Nr. 4 BauGB) entfallen; denn diese Kosten sind erschließungsbeitragsfähig nach §128 Abs. 1 Satz 1 Nr. 2 BauGB (vgl. Birk, a.a.O., auch zum Verhältnis von Kostenerstattung und Erschließungsbeitrag). Die Beklagte trägt dem ersichtlich erst im Rahmen von §2 des Entwurfs einer Änderung des Bebauungsplans „Kreuzäcker" von 2004 Rechnung, indem sie von der Zuordnung gemäß §9 Abs. 1a BauGB die Straßengrundstücke und ein weiteres Grundstück (wohl den Kinderspielplatz) ausnimmt.

Demgegenüber überzeugt nicht, daß die Beklagte vor allem darauf abhebt, es sei nicht geboten, in der Zuordnungsfestsetzung die zugeordneten Eingriffsgrundstücke einzeln zu bezeichnen. Unerheblich ist insoweit, daß sich in der Praxis Schwierigkeiten ergeben mögen, wenn sich, wie häufig, der Zuschnitt der Grundstücke im Zuge der Verwirklichung des Plans ändert. Diese Schwierigkeiten folgen nicht aus der Genauigkeit der Zuordnung, sondern allenfalls daraus, daß wesentlich unterschiedliche Eingriffsflächen bei der Zuordnung unterschiedlich berücksichtigt werden müssen. Im übrigen versteht der Senat das Verwaltungsgericht nicht etwa dahin, daß dieses davon ausgeht, auch im Falle einer gleichmäßigen Eingriffslage auf allen Grundstücken im Plangebiet müßten in der Zuordnungsfestsetzung diese Grundstücke einzeln aufgeführt werden. Mit dem von ihm in seinen insoweit entscheidungstragenden Erwägungen nicht mehr erwähnten Erfordernis einer Aufzählung aller Eingriffsgrundstücke hat es vielmehr nur zutreffend zum Ausdruck bringen wollen, daß wesentlich unterschiedliche Eingriffslagen und Ausgleichsmaßnahmen i.d.R. eine grundstücksgenaue Zuordnung notwendig machen bzw. daß das Fehlen einer solchen grundstücksgenauen Zuordnung ein Indiz für eine fehlende Zuordnungsfestsetzung ist.

Nr. 201

Das Bundesverwaltungsgericht wird durch den Beschluß des Oberverwaltungsgerichts, der Beschwerde gegen die Nichtzulassung der Revision nicht abzuhelfen, Gericht der Hauptsache i.S. von §80 Abs.7 Satz 1 VwGO. Das gilt auch, wenn das Oberverwaltungsgericht, ohne gegen das Willkürverbot zu verstoßen, vor Ablauf der Beschwerdeeinlegungs- und -begründungsfrist über die Nichtabhilfe entschieden hat.

Bei Infrastrukturvorhaben in einem gemeldeten FFH-Gebiet, über dessen Aufnahme in die Gemeinschaftsliste die EU-Kommission noch nicht entschieden hat, stellt jedenfalls die Anlegung der materiell-rechtlichen Maßstäbe des Art.6 Abs.3 und 4 FFH-RL in aller Regel einen „angemessenen Schutz" im Sinne des Urteils des EuGH vom 13.1.2005 – C 117/03 –, dar.

VwGO §§80 Abs.5 Satz 1 und Abs.7 Satz 1, 133 Abs.3 Satz 2, 133 Abs.5 Satz 1; LuftVG §10 Abs.6 Satz 1; BNatSchG §34; HENatG §20d; FFH-RL Art.4 Abs.5, Art.6 Abs.2 bis 4, Art.7; Vogelschutz-RL Art.4 Abs.4 Satz 1.

Bundesverwaltungsgericht, Beschluß vom 7. September 2005 – 4 B 49.05 –.

(Hessischer VGH)

Der Hessische VGH hat durch Urteil vom 28.6.2005 die Klage des Klägers, eines anerkannten Vereins für Umwelt- und Naturschutz, gegen den Planfeststellungsbeschluß des Hessischen Ministeriums für Wirtschaft, Verkehr und Landesentwicklung vom November 2004 zur Errichtung einer Werft für das Großraumflugzeug Airbus A 380 am Verkehrsflughafen Frankfurt/M. im wesentlichen abgewiesen und die Revision gegen das Urteil nicht zugelassen. Mit Beschluß vom selben Tage (– 12 Q 9/05 –) hat der Verwaltungsgerichtshof den Antrag des Klägers, die aufschiebende Wirkung seiner Klage gegen den genannten Planfeststellungsbeschluß anzuordnen, abgelehnt. Der Kläger hat mit Schriftsatz vom 28.7.2005 beim Verwaltungsgerichtshof bereits vor Zustellung der schriftlichen Urteilsgründe Beschwerde gegen die Nichtzulassung der Revision eingelegt. Er hat gebeten, dem Bundesverwaltungsgericht die Beschwerde noch vor dem 1.9.2005 vorzulegen, damit das Revisionsgericht die Möglichkeit erhalte, gemäß §80 Abs.7 Satz 1 VwGO die aufschiebende Wirkung der Klage anzuordnen. Am 1.9.2005 wolle der Beigeladene mit der im Planfeststellungsbeschluß zugelassenen Rodung des Waldes auf der für den Bau der Halle vorgesehenen Fläche beginnen. Der Verwaltungsgerichtshof hat der Beschwerde durch Beschluß vom 2.8.2005 nicht abgeholfen. Das Urteil wurde dem Kläger am 11.8.2005 zugestellt. Der Senat hat dem Kläger Gelegenheit gegeben, bis 29.8.2005 zur Frage einer Entscheidung nach §80 Abs.7 Satz 1 VwGO weiter vorzutragen. Die Beigeladene hat auf Anregung des Senats erklärt, mit den Rodungsarbeiten nicht vor dem 12.9.2005 zu beginnen.

Aus den Gründen:
Der Senat macht von seiner Befugnis, den Beschluß des Verwaltungsgerichtshofs vom 28.6. 2005 (– 12 Q 9/05 –), von Amts wegen zu ändern, keinen Gebrauch.

1. Die prozessualen Voraussetzungen für eine Entscheidung nach §80 Abs.7 Satz 1 VwGO liegen vor. Nach dieser Vorschrift kann das Gericht der Hauptsache Beschlüsse über Anträge nach §80 Abs.5 VwGO jederzeit ändern oder aufheben. Der Senat ist durch den Beschluß des Verwaltungsgerichtshofs vom 2.8.2005, der Beschwerde des Klägers gegen die Nichtzulassung der Revision nicht abzuhelfen, Gericht der Hauptsache geworden (vgl. BVerwG, Beschlüsse v. 11.5.1962 – 5 B 76.61 –, Buchholz 310 §132 VwGO Nr.32, v. 24.3.1994 – 1 B 134.93 –, InfAuslR 1994, 395, und v. 14.11.2002 – 4 VR 13.02 –, nicht veröffentlicht). Die Entscheidung des Verwaltungsgerichtshofs über die Nichtabhilfe war zwar verfrüht. Denn das Ausgangsgericht hat über alle geltend gemachten Revisionszulassungsgründe in eigener Verantwortung und – für den Fall der Revisionszulassung – mit bindender Wirkung für das Revisionsgericht (§132 Abs.3 VwGO) zu entscheiden (vgl. BVerwG, Beschluß v. 24.7.1997 – 9 B 552.97 –, NVwZ 1997, 1209, 1210). Eine solche Entscheidung war 2.8.2005 nicht möglich, denn die Frist für die Begründung der Beschwerde gegen die Nichtzulassung der Revision war mangels Zustellung des vollständigen Urteils noch nicht einmal in Lauf gesetzt (§133 Abs.3 Satz 1 VwGO) und der Kläger hatte sich ausdrücklich vorbehalten, seine Beschwerdebegründung zu ergänzen. Die Zuständigkeit des Bundesverwaltungsgerichts als Gericht der Hauptsache wird jedoch auch durch einen verfrühten Nichtabhilfebeschluß begründet (vgl. BVerwG, Beschlüsse v. 11.5.1962, a.a.O., und v. 2.7.1982 – 1 CB 14.82 –, Buchholz 310 §60 VwGO Nr.125, jeweils zu einer Nichtabhilfeentscheidung auf eine formfehlerhafte Beschwerde). Das gilt jedenfalls, wenn das Ausgangsgericht nicht willkürlich vor Ablauf der Beschwerdeeinlegungs- und -begründungsfrist über die Nichtabhilfe entschieden hat, denn dann wäre der Anspruch der Beteiligten aus Art.101 Abs.1 GG auf den gesetzlichen Richter verletzt (vgl. BVerfG, Beschluß v. 10.6.2005 – 1 BvR 2790/04 –, EuGRZ 2005, 1233; BVerfGE 29, 45, 49; BVerwG, Beschluß v. 17.2.1984 – 4 B 191.83 –,

BVerwGE 69, 30, 36 = BRS 42 Nr. 30). Der Nichtabhilfebeschluß des Verwaltungsgerichtshofs ist nicht willkürlich. Der Kläger hatte den aus seiner Sicht wesentlichen Grund für die Zulassung der Revision – die Erforderlichkeit einer Vorabentscheidung des Europäischen Gerichtshofs über den gemeinschaftsrechtlich gebotenen Schutz für ein gemeldetes, aber noch nicht in die Gemeinschaftsliste aufgenommenes FFH-Gebiet – geltend gemacht; insoweit konnte der Verwaltungsgerichtshof über die Abhilfe bzw. Nichtabhilfe entscheiden. Hinzu kommt, daß der Kläger ausdrücklich beantragt hatte, unverzüglich über die Abhilfe zu entscheiden und ggf. die Beschwerde dem Bundesverwaltungsgericht vorzulegen. Weitere Zulassungsgründe sind – ungeachtet der Zuständigkeit des Bundesverwaltungsgerichts als Gericht der Hauptsache – gemäß § 133 Abs. 3 Satz 2 VwGO beim Verwaltungsgerichtshof einzureichen, damit dieser gemäß § 133 Abs. 5 Satz 1 VwGO auch insoweit über die Abhilfe befinden kann (vgl. BVerwG, Beschluß v. 24. 7. 1997, a. a. O.).

2. Das Gericht der Hauptsache hat gemäß § 80 Abs. 7 Satz 1 VwGO unabhängig von etwaigen Anträgen oder Anregungen der Beteiligten auf der Grundlage seiner Rechtserkenntnis über die Anordnung oder Wiederherstellung der aufschiebenden Wirkung der Klage zu entscheiden; es gelten insoweit die gleichen Grundsätze wie für eine Entscheidung nach § 80 Abs. 5 VwGO (vgl. BVerwG, Beschlüsse v. 11. 6. 1992 – 4 ER 302.92 u. a. –, juris Rdnr. 18 und v. 21. 7. 1994 – 4 VR 1.94 –, BVerwGE 96, 239, 240). Die Entscheidung nach § 80 Abs. 7 Satz 1 VwGO ist keine Rechtsmittelentscheidung gegen die in der Vorinstanz im Verfahren des einstweiligen Rechtsschutzes getroffene Entscheidung (vgl. BVerwG, Beschluß v. 4. 7. 1988 – 7 C 88.87 –, BVerwGE 80, 16, 17).

Hier überwiegt das Interesse der Beigeladenen an der sofortigen Vollziehung des angefochtenen Planfeststellungsbeschlusses das vom Kläger vertretene Interesse, die Schaffung vollendeter Tatsachen durch Rodung des Waldes vor einer endgültigen Entscheidung in der Hauptsache zu verhindern. Denn das klageabweisende Urteil des Verwaltungsgerichtshofs wird voraussichtlich Bestand haben. Die bisherige Begründung der Beschwerde würde die Zulassung der Revision nicht rechtfertigen. Es drängt sich auch nicht auf, daß die Revision aus anderen, bisher nicht vorgebrachten Gründen zuzulassen und der Klage im Ergebnis stattzugeben sein könnte. Unter diesen Umständen hat es bei dem in § 10 Abs. 6 Satz 1 LuftVG angeordneten Ausschluß der aufschiebenden Wirkung der Anfechtungsklage, der auf gesetzgeberischer Ebene zur beschleunigten Umsetzung luftrechtlicher Planungsentscheidungen beitragen soll (vgl. BVerwG, Beschluß v. 14. 4. 2005 – 4 VR 1005.04 –, BauR 2005, 1145 = NVwZ 2005, 689), zu bleiben.

Der Kläger macht in erster Linie geltend, daß das angefochtene Urteil auf einem Verfahrensfehler beruhe (§ 132 Abs. 2 Nr. 3 VwGO). Der Verwaltungsgerichtshof habe das Verfahren in entsprechender Anwendung des § 94 VwGO bis zu einer Entscheidung des EuGH über den Vorlagebeschluß des Bayerischen VGH vom 19. 4. 2005 (– 8 A 02.40040 u. a. (juris) –), aussetzen müssen. Die in diesem Beschluß dem Europäischen Gerichtshof als dem insoweit zuständigen gesetzlichen Richter vorgelegte Frage sei auch hier entscheidungserheblich, nämlich die Frage, welches Schutzregime Art. 3 Abs. 1 der

Richtlinie 92/43/EWG des Rates zur Erhaltung der natürlichen Lebensräume sowie der wildlebenden Tiere und Pflanzen vom 21.5.1992 (ABl. EG Nr. L 206 S. 7 – FFH-RL) i. V. m. der sechsten Begründungserwägung dieser Richtlinie unter Berücksichtigung des Frustrationsverbotes gemäß Art. 10 Abs. 2 EGV im Anschluß an das Urteil des EuGH vom 13. 1. 2005 (– C-117/03 –), (NVwZ 2005, 311) für solche Gebiete verlange, die als Gebiete von gemeinschaftlicher Bedeutung bestimmt werden können, bevor sie in die von der Kommission der Europäischen Gemeinschaft nach dem Verfahren des Art. 21 der Richtlinie festgelegte Liste der Gebiete von gemeinschaftlicher Bedeutung aufgenommen worden sind. Darüber hinaus müsse die Revision wegen grundsätzlicher Bedeutung der Rechtssache (§ 132 Abs. 2 Nr. 1 VwGO) zugelassen werden, denn die genannte Frage bedürfe der Klärung in einem Revisionsverfahren.

Dieses Vorbringen rechtfertigt die Zulassung der Revision nicht. Der Verwaltungsgerichtshof war nicht verpflichtet, das Verfahren im Hinblick auf den Vorlagebeschluß des Bayerischen VGH vom 19.4.2005 auszusetzen. Soweit sich die genannte Frage in dem erstrebten Revisionsverfahren stellen würde, kann sie auf der Grundlage der Rechtsprechung des EuGH und des Bundesverwaltungsgerichts ohne Durchführung eines Revisionsverfahrens und ohne eine Vorabentscheidung des EuGH eindeutig im Sinne des angefochtenen Urteils beantwortet werden.

Um auf der sicheren Seite zu stehen, ist die Planfeststellungsbehörde im vorliegenden Fall davon ausgegangen, daß das auf Grund seiner Ausstattung mit nichtprioritären Lebensräumen und Tierarten von gemeinschaftlichem Interesse nach Anhang I und II der FFH-RL gemeldete Gebiet in die Gemeinschaftsliste aufgenommen wird; sie hat den Plan für die Errichtung der A 380-Werft an dem Schutzstandard des Art. 6 Abs. 3 und 4 FFH-RL (§ 20 d HENatG, § 34 BNatSchG) gemessen. Der Verwaltungsgerichtshof hat die Entscheidung der Planfeststellungsbehörde überprüft und bestätigt, daß die Voraussetzungen für eine Ausnahmeentscheidung nach Art. 6 Abs. 4 Unterabs. 1 FFH-RL bzw. § 20 d Abs. 3 HENatG vorliegen. Zu entscheiden wäre in einem Revisionsverfahren mithin nur, ob die hier erfolgte Prüfung am Maßstab des Art. 6 Abs. 3 und 4 FFH-RL dem gemeinschaftsrechtlich gebotenen Schutzstandard für gemeldete, aber noch nicht in die Gemeinschaftsliste aufgenommene Gebiete genügt. Daß diese Frage – wie in dem angefochtenen Urteil geschehen – zu bejahen ist, unterliegt nach dem Urteil des EuGH vom 13. 1. 2005 (– C-117/03 –), keinem vernünftigen, zur Einholung einer Vorabentscheidung des EuGH verpflichtenden (vgl. EuGH, Urteil v. 6. 10. 1982 – Rs. 283/81 –, Slg. 1982, S. 3415 ff. Rdnr. 16) Zweifel.

An dieser Erkenntnis ändert auch der Vorlagebeschluß des Bayerischen VGH vom 19. 4. 2005 nichts. Denn ihm liegt ein anderer Sachverhalt zugrunde als derjenige, über den im vorliegenden Verfahren zu entscheiden ist. Für den Bayerischen VGH bestand keine Veranlassung, zu der im vorliegenden Verfahren zu beantwortenden Frage eine Vorabentscheidung des EuGH einzuholen. In dem im dortigen Verfahren angefochtenen Planfeststellungsbeschluß wurde – anders als hier – weder eine Prüfung am Maßstab des Art. 6 Abs. 3 und 4 FFH-RL vorgenommen noch wurden sonstige Schutzmaßnahmen für die betroffenen Gebiete untersucht. Die Planfeststellungsbehörde hatte keine Anhaltspunkte dafür gesehen, daß die Erhaltungsziele potentieller Schutzgebiete im Sinne der FFH-RL nachhaltig und erheblich beeinträchtigt würden (vgl. BayVGH, Beschluß v. 19. 4. 2005 – 8 A 02.40040 –, BA S. 6). Die von dem Plan betroffenen Gebiete wurden erst nach der Feststellung des Plans der Kommission gemeldet (vgl. a. a. O., BA S. 6). Der Bayerische VGH konnte – anders als die Planfeststellungsbehörde – nicht ausschließen, daß die Planung zu erheblichen Beeinträchtigungen eines prioritären Lebensraumtyps führen werde (vgl. a. a. O., BA S. 11). Im dortigen Verfahren geht es mithin um die Frage, ob auch ein weniger strenger Schutzstandard als der des Art. 6 Abs. 3 und 4 FFH-RL den gemeinschaftsrechtlichen Anforderungen genügen kann.

Der EuGH hat in seinem Urteil vom 13. 1. 2005 – a. a. O. – Art. 4 Abs. 5 der FFH-RL dahin ausgelegt, daß die in Art. 6 Abs. 2 bis 4 der Richtlinie vorgesehenen Schutzmaßnahmen nur für die Gebiete getroffen werden müssen, die nach Art. 4 Abs. 2 Unterabs. 3 der Richtlinie in die von der Kommission nach dem Verfahren des Art. 21 der Richtlinie festgelegte Liste aufgenommen worden sind. Er hat mithin – in Übereinstimmung mit der Rechtsprechung des Senats (vgl. BVerwG, Urteile v. 19. 5. 1998 – 4 A 9.97 –, BVerwGE 107, 1, 22 ff. = BRS 60 Nr. 218, v. 27. 1. 2000 – 4 C 2.99 –, BVerwGE 110, 302, 308 f. = BRS 63 Nr. 222 = BauR 2000, 1147, v. 27. 10. 2000 – 4 A 18.99 –, BVerwGE 112, 140, 156 f. = BRS 63 Nr. 223 = BauR 2001, 591, und v. 17. 5. 2002 – 4 A 28.01 –, BVerwGE 116, 254, 257 ff.) – eine unmittelbare Anwendbarkeit der Richtlinie vor Aufnahme eines Gebiets in die Gemeinschaftsliste verneint. Er hat weiter entschieden, daß die Mitgliedstaaten in Bezug auf gemeldete Gebiete, insbesondere solche, die prioritäre Lebensraumtypen oder prioritäre Arten beherbergen, nach der Richtlinie verpflichtet sind, Schutzmaßnahmen zu ergreifen, die im Hinblick auf das mit der Richtlinie verfolgte Erhaltungsziel geeignet sind, die erhebliche ökologische Bedeutung, die diesen Gebieten auf nationaler Ebene zukommt, zu wahren. Zur Begründung hat er ausgeführt, daß ohne einen angemessenen Schutz dieser Gebiete vom Zeitpunkt der Meldung an die Verwirklichung der u. a. in der sechsten Begründungserwägung und in Art. 3 Abs. 1 der Richtlinie genannten Ziele der Erhaltung der natürlichen Lebensräume sowie der wild lebenden Tiere und Pflanzen gefährdet seien (Rdnr. 27 der Entscheidung). Einen derartigen „angemessenen Schutz" haben der angefochtene Planfeststellungsbeschluß und ihn bestätigend das Urteil des Verwaltungsgerichtshofs dem in Rede stehenden Meldegebiet zukommen lassen.

Welche Anforderungen an einen angemessenen Schutz im einzelnen zu stellen sind, braucht hier nicht abschließend geklärt zu werden. Bei Vorhaben der vorliegenden Art (Infrastrukturvorhaben) stellt jedenfalls die Anlegung der materiellrechtlichen Maßstäbe des Art. 6 Abs. 3 und 4 FFH-RL in aller Regel – und so auch hier – eine Schutzmaßnahme dar, die im Hinblick auf das mit der Richtlinie verfolgte Erhaltungsziel geeignet ist, die erhebliche ökologische Bedeutung des Gebiets zu wahren. Es ist nicht, wie der Kläger in Anschluß an Gellermann (NuR 2005, 433, 435 f.; ebenso Nebelsieck, NordÖR 2005, 235, 237 f.) meint, geboten, bis zur Entscheidung der Kommission über die Aufnahme des Gebiets in die Gemeinschaftsliste jedwede Verschlechterung der natürlichen Lebensräume und der Habitate der Arten sowie Störungen von Arten, für die die Gebiete ausgewiesen worden sind, ohne die Möglichkeit einer Ausnahmeentscheidung nach Art. 6 Abs. 4 FFH-RL zu vermeiden. Auch nach Aufnahme eines Gebiets in die Gemeinschaftsliste wird das allgemeine Verschlechterungsverbot (vgl. Art. 6 Abs. 2 FFH-RL) für Pläne und Projekte durch einen Ausnahmevorbehalt (Art. 6 Abs. 3 und 4 FFH-RL) durchbrochen. Ein Grund, ein gemeldetes FFH-Gebiet stärker vor als nach der Aufnahme in die Gemeinschaftsliste zu schützen, ist nicht ersichtlich. Der insoweit allein in Betracht kommende Anreiz- bzw. Sanktionsgedanke, den der Europäische Gerichtshof zur Rechtfertigung der Dualität der Schutzregelungen nach Art. 4 Abs. 4 Satz 1 der Richtlinie 79/409/EWG des Rates vom 2. 4. 1979 über die Erhaltung der wildlebenden Vogelarten (Abl. EG Nr. L 103 S. 1 – VSR) für faktische Vogelschutzgebiete einerseits und nach Art. 7 der FFH-RL für zu besonderen Schutzgebieten erklärte Vogelschutzgebiete andererseits herangezogen hat (vgl. EuGH, Urteil v. 7. 12. 2000 – Rs. C-374/98 –, Slg. 2000, I-10 799 Rdnr. 51 ff. – Basses Corbières), kann, jedenfalls wenn der Mitgliedstaat das Gebiet als FFH-Gebiet gemeldet hat, ein absolutes Verschlechterungsverbot nicht rechtfertigen. Wenn der Mitgliedstaat seiner Meldeverpflichtung in Bezug auf ein bestimmtes Gebiet nachgekommen ist, bedarf es eines hierauf gerichteten Anreizes nicht mehr. Wann die Kommission über die Aufnahme des Gebiets in die Liste entscheidet, hängt nicht allein vom Mitgliedstaat und der Vollständigkeit seiner Meldungen im übrigen, sondern auch vom Meldeverhalten anderer Mitgliedstaaten und vor allem von der Kommission selbst ab. Der Mitgliedstaat zieht, wenn er das Vorhaben an dem Schutzstandard des Art. 6 Abs. 3 und 4 FFH-RL mißt, aus der verspäteten Meldung des Gebiets auch keinen Vorteil. Die Entscheidung des Gerichtshofs vom 13. 1. 2005 enthält im übrigen weder eine Bezugnahme auf seine Rechtsprechung zu den Vogelschutzgebieten noch einen sonstigen Hinweis darauf, daß ein absolutes Verschlechterungsverbots gemeinschaftsrechtlich geboten sein könnte.

Nr. 202

1. Setzt der Landesgesetzgeber mit der Ausweisung der Gebiete von gemeinschaftlicher Bedeutung (FFH) und der Europäischen Vogelschutzgebiete Vorgaben des Europäischen Gemeinschafts- und des Bundesrechts um, wird insoweit die landesverfassungsrechtliche Garantie der kommunalen Selbstverwaltung (Art. 49 Abs. 1 und Abs. 3 Satz 1 LV) verdrängt.

   Die Landesverfassung bleibt Maßstab für die öffentliche Gewalt des Landes, soweit Gemeinschafts- und Bundesrecht hierfür Entscheidungsräume offen lassen.

2. Die Garantie kommunaler Selbstverwaltung gebietet, die Schutzbestimmungen nach § 22 b LPflG gemeindefreundlich auszulegen und anzuwenden.

Die Verpflichtung des Staates, das Wohlergehen des Einzelnen und der innerstaatlichen Gemeinschaften zu fördern (Art. 1 Abs. 2 LV), verbietet, den Belangen des Naturschutzes generellen Vorrang vor anderen berechtigten Anliegen der Menschen einzuräumen.

GG Art. 28 Abs. 2; LV RhPf. Art. 49 Abs. 1, Abs. 3; FFH-RL Art. 4, Art. 6; BauGB § 1 Abs. 6 Nr. 7 b; LPflG RhPf. §§ 22 a, 22 b.

VerfGH Rheinland-Pfalz, Urteil vom 11. Juli 2005 – VGH N 25/04 –.

Mit ihrem Normenkontrollantrag wendet sich die Antragstellerin gegen die mit dem Änderungsgesetz zum Landespflegegesetz – LPflG – vom 12. 5. 2004 (GVBl. S. 275) erfolgte Festsetzung von Gebieten von gemeinschaftlicher Bedeutung (sog. FFH-Gebiete) und von Europäischen Vogelschutzgebieten sowie gegen das hierzu angeordnete Schutzregime.

1. Die §§ 22 a–22 c LPflG dienen der Umsetzung der EG-Vogelschutzrichtlinie aus dem Jahr 1979 (VRL) sowie der Fauna-Flora-Habitat-Richtlinie vom Mai 1992 (FFH-RL). Beide Richtlinien verfolgen den Zweck, die biologische Vielfalt zu bewahren. Hierzu sollen bedeutende Rückzugsgebiete von europaweit gefährdeten Lebensräumen, Pflanzen und Tieren geschützt werden.

Das Gebiet der Antragstellerin ist von der Festsetzung des „Bienwaldschwemmfächers" als FFH-Gebiet und des „Bienwalds und der Viehstrichwiesen" als Europäisches Vogelschutzgebiet betroffen. Benennung und Abgrenzung dieser Gebiete ging ein Auswahlverfahren im Land Rheinland-Pfalz voraus. Grundlage waren Gebietsvorschläge, die vom Landesamt für Umwelt, Wasserwirtschaft und Gewerbeaufsicht nach den Kriterien der FFH-Richtlinie und der Vogelschutzrichtlinie erstellt worden waren. Im Rahmen des Auswahl- und Abgrenzungsverfahrens wurde die Öffentlichkeit einschließlich der betroffenen Kommunen beteiligt.

Mit Entscheidung vom Dezember 2004 (ABl. L 382) hat die Kommission eine erste Liste der Gebiete von gemeinschaftlicher Bedeutung der kontinentalen geographischen Region festgelegt. Sie beruht für Rheinland-Pfalz auf einer ersten Liste von Gebietsvorschlägen aus dem Jahr 2001. In Anhang I der Entscheidung ist für das Gebiet der Antragstellerin der „Bienwaldschwemmfächer" genannt.

Nach § 22 a Abs. 2 Satz 1 LPflG werden die in Anlage 1 genannten Gebiete von gemeinschaftlicher Bedeutung und die in Anlage 2 genannten Europäischen Vogelschutzgebiete unmittelbar kraft Gesetzes unter Schutz gestellt, für das Gebiet der Antragstellerin der „Bienwaldschwemmfächer" (Nr. 6914-301 in Anlage 1) und das Gebiet „Bienwald und Viehstrichwiesen" (Nr. 6914-401 in Anlage 2). Nach § 22 a Abs. 2 Satz 3 sollen die jeweiligen Erhaltungsziele für die einzelnen Gebiete von der Landesregierung durch Rechtsverordnung bestimmt werden (dies ist inzwischen durch die Landesverordnung v. 18. 7. 2005, GVBl. S. 323, geschehen). Die im einzelnen erforderlichen Erhaltungsmaßnahmen sollen dann von der oberen Landespflegebehörde im Benehmen mit den kommunalen Planungsträgern und unter Beteiligung der Betroffenen in Bewirtschaftungsplänen festgelegt werden (§ 22 a Abs. 2 Satz 4 LPflG). Die Durchführung der notwendig werdenden Einzelmaßnahmen zur Umsetzung des Bewirtschaftungsplans erfolgt durch vertragliche Vereinbarungen, notfalls durch Anordnungen der unteren Landespflegebehörde (§ 22 a Abs. 3 LPflG).

Das Vogelschutzgebiet „Bienwald und Viehstrichwiesen" erfaßt nahezu das gesamte Gemeindegebiet der Antragstellerin; ausgenommen ist lediglich die bebaute Ortslage. Das FFH-Gebiet „Bienwaldschwemmfächer" rückt im Westen, Norden und Nordosten übereinstimmend mit dem festgesetzten Vogelschutzgebiet ebenfalls bis an die vorhandene Bebauung heran. Lediglich im Osten der Ortslage südlich der Landesstraße 545 ist eine größere Fläche im Bereich eines landwirtschaftlichen Betriebs nicht in das FFH-Gebiet einbezogen. Dies gilt auch für den Süden der Ortslage.

Nach § 22 b Abs. 2 Satz 1 und Abs. 8 LPflG sind Projekte und Pläne, die zu erheblichen Beeinträchtigungen der Schutzgebiete führen können, auf ihre Verträglichkeit mit den Erhaltungszielen des Gebiets zu überprüfen. Ergibt die Prüfung eine erhebliche Beeinträchtigung, ist das Projekt unzulässig (§ 22 b Abs. 2 Satz 2 LPflG). Abweichend hiervon darf ein Projekt nur zugelassen oder durchgeführt werden, soweit es aus zwingenden Gründen des überwiegenden öffentlichen Interesses notwendig ist und zumutbare Alternativen nicht gegeben sind (§ 22 b Abs. 3 LPflG).

2. Mit ihrem Normenkontrollantrag macht die Antragstellerin geltend, die §§ 22 a–22 c LPflG seien verfassungswidrig, weil sie ihr Recht auf Selbstverwaltung einschließlich des Rechts auf angemessene Finanzausstattung (Art. 49 der Verfassung für Rheinland-Pfalz – LV –) unzulässig beeinträchtigten. Dies gelte vor allem hinsichtlich der Abgrenzung des Gebiets. Sie sei nach dem vorgelegten Kartenmaterial zwar hinreichend bestimmt. In der Sache sei aber zu beanstanden, daß der Landesgesetzgeber darüber, was das Gemeinschaftsrecht zwingend vorschreibe, hinausgegangen sei. Verfassungsrechtliche Bedenken bestünden aber auch hinsichtlich der vom Gesetzgeber angestrebten Schutz- und Erhaltungsziele. Konkrete Schutzziele für die einzelnen Gebiete und Gebietsteile seien nicht festgelegt. Dies zwinge die kommunalen Planungsträger, im Rahmen der Bauleitplanung sämtliche FFH-Verträglichkeitsprüfungen mit großem, vor allem finanziellen Aufwand sowie erheblichen inhaltlichen und zeitlichen Unwägbarkeiten vorzunehmen. Eine vernünftige Bauleitplanung mit zumutbarem Aufwand sei so nicht mehr möglich. Auf Grund der Schutzgebietsausweisungen werde eine künftige Siedlungsentwicklung der Kommune vollständig verhindert, zumindest aber wesentlich erschwert. Wegen der topographischen Lage könne eine Siedlungsentwicklung nur in nordöstlicher Richtung erfolgen, in einem Gebiet von ca. 1,8 Hektar, das im Flächennutzungsplan als gemischte Baufläche (M) dargestellt werde. Durch das angegriffene Gesetz sei das Gemeindegebiet in einer Art „Rundumschlag" mit Schutzgebieten belegt worden. Dies stelle einen pauschalen und überproportionalen Eingriff in die verfassungsrechtlich garantierte Planungshoheit dar.

Aus den Gründen:

A. Der Antrag ist zulässig.

Die Antragstellerin hat entsprechend Art. 130 Abs. 1 Satz 2 LV geltend gemacht, durch das Gesetz in ihrem Recht auf Selbstverwaltung verletzt zu sein. Da die Schutzgebietsausweisung nahezu das gesamte Gemeindegebiet erfaßt und im wesentlichen nur den vorhandenen Baubestand ausgenommen hat, ist die Möglichkeit einer Verletzung ihrer Planungshoheit jedenfalls hinsichtlich der die Ortslage umgrenzenden Schutzgebietsflächen hinreichend dargetan (vgl. zur Beachtlichkeit der Planungshoheit im Fachplanungsrecht: BVerwGE 74, 124, 132; 100, 388, 394; UPR 1998, 459). Ob die angegriffene Regelung auf zwingenden Vorgaben des Gemeinschaftsrechts beruht, ist eine Frage der Begründetheit.

Ferner hat die Antragstellerin auch ein gegenwärtiges und unmittelbares Betroffensein durch die beanstandeten Regelungen dargetan. (vgl. zu diesem Erfordernis bei der Normenkontrolle: VerfGH Rh-Pf, AS 24, 321, 333; 25, 194, 197; zu den Kriterien selbst: VerfGH Rh-Pf, NJW 2005, 410). Der Verfassungsgerichtshof geht davon aus, daß das Schutzregime nach § 22 b LPflG auch vor Erlaß der Rechtsverordnung nach § 22 a Abs. 2 Satz 3 LPflG Anwendung findet (vgl. jetzt Landesverordnung v. 18. 7. 2005, GVBl. S. 323). Denn die Erhaltungsziele für das jeweilige Gebiet sind bereits auf Grund der gesetzlichen Schutzgebietsfestsetzung i. V. m. den ihr zugrunde liegenden Unterlagen in einem zur Anwendung der Verträglichkeitsprüfung nach § 22 b LPflG ausreichenden Ausmaß bestimmbar, werden durch die Rechtsverordnung also nur mehr konkretisiert. (Wird ausgeführt.)

Schließlich steht der Sachprüfung des Normenkontrollantrags auch der Grundsatz der Subsidiarität verfassungsgerichtlicher Kontrolle (vgl. VerfGH Rh-Pf, AS 25, 194, 197) nicht entgegen. Denn insofern ist jedenfalls eine Vorabentscheidung des Verfassungsgerichtshofs entsprechend § 22 Abs. 3 Satz 2 VerfGHG geboten. Die Normenkontrolle der Antragstellerin ist von allgemeiner Bedeutung. Mit ihr wird die Gültigkeit der für eine Vielzahl von Gemeinden bedeutsamen Regelungen im Grundsatz geklärt. Insbesondere dient sie der Klärung, welchen landesverfassungsrechtlichen Anforderungen die öffentliche Gewalt des Landes bei der Umsetzung gemeinschaftsrechtlicher Vorgaben unterliegt und welcher Spielraum dem Landesgesetzgeber insoweit verbleibt.

B. Der Normenkontrollantrag ist nicht begründet.

Die §§ 22 a–22 c LPflG stehen mit den Vorgaben der Landesverfassung, soweit diese hier Anwendung finden, in Einklang.

I. Zunächst genügen die angegriffenen Vorschriften in formeller Hinsicht den Anforderungen der Landesverfassung.

1. Das Land verfügt über die Gesetzgebungskompetenz für die Bestimmungen in §§ 22 a–22 c LPflG.

a) Für die naturschutzrechtlichen Regelungen ist nach der Kompetenzverteilung im Grundgesetz das Land zur Gesetzgebung befugt (Art. 70 Abs. 1 GG) (vgl. zu diesem landesverfassungsgerichtlichen Prüfungsmaßstab: VerfGH Rh-Pf, AS 28, 440, 443 f.).

Dem Bund steht gemäß Art. 75 Abs. 1 Nr. 3 GG lediglich eine Kompetenz zur Rahmengesetzgebung zu. Die §§ 22 a–22 c LPflG halten sich innerhalb des im Bundesnaturschutzgesetz (§§ 32 ff. BNatSchG) den Ländern vorgegebenen Rahmens (vgl. § 11 BNatSchG). § 22 a LPflG betrifft die innerstaatliche Ausweisung der FFH- und Vogelschutzgebiete. Die Vorschrift dient der Umsetzung der bundesrahmenrechtlichen Bestimmung in § 33 Abs. 2 BNatSchG und damit letztlich der Umsetzung der FFH- und der Vogelschutzrichtlinie. Hinsichtlich der FFH-Gebiete besteht eine Verpflichtung zur Unterschutzstellung zwar erst mit Aufnahme eines Gebiets in die von der Europäischen Kommission erstellte Liste der Gebiete von gemeinschaftlicher Bedeutung (§ 33 Abs. 2 BNatSchG, Art. 4 Abs. 4 FFH-RL). Diese Liste ist mit dem hier interessierenden Gebiet „Bienwaldschwemmfächer" erst mit Entscheidung der Kommission vom Dezember 2004, also nach Verkündung des Landesgesetzes, verabschiedet worden. Gleichwohl war das Land auch vor Eintritt der bundes- und europarechtlichen Unterschutzstellungsverpflichtung nicht gehindert, das FFH-Gebiet im Vorgriff auf die Kommissionsentscheidung festzusetzen.

b) Auch soweit der Gesetzgeber die Schutzgebietsausweisung in § 22 a Abs. 2 LPflG i. V. m. Anlagen 1 und 2 selbst vorgenommen und diesen Vorgang nicht exekutiver Normsetzung überlassen hat, ist dies von Verfassungs wegen nicht zu beanstanden. Insbesondere hat der Gesetzgeber dadurch nicht in den vom Gewaltenteilungsprinzip (Art. 77 Abs. 1 LV) (vgl. hierzu: VerfGH Rh-Pf, AS 31, 85, 92) verfassungsrechtlich geschützten Kernbereich exekutiver Eigenverantwortlichkeit eingegriffen (vgl. BVerfGE 95, 1 – Südumfahrung Stendal –). Zwar sieht das Landespflegegesetz in den §§ 18–22 vor, daß die Unterschutzstellung schutzwürdiger Landschaftsteile durch Rechtsverordnungen der Landespflegebehörden erfolgt. Dies schließt jedoch den Zugriff des Parlaments nicht aus, jedenfalls dann nicht, wenn hierfür sachliche Gründe vorliegen (vgl. BVerfGE 95, 1, 17). Das ist hier der Fall. Vor dem Hintergrund der weitgehend bindenden Vorgaben durch das Gemeinschaftsrecht einerseits und des Ergebnisses der naturschutzfachlichen Ermittlungen der Fachbehörden andererseits war der Gesetzgeber bemüht, möglichst rasch Planungssicherheit für die Praxis herbeizuführen (vgl. die Begründung im Gesetzentwurf der Landesregierung, LT-Drucks. 14/2877, S. 11). Angesichts des Abschlusses der vorbereitenden Auswahlverfahren, die sachgemäß nur von den Fachbehörden durchgeführt werden können, und des Ziels, alsbald über eine verläßliche und einheitliche Grundlage für die Verträglichkeitsprüfung zu verfügen, ist es von Verfassungs wegen nicht zu beanstanden, daß der Gesetzgeber zusammen mit den materiell-rechtlichen Vorgaben des Schutzregimes auch die Schutzgebietsfestsetzung selbst vorgenommen hat.

2. Die Regelungen in §§ 22 a–22 c LPflG sind auch hinreichend bestimmt (vgl. zu den Anforderungen: VerfGH Rh-Pf, AS 29, 23, 29; NJW 2005, 410, 411). Dies ist in der mündlichen Verhandlung auch von der Antragstellerin nicht mehr bezweifelt worden.

Die Schutzgebietsausweisungen nach Anlage 1 zu § 22 a Abs. 2 Satz 1 Nr. 6914-301 sowie Anlage 2 Nr. 6914-401 ermöglichen es zusammen mit dem nach § 22 a Abs. 4 LPflG niedergelegten Kartenmaterial hinreichend genau, die Betroffenheit der Antragstellerin festzustellen (vgl. zu der Verweisung auf Karten: BVerwG, NVwZ 2001, 1035; vgl. zu den Anforderungen: VerfGH Rh-Pf, AS 29, 23, 29; NJW 2005, 410, 411).

Auch der Inhalt des mit der Gebietsausweisung ausgelösten Schutzregimes ist für die betroffene Gemeinde im Gesetz hinreichend bestimmt niedergelegt, jedenfalls ist er hinreichend bestimmbar. Wie bereits dargelegt, sind die Erhaltungsziele für die festgesetzten Schutzgebiete auch vor dem Erlaß der Rechtsverordnung nach § 22 a Abs. 2 Satz 3 LPflG in einer die Verträglichkeitsprüfung ermöglichenden Art und Weise bestimmbar. (Wird ausgeführt.)

II. Die Regelungen in §§ 22 a–22 c LPFlG halten auch in materieller Hinsicht der landesverfassungsgerichtlichen Prüfung stand.

1. Der Landesgesetzgeber war durch das Recht der kommunalen Selbstverwaltung weder an der Ausweisung der Schutzgebiete noch an der Auferlegung des Schutzregimes nach § 22 b LPflG gehindert.

Art. 49 Abs. 1 und Abs. 3 Satz 1 LV garantiert den Gemeinden das Recht der Selbstverwaltung ihrer eigenen Angelegenheiten. Zum Bereich der eigenverantwortlich zu erledigenden Aufgaben zählt auch die Planungshoheit im Sinne der Befugnis, Art und Weise der Bodennutzung in der Gemeinde zu bestimmen (vgl. BVerfGE 56, 298, 317 f. – Festsetzung von Lärmschutzbereichen durch Rechtsverordnung –; 76, 107, 121 – landesraumordnerische Festlegung von Industriestandorten –; Schröder, in: Grimm/Caesar, Art. 49

Rdnr. 10; Dreier, GG-Kommentar, Band II, 1998, Art. 28 Rdnr. 130). Das Recht der Selbstverwaltung besteht jedoch nur im Rahmen der Gesetze. Wird die Planungshoheit einer Gemeinde durch eine überörtliche Planung berührt, so ist dies nach Art. 49 Abs. 1 und Abs. 3 Satz 1 LV nur dann gerechtfertigt, wenn die Gemeinde zuvor angehört wurde und die Einschränkung der Planungshoheit durch überörtliche Interessen von höherem Gewicht geboten ist (vgl. BVerfGE 56, 298, 313 f., 320; 76, 107, 119 f.; ähnlich bereits für die Auflösung des individuellen Bestands einer Gemeinde: VerfGH Rh-Pf, AS 11, 73, 78, 92, 101).

Die Antragstellerin ist zwar in dem der gesetzlichen Schutzgebietsausweisung zugrunde liegenden fachbehördlichen Auswahlverfahren angehört worden. Ihr vorgetragenes Interesse, die Schutzgebiete nicht bis in unmittelbare Nähe der Bebauung auszudehnen, ist allerdings nur unter naturschutzfachlichen Gesichtspunkten erwogen worden. Eine umfassende Abwägung mit dem gemeindlichen Interesse an möglichst ungehinderter Bauleitplanung hat nicht stattgefunden.

a) Es kann dahingestellt bleiben, ob das Ausblenden gemeindlicher Planungsinteressen auf der Ebene der Schutzgebietsausweisung i.V.m. dem dadurch ausgelösten Schutzregime nach § 22 b LPflG mit den Maßstäben der Landesverfassung vereinbar ist. Denn die insoweit bestehenden landesverfassungsrechtlichen Anforderungen werden durch höherrangiges Recht verdrängt.

Für das Bundesrecht folgt dies aus dem ihm in Art. 31 GG eingeräumten Vorrang. Folgt die landesgesetzliche Normsetzung zwingenden Vorgaben des (auch einfachen) Bundesrechts, setzen sich diese gegenüber entgegenstehendem Landesverfassungsrecht durch (vgl. Jutzi, in: Grimm/Caesar, a. a. O., Einleitung C Rdnr. 4 f.).

Für das Recht der Europäischen Gemeinschaft folgt die Verdrängung von Landesverfassungsrecht aus dem Vorrang des Gemeinschaftsrechts, der im Grundsatz allgemein anerkannt ist und bundesverfassungsrechtlich auf der Integrationsermächtigung in Art. 23 Abs. 1 Satz 2 GG beruht (vgl. EuGH – Rs 106/77 –, Slg. 1978, 629, 643 ff. – Simmerthal II, Vorrang auch gegenüber nationalem Verfassungsrecht –; Streinz, Europarecht, 6. Aufl. 2003, Rdnr. 179 ff. m. w. N.). Der grundsätzliche Vorrang des Gemeinschaftsrechts selbst gegenüber nationalem Verfassungsrecht wird auch in der Rechtsprechung des Bundesverfassungsgerichts geteilt (vgl. BVerfG, Kammerbeschluß v. 9. 1. 2001, EuZW 2001, 255 – zur nationalen Umsetzung sekundären Gemeinschaftsrechts –; BVerfGE 37, 271, 280 – Solange I –; 31, 145, 174 – Anerkennung der Hoheitsakte der zwischenstaatlichen Einrichtungen –). Er ist begründet in den Zustimmungsgesetzen zu den Gemeinschaftsverträgen, mit denen dem Anwendungsvorrang des Gemeinschaftsrechts der innerstaatliche Rechtsanwendungsbefehl erteilt worden ist (vgl. BVerfGE 73, 339, 375 – Solange II –).

Das Bundesverfassungsgericht hat in seiner Rechtsprechung allerdings klargestellt, daß eine unbegrenzte Übertragung von Hoheitsrechten auf die Europäische Union nicht zulässig ist. Die Identität der geltenden Verfassungsordnung der Bundesrepublik Deutschland dürfe nicht durch Einbruch in ihr Grundgefüge aufgegeben werden (vgl. BVerfGE 73, 339, 375 f.). Deshalb stellt sich auch bei Beurteilung des Anwendungsvorrangs von Gemeinschaftsrecht die Frage, ob die – jetzt in Art. 23 Abs. 1 Satz 1 GG niedergelegten – grundgesetzlichen Schranken der Integrationsermächtigung gewahrt sind. Zum Grundgefüge der geltenden Verfassung rechnen zunächst die Rechtsprinzipien, die dem Grundrechtsteil des Grundgesetzes zugrunde liegen (vgl. BVerfGE 73, 339, 375 f.; vgl. zur Zurücknahme der Prüfungskompetenz: BVerfG, a. a. O., S. 387; BVerfGE 89, 155, 175 – Maastricht-Vertrag –). Darüber hinaus beansprucht das Bundesverfassungsgericht die Kontrolle derjenigen Grenze, die das Demokratieprinzip des Grundgesetzes der Verlagerung von Hoheitsrechten auf die Europäische Gemeinschaft setzt (vgl. BVerfGE 89, 155, 182 ff.).

Die im Grundgesetz verankerte Garantie kommunaler Selbstverwaltung (Art. 28 Abs. 2 GG) zählt dagegen nach allgemeiner Meinung nicht zu den integrationsfesten Prinzipien i. S. von Art. 23 Abs. 1 i. V. m. Art. 79 Abs. 3 GG (vgl. Nierhaus, in: Sachs, Grundgesetz, 3. Aufl. 2003, Art. 28 Nrn. 32 a und 32 b; Dreier, a. a. O., Art. 28 Rdnr. 33 m. w. N.; Tettinger, in: von Mangoldt/Klein/Starck, GG-Kommentar, Band 2. 2000, Art. 28 Rdnr. 146; Loewer, in: von Münch/Kunig, GG-Kommentar, Band 2, 3. Aufl. 1995, Art. 28 Rdnr. 95; Blanke, DVBl. 1993, 819, 822 f.; Papier, DVBl. 2003, 686, 691 – zu Art. 79 Abs. 3 GG –). Daneben wird aber die Auffassung vertreten, daß der in Art. 23 Abs. 1 Satz 1 GG genannte Grundsatz der Subsidiarität auch verlange, die kommunale Selbstverwaltung zu berücksichtigen (vgl. Papier, a. a. O., S. 692; Nierhaus, a. a. O., Rdnr. 32 b; Schink, DVBl. 2005, 861, 865). Die damit aufgeworfene Frage nach den grundgesetzlichen Schranken für die innerstaatliche Geltung von Rechtsakten der Europäischen Gemeinschaft braucht hier nicht vertieft zu werden; ihre Beantwortung wäre ohnehin dem Bundesverfassungsgericht vorbehalten (vgl. Jutzi, a. a. O., Rdnr. 33). Denn auch nach der die Selbstverwaltungsgarantie im Rahmen des Art. 23 Abs. 1 Satz 1 GG berücksichtigenden Auffassung wären dem innerstaatlichen Geltungsanspruch von Rechtsakten der Europäischen Gemeinschaft nur dann Grenzen gesetzt, wenn den Kommunen kein eigenverantwortlich wahrnehmbarer Gestaltungsspielraum mehr verbliebe, gleichsam eine Art „europäischer Entmündigung" der Gemeinden stattfände (so: Papier, a. a. O.). Dies kann für die hier zu beurteilenden Regelungen zur Festsetzung von Gebieten von gemeinschaftlicher Bedeutung und Europäischer Vogelschutzgebiete einschließlich des dazu angeordneten Schutzregimes nicht angenommen werden. Denn den Kommunen bleibt trotz der hierdurch ausgelösten Beschränkung noch Raum für die Ausübung ihrer Planungshoheit. Damit bleibt es beim grundsätzlichen Vorrang der für diesen Bereich erlassenen gemeinschaftsrechtlichen Normen.

Der Vorrang des Gemeinschaftsrechts erstreckt sich auch auf die Kontrolle solcher Landesgesetze, die zwingende gemeinschaftsrechtliche Vorgaben umsetzen (vgl. BVerfG, EuZW 2001, 255; Gellermann, in: Rengeling/Middeke/Gellermann, Handbuch des Rechtsschutzes in der Europäischen Union, 2. Aufl. 2003, § 35 Rdnr. 45). Umgekehrt bleibt die Landesverfassung allerdings Maßstab für die öffentliche Gewalt des Landes, soweit das Gemeinschaftsrecht Spielraum für die Umsetzung läßt, sei es für den Landesgesetzgeber bei der Ausgestaltung des Ausführungsgesetzes oder für die sonstigen Organe des Landes bei dessen Anwendung (vgl. BVerfG und Gellermann, jeweils a. a. O.; Dreier, a. a. O., Rdnr. 34).

b) Soweit die Antragstellerin rügt, ihr werde durch die Pflicht zur Verträglichkeitsprüfung nach § 22 b LPflG ein unzumutbarer Aufwand für ihre Bauleitplanung aufgebürdet, scheidet ein Verstoß gegen Art. 49 Abs. 1 und Abs. 3 Satz 1 LV von vornherein aus. Denn mit dieser zusätzlichen Anforderung an Planung überhaupt und damit auch an die Bauleitplanung der Kommunen setzt der Landesgesetzgeber lediglich zwingende Vorgaben des Bundes- und des Gemeinschaftsrechts um (§ 1 Abs. 6 Nr. 7 b) BauGB, §§ 34 und 35 BNatSchG sowie Art. 6 Abs. 3 und Abs. 4 FFH-RL). Bei dieser Steigerung des Aufwands gemeindlicher Bauleitplanung war der Landesgesetzgeber also nicht frei. Es kann deshalb dahingestellt bleiben, ob die Regelung in § 22 b LPflG den Planungsaufwand für die Kommunen tatsächlich überhaupt erhöht hat oder ob nicht auf Grund der allgemeinen Pflicht zur Berücksichtigung der Belange des Naturschutzes in der Bauleitplanung (vgl. §§ 1 a, 2 a BauGB, zum landespflegerischen Planungsbeitrag: §§ 17, 17 a LPflG) und der – wiederum europarechtlichen – Vorgaben zum Schutz so genannter potentieller FFH- oder faktischer Vogelschutzgebiete ein vergleichbarer Aufwand gefordert ist (vgl. hierzu: Möstl, DVBl. 2002, 726, 729 f.; de Witt/Dreier, a. a. O., E Rdnr. 641).

c) Auch der Festsetzung der Schutzgebiete, gegen die sich die Antragstellerin vor allem wendet, läßt sich Art. 49 Abs. 1 und Abs. 3 Satz 1 LV nicht entgegenhalten.

aa) Bei der Festsetzung des FFH-Gebiets „Bienwaldschwemmfächer" (Nr. 6914-301) scheidet Art. 49 LV als Prüfungsmaßstab bereits deshalb aus, weil der die Ortslage von Scheibenhardt im Westen, Norden und Osten umgreifende und für die bauleitplanerischen Absichten der Antragstellerin maßgebliche Gebietsteil bereits durch die Entscheidung der Europäischen Kommission vom Dezember 2004 in die Liste der Gebiete von gemeinschaftlicher Bedeutung aufgenommen worden ist. Das im Anhang I unter dem Kode DE6914301 aufgeführte Gebiet (vgl. ABl. L 382/105) entspricht der Meldung des Landes Rheinland-Pfalz aus dem Jahr 2001, die ohne Änderung in die Gemeinschaftsliste übernommen wurde. Die an die Mitgliedstaaten adressierte Entscheidung (vgl. deren Art. 2) ist für diese verbindlich (Art. 249 Abs. 4 des Vertrages zur Gründung der Europäischen Gemeinschaft – EGV –). Sie ist gemäß Art. 4 Abs. 4 FFH-RL durch Schutzgebietserklärungen umzusetzen, was innerstaatlich durch die Länder zu geschehen hat (§ 33 Abs. 2 BNatSchG). Dies ist hier bereits durch das Änderungsgesetz zum Landespflegegesetz vom 12. 5. 2004 geschehen. Wegen des Vorrangs des Gemeinschaftsrechts (vgl. speziell zu Entscheidungen der Kommission: Schroeder, in: Streinz [Hrsg.], EUV/EGV-Kommentar, 2003, Art. 249 Rdnr. 20 und 40 ff.) kann die Schutzgebietserklärung nach Anlage 1 zu § 22 Abs. 2 Satz 1 LPflG Nr. 6914-301 im Umfang der Festlegung in der Kommissionsentscheidung vom Dezember 2004 nicht mehr landesverfassungsrechtlich in Frage gestellt werden. Im übrigen löst bereits die Aufnahme des Gebiets in die Gemeinschaftsliste der Kommission gemäß Art. 4 Abs. 5 FFH-RL das Schutzregime des Art. 6 Abs. 2 bis Abs. 4 FFH-RL bzw. des § 34 BNatSchG (i. V. m. § 10 Abs. 1 Nr. 5 BNatSchG) aus.

bb) Auch bei der Festsetzung des Vogelschutzgebiets „Bienwald und Vieh-strichwiesen" in Anlage 2 zu § 22 a Abs. 2 LPflG Nr. 6914-401 hat der Gesetz-geber landesverfassungsrechtliche Anforderungen aus Art. 49 LV nicht ver-letzt.

(1) Daß die Auswahl und Abgrenzung des Gebiets allein nach natur-schutzfachlichen Erwägungen erfolgt ist, also ohne Berücksichtigung bauleit-planerischer Interessen der betroffenen Gemeinden, beruht auf Vorgaben des Gemeinschaftsrechts mit der Folge der Verdrängung entgegenstehender For-derungen der Landesverfassung.

Nach Art. 4 Abs. 1 UAbs. 4 VRL sind die Mitgliedstaaten, innerstaatlich nach § 33 Abs. 1 Satz 1 BNatSchG die Bundesländer, verpflichtet, die für die Erhaltung der in Anhang I der Vogelschutzrichtlinie genannten Arten zahlen- und flächenmäßig geeignetsten Gebiete zu Schutzgebieten zu erklären. Nach Art. 4 Abs. 2 VRL muß mit den Lebensräumen der nicht in Anhang I aufgeführ-ten, regelmäßig auftretenden Zugvogelarten in entsprechender Weise verfah-ren werden (vgl. EuGH, NuR 1994, 521, 522 – Santoña –).

In der Rechtsprechung des Europäischen Gerichtshofes wie des Bundes-verwaltungsgerichts ist geklärt, daß den Mitgliedstaaten bei der Auswahl der besonderen Schutzgebiete zwar ein „gewisser Ermessensspielraum" zusteht, die Auswahlentscheidung sich jedoch ausschließlich an den ornithologischen Erhaltungszielen zu orientieren hat, die durch die Richtlinie festgelegt worden sind, wie z. B. die Anwesenheit der in Anhang I genannten Vögel (vgl. EuGH, a. a. O. – Santoña –). Eine Abwägung mit anderen Belangen, etwa den in Art. 2 VRL genannten Gründen wirtschaftlicher und freizeitbedingter Art, findet nicht statt (vgl. EuGH, NuR 1998, 538, 541 – Niederlande –). Art. 4 Abs. 1 UAbs. 4 VRL wird als Ergebnis einer bereits vom europäischen Richtlinienge-ber getroffenen Abwägungsentscheidung verstanden, die keiner weiteren Relativierung zugänglich ist (vgl. BVerwG, NVwZ 2004, 732, 735 m. w. N. – A 73, Suhl –). Zusätzliche, aus der mitgliedstaatlichen Rechtsordnung hergelei-tete Anforderungen sollen keine Einschränkung der Umsetzungsverpflich-tung aus Art. 4 Abs. 1 VRL rechtfertigen (vgl. EuGH, NVwZ 2001, 549 – Basse Corbières –). Dieser Vorrang des Gemeinschaftsrechts betrifft auch das aus der Selbstverwaltungsgarantie abgeleitete Gebot der Berücksichtigung gemeindlicher Planungsinteressen bei überörtlichen Fachplanungen.

Der in Art. 4 Abs. 1 VRL eingeräumte Ermessensspielraum bei Auswahl und Abgrenzung der Gebiete bezieht sich daher nur auf die naturschutzfach-liche Beurteilung und betrifft insbesondere die Auswahl derjenigen Land-schaftsräume, die im Verhältnis zu anderen Landschaftsteilen am besten die Gewähr für die Verwirklichung der Richtlinienziele bieten (vgl. EuGH, NuR 1998, 538, 541 – Niederlande –; BVerwG, NVwZ 2002, 1103, 1105 f. – A 20 –). Von ausschlaggebender Bedeutung ist die ornithologische Wertigkeit des Gebiets, die nach quantitativen und qualitativen Kriterien zu bestimmen ist. Je mehr der in Anhang I aufgeführten Arten oder von Art. 4 Abs. 2 VRL erfaß-ten Zugvogelarten in einem Gebiet in einer erheblichen Anzahl von Exempla-ren vorkommen, desto höher wird der Wert als Lebensraum eingeschätzt. Je bedrohter, seltener oder empfindlicher die Arten sind, desto größere Bedeutung wird dem Gebiet beigemessen, das die für ihr Leben und ihre Fortpflanzung ausschlaggebenden physischen und biologischen Elemente aufweist (vgl. BVerwG, a. a. O. – A 20 –; auch: BVerwG, NVwZ 2004, 732, 734 – A 73, Suhl –). Als wissenschaftliches Erkenntnismittel für die Gebietsauswahl wird das unter der Abkürzung IBA bekannte und von Bird-Life-International und seinen nationalen Partnerorganisationen (in Deutschland der NABU-Naturschutzverband Deutschland) erstellte Verzeichnis der Gebiete von großer Bedeutung für die Erhaltung der wildlebenden Vogelarten (Inventory of Important Bird Areas in the European Community) herangezogen (vgl. EuGH, NVwZ 2001, 549, 500 – Basse Corbières –; BVerwG, NVwZ 2004, 98, 99). Die darin enthaltenen Angaben sprechen zwar nicht zwingend für eine Unterschutzstellung (vgl. BVerwG, NVwZ 2004, 732, 735 – A 73, Suhl –.), ihre Stichhaltigkeit soll jedoch nur durch Vorlage abweichender wissenschaftlicher Stellungnahmen in Zweifel gezogen werden können (vgl. EuGH, Urteil v. 6. 3. 2003 – Slg 2003 I - 2202 –).

Vor dem Hintergrund dieser gemeinschaftsrechtlichen Vorgaben ist die der Schutzgebietsfestsetzung zugrunde liegende Methode zur Auswahl und Abgrenzung der Gebietsteile von Verfassungs wegen nicht zu beanstanden.

(2) Auch was das Ergebnis der für die Schutzgebietsfestsetzung maßgeblichen naturschutzfachlichen Erwägungen anbelangt, kann der Verfassungsgerichtshof einen Verstoß gegen die Selbstverwaltungsgarantie in Art. 49 Abs. 1 und Abs. 3 Satz 1 LV nicht feststellen.

Da der Gesetzgeber die Schutzgebietsausweisung nach § 22 a Abs. 2 Satz 1 LPflG mit der Umsetzung des Gemeinschaftsrechts (FFH- und Vogelschutzrichtlinien) begründet hat (vgl. den Gesetzentwurf der Landesregierung LT-Drucks. 14/2877, S. 1), ist die dadurch bewirkte Einschränkung der gemeindlichen Planungshoheit in ihrem Ergebnis nur gerechtfertigt, wenn sie sich im Rahmen der gemeinschaftsrechtlichen Vorgaben hält. Dementsprechend ist die gemeindliche Planungshoheit im Ergebnis dann verletzt, wenn und soweit die Schutzgebietsausweisung nicht durch die Verpflichtung nach Art. 4 Abs. 1 UAbs. 4 und Abs. 2 VRL gerechtfertigt ist.

Hinsichtlich dieser Schranke ist die verfassungsgerichtliche Kontrolle allerdings begrenzt. Maßstab der verfassungsgerichtlichen Kontrolle ist allein die Landesverfassung. Die Vereinbarkeit des Gesetzes mit sonstigem höherrangigen Recht ist der landesverfassungsgerichtlichen Kontrolle grundsätzlich entzogen (vgl. VerfGH Rh-Pf, AS 28, 440, 445; 29, 23, 49). Ein landesverfassungsrechtlicher Maßstab ist nur dann berührt, wenn die zur Prüfung gestellte Norm offenkundig gegen höherrangiges Bundes- oder Gemeinschaftsrecht verstößt. Denn in diesem Fall liegt zugleich eine Verletzung des Rechtsstaatsprinzips der Landesverfassung vor (vgl. VerfGH Rh-Pf, a. a. O.). Das Rechtsstaatsprinzip gemäß Art. 77 Abs. 2 LV verbietet nämlich den Erlaß solcher Vorschriften, die evident gegen Bundes- oder sonstiges höherrangiges Recht verstoßen und deshalb offensichtlich keine Geltung beanspruchen können.

Einen solchen offenkundigen Verstoß gegen die Verpflichtungen nach Art. 4 Abs. 1 UAbs. 4 VRL, die für die Erhaltung der Arten nach Anhang I geeignetsten Gebiete zu Schutzgebieten zu erklären, hat der Verfassungsgerichtshof nicht festgestellt. Die Landesregierung hat, gestützt auf die fachwissenschaftlichen Erhebungen des Landesamtes für Umwelt, Wasserwirtschaft und Gewerbeaufsicht, dargelegt, weshalb das Gebiet „Bienwald und Viehstrichwiesen" als Vogelschutzgebiet i. S. von Art. 4 Abs. 1 UAbs. 4 VRL identifiziert worden ist. Nach den vorgelegten Unterlagen sind in dem Gebiet neun Arten nach der Vogelschutzrichtlinie mit ihrem Hauptvorkommen und weitere zehn Arten mit einem Nebenvorkommen nachgewiesen. Die Vertreter des Landesamtes haben in der mündlichen Verhandlung vor dem Verfassungsgerichtshof zunächst in der Örtlichkeit und sodann anhand von Kartenmaterial verdeutlicht, daß auch die im Nordosten des Gemeindegebiets gelegenen, mit Obstbaumreihen durchzogenen Felder Lebensraum geschützter Vogelarten sind, und zwar des Grauspechts, des Wiedehopfs, des Wendehalses sowie des Neuntöters. Sie haben in diesem Zusammenhang auch dargelegt, warum das Schutzgebiet unmittelbar an die bebaute Ortslage herangeführt worden ist, und dies mit der dort festgestellten Vielfalt der Lebensräume und der Unempfindlichkeit der vorgefunden Vogelarten gegenüber Siedlungseinflüssen begründet. Letzteres erklärt auch, warum selbst bebaute Ortslagen in den Schutzbereich aufgenommen worden sind.

Die Antragstellerin hat diese Ausführungen nicht substantiiert in Frage gestellt. Sie hat nur allgemein bezweifelt, ob die Schutzgebietsfestsetzung in dem vorliegenden Ausmaß zwingend geboten gewesen sei. Damit hat sie indessen einen offenkundigen Verstoß des Landesgesetzgebers gegen die Vorgaben des Gemeinschaftsrechts nicht dargetan. Die Vertreter der Landesregierung haben nachvollziehbar erläutert, warum die Ausweisung des Schutzgebiets so großflächig erfolgte. Hinsichtlich der naturschutzfachlichen Schutzwürdigkeit durfte neben den Feststellungen des Landesamtes auch berücksichtigt werden, daß das gesamte Gebiet unter der Bezeichnung RP 053 in das aktuelle IBA-Verzeichnis aufgenommen worden ist (vgl. www.nabu-rlp.de). Diesem Umstand kommt nach der oben zitierten Rechtsprechung des EuGH Indizwirkung zu, wobei die Vertreter des Landesamtes in der mündlichen Verhandlung erläutert haben, den Vorschlägen der IBA-Liste nicht kritiklos gefolgt zu sein, sondern sie vielmehr deutlich unterschritten zu haben. Im übrigen konnte bei der Abgrenzung des Vogelschutzgebiets auch auf die Grenzziehung des für den fraglichen Bereich gemeldeten FFH-Gebiets abgestellt werden.

Darüber hinaus hat der Landesgesetzgeber mit der großflächigen Ausweisung der Schutzgebiete einen zusätzlichen Zweck verfolgt, der durchaus im Interesse der betroffenen Gemeinden liegt. Bei Vorliegen eines sog. faktischen Vogelschutzgebiets verbietet die Rechtsprechung zu Art. 4 Abs. 4 Satz 1 VRL jegliche Beeinträchtigung oder Störung des Gebiets, wenn nicht überragende Gemeinwohlbelange wie etwa der Schutz des Lebens und der Gesundheit von Menschen oder der Schutz der öffentlichen Sicherheit hierfür streiten (vgl. BVerwGE, DVBl. 2004, 1115, 1120 m. w. N. – Hochmoselübergang –). Liegen diese Voraussetzungen vor, wofür bei dem Gebiet „Bienwald und Viehstrichwiesen" nach den obigen Ausführungen einiges spricht, ermöglicht erst die förmliche Festsetzung als Europäisches Vogelschutzgebiet den Übergang in das Schutzregime nach Art. 6 Abs. 2–Abs. 4 FFH-RL (§ 22 b Abs. 2–4 LPflG) und damit die Möglichkeit, gemeindliche Planungsinteressen auch unterhalb der oben beschriebenen Eingriffsschwelle zu verwirklichen. Diese Chance ist hier durch die angegriffene Regelung eröffnet worden.

d) Die Gültigkeit der angegriffenen Festsetzungen des Gebietes von gemeinschaftlicher Bedeutung „Bienwaldschwemmfächer" und des Europäischen Vogelschutzgebiets „Bienwald und Viehstrichwiesen" bedeutet indessen nicht, daß gemeindliche Planung gänzlich unmöglich oder auch nur unzumutbar erschwert wäre. Gerade weil auf der ersten Stufe der Ausweisung von Schutzgebieten – in Umsetzung gemeinschaftsrechtlicher Vorgaben – nur naturschutzfachliche Gesichtspunkte maßgebend waren, verlangt die Garantie kommunaler Planungshoheit um so mehr, auf der zweiten Stufe der Anwendung des Schutzregimes gemeinschaftsrechtlich eröffnete Spielräume zu nutzen, um die Entfaltung gemeindlicher Selbstverwaltung zu ermöglichen (vgl. zur grundgesetzlichen Pflicht zur Ausschöpfung europarechtlicher Entscheidungsspielräume: BVerfG, Urteil v. 18. 7. 2005 – 2 BvR 2236/04 –, europäischer Haftbefehl; vgl. zur Gefahr einer „europäischen Entmündigung": Papier, a. a. O., S. 692).

Nur dies wird der Bedeutung der in Art. 49 Abs. 1 und Abs. 3 Satz 1 LV garantierten kommunalen Selbstverwaltung gerecht. Sie ist wesentliches Fundament für den demokratischen Aufbau des Gemeinwesens. Mitgestaltung bei den Angelegenheiten der örtlichen Gemeinschaft schafft Identifikation und Vertrauen in die Wahrnehmung öffentlicher Aufgaben. Die Selbstverwaltung verlangt deshalb nach Möglichkeiten zu kraftvoller Betätigung (vgl. VerfGH Rh-Pf, AS 3, 34, 43; BVerfGE 79, 129, 149 ff.; Schröder, a. a. O., Art. 49 Rdnr. 1; Tettinger, a. a. O., Art. 28 Rdnr. 128). Dies gilt gerade auf dem Gebiet der Planungshoheit. Sie ist eines der wesentlichen Elemente, um die zukünftige Entwicklung der Gemeinde im Interesse ihrer Bürger zu beeinflussen. Dem muß die Ausgestaltung und die Anwendung des staatlichen Rechts Rechnung tragen. Wenn der Schutz bedrohter Lebensräume und Arten in einem zweigestuften Verfahren ausgestaltet wird, auf dessen erster Stufe zunächst einmal ausschließlich naturschutzfachliche Gesichtspunkte Berücksichtigung finden, muß auf der zweiten Stufe die Möglichkeit eröffnet werden, auch gegenläufige Interessen an der Nutzung des Bodens, insbesondere gemeindliche Planungsinteressen mit dem ihnen zukommenden Gewicht zur Geltung zu bringen (vgl. zu der vergleichbaren Schutzsystematik im Denkmalschutzrecht, dort bezogen auf das Eigentumsrecht: BVerfGE 100, 226, 242). Dies bedeutet keine Entwertung der Naturschutzbelange. Es schafft nur Raum, um keineswegs minder legitimen anderen Interessen angemessen Rechnung zu tragen. Denn der Staat trägt nicht nur Verantwortung für den Schutz von Natur und Umwelt (Art. 69 LV). Wie im Text der Verfassung besonders hervorgehoben, trifft ihn vor allem die Aufgabe, das Wohlergehen des Einzelnen und der innerstaatlichen Gemeinschaften zu fördern (Art. 1 Abs. 2 LV). Von daher verbietet sich, den Belangen des Naturschutzes generellen Vorrang auch vor noch so berechtigten Anliegen der Menschen und ihrer naheliegenden Bedürfnisse einzuräumen. Gerade eine aus naturschutzfachlichen Gründen großräumig erfolgte Ausweisung von Schutzgebieten darf deshalb einer vernünftigen und abgewogenen Weiterentwicklung der Gemeinde nicht entgegenstehen.

§ 22 b LPflG und – dahinter stehend – Art. 6 Abs. 2–4 FFH-RL sind offen für die Berücksichtigung legitimer Planungsinteressen der Gemeinden auf der zweiten Stufe der Durchführung des Schutzregimes. Die vielfältigen unbestimmten Rechtsbegriffe lassen eine gemeindefreundliche Auslegung zu. Hierzu sind die Rechtsanwender nach Art. 49 Abs. 1 und Abs. 3 Satz 1 LV verpflichtet. Dabei kann bereits die – auf das gesamte Schutzgebiet bezogene – Verträglichkeitsprüfung ergeben, daß die beabsichtigte Planung je nach der konkreten Art ihrer Ausführung einschließlich Maßnahmen zur Begrenzung schädlicher Auswirkungen nicht zu einer erheblichen Beeinträchtigung der Schutzgebiete führt mit der Folge der Zulässigkeit der Planung. Diese Möglichkeit haben die Vertreter der Landesregierung gerade für die Randbereiche der großflächigen Schutzgebiete „Bienwaldschwemmfächer" und „Bienwald und Viehstrichwiesen" nachvollziehbar aufgezeigt. Gerade hier trifft die staatliche Behörde eine besondere Verantwortung, legitimen Interessen der Gemeinden Rechnung zu tragen. Dies schließt auch Beratungsleistungen der Fachbehörde ein, um den Planungsaufwand der Gemeinde von vornherein zu beschränken bzw. nicht über das bereits nach bislang geltendem Recht erforderliche Maß (vgl. § 2 Abs. 4 BauGB – Umweltprüfung –, § 17 LPflG – landespflegerischer Planungsbeitrag –) hinaus über Gebühr zu erhöhen.

Ergibt die Verträglichkeitsprüfung selbst bei gemeindefreundlicher Handhabung, daß die gemeindliche Planung zu erheblichen Beeinträchtigungen eines Schutzgebiets führt, so ist die Planung zwar grundsätzlich unzulässig (§ 22 b Abs. 2 Satz 2 LPflG, § 34 Abs. 2 BNatSchG, Art. 6 Abs. 3 FFH-RL). Aber damit ist ihre Realisierung nicht ausgeschlossen. Denn das Vorhaben kann im überwiegenden öffentlichen Interesse gerechtfertigt sein. „Zwingende Gründe des überwiegenden öffentlichen Interesses" i. S. von § 22 b Abs. 3 Nr. 1 LPflG (§ 34 Abs. 3 Nr. 1 BNatSchG, Art. 6 Abs. 4 UAbs. 1 FFH-RL) sind nicht nur beim Vorliegen von Sachzwängen gegeben, denen niemand ausweichen kann. Das Merkmal zielt vielmehr auf ein durch Vernunft und Verantwortungsbewußtsein geleitetes staatliches Handeln (vgl. BVerwG, NVwZ 2004, 732, 737 – A 73, Suhl –). Es ermöglicht einen Ausgleich zwischen den durch die Schutzgebietsfestsetzung anerkannten Belangen des Naturschutzes mit den nicht minder legitimen Nutzungsinteressen der Menschen. Nach § 22 b Abs. 3 LPflG (§ 34 Abs. 3 BNatSchG, Art. 6 Abs. 4 UAbs. 1 FFH-RL) können alle „zwingenden Gründe des überwiegenden öffentlichen Interesses, einschließlich solcher sozialer oder wirtschaftlicher Art", die an sich unverträgliche Planung rechtfertigen, sofern eine zumutbare Alternative nicht gegeben ist. Hierzu zählen auch alle städtebaulichen Planungsanliegen einer Gemeinde, wenn sie nur von hinreichendem Gewicht sind (vgl. de Witt/Dreier, a. a. O., Rdnr. 611; Möstl, a. a. O.). Das Gemeinschaftsrecht gibt nichts dafür her, daß gemeindliche Planungsinteressen vom öffentlichen Interesse i. S. von Art. 6 Abs. 4 UAbs. 1 FFH-RL ausgenommen wären. Die Alternativenprüfung kann sich bei der Bauleitplanung grundsätzlich nur auf das jeweilige Gemeindegebiet beziehen, weil der Kommune darüber hinaus – von dem Abschluß eines städtebaulichen Vertrages oder der Bildung eines Planungsverbandes abgesehen – keine Planungsmöglichkeiten offenstehen (vgl. Möstl, a. a. O.; de Witt/ Dreier, a. a. O., Rdnr. 603; Louis/Wolf, NuR 2002, 455, 458; Halama, NVwZ 2001, 506, 511).

Der Verfassungsgerichtshof hat auf Grund der Ortsbesichtigung einen Eindruck von dem vorhandenen Baubestand in der Gemeinde und dem Zustand der unmittelbar angrenzenden und unter Schutz gestellten Freiflächen gewonnen. Danach hält er die Absicht der Antragstellerin für in hohem Maße nachvollziehbar, die nordöstlich der Bebauung zwischen der Kreisstraße 16 und der Landesstraße 545 gelegene Fläche entsprechend der Darstellung im Flächennutzungsplan für eine Bebauung vorzusehen. Das Gelände befindet sich in unmittelbarer Nachbarschaft der Kirche. Auf Grund der bereits vorhandenen Bebauung, die eine unterschiedliche Tiefe zur Landesstraße aufweist, bietet sich eine Abrundung der Ortslage in diesem Bereich geradezu an. Sollte die von der Antragstellerin hier zu entwickelnde Planung wegen der Randlage in den Schutzgebieten nicht bereits die Erheblichkeitsschwelle nach § 22 b Abs. 2 LPflG unterschreiten, so verleiht Art. 49 Abs. 1 und Abs. 3 Satz 1 LV dem Interesse der Gemeinde, in diesem Bereich für ihre Gemeindebürger – insbesondere junge Familien – Bauland auszuweisen, jedenfalls im Rahmen der Ausnahmeklausel in § 22 b Abs. 3 LPflG ein starkes Gewicht, das auch den Erhaltungszielen für die Gebiete standhalten kann.

2. Die Regelungen nach §§ 22 a und 22 b LPflG verletzen die Antragstellerin auch nicht in ihrer Finanzhoheit.

Art. 49 LV gewährleistet den Gemeinden nicht nur allgemein das Recht der Selbstverwaltung, sondern garantiert ihnen – als spezielle Ausprägung – auch die gemeindliche Finanzhoheit (Art. 49 Abs. 6 LV i. d. F. des Gesetzes v. 14. 6. 2004, GVBl. S. 321; Art. 49 Abs. 5 LV a. F.). Danach hat das Land den Gemeinden und Gemeindeverbänden die zur Durchführung der eigenen und der übertragenen Aufgaben erforderlichen Mittel im Wege des Lasten- und Finanzausgleichs zu sichern und ihnen die für ihre freiwillige öffentliche Tätigkeit in eigener Verantwortung zu verwaltenden Einnahmequellen zur Verfügung zu stellen. Die Kommunen haben Anspruch auf eine angemessene Finanzausstattung (vgl. VerfGH Rh-Pf, AS 23, 429, 430; 19, 339, 340 f.; 15, 66, 68).

Soweit die Antragstellerin rügt, die Schutzgebietsausweisungen führten zu einem unzumutbaren Planungsaufwand, wurde bereits darauf hingewiesen, daß die Gemeinden schon nach bislang geltendem Recht umfänglichen Prüfungspflichten im Interesse des Umweltschutzes unterliegen, weshalb die durch § 22 b LPflG zusätzlich verlangten Prüfungen auch unter Kostengesichtspunkten nicht zwingend zu unangemessenen Mehrbelastungen führen. Hinzu kommt die Möglichkeit, durch Inanspruchnahme des Sachverstandes bei den Behörden des Landes, hier insbesondere beim Landesamt für Umwelt, Wasserwirtschaft und Gewerbeaufsicht, die kostenintensive Beauftragung externer Gutachter zu vermeiden. Sollte der verlangte Prüfungsaufwand dennoch zu einer verfassungswidrigen Unterdeckung kommunaler Finanzmittel führen, so beträfe dies im übrigen nicht die – hier allein streitgegenständliche – Sachregelung, sondern das Gesamtsystem des Lasten- und Finanzaus-

gleichs als solches (vgl. VerfGH Rh-Pf, AS 23, 429, 431). Die Verfassungsmäßigkeit der §§ 22 a und 22 b LPflG bleibt hiervon unberührt.

Soweit die Antragstellerin finanzielle Lasten durch Erhaltungsmaßnahmen
zugunsten der Schutzgebiete befürchtet, können diese erst bei Umsetzung
der Bewirtschaftungspläne nach § 22 a Abs. 2 Satz 4 LPflG entstehen. Diese
Umsetzung soll vorrangig durch vertragliche Vereinbarungen geschehen
(§ 22 a Abs. 3 Satz 1 LPflG) und wird in erster Linie die Eigentümer und Nutzungsberechtigten der betroffenen Grundstücke treffen (vgl. zu diesem Modell
kooperativen Naturschutzes: Braun, NuR 2005, 87, 91). Die Bewirtschaftungspläne sind nicht Gegenstand der Normenkontrolle (vgl. zu deren Aufstellung: Schmidt, Gemeinde und Stadt 2005, S. 107). Es ist von Verfassungs
wegen nicht zu beanstanden, wenn der Gesetzgeber die Umsetzung der Erhaltungsziele für die jeweiligen Gebiete einschließlich der Kostenregelung den
Bewirtschaftungsplänen und den hierzu ergehenden Durchführungsmaß-
nahmen vorbehält (vgl. hierzu, auch mit Hinweisen auf Förderprogramme der
EU: Schmidt, a. a. O.).

Nr. 203

1. **Die 22. BImSchV ist – auch soweit es um die Einhaltung künftiger Grenzwerte geht – bereits im Verfahren der Zulassung von Vorhaben zu beachten. Eine Verpflichtung der Planfeststellungsbehörde, die Einhaltung
   der Grenzwerte vorhabenbezogen sicherzustellen, besteht jedoch nicht.
   Allerdings ist das Gebot der Konfliktbewältigung verletzt, wenn die
   Planfeststellungsbehörde das Vorhaben zulässt, obgleich absehbar ist,
   dass seine Verwirklichung die Möglichkeit ausschließt, die Einhaltung
   der Grenzwerte der 22. BImSchV mit den Mitteln der Luftreinhalteplanung zu sichern (wie Urteil v. 23. 2. 2005 – 4 A 5.04 –).**

2. **Das Interesse, vor Beeinträchtigungen durch Luftschadstoffe geschützt
   zu werden, die im Wege der Luftreinhalteplanung voraussichtlich noch
   im Rahmen des rechtlich Zumutbaren gehalten werden können, ist ein
   abwägungserheblicher Belang (wie Urteil v. 23. 2. 2005 – 4 A 5.04 –).**

3. **Zur Inanspruchnahme eines Grundstücks für Maßnahmen der Straßen-
   entwässerung.**

VwGO § 42 Abs. 2; BGB § 2038 Abs. 1 Satz 2; SächsNatSchG § 9 Abs. 3.

Bundesverwaltungsgericht, Urteil vom 23. Februar 2005 – 4 A 1.04 –.

Die Kläger wenden sich gegen den Planfeststellungsbeschluss des Regierungspräsidiums Chemnitz für den Bau der Bundesautobahn A 72 Chemnitz-Leipzig im ersten Teilabschnitt zwischen dem Autobahnkreuz Chemnitz und der Anschlussstelle A 72/S 242
bei Hartmannsdorf. Sie sind gemeinsam mit einer weiteren Erbin in ungeteilter Erbenge-
meinschaft Eigentümer der landwirtschaftlich genutzten Flurstücke 57., 57./2 und 19./
3 der Gemeinde H., die für die Straßenbaumaßnahme bzw. für eine naturschutzrechtliche Ersatzmaßnahme unmittelbar in Anspruch genommen werden sollen.

Das Flurstück 57. soll mit seiner gesamten Fläche von 4300 m² für den Bau der A 72
und der S 242n in Anspruch genommen werden. Das Flurstück 57./2 soll in vollem

Umfang (1503 m²), das Flurstück 19./3 teilweise (3753 m² von insgesamt 27 823 m²) für die Ersatzmaßnahme E.KV.5.1 dauerhaft beschränkt werden. Im Bereich der Ersatzmaßnahme soll zum Ausgleich für die Flächenversiegelung eine naturnahe Gewässerlandschaft entwickelt werden; es sollen wechselfeuchte Sukzessionsflächen und temporäre Vernässungsbereiche angelegt werden. Teilweise sollen die Flächen der Ersatzmaßnahme zugleich der Entwässerung der A 72 dienen. Das Niederschlagswasser soll zunächst in einem Regenklär- und Regenrückhaltebecken gesammelt werden. Der gedrosselte Abfluss soll sodann auf einer Fläche von etwa 4,5 ha versickern.

Aus den Gründen:

II. 1. Die Kläger sind auch klagebefugt (§ 42 Abs. 2 VwGO). Sie sind von der enteignungsrechtlichen Vorwirkung des Planfeststellungsbeschlusses (§ 19 Abs. 1 und 2 FStrG) betroffen. Die in Anspruch genommenen Grundstücke sind als Teil des Nachlasses allerdings gemeinsames Vermögen nicht nur der Kläger, sondern aller Miterben. Nach § 2038 Abs. 1 Satz 2 2. Halbs. BGB kann jeder Miterbe die zur Erhaltung des Nachlasses notwendigen Maßregeln ohne Mitwirkung der anderen treffen. Notwendig im Sinne dieser Bestimmung sind auch Maßnahmen, die der Abwehr des (staatlichen) Zugriffs auf einzelne Nachlassgegenstände dienen. Dies schließt den Gebrauch von Rechtsbehelfen ein, wenn nur auf diese Weise das zum Nachlass gehörende Recht erhalten werden kann (vgl. BVerwG, Urteile v. 7. 5. 1965 – 4 C 24.65 –, BVerwGE 21, 91, v. 27. 11. 1981 – 4 C 1.81 –, Buchholz 310 § 42 VwGO Nr. 96, und v. 28. 10. 1993 – 4 C 15.93 –, DVBl. 1994, 697). Das ist hier der Fall. Auf Grund der enteignungsrechtlichen Vorwirkung des Planfeststellungsbeschlusses lässt sich die Inanspruchnahme der zum Nachlass gehörenden Grundstücke nur durch eine Klage gegen den Planfeststellungsbeschluss abwehren.

2. Die Kläger können nicht die Aufhebung des Planfeststellungsbeschlusses verlangen. Der Planfeststellungsbeschluss ist rechtmäßig und verletzt die Kläger daher nicht in ihren Rechten (vgl. § 113 Abs. 1 Satz 1 VwGO). ...

2.6 Auch die Inanspruchnahme der klägerischen Grundstücke ist rechtmäßig.

2.6.1 Das Flurstück 57. liegt im Bereich der Anschlussstelle A 72/S 242n. Es soll für die Anlegung des Straßenkörpers erworben werden dürfen. Diese Inanspruchnahme findet ihre Rechtsgrundlage in §§ 19 Abs. 1 Satz 2, 17 Abs. 1 und § 1 Abs. 4 Nr. 1 FStrG. Die Planfeststellungsbehörde hat den Eigentümerinteressen bei der gebotenen Abwägung hinreichend Rechnung getragen. Entscheidend ist insoweit, dass die Behörde das Interesse des Grundeigentümers, vor einer Grundstücksinanspruchnahme möglichst verschont zu bleiben, bei der Trassenwahl berücksichtigt und entsprechend der hohen Bedeutung, die dem Eigentum in der grundgesetzlichen Ordnung zukommt, gewichtet. Die Wahrung der Eigentümerinteressen nötigt die Behörde jedoch nicht zur Wahl einer Trasse, die sich ihr nach Lage der Dinge nicht als bessere Alternativlösung aufzudrängen braucht (vgl. BVerwG, Urteil v. 9. 11. 2000 – 4 A 51.98 –, Buchholz 407.4 § 17 FStrG Nr. 159, S. 66 m. w. N.). Gemessen hieran begegnet die angefochtene Abwägungsentscheidung keinen rechtlichen Bedenken. Dass die Planfeststellungsbehörde Art oder Ausmaß ihrer Betroffenheit verkannt habe, machen die Kläger selbst nicht geltend. Eine die

Inanspruchnahme des Flurstücks 571 vermeidende Alternative haben sie nicht aufgezeigt.

2.6.2 Das Flurstück 198/3 soll dauerhaft beschränkt werden dürfen, um eine der Entwässerung der A 72 dienende Rohrleitung über das Grundstück verlegen zu können. Auch diese Grundstücksinanspruchnahme beruht auf §§ 19 Abs. 1 Satz 2, 17 Abs. 1 und § 1 Abs. 4 Nr. 1 FStrG. Die Rohrleitung ist Teil der aus dem Regenklär- und Regenrückhaltebecken C und der angeschlossenen Versickerungsfläche bestehenden Entwässerungsanlage. Sie gehört damit gemäß § 1 Abs. 4 Nr. 1 FStrG zum Straßenkörper.

Die dauerhafte Beschränkung des klägerischen Grundstücks für den Bau der Entwässerungsanlage ist nur gerechtfertigt, wenn die Anlage zur Erfüllung ihres Zwecks geeignet ist. Die Kläger meinen, dass die Versickerungsfähigkeit des Bodens für die vorgesehene Versickerung des Oberflächenwassers nicht ausreiche. Der Senat teilt diese Bedenken nicht. Die Versickerungsfähigkeit des Bodens wurde im Rahmen der Tekturplanung intensiv geprüft. Auf Grund von Bedenken auch des Staatlichen Umweltfachamtes wurde ein geotechnisches Gutachten eingeholt. Auf Grund dieses Gutachtens wurde die Versickerungsleistung der zur Verfügung stehenden Fläche neu berechnet. Um die Versickerungsleistung zu verbessern, wurde außerdem vorgesehen, fünf kaskadenartig angeordnete Versickerungsebenen anzulegen. Auf jeder Ebene sollen mehrere Sickerlanzen mit einem Durchmesser zwischen 2 und 5 m eingebaut werden. Die Kläger befürchten, dass derartige Sickerlanzen die Versickerungsfähigkeit des Bodens nicht dauerhaft verbesserten, weil sie sich im Laufe der Zeit zusetzten und verschlammten. Dieser Gefahr kann jedoch, wie der Vertreter des Vorhabenträgers in der mündlichen Verhandlung erläutert hat, durch die vorgesehene Aufbringung einer belebten Oberbodenschicht (Rasen und Bepflanzung gemäß Landschaftsbegleitplan) entgegengewirkt werden. Warum diese zum Schutz der Funktionsfähigkeit von Sickerlanzen allgemein übliche Maßnahme im vorliegenden Fall nicht zum Erfolg führen sollte, haben die Kläger nicht dargelegt. Dass bereits gegenwärtig insbesondere bei gefrorenem Boden das Niederschlagswasser nicht vollständig versickert, stellt die Entwässerungsplanung ebenfalls nicht infrage. Die schwache Versickerungsfähigkeit soll durch die Anlegung der kaskadenartig angeordneten Ebenen und den Einbau der Sickerlanzen gerade verbessert werden. Bei ungünstigen Wetterlagen wie z. B. starkem Regen auf Frostboden bietet die Hochwasserüberlaufschwelle mit Drosselvorrichtung am Auslauf der Versickerungsflächen eine weitere Sicherheit. Das Staatliche Umweltfachamt hat in seiner Stellungnahme vom August 2003 bestätigt, dass nach der geänderten Planung von einer den allgemein anerkannten Regeln der Technik entsprechenden Bemessung und baulichen Konstruktion der Regenklär- und Regenrückhaltebecken sowie der Versickerungsanlage ausgegangen werden kann.

Auch die Bedenken der Kläger gegen die vorgesehene Behandlung des anfallenden Oberflächenwassers teilt der Senat nicht. In der vorgelegten wassertechnischen Untersuchung wird dargelegt, dass im Regenklär- und Regenrückhaltebecken eine Tauchwand die Rückhaltung von Leichtstoffen und Leichtflüssigkeiten gewährleiste. Bei einem Tanklastwagenunfall werde die

Ausbreitung von Leichtflüssigkeiten über das gesamte Becken verhindert. Auch insoweit hat das Staatliche Umweltfachamt bestätigt, dass die vorgesehene Behandlung des Abwassers dem Stand der Technik entspricht. Die Einleitung des Oberflächenwassers in den Brauselochbach musste sich der Planfeststellungsbehörde jedenfalls nicht als vorzugswürdig aufdrängen. Auch die Kläger bestreiten nicht, dass sich der Brauselochbach in einem schlechten baulichen Zustand befindet.

2.6.3 Soweit der angefochtene Planfeststellungsbeschluss erlaubt, die Flurstücke 57./2 und 19./3 zur Umsetzung der Ersatzmaßnahme E.KV.5.1 dauerhaft zu beschränken, findet er seine Rechtsgrundlage in § 19 Abs. 1 FStrG i. V. m. § 9 Abs. 3 SächsNatSchG. Nach der zuletzt genannten Vorschrift hat der Verursacher bei nicht ausgleichbaren, aber nach Abwägung gemäß § 9 Abs. 1 Nr. 3 SächsNatSchG vorrangigen Eingriffen die durch den Eingriff gestörten Funktionen des Naturhaushalts oder des Landschaftsbildes in dem vom Eingriff betroffenen Natur- oder Landschaftsraum durch Ersatzmaßnahmen möglichst wieder herzustellen. Ist die fachplanerische Zulassung von der Durchführung naturschutzrechtlicher Kompensationsmaßnahmen abhängig, so erweist sich auch die Enteignung für diese Zwecke als i. S. des § 19 Abs. 1 Satz 2 FStrG notwendig zur Ausführung des Vorhabens (vgl. BVerwG, Urteile v. 23. 8. 1996 – 4 A 29.95 –, und v. 28. 1. 1999 – 4 A 18.98 –, Buchholz 407.4 § 19 FStrG Nr. 8, S. 11 und § 17 FStrG Nr. 146). Die Maßnahme E.KV. 5.1 soll die Flächenversiegelung durch die Entwicklung einer naturnahen Gewässerlandschaft und Anlage von wechselfeuchten Sukzessionsflächen und temporären Vernässungsbereichen ausgleichen. Dass auch ihre für extensive Weidewirtschaft genutzten Grundstücke durch diese Maßnahmen ökologisch aufgewertet würden, haben die Kläger nicht infrage gestellt.

Nr. 204

1. Zum Vorliegen und zum Schutz eines potenziellen FFH-Gebiets (hier verneint).

2. Die gesetzliche Ausnahme des § 43 Abs. 4 BNatSchG von den artenschutzrechtlichen Verboten des § 42 Abs. 1 und 2 BNatSchG greift auch dann ein, wenn der Eingriff durch einen Bebauungsplan zugelassen wird.

BNatSchG §§ 42 Abs. 1 Nr. 1, 43 Abs. 4.

VGH Baden-Württemberg, Urteil vom 2. November 2005 – 5 S 2662/04 – (rechtskräftig).

Aus den Gründen:

3. Der Bebauungsplan steht auch nicht in Widerspruch zu Artenschutzrecht.

Zwar handelt es sich bei Maculinea nausithous um eine in Anlage IV FFH-RL aufgeführte und damit besonders geschützte Art (vgl. § 10 Abs. 2 Nr. 10b aa BNatSchG); freilich ist sie keine streng geschützte Art (§ 10 Abs. 2 Nr. 11

BNatSchG). Damit gilt für Maculinea nausithous § 42 Abs. 1 Nr. 1 BNatSchG, wonach es verboten ist, wild lebenden Tieren der besonders geschützten Arten nachzustellen, sie zu fangen, zu verletzen, zu töten oder ihre Entwicklungsformen, Nist-, Brut-, Wohn- oder Zufluchtstätten der Natur zu entnehmen, zu beschädigen oder zu zerstören. Solche Beeinträchtigungen wären beim Vollzug des Bebauungsplans auf den Wohnbauflächen selbst dann unausweichlich, wenn die Baumaßnahmen außerhalb der Flugzeiten des Falters stattfänden, gesetzt den Fall, er pflanzte sich auch auf diesen Flächen fort, was wegen des Vorkommens des Großen Wiesenknopfs wahrscheinlich ist. ...

Dennoch bedurfte es insoweit keiner Befreiung nach § 62 Abs. 1 BNatSchG i. V. m. Art. 16 FFH-RL (vgl. zu einem Bebauungsplanverfahren, in dem eine entsprechende Befreiung erteilt worden war, VGH Bad.-Württ., Urteil v. 15. 12. 2003 – 3 S 2827/02 –, ESVGH 54, 190 – nur Leitsatz –). Denn gemäß § 43 Abs. 4 Alt. 2 BNatSchG gelten die Verbote des § 42 Abs. 1 und 2 BNatSchG u. a. nicht für den Fall, dass die (verbotenen) Handlungen bei der Ausführung eines nach § 19 BNatSchG zugelassenen Eingriffs vorgenommen werden, soweit hierbei Tiere, einschließlich ihrer Nist-, Brut-, Wohn- oder Zufluchtstätten, und Pflanzen der besonders geschützten Arten nicht absichtlich beeinträchtigt werden. Diese gesetzliche Ausnahme von den artenschutzrechtlichen Verboten des § 42 Abs. 1 und 2 BNatSchG greift auch dann ein, wenn der Eingriff durch einen Bebauungsplan zugelassen wird. Ein Bebauungsplan lässt zwar einen Eingriff noch nicht unmittelbar zu, sondern schafft lediglich mittelbar die Voraussetzungen für die bauplanungsrechtliche Zulassung von Vorhaben im Einzelfall. Im Bauplanungsrecht ist die naturschutzrechtliche Eingriffsregelung aber in die Planung vorgezogen. Sind auf Grund der Aufstellung, Änderung, Ergänzung oder Aufhebung von Bauleitplänen Eingriffe in Natur und Landschaft zu erwarten, ist über die Vermeidung, den Ausgleich und den Ersatz nach den Vorschriften des Baugesetzbuchs zu entscheiden (§ 21 Abs. 1 BNatSchG, § 1 a Abs. 2 Nr. 2, Abs. 3 BauGB 1998, § 1 Abs. 3 BauGB 2004). Demzufolge sind u. a. auf Vorhaben in Gebieten mit Bebauungsplänen nach § 30 BauGB die §§ 18 bis 20 BNatSchG nicht anzuwenden (§ 21 Abs. 2 Satz 1 Halbs. 1 BNatSchG). Dies rechtfertigt die Anwendung von § 43 Abs. 4 Alt. 2 BNatSchG auch für den Erlass eines Bebauungsplans; denn der Vorschrift liegt die Erwägung zu Grunde, dass die Artenschutzbelange bei der Entscheidung über die Zulassung des Eingriffs durch Ausgleichs- und ggf. Ersatzmaßnahmen gewahrt werden. Dies ist im Bebauungsplanverfahren der Fall, wobei die gemäß § 1 a Abs. 2 Nr. 2 und Abs. 3 BauGB 1998 festzusetzenden Ausgleichs- und Ersatzmaßnahmen allerdings der Erhaltung der jeweils betroffenen besonders geschützten Art dienen müssen. Dies ist beim hier zu beurteilenden Bebauungsplan auch geschehen. Mit der Ausgleichsmaßnahme „W 38" (Nass- und Feuchtwiesenentwicklung, Artenschutzmaßnahmen für Maculinea nausithous) hat die Antragsgegnerin entsprechende Maßnahmen vorgesehen. Dass diese nicht hinreichend für den Artenschutz von Maculinea nausithous wären, hat der Antragsteller weder substantiiert dargelegt noch ist dies sonst ersichtlich.

§ 43 Abs. 4 BNatSchG greift allerdings nur ein, wenn die (verbotene) Handlung nicht absichtlich erfolgt. Dies ist beim Erlass eines Bebauungsplans regelmäßig anzunehmen. Der Senat folgt insoweit der zur bauplanungsrechtlichen Zulässigkeit von Vorhaben im Innenbereich ergangenen Rechtsprechung des Bundesverwaltungsgerichts, wonach im Blick auf Beeinträchtigungen besonders geschützter Arten der Begriff „absichtlich" in einem objektivierenden Sinne zu verstehen ist. Mit dem Artenschutz unvereinbar sind nur „gezielte" Beeinträchtigungen, nicht aber Handlungen, die sich als unausweichliche Konsequenz rechtmäßigen Handelns ergeben (BVerwG, Urteil v. 11. 1. 2002 – 4 C 6.00 –, BVerwGE 112, 321 = NVwZ 2001, 1040; vgl. auch, zum Vollzug eines Planfeststellungsbeschlusses, BVerwG, Beschluss v. 12. 4. 2005 – 9 VR 41.04 –, NVwZ 2005, 943). So weit in der Literatur gegen diese Auslegung des Absichtsbegriffs eingewandt wird, aus der jüngeren Rechtsprechung des EuGH (EuGH, Urteil v. 30. 1. 2002 – C-103/00 –, EuGHE I 2002, 1147 – caretta caretta) ergebe sich, dass Absicht schon dann vorliege, wenn der Handelnde wisse, dass sein Handeln Beeinträchtigungen für besonders geschützte Arten zur Folge habe (Gellermann, NuR 2005, 504 m. w. N.), folgt der Senat dieser Auffassung nicht. Die in der Entscheidung des EuGH angeführten Beeinträchtigungen sind besonderer Art. Eine Vertragsverletzung Griechenlands wurde festgestellt, weil es gegen nach griechischem Recht verbotene Handlungen Dritter (u. a. Errichtung illegaler Bauwerke in Strandnähe, verbotenes Mopedfahren am Strand) an einer für die Fortpflanzung einer Meeresschildkrötenart außerordentlich wichtigen Stelle nicht genügend eingeschritten war und es so versäumt hatte, ein strenges Schutzsystem i. S. des Art. 12 Abs. 1 FFH-RL einzuführen, das für diese Art Störungen während der Fortpflanzungszeit sowie sonstige Aktivitäten verhindern soll, durch die ihre Fortpflanzungsstätten geschädigt oder zerstört werden können. Der Bestand eines strengen Schutzsystems für die hier in Rede stehende Schmetterlingsart steht aber nicht infrage, wenn – wie im vorliegenden Fall – allenfalls einzelne Exemplare eines Randvorkommens der Art beim Vollzug eines Bebauungsplans beeinträchtigt werden, der zugleich Ausgleichsmaßnahmen durch Verbesserungen der Lebensbedingungen für diese Art auf anderen Flächen vorsieht. Soweit der Europäische Gerichtshof in diesem Zusammenhang den nicht nur in Einzelfällen festgestellten Verkehr mit Mopeds auf dem Strand und das Vorhandensein von Booten in Strandnähe als „absichtlich" bezeichnet hat, hat er damit ersichtlich allein bewusste, in Kenntnis der Zweckrichtung der Verbote begangene Verstöße als „absichtlich" eingestuft, nicht aber jegliches eine Art beeinträchtigendes Handeln im Rahmen des Baurechts eines Mitgliedstaates.

G. Besonderes Städtebaurecht

Nr. 205

Gegen die Erhebung eines sanierungsrechtlichen Ausgleichsbetrags kann grundsätzlich nicht mit Erfolg eingewandt werden, das Sanierungsgebiet sei unzweckmäßig abgegrenzt worden.

BauGB §§ 136, 142, 154, 156a.

VGH Baden-Württemberg, Beschluss vom 26. Januar 2005 – 8 S 722/04 – (rechtskräftig).

(VG Stuttgart)

Aus den Gründen:

Das Verwaltungsgericht hat es zu Recht abgelehnt, die aufschiebende Wirkung der Klage des Antragstellers gegen den Ausgleichsbetragsbescheid der Antragsgegnerin entgegen der gesetzlichen Grundregel in § 212a Abs. 2 BauGB anzuordnen. Das Beschwerdevorbringen, auf dessen Prüfung der Senat vorliegend beschränkt ist, gibt keine Veranlassung zu einer abweichenden Entscheidung.

1. Der Antragsteller macht darin zum einen geltend, das Sanierungsgebiet sei offensichtlich willkürlich festgelegt worden, weil ohne ersichtlichen Grund einzelne Gebäudegrundstücke (insbesondere das Grundstück der Kreissparkasse) ausgeklammert und andere einbezogen worden seien. Dies stelle einen Verstoß gegen den sanierungsrechtlichen Gleichbehandlungsgrundsatz dar. Dieses Vorbringen ist nicht geeignet, der Beschwerde zum Erfolg zu verhelfen.

Es spricht sehr vieles dafür, dass diese Rügen wegen Verfristung unbeachtlich sind. Das ergibt sich aus Folgendem: Ob die Begrenzung eines Sanierungsgebiets zweckmäßig i. S. des § 142 Abs. 1 Satz 2 BauGB ist, unterliegt der Abwägung nach § 136 Abs. 4 Satz 3 BauGB bzw. § 1 Abs. 4 Satz 2 des im Zeitpunkt des Erlasses der Sanierungssatzung im Jahre 1978 geltenden Städtebauförderungsgesetzes (BVerwG, Beschluss v. 10.11.1998 – 4 BN 38.98 –, BRS 60 Nr. 222 = BauR 1999, 375). Damit gelten auch die Planerhaltungsvorschriften gemäß § 215 Abs. 1 Nr. 2 BauGB i. V. m. § 244 Abs. 2 BauGB 1986 (BVerwG, Urteil v. 4. 3. 1999 – 4 C 8.98 –, BRS 62 Nr. 229 = BauR 1999, 888). Da davon auszugehen ist, dass die Antragsgegnerin der durch § 244 Abs. 2 Satz 2 BauGB 1986 statuierten Pflicht, durch öffentliche Bekanntmachung auf die zum 1. 7. 1987 eingeführte Sieben-Jahres-Frist für Abwägungsrügen hinzuweisen, nachgekommen ist, sind Abwägungsfehler, die älteren Satzungen anhaften, spätestens mit Ablauf des 30. 6. 1994 unbeachtlich geworden. Es ist aber weder vorgetragen noch ersichtlich, dass der Antragsteller vor diesem Zeitpunkt eine fehlerhafte Abgrenzung des Sanierungsgebiets gegenüber der Antragsgegnerin in der gehörigen schriftlichen Form geltend gemacht hätte.

Davon abgesehen lässt die Beschwerde nicht erkennen, in welcher Weise sich eine unzweckmäßige Abgrenzung des Sanierungsgebiets auf den vorliegend streitigen Ausgleichsbetrag nach § 154 BauGB ausgewirkt haben könnte. Dies ergibt sich auch nicht von selbst. Der Antragsteller geht offenbar davon aus, dass sich dieser Betrag bei einer Ausdehnung des Sanierungsgebiets, insbesondere einer Einbeziehung des Grundstücks der Kreissparkasse, vermindern würde. Das ist aber nicht der Fall. Denn im Gegensatz zum Erschließungsbeitrag, mit dem Grundstückseigentümer anteilsmäßig zu den Kosten von Erschließungsmaßnahmen herangezogen werden, weshalb der einzelne Beitrag bei einer Ausweitung des Kreises der Pflichtigen geringer wird, werden mit den sanierungsrechtlichen Ausgleichsbeiträgen keine Kosten verteilt, sondern Vorteile abgeschöpft, die dem einzelnen Grundstück durch die vorgenommene Sanierung des Gebiets zugeflossen sind. Auf die Höhe dieser Vorteile hat deshalb die Anzahl der Ausgleichspflichtigen grundsätzlich keinen Einfluss. Allenfalls dann, wenn die Gemeinde einen nach § 156 a BauGB auszukehrenden Überschuss erzielt hat, könnte die Anzahl der herangezogenen Grundstückseigentümer eine Rolle spielen, weil die auf die einzelnen Grundstücke entfallenden Anteile des Überschusses nach § 156 a Abs. 2 BauGB nicht nach dem Verhältnis der (abgeschöpften) Vorteile, sondern nach demjenigen der Anfangswerte der Grundstücke i. S. des § 154 Abs. 2 BauGB zu bestimmen sind. Dafür, dass hier einer der seltenen Fälle einer Überschusserzielung (vgl. Dirnberger, in: Jäde/Dirnberger/Weiß, BauGB/BauNVO, 4. Aufl. 2005, § 156 a Rdnr. 1) vorliegen könnte, spricht aber nichts. Auch der Antragsteller hat hierzu nichts vorgetragen. Im Übrigen beträfe dies auch nicht die Frage der Rechtmäßigkeit des Ausgleichsbetragsbescheids.

Nr. 206

Der „Bebauungsabschlag" nach § 28 Abs. 3 Satz 2 WertV auf den Ausgleichsbetrag soll nicht sämtliche Nachteile aus einer – etwa wegen des Denkmalschutzes – bestehen bleibenden Bebauung ausgleichen, sondern nur hieraus folgende Einschränkungen bei der Realisierung bestimmter Vorteile aus der Sanierungs- oder Entwicklungsmaßnahme (vgl. auch Niedersächsisches OVG, Beschluss v. 10. 3. 2003 – 1 LA 38/03 –, NVwZ-RR 2003, 828).

BauGB § 154 Abs. 1; WertV § 28 Abs. 3 Satz 2.

VGH Baden-Württemberg, Urteil vom 18. November 2005 – 8 S 496/05 – (rechtskräftig).

(VG Stuttgart)

Die Klägerin wendet sich gegen die Erhebung eines sanierungsrechtlichen Ausgleichsbetrags i. H. v. 22 230,– DM (11 366,02 €).

Sie ist Eigentümerin des 191 m² großen Grundstücks K.-Platz 1 im Geltungsbereich des Sanierungsgebiets. Das Sanierungsverfahren war 1978 durch Satzungsbeschluss eingeleitet worden. Nach Durchführung der Sanierung beschloss der Gemeinderat der Beklagten 1997, die Sanierungssatzung aufzuheben. Nach Angaben der Klägerin fand in den Jahren 1993 und 1994 eine Renovierung von Dach, Fassade und Fenstern des Gebäudes (Denkmal) statt; im Jahre 1998 – also nach Abschluss der Sanierung – wurden die Räume der Gaststätte saniert.

Aus den Gründen:

1. d) Es bestand kein Anlass, wegen der Denkmaleigenschaft des Gebäudes K.-Platz 1 gemäß §28 Abs. 3 Satz2 WertV einen Abschlag vom Endwert vorzunehmen.

Nach dieser Vorschrift sind Beeinträchtigungen der zulässigen Nutzbarkeit, die sich aus einer bestehen bleibenden Bebauung auf dem Grundstück ergeben, zu berücksichtigen, wenn es bei wirtschaftlicher Betrachtungsweise oder sonstigen Gründen geboten erscheint, das Grundstück in der bisherigen Weise zu nutzen. Die Regelung bezweckt eine Abschöpfung solcher Sanierungsvorteile durch Erhebung des Ausgleichsbetrags zu vermeiden, die der Eigentümer nicht realisieren kann, weil die vorhandene Bebauung in absehbarer Zeit nicht zu beseitigen ist und deshalb ein sanierungsbedingt erhöhtes Nutzungsmaß nicht ausgenutzt werden kann oder andere sanierungsbedingte Lageverbesserungen wegen der spezifischen Art und Ausstattung des Gebäudes sich nicht positiv auf den Grundstückwert auswirken können (vgl. Ernst/Zinkahn/Bielenberg, BauGB, Band 5, §28 WertV Rdnr. 93 und 95; OVG Lüneburg, Beschluss v. 10.3.2003 – 1 LA 38/03 –, BRS 66 Nr. 228 = BauR 2003, 1193; VG Berlin, Beschluss v. 11.11.1998 – 19 A 86/98 –, NVwZ 1999, 568). Hier gibt es jedoch keinen Sanierungsbebauungsplan, der eine gegenüber dem Bestand höhere oder qualitativ bessere bauliche Nutzung zuließe. Im Gegenteil wurde das Nutzungsmaß – unstreitig – erheblich beschränkt, sodass das vorhandene Gebäude jedenfalls unter diesem Aspekt einen Vorteil darstellt. Davon abgesehen wurden auf dem Grundstück K.-Platz 1 keine nicht baulichen, etwa auf eine Verbesserung der Grundstücksgestalt selbst zielenden Sanierungsmaßnahmen vorgenommen, deren Vorteile wegen des denkmalgeschützten Gebäudes nicht zum Tragen kommen könnten. Vielmehr leitet sich die vom Gutachter festgestellte sanierungsbedingte Bodenwerterhöhung aus einer gebiets- und nachbarschaftsbezogenen Lageverbesserung her, für die das Vorhandensein und die Denkmaleigenschaft des Gebäudes K.-Platz 1 ohne Relevanz ist. Es erschließt sich daher nicht, weshalb diese Wertsteigerung bei einer Veräußerung des bebauten Grundstücks nicht sollte realisiert werden können. Eine höhere Ertragsfähigkeit, die sich bei einem Neubau möglicherweise erzielen ließe, wäre im Übrigen kein Vorteil, der im Zusammenhang mit der Sanierung steht.

Nr. 207

Bestimmte sanierungsbedingte Bodenwerterhöhungen, an deren Entstehung die Gemeinde mitgewirkt hat, sind nur insoweit i.S. des §155 Abs.1 Nr.2 Halbs.1 BauGB „durch eigene Aufwendungen des Eigentümers bewirkt" und auf den Ausgleichsbetrag anzurechnen, als sie die Kosten übersteigen, die der Gemeinde hierfür konkret entstanden sind.

BauGB §§154 Abs. 1 Satz1, 155 Abs. 1 Nr. 2 Halbs. 1.

VGH Baden-Württemberg, Urteil vom 18. November 2005 – 8 S 498/05 – (rechtskräftig).

(VG Stuttgart)

Die Klägerin wendet sich gegen die Erhebung eines sanierungsrechtlichen Ausgleichsbetrags i. H. v. 9140,– DM (4673,20 €).
Sie ist Eigentümerin der Grundstücke W.-Straße im Geltungsbereich des Sanierungsgebiets. Das Sanierungsverfahren war 1978 durch Satzungsbeschluss eingeleitet worden. Nach Durchführung der Sanierung beschloss der Gemeinderat der Beklagten, die Sanierungssatzung aufzuheben; der Aufhebungsbeschluss wurde 1997 öffentlich bekannt gemacht. Die D. AG erstellte im Zuge der Sanierung auf den Grundstücken W.-Straße 30 einen Neubau (vier Wohneinheiten und eine Gaststätte). Für die infolge des Neubaus notwendig gewordene Ablösung dreier Stellplätze bewilligte die Beklagte mit Bescheid von 1993 einen Zuschuss i. H. v. 32 400,– DM.

Aus den Gründen:
1. Der Senat teilt die Auffassung des Verwaltungsgerichts, dass der Bescheid über die Erhebung des Ausgleichsbetrags auf einer nicht zu beanstandenden Ermittlung der sanierungsbedingten Bodenwerterhöhung beruht.
a) Gemäß § 154 Abs. 1 Satz 1 BauGB hat der Eigentümer eines im förmlich festgelegten Sanierungsgebiet gelegenen Grundstücks zur Finanzierung der Sanierung an die Gemeinde einen Ausgleichsbetrag in Geld zu entrichten, der der durch die Sanierung bedingten Erhöhung des Bodenwerts seines Grundstücks entspricht. Die durch die Sanierung bedingte Erhöhung des Bodenwerts besteht nach § 154 Abs. 2 BauGB aus dem Unterschied zwischen dem Bodenwert, der sich für das Grundstück ergeben würde, wenn eine Sanierung weder beabsichtigt noch durchgeführt worden wäre (Anfangswert), und dem Bodenwert, der sich für das Grundstück durch die rechtliche und tatsächliche Neuordnung des förmlich festgelegten Sanierungsgebiets ergibt (Endwert). Die nach § 199 Abs. 1 BauGB erlassene Wertermittlungsverordnung (im Folgenden: WertV) bestimmt, dass sowohl der Anfangs- als auch der Endwert bezogen auf den Zeitpunkt des In-Kraft-Tretens der Satzung, mit der die Sanierungssatzung aufgehoben wird, als Wert des Bodens ohne Bebauung durch Vergleich mit dem Wert vergleichbarer unbebauter Grundstücke zu ermitteln ist (§ 28 Abs. 2 Satz 2, Abs. 3 Satz 1 WertV). Fehlt es an aussagekräftigem Datenmaterial, um das Vergleichswertverfahren (vgl. § 13 f. WertV) durchführen zu können, kann jede andere geeignete Methode angewandt werden, um den Ausgleichsbetrag nach dem Unterschied zwischen Anfangs- und Endwert zu ermitteln (vgl. BVerwG, Beschluss v. 16. 11. 2004 – 4 B 71.04 –, BRS 67 Nr. 226 = BauR 2005, 1140). Der Gemeinde steht bei der Bestimmung des Umfangs der sanierungsbedingten Wertveränderungen ein Bewertungsspielraum zu (vgl. dazu OVG Nordrhein-Westfalen, Urteil v. 9. 4. 1990 – 22 A 1185/89 –, NVwZ-RR 1990, 635). Ausgehend davon hat das Verwaltungsgericht zu Recht und mit zutreffender Begründung angenommen, dass durch die förmliche Sanierungsmaßnahme „B.-Viertel" eine Erhöhung des Bodenwerts der Grundstücke W.-Straße 30 eingetreten ist, die dem festgesetzten Ausgleichsbetrag entspricht.
b) Die hier angewandte Methode zur Ermittlung des Ausgleichsbetrags ist als solche nicht zu beanstanden.
Der Gutachter hat den Anfangs- und den Endwert nicht getrennt festgestellt, sondern zunächst den Endwert durch Vergleich und dann die sanie-

rungsbedingten Bodenwerterhöhungen der Grundstücke bezogen auf die spezifischen Verhältnisse des Stuttgarter Grundstücksmarkts und die konkreten Lageveränderungen infolge der Sanierung ermittelt; der – fiktive – Anfangswert wurde sodann durch Abzug dieser sanierungsbedingten Wertsteigerungen vom Endwert festgelegt. Dieses Vorgehen war mangels aussagekräftigen Datenmaterials zulässig (vgl. zu der hier angewandten Methode auch Brügelmann, BauGB, Bd. 5, § 154 Rdnr. 50 ff.; zur Zulässigkeit der – umgekehrten – Ableitung eines fiktiven Endwerts aus einem festgestellten Anfangswert vgl. BVerwG, a. a. O.). Wie der Gutachter in der mündlichen Verhandlung unwidersprochen angegeben hat, konnte der Anfangswert der Grundstücke zum Stichtag 26. 6. 1997 nicht durch Vergleich mit Kaufpreisen oder Bodenrichtwerten ermittelt werden, weil es kein geeignetes Vergleichsgebiet gab, das i. S. des § 26 Abs. 1 Satz 1 WertV ähnliche städtebauliche Missstände aufwies, wie das B.-Viertel vor der Sanierung, ohne dass eine Sanierung zu erwarten war. Auch die Methode zur Berechnung der sanierungsbedingten Bodenwerterhöhung selbst begegnet keinen Bedenken. Die Klägerin meint, der Gutachter sei nur deshalb zu der Feststellung gelangt, dass es zu sanierungsbedingten Bodenwerterhöhungen gekommen sei, weil er diese aus dem ermittelten Endwert im Rahmen einer bloßen „Binnenbetrachtung" ohne Berücksichtigung der Wertentwicklungen in der Umgebung abgeleitet habe. Das trifft nach den Erläuterungen des Gutachters in der mündlichen Verhandlung vor dem Senat nicht zu. Danach hatte der Gutachterausschuss der Beklagten zunächst einen Rahmen festgelegt, an dem sich die Bewertung der sanierungsbedingten Veränderungen orientieren sollte. Maßgebend für diesen Rahmen waren Untersuchungen zur Bewertung unterschiedlicher Lagen und Nutzungsmöglichkeiten auf dem Stuttgarter Grundstücksmarkt anhand der Kaufpreissammlung. Nach diesem Rahmen bewertete der Gutachter die konkreten sanierungsbedingten Veränderungen, wie sie ihm von der Beklagten beschrieben und von ihm selbst vor Ort in Augenschein genommen wurden. Die durch die Sanierung bewirkten Lageverbesserungen wurden folglich nicht im Rahmen einer „Binnenbetrachtung", sondern in Anknüpfung an die spezifischen Verhältnisse des Stuttgarter Grundstücksmarkts bewertet. Ein solches Verfahren trägt nicht die Gefahr in sich, dass Werterhöhungen als sanierungsbedingt eingestuft werden, obwohl sie nur Folge allgemeiner Wertentwicklungen in der Umgebung sind.

Auch die sonst von der Klägerin vorgetragenen Umstände belegen nicht, dass die vom Gutachter festgestellten Bodenwerterhöhungen nicht sanierungsbedingt sind, sondern auf allgemeinen Entwicklungen des Stuttgarter Grundstücksmarkts beruhen. Die Klägerin verweist einmal darauf, dass nicht nur das im B.-Viertel gelegene Vergleichsgrundstück Br.-Straße zum 31. 12. 1998 einen Bodenrichtwert von 2500,– DM/m^2 aufgewiesen habe, sondern auch andere „vergleichbare Lagen" in der Stuttgarter Innenstadt. Dieser Umstand wäre jedoch nur dann ein Indiz dafür, dass der Anfangswert der Grundstücke der Klägerin dem vom Gutachter festgestellten Endwert entspricht und es daher nicht zu sanierungsbedingten, sondern nur zu allgemeinen Bodenwerterhöhungen gekommen ist, wenn es sich bei den „vergleichbaren Lagen" um Gebiete in der Innenstadt von Stuttgart gehandelt hätte, die zum 26. 6. 1997 vergleichbare städtebauliche Missstände aufgewiesen hätten, wie das B.-Viertel vor Durchführung der Sanierung, ohne dass eine Sanierung zu erwarten gewesen wäre. Wie bereits ausgeführt, gab es nach den unwidersprochenen Angaben des Gutachters keine entsprechenden Vergleichsgrundstücke, aus deren Bodenrichtwert der Anfangswert der Grundstücke im B.-Viertel unmittelbar hätte abgeleitet werden können. Die Klägerin hat in der mündlichen Verhandlung ihr Vorbringen ferner dahingehend präzisiert, dass nach ihrer Auffassung eine förmliche Sanierung nicht hätte durchgeführt werden müssen, weil die Eigentümer wegen des „allgemeinen Ansiedlungsdrucks" in der Stuttgarter Innenstadt ohnehin die Initiative ergriffen hätten, um die vorhandenen städtebaulichen Missstände zu beseitigen. Davon abgesehen, dass eine solche Privatinitiative zumindest hinsichtlich der gebietsbezogenen Sanierungsmaßnahmen nicht unterstellt werden kann, räumt die Klägerin damit der Sache nach selbst ein, dass die festgestellten Bodenwerterhöhungen gerade nicht auf Wertentwicklungen beruhen, die es auch sonst auf dem Stuttgarter Grundstücksmarkt gab, sondern das Ergebnis der konkret durchgeführten Sanierungsmaßnahmen sind.

c) Die Ermittlung der sanierungsbedingten Wertsteigerungen ist auch nach ihrer Höhe nicht zu beanstanden.

Angesichts der in der vorbereitenden Untersuchung der Beklagten dokumentierten städtebaulichen Missstände des B.-Viertels und des Bereichs W.-Straße vor der Sanierung, des Umfangs der gebietsbezogenen und nachbarschaftsbezogenen Sanierungsmaßnahmen und der dadurch augenscheinlich bewirkten Aufwertung des Gebiets und der näheren Umgebung der Grundstücke W.-Straße 30 erscheint der Ansatz einer Bodenwerterhöhung von insgesamt 5,1% keineswegs überhöht, wie bereits das Verwaltungsgericht zutreffend festgestellt hat.

Ohne Erfolg wendet sich die Klägerin dagegen, dass der Gutachter bei der Ermittlung des Endwerts den zum Vergleich herangezogenen Bodenrichtwert des Grundstücks Br.-Straße am 31. 12. 1998 mit der Begründung um 3% erhöht hat, dass es in der Zeit seit dem maßgeblichen Stichtag (26. 6. 1997) zu einem Preisverfall in mindestens dieser Höhe gekommen sei. Es spricht schon manches dafür, dass dieser Zuschlag für die Höhe der sanierungsbedingten Wertsteigerung und damit des Ausgleichsbetrags ohne Bedeutung ist. Denn ein entsprechend geringerer Endwert hätte wohl im Ergebnis nichts an der Bewertung der konkreten Sanierungsvorteile für die Grundstücke der Klägerin und damit auch nichts an der Differenz zwischen festgestelltem Endwert und fiktivem Anfangswert geändert. Die Vorgehensweise des Gutachters ist aber in jedem Fall vertretbar. Die Klägerin meint, selbst wenn in der fraglichen Zeit von 1997 bis 1998 auf dem Stuttgarter Grundstücksmarkt die Bodenpreise gefallen seien, könne nicht angenommen werden, dass auch das gerade erst sanierte B.-Viertel an dieser Entwicklung teilgenommen habe. Dieser Einwand wäre nur dann überzeugend, wenn die für den Verfall der Bodenpreise bestimmenden Umstände im B.-Viertel nicht vorgelegen hätten. Davon kann indes nicht ausgegangen werden. Nach der plausiblen Darstellung des Gutachters in der mündlichen Verhandlung vor dem Senat betraf der Preisverfall nicht etwa nur bestimmte sanierungsbedürftige Gebiete, sodass Gebiete ohne städtebauliche Missstände wie das B.-Viertel nach Abschluss der Sanierung von dieser Entwicklung abgekoppelt gewesen wären, sondern war allgemeiner Natur. Infolge einer gewissen Marktsättigung nach einer vorangegangenen stürmischen Preisentwicklung nach oben seit 1960 seien die Bodenpreise von 1995 bis 2000 überall in Baden-Württemberg rückläufig gewesen. In Stuttgart habe der Preisrückgang in innerstädtischen, gemischt genutzten Lagen, die mit dem B.-Viertel vergleichbar seien, in der Zeit vom 31. 12. 1996 bis 31. 12. 1998 sogar rund 10% betragen gegenüber durchschnittlich 2,7% im gesamten Stuttgarter Raum. Gleichwohl sei der Preisrückgang für das B.-Viertel „aus Gründen der Vorsicht" nur mit 3% angenommen worden, weil für dieses Gebiet für die Zeit vor dem 31. 12. 1998 keine Bodenrichtwerte vorgelegen hätten. Dieses Vorgehen ist ohne weiteres vertretbar.

Der Klägerin kann auch nicht gefolgt werden, wenn sie meint, für die „Rückrechnung" des Bodenrichtwerts auf den maßgeblichen Stichtag 26. 6. 1997 könne sich die Beklagte nicht auf einen Wertungsspielraum berufen. Da für den maßgeblichen Zeitpunkt 26. 6. 1997 kein Vergleichspreis oder Vergleichsbodenrichtwert vorlag, musste der Gutachter die seitherige Preisentwicklung bis zum 31. 12. 1998 in den Blick nehmen, um den Endwert möglichst exakt bestimmen zu können. Die „Rückrechnung" des Bodenrichtwerts zum 31. 12. 1998 auf den 26. 6. 1997 unter Berücksichtigung der zwischenzeitlichen Entwicklung der Bodenpreise war im Übrigen gemäß § 14 Satz 2 WertV auch geboten. Daher gibt es keinen Grund für die Annahme, der Beklagten habe zwar für die Bewertung aller anderen für die Ermittlung der sanierungsbedingten Werterhöhung maßgeblichen Faktoren ein Wertungsspielraum zugestanden, nicht jedoch für die Ermittlung des Endwerts zum 26. 6. 1997 aus dem Bodenrichtwert des Vergleichsgrundstücks Br.-Straße zum 31. 12. 1998. Im Übrigen ist auch nicht erkennbar, wie hier der Endwert anders als durch Schätzung hätte hergeleitet werden können. ...

2. Das Verwaltungsgericht hat zu Recht angenommen, dass der Ausgleichsbetrag nicht wegen der von der Klägerin oder der mit ihr verbundenen Unternehmen auf eigene Kosten durchgeführten Sanierungsmaßnahmen herabgesetzt werden musste.

a) Gemäß § 155 Abs. 1 Nr. 2 Halbs. 1 BauGB sind auf den Ausgleichsbetrag die Bodenwerterhöhungen des Grundstücks anzurechnen, die der Eigentümer zulässigerweise durch eigene Aufwendungen bewirkt hat. Das Verwaltungsgericht hat angenommen, dass in der festgestellten Bodenwertsteigerung keine durch Sanierungsmaßnahmen der Klägerin und der mit ihr verbundenen Unternehmen bewirkte Aufwertung der Grundstücke enthalten sei, weil es sich nicht um aufeinander abgestimmte Vorhaben gehandelt habe (vgl. auch Ernst/Zinkahn/Bielenberg, BauGB, Band 3, § 155 Rdnr. 40). Die Richtigkeit dieser Annahme erscheint nach dem Ergebnis der mündlichen Verhandlung zweifelhaft. ...

Ob die genannten Neubauten den Bodenwert der Grundstücke W.-Straße 30 gesteigert haben, bedarf jedoch letztlich keiner abschließenden Klärung. Denn jedenfalls wäre eine solche Bodenwerterhöhung wegen der Kosten, die der Beklagten im Zusammenhang mit den Neubauten entstanden sind, von der Klägerin nicht i. S. des § 155 Abs. 1 Nr. 2 Halbs. 1 BauGB „durch eigene Aufwendungen bewirkt" worden.

b) Der Senat legt diese Vorschrift dahingehend aus, dass Bodenwerterhöhungen, an deren Entstehung die Gemeinde mitgewirkt hat, unabhängig von der Höhe der Aufwendungen des Eigentümers nur insoweit durch diese bewirkt wurden und demzufolge auf den Ausgleichsbetrag anzurechnen sind, als sie die der Gemeinde hierfür konkret entstandenen Kosten übersteigen (so wohl auch Ernst/Zinkahn/Bielenberg, a. a. O., § 155 Rdnr. 40). Er lässt sich hierbei von der Erwägung leiten, dass die Anrechnungsvorschrift Teil des „geschlossenen beitragsrechtlichen Systems" des sanierungsrechtlichen Ausgleichsbetrags ist (grundlegend BVerwG, Urteil v. 17. 12. 1992 – 4 C 30.90 –, DVBl. 1993, 441; vgl. hierzu und zum Folgenden auch Battis/Krautzberger/ Löhr, BauGB, 8. Aufl., § 154 Rdnr. 1 ff., 156 a Rdnr. 1; Ernst/Zinkahn/Bielenberg, BauGB, Bd. 3, § 154 Rdnr. 15 ff.; vgl. auch BT-Drucks. VI/510, S. 45 und VI/2204, S. 18 zur vergleichbaren Vorgängerregelung im Städtebauförderungsgesetz; vgl. auch BGH, Urteil v. 8. 5. 1980 – III ZR 27.77 –, BGHZ 77, 338 = BRS 45 Nr. 195 zur entsprechenden Regelung des § 153 Abs. 1 BauGB n. F.). Kennzeichnend für das Wesen des Ausgleichsbetrags als „beitragsähnliche öffentliche Abgabe" (vgl. BVerwG, a. a. O.) sind folgende Merkmale: Im Vordergrund steht gemäß § 154 Abs. 1 Satz 1 BauGB das Ziel, die durch die Sanierung bedingte Werterhöhung der Grundstücke zur Deckung der Kosten in Anspruch zu nehmen, die der Gemeinde durch diese Sanierung entstanden sind (Finanzierungsfunktion). Dadurch wird zugleich vermieden, dass die Vermögensvorteile der Sanierung den Eigentümern zufließen, die hierbei entstehenden Kosten jedoch von der Allgemeinheit getragen werden, wofür es keine Rechtfertigung gibt (vgl. BVerfG, Beschluss v. 8. 11. 1972 – 1 BvL 15/68 und 26/69 –, BVerfGE 34, 139, 147 f. zur Erhebung von an den Erschließungsvorteil anknüpfenden Erschließungsbeiträgen). Auf der anderen Seite dient die Erhebung von Ausgleichsbeträgen auch nicht dazu, der Gemeinde Gewinne zu verschaffen. Übersteigen die sanierungsbedingten Bodenwerterhöhungen also – ausnahmsweise – die hierfür von der Gemeinde aufgewendeten Kosten, soll der Vermögensvorteil insoweit nicht „abgeschöpft" werden, sondern den Eigentümern zugute kommen. Diese Beschränkung des Ausgleichsbetrags auf seine Finanzierungsfunktion erfolgt allerdings nicht in der Weise, dass die Sanierungskosten individuell für jedes Grundstück ermittelt und dem jeweiligen Sanierungsvorteil gegenübergestellt werden. Vielmehr werden die Ausgleichsbeträge zunächst in voller Höhe der für das jeweilige Grundstück festgestellten sanierungsbedingten Werterhöhung erhoben. Erst danach wird gemäß § 156 a Abs. 1 Satz 1, Abs. 2 BauGB eine Bilanz der sanierungsbedingten Einnahmen – einschließlich der Ausgleichsbeträge – und aller für die Sanierungsmaßnahme entstandenen Ausgaben erstellt und ein etwaiger Überschuss auf die Eigentümer nach dem Verhältnis der Anfangswerte der Grundstücke verteilt.

Mit diesem „beitragsrechtlichen System" steht die Anrechnungsvorschrift des § 155 Abs. 1 Nr. 2 Halbs. 1 BauGB mit der Auslegung durch den Senat in Einklang. Bei den Eigentümern entsteht kein Vermögensvorteil auf Kosten der Allgemeinheit, weil durch eigene Aufwendungen bewirkte Bodenwerterhöhungen nur insoweit auf den Ausgleichsbetrag angerechnet werden, als sie die Kosten übersteigen, welche die Gemeinde hierfür aufgewandt hat. Umgekehrt ist eine „Abschöpfung" der durch eigene Leistungen bewirkten Werterhöhungen insoweit ausgeschlossen, als der Allgemeinheit hierfür keine konkreten Kosten entstanden sind. Allerdings ist die Finanzierungsfunktion des Ausgleichsbetrags in diesem Fall insoweit durchbrochen, als eine „Abschöpfung" der Werterhöhungen auch dann unterbleibt, wenn – wie i. d. R. – die Gesamtsanierungskosten nicht durch Ausgleichsbeträge gedeckt sind. Die durch eine solche Anrechnung entstehende weitere „Unterdeckung" bei der Gemeinde ist jedoch in Kauf zu nehmen, weil dem Eigentümer die Vermögensvorteile verbleiben sollen, die auf eigener Leistung beruhen und für die der Allgemeinheit keine konkreten Kosten entstanden sind (vgl. Ernst/Zinkahn/Bielenberg, a. a. O., § 153 Rdnr. 72 zur verfassungsrechtlichen Problematik). Überdies käme eine „Abschöpfung" der durch Eigenleistungen bewirkten Werterhöhung über die Deckung von hierfür der Gemeinde entstandenen Kosten hinaus im Falle eines Überschusses den anderen Eigentümern zugute, was jeder Rechtfertigung entbehrte. Aus diesem Grunde ist auch nicht der Auslegung des Verwaltungsgerichts zu folgen, dass eine Anrechnung nur dann erfolgen kann, wenn Bodenwerterhöhungen allein durch eigene Aufwendungen ohne jede Inanspruchnahme der öffentlichen Hand bewirkt wurden, also auch dann nicht, wenn die der Allgemeinheit hierfür entstandenen Kosten den Betrag der Bodenwertsteigerung unterschreiten (vgl. auch Ernst/Zinkahn/Bielenberg, a. a. O., § 155 Rdnr. 40).

c) Demgegenüber ist die von der Klägerin vertretene Auslegung des § 155 Abs. 1 Nr. 2 Halbs. 1 BauGB nicht vereinbar mit der Finanzierungsfunktion und dem Grundsatz, dass den an der Sanierung beteiligten Eigentümern keine Sanierungsvorteile auf Kosten der Allgemeinheit verbleiben sollen. Für den Fall, dass – wie hier – bestimmte Bodenwerterhöhungen nicht allein durch eigene Aufwendungen des Eigentümers, sondern auch unter Mitwirkung der Gemeinde entstanden sind, ist nach Auffassung der Klägerin die Wertsteigerung mit dem Anteil auf den Ausgleichsbetrag anzurechnen, der dem Anteil der Eigenaufwendungen an den Gesamtkosten der Sanierungsmaßnahme entspricht. Hier bedeutet dies die volle Anrechnung der durch die Neubauten bewirkten Bodenwertsteigerung der Grundstücke W.-Straße 30, weil ihre Aufwendungen die Kosten der Beklagten hierfür – unstreitig – um ein Vielfaches überstiegen. Dann hätte die Klägerin jedoch diesen Vermögensvorteil in Gestalt der Bodenwertsteigerung auf Kosten der Allgemeinheit erzielt. Denn der Zuschuss, den die Beklagte für die im Zusammenhang mit dem Neubau W.-Straße 30 notwendig gewordene Stellplatzablösung gewährt hat, übersteigt mit 32 400,– DM nicht nur eine durch den Neubau möglicherweise entstandene Bodenwertsteigerung, sondern die durch alle sonstigen nachbarschafts- und gebietsbezogenen Sanierungsmaßnahmen insgesamt bewirkte Wertsteigerung, die der Gutachter mit 9140,– DM beziffert hat. Auch nach Abschöpfung dieser Werterhöhung verbleibt somit allein im Hinblick auf diesen Zuschuss noch eine „Unterdeckung" von 23 260,– DM. Nichts anderes gilt hinsichtlich einer eventuellen Bodenwerterhöhung durch den Neubau E.-Straße 8. Bei dieser Sanierungsmaßnahme sind der Beklagten im Hinblick auf den Abbruch des vormaligen Gebäudes Kosten i. H. v. 115 700,– DM (Entschädigung für Ordnungsmaßnahme) und außerdem für den Kanalanschluss des Neubaus i. H. v. rund 11 080,– DM entstanden. Diese im Zusammenhang mit dem Neubau E.-Straße 8 verursachten Sanierungskosten übersteigen den vom Gutachter festgestellten Gesamtsanierungsvorteil von 85 380,– DM um 41 400,– DM. Angesichts dieser Unterdeckung ist ausgeschlossen, dass der Neubau E.-Straße 8 zugunsten der Grundstücke W.-Straße 30 eine Bodenwerterhöhung bewirkt hat, welche die hierfür der Beklagten entstandenen Kosten übersteigt. Die von der Klägerin geforderte Anrechnung würde folglich die hinsichtlich des Neubaus W.-Straße 30 ohnehin schon gegebene Unterdeckung weiter erhöhen.

Die Klägerin kann sich für eine solche Durchbrechung der Finanzierungsfunktion des Ausgleichsbetrags auch nicht darauf berufen, dass allein die von ihr vertretene Auslegung dem klaren Wortlaut des § 155 Abs. 1 Nr. 2 Halbs. 1 BauGB entspreche. Diese Vorschrift enthält für den Fall, dass bestimmten Bodenwerterhöhungen nicht nur Aufwendungen des Eigentümers, sondern auch der Gemeinde zugrunde liegen, keine ausdrückliche Regelung darüber, wie der Anteil der durch Eigenleistungen erbrachten Wertsteigerung von demjenigen abzugrenzen ist, der auf Aufwendungen der Gemeinde beruht. Die von der Klägerin als richtig angesehene Bestimmung der Anteile an der Bodenwerterhöhung nach dem betragsmäßigen Verhältnis der jeweiligen Aufwendungen ist abgesehen davon, dass sie dem Wesen des Ausgleichsbetrags als „beitragsähnliche öffentliche Abgabe" widerspricht, auch von der Sache her nicht nahe liegend. Denn nach den überzeugenden Ausführungen des Gutachters der Beklagten in der mündlichen Verhandlung hängt der Umfang der Bodenwerterhöhungen nicht davon ab, wie hoch die Aufwendungen für die zugrunde liegenden Sanierungsmaßnahmen waren. So kann etwa der mit wenigen Mitteln bewirkte Abbruch einer hässlichen Wellblechhütte, welche verunstaltend auf die Umgebung wirkt, den Bodenwert mehr erhöhen, als ein mit umfangreichen Aufwendungen verbundener Neubau. ...

Nach allem ist die Tatbestandsvoraussetzung „durch eigene Aufwendungen des Eigentümers bewirkte Bodenwerterhöhung" des § 155 Abs. 1 Nr. 2 Halbs. 1 BauGB insoweit nicht erfüllt, als auch die Gemeinde an der Realisierung der Bodenwerterhöhung mitgewirkt hat und ihr hierbei konkrete Kosten entstanden sind. Diese – vom Wortsinn der Vorschrift gedeckte – Auslegung wahrt nach den obigen Ausführungen die Finanzierungsfunktion des Ausgleichsbetrags und vermeidet, dass einzelne Eigentümer Vermögensvorteile auf Kosten der Allgemeinheit oder ggf. bei einem Überschuss auf Kosten der übrigen Sanierungsbeteiligten erzielen. Schließlich verbleibt der Anrechnungsvorschrift entgegen der Auffassung der Klägerin auch ein Anwendungsbereich in Fällen, in denen keine oder nur geringe Zuschüsse zu baulichen Maßnahmen der Eigentümer gewährt wurden (vgl. auch Ernst/Zinkahn/Bielenberg, a. a. O., § 155 Rdnr. 40). Danach kommt hier eine Anrechnung nicht in Betracht, weil die Kosten, die der Beklagten im Zusammenhang mit den Neubauten der Klägerin entstanden sind, höher liegen, als die durch diese Bauten möglicherweise bewirkten Erhöhungen des Bodenwerts ihrer Grundstücke.

Nr. 208

Fiktiv ermittelte Ausbaubeiträge dürfen nicht ohne weiteres zur Bemessung der durch den Ausbau der Erschließungsanlagen bedingten Bodenwertsteigerung angesetzt werden. Das schließt nicht aus, daß fiktive Ausbaubeiträge je nach den Umständen des Einzelfalles als Anhaltspunkte bei der Ermittlung einer sanierungsbedingten Bodenwertsteigerung mit herangezogen werden.

(Nichtamtlicher Leitsatz.)

BauGB § 154 Abs. 1.

Bundesverwaltungsgericht, Beschluß vom 21. Januar 2005 – 4 B 1.05 –.

(OVG Rheinland-Pfalz)

Aus den Gründen:
Gemäß § 154 Abs. 1 Satz 1 BauGB hat der Eigentümer eines im förmlich festgelegten Sanierungsgebiet gelegenen Grundstücks zur Finanzierung der Sanierung an die Gemeinde einen Ausgleichsbetrag in Geld zu entrichten, der der durch die Sanierung bedingten Erhöhung des Bodenwerts seines Grundstücks entspricht. Werden im förmlich festgelegten Sanierungsgebiet Erschließungsanlagen i. S. des § 127 Abs. 2 BauGB hergestellt, erweitert und verbessert, sind Vorschriften über die Erhebung von Beiträgen für diese Maßnahmen auf Grundstücke im förmlich festgelegten Sanierungsgebiet nicht anzuwenden (§ 154 Abs. 1 Satz 2 BauGB). Ausgeschlossen ist im Sanierungsgebiet hiernach die Erhebung nicht nur von Erschließungsbeiträgen auf Grund der §§ 127 ff. BauGB, sondern auch von Ausbaubeiträgen auf Grund landesrechtlicher Vorschriften (vgl. BVerwG, Urteil v. 21. 10. 1983 – 8 C 40.83 –, BVerwGE 68, 130, 131 f.). Der Zweck der gesetzlichen Regelung besteht darin, eine mögliche Doppelbelastung der Grundstückseigentümer mit Erschließungs- bzw. Ausbaubeiträgen einerseits und Ausgleichsbeträgen nach § 154 Abs. 1 Satz 1 BauGB andererseits zu vermeiden (vgl. BVerwG, Urteil v. 21. 10. 1983 – 8 C 40.83 –, a. a. O., S. 134; Urteil v. 28. 4. 1999 – 8 C 7.98 –, DVBl. 1999, 1652 = Buchholz 406.11 § 154 BauGB Nr. 3). Der Gesetzgeber hat angenommen, daß der für den Eigentümer mit der Herstellung, Erweiterung oder Verbesserung von Erschließungsanlagen im Sanierungsgebiet verbundene Vorteil sich regelmäßig im Bodenwert niederschlägt und deswegen zu einer Erhöhung des Ausgleichsbetrags führt (vgl. BVerwG, Urteil v. 28. 4. 1999 – 8 C 7.98 –, a. a. O.). Wie die durch die Herstellung, Erweiterung oder Verbesserung von Erschließungsanlagen bedingte Erhöhung des Bodenwertes zu ermitteln ist, wenn – wie hier – ein additives Bewertungsverfahren angewendet wird, schreibt das Gesetz nicht vor. Auch insoweit geht es – anders als bei Erschließungs- und Ausbaubeiträgen – jedoch nicht um die Erfassung und Umlegung konkreter Kosten, sondern um die Wertsteigerung durch die Sanierung (vgl. BVerwG, Urteil v. 28. 4. 1999 – 8 C 7.98 –, a. a. O.).
Wegen dieses rechtlichen Unterschieds zwischen Ausgleichsbeträgen nach § 154 Abs. 1 BauGB einerseits und Erschließungs- und Ausbaubeiträgen

anderseits dürfen fiktiv ermittelte Ausbaubeiträge jedenfalls nicht ohne weiteres zur Bemessung der durch den Ausbau der Erschließungsanlagen bedingten Bodenwertsteigerung angesetzt werden. Das schließt allerdings nicht aus, daß fiktive Ausbaubeiträge je nach den Umständen des Einzelfalls als Anhaltspunkte bei der Ermittlung einer sanierungsbedingten Bodenwerterhöhung mit herangezogen werden. Je nach Art und Umfang des Erschließungsvorteils, der Höhe der Erschließungskosten im Verhältnis zum absoluten Grundstückswert (vgl. Kleiber/Simon/Weyers, Verkehrswertermittlung von Grundstücken, 4. Aufl. 2002, § 14 WertV Rdnr. 138) und den Gegebenheiten des Grundstücksmarktes kann die Annahme gerechtfertigt sein, daß ersparte Aufwendungen für Erschließungs- oder Ausbaubeiträge zu einer Wertsteigerung des Grundstücks in entsprechender Höhe führen (so im Ergebnis Kleiber, in: Ernst/Zinkahn/Bielenberg, BauGB, § 28 WertV Rdnr. 46). Insoweit müssen jedoch die tatsächlichen Umstände, die den Rückschluß von fiktiven Ausbaubeiträgen auf entsprechende Bodenwerterhöhungen tragen sollen, konkret und nachvollziehbar dargelegt werden. Das Oberverwaltungsgericht hat derartige Umstände nicht festgestellt. Sie werden auch in der Beschwerde nicht aufgezeigt.

Nr. 209

1. **Der Erlass des Sanierungsausgleichsbetrags liegt nicht nur dann im „öffentlichen Interesse" gemäß § 155 Abs. 4 Satz 1 BauGB, wenn er zugleich den konkreten Sanierungszwecken dient, sondern auch dann, wenn er geeignet ist, sonstige öffentliche Belange der Gemeinde zu fördern (wie BVerwG, Urteil vom 22.5.1992 – 8 C 50.90 –, BVerwGE 90, 202 zu § 135 Abs. 5 Satz 1 BauGB).**

2. **Bei der Ermittlung des an die Eigentümer zu verteilenden Überschusses nach § 156a Abs. 1 Satz 1 BauGB darf nur ein auf die Förderung der Sanierungsmaßnahme bezogener Erlass des Sanierungsausgleichsbetrags einnahmemindernd berücksichtigt werden.**

BauGB §§ 135 Abs. 5 Satz 1, 155 Abs. 4 Satz 1, 156a Abs. 1 Satz 1.

VGH Baden-Württemberg, Urteil vom 28. Januar 2005 – 8 S 1826/04 –.

(VG Stuttgart)

Der Kläger wendet sich gegen seine Heranziehung zu einem Sanierungsausgleichsbetrag. Er ist im Bereich der Altenpflege und -versorgung als gemeinnützig anerkannter Verein tätig. In dem durch Satzung von 1986 festgelegten Sanierungsgebiet betreibt bzw. betrieb er Seniorenwohnheime mit betreuten Wohneinheiten. Bereits 2000 beantragte der Kläger einen Erlass des Sanierungsausgleichsbetrags unter Hinweis auf seine gemeinnützige Tätigkeit. Diesen Antrag lehnte die Beklagte ab. Der Kläger wurde 2002 auf der Grundlage eines Wertermittlungsgutachtens zum Ausgleich der sanierungsbedingten Bodenwerterhöhungen mit einem Betrag i. H. v. insgesamt 7786,98 € herangezogen.

2004 hat das Verwaltungsgericht die Beklagte verpflichtet, über den Antrag des Klägers auf Absehen von der Beitragserhebung unter Beachtung der Rechtsauffassung des Gerichts erneut zu entscheiden und die Bescheide der Beklagten aufgehoben, soweit sie dem entgegenstehen.

Aus den Gründen:

Das Verwaltungsgericht hat die Beklagte zu Recht verpflichtet, über den Antrag des Klägers auf Absehen von der Erhebung des Sanierungsausgleichsbetrags unter Beachtung der Rechtsauffassung des Gerichts erneut zu entscheiden (§ 113 Abs. 5 Satz 2 VwGO).

Gemäß § 155 Abs. 4 Satz 1 BauGB kann die Gemeinde im Einzelfall ganz oder teilweise von der Erhebung des Sanierungsausgleichsbetrags absehen, wenn dies im öffentlichen Interesse oder zur Vermeidung unbilliger Härten geboten ist. Danach ist hier über einen Erlass des Sanierungsausgleichsbetrags zugunsten des Klägers nach Ermessen zu entscheiden.

Allerdings liegen die Voraussetzungen für einen Erlass aus Härtefallgründen gemäß § 155 Abs. 4 Satz 1 Alt. 2 BauGB nicht vor. Die wirtschaftliche Existenz des Klägers wird durch die Heranziehung zum Ausgleichsbetrag nicht gefährdet (vgl. Brügelmann, BauGB, Band 5, § 155 Rdnr. 23). Das wird vom Kläger auch nicht geltend gemacht. Im übrigen räumt er selbst ein, dass er die Belastung im Grundsatz auf die Nutzer der Alteneinrichtung überwälzen kann. Deshalb ist es auch unerheblich, ob er den sanierungsbedingten Vorteil bei einem Verkauf der Grundstücke realisieren könnte. Wegen der Möglichkeit der Überwälzung, aber auch wegen des relativ geringen Betrags kann auch nicht die Rede davon sein, dass die Heranziehung zum Ausgleichsbetrag eine „längerfristige Renditelosigkeit" der Grundstücke zur Folge haben könnte (vgl. BVerwG, Urteil v. 22. 5. 1992 – 8 C 50.90 –, BVerwGE 90, 202 zur Härtefallregelung nach § 135 Abs. 5 Satz 1 BauGB). Auch in sachlicher Hinsicht ist eine unbillige Härte nicht erkennbar. Sie ergibt sich insbesondere nicht daraus, dass der Kläger mit dem Betrieb von Altenwohnungen eine von der Beklagten erwünschte Tätigkeit wahrnimmt. Unbillig wäre die Heranziehung zum Sanierungsausgleichsbetrag vielmehr erst dann, wenn die Beklagte durch die Tätigkeit des Klägers gleichsam handgreiflich finanziell entlastet würde, wenn sie also mit anderen Worten ansonsten selbst zum Betrieb dieser Einrichtungen verpflichtet wäre (vgl. BVerwG, Urteil v. 22. 5. 1992, a. a. O., unter Hinweis auf den Fall eines von einer Kirchengemeinde betriebenen Friedhofs). Dafür gibt es keine Anhaltspunkte.

Ein Erlass des Ausgleichsbetrags ist jedoch gemäß § 155 Abs. 4 Satz 1 Alt. 1 BauGB im öffentlichen Interesse geboten. Dem steht nicht entgegen, dass die Tätigkeit des Klägers in keinem Zusammenhang mit den Zielen der Sanierung steht. Denn nach Auffassung des Senats liegt der Erlass des Sanierungsausgleichsbetrags nicht nur dann im öffentlichen Interesse, wenn er zugleich den Zielen der jeweiligen Sanierungsmaßnahme dient (so aber Ernst/Zinkahn/Bielenberg, BauGB, Band 3, § 155 Rdnr. 153 ff.; Battis/Krautzberger/Löhr, BauGB, 8. Aufl., § 155 Rdnr. 23), sondern in Anlehnung an die Rechtsprechung des Bundesverwaltungsgerichts zur wortgleichen Vorschrift des § 135 Abs. 5 Satz 1 Alt. 1 BauGB zum Erlass des Erschließungsbeitrags auch dann, wenn er geeignet ist, ein im allgemeinen öffentlichen Interesse der

Gemeinde liegendes Vorhaben zu fördern (vgl. BVerwG, Urteil v. 22.5.1992, a.a.O.; ebenso Brügelmann, a.a.O., §155 Rdnr.22; Berliner Kommentar zum BauGB, 3.Aufl., §155 Rdnr.28; unklar Schrödter, BauGB, 6.Aufl., §154 Rdnr.26). Die zuletzt genannte Voraussetzung liegt hier jedoch – unstreitig – vor; die Bereitstellung von Altenwohnungen mit betreuten Wohneinheiten ist eine im Interesse der beklagten Gemeinde liegende Tätigkeit der Daseinsvorsorge, weshalb der Kläger hierfür auch sonst von dieser Fördergelder erhält. Der Erlass des Ausgleichsbetrags ist auch geboten, weil der Förderzweck erreichbar erscheint; es ist anzunehmen, dass dadurch die Entscheidung des Klägers, die Altenbetreuung im Sanierungsgebiet fortzuführen, positiv beeinflusst werden kann (vgl. BVerwG, Urteil v. 22.5.1992, a.a.O.). Der Senat hält diese einheitliche Auslegung und Anwendung beider Erlassvorschriften und damit die Übertragung der Rechtsprechung des Bundesverwaltungsgerichts zu §135 Abs.5 Satz 1 BauGB auf den sanierungsrechtlichen Ausgleichsbetrag aus folgenden Gründen für geboten:

Hierfür spricht zunächst die Entstehungsgeschichte der Norm, worauf auch das Verwaltungsgericht zu Recht abgestellt hat. Bereits die im Jahre 1976 erlassene Vorgängervorschrift des §41 StBauFG normierte eine entsprechende Anwendung des §135 Abs.5 BauGB auf den Sanierungsausgleichsbetrag mit dem Ziel, die Erlasssachverhalte zu harmonisieren (vgl. Brügelmann, a.a.O., §155 Rdnr.21). Zwar wird das „öffentliche Interesse" am Erlass des Ausgleichsbetrags in der Gesetzesbegründung zu §41 StBauFG noch ausdrücklich auf die „Durchführung der Sanierung" bezogen (BT-Drucks. 7/5059, S.11). Daraus kann jedoch nicht gefolgert werden, dass der Gesetzgeber dem Begriff des „öffentlichen Interesses" für den Fall des Erlasses von Sanierungsausgleichsbeträgen einen gegenüber §135 Abs.5 Satz 1 BauGB eingeschränkten Bedeutungsgehalt geben wollte. Dieser Schluss, der auch in Widerspruch zu der vom Gesetzgeber gewählten Verweisungstechnik stünde, kann schon deshalb nicht gezogen werden, weil die oben genannte Entscheidung des Bundesverwaltungsgerichts vom 22.5.1992 zur Auslegung des „öffentlichen Interesses" beim Erlass von Erschließungsbeiträgen zum Zeitpunkt der Verabschiedung der Verweisungsnorm des §41 StBauFG noch nicht vorlag. Entscheidend ist vielmehr, dass der Gesetzgeber dann in Kenntnis dieser Entscheidung mit dem Bau- und Raumordnungsgesetz 1998 die Verweisung durch eine mit §135 Abs.5 Satz 1 BauGB wortgleiche Regelung ersetzt hat. Daran wird deutlich, dass nach dem Willen des Gesetzgebers die Harmonisierung der Erlassvorschriften auch in Ansehung der weiten Auslegung des „öffentlichen Interesses" durch das Bundesverwaltungsgericht Bestand haben sollte. Ansonsten hätte es nahe gelegen, den unterschiedlichen Anwendungsbereich der Erlasstatbestände anlässlich der Novellierung kenntlich zu machen. Dieses Auslegungsergebnis wird auch nicht dadurch in Frage gestellt, dass die schlichte Verweisung auf das Erschließungsbeitragsrecht durch eine eigene sanierungsrechtliche Erlassregelung ersetzt wurde. Schon die Wortgleichheit beider Erlassvorschriften spricht dagegen, dass der Gesetzgeber auf diese Weise zu erkennen geben wollte, dass §155 Abs.4 Satz 1 BauGB eigenständig auszulegen sei. Dies wird auch durch die Gesetzesbegründung widerlegt. Danach sollte die bisherige Verweisung auf § 135 Abs. 5 BauGB durch eine klarstellende Vollregelung ersetzt werden (BR-Drucks. 635/96, S. 68); es ging also lediglich um eine redaktionelle Veränderung mit dem Ziel besserer Lesbarkeit des Gesetzestextes (vgl. Ernst/Zinkahn/Bielenberg, a. a. O., § 155 Rdnr. 148).

Schließlich legt auch die Gleichartigkeit von Erschließungsbeitrag und Sanierungsausgleichsbetrag eine einheitliche Auslegung und Anwendung der Erlassvorschriften nahe. Beide „Abgaben" unterscheiden sich im wesentlichen nur danach, wie sie bemessen werden. Während beim Erschließungsbeitrag der tatsächlich entstandene Aufwand auf die Beitragspflichtigen verteilt wird (vgl. §§ 127 Abs. 1, 131 Abs. 1 BauGB), bemißt sich der Sanierungsausgleichsbetrag nach der sanierungsbedingten Steigerung des Bodenwertes der Grundstücke im Sanierungsgebiet (§ 154 Abs. 1 Satz 1 BauGB). Sowohl der Erschließungsbeitrag als auch der Sanierungsausgleichsbetrag sind jedoch auf den Zweck der Finanzierung einer städtebaulichen Maßnahme gerichtet. Für den Sanierungsausgleichsbetrag folgt dies aus § 156a Abs. 1 Satz 1 BauGB, wonach ein Überschuss der Einnahmen aus der Sanierung über die sanierungsbedingten Aufwendungen nicht für den allgemeinen Haushalt vereinnahmt werden darf, sondern auf die Eigentümer der im Sanierungsgebiet gelegenen Grundstücke zu verteilen ist; auf diese Weise ist gewährleistet, dass der Sanierungsausgleichsbetrag – ebenso wie der Erschließungsbeitrag – nur der Finanzierung der jeweiligen städtebaulichen Maßnahme dient (vgl. dazu BVerwG, Urteil v. 17. 12. 1992 – 4 C 30.90 –, NVwZ 1993, 1112, 1114 = PBauE § 154 BauGB Nr. 1; Urteil v. 3. 7. 1998 – 4 CN 5.97 –, BRS 60 Nr. 229 = DVBl. 1998, 1294, 1297 = PBauE § 169 BauGB Nr. 3 zur Verwendung des Überschusses bei Entwicklungsmaßnahmen). Auch sonst lehnt sich die Ausgleichsbetragsregelung in einigem Umfang an das Erschließungsbeitragsrecht an (vgl. BVerwG, Urteil v. 17. 12. 1992, a. a. O.). Als Beleg für die Nähe beider Sachbereiche kann insbesondere auch die Regelung des § 154 Abs. 1 Satz 2 BauGB angesehen werden. Danach kann die Gemeinde ihre Aufwendungen für Erschließungsmaßnahmen im Sanierungsgebiet nicht über Erschließungsbeiträge, sondern nur über Sanierungsausgleichsbeträge geltend machen (vgl. BR-Drucks. 635/96, S. 68). Diese Austauschbarkeit von Erschließungsbeitrag und Sanierungsausgleichsbetrag legt eine einheitliche Handhabung auch der Erlassvorschriften nahe.

Es gibt keine durchgreifenden Gründe, die gleichwohl eine auf die Förderung der Sanierungszwecke beschränkte Auslegung des „öffentlichen Interesses" i. S. des § 155 Abs. 4 Satz 1 Alt. 1 BauGB als geboten erscheinen lassen könnten. Die Beklagte weist in diesem Zusammenhang allerdings zu Recht darauf hin, dass ein Verzicht auf die Erhebung des Ausgleichsbetrags zur Förderung eines allgemeinen, nicht im Zusammenhang mit der konkreten Sanierungsmaßnahme stehenden öffentlichen Interesses der Gemeinde nicht über eine entsprechende Minderung des Überschusses zu Lasten der übrigen Eigentümer im Sanierungsgebiet gehen darf. Denn der Ausgleichsbetrag dient gemäß § 154 Abs. 1 Satz 1 BauGB der Finanzierung der konkreten Sanierung und nicht sonstiger öffentlicher Aufgaben der Gemeinde. Die Gruppe der Eigentümer im Sanierungsgebiet könnte im übrigen auch deshalb nicht auf diese Weise zur Finanzierung bestimmter sonstiger, nicht im

Zusammenhang mit der Sanierung stehender öffentlicher Aufgaben der Gemeinde herangezogen werden, weil sie insoweit keine gegenüber der Allgemeinheit herausgehobene Verantwortung trifft und außerdem die verschiedenen Förderzwecke nicht gesetzlich bestimmt sind (vgl. BVerfG, Beschluss des 2. Senats v. 31. 5. 1990 – 2 BVL 12, 13/88 –, 2 BvR 1436/87 –, BVerfGE 82, 159, 179 ff. zur „Sonderabgabe").

Dieses untragbare Ergebnis des Erlasses von Sanierungsausgleichsbeträgen im allgemeinen öffentlichen Interesse bei Entstehung eines Überschusses lässt sich jedoch entgegen der Auffassung der Beklagten nicht nur dadurch vermeiden, dass das „öffentliche Interesse" i. S. des § 155 Abs. 4 Satz 1 BauGB auf die Förderung der Sanierungszwecke beschränkt wird. Vielmehr kann die Vorschrift des § 156 a BauGB zur Ermittlung des wirtschaftlichen Ergebnisses einer Sanierung und zur Verteilung eines etwaigen Überschusses an die beteiligten Eigentümer so ausgelegt werden, dass ein Erlass des Ausgleichsbetrags die „erzielten" Einnahmen und damit den Überschuss nur dann mindert, wenn er der Förderung konkreter Sanierungszwecke und nicht sonstiger Aufgaben der Gemeinde diente. Als Überschuss definiert das Baugesetzbuch den Betrag, der sich durch die bei der Vorbereitung und Durchführung der Sanierung erzielten Einnahmen nach Abzug der hierfür getätigten Ausgaben ergibt. Bei der Bilanzierung sind folglich nur die sanierungsbedingten Einnahmen und Ausgaben zu berücksichtigen. Soweit die Gemeinde den Sanierungsausgleichsbetrag zur Förderung der konkreten Sanierungsziele erlassen hat, handelt es sich um eine für die „Vorbereitung und Durchführung der städtebaulichen Sanierungsmaßnahme getätigte Ausgabe". Die dadurch bewirkte Minderung des zu verteilenden Überschusses ist nicht zu beanstanden. Sie wird durch den Sanierungsvorteil kompensiert, den derjenige Grundstückseigentümer geschaffen hat, dem der Ausgleichsbetrag erlassen wurde. Hingegen kann ein Erlass des Ausgleichsbetrags zur Förderung allgemeiner öffentlicher Interessen der Gemeinde bei der Bilanzierung nicht berücksichtigt werden, weil es insoweit am Sanierungsbezug fehlt; er geht daher im Falle eines Überschusses folgerichtig zu Lasten des allgemeinen Haushalts.

Nicht zuletzt ist es auch sachgerecht, die Heranziehung der Eigentümer des Sanierungsgebiets zur Finanzierung nicht sanierungsbezogener öffentlicher Aufgaben der Gemeinde nicht über eine einschränkende, auf die Förderung nur der Sanierungszwecke bezogene Auslegung des „öffentlichen Interesses" nach § 155 Abs. 4 Satz 1 BauGB zu vermeiden, sondern auf der nachgelagerten Ebene der Ermittlung des Überschusses sicherzustellen, dass ein Erlass im allgemeinen öffentlichen Interesse nicht über die Minderung des Überschusses auf die übrigen Eigentümer des Sanierungsgebietes überwälzt wird. Zum einen besteht die Problematik einer der Finanzierungsfunktion des Ausgleichsbetrags widersprechenden Heranziehung der Eigentümer zur Finanzierung allgemeiner öffentlicher Aufgaben nur dann, wenn überhaupt ein Überschuss entsteht. Dieser Fall tritt jedoch nur in seltenen Ausnahmefällen ein (vgl. Ernst/Zinkahn/Bielenberg, a. a. O., § 156 a Rdnr. 7 m. w. N.). Demgegenüber wäre den Gemeinden bei einer Einschränkung des „öffentlichen Interesses" nach § 155 Abs. 4 Satz 1 BauGB auf die Förderung der konkreten Sanierung die Möglichkeit verwehrt, die Förderung anderer gemeindlicher Belange bereits in das Verfahren zur Erhebung von Ausgleichsbeträgen zu integrieren. Es kommt hinzu, dass an einer entsprechenden Auslegung des § 156a Abs. 1 Satz 1 BauGB in Bezug auf den weiteren Erlasstatbestand der „Vermeidung unbilliger Härten" ohnehin kein Weg vorbeiführen dürfte. Der Erlass von Ausgleichsbeträgen zu diesem Zweck darf ebenso wenig wie derjenige zur Förderung allgemeiner öffentlicher Interessen zu Lasten der übrigen Eigentümer des Sanierungsgebiets gehen, weil auch insoweit kein Zusammenhang mit der Sanierungsmaßnahme besteht und daher der Finanzierungszweck der „Abgabe" verfehlt würde. Im Hinblick auf den Härtefalltatbestand lässt sich dieses Ergebnis jedoch von vornherein nicht dadurch verhindern, dass der Erlass an die Förderung der Sanierungsziele geknüpft wird.

Nach allem ist die Beklagte zu verpflichten, den Antrag des Klägers auf Erlass des Ausgleichsbetrags unter Beachtung der Rechtsauffassung des Gerichts erneut – unter Ausübung des ihr eröffneten Ermessens – zu bescheiden.

Nr. 210

Die Höhe des sanierungsrechtlichen Kostenerstattungsbetrages und seine Berechnung können vertraglich abweichend von der gesetzlichen Regelung vereinbart werden.
(Nichtamtlicher Leitsatz.)

BauGB § 177 Abs. 4.

Bundesverwaltungsgericht, Beschluss vom 21. September 2005 – 4 B 57.05 –.

(Hessischer VGH)

Aus den Gründen:

Die Beschwerde meint, dass eine Gemeinde bei der Festsetzung der Erstattung der nicht vom Eigentümer selbst zu tragenden Kosten einer Modernisierungs- und Instandsetzungsmaßnahme (§ 43 Abs. 1 Satz 2 StBauFG, § 177 Abs. 4 Satz 2 BauGB) nicht – wie vom Verwaltungsgerichtshof angenommen – auf die vollständige Anrechnung erstatteter Mehrwertsteuer auf die unter Einschluss der Mehrwertsteuer geltend gemachten Kosten der Modernisierungsmaßnahme verzichten könne. Dass diese Auffassung der Beschwerde nicht zutrifft, bedarf nicht der Klärung in einem Revisionsverfahren. Bei verwaltungsrechtlichen Verträgen führt nicht jeder Rechtsverstoß, sondern nur ein qualifizierter Fall der Rechtswidrigkeit zur Nichtigkeit; das ergibt sich aus der in § 59 HVwVfG getroffenen differenzierenden Regelung (vgl. BVerwG, Urteile v. 23. 8. 1991 – 8 C 61.90 –, BVerwGE 89, 7, 10, und v. 3. 3. 1995 – 8 C 32.93 –, BVerwGE 98, 58, 63). Die „inhaltliche Unzulässigkeit" eines verwaltungsrechtlichen Vertrages führt zu dessen Nichtigkeit, wenn sie sich als Verstoß gegen ein gesetzliches Verbot (§ 134 BGB) darstellt (vgl. BVerwGE 98, 58, 63). Ein solches Verbot ist § 43 Abs. 1 StBauFG (§ 177 Abs. 4 BauGB) nicht zu entnehmen. Nach dieser Vorschrift hat der Eigentümer die Kosten der von der

Gemeinde angeordneten Maßnahmen insoweit zu tragen, als er sie durch eigene oder fremde Mittel decken und die sich daraus ergebenden Kapitalkosten sowie die zusätzlich entstehenden Bewirtschaftungskosten aus Erträgen der baulichen Anlage aufbringen kann; sind dem Eigentümer Kosten entstanden, die er nicht zu tragen hat, hat die Gemeinde sie ihm zu erstatten, soweit nicht eine andere Stelle einen Zuschuss zu ihrer Deckung gewährt. Die Höhe des Kostenerstattungsbetrags und seine Berechnung können vertraglich jedoch auch abweichend von der gesetzlichen Regelung vereinbart werden (vgl. Köhler, in: Schrödter, BauGB, 6. Aufl. 1998, § 177 Rdnr. 49; Neuhausen, in: Brügelmann, BauGB, § 177 Rdnr. 48; Bielenberg/Koopmann/Krautzberger, Städtebauförderungsrecht, Bd. 1, § 164 a BauGB Rdnr. 98). Gemäß § 43 Abs. 3 Satz 1 StBauFG (§ 164 a Abs. 3 Satz 2 BauGB) gelten die genannten Regelungen über die Kostenerstattung für entsprechende Maßnahmen, zu deren Durchführung sich der Eigentümer gegenüber der Gemeinde vertraglich verpflichtet hat, „soweit nichts anderes vereinbart ist". Die Gemeinde kann gemäß § 43 Abs. 1 Satz 4 StBauFG (§ 177 Abs. 4 Satz 4 BauGB) insbesondere mit dem Eigentümer den Kostenerstattungsbetrag als Pauschale vereinbaren (vgl. BVerwG, Beschluss v. 9. 7. 1991 – 4 B 100.91 –, Buchholz 406.11 § 177 BauGB Nr. 1). Warum nicht auch die Anrechnung erstatteter Mehrwertsteuer einer von den gesetzlichen Bestimmungen abweichenden vertraglichen Regelung zugänglich sein sollte, zeigt die Beschwerde nicht auf. Dass eine nur anteilige Anrechnung der Mehrwertsteuer auf die förderungsfähigen Gesamtbaukosten gegen ein gesetzliches Verbot verstößt, haben im Übrigen auch andere Oberverwaltungsgerichte nicht angenommen. ...

Nr. 211

1. **Zur Abgrenzung von Denkmalschutzrecht und städtebaulichem Erhaltungsrecht.**

2. **Eine denkmalbehördliche Unbedenklichkeitserklärung schließt die erhaltungsrechtliche Unzulässigkeit baulicher Anlagen nicht aus.**

BauGB § 172 Abs. 1 Nr. 1.

OVG Berlin-Brandenburg, Urteil vom 9. Dezember 2005 – 2 B 2.03 – (rechtskräftig).

(VG Berlin)

Die Klägerin ist Eigentümerin der mit zwei Geschäftshäusern bebauten Grundstücke F.-straße in Berlin-Mitte. Die Grundstücke liegen in einem nicht beplanten Bereich. Beide Gebäude sind jeweils als Denkmal in die Denkmalliste Berlin (ABl. 2001, 2261, 2393) eingetragen und auch Teil des Denkmalbereichs (Ensembles) Unter den Linden/ Dorotheenstadt (Denkmalliste Berlin, a. a. O., S. 2375). Die Grundstücke liegen zugleich im Geltungsbereich der Verordnung über die Erhaltung der städtebaulichen Eigenart aufgrund der städtebaulichen Gestalt für das Gebiet „Dorotheenstadt, Friedrichstadt" im Bezirk Mitte von Berlin vom 3. 3. 1997 (GVBl. S. 258) – Erhaltungsverordnung – sowie zum Teil in dem Geltungsbereich der Verordnung über die äußere Gestaltung baulicher

Anlagen, Werbeanlagen und Warenautomaten im Bereich der Straße Unter den Linden vom 12. 3. 1997 (GVBl. S. 99) – Baugestaltungsverordnung –, der sich als 50 m breiter Streifen beidseits der Straße Unter den Linden auch in dem hier maßgeblichen Abschnitt im Bereich der Kreuzung Friedrichstraße erstreckt.

In der Erdgeschosszone der beiden Gebäude befindet sich ein Arkadengang mit zahlreichen Geschäften. Dieser verläuft von der Kreuzung M.-straße bis zur Kreuzung Unter den Linden, wobei die Arkaden in den beiden Eckhäusern der Kreuzungen noch das zeittypische Erscheinungsbild der Jahrhundertwende mit Rundbögen und Ornamentierung aufweisen, während der dazwischen liegende streitgegenständliche Arkadenabschnitt durch modernisierte rechteckige Arkadenausschnitte mit Marmorplattenverkleidung geprägt ist. Der Abstand zwischen den Arkadenpfeilern beträgt 2,80 m bis 3,50 m. Im oberen Bereich der Arkadenausschnitte sind die Firmenschilder der in den Arkaden ansässigen Geschäfte angebracht. In jedem zweiten Arkadenausschnitt befinden sich Schauvitrinen, in denen die Gewerbetreibenden ihre Waren präsentieren. Hierbei handelt es sich um verglaste Stahlkonstruktionen in anthrazitgrau mit den Maßen 2,03 m (Höhe) x 1 m (Breite) x 0,66 m (Tiefe) auf einem mit Natursteinplatten verkleideten Mauerwerkssockel. Diese hat die Klägerin ohne Baugenehmigung errichtet.

Der Antrag auf nachträgliche Erteilung einer Baugenehmigung für die Schauvitrinen wurde 1998 abgelehnt. Die in diesem Verfahren um Stellungnahme gebetene Untere Denkmalschutzbehörde hat 1997 erklärt, dass aus fachlicher Sicht der Denkmalpflege grundsätzlich keine Bedenken gegen die Schauvitrinen bestünden, wenn durch Auflagen zu der Baugenehmigung gesichert sei, dass diese eine neutrale und zurückhaltende Gestaltung (keine historisierende Form bzw. Bauteile) erhielten.

Die hiergegen erhobene Klage hatte überwiegend Erfolg. Das Verwaltungsgericht stützte die Stattgabe der Klage maßgeblich auf die Rechtsauffassung, dass bauplanungsrechtliche oder erhaltungsrechtliche Gestaltungsanforderungen im Falle einer von der Fachbehörde abgegebenen denkmalschutzrechtlichen Unbedenklichkeitserklärung für ein Vorhaben nicht zur Versagung der Baugenehmigung führen könnten. Wenn ein Vorhaben sogar mit den denkmalschutzrechtlichen Anforderungen vereinbar sei, könne die erhaltungsrechtliche Beurteilung nicht abweichend ausfallen („Erst-Recht-Schluss").

Die Berufung des Beklagten hatte Erfolg.

Aus den Gründen:

Die Klägerin hat keinen Anspruch auf Erteilung der von ihr begehrten Baugenehmigung für die fünf Schauvitrinen in dem Arkadengang der Grundstücke, weil ihr Vorhaben den öffentlich-rechtlichen Vorschriften nicht entspricht (vgl. § 62 Abs. 1 BauO Bln). Der Erteilung der Baugenehmigung stehen die erhaltungsrechtlichen Vorschriften der § 172 Abs. 1 Nr. 1, Abs. 3 Satz 2 BauGB i. V. m. § 2 Satz 3 der Verordnung über die Erhaltung der städtebaulichen Eigenart aufgrund der städtebaulichen Gestalt für das Gebiet „Dorotheenstadt, Friedrichstadt" im Bezirk Mitte von Berlin vom 3. 3. 1997 – Erhaltungsverordnung – entgegen. Danach darf eine Genehmigung zur Errichtung einer baulichen Anlage im Geltungsbereich der Erhaltungsverordnung nur versagt werden, wenn die städtebauliche Gestalt des Gebiets durch die beabsichtigte bauliche Anlage beeinträchtigt wird. Dies ist hier der Fall. Die Erhaltungsverordnung nennt zwar die städtebaulichen Besonderheiten des Gebiets nicht konkret, sondern beschränkt sich auf die Beschreibung des Erhaltungsgebiets. Ebenso nennt § 172 Abs. 1 Nr. 1 BauGB nur das Schutzziel der Erhaltung der städtebaulichen Eigenart des Gebiets aufgrund der städtebaulichen Gestalt. Dies ist nach der Rechtsprechung jedoch ausreichend (vgl.

BVerwG, Urteil v. 3.7.1987, BRS 47 Nr. 129 = BauR 1987, 676 zu § 39 h
BBauG; HessVGH, Urteil v. 24.11.1995, BRS 57 Nr. 289 zu § 172 BauGB),
weil die weitere Konkretisierung in Bezug auf die Besonderheiten des Erhaltungsgebiets und die Zulässigkeit etwaiger Veränderungen auf der zweiten
Stufe des Verfahrens erfolgt (vgl. HessVGH, a.a.O.). Die städtebauliche
Besonderheit des Erhaltungsgebiets liegt hier in der Prägung durch großzügige Einkaufsstraßen und Geschäftshäuser mit Arkaden, wie sie in der Friedrichstraße von der Kreuzung Dorotheenstraße bis zur Kreuzung Unter den
Linden anzutreffen sind und sich bis zur Leipziger Straße fortsetzen. Hierbei
handelt es sich um ein tradiertes Gestaltungselement gehobener Geschäftsviertel, das im Falle der Friedrichstraße an das historische Vorbild aus dem
kaiserzeitlichen Berlin anknüpft und auch bei Neubauten gestalterisch aufgegriffen wird, die dadurch im Erscheinungsbild aufgewertet werden, wie u.a.
auch der ab 2008 geplante Neubau Friedrichstraße Ecke Straße Unter den
Linden zeigt. Das Charakteristikum und zugleich städtebauliche Wesensmerkmal von Arkaden ist die fortlaufende Reihe offener Bögen auf Pfeilern in
der Art eines Laufgangs, dessen eine Seite durch regelmäßige bauliche Ausschnitte offen gestaltet ist. Die Errichtung der Schauvitrinen zwischen den
Arkadenpfeilern unter den darüber angebrachten Firmenschildern der
Geschäfte verschließt jedoch optisch die Arkadenausschnitte und reduziert
diese auf einen tunnelartigen Laufgang, dem die charakteristische Offenheit
und Transparenz fehlt. Den Arkaden wird dadurch der Eindruck der freien
Durchsicht und des freien Durchgangs genommen, sodass sie in diesem
Bereich nur noch als Gliederungselement ohne eigentliche Funktion in
Erscheinung treten (vgl. auch OVG Berlin, Urteil v. 14.11.2003 – 2 B 7.02 –
zum Verlust des Freisitzcharakters durch die Verglasung von Loggien). Der in
der Großzügigkeit liegende städtebauliche Gestaltwert der Arkaden verkehrt
sich durch die Schauvitrinen in sein Gegenteil, weil das Bild einer eher beengten baulichen Situation entsteht, wie sie bei der Ortsbesichtigung durch den
Senat auch tatsächlich anzutreffen war. Die Wirkungsweise und die städtebauliche Qualität der Beeinträchtigung i.S. des § 172 Abs. 3 Satz 2 BauGB
durch die Aufstellung der Schauvitrinen in den Arkadenausschnitten liegt
hier nicht in der Ausstrahlungswirkung der Schauvitrinen auf das Erhaltungsgebiet insgesamt, denn dazu fehlt ihnen aufgrund der zurückhaltenden
Gestaltung die optische Dominanz. Es ist vielmehr die Veränderung der städtebaulich relevanten Gestalt des Arkadengangs und die daraus folgende Vorbildwirkung für eine Vielzahl anderer Arkaden in dem Geschäftsviertel, denn
Erhaltungsrecht dient dazu, städtebauliche Qualitäten nicht nur passiv im
Bestand zu bewahren, sondern auch aktiv für die Zukunft fortzuschreiben
(vgl. Schneider, Die Freiheit der Baukunst, Schriften zum öffentlichen Recht,
Bd. 882, S. 249).

Die Unbedenklichkeitserklärung der Unteren Denkmalschutzbehörde von
1997, aus der das Verwaltungsgericht in dem angefochtenen Urteil seinen
„Erst-Recht-Schluss" gezogen hat, steht der Versagung der Erteilung der Baugenehmigung für die Schauvitrinen aus erhaltungsrechtlichen Gründen nicht
entgegen. Sie ist aus fachlicher Sicht vielmehr nachvollziehbar, weil die denkmalschutzrechtlich relevanten Originalarkaden nur noch im Bereich der bei-

den Eckhäuser an der M.-straße und an der Straße Unter den Linden vorhanden sind und als solche nicht optisch von den in der Erdgeschosszone der Grundstücke F.-straße aufgestellten, zurückhaltend gestalteten Schauvitrinen beeinträchtigt werden. Schützenswerte Originalelemente der Gebäude F.-straße sind hier ebenfalls nicht betroffen, weil die Erdgeschosszone umfassend modernisiert und dadurch überformt worden ist (nur rechteckige Arkadenausschnitte statt Rundbögen und Marmorplattenverkleidung). In diesem Bereich werden die Originalarkaden lediglich gestalterisch aufgegriffen und fortgeführt. Hierin liegt der städtebauliche Eigenwert dieser Arkaden, die zwar selbst nicht vom Denkmalschutz erfasst werden, aber erhaltungsrechtlich relevant sind. Während der Denkmalschutz an bestimmte Schutzkategorien (vgl. § 2 Abs. 2 Satz 1 DSchG Bln) zur Bewahrung der historischen Originalsubstanz anknüpft und an die Erhaltungswürdigkeit eines Gebäudes, ist die Vereinbarkeit eines Vorhabens mit einer städtebaulichen Erhaltungsverordnung eine Frage der Erhaltungsziele, bei denen die städtebauliche Gestalt im Vordergrund steht und deren Fortschreibung für die Zukunft (vgl. Ernst/Zinkahn/Bielenberg, BauGB, Stand: April 2005, § 172 Rdnr. 31).

Dies zeigt den grundsätzlichen Unterschied zwischen dem Denkmalschutzrecht und dem Erhaltungsrecht als Teil des Städtebaurechts und macht zugleich deutlich, dass der „Erst-Recht-Schluss" des Verwaltungsgerichts aufgrund eines vermeintlich gestuften Anforderungsniveaus im Verhältnis von Denkmalschutzrecht und städtebaulichem Erhaltungsrecht (§ 172 Abs. 1 Nr. 1 BauGB) nicht zulässig sein kann. Die denkmalschutzrechtliche Genehmigung ersetzt gemäß § 12 Abs. 3 Satz 1 DSchG Bln nicht die aufgrund anderer Rechtsvorschriften erforderlichen Genehmigungen. Dies gilt auch für ein neben dem Denkmalschutz zu beachtendes Genehmigungserfordernis nach einer städtebaulichen Erhaltungsverordnung i.S. des § 172 Abs. 1 Nr. 1 BauGB, wie der vorliegende Fall zeigt.

Gründe des Denkmalschutzes und städtebauliche Erhaltungsgründe sind deshalb prinzipiell voneinander getrennt zu sehen und zu prüfen (vgl. BVerwG, Urteil v. 3. 7. 1987, BRS 47 Nr. 129).

Zu dieser Beurteilung der Beeinträchtigung der städtebaulichen Eigenart des Gebiets aufgrund seiner städtebaulichen Gestalt durch die Schauvitrinen ist der Senat als u. a. für das Städtebaurecht zuständiger Fachsenat aufgrund eigener Sachkunde bei der Bewertung städtebaulicher Situationen im Rahmen von Ortsbesichtigungen in der Lage, ohne dass hierzu ein Sachverständigengutachten eingeholt werden müsste. Dies gilt umso mehr, als diese Beurteilung mit der der hier maßgeblichen Fachbehörde (Abteilung Stadtentwicklung) übereinstimmt. Die von der Klägerin mit dem von ihr genannten Aktenzeichen OVG 6 A 12.03 (OVGE 24, 228) in Bezug genommene Rechtsprechung des OVG betrifft demgegenüber denkmalbehördliche Gutachten und Äußerungen, die hier nicht infrage stehen. Abgesehen davon bestehen gegen eine sachverständige Beratung des Gerichts durch fachkundige Stellungnahmen der zuständigen Behörde keine Bedenken (vgl. OVG Berlin, Urteil v. 12. 11. 1993, OVGE 21, 81 = BRS 56 Nr. 216; Urteil v. 22. 5. 2003, OVGE 24, 228, 240).

Unter diesen Umständen kann dahinstehen, ob die fünf Schauvitrinen auch eine Ortsbildbeeinträchtigung i. S. des Bauplanungsrechts (§ 34 Abs. 1 Satz 2, 2. Halbs. BauGB) darstellen, ob sie den Anforderungen der Verordnung über die äußere Gestaltung baulicher Anlagen, Werbeanlagen und Warenautomaten im Bereich der Straße Unter den Linden vom 12. 3. 1997 (GVBl. S. 99) – Baugestaltungsverordnung – genügen oder wegen störender Häufung gegen das bauordnungsrechtliche Verunstaltungsverbot (§ 11 Abs. 2, § 10 Abs. 2 BauO Bln) verstoßen.

H. Rechtsprechung zu städtebaulichen Verträgen

Nr. 212

In einem städtebaulichen Vertrag nach § 11 Abs. 1 Satz 2 Nr. 3 BauGB darf vereinbart werden, dass der Vertragspartner auch die verwaltungsinternen Kosten (Personal- und Sachkosten) zu tragen hat, die der städtebaulichen Planung einer Gemeinde zurechenbar sind. Ausgenommen hiervon sind Kosten für Aufgaben, die die Gemeinde nicht durch Dritte erledigen lassen dürfte, sondern durch eigenes Personal wahrnehmen muss.

BauGB 1998 §§ 2 Abs. 3, Abs. 4, 4b, 11; BauGB 2004 §§ 1 Abs. 3 Satz 2, Abs. 8, 4b, 11; BGB § 291; GVG § 17b Abs. 1 Satz 2; VwVfG § 59; ZPO §§ 261, 696.

Bundesverwaltungsgericht, Urteil vom 25. November 2005 – 4 C 15.04 –.

(VG Hannover)

Die Klägerin – eine Gemeinde – macht gegen den Beklagten einen vertraglichen Zahlungsanspruch geltend.

1999 wandte sich der Beklagte in seiner Eigenschaft als Geschäftsführer einer Immobiliengesellschaft mit dem Antrag an die Klägerin, den Bebauungsplan Nr. 9 „Nordost – H." zu dem Zweck zu ändern, ein Doppelhaus nachträglich zu legalisieren, das im Rohbau bereits fertig gestellt war und die im Plan festgesetzten Baugrenzen überschritt. Nachdem der Verwaltungsausschuss der Klägerin im Juni 1999 einen Aufstellungsbeschluss gefasst hatte, schlossen die Beteiligten im Juli 1999 eine Vereinbarung, in deren Nr. 2 sich die Klägerin verpflichtete, für den Bereich der beiden Doppelhausgrundstücke, die der Ehefrau des Beklagten und einem Herrn B. gehören, sowie zwei weiterer, im Eigentum der Immobiliengesellschaft stehender Grundstücke ein Verfahren zur Änderung des Bebauungsplans durchzuführen. Im Gegenzug verpflichtete sich der Beklagte in Nr. 3, „alle Kosten, inklusive der Verwaltungskosten, die der Gemeinde S. im Rahmen der Aufstellung und Durchführung des Verfahrens zur 3. Änderung des Bebauungsplans Nr. 9 ... entstehen, zu übernehmen", und zwar „unabhängig vom Ausgang dieses Änderungsverfahrens". Der Beklagte sagte ferner zu, vorab einen Vorschuss von 2000,– DM zu zahlen.

Nach Abschluss des Verfahrens, das mit der vom Beklagten angestrebten Planänderung endete, errechnete die Klägerin die ihr entstandenen Kosten mit 7968,64 DM. Diese setzen sich zusammen aus Kosten für den Einsatz eigenen Personals i. H. v. 1596,25 DM, sachlichen Verwaltungskosten i. H. v. 796,60 DM, Honorarkosten für ein Ingenieurbüro i. H. v. 5533,20 DM und Kosten für die Anfertigung von Lichtpausen i. H. v. 42,59 DM. Nach Abzug des vom Beklagten im August 1999 geleisteten Vorschusses verblieb eine Restforderung über 5968,64 DM (= 3051,72 €), die die Klägerin im Januar 2003 erfolglos gegenüber dem Beklagten geltend machte.

Im Juli 2003 erwirkte die Klägerin einen Mahnbescheid und erhob im Oktober 2003 beim Amtsgericht Zahlungsklage, nachdem der Beklagte gegen den Mahnbescheid rechtzeitig Widerspruch eingelegt hatte. Mit Beschluss vom Dezember 2003 verwies das Amtsgericht den Rechtsstreit gemäß § 17a Abs. 2 Satz 1 GVG an das Verwaltungsgericht. Dort verteidigte sich der Beklagte gegen die klägerische Forderung mit der Begründung, dass die Vereinbarung, auf die die Klägerin ihren Anspruch stütze, wegen eines Verstoßes gegen § 11 Abs. 2 Satz 1 BauGB nichtig sei.

Das Verwaltungsgericht hat den Beklagten verurteilt, an die Klägerin 3051,72 € zuzüglich Zinsen zu zahlen.

Der Beklagte hat die vom Verwaltungsgericht zugelassene Sprungrevision mit dem Ziel der Klagabweisung eingelegt.

Die Revision hatte nur zu einem geringen Teil Erfolg.

Aus den Gründen:

II. 1. Das Verwaltungsgericht hat die zwischen den Beteiligten geschlossene Vereinbarung vom Juli 1999, aus deren Nr. 3 die Klägerin ihren Zahlungsanspruch herleitet, zutreffend als städtebaulichen Vertrag i. S. des § 11 BauGB gewertet. Zweifelhaft ist allerdings, ob es sich – wie das Gericht meint – bei der Vereinbarung um einen Vertrag handelt, der keinem der in § 11 Abs. 1 Satz 2 BauGB beispielhaft („insbesondere") aufgeführten Vertragstypen entspricht, oder um einen Vertrag i. S. des § 11 Abs. 1 Satz 2 Nr. 3 BauGB, wonach Gegenstand eines städtebaulichen Vertrags die Übernahme von Kosten und sonstigen Aufwendungen sein kann, die der Gemeinde für städtebauliche Maßnahmen entstehen oder entstanden sind und die Voraussetzung oder Folge des geplanten Vorhabens sind. Die Subsumtion der umstrittenen Vereinbarung unter diese Bestimmung scheitert nicht daran, dass es den Vertragsparteien nicht darum ging, durch die Änderung des Bebauungsplans einem beabsichtigten Vorhaben den planungsrechtlichen Weg zu ebnen, sondern um die Legalisierung eines bereits verwirklichten Vorhabens. Die in der Vorschrift erfolgte zukunftsgerichtete Bezugnahme auf ein geplantes Vorhaben trägt dem Regelfall Rechnung, der, entsprechend dem Sinn der städtebaulichen Verträge, zu einer deutlich stärkeren Zusammenarbeit von Gemeinden und privaten Investoren und dadurch zu einer zügigen und für beide Vertragspartner vorteilhaften Ausweisung von Bauland beizutragen (BT-Drucks. 13/6392, S. 38), durch einen zeitlichen Vorlauf des Vertragsschlusses vor der Baumaßnahme gekennzeichnet ist. Sie soll aber nicht die Anwendbarkeit der Norm in einem vom Gesetzgeber nicht in den Blick genommenen Ausnahmefall wie dem vorliegenden ausschließen, in dem der Vertrag der Baumaßnahme nachfolgt.

Die Vorinstanz hält § 11 Abs. 1 Satz 2 Nr. 3 BauGB für nicht einschlägig, weil die Kosten, deren Erstattung die Klägerin verlangt, keine Kosten seien, die als Folge der Änderung des Bebauungsplans entstanden sind. Das ist für sich betrachtet richtig, greift allerdings zu kurz, weil zu den Kosten i. S. des § 11 Abs. 1 Satz 2 Nr. 3 BauGB auch Aufwendungen für Maßnahmen gehören, die Voraussetzung für die Realisierung des Vorhabens sind. Im Schrifttum sind denn auch Kosten für Planungsleistungen, die erforderlich sind, um ein Vorhaben genehmigen zu können, als Gegenstand einer Vereinbarung nach § 11 Abs. 1 Satz 2 Nr. 3 BauGB anerkannt (vgl. statt aller: Bunzel/Coulmas/Schmidt-Eichstaedt, Städtebauliche Verträge – ein Handbuch, 2. Aufl., S. 139 f., 151 f.). Freilich darf nicht übersehen werden, dass § 11 Abs. 1 Satz 2 Nr. 3 BauGB eine gesetzliche Ausprägung des seit langem in der höchstrichterlichen Rechtsprechung gebilligten Folgekostenvertrages ist, bei dem es um Aufwendungen geht, die den Gemeinden als Folge neuer Ansiedlungen für

Anlagen oder Einrichtungen des Gemeinbedarfs entstehen (grundlegend BVerwG, Urteil v. 6. 7. 1973 – 4 C 22.72 –, BVerwGE 42, 331, 336 = BRS 27 Nr. 26 = BauR 1973, 285). Die Genese der Vorschrift könnte mithin dafür sprechen, ihren Anwendungsbereich auf die Kosten von städtebaulichen Maßnahmen für die infrastrukturelle Versorgung zu beschränken und das Begriffspaar „Voraussetzung oder Folge" in dem Sinne zeitlich zu verstehen, dass die Infrastrukturmaßnahmen den eigentlichen Baumaßnahmen vorausgehen oder nachfolgen können. Andererseits enthielt § 6 Abs. 3 BauGB-MaßnahmenG 1993 die Möglichkeit, sich durch Vertrag zu verpflichten, Kosten und sonstige Aufwendungen zu übernehmen, die der Gemeinde für städtebauliche Planungen entstehen. Es spricht wenig dafür, dass der Gesetzgeber diese Möglichkeit, im lediglich knapper formulierten Wortlaut des § 11 Abs. 1 Satz 2 Nr. 3 BauBG ausschließen wollte. All dies kann jedoch offen bleiben, weil wie das Verwaltungsgericht zutreffend erkannt hat die Wirksamkeit der Vereinbarung nicht von der Anwendbarkeit des § 11 Abs. 1 Satz 2 Nr. 3 BauGB abhängt.

2. Das Verwaltungsgericht ist davon ausgegangen, dass die Vereinbarung nicht nach § 1 Abs. 1 NVwVfG, § 59 Satz 1 VwVfG und § 134 BGB wegen eines Verstoßes gegen § 2 Abs. 3 und 4 BauGB 1998 (= § 1 Abs. 3 Satz 2 und Abs. 8 BauGB 2004) nichtig ist, wonach ein Anspruch auf die Aufstellung oder Änderung von Bauleitplänen nicht durch Vertrag begründet werden kann. Das ist im Ergebnis nicht zu beanstanden. Allerdings kann sich der Senat zur Begründung nicht darauf zurückziehen, das Verwaltungsgericht habe im Wege der Vertragsauslegung mit bindender Wirkung (§ 137 Abs. 2 VwGO) festgestellt, dass die Klägerin dem Beklagten keinen Anspruch auf die 3. Änderung ihres Bebauungsplans Nr. 9 eingeräumt hat. Wegen der Verpflichtung der Klägerin in Nr. 2 der Vereinbarung, ein Verfahren zur Änderung des Bebauungsplans durchzuführen, steht die in Rechtsprechung und Literatur kontrovers diskutierte Frage im Raum, ob und inwieweit sich aus § 2 Abs. 3 BauGB 1998 auch das Verbot ableiten lässt, einen Anspruch auf bloße Verfahrensdurchführung durch Vertrag zu begründen (vgl. zu den unterschiedlichen Standpunkten: VGH Mannheim, Urteil v. 15. 12. 1994 – VGH 5 S 870/ 93 –, juris; Grziwotz, Baulanderschließung, S. 186 ff.; Neuhausen, in: Brügelmann, BauGB, Band 2, Stand Februar 2005, § 11 Rdnr. 23; Kahl, DÖV 2000, 793, 798).

Für die Antwort können die Erwägungen fruchtbar gemacht werden, die für die Ablehnung des Anspruchs auf Aufstellung eines Bebauungsplans maßgebend sind. Eine Gemeinde darf sich durch ihr nach außen handelndes Organ der Gemeindeverwaltung nicht auf einen Bebauungsplan mit einem bestimmten Inhalt festlegen, weil sie dadurch der kommunalrechtlich zuständigen, aus demokratischen Wahlen hervorgegangenen Vertretungskörperschaft das Recht beschnitte, frei und unvoreingenommen darüber zu entscheiden, welche städtebauliche Entwicklung und Ordnung (§ 1 Abs. 3 BauGB) im Gemeindegebiet verwirklicht werden soll. Auch würde vereitelt, dass nach Ablauf des formalisierten Verfahrens mit Bürgerbeteiligung und Beteiligung der Träger öffentlicher Belange die für und gegen die Planung sprechenden Belange von dem dafür zuständigen Organ nach § 1 Abs. 6

BauGB 1998/§ 1 Abs. 7 BauGB 2004 gewichtet und abgewogen werden. Ein der Einleitung des Planverfahrens vorgegebener, mehr oder weniger festgelegter und in dieser Festlegung von einem Begünstigten erzwingbarer Planinhalt würde sich innerhalb des Planverfahrens nahezu zwangsläufig als eine zu missbilligende Verkürzung der gebotenen Abwägung darstellen (vgl. BVerwG, Urteil v. 1. 2. 1980 – 4 C 40.77 –, BRS 36 Nr. 30 = BauR 1980, 333 = Buchholz 406.11 § 2 BBauG Nr. 19; Urteil v. 29. 5. 1981 – 4 C 72.78 –, BRS 38 Nr. 5 = BauR 1982, 30 = DÖV 1981, 878).

Vor diesem Hintergrund darf eine Gemeinde keine Ansprüche auf Einleitung und Durchführung eines Bauleitplanverfahrens begründen, mit denen die im Verlauf des Verfahrens zu beteiligenden Gemeindegremien in ihren Entscheidungen gebunden werden. Ferner müssen auch die Entscheidungsträger in der Gemeindeverwaltung darin frei bleiben, die Arbeit an einem Bebauungsplanentwurf abzubrechen, wenn sie dies aus sachlichen Gründen für geboten oder vertretbar halten. Aufgrund dieser Beschränkungen darf sich die Gemeinde letztlich nicht zu mehr verpflichten, als über die Einleitung und Fortsetzung eines Bebauungsplanverfahrens nach ihren städtebaulichen Vorstellungen (§ 1 Abs. 3 BauGB) zu entscheiden.

Das vorinstanzliche Urteil enthält keine Feststellungen dazu, ob und in welchem Umfang die Vereinbarung dem Beklagten Ansprüche vermitteln sollte. Gleichwohl bedarf es keiner Zurückverweisung der Sache.

Die im Anschluss an den Aufstellungsbeschluss getroffene Vereinbarung ist auslegungsbedürftig. Bei ihr kann es sich um ein so genanntes „hinkendes Austauschverhältnis" handeln, d. h. um eine Vereinbarung, in der der Leistung der Klägerin, der Durchführung eines Verfahrens zur Änderung des Bebauungsplans, kein Rechtsanspruch des Beklagten gegenüberstehen sollte (vgl. zum „hinkenden Austauschvertrag" BVerwG, Urteil v. 16. 5. 2000 – 4 C 4.99 –, BVerwGE 111, 162, 164, 165 = BRS 63 Nr. 233 = BauR 2000, 1699). Denkbar ist allerdings auch, dass die Klägerin dem Beklagten einen Anspruch auf Durchführung eines Planänderungsverfahrens bis zur abschließenden Entscheidung im Gemeinderat eingeräumt hat. Schließlich ist möglich, dass der Beklagte nur das Betreiben des Verfahrens bis zu einem eventuellen Hinderungsgrund für dessen Fortsetzung sollte verlangen können. Da das Verwaltungsgericht nicht geklärt hat, wie die Vereinbarung zu verstehen ist, ist der Senat zu einer eigenen Interpretation berechtigt (vgl. BVerwG, Urteil v. 1. 12. 1989 – 8 C 17.87 –, BVerwGE 84, 157, 162).

Die Reichweite der von der Klägerin in Nr. 2 der Vereinbarung eingegangenen Verpflichtung zur Durchführung eines Planänderungsverfahrens erschließt sich durch die Regelung in Nr. 3, nach der die Kosten des Änderungsverfahrens unabhängig von dessen Ausgang vom Beklagten übernommen werden. Die Zusammenschau beider Klauseln ergibt mit hinreichender Deutlichkeit, dass sich die Klägerin das Ergebnis des durch den Aufstellungsbeschluss ihres Verwaltungsausschusses eingeleiteten Planänderungsverfahrens offen gehalten und künftige Entscheidungen der zuständigen Gemeindegremien und der Gemeindeverwaltung nicht präjudiziert hat. Sie hat dem Beklagten keinen Anspruch auf Durchführung des Verfahrens bis zu einem Beschluss des Gemeinderats über die Planänderung eingeräumt, sondern sich vorbehalten, das Verfahren in jedem Stadium abzubrechen. Wenn die Vereinbarung dem Beklagten überhaupt einen Anspruch vermittelte, dann war dieser allenfalls darauf gerichtet, dass die Klägerin das begonnene Änderungsverfahren nicht willkürlich einstellt. Das ist mit §2 Abs.3 und 4 BauGB 1998 vereinbar.

3. Zu Recht hat das Verwaltungsgericht die Vereinbarung nicht an §11 Abs.2 Satz1 BauGB scheitern lassen, der anordnet, dass die vereinbarten Leistungen den gesamten Umständen nach angemessen sein müssen. Das Gebot der Angemessenheit verlangt, dass bei wirtschaftlicher Betrachtung des Gesamtvorgangs die Gegenleistung des Vertragspartners der Behörde nicht außer Verhältnis zu dem wirtschaftlichen Wert der von der Behörde zu erbringenden Leistung stehen darf und dass auch sonst keine Anhaltspunkte dafür gegeben sind, dass die Gegenleistung eine unzumutbare Belastung bedeutet (BVerwG, Urteil v. 6.7.1973 – 4 C 22.72 –, BVerwGE 42, 331, 345 = BRS 27 Nr.26 = BauR 1973, 285).

a) Der Beklagte wird durch die vertragliche Zahlungspflicht nicht deshalb unzumutbar belastet, weil er, wie er behauptet, an dem Abschluss der Vereinbarung kein eigenes Interesse gehabt hat. Für die Angemessenheit seiner Zahlungsverpflichtung ist entscheidend, dass die Vereinbarung nach den bindenden Feststellungen im angefochtenen Urteil auf seine Initiative zustande gekommen ist. Auf seine Motive und seine rechtlichen und wirtschaftlichen Beziehungen zu Dritten (Grundeigentümer, Bauunternehmer, Architekt etc.) kommt es nicht an. Sie mussten deshalb weder von der Klägerin noch von der Vorinstanz ermittelt werden.

b) Die Vereinbarung ist auch nicht deshalb unangemessen, weil der Beklagte nach Nr.3 der Vereinbarung „alle" Kosten tragen muss, die im Rahmen des Planänderungsverfahrens entstanden sind. Die Klausel erlegt dem Beklagten keine schrankenlose Verpflichtung auf, sondern nach der den Senat bindenden Auslegung, die sie durch die Vorinstanz erfahren hat, nur die Übernahme der anfallenden Verwaltungs- und Planungskosten.

4. Dem Verwaltungsgericht ist darin beizupflichten, dass die Vereinbarung nicht gegen den Kausalitätsgrundsatz verstößt. Sämtliche Kosten, deren Erstattung die Klägerin verlangt, sind durch die Änderung des Bebauungsplans veranlasst. Dies gilt nicht nur für das Honorar für das beauftragte Planungsbüro und die Ausgaben für die Anfertigung von Lichtpausen, sondern auch für die verwaltungsinternen Kosten der Klägerin. Die Ursächlichkeit zwischen der Planänderung und den geltend gemachten eigenen Personal- und Sachkosten entfällt nicht deshalb, weil diese Kosten vom Gemeindehaushalt getragen werden und unabhängig von dem Planänderungsverfahren „sowieso" entstanden sind (vgl. Stich, in: Berliner Kommentar zum BauGB, 3.Aufl., §11 Rdnr.37; Bunzel/Coulmas/Schmidt-Eichstaedt, a.a.O., S.157; a.A. Krautzberger, in: Ernst/Zinkahn/Bielenberg/ders., BauGB, §11 Rdnr.159; Quaas, in: Schrödter, BauGB, 6.Aufl., §11 Rdnr.29, 44; Oerder, BauR 1998, 22, 26; Dolde/Menke, NJW 1999, 1070, 1082; Bick, DVBl. 2001, 154, 158). Gemeinden leisten sich Personal und Sachmittel nicht um ihrer selbst willen, sondern finanzieren sie zum Aufbau und zur Aufrechterhaltung eines funktionsfähigen Dienstleistungsapparats. Diesen Apparat hat der

Beklagte in dem Umfang in Anspruch genommen, in dem sich die Bediensteten der Klägerin der Planänderung gewidmet und dafür Sachmittel aufgewandt haben. Da die Bediensteten ansonsten andere Dienstleistungen für die Klägerin erbracht und die sachlichen Mittel anders eingesetzt hätten, sind die Verwaltungskosten, deren Erstattung die Klägerin verlangt, durch das vom Beklagten initiierte Planänderungsverfahren verursacht worden (vgl. auch OVG Hamburg, Urteil v. 29. 5. 1986 – Bf II 6/86 –, DÖV 1987, 257, 259).

Es gibt keine hinreichenden Anhaltspunkte dafür, dass der Gesetzgeber § 11 Abs. 1 Satz 2 Nr. 3 BauGB in der Formulierung des Vertreters des Bundesinteresses „kameralistisch" verstanden wissen will und eine vertragliche Abwälzung der persönlichen und sachlichen Verwaltungskosten von vornherein für unzulässig hält. Entgegen der Ansicht des Beklagten lässt sich nicht unter Bezugnahme auf die Entscheidung des Senats vom 22. 11. 1968 (– 4 C 82.67 –, BVerwGE 31, 90, 94) einwenden, dass es an einer ausdrücklichen gesetzlichen Ermächtigung zugunsten der Übertragbarkeit dieser Kosten fehlt. Mit dieser Begründung hatte der Senat seinerzeit die Kosten für die verwaltungsmäßigen und technischen Arbeiten der Gemeinde für eine Erschließungsanlage aus dem Aufwand herausgenommen, der nach § 128 Abs. 1 BBauG (jetzt § 128 Abs. 1 BauGB) beitragsfähig ist, nachdem er zuvor eingeräumt hatte, dass nach dem Wortlaut der Vorschrift (Kosten „für" die Herstellung der Erschließungsanlage) an sich Arbeitsleistungen der Gemeinde zum Erschließungsaufwand gerechnet werden könnten. Die Erwägungen des Senats zu § 128 Abs. 1 BBauG sind auf den städtebaulichen Vertrag nicht übertragbar. Zum einen macht es im Hinblick auf die Reichweite des Vorbehalts des Gesetzes einen Unterschied, ob es – wie im damals entschiedenen Fall – um die Frage geht, welche Belastung einem Bürger einseitig durch einen Verwaltungsakt auferlegt werden darf, oder – wie hier – um die Frage, welche Verpflichtung ein Vertragspartner in einem Vertrag eingehen darf, den abzuschließen eine freiwillige Entscheidung ist. Zum anderen sind die Umstände, aus denen im Urteil vom 22. 11. 1968 die Erforderlichkeit einer ausdrücklichen Ermächtigung abgeleitet worden ist, mit den hier maßgeblichen nicht vergleichbar. Die Autoren des § 128 Abs. 1 BBauG sahen sich bei der Formulierung der Vorschrift mit der Rechtsprechung des Preußischen OVG konfrontiert, das die Erstattungsfähigkeit der verwaltungsinternen Kosten (nur) insoweit anzuerkennen bereit war, als die Gemeinde Personal für die Herstellung einer Erschließungsanlage besonders eingestellt hatte. Angesichts dessen lag es nahe, vom Gesetzgeber ein klares Bekenntnis für die Beitragsfähigkeit der Verwaltungskosten zu fordern. Vor diesem Hintergrund ist die Aussage des Senats zu sehen, der Gesetzgeber sei davon ausgegangen, dass zum Erschließungsaufwand nur solche Kosten gehören sollen, die der Gemeinde durch Herstellung einer Erschließungsanlage zusätzlich entstehen. Eine entsprechende Aussage lässt sich für städtebauliche Verträge nicht treffen. Die Expertenkommission zur Novellierung des Baugesetzbuchs, deren Mitglieder in der Frage, ob die verwaltungseigenen Personal- und Sachkosten vertraglich übernommen werden können, uneins waren, hat dem Gesetzgeber in ihrem Bericht vom 28. 10. 1995 empfohlen, sich in dieser Frage nicht festzulegen, sondern deren Klärung ggf. der Rechtsprechung zu überlassen (Kommissionsbericht S. 98, Rdnr. 147). Dem ist der Gesetzgeber gefolgt. Er hat weder im Wortlaut des § 11 Abs. 1 Satz 2 Nr. 3 BauGB anders als in § 164 a Abs. 2 Nr. 2 2. Halbs. BauGB, der bestimmt, dass zu den Kosten der Ordnungsmaßnahmen nach § 147 nicht die persönlichen oder sachlichen Kosten der Gemeindeverwaltung gehören – noch in den Materialien (BT-Drucks. 13/6392 zu § 11, S. 50) Position bezogen.

5. Die Ermächtigung, über die gemeindlichen Personal- und Sachkosten vertraglich zu disponieren, reicht allerdings weniger weit, als das Verwaltungsgericht angenommen hat. Insoweit verletzt sein Urteil Bundesrecht. Unabhängig davon, ob es sich bei der zwischen den Beteiligten getroffenen Vereinbarung um einen städtebaulichen Vertrag i. S. des § 11 Abs. 1 Satz 2 Nr. 3 BauGB oder um einen Vertragstyp eigener Art handelt, durfte die Klägerin dem Beklagten nicht alle Verwaltungskosten aufbürden, die aus Anlass der 3. Änderung des Bebauungsplans Nr. 9 angefallen sind. Verwaltungskosten sind nur für solche von der Gemeinde selbst durchgeführte Maßnahmen des Bauleitplanverfahrens abwälzbar, die auch auf private Dritte hätten übertragen werden können. Die Aufwendungen für derartige Leistungen eines Dritten können Gegenstand einer vertraglichen Kostenübernahme sein, weil es keinen Grund dafür gibt, Gemeinden, die ein Bebauungsplanverfahren mit eigenem Personal und eigenen Sachmitteln betreiben, finanziell schlechter zu stellen, als sie stünden, wenn sie sich zur Erfüllung der Aufgabe Dritter bedienten. Die Kosten auch für solche Aufgaben überzuwälzen, die sie nicht durch Dritte erledigen lassen dürfen, sondern durch ihre eigenen Bediensteten erfüllen lassen müssen, ist den Gemeinden dagegen verwehrt. Insoweit ist dem Gesetz eine Ausnahme von dem Grundsatz, dass die gesetzliche Aufgabenzuweisung die Anlastung der mit der Wahrnehmung der Aufgaben zusammenhängenden Kosten einschließt (vgl. BVerwG, Urteil v. 23.8.1991 – 8 C 61.90 –, BVerwGE 89, 7, 11), nicht zu entnehmen.

Gemäß § 4 b BauGB kann die Gemeinde insbesondere zur Beschleunigung des Bauleitplanverfahrens die Vorbereitung und Durchführung von Verfahrensschritten nach den §§ 2 a bis 4 a BauGB einem Dritten übertragen. Nach § 11 Abs. 1 Satz 2 Nr. 1 2. und 3. Halbs. BauGB kann Gegenstand eines städtebaulichen Vertrages u. a. die Ausarbeitung der städtebaulichen Planungen sowie erforderlichenfalls des Umweltberichts sein; die Verantwortung der Gemeinde für das gesetzlich vorgesehene Aufstellungsverfahren bleibt unberührt. Diesen Bestimmungen ist zu entnehmen, dass die Gemeinden nicht das gesamte Verfahren „privatisieren" dürfen. So können zwar die Erstellung der Planentwürfe sowie die technische Vorbereitung von Verfahrensschritten nach den §§ 3 und 4 BauGB auf den Vertragspartner übertragen werden, nicht aber die förmlichen Beschlüsse (Aufstellungsbeschluss, Auslegungsbeschluss und Beschluss des Bebauungsplans) und die Verkündung des Bebauungsplans (Bunzel/Coulmas/Schmidt-Eichstaedt, a. a. O., S. 79 f.). Mit seinen Regelungen zieht der Gesetzgeber die Grenze, jenseits derer die eigenständige planerische Gestaltungsbefugnis betroffen ist, die einer Übertragung auf andere verschlossen ist.

Ist Maßstab für die Beurteilung der Abwälzbarkeit von Personal- und Sachkosten der Gemeinde, ob es sich um Kosten für Leistungen handelt, die auf der Grundlage entsprechender Vereinbarungen auch von Dritten erbracht werden können, die also nach außen vergeben werden dürfen, kann die Klägerin von den in der Aufstellung vom Januar 2003 enthaltenen, noch offenen Kosten, die weder dem Grunde noch der Höhe nach bestritten sind, einen Betrag i. H. v. 2615,46 € vom Beklagten verlangen, der Restbetrag i. H. v. 436,26 € verbleibt bei ihr.

6. Soweit Nr. 3 der Vereinbarung vom Juli 1999 den Beklagten zur Übernahme auch der nicht abwälzbaren Verwaltungskosten verpflichtet, ist die Vertragsklausel nichtig. Dies führt nicht gemäß § 1 Abs. 1 NVwVfG i. V. m. § 59 Abs. 3 VwVfG zur Gesamtnichtigkeit der Klausel oder gar des gesamten Vertrages. Nach § 59 Abs. 3 VwVfG ist für den Fall, dass die Nichtigkeit nur einen Teil des Vertrages betrifft, dieser im Ganzen nichtig, wenn nicht anzunehmen ist, dass er auch ohne den nichtigen Teil geschlossen worden wäre. Dabei ist entsprechend § 139 BGB auf den mutmaßlichen Willen der Vertragsparteien abzustellen (BVerwG, Beschluss v. 17. 7. 2001 – 4 B 24.01 –, BRS 64 Nr. 230 = BauR 2002, 57 = Buchholz 406.11 § 58 BauGB Nr. 1). Für diesen kommt es nicht darauf an, ob die Parteien den Vertrag ohne den nichtigen Teil tatsächlich gewollt haben, sondern darauf, ob eine objektive Bewertung ergibt, dass sie den Vertrag auch ohne den nichtigen Teil vernünftigerweise abgeschlossen hätten (MünchKomm.-Mayer-Maly/Busche, BGB, Band 1, 4. Aufl., § 139 Rdnr. 28). Ausgehend davon hätte der Beklagte die Vereinbarung auch ohne den nichtigen Teil geschlossen, da sie für ihn günstiger gewesen wäre. Für die Klägerin stellt sich der Vertrag ohne den nichtigen Teil ungünstiger dar, weil die Gegenleistung geringer ausfällt. Ob sie dennoch vernünftigerweise die Vereinbarung eingegangen wäre, ist offen, braucht aber nicht geklärt zu werden. Selbst wenn sie in dem Bewusstsein, einen Teil der Verwaltungskosten selbst tragen zu müssen, von dem Vertragsschluss Abstand genommen hätte, kann der Beklagte aus diesem Umstand nichts für sich herleiten. Eine Partei kann sich nach Treu und Glauben nicht unter Berufung auf § 59 Abs. 3 VwVfG von ihren Vertragspflichten befreien, wenn lediglich eine einzelne abtrennbare Regelung unwirksam ist, die wie hier – ausschließlich den Partner begünstigt und dieser trotz des Fortfalls jener Regelung am Vertrag festhalten will (vgl. BGH, Urteil v. 30. 1. 1997 – IX ZR 133/96 –, MDR 1997, 466, 467, zu § 139 BGB).

7. Rechtsgrundlage des geltend gemachten Zinsanspruchs ist § 291 Satz 1 BGB, der im Verwaltungsprozess entsprechend anwendbar ist (vgl. BVerwG, Urteil v. 4. 12. 2001 – 4 C 2.00 –, BVerwGE 115, 274, 293). Hiernach hat der Schuldner eine Geldschuld von dem Eintritt der Rechtshängigkeit an zu verzinsen. Das Verwaltungsgericht hat die Rechtshängigkeit des Rechtsstreits nach § 261 ZPO auf den Tag der Zustellung der Klageschrift an den Beklagten, den 20. 10. 2003, datiert, und der Klägerin ab diesem Tag Zinsen zugebilligt. Dabei hat es die Regelung in § 187 Abs. 1 BGB übersehen, nach der, wenn für den Anfang einer Frist ein Ereignis maßgebend ist, bei der Berechnung der Frist der Tag nicht mitgerechnet wird, in welchen das Ereignis fällt.

Der Fehler, der dem Verwaltungsgericht unterlaufen ist, führt freilich nicht dazu, dass der Klägerin Zinsen erst ab dem 21. 10. 2003 zuzusprechen sind; denn es trifft nicht zu, dass der Rechtsstreit am 20. 10. 2003 rechtshängig geworden ist. Das Verwaltungsgericht hat außer Acht gelassen, dass dem Verfahren vor der Prozessabteilung des Amtsgerichts ein Mahnverfahren vorausgegangen ist. Nach § 696 Abs. 3 ZPO gilt die Streitsache als mit Zustellung des Mahnbescheids, die hier am 16.8.2003 erfolgt ist, rechtshängig geworden, wenn sie alsbald nach der Erhebung des Widerspruchs abgegeben wird. Die Voraussetzung für die in der Vorschrift angeordnete Fiktion der Rückwirkung des Rechtshängigkeitsbeginns, die alsbaldige Abgabe von der Mahnabteilung an die Prozessabteilung entsprechend § 696 Abs. 1 ZPO, lag hier vor. Dabei kann offen bleiben, ob der Begriff „alsbald" bei einem rein zeitlichen Verständnis noch erfüllt ist, wenn zwischen der Einlegung des Widerspruchs und der Abgabe wie hier ein Zeitraum von einem Monat liegt. Entscheidend ist (vgl. BGH, Urteil v. 16.12.1987 – VIII ZR 4/87 –, BGHZ 103, 20, 28 f.), dass die Klägerin alles ihr Zumutbare für eine alsbaldige Abgabe getan hat. Sie hatte den Antrag auf Durchführung des streitigen Verfahrens – zulässigerweise (§ 696 Abs. 1 Satz 2 ZPO) – bereits in ihren Antrag auf Erlass des Mahnbescheides aufgenommen. Mehr musste sie nicht tun. Namentlich brauchte sie nach Erhebung des Widerspruchs keine Gerichtsgebühren zu entrichten, um der Abgabe der Sache nach § 65 Abs. 1 Satz 2 GKG a. F. den Weg zu bereiten; denn in Niedersachsen sind Gemeinden, soweit die Angelegenheit nicht ihre wirtschaftlichen Unternehmen betrifft, nach § 1 Abs. 1 Nr. 2 GGebBefrG von der Zahlung der Gebühren befreit, welche die ordentlichen Gerichte in Zivilsachen erheben. Zwischen der Einlegung des Widerspruchs am 26.8.2003 und dem Eingang der Sache beim Prozessgericht am 23.9.2003 ist allein aus gerichtsinternen Gründen ein Monat vergangen. Vor einer von ihm nicht zu vertretenden Verzögerung der Sachbehandlung will § 696 Abs. 3 ZPO den Gläubiger schützen (BGH, Urteil v. 16.12.1987, a. a. O., S. 28).

Die Verweisung des Rechtsstreits vom Amtsgericht an das Verwaltungsgericht wirkt sich auf die Frage, wann der Anspruch der Klägerin auf Prozesszinsen entstanden ist, nicht aus. Nach § 17 b Abs. 1 Satz 2 GVG bleiben im Falle der Verweisung die Wirkungen der Rechtshängigkeit bestehen.

Obwohl der Rechtsstreit als seit dem 16.8.2003 rechtshängig gilt, muss es bei dem vorinstanzlichen Ausspruch bleiben, dass der Beklagte Zinsen ab dem 20.10.2003 beanspruchen kann. Der Beklagte ist durch die fehlerhafte Bestimmung des Zeitpunkts des Eintritts der Rechtshängigkeit nicht beschwert, und die Klägerin hat das Urteil, das insoweit zu ihren Ungunsten ausgefallen ist, nicht angefochten.

Die Höhe des Zinsanspruchs folgt aus § 288 Abs. 1 Satz 2 BGB.

Nr. 213

Städtebauliche Folgekostenverträge gemäß § 11 Abs. 1 Satz 2 Nr. 3 BauGB (früher § 6 Abs. 3 BauGB-MaßnG) sind nicht nur mit dem Träger eines größeren Vorhabens (Investor) zulässig, sondern auch mit den (ggf. zahlreichen) einzelnen Grundstückseigentümern eines Plangebiets im Rahmen einer „Angebotsplanung" der Gemeinde.

BauGB § 11 Abs. 1 Satz 2 Nr. 3; BauGB-MaßnG § 6 Abs. 3; LVwVfG §§ 56 Abs. 1 Satz 2, 59 Abs. 2 Nr. 4, Abs. 3, 62 Satz 2; BGB §§ 133, 157.

VGH Baden-Württemberg, Urteil vom 2. Februar 2005 – 5 S 639/02 – (rechtskräfti, nach Beschluss des BVerwG vom 21. 6. 2005 – 4 B 32.05 –, abgedruckt unter Nr. 214).

(VG Stuttgart)

Die Beteiligten streiten über einen Zahlungsanspruch der Klägerin (Stadt) gegen den Beklagten aus einem Folgekostenvertrag.

Der Gemeinderat der Klägerin faßte 1993 den Beschluß, für das etwa 9 ha große, am Rand des Ortsteils gelegene Gebiet einen Bebauungsplan aufzustellen. Er trat 1997 in Kraft. Der Beklagte war Eigentümer der beiden Grundstücke mit einer Gesamtfläche von 2945 qm, die ursprünglich im Außenbereich lagen und in das Plangebiet aufgenommen wurden. Nach Durchführung des Umlegungsverfahrens erhielt er das Eigentum an dem neu gebildeten Grundstück Flst.Nr. 4945 mit einer Fläche von 2040 qm.

Der Gemeinderat der Klägerin beschloß 1994 auf der Grundlage einer Aufstellung zur „Ermittlung der Folgekosten" für Kindergärten und Grundschule, nicht aber für weiterführende Schulen, Sporthalle und überörtliche Erschließungsanlagen, Folgekosten zu verlangen, und bezifferte sie für diese beiden Einrichtungen auf 43,22 DM pro qm Grundstücksfläche.

Nachdem die Klägerin bereits vorher über das Bebauungsplan- und das freiwillige Umlegungsverfahren sowie die zu erwartenden Erschließungs- und Folgekosten informiert hatte, berief sie 1994 eine Versammlung der Eigentümer der im Plangebiet gelegenen Grundstücke ein. Ihnen wurde mit Schreiben der Klägerin vom 5. 12. 1994 das Protokoll der Versammlung nebst Plänen und einer „Beispielrechnung" für ein 1000 qm großes Grundstück übersandt. Daraus ließ sich entnehmen, daß die Planungs- und Umlegungskosten voraussichtlich 4,91 DM/qm und die Erschließungskosten 221,98 DM/qm sowie die Folgekosten 43,22 DM/qm und insgesamt also 270,11 DM/qm Grundstücksfläche betragen würden.

Im übrigen fanden wiederholt Einzelgespräche zwischen dem Beklagten und den Sachbearbeitern der Klägerin sowie deren Bürgermeister über die abzuschließenden Umlegungs-, Erschließungsdurchführungs- und Folgekostenverträge statt, in denen der Beklagte seine Vorstellungen über das ihm zuzuteilende Grundstück und die darauf zulässige Bebauung – u. a. anhand von Grundrißskizzen geplanter Mehrfamilienwohnhäuser – darlegte. Außerdem wurde dem Beklagten auf seinen Wunsch über die ihm nach der Umlegung zustehende Fläche hinaus eine „Mehrzuteilung" i. H. v. 420 qm zugesagt. Auch die Höhe der Folgekosten von insgesamt ca. 270,– DM/qm und die Zahlungsmodalitäten kamen ausweislich der Protokolle zur Sprache.

Nachdem sich der Beklagte zunächst geweigert hatte, gemeinsam mit den anderen betroffenen Grundstückseigentümern in einem Notartermin die Verträge abzuschließen, teilte er mit Schreiben vom 17. 12. 1996 der Klägerin u. a. folgendes mit:

„Ich weise hiermit nochmals darauf hin, daß ich nicht beabsichtige, die Umlegung „S. I 1993" scheitern zu lassen . . .

Gebe meine Einwurfgrundstücke . . . mit einer Fläche von 2945 qm . . . ab.

Wie bisher erhalte dafür das neu gebildete Flurstück 4945 mit einer Fläche von 2040 qm . . .

Zum Erschließungsdurchführungsvertrag und Zahlungsmodalitäten über die Kostenermittlung vom 25. 10. 1994 und 9. 11. 1994 mit Beschluß des Gemeinderats i. H. v. 270,11 DM pro qm Bauplatzfläche, wäre für mein neues Flurstück 4945 in dem Baugebiet „S. I" mit 2040 qm Fläche mit einer Summe von 551 024,40 DM, werde ich

bezahlen, wenn das letzte Grundstück „Gemeindebauplatzfläche 3" durch die Gemeindeverwaltung verkauft worden ist. ...
Ich gehe sogar auf die errechneten Kosten von 270,11 DM pro qm ein!
Von mir aus soll diese Umlegung nicht scheitern! ..."
1996 schlossen die Stadtbau R. und der Beklagte einen Erschließungsdurchführungsvertrag sowie die Klägerin und der Beklagte einen Umlegungs- und einen Folgekostenvertrag. Der Folgekostenvertrag lautet wie folgt:
„§ 1 Vertragsgegenstand
1. Die Stadt R. betreibt derzeit das Bebauungsplanverfahren für das Baugebiet „S. I". Die Verwirklichung des Bebauungsplanes wird zu erheblichen Folgekosten führen, die nach BauGB und KAG nicht beitragsfähig sind. Die Folgekosten betragen nach der Kostenermittlung 98,97 DM je qm Grundstücksfläche. Die Stadt sieht sich außer Stande den Bebauungsplan aufzustellen, ohne daß ein Teil der Folgekosten von den Grundstückseigentümern getragen wird.
2. ...
3. Gegenstand des Vertrages ist die Übernahme eines Teils der Folgekosten durch die Grundstückseigentümer.
...
§ 2 Erstattung von Folgekosten
1. Der Eigentümer verpflichtet sich, sich an den Folgekosten für Kindergärten zu beteiligen. Diese Kosten betragen nach der Kostenermittlung zusammen 43,22 DM je qm Grundstücksfläche.
2. Das künftige Grundstück des Eigentümers ist noch nicht vermessen. Es hat eine voraussichtliche Größe von 2040 qm. Der vorläufige Folgekostenbeitrag des Eigentümers beträgt danach (2040 qm x 43,22 DM) = 88 168,80 DM.
3. ..."
In den mit den übrigen Grundstückseigentümern des Plangebiets abgeschlossenen Folgekostenverträgen lautet § 2 Nr. 1 des Vertrags wie folgt:
„Der Eigentümer verpflichtet sich, sich an den Folgekosten für Kindergärten und Grundschule zu beteiligen. Diese Kosten betragen nach der Kostenermittlung zusammen 43,22 DM je qm Grundstücksfläche."
1996 erklärte der Beklagte, er widerrufe den Erschließungsdurchführungsvertrag und den Folgekostenvertrag. Der Folgekostenbeitrag für sein neues Grundstück sei zu hoch und nicht berechtigt. Er verweigerte die Zahlung der Folgekostenbeiträge.

Aus den Gründen:
Das Verwaltungsgericht hätte der Klage stattgeben müssen, soweit die Klägerin die Zahlung von 33 535,47 € vom Beklagten verlangt. In dieser Höhe kommt ihr ein Anspruch aus dem am 18.12.1996 zwischen den Beteiligten abgeschlossenen Folgekostenvertrag zu. Die darüber hinausgehende Forderung der Klägerin ist jedoch unbegründet; insoweit ist die Klage daher abzuweisen.
Folgekostenverträge sind in dem zum Zeitpunkt des Vertragsschlusses geltenden und damit hier maßgeblichen § 6 Abs. 3 des Maßnahmengesetzes zum Baugesetzbuch vom 28.4.1993 (BGBl. I, 622, i.d.F. des Änderungsgesetzes v. 1.11.1996, BGBl. I, 1626) – BauGB-MaßnG – ausdrücklich geregelt (ähnlich der seit dem 1.1.1998 geltende § 11 Abs. 1 Satz 2 Nr. 3 und Abs. 2 BauGB i.d.F. der Bekanntmachung v. 23.9.2004, BGBl. I, 2414). Danach können sich Bauwillige gegenüber der Gemeinde durch Vertrag verpflichten, Kosten und sonstige Aufwendungen zu übernehmen, die der Gemeinde für städtebauliche Planungen, andere städtebauliche Maßnahmen sowie Anlagen und

Einrichtungen, die der Allgemeinheit dienen, entstehen; die städtebaulichen Maßnahmen, Anlagen und Einrichtungen können auch außerhalb des Gebiets liegen. Auch die Bereitstellung erforderlicher Grundstücke kann vereinbart werden. Die Kosten und Aufwendungen sowie die Planungen, städtebaulichen Maßnahmen, Anlagen und Einrichtungen müssen Voraussetzung oder Folge des vom Bauwilligen geplanten Vorhabens sein. Die vertraglich vereinbarten Leistungen müssen den gesamten Umständen nach angemessen sein; die Vereinbarung einer vom Bauwilligen zu erbringenden Leistung ist unzulässig, wenn er auch ohne sie einen Anspruch auf Erteilung der Genehmigung hätte und sie auch nicht als Nebenbestimmung gefordert werden könnte.

Ein Folgekostenvertrag ist ein öffentlich-rechtlicher Vertrag (BVerwG, Urteil v. 6. 7. 1973 – IV C 22.72 –, BVerwGE 42, 331 = BRS 27 Nr. 26 = BauR 1973, 285), auf den die Vorschriften der §§ 54 ff. LVwVfG und – gemäß § 62 LVwVfG – ergänzend ggf. die Vorschriften des Bürgerlichen Gesetzbuchs anzuwenden sind. Dabei kann offen bleiben, ob dieser als subordinationsrechtlicher oder als koordinationsrechtlicher Vertrag anzusehen ist (vgl. dazu Birk, Die städtebaulichen Verträge nach dem BauGB 1998, 3. Aufl. 1999, Rdnr. 18 ff., m.w.N zum Streitstand), und bei welchen Verstößen gegen die in § 6 Abs. 3 BauGB-MaßnG – bzw. heute § 11 Abs. 1 Satz 2 Nr. 3, Abs. 2 und 3 BauGB – angeführten oder die ergänzend nach §§ 54 ff. LVwVfG heranzuziehenden Bestimmungen oder gegen allgemeine Grundsätze von einer Unwirksamkeit auszugehen ist (vgl. für subordinationsrechtliche Verträge § 59 Abs. 2 LVwVfG sowie § 59 Abs. 1 LVwVfG – insbesondere i. V. m. § 134 BGB –, für koordinationsrechtliche Verträge § 59 Abs. 1 LVwVfG; vgl. dazu Neuhausen, in: Brügelmann, BauGB, Stand: Okt. 2003, § 11 Rdnrn. 13, 46, 51; Kopp/ Ramsauer, VwVfG, 8. Aufl. 2003, § 59 Rdnrn. 1 ff., m. w. N.). Denn der zwischen der Klägerin und dem Beklagten geschlossene Vertrag von 1996 hält alle zu stellenden rechtlichen Anforderungen ein.

I. Die Wirksamkeit des Vertrags scheitert entgegen der Auffassung des Verwaltungsgerichts nicht daran, daß im Vertragstext als Zweck der vom Beklagten zu leistenden Zahlung von 43,22 DM pro qm Fläche seines Grundstücks lediglich Folgekosten für Kindergärten ausdrücklich angeführt sind und der vereinbarte Folgekostenbeitrag dafür nicht angemessen wäre. Wirksam vereinbart wurde nämlich die Übernahme von Folgekosten für Kindergärten und Grundschule, obwohl die Wörter „und Grundschule" im Vertragstext fehlen.

Die Tatsache, daß in § 1 Nr. 1 der vom Beklagten unterzeichneten Vertragsurkunde – im Gegensatz zum Vertragsentwurf und zu den mit den anderen Eigentümern abgeschlossenen Verträgen – die Erwähnung der Grundschule fehlt, hat schon deshalb keinen Einfluß auf die Wirksamkeit des Vertrages, weil es sich dabei nicht um den „Vertragsgegenstand" handelt. Dieser ist vielmehr die Übernahme von Folgekosten i. H. v. 43,22 DM je qm Grundstücksfläche und insgesamt von 88 168,80 DM. Er ist damit im Vertrag korrekt bezeichnet. Das Verwaltungsgericht hat allerdings zu Recht dargelegt, daß auch bei Folgekostenverträgen der Zweck der Gegenleistung bestimmt sein muß. Da es sich um einen unvollständigen („hinkenden") Austauschvertrag handelt, findet auch § 56 Abs. 1 LVwVfG zumindest entsprechende Anwendung (Kopp/Ramsauer, a. a. O., §65 Rdnr. 3; vgl. auch – zu einem ähnlichen städtebaulichen Vertrag – BVerwG, Urteil v. 16. 5. 2000 – 4 C 4.99 –, BVerwGE 111, 162 = BRS 63 Nr. 233 = BauR 2000, 1699). Danach ist Voraussetzung, daß die Gegenleistung – die den gesamten Umständen nach angemessen sein und im sachlichen Zusammenhang mit der vertraglichen Leistung der Behörde stehen muß – für einen bestimmten Zweck im Vertrag vereinbart wird. Bei Verträgen über Folgekosten wird es deshalb i. d. R. erforderlich sein, daß die Maßnahmen, für die sie geleistet werden sollen, benannt werden oder bestimmt werden können. Diese Konkretisierung braucht aber nicht notwendig im Wortlaut der Vertragsurkunde in Erscheinung zu treten (BVerwG, Urteil v. 6. 7. 1973 – IV C 22.72 –, a. a. O.). Es reicht vielmehr aus, daß die Maßnahmen bestimmbar sind (BVerwG, Urteil v. 19. 1. 1981 – 8 B 6.81 –, BRS 43 Nr. 12). Diese Bestimmbarkeit ist hier auf Grund der – in §2 Nr. 1 des Vertrages angeführten – Kostenermittlung, der „Zusammenstellung der umzulegenden Planungs- und Umlegungskosten, der Erschließungskosten und der Folgekosten" des Protokolls über die Sitzung des Gemeinderats der Klägerin und diverser anderer Unterlagen ohne weiteres gegeben. Weitergehende Anforderungen gelten auch nicht wegen des Schriftformerfordernisses nach §6 Abs. 4 BauGB-MaßnG (= §11 Abs. 3 BauGB) bzw. §57 LVwVfG. Es genügt, daß sich im Text der Vertragsurkunde ein Anhaltspunkt findet, auf Grund dessen im Zusammenhang mit den Umständen des Vertragsschlusses die Gegenleistung und ihr Zweck durch Auslegung ermittelt werden können (BVerwG, Urteil v. 16. 5. 2000 – 4 C 4.99 –, a. a. O.; vgl. Kopp/Ramsauer, a. a. O., §56 Rdnr. 7, m. w. N.). Ein solcher Anhaltspunkt besteht hier schon deshalb, weil in §2 des Vertrages die „Kostenermittlung" angeführt wird, außerdem auf Grund der im Vertrag angeführten Höhe des vereinbarten Betrages von 43,22 DM/qm und der ausweislich der anderen Unterlagen an Folgekosten für Kindergärten und Grundschule zu entrichten sein soll.

Selbst wenn man annimmt, daß die Konkretisierung der Folgemaßnahmen, für die Kosten erhoben werden, im Vertragstext aufgenommen werden muß und nur dann dem Schriftformerfordernis genügt ist, ist hier nach dem Grundsatz „falsa demonstratio non nocet" davon auszugehen, daß die Klägerin und der Beklagte – formwirksam – einen Vertrag über Folgekosten für Kindergärten und Grundschule geschlossen haben. ...

II. Der danach ordnungsgemäß zustande gekommene Folgekostenvertrag vom 18. 12. 1996 leidet auch nicht an fundamentalen, seine Unwirksamkeit insgesamt begründenden inhaltlichen Mängeln.

Er betrifft zunächst zulässige Aufwendungen bzw. Kosten für Folgemaßnahmen. Nach §6 Abs. 3 Satz 1 BauGB-MaßnG können nämlich Bauwillige sich gegenüber der Gemeinde verpflichten „Kosten und sonstige Aufwendungen zu übernehmen, die der Gemeinde für städtebauliche Maßnahmen sowie Anlagen und Einrichtungen, die der Allgemeinheit dienen", entstehen (ähnlich §11 Abs. 1 Satz 2 Nr. 3 BauGB). Zu den Anlagen, die der Allgemeinheit dienen, gehören insbesondere Kindergärten und Schulen (vgl. Aufzählung bei Krautzberger, in: Ernst/Zinkahn/Bielenberg, BauGB, Stand: März 2003, §11 Rdnr. 161). Daß diese nach Landesrecht nicht zum Gegenstand von Folgekostenverträgen gemacht werden dürften, ist nicht ersichtlich, läßt sich insbesondere § 78 Abs. 2 GemO nicht entnehmen (vgl. dazu Neuhasen, in: Kohl-hammer-Kommentar, BauGB, Stand Juli 2000, § 11 Rdnr. 45).

Der erforderliche Kausalzusammenhang zwischen dem Vorhaben, der konkreten Maßnahme und den geltend gemachten Kosten ist ebenfalls zu bejahen.

Nach § 6 Abs. 3 Satz 3 BauGB-MaßnG müssen die Kosten und Aufwendungen sowie die Planungen, städtebaulichen Maßnahmen, Anlagen und Einrichtungen „Voraussetzung oder Folge des vom Bauwilligen geplanten Vorhabens" sein (ebenso § 11 Abs. 1 Satz 2 Nr. 3 BauGB). Dieses Kausalitätserfordernis knüpft an die Regelung des § 56 Abs. 1 Satz 1 und 2 LVwVfG an, wonach die Gegenleistung für einen bestimmten Zweck vereinbart und in einem sachlichen Zusammenhang mit der vertraglichen Leistung der Behörde stehen muß, und stellt eine gesetzliche Normierung der Rechtsprechung des Bundesverwaltungsgericht zu Folgekostenverträgen dar (Urteil v. 6. 7. 1973 – IV C 22.72 –, a. a. O.). Es folgt daraus, daß hoheitliche Maßnahmen, wie z. B. die Bauleitplanung, i. d. R. nicht von Gegenleistungen abhängig gemacht werden dürfen. Um eine derartige unzulässige Gegenleistung handelt es sich nur dann nicht, wenn mit Hilfe des Folgekostenvertrags ausschließlich eine Entlastung von den Aufwendungen oder Kosten stattfindet, zu denen der Erlaß des Bebauungsplans, der seinerseits die bebauungsrechtliche Zulässigkeit eines Vorhabens begründet, geführt hat oder führen wird (BVerwG, Urteil v. 6. 7. 1973 – IV C 22.72 –, a. a. O., und v. 14. 8. 1992 – 8 C 19.90 –, BVerwGE 90, 310 = BRS 54 Nr. 29). Diese Anforderungen sind hier erfüllt.

Der Bebauungsplan „S. I" ist Voraussetzung für die Bebaubarkeit des Grundstücks des Beklagten und der anderen im Plangebiet gelegenen Grundstücke. Wegen des durch dieses Baugebiet zu erwartenden Bedarfs an Kindergarten- und Grundschulplätzen waren die von der Klägerin geltend gemachten Folgekosten für die bauliche Erweiterung der bestehenden Grundschule und eines bestehenden Kindergartens außerhalb sowie die Errichtung eines Kindergartens innerhalb des Plangebiets zu erwarten. Daß die Einrichtung oder Anlage, für die Folgekosten übernommen werden sollen, nicht im Baugebiet selbst liegen muß, ist in § 6 Abs. 3 Satz 1 Halbs. 1 BauGB-MaßnG ausdrücklich bestimmt.

Bei der Prüfung der Kausalität ist hier die auf Grund des Bebauungsplans „S. I" zulässige Bebauung des gesamten Plangebiets und nicht nur diejenige auf dem Grundstück des Beklagten zu berücksichtigen. Wäre das Grundstück des Beklagten, das mit zwei dreigeschossigen Mehrfamilienhäusern überbaut werden kann, das einzige im Plangebiet, wäre zwar ebenfalls anzunehmen, daß bei einer Bebauung Kindergarten- und Grundschulplätze erforderlich werden. Je nach Anzahl der benötigten Plätze könnten diese aber möglicherweise auch in bestehenden Kindergärten und Grundschulen geschaffen werden, so daß keine adäquat kausalen Folgekosten für Neubau bzw. Erweiterung und Einrichtung von Kindergarten und/oder Grundschule entstünden. Eine Verpflichtung zur Übernahme eines Folgekostenbeitrags könnte dann eine unzulässige Zuzugsabgabe darstellen (vgl. zu einem solchen Fall: BayVGH, Urteil v. 14. 5. 1980 – 147 IV 78 –, BayVBl. 1980, 722; vgl.

dazu aber BVerwG, Urteil v. 14.8.1992 – 8 C 19.90 –, a.a.O.). Indessen ist nicht allein auf das Grundstück des Beklagten abzustellen.

Zunächst ist der Senat – anders als der Beklagte – der Auffassung, daß Folgekostenverträge auch mit mehreren Grundstückseigentümern oder Vorhabenträgern eines geplanten Baugebiets geschlossen werden können und nicht etwa nur zulässig sind, wenn ein einzelner Vorhabenträger (Investor) als Bauwilliger auftritt (a.A. wohl BayVGH, Urteil v. 2.4.1980 – 290 IV 76 –, BayVBl. 1980, 719 zur Rechtslage vor Inkrafttreten von §6 Abs.3 BauGB-MaßnG und §11 Abs.1 Nr.3 BauGB; ebenso aber wohl noch jetzt Reidt, in: Gelzer/Bracher/Reidt, Bauplanungsrecht, 7.Aufl. 2004, Rdnr.1001; Bick, DVBl. 2001, 154, 159). Indes nötigt weder der Wortlaut von §6 Abs.3 BauGB-MaßnG noch derjenige von §11 Abs.1 Satz2 Nr.3 BauGB zur Einengung des Anwendungsbereichs der Normen auf größere Bauprojekte eines Investors. Es ist kein Grund ersichtlich, warum die Zulässigkeit von Folgekostenverträgen von der Zahl der „Bauwilligen" abhängen soll. Ebenso wie mit einem einzelnen Vorhabenträger, der in einem Baugebiet in größerem Umfang Einzelhäuser, Reihenhäuser oder Geschoßwohnungsbauten errichten und die bebauten Grundstücke anschließend verkaufen will, die Übernahme von – durch die Überplanung und Bebauung des gesamten Gebiets verursachten – Folgekosten vereinbart werden kann, muß dies auch mit mehreren Grundstückseigentümern möglich sein. In solchen Fällen ist als „Vorhaben" die Gesamtheit aller zulässigen Bauvorhaben in dem betreffenden Plangebiet anzusehen, und die Folgekosten müssen nach einem geeigneten, dem Gleichheitsgrundsatz genügenden Schlüssel (vgl. dazu Birk, a.a.O., Rdnr.390) auf die einzelnen Grundstückseigentümer oder „Vorhabenträger" aufgeteilt werden. Davon geht auch ein großer Teil der Literatur aus, unter Ablehnung der als zu eng empfundenen, gegenwärtigen Anforderungen des Städtebaus nicht mehr entsprechenden gegenteiligen Auffassung (Krautzberger, in: Ernst/Zinkahn/Bielenberg, BauGB, §11 Rdnr.165, des weiteren z.B. Birk, a.a.O., Rdnrn. 390, 395ff.; Bunzel/Coulmas/Schmidt-Eichstaedt, Städtebauliche Verträge, 2.Aufl. 1999, z.B. S.24, 143 und passim). Das Bundesverwaltungsgericht hat in seinem Urteil vom 14.8.1992 (– 8 C 19.90 –, BVerwGE 90, 310, 315 = BRS 54 Nr.29; ihm folgend Quaas, in: Schrödter, BauGB, 6.Aufl. 1998, §11 Rdnr.34) entschieden, daß es ein Mißverständnis sei, wenn unter dem Aspekt der Ursächlichkeit von Folgekosten zwischen Bauprojekten größeren oder kleineren Umfangs differenziert werde. Die Trennung nach „groß" und „klein" spiele für die Frage der Ursächlichkeit keine Rolle, sei allenfalls landesrechtlich bedeutsam (vgl. auch BayVGH, Urteil v. 2.4.1980 – 290 IV 76 –, a.a.O., 721). Bei der Frage der Ursächlichkeit ist danach zu prüfen, ob die geltend gemachten Folgekosten durch den Bebauungsplan, der den einzelnen „Bauwilligen" die Bebauung der Grundstücke ermöglicht, verursacht werden. Dies trifft hier zu. Nach den von der Klägerin vorgelegten Berechnungen für das Baugebiet S. I führt die Bebauung zu einem Einwohnerzuwachs von 1430 Personen und einem Mehrbedarf von etwa 57 Kindergarten- sowie 72 Grundschulplätzen (bei einer Einwohnerzahl von 17000 im Jahr 2002).

Die erforderliche Kausalität ist entgegen der Auffassung des Beklagten auch nicht deshalb zu verneinen, weil hier eine „Angebotsplanung" vorliegt und er vor Abschluß des Vertrages erklärt hat, nicht selbst bauen zu wollen, und sein Grundstück auch bis heute nicht bebaut ist. Allerdings geht §6 Abs. 3 Satz 1 BauGB-MaßnG davon aus, daß Folgekostenverträge zwischen „Bauwilligen" und der Gemeinde geschlossen werden. Auch wenn in §11 Abs. 1 Satz 2 Nr. 3 BauGB dieser Begriff nicht mehr verwendet wird, ergibt sich doch aus dem Erfordernis der Ursächlichkeit und aus dem Mißbrauchs- verbot, daß allein die durch eine Überplanung bewirkte Bebaubarkeit eines Grundstücks noch nicht Anlaß für die Vereinbarung von Folgekosten sein kann (vgl. Quaas, in: Schrödter, BauGB, 6. Aufl. 1998, §11 Rdnr. 28). Das bedeutet aber nicht, daß Folgekostenverträge nur geschlossen werden könn- ten, wenn ein Vorhabenträger bzw. ein Grundstückseigentümer den Anstoß für eine bestimmte Planung gibt, die Initiative also nicht von der Gemeinde ausgeht. „Bauwillig" i. S. des §6 Abs. 3 Satz 1 BauGB-MaßnG kann auch sein, wer von einer „Angebotsplanung" Gebrauch machen will. Wie ausgeführt, sind die Grenzen dem Erfordernis der Kausalität und dem Mißbrauchsverbot zu entnehmen. Beide verlangen nicht in jedem Fall, daß feststeht, daß und wann der Vorhabenträger oder Grundstückseigentümer das betreffende Grundstück bebauen wird.

Danach wird nach Auffassung des Senats zumindest i. d. R. von einer ent- sprechenden „Bauwilligkeit" auch auszugehen sein in Fällen, in denen ein bislang nicht bebaubares Gebiet im Wege des freiwilligen Umlegungsverfah- rens neu geordnet und – unter Berücksichtigung von Wünschen der Grund- stückseigentümer – überplant wird. Auch der Beklagte ist danach schon des- halb als „Bauwilliger" i. S. des §6 Abs. 3 Satz 1 BauGB-MaßnG anzusehen, weil er im Umlegungs- und Planungsverfahren seine Bebauungsvorstellun- gen eingebracht und damit deutlich gemacht hat, daß er an einer Bebauung seiner Grundstücke interessiert war.

Hinzu kommt hier, daß der Beklagte während des gesamten Planungsver- fahrens immer wieder seine – sehr konkreten – Vorstellungen über die Lage und die Größe der ihm im Umlegungsverfahren zuzuteilenden Grundstücke und über die mögliche Bebauung dargelegt und auch teilweise durchgesetzt hat. ...

Vor diesem Hintergrund kann die Eigenschaft des Beklagten als „Bauwilli- ger" auf Grund der bloßen Erklärung, nicht (mehr) selbst bauen zu wollen, nicht entfallen. Abgesehen davon, daß der Beklagte sein Grundstück an Dritte zur Realisierung der zulässigen Bauvorhaben veräußern kann, hat er durch Abschluß des Vertrags sich dessen Verpflichtungen unterworfen. Selbst wenn man entgegen den obigen Ausführungen unterstellen wollte, der Beklagte sei nicht „Bauwilliger" gewesen, so erscheint es fraglich, ob dieser Umstand zur Nichtigkeit des öffentlich-rechtlichen Vertrags führen kann. Es müßten unter diesem Gesichtspunkt Nichtigkeitsgründe gemäß §59 Abs. 1 und Abs. 2 LVwVfG vorliegen.

Zu Unrecht beruft sich der Beklagte darauf, daß der Vertrag gegen §6 Abs. 3 Satz 3 Halbs. 2 BauGB-MaßnG verstoße, weil er einen Anspruch auf Erteilung einer Baugenehmigung gemäß §33 BauGB bereits im Zeitpunkt des Vertragsschlusses gehabt habe. Ungeachtet der Frage, ob ein solcher Verstoß zur Nichtigkeit des Vertrags führte (etwa gemäß §59 Abs. 1 LVwVfG i. V. m.

§ 134 BGB), teilt der Senat diese Beurteilung deshalb nicht, weil es ohne Abschluß der Folgekostenverträge durch die Eigentümer von Grundstücken in dem in Aussicht genommenen Plangebiet an der Planreife i. S. von § 33 BauGB fehlte. Die Klägerin hat im Planaufstellungsverfahren wiederholt erklärt und dies auch in § 1 Nr. 1 des Vertrags zum Ausdruck gebracht, daß sie sich außerstande sieht, den Bebauungsplan aufzustellen, wenn nicht ein Teil der Folgekosten von den Grundstückseigentümern getragen wird (vgl. BVerwG, Urteil v. 1. 8. 2002 – 4 C 5.01 –, BVerwGE 117, 25 ff. = BRS 65 Nr. 10 = BauR 2003, 55).

III. Der Folgekostenvertrag ist jedoch nicht in der vollen in § 2 Nr. 2 des Vertrags genannten Höhe wirksam. Soweit der im Tenor genannte Betrag überschritten wird, ist er gemäß §§ 59 Abs. 2 Nr. 4 und Abs. 3, 56 Abs. 1 Satz 2 LVwVfG nichtig und scheidet mithin als Anspruchsgrundlage aus. Denn während die Klägerin die für die Kindergartenplätze verlangten Folgekosten nachvollziehbar dargetan hat und ihre Höhe auch vom Beklagten nicht substantiiert bestritten wurde, trifft dies für die Kosten der Erweiterung der Grundschule nur teilweise zu. . . .

Trotz der danach sich ergebenden Unangemessenheit der dem Beklagten auferlegten Zahlung, nämlich i. H. v. 11,07 DM/qm Grundstücksfläche, führt dieser Umstand nicht gemäß § 59 Abs. 2 Nr. 4 LVwVfG zur Nichtigkeit des Vertrags in vollem Umfang, sondern zu dessen Teilnichtigkeit gemäß Abs. 3 der Vorschrift. Dessen Erfordernisse sind erfüllt: Es ist anzunehmen, daß der Vertrag auch ohne den nichtigen Teil geschlossen worden wäre, wofür auch die Regelung in § 4 Nr. 2 Satz 1 und 2 des Vertrags spricht. Die gegenteilige Auffassung des Verwaltungsgerichts, das die „Angemessenheit der Gegenleistung" als „nicht teilbar" angesehen hat, überzeugt nicht. Denn es geht trotz des im Gesetz verwendeten Begriffs der Angemessenheit nicht um die einen Spielraum eröffnende Einschätzung eines nach billigem Ermessen zu bestimmenden Betrags, sondern um eine anhand der nachgewiesenen Kosten und der entsprechenden Umrechnungsfaktoren exakt bestimmbare Zahl. . . .

Nr. 214

Folgekostenverträge dürfen nur oder allenfalls das erfassen, was von einem bestimmten Bauvorhaben an Folgen ausgelöst wird.

Zur Bauwilligkeit des Grundstückseigentümers.
(Nichtamtliche Leitsätze.)

BauGB § 11 Abs. 1; BauGB-MaßnG § 6 Abs. 3.

Bundesverwaltungsgericht, Beschluß vom 21. Juni 2005 – 4 B 32.05 –.

(VGH Baden-Württemberg [s. vorstehendes Urteil des VGH Baden-Württemberg v. 2. 2. 2005 – 5 S 639/02 –.])

Aus den Gründen:

1. a) Die Beschwerde möchte in einem Revisionsverfahren rechtsgrundsätzlich geklärt wissen, ob die Bauabsicht eines Grundstückseigentümers als

„geplantes Vorhaben" i. S. des § 6 Abs. 3 Satz 3 BauGB-MaßnG angesehen werden kann, wenn er noch kein Vorhaben i. S. des § 29 BauGB plant und auch keine Bauverpflichtung eingegangen ist. Diese Frage rechtfertigt nicht die Zulassung der Revision. Daß § 6 Abs. 3 Satz 3 BauGB-MaßnG auslaufendes Recht ist, nimmt der Frage zwar nicht die grundsätzliche Bedeutung. Denn § 6 Abs. 3 Satz 3 BauGB-MaßnG hat in § 11 Abs. 1 Satz 2 Nr. 3 BauGB eine im wesentlichen inhaltsgleiche Nachfolgevorschrift gefunden. Die Frage bedarf jedoch nicht der Klärung in einem Revisionsverfahren. Sie ist auf der Grundlage des Gesetzeswortlauts ohne weiteres zu bejahen.

Die Kosten und Aufwendungen, zu deren Übernahme sich der Bauwillige verpflichtet, mußten gemäß § 6 Abs. 3 Satz 3 BauGB-MaßnG „Voraussetzung oder Folge des vom Bauwilligen geplanten Vorhabens", gemäß § 11 Abs. 1 Satz 2 Nr. 3 BauGB müssen sie „Voraussetzung oder Folge des geplanten Vorhabens" sein. Daß der Bauherr bereits eine Entscheidung über die bauplanungsrechtliche Zulässigkeit seines Vorhabens beantragt hat oder daß er gar eine Bauverpflichtung eingegangen ist, verlangen die genannten Vorschriften nicht. Der Verwaltungsgerichtshof ist andererseits davon ausgegangen, daß allein die durch eine Überplanung bewirkte Bebaubarkeit eines Grundstücks noch nicht Anlaß für die Vereinbarung von Folgekosten sein könne (ebenso Quaas, in: Schrödter, BauGB, 6. Aufl. 1998, § 11 Rdnr. 28). Aus dem Erfordernis eines kausalen Zusammenhangs zwischen dem geplanten Vorhaben, der konkreten städtebaulichen Maßnahme und den geltend gemachten Kosten sowie aus dem Mißverbrauchsverbot hat er geschlossen, daß der Abschluß eines Folgekostenvertrags nur zulässig sei, wenn der Kostenschuldner „bauwillig" sei. Inwiefern gegen diese Rechtsauffassung rechtsgrundsätzliche Bedenken zu erheben sein könnten, zeigt die Beschwerde nicht auf.

b) Auch die Frage, ob die Gesamtheit aller zulässigen Vorhaben in einem Plangebiet als ein folgekostenauslösendes Vorhaben angesehen werden kann, läßt sich auf der Grundlage des Gesetzeswortlauts und der Rechtsprechung des Bundesverwaltungsgerichts ohne weiteres beantworten.

Folgekostenverträge dürfen nur oder allenfalls das erfassen, was von einem bestimmten Bauvorhaben an Folgen ausgelöst wird (vgl. BVerwG, Urteil v. 6. 7. 1973 – 4 C 22.72 –, BVerwGE 42, 331, 343 = BRS 27 Nr. 26 = BauR 1973, 285). Dieses Erfordernis der Ursächlichkeit folgt daraus, daß hoheitliche Entscheidungen nicht von zusätzlichen Gegenleistungen abhängig gemacht und deshalb solche Gegenleistungen auch nicht vereinbart werden dürfen. Die Übernahme von Folgekosten ist deshalb nur zulässig, wenn es sich nicht um eine (echte) Gegenleistung, sondern lediglich um eine Art Aufwendungsersatz handelt. Die Verwaltungsleistung, für die der Aufwendungsersatz vereinbart wird, besteht nicht aus irgendeiner „Gesamtplanung", die möglicherweise sogar das Bebauungsplangebiet überschreitet, sondern aus dem einzelnen Bebauungsplan bzw. der im Einzelfall erteilten Befreiung, die ihrerseits die bauplanungsrechtliche Zulässigkeit des Vorhabens begründet (vgl. BVerwG, Urteil v. 14. 8. 1992 – 8 C 19.90 –, BVerwGE 90, 310, 311 f. = BRS 54 Nr. 29). Der einzelne Bebauungsplan muß sich nicht auf Festsetzungen für nur ein Vorhaben eines einzigen Bauherrn beschränken. Aus dem Erfordernis der Kausalität folgt zwar, daß die städtebauliche Maßnahme dem einzelnen Bebauungsplan zurechenbar, nicht aber, daß sie durch ein einzelnes Vorhaben im Plangebiet adäquat verursacht sein muß (vgl. Birk, Städtebauliche Verträge, 4. Aufl. 2002, Rdnr. 513; in diesem Sinne dürfte auch Reidt, in: Gelzer/Bracher/Reidt, Bauplanungsrecht, 7. Aufl. 2004, Rdnr. 1001 zu verstehen sein).

c) Die von der Beschwerde als rechtsgrundsätzlich bezeichneten Fragen,

– ob ein Grundstückseigentümer, obwohl nicht feststeht, ob und wann er bauen will, bereits deshalb Bauwilliger ist, weil er im Planverfahren und in der Umlegung die Bebaubarkeit seines Grundstücks betrieben und den Folgekostenvertrag abgeschlossen hat,

– ob die Bauwilligkeit bei einem Folgekostenvertrag offen bleiben kann, solange nicht feststeht, ob Nichtigkeitsgründe i. S. des § 59 VwVfG vorliegen,

– ob bereits entstandene Aufwendungen für Infrastrukturmaßnahmen zurechenbar sind, wenn bei Vertragsabschluß ungewiß ist, in welchem Zeitabstand die Realisierung des Vorhabens einen entsprechenden Bedarf auslöst,

würden sich in einem Revisionsverfahren nicht stellen.

Der Verwaltungsgerichtshof hat zur Begründung der Bauwilligkeit des Beklagten nicht darauf abgestellt, daß dieser den Folgekostenvertrag abgeschlossen hat. Die Argumentation des Berufungsurteils ist insoweit nicht – wie die Beschwerde meint – zirkulär. Der Verwaltungsgerichtshof hat die Bauwilligkeit des Beklagten vielmehr in tatrichterlicher Würdigung der Umstände des konkreten Einzelfalls bejaht, u. a. weil der Beklagte sehr konkrete Vorstellungen über die Lage und die Größe der ihm im Umlegungsverfahren zuzuteilenden Grundstücke und über deren mögliche Bebauung dargelegt und auch teilweise durchgesetzt habe. So habe er bei einer Vorsprache beim Liegenschaftsamt um Zuteilung von zwei Baugrundstücken für Geschoßwohnungsbau (Mietwohnungen) zur eigenen Bebauung gebeten und Pläne der beiden für ihn infrage kommenden Grundstücke, Grundrisse und andere Unterlagen vorgelegt. ...

d) Die Frage, ob bei Vorliegen eines Nichtigkeitsgrundes nach § 59 Abs. 2 Nr. 4 LVwVfG der entsprechende Vertrag stets im ganzen nichtig ist oder auch die Teilnichtigkeit gemäß § 59 Abs. 3 LVwVfG die Rechtsfolge sein kann, läßt sich auf der Grundlage des Gesetzeswortlauts ohne weiteres im Sinne der zweiten Alternative beantworten. Nach § 59 Abs. 3 LVwVfG ist ein Vertrag insgesamt nichtig, wenn nicht anzunehmen ist, daß er auch ohne den nichtigen Teil geschlossen worden wäre. Das Gesetz stellt damit ebenso wie § 139 BGB auf den mutmaßlichen Parteiwillen ab (vgl. BVerwG, Beschluß v. 17.7.2001 – 4 B 24.01 –, BRS 64 Nr. 230 = BauR 2002, 57 = NVwZ 2002, 473). Der mutmaßliche Parteiwille ist für die Frage der Gesamt- oder Teilnichtigkeit unabhängig davon maßgebend, aus welchem Grund ein Teil des Vertrags nichtig ist.

Nr. 215

1. Zu den Voraussetzungen eines städtebaulichen Folgelastenvertrags nach § 6 Abs. 3 BauGB-MaßnahmenG für eine naturschutzrechtliche Kompensationsmaßnahme (Parkanlage) außerhalb des Plangebiets, deren Durchführung aus rechtlichen und tatsächlichen Gründen nur zeitlich verzögert erfolgen kann.

2. Einer innerstädtischen Vorkriegsbebauung mit Zentrumsfunktion, die im Zuge der Kriegs- und Nachkriegsereignisse sowie der nachfolgenden Räumungs- und Grenzbefestigungsmaßnahmen flächendeckend zerstört worden ist, kommt nach Ablauf mehrerer Jahrzehnte keine nachwirkende Prägung für die Annahme einer Innenbereichsqualität mehr zu.

BauGB-MaßnahmenG § 6 Abs. 3; BNatSchG 1993 § 8a Abs. 1 Satz 4, Abs. 4; BauGB § 34 Abs. 1; VwVfG §§ 55, 60, 62 Satz 2; BGB §§ 313, 321 Abs. 1.

OVG Berlin-Brandenburg, Urteil vom 9. November 2005 – 2 B 16.02 – (rechtskräftig).

Die Beklagte wehrt sich als Berufungsklägerin mit der vorliegenden Berufung (nur noch) gegen eine für die Zeit vom Mai 1996 bis Januar 2003 geltend gemachte Zinsforderung des Klägers aus einem städtebaulichen Vertrag. Grundlage der Zinsforderung i. H. v. rund 51 300,– € ist § 8 Abs. 2 des zwischen dem Kläger, der Beklagten und der Stiftung N. geschlossenen städtebaulichen Vertrags vom Februar 1996, der der Sicherung der Finanzierung von naturschutzrechtlichen Kompensationsmaßnahmen für nicht vermeidbare Beeinträchtigungen der Leistungsfähigkeit des Naturhaushalts oder des Landschaftsbildes durch bauliche Vorhaben im Geltungsbereich des in Aufstellung befindlichen Bebauungsplans I-15 diente. Gegenstand des Vertrags war die Festlegung der Art und des Umfangs der außerhalb des Plangebiets durchzuführenden Ausgleichsmaßnahmen und des Kostenanteils der Beklagten hieran. Bei dem Bauvorhaben handelte es sich um den Neubau eines Wohn- und Geschäftshauses (M.-Palais) auf einem Grundstück in Berlin-Mitte im Geltungsbereich des in Aufstellung befindlichen Projektbebauungsplans I-15. Hierfür hatte die Beklagte vor Vertragsschluss 1996 eine Baugenehmigung erhalten.

Als naturschutzrechtliche Ausgleichs- und Ersatzmaßnahme für die Bauprojekte im Geltungsbereich des Koordinierungsbebauungsplans „Potsdamer Platz/Leipziger Platz" (II-B 5) insgesamt war die Herstellung einer öffentlichen Grünanlage auf dem Gelände des ehemaligen Potsdamer/Anhalter Güterbahnhofs (Gleisdreieck) südlich des Landwehrkanals nebst Zugang vom Plangebiet über eine Fußgängerbrücke vorgesehen. Dieser Bereich liegt außerhalb des Bebauungsplans II-B 5, der als (einfacher) Bebauungsplan koordinierende Rahmenfestsetzungen für die nachfolgenden qualifizierten Projektbebauungspläne in seinem Geltungsbereich enthält. Der Kläger verpflichtete sich vorbehaltlich der Schaffung der eigentumsrechtlichen und planungsrechtlichen Voraussetzungen zur Herstellung der naturschutzrechtlichen Kompensationsmaßnahmen (§ 4 Abs. 1 Satz 2 des Vertrags). Die Kosten hierfür sollten anhand eines Verteilungsschlüssels, der nach einem Punktesystem die Eingriffsqualität der jeweiligen Bauvorhaben gewichtete, auf die verschiedenen Vorhabenträger im Geltungsbereich der Projektbebauungspläne umgelegt werden (§ 4 Abs. 2 Satz 2 des Vertrags). Für die Beklagte wurde ein anteiliger Prozentsatz an den Gesamtkosten von 0,68 % festgelegt (§ 6 Abs. 2 des Vertrags) und auf dieser Grundlage eine Ausgleichszahlung i. H. v. 312 016,– DM (§ 7 Abs. 1 Satz 1 des Vertrags) ermittelt, die an die Stiftung N. zur Ablösung „aller aus diesem Vertrag resultierenden Verpflichtungen des Vorhabenträgers gemäß §8 und §8a des Bundesnaturschutzgesetzes sowie §14 des Berliner Naturschutzgesetzes" zu zahlen war. Nachforderungen waren ausdrücklich ausgeschlossen (§7 Abs. 1 Satz 2 und 3 des Vertrags). Der Ablösebetrag sollte gemäß §8 Abs. 1 einen Monat nach Inkrafttreten des Vertrags unter der in §11 Satz 1 des Vertrags genannten aufschiebenden Bedingung fällig werden, dass der in Aufstellung befindliche Bebauungsplan I-15 rechtswirksam festgesetzt oder die erste Teilbaugenehmigung für das von dem Vorhabenträger im Plangebiet beabsichtigte Vorhaben auf der Grundlage des §33 BauGB erteilt und bestandskräftig geworden ist. Für den Fall einer nicht fristgemäßen Zahlung des Ablösungsbetrags nach Eintritt der Fälligkeit war vereinbart, dass der „nicht gezahlte Betrag von diesem Tag an bis zum Tag der Absendung an die Stiftung N. mit einem Zinssatz von 2% über dem jeweiligen Diskontsatz der Deutschen Bundesbank zu verzinsen" sein sollte (§8 Abs. 2 des Vertrags).

Nach Abschluss des Vertrags und der Erteilung der Baugenehmigung zahlte die Beklagte nicht, so dass der Kläger Leistungsklage auf Zahlung des vereinbarten Ausgleichsbetrags i. H. v. 312016,– DM (= 159531,25 €) nebst Zinsen erhob.

Das Verwaltungsgericht gab der Klage statt. Hiergegen richtete sich die Berufung der Beklagten, die sich zunächst sowohl gegen die Haupt- als auch die Nebenforderung des Klägers wandte. Nach dem Verkauf des bebauten Grundstücks der Beklagten an die Pensionskasse (Käuferin) hat sich die Berufung der Beklagten hinsichtlich der Hauptforderung dadurch teilweise erledigt, dass der Kläger mit der Käuferin und der Stiftung N. einen städtebaulichen Vertrag schloss, wonach sich die Käuferin neben dem anteiligen Ausgleich weiterer Kompensationsmaßnahmen auf Grund der von ihr geplanten Aufstockung des M.-Palais auch zur Übernahme des noch offenen Kompensationskostenanteils der Beklagten i. H. v. 312016,– DM (= 159531,25 €) aus dem Ausgangsvertrag von 1996 – jedoch ohne die zwischenzeitlich aufgelaufenen Fälligkeitszinsen – verpflichtete. Die Beteiligten haben den Rechtsstreit nach dem Eingang der Zahlung bei der Stiftung N. 2003 hinsichtlich der Hauptforderung übereinstimmend in der Hauptsache für erledigt erklärt. Im weiteren Berufungsverfahren war dadurch nur noch die Zinsforderung des Klägers für den Zeitraum vom Mai 1996 bis Januar 2003 Streitgegenstand.

Aus den Gründen:

Der Kläger hat einen Anspruch auf die aus dem städtebaulichen Vertrag von 1996 geltend gemachte Zinsforderung.

I. Rechtsgrundlage für die Zinsforderung ist §8 Abs. 2 des städtebaulichen Vertrags. Danach ist der Ablösebetrag vom Tag der Fälligkeit an bis zum Tag der Absendung an die Stiftung N. mit einem Zinssatz von 2% über dem jeweiligen Diskontsatz der Deutschen Bundesbank zu verzinsen. Die Fälligkeit trat gemäß §11 Satz 1 des Vertrags am 23.5.1996, dem Tag der Bestandskraft der für das Bauvorhaben am Leipziger Platz erteilten Baugenehmigung, ein. Der Zinszeitraum ab Fälligkeit des Ausgleichsbetrags i. H. v. 312016,– DM (= 159531,25 €) erstreckte sich bis zum 23.1.2003, weil die Stiftung N. einen Zahlungseingang am 24.1.2003 bestätigte. Auf dieser Grundlage errechnete das Gericht eine Zinsforderung i. H. v. 51298,25 €; dem haben sich die Beteiligten der Höhe nach angeschlossen.

II. Die Zinsforderung folgt aus der (erledigten) Hauptforderung, auf die der Kläger einen Anspruch hatte, denn der dieser zugrunde liegende öffentlich-rechtliche Vertrag vom Februar 1996 ist rechtswirksam. Ein Verstoß gegen verwaltungs-verfahrensrechtliche oder spezialgesetzliche Zulässigkeitsbeschränkungen für öffentlich-rechtliche Verträge ist nicht feststellbar.

1. Rechtsgrundlage für den städtebaulichen Vertrag war §6 Abs. 3 des Maßnahmengesetzes zum Baugesetzbuch (BauGB-MaßnahmenG) i. d. F. d. Bek. vom 28. 4. 1993 (BGBl. I, 622). Hierbei handelt es sich um eine spezialgesetzliche Vorschrift für städtebauliche Folgelastenverträge. Mit einem solchen Vertrag verpflichtet sich der Bauwillige gegenüber der Gemeinde, Kosten und sonstige Aufwendungen zu übernehmen, die durch städtebauliche Planungen oder städtebauliche Maßnahmen sowie Anlagen oder Einrichtungen entstehen, die der Allgemeinheit dienen. Diese können auch außerhalb des Plangebiets liegen, müssen jedoch gemäß §6 Abs. 3 Satz 3 BauGB-MaßnahmenG Voraussetzung oder Folge des von dem Bauwilligen geplanten Bauvorhabens sein (Kausalitätsgebot, vgl. Ernst/Zinkahn/Bielenberg, BauGB, Stand: April 2005, §6 BauGB-MaßnahmenG, Rdnr. 148, 149, 154). Die vertraglich vereinbarte Leistung muss überdies gemäß §6 Abs. 3 Satz 4, 1. Halbs. BauGB-MaßnahmenG den gesamten Umständen nach angemessen sein (Angemessenheitsgebot). Ein solcher Folgelastenvertrag ist gemäß §6 Abs. 3 Satz 4, 2. Halbs. BauGB-MaßnahmenG jedoch dann nicht zulässig, wenn der Bauwillige auch ohne die vertraglich geforderte Gegenleistung einen Anspruch auf die Genehmigung hätte (Koppelungsverbot, vgl. Ernst/Zinkahn/Bielenberg, a. a. O., Rdnr. 158). Diese Voraussetzungen sind im vorliegenden Fall erfüllt.

a) Dem Kausalitätsgebot (§6 Abs. 3 Satz 3 BauGB-MaßnahmenG) ist genügt. Es besteht ein Ursachenzusammenhang zwischen dem Bauvorhaben der Beklagten in dem Plangebiet und den Kosten für die städtebauliche Planung auf Ausgleichsmaßnahmen außerhalb des Plangebiets (Errichtung der Parkanlage auf dem Gelände des Gleisdreiecks).

aa) Anlass für den Abschluss des öffentlich-rechtlichen Vertrages zwischen dem Kläger und der Beklagten war das Bauvorhaben, das die Beklagte im Geltungsbereich des in Aufstellung befindlichen Bebauungsplans I-15 verwirklichen wollte und für das sie eine Baugenehmigung beantragt hatte. Denn nach §8a Abs. 1 des seit dem 1. 5. 1993 geltenden Gesetzes über Naturschutz und Landschaftspflege (Bundesnaturschutzgesetz – BNatSchG 1993) i. d. F. d. Bek. vom 12. 3. 1987 (BGBl. I, 889), geändert durch Gesetz vom 22. 4. 1993 (BGBl. I, 466), war der Kläger zur Entscheidung über Ausgleichs- oder Ersatzmaßnahmen der im Plangebiet durch die Bebauung zu erwartenden Eingriffe in Natur und Landschaft bereits auf der Ebene der Bauleitplanung in entsprechender Anwendung des §8 Abs. 2 und Abs. 9 BNatSchG 1993 verpflichtet. Er musste schon im Rahmen der bauplanungsrechtlichen Abwägung über die Belange des Naturschutzes und der Landschaftspflege sowie über die mögliche Kompensation etwaiger naturschutzrechtlich relevanter Eingriffe durch Bauvorhaben im Plangebiet abschließend entscheiden. Die Festlegung der naturschutzrechtlichen Ausgleichsmaßnahmen im Rahmen der Bauleitplanung war Teil der städtebaulichen Planung i. S. des §6 Abs. 3 Satz 1 BauGB-MaßnahmenG (vgl. Ernst/Zinkahn/Bielenberg, a. a. O., Rdnr. 149, 186).

Zur Erfüllung des Erfordernisses der Ursächlichkeit genügt es, wenn die städtebauliche Maßnahme dem einzelnen Bebauungsplan zurechenbar ist, ohne dass die Maßnahme auch durch das einzelne Bauvorhaben im Plangebiet adäquat verursacht worden sein muss. Schließlich geht es beim Folgelastenvertrag nicht um eine (echte) Gegenleistung, sondern lediglich um eine

Art Aufwendungsersatz (vgl. BVerwG, Beschluss vom 21.6.2005, BauR 2005, 1600 = BBauBl., H. 10/2005, 48 m.w.N.). Dies ist hier der Fall, denn die Planung des der Allgemeinheit dienenden öffentlichen Parks auf dem Gelände des Gleisdreiecks mit Fußgängerbrücke vom Plangebiet über den Landwehrkanal war eine Folge der planerisch gewollten hohen Ausnutzung der Grundstücke im Bereich der qualifizierten Projektbebauungspläne, die in ihren Plangebieten selbst nur noch geringe Möglichkeiten der Kompensation zuließen, so dass die erforderlichen Kompensationsmaßnahmen im Wesentlichen nur außerhalb der Plangebiete vorgesehen werden konnten, aber mit diesen in räumlichem und funktionellem Zusammenhang stehen sollten. Für die Umwandlung der versiegelten und zunächst noch als Baulogistikzentrum für das Plangebiet II-B 5 benötigten Flächen am Gleisdreieck wurde schon damals ein Zeitraum zwischen der Bebauung und der Kompensation von mindestens acht Jahren angenommen. ... Die Kosten hierfür mussten deshalb unter Gewichtung der jeweiligen naturschutzrechtlichen Eingriffe durch die Baumaßnahmen schon vorab errechnet und anteilig auf die Investoren im Plangebiet umgelegt werden.

bb) Die Kausalität ist auch nicht unter dem Aspekt der Erforderlichkeit oder auch Zulässigkeit der vertraglichen Form der Sicherung der Kompensation der naturschutzrechtlich relevanten Eingriffe durch die Bauvorhaben im Plangebiet des Bebauungsplans II-B 5 in Frage gestellt. Zwar sieht das Gesetz in §8a Abs. 1 Satz 4 und Abs. 4 BNatSchG 1993 eine vergleichbare Regelung in Form eines Festsetzungs- und Zuordnungsverfahrens auf planungsrechtlichem Wege vor. Dieses Verfahren wäre im vorliegenden Fall jedoch nicht anwendbar gewesen, schloss aber auch nicht die vom Kläger gewählte vertragliche Regelung aus. Zwar sieht es ebenfalls die Möglichkeit der Realisierung einer Gesamtheit von Ausgleichsmaßnahmen in gebündelter Form auf einigen wenigen Flächen vor. Dies hätte jedoch eine Festsetzung der Ausgleichs- oder Ersatzmaßnahmen innerhalb des Geltungsbereichs der jeweiligen Bebauungspläne erfordert sowie die anteilige Zuordnung und Kostenfestsetzung durch eine Sammelfestsetzung im Bebauungsplan selbst (vgl. Gassner/Bendomir-Kahlo/Schmidt-Räntsch, BNatSchG, 1.Aufl. 1996, §8a Rdnr. 29–31, 51), die innerhalb des Geltungsbereichs des Bebauungsplans II-B 5 wegen des in den Projektbebauungsplänen vorgesehenen hohen Ausnutzungsgrads der Grundstücke nicht erfolgen konnte. Eine Einbeziehung des vorgesehenen Parkgeländes auf dem Gleisdreieck in das Plangebiet kam wegen der auf diesem Gelände noch lastenden eisenbahnrechtlichen Planfeststellung nicht in Betracht. Die Festsetzung von Ausgleichsmaßnahmen gemäß §8 Abs. 2, Abs. 9 BNatSchG 1993, §14 NatSchG Bln durch Einzelbescheide wäre nach §8a Abs. 2 BNatSchG 1993 wiederum von entsprechenden planungsrechtlichen Festsetzungen abhängig gewesen. Deshalb ist es rechtlich nicht zu beanstanden, dass der Kläger anstelle der hier nicht möglichen Festsetzungen von Ausgleichsmaßnahmen im Bebauungsplan bzw. deren Festsetzung im Einzelfall durch Bescheid eine vertragliche Lösung mit den Eigentümern der Eingriffsgrundstücke im Geltungsbereich der Projektbebauungspläne durch Vereinbarung von geeigneten Ausgleichsmaßnahmen auf einer Fläche außerhalb des Bebauungsplans wählte, wie sie planungsrechtlich erst später in §1 Abs. 3 Satz 4 BauGB geregelt worden ist, aber in §6 Abs. 3 Satz 1 BauGB-MaßnahmenG im Rahmen eines städtebaulichen Folgelastenvertrags schon vorgesehen war. Durch die bestehende tatsächliche und rechtliche Sondersituation war im vorliegenden Fall ein Gesamtausgleich für alle Eingriffsgrundstücke im Plangebiet, in Form einer Parkanlage außerhalb des Bebauungsplanbereichs und die Beteiligung der Investoren an den Kosten im Umlagewege sowie die von dem Kläger gewählte vertragliche Lösung rechtlich geboten und auch zweckmäßig, zumal der öffentlich-rechtliche Vertrag im Unterschied zum Gesetzesvollzug Lösungen ermöglichen soll, bei denen die Bauleitplanung oder der Verwaltungsakt wegen der rechtlich strengeren Bindungen versagt (vgl. Stelkens/Bonk/Sachs, VwVfG, 6. Aufl. 2001, §54 Rdnr. 3).

Diese vertragliche Lösung ist nicht durch das in §8a Abs. 1 Satz 4 BNatschG 1993 geregelte Festsetzungs- und Zuordnungsverfahren ausgeschlossen und deshalb unzulässig, denn der Vorschrift ist nicht im Wege des Umkehrschlusses zu entnehmen, dass der Gesetzgeber die Festsetzung von Ausgleichsmaßnahmen auf die darin vorgesehenen spezifischen Mittel der Bauleitplanung beschränken wollte. Wählt die Gemeinde die Vertragsform, so verzichtet sie zwar auf den rechtstechnischen Vorteil, den ihr das in §8a BNatSchG 1993 geregelte Verfahren als Vollzugs- und Finanzierungsinstrument bietet. In den Fällen, in denen Kompensationsmaßnahmen nur außerhalb des Plangebiets möglich oder auch nur zweckmäßig sind, legt §6 Abs. 3 BauGB-MaßnahmenG eine vertragliche Lösung nahe. Diese Vorschrift schließt nicht aus, sondern bestätigt vielmehr, dass der Gesetzgeber die Umsetzung einer naturschutzrechtlichen Kompensationsmaßnahme auch durch einen öffentlich-rechtlichen Vertrag für zulässig hält (vgl. BVerwG, Beschluss vom 9. 5. 1997, BVerwGE 104, 353 = BRS 59 Nr. 11).

b) Ein Verstoß des städtebaulichen Vertrages gegen das Koppelungsverbot (§6 Abs. 3 Satz 4, 2. Halbs. BauGB-MaßnahmenG) ist nicht gegeben. Eine gesetzesinkongruente oder nicht zusammenhängende Leistungen koppelnde Vereinbarung, die die Zulässigkeit des städtebaulichen Vertrags vom Februar 1996 in Frage stellen könnte, ist nicht getroffen worden.

aa) §2 Abs. 1 des Vertrags, in dem der Eingriff in Natur und Landschaft durch das Bauvorhaben der Beklagten „fingiert" wurde, ist mit dem Gesetz vereinbar, denn die Beklagte hätte keinen Anspruch auf die Erteilung einer Baugenehmigung auch ohne eine Verpflichtung zu naturschutzrechtlichen Ausgleichs- oder Ersatzmaßnahmen gehabt. Dies wäre nur anders gewesen, wenn die Voraussetzungen des §8a Abs. 6 BNatSchG 1993 vorgelegen hätten, der einen Eingriffsausschluss bei Vorhaben innerhalb der unbeplanten, im Zusammenhang bebauten Ortsteile vorsieht, die nach §34 BauGB zulässig sind. Solche Vorhaben in unbeplanten Innenbereichen sind danach – selbst wenn sie einen naturschutzrechtlich relevanten Eingriff darstellen – von der naturschutzrechtlichen Ausgleichspflicht freigestellt. Der Gesetzgeber wollte durch diese Fiktion des Eingriffsausschlusses die Innenbereichsentwicklung fördern (vgl. Gassner u. a., BNatSchG, §8a Rdnr. 45 m. w. N.). Die naturschutzrechtlich relevante Eingriffsqualität des Neubauvorhabens der Beklagten im Plangebiet I-15 ist jedoch zum einen im vorliegenden Fall durch das

Eingriffsgutachten der Arbeitsgemeinschaft Umweltplanung vom Dezember 1993 tatsächlich festgestellt und nicht nur im Vertrag fingiert worden. Zum anderen handelte es sich bei dem brachgefallenen Gelände um den Potsdamer und Leipziger Platz vor der Wiederbebauung bauplanungsrechtlich nicht um einen unbeplanten Innenbereich i. S. des § 34 Abs. 1 BauGB, sondern um eine Außenbereichsinsel im Innenbereich. Für die Annahme einer Innenbereichsqualität des Bereichs um den Leipziger/Potsdamer Platz fehlte es vor der Wiederbebauung an den maßstabbildenden Bezugsobjekten. Insoweit wird auf die zutreffenden Ausführungen des VG Berlin in dem angefochtenen Urteil vom Juni 2002 Bezug genommen (§ 117 Abs. 5 VwGO). Ergänzend ist auszuführen, dass eine Bebauung ihre prägende Wirkung nur so lange behält, wie nach der Verkehrsauffassung noch mit der Aufnahme einer gleichartigen Nutzung gerechnet werden kann (vgl. BVerwG, Urteil vom 27. 8. 1998, BRS 60 Nr. 83; Urteil vom 19. 9. 1986, BVerwGE 75, 34, 36 ff. = BRS 46 Nr. 52; OVG Bln, Beschluss des 2. Senats vom 21. 5. 2003 – 2 S 40.02 –, m. w. N.). Dies setzt einen zeitlichen Zusammenhang zwischen der Beseitigung des früheren und der Errichtung des neuen Gebäudes voraus, nachdem sich eine Wiederbebauung des ehemals bebauten Grundstücks noch aufdrängt, weil die Verkehrsauffassung bei Berücksichtigung der bisher vorhandenen und nunmehr fehlenden Bebauung diese Bebauung geradezu vermisst (vgl. BVerwG, Urteil v. 18. 10. 1974, BRS 28 Nr. 114 = BVerwGE 47, 126, 131 f.; BVerwG, Urteil v. 12. 9. 1980, BRS 36 Nr. 55). Wie diese Zeitspanne zu bemessen ist, hängt von den Umständen des Einzelfalles ab und lässt sich nicht anhand abstrakter Maßstäbe beurteilen (vgl. BVerwG, Beschluss vom 8. 11. 1999, BRS 62 Nr. 100). Dass eine derartige Situation selbst bei einer innerstädtischen Vorkriegsbebauung mit Zentrumsfunktion, die im Zuge der Kriegs- und Nachkriegsereignisse sowie der nachfolgenden Räumungs- und Grenzbefestigungsmaßnahmen flächendeckend zerstört worden ist, nach Ablauf mehrerer Jahrzehnte nicht mehr gegeben ist, bedarf keiner näheren Darlegung (vgl. auch OVG Bln, Urteil des 2. Senats v. 28. 5. 2003 – 2 B 24.98 –).

bb) Die Baugenehmigung ist entgegen der Ansicht der Beklagten auch nicht von einer außervertraglichen weiteren Leistung abhängig gemacht worden, die eine zusätzliche wirtschaftliche Gegenleistung in der Art eines unzulässigen „Verkaufs von Hoheitsrechten" darstellt (vgl. BVerwG, Urteil v. 6. 7. 1973, BRS 27 Nr. 47; BayVGH, Urteil v. 12. 5. 2004, BRS 67 Nr. 234 = NVwZ-RR 2005, 781, 782). Dem Kläger ist von der Beklagten auf Grund der zeitlichen Verzögerung des Grunderwerbs für die Parkfläche am Gleisdreieck nicht faktisch ein „zinsloser Kredit" gewährt oder der Stiftung N. ein zur freien Verfügung stehender Zinsgewinn verschafft worden.

Zum einen stand die Herstellung der Kompensationsmaßnahmen schon bei Vertragsschluss unter dem Vorbehalt der Schaffung der eigentumsrechtlichen Voraussetzungen (§ 4 Abs. 1 Satz 2 des Vertrags), wobei auf Grund der besonderen Umstände nicht genauer hatte angegeben werden können, in welchem Zeitraum mit der voraussichtlichen Realisierung des Parkprojekts zu rechnen war, weil die zukünftigen Parkflächen auf dem Gleisdreieck erst noch als Baulogistikzentrum für die Bebauung im Geltungsbereich des Koordinierungsbebauungsplans II-B 5 genutzt werden sollten und damit die Dauer der

„Zwischennutzung" (vgl. OVG Bln, Beschluss des 2. Senats v. 30.10.1998, BRS 60 Nr. 48 = BauR 1999, 140) ihrerseits von dem Baufortschritt dort abhängig war. Das Eingriffsgutachten vom Dezember 1993 ging von einer Aufgabe des Baulogistikzentrums frühestens Anfang der Jahrtausendwende aus sowie von einer mindestens um acht Jahre verzögerten Herstellung der Parkanlage. Die relative Offenheit der Realisierung des Parkprojekts bei Vertragsabschluss in zeitlicher Hinsicht – jedoch nicht Aussichtslosigkeit des Grunderwerbs (siehe hierzu Ausführungen im Urteil des VG vom Juni 2002; ebenso OVG Berlin, Beschluss des 2. Senats v. 30.10.1998, a.a.O.) – ist damit Vertragsbestandteil geworden.

Die Verzögerung wurde auch in die Bilanzierung des Kompensationserfordernisses mit eingearbeitet, so dass der von der Beklagten genannte Widerspruch zu der vom Sinn und Zweck naturschutzrechtlicher Ausgleichsmaßnahmen vorausgesetzten Zeitnähe dadurch weitgehend relativiert worden ist.

Dieser Zeitablauf bringt es mit sich, dass sich die eingezahlten Ausgleichsbeträge zwischenzeitlich verzinst haben. Diese Zinsen stehen der Stiftung N. jedoch – entgegen der Behauptung der Beklagten – nicht zur Finanzierung allgemein umweltpolitischer Belange zur freien Verfügung, sondern werden gemäß § 9 Abs. 1 zu der noch ausstehenden Rechnungsbegleichung für die Herstellung der Ausgleichsmaßnahmen in Form des Parkgeländes herangezogen. Die Verzinsung dient damit zugleich dazu, die in diesem Zeitraum zu erwartende Teuerungsrate mit abzufangen, zumal Nachforderungen gegenüber der Beklagten vertraglich ausgeschlossen sind.

c) Das Angemessenheitsgebot (§ 6 Abs. 3 Satz 4, 1. Halbs. BauGB-MaßnahmenG) ist durch den städtebaulichen Vertrag vom Februar 1996 gewahrt. Bei der Maßstabsbildung für die Angemessenheit des geforderten Ausgleichsbetrags ist zu berücksichtigen, dass Folgelastenverträge keine „echte" Gegenleistung für eine staatliche Leistung im Sinne eines Leistungsaustauschs im engeren Sinne zum Gegenstand haben, sondern nur „eine Art Aufwandsersatz" (vgl. BVerwG, Beschluss v. 21.6.2005, BauR 2005, 1600, BBauBl., H. 10/2005, 48; Urteil vom 14.8.1992, BRS 54 Nr. 29; Urteil vom 6.7.1973, a.a.O.). Es genügt deshalb für die Angemessenheit, wenn die Folgekosten auf Grund bestimmter Folgemaßnahmen dem Zahlungspflichtigen im Sinne einer Ursächlichkeit für den entstandenen Bedarf zurechenbar sind (vgl. BVerwG, Beschluss vom 21.6.2005, a.a.O.; Urteil v. 14.8.1992, a.a.O.) und auch sonst nicht hinsichtlich der Höhe außer Verhältnis zu der erteilten Baugenehmigung stehen. Die Angemessenheit der Höhe der durch den Folgelastenvertrag vom Februar 1996 begründeten Zahlungspflicht bemisst sich an der naturschutzrechtlichen Rechtfertigung des Gesamtvolumens der Ausgleichsmaßnahmen sowie des für die Beklagte anhand eines Verteilungsschlüssels errechneten Anteils. Der Umfang der erforderlichen Ausgleichsmaßnahmen wurde im vorliegenden Fall von den an dem Bebauungsplanverfahren beteiligten Gutachtern in einem aufwendigen Bewertungsverfahren nach der „Hessischen Liste" ermittelt, und der Kompensationsbedarf jeweils prozentual bebauungsplanbezogen errechnet sowie über einen Verteilungsschlüssel auf die Investoren im Plangebiet umgelegt. Dieses Verfahren ist hinreichend konkretisiert und individualisiert (vgl. hierzu BayVGH, Urteil v. 12.5.2004, BRS

67 Nr. 234 = NVwZ-RR 2005, 781, 782). Für den Bebauungsplan I-15 ergab dies einen Anteil von 16,75% und für die Beklagte von 0,68%.

Die kostenmäßige Einbeziehung der Fußgängerbrücke über den Landwehrkanal in die Umlage (§ 7 Abs. 4 des Vertrags) ist unter dem Gesichtspunkt der Angemessenheit nicht zu beanstanden, weil auch der Bau von Zugangserleichterungen zu Landschaftsteilen, die sich zur Erholung der Bevölkerung besonders eignen, als Flächenerschließungsmaßnahme i. S. des § 2 Abs. 1 Nr. 11 und 12 BNatSchG 1993 zu den Zielen des Naturschutzes und der Landschaftspflege gehört, und die Fußgängerbrücke über den Landwehrkanal erst den Funktionszusammenhang mit dem Plangebiet schafft. Ob der zukünftige Park vom Leipziger Platz aus auch auf anderem Wege erreichbar wäre und die Gewerbebauten dort einen Freizeitbedarf auslösen, spielt auf Grund der objektiven Funktion der naturschutzrechtlichen Ausgleichsmaßnahmen und der Zielsetzung des § 8 a BNatSchG 1993 für die Angemessenheit keine Rolle. Überdies sind nur 43,9% der berechneten Gesamtkosten für die Ausgleichsmaßnahmen nach Angaben des Klägers in die anteilige Heranziehung der Grundstücke im Geltungsbereich des Bebauungsplans I-15 und somit auch in den Kostenanteil der Beklagten aus dem städtebaulichen Vertrag eingeflossen. Dies ist von der Beklagten nicht substantiiert angegriffen worden. Vielmehr hat sie in § 6 Abs. 3 des städtebaulichen Vertrags selbst bestätigt, dass ihr Kostenanteil zur Finanzierung der Kompensationsmaßnahmen den „gesamten Umständen nach angemessen ist", so dass ihr unsubstantiiertes Bestreiten nach Ausnutzung der Baugenehmigung eher treuwidrig erscheint.

d) Soweit der städtebauliche Vertrag vom Februar 1996 in § 10 nur eine Abrechnung der Herstellungskosten für den Park mit der Stiftung N. statt mit der Beklagten vorsieht, und deren Leistungsbegrenzung auf die Höhe der von den Investoren eingezahlten Ablösungsbeträge einschließlich der Zinsen (§ 9 Abs. 1 und 2 des Vertrags), stellt diese vertragliche Konstruktion der Einbeziehung eines Dritten als „Vermögensverwalter" keine gesetzesinkongruente Regelung dar, die zur Unwirksamkeit des Vertrags führt, auch wenn sie nicht der in § 6 Abs. 3 BauGB-MaßnahmenG vorgesehenen Abrechnung mit dem Bauwilligen entspricht. Diese vertragliche Konstruktion folgt aus dem Umstand, dass mit der Zahlung der Ablösungssumme gemäß § 7 Abs. 1 Satz 2 des Vertrages Nachforderungen ausgeschlossen, d. h. alle gegenseitigen Forderungen endgültig ausgeglichen sein sollten und damit keine Abrechnung mehr mit der Beklagten in Betracht kommt. Diese Regelung ist der typische Kern eines Vergleichsvertrages i. S. des § 55 VwVfG, der auch nur ein Vertragselement im Rahmen eines öffentlich-rechtlichen Folgelastenvertrags nach § 6 Abs. 3 BauGB-MaßnahmenG sein kann (vgl. Stelkens/Bonk u. a., VwVfG, § 55 Rdnr. 39). Die für eine vergleichsweise Regelung erforderliche Unsicherheit und das gegenseitige Nachgeben lagen hier in der bei Vertragsabschluss getroffenen sehr langfristigen Kostenprognose sowie dem Umstand, dass ein Hinausschieben der Abrechnung mit der Beklagten für den Kläger die Frage der zukünftigen Liquidität – auch etwaiger Rechtsnachfolger – der Beklagten aufgeworfen und für die Beklagte eine dauerhafte Belastung des Grundstücks mit einer „Kostenunsicherheit" bedeutet hätte, die sich im Falle einer etwaigen Veräußerung des Grundstücks, wie sie auch zwischenzeitlich erfolgt ist, ungünstig hätte auswirken können. Dass § 6 Abs. 3 Satz 1 BauGB-MaßnahmenG einen solchen zwischengeschalteten Dritten als „Vermögensverwalter" und eine Abrechnung auf Grund einer Kostenprognose für Folgelastenverträge nicht vorsieht, kann nicht im Sinne eines gesetzlichen Ausschlusses einer solchen vertraglichen Regelung verstanden werden. Denn im Vordergrund steht auch hier die in § 8a Abs. 1 BNatSchG 1993 normierte naturschutzrechtliche Zielsetzung, Ausgleichs- oder Ersatzmaßnahmen für bauliche Eingriffe zu schaffen. Maßgebend ist insoweit der Erfolg, der auch mit vertraglichen Mitteln erreicht werden kann, solange keine gesetzlichen Regelungen dem ausdrücklich entgegenstehen (vgl. BVerwG, Beschluss v. 9. 5. 1997, BVerwGE 104, 353 = BRS 59 Nr. 11).

2. Der Umstand, dass sich der Grunderwerb am Gleisdreieck verzögert hat, führt zu keinem Leistungsverweigerungsrecht der Beklagten als der nach dem Vertrag Vorleistungspflichtigen auf Grund einer möglichen Unsicherheitseinrede (§ 62 Satz 2 VwVfG, § 321 Abs. 1 BGB), denn es sind keine Umstände erkennbar, die die Leistungsfähigkeit des Klägers ernsthaft gefährdet erscheinen lassen. Im Gegenteil ist den im Protokoll der mündlichen Verhandlung genannten Artikeln im „Tagesspiegel" vom 29. 9. 2005 und vom 27. 10. 2005 zu entnehmen, dass das Gelände nunmehr für die Öffentlichkeit zur Beteiligung an der Planung der konkreten Gestaltung des Parks durch Vorschläge auch für einen nachfolgenden Wettbewerb zugänglich und der „erste Spatenstich" für den Herbst 2006 vorgesehen ist. Dieser weitere Fortschritt bei der Verwirklichung des Parkprojekts wurde durch die in der mündlichen Verhandlung am 9. 11. 2005 zu Protokoll erklärten Angaben der Vertreterin des Klägers bestätigt. Danach wurde im September 2005 eine notarielle Rahmenvereinbarung zwischen dem Land Berlin und der X. abgeschlossen, die Regelungen über die notwendigen Grundstücksübertragungen für das Gelände des zukünftigen Parks auf dem Gleisdreieck enthält. Diese weitere Absicherung des Grunderwerbs erfolgte zwar später als bei Vertragsabschluss von den Beteiligten angenommen, stellt aber angesichts der Komplexität der städtebaulichen Maßnahme insgesamt nicht die Voraussetzungen für den Abschluss des städtebaulichen Vertrages vom Februar 1996 im Sinne eines Wegfalls der Geschäftsgrundlage (§§ 60, 62 Satz 2 VwVfG/§ 313 BGB) in Frage.

Nr. 216

Ein Vertrag über eine freiwillige Baulandumlegung, deren Kosten die Gemeinde übernimmt, ist nicht schon deshalb wegen Unangemessenheit der Gegenleistung (§§ 59 Abs. 2 Nr. 4, 56 Abs. 1 Satz 2 VwVfG) nichtig, weil ein Eigentümer bei nahezu gleicher Größe von Einwurf- und Zuteilungsfläche die Zahlung eines Geldbeitrages in Höhe des vollen Umlegungsvorteils vereinbart und das rechnerische Flächenäquivalent dieses Beitrages mehr als dreißig Prozent der Einwurffläche beträgt.

VwVfG §§ 56 Abs. 1, 59 Abs. 2 Nr. 4, 60; BGB § 242; BauGB §§ 58 Abs. 1 Satz 2, Satz 4, 78.

OVG Rheinland-Pfalz, Beschluss vom 7. Oktober 2005 – 8 A 10974/05 – (rechtskräftig).

Die Klägerin schloss mit den Eigentümern der in einem Bebauungsplangebiet gelegenen Grundstücke, zu denen auch der Beklagte gehört, einen Vertrag über eine von ihr zu finanzierende freiwillige Baulandumlegung. Hierdurch wurden dem Beklagten in der Lage seines Einwurfsgrundstückes zwei Bauplätze zugeteilt, deren Größe nahezu identisch mit der des Einwurfsgrundstücks ist. Im Gegenzug verpflichtete sich der Beklagte, die Differenz zwischen Einwurf- und Zuteilungswert der eingebrachten Fläche als Geldausgleich zu zahlen. Als er dieser Pflicht nicht nachkam, erhob die Klägerin Zahlungsklage.

Aus den Gründen:

II. 1. Das Verwaltungsgericht hat den Beklagten auf Grund des 2000 abgeschlossenen Vertrages über die freiwillige Baulandumlegung im Plangebiet des Bebauungsplans „In den W." der Klägerin i. V. m. Nr. IV der Messungsanerkennung und Auflassung von 2003 für verpflichtet gehalten, an die Klägerin den vereinbarten Ausgleichsbetrag von 57 609,30 € zu zahlen. Bereits im Zulassungsverfahren lässt sich ohne weiteres erkennen, dass diese Entscheidung auch unter Berücksichtigung des Zulassungsvorbringens in einem Berufungsverfahren Bestand haben müsste. Deshalb ist ihre Richtigkeit weder ernstlich zweifelhaft (§ 124 Abs. 2 Nr. 1 VwGO), noch weist der Rechtsstreit besondere rechtliche oder tatsächliche Schwierigkeiten (§ 124 Abs. 2 Nr. 2 VwGO) auf.

a) Soweit der Beklagte den Wegfall der Geschäftsgrundlage des als öffentlich-rechtlicher Vertrag zu qualifizierenden (s. BVerwG, Urteil v. 6. 7. 1984, NJW 1985, 989) Umlegungsvertrages geltend macht, liegen die dem Zahlungsanspruch als rechtsvernichtende Einwendung entgegenzuhaltenden (s. BVerwG, Urteil v. 18. 10. 2001, NVwZ 2002, 486) Voraussetzungen eines Anspruchs auf Anpassung oder Kündigung des Vertrages gemäß § 60 VwVfG nicht vor. Ein solcher Anspruch besteht hiernach nur, wenn sich die Verhältnisse, die für die Festsetzung des Vertragsinhalts maßgebend waren, seit Vertragsschluss so wesentlich geändert haben, dass einer Vertragspartei das Festhalten an der ursprünglichen vertraglichen Regelung nicht zuzumuten ist. Eine derartige Änderung der Verhältnisse hat der Beklagte nicht dargelegt.

Dass der Bebauungsplan erst – nach zweimaliger Unwirksamerklärung durch den Senat – im Oktober 2004 (mit geringfügigen, das Einwurfgrundstück des Beklagten nicht betreffenden Änderungen) in Kraft getreten ist, stellt keine dem Beklagten ungünstige wesentliche Änderung der bei Vertragsschluss 2000 obwaltenden Verhältnisse dar. Zu diesem Zeitpunkt befand sich der ursprüngliche Entwurf des Bebauungsplanes erst im Stadium der Offenlegung, weshalb die Beteiligten gemäß Nr. II des Vertrages diesen auch nur „vorbehaltlich der Rechtskraft des Bebauungsplans 'In den W.'" abgeschlossen haben. Dieser von den Beteiligten als Grundlage der freiwilligen Baulandumlegung vorausgesetzte Umstand ist – wenn auch später, als vielleicht erwartet – eingetreten. Von einem Wegfall der übereinstimmend angenommenen Vertragsgrundlage kann daher insoweit keine Rede sein.

Auch die im Schreiben der Verbandsgemeinde 2004 zum Ausdruck kommende Meinung des Sachbearbeiters, die Zuteilungsgrundstücke des Beklagten seien ohne Bebauungsplan nach § 34 BauGB bebaubar, belegt keine nachträgliche Änderung vertragswesentlicher Verhältnisse. Die bloße Äußerung einer Rechtsmeinung der unteren Bauaufsichtsbehörde ändert nicht die Sach- und Rechtslage. Auch wenn man daneben die Aufklärung eines bei Vertragsschluss bestehenden gemeinschaftlichen Tatsachen- und/oder Rechtsirrtums der Vertragsparteien als Änderung i. S. des § 60 VwVfG anerkennt (s. Bonk, in: Stelkens/Bonk/Sachs, VwVfG, 6. Aufl. 2001, § 60 Rdnr. 13), ist eine solche durch das genannte Schreiben nicht erfolgt: Es stellt – anders als etwa ein bestandskräftiger positiver Bauvorbescheid – keinesfalls mit dem Anspruch auf Verbindlichkeit fest, dass eine etwaige gemeinsame Vorstellung der Vertragspartner über die Unbebaubarkeit der Zuteilungsgrundstücke des Beklagten ohne Bebauungsplan unzutreffend war. Vielmehr dürfte diese Vorstellung – wie die Klägerin in der Antragserwiderung zutreffend ausführt – wegen Zugehörigkeit der Grundstücke zum Außenbereich und fehlender Erschließung der Rechtslage entsprochen haben.

b) Die Geltendmachung des vertraglichen Zahlungsanspruchs verstößt auch nicht gegen die im öffentlichen Recht entsprechend anwendbare Vorschrift des § 242 BGB. Der Vorwurf des Beklagten, die Klägerin habe sich „durch ermessensfehlerhafte, weil unnötige und kostenträchtige Anordnung und Durchführung des privaten Baulandumlegungsverfahrens" sowie durch pflichtwidriges Verschweigen der ohnedies gegebenen Bebaubarkeit seiner Zuteilungsgrundstücke eine Rechtsposition verschafft, deren Durchsetzung als unzulässige Rechtsausübung anzusehen sei, trifft nicht zu. Zum einen handelt es sich vorliegend um eine im Einverständnis aller Eigentümer erfolgende freiwillige Baulandumlegung auf vertraglicher Grundlage, die die Klägerin nicht anordnen kann und die daher auch keinem Anordnungsermessen unterliegt. Überdies besteht – wie bereits erwähnt – keinerlei Anhaltspunkt dafür, dass die Beklagte von einer Bebaubarkeit der Grundstücke des Beklagten vor In-Kraft-Treten des Bebauungsplans ausgehen und den Kläger deshalb vor Abschluss des Umlegungsvertrages entsprechend informieren musste.

c) Der Umlegungsvertrag ist auch nicht gemäß §§ 59 Abs. 2 Nr. 4, 56 Abs. 1 Satz 2 VwVfG mangels sachlichen Zusammenhangs der Gegenleistung des Beklagten mit der vertraglichen Leistung der Klägerin oder wegen Unangemessenheit der Gegenleistung nichtig. Der sachliche Zusammenhang der Ausgleichszahlungspflicht des Beklagten mit der Verpflichtung der Klägerin, die freiwillige Umlegung auf ihre Kosten durchzuführen, ist offenkundig und wird auch vom Beklagten letztlich nicht bestritten. Entgegen der Auffassung des Beklagten ist auch die Ausgleichszahlungspflicht den gesamten Umständen nach angemessen.

Angemessenheit setzt nicht Gleichwertigkeit oder Gleichartigkeit von Leistung und Gegenleistung, sondern lediglich deren Ausgewogenheit voraus (s. Bonk, a. a. O., § 56 Rdnr. 54). Es ist daher im Rahmen von Vereinbarungen über eine freiwillige Baulandumlegung nicht erforderlich, dass sich der von Privateigentümern zu leistende Ausgleich auf die Höhe der Kosten beschränkt, die der Gemeinde in Ausführung des Vertrages entstehen. Eine Unangemessenheit vereinbarter Ausgleichsleistungen kann vielmehr erst dann angenommen werden, wenn die Gemeinde sich Vorteile versprechen lässt, die ohne sachlichen Grund erheblich über das hinausgehen, was ihr der Gesetzgeber im Rahmen der Regelungen über das amtliche Umlegungsverfahren zugebilligt hat und zu einer übermäßigen Belastung des Eigentümers führen. Daran fehlt es hier. Eine übermäßige Belastung des Beklagten durch die Zahlung eines Ausgleichsbetrages i. H. v. 57 609,30 € folgt nicht schon daraus, dass dessen flächenmäßiges Äquivalent (~ 536 m² = 57 609,30 € : 107,37 €) mehr als 30 % der Einwurfsfläche beträgt. Diese für den Flächenbeitrag im amtlichen Umlegungsverfahren bei Neuerschließungen geltende Obergrenze gemäß § 58 Abs. 1 Satz 2 BauGB darf bei der Vereinbarung eines Geldbeitrages im Umlegungsvertrag überschritten werden. Ob die Überschreitung i. S. des § 56 Abs. 1 Satz 2 VwVfG unangemessen ist, beurteilt sich stets nach den Umständen des Einzelfalls (BVerwG, Beschluss v. 17. 7. 2001, NVwZ 2002, 473, 475). Solche Umstände sind vorliegend nicht ersichtlich.

Der vom Beklagten zu zahlende Ausgleichsbetrag ist nahezu identisch mit der Differenz zwischen dem Wert des Einwurfsgrundstücks und dem der beiden Zuteilungsgrundstücke. Er schöpft mithin den Umlegungsvorteil, der sich aus den von den Beteiligten vereinbarten Werten für Einwurfs- und Zuteilungsflächen ergibt, in voller Höhe ab. Eine Vereinbarung, die sich auf eine derartige Abschöpfung beschränkt, kann – auch wenn sie wertmäßig mehr als dreißig Prozent der Einwurfsfläche entspricht – nicht unangemessen sein. Denn gemäß dem durch Art. 1 Nr. 35 des Gesetzes v. 24. 6. 2004 (BGBl. I, 1359) eingefügten Satz 4 des § 58 Abs. 1 BauGB sind Umlegungsvorteile, die im Rahmen des limitierten Flächenbeitrags nicht abgeschöpft werden können, zusätzlich in Geld auszugleichen. Sieht der Gesetzgeber daher zwischenzeitlich auch im Rahmen des Flächenausgleichs wertmäßig eine volle Abschöpfung des Umlegungsvorteils vor (s. BT-Drucks. 15/2250, S. 57), so entspricht ein zu diesem Zwecke vereinbarter Geldbeitrag des Teilnehmers einer freiwilligen Umlegung der gesetzlichen Wertung und begegnet daher grundsätzlich keinen Bedenken hinsichtlich seiner Angemessenheit. Anderes kann allenfalls dann gelten, wenn sich die Gemeinde bei voller Abschöpfung des Umlegungsvorteils von ihrer im amtlichen Verfahren bestehenden Kostenträgerschaft (s. § 78 BauGB) frei zeichnet oder die vertragliche Vereinbarung der Einwurf- und Zuteilungswerte einen unvertretbar hohen Umlegungsvorteil zum Gegenstand hat. Beides ist vorliegend nicht der Fall. Die Klägerin hat sich zum einen in Nr. IV des Umlegungsvertrages verpflichtet, die Kosten der Umlegung einschließlich etwaiger Grunderwerbsteuern zu tragen. Zum anderen hat der Beklagte nichts vorgetragen, was den Zuteilungswert (210,– DM pro m²) als überhöht oder die hinsichtlich seines Grundstücks vereinbarten Einwurfwerte (149 m² á 8,– DM; 1057 m² á 131,– DM) als unvertretbar niedrig erscheinen lassen könnte. Dass der Zuteilungswert keinesfalls zu hoch vereinbart wurde, beweist der Kaufvertrag vom Mai 2005, mit dem der Beklagte eines der beiden Zuteilungsgrundstücke zu einem Quadratmeterpreis von ca. 145,– € (ohne Erschließungskosten) verkauft hat. Konkrete Rügen gegen die Bemessung der Einwurfwerte hat der Beklagte nicht erhoben. Sein pauschal erhobener Einwand, die freiwillige Baulandumlegung sei insgesamt nicht erforderlich gewesen und bringe seinem Grundstück keine

Vorteile, führt hingegen nicht auf eine Unvertretbarkeit dieser schließlich von ihm selbst vereinbarten Werte. Vielmehr wäre es ihm, falls er sein Einwurfgrundstück bereits vor der Umlegung für baureifes Land gehalten hätte, ohne weiteres möglich gewesen, auf einem höheren Einwurfwert seines Grundstücks zu bestehen oder der Umlegungsvereinbarung fern zu bleiben. Denn bei deren Abschluss 2000 lag bereits der zum Bestandteil des Umlegungsvertrages erklärte „Umlegungsplan II" vor, aus dem der Beklagte zweifelsfrei ersehen konnte, welche Folgen die Umlegung für ihn haben würde (Zuteilung der Bauplätze 10 und 11 in gleicher Lage wie das Einwurfgrundstück).

Nr. 217

1. **Nach den allgemeinen Grundsätzen der Teilbarkeit kann die Nichtigkeit einer Norm als Ganzes nur angenommen werden, wenn die vom Rechtsfehler unberührten Teile der Norm nicht selbständig weiter bestehen können.**

2. **Ein Vorhabenträger ist i.S. des § 12 Abs.1 BauGB objektiv zur Finanzierung eines Vorhabens erst in der Lage, wenn seine finanzielle Leistungsfähigkeit das Vorhaben selbst umfasst; die Finanzierungsfähigkeit nur der Erschließungskosten ist nicht ausreichend.**

3. **Die finanzielle Leistungsfähigkeit eines Vorhabenträgers ergibt sich nicht aus der bloßen Zugehörigkeit zu einer durch gleiche Gesellschafter verbundenen Gruppe rechtlich selbständiger Personengesellschaften. Erforderlich ist die rechtlich gesicherte Möglichkeit des Zugriffs auf die Finanzmittel der anderen Gesellschaften.**

4. **Zu den Anforderungen an die Abwägung bei der Festsetzung von geringeren als den gesetzlich vorgegebenen Regelabstandsflächen im Bebauungsplan.**

(Zu 1. und 4. nur Leitsätze.)

BauGB § 12 Abs. 1.

OVG Mecklenburg-Vorpommern, Urteil vom 30. September 2005 – 3 K 35/04 – (rechtskräftig).

Die Beteiligten streiten um die Rechtmäßigkeit der „Satzung der Gemeinde S. über die 1. Änderung des Vorhaben- und Erschließungsplanes Nr.1 „G. Hotel U." i.d.F. des Beschlusses der Gemeindevertretung vom 16.12.2004".

Die Antragstellerin ist Eigentümerin der Flurstücke A und B; auf diesen sind Gebäude errichtet, in denen die Antragstellerin ein Hotel betreibt.

Diese Flurstücke grenzen an die landeinwärts gelegene Seite der B.-Straße, die im dortigen Bereich eine Breite von ca. 4,50 m hat. In diesem Bereich seewärts an die B.-Straße angrenzend liegen die Flurstücke X, Y und Z, von denen zuletzt nur noch das Flurstück Y mit einer Hotelruine bebaut war. Diese ist zwischenzeitlich beseitigt worden. Die ursprüngliche Bebauung bestand aus einem dreigeschossigen Gebäude auf dem Flurstück Y ausgerichtet zur S.-Promenade, an das sich westlich ein schmales eingeschossiges Gebäude anschloss. In geschlossener Bauweise folgte in westlicher Richtung zur S.-Promenade ausgerichtet ein zweigeschossiger Bau und eine eingeschossige Bebauung, die im Innern auf dem Flurstück X eine viergeschossige Bebauung enthielt. Diese viergeschossige Bebauung setzte sich parallel zur S.-Straße dreigeschossig mit ausgebautem Dachgeschoss fort. Diese Bebauung endete in unterschiedlicher Tiefe auf dem Flurstück X in Richtung B.-Straße. Auf dem Flurstück X befand sich parallel zur B.-Straße ein eingeschossiger Bau. Das Flurstück Z war zweigeschossig bebaut. Die Bebauung hielt zu den Flurstücksgrenzen hin zur B.-Straße, S.-Straße und S.-Promenade sowie den Flurstücken C und D deutliche Abstände ein. Im Grundbuch eingetragene Eigentümerin der Flurstücke X, Y und Z ist die Beigeladene.

Die Flurstücke X, Y und Z liegen im Geltungsbereich der streitbefangenen Satzung.

Am 16.12.2004 schlossen die Gemeinde und die Beigeladene den Durchführungsvertrag. Er umfasst als Vertragsgebiet die Flurstücke X, Y und Z sowie die Teilfläche aus Flurstück 1/1 (Fläche nordöstlich der S.-Promenade), außerdem Teile der B.-Straße, der S.-Straße und der S.-Promenade. Bestandteil des Vertrages sind neben dem Lageplan die Satzung über die 1. Änderung des Vorhaben- und Erschließungsplanes der Gemeinde nebst Begründung, die Bauzeichnungen und die Bau- und Betriebsbeschreibung einschließlich Abstandsflächenplan, die Ausbauplanung für die Erschließungsanlagen mit den Baubeschreibungen sowie die Verpflichtungserklärung zur Absicherung von 23 Stellplätzen in der Tiefgarage des Hotels „O." an der S.-Promenade W.

Ausweislich der Verwaltungsvorgänge lag der Gemeinde im Zeitpunkt des Vertragsabschlusses ein Schreiben der S. Hotel GmbH & Co. Betriebs KG vor, in dem darauf hingewiesen wurde, dass die Beigeladene als so genannte Projektgesellschaft auf Grund ihrer Vermögenslage das zu beplanende und zu bebauende Grundstück ohne Belastung mit einer Grundschuld erworben habe. Für das Projekt Bebauung Vorhaben- und Erschließungsplan G. Hotel U. könne eine verbindliche Finanzierungszusage erst erhalten werden, wenn die Baugenehmigung vorliege. Mittel des Landesförderinstitutes seien in Aussicht gestellt. Auch hier werde ein verbindlicher Bescheid erst mit der Baugenehmigung möglich sein. Diese Praxis entspreche der Finanzierung der bisherigen Projekte der S.-Gruppe, die diese in einem Wert von fast 100 Mio. € realisiert habe. Zum Nachweis der Bonität der S.-Gruppe würden aktuelle Auszüge der Creditreform vorgelegt. Überreicht wurde ein Schreiben der DKB Bank, die mitteilt, sie sei an einer anteiligen finanziellen Begleitung des Vorhabens G.hotel K. interessiert. Ein Schreiben der Nord-LB lag ebenfalls vor, in dem die Absicht bekundet wird, die Entwicklung der nächsten Projektschritte zu begleiten. Es findet sich auch ein Aktenvermerk eines Ministerialrates, aus dem sich ergibt, dass sich der Wirtschaftsminister mit dem Geschäftsführer der Beigeladenen darauf verständigt habe, dass für die Realisierung des Projekts eine Förderung zum Einsatz kommen solle, um die Gesamtfinanzierung damit abzusichern.

Am 16.12.2004 beschloss die Gemeindevertretung der Gemeinde die 1. Änderung des Vorhaben- und Erschließungsplanes Nr. 1 „G. Hotel U.", bestehend aus der Planzeichnung (Teil A) und dem Text (Teil B) als Satzung. Die öffentliche Bekanntmachung erfolgte in einer Sonderausgabe des Amtlichen Mitteilungsblattes vom 23.12.2004.

Am 30.12.2004 hat die Antragstellerin gegen den vorhabenbezogenen Bebauungsplan „G.hotel U." Normenkontrollantrag gestellt.

Aus den Gründen:

II. Die streitbefangene Satzung ist nicht unter ausreichender Beachtung des § 12 Abs. 1 Satz 1 BauGB zu Stande gekommen. Eine Gemeinde kann durch einen vorhabenbezogenen Bebauungsplan die Zulässigkeit eines Vorhabens bestimmen, wenn der Vorhabenträger im Zeitpunkt des Satzungsbeschlusses zur Durchführung des Vorhabens in der Lage ist. Dazu gehört die finanzielle Leistungsfähigkeit des Vorhabenträgers. Diese muss zum einen objektiv vorliegen und zum anderen muss die Gemeinde die Leistungsfähigkeit in geeigneter Weise überprüft haben (vgl. dazu allgemein OVG Bautzen, Urteil v. 14.7.1994 – 1 S 142/93 –, NVwZ 1995, 181; Reidt, in: Gelzer/Bracher/Reidt, Bauplanungsrecht, 7. Aufl. 2004, Rdnr. 889 ff.).

Die Beigeladene, die als Vorhabenträger auftritt, ist objektiv zur Finanzierung des Vorhabens nicht in der Lage. Es ist dafür nicht ausreichend, dass der Vorhabenträger finanziell in der Lage ist, die Erschließungskosten zu tragen (so aber wohl Reidt, a.a.O., Rdnr. 891; Krautzberger, in: Battis/Krautzberger/Löhr, BauGB, § 12 Rdnr. 10). Vielmehr umfasst die notwendige Leistungsfähigkeit auch das Vorhaben selbst (vgl. Stüer, Handbuch des Bau- und Fachplanungsrechts, 3. Aufl. 2005, Rdnr. 2089; Busse/Grziwotz, VEP – Der Vorhaben- und Erschließungsplan, 1999, S. 32; Friedrich, Der vorhabenbezogene Bebauungsplan gemäß § 12 BauGB nach der Novellierung 2001, S. 124 f.; Pietzcker, Der Vorhaben- und Erschließungsplan, 1993, S. 117). Dafür spricht nicht nur der Wortlaut des § 12 Abs. 1 Satz 1 BauGB, der das Tatbestandsmerkmal „bereit und in der Lage ist" sowohl auf das Vorhaben selbst sowie die Erschließungsmaßnahmen erstreckt. Dafür spricht auch Sinn und Zweck der Vorschrift. Durch den vorhabenbezogenen Bebauungsplan soll erreicht werden, dass ein Vorhabenträger ein bestimmtes genau festgelegtes Vorhaben innerhalb bestimmter Fristen auf der Grundlage des von der Gemeinde geschaffenen Baurechts durchführt. Dabei dient die Vorschrift nicht nur der Erleichterung von Investitionen, sondern auch der Sicherung der Investitionen im Interesse der Gemeinde. Diese soll nicht nur Erschließungsmaßnahmen nicht auf eigene Kosten durchführen müssen, sondern sie soll auch die Gewissheit haben, dass das konkrete Vorhaben, für das sie den vorhabenbezogenen Bebauungsplan aufstellt und beschließt, auch durchgeführt werden kann. Es liegt im Interesse einer Gemeinde, die einen vorhabenbezogenen Bebauungsplan aufstellt, dass, weil dieser den allgemeinen Anforderungen an einen Bebauungsplan unterliegt, insbesondere städtebaulich erforderlich sein muss und damit der städtebaulichen Ordnung und Weiterentwicklung der städtebaulichen Ordnung dient, das konkrete Vorhaben auch verwirklicht werden kann; es kann nicht im Interesse der Gemeinde liegen, eine Investitionsruine zu haben.

Wie im Einzelnen die tatsächlich vorliegende Finanzkraft bezogen auf die Realisierbarkeit des geplanten Vorhabens durch den Investor nachgewiesen werden kann, ist eine Frage des Einzelfalles, die nicht generalisiert beantwortet werden kann. Grundsätzlich geeignet sind auf das konkrete Projekt bezogene Finanzierungszusagen von Banken einschließlich entsprechender Fördermittelzusagen. Nicht verlangt werden kann regelmäßig das Stellen von Bankbürgschaften, denn dies ist mit erheblichem Kostenaufwand verbunden, der nicht zwingend erforderlich erscheint. Ausreichend mag auch die Mitteilung einer anerkannten Wirtschaftsauskunft über die Kreditwürdigkeit des Vorhabenträgers sein, aus der sich auch etwas über die Höhe der Kreditwürdigkeit ergibt. Dies ist jedenfalls dann erforderlich, wenn es – wie im vorliegenden Fall – um Summen im zweistelligen Millionenbereich geht.

Aus den von der Beigeladenen vorgelegten Unterlagen lässt sich nicht entnehmen, dass sie, die als Vorhabenträgerin den Nachweis zu erbringen hat und auf deren eigene finanzielle Leistungsfähigkeit es primär ankommt, über die notwendigen finanziellen Mittel verfügt bzw. im Lauf der Realisierung des Projekts verfügen wird. Die Schreiben der DKB und der Nord-LB von 2004 geben über die Finanzierungsmöglichkeiten des Vorhabenträgers keine ausreichende Auskunft. Sie sind nicht an die Beigeladene gerichtet, sondern an eine „S. Hotel GmbH u. Co. Betriebs-KG". Aus den in der mündlichen Verhandlung vorgelegten Creditreform-Auskünften ergibt sich ebenfalls nicht, dass die Beigeladene selbst über ausreichende finanzielle Mittel zur Finanzierung des Vorhabens verfügt. Zudem betreibt die Beigeladene ein umfangreiches Investitionsprojekt in unmittelbarer Nachbarschaft zum Plangebiet, welches entsprechende Mittel bindet. Schließlich ist auffällig, dass die Beigeladene keine Angaben darüber macht, mit welchen Eigenmitteln sie beabsichtigt, die Finanzierung zu sichern.

Soweit die Beigeladene auf ihre Zugehörigkeit zur S.-Gruppe verweist, ergibt sich daraus nicht mit der erforderlichen Klarheit, dass die S.-Gruppe diese Investition über 24,5 Mio. € allein mit eigenen Mitteln finanzieren kann. Die in der mündlichen Verhandlung vorgelegte Creditreform-Auskunft lässt zwar erkennen, dass die S.-Verwaltungsgesellschaft mbH & Co. KG über erhebliches Eigenkapital verfügt, das aber deutlich unter dem erforderlichen Investitionsvolumen liegt. Völlig offen ist auch, ob die Beigeladene die – erforderliche – rechtlich gesicherte Möglichkeit hat, auf finanzielle Mittel der S.-Gruppe zuzugreifen. Die bereits benannten Schreiben der DKB und der Nord-LB geben für die objektive Leistungsfähigkeit der S.-Gruppe nichts her. Beide Banken bekunden nur ihr Interesse an einer Finanzierung. Die DKB behält sich ausdrücklich eine detaillierte Prüfung der Antragsunterlagen vor. Der Aktenvermerk über das Gespräch mit dem Wirtschaftsminister hat keine Verbindlichkeit, ganz abgesehen davon, dass sich aus ihm nicht mit der für den Nachweis der Finanzkraft erforderlichen Deutlichkeit ergibt, welches der Projekte der S.-Gruppe gefördert werden soll.

Die Gemeinde hat die finanzielle Leistungsfähigkeit der Beigeladenen nicht ausreichend überprüft. Welche Mindestanforderungen an die Überprüfung gestellt werden müssen, ist in Rechtsprechung und Literatur nicht abschließend geklärt. Erforderlich ist aber in jedem Fall, dass die Gemeinde auf der Grundlage vom Vorhabenträger vorgelegter Nachweise überprüft, ob eine gesicherte Finanzierung vorliegt oder wenigstens ernsthaft in Aussicht gestellt wird. Die Rechtsvorgängerin der Antragsgegnerin hat die Notwendigkeit der Prüfung der finanziellen Leistungsfähigkeit zwar erkannt, doch genügen die ausweislich des Protokolls der Gemeindevertretersitzung vom 16.12.2004 allein vorliegenden „Schreiben der Bank" nicht für eine ausreichende Leistungsfahigkeitsprüfung. Eine Finanzierungszusage stellen diese beiden Schreiben der Nord-LB und der DKB nicht dar. Aus dem Schreiben der DKB ergibt sich, dass ein Gesamtinvestitionsvolumen von 27,858 Mio. € vorgesehen sei. Die DKB teilt mit, dass sie „vorbehaltlich einer grundsätzlichen Zustimmung unserer Entscheidungsgremien () neben der Einbindung von Fördermitteln an einer anteiligen finanziellen Begleitung des Investitionsvorhabens interessiert" sei. Eine verbindliche Entscheidungsfindung könne erst nach Anforderung weiterführender Unterlagen und einer detaillierten und umfassenden Anfangsprüfung zu Beginn des neuen Jahres 2005 erfolgen.

Die Nord-LB teilt mit, dass sie das Projekt für interessant halte und gern bei der Entwicklung der nächsten Projektschritte begleite. Von besonderer Bedeutung seien zunächst die Erreichung der Baugenehmigung und die Sicherung der Fördermittel. Auch in Verbindung mit dem Aktenvermerk vom 15. 12. 2004, der im Verwaltungsvorgang vorhanden ist, aber im Protokoll der Gemeindevertretersitzung vom 16. 12. 2004 nicht erwähnt wird, stellen diese Bankschreiben die Finanzierung des Projekts nicht ernsthaft in Aussicht. Es handelt sich um unverbindliche Antwortschreiben auf eine Finanzierungsanfrage. Die Gemeinde hätte daher weitere Überprüfungen vornehmen müssen. Dies ist unterblieben. So hat die Gemeinde es unterlassen, sich den Umfang der Eigenfinanzierung durch die Vorhabenträgerin benennen und belegen zu lassen. Dies gilt auch, soweit die Beigeladene als Vorhabenträgerin auf Finanzmittel der S.-Gruppe zurückgreifen will. Es genügt jedenfalls nicht, wenn sich die Gemeinde darauf verlässt, dass die Vorhabenträgerin und Beigeladene auf ihre wirtschaftliche Zugehörigkeit zur S.-Gruppe verweist und die Gemeinde davon überzeugt ist, dass es sich bei dieser Gruppe um eine finanzkräftige und eine Investition in der genannten Höhe finanzierende Wirtschaftseinheit handelt. Dabei ist zu berücksichtigen, dass die Beigeladene auf einem weiteren Grundstück in der Gemeinde, der so genannten Or.-Fläche, ebenfalls ein Großvorhaben plant. Damit dürften erhebliche finanzielle Belastungen verbunden sein. Angesichts dieses aus der Gemeinde bekannten Umstandes hätte es nahe gelegen, dass sie sich weitere Klarheit über die finanzielle Leistungsfähigkeit der Beigeladenen verschafft. Nicht ausreichend dafür ist es, wenn die Gemeinde allein auf Creditreform-Auskünfte verweist, die die Beigeladene bzw. die S.-Gruppe vorgelegt hat. Denn auch daraus ergibt sich nicht, dass für die konkrete Projektfinanzierung ausreichende Mittel zur Verfügung stehen. Unter diesen Umständen kann es nicht darauf ankommen, ob die Gemeindevertretung in ihrer Sitzung am 16. 12. 2004 in der Lage gewesen wäre, auf diese Auskünfte zurückzugreifen, obwohl diese weder im Protokoll vermerkt sind noch diese Auskünfte im Verwaltungsvorgang aufgefunden werden konnten.

Nr. 218

Der Vertrag zwischen einem Schienennetzbetreiber und einem Lizenznehmer nach § 50 Abs. 2 TKG 1996 (jetzt: § 69 Abs. 1 TKG 2004) über die Kostenlast im Falle der Verlegung, Änderung oder Sicherung von Telekommunikationslinien, die sich in oder auf öffentlichen Straßenverkehrswegen befinden, anläßlich von Maßnahmen, die dem Schienen- und/oder dem Straßenverkehr dienen, ist öffentlich-rechtlicher Natur.

GVG § 13; TWG §§ 5, 6; TKG 1996 §§ 55, 56; TKG 2004 §§ 74, 75.

Bundesgerichtshof, Beschluß vom 27. Januar 2005 – III ZB 47/04 –.

(OLG Frankfurt am Main)

Die Klägerin ist Teilrechtsnachfolgerin der Deutschen Bundesbahn. Ihr Geschäftsgegenstand ist der Bau, die Unterhaltung und das Betreiben des bundesweiten Schienennetzes. Die Beklagte ist aus dem ehemaligen Sondervermögen Deutsche Bundespost hervorgegangen. Sie betreibt ein Fernmeldenetz für die Öffentlichkeit und erbringt Telekommunikationsdienstleistungen.

Die Deutsche Bundesbahn und die Deutsche Bundespost schlossen am 28. 3. 1989 eine „Vereinbarung über die Kostentragung für die Verlegung, Änderung oder Sicherung der in oder auf öffentlichen Straßenverkehrswegen befindlichen Fernmeldeanlagen der Deutschen Bundespost anläßlich von Maßnahmen, die dem Schienen- und/oder Straßenverkehr dienen". Durch diese Vereinbarung sollte eine Meinungsverschiedenheit über die sich aus §§ 3, 5 und 6 des seinerzeit noch geltenden Telegrafenwegegesetzes ergebende Rechtslage beigelegt werden. Nr. 4 der Vereinbarung weist der Deutschen Bundespost die Folgekosten für die Verlegung, Änderung oder Sicherung ihrer Fernmeldeanlagen bei Änderungs-, Rationalisierungs- und Erhaltungsmaßnahmen an vorhandenen höhengleichen Bahnübergängen zu. Für Maßnahmen außerhalb des Bereichs von Eisenbahnkreuzungen enthält Nr. 5 der Vereinbarung zum Teil hiervon abweichende Regelungen.

Die Klägerin ist Vorhabenträgerin bei dem Ausbau der R.-Strecken der S-Bahn ..., einer rechtswirksam planfestgestellten eisenbahntechnischen Infrastrukturmaßnahme. Die Parteien bestätigten im Juni 2000, daß sich die Kostentragung nach der Vereinbarung vom 28. 3. 1989 richten solle. Im Zuge der ab 2000 ausgeführten Bauarbeiten wurden auch Fernmeldeleitungen der Beklagten, die im Bereich von öffentlichen Straßen verliefen, verändert. Die Parteien streiten, wer die hierfür angefallenen Kosten zu tragen hat. Die Klägerin hält für die betreffenden Baumaßnahmen Nr. 4 der Vereinbarung vom 28. 3. 1989 für maßgebend, während die Beklagte geltend macht, die betroffenen Streckenabschnitte lägen außerhalb des Bereichs von Bahnübergängen.

Das Landgericht hat den Rechtsweg zu den ordentlichen Gerichten nicht für eröffnet gehalten und den Rechtsstreit an das örtlich zuständige Verwaltungsgericht verwiesen. Auf die sofortige Beschwerde der Klägerin hat das Beschwerdegericht den landgerichtlichen Beschluß aufgehoben. Hiergegen richtet sich die vom Beschwerdesenat zugelassene Rechtsbeschwerde der Beklagten.

Aus den Gründen:

Das Rechtsmittel ist zulässig. Die nach § 17 a Abs. 4 Satz 4 GVG zum Bundesgerichtshof führende Beschwerde ist nach der Zivilprozeßreform eine Rechtsbeschwerde, zumindest aber als eine solche zu behandeln (Senatsbeschlüsse, BGHZ 155, 365, 368 und v. 29. 7. 2004 – III ZB 2/04 –, NJW-RR 2005, 142 jeweils m. w. N.). Das Rechtsmittel hat auch in der Sache Erfolg.

Das Beschwerdegericht hat zur Begründung seiner Entscheidung ausgeführt, die Parteien befänden sich nach der Privatisierung von Deutscher Bundesbahn und Deutscher Bundespost als juristische Personen des bürgerlichen Rechts in einem Gleichordnungsverhältnis. Die zwischen den Parteien als Rechtsnachfolger der Deutschen Bundesbahn und der Deutschen Bundespost fortbestehende Vereinbarung sei als Folgekostenvertrag privatrechtlich zu qualifizieren, so daß der Rechtsweg zu den ordentlichen Gerichten eröffnet sei.

Dies hält der rechtlichen Nachprüfung nicht stand.

Entgegen der Ansicht des Beschwerdegerichts handelt es sich bei der Auseinandersetzung der Parteien nicht um eine bürgerliche Rechtsstreitigkeit, zu deren Verhandlung und Entscheidung gemäß § 13 GVG die ordentlichen Gerichte berufen sind. Vielmehr liegt eine in die Zuständigkeit der Verwaltungsgerichte fallende öffentlich-rechtliche Streitigkeit vor (§ 40 Abs. 1 VwGO).

1. Die Beurteilung, ob ein Rechtsstreit öffentlich- oder bürgerlichrechtlichen Charakter hat, richtet sich, wenn – wie hier – eine ausdrückliche Rechtswegzuweisung fehlt, nach der Natur des Rechtsverhältnisses, aus dem der Klageanspruch hergeleitet wird. Maßgeblich für die Abgrenzung ist die wahre Natur des Anspruchs, wie er sich nach dem Sachvortrag des Klägers darstellt, unabhängig davon, ob dieser eine zivil- oder öffentlich-rechtliche Anspruchsgrundlage für einschlägig hält (z. B.: GmS-OGB BGHZ 97, 312, 313 f.; BGHZ 116, 339, 341 f.; Senatsbeschluß v. 30. 1. 1997 – III ZB 110/96 –, WM 1997, 1169, 1170; BGH, Beschluß v. 15. 1. 1998 – I ZB 20/97 –, NJW 1998, 2743 f.).

2. Die Natur eines durch Vertrag begründeten Rechtsverhältnisses bestimmt sich danach, ob der Vertragsgegenstand dem öffentlichen oder dem bürgerlichen Recht zuzuordnen ist (BGHZ 97, 312, 314; 116, 339, 342). Über diese Zuordnung entscheidet, ob die Vereinbarungen mit ihrem Schwerpunkt öffentlich- oder privatrechtlich ausgestaltet sind und welcher Teil dem Vertrag das entscheidende Gepräge gibt (BGHZ 116 a. a. O., m. w. N.). Ein Vertragsverhältnis ist danach öffentlich-rechtlich, wenn sich die Vereinbarung auf einen von der gesetzlichen Ordnung öffentlich-rechtlich geregelten Sachverhalt bezieht. Dies ist der Fall, wenn die vertraglichen Regelungen bei einer gesetzlichen Gestaltung Normen des öffentlichen Rechts wären oder wenn sich der Vertrag in einem engen und untrennbaren Zusammenhang mit einem nach Normen des öffentlichen Rechts zu beurteilenden Sachverhalt befindet (BGHZ 32, 214, 216; BVerwGE 42, 331, 332 f.; BVerwG, NJW 1976, 2360; Kissel, GVG, 3. Aufl., § 13 Rdnr. 62). Liegt diese Voraussetzung vor, ist es unerheblich, ob die Vertragsbeteiligten in einem hoheitlichen Verhältnis der Über- und Unterordnung stehen oder, wie im hier zu beurteilenden Fall, sich als juristische Personen des Privatrechts gleichberechtigt gegenüber treten (vgl. BGHZ 35, 175, 178; Kissel, a. a. O., Rdnr. 61; vgl. auch BVerwG, NJW 1992, 2908).

3. Der Gegenstand der Vereinbarung vom 28. 3. 1989, deren Geltung die Parteien im Jahr 2000 bestätigten, steht – auch nach der Privatisierung von Deutscher Bundesbahn und Deutscher Bundespost – in einem engen und untrennbaren Zusammenhang mit öffentlich-rechtlich geregelten Sachverhalten. Der Vertrag verhält sich über die Kostenlast für Änderungen von Fernmeldeanlagen, die sich in oder auf öffentlichen Straßen befinden, anläßlich von Maßnahmen im Zusammenhang mit dem Eisenbahnverkehr.

a) Diese Sachverhalte waren zum Zeitpunkt des Abschlusses der Vereinbarung weitgehend Gegenstand des Telegraphenwegegesetzes (TWG) vom 18. 12. 1899 (RGBl., 705). Dieses Gesetz regelte die Befugnisse der Telegraphenverwaltung bzw. ihrer Rechtsnachfolgerin, der Deutschen Bundespost, öffentliche Wege, Plätze, Brücken und Gewässer (Verkehrswege) für ihre Fernmeldelinien zu nutzen (vgl. § 1 Abs. 1 TWG.), sowohl im Verhältnis zu den Wegeunterhaltungspflichtigen als auch in Beziehung zu den Betreibern besonderer Anlagen in und an den Verkehrswegen. Zu den besonderen Anlagen gehörten neben Kanalisations-, Wasser-, Gas- und Stromleitungen u. a. auch Schienenbahnen (§ 5 Abs. 1 TWG). Das Gesetz enthielt diesbezüglich in

§§ 5 und 6 TWG Regelungen über das Zusammentreffen von Telegraphenlinien mit vorhandenen oder später zu errichtenden besonderen Anlagen und die Tragung der dabei entstehenden Kosten.

b) Das Telegraphenwegegesetz ging in dem Telekommunikationsgesetz vom 25.7.1996 (BGBl. I, 1120; TKG 1996) auf, an dessen Stelle inzwischen das Telekommunikationsgesetz vom 26.6.2004 (BGBl. I, 1190; TKG 2004) getreten ist. Dabei wurden die Bestimmungen des Telegraphenwegegesetzes über das Kollisionsrecht zwischen Telekommunikationslinien und anderen Anlagen auf Verkehrswegen (§§ 5, 6 TWG) inhaltlich unverändert (vgl. Begründung des Gesetzentwurfs des TKG der Bundestagsfraktionen der CDU/CSU, SPD und FDP, BT-Drucks. 13/3609, S. 50) als §§ 55, 56 TKG 1996 (jetzt: §§ 74, 75 TKG 2004) übernommen. Daraus wird deutlich, daß sowohl bei Abschluß der Vereinbarung vom 28.3.1989 als auch bei seiner Bestätigung im Juni 2000 und bei der Durchführung der Baumaßnahme materiell-rechtlich dieselben gesetzlichen Rahmenbedingungen galten.

c) Das durch §§ 55 und 56 TKG 1996 geregelte Rechtsverhältnis zwischen dem nutzungsberechtigten Telekommunikationsunternehmen und dem Betreiber einer besonderen Anlage ist – unter Einschluß der Folgekostenbestimmungen – öffentlich-rechtlich ausgestaltet, so daß Streitigkeiten hierüber vor den Verwaltungsgerichten auszutragen sind.

aa) Das Fernmeldeleitungsrecht nach dem Telegraphenwegegesetz wurde dem öffentlichen Recht zugeordnet (z.B.: OVG Münster, ArchivPT 1997, 329, 331 f.; Aubert/Klingler, Fernmelderecht/Telekommunikationsrecht, 4. Aufl., Bd. II, 2. Kap., Rdnr. 10; Eidenmüller, Post- und Fernmeldewesen, Vorbem. TWG Anm. 2; ders. in DVBl. 1984, 1193, 1194; Scheurle/Mayen/Ulmen, TKG, § 50 Rdnr. 36). Maßgebend hierfür war die Erwägung, das Recht zur unentgeltlichen Nutzung von Verkehrswegen fuße auf der hoheitlichen Aufgabe des Bundes, den öffentlichen Fernmeldeverkehr zu gewährleisten (Eidenmüller, DVBl. 1984, a.a.O.; Scheurle/Mayen/Ulmen, a.a.O., Rdnr. 35). Der Senat (BGHZ 85, 121, 123 f.; 98, 244, 245 unter Aufgabe der früheren Rechtsprechung) und das Bundesverwaltungsgericht (BVerwGE 64, 176, 177; 77, 276, 277; NJW 1976, 906 f.; vgl. auch VG Oldenburg, ArchivPT 1998, 410, 411) haben dem folgend die Schadensersatz- und Kostenerstattungsansprüche aus dem Telegraphenwegegesetz dem öffentlichen Recht zugeordnet und dementsprechend die Zuständigkeit der Verwaltungsgerichte für Streitigkeiten hierüber angenommen. Die Tatsache, daß der Senat in jüngerer Zeit Sachentscheidungen zur Kostenlast nach dem Telegraphenwegegesetz bzw. zu §§ 50 bis 53 TKG 1996 getroffen hat (Urteile v. 3.2.2000 – III ZR 313/98 –, NVwZ 2000, 710 ff., und v. 27.2.2003 – III ZR 229/02 –, NVwZ 2003, 1018 f.), widerspricht dem nicht. Der Senat hatte sich mit der Frage des Rechtswegs gemäß § 17a Abs. 5 GVG nicht zu befassen. Von der Zuständigkeit der Verwaltungsgerichte ist auch die Bundesregierung in der Begründung des Entwurfs des Dritten Rechtsbereinigungsgesetzes, durch das u.a. das Telegraphenwegegesetz geändert wurde, ausgegangen (BT-Drucks. 11/4310, S. 264, 266).

bb) Auch für das TKG 1996 hält der Senat entgegen den Ausführungen in dem Gerichtsbescheid des 9. Senats des Bundesverwaltungsgerichts vom

6. 3. 2002 (– 9 A 6/01 –, juris-Nr. WBRE410008862, Rdnr. 31) und einigen Stimmen in der Literatur (Beck'scher TKG-Kommentar/Schütz, 2. Aufl., § 55 Rdnr. 18, § 56 Rdnr. 36; Manssen/Demmel, Telekommunikations- und Multimediarecht, Stand 9/04, § 55 Rdnr. 18, § 56 Rdnr. 45) daran fest, daß die Regelungen über die Folgekostenlast im Zusammenhang mit der Veränderung von Telekommunikationslinien in öffentlichen Wegen infolge von Änderungen an diesen selbst oder ihren besonderen Anlagen (vgl. insbesondere §§ 55 und 56 TKG 1996) sämtlich öffentlich-rechtlichen Charakter haben und Streitigkeiten hierüber vor den Verwaltungsgerichten auszutragen sind (so auch Scheurle/Mayen/Reichert, TKG, §§ 55, 56 Rdnr. 187 ff.; Scholtka, in: Wissmann, Telekommunikationsrecht, Kap. 8 Rdnr. 141).

Die Privatisierung der Telekommunikationsdienstleistungen hat an der öffentlich-rechtlichen Natur der Folgekostennormen nichts geändert.

(1) Das Leitungsrecht nach § 50 Abs. 1 TKG 1996 (jetzt § 68 Abs. 1 TKG 2004) steht weiterhin originär dem Bund in Wahrnehmung hoheitlicher Aufgaben zu, der gemäß Art. 87 f. Abs. 1 GG Gewährleistungsträger für eine flächendeckende angemessene und ausreichende Versorgung mit Telekommunikationsdienstleistungen ist (Beck'scher TKG-Kommentar/Schütz, a. a. O., § 50 Rdnr. 15; Scheurle/Mayen/Ulmen, TKG, § 50 Rdnr. 6; vgl. auch Begründung des Gesetzesentwurfs des TKG, a. a. O., S. 36, 49). Die Lizenznehmer erhalten dieses Recht nach § 50 Abs. 2 TKG 1996 (jetzt § 69 Abs. 1 TKG 2004) übertragen. Ihre Nutzungsberechtigung ist damit eine lediglich vom Bund abgeleitete Rechtsposition. Die Lizenznehmer bleiben in die verfassungsrechtliche Gewährleistungspflicht des Bundes zur flächendeckenden Versorgung mit Telekommunikationsdienstleistungen eingebunden (Begründung des Gesetzesentwurfs des TKG, a. a. O., S. 49). Das Nutzungsrecht behält deshalb seinen öffentlich-rechtlichen Charakter, auch wenn es von privaten Lizenznehmern ausgeübt wird (z. B.: Beck'scher TKG-Kommentar/Schütz, a. a. O.; Heun, Handbuch Telekommunikationsrecht, Teil 6 Rdnr. 50 f.; Manssen/Demmel, a. a. O., § 50 Rdnr. 38; Scheurle/Mayen/Ulmen, a. a. O., § 50 Rdnr. 35 f.; Spoerr, in: Trute/Spoerr/Bosch, Telekommunikationsgesetz mit FTEG, § 50 Rdnr. 21). Das Rechtsverhältnis zwischen dem Nutzungsberechtigten und dem Wegebaulastträger ist damit öffentlich-rechtlicher Natur.

Dies ist allgemeine Meinung, denn auch nach Auffassung der Stimmen in der Literatur, die für die Geltendmachung der aus §§ 55 und 56 TKG 1996 folgenden Zahlungsansprüche den ordentlichen Rechtsweg für eröffnet halten, sind die Verwaltungsgerichte zur Entscheidung über das Nutzungsrecht selbst sowie über Änderungs- und Beseitigungsansprüche (Folgepflicht) nach § 53 TKG 1996 (jetzt § 72 TKG 2004) berufen (Beck'scher TKG-Kommentar/ Schütze, § 53 Rdnr. 23; Manssen/Demmel, a. a. O., § 50 Rdnr. 63 ff., § 53 Rdnr. 15).

Dies gilt auch für das Verhältnis zu den Betreibern besonderer Anlagen. Sekundäre, aus einem öffentlich-rechtlichen Benutzungsverhältnis erwachsende Rechtsbeziehungen sind auch dann als öffentlich-rechtlich zu qualifizieren, wenn sie einem Dritten gegenüber bestehen, der an diesem Verhältnis beteiligt ist (Scheurle/Mayen/Reichert, a. a. O., §§ 55/56 Rdnr. 191; vgl. auch BVerwGE 71, 85, 87). Bei den Regelungen der §§ 55 und 56 TKG 1996 handelt es sich deshalb um die Ausgestaltung der Ausübung des öffentlich-rechtlichen Wegenutzungsrechts im Verhältnis zu den Betreibern besonderer Anlagen (Scheurle/Mayen/Reichert, a. a. O.).

(2) Das durch das Nutzungsrecht gemäß § 50 Abs. 1 und 2 TKG 1996 (jetzt §§ 68 Abs. 1, 69 Abs. 1 TKG 2004) begründete öffentlich-rechtliche Schuldverhältnis wird durch §§ 52 bis 56 TKG 1996 (früher §§ 2 bis 6 TWG, jetzt §§ 71 bis 75 TKG 2004) näher bestimmt und insgesamt ausgeformt (Heun, a. a. O., Rdnr. 51). Die Folgekostenregelungen, die in diesen Vorschriften enthalten sind, gestalten den Inhalt des Nutzungsrechts maßgeblich mit. Sie stehen zudem in einem untrennbaren Zusammenhang mit den in §§ 53 bis 56 TKG 1996 geregelten Folgepflichten. Sind die Auseinandersetzungen über das Nutzungsrecht sowie die Änderungs- und Beseitigungsansprüche als öffentlich-rechtliche Streitigkeiten der Verwaltungsgerichtsbarkeit zugewiesen, ist es deshalb folgerichtig, auch die Kostenregelungen als öffentlich-rechtlich zu qualifizieren, mit der Konsequenz, daß Auseinandersetzungen über sich hieraus ergebende Ansprüche gleichfalls vor den Verwaltungsgerichten geltend zu machen sind. Es wäre, entgegen der Auffassung der Berufungsgerichts, nicht sachgerecht, den Rechtsweg auseinander zu reißen und die Folgekostenpflichten – ggf. beschränkt auf die Folgekostenpflichten im Zusammenhang mit den Nutzungsrechten gegenüber Dritten gemäß §§ 55 und 56 TKG 1996 – den ordentlichen Gerichten zuzuweisen.

Für die einheitlich öffentlich-rechtliche Konzeption des Fernmeldeleitungsrechts und die damit zusammen hängenden Folge- und Folgekostenpflichten spricht weiterhin, daß auf diese Weise die Regulierungsziele des § 2 Abs. 2 Nr. 2 und 3 TKG 1996 (jetzt § 2 Abs. 1 Nr. 2 und 5 TKG 2004), nämlich die Sicherstellung eines chancengleichen und funktionsfähigen Wettbewerbs auf den Märkten der Telekommunikation und die Gewährleistung einer flächendeckenden Grundversorgung mit Telekommunikationsdienstleistungen zu erschwinglichen Preisen besser gefördert werden können (Scheurle/Mayen/Reichert, a. a. O., §§ 53/55 Rdnr. 23).

d) Dem widerspricht nicht, daß nach der st. Rspr. des Senats (z. B.: BGHZ 123, 166, 167 und 256, 257; Beschluß v. 29. 1. 2004 – III ZR 194/03 –, BauR 2004, 1762 = WM 2004, 2318, 2319; Urteil v. 17. 6. 2004 – III ZR 230/03 –, BGHReport 2004, 1265) die Leitungsrechte anderer Versorgungsträger, wie Gas-, Wasser- und Stromunternehmen, auf Grundstücken unter Einschluß von Verkehrswegen grundsätzlich privatrechtlich zu beurteilen sind. Der Gesetzgeber hat das Nutzungsrecht für Telekommunikationslinien nach §§ 50 ff. TKG 1996 in bewußter Abweichung von dem privatrechtlichen Regime der Infrastruktur anderer Versorger öffentlich-rechtlich ausgestaltet, da er das Recht zur unentgeltlichen Nutzung öffentlicher Wege für Telekommunikationszwecke für ein unverzichtbares Mittel des Bundes zur Erfüllung seiner Pflicht, eine flächendeckende Versorgung zu gewährleisten, hielt (Begründung des Gesetzesentwurfs des TKG, a. a. O., S. 48 f.).

4. Eine Vorlage an den Gemeinsamen Senat der Obersten Gerichtshöfe des Bundes war nicht erforderlich, obgleich der Senat mit dieser Entscheidung zur Frage der Rechtswegezuständigkeit für Folgekostenstreitigkeiten nach §§ 55 und 56 TKG 1996 eine andere Ansicht als der 9. Senat des Bun-

desverwaltungsgerichts in seinem Gerichtsbescheid vom 6. 3. 2002 (a. a. O.) vertritt. Eine Vorlage an den Gemeinsamen Senat ist nach §2 Abs. 1 RsprEinhG nur erforderlich, wenn ein oberster Gerichtshof in einer Rechtsfrage von der Entscheidung eines anderen obersten Gerichtshofs oder des Gemeinsamen Senats abweichen will. Dies setzt voraus, daß das Ergebnis der Entscheidung, von der abgewichen werden soll, auf der Beantwortung der betreffenden Rechtsfrage beruht. Hieran fehlt es. Die Ausführungen des 9. Senats des Bundesverwaltungsgerichts in dem Gerichtsbescheid vom März 2002 zur Frage der Rechtswegezuständigkeit waren für die Entscheidung nicht tragend.

Die dortige Klägerin, eine Lizenznehmerin nach §50 Abs. 2 TKG 1996, focht einen Planfeststellungsbeschluß an und beantragte hilfsweise die Verpflichtung der Planfeststellungsbehörde, den Beschluß um eine Kostenregelung gemäß §56 Abs. 5 TKG 1996 zu ihren Gunsten zu ergänzen. Das Bundesverwaltungsgericht hat hierzu ausgeführt, zwar müßten grundsätzlich auch mittelbare Auswirkungen des Vorhabens in die Planungsentscheidung einbezogen werden. Dies könne aber unterbleiben, wenn es um Fragen gehe, deren Entscheidung ohne Einfluß auf die Substanz und die Ausgewogenheit der Planung sei. Dies sei der Fall, wenn für die spätere Regelung hinreichende materiellrechtliche Maßstäbe und ein entsprechendes Verfahren zur Verfügung stünden. Mit den Bestimmungen des §56 Abs. 2 bis 5 TKG 1996 und dem darin eröffneten Rechtsweg zu den ordentlichen Gerichten sei ein solches selbständiges und vollständiges Regelungssystem, dessen Anwendbarkeit keine entsprechende Anordnung im Planfeststellungsbeschluß voraussetze, gewährleistet.

Für seine Entscheidung hat das Bundesverwaltungsgericht damit maßgeblich auf die Selbständigkeit und Vollständigkeit des Folgekostenregelungssystems abgestellt. Um beides sicherzustellen, ist die Zuweisung zu einem bestimmten Rechtsweg nicht erforderlich. Die Zuständigkeit der Verwaltungsgerichtsbarkeit für Entscheidungen über Folgekostenansprüche nach §56 Abs. 2 bis 5 TKG 1996 gewährleistet die Selbständigkeit und Vollständigkeit des Regelungssystems ebenso wie der Rechtsweg zu den ordentlichen Gerichten.

Stichwortverzeichnis

(Die Zahlen bezeichnen jeweils die Nummer der Entscheidung)